山西年鉴

2013

方志出版社

图书在版编目（CIP）数据

山西年鉴．2013/《山西年鉴》编辑部编．—北京：方志出版社，2013.11

ISBN 978－7－5144－1043－3

Ⅰ．①山…　Ⅱ．①山…　Ⅲ．①山西省—2013—年鉴　Ⅳ．①Z522.5

中国版本图书馆 CIP 数据核字（2013）第 251715 号

山西年鉴（2013）

编　　者：《山西年鉴》编辑部
责任编辑：罗　滔

出 版 者：方志出版社
（北京市东城区夕照寺14号院富瑞苑公寓6层）
邮编　100061
网址　http：//www.fzph.org
发　　行：方志出版社发行中心
（010）67110500
经　　销：各地新华书店
法律顾问：北京市大禹律师事务所
印　　刷：山西省史志印刷厂

开　　本：889×1194　　1/16
印　　张：46.5
字　　数：1710千字
版　　次：2013年11月第1版　2013年11月第1次印刷
印　　数：0001～3000册

ISBN 978—7—5144—1043—3/K·847　　定价：380.00元

《山西年鉴》编纂委员会

主任委员　高建民
副主任委员　李茂盛　廉毅敏　武　涛
委　　员　赵群虎　刘益龄　郑小豹　张晓光

《山西年鉴》编纂人员

总 主 编　李茂盛
副总主编　赵群虎
主　　编　高生记
副 主 编　张燕铭　石德亮
特邀审稿　许家康　杨军仕　王守亚　王中华　王　播
　　　　　孙　琇　杜厚勤　张　敏　师维孝
特邀审校　师国梁　陈燕萍　刘忠兵　周志清　董晓铃
　　　　　张　琼　张小三　牛彦方　闫　鹏　王瑞成
　　　　　张　兵　吕竞伟　刘　翔　郭文礼

《山西年鉴》编辑部

主　　任　高生记
副 主 任　张燕铭　石德亮
编　　辑　宋向阳　张文娟　杨　欣　卫　东
　　　　　樊　誉　杜丽春　郭春香
实习编辑　陈锦慧　张佳琪　董宝花　卢红婷
办公电话　0351-5681320/326/327/339

山西年鉴服务部

主　　任　卫　东
专版策划　李　琴　郭春香
美术设计　殷　燕　翟小龙
文字排版　杜丽春　杨　欣　宗俊红
英文翻译　樊　誉
办公电话　0351-5681339/336

山西省政区图
内蒙古自治区
陕西省
河北省
河南省
大同市
朔州市
忻州市
阳泉市
太原市
吕梁市
晋中市
长治市
临汾市
晋城市
运城市
石家庄市
邢台市
邯郸市
安阳市
焦作市
新乡市
郑州市
洛阳市
三门峡市
济源市
鄂尔多斯市
图例
省级行政中心
市级行政中心
县（市）级行政中心
乡、镇、街办
省级界
市级界
县级界
铁路
高速公路
在建
国道
河流、水库
盐湖
山峰名称及高程
长城
比例尺1:2 850 000

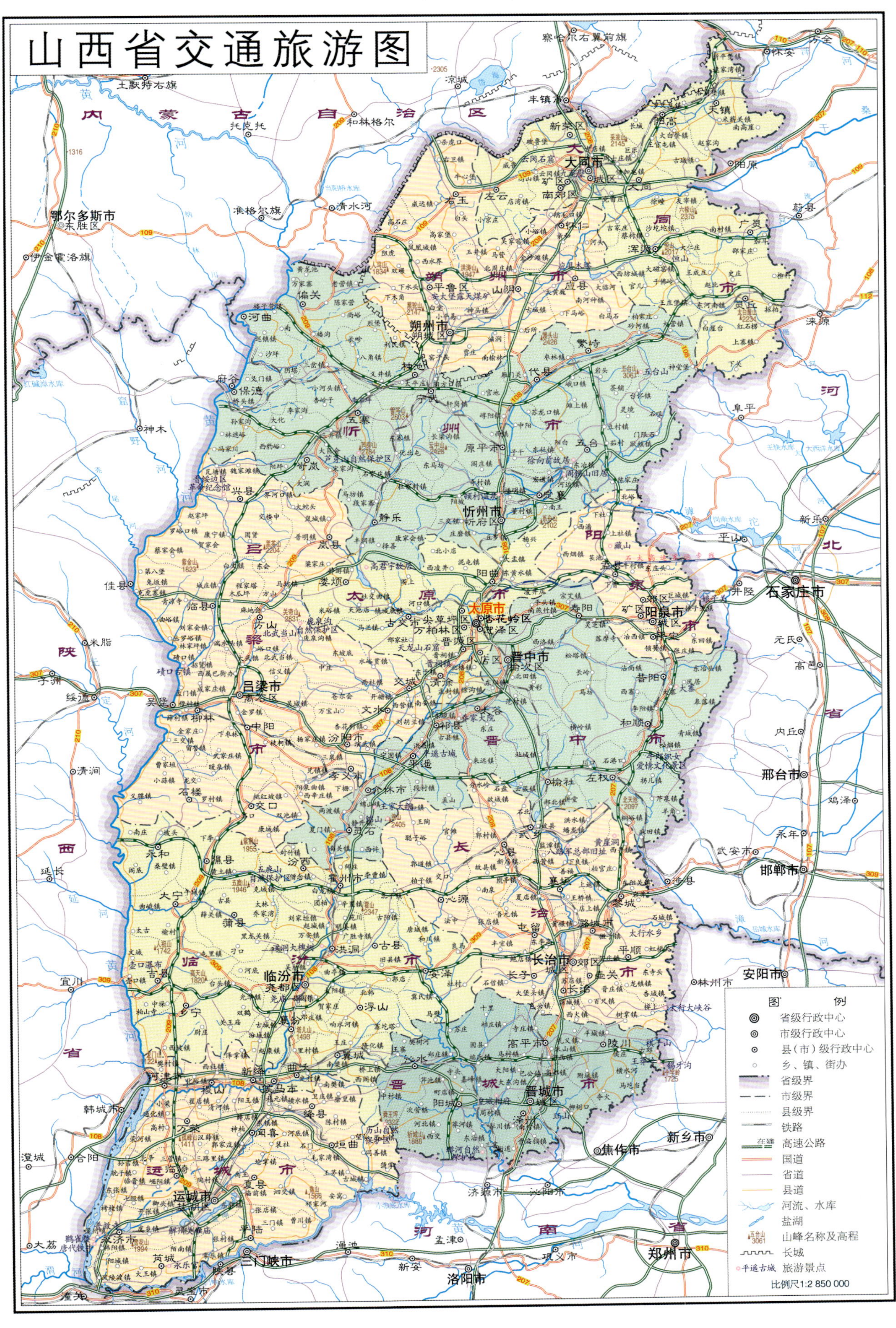
山西省交通旅游图
内蒙古自治区
河北省
河南省
陕西省
大同市
朔州市
忻州市
太原市
阳泉市
晋中市
吕梁市
长治市
临汾市
晋城市
运城市
石家庄市
邢台市
邯郸市
安阳市
新乡市
焦作市
郑州市
洛阳市
三门峡市
鄂尔多斯市
图例
省级行政中心
市级行政中心
县（市）级行政中心
乡、镇、街办
省级界
市级界
县级界
铁路
在建
高速公路
国道
省道
县道
河流、水库
盐湖
山峰名称及高程
长城
旅游景点
比例尺1:2 850 000

中央领导人考察山西

【刘云山考察山西】

2月16~19日，中共中央政治局委员、中央书记处书记、中宣部部长刘云山到山西省，出席在太原召开的全国文化体制改革工作会议，并就文化体制改革、文化产业发展与文化惠民进行了深入考察调研。在会议中，他指出，要抓住关键环节，突出工作重点，着力推进国有文艺院团和非时政类报刊改革，不断完善转制企业运营机制，分类推进文化事业单位改革，推动文化体制改革全面深化，为文化长远发展、持续发展奠定基础。在调研时，他强调要深入贯彻党的十七届六中全会精神，牢固树立以人民为中心的工作导向，坚持文化发展为了人民、文化成果惠及人民、文化建设依靠人民，眼睛向下、重心下移，面向基层、服务群众，更加自觉主动地加强基层宣传文化工作，推动文化繁荣发展、实现文化共建共享。刘云山强调，要始终坚持文化发展为了人民，把服务群众作为根本目的，把群众满意作为最高标准，群众赞成什么我们就安排什么，群众期盼什么我们就做好什么。要始终坚持文化成果惠及人民，把发展文化作为保障和改善民生的重要内容，推动更多的资源投向基层、更多的服务延伸到基层，加快构建公共文化服务体系，深入实施重点文化惠民工程，推出更多基层群众买得起、看得懂、用得上的文化产品，不断丰富基层文化生活。要始终坚持文化建设依靠人民，充分尊重人民群众的主体地位和首创精神，开辟渠道、搭建平台、创造条件，吸引群众广泛参与，把蕴藏于群众之中的智慧和力量释放出来，让群众在文化建设中自我表现、自我教育、自我服务，真正成为文化繁荣发展的主角。

【刘延东考察山西】

2月17~18日，中共中央政治局委员、国务委员刘延东到山西太原，出席全国文化体制改革工作会议。刘延东要求，各地各部门要从党和国家事业发展全局的高度，从深入贯彻落实科学发展观的高度，充分认识推进文化改革发展的重要性紧迫性。要深入学习领会中央精神，进一步把思想和行动统一到党的十七届六中全会精神和国家“十二五”文化改革发展工作部署上来，使文化改革发展更好地体现中央部署、时代要求和人民期盼。要进一步加强统筹规划和协调指导，健全领导体制和工作机制，创新工作思路和方式方法，不断增强推进文化改革发展本领。要进一步完善政策体系，强化政策引导、扶持和保障，为文化改革发展提供强有力支撑。要进一步明确工作责任和时间进度，加强督促检查，确保文化改革发展各项任务落到实处，取得实效。刘延东一行到山西太原、晋中、吕梁等地对教育、科技、文化等领域的工作进行了考察调研。刘延东一方面了解所到单位、学校、乡村的情况，另一方面从宏观视角和理论高度为当地具体工作提出了期望，指明了方向。在文水县刘胡兰纪念馆，她说，要结合社会主义核心价值体系建设，进一步挖掘提炼刘胡兰精神新的内涵，让刘胡兰精神重回教科书，对孩子们进行爱国主义教育。考察太谷县职业中学及中北大学时，指出职业教育大有可为，高等教育使命在肩。在太原重型机械集团及中国电子科技集团公司第二研究所调研时，希望在自主创新上再接再励，把科技研发和经济社会发展紧密结合起来。

【王兆国考察山西】

5月20~23日，中共中央政治局委员、全国人大常委会副委员长、中华全国总工会主席王兆国到晋城、长治、吕梁、晋中、太原等地深入企业、农村、社区、文化事业单位和八路军总部旧址、八路军太行纪念馆考察调研。王兆国高度评价山西省积极贯彻中央稳中求进总基调，立足省情、抢抓机遇，经济发展和社会建设各项事业取得的成就，对人大工作和工会工作围绕中心、服务大局，在实践中取得的成绩予以充分肯定。他强调，要坚定不移走中国特色社会主义政治发展道路，坚持和完善人民代表大会制度，全面落实依法治国基本方略，大力弘扬社会主义法治精神，不断推进科学立法、严格执法、公正司法、全民守法进程，实现国家各项工作法治化，加快建设社会主义法治国家，以优异成绩迎接党的十八大胜利召开。各级工会要在党的领导下，坚定不移地走中国特色社会主义工会发展道路，进一步作好新形势下职工群众工作，在加强和创新社会管理中发挥更大作用，团结动员广大职工，为实现科学发展稳中求进做出更大贡献。

【何勇考察山西】

7月2～3日，中央书记处书记、中央纪委副书记何勇深入运城市进机关、下农村、访农户，了解经济社会发展和惩防体系建设、农村基层党风廉政建设情况，走访慰问困难群众，看望纪检监察战线的工作人员，就推进党风廉政建设和反腐败工作进行考察调研，出席全国村务公开民主管理工作会议并作了重要讲话。他强调，要坚持以邓小平理论和“三个代表”重要思想为指导，深入贯彻落实科学发展观，以建立健全村务公开民主管理长效机制为主线，认真落实民主管理制度，进一步完善乡村治理机制，着力解决农民群众反映强烈的问题，切实维护农民群众合法权益，促进农村社会和谐稳定，推动农村经济社会又好又快发展。他指出，要着力落实和完善基层群众自治制度，着力加强村级民主监督，着力加强农村基层党风廉政建设，着力构建乡村治理机制，着力加强村级队伍建设，以建立健全村务公开民主管理长效机制为主线，认真落实民主管理制度，认真解决农民群众反映强烈的问题，切实维护农民群众合法权益，促进农村社会和谐稳定，推动农村经济社会又好又快发展。

【回良玉考察山西】

8月26~27日，中共中央政治局委员、国务院副总理回良玉到朔州市主持召开三北防护林工作会议。在会上强调，要深刻认识三北防护林体系建设的重要性和艰巨性，把防沙治沙和水土保持作为根本任务，把改善生态环境和满足民生需求作为基本要求，把人工治理和自然修复作为主要手段，坚持全面推进，加强基地建设，完善政策措施，加大投入力度，创新体制机制，凝集各方力量，大力保护和扩大林草植被，努力走出一条生产发展、生活富裕、生态良好的文明发展道路。回良玉强调，三北地区仍然是我国林草植被最稀缺、生态环境最脆弱的地区，三北防护林工程是事关国家生态安全的战略性工程。当前，工程建设正处于承上启下、加快推进的重要时期，处于攻坚克难、转变发展方式的关键时期。我国粮食生产重心北移，三北地区能源、矿产开发和工业建设加快，对林业建设提出了更高要求。

【吴邦国考察山西】

11月19~23日，全国人大常委会委员长吴邦国到运城、太原、晋中等地，就贯彻落实党的十八大精神进行调研。他强调，要深入学习贯彻党的十八大精神，高举中国特色社会主义伟大旗帜，坚持党的基本理论基本路线基本纲领基本经验不动摇，牢牢把握社会主义初级阶段基本国情，增强责任意识和忧患意识，全面推进社会主义经济建设、政治建设、文化建设、社会建设、生态文明建设，确保到2020年全面建成小康社会宏伟目标胜利实现。调研期间，吴邦国对山西工作给予充分肯定。他说，党的十六大以来，山西省各级党委和政府认真贯彻落实中央方针政策，结合实际创造性地开展工作，全力推动转型跨越发展，各项事业取得了很大成绩，城乡群众得到了更多实惠。希望山西以学习贯彻党的十八大精神为契机，把全省干部群众的力量凝聚到实现十八大确定的各项任务上来，解放思想、攻坚克难、扎实工作，努力走出一条资源型地区转型跨越、科学发展的新路子。

（张佳琪）

山西精神

SHANXI JINGSHEN

信义 XINYI

铸就三晋之魂，以关公文化、晋商精神为代表的崇信尚义是“山西精神”的鲜明特征。

创新 CHUANGXIN

彰显三晋之要，从“胡服骑射”到转型跨越发展都体现了山西人民发展进步的精神特质，是“山西精神”的不竭动力。

坚韧 JIANREN

体现三晋之风，以太行精神、右玉精神为代表的山西人民坚强韧劲是“山西精神”的重要品格。

图强 TUQIAQNG

昭示三晋之愿，是“山西精神”的永恒目标。

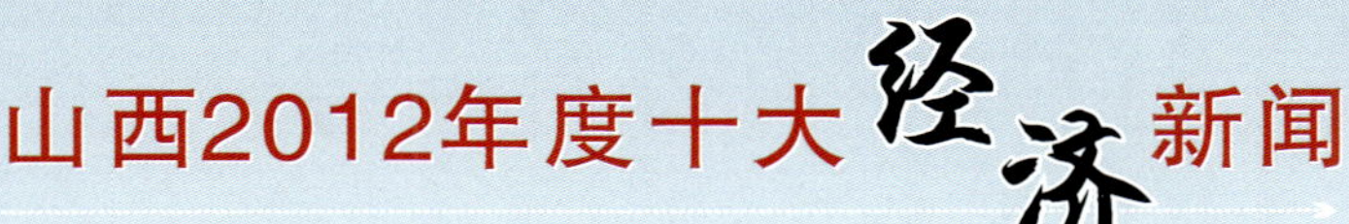

山西2012年度十大经济新闻

1、山西转型综改试验区总体方案获批

2、汾酒集团销售收入突破百亿元大关

3、山西塑造“晋善晋美”品牌新形象

4、山西境内煤炭全部实现电子化交易

5、首届世界晋商大会在太原隆重召开

6、全省粮食总产、单产再创历史新高

7、国家发改委批准太原地铁项目

8、山西打出稳增长系列“组合拳”

9、山西省开始向社会公布PM2.5数据

10、山西高速公路里程达到5000公里

综合

地区生产总值	12112.8亿元
第一产业	698.3亿元
第二产业	6731.5亿元
第三产业	4683亿元
人均地区生产总值	33628元
法人单位数	244874个
产业活动单位数	323296个

人口

总户数	1282.40万户
常住人口	3610.83万人
男性	1850.96万人
女性	1759.87万人
出生人口	38.53万人
死亡人口	20.99万人

社会从业人员和劳动报酬

社会从业人员	1790.2万人
第一产业	647.1万人
第二产业	489.9万人
第三产业	653.1万人

固定资产投资

全社会固定资产投资	9176.3亿元
第一产业	381.4亿元
第二产业	4146.7亿元
第三产业	4648.2亿元
农村农户投资额	278.4亿元
全社会竣工房屋面积	7038万平方米
#住宅	4813万平方米

对外经济贸易

海关进出口总额	150.4亿美元
出口总额	70.2亿美元
进口总额	80.2亿美元
实际利用外资额	27.7亿美元

能源

一次能源产量	78182.9万吨标准煤
能源消费总量	15803.3万吨标准煤
煤炭消费量	31085万吨
社会用电量	1765.8亿千瓦小时
焦炭外调量	5827.8万吨

物价

居民消费价格总指数	102.5
城镇	102.4
农村	102.6
商品零售价格总指数	101.8
工业生产者购进价格指数	98.1
工业生产者出厂价格指数	94.5

人民生活

城镇居民家庭人均可支配收入	20411.7元
城镇居民家庭人均消费性支出	12211.5元
城镇居民人均住房建筑面积	30.6平方米
农民人均纯收入	6356.6元
农村住户人均生活消费支出	5566.2元
农村居民人均住房面积	32.4平方米

农村经济

农作物播种面积	3796.4千公顷
其中粮食	3291.5千公顷
粮食产量	1274.1万吨
油料产量	19.6万吨
肉类产量	77.4万吨

工 业

工业企业单位	3905个
工业增加值	6230.2亿元
原煤产量	91333万吨
发电量	2535.0亿千瓦小时
生铁产量	4009.6万吨
粗钢产量	3950.2万吨
水泥产量	5076.2万吨

建筑业

建筑业企业单位	2016个
建筑业企业竣工产值	1129.0亿元
建筑业企业总产值	2668.2亿元
建筑业企业房屋建筑竣工面积	3162万平方米

住宿 餐饮业和旅游

住宿、餐饮业营业额	1565976万元
国内旅游人数	19434万人次
国际旅游人数	189.2万人次
旅游总收入	1813.0亿元
旅游外汇收入	72024万美元

财政 金融和保险

财政总收入	2650.3亿元
一般预算收入	1516.4亿元
一般预算支出	2759.5亿元
城乡居民人民币储蓄存款余额	11997.0亿元
原保险保费收入	384.6亿元

交通运输 邮电通信业

铁路营业里程	3774千米
公路线路里程	137771千米
货物周转量	3345.8亿吨 / 千米
旅客周转量	423亿人 / 千米
市话年末数	482.0万户
农话年末数	203.2万户
移动电话户数	2764.6万户

批发和零售业

社会消费品零售总额	4506.8亿元
市的零售额	3682.5亿元
县的零售额	824.3亿元

教育 科技

高等学校数	67所
高等学校在校学生数	63.7万人
高等学校专任教师数	3.8万人
中等专业学校数	90所
中等专业学校在校学生数	17.85万人
中等专业学校专任教师数	7903人
科学研究机构	164个

文化 体育 卫生 环保

文化馆数	119个
公共图书馆数	126个
体育场地数	10165个
电视台数	4个
医院数	1215个
废水排放总量	51765万吨

（山西省统计局）

新晋商·新山西·新跨越

——首届世界晋商大会召开

2012年8月20日在太原隆重召开。全球42个国家和地区的1400余名晋商精英，晋商代表欢聚一堂，共话桑梓之情，并向全球晋商发出《晋商宣言》，共同弘扬晋商精神，传承晋商文化，凝聚晋商力量，重铸晋商辉煌。

首届世界晋商大会由中共山西省委、山西省人民政府、中国侨联和全国工商联主办，省委统战部、省工商联承办的。全国政协副主席、工商联主席、首届世界晋商大会名誉主席黄孟复出席会议并讲话。首届晋商大会主席、省委书记袁纯清致辞。

目前，晋商遍布全球，广泛分布于美洲、欧洲、非洲和亚洲等50个国家和地区，32个国家设有山西商会，27个省市区有山西商会，超过200万山西商人在全国各地投资兴业，近百万山西商人在世界各地创业发展，以实际行动展现了新时代晋商风采，丰富了晋商精神的内涵。

此次大会所签约的102个项目，拟引资额均在20亿元以上，集中体现了首届世界晋商大会的招商引资成果，是引领山西经济转型跨越的标志性项目。从项目规模结构看：100亿元以上的项目10个，50亿元以上的项目21个。从总体招商情况看，首届世界晋商大会协议、合同项目总数561个，总投资额7921.9亿元，拟引资额7084.4亿元。从产业、行业看，项目涉及高新技术产业、装备制造业、商贸物流业、文化旅游业、现代农业等多个行业和领域。从投资来源看，投资方涉及新加坡、美国等多个国家和我国香港、澳门等特区，北京、广东等23个省（区、市）。这些项目的实施，必将进一步带动山西省产业结构的优化升级，有力推动和促进山西省转型跨越发展。

首届世界晋商大会
招商引资项目签约仪式

首届世界晋商大会
汾酒 中国酒魂晋商品牌发展论坛

第四届中国（太原）国际能源产业博览会

中国（太原）国际能源产业博览会2012年16～18日在太原成功举办。本届能博会主题是“绿色能源·转型跨越”。由山西省人民政府、商务部、科技部和国家能源局联合主办，是国内能源领域唯一的国家级、国际化、专业性的展会。自2007年举办以来，已经成为把握未来能源产业发展脉搏，促进能源产业交流合作的重要平台。

本届能博会首次按能源分类划分展区，分设煤炭及煤层气、石油及天然气、火电及其设备、水能及水电、核能及核电、新能源、大型设备、低碳工业园等8大类展区，基本覆盖目前能源全领域，更加突出专业性。展示出世界能源领域的前沿技术和产品，探索能源产业的转型路径，共绘世界绿色能源新蓝图。在参展的192家企业中，国外企业47家，26家为世界500强，体现出展会国际化程度的显著提升。

山西省共签约招商引资项目1123个，在所有签约项目中，转型、民生、基础设施类项目共702个，占全部签约项目总投资额的64.9%。

同煤集团
DATONG COAL MINE GROUP
打造新生活

中国煤科
中国煤炭科工集团太原研究院
天地科技
山西天地
中国煤科

CNR
中国北车
接轨世界 牵引未来

中国最大的无烟煤

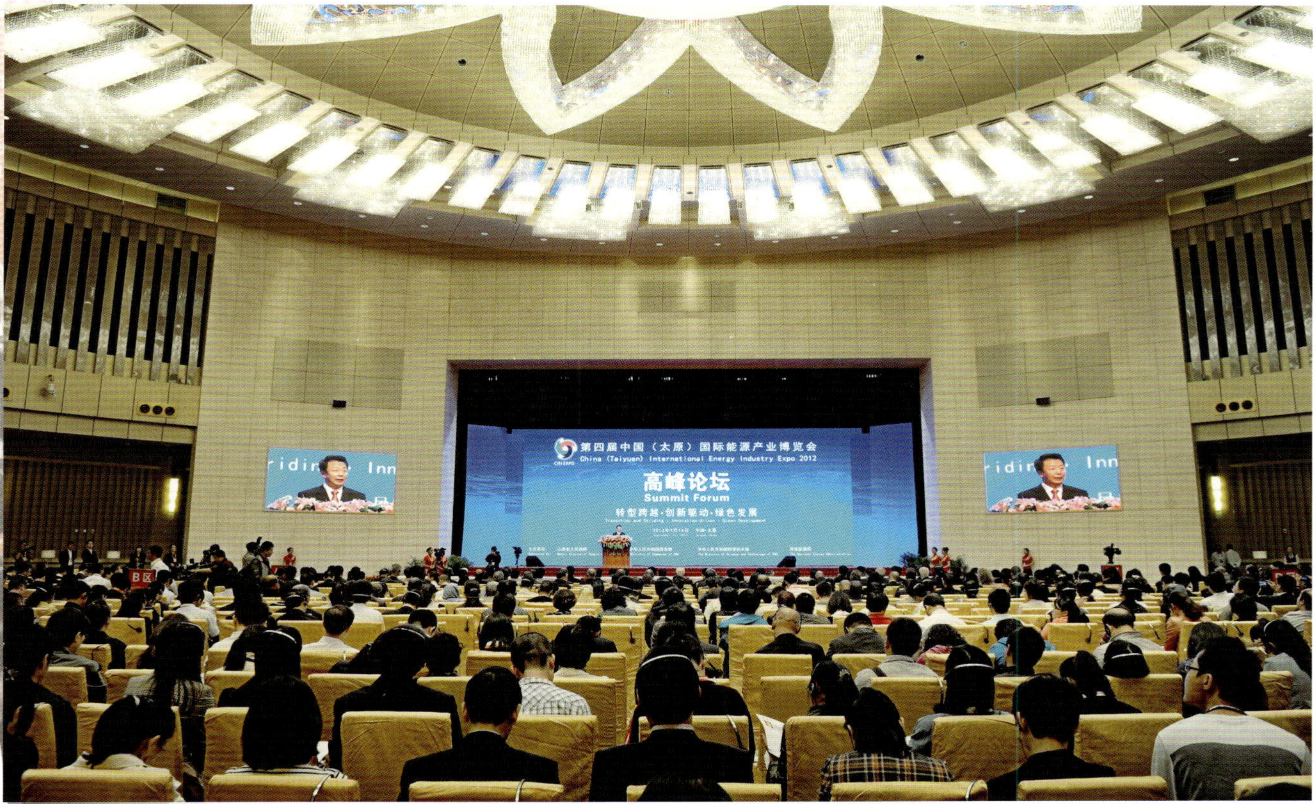

第十七届中国北方旅游交易会隆重举行

2012年8月24～26日，由中国北方十省（区、市）旅游局（委）共同主办，山西省旅游局和太原市人民政府联合承办的第十七届中国北方旅游交易会在中国（太原）煤炭交易中心展览中心隆重举行。北交会是由国家旅游局支持，北方十省（区、市）旅游局（委）共同主办的区域性旅游交易会，从1996年开始，已连续举办十六届。本届北交会以“交流合作、转型跨越”为主题，体现了山西省和太原市用世界眼光和战略思维谋划旅游产业。展会的成功举办对推动山西省旅游产业转型跨越发展产生积极的推动作用。

本届北交会突出地域特色，重点宣传了山西老陈醋、汾酒、不锈钢、煤炭、面食技艺、山西民歌等特色文化，全面展示了“中国山西·晋善晋美”和“唐风晋韵·锦绣龙城”等旅游产业成果。本届北交会实现了“参与广泛、密切交流、特色鲜明、成效显著”的目的。3天时间参观者近10万人，现场展卖成交额超过1000万元。

省直单位撰稿人名单

撰稿人	单位
王成禹　刘智刚　任兆宇	省委办公厅
荆　沛	省委组织部
冯向宇	省委宣传部
王　峰	省委统战部
史竹涛	省委政法委
王小琴　赵夏夏	省委机构编制办公室
闫鹏飞	省直属机关工委
杨子晋	省委党史办
张耀东	省委党校
杨卫兵	省委信访局
赵泽瑞	省委老干部局
秦　钟　王　磊　郭　强	省人大常委会
柏亚华	省政府
张　琮	省人力资源和社会保障厅
王文广	省民政厅
李晶辉	省公安厅
张利荣	省公安厅交管局
张　霏	省司法厅
局办公室	省监狱管理局
李晋中　张小三	省财政厅
董其文	省国税局
徐　鸿	省地税局
宁红伟　郑钰卿	省审计厅
张晋军	省人口和计生委
郭文强	省政府法制办
张晋丽	省外事办
王立品	省统计局
王合龙	省政府参事室(文史馆)
吕继常	省对台办
赵文江　陈文莉	省政府发展研究中心
高文宏	省地方志办
王　斌	省档案局
石　峥	省发改委
刘忠兵	省国资委
张　峰	省国土资源厅
靳国琦	省工商行政管理局
祁治荣　马润卯	省物价局
郝建玉　李　昆	省质量技术监督局
成　龙	省安全生产监督管理局
高　翔	省食品药品监督局
周志清	省政协
牛彦方	省纪委监察厅
马云跃	省高级法院
尹桂珍	省检察院
张志新	省军区
邸俊伟	省武警总队
史永健	省人防办
王明德	民革山西省委
梁俊娜	民盟山西省委
郝文杰	民进山西省委
张云鹏	民建山西省委
胡小龙	农工民主党山西省委
王利波	九三学社山西省委
冯学亮	省工商联
宋海兵　冯　千	省总工会
张　瑜	团省委
李　敏	省妇联
王继龙	省科协
王纪山	省社科联
张佳栋	省侨联
王　岳	三晋文化研究会
侯晓俊	省红十字会
武学亮	省慈善总会
董晨阳	省经信委
王德善	省煤炭工业厅
陈晓亮	省电力公司
龙　颖	国家电监太原办
姚文举	省机械电子行业办
康建基	省冶金行业办
王乐意	省化工行业办
王　洋	省建筑材料工业行业办
孙宝明	省纺织业行业管理办
袁　珊	省轻工业行业办
赵云刚	省国防科工委
张　萍　杜军良	省食品协会
刘俊杰	省农业厅
许云麒	省农垦局
侯晋兰　郑晓静	省畜牧兽医局

姓名	单位
秦永红	省农机局
杨光宗	省农科院
谢英杰　冀瑞平	省林业厅
王秀芳	省水利厅
原晋军	省中小企业局
冯晓东	省城联社
李国红　张力明	省住房城乡建设厅
杜晓宇	省重点工程办
闫淑铮	万家寨引黄工程管理局
王　颖　王　毅	省环保厅
师国梁	省交通运输厅
孙淑环	太原铁路局
聂云珍	省民航机场集团公司
石亚萍	省邮政管理局
孙久臣	省邮政公司
李　隽	省物资产业集团
马庆彪	省无线电管理委员会
武雅明	省通信管理局
赵　苇	电信山西分公司
黄云霞	联通山西分公司
纪红兵	移动山西分公司
原文浩	省展览馆
张红霞	中国煤炭博物馆
陈汾霞　田若微	省博物院
宋晓徽	省口岸办
张新年	太原海关
张建龙	省检验检疫局
徐晨星　黄恩浩	省商务厅
祝志光	省粮食局
司昌平	省供销社
陈晓勇	省烟草专卖局
李志平	石化山西分公司
连　娟	省银监局
张　杰	中行太原中心支行
牛晓辉	省农业发展银行
李文杰	省工商银行
康　宁	省农业银行
王　纲　冯培义	中行山西省分行
赵建伟	建行山西省分行
韩　雪	华夏银行太原分行
张　洋	兴业银行太原分行
张　晶	晋商银行
聂宏伟　雷鹏锋	省农村信用社联合社
王秀军	山西邮政储蓄银行
王艳华	省保监局

姓名	单位
茹哲峰	中国人保山西分公司
陶　莹	太平洋财险山西分公司
刘建贞	中国人寿山西分公司
刘志平	太平洋人寿山西分公司
张　倩	平安人寿山西分公司
张　军	省证监局
李宏卿	省教育厅
陈红科	省科技厅
杜永刚　任玉荣	省测绘地理信息局
张素贞	省煤炭地质局
梁述杰	省水文水资源勘测局
李国英	省气象局
车海兵	省地震局
霍春英	省社科院
陈燕萍	省文化厅
吕轶芳	省作协
李德胜	省图书馆
谢宾顺	省文物局
尤小芳　张　原　李陈华	省文联
潘　焱　周炳良	省新闻出版局
赵　青	山西日报报业集团
郭文礼	省出版传媒集团
冯思睿	省广播电影电视局
王海叶	省旅游局
刘　翔	省卫生厅
张晓蕾	省医药行业办
王宏德	省体育局
王泽武	省民族宗教事务局
闫　鹏	省老龄委
吕竞伟	省残联
杜姗姗	省扶贫开发办
朱东兵	省政府移民办
郎少萍	审计署驻太原特派办
马健琳	财政部驻山西专员办
赵　媛	太原高新区
李立平	长治高新区
栗　群　李冬梅	太原经济技术开发区
张维新	大同经济技术开发区
郭　微	太原不锈钢产业园区
郭成宏　张湘林	晋城经济开发区
杨成祥　赵新政　李　茂	晋中经济技术开发区
梁　青	临汾经济技术开发区
盖耀平	侯马经济开发区
周　帆	运城经济开发区
杨建国　李　娜　董　佩	运城空港经济开发区
侯伟宏	绛县经济开发区

市县(区)单位撰稿人名单

撰稿人	单位
陈德善　赵福香	小店区史志办
张国文	迎泽区地方志办公室
刘　桐	杏花岭区地方志办公室
王雪琴	尖草坪区地方志办公室
武超龙	万柏林区地方志办公室
方慧敏	晋源区地方志办公室
杨晓霆	清徐县地方志办公室
王天祥	阳曲县地方志办公室
李亮存	娄烦县地方志办公室
赵志英	古交市地方志办公室
姚　斌	大同市地方志办公室
许雅莉	城区地方志办公室
武新田	矿区史志办
周立娟	南郊区史志馆
贺雨顺	新荣区史志办公室
路福忠	阳高县史志研究室
高志英	天镇县史志办公室
姜成晋	广灵县地方志办公室
高晓彬　刘甫花	灵丘县地方志办公室
范颖莲	浑源县史志办公室
邵明仁　邢月英	左云县史志办
吉广庆	大同县史志办
任佟苏　杨　文	阳泉市地方志办公室
王世钧	城区地方志办公室
孙燕平　王宏英	矿区地方志办公室
王永清　高志宏	郊区地方志办公室
刘　勇　洪晓琴	平定县史志办公室
崔石头　王万林	盂县史志编纂委员会办公室
尚竹英	长治市地方志办公室
李书平　张少蓉	城区史志办
姜玉罡	郊区地方志办公室
付小波　武俊英	长治县地方志办公室
万瑞星	襄垣县地方志办公室
李筱琴　申　琳　胡志荣	屯留县地方志办公室
王建斌　张国梅	平顺县地方志办公室
王利芳	黎城县地方志办公室
张明举	壶关县史志办
王卫星	长子县史志办
魏春洲　曹小莉	武乡县史志办
王建宏　郝爱萍	沁县史志办
宋江华　魏晓燕	沁源县史志办
申质良　常宏武	潞城市志办
牛晋军	晋城市地方志办公室
赵同善　周粉香	城区地方志办公室
张丽霞	沁水县地方志办公室
王家胜	阳城县地方志办公室
程跃新	陵川县县志编纂委员会
张　静	泽州县史志办公室
蔚　铭	朔州市地方志办公室
常凤霞　王雄一	朔城区政府办
郭文亮	平鲁区政府办
胡　广	应县政府办公室
李志国　杨健慧	右玉县政府办公室
杨志雁　皇素珍	怀仁县史志办
王新元	榆次区史志办
常彩萍	榆社县史志办
宋　丽	左权县党史志办
王　燕	和顺县史志办
武代玲	寿阳县志办
杨　扬	太谷县党史县志办公室
岳丽霞	祁县地方志办公室
梁　晓	平遥县史志办
景茂礼	灵石县史志办
赵俊萍	介休市史志办
何桂兰	盐湖区地方志办公室
程明清	临猗县地方志办公室
薛勇勤　张东宏	万荣县地方志办公室
樊香叶　孟令燕	闻喜县志办
程明云	稷山县地方志办公室
许　隽	新绛县地方志办公室
王学智　刘　超	绛县地方志办公室
王建民	垣曲县地方志办公室
孙英杰	夏县地方志办公室
杨卯翠	平陆县地方志办公室
董少峰	芮城县地方志办公室
温　鹏	永济市地方志办公室
王　欣　高创奇	河津市地方志办公室
赵　芳	忻州市委史志办公室
张新华	忻府区地方志办公室
薄振宇	定襄县史志办

裴志华	五台县史志办
高继东	代县史志办
冯占军	繁峙县地方志办公室
白瑞萍　路玉英	宁武县委史志办
李青春	静乐县志办
杨向东	神池县史志办
朱和森	五寨县志办
贾润高	岢岚县史志办
王巧英	河曲县史志办
武延飞	保德县史志办
卢银柱	偏关县政协文史委
张文斌	原平市史志办
李艳洁	临汾市地方志办公室
张洪亮	尧都区志办
张淑霞	曲沃县志办
翟铭泰	翼城县史志办
王建刚	襄汾县志办
曹　月	洪洞县地方志办公室
毛华丽	古县地方志办公室
尚晓玲	安泽县地方志办公室
崔　勐　李彤新	浮山县地方志办公室
强培家	吉县地方志办公室
秦英萍　闫　涛	乡宁县地方志办公室
李宏伟	大宁县志办
张克强	隰县地方志办公室
樊永兴	永和县史志办
曹立华	蒲县地方志办公室
牛记明　赵鸿虎	汾西县史志办公室
赵香琴　耿文静	侯马市史志办
郭秀东	霍州市史志办
李保生　刘翠翠	吕梁市地方志办公室
孙银爱	离石区史志办公室
徐锦笙　郝卫风	文水县史志办
杨丽萍	交城县地方志办公室
牛小兵	兴县档案史志馆
张海红	临县地方志办公室
张　一	柳林县地方志办公室
郑凤斌	石楼县地方志办公室
郭学明	岚县地方志办公室
高海龙	方山县地方志办公室
李晓钟	中阳县地方志办公室
武允明	交口县地方志办公室
张彩琴	孝义市地方志办公室
郭宇霞　陈红艳	汾阳市史志办公室
太原市	太原市地方志办公室
高平市	高平市地方志办公室
山阴县	山阴县政府办
晋中市	晋中市史志研究院
昔阳县	昔阳县史志办
运城市	运城市地方志办公室

编纂说明

一、《山西年鉴》是山西省人民政府组织、山西省地方志办公室主管主办、《山西年鉴》编辑部编纂出版的大型资料文献，是省级综合性年鉴。其功能是全面如实地记载山西省自然、政治、经济、文化、社会等各个领域的基本情况和年度内的重要事项与发展变化，为国内外读者认识山西、研究山西、投资山西、建设山西提供帮助。

二、《山西年鉴(2013)》记述时限为2012年1月1日至12月31日，特载内容除外。

三、《山西年鉴(2013)》框架在保持历年相对稳定的基础上作了适当调整和增加。新增加部类是"年度要事""开发区"。新增加内容有"新任领导""新闻人物"以及与山西经济社会发展紧密相关的22张统计表。限于框架与实际之差异，个别条目略有交叉，但角度不同，互为参见，保证内容的相对完整。

四、《山西年鉴(2013)》采用分类编排法，共分四个层次编排，即类目、分目、次分目、条目。全书共设立34个类目，219个分目，202个次分目和2188个条目，收录统计图表85张，总字数171万字。

五、《山西年鉴(2013)》配备有主题词检索系统，主题词按首字汉语拼音音序排列。同时，把年鉴内出现的主要缩略语作了辑录注释置于附录。

六、《山西年鉴(2013)》涉及数据由于行业和地区统计口径等方面的原因，个别条目互有不一致之处，当以山西省统计局发布的统计数字为准。统计资料除农业经济、市县概览类目外均使用法定计量单位。

七、《山西年鉴(2013)》稿件由山西省各级党、政、军机关和企事业单位提供。统计资料由山西省统计局提供。照片除署名外由山西画报社提供。

八、《山西年鉴(2013)》由山西年鉴服务部负责发行。读者也可以在山西地方志网(www.

sxdfz.com)、山西年鉴网(www.sxnj.com.cn)在线阅读和订阅。

《山西年鉴》创办以来,得到社会各界的大力支持,我们对关心、支持山西年鉴事业发展的各级各部门领导和各位撰稿人表示衷心的感谢!

《山西年鉴》编辑部

二〇一三年九月十八日

目 录
Contents

政治建设

社会建设

文化建设

生态建设

机构设置和领导人名录

大事记

2012年大事记

中国共产党山西省委员会

综 述

重要会议与领导变动

办公厅

组 织

宣 传

统 战

政法委

机构编制

省直属机关工委

中国人民政治协商会议山西省委员会

综　述

重要会议

重要活动

调研室和专门委员会

中国共产党山西省纪律检查委员会

综　述

重要会议

预防惩治体系建设

党风廉政建设

民主党派和工商联

民革山西省委员会

民盟山西省委员会

出入境检验检疫

太原海关

工商行政管理

物价管理

工业经济

经济和信息化

煤炭工业

电力工业

机械电子工业

冶金工业

化学工业

医药工业

开发区

综 述

太原高新技术产业开发区

长治高新技术产业开发区

太原经济技术开发区

大同经济技术开发区

太原不锈钢产业园区

晋中经济技术开发区

临汾经济技术开发区

侯马经济开发区

晋城经济开发区

运城经济开发区

绛县经济开发区

运城空港经济开发区

农业经济

种植业

农　垦

畜牧业

农业机械化

农业科技

林 业

水 利

中小(乡镇)企业

住房和城乡建设 环境保护

住房和城乡建设

·住房建设·

·城乡建设管理·

·城镇与乡村建设·

重点工程

万家寨引黄入晋工程

环境保护

·环境执法·

·环境治理·

交通运输

公 路

铁　路

民用航空

内河航运

邮政　电信

邮　政

·邮政管理·

·邮政业务·

电　信

·无线电管理·

财政 税务

财 政

税 务

金 融

金融监管

保　险

贸易　会展

贸　易

粮　食

供销合作

烟草专卖

气 象

地 震

社会科学

社科活动

社科研究

著作选介

教育

教育发展建设

基础教育

职业教育

高等教育

新闻出版　广播电影电视

新闻出版

广播电视电影

山西日报报业集团

山西出版传媒集团

文 化

文化建设

文学艺术

·文 学·

·艺 术·

·社会文化·

卫生　体育

卫　生

体　育

社会生活

人口　计划生育

婚姻　家庭

妇女　儿童

青　年

老年人

残疾人

民族　宗教

大同市

阳泉市

长治市

晋城市

朔州市

晋中市

运城市

忻州市

临汾市

吕梁市

附 录

经济和社会发展统计资料

法规选登

CONTENTS

在全省转型综改试验区建设大会上的讲话

中共山西省委书记、省人大常委会主任　袁纯清

（2013 年 4 月 22 日）

这次会议是在全省上下深入贯彻落实党的十八大精神、加快推进转型综改试验区建设的关键时刻召开的一次重要会议，标志着我省转型综改试验区建设的全面铺开、深入推进。上周经省委、省政府批准下发了《山西省国家资源型经济转型综合配套改革试验实施方案（2013—2015 年）》和《2013 年行动计划》。这两个文件是对国家批复的《总体方案》的细化、落实和任务分解，概括起来，总的要点就是抓好"5111"重点任务落实。刚才，我们看了介绍片，听了有关市县和部门负责同志的表态发言，进一步明确了思路，具体部署了任务，增强了紧迫感。下面，我就加快转型综改试验区建设，强调几点意见。

一、认识要有新提高

自 2010 年底转型综改试验区获批以来，全省干部群众紧紧抓住这一难得机遇，先行先试，积极作为，做了大量富有成效的工作，取得了重要进展。《总体方案》得到正式批准之后，市、县和省属大型国有企业等试点工作扎实推进，一大批转型标杆项目启动建设，陆续出台了一系列扶持政策，与国家有关部委、大型央企、科研院校等或是签署了合作协议、或是建立了会商机制，在中国（太原）煤炭交易中心煤炭交易价格指数发布和动力煤期货交易、煤层气审批制度改革、低热值煤发电项目审批、用地管理改革以及大用户直供电等方面，取得了积极进展。总之，转型综改试验区建设各项工作顺利推进，呈现出强劲发展势头。同时，我们也要看到，与党中央的要求和人民的期望相比，与全国其他综改试验区相比，我省转型综改试验区建设推进的路径还有待于进一步清晰、力度还有待于进一步加大、速度还有待于进一步加快，特别是各市县之间、企业之间、部门之间进展还不够平衡，先行先试的胆气和智慧不足，具有全局性的标杆性项目不多，许多涉及转型的体制机制尚未建立，试验区建设对全省转型发展的支撑作用和对经济增长的促进作用还不够有力，资源型经济转型的深层次问题还没有从根本上破题。对此，我们必须有清醒的认识，进一步增强责任感、使命感和紧迫感，以更大的决心和更多的办法推进试验区建设。

首先，要始终坚持资源型经济转型这个主题。转型发展是时代主旋律，是世界潮流，更是建设转型综改试验区的根本取向。我们建设转型综改试验区的根本目的，是为资源型经济地区转型发展趟路，解决山西清洁发展、绿色发展、低碳发展、安全发展、可持续发展问题。山西最大的优势是煤炭资源，正是因为煤炭，不仅形成了山西基本的产业结构，成为国家重要的能源基地，而且为国家的发展提供了重要的能源支持。也是因为煤炭，造成了我们产业结构的单一，生态的破坏，节能减排的重负，以致发展受制于下游产业的波动，始终处于一种被动状态。亚洲金融危机和国际金融危机在山西表现的经济急剧下行，就是我省经济周期性运行的极端性反映。今年 1 至 3 月，在全国经济下行压力较大的情况下，我省煤炭产量和销量仅仅上升 0.7%，销量下降 1.4%，煤炭行业完成税收同比下降 33.4%。事实再次表明，单靠煤炭，永远走不出"因煤而兴、因煤而困"的轮回，山西发展必须走"以煤为基、多元发展"的转型发展之路。转型综改试验区建设，必须始终坚持资源型经济转型这个主题，在破解资源型经济转型这个难题上下工夫。转型发展快，试验区建设才快；创新驱动好，试验区建设才好；走出资源型经济转型新路，试验区建设才能取得成功。

其次，要始终把握好综合配套这个原则。资源型经济的作用和影响涉及资源型地区的方方面面，由此形成了错综复杂、根深蒂固的资源型矛盾，绝不可能用一剂药、一根针就解除所有“病痛”。资源型经济转型的成功，必须着眼于全面转型和根本转型，坚持综合配套原则。按照《总体方案》的要求，我们制定的《实施方案》提出9个方面50项改革任务和7个方面100项重大事项，既突出了产业转型、生态修复、城乡统筹和民生改善四大主要任务，又涵盖了全省经济社会发展的各个方面，具有很强的系统性、针对性和可操作性。我们要统筹兼顾、全面推进，才能使经济发展转向新的形态，才能使转型的步子迈得坚实、持久，转型发展的新路才能越走越宽广。

第三，要始终抓住先行先试这个灵魂。先行先试是转型综改试验区的关键所在和最大政策。国家批准山西建设转型综改试验区，赋予我们先行先试的权力，本质上是中央在改革攻坚期给予我省的一次改革授权，是制定新政策、开创新范式、取得新突破的前提。

综改试验区能不能建设好，最主要的是看我们能不能抓住、践行好先行先试。这既取决于我们的胆气，又取决于对客观规律的把握，还取决于对中央授权和具体政策的运用。

用足先行先试这个权力，要求我们既要发挥主观能动性，善于想、敢于闯，又要从实际出发，把握发展规律，做到胆气勇气与科学精神相统一，主观能动与客观规律相结合。用好先行先试这个大政策，要求我们以思想观念的解放、立说立行的实践、借鉴创新的互动，在理顺资源开发利用机制、推行煤电一体化，发展循环经济，实现产业提升方面；在完善资源环境税收，财政支持转型制度和金融服务转型机制方面；在增加研发投入，扶持技术创新，培养创新人才方面；在完善资源能源节约，生态环境保护和降耗减排机制方面；在建立健全城乡一体化发展的户籍、社会保障和公共服务供给制度，实现土地流转和节约集约利用方面；在优化行政管理，完善项目审批机制，加大“引进来”、“走出去”力度，深化国内区域合作方面等等，出台和实施具体的新政策、新举措。

总之，只要有利于转型综改试验区建设、能够给人民带来福祉，都可以通过先行先试趟出新的路子、展现新的作为。还要强调的是，既然是试验，就要允许试错、宽容失败，就要敢于承担责任，能够原谅试错行为。这样，转型综改试验区建设才能充满生机与活力，不断取得新进展、新成效。

二、改革要有新突破

改革是建设转型综改试验区的核心。改革必须紧紧抓住转变发展方式这条主线，通过创新驱动深化体制机制改革，推进科技管理创新，推动可持续发展。

第一，要突破思想障碍。要坚持市场化改革取向，以改革促进转型发展，以改革释放发展红利，坚决摒弃“等”“靠”“要”思想，持续加大项目引进、政策制定、要素保障、人才支撑等方面的改革创新力度，不等不靠，勇于突破，把自己能做的事先做起来，在事权范围内把自主性和创造性发挥到最大限度。只要政策法律没有明文禁止，都可以大胆尝试，对于涉及国家层面的改革，要积极做工作，力争国家给予最大程度的理解和支持；对于省级事权内的改革，省政府及相关部门要加快推进；对于市级事权内的改革，市级政府要积极推进；要赋予市县更大的改革自主权，扎实推进扩权强县、强镇试点。要以主动改革、加快改革、全面改革的胆气，推动产业、财税、土地、科技、金融、生态环境、城乡统筹等重点领域和关键环节的改革创新取得重大进展，为转型综改试验区建设注入新的动力。

第二，要突破体制机制障碍。《实施方案》列出50项重大改革任务，涉及创新产业转型促进机制，完善资源和能源节约与环境保护体制机制等九个方面；《行动计划》也明确了今年要大力推进的10项改革重点。各地各部门要从这些改革任务中寻找定位，以创造性工作在深化改革、创新驱动方面取得突破，真正拿出有标志性意义的改革举措。比如，科技创新方面，要以“太榆科技创新城”建设为载体，探索科技与产业融合、与金融融合、与区域发展融合的体制机制和政策；行政审批改革方面，要在减少和下放审批权限的基础上，对重大工程、重点项目实行一站式集中审批，进一步提高行政效能；创新城乡建设用地增减挂钩机制方面，要全面推进“空壳村”整体移民搬迁，将解决城镇化土地“短板”与农民脱贫致富统一起来；创新产业转型机制方面，要以全产业链为引领，以煤电一体化为示范，全力推进焦炭、冶金、化工等领域资源循环、要素整合和产业链延伸拓展；创新融资机制方面，要深入推动以煤炭为中心的资源资产化、资本化和证券化进程，积极创新政府投资、直接和间接融资等多种融资方式，不断创新金融产品等等。

第三，要善于借鉴先进经验、重视基层首创精神。一方面，要积极借鉴国内其他综改试验区的创新做法，比如上海浦东新区、天津滨海新区的金融改革创新，成都以“全域成都”理念推进城乡一体化改革，长株潭城市群“3+5”战略，沈阳经济区创新产业升级体制机制等做法，都可以放手拿来为我所用。另一方面，要充分认识到大量的探索空间还在基层，新鲜的经验做法源于群众，最大限度发挥人民群众的主观能动性和基层的首创精神，善于通过调动群众的积极性、创造性推动工作，善于把基层的新做法、新经验上升为好的政策和制度，使人民群众中蕴藏的无穷智慧和力量充分迸发出来。

第四，要在重点领域和关键环节尽快取得突破。在转型综改试验区建设过程中，我们采取以点带面、梯度推进模式，通过启动一批试点和转型综改标杆项目，有效带动了全省综改面上工作的加快推进。今年又在重点领域和关键环节改革任务中,确定11个市选择不少于两项任务开展试点,11个省级转型综改试点县(市、区)选择两项体制机制改革任务作为试点,省直部门至少推进一项专项改革,12户省级试点企业在8个方面开展改革创新。要下大力气把这些"点"抓好,充分发挥辐射周边和服务全省的作用,从而实现整体联动。

需要强调的是,各地各部门在推进各项改革中,要制定专项方案,根据《总体方案》《实施方案》和《行动计划》要求,结合自身任务和实际,制定专项改革方案和行动计划,明确"时间表"和"路线图";要搞好沟通协调,省直部门专项改革试验要和各市县的改革试点有机结合,对一些涉及全局的综合性改革,要建立部门间的沟通协作机制;要及时总结经验,经过实践检验的好做法好经验,要积极向省直对口单位和省委、省政府报告,对实践证明行之有效的好思路、好做法、好经验,要及时加以总结、完善和推广。

三、项目要有新成果

项目是转型发展的引领,是创新驱动的支撑,抓项目就是抓转型发展,就是抓创新驱动。全省上下要从功成必在项目的高度,全力抓好项目的引进、签约、落地、开工、建设和投产,全力建设好重大项目。

首先,要全力推进重大项目建设,夯实转型综改根基。重大项目具有综合性,既是推动转型综改试验区建设的重要抓手,又是综合配套改革的重要使命,还是转型综改试验区成功的基本标志。我们抓的重大项目,必须反映综改试验区的本质,必须符合资源型经济清洁、低碳、绿色、安全发展的要求。要围绕产业转型、生态修复、城乡统筹、民生改善四大任务,统筹重大项目、重大改革、重大事项三者关系,狠抓符合转型发展方向的大项目、好项目。要树立大项目促进大发展、多项目促进快发展、好项目引领转型发展的理念,按照引领性、标志性、带动性的要求,建设好一批重大标杆项目、标杆工程、标杆园区、标杆企业。要提高重大项目的准入门槛,建设一批大型循环经济项目、重点接续替代项目、战略性新兴产业项目和重大科技创新项目。

其次,要坚持围绕产业转型引进项目,推动由资源依赖向创新驱动转变。山西的症结是产业结构不合理,转型发展的核心在产业转型,难点也在产业转型。因此,不论产业转型、生态修复,还是城乡统筹、民生改善,所有项目都必须以工业新型化、农业现代化、市域城镇化、城乡生态化为重点,优化产业和项目布局,推动传统产业循环发展、新兴产业加快发展、非煤产业多元发展,深化和拓展以煤为基、多元发展的路子。要以资源为依托,进一步扩大对外开放的深度和广度,围绕高端装备制造、煤层气综合利用、煤矸石发电及粉煤灰开发利用和新能源、新材料等十大产业引进项目,通过有选择地引进先进技术和高端设备、科技领军型创新人才和高层次管理人才等,加快招商引资向招商选资、选技、选智转变。要创新招商引资的方式方法,主动融入环渤海经济圈,引深与长三角、珠三角地区的产业互动,扩大与港澳台和世界各地的交流合作,探索发展"飞地经济",加快产业承接,不断推进产业结构优化升级。

最后,要强化项目推进的全过程跟踪服务,形成省市县齐抓项目的合力。要推动各级各部门始终把抓项目放在第一位,建立"项目推进年"常态化机制,形成不断拓展视野找项目,放大优势孵项目,吃透政策生项目,用好平台引项目,领导带头抓项目的工作氛围。要形成省市县齐抓项目的工作格局,省政府要按照指导全省、抓住重点的要求,建设重大项目储备库,在确保完成今年30个省级重大项目建设的基础上,按照策划一批、储备一批、成熟一批、推进一批的原则,对"十二五"后三年推出的总计100个重大项目进行动态管理。各市、县也要从本地转型综改实际出发,建立完善自己的项目库和项目推进扶持政策,并力争进入省级重大标杆项目名录。要不断完善项目考核标准和评价指标体系,今后省里对各市、各市对各县(市、区)的项目推进情况进行考核排队,不仅看项目大不大、多不多,更要看好不好、先进不先进;不仅看数量,更要看质量;不仅看签约率,更要看落地率。要强化项目从策划储备到招商引资、落地建设和后续运营管理的全过程服务。省直相关部门要强化对口推进服务,对突出产业转型且取得明显成效的项目,不断创新土地、财税、金融和技术、人才等优惠政策,加大扶持力度。

四、落实要有新举措

转型综改试验区的方向、目标和措施已经明确,关键要以坚强的领导、务实的举措、创新的方法抓好落实。

领导要更加到位。转型综改试验区建设是各级各部门的头号工程,各级各部门主要领导作为第一责任人,要全面负责本地区本部门转型综改试验工作,根据省委、省政府的总体部署和今年《行动计划》的要求,细化方案,强化措施,完善机制,充实力量,明确责任单位和责任人,确保层层有目标、人人有责任。各级领导干部既要把转型综改试验列入主要议事日程,更要经常深入一线,研究解决问题。省政府已将转型综改试验区建设纳入年度目标责任考核,各市、各县(市、区)也要纳入目标考核范畴。

保障要更加有力。要优化要素配置,特别是对具有战略意义的重大工程和重点项目,要全力破解要素瓶颈,优先保证资金、土地、能源等生产要素供给。要强化组织保障,一方面,把更多水平较高、素质过硬的干部和人才选拔到转型综改试验的关键岗位,人尽其才、才尽其用;另一方面,对于在转型综改试验上表现突出的干部要给予表彰奖励、优先提拔重用,对于工作不力的要进行通报、约谈和批评。要营造良好氛围,既要深度宣传各行业、各领域推进转型综改试验的创新举措、先进事迹和先进人物,也要敢于揭露搞形式主义、"花架子"、吃拿卡要的人和事,营造人人关心综改、支

政府工作报告

——在山西省第十二届人民代表大会第一次会议上

山西省代省长　李小鹏

(2013年1月23日)

各位代表:

现在，我代表省人民政府向大会报告工作，请予审议,并请省政协委员和其他列席会议的人员提出意见。

一、过去五年工作回顾

刚刚过去的五年,是我省发展史上极不平凡的五年。五年来,我们认真贯彻落实党的十七大、十八大精神,以邓小平理论、“三个代表”重要思想、科学发展观为指导,攻坚克难、扎实工作,全省经济发展、社会进步、人民生活水平不断提高,在推动转型跨越发展、全面建成小康社会的道路上迈出了坚实的步伐。

我们多措并举应对国际金融危机的严重冲击，经济保持平稳较快发展。认真贯彻落实中央宏观调控政策和决策部署,及时制定实施稳增长的一系列措施。不断加大投资力度,“四位一体”推进重点工程和重点项目建设,5年投资1814亿元,新增铁路营运里程660公里,营运总里程达到3740公里;投资2014亿元,推进公路建设,其中建成高速公路3000公里,总里程突破5000公里;投资636亿元,35项应急水源工程和引黄北干工程建成投用,大水网工程全面启动;投资1435亿元,推进电源点、主干电网、农村电网建设,新增电力装机2590万千瓦,总装机容量达到5800万千瓦，晋东南至湖北荆门世界首条1000千伏特高压输电线路投入使用;投资90亿元,建成燃气管网3000多公里。5年中,机场、通信等其他基础设施建设也取得了新的成绩。

努力扩大消费,全面落实“家电下乡”、“农机下乡”等政策措施,推进流通基础设施建设。新建改造便民连锁店3.5万个、大型农产品批发市场112个,推进“农超对接”,发展电子商务等新型业态，深入开展打击假冒伪劣商品和侵犯知识产权活动,城乡消费持续扩大。努力稳定和拓展外需,2012年全省进出口总额达到150.4亿美元。

积极发展实体经济,大力推进“双千亿”工程。8户企业销售收入超千亿元,煤销集团率先进入世界500强。省监管国有企业不断发展壮大,实现利税、营业收入分别占规模以上工业企业的50%、60%以上，成为全省经济发展的重要支柱。落实鼓励民间投资、支持民营经济发展的政策措施,民营经济快速发展,创造了全省四分之三的就业岗位和近一半的生产总值,成为吸纳就业、拉动经济增长的重要力量。

初步核算,2012年全省生产总值超过1.2万亿元,是2007年的2倍；财政总收入、一般预算收入分别完成2650亿元、1516亿元,是2007年的2.2倍、2.5倍;社会消费品零售总额达到4376亿元,是2007年的2.3倍;全社会固定资产投资完成9176亿元,是2007年的3.1倍。五年来,我省经济规模不断扩大,质量和效益明显提升,经济发展历史性地跃上了新的台阶!

我们多管齐下狠抓安全生产工作，安全生产形势持续明显好转。制定十大安全生产制度和118条安全生产规定,深入开展以煤矿为重点、覆盖20多个行业领域的安全生产专项整治;严格落实政府监管责任,选派市、县

持综改、参与综改的浓厚氛围。

机制要更加完善。转型综改试验涉及许多具体的项目,牵扯许多程序和环节,必须有一套行之有效的运行机制。要加快建立重大工程和重点项目申报、登记、论证、评估、推进一体化领导机制和工作机制,有关部门要统筹协调、密切配合,属于综改试验范畴的项目都要在绿色通道内优先登记、优先论证、优先评估,尽快开工建设。要完善政策激励机制，对于在综改试验方面整体走在前列的地区和部门,对于在转变发展方式、搞好扶贫开发、实施扩权强县等方面亮点突出、效果明显的地方和企业,今后要在资金、项目、政策等方面予以倾斜。

作风要更加扎实。工作抓得实不实是作风好不好的具体体现。近年来,我省与国家有关部门和兄弟省份签署了不少合作协议,具有很高的政策含金量。对于已签署省部合作协议的，有关地方和部门要把协议条款落实到操作层面和具体措施上,确保协议内容及时落地;对于未签署的,有关地方和部门要加大对接力度,今年要全部完成签署。对于已有一定工作基础的重大事项,比如我省总装机容量1920万千瓦低热值煤发电项目、煤炭企业兼并重组改造净生产能力150万吨/年及以下项目等,要积极跟进,力争早日开工建设。当前全省上下正按照中央和省委的要求切实改进作风，最近中央政治局会议又对在全党深入开展党的群众路线教育实践活动进行了研究部署。我们要把推进转型综改试验区建设与开展党的群众路线教育实践活动结合起来,进一步改进作风,为转型综改试验提供可靠保障。

我们要紧密团结在以习近平同志为总书记的党中央周围,深入贯彻落实党的十八大精神,坚定信心、埋头苦干、拼搏进取,在加快转型综改试验区建设中,书写转型跨越发展、全面建成小康社会的新篇章。

长安全助理，成立安全监管"五人小组"，实行安全生产挂牌责任制；全面落实企业安全生产主体责任，配齐配强煤矿"六大员"、非煤矿山"五大员"；加大安全生产投入，实行先培训后上岗、变招工为招生，强化现场管理；严肃对待事故、严格责任追究，实行安全生产"一票否决制"，有力地扭转了安全生产的被动局面。各类安全生产事故起数和死亡人数分别下降31%、32.7%，煤矿百万吨死亡率下降85.8%。与此同时，加强和创新社会管理，全面推行食品安全网格化管理，出台了食品生产加工小作坊和食品摊贩监督管理办法，食品安全保障水平进一步提高。公路超限超载率由13%降低到0.2%。全面推进基层社会管理体系建设，积极排查和化解社会矛盾，认真做好信访和人民调解工作。加强公共安全管理，健全社会治安防控体系，依法打击违法犯罪活动，妥善应对和有效处置各类突发事件。五年来，我省安全生产形势实现明显好转，社会保持和谐稳定，为做好各项工作奠定了坚实基础！

我们痛下决心推进煤炭资源整合煤矿兼并重组，转型发展呈现出强劲势头。全省矿井总数由2598座减少到1053座，办矿主体由2200多个减少到130个，30万吨以下煤矿全部淘汰，单井平均规模达到年产120万吨，安全生产水平、劳动生产率、资源利用率全面提高。2012年，全省煤炭产量、外运量分别达到9.1亿吨、5.8亿吨，比2007年增长45%、9%。

全面推进三次产业结构调整，制定实施十大产业调整振兴规划，加快推进非煤矿山、焦化、冶金、电力等行业整合重组和技术改造，探索构建和谐煤电关系，推动煤焦、煤化工、煤机一体化发展，产业集中度和竞争力明显提升。大力推进太重动车轮对总成国产化、富士康苹果手机和机器人、吉利新能源汽车、三一重工装备制造、潞安煤基多联产、太钢冷轧硅钢、杏花村汾酒工业园等项目建设，带动相关产业快速发展，特别是先进装备制造业销售收入由2007年的557亿元增加到2012年的1418亿元。大力实施服务业"1+10"工程，中国(太原)煤炭交易中心投入运营，组建省属六大文化产业集团，文化产业增加值达到420亿元；积极开展"晋善晋美"等旅游促销活动，全省旅游总收入达到1800多亿元。

加快推进国家循环经济和生态试点省建设，深入实施蓝天碧水、绿色生态、造林绿化和"2+10"生态环境治理修复工程，5年淘汰小火电430万千瓦、小钢铁4050万吨、小焦化3620万吨、小水泥5430万吨；万元地区生产总值综合能耗累计下降23.44%，主要污染物减排全部完成国家下达任务，太原环境质量改善初见成效；年均营造林480万亩，森林覆盖率年均提高近1个百分点；完成水土流失治理2000万亩，全省地下水位平均回升1.13米，生态环境持续改善。

认真贯彻落实中长期科技、人才发展规划纲要，全社会研发投入占地区生产总值的比重由0.86%提高到1.17%，省级以上各类技术中心达到337家，累计获得国家科学技术奖44项，授权发明专利4386件，成功开发了千万吨级矿井综采成套装备、煤基合成油、新一代激光显示等一批具有自主知识产权的技术和产品。累计引进两院院士48名、海外高层次人才137名，新增高层次专业技术人才3.6万名、高技能人才28.2万名。

五年来，我省煤炭工业发生了脱胎换骨的变化，以煤为基、多元发展的产业结构加快形成，转变经济发展方式迈出新步伐！

我们大力推进农业现代化和市域城镇化，城乡面貌发生了明显变化。不断加大强农惠农富农力度，财政对"三农"的投入年均增长27%。在认真落实国家各项补贴政策的基础上，实施了50项强农惠农富农政策，资金规模达到50亿元。扎实推进农业基础设施建设，积极推广先进实用技术，农田实灌面积达到1920万亩，主要农产品全面增产，粮食产量连续3年创历史新高，去年达到127.4亿公斤。全面推进现代农业示范区和雁门关生态畜牧经济区建设，深入实施"513"工程，60个"一县一业"基地县、4000个"一村一品"专业村初具规模，特色现代农业加快发展。完成1.1万个新农村重点村和200个连片示范区建设任务，全面启动吕梁山、太行山两大连片特困地区扶贫攻坚，大力实施移民搬迁、整村推进等重点扶贫工程，深入开展干部下乡住村包村增收活动，115万贫困人口实现脱贫。统筹推进大中小城市和小城镇协调发展，编制完成"一核一圈三群"城镇总体规划，启动实施城镇建设"十大工程"，太原晋中同城化、晋北、晋南、晋东南三大城镇群及长治上党城镇群、临汾百里汾河新型经济带等城镇组群建设迈出新步伐，城镇化率5年提高了7个百分点、超过51%。

五年来，城乡发展一体化进程逐步加快，特别是投入600多亿元，圆满完成了两轮"五个全覆盖"，农村面貌和生产生活条件显著改善，农民群众得到了实实在在的好处！

我们高度关注、切实保障、着力改善民生，人民生活明显改善。5年城镇新增就业239万人，城镇登记失业率控制在4%以内，转移农村劳动力205万人；5年开工建设各类保障性住房165万套、竣工107万套，完成国有重点煤矿棚户区改造和沉陷区治理任务；2012年，城乡居民收入分别达到20412元、6357元，是2007年的1.8倍、1.7倍。

认真落实国家和我省中长期教育发展规划纲要，教育支出占地区生产总值的比重超过国家4%的要求，新建改扩建标准化公办幼儿园426所，改造农村幼儿园1568所；全面实行城乡免费义务教育，招聘农村特岗教师上万名，改造中小学校舍2200多万平方米；高中阶段教育毛入学率达到90%；普通本科院校生均经费由9000元提高到12000元；投资百亿元、占地近万亩、可容纳15万学生的高校新校区基本建成。

深化医药卫生体制改革，所有政府办基层医疗卫生机构和村卫生室实行了基本药物制度，药品价格平均下降30%以上；投资近20亿元的山西大医院建成投用，新建和改造医疗卫生机构9338个;人均公共卫生服务经费由15元提高到25元,66项公共卫生服务项目惠及城乡居民;在34个县开展公立医院改革和医药卫生一体化综合改革。

大力发展文化事业,覆盖城乡的公共文化服务体系基本建立,县县有图书馆、文化馆,乡乡有文化站,村村有文化室;《粉墨春秋》《解放》《走西口》等一批精品剧目引起较大反响;五台山申遗成功,平遥国际摄影展等文化活动影响广泛。哲学社会科学、新闻出版、广播影视、文学艺术繁荣进步。文物和非物质文化遗产保护得到加强。全民健身活动蔚然成风,竞技体育水平不断提高,我省体育健儿在北京奥运会和伦敦奥运会上共取得1金2银2铜的好成绩。

全面加强社会保障,城乡居民养老、医疗保险和低收入群体基本生活保障实现制度全覆盖,企业退休人员基本养老金"八连增"、月人均达到1876元,320万名60岁以上老人领到了养老金,新农合、城镇居民医保年人均补助标准由40元提高到240元。城乡低保平均保障标准分别由每人每月164元、60元提高到308元、148元。1.6万名孤儿和17万名残疾人得到救助。最低工资标准由610元提高到1125元。278万名困难群众领到物价补贴。800多万农户享受到免费取暖用煤。

深入开展国防教育和双拥工作,积极发展人口计生、妇女儿童、老龄事业和红十字会、慈善等公益事业,民族宗教、外事、侨务工作进一步加强,气象、地震、测绘、人防和档案、参事、史志、政策咨询、科普等工作都取得新的成绩。

五年来,我省社会事业全面发展,民生不断改善,人民群众共享改革发展带来的成果!

我们深化改革、扩大开放、推进民主法制建设,发展的动力和活力进一步增强。国家资源型经济转型综合配套改革试验区总体方案获批,加快推进"一市两县"、"一市两园"、"一县一企"、省属国有重点企业试点和标杆项目建设,土地、投融资等体制机制创新取得积极成效。事业单位分类改革稳步推进,集体林权制度改革主体任务基本完成,煤炭工业可持续发展政策措施试点取得明显成效,圆满完成文化体制改革阶段性任务,"省直管县"财政管理体制改革试点扩大到72个县,省属国有企业由35户重组为21户,省直机关与所属企业脱钩。取消和调整行政审批事项838项,在22个县开展扩权强县试点,下放审批权限85项。晋商银行组建运行,汇丰银行等设立分行,14家企业成功上市,5年资本市场直接融资2980多亿元。全方位扩大对外开放,太原武宿综合保税区成功获批,省部、省际、省校、省企合作不断深化,成功举办中博会、能博会、农博会、世界晋商大会等重大展会,招商引资成果丰硕,5年共签约项目8500多个,到位资金1.3万多亿元。

扎实推进民主法制建设,自觉接受人大监督和政协的民主监督,积极支持各民主党派、工商联、无党派人士参政议政,5年省政府共办理人大代表建议3450件,办理政协提案3015件,向省人大常委会提请审议地方性法规草案40件,制定政府规章18件。群团组织作用得到充分发挥。完成第八届、第九届村委会换届选举。深入推进"法治山西"建设,"五五"普法工作成绩显著。强化行政监察和审计监督,加强政府系统廉政建设,深入开展煤焦、工程建设等重点领域专项治理,推行政府绩效管理制度和行政问责制。五年来,全省上下政通人和、充满活力,各项事业欣欣向荣!

与此同时,全力以赴支援南方地区抗击雨雪冰冻灾害,圆满完成四川茂县等灾区援建任务,扎实开展对口援疆工作,彰显了山西人民顾全大局、团结互助、无私奉献的美德。

各位代表,过去五年所取得的成绩,靠的是党中央、国务院方针政策的指引,靠的是中共山西省委的正确领导和省人大、省政协的大力支持、有效监督,靠的是全省广大干部群众的团结奋斗和社会各界的积极参与。在此,我代表省人民政府,向全省人民,向驻晋解放军、武警官兵、公安干警和中央驻晋单位,向各民主党派、人民团体,向所有关心支持参与山西改革发展的海内外各界朋友,表示衷心的感谢和崇高的敬意!此时此刻,我们还要向先后领导本届政府、为山西发展作出重要贡献的孟学农同志、王君同志,表示衷心的感谢!

各位代表,五年的成就鼓舞人心,五年的实践给人启迪。我们深深体会到,办好山西的事情,必须坚持高举中国特色社会主义伟大旗帜不动摇,坚定不移地走中国特色社会主义道路,牢牢把握发展这个第一要务,坚持主题主线,不断提高发展的质量和效益,着力推动转型跨越;必须坚持把抓好安全生产作为做好一切工作的重要前提,树立发展是第一要务、安全生产也是第一要务的理念,强化责任、狠抓落实,切实维护人民群众生命财产安全,为经济社会发展提供有力的安全保障;必须坚持一切为了人民群众、一切依靠人民群众,着力解决好人民群众最关心最直接最现实的利益问题,切实保障和着力改善民生;必须坚持解放思想、转变观念、深化改革、扩大开放,以建设转型综改试验区为统领,着力破除制约科学发展的体制机制障碍,不断增强发展的动力和活力;必须坚持统筹兼顾、突出重点,立足当前、着眼长远,紧紧抓住煤炭资源整合、重大基础设施建设、生态环境保护、重点工程推进等事关全局和长远发展的大事,以重点工作带动整体工作,促进经济社会全面发展;必须坚持求真务实、真抓实干的作风,逢山开路、遇河搭桥,克服困难、解决问题,努力创造经得起实践、人民和历史检验的业绩。我们相信,只要在今后的工作中坚持和发扬这些宝贵经验,就一定能够在推动转型跨越发展、全面建成小康社会的征程中不断夺取新的更大的胜利!

二、今后五年的总体要求和主要任务

未来五年,是我省加快发展、全面建成小康社会的关键时期，是深化改革开放、加快转变经济发展方式的攻坚时期，也是办好“两件大事”、推动转型跨越发展、再造一个新山西的重要时期。站在新的历史起点上审视山西的发展，我们具有难得的机遇和有利的条件，党的十八大为我们指明了前进的方向，省第十次党代会描绘了山西新的发展蓝图，已经取得的发展成绩为我们奠定了坚实基础，包括综改区在内的一系列政策为我们提供了有力支持，丰富的能源资源、较低的要素成本、独特的区位条件是我们的比较优势，全省上下人心思进，为我们干事创业营造了浓厚氛围。

同时，我们也清醒地看到，前进的道路上还面临许多挑战。经济总量不大、结构不优、质量效益不高，传统产业大而不强，新兴产业比重偏低，中小企业发展不足；节能减排和环境保护任务艰巨，自主创新能力不强，发展方式还比较粗放；安全生产基础不牢、责任落实不到位，安全隐患仍然较多，实现全省安全生产形势稳定好转依然任重道远；城乡区域发展差距较大，社会事业发展欠账较多，农民增收特别是贫困地区脱贫致富任务艰巨，全面小康实现程度低于全国平均水平；思想解放不够，改革开放相对滞后，发展环境有待进一步改善，特别是政府职能转变、干部作风建设还需进一步加强，一些部门依然存在形式主义、官僚主义，少数干部作风漂浮、脱离群众甚至失职渎职、以权谋私等问题还比较突出。

未来五年，机遇与挑战并存。只要我们把握机遇、应对挑战、攻坚克难，不仅已有的政策、资源等优势和良好的基础、条件可以转化为发展优势，而且劣势也可以转化为新的优势。更为重要的是，人民群众对美好生活的新期待增添了我们奋力前行的动力。我们要以对山西发展和人民利益高度负责的精神，直面问题，正视差距，凝心聚力，开创转型跨越发展的新局面！

做好新一届政府工作，要全面贯彻落实党的十八大精神，高举中国特色社会主义伟大旗帜，以邓小平理论、“三个代表”重要思想、科学发展观为指导，围绕转型跨越发展、再造一个新山西的总体战略，以建设国家资源型经济转型综合配套改革试验区为统领，深化改革开放，实施创新驱动，加快推进工业新型化、农业现代化、市域城镇化和城乡生态化，全面推进经济、政治、文化、社会和生态文明建设，建设国家新型能源和工业基地、全国重要的现代制造业基地、中西部现代物流中心和生产性服务业大省，建设中部地区经济强省和文化强省，率先走出资源型地区转型跨越发展新路，为加快实现全面建成小康社会目标努力奋斗。

未来五年，要突出转型综改试验区建设的统领地位，完善顶层设计，锐意改革创新，充分尊重人民群众的主体地位和首创精神，充分调动各级各部门的积极性、主动性和创造性，充分依靠人大代表、政协委员及社会各方，全面推进经济、政治、文化、社会、生态文明建设。

大力推进经济建设，进一步做大经济总量、提高发展的质量和效益。坚持科学发展主题和加快转变经济发展方式主线，牢牢把握扩大内需这一战略基点，在努力扩大消费、积极拓展外需的同时，充分发挥重点工程和重点项目的火车头作用，带动全社会固定资产投资合理增长，进而拉动经济持续健康发展，确保2017年地区生产总值达到2万亿元以上，财政总收入达到4500亿元以上。牢牢把握发展实体经济这一坚实基础，促进大中小微企业协调发展。坚持“两个毫不动摇”的方针，保证各种所有制经济依法平等使用生产要素、公平参与市场竞争、同等受到法律保护，促进国有经济和民营经济共同发展。坚持工业化、信息化、城镇化、农业现代化同步发展。加快转变经济发展方式，努力构建以煤为基、多元发展的现代产业新体系，推动高碳资源低碳发展、黑色煤炭绿色发展。建设晋北、晋中、晋东三大煤炭基地，晋北、晋中、晋东南三大煤电基地，沁水、河东两大煤层气基地，建设国家综合能源基地。发展特色现代农业，建设社会主义新农村，打好新一轮扶贫开发攻坚战，坚持和完善农村基本经营制度，着力培育新型经营主体和多元服务主体。推进“一核一圈三群”建设，走集约、智能、绿色、低碳的新型城镇化道路，力争城镇化率年均提高1.5个百分点，2017年达到60%左右，构建工农互惠、城乡一体的发展新格局。实施创新驱动发展战略，加大科技投入，加快创新型省份建设，促进经济发展向更多依靠科技进步、劳动者素质提高、管理创新驱动转变。推进金融改革创新，发挥好金融对经济的重要支撑作用。进一步深化改革开放，充分发挥市场在资源配置中的基础性作用，提高我省开放型经济水平。

大力推进文化建设，加快建设文化强省。深入实施文化强省战略，加快推进文化建设“八大工程”。加强社会主义核心价值体系建设，坚持不懈用中国特色社会主义理论体系武装头脑、教育人民，大力弘扬山西精神，全面提高公民道德素质。坚持把社会效益放在首位、社会效益和经济效益相统一，推进重点文化惠民工程，加强重大文化设施建设，完善公共文化服务体系，促进文化事业全面发展。深化文化体制改革，增强公益性文化单位发展活力，完善经营性文化单位法人治理结构，培育壮大文化骨干企业，发展新型文化业态，使文化产业增加值占地区生产总值的比重超过6%，成为我省新的支柱性产业。广泛开展全民健身运动，促进群众体育和竞技体育全面发展。

大力推进社会建设，让人民过上更加幸福美好的生活。坚持教育优先发展，努力办好人民满意的教育，不断提高全民受教育程度和创新人才培养水平。实施就业优先战略和更加积极的就业政策，推动实现更高质量的就业。深化收入分配制度改革，按照我省“十二五”收入倍增计划部署，千方百计增加居民收入，努力实现居民收入增长和经济发展同步、劳动报酬增长和劳动生产率提高同步，2017年城乡居民收入分别达到3.3万元、1.1万元以上。坚持为人民健康服务的方向，大力发展医疗卫生事业，建立健全基本医疗卫生制度，为群众提供安全、有效、方便、价廉的公共卫生和基本医疗服务。坚持全覆盖、保基本、多层次、可持续的方针，全面建成覆盖城乡居民的社会保障体系。加快推进保障性住房建设，基本形成住房保障体系。在巩固提升过去两轮“五个全覆盖”成果的基础上，投入400亿元，为农民再办五件实事，即全面完成农村困难家庭危房改造、特困群众易地搬迁、行政村街道亮化、村级幼儿园改扩建和乡村清洁工程。毫不放松地抓好安全生产，加强和创新社会管理，维护社会和谐稳定。推进军民融合式发展。

大力推进生态文明建设，努力建设美丽山西。以建设国家循环经济和生态试点省为抓手，着力推进绿色发展、循环发展、低碳发展。加快实施主体功能区战略，优化国土空间开发格局。深入实施绿色生态工程，积极发展清洁能源，大力发展循环经济，促进节能降耗和污染减排。加大环境保护和生态治理力度，实施水生态系统保护修复工程、水土保持工程和造林绿化工程，每年营造林400万亩以上，力争森林覆盖率每年提高1个百分点，持续改善生态环境。

大力推进民主法制建设，促进社会公平正义。认真执行人大及其常委会的决议、决定，支持人民政协履行职能，自觉接受人大和政协的监督。健全协商民主制度。支持各民主党派、工商联、无党派人士和工会、共青团、妇联等开展工作。落实党的民族宗教政策。完善基层民主制度。全面推进“法治山西”建设，加强政府法治工作，支持人民法院、检察院依法独立公正行使职权，深入开展“六五”普法，继续做好法律服务和法律援助工作。深化行政体制改革，加强政府自身建设，推动政府职能向创造良好发展环境、提供优质公共服务、维护社会公平正义转变。

各位代表，未来五年，新一届政府决心与全省人民一道共同努力，推动转型跨越发展再上新台阶，转型综改试验区建设取得重大进展，全面小康实现程度达到全国平均水平。届时，一个经济发展、文化繁荣、社会和谐、人民幸福、山川秀美的新山西一定会展现在世人面前！

三、2013年工作

2013年是全面贯彻落实党的十八大精神的开局之年，是实施“十二五”规划承前启后的关键一年，也是全面推进转型综改试验区建设的重要一年。

按照稳中求进的总基调，综合考虑各方面的因素，2013年我省经济社会发展的主要预期指标是：地区生产总值增长10%左右，全社会固定资产投资增长22%，社会消费品零售总额增长15%，财政总收入和一般预算收入均增长12%，城镇居民人均可支配收入、农民人均纯收入分别增长10%、10%以上，城镇新增就业岗位50万个，城镇登记失业率控制在4.2%以内，居民消费价格涨幅控制在3.5%左右。

约束性指标是：万元地区生产总值综合能耗下降3.5%，万元地区生产总值二氧化碳排放量下降3.7%，二氧化硫、化学需氧量、氨氮、氮氧化物排放量完成国家下达任务，烟尘、粉尘排放量均下降2%，万元工业增加值用水量下降5.2%。

今年，要在全面做好各项工作的同时，重点抓好以下几个方面的工作：

（一）着力促进经济持续健康发展

千方百计扩大消费。扩大有效消费需求，改善居民消费预期。积极发展连锁经营、物流配送等新型业态，规范发展网络消费，倡导节能环保等绿色消费，促进家政、养老、文化、娱乐等服务消费，鼓励汽车、家电、住房装修等大宗消费，培育新的消费增长点。深化流通体制改革，加强城乡流通基础设施和市场体系建设，打造城市15分钟便民商圈，实施骨干流通企业“515”工程，抓好10个农产品产地集配中心建设，畅通农产品进城、工业品下乡渠道。大力整顿和规范市场秩序，加强信用体系建设，让群众安全消费、满意消费。

保持投资合理增长。深入开展“项目推进年”活动。选准方向，优化结构，注重效率，提高效益，进一步扩大投资规模。加强重点领域投资，基础设施投资1000亿元，产业开发投资5500亿元，民生社会事业投资2000亿元，城镇化和生态环保投资1000亿元。实行“六位一体”工作机制，大力推进重点工程建设。加快建设大西客运专线、中南部大通道等铁路项目，新建续建高速公路685公里，改造国省干线公路500公里、农村公路1000公里，加快建设吕梁、五台山和临汾机场；继续抓好中部引黄、东山供水等大水网骨干工程及配套工程建设；积极推进智能电网、燃气管网等建设，抓好通信等新型信息技术类基础设施建设。充分发挥政府投资“四两拨千斤”的作用，多种渠道、多种方式筹措资金，确保今年全社会固定资产投资完成1.1万亿元。

大力发展实体经济。加快推进大企业“双千亿”工程建设，完善治理结构，创新经营机制，提高管理水平，推动更多大企业进入全国百强、进军世界500强。积极推进煤销集团重组山西国际电力、晋煤集团重组太原煤气化，加快阳煤集团重组搬迁改造太化。加大对中型企业产品开发、品牌创建、市场开拓的支持力度，培育更多销售收入超亿元的企业。落实支持小微企业发展的政策措施，加强融资担保、创业辅导、企业孵化、人才培训等公共服务。

（二）着力加快转变经济发展方式

改造提升传统产业。巩固发展煤炭资源整合煤矿兼并重组成果，完成整合矿井改造任务，加快建设一批现代化矿井。加大煤炭转化利用力度，不断延伸煤电铝、煤焦化、煤建材等煤基产业链。促进煤电联营，落实电煤价格改革措施，构建和谐煤电关系。新建续建电力装机800万千瓦、投产430万千瓦，进一步提高外送电能力。完成焦化行业整合重组任务，推进化工行业整合提升。整合中小钢铁企业，培育发展大型现代化钢铁联合企业。全面提升传统产业信息化水平。严格控制产能过剩行业新上项目，通过消化、转移、整合、淘汰等方式，有效化解产能过剩矛盾，今年再淘汰300万吨焦化、300万吨水泥、160万吨钢铁等一批落后产能。

培育壮大新兴产业。大力实施“512”工程，进一步做大煤炭机械、重型机械等优势制造产品，抓紧培育高速列车设备、新能源汽车等高端制造产品；大力推进潞安集团煤基多联产、同煤集团煤制天然气、焦煤集团甲醇制烯烃等现代煤化工项目；加快推进不锈钢、铝镁深加工等新型材料项目；积极发展节能环保、新一代信息技术、生物、新能源等其他新兴产业。大力实施品牌创新战略，增强我省产品的市场竞争力。

加快发展服务业。大力实施“1511”工程，统筹推进各类服务业发展。着力打造“晋善晋美”整体品牌形象，加快五台山、云冈石窟、平遥古城等重点景区改造提升，打造精品线路，开发特色产品，培育骨干企业，完善配套设施，做大做强旅游业。以煤炭、焦炭等大宗货物为依托，建设大型物流园区，大力发展第三方物流；加强中国(太原)煤炭交易中心建设，发展煤炭现货期货交易。加快发展金融、现代通讯等其他生产性服务业。

强化科技和人才支撑。加快构建以企业为主体、市场为导向、产学研用相结合的技术创新体系。支持骨干企业、科研院所、高等院校相互合作，推进协同创新。加快推进太榆科技创新城和11个市的科技创新园建设，打造科技创新平台，促进科技成果转化。围绕煤炭高效清洁利用、煤层气开发利用、先进装备制造及新材料、节能环保、现代农业和社会民生等领域，布局实施一批科技重大专项和示范工程。坚持培养引进并举，以项目为载体，实施高端创新创业人才“三百计划”和“千人百县”专家服务基层计划。

（三）着力做好“三农”工作

不断加大强农惠农富农力度。在全面执行国家和我省已有的各项强农惠农富农政策的基础上，再出台10项新的扶持政策，新增补贴资金10亿元，确保农民务农种粮有效益、不吃亏、得实惠。加强农业基础设施建设。抓好1000万亩旱涝保收农田、山老区“一村一井”、病险水库除险加固、山洪灾害防治等工程建设，大力推进农业科技创新和农业机械化，促进粮食稳产增产，确保粮食安全和重要农产品有效供给。大力发展特色现代农业。深入推进现代农业示范区和雁门关生态畜牧经济区建设，加快发展“一村一品”、“一县一业”，启动七大产业振兴和翻番工程，大力实施“513”工程，做大汾酒、老陈醋、乳制品等特色食品产业，培育大型农业企业集团，治理开发“四荒地”，积极推进板块式产业开发。扎实推进新农村建设。推动城乡发展“五个一体化”，再启动100个新农村集中连片示范区和3000个重点村建设。完成新一轮农村电网改造。今年改造农村困难家庭危房10万户，易地搬迁农村特困人口11万人，完成1.7万个行政村街道亮化任务，改扩建村级幼儿园500个，实施乡村清洁工程。切实抓好新一轮扶贫开发。以吕梁山、太行山两大连片特困地区为主战场，扎实推进移民搬迁、产业开发、劳动力素质提升等重点工作，启动大型企业产业扶贫开发工程，实施扶贫龙头企业“百企带万户”增收工程，资助万名大中专贫困生完成学业，深入开展干部下乡住村、领导干部包村增收活动和机关单位定点扶贫工作，力争再有47万贫困人口脱贫。

我省农业基础薄弱、农村人口众多，做好“三农”工作事关全面建成小康社会大局。我们要千方百计增加农民收入，让农业强起来、农村美起来、农民富起来！

（四）着力推进城镇化进程

大力推进城镇建设。支持太原率先发展，加快南部新区建设和老城区改造，推进轨道交通建设，改善环境质量。加快太原晋中同城化，抓好共建区和公用设施建设。继续推进晋北、晋南、晋东南三大城镇群建设，加快推进长治上党城镇群、临汾百里汾河新型经济带、孝汾平介灵等城镇组群发展。深入实施“大县城”战略，推进县城和中心镇扩容提质，统筹各项政策措施，加快产业和人口向县城、中心镇集聚，打造统筹城乡发展的桥头堡。

提升城镇化质量和水平。继续推进城镇建设“十大工程”，加快改造棚户区、城中村、老旧街区，完善市政设施和公共服务条件，优先发展城市公交，增加公共绿地和活动场所，提高居民生活便利度和舒适度。进一步提升城市管理水平，有效解决交通拥堵、环境脏乱等突出问题。研究出台户籍制度改革实施意见，推行居住证制度，解决好社会保障、子女上学、保障性住房等问题，有序推进农业转移人口市民化，使农民既能进得来，又能留得住，更能发展好！

（五）着力抓好安全生产

全面贯彻安全第一、预防为主、综合治理的方针，进一步强化政府的安全监管责任，严格落实企业的安全生产主体责任。深入开展专项整治，加强安全隐患排查治理，扎实推进“打非治违”行动，严厉打击违法非法建设、生产、经营活动，严厉打击私挖滥采行为。严格落实安全生产制度和规定，建立健全安全生产长效机制。不断加大安全投入，推进科技兴安、安全质量标准化建设和管理，抓好企业基础和现场管理，强化职工安全培训。严肃查处各类安全生产事故，依法追究相关责任人的责任。落实安全生产目标责任考核“一票否决制”。坚决遏制重特大事故、减少一般性事故、杜绝瞒报迟报现象，促进全省安全生产形势由明显好转向稳定好转坚实迈进。

各位代表，安全生产责任重于泰山。近期发生的几起事故警示我们，必须始终怀着敬畏生命、敬畏责任、敬畏制度之心，毫不放松地抓好安全生产工作，以安全生产的扎实成效维护山西发展大局、保障人民幸福安康！

（六）着力推进文化改革发展

践行社会主义核心价值观，引深精神文明创建活动，推进公民道德建设工程。深化文化体制改革，巩固经营性文化单位改革成果，完善转制企业法人治理结构，在公益性文化事业单位推行全员聘用制和岗位责任制，探索国有文化资产管理体制,促进国有文化资产保值增值。

大力发展文化事业,实施“百县强基”、“万村千乡”文化工程,推进山西广电中心等重点文化工程建设,抓好山西大剧院、图书馆等文体设施的管理和运营,实施文化信息资源共享、农村电影放映和送书送戏下乡等工程,丰富群众精神文化生活。加强文化遗产保护。鼓励文化精品创作,实施哲学社会科学创新工程,发展新闻出版、广播影视、文学艺术事业。依托十大文化产业集团等骨干文化企业,加快发展文化产业,积极发展文化创意、动漫游戏等新兴文化业态。

三晋文化灿烂辉煌。我们要像挖掘煤炭资源一样挖掘文化资源,像抓经济建设一样抓文化建设,早日建成文化强省,让多姿多彩、博大精深的文化资源造福人民、繁荣山西!

(七)着力改善民生和发展社会事业

积极扩大就业。统筹做好农村转移劳动力、城镇困难人员和退役军人就业工作，重点做好高校毕业生等青年就业工作。大力发展劳动密集型产业和小型微型企业,加强职业技能培训,完善公共就业服务体系,落实好各项就业扶持政策，积极开展创业型城市和农村劳动力转移就业示范县“双创建”活动,深入实施创业扶持计划,以创业带动就业,实现全年城镇新增就业50万人的目标。

做好社会保障工作。城镇职工基本养老、医疗、失业、工伤、生育保险参保率全部达到95%以上。城乡居民基础养老金再提高10元、达到65元。企业退休人员基本养老金提高10%。城镇居民医保和新农合财政补助标准提高40元、达到每人每年280元。城乡低保保障标准每人每月分别提高30元、24元,达到338元、172元。稳步提高统筹层次和保障水平，完善城乡养老保险制度衔接和关系转移接续办法,健全被征地农民社会保障制度,探索建立重特大疾病保障机制,做好残疾人社会保障和服务工作,切实做好孤儿保障工作,不断完善社会救助体系。

加快推进保障性住房建设。在抓好续建工程的基础上,今年再开工建设城镇保障性住房18万套、建成18万套,完成城市和国有工矿集中连片棚户区改造任务,启动农村住房抗震改建试点。全面落实保障性住房建设、分配、运营和退出等管理办法,推动公共租赁住房和廉租住房制度并轨运行。认真落实房地产市场调控政策,促进房地产业健康发展。

全面发展各级各类教育。新建改扩建200所标准化公办幼儿园。实施中小学标准化建设工程和农村义务教育薄弱学校改造计划,促进义务教育均衡发展。普及高中阶段教育,加快发展现代职业教育。重视发展特殊教育。优化高校专业和学科设置,推动高等教育内涵式发展。完成高校新校区建设任务,确保师生按期入住。全面推进素质教育,加强教师队伍建设,着力提高教育质量。

大力发展医疗卫生事业。继续深化医药卫生体制改革,扩大县级公立医院改革试点,同步推进县域医药卫生一体化综合改革,在试点县全部实行药品零差率销售,推动基本药物制度向非政府办基层医疗机构延伸，实施好国家公共卫生服务项目，健全农村和城市社区卫生服务体系,启动建设山西省儿童医院。加强中医药工作。稳定低生育水平,提高出生人口素质。

加强和创新社会管理。建立完善重大决策社会稳定风险评估机制,畅通和规范群众诉求表达、利益协调、权益保障渠道,健全基层社会管理和服务体系,创新流动人口、特殊人群、非公有制经济组织和新社会组织的服务管理,加强网络社会管理。强化食品药品安全监管,确保人民群众饮食安全、用药安全。深化“平安山西”建设,完善社会治安防控体系和公共安全体系，依法打击各种违法犯罪行为。加强公路治超工作。强化防灾减灾能力建设和应急管理，妥善应对各类突发事件。支持国防和军队建设,做好双拥、优抚安置和人防工作。发展妇女儿童、老龄和红十字会等事业。做好外事、侨务、港澳、对台等工作。

各位代表，为人民服务永无止境，改善民生永不停步。我们要时刻把群众的安危冷暖放在心上,时刻把改善民生的工作抓在手上，努力让人民群众过上更加幸福美好的生活!

(八)着力推进生态文明建设

抓好节能降耗。全面开展能效对标活动,狠抓六大重点行业和千户重点企业节能工作,加强交通运输、公共机构、居民生活等领域节能工作,再完成750万平方米建筑节能改造任务。积极发展煤层气等清洁能源。推广应用节能、节地、节水、节材的产品、技术和设备,探索开展节能量和水权交易。严格保护耕地,强化建设用地考核,促进土地节约集约利用。

抓好减排治污。推进非电行业脱硫和火电、水泥行业脱硝,开展燃煤电厂和冶金、水泥等行业除尘改造。加强PM2.5监测,加大汽车尾气、燃煤烟尘、扬尘等治理力度。加强污水处理管网、垃圾无害化处理设施建设,确保环保设施有效运转。推进排污权交易，积极探索碳排放权交易。

抓好循环经济发展。在加快构建循环型农业和循环型服务业体系的同时,着力构建循环型工业体系,推进华润中铝吕梁兴县循环经济产业园、华能太原东山低碳工业园等建设。加强共生伴生矿产资源回收利用,积极开展低热值煤发电、劣质煤生产煤基合成油、煤焦油深加工、焦炉煤气综合利用,抓好煤矸石、粉煤灰等大宗工业固废资源化利用。积极倡导低碳消费模式。

抓好造林绿化和生态治理恢复。大力推进六大造林绿化重点工程,基本完成高速公路沿线绿化,启动实施吕梁山生态脆弱区植树造林工程，全年营造林450万亩以上。加快推进绿色生态工程、“2+10”生态环境治理修复工程,抓好重点矿区、重点流域生态环境综合治理和农村环境连片整治,加强重点区域水土流失治理,积极开展水生态系统保护与修复试点，严禁超采地下水。

生态文明建设事关全省人民生活质量，事关山西长远发展大计。我们要坚持不懈、综合施策，建设美丽家园！

（九）着力推进转型综改试验区总体方案的实施

根据我省即将出台的转型综改区实施方案，围绕产业转型、生态修复、城乡统筹、民生改善四大任务和10项配套改革，全面推进转型综改试验区建设，切实发挥其在全省转型跨越发展中的统领作用。增加标杆项目数量，加快标杆项目建设，重点在先行先试和改革创新上取得新的突破。着力创新产业转型促进机制，完善接续替代产业发展支持政策，健全循环经济促进机制、资源型产业与非资源型产业均衡发展机制，建立完善资源性产品价格形成机制，建立公共资源出让收益合理共享机制；进一步放开市场准入，支持民间资本有序进入铁路、公路、金融、能源、电信、市政、教育、医疗等领域；积极推进财税体制改革，巩固省直管县财政改革试点成果，完善国有资本经营预算与收益分享制度，全面落实结构性减税政策，按照国家统一部署开展营业税改增值税、资源税、环境保护税等改革工作；加快金融改革发展，健全多层次资本市场，积极创新融资模式，培育非上市股份公司股权交易市场，做大做强地方金融机构，加快发展民营金融机构，鼓励金融机构向农村延伸服务网络，防范金融风险；创新用地机制。同时，要统筹推进农村综合改革、集体林权制度改革、事业单位分类改革、国有企业和集体企业改革等其他改革。

进一步扩大对外开放。加大招商引资力度，创新招商引资方式，发挥好开发区、各类园区的平台载体作用，推动引资、引技、引智有机结合，提高招商引资的综合优势和总体效益。推进国家外贸转型升级示范基地建设，健全出口信用保险机制，鼓励自主品牌、优势产品和高附加值产品出口，扩大省内紧缺原材料、先进技术、重要装备和关键零部件进口。充分发挥太原武宿综合保税区、侯马方略保税物流中心的作用，完善大通关体系，提高贸易便利化水平。鼓励有实力的企业“走出去”。加强与兄弟省（区、市）的交流合作，对接中原经济区，加快晋陕豫黄河金三角承接产业转移示范区建设。深化与国家部委、高校、科研院所和央企、民企的合作，落实好各项战略合作协议。办好国际太阳能十项全能竞赛和第三届农博会，做好第八届中博会等重大展会参展工作。

各位代表，转型综改试验区建设寄托着党中央、国务院的殷切期望，为山西转型跨越发展提供了难得的机遇。我们要只争朝夕、先行先试，推动转型跨越发展取得新突破！

打铁还需自身硬。新一届政府要以人民满意为目标，努力建设法治政府、服务政府、责任政府、廉洁政府和学习型政府。转变政府职能。改善经济调节和市场监管，加强社会管理和公共服务，深化行政审批制度改革，深入推进扩权强县试点；严格实行首问负责制、限时办结制、服务承诺制、责任追究制，为各类市场主体创造公平的发展环境，为人民群众提供良好的公共服务；推进政府绩效管理，强化目标责任考核，不断提高行政效能。严格依法行政。完善科学民主决策机制，提高决策的科学化民主化水平。进一步规范行政行为，严格依照法定权限和程序行使权力、履行职责，善于运用法治思维和法治方式深化改革、推动发展、化解矛盾、维护稳定。加强监察和审计工作，坚决整治行政不作为、乱作为行为，坚决杜绝吃拿卡要，严厉查处失职、渎职行为。大力推进政务公开，加强电子政务建设，完善信息公开制度，让权力在阳光下运行。加强廉政建设。贯彻落实习近平总书记在十八届中央纪委二次全会上的重要讲话精神，全面落实政府系统党风廉政建设责任制，完善惩治和预防腐败体系。继续推进煤焦领域反腐败工作，深入开展工程建设等领域突出问题专项治理，严肃查处各类违法违纪案件。严格控制“三公”经费，厉行勤俭节约，反对铺张浪费，以为民、务实、清廉的形象取信于民。改进工作作风。严格执行中央关于改进工作作风、密切联系群众的八项规定和实施细则以及我省出台的具体办法，改进文风会风，力戒形式主义、官僚主义，从繁文缛节、迎来送往、文山会海中解脱出来；深入基层调查研究，向群众学习，拜人民为师；夙夜在公、恪尽职守，求真务实、狠抓落实，以实实在在的工作成效向全省人民交一份合格的答卷。

各位代表，山西是华夏文明的重要发祥地，在中华文明发展史上产生了重要影响；山西是著名的革命老区，曾经为民族独立和人民解放付出了巨大牺牲；山西是国家重要的能源基地，为改革开放和现代化建设做出了重大贡献。在绵延不绝的历史长河中，在波澜壮阔的伟大实践中，三晋儿女不仅创造了可歌可泣的辉煌历史，而且孕育了晋商精神、太行精神、吕梁精神、右玉精神等宝贵的精神财富，彰显了“信义、坚韧、创新、图强”的山西精神，这是山西优秀文化的精髓，是我们引以为自豪的荣耀，更是激励我们不断前行的动力。我们相信，勤劳智慧、淳朴善良的山西人民一定能够继续创造出无愧于历史、无愧于时代的新业绩，共同开创更加美好灿烂的明天！

各位代表，全面建成小康社会的光明前景鼓舞着我们，全省人民过上美好生活的热切期盼激励着我们。我们要紧密团结在以习近平同志为总书记的党中央周围，高举中国特色社会主义伟大旗帜，全面贯彻落实党的十八大精神，以邓小平理论、“三个代表”重要思想、科学发展观为指导，解放思想、开拓进取，齐心协力、真抓实干，办好“两件大事”，为实现转型跨越发展、再造一个新山西的宏伟目标而努力奋斗！

山西省人民代表大会常务委员会工作报告

——在山西省第十二届人民代表大会第一次会议上

山西省人大常委会常务副主任　申联彬

(2013年1月25日)

各位代表:

我受省第十一届人民代表大会常务委员会委托,向大会作工作报告,请予审议。

过去五年的主要工作

省第十一届人民代表大会常务委员会履职的五年,是人民代表大会制度建设和社会主义民主法制建设取得重大进展的五年,是山西改革开放和转型跨越发展取得显著成就的五年。五年来,在中共山西省委的领导下,省十一届人大常委会坚持以邓小平理论、"三个代表"重要思想、科学发展观为指导,深入贯彻党的十七大、十八大精神,紧紧围绕全省经济社会发展大局,特别是转型跨越发展、再造一个新山西的总体战略,认真履行宪法和法律赋予的职责,共召开常委会会议35次,制定、修改、废止地方性法规83件,审查和批准太原、大同两市地方性法规89件,听取和审议省"一府两院"专项工作报告71项,就18件法律法规及常委会决定开展执法检查,就重大事项作出决议决定14项,省人大及其常委会选举、任免、决定任免和批准任免全国人大代表和我省国家机关工作人员819人次,有效发挥了地方国家权力机关作用,为推动科学发展、促进社会和谐、加强社会主义民主法制建设作出了积极贡献。

一、牢固树立中心意识和大局观念,服从服务于全省工作大局,努力促进和保障经济社会又好又快发展

坚持围绕中心、服务大局,认真贯彻省委决策部署,完善思路,依法履职,主动作为,进一步为经济社会发展营造良好法治环境。

(一)把促进发展作为人大工作的重要任务,有效推动转型跨越发展。坚持发展是硬道理的战略思想,以转变经济发展方式、优化产业结构、增强可持续发展能力等事关全局和长远发展的工作为着力点,抓住加快转型跨越、办好"两件大事"的深层次矛盾,抓住转型综改试验区建设中的突出问题,有计划、有重点地谋划和推进人大各项工作。

围绕提升发展质量、促进经济平稳较快发展积极发挥作用。着眼于加强宏观调控,听取和审议计划、预算执行情况报告、决算报告和审计报告、审计查出问题整改报告,审查批准省本级决算、预算调整方案,督促和支持政府强化预算管理,落实调控措施,保持健康发展。着眼于应对金融危机冲击,作出关于促进"三保"、推动全省经济社会平稳较快发展的决定,作出关于批准"十一五"经济社会发展规划中期评估及指标体系调整的决议,听取和审议全省重点工程建设情况报告,督促和支持政府落实"两年投资6500亿元、带动全社会投资1万亿元计划",拉动经济增长,增强发展后劲。着眼于促进"十二五"发展,选定21个课题开展专题调研,形成一批高质量的调研成果,为制定和实施"十二五"规划提出建议。着眼于培育新的经济增长点,听取和审议全省新兴产业发展情况报告、文化产业发展情况报告、旅游工作情况报告、中小企业发展情况报告、台资企业投资经营情况报告,作出关于加快发展旅游业的决定,就旅游"两条例一决定"开展执法检查,就扶持中小企业发展政策法规实施情况开展专题调研,督促和支持政府努力创优环境、搞好服务,发展壮大新兴产业。

围绕转变经济发展方式、推进工业新型化积极发挥作用。着力促进循环经济发展,就循环经济促进法开展执法检查,制定循环经济促进条例,作出关于加快发展循环经济的决定,听取和审议全省循环经济发展情况报告,督促和支持政府在加快发展循环经济上取得突破。着力促进能源资源节约,制定修改节约能源条例、民用建筑节能条例、节约用水条例、城市供水和节约用水管理条例,督促和支持政府在增强可持续发展能力上取得突破。着力促进科技进步和创新,听取和审议全省科技工作情况报告、科技创新及科技成果转化工作情况报告,督促和支持政府在推动创新驱动发展上取得突破。着力促进传统产业改造提升,听取和审议全省煤矿企业兼并重组整合工作情况报告、煤炭可持续发展基金使用情况报告,对全省煤炭工业可持续发展工作情况报告开展满意度测评,督促和支持政府在推动以煤为基、多元发展上取得突破。

围绕加强"三农"工作、推进农业现代化积极发挥作用。从我省"三农"工作实际出发,制定农业综合开发条例、农民专业合作社条例、抗旱条例,听取和审议全省现代农业发展情况报告、扶贫工作情况报告、加快推进农村改革发展情况报告,就农业法开展执法检查,就落实强农惠农富农政策、深化农业结构战略性调整、发展特色农业等提出审议意见,为促进农村经济社会发展和社会主义新农村建设提供法制保障。

围绕统筹城乡发展、推进市域城镇化积极发挥作用。制定修改城乡规划条例、土地管理法实施办法,就城乡规划法和我省城乡规划条例开展执法检查,建议政府健全城乡规划体系,严格实施城乡规划,切实解决一些地方城乡规划执行不力、违法建设等问题,努力提高城乡建设科学化、法制化、规范化水平。

围绕加强生态文明建设、推进城乡生态化积极发挥作用。我省生态建设任务紧迫而繁重。常委会就造林绿化和林业建设开展视察调研,听取和审议全省林业生态建设情况报告，作出关于大力推进林业生态建设的决定，规范、引导和保障全省林业生态建设健康发展。制定修改气候资源开发利用和保护条例、丹河流域水污染防治条例、减少污染物排放条例，听取和审议全省环保目标责任制履行情况报告、“一山三河”保护决定实施情况报告，就水法、水资源管理条例和加强汾河、沁河、桑干河源区保护决定、加强五台山风景名胜区保护决定及水污染防治法、环境影响评价法开展执法检查，对全省水利工作情况报告开展满意度测评，有力促进了“兴水战略”的实施。“三晋环保行”活动深入开展，推动解决了一大批影响生态环境的热点难点问题，促进了全省生态建设和环境改善。

（二）把维护人民群众利益作为人大工作的基本要求，有效推动以保障和改善民生为重点的社会建设。落实以人为本、执政为民的要求，坚持把保障和改善民生、加强和创新社会管理摆在更加突出的位置，切实发挥人大在体察民情、反映民意、化解民忧方面的作用和优势。

加大民生事业投入是保障和改善民生的前提和基础。常委会就优化财政支出结构、提高中央公益性投资项目地方配套能力、地方政府债券向民生项目倾斜等提出建议，督促和支持政府加快构建改善民生的财政投入长效机制，不断增加对社会保障、就业创业、文化教育、公共卫生等方面的投入，让人民群众得到更多实惠。

保障困难群众基本生活、维护弱势群体合法权益是改善民生的重要内容。常委会听取和审议全省加强市场调控、保持物价基本稳定情况报告，建立和完善城镇住房保障体系、推进经济适用房和廉租房建设情况报告，对全省城市和农村最低生活保障工作、保障性住房建设情况开展专题询问，督促和支持政府稳定物价水平、加强低保制度建设、加大保障性住房建设力度，努力解决低收入群众的实际困难。制定未成年人保护条例、残疾人保障条例，听取和审议全省妇女儿童发展纲要规划实施情况报告，对老年人权益保障法和我省实施办法、妇女权益保障法和我省实施办法开展执法检查，切实维护弱势群体的合法权益。

教育公平是群众关注的热点民生问题。常委会修改我省义务教育法实施办法，听取和审议全省学前教育工作情况报告、义务教育法律法规执行情况报告、职业教育情况报告，就推动幼儿园标准化建设、合理配置教育资源、加强师资队伍建设、推进高校新区建设开展调研，督促和支持政府促进教育公平发展，努力解决上学难的问题。常委会组成人员坚持每年开展高考巡视检查和录取视察，促进高考安全、公正、有序进行。

促进就业、构建和谐劳动关系事关经济发展、社会稳定。常委会制定就业促进条例、劳动合同条例，听取和审议全省促进就业、建设和谐劳动关系工作情况报告，社会保障及就业情况报告，对劳动合同法开展执法检查，督促和支持政府健全劳动关系协调机制，完善城乡统一的就业服务体系，保障和促进就业创业。

提高群众医疗保障水平是改善民生的重要任务。常委会针对群众关注的医疗质量和医疗安全问题、社区医院人才引进问题、新型农村合作医疗问题等开展视察调研，督促和支持政府强化提高医疗质量、引进社区医院人才的措施，合理确定“新农合”医药报销范围和标准，努力解决看病难看病贵的问题。

食品安全、建筑工程质量、防灾减灾直接关系人民群众生命财产安全。常委会制定畜禽屠宰管理条例、食品生产加工小作坊和食品摊贩监督管理办法、农产品质量安全条例，深入开展食品安全法执法检查，督促和支持政府加大监管力度，严厉打击食品安全违法犯罪行为。制定修改消防条例、气象灾害防御条例、地质灾害防治条例、建筑工程质量和建筑安全生产管理条例，听取和审议全省消防工作情况报告、防震减灾工作情况报告、中小学校舍安全工程实施情况报告，推动防灾减灾工作深入开展。

（三）把促进依法治省、维护公平正义作为人大工作的重大责任，有效推动法治山西建设。弘扬社会主义法治精神，落实依法治省基本方略，坚持标本兼治、多措并举，努力提高社会法治化管理水平。

加强普法教育是法治山西建设的重要基础。常委会听取和审议全省“五五”普法规划和决议执行情况报告，就加强法制宣传教育、推进依法治省工作作出决议，强调把法制宣传教育和依法治理工作纳入国民经济和社会发展规划，切实增强全体公民的法律意识和法治观念，教育引导广大干部群众运用法律武器解决现实生活中的问题，依法按程序表达利益诉求，维护自身合法权益。

确保司法公正是法治山西建设的重要任务。常委会听取和审议省政府司法行政工作情况报告、省高级人民法院行政审判工作情况报告和民商事执行工作情况报告、省人民检察院预防职务犯罪工作情况报告，就刑事诉讼法、行政诉讼法、民事诉讼法开展执法检查，作出关于加强人民检察院对诉讼活动法律监督工作的决定，督促各级司法机关严格履行法律职责、维护司法公正。制定预防职务犯罪工作条例，组织开展预防职务犯罪工作行动，促进预防体系建设和公职人员廉洁从政。

推进依法治理是法治山西建设的重要举措。常委会制定修改会计管理条例、邮政条例、地方志工作条例、非物质文化遗产条例、体育设施条例、人口和计划生育条例、公路条例、道路运输条例、水路交通管理条例、测绘管理条例、突发事件应对条例、社会治安综合治理条例、计算机信息系统安全保护条例、安全技术防范条例、涉及国家安全事项建设项目管理条例、人民防空工程建设条例、国防教育法实施办法，听取和审议全省体育、人口和计划生育、流动人口服务管理、外事侨务、宗教等专项工作情况报告，促进全省各项事业步入法制化轨道。

发展基层民主是法治山西建设的重要内容。常委会修改各级人大选举实施细则和村民委员会选举办法，加强督促检查和工作指导，保证了全省各级人大换届选举和第八届、第九届村民委员会换届选举顺利进行。按照省委统一部署,加强指导,精心组织,完成了省十二届人大代表选举任务。

常委会高度重视信访工作,修改信访条例,制定常委会重要信访案件办理办法,深入开展"人大涉法涉诉信访事项督办年"活动,认真接待和受理人民群众来信来访,依法加强对典型案件和共性问题的跟踪督办,推动解决了一批处置不当和久拖未决的信访案件,为维护社会和谐稳定发挥了积极作用。

二、牢固树立履职意识和创新观念,依法履行职责,不断提高人大工作科学化水平

坚持依法履职、为民履职,既严格依法按程序办事,又不断创新履职方式,使人大工作更好地体现时代性、把握规律性、富于创造性。

(一)以完善机制、提高质量为重点加强和改进立法工作。加强组织协调,设立法制工作委员会,充分发挥人大在立法中的主导作用,进一步提高立法工作科学化、民主化水平。注重完善立法决策机制,健全立法项目论证制度,科学编制五年立法规划和年度立法计划,优先安排国家尚未立法而我省急需的立法项目,健全促进转型跨越发展、加强社会管理、保障和改善民生方面的地方法规。注重完善立法起草机制,提前介入法规草案起草工作,搞好法规起草前的立法调研、草案初审后的联合调研和二审前的专题调研,切实防止和克服立法中的部门利益倾向。注重完善立法民主参与机制,坚持开门立法,召开立法座谈会、论证会200余次,及时向社会公布法规草案,充分听取和认真吸纳社会各方面意见,特别是人大代表、专家学者和实际工作者的意见和建议,使立法更好地集中民智、体现民意。注重完善立法后评估机制,首次对我省农业综合开发条例开展立法后评估,全面评估法规的总体质量和实施效果,为修改、完善法规提供可靠依据。注重完善法规清理机制,对我省现行有效的地方性法规逐件逐条对照检查,修改法规35件、废止法规15件,切实维护法制统一。

(二)以创新方式、增强实效为重点加强和改进监督工作。把关系改革发展全局、影响社会和谐稳定、涉及群众切身利益的突出问题作为监督重点,积极推动中央和省委重大决策部署的贯彻落实,推动"一府两院"依法行政、公正司法。坚持从完善监督机制入手,制定我省监督法实施办法,健全以法律监督和工作监督为主要内容、程序规范、务实高效的监督机制,为强化监督职能提供法律保障。坚持从加强预算监督入手,设立预算工作委员会,扩大部门预算审查范围,加强对资金量大、专项资金多、有法定增长要求部门预算编制的重点审查,督促政府提高预算编制的科学性和准确性。坚持从创新监督方式入手,既综合运用听取和审议工作报告、审查和批准计划预算、开展执法检查等方式增强监督实效,又通过开展专题询问、满意度测评、规范性文件备案审查拓展监督深度,提高监督质量和水平。2011年以来,常委会抓住城乡低保、保障性住房、水利建设、煤炭工业可持续发展等重点工作,开展专题询问和专项工作报告满意度测评,在推进工作、解决问题上收到良好成效,得到广大群众好评。深入推进规范性文件备案审查工作,接收和审查报备规范性文件351件,取得阶段性成果。坚持从推进监督公开入手,探索建立监督议题公开征集机制,通过新闻媒体依法公开监督事项、过程、结果,邀请公民旁听常委会会议审议,自觉接受人民群众监督。

(三)以贯彻省委决策、强化干部保证为重点加强和改进重大事项决定、选举任免工作。常委会按照省委决策部署,抓住推进依法治省、应对金融危机、发展循环经济、发展旅游业、推进林业生态建设等事关转型跨越发展的战略问题作出决议决定,有力促进省委重大决策的贯彻落实。正确处理党委推荐干部与人大及其常委会依法选举、任免干部的关系,省人民代表大会选举全国人大代表、省人大常委会组成人员和"一府两院"领导人员168人次,省人大常委会任免、决定任免和批准任免国家机关工作人员651人次,为全省经济社会发展提供组织保证。

三、牢固树立代表意识和服务观念,加强和改进代表工作,充分发挥人大代表作用

坚持搞好服务、强化保障,全面落实新修改的代表法和党的十八大对代表工作的新要求,支持和保障代表依法履行职责,增强人大工作的生机和活力。

(一)强化代表学习培训,代表履职能力不断增强。健全代表学习培训机制,组织我省选出的全国人大代表参加全国人大代表培训178人次,以宪法、代表法、选举法、地方组织法为重点,组织省人大代表开展履职培训和专题培训,提高代表法律素养,增强代表履职能力。把党的十八大精神作为省十二届人大代表初任培训的重要内容,组织、引导代表争做党的十八大精神的深入学习者、广泛宣传者、自觉引领者和忠实践行者。

(二)强化代表履职基础,代表履职服务保障水平不断增强。健全代表知情知政机制,定期召开政情通报会,协调省"一府两院"及时向代表通报重要工作和重大活动情况,开通省人大代表与省政府负责同志联系的"绿色通道",扩大代表对常委会执法检查和立法调研等活动的参与,组织全国人大代表47人次列席全国人大常委会会议,邀请全国人大代表和省人大代表343人次列席省人大常委会会议。健全代表履职保障机制,为代表提供司法保障、时间保障、物质保障、服务保障。健全代表活动和联系群众机制,建立代表小组37个,开展小组活动50余次,组织部分全国人大代表、省人大代表就经济转型、社会管理、民主法制建设等重点工作开展集中视察和专题调研43次,充分反映人民群众的意见和要求,深入研究经济社会发展中的热点难点问题,不断提高议案、建议质量。

(三)强化代表建议办理工作,代表建议办理效率和质量不断增强。坚持省长副省长领办、省政府相关部门承办、省人大常委会副主任协调相关工作机构督办的办理制度，听取和审议省“一府两院”关于办理情况的报告，强化领导重视、转办及时、协办有力、办理扎实、答复规范、落实到位的建议办理格局，加强代表反映集中、事关全局建议的跟踪督办，加强建议办理工作的综合分析，对87件建议进行重点办理，推动建议办理从“答复满意”向“结果满意”转变。我省的全国人大代表就支持山西建设煤炭循环经济园区、发展低热值煤发电产业等提出议事原案18件、建议950件，其中4件被全国人大列为重点建议。省人大代表就全省各方面工作提出建议、批评和意见3693件，提出议事原案95件，其中35件被立为31个议案，均已办结并答复代表。

四、牢固树立责任意识和制度观念，狠抓人大常委会自身建设，为搞好工作提供有力保证

坚持求真务实、积极进取，以增强履职能力、完善工作机制为重点，全面加强常委会自身建设。

坚持和完善既依靠党的领导、又充分发挥人大职能作用的履职制度，认真贯彻中央和省委加强人大工作的一系列决策部署，坚持重大问题事先向省委报告，切实把党的领导贯穿于依法履职的全过程，确保人大各项工作始终有利于保证党领导人民有效治理国家。坚持和完善常委会集体学习制度和干部教育培训制度，举办常委会专题讲座30次，认真组织地方人大设立常委会30周年、现行宪法公布施行30周年纪念活动，特别是把坚持和发展中国特色社会主义作为学习贯彻党的十八大精神的聚集点、着力点和落脚点，不断提高思想政治素质、法律素养和政策理论水平。坚持和完善适合地方国家权力机关特点的运行机制、议事程序，广泛听取人大代表和常委会组成人员的意见，充分发挥专门委员会、工作委员会和办事机构的作用，坚持集体领导和依法按程序办事，不断提高常委会的审议质量和水平。坚持和完善联系代表和人民群众制度，认真贯彻中央和省委改进工作作风、密切联系群众的各项规定，常委会组成人员分工联系361名基层代表，深入开展调查研究，带头下乡住村包村，不断夯实人大工作的群众基础和社会基础。坚持和完善程序规范、运转高效、充满活力的人大机关管理机制，狠抓机关效能建设、干部队伍建设和党风廉政建设，巩固创先争优活动和保持党的纯洁性学习教育活动成果，充分发挥常委会机关集体参谋助手作用，保持干事创业、团结奋进、风清气正的良好形象。

加强和改进人大宣传与理论研究工作，健全人大宣传工作制度和运行机制，着力构建全方位、深层次、多角度的人大宣传格局，《人民代表报》《山西人大》和《人大之声》等报刊和栏目的质量全面提高，为加强和改进人大工作营造了良好舆论氛围。人大理论研究围绕转型跨越发展大局和人大中心工作，推出了一批高质量的研究成果。山西大众书画院围绕社会主义民主法制建设，举办一系列书画笔会和展览活动，提高了人大工作影响力。

加强对市县人大工作的指导，举办市、县人大常委会主任培训班，总结交流经验，努力提高全省人大工作整体水平。省人大及其常委会各工作机构积极参加全国人大组织的活动，赴兄弟省（区、市）人大学习调研，30个省（区、市）人大的同志来晋考察交流，不断密切与兄弟省（区、市）人大的联系，特别是香港特别行政区全国人大代表团来山西视察，有力推动了晋港合作。积极开展对外交往活动，组团访问美国、俄罗斯、法国等24个国家，日本、韩国、纳米比亚等8个外国议会代表团来访，为促进我省经济文化对外交流合作发挥了积极作用。

五年来，全国人大常委会吴邦国委员长及历届37位副委员长来晋视察，全国人大常委会相关工作机构多次来晋开展执法检查、立法调研，对我省人大工作和各项事业给予支持、指导和帮助。省委和各级党委切实加强对人大工作的领导，省委召开人大工作会议，作出关于进一步加强和改进新形势下人大工作的意见，各市制定落实省委意见的具体办法，为发挥人大及其常委会地方国家权力机关作用提供了有力保证。省“一府两院”自觉接受人大监督，认真落实常委会审议意见，努力提高代表建议办理效率和质量。各级人大代表忠实履行代表法规定的权利和义务，深入了解社情民意，及时反映群众意愿，主动提出建议、批评和意见，在管理地方国家事务和社会事务、管理经济和文化事业中发挥了重要作用。常委会组成人员、专门委员会组成人员依法履行职责，常委会机关工作人员全力搞好服务和保障，圆满完成了本届人大常委会的工作任务。

各位代表，过去五年常委会工作取得的成绩，是在中共山西省委领导下，省人大代表、常委会组成人员、省人大及其常委会各机构工作人员共同努力的结果，是省“一府两院”协同工作的结果，也是全省各级党委、人大和广大人民群众大力支持的结果。在此，我谨代表省十一届人大常委会，向所有关心、支持人大工作的同志们、朋友们，表示衷心感谢和崇高敬意！

各位代表，我们深知，常委会工作与新形势新任务的要求相比，与广大人民群众和代表的期望相比，还有不少差距，主要是，地方法规还不够完善，特别是法规的前瞻性和针对性需要进一步增强；监督法的某些规定和要求还没有全面落实，特别是监督的方式、深度需要进一步创新和拓展；与代表联系还不够广泛和深入，特别是发挥代表作用、代表议案建议办理质量需要进一步强化和提升；常委会自身的思想、作风、制度等方面的建设还需要进一步加强和深化，等等。这些问题都需要在今后的工作中深入研究，切实改进。

五年的探索实践，使我们深切认识到，做好新形势下的人大工作，必须坚持党的领导、人民当家作主、依法治国的有机统一，增强坚持和完善人民代表大会制度的自觉性，坚定不移地走中国特色社会主义政治发展道路，确保人大工作始终沿着正确方向前进；必须坚持围绕全省改革发展稳定大局完善工作思路，找准发挥人大作用与服务全省工作大局的结合点，在加快转型跨越、办好“两件大事”、全面建成小康社会进程中充分发挥作用；必须坚持人民利益至上，把关注民生、维护群众合法权益作为人大工作的重要内容，督促有关部门做好保障和改善民生的各项工作，确保人民群众共享改革发展成果；必须坚持依法治省基本方略，加快科学立法、严格执法、公正司法、全民守法进程，保证群众依法实行民主选举、民主决策、民主管理、民主监督，保障群众享有更多更切实的民主权利；必须坚持依靠人大代表和人民群众开展工作，强化代表履职服务保障机制，完善代表联系群众制度，充分发挥代表主体作用；必须坚持民主集中制原则，健全集体行使职权、集体决定问题的制度，保证各项工作有序高效运行；必须坚持与时俱进，探索把握新时期人大工作的规律和特点，既坚持以往行之有效的经验和做法，又积极创新方式方法和制度机制，努力在工作实践中开创新局面。

2013年工作建议

各位代表：

今年是全面深入贯彻落实党的十八大精神的开局之年，是实施“十二五”规划承前启后的关键一年。我们建议今年人大工作的总体要求是：在中共山西省委的领导下，以邓小平理论、“三个代表”重要思想、科学发展观为指导，坚持和完善人民代表大会制度，坚持党的领导、人民当家作主、依法治国的有机统一，全面贯彻落实党的十八大精神，深入落实省第十次党代表大会部署和省委关于进一步加强和改进新形势下人大工作的意见，围绕中心、服务大局，依法履职、锐意进取，进一步开创人大工作新局面，为加快走出资源型地区转型跨越发展新路、全面建成小康社会提供法制保障和良好环境。

围绕这一总体要求，建议重点抓好以下五方面工作：

一是立法工作要更加注重提高质量、体现特色。坚持科学立法、民主立法，加强立法过程中起草、审议、修改、表决等工作的统筹协调，深入开展立法调查研究，完善立法项目论证制度，建立健全立法后评估长效机制，拓展人民群众有序参与立法工作的途径，抓紧研究编制新一届人大常委会五年立法规划和2013年年度立法计划，不断健全产业转型升级、生态文明建设、社会管理和民生领域的法规，适时推进法规清理工作，进一步发挥地方立法在我省经济社会发展中的引导、规范和保障作用。

二是监督工作要更加注重拓展深度、增强实效。深入贯彻监督法和我省实施办法，以促进依法行政、公正司法、维护群众合法权益为目标，以转型跨越发展中的重大问题、关系人民群众切身利益的民生问题、社会广泛关注的热点难点问题为重点，完善监督议题选择机制和监督信息公开机制，加快推进专题询问和专项工作报告满意度测评常态化，加强对政府全口径预算决算的审查监督，扎实搞好规范性文件备案审查，进一步增强监督工作实效。

三是重大事项决定和人事任免工作要更加注重抓住关键、严格程序。正确处理省委决策权和人大决定权的关系，抓住事关全省经济社会发展的全局性、长远性、根本性问题，加强调查研究，广泛听取意见，依法研究决定重大事项，及时作出决议决定，通过法定程序全力推动省委重大决策部署的贯彻落实。坚持党管干部原则和人大依法行使任免权的统一，认真做好人事任免工作。

四是代表工作要更加注重搞好服务、强化保障。深入贯彻代表法，全面落实中央和省委加强代表工作的要求，加强代表履职培训，特别是要把党的十八大精神作为学习培训的重要内容，努力提高代表的履职意识和能力。完善代表联系群众制度，通过组织代表集中视察和专题调研等方式，不断扩大代表对常委会及专门委员会工作的参与，拓宽代表知情知政渠道。健全闭会期间代表活动的组织、激励和保障机制，创新活动方式，丰富活动内容，增强活动实效。探索建立代表议案、建议办理考核机制，认真办理省十二届人大一次会议期间代表提出的议案和建议，加强跟踪督办和综合分析，进一步提高办理效率和质量。

五是常委会自身建设要更加注重完善制度、提升能力。健全常委会学习制度，突出抓好法律法规和党的十八大精神的学习，不断提高政治素质、法律素养和履职水平。健全常委会运行机制、议事程序，坚持依法按程序办事，坚持集体行使职权，坚持集体讨论决定问题，进一步提高常委会的工作质量和水平。健全常委会组成人员联系代表和群众制度，全面落实中央和省委改进作风的各项规定，以求真务实、真抓实干的作风把人大工作搞得更好。

各位代表，转型跨越前景辉煌，人大工作责任重大，各位代表使命光荣。让我们紧密团结在以习近平同志为总书记的党中央周围，在中共山西省委的领导下，高举中国特色社会主义伟大旗帜，紧紧依靠广大代表和人民群众，依法履职，求真务实，创新进取，奋力开创人大工作新局面，为加快转型跨越发展，办好“两件大事”，推进社会主义民主法制建设做出新的更大贡献！

中国人民政治协商会议
第十届山西省委员会常务委员会工作报告
——在政协第十一届山西省委员会第一次会议上

中国人民政治协商会议山西省委员会主席　薛延忠

（2013年1月22日）

各位委员：

我代表政协第十届山西省委员会常务委员会，向大会报告过去五年工作，对十一届省政协工作提出建议，请予审议。

一、过去五年工作回顾

政协第十届山西省委员会任期的五年，是我省转型跨越发展和全面小康社会建设成就辉煌的五年，也是人民政协事业蓬勃发展的五年。

五年来，面对艰巨繁重的改革发展稳定任务，中共山西省委团结带领全省人民，全面贯彻中共十七大、十八大精神，以邓小平理论、“三个代表”重要思想、科学发展观为指导，攻坚克难、拼搏进取，加快转变经济发展方式、着力推动转型跨越发展，全省综合实力大幅跃升，社会事业全面进步，人民生活不断改善，社会主义经济、政治、文化、社会、生态文明建设取得突出成就，谱写了山西现代化建设的新的篇章。

五年来，在中共山西省委的正确领导和全国政协的有力指导下，十届省政协常委会高举爱国主义、社会主义旗帜，牢牢把握团结和民主两大主题，紧紧围绕全省中心工作，认真履行政治协商、民主监督、参政议政职能，团结各参加单位和广大委员齐心协力促转型、凝心聚力促和谐，为推进全省改革开放和社会主义现代化建设做出了积极贡献，人民政协事业实现新的发展。

（一）坚持高举旗帜、把握方向，积极为全省改革开放和社会主义现代化建设凝心聚力

五年来，面对经济转轨、社会转型、思想意识多元多变等一系列新的情况和问题，我们坚持政协事业前进的正确方向，团结各党派团体、各族各界人士高举中国特色社会主义旗帜，为全省转型跨越、科学发展凝聚共识、汇集力量。

以科学的理论武装头脑。我们把理论武装置于政协各项建设的首位，把学习贯彻中共十七大、十八大精神贯穿始终。深入开展学习实践科学发展观、践行社会主义核心价值体系等主题教育活动，以中国共产党成立90周年、新中国和人民政协成立60周年、改革开放30周年、辛亥革命100周年等重大纪念庆祝活动为契机，引导各参加单位和广大委员紧密联系改革发展实际，深入学习中国特色社会主义理论体系，学习胡锦涛、习近平等中央领导一系列重要讲话精神，学习中共中央关于人民政协事业发展的方针政策，自觉用马克思主义中国化最新成果武装头脑、指导实践，进一步增强了坚持中国特色社会主义道路、理论体系、制度的自觉性和坚定性，为政协事业发展奠定了良好思想政治基础。

以共同的事业凝聚人心。我们把服务转型跨越、科学发展作为人民政协凝心聚力的着力点，围绕“率先走出资源型地区转型跨越发展新路、加快全面建设山西小康社会进程”两件大事，引导各参加单位和广大委员不断深化对贯彻落实科学发展观重大意义的认识，不断深化对我省省情特点、发展阶段、困难挑战的认知，从而深刻认识山西坚持科学发展主题、加快转变经济发展方式主线的必要性紧迫性，深刻领会省委省政府关于推动我省转型跨越发展一系列决策部署的科学性可行性，进而增强了投身全省建设发展、共同致力“两件大事”的责任意识和使命情怀。

以正确的道路汇聚力量。我们始终坚持中国特色社会主义政治发展道路，积极发挥政协平台作用，不断加强各党派团体、各族各界人士的合作共事，支持其参与全省重大决策、重大事项的协商讨论及履行职责的各项活动，尊重和保障各党派团体、各族各界人士在政协会议发表政见、表达意见的权利。五年来，召开5次全体会议、21次专题性常委会议和协商议政会议，组织委员听取政府工作报告和其他重要报告，就关系全局的重大问题积极议政建言；省委、省政府领导和有关部门负责同志参加政协会议，与委员深入交流、共商大计，生动体现了社会主义协商民主的制度优势和生机活力，激发了各党派团体、各族各界人士投身全省现代化建设的主动性创造性。

（二）坚持围绕中心、服务大局，积极为山西转型跨越科学发展贡献力量

五年来，我们紧紧围绕全省发展大局，以委员为主体，以界别和专委会为依托，统筹市县政协、上下协作联动，为加快转型跨越发展、再造一个新山西积极贡献力量。

咨政建言献智转型跨越。针对影响制约我省转型跨越发展的突出问题和深层矛盾，就应对国际金融危机、保持经济平稳较快发展，完成“十一五”目标任务、制定实施“十二五”发展规划，加快综改试验区建设、深化改革开放等全局性问题，组织视察调研活动300余次，报送重要专题建议、报告50余件；征集提案3812件，立案办复3223件、采纳率达89.45%，其中省领导领办督办的267件重点提案办复率达100%，为党政科学决策、推进工作提供了

有益参考。

民主监督促进转型跨越。围绕中央重大部署的贯彻落实和省委省政府重点工作的实施推进，连续三年组织力量赴全省 11 市 70 多个县展开专项督查，着力促进重点工程建设和重大转型项目落地;组织对煤矿、非煤矿山等重点行业开展集中视察，着力促进安全生产措施落实到位;选派委员担任执法执纪监督员，同纪检监察等部门联合开展政风行风评议活动，着力促进政风行风改进、发展环境优化。

岗位奉献给力转型跨越。委员既是政协工作的主体，也是各行各业的精英、本职岗位的骨干。为了更好推动工作，我们在全省政协系统集中开展了“我为转型跨越发展作贡献”主题活动，激励广大委员在履职建言的同时，立足本职、奋勇争先，在转型跨越发展的实践中拼搏进取、建功立业。广大委员心系大局、扎实工作，开展科技咨询服务 12230 人次，引进项目 1665 项、资金 4540 亿元，获得各类奖励、荣誉 2150 项，以优良业绩展示了政协委员倾力转型发展的精神风貌。

广聚外力助推转型跨越。主动加强与全国政协及各专委会的沟通联系，就事关山西发展的一些重大问题开展联合调研 20 余次、联名提出重要提案和社情民意信息专报 30 多件，借助上级组织的力量为我省争取政策支持。密切与兄弟省区市政协的沟通协作，与北京、天津、河北、内蒙古联合举办区域经济发展论坛，就统筹区域合作规划、产业联动、文化交流、旅游开发等共同关心的问题达成共识，并促成华北区经济企业界委员与我省签署合作项目 71 个、金额 108 亿元。进一步加强与港澳台同胞、海外侨胞的联谊交流，开展与国外相关组织、著名企业和各界人士的友好往来，多渠道宣传山西、推介山西，运用政协平台积极为我省招商引资、招才引智贡献力量，谱写了政协组织和委员服务大局、竭诚奉献转型跨越与新山西建设的时代华章!

(三)坚持以人为本、履职为民，积极协助党和政府做好群众工作

五年来，我们把人民意愿作为履职依据、把群众关切作为履职重点，积极协助党委、政府做好新形势下的群众工作。

畅通渠道汇民意。把反映社情民意作为政协开展群众工作的重要方面，引导委员深入体察民情、了解民意，通过社情民意信息“直通车”及时反映群众的愿望诉求。五年来，收集社情民意信息 5 万多条、编报专刊 808 期;其中中央、省领导批办和有关部门采用 533 件，为党政掌握民情、推进工作提供了助益。省政协连年荣获全国政协信息工作“先进单位”。

献智出力为民生。顺应群众意愿，围绕创业就业、教育医疗、住房安居、食品安全、农村饮水、社会保障、基层社会管理等人民群众普遍关注的问题开展专题调研、议政建言，促进了民生工程实施和民生问题的解决。在政协系统广泛开展了“察百姓情、建惠民言、办利民事”的系列活动，组织委员送科技、送文化、送医药、送法律到农村;实施“助幼送健康”、“助老送光明”工程，集委员和社会各界之力，免费为贫困地区数百名先心病患儿和白内障老年患者进行了医疗救治;引导委员主动承担社会责任，参与光彩事业和公益活动，为受灾地区、弱势群体奉献爱心、捐资出力。五年间，培训群众 1.4 万人次、提供法律服务 3.2 万人次、开展义诊 4.7 万人次、捐款捐物 3.5 亿多元，救助困难群众 5 万多人，受到基层群众的欢迎和好评。

协调关系促民和。发挥人民政协包容各界、联系群众的桥梁纽带作用，深入宣传贯彻党的民族宗教政策，加强与民族宗教界代表人士的团结联谊，开展民族宗教人员社会保障专题调研，积极为民族宗教界人士排忧解难，促进了民族团结、宗教和睦。针对体制转轨、社会转型中人民内部矛盾多发高发的情况，深入群众、深入基层，认真做好释疑解惑、理顺情绪、化解矛盾的工作，促进了各界别各阶层关系和谐，彰显了人民政协在构建和谐社会中的独特优势和重要作用。

(四)坚持强基固本、务实创新，努力提升政协工作科学化水平

常委会主动适应新的形势和任务要求，坚持以务实创新精神推进自身建设，政协工作科学化水平得到新的提升。

贯穿一条主线。中共中央关于加强人民政协工作的《意见》，是新时期政协事业发展的纲领性文件。我们把落实中央文件和省委《实施意见》作为加强自身建设的主线贯穿始终。政协党组发挥政治核心作用，努力把党的主张和工作部署转化为各党派团体和各族各界人士的广泛共识和自觉行动，保证了党的路线方针政策在人民政协的贯彻落实;坚持重大事项及时报告请示省委，密切与人大、政府的工作联系，进一步巩固和发展了党委重视、政府支持、政协主动、各方配合的工作格局;加强对市县政协的工作指导，积极推动政协工作向基层延伸，全省 1204 个乡镇、街道办事处设立了政协联络组，进一步夯实了政协工作的组织基础。

抓好两支队伍建设。政协委员和政协机关干部，是政协履行职能的中坚力量。加强两支队伍建设，至为重要。着眼建设高素质的委员队伍，通过联合办班、集中轮训、自主选学等形式，狠抓委员教育培训，提升委员能力素质;强化委员管理，通过年度统计、适时通报委员履职情况，引导委员增强履职责任、更好服务发展。着眼建设高素质的机关干部队伍，以党建为龙头，以创先争优、保持党的纯洁性先进性学习教育活动为抓手，引导机关干部对标一流，加强理论学习、优化知识结构，提升办文、办会、办事能力，在服务大局、服务委员、服务基层的实践中全面提升素质、创造工作业绩，机关整体工作水平得到新的提升。省政协机关连年荣获“文明和谐单位标兵”。

完善三方面工作制度。适应民主政治建设和政协事业发展的需要,我们把健全制度、完善机制作为重要工作紧紧抓在手上。在履行职能方面,健全了全体会议、常委会议、主席会议、秘书长会议、专委会会议等工作规则,完善了与党政部门对口协作、与市县政协工作联动等制度和办法;在日常工作方面,组织修订了委员视察、社情民意信息、提案工作条例和提案办理规定,完善了专题调研、新闻宣传、文史资料征集等方面的工作机制;在自身建设方面,出台了发挥党派、界别作用,强化委员学习、培训、考核和加强机关建设等项规定,为提升政协工作科学化水平提供了制度保障。

各位委员,过去五年,我省政协工作取得了良好成绩。成绩归因于全国政协的有力指导,归因于中共山西省委的正确领导和省人民政府的大力支持,归因于广大委员、各参加单位、各级政协组织的团结奋进和社会各方的热诚支持。在此,我谨代表十届省政协常委会,向省委、省人大、省政府,向各民主党派、各人民团体和各族各界人士,向一切关心支持人民政协事业的同志们和朋友们,表示衷心的感谢!

我们的工作虽然取得了一定成绩,但以高标准衡量还存在差距和不足。主要是:政协理论的研究有待进一步深化;协商于决策之前和决策执行之中的机制有待进一步完善;民主监督有待进一步加强,监督的内容、形式和途径有待进一步拓展;参政议政的意见反馈和成果转化有待进一步加强;界别优势和委员主体作用有待进一步发挥,等等。这些,都要在今后工作中认真研究、不断改进、切实加强。

五年来的工作实践,使我们深切体会到,推进人民政协事业健康发展,必须高举中国特色社会主义旗帜,坚定不移走中国特色社会主义政治发展道路,坚持党对人民政协的领导,永葆人民政协事业发展的正确方向;必须坚持以科学发展观为统领,真正把科学发展观作为工作的根本指导,把落实科学发展观的成效作为检验工作的根本标准,把科学发展观贯彻到工作的各个方面和全部过程;必须坚持围绕中心、服务大局,自觉在大局下谋划、部署、推进工作,做到与党和政府目标同向、工作合拍、步调一致;必须坚持以人为本、履职为民,时刻以人民利益为重,深入了解民情、倾心化解民忧、着力改善民生,切实做到人民政协为人民;必须充分发挥人民政协团结包容的优势,营造民主、和谐、奋进的良好氛围,在沟通协商中增进共识,在合作共事中凝聚人心,不断为富民强省汇聚智慧和力量;必须大力弘扬务实创新精神,结合新的实践和发展,推进政协理论创新、工作创新、制度创新,努力使政协工作体现时代性、把握规律性、富有创造性。

二、今后五年工作建议

未来五年,是全面建成小康社会的关键期,是深化改革开放、加快转变经济发展方式的攻坚期。做好新一届政协工作,意义重要。中国共产党第十八次全国代表大会站在新的历史起点,绘制了全面建成小康社会、加快推进社会主义现代化的宏伟蓝图,回答了在新的历史条件下举什么旗、走什么路、保持什么样的精神状态、朝着什么样的目标继续前进等事关党和国家全局的重大问题,开启了中国特色社会主义事业新的伟大征程。中共山西省第十次代表大会和省委十届四次会议就贯彻中央大政方针、加快全省改革发展作出了一系列决策部署,标明了转型跨越、小康建设的目标和重点。面对新的形势和任务,政协第十一届山西省委员会要牢记使命、强化责任,深入学习贯彻十八大精神,按照省委部署要求,牢牢把握团结和民主两大主题,紧紧围绕“率先走出资源型地区转型跨越发展新路、实现全面建成小康社会宏伟目标”两件大事,积极履行政协职能,努力做好各项工作,为全省改革开放和社会主义现代化事业贡献新的力量。为此,我们建议:

(一)深入学习贯彻中共十八大精神,着力夯实团结合作的共同思想政治基础

学习贯彻十八大精神,是新一届政协的首要政治任务。要加强领导,进一步组织引导委员深入学习十八大报告和大会各项决议,学习习近平总书记一系列重要讲话精神,深刻理解、准确把握十八大提出的重大理论观点、重大战略思想、重大工作部署,进一步把思想行动统一到十八大精神上来,把智慧和力量凝聚到实现中央和省委确定的目标任务上来。要联系实际,切实把学习成果体现在中国特色社会主义道路的自觉坚持上——中国特色社会主义道路,是国家富强、民族复兴、人民幸福的康庄大道。要切实增强中国特色社会主义的道路自信、理论自信、制度自信,自觉把“一个中心、两个基本点”统一于中国特色社会主义的伟大实践中,始终与中国共产党思想上同心同德、目标上同心同向、行动上同心同行,矢志不渝为实现中国特色社会主义共同理想而努力奋斗。切实把学习成果体现在社会主义经济、政治、文化、社会和生态文明建设的自觉奉献上——要准确把握中国特色社会主义“五位一体”的总体布局和基本要求,自觉把坚持“主题”“主线”体现在推进转型跨越发展、服务全面小康建设的具体实践,积极为推动全省经济、政治、文化、社会和生态文明全面协调发展,实现富民强省目标建言献策、汇聚力量。切实把学习成果体现在政协事业的发展上——人民政协作为中国共产党领导的多党合作和政治协商的重要机构,是发扬社会主义民主的重要形式。要不断深化十八大对人民政协事业发展新部署新要求的认知,更好地把握和运用社会主义协商民主的规律、特点和方法做好政协工作,不断巩固和发展我省团结、和谐的政治局面,为我省走出资源型地区成功转型、欠发达省份后来居上、内陆地区扩大开放新路,聚集正能量、作出新贡献!

(二)始终坚持科学发展第一要务,着力推进我省转型跨越发展和全面建成小康社会进程

办好“两件大事”,是省委省政府立足山西发展全局作出的重大部署，是我省贯彻落实十八大精神的战略举措，也是全省各党派团体和各族各界人士共同的职责使命。办好“两件大事”,既要解决发展不快、总量不大的问题,又要解决结构不优、质量效益不高的问题;既要解决发展不平衡、不协调、不可持续的突出问题,也要解决影响和制约转型跨越发展的观念、环境、体制机制等方面的问题。我们要牢牢把握主题主线和工作总基调,紧紧围绕工业新型化、农业现代化、市域城镇化、城乡生态化的协调推进,履职尽责、努力工作,为推动资源型经济转型跨越发展、实现全面建成小康社会目标建睿智之言、献可行之策、出务实之力。

为办好“两件大事”增智力。充分发挥人民政协人才荟萃、智力密集的优势,组织引导委员围绕发挥实体经济作用,保持经济持续健康发展;围绕加快转变经济发展方式,构建以煤为基、多元发展现代产业体系;围绕做好“三农”工作,加快城镇化步伐,统筹城乡一体发展;围绕推进节能降耗减排和生态修复治理,发展循环经济,建设美丽山西等事关发展全局的重大问题,深入调查研究、积极议政建言,为促进我省全面协调可持续发展提供智力支持。

为办好“两件大事”添动力。深化改革、扩大开放是办好“两件大事”的必由之路和关键之举。要立足我省实际,把建设资源型经济转型综合配套改革试验区作为最大的战略机遇、最大的改革工程、最强的发展动力,进一步激发蕴藏在委员中的创新创造活力,就健全市场主体、完善市场体系、强化要素支撑、实施创新驱动、创新体制机制、着力“先行先试”等重点问题深入调查研究、积极建言献智,为办好“两件大事”增添动力。

为办好“两件大事”出实力。广大委员作为改革开放和现代化建设的重要力量，要带头落实省委省政府的工作部署,自觉发挥表率引领作用,双岗履职、奋力争先,在转型跨越发展的主战场勇挑重担，在全面建成小康社会的实践中建功立业,在兴晋富民的征程中奏响时代强音!

(三)弘扬人民政协为人民的光荣传统,着力促进民生改善社会和谐

加强社会建设、促进社会和谐,是全面建成小康社会的重要内容和保障。我们要积极发挥人民政协优势,进一步协助党政做好新形势下群众工作,推进社会管理创新,着力提升人民群众的幸福生活指数。

要以先进文化为引领。社会主义先进文化是社会团结和睦之魂。要努力践行社会主义核心价值体系,大力弘扬“信义、坚韧,创新、图强”的山西精神,自觉遵行社会主义荣辱观，着力推动全社会共同价值追求和思想道德基础的形成。同时,要深入挖掘政协文化资源,进一步做好文史资料工作,积极弘扬多党合作文化、民族团结文化、宗教和顺文化、新社会阶层人士信义文化、海内外同胞同根文化,为丰富社会主义和谐文化积极贡献力量,更好发挥先进文化引领风尚、教育人民、促进和谐的重要作用。

要以民生改善为根本。民生是社会和谐之本。要坚持民生优先、履职为民,着眼民生政策落实、民生工程实施、民生问题解决,就教育、就业、增加收入、住房安居、医疗健康、社会保障和安全生产等重大民生关切,深入调查研究、积极献智出力,推动改革发展成果更好惠及人民群众。

要以社会管理为基础。加强和创新社会管理是促进社会和谐的基础。要运用提案、建议、社情民意信息等手段,及时收集和反映群众的愿望、意见和建议,不断畅通群众诉求表达渠道,协助党政深入研判舆情动态、准确把握各界意愿、妥善处理各类矛盾。要引导委员就创新社会管理、健全基本公共服务、建立现代社会组织体制和管理机制深入调研,积极建言,着力促进社会管理与转型、多元、开放型社会相适应。要协同有关方面化解矛盾隐患、完善防控体系、夯实基层基础,进一步做好理顺情绪、释疑解惑、协调关系的工作,推进“法治山西”和“平安三晋”建设,促进社会公平正义、群众安居乐业、社会安定有序。

政协委员来自人民、服务人民。要始终保持同群众的血肉联系,把群众的安危冷暖、呼声期盼放在心上,倾心了解民意,倾情化解民忧,倾力改善民生,在全心全意为人民服务中汲取群众的智慧和力量!

(四)发挥人民政协大团结大联合组织优势,着力为富民强省、中华振兴汇聚力量

实现中华民族伟大复兴，是中华民族近代以来最伟大的梦想。实现这个梦想,必须广泛凝聚各方面的智慧和力量,团结全体中华儿女共同奋斗。要充分发挥人民政协大团结、大联合的独特优势,坚持长期共存、互相监督、肝胆相照、荣辱与共的方针,进一步加强中国共产党同各民主党派、无党派人士在人民政协的合作共事,着力促进政党关系、民族关系、宗教关系、阶层关系、海内外同胞关系团结和谐,形成共襄中华伟业的强大力量。要深入贯彻党的民族宗教政策,充分运用政协平台,巩固和发展平等、团结、互助、和谐的社会主义民族关系,积极引导宗教与社会主义社会相适应,不断促进民族团结、宗教和谐;要加强同新经济组织、新社会组织代表人士的联系,引导他们爱国、敬业、守法,鼓励他们为增加社会财富、改善群众生活、促进山西发展多作贡献；要积极发挥港澳委员作用,加强同港澳台同胞、归侨侨眷、海外侨胞及出国留学人员的团结联谊,主动为他们来晋参访交流、投资兴业牵线搭桥、搞好服务;要积极开展人民政协公共外交,扩大同国外相关机构、区域组织及非政府组织的友好往来,增进国际社会对中国、对山西的了解和认知,最大限度地把各方面的智慧和力量凝聚到富民强省、祖国统一的宏图伟业,共同促进中华民族伟大复兴百年梦想的早日实现!

(五)适应发展社会主义协商民主新要求,着力推进政协履职制度化、科学化建设

党的十八大报告首次提出“社会主义协商民主是我国人民民主的重要形式”,并从坚持中国特色社会主义政治发展道路、推进政治体制改革的全局出发,对健全社会主义协商民主制度作出规划和部署，对充分发挥人民政协作为协商民主重要渠道作用提出新的更高要求。健全和完善社会主义协商民主制度，对于拓展公民有序政治参与渠道、促进党和政府决策科学化民主化、改进党的领导方式和执政方式，彰显我国社会主义民主政治的特点和优势，推进中国特色社会主义事业，具有重大而深远的意义。我们要深入贯彻十八大部署要求，强化人民政协在发展社会主义协商民主中的职责使命，着力推进政治协商、民主监督、参政议政制度化、规范化、程序化，为加快社会主义政治文明建设发挥应有作用。

完善政治协商机制。要按照“把政治协商纳入决策程序、坚持协商于决策之前和决策执行之中”原则，在中共山西省委的领导下，进一步加强与有关方面的协作联动，规范协商内容、创新协商方式、健全协商程序，就关系全局的重大问题和各界群众的重大关切积极开展专题协商、对口协商、界别协商、提案办理协商，促进协商民主广泛、多层、制度化发展，着力抓好协商成果的落实转化，使政治协商更加规范、有序、有效。

强化民主监督力度。要积极探索、拓展、完善新形势下民主监督的内容、程序和方式，进一步把民主监督的着力点放在促进中央大政方针和法律法规的贯彻执行上，放在促进省委、省政府决策部署和全省重点工作的实施推进上，放在促进群众反映强烈突出问题的解决和合法权益的维护上，放在促进党政领导干部作风改进上。要积极推进政协民主监督与党纪政纪监督、人大法律监督、新闻舆论监督、人民群众监督的有机结合，不断增强民主监督的效力。

完善参政议政规则。要健全专题调研和视察考察机制，力求选题科学、调研深入，增强议政建言的针对性和实效性；要完善大会发言遴选机制，改进提案选题、审查交办、领办督办、质量评价等办法；要做好重点社情民意信息的分类搜集、综合分析和整理报送工作，促进政协建议和提案的办理、反馈和成果转化，努力提升参政议政质量和水平。

（六）全面加强和改进自身建设，着力推动政协工作再上新的台阶

履行新一届政协的职责使命、在新起点上推进人民政协事业发展，必须坚持解放思想、实事求是、与时俱进，不断加强和改进自身建设，提升工作科学化水平。

要更好发挥党派及界别的渠道作用。要深入研究发挥党派和界别在人民政协作用的新途径、新方法，注重在协商议政中突出党派和界别特色、在提案和反映社情民意中表达党派和界别意愿、在调研视察中扩大党派和界别参与，进一步彰显人民政协的党派和界别优势，扩大人民政协的团结面和包容性。

要更好发挥委员的主体作用。要在思想政治上关心委员、学习工作上支持委员，并要加强对委员的管理，引导委员了解和掌握政协工作的特点、规律和方法，不断提升履职能力和水平。广大委员要深刻认知作为政协委员既是荣誉，更是责任，务必增强使命意识，从严要求自己，讲政治、讲大局、讲宗旨、讲奉献，切实发挥好在本职岗位的带头作用、在政协工作的主体作用、在界别群众的代表作用，树立和展示应有的精神风貌和良好形象。

要更好发挥专门委员会的基础作用。要把专委会作为发挥委员和界别作用的重要载体、作为政协履职的重要依托，着力提高专委会组成人员的政治素质和业务能力，强化专委会与党政部门、党派界别、市县政协之间的协作联动和专委会之间的沟通互动，形成履行职能、开展工作的合力优势。

要更好发挥机关的服务保障作用。要以创建学习型、服务型、创新型、和谐型机关为目标，健全创先争优的长效机制，以开展为民务实清廉为主要内容的党的群众路线教育活动为契机，全面加强机关党的思想、组织、作风、反腐倡廉和制度建设，努力造就一支政治坚定、作风优良、学识丰富、业务熟练的高素质政协干部队伍；要加强机关信息网络建设，进一步做好政协新闻宣传工作，强化后勤保障，着力提升机关服务中心、服务委员、服务基层的层次和工作水平。

实现人民政协事业的新发展，创造服务“两件大事”的新业绩，要以良好的作风作保障。广大委员和各参加单位，一定要深入贯彻中共中央关于改进作风的八项规定和省委实施意见，大兴密切联系群众之风、调查研究之风、求真务实之风、改革创新之风、团结和谐之风，以昂扬向上、奋发有为的精神状态扎实做好各项工作，在全省科学发展的宏伟实践中续写人民政协事业的新篇章。

各位委员，中共十八大开启了中国特色社会主义更加壮丽的征程，赋予人民政协更为光荣的使命。让我们紧密团结在以习近平同志为总书记的中共中央周围，在中共山西省委的正确领导下，深入学习贯彻十八大精神，高举中国特色社会主义伟大旗帜，坚持以邓小平理论、“三个代表”重要思想、科学发展观为指导，按照省十次党代会和省委十届四次全会的部署要求，凝心聚智促转型、汇集力量奔小康，为加快全省社会主义现代化建设而努力奋斗！

关于山西省2012年国民经济和社会发展计划执行情况与2013年国民经济和社会发展计划草案的报告(摘要)

——在山西省第十二届人民代表大会第一次会议上

山西省发展和改革委员会主任　王　赋

(2013年1月23日)

各位代表:

受省人民政府委托,我向大会报告山西省2012年国民经济和社会发展计划执行情况,以及2013年国民经济和社会发展计划草案,请予审议,并请省政协委员和其他列席人员提出意见。

一、2012年全省国民经济和社会发展计划执行情况

2012年,是我省积极应对复杂严峻的外部经济环境、经济社会发展和各项工作又取得新成绩的一年。全省深入贯彻落实科学发展观,坚持主题主线和稳中求进的工作总基调,坚持把稳增长放在更加重要的位置,及时出台实施了稳增长的一系列政策措施,扎实推进经济社会各项工作,促进全省实现了经济平稳较快增长和社会事业全面进步,顺利完成全年目标任务,转型跨越发展和全面建成小康社会迈出了坚实步伐。初步核算,全省地区生产总值增长10.1%,全社会固定资产投资增长24.5%,社会消费品零售总额增长16%,财政总收入增长17.2%,一般预算收入增长25%,城镇居民人均可支配收入增长12.6%,农民人均纯收入增长13.5%,城镇新增就业岗位51万个,城镇登记失业率3.4%,居民消费价格总水平上涨2.5%,万元地区生产总值能耗、万元工业增加值用水量和主要污染物减排均实现了预定目标。

(一)以投资拉动为着力点,推动全省经济平稳较快增长。全力扩大有效投资,积极推进重点工程建设,全年省级重点工程完成投资3898.9亿元,增长38.1%。努力激活民间投资,全年民间投资4290亿元,增长34.2%。扩大资本市场融资,全年资本市场融资1087亿元,再创年度融资额新高。加快下达政府投资计划,省级政府投资计划上半年下达80%、10月底前基本下达完毕。加强基础设施建设,铁路建设完成投资630亿元,大西客专、中南部铁路等加快实施。高速公路投资490亿元,新增高速公路1006公里,总里程突破5000公里。大同机场改扩建接近尾声,新建吕梁机场进展顺利,五台山、临汾机场加快推进。水利建设投资185亿元,大水网东山供水、中部引黄等骨干工程全面开工。电力建设投资350亿元,新增电力装机500万千瓦,总装机达到5800万千瓦。努力扩大消费稳定外贸,认真落实家电下乡、节能产品惠民、家具建材促销等政策措施。积极推动农产品流通体系建设,出台稳定外贸增长若干措施,加大对外贸企业的支持力度,全年进出口总额超过150亿美元。按月召开经济形势分析联席会议,及时分析全省经济形势,研究出台了保持经济平稳较快增长30条措施、支持服务业发展9条措施和扶持小微企业发展17条措施,有效稳定了经济增长。国有企业实力进一步壮大,销售收入超千亿元企业达到8户。小微企业和个体工商户进一步增加,总数达到107万户。

(二)以转变经济发展方式为主线,推进产业结构转型升级。全力推进传统产业优化升级,重点支持传统产业技术改造和产业链延伸。提升煤炭产业水平,大力推进安全高效现代化矿井建设,全年原煤产量9.1亿吨,再创历史新高。加快焦化行业重组步伐,制定实施山西焦化行业兼并重组具体办法,50户大企业整合117户焦化企业。加大冶金电力改造升级力度,太钢不锈钢冷连轧及配套技改等19个项目建成投产或部分投产,全省煤矸石综合利用发电装机达到584.5万千瓦,集中供热发电装机1140万千瓦。着力推动新兴产业发展壮大,全年新兴产业、非煤产业投资占工业投资的比重明显提高。加快推动服务业发展,着力打造"晋善晋美"旅游品牌,全年旅游总收入1813亿元,增长35%。

(三)以"三农"工作为重点,促进粮食增产农民增收。新出台小杂粮、设施蔬菜、移民搬迁等10项扶持政策,新增补贴20多亿元。大力实施农田水利等工程建设,农田实灌面积达到1920万亩,全年粮食总产量127.4亿公斤,再创历史新高。扎实推进现代农业示范区和雁门关生态畜牧经济区建设,组织实施了50多个重点项目。大力支持农产品加工龙头企业"513"工程,着力打造特色优势产业,全省农产品加工销售收入超过800亿元,增长30%以上。完成了3000个重点村和100个新农村连片示范区建设任务。全面推进扶贫攻坚,40万贫困人口脱贫。

(四)以市域城镇化为目标,进一步拓展发展空间。启动实施了新区示范、旧区提质、百镇建设等"十大工程"。大同御东新区、怀仁新城区等新区初具规模,一批以城中村、棚户区为重点的旧城改造项目和特色鲜明的小城镇项目建设进展顺利,太原晋中共建区、临汾百里汾河新型经济带等城镇组群建设顺利推进。重点支持各市县实施集中供热、供水、供气、污水垃圾处理等一大批市政工程。全省城镇化率超过51%。

(五)以节能减排为抓手,促进生态环境持续改善。重点推进节能技术改造项目,顺利实施1000万平方米既有居住建筑节能改造。在水泥、电力行业全面开展了能效对标活动,深入推进全民节能低碳行动,加快淘汰落后产能。加大污染治理力度,在所有设区市开展PM2.5监测。以省城太原环境综合整治为重点,全力推进集中供热、城

中村改造、污染企业搬迁和水污染治理工程，全省11个设区市城区空气质量均达到国家二级标准，水质优良断面明显上升。加大生态建设力度，全年完成营造林460多万亩，流域和区域生态环境明显改善。大力促进循环经济发展，《山西省循环经济促进条例》正式实施，总投资约1400亿元的100个循环经济项目80%以上建成投产。

（六）以保障和改善民生为根本，促进社会事业全面发展。积极扶持就业，高校应届毕业生就业率达到90%，创业带动就业10.6万人，转移农村劳动力42.5万人。加快保障性住房建设，全年新开工各类保障性住房40.9万套、竣工18万套，均超额完成国家下达任务。加强社会保障，城乡居民养老、医疗保险和低收入群体基本生活保障实现制度全覆盖，城乡低保和农村五保供养对象实现应保尽保。为800多万户低收入农户免费发放“一户一吨”煤。大力发展教育事业，积极推进高校新校区建设，工程已基本完工。加快医疗卫生体系建设，极大地改善了城乡医疗卫生服务条件。圆满完成新“五个全覆盖”任务。安全生产形势持续稳定好转，煤矿百万吨死亡率0.091，居国内领先水平。食品安全保障水平进一步提高。全面加强和创新社会管理，社会保持和谐稳定。扎实推进援疆工作，20项政府援建项目全部开工，主体工程全部完工。

（七）以综改试验区建设为统揽，着力深化改革扩大开放。转型综改试验区建设扎实推进，《总体方案》成功获批，出台了支持“一市两园”、省级转型综改标杆项目的优惠政策，制定了《省级转型综改标杆项目认定办法》，确定了“一市两县”“一市两园”名单和第一批20个省级转型综改标杆项目。先行先试迈出实质步伐，取得了阶段性成效。编制完成《实施方案》，省部合作取得重要进展。与此同时，事业单位分类改革、集体林权制度改革、国有企业改革、文化体制改革、医药卫生体制改革和扩权强县改革等重点领域改革取得新进展。对外交流与合作继续拓展，与德国北威州、美国西弗吉尼亚州开展了深入合作。

（八）争取国家政策、资金和项目支持成绩显著。全年争取国家投资128亿元，争取国家核准我省企业发行债券103亿元，获得国家规划批复、核准或路条批复70个重点项目，涉及总投资1937亿元。争取国家批准设立了“晋陕豫黄河金三角承接产业转移示范区”，将运城、长治、晋城纳入《中原经济区规划》。

二、2013年全省经济社会发展总体安排和主要任务

2013年全省经济工作的总体要求是：全面贯彻落实党的十八大和中央经济工作会议精神，深入落实省第十次党代表大会部署，以邓小平理论、“三个代表”重要思想、科学发展观为指导，坚持主题主线，坚持稳中求进，以建设转型综改试验区为统领，以提高经济增长质量和效益为中心，深入推进工业新型化、农业现代化、市域城镇化、城乡生态化，全面加强经济、政治、文化、社会、生态文明建设，全面提高党的建设科学化水平，着力保持经济持续健康发展，着力加快产业转型升级，着力推进创新驱动发展，着力推进城乡发展一体化，着力保障和改善民生，为走出资源型地区转型跨越发展新路、全面建成小康社会努力奋斗。

2013年全省国民经济和社会发展主要目标是：地区生产总值增长10%左右，全社会固定资产投资增长22%，社会消费品零售总额增长15%，财政总收入、一般预算收入均增长12%，城镇居民人均可支配收入、农民人均纯收入分别增长10%、10%以上，城镇新增就业岗位50万个，城镇登记失业率控制在4.2%以内，居民消费价格涨幅控制在3.5%左右，万元地区生产总值能耗下降3.5%，万元地区生产总值二氧化碳排放量下降3.7%，二氧化硫、化学需氧量、氨氮、氮氧化物减排完成国家下达任务，烟尘、粉尘排放量均下降2%，万元工业增加值用水量下降5.2%。

（一）千方百计扩大内需，促进经济持续健康发展。发挥好投资对经济增长的关键作用，抓住重大基础设施、重点产业、城镇化和生态环境治理、民生和社会事业等重点领域和薄弱环节，努力扩大有效投资。发挥好重点工程对经济增长的火车头作用，大力开展“项目推进年”活动，实行“六位一体”推进机制，全力推进重点工程建设。增强消费对经济增长的基础作用，促进消费升级，优化消费环境，创新消费方式，做大商贸企业，规范市场环境，鼓励发展电子商务、网络购物等新型消费业态，加快培育一批拉动力强的消费新增长点。

（二）加快推进结构调整和发展方式转变，提高经济增长的质量和效益。着力改造提升传统产业，化解产能过剩，力争尽快取得实效。继续推进焦化、电力等行业整合重组，稳步推进钢铁、有色、水泥等行业兼并重组，支持煤焦冶电行业改造升级。着力做大做强新兴产业，组织实施“512”工程。着力促进服务业加快发展，组织实施“1511”工程。着力实施创新驱动发展战略，组织实施一批重大科技专项，加强科技与经济的结合。

（三）毫不放松地抓好“三农”工作，推动农民持续增收。落实好强农惠农富农政策。加强农业农村基础设施建设，切实抓好大水网工程、大型灌区、山区“一村一井”工程建设，再启动3000个重点村和100个新农村集中连片示范区建设，大力发展特色现代农业，积极推进三大现代农业示范区、雁门关生态畜牧经济区建设，加快推进“一村一品”“一县一业”和现代农业示范县建设，加大以“513”工程为核心的特色农产品加工项目建设。千方百计促进农民增收，加快脱贫致富步伐。抓好为农民办实事工程，改造农村困难家庭危房10万户，易地搬迁农村贫困人口11万人，完成1.7万个行政村街道亮化任务，改扩建村级幼儿园500个，实施乡村清洁工程，进一步改善农村生产生活条件。

（四）加快“一核一圈三群”建设，走出具有山西特色的城镇化发展路子。推进城镇组群式发展，大力推进太原新区、太原晋中共建区和太榆科技创新城、上党城镇群、大同都市区、临汾百里汾河新型经济带建设，推进城际联系道路等基础设施和生态建设。推进大县城和百镇工程建设，重点抓好沿河流域特色小城镇组群建设。坚持城镇化推进与户籍制度、土地制度、公共服务能力等有机结

关于山西省2012年全省和省本级预算执行情况与2013年全省和省本级预算草案的报告(摘要)

——在山西省第十二届人民代表大会第一次会议上

山西省财政厅厅长　郑建国

(2013年1月23日)

各位代表:

受省人民政府委托,我向大会提出2012年全省和省本级预算执行情况与2013年全省和省本级预算草案的报告,请予审议。

一、2012年全省和省本级预算执行情况

2012年,面对复杂严峻的经济形势,在省委、省政府的正确领导下,全省上下坚持主题主线和稳中求进总基调,着力稳增长、调结构、抓改革、惠民生、促和谐,经济社会各项事业发展取得了新的成绩。在此基础上,全省和省本级预算执行情况良好,财政工作取得新进展。

(一)全省和省本级预算变动情况

2012年全省和省本级预算经省十一届人大六次会议审查批准后,各市县人民代表大会相继批准了本级预算,省政府于2012年9月汇总各市县的预算报送省十一届人大常委会备案。在预算执行中,根据财政部追加转移支付及各级预算调整情况,全省和省本级预算作了相应变动。2012年全省一般预算收入为1379.26亿元,与备案预算一致;因中央转移支付补助增加342.08亿元,各级用当年超收、上年净结余及调入资金等安排支出增加160.39亿元,全省一般预算支出由2673.83亿元变动为3176.3亿元。省本级一般预算收入为353.36亿元,与备案预算一致;因中央转移支付补助增加342.08亿元,用上年净结余安排支出10.92亿元,当年列收列支的专项收入超收等安排支出32.14亿元,增加各市县转移支付补助相应减少省级支出300.92亿元,省本级一般预算支出由

合,有序推进农业转移人口市民化。

(五)高度重视生态文明建设,促进绿色低碳循环发展。继续加强节能降耗工作,出台全省合理控制能源消费总量工作方案,建立合同能源管理项目能效评价机制。全面开展能效对标,狠抓六大重点行业和千户重点企业节能工作。加快污染治理设施建设,继续抓好火电和水泥行业脱硝、非电行业脱硫、集中供热供气等设施建设。抓好垃圾处理设施县级全覆盖工程。加大重点流域水环境治理力度,大力实施城乡清洁工程,加大生态修复保护力度,组织实施六大造林绿化重点工程,加快高速公路沿线绿化,启动吕梁山生态脆弱区植树造林工程。开展农村连片整治和生态示范城创建。大力推动循环经济发展,引导鼓励企业对传统产业进行循环化改造,加快构建全社会资源循环利用体系。

(六)加大保障和改善民生力度,努力让人民过上更好生活。全面发展教育文化事业,做好就业工作,提高社会保障水平。努力增加居民收入,扎实推进保障性住房建设,进一步完善医疗卫生服务体系,强化食品药品安全监管,更加注重经济与社会协调发展。促进安全生产形势稳定好转,坚决遏制和杜绝重特大事故。加强应急保障体系建设,继续抓好对口援疆工作,坚持军民融合式发展,努力做好国民经济动员工作。

(七)全面推进转型综改试验区建设,进一步提升改革开放水平。出台《实施方案》,抓好已经布局和出台的转型综改重点任务及政策措施的落实。落实好支持"一市两园"和省级转型综改标杆项目的双十条优惠政策及配套实施细则,加快转型综改标杆项目建设进度。开展"一厅一专项""一市一板块(主题)""一县一任务"试点和重点体制机制改革课题研究。抓住重点领域和关键环节,大力推进医药卫生、文化、财税、行政管理体制改革和金融改革、农村综合改革、集体林权制度改革、国有企业改革、事业单位分类改革、收入分配制度改革等。创新工作机制,争取推动国家层面改革事项和创新政策在我省优先试行。进一步扩大对外开放,促进对外贸易稳定增长。积极创新招商引资方式,完善境外投资促进机制,健全风险防范和监管机制,深化与德国北威州和美国西弗吉尼亚州更广泛、更直接的交流。

(八)加强经济形势研判,进一步提升宏观调控能力。坚持行之有效的经济形势分析制度,密切关注形势变化,加强监测预测分析,及时发现新情况、新问题,并根据形势变化,深入研究和储备一批针对性、前瞻性、操作性强的政策措施,牢牢把握经济工作的主动权。进一步完善价格调控政策,强化市场监管,合理引导社会预期,保持物价基本稳定。

各位代表,过去一年全省经济社会发展取得了显著成绩,为全面建成小康社会奠定了坚实的基础。新的一年,让我们在省委、省人大、省政府、省政协的正确领导和监督支持下,认真贯彻落实省委十届四次全会暨全省经济工作会议精神,凝聚力量、真抓实干,开拓创新、攻坚克难,依法行政、提高效率,为全面开创转型综改试验区建设新局面、圆满完成全年经济社会发展目标、实现经济社会持续健康发展做出新的贡献!

752.93 亿元变动为 837.15 亿元。

(二)全省和省本级预算执行情况

2012 年全省一般预算收入完成 1516.39 亿元，为预算的 109.9%，增收 302.96 亿元，增长 25%；一般预算支出执行 2761.47 亿元，为变动预算的 86.9%，增支 397.62 亿元，增长 16.8%。教育、医疗卫生、社会保障和就业、住房保障、文化体育与传媒、农林水事务、城乡社区事务、节能环保、粮油物资储备及公共交通运输等民生支出规模占到全省一般预算支出总量的 81.6%。省本级一般预算收入完成 404.21 亿元，为预算的 114.4%，增收 82.05 亿元，增长 25.5%；一般预算支出执行 715.31 亿元，为变动预算的 85.4%，增支 85.44 亿元，增长 13.6%。初步汇总 2012 年全省和省本级预算执行情况，全省可实现当年收支基本平衡，省本级略有结余，部分市县可消化一部分赤字。

2012 年全省政府性基金收入完成 802.23 亿元，为预算的 118%，增长 10.9%；基金支出执行 739.8 亿元，为预算的 60.8%，增长 13.7%。省本级政府性基金收入完成 297.3 亿元，为预算的 107.1%，增长 4.8%；支出执行 249.64 亿元，为预算的 57.6%，增长 10.9%。

上述预算执行数字在全省决算汇总后，还会有些变化，具体结果待各级决算编制完毕后再向省人大常委会报告。

回顾过去一年，全省各级财政部门认真贯彻落实省委、省政府决策部署，加强财政调控稳增长促转型，优化支出结构保重点保民生，推进科学理财提效能增效益，全力服务我省转型跨越发展大局，全省财政收入任务超额完成，重点支出得到有力保障，为我省经济社会发展做出了积极贡献。这是省委、省政府正确领导、亲切关怀的结果，是省人大、省政协依法监督、民主监督的结果，更是全省人民团结奋斗、共同努力的结果，全省各级财税部门为此也做了大量扎实有效的工作。

1. 持续发力稳增长，努力促进经济平稳较快发展

认真贯彻执行中央和我省一系列稳增长政策措施，全力拉动经济平稳较快增长。一是清费减税稳增长。提高增值税、营业税起征点至国家高限，对小微企业给予企业所得税优惠，清理取消 9 项行政事业性收费。二是扩大投资稳增长。累计筹措资金 396 亿元，集中支持公路、铁路、大水网等重点工程建设。新设立 3 支创业(风险)投资基金，引导带动社会资本投向新材料、节能环保和高新技术服务等产业。三是拉动消费稳增长。提高了企业退休人员基本养老金、城乡居民最低生活保障和城镇就业人员最低工资标准，提高了优抚对象和五保供养对象财政补助标准，落实了提高个人所得税免征额政策。对蔬菜和部分鲜活肉蛋产品批发零售免征增值税，及时启动社会救助和保障标准与物价上涨挂钩联动机制，认真落实价格调控基金、商品储备补贴及临时价格补贴政策，支持稳定物价。深入实施了“家电下乡”、“万村千乡市场”等促消费工程。四是帮扶企业稳增长。联合有关部门制定出台《关于大力扶持创办微型企业的意见》，设立了小微企业扶持基金和贷款风险补偿专项资金，强化了中小企业融资性担保体系建设，扩大了中小企业发展资金规模，进一步完善了扶持中小企业发展的财税政策体系。全年拨付资金 12.97 亿元，助推中小企业发展壮大。五是均衡财力稳增长。进一步完善县级基本财力保障机制，对县级税收收入年新增部分给予奖励；制定了《山西省革命老区转移支付资金管理办法》，加大了对革命老区的转移支付力度。2012 年共下达省对市县各类转移支付资金约 907.86 亿元，增长 18%。

2. 把握重点促转型，推动经济发展方式加快转变

一是优化产业结构。拨付资金 34.5 亿元，支持发展资源地区转型和接替产业项目 494 个，扶持先进装备制造等新兴产业项目 229 个，对焦化行业兼并重组、产能置换和产品深加工予以贴息补助，支持开展“晋善晋美”旅游宣传促销活动和景区开发建设。拨付资金 27 亿元，支持国有企业深化改革、结构调整。

二是推进节能减排。拨付资金 27.54 亿元，支持重点节能工程建设，完成北方采暖区既有居住建筑节能改造 1200 万，新增可再生能源建筑应用面积 300 万，对淘汰落后产能项目给予补偿，支持实施了节能重点循环经济、资源节约重大示范项目及重点污染治理工程，推进了全省 65 个黄河、海河流域县及重点镇的城镇污水处理设施配套管网建设，强化了重点行业、重金属污染防治和主要污染物排放治理。

三是支持生态建设。下达资金 20 亿元，支持三河三湖水污染防治、汾河水库湖泊生态环境保护试点、跨界断面水质考核生态补偿奖励及水土保持，推进实施造林绿化工程和天然林保护二期工程，支持森林资源保护、生态效益补偿和林业生态建设，对重点生态功能区涉及县和一些生态建设较好的县进行奖补，支持太原市环境综合治理。

四是促进科技创新。落实科技创新所得税优惠政策，对经认定的高新技术企业给予 20%的低税率优惠，对企业研发费用加计 50%的税前扣除。加快实施科技重大专项，加大对基础研究、星火计划、国际科技合作项目和科技成果推广项目的支持力度，推动国家重点实验室、省属科研院所中试基地和科研机构能力建设，全年财政科学技术支出达 33.16 亿元，增长 22%。

五是助力综改试验。认真实施转型综改试验区建设财政部门专项行动方案和财税专项实施意见，支持 22 个产业转型园和科技创新园建设，对“一市两园”基础设施改造、公共服务体系建设和园区转型项目给予财政奖励、贷款贴息或投资补助；建立园区资源综合利用企业认定绿色通道，确保符合条件的企业全面享受国家资源综合利用产业税收优惠政策。积极争取国家支持，设立了太原武宿综合保税区。支持第四届能博会、首届晋商大会和其他招商引资活动成功举办。

3. 多措并举助“三农”，推进城乡统筹发展

2012 年，全省财政农林水事务支出达 309.91 亿元，增长 28.4%。

重点扶持助农民增收致富。在全面巩固和落实中央

及我省各项强农惠农富农政策的基础上，支持我省再出台小杂粮、设施蔬菜、山老区“一村一井”、移民搬迁补贴等10项惠农新政,新增补贴资金31.4亿元,资金总规模达50亿元。将薯类纳入粮补范围，按每亩60元标准补贴,小麦、玉米、杂粮补贴标准分别提高了20元、17元和37元;10.33万户农民购买农机具享受到财政补贴，支持培训42.5万名农村劳动力转移就业,对产粮(油)大县、设施蔬菜大县、生猪生产和调出大县实施财政奖补,扶持设施蔬菜、标准化果园和规模化猪场建设,支持深化集体林权改革,加快农民增收致富步伐。

夯实基础助农业增产增效。支持改造中低产田39.56万亩，治理大同盆地盐碱地4.06万亩，建设高标准农田22.5万亩。支持重点水利工程建设,加大病险水库除险加固及中小河流治理力度。继续推进实施以“513”工程为重点的特色农产品加工产业支撑项目建设和现代农业示范区、雁门关生态畜牧经济区建设,支持发展4000个“一村一品”专业村和60个“一县一业”基地县。推动农业科技成果转化、农业技术推广和农业社会化服务体系建设。深入实施农业保险保费补贴政策,及时保障了抗旱保墒、防洪度汛、农作物病虫害监测和防控等经费需要。

深化改革助农村社会发展。两年累计投入300亿元，支持建成农村新的“五个全覆盖”工程。当年投入5亿元支持农村环境综合整治。全面实施村级公益事业建设一事一议财政奖补，清理化解其他公益性乡村债务试点工作有序启动，成功争取成为全国构建新型农业社会化服务体系试点省份。村级管理费提高到村均5万元。下达扶贫资金19亿元,支持实施吕梁山、太行山集中连片特困地区扶贫攻坚,完成290个村整村推进、10万人易地扶贫搬迁任务,产业扶贫、教育扶贫和科技扶贫成效显著。

4. 集中财力惠民生,努力提高人民群众生活水平

增投入促教育惠民。全省财政教育支出执行559.41亿元,增长32.6%,占公共财政支出的比例达到17.7%,超额完成财政部下达我省考核指标，有力地支持了各类教育统筹发展。支持新建和改造一大批幼儿园,在70个县开展了农村义务教育薄弱学校改造,21个集中连片贫困县实行了义务教育学生营养改善计划，农村义务教育特岗教师工资待遇全部落实到位。支持解决进城务工人员随迁子女接受义务教育问题。中等职业教育免学费政策扩大到所有农村学生。普通本科院校生均经费由9000元提高到12000元。支持高校新区基本建成。

强政策促就业社保惠民。全省财政社会保障和就业支出执行354.97亿元,增长10.4%。落实了高校毕业生、退役军人、农村转移劳动力、城镇就业困难群体就业创业的各项扶持政策,全省城镇新增就业大幅增加。城乡居民养老和低收入群体基本生活保障实现制度全覆盖,320万名60岁以上老人领到了养老金,246万城乡低保对象和五保供养对象实现应保尽保。企业退休人员基本养老金实现“八连增”,月人均达1876元。

推改革促医药惠民。全省财政医疗卫生支出执行179.59亿元,增长12.5%。城乡居民医疗保险实现制度全覆盖。新农合和城镇居民医疗保险财政补助标准提高到每人每年240元。支持推进县域医药卫生一体化综合改革和县级公立医院改革，基本药物制度试点范围扩大到非政府办社区卫生机构，重大公共卫生服务项目稳步实施,城乡基本公共卫生服务经费保障机制进一步完善。

抓到位促安居惠民。全省财政住房保障支出执行86.81亿元,增长2.3%。认真落实各项财税扶持政策,积极拓宽渠道筹措保障性住房建设财政性资金，支持开工建设各类保障性住房40.9万套,竣工18万套,又有60多万名住房困难群众圆了安居梦。

抓关键促文化惠民。全省财政文化体育与传媒支出执行60.38亿元,增长25.3%。认真落实支持文化改革发展各项财税政策措施,推进公共文化服务体系建设。文化信息资源共享、农家书屋等重点文化惠民工程深入实施,公益性文化设施继续免费开放，农村文化体育场所建设成效显著。支持深化文化体制改革和文化产业发展,非时政类报刊出版单位转企改制稳步推进,163家国有文艺院团完成改革任务;六大文化集团健康运营,舞台艺术精品创作再结硕果。文化遗产和重点文物保护继续加强。

保运转促和谐惠民。稳步实施政法经费保障体制改革,基层政法部门建设得到明显加强。继续加大食品安全监管经费投入,加快推进全省煤矿安全质量标准化建设。支持加强和创新社会管理，按照每年每个社区3万元的标准建立了城市社区事务一般性转移支付制度。进一步加大应急救灾财政保障力度,增强基层应急救灾能力。

5. 科学精细强管理,积极提升财政管理绩效

推进法制建设。认真开展《山西省农业综合开发条例》立法后评估及新颁布的《山西省会计管理条例》贯彻落实工作。继续深化行政审批制度改革,加强行政审批窗口建设和行政审批电子监察,规范行政审批网上审批事项。

深化财税改革。继续完善省以下财政体制,将我省第一批22个扩权试点县(市)全部纳入省直管县财政管理体制改革范围。加大专项资金清理力度,扩大一般性转移支付规模。深化部门预算改革,提高预算年初到位率和编制完整性。全省11个市本级和131个县区(含开发区)完成或启动国库集中收付制度改革，市县级全部完成了会计集中核算转轨任务,11个市本级和107个县(市、区)非税收入收缴管理进入改革试点，公务卡制度改革覆盖范围扩大到省直111个一级部门、975个基层预算单位和全省98%的县。政府采购监管水平和效率进一步提升。初步实现对全省政府性债务的全口径管理和动态监控。

完善预算管理制度。积极健全政府预算体系,国有资本经营预算工作稳步推进。对省直部门预算执行进度实施量化考核，对省级单位与单位之间的转账与现金提取实行动态监控，财政结余资金特别是省级政府采购结余资金管理进一步加强。预决算信息公开和预算支出绩效评价试点工作扎实开展。

严格财政监督。对能源企业、粮食企业、中等职业教育学校、医疗卫生服务机构以及保障性住房项目建设单

位的会计信息质量进行了专项检查，对新的“五个全覆盖”工程、保障性安居工程等重点民生项目的政策执行和财政补助资金使用情况进行了跟踪监督。继续巩固和深化“小金库”治理成果，实现了由专项治理向常态化监管的转变。加强会计行业监管，规范了财务会计秩序。

在看到成绩的同时，我们也清醒地看到财政运行和财政工作中存在的问题：财政增收基础不够稳固，各方面事业发展对财政投入的要求越来越高，财政收支矛盾凸显；财政支出结构调整难度加大，财政管理仍需加强，资金使用效益有待进一步提高；部分地区偿债压力较大，财政潜在风险不容忽视等等。这些问题事关全省经济社会发展大局，需要高度重视，采取有效措施，认真加以解决。

二、2013 年全省和省本级预算草案

2013 年是全面贯彻落实党的十八大精神的开局之年，是实施“十二五”规划承前启后的关键一年，也是全面推进转型综改试验区建设的重要一年。安排和完成好今年的财政预算，具有十分重要的意义。按照国务院关于 2013 年预算编制的通知精神，综合考虑我省今年财政经济发展的各种因素，2013 年全省财政预算安排总的指导思想是：全面贯彻落实党的十八大精神和省第十次党代表大会及全省经济工作会议决策部署，以邓小平理论、“三个代表”重要思想、科学发展观为指导，坚持主题主线，坚持稳中求进，继续实施积极的财政政策，深化财税制度改革，优化财政支出结构，提高财政管理绩效，厉行节约，严格控制一般性支出，着力保障和改善民生，着力支持转型综改形成新的经济发展方式，为促进我省经济持续健康发展和社会和谐稳定做出新贡献。

贯彻上述指导思想，2013 年全省和省本级预算草案如下：

全省一般预算收入 1698.4 亿元，比上年完成数增长 12%；全省一般预算支出 2570.91 亿元，比 2011 年向省人大常委会备案预算同口径增长 18.3%(剔除中央专项转移支付提前下达数后同口径比较，下同)。全省一般预算支出的主要项目安排情况是：一般公共服务 242.54 亿元，增长 15.8%；公共安全 139.28 亿元，增长 18.5%；教育 526.33 亿元，增长 20.9%；科学技术 34.42 亿元，增长 20.3%；文化体育与传媒 46.18 亿元，增长 19.2%；社会保障和就业 400.61 亿元，增长 17.8%；医疗卫生 170.4 亿元，增长 18%；节能环保 84.46 亿元，增长 19%；城乡社区事务 147 亿元，增长 18.9%；农林水事务 260.73 亿元，增长 21.2%；交通运输 124.57 亿元，增长 19.1%；资源勘探电力信息等事务 32.02 亿元，增长 18%；国土资源气象等事务 110.52 亿元，增长 13.3%；住房保障支出 33.84 亿元，增长 18.1%；预备费 29.6 亿元，增长 16.9%；其他支出 145.08 亿元，增长 14.2%。上述全省预算草案为省代编预算，待市县人代会开过之后，省财政将汇总各级人民代表大会批准的预算，再加上上年结转支出，一并报省人大常委会备案。

省本级一般预算收入 419.02 亿元，比上年完成数同口径增长 10.7%。省本级一般预算支出 631.01 亿元(其中：当年财力安排支出 427.8 亿元；中央提前下达转移支付安排支出 203.21 亿元)，比 2012 年向省人大常委会备案预算同口径增长 8.3%。省本级主要支出项目安排情况是：一般公共服务 53.61 亿元，增长 8.1%；公共安全 26.96 亿元，增长 14%；教育 75.22 亿元，同口径增长 10%；科学技术 7.43 亿元，增长 10.6%；文化体育与传媒 11.64 亿元，增长 12%；社会保障和就业 99.01 亿元，同口径增长 7.6%；医疗卫生 17.74 亿元，同口径增长 19.4%；节能环保 19.43 亿元，同口径增长 19.9%；农林水事务 114.5 亿元，同口径增长 13.8%；国土资源气象等事务 20.83 亿元，增长 2%；粮油物资储备事务支出 11.3 亿元，增长 3.4%；预备费 5 亿元，增长 11.1%。

2013 年全省政府性基金收入安排 805.45 亿元，其中：煤炭可持续发展基金收入 190 亿元；基金支出 804.45 亿元。省本级政府性基金收入 283.57 亿元，其中：煤炭可持续发展基金收入 121 亿元；基金支出 291.57 亿元。

2013 年除一般预算和政府性基金预算外，省本级还编制了国有资本经营预算。2013 年省本级国有资本经营预算收入安排 5 亿元，其中：利润收入 2.61 亿元，股利股息收入 2.39 亿元；支出安排 5 亿元，主要用于国有企业转型发展资本性支出和省属国有企业破产清算。

2013 年全省财政收入计划安排增长 12%，比上年收入计划增幅调低 3 个百分点，主要是考虑了以下因素：一是作为能源原材料大省，我省煤炭、焦炭、冶金、电力等传统产业外部市场依赖程度强，受国内特别是东部地区经济增速放缓的不利影响，我省主导产业普遍面临市场需求减弱、产品价格下跌、企业生产经营成本上升和企业利润空间收窄等压力，且我省多数新兴产业尚处于培育成长阶段，新的经济增长点还不够多，预判 2013 年全省经济财政形势仍不容乐观，财政增收面临较大压力。二是目前我省处于转型跨越发展和城镇化建设快速上升期，将会释放出巨大的消费和投资需求；经济结构调整和稳增长政策效应的持续释放将会带来更多的产出效益，为财政收入增长打下好的基础。综合考虑以上因素，为完成“十二五”期间我省财政收入翻番目标，更加有力的保障经济社会转型跨越发展需要，本着积极稳妥、留有余地的原则，2013 年全省财政收入计划按增长 12%安排。

三、2013 年财政工作任务

(一)优化调控方式，推动经济持续健康发展

一是实施积极的财政政策稳增长。落实好结构性减税、投资抵免、稳定进出口和其他各项税费减免政策，清费正税，严格控制新增行政事业性收费，切实减轻企业和社会负担。积极争取地方政府债券资金，积极争取项目资金，认真落实地方配套资金，充分发挥财政资金“四两拨千斤”作用，广泛调动各类市场主体的投资积极性，多渠道、多种方式筹措资金，支持重大基础设施、产业开发、民生社会事业工程和其他重点工程建设。

二是支持扩内需促消费。深化收入分配制度改革,增加城乡居民收入,增强居民消费能力;稳步提高基本公共服务均等化水平,改善居民消费预期;落实消费惠民政策措施,促进消费结构升级,培育新的消费增长点;支持商贸流通体系建设,改善居民消费环境。

三是扶持实体经济发展。继续支持国有企业深化改革和国有经济布局调整。统筹使用扶持中小微企业发展各项专项资金和创业(风险)投资基金,支持面向中小微企业的公共服务平台建设,支持扩大面向中小微企业的融资性担保业务规模并降低收费标准,支持金融机构加大面对小微企业的信贷支持力度,促进中小微企业特色发展、聚集发展。

四是促进产业结构优化。进一步发挥煤炭工业可持续发展试点政策的积极效应,支持巩固发展煤炭资源整合煤矿兼并重组成果,支持加快构建以煤炭等资源为优势的全产业链,支持发展煤基特色产业。进一步发挥财税政策体系的引导调节作用,推动焦化、冶金、电力、建材等传统产业通过总量控制、产能置换、上大关小、淘汰落后等方式,加快整合重组进程,实现做大做强;推动新兴产业"512"工程和服务业"1511"工程顺利实施,促进新兴产业和现代服务业成为我省多元发展的支撑产业。

五是增强科技创新能力。加大科技投入,带动全社会提高研发经费占 GDP 的比重。保障科技重大专项顺利实施,支持做好太榆科技创新城这篇大文章,支持重点学科建设、科学技术研究开发、科技成果转化应用,促进科技资源合理布局、共建共享,切实增强创新发展新动力。

六是推动生态文明建设。充分发挥财政奖补、税费调节、政府采购等财税政策功能,推进重点行业、重点企业、重点领域节能工作,支持节能技术、设备、产品推广,支持减排治污,促进资源综合利用和经济循环发展。加大环境保护投入力度,推进跨界水质断面考核机制及排污权交易,继续实施农村环境集中连片整治,努力改善环境质量。加强矿产资源和土地收入的管理,支持地质灾害治理、矿山环境治理及土地治理。完善森林生态效益补偿制度并提高补偿标准,巩固退耕还林成果,实施天然林保护二期工程,支持全年营造林 450 万亩以上。

七是推进城镇化进程。加强财政促进城镇化政策措施的探索研究,把促进县域经济发展与加快城镇化步伐结合起来,把提高基本公共服务水平与推进城镇化建设结合起来,把支持城乡一体化与促进城镇化发展结合起来,选好财政支点,努力激发城镇化带动内需扩大的潜力。进一步完善相关财税政策,大力支持太原市率先发展。

(二)增加支农投入,全力支持加快城乡一体化进程

一是支持提高农业综合生产能力。切实加大对农田水利建设的财政支持力度,解决好农业灌溉、中低产田改造、高标准农田建设和防汛抗旱等现实问题;实施产粮(油)大县奖励政策,促进粮食稳产增产;完善扶持农产品高产优产政策体系,支持种业发展和防灾减灾稳产技术推广,支持农作物病虫害统防统治、畜牧业发展和"菜篮子"建设,扩大农产品有效供给。推进新型农业社会化服务体系建设,促进农业科技成果转化和新技术推广,不断提升农业物质技术装备水平;增加农业保险保费补贴品种,落实和完善农村金融奖补政策,进一步增强农业可持续发展能力。

二是支持发展特色现代农业。整合财政支农资金,推动省以下项目审批权下放,扎实推进现代农业示范区和雁门关生态畜牧经济区建设,支持"一村一品"、"一县一业"和现代农业示范县建设,启动实施粮食、杂粮、畜牧、设施农业、果业、中药材、酿造等七大产业振兴和翻番工程,深入推进以"513"工程为重点的特色农产品加工产业支撑项目建设。

三是支持农民多渠道增收。完善粮食风险基金政策,健全主要农产品补贴和收储制度,促进农产品价格理顺,让种粮务农获得合理利润;稳定完善强农惠农富农政策,增加农机购置补贴规模,推进农机更新报废试点,落实农资综合补贴动态调整机制,使务农种粮有效益、不吃亏、得实惠;着力培养新型经营主体,既注重引导一般农户提高集约化、专业化水平,又扶持联户经营、专业大户、家庭农场;着力培育新型农民合作组织和多元服务主体,促进支农项目与农民专业合作组织的有效对接,通过提高组织化程度,实现农业发展与市场的有效对接。积极开展农村劳动力技能培训和教育扶贫,提高农民生产技能和转移就业能力,拓宽农民增收渠道。加大扶贫投入力度,支持实施太行山、吕梁山两大连片特困地区扶贫规划,推动 11 万农村贫困人口易地搬迁,保障干部下乡住村包村增收活动顺利开展,增强贫困地区、贫困人口自我发展能力。

四是深化农村综合改革。加快推进城乡基本公共服务均等化,促进城乡要素平等交换,有序推进农业转移人口市民化,维护好农民合法权益。深入推进乡镇机构、集体林权等农村综合改革。扎实开展村级公益事业建设一事一议财政奖补,开展清理化解其他公益性乡村债务和新型农业社会化服务体系试点。完善村级组织运转经费保障制度。

五是推进新农村建设。巩固提升"十个全覆盖"建设成果,支持新农村建设,建设美丽乡村,进一步改善农村生产生活条件。

(三)加大投入力度,全力支持以保障和改善民生为重点的社会事业建设

支持办好人民满意的教育。严格落实中央核定我省的财政教育投入目标,重点加强教育资金使用管理。支持新建改扩建 200 所标准化公办幼儿园。落实好农村义务教育阶段学生营养改善计划和农村义务教育薄弱学校改造计划,实施中小学标准化建设工程,促进义务教育均衡发展;支持建设标准化县级职业教育中心,继续推进我省高校强校工程和重点学科建设。认真落实贫困学生教育资助政策,积极帮助进城务工人员解决子女就近入学问题。

推动实现更高质量的就业。大力实施就业优先战略和更加积极的就业政策。健全公共就业服务体系，加强职业技能培训，努力解决好农村转移劳动力、城镇困难人员、退役军人和高校毕业生等群体的就业问题。支持多渠道开发就业岗位，充分发挥小额贷款担保基金、社会保险补贴、岗位补贴和税费减免等财税政策的激励作用，深入实施创业扶持计划，以创业带动就业。

统筹推进社会保障体系建设。巩固新型农村和城镇居民社会养老保险制度全覆盖成果。完善城乡养老保险制度衔接和关系转移接续办法，稳步提高统筹层次和保障水平。按照10%的标准提高企业退休人员基本养老金，城乡居民基础养老金每人每月再提高10元，城乡低保保障标准每人每月再分别提高30元、24元，继续提高优抚对象补助标准。切实做好水库移民后期扶持工作，推进厂办大集体改革，支持企业做好政策性关闭破产工作。完善社会救助体系，支持发展社会福利和慈善事业。进一步加大对城市困难群体救助的支持力度。

支持提高人民健康水平。新农合和城镇居民医疗保险财政补助标准提高40元，达到每人每年280元。支持开展城乡居民大病保险试点，推动各项基本医疗保险制度相互衔接。支持扩大县级公立医院改革试点，推进县域医药卫生一体化综合改革，在试点县全部实施药品零差率销售，推进基本药物制度向非政府办基层医疗机构延伸，支持实施好国家公共卫生服务项目，健全城乡基本公共卫生服务体系，推进以全科医生为重点的基层医疗卫生人才队伍建设，支持开展好城乡医疗救助。

大力支持保障性安居工程建设。认真落实资金来源渠道，特别是要按规定将土地出让收益和住房公积金增值收益用于保障性安居工程建设；实施相关税费减免优惠政策，降低建设成本；通过投资补助、贷款贴息、资本金注入等方式，吸引银行贷款、社会资金参与保障性安居工程建设，支持全省再开工建设城镇保障性住房18万套，建成18万套，改造农村困难家庭危房10万户，完成城市和国有工矿集中连片棚户区改造任务，启动农村住房抗震改造试点。

支持推动文化大发展大繁荣。推进文化体制改革，巩固经营性文化单位改革成果；加强国有文化资产监督管理，探索建立现代出资人制度；支持公共文化服务体系建设，推进公益文化设施免费开放；加强文物遗址、文化资源、文化遗产保护，鼓励文艺创作和优秀文化产品生产；培育骨干文化企业，发展新型文化业态，促进三晋文化旅游资源优势转变为产业优势、发展优势。

支持加强和创新社会管理。深入实施政法经费保障体制改革，支持开展化解地方政法机关基础设施建设债务工作。支持改进政府提供公共服务方式，促进政府向社会组织购买服务。继续加大食品药品安全监管经费投入。

（四）深化财政改革，全力推进转型综改试验区加快建设

建立健全财力与事权相匹配的体制。优化转移支付结构，进一步提高一般性转移支付规模和比例，清理归并部分专项转移支付项目，加快形成统一规范透明的财政转移支付制度。巩固省直管县改革试点成果，扎实推进“扩权强县”改革试点，均衡省以下财力分配。巩固扩大县级基本财力保障机制建设成果，不断增强县级政府提供基本公共服务的保障能力。

积极完善支持转型综改试验区建设的财税政策体系。以转型综改试验区建设财政专项行动方案和专项实施意见为指导，着力创新促进产业转型、促进循环经济发展、促进新兴产业壮大的财税政策体系；落实好支持“一市两园”和转型综改标杆项目建设的财税奖补政策。支持招商引资，支持办好“农博会”、参展“中博会”，对引进重大项目给予奖励。争取中央加大对我省转型综改试验区建设的专项转移支付力度。用好税收增量返还、国际金融组织贷款、外国政府贷款等政策，支持各类开发区建设，巩固和扩大招商引资成果，为在产业转型、生态修复、城乡统筹、民生改善四方面先行先试提供体制机制保障。管好用好煤炭可持续发展基金，切实发挥基金对资源型地区转型发展的支持作用。

引深各项财政改革。将部门预算制度改革、国库集中收付制度改革和公务卡制度改革覆盖到各级政府及所属预算单位。完善国有资本经营预算与收益分享制度。推进税收制度改革，做好调查研究、基础测算和相关衔接等准备工作，为争取“营改增”和开征环境保护税在我省试点做出地方税政应有的努力。改革财政对经营性竞争性领域投资方式，放大财政资金乘数效应，提高资金使用效益。

（五）科学精细管理，全力推动财政事业又好又快发展

加强财政收支管理。加强组织协调工作，完善增收促收政策措施，支持各征收部门依法征管、依法稽查，坚决查处涉税违法违规行为，坚决杜绝收入空转和收取“过头税”、“过头费”，防止虚收探收、寅吃卯粮，拒绝有水分的收入增长，切实把入库收入搞扎实，为预算顺利执行提供基础和保证。坚持勤俭办一切事业，厉行节约，控制行政经费等一般性支出，特别是要严格控制因公出国（境）、公务用车购置及运行、公务接待等“三公经费”，严肃财经纪律，深入推进会议费、差旅费管理和公务接待制度改革，加强车辆编制管理，严格按标准配车。进一步清理规范庆典、研讨、论坛活动，反对铺张浪费，降低行政成本。

加强财政法制建设。深入实施财政“六五”普法规划，有针对性地搞好财税法制宣传教育，提高社会各界特别是广大财政干部依法办事、依法理财的素质和能力；推进财政行政审批制度改革，规范财政执法，强化执法监督，提升财政行政执法水平。

加强财政预算管理。规范预算编制程序，细化预算编制内容，省财政进一步提高转移支付提前下达的规模和比例，市县财政完整编报上级财政的各项补助收入。完善重大项目财政投资评审机制，逐步将财政评审纳入预算管理环节。加强预算支出执行管理和动态监控，加快本级各部门、各单位预算批复进度和转移支付资金下达进度，不断提高预算支出执行的及时性、均衡性、有效性和安全

山西省高级人民法院工作报告(摘要)

——在山西省第十二届人民代表大会第一次会议上

山西省高级人民法院院长 左世忠

(2013年1月26日)

各位代表:

现在,我代表山西省高级人民法院向大会报告工作,请予审议,并请省政协委员和列席会议的同志提出意见。

过去五年工作的回顾

一、坚持能动司法,服务大局有新作为

五年来,全省法院受案数量持续攀升,共受理各类案件92.65万件,审执结91.06万件,比前五年分别上升29.6%和30.7%,其中2012年全省法院审结208193件,省高院审结3502件。在审判压力加大的情况下,不断强化能动司法、和谐司法、为民司法、公正司法等工作举措,审判质量效率明显提升,调解撤诉率、裁判自动履行率、结案均衡率等主要指标呈逐年递增的良好态势。

一是自觉把法院工作置于大局中谋划推进。省高院先后制定出台《关于为我省转型跨越发展提供司法保障的意见》《关于服务保障综改试验区建设的实施意见》等一系列指导性文件,就推进转型升级、资源整合、生态保护、社会管理创新深入调研,紧跟综改试验区建设,部署开展了“解放思想大讨论、法院发展大调研”活动,进行重点项目建设“八个专项服务”。

二是积极服务经济平稳较快发展。五年来共审结一审民商事案件460886件,涉案标的金额575.1亿元。突出工作重点,审理企业破产重组,以及与资本、产权等要素市场密切相关的商事案件304124件,专利、商标、著作权、反不正当竞争等案件1213件,融资、借贷、证券、保险等纠纷案件85973件,农村土地承包、土地征用、农村集体经济组织收益分配等涉农案件4281件。通过法律手段关闭一批不符合产业政策、浪费资源、污染环境的企业,支持我省能源可持续发展战略,推进生态文明建设。

三是全力创优经济社会发展环境。五年来共审结一审刑事案件104823件,判处罪犯126570人,始终保持对危害国家安全、公共安全和人民群众生命财产安全等犯罪的高压态势,确保了社会稳定。积极参与煤焦等领域反腐败斗争,依法审理贪污、贿赂、渎职等犯罪案件5600件7234人;积极参与信用山西建设,依法审结坑害投资商、创业者和破坏市场经济秩序的商业贿赂、虚假出资、合同诈骗、串通投标、非法经营、强揽工程等案件1808件,净化我省招商引资环境。

四是切实参与社会管理体系建设。五年来共审结一审行政案件7229件,审查各类非诉行政执行案件9731件,通过积极化解“官”民矛盾,促进和保障了社会管理创新。广泛开展和谐共建活动,在基层法院推行“法官驻村、驻社区”工作制度,得到中央政法委、省委的肯定。

二、积极回应群众诉求,司法为民有新成效

坚持人民法院的人民性,五年来,为民司法始终是全省法院的工作主题。

一是涉及民生案件的审判力度进一步加大。五年来共审结婚姻家庭、赡养抚养、相邻关系案件179051件,审结医疗、住房、人身损害赔偿及涉军人军属权益保护等案件74283件,弘扬社会公德,维护公序良俗。依法严惩危害食品药品安全、制售假冒伪劣商品等犯罪案件313件,切实保障人民群众的生命财产安全。

二是重调息诉、和谐司法工作不断深入。针对当前人民内部矛盾凸显、处理难度加大的情况,坚持调解优先、调判结合,努力实现案结事了人和。目前,调解工作已经延伸到法院刑事、民事、行政审判全领域,贯穿于诉前、立案、审判、执行、信访工作全过程,并纳入到对法官的个人绩效考评之中。对于调解不成的案件,则强化判前释明、判决说理、判后答疑等工作,取得法律效果与社会效果的有机统一。

三是便民利民的司法举措更加务实。三级法院普遍设立了立案(信访)大厅,为诉讼、来访当事人提供查询、导诉、立案、接访、答疑等“一站式”服务。采取电话立案、预约开庭、假日法庭、车载法庭、案件速裁等方式,方便群众诉讼。健全司法救助机制,为困难当事人和特困刑事被害人、执行申请人、涉诉信访人依法减、缓、免诉讼费1.09亿元,办理司法救助2460余万元。

四是涉诉信访工作机制趋于长效。坚持把处理涉诉信访案件作为联系群众、倾听民意、为民解忧的重要途径,治标与治本相结合,在息诉罢访上下工夫,使一大批

性;加强预算绩效管理,拓展评价结果应用。扎实推进预决算信息公开,省级部门公开“三公经费”,及时回应社会关切。

加强财政“双基”建设。完善部门基础信息数据库,逐步实现对本级行政事业单位涉及财政财务管理的各类数据的动态管理;健全项目支出定额标准体系,加强项目库建设和项目预算滚动管理;加强行政事业单位国有资产管理,从严控制新增资产数量和经费;加强会计人才队伍建设,积极构建乡村财会人员培训长效机制;注重强化县乡财政就近监管职责。

加强财政监督管理。建立健全事前审核、事中监控、事后检查和评价有机结合的全员参与、全程控制、全面覆盖、全部关联的财政监督机制。加强财政监督机构与预算管理机构之间的信息沟通反馈,将监督结果与预算编制和资金分配挂钩。

涉诉信访案件得到终结。为保障当事人依法行使信访申诉权，积极优化机构职能设置、改善信访接待设施、畅通信访申诉渠道，引导当事人理性表达诉求。

五是执行工作打开新局面。认真落实中央关于解决执行难问题的文件精神，初步形成了“党委领导、人大监督、政府支持、社会各界参与”的执行工作新格局。建立执行联动威慑机制，对有能力执行而逃避执行、抗拒执行的一批执行积案重点攻坚。五年来，累计执结各类案件156468件，标的额达440.2亿元，实际执行到位率为73.71%。

三、注重改革创新，法院自身建设有新进展

为破解司法难题、提升司法能力，五年来，全省法院积极改革创新，不断改进工作，在自身建设上取得可喜进步。

一是司法改革稳步推进。审判机制进一步健全。推进再审制度改革，严格死刑案件审理程序，组织开展量刑规范化改革，创新未成年人案件审判方式，全面加强审判管理创新，有效规范司法行为，使全省法院的办案质量效率年年有新的进步。

司法公开进一步推进。从满足人民群众的知情权、参与权和监督权出发，统筹推进立案、庭审、执行、听证、文书和审务等6个方面50项司法公开任务，使法院工作透明度大大增强。

司法条件进一步改善。积极争取各方面的关心支持，新的经费保障体制基本形成，一批标准化法庭陆续建成，审判专网、远程提讯、安检、监控等科技装备方面的投入不断加大，全省法院面貌和司法条件明显改观。

二是队伍建设全面加强。加强思想作风建设。广泛开展社会主义法治理念教育、“人民法官为人民”主题实践、创先争优、政法干警核心价值观教育等活动，深入推进法院文化建设，有效提高干警的政治意识、大局意识、责任意识和群众意识。坚持抓班子带队伍，各级领导干部带头转变作风，深入基层、深入群众调查研究，领导能力和司法决策水平明显增强。

加强司法能力建设。积极倡导学习型法院建设，举办形式多样的岗位练兵、庭审观摩、审判研讨、经验交流、裁判文书评比等活动，使队伍的专业化水平和实际办案能力不断增强。健全完善交流轮岗、法官遴选、审判骨干到立案信访部门接受锻炼、工作绩效考核等制度，队伍素质有了新的提高。

加强廉洁司法建设。坚持把反腐倡廉摆在重要位置，着力抓了不愿为、不能为、不敢为的长效反腐败惩防体系构建。在全国法院首创实施权力风险防控“利剑”工程，针对人民法院审判执行权、司法行政管理权运行中的各个环节，实行全员全岗全程防控，认真纠正司法活动中的不良现象，纯洁了队伍。

三是接受监督渠道更加通畅。牢固树立“监督就是支持、监督就是爱护、监督就是帮助”的意识，省高院每年都要定期向省人大及其常委会、向人大代表、政协委员报告各项工作情况，并及时制定改进工作的措施；设立代表、委员联络专门机构，认真落实人大代表和政协委员提出的意见建议；认真对待检察机关的诉讼监督；积极接受新闻媒体和社会各界的监督，民意沟通机制进一步完善。

今后工作的主要任务

当前和今后一个时期，重点是要做好以下工作：

（一）深入学习贯彻党的十八大精神，大力推进精进、赶超、创优“三大战略”。坚持党的领导不动摇，切实把全省法院的思想行动统一到党的十八大精神上来，按照习近平总书记对政法工作的重要指示要求，在新起点实现法院工作的新跨越。

（二）狠抓执法办案第一要务，更加主动地服务中心工作。以开展“优化投资环境，依法保障综改试验区建设”活动为抓手，从思想、机制和工作方式上更好适应转型综改试验区建设的司法需求，妥善处理好深化经济体制改革、加快产业转型升级、推进创新驱动发展、实施城乡一体化建设等方面出现的矛盾纠纷，营造公平有序的经济发展环境。积极参与平安山西建设，依法惩治犯罪，注重保障人权，切实履行好维护国家安全和社会和谐稳定的重大责任。认真落实依法治国方略，进一步开拓和加强行政审判工作，推进法治山西进程。

（三）强化司法为民，进一步提升司法公信。今年要在全省法院部署开展“司法为民大走访、大调研、大服务”活动，进一步提高司法工作亲和力，不断生发、集聚司法公信的“正能量”。全面实施“审判质效工程”，坚持法律面前人人平等，让司法权在阳光下运行，努力破解涉诉信访、执行难问题，让人民群众真切地感受到司法的公正，增进对法院的信任和对法治的信心。

（四）深化司法改革，坚持和完善中国特色社会主义司法制度。遵循司法规律，把握司法特性，继续在优化职权配置、深化司法公开、扩大司法民主、确保司法公正等方面积极探索，努力建设符合人民法院工作实际、符合人民利益和愿望的司法权力运行机制。

（五）打造“队伍素质工程”，努力使全省法院队伍建设取得新进步。以强化思想政治、纪律作风建设和提高队伍专业化、职业化水平为重点，继续坚持从严治院、人才兴院、文化建院的方针，使广大干警不断坚定理想信念，提升司法能力。认真执行中央关于改进工作作风、密切联系群众的八项规定、省委三个实施办法和最高法院改进司法作风的六项措施，树立风清气正、昂扬向上的队伍新形象。

（六）推进“基础保障工程”，为法院发展夯实根基。继续坚持重心下移的方针，认真落实我省“十二五”政法基础设施建设和业务装备配备规划，推进物质装备及信息化建设，为法院各项建设提供保障支持。进一步增强接受监督意识，进一步完善接受监督工作机制，更好促进法院工作新发展。

各位代表，我们坚信新的一届法院工作，一定会在党的十八大精神指引下，在本次代表大会通过的各项决议引领下，不断取得新的更大的成绩！

山西省人民检察院工作报告(摘要)

——在山西省第十二届人民代表大会第一次会议上

山西省人民检察院检察长　杨　司

(2013年1月26日)

省十一届人大一次会议以来，全省检察机关在省委和最高人民检察院的领导下，认真学习党的十七大、十八大和省第十次党代会精神，深入贯彻落实科学发展观，积极服务转型跨越发展，全面履行法律监督职责，突出抓好班子和队伍建设，各项检察工作取得了新的发展和进步。

一、解放思想，与时俱进，树立争创一流目标

2008年以来，省检察院历届党组都把如何开创全省检察工作新局面，作为首先思考的重大问题，采取诸多措施，推动全省检察工作扎实前进，为检察工作科学发展打下了坚实基础。去年，在全省检察机关开展了解放思想学习讨论活动，引导检察人员特别是领导干部，"跳出检察看检察"、从全国视野审视我省检察工作，确立新的工作目标。在此基础上，提出了突出抓好执法办案、信息化建设等六项重点工作的总体思路。

二、充分履行检察职责，主动服务全省经济社会发展大局

坚持把检察工作放在转型跨越发展中来谋划，努力使检察工作与全省工作大局同步、合拍。制定实施服务综改试验区建设12条工作意见，积极参与"项目落地年"活动和"吃拿卡要"专项整治活动，严肃查办招商引资领域的职务犯罪202件258人，依法保障试验区建设顺利进行。深入开展煤焦、工程建设、国土资源等重点领域腐败问题专项治理工作，查办此类职务犯罪750件986人。扎实开展专项预防工作，保障"大水网"等全省重点工程顺利进行。制定实施服务企业发展意见，在企业比较集中的经济开发区设立检察室，维护企业合法权益。深入开展打击制售假冒伪劣农资产品犯罪等专项行动，设立乡镇检察室66个，成立巡回检察小组389个，着力服务和保障新农村建设。

三、自觉践行执法为民宗旨，积极服务和保障民生

制定实施《加强和改进检察机关群众工作意见》，紧贴民生，依法履职，依法打击各类刑事犯罪，五年来共批捕70588件113085人，起诉95513件151013人，保障人民安居乐业。紧紧围绕发生在群众身边、侵害群众切身利益的腐败问题，深入开展查办涉农惠民领域贪污贿赂犯罪等专项工作，查办此类犯罪827件1100人；扎实开展查办危害民生民利渎职侵权犯罪等专项工作，查办此类犯罪763件962人。认真落实执法办案风险评估预警、检调对接等制度，依法办理当事人达成和解的轻微刑事案件814件，民商事和解息诉案件2339件，积极化解社会矛盾纠纷。扎实做好涉检信访工作，开通12309举报电话，完善涉检信访接待制度，办理群众信访41157件次，依法妥善处理群众涉法诉求，连续5年实现重大敏感时期涉检进京"零上访"目标。

四、坚持"两个监督"并重，努力维护社会公平正义

坚持强化诉讼监督与强化自身监督并重，着力解决群众反映强烈的执法不严、司法不公问题。强化对诉讼活动的法律监督，五年来共监督立案6629件，监督撤案2628件，追捕4389人，追诉4454人，提出刑事抗诉1346件，纠正减刑、假释、暂予监外执行不当1579人，清理久押不决495人，纠正超期羁押214人，提出民事行政抗诉1236件，复查刑事申诉案件1656件，让人民群众感受到公平正义就在身边。加强自身监督制约，制定实施《检察机关办理企事业单位案件十个不准》等规定，严格执行讯问职务犯罪嫌疑人全程同步录音录像、办案工作区准用等制度，确保办案活动依法按规进行。大力加强检务督察工作，开展大规模专项督察11次，及时纠正存在的突出问题。坚持从严治检，查处检察人员违法违纪案件49件60人。自觉接受人大监督和社会监督，依法办理人大代表议案、建议及人大常委会转交办案件1917件，通过召开座谈会、邀请视察等形式，虚心听取意见，认真改进工作。全面推行人民监督员制度，监督"七类案件或事项"938件。开通检察门户网站，完善涉检舆情导控机制，主动回应社会关切。深化检务公开，大力推进"阳光检务"，广泛开展"检察开放日"活动，提升执法公信力和社会满意度。

五、加大查办和预防职务犯罪工作力度，坚决维护党的执政地位

以党委政府重视、社会舆论关注、群众反映强烈的大要案为重点，进一步加大办案力度，五年来共立查各类职务犯罪6337件7910人，其中大案3845件，县处级以上领导干部要案392人(含厅级干部17人)；去年立查贪污贿赂犯罪1206人，创10年来新高。深入推进侦查一体化机制建设，不断增强发现犯罪、侦破案件的能力。严把事实关、证据关、法律适用关，职务犯罪案件有罪判决率连续5年保持在98%以上。认真落实《山西省预防职务犯罪工作条例》，推动省市县三级建立了党委领导下的预防职务犯罪工作机制，会同省人大内司委开展"五个一"宣传活动，建立教育基地513个，开展警示教育138万人次，实现了行贿犯罪档案全国互联互查，受理查询56527次。

六、深入学习贯彻修改后刑诉法、民诉法，切实提升执法办案公信力

积极适应修改后刑诉法、民诉法对检察工作提出的新挑战、新要求，坚持全员参加，扎实组织学习培训和实战演练。去年11月23日，召开全省检察机关贯彻实施修改后刑诉法观摩暨动员大会，重点推广太原市检察机关探索实践修改后刑诉法18项新机制。组织开展学习贯彻修改后民诉法学习培训、专题调研、试点探索等五项活动，进一步加大民事行政检察工作力度，提高监督质量，增强监督效果。

七、以信息化建设为引领，深入推进科技强检建设

积极应对信息技术发展给检察工作带来的影响，大力推进信息化建设。制定实施全省检察信息化建设三年发展规划，积极推进办案办公平台软件建设，并与其他政法机关和行政执法机关加强协作，以实现信息互联互通和资源共享。坚持边建、边学、边应用，深入开展“创建科技强检示范院”活动，提升检察人员信息技术应用能力，将科技装备转化为现实战斗力。

八、强化领导班子和队伍建设，努力打造高素质检察队伍

坚持以领导班子建设为龙头，努力建设一支忠诚可靠、执法为民、务实进取、公正廉洁的检察队伍。大力加强思想政治建设，深入学习宣传贯彻党的十八大精神，牢牢把握检察工作的政治性、人民性、法治性、服务性和创新性，始终保持检察工作正确方向。精心组织政法干警核心价值观等教育实践活动，积极践行正确的发展理念和执法理念。加强领导班子建设。在省委的统一领导下，调整优化省、市两级检察院领导班子。认真落实领导班子年度考核、检察长述职述廉等制度，加强对下级检察院领导班子及检察长的管理监督。认真执行民主集中制，对“三重一大”等事项，都由集体讨论决定。深化检察体制机制改革，省编委批准省检察院设立检务督察局、监所检察局、公诉局，批准设立并组建了未成年人刑事检察处；在全国率先签订了铁路检察机关移交协议，顺利完成了移交工作；稳妥推进基层检察院内设机构整合改革，已有两个市的基层检察院完成了整合工作。加大教育培训力度，省检察院举办培训班102期，培训12909人次，全省有1441名检察人员通过司法考试；实施“351”人才选拔培养工程，培养业务专家35名、业务尖子430名、办案能手1106名。加强机关作风建设，省检察院机关组织开展“三建三创”活动和纪律作风教育整顿活动，倡导开短会、讲短话、干实事，工作效能明显提升。

九、深入推进基层基础建设，夯实检察工作发展根基

全面落实《2009—2012年基层检察院建设规划》，基层检察院建设水平明显提升。为基层检察院招录公务员1192名，努力缓解人员短缺问题。加大基层检察院公用经费保障标准落实力度，落实率达到100%。制定实施《市县检察机关科技装备配备指导意见》，完成了市县两级检察院办案工作区升级改造项目二期建设任务，基层办案办公条件不断改善。

回顾五年工作，我们清醒地认识到，检察工作还存在一些困难和问题。一是有的检察人员特别是领导干部思想仍然不够解放，对问题和困难存在等靠思想，缺乏解决问题的勇气和智慧。二是服务大局的能力水平与经济社会发展新形势还不相适应，服务成效还不够明显。三是执法办案方式与以人为本、执法为民的理念还不相适应，执法不规范、不文明、不注意化解矛盾等问题还不同程度地存在。四是基层检察官断档、人员短缺、基建债务沉重等问题，还没有得到有效缓解。对此，我们将努力加以解决。

2013年，全省检察机关将以党的十八大精神为统领，坚持以执法办案为中心，以信息化建设为引领，全面加强检察业务、检察队伍和检务保障建设，推动检察工作不断创新发展，为我省转型跨越发展和综改试验区建设提供有力保障和良好服务。

一是深入学习贯彻党的十八大精神。坚持把学习贯彻党的十八大精神作为首要政治任务来抓，深刻领会党的十八大提出的新思想、新观点、新论断，牢牢把握检察工作的本质特征，始终坚持党对检察工作的领导，始终坚持检察工作的政治方向。

二是积极服务全省经济社会发展。坚持把检察工作融入省委、省政府重大战略部署中去思考和谋划，切实找准工作的切入点和着力点，充分发挥各项检察职能作用，保障综改试验区建设和转型跨越发展顺利进行。

三是积极服务和保障民生。坚持人民主体地位，严厉打击民生领域犯罪活动，推动解决关系群众切身利益的突出问题；深入开展群众路线教育实践活动，进一步畅通联系群众渠道，完善民意收集、转化机制，充分体现人民群众的愿望和要求。

四是全力保障社会和谐稳定。严厉打击危害国家安全、政治安全和社会稳定的犯罪活动，深入化解社会矛盾纠纷，积极参与社会管理创新，突出抓好涉检舆情引导应对工作，确保我省政治和社会稳定。

五是着力维护社会公平正义。全面贯彻实施修改后刑诉法、民诉法，更新执法理念，创新工作机制，全面加强诉讼监督，促进司法公正。立足检察职能，促进提升社会管理水平，努力营造公平公正的社会环境。

六是大力推进反腐倡廉建设。坚决贯彻中央、省委总体部署，突出查办社会影响恶劣、危害后果严重的大案要案和侵害群众切身利益的案件。认真贯彻落实《山西省预防职务犯罪工作条例》，深入开展预防工作，促进惩防体系建设。

七是提升检察队伍公信力。以信息化建设为引领，大力推进检务机制改革。扎实开展新一轮大规模教育培训，全面提升检察队伍素质能力。强化自身监督制约，自觉接受外部监督，开展“阳光检察”活动，不断提升检察工作满意度和检察队伍公信力。

李小鹏代理省长

12月19日，省十一届人大常委会第三十三次会议在太原召开。会议表决决定李小鹏代理山西省省长。会议通过省人大常委会关于接受王君辞去山西省省长职务请求的决定。

粮食总产破120亿公斤大关

12月4日，国家统计局山西调查总队公布：2012年山西省粮食总产量为127.4亿公斤，首次超过120亿公斤，比上年增加8.1亿公斤，增长6.8%；粮食亩产为258公斤，比上年增加16公斤，增长6.6%。全省粮食总产、单产双双实现新突破。

太原首设公共自行车

9月28日，太原市首批3600辆公共自行车启用，81个租赁点同步开放。这是年内要建成516个服务点，投入2万辆自行车，向"公交都市"迈进的第一步。公共自行车1小时内，免费骑用；1小时以上累加收费，以提高周转率，防止长时间占用公共资源。太原此举在全省属首家。

转型综改方案获批实施

9月13日，省政府召开《山西省国家资源型经济转型综合配套改革试验总体方案》获批新闻发布会。经过一年多的准备，8月7日，国务院正式批复《总体方案》，标志着山西资源型经济转型综合配套改革试验区建设进入全面实施阶段，对山西转型跨越发展具有里程碑意义。

首届世界晋商大会召开

8月20日，首届世界晋商大会在太原召开，迎来42个国家和地区的1400余名晋商精英。大会共签订协议和合同招商项目561个，总投资额7921.9亿元，拟引资额7084.4亿元，引进高层次人才百余名。大会召开前，山西省组织系列活动，包括赴23省市招商邀商等。

陶寺遗址实证中华民族文明史5000年

7月中旬举行的"2012文明探源公众考古论坛"上，专家确认襄汾陶寺遗址是中华民族文明史可追溯到距今4500年重要证据。陶寺遗址距今4000至4400年，时代与位置和《史记·五帝本纪》所记载尧活动的时间、地点相吻合。陶寺城内南部的观象台，与《尚书》中《尧典》记载的"尧观象授书"吻合。

奥运单项金牌"零"突破

伦敦奥运会上，山西体育实现28年来奥运单项金牌"零"的突破，同时创造山西省运动员奥运征战史上最好战绩，收获1金1银1铜。董栋摘男子蹦床金牌。方玉婷和她的两位队友获女子射箭团体银牌。王智伟获男子50米手枪铜牌。

煤销集团跨入世界500强

7月份公布的2012年"《财富》世界500强"榜单中，山西煤销集团销售收入1586亿元入选，名列第447位，位列中国电力、能源企业第10位，成为山西首家入选的省属国有重点企业，提前3年实现"十二五"末进入世界500强的目标。

焦化行业兼并重组起步

5月4日，省政府公布《山西省焦化行业兼并重组实施方案》，开始对焦化这一传统支柱产业改造提升。此次兼并重组的主体为200万吨级（产能不低于180万吨）独立常规焦化企业、钢铁企业和符合相关标准的煤炭企业。到2015年，山西省将淘汰焦炭落后产能4000万吨以上，总产能不再增加。独立焦化企业数量从160户减少到40户左右。

"项目落地年"活动启动

4月16日，全省"项目落地年"活动启动，重点工程储备、签约、落地、建设"四位一体"统筹推进。前10月，全省共落地项目7436个，完成落地投资额15266.6亿元，完成全年落地任务的137.87%。截至10月底，11个市均已完成全年落地任务，12家省属大企业中有6家提前超额完成全年任务。

省情概览

A General Introduction of Shanxi Province

自然地理

【位置　面积】 **位置**　山西省位于北纬34°34′~40°43′，东经110°14′~114°33′，属于内陆省份，在太行山与黄河北干流域峡谷之间，地处华北西部的黄土高原东翼，是首都北京的西部屏障。省境山环水绕，构成与邻省的天然分界。东隔太行山，与河北省毗邻；西、南跨黄河，与陕西、河南两省相望；北越长城，与内蒙古自治区接壤。在国家经济发展布局中，山西紧靠以北京、天津为中心的“环渤海经济圈”，位于由山西、河南、湖北、安徽、湖南、江西组成的“中部六省”的最北端。

面积　山西省域轮廓呈由东北斜向西南的平行四边形，南北长682千米，东西宽385千米，总面积15.68万平方千米，约占全国土地总面积的1.634%，在全国各省（市、自治区）中列第19位。（张　峰）

【地质　地貌】 **地质**　山西省位于中朝准地台近中央部位，称山西断隆。北抵内蒙古地轴中部，南连秦岭褶皱系，西接鄂尔多斯台坳，东以太行山大断裂为界同华北地坳分开。山西断隆的中轴上，叠加有“S”形汾渭地堑系。山西境内地层发育较全，除上奥陶系上统、志留系、泥盆系、石炭系下统和中统缺失外，其余时代地层均有分布；尤其前寒武系和上古生界地层，在中国北方具有一定的代表性。山西境内岩浆岩类型多，分布较广泛，以侵入岩为主，特别是中生代侵入岩反映出多期次的特点，与许多内生矿产的形成有关。并有全国罕见的碱性岩类。

地貌　山西省域总面积15.6万平方千米。其地貌景观大体分为基岩山区、黄土高原山区、断陷盆地3大类型。主干山脉有：太行山、吕梁山、中条山、五台山、恒山、太岳山（即霍山），多呈北东—南西向或近南北向展布。主要盆地由北向南依次为：阳高盆地、大同盆地、忻州盆地、太原盆地、临汾盆地、运城盆地、长治盆地。山地占全省总面积40%，丘陵占40.3%，平川和河谷面积仅占19.7%。全省北高南低，由东北向西南倾斜。省内最高点为五台山北台顶叶斗峰，海拔3058米；最低点在垣曲县西阳河与黄河汇流处，海拔180米；最大相对高差2878米。（张　峰）

【气候】 1.降水。全省2012年平均降水量为474.1毫米，较常年值偏多5.8毫米，较最多年1964年偏少240.4毫米，较2011年偏少99.5毫米。从历年降水量变化来看，在近10年由多到少排位中处于第五位。全省各地降水量介于283.1~657.9毫米之间。吕梁市西部地区、晋城及忻州市偏关、河曲降水较多，基本在600毫米以上；大同市东南部、忻州市定襄、运城市中西部及晋城市的西部地区是降水最少的区域，在400毫米以下；其余大部分地区年降水量介于400~600毫米之间。与常年相比，大部分地区年降水量接近常年。主要集中在夏、秋季，分别占全年降水量61.8%和21.2%。冬季，全省平均降水量4.3毫米，较常年同期偏少8.7毫米，较上一年同期偏少10.9毫米，为1971年以来第四少降水量。春季，全省平均降水量72.0毫米，较常年同期偏少7.2毫米，较2011年同期偏多0.3毫米。全省各地降水量介于38~107毫米之间。夏季，全省平均降水量为293.2毫米，较常年同期偏多25.0毫米，较2011年同期偏多26.3毫米。各地降水量介于148~457毫米之间。南部运城市部分县（市）降水量不足200毫米，其余大部分地区降水量在200毫米以上，其中河曲、榆社、平遥、昔阳、柳林、安泽和晋城7个县（市）降水量达400毫米以上。与常年同期相比，全省大部分地区降水正常，南部运城市和晋城市部分地区偏少，偏多区域主要集中在西北部和中部的部分地区。从季内分布来看，前后期少，中期多，降水主要集中在7月份。7月降水量占整个夏季降水58%，6月和8月分别占20%、22%。秋季，全省平均降水量为100.5毫米，较常年同期偏少7.4毫米，较2011年同期偏少108.0毫米。各地降水量介于57~231毫米之间。大同市大部、朔州市东部、忻州市大部、吕梁市、太原市南部、阳泉市西部、晋中市北部和临汾市局部地区降水量大于100毫米，其中吕梁市西部降水量大于

200毫米；其余大部分地区降水量小于100毫米。与常年同期相比：北部局部和中部局部地区降水量偏多，南部大部地区降水量为偏少或异常偏少，其余大部分地区降水量正常。从季内分布来看，整个秋季前期降水量偏多，中、后期偏少。

2.气温。2012年全省年平均气温9.4℃，较常年偏低0.4℃，较2011年偏低0.2℃，为近15年来最低。年平均气温空间分布为由北向南逐渐升高，且中部盆地高于同纬度东西两侧山区。左云县、朔州市西部、忻州市局部、吕梁局部及晋中局部地区年平均气温较低，基本在6℃以下，右玉县最低为3.9℃；运城市大部以及临汾盆地气温较高，在12℃~14℃之间，河津和运城最高为14.0℃；其余大部分地区平均气温基本都在6℃~12℃之间。与常年相比，全省除运城市、临汾市局部和中部个别县市年平均气温略偏高外，其余大部分地区年平均气温略偏低。春季气温偏高，夏季气温接近常年，冬、秋季气温偏低。冬季，全省平均气温为-5.0℃，较常年同期偏低1.0℃，较上一年同期偏低0.3℃。全省冬季平均气温介于-12.7℃~0.7℃之间。春季，全省平均气温为12.0℃，较常年同期偏高0.7℃，较2011年偏高1.3℃。全省各地平均气温介于7.1℃~16.0℃之间，呈北低南高与盆地高山地低的特征。5月平均气温为19.0℃，较常年偏高1.0℃，为近十年同期第二高。夏季，全省平均气温为22.3℃，较常年值偏低0.1℃，为2000年以来第四个夏季气温偏低年。各地平均气温在18.4℃~26.8℃之间。秋季，全省平均气温为8.9℃，较常年均值偏低0.8℃，较2011年同期偏低1.3℃。全省各地平均气温介于3.1℃~13.7℃之间。

3.日照。2012年，全省平均日照时数为2344.9小时，较常年偏少104.4小时。在统计的108个县（市）中，64个县（市）日照时数偏少，其中13个县（市）偏少300小时以上，42个县市偏少100~300小时；只有13个县（市）日照时数较常年偏多100小时以上。冬季，全省各地日照时数在243~637小时之间，北部多于南部。全省大部分地区日照时数在400小时以上。春季，全省各地日照时数在529~837小时之间，由北向南递减。夏季，全省各地日照时数在432~790小时之间。北部多于南部，除南部局部地区日照时数不足500小时外，全省大部分地区日照时数在500小时以上。秋季，全省各地日照时数在455~800小时之间，北部多于南部。北部大部地区日照时数在600小时以上，与常年同期相比，全省大部秋季日照时数正常。（李国英）

资　源

【土地资源】 山西省土地总面积15669779.15公顷（折合15.67万平方千米），其中农用地面积10043656.86公顷（15065.49万亩）。全省农用地中，耕地面积4064506.96公顷（6096.76万亩），建设用地面积969720.43公顷（1454.58万亩），未利用地面积4656401.86公顷（6984.6万亩）。（张　峰）

【矿产资源】 山西省分布有丰富的矿产资源，是资源开发利用大省，在全国矿业经济中占有重要地位。全省已发现矿种120种（金属矿产28种，非金属矿产85种，能源矿产4种，水气矿产3种），其中有探明资源储量矿产70种，已利用矿产72种。与全国同类矿产相比，资源储量居全国第一位的矿产有煤层气、铝土矿、耐火粘土、铁矾土、镓矿等5种。保有资源储量居全国前10位的矿产有37种。主要矿产为煤、煤层气、铝土矿、铁矿、铜矿等。煤炭资源得天独厚，资源储量丰富，分布广泛，煤质优良，查明资源储量2673.79亿吨，占全国查明储量的1/5；煤层气资源极为丰富，沁水、西山、河东煤田为煤层气高产富集区，累计探明地质储量1568亿立方米，居全国第一；已查明的铝土矿矿产地89个，保有资源储量11.04亿吨，约占全国保有资源储量的33.3%，居全国之首，预测资源储量100亿吨左右；铁矿类型多，资源储量丰富，分布广泛，保有资源储量37.81亿吨，居全国第五位；白云岩资源遍布全省，适合冶镁的白云岩资源十分丰富，预测资源总量约508亿吨。煤、铝土矿等沉积矿产分布广泛，铁矿、铜矿等重要矿产分布相对集中，但是重要金属矿产贫矿多、富矿少，共伴生矿多、单一矿少。（张　峰）

人口　语言

【人口】 1. 人口数量保持低水平增长。根据统计局公布，2012年全省人口出生率10.70‰，比上年上升0.23‰，人口死亡率5.83‰，比上年下降0.22‰，人口自然增长率4.87‰，比上年上升0.01‰，低生育水平保持稳定。2012年底全省常住人口3610.83万人，比上年增加17.55万人，增长率0.49%。

2. 人口城镇化水平进一步提高。全省常住人口中，居住在城镇人口1851.08万人，占常住人口51.26%，比上年上升1.58%；居住在乡村的人口1759.75万人，占常住人口48.74%，比上年下降1.58%；全省城镇化进入快速发展时期。

2012年山西省人口数及其构成

指　标	年末数（万人）	比重（%）
全省常住人口	3610.83	－
其中：城镇	1851.08	51.26
乡村	1759.75	48.74
其中：男性	1850.96	51.26
女性	1759.87	48.74
其中：0~14岁	593.62	16.44
15~59岁	2571.27	71.21
60岁及以上	445.94	12.35
其中：65岁及以上	287.78	7.97

3. 人口结构趋向合理，老龄化进程加快。全省常住人口中，男性1850.96万人，女性1759.87万人，性别比105.18。全省人口中0~14岁人口593.62万人，占常住人口16.44%，比上年下降0.03%；15~64岁人口272943万人，占常住人口75.5975.62%，比上年下降0.03%，劳动力较为丰富；65岁及65岁以上的人口287.78万人，占常住人口7.97%，比上年上升

0.06%，人口老龄化进一步加快。

（张晋军）

【语言】 山西是汉语方言比较复杂的省份之一。由于地理和历史等诸多原因，山西方言较多地保留了古代汉语成分，在语音、词汇和语法方面都有重要特点。与其他北方方言相比，山西方言除了晋南多数县市和北部广灵没有入声外，其余各区均有入声。山西方言的入声读音短促，韵母以喉塞音收尾。山西境内与毗邻省份有入声的方言被称为晋语。在词汇语法方面的特点，一是有分音词、合音词和逆序词，二是有丰富的四字格俗语，三是有大量以“圪”为前缀构成的词语，四是保留了许多古语词，五是名词、动词、形容词、量词的重叠形式非常丰富。按照《山西方言调查研究报告》的研究，根据入声有无及其他语音特点，山西方言可以分为六个区：

中区：以太原方言为代表，属晋语。语音特点是有入声，平声不分阴阳。分布在晋中一带，包括太原、清徐、晋中、太谷、文水、交城、祁县、平遥、孝义、古交、介休、寿阳、榆社、娄烦、灵石、盂县、阳曲、阳泉、平定、昔阳、和顺与左权等县市区。

西区：以吕梁市离石区方言为代表，属晋语。语音特点是有入声，多数点阴平和上声调型相同，调值接近。分布在晋西一带，包括吕梁、汾阳、中阳、柳林、石楼、临县、方山、兴县、岚县、静乐、隰县、交口、永和、大宁、汾西与蒲县等县市区。

东南区：以长治方言为代表，属晋语。语音特点是有入声，部分点去声分阴阳。分布在晋东南一带，包括长治、长治县、潞城、黎城、平顺、壶关、屯留、长子、沁源、沁县、武乡、襄垣、晋城、阳城、陵川与高平等县市。

北区：以忻州、大同方言为代表，属晋语。语音特点是有入声，入声不分阴阳。分布在太原以北地区，包括大同、大同县、阳高、天镇、怀仁、左云、右玉、应县、山阴、繁峙、忻州、定襄、原平、五台、代县、浑源、灵丘、朔州、平鲁、神池、宁武、五寨、岢岚、保德、偏关与河曲等县市。

东北区：仅有广灵县一个点，属冀鲁官话。语音特点是无入声，古入声次浊声母字今读去声。

南区：以临汾、运城方言为代表，属中原官话。语音特点是无入声，古入声次浊声母字今读阴平。分布在山西南部，包括运城、芮城、永济、平陆、临猗、万荣、河津、乡宁、吉县、夏县、闻喜、垣曲、稷山、新绛、绛县、临汾、霍州、古县、安泽、洪洞、浮山、翼城、侯马、曲沃、襄汾与沁水等县市。

（安志伟）

民族 宗教

【民族】 山西是少数民族杂居散居的省份。民族构成以汉族为主，汉族人口占全省总人口99.7%，有54个少数民族，包括：回族、满族、蒙古族、彝族、苗族、土家族等，人口为10.32万人，占全省总人口0.3%，其中回族最多，约占少数民族总人口的80%。

山西省的少数民族有5个特点：一是人口总数不多，但民族成分多。全省共有54个少数民族成分（仅缺塔塔尔族）。少数民族人口在万人以上的有回族、满族、蒙古族。二是大分散、小聚居。全省11市119个县（市、区）有少数民族。有44个少数民族聚居村，50个少数民族聚居的街道和100多个相对聚居的居民社区。三是回族人数居绝大多数且相对聚居，有较强的民族意识和宗教感情。四是少数民族聚居村有相当一部分处于山区或贫困县区，经济社会发展水平相对落后。

（王泽武）

【宗教】 2012年，全省境内有5个宗教团体，教职人员认定备案近6000人，其中佛教2447人、道教151人、伊斯兰教154人、天主教332人、基督教2752人。

（王泽武）

行政区划

【区划调整】 2012年，省民政厅分别对运城市将临猗县纳入市辖区行政区划调整事项和大同市南郊区口泉乡、临汾市蒲县乔家湾乡撤乡建镇工作进行专题调研，审理大同市人民政府《关于大同市南郊区口泉乡撤乡建镇的请示》、临汾市人民政府《关于撤销蒲县乔家湾乡设立乔家湾镇的请示》。在基层调研的基础上，省民政厅拟定《山西省设镇暂行标准》，并向省政府报送《关于启动我省撤乡设镇工作的请示》。根据全省转型综改试验区先行先试推进大会精神，对各市现建成区范围内及未来五年城乡规划建成区范围内的乡镇和城中村的行政区域位置进行分析论证，建议在全省11个地级市建成区内实行撤乡镇改街道和村委会改社区居委会，从体制上为解决城中村问题奠定基础。

（王文广）

【平安边界创建和界线联检工作】 2012年，下发《关于印发〈山西省平安边界示范市、县创建活动实施方案〉的通知》，安排部署平安边界的创建工作。9月中旬，在交城县召开全省平安边界示范市、县创建工作交城试点会暨贯彻落实全国地名文化建设工作会议精神会议，推进列入省政府2012年考核目标的平安边界示范市、县创建工作建设项目的完成。年初下发《关于做好2012年全省行政区域界线联合检查工作的通知》，截至2012年底完成朔州忻州线、吕梁晋中线、吕梁临汾线3条市界和32条县界联检工作。

（王文广）

【政区大典编纂】 省民政厅提请省政府以山西省人民政府办公厅名义下发《关于编纂〈中华人民共和国政区大典〉山西分卷的通知》，成立《中华人民共和国政区大典》山西分卷编纂委员会和办公室，制订编纂工作实施方案。2月份向民政部报送《中华人民共和国政区大典》山西分卷目录部分共1528个条目，并编制山西分卷编辑手册。5月中旬，在太原召开山西省部署编纂《中华人民共和国政区大典》山西分卷工作会议，对目标任务和具体进度提出明确要求。6月底，在太原举办《中华人民共和国政区大典》山西分卷编纂培训班。截至2012年底，初稿工作已基本完成。

（王文广）

【地名管理工作】 7月中旬，配合民政部法规司和区划地名司在山西省召开16个省市参加的《地名管理条例》修订工作座谈会。太原市小店区补设600余块损坏的门牌,迎泽区在19个村委会新设村名标志。指导晋中市新命名16条榆次高校新区的街路名称。全省地名公共服务工程基本结束,长治市、晋中市、太原市、吕梁市获首批全国地名公共服务工程示范城市。吕梁市交城县"千年古县"申报工作全面完成。（王文广）

经济建设

【概述】 2012年全省生产总值12112.8亿元,比上年增长10.1%。其中,第一产业增加值697.9亿元,增长6.0%,占生产总值比重5.8%;第二产业增加值7009.1亿元,增长10.9%,占生产总值比重57.8%;第三产业增加值4405.9亿元,增长9.5%,占生产总值比重36.4%。

人均地区生产总值33628元,按2012年平均汇率计算为5327美元。

全年全省财政总收入2650.4亿元,增长17.2%。一般预算收入1516.4亿元,增长25.0%。税收收入1045.2亿元,增长19.8%,其中国内增值税、营业税、企业所得税、个人所得税、资源税和城建税共计完成税收926.0亿元,增长19.4%。一般预算支出2761.5亿元,增长16.6%。其中农林水事务支出增长28.2%,教育支出增长32.1%,社会保障和就业支出增长10.3%,医疗卫生支出增长12.6%,文化体育与传媒支出增长22.3%,节能环保支出增长7.7%。

居民消费价格比上年上涨2.5%,其中,食品价格上涨4.2%。商品零售价格上涨1.8%。固定资产投资价格上涨1.2%。工业生产者出厂价格下降5.5%,其中生产资料价格下降5.8%,生活资料价格上涨0.4%。工业生产者购进价格下降1.9%。农业生产资料价格上涨5.4%。

全年全省城镇新增就业51.1万人。转移农村劳动力43.2万人。年末城镇登记失业率3.38%。

国务院正式批复《山西省国家资源型经济转型综合配套改革试验总体方案》,山西资源型经济转型综合配套改革试验区建设进入全面实施阶段。（省统计局）

【农业】 2012年全省农作物种植面积379.6万公顷,比上年减少0.1万公顷。其中,粮食种植面积329.2万公顷,增加0.4万公顷;油料种植面积14.6万公顷,减少0.4万公顷;棉花种植面积3.7万公顷,减少1.6万公顷。在粮食种植面积中,玉米种植面积166.9万公顷,增加2.2万公顷;小麦种植面积68.9万公顷,减少2.1万公顷。

2012年山西省主要农林产品产量及其增长速度

产品名称	产量（万吨）	比上年增长%
粮　食	1274.1	6.8
其中:玉米	903.9	5.8
小麦	259.2	7.9
谷子	31.2	19.1
豆类	27.6	13.1
薯类	31.9	5.5
油　料	19.6	4.6
棉　花	4.7	−25.9
甜　菜	40.8	25.7
蔬菜及食用菌	1107.3	12.8
水　果	677.3	9.6
其中:瓜果类	70.5	12.7
园林水果	606.8	9.3
食用坚果	13.2	21.8
其中:核　桃	10.7	22.0

全年粮食产量1274.1万吨,增加81.1万吨,增产6.8%。其中,夏粮261.1万吨,增产7.8%;秋粮1013.0万吨,增产6.5%。

全年完成造林307.2千公顷,增长1.6%。其中,荒山荒地造林面积302.9千公顷,增长1.1%。全年木材产量12.2万立方米,增长1.3倍。

全年全省猪牛羊肉总产量67.1万吨,增长7.7%。其中,猪肉产量56.3万吨,增长7.9%;牛肉产量4.9万吨,增长8.6%;羊肉产量5.9万吨,增长6.9%。年末生猪存栏473.8万头,生猪出栏723.9万头。牛奶产量80.0万吨,增长7.2%。禽蛋产量74.7万吨,增长5.2%。水产品产量4.1万吨,增长14.1%。

年末全省农业机械总动力3056.1万千瓦,增长4.4%。机械耕地面积257.3万公顷,增长1.9%;机械播种面积244.4万公顷,机械收获面积151.5万公顷,分别增长5.9%和16.0%。全省农机化经营总收入115.0亿元,增长7.1%。（省统计局）

【工业和建筑业】 2012年末全省规模以上工业企业3716家,增加184家。全年规模以上工业增加值增长11.9%。

全社会原煤产量9.1亿吨,增长4.7%;发电量2535.0亿千瓦时,增长8.1%。规模以上工业企业焦炭产量8612.7万吨,下降3.1%;钢材产量3797.6万吨,增长11.8%。

2012年山西省规模以上工业增加值增长速度

指　标	比上年增长%
规模以上工业	11.9
其中:轻工业	13.4
重工业	11.8
其中:国有及国有控股企业	9.2
其中:集体企业	15.6
股份制企业	10.3
外商及港澳台商投资企业	35.2
其中:煤炭工业	11.6
焦炭工业	2.5
电力工业	8.1
冶金工业	10.9
化学工业	7.8
建材工业	9.0
装备制造业	33.3
医药工业	12.5
食品工业	14.3

规模以上工业企业实现主营业务收入17788.4亿元,增长9.7%。其中,煤炭、焦炭、冶金和电力工业分别实现主营业务收入7289.4亿元、1488.8亿元、3846.2亿元和1481.2亿元,分别增长10.0%、−13.9%、9.3%和19.9%;化学、建材、装备制造、医药和食品工业分别实现主营业务收入836.3亿元、356.8亿元、1516.1亿元、113.3亿元和632.2亿元,分别增长15.2%、5.2%、23.6%、17.6%和21.2%。

规模以上工业实现利税1770.7亿元,下降18.3%;实现利润806.5亿元,下降29.9%。

全年全省建筑业实现增加值

706.4亿元，比上年增长2.5%。具有建筑业资质等级的总承包和专业承包建筑业企业实现利润54.7亿元，增长11.1%。（省统计局）

2012年山西省规模以上工业主要工业产品产量及增长速度

产品名称	单位	产量	比上年增长%
原煤(全社会)	万吨	91333.1	4.7
洗煤	万吨	49031.4	16.1
白酒	千升	130690.8	−5.3
液体乳	万吨	60.4	26.1
纱	万吨	4.8	5.7
布	万米	4707.5	−29.6
丝	吨	54.8	−13.7
机制纸及纸板	万吨	31.2	34.3
焦炭	万吨	8612.7	−3.1
其中:机焦	万吨	8589.8	−3.2
硫酸(折100%)	万吨	18.1	−14.2
化肥(折100%)	万吨	389.1	3.5
合成洗涤剂	万吨	10.2	3.3
化学纤维	吨	4503.9	−12.8
水泥	万吨	4720.4	23.9
平板玻璃	万重量箱	1975.8	6.9
生铁	万吨	3996.5	5.9
粗钢	万吨	3950.1	9.4
钢材	万吨	3797.6	11.8
原铝	万吨	105.6	0.8
氧化铝	万吨	508.6	1.5
卷烟	亿支	156.0	0.7
发电量(全社会)	亿千瓦小时	2535.0	8.1

2012年山西省规模以上工业企业利润总额及其增长速度

指标	利润总额（亿元）	比上年增长%
规模以上工业	806.5	−29.9
其中:国有控股企业	519.8	−22.4
其中:集体企业	7.6	−74.4
股份制企业	547.8	−32.1
外商及港澳台商投资企业	98.1	13.4

【固定资产投资】 2012年全社会固定资产投资9176.3亿元，增长24.5%。其中，国有及国有控股投资4500.3亿元，增长16.5%；民间投资4568.4亿元，增长33.1%。

在全社会固定资产投资中，内资企业投资8701.0亿元，增长24.3%；外商及港澳台商企业投资170.3亿元，增长37.4%；个体经营及农户投资305.0亿元，增长22.4%。

2012年山西省分行业全社会固定资产投资及其增长速度

行业	投资额（亿元）	比上年增长%
总计	9176.3	24.5
农林牧渔业	381.0	40.5
采矿业	1568.6	10.0
制造业	1970.0	44.3
电力、热力、燃气及水的生产和供应业	597.8	9.2
建筑业	17.2	80.0
批发和零售业	191.8	29.4
交通运输、仓储和邮政业	1327.5	7.4
住宿和餐饮业	60.4	16.7
信息传输、软件和信息技术服务业	34.6	33.1
金融业	2.6	54.9
房地产业	1860.0	25.8
租赁和商务服务业	25.9	64.0
科学研究和技术服务业	35.3	45.9
水利、环境和公共设施管理业	736.7	50.3
居民服务、修理和其他服务业	15.2	57.6
教育	166.8	32.9
卫生、社会工作	54.3	7.4
文化、教育和娱乐业	83.1	6.9
公共管理、社会保障和社会组织	47.5	170.0

在全社会固定资产投资中，第一产业投资381.0亿元，增长40.5%；第二产业投资4153.6亿元，增长24.0%；第三产业投资4641.7亿元，增长23.7%。在第二产业中，工业投资4136.5亿元，增长23.9%。其中，煤炭工业投资1345.2亿元，增长8.5%，非煤产业投资2791.3亿元，增长33.0%；传统产业（煤炭、焦炭、冶金、电力）投资合计2306.2亿元，增长9.6%，非传统产业投资合计1830.3亿元，增长48.3%。

全年全省在建固定资产投资项目10770个。其中，5亿元以上项目734个，计划总投资13921.5亿元，完成投资3256.1亿元。

全年房地产开发投资1010.5亿元，增长27.9%。其中，住宅投资735.6亿元，增长19.5%；商业营业用房投资139.3亿元，增长89.1%。（省统计局）

【能源】 2012年全省一次能源生产折标准煤7.8亿吨，增长5.0%；二次能源生产折标准煤3.6亿吨，增长7.3%。

2012年山西省房地产开发和销售情况

指标	单位	绝对数	比上年增长%
投资完成额	亿元	1010.5	27.9
其中:住宅	亿元	735.6	19.5
房屋施工面积	万平方米	11714.3	25.9
其中:住宅	万平方米	9299.6	20.5
房屋新开工面积	万平方米	4166.3	46.2
其中:住宅	万平方米	3271.1	34.6
房屋竣工面积	万平方米	1733.0	−17.9
其中:住宅	万平方米	1435.7	−24.0
商品房销售面积	万平方米	1497.9	16.6
其中:住宅	万平方米	1390.4	18.8

全年全省向省外运输煤炭5.8亿吨，增长0.1%，外运煤炭占原煤产量63.7%。在外运煤炭中，铁路运输4.6亿吨，增长2.0%；公路运输1.2亿吨，下降6.8%。向省外输送电力769.2亿千瓦小时，增长10.9%，外输电量占发电量30.3%；向省外运输焦炭5557.8万吨，下降14.6%，外运焦炭占焦炭产量64.5%。

全年全省全社会用电总量1765.8亿千瓦小时。其中，第一产业用电37.4亿千瓦小时，占全社会用电量2.1%；第二产业用电1456.1亿千瓦小时，占82.5%，其中工业用电1434.0亿千瓦小时；第三产业用电137.5亿千瓦小时，占7.8%；城乡居民生活用电134.8亿千瓦小时，占7.6%。

（省统计局）

【国内贸易】 2012年全省社会消费品零售总额4375.8亿元，增长16.0%。按经营地统计，城镇消费品零售额3632.5亿元，增长16.3%；乡村消费品零售额743.3亿元，增长14.3%。按消费形态统计，商品零售额3959.2亿元，增长16.0%；餐饮收入额416.6亿元，增长15.4%。（省统计局）

2012年山西省社会消费品零售总额及其增长率

指标	绝对数（亿元）	比上年增长%
社会消费品零售总额	4375.8	16.0
分地域:城镇	3632.5	16.3
其中:城区	2392.2	17.5
乡村	743.3	14.3
分行业:批发业	248.4	20.7
零售业	3704.6	15.7
住宿业	61.6	17.4
餐饮业	361.2	15.2

2012年山西省限额以上批发零售业零售额及其增长速度

指 标	绝对数(亿元)	比上年增长%
汽车类	562.4	19.9
石油及制品类	551.3	15.9
金银珠宝类	37.6	9.4
家用电器和音像器材类	99.1	15.6
通信器材类	9.7	18.2
粮油、食品、饮料、烟酒类	173.5	24.2
服装、鞋帽、针纺织品类	177.0	34.3
化妆品类	16.0	30.0
体育、娱乐用品类	4.4	21.1

【对外经济】 2012年全省海关进出口总额150.4亿美元，增长2.0%。其中，进口额80.3亿美元，下降13.9%；出口额70.1亿美元，增长29.4%。

全年出口煤炭143.4万吨，下降20.5%；出口焦炭40.0万吨，下降75.2%；出口镁及其制品5.1万吨，下降47.7%；出口钢材77.4万吨，下降2.1%，其中不锈钢29.8万吨，增长7.3%。出口机电产品34.4亿美元，增长1.2倍；出口高新技术产品19.2亿美元，增长2.5倍。

全年进口铁矿砂2366.3万吨，下降17.8%，进口金额28.8亿美元，下降32.9%；进口机电产品26.4亿美元，增长11.5%。

全年全省新设立外商直接投资企业39家；按全口径统计实际使用外商直接投资金额25.0亿美元，增长20.8%。

全年全省对外经济合作新签合同额6.4亿美元，增长52.4%。

（省统计局）

2012年与山西有贸易往来的主要国家和地区进出口情况

国家和地区	出口额(万美元)	比上年增长%	进口额(万美元)	比上年增长%
中国香港	28648	-10.1	101	-91.2
中国台湾	24389	-25.1	18659	-34.3
印度	22817	-26.7	9000	-75.4
澳大利亚	18662	99.9	182806	-23.3
美国	145062	130.3	31005	-2.2
巴西	21647	-21.6	86046	-20.5
日本	26598	-35.1	62551	33.8
韩国	63085	-22.2	22099	14.2
德国	14076	-13.1	56759	-7.3
荷兰	57614	364.5	3630	51.9

2012年太原海关进出口总额及其增长速度

指标	绝对数(亿美元)	比上年增长%
进出口总额	150.4	2.0
出口额	70.1	29.4
其中：一般贸易	41.3	6.2
加工贸易	28.2	88.1
其中：机电产品	34.4	116.7
高新技术产品	19.2	246.3
其中：国有企业	19.6	-18.2
外商投资企业	22.1	144.3
进口额	80.3	-13.9
其中：一般贸易	55.9	20.6
加工贸易	16.1	14.0
其中：机电产品	26.4	11.5
高新技术产品	14.0	22.7
其中：国有企业	32.6	-36.6
外商投资企业	22.2	27.7

【交通 邮电】 2012年末全省公路线路里程13.8万千米，其中高速公路5011.1千米，比上年末增加1005.8千米。

年末全省民用汽车保有量371.1万辆(包括三轮汽车和低速货车43.6万辆)，比上年末增长6.5%，其中私人汽车281.7万辆，增长11.2%。本年新注册汽车57.2万辆，增长9.5%。年末轿车保有量184.3万辆，增长21.4%，其中私人轿车163.9万辆，增长24.4%。

全年全省完成邮电业务总量339.4亿元，增长11.2%。其中，邮政业务总量30.4亿元，增长15.8%；电信业务总量309.0亿元，增长10.8%。年末移动电话用户2764.6万户，其中，3G移动电话用户547.6万户。全省宽带接入用户504.8万户，增长15.4%。

（省统计局）

2012年山西省客货运输量及其增长速度

指 标	单 位	绝对数	比上年增长%
旅客运输量	万人	40839.0	2.3
其中：铁路	万人	6208.1	-0.2
公路	万人	33661.8	2.4
民航	万人	852.1	17.5
旅客运输周转量	亿人公里	423.1	1.8
其中：铁路	亿人公里	192.4	-1.7
公路	亿人公里	230.6	4.9
货物运输量	万吨	144623.0	7.6
其中：铁路	万吨	71437.5	3.2
公路	万吨	73150.2	12.2
民航	万吨	4.8	6.8
货物运输周转量	亿吨公里	3345.9	9.3
其中：铁路	亿吨公里	2143.5	6.4
公路	亿吨公里	1202.3	14.8

【金融】 2012年末全省金融机构本外币各项存款余额24157.0亿元，比年初增加3154.7亿元，比年初增长15.0%。各项贷款余额13211.3亿元，比年初增加1935.2亿元，增长17.2%。

年末全省农村金融合作机构(农村信用社、农村合作银行、农村商业银行）人民币贷款余额2666.1亿元，比年初增加446.8亿元，增长20.1%；人民币存款余额4319.7亿元，比年初增加617.4亿元，增长16.7%。

2012年年末金融机构本外币存贷款及其增长速度

指 标	年末数(亿元)	比年初增长%
各项存款余额	24157.0	15.0
其中：单位存款	10844.8	15.6
城乡居民储蓄存款	12039.2	14.7
其中：人民币	11997.0	14.7
各项贷款余额	13211.3	17.2
其中：短期贷款	5275.3	23.0
中长期贷款	7170.9	11.4
其中：个人消费性贷款(人民币)	513.9	29.0

年末全省共有上市公司34家。全省辖区证券市场各类证券成交额7529.3亿元，下降18.5%。其中股票成交额5470.1亿元，下降31.8%；基金成交额60.4亿元，下降13.4%；债券成交额17.9亿元，下降60.3%。年末投资者资金账户累计开户数163.7万户，增长5.1%。

全年全省保费收入384.7亿元，增长5.5%。其中，寿险业务保费收入234.1亿元，增长0.5%；健康险业务保费收入16.2亿元，增长30%；意外险业务保费收入6.6亿元，增长8.2%；财产险业务保费收入127.8亿元，增长12.8%。全年支付各类赔款及给付119.3亿元，增长15.3%。（省统计局）

政治建设

【依法治省】 2012年，全省各级司法行政机关学习宣传国务院和省委、省政府关于国家资源型经济转型综合配套改革试验区建设的战略决策和总体部署，学习宣传相关法律法规，推进社会主义法治文化建设，为转型综改试验区建设营造浓厚的法治氛围。学习宣传维护社会和谐稳定、提高社会管理水平、依法化解矛盾纠纷的法律法规，引导公民依照法定程序表达利益诉求，为服务转型综改试验区建设创造和谐稳定的社会环境。加强领导干部、公务员和企事业经营管理人员以及农村"两委"干部等重点对象法制宣传教育，提高服务、保障和参与综改试验区建设的能力和水平。加强社会管理法治建设，重点加强食品安全、教育、医疗等社会领域的依法治理，开展省、市、县三级联创依法治理示范单位和标兵单位活动，提高社会法治化管理水平。把诚信山西建设作为"法治山西"建设基础，推进政务诚信、商务诚信、社会诚信和司法公信建设，不断优化社会投资环境。加强对公职人员、青少年、企业经营者等重点对象的普法教育，推进"法律六进"活动，开展群众性法制宣传教育。（张　霏）

【依法行政学习研修班】 5月7~11日，省政府法制办与北京大学宪法和行政法研究中心在北京大学共同举办"依法行政学习研修班"。法学家郭道晖，北京大学法学院副院长王锡锌，北京大学法学院教授湛中乐、沈岿、姜明安、张千帆，中国传媒大学政治与法律学院教授王四新等学者，给山西省从事政府法制工作的42名学员进行专题讲座。5月11日，省政府法制办在北京大学法学院举办规范行政裁量权研讨会。法学界专家与来自山西省法制机构的42名同志进行面对面研讨。研讨会由张千帆主持。会上，《山西省规范行政裁量权规定(草案)》起草组成员介绍起草这一法规的立法背景以及在起草过程中遇到的主要问题。与会的专家学者从不同角度阐述对规范行政裁量权途径和裁量基准法律地位等问题的意见和看法。参会学员结合本地区政府法制工作实际，就规范裁量权工作遇到的问题向专家学者请教，互动交流。（郭文强）

6月12~16日，省政府法制办和省委党校联合举办全省领导干部依法行政专题研讨班（郭文强提供）

【干部依法行政研讨班】 6月12~16日，省政府法制办和省委党校联合举办两期"2012年全省领导干部依法行政专题研讨班"。研讨班主要围绕推进全面依法行政、建设法治政府，保障服务转型跨越发展，促进综改试验、先行先试的主题，采取专家讲授与工作交流相结合方式进行。（郭文强）

【依法行政示范县示范单位经验交流会】 8月14日，在武乡县召开。会议的主题是"依法行政做示范、综改试验当先锋"，主要任务是总结交流示范县、示范单位在示范创建活动开展后，特别是省政府2011年1月8日命名示范县、示范单位以来，在围绕本地本部门工作中心，全面推进依法行政，加强法治政府建设进程中的好做法、好经验和新进展、新成效，从而发挥示范作用，以点带面，整体推进全省依法行政工作，加快法治政府建设步伐，为转型跨越发展营造良好法治环境。（郭文强）

【依法行政山西行】 8月29日~9月10日，省政府法制办组织开展第二届"依法行政山西行"媒体集中采访报道活动。活动邀请新华社山西分社、人民日报山西分社、经济日报驻山西记者站、山西日报社、山西电视台、政府法制杂志社6家中央和省级媒体组成的采访报道团，赴太原、吕梁、晋中、长治和省住建厅、省农业厅、省国税局进行实地采访报道。活动围绕"推进依法行政、加强法治政府建设，保障服务转型跨越发展"这一主题，坚持深入社会看发展、深入实践察成效、深入基层树典型，借助媒体平台，通过宣传报道，反映各级政府和部门在推进依法行政、建设法治政府进程中的好做法、好经验、新进展、新成效，弘扬社会主义法制精神，强化行政机关工作人员特别是领导干部依法行政的意识。（郭文强）

【法治政府建设工作检查】 11月26日~12月15日，省政府法制办组织开展"全面推进依法行政，加强法治政府建设"督促检查。(1)要求各市和省直各部门书面报送推进依法行政工作情况。(2)成立依法行政督促检查领导组及其检查工作组。(3)分组对省经信委、省民政厅、省环保厅等6个省直部门，太原、大同、临汾、吕梁、晋中、阳泉6个设区的市及所属6个县(市、区)和等20个市县有关部门推进依法行政情况进行抽查检查。从检查情况来看，全省各级政府及所属部门依法行政意识和水平普遍提高，重视制度建设，重视应用法制思维和手段解决工作中的矛盾和问题，民主决策、政务公开工作得到进一步落实。存在的主要问题,一是全省推进依法行政工作进展不平衡问题比较突出。总体看,省市工作好于县区,实行垂直管理部门好于其他部门。二是一些地方和部门领导对推进依法行政重视不够,关注不多,措施不力。三是一些地方和部门特别是县级政府牵头推进依法行政工作的法制机构不健全,人员配备不到位,开展工作比较难。 (郭文强)

社会建设

【教育 科学技术】 2012年末全省普通高等学校67所,独立设置的成人高等学校13所。全省高等教育毛入学率32.5%,高中阶段毛入学率90%。成人技术培训学校培训职工和农民共计238.7万人次。

2012年山西省各类教育发展情况

指 标	招生(万人)	在校生(万人)	毕业生(万人)
研究生	0.9	2.6	0.8
普通高等教育	20.8	63.7	16.3
中等职业教育	21.5	60.0	20.3
普通高中	29.3	85.5	28.5
初中	46.3	150.2	57.9
小学	44.1	261.8	54.7
特殊教育	0.1	0.8	0.1
学前教育	42.0	91.5	32.6

全年全省专利申请量与授权量分别为16786件和7237件,分别增长31.4%和45.5%;其中发明专利申请量与授权量分别为5417件和1308件,分别增长17.7%和17.4%。全年共签订各类技术合同3398项,成交总额124.2亿元,增长52.6%。全年新登记科技成果436项。获得国家科学技术奖9项,国家认定企业技术中心22家。省级企业技术中心155家。按照国家高新技术企业认定办法,年末累计高新技术企业290家。

全省23个经济开发区入区企业9147家,其中500强投资企业56家。区内税收收入99.4亿元,增长15.2%;企业主营业务收入2759.4亿元,增长33.5%。

年末全省共有省、市、县产品质量监督检验和计量检定技术机构126个,国家检测中心3个。省授权行业建立的检验所(站)36个,监督抽查3462家企业22类47种6375批次的产品和商品。全年完成强制检定计量器具67万台件。

全省有气象台站121个。全省气象系统开展人工影响天气业务的单位121个,防雹、增雨累计受益面积118.6万平方千米,增雨量30.0亿立方米。全省有天气预报服务Intel网站24个,卫星云图接收站14个。

全省有专业综合地震台站10个,省级地震台网中心1个,省级数字测震地震台网1个。全年M3.0~M3.9级地震3次,M4.0~M4.9级地震0次,最大震级M3.2级。(省统计局)

【文化 卫生 体育】 2012年末全省共有群众艺术馆12个,文化馆119个,博物馆89个。全省共有艺术表演团体298个。全省有公共图书馆126个。全省报纸出版60种(不含高校校报),各类杂志出版200种,各类图书出版4468种。年末有线电视用户478.7万户。山西影视集团全年完成电影18部,电视纪录片1部,完成合作电视剧1部28集。

年末全省共有卫生机构(含诊所、村卫生室)40191个,床位16.5万张。妇幼保健院(所、站)132个。全省卫生机构共有卫生技术人员20.0万人。全省115个农业县(市、区)全部开展新型农村合作医疗试点工作,有2194万农民参加合作医疗。

全年山西省运动员在国内外重大比赛中获金、银、铜牌分别为28枚、36枚和47枚(包括非奥运项目比赛)。全省销售中国体育彩票10.2亿元,比上年增长5.6%。 (省统计局)

【人民生活 社会保障】 全年城镇居民人均可支配收入20411.7元,增长12.6%;人均消费性支出12211.5元,增长7.5%。全年农村居民人均纯收入6356.6元,增长13.5%;人均生活消费支出5566.2元,增长21.4%。城镇占调查总户数20%的低收入家庭人均可支配收入8544.9元,增长13.2%;农村占人口20%的低收入者收入1975.2元,增长9.9%。城镇居民家庭恩格尔系数(即居民家庭食品消费支出占家庭消费支出的比重)31.6%,农村居民家庭恩格尔系数33.4%。

2012年山西省居民消费价格比上年涨幅

指 标	涨幅(%)
居民消费价格	2.5
食 品	4.2
烟酒及用品	3.1
衣 着	2.1
家庭设备用品及维修服务	1.7
医疗保健和个人用品	1.9
交通和通信	−0.3
娱乐教育文化用品及服务	1.0
居 住	2.7

年末参加城镇职工基本养老保险648.5万人,增加24.7万人;参加新型农村社会养老保险1397.7万人,增加314.0万人;参加城镇基本医疗保险1057.5万人,增加52.4万人;参加失业保险391.0万人,增加81.6万人;参加工伤保险529.5万人,增加181.0万人,其中农民工169.7万人,增加53.7万人;参加生育保险422.8万人,比上年增加156.8万人。

全年全省共有城市最低生活保障对象89万人、农村最低生活保障对象150.6万人,全年共发放最低保障资金43.3亿元。

年末全省各类福利院床位数6.3万张,收养4.0万人。城镇各种社区服务设施1697个,其中综合性社区服务中心331个。全年销售福利彩票25.5亿元,筹集社会福利资金7.9亿元,接收社会捐赠款0.4亿元。

农村新"五个全覆盖"工程全面完成。 (省统计局)

【资源 环境 安全生产】 2012年全省水资源总量106亿立方米,减少14.8%。平均降水量498.5毫米,减少17.2%。全年总用水量75.1亿立方米,增长1.2%。

年末全省森林面积282.4万公顷,森林覆盖率18.03%。

全年全省11个重点城市空气质量二级以上天数平均为348天。

黄河、海河流域山西段共监测99个断面,达到Ⅲ类以上水质标准断面占48.5%，达到Ⅳ类水质标准断面占15.1%，达到Ⅴ类水质标准断面占9.1%，有27.3%的断面超过Ⅴ类水质标准。

全年各类自然灾害造成直接经济损失63.7亿元，下降23.2%；农作物受灾面积72.0万公顷，下降53.6%，其中，绝收8.8万公顷，下降46.7%。

全年共发生各类安全事故9475起，下降14.2%；死亡2507人，下降0.36%。未发生特别重大事故。全年全省煤炭百万吨死亡率0.091。

（省统计局）

【旅游】 全年全省接待海外旅游者189.2万人次，接待国内旅游者1.9亿人次，分别增长21.8%和29.8%；旅游外汇收入7.2亿美元，国内旅游收入1766.3亿元，旅游总收入1813.0亿元，分别增长27.0%、35.3%和35.0%。

（省统计局）

文化建设

【概述】 山西大剧院、图书馆、科技馆、体育馆等重点文化设施全部建成。山西广电中心等新的重点工程实施。市级"五馆一院"和县级"三馆一院"的建设铺开，太原、大同、朔州、忻州等市的文化设施起点高、功能全，成为文化惠民的新平台。长治市开展国家级公共文化服务体系示范区创建工作。乡镇综合文化站、广播电视村村通、农家书屋等文化惠民工程基本完成。公共文化活动场所实现免费开放。

电影《咆哮无声》、电视剧《红军东征》、话剧《立春》、舞剧《粉墨春秋》等精品佳作不断涌现。山西鼓乐、山西民间歌舞和民间戏剧等20多个团组，先后出访美国、加拿大、新加坡、澳大利亚和我国香港、澳门、台湾等国家和地区。在全国第十二届精神文明建设"五个一工程"评奖中，山西省申报的电视剧《革命人永远是年轻》、说唱剧《解放》、歌曲《阳光路上》和图书《乍放的玫瑰》等四部作品获奖。说唱剧《解放》进入国家舞台艺术精品工程。蒲剧《山村母亲》、晋剧《大红灯笼》入围国家舞台艺术精品工程资助项目。舞剧《一把酸枣》《粉墨春秋》荣膺国家文化出口重点项目。

开展以文化、体育、科技、卫生、法律等为主要内容的"三下乡""四进社区"以及"送欢乐、下基层"、优秀文艺作品展播展映展演、赛歌会、书画摄影展、读书竞赛、全民阅读等活动。春节在平遥、清明在介休、端午在沁县、七夕在和顺、重阳在运城分别以"我们的节日"为主题，举办系列活动。中宣部、中央文明办、中央电视台"激情广场——爱国歌曲大家唱（长治篇）"在长治市举办，中央电视台综艺频道录制播出运城的"我们的节日·重阳"活动。

（周　峰　樊志强　周晓瑜）

【精神文明建设】 2012年，山西省精神文明建设以学习贯彻党的十八大精神促进山西转型跨越为主线，在构建社会主义核心价值体系，推进公共文化服务体系建设，加强公民思想道德建设，深化群众性精神文明创建等方面都有进展。

党的十八大召开前，组织全省干部群众学习贯彻胡锦涛同志"7·23"重要讲话精神，组织社科理论界研究、深刻阐释讲话精神，组织新闻媒体开展"新山西、新跨越、新成就"和"科学发展，成就辉煌"主题宣传，在重要时段、重要版面集中推出专栏，解疑释惑，统一思想，凝聚共识。组织拍摄并播出30集大型系列文献纪录片《旗帜——山西记忆》，举办"坚持走中国特色社会主义工会发展道路理论研讨会"，推出《跨越万亿谋崛起:2011年中部发展与比较》等解读山西省经济社会发展的主题出版物。开展"迎接十八大、讲文明树新风""喜迎十八大、岗位做奉献""学党史、知党情、跟党走"等精神文明创建活动。

围绕省委省政府重大决策部署、重大活动和重点工作，组织"产业多元化，转型结硕果""有效应对稳增长""项目落地促转型""新思路、新举措、新成效""转型综改、先行先试"和"转型综改进行时"等一系列主题宣传。

完成麻田八路军总部纪念馆、刘伯承兵工厂纪念馆等爱国主义教育基地的改陈布展和革命旧址修缮工作；组织左权将军殉国暨左权县命名70周年宣传教育活动；开展征集提炼"山西精神"表述语宣传教育活动，形成确定以"信义、坚韧、创新、图强"为核心的"山西精神"表述语。

完善城乡社会保障体系，推进"社保全覆盖，服务一卡通"，养老、医疗保险基本实现城乡覆盖。企业退休人员基本养老金实现"八连调"，人均居中部六省首位。提高城乡低保、农村五保供养保障标准、孤儿和部分优抚对象生活补助标准，困难群众的基本生活得到有效保障。发展医疗卫生事业，群众看病难、看病贵的问题得到缓解。推进"阳光计生行动"，加强"12356"阳光计生服务热线规范化建设。全国首创"公安便民服务在线平台"。（周　峰　樊志强　周晓瑜）

【道德模范典型代表宣传】 印发《关于在全省深入开展学雷锋活动的实施方案》，召开弘扬雷锋精神座谈会，开展"雷锋精神进校园"活动，向中央媒体推荐一批群体和个人学雷锋先进典型。开展第四届山西道德模范评选表彰活动，半年多时间，近70万群众直接参与。参加中国文明网"我推荐、我评议身边好人"活动，全年有32人荣登中国好人榜。开展山西省"人民满意十佳交警、十佳交通协管员""感动山西年度人物"等先进典型人物评选活动。组织开展道德模范先进事迹巡讲、"我爱我村·我爱我岗·我爱我家"先进事迹报告会，宣传推荐"劳动·创造·奋斗——我的青春故事"励志教育活动优秀青年典型。

在太原、长治、晋城、孝义等地启动关爱他人、关爱社会、关爱自然志愿服务活动。以关爱空巢老人、留守儿童、农民工、残疾人为重点，组织开展关爱他人志愿服务大行动。组织开展"关爱自然、义务植树"志愿服务大行动。推进红十字志愿服务活动、"践行雷锋精神·百万巾帼志愿者在行动"学雷锋志愿服务活动。组织开展"送温暖献爱心""慈善情暖万家""联企帮困送温暖"、博爱助医、博爱助困、红十字博爱送万家等公益救助活动。（周　峰　樊志强　周晓瑜）

【群众性精神文明创建】 加强城市软环境建设,以营造"八大环境"为着力点,推进城市交通路网、市政公用设施、园林绿化等设施建设,发展教育、文化、医疗等社会事业,推动文明和谐城市与环保模范城市、园林城市、卫生城市一体创建,提升市民幸福指数和城市文明程度。造林绿化持续快速推进,环境空气质量保持稳定,水环境质量持续改善,污染减排任务完成。

组织开展全省农村精神文明建设工作大调研,省文明委近30个涉农成员单位分工协作,摸清底数,拿出对策。第九届村委会换届选举完成。启动实施新一轮连片特困地区扶贫攻坚工作,开展干部包村增收和机关定点扶贫活动,新增40万贫困人口脱贫。第二轮"五个全覆盖"任务完成,县县通、乡乡通、村村通、户户通目标基本实现。以"阳光农廉网"为载体,推进村务公开民主管理工作的做法在全国推广。28399个行政村农家书屋全覆盖建设目标实现。山西省实现农民健身场地设施"全覆盖"入选2012年度国内十大体育新闻。

在党政机关广泛开展"做人民满意公务员"活动,在窗口单位和服务行业开展"礼貌待人,诚信服务""三晋先锋在行动"和"三亮三比三评"(亮标准、亮身份、亮承诺,比技能、比作风、比业绩,群众评议、党员互评、领导点评)等实践活动,在各类企业开展"践行道德承诺,负责任地做产品"活动,加强医德医风建设,打击侵犯知识产权和制售假冒伪劣商品行为。开展"走基层、转作风、改文风"活动,法治山西、平安三晋、绿色共建、"青年文明号""双学双比"(学文化、学技术,比成绩、比贡献)"巾帼建功"、军民共建等创建活动持续推进。整顿重点景区市场秩序,强力宣传推介,"晋善晋美"形象提升。

(周　峰　樊志强　周晓瑜)

【未成年人和大学生思想道德建设】 开展向国旗敬礼、传唱优秀童谣、网上祭英烈、网上签名寄语、集体成人礼等"做一个有道德的人"主题活动。进行雷锋事迹、雷锋精神和雷锋式模范人物的宣传教育,组织学雷锋主题班日、队日、团日。开展多种形式的"小小志愿者"活动、"学雷锋、心向党,讲品德、见行动"主题教育活动、"中华魂——理想点亮人生"读书育人活动。进行山西省首届美德少年评选表彰,严格评选,隆重表彰。"西部助学"高中"宏志班"、省彩票公益金助学项目、残疾青少年助学计划,金秋助学活动、"1+1"助学活动、博爱助学活动等使一大批贫困学子受益。开展"扫黄打非"专项行动,组织全省净化社会文化环境工作专项督查。对全省加强和改进未成年人思想道德建设情况进行测评,推动各项工作全面落实。听取审议义务教育法律法规执行情况报告,举办全省第六届班主任素质展示大赛,加强德育示范学校管理。出台《山西省青少年校外活动场所评价指标体系》和《山西省青少年校外活动场所评价办法》,对已建中央专项彩票公益金支持乡村学校少年宫项目进行普遍检查,在晋城市对2012年度乡村学校少年宫承办学校校长和有关单位负责人进行培训。举办全省小学骨干班主任心理健康教育培训班,在太原、长治、晋城、朔州、孝义等市建立省、市两级未成年人心理健康辅导站示范站点,建立市、县(区、市)、校三级心理健康辅导网络。出台《关于深入推进大学生思想政治教育工作的意见》,开展大学生思想政治教育工作、高校辅导员队伍建设情况调研,以"五四青年节"等节日为契机,指导各高校开展校园文化活动。成立全省学生心理健康教育工作指导委员会。加强高校心理健康咨询室建设,厅管高校心理咨询室全部建成投入使用。组织全省高校申报教育部校园文化建设优秀成果评选。《与大学生谈心——谈谈我们的现实与信仰》一书入选"弘扬社会主义核心价值体系出版工程"。

(周　峰　樊志强　周晓瑜)

生态建设

【概述】 2012年,山西省生态文明建设在绿化山西、气化山西、节能减排等方面取得进展。2012年,山西加大造林绿化步伐,新增林业面积近500万亩。地处京津风沙源地区的朔州市和右玉县更是大力开展造林,其中,右玉县每年新造林在10万亩左右,山阴、怀仁、朔城、平鲁等县区集中连片的造林面积都在30万亩以上。柳林、沁县、介休等县市精品工程都在万亩以上。气化山西进程加速,太原居民全部改烧天然气,全省工业、商业、旅游景点、燃气汽车等天然气用户扩大,气化总利用量达41亿立方米,覆盖所有省辖市和70%的县(市、区)。节能减排工作成效明显,万元GDP综合能耗预计下降3.5%,11个设区市城区环境空气质量均达国家二级标准,水质优良率同比上升3.1%,化学需氧量和氨氮平均浓度分别同比下降24.2%和22.5%,烟尘、工业粉尘等主要污染物削减比例均达全年进度目标。生态省建设推进。晋城市荣膺国际花园城市综合金奖,这是世界城市建设领域的最高荣誉。新创建6个省级环保模范城、24个生态乡镇、183个生态村,314个村庄完成农村环境连片整治,434个村庄正在实施整治,受益人口133万。

(编辑部)

【污染减排】 2012年,山西省四项约束指标全面超额完成,其中,二氧化硫削减6.95%,超过年度目标4.95个百分点;化学需氧量削减2.61%,超过年度目标1.31个百分点;氮氧化物削减3.27%,超过年度目标3.27个百分点;氨氮削减3.65%,超过年度目标2.65个百分点。省考核的两项约束指标也超额完成计划。其中,烟尘削减5.26%,超过年度目标3.26个百分点;工业粉尘削减5.01%,超过年度目标3.01个百分点。(王　颖　王　毅)

【环境空气质量】 2012年山西省二级和好于二级天数347天,优良率达95%;11个设区市、93个县(市、区)环境空气质量达到国家二级标准。

(王　颖　王　毅)

【水环境质量】 2012年水质优良断面同比上升3.1个百分点;化学需氧量和氨氮平均浓度同比下降24.2%和22.5%;9个国控断面达到规划水质目标;集中式饮用水(扣除本底值)达标

率为100%。（王 颖 王 毅）

【生态建设】 2012年6个城市通过省级环保模范城验收，新创建24个生态乡镇、183个生态村；314个村庄完成农村环境连片整治，434个村庄正在实施整治，受益人口达133万人；晋城市荣膺国际花园城市。（王 颖 王 毅）

【环境风险】 2012年督促平定、昔阳对11.4万吨铬渣完成治理和解毒；对50家111枚闲置废源进行安全收贮。（王 颖 王 毅）

附：

2012年山西省行政区划

市 名	城 市			市辖区	县	镇	乡	街道	统 计
	合计	地级市	县级市						
	22	11	11	23	85	564	632	201	
太原市	小店区 娄烦县	迎泽区 古交市	杏花岭区	尖草坪区	万柏林区	晋源区	清徐县	阳曲县	1市6区3县21镇31乡52街道
大同市	城 区 浑源县	矿 区 左云县	南郊区 大同县	新荣区	阳高县	天镇县	广灵县	灵丘县	4区7县33镇66乡40街道
阳泉市	城 区	矿 区	郊 区	平定县	盂 县				3区2县20镇12乡12街道
长治市	城 区 长子县	郊 区 武乡县	长治县 沁 县	襄垣县 沁源县	屯留县 潞城市	平顺县	黎城县	壶关县	1市2区10县68镇64乡14街道
晋城市	城 区	沁水县	阳城县	陵川县	泽州县	高平市			1市1区4县48镇26乡10街道
朔州市	朔城区	平鲁区	山阴县	应 县	右玉县	怀仁县			2区4县19镇50乡4街道
晋中市	榆次区 平遥县	榆社县 灵石县	左权县 介休市	和顺县	昔阳县	寿阳县	太谷县	祁 县	1市1区9县59镇59乡17街道
运城市	盐湖区 夏 县	临猗县 平陆县	万荣县 芮城县	闻喜县 永济市	稷山县 河津市	新绛县	绛 县	垣曲县	2市1区10县81镇55乡13街道
忻州市	忻府区 五寨县	定襄县 岢岚县	五台县 河曲县	代 县 保德县	繁峙县 偏关县	宁武县 原平市	静乐县	神池县	1市1区12县59镇126乡6街道
临汾市	尧都区 乡宁县 吉 县	曲沃县 大宁县	翼城县 隰 县	襄汾县 永和县	洪洞县 蒲 县	古 县 汾西县	安泽县 侯马市	浮山县 霍州市	2市1区14县75镇76乡20街道
吕梁市	离石区 方山县	文水县 中阳县	交城县 交口县	兴 县 孝义市	临 县 汾阳市	柳林县	石楼县	岚 县	2市1区10县81镇67乡13街道

机构设置和领导人名录

中国共产党山西省第十届委员会

书　记　袁纯清

副书记　王　君*　李小鹏　金道铭(满族)

常　委　袁纯清　王　君*　李小鹏　金道铭(满族)　胡苏平(女)　高建民　汤　涛　李兆前　陈川平　张少华　王建明　聂春玉　杜善学　白　云*

委　员　(共72人,以姓氏笔画为序)

马天荣　丰立祥　王　亚　王　君*　王　赋　王安庞　王茂设　王建武*　王建明　王清宪　牛仁亮　左世忠　石扬令　卢晓中　申联彬　田喜荣　白　云(女)　白培中*　冯改朵(女)　吕伟红(女)*　朱晓明　仲　轩　任润厚　刘传旺　刘向东　汤　涛　孙跃进*　杜善学　李　洪　李小鹏　李仁和　李平社　李东福　李永林　李兆前　李建功　李栋梁　李晓波　李高山　李悦娥(女)　李富林*　李福明　杨　司　杨森林　杨增武　吴永平　吴清海　张　保　张　健　张　璞　张九萍(女)　张少华　张建欣(女)　张高宏　张瑞鹏　陈川平　陈永奇　罗清宇　金道铭(满族)　周明定　胡苏平(女)　段建国　姜新文　洪发科　袁纯清　耿彦波　聂春玉　高卫东　高建民　郭迎光　郭新民　董洪运　廉毅敏　潘军峰　薛延忠

候补委员　(按得票多少为序,得票相等的按姓氏笔画为序)

王建武*　吕伟红(女)*　孙跃进*　李海渊　张义平　张文栋　张旭光　张志川　张建坤　岳普煜　赵雁峰　贺天才　席小军

秘书长　李政文*　杜善学*

常务副秘书长　姜新文

副秘书长　王铁选*　张克强　张瑞鹏　王进喜　李体柱*　孙　毅*　冯建平*

省人大常委会组成人员

主　任　袁纯清

常务副主任　申联彬

副主任　杜玉林　杨安和*　李政文*　靳善忠　安焕晓　郭海亮　王雅安

秘书长　朱　明*

委　员　(按姓氏笔画为序)

王大高　王凤祥　王守祯*　王国正*　王树林*　王重一　王铁锁　王娟玲(女)　王淑珍(女)*　王满春*　牛三平　亢官文　邓永明　石金鸣　卢　捷　邢德川　邢燕芬(女)*　成继东　吕德功*　朱先奇　任福耀*　刘　巩　刘润民　孙水生　远勤山　李中元　李永宏　李旺明　李宝卿*　李战志　李思进　李俊峰　李留澜　李悦娥(女)　杨怀恩　杨　波　杨竞赛　何　涛　宋新柱　张崇慧　陈隆宇　赵建平　施联秀　姚二云　姚芝楼　袁　进　耿怀英　翁小绵　高志俊*　高彦斌　郭　明　郭贵仁　郭勇义　郭振中*　郭原林　韩怡卓　傅建荣　谢　海*　薛凤海　魏　武(女,回族)

常委会副秘书长　李仁和*　何　涛　亢官文*　赵建平　王立业*　李正伦　邬敬文　李　渊

山西省人民政府

省　长　王　君*　李小鹏

常务副省长　李小鹏

副省长　高建民　牛仁亮　张　平　张建欣(女)　任润厚　郭迎光

秘书长　王清宪*　陈永奇

副秘书长　巨宪华　韩和平　崔国红　白秀平*　盛佃清*　王　成*　孙跃进*　王　纯　余瑞卿　郭　立*

政协山西省委员会

主　席　薛延忠

常务副主席　郭良孝

副主席　周　然　李雁红　李潭生　令政策　卫小春　刘滇生　王　宁　张茂才*

秘书长　阎沁生*　阎根生*

常务委员(按姓氏笔画为序)

马天荣　马彦和　马德和　王云亭　王文娅(女)　王正喜　王全龙　王怀荣　王建国(省政协)　王建国(省工商联)　王贵平　王俊辰　王艳梅(女)　王晓立　王爱萍(女)　王继伟　王照光(女)　石盛奎　白世镇(回族)　白秀平　冯亚琴(女,蒙古族)　冯建新　宁立新　边根棠　邢国明　成锡锋　庄金洲　刘占中　刘兆林　关存先　许并社　孙连珠　苏亚君　李廷赫(朝鲜族)*　李连琪　李建明　李海瑕(女)　李瑞丰　李德志　杨左卿(女)　杨志刚　杨社堂　杨林花(女)　杨临生　杨俊和　杨森林　张　吉　张　政

张文栋　张汉伟　张并生　张李锁　张俊生
张烈珍(女)　武金贵　范小玲(女)　范明远
孟原生*　郝瑞珍(女)　侯秀娟(女)　姚发兴
姚建民　姚宪华　姚高宽　姚锦诚
秦作栋　根　通　柴瑞霭　高凤平　高　键
高文变(女)　高英武　高新文　郭　辉
郭勇飞　郭海刚　郭慧民　梅志强
曹改莲(女)　曹惠斌　阎美珍(女)　阎润德
梁文海　谌长瑞　葛旭元　董育中　焦惠生
鲁连城　靳道远　慕福明　薛维梁　薛靛民
魏　峰　籍振芳
副秘书长　杨临生*　程银锁　马　伟　刘文秀　张建豪

中国共产党山西省第十届纪律检查委员会

书　记　李兆前
常务副书记　杨森林
副书记　李正印*　冯改朵(女)　贾毓杰
常　委　荀志坚　张秀萍(女)　康建成
孟　萧　因新中　孙兴武
委　员　(按姓氏笔画为序)
于若洁　弓　跃　卫建友　卫洪平　马联社
王　民　王　琦　王玉成　王帅红　石常明
田国仁　冯改朵(女)　边晋南　邢文奇
成振林　因新中　任建平　刘予强　刘国庆
刘冀民　孙兴武　李书凯　李正印　李吉山
李兆前　杨森林　辛旭光　张华龙
张秀萍(女)　张效彪　陈国荣　陈跃钢
林玉平　孟　萧　赵庆华　赵建平　郝耀平
荀志坚　秦文峰　贾毓杰　高建国　郭玉福
常高才　崔国红　康建成
秘书长　孟　萧

山西省高级人民法院

院　长　左世忠
副院长　朱　明　刘冀民　吴秋霞(女)　张　炜
王志刚　王文娅(女)　梁　权*

山西省人民检察院

检察长　王建明*　杨　司*
副检察长　文晓平　荣　彰　李　勃*　曹改莲(女)
严奴国　谢鹏程*　王国宏
反贪污贿赂局局长　周茂玉*　胡克勤

省委工作部门和派出机构

省委组织部
部　长　汤　涛
常务副部长　朱先奇
副部长　张　健　张高宏　陈跃钢　张　葆(女)
省委宣传部
部　长　胡苏平(女)
常务副部长　杨　波*　李高山*
副部长　李福明*　郭玉福　郭　健*　杜学文　尹天五*
省委统战部
部　长　李政文*　聂春玉*
常务副部长　马天荣
副部长　边根棠*　郭海刚　王建新　李云平(女)*
樊盛武*　杨临生*　张云泽*
省委政法委员会
书　记　王建明
常务副书记　李富林*
副书记　边晋南　杨有才　薛永辉*
省社会管理综合治理委员会办公室
主　任　李富林*
副主任　李曾贵*　闫喜春*
省委政策研究室
主　任　李旺明*　张瑞鹏*
副主任　霍甫安*　王利波　马文革　杨绪全*　安　洋*
省机构编制委员会办公室
主　任　刘传旺
副主任　郭晋明　王树奇*
省直机关工委
书　记　李仁和*　王铁选*
副书记　郭忠实　冯进成　王建成*　郭康锋*
省直纪工委书记　卫建友
省委巡视组
组　长　马景龙　李锐锋　曹燎原　石正民*
陈　森　张晓亚*
副组长　林富强　常宝童　李努生　武振力*
李吉山*　梁丽山

省委部委管理机构

省委老干部局
局　长　陈跃钢
副局长　刘仰良*　郭世卿　郑兰珍
省委、省政府信访局
局　长　阎根生*　李体柱*
副局长　梁雨润　张福祥　王进军*　张建平*
防范和处理邪教问题领导小组办公室
主　任　王铁选*　冯建平*
副主任　高国俊　关龙江　武俊平
省委台湾工作(省政府台湾事务)办公室
主　任　黄进明
副主任　梁淑娟(女)　刘可宏　徐爽志

省委机要局(省国家密码管理局)
局　长　任兔平
副局长　杨　忠　李东强　赵　威*
省接待办公室
主　任　巩　成
副主任　韩道亮*　安献华*
省委保密委员会办公室(省国家保密局)
主　任(局长)　张　华
副主任(副局长)　王鹤平　李全顺

省人大及其常委会工作机构

省人大法制委员会
主任委员　王凤祥
副主任委员　邓永明 王晓明
省人大内务司法委员会
主任委员　李永宏
副主任委员　高彦斌　郭忠烈
省人大财政经济委员会
主任委员　赵建平
副主任委员　王晓勇　王守祯　谢　海　李宝卿*
李留澜　杨建国　张立新
省人大常委会教育科学文化卫生工作委员会
主　任　王树林*　杨　波*
副主任　郭贵春*　施联秀　王茂林*　翁小绵
梁　权*　安志辉　冯　睿
省人大常委会农村工作委员会
主　任　吕德功*　刘　巩*
副主任　李旺明　董常生*　耿怀英　曹晋芳(女)
祁玉林
省人大常委会城乡建设环境保护工作委员会
主　任　张崇慧
副主任　高志俊*　李战志　王国正*　汤俊权
乔锦瑞
省人大常委会人事代表工作委员会
主　任　王大高
副主任　邢燕芬(女)*　杨竞赛　霍晓琴(女)
省人大常委会民族宗教侨务外事工作委员会
主　任　李俊峰
副主任　王淑珍(女)　李荣先(女)　李　洪(女)
省人大常委会法制工作委员会
主　任　邓永明
副主任　王满春*　蔡汾湘　张世文
省人大常委会预算工作委员会
副主任　王玉明*　樊执敏*
省人大常委会研究室
主　任　何　涛(兼)
副主任　吴临芳(女)　宋　伟
省人大常委会信访局
局　长　王联英
副局长　张拯瑜

省政府组成部门

省发展和改革委员会
主　任　李宝卿*　王　赋*
副主任　李福龙　李永平　赵友亭*　程泽业
王晓胜　刘　锋　徐安崇
省经济和信息化委员会
主　任　洪发科*　胡玉亭*
副主任　刘致远　申瑞涛(女)　冀明德　王克建*
张华龙*　陈官虎　胡荣华　朱　鹏*
省教育厅(省高校工委)
厅　长(书　记)　李东福
副书记　畅日宝*　吴俊清　张培良*
副厅长　刘惠民*　贾坚毅*　张卓玉　王李金
省高校纪工委书记　史富泉*　赵庆华
省科学技术厅
厅　长　贺天才
副厅长　秦作栋　张新伟　郭春林
省公安厅
厅　长　杨　司*　刘　杰*
副厅长　成振林　燕和平*　雷党辰
李亚力*　边智慧*　李太平*
省监察厅
厅　长　杨森林*　冯改朵(女)*
副厅长　刘蓉华(女)　因新中　李吉山　刘予强
省民政厅
厅　长　周明定
副厅长　王卫东(女)　何耀光　何子义　许富昌
省司法厅
厅　长　王水成
副厅长　李满胜　苏　浩　刘占中　冯　征*
周培斌　句轶旺
省财政厅
厅　长　郑建国
副厅长　石常明　胡双明　潘贤掌*　武　涛　张　韬
省人力资源和社会保障厅
厅　长　张　健
副厅长　杨培岳　李建刚　王云龙　王建文　姚　逊*
安尼瓦尔·买买提(挂职)*
省国土资源厅
厅　长　李建功
副厅长　高　博　王晓立　牛来有*　彭东晓
省环境保护厅
厅　长　刘向东
副厅长　刘四龙*　张广勇　王学东*
省住房和城乡建设厅
厅　长　王国正*　李俊明*

副厅长　任在刚*　闫晨曦　郭燕平*　郝培亮　李锦生

省交通运输厅

厅　长　段建国

副厅长　张　润　王志民　张志川*　戴　飞*

省水利厅

厅　长　潘军峰

副厅长　裴　群*　郭正义*　张　健　解放庆*
　　　　常书铭*　李　力*

省农业厅(省委农村工作领导组办公室)

厅　长(主任)　孙连珠*　李平社*

副厅长(副主任)　董希德　左义河　王高勇
　　　　　　　　关建勋　雷郭堂

省林业厅

厅　长　李永林

副厅长　霍转业　常光明　任建中

省商务厅

厅　长　王淑珍(女)*　孙跃进*

副厅长　张　文*　李晋峰　张华龙*　史贵章*
　　　　乔亮生*　杨来栓　刘　进　王来平*

省文化厅

厅　长　张明亮

副厅长　张　健*　李　歆*　赵银邦　窦明生*

省卫生厅

厅　长　高国顺

副厅长　李书凯　李凤岐*　梁明虎　王　峻　赵光国
　　　　谢　红(女)

省人口和计划生育委员会

主　任　杨增武

副主任　杨恩健　王祥瑞　杨建勇　梅志强

省审计厅

厅　长　郝志远

副厅长　郝素珍(女)　高爱平　姚宪华

省外事侨务办公室

主　任　张志川

副主任　张志仁*　武绍忠　田亦军　鞠　振*

省煤炭工业厅

厅　长　王守祯*　吴永平*

副厅长　杨茂林　牛建明　武建森　胡万升　王宇魁*

省政府直属特设机构

省政府国有资产监督管理委员会(国资委党委)

主　任(书记)　朱晓明

副书记　渠性轩(常务)　李天太
　　　　田国仁(兼纪委书记)

副主任　李宝文　朱成基　崔联会
　　　　曹慧昌　马　进　张宏永

省政府直属机构

省地方税务局

局　长　卢晓中

副局长　张跃建　刘建光　张澎涌

省工商行政管理局

局　长　王虎胜

副局长　马联社　薛维栋　王振宇*

省质量技术监督局

局　长　常高才

副局长　刘　军*　张岐云　王国强*

省广播电影电视局

局　长　梁志祥

副局长　李光明　董晓林　薛　荣

省新闻出版(版权)局

局　长　林玉平

副局长　梁宝印　王吉敏　吴体刚*

省体育局

局　长　苏亚君

副局长　杨凤楼　李振生　郝晓峰　李世杰

省统计局

局　长　杨文章

副局长　翟振新　卢建明　赵占明

省安全生产监督管理局

局　长　张根虎

副局长　唐　晋　刘德政　霍红义

省旅游局

局　长　席小军*

副局长　王炳武　王文保　李　贵

省宗教事务局(省民族宗教事务委员会)

局　长(主任)　边根棠*　郭海刚*

副局长(副主任)　卫望军　侯文禄*

省文物局

局　长　王建武

副局长　刘正辉　宁立新

省粮食局

局　长　杨随亭

副局长　牛银虎*　马　珩　吕苛青(女)　薛愿兵*

省人民防空办公室

主　任　韩裕峰

副主任　孙　群　刘　涛　张　铭

省政府法制办公室

主　任　崔国红

副主任　王卫星　刘钢柱

省政府机关事务管理局

局　长　任云峰

副局长　王东春　孙富忠　牛柱珍　梁若皓*

省政府部门管理机构

省物价局
局　长　李福龙
副局长　张存登*　王克信　庞金龙　祁晓虎*　王春庆*
省国防科技工业办公室(省国防科技工业党委)
主　任(书　记)　张华龙
副书记　冯鲁生*　安雅文　史国兵
副主任　张继庆*　温国贵　王树峰
省中小企业局
局　长　王克建*　胡荣华*
副局长　赵志杰　王怀荣　武晨阳
省食品药品监督管理局
局　长　赵光国
副局长　任晋斌　谢　红*　贠亚明*　刘建国*
省监狱管理局
局　长　句轶旺
副局长　王华艳*　李扁屯　高　奇
省扶贫开发办公室
主　任　刘昆明
副主任　郎作仕　王汉有　张晓红
省政府研究室
主　任　陈永奇(兼)
副主任　张小杰　高建军　梁敬华*
省公安厅交管局(省交警总队)
局　长(总队长)　边智慧*　尹喜平*
副局长(副总队长)　李新生　刘　敏*　张顺喜
王丕谟*
省机械电子工业行业管理办公室
主　任　刘小平
副主任　姚文举

省政协工作机构

省政协调研室
主　任　杨临生*
副主任　蒋福新
省政协提案委员会
主　任　郭慧民
副主任　焦惠生*　阎贵林　常富顺
省政协经济和人口资源环境委员会
主　任　王正喜
副主任　吴晋安　刘道友*　李润玺　薛万明*
何令祚　毛金明　张玉平*　石盛奎
省政协农村委员会
主　任　姚高宽
副主任　吴潭龙　杨　菲(女)　温福亮*　周维成
孙连珠*
省政协教科文卫体委员会
主　任　杨左卿(女)
副主任　王建国　张建全　田润华*
省政协社会法制委员会
主　任　李连琪
副主任　银　瑜(女)　刘银才
省政协民族宗教委员会
主　任　根　通
副主任　李廷赫*　白晓军(女)　边根棠*
省政协文史资料委员会
主　任　闫润德
副主任　丁　杰　孟原生*
省政协学习宣传委员会
主　任　王俊辰
副主任　郭玉玺　师　谦*
省政协港澳台侨和外事委员会
主　任　籍振芳
副主任　王阳华(女)

省直属事业单位

省委党校(山西行政学院)
校　长　金道铭(兼)
院　长　李小鹏
常务副校长(副院长)　李高山*　李福明
副　校　长(副院长)　高健生　王联辉　郭成文
王永翔*　潘　峰
山西广播电视台
台长、总编　李海渊
副　台　长　刘英魁*　王树勋　张晋斌*
副　总　编　张敬民　邢书良　李占鳌*
山西日报社
社　长　袁升德
总编辑　兰炎平
副社长　兰炎平(常务)　李蜀昌　张　宁　冯爱民
副总编　胡　果　杨小宁　丁伟跃
省委党史办公室
主　任　张铁锁
副主任　栗金凤(女)　牛崇辉
省政府发展研究中心
主　任　张复明*　李劲民*
副主任　董宇明　王亦兵　高志明*
省地方志办公室
主　任　李茂盛
副主任　赵群虎　刘益龄　张晓光
省农业科学院
院　长　刘惠民
副院长　陈明昌　聂安全　乔雄梧　张敬平*
省社会科学院
院　长　李中元

副院长　贾桂梓(女)　潘　云
　　　　孟艾芳　杨茂林*
山西社会主义学院
院　长　聂向庭*
副院长　王宝生(常务)*　王建新(常务)*
　　　　李祥熙　王解峰　陈忠辉
省档案局(档案馆)
局(馆)长　阎默彧
副局(馆)长　张彦杰(女)　王保国　邢利民
省万家寨引黄工程总公司(管理局)
经理(局长)　菅二拴
副经理(副局长)　朱春耀　张俊杰　樊安顺
　　　　　　　　贾伟智　雷天才
煤炭工业太原设计研究院
院　长　徐忠和
副院长　耿建平　李树庭
省煤炭地质局
局　长　王学军
副局长　郑全发*　黄芩丽(女)　张晓峰*
省地质勘查局
局　长　安俊生*
副局长　翁金明*　韩晋生*　潘海燕*
省机械设备成套局
局　长　杨晋生
副局长　段治强　王拥军
省民航机场集团公司(管理局)
总经理(局长)　郝孝义
副总经理(副局长)　段同良*　赵庆斌　梁洪逵　张希亮
省测绘地理信息局
局　长　牛来有*　张宝玉*
副局长　于建刚*　孔令礼*
省公路局
局　长　惠高峰
副局长　蒋　品*　张兴顺*　赵玉生*
省农机局(省农业机械发展中心)
局　长(主　任)　王立伟
副局长(副主任)　姚建忠　许继光　郭廷荣*　张培增
省招生考试管理中心
主　任　王　云
副主任　张亚平　任应红　张金文　王双虎
山西煤炭基本建设局
局　长　武建森
副局长　王振海　温运峰
省投资咨询和发展规划院
院　长　曾宪琪
副院长　赵新利　刘付槐*　张立异*　杨　勇*
中国煤炭博物馆
馆　长　李希海
副馆长　张奎元*　陈胜军　胡高伟

省城镇集体工业联合社
主　任　李荣钢
副主任　杨晋才
省供销合作社联合社
主　任　高　璋　王俊辰*
副主任　李亚明　袁清茂*　王彤宇*
山西博物院
院　长　石金鸣
山西省省级政府采购中心
主　任　赵建新
副主任　王跃进　穆恩科
禹门口水利工程管理局
局　长　李润山*　武福玉
山西老年大学
专职副校长　覃建平
中国(太原)煤炭交易中心
主　任　曲剑午
副主任　高　伐*　阎世春*
省交通运输执法局
局　长　张晋鹏
省高速公路管理局
局　长　董新品
省交通运输管理局
局　长　李华中
山西省国有企业监事会
主　席　陈建鹰　赵子传　王孟传*
　　　　李成业*　马　平　宋世华*
省煤炭基金稽查总队(山西省财政厅煤炭基金稽查局)
总队长(局长)　黄　庙
省委前进期刊总社
社　长　边新文
省属地方金融类企业监事会
主　席　高向新

中央部属单位

山西省邮政公司
总经理　李玉杰
副总经理　张晓宪　冯红旗　杨海峰　郝柱海
省地震局
局　长　樊　琦(女)
副局长　郭跃宏　郭君杰　郭星全　田　勇
太原海关
关　长　吕伟红(女)
副关长　韩　渡　高志凯　许乾峰
山西电监办
监管专员　张建平
副专员　宋晋冀
山西石油分公司

总　经　理　徐建春
副总经理　徐福斌　郝润明
中国农业银行山西省分行
行　长　杨继荣
副行长　潘淑珍　骆朝根　郭玉琳　程耀业　金喜年
　　　　田俊庆
中国建设银行山西省分行
行　长　高　强
副行长　陈东平　解陆一　斛文峰　宋海林
山西保监局
局　长　王　毅
副局长　赵东生　景晋生

群众团体

省总工会
主　席　郭海亮
副主席　高凤平(常务)
副主席　郭新民　王兴旺　梁若洁　梁克昌　王　荣
共青团山西省委员会
书　记　赵雁峰*
副书记　安　华　任　忠　马皖东*　刘　娟*
省妇女联合会
主　席　李悦娥(女)
副主席　张烈珍(女)　郑　红(女)　顾青圻(女)
　　　　韩　红(女)
中国作家协会山西省分会
主　席　张　平
副主席　张明旺(常务)　杨占平
省科学技术协会
主　席　侯晋川
副主席　关原成*　卫小春*　王德贵
　　　　崔　忠　郝建新
省文学艺术界联合会
主　席　李才旺
副主席　宋新柱(常务)　李太阳　石跃峰
中国国际贸易促进会山西省分会
(中国国际商会山西商会)
会　长　贾雪峰
副会长　陈铁鹰*　靳成福　焦惠生*
省残疾人联合会
理事长　郭贵仁
副理事长　郭新志(女)　温万一
省社会科学界联合会
党组书记　侯秀娟
省归国华侨联合会
主　席　许并社
副主席　范安龙　刘越泽(女)　方敬爱(女)
　　　　王　帆(女)　李　慧(女)　张三货
　　　　郭晋普　黄成胜
省台湾同胞联谊会
会　长　谢碧玲(女)*
省红十字会
专职副会长　冯晋生

驻外办事处

省政府驻北京办事处
主　任　陈晓东
副主任　高永光　张建平　白世禄*
省政府驻上海办事处
主　任　曹美玲(女)
副主任　周爱民
省政府驻天津办事处
主　任　赵茂华
副主任　郜勇智
省政府驻广州办事处
主　任　刘亚林*
副主任　田月生　赵新林*
省政府驻沈阳办事处
主　任　田　凯
副主任　邢建国　冯　晋(女)
省政府驻南京办事处
主　任　李希远
副主任　雷向忠

大专院校

山西大学
校　长　郭贵春*　贾锁堂
副校长　刘滇生　刘维奇　行　龙
　　　　杨　军　梁吉业*　高　策　李思殿
太原理工大学
校　长　张文栋
副校长　侯晋川　郭敏泰　郝建功*　许并社
　　　　吕　明　李晋平　梁丽萍　吕永康
山西财经大学
校　长　郭泽光
副校长　赵国浩　刘中朝　张兔元　张如山　卢庆山
　　　　马培生
山西医科大学
校　长　段志光
副校长　张　飞*　郑建伟　闫肖卿*　孙安乐　王宏伟
山西农业大学
校　长　董常生*　赵春明
副校长　岳文斌*　崔克勇*　王俊东*　赵春明*
　　　　弓永华　张虎芳　李宏全
山西师范大学
校　长　武海顺

副校长　常乃军*　卫建国　原战勇　闫桂琴(女)
　　　　薛耀文　郝勇东
太原科技大学
校　长　郭勇义
副校长　黄庆学　李永堂　曾建潮*　董　峰
　　　　徐格宁　柴跃生　李　忱
中北大学
校　长　贾锁堂*　刘有智
副校长　肖忠良　刘有智*　韩　焱　沈兴全　张记龙
山西中医学院
院　长　周　然
副院长　马存根　冯前进　周晓明
　　　　张永德　冀来喜　王晞星
长治医学院
院　长　王庸晋
副院长　赵中夫　陈忠义　宋晓亮
太原师范学院
院　长　王尚义*　梁吉业*
副院长　张瑞君　王川龙　张喜明　王卫平(女)
　　　　齐利平　张虎芳(女)*
忻州师范学院
院　长　李思殿*　王志连*
副院长　冯天仓　郭丕斌　韩泽春*　张美富
　　　　董元兴　罗小兰
山西大同大学
校　长　常乃军
副校长　马存根　郭　永　石云龙　赵富玺
　　　　张　策　张晓永
运城学院
院　长　姚纪欢
副院长　梁晋才　王卓民　张凤琴(女)
　　　　梁永平　李慎明
长治学院
院　长　李忠康
副院长　茹文明　武有祯　皇甫志芳　李长江
晋中学院
院　长　孙建中
副院长　吴生彦　邓　明　杨高才　郭贤成
　　　　柴　达　李长萍*
太原工业学院
院　长　吴俊清*
副院长　仉志余　张翠梅(女)　李国臣　靳金贵
吕梁学院
院　长　杨述平
副院长　卫英慧　马向东　闫　明　高顺有
山西广播电视大学
校　长　刘发威*
副校长　傅月晟*　张耀斌　王瑞芬(女)*
山西经济管理干部学院
院　长　丁怀民
副院长　王克勤　张改娥(女)　秦长江
山西煤炭管理干部学院
院　长　刘发威*　郝建功
副院长　李宏达　李　进　武东升　王凤岗
广播电影电视管理干部学院(山西广播影视职业学院)
院　长　郝本廉
副院长　王建国　王新塘　吴建庭*　武升平*
山西省财政税务专科学校
校　长　申长平
副校长　赵丽生　周巧红(女)　胡忠爱
山西警官高等专科学校
校　长　张子荣
副校长　尉安俊　白志强
山西职工医学院
院　长　于明江
副院长　黄跃春*　杨建堂　杨优帅
山西青年职业学院
院　长　李　伟
副院长　王俊刚　康万林
山西省政法管理干部学院
院　长　郝晓琴
副院长　李亚尼　肖峰昌*　任树琴
山西建筑职业技术学院
院　长　成　宏
副院长　周尚文　田恒久　李　峰
山西生物应用职业技术学院(山西药科职业学院)
院　长　李华荣
副院长　尹士优　胡尔雅　张震云
山西交通职业技术学院
院　长　张文才
副院长　安正明*　钟建民*　王　涛　张一兵
山西艺术职业学院
院　长　李　力
副院长　张俊伟　单红龙　岳建民
山西林业职业技术学院
院　长　马宗兆
副院长　刘　和　段振基　杜庆先
山西水利职业技术学院
院　长　李振兴
副院长　王连生*　张龙改　仝玉才*　景国栋
　　　　岳　彭　王启亮
山西旅游职业学院
院　长　何乔锁*
副院长　赵贤松　何乔锁　王碧波　赵　娟(女)
山西管理职业学院
院　长　杨勇翔
副院长　王震强　马联合　闫建辉
山西体育职业学院
院　长　朱天燕
副院长　何　洋　王志勇

山西警官职业学院
院　长　闫绪安*　许文海
副院长　景周管*　郝俊安*　杜仁义　成会明　刘国垠
山西国际商务职业学院
院　长　郝永新
副院长　刘德奇　尹雪峰
山西戏剧职业学院
院　长　李培勇*
副院长　闻志忠　安亮山　白雁鹏
山西煤炭职业技术学院
院　长　曹允伟
副院长　李俊双　王晓鸣　祁茂荣
山西医科大学汾阳学院
院　长　闫肖卿
阳泉煤炭专科学校
校　长　韩保清
太原电力高等专科学校
校　长　鲍善冰
山西工程职业技术学院
院　长　刘　勇
山西职业技术学院
院　长　昝和平
山西金融职业学院
院　长　杜明汉
山西财贸职业技术学院
院　长　牛白琳
山西机电职业技术学院
院　长　李和平
山西轻工职业技术学院
院　长　王枝茂
太原大学
校　长　任玉平(女)*　吴建设
吕梁市教育学院
院　长　白荣欣
长治市教育学院
院　长　焦建中*
长治职业技术学院
院　长　郭建华
晋城职业技术学院
院　长　王维平*　成广海
临汾职业技术学院
院　长　王　超*
山西师范大学临汾学院
院　长　梁崇太*
忻州职业技术学院
院　长　刘祁杰*
晋中职业技术学院
院　长　程太生
山西运城农业职业技术学院
院　长　吴立春
运城幼儿师范高等专科学校
校　长　梁周全
阳泉师范高等专科学校
校　长　陈永昶
太原旅游职业学院
院　长　王春玲(女)
太原城市职业技术学院
院　长　杨志家

山西省军区

司令员	刘云海	少将
政治委员	张少华	少将
副司令员	何永才*	少将
	姬亚夫*	少将
	张　韧*	少将
副政治委员	曾广超	少将
	黄献军	少将
司令部		
参谋长	张　韧*	少将
	赵冀鲁*	大校
副参谋长	车瑞金*	大校
	马新义*	大校
政治部		
主　任	黄献军*	少将
	李　竞*	大校
副主任	董　江	大校
	葛中兴*	大校
后勤部		
部　长	谢新宁	大校
副部长	林保江	大校
	于舰钢	大校
	郑泰山	大校

武警山西总队

总队长	仲　轩	少将
第一政治委员	杨　司(兼)	一级警监
	刘　杰(兼)	一级警监
政治委员	刘振所	大校
副总队长	杨建国	大校
	夏家亮	大校
	王树海	大校
副政治委员	胡占林	大校
司令部		
参谋长	李善勇	大校
政治部		
三　任	张喜文	大校
后勤部		
部　长	穆瑞国	大校

民主党派和工商联

中国国民党革命委员会山西省委员会

主任委员　张友君

副主任委员　刘占中　杨俊和　郭原林　孙建民　谢碧玲　刘　美　辛　琰　张湘君

中国民主同盟山西省委员会

主任委员　张　平

副主任委员　亢官文　傅建荣　王全龙*　史海涌　梅志强　卢准炜*　赵恒寿　王维平　梁丽萍　李书吉　卢　莉(女)*

中国民主建国会山西省委员会

主任委员　王　宁

副主任委员　成继东*　姚宪华　刘蓉华(女)　薛维梁　王庆荣　张秋利　代全民

中国民主促进会山西省委员会

主任委员　卫小春

副主任委员　张　政　张建豪　成锡锋　高新文　陈维毅　任建国

中国农工民主党山西省委员会

主任委员　周　然

副主任委员　郭新志(女)　王爱萍(女)　李思进　张李锁　牛三平　武金贵

九三学社山西省委员会

主任委员　刘滇生

副主任委员　王毓钟*　姚二云*　杨社堂　张并生　李青山　张文旺　闫义勇　张培富　张红健

山西省工商业联合会(省民间商会)

主　席　张复明

副主席　杨临生*　郭海刚*　樊秀清　王建华　郎宝山(满族)　赵淑芊

注:2012年1月1日至12月31日凡有调动的都在姓名后右上角标注上*。

(省委组织部、省军区政治部、武警山西总队政治部)

2012年大事记

1月

1日

山西省提高2012年工伤保险待遇，调整幅度按不低于上年度本统筹地区工伤保险待遇平均水平的12%的比例确定。

2012年山西省春运交通安全服务站启动。

4日

山西省京津风沙源治理工作会议在太原召开。

山西省冬季森林防火工作电视电话会议在太原召开。

5日

全国“小金库”专项治理暨2011年会计监督工作总结交流会在太原召开。

山西省食品安全责任监督工作现场会在晋中召开。

“中国廉政研究中心山西研究基地暨山西廉政研究中心”建立揭牌仪式在山西省社科院举行。

6日

说唱剧《解放》荣膺2009~2010年度国家舞台艺术精品工程重点资助剧目，晋剧《大红灯笼》入选2010~2011年度国家舞台艺术精品资助剧目。

7日

王斌全主持完成的“喉癌手术治疗的基础与临床研究”获中华医学科技二等奖。

全省56680人报名参加全国硕士研究生入学考试。

8日

山西省巾帼志愿服务关爱空巢老人行动在太原启动。

《全省基本公共卫生服务项目绩效考核办法(试行)》出台。

郭凤莲获“中国农业银行杯”CCTV2011年度“三农”人物奖。

9日

《山西经济社会蓝皮书(2012)》新闻发布会在太原召开。

汾酒集团董事长李秋喜获“2011人民社会责任杰出贡献人物奖”。

10日

在第二届公共卫生与预防医学发展贡献奖颁奖大会上，王元林、牛侨获公共卫生与预防医学发展贡献奖。

山西省首家大宗商品交易所在侯马开业。

12日

太原至包头航线开通。

14日

2012年全省环保工作暨党风廉政建设电视电话会议召开。

15日

省政府召开转型综改试验区建设市长座谈会。

山西省表彰在第六次全国人口普查中涌现出的666个先进集体和2920名先进个人代表。

“晋善晋美”山西旅游形象宣传片亮相中央电视台。

山西太重集团为大唐华创研发的3.6兆瓦风电增速齿轮箱样机试制成功。

16日

山西省煤炭可持续发展基金项目《山西省煤层自燃地质勘查与治理方法研究》工作协调会在太原举行。

山西省首届大学生村官创业设计大赛表彰大会举行，共评选出100个大学生“村官”创业设计项目。

17日

太原市、长治市、晋城市获“十一五”创建全国无障碍建设先进城市称号。

省经信委向社会公示山西省第二批7个新型工业化产业示范基地，包括:太原高新技术产业开发区软件和信息服务示范基地、太原清徐食醋系列示范基地、大同经济技术开发区医药示范基地、长治襄垣循环经济示范基地、忻州忻府区精细化工示范基地、山西绛县经济开发区装备制造(汽车)示范基地、阳泉经济技术开发区装备制造示范基地。

17~18日

中国共产党山西省第十届纪律检查委员会第二次全体会议在太原召开。

18日

全省党风廉政建设干部大会暨省纪委十届二次全会第二次会议在太原召开。

新型腹腔镜取石技术在山西省109医院首次实施成功。

19 日

省委决定,在全省范围内开展为期半年的保持党的纯洁性教育活动。

全省县级电视台首个 3D 频道——孝义 3D 高清试验频道开通。

21 日

省委办公厅、省政府办公厅发出通知,从 2012 年开始,省委、省政府领导同志每人联系一个大型国有企业和一个国家扶贫开发重点县作为联系点,帮助完善发展思路和发展规划,指导解决发展中的重大问题。

25 日

长治县被中国书法协会命名为“中国书法之乡”。

27 日

由省政府主办、省文化厅承办的“辉煌山西文化惠民”全省两节文化活动开幕式在太原举行。

30 日

省委、省政府召开转型综改试验区先行先试推进大会。

省委常委会召开会议,研究部署在全省开展保持党的纯洁性学习教育活动。

31 日

山西老陈醋集团有限公司的美和居老陈醋酿制技艺列入第一批“国家级非物质文化遗产生产性保护示范基地”。

2 月

1 日

2011“感动山西”颁奖盛典在太原举行。赵月芳、张世平、李志敏、陈玉芳、韩长安、张帆、毛丽、孟佩杰、胡丙申、梁宝被评为 2011“感动山西”十大人物。

全省各级共青团组织开通官方微博。

省委宣传部开展“山西精神”表述语征集活动。

1~12 日

中共山西省委书记、省人大常委会主任袁纯清率中国共产党代表团、山西省经贸代表团赴日本、老挝、马尔代夫、斯里兰卡进行友好访问。

3 日

省统计局、国家统计局山西调查总队联合召开新闻发布会,通报 2011 年全省国民经济运行情况。

6 日

2012 年“送欢乐下基层”情系大寨暨首届全国农民摄影大赛获奖作品赠送活动在昔阳县大寨村举行。

《山西日报》载,从省委组织部获悉,2012 年起在全省大学生村官中实施“创业行动计划”。

《山西金代戏剧砖雕艺术展》在美国纽约华美协进社中国美术馆展出。

省商务厅等六部门开展清理整顿大型零售企业违规收费活动。

引黄工程北干线劳动竞赛表彰大会在太原举行,表彰 16 家先进集体和 116 名先进个人。

8 日

省总工会举行“创建学习型组织,争做知识型职工”活动表彰大会,来自全省的 20 名知识型职工受到表彰。

省委农村工作领导组召开会议,研究贯彻中央 1 号文件精神的具体意见。

中共山西省委副书记、省长王君主持召开省政府专题会议,安排部署全省煤矿安全生产集中整治工作。

省政协召集在晋全国政协委员,就更好地服务于山西转型跨越发展进行座谈。

省委、省政府出台《关于进一步加强“三农”工作奋力实现农民收入翻番的决定》。

9 日

王君主持召开省事业单位改革领导组会议,研究全省分类推进事业单位改革工作。

孝义市转型综改行动方案正式获批复,成为全省市县两级首个获批的行动方案。

10 日

山西“资本市场后备人才千人工程”第一期培训班在山西大学举行开学典礼。这标志山西“资本市场后备人才千人工程”开始实施。

12 日

《山西日报》载,从山西省食药监局获悉,保健食品化妆品实行网格化监管。

13 日

以屈万祥为组长的国务院保障性住房分配及质量管理督查组来山西省开展督查工作。

省人力资源和社会保障厅取消 15 所技工学校的办学资格,其中撤销资格的学校 12 所,停止办学的 3 所。

太原市八旬低保老人享高龄保健津贴办法实施。

13~18 日

太原市以电视录播加直播的方式,开展所属各局“向人民汇报,请人民评议”活动。

14 日

全省“两山”扶贫开发“四个统筹”试点县工作部署会在岢岚县召开。

在国家科学技术奖励大会上,山西省 14 项科研成果获国家科学技术奖,其中,获国家科学技术进步奖特等奖 1 项、二等奖 13 项;主持完成项目 4 项,参与完成 10 项。

第十五届黄河文化艺术节在保德县开幕。

国内主要钢铁企业、电力企业煤炭现货交易座谈会在中国(太原)煤炭交易中心举行。

首届国土资源节约集约模范县表彰大会在北京召开。省国土资源厅获国土资源节约集约模范县创建活动“全国优秀组织奖”。太原市万柏林区、朔州市怀仁县、临汾市洪洞县、吕梁市孝义市获得“节约集约模范县”称号。

14~17 日

中央组织部部务委员兼组织二局局长陈向群就“党的基层组织和党员队伍建设、集中性教育活动”课题,到山西省调研。

14~23 日

山西省政协主席薛延忠率团访问澳大利亚和新西兰。

15 日

省委召开电视电话会议,动员部署在全省各级党组织中开展保持党的纯洁性学习教育活动。

省委常委、常务副省长李小鹏在太原会见中国华融资产管理公司总裁赖小民一行。

16 日

山西省统计局、山西省人口抽样调查办公室公布《2011 年山西省人口变动情况抽样调查主要数据公报》,全省 2011 年年底常住人口为 3593.28 万人,其中,男性为 1843.75 万人,占常住人口 51.31%;女性 1749.52 万人,占常住人口 48.69%,性别比为 105.39。

太原—和顺—长治煤层气(天然气)输气管道工程投运,标志着山西省“四气”规划建设的“三纵”管网东干线全线贯通。

全省全面启动为期 3 个月、以整合重组煤矿为重点的安全生产隐患排查治理专项行动。

16 日至 3 月底全省开展清理整顿人力资源市场秩序专项行动。

16~19 日

中共中央政治局委员、中央书记处书记、中宣部部长刘云山到山西考察文化体制改革发展工作。

16~20 日

由我国驻英国、德国、俄罗斯、法国、加拿大、以色列等国家和国际组织使领馆的科技参赞组成的“科技外交官山西行”代表团,在山西考察调研。

17 日

中宣部等四部门通报表彰全国文化体制改革工作先进地区,山西省及太原、大同、朔州、忻州、吕梁、阳泉、晋中、长治、晋城、临汾、运城 11 市受到表彰。

李小鹏主持召开山西省“中国国际太阳能十项全能竞赛”承办工作协调指导组会议。

《山西日报》载,从省委组织部获悉,全省 26966 个村党组织、28190 个行政村换届选举完成。

国家“十二五”智能装备发展专项——《煤炭综采成套装备智能系统开发与示范应用》启动。山西项目总投资 4.4 亿元,其中,国家补贴 1 亿元予以支持。

17~18 日

全国文化体制改革工作会议在太原召开。

中共中央政治局委员、国务委员刘延东在太原、晋中、吕梁等地对教育、科技、文化等领域的工作进行考察调研。

省商务厅出台《关于进一步健全农产品“卖难”应对工作机制的通知》。

19~20 日

19 日 12 时 40 分左右,山西蒲县宏源集团北峪煤业有限公司发生一起顶板事故,被困 7 人全部遇难。

文化部副部长、国家文物局局长励小捷就文物保护工作和山西南部早期建筑保护工程在山西省调研。

19~22 日

以王金彪为组长的国务院道路交通安全专题调研组莅临山西省就道路交通安全工作进行专题调研。

20 日

王君主持召开省政府第 101 次常务会议,研究部署加强政府自身建设工作。

省食品药品监督管理局下发《关于强化学校食堂餐饮安全监管的若干意见》。

21 日

省文化厅公布《“十二五”时期山西文化发展规划纲要》《2012—2016 艺术创作五年规划》《“十二五”时期文化产业翻番计划(征求意见稿)》。

省卫生厅、省财政厅出台《2012 年新型农村合作医疗统筹补偿方案》。

山西省“小金库”专项治理工作总结表彰会议在太原召开。

山西新闻网“最关注”荣获 2011 年度中国互联网品牌栏目。

22 日

“山西煤炭精神”研讨会在太原召开,“山西煤炭精神”为“忠厚吃苦、敬业奉献、开拓创新、卓越至上”。

在第三届中国平安励志计划创业大赛中,山西省青少年发展基金会获优秀组织奖。太原理工大学的“蓝颜知己”和忻州师范学院的“网上爱情银行”两个项目获得优秀项目三等奖。

山西省副省长郭迎光在太原会见到晋考察访问的荷兰代表团一行。

23 日

王君主持召开省政府专题会议,研究讨论《山西省县域经济社会发展考核评价暂行办法》。

张颔、柴泽俊被授予“文博大家”称号并授牌匾。

24 日

全省非时政类报刊出版单位体制改革动员大会在太原召开。

从省气象局获悉,首批 35 个自动土壤水分观测站运行。

25 日

晋城泽州县境内发生致 15 人死亡 19 人受伤的特大交通事故。

26 日

省政府召开煤矿安全集中整治专项行动第一阶段工作汇报会。

27 日

袁纯清主持省委常委会议,研究部署整治用人上不正之风工作和改进非公有制经济组织党的建设工作。

中央巡视组莅晋开展巡视回访工作。

28 日

省委召开电视电话会议,对在全省实施非公有制经济组织党组织集中组建计划进行工作安排。

省政府召开进一步加强全省道路旅客运输安全工作电视电话会。

首届世界晋商大会在太原高新区举行招商引资对接会。

国务院参事室在太原召开煤炭资源整合保障安全生产专题调研座谈会。

省纪委监察厅召开优化发展环境座谈会,听取部分省在晋商会负责人对山西创优发展环境的意见和建议。

全省土地节约集约利用工作会议在临汾市召开。

29 日

由省委宣传部、省文明办等单位联合主办的“山西省深入开展学雷锋活动”启动仪式在太原举行。

全省集中开展的社会治安重点整治“三项战役”在太原启动。

山西省商务厅出台《山西省“十二五”期间加强酒类流通管理的指导意见》。

3 月

1 日

袁纯清主持省委常委会议,研究

部署加强新形势下党外代表人士队伍建设和共青团工作。

省委、省政府召开2011年度目标责任考核总结表彰大会。

山西省与中直单位互派干部挂职并选派干部赴省外综改试验区挂职锻炼动员会召开。

山西省年度目标责任考核信息网络系统投入使用。

省科技厅组织实施的“十一五”国家科技支撑计划项目“煤矿全矿井安全生产数字化监测监控及重大灾害预警系统的研究”在北京通过科技部验收。

《山西省农产品质量安全条例》正式实施。

《山西省地质灾害防治条例》正式实施。

太原在山西省率先开始监测PM2.5。

山西省提高煤矿井下职工意外伤害保险补偿标准。其中,工亡职工一次性补偿金额由原来的每人6万元增加到15万元;1~10级工残职工仍执行省政府晋政办发〔2004〕33号规定的比例,按提高工亡职工补偿新标准相应增加。

全省工贸行业开展为时三周专项整治督查行动。

2日

山西省副省长牛仁亮召集省直有关部门、驻晋金融机构负责同志,安排部署2012年全省高速公路建设融资工作。

《山西转型综改试验区住房和城乡建设领域专项行动方案(2012年)》审查论证会在太原召开。

晋中经济开发区被国务院批准升格为国家级经济技术开发区。

3日

由省委宣传部、吕梁市委市政府、石楼县委县政府、山西电视台等联合拍摄的电视剧《红军东征》央视综合频道首播媒体见面会在北京举行。

5日

全省连片特困地区区域发展和扶贫攻坚规划编制工作电视电话会议在太原召开。

全省弘扬雷锋精神座谈会在太原召开。

6日

全省质监系统“农资打假下乡”暨“双打”活动在晋中市启动。

太原至阳泉高速公路投入运营。

7日

中央电视台、国家统计局和中国邮政集团公司共同推出的CCTV经济生活大调查结果出炉,在全国最具幸福感城市中太原排名第二。

华夏·乡宁(云丘山)2012年中和文化旅游节在云丘山旅游风景区开幕。

“2011中国书法十大年度人物”评选在武汉揭晓,山西赵国柱入选。

8日

《山西省“十二五”道路交通安全管理规划》课题研究在太原举行成果发布。

山西中华文化促进会邀请专家论证民国小火车旅游铁路。

即日至5月10日,全省开展春季重大动物疫病集中防疫行动。

9日

省政协召开食品安全专题调研座谈会。

全省道路交通事故预防工作会在太原举行,道路交通事故社会救助基金正式启动。

山西省工艺品旅游纪念品生产经营会在太原召开。

太钢循环经济标准化工作启动。

12日

袁纯清在北京会见中国五矿集团总裁周中枢。

全省农业科技创新行动计划在祁县启动。

省委、省政府授予孝义市、襄垣县、柳林县、寿阳县、清徐县、灵石县、高平市、怀仁县、沁水县、山阴县、沁源县、长治县、盂县、侯马市、泽州县、朔州市朔城区、长治市城区、大同市南郊区、晋城市城区、太原市杏花岭区等20个县(市、区)“2011年度县域经济发展先进县(市、区)”称号

13日

全省县域经济推进电视电话会议召开。

山西省对完成“蓝天碧水工程”作出贡献的先进市县、先进单位、先进企业进行表彰,82家单位共获得1030万元奖励。

2012年“消费与安全”年主题《3·15》宣传活动在太原启动。

14日

晋绥儿女支持老区教育协会第四届理事会在北京召开。

全省首家园区经济研究基地在晋城经济开发区揭牌成立。

即日起到5月底,在全省范围内开展湖库型水源地环保专项执法检查。

15日

省直机关领导干部包村增收活动经验交流推进会在太原召开。

省质监局开展“3·15”系列活动,活动主题为“质量、安全、民生”。

山西省首家旅行社专业联盟——山西省旅游会议联盟成立。

山西省实行食用盐加碘量新标准,食盐碘含量执行均值,由原来的35毫克/公斤下调至25毫克/公斤。

16日

《关于继续实施山西省天然林资源保护工程的意见》出台。

17日

袁纯清在太原会见泰国正大集团董事长谢国民一行。

王君在太原会见福特汽车(中国)有限公司董事长兼首席执行官萧达伟。

全省煤矿安全集中整治专项行动汇报会在太原召开。

省住房和城乡建设厅组织召开实施“十大工程”加快推进特色新型城镇化研讨会。

在深圳举行的2012年度全国春节文艺晚会暨特别节目评优表彰研讨会上,朔州广播电视台报送的《龙舞桑源——2012年朔州首届春节晚会》获“最佳作品一等奖”。

19日

王君主持召开省政府专题会议,研究部署晋非经贸区建设推进工作。

省供销社在全省开展农资市场大检查。

在全省范围内开展女职工“关爱行动”帮扶救助活动。

20日

中共山西省委副书记金道铭主

持召开全省部分高校大学生思想政治工作座谈会。

省森林防火指挥部对全省春季森林防火工作进行安排部署。

山西省转型综改办通报,已完成对全省11个市及11个省级试点县(市、区)2012年转型综改试验行动方案的审查论证工作。

山西“气象科普大篷车三晋农村行”活动启动仪式在寿阳县举行。

21日

全省文化市场管理工作会在太原召开。

《山西环境保护网政民互动暂行办法》出台。

2011年度全国十大考古新发现初评结果揭晓,云冈石窟窟顶北魏辽金佛教寺院遗址和周家庄遗址入围全国十大考古新发现。

22日至5月底

全省开展农村环境现状调研。

23日至4月3日

以副省长郭迎光为团长的山西省农业林业水利代表团应邀访问英国、芬兰、荷兰。

26日

在国务院召开的第五次廉政工作会议上,王君作题为《加强政府作风建设,促进经济社会又好又快发展》的大会发言。

依托新进不锈钢材料企业国家重点实验室承担的“新型镍基高温合金热变形组织演变机理研究”、依托冶金设备设计理论及技术省部共建国家重点实验室培育基地承担的“复合材料中厚板成形机理研究”、依托煤科学与技术省部共建国家重点实验室培育基地承担的“煤炭气化低温浆态床合成天然气及醇醚燃料基础研究”、依托动态测试技术省部共建国家重点实验室培育基地承担的“微型仿生复眼光学导航器件基础研究”等4个国家级重点实验室获国家《973》计划前期研究项目825万元资助。

省社科联表彰2011年度“百部(篇)工程”获奖成果及先进组织单位。

世界最快轧机——太钢新建不锈钢冷轧光亮线轧机过钢试车。

从省电力公司获悉,右玉牛家堡、平鲁白玉山、宁武盘道梁、五台峨岭、繁峙砂河、神池板井太平庄风电场六项风电送出电网工程列入中央预算内投资计划。

27日

袁纯清在太原会见墨西哥驻华大使豪尔赫·瓜哈尔多一行。

山西省发展和改革委员会向社会公开服务承诺:提高行政效能、端正政风行风,对因故意或过失导致行政不作为或乱作为的,将追究承办人和相关负责人的行政责任;一旦发现“吃拿卡要”等问题,将严肃处理,决不姑息。

省林业厅公布,全国绿化委员会对30年来积极投身于义务植树,为发展现代林业、建设生态文明做出突出贡献的全国100家单位和100名个人进行通报表扬,山西省平顺县西沟乡西沟村的申纪兰、盂县云林种植有限公司经理韩二锁被授予“国土绿化突出贡献人物”,右玉县政府、长治市政府、晋城市政府被授予“国土绿化突出贡献单位”。

27日至4月1日

全国人大环资委调研组在山西省开展环境保护工作专题调研。

28日

华晋焦煤公司王家岭矿发生特别重大透水事故。

28~29日

经住建部组织有关专家评审,《太原市城市轨道交通建设规划》获得通过。

29~30日

卫生部副部长陈啸宏在吕梁调研基层卫生服务体系建设。

29日至4月5日

第二十二届“中国·洪洞大槐树文化节”在洪洞举办。

30日

袁纯清在太原看望全国政协副主席陈宗兴。

省委举行保持党的纯洁性学习教育活动先进事迹报告会。

山西省铁路法院移交协议签字仪式在太原举行。

31日

2012中华母亲节推动大会暨中国太谷孟母文化园主题活动在孟母故里太谷开幕。

牛仁亮召集10户省属国有重点企业和省直有关部门负责人,专题研究省属国企转型综改有关工作。

3月起

全省专项清查企业劳动用工和社会保险缴纳情况。

是月

山西省承担的国家重大科学研究计划“受限空间中光与超冷原子分子量子态的调控及其应用”项目在太原启动,获得科技部资助2800万元。

山西师范大学图书馆被授予第四批“全国古籍重点保护单位”称号。

山西35项应急水源工程全部完成,实现农村饮水安全全覆盖。

由省委宣传部等组织评审,全民阅读月全省“十大藏书家”评选活动揭晓,尹世明、马振东、李刚、王昌明、王泽民、李明伦、周茂丁、赵斌涛、郝新喜、郭恒勋入选“十大藏书家”。

4月

1日

全省高速公路建设决战1000千米、突破5000千米誓师动员大会召开。

1日起

省农业厅在全省范围内启动生鲜乳质量安全专项整治行动。

5日

王君在太原会见参加第三届“中外使节山西行”活动的原外交部副部长王英凡、芬兰驻华大使岚涛、缅甸驻华大使吴丁乌等代表团一行。

李小鹏出席山西省第21个税收宣传月活动暨山西《12366》纳税服务热线启动开通仪式。

第十六届中国东西部合作与投资贸易洽谈会(简称“西洽会”)在西安开幕,山西省派出由省市政府和34家企业组成的代表团参会。

太钢成功开发焊丝用精密带钢,替代同类进口产品。

6日

由省老龄办联合省社科院开展的《山西省应对人口老龄化战略研究(2010—2050)》成果发布。

7日

《山西省国家资源型经济转型综合配套改革试验人力资源和社会保障专项行动方案(2012年)》获得批复。

在2012年全国考古工作会上,山西省翼城大河口西周墓地获2009~2010年度国家文物局“田野考古奖”一等奖,云冈石窟窟顶北魏寺庙遗址获得三等奖。

山西突发灾害现场气象应急服务系统验收会在太原举行。

“同煤杯·第二届感动中国的矿工”颁奖大会在北京举行,同煤集团的“陈氏四兄弟”(陈风广、陈风胜、陈风有、陈风杰)、山西焦煤集团陈永生获得十大杰出矿工称号。山西潞安矿业(集团)公司的王建强、同煤集团的沈明、晋煤集团的李建贵获十大杰出人物称号。山西焦煤集团退休职工傅昌旺、大同煤矿集团退休职工陈万先获得特殊贡献矿工称号。

9日

袁纯清在太原会见新疆昌吉回族自治州党政代表团一行。

省政府召开全省振兴杂粮产业工作电视电话会。

牛仁亮主持召开省高速公路建设筹融资协调组会议。

省政府召开全省煤矿安全集中整治专项行动汇报会。

省农业厅、省发改委联合编制《2012年耕地综合生产能力建设项目申报指南》。

全省小微企业金融服务集中宣传月活动拉开帷幕。

中央组织部老干部政策落实督察组莅临山西检查,袁纯清在太原会见督查组一行。

10日

全省加快服务业发展座谈会在太原召开。

山西省建设国家级安全社区启动大会在太原召开。

《进一步做好打击侵犯知识产权和制售假冒伪劣商品工作的实施意见》出台。

国家淘汰落后产能考核组在山西检查考核。12日,国家淘汰落后产能工作考核汇报会在太原召开,山西省副省长任润厚出席会议。

11日

省焦化行业兼并重组领导组会议召开,讨论《山西省焦化行业兼并重组实施方案》。

即日至8月10日全省开展以整治短途非法超限超载运输为重点的百日治超专项行动。

12日

山西省第五届高新技术产业成果展示暨合作洽谈会在中国(太原)煤炭交易中心召开。

全省推进“打黑除恶”专项斗争电视电话会在太原举行。

青海省在太原举行“2012中国·青海绿色经济投资贸易洽谈会”推介会。

“山西—泰国”首条常态航线正式开通。

太原至日本的首条航线正式开通。

霍州50亿元非煤项目落地。

13日

国务院煤矿瓦斯(煤层气)治理和抽采利用政策专题调研组在晋城调研。

全省农产品加工暨特色农产品发展政银企洽谈会在太原召开。

山西省首家非公有制企业行业工会联合会——山西省瑞飞机械制造(食品包装)行业工会联合会在太原成立。

山西省参股设立国家新兴产业创投计划(首批)创业投资基金揭牌暨签约仪式在中国(太原)煤炭交易中心举行。

14日

山西煤机公司研制的可移动硬体救生舱通过国家安标中心的110小时综合防护试验取得成功。

山西药店联盟成立。

15日

全省严厉打击非法违法采矿专项部署电视电话会议在太原召开。

在全国女子拳击锦标赛上,山西省选手陈莹夺得女子51公斤级金牌。

山西省野生动植物保护现场推介会暨全省第31届“爱鸟周”活动在临汾启动。

全省铁水罐钢水罐安全隐患检查启动。

16日

全省项目落地年启动仪式在中国(太原)煤炭交易中心举行,吹响重点工程储备、签约、落地、建设“四位一体”统筹推进的号角。截至10月底,全省共落地项目7436个,完成落地投资额15266.6亿元,完成全年落地任务的137.87%。11个市均已完成全年落地任务。

山西省启动诺和诺德基金血友病关怀项目。

山西省五台山、平遥古城、绵山、皇城相府4景区入围2011(年度)中国旅游百强景区。

省电力公司开发完成的“山西电网自动电压无功优化控制系统”通过成果鉴定,达到国际领先水平。

投资60亿元的山西第一个“云计算”产业园在太原开工,节燃气热电联产、太原不锈钢(钢铁)交易中心、GPS北斗二代芯片等8个重点项目同时开工,总投资达360亿元。

16~20日

袁纯清率山西省党政代表团赴广东、湖北学习考察。

17日

由越共中央委员、中央检查委员会副主任苏光秋率领的干部培训团到晋学习考察。

2012山西省(广州)招商推介会在广州举行。

19日

山西省农机购置补贴启动。

卫生部医改重点城市经验交流大会在太原举行。

全国新农保和城居保经办工作座谈会在太原召开。

在2012年度中国电力建设优秀QC小组成果和科学技术优秀成果评比中,山西电建四公司7项成果获奖。

19~25日

山西省人大常委会副主任申联彬率山西经贸代表团对台湾部分工商企业进行考察。

20日

首届世界晋商大会在太原举行侨商投资项目签约仪式。

山西在中国日报网开通英文频道上线仪式在太原举行，并签署《中国日报社—山西省国际传播战略合作框架协议》。

2012中国(山西)建筑装饰材料博览会在中国(太原)煤炭博物馆开幕。展会以“绿色城市畅想和谐人居生活”为主题。

由新华社发起的“中国网事·感动2012”第一季度网络人物评选结果揭晓，临猗县代村村民陈玉芳以“校长妈妈”的美誉，入选十佳网络人物第九名。

省人力资源和社会保障厅公布，2012年山西省企业货币工资增长基准线15%，增长上线为22%，增长下线为4%。

20日起

全省开供国Ⅲ汽油。

20~22日

在首届全国资源综合利用产业发展大会上，太钢粉煤灰综合利用有限公司与山西吉天利公司、山西平朔煤矸石发电有限责任公司、太原福星斯达现代建材有限公司获得“2011年全国资源综合利用年度影响力企业”称号。

21日

山西旅游2012网络品牌推广活动专题网页——“我发现·晋善晋美”网站上线。

2012年全省行政机关考录公务员公共科目笔试在11个市94个考点同时开考，共有10.3万名考生参加。

22日

第十一届(2012)太原煤炭工业技术装备展览会开幕。

省财政厅通报，省财政再次增拨粮食补贴资金10.03亿元，专项用于种粮补贴。

22~23日

省军区召开第十次党代表大会。十届一次全会选举袁纯清为省军区党委第一书记。

23日

全省年度目标责任考核工作会议召开。

国家广电总局党组副书记、副局长张海涛一行在山西省考察广播电视网络整合及数字化、双向化改造进展情况。

首届世界晋商大会采风活动启动仪式在太原举行。

24日

2012年省城太原小街巷照明设施改造全面展开。

从省农业厅获悉，山西省特色农产品产业支撑项目库已经建成运行。

26日

王君在太原会见抵晋考察的外交部驻外使节团。

《山西日报》创刊63周年。

26~27日

全国人大常委会原副委员长、中国关工委主任顾秀莲在山西就关心下一代工作进行调研。

27日

2012“救”在你身边——急救志愿者年度公益活动启动。

山西省组织承担的“十一五”国家科技支撑计划项目“大型煤炭基地高效集约化开采关键装备与技术”在北京通过验收。

山西省2012年选拔高校毕业生到农村基层从事“三支一扶”工作开始。

在第二届全国教育局长峰会暨“区域课改样本”观摩会上，孝义市获评“整体推进课改全国十大最具发展潜力区域”。

2012年伦敦奥运会摔跤项目国际资格赛在太原举行。

28日

2012年“名乐杯”全国蹦床系列赛暨伦敦奥运会选拔赛在福州开赛，山西省选手董栋获男子网上个人冠军。

29日

山西省召开“五一”表彰大会，表彰在转型跨越发展中做出突出贡献的336个先进集体和539名先进个人。

太重集团高速列车关键零部件国产化项目二期工程在太原奠基。

5月

1日

省电力公司编制的4项1000千伏交流特高压标准在太原分别通过中国电力企业联合会和国家电网公司的审查。

第四届全球华人羽毛球团体锦标赛在太原落幕。

山西省舞蹈大赛暨华北五省市(区)舞蹈比赛山西预选赛在太原举行。

3日

袁纯清在太原会见国务院妇女儿童工作委员会副主任，全国妇联党组书记、副主席、书记处第一书记宋秀岩一行。

省食品药品监督管理局下发《山西省2012年违法使用禁限用物质违规标识专项整治工作方案》。

4日

2012年全面改善省城环境质量专项工作会在太原召开。

全省焦化行业兼并重组工作推进会在孝义市召开，省政府公布《山西省焦化行业兼并重组实施方案》，开始对焦化这一传统支柱产业改造提升。

可口可乐(山西)饮料有限公司召开新闻发布会，可口可乐大中华及韩国区总裁鲁大卫就“余氯误入饮料”事件道歉。

5日

省政府召开煤矿安全集中整治专项行动汇报会。

2011~2012年全国青少年校园足球联赛(太原赛区)落下帷幕。

在“2012中国脑卒中大会”上，省人民医院获评脑卒中筛防全国十佳。

7日

国内首条高端液压支架自动化焊接生产线——高端液压支架顶梁及掩护梁自动化成套生产焊接工艺及装备系统在山西平阳重工机械有限责任公司安装完成。

7~9日

王君率山西省党政代表团赴河南省考察。

8日

国家税务总局监控平台车船税管理子系统推广会在太原召开。

教育部农村义务教育薄弱学校改造计划项目交流检查会在晋中市召开。

山西大学举行建校110周年庆祝大会。

山西居民生活用电试行阶梯电价听证会在太原召开。

山西省煤炭外运新动脉——山西中南部铁路通道在魏家滩车站举行铺轨工程启动仪式。

2012年ABDF亚洲国际标准舞锦标赛在北京落幕，山西代表团获得16枚金牌、12枚银牌和15枚铜牌。

第二十一届(2011年度)山西新闻奖评选在忻州举行。

省违法排污排查整治专项行动领导组组成11个督查组分赴各地考核违法排污整治情况。

以"倡导绿色理念、促进环保事业、弘扬科学发展、建设和谐家园"为使命的中国环保网络电视台山西频道揭牌、开播。

山西—东盟经贸合作座谈会在太原召开。

省水利厅下发《关于加快推进水利技术进步促进大水网建设的意见》。

第三届中国·运城舜帝德孝文化节在北京启动。

山西大医院血液科完成国内首例自体外周造血干细胞联合活化骨髓移植治疗实体肿瘤工作。

晋豫陕三省联合推出"大黄河之旅"旅游联盟。

10日

太原卫星发射中心成功发射"遥感卫星十四号"。

《山西省人民政府办公厅贯彻落实国务院关于加强地质灾害防治工作决定及重点工作分工方案的实施意见》出台。

2012年山西·福建经贸合作推介会在福州市举行。

山西天然气阳泉—盂县（复线）长输管线工程开工暨LNG液化项目启动仪式在阳泉举行。

即日至6月底，省商务厅、公安厅、环保厅、交通运输厅、工商局、质监局联合整顿报废车回收市场。

即日至7月中旬，全省开展传统村落调查工作。

10~12日

中共山西省委常委、宣传部部长胡苏平率山西文化交流团赴新疆维吾尔自治区，交流两地文化建设情况，开展慰问演出活动。

11日

由山西省人民政府新闻办主办的"山西微博发布厅"在人民网、新华网、新浪网、腾讯网同时上线。

山西省划定2012年11个地质灾害重点防治区。

太原—海口—新加坡国际航线开通。

第八届中国(重庆)国际园林博览会闭幕，"太原园"获室外展园综合类大奖。

13日

"改革开放以来的中国社会史研究国际学术研讨会"暨第十四届中国社会史学会年会在山西大学举行。

14日

王君在太原会见北汽集团徐和谊。

全国唯一的跨省示范区——晋陕豫黄河金三角承接产业转移示范区正式设立。

山西省第19届电视艺术评奖揭晓。

晋城无烟煤矿业集团有限责任公司、北京汽车集团有限公司、山西联合镁业有限公司三方在太原签订战略合作协议，在昔阳县共同打造国内最大的镁及镁合金垂直一体化生产企业。

15日

汾河太原韩武断面水质自动监测站试运行。

首届世界晋商大会新晋商革命传统教育主题系列活动在武乡县举行。

16日

省政府办公厅公布《山西省妇女发展"十二五"规划》。

全球最大矿渣超细粉立磨机太钢矿渣超细粉二期工程开工。

中国科协常务副主席、党组书记陈希一行到山西省调研科协工作。

由全国人大常委会委员、农业与农村委员会主任委员王云龙带队的全国人大绿化造林调研组赴大同、朔州考察。

即日至月底，第35届国际博物馆日暨山西省民俗专题展在山西省民俗博物馆举行。

17日

中部论坛长沙会议举行，袁纯清、王君率领山西省有关部门主要负责同志参加会议，王君代表省委、省政府作题为《在转型跨越发展中实现绿色崛起》的大会发言。

2012中国·太原国际汽车展览会在中国(太原)煤炭交易中心开展。

山西省81家文化企业产品参加第八届中国(深圳)国际文化产业博览交易会。

山西省470个项目参展2012中国·廊坊国际经济贸易洽谈会。

18日

省委召开纪念《关于建立老干部退休制度的决定》颁布30周年座谈会。

全国最大的校园音乐节在山西大学举行。

山西省首家省级民营保安公司雪豹保安服务有限公司揭牌成立。

全国公安系统英雄模范立功集体表彰大会在北京举行，山西省有3个公安局、16个公安基层单位及35名民警受到表彰。

引黄北干线向怀仁输水20万方，开创晋北地区跨流域补水先例。

省政府办公厅印发《关于进一步强化煤矿安全生产工作的规定》。

第七届中国中部投资贸易博览会（简称中博会）在湖南省长沙市举行，山西省920个对外招商推介项目参会。

"5·19中国旅游日"晋善晋美山西旅游系列活动在太原启动。

19日

全国人大常委、财经委员会副主任委员牟新生，率全国人大调研组到山西省就城镇建设和城乡一体化若干问题进行调研。

20~23日

中共中央政治局委员、全国人大常委会副委员长、中华全国总工会主席王兆国到山西考察。

21日

2012年海河防总工作会在太原召开。

由山西省聚力环保集团主办，山西省环保厅、山西省环境文化促进会等单位共同支持的"保护母亲河"大型公益活动暨万人签名启动仪式在宁武东寨镇汾河源头举行。

水利部副部长周英率国家防总海河流域防汛抗旱检查组到阳泉市检查防汛抗旱工作。

22日

全国"敬老文明号"创建活动推进会在太原召开。

山西省组织78个项目参展第十五届中国北京国际科技产业博览会。

中国科学院生物物理研究所太原诊断试剂研究中心成立。

23日

袁纯清在太原会见波兰前总理约瑟夫·奥莱克西率领的波兰东欧研究所考察团一行。

省经信委通报2011年度山西省千家企业节能目标考核结果,1015家企业节能量超额完成省定目标。

"电网统一视频监视平台系统"试点实施项目通过验收。

第十三届山西省戏剧"杏花奖"颁奖典礼在山西演艺中心举行。

中国残联"七彩梦行动计划"在山西省开始实施。该计划包括人工耳蜗项目、助听器项目、肢体矫形项目、脑瘫儿童康复训练等多个项目,将救助山西省4800余名残疾儿童。

中国共产党山西省代表会议在太原举行,选举产生42名山西省出席中国共产党第十八次全国代表大会代表。

24日

袁纯清在太原会见中国人民保险集团公司党委书记、董事长吴焰。

运城市国家农业科技园区正式启动。

25日

深交所发布公告,对存在关联方资金占用严重违规行为的山西振东制药股份有限公司及其董事长、实际控制人李安平给予公开谴责的处分。这是创业板市场第一起被公开谴责的案例。

山西太星蓝天环保科技有限公司成功研制出国内首台苯并芘在线检测仪。

由北京服装学院和山西景柏服饰有限公司联合组建的北服—景柏功能性职业装研究中心落户泽州县,这是我国功能性职业装领域的第一个专业研究基地。

山西省首例内科胸腔镜检查术在山西医科大学第一医院实施。

26日

中国北方首张全媒体报纸——三晋都市报全媒体报推出。

水利部部长陈雷到太原、吕梁调研水利工作。27日,袁纯清在太原会见陈雷一行。

27日

山西大水网中部引黄工程开工奠基仪式在离石区举行。

柳林县李家湾光电子产业园区项目奠基仪式举行。

28日

国家国防教育检查组一行6人到彭真生平暨中共太原支部旧址纪念馆,对纪念馆拟申报第二批国家级国防教育示范基地进行现场检查。

29日

侯马经济开发区电子商务产业园获得首批国家电子商务示范基地牌匾,这是商务部在山西省确定的唯一示范基地。

全省首家县级儿童福利院在左云县启用。

李小鹏主持召开省城环境质量改善指导协调组工作会议。

在太原卫星中心成功发射"遥感卫星十五号"。

31日

"新晋商·新形象·新境界"民企座谈会在太原召开。

王君在太原会见工业和信息化部党组副书记、副部长、国家国防科工局局长陈求发一行。

中共山西省委常委、太原市委书记陈川平在并会见世界500强企业——华润(集团)有限公司董事长宋林一行。

任润厚在太原会见国家电监会副主席史玉波一行。

山西省部分全国人大代表对全省重点项目落地情况进行专题调研。

6月

1日

华润集团在晋三家企业华润山西医药、华润煤业、华润山西康兴源医药公司正式落地揭牌。王君在太原会见华润集团董事长宋林一行。

省环保厅召开汾河水库及引黄沿线环境集中整治工作会议,决定即日起,对汾河水库及引黄沿线环境进行集中整治。

2日

"永冠杯"第三届中国大学生铸造工艺设计大赛颁奖典礼暨第四届启动仪式在太原科技大学举行。太原科大获铸造工艺设计全国赛一等奖。

4日

广东省人大常委会主任欧广源率广东省经贸代表团到山西省进行考察与经贸交流。

5日

人力资源和社会保障部副部长、国家公务员局党组书记杨士秋到晋调研。

太重集团自主研制的WK75型矿用挖掘机下线。

全省首次发布PM2.5监测数据。

由水利部副部长李国英带队的国务院督导组到山西省督导粮食稳定增产行动。

全国人大常委会副委员长、民革中央主席周铁农率全国人大常委会残疾人保障法执法检查组到山西调研检查。

6日

全省扶持小型微型企业加快发展座谈会在长治市召开。

山西省地理信息公共服务平台"天地图·山西"全面建成并运行。

6~7日

袁纯清在夏县、稷山、绛县等县调研。

王君在忻州市岢岚、五寨、宁武、静乐四县考察调研。

山西省361570名考生参加高等院校升学考试。

7日

省政府召开全省商务系统稳增长工作座谈会。

全省新闻战线"走基层、转作风、改文风"活动经验交流暨先进表彰会在太原举行。

8日

山西省召开会议部署全省电力

迎峰度夏工作。

山西高速公路行业文化品牌发布暨文化建设推进大会召开。

9日

山西省2012年文化遗产日非物质文化遗产宣传展示暨授牌仪式在太原举行。太原市莲花落、大同市楞严寺佛乐、阳泉市赵氏孤儿、长治市长子古书、晋城市上党二簧、朔州市怀仁旺火习俗、忻州市神池道情、晋中市定坤丹制作技艺、临汾市晋作家具制作技艺、运城市稷山传统面点制作技艺等入选国家非物质文化遗产名录。

省残联发布最新调查数据:全省共有215万名残疾人。

全省实施社区网格化管理现场推进会议在太原召开。

10日

全省学习推广文建明工作法现场推进会在朔州举行。

第三届全国村歌大赛暨"让世界听到幸福乡村的声音"巡演在高平市启动。

11日

省政府印发《扶持小型微型企业加快发展的若干政策措施》。

山西国运液化天然气发展有限公司实施建设的山西省首座LNG加气站通过省安监局组织的竣工验收。

第五届"薪火相传——中国文化遗产保护年度杰出人物"揭晓,王怀民是山西省唯一入选者。

12日

山西省集中销毁万余非法枪支。

北方省区国家重点林木良种基地主任培训会暨全国油松良种基地技术协作组成立大会在太原召开。山西省8处林木良种基地被确定为国家重点。

晋沪港澳妇女合作交流座谈会在太原召开。

省政府召开全省安全生产会议。

山西上海两省市政协进行工作交流座谈。

世界银行贷款城市交通可持续发展项目在长治市启动。

全省第二次陆生野生动物资源调查启动。

13日

全省重点工程建设"双过半、超万亿"动员大会暨重点工程第六次调度会在太原召开。

华北五省市、自治区社教工作经验交流会在太原举行。

省第六次妇女儿童工作会议在太原召开。

山西辽两省合作座谈会在太原召开。

即日至6月底,山西省开展居民用电服务质量暨供电专项检查。

14日

全省推进农村新"五个全覆盖"工程现场会在长治市召开。

王君在太原会见来山西调研的国家税务总局党组书记、局长肖捷一行。

山西省森林防火手机电话会议召开。

由文化部在宁波主办的第七届全国儿童剧优秀剧目展演活动中,晋剧《刘胡兰》获得优秀剧目演出奖、优秀编剧奖、优秀表演奖三项大奖。

15日

山西省晋商文化基金会在太原举行揭牌仪式并启动晋商史料整理工程。

16日

第二届山西特色农产品北京展销周暨扩大市场招商引资系列活动在北京举行。

中央文化企业国有资产监督管理领导小组办公室调研组一行到晋调研。

17日

2012年全国职业院校技能大赛高职组会计技能赛项在太原举行。

18日

年产20万吨国内最大冶金用钢铁粉末基地项目在阳泉开工建设。

19日

中央第五地方巡视组组长徐光春代表巡视组向山西省反馈巡视回访情况。

新加坡国会议员、"通商中国"机构总裁刘燕玲率领新加坡商务考察团到晋考察交流,袁纯清在太原会见新加坡商务考察团一行。

省政府金融工作办公室与大公国际资信评估有限公司在太原签订《关于构建山西现代信用服务体系的全面战略合作协议》。

全国人大常委会副委员长路甬祥到山西省调研。

20日

王君在太原会见中国工程院院长、中国机械工程学会理事长周济。

中国创新论坛走进山西活动在太原举行。

山西省启动煤矿典型事故案例警示教育活动。

全省渔业科技创新暨池塘标准化改造建设现场会在永济市举行。

21日

袁纯清赴岚县调研太钢集团袁家村铁矿项目建设情况。

国务院医改办调研组在清徐县调研。

24日

《省级转型综改标杆项目认定办法(试行)》经山西省国家资源型经济转型综合配套改革试验区工作领导组审定通过,由省发展改革委、省转型综改办正式印发出台。

25日

王君在太原会见前来山西省考察调研的中国驻英国大使刘晓明及夫人。

李小鹏在太原会见国家税务总局党组副书记、副局长谢学智一行。

26日

王君在太原会见新疆生产建设兵团农六师五家渠市党政代表团一行。

中国系统科学研究会与太原科技大学合作建设的"太原科技大学中国系统哲学研究中心"签字仪式在太原举行。

以"智慧人生,和谐世界"为主题的中国·五台山第三届国际文化旅游月在北京开幕。

2012年全国古典式摔跤锦标赛在太原开赛。

中医中药中国行"进乡村、进社区、进家庭"暨山西省中医药文化科普知识巡讲活动启动仪式在太原举行。

山西省启动民间医药现状调查。

省经信委公布,太原不锈钢产业园区等20个产业基地和太原钢铁(集团)有限公司等50家企业为山西省第一批工业循环经济产业基地和骨干企业。

中国北车集团大同电力机车有限责任公司研制的两台八轴大功率货运电力机车在神朔铁路投入试运行。

27日

山西省各民主党派新一届省委会领导班子成员座谈会在太原召开。

28日

山西省因公电子护照启用。

2012年全省零售行业“诚信经营”示范企业(店)授牌总结大会在太原举行。

《山西省“十二五”商务信用建设工作实施意见》出台。

29日

山西省创先争优表彰大会在太原召开。

第三届中华祈福文化旅游节在长治县开幕。

山西省产权交易市场与北京产权交易所在太原签署战略合作协议。

7月

1日

省委组织部发布最新统计数据,截至2011年底,全省共有党的基层组织11.2万个,共产党员达228.57万名。

山西省居民生活用电将执行阶梯电价。

1~8日

应德国科隆市政府、瑞士巴塞尔州政府邀请,山西省副省长张平率山西省体育代表团对德国、瑞士进行访问。

2~3日

中央书记处书记、中央纪委副书记何勇到山西就深入推进党风廉政建设和反腐败工作进行考察调研。

3日

全国村务公开民主管理工作会议在运城市召开。

中央人民广播电台与山西日报报业集团在京签署战略合作协议。

外交部礼宾司书面确认,汾酒成为2012年上合组织峰会官方赠礼。

4日

全省煤矿安全质量标准化建设工作会议在吕梁市召开。

6日

《山西省损害发展环境行政行为责任追究暂行办法》经省政府同意下发。

7日

山西省老龄事业发展“十二五”规划发布。

8日

首届世界晋商大会在北京晋商博物馆举办晋商文化论坛。

10日

袁纯清看望来晋参加全国政协外事委员会工作会议的全国政协副主席李兆焯。

省人大常委会召开主任会议,将初审后修改的《山西省食品生产加工小作坊和食品摊贩监督管理办法(草案)》向社会公布,并征集百姓意见。

中国国际航空公司新开杭州—运城—乌鲁木齐往返航线。

24小时街区智能图书馆亮相省图书馆。

11日

郭迎光在太原会见国务院燕山—太行山片区规划编制组一行。

省环保厅发布《山西省环境保护重大环境问题约谈规定(试行)》。

国务院安全生产委员会办公室第七督导组到山西省督导调研安全生产领域“打非治违”专项工作。

由中国气象局、省发改委、省科技厅和省气象局共同投资,省气象科学研究所承建的“山西省温室气体观测站网建设(一期)工程”顺利完成并正式试运行。

12日

在“2012文明探源公众考古论坛”上,确认襄汾陶寺遗址是中华民族文明史可追溯到距今4500年的重要证据。

太(原)古(交)高速公路正式投入运营。

14日

国家能源局在太原召开调研座谈会,听取山西省当前经济形势和能源产业发展情况的汇报。

姚奠中先生百岁华诞暨东亚经学研讨会在太原举行。

山西省首届急救中心急救技能大赛在太原开赛。

山西省首座“城市窑洞”在晋城开建。

由中国材料研究学会主办、太原理工大学承办的“中国材料大会2012”在太原举行。

15日

山西省决定从2012年秋季学期开始,实施全省学前教育资助制度。

在全国“影响中国改革20年20人颁奖典礼”仪式上,朔州市被评为“影响中国改革十大资源型城市”。

16日

袁纯清到省高级人民法院、省人民检察院、省公安厅、省国家安全厅进行调研。

王君在太原会见环境保护部部长周生贤。

环境保护部与省政府签订合作协议,共同推进山西省国家资源型经济转型综合配套改革试验区环保领域的“先行先试”。

17日

全国上半年工业生产数据联审会议在太原召开。

王君在太原会见三一集团董事长梁稳根、总裁向文波。

《山西省检察机关办理企(事)业单位案件“十个不准”》出台。

由省扶贫办、团省委共同开展的2012年“雨露计划·扬帆工程——山西省千名应用人才助学行动”启动。

晋城市获“全国创业先进城市”称号。

省安全生产委员会办公室组织四个督查小组,对各市尾矿库专项整治工作进行督查指导。

18日

袁纯清到朔州市,重点就转型项目建设情况进行调研。

王君主持召开全省焦化、冶金、电力、装备制造等重点行业国有大型企业座谈会。

彭云同志先进事迹报告会在太原举行。

19日

袁纯清在太原会见彭云同志先进事迹报告团。

袁纯清在太原会见老挝人民民主共和国琅勃拉邦省委书记、省长坎平·赛宋平一行。

山西彩塑壁画保护工程启动暨首期彩塑壁画修复培训班开班仪式在太原举行。

中国广灵剪纸文化产业园区、山西宇达、太原特玛茹等4家单位入选国家文化出口重点企业。

省公安厅出台《山西省公安机关维护发展环境十五条规定》。

薛延忠在太原会见全国政协港澳台侨委员会副主任林兆枢率领的政协港澳台侨委员会和侨联界委员赴晋考察团一行。

由省委宣传部与中央电视台共同主办的“转型·跨越·发展——央视助推山西品牌快速发展高峰论坛”在太原举行。

新浪网主办的“发现新鲜旅·发现大美山西”旅游活动启动。

依托中北大学承担的“商用车轮毂轮辋以铝代钢控制成形基础研究”、依托中科院山西煤化所承担的“生物质低温水热合成新型功能炭材料机理研究”，获准国家立项，资助经费130万元。

全省“集善工程·微笑行动”项目实施，共为山西省85名唇腭裂儿童免费实施了矫治手术。

20日

王君在太原会见来山西省进行友好访问的老挝琅勃拉邦省省委书记兼省长坎平·赛宋平。

“资源节约型、环境友好型”企业创建经验交流会在太原举行。

太重煤机申报的《采煤机液压系统》和《采煤机牵引电机磁极开关组合结构》两项技术获国家发明专利。

即日至10月底，山西省公安交警组织开展为期百日的道路交通秩序整治行动。

21日

第五届全国大学生机械创新设计大赛决赛举行，太原理工大学工程训练中心代表队设计制作的“全自动沏茶机”获国家一等奖，“宠物粪便清洁机”获国家二等奖。

24日

全省推进学习弘扬右玉精神、保持党的纯洁性工作座谈会在右玉县召开。

25日

小浪底引黄工程在闻喜县举行奠基仪式。

国内首个煤层气、天然气综合利用示范园区——省国新能源集团寿阳县天然气煤层气综合利用示范园区在寿阳县开工建设。

山西德力西电器有限公司环保节能谐波治理成套电气设备研发生产基地在太原经济技术开发区开工，这是首届世界晋商大会的首个落地项目。

国家电力监管委员会在太原召开电力监管工作(山西)座谈会。

天脊集团新建25万吨硝酸铵钙项目投入生产。

26日

2012年中央纪委监察部华北东北地区纪检监察工作座谈会在太原召开。

27日

省委全委(扩大)会议在太原举行。会议认真学习贯彻胡锦涛总书记在省部级主要领导干部专题研讨班的重要讲话，总结上半年工作，分析当前形势，抓好中央巡视组反馈意见的落实，动员全省干部群众，坚定信心，扎实工作，以优异成绩迎接党的十八大胜利召开。

王君在太原会见国家质量监督检验检疫总局局长支树平一行。

省防汛抗旱指挥部召开紧急会议，部署黄河特大洪水应对防范工作。

语文报青春笔会暨第15届“语文报杯”全国中学生作文大赛现场作文竞赛在太原落幕。

投资14亿元的华联国际物流中心，投资1.5亿元的金亿商贸建材园区两大项目落户应县现代物流园区。

中国第二届钢铁物流电子商务大会在太原召开，太原钢铁交易中心项目启动。

《山西省促进煤炭电力企业协调发展实施方案》出台。

28日

中央纪委副书记张惠新到山西调研。

全国人大财政经济委员会主任委员石秀诗带领全国人大财经委调研组，到山西省就国有煤炭企业改革和发展情况进行调研。

《关于大力扶持创办微型企业的意见》公布。

29日

全省保障性住房建设推进会在太原召开。

山西中部引黄工程汾西段开工。

《山西省软件和信息技术服务示范企业认定与扶持管理办法》公布。

30日

《中共山西省委关于认真学习贯彻胡锦涛总书记在省部级主要领导干部专题研讨班重要讲话精神的通知》印发。

国家减灾委、民政部针对山西省近期暴雨洪涝灾情紧急启动国家四级救灾应急响应。

全省优化投资环境目标管理工作会在太原举行。

《山西省2012年扶持“菜篮子”产品(畜产品)生产项目申报指南》发布。

31日

省政府召开动员部署会，并下发《关于开展全省打击非法违法采矿专项督查的通知》，决定由省严厉打击非法违法采矿行为领导组组织，于8月1~10日在全省范围集中开展为期10天的打击非法违法采矿专项督查行动。

山西省在已有管理办法的基础上，又补充出台十条新规定，确保惠农富农之策落到实处，山西省惠民“暖心煤”再启动。

《山西省促进煤炭电力企业协调发展实施方案》出台。

太原高新技术开发区赛鼎工程公司开发设计的国内第一套煤制天然气示范项目——内蒙古大唐国际克什克腾40亿立方米/年煤制天然气一期甲烷化装置投产。

国家“十一五”科技支撑计划项目专家组授予中国北车集团大同电力机车有限责任公司“国家制造业信息化科技工程应用示范企业”称号。

山西省夏播粮食总面积673万亩。其中夏玉米播种面积503.1万亩，豆类播种面积139.5万亩。

8月

1日

“雁门关杯”第六届中国忻州摔跤节在雁门关风景区开幕。

2012年中国长城徒步大会雁门关站比赛正式开赛。

山西省首家餐厨垃圾资源化处理工程——大同市餐厨垃圾资源化处理工程奠基。

3日

董栋在第30届伦敦奥运会蹦床比赛中，实现山西省28年奥运参赛历史单项金牌“零”的突破。

4日

在2012年全国中学生排球锦标赛中,太原第二外国语学校女排夺得冠军。

中国山西传统杨氏太极拳第四届国际邀请赛在太原开幕。

5日

卫生部副部长、国家中医药管理局局长王国强一行到省脑瘫康复医院进行调研。

袁纯清在太原会见以中央联席会议办公室副主任、国家信访局副局长徐业安为组长的中央信访工作督导组一行。

全国档案数字化工作座谈会在太原举行。

纪念傅山诞辰405周年暨山西省首届傅山中医药文化节启动仪式在太原举行。

6日

袁纯清在太原会见在晋交流参观的“爱我中华”海峡两岸及港澳地区青年大汇聚火车团一行。

李小鹏在太原会见中央档案馆馆长、国家档案局局长杨冬权一行。

省交通科学研究院《中条山隧道施工关键技术与质量控制研究》《山西省高速公路安全综合改善的关键技术研究》《山西黄土地区公路边坡稳定性及工程措施研究》三项科技成果达国际先进水平。

7日

国务院正式批复《山西省国家资源型经济转型综合配套改革试验总体方案》。

全省“全民健身,有我同行”残疾人体育健身比赛在太原举行。

7~10日

全国政协副主席、民革中央第一副主席厉无畏到晋考察文化创意产业。

8日

王君在太原会见中国工商银行董事长姜建清一行。

全省推进人才强市、强县（市、区)工作座谈会在临汾召开。

全省社区依法治理暨“法律进社区”活动推进会在太原市举行。

由省科协主办的大型科普活动“健康科普三晋行”在太原启动。主题是“科学补硒”。

全省安全监管工作推进会暨全省安监系统百日安全生产活动动员会在大同市召开。从8月10日到11月20日，在全省集中开展一次非煤矿山、尾矿库百日安全生产活动。

山西省第一个民营企业关工委——太原显微手外科医院关工委成立。

国内首套利用高炉热熔渣制棉生产线项目落户太钢。

首届世界晋商大会招商引资项目集中签约仪式在太原举行。三天内,朔州市、大同市、阳泉市、吕梁市、太原市5市共签约项目228个,总投资额4282.04亿元，拟引资额2061.2亿元。

9日

工业和信息化部在太原组织召开山西、内蒙古、河南、湖北等18个省(市、区)企业兼并重组工作座谈会。

同煤集团成立博士后工作站,将人才资源开发延伸到企业外部科研院校。

2012年山西粮食(小杂粮)交易合作洽谈会在晋城举办。

太行山大峡谷旅游循环公路南线工程通车。

10日

山西省召开维护社会稳定专题座谈会。

省政府召开加强全省道路交通安全工作电视电话会。

2012年北京“山西商品大集”活动在首都新奥购物中心启动。

2012环渤海地区(太原)品牌暨投资贸易国际博览会开幕。

第二届山西省节能减排博览会在省展览馆开幕。

“中国乡村运动与新农村建设”许村论坛开坛。

12日

国内首个骨科医师培训中心在山西医科大学第二附属医院揭牌成立。

13日

省政府召开《山西省国家资源型经济转型综合配套改革试验总体方案》获批新闻发布会。

太重自主研发的6.25米捣固焦炉成套设备完成制造。这是目前世界上配套炭化室容积最大、自动化要求最高的捣固焦炉设备。

14日

全省餐饮食品安全工作现场会在长治召开,餐饮安全集中整治百日行动展开。

15日

新开天津—太原—兰州航线。

“春雨工程”——山西文化志愿者新疆行启程。从8月15日至21日,省文化厅组织山西省文艺工作者赴新疆演出,开启山西省新一轮文化援疆活动。

中国计划生育协会剪纸社揭牌仪式暨全国计生协会首届剪纸作品展览活动在太原启动。

16日

袁纯清在盂县、平定、阳泉市经济技术开发区和阳煤集团进行调研。

中组部部务委员兼组织二局局长陈向群率领全国厂务公开协调小组部分成员到太钢集团、太重集团调研检查。

全省基层社会服务管理工作现场推进会在晋中召开。

山西省新创优秀剧目晋京展演活动在京拉开帷幕。

2012年全国马术三项赛锦标赛在右玉县开赛。

晋陕蒙冀原生态民歌协会首届专题研讨会在大同举行。

17日

省委召开市委书记履行基层党建工作责任专项述职会议。袁纯清主持会议并讲话。

王君在太原会见招商局集团董事长、招商银行董事长傅育宁，中远集团董事长、招商银行副董事长魏家福，招商银行行长马蔚华一行。

薛延忠会见到晋出席"中华美德与社会主义精神文明建设论坛暨国际儒联第五次儒学普及工作座谈会"的全国政协常委、中共中央文献研究室原主任、国际儒学联合会常务副会长滕文生和全国政协常委、文史和学习委员会主任陈福今一行。

全省首个整装最大的风电项目——朔州市平鲁区大山台(200兆瓦)风电项目开工建设。

18日

袁纯清会见到晋出席首届世界晋商大会的全国政协副主席、全国工商联主席黄孟复一行。

首届世界关公文化博览会在太原举行启动仪式。

中华美德与社会主义精神文明建设论坛暨国际儒联第五次儒学普及工作座谈会在汾阳市召开。

20日

以"新晋商·新山西·新跨越"为主题的首届世界晋商大会在太原召开。

全球晋商投资与发展论坛在中国(太原)煤炭交易中心举行。

"晋商女性财智论坛"在太原举行，论坛主题为"投资山西、建设家乡"。

以"晋善晋美，'醋'处精彩"为主题的中国太原(清徐)国际醋文化节在太原开幕。

全省2010~2011年度文明和谐创建先进集体和个人评选揭晓。

21日

由山西省工商联、太原市政府主办的"首届世界晋商大会——投资与产业博览会"在中国煤炭博物馆开幕。

华北东北8省区市政府督查工作第十次联席会议在太原召开。

《山西省建设"一村一品"项目资金管理办法(试行)》和《山西省"一县一业"基地县项目资金管理办法(试行)》出台。

山西省中药材产业发展推进会在陵川县召开。

全省造林绿化现场会在大同市召开。

2012中日韩亚洲经济发展交流大会在太原举办。

22日

"山西精神"表述语座谈会在太原举行。

任润厚主持煤矿瓦斯防治会议。

山西省26名援疆专业技术干部赴疆。

中国轻工工艺品进出口商会玻璃器皿分会十周年大会在晋中市召开。

23日

中国(山西)第二届黄河壶口文化旅游节开幕式在吉县黄河壶口风景区举行。

中国(大同)国际汽车文化节开幕。

24日

全国交通建设贯彻国防要求现场观摩暨交通战备践行"平时服务、急时应急、战时应战"总要求交流研讨会在太原召开。

全省农村"五个全覆盖"工程专题会在太原召开。

全国首家集设计、印刷、包装于一体的创意设计包装产业园落户太原。

省内10家银行业金融机构与18家文化旅游企业在晋中签订银企合作意向书，10亿元授信支持山西省文化旅游企业。

第17届中国北方旅游交易会在太原举办。

25日

太重集团大型铸锻件国产化研制项目(又称万吨压机项目)炼铸钢系统投产。

2012香港佛学会·山西希望工程圆梦行动助学金捐赠暨发放仪式在太原举行。

26日

国务院在朔州市召开三北防护林工作会议。中共中央政治局委员、国务院副总理回良玉出席会议，并亲临朔州、大同等地考察指导。

27日

省政府召开全省道路交通安全紧急电视电话会。

山西省编制完成《山西省河湖基本情况普查报告》，省水利普查办向国务院第一次全国水利普查领导小组办公室报告请予审查。山西省正式完成河湖普查数据成果和河湖成果报告上报工作。

28日

全省基层社会服务管理工作现场推进会在安泽县召开。

山西省考古研究所60周年庆祝大会在太原举行。

山西省2012年普通高校招生录取工作结束。省内外1927所普通高等学校录取新生共计245819人(不含对口招生和专升本)，其中，本科录取140166人；专科录取105653人。

第三届新疆农产品北京交易会山西省推介会在太原举行。

29日

山西体育中心项目交接仪式在太原举行，标志着山西省建设投资最多、规模最大、标准最高、功能最为完善的体育设施投入运行。

30日

全省创业就业表彰大会在太原召开。

2012年中国民营企业500强名单发布，山西常平钢铁有限公司、海鑫钢铁集团、山西安泰集团、美锦能源、山西通达、山西长信工业有限公司、山西潞宝集团7家企业上榜。

2012年第一期全国农业标准化培训班在太原开班。

31日

卫生部确定山西医科大学第一医院泌尿外科、山西医科大学第二医院肾病科、山西省眼科医院眼科为2012年国家临床重点专科建设项目单位。

王君在太原会见中国工程院院士、院长周济一行。

由文化部非物质文化遗产司和省文化厅主办的"文化部非物质文化遗产传统技艺类生产性保护培训班"在太原开班。

太钢自主研发、生产的镍系低温

用 08Ni3DR、08Ni5DR 钢（国外分别称为 3.5Ni 钢和 5Ni 钢）取得国家锅炉压力容器标准化技术委员会技术评审证书,具备批量供货的资质。太钢成为我国超低温钢唯一制造基地。

中华全国总工会副主席、书记处书记张世平到山西省调研工会工作。

山西省首例冻融卵母细胞试管婴儿在山西省妇幼保健院传人类辅助生殖中心获得成功。

蓝星化工有限公司、太原平板玻璃厂、山西晋投立唐环保建材有限公司、西山煤电(集团)有限公司水泥厂、山西狮头集团有限公司、山西公路构件厂、太原煤气化集团和太化集团所属企业 8 户污染企业关停。

晋煤集团研发的一种新型安全传感装置——“矿用本安型开盖传感器”在凤凰山矿成功实现与矿井停电控制系统联网运行,使井下防爆开关真正实现了“三开一防”功能,这在国际上尚属首次。

8 月下旬至 11 月下旬，山西省开展保健食品、化妆品安全隐患百日大排查行动。

9月

1日

2012 年东北华北八省市心血管病学术大会暨第十六届山西省心血管病学术年会在太原召开。

2012 中国企业 500 强发布,此次山西共有 11 家企业上榜，上榜企业全部为国企,其中 8 家属于能源行业。山西煤炭运销集团有限公司、太原钢铁(集团)有限公司、山西焦煤集团有限责任公司、山西潞安矿业(集团)有限责任公司、山西晋城无烟煤矿业集团有限责任公司、大同煤矿集团有限责任公司、阳泉煤业(集团)有限责任公司、山西煤炭进出口集团有限公司、大秦铁路股份有限公司、山西省国新能源发展集团有限公司、山西建筑工程(集团)总公司。

2012 年全国场地自行车冠军赛第五站比赛在山西体育中心自行车馆开赛。

2日

15046 人参加 2012 太原国际马拉松赛。

大同晋宁肉类加工有限公司正式投产运营,成为山西省最大的屠宰企业。

6日

2012 中国(大同)云冈文化旅游节启幕。

兴业银行与山西省人民政府签订 2012~2013 年战略合作协议。李小鹏、总行行长李仁杰等出席仪式。

11日

2012 年全国地矿测绘工作会议在运城召开。

12日

浙江省文化产业考察团到山西考察。

13日

省政府召开《山西省国家资源型经济转型综合配套改革试验总体方案》新闻发布会。标志着山西资源型经济转型综合配套改革试验区建设进入全面实施阶段。

2012 年全国场地自行车锦标赛暨全国青年场地自行车锦标赛在山西体育中心自行车馆开赛,山西选手常智浩破全国青年纪录。

省政府与铁道部在太原举行加快推进山西铁路建设发展座谈会。

为期三天的全省首届煤矿安全生产知识竞赛在太原举办。

全国人大常委会副委员长、中国红十字会会长华建敏到山西就红十字会扶贫工作等进行考察调研。

16日

第四届中国(太原)国际能源产业博览会高峰论坛在太原举行。

袁纯清在太原会见前来山西省出席第四届能博会的国家知识产权局局长田力普一行。

王君在太原会见前来山西省参加第四届能源博览会的中国工程院院士、中国科协副主席、中星微电子集团董事局主席邓中翰。

第九届中国羊业发展大会在怀仁召开。

第四届中国(太原)国际能源产业博览会在太原开幕。

17日

袁纯清在太原会见由德国北威州经济能源工业中小企业和手工业部部长加莱尔特·杜英率领的代表团一行。

第 23 届关公文化旅游节在关公故里运城举行。

国务院安委会督查组到山西省检查安全生产工作。

中国陶寺帝尧文化旅游节在襄汾县举行。

18日

王君在太原会见中国银行行长李礼辉。

山西省环境保护和污染减排政策措施落实情况汇报会在太原召开。

第四届全国少数民族文艺会演总结交流会在太原召开。

“珍爱生命,安全发展——山西职工在行动”大型图片展暨全省职工安全健康知识普及活动启动仪式在省展览馆举行。

由芮城县蒲剧团排演的大型现代蒲剧《生命》获第二届全国戏剧文化奖 7 项大奖。

19日

袁纯清、王君带领省观摩检查组,对大同市重点工作和项目推进情况进行观摩检查。

全国司法行政系统反腐倡廉宣传教育工作座谈会在太原召开。

以“回归·超越”为主题的 2012 平遥县国际摄影大展在平遥开幕。

“中国·山西非物质文化遗产保护成果展”在平遥古城吉祥寺举行。

中国正常成人心电数据库研究项目太原站在山西大医院启动。

20日

袁纯清、王君带领省观摩检查组,对朔州市重点工作和项目推进情况进行观摩检查。

21日

袁纯清、王君带领省观摩检查组,对忻州市重点工作和项目推进情况进行观摩检查。

晋皖文化改革发展交流座谈会在太原举行。

第 11 届全国脂质与脂蛋白学术会议在太原召开。

22日

袁纯清、王君带领省观摩检查组,对太原市重点工作和项目推进情况进行观摩检查。

全国农村新闻工作座谈会在太原召开。

第七届全国农民运动会在河南南阳落幕,山西代表团获得9项一等奖、11项二等奖、16项三等奖和21项优秀奖。

23日

袁纯清在太原会见前来山西省出席治超工作总结表彰会的交通运输部党组书记、部长杨传堂。

第十三次全国省级年鉴研讨会在晋中市召开。

24日

山西省出席党的十八大代表履职培训班在省委党校开班,袁纯清出席开班式并讲话。

全省治超工作总结表彰会议在中国(太原)煤炭交易中心召开。

全省干部人事制度改革座谈会在太原召开。

首届国际智慧能源文明大会在太原举行。

26日

全国文化体制改革工作表彰大会在北京举行,山西入列全国文化体制改革先进地区,山西出版传媒集团有限责任公司等9个单位被授予全国文化体制改革先进单位称号。石常明等9人被授予全国文化体制改革先进个人称号。

27日

省委召开创先争优活动总结交流大会。

全国秋粮收购工作会议在太原召开。

全国农家书屋工程建设总结大会在天津举行，山西省新闻出版局、山西新华书店集团有限公司被授予全国农家书屋工程建设突出贡献奖。运城市万荣县高村乡乌停村农家书屋等21个书屋被评为全国示范农家书屋。李继祥等20人被评为全国优秀农家书屋管理员。

2012山西首届科普惠农特色优质农产品展销会在太原中国煤炭博物馆开幕。

28日

太原市首批3600辆公共自行车启用,81个租赁点同步开放。

29日

全省人才强企工作座谈会在太原召开。

是月

由太钢不锈钢管公司自主研发的S31254不锈钢管材完成首批供货,产品全部验收合格。太钢成为国内首家可供应该型钢种管材的企业,产品填补国内空白。

由省科技厅与晋煤集团共同出资1000万元组建“煤层气联合研究基金”，首批向省内外招标40个项目,并组建山西省第一家产业技术创新战略联盟——山西省煤与煤层气共采产业技术创新战略联盟。

2012年度山西省共有22个单位的282个项目获得国家自然科学基金立项,资助经费总额超过1.6亿元。

截至9月底,山西省建成460个农村综合服务社。

10月

1日

全国举重冠军赛结束,山西省选手张盛国夺得94公斤级冠军。

3日

首届网络诗歌大奖赛颁奖仪式在太原举行。

9日

袁纯清、王君带领省观摩检查组,对长治市重点工作和项目推进情况进行观摩检查。

第六届山西品牌节暨实施商标战略工作推进会在太原召开。

10日

袁纯清、王君带领省观摩检查组,对晋城市重点工作和项目推进情况进行观摩检查。

11日

袁纯清、王君带领省观摩检查组,对临汾市重点工作和项目推进情况进行观摩检查。

2012年全国电化教育馆馆长会议在晋中召开。

省电力公司完成《山西电网“十二五”发展滚动规划》编制工作。

山西省资源型经济转型发展专家研讨会在太原召开。

12日

袁纯清、王君带领省观摩检查组,对运城市重点工作和项目推进情况进行观摩检查。

省委在彭真同志家乡侯马市垤上村举行彭真故居修缮竣工暨彭真生平业绩陈列展开展仪式。

14日

举行首届中国·河曲民歌二人台艺术节。

太原卫星发射中心用“长征二号丙”运载火箭,采用一箭双星方式,成功将实践九号A/B卫星送入预定转移轨道。

2012年全国女子拳击冠军赛在太原滨河体育中心落幕。山西省选手陈莹夺得51公斤级冠军，这也是山西省首个全国拳击冠军。

15日

省委、省政府召开信访工作会议。

王君在太原会见前来山西省出席贫困地区儿童营养干预试点项目启动全国视频会议的卫生部部长陈竺等。

全国妇联副主席、书记处书记赵东花到晋就家庭教育工作进行调研考察。

省经信委和省质监局在太原联合举办山西省节能系列地方标准新闻发布会，正式向社会发布推介水泥、氧化铝等8项能耗限额地方标准。

山西省大水网工程建设——朔州塞上灌区与大同雁同灌区改扩建工程开工奠基。

16日

山西省在全省范围展开城乡住房大调查。

18日

太重生产出世界最大液态排渣加压气化炉。

19日

第一届中部六省金融办联席会议在太原召开,会上通过《中部六省金融办联席会议制度》。

20 日

山西证券宣布收购格林期货。

大同市再生资源交易基地投入使用。这是全省目前规模最大、年可处理 60 万吨废旧物资的再生资源交易市场。

22 日

袁纯清、王君带领省观摩检查组,对阳泉市重点工作和项目推进情况进行观摩检查。

23 日

袁纯清、王君带领省观摩检查组,对晋中市重点工作和项目推进情况进行观摩检查。

山西省六大保障性住房管理办法《山西省保障性住房建设管理办法》《山西省保障性住房运营管理办法》《山西省廉租住房配租与退出管理办法》《山西省公共租赁住房配租与退出管理办法》《山西省经济适用住房供应与退出管理办法》和《山西省限价普通商品住房供应管理办法》实行。

24 日

袁纯清、王君带领省观摩检查组,对吕梁市重点工作和项目推进情况进行观摩检查。

第 22 届"中国新闻奖"和第 12 届"长江韬奋奖"评选揭晓,山西广播电视台、太原人民广播电视台、山西日报等单位报送的作品分别获得"中国新闻奖"一、二、三等奖。山西广播电视台罗庆东荣获"长江韬奋奖"。

25 日

薛延忠在太原会见由法国旅游产业发展委员会主席梯也尔·贝过率领的法中友协考察团一行。

26 日

省委、省政府在太原召开中央信访工作督导组督导情况反馈会议。

王君主持召开省文化改革发展专题会议。

彭真生平暨中共太原支部旧址纪念馆被中宣部正式命名为全国爱国主义教育示范基地。

全国"最美警察"媒体推介活动在北京落下帷幕,晋中市崔志强当选全国"最美警察"。

26 日

中国国际太阳能峰会暨中国国际太阳能十项全能竞赛(2013)设计深化培训会在大同市开幕。

27 日

由山西龙旺农业开发有限责任公司投资 1.18 亿元的山西省最大规模肉牛屠宰线在和顺县投产。

29 日

中国民用航空局局长李家祥在晋调研民航工作。

31 日

李小鹏在太原会见华夏银行党委书记、董事长吴建一行。

山西省农村新"五个全覆盖"各项建设任务全部完成。

11月

1 日

全省秋粮收购工作启动。

全省推进法治文化建设座谈会在太原召开。

山西省第七次社会科学研究优秀成果表彰大会在太原召开。

7 日

在中国(黄山)非物质文化遗产精品展中,闻喜花馍《龙凤呈祥》获国家金奖。

8 日

2012 中国煤炭企业 100 强和 2012 中国煤炭企业煤炭产量 50 强公布,山西煤炭运销集团等 17 家企业入围煤企百强,同煤集团等 8 家企业入围煤炭产量 50 强。

山西省最高铁路桥——中南部铁路通道蔚汾河特大桥合龙。

10 日

省科技厅将"升级换代蚂蚁丸胶囊治疗类风湿关节炎有效机理的研究"课题列为省重大科研项目。

14 日

中共山西省委常委、副省长高建民在太原会见以华盛顿州众院临时议长吉姆·莫勒为团长的美国州议长代表团一行。

15 日

山西省城乡规划委员会召开会议,研究讨论山西省"一核一圈三群"规划文本。

16 日

省委召开常委(扩大)会议,传达学习习近平总书记在党的十八届一中全会上的重要讲话精神,讨论并发出《中共山西省委关于深入学习宣传贯彻党的十八大精神的通知》。

即日起山西省在太原举办"欢庆十八大"优秀剧(节)目展演月活动。

17 日

根据科技部火炬中心《关于发布 2012 年国家火炬计划重点高新技术企业评选结果的通知》,山西省按限额推荐的山西潞安环保能源开发股份有限公司等 9 家企业全部被评选为国家火炬计划重点高新技术企业。

19 日

我国在太原卫星发射中心成功发射"环境一号"C 卫星。

20 日

全省建筑施工安全技能大赛决赛在太原举行。

蒲剧现代戏《山村母亲》获文化部第二届优秀保留剧目大奖。

21 日

以"保护大气环境,促进污染减排"为主题的 2012 年三晋环保行活动举行。

22 日

全省农村小学课堂教学改革现场会在汾西县召开。

晋城市荣膺目前世界城市建设领域的最高荣誉——国际花园城市综合金奖。

23 日

中国科学院大学工程硕士太原班开学典礼暨建设太原空间信息产业化基地战略合作协议签字仪式在太原举行。

首届山西中小微文化企业博览会在中国(太原)煤炭博物馆开幕。

27 日

全国社区睦邻文化建设推进年现场会召开,太原市杏花岭区获"全国社区睦邻文化建设工程示范城区"称号。

28 日

以"引领与践行——新形势下的中国企业可持续发展"为主题的 2012 全球契约中国网络年会在北京举行。太钢"发布绿色发展手册,践行绿色发展文化"案例获选"2012 全球契约中国最佳实践”。

朔州市国土资源政策法律实验基地挂牌。朔州成为全国首批国土政策实验基地。

29日

省十一届人大常委会第三十二次会议表决通过《山西省公路条例》《山西省节约用水条例》《山西省就业促进条例》。

目前世界技术最先进、自动化和智能化程度最高的高速列车车轮生产线在太重集团铁路工业区投产。

是月

由山西大学承担的“十二五”山西省科技重大专项“基于甲醇、苯下游精细化学品产业链中催化剂研究及催化工艺技术的产业化开发”项目,百吨级顺酐加氢连续生产丁二酸酐中试试验装置顺利开车,并生产出首批产品。

太重集团公司拥有完全自主知识产权的世界首台WK-75型矿用挖掘机正式下线,标志着山西省大型矿用挖掘机制造技术居于世界领先地位。

12月

1日

中央宣讲团“党的十八大精神报告会”在太原举行。

2日

中央政法委副秘书长、中央综治办主任陈训秋到山西省调研。

3日

全国行政学院系统经济学科“新型城镇化道路”研讨会在山西行政学院举行。

4日

国家统计局山西调查总队公布:2012年,山西省粮食总产量为127.4亿公斤,首次迈上120亿公斤台阶,比上年增加8.1亿公斤,增长6.8%;粮食亩产为258公斤,比上年增加16公斤,增长6.6%。全省粮食生产继2011年达到历史最好水平之后,粮食总产、单产双双实现新突破。

全省大学生村官工作会议在太原召开。

6日

国家人口和计划生育委员会党组书记、主任王侠等到晋调研。

8日

山西省在北京召开金融支持转型发展座谈会。

10日

省委宣传部召开山西省党的十八大精神“五进”宣讲团座谈会。

11日

2012山西企业百强榜发布。

山西省启动“送温暖、献爱心”捐助活动。

12日

《全省公安机关党员领导干部廉洁从警若干规定》实施。

13日

第二届全省乡镇文化站文化辅导员技能大赛决赛在太原举行。

山西省“十二五”科技重大专项“交通运输领域关键技术与示范”启动。

15日

新型农村合作医疗定点医疗机构支付方式改革与即时结报工作推进会召开。

16日

2012感动山西十大人物揭晓,他们是20年坚守染绿荒山的右玉农民余晓兰、钢板撑腰杆不下手术台的知名眼科专家高晓虹、28年扎根榆次大山的乡村教师范妹锁、6年捡瓶子只为献爱心的长治女大学生路珍、捐资助学14载的临汾市供电公司离休干部解黎明、为山西省获得首枚个人项目奥运金牌的运动员董栋、行走在地球两极的太原理工大学副教授窦银科、临汾市蒲县放弃高考“割皮救父”的17岁女孩王慧、顽强追梦的晋城市阳城县残疾小伙刘谦、一身军装一诺千金的武警晋中支队干部牛何松。

17日

2012首届中国灵石国际版画双年展在灵石县开幕。

18日

中共中央决定:王君同志任内蒙古自治区党委委员、常委、书记。

19日

省十一届人大常委会第三十三次会议在太原召开,会议表决决定李小鹏代理山西省省长。

第五次全国文物保护工程会在太原召开。

20日

第七届中国北京国际文化创意产业博览会山西代表团项目签约仪式在新闻大厦举行,山西展团16项目共签约51亿元。

21日

中国(太原)煤炭交易中心举行首次年度煤炭交易大会。

2013年中国煤炭市场高峰论坛在中国(太原)煤炭交易中心开讲。

大同—运城—三亚航线开通。

24日

袁纯清与部分县(市、区)委书记进行座谈,强调持务实之心、谋务实之举、作务实之为,推动县域经济持续健康发展,使人民群众共享改革发展成果。

省委副书记、代省长李小鹏主持召开省政府第11次全体会议,安排部署当前经济社会发展重点工作。

25日

平遥至榆社高速公路正式通车运营。

26日

太原开通至北京高铁。

27日

共青团山西省第十四次代表大会在太原举行。

27日

全国农业工作会议在北京开幕,襄汾县、阳高县、忻州市忻府区、永济市、汾阳市、泽州县6个县(市区)获全国粮食生产先进县称号。

28日

省委十届四次全会暨全省经济工作会议在太原举行,审议通过《中共山西省委关于贯彻落实党的十八大精神,加快推进转型跨越发展的指导意见》。

30日

省惩防体系信息网一期工程正式建成并在全省开通试运行。

全省转型综改工作座谈会召开。

(韦　孝)

中国共产党山西省委员会

Shanxi Provincial Committee of the Communist Party of China

综 述

【经济建设保持良好势头】 坚持主题主线主基调,经济继续保持良好发展势头。面对经济下行压力加大的严峻局面,贯彻落实中央宏观调控政策,加强对经济形势的研判和对经济工作的领导,坚持抓投资、上项目、调结构、惠民生,出台56条稳增长的政策措施。发挥实体经济的支撑作用,推动"双千亿""双五百亿"和"百强潜力企业"工程,实施中小企业成长工程。全省销售收入超千亿元的企业达到8户。开展"项目落地年"活动,以基础设施、产业转型、民生改善等项目为重点,"六位一体" 抓好项目的储备、签约、落地、开工、建设、投产,创新城乡建设用地增减挂钩等土地保障机制,一批重点项目建成达效,带动全社会固定资产投资完成9150亿元,其中,民间投资增长33%,占总投资的比重达到48%。落实家电下乡、家具建材促销、节能产品惠民等措施,推进城乡流通基础设施建设,促进消费平稳较快增长。全年重点项目落地投资额达1.6万亿元,省市两级重点工程投资达1.1万亿元,实现"双超万亿"目标。全年地区生产总值完成12112.8亿元,增长10.1%;财政总收入完成2650.4亿元,增长17.2%;一般预算收入1516.4亿元,增长25%;城乡居民收入分别达到20412元、6357元,增长12.6%、13.5%;居民消费价格总水平上涨2.5%,社会消费品零售总额达到4375.8亿元,增长16%;煤炭产量、外运量分别达到9.1亿吨、5.8亿吨,全行业销售收入突破万亿元。

1. 传统产业升级加快,循环经济加快推进。坚持把促转型作为事关全局的大事来抓,加快转变经济发展方式,提升经济发展质量和效益,新兴产业、非煤产业投资占工业投资的比重分别增长42.8%、67%,转型发展呈现出强劲势头。把循环经济作为基本路径,以煤为基、循环发展、绿色发展,加快重组整合保留矿井建设步伐,推动焦化、钢铁、电力、建材行业兼并重组。围绕提升资源就地转化率,煤炭行业推进利用劣质煤生产煤基合成油,焦化行业推进煤焦油深加工、焦炉煤气综合利用,冶金行业推进固态、液态、气态废弃物回收利用,电力行业推进煤矸石发电和粉煤灰综合利用,煤矸石发电装机达到584.5万千瓦,粉煤灰综合利用走出制砖、制墙体装饰材料、制陶瓷纤维、提取氧化铝和白炭黑等路径,投产或在建焦炉煤气制甲醇制烯烃项目31个、总产能达400万吨以上。围绕提升传统产业循环率,4个国家级循环试点市和15个试点园区、121个试点单位先行引领,总投资约1400亿元的100个循环经济项目80%以上建成投产。

2. 新兴产业发展,产业多元格局加快形成。把政策支持、产业引导、投资重点放在加快非煤产业发展上,促进煤炭资本与新兴产业、高端人才、高新技术嫁接融合,一大批煤炭企业转产装备制造、新能源、农业产业化、文化旅游等领域。太原年产2200万台苹果手机生产线投产,长治成功集团30万辆新能源汽车项目进入试生产,晋中吉利、太原长安等新能源汽车以及太原三一重工装备制造、吕梁无人机等项目快速推进,装备制造业占工业比重由2011年的5.3%提高到7%,成为继煤炭、冶金之后拉动工业经济的第三大产业。以手机、太阳能光伏、LED芯片、云计算等高新技术产业项目为带动,电子产品制造业产值同比增长近一倍。现代物流业加快发展,中国(太原)煤炭交易中心实现全面上线交易,全年交易4612亿元。开展"晋善晋美"旅游促销活动,旅游业继续保持快速发展势头,旅游总收入达到1813亿元,增长35%,贡献率居第三产业首位。实施十个重大科技专项,成功研发新一代激光显示、10米以上C型钢等新工艺和新产品,自主创新能力进一步提升。

3. "一村一品""一县一业"推进,农业产业化水平提升。把农民收入翻番作为"三农"工作的核心任务,出台实现农民收入翻番的《决定》,新出台10项强农惠农富农政策,全年"三农"投入达到907亿元,增长30%。农业综合生产能力稳步提升,粮食产量达到127.4亿公斤,创历史新高。农业产业结构调整深入推进,大同、晋中、运城三大现代农业示范区加快建设,累计建设各类农业产业聚集区600个、投资近100亿元。4000个专业村和60个基地县初具规模，设施农业、观光农业、畜牧业、干鲜果业占比不断提高。推进农产品加工“513”工程，全省农产品加工业销售收入超过800亿元，增长30%以上。晋西北山老区“一村一井”工程新打井300眼。农民专业合作社行政村覆盖率达93%。全年完成3000个新农村重点村、100个新农村集中连片建设。以吕梁、太行山区为重点，启动实施新一轮连片特困地区扶贫攻坚工作，新解决40万人口的脱贫问题。

4. 基础设施建设加力，统筹城乡发展。把基础设施建设作为推进城乡一体化的重要载体，大西客运专线、中南部出海大通道等加快推进，铁路在建里程1900千米，营运总里程达到3740千米。新建成高速公路1006千米，高速公路总里程突破5000千米。运城、大同机场改扩建完成，吕梁、临汾、五台山机场建设进展顺利。计划投资千亿元的“大水网”四大骨干工程和一批配套工程全部开工。新增电力装机510万千瓦，总装机容量达到5810万千瓦。按照“一核一圈三群”规划，加快太原晋中同城化、大同都市区、上党城镇群、百里汾河新型经济带等组群建设。推进城市扩容提质，加快城镇新区建设、旧区改造和城乡清洁工程，开展城市容貌和人居环境专项治理，加快改造城中村、棚户区和老旧基础设施，城市公交优先发展取得新成效。推进大县城工程和100个重点镇建设特色宜居城镇，探索整村（镇）推进小城镇和新农村建设模式。全省城镇化率超过51%。

5. 推进节能减排，生态环境改善。坚持治污与增绿两手抓，不断提高城乡生态化水平。全年淘汰小钢铁55万吨、小焦炭1015万吨、小火电62万千瓦、小水泥2310万吨，全省资源综合利用率、大宗工业固废综合利用率均达到50%以上。严格落实节能减排目标责任制，推进千个重点节能改造工程项目，开展千家企业节能低碳行动，启动实施甲醇汽车试点。推广物联网等节能减排信息技术，实现全省县（市、区）空气质量自动监测站全覆盖，11个设区市空气质量均达到国家二级标准。实施绿色生态工程，完成营造林460.4万亩。煤层气、天然气总利用量达到41亿立方米，覆盖所有市和70%的县（市、区）的1000万人口。万元生产总值综合能耗、万元工业增加值用水量实现预定目标，环境主要污染物排放总量得到有效控制，化学需氧量、氨氮、二氧化硫、氮氧化物排放量以及烟尘、工业粉尘排放量均完成全年目标任务。

6. 以转型综改试验区建设为总抓手，重点领域改革开放取得新进展。年初召开先行先试推进大会，推进转型综改试验区建设。国务院8月初正式批复转型综改试验区《总体方案》后，加大宣传推进力度，围绕产业转型、生态修复、城乡统筹、民生改善等重点任务，在重大项目、政策创新、板块突破、破解难题上加快先行先试。“一市两县”“一市两园”试点和首批20个省级转型综改标杆项目进展良好。选派69名干部到国家综改试验区、省级综改试点县（市、区）挂职。与20多个国家部委、金融机构、央企、高校签署转型综改合作协议。围绕体制机制创新开展25项课题研究，在创新产业转型促进机制、土地管理制度、科技创新体制机制、资源能源节约和生态环境保护修复机制、城乡统筹体制机制等方面深化改革。推进国有企业改革、事业单位分类改革，医药卫生体制改革任务全部完成。扩权强县试点取得新成效。打造区域性开放合作高地，晋陕豫黄河金三角承接产业转移示范区、太原武宿综合保税区获批，运城、晋城、长治三市纳入《中原经济区规划》。加强与省内外的产业互动和区域合作，赴兄弟省进行考察学习和招商引资。成功举办第四届能源博览会、首届世界晋商大会、首届科普惠农特色优质农产品展销会。全年进出口总额完成150.4亿美元，协议引进资金3.6万亿元，落地项目投资额达到1.7万亿元，机电和高新技术产品进出口额占进出口总额近六成。

（王成禹　刘智刚　任兆宇）

【民主政治建设和文化繁荣发展】 1. 坚持和完善人民代表大会制度，支持人大及其常委会依法履行职责。走中国特色社会主义政治发展道路，加强对人大工作的领导，支持人大及其常委会依法履行职责。召开省委人大工作会议，出台《关于进一步加强和改进新形势下人大工作的意见》。加强和改进立法工作，重点做好推进转型跨越发展、转型综改试验区建设、保障改善民生、社会管理创新等方面的立法工作，制订修订《山西省循环经济促进条例》等法规9件。加强法律监督和工作监督，依法决定重大事项。加强和改进代表工作，充分发挥专门委员会和工作委员会的作用。组织开展纪念现行宪法颁布实施30周年活动。

2. 坚持和完善中国共产党领导的多党合作和政治协商制度，支持政协围绕转型跨越开展工作。把政治协商纳入决策程序，组织政协委员开展专题调研，就加强食品安全、发展现代物流业和扶贫开发等建言献策，围绕搞好“项目落地年”活动、促进项目建设开展民主监督，引深“察百姓情、建惠民言、办利民事”活动。实施“同心”行动十大主题活动，改进对非公有制经济组织的服务，引导统一战线成员学习践行社会主义核心价值体系。加强党外代表人士队伍建设。完成民主党派和工商联省级组织换届工作。加强和改进侨务工作。加强宗教和民族工作，坚决抵制境外利用宗教进行渗透破坏活动。

3. 法治政府建设成效明显，司法体制和工作机制改革稳步推进。抓好“六五”普法，严格执法，公正司法，坚持和完善基层群众自治制度，健全城乡社区服务体系。完善政务公开、司法公开、厂务公开、村（居）务公开和公共企事业单位办事公开等制度。支持工会、共青团、妇联等人民团体发挥作用。做好对台工作。

4. 坚持党管武装原则，军地“双服务”迈上新台阶。完善军地齐抓共管国防后备力量建设机制，提高国防动员能力，组织信息化条件下的“探索—2012”国防动员综合防卫演练，党政军联合组织指挥、军警民联合遂行任务能力提高。加强人民防空建设。深化军民融合式发展。

5. 推动文化事业繁荣、文化产业

发展。加强重大公共文化工程和文化项目建设,省级重大文化设施全部建成,市“五馆一院”和县“三馆一院”建设铺开。文物和非物质文化遗产保护进一步加强,非物质文化遗产立法保护走在全国前列。加强文化产业基地规划和建设,制定《“十二五”时期文化产业翻番计划》,促进文化和科技融合,发展创意、动漫、数字娱乐等新型文化业态。加大国家级和省级文化产业示范基地建设力度,实施重大文化产业项目带动战略,太原高新区创意产业园、大同文化科技产业园等一批新型文化企业孵化基地加快建设。在成功组建省属六大文化企业集团的基础上,文化旅游产业投资、工艺美术、体育、文博四大文化产业集团已完成筹组。引导和鼓励民营资本进军文化产业,文化产业发展步伐加快。

6. 深入推进文化体制改革。文化体制改革阶段性任务基本完成,走在全国前列。全国文化体制改革工作会议在山西省召开。出版行业转企、广电系统局台分离、文广新三局合一、文艺院团转企改制完成,网络整合、非时政类报刊改革阶段性任务完成。

(王成禹　刘智刚　任兆宇)

【社会服务管理体系建设】 1.人民群众最关心最直接最现实的利益问题得到较好解决。全省各级财政用于与民生直接相关的投入达到1437亿元,同比增长22%。投资300亿元的农村新一轮“五个全覆盖”(农村街巷硬化、便民连锁商店、文化体育场所、中等职业教育免费、新型农村社会养老保险全覆盖)全部完成。各类教育统筹推进,选招特岗教师2200名,21个县启动农村义务教育学生营养改善计划,贫困生资助政策体系进一步完善,高校生均拨款标准由9000元提高到13960元。投资上百亿元、占地近万亩,可容纳15万名学生的高校新区完成工程总量的80%以上,9所高校基本具备入住条件。扩大基本药物制度实施范围,基本公共卫生服务均等化稳步推进。全省乡镇、社区、村的医药卫生机构全部实行基本药物零差价销售,34个公立医院改革试点县建立破除以药补医新机制。各市均建立食品安全监管体系。加强人口和计划生育工作。保障性住房新开工建设41万套,竣工18万套,超额完成国家下达任务,走在全国第一方阵。房地产市场调控有力,运行平稳。

2. 就业质量和社会保障水平提高。实施更加积极的就业政策,强化公共就业服务,应届高校毕业生就业率达90%,农村劳动力转移就业示范县扩大到30个,转移农村劳动力42.5万人,新增城镇就业51万人,城镇登记失业率控制在3.4%。加快完善覆盖城乡的社会保障体系,推进“社保全覆盖、服务一卡通”,养老、医疗保险实现城乡覆盖,115个农业县、1379万人纳入新农保,失业、工伤、生育保险覆盖规定人群,参保人员人人持有社会保障卡。非公有制经济单位参保率达94.1%。企业退休人员基本养老金实现“八连调”,月人均达1873元,居中部六省首位。提高城乡低保、农村五保、孤儿和部分优抚对象生活补助标准,为812万户农户供应冬季取暖用煤。

3. 安全生产形势持续好转。确立安全发展科学理念,坚持底线思维和从零做起,夯实安全基层基础,落实政府安全监管和企业安全生产两个主体责任,开展覆盖20个行业领域的安全生产专项整治,打击私挖滥采行为,处理安全事故责任人。全年全省各类安全生产事故起数和死亡人数分别下降14.2%和0.36%,煤炭百万吨死亡率为0.091,继续保持全国领先水平。

4. 社会管理和维护稳定工作加强。围绕建设平安山西,全面推进基层社会服务管理体系建设,增强城乡社区服务功能,加强流动人口和特殊人群服务管理,加强学校安全防范工作,构建“两新组织”服务管理体系,推进社会管理项目化、网格化、信息化。完善党和政府主导的维护群众权益机制,推行社会稳定风险评估机制。落实维护稳定责任制,完善社会应急管理机制,开展对治安重点地区的整治,打击各种违法犯罪活动和黑恶势力。加强和改进对政法工作的领导,加强政法队伍建设。完善信访制度,省对各市进行稳定和信访工作面对面点评收到良好效果,受到中央肯定,连续四年实现信访总量、个体访、集体访、进京非正常访明显下降,当好首都“护城河”,社会大局保持和谐稳定。中央综治办在山西省召开部分省(区、市)综治办主任座谈会。按照中央部署,推进援疆工作,双向交流54名干部。(王成禹　刘智刚　任兆宇)

【党的建设】 1. 学习宣传贯彻党的十八大精神,把党员干部群众的思想统一到十八大精神上来。省委把学习宣传贯彻党的十八大精神作为首要政治任务,认真落实中央关于学习宣传贯彻十八大精神的一系列部署和要求,召开全省电视电话会议进行传达贯彻,发出关于深入学习宣传贯彻十八大精神的《通知》。省委常委会多次召开会议学习讨论十八大精神,学习习近平总书记在十八届一中全会、新一届中央政治局第一次集体学习、参观《复兴之路》展览时的讲话等一系列重要讲话精神。省委常委、副省长和省人大、省政协主要负责同志带头学习宣传贯彻十八大精神,分别到基层联系点和分管领域宣讲辅导,确定21个专题学习研讨,并集中进行研讨交流。召开省委十届四次全会暨全省经济工作会议,对引深十八大精神的学习贯彻、落实十八大提出的目标要求进行部署,并审议通过了《关于贯彻落实党的十八大精神　加快推进转型跨越发展的指导意见》。举办十八大精神轮训班,对2400多名省管领导干部和县(市、区)长进行集中轮训,省四大班子领导分期作辅导报告。召开省级领导干部会议,传达习近平总书记等中央领导重要讲话精神,增强坚持和发展中国特色社会主义的自觉性和坚定性。各级各部门加强组织领导,抓好党委(党组)中心组学习,发挥各级党校、行政学院、理论研究部门和高等院校的思想教育作用,发挥机关、农村、社区、企业、新社会组织等基层党组织的宣传发动作用,发挥工会、共青团、妇联等人民团体的组织引导作用,发挥各级组织、宣传部门的指导促学作用,以十八大精神统一思想、激发干劲,全省形成学习宣传贯彻十八大精神的浓厚氛围。

2. 开展保持党的纯洁性学习教育活动，党员干部焕发新的精神风貌。以思想教育、正面教育、自我教育为主，以县级以上领导班子和领导干部为重点，围绕“三学、六查、四改”和抓好“六个一”(开展一段集中学习、接受一次传统教育、聆听一场事迹报告、组织一次问题查摆、开好一个民主生活会、形成一份思想总结)，在全省开展为期半年的保持党的纯洁性学习教育活动。省委常委带头参加各项活动，集中阅读经典著作，观看廉政文化精品剧目，邀请优秀共产党员荆保山、刘桂芝作先进事迹报告，举行专题学习报告会，召开学习心得交流会，赴革命老区武乡县和八路军太行纪念馆接受革命传统教育，“七一”前夕与基层党组织一同过党日活动，以保持党的纯洁性为主题召开民主生活会。各级党组织按照省委要求，开展各项活动，实现提升党性修养、加强基层组织、服务人民群众、促进各项工作的目的。

3. 联系群众，改进作风。落实习近平总书记对弘扬右玉精神的重要批示，引深学习弘扬右玉精神活动。开展领导干部下乡住村包村增收活动，帮助农民解决实际问题6.7万个，新上项目2万个，投入帮扶资金31.6亿元，包扶村农民人均纯收入连续两年增幅达20%以上。省委、省政府主要领导率队对11个市进行观摩检查，实地检查116个重点工程和项目。省委常委每人联系一个贫困县、一个大型国有企业、一个重点工程，协调解决突出问题。集中整治吃拿卡要、创优发展环境专项行动，查办典型案件995件，处理违纪干部1267人。中央政治局作出关于改进工作作风、密切联系群众的部署后，省委常委会三次召开会议学习讨论习近平总书记在中央政治局会议上的重要讲话精神和《八项规定》，制定搞好调查研究、精简会议活动和文件简报、规范新闻报道的实施办法。从省委常委做起，立说立行，带头改进工作作风，带头深入基层调查研究，带头密切联系群众，带头解决实际问题，引导各级领导干部把精力放在抓发展、惠民生、促和谐上来，以作风建设的实际成效取信于民。

4. 学习型党组织建设深入推进。省委中心组共举行10次集体学习，邀请中央有关部委领导和知名专家学者就加强党的建设、转变经济发展方式、加强环境保护、推进科技创新等作专题报告，党委中心组“六学六用”模式取得良好成效。创新干部教育培训方式，全省举办470余个干部选学培训班次，4.3万余名干部参加培训，基层干部和普通干部培训率达70%以上。引深干部在线学习，完善“山西干部在线学院”平台建设。

5. 创先争优活动成效明显。组织引导基层党组织和广大党员创转型跨越之先、争强省惠民之优。深化“三晋先锋在行动”活动，建立党员先锋岗32.6万个、党员示范窗口22.3万个、党员责任区15万个，形成一批具有山西省特色的创先争优理论成果，完善一批务实管用的创先争优制度。以“强组织、增活力，创先争优迎十八大”为主题，开展“创先争优巡礼”活动，展示创先争优活动成果。召开全省创先争优表彰大会和总结交流大会，开展学习彭云同志先进事迹活动，推动创先争优活动常态化、制度化、长效化。

6. 领导班子和干部人才队伍建设加强。围绕转型跨越发展配班子、选干部、建队伍，深化干部人事制度改革，完善公开选拔、竞争上岗和差额选拔干部等制度，开展从优秀大学生村官中公开选拔乡科级副职领导干部工作。加强干部实践锻炼，与中直单位互派31名干部挂职，选派49名干部到省信访局、山西证监局挂职，组织50名高校团干部到县(市、区)团委挂职。按照中央要求，做好省人大、省政府、省政协换届的相关人事工作。从严干部监督管理，开展“一报告两评议”和领导干部报告个人有关事项工作，加强干部档案管理。完善年度目标责任考核、领导班子和领导干部年度考核、党风廉政建设考核“三位一体”考核模式，出台加强干部德的考核考察办法。推进干部能力素质提升工程。选聘524名大学生村官，实施大学生村官“创业行动计划”。启动建设太榆人才特区，实施十大人才工程，累计引进两院院士48名、海外高层次人才137名。

7. 基层党组织建设推进。开展基层组织建设年活动，集中培训全省36915名村“两委”主干人员。加强非公有制经济组织党组织建设，集中组建党组织9697个。推进社区网格化管理。在乡镇推广“文建明工作法”，探索机关党建融入中心、发挥作用的新途径。建立市委书记履行基层党建工作责任专项述职制度，推动党建工作“联述联评联考”，形成“三级书记联述、五级组织联动”抓党建的新格局。

8. 党的纪律建设和党风廉政建设取得新成效。学习《人民日报》评论文章，传达贯彻《中共中央关于薄熙来严重违纪案审查情况和处理决定的通报》，把全省干部群众的思想和行动统一到中央要求上来。执行政治纪律，自觉在思想上、政治上、行动上与党中央保持高度一致，落实好中央决策部署。落实党风廉政建设责任制，省委常委带队对各市党风廉政建设情况进行考核检查。统筹推进教育、监督、改革、制度建设等预防腐败工作，省市县三级制定煤焦、工程建设等重点领域制度2.1万项，构筑起具有山西特色的惩治和预防腐败体系基本制度框架。运用“制度+科技”推进反腐倡廉建设，惩防体系信息网建设推进顺利，农廉网覆盖率达88.56%，全国村务公开民主管理工作会议在运城召开。加强对重大决策部署落实情况的监督检查，开展清理规范庆典、研讨会、论坛、博览会(展会)和党政机关公务用车问题专项治理，巩固“小金库”专项治理成果，推进工程建设领域突出问题专项治理，解决人民群众反映强烈的突出问题。查办违纪违法案件，纪检监察机关立查案件9504件，处分违纪党员、干部10705人，其中市厅级干部18人、县处级干部313人，挽回经济损失1.99亿元。加强巡视工作，配合中央巡视组完成巡视回访工作。

(王成禹　刘智刚　任兆宇)

重要会议与领导变动

【党风廉政建设干部大会】 1月18日,山西省党风廉政建设干部大会暨省纪委十届二次全会第二次会议在太原召开。省委书记、省人大常委会主任袁纯清出席会议并作重要讲话,省委副书记、省长王君主持会议,省政协主席薛延忠、省委副书记金道铭等出席。省委常委、省纪委书记李兆前传达十七届中央纪委第七次全会精神和胡锦涛总书记重要讲话精神。

袁纯清在讲话中对2011年全省党风廉政建设和反腐败斗争取得的成绩给予肯定。他强调,胡锦涛总书记在中央纪委七次全会上的重要讲话,深刻阐述保持党的纯洁性的极端重要性和紧迫性,对保持党员干部思想纯洁、队伍纯洁、作风纯洁和清正廉洁提出明确要求,彰显党一以贯之的反腐决心和光明磊落的正气本色,展现对党风廉政建设和反腐败斗争规律的深刻认知和科学把握,是对马克思主义政党建设理论的深化丰富和创新发展,对于指导当前和今后一个时期党风廉政建设和反腐败斗争、推进党的建设新的伟大工程、保持党的先进性和纯洁性,开创各项事业发展新局面,具有重大而深远的意义。

袁纯清指出,省委决定,在全省范围内开展为期半年的保持党的纯洁性教育活动。各级党委要高度重视、精心组织,统筹安排、扎实推进,把这项活动与对党忠诚教育活动结合起来,与创先争优活动结合起来,与"基层组织建设年"活动结合起来,坚持领导带头,搞好典型示范,强化思想教育,重在解决问题,有效促进工作。各级党组织要组织党员干部学理论、学知识、学先进,对照党的纯洁性寻找差距,改进观念、改进作风、改进工作、改进形象,通过学、查、改,召开民主生活会,推动活动深入有效开展,在思想认识上有新提高,在作风建设上有新进步,在能力素质上有新增强,在转型跨越上有新贡献。

袁纯清指出,要推进反腐倡廉建设,为保持党的纯洁性提供坚强保证。要严明政治纪律,对中央和省委、省政府的决策部署,要做到认识统一、态度坚决,行动自觉、落实有力。要加强监督检查,特别是加强对中央宏观调控政策落实情况的监督检查,加强对综改试验区建设、农民收入翻番、农村新的"五个全覆盖"、社会管理创新等重要工作的监督检查,加强对重大转型项目、循环经济项目、新兴产业项目的监督检查,加强对民生工程实施情况的监督检查。要注重顶层设计,加快建设山西特色惩防体系。要推进重点领域和关键环节的改革,抓好源头防腐。要优化政务环境,建设服务法治廉洁效能政府,推进诚信山西建设。要狠刹不良作风,教育引导党员干部勤政为民、廉洁奉公,令行禁止、雷厉风行,继续狠刹闲话生非的不良风气、拉拉扯扯的庸俗风气、吃拿卡要的恶劣风气,查处一批效能低下、懒政怠政、不负责任、执行不力的典型案件。要保持队伍纯洁,加强对党员的教育和管理,把好党员入口关,完善党员退出机制,对不纯洁的干部、不纯洁的班子,要采取组织纪律措施,引深创先争优活动和三级联创活动。要严查大案要案,保持惩治腐败的高压态势。要夯实基层基础,统筹推动基层党风廉政建设,加大对损害群众利益行为的问责力度,解决发生在群众身边的腐败问题。

王君在主持会议时要求,一要把学习贯彻胡锦涛总书记重要讲话精神作为当前重要的政治任务抓紧抓好。二要做好党风廉政建设和反腐败斗争各项工作,为推动转型跨越发展提供有力保障。三要加强对党风廉政建设和反腐败斗争的组织领导,确保反腐倡廉各项工作落到实处、收到实效。

会议还观看"正风肃纪、创优环境"专题片。参加会议的还有:省委、省人大、省政府、省政协负责同志,省法、检两长,省纪委委员,省直各部门主要负责同志。在各市分会场参加会议的有:各市四套班子负责同志,市纪委监察局班子成员,市直相关职能部门主要负责同志、纪检组长,各县(市、区)委书记、县(市、区)长。驻太原本科院校、省管国有骨干企业党委书记和参加省纪委十届二次全会的其他人员在太原市分会场参加会议。

(王成禹　刘智刚　任兆宇)

【转型综改试验区先行先试推进大会】 1月30日召开。袁纯清主持大会并讲话,王君进行总结和部署。薛延忠,金道铭,省委、省人大、省政府、省政协负责同志,省军区、省法院、省检察院、省武警总队主要负责同志,省直各部门、中央驻晋单位和企业主要负责同志,省管国有骨干企业主要负责同志在主会场出席会议。各市、县设分会场。

袁纯清指出,先行先试要明确抓手、重在落实。一要抓住最关键最主要的。二要抓紧能率先动起来的。三要抓实见效快的。四要抓好事权范围内的。

袁纯清要求试点单位要争做转型综改试验区的排头兵和引领者。

王君在讲话中说,2011年,全省上下坚持把转型综改试验区建设作为推动经济社会又好又快发展的总抓手,不等不靠、主动作为,大胆探索、先行先试,做了大量卓有成效的工作,实现了年初确定的目标。2012年,各级各部门和相关企业要完善转型综改试验区建设的思路和举措,推动这项工作取得新的进展。一要提高思想认识。二要明确目标任务和思路措施。三要抓好试点工作。四要创新体制机制。五要加强考核督查。

会上,省直有关部门和部分试点市县、企业、园区的负责同志发言。

(王成禹　刘智刚　任兆宇)

【2011年度目标责任考核总结表彰大会】 3月1日召开。袁纯清作重要讲话,王君主持会议。金道铭宣读《省委、省政府关于表彰2011年度目标责任考核优秀市、优秀单位的决定》,省委常委、组织部部长汤涛通报全省2011年度目标责任考核情况。出席会议的还有薛延忠、胡苏平、高建民、李兆前、陈川平、王建明、聂春玉、申联彬、牛仁亮、张平、张建欣、任润厚、左世忠、杨司。

袁纯清指出,从考核结果可以看出,各地抓投资、上项目、促转型的力度加大,转型跨越成效明显;竞相发展态势喜人,形成争先进位、竞相赶超的浓厚氛围；对民生问题更加重视，人民得到更多实惠；抓落实的力度加大，落实机制健全，形成一级抓一级、层层抓落实的工作格局。目标责任考核工作在实践中不断完善，效果越来越明显。

袁纯清强调，目标考核要在务实。一要把握科学发展导向，完善考核指标体系。二要坚持统筹联动，完善“三合一”运行机制。三要注重过程管理，完善日常考核督促落实机制。四要严格奖惩兑现，完善考核结果运用机制。

王君在主持会议时要求，各地各部门要认真贯彻落实这次会议和省委书记袁纯清的重要讲话精神，全面总结经验，深入查找差距，有针对性地提出改进措施；要对照2012年的考核指标，对本地本部门的工作目标、工作重点进行集中梳理，促进各项工作再上新水平、再出新成绩。省考核办要结合2012年省委、省政府确定的各项重点工作，修订和完善考核指标体系，使考核工作成为推动工作、促进发展的指挥棒和风向标。

（王成禹　刘智刚　任兆宇）

【省委十届三次全会】 5月15日在太原举行。会议由省委常委会主持。会议根据党章等有关规定，按照中央部署，圈选山西省出席党的十八大代表候选人预备人选，通过关于召开中国共产党山西省代表会议的决议。袁纯清作重要讲话，汤涛就山西省出席党的十八大代表候选人初步人选产生情况和建议召开省党代表会议作说明。

出席会议的省委委员67人，候补委员13人。

全会圈选确定山西省出席党的十八大代表候选人预备人选48名，提交省党代表会议进行正式选举。

全会决定，近期召开中国共产党山西省代表会。

（王成禹　刘智刚　任兆宇）

【中国共产党山西省代表会议】 5月23~24日在太原举行。来自全省各条战线的667名党代表参加会议，会议选举产生42名山西省出席中国共产党第十八次全国代表大会代表。省委常委会主持会议。

（王成禹　刘智刚　任兆宇）

【省委全委(扩大)会议】 7月27日，省委全委(扩大)会议在太原举行。会议由省委常委会主持。袁纯清作重要讲话，王君对上半年经济工作进行总结，对下半年经济工作作出部署，金道铭通报中央巡视组反馈意见，薛延忠出席会议。

会议要求，落实中央巡视组对山西巡视回访的反馈意见，思想要高度重视，责任要明确具体，举措要务实有力，落实要确保到位。建立健全规章制度和长效机制，把整改工作纳入年度目标责任考核，作为评价领导班子和领导干部的重要依据，向中央交一份满意的答卷。

会议指出，上半年，全省生产总值同比增长10.1%，高出全国平均增幅2.3个百分点，其他主要经济指标也高于全国平均增幅、快于序时进度，实现了时间过半、任务过半的目标。一是三次产业协调发展。夏粮喜获丰收，总产和单产增幅均居全国11个夏粮主产省区首位；规模以上工业增加值同比增长11.8%，高出全国平均增幅1.3个百分点；服务业发展加快，同比增长9.2%。二是投资、消费持续扩大。固定资产投资同比增长24.1%，高出全国平均增幅3.7个百分点；社会消费品零售总额同比增长15.2%，高出全国平均增幅0.8个百分点。三是质量效益稳步提高。财政总收入和一般预算收入同比分别增长19.8%和21.3%；节能减排全部完成序时进度任务。四是物价水平基本稳定。全省CPI同比上涨3.2%，低于全国平均增幅0.1个百分点；房地产市场呈现投资总额、施工面积和销售面积快速增长、销售价格保持平稳的良好态势。五是人民生活水平不断提高。城镇居民人均可支配收入同比增长12.8%，农民人均现金收入同比增长17.5%；城乡就业稳步扩大，社会保障覆盖率和保障水平提高。六是社会保持和谐稳定。全省没有发生重大群体性事件，特别是全省安全生产形势持续好转，各类安全生产事故死亡人数在前3年累计减少1804人的基础上，又同比减少149人，两年多来没有发生特别重大事故。

下半年，要坚持主题主线和稳中求进的工作总基调，处理好稳增长、调结构和管理通胀预期的关系，把稳增长放在更加重要的位置，统筹推进各项工作，重点抓好以下工作：一要落实中央宏观调控政策和山西省稳增长的一揽子政策措施，保持经济平稳较快增长。二要抓好基础设施和重点工程建设，完成“项目落地年”的各项目标任务。三要推进结构调整和发展方式转变，加快转型发展步伐。四要围绕增加农民收入这个核心，做好“三农”工作。五要保障和改善民生，解决好人民群众生产生活中的实际困难和问题。六要加强安全生产和社会管理创新，保持社会和谐稳定。七要深化改革创新，推动转型综改区建设取得进展。

朔州市、长治市、省发改委、省经信委、省煤炭工业厅、省国资委、太钢集团、高平市的负责同志发言。

省委委员、省委候补委员；省人大、省政府、省政协负责同志；各市市委书记、市长，各县(市、区)委书记或县(市、区)长；省直各部门和中央驻晋单位主要负责同志；本科院校和省管国有骨干企业主要负责同志和中央主要媒体驻晋负责人参加会议。

（王成禹　刘智刚　任兆宇）

【首届世界晋商大会】 8月20日在中国(太原)煤炭交易中心召开。大会以“新晋商·新山西·新跨越”为主题。大会由中共山西省委、省政府、全国工商联、中国侨联主办，承办单位为中共山西省委统战部和省工商联，联合承办单位为中共山西省委宣传部、省投资促进局、省外侨办、省侨联、省台联和各市人民政府。全国政协副主席、工商联主席、首届世界晋商大会名誉主席黄孟复出席会议并讲话；大会主席袁纯清致辞；大会主席王君主持大会；中国侨联党组书记、主席、大会主席林军讲话。

全国工商联常务副主席孙安民，副主席王建林、刘志强、吴一坚，中国侨联副主席王永乐，全国政协副秘书长宋北杉，甘肃省副省长、省工商联主席郝远，青岛市人大常委会主任王文华出席大会开幕式。

省领导薛延忠、金道铭、李小鹏、胡苏平、高建民、汤涛、陈川平、聂春

8月20日,首届世界晋商大会在太原召开　(冯学亮提供)

玉、杜善学、申联彬、牛仁亮、郭迎光、郭良孝及原省级领导韩儒英出席大会开幕式。

出席大会的还有海外商会、社团代表,海外晋籍企业家金融家,世界500强企业主要负责人,在晋有投资项目或有投资意向的国外企业家、港澳台和国内晋商代表,省工商联企业家副主席、副会长,各省市区山西商会负责人等1400多名。会议签约协议、合同561个,总投资7921.9亿元,拟引资7084.4亿元,引进高端人才123名。

大会开幕分为两个阶段:第一阶段为"全球晋商话发展",主要为领导致辞和海内外晋商代表发言,宣读《晋商宣言》;第二阶段为"新时期的晋商精神",学者和新一代晋商共话如何传承晋商精神、重铸晋商辉煌。

《晋商宣言》向全球晋商倡议:继晋商重贾之传统,积微成著,创业自强;承晋商创新之精神,把握大势,抢占先机;弘晋商诚信之品格,仁爱厚道,慎独自律;秉晋商担当之义理,感恩思报,富民强国;阔晋商开放之胸襟,提升境界,合作共赢。(参见第149页)(王成禹　刘智刚　任兆宇)

【贯彻党的十八大精神电视电话会议】 11月16日召开。袁纯清主持会议并作重要讲话。他强调,要把学习宣传贯彻党的十八大精神作为当前和今后一个时期首要政治任务,高举中国特色社会主义伟大旗帜,以高度的政治责任感和历史使命感,兴起学习宣传贯彻党的十八大精神的热潮,全力办好"两件大事",为全面建成小康社会努力奋斗。王君传达党的十八大精神。金道铭、薛延忠、李小鹏、胡苏平、高建民、汤涛、李兆前、陈川平、张少华、王建明、聂春玉、杜善学等出席会议。(王成禹　刘智刚　任兆宇)

【省管干部学习十八大精神集中轮训班】 12月3日在省委党校举行开班式,袁纯清出席开班式并作首场报告。他强调,要深刻理解十八大主题,牢牢把握中国特色社会主义这一条主线,认真落实中国特色社会主义的基本要求,把认真学习宣传和深入贯彻落实党的十八大精神推向新高度,凝心聚力奔小康,攻坚克难促转型,动员全省党员干部群众,为加快转型跨越发展、全面建成小康社会努力奋斗。金道铭主持开班式,李小鹏、汤涛、陈川平、杜善学出席。省直部门主要负责同志,各市、县(市、区)委书记200余人参加开班式。

根据省委安排,省管领导干部党的十八大精神轮训班,共举办18期,每期3天。对2400多名省管领导干部和县(市、区)长进行集中轮训。

(王成禹　刘智刚　任兆宇)

【省委十届四次全会暨全省经济工作会议】 12月28~29日在太原举行。会议由省委常委会主持。袁纯清、李小鹏作重要讲话。会议贯彻党的十八大和中央经济工作会议精神,分析国内外经济形势,总结2012年工作,部署2013年工作。会议听取和讨论袁纯清受省委常委会委托作的工作报告,审议通过《中共山西省委关于贯彻落实党的十八大精神,加快推进转型跨越发展的指导意见》。金道铭、薛延忠、胡苏平、高建民、汤涛、李兆前、陈川平、王建明、聂春玉、杜善学、申联彬等出席会议。

省委委员65人,候补委员12人,有关方面负责同志出席会议,部分基层党员代表列席会议。

会议肯定省委常委会一年来的工作。会议指出,2013年总的指导思想是:贯彻落实党的十八大和中央经济工作会议精神,落实省第十次党代表大会部署,以邓小平理论、"三个代表"重要思想、科学发展观为指导,坚持主题主线,坚持稳中求进,以建设转型综改试验区为总抓手,以提高经济增长质量和效益为中心,深入推进工业新型化、农业现代化、市域城镇化、城乡生态化,全面加强经济、政治、文化、社会、生态文明建设,全面提高党的建设科学化水平,着力保持经济持续健康发展,着力加快产业转型升级,着力推进创新驱动发展,着力推进城乡发展一体化,着力保障和改善民生,为走出资源型地区转型跨越发展新路、全面建成小康社会努力奋斗。

全会审议通过《关于王建武、吕伟红、孙跃进等3名候补委员递补为委员的决定》,审议通过《关于确认省委常委会给予白培中同志留党察看一年处分决定的决议》。

(王成禹　刘智刚　任兆宇)

【省委领导变动】 12月18日,中共中央决定:王君同志任内蒙古自治区党委委员、常委、书记。12月19日上午,山西省第十一届人民代表大会常务委员会第三十三次会议根据《中华人民共和国地方各级人民代表大会和地方各级人民政府组织法》《山西省人民代表大会常务委员会人事任免办法》的规定，决定接受王君因工作变动辞去山西省省长职务的请求，并报山西省人民代表大会备案。山西省第十一届人民代表大会常务委员会第三十三次会议决定：李小鹏代理山西省省长。

（王成禹　刘智刚　任兆宇）

办公厅

【服务保障】 把迎接十八大、服务十八大、贯彻十八大作为首要政治任务，加强与宣传等部门的联系沟通，制定新闻宣传报道方案，协助搞好各项主题活动。做好山西省出席党的十八大代表服务工作，组织11次全团会议和媒体开放日活动。组织召开全省传达贯彻党的十八大精神电视电话会议，起草省委关于深入学习宣传贯彻党的十八大精神的《通知》，将山西省传达贯彻十八大精神情况及时上报中央，组织好省委及主要领导同志贯彻落实十八大的相关活动。

（王成禹　刘智刚　任兆宇）

【政务参谋】 围绕项目建设、产业转型、民生改善、城乡统筹等重大课题，做好文稿起草、调查研究、督查督办、文件法规等工作。起草、修改各类文稿650多篇，成稿410多万字，形成一批有深度、有影响的调研报告。编发《山西信息》等3100多期、《每日要情》354期，向中办报送信息2100余篇。审核处理省委和省委办公厅文件343件，向中央报备党内法规和规范性文件12件，办理文件、信息、资料等约5300件、153万余份，《中办通讯》工作保持全国领先水平。

（王成禹　刘智刚　任兆宇）

【综合协调】 完善四大班子办公厅及省直部门之间协调协商协作机制，优化办文、办会、办事程序，形成职责明确、衔接紧密、运转顺畅的工作机制。坚持务实办会、细节办会、规范办会，累计组织全省性大中型会议170余次，组织省委常委活动350余次，完成党的十八大山西代表团服务工作，完成吴邦国、王兆国、刘云山、刘延东等党和国家领导人到晋考察任务。共接待党和国家领导人以及中央和各省、市、区来宾224批次6600余人。加强日常值班工作，建立指挥统一、反应灵敏、协调有力、运转高效的应急服务体系，协调处理突发事件335起。机要交通完成党和国家核心秘密载体传递任务。

（王成禹　刘智刚　任兆宇）

【督促检查】 围绕中央重大决策部署、省委中心工作和群众关心的热点问题，就全省重点工作的推进情况组织开展12次决策督查调研活动。建立省委主要领导交办事项督办落实工作“1+5”机制，累计督办领导同志批示件188件。政协提案全部按时办复，政协委员满意和基本满意率达100%。

（王成禹　刘智刚　任兆宇）

【省委工作高效运转保障】 财务管理围绕开源节流做文章，确保重点项目、中心任务的支出。行政工作在大楼管理、会议和领导办公室服务、办公用品配置、固定资产管理、医疗保健等方面，完善措施，改进服务。省委应急指挥中心项目建设快速高效，已具备投运条件。安全保卫连续23年保持省委机关消防安全无事故。推进机关事业单位改革，后勤服务单位焕发新活力。提升保密应急防范服务水平，密码工作连续九年实现零事故、零差错、零失误，档案工作有效发挥“活资料”作用。落实老干部各项待遇，推进个性化服务。

（王成禹　刘智刚　任兆宇）

【群众工作开创新局面】 完善社情民意监控、监测机制，及时报送重大社情动态，加大网民留言办理工作力度，对群众反映的热点、难点问题主动回应、积极处理、及时反馈，有效维护群众利益。改进信访工作，全年共受理群众来信来访17.71万件（人）次，保持“四下降一好转”的态势，确保党的十八大等重大活动和敏感时期的社会和谐稳定。做好防范和处理邪教工作，维护社会大局稳定。

（王成禹　刘智刚　任兆宇）

【作风建设加强】 首先，认真学习中央《八项规定》和《实施细则》。12月23日全国党委政府秘书长会议之后，召开秘书长办公会议，并向省委常委会作专题汇报，召开全省党委政府秘书长会议，传达会议精神特别是中央办公厅主任栗战书和国务院秘书长马凯的重要讲话，对贯彻全国会议精神提出要求。其次，制定意见。按照中央精神和省委要求，围绕搞好调查研究、精简会议活动和文件简报、规范新闻报道等重要方面，出台三个具体实施办法。第三，带头执行。对办文、办事、办会各个方面进行全面对照检查，确保中央要求落实。省委全委会和全省经济工作会合并召开，会议时间由三天压缩到两天，在会场、会风、食宿等方面进行精简。

办公厅领导班子深入各自联系点与农民群众同吃同住同劳动，帮助制定发展规划，引进产业项目，加快脱贫致富步伐，密切与人民群众的感情。机关扶贫工作队听取群众意见，协调项目、资金、人才，推进“一村一品、一县一业”建设，落实或办理中的资金约2000多万元，帮助包扶松村、牛寺两个乡新建核桃经济林4000多亩、蔬菜大棚2000多亩。

全厅广大干部职工把改进作风的要求体现到实际工作中，适应服务对象的思维特点、意图指向和工作习惯，坚持思之在前、虑之在先，根据工作情况变化，积极主动、自觉超前，及时改进方式方法，突破僵化模式，增加现代因素，集聚前进动力。

（王成禹　刘智刚　任兆宇）

【机关建设】 1. 推进“三型机关”建设。2011年8月开始，开展以“学习型、服务型、创新型机关”为主要内容的“三型机关”创建活动。活动分集中学习、查摆整改、总结完善三个阶段，着力提升办文、办会、协调、督办、保障“五种能力”。一是加强领导、全员参与。成立活动领导组和办公室，出台总体方案和各阶段指导意见，制定考核办法，办好《工作动态》，强化督促检查。各位副秘书长认真抓好分管处室，带头参加活动，全厅干部职工积极参加，形成合力共建的浓厚氛围。二是强化学习、加强引导。坚持集中学与自主学相结合，坚持“走出去”与“请进来”相结合，坚持组织培训和在线学习相结合，在提高“五种能力”上提升境界、增强信心、明确途径。通过编印《工作动态》、开设特色栏目等，在全厅掀起贯彻十八大精神、深化“三型机关”建设的高潮。三是创新方法、增强实效。通过具体化、标准化、表格化、案例化、公开化、制度化、持久化，对各方面的工作提出统一标准，规范工作流程。各处室单位通过创新学习方式搞创建，通过出书建制搞创建，通过解决突出问题搞创建，以填表的形式推动工作，处室通过填写“五种能力”自评表，对职能工作认真梳理、准确定位；机关干部通过能力自我评价，查找不足、明确方向。促进干部职工观念转变，推动各项工作创新，实现工作作风转变，工作学习化、规范化、精细化成为共识，“五种能力”提升，焕发出团结一致、奋发向上的风貌。

2.加强机关党的建设。开展基层组织建设年活动，创新活动载体，完成基层党组织分类定级，建立基层党组织建设目标责任台账，加强基层党组织建设过程管理和量化管理，以“六大工程”引领党组织建设集成升级。探索建立“公开承诺式”党员服务机制、“身边楷模式”党内激励机制、“上下联动式”立体共建机制，举办“身边人讲身边事”事迹报告会，党建格局和党员队伍管理激励机制更加健全。

3.建设高素质的干部队伍。深化干部人事制度改革，完成干部的推荐、考察、鉴定、公示工作，对厅机关3名公务员和事业单位15名工作人员进行公开招录，建成机关公务员信息系统数据库。做好事业单位分类改革协调工作，档案中心参公管理和信息、督查、法规机构设置及事业单位分类改革工作推进，编外用工管理工作实现突破性进展。严格要求干部与真情关心干部结合，从工作上、发展上、生活上关心干部，下力改善干部就餐环境，加快桥东宿舍区改造，可解决900户机关干部住房困难。

4.提高反腐倡廉建设水平。开展保持党的纯洁性学习教育活动，通过组织党员赴牛驼寨革命烈士陵园重温入党誓词等教育活动，净化党员心灵，增强保持党的纯洁性的自觉性。落实党风廉政建设责任制，加强干部廉洁从政教育，加强重点岗位、关键环节的监督，2012年办公厅机关干部没有违纪违规情况。以“创优环境、创新服务”为重点，推进精神文明和谐创建工作，建设纪律严明、管理严格、廉洁奉公的机关文化。

（王成禹　刘智刚　任兆宇）

组　织

【概述】 2012年，省委组织部以迎接十八大为主线，以服务转型跨越发展为主题，提高组织工作科学化水平，为推动转型跨越发展提供组织保证。完成山西省十八大代表选举工作，确保十八大代表的政治先进性和党员代表性；开展保持党的纯洁性学习教育活动，创先争优活动体现山西特色；调整配备各级领导班子和领导干部工作；实施干部能力素质提升工程，完善组织调训、干部选学和在线学习教育培训格局；推进干部多层次多岗位挂职锻炼，完善干部考核考察；开展公务员考录遴选工作，启动干部人事档案集中审核和专项清理工作；开展整治跑官要官专项行动，受理干部群众举报；加强巡视工作，推进干部人事制度改革，加大干部管理监督力度；加强党管人才工作，启动实施十项重大人才工程，推动人才政策创新，人才工作整体推进；组织“集成升级”行动，实施六项计划，推进大学生村官创业；做好党员教育管理服务和发展工作，增强基层党组织和党员队伍的生机和活力；开展讲党性、重品行、作表率活动，推进大组工网建设，加强组织部门自身建设。老干部工作、党建研究、党员电教工作、机关服务质量都取得进展。

（荆　沛）

【十八大代表选举】 做好十八大代表选举工作，开展十八大精神教育培训。在十八大代表选举产生的推荐提名、组织考察、确定候选人初步人选名单并公示、确定代表候选人预备人、选举代表等环节中，按照中央“三上三下”的规定，制订工作方案，通过“一会五结合”的方式组织开展选举工作；各级党组织严格程序步骤，发扬党内民主；全省100%的党组织和98.93%的党员参加十八大代表推荐提名工作，省党代会选举产生山西省十八大代表42名。对十八大代表进行履职培训，提升代表履职能力。党的十八大召开后，制定省管领导干部集中轮训方案，拟分18期对全省2400余名省管领导干部及县（市、区）长进行短期强化培训；组织干部教育培训基地教师深入基层开展党的十八大精神宣讲；集中开展党员学习十八大精神冬训工作。（荆　沛）

【创先争优活动】 围绕保持党的“思想纯洁、队伍纯洁、作风纯洁和清正廉洁”，开展保持党的纯洁性学习教育活动；召开全省创先争优活动总结表彰大会和“彭云同志先进事迹报告会”，编辑出版《好支书彭云》《三晋创先争优群英谱》；总结创先争优长效机制50项，编辑出版《山西省创先争优活动理论研讨文集》。深化干部下乡住村包村增收活动，省市县乡各级12.1万余名机关党员干部下基层，制定发展规划2.3万个，新上项目近2万个，解决实际问题6.6万个；按照“六个一”步骤，全省开展保持党的纯洁性学习教育活动，各级党组织编印学习资料51万余册，组织专题报告会2300余场次，邀请先进典型作巡回报告100多场次，创先争优活动体现山西特色。（荆　沛）

【领导班子和干部队伍建设】 围绕转型跨越发展选干部配班子，建设高素质执政骨干队伍。一是加强干部宏观管理。完善党政领导班子和重要岗位领导干部结构定期分析制度，制定《山西省领导干部德的考核考察评价办法》《关于实行干部任前档案审核制度的意见》等干部管理制度。二是抓好领导班子建设。完成太原、大同、阳泉、长治4个市人大政府政协和部分省级群团组织的换届工作。实施省委“两推两议两差额”办法，选拔3名市委书记、4名市长。完善市县党委领导班子内部制度建设，推动地方领导班子内部工作运行科学化、制度化、规范化。开展转型综改试验试点县和扩权强县试点县等专题调研。完成84名援疆干部的轮换和受援地近700

人来晋培训工作。三是推进干部能力素质提升工程。完善具有山西特色的组织调训、干部选学、在线学习"三位一体"干部教育培训格局。会同职能部门对3500多名业务骨干进行联合培训,组织"分类送学"培训基层干部7.6万人次,组织领导干部开展境外专题培训,全省4.3万余名干部进行选学培训,"山西干部在线学院"网络培训访问量突破2400万人次。四是严格干部监督管理。落实四项监督制度,开展"一报告两评议"和领导干部报告个人有关事项工作,对部分市、县委书记进行干部选拔任用工作离任检查。开展与115位县委书记专题谈心谈话活动。出台《干部任前档案审核制度》,对拟提拔或调整干部实行干部任前档案审核制度,部分干部因材料涂改、材料虚假等原因,取消考察人选或任用资格。总结试点工作经验,全省开展以干部"三龄两历一身份"信息为重点的干部人事档案集中审核和专项清理工作,解决干部管理中存在的问题。完善干部选任纪实监督系统,对干部选任工作进行全程监督。开展整治跑官要官专项行动,对105个单位执行干部人事制度政策法规、提高选人用人公信度工作进行督促检查。 (荆 沛)

【干部人事制度改革】 深化干部人事制度改革,落实各项改革举措。一是推进干部多层次多岗位挂职锻炼。按照省委深化干部人事制度改革"6+7"的工作要求,推进相关举措的实施。实现山西省与中央国家机关和央企的双向互派挂职干部31名;从省直部门和市县选派58名干部赴8个省外国家级综改试验区挂职学习;从省直综合和研究部门选调11名年轻干部赴综改试点县挂职调研;选派第五批15名厅处级中青年干部到省信访局挂职锻炼;选派两批省市综合部门34名业务干部到山西证监局顶岗锻炼;安排省委党校教师和高校团干部到地方和企业挂职锻炼。二是开展年度目标责任考核。紧扣全省转型跨越发展的主题主线,探索科学的考核指标体系和评价方法;扩大考核民主,建立"四位一体"的考核民意测评体系;推广"山西省年度目标责任考核信息网络系统",提高过程管理的规范性和科学性;对在党风廉政建设、安全生产等方面出现严重问题的单位和干部严格实行"一票否决"。三是推行成熟改革举措。在地方、省直、高校和企事业单位加大有限性和差额选拔领导干部力度,取得成效。健全完善公务员管理配套法规体系,推进公务员管理信息系统建设。推进面向基层一线选拔考录公务员工作。出台山西省公务员公开遴选办法,从优秀大学生村官中公开遴选318名县(市、区)乡科级副职领导干部。开展省市县乡四级党群系统公务员考录工作,要求省市两级招录职位需具有两年以上基层工作经历。实施有7万余人报名参加的"四级联考"、从优秀村干部、国有企业正式职工中招录公务员"三项招录",改善党群系统公务员队伍来源和经历结构。 (荆 沛)

【基层党组织和党员队伍建设】 开展"集成升级"行动,加强基层党组织和党员队伍建设。一是实施六项系列计划,提升基层党建工作整体水平。实施农村"领头雁"培训计划,对36915名农村"两委"主干进行集中培训,提升农村干部能力素质;实施非公有制经济组织党组织集中组建计划,新组建党组织9697个,构建起党的组织和工作"两个覆盖"体系;实施社区网格化管理计划,提升社区党组织和社区居委会服务群众和参与社会管理的能力;实施推广"文建明工作法"计划,加强乡镇党委科学化、制度化、规范化建设;实施机关党建"走在前头"计划,加强机关党建的带动作用;实施"三级联述联评联考"计划,市县乡三级党委书记就抓基层党建工作情况进行专项述职并接受评议考核。二是以提高发展党员质量为重点,加强和改进党员队伍建设。下发《2012年山西省发展党员工作计划》,指导各地重点发展工人、农民党员,重视发展大学生以及窗口单位和服务行业工作一线党员。截至2012年底,山西省共产党员总数233.3万名,比上年度增加4.73万名,党员队伍结构优化,党员构成分布合理。强化"12371"热线,服务广大党员。加强党员教育,引导广大党员坚定理想信念。加强信教地区党员的教育和管理工作。坚持党内激励、关怀、帮扶机制,开展走访慰问老干部、老党员活动。结合非公有制经济组织建设,加强流动党员教育管理。三是加强大学生村官管理,构建长效机制。出台《关于进一步加强大学生村官工作的实施意见》;选聘524名大学生村官;开展大学生村官工作先进单位和优秀大学生村官评选表彰活动;在全省大学生村官中实施"创业行动计划",围绕省委、省政府"一村一品""一县一业"的农村发展方针,鼓励和支持大学生村官加入农民专业合作社。全省有8419名大学生村官参与创业,占在岗大学生村官的46.8%,为群众提供就业岗位5万多个,带动社会资金4.2亿元投入创业项目,带动10多万户农民增收致富。 (荆 沛)

【人才队伍建设】 坚持人才政策创新和人才工程建设,推进人才强省战略。实施高端创新型人才培养引进工程、海外高层次人才引进工程、新兴产业领军人才培养引进工程、名师名家培育工程等10项重大人才工程。"百人计划"前五批引进海外高层次人才137人。新兴产业领军人才培养引进工程首批评审50领军人才,评审首批"三晋学者专家"18名,首批青年拔尖人才10名,首批学术技术带头人397名,宣传文化系统第一批"四个一批"人选100名。全年新增院士工作站18个,博士后科研流动站15个,建立国家级、省级高技能人才培训基地9个、技能大师工作室11个。 (荆 沛)

【组织部门自身建设】 加强部机关领导班子和队伍建设。一是加强理论武装,建设学习型机关。省委常委、组织部部长汤涛为全体党员干部讲授党课、解读十八大报告、推荐优秀书目。部机关通过多种形式,定期组织机关干部开展专题学习、读书交流和党日活动达18次,组织机关全体干部进行十八大精神集中封闭学习。二是加强党性锻炼,改进干部作风。开展学习李林森、彭云等同志先进事迹活动,激励机关干部创先争优。开展“组工干部下基层”活动,两次组织部机关干部集中下乡驻村,开展十八大精神宣讲,帮助基层解决实际问题。三是加强内部管理,激发内在活力。全年共召开部务会议44次。进行部机关1名正厅级干部、3名副厅级干部、20名处级干部、8名科级干部的民主推荐、晋升考察等项工作。分4批通过公考、遴选或选调方式,为部机关补充26名30岁以下的工作人员,对35名近两年新进部机关工作人员进行集中培训。完成省城联社办公用房租用装修,争取解决机关职工住房问题。四是加强文明建设,营造和谐氛围。在丰润泽国家级农业科技示范园与农民朋友举办迎新春联欢、组织万亩生态园的植树劳动、百团大战纪念馆和大寨村的参观活动。

(荆　沛)

宣　传

【理论武装】 推进学习型党组织建设,组织广大党员干部认真学习党的十八大精神,学习党的基本理论和科学发展观,学习胡锦涛同志“7·23”重要讲话和中央、省委的重大决策部署,统一思想,凝聚共识。省委宣传部组建各种层次的宣讲团,对党的十八大精神进行宣讲。特别是组建“五进”宣讲团,把十八大精神迅速传达到各行各业、千家万户,取得很好的效果,新华社为此专门进行报道。

省委中心组坚持每月一次学习,并总结出“六学六用”经验,得到中央领导和中宣部的肯定,中央主流媒体予以集中报道。省委中心组带动各级党委(党组)中心组、广大党员干部以及全社会的学习。

全省社科理论战线组织开展科研攻关,推出一批成果。省社科规划办加强重点课题的规划储备,共申请国家社科基金资助课题49项,评审确定哲学社会科学立项课题168项。省社科院出版《山西经济社会蓝皮书》等专著22部。省社科联组织第七次社科研究成果评选表彰活动,实施社科研究“百部(篇)工程”,推出《山西资源型经济转型路径研究》《山西农村城镇化发展研究》《山西区域发展研究》等一批优秀成果。加强《前进》杂志、《先锋队》杂志和《山西日报理论版》等理论宣传阵地建设,积极探索理论通俗化大众化的新路子,推动科学理论的宣传普及。 (冯向宇)

【舆论引导】 2012年,省委宣传部充分发挥《山西日报》、山西广播电视台、黄河新闻网、山西新闻网等媒体以及各种外宣平台的主渠道、主阵地、主力军作用,围绕党的十八大,深入开展“新山西　新跨越　新成就”和“科学发展成就辉煌”主题宣传,宣传报道十八大盛况和广大干部群众的热烈反响,解读干部群众学习中遇到的重点难点问题,报道全省上下学习贯彻十八大精神的进展和成效。

围绕省委、省政府中心工作,精心组织“有效应对稳增长”“项目落地促转型”等主题宣传。成功组织全国文化体制改革工作会议,推介山西文化体制改革的宝贵经验。对山西省党政代表团赴粤鄂豫闽四省招商引资、首届世界晋商大会、能源博览会、平遥国际摄影大展以及10个全覆盖、重点工程建设、安全生产等进行大力度的宣传报道,唱响转型跨越发展的主旋律。

加强同中央媒体沟通协作,聚焦山西转型跨越发展。一年来,新华社、《人民日报》《光明日报》《经济日报》《中国日报》、中央电视台、中央人民广播电台等中央主要媒体,共刊发反映山西的稿件4000余篇(条)。《山西转型跨越风生水起》《安全生产大如天》《为了三晋大地更美丽》《万树繁花春意闹——山西文化改革发展纪实》以及“喜迎十八大山西专刊”“第四届能博会特刊”“山西转型综改试验区建设特刊”等一大批重点稿件,在全国产生重大影响。

加强舆论引导,完善工作机制,发挥“五支队伍”的作用,对全省多个社会热点和突发事件,进行及时引导、妥善处置,有效掌控舆论。

(冯向宇)

【公共文化服务体系建设】 截至2012年底,山西大剧院、图书馆、科技馆、体育馆等重点文化设施全部建成;山西广电中心等新的重点工程正在实施;市级“五馆一院”(博物馆、图书馆、文化馆、科技馆、体育馆和歌舞剧院)和县级“三馆一院”(文化馆、图书馆、体育馆和多厅数字影院)的建设全面铺开;太原、大同、朔州、忻州等市的文化设施起点高、功能全,成为文化惠民的新平台;长治市国家级公共文化服务体系示范区创建工作深入开展;乡镇综合文化站、广播电视村村通、农家书屋等文化惠民工程完成;公共文化活动场所免费开放。文化遗产保护利用工作加强;启动云冈石窟、五台山、应县木塔等的保护工程,推进山西南部早期古建筑保护工程和晋阳古城国家考古遗址公园的建设,推出《晋国文物精华展》《山西佛教雕塑艺术展》等一批精品展览。省人大通过《山西省非物质文化遗产条例》,2012年1月起正式实施,走在全国前列。文化部批准《晋中文化生态保护实验区总体规划》,在全国是第三家。评审认定一批非物质文化遗产示范基地和代表性传承人。

(冯向宇)

【文化精品创作生产】 2012年,全省文化精品不断涌现,如电影《咆哮无声》、电视剧《红军东征》、话剧《立春》、舞剧《粉墨春秋》等作品。姚奠中书艺展、赵梅生画展、陈巨锁墨迹展等,产生影响。山西鼓乐、山西民间歌舞和民间戏剧等20多个团组,先后出访美国、加拿大、新加坡、澳大利亚和我国香港、澳门、台湾等地。在全国第十二届精神文明建设“五个一工程”评奖中,山西省申报的电视剧《革命人永远是年轻》、说唱剧《解放》、歌曲《阳光路上》和图书《怒放的玫瑰》等四部作品获奖。说唱剧《解放》进入国家舞台艺术精品工程。蒲剧《山村母亲》、晋剧《大红灯笼》入围国家舞台艺术精品工程资助项目。舞剧《一把酸枣》《粉墨春秋》入选国家文化出口重点项目。 (冯向宇)

【文化体制机制改革】 2012年,全省完成99家非时政类报刊出版单位、1家重点新闻网站转企改制任务。连同前两年已经转企改制的120家出版发行单位、154家电影发行放映和电视剧制作单位、163家国有文艺院团，山西省完成537家经营性文化单位转企改制任务，共核销事业编制15100余人。同时，理顺文化管理体制，新组建的文广新局、广播电视台、文化市场综合执法机构、国有文化资产监管机构等运行良好。加大资源整合力度，全省广电"一张网"格局基本形成，旅游、体育、文博、工美等四大文化产业集团筹备工作基本完成。山西省的文化体制改革走在全国前列，对此，中央和省委充分肯定。在2月召开的全国文化体制改革工作会议和9月召开的全国文化体制改革工作表彰大会上，山西省及11个市全部获得全国文化体制改革工作先进地区称号。（冯向宇）

【文化产业发展】 落实"四五发展"战略，文化产业保持强劲增长。在文化部公布的《2012中国省市文化产业发展指数报告》中，山西省文化产业驱动力指数为全国第六。这是山西省继2011年获得第二名后，再次稳居全国前列。山西出版传媒集团销售收入突破90亿元，实现利润5亿元，在全国出版集团总体排名第13位。山西广电信息网络集团、山西广电传媒集团、山西日报传媒集团、山西演艺集团、山西影视集团等骨干文化企业，也都取得良好效益。夏县宇达青铜、平遥推光漆器、定襄晟龙木雕、广灵剪纸等文化产品做大做优。太原高新区创意产业园、大同文化科技产业园、孝义完形影视基地等新型文化企业孵化基地，为山西省文化创意产业发展提供新支撑。八路军文化园、皇城相府文化园、雁门关风景区、大型实景演出《太行山》《印象平遥》等文化旅游项目，实现新突破。组团参加第八届深圳文博会、第七届北京文博会，签约金额突破120亿元。

（冯向宇）

【精神文明建设】 2012年，围绕思想道德建设，开展征集提炼"山西精神"宣传教育活动，推出"信义、坚韧、创新、图强"的山西精神。拍摄播出30集电视文献纪录片《旗帜——山西记忆》，开展左权将军殉国暨左权县命名70周年纪念活动，完成一批爱国主义教育基地的改陈布展，完成一批革命旧址的修缮。举办领导干部历史文化系列讲座、"我们的节日"系列文化活动。围绕形成良好道德风尚，开展"学雷锋、树新风"活动，开展第四届山西道德模范、"感动山西"十大人物、山西首届美德少年、"身边好人"等评选活动，开展向国旗敬礼、传唱优秀童谣、网上祭英烈等未成年人思想道德建设活动，开展净化社会文化环境、治理道德领域突出问题、"扫黄打非"等活动。围绕提高城乡文明程度，深入开展"迎接十八大、讲文明树新风""送欢乐下基层" 等文化活动，开展优秀文艺作品展播展映展演活动。开展文明城市、文明村镇、文明单位等精神文明创建活动，对长治市创建全国文明城市的先进经验进行集中宣传。围绕加强和改进思想政治工作，开展专题调研，形成成果200余项。（冯向宇）

统 战

【概述】 1. 学习宣传贯彻十八大精神，夯实统一战线共同思想政治基础。以迎接十八大召开为契机，深化"社会主义核心价值体系学与行活动"，组织统战成员到红色教育基地参观考察，在民主党派省级组织换届后开展政治交接学习教育，在非公有制经济人士中开展 "发扬晋商精神，提升晋企形象"系列活动，在统一战线组织开展"喜迎十八大，争作新贡献"主题活动，增强统一战线成员与中国共产党"思想上同心同德、目标上同心同向、行动上同心同行"的自觉性。十八大召开后，召开统一战线学习宣传贯彻十八大精神报告会，就统一战线学习宣传贯彻十八大精神进行部署，提出要求。各级统战部门和统一战线各单位学习、把握、贯彻十八大精神，全省统一战线思想政治基础更加牢固。

2. 牵头承办首届世界晋商大会，彰显统一战线服务转型跨越发展优势和作用。鼓励支持统一战线成员围绕全省转型跨越发展发挥优势、建言献策，组织各民主党派、工商联和无党派人士，开展深度专题调研，形成一系列高质量调研报告，向省委、省政府作专题汇报，得到重视和采纳。召开民营企业转型跨越发展座谈会，通过现场观摩交流，引导民营企业增强转型发展、承担社会责任的责任感和紧迫感。落实省委、省政府决策部署，牵头承办首届世界晋商大会，取得成功。签约协议、合同项目561个，总投资7921.9亿元，拟引资7084.4亿元，引进高端人才123名，挖掘和宣传晋商文化、晋商精神和山西的投资发展环境，提升全省统一战线的地位和形象。

3. 指导协助民主党派、工商联搞好换届，推进统一战线可持续发展。贯彻落实省委要求，加强组织领导，发扬民主协商，严格政策程序，积极支持配合。截至6月中旬，全省6个民主党派省级组织及省工商联完成换届任务。袁纯清与新任班子成员座谈。年底前，省台联、省海联会也都完成换届。各民主党派、工商联等省级组织结构更加合理，素质明显提高，标志着山西省统一战线可持续发展进入新阶段。

4. 落实中央4号文件精神，加强党外代表人士队伍建设。年初，中央下发4号文件后，省委统战部及时研究制定贯彻思路和举措。在深入调研、征求意见的基础上，完成山西省贯彻中央4号文件《实施意见》起草任务，经省委常委会审定以晋发〔2012〕8号文件正式下发。坚持常规轮训与专题培训相结合，举办各类培训班8期，培训学员1000余名，提升党外代表人士队伍的整体素质。按照省人大、政府、政协换届的部署，积极做好党外代表人士推荐提名和配合考察等工作，党外人士的安排比例和数量要求得到落实。

与此同时，推进各领域统战工作，完成中央统战部和省委、省政府赋予的各项任务，年度目标责任考核各项指标全部落实。（王　峰）

【省法检两院向非中共人士情况通报会】 1月9日，省委统战部受省委委托，牵头召开会议分别通报2011年省高院、省检察院工作情况，听取党外人士对法检两院工作的意见和建议。省委常委、政法委书记、省检察院检察长王建明，省高级人民法院院长左世忠出席会议并讲话。省委常委、统战部部长聂春玉主持通报会并作总结讲话。各民主党派省委主委、驻会副主委、在并兼职副主委、秘书长，省工商联主席、驻会副主席、在并兼职副主席、秘书长，无党派代表人士，以及省委统战部有关班子成员、处室负责人，共计60余人参加会议。 (王　峰)

【民主党派和无党派市厅级领导干部履职交流大会】 2月9日召开。聂春玉出席会议并讲话。他提出四点希望和要求：一是正确认识形势，强化政治意识，做中国特色社会主义的坚定信仰者；二是围绕全省大局和工作中心，主动作为，身体力行，做转型跨越发展的积极实践者；三是坚持尽职尽责，发挥独特优势，做参政议政、建言献策的模范带头者；四是加强自身建设，做严于律己、德才兼备的作风过硬者。省委统战部常务副部长马天荣主持第一次全体会议并作动员讲话，省委统战部副部长、省宗教局局长边根棠主持第二次全体会议。会议特别邀请省委组织部、省监察厅有关负责同志出席，省委组织部常务副部长朱先奇讲话。副省长、民盟省委主委张平，省政协副主席、农工党省委主委周然，省政协副主席、民进省委主委卫小春，省政协副主席、九三学社省委主委刘滇生，省政协副主席、民建省委主委王宁，省委统战部领导班子成员，省委组织部、省监察厅有关负责同志，以及来自全省各地、各部门的85位民主党派和无党派市厅级领导干部参加会议。 (王　峰)

【全省统战部部长会议】 2月10日召开。会议总结2012年全省统战工作，对2013年任务进行安排部署。会议表彰全省统战调研、宣传、信息工作先进单位及个人，组织大会交流。聂春玉出席大会并讲话。各市、县委统战部部长，省直工委、高校工委、国资委党委、国防科工委和团省委统战部部长，部分高等院校、国有企业统战部部长，省统战系统各单位党员负责同志，省委统战部机关干部，共计200余人参加会议。 (王　峰)

【民主党派、工商联和无党派人士表彰大会】 2月11日，省委统战部、省人力资源和社会保障厅、各民主党派省委会、省工商联联合召开。会议表彰先进集体15名、先进个人41名、建言献策优秀成果30项、社会服务优秀成果15项，其中，5名先进集体和个人作典型发言。民盟省委主委、副省长张平主持会议，聂春玉出席会议并讲话。 (王　峰)

【“发扬晋商精神·提升晋企形象”主题座谈会】 3月29日，省委统战部、省工商联共同召开。7位企业家代表进行表态发言，沁新集团董事长孙宏原代表大会宣读“发扬晋商精神·提升晋企形象”的倡议书，号召全省广大民营企业、非公有制经济人士进一步发扬晋商精神，投身转型跨越，承担社会责任，展现时代风采。省委统战部副部长、省工商联党组书记郭海刚主持，聂春玉出席并讲话。省政协原副主席、省工商联原主席韩儒英，省工商联部分企业家副主席（副会长），省直属商会负责人和秘书长约60多人参加座谈。 (王　峰)

【各民主党派、工商联省级组织换届】 4月19日至6月18日，山西省6个民主党派和工商联先后召开全省代表大会，听取和审议过去五年的工作报告，选举产生各民主党派、工商联省级组织新一届领导班子和参加全国代表大会代表。全国政协副主席、民建中央第一副主席张榕明，全国政协副主席、民进中央常务副主席罗富和，全国工商联党组副书记、副主席黄小祥，民革中央副主席何丕洁，民盟中央常务副主席张宝文，农工党中央副主席陈述涛，九三学社中央副主席马大龙，以及省委、省人大、省政府、省政协四套班子领导分别出席有关会议。聂春玉代表省委、省人大、省政府、省政协致辞。经选举，张友君任民革山西省第十一届委员会主委，张平任民盟山西省第十届委员会主委，卫小春任民进山西省第七届委员会主委，王宁任民建山西省第八届委员会主委，周然任农工党山西省第六届委员会主委，刘滇生任九三学社山西省第九届委员会主委，张复明任山西省工商联主席(总商会会长)。 (王　峰)

【海内外媒体“三晋行”采风活动】 4月23日，省委统战部牵头组织开展海内外媒体“三晋行”采风活动，组织动员新闻媒体的力量，进一步宣传晋商历史、晋商文化、晋商精神，宣传当代海内外晋商的创业历程和成功案例，特别是省内民营企业家为山西改革发展做出的重大贡献，展示他们解放思想、艰苦创业、感恩奉献、义行天下的良好形象。同时，以首届世界晋商大会召开为契机，进一步宣传改革开放以来山西经济社会发展取得的辉煌成就，宣传山西加快转型跨越发展的坚定信念、宏伟目标、资源优势和政策环境，特别是国家资源型经济转型综合改革配套试验区给山西带来的新机遇、新平台、新环境，吸引更多有识之士到山西投资发展。聂春玉出席启动仪式并代表省委、省政府和首届世界晋商大会执委会讲话。海内外50多家媒体参加采风活动。 (王　峰)

【同心·新晋商科普惠“三老”活动推进会】 4月8日召开。会议重点对深入推进活动进行再动员再部署。省委常委、统战部部长聂春玉出席并讲话。会议还组织非公有制经济人士向生活困难的全省老红军、老八路、新中国成立前老党员家庭捐赠资金330余万元，提供功臣手机和话费，帮助“三老”家庭走科技扶贫、信息致富之路。 (王　峰)

【“新晋商·新形象·新境界”民企座谈会】 5月31日召开。新当选的省工商联主席、副主席、总商会副会长等参加会议。8位企业家代表和3位专家学者分别发言，与会人员就新时代晋商传承晋商文化、发扬晋商精神、加快转型跨越发展等进行座谈交流。袁纯清出席会议并讲话，希望全省民营企业家做责任晋商、诚信晋商、知识晋商、开放晋商。 (王　峰)

【各民主党派新一届省委班子成员座谈会】 6月27日，省委召开“同心同向同行，共铸转型跨越——山西省各民主党派新一届省委班子成员座谈会”。袁纯清出席并讲话，聂春玉主持会议。各民主党派新当选主委张平、周然、卫小春、刘滇生、王宁、张友君先后发言。省纪委副书记冯改朵、省委组织部副部长陈跃钢、省委宣传部常务副部长李高山、省发改委主任王赋、省财政厅厅长郑建国应邀出席会议，各民主党派省委副主委、秘书长，省委统战部班子成员参加会议。

（王　峰）

【姚奠中先生百岁华诞暨东亚经学研讨会】 7月14日在太原召开。聂春玉，张平，省人大常委会副主任王雅安，省政协副主席、九三学社山西省委主委、山西大学副校长刘滇生，原省级老领导郭裕怀、刘泽民、范堆相、李玉明、李蓼源、秦国栋、刘波、宋绍华、吴博威等出席，张平、刘滇生分别讲话。姚奠中是山西稷山县人，生于1913年，系章太炎晚年七名国学研究生之一。历任山西大学中文系教授、主任、古典文学研究所所长，全国政协委员、省政协副主席、九三学社山西省委主委，山西省古典文学会会长、中国书法家协会理事、山西省书法家协会名誉主席等职。发表过有关中国古代文、史、哲论文130余篇，出版和再版专著（含主编及高校教材）23种，其中获得国家级奖2种，省级奖6种。姚奠中以诗、书、画、印并称“四绝”，于2009年获第三届兰亭奖终身成就奖。

（王　峰）

【各民主党派新一届领导班子成员培训班】 10月14~18日在中央社会主义学院举办。聂春玉出席开学典礼并作动员讲话，马天荣主持开学典礼。中央统战部一局副局长易玉娟，中央社会主义学院党组副书记、副院长周宁，副院长张峰，各民主党派省委会主委张平、周然、刘滇生、张友君，省委统战部副部长张云泽等出席开学典礼。各民主党派省委班子成员、市委主委共计83人参加培训。

（王　峰）

【全省民营企业转型跨越发展座谈会】 10月17~18日在长治召开“喜迎十八大、争做新贡献”全省民营企业转型跨越发展座谈会。会议总结交流山西省民营企业转型跨越发展取得的成效，分析当前面临的形势和任务，对进一步推进全省民营企业转型跨越发展进行安排部署，并组织与会人员现场观摩潞宝集团等6家民营企业的转型跨越发展情况。聂春玉出席会议并讲话。省工商联（总商会）领导班子成员，各市委统战部部长，市工商联主席、党组书记共计120余人参会。

（王　峰）

【全省党外知识分子代表人士培训班】 10月22~24日在中央社会主义学院举办。重点学习中国特色社会主义政治发展道路、胡锦涛同志《7·23》重要讲话、中发4号文件、“同心”思想的理论实践、统战理论政策、党外知识分子工作方针政策以及时政时事等理论知识，组织开展7个专题的理论研讨。聂春玉出席开班仪式并讲话。全省机关、企事业单位和“两新”组织中代表性强、影响力大的专家教授、党外干部、新的社会阶层人士、归国留学人员等共计70余人参加培训。

（王　峰）

【省工商联常委培训班】 10月29日至11月1日在辽宁省大连市高级经理学院举办。这次培训以“转型跨越、提升素质”为主题，在加强政治引导的同时，围绕转型跨越发展目标来设置课程，主要安排与民营企业发展密切相关的七个专题讲座，涉及转变发展方式、企业管理、危机应对、素质提升等多方面内容。省委常委、统战部部长聂春玉出席培训班结业仪式并讲话。

（王　峰）

【统一战线服务转型跨越发展调研成果汇报会】 11月27日召开。2012年上半年，省委统战部组织山西省各民主党派、工商联和无党派人士，紧紧围绕省委、省政府转型跨越发展战略部署，紧贴山西现阶段改革发展实际，选择8个课题深入开展调查研究活动，形成《夯实产业基础，创新发展路径，促进我省现代畜牧业快速发展》等8份高质量调研报告，袁纯清批示：“这是一种积极作为，有利于凝聚共识、形成合力，应予肯定和坚持。”根据省委安排，省委统战部召开调研成果汇报会，各民主党派省委、省工商联负责人及无党派代表人士卫小春、王宁、张友君、赵恒寿、赵鸣、张李锁、杨武德、张复明分别代表8个调研组进行汇报。省委常委、副省长高建民出席会议并讲话，省委常委、统战部部长聂春玉主持会议。各民主党派省委主委、驻会副主委、参政议政部负责同志和有关专家学者，省工商联主席、分管副主席、调研室负责同志和有关专家学者，无党派人士调研组有关同志，省直有关部门负责同志，省委统战部班子成员和各处室负责同志，共80余人参加会议。

（王　峰）

政法委

【概述】 2012年，省委政法委贯彻中央政法委、中央综治委的一系列重大决策部署，围绕为党的十八大胜利召开营造和谐稳定社会环境的总目标，把握“七个始终坚持”（始终坚持党的领导、始终坚持服务大局、始终坚持执法为民、始终坚持开拓创新、始终坚持统筹兼顾、始终坚持固本强基、始终坚持狠抓落实），以“六个坚决防止”（坚决防止发生影响国家安全和政治稳定的重大事件、坚决防止发生严重暴力恐怖事件、坚决防止发生大规模群体性事件、坚决防止发生大规模进京上访活动和重大个人极端事件、坚决防止发生重大公共安全事件、坚决防止发生重大安全生产事故）为重点，以深化三项重点工作为抓手，以开展政法干警核心价值观教育实践活动为保证，为转型跨越发展创造和谐稳定的社会环境、公平正义的法治环境、优质高效的服务环境。贾庆林对山西省建立的维稳工作机制予以肯定；周永康在听取山西政法工作情况汇报时，对山西省政法工作的思路、做法给予充分肯定；中央政法委《政法动态》《综治动态》《政法综治要情信息》等简报30余次反映山西省政法综治工作情况。省委常委会5次专题研究政法综治工作;袁纯清、王君对政法综治工作作出23次批示;省委办公厅《山西信息》刊发省委政法委上报信息60余篇。(史竹涛)

【全省政法工作会议】 1月18日在太原召开。会议的主要任务是贯彻落实党的十七届六中全会、中央经济工作会议、全国政法工作会议和省第十次党代会、省委十届二次全会暨全省经济工作会议、全省"两会"精神,总结2011年政法工作,部署2012年政法工作。袁纯清、王君对政法工作提出具体要求,金道铭代表省委参加会议并讲话,省委常委、政法委书记王建明作工作报告。(史竹涛)

【社会稳定创造维护】 1.为十八大召开创造稳定的社会环境。先后召开会议,对十八大安保维稳工作进行研究部署,出台维护稳定六项制度。十八大召开之前,组织督导检查组分赴各地各部门督促检查,强化出省进京检查站和护路护线工作,及时发现并清除一批不稳定因素和安全隐患,确保"六个坚决防止"工作目标的实现。

2.开展严打整治。开展打黑除恶、命案侦破、治爆缉枪等专项行动,保持对严重刑事犯罪活动的高压态势。全省共排查各类场所20余万个,其中重点部位和场所3.5万处,逐一进行整治。

3.推进矛盾化解。在推行重大决策社会稳定风险评估机制的基础上,发展劳资纠纷、医患纠纷、交通事故纠纷等专业调解组织,完善人民调解、行政调解、司法调解衔接互补的大调解体系。2012年,人民调解组织调解各类矛盾纠纷近30万件,全省法院民事案件调解撤诉率达68.82%,执行案件和解率达27.41%。在劳资纠纷、医患纠纷、交通事故纠纷等重点领域发展调解组织,强化专业性调解工作。召开全省预防和化解医患纠纷电视电话会议,推动法官、警官、律师进医院,开展"平安医院"创建活动;推进集中化解,推进涉法涉诉信访积案化解工作。(史竹涛)

【重点项目和转型综改试验区建设服务保障】 1.更新执法理念。引导政法机关克服不合时宜的条条框框,树立正确的执法理念和发展理念,克服机械执法、孤立办案的问题,处理涉及项目建设的各种涉法纠纷,依法同等保护各类市场主体,既准确打击经济犯罪,又有效保护改革创新,省政法各部门都出台为"项目落地年"提供服务和保障的相关措施。组织调研并起草《政法机关服务和保障转型综改试验区建设的指导意见》,并组织省法、检、公、司初步起草实施办法。

2.维护项目安全。推进治乱除霸专项行动,开展企业及项目周边治安秩序专项排查整治,建立警企共建联动制度、社区民警走访联系和治安通报制度、治安刑事案件回访制度、报警求助第一时间响应制度、园区和企业周边重点巡防制度,营造让企业满意、让投资者放心的治安环境。

3.化解矛盾纠纷。各级政法机关深入企业、对接项目,集中开展矛盾纠纷大排查、大化解活动,掌握涉及项目建设矛盾纠纷的情况,把握苗头性、预警性信息,认真研究化解。对涉及群众切身利益的重大项目和重大决策,推行分级评估、分类评估、专业评估、中介机构评估等办法,防止"项目一上马,矛盾跟着来"。

4.创优投资环境。推进法治建设,开展"六五"法制宣传教育,重点教育引导政府职能部门规范服务企业行为、劳动保障行为、行政审批行为、城乡建设行为,不断提高国家机关工作人员依法行政、依法办事的能力和水平。发挥法律的强制和调节功能,打击与调节并举,推动社会信用体系建设,促进形成依法竞争、公平竞争、诚信经营的良好市场环境。对涉及项目建设、企业发展、招商引资的案件,快侦快破、快捕快诉、快审快结。对各类行政审批项目,简化审批程序,提高审批效率。重点查办贪污贿赂、渎职侵权职务犯罪,查办国土、城建等行政执法人员职务犯罪,开展重点项目职务犯罪专项预防工作,预防工作与工程进度同步进行,预防措施与监理制度同步落实。

5.防范法律风险。开展"牵手工程",组建专项法律服务团为全省转型跨越20项标杆项目和100余项重点项目提供优质高效的法律服务。推行主动式顾问服务和客户监督回访服务模式,组织律师、公证员、基层法律服务工作者主动走访重点项目承建企业,到开发园区开展"法律服务接待日、咨询日"活动,建立联系点,为企业和项目建设防范化解风险提供法律服务。对全省产业转型、涉煤调产重点项目企业提供法律建议,对民营企业进行"法律体检"。(史竹涛)

【社会管理加强和创新】 1.强化顶层设计。(1)加强组织领导。"山西省社会治安综合治理委员会"更名为"山西省社会管理综合治理委员会",职责任务是省委、省政府的协调机构。省综治委成员单位数量由41个增加至52个。省综治委更名后召开的第一次全体会议,审议通过工作制度和分工方案,对全省社会管理综合治理工作进行安排部署。王建明逐一主持召开10个专项组工作会议和负责人会议,逐项进行研究部署。全省11个市、119个县(市、区)也迅速完成更名工作。(2)确立发展框架。全省加强和创新社会管理的总体思路是:着力构建"八大体系",努力实现"四个突破"。"八大体系"是社会矛盾化解体系、实有人口服务管理体系、特殊人群服务管理体系、社会治安防控体系、公共安全管理体系、"两新组织"服务管理体系、信息网络服务管理体系、基层社会服务管理体系。"四个突破"是在全面推进的基础上,在公共安全管理、基层社会服务管理、流动人口服务管理、特殊人群服务管理上取得突破性进展。(3)明确重点任务。在各专项组梳理出的149项工作的基础上,筛选确定46项重点工作,制定《2012年省综治委专项组重点工作安排》,明确时间表、路径图、责任制,逐项强力推进。袁纯清和王君分别作出批示予以肯定。各地各有关部门及时召开会议,与本地本部门整体工作同规划、同部署,围绕重点确立项目,因地制宜突出特色,形成明确的工作任务体系。

2.推进重点突破。构建公共安全防范机制，推广电子雷管和现场炸药混装一体化爆破作业模式，构建以物联网为支撑、以网格化为模式、以社会化为特点的消防安全防范体系，不断健全交通事故预防机制，各类安全事故均有明显下降。创新流动人口服务管理，制定《山西省农民工权益保障规定》《山西省房屋租赁管理工作方案》和《关于进一步加强房屋租赁登记备案管理的通知》，起草《山西省流动人口服务管理办法》，形成以证管人、以房管人、以业管人、以服务管人的多渠道管理格局。自主研发流动人口综合信息服务管理系统，在试点的基础上在全省进行推广。同时，省综治委加强调研指导、督促检查，严格落实综治责任制，对22个问题进行挂牌督办，对37个部门和单位行使一票否决权。

3.加强基层基础建设。省综治委制定下发《关于加强基层社会服务管理体系建设的指导意见》，对全省基层社会服务管理工作的组织、职责、机制、保障等进行规范，实施以县推进、"三步走"战略，用一年左右的时间，在全省基本建立县、乡、社区(村)、网格"四级"联动，组织构架、运行管理、信息支撑、组织保障四大体系为支撑的基层社会服务管理模式。在全省分别召开4个片会进行专题部署和强力推进。2012年，全省乡镇(街道)综治维稳中心或信访维稳中心等机构全部更名重组为乡镇（街道)社会服务管理中心，实行管理联抓、矛盾联调、问题联治、治安联防、平安联创。全省城市社区全面实施网格化管理，加强社会服务管理、信息采集处理、党员作用发挥、工作经费保障等各项工作机制。由网格负责人承担政策宣传、信息收集、治安巡逻、矛盾调解、困难帮扶等职责，形成"一次采集、多方共享、动态更新、全面覆盖"的网格信息收集利用体系，并将党支部建在网格上，形成多层次的党员管理机制。（史竹涛）

【教育实践活动】 按照中央政法委的统一部署，深入开展政法干警核心价值观教育实践活动。

1.强化组织领导。制定教育实践活动实施方案，明确教育实践活动的指导思想、目标任务、主要内容和方法步骤，具体确定14个"规定动作"。召开省、市、县三级电视电话会议进行动员部署，层层制订实施方案、召开动员会议，调动广大政法干警的主动性，形成"人人参与进来、人人接受教育"的良好局面。各级党委政法委和政法机关全部成立由主要领导挂帅的教育实践活动领导组，建立领导干部联系点制度，确定联系点1032个，深入基层指导1908人次，推动联系点成为示范点。在省内主流媒体开设专栏、专题、专版，广泛宣传教育实践活动的举措和成效。省委政法委组织专题报道组深入基层进行采访，大力宣传践行政法干警核心价值观的先进典型。

2.深化学习教育。组织大学习，省委政法委编印发放《政法干警核心价值观教育学习资料》，各级政法机关制订学习计划，采取集体学习、个人自学、撰写体会等方式，深化对政法干警核心价值观的认识。组织大讨论，分忠诚、为民、公正、廉洁四个专题，采取专题研讨、征文比赛、演讲比赛、网上讨论等形式，开展"从警为什么、成长靠什么、价值看什么"的大讨论活动。组织大辅导，邀请军旅作家、武警总部政治部创作室主任王树增为千名政法干警作题为"忠诚、为民，坚定理想信念"的专题辅导报告；邀请吉林省委政法委副书记、省综治办主任姜德志为全省广大政法干警作廉政教育报告。各地举办专题辅导报告会90余场。组织大公祭，4月5日，省委政法委采取统一时间、统一行动的方式，组织全省3万名政法干警参加"弘扬英烈精神、铸造忠诚警魂"的大型公祭活动，祭祀革命先烈，重温入党誓词，铭记党的光荣历史。组织大宣讲，遴选7名政法干警英模代表，组成英模事迹巡回报告团，深入11个市，为近万名政法干警作12场先进事迹报告。组织大走访，政法系统领导干部安排2至3天时间进村入户，与群众同吃、同住、同劳动；政法干警深入企业、项目和园区排忧解难。组织大培训，省委政法委在中山大学举办"全省政法系统社会管理创新和领导力提升专题研修班"，在山西大学举办两期"加强和创新社会管理专题培训班"，抽调全省党委政法委系统、省综治成员单位330余人参加。组织大考试，对全省9万余名政法干警统一进行政法干警核心价值观应知应会知识考试。

3.抓好检查整改。自我查摆，对照执法办案中容易发生的十个方面问题和保持党的纯洁性教育活动"六查六看"要求查找自身存在问题。开门评警，省委政法委组织开展千人问卷调查，派专人到11个市发放调查问卷1000余份，调查对象涉及机关干部、法律服务工作者、企业职工、个体工商户、农民等各个阶层，征求社会各界和群众对政法机关、干警的意见和建议。各级政法机关通过面对面座谈、发放征求意见函、开设热线电话、建立投诉中心、接待来信来访、开设网络邮箱、开通官方微博等形式，多渠道征集群众的意见和建议。整改提高，对查摆出来的问题积极整改。专项治理，开展"吃拿卡要"等不正之风专项整治活动和超期羁押、涉案人员非正常死亡、违法插手经济纠纷等执法问题的专项治理。严肃查处，省委政法委制定《政法干警违法违纪案件线索管理暂行办法》，1月至10月，依法查处各类违法违纪干警267人。整章建制，编写执法办案手册。（史竹涛）

机构编制

【概述】 2012年，省编办落实《山西省"十二五"时期机构编制工作指导意见》，以分类推进事业单位改革为重点，以推进政府职能转变为核心，以管住管好机构编制为目标，大力深化行政管理体制改革，推进改革、管理、法制化建设和自身建设，为全省转型跨越发展提供体制机制保障。

（王小琴）

【行政管理体制改革】 推进经济发达镇行政管理体制改革试点工作。9月17~18日，省编办牵头，会同省直10个部门组成评估工作组，对改革试点运行情况进行督导和初步评估。并在此基础上,草拟《关于对义安经济发达镇行政管理体制改革试点督导和初步评估工作情况的报告》。从评估效果看,改革成效初步显现:一是强化经济社会发展规划职能,促进可持续发展,实现城镇化发展理念的新飞跃;二是扩大镇级管理权限,加强科学引导,实现镇域经济发展的新增长;三是提升公共服务能力,发挥政策优势,实现经济社会协调发展的新跨越;四是创新行政管理体制,有效转变职能,实现政府行政职能的新提升。深入研究扩权强县涉及的机构编制相关工作。省编办贯彻省委、省政府《关于开展扩权强县试点工作的意见》(晋办发〔2011〕35 号)精神和李小鹏在全省扩权强县试点工作会议上的讲话精神,由办领导带队,多次深入试点县进行调研,草拟《关于加强扩权强县试点中机构编制工作的意见》,王君和李小鹏先后在《意见》上做重要批示。根据省领导的批示精神,省编办对《意见》进行认真修订。各市编办加强对扩权强县中机构编制的研究,探索创新省直管县的途径和方法。(王小琴)

【事业单位改革】 省直事业单位分类工作基本结束。省编办落实中央和省事改领导组的工作部署,推动事业单位分类进度,做了大量工作。一是根据中发〔2011〕5 号文件明确要求,调整分类目录;二是再次模拟分类,为正式分类奠定基础;三是在反复研究省直各事业单位职责的基础上,全面展开分类工作;四是对省直事业单位分类提出初步审核意见后,与主管部门充分沟通;五是对一些难以根据分类指导目录统一划分类别的事业单位,认真开展调查研究;六是层层把关严格审核,确保省直事业单位的分类做到科学、合理、准确。截至 2012 年底,省编办共对省直 1966 个事业单位(含省地税、质监、工商三个系统省以下垂管事业单位 382 个)提出分类意见,并向中央编办报备承担行政职能的事业单位。省领导对省编办的分类工作给予肯定,同意分类意见。市县分类推进事业单位改革有序推进。5 月初,省编办领导深入忻州、阳泉等市对推进事业单位分类情况进行调研,并召开全省推进市县事业单位分类改革工作(座谈)会议,对市县事业单位分类改革进行推动。截至 2012 年底,11 个市已将市直事业单位分类意见向省编办报备。牵头制定全省改革配套政策。根据《国务院办公厅关于印发分类推进事业单位改革试点工作》(国办发〔2011〕37 号)和《山西省分类推进事业单位改革的实施意见》(晋发〔2012〕5 号),省编办研究制定《山西省分类推进事业单位改革的实施意见》,并于 5 月以省委、省政府文件正式印发;研究制定《关于山西省事业单位分类的实施意见》《关于山西省承担行政职能事业单位改革的实施意见》《关于山西省建立和完善事业单位法人治理结构试点工作的意见》和《关于创新山西省事业单位机构编制管理的意见》等 4 个配套文件;督促省财政厅研究制定《关于山西省分类推进事业单位改革中财政有关政策的意见》《关于山西省分类推进事业单位改革中从事生产经营活动事业单位转制为企业的若干规定》和《关于分类推进山西省事业单位改革中加强国有资产管理的实施意见》等 3 个配套文件;督促省人社厅研究制定《关于深化山西省事业单位人事制度改革的实施意见》和《关于山西省深化事业单位工作人员收入分配制度改革的意见》2 个配套文件。事业单位法人治理结构试点工作取得新进展。经王君、李小鹏同意,重新确定省直 14 个事业单位和市级 11 个事业单位作为全省事业单位法人治理结构试点单位。根据中央编办要求,研究制定《山西省事业单位法人治理结构建设试点工作实施方案》,召开全省事业单位法人治理结构建设试点工作推进会议,对各试点单位进行全面系统的辅导,先后深入试点单位进行调研,多次召开省直事业单位法人治理结构试点单位座谈会,并组织各试点单位及其主管部门相关人员分别赴省外进行考察调研,事业单位法人治理结构试点工作正按步骤推进。(王小琴)

【体制机制调整】 加强对转型跨越发展中的体制机制问题研究,及时解决重点领域和关键环节所涉及的机构编制事项。省编办根据资源型经济转型综合配套改革的工作需要,对省转型综改办的内设机构及各处室的职责进行调整,使其职责配置更加科学。同时,组织相关人员深入地市开发区、园区进行调研,拟定全省各开发区管理机构和人员编制的初步意见。及时向设有综合保税区的省市了解掌握其相关管理体制、机构编制等情况,草拟《关于设立太原武宿综合保税区管理机构有关情况的报告》。太原市围绕转型综改区先行先试,加强调研、实现创新。朔州市编办积极为"四化一体东部新区"、转型综改试验区建设和发展的工作项目和工作任务提供体制机制保障。运城市为市转型综改办和空港开发区管委会分别制定"三定"规定,促进综改试验区和空港开发区的快速发展。围绕改善民生和创新社会管理,调整涉及民生和社会管理领域的体制机制。省编办与省卫生厅联合对县级公立医院的机构编制进行了摸底调研,拟定《山西省县级公立医疗卫生机构编制标准》和有关说明,印发各市。提出中小学教职工编制调整的意见,以省编委名义印发《关于调整各市中小学教职工编制总额的通知》(晋编字〔2012〕1 号)。跟踪了解食品卫生领域出现的新情况、新问题,对食品安全协调委员会各成员单位的职责分工提出具体意见。大同市对现有的 134 项行政审批事项进行调整,共下放 99 项权限。忻州市编办加大对民生领域和创新社会管理的支持力度。晋中市编办理顺和明确安全生产应急救援综合监督管理、职业卫生监管等方面相关部门的职责分工;朔州市编办联合市审改办、法制办、政务中心等相关职能部门,整合机构编制资源,建立完善体制机制。阳泉市理顺食品安全监管、安全生产等 7 个方面的职责分工,减少政出多门和推诿扯皮现象。(王小琴)

【机构编制管理】 2012 年,各级编制部门执行机构编制管理规定,按权限、程序审批机构编制。省编办对省直 109 个行政事业主管部门及所属的 1800 余个事业单位 16 万人的机构编制、人员信息进行核对更新，确保管理证数据的时效性。各市编办也均对机构编制管理证系统的数据进行调整和变更。太原市完善《机关事业单位单位编制使用规定及工作流程》，并在网上和办公区域进行公布，强化计划用编的首要地位。忻州市编委印发《忻州市机关事业单位补充人员编制管理办法（暂行）》，形成分工负责的机制，同时，继续坚持季度工资联审制度，强化配套约束机制。晋中市编办建立起编制部门和组织、人事、财政等相关部门协调配合的联动制约机制。吕梁市建立起编制管理证年检制度。（赵夏夏）

【事业单位登记管理】 根据国家登记局要求，省编办登记局于 2 月份顺利实现网上登记管理系统的二期升级工作。全省 131 个登记管理机关已全部实现登记事项网上办理。本年度应参加年检事业单位 1607 个，年检合格 1528 个，年检率 95%。所有登记事项全部实现网上办理。（赵夏夏）

【机构编制电子政务建设】 全省各级编办严格按照省编办《关于将专用中文域名纳入机构编制日常管理并加快中文域名注册推广工作的通知》（晋编办字〔2011〕163 号）的要求，采取有效措施迅速提高域名注册量，域名注册推广工作成绩突出。截至 12 月，全省域名报送量达到 24768 个，注册量达到 21090 个，域名覆盖率 46%。（赵夏夏）

省直属机关工委

【概述】 2012 年，省直工委围绕省委、省政府决策部署和转型跨越工作大局，以迎接十八大召开和学习贯彻十八大精神为主线，把握“服务中心，建设队伍”两大任务，以改革创新精神提高机关党建工作科学化水平，推进机关党建走前头、作表率，为确保省委、省政府各项决策部署的落实提供强有力的思想组织和作风保证。（闫鹏飞）

【十八大精神宣传贯彻】 一是完成省直机关十八大代表候选人初步人选推荐提名工作。完成 48 名省直机关十八大代表候选人初步人选推荐提名工作。二是开展喜迎十八大主题活动。8 月 2 日召开省直机关“创优软环境，喜迎十八大”主题活动启动仪式暨现场观摩会，省委秘书长杜善学出席会议并讲话。活动从 8 月份开始，重点开展“机关党建名嘴”选拔赛、主题实践专题片评选、党员领导干部讲党课为主要内容的主题活动。《紫光阁》杂志、《光明日报》《山西日报》、人民网等媒体作了报道。10 月 17 日，举办省直机关“喜迎十八大、岗位做奉献”主题活动启动仪式，袁纯清宣布活动正式启动，薛延忠、高建民、杜善学、杜玉林等四大班子有关领导出席启动仪式。袁纯清对“四大活动”作出重要批示：“活动主题好，取得初步成效，应该围绕贯彻十八大精神深入下去。”同时，省直工委印发主题活动方案。三是开展学习宣传贯彻十八大精神主题活动。11 月 20 日召开省直机关学习宣传贯彻党的十八大精神工作部署会，王铁选代表省直工委作动员部署讲话。（闫鹏飞）

【保持党的纯洁性学习教育活动】 2 月 22 日至 7 月 6 日，按照省委部署要求，省直工委分别召开动员部署会、转段动员会议、经验交流会，同时针对省直机关的工作性质和特点规律，陆续开展革命历史档案珍品展、全省廉政文化精品剧目展演、剪纸艺术颂太行精神作品展、太原解放纪念馆革命传统教育、3 场省直机关先进事迹巡回报告会、5 期党员骨干培训班等多项活动。袁纯清肯定活动中好的做法并在全国机关党建经验交流会上作典型发言。（闫鹏飞）

【理论武装和学习型党组织建设】 一是编发 4 期《省直机关理论学习动态》和 2 册《省直机关理论学习成果汇编》。二是围绕服务转型跨越发展，分别举办 4 期“思想讲坛”和“厅局长报告会”；4 月举办了省直机关首届读书月活动。8 月至 9 月组织工委机关 41 名干部分 3 批赴哈尔滨工业大学、浙江大学开展自主选学。6 月对机关党建网进行重新设计改版。编发《前沿资讯》第 4 辑、《保持党的纯洁性学习教育活动读本》，《党的生活》增设学习贯彻十八大精神和阅读经典等学习专栏，编印《省直党建信息》61 期。三是推行省直机关部分党组书记、机关党委书记、专职副书记向工委述职，4 月 19 日召开省直机关党组织负责人述职大会，省统计局、省总工会、省煤炭地质局、省粮食局、省国

3 月 31 日，省直机关党的基层组织党务公开工作经验交流会在太原召开（闫鹏飞提供）

税、省委党校等6个单位党组织负责人作大会述职,汇报过去一年的履职情况。3月13日、14日先后两次召开省直机关党组(党委)中心组理论学习座谈会和经验交流会,传达金道铭批示精神,总结经验,交流成果,推动工作。3月12日召开全省机关党建研究会第三届四次全体会议,向省委起草上报《省直工委对各市直工委党建工作的指导意见》,课题调研成果在全国党建研究会机关专委会片会、年会上进行交流。12月5~7日在临汾召开全省机关党建工作研讨暨学习型党组织建设经验交流会,围绕学习贯彻党的十八大精神,提高机关党的建设科学化水平,省直机关和各市直工委共40余家单位进行成果交流。

(闫鹏飞)

【创先争优活动】 按照中央和省委要求,省直工委把创先争优活动与基层组织建设年活动结合起来,对照《条例》和省委《实施意见》,围绕基层组织建设,进行调查摸底,实施分类定级,制定《整改方案》,基层党组织普遍实现晋位升级。4月27日中央国家机关工委副书记俞贵麟在晋调研期间,对山西省直机关基层组织建设年的做法给予肯定。6月8日与省委组织部联合召开"全省机关党建走在前头推进会",安排部署机关党建工作"走在前头"的具体任务。汤涛出席会议并讲话。走在前头活动的做法在10月18日南京召开的全国机关党建工作座谈会上进行交流。结合庆祝建党91周年,6月26日召开省直机关创先争优表彰大会,对在创先争优活动中表现突出的119个先进基层党组织、96名优秀共产党员,特别是从事党务工作15年以上的党务干部予以表彰。杜善学出席会议并讲话。9月13日召开省直机关创先争优暨保持党的纯洁性学习教育活动经验交流会,省直5个单位在大会上作典型发言,省直机关两年多的创先争优活动成果得到集中展示。 (闫鹏飞)

【机关作风和反腐倡廉建设】 一是省直工委认真履行牵头工作职责,严格落实党风廉政建设责任制,制定《省直机关党风廉政建设责任制分解意见》,省直各单位把党风廉政建设和反腐败工作的具体任务细化分解到每个班子成员和处室。推行廉政风险防控工作,开展反腐倡廉教育。规范因公出国(境)审批管理,对省委拟提拔的94名正处级干部廉洁自律情况进行审核把关。二是按照省委部署要求,成立省直机关整治"吃拿卡要"问题、创优发展环境专项治理工作领导组,组织八个监督检查组,采取个别走访和明察暗访等形式,对各单位开展整治"吃拿卡要"工作进行管理督查,编发专题《简报》19期。三是3月31日召开省直机关党的基层组织党务公开工作经验交流会。李兆前出席会议并讲话。省直16个单位主要负责同志分别作典型发言和书面交流。省直各单位全部成立党务公开领导小组,7503个基层党组织实现党务公开全覆盖。四是2012年省直纪工委共受理群众举报99件,其中省纪委要结果4件,已办结3件;向省直有关单位要结果10件,已办结9件;自办案件11件,初步核实案件10案12人,查结9案11人,处分违纪处级党员干部16人,挽回经济损失230余万元。五是十八大闭幕后,省直工委下发《关于开展"万名群众评机关"活动的通知》,在省直机关开展万名群众评机关活动。发放调查问卷1万份,截至12月5日,共收回调查问卷9489份,评出机关作风存在的3个方面突出问题,征求到加强机关作风建设的意见和建议568条,整理概括为23条建议。六是8月20日至22日组织省直机关和工委50余党务干部深入忻保高速、岢临高速、太长高速、省东山供水管理局、清徐水塔醋厂等地,开展"走基层、走工地、看转型、看兄弟"参观慰问活动。 (闫鹏飞)

【文明和谐创建和群团工作】 3月8日召开省直文明委全委会,对2011年度270个省直文明和谐单位标兵、251个省直文明和谐单位、100名省直机关文明和谐创建先进工作者进行命名表彰。修订完善《山西省直文明和谐单位创建管理规定》《省直文明和谐单位考评指标体系》等制度。11月28日在中国移动山西公司召开省直机关精神文明建设工作经验交流会,开通省直文明网,进行现场观摩、参观展板、会议交流。树立"培育特色、打造品牌"的理念,开展省直机关道德模范巡讲、学雷锋志愿服务和公民道德建设"五个一"品牌活动,组织评选省直机关第一届道德模范和第六届"十佳文明窗口""十佳文明公民"。4月26日举办省直机关庆祝建团90周年"青春之歌"文艺汇演。11月16日省直工委联合省文化厅、省体育局等单位举办省直机关首届"文化节"启动仪式,印发活动《通知》,开展电影展演、书画摄影展、健身操展演、专题报告会、十八大优秀剧目展演等活动。同时,省直工委还在省直机关开展"转型我争先、跨越我奉献、当好主力军、建功十二五"为主题的劳动竞赛和健身活动、"同心"品牌工程主题活动、联企帮困送温暖活动等一系列活动。 (闫鹏飞)

省委党校

【概述】 2012年,省委党校(山西省行政学院)以迎接党的十八大、学习宣传贯彻党的十八大精神为工作主线,教学科研、行政管理、后勤服务、机关党建、业务指导等各方面紧紧围绕这一主线开展工作。4月份主要领导调整后,校委坚持稳中求进,工作目标不变,工作衔接不断,工作劲头不松,保持工作的连续性、稳定性,巩固和发展良好的工作局面,各项工作取得新成绩。 (张耀东)

【省管领导干部学习贯彻十八大精神集中轮训】 按照省委安排,从12月2日开始在省委党校共举办18期省管领导干部学习贯彻党的十八大精神集中轮训班,2440余名省管干部接受培训。截至12月底,完成7期轮训任务,培训省管干部963名。在首期轮训班上,袁纯清、王君分别作辅导报告,李小鹏、金道铭、薛延忠、胡苏平、高建民、汤涛、李兆前、陈川平、王建明、聂春玉、杜善学、申联彬、牛仁亮、张建欣、郭迎光、任润厚等省领导和部分十八大代表分期参加宣讲。

（张耀东）

【常规干部培训和教学】 2012 年共举办培训班 115 期，各类培训总计 35000 余人次。一是主体班次数量多，质量高。在办好 3 期省管领导干部进修班、2 期中青年领导干部培训班、2 期正处级公务员培训班、3 期援疆班、2 期党校系统师资班的同时，还承办 7 期省管领导干部学习贯彻党的十八大精神集中轮训班。二是干部选学扎实开展。完善专题内容，丰富选学菜单，加大研究式教学比重，教学质量提升，全年共举办 15 个班次，承担全省干部选学任务的 30%。三是对外培训班次增多、层次提高。全年共举办培训班次 70 余期，培训 7000 余人次，并与深圳、重庆、广西等外省市（区）单位进行合作培训。四是分类送学开局良好。干部分类送学是 2012 年开展的一项全新工作。全省共有 10 个市、58 个县（市、区）选报省委党校，在省委组织部确定的 11 个送学单位中任务总量占到 22.6%，排名第一。选派 23 名宣讲教师分赴送学点举办 77 场次的巡回培训，共计培训干部 23000 人次，受到当地干部的欢迎和好评，完成省委组织部交给的任务。五是专题培训针对性强，效果好。全年共举办 5 期，分别是与省政府法制办联合举办 2 期山西省领导干部依法行政专题研讨班、与省政府应急办共同举办 2 期应急管理专题培训班、与省检察院共同举办 1 期省交通运输系统预防职务犯罪法制教育培训班。8 月份，省应急办还在省委党校建立“山西省应急管理培训基地”并举行揭牌仪式。六是干部继续教育规模稳定，管理严格。2012 年共招收中函在职研究生 111 人、省委党校研究生 214 人、本科班次学员 3211 人。

（张耀东）

【教学改革】 （1）优化教学方式。在教学实践的基础上确定综合运用讲授式、案例式、体验式、模拟式等教学方法，并推行“2+1”课堂互动教学。常规班次教学加大案例教学比重，全年评选出 6 项校级案例，案例教学库完善，案例教学水平提高；有效运用和开展警示教育、体验式教学，先后组织中青班学员赴省委党校警示教育基地、太原第一监狱、霍州市进行警示教育和体验式教学。（2）及时充实教学内容。在各类班次中增加了十八大精神、新党章等内容的专题学习，并组织广大教师学习座谈和集体备课，确保新增讲授内容的准确、系统、完整。（3）加强学科、教师队伍和教材建设。学科建设方面，根据《省校院 2011—2015 年学科建设规划》，配套制订《学科建设的评估及资助暂行办法》，召开 2011~2015 年重点学科建设评审暨启动会，新一轮学科建设全面展开。师资队伍建设方面，首次面向省内外招聘 6 名博士研究生，安排 20 名教师到中央党校、国家行政学院等国内院校学习培训，在校内组织开展集体备课、硕博论坛、教师赛讲等多种教研活动，选派 1 名同志到省级转型综改试点县挂职，6 名教师到基层和企业挂职。教材建设方面，为引导学员重视读原著学经典，已审定《马克思主义导读》和《马克思主义经典名著名言警句汇编》两本教材；编写《政府公共管理实用案例选编》等教材。（4）借助外力扩展教学形式和内容。举办十余场高质量的外请报告，邀请李兆前和省委党校聘请的客座教授来作报告，同时发挥学员优势，举办学员论坛。

（张耀东）

【课题的申报和研究】 2012 年省委党校共有国家社科基金项目项课题立项 3 项，其中 2 项为一般项目、1 项为青年项目，在全国省级党校中名列第 11 位，立项率高于全国平均水平。2012 年度共有 10 项一般课题和 4 项委托课题获得校级课题立项，这些课题紧紧围绕山西经济社会发展和党的建设重大理论和现实问题，大部分课题已结项，其中有的成果以《决策建议报告》形式编印上报，得到省委省政府领导的批示，有的以校院理论研究中心文章发表。其他各类课题已经获准立项的有 4 项全国党校系统重点调研课题、8 项省软科学课题、4 项省社科联重点课题和 11 项省哲学社会科学课题。现立项的各类课题研究顺利推进，其中 67%的课题以研究山西问题为主，形成一批质量较高的成果。2012 年还有 5 项国家社科基金项目完成结项。

全年以党校理论研究中心名义在《理论视野》《山西日报》《前进》发表 10 篇文章，其中多篇被人民网、求是网、国研网、中组部共产党员网及《党的生活》等媒体转载。教学科研人员全年共发表理论文章 200 余篇。围绕学习贯彻十八大精神，在校报陆续发表一批文章，举办第五届“环渤海区域合作与发展党校论坛”，承办中国自然辩证法研究会党校系统专业委员会、科技创新专业委员会学术年会和新型城镇化道路研讨会暨全国行政学院系统经济学科 2012 年年会。此外，还组织教研人员参加省内外重要学术活动，13 篇论文报送“全省巡视工作理论研讨会”。在全国党校系统第九届优秀科研成果评奖中，共有 4 项成果获奖，其中一等奖 1 项、二等奖 2 项、三等奖 1 项。在山西省第七次社会科学研究优秀成果评奖中，共有 8 项成果获奖，其中一等奖 2 项、二等奖 4 项、三等奖 2 项，并获组织奖；在山西省社科联“百部（篇）工程”奖评选中共有 5 项获奖，其中一等奖 1 项、二等奖 2 项、三等奖 2 项。

（张耀东）

【决策咨询】 推进精品战略，着力科研转型。坚持理论研究与实际工作相结合，课题以研究山西问题为主，并将研究成果形成对策性建议，以《决策建议报告》上报省领导和有关部门，2012 年共编发 12 期，其中 9 期得到袁纯清、王君、金道铭、汤涛等省委、省政府领导批示肯定，2 期得到相关厅局回应。

（张耀东）

【市县党校业务指导】 2012 年初校委成员分赴 11 个市、33 个县调研，广泛征求代省委起草的《关于加强全省县级党校工作的意见》文本，经反复修改，以省委办公厅文件印发，为加强全省县级党校建设，推进党校系统发展奠定基础。2012 年，校委先后组织召开全省党校常务副校长座谈会、全省党校校长会议，举办 2 期全省党校行政学院系统师资培训班和第三次全省党校行政学院系统教学经验交流、优秀教学成果评奖、优秀教师

表彰会议暨教师赛讲决赛活动。编发11期《山西党校通讯》。（张耀东）

老干部

【概述】 2012年，全省老干部工作围绕迎接十八大、学习贯彻十八大精神这条主线，举办“诗书画影抒情怀，喜迎党的十八大”展览，举办全省离退休干部党支部书记示范培训班和省直厅局级离退休干部（理论骨干）专题讲座，以及报告会、辅导会、研讨会和大宣讲活动，在老干部部门和离退休干部中掀起学习宣传贯彻十八大精神热潮；围绕纪念干部离退休制度建立30周年，召开座谈会、研讨会，开展研讨征文活动，编撰出版《山西老干部工作30年》和《山西老干部工作巡礼画册》，总结30年来全省离退休干部工作发展历程和实践经验，研究离退休干部工作的新形势新任务新变化，展示离退休干部工作丰硕成果；开展老干部政策落实情况大检查，健全完善离退休干部工作的制度体系和工作机制，推动一批历史遗留问题彻底解决；开展离退休干部党组织和党员创先争优活动，开展向解黎明同志学习活动和“薪火传承葆本色，转型跨越立新功”主题活动，召开全省离退休干部暨老干部工作“双先”表彰会，组织全省离退休干部优秀党员标兵开展先进事迹巡回报告；开展保持党的纯洁性学习教育活动和基层组织建设年活动，开展退休干部思想状况问卷调查，健全离退休干部党支部工作经费保障机制；落实离休干部生活待遇，及时下发生活补贴发放标准，落实困难企事业单位离休干部医药费和生活补贴，进一步健全完善离休干部生活待遇保障机制；深化细化离退休干部服务管理，推进利用社区资源服务离退休干部工作，广泛开展“四就近”试点建设，加大特困离退休干部帮扶力度，开展大慰问大走访活动，下拨困难县老干部活动中心建设专项补助资金，举办全省老年大学30年成果展和第六届老年服务用品博览会。与此同时，加强老干部部门自身建设，部署开展保持党的纯洁性学习教育活动、“创优软环境、喜迎十八大”系列活动和老干部工作创新项目评选推介活动，开展整肃工作纪律、狠刹不良风气专项活动，扎实开展干部下乡住村、领导干部包村增收、联企帮困活动，举办全省老干部局（处）长提升能力素质井冈山培训班，加强重点课题调研，推进省局机关“三刊一站”建设。（赵泽瑞）

【向解黎明学习活动】 省委组织部、省委老干部局、省委创先争优活动领导小组办公室根据李源潮等中央领导同志和袁纯清、汤涛等省领导的批示精神，就学习宣传山西省离休干部解黎明同志先进事迹发出《通知》（晋组通字〔2012〕2号）。《通知》要求通过开展向解黎明同志学习活动，加强离退休干部创先争优先进典型的发现、培养和宣传工作，通过举办先进事迹巡回报告等方式，大力宣传和弘扬他们的先进事迹，充分放大先进典型的激励、示范和引导效应，在全社会营造尊敬和学习优秀老干部的良好氛围，彰显新时期离退休干部的新形象。

解黎明是山西省离退休干部中的先进典型，曾受到中组部和省委、省政府以及国家电网系统多次表彰。1998年以来，她把自己的离休费捐出107500元，资助150名贫困家庭学生，帮助33名生活困难群众。她始终牢记全心全意为人民服务的宗旨，坚守共产党人的精神家园，发扬艰苦奋斗、无私奉献的优良作风，以实际行动践行着对党的忠诚，是当代离退休干部党员的优秀代表，是深入开展创先争优活动的生动教材。（赵泽瑞）

【老干部政策落实情况检查】 2月下旬至3月上旬，省委老干部工作领导组成员单位，组成12个检查组，分赴11个市、68个县（市、区）、10个省直困难企业，对全省十七大以来老干部政策落实情况进行全面督促检查。汤涛肯定检查取得的成效。汤涛要求，对基层工作中的好做法、好经验以及特色和亮点要认真总结，结合召开全省离退休干部暨老干部工作“双先”表彰会，把各类典型宣传好、树立好。对检查中发现的新情况、新问题，特别是有明确政策但未落实到位的问题，要进行跟踪督办，确保各项政策规定落实到位。（赵泽瑞）

【老干部局（处）长提升能力素质培训班】 4月8~18日，在井冈山江西干部学院举办两期。省委老干部局机关干部职工、各市及部分县（市、区）的老干部局局长共116人参加培训学习。开班式上，江西干部学院院长裴鸿卫出席并致辞，省委组织部副部长、老干部局局长陈跃钢作开班讲话。省外培训是省委老干部局加强老

1月5日，全省老干部工作会议在太原召开（赵泽瑞提供）

5月18日，山西省纪念建立老干部退休制度30周年座谈会在太原召开 （赵泽瑞提供）

干部部门自身建设、提升干部素质能力的一项重要举措。培训过程中，为参训人员安排互动教学、现场教学、激情教学、体验式教学、红色故事会等内容。（赵泽瑞）

【纪念建立老干部退休制度30周年座谈会】 5月18日在太原召开。汤涛出席座谈会并讲话，省级老领导、省委老干部工作领导组成员、省委老干部局历任局班子成员、离退休干部代表、老干部工作人员代表和省委老干部局机关处级干部90余人参加座谈会。（赵泽瑞）

【离退休干部暨老干部工作"双先"表彰会】 6月26日在太原召开。袁纯清，王君出席会议，李小鹏宣读《表彰决定》，汤涛代表省委省政府作会议讲话，陈川平出席太原分会场会议，杜善学主持表彰会。会议对全省推荐的99个离退休干部党组织创先争优先进集体、101个老干部工作先进集体、13名离退休干部优秀党员标兵、88名离退休干部发挥作用先进个人、100名先进老干部工作者、10名重视老干部工作领导干部予以表彰。3名受表彰的代表在主会场作大会发言。出席会议的代表向全省离退休干部和老干部工作人员发出《倡议书》。省委老干部工作领导组成员，省直单位分管负责同志和离退休人员工作处处长，部分受表彰的先进集体和先进个人近300人参加主会场会议。各市委书记、市长，市委老干部工作领导组组长、副组长、成员，市直各部门分管负责同志，各市受表彰的先进集体和先进个人参加分会场会议。（赵泽瑞）

【离退休干部诗书画影作品展】 8月21日开展。诗书画影作品展以迎接党的十八大，唱响中国共产党好、社会主义好为主题，是全省离退休干部迎接党的十八大主题系列活动之一，由省委组织部、省委老干部局主办，省书法家协会、省老年书画协会及太原钢铁（集团）有限公司协办，展出时间为5天。活动共征集参展作品1868幅，经专家评审，确定参展作品280幅（篇），其中诗词50首、书法100幅、绘画78幅、摄影52幅。（赵泽瑞）

【老年大学30年成果展】 9月25日举行。汤涛出席开展仪式。省政协原主席郭裕怀宣布展览开幕。陈跃钢主持开展仪式并致辞。展览由省委组织部、省委老干部局主办，为期三天，共展出展板50块，分前言、综合篇、市县篇、省直篇四个部分。通过文字说明、图表显示、数字对比、实物成像等形式，客观反映30年来全省老年大学工作取得的成果。（赵泽瑞）

信 访

【概述】 2012年，全省信访工作形势呈现出"四下降一好转"的良好局面：信访总量同比下降21.16%，来访量同比下降20.79%，集体访同比下降23.85%；进京重复非正常上访同比下降69.4%，在全国排位退出前五，取得多年来的最好成绩。一是以服务和保障党的十八大为主线，集中力量开展领导干部接访下访、信访积案化解、矛盾纠纷排查化解、信访工作督导、全国"两会"期间信访工作预演彩排、十八大期间信访工作攻坚等"六项活动"，下好先手棋、打好主动仗，有效维护社会大局和谐稳定，受到中央联席会议和省委省政府充分肯定。二是以构建信访制度体系为抓手，着力健全和完善书记点评、联席会议、分析研判、督查督办、考核评价、责任追究等"六项机制"，探索新时期信访工作规律，推动信访工作的规范化、制度化、科学化。特别是省市两级党委书记面对面点评信访工作的做法，得到中央政治局委员、国务院副总理马凯批示，要求向全国总结推广。三是以提升服务群众能力为根本，抓实基层基础建设、干部队伍建设、机关党的建设、党风廉政建设"四项重点工作"，夯实信访基础工作，推进各项内部建设，改善信访服务环境，提升信访干部队伍整体素质，构建学习型、服务型、创新型机关，树立新时期信访干部讲政治、讲大局、讲奉献的形象。（杨卫兵）

【稳定和信访工作点评会】 1月15日在太原召开。袁纯清出席会议并讲话。会议强调，要增强做好稳定和信访工作的责任感、使命感，正确把握形势，保持清醒头脑，加大领导力度，强化基层基础，解决突出问题，确保社会和谐稳定，为转型跨越发展、迎接党的十八大胜利召开营造良好环境。金道铭主持会议。李小鹏、陈川平、王建明、杜善学、张建欣、左世忠出席会议。（杨卫兵）

【袁纯清接待上访群众】 1月18日，

9月10日,全省疑难信访问题化解推进会在临汾召开

(杨卫兵提供)

袁纯清在杜善学等领导陪同下,来到省信访局亲自接待上访群众,了解他们的困难和疾苦,协调解决群众的合理诉求,并亲切看望和慰问信访干部,与大家座谈交流,对加强新形势下的信访工作提出明确要求。

(杨卫兵)

【《山西省党员领导干部信访工作责任追究暂行办法》出台】 6月4日,中共山西省委办公厅晋办发〔2012〕18号文件,转发省纪委、省委组织部、省信访局联合拟定的《山西省党员领导干部信访工作责任追究暂行办法》。该办法共20条,从信访工作责任追究的主体、对象、情形、方式、程序等方面作了明确规定。(杨卫兵)

【信访系统获国家级表彰】 7月13~14日第七次全国信访工作会议召开,山西省14个先进集体和个人受到表彰,99名从事信访工作25年以上的同志获得荣誉证书。全国信访系统先进集体2个,忻州市信访局、长子县信访局;全国信访系统先进工作者3人,临汾市委副秘书长、信访局局长许景安,临猗县委办公室副主任、信访局局长张海峰,柳林县委办公室副主任、信访局局长刘海生;全国信访系统优秀信访局局长2人,原晋中市委副秘书长、信访局局长李建平,陵川县委办公室副主任、信访局局长郎富淋;全国信访系统优秀办信员1人,朔州市信访局督查科科长计世宏;全国信访系统优秀接谈员2人,省信访局驻京信访处处长姚云刚、太原市信访局干部昝宏伟;全国信访系统优秀督查员2人,阳泉市信访局副局长赵福祥、大同市信访局查办科科长王志勇(女);全国信访系统优秀信访工作者2人,同煤集团信访处处长陈永和、省信访局综合处副处长周方志;从事信访工作25年以上的信访工作者99人。(杨卫兵)

【中央信访工作督导组赴晋检查】 8月5日,以中央联席会议办公室副主任、国家信访局副局长徐业安为组长的中央信访工作第四督导组一行赴山西。开展为期三个月的信访工作联合督导检查。袁纯清在太原会见中央信访工作督导组一行。(杨卫兵)

【全省疑难信访问题化解推进会】 9月10日在临汾召开。中央信访工作第四督导组组长徐业安,王建明出席并讲话。省委副秘书长、省信访局局长李体柱主持。临汾市、忻州市、吕梁市、省委政法委、同煤集团、长子县、侯马市作大会交流发言。中央和省信访工作督导组全体成员,省联席会议、省信访局及省直有关单位的相关领导,各市联席会议和信访局的负责同志,临汾市、县的相关负责同志参加会议。(杨卫兵)

【加强信访干部队伍建设座谈会】 9月26日下午在太原召开。会议主要议题是贯彻中央《关于进一步加强信访干部队伍建设的意见》;加快建设山西省高素质信访干部队伍建设工作部署,对第四批信访挂职干部工作进行总结和对第五批信访挂职工作动员。汤涛出席并讲话,李体柱做工作部署,省委组织部常务副部长朱先奇主持会议。各市委组织部分管副部长和各市信访局局长,第四、第五批到省信访局挂职锻炼的干部及所在单位的人事处长,省委组织部和省信访局有关部(局)领导和处室负责人参加会议。(杨卫兵)

台湾事务

【概述】 2012年,山西省各级台办和涉台部门落实中央和省委对台工作决策部署,邀请台湾企业团组到晋参加首届世界晋商大会,组织山西经贸考察团赴台举办晋台经贸交流合作恳谈会、2012佛教圣地忻州(台湾)经贸文化恳谈会等活动;邀请台胞来晋举办华夏文明看山西—台湾大学生三晋行、海峡两岸农业合作研讨会,组织山西大学等17所山西高校赴台举办晋台高校校长研讨会;加大网络对台宣传力度,开展山西魅力市县专项入岛宣传工作,举办台湾记者三晋行——平遥国际摄影大展专题采访活动。全省全年居民赴台人数31975人次,共接待来晋台胞244319人次;其中赴台交流168项、1569人,台胞来晋交流33项、419人次。(吕继常)

【晋台经济合作】 一方面,各级各部门开展对台招商引资工作,邀请台湾15个团组、200余人次来参加首届世界晋商大会,进行经贸考察;另一方面,全年组织53个团组、501人赴台进行经贸交流,举办晋台经贸交流合作恳谈会、2012佛教圣地忻州(台湾)经贸文化恳谈会等活动,开展招商引资。通过"请进来、走出去",全省对台招商引资工作成效明显，全年签约台资项目8项，吸引协议台资94.2亿元人民币；新批准台资企业2家，吸引台资1.006亿元人民币；新增资台资企业1家，增资19.83亿元人民币。（吕继常）

【台资企业服务】 全省各级台办开展台资企业服务和台商投诉协调工作。全年共受理台商投诉案件和求助事项9件，帮助原平台湾融伍科技产业园、临汾百脑汇、祁县统一食品、太原聚美瑞等台资企业解决生产生活困难20余项，台资企业投资经营的环境改善。全省上下做好涉台突发事件的预防和处理工作，重新编制修订并印发《山西省涉台突发事件应急预案》，妥善处理太原富士康科技工业园区企业员工互殴的大规模群体事件，完成全国两会、首届世界晋商大会、党的十八大等重要活动期间涉台安全工作的安排部署和涉台安全信息掌握和报送工作。（吕继常）

【晋台交流】 2012年，全省发挥山西文化资源丰富的优势，以晋台文化交流为牵引，开展多领域、多界别的双向交流，有5位副省级干部和近140位市厅级干部先后率团赴台交流。一是晋台青少年交流成效显著。“华夏文明看山西——台湾大学生三晋行”活动、“两岸中学生名城古都——大同之旅”活动和“台湾中流青年精英研习营”参访等交流活动在晋举办；山西农业大学的28名同学赴台湾朝阳科技大学进行一个学期的学习，成为山西青年首批赴台学习交流的使者。二是晋台教育交流深入开展。组织山西省17所高校的校长赴台举办“晋台高校校长论坛”，建立两地高校交流的新平台；省内职业学校负责人交流团及太原大学教育交流参访团、成人教育协会参访团等赴台进行交流，推动晋台职业教育双向交流；大同市台办邀请台湾中小学校长来晋举办“第二届海峡两岸中小学校长教书育人研讨会”，两地教育交流进一步深化。三是晋台各界大交流广泛开展。省人大常委会副主任、省总工会主席郭海亮率山西工会团体赴台交流，省台办与省农业厅举办“海峡两岸农业合作研讨会”，大同市妇女参访团一行赴台开展妇女工作交流考察，忻州市在台举办“来自佛教圣地的邀请——忻州（台北）旅游推介会”，运城市邀请台胞参加“第23届关公旅游文化节”，晋中市邀请台胞参加“第五届中国介休清明（寒食）文化节”，长治市邀请台胞参加“第三届中华祈福文化旅游节”，台湾旅游业界代表90余人在太原举办“海峡之夜——台湾旅游推介会”，台湾王氏、苏氏、郭氏宗亲会先后到山西省祭祖、参访交流，晋台交流的局面进一步巩固和扩大。（吕继常）

“台湾记者三晋行——平遥国际摄影大展专题采访”活动，两岸记者现场合影（佚　名提供）

【对台宣传】 山西省对台宣传工作以网络对台宣传和专项对台宣传工作为重点，加大宣传入岛力度，对台宣传成效明显提高。一是网络对台宣传形成规模。新建成《文献名邦、魅力阳泉》和《天下大同》市级涉台网站2个，山西网络对台宣传整体格局基本建立，全省网络对台宣传的主要指标居全国前列。二是“山西魅力市县”专项入岛宣传工作深入开展。与台湾专业媒体团队合作，完成全省涉及10个市、22个县区综合专题的摄制工作，并在台湾《旺报》《联合报》《少年中国晨报》、东森电视台等媒体进行持续刊播，有效提升山西在岛内的知名度。三是晋台新闻交流有序推动。邀请海峡两岸30余位新闻媒体记者来晋举办“台湾记者三晋行——平遥国际摄影大展专题采访”活动；推动台湾《旺报》和《三晋都市报》开展“大陆人看台湾”及“台湾人看大陆”有奖征文活动；接待台湾“中央社”、年代电视台、东森电视台、《联合报》、TVBS、民视等6家新闻媒体的33名记者来晋采访拍摄。（吕继常）

【台胞服务】 全年接受台胞捐赠6项，共计人民币3177.4万元；完成台北市山西文教基金会、台北市山西同乡会所设晋才奖学金发放和评选工作；协助处理晋台双向寻亲4件；接受并妥善处理台胞台属来信来访等相关事项300余件。（吕继常）

党　史

【概述】 2012年，中共山西省委党史办公室在党史研究、党史宣传教育、组织党史纪念活动以及党史资料征编等方面取得新的成绩。4月27日，省委召开常委会会议，传达学习习近平同志关于党史研究工作的重要讲话和全国党史研究室主任会议精神，并研究山西省贯彻落实意见，袁纯清主持会议。5月18日，召开全省党史研究室主任会议，传达贯彻落实全国党史研究室主任会议精神,杜善学出席会议并讲话。

为提高党史工作科学化水平,2012年组织制定《山西党史资政工作三年(2013—2015)规划》,上报中央党史研究室。2012年,省委党史办公室加强对市县党史工作的业务指导,对部分市县党史工作调研指导。组织室内有关党史专家为运城市市县党史部门研究骨干就地方党史第三卷编写进行培训辅导。为使《中共山西年鉴》供稿单位相关人员掌握编写的指导思想和具体方法,组织培训200余人。同时,及时掌握各市、县(市、区)党史正本编写工作的进度并进行督促指导。

2012年,组织编写山西地方党史基本著作,做好《中国共产党山西历史》新民主主义革命时期第一卷、社会主义革命和建设时期第二卷、改革开放和社会主义现代化建设新时期第三卷出版发行前的相关完善工作。11月和12月,在杜善学主持下,专门召开两次山西党史3卷本出版发行工作协调会议。根据会议精神,省委、省政府19个部门分别提出修改意见和建议,并与有关部门研究做好发行工作事项。组织编写《中国共产党山西简明读本》,完成修改稿,既简明又概括地反映党在山西革命、建设、改革的历史。组织编写《中国共产党山西历史大事记》简本,完成修改稿,突出反映山西党史大事要事。

出版《为了祖国的安宁——山西抗美援朝运动回顾》《1949:山西干部南下实录》(上、下册)。启动《山西革命根据地文化建设》课题研究,征集到革命根据地文化专题文献资料、研究资料58篇,70万字。研究人员撰写专题史论《革命根据地文化建设形态——以山西为例》研究成果,入选《全国党史文化论坛文集》。完成全国党史部门统一部署的“抗日战争时期山西省人口伤亡和财产损失调研”课题,编撰出版朔州卷、吕梁卷、长治卷。做好革命遗址普查成果编撰出版工作,编撰出版《山西省革命遗址通览》太原卷、阳泉卷、临汾卷、晋城卷、晋中卷、大同卷。同时,编撰出版《丰碑——山西革命遗址概览》一书。

7月10日,在太原召开华北五省市区第九次党史工作协作会,山西、北京、天津、河北、内蒙古党史部门负责同志分别重点介绍党史研究、党史资料征集工作经验,研究以山西省委党史办公室牵头,华北五省市区党史部门共同编写《抗日战争时期的中共中央北方局》一书,中央党史研究室副主任高永中出席会议。

出版《赖若愚纪念文集》《胡晓琴回忆文集》。推进中央有关方面交付的《李雪峰传》编撰工作,征集文献资料300多万字,撰写修改完成了初审稿。编辑完成《陶鲁笳文集》送审稿。完成中央和中央有关部门交付的专项课题《彭真传》《彭真年谱》的有关编撰任务。继续办好《党史文汇》《中共山西年鉴》。 (杨子晋)

【党史宣传教育】 2012年,举办彭真故居修缮竣工暨彭真生平业绩陈列开展仪式、纪念左权将军牺牲70周年大会、纪念平型关大捷75周年大会、纪念忻口抗战75周年座谈会。省委党史办公室与有关部门联合摄制《旗帜——山西记忆》30集电视文献纪录片,在迎接党的十八大召开之际播出。彭真生平暨中共太原支部旧址纪念馆全年接待参观6万多人次,被中宣部公布为全国爱国主义教育示范基地。 (杨子晋)

【山西省党史馆(山西革命博物馆)前期工作】 省委党史办公室与省投资咨询和发展规划院进行研究讨论,共同编制完成《中国共产党山西省党史馆(山西革命博物馆)项目建议书》,经省发改委审批后,正式下拨前期经费,并启动筹建的相关工作。

(杨子晋)

综 述

【地方立法推进】 2012年，山西省人大常委会围绕全省经济社会发展大局，推进地方性法规的制定，审议、修改，以完善机制、提高质量的重点，推进“法治山西”建设和社会管理创新。2012年，通过山西省地方性法规9件，涉及突发事件应对、循环经济、安全技术、非物资文化遗产、气候资源、食品、公路、用水、就业等不同方面。审查和批准太原市地方性法规4件，审查和批准大同市地方性法规3件。在通过上述地方性法规的同时废止5项地方性法规。

（秦 钟 王 磊 郭 强）

【行政监督加强】 2012年，山西省人大常委会履行宪法、法律赋予的职责，发展社会主义民主政治，加强对山西省人民政府及其部门、对山西省人民检察院、山西省高级人民法院的监督工作。全年听取和审议省政府工作报告12项，其中主要有关于煤炭工业可持续发展，关于循环经济发展，关于保障性住房建设，关于文化发展，关于人口与计生工作等方面的报告。听取和审议省“两院”工作报告3项。根据法制规定，2012年省人大常委会全年任免、决定任免和批准任免国家工作人员238人（次）。

（秦 钟 王 磊 郭 强）

【履职能力提升】 2012年，山西省人大常委会组织完成《中共山西省委关于进一步加强和改进新形势下人大工作的意见》，配合省委召开人大工作会议。《意见》分析、把握新时期人大工作特点和规律，为改进和加强地方人大工作指明方向，作出部署。山西省人大常委会也以增强履职能力，完善工作机制为重点，加强自身建设。 （秦 钟 王 磊 郭 强）

重要会议与部分国家机关工作人员任免

【省委召开人大工作会议】 8月14日在太原召开。袁纯清出席会议并讲话。讲话对近年来人大工作取得的成绩给予肯定，就做好新形势下人大工作、提高人大工作科学化水平提出六点要求：一是在坚持正确的政治方向上要有新境界。二是在推进地方立法上要有新建树。三是在增强监督实效上要有新举措。四是在决定重大事项和人事任免上要有新成效。五是在发挥人大代表作用上要有新突破。六是在加强自身建设上要有新水准。

王君主持会议，李小鹏、左世忠、杨司分别发言，表示要贯彻中央和省委的决策部署，依照宪法法律的规定履行职责，推进依法行政，建设法治政府，坚持执法为民、公正司法，落实省人大及其常委会制定的地方性法规和决议决定，接受人大的法律监督和工作监督，把以人为本、执政为民的要求贯穿于履职全过程，为走出转型新路、实现跨越发展做出新的贡献。

8月14日，省委召开人大工作会议 （秦 钟提供）

会议出台《中共山西省委关于进一步加强和改进新形势下人大工作的意见》，提出四条意见：一是要深刻认识做好新形势下人大工作的重要意义，加强和改进党对人大工作的领导；二是支持和保障人大依法履职，全面提升人大工作水平；三是加强和改进代表工作，发挥人大代表主体作用；四是加强各级人大及其常委会建设，提高人大工作科学化水平。

（秦　钟　王　磊　郭　强）

【山西省十一届人大第六次会议】 1月11~15日在太原举行。应出席代表551人，实出席520人。会议主席团成员共计55人，常务主席为袁纯清、申联彬、杜玉林、杨安和、李政文、靳善忠、安焕晓（女）、郭海亮、王雅安、朱明。会议议程：1.听取和审议山西省省长王君《关于政府工作的报告》。2.审查和批准省人民政府《关于山西省2011年国民经济和社会发展计划执行情况与2012年国民经济和社会发展计划草案的报告》；批准山西省2012年国民经济和社会发展计划。3.审查和批准省人民政府《关于山西省2011年全省和省本级预算执行情况与2012年全省和省本级预算草案的报告》；批准山西省2012年省本级预算。4.听取和审议山西省人民代表大会常务委员会常务副主任申联彬《关于山西省人民代表大会常务委员会工作的报告》。5.听取和审议山西省高级人民法院院长左世忠《关于山西省高级人民法院工作的报告》。6.听取和审议山西省人民检察院检察长王建明《关于山西省人民检察院工作的报告》。7.补选及其他事项。

大会收到10名以上代表联名提出的议事原案11件，经大会议案审查委员会审查后报大会主席团决定，将其中5件立为4个议案，其余6件转作代表建议、批评和意见处理。这些议案内容均为制定或修改地方性法规，其中，教科文卫方面2件，人大工作方面1件，社会管理方面1件，全部交由省人大及其常委会有关工作机构办理。收到建议、批评和意见618件及议案转建议6件，其中，交由省政府系统办理的593件，省人大有关专门委员会和常委会工作机构办理的11件，省高级人民法院办理的4件，省直党群部门办理的16件。

会议补选李政文为山西省第十一届人民代表大会常务委员会副主任，补选杨司为山西省人民检察院检察长，补选王守祯、王国正、王淑珍（女）、王满春、任福耀、李宝卿、郭振中、谢海为山西省人民代表大会常务委员会委员。会议接受杨安和辞去山西省第十一届人民代表大会常务委员会副主任职务的请求，接受王建明因工作变动辞去山西省人民检察院检察长职务的请求，接受王树林、邢燕芬、吕德功、高志俊辞去山西省第十一届人民代表大会常务委员会委员职务的请求。

（秦　钟　王　磊　郭　强）

【山西省十一届人大常委会会议】 2012年共举行7次，即山西省十一届人大常委会第二十七次至三十三次会议。

第二十七次会议。1月6日在太原举行。

会议听取、审议和表决通过：1.关于山西省第十一届人民代表大会第六次会议筹备工作情况的报告；2.山西省人民代表大会常务委员会代表资格审查委员会关于代表出缺情况和补选代表的代表资格审查的报告；3.山西省人民代表大会常务委员会向山西省第十一届人民代表大会第六次会议所作的工作报告稿；4.山西省第十一届人民代表大会第六次会议议程（草案）；5.山西省第十一届人民代表大会第六次会议主席团和秘书长名单（草案）；6.山西省第十一届人民代表大会第六次会议议案审查委员会组成人员名单（草案）；7.山西省第十一届人民代表大会第六次会议列席人员名单（草案）；8.人事任免名单及其他事项。

第二十八次会议。3月27~28日在太原举行。

会议议程是：1.审议并表决通过《山西省突发事件应对条例（草案）》；2.审议和批准《太原市养犬管理条例》；3.审议和批准《大同市人民代表大会常务委员会关于修改〈大同市企业集体合同条例〉的决定》；4.表决通过人事任免名单及其他事项。

第二十九次会议。5月28~31日在太原举行。

会议议程是：1.审议省人大常委会主任会议关于调整山西省第十一届人民代表大会常务委员会代表资格审查委员会组成人员的议案；2.审议省人民政府关于《山西省公共安全技术防范条例（草案）》的议案；3.审议省人民政府关于《山西省食品生产加工小作坊和食品摊贩监督管理办法（草案）》的议案；4.审议省人民政府关于《山西省气候资源条例（草案）》的议案；5.审议并表决通过《山西省循环经济促进条例》；6.审议和批准《大同市再生资源回收利用管理条例》；7.审议和批准《太原市人民代表大会常务委员会关于废止部分地方性法规的决定》；8.审议和批准《太原市人民代表大会常务委员会关于修改部分地方性法规的决定》；9.审议和批准《大同市人民代表大会常务委员会关于修改〈大同市户外广告管理规定〉的决定》；10.听取和审议省人民政府关于全省流动人口服务管理工作情况的报告；11.听取和审议省人民政府关于全省循环经济推进情况的报告；12.听取和审议省人民政府关于全省社会保障以及就业情况的报告；13.听取和审议省人民政府关于全省煤炭工业可持续发展工作情况的报告并进行满意度测评；14.听取和审议省人民政府关于2012年省本级预算调整方案（草案）；15.听取和审议省人大财经委、省人大常委会预工委关于2012年省本级预算调整方案（草案）的审查报告；16.审议并批准2012年省本级预算调整方案的决议（草案）；17.表决通过人事任免名单及其他事项。

第三十次会议。7月23~26日在太原举行。

会议议程是：1.审议省人民政府关于《山西省公路条例（草案）》的议案；2.审议省人民政府关于《山西省非物质文化遗产保护条例（草案）》的议案；3.审议并表决通过《山西省安全技术防范条例》；4.听取和审议省人民政府关于2012年上半年国民经济和社会发展计划执行情况的报告；5.听取和审议省人民政府关于2011年省本级财政决算及2012年上半年财政预

算执行情况的报告;6. 听取和审议省人大财政经济委员会关于2011年省本级财政决算(草案)的审查报告;7.审议并批准2011年省本级财政决算的决议;8. 听取和审议省人民政府关于2011年省本级财政预算执行和其他财政收支的审计工作报告;9. 听取和审议省人民政府关于全省义务教育法律法规执行情况的报告;10.表决通过人事任免名单及其他事项。

第三十一次会议。9月24~28日在太原举行。

会议议程是:1. 审议省人民政府关于《山西省就业促进条例(草案)》的议案;2.审议省人民政府关于《山西省节约用水条例(草案)》的议案;3.审议并表决通过《山西省非物质文化遗产条例》;4.审议并表决通过《山西省食品生产加工小作坊和食品摊贩监督管理办法》;5.《山西省气候资源开发利用和保护条例》;6. 审议和批准《太原市终身教育促进条例》;7. 审议并表决通过《山西省人民代表大会常务委员会关于召开山西省第十二届人民代表大会第一次会议时间和山西省第十二届人民代表大会代表选举时间的决定》;8.听取和审议省人大常委会执法检查组关于检查《山西省旅游条例》《山西省促进旅游产业发展条例》《山西省人民代表大会常务委员会关于加快发展旅游业的决定》实施情况的报告;9. 听取和审议省人民政府关于全省新兴产业发展情况的报告;10.听取和审议省人民政府关于全省中小企业发展情况的报告;11. 听取和审议省人民政府关于全省人

山西省十一届人大常委会任免的部分国家机关工作人员(2012年)

时　间	会　议	任　免	姓　名	职　　务
1月6日	第二十七次	任命	亢官文	山西省人大常委会副秘书长
1月6日	第二十七次	任命	李宝卿	山西省人大财政经济委员会副主任委员
1月6日	第二十七次	任命	王玉明　樊挚敏	山西省人大常委会预算工作委员会副主任
1月6日	第二十七次	决定免去	王玉明	山西省人大常委会研究室副主任职务
1月6日	第二十七次	决定任命	冯改朵	山西省监察厅厅长
1月6日	第二十七次	免去	杨森林	山西省监察厅厅长职务
3月28日	第二十八次	任命	谢　海	山西省人大财政经济委员会副主任委员
3月28日	第二十八次	任命	王满春	山西省人大常委会法制工作委员会副主任
3月28日	第二十八次	任命	杨　波	山西省人大常委会教育科学文化卫生工作委员会主任
3月28日	第二十八次	任命	王茂林	山西省人大常委会教育科学文化卫生工作委员会副主任
3月28日	第二十八次	任命	刘　巩	山西省人大常委会农村工作委员会主任
3月28日	第二十八次	任命	王国正	山西省人大常委会城乡建设环境保护工作委员会副主任
3月28日	第二十八次	免去	王树林	山西省人大常委会教育科学文化卫生工作委员会主任职务
3月28日	第二十八次	免去	吕德功	山西省人大常委会农村工作委员会主任职务
3月28日	第二十八次	免去	高志俊	山西省人大常委会城乡建设环境保护工作委员会副主任职务
3月28日	第二十八次	免去	邢燕芬	山西省人大常委会人事代表工作委员会副主任职务
3月28日	第二十八次	决定任命	王　赋	山西省发展和改革委员会主任
3月28日	第二十八次	决定任命	胡玉亭	山西省经济和信息化委员会主任
3月28日	第二十八次	决定任命	李俊明	山西省住房和城乡建设厅厅长
3月28日	第二十八次	决定任命	李平社	山西省农业厅厅长
3月28日	第二十八次	决定免去	李宝卿	山西省发展和改革委员会主任职务
3月28日	第二十八次	决定免去	洪发科	山西省经济和信息化委员会主任职务
3月28日	第二十八次	决定免去	王国正	山西省住房和城乡建设厅厅长职务
3月28日	第二十八次	决定免去	孙连珠	山西省农业厅厅长职务
3月28日	第二十八次	免去	孙继东	山西省高级人民法院审判员职务
3月28日	第二十八次	任命	李　勃	山西省人民检察院检察员
3月28日	第二十八次	免去	王满春　李　勃	山西省人民检察院副检察长、检察委员会委员职务
3月28日	第二十八次	接受辞去	朱　明	山西省人民代表大会常务委员会秘书长职务
5月31日	第二十九次	免去	郭成江	山西省人民检察院检察员职务
5月31日	第二十九次	任命	刘　巩　杨　波	山西省人大常委会代表资格审查委员会委员
5月31日	第二十九次	免去	朱　明	山西省人大常委会代表资格审查委员会副主任委员职务
5月31日	第二十九次	免去	王树林　邢燕芬　吕德功	山西省人大常委会代表资格审查委员会委员职务

续表

时间	会议	任免	姓名	职务
5月31日	第二十九次	任命	李仁和	山西省人大常委会副秘书长
5月31日	第二十九次	任命	梁　权	山西省人大常委会教育科学文化卫生工作委员会副主任
5月31日	第二十九次	免去	王立业	山西省人大常委会副秘书长职务
5月31日	第二十九次	任命	朱　明	山西省高级人民法院副院长、审判委员会委员
5月31日	第二十九次	免去	梁　权	山西省高级人民法院副院长、审判委员会委员职务
5月31日	第二十九次	免去	罗锁堂	山西省高级人民法院审判委员会委员职务
5月31日	第二十九次	任命	秦文峰　胡克勤 赵相成　王建中	山西省人民检察院检察委员会委员、检察员
5月31日	第二十九次	任命	张国强　汤德意	山西省人民检察院检察员
5月31日	第二十九次	免去	谢鹏程	山西省人民检察院副检察长、检察委员会委员职务
5月31日	第二十九次	免去	周茂玉	山西省人民检察院检察委员会委员、检察员职务
5月31日	第二十九次	免去	平新科　孙晋枝 苑　涛　丁　毅	山西省人民检察院检察员职务
5月31日	第二十九次	批准任命	周茂玉	太原市人民检察院检察长
5月31日	第二十九次	批准任命	原维宁	朔州市人民检察院检察长
5月31日	第二十九次	批准任命	史书贤	晋中市人民检察院检察长
5月31日	第二十九次	批准免去	孙赞东	朔州市人民检察院检察长职务
5月31日	第二十九次	批准免去	赵相成	晋中市人民检察院检察长职务
5月31日	第二十九次	批准免去	闫喜春	临汾市人民检察院检察长职务
7月26日	第三十次	决定任命	刘　杰	山西省公安厅厅长
7月26日	第三十次	决定免去	杨　司	山西省公安厅厅长职务
7月26日	第三十次	任命	石治文	太原铁路运输中级法院院长
7月26日	第三十次	任命	张双喜	山西省人民检察院太原铁路运输分院检察长
7月26日	第三十次	批准任命	霍永宁	大同市人民检察院检察长
7月26日	第三十次	批准任命	王守林	阳泉市人民检察院检察长
7月26日	第三十次	批准任命	李曾贵	长治市人民检察院检察长
9月28日	第三十一次	任命	郭贵春	山西省人大常委会教育科学文化卫生工作委员会副主任
9月28日	第三十一次	任命	董常生	山西省人大常委会农村工作委员会副主任
9月28日	第三十一次	免去	樊挚敏	山西省人大常委会预算工作委员会副主任职务
9月28日	第三十一次	任命	王志刚	山西省高级人民法院副院长、审判委员会委员
9月28日	第三十一次	任命	张远光	山西省高级人民法院审判委员会委员、审判员
9月28日	第三十一次	任命	杨世宁	太原铁路运输法院院长
9月28日	第三十一次	任命	张全平	大同铁路运输法院院长
9月28日	第三十一次	任命	刘杰平	临汾铁路运输法院院长
9月28日	第三十一次	任命	王国宏	山西省人民检察院副检察长、检察委员会委员
9月28日	第三十一次	任命	刘志军	太原铁路运输检察院检察长
9月28日	第三十一次	任命	南世勤	大同铁路运输检察院检察长
9月28日	第三十一次	任命	黄建华	临汾铁路运输检察院检察长
11月29日	第三十二次	任命	刘合廷	山西省高级人民法院审判员
11月29日	第三十二次	免去	陶　萍　庄新平	山西省高级人民法院审判员职务
11月29日	第三十二次	免去	赵相成	山西省人民检察院检察委员会委员、检察员职务
12月19日	第三十二次	批准免去	王国宏	忻州市人民检察院检察长职务
12月19日	第三十三次	免去	陶　萍	山西省高级人民法院刑事审判第一庭副庭长职务
12月19日	第三十三次	免去	张丽雅	山西省高级人民法院审判员职务
12月19日	第三十三次	免去	刘良善	山西省人民检察院检察员职务
12月19日	第三十三次	批准任命	闫绪安	忻州市人民检察院检察长
12月19日	第三十三次	批准任命	苑　涛	临汾市人民检察院检察长

（秦　钟　王　磊　郭　强）

口和计划生育工作情况的报告;12.听取和审议省人民政府关于全省扶贫工作情况的报告;13.听取和审议省人民政府关于全省保障性住房建设情况的报告并进行专题询问;14.表决通过人事任免名单及其他事项。

第三十二次会议。11月26~29日在太原举行。

会议议程是:1. 会议审议并表决通过《山西省公路条例》;2.审议并表决通过《山西省节约用水条例》;3.审议《山西省就业促进条例》;4.听取和审议省人大常委会执法检查组关于检查《中华人民共和国农业法》实施情况的报告;5.听取和审议关于2011年省本级预算执行审计查出问题的整改工作报告;6. 听取和审议关于全省文化产业发展情况的报告;7. 审议并表决通过省人大常委会人事代表工作委员会关于省十一届人大六次会议主席团交付的代表议案办理情况的报告;8.听取和审议并表决通过省人民政府关于省十一届人大六次会议以来代表建议、批评和意见办理情况的报告;9.听取和审议并表决通过省高级人民法院关于省十一届人大六次会议以来代表建议、批评和意见办理情况的报告;10.表决通过人事任免名单及其他事项。

第三十三次会议。12月19日在太原举行。

会议议程是:1. 审议并表决通过山西省第十一届人民代表大会常务委员会关于召开山西省第十二届人民代表大会第一次会议时间的决定;2.审议并表决通过山西省人民代表大会常务委员会关于接受王君辞去山西省省长职务请求的决定;3. 审议并表决通过山西省人民代表大会常务委员会关于李小鹏代理山西省省长的决定;4. 表决通过人事任免名单及其他事项。

(秦　钟　王　磊　郭　强)

5月9日,全国第二十一次部分省(区、市)人大研究工作座谈会在太原召开

(秦　钟提供)

领导考察与对外交流

【全国人大常委会领导莅晋考察】 4月1日,全国人大常委会原副委员长、民进中央原主席许嘉璐出席第五届“中国·介休清明(寒食)文化节”。

4月26~27日,全国人大常委会原副委员长、中国关工委主任顾秀莲在山西就关心下一代工作进行调研。

5月20~23日,中共中央政治局委员、全国人大常委会副委员长、中华全国总工会主席王兆国在山西考察。

6月5~10日,全国人大常委会副委员长、民革中央主席周铁农率全国人大常委会残疾人保障法执法检查组在山西进行检查和调研。

6月29日,全国人大常委会原副委员长成思危出席“中国县域经济发展高层论坛·长治论坛”。

9月3~5日,全国人大常委会副委员长华建敏率领全国人大常委会农业法执法检查组在山西省进行执法检查。

9月13~20日,全国人大常委会副委员长、中国红十字会会长华建敏在山西就红十字会扶贫工作等进行考察调研。

11月19~23日,中共中央政治局常委、全国人大常委会委员长吴邦国到晋考察。

(秦　钟　王　磊　郭　强)

【对外交流】 10月31日,韩国全罗南道议会代表团访晋。

11月15日,美国州议长代表团访晋。(秦　钟　王　磊　郭　强)

立　法

【山西省人民代表大会常务委员会通过的地方性法规】 1.《山西省突发事件应对条例》;2.《山西省循环经济促进条例》;3.《山西省安全技术防范条例》;4.《山西省非物质文化遗产条例》;5.《山西省气候资源开发利用和保护条例》;6.《山西省食品生产加工小作坊和食品摊贩监督管理条例》;7《山西省公路条例》;8. 《山西省节约用水条例》;9.《山西省就业促进条例》。

(秦　钟　王　磊　郭　强)

【山西省人民代表大会常务委员会批准太原大同两市的地方性法规、决定】 1.《太原市养犬管理条例》;2.《太原市人民代表大会常务委员会关于废止部分地方性法规的决定》;3.《太原市人民代表大会常务委员会关于修改部分地方性法规的决定》;4.《太原市终身教育促进条例》;5.《大同市人民代表大会常务委员会关于修改〈大同市企业集体合同条例〉的决定》;6.《大同市人民代表大会常务委员会关于修改〈大同市户外广告管理规定〉的决定》;7.《大同市再生资源回收利用管理条例》。

(秦　钟　王　磊　郭　强)

【山西省人民代表大会常务委员会废止的地方性法规】 1.《山西省公路管

理条例》;2.《太原市限制养犬的规定》;3.《太原市城市房屋拆迁管理办法》;4.《太原市私营企业工作条例》;5.《太原市劳动监察条例》。

(秦 钟 王 磊 郭 强)

监 督

【听取和审议省政府及其部门和“两院”的工作报告】 1.山西省人民政府关于全省煤炭工业可持续发展工作情况的报告;2. 山西省人民政府关于全省流动人口服务管理工作情况的报告;3. 山西省人民政府关于山西省循环经济发展情况的报告;4. 山西省人民政府关于全省社会保障以及就业情况的报告;5. 山西省人民政府关于全省保障性住房建设情况的报告;6.山西省人民政府关于全省人口和计划生育工作情况的报告;7. 山西省人民政府关于全省新兴产业发展情况的报告;8. 山西省人民政府关于全省中小企业发展情况的报告;9. 山西省人民政府关于全省扶贫工作情况的报告;10.山西省人民政府关于省十一届人大六次会议以来代表建议、批评和意见办理情况的报告;11.山西省高级人民法院关于省十一届人大六次会议以来代表建议、批评和意见办理情况的报告;12.山西省人民政府关于2011年省本级预算执行审计查出问题的整改工作报告;13.山西省人民政府关于全省文化产业发展情况的报告。(秦 钟 王 磊 郭 强)

【听取和审议省人大及其常委会有关工作部门的报告】 1. 山西省人民代表大会常务委员会代表资格审查委员会关于代表出缺情况和补选代表的代表资格审查的报告;2. 关于省十一届人大六次会议筹备工作情况的报告;3. 山西省人大财政经济委员会关于2012年省本级预算调整方案(草案)的审查报告;4.山西省人大财政经济委员会关于2011年省本级财政决算(草案)的审查报告;5.山西省人大常委会执法检查组关于检查《山西省旅游条例》《山西省促进旅游产业发展条例》《山西省人民代表大会常务委员会关于加快发展旅游业的决定》实施情况的报告;6.山西省人大常委会人事代表工作委员会关于省十一届人大六次会议主席团交付的代表议案处理情况的报告;7. 山西省人大常委会执法检查组关于检查《中华人民共和国农业法》实施情况的报告。(秦 钟 王 磊 郭 强)

【“两条例一决定”实施情况的检查】 6月,省人大常委会副主任杜玉林、李政文分别带领执法检查组,就“两条例一决定”实施情况赴大同、忻州、太原、运城、临汾、晋中6个市12个县进行重点检查,实地查看全省27个重点景区(点)和工程项目进展情况,听取市、县政府及相关部门汇报,与15家旅游企业代表座谈。9月中旬,常委会组织部分组成人员赴长治市就全省旅游工作进行考察。9月24日,山西省第十一届人民代表大会常务委员会第三十一次会议听取省人大常委会副主任李政文作的报告。

执法检查组认为,“两条例一决定”颁布实施十年来,全省各级认真落实,实施旅游发展战略,完善规划项目建设,加大市场营销,规范行业管理,创优旅游环境,提升旅游品牌影响力,旅游产业得到较快发展,旅游经济效益稳步提升。全省旅游业增加值占到GDP的6.8%,全国排名由22位上升至16位。但同时,旅游产业发展水平与山西省的历史文化资源、自然环境禀赋仍不相适应,与加快文化旅游产业跨越发展的战略定位仍有差距,还未产生预期的集群效应和综合效益,在第三产业中的贡献率和山西省经济结构重型化的纠偏、缓解作用还有待发挥。

针对存在的问题,报告建议:一要深入宣传,打造对外旅游新形象;二要转变职能,加大旅游体制机制创新力度;三要打造精品旅游,加快旅游产业转型升级;四要加大人大监督工作力度,推进“两条例一决定”贯彻实施,为旅游业发展提供更加有力的法制保障。

(秦 钟 王 磊 郭 强)

【关于《中华人民共和国农业法》实施情况的检查】 9月上旬,全国人大常委会副委员长华建敏、农业与农村委员会主任委员王云龙带领全国人大执法检查组,省人大常委会常务副主任申联彬,副主任郭海亮,带领省人大执法检查组,赴太原、晋中、阳泉、长治、晋城市进行检查。11月26日,山西省第十一届人民代表大会常务委员会第三十二次会议听取郭海亮汇报。

执法检查组认为,近年来,全省贯彻落实农业法和党中央、国务院关于确保国家粮食安全的决策部署,把“三农”作为优先保障的领域,加大财政投入,完善经营机制,推进农业现代化和扶贫开发,粮食生产能力提高,抵御各种自然灾害和市场风险的能力增强。但同时,种粮农民增收难、农业科技水平低、扶贫开发任务重、农村大额贷款严重不足等问题仍然存在。

针对存在的问题,报告建议从五个方面采取措施:一是加快提高农民收入水平;二是落实最严格的耕地保护制度;三是加快农村金融创新;四是推动农业科技进步;五是强化全省扶贫开发工作。

(秦 钟 王 磊 郭 强)

综 述

【经济社会发展大势】 2012年山西省人民政府坚持稳中求进的工作总基调，在国内经济下行压力加大的形势面前狠抓对经济工作的领导，保持调控力度，全省呈现出经济增长、物价稳定、民生改善、社会和谐的良好态势，在实现转型跨越的道路上又迈出新的步伐。地区生产总值完成1.2万亿元，同比增长10.1%；规模以上工业增加值完成6421.8亿元，增长11.9%；全社会固定资产投资完成9176亿元，增长24.5%；社会消费品零售总额完成4375.8亿元，增长16%；财政总收入、一般预算收入分别完成2650亿元、1516亿元，增长17.2%、25%；城镇居民人均可支配收入、农民人均纯收入分别完成20412元、6357元，增长12.6%、13.5%，城镇登记失业率控制在3.4%，居民消费价格总水平上涨2.5%；万元生产总值综合能耗、万元工业增加值用水量和主要污染物减排均实现了预定目标。（柏亚华）

【经济总体保持增长】 1. 充分发挥政策措施的保障作用。在深入调研、充分论证的基础上，出台56条稳增长政策措施，包括促进经济平稳较快增长的30条措施、支持服务业加快发展的9条措施和扶持小型微型企业发展的17条措施；各地各部门认真贯彻执行这些政策措施，并结合实际制定具体的贯彻落实意见，形成强大的政策合力，对有效克服外部环境的不利影响、稳定经济增长起到重要作用。

2. 充分发挥内需的拉动作用。开展"项目落地年"活动，实行项目储备、签约、落地、建设"四位一体"机制，推进重点工程建设，取得明显成效。投资结构进一步优化，民间投资增长33%，占总投资的比重达到49.8%；新兴产业、非煤产业投资占工业投资的比重分别由2011年的36.2%、63%提高到42.8%、67%。认真落实家电下乡、家具建材促销、节能产品惠民等政策措施，推进城乡流通基础设施建设，开展打击假冒伪劣商品和侵犯知识产权活动，促进消费平稳较快增长。

3. 充分发挥实体经济的支撑作用。国有大型企业加快推进"双千亿""双五百亿""双百亿"工程，成为推动全省转型跨越的重要力量。全省销售收入超千亿元的企业达到8户，煤销集团进入世界500强，省监管国有企业资产总额、营业收入、上缴税金等主要经济指标均排全国前列。大力培育发展中型、小型、微型企业，新增销售收入超亿元的企业约200户，总数达1900户以上；新增小型微型企业和个体工商户17.7万户，总数达107万户；引导上下游企业签订长期合作协议，允许企业缓缴相关费用，帮助困难企业渡过难关，保持正常的生产经营，夯实实体经济基础。（柏亚华）

【经济转型步伐明显】 1. 工业新型化步伐明显加快。大力推进煤焦冶电等传统产业整合重组和技术改造，产业集中度和竞争力明显提升，特别是煤炭工业在圆满完成整合重组的基础上，全面进入现代化矿井建设阶段；同时，面对需求疲软、外部竞争激烈的不利局面，加强内部管理和市场营销，全年煤炭产量、外运量分别达到9.1亿吨、5.8亿吨，全行业销售收入突破万亿元。积极推进煤电、煤焦、煤化工、煤机一体化发展，全省煤炭企业电力装机容量达到2000万千瓦、焦化产能达到5000万吨、合成氨和尿素产能达到1500万吨。先进装备制造业、现代煤化工、新型材料工业和特色食品工业等新兴产业和服务业快速发展；积极开展"晋善晋美"旅游促销活动，旅游总收入达到1810亿元、增长35.1%。

2. 科技支撑作用进一步增强。突出企业技术创新主体地位，组织实施十个科技重大专项和403个重点技术创新项目，攻克掌握了新一代激光显示、精细化工、多晶硅制造等新技术、新工艺，成功开发了10米以上C型钢、6.25米捣固焦炉成套设备等新产品、新设备，大力推广应用新型煤炭机械装备、干熄焦、超临界大容量高参数及空冷等先进技术，为转型发展提供有力支撑。

3. 节能减排和环境保护成效明显。全年淘汰小钢铁55万吨、小焦炭1015万吨、小火电62万千瓦、小水泥2310万吨，新建节能建筑和完成建筑节能改造4000万平方米，全省资源综合利用率、大宗工业固废综合利用率均达到50%以上;以省城太原为重点大打环境质量改善攻坚战,在全部设区市开展PM2.5监测,拆除各类燃煤锅炉4万多台,新增集中供热面积5000多万平方米,关停30家重污染企业,11个设区市空气质量均达到国家二级标准,水质优良断面上升5.3个百分点、达到48.5%。加大植树造林力度,完成营造林460多万亩。深入推进重点区域生态环境治理修复,地下水位平均回升0.38米,全省生态环境持续改善。 (柏亚华)

【经济基础设施建设加快】 继续加强交通建设,加快推进大西客运专线、中南部大通道等铁路项目建设,完成投资500亿元,在建里程达到1900千米,相当于目前全省铁路营运里程的一半还多;加快推进吕梁、临汾、五台山机场项目建设;千方百计克服资金短缺等困难,掀起“决战三百天、融资上千亿、高速通万里”的高速公路建设新高潮,完成1000千米建设任务,总里程超过5000千米;同时加大国省干线、农村公路改造力度,全省公路总里程达到13.68万千米。大力推进大水网建设,东山供水、中部引黄、辛安泉引水、小浪底调水等骨干工程加快建设,配套工程协调推进。新增电力装机容量510万千瓦,总装机容量达到5810万千瓦,电网、燃气管网、通信等建设改造力度不断加大。 (柏亚华)

【强农惠农富农举措见效】 不断加大强农惠农富农政策力度,出台小杂粮、设施蔬菜、规模养殖等10项扶持政策,累计达50项之多,资金总额达50亿元,补贴范围之广、含金量之高、受益农民之多都是前所未有的;新建“一村一井”工程345个,农田实灌面积达1900多万亩,大力推广先进实用技术,农业综合生产能力稳步提升,粮菜果、肉蛋奶等主要农产品全面增产,特别是粮食产量连续3年突破100亿公斤,2012年达127.4亿公斤、再创历史新高;扎实推进现代农业示范区和雁门关生态畜牧经济区建设,支持发展4000个“一村一品”专业村、60个“一县一业”基地县,深入实施农产品加工龙头企业“513”工程,全省农产品加工业销售收入超过800亿元,增长30%以上;编制实施吕梁山、太行山两大集中连片特困地区扶贫开发规划,深入开展干部包村增收和机关定点扶贫活动,40万贫困人口脱贫。

协调推进大中小城市、小城镇和新农村建设,启动实施新区示范、旧区提质、城乡清洁等“十大工程”,城镇化进程不断加快,城镇化率超过51%。完成100个新农村连片示范区和3000个重点村建设任务,特别是在完成第一轮“五个全覆盖”的基础上,圆满完成街巷硬化、便民连锁商店、文化体育场所、中等职业教育免费、新农保等第二轮“五个全覆盖”任务。 (柏亚华)

【民生保障加大力度】 各级财政用于与民生直接相关的投入达到1437亿元,增长22%,占到总支出的一半以上。

就业工作成效显著。全年城镇新增就业51万人,转移农村劳动力42.5万人。

教育条件显著改善。建成200所标准化公办幼儿园,改造农村幼儿园1600所,招聘农村特岗教师1752名,在21个集中连片贫困县全部实行义务教育学生营养改善计划,投资上百亿元、占地近万亩、可容纳13万名学生的高校新校区基本建成。

医药卫生事业加快发展。医药卫生体制改革成果进一步巩固,基本药物制度试点扩大到非政府办社区卫生服务机构,药品价格平均下降30%以上;改扩建市县乡医疗机构137所,34个县公立医院改革基本完成,群众看病难、看病贵的问题得到初步缓解。

文化改革发展取得新突破。163家国有文艺院团完成改革任务,公共文化服务能力不断提高,六大文化集团健康运营,《粉墨春秋》《立春》等一批精品力作引起较大反响。

保障性住房建设力度加大。开工建设各类保障性住房40.9万套,竣工18万套,并出台保障性住房建设、分配、运营和退出等管理办法。同时,全省房地产市场呈现出“三增一稳”的良好态势,即开发投资增长27.9%,施工面积增长25.9%,销售面积增长16.6%,价格保持基本稳定。

社会保障全面加强。城乡居民养老、医疗保险和低收入群体保障实现制度全覆盖,316万60岁以上的城乡老人领到养老金,新农合、城镇居民医保补助标准提高到每人每年240元,246万城乡低保和五保供养对象实现应保尽保。进一步完善供应制度和办法,共有812万低收入农户享受到每户1吨免费取暖煤,群众得到更多实惠。 (柏亚华)

【安全形势保持良好】 2012年全省各类安全生产事故起数、死亡人数同比分别下降14.2%、0.36%,煤矿百万吨死亡率控制在0.091,继续保持国内领先水平。在全面强化安全生产组织、制度、技术、人才、管理、措施、纪律和体制等“八个保证”的基础上,下大气力规范各行业各领域安全生产经营运行秩序,集中开展以煤矿为重点,覆盖非煤矿山、尾矿库、危险化学品、交通运输、消防、食品安全等领域的专项整治行动,对9万多个矿井、企业进行拉网式排查,对2285家重点企业实行安全生产挂牌责任制;深入开展“打非治违”专项行动,严厉打击私挖滥采行为;制定完善各行业各领域安全生产标准,全面提高从业人员素质;严肃对待事故、严格责任追究,促进安全生产形势持续明显好转。与此同时,加强和创新社会管理,积极排查和化解社会矛盾,认真做好信访工作,健全社会治安防控体系,严厉打击违法犯罪活动,妥善处置各类突发事件,社会保持和谐稳定,为党的十八大胜利召开创造良好环境。 (柏亚华)

【综改试验成功起步】 经过多方努力,转型综改试验区《总体方案》正式获批。在组织学习、宣传、解读《总体方案》的同时,编制实施方案,制订市县、省直部门行动方案,并选派干部到省外8个综改区学习先进经验,到省内11个试点县挂职指导工作。大力推进试点工作,围绕产业转型、生

省委副书记、代省长李小鹏在太原市政务服务中心与办事群众亲切交谈（刘　通提供）

态修复、城乡统筹、民生改善等4项主要任务，加快推进“一市两县”“一市两园”“一县一企”、省属国有重点企业先行试点和标杆项目。积极创新用地、人才机制，有效保障建设用地，引进包括17名院士在内的一批高层次人才；不断深化配套改革，事业单位分类改革稳步推进，省直机关所属企业全部脱钩，集体林权发证率达到96.3%，深入实施扩权强县改革，下放审批权限85项。进一步扩大对外开放，全年进出口总额完成150.4亿美元；太原武宿综合保税区成功获批；成功举办第四届能博会、首届晋商大会，赴广东、福建、湖北、河南招商引资，全年协议引进资金达到3.6万亿元，落地项目投资额达到1.7万亿元；与环保部、北京大学、民生银行、华润集团等部委、院校、企业签订战略合作协议，对外交流合作进一步深化。深入开展对口援疆工作，20个援建项目全部完成年度任务。（柏亚华）

重要会议

·全委会议·

【省政府第11次全体会议】12月24日，省委副书记、代省长李小鹏主持省政府第11次全体会议，安排部署当前经济社会发展重点工作。会议强调，各级各部门要深刻领会、全面贯彻落实党的十八大精神、中央经济工作会议精神和习近平总书记一系列重要讲话精神，认真执行中央关于改进工作作风的各项规定和要求，建立健全各项工作制度，以良好的作风和奋发有为的精神状态，团结一致、扎实工作、攻坚克难，努力开创经济社会发展新局面。会上还宣读省政府机关新出台的会议、文件办理等制度，重申相关纪律规定。（柏亚华）

·常务会议·

【省政府第101次常务会议】2月20日，省长王君主持省政府第101次常务会议，听取省政府组成部门关于作风建设的汇报，研究部署加强政府自身建设工作。会议强调，要坚持以人为本、执政为民理念，深入推进以机关作风建设为重点的政府自身建设，不断提高政府的凝聚力、执行力和公信力，为推动转型跨越发展提供坚强保证。（柏亚华）

【省政府第103次常务会议】4月10日，王君主持省政府第103次常务会议，讨论通过《山西省安全生产“十二五”规划》，研究部署当前安全生产重点工作。讨论通过《山西省安全生产“十二五”规划》部署当前重点工作。会议还研究建设用地审批等其他事项。（柏亚华）

【省政府第104次常务会议】4月24日，王君主持省政府第104次常务会议，讨论通过《山西省环境保护“十二五”规划(送审稿)》，研究部署当前环境保护工作，并原则通过《山西省食品安全生产加工小作坊和食品摊贩监督管理办法（草案)》《山西省气候资源条例（草案)》《山西省公共安全技术防范条例(草案)》。（柏亚华）

【省政府第106次常务会议】6月5日，王君主持省政府第106次常务会议，会议分析当前经济形势，部署近期经济工作，研究通过省政府《关于保持经济平稳较快增长的若干意见》《关于支持服务业发展的若干措施》和《关于扶持小型微型企业加快发展的若干政策措施》。（柏亚华）

【省政府第107次常务会议】6月8日，王君主持省政府第107次常务会议，研究通过《燕山–太行山连片特困地区(山西)区域发展与扶贫攻坚规划》和《全省现代农业发展规划》，进一步安排部署近期山西省农业农村和扶贫开发工作。（柏亚华）

【省政府第108次常务会议】6月21日，王君主持省政府第108次常务会议，制定出台2012年强农惠农富农补贴新政策，研究部署当前“三农”工作。会议强调，各级各部门要认真贯彻稳中求进的工作总基调，把稳增长放在更加重要的位置，全面落实各项强农惠农富农政策，继续抓好当前农业农村各项重点工作，巩固和发展农业农村经济良好形势，促进农业增产、农民增收、农村发展，为全省经济平稳较快增长奠定坚实基础。（柏亚华）

【省政府第109次常务会议】7月19日，王君主持省政府第109次会议，会议听取上半年工作情况汇报，分析当前经济社会发展形势，研究部署下半年的工作会议强调重点抓好以下工作:一要千方百计稳定经济增长;二要毫不松懈地抓好安全生产;三要带着感情保障和改善民生;四要多措并举维护社会稳定;五要全力以赴推进改革创新;六要科学应对保持经济健康运行。(柏亚华)

【省政府第110次常务会议】 8月16日,王君主持省政府第110次常务会议,传达贯彻全国就业创业工作表彰大会精神,讨论通过《山西省人力资源和社会保障事业发展“十二五”规划》,进一步研究部署当前和今后一段时期山西省扩大就业和加强社会保障等工作。(柏亚华)

【省政府第111次常务会议】 9月11日,王君主持省政府第111次常务会议,会议听取全省资源型经济转型综合配套改革试验工作推进情况报告,研究部署进一步推进转型综改试验工作。会议研究讨论《山西省节约用水条例(草案)》《山西省就业促进条例(草案)》,决定提交省人大常委会审议。会议还研究建设用地审批等其他事项。(柏亚华)

【省政府第112次常务会议】 9月27日,王君主持省政府第112次常务会议,研究部署中秋、国庆和当前全省安全生产、食品安全和民政工作。会议强调,各级各部门各企业要警钟长鸣、常抓不懈,周密部署、狠抓落实,不断加强近期安全生产工作,切实保障食品安全,努力营造欢乐、祥和、平安的节日气氛,以安全稳定的社会环境迎接党的十八大胜利召开。(柏亚华)

【省政府第113次常务会议】 10月29日,王君主持省政府第113次常务会议,研究分析当前经济形势,安排部署2012年后两个月的工作。会议强调,要认真贯彻党中央、国务院和山西省关于稳定经济增长一系列政策措施,围绕全年部署,针对存在问题,采取有力措施,全面推进各项工作,完成全年各项目标任务,以优异的成绩迎接党的十八大胜利召开。(柏亚华)

【省政府第114次常务会议】 11月26日,王君主持省政府第114次常务会议,学习贯彻党的十大大会议精神,谋划、研究、部署当前和今后一个时期的重点工作。会议强调,各级各部门要深入学习贯彻党的十八大精神,把思想和行动统一到党的十八大精神上来,把力量凝聚到十八大部署的各项工作任务上来,进一步解放思想,改革开放,凝聚力量,攻坚克难,确保完成全年各项目标任务,推动全省经济社会又好又快发展。(柏亚华)

【省政府第115次常务会议】 12月25日,李小鹏主持省政府第115次常务会议,传达学习中央经济工作会议和中央农村工作会议精神,听取2012年经济社会发展工作情况汇报,分析当前经济形势,研究部署2013年经济工作。(柏亚华)

办公厅

【政务信息】 全年编报《上报国办信息》111期、《省长专报》31期、《晋政信息》144期、《经济信息》188期、《上网信息》150期、《省区市政府领导动态》200余期,共编发信息近6000条,其中山西省医药卫生体制改革五项重点工作经验做法、连续3年实施强农惠农富农政策等信息获国务院和省政府领导批示。特别是《上报国办信息》取得明显进步,在国务院考核排名由上年的第25位前移到第20位。此外,编发《参阅材料》、《内部情况通报》10余期。(柏亚华)

【政务公开】 大力推进政务公开,健全政府新闻发布和信息公开制度,加强政府网站和电子政务建设,充分发挥政府公报和新闻媒体作用,为群众提供快捷方便的服务。起草完成《山西省政府信息公开规定》,下发《2012年政府信息公开重点工作安排》,建立政府文件网上及时发布的信息协调机制,建立各市政府、省政府各有关部门联络人制度,对市县、省政府有关部门网站的政府信息公开专栏运行情况和政府信息公开年度报告发布情况进行网上抽查,及时通报抽查情况,有力地推动工作。组织开展政府系统电子政务的网络扩容、政府门户网站优化、信息资源共享安全保密、终端维护等工作。(柏亚华)

【督查工作】 将《政府工作报告》涉及的288项重点工作逐项分解到9个领导组办公室、11个市政府和76个牵头单位,对各单位目标责任完成情况实施网上动态跟踪,并确定20项工作作为督查重点,以点带面推动工作落实。建立横向到边、纵向到底的省政府重点工作督查人员联系体系,为目标责任落实的信息反馈、督查核查提供支撑。会同省发改委、省综改办对各市、各部门转型综改先行先试的机构组建、人员到位、项目落实、工作进展、推进成效等进行督查。协助省领导对朔州、阳泉、吕梁、运城四市进行了督导,针对突出问题深入分析原因,指导帮助四市提出对策措施,并及时向社会通报了督导情况。对中央巡视组反馈意见中的21个涉及政府部门的问题逐项进行责任分解,督促有关部门理清整改思路,制定整改方案,落实整改措施。对省政府领导领办的9个方面25件代表建议、8类63件政协提案,积极协调、督促、指导相关部门和单位做好办理工作。(柏亚华)

【应急工作】 科学有效处置突发事件,认真做好值守应急和信息报送工作,严格落实领导带班、24小时值班和节假日双岗制度,有效处置吕梁文峪河污染、山西信发氧化铝项目未批先建等突发事件124起。加强应急管理法制建设,提请省人大常委会审议通过《山西省突发事件应对条例》,组织召开条例实施新闻发布会,编制完成《2012年度全省突发事件趋势分析及主要对策》,编制应急体系建设“十二五”规划和70个专项规划。全面加强基层应急工作,对11个市应急管理工作进行督查,掌握基层应急管理决策部署、机构运转、预案体系建设、突发事件处置、值守应急与信息报送、应急保障、宣传培训与预案演练等情况。采取实地查看、查阅资料、座谈讨论等形式,对市县、部门应急预案体系建设情况开展全面督导。(柏亚华)

·参事(文史)·

【室馆工作】 在室(馆)组织下,参事薄生荣、刘建民撰写《把山西建设成为中国优秀传统文化重要传承区的认识和建议》和《加快土地复垦和治理改造力度,破解土地利用难题》的建议,上报省政府。针对国家重点文物保护单位——永乐宫古建筑严重漏雨、壁画持续受损情况,杨晓国参事和办公室人员多次赴芮城县调研,撰写《关于永乐宫漏雨严重造成壁画持续损坏亟须采取应急保护措施的建议》。王君和张平分别在建议上批示,王君还借运城调研视察之机亲赴永乐宫调研。此后,省市文物部门和运城市人民政府立即拨出专款对永乐宫采取相应补救与保护措施。《中国地域文化通览·山西卷》经10余名馆员和专家长达3年的艰辛努力,已经上交中华书局进入出版程序。室(馆)安排文史馆员翟耀文一行3人,赴临汾市浮山县,对《弟子规》修订者贾存仁故里进行考察和考证,撰写《弟子规修订者墓志铭浮山被考证》一文。文章在《山西日报》等媒体发表。在纪念毛泽东《在延安文艺座谈会上讲话》发表70周年之际,室(馆)组织部分书画馆员赴广州、珠海、深圳参加晋粤两省书画馆员艺术交流和艺术采风活动。 (王合龙)

【馆际交流】 参事室(馆)一行7人赴河北省室(馆)进行业务学习和工作交流。同时,省政府参事室(文史馆)还分别接待贵州省参事室、江西省文史馆、云南文史馆等单位来晋交流和考察活动。文史馆员李夜冰等8位馆员赴黑龙江省参加"毛泽东《在延安文艺座谈会上的讲话发表70周年暨中央文史研究馆书画院建院5周年书画精品展》"。参事杨晓国在安徽省参加第三届全国政府参事培训班;馆员姚剑、翟耀文参加由中央文史研究馆和七省市文史研究馆馆员在武昌举行的"当代中华诗词创作与研究"理论研讨会。 (王合龙)

发展和改革委员会

【经济增长与社会进步】 2012年,山西省应对复杂严峻的外部经济环境,实现经济平稳较快增长和社会事业全面进步,完成全年目标任务。全省地区生产总值12112亿元,增长10.1%。全社会固定资产投资9176亿元,增长24.5%,增幅高出年度计划2.5个百分点。社会消费品零售总额4376亿元,增长16%。财政总收入2650亿元,增长17.2%;一般预算收入1516亿元,增长25%,增幅分别高出年度计划2.2个和10个百分点。城镇居民人均可支配收入20412元,增长12.6%,增幅高出年度计划2.6个百分点。农民人均纯收入6357元,增长13.5%,增幅高出年度计划3.5个百分点。城镇新增就业岗位51万个,超额11万个完成年度计划。城镇登记失业率3.4%,好于"控制在4.2%以内"年度目标。居民消费价格总水平上涨2.5%,低于年度计划1.5个百分点。万元生产总值综合能耗、万元工业增加值用水量和主要污染物减排均实现预定目标。 (石 峥)

【投资规模扩大】 项目储备稳定在10万亿元以上;招商引资3.6万亿元,落地项目投资额1.7万亿元;全省民间固定资产投资同比增长33.1%,对全省投资增长贡献率63%;全年资本市场融资突破千亿元大关,全国排名第11位;铁路、公路、机场、水利等基础设施项目迅速推进;全年争取中央预算内资金128亿元,高出上年30亿元;70个项目获得国家规划批复、核准或路条批复,涉及总投资1937亿元。 (石 峥)

【经济结构调整加快】 传统产业改造升级取得进展,煤矿百万吨死亡率下降到0.092,居国内领先水平;焦化行业兼并重组涉及产能7000多万吨,占全省总产能41%;30万千瓦及以上火电机组装机容量占到全省总装机70%;全年新兴产业、非煤产业投资占工业投资比重分别由上年的36.2%、63%提高到42.8%、67%;《山西省循环经济促进条例》《关于支持服务业发展的若干措施》相继出台;全年"三农"投入同比增长28%,粮食综合生产能力明显提高。 (石 峥)

【节能减排和生态建设】 《山西省"十二五"节能减排综合性工作方案》《关于加强2012年主要污染物排放总量控制工作的意见》和《山西省"十二五"控制温室气体排放工作方案》出台,在全国率先在所有设区市开展PM2.5监测,11个设区市空气质量均达到国家二级标准,水质优良断面上升5.3个百分点;全年完成营造林460多万亩,实现减排5531万吨二氧化碳当量,流域和区域生态环境明显改善。 (石 峥)

【民生事业改善】 2012年《山西省就业促进条例》出台,全省高校应届毕业生就业率达到90%;保障性住房建设超额完成国家下达任务;各级各类院校建设扎实推进,高校新校区基本建成;医疗卫生七大体系260多个项目开始建设;两轮"五个全覆盖"工程完工,群众的生产生活条件得到改善。 (石 峥)

【转型综改推进】 《总体方案》成功获批,《实施方案》编制完成,省部合作取得重要进展,省直厅局、各市、各重点企业积极开展各具特色创新和实践。集体林权制度改革、国有企业改革、文化体制改革、医药卫生体制改革深入推进;优化投资管理流程实施意见和重大投资项目咨询评估管理办法出台;85项审批管理权限下放到位,扩权强县改革深入。 (石 峥)

经济和信息化委员会

【经济运行调控加强】 加强经济运行监测协调。完善各市目标进度月报及预警制度,建立涵盖50项核心指标和15套报表的运行监测体系,分行业选取300户规模以上企业进行实时监控,提高工业经济预警监测能力。针对经济下行压力提出10条针对性调控措施(省政府《关于保持经济平稳增长的若干意见》晋政发〔2012〕21号全部采纳)。

提升生产要素保障能力。煤电联营取得进展,省调20万千瓦及以上33户主力火电企业有21户电厂实现煤电联营,推动煤电企业共赢发展。对35个符合国家产业政策和并网规定的发电机组实施并网发电,新增电力装机354.2万千瓦。强化铁路运力协调,配合铁道部做好“12306货运网上受理”工作,增强重点企业、重要物资的物流保障能力。

推动优势产品产需衔接。组织全省22户煤机企业与90余户煤炭企业进行产需对接,签订合同4亿元,推进煤炭企业更多使用省内煤机产品。协调新增焦煤产量优先供应省内,确保重点焦化企业的原料供应。

2012年,全省规模以上工业实现增加值6421.8亿元,增长11.9%,高于全国平均水平1.9个百分点。其中忻州、朔州、晋城增速分别达到16.4%、16.3%、14.6%,居全省前三位;吕梁完成规模以上工业增加值892亿元,工业总量居全省第一。全省完成发电量2535亿千瓦小时,增长8.1%;全社会用电量1765.8亿千瓦小时,增长7%;工业用电量1434亿千瓦小时,增长6.6%;累计外送电量769.2亿千瓦小时,增长10.85%,全国排名第三。全省铁路货运量5.9亿吨,增长1.9%;其中煤炭运量5.09亿吨,增长25%。

(董晨阳)

【服务企业多措并举】 支持大企业大集团做大做强。强化“双千亿”“双五百亿”和“百强潜力企业”生产要素保障,在项目推动、资金支持、政策优惠方面给予倾斜。全省9户工业企业进入全国500强,7户企业销售收入超过千亿元。

扶持中小企业快速成长。实施中小企业成长工程,新培育销售收入超亿元小巨人企业118户,新兴产业领域企业占比高达93%。全省小巨人企业达809户,实现主营业务收入3000亿元左右,行业特色鲜明,成为山西省县域经济重要支撑。

提升企业技术创新能力。新增国家级企业技术中心2户,新认定省级企业技术中心30户,全省总数分别达到22户和156户。推进焦化化产回收等403项关键技术创新项目,总投资达28.8亿元。13个项目成功申报国家专项,获得中央财政补助资金6500万元。

淘汰落后生产能力。全年累计淘汰落后水泥产能2310万吨、焦炭1015万吨、炼铁55万吨、电力62万千瓦、铁合金9万吨、造纸18.55万吨、印染1720万米、铅冶炼2万吨、铅蓄电池7万千伏安时,均完成或超额完成年度目标任务。 (董晨阳)

【产业结构调整推进】 加强传统产业改造提升。优化服务流程,核准钢铁、水泥等传统产业改造提升项目28个,推动44座铸造高炉通过工信部公告,占全国公告企业数26%;太钢不锈钢冷连轧、阳煤兆丰铝业年产100万吨氧化铝二期、孝义金岩年产500万吨焦化园区等一批重大项目开工建设或部分投产。

加快新兴产业项目建设。推进太重高速轮轴、太钢不锈精密带钢、大运重卡、阳泉百度云计算、紫林老陈醋、杏花村酒业集中发展区等900余个新兴产业项目建设,太原年产2200万台苹果手机生产线投产,长治成功集团30万辆新能源汽车项目进入试生产,全年310个项目建成投产或部分投产。

2012年,全省煤焦冶电之外新兴产业完成投资1830.2亿元,同比增长48.3%,高出全省工业投资24.4个百分点,占全省工业投资比重达44.2%。其中,太原市新兴产业投资增速高达69%,居全省第一;朔州、阳泉、忻州新兴产业投资增速分别达59.2%、53.6%、52.4%,高于全省平均水平。

推进兼并重组。制定《山西省焦化行业兼并重组实施方案》,分别在吕梁孝义、晋中榆次组织召开推进会,推进60余户企业整合117户企业,涉及产能7254万吨,全省200万吨以上焦化企业由28户增加到40户。引进中建材、冀东等大企业累计兼并省内水泥企业18户,涉及产能1830万吨。以淘汰落后、等量置换等方式实施太钢4350立方米高炉、首钢长钢2×3200立方米高炉等转型升级项目,钢铁行业集约化水平提高。

提升产业集聚水平。长治高新区成功获批国家新型工业化产业示范基地,全省国家新型工业化产业示范基地达到4户。引导各类产业要素向园区聚集,太原经济技术开发区煤机企业销售收入占全省同行业70%;晋中市积极推动吉利轿车、一汽重卡和中航工业等近30户企业落户;大同医药产业园聚集国药、普德、振东等一批企业,销售收入占全省医药行业38%;临汾市25个工业园区实现销售收入1211亿元,占全市工业销售收入61.6%;运城市以五个产业集群为主体的新兴产业发展迅速,占全市工业比重达到47%。

2012年,全省工业总体保持平稳增长,特别是煤焦冶电之外新兴产业实现快速增长,占工业比重提高到17.6%。其中,装备制造业增速高达33.3%,占工业比重提高到7.3%,成为煤炭、冶金之后拉动工业经济的第三大动力。 (董晨阳)

【经济增长方式转变】 加强节能降耗攻坚。完善节能监测预警体系,推进节能改造,全省重点推进的1024个重点节能改造项目累计完工873个,年可实现节能量1328万吨标准煤。执行节能评估和审查,在电力、水泥行业开展能效对标活动,全省供电煤耗下降0.76%、水泥综合能耗下降2.4%。对省千家企业开展能源审计,实施5户重点用能企业能源管理中心示范项目建设。发布8个主要能耗产品的地方能耗限额标准,开展21项节能新标准的制定。支持节能服务公司实施合同能源管理项目93个,实现节能量32.6万吨标准煤。2012年,全省万元GDP单位能耗预计下降4%以上,超额完成3.5%的年度节能目标任务。

强化固废资源综合利用。推动朔州市工业固废综合利用示范基地建设,园区总投资达37亿元,为全国最大的粉煤灰综合利用产业聚集区。推动太钢、太重、山西焦化三家企业列入“两型”(国家资源节约型、环境友好型)企业试点,确定20个工业循环经济产业基地和50户工业循环经济骨干企业,认定82户企业资源综合利用产品,全省在有效期内资源综合利用企业达到160户,年可利用煤矸石930万吨、粉煤灰350万吨。支持30个资源综合利用项目,年可减少粉煤灰、煤矸石、脱硫石膏和废钢渣等工业固体废弃物排放415万吨。全省工业固废综合利用率达52%、煤矸石综合利用率达47%、粉煤灰综合利用率达56%。其中,阳泉工业固废综合利用率达到63%,居全省首位。

(董晨阳)

【两化融合发展】 推进两化深度融合。启动《山西省信息化条例》立法、起草及送审工作。遴选60个信息化项目,初步构建山西省两化融合项目储备库。太钢、阳煤两户企业获得工信部两化深度融合专项资金资助,资金额度排全国第六。实施45项两化融合及社会领域信息化建设项目,推动全省信息化水平向前迈进。其中,阳泉市发挥百度云计算中心对山西省信息产业辐射和带动作用,促成IBM、浪潮等信息化龙头企业入园投资意向。

稳步实施三网融合。推动省政府与电信运营企业战略合作协议实施,启动总投资达103亿元的48个建设项目,电信基础网络升级工程完成量过半,干线网光缆改迁完成90%。省IPTV集成播控平台一期工程建成,全省发展IPTV用户2.7万户。制定《太原市三网融合试点实施方案》,上报国务院三网融合工作协调小组备案。

扶持软件和信息服务业发展。授予5户企业全省首批软件和信息技术服务示范企业称号、20户企业山西省计算机信息系统地方资质,新认定软件企业27户。2012年,全省软件和信息服务业主营业务收入增长31.8%;全省规模以上电子信息制造企业达111户,实现销售产值456.6亿元,增长127.8%,增幅居全国第一位。

(董晨阳)

【行政效能提升】 推动企业减负。完善企业负担监测网络,开展企业负担调研,落实税费减免优惠政策,废止煤焦运销环节不合理收费,煤焦领域减少收费11亿元,全省减少涉企收费30.3亿元。晋中市取消矿区管理费、企业管理费等9项涉企收费项目,减免13项小型、微型企业行政事业性收费项目,缓征焦炭生产企业煤炭可持续发展基金、企业排污费、焦炭运销服务费等4项费用,直接减轻企业负担约1.1亿元。

创新项目审批机制。贯彻“项目落地年”要求,采用链式审批、打包审批模式,对重点项目施行绿色通道,着力简化审批流程。全年共备案、核准工业调产项目627个,有214个项目投产或部分投产,完成投资960亿元,新增工业销售收入560亿元。

推进企业通关模式改革。强化口岸综合管理与协调,加强与天津、山东、河北、连云港、新疆等口岸合作,建立直通放行模式,全省有71户企业获得直通放行资格,25户企业获准实施绿色通道,提高通关便利化水平。

经信系统干部队伍建设。2012年,全省经信系统树立正确的权力观、价值观、政绩观,加强党风廉政建设取得成效。一是加强重大事项和项目资金监督检查。制定实施《山西省经济和信息化委员会项目资金专项监督检查制度》,推动项目资金管理规范化。先后对11个市、60多个县、189个企业235个资金项目进行检查,对发现项目资金没有到位、验收审计不及时、个别项目进展缓慢等19个问题,及时督促有关部门进行纠正、通报。二是实施“吃拿卡要”专项整治工作。对照省纪委明确整治的6种破坏发展环境、损害党和政府形象“吃拿卡要”行为,组织全系统开展自查自纠和公开承诺,省经信委机关、行业办和有行政职能事业单位260余名干部上交自查报告和承诺书。三是开展民主评议政风行风工作。开展民主评议政风行风主题宣传月活动,从14个方面,征求服务企业和群众意见建议。召开委机关主要业务处长、各市经信委纪检组长、监察室主任和全省16户有代表性的大中型企业参加听证对话会。3名委领导和7名处室负责同志参加山西广播电台《政风行风热线》活动。四是认真做好群众信访举报工作。2012年驻省经信委纪检组监察室收到各类信件13件。其中,省纪委转办2件,驻委纪检组受理11件,经认真严肃的调查核实,对4名干部进行诫勉谈话。

(董晨阳)

教育厅

【教育规模】 2012年,全省共有各级各类学校18623所,在校生739万人。幼儿园5489所,在园幼儿91.5万人,专任教师38194人,学前三年毛入园率75%。小学10042所,专任教师184326人,在校生2617602人,学龄儿童净入学率99.92%。初中阶段教育学校2023所,在校生数1502433人,专任教师118231人。特殊教育学校53所,在校生7873人,专任教师1316人。高中阶段教育学校1067所,在校生145.5万人(普通高中511所,在校生85.5万人;中等职业教育学校556所,在校生60万人),高中阶段毛入学率90%。普通高等学校67所(本科院校19所,高职高专院校48所),另有独立学院8所(不计校数),民办普通高等学校7所,成人高等学校13所。本专科在校生63.7万人,在学研究生2.6万人,高等教育毛入学率32.5%。

(李宏卿)

【基础教育】 2012年推行学前教育学校标准化,建成公办标准化幼儿园214所,改建农村幼儿园806所,推行农村义务教育薄弱学校的标准化改造,有38个县达到要求。规范清理普通高中改制,有6所被停止办学。

(李宏卿)

【职业教育】 2012年进行现代职业教育体系试点,选择22所高职学校和30所中职学校开展五年制职业教育培养。全省职教基础建设增强,有75所学校分别成为国家级与省级财政支持的职教实训基地,11所获批为国家中等职教改革示范校。(李宏卿)

【高等教育】 2012年围绕山西省转

型跨越发展,选出9个优势重点学科和29个特色重点学科,新增24个学士学位专业。对46个博士学位授权一级学科点进行重点建设,经费支持6500万元。新增6个省高校人文社科重点研究基地。 (李宏卿)

科学技术厅

【科技发展政策制订】 出台《关于深化科技体制改革加快全省创新体系建设的实施意见》,突出企业主体地位和地方特色。围绕"科技促进文化创新发展、普及科学技术知识、丰富群众科学文化生活、送科技到基层农村"开展科技活动周。按《山西省科普基地认定管理办法》要求,15家省级科普基地认定,享受门票营业税和所得税优惠政策。90家民营科技企业认定,25%左右拥有自主知识产权、专利。221家民营科技企业通过复审换证。统计691家民营科技企业运营状况以及员工层次和收入水平。

(陈红科)

【科技创新型企业培养】 认定3家国家创新型试点企业,增加研究开发投入,享受国家研究开发费用加计扣除政策。筹备第二次部省会商会议,落实与中国工程院战略合作协议内容。开展科研机构、科技基础设施以及科技计划、专项和基金摸底调查,在现代装备、节能环保等领域开展科技计划专题调研。

《关于山西省科技重大专项项目库建设及征集入库项目的通知》发布,完成"矿山重大灾害监控、预警与应急救援保障技术""生态脆弱区和工矿区生态恢复、重建技术""创新药物研制"三个专项和增补项目的编写审定。县域科技创新服务平台支持建设10个项目,支持财政资金320万元。

完成《太榆科技创新城项目启动方案(草案)》,成立政策编制工作组,制订工作方案,完成科技创新政策搜集整等工作。3月发布《关于推进科技创新园建设工作的通知》,要求各园区编制"园区科技创新服务体系建设方案"。印发《支持"一市两园"的若干优惠政策》,第二批火炬计划下拨专项资金1180万元支持园区科技创新服务体系建设。 (陈红科)

【高新技术企业认定管理】 2012年27家高新技术企业通过备案,30家企业完成初审。9家企业成为国家火炬计划重点高新技术企业。举办高新技术企业上市培育培训班。2012年高新技术领域省级科技计划安排两批各类工业技术攻关项目49项,资金3285万元。第一批火炬计划21项,资金1810万元。第二批14项,资金2380万元。科技型中小企业技术创新基金国家立项支持61项,获得经费3835万元。制造业信息化科技工程出台《山西省"十二五"制造业信息化规划》,"离散制造过程制造物联与集成协同关键技术研发与示范应用"课题启动,获得446万元支持。临汾市举行"十城万盏"半导体照明应用工程试点示范城市启动仪式,长治市申报第三批"十城万盏"半导体照明应用示范城市工作启动。申报7项金太阳示范工程,其中两个项目获得11001.65万元支持。 (陈红科)

【科技服务体系建设】 认定5家省级示范生产力促进中心。发布《关于批准建立山西省岩土工程技术研究中心的通知》(晋科高发〔2012〕19号)。认定一批省级火炬计划特色产业。

农村科技工作出台《山西省农业科技创新工程实施方案》《山西省"百、千、万"科技强农富民工程实施方案》《山西省国家农村信息化示范省建设实施方案》《关于山西省选派大学生村官担任科技特派员工作实施方案》《山西省农业科技园区管理办法(试行)》五个文件。获得科技部资金8560万元。打造强农富民"三大板块":种业科技创新工程,F型小麦雄性不育系、"杂交大豆多媒介高异交调控繁制种技术"、玉米"大丰30"、"晋岚绒山羊";"百、千、万"科技强农富民工程,实施100项标杆项目,建设服务平台100个,认证1000名科技成果转化特派员,培育科技乡土人才15000名,发展农业成果示范户11000户,示范户人均收入超过1万元。推广重点农业科技成果50项,配套出台实施方案;农业信息化示范工程,开展农业农村信息化建设、"12396"农业科技服务和农村党员远程教育工作。制作《给枣套个袋 亩产增万元》《枣树嫁接新技术——改良劈接法》等26部专题片。 (陈红科)

【科技国际合作交流】 推荐15位青年科研人员留学深造。推动与中央院所和省外、中国工程院、微软中国公司等开展科技交流活动。参加第五届对俄基地联盟会议、科技入滇对接交流会等活动。举办"科技外交官山西行"活动和专题报告会。推荐5名海外科研人才入选第五批省"百人计划"。推荐27人申报第六、七批省"百人计划"。推荐山西省心血管病医院、山西医科大学第一附属医院等2家单位申报省第四批海外高层次人才创新创业基地。政府间科技合作项目方面,推荐"甜樱桃育种方法和省力化栽培技术研究"项目等12个项目,立项1项,5项通过国家国际科技合作专项项目评审。国家国际科技合作专项方面,获批专项项目8项,争取专项经费3000万元。山西省国际科技合作计划项目扶持84个项目,下达引导资金1800万元。 (陈红科)

公安厅

【社会稳定和治安加强】 维护社会和谐稳定。2012年,全省各级公安机关坚持谋划在早、防范在先,坚持全警动员、整体防控,打整体战、主动战,完成各项安全保卫任务。完成回良玉、刘延东、刘云山、王兆国、郭伯雄、徐才厚、何勇等党和国家领导人来晋考察安全警卫任务。全省未发生打砸抢烧等极端事件,所有游行活动均平稳可控。坚持领导干部接待信访工作制度,集中解决一批信访突出问题。开展打黑除恶、命案侦破、打击"两抢一盗"等多发性侵财犯罪、打击拐卖妇女儿童犯罪专项行动、打击电信诈骗犯罪、治爆缉枪、打击经济犯罪"破案会战"、禁毒人民战争等专项行动。开展集中追逃"利剑行动"。

2012年，全省公安机关共破获各类刑事案件54011起，抓获刑事犯罪成员32327人。围绕四类地区、“九小场所”、校园及周边地区，开展社会治安整治“三项战役”，集中解决一批治安乱点和治安突出问题。强化社会面管控，推进社会治安综合防控体系建设，预防和减少违法犯罪活动发生，全省公安机关共查处各类治安案件16.54万余起，查处治安违法人员16.92万余人。（李晶辉）

【“四项建设”推进】 各级公安机关以“四项建设”为重点，推进公安基层基础工作。一是推进信息化建设。全省公安机关围绕“主动防控、精确打击、辅助决策、引领实战”目标，加强信息化建设，实现公安数据信息社会化服务。二是推进执法规范化建设。制定《2012年全省公安机关执法规范化建设推进意见》《全省公安机关执法规范化建设风景点派出所规范执法十佳单位评选标准、场所执法十佳单位评选标准、网上办案十佳单位评选标准和民警学法十佳单位评选标准》，落实执法规范化建设“四项重点工作”，全省公安机关场所执法流程得到规范，网上办案流转率提高。三是推进和谐警民关系建设。组织全省公安机关开展以访问民情、访察民意、访排民忧和评议工作、评查问题、评选先进“三访三评”为主要内容的“大走访”活动，解决一批实际问题，开展“警民恳谈”“警营开放日”“相约警务室”“向人民报告”等形式多样的爱民实践活动。出台《山西省公安机关服务民生15条措施》，简化审批手续，提高办事效率。筹建互联网“山西公安便民服务在线”。四是推动派出所和城乡社区警务建设。出台《关于进一步加强新形势下公安派出所和社区警务工作的意见》，推动社区警务向专业化、规范化、社会化方向发展。五是推动警务机制创新。努力实现打防控一体化、基础管控动态化、警务实战合成化。创新勤务模式，调整警务部署，推行动态布警和弹性工作制，变“被动警务”为“主动警务”，提高巡逻防控针对性和实效性。

（李晶辉）

【社会管理模式创新】 公安机关以流动人口、特殊人群管理为重点，推行“以房管人、以证管人、以业管人”新模式，推动建立覆盖全部实有人口动态服务管理体系。探索对重点场所、重点行业管理新模式，完善动态化查控机制。推进出入境管理部门窗口规范化建设，实行“一站式”办理服务。创新外国人和境外人员管理机制，坚持警务前移、业务延伸、服务上门，将出入境管理与服务向基层一线延伸。开展治爆缉枪和清爆攻坚专项行动，严查涉爆涉枪隐患，严缴非法爆炸物品、枪支弹药，严打涉爆、涉枪违法犯罪活动，严整涉爆重点地区，严管涉爆涉枪单位。全省涉爆安全形势平稳有序，未发生重大涉爆事故和爆炸物品丢失被盗案件。开展消防安全大检查，消除火灾隐患，遏制重特大火灾尤其是群死群伤火灾事故的发生。推进道路交通事故预防机制建设，开展“道路客运安全年”和“牵手平安行”活动，持续开展整治“三超一疲劳”违法行为专项整治和“安全带—生命带”专项行动。（李晶辉）

【公安队伍建设】 全省各级公安机关坚持政治建警、素质强警、从严治警、从优待警，着力造就一支政治强、业务精、纪律严、作风硬、形象好的公安队伍。一是加强思想政治建设。结合保持党的纯洁性教育活动，组织开展人民警察核心价值观教育实践活动，开展“万名民警学雷锋岗位服务在行动”“弘扬英烈精神，铸造忠诚警魂”“警队青年先锋”选树、践行核心价值观英模事迹巡回报告等主题活动，把“忠诚、为民、公正、廉洁”人民警察核心价值观融入到工作中。二是改进教育训练工作。推行“轮值轮训、战训合一”和“全警组训、全员轮训”训练模式，围绕群体性事件处置、疑难案件办理、网上舆情引导、信息化应用等实战需求加强培训工作。三是加强队伍管理。加强机关反腐倡廉工作，严格执行中政委“四个一律”、省委“五个不准”、公安部“五条禁令”和省厅“六条警规”等纪律规定。对案件查处坚持“零容忍”态度。（李晶辉）

监察厅

【行政监察强化】 2012年，省监察厅履行《行政监察法》赋予的职责，抓好基础性、长期性工作，开展执法监察、廉政监察、效能监察，坚持围绕党委、政府全局工作和中心任务，加强监督检查，促进中央和省委、省政府重大决策部署的贯彻落实；坚持抓住主要矛盾和矛盾的主要方面，以重点工作成效带动全局工作发展，以关键环节突破带动整体能力提升；坚持顶层设计、体系反腐，注重反腐倡廉工作实践创新、理论创新、制度创新，构建具

4月17日，全省行政监察工作会议在太原召开（牛彦方提供）

有山西特色惩治和预防腐败体系；坚持典型引导、集中整治两手抓，加强政府机关作风建设，优化转型跨越发展环境；坚持有腐必惩、有案必查，保持惩治腐败强劲势头，全省行政监察工作取得新进展、新成效。（牛彦方）

【防治腐败源头抓起】 改进预防腐败工作，提高源头治理水平。加强廉政风险防控，防控领域从行政机关向党的机关、国有企业、事业单位和社会团体延伸拓展，权力结构科学化配置体系、权力运行规范化监督体系和廉政风险信息化防控体系建设取得新进展。加强巡视监督，完成对晋中、晋城、临汾、运城4个市及所辖部分县(市、区)，省国土厅、交通厅、水利厅3个省直部门，太原重型机械集团1个大型国有企业以及山西医科大学及其附属医院等医疗单位的巡视；完成对第六届中博会确定的重点项目落地、土地及矿产资源使用和管理情况专项巡视，发现一批突出问题和案件线索。加强公共资源交易市场建设，制定《关于推进统一规范的公共资源交易市场建设的意见》，启动省公共资源交易中心建设。建立健全防止利益冲突体制机制，起草《山西省建立健全防止利益冲突制度的意见》和《山西省公职人员防止利益冲突暂行办法》。推进扩权强县试点工作，抓好下放权限对接落实，积极发挥扩权政策效应。（牛彦方）

【全省行政监察工作会议】 4月17日在太原召开。省长王君作出重要批示。他肯定全省行政监察工作，同时要求全省各级行政监察部门的干部，一要增强思想政治素质；二要提高业务能力；三要弘扬求真务实、真抓实干的优良作风；四要强化廉洁自律意识，自觉遵守廉洁从政的各项规定和要求，树立清正廉洁的良好形象。会议强调，各级监察机关要学习领会王君重要批示精神，抓好贯彻落实。要增强政治意识，在思想上、政治上、行动上与以胡锦涛同志为总书记的党中央保持高度一致，维护党的政治纪律，做好保持党的纯洁性各项工作，保证党的团结统一，确保政令畅通；要找准服务大局的切入点，保障政府施政方针和目标的实现；要狠抓工作任务落实，提高政府行政能力和水平；要以更大的决心和勇气深化改革，推进创新，确保政府系统反腐倡廉工作取得新进展；要转变工作作风，加强各级监察机关自身建设，依法监察、履职尽责，服务、保障、推动转型跨越发展。（牛彦方）

民政厅

【城乡社会救助水平提升】 城市和农村低保标准分别提高30元、22元，农村五保集中供养和分散供养省级补助标准分别提高500元、100元。城乡低保资金社会化发放率100%。在79个县开展医疗救助“一站式”即时结算试点工作；在22个县开展儿童“两病”(心脏病、白血病)、在7个县开展重特大疾病医疗救助试点工作。全年下达中央和省级社会救助资金43.36亿元，截至2012年底，保障城市低保对象89万人、农村低保对象150.5万人、农村五保供养对象16.8万人，对188.9万名城乡困难群众进行医疗救助。纳入事业单位管理的农村五保供养机构新增28所，累计达到75所。（王文广）

【救灾减灾工作开展】 修订《山西省自然灾害救助应急预案》。应对洪涝、冰雹、低温冷冻等自然灾害，全年下拨救灾资金3.38亿元，救助灾民410万人。开展综合减灾示范社区创建工作，23个单位被民政部评选为“全国综合减灾示范社区”。省级救灾物资储备库完成选址；市级救灾物资储备库正按规划进度实施。（王文广）

【优抚安置工作深入】 开展双拥宣传教育活动，促进军民融合式发展。为5.5万名60岁以上农村老兵和1.2万名60岁以上烈士子女发放生活补助。提高1~4级残疾人员护理费标准和部分优抚对象抚恤补助标准。制定散葬烈士纪念设施维修改造标准，维修改造零散烈士纪念设施4168处。退役士兵职业教育和技能培训政策知晓率、参训率、合格率、就业率均达到上级要求指标。完成军休干部接收和军队无军籍退休退职职工安置去向审定任务。（王文广）

【基层民主政治建设推进】 第九届村委会换届选举任务完成。发挥阳光农廉网作用，健全村务监督委员会，加强村务公开工作。推动出台《关于进一步加强城市社区居民委员会建设工作的实施意见》。对新当选的村委会主任以及600余名社区干部进行培训。（王文广）

【社会福利和慈善事业发展】 省政府关于集中供养孤儿、散居孤儿每人每月生活费1000元、600元要求得到落实。完成孤残儿童“明天计划”手术239例、“重生行动”手术32例。新建9个县级福利中心任务完成。在11个市21个县124个村开展农村日间照料养老服务试点工作。组织实施“送温暖、献爱心”社会捐助活动。（王文广）

【社会组织管理加强】 省级全年共受理社会组织审批事项249件，对857个社会组织进行年检。全省对823个社会组织进行评估。在晋城、晋中分别开展政府购买社会组织服务、行业协会与业务主管单位脱钩试点工作。对全省社会组织进行集中清理整顿。（王文广）

【区划地名和界线管理有序】 对各地申报行政区划调整事项进行调研审理。完成3条市界、32条县界联检，制定《山西省平安边界示范市、县考评方案》，每个地级市均有1个县达到平安边界示范县标准。省地名数据库完成《中华人民共和国政区大典》山西分卷审定稿中所有词条和相关内容的充实完善。各市、县地名数据库中界线管理类别达到国家标准。（王文广）

【专项社会事务管理规范】 对全省殡葬业服务收费情况进行调查摸底，对经营性公墓进行年检。推动出台《关于加强和改进流浪未成年人救助保护工作的实施意见》，全年救助流浪乞讨人员72015人次。开展“接送流浪孩子回家”专项行动，共救助保护流浪未成年人3283人次，基本实现城市街面无流浪未成年人目标。开展婚姻登记机关标准化创建工作。

（王文广）

【民政工作创新明显】 在全国率先开展“敬老文明号”创建活动，得到副总理回良玉和全国老龄委的肯定。全国村务公开民主管理工作会议在运城市召开，推广山西省经验。出台自主就业退役士兵发放一次性经济补助政策，提出多项有较强操作性具体措施和刚性要求，得到民政部肯定。《关于在全省实施社区网格化管理的通知》《关于落实经费保障推进社区“三有一化”建设的通知》和《关于履行民政系统职责深入推进社区网格化管理服务的意见》先后出台，社区网格化管理工作推进。省厅与晋城市政府签署合作共建协议，厅市合作共建推进。2012年省级层面共推动出台具有创新意义规范性文件33件（比上年增长83.3%），其中省委、省政府和省政府办公厅出台7件，与其他部门联合出台12件，民政部以参阅文件形式转发山西省关于社会养老服务体系建设、退役士兵安置改革、民政法制建设三个规范性文件；市一级民政部门出台各类规范性文件37件，其中各市党委、政府出台14件。

（王文广）

司法厅

【法律保障加强】 监狱劳教（戒毒）系统落实厅党委关于监狱劳教（戒毒）工作的目标要求，坚持奥运、国庆安保成功做法，深化细化“三再三更”“五个毫不”“三不”的监管要求，开展“平安监狱”创建活动，加强监狱劳教基层基础建设，在连续五年实现“四无”基础上，确保监狱劳教场所的持续安全稳定。全员动员，组织机关干部下基层，不定期开展以监所安全和干警到岗尽职为重点的警务督察和突击检查。在全省范围内开展监所隐患排查整治活动，确保场所持续安全稳定。

做好刑释解教、社区矫正人员教育管理服务工作。完善刑释解教人员衔接安置机制，帮助他们解决就业、就学、社会保障等方面困难和问题，预防和减少重新违法犯罪，重点帮教对象衔接率100%，安置率94.3%，帮教率98.6%。以《社区矫正实施办法》颁布实施为契机，组织大规模社区矫正工作推进会议，监督管理、教育矫治、帮困扶助三项工作加强，社区矫正人员未出现脱管、漏管现象，未发生重大恶性案件，重新犯罪率仅0.14%。

发挥人民调解工作在维护社会稳定中的“第一道防线”作用。开展矛盾纠纷“大排查、大调处、大防范”专项活动，开展“争当人民调解能手”活动，重点围绕具有资源型地区特点、影响社会和谐稳定突出问题，防范排查、教育疏导、调处化解。全年共调解各类矛盾纠纷292613件，调解成功率达95.07%。

关注和改善民生，将法律服务、法律援助工作纳入党和政府主导的维护群众权益机制，鼓励和支持律师、法律援助工作者发挥专业优势，参与人民调解、行政调解、司法调解，推进社会矛盾化解。各级法律援助机构办理各类法律援助案件19326件，受援人总数（包括咨询、代书）达237491人。

（张　霏）

【法律服务开展】 围绕省委、省政府“项目落地年”工作要求，制定《关于服务和保障重点项目建设的实施意见》，在重点项目储备、签约、落地、建设各个环节上主动服务、超前服务。

发挥律师、公证、司法鉴定、基层法律服务行业优势，为全省重大转型项目、政策创新、板块突破、破解难题等提供“一站式”法律服务。搭建服务平台，组成专项法律服务团，建立重大项目跟踪服务机制，开展“法律服务接待日、咨询日”活动，在全省重点项目储备、签约、落地、建设工作中发挥作用。组织专业律师团队，主动对接和走访重点项目承建企业，开展“法律体检”活动，通过“订单式服务”“结对子服务”“调解式服务”等方式，帮助企业减少和化解风险。为全省重大项目合同订立、章程证明、抵押登记等经济活动，以及项目建设中涉及的招投标、拆迁、职工安置补偿、财产转移、土地挂牌出让、现场监督、证据保全等提供真实、合法公证法律服务。围绕重点项目建设中可能涉及的民生问题，为群众提供方便快捷、优质高效法律服务。加强司法鉴定服务，为涉及重点项目建设领域的环境污染、知识产权、医疗损害、职工工伤、房屋拆迁等鉴定事项提供客观、准确、公正鉴定意见，协助党委、政府做好相关群众工作。办理涉及重点项目建设领域劳动争议、征地拆迁、环

“12·4”法制宣传日，省司法厅开展多种形式的宣传活动

（张　霏提供）

境污染、食品药品安全、企业重组和破产等法律援助案件。2012 年,全省律师队伍组建专项法律服务团 186 个,担任法律顾问 5376 家,开展专项法律服务 8213 件次,办理各类案件 46518 件,咨询代书 96709 件;基层法律服务所办理各类案件 23436 件,同比增长 11.2%;全省公证机关办理各类公证事项 126079 件,同比增长 15%,省公证员协会办理涉台公证 262 件。（张 霏）

【依法治理推进】 各级司法行政机关学习宣传国务院和省委、省政府战略决策和总体部署,学习宣传相关法律法规,推进社会主义法治文化建设,为转型综改试验区建设营造法治氛围。引导公民依照法定程序表达利益诉求,为服务转型综改试验区建设创造和谐稳定社会环境。加强领导干部、公务员和企事业经营管理人员以及农村"两委"干部等重点对象法制宣传教育。加强食品安全、教育、医疗等社会领域依法治理,开展省、市、县三级联创依法治理示范单位和标兵单位活动。加强对公职人员、青少年、企业经营者等重点对象的普法教育,深入推进"法律六进"活动。（张 霏）

【队伍建设提升】 开展政法干警核心价值观教育实践活动,组织全系统英模事迹报告团在 11 个市巡回报告,开展"5 阶段、14 个规定动作"教育实践活动。开展创先争优活动,省厅机关党建工作被省直工委选为典型,接受现场观摩,佳镜律师事务所被评为全国先进集体,司法所所长李培斌同志当选党的十八大代表。强化教育培训工作。举办 3 期司法所所长培训班,对全省 1397 个司法所所长全部进行培训。在北大举办 2 期提高综合素质研修班,省厅和直属单位近百名处级以上领导干部接受培训。开展下乡住村活动,转变干部工作作风,提高群众工作能力,被《人民日报》迎接党的十八大系列特刊专题刊登。

司法考试、法制工作、法学教育、法学研究、科技信息、来信来访、老干工作、后勤保障等都实现五年决战创一流。（张 霏）

财政厅

【财政规模】 2012 年,山西省各级财政部门加强财政宏观调控以稳增长促转型发展,优化财政支出结构以保重点保民生,促进全省经济社会转型发展。

2012 年,山西省财政总收入 2650.33 亿元,为年度计划 2618.78 亿元的 101.20%,与 2011 年决算收入相比,增长 17.24%,增收 389.79 亿元,公共财政收入完成 1516.38 亿元,为年度预算 109.94%,超收 137.12 亿元,较 2011 年增长 24.97%,增收 302.95 亿元。2012 年,全省公共财政支出 2759.46 亿元,占年度预算 85.67%,与 2011 年决算数相比,增长 16.74%,增支 395.61 亿元。分级次看,2012 年,省、市、县各占全省总支出比重分别为 25.87%、17.37%、56.76%。教育、文化体育传媒、社会保障就业、医疗卫生、城乡社区事务、农林水事务和住房保障等民生领域分别支出 558.03 亿元、60.20 亿元、354.61 亿元、180.34 亿元、160.5 亿元、309.63 亿元和 85.65 亿元,同比增长 32.3%、24.98%、10.27%、12.98%、12.73%、28.24%和 0.94%,以上民生支出总额和增支额分别为 1708.96 亿元和 289.10 亿元,占全省公共财政支出总量和总增支额的 61.93%和 73.07%。除以上各项支出其他主要支出项目情况是:一般公共服务支出 274.47 亿元;国防支出 4.64 亿元;公共安全支出 143.79 亿元;科学技术支出 33.32 亿元;节能环保支出 88.17 亿元;城乡社区事务支出 160.45 亿元;农林水事务支出 309.63 亿元;交通运输支出 194.82 亿元;资源勘探电力信息等事务支出 47.78 亿元;商业服务业等事务支出 23.67 亿元;金融监管等事务支出5.15 亿元;国土资源气象等事务支出 183.43 亿元;粮油物资储备事务支出 20.67 亿元;国债还本付息支出 4.10 亿元;其他支出 24.38 亿元。

（李晋中 张小三）

【宏观调控】 2012 年山西省财政加强宏观调控,推进转型综改区建设,实施财政部门专项行动方案和实施意见,支持产业转型和科技创新。全年筹措资金 396 亿元支持重点工程建设,用 27.54 亿元支持重点节能工程。支持县域经济和中小企业,拨付 10.11 亿元作为助推资金。拨付资金 34.5 亿元支持资源地区转型和接替产业项目 494 个,扶持新兴产业项目 229 个。（李晋中 张小三）

【强农惠农】 出台设施蔬菜、规模养殖等 10 项扶持政策。累计达 50 项、资金支持达 50 亿。下达扶贫资金 19 亿元,支持连片特困开发试点。支持农村"五个全覆盖"工程目标提前完成,2011 年 2012 年累计为此筹措资金 300 亿元,投入 5 亿元支持农村环境改造,为村级公益建设总投资 29.9 亿元。（李晋中 张小三）

【保障民生】 2012 年山西省教育支出 558.03 亿元,社会保障和就业支出 354.61 亿元,医疗卫生支出 180.34 亿元,住房保障支出 85.65 亿元,文化体育及传媒支出 60.20 亿元。

（李晋中 张小三）

人力资源和社会保障厅

【劳动力就业促进】 城乡就业创历史新高,城镇新增就业 51 万人,转移农村劳动力 42.5 万人,城镇登记失业率控制在 3.4%。创建创业型城市和农村劳动力转移就业示范县各 30 个,建立创业孵化基地 83 个,入驻创业实体 6637 家,扶持3.4 万人成功创业,带动就业 12 万人。劳动预备制培训实现全覆盖,组织各类招聘会 3000 余场次,提供岗位信息百余万个,帮扶 5.2 万困难人员实现就业,应届高校毕业生就业率达 90%。（张 琼）

【社保体系建立】 推进"社保全覆盖、服务一卡通",城乡基本养老、基本医疗保险参保人数分别达到 2100 万人、3500 万人,实现社保制度城乡全覆盖。提高各项社保待遇,企业退休人员基本养老金实现"八连调",月

晋商大会人才签约仪式　　　　（张　琼提供）

人均1873元，比上年增长12%，居中部六省首位。城镇居民医保补助标准提高到每人每年240元，扩大个人账户支付范围。推行五险统征经办新模式，开展非公有制经济单位扩面行动，参保率和基金征缴率接近翻番，新制发社会保障卡超过1000万张，建成省市县社保专网，实现参保人员人人持卡。　　（张　琼）

【各层人才管理改善】 制定引进国内高层次人才意见和“三晋学者”培养计划，启动十大人才工程，举办世界晋商人才论坛和人才智力交流大会，新增高层次人才6700余名、高技能人才7.3万名，新设立院士工作站18个，选拔“三晋学者专家”18名，引进海外留学人才及“985”院校毕业生1600余人。顺利完成全省2014名行政机关公务员考录工作，首次在5个省直部门公开遴选基层公务员28人，完成监狱、劳教系统8000多名干警职务套改工作。在各级各类事业单位全面推行新进人员公开招聘制度、岗位设置管理和聘用合同管理，新招工作人员1.3万名，岗位设置核准率96%，聘用合同签订率95%。

（张　琼）

【劳动工资调控】 强化工资收入分配调控，最低工资标准平均增幅15.1%，企业工资指导线基准线增长15%，在建设领域推行农民工工资支付登记卡管理办法，实施事业单位绩效工资制度，规范公务员工资，全年城镇单位在岗职工平均工资比上年增长15%。　　（张　琼）

【劳动关系调整】 加强调解仲裁、信访维稳和执法监察，全省企业劳动合同签订率保持在98%以上，实地检查企业10.5万户次，为7.4万人追发工资及经济补偿金3.72亿元，督促缴纳社会保险费2.82亿元，劳动关系总体保持和谐稳定。　　（张　琼）

国土资源厅

【耕地保护新举措】 在全国首创省域耕地占补平衡新机制，安排耕地开发专项资金30亿元，补充耕地18.6万亩，解决全省重点工程占补平衡难题，守住6075万亩耕地红线。

（张　峰）

【用地保障新成效】 2012年提供用地空间37.58万亩，其中，通过实施增减挂钩、露天采矿用地、矿业存量土地整合利用、低效土地再利用等十项用地新机制拓展用地空间10.2万亩；批准建设用地28.48万亩，土地供应超过25万亩，保障大批转型标杆项目、新兴产业项目和民生项目落地。

（张　峰）

【矿政管理新作为】 2012年矿产资源开发利用方案、矿山地质环境保护与恢复治理方案和矿山土地复垦方案的评审、备案率均超过98%，整合煤矿长期采矿许可证换发率92.7%，137个省级整合保留非煤矿山全部换发采矿许可证。　　（张　峰）

【地质找矿新突破】 2012年地质勘查经费安排5.5亿元，找矿项目新立68个，新增高级别煤炭资源储量434.79亿吨，其中，新增煤炭储量80亿吨，新增铁矿和铝土矿各1亿吨。

（张　峰）

【保障民生新力度】 2012年为33.2万套保障性住房供应土地2.17万亩，实现应保尽保；成功预报地质灾害5起，避免人员伤亡91人，搬迁避让1000多人，避免直接经济损失128万元；全省征地补偿标准得到及时更新，亩均补偿费比2009年提高5500元，增幅达21.4%。　　（张　峰）

【地环管理新局面】 全年投入各项治理资金4.49亿元，新建成“十有县”81个，基层地质灾害防治基础得到加强。　　（张　峰）

【执法监察新思路】 利用航空、遥感技术等高科技手段打击非法采矿违法占地，查处土地违法案件892件，取缔非法违法矿点805个，查处越界开采41起。资源利用达到新水平，全年供地率80%左右，全省2007~2011年农转征项目供地率71.18%，完成24家开发区及太原市的节约集约利用评价工作。　　（张　峰）

【国土收益新增长】 全年国土资源收益891.2亿元，超额完成600亿元年度任务。基础工作迈上新台阶，国土资源“一张图”工程完成，国土资源“批、供、用、补、查”监管平台建成；农村集体土地所有权登记发证10.86万宗，发证率97.16%；省、市、县、乡四级土地利用总体规划完成编制、审批。

（张　峰）

环境保护厅

【污染减排任务完成】 山西省四项

约束指标全面完成,其中,二氧化硫削减6.95%,超过年度目标4.95个百分点;化学需氧量削减2.61%,超过年度目标1.31个百分点;氮氧化物削减3.27%,超过年度目标3.27个百分点;氨氮削减3.65%,超过年度目标2.65个百分点。省考核两项约束指标也超额完成计划。其中,烟尘削减5.26%,超过年度目标3.26个百分点;工业粉尘削减5.01%,超过年度目标3.01个百分点。 (王 颖 王 毅)

【空气质量保持稳定】 山西省二级和好于二级天数347天,优良率95%;11个设区市、93个县(市、区)环境空气质量达到国家二级标准。

(王 颖 王 毅)

【水环境质量持续改善】 水质优良断面同比上升3.1个百分点;化学需氧量和氨氮平均浓度同比下降24.2%和22.5%;9个国控断面达到规划水质目标;集中式饮用水(扣除本底值)达标率100%。 (王 颖 王 毅)

【生态建设推进】 6个城市通过省级环保模范城验收,新创建24个生态乡镇、183个生态村;314个村庄完成农村环境连片整治,434个村庄正在实施整治,受益人口达133万人;晋城市荣膺国际花园城市。

(王 颖 王 毅)

【环境风险可控】 督促平定、昔阳对11.4万吨铬渣完成治理和解毒;对50家111枚闲置废源进行安全收贮。

(王 颖 王 毅)

住房和城乡建设厅

【城镇化数量质量提升】 山西省城镇化率达到51.26%,城镇化质量提升。按照"五个协调"机制建立、"十个统筹"思路推进城镇组群建设,太原都市圈和晋北、晋南、晋东南城镇群等6项规划编制完成;大同都市区等城镇组群规划编制完成。城镇扩容提质百项标杆项目实施。100余项城乡规划编制完成,太原轨道交通等150余个建设项目选址审批手续办理;3000多个招商项目规划审核手续办理。城镇新区规划建设导则制定出台。太原两山绿化、汾河整治,加快山水林城一体化建设实施;大同"一轴两翼"城市格局现雏形。太原城乡清洁工程开展,投资20亿元对47个片区综合整治实施。大同主城区棚户区改造完成,临汾公厕获得联合国"迪拜国际改善居住环境最佳范例奖"。城镇市政公用设施完成投资400多亿元。推进230项百镇建设项目,完成投资20多亿元。

(李国红 张力明)

省保障性住房建设工作推进会在太原召开 (李国红提供)

【保障性住房建设居全国前列】 2012年保障性住房建设管理和廉政风险防控"6+1"制度在全国率先出台,《建设技术导则》和《质量监督检查办法》的制定提供技术标准。保障性住房开工建设42.48万套,城镇保障性住房开工建设36.48万套,为国家下达任务的129.3%,竣工13.12万套,为国家下达任务的184.6%;农村危房改造完成6万户,争取国家专项资金77.57亿元,完成投资448.4亿元,为年度计划的112%。城镇人均住房建筑面积连续五年每年增加1平方米。住房公积金监管加强,太原、晋中、朔州成为国家利用住房公积金贷款支持保障性住房建设试点。山西省重点项目落地和重点工程建设实现"双超万亿"。全年重点项目落地完成金额1.89万亿元,省市两级重点工程投资1.26万亿元。储备、签约、落地、建设"四位一体、统筹推进"机制落实,月调度、月考核、月排名制度坚持。

(李国红 张力明)

【城乡住房建设统筹推进】 2012年住房城乡建设行动方案和12个"十二五"专项规划完成,省级转型综改相关标杆项目组织实施。房地产开发投资首次突破千亿元大关,房地产税收达136.9亿元。太原市新建商品住房平均销售价格同比下降1.2%。建筑业总产值实现2600亿元,增加值700亿元,占GDP比重达5.8%。《居住建筑节能设计标准》等7项地方标准发布,"十二五"既有建筑节能改造省级配套资金9亿元落实,既有建筑节能改造758.9万平方米完成。10座城镇生活垃圾无害化处理场建成,10座新开工;污水处理配套管网新增560公里,城镇生活COD、氨氮减排约束性指标完成。城镇集中供热面积新增5000多万平方米,覆盖率同比提高3.2个百分点。建筑工程质量安全平稳,保障性住房和重点工程质量大检查组织5次。建筑施工企业质量安全认证和施工现场达标验收强化,开展安全生产"打非治违"专项行动和百日安全生产活动,整改隐患9341项。

(李国红 张力明)

交通运输厅

【公路建设显著】 公路建设投资提前超额完成目标。面对在建项目资金短缺的挑战，厅党组创新融资渠道，采取多种方式筹集资金1000多亿元。全省公路建设完成投资690亿元，为年计划550亿元的125.27%。其中，高速公路完成494亿元，干线公路完成34亿元，农村公路完成55亿元，农村街巷硬化完成98.8亿元，分别为年计划的116.3%、112.09%、221.93%、141.1%。

高速公路再建成1000千米并突破5000千米。2012年建成高速公路1006千米。其中，具备通车条件的5个项目68.5千米。到2012年底，全省高速公路总里程突破5000千米。在全国的排名跨入前5名，“三纵十一横十一环”高速公路基本成型。经交通运输部抽检，建设工程总合格率在95%以上。

干线公路和农村公路建设任务提前超额完成。全年重点完成交通运输部优先支持的重要干线改造工程308千米，为年度目标的205.3%。农村公路建设重点实施工业园区、旅游景区、农林产业区公路连通工程，全年完成2913千米，为年度目标的145.7%。

在全国率先实现农村街巷硬化“全覆盖”。2012年组织地方交通部门制定农村街巷硬化工程验收办法和管养办法。10月份省交通运输厅会同财政、发展、农业等部门，对11个市农村街巷硬化工程从覆盖率、工程质量、管养落实三个方面进行抽查验收。全省完成农村街巷硬化工程8314个建制村54408千米，为年度目标的121.6%，工程合格率100%。加上2011年完工里程，两年全省完成农村街硬化工程27881个建制村149972千米，实现具备条件建制村街巷硬化“全覆盖”，全省在全国率先实现“两通一硬化”(村村通水泥路、村村通客车、农村街巷硬化)。

重点公路建设工程质量控制良好。落实工程质量责任制，发挥政府监督、业主负责、社会监理、企业自检四级质量保证体系，对工程建设实行精细化管理，工程建设的任何一个环节出现质量隐患，都以“零容忍”的责任心予以防范，打造“十年路面百年桥”品牌。省交通质量安全监督局对在建项目开展质量安全综合检查43次，其中，关键指标抽检数据37.5万个，合格36.2万个，合格率96.7%，比目标90%高6.7%。

交通战备工作成绩突出。在太古高速公路西山特长隧道设防，增加设防面积25万平方米，建设联合指挥所和一体化专用广场，初步具备战略投送集散、人员物资掩蔽储藏和联合指挥三大功能。

重点公路工程建设管理日趋规范。(1)创新机制。从2012年开始，所有高速公路建设项目全部进入交易中心招标，省纪委、省高检等7部门现场监督，保证招投标过程公开、公平、公正。(2)健全制度。制定出台高速公路施工标准化管理指南和BT项目管理、设计变更管理两个意见，为规范设计、施工和项目管理行为提供制度保证。(3)加强监督。利用审计、纪检、质监三支队伍，加强对高速公路建设项目的监督。23个在建项目全部纳入跟踪审计范围。(4)完善程序。23个在建项目除11个项目土地手续未批外，其余手续基本健全。(5)严格评价。开展2011年度公路施工、监理企业和设计单位的信用评价工作及项目业主履约考核工作，企业信用评价结果在网上公开，与企业投标挂钩。(师国梁)

【公路管理良好】 公路养护管理质量保持较高水平。(1)高速公路。依靠科技进步，建立结构复杂特大桥梁实时监测、大桥特大桥定期检测、中小桥梁经常性检测“三位一体”的桥梁管理体系，落实经营性公路养护质量保证金制度和动态监测制度。所有高速公路桥梁均恢复到设计时技术状况，隧道技术状况达到B级以上，公路优良路率99.97%，比目标95%高4.97%。(2)干线公路。实施改造危桥33座、灾害防治660千米、安保工程100千米、翻修加铺102千米、双层罩面281千米，路网运行效率得到提高，优良路率达到81.64%，比目标75%高6.64%。(3)农村公路。开展“农村公路养护管理年”活动，实现有路必养。县公路优良路率80.83%，比目标70%高10.83%。

治超工作保持全国领先。(1)加大源头监管、路面执法、经济调节和责任追究力度，推进科技治超、依法治超、常态治超。全省所有公路超限检测站和214个高速公路入口全部安装不停车检测系统，8个市104个县建立远程监控平台。公路超限超载率稳定控制在0.2%以下，高速公路和干线公路基本消除非法超限超载车辆。(2)开展“道路客运安全年”活动专项督察。督促汽车站执行“三不进站、六不出站”规定，严禁客车超员出站，全省二级及以上汽车客运站杜绝客车超员现象。

完善高速公路标志和“绿色通

9月20日，交通运输部召开重大节日小型客车免费通行工作电视电话会议 (师国梁提供)

道"受到社会好评。(1)征求社会意见，借鉴先进经验，对高速公路标志进行规范化、人性化设计，并在太原环城高速公路首先试点，共投资1314.5万元，新增更换各类标志946块。(2)执行国家鲜活农产品运输"绿色通道"政策。全年新增"绿色通道"44条，共减免通行费3.97亿元。加上国庆、中秋长假减免的7座以下小客车通行费1.62亿元，全年减免通行费达5.6亿元。 (师国梁)

【安全形势好转】 行业安全生产形势稳定好转。(1)开展安全专项整治"回头看"活动。排查一般事故隐患16125项，已整改16109项，整改率99.9%。排查重大事故隐患26项，已整改销号22项，省交管局提出的道路交通安全隐患基本得到治理。(2)在道路水路客运行业开展"安全带—生命带、救生衣—救命衣"专项行动。全省所有高速客运班车、营运里程200千米以上客运班车和旅游客车安全带安装率100%，农村客运安全带安装率80%，水上客运船舶救生衣实现全员配置。把GPS终端动态监管记录纳入处罚依据，市级和企业道路运输管理平台上线率100%，车辆上线率79%。(3)开展安全文明工地创建活动和安全生产标准化建设。制定并以地方标准形式发布全国第一个地方性《公路工程施工安全检查评价规程》，开展第三批平安文明工地评选表彰工作，夯实施工安全基础。(4)安全生产形势稳定好转。全系统全年发生事故14起，较上年同期基本持平；死亡24人，同比下降31.4%，没有发生重大及以上事故。(师国梁)

【运输及公交发展】 综合运输与城乡公交发展势头迅猛。(1)推进运输枢纽建设。新建成7个一级客运站、16个二级客运站，全省实现所有地级市都有一级客运站、所有县(市、区)都有二级及以上客运站、50%以上乡镇有等级客运站。太原公路主枢纽武宿货运中心主体工程和物流公共信息平台基本建成，侯马运输枢纽货运中心开工建设。(2)推进公交优先发展战略实施。经省政府批准，省交通运输厅出台城市公交发展考核指标与考核办法。全年各市财政用于城市公共交通的投入达到10.87亿元，全省城市公交车数达到9000标台，公交分担率达到16%。安排专项资金1亿元支持太原市建设公交都市，太原市被交通运输部列为全国首批"公交都市"试点城市。推进农村客运公交化改造，全省13%的乡镇政府所在地、6%的行政村通农村公交。 (师国梁)

【节能减排见效】 加强道路运输行业节能减排统计监测，淘汰高耗能、高排放老旧车辆，推广清洁能源。从2012年开始，所有新增营运车辆排放全部达标，新增公交车全部为双燃料车辆，双燃料公交车、出租车在同类车辆中的比例分别达到38%和50%。实施节能减排示范工程，雁门关隧道节能照明工程、晋中等4个高速公路服务区清洁能源和水资源循环利用工程被交通运输部列为节能环保示范工程。 (师国梁)

【队伍建设加强】 加强干部作风建设。开展领导干部下乡住村、机关干部下基层住工地、党建结对联学共建、创建学习型组织学习型机关和保持党的纯洁性学习教育活动。把干部素质建设作为关系行业发展的任务，采取自主选学、专题讲座、合作办班、参加部省培训等多种形式，完成处级以上干部轮训和各类业务人员专业培训。各级领导干部破解发展难题、推动科学发展的能力不断增强。厅党组贯彻落实《党政领导干部选拔任用工作条例》，执行省委关于推荐、考察、酝酿、讨论决定领导干部的"四个规定"，全年8次对厅管领导班子进行调整，共调整处级干部159人次，全部实行票决制。建立干部挂职制度，推进干部交流，厅机关6名干部下基层单位挂职、任职，另有8名干部被推荐到邮政系统交流任职，有3名干部到部机关、兄弟单位及省外交通部门挂职，为优秀年轻干部提供干事创业和多岗位砺练的机会。

反腐倡廉向纵深推进。建立交通运输行政审批监督系统，并与省效能办联网，实现行政许可实时监督。深化纠风治乱工作，查处太原高速公路治超人员不作为、长治公路分局超标准配车等典型案件，贯彻落实中央及省委党风廉政建设和反腐败工作部署，按照改革创新、统筹推进、惩防并举、注重预防的要求，以规范权力运行、完善风险防控为重点，逐级落实党风廉政建设责任制。全系统各单位都制定廉政风险防控方案、排查台账和标准化网络运行手册，实现廉政风险防控全覆盖。通过专题辅导、示范引导、现场观摩、廉政短信、警示教育等形式，开展岗位廉政教育和纪检监察业务集中培训。开展公路工程建设领域挂靠借用资质投标、违规出借资质问题专项清理和在建高速公路项目资金安全督导检查。加强厅属单位"三重一大"事项的监督，做到关口前移、预防为主、源头治理。加大治理公路"三乱"力度，巩固全省基本无"三乱"成果。特别是结合收费公路专项清理，对不符合《收费公路条例》的老问题进行摸底汇总，并制定清理方案，已经省政府报送国家五部委批准后立即实施，解决站点间距不够等问题。

党建、文化建设工作开展。举办专家辅导讲座、专题培训班、知识竞赛等学习宣传活动，贯彻学习十八大精神，推进党建工作；开展"学树建创"和"六个文明"创建活动，推进文化建设"1320"工程，启动山西高速"畅享三晋"文化品牌的创建活动，发挥文化品牌的辐射带动作用；开展"当好主力军，建功十二五"劳动竞赛，打造"山西高速公路组歌"文艺节目，组织"情系万里路、高速建伟业"慰问演出。 (师国梁)

农业厅

【农产品总量增长】 实施粮食高产创建、加大种粮补贴力度等措施，粮食总产单产均创历史新高，粮食总产127.4亿公斤，比上年增长6.8%，增幅在全国排第三位；单产258公斤，比上年增长6.6%，增幅在全国排第四位。全省蔬菜、水果、肉、蛋、奶等主要农产品实现全面增长。 (刘俊杰)

【农民收入提高】 通过产业增收、项目增收、政策增收、劳务增收、干部包村增收等措施，增加农民收入。2012年全省农民人均纯收入6357元，增长13.5%，高于城镇居民收入增幅。

（刘俊杰）

【支农力度加大】 省政府新出台10项政策，新增补贴资金20多亿元，累计资金总额超过50亿元。同时，各级地方财政加大农业投入力度，有7个市财政支农投入增幅同比超过20%。

（刘俊杰）

【现代特色农业发展】 以"一村一品""一县一业"为主攻方向，制定出台全省现代农业发展规划，启动实施杂粮、畜牧、设施农业、水果、中药材等一批产业工程，引进正大、新希望、中粮、首农、雨润等一批国内外知名企业投资本省，全省特色现代农业呈现出强劲发展态势。全年扶持发展"一村一品"专业村4000个，"一县一业"基地县60个，累计建设各类产业园区600个，新建、改扩建标准化规模养殖小区700个，新增设施蔬菜1.33万公顷，新发展果园1.4万公顷，全省农产品加工业实现销售收入800亿元，同比增长29.7%。（刘俊杰）

【农业科技促进】 开展农业科技促进年活动，实施"双百"转化工程、百万农民素质提升工程和"一乡一站、一村一点"建设工程。全年推广新品种100个、新技术100项，培训农民105万人，完善建设乡镇或区域农技推广站1075个，建成村级服务点520个。全省农业科技贡献率达52%，较上年提高一个百分点。（刘俊杰）

【农村社会管理改进】 依法推进土地流转。35个县完成农村土地流转服务体系规范化建设。开展农民合作社"358"示范社建设行动，新发展农民合作社9800家。创新农村社会管理，省市县乡村五级开通"阳光农廉网"，实现农经、农廉同网运行。（刘俊杰）

【农业交流扩大】 在上海、北京、昆明等地成立山西特色农产品展示直销中心。组织省内企业参加国内外各类农产品交易展销活动。以苹果、红芸豆、芦笋为重点，加强优势农产品出口基地建设。（刘俊杰）

【农产品安全监管全覆盖】 推进乡镇农产品质量安全监管站建设全覆盖，全年没有发生重大农产品质量安全事故和重大动物疫情。加强农产品"三品一标"认证，累计认证"三品"1732个，产地面积137.87万公顷，认证地理标志产品58个。（刘俊杰）

【新农村建设推进】 实施3000个新农村重点村和104个连片示范区建设，开展新农村基层干部集中培训，特别是省委、省政府投入600多亿元历时4年推进农村两轮"五个全覆盖"，农村面貌和民生事业得到较大改善。（刘俊杰）

林业厅

【造林绿化】 2012年，山西林业按照"山上治本、身边增绿、产业富民、林业增效"发展思路，造林绿化。全年完成营造林30.72万公顷，占年度任务30.13万公顷的102%，比上年度增加1.45%。其中，人工造林22.52万公顷，封山育林6.76万公顷，飞播造林0.23万公顷；四旁树植树10415万株。在造林绿化面积中，"两山"造林工程16.84万公顷，"两网"绿化工程1.52万公顷，"两林"富民工程5.52万公顷，"两区"增绿工程5.52万公顷，"双百"精品工程1.32万公顷。

（谢英杰　冀瑞平）

【森林资源保护】 省政府与各市市长签订森林防火责任状，王君、郭迎光14次作出森林防火批示，省政府、省森林防火指挥部、省林业厅先后10次召开全省性会议，下发文件明电35个，对森林防火工作进行安排部署；追究火灾事故相关责任人58人。全年发生森林火灾21起、荒火56起，分别比2011年下降47%和48%，森林火灾受害率为0.033‰，未发生一起重大森林火灾和人员伤亡事故。全年发生林业有害生物22.54万公顷，防治作业14.47万公顷，林业有害生物成灾率0.74‰。查处各类森林和野生动物案件2993起，处理各类违法犯罪人员5619人次。编制完成《山西省林地保护利用规划（2010—2020年）》。黑茶山自然保护区晋升为国家级自然保护区。开展全省湿地资源调查，外业工作基本完成。另外，推进林权证发放。截至2012年底，全省发证面积557.53万公顷，发放林权证131万本，发证率96.3%。林权抵押贷款开始起步，农发行、农业银行、农村信用社、小额贷款公司共向5个市、10个县、25个乡镇、85个行政村115家农户提供林权抵押贷款1.35亿元，抵押面积1.07万公顷。

（谢英杰　冀瑞平）

【林业产业】 新发展核桃、红枣、杏仁等干果经济林6.17万公顷。引导农民发展个体育苗、合作制育苗，新育苗2.42万公顷。新建森林公园21处，全年森林旅游人数917万人次，门票收入1.5亿元。林下经济经营面积发展到30.7万公顷，从业人员155万人，经营者人均收入1600余元。全省林业总产值311.5亿元，比2011年增长22%。（谢英杰　冀瑞平）

【林业科技】 新启动研究攻关项目19个，在研项目105个。省林科院承担的"山西10个优良阔叶乡土树种选育""防裂设施枣园高效栽培技术""黄土丘陵防护林营造综合配套技术""通道绿化中杨树丰产林培育技术""欧洲山杨引种"，省林业技术推广总站承担的"米槐优育无性系选育及丰产栽培技术"，省生态学会承担的"山西珍稀濒危植物调查及主要树种繁育技术研究"，晋中市林科所承担的"蕤核人工驯化与繁育技术"等研究项目通过省级鉴定。省林科院承担的"山西枣优良品种选育及栽培技术研究""油松良种选育及试验示范"分别获得省科技进步二、三等奖。加强林业科技成果和实用技术推广，在43个县和9个省直林局实施示范推广项目54个，应用科技成果40多项、先进实用技术10项。

（谢英杰　冀瑞平）

【林业投资】 2012年，全省林业投资总量82.97亿元，比2011年增长12.6%。其中：中央投资23.27亿元，省级投资 13.59 亿元，市级财政投资 10.27 亿元，县级财政投资 24.37 亿元，社会投资 11.47 亿元。

（谢英杰　冀瑞平）

商务厅

【社会消费品零售】 2012 年，山西省实现社会消费品零售总额 4375.8 亿元，同比增长 16%，完成全年社会消费品零售总额预期目标。2012 年，山西省建设改造 2242 个农家店，累计建成 34943 个农家店，全省农村便民连锁商店年销售额突破 100 亿元，全省落实地方猪肉储备 11822 吨(省级 4100 吨)，地方食糖储备 5020 吨(省级 2500 吨)。推行酒类违法、违规经营"黑名单"制度，将 58 个酒类违法经营列入酒类经营"黑名单"，增加 37 个酒类监测样本企业。

（徐晨星　黄恩浩）

【贸易进出口】 2012 年，山西省进出口总值 150.43 亿美元，其中出口 70.16 亿美元，占进出口总值的 46.64%，进口 80.27 亿美元，占进出口总值的 53.36%。机电产品进出口 60.81 亿美元，高新技术产品进出口 33.19 亿美元。2012 年，全年实际利用外资 25.3 亿美元，投资来源地为英国、新加坡、中国香港和中国台湾等 4 个国家和地区。外资实际到位 1.17 亿美元，全年核准境外投资企业 24 家，实际投资 2.6 亿美元。2012 年，山西省共批准对外承包工程企业 54 家，对外劳务合作企业 6 家。对外承包工程新签合同额 6.4 亿美元。2012 年，山西省招商引资签约项目到位资金共计 5788.6 亿元，完成年度目标任务的 127.4%。 （徐晨星　黄恩浩）

文化厅

【文化体制改革】 163 家国有文艺院团体制改革阶段性任务完成，转企改制取得进展；市县两级文化、广播电影电视、新闻出版三局合并行政改革逐步到位；事业单位分类改革完成，事业单位法人治理结构试点工作进展顺利，基本实现全省演艺产业布局、剧种保护和演出市场的初步调整，基本形成国有、集体和民营院团竞相发展，大剧种小剧种平等竞争局面，被中宣部、文化部再次评为全国文化体制改革先进地区。 （陈燕萍）

【"双百凝心"工程】 说唱剧《解放》获中宣部第 12 届精神文明建设"五个一工程"奖；晋剧《大红灯笼》、舞剧《粉墨春秋》分获 2010~2011 年度国家舞台艺术精品工程重点资助剧目和 2011~2012 年度资助剧目；舞剧《一把酸枣》《粉墨春秋》荣膺 2011~2012 年度国家文化出口重点项目；晋剧《刘胡兰》、皮影木偶剧《孙悟空三打白骨精》参加第七届全国儿童剧优秀剧目展演获 4 项大奖；完成第四届能博会、首届世界晋商大会、文化边疆行等系列演出。 （陈燕萍）

【文化产业发展环境优化】 出台《山西省文化厅"十二五"时期文化产业翻番计划》《山西省国家资源型经济转型综合配套改革试验区文化建设实施方案(2012—2015)》《文化与旅游结合发展指导意见》，进一步优化全省文化产业发展政策环境。山西省非物质文化遗产展示园、山西省文化产业创意示范园等项目顺利推进；培育国家级文化产业示范基地 2 个，命名省级文化产业示范基地 18 个，形成产值超亿元企业 20 余个，产值 500 万元以上企业 700 多个；参加第八届深圳文博会和第七届北京文博会，共签约项目 54 个，总额 128 亿元，比 2011 年翻一番；文化产业增加值达到 500 亿元，比上年增加 33.3%。 （陈燕萍）

【非物质文化遗产保护】 文化部批准《晋中文化生态保护实验区总体规划》。完成河曲、碛口、上党(晋城)3 个省级文化生态保护区和山西杏花村汾酒有限集团公司、山西水塔醋业股份有限公司等 16 个省级非物质文化遗产生产性保护示范基地的评审认定工作；健全国家、省、市、县、个人(单位)四级传承保护体系；非物质文化遗产保护工作走在全国前列。

（陈燕萍）

【公共文化设施建设】 实施"百县强基"和"万村千乡"两大工程，山西省图书馆新馆、山西大剧院顺利接管；长治市国家级公共文化服务体系示范区受到文化部督查组肯定；推进中央资助支持 16 个市级文化设施和 85 个县级文化设施建设，"省市县三级公益文化设施达标率"提高 7 个百分点；推进中央及山西省规划内 1135 个乡镇综合文化站和 28200 个村级综合文化活动室建设；完成 1115 个文化站建设终期评估和第二届山西省文化先进乡镇和示范村评选工作。

（陈燕萍）

【文化惠民】 推进"三馆一站"免费开放工作，美术馆、公共图书馆、文化馆(站)全部免费开放；建设省图书馆和 4 个市级图书馆首批数字图书馆；完成 1 个省中心、6 个市中心、119 个县支中心、975 个乡镇（街道）站点、29024 个村(社区)站点的文化共享工程标准化中心建设；完成 81 辆流动舞台车、138 辆流动图书车、文化服务车政府采购任务。组织参加第十六届"群星奖"比赛、第十四届中国老年合唱节等赛事；举办"凯嘉杯"山西省第十届书法临摹展等展览，举办惠民演出 8000 余场，观众近 700 万人次；举办文源讲坛网上公益课堂 38 场、中华诗词赏析讲座 9 场，举办系列专题讲座 45 场。 （陈燕萍）

【对外文化交流】 全年对外文化交流项目 20 个，完成出访斯里兰卡演出、《粉墨春秋》赴澳大利亚和新加坡演出、《黄河情韵》赴南美演出等任务。编撰《山西对外文化交流年鉴(2011)》《山西对港澳文化交流年鉴(2011)》。 （陈燕萍）

【文化人才培养】 实施文化领军人才素质提升工程，组织各类文化人才培训班 10 期共 2300 余人次；推进知名艺术家建立工作室，鼓励名师收徒传授；参加第十六届中国少儿戏曲小梅花荟萃，全省共有 150 余人获得"小梅花"荣誉称号，获奖总数和获奖质量居全国之首。 （陈燕萍）

【文化和市场管理】 出台《山西省非物质文化遗产条例》，印发《山西省文化厅“十二五”时期山西文化改革发展规划》;起草《山西省文化厅2012—2016艺术创作规划》《山西省舞台艺术精品创作资助办法》《公益性演出补贴暂行办法》《人民艺术家评比办法》和《山西省文化厅知识产权评价体系建设指导意见(草案)》;完成《山西省公共文化场所和文化活动突发事件应急预案》,健全省直文化政策保障体系。加强文化市场管理,全省演出、娱乐、艺术品、网吧、网络音乐、网络游戏六大市场总规模达到31.18亿元。（陈燕萍）

卫生厅

【医药卫生体制改革】 医药卫生体制改革取得阶段性成果。五项重点改革任务完成。新农合参合率由2008年的90.42%提高到2012年的98.94%,人均筹资标准由90元提高到290元,住院最高支付限额由3万元提高到10万元以上,自付比例由73%下降到47%。基本药物制度在全省所有政府办基层卫生机构实施基础上,在全国率先扩大到所有村卫生室。人均基本公共卫生服务经费由2009年的15元提高到2012年的25元,服务项目由9大类21项扩展到10大类41项,受到卫生部表彰。为201万15岁以下人群接种乙肝疫苗,完成宫颈癌筛查77.4万例、乳腺癌筛查8.9万例、免费白内障复明4.1万例、农村改厕34.8万座。在34个县38所县级医院开展公立医院综合改革,全部实行药品零差率销售。试点县同步实施县域医药卫生一体化综合改革,得到卫生部和国务院医改办肯定。（刘　翔）

【医疗卫生服务能力】 2012年继续实施“县提高、乡达标、村覆盖”工程,91.7%农业县县医院达到二级甲等水平,乡镇卫生院建设加强,村卫生室率先在全国实现全覆盖。13个专科被列为国家临床重点专科。建立“山西省中医药现代化科技创新平台”,被科技部确定为“中药现代化科技产业基地省”。为农村定向免费培养医学生和培训基层全科医生。（刘　翔）

【疾病防控和卫生应急】 艾滋病、结核病等重点传染病得到有效控制,慢性病、地方病、职业病防控工作得到加强。孕产妇死亡率、婴儿死亡率分别由28.72/10万、11.44‰下降到11.71/10万、9.5‰,均好于全国平均水平。在全省开展城乡环境卫生清洁工程,创建国家卫生城市(城镇)14个。卫生应急体系机制趋于完善,成功治愈山西省首例全国年龄最小的人禽流感患儿。（刘　翔）

2月10日,全省卫生工作暨卫生系统党风廉政建设大会在太原召开（刘　翔提供）

【卫生监督和食品药品安全】 乡镇卫生监督站建站率由2008年的53%提高到2012年的96%。省市县三级政府均建立食品安全协调机构,建立实施目标责任考核、举报奖励、事故应急、舆情处置等监管长效机制。创建18个食品安全示范县。食源性疾病监测覆盖全省所有县。餐饮和药品监管网络化、格式化、痕迹化“三化”模式受到国家食品药品监督管理局肯定。全省无重大食品药品安全事件。（刘　翔）

人口和计划生育委员会

【人口发展“十二五”规划实施】 省政府制定《山西省人口发展与人口计生事业发展“十二五”规划》并实施。加强经费投入保障,全省人口计生事业人均经费57.38元,达全国中等水平。全省人口健康状况改善,人口文化素质提高,人口结构优化,人口城镇化水平提高,形成人口与经济社会协调可持续发展局面。（张晋军）

【计生审核制度坚持】 坚持干部提拔、评先评优等计划生育审核制度,省市县三级共审核单位11614个,否决58个;审核个人15197人,否决74人。全省共创建依法行政示范乡镇(街道)131个,60%的县达到诚信计生标准,61个村(居)被评为全国基层群众自治示范村(居)。开展关心关爱留守儿童、空巢老人系列活动,流动人口服务均等化试点扩大到53个县。（张晋军）

【优质服务铺开】 创建9个国家级和15个省级优质服务先进县(市、区)。开展优质服务进农村、进社区、进企业、进机关、进军营活动,实施农村独生子女、双女母亲“第二春”免费生殖健康检查,服务123万多人次。提供免费孕前风险评估累计90.36万例。落实国家免费孕前优生健康检查项目,投入专项资金1700多万元,在72个县开展试点,覆盖率达60.5%。2012年全省共确定目标人群17.9万人,实际检查19.13万人。（张晋军）

2月28日，全省人口和计划生育会议在太原召开　（张晋军提供）

【计生信息化体系建立】 健全“四网一库”为架构、九大应用系统为支撑的人口信息化体系，全省全员人口信息库常住人口入库率99.98%。开发“山西省人口管理服务信息系统”，搭建基层社会服务管理的信息平台。在阳泉矿区、介休、娄烦等21个县开展人口网格化管理服务新模式试点。“山西省城镇人口管理服务平台”获2012年度中国信息化（人口计生领域）成果评选一等奖。2012年12月，国家人口计生委在山西召开全国人口计生信息化建设工作会议，推广该经验做法。（张晋军）

【人口计划民生工程推动】 打造“三晋康家”民生工程，形成“一市一品牌、一县一特色”局面，得到全国政协副主席、中国人口文化促进会会长李金华肯定。突出的有长治“好娃娃工程”、晋中“宜人宜家”、太原“幸福家庭创建”、晋城“凤之家幸福促进行动”等。2012年全省发放奖励扶助资金60845.83万元，惠及计生群众920267人（户）；发放生育关怀救助金2700多万元，救助计生大病家庭和基层计生工作者近1万人；全省有155901户计生家庭在集体林权改革、扶贫移民搬迁、集体收益分配中，多领到1人份补助；327342户计生家庭在新农合和新农保中享受优先优惠；14409名农村独生子女和双女中考加分被录取；13600多户计生家庭在贴息贷款、种植养殖、科技项目等方面得到帮扶。（张晋军）

【阳光计生行动前行】 推进“阳光计生行动”，完善“12356阳光计生”服务热线，10个县（市、区）被国家人口计生委授予“基层阳光计生行动示范单位”称号。开展“请农民兄弟姐妹评计生”“政风行风下评二”等五项评议活动，接受社会监督，维护群众利益。2012年9月在全国人口计生纠风工作座谈会暨阳光计生行动经验交流会上介绍山西经验。山西省人口计生委连续四年被评为全省政风行风建设免评部门。（张晋军）

审计厅

【审计监督】 2012年，全省各级审计机关审计和审计调查单位4927个，审计查出违法违规金额614.8亿元，损失浪费金额4.51亿元，管理不规范金额1735.09亿元。审计促进整改落实有关问题金额211.47亿元，各级财政增加收入73.6亿元，核减投资额50.12亿元。移交司法、纪检监察机关及主管部门查处案件277件，涉及1322人，涉及金额4.16亿元。审计建议得到各级政府和有关部门采纳5646条，审计报告和信息简报得到批示采用2308篇（次）。（宁红伟　郑钰卿）

【经济责任审计】 开展对20名省管领导干部的经济责任审计。关注领导干部任职期间执行国家经济法律法规、重大方针政策及决策部署，重大经济决策制定和执行，重大投资项目建设和管理的合法合规及科学有效性等方面责任履行情况，揭示和反映违法违纪违规及失责问题，评价领导干部经济责任履行情况和政府行政效能，强化对权力的监督和制约。全省各级审计机关完成对520名领导干部的经济责任审计。绝大多数领导干部能够守法守纪，也查出领导干部负有直接责任的问题金额2.71亿元。（宁红伟　郑钰卿）

【审计发现问题整改】 省人民政府制定并印发《关于加强审计发现问题整改工作的意见》，就加强审计发现问题整改工作的领导和建立健全整改工作制度、机制提出具体意见。2012年，省本级预算执行审计共促进省人民政府及各有关部门单位制定相关的管理制度、办法31项，补征补缴预算内外收入136.98亿元，下达应拨未拨的财政资金2.04亿元，归还原渠道资金和调整账务9641.11万元，促进配套资金到位1096万元。此外，组织省、市、县审计机关对11个市审计局及所属县（市、区）和省厅27个处室2009~2011年审计决定落实情况进行全面检查。（宁红伟　郑钰卿）

外事侨务

【外事系统强身】 制定和实施《关于进一步扩大对外开放，建设外事大省的意见》《山西省转型综改试验外事侨务工作专项行动方案》《“八大工程”工作任务细化分解方案》。按照任务项目化、工作系统化原则，分解落实“八大工程”任务，对各市外侨办提出“六个一”工作目标。完成因公电子护照上线工作；完成E-山西网站群建设并投入使用；完成网上因公出国（境）审批平台、涉外资源共享平台和高层交往平台立项申请工作；启动侨务资源信息库建设。健全各级外事侨务工作机构。忻州市、吕梁市成立对外友好协会；阳泉市成立外事侨务服务中心；长治市、吕梁市在县一级明确外事机构和专门人员。（张晋丽）

【项目引领】 争取外交部等部委对山西省综改试验区政策支持。协调省领导拜会中央外办、外交部等中央部委，争取对山西省政策支持。策划高层出访。袁纯清等17位省领导出访29个国家和地区。服务综改试验区建设。制定和实施《关于进一步支持我省企业和高等院校、科研院所加快实施“走出去”战略的具体措施》。组织“山西省资源型经济转型考察培训团”赴日本考察培训；主办中日清洁煤技术交流研讨会；邀请中国驻英国等四国大使到晋举办投资环境报告会、国际形势报告会。做好礼宾工作，邀请接待不丹王国公主、波兰前总理等来自50个国家和地区代表团66批，2717人次。安排省领导外事活动50次。（张晋丽）

【友城与品牌】 新增友城4对，正在报批3对，签订结好意向10对，全省友城数量达37对。在2012年运城市与法国马尔芒德市正式签署友好协议，成为唯一代表中部省份签约城市。举办山西省与埼玉县结好30周年、山西省与意大利阿布鲁佐大区结好20周年纪念活动。太原市编制17个项目在英国纽卡斯尔市和投资贸易总署网站发布，得到英国政府和企业响应。朔州市山阴县与美国华威市签署农业项目合作协议，利用美国奶酪生产技术优势，推动古城乳业国际化。组织外国驻华和我国驻外使节61人到晋考察，与相关地市和厅局座谈交流。加强与哈萨克斯坦务实合作，组团参加第十届哈萨克斯坦—中国商品展，成交额近300万美元，意向合同700万美元。引进日本“小渊基金”680万日元，在方山县等四个县种植生态林2000亩，培训303人。大同市长期与日本“绿色地球网络”组织开展合作，累计募集绿化资金3400多万元人民币，绿化面积5500公顷。（张晋丽）

【外事标杆】 对标杆项目涉外事务上门服务；加大对“一市两县”“一市两园”对外开放指导，出国指标和外事资源倾斜；践行“外事为民理念”，加大为民营企业和公民“走出去”服务力度，为民企审核上报APEC卡21张，开拓代办公民因私出国签证业务。阳泉市帮助阳泉民营企业服务中心在日本大阪建立“中国山西阳泉企业营销平台”。服务新农村建设，组织完成县乡村干部赴先进国家考察培训“一村一品”项目。开展“驻晋外企服务年”活动，挂牌服务外（侨港澳）资重点企业30多家。忻州市帮助侨资企业银辉生化科技公司解决土地、资金等困难，协助引进资金5亿元。（张晋丽）

【侨务资源涵养与利用】 组织“上海侨商企业山西行活动”，促成投资50亿元的粉煤灰与煤矸石综合利用项目落户朔州。促成山西世界华商中心、通澳世界名品会都、富鸿万亩农业生态庄园等三个侨商项目落户太原，共计投资50亿元。完善涉侨信访工作机制，受理并办结有较大影响案件9件；开展归侨侨眷扶助救济，组织“侨爱工程——送温暖医疗队”及“十八大送温暖朝蒙归侨慰问专项活动”。开展“万侨助万村活动”，争取海外捐资捐赠237.85万元。启动社区侨务工作，加大华文教育工作力度。太原市青年路二社区、忻州市建设北路社区被确定为国侨办挂牌联系全国社区侨务工作示范单位。选派11名华文教师赴外支教。（张晋丽）

【文化推广和形象塑造】 制作山西省外宣片在日本、老挝电视台播放。发挥“E-山西网”对外宣传重要窗口作用，发布信息两万多条。推出山西省15条采访路线，供境外媒体采访。制作山西形象片，在山西省重大涉外活动中播放。组织山西省《粉墨春秋》等一批优秀作品赴澳大利亚等4国演出。（张晋丽）

【涉外安全】 11个市119个县全部配备涉外管理工作联络员，实现省、市、县三级涉外管理机制接轨和联动。创新特殊人群和敏感组织管理方式。将境外非政府组织活动管理、在晋外国人管理和社会综合治理工作结合，完成对境外非政府组织在晋活动调查摸底工作。办理外国人来晋工作邀请函268批次413人次，邀请确认函71批次152人次。妥善处理8起涉外案（事）件。全年办理涉外婚姻、留学、商务领事认证1355份，比2011年增长81.6%。（张晋丽）

【外事侨务保障】 加强因公出国（境）管理，与省纪委、省委组织部等8

4月27日，外交部驻外使节团访晋座谈会在太原召开

（张晋丽提供）

部门联合出台《关于进一步加强因公出国（境）人员审批管理的实施办法》，从源头上制止党政干部公款出国旅游。严格出访计划报批、量化管理制度，删减无实质性任务等出访计划158批948人次。审批办理因公出国、赴港澳1468批5232人次，办理签证3012个。（张晋丽）

【外事侨务活动】 1月8~13日，不丹王国公主德禅·旺姆·旺楚克一行7人对山西省进行访问。

2月22~23日，召开2012年全省外事侨务工作会议，近400人参会，外交部部长助理刘振民出席会议并作报告。

2月24~26日，香港轩辕基金会罗文春一行到山西省，先后前往晋中、忻州、临汾市就2011年该会为山西省贫困县乡捐资84万港币帮助新建一所学校和两所卫生院项目进行工程验收。

3月中旬，举办“2012中外使节山西行”活动，芬兰、缅甸驻华大使及韩国等5个国家驻华使馆官员，中国驻瑞士、阿根廷等26个国家和地区的使节和前外交官，共计61人参加。

4月25~28日，外交部驻外使节团一行46人到太原、晋中对工农业和旅游服务业等进行考察调研。

6月9日，太原市迎泽街道青年路二社区举行“全国社区侨务工作示范单位”授牌仪式。

6月18日，国务院侨办和国家信访局在江西南昌联合召开全国侨务信访工作会议。会上，山西省侨务办公室被授予“全国侨办系统信访工作示范单位”。

6月28日，山西省因公电子护照在外交部领事司直接指导下正式签发启动，成为全国首批全面实施因公电子护照省份。

6月29日，外交部在内蒙古满洲里市召开全国地级行政区外事工作先进集体表彰大会。山西省晋城市外办荣获“服务国家总体外交突出贡献奖”、大同市外办荣获“服务国内发展突出贡献奖”、运城市外办荣获“外事管理工作优异奖”。

7月19~22日，尼泊尔共产党(毛主义)主席基兰一行4人对山西进行考察访问。

7月26~27日，国际形势及党的对外工作报告会暨中联部当代世界研究中心、《当代世界》杂志社工作会议在山西晋城市举行。

8月19日，袁纯清分别会见来晋出席首届世界晋商大会的全国工商联领导及知名企业家代表，港澳商会领袖、知名人士和晋商代表。

9月12~13日，2012中国国际友好城市大会在成都召开。运城市与法国马尔芒德市正式签署缔结友好城市关系协议书。至此，山西省与世界20多个国家建立省、市、县友好城市36对。

9月19~23日，由中国驻阿拉木图总领事馆、山西省人民政府外事侨务办公室、安卡拉洲际酒店共同主办的“中国食品文化节”在哈萨克斯坦阿拉木图隆重举行。

10月26日，美国驻华使馆使团副团长(公使)王晓岷一行四人出席在大同市举办的中国国际太阳能峰会暨中国国际太阳能十项全能竞赛(2013)设计深化培训会开幕式活动。

10月17~26日，组团赴意大利、西班牙进行友好访问。

12月4~5日，英国驻华大使馆北方地区合作处一等秘书陶思义一行二人访问山西，这是英国驻华使馆对山西省首次工作访问。（张晋丽）

煤炭工业厅

【煤炭行业总体发展】 2012年，全省煤炭行业在发展方向、发展理念、发展成效等方面都有进步和变化。煤炭产量91333.06万吨，同比增长4.7%；出省销量58200.75万吨，同比增长0.12%；销售收入11870.18亿元，首次突破万亿，同比增长41.72%；上缴税费1313亿元，同比增长8.41%；煤炭工业增加值3711亿元，同比增长11.6%，占全省GDP的31%。煤炭工业对全省经济贡献率56.6%，拉动工业经济增长6.7个百分点。（王德善）

【基本建设】 2012年，山西省煤炭行业在全国首家建立标准体系，首次颁布六个标准及配套文件。全省煤炭固定资产投资1802亿元，建成矿井124座，其中61座投产。全省现代化矿井建设继续推进，1000万吨以上矿井已有14座。（王德善）

【安全生产】 2012年从多方面加强安全生产措施，煤矿发生事故39起，同比下降27.78%，百万吨死亡率地低于全国水平。（王德善）

【转型发展】 2012年从高端框架构建到产业链条形成两大方面促进煤炭行业转型发展，非煤项目投资574亿元，同比增长26%，非煤收入7028亿元，同比增长75.87%。（王德善）

【生态矿区】 全省煤炭行业综合生态矿区建设成效明显，已有17座煤矿进入“中国最美矿山”行列，有11座列入国家绿色矿山第二批试点。（王德善）

国有资产监督管理委员会

【国有资产总况】 截至2012年底，山西省国有企业资产总额1.46万亿元，同比增长16.8%；实现营业收入1.5万亿元，同比增长38.7%。其中，省属企业资产总额达13027.7亿元，同比增长20%；实现营业收入14289.7亿元，同比增长37.6%；完成增加值2347.5亿元，同比增长10.3%；上缴税金855.6亿元，同比增长11%；实现利润214.5亿元，同比下降39.7%。上述指标中，资产总额、营业收入继续保持较快增长，上缴税金、增加值虽然增速放缓，但仍分别占省财政收入32%、占山西省规模以上工业企业36%。在全国省级国资委监管企业中，营业收入、增加值、上缴税金列第2位，资产总额和利润排第5位。（刘忠兵）

【省属企业效益】 省属企业2012年完成投资1915亿元，同比增长19.7%。其中晋煤集团、同煤集团、阳煤集团和山西煤销集团分别完成320亿元、242亿元、233亿元和231亿

省国资委参加政风行风热线专题直播节目 （刘忠兵提供）

元，合计占省属企业一半以上。省管12户大型骨干企业完成落地投资额2517.3亿元，完成年度落地任务116.3%。其中潞安集团、太钢集团、山西焦煤集团列落地额前3位。全年完成结构调整类投资1150亿元，占全部投资60%。省属煤炭企业非煤产业发展态势明显，全年实现收入8730.6亿元，占76%，同比提高8个百分点。各市上项目、抓重组，在发展装备制造、商贸物流、文化旅游等产业上取得进展。省国有企业调产转型，呈现出“产品多元、产业多极、增长多基、发展多源”良好势头。 （刘忠兵）

【集团企业领先】 山西煤销集团成功跨入2012年世界500强企业。太钢集团等10户省属企业入围中国500强，排位比2010年平均前移31位。山煤集团营业收入突破千亿大关，省属千亿级企业增加到8户。山西煤销、山西焦煤、同煤集团、阳煤集团、潞安集团、晋煤集团营业收入均超过1600亿元。山投集团、中条山有色金属集团、阳煤集团、山煤集团、潞安集团营业收入分别增长276%、65.9%、56.5%、52.2%、52.1%。晋城兰花集团销售收入突破百亿，成为山西省市县首家百亿级企业。 （刘忠兵）

【民生保障成效】 省属企业免费供应低收入农户冬季取暖用煤670万吨，让利38.8亿元。累计投资60亿元，建成保障性住房99766套，建筑面积887万平方米。全年新增就业岗位2.7万个，在岗职工人均工资达6.47万元。省属煤炭企业投资山西省高速公路建设，缓解建设资金短缺难题。省属煤炭企业煤炭生产百万吨死亡率连续两年控制在0.05以下，仅为山西省平均水平的1/2。“气化山西”工程年减排烟尘8万吨、二氧化硫15万吨，氮氧化物4.7万吨。省国资委和太原市国资委督促协调太原煤气化、太化集团、蓝星化工、狮头集团等8户企业按期关停，为改善太原市环境质量做出贡献。太钢集团位居2012中国国企社会责任100强第16位，在地方国企中排第1位。 （刘忠兵）

中国人民政治协商会议
山西省委员会

Shanxi Provincial Committee of Chinese People´s Political Consultative Conference

综 述

【履行民主监督、参政议政职能】 围绕转型跨越发展和全面建设小康社会，开展调研考察。以专委会和界别为依托，统筹市县政协等力量，上下联动协作，组织委员紧扣"两件大事"，开展专题调研，向省委、省政府及其有关部门提出建议。

开好三次专题常委会议。十届二十六次常委会议，提出《关于进一步加强全省食品安全工作的建议》；十届二十七次常委会议，提出《关于加快发展我省现代物流业的建议》；十届二十八次常委会议，提出《关于加快扶贫开发，促进农民增收的建议》。均报省委、省政府。

办好两次论坛。举办"资本市场建设论坛"，联合办"第五届京津冀晋蒙政协区域经济发展论坛"。

发挥自身优势、推动对外开放。承办"全国和地方政协外事委员会工作暨公共外交座谈会"；在深圳举办港澳委员座谈会；接待上海市政协主席冯国勤率领的上海市政协港澳委员赴晋考察团一行；配合全国政协外事委员会"弘扬优秀传统文化、促进文化产业大发展"专题调研组完成在晋调研；配合全国政协港澳台侨委员会和全国侨联界委员就文化建设和侨企侨情完成在山西的考察。

强化民主监督、推进工作落实。加强与党政相关部门的协作配合，促进投资落实和项目落地，开展考察监督活动；加强与纪检、监察等部门和新闻媒体的协作配合，开展政风行风评议，促进发展环境优化。组织委员到省高院、省检察院、运城市，就公正司法进行调研考察。组织部分省政协常委、委员，到省城联社就"城镇集体企业改革转型及工艺文化产业发展"进行调研。与省纪检监察部门联合，组织委员到省监察厅、省司法厅、省环保厅和吕梁市，进行政风行风建设专项考察。

引深"我为转型跨越发展作贡献"主题活动。截至2012年12月中旬，全省各级政协共组织开展各项调研、考察活动1260次；参加委员12230人次；举办服务转型发展的各类科技、教育、文化、医疗、信息下乡宣传、咨询活动1483次，参加委员9500余人次；政协委员直接和间接引进项目1665项，资金4540亿元；引进高端人才390人；个人或企业直接投资570亿元；捐物、捐款4.8亿元。

(周志清)

【促进民生改善和社会管理创新】 围绕创业就业、教育公平、社会保障、医疗卫生、住房安居、稳定物价和农村新的"五个全覆盖"等重点工作的实施推进，调查研究、反映民意、献智出力，协助党和政府做好群众工作协助党和政府做好新形势下群众工作；协助党政协调关系、化解矛盾，组织委员就律师行业规范化管理调研，提出建议。

增进民族团结、宗教和睦。宣传党的民族政策，巩固发展平等、团结、互助、和谐的社会主义民族关系；加强与宗教团体负责人的联系，引导宗教与社会主义社会相适应。

做好提案工作。修订《山西省办理政协提案的规定》，规范提案办理程序。全年共征集提案641件，经审查立案583件，所有立案的提案已全部办复完毕。从中遴选重点提案9类73件作为2012年省领导领办督办的重点提案，所有重点提案已全部办理完毕。

加强社情民意信息工作。修订《全省政协系统信息工作考评办法》，举办信息采编工作培训班。一年来共收到社情民意信息7000余篇，编印《政协社情民意》151期。向全国政协、省委和省政府及有关部门报送重要信息1400余篇。据不完全统计，全国政协办公厅共采择上报党中央、国务院61篇。山西省信息在全国政协的采用率首次突破10%。山西省信息工作继续保持在全国政协系统的一流水平。

深化"察百姓情、建惠民言、办利民事"活动。以专委会为依托，组织政协各界别和广大委员深入基层，组织开展送科技、送文化、送医药、送法律到基层活动。全年，以省政协名义，送文化下基层5次，送医疗下基层4次，送法律下基层4次，送科技下基层5次。使15000多名基层群众足不出村观看演出；300多名农村教师受到专业培训；820多名农民朋友享受到省城专家的免费义诊；15000多人接受到法律宣传，为1200多名农民朋友解答法律咨询；使600多名农民接受科学种田的培训和指导。实施“省政协委员先心病患儿助康工程”，对222名先天性心脏病患儿实施免费救治。实施“喜迎十八大助老送光明工程”，为贫困地区230名因患白内障散失视力的老人进行免费手术。

（周志清）

【推动文化大发展大繁荣】 组织委员围绕深化文化体制改革、发展文化产业、繁荣文化事业以及加快文化与旅游等相关产业深度融合等重点，认真履职、发挥作用。

通过多种方式和途径，宣传先进文化，引导各族各界人士自觉用中国特色社会主义理论指导事业发展，用山西省人民在各个时期创造的精神财富激励人心、引领风尚，为全省社会主义现代化建设凝神聚力。办好《山西政协报》《政协之友》和山西政协网站，支持《人民政协报》山西记者站发挥政协媒体在宣传先进文化中的作用。

编辑出版《山西纪事:1949—1978》，计138篇96万余字。举办文史干部培训班。完成全国政协文史委和兄弟省区市有关协作项目。

（周志清）

【加强政协自身建设】 引导广大委员和机关干部学习中国特色社会主义理论体系和社会主义核心价值体系，学习中央大政方针和省委、省政府重大决策部署，学习政治、经济、管理、法律、科技等知识，在学习中坚定理想信念、完善知识结构、锤炼作风操守、提升素质能力。举办“中央党校山西省新任省政协委员、市县政协主席培训班”“山西省政协委员学习贯彻十八大精神座谈会”、全省政协系统学习贯彻党的十八大精神集中轮训班。

贯彻中共中央〔2006〕5号、中央办公厅〔2011〕16号和省委〔2003〕24号、〔2005〕31号、〔2006〕32号等文件精神，完善人民政协政治协商的制度规程，健全政协参政议政的运行机制，构建更好发挥党派、界别、委员、专委会作用的机制、载体，强化机关学习培训、管理服务等保障制度，提高政协履行职能的质量与成效。

（周志清）

重要会议

【省政协十届五次全体委员会议】 1月10—14日在太原举行。应出席委员568人，实出席558人。郭良孝主持开幕会议。薛延忠作常委会工作报告，李雁红作省政协十届四次会议以来提案工作情况的报告。与会委员列席省十一届人大六次会议，听取和讨论政府工作报告以及省高级人民法院工作报告、省人民检察院工作报告和其他有关报告，对以上报告表示同意。委员通过大会发言、小组讨论、联组会议、电视议政会和提交提案、反映社情民意信息等多种方式，围绕山西省转型跨越建言献策。会议期间，袁纯清、张平出席工商联、科协、科技、教育、文艺、农业界委员联组会议；王君、李小鹏、高建民出席台联、侨联、体育、对外友好、医卫、经济界委员联组会议；金道铭、张平听取大会发言；张建欣参加医卫界小组讨论。会议审议通过省政协十届五次会议政治决议、关于常委会工作报告的决议、关于提案审查情况的报告。补选张茂才为十届省政协副主席，阎根生为十届省政协秘书长，孟原生为十届省政协常委。薛延忠在闭幕会上讲话。

会议强调，率先走出资源型地区转型跨越发展新路、加快实现全面建设小康社会目标，是中共山西省第十次代表大会作出的重大战略部署，也是全省各党派团体和各族各界人士的共同使命。全省政协各级组织、各参加单位和广大委员，要学习贯彻省十次党代会和2012年“两会”精神，统一思想、增强责任，认真履职、扎实工作，为推动全省经济社会又好又快发展贡献力量。要坚持把服务转型跨越作为第一要务，以建设资源型经济转型综合配套改革试验区为总揽，围绕推进全省工业新型化、农业现代化、市域城镇化、城乡生态化和深化改革、扩大开放，履行职能、建言献策；投身“我为转型跨越发展做贡献”主题活动，双岗履职、双岗奉献，为做好全年各项工作、保持经济平稳较快发展做出新贡献。要坚持把服务民生改善作为履职之本，围绕创业就业、社会保障、住房安居、物价稳定和实施农村新的“五个全覆盖”等重点工作的实施推进，调查研究、献智出力；围绕教育、科技、医药卫生等社会事业发展，履行职责、发挥作用，为改善群众生活、增进人民福祉做出新贡献。要坚持把服务社会和谐作为基本职责，发挥人民政协的政治优势、组织优势和渠道优势，协助党和政府做好新形势下群众工作、创新社会管理、加快“法治山西”和“平安三

1月10～14日，省政协召开十届五次全体委员会议（周志清提供）

晋”建设,为保持社会和谐稳定做出新贡献。

会议强调，加快文化强省建设，是办好“两件大事”的重要内容和动力支撑，也是政协组织建言献策、汇聚力量的主攻方向。要开展社会主义核心价值体系教育活动,引导广大委员追求中国特色社会主义共同理想、忠实传承民族精神和时代精神、带头实践社会主义荣辱观,做社会主义核心价值体系的践行者;要发挥人才荟萃、智力密集的优势,引导委员围绕深化文化体制改革、壮大文化产业、繁荣文化事业认真履职、发挥作用,做文化繁荣发展的推动者;要运用联系广泛的有利条件,引导委员宣传先进文化,以全省人民在各个时期创造的精神财富激励人心、引领风尚,为山西社会主义现代化建设凝神聚力,做先进文化的宣传者。

会议强调,加强队伍建设、推动机制创新,是人民政协更好服务转型跨越、科学发展的重要保证。要积极引导广大委员和政协干部加强学习、提升能力、改进作风,以更好适应事业发展的需要。要完善人民政协政治协商的制度规程,探索民主监督的有效方式，健全参政议政的运行机制,提升人民政协履行职能和自身建设的科学化水平。（周志清）

【省政协十届常务委员会会议】 2012年共召开6次,即第二十三次常委会议至第二十八次常委会议。

第二十三次常委会议。1月6~7日在太原举行。

薛延忠主持开幕会议并在闭幕会上讲话。副省长张平,全国政协人口资源环境委员会副主任刘泽民,郭良孝、周然、李雁红、李潭生、令政策、卫小春、刘滇生、王宁,秘书长阎沁生及常委出席会议。张平作《政府工作报告(征求意见稿)》的说明;郭良孝主持闭幕会议并作省政协《常委会工作报告(讨论稿)》的说明和有关人事事项的说明;李雁红作《提案工作情况的报告(讨论稿)》的说明;卫小春作《省政协提案工作条例（修订草案)》的说明;省高院有关领导作《省高级人民法院工作报告（征求意见稿)》的说明;省检察院有关领导作《省人民检察院工作报告（征求意见稿)》的说明;省委、省政府办公厅有关负责人分别通报省委各部门、省政府系统办理政协提案情况。会议讨论以上报告及省政协十届五次会议有关事项。阎沁生通报会议讨论情况。会议审议通过省政协十届五次会议议程(草案)、日程,大会秘书长、副秘书长名单。通过省政协常委会工作报告、提案工作情况报告,决定提交省政协十届五次会议审议。审议通过《省政协提案工作条例(修订草案)》。会议决定增补张茂才、阎根生、孟原生为十届省政协委员;同意王安保、杨润广、王明刚不再担任十届省政协委员;依照《中国人民政治协商会议章程》有关规定,免去霍成的十届省政协委员、常委资格;撤销丁书苗的十届省政协委员资格。任命张玉平为省政协经济和人口资源环境委员会副主任，孙连珠为省政协农村委员会副主任,边根棠为省政协民族和宗教委员会副主任,孟原生为省政协文史资料委员会副主任,师谦为省政协学习宣传委员会副主任。免去薛万明的省政协经济和人口资源环境委员会副主任职务,李廷赫的省政协民族和宗教委员会副主任职务。

第二十四次常委会议。

1月11日,省政协十届第二十四次常委会议第一次会议举行,就省政协十届五次会议人事事项和选举事项进行审议讨论。省政协主席薛延忠主持会议。汤涛出席。郭良孝、周然、李雁红、李潭生、令政策、刘滇生、王宁、阎沁生及常委出席。省委组织部、省委统战部有关负责人出席。省委常委、组织部部长汤涛就省政协十届五次会议人事事项进行说明。会议审议并通过省政协十届五次会议选举办法(草案),候选人建议名单,选举监票人、总监票人名单(草案),决定提交省政协十届五次会议第二次会议讨论。

1月13日,省政协十届第二十四次常委会议第二次会议举行,就省政协十届五次会议人事事项、选举事项、工作报告决议等草案进行审议讨论。薛延忠主持会议。郭良孝、周然、李雁红、李潭生、令政策、卫小春、刘滇生、王宁、阎沁生及常委86人出席。省委组织部、统战部有关负责人出席。会议审议并通过省政协十届五次会议选举办法、候选人名单。审议并通过省政协十届五次会议监票人、总监票人名单。审议通过政协第十届山西省委员会第五次会议关于常务委员会工作报告的决议（草案)、政协第十届山西省委员会提案委员会关于省政协十届五次会议提案审查情况的报告(草案)、政协第十届山西省委员会第五次会议政治决议(草案)。

第二十五次常委会议。1月14日在太原举行。

会议审议通过政协第十届山西省委员会常务委员会2012年工作要点。省政协主席薛延忠主持会议,郭良孝、周然、李雁红、李潭生、令政策、卫小春、刘滇生、王宁、张茂才、阎根生出席。副秘书长,各市政协主席,省政协调研室、各专委会负责人列席会议。

第二十六次常委会议。4月25~26日在太原举行。会议就加强食品安全、保障改善基本民生、促进和谐山西建设协商议政。省政协主席薛延忠主持开幕会议并在闭幕会上讲话。张建欣、郭良孝、周然、李潭生、令政策、卫小春、王宁、张茂才、阎根生及常委出席。张建欣作关于山西省食品安全工作情况的通报,令政策作《关于进一步加强全省食品安全工作的建议（讨论稿)》的说明。山西大学教授王常青、杨民乐作关于食品安全问题报告。5位常委围绕会议议题进行大会发言。阎根生通报会议讨论情况。会议审议通过《关于进一步加强全省食品安全工作的建议》,通过有关人事事项。决定,因工作、职务变动,免去焦惠生省政协提案委员会副主任职务；刘道友省政协经济和人口资源环境委员会副主任职务。因任职年龄到限,免去温福亮省政协农村委员会副主任职务。郭裕怀等部分省政协原领导、在晋全国政协委员、省直有关部门和各市政协负责人列席会议。

第二十七次常委会议。8月27~28日在太原举行。

会议的主要议题是:传达学习贾庆林在全国地方政协工作经验交流会上的重要讲话精神;围绕加快发展现代物流业、促进全省转型跨越发展协商议政、建言献智。薛延忠、刘泽民、郭良孝、周然、李雁红、李潭生、令政策、卫小春、刘滇生、王宁、张茂才、阎根生出席。薛延忠主持开幕会议并作有关人事事项说明。高建民通报全省物流业发展情况。郭良孝作《关于加快发展我省现代物流业的建议(讨论稿)》的说明。中国物流与采购联合会副会长贺登才作《我国物流业发展形势及对山西物流业的思考》的报告。常委们围绕加快发展山西省现代物流业进行小组讨论。郝瑞珍、刘建忠、柴林山、王晓胜、孙跃进等作大会发言。会议审议通过《关于加快发展我省现代物流业的建议》,通过有关人事事项。决定:田润华任省政协教科文卫体委员会副主任;因工作变动,免去杨临生省政协副秘书长、调研室主任职务。薛延忠在闭幕会上讲话。郭裕怀等省政协原领导、驻晋全国政协委员和各市政协主席列席会议。省有关部门负责人到会听取讨论和发言。

第二十八次常委会议。11月29~30日在太原举行。

会议的主要议题是:学习贯彻中共十八大精神,围绕全面建成小康社会目标,就加快扶贫开发、促进农民增收议政建言。薛延忠主持开幕会议并讲话。金道铭传达中共十八大会议精神并讲话,郭迎光通报山西省围绕农民增收、推进扶贫开发的有关情况。李雁红作《关于加快扶贫开发、促进农民增收的建议(讨论稿)》的说明。秘书长阎根生通报讨论情况。会议审议通过《关于学习贯彻中国共产党第十八次全国代表大会精神的决议》和《关于加快扶贫开发、促进农民增收的建议》。刘泽民、周然、李潭生、令政策、卫小春、王宁、张茂才,秘书长阎根生及常委出席会议。薛荣哲等省政协原领导,在晋全国政协委员,省委办公厅、省政府办公厅、省直有关部门负责人,省政协机关厅级干部,各市政协负责人列席会议。

(周志清)

【省政协十届主席会议】 2012年共召开8次,即第四十次主席会议至第四十七次主席会议。

第四十次主席会议。1月11日在太原举行。

薛延忠主持会议,郭良孝、周然、李雁红、李潭生、令政策、刘滇生、王宁、阎沁生出席。省委组织部、省委统战部有关负责人出席。就省政协十届五次会议有关人事事项和选举事项进行审议讨论。省委组织部副部长陈跃钢就省政协十届五次会议人事事项进行说明。会议审议并通过省政协十届五次会议选举办法(草案),候选人建议名单,选举监票人、总监票人名单(草案)。

第四十一次主席会议。1月13日在太原举行。

薛延忠主持会议,郭良孝、周然、李雁红、李潭生、令政策、卫小春、刘滇生、王宁、阎沁生出席。省委组织部、省委统战部有关负责人出席。会议审议并通过省政协十届五次会议选举办法(草案),候选人名单(草案),监票人、总监票人名单(草案),政协第十届山西省委员会第五次会议关于常务委员会工作报告的决议(草案),政协第十届山西省委员会提案委员会关于省政协十届五次会议提案审查情况的报告(草案),政协第十届山西省委员会第五次会议政治决议(草案)。

第四十二次主席会议。1月14日在太原举行。

薛延忠主持会议,郭良孝、周然、李雁红、李潭生、令政策、卫小春、刘滇生、王宁、张茂才、阎根生出席。会议审议通过政协第十届山西省委员会常务委员会2012年工作要点(草案)。研究决定副主席张茂才分管社会法制委员会工作。副秘书长,调研室、各专委会负责人列席会议。

第四十三次主席会议。2月2日在太原举行。

薛延忠主持会议,郭良孝、周然、李雁红、李潭生、令政策、卫小春、刘滇生、王宁、张茂才、阎根生出席。会议审议并原则通过《政协山西省委员会常务委员会2012年主要工作责任制》。副秘书长,调研室、各专委会负责人列席会议。

第四十四次主席会议。4月16日在太原举行。

研究召开省政协十届二十六次常委会议等有关事项。薛延忠主持会议并讲话,郭良孝、周然、李潭生、令政策、卫小春、刘滇生、王宁、张茂才、阎根生出席。会议听取关于省政协十届二十六次常委会议筹备情况的汇报。审议通过省政协十届二十六次常委会议议程(草案)和日程;审议并原则通过《关于进一步加强全省食品安全工作的建议(讨论稿)》;审议通过关于焦惠生等免职的决定(草案),提请第二十六次常委会议审议。

第四十五次主席会议。8月13日在太原举行。

研究省政协十届二十七次常委会议有关事项。薛延忠主持会议并讲话,郭良孝、周然、李雁红、李潭生、令政策、卫小春、刘滇生、王宁、张茂才,秘书长阎根生出席。会议听取关于省政协十届二十七次常委会议筹备情况的汇报。审议通过省政协十届二十七次常委会议议程(草案)和日程;审议并原则通过《关于加快发展我省现代物流业的建议(讨论稿)》,审议通过关于田润华等职务任免的决定(草案)。提请第二十七次常委会议审议。

第四十六次主席会议。9月12日在太原举行。

专题研究提案工作。薛延忠主持会议并讲话,郭良孝、周然、李雁红、李潭生、令政策、卫小春、刘滇生、王宁、张茂才、阎根生出席。会议听取全省政协提案工作经验交流暨表彰会筹备情况的汇报,审议通过《山西省政协提案工作经验交流暨表彰会表彰建议名单》。决定全省政协提案工作经验交流暨表彰会于9月18日在太原召开。

第四十七次主席会议。11月17日在太原举行。

会议学习中共十八大精神,研究省政协十届二十八次常委会议有关事项。薛延忠主持会议并讲话,郭良孝、周然、李雁红、李潭生、令政策、卫小春、刘滇生、王宁、张茂才、阎根生出席。会议审议通过《关于深入学习贯彻中国共产党第十八次全国代表大会精神的决议(草案)》。听取关于省政协十届二十八次常委会议筹备情况的汇报。审议通过省政协十届二十八次常委会议议程（草案）和日程;审议并原则通过《关于加快扶贫开发、促进农民增收的建议(讨论稿)》。 (周志清)

【在晋全国政协委员考察及座谈会】 2月8日上午，薛延忠率领部分在晋全国政协委员到晋商银行、省农村信用社联合社考察。全国政协委员、全国政协人口资源环境委员会副主任刘泽民,全国政协委员、省人大常委会副主任李政文，全国政协常委、副省长张平,全国政协委员、省政协副主席周然、卫小春、刘滇生,秘书长阎根生参加。下午,省政协召集在晋全国政协委员,就服务于山西转型跨越发展进行座谈。薛延忠主持会议,高建民通报山西省经济社会发展情况，聂春玉参加会议并讲话。刘泽民、李政文、周然、刘滇生,阎根生参加座谈。 (周志清)

【全国和地方政协外事委员会工作暨公共外交座谈会】 7月11日在太原市举行，由全国政协外事委员会主办、山西省政协承办。中共中央政治局常委、全国政协主席贾庆林作重要批示。全国政协副主席李兆焯出席开幕会并讲话。全国政协外事委员会主任赵启正致开幕词,省政协主席薛延忠致欢迎辞,省委常委、副省长高建民介绍山西省情。全国政协外事委员会副主任杨多良主持。全国政协副秘书长王胜洪,全国政协外事委员会副主任武大伟、赵进军,省政协副主席令政策、王宁,秘书长阎根生出席。全国各省、自治区、直辖市和副省级市政协外事委员会和办公室负责人出席会议。 (周志清)

【重点提案督办会】 7月31日举行。省政协主席薛延忠主持会议并讲话，副省长张平，常务副主席郭良孝,副主席周然、李雁红、李潭生、令政策、卫小春、刘滇生、王宁、张茂才,秘书长阎根生出席。会议听取省有关单位负责同志关于相关提案办理的情况，并就加强提案办理工作、提升提案办理层次和质量进行研究。 (周志清)

【全国政协人口资源环境委员会工作研讨会】 9月25日在太原举行。全国政协副主席李金华出席并讲话。薛延忠、全国政协副秘书长仝广成分别致辞。全国政协人口资源环境委员会主任张维庆作工作报告,副主任庄国荣主持会议,副主任王少阶、王玉庆、王曙光、任启兴、刘泽民、张黎和郭良孝、周然、阎根生出席。各民主党派中央和全国工商联,各省、自治区、直辖市和副省级市政协相关部门负责人出席会议。 (周志清)

重要活动

【促进转型项目落地考察监督活动】 4月9~19日,省政协组织政协委员分赴11个市集中开展项目落地考察监督活动。薛延忠带队考察阳泉市,郭良孝带队视察运城、临汾、晋中、吕梁等市，周然带队考察太原、忻州、大同、朔州等市,李潭生带队考察长治、晋城等市。 (周志清)

【“四送一帮扶”活动暨先心病患儿“助康工程”】 5月10日启动。薛延忠出席启动仪式,郭良孝、周然、卫小春、王宁出席,张茂才致辞,阎根生主持。“先心病患儿助康工程”旨在通过动员政协委员捐资,帮助贫困县患儿得到免费治疗。“四送一帮扶”活动暨“助康工程” 是全省政协系统正在开展的“察百姓情、建惠民言、办利民事”活动的拓展和深化。 (周志清)

【新任省政协委员和市县(区)政协主席、部分机关干部培训班】 5月3~8日，省政协首次在中共中央党校举办。中共中央党校常务副校长李景田看望全体学员并合影留念,薛延忠出席开班式,中共中央党校副校长李书磊讲话,全国政协文史和学习委员会副主任卞晋平出席,李潭生作动员讲话,阎根生出席。7~8日,全体学员赴天津滨海新区实地参观考察。

(周志清)

【省政协和上海市政协开展工作交流】 6月11~13日,上海市政协组织港澳委员,在市政协主席冯国勤带领下赴晋与山西省政协开展工作交流。薛延忠和冯国勤分别介绍有关情况,高建民在会上推介山西省重点招商引资项目,令政策、王宁,上海市政协副主席吴幼英参加座谈。考察团先后到太原、忻州、晋中了解经济、社会和文化发展情况，在五台县为沱阳中学、耿镇学校捐助80万元人民币和电脑等教学用品。 (周志清)

【资本市场建设论坛】 6月28日举

7月31日,省政协举行重点提案督办会 (周志清提供)

办。薛延忠出席，郭良孝讲话，周然，阎根生出席。深圳证券交易所上市推广部山西省区域首席代表徐洪涛、北京九鼎投资有限公司董事长赵忠义、山西省银监局副局长吴增平、省政协委员齐莲英、太原重型机器制造股份有限公司副总经理张玉牛先后发言，就推进企业上市、完善金融市场和借助资本市场促进企业重组、产业升级、科技创新、经济转型等提出意见和建议。（周志清）

【全国政协外事委员会在晋调研】 7月3~9日，全国政协外事委员会副主任杨多良率领“弘扬优秀传统文化、促进文化产业大发展”专题调研组一行在晋调研。薛延忠会见调研组一行，令政策主持召开座谈会，王宁参加座谈。调研组一行到太原、晋中、忻州、临汾、运城等地调研。（周志清）

【全国政协教科文卫体委员会在晋调研】 7月5日，全国政协常委、教科文卫体委员会主任徐冠华率领“特殊教育发展”专题调研组一行赴晋调研。调研组与山西省有关方面举行座谈。薛延忠主持会议，全国政协教科文卫体委员会副主任赵沁平、江绍高以及省政协令政策、王宁参加座谈。调研组一行到太原、晋中、忻州、大同等地调研。（周志清）

【第五届京津冀晋蒙政协区域经济发展论坛】 7月17~20日，郭良孝带领经环委负责人和部分省政协常委、委员，赴呼和浩特市参加第五届京津冀晋蒙政协区域经济发展论坛。郭良孝作《携手打造现代物流服务业，促进华北区域经济社会又好又快发展》主题发言。阎根生出席论坛。（周志清）

【全国政协港澳台侨委员会在晋调研】 7月18~25日，全国政协港澳台侨委员会组织侨联界委员来山西，就文化体制改革发展情况和侨务工作进行调研。薛延忠会见全国政协港澳台侨委员会副主任林兆枢等一行。中国侨联副主席王永乐、中国侨联原副主席林淑娘，令政策、王宁，阎根生参加会见。（周志清）

【全国政协民族和宗教委员会专题调研组在晋调研】 9月23~28日，专题调研组。调研组与山西省政协举行工作座谈，就做好基层宗教工作、促进社会和谐稳定进行交流。薛延忠、全国政协民族和宗教委员会副主任仲兆隆出席并讲话。李潭生主持会议，全国政协民族和宗教委员会副主任刘柏年、周明甫，省政协阎根生出席。调研组先后到临汾、晋中、吕梁三市五县（区）宗教活动场所调研。（周志清）

【“喜迎十八大、助老送光明”工程】 10月26日上午举行。薛延忠出席并宣布工程启动，张茂才对工程实施作出具体安排部署，阎根生主持。这项工作旨在引导政协委员和社会各界弘扬中华民族乐于助人、解急帮困的传统美德，帮助患白内障疾病的家庭困难老人重见光明、安度晚年。（周志清）

调研室和专门委员会

【调研室】 2012年，完成有关会议材料的起草工作；完成《奋进》一书的编印工作；完成《中共山西省委政治协商规程》的代拟工作。编印《全国政协及各省区市政协常委会工作报告集》约40万字；编印《全国及部分省（区、市）关于政治协商文件集》约20万字；组织研究会领导和骨干参加人民政协理论工作座谈会、全国政协理论研究会举办的培训班等系列活动。共收到社情民意信息7000余篇，编印《政协社情民意》151期。向全国政协、省委和省政府及有关部门报送重要信息1400余篇。据不完全统计，全国政协办公厅共采择上报党中央、国务院61篇，其中单篇稿件1篇、综合稿件17篇、转送稿件43篇。省领导批示政协信息81篇，中央和省有关部门反馈信息17篇。山西省信息在全国政协的采用率首次突破10%。深入大同、朔州等6市10余县培训委员、信息员1500余人；在曲沃县举办全省政协系统2012年度信息采编工作培训班。制定《反映社情民意信息工作评选表彰办法》。（周志清）

【提案委员会】 省政协十届五次会议以来，共征集提案641件，其中单位集体提案161件，委员提案480件；经审查立案583件，提案转为来信处理58件。所有立案的提案全部办复完毕。负责起草十届四次会议以来的《提案工作报告》《提案报告的说明》、全会期间提案委员会和提案组的工作方案，并组织实施。起草《提案审查情况的报告》。在全会召开前组织编写并向全体委员印发《提案导向》；向各承办单位印发《提案答复规范要求》。组织召开4次提案委员会全体会议。遴选重点提案9类73件

省政协主席薛延忠为2012年“四送一帮扶”暨“助康工程”活动授旗（周志清提供）

省政协主席薛延忠等省领导与各民主党派、工商联负责人座谈交流 （周志清提供）

作为2012年省领导领办督办的重点提案，所有重点提案在各位副主席督办下全部办理完毕。组织学习贯彻中共中央办公厅、国务院办公厅《关于进一步加强人民政协提案办理工作的意见》，组织召开各市政协、各提案主要承办单位负责人参加的贯彻落实"两办"《意见》座谈会。重新修订《山西省办理政协提案的规定》，并由省委办公厅、省人大办公厅、省政府办公厅、省政协办公厅联合下发执行。组织召开山西省政协提案工作经验交流暨表彰会。 （周志清）

【经济和人口资源环境委员会】 组织重大项目落地情况考察监督活动。由郭良孝、周然牵头，同时邀请省发改委等相关职能部门和新闻媒体，重点围绕2011年"中博会"签约项目落地情况和省转型综改办确定的22个综改省市级试点县(市、区)项目落地情况组织考察活动，形成《关于我省转型重点项目落地情况的视察报告》并上报省委、省政府。举办山西资本市场建设论坛，收集专题论文20余篇。完成《关于加快发展我省现代物流业的建议》及调研报告集。联合省政协办公厅，与全国政协人口资源环境委员会在太原举办全国政协人口资源环境委员会工作研讨会。参加在内蒙古呼和浩特市举行的第五届京津冀晋蒙政协区域经济发展论坛。参加全国政协经济委员会在大连举行的"推进工业化和信息化深度融合，促进传统产业优化升级"调研座谈会，并作题为"推进工业化和信息化深度融合，促进传统产业优化升级"的大会交流。举办全省政协经济和人口资源环境委员会工作会议。完成接待各省市政协考察调研团10余次。

（周志清）

【农村委员会】 2012年先后赴太原、晋城、吕梁等8市35县、53个农业龙头企业和112个产业示范点和专业合作社，对扶贫开发和农民增收进行调研，形成《关于加快扶贫开发，促进农民增收的建议》报省委、省政府。《关于加快推进"一村一品"促进农民增收的建议》被评为2012年优秀提案。组织政协委员到省气象局调研，向省委、省政府报送《关于推进气象为农服务，支持气象现代化的建议》。参加省委县域经济调研组，到长治、晋城进行调研。参加全国政协专题调研和座谈会，并在全国十省市政协农牧业委员会座谈会上作《发挥政协专委会作用是政协履行职能的基础》的发言。 （周志清）

【教科文卫体委员会】 完成十届二十六次常委会议关于加强山西省食品安全工作的专题调研任务。2012年先后到省卫生厅、质量技术监督局、工商局、食品药品监督局等8个部门听取情况汇报，召开省发改委、教育厅、粮食厅、住建厅、林业厅、盐务局等9个部门的座谈会；与山西汾酒集团、太原江南餐饮集团等相关企业交换意见，赴京听取在食品安全方面专家的意见，了解全国食品安全的形势以及山西省食品安全工作在全国所处的位置。同时还委托一所大学，对太原、大同、运城三个城市的某些超市、农贸市场销售的多种食品开展随机抽查，形成有第三方独立完成的综合性检验检测报告。对全省食品监管执法队伍，学校、医院、矿山、建设工地等集体食堂以及社会婚丧聚餐活动等20多项内容进行数据综合分析，完成"建议报告"。赴长治市屯留县东兴旺村开展科技下乡活动。带领省政协文艺界委员，赴阳泉、忻州市和保德县开展送文化下基层活动。在应县金城镇举行送医送教下基层活动。深入忻州、晋城等地，开展公益文化事业情况调研和职业教育专题研讨会。 （周志清）

【社会法制委员会】 2012年，送文化下基层5次，送医疗下基层4次，送法律下基层4次，送科技下基层5次。实施"省政协委员先心病患儿助康工程"。得到王永安等19名省政协委员的捐资224万元，与省卫生厅等部门联合，在全省15个国定贫困县中实施"先心病患儿助康工程"，对222名16岁以下的先心病患儿实施免费救治。实施"喜迎十八大助老送光明工程"。对岢岚、石楼、永和3个国定贫困县的230名65岁以上、因患白内障散失视力的老人进行免费手术。组织部分省政协常委、委员，赴贵州、云南、宁夏与新疆四省区，调研考察创新社会管理和公正司法。组织委员深入省高院、省检察院、运城市，就公正司法调研，提出10个方面的意见和建议。组织部分省政协常委、委员深入省城联社，就"城镇集体企业改革转型及工艺文化产业发展"进行专项调研考察并提出2条建议。与省纪检监察部门联合，组织委员深入省监察厅、省司法厅、省环保厅和吕梁市，进行政风行风建设专项考察，提出优化发展环境的3个方面的意见和建议。配合全国政协社法委办公室，在大寨开展创先争优专题党课活动，在运城市开展“依法行政中的有关问题”的调研。参加全国政协社法委年度工作会议，向大会提交题为《创新是深化政协专委会工作的灵魂》经验材料并进行发言交流。

（周志清）

【民族宗教委员会】 2012年成立以民族界政协委员为主，省民委、省伊斯兰教协会参与的调研组，对《山西省清真食品监督管理条例》的贯彻落实情况进行专题调研。并组织部分省政协委员赴海南省考察学习清真食品监管情况。同时，商请各市政协民宗委（或相关委员会）和省伊斯兰教协会进行同步调研，收到各市政协和有关方面调研材料13篇。在综合调研的基础上，形成《关于进一步加强山西省清真食品监督管理的建议》，提出全面贯彻落实《山西省清真食品监督管理条例》的3条经验、4个问题和5条建议。动员民族宗教界委员参加省政协开展的“察百姓情、建惠民言、办利民事”活动。《发展云计算产业，为山西转型跨越发展服务》提案，被列为2012年省政协重点督办提案，并被评为优秀提案。与省人大民宗侨外工委、省宗教局（省民委）召开对口协商联系座谈会2次，召开各市政协民宗委（或相关委员会）联席会议1次。《弘扬优秀宗教文化，服务文化强省建设》经验交流材料，被定为全国政协民宗委发挥民族文化和宗教文化在中华文化大发展大繁荣中的积极作用交流座谈会的大会发言。

（周志清）

【文史资料委员会】 2012年编辑出版《山西纪事：1949—1978》，计138篇96万余字。组织省政协文史工作考察团赴台湾学习考察。在湖南长沙举办全省政协文史工作培训班，各市县政协分管文史工作的副主席、文史委主任等120余人参加学习培训。完成《文史月刊》全年12期的编辑发行任务。

（周志清）

【学习宣传委员会】 2012年举办“中央党校山西省新任省政协委员、市县政协主席培训班”。编发《政协参考》12期，60余万字。举办“山西省政协委员学习贯彻十八大精神座谈会”。引导政协委员开展以招商引资、项目推介、技术咨询、扶贫济困、中介信息服务、参与公益事业建设等为主要内容的“六个一活动”（即：争当一名本职岗位的能手、标兵；引进一笔资金、一个项目、一项技术或一名高端人才；创办一个实业或投资一个项目；提出一条有益于解决转型跨越发展实践中难点问题的意见或建议；开展一项技术攻关或参加一次科技、教育、文化、信息下乡宣传或咨询；参加一次扶危济困的公益性活动）。筹办省政协十届五次会议以“率先走出资源型地区转型跨越发展新路，加快实现我省全面建设小康社会目标”为议题的电视议政会。与九三学社山西省委、中国发明协会、山西省科协联合举办“为转型跨越发展作贡献引智工程科技项目发布会”。组织《山西日报》、山西电视台、《山西政协报》等新闻媒体参加全国政协举办的“第二十届全国政协好新闻评选活动”，报送相关作品20余件。

（周志清）

【港澳台侨和外事委员会】 2012年承办“全国和地方政协外事委员会工作暨公共外交座谈会”。参加在内蒙古自治区举行的“京津冀晋蒙鲁豫陕政协港澳台侨外事工作交流会”。召开全省政协港澳台侨和外事工作座谈会。组织部分委员赴港企、侨企进行调研，组织部分港澳委员赴深圳艾美特（台资）等企业考察。组织委员撰写提案和社情民意，《关于进一步扶持我省中医药事业发展的建议》被列为2012年第2号省领导领办督办的重点提案，并被评为2012年全省政协优秀集体提案。完善山西省政协港澳台侨和外事委员会《工作职责》《学习制度》《对口单位联系制度》等规章制度。对港澳委员五年来的履职情况进行考核，就港澳委员在晋投资情况进行调研，对委员们遇到的问题协调有关部门、提出解决方案。在深圳举办港澳委员座谈会。

（周志清）

中国共产党山西省纪律检查委员会

Shanxi Provincial Committee for Discipline Institution of Communist Party of China

综 述

【党风廉政建设和反腐斗争新成效】 2012年，省纪委常委会团结带领全省各级纪检监察机关，围绕中心、服务大局，改革创新、狠抓落实。中共中央、中共中央纪委和省委、省政府主要领导对全省反腐倡廉工作先后作出重要批示15次，给予肯定；在全国性会议上，山西省就作风建设、惩防体系建设、阳光农廉网建设、食品安全责任监督、基层涉纪信访举报、反腐倡廉制度建设、案件监督管理、巡视、宣教、纠风以及乡镇纪检组织建设等工作作10余次典型发言和经验介绍；全国村务公开民主管理会议、全国工程建设领域项目信息公开和诚信体系建设工作调度会、华北东北地区纪检监察工作座谈会等会议相继在山西省召开，扩大全省反腐倡廉工作影响力。2012年，各位省纪委委员履职尽责，发挥作用。 （牛彦方）

【对中央和省委重大决策部署的监督检查】 落实省委关于开展保持党的纯洁性学习教育活动部署，对11个市、15个省直单位、30个县(市、区)、32个市直单位及部分乡镇、企业等进行监督检查，发现并督促整改一批突出问题，推动党员干部思想纯洁、队伍纯洁、作风纯洁和清正廉洁。围绕转型综改试验区建设，创新监督检查机制，健全监督检查制度，推行综合集中检查，重点开展对“气化山西”、水利改革发展、保障性安居工程建设、节能减排和环境保护、耕地保护和节约用地政策措施、重点工程项目、2009年以来招商引资项目签约和落地情况的监督检查，发现各类问题5496个，下达督查建议书2052份。强化安全生产法规制度落实的监督检查，查处各类生产安全责任事故85起，给予党政纪处分455人。开展对支援新疆发展政策落实情况监督检查。 （牛彦方）

【领导干部作风建设】 贯彻中央、中央纪委关于加强作风建设的要求，坚持典型引导和集中整治“两手抓”，着力保持党员干部作风纯洁，优化转型跨越发展环境。总结挖掘和学习弘扬右玉精神，弘扬太行精神、吕梁精神，加强党员干部政绩观教育。坚持重拳出击、严查严管，在全省范围内集中开展“整治吃拿卡要问题、创优发展环境”专项行动，重点整治各级决策、审批、执法单位在服务市场主体中“卡、拖、慢”等行为，查处利用审批权、执法权吃拿卡要、索贿受贿典型案件，查处典型案件995个，处理违纪干部1267人，并针对暴露的漏洞和薄弱环节建立健全预防吃拿卡要问题和懒政怠政行为长效机制。

（牛彦方）

【行政审批制度改革】 提请出台《关于深化行政审批制度改革促进政务服务便捷高效的实施意见》《山西省损害发展环境行政行为责任追究办法》等制度。按照法定权限和程序来严格规范各部门行使职权、履行职能，审批项目设定依据、实施部门、受理方式、申请材料、办理环节、办理时限、收费依据、监督等具体内容全部公开公示，做到项目清楚、内容全面、流程清晰、明白易懂，切实减小审批过程中随意性和自由裁量权。建立部门内部并联审查机制或联合会审机制，改变一个行政审批事项多头审批、多层次审批、多环节审批状况；研究制定并联审批办法，实现审批权合理配置和有效运转。推进电子监察，基本建成覆盖41个省直部门、11个市、22个扩权强县试点县(市)行政审批电子监察平台。 （牛彦方）

【纪检监察机关自身建设】 开展创先争优活动，加快建设学习型、责任型、创新型、规范型、廉洁型机关。适应反腐倡廉建设和转型跨越发展新形势新任务新要求，加强常委会自身建设，出台《关于加强省纪委常委会自身建设的意见》。制定一系列规章制度，为机关规范化建设奠定基础。加强队伍建设，按照德才兼备、注重实绩、群众公认原则，采用民主推荐、差额票决办法，选拔一批干部充实到重要工作岗位。对干部严格教育、严格管理、严格要求、严格监督，树立监督者更要自觉接受监督、执纪者更要带头守纪意识。加强对全省纪检监察工作的领导和指导，改进检查考核，推进工作创新。坚持抓基层、打基础，全省1196个乡镇全部设立纪委。推进省直派驻机构联组管理，重点开展交叉监督、专项检查和查办案件等工作，派驻机构监督作用增强。

（牛彦方）

【保持党的纯洁性学习教育活动】 全省各级纪检监察机关落实省委关于开展保持党的纯洁性学习教育活动的部署，坚持以更高标准、更严要求搞好全省纪检监察机关学习教育活动，解决一批纪检监察干部思想作风和反腐倡廉工作方面存在的突出问题。发挥教育、监督、检查、处理、保障等职能作用，出台《关于发挥纪律检查机关职能作用推动保持党的纯洁性学习教育活动深入开展的意见》，组织开展全省保持党的纯洁性学习教育活动专项监督检查，开展理想信念和党的纪律教育，处理破坏党的纯洁性的行为，促进学习教育活动深入开展。

（牛彦方）

重要会议

【省纪委十届二次全体会议】 1月17日在太原召开。会议由省纪委常委会主持。李兆前代表省纪委常委会作题为《深入推进党风廉政建设和反腐败斗争，为转型跨越发展提供坚强纪律保证》的工作报告。全会认真学习胡锦涛在十七届中央纪委七次全会上的重要讲话。回顾总结2011年全省党风廉政建设和反腐败工作。从五个方面安排部署2012年的反腐倡廉工作。一是严明党的纪律特别是政治纪律，加强对中央和省委重大决策部署落实情况的监督检查；二是加强党的作风建设，优化转型跨越发展环境；三是加强具有山西特色的惩治和预防腐败体系建设，加大查办案件工作力度，健全拒腐防变教育长效机制，强化权力运行监控机制，推进改革创新和制度建设，加强基层党风廉政建设，提高惩防体系建设科学化水平，整体推进反腐倡廉各项工作；四是加大专项治理力度，解决反腐倡廉建设中人民群众反映强烈的突出问题；五是加强纪检监察干部队伍建设，为推进党风廉政建设和反腐败斗争提供组织保证。

（牛彦方）

1月17日，中国共产党山西省第十届纪律检查委员会第二次全体会议在太原召开 （牛彦方提供）

【全省党风廉政建设干部大会】 1月18日在太原举行。袁纯清出席会议并讲话。王君主持会议。薛延忠、金道铭等出席会议。李兆前传达十七届中央纪委第七次全会精神和胡锦涛总书记重要讲话精神。袁纯清在讲话中对去年山西省党风廉政建设和反腐败斗争取得的成绩给予充分肯定。他指出，保持纯洁性是党的性质和宗旨的集中体现，是增强党的创造力凝聚力战斗力的关键所在，是建设高素质领导班子和党员队伍的现实需要，是引深反腐倡廉建设的重要任务。省委决定，在全省范围内开展为期半年的保持党的纯洁性教育活动。要深入推进反腐倡廉建设，为保持党的纯洁性提供坚强保证。会议还观看“正风肃纪、创优环境”专题片。参加会议的还有：省委、省人大、省政府、省政协负责同志，省法、检两长，省纪委委员，省直各部门主要负责同志。在各市分会场参加会议的有：各市四套班子负责同志，市纪委监察局班子成员，市直相关职能部门主要负责同志、纪检组长，各县（市、区）委书记、县（市、区）长。驻并本科院校、省管国有骨干企业党委书记和参加省纪委十届二次全会的其他人员在太原市分会场参加会议。

（牛彦方）

【全国工程建设领域项目信息公开和诚信体系建设工作调度会】 5月29日在太原召开。中央工程治理领导小组办公室监督检查组组长、中央纪委监察部执法监察室监察专员兼副主任孙怀新出席会议并讲话，工业和信息化部规划司巡视员刘贤利主持会议，工信部信息化推进司处长章晓杭代表工程建设领域项目信息公开和诚信体系建设工作协调小组办公室通报全国各省（市）省级检索平台建设情况以及专栏建设、信息公开情况，冯改朵出席会议并致辞。山西、北京、河北、陕西、西安、大连等18个省（市）汇报各地项目信息公开和诚信体系建设工作情况。

（牛彦方）

【全国村务公开民主管理工作会议】 7月3日在运城召开。中共中央书记处书记、中央纪委副书记何勇出席会议并讲话。他强调，要坚持以邓小平理论和“三个代表”重要思想为指导，深入贯彻落实科学发展观，以建立健全村务公开民主管理长效机制为主线，落实民主管理制度，完善乡村治理机制，解决农民群众反映强烈的问题，维护农民群众合法权益，促进农村社会和谐稳定，推动农村经济社会又好又快发展。全国村务公开协调小组组长、民政部部长李立国主持会议，全国村务公开协调小组副组长、中央组织部副部长王秦丰宣读《全国村务公开协调小组关于命名“全国村务公开民主管理示范单位”的决定》。袁纯清致辞，王君出席会议。全国村务公开协调小组副组长、民政部副部长姜力，中央纪委常委、监察部副部长王伟，全国村务公开协调小组领导成员，各省(区、市)村务公开领导(协调)机构主要负责同志出席会议。山西省、北京市密云县等9个单位作大会发言。会议代表现场观摩运城市阳光农廉网建设和村务公开情况。

会议期间，何勇进机关，下农村，访农户，了解经济社会发展和惩防体系建设、农村基层党风廉政建设情况，走访慰问困难群众，看望纪检监察干部。金道铭、李小鹏、李兆前、杜善学出席会议或陪同考察调研。(牛彦方)

【2012年华北东北地区纪检监察工作座谈会】 7月26日在太原召开，总结党的十七大以来华北东北地区纪检监察机关全面履行职责，保持党的纯洁性的有效做法和经验，研究探讨加强今后纪检监察工作的思路和措施，推动华北东北地区党风廉政建设和反腐败斗争深入开展。中央纪委副书记张惠新出席会议。袁纯清到会致辞。李兆前出席。(牛彦方)

预防惩治体系建设

【惩防体系建设】 注重顶层设计，强化科技支撑，以"制度+科技"为路径，以"一网六平台"(即：惩防体系信息网，阳光农廉网平台、公共资源交易运行及电子监察平台、食品安全责任监督网格化信息平台、行政审批电子监察平台、工程建设领域项目信息和信用信息公开共享平台、信访举报平台)建设为抓手，坚持虚实结合、统分结合、软硬结合、长短结合、新旧结合的思路，加快推进惩防体系信息网建设。制定实施《山西省惩防体系信息网建设规划》，争取到国家科技部的国家重大科技计划专项支持，完成惩防体系信息网的省内立项申报。省、市"一网六平台"建成投入运行，初步形成互联互通、信息共享综合网络服务和监管体系。贯彻落实中央惩防体系《工作规划》和省委《实施办法》，159项工作任务全部完成，形成具有山西特色的惩治和预防腐败体系基本框架。(牛彦方)

【查办案件】 贯彻党要管党、从严治党方针，保持惩治腐败强劲势头，不断加大查办案件工作力度。全省各级纪检监察机关初核案件线索8529件，立查案件9504件，结案9519件，处分违纪党员干部10705人，其中市厅级干部18人、县处级干部313人。严肃查处潞安集团原副总经理刘仁生、省国土资源厅原副巡视员王有明等一批重大典型案件。反腐败案件协调领导组作用进一步发挥，突破大案要案的能力进一步增强；严格规范办案工作程序、加强内部监督制约、严肃办案纪律，推行案件查办责任制；改进案件审理、申诉复查、行政复议和行政应诉工作，规范党政纪处分决定执行工作，依纪依法、安全文明办案水平提高。加强典型案例剖析研究，发挥查办案件治本功能，切实做到查处一起重大案件、教育一批干部、完善一套制度、促进一方工作。(牛彦方)

【重点领域专项治理】 坚持抓住重点、突破难点，加强对腐败现象易发多发重点领域和群众反映强烈的热点领域集中整治。继续推进煤焦领域反腐败斗争，煤焦领域腐败治理长效机制有效发挥作用。开展工程建设领域突出问题专项治理，加大国土资源、交通运输、铁路、水利、电力等重点领域以及资质资格审批、项目决策、招标投标、土地出让、规划管理、建设实施、资金管理、物资采购等重点环节治理，加强工程建设项目质量安全管理，推进工程建设领域项目信息公开和诚信体系建设工作，基本实现省、市、县三级发改、住建、国土、交通、水利、工商等部门工程建设项目全覆盖、信息全联通，共排查投资额500万元以上项目16625个，纠正各类问题15163个，清理和收缴违规违法资金115.9亿元。认真做好基层涉纪信访工作，畅通信访举报渠道，推进举报投诉平台建设，组织开展"下基层、转作风、抓信访、促稳定"活动，全力做好上访群众劝返处置，巩固基层涉纪信访工作成效，全省到中央纪委监察部上访总量由2011年的第10名退至第15名。开展党政机关公务用车问题专项治理，清理违规用车3500辆，处分违纪干部56人，出台全省党政机关公务用车配备使用管理制度。深化庆典、研讨会、论坛、博览会(展会)过多过滥问题专项治理。狠刹大操大办、借机敛财歪风。巩固公款出国(境)旅游专项治理成果，费用支出比年初预算下降69.71%。巩固"小金库"专项治理成果，收缴违纪款3132万元。(牛彦方)

【政务公开】 按照《关于深化政务公开加强政务服务的实施意见》，制定

8月23日，省委常委、省纪委书记李兆前在阳泉市平定县华通瑞盛公司调研 (牛彦方提供)

出台《加快推进依托电子政务平台加强县级政府政务公开和政务服务试点工作实施方案》等配套措施，为深化政务公开工作夯实基础。推进财政预决算、“三公” 经费和行政经费公开、保障性住房、食品安全、环境保护、招投标、生产安全事故、征地拆迁、价格和收费等领域的政府信息公开工作。开展依托电子政务平台加强县级政府政务公开和政务服务试点工作，灵丘县、孝义市、高平市等全国试点县（市）编制政务公开和政务服务目录，绘制权力运行图，在政府网站上公布政务公开和政务服务目录，有效整合现有政务网站和政务服务中心资源，为全面推广积累经验。深化民主评议政风行风工作，协助省政府出台《关于深入开展民主评议政风行风工作的实施意见》，开展全省民主评议政风行风宣传月活动。

（牛彦方）

【执法监察】 开展打击非法违法采矿、违法排污等土地执法监察、水利执法监察、环保执法监察以及高尔夫球场清理整治、农民工工资支付情况、全省民爆物品集中整治、加强道路交通安全监管等专项治理行动，对2012年防汛准备、防震减灾、消防、规范基层执法工作、创业扶持计划、“扫黄打非”以及打击侵犯知识产权和制售假冒伪劣商品等工作开展专项执法监察。坚决纠正违法违规强制征地拆迁问题，加强对保障性住房建设和棚户区改造情况监督检查，推动建立保障性住房建设、分配、监管机制制度。（牛彦方）

1月18日，山西省党风廉政建设干部大会暨中国共产党山西省第十届纪律检查委员会第二次全体会议在太原召开 （牛彦方提供）

党风廉政建设

【损害群众利益不正之风纠正】 着力推进食品安全责任监督工作，推广晋中试点经验，在全省基本形成以“分责全落实、示责全公开、知责全覆盖、履责全方位、问责全过程”为主要内容的食品安全责任监督长效机制。加大治理公路“三乱”力度，查处一批公路“三乱”案件。纠正教育、医药购销和医疗服务不正之风等工作成效明显。全省纪检监察机关共查核损害群众利益的案件1194件，追究责任人员1883名。（牛彦方）

【基层党风廉政建设】 深化基层党风廉政建设，完善基层长效机制。提升阳光农廉网，扩大村务公开，落实农民知情权、管理权、监督权，促进农村干部廉洁履职，密切党群干群关系。推进村级民主管理和民主监督，99.14%的农村建立村务监督委员会。落实《农村基层干部廉洁履行职责若干规定（试行）》，查处发生在农民身边的腐败问题，给予党政纪处分2831人，移送司法机关85人。建立健全农村惩治和预防腐败体系。深化国有企业党风建设和反腐倡廉工作，执行国有企业领导人员廉洁从业有关规定，加强对国有企业“三重一大”决策制度执行情况以及企业领导人员、关键岗位管理人员的监督。落实《关于加强高等学校反腐倡廉工作的意见》，解决高校园区建设、招生录取、物资采购、科研经费、财务管理、学术诚信等方面突出问题。推进公用事业单位、城市社区党风廉政建设。探索非公有制经济组织和新社会组织反腐倡廉建设。（牛彦方）

【反腐倡廉宣传教育和廉政文化建设】 加强反腐倡廉教育，开展示范教育、警示教育和岗位廉政教育，全省共组织岗位廉政教育培训班60余期，培训党员干部6万余人次；新建各具特色的廉政教育基地40个，利用基地开展教育活动1200余次；全省初步形成以“廉政学习制度化、廉政提醒常态化、集中教育定期化、示范教育和警示教育一体化、廉政谈话规范化” 为主要特点的廉政教育制度体系。加强廉政文化建设，会同有关部门举办为期10天的廉政文化精品剧目展演活动，省四套班子领导以及省直部门领导干部5000余人观看，参演剧目在全省各市县巡回展演，举办以“喜迎党的十八大”为主题的全省廉政文化书画展，省四套班子领导和广大党员干部共7000余人参展，省委、省政府主要领导对这两次活动给予支持和肯定。

（牛彦方）

民主党派和工商联

Democratic Parties and the Federation of Industry and Commerce

民革山西省委员会

【民革省委会换届】 2012年6月17~18日，中国国民党革命委员会山西省第十一次代表大会在太原召开。谢克昌代表民革山西省第十届常委会作工作报告。会议选举产生民革山西省第十一届委员会和出席民革第十二次全国代表大会的代表。在民革山西省第十一届一次全委会上，张友君当选主任委员，刘占中、杨俊和、郭原林、孙健民、谢碧玲、刘美、辛琰、张湘君当选副主任委员，任命王静为秘书长。（王明德）

【组织建设】 (1)完成市级、省直属总支、支部换届。截至2012年5月民革山西省委共有11个市委会、4个省直属总支、17个支部完成换届，一批拥护中国共产党的领导，热爱民革工作，有一定组织能力的民革党员担任新一届领导。(2)组织培训。推荐优秀人才参加学习培训，进行政治安排。推荐民革党员参加中共中央统战部、民革中央、中共山西省委统战部举办的民主党派干部进修班，培训班，全国参政议政骨干培训班，新一届领导班子培训班，党外代表人士培训班等30人次。参加山西省妇联举办的优秀女性领导人才专题培训班3人。配合组织做好推荐省政协委员和省直机关处级干部轮训工作，有3人在山西省海外联谊会担任职务。(3)组织发展。根据《民革中央关于进一步做好组织发展工作若干问题的意见》精神，坚持“三为主”的原则(“以协商确定的范围和对象为主、以大中城市为主、以有代表性的人士为主”)，发展党员注重数量、质量和特色的有机统一，为建设高素质参政党提供坚实的组织保障。2012年全省共发展党员221人，平均年龄36岁，大学以上学历70%，民革特色26%，各级人大代表、政协委员9人。(4)信息登记整理工作。整理提供民革山西省第十一次代表大会代表登记表209份、民革省委委员登记表65份、民革中央委员登记表6份，省政协委员人选登记表70份及其他相关材料等400余份；上报有关公务员信息、政协委员、人力资源、工资统计共4个软件系统；更新整理新一届省、市、区、省直属总支、支部各级领导班子成员100余人的信息；收集整理新一届专委会400多名委员的信息；完成机关工作人员工资晋级、晋档工作。（王明德）

【思想建设】 (1)重视政治学习。2012年，民革山西省委会组织学习中共十八大精神，11月20日，下发《民革山西省委关于学习贯彻中共十八大精神的通知》；21日，举行学习贯彻中共十八大精神报告会，200余人听取报告。2012年换届后，省委主委张友君要求要继续引深贯彻“同心”工程活动，以活动促工作，以学习促提高，抓住重点，突出亮点，夯实多党合作的共同思想基础。(2)创新工作思路。9月21日，举办纪念孙中山先生视察山西100周年活动，举行纪念大会、座谈会、书画展、文艺专场演出，特邀民革中央副主席修福金作民革党史专题讲座。举办培训班、报告会，或召开全省性思想宣传工作会议以会代培，或利用基层调研的机会与当地思想宣传干部和理论骨干座谈等形式开展培训工作。(3)完善宣传机制。2012年省委会明确新的宣传格局，宣传部负责省委会综合性活动和重点报道、各工作部门和工作委员会负责相应工作内容和承担活动的报道、团结报山西记者站负责团结报报道。民革中央网站开通后，民革山西省委会及时对各地上传民革中央网站新闻稿件的工作流程进行规范，工作职责进行明确。省委会宣传部还定期对各市委会、总支、支部、省委各工作部门和工作委员会上报民革中央网站稿件情况进行通报。(4)加强理论研究。注重以理论研究和理论创新为抓手，推动参政党理论建设水平。特别是以编著《孙中山与山西》一书为突破口，在全省范围内形成学习和研究孙中山的新局面，对在社会上普及孙中山思想、弘扬孙中山精神，宣传民革、推进民革工作起到促进作用。2012年，民革中央编辑出版《民革前辈和辛亥革命》大型图书，共收录79位民革前辈的事迹。山西省王原生撰写的《赵丕廉：忻代宁公团粮台督办》《薛笃弼：太原光复后站岗巡逻的学生》，张雁勇撰写的《郭登瀛：攻打山西巡抚衙门的先锋队员》《支应遴：山西敢死军学生队管带》,李大宏撰写的《彭继先:参与领导大同起义》五篇文章被收录其中。民革山西省委还注重推出参政党理论研究成果,扩大民革的社会影响。谢碧玲撰写的《思想建设是民革组织自身建设的灵魂》、刘美撰写的《基层组织自身建设的三点体会》、张湘君撰写的《晋城民革组织加强自身建设的实践与思考》、王原生撰写的《找准着力点,提高主动性——民主党派思想政治工作的思考》四篇理论文章被收入民革中央宣传部编《民革自身建设理论与实践回顾展望学术研讨会论文集》。

(王明德)

【参政议政】 (1)专题调研。2012年,继续在"三农"问题、社会法制、祖国统一等方面展开调研,并围绕资源型省份转型跨越发展、新能源、加强和创新社会管理、文化大发展大繁荣等方面进行课题拓展。完善课题招标、申报制度。健全党员参政议政机制。7月30日,在省委统战部的协调下,民革山西省委确定以"促进我省现代畜牧业发展,提高畜牧业综合生产能力和市场竞争力"为调研课题,组织相关专家学者分赴朔州等地进行专题调研,形成调研报告。11月27日,中共山西省委、省政府召开统一战线服务转型跨越发展调研成果汇报会,听取围绕省委、省政府重点关注的课题开展调研后形成的成果。张友君主委参加会议并代表民革调研组做题为《夯实产业基础、创新发展路径,促进我省现代畜牧业快速发展》的发言。(2)发挥专委会作用。民革山西省委第十一届参政议政委员会成立以来,本着体现新风貌、做出新成绩的原则,不断对专委会成员实施动态调整,尽可能为专委会成员发挥作用创造条件。并下发《民革山西省委第十一届参政议政委员会考评制度》,增强专委会工作的规范性。(3)社情民意和信息工作。加强信息员的培训指导,加强考评激励机制,定期统计各地上报及采用信息情况;完善信息报送机制,做好组织发动和信息约稿工作,及时主动搜集、上报各地社情民意信息。一年来,社情民意信息报中央19件,报省政协19件,采纳4件。(4)提案议案。省十一届人大六次会议及省政协十届五次会议期间,省委会共提交集体提案13件,议案14件,获得批复1件,采纳13件。其中《关于我省云计算中心建设使用管理的建议》《关于我省加强和创新社会管理的几点建议》得到省长王君的批示,《关于加快推进我省休闲农业与乡村旅游的建议》被列为省政协重点督办提案。(5)2012年2月召开的山西省民主党派、工商联和无党派人士为全面建设小康社会作贡献表彰大会上,民革山西省委提案工作委员会荣获全面建设小康社会做贡献先进集体光荣称号;2012年9月,调研部获山西省政协颁发的政协提案工作先进单位称号,《关于山西省优先发展城市公共交通的建议》等6件提案获建言献策优秀成果奖。 (王明德)

【祖国和平统一工作】 (1)加强理论学习。举办"情牵两岸,心系统一"涉台知识答题活动。提高民革党员对台工作的理论水平,夯实做好祖国和平统一理论基础。在促进祖国和平统一工作方面,民革太原市委员会、民革阳泉市委员会、民革晋城市委员会、民革临汾市委员会、民革朔州市委员会5个市级组织及李蓼源、郝慧、郝玲、杨培旺、王湄5名个人受到民革中央的表彰。(2)两岸友好来往交流。7月19日,民革山西省委会领导班子成员在太原接待台湾台北著名实业家、出版家徐宝寿、台商吴文进、郑传惠先生。8月9日晚,主委张友君在太原会见中国国民党台北市委委员邓治平。省直属三支部党员陈艳梅十几年坚持接待台胞,5月,再次接待山西籍台湾武侠小说家刘鸣盛先生。6月11日上午,民革山西省委、民革忻州市委、民革定襄县支部共同接待阎锡山侄女、旅美华侨阎志美女士,并陪同她到定襄县宏道镇北街小学为该校捐赠电脑9台,价值2万多元,并当场为学习成绩优秀的学生发放奖学金1000元。12月1~8日,秘书长王静带领机关干部一行17人,赴台进行为期一周的交流考察。在台期间,拜会中国国民党十八次代表大会代表黄复兴、黄国梁,党部副主任委员兼执行长张大钧,山西籍台胞、应州工程有限公司总顾问徐宝寿,申龙汽车有限公司董事长萧仲光。(王明德)

【社会服务】 (1)推广科技项目。继续推广日光温室大棚秸秆反应堆技术,为农民脱贫致富服务。邀请山东省农科院秸秆反应堆技术发明人张世明、韩忠玉等专家在襄汾县、忻州市、榆次区对种大棚的农民讲授秸秆反应堆技术在温室大棚中的应用,并现场操作示范,参加学习该技术的农民有200多人,有500多个大棚应用该技术。(2)开展书画活动,歌颂改革开放,迎接中共十八大召开。一是组织民革山西中山书画院的书画家参加由各民主党派书画院、省人大大众书画院在太原市文庙共同举办的"党的光辉照我心"迎接中共十八大书画展,民革画家创作的巨幅国画《腾飞图》参加展出。二是组织书画家参加由中共省直工委举办的"廉政建设"书画展。三是在国庆、中秋到来之际,在南宫举办纪念孙中山视察山西100周年,喜迎中共十八大书画展。共展出作品26件。四是参加民革中央画院在北京召开的第二届理事会,山西省3名书画家当选为民革中央画院第二届理事,三幅作品参加歌颂改革开放成果展。(3)开展帮扶活动。民革省委与山西医科大学榆次协和口腔医院合作,在榆次区为500名残疾人免费治疗口腔疾病,在一年内完成500人次的治疗,此项活动已开展三年,治疗1500人次。在世界志愿者日来临之际,省直六支部组织6名法律专家开展法律咨询活动。 (王明德)

民盟山西省委员会

【民盟省委会换届】 5月26~28日,中国民主同盟山西省第十次代表大会在太原举行。全国政协常委、副秘书长、民盟中央副主席张宝文,中共山西省委常委、常务副省长李小鹏,省委常委、统战部部长聂春玉,山西省人大常务副主任申联彬,山西省政协常务副主席郭良孝,山西省政协副主席、农工民主党山西省委主委周然,山西省政协副主席、民进山西省委主委卫小春,山西省政协副主席、九三学社山西省委主委刘滇生,山西省政协副主席、民建山西省委主委王宁,民盟中央组织部部长陈幼平,省工商联主席张复明,民革省委常委副主委张友君,山西社会主义学院副院长王解峰,山西省人民政府参事室副主任张志斌,以及省直工委、高校工委和部分高等院校统战部的负责同志应邀出席会议。

张平受民盟山西省第九届委员会委托向大会作题为《凝心聚力,务实创新,谱写山西民盟新篇章》的工作报告。

大会选举产生由74人组成的民盟山西省第十届委员会和24名出席民盟第十一次全国代表大会的代表。在民盟山西省十届一次会议上,选举产生民盟山西省第十届委员会主任委员、副主任委员、常委。张平当选为主任委员,亢官文、傅建荣、史海涌、梅志强、赵恒寿、王维平、梁丽萍、李书吉当选为副主任委员。任命徐佩雄为秘书长。 (梁俊娜)

【组织建设】 2012年,组织发展工作以提高质量、优化结构为核心,发展一批在不同领域有突出代表性的优秀人士,工作中重视主动发展、积极引进,盟员的专业结构、知识结构得到优化,年龄老化有所缓解。截至2012年12月底,全省共有盟员8027人。2012年全省共发展新盟员422人。全省共有省直属组织47个,其中11个市委会,36个盟省委直属基层组织(8个基层委员会、8个总支、20个支部)。全省盟员分布在30余个市县,共建有基层组织232个。

按照中共山西省委组织部的统一部署和要求,根据《山西省公务员管理信息系统建设工作方案》的具体规定,建立民盟山西省委机关公务员管理信息系统,并按时完成相关工作任务。 (梁俊娜)

【思想建设】 2012年,民盟山西省委以迎接中共十八大为契机,举办下列活动。9月15~25日,民盟山西省委与省人大常委会办公厅、山西大众书画院和其他民主党派省委联合主办"党的光辉照我心"书画展。山西民盟书画院画家王如何、王俊和汤松翰合作完成的大型书画作品《万千生气》展出;9月19~22日,由民盟山西省委秘书长徐佩雄带队,民盟山西书画院副院长王如何、王俊,画家汤松瀚、孙小农、徐光毅、吴玉文及书法家王彦平、梁兴国等一行12人,到佛教圣地五台山、陀梁风景区、雁门关风景区、代县开展采风、创作与交流活动;举办2012年中秋国庆节暨教师节电影招待会;组织盟省委机关工作人员收看中共十八大开幕式实况,集体学习大会文件,向全省民盟组织转发《民盟中央关于学习贯彻中国共产党第十八次全国代表大会精神的通知》,指导全省各级盟组织和广大盟员,把思想和行动统一到中共中央的要求和中共山西省委、省政府的中心工作上。

盟省委以《山西盟讯》、民盟山西省委网站为宣传载体,为民盟履行参政党职能营造良好的舆论环境。2012年共出版6期《山西盟讯》,其中包括民盟山西省第十次代表大会专刊。

2012年盟省委课题组完成论文《论我国政党制度的制度价值》,在9月27日民盟中央召开的民盟理论研究工作会上受到表彰,获民盟中央理论课题二等奖。民盟山西省委史志编写小组完成《山西民盟志》最后一稿的编校工作并交付印刷。在9月25~26日召开的民盟中央思想宣传工作会议上,民盟山西省委荣获宣传工作先进集体"团体建设奖"荣誉称号。民盟吕梁市委、民盟太原理工大学委员会荣获"先进集体"称号。 (梁俊娜)

【参政议政】 (1)提案工作。2012年,在山西省政协十届五次会议上,中国民主同盟山西省委员会(以下简称盟省委)提交团体提案25件,全部被省政协立案采纳,其中,《关于提高我省洗煤技术含量,遏制水资源浪费的建议》被省政协确定为重点督办提案,并在水利厅召开现场督办会议。上报省政府《关于加快发展我省农民专业合作社的建议》得到省长王君批示。在9月18日省政协召开的"提案工作经验交流暨表彰会"上,民盟省委提供的经验材料《建真言,献良策,为转型跨越发展做贡献》被省政协选作典型发言(党派中唯一),民盟山西省委被表彰为"提案工作先进单位",《降低能源消耗,提高资源利用水平》提案被评为"2012年度优秀提案"。2012年被民盟中央采纳提案3件。

(2)社会调研。8月,根据省委统战部的统一部署,盟省委组成主委张平任组长,副主委赵恒寿、晋中市委主委王书红任副组长,盟内金融业方面的专家组成的调研组,分别赴山西省农村信用联社、山西省金融管理办

民盟山西省委专家在太谷调研 (梁俊娜提供)

5月26～28日，中国民主同盟山西省第十次代表大会在太原召开
（梁俊娜提供）

公室、晋中市榆次区村镇银行、农信社晋中办事处、太谷县农信社和农业部门，进行为期一个半月的关于“创新融资模式，加大金融支农力度”的专题调研，形成七千多字的《畅通融资渠道，加大金融支农力度，助推我省农业快速健康发展》调研报告，并形成《关于建立金融支农激励机制的建议》和《改善我省农村信用环境的建议》两份提案。11月27日，参加山西省统一战线服务转型跨越发展调研成果汇报会。在8月份召开的省政协“全省政协系统提升工作科学化水平经验交流会”上，盟省委提供的《围绕中心，服务大局，提升建言献策水平》经验材料，作为党派参政议政的唯一材料作大会发言。

(3)社情民意信息工作。2012年度盟省委上报盟中央社情民意信息535件，采纳64件；报省政协485件，获得批复1件，采纳75件。其中《对国家主席胡锦涛在庆祝香港回归15周年重要讲话的反映》被《政协信息》采纳，《把清除“吃空饷”的公职人员作为人事制度改革的第一要务》被《政协信息》转送，《失独家庭最低生活保障制度亟待建立》被转送到全国政协，《关于改善我省农村农田电网的建议》得到省领导的批示。信息工作在民盟中央和省政协的考核中，名列前茅。（梁俊娜）

【社会服务】 (1)农村教育烛光行动。2012年3月，配合盟中央社会服务部完成“田家炳基金”图书捐赠工作。分别向大同市天镇县上吾其小学、太原市阳曲县凌井镇中学、吕梁市结绳墕小学捐赠图书1200余册，扶持农村学校图书馆建设。5月，配合盟中央社会服务部举行捐书活动征文比赛。

根据民盟中央“农村教育烛光行动”计划，经过盟省委和民盟忻州市委的调研和实地考察，将盟省委牵头、完美山西分公司捐赠的30万元援建项目投放原平市东社镇上社村。8月23日举行援建项目签字仪式。截至2012年12月，盟省委已在晋城市、吕梁市、大同市、忻州市援建农村小学4座，累计筹集资金150多万元。

(2)爱心帮教活动。2012年在省未管所开展赠送图书、文艺演出、心理讲座和法律咨询等活动，建立与司法部门的长效合作机制，9月12日，“中国民主同盟山西省委帮教基地”在省未成年犯管教所建立。

(3)扶贫及新农村建设工作。2012年在吕梁市中阳县枝柯镇马家峪乡开展驻村定点扶贫工作，为该村向省交通厅争取资金500万元，建成马家峪大桥，向该村小学捐赠电脑8台及价值4000多元的图书及教学器材。盟省委科技工作委员会、农村工作委员会以省科技扶贫开发中心为依托，从4月起在全省农村建立科技扶贫示范点500处，另有合作意向者1200家，帮助农业种植、养殖、农副产品加工及销售企业争取项目贷款500多万元，帮助策划、建造山西省名优特农产品展示大厅，出版山西科技扶贫刊物，培训农民1万多人次。

(4)公益慈善活动。10月24日，由中国民主同盟中央委员会主办、民盟山西省委员会协办、北京市康益德中西医结合肺科医院和民盟晋城市委共同承办的“健康呼吸万里行”大型爱心义诊活动在晋城市正式启动。来自北京康益德肺科医院的10多名专家为当地130余名尘肺、肺纤维化患者进行诊断和治疗，并向他们免费提供相关检查和药品。其中有3名贫困患者获得到北京康益德中西医结合肺病专科医院免费住院治疗资格，另有2名贫困患者获得免费洗肺治疗资格。（梁俊娜）

民建山西省委员会

【民建省委会换届】 2012年5月12~14日民建山西省第八次代表大会在太原召开。全国政协副主席、民建中央第一副主席张榕明，省政协主席薛延忠，省委常委、统战部部长聂春玉，省人大常委会常务副主任申联彬，副省长张建欣，副省长、民盟省委主委张平，省政协副主席、农工党主委周然，省政协副主席、民进省委主委卫小春等领导到会祝贺。民建山西省第八届委员会委员、常务委员、领导班子成员全部高票当选，实现和谐换届和政治交接任务。王宁连任民建山西省委主委；姚宪华、刘蓉华、薛维梁、王庆荣、张秋利、代全民当选为民建山西省第八届委员会副主委；马一清等15人被选为民建山西省第八届委员会常务委员；有61人被选为民建山西省第八届委员会委员。

（张云鹏）

【组织建设】 截至2012年底，民建山西省会员总数4162人，平均年龄47.7岁。具有大专以上学历者3200人，占会员总数76.8%，其中研究生学历以上163人，占会员总数3.9%;会员分布在大中城市3303人,占会员总数79%;企业界会员3100人,占会员总数74.4%;各类经济实体业主571人,占会员总数9.5%。全年发展新会员422人。

2012年全省新增基层组织10个,开展活动的支部121个,占89%。晋中、大同、阳泉、晋城等市委会积极组织新会员培训或骨干会员培训班,省直部分支部和洪洞支部、汾阳支部结成友好支部,联合开展活动,促进基层组织工作。（张云鹏）

【思想建设】 开展"社会主义核心价值体系"和"同心同德、同心同向、同心同行"等主题活动,把学习与调研、视察、考察等活动结合起来。各市级组织采取召开座谈会、报告会、开展征文、组织参观、举办文艺活动等多种形式,加强各级组织和广大会员的责任意识和大局意识。在各级新闻媒体上编辑刊登全省各级民建组织工作、思想建设、组织建设、参政议政、社会服务等方面的新闻报道和文章389篇,照片270多幅。省委会网站继续扩大宣传主渠道作用,在内容和形式上不断适应时代和数字化出版要求,扩大省委会工作的宣传面。民建中央网站采编和报道稿件78篇次;完成《山西通志》民建分部的资料收集和编辑工作;编辑出版《凝心聚力的5年》大型画册和第七届委员会《大事记》。民建山西省委宣传工作被民建中央评为先进单位二等奖。（张云鹏）

【参政议政】 2012年省"两会"期间,会员中的政协委员围绕加快基础设施建设、经济社会发展、优势特色产业培育、生态环境保护、民生有效保障等重点问题积极议政建言,对"一府两院"报告和计划、财政报告进行协商讨论,共提交政协大会发言1件、提交组织提案32件、委员提案22件。其中《关于进一步加强我省水资源管理的建议》《"十二五"期间促进我省旅游业发展的几点建议》等被省政协列为重点提案。各市委会2012年共向同级政协提出组织提案73份、委员提案158份。省委会提交的集体提案《关于大力发展高新技术产业,实现我省资源型城市可持续发展的建议》和委员提交的个人提案《关于在"十二五"强力推进经济结构调整,建设山西新型能源和工业基地的提案》《合理关注我省"文化大革命"前大学毕业的老知识分子的现实生活状况》等5件提案被评为山西省优秀提案;民建晋中市委会《加快我市现代农业建设步伐》、民建阳泉市委会《娘子关水源急需保护》、民建临汾市委会《关于提高新农合医疗制度保障水平的建议》等提案获省委统战部建言献策优秀成果奖;省委会参政议政部获山西省政协提案工作先进单位荣誉称号。（张云鹏）

【调查研究】 在全省统一战线开展的"围绕转型跨越发展开展专题调研"活动中,省委会确定的课题是:"进一步优化发展环境、加大招商引资力度"。课题组在主委王宁的带领下,采取听取汇报、走访、座谈、查阅资料、实地考察等方式开展调研活动,完成调研报告。同时,省委会在多方收集、汇总、论证基础上确定的"山西综改试验区节能环保产业的创新制度设计和政策研究"课题,在山西省科技厅申报立项。按照课题计划任务书的目标和要求,组织课题组成员走访省直有关部门和企业座谈调研,已形成课题研究报告,通过省科技厅的初审。（张云鹏）

【社情民意】 民建阳泉、朔州、吕梁、太原等市委会召开社情民意专题会议、举办培训班,加强社情民意信息工作。2012年向民建中央和省政协报送社情民意300余篇,被采用60余篇。王宁提出的《关于尽快培育我省非煤支柱产业的建议》、李志强提出的《关于加快推进我省中小企业技术创新的建议》得到省长王君等领导批示。《强烈呼吁对精神病患者实行医保政策倾斜》等4件社情民意被全国政协采纳,省委会被民建中央评为社情民意信息工作三等奖。（张云鹏）

【社会服务】 实施统一战线"同心"品牌工程。民建省委会以中阳县宁乡镇郝家岭村为"下乡住村帮扶"扶贫点,推进统一战线"同心"品牌工程。2012年向该村投资69万元,兴建养殖基地、解决人畜饮水问题、传授核桃种植技术,帮助3000多亩核桃种植户增产增收。年底,会员企业大昌集团和华龙泰集团各出资5万元向该村捐献先进的灌溉设备和两台定制专用浇灌车,对一些特殊的困难群众送去米面油等生活用品。同时,会员企业山西领先广告公司为太原理工大学百年校庆捐款100多万元,支持理工大学的科技创新事业;民建长治市委会举办第三届中华祈福文化旅游节和"中国县域经济发展高层论坛——长治论坛",展示民建组织的良好形象;会员企业山西信友集团近年来参与民主党派援疆工作,投资建设煤电化循环经济产业园区,支持和促进新疆经济建设。（张云鹏）

民进山西省委员会

【民进省委会换届】 中国民主促进会山西省第七次代表大会4月19~21日在太原召开。191名同志代表全省4300余名会员参加会议。全国政协副主席、民进中央常务副主席罗富和,民进中央副秘书长、组织部部长王建国;省政协主席薛延忠,省委常委、统战部部长聂春玉出席会议,省人大常委会副主任安焕晓、副省长郭迎光和省级各民主党派负责人张平、周然、刘滇生、王宁到会祝贺。罗富和宣读民进中央贺信。聂春玉代表中共山西省委、省人大、省政府、省政协祝贺大会召开。卫小春代表民进山西省第六届委员会作题为《顺势而为,务实创新,为山西的多党合作事业作出新贡献》的工作报告。20日下午,大会举行第三次全体会议。以无记名投票方式选举产生山西民进出席第十一次全国代表大会代表17名;民进山西省第七届委员会委员61名。在七届一次全委会议上,选举产生民进山西省第七届委员会常务委员23名,主任委员卫小春,副主任委员张政、张建豪、成锡锋、高新文、陈维毅、任建国全票当选。同时经七届一次主委会议

提名，七届一次常委会议任命贺安黎为秘书长。（郝文杰）

【自身建设】2月11日，中共省委统战部、省人社厅、各民主党派省委会、省工商联召开各民主党派、工商联和无党派人士为全面建设小康社会做贡献表彰大会。卫小春、高新文出席会议。会议对受到中央表彰的7名先进代表和受省表彰的101名先进代表颁奖。民进太原市委、民进忻州市委、民进吕梁市委、民进阳泉市委获“先进集体奖”；马恩正、朱丽获“先进个人奖”；民进大同市委、民进朔州市委、民进晋城市委、民进临汾市委获“建言献策优秀成果奖”；民进长治市委、民进运城市委获“社会服务优秀成果奖”。

6月26日，民进省委会机关全体干部职工在驻会副主委高新文带领下，赴武乡县八路军太行纪念馆参观《八路军抗战史陈列》《八路军将领》专题展览。（郝文杰）

【参政议政】2012年1月，省政协十届第五次会议和省十一届人大第六次会议在太原举行。卫小春、秦国栋、张正明等30名会员参加省政协会议。其间，吕梁市副市长、民进省委会副主委、吕梁市委会主委成锡锋出席主题为“率先走出资源型地区转型跨越发展新路，加快实现我省全面建设小康社会目标”的电视议政会并发言。张建豪等11名会员出席省人大会议。

1月30日，民进省委会《关于推进太原城市圈的建议》先后得到省长王君、副省长高建明批示。1月底，卫小春参加中共山西省委召开的党外人士民主协商会。

3月21日，民进山西省委会、山西联通和罗克佳华公司联合组成的“物联网建设与山西发展研究”课题组在无锡物联网国家产业园区进行调研。省委会秘书长兼参政议政部部长贺安黎参加调研。

7月31日，省政协组织部分常委、委员赴省监察、司法行政等部门，就政风行风建设评议工作调研。省政风行风监督员、省委会专职副主委高新文参加调研。

9月7~10日，由卫小春带队的民进山西省委会调研组在大同、太原两市就“挖掘优势资源，发展文化产业”调研。调研组深入阳曲县青龙古镇影视基地、晋阳嫦娥文化艺术有限公司、山西太报传媒印务园区、山西日报报业集团印刷物流园区、山西问天科技股份有限公司、大同古城修复工程现场、云冈石窟研究院及景区、中国剪纸艺术博物馆及广灵剪纸文化产业园区等地。课题是中共山西省委及省委统战部统筹安排的年度重点调研任务之一，由民进省委会负责完成。

9月18日，全省政协提案工作经验交流暨表彰会在太原召开。民进省委会有8件提案获“优秀提案奖”。分别是：省委会提交的《关于改善城市公共交通的建议》，张正明提交的《新农村建设既要“外秀”更要“内秀”》，成锡锋提交的《抓住关键环节，发展低碳经济》，高新文提交的《关注“新三农”，解决农民失地又失业的建议》，任建国提交的《关于提高污水处理能力的建议》，任衍钢提交的《关于解决城市学前教育“入园难”的建议》，陈昌辉提交的《应倾全省之力，支持大同举办2013年“中国国际太阳能十项全能竞赛”》，熊继军提交的《以综合配套改革实验区为契机，加快引进和留住高层次人才》。省委会参政议政部被评为“政协提案工作先进单位”。

11月27日，山西统一战线服务转型跨越发展调研成果汇报会在并召开。卫小春、高新文、贺安黎及民进省委常委、山西财经大学经济学院院长焦斌龙参加汇报会。卫小春代表民进调研组在会上作《以园区(基地)为载体，挖掘资源优势，发展文化产业》的汇报发言。

12月18日，中共山西省委召开人事协商通报会议。省委常委、组织部部长汤涛通报中共中央关于山西省人事调整的决定。贺安黎受卫小春主委委托参加会议并发言。（郝文杰）

【社会服务】1月10日，民进省委会组织民进山西开明画院的书法家走进老军营新南二社区，开展送春联进社区活动，免费为社区居民书写春联200余幅。

2月，民进省委委员、中北大学支部主委、中北大学电子与计算机学院院长熊继军主持的科研项目“模块化、系列化XXX黑匣子”，获“国家科技进步二等奖”。

2月，民进运城市委原副主委、关公文化研究专家孟海生获得由中国文物保护基金会关公文物保护专项基金管理委员会颁发的“关公文化遗产保护与发展特别贡献奖”。

5月19日，民进省委会组织省城科技、医卫界专家会员赴包村帮扶点——吕梁市中阳县宁乡镇冯家岭村进行科技医卫下乡活动。林业、农业专家为村民们解答农业生产中遇到的各种问题，给出解决办法。来自山西省人民医院、太原市中心医院的内科、外科、眼科、口腔科、乳腺科的专家自带医疗器械为100余名村民义诊。卫小春代表省委会向该村赠送价值2000多元的农药、500多元的医药及30多册科普书籍，还实地考察农业基础设施建设和核桃等农作物种植情况。

5月20日，民进省委会联合太原市委会、阳泉市委会及民进省直教科院支部，组织省城优秀教师赴阳泉市杨家庄中学开展智力支教活动。参加活动的教师为杨家庄中学初三的200余名学生进行数学、化学、英语三个学科的中考考前辅导。

5月25日，省政协、民进省委会“四送一帮扶”送医送教下基层活动启动仪式在应县金城镇席家堡村举行。仪式结束后，山医大二院医疗队为200余名群众进行义诊，省城教学能手深入应县三中、席家堡村小学作优质示范教学。

6月4日，民进山西省委会“同心·彩虹行动”贵州省金沙县长坝乡教师培训班第一期开班仪式在山西省实验小学举行。此次培训活动为期一周，16名来自长坝乡的受训老师将和省实验小学的老师一对一结成对子，实行跟班学习、示范教学，座谈研讨，观摩考察等相结合的培训方式，以期在短期内提高受训教师的教学能力和水平。2009年以来,民进山西省委会积极响应民进中央的号召,两次赴对口帮扶的县乡调研。

6月21日,民进省委会、山西民进艺术团、民进太原市委会在太原市晋源区古城营村开展"三下乡"活动。山西民进艺术团为古城营村300多名乡亲演出。其间,医卫界的民进会员为村民们进行义诊,民进太原市摄影协会会员义务为村民们拍照并现场冲印照片。

7月5~8日,由人民代表报社、中国公益事业促进会主办的第六届全国人大代表与优秀企业家高峰论坛在北京中国科技会堂召开。山西民进企业家联谊会会长徐文龙,副会长郝鸿峰被评为"具有社会责任感企业家"。

11月3日,由民进省委会与吕梁市委会联合主办的"山西民进艺术团'同心'文化下乡碛口专场文艺晚会"在临县碛口镇寨子山村举行。国家一级演员、山西民进艺术团团长朱丽参加演出。参加演出的吕梁民进会员有:国家一级演员、全国戏剧"梅花奖"获得者梁贵星,山西"杏花奖"获得者、吕梁市歌舞剧院演员郭小红。参加演出的山西民进艺术团成员有:胡秀英、刘洪树、郭喜萍、张克俭、金玥、陈有平、刘建平、马海峰。 (郝文杰)

农工党山西省委员会

【农工党省委会换届】 4月24~26日,农工党山西省第六次代表大会在太原召开。全国人大常委、农工党中央副主席陈述涛出席大会并致词,省委常委、统战部部长聂春玉代表中共山西省委,王宁代表各民主党派省委、省工商联分别致贺词。155名农工党员代表参加大会。

山西省政协主席薛延忠,省委常委、副省长高建民,省委常委、统战部部长聂春玉,省人大常委会副主任安焕晓,省政协副主席、民进山西省委主委卫小春,省政协副主席、九三学社山西省委主委刘滇生,省政协副主席、民建山西省委主委王宁和各民主党派省委、省工商联负责人出席开幕式。省委统战部常务副部长马天荣等出席闭幕式。

会议审议并通过周然代表中国农工民主党山西省第五届委员会所作的工作报告;选举产生由50名委员组成的中国农工民主党山西省第六届委员会和13名出席农工党第十五次全国代表大会的代表。(胡小龙)

【思想建设】 1.学习中共十八大和中共山西省委重要会议精神。2012年中国共产党第十八次全国代表大会召开之后,农工党山西省委主委(扩大)会议传达贯彻十八大精神;参加统一战线贯彻十八大精神的宣讲学习;机关处级干部分期分批参加中共省委党校十八大精神培训班。前进画院孟争、马宏、裴希敏、熊晋、汤松翰、李金鹏、张素芳等参加"党的光辉照我心"书画创作。

2.开展党史教育。省委组织部分常委和机关干部赴邓演达先烈的家乡广东惠州,举行"重温光辉历史,践行同心思想"主题活动,并向邓演达纪念园捐款10万元,种植名为"山西林"的纪念林。

3.抓好宣传工作。2012年农工党山西省委网站共刊登省委领导活动和全省组织工作、思想建设、组织建设、参政议政、社会服务等报道和文章300多篇,照片420多幅。在农工党山西省第六次代表大会召开期间,省委网站开辟专栏,文字直播大会进程;农工党十五大期间,网站报道大会盛况。2012年,农工党山西省委的工作在农工党中央网站报道37篇次;在《前进论坛》发表与农工党省委有关的理论文章3篇、报道和专访4篇。历时三年,完成《山西通志》农工党分部的资料收集和编辑工作。

4.培训领导班子成员和后备干部。组织地市和省委换届后的领导班子成员参加"山西省各民主党派新一届领导班子成员培训班"。推荐后备干部23人次参加中央统战部和省委统战部举办的民主党派进修班和培训班。2012年11月,农工党山西省委和山西省社会主义学院联合举办"省直中青年党员培训班",60名层次较高的省直党员学习参政议政知识。 (胡小龙)

【组织建设】 1.省、市换届。换届工作是农工党省委2012年整体工作的重点。换届筹备期间,举办后备干部培训班,培养人才;主动与农工党中央组织部和中共山西省委统战部沟通协商有关事宜。换届工作实现领导机构的新老交替。省委领导人选注意新一届班子成员年龄、经历、专长等方面的合理搭配,新当选的11名委员,平均年龄44.5岁,博士研究生学历3人,博导2人、硕导4人,副处级以上职务8人、

4月24~26日,农工党山西省第六次代表大会在太原召开 (胡小龙提供)

副高级以上职称 9 人。

2. 领导班子建设。召开主委(扩大)会议专门研究部署;举行第二次主委谈心会、第五届领导班子届末述职、民主评议会等活动,汇报思想、自我剖析,取得沟通思想、增进共识、明确目标、凝心聚力的效果。

3. 组织发展。省委执行《中国农工民主党组织发展工作规程》,坚持从政治觉悟、思想品行、专业能力、工作业绩等方面做好入党积极分子的审查、培养和考察工作,全年累计发展党员 153 人;其中高级职称 31 人,中级职称 99 人,博士 1 人,硕士 22 人。基层组织建设。开展"五有一达"支部创建活动;省人民医院总支部和省妇幼总支部完成换届工作;筹备山西大医院委员会;一批基层组织党员管理工作取得新进展。 (胡小龙)

【参政议政】 1. 参与政治协商。2012 年,农工党省委领导参加中共山西省委、省政府、省法检两院举行的协商会、座谈会和情况通报会 13 次。在省政府工作报告征求意见时,提出 9 条具体修改意见,被采纳 4 条。尤其是在总结五年经验的"六个必须"中,根据农工党的建议增加"生态环境保护"方面的内容。

2. 参与人大、政协工作。省、市各级人大、政协换届中,省委推荐参政议政能力强、有代表性的党员担任各级人大代表和政协委员。1 人担任省人大常委会副主任、1 人担任全国人大代表、2 人担任省人大常委、4 人担任省人大代表、3 人担任县人大常委会副主任、5 人担任县人大常委、7 人担任县人大代表;1 人担任全国政协委员、4 人担任省政协常委、18 人担任省政协委员、5 人担任市政协副主席、23 人担任市政协常委、88 人担任市政协委员、2 人担任县政协副主席、23 人担任县政协常委、119 人担任县政协委员。

全年报农工党中央提案 11 件;提交省政协大会发言 1 件、集体提案 29 件(其中立案 26 件)、委员提案 51 件(其中立案 49 件),提交省人大议案和建议 32 件。《呼吁出台"山西省关于扶持和促进中医药事业发展的意见"的建议》《关于把中医药文化纳入文化强省战略的建议》《优化高速公路环境、打造旅游大省窗口》等 10 件提案被列为年度重点提案;《乡村药品的质量安全应引起高度重视》《关于将村卫生室纳入医疗改革范围的建议》等 8 件提案评为省优秀提案。

3. 调研工作。2012 年,农工党山西省委承担"以煤为基,发展符合山西省情的循环经济"调研课题。周然主委带领省委调研组,赴太原、阳泉、朔州市属重点园区、企业,走访省发改委、经信委、煤炭厅、国土厅等有关部门,完成调研报告。向中共山西省委统战部报送《建言献策专报》信息 19 件。报送农工党中央调研报告 5 篇。全年报送社情民意信息 116 篇,全国政协采用 1 篇、农工党中央采用 8 篇、山西省政协采用 14 篇;省领导批示 4 篇。 (胡小龙)

【社会服务】 2012 年农工党山西省委坚持"发挥优势,突出特色,量力而行,尽力而为,注重实效,持之以恒"的工作方针,社会服务取得成绩。

1. 送医送药送健康。组织开展第 5 届"环境与健康宣传周"和第 24 届"国际科学与和平周"活动。送医送药 52 次,义诊 6500 人次,参加专家 292 人次,发放健康宣传资料 15000 多份;捐赠救护车 3 台,捐赠医疗器械 71 万元;捐赠公益救助基金 30 万元。

2. 主办中华母亲节推动大会。2012 年 3 月,农工党山西省委联合中华母亲节促进会、中共晋中市委、晋中市人民政府等单位,举办中华母亲节推动大会及中国太谷孟母文化园主题活动。全国政协副主席、农工党中央常务副主席陈宗兴,农工党中央副主席王宁生、汪纪戎,山西省人大常委会副主任安焕晓,省政协副主席令政策等出席活动。 (胡小龙)

九三学社山西省委员会

【九三学社省委会换届】 5 月 21~24 日,九三学社山西省第九次代表大会在太原召开。九三学社中央副主席马大龙出席大会并致词。

中共山西省委常委、统战部部长聂春玉出席大会并讲话,省人大常委会副主任李政文,副省长任润厚,省政协副主席李雁红,省政协副主席、农工党山西省委主委周然,省政协副主席、民进山西省委主委卫小春,省政协副主席、民建山西省委主委王宁,省工商联主席张复明和各民主党派、工商联负责人应邀出席开幕式。

大会审议通过主委刘滇生代表第八届委员会所作的《与时俱进,务实创新,共同开创多党合作事业新局面》的工作报告。选举产生九三学社山西省第九次委员会和出席九三学社第十次全国代表大会的代表。

(王利波)

【"两会"提案】 2012 年 1 月,九三学社山西省委担任全国人大代表、省人大代表、省政协委员和省政府参事的 36 名社员出席山西省人大、政协"两会"。

九三省委共提交大会发言材料 3 份,集体提案 26 件(立案 24 件)。社内担任省人大代表、省政协委员的社员在会议期间提交 40 余份个人建议、提案和意见,涉及工业、农业、医药卫生、生态环境、文化教育、城市建设等关系山西省经济社会发展和民生等多个方面的内容。 (王利波)

【考察工作】 2 月 15~16 日,省政协副主席、九三学社山西省委主委刘滇生带领调研组一行 3 人,赴长治、晋中调研。调研组先后到长子县方兴现代农业万亩示范园、瑞强禽业食品有限公司肉鸡养殖生态园、山西潞汇农业科技有限公司、山西融科壶关庄河沟农林生态示范园区、郊区富民农业生态园区和山西蔡兰子农科发展有限公司等地进行实地考察,并对各园区和公司发展绿色农业提出建议意见。 (王利波)

【九三学社地方博士工作站】 1 月 8 日,九三学社长治博士工作站揭牌仪式暨长治市农村实用技术培训班开班仪式在长治市举行。九三学社山西省委与长治市委组织部签订《九三学

5月21～26日，九三学社山西省第九次代表大会在太原召开

（王利波提供）

社长治博士工作站协议书》。

九三学社省委主委刘滇生在讲话中指出，九三学社长治博士工作站的成立，是九三学社发挥人才智力优势，开展九地合作、拓宽社会服务工作领域的新实践、新举措。

2012年11月5日，九三学社岢岚博士工作站签约揭牌仪式在岢岚县举行。岢岚博士工作站是第二个由社省委参与成立的博士工作站。其目标是加大与当地农业部门的合作，将岢岚农业提到一个新的高度，特别是打造有机红芸豆示范基地。（王利波）

【"晋豫合作"社务工作交流会】 8月8日，九三学社"晋豫合作"社务工作交流会在长治市召开。山西省政协副主席、九三学社山西省委主委刘滇生，河南省政协副主席、九三学社河南省委主委张亚忠出席会议。刘滇生在开幕讲话中指出，晋豫合作这种成功的省际合作模式，较好整合和共享晋豫两省的智力资源，为服务两省经济社会发展做出贡献，得到社中央主席韩启德的高度认可。张亚忠做总结讲话，表示两省的社务工作应该做出九三学社的品牌，真正为党和人民出谋划策、排忧解难，体现各九三学社价值。会后，与会人员还实地考察、观摩长治市长子县的九三学社山西省委绿色农业技术示范点。（王利波）

山西省工商联合会（总商会）

【省工商联换届】 5月20日，省工商联（总商会）第十一届会员代表大会召开。省委、省人大、省政府、省政协有关领导出席会议，省委常委、统战部部长聂春玉代表省四大班子讲话，袁纯清书记、王君省长接见与会代表并合影。张复明当选省工商联第十一届执委会主席、总商会会长，杨临生当选第一副主席，樊秀清、王建华（兼秘书长）、郎宝山、赵淑芊当选驻会副主席，上官永清（女）、王新哲、冯建新、史元魁、任武贤、伍永安、孙宏原、朱晓鹏、米占有、张亚平、张来拴、李玮、李猛、李安平、李建明、李彦宏、李德志、远勤山、姚锦诚、昝宝石、赵明、贾廷亮、曹建军、黄卫东、韩长安、薛靛民26名民营企业家当选省工商联兼职副主席，马力农、王长青、王迎新、王艳梅（女）、王殿辉、朱建军、吴晓年、张伟刚、李月斌、李永红、李兆会、李海暇（女）、杨建新、汪荣贵、陈阳、范小玲（女）、赵华山、郝旭、郝建秀、袁思义、郭兴银、高文变（女）、彭辉、韩树平、梁伟、梁俊明、谭慷、谭晋康、樊三星29名民营企业家当选省总商会副会长。截至2012年底新增会员11061个，全省会员总数达102749个。（冯学亮）

【组织建设】 开展文明和谐标兵单位创建活动，制订《创建文明和谐标兵单位活动实施方案》，成立活动领导组。组织机关干部赴刘胡兰教育基地和嘉兴南湖中共一大会址，重温入党誓言。开展"迎晋商大会、争一流水平、创一流业绩""机关党建名嘴"演讲选拔、"党建工作走在前头""喜迎十八大，争做新贡献"等创建活动。"七一"期间对表现突出的18名优秀党员进行表彰，省工商联被省直工委评为2012年度文明和谐标兵单位。

指导非公有制企业开展党建工作，开展"创先争优"和保持党的纯洁性学习教育活动，宣传推广山西沁新集团等一批先进典型和经验。组织直属商会开展党建工作观摩交流、赴武乡八路军纪念馆和平型关大捷旧址考察学习、优秀党员表彰等党建活动。全省11.3万户非公有制企业以单独组建、联合组建、挂靠组建等形式，共建党组织13195个，组织覆盖率达99.78%。（冯学亮）

【服务经济】 2012年山西省工商联组织90家民营企业负责人与工商、民生、兴业、晋商、华夏和农村信用社6家金融机构负责人座谈。召开环渤海地区联络工作联席会议，形成加强区域合作、抱团服务民营企业的共识。开展山西省转型与民营经济可持续发展能力建设德国国际合作机构合作，签订《德国国际合作机构支持山西省转型与民营经济可持续发展能力建设的协议》，举办《德国矿区土地修复治理及市场化运作》专题报告。（冯学亮）

【调查研究】 2012年组织专家到全省11个市、80多个县市区、200多家重点民营企业进行专题调研，撰写《山西省助力中小微企业快速发展》《山西小微企业调研报告》《2011年山西民营经济发展报告》《民营企业融资情况调研报告》《民营企业发展战略性新兴产业的路径选择》《2011山西省上规模民营企业分析报告》《山西民营企业法律风险及防范调研报告》等，编印《2011山西民营经济发展报告》。其中"如何充分发挥民营企业在转型跨越发展中作用"课题调研，在山西统一战线服务转型跨越发展调研成果汇报会上专题汇报，受到省委、省政府的肯定。 (冯学亮)

【民营企业社会影响】 2012年开展"发扬晋商精神、提升晋企形象"主题活动。3月29日，举办"发扬晋商精神·提升晋企形象"主题座谈会、"新晋商·新责任·新作为"专题培训班；5月30日，举办"新晋商·新形象·新境界"民企座谈会、"传承与发扬晋商精神"专题研讨会；10月18日在长治举办"全省民营企业转型跨越发展参观学习活动"；10月29日，在大连举办"喜迎十八大、争做新贡献——省工商联常委培训班"；12月3日，在北京举办民营企业文化建设培训班等系列活动。

围绕主题活动，与各主流媒体合作撰写《山西搭建载体引导"煤老板"投身经济建设和社会公益事业》等50多篇文章，分别刊载于《国内动态清样》《瞭望》《人民日报》等报刊，与《光明日报》联合，就资源型民营企业承担社会责任情况开展专题调研。省委书记袁纯清6次对"发扬晋商精神、提升晋企形象"主题活动作出批示；中央统战部部长杜青林批示对主题活动情况进行专题调研。

12月18日，山西省工商联成立60周年座谈会召开。省工商联领导班子新老成员、全省工商联会员、市县工商联组织代表共同回顾省工商联60年光辉历程，会议表彰工商联系统先进组织、先进个人和优秀会员企业，印发《山西省工商联60年简史》。

组织民营企业家举行同心·新晋商科普惠"三老"推进活动，向"三老人员"赠送手机1700部。组织441家民营企业参加招聘周活动，提供就业岗位信息10914个，签订就业意向人数4916人。开展高校毕业生就业见习活动，接收4400名高校毕业生就业见习。开展"红丝带健康包"活动，为民营企业外来务工人员发放健康包4000个。

5月20日，山西省工商联(总商会)第十一次会员代表大会在太原召开 (冯学亮提供)

开展树立宣传先进典型活动。挖掘、树立、宣传26家在坚持自主创新、加快转变发展方式，关爱员工、构建和谐企业，保障改善民生、自觉履行社会责任，"走出去"争创民族品牌，非公有制企业党建和企业文化建设等方面的先进典型企业。开展"关爱员工，实现双赢"活动，引导企业构建和谐劳动关系。举办民营企业文化建设培训活动，指导民营企业加强文化建设。

做好非公有制人士政治安排，推荐全联第十一次会员代表大会21名代表人士和9名执委人选；推荐17名非公有制经济人士为省政协委员人选；推荐50名非公有制经济人士进入党外优秀中青年人士后备队伍。 (冯学亮)

【首届世界晋商大会】 2012年8月20日开幕。此前后有系列活动。大会由省委、省政府、全国工商联、中国侨联共同主办，省委统战部和省工商联牵头承办。大会确立"以商招商，以企引企"原则和"千名晋商精英参会，万亿招商项目签约"目标。2月27日召开筹备动员会，3月21日在北京举办首届世界晋商大会新闻发布暨招商项目推介会；4月初启动"三晋行"采风和"百名晋商人物"宣传活动，开通"世界晋商大会网"，依托网站为海内外晋商提供项目、资金、政策等信息服务。50多家海内外媒体对大会进行专题报道，山西卫视对大会盛况进行现场直播。大会共有招商引资项目802个，拟引资额10327亿元。签约引进两院院士18名、海外高层次人才31名、博士后及各类急需紧缺人才74名；邀请到45个国家和地区、国内和省内的65个代表团、共计1400多名嘉宾和企业家代表。

大会召开期间，安排5场论坛和招商项目签约等活动，11个市和有关单位，在会前、会中、会后举办形式多样的交流联谊、招商引资活动。(参见第80页) (冯学亮)

山西省总工会

【概述】 2012年，山西省总工会以“面对面、心贴心、实打实服务职工在基层”活动为主线，唱响“服务转型跨越、服务职工群众”主旋律，各项工作取得新成效。一是加强领导，全会行动，学习宣传中国特色社会主义工会发展道路。二是精心组织，扎实开展，“面对面、心贴心、实打实服务职工在基层”活动。三是融入中心，服务大局，引领职工建功立业。四是突出重点，狠抓落实，维护职工合法权益。五是搭建平台，完善机制，帮扶工作常态化长效化。六是彰显特色，打造品牌，促进企业文化与职工文化建设。七是夯实基础，激发活力，推动工会自身建设。同时，产业工会、财务、经审、女职工、工运研究、资产监管、对外交流、职工物价监督等工作加强。截至2012年底，全省工会组织发展到59368个，覆盖法人单位154679个，工会会员7665182人。

（宋海兵　冯　千）

【“面对面、心贴心、实打实服务职工在基层”活动】 一是全面部署。省总工会连续召开全省工会视频会、十二届三次全委扩大会、省总机关动员大会，对活动进行部署。出台《山西省总工会关于开展“面对面、心贴心、实打实服务职工在基层”活动实施方案》《山西省总工会机关开展“干部下基层”活动实施方案》《山西省总工会“机关年轻干部下基层锻炼”实施方案》，对活动进行细化量化。省总成立活动领导小组，负责对全省工会开展活动的指导、督查和考核工作。全省11个市总工会和15个产业工会以不同形式对活动进行部署。二是快速行动。由省总领导牵头，组成11个服务职工工作组分赴各市；机关处级干部带领部门人员，分赴所联系的县、市、区。同时，省总拿出400万元，用于奖励基层企业、职工和劳模。各市和县（市、区）工会也都成立工作组，对企业和职工进行走访、慰问。三是突出特色。省总的要求是：“干部下去、典型上来，干部下去、实情上来，干部下去、境界上来，干部下去、水平上来。”在工作制度上，全省工会建立“五联系、五必访、五必知、五必帮、五必促、五个在一线”“六个五”制度。在工作领域上，各级工会都行动，每个工会干部和工会小组长都参与，实现对全省职工的访谈全覆盖。在工作方法上，填好“七张表格”，做到“两个了如指掌”。在工作落实上，各级工会干部深入基层访心愿、交朋友，搞摸底、查不足，找难点、选亮点，推动落实。四是力求实效。2012年，各级工会619个工作组和15894名工会干部深入全省各地3771家企业，走访职工、劳模101393名，入户慰问困难职工、困难农民工6949户，帮助130家企业工会建立“职工书屋”示范点，共征集意见建议6814条，帮助职工解决实际问题481项。（宋海兵　冯　千）

1月12日，全省工会开展“面对面、心贴心、实打实服务职工在基层活动”视频会议　（宋海兵提供）

4 月 26 日，全省“劳模精神在一线、转型跨越勇争先”活动启动
（宋海兵提供）

【建功立业活动】 一是开展“转型跨越杯”劳动竞赛活动。抓好转型综改试验区建设立功竞赛，动员和激励全省上下为转型综改试验区建设建功立业。引申重点工程建设“七比一创”劳动竞赛，实现参赛单位和职工的全覆盖。开展“我为节能减排作贡献‘十个一’”活动。全省 577.9 万名职工参加以“当好主力军、建功十二五”为主题的“转型跨越杯”劳动竞赛活动和“工人先锋号”创建活动，创建省级“工人先锋号”307 个，节能减排义务监督员达 5382 人。二是以职工经济技术创新服务转型跨越。举办全省第四届职工职业技能大赛和第四届女职工职业技能大赛。组织参加在全国大赛中，焊工获得单项团体和个人第一；钳工、铣工、数控机床装调维修工均获得团体第二；维修电工和车工分别获得团体第六、七名。女职工分别夺得全国大赛话务员项目第一名、护理项目儿科护理第二名、服装设计项目第四名。选拔命名 100 个省级高技能人才（劳模）创新工作室。组织首席技师、金牌工人在全省巡回演讲。2012 年，全省 200 多万名职工参加各类技能比武竞赛和群众性经济技术创新活动，职工提升技能等级人数达 15.34 万人，提出合理化建议 67.56 万项，技术革新、发明创造、先进操作法 4.18 万项。三是弘扬劳模精神和工人阶级伟大品格。召开全省“五一”表彰大会，评选表彰 100 个先进单位、508 名先进个人和 199 个先进集体。对大西铁路工程、全省高速公路建设、全省保障性安居工程等重点工程，节能降耗、治超工作、质量管理等重点领域，专项立功竞赛、行业技能大赛等重点活动，随时记功表彰。制订《山西省总工会贯彻省妇女发展“十二五”规划实施方案》，开展“劳模宣传月”活动。 （宋海兵 冯 千）

【职工合法权益维护】 一是维护职工劳动经济权益。以“普遍建立协商机制，推动加强社会管理”为主题，以企业协商为基础、行业协商为重点，开展工资集体协商“建制扩面提质年”活动。加大高危行业、企业职工安全卫生专项集体合同签订、落实力度，推进集体合同“彩虹计划”，推进女职工特殊权益保护专项集体合同签订工作。全省共签订综合性集体合同 32241 份，覆盖企业 78601 户，覆盖职工 5370353 人，其中工资专项集体合同 29950 份，覆盖企业 76461 户，覆盖职工 4838662 人；女职工权益保护专项集体合同 19205 份。二是维护职工民主政治权利。以各类企业普遍建立职代会制度、普遍推行厂务公开制度为目标，以非公有制企业和中小型企业为重点，推进职代会和厂务公开工作扩面提效。在全省开展厂务公开、职工代表大会建制专项行动，选树“厂务公开示范单位”，开展创建“省级星级职代会”竞赛活动。全省企业厂务公开建制率达 98.41%，职代会建制率达 98.96%，非公有制企业厂务公开和职代会建制率在全国排名第一。全国厂务公开调研组和全总企业民主管理专题调研组先后到山西进行专题调研，均对山西工会的民主管理工作给予高度评价。三是维护职工安全健康权益。以深化“安康杯”竞赛和推广“职业病防治工作模式”为主要抓手，推进“争创优秀安全班组、优秀班组长和优秀特聘煤矿安全生产群监员”活动，开展创建“星级井口群众安全工作站”活动，举办“珍爱生命，安全发展——‘山西职工在行动’大型图片展”，贯彻《女职工劳动保护特别规定》，“安康杯”竞赛规模和范围实现新突破，工会劳动保护监督检查三级网络形成。全省为广大困难职工提供优惠和服务安全卫生专项集体合同 3730 份，覆盖职工 1653539 人。 （宋海兵 冯 千）

【帮扶工作机制建设】 一是打造“晋工龙卡”帮扶工作新品牌。“晋工龙卡”指通过与金融机构协商合作，为全省在档困难职工办理具备生活救助、金秋助学、就业服务等工会帮扶功能的银行借记卡。省总联合 11 个省直厅局共同为“晋工龙卡”提供帮扶服务，并争取到 80 余家商户为困难职工提供优惠。“晋工龙卡”首批发放 12 万张。二是推动“西山经验”向全省延伸。进一步抓好“西山经验”的落实，推进“结对子”活动，使“西山经验”在全省企业开花结果。全省建立企业帮扶站（点）5060 个，10482 名工会干部与困难职工结对子。三是实现帮扶工作常态化。“送温暖”活动全年筹资 1.2 亿元，走访慰问困难职工 23.8 万人，实现“全覆盖、不遗漏”。“送清凉”活动筹集资金 1223.86 万元，慰问生产一线职工和农民工 41.2 万人。“金秋助学”活动筹集资金 3290.475 万元，资助困难职工和农民工子女 14515 人。女职工“关爱行动”对 27727 名困难女职工进行了“两癌”检查。

（宋海兵 冯 千）

【企业职工文化建设】 一是省总出

台《关于贯彻落实党的十七届六中全会精神加强职工文化建设的意见》,召开全省职工文化建设现场推进会。建设"职工书屋"424个,超额完成全年任务30%。2010年以来,全省新建、改扩建市、县级职工文化活动阵地29个,企业职工文化活动阵地6614个。二是选树骨干实施职工文化队伍建设。培养职工文化骨干人才,在山西大学对360多名职工文艺骨干进行培训。选树一批职工文化标杆人才,对15名"山西省职工艺术家"、50名"山西省职工艺术明星"、100名"山西省职工艺术骨干"进行表彰。大同市总成立工人艺术团等6个职工文艺团队,命名30位"工人歌唱家"和50位"工人艺术家";长治市总相继成立19个文体协会,每年向每个协会补助5万元活动经费;阳泉市总在全市基层建立各类职工兴趣协会98个、职工文化团体10家;万荣县总组建具有万荣特色的职工笑话艺术团;临汾市总先后在县(市、区)工会及市直基层工会成立86个文体协会。三是突出特色加强职工文化品牌建设。省总继续组织"心系重点工程、情暖一线职工"巡回演出,精心组织全省职工"五一"文艺晚会,开展首届山西省"五一"文化奖评选,37件作品获奖。各市文化精品培育工作有:太原市的全健排舞展演、为农民工送文化活动,大同市的职工文化博览会、职工文化节,长治市的职工迎新春文艺汇演、"五一"游园活动,晋城市的职工趣味运动会,临汾市的职工歌友协会文艺小分队慰问演出活动,运城市的"服务到基层,欢笑送一线"慰问演出等品牌活动。 (宋海兵 冯 千)

【工会自身建设】 一是不断加大工会组建力度。开展"工会组建月"和"回头看"活动,工会组建率和职工入会率均保持全国领先。二是推进基层工会规范化建设。开展创建"星级工会""会员评会"和"双亮、双争、双评"活动,全省453个乡镇(街道)工会和基层工会达五星级标准,65.6%的企业工会开展"双亮"活动。三是提升工会干部能力素质。省总机关坚持每月一次集体学习。全省建立一批培训基地,形成组织调训、干部选学、在线学习"三位一体"的全省工会干部教育培训格局,全年培训工会干部15371人。四是推进思想建设,开展"面心实"活动,以作风的转变促进各项工作的落实。五是健全完善工作机制。组织全省工会工作第四次观摩活动。健全完善省、市、县、乡镇(街道)、企业工会逐级考核的目标责任考核机制。省总对11个市、6个非驻会产业工会年度目标责任进行考核,工会自身建设科学化水平不断提升。

(宋海兵 冯 千)

【王兆国莅晋调研】 5月20~23日,中共中央政治局委员、全国人大常委会副委员长、中华全国总工会主席王兆国到山西,就新的历史条件下如何发挥好工会作用、处理好促进企业发展与维护职工权益的关系进行调研。在袁纯清、王君、金道铭、郭海亮等人陪同下,王兆国先后到晋城、长治、吕梁、晋中、太原等地,考察太重集团、西山煤电集团西铭矿、潞安集团、吉利尔潞绸集团、太原长风文化商务区等,慰问老劳模和困难职工,与工会工作者进行座谈,对山西各级工会坚持走中国特色社会主义工会发展道路,围绕中心、服务大局,在构建和谐劳动关系、维护职工权益等方面的新作为、取得的新成绩,予以肯定。

(宋海兵 冯 千)

【山西工运史馆建成】 10月16日开馆。这是全国第一家省级工运史馆。该馆位于省总机关办公大楼五层,占地面积为500多平方米。包括山西工人阶级主题雕塑、山西工人运动百年发展历程、党和国家四代领导人对山西工人阶级和劳动模范的亲切关怀、山西省总工会获得省部级以上荣誉、全国著名工运人物、全省各个历史时期的著名劳模、多媒体视听展示等内容。该馆陈列有420多幅珍贵历史照片、220多件实物和众多影像资料,回顾山西工运事业100年的历史,总结山西工会组织在革命、建设、改革各个历史时期取得的成就,展示工人阶级和广大劳动模范在各个时期的丰功伟绩。山西工人阶级主题雕塑由党旗和代表全省各行业的11名职工形象组成。 (宋海兵 冯 千)

【全省工会工作大观摩】 10月9~16日进行。观摩团分两路,深入全省11个市,观摩8个县总工会,25个企(事)业工会,11个乡镇、村(社区)工会和基层工会联合会,10个转型跨越发展重点工程等。从2009年开始,在四年持续不断的观摩中,参加观摩的人数(包括省总领导、省总常委、非驻会产业工会主席、各市总工会主席及常务副主席、企业工会主席等在内)达280余人次;观摩时间总计为55天;共观摩36个县、121个企业、20个乡镇(街道)、25个村(社区)的

山西工运史馆陈列 (宋海兵提供)

工会工作。（宋海兵　冯　千）

【职工素质建设工程】一是先后出台《关于组织动员广大职工为实现“十二五”规划目标任务创先争优建功立业的决议》和《2011—2015年劳动竞赛规划》等，把技能提升列入劳动竞赛，搭建切磋技艺、交流技术、展示技能的平台，激发全省职工增长技能的热情。二是开展技能登高赛为载体，以一线班组为主阵地，以一线职工为主体，开展岗位练兵、师徒帮教、技术比武、技能大赛等活动，每年有200多万名职工参与竞赛，每年开展的省级行业、系统技能大赛超过100个工种，每年约有15万名职工通过培训、比赛等方式提高技术等级。三是建立命名一大批职工职业技能实训基地和高技能人才（劳模）创新工作室，吸引和培养更多职工钻研技术提高技能。（宋海兵　冯　千）

共青团山西省委员会

【概述】2012年，全省各级团组织坚持“一条主线、两项重点”的工作布局，旗帜鲜明抓引导，重心下移抓基层，凝聚力量抓服务，奋发有为抓落实，在青少年教育引导、团的基层组织建设、青年就业创业、青少年维权和志愿者工作、希望工程、青年文明号创建、保护母亲河、大学生“三下乡”等品牌工作方面，较好地完成全年工作任务，为促进全省经济社会发展发挥重要作用。（张　瑜）

【省、市两级团委换届】全省11个市全部完成换届任务，团市委班子成员配备率达100%。12月27~29日，共青团山西省第十四次代表大会在并召开，选举产生新一届委员会。共青团第十三届委员会一次全委会上，赵雁峰当选为团省委书记。（张　瑜）

【青少年教育引导】开展“学党史、知党情、跟党走”等各类主题实践教育活动3583场，青少年参与人数达205.6万名。组织专家学者、青年精英，举办“山西青年大讲堂”“山西国学大讲堂”“与信仰对话”等教育宣讲活动527场，受众近7万人次；组织中华优秀文化讲师团宣讲905场，受众超过20万人次。成立分类引导专项工作领导组，督促指导全省2450家基层单位完成第三批《思想引导大纲》转化工作，形成青年思想引导手册共计2036个。搭建开设6个省级网站、9个市级、129个县级网站，形成共青团工作网站集群；各级团组织和团干部开通官方和个人微博1502个，建立工作QQ群2800多个；建成“12355”、“红色传递”、高校通等5家省级短信平台，覆盖3800万手机用户，参与人次超3.2亿。联合省委宣传部开展“身边榜样——雷锋式的好青年”大推荐大展示活动，选拔出“百名雷锋式的好青年”。全省22569名大学生骨干、青年科技工作者、青年社会工作者、青年志愿者、大学生村（社区）干部，接受青年马克思主义者培养工程的专门培训。（张　瑜）

【基层组织建设】与省委组织部联合下发《关于新形势下全省党建带团建工作的实施意见》，召开全省基层党建带团建工作电视电话会议，总结交流党建带团建的工作经验，研究部署新形势下加强基层党建带团建工作。把创先争优活动与做好本职工作、服务全省发展，与提高青年群众工作水平，与改进工作作风、树立崭新形象相结合，创先争优活动取得成效。建立上下联动机制，实现资源共享、组织共建，扩大对外出务工青年群体的组织覆盖和工作覆盖，成立长治驻并团工委、离石驻并团工委和大同驻北京孚隆尔科技有限公司团工委；指导成立的驻外团工委开展“晋籍青年相亲会”“迎中秋、庆国庆”等活动。启动非公有制经济组织团建“百日攻坚”活动，按照“抓大带小、培育骨干、条块结合、形成合力、包干负责、靠前指导”的指导思想开展工作，非公经济组织新建团5266个。（张　瑜）

【青年就业创业】扩大青年创业贷款的覆盖面，为55214名青年提供小额贷款58.87亿元，带动就业11.15万人。其中，为47405名农村青年提供小额贷款34.89亿元，带动就业78465人；为7809名城市青年提供小额贷款7.2亿元，带动就业24954人；青创投资担保、青创投资咨询和青创小额贷款三个融资平台发放小额贷款15.69亿元，带动就业8060人。推动政府买单式、团企联合式、与专业培训机构合作式及共青团自主培训式等培训模式，43542名青年参加SIYB等各类就业创业技能培训，13768人实现就业。组织“共青团组织组织劳务输出大篷车”和劳务洽谈会325场，参与人数达10万余人，达成用工意向4万余个，实现转移就

12月27日，共青团山西省第十四次代表大会在太原举行

（张　瑜提供）

业34603人。开展“见习助就业、牵手毕业生”活动,帮助4722名青年上岗见习,1799名青年被聘用;实施“MM百万青年创业计划”,18000余名学生参与网络创业;“青年就业创业见习基地”共组织2.27万人次青年上岗见习。（张 瑜）

【青少年维权】 与省人大、省政协建立常态化联系制度,共开展“面对面”活动19次,围绕“社会教育与青少年健康成长”主题,形成专项调研报告,畅通青少年利益诉求渠道。召开全省预防青少年违法犯罪工作会议,出台《山西省关于进一步建立和完善办理未成年人刑事案件配套工作体系的实施意见》;对重点青少年群体进行新一轮摸底,完善青少年群体管理服务的信息监测管理系统。拓展“12355”青少年公共服务平台的功能和渠道,开展网络“面对面”“微访谈”“轻松备考‘12355’与你同行”等活动,为青少年提供法律维权、心理疏导等服务10122人次。（张 瑜）

【共青团品牌打造】 推动“志愿者团队+农民工子女+接力”的实施模式,爱心捐赠192.41万元,服务农民工子女16万多人次,共结对农民工子女学校980所,覆盖面达96.4%,超额完成90%的既定目标。希望工程筹资1023万余元,资助贫困学生1644名;“希望工程——心希望”项目资助身患先天性心脏病的儿童32名;“壮苗行动”项目资助贫困青少年13890人次;援建希望小学、图书室、音乐教室等13个。以“岗位学雷锋,行业树新风”为主题,开展集中示范、结对帮扶、真诚服务等活动;拓展青年文明号创建领域,联合相关部门推动创建活动向非公有制企业、新社会组织延伸。深化青年安全生产示范岗“百千万”工程,全部覆盖煤矿、非煤矿山、交通运输、建筑等指定工作领域,并向金融等新领域延伸。2万余名青少年参加以沿黄河、汾河流域为重点的植树造林活动,植树7.2万株;启动“小渊基金”保护母亲河——中日青年生态绿化示范林第三期项目。组织以“青春九十年,报国永争先”为主题的暑期社会实践活动,山西农业大学和大同大学等25支队伍入选“科技支农”全国重点团队,扩大大学生“三下乡”活动参与面。（张 瑜）

山西省妇女联合会

【概述】 2012年,全省各级妇联组织围绕“办好两件大事、建设美丽山西”,一手抓发展、一手抓维权,参与社会管理创新,建设“坚强阵地”和“温暖之家”,妇女工作迈上新台阶。

通过组织报告会、座谈会、联谊会、培训班、文艺演出等多种活动,宣传党的丰功伟绩,宣讲十八大精神。参与先进文化建设,引申“我爱我村·我爱我岗·我爱我家”活动,开展特色家庭创建活动,召开廉政文化进家庭“四个一”工程推进会和“弘扬家庭美德、增强家庭责任”座谈会,与山西人民广播电台联合组织“幸福家庭·精彩人生·品质生活”节目展播。开展“六五”普法暨“三八”妇女维权周系列宣传活动,推动巾帼志愿者活动,实施巾帼志愿服务关爱空巢老人行动。举办“优秀成功女性进高校”报告会,选树、宣传一大批敬业奉献、自强向上的优秀妇女典型。

协助省政府召开山西省第六次妇女儿童工作会议和“十二五”妇女儿童发展规划新闻发布会,举办实施“一法两纲两规”县长培训班,制订实施两纲两规目标责任分解书,承办实施两纲两规目标责任书签订工作等。指导推动市、县两级制订本地区妇女儿童发展规划。在全省开展“一法两纲两规”宣传教育进家庭、进社区、进农村、进企业、进学校、进机关“六进”活动。推进家庭教育工作五年规划的贯彻落实。全年举办各种形式的专家巡回讲座674场,19万家长受益。健全维权维稳工作新机制,完善信访接访制、上访情况反馈制、限时处理制、领导接访制。加强妇女维权合议庭建设和陪审员队伍建设,与省高院联合发文,对维权法庭(合议庭)建设提出明确要求。以农村土地权证登记为契机,对全省农村妇女土地权益情况进行调研,争取更多地实现和保障妇女的合法权益。（李 敏）

【妇女创业就业扶持】 加大对妇女创业就业资金扶持力度,推进妇女小额担保贴息贷款工作和“红玫瑰行动”计划。举办“春风行动”招聘会286场,创建各级各类基地千余个。引申“服务创一流、巾帼展风采”活动,与相关单位联合举办全省导游员大赛、第四届女职工技能大赛、第五届收银员职业技能竞赛。参与农业现代化建设,开展巾帼现代农业科技示范基地创建工作,扶持、创建省级基地144个,市县示范基地515个。（李 敏）

【“妇女之家”建设】 与省委组织部联合下发《关于加强新形势下基层党建带妇建工作的意见》,评选表彰一批创先争优先进集体和先进个人。以“妇女之家”建设为重点,推动妇联基层基础工作的创新发展。在全省建成400个省级“妇女之家”示范点,在建家、管家和用家上下工夫,发挥“妇女之家”在宣传党的政策、了解民意、化解矛盾纠纷、服务妇女需求等方面的积极作用。举办全省女性领导干部专题培训班、妇联系统发展部长培训班、维护妇女权益培训班,完成对全省近4万多女性村两委和农村巾帼领头雁的培训工作。开展“下基层、访妇情、办实事”活动,全年各级妇联干部下基层1万多人次,办实事、做好事、解难事8416件。（李 敏）

【妇儿爱心救助】 与省卫生厅启动新一轮农村妇女“两癌”免费检查项目,开展“贫困母亲两癌救助”活动,发放救助资金220万元;实施“母亲邮包”新项目,为贫困母亲募集善款50万元;“母亲健康快车”实现全省贫困县区全覆盖;争取到中国儿基会、妇基会“春蕾计划”“安康计划”等17个项目落地山西,落实项目资金165万元;投入资金405万元,建成“关爱留守流动儿童之家”224个,惠及14万儿童;完成法律援助案件33件,落实援助资金6万余元,为受援人挽回经济损失150万元;爱心架设“春蕾桥”活动,全年募集捐款77万元,资助中小学生2868名。（李 敏）

山西省作家协会

【概述】 2012年山西省作家协会重点工作放在总结山西文学年度成果、丰富作家创作资源、培养扶植文学新人等方面。(1)文学史料的整理研究。《山西文学报告》(二〇一一年度)介绍山西省每年长篇小说、中短篇小说等文学的年度报告。《胡正纪念文集》汇集胡正生平、主要作品目录、亲人悼念文章等内容。《新世纪十年文学纵横谈》系统梳理山西省长篇小说的十年发展概况。《山西长篇小说史纲》对新文化运动以来山西长篇小说的重点作品和创作风格作介绍。(2)组织作家学习革命文学传统。纪念毛泽东同志《在延安文艺座谈会上的讲话》发表70周年,5月开展"踏着先辈的足迹"采风活动,本次活动从吕梁到长治,走访赵树理、西戎等人生活和创作过的地方。6月29日~7月1日,"走进老区,重温讲话"洗耳河笔会在黎城县堆坪村举办。(3)推出文学精品。张锐锋的《鼎立南极》获中宣部"五个一工程"奖,徐茂斌的《黄河岸边的歌王》获省委宣传部"五个一工程奖"。蒋韵的《琉璃》获《人民文学》首届柔石小说奖等。电视剧《江阴要塞》《矿山人家》、电影《浴血雁门关》获"2012年度山西省优秀文艺作品"称号。(4)扶植文学新人。8月,省作协召开加强山西文学评论建设座谈会。10月,省作家协会诗歌高级研讨班在忻州举办。太原市青年作家阎文盛、手指、孙频作品研讨会在太原举行。11月,举办第二届山西中青年评论家高级研讨班。12月,省作协所属山西文学院举办山西作家高级研修班。 (吕轶芳)

【中青年作家参与中国作协活动】 2012年省作协推荐青年作家小岸、陈春澜、李燕蓉参加中国作协鲁迅文学院两期高级研修班的学习;推荐青年作家李燕蓉的小说集《那与那之间》入选中国作协《21世纪文学之星——2011年卷》;推荐葛水平的散文《一条河流的两岸》、李骏虎的长篇小说《中国战场之共赴国难》、孙频的长篇小说《绣楼里的女人》入选中国作协重点作品扶持项目。推荐曹向荣、阎文盛入选中国作家协会2012年作家定点深入生活名单。 (吕轶芳)

【山西文学评论队伍建设会议】 8月24~25日,山西省作协召开"加强山西文学评论建设座谈会",此次会议具体由创研部与文学评论专业委员会共同承办。山西省作协党组书记、常务副主席张明旺,副主席杨占平,副主席、文学评论专业委员会主任段崇轩,以及全省各地的中青年评论家共20余人参加会议。会上着重讨论山西文学评论的发展状况与发现、扶植文学评论新人的问题。 (吕轶芳)

山西省科学技术协会

【概述】 2012年,山西省科学技术协会紧扣转型发展主题,组织实施科普惠农、益民、强企和助教"四大科普计划",引导优质科技资源向基层集聚,向群众提供务实高效的服务。组织承办"中国创新论坛之走进山西"系列活动,为推进全省工业新型化提供决策参考。先后主办、合办院士专家讲坛、山西省综改试验区专题讲座等,扶持省级学会开展10余项学术活动,全年举办"学术茶座"14场、"星期日知识讲座"45期。推进科技思想库建设,组织完成决策咨询课题研究10项。

在全省开展山西省"全国科普日"暨"科普三晋"系列活动,策划开展首届中国科普摄影大赛、山西省公众科学素质电视大赛等多项专题活动,受众120万余人次。推进科普场馆建设,省科技馆新馆的展品、布展的深化设计工作完成,定于2013年10月1日开馆;忻州、运城、太原、阳泉4个市级科技馆完成立项或开工建设。

组织开展山西省十佳中青年优秀科技工作者、山西省科技奉献奖、山西省十佳科普志愿者等评选表彰工作。开展科学道德和学风建设宣讲教育活动,特邀院士专家言传身教。组织开展山西省优秀学术论文评选工作,加大优秀学术论文的奖励力度。利用"海智"平台,实施海外科技团体、专家学者来晋服务和本省科技人才出国培训项目。通过报纸、期刊、网络等传媒,宣传优秀科技工作者和重大科技成果。

加强学会组织建设,支持成立新学会3个,对98家学会进行年检,推动19家学会完成换届。对科协所有工作全部实施项目管理、过程管理,激发各部门、各单位的工作活力和创新能力。加强科协信息化建设,建成新版山西省科协门户网站,推广办公

12月25日,中国科协会员日山西省提升学会能力座谈会在太原举行 (王继龙提供)

自动化系统。密切科协与科技工作者之间的联系,把科协建设成为“科技工作者之家”。(王继龙)

【科普惠农计划】“农科110”“健康365”热线电话全年服务群众5万余人次,组织科普惠农服务队、科普大篷车巡回服务队深入基层238场次。会同省委统战部、省工商联开展科普惠“三老”活动,为全省1万多名“三老”人员提供10项科普服务,并发放专用手机。在全省建设农村科普示范基地50个、优质农产品示范基地31个,建设科普惠农绿色通道优质农产品直营店5个,为农民提供农资产品下乡、优质农产品返城双向服务,受益农民5万余人。建立科普惠农兴村计划项目库,吸纳项目近500项,对全省111个先进农技协、农村科普示范基地和农村科普带头人进行表彰和扶持,给予奖补资金1769万元。评选表彰山西省优秀农技协50个,省农技协和40个基层农技协受到中国农技协表彰。实施实用技术培训“1111”工程,建立大学生村官数字图书馆1万个,组织培训1448场,培训农民10.9万人次。举办山西省首届科普惠农特色优质农产品展销会,60多个基地200多种产品进行集中展示,40余万省城市民参加展销会。开展“下乡住村”和科技扶贫工作,帮助方山县郝家庄村实施脱毒马铃薯项目,平均亩产达3500公斤,创该地区马铃薯亩产最高纪录。(王继龙)

【科普益民计划】开展山西省科普示范社区创建工作,培育省级科普示范社区50个,有9个社区被中国科协、财政部评为首批全国社区科普益民计划先进单位。科普教育基地建设快速推进,培育省级科普教育基地20个、全国科普教育基地5个。实施科普节目走进省城公交楼宇电视工程,每天受众200余万人次,全年编播科普宣传片52期。(王继龙)

【科普强企计划】实施完成“金桥工程”40项,为国家创利税2.2亿元,节约资金7.5亿元。在太重、同煤、汾机等企业举办创新方法培训10场次,为企业培养一批创新方法推广应用初级人才。组织实施院士专家企业协作行动,联合有关单位征集企业技术需求76项,发布科技项目127项,与中科院、中国矿大等单位进行“点对点”对接服务。完成技术创新、改造立项1000项,组织开展第12届山西省“讲比”活动评比表彰工作,山西有9个单位和12名个人获全国“讲比”活动表彰。(王继龙)

“中国创新论坛走进山西”活动开幕式 (王继龙提供)

【科普助教计划】组织举办全省青少年科技创新大赛、青少年机器人竞赛、宋庆龄少年儿童发明奖等赛事,参加活动的学校750多所,中小学生48万人。在各类全国竞赛中,山西省青少年选手共获得一等奖3项、二等奖11项、三等奖57项。组织实施“太原市中小学科普双百工程”,在大、中、小学校举行科普报告107场,受众10万余人次。开展农村非正规教育项目、中小学科学教师培训、青少年科学调查体验、院士专家校园行等一系列活动。(王继龙)

【“中国创新论坛之走进山西”系列活动】6月20~21日在太原举行。活动以“发展高端装备制造,实现转型跨越发展”为主题,由省政府和中国工程院、中国机械工程学会联合主办,省科协承办。中国工程院院长、中国机械工程学会理事长周济携全国装备制造领域的60多位院士专家到晋开展服务活动。袁纯清、王君分别会见周济及院士专家一行。李兆前、聂春玉、郭迎光、卫小春分别出席论坛相关活动。其间,举办主题报告、高端对话、决策咨询等一系列活动。有关院士专家还分赴太重集团、太原理工大学、中北大学等企业、高校实地考察,专题座谈,实施技术支援。活动结束后,省科协整理形成专家建议上报省委、省政府,为加快全省工业新型化提供决策参考。(王继龙)

【首届山西省公众科学素质电视大赛】9月8~10日在太原举行。大赛由山西省全民科学素质工作领导小组办公室联合山西省广播电影电视局共同举办。来自全省11个市及省国防系统、省电力系统、太钢集团公司、山西焦煤集团公司、太重集团公司共16支代表队参赛。经过3天的激烈角逐,太重集团公司代表队夺得冠军,太钢集团公司代表队荣获亚军,省国防系统代表队荣获季军,太原、长治、大同、临汾、山西焦煤等5支代表队获得优胜奖。山西电视台将大赛录制成专题节目,于“全国科普日”活动期间在山西教育频道播出。(王继龙)

【首届中国科普摄影大赛】4~9月,省科协联合省摄影家协会、中国平遥国际摄影大展组委会共同主办。大赛以“绿色健康”为主题,作品设节约能源资源类、保护生态环境类、保障安全健康类、促进创新创造类、科学与科普活动类五大类。作品征集从4月开始，截至6月底，共收到全国27个省、自治区、直辖市摄影家和摄影爱好者的投稿2152幅(组)。经评审组评选，共评出一等奖5个、二等奖10个、三等奖15个、优秀奖100个。9月19~25日，获奖作品展在中国平遥国际摄影展上举办。活动结束后，省科协制作多套中国科普摄影大赛优秀作品展板，在各地巡回展出。

（王继龙）

【科技传媒建设】 山西科技报刊总社转企改制工作全部完成，山西科技新闻出版传媒集团在省工商局登记注册。在《山西科技报》《今日农业》开办新型农民远程培训专栏，依托"农科110"热线对农民答疑解惑，在电视台开办《农科110》《科普大篷车》栏目，利用山西科技手机报群向重点人群发送科普知识短信，通过多个科普网站平台开展科学技术普及，全年共为55.4万人次提供科普服务。结合各类科普活动主题，编辑、制作和印发科普报刊、图书、挂图、光盘等，总计242.39万件。

（王继龙）

【科技人才工作】 组织开展第五届"山西省十佳中青年优秀科技工作者"评选工作，评选出10名长期工作在科技一线，做出显著成绩的优秀科技人才。会同省人社厅等单位联合开展山西省"科技奉献奖"评选活动，评出先进集体97个，先进个人196名。组织开展"山西省十佳科普志愿者"评选表彰活动，评选出11名热爱科普、甘于奉献、成绩突出的优秀科普志愿者。山西省有18人荣获全国优秀科技工作者称号，1人荣获十佳全国优秀科技工作者提名奖。组织开展山西省第十六届优秀学术论文评选工作，评选出特等奖论文1篇、一等奖论文54篇、二等奖论文245篇、三等奖论文294篇，加大优秀学术论文的奖励力度。开展科学道德和学风建设宣讲教育活动，特邀院士专家言传身教，举办宣讲报告会7场。利用"海智"平台，实施海外科技团体、专家学者来晋服务和省内科技人才出国培训两个项目。通过报纸、期刊、网络等传媒，广泛宣传优秀科技工作者和重大科技成果，展示广大科技工作者的科学精神、骄人业绩和时代风采。

（王继龙）

【科普惠农实用技术"1111"培训工程】 为引申"科普惠农计划"，在全省范围内启动实施科普惠农实用技术"1111"培训工程。工程主要内容是：为全省1万名大学生村官建立科普惠农数字图书馆；省科协为全省每个县进行1场培训；市级科协为所辖每个县进行1场培训；县级科协为所辖每个乡镇进行1场培训。培训采取课堂讲授与现场指导相结合的方式，4~12月，围绕农业增效、农民增收的目标，开展无公害优质农副产品、绿色产品的生产、加工相配套的动植物种养、防治技术以及储存、保鲜等技能培训；围绕农业产业结构调整，开展与农村劳动力转移、劳务输出相关的职业技能培训。截至12月底，为1万名大学生村官建立科普惠农数字图书馆，省、市、县三级共组织实用技术培训1448场次，培训109508人。

（王继龙）

【太原市中小学科普双百工程】 该工程由省科协联合太原市教育局组织实施，主要内容有：通过专家走进学校，普及科学知识，提高青少年科学素质；开展实用性教师培训，提高教师的指导和辅导能力；注重校园科普文化建设，助推学校教育教学改革。5月，特邀中科院老科学家科普演讲团，为太原市57所大、中、小学校作科普报告77场，师生受众逾7万人。10~12月，组织山西省科普专家报告团以"菜单"选择方式，面向太原市中小学生进行科普宣讲，共作科普报告33场，受众2万余人。9月，组织太原市120多名教师参加"中小学科学教师培训"活动，共开展讲座6场。组织2012年"五小"竞赛(小小科学家、小小发明家、小小设计师、小小工程师、小小科普演讲家)，共收到1600多件学生作品，评选出小小设计师一等奖9名，二等奖30名；小小工程师一等奖12名，二等奖36名；小小发明家一等奖17名，二等奖50名；小小科学家一等奖22名，二等奖48名；小小科普演讲家一等奖52名，二等奖69名。截至2012年底，"科普双百工程"基地校共创建51所。其中小学28所，中学23所，覆盖太原市所辖区县(市)70%。

（王继龙）

【第八届山西省宋庆龄少年儿童发明奖】 1月，省科协联合省政府妇儿工委共同下发《关于举办第八届山西省宋庆龄少年儿童发明奖的通知》文件，截至4月底，共收到来自全省8个市近3000名学生的作品703项(幅)。经过初评和终评，评出发明类一等奖28项、二等奖38项、三等奖24项；创意类一等奖17项，二等奖27项，三等奖54项；科技绘画类一等奖11幅，二等奖35幅，三等奖122幅；优秀组织奖15家，优秀园丁奖20名。5月29日，省科协在阳泉市电视台举行颁奖大会。8月，山西省有4个项目入选全国宋庆龄少年儿童发明奖终评大赛，最终获银奖1项，铜奖2项。

（王继龙）

山西省文学艺术界联合会

【概述】 2012年，山西省文学艺术界联合会(简称山西省文联)履行联络、协调、服务职能，发挥文联的优势，为山西文化强省建设做出新贡献。

组织大型专题文艺活动，为党的十八大召开营造文化氛围。主办"歌从银幕来·喜迎十八大山西省'常家庄园杯'第二届影视歌曲演唱大赛"；主办"春之约——纪念毛泽东《在延安文艺座谈会上的讲话》发表70周年红色经典朗诵音乐会"；举办"喜迎十八大·杂技下基层"慰问演出活动；举办"中国太原(清徐)国际醋文化节'紫林杯'书法大展"；举办"社会主义新农村——美丽长沟摄影大赛"；协办"首届全国农民摄影大赛"巡展；承办"第五届中国中部六省曲艺大赛""第五届少儿曲艺大赛山西总决赛"等。

打造文艺精品。协助香港凤凰卫视拍摄专题片《赵树理》；在2012"上海国际摄影节暨上海第十一届国际摄影艺术展"上，山西石志强获得金

7月8～13日,2012年华北东北文联工作会议在太原召开

(李陈华提供)

奖;晋剧《大红灯笼》在中国剧协“第二十届曹禺戏剧文学奖”评比中获“曹禺文学剧本奖”;在第十六届“中国少儿戏曲小梅花荟萃展演”中,山西9位选手分获中国戏曲小梅花“金花”“银花”称号;在中国曲协“马街书会”中,山西曲协选送的小品《我爸俺爹》获得创作一等奖、表演二等奖;在“第三届中国剪纸艺术节暨第二届蔚县国际剪纸艺术节”上,山西省民协推荐的7位艺术家分获金、银、铜奖;在“2012中国保定国际空竹艺术节”上,山西省杂协选送参赛节目获得团体一等奖;在第六届华北五省市(区)舞蹈比赛中,山西省舞协选送参赛舞蹈共获得创作一等奖8个,表演一等奖21个等。

开展“送欢乐下基层”文艺志愿服务活动。开展“百花放映·情系矿工”大型公益慰问演出活动;举办“植根乡土·情系农民”中国戏剧梅花奖获得者慰问演出活动;开展“万人万幅摄影作品进万家”活动,为村民义务拍摄全家福;举办“山西省首届群众书法篆刻作品展”;中国曲协、省曲协组织曲艺家“送欢笑下基层——走进沁县”慰问演出活动等。

开展对外文化艺术交流。举办“第九届五台山国际摄影大展”“俄罗斯油画大师西多罗夫画展”;推荐山西优秀美术作品参加文化部举办的“澳大利亚感受中国·中国文化年”美术作品展;为建设先进企业文化,省产业(企业)文联组织省内部分企业家赴匈牙利、奥地利等国学习参观考察;山西曲艺表演艺术家应邀赴新加坡交流演出,表演相声《我从山西来》等;省摄影家协会赴台湾举办“山西省世界文化遗产和非物质文化遗产摄影展”和“山西省百名摄影家聚焦台湾”活动启动仪式;晋剧《大红灯笼》应邀进京参加文化部主办的“讴歌伟大时代·艺术奉献人民——2012全国优秀剧目展演”;“雪海流香——赵梅生画展”在中国美术馆举行;“陈巨锁墨迹展”在全国政协礼堂展出。

(尤小芳 张 原 李陈华)

【全国文联组织网络体系建设课题调研会】 5月31日,由中国文联理论研究室主办的全国文联组织网络体系建设课题调研会在太原召开。中国文联理论研究室主任陈建文代表中国文联出席会议。来自云南、广东、江苏、湖北、陕西、山西六省文联的领导就文联组织建设、工作职能、文联体制及各省文联工作特色等调研座谈。

(尤小芳 张 原 李陈华)

【华北、东北文联工作会议】 7月8～13日,由山西省文联承办的2012年华北、东北文联工作会议在太原召开。来自北京、天津、河北、内蒙古、辽宁、吉林、黑龙江、贵州、云南、甘肃、湖北等省、市、自治区的文联领导和组联部门的负责同志20余人出席会议。中国文联国内联络部马康强到会。与会代表介绍各自文联的情况,交流工作经验以及为纪念毛泽东《在延安文艺座谈会上的讲话》发表70周年和喜迎党的十八大举办各项活动的情况。会后,代表赴五台山、大同、平遥、晋祠等地进行采风。

(尤小芳 张 原 李陈华)

山西省残疾人联合会

【概述】 2012年,全省各级残联以目标责任考核为抓手,以残疾人社会保障和服务体系建设为重点,以为残疾人服务为中心,狠抓各项工作,完成年度工作任务。科学谋划残疾人事业专项规划,新出台残疾人文化建设、康复救助项目、农村残疾人实用技术培训、残疾人家庭无障碍改造等方面的规范性文件。全国人大常委会《残疾人保障法》执法检查组、中国残联主要领导在山西省检查、调研及中组部、中国残联联合开展的“农村基层党组织助残扶贫工程”在山西省的实施,推动各项惠残政策的落实。实施国家和省级康复救助项目,救助贫困残疾人;培训社区康复协调员和各级康复专业技术人员,开展社区康复工作。开展“就业援助月”活动,将已登记失业城镇残疾人纳入实名制职业技能培训范围;采取集中安置、分散安置、异地安置、扶持创业等方式帮助残疾人就业,依法征收、妥善使用残疾人就业保障金。资助高中及以上残疾学生及贫困残疾人家庭子女学生及特教学校学生,在临猗县、吉县开展扫除残疾人青壮年文盲试点工作。符合低保条件的残疾人实现“应保尽保”,城镇居民医保、新农合基本实现在残疾人群体中的全覆盖,新农保、城镇居民社会养老保险实现制度性全覆盖。通过实际行动维护残疾人在驾车、出行无障碍、法律救助方面的合法权益,将残疾人信访工作纳入同级政府信访工作格局,做好重大活动、重要节日的残疾人群体稳定工作。各市、县结合实际在贫困残疾人康复救助、农村贫困残疾人危房改造、对城乡二级以上重度残疾人进行特殊救助、落实残疾人持证免费乘坐市内公交车政策等方面探索形成长效机制并取得成效。将宣传工作和各项业务工作相结合,以"全国助残日"等残疾人节日为契机,通过省内各级各类媒体宣传残疾人事业。(吕竞伟)

【助残政策及规范制订】 (1)实施《山西省残疾人事业"十二五"发展规划》,省残联协调有关部门制订22个配套方案并组织实施,各市相继出台当地的残疾人事业"十二五"规划。出台《山西省关于加强残疾人文化建设的意见》;参与编制《山西省基本公共服务体系"十二五"规划》,负责残疾人专章。(2)出台规范性文件。省残联会同有关部门制订并下发各康复救助项目的机构准入标准及服务规范、《关于进一步加强残疾人辅助器具服务机构规范化建设的意见》《山西省农村贫困残疾人实用技术培训项目实施细则》《山西省"十二五"贫困残疾人家庭无障碍改造项目实施办法》《关于在全省各级残联换届工作中进一步加强组织建设的意见》等。

(吕竞伟)

山西省社会科学界联合会

【概述】 围绕转型综改试验区建设、"四化"建设、文化强省建设、改善民生、创新社会管理等重大问题开展课题研究,组织山西省社科专家学者进行课题攻关,完成108项重点课题研究,编辑出版《山西发展研究报告(二)》,推出一批有价值的研究成果,有些研究成果被省委、省政府和有关部门采纳。先后组织20余位社科专家深入孝义、介休等综改先行先试区进行现场调研、咨询服务、实地出招。并深入朔州市调研文化产业发展,帮助朔州市制定文化产业发展规划。专家学者足迹跨涉6市10余县20多家企业村镇。

完成山西省第七次社会科学研究优秀成果评奖工作和2011年度"百部(篇)工程"评审工作,推出一批高质量的优秀成果,促进学术繁荣。第七次社科大评奖,社科联组织130多名评审专家,分9个学科组进行了三级评审(初评、学科评审、评委会审定),4月1~30日进行网上公示,8月评出295项优秀成果。11月2日召开表彰大会,省委、省人大、省政府、省政协四大班子主要领导出席会议,300余人参加。会议表彰的优秀成果既有理论上的重大突破,又有较强的实际应用价值。如《对山西煤炭企业兼并重组若干问题的思考》和《资源型经济:理论解释、内在机制与应用研究》,为省政府进行煤炭企业重组、把山西确定为国家资源型经济转型发展试点区域做出重要贡献。《山西日报》以大版的篇幅进行宣传报道。

"百部(篇)工程"是省社科联打造17年的一项品牌工程。该奖具有专业水平,体现群众性学术活动的特点,使一大批青年社科人才脱颖而出,逐渐成为学术骨干和理论创新人才。

主动占领宣传阵地。一是与《山西日报》联合开展"山西精神大家谈"征文活动。经多方参与讨论,最终提炼出以"信义、坚韧、创新、图强"为主要内容的"山西精神",成为山西人民在再造一个新山西的历史进程中应对挑战与考验、实现宏伟目标的精神动力。二是办好山西社科网站。山西社科网不仅为社科工作者提供方便快捷的服务,而且运用中国特色社会主义理论体系引导网上舆论,弘扬社会主义核心价值。三是办好《学术论丛》。全年高标准完成6期、120余万字的编辑出版发行任务。办好《山西社科联》。及时反映全省社科界和学会的信息,高质量完成编辑发行工作,深受学会工作者的欢迎。各学会、研究会主办的43种报纸杂志,以及开设的讲坛、论坛等。此外,收集、整理省社科联成立25年来的史料、图片,编辑出版《走向辉煌》画册。

(王纪山)

【学会及人才库建设】 从4月份开始,对全省132个学会的组织建设、学术活动、课题研究、财务收支以及遵纪守法等方面的情况进行全面审查年检。同时,在学会中开展创先争优活动,评选出优秀学会(包括市社科联)54个,先进学会工作者58名。一批特色优势学会在全国同类学会中处于先进行列。如三晋文化研究会、母亲文化研究会等。

调整充实由419人组成的社科专家人才库。其中涉及17个社科类学科及新兴交叉学科,所有人员全部为正高级职称,是全省开展社科研究的中坚力量和基础。(王纪山)

山西省归国华侨联合会

【概述】 2012年,山西省归国华侨联合会围绕省委、省政府决策部署和转型综改的总体战略,深化"国内海外工作并重、老侨新侨工作并重",各项工作取得成效。(张佳栋)

【林军到山西调研】 1月16~17日,中共中央候补委员、中国侨联党组书记、主席林军到山西进行调研慰问。在晋期间,林军一行到太原、晋中两市困难和重点归侨家中进行走访慰问。与他们亲切交谈,对老归侨们为国家经济社会和侨联事业发展做出的贡献表示感谢,并向重点侨户和困难归侨送上鲜花和慰问金。

(张佳栋)

【"山西国信杯"第四届全球华人羽毛球团体锦标赛】 4月28日在太原举行。全球华人羽毛球锦标赛由中国羽毛球协会指导,全球华人羽毛球联合会、山西省球类运动管理中心主办,省侨联与山西省羽毛球协会、山西商务国际旅行社共同承办,是山西举办的群众性体育球类项目中规模最大、参赛人数最多、规格最高的一项赛事,国内外111支代表队950多人报名参赛。参赛选手年龄最大的90岁。其中有来自日本、马来西亚、印度尼西亚等国家和中国台湾、香港地区的华人羽毛球爱好者。(张佳栋)

【邀商招商活动】 5月26~30日,由中国侨商联合会副会长兼秘书长安晨带队,山西省华商会会长畅瑞钢和部分企业家一行15人赴港邀商招商。该团在香港侨界社团联会的支持下，拜会香港8大主流商会及侨商100余人，就首届世界晋商大会及重点招商引资项目进行推介。通过推介,在港签订6亿元的牛仔布厂建设项目、8亿元的历山风景旅游区建设意向2个,签约金额14亿元;中华出入口商会会长董欲拟在太原建设城市商业综合体项目的投资意向信息1条,拟投资金额20亿元。（张佳栋）

【新侨创新成果受表彰】 8月10日,由中国侨联主办,中国科学院、中国科协和国家知识产权局为支持单位的第四届新侨创新成果交流会在北京举行。经省、市侨联推荐,中国侨联第四届新侨创新成果交流会专家委员会评审并公示后,山西省北京银辉生化科技有限公司忻州分公司董事长、总经理银小龙,太原理工大学国际教育交流学院院长谢刚,山西兰花汉斯瓦斯抑爆设备有限公司总经理喻晟,山西乐百利特科技有限责任公司董事长、晋城市侨联副主席伍永安等4人获“创新人才奖”;省侨联获组织工作奖。（张佳栋）

【特聘专家委员会成立】 8月19日,省侨联召开山西省侨联特聘专家委员会成立大会暨首批专家聘书发放仪式。首批聘请中科院院士万立骏、薛其坤、黄维、李亚栋及美国微软亚太研发集团主席、国际电气和电子工程师学会院士张亚勤博士,生物遗传学领域国际领军人物、美国弗吉尼亚大学终身教授李明定先生等44位海内外各专业研究领域的学科带头人和领军人物担任专家委员会成员。为推进“海外专家服务山西行”活动构建人才技术服务平台。（张佳栋）

【首届世界晋商大会侨联工作】 8月19~20日在太原召开。省侨联作为联合承办单位,研究制订《首届世界晋商大会省侨联工作方案》,确立“百名侨领侨商参会、千亿项目签约”的工作目标。经过全省侨联系统的共同努力,实现合同和协议签约项目32个,金额532亿元。完成“千亿项目签约”和合同额“保四争五”的招商工作目标。省侨联共确定邀请到海(境)外侨领侨商代表、世界500强企业代表、国别代表共计105人参加首届世界晋商大会。其中贵宾6人、嘉宾27人,涉及32个国家和地区。各市侨联共为大会邀请到海（境）外代表97人。（参见第149页）（张佳栋）

山西省红十字会

【概述】 山西红十字运动创始于1911年,发轫于山西运城地区,初名“山西河东红十字会”,在辛亥革命和新民主主义革命时期主要从事战地救护和协同办理兵灾事宜。1957年经山西省人民政府批准成立山西省红十字会,“文化大革命”期间工作停顿,1984年恢复重建。1996年,省人大常委会颁布实施《山西省红十字会条例》。2004年,省红十字会理顺管理体制,由卫生厅代管改为省政府领导联系,副厅级建制,成立党组,2006年成立机关党总支。随着全省各级红十字会相继理顺管理体制,组织建设得到加强,“人道、博爱、奉献”的红十字精神得到弘扬,社会各界支持和参与红十字公益活动,备灾救灾、人道救助、应急救护、推动无偿献血和捐献造血干细胞、遗体与人体器官捐献以及对外交流与合作等各项人道救助工作迈上新台阶,人道救助领域扩大,受益的弱势群众数量上升,使红十字会逐步成为应急反应科学化、公益项目品牌化、宣传筹资长效化、组织建设规范化、志愿服务专业化、运行机制社会化的人道救助团体。

省红十字会机关内设一室两部（办公室、赈济救护部和事业发展部),下辖两个直属事业单位(山西省造血干细胞捐献者资料库管理中心和山西省红十字会备灾救护中心),机关和事业单位共有在编人数22人。机关工作人员参照公务员管理。全省11个市及119个县(市、区)全部建立红十字会,11个市级红十字会及61个县级红十字会理顺管理体制。全省共有基层组织1450个,团体会员单位1600余个,注册志愿者2000余人,会员80余万人。

省红十字会被中国红十字会总会和省劳动竞赛委员会授予“抗震救灾最佳组织奖”“救护工作先进集体”“五一劳动奖状”等荣誉称号,连续多年被评为“省直机关文明和谐单位标兵”。（侯晓俊）

【红十字队伍建设】 贯彻《国务院关于促进红十字事业发展的意见》,推进市县级红十字会理顺管理体制工作,建设一支热爱红十字事业、会做群众工作的红十字会干部队伍。2月,在省委党校举办全省红十字会系统2012年专职干部能力建设暨突发事件应对与危机管理培训班,50余名干

无偿献血活动中刚刚进行无偿献血的一对母子快乐地展示自己的献血证 （侯晓俊提供）

部参加。落实《法治山西建设纲要》，制订《山西省红十字会2012年法制宣传教育规划》，将红十字会法律、法规的学习宣传列入普法教育计划。优化红十字会内部治理结构和建立健全综合监督体系，开展对市级红十字会的年度目标任务考核工作，推进市县级红十字会工作规范化、科学化、制度化。（侯晓俊）

【应急体系建设】 全省各级红十字会按照中国红十字会应急体系建设规划要求，加强应急体系建设，完善应急机制，提升专业化、科学化救助水平，省、市级红十字会纳入政府总体应急预案体系，成为应急工作领导机构成员。全省各级红十字会完善自然灾害等突发事件应急预案体系，制订灾害救助规则，出台相关管理规定，成为政府应急体系的重要组成部分。

2012年，修订《山西省红十字会自然灾害救助应急预案》并完成最后评审，成为山西省乃至全国兄弟省市第一个通过省政府评审的应急预案，下发全省相关单位。加强备灾工作，根据应急救灾工作的需要，采购价值60万余元共3000个博爱应急箱，完善应急物资储备。7月，晋城、吕梁等市部分地区遭受强降雨侵袭，部分群众遭受洪灾，省红十字会及时调拨50多万元救灾物资发放给受灾群众。

建立各类应急救援队伍近200人。与武警山西省总队医院联合组建“山西省红十字救援队”，成为山西省一支全天候的有编制、有人员、有装备的救援队。5月12日，与省地震局、省应急办、省卫生厅等联合开展“防灾减灾日”宣传活动。

发挥红十字会应急救护培训工作的传统业务优势，增强铁路、煤矿、电力等高危行业人员的安全意识和救护技能，降低突发事故所致意外伤害的致残、致死率，推动全省群众性救护培训工作的开展，向外资企业、台资企业、移动公司、酒店等行业拓展。加大对社区居民、学生以及救援队红十字志愿者、国际能源博览会志愿者的救护知识的普及与宣传力度。红十字应急救援队志愿者参加第二届全国红十字应急救护大赛并获优秀奖。

2012年全年共开展应急救护培训115期，培训初级急救员6788人次，普及救护知识6.2万人次。

（侯晓俊）

【人道救助】 加大“博爱一日捐”募捐活动的力度，与省直工委、省文明办联合下发《关于加强“博爱一日捐”募捐工作的通知》，与200余家省直机关、企事业单位联系，举办全省“5·8红十字博爱周”大型募捐宣传活动，并深入有关社区进行募捐活动。全年全省红十字会系统共接收“博爱一日捐”募捐款物1470万元，其中省本级258.9万元。按照省红十字会要求，各市红十字会对2007~2011年“博爱一日捐”募捐款进行专项审计。

健全社会救助工作制度，各项救助工作程序科学、规范，完善网上公示制度。开展“微笑工程”“博爱救心”“小天使基金”“博爱幸福工程”等博爱助医工程，全年募集资金547.75万元，实施医疗救助526人次。其中，完成345例唇腭裂救助手术，救助金额203.25万元；救助33名14周岁以下的足内翻和尿道下裂的患儿，救助资金9.9万元；为86名贫困家庭先天性心脏病患儿成功实施心脏手术，投入救助资金142.6万元；实施“小天使基金”救助白血病患儿62人，救助资金192万元。对2012年总会、红基会援建山西省18个“博爱卫生院（站）”竣工情况进行检查验收。对151名省直机关（企事业）单位因大病致困职工进行医疗救助。在省红十字会包扶村榆社县西马村开展救助物资慰问发放活动、实施打井增水及改厕项目，支持资金110余万元。

开展“红十字博爱送万家”活动。2012年，全省各级红十字会共筹措价值700余万元，包括棉衣、棉被、大米、面粉等救助物资，对全省55个受灾及贫困县、区近15000余户特困家庭进行慰问发放，受益人数达40867人次。

与省卫生厅在全省范围内联合开展冠名红十字（会）医疗机构清理整顿工作，将30余家不符合冠名条件的冠名红十字（会）医疗机构取消冠名资格。（侯晓俊）

检察官冯磊捐献造血干细胞（侯晓俊提供）

【无偿献血和造血干细胞捐献】 全省各级红十字会推动无偿献血工作，开展无偿献血宣传、动员及表彰工作，全省实现临床用血100%来源于无偿献血。

2012年，省造血干细胞捐献者资料库管理中心（简称“山西省分库”）加大造血干细胞捐献宣传力度，在中央电视台、中国新闻网、山西卫视、《山西日报》等主流媒体宣传造血干细胞知识，山西省的造血干细胞捐献呈现增长态势。2012年11月，山西省分库荣获2011~2012年《中华骨髓库通讯》优秀编委二等奖。

2012年山西省红十字青少年夏令营活动中学员进行应急救护知识学习　　（侯晓俊提供）

省分库通过每月群发短信3000~5000条,加强与志愿捐献者的联系与沟通,与山西省卫生厅联合印发《关于无偿献血者异地用血报销的通知》,规定造血干细胞捐献者及配偶和直系亲属(父母、子女)不限时无偿使用800毫升全血的待遇并可在本省异地用血进行报销,报销费用由用血地血站承担。

2012年,山西省造血干细胞捐献者资料库完成"中华骨髓库"4500人份造血干细胞采样工作。累计向总库传输志愿者HLA(人类白细胞抗原)分型数据6.6万人份。2012年,山西省分库有18名志愿者捐献造血干细胞,累计捐献造血干细胞72例,是山西省红十字会造血干细胞捐献最多的一年。　　（侯晓俊）

【遗体与人体器官捐献】 2012年,制订出台《山西省人体器官捐献试点工作实施意见》,建立具有可操作性的工作流程、管理办法和协调机制;建立由司法、民政、卫生、法制和红十字会等单位和部门领导及人员组成的省人体器官捐献工作委员会,指导全省人体器官捐献工作;设立省人体器官捐献移植医院并成立省级人体器官获取组织,负责对潜在捐献者进行捐献评估及实施器官获取工作;成立由省人体器官捐献移植医院多年从事人体器官移植、具有丰富器官移植临床经验的专家和学科带头人组成的省人体器官捐献专家组,负责全省人体器官捐献工作的政策建议、决策参考、技术咨询、协调捐献器官的分配、对医院人体器官移植技术临床应用与伦理委员会进行监督指导等;建立全省人体器官捐献协调员队伍。

截至2012年底,全省有遗体捐献志愿者登记500余人,实现捐献38例,角膜捐献登记约有近300人,实现捐献16例;完成4例公民逝世后器官捐献,受益者16人。　　（侯晓俊）

【红十字青少年和志愿服务】 联合山西中医学院红十字会举办山西中医学院红十字应急救援队救护知识讲座,并对百余名红十字志愿者进行心肺复苏、人工呼吸、止血包扎等应急救护知识培训,举办山西省学雷锋志愿服务模范事迹报告会(红十字会专场),来自企业职工、社区居民、小学教师、下岗工人等学雷锋志愿服务模范向红十字志愿者讲述他们在平凡岗位上学雷锋志愿服务活动的模范事迹。组织高校红十字会开展2012年中国红十字会以关注留守儿童为主题的大学生暑期社会实践项目。组织部分省直高校红十字会员和志愿者以及社区居民、红十字会工作人员参加总会举办的"防灾减灾知识竞赛"活动。

7月中旬,在晋中和吕梁市举办由来自19所高校、中学的40余名红十字青少年参加的主题为"与博爱同行,红十字在行动"的红十字青少年夏令营活动。　　（侯晓俊）

【对外交流与合作】 引进挪威红十字会外援资金130余万元,在包扶村榆社县西马村实施打井增水项目,并举办健康知识普及教育培训活动。

加强灾害管理工作的交流与学习,派员随中国红十字会考察组赴泰国考察学习由美国红十字会和亚洲备灾中心(ADPC)举办的灾害管理培训。

派员赴美国参加第19届世界艾滋病大会及红十字系统防治艾滋病工作交流会。　　（侯晓俊）

武　装

山西省军区

【概述】 2012年，山西省军区党委以听党指挥、履行使命、安全稳定三个重点为统揽，坚持重心下移重打基础重抓基层，上下协力、顽强拼搏，主动作为、攻坚克难，完成以军事斗争准备为龙头的各项工作任务，部队整体建设水平得到新的跃升。围绕迎接中共十八大召开、学习贯彻中共十八大精神这件大事，以强烈的政治责任感和高度的政治敏锐性，加强思想政治建设，确保部队在特殊年份坚决听党指挥、绝对忠诚可靠。始终把有效履行“屏护首都、稳定山西”使命任务作为核心工作，加大战斗力生成模式转变探索，推进转变战斗力生成模式取得进展。紧贴省军区实际，在激发动力、提高能力、增强执行力上下工夫，各级党委班子和干部队伍建设得到新的加强。把人武部、预备役团建设从工作全局中突出，先后两次召开部团建设工作会议，坚持全面抓建、配套规范，促整体提高，以部团为重点的基层建设取得进步。贯彻落实《关于推进军民融合式发展的意见》，推进党管武装考核经常化，“八一”组织全省党管武装工作述职，对事关部队长远建设、涉及官兵切身利益的五项重点指标量化细化讲评，推动党管武装工作落实，国防后备力量建设质量得到提升。紧贴十八大召开的特殊要求和部队较长时间保持平稳的实际，始终把安全稳定作为政治任务和头等大事抓紧抓实，部队安全稳定形势保持持续向好的局面。加强基于信息系统的体系作战后勤保障能力建设，全年投入1.4亿元用于军事训练、信息系统、配套设施建设和官兵生活保障，后勤和装备综合服务保障水平不断提高。 （张志新）

【省委议军会议暨国防动员委第五次全会】 2月24日召开。省委、省政府领导，国动委成员单位部委厅局负责人，省军区领导机关，预备役师旅主官共100余人参加会议。会议传达军委副主席郭伯雄考察山西省军区讲话精神，审议《山西省实施〈国防动员法〉办法》，研究新形势下加强党管武装建设举措。省委书记、省军区党委第一书记袁纯清主持会议并讲话，省长、省国动委主任王君提出具体要求，省军区司令员刘云海、政委张少华对深化拓展山西特色军民融合、推进国防后备力量应急能力建设创新发展提出部署意见。 （张志新）

【战备规范化建设集训】 5月11~12日，省军区采取经验交流、功能示范、成果观摩、集中辅导等方法，依托临汾军分区、浮山县人武部和预备役步兵第249团组织进行省军区部队日常战备规范化建设集训，研究出台《省军区部队日常战备建设规范》，从联合战备值班、应急指挥机制、应急指挥流程、应急指挥平台等10个方面，细化量化480条建设标准，达到

省军区召开党委十届二次全体（扩大）会议 （张志新提供）

山西省军区军人代表大会会场　（张志新提供）

统一思路、树立样板、推进落实的目的。北京军区副司令员张宝书带军区机关现场检查指导。　（张志新）

【日本遗弃化学武器回收作业】　5月至6月，省军区协调中方协助团和日方作业团共计200余人，分别在大同市城区和晋中市寿阳县对中方托管的28枚日本遗弃化学武器进行鉴别包装，并对鉴别过程中产生的污染物进行密封包装处理。此次作业在外交部日遗化武办公室、总参外办、总参履约局、总后履约局、北京军区机关的指导下，由防化学院、081基地、27集团军防化分队协助日本作业人员完成。　（张志新）

【“铸盾-2012”战役集训演习】　6月13~15日，在北京军区导演部统一领导下，采取自导自演、网上同步方法，以“首都联合防空背景下京边屏护防卫区西部责任区综合防卫作战”为课题，区分修订战役决心、抗敌综合打击、组织维稳救援3个问题，组织省军区带所属13个师旅单位网上同步参演。两级首长机关共计385人参加，参训率达77%。　（张志新）

【“一村一井”工程】　7月中旬，省军区协调北京军区给水工程团出动120余名官兵深入革命老区、缺水山区石楼县找水打井。参战官兵克服条件艰苦、远离驻地保障困难等诸多不利因素，科学施工，连续奋战，历时两个月打井23眼，解决8万多群众和近3万亩农田的饮用水问题。　（张志新）

【军人子女教育优待办法落实】　7月，省军区主动与地方各级教育部门沟通协调，邀请省招办领导座谈，争取政策优待，联合省教育厅出台《山西省〈军人子女教育优待办法〉实施细则》，并且发挥区位优势和职能作用，军地合力推动、督导落实，为军人子女接受良好教育创造条件，全省486名军人子女享受教育优待。（张志新）

【全省军转安置工作会议】　9月12日召开。会议传达贯彻全国军转安置工作会议精神，并下发《关于做好2012年军队转业干部安置工作的通知》。副省长牛仁亮、省军区副政委曾广超、省人社厅厅长张健出席会议并提出指导性意见。会议要求各级党委、政府要把军转安置工作摆上更加突出的位置，作为党管武装的重要内容，列入重要议事日程，纳入领导班子和领导干部考核范围，纳入政府绩效考核和目标管理，作为评选“双拥”模范城县和创建文明单位的一个重要条件。　（张志新）

【军区专用手机网开通】　按照北京军区统一部署，9月初，协调全省11个市电信运营公司，组织完成省军区专用手机网和短信平台建设，为全区干部配发手机终端2035部，在全区部队广泛推开应用。　（张志新）

【军事三项队名列全国农运会前茅】　9月16~22日，从全区选拔民兵军事三项（手榴弹投掷、5000米越野、400米障碍）队，参加在河南省南阳市举行的第七届全国农运会。张宝玉、刘璐等5名队员取得个人名次4项，集体名次8项，团体总分第7名的成绩。张宝玉、刘璐还获体育道德风尚奖。　（张志新）

【警备区域管理】　2012年第四季度，按照总部统一部署，各警备司令部集中开展“严整军容风纪和军车运行专项检查纠察”活动。组织全区5支警备分队，在驻地交警配合下，统一部署、分片组织、集中行动，对外出军人、军车进行严格检查纠察。全年累计派出警备勤务2800余人次，检查过往军车600余台次、军人700余人（次），查纠违章违纪军车60余台，查获各类假证件30余个，纠正军容不整和违纪人员110人次。　（张志新）

【民兵调整改革】　2012年，全区各级着眼新时期民兵建设“三个转变”的目标要求，积极探索，大胆创新，深入基层进行调研摸底，科学制订调整改革方案，结合年度整组，优化组织布局，规范整合基干民兵队伍。新的基干民兵组织规模和队伍种类基本形成。　（张志新）

【全区后勤保障能力检验评估】按照北京军区部署要求，围绕京边屏护防卫区西部责任区主要作战任务，在组织各师旅级单位自检自评基础上，协调省经济动员办公室、交通战备办公室收集汇总7大类4万余条保障数据，完成省军区后勤保障能力检验评估综合报告及后勤指挥、装备和经费物资保障、卫勤保障、运输投送、工程野营保障、后勤动员6种专业保障能力评估报告。　（张志新）

【部团基础设施建设】　2012年，根据省委、省政府、省军区《关于加快推进县（市、区）人武部和预备役团基础设施建设意见》,先后采取听取汇报、检查调研、实地查看、现地指导、下发通报、召开会议等多种形式,推进工作落实,并针对工程建设中的程序、质量、经费管理等容易发生问题的方面,结合军区巡视、工程建设专项监督检查等时机当面指出,立即整改,并通报全区引以为戒,确保工程建设规范有序。截至2012年底,全区128个部团,其中计划新建的108个部团(20个部团基本达标不需重建),完工并入驻的25个,主体完工正在装修的16个,开工在建的58个,计划开工的4个,选址、立项或正在落实土地的5个。（张志新）

武警山西省总队

【概述】 2012年,武警山西省总队党委把握稳中求进总基调,以正规化建设为突破口,抓好党的建设和基层建设两项工程,部队建设局部突破、整体提高,呈现出稳步发展的势头。(1)加强思想政治工作,深化党的创新理论武装,学习胡锦涛"7·23"讲话和十八大精神,积极创新方法手段,突出政治工作生命线地位。(2)完成中心任务。坚持"十六字"执勤思路,规范执勤秩序、推行"三环"卡点和深化"666"专勤专训,开展执勤等级评定、业务培训和专项整治。(3)大抓基层工作。贯彻全军、武警部队基层建设工作会议及武警党委1号文件精神,专题分析基层建设形势,树立大抓基层的鲜明导向。(4)提高正规化水平。落实正规化建设三年规划,重点解决难点和突出问题,完成规划任务,通过武警总部的验收。(5)提高后勤保障能力。高标准承办武警部队现代后勤工作会议,探索形成"七种建设模式",为推进现代后勤工作提供示范引导。（邱俊伟）

【思想政治建设】 落实中心组学习制度,举办师团职领导干部理论读书班,学习贯彻十八大精神。抓好主题教育,推行"组合式备课、统分式授课、递进式教育"模式,组织"四会"优秀政治教员评比,培育当代革命军人核心价值观,重视发挥网络思想政治工作功能作用。推进先进军事文化建设,新建总队警史馆,规范警营政治环境建设,走"以文促武、以文聚气、以文塑形、以文创安、以文育人"路子,提振军心士气。开展形势政策教育,应对网络政治谣言,处置涉警敏感事件,超前做好防间保密工作。做好"涉日"维稳政治工作,抓好心理、法律服务工作。（邱俊伟）

【中心工作】 新建或改造16处两看目标,治理35处重大隐患,连续十五年无执勤事故,太原支队五中队被总部授予执勤标兵中队。组织敏感期战备维稳,抓力量建设,规范兵力抽组,投资880万元配备处突反恐救援装备。抓好直升机大队建设,集中力量、攻坚克难,按期完成机场建设和入驻、接装工作。坚持按纲施训,依托卫士演习加强课题研练,发挥资源优势拓展基地化训练,运用等级评定牵引机动分队训练,投资2160万元完善场地器材,拨出13万元奖励训练先进单位和个人,运城支队教导队被总部表彰为先进教导队。完善信息基础网络,投资4100万元完成总队"三个中心",83%执勤中队完成技防建设任务。累计用兵97000人次,担负临时任务630起,十八大安全保卫、敏感期备勤、处置富士康事件、森林灭火等重大任务完成出色,维护社会稳定。（邱俊伟）

【基层工作】 加大按纲抓建力度,组织两级党委机关深入部队考察帮建,实施分类指导、分块治理,58个连续五年以上未跨入先进的中队进步明显。优化基层干部编配、稳定基层组织结构,开展"大练基本功"活动,分期组织520名基层主官《纲要》培训,强化干部能力素质。推行经常性工作画圈分解运行模式,规范工作程序,注重检查指导跟踪问效,促进经常性工作落实。"四有"建队模式"五会"育人目标得以推行。进岗入责,网络学习、周末育才、读书育人活动深入。创先争优活动常态化长效化,狠抓组织生活制度落实,基层党组织建设有力。临县、翼城县中队党支部被武警部队党委表彰为创先争优先进基层党组织。（邱俊伟）

【正规化管理】 以迎接总部"两项达标"验收为契机,狠抓正规化建设三年规划收官,按照"巩固成果、分级负责、波次推动、一次通过"的思路,严密组织专项培训、试点观摩、交叉检查和先期达标验收,对234个基层中队逐一规范,一些长期制约部队正规化管理的顽疾得到较好解决。总体实现"礼节礼貌规范、内务设置统一、基础设施配套、管理制度落实、内外关系和谐、部队安全稳定"目标,被总部评定为正规化管理优秀达标单位。开展条令学习月、作风纪律整顿和安全隐患排查治理活动,集中组织安全集训,分片召开安全管理座谈会,敏感时段派出工作组深入基层检查和蹲点指导,紧盯"三性"问题综合整治,连续四年实现"三无",两次代表武警部队接受全军安全检查,均受到好评。（邱俊伟）

【后勤保障】. 调整编配两级应急保障力量,总队卫勤分队纳入省应急灾害救援体系。完成173个中队基础设施和168个单位给养器材配套任务,解决32个中队冬季洗澡、取暖问题。完善资金管理、工程建设等9个管理规定,抓好预算执行、物资采购审计,组织退役报废武器销毁和车辆安全教育整顿,后勤安全发展基础日趋稳固。后勤综合值班室"一个中心、两大系统"建成使用,财务视频监控、物资射频识别、远程网络审计等12个信息系统改造升级,后勤资源可视可查可控能力加强。（邱俊伟）

【党委班子建设】 开展"讲政治、顾大局、守纪律"学习教育活动、"戒浮躁、正风气、促落实"主题党日和"读书思廉"活动,落实领导干部廉政承诺要求,促进党的先进性纯洁性建设。调配支队级党委班子,调整任命327名营团职干部,组织结构得到优化。学习贯彻《党委工作条例》和总部"三个规范性文件",抓好民主集中制学习研讨,对15个支队级党委班子进行考察帮建,专题召开民主生活

会,加强党委班子凝聚力战斗力。晋中支队党委被表彰为全军创先争优活动先进旅团党委和党建带团建工作先进党委。（邸俊伟）

人民防空

【概述】 1. 人防自身能力建设重点工作年成效显著。2012年省人防办以国动委的名义颁布《关于推进山西省综改试验区建设进程中加快人民防空事业发展的意见》，对人防系统参与综改试验区建设作出全面部署;协调省委组织部下发《关于进一步加强人防部门领导干部管理有关问题的通知》，完善人防部门领导干部双重管理机制;协调省编办下发《关于县级人民防空办公室领导职数的通知》,全省96个县(市)人防办增设1名专职副主任基本就位;与省住建厅联合下发《关于进一步加强建设项目人民防空审查管理的通知》,对住建、规划、人防等部门在建设项目审查管理中的协调机制作出安排;推动省工程建设领域突出问题专项治理领导组办公室将防空地下室异地建设费专项活动引向深入，形成人防与发改、国土、规划、住建、监察联合执法机制;争取省财政厅把防空地下室易地建设费的收缴列为全省实施非税收入分成收缴改革的试点,推进易地建设费的收缴和上解实现制度化、规范化、法制化;与省审计厅联合下发《关于开展对防空地下室易地建设费征缴情况审计的通知》，将易地建设费征缴和使用情况纳入年度审计范围;推进山西省防空防灾安全体验馆建设,为人防部门承担综合性的防空防灾教育和技能培训任务建立省级平台；在103个社区试点建设人防LED显示屏。

2. 人防综合防护体系能力取得长足发展。一是综合防护体系各项规划制定全面推进,完成省级人防信息化建设规划编制和防空袭预案修订;7个国家人防重点城市完成防空袭预案修订,晋中、临汾、长治3市县级防空袭预案制定全部完成,6个国家人防重点城市完成人防工程规划编制,其中长治市人防工程规划纳入该市城乡建设总体规划。二是人防指挥平台体系加快发展。省“0903”工程竣工,省级人防移动指挥所增加“动中通”功能。3个市级人防基本指挥所投入使用,7个市级人防移动指挥平台建成,临汾市4个县级人防移动指挥平台建成。三是防空地下室建设规模高速增长。2012年全省批建防空地下室XXX万平方米，比上年增长近XX万平方米。全省防空地下室批建规模连续第三年超百万元。四是省人防信息系统建设有序实施。省人防办完成人防“北斗”导航、定位、时统系统的前期论证和立项。全省新安装短波电台XX部,总量达XX部。太原、长治、阳泉、临汾、晋城、吕梁、晋中7个市人防实现与省人防光缆通信网联通。朔州、晋中两市人防卫星移动站加入国家人防卫星通信网。全省新安装防空警报器XX台,总量达XX台。五是对全省重要经济目标防护开展有益探索。晋中市人防办与有关行业主管部门共同完成10个类别重要经济目标的调研,率先拟定“重要经济目标确定标准”。晋城市通过无线视频传输箱实现对重要经济目标的实时监控。长治市重新确定X个重要经济目标。六是人防疏散体系建设迅速推进。省直机关繁峙防空防灾疏散基地获得国家人防办立项,并开始建设。朔州市人防疏散基地建设全面开工。全省共有XX个疏散基地正在建设。七是人防专业队伍体系进一步发展。晋中市新组建信息防护、心理防护、气象、设障、排爆专业队,建立120人的人防直属专业队。大同、晋城两市组建人防志愿者队伍,开展培训。

3. 人防建设服务全省转型跨越发展的作用凸显。全省加大结合民用建筑修建防空地下室管理力度,经批准建设防空地下室的各类在建民用建筑工程作为国民经济和社会发展的重要方面,全省近XX万平方米人防工程的开发利用，解决1万多人的就业问题。

4. 人防信息化建设取得进展。全省人防应急指挥通信覆盖11个地级市,防空防灾警报网覆盖107个行政区。人防指挥通信骨干网已形成,并具备跨区机动指挥通信能力,实施24小时全天候应急值班,可为政府抢险救灾指挥提供高效、可靠的保障。全省11个地级市和96个县级行政区全部安装警报器，并实现集中统控。（史永健）

2月16日，全省人防工作会议暨人防自身能力建设重点工作动员大会在太原召开（史永健提供）

【重点工作年动员大会】 2月16日在太原召开。会议传达全国及北京军区人防办主任会议精神，总结2011年全省人防工作，围绕“人防自身能力建设重点工作年”部署2012年全省人防工作。省委常委、副省长高建民,省军区副司令员张韧,国家人防办副局长丁果玄，省人防办领导,以及各市政府、军分区分管人防工作的领导、人防办主任和人防工作重点县有关人员出席会议。高建民强调，各级政府要将人民防空建设纳入经济社会发展全局，将各类社会资源纳入人防建设体系，把人防建设与国防建设、应急管理建设、防灾减灾能力建设有机地结合起来。各级人防部门要加强自身能力建设，明确工作目标，量化工作任务，突出工作重点，提升工作能力，完善执法制度，健全班子机构，推动人防事业发展迈出新步伐。（史永健）

人防移动指挥通信车跨区域拉动训练（史永健提供）

【人防“三三三”推进战略】 2011年11月，省人防办制订《山西省人民防空事业“十二五”期间发展战略纲要》。2012年是人防自身能力建设重点工作年。6月14~15日，省人防办在太原卫星发射中心召开人防工作务虚会。省人防办主任韩裕峰就人防工作“三三三”推进战略作阐述。“三三三”推进战略是指整合三级力量、围绕三大任务、分三个阶段推进。三级力量是：《人民防空法》赋予人防管理主体地位的省、市、县三级人防主管部门。三大任务是：加强人防机构自身能力建设，促进人防事业又好又快和可持续发展；激励各级人防主管部门根据自身特点和优势，打造特色工作和精品工程，促进人防创新发展；推进人防融入经济社会发展的主体，提升人防统筹能力和影响力，促进人防跨越式发展。三个阶段是：每项工作要在三年内分阶段实施，第一年为打基础、抓试点阶段，第二年为重点发展、取得突破阶段(称为重点工作年)，第三年为巩固提高、完善发展阶段。（史永健）

【“厉兵-2012”跨区拉动训练】 9月23~28日，由省人防办领导带队，省人防办、太原、大同、阳泉、晋中、长治、朔州和临汾市人防办的10部指挥通信车从太原出发，途经山西、陕西、宁夏，抵达银川，往返1400多千米开展拉动训练。训练内容以卫星通信、短波通信、微波通信、网络通信、音视频切换、移动指挥所撤收等8个方面的实际操作为主，远程测试全省指挥通信车系统、指挥中心设备工作情况，并运用“动中通”“静中通”系统，以短波、超短波等通信联络方式开展训练，促进人防指挥人员熟练掌握跨区通信支援的组织筹划、人员编程和程序方法。（史永健）

【专项执法检查】 2012年3月组成2个巡视组、6个核查组，对全省各市、县人防工程建设中出现的逃建防空地下室、逃缴易地建设费等违法行为进行摸排、核查，并制订下发《山西省人防工程建设与易地建设费缴纳分类治理方案》。8月2日和9日，省人防办接连召开两次会议，就人防工程项目核查认定情况进行安排部署，展开专项治理，对违法单位，由当地人防部门和“治工办”集中约谈；对个别严重违法单位，通过司法程序采取强制措施。（史永健）

政府法制

【地方立法】 2012年，省人民政府组织起草并提请省人大常委会审议通过地方性法规7件。

1. 为促进就业，保障和改善社会民生，实现就业政策措施、就业服务等制度化，组织起草《山西省促进就业条例(草案)》。2012年11月29日，山西省第十一届人大常委会第三十二次会议审议通过，自2013年3月1日起施行。

2. 为加强节约用水管理，规范用水计量管理和节约用水措施，实行分类定价和阶梯式水费。组织起草《山西省节约用水条例(草案)》。2012年11月29日，山西省第十一届人大常委会第三十二次会议审议通过，自2013年3月1日起施行。

3. 为规范食品生产加工和经营活动，保障公众身体健康和生命安全，组织起草《山西省食品加工小作坊和食品摊贩监督管理办法（草案)》。2012年9月28日，山西省第十一届人大常委会第三十一次会议审议通过，自2013年1月1日起施行。

4. 为加强公路建设、养护和管理，组织起草《山西省公路条例(草案)》。2012年11月29日，山西省第十一届人大常委会第三十二次会议审议通过，自2013年1月1日起施行。

5.为加强非物质文化遗产保护和传承工作，组织起草《山西省非物质文化遗产保护条例(草案)》。2012年9月28日山西省第十一届人民代表大会常务委员会第三十一次会议审议通过。自2013年1月1日起施行。

6. 为规范安全技术防范产品的生产、经营和安全技术防范系统的设计、安装、验收、监理、运营和信息使用等活动的管理，组织起草《山西省安全技术防范条例(草案)》。2012年7月26日山西省第十一届人民代表大会常务委员会第三十次会议审议通过，自2012年10月1日起施行。

7. 为合理开发利用和保护气候资源，组织起草《山西省气候资源开发利用和保护条例（草案)》。2012年9月28日山西省第十一届人民代表大会常务委员会第三十一次会议审议通过，自2012年12月1日起施行。 （郭文强）

【规范性文件审查备案】 根据《山西省规范性文件制定与备案规定》(山西省人民政府令第168号)和《山西省行政机关规范性文件制定程序暂行办法》(山西省人民政府令第190号)规定，省政府法制办坚持“统一登记、归口审查、集中备案”原则，严格规范性文件审查备案工作，确保政令统一、合法、有效。2012年度，对省人民政府及其办公厅、省直各部门起草的《山西省关于加快推进社会养老服务体系建设的意见》《山西省科技计划项目经费预算评审办法》《山西省人民政府关于进一步做好打击侵犯知识产权和制售假冒伪劣商品工作的实施意见》《山西省食品安全黑名单管理办法(试行)》等79件规范性文件进行前置审查。对11个设区的市报送备案的《太原市人民政府关于进一步深化土地节约集约利用工作的意见》《大同市人民政府关于印发〈大同市建设项目并联审批实施方案〉(试行)的通知》《吕梁市人民政府办公厅关于印发吕梁市新城建设房屋征收与补偿方案的通知》《晋中市人民政府关于大力发展职业教育成人教育的决定》等151件规范性文件进行备案审查。审查过程中发现的主要问题有不适当设定公民、法人和其他组织的义务，违法设定行政处罚，扩大法律、法规设定的管理权限和范围，变相设定行政许可等。省政府法制办及时提出修改意见和建议。 （郭文强）

【和谐社会与法治政府建设专题培训】 3月16~21日，省政府法制办与武汉大学联合举办。30名省、市、县政府法制工作人员参加学习培训。东南大学法学院院长周佑勇、武汉大学法学院副院长周叶中；武汉大学法学院教授林莉红、喻术红、秦前红；武汉大学副教授李傲等就有关专题给学员进行讲授。 （郭文强）

【煤炭资源整合有关涉法问题研讨会】 5月11日，针对省高级人民法院关于煤炭资源整合有关法律问题的报告，根据省长王君的有关批示，省政府副秘书长、省政府法制办主任崔国红主持召开煤炭资源整合有关涉法问题研讨会。省政府法律顾问王继军、彭云业、马跃进、张旭娟、孙智出席会议，省政府法制办副主任刘钢柱及有关处室负责人参加会议。会议形成如下共识，一是山西煤炭资源整合和兼并重组工作是煤炭领域改革成功的先行先试，对于保护煤炭资源、实现安全生产、提高生产效率具有重大意义。二是不能简单认定兼并重组工作是政府行政权强制推进的国进民退，因为改革后全省煤矿企业形成国有、民营、混合型企业的比例是5:3:2。三是根据法律规定，煤炭资源属国家所有，采矿权是物权的一种形式，属于用益物权。四是矿业权流转的制度和程序亟待完善。五是要树立有限政府观念，民事主体之间的涉法纠纷不属政府管辖范围。（郭文强）

【贯彻行政强制法专题报告会】 5月30日，省政府在梅山会议厅举办“加强法治政府建设暨贯彻行政强制法专题报告会”。国家行政学院法学部主任胡建淼作专题报告。省委常委、副省长高建民主持会议。省直部门分管法制工作负责人共计140余名参加会议。会上，胡建淼作《继续加强法治政府建设，认真贯彻实施〈行政强制法〉的专题报告》。高建民在讲话指出，就山西省贯彻实施行政强制法，加快推进依法行政、加强法治政府建设提出如下要求，一是要认识贯彻实施行政强制法的重要意义，增强建设法治政府、保障和服务转型跨越发展的责任感和紧迫感；二是要以实施行政强制法为契机，提高依法行政意识和能力；三是要落实行政强制法有关规定，强化行政行为监督，将法治政府建设的各项要求落到实处。

（郭文强）

【重点领域执法责任制检查】 2012年省政府法制办根据《山西省行政执法责任制规定》，将全省人力资源和社会保障、教育两大系统推进行政执法责任制情况，作为执法检查的重点领域。3月23日，省政府法制办会同省人社厅和省教育厅印发《关于对全省人力资源和社会保障、教育系统推行行政执法责任制工作情况检查的通知》（晋政法字〔2012〕24号），明确自查与抽查检查相结合的检查方式和十项具体检查内容。8月20~30日，省政府法制办与省人社厅、省教育厅组成联合检查组，在全省范围内开展抽查检查。重点检查11个设区的市和阳高县、平定县、长治县等23个县（市、区）人社、教育系统及部分基层单位。从检查情况来看，两大系统各级部门能够围绕全面推进依法行政、建设法治政府的目标，结合山西省综改试验区建设工作实际，落实行政执法责任制各项工作。两大系统推行行政执法责任制成效明显。检查中发现一些问题，一是个别单位领导和执法人员对推行行政执法责任制重要性的认识还不够高。二是一些基层单位对行政执法责任制工作的落实不够全面到位。三是一些单位行政执法责任追究力度不够，行政执法评议考核有待加强。四是行政执法案卷还需进一步规范，一些单位案卷装订不规范，格式不统一，内容有缺项。针对发现的问题，检查组及时向有关单位反馈，并要求限期改进。（郭文强）

4月11日，全省政府法制工作电视电话会议在太原召开

（郭文强提供）

【全省法制工作电视电话会议】 4月11日在太原召开。会议由省政府副秘书长盛佃清主持，省委常委、副省长高建民作《加强法治政府建设 保障转型跨越发展》讲话，省政府副秘书长、法制办主任崔国红作《努力创新政府法制工作积极推进依法行政进程为保障和服务转型跨越发展做出新的更大贡献》政府法制工作报告。全省各市、县分管法制工作的副市长、副县（市、区）长，市、县（市、区）政府法制办主任和45个省直部门分管法制工作负责人分别在主会场和分会场参加会议。会上，太原、晋城、晋中3个市和省环保厅、省地税局、省统计局3个省直部门作交流发言。

（郭文强）

【政府立法保障综改】 2012年9月13日国务院正式批复《山西省建设国家资源型经济转型综合配套改革试验区总体方案》。9月20日，省政府法制办组织召开政府立法引领保障综改试验区建设工作座谈会。省转型综改办、省发展和改革委员会、省经济和信息化委员会、省财政厅、省国土资源厅、省环境保护厅、省住房和城乡建设厅和省煤炭工业厅等8个省直部门法规处处长和相关业务处室负责人参加会议。会上，省直有关部门结合本部门职责和制度建设需要，提出拟列入今后五年立法规划和2013年立法计划建议的立法项目，并充分阐述立法建议项目的可行性、基本思路、体制机制创新要点、主要规范内容并就政府立法工作如何为推动促进综改试验区建设提供有力制

全省省级依法行政示范县示范单位经验交流会

(郭文强提供)

度支撑提出建设性意见和建议。崔国红指出,要把握转型综改先行先试与法制的关系。先行先试在法律有明确具体规定的情况下,不能突破法律底线;在法律只有原则性规定的情况下,要努力将其细化;在法律没有禁止性规定的情况下,要积极做出创新性规定,尤其是国家有鼓励性政策的,可以大胆尝试,走在全国的前列。同时,要把握转型综改实践与地方立法的关系。转型综改立法一方面应当及时总结实践经验,把实践证明是成熟的、可行的做法以地方立法的形式固定下来。另一方面要更加注重顶层设计,用制度创新来引领、支撑、促进转型综改,通过能动的制度构建,发挥地方立法对转型综改的引领和推动作用。 (郭文强)

【行政复议】 1.行政复议案件办理。2012年,山西省人民政府行政复议办公室共收到公民、法人和其他组织行政复议申请72件,涉及1090人,其中受理张宝辉不服山西省质量技术监督局未在法定期限内依法答复其《举报申诉信》申请行政复议案;韩柳林、韩芳林、郭二娃、崔双成4人认为山西省发展和改革委员会不履行关于山西省五盂高速公路建设项目立项文件的政府信息公开职责属于行政不作为,申请行政复议案;山西省临汾市永荣实业有限公司不服山西省经济和信息化委员会作出的《关于临汾市永荣实业有限公司申报2012年焦化淘汰落后产能中央财政奖励资金有关问题的复函》(晋经信能源函〔2012〕334号)申请行政复议案;榆次区使张村村民张保根不服晋中市人民政府的"征收公告"(附《市城区汇通路北段道路拓宽改造工程土地和房屋征收补偿方案》)申请行政复议案;山西昔阳北坪煤业有限公司不服山西省工商行政管理局对其名称、法定代表人及股东进行变更登记的具体行政行为申请行政复议案等37件,不予受理或者以其他方式处理35件。案件办理基本做到"案结事了""定纷止争"。

2.行政复议工作指导。一是省政府法制办根据国务院法制办《关于进一步加强行政复议工作规范化建设的实施意见》,结合山西省实际,制定印发《山西省行政复议工作规范化建设实施方案》,明确加强行政复议工作规范化建设的思路、方向、措施和目标。二是省政府法制办编印《山西省行政复议工作手册》,为市县级政府和省直有关部门开展工作提供工具书。三是应运城市政府、晋城市政府法制办、阳泉市矿区政府法制办请求,对其提出的关于工伤认定、养老保险金发放、行政处罚复议管辖权等比较复杂的行政复议案件涉及的有关问题,进行认真研究,给予答复。四是依据《中华人民共和国行政复议法实施条例》,2012年省政府法制办对市级人民政府及省直部门报送的8件重大行政复议决定进行备案审查。

3.全省土地管理行政复议案件专题研讨会。针对近年来土地管理行政复议案件数量逐年上升的趋势,为进一步提高各级国土资源部门依法行政水平,7月5~6日,省政府法制办与省国土资源厅联合在长治市壶关县举办全省土地管理行政复议案件专题研讨会。100多人参加会议。会议邀请国务院法制办行政复议司、国土资源部政策法规司、省高院行政审判庭有关领导就土地管理涉及的行政复议、行政应诉等议题与参会人员进行交流。 (郭文强)

法　院

【概述】 2012年山西省法院积极履行审判职责,全年共受理各类案件224099件,审(执)结208193件,分别比去年上升4.86%和5.44%;诉讼标的额253.72亿元;省高院共受理各类重大案件5040件,审(执)结3502件。

1.刑事审判坚持宽严相济政策,构建《平安三晋》。全省法院继续依法严厉打击各种危害社会稳定的犯罪活动,始终保持对黑恶势力、故意杀人、制售有毒有害食品、重大安全责任事故、非法吸收公众存款等危害国家安全、危害人民群众生命财产安全、破坏市场经济秩序等犯罪行为的高压态势。全省法院全年共受理刑事一审案件25116件,同比上升13.87%,审结24092件。其中,黑恶势力犯罪、团伙犯罪案件14件190人,故意杀人、抢劫、盗窃等严重暴力犯罪和多发性侵财犯罪案件9145件14503人,制售伪劣食品药品、偷税漏税、商业贿赂等破坏社会主义市场经济秩序犯罪案件954件1392人,贪污、贿赂、挪用公款、渎职等案件1221件1682人。各级法院还发挥自身优势,参与社会治安综合治理,做好罪犯的教育、改造、挽救工作,对罪行较轻、确实不致再危害社会的被告人依法适用缓刑并辅之以社区矫正，对8929名服刑人员依法予以减刑假释。

2. 民商事审判坚持维护经济发展，关注保障民生。全省法院履行民商事审判服务经济发展、维护保障民生的审判职能，全年共受理民商事一审案件112571件，同比上升8.69%，审结112395件。各级法院合理考虑转型综改试验区建设对当前各种民商事活动的客观影响及纠纷形成的特殊背景，理解政策原理和法律精神，把握审判尺度，依法引导、保障和支持有利于经济转型升级的经济活动和经济行为；突出审判导向，妥善审理企业设立和企业兼并重组等产权流转过程中产生的纠纷案件，加强投资者权益保护，鼓励和引导资本向战略性新型产业转移；加大对经济增长具有重大突破性作用、具有自主知识产权的关键核心技术的司法保护力度。坚持对公有制、非公有制企业和省内外、境内外投资者合法权益的平等保护，审理各类关系经济发展的民商事案件。其中审结买卖、借贷、租赁、保险等合同纠纷41481件，依法惩处非法集资、违约失信等行为，营造良好的投资、创业、发展环境；审结企业破产改制、公司清算案件99件，专利、商标、著作权等知识产权案件334件。审理婚姻家庭、继承、相邻关系、宅基地纠纷等案件43518件；审理房地产开发经营合同纠纷案件811件；妥善化解涉农矛盾纠纷，依法审结农村土地承包等案件655件。

3. 行政审判坚持矛盾化解，推进社会管理创新。为创新行政审判工作方式，变消极裁判、被动司法为主动服务、能动司法，省高院召开行政审判与行政复议、行政执法联席会，通报全省行政审判工作情况，与省公安厅、省国土资源厅等18个行政执法机关进行交流讨论，以案说法，对政府部门败诉案件的特点和原因进行分析，建议行政机关注重在行政程序中化解纠纷，使行政争议化解在行政程序内部。发挥行政复议、行政协调等非诉程序的功能，强化行政机关与人民法院的良性互动、实现诉讼与非诉讼的衔接，重视把矛盾解决在基层，解决在行政执法环节。全省法院全年共受理行政一审案件1225件，审结1111件，其中判决维持行政机关具体行政行为的254件，撤销的123件。省法院和太原、吕梁、晋中等法院通过向当地党委、人大、政府报送行政审判“白皮书”，加强党委、人大对行政审判工作的关心支持，增进行政机关对法院工作的理解。

4. 执行工作坚持多措并举，努力攻坚执行难。全年共执结各类案件32014件，执结率达83.8%。全省法院推进“无执行积案先进法院活动”和“反规避执行专项活动”，抓住有利时机，选择一批执行阻力大、社会关注、需要重点督办的执行积案，集中清理。特别是主动加强与检察、公安、工商、税务、银行等部门的联系，运用执行联动机制和执行威慑机制，促使被执行人自觉履行义务，有效遏制被执行人逃债赖账规避法律的行为，维护申请执行人的合法权益。

5. 以维护稳定为重心，破解涉诉信访难题。全省法院围绕“为党的十八大胜利召开营造和谐稳定有序的社会环境”主题，推进法院信访工作，落实中联会议、省联会议精神及最高法院“四个必须”“五项制度”要求，采取领导包案、院长接待、责任到人、标本兼治、重点排查督办等措施，破解进京越级重复访难题，强化信访积案化解工作。中央政法委交办的124件积案全部化解。在省“两会”、全国“两会”和党的十八大召开等重大活动期间，省院和各中院领导亲自带队，分别驻京接访和带案下访，使山西省所有中院在进京越级访和重复访的全国排名均退出前50名，所有基层法院都退出前100名，省高院也从上年同期第3名退至23名。从源头上治理涉诉信访案件，坚持把“调解优先、调判结合”的原则延伸到刑事、民事、行政、执行工作全领域，贯穿于诉前、立案、审判、执行、信访工作全过程，并纳入对法官的个人绩效考评。全省法院民事案件调解撤诉率达69.05%；执行案件和解率达27.41%。抓全省法院立案信访窗口规范化、标准化建设，由高院业务庭室领导、中基层法院院长、副院长轮流坐班，定期接访，对困难上访人帮扶救助。仅省院信访处2012年以来就稳妥处理藏民集体访等多起群体性事件。 （马云跃）

【袁纯清到省高院考察】 7月16日，省委书记、省人大常委会主任袁纯清在省委常委、政法委书记王建明，省委常委、秘书长杜善学陪同下到省高院调研。袁纯清在考察省法院信访大厅时，与上访人员亲切交谈，在省法院陈列室，参观省法院成立60多年来在各个历史时期所取得的成绩。之后，与省法院党组成员和副厅级以上领导进行座谈，听取汇报。 （马云跃）

2月10日，全省中级法院院长会议在太原召开 （马云跃提供）

【省高院重点调研课题获省领导批示】 省高院针对全省进行煤炭资源整合先行先试中出现的一些矛盾纠纷以及可能引发的法律后果,设立重点调研课题,经过充分调查研究,及时向省委、省政府提出解决这些矛盾纠纷的法律对策和建议。调研报告引起省委、省政府的重视,省委书记袁纯清、省长王君、副省长李小鹏分别作出批示,对这项调研成果给予肯定。省委政法委和省政府办公厅还牵头组织一次由法院同志讲授,有关主管部门和各市、县相关部门领导参加的讲座。 (马云跃)

【全省法院第20次工作会议】 8月2~3日召开。省委书记、省人大常委会主任袁纯清接见与会代表,省委常委、副省长高建民,省委常委、政法委书记王建明,省政协副主席张茂才出席会议。王建明代表省委、省委政法委讲话。省高院党组书记、院长左世忠作工作报告。省高院党组副书记、副院长朱明主持会议并作总结。省高院党组副书记、副院长刘冀民传达全国大法官研讨班精神并就贯彻落实会议精神提出具体要求。全省中、基层法院院长,北京军区太原军事法院院长,省高院各庭处室负责同志,受表彰的全省优秀法院、优秀法官、先进工作者及全省法院离退休老干部代表共300余人参加会议。 (马云跃)

【全省中院院长会议】 2月10日在太原召开。省委常委、省委政法委书记王建明出席会议并讲话,省高院党组书记、院长左世忠讲话,党组副书记、常务副院长梁权主持会议。省高院党组成员、副院长刘冀民传达全国高级法院院长会议精神。会议还对全省法院55名裁判文书制作竞赛获得一、二、三等功人员进行表彰,左世忠同12个中院院长、33个省院机关部门领导签订党风廉政建设和社会管理综合治理责任书。 (马云跃)

【《全省中级法院年度综合绩效考评办法》(试行)】 为加强对全省法院工作的监督和指导,推进人民法院以审判执行为中心的各项工作,建立科学的工作评价体系,确保省院党组"抓三案、促四化、求五新"工作目标的实现,省院绩效考评办公室在多方论证、广泛征求意见的基础上,出台《全省中级法院年度综合绩效考评办法》(试行),并用于2012年度对各中院的考评。 (马云跃)

9月24日,全省法院践行政法干警核心价值观英模报告会

(马云跃提供)

【裁判文书评查评比活动】 2012年为落实最高院"提升队伍素质、提升审判质量和提升司法公信力"要求,全省法院用半年时间,对2009年至2010年已生效的24万余份裁判文书开展评查评比"双评"活动,对不规范、有瑕疵的裁判文书层层进行点评讲评,评出样板文书75份,促进"文书质量、司法能力、审判质量"的提升。省劳动竞赛委员会对裁判文书获奖的法官给予记功表彰。 (马云跃)

【政法干警核心价值观教育实践】 为推进政法干警核心价值观教育实践活动,引领广大干警科学认识山西,增强践行政法干警核心价值观的主动性和自觉性,4月17日,省法院邀请省党史办主任张铁锁作题为《山西在中国新民主主义革命中的地位与贡献》的报告,省法院机关和事业单位全体干警参加。9月24日,践行政法干警核心价值观英模报告会在太原举行,省高院、太原市两级法院、太原铁路两级法院近千人参加。 (马云跃)

【铁路法院移交】 3月30日,在晋铁路法院移交山西省高级人民法院签字仪式在太原举行,最高人民法院党组成员、政治部主任周泽民,中共山西省委副书记金道铭,省委常委、副省长高建民,省高院院长左世忠,省检察院检察长杨司以及来自最高人民法院、铁道部、省委、省政府、省高院、省检察院、太原铁路局的领导和相关部门负责人参加签字仪式。 (马云跃)

【全省法院信息化应用培训】 9月23~28日,全省法院信息化应用培训举行,来自全省各中院、基层法院的141名信息化技术人员参加培训。培训内容涵盖全省法院系统近年来统一实施的三级专网、科技法庭、信访系统、数据传输交换系统、远程提讯系统、网络安全系统等项目,重点培训各个项目的日常操作、管理和维护。(马云跃)

检 察

【概述】 2012年,山西省人民检察院

转变办案方式，加大执法办案力度，促进法律监督职能的履行。

1. 抓好修改后刑事诉讼法的学习贯彻工作。坚持以执法办案一线人员和基层检察人员为重点，采取点、线、块、面“四合一”措施，全员学习、全员培训、全员考核、全员过关。强化实务探索，在太原市检察院开展审查逮捕必要性评估、公诉案件庭前会议、非法证据排除等先行先试工作。省检察院召开观摩及动员大会，学习推广太原市检察院的经验，为2013年实施修改后刑事诉讼法奠定基础。

2. 维护社会和谐稳定。坚持把维护稳定、保障安全，作为检察工作第一位的任务，一手抓打击犯罪，一手抓化解矛盾。全年共逮捕各类犯罪13792件20676人，提起公诉19766件29330人。注重结合办案化解矛盾纠纷，办理当事人达成和解的轻微刑事案件206件，民商事和解息诉案件632件。创新监外执行、社区矫正监督方式，协助基层组织加强对特殊人群的管理帮教。结合执法办案向党委、政府及社会管理部门提出检察建议2683件。成立办理未成年人案件专门机构，加强对未成年人的司法保护。推进集中化解涉检进京访专项工作，中央政法委交办的7起、高检院交办的8起进京访案件得到化解，实现重大敏感时期涉检进京“零上访”目标。

3. 依法查办和预防职务犯罪。保持对腐败犯罪的高压态势，共查办各类职务犯罪1244件1723人。其中，大案746件，要案61人。查办涉农惠民领域贪污贿赂犯罪410件637人，查办危害民生民利渎职侵权犯罪170件212人，查办国土、城建等行政执法机关职务犯罪338人。制订《检察机关侦防一体化机制建设实施细则》，推进侦查和预防工作机制建设。落实讯问职务犯罪嫌疑人同步录音录像制度，规范办案区的管理使用，规范执法办案活动。深化职务犯罪预防工作，在全省116项重点工程建设中开展职务犯罪专项预防，举办“廉政宣传短片”评选活动，对党员干部开展预防教育5524次，受理行贿犯罪档案查询15579次。

4. 全面加强诉讼监督。监督纠正侦查机关应当立案而未立案案件1457件，不应当立案而立案案件1019件。开展公安经侦队办理案件专项监督活动，共监督立案19件，监督撤案12件；发现违规扣押处理涉案款物、违法变更强制措施等案件144件，纠正106件。开展“另案处理”“在逃”案件专项检查活动，共发现处理不当案件25件35人，分别作监督立案、督促移送审查起诉、督促公安机关上网追逃等处理。加强刑事审判监督，对认为确有错误的刑事裁判提出抗诉337件，原审改变率为84.2%。开展职务犯罪案件一审判决两级检察院同步审查工作，同步审查职务犯罪案件一审判决624件。加强刑罚执行和监管活动监督，制订罪犯暂予监外执行同步监督程序的规范意见和特订重点罪犯教育改造和减刑假释同步监督规定，组织开展看守所留所服刑专项检查以及清理久押不决案件专项检查活动，纠正减刑、假释、暂予监外执行不当383人，清理久押不决案件139案279人。加强民事行政检察工作，加大对二审生效裁判的审查力度和再审检察建议适用力度，共审结提请抗诉案件114件，对认为确有错误的民事行政裁判提出抗诉212件，原审改变率为82%；发出再审检察建议251件，法院采纳142件。

2月24日，山西省人民检察院举行检察教官聘任仪式

（尹桂珍提供）

5. 推进检察队伍建设。实施“351”人才培养工程，完成第二批全省检察业务专家、业务尖子和办案能手的培养和考察确定工作。以领导素能、任职资格、专项业务、司法考试培训等为重点，开展教育培训，省检察院举办各类培训班19期，培训1943人次。再次选聘4名高校教授到省检察院挂职锻炼。

制订全省检察信息化建设三年发展规划，计划用3年时间，投入3亿元，推进侦查监督、公诉、职务犯罪侦查、检察技术、检察队伍建设等九大平台软件建设，并与其他政法机关和行政执法机关实现信息互联互通。检察专线网线路租用项目工程已经启动。

开展“落实《基层检察院建设规划》攻坚年”活动，落实省、市检察院领导联系基层检察院制度，狠抓示范检察院培养指导工作，开展结对帮扶活动，推动基层院建设协调发展。探索基层检察院院内设机构设置改革，取得阶段性成果。延伸检察工作触角，推进派驻乡镇检察室工作，全省设立乡镇检察室66个。推进铁路检察院工作体制改革，山西省在全国首家签订铁路检察院移交协议。

（尹桂珍）

【选聘和培养检察教官】 省检察院落实《关于实行检察教官制度的意见》，经过自由报名、资格审查、教学

3月13日,山西省人民检察院在长治召开检察理论研究年会

(尹桂珍提供)

试讲和政治审查等四个环节,从全省三级检察院选聘出28名检察教官。为提高首批检察教官的教学能力,检察官学院举办教学技能培训班。组织检察教官分期分批参加国家检察官学院新刑事诉讼法培训。（尹桂珍）

【预防职务犯罪机制建设】 2012年,全省检察机关预防职务犯罪工作坚持“打防并举,标本兼治”的方针,立足检察职能,创新预防措施,健全预防机制,开创预防职务犯罪工作新局面。

省预防职务犯罪工作领导小组召开第三次会议,调整山西省预防职务犯罪工作领导小组组成人员;通报领导小组第二次会议以来检察机关开展惩治和预防职务犯罪工作情况;进行预防职务犯罪工作经验交流;部署下一步各级预防职务犯罪工作领导组的工作进行。省预防职务犯罪工作领导小组办公室组织召开第三次成员单位联络员会议,进一步明确各成员单位的职责任务,分析研究当前和今后一个时期开展预防工作面临的形势和发展方向;全年编发《预防职务犯罪工作》简报8期。

省检察院和省委党校联合出台《关于在党员领导干部中加强预防职务犯罪法制教育的实施意见》,推动全省各级检察机关与党校共同对国家工作人员进行预防职务犯罪警示教育。（尹桂珍）

【未成年人刑事检察】 省检察院于2012年8月20日成立未成年人刑事检察处。主动与高检院、省高级法院相关部门建立工作联系,向各市(分)院转发《最高人民检察院关于进一步加强未成年人刑事检察工作的决定》,向高检院报送关于对“未成年人刑事案件诉讼程序(征求意见稿)”的修改意见,向省综治委预防青少年违法犯罪领导小组专项组办公室报送山西省检察机关开展未成年人刑事检察工作的相关情况。（尹桂珍）

【新闻宣传和文化建设】 一是拓宽宣传渠道,加大宣传力度。2012年以来,共在各类媒体上刊发稿件184篇,在省检察院门户网站发稿233篇。全年省检察院门户网站点击数超过40万次。与《山西青年报》合办《检察周刊》,2013年1月正式发行。二是坚持以抓文化示范院建设为引领,加强检察文化建设。太原市晋源区检察院和吕梁市孝义市检察院被命名为全国首批检察文化建设示范单位,2012年,省检察院在全国检察机关文化建设工作会议上作经验介绍,检察文化建设水平居全国前列。组织成立“山西省检察官文学艺术联合会”以及其下设的8个专业协会,组织专项活动3次。创办《检察文化工作简报》,全年编发10期。（尹桂珍）

公 安

【公安机关十八大安全保卫工作电视电话会议】 7月23日,省公安厅召开全省公安机关电视电话会议,对全省公安机关党的十八大安全保卫工作进行动员部署。省长助理、省公安厅党委书记刘杰出席并讲话,厅党委副书记任鸿太对十八大安全保卫工作进行部署,副厅长成振林传达全国公安厅局长座谈会精神和省委书记袁纯清、省长王君对贯彻落实全国公安厅局长座谈会精神的批示,以及袁纯清到省公安厅视察指导工作时的讲话。会议由副厅长燕和平主持。（李晶辉）

【《山西省安全技术防范条例》实施】 7月26日,山西省第十一届人民代表大会常务委员会第三十次会议表决通过《山西省安全技术防范条例》(以下简称《条例》)。《条例》自2012年10月1日起施行。《条例》的通过,标志着山西省在安全技术防范立法工作上处于全国领先地位,是继广东、贵州、天津、陕西、内蒙古、四川之后的具有山西地方特色,有较强针对性和可操作性的第七部地方性法规。（李晶辉）

【《山西省社会安全管理“十二五”规划》专家评审会】 8月14日,省发改委和省公安厅联合召开《山西省社会安全管理“十二五”规划》专家评审会,省委宣传部、省综治办、省政府办公厅、省经信委、省财政厅、省人社厅、省安全厅、省司法厅、省信访局、省警专等相关部门的专家,对《山西省社会安全管理“十二五”规划(评审稿)》进行评审。省长助理、省公安厅厅长刘杰,省发改委总经济师胡景善,省公安厅副厅长雷党辰出席评审会并讲话,省发改委规划处负责人主持评审会。（李晶辉）

【政协提案办理先进单位】 9月18日,省政协在太原市召开全省政协提案工作经验交流暨表彰会,对办理提案工作成绩突出的个人和集体进行表彰,省公安厅被评为办理政协提案先进单位。

2011~2012年,省公安厅办理提案35件,回复率和办结率均为100%。 (李晶辉)

【公安部“210工程”第一片区座谈会】 4月6日,公安部“210工程”第一片区座谈会在太原召开。北京、天津、河北、山西、辽宁、吉林、黑龙江、大连8个省市公安厅局警务保障部门负责人参加会议。会前,厅党委书记、厅长杨司看望与会代表。座谈会围绕公安部“210工程”实施意见,相关省(市)公安厅(局)分别就实施进展情况和成效,存在的问题及下步工作建议进行探讨和交流。 (李晶辉)

【电子普通护照启用】 5月15日,山西省公安机关电子普通护照启用。护照受理、审批、制证等各环节平稳有序,信息系统及制证设备性能稳定,运行正常。 (李晶辉)

【2012年山西安防科技产业博览会】 6月19~21日,“2012年山西安防科技产业博览会”在山西省展览馆开展。本届博览会有国内外近200家知名安防企业320个展位参展。涉及视频监控系统、防盗报警系统、社区安全防范系统、门禁、出入口控制系统、楼宇智能、防爆安全器材、刑侦器材等公共安全产品4000余件。展会期间,省人大常委会副主任李政文,副省长张建欣和省人大常委会委员30余人考察。(参见第351页)

(李晶辉)

【全警追逃“利剑行动”】 8月2日,全警追逃“利剑行动”开始,公安机关全力以赴开展“利剑行动”,截止于10月7日,全省各级公安机关共抓获各类网上逃犯2367名,其中太原454名、运城363名、吕梁313名、忻州267名、临汾242名、长治168名、晋中168名、大同107名、阳泉101名、朔州95名、晋城89名。 (李晶辉)

【查缴非法危险物品“百日行动”】 为落实省政府专题会议精神和省长王君关于安全生产的重要批示,查缴非法危险物品,省公安厅决定从2012年12月5日~2013年3月15日组织开展为期100天的查缴非法危险物品百日行动。省公安厅成立由厅党委委员、副厅长雷党辰任组长,治安总队总队长李澍田任副组长,刑侦、网警、技侦、监管、督察、宣传等部门主要领导为成员的查缴非法危险物品百日行动领导小组,并制订《全省公安机关开展查缴非法危险物品百日行动工作方案》。 (李晶辉)

【公安便民服务在线运行管理推进会】 12月19日,省公安厅召开山西公安便民服务在线运行管理推进会。山西公安便民服务在线从8月份开始筹建,经过100多天的努力,已有152项业务能够实现全流程网上办理、部分流程网上办理、网上预办理。 (李晶辉)

【晋城公安局理化实验室获全国公安机关重点实验室】 晋城市公安局与湖南省公安厅、南京市公安局、青岛市公安局4家理化实验室被评为“全国公安机关重点理化检验鉴定实验室”,成为全省公安机关唯一的国家重点专业实验室。晋城市公安局DNA实验室与省公安厅DNA实验室、太原市公安局DNA实验室被评定为“全国公安机关二级DNA实验室”。 (李晶辉)

【“3·2”特大杀人纵火案告破】 3月2日15时50分许,太原市杏花岭区胜利西街233号院9户平房内发生一起特大纵火杀人案。案件发生后,杏花岭分局立即成立“3·2”案件指挥部,开展侦破工作。案发现场位于太原杏花岭区一老旧平房区内,起火平房为里外两间砖混结构,两间共约25平方米。专案组民警通过现场勘查、调查走访、DNA检测等方式,多方查证,锁定犯罪嫌疑人吴生明(男,48岁,河北邢台市任县人,原太原晋安化工厂工人,系解除劳教人员),因纠纷萌生报复心理,喝酒后于案发当日下午15时40分左右,先在该院14户任某某(女,40岁)租住的平房内,持刀和锤子将任某杀死。后携汽油桶进入该院9户(两个现场相距约30米)点燃,造成13死1伤的严重后果,吴某本人也被烧死在案发现场。 (李晶辉)

【朔州公安局破获特大抢劫金店案】 2011年12月18日凌晨,朔州市朔城区金城商厦一楼“上海老庙”金店内黄金和钻石被洗劫一空,案值130余万元。案发后,朔州市公安局成立专案组展开侦查工作。1月3日,专案组民警在北京警方的配合下,在北京市海淀区青龙桥街道办事处挂甲屯村将犯罪嫌疑人张红飞抓获,缴获夏利轿车1部、切割机1台等作案工具,被抢物品全部追回。 (李晶辉)

【朔州公安局摧毁特大制贩毒犯罪团伙】 8月13日,四川警方打掉一个制贩毒犯罪团伙,抓获团伙成员5名,缴获毒品冰毒4公斤及制毒原料10吨。经审讯,涉案嫌疑人交代该团伙另外两名骨干成员驾驶黑色莲花牌轿车,携带大量冰毒进入朔州市进行贩卖的线索。9月14日,朔州市局接到四川警方请求协助抓获犯罪嫌疑人的协查函后,立即抽调精干力量,迅速展开破案攻坚。9月15日,民警在朔州市电力大酒店抓获制贩冰毒的犯罪嫌疑人银西海(男,27岁,四川省宜宾市人)、刘注江(男,31岁,四川省宜宾市人)。在犯罪嫌疑人黄富(男,28岁,四川省宜宾市人)租住的地下室内查获冰毒5.98公斤,运毒车辆1台,毒资5万元。 (李晶辉)

·交通管理·

【简述】 2012年,省公安厅交管局加强公安交警队伍建设,开展交通管理工作,保障全省道路安全畅通,完成各项交通事故控制指标。 (张利荣)

【道路交通安全】 交管局加强对全省道路交通安全工作的组织协调、指导检查和考核推动,研究制订并印发《2012年山西省道路交通安全工作指导意见》。部署并牵头组织公安、交通、安监、工商、质检5部门联合开展全省道路交通安全大检查,发现和消除大批交通安全隐患。根据《山西省道路交通安全工作考核细则》,对各地工作完成情况进行考核,促进全省道路交通安全工作的开展。(张利荣)

【交通事故预防源头管理】严把机动车登记检验和驾驶人考试发证关,建立重点车辆分类检验管理机制,加强驾驶人考试监管。开展重点车辆排查摸底工作,做到底数清、情况明、台账全。强化校车管理工作,对专用校车注册登记、使用许可等作明确规定。督促运输企业落实交通安全主体责任,开展"道路客运安全年"和"牵手平安行"活动。(张利荣)

【道路交通秩序管控重点】整治重点交通违法行为,在全省部署开展"三超一疲劳""一防两保""百日道路交通秩序整治""文明交通示范公路""平安畅通运煤通道"创建等多项整治行动。严格管控重点车辆,与省交通运输厅联合出台车辆限速规定以及对危化品运输车辆夜间和节假日高速公路管控的新规定。强化高速公路隧道安全管理,开展安全大检查,完善安全设施。(张利荣)

【交通安保任务】完成党的十八大交通安保任务和重要节假日保安全保畅通任务,完成党和国家领导人来晋考察以及各类重要会议交通安保任务。(张利荣)

【执法规范化建设】开展全省公安交警秩序、事故、车管三大业务综合技能比武竞赛。组织高速交警和太原交警支队基层领导干部、民警交流挂职。推动《山西省实施〈道路交通安全法〉办法》《山西省"十二五"道路交通安全管理规划》《山西省关于贯彻落实〈国务院关于加强道路交通安全工作的意见〉的实施意见》等的修订,完善法规制度。(张利荣)

【社会管理创新】建立省、市、县三级道路交通事故月公告制。推动省政府出台《山西省道路交通事故社会救助基金管理实施办法》。长治、阳泉交通事故人民调解长效机制建设的先进经验被省综治委列为2012年全省重点工作项目。加强"流动车管所"和"网上车管所"建设,开展便民服务。救助交通事故致困少儿,在全省公安交警系统募集救助资金,引起全社会对少儿交通安全问题的关注。建设山西公安便民服务在线交警平台,满足人民群众新需求。(张利荣)

【交通安全意识提升】建立文明交通公益广告宣传工作长效机制。全省公安交管部门开办各类交通安全宣传电视栏目、报纸专栏(版)、广播栏目。开通官方微博,实现交通安全手机短信全省客货运驾驶人全覆盖。组织开展"全国中小学生安全教育日""道路客运安全年""4·30"暨"五一"交通安全宣传教育和"12·2"交通安全日等系列活动。全省各地主要路口安装LED交通安全电子显示屏,规范设置宣传教育专栏。(张利荣)

【信息化建设】研究制订《全省公安交通管理信息化"十二五"规划》。推进指挥系统建设步伐,完成集群通信系统三期工程补点建设,实现高速公路和主要运煤通道的全覆盖。整合优化全省各级公安交警指挥中心无线对讲指挥系统,建成全省公安交警高清视频会议系统。完成省级数据集中和全省公安交通管理综合应用平台系统建设,向全省发放移动警务手持终端,推进信息资源共享。自主研发"山西省客货运车辆登记核查预警系统",强化对重点车辆的管理。(张利荣)

【公安交警形象塑造】(1)抓教育,全省公安交警开展保持党的纯洁性教育、人民警察核心价值观教育、创先争优争做人民满意公务员、公正廉洁执法严肃执法纪律教育整顿等。(2)抓管理,出台规范执法行为禁绝公路"三乱"十五条措施。(3)抓监督,开通"96122"局长热线电话、官方微博,设立"局长信箱",在全省重点路段树立举报公告牌,重奖举报人,多次召开恳谈会、民主评议政风行风对话会等。(4)抓考核,制订对各市及高速交警支队的考核办法。(5)抓惩处,开展整治吃拿卡要、创优发展环境活动,严肃查处运城新绛、吕梁柳林和高速交警三支队三大队收"黑钱"案件。(张利荣)

【机关自身建设】(1)营造良好工作氛围。建章立制,明确部门职责分工,理顺高速交警管理体制,规范财务管理制度,严明工作纪律,形成按规矩办事、按职责履职的工作格局。协调各部门间关系,创造良好的外部发展环境。(2)树立正确用人导向,形成干部清

救助因交通事故致孤致残儿童 (张利荣提供)

正、机关清廉、政治清明的风气。(3)发挥职能作用,加强对基层工作的指导和考核,从政策、法规、经费、装备等各方面为基层工作提供支持和保障。(4)推进基本建设,全省公安交警应急指挥中心开工建设,完成现有办公楼的改造修缮,完成宿舍楼拆迁改造的一系列审批手续。 (张利荣)

司法行政

【概述】 2012年,山西省各级司法行政机关实现“五年决战创一流”的目标。

1. 加强法律保障。开展“平安监狱”创建活动,在连续五年实现“四无”基础上,确保监狱劳教场所的持续安全稳定。组织机关干部下基层,不定期开展以监所安全和干警到岗尽职为重点的警务督察和突击检查。完善各类突发事件的应急预案,做到有备无患。在全省范围内开展监所隐患排查整治活动,对所有监狱劳教(戒毒)场所进行全面排查,确保场所的持续安全稳定。

完善刑释解教人员衔接安置机制,帮助他们解决就业、就学、社会保障等方面的困难和问题,重点帮教对象衔接率达100%,安置率达94.3%,帮教率达98.6%。以《社区矫正实施办法》颁布实施为契机,召开社区矫正工作推进会议,监督管理、教育矫治、帮困扶助三项工作全面加强,社区矫正人员未出现脱管、漏管现象,未发生重大恶性案件,重新犯罪率仅0.14%。

发挥人民调解工作在维护社会稳定中的“第一道防线”作用,开展矛盾纠纷“大排查、大调处、大防范”专项活动,“争当人民调解能手”活动。全年共调解各类矛盾纠纷292613件,调解成功率达95.07%。

鼓励和支持律师、法律援助工作者协助党委政府依法妥善处理信访问题。参与人民调解、行政调解、司法调解。各级法律援助机构共办理各类法律援助案件19326件,受援人总数(包括咨询、代书)237491人。

2. 开展法律服务。全省司法行政系统围绕省委省政府“项目落地年”工作要求,下发《关于服务和保障重点项目建设的实施意见》,为全省重大转型项目、政策创新、板块突破、破解难题等提供“一站式”的法律服务。抽调律师、公证、司法鉴定行业专业技术力量,组成专项法律服务团,建立重大项目跟踪服务机制,开展“法律服务接待日、咨询日”活动。组织专业律师团队,主动对接和走访重点项目承建企业,广泛开展“法律体检”活动,通过“订单式服务”“结对子服务”“调解式服务”等方式,帮助企业减少和化解风险。加强公证法律服务,为全省重大项目合同订立、章程证明、抵押登记等经济活动,以及项目建设中涉及的招投标、拆迁、职工安置补偿、财产转移、土地挂牌出让、现场监督、证据保全等需要公证的事项,提供法律服务。加强司法鉴定服务,为涉及重点项目建设领域的环境污染、知识产权、医疗损害、职工工伤、房屋拆迁等鉴定事项提供客观、准确、公正的鉴定意见。加强法律援助工作,办理涉及重点项目建设领域的劳动争议、征地拆迁、环境污染、食品药品安全、企业重组和破产等法律援助案件,引导困难群众依法理性表达诉求。2012年,全省律师队伍共组建专项法律服务团186个,担任法律顾问5376家,开展专项法律服务8213件次,办理各类案件46518件,咨询代书96709件;基层法律服务所共办理各类案件23436件,同比增长11.2%;全省公证机关共办理各类公证事项126079件,同比增长15%,省公证员协会办理涉台公证262件。

3. 推进依法治理。学习宣传维护社会和谐稳定、提高社会管理水平、依法化解矛盾纠纷的法律法规;加强领导干部、公务员和企事业经营管理人员以及农村“两委”干部等重点对象法制宣传教育;加强社会管理法治建设,重点加强食品安全、教育、医疗等社会领域的依法治理;开展省、市、县三级联创依法治理示范单位和标兵单位活动,提高社会法治化管理水平。推进政务诚信、商务诚信、社会诚信和司法公信建设,优化社会投资环境。加强对公职人员、青少年、企业经营者等重点对象的普法教育,推进“法律六进”活动,开展群众性法制宣传教育。

4. 加强干警队伍建设。开展政法干警核心价值观教育实践活动,组织全系统英模事迹报告团在11个市巡回报告。开展创先争优活动,省厅机关党建工作被省直工委选为典型,接受现场观摩,佳镜律师事务所被评为全国先进集体,司法所长李培斌当选十八大代表。举办3期司法所长培训

12月21日,省司法厅举办全省律师服务转型跨越发展暨综改实验区建设业务研讨会 (张 霏提供)

班，对全省1397个司法所所长全部进行培训。在北大举办2期提高综合素质研修班,近百名处级以上干部接受培训。开展下乡住村活动,转变干部工作作风，提高群众工作能力,被《人民日报》迎接十八大系列特刊专题刊登。 (张　霏)

【依法治村暨“法律进乡村”】 2012年开展“法律进农村”活动,编印《农村“两委”干部简明法律知识手册》60万册,发至全省所有行政村。编写《社区居民简明法律知识手册》,印制首期《农村普法宣传挂图》,在全省28770个行政村张贴悬挂。召开全省依法治村暨“法律进乡村”活动推进会。 (张　霏)

【政法干警核心价值观主题教育】 召开专题电视电话动员会，编印下发政法干警核心价值观教育实践活动读本和学习资料，组织全系统政法干警核心价值观应知应会考试。在5月、6月，组织全省政法系统唯一的十八大代表、司法所所长李培斌,省十次党代会代表、司法局局长毛跃芳,全国五一劳动奖章获得者、监区长贾兆命，全国司法行政先进工作者、劳教民警王中选,阳泉市十佳道德楷模、“好人律师”刘新东,组成英模报告团在全省巡回宣讲,6300多人聆听报告。 (张　霏)

【全省基层司法所长培训】 3月27日~4月20日，省司法厅分三期对全省1397名司法所长进行集中培训。此次培训是山西省司法行政机关恢复重建33年来,组织的第一次全省司法所长全员集中大轮训。培训内容包括人民调解、社区矫正工作实务、乡镇法律援助概述、司法所长应具备的法律法规知识等。培训期间,省委常委、政法委书记王建明,副省长张建欣看望参训司法所长,并发表讲话。 (张　霏)

·监狱管理·

【简述】 2012年,山西省监狱系统连续第6年实现司法部考核的无脱逃、无重大狱内发案、无重大安全生产事故、无重大疫情的“四无”目标。

1. 基层基础工作。开展基层基础建设年活动。投入资金3亿元改善监狱监管设施，完成10个监狱的信息化建设一期工程。同时,以5个单位为试点开展机关机构改革试点,合并压缩机关科室三分之一以上,30%的机关民警充实到监区一线。

2. 制度建设。出台《刑罚执行实务手册》《监狱警戒安防设施建设标准》《监控指挥中心管理办法》《罪犯食品安全管理实施办法》等监管改造工作制度,并联合公检司等有关部门出台《关于贯彻〈罪犯保外就医执行办法〉有关问题的通知》《关于贯彻落实〈罪犯保外就医执行办法〉的补充通知》等文件;出台《关于加强和规范监狱系统国有资产和专项资金管理的规定》《内部审计工作规定》《监狱系统安全生产管理规范》等企业管理工作制度;出台《领导班子成员分工制度》《处级领导干部选拔任用实施办法》等干部人事工作制度。

3. 监管工作。制订《罪犯个体改造评估实施办法》，开展罪犯改造预测评估工作。组织开展罪犯职业技能培训和鉴定考试工作,考试合格率达98.7%,并由劳动保障部门颁发全国统一的职业资格证书。开展监狱经济结构调整,为有劳动能力的罪犯提供劳动岗位。

4. 监狱体制改革和布局调整。6月10~13日,司法部监狱体制改革工作第六检查组对山西省监狱体制改革工作进行检查,山西省基本完成监狱体制改革任务。统筹规划监狱布局调整建设项目,按照司法部高危退犯的要求,及时调整规划部署。

5. 队伍建设。开展政法干警核心价值观教育实践活动、保持党的纯洁性教育活动、基层组织建设年活动。在山西监狱系统选树8名监狱工作先进典型和7名新疆挂职干部先进典型,组成先进典型事迹报告团进行巡回演讲。选拔任用52名处级领导干部,并选拔28名党委委员。选拔任用的处级领导干部,70%以上来自管教、生产一线,66.7%的处级领导干部进行交流使用。制订党风廉政建设和反腐败工作任务责任分解意见,开展为期三个月的纪律作风教育整顿活动。 (省监狱管理局)

【“平安监狱”建设】 2月1~2日,山西省监狱管理局召开全省监狱工作会议,会议提出要以三年时间在山西省监狱系统开展创建“平安监狱”活动，并以之为统领对2012年的工作进行部署。 (省监狱管理局)

【监狱体制改革】 2012年6月10~13日,司法部监狱体制改革第六检查

7月29日,副省长张建欣在山西省阳泉第一监狱考察工作

(省监狱管理局提供)

组对山西省监狱体制改革工作进行检查。实地检查大同监狱、太原第一监狱，听取省监狱管理局关于山西省监狱体制改革工作的情况汇报并查阅相关资料。检查组认为“山西省基本完成监狱体制改革任务，基本建立公正、廉洁、文明、高效的新型监狱体制，基本达到改革预期目标，促进监狱工作的全面发展”。山西省监狱体制改革任务基本完成主要体现在：一是监狱经费基本实现按标准全额保障。初步建立地方财政保障为主，中央财政补助为辅的监狱经费保障体制。二是监企分开任务基本完成。注册成立山西正华实业集团有限责任公司。全省21个押犯单位除新康监狱（监狱中心医院）和长治监狱，其余监狱全部注册成立子公司。基本做到职能、机构、人员分开，监管改造和生产经营两套管理体系基本形成。三是监狱执法经费支出与监狱企业生产收入基本做到收支分开。监狱与监狱企业按照各自的特点和运行机制分别组织财务管理和会计核算，监狱财务管理执行国家有关行政单位的财务会计制度，监狱企业财务管理执行相关企业的财务会计制度，基本做到监狱和监狱企业资金分户存储、分开运行、分账核算。四是监社分开任务初步完成。山西省监狱系统全部11所自办学校，撤销6所，移交地方政府5所。后勤、保卫等监狱后勤服务机构划归子公司，实行社会化管理。五是监狱和监狱企业规范运行机制初步建立。（省监狱管理局）

【张建欣出席阳泉第一监狱表彰会】 7月29日，副省长张建欣出席阳泉第一监狱15年无脱逃总结表彰暨确保十八大安全稳定誓师大会，并考察监狱工作。（省监狱管理局）

【安全隐患百日排查整治活动】 8月10日~11月18日，在山西省监狱系统进行安全隐患百日排查整治。重点包括9个方面的内容。一是排查整治安全警戒设施隐患。二是排查整治监狱基础管理安全隐患。三是排查整治落实监管安全制度隐患。四是排查重点人员管控隐患。五是排查整治队伍及装备保障隐患。六是排查整治安全生产隐患。七是排查整治应急处突隐患。八是排查化解信访矛盾。九是排查综合治理方面隐患。（省监狱管理局）

【王建明观摩反罪犯脱逃联合演练】 8月6日，山西省委常委、政法委书记王建明在太原第一监狱现场观摩省监狱管理局在该监举办的大规模反罪犯脱逃联合演练。本次演练以一名罪犯故意吞食异物、借离监就医之机强行袭警脱逃为假想，分及时报警、先期处置、围追堵截、实施抓捕、后期处置等五个部分进行，特别注重事件处置的程序性及与相关部门的联动配合。演练由山西省监狱管理局局长句轶旺任总指挥，政委王伟，副局长王华艳、高奇，省武警总队副总队长王树海任副总指挥，公安、监狱警察、武警官兵400余人参加。（省监狱管理局）

典型案例

【赵良锋等故意杀人、诈骗案】 被告人赵良锋、赵良贵、付强、刘明海、罗小康、杨开文等六人于1998年、2006年和2007年间，分7次经预谋后分别结伙，采取将被害人带至煤矿上班，根据事先策划和分工，趁在井下作业之机，将被害人杀害后向矿方谎称发生事故，继而冒充被害人亲属向矿方骗取巨额赔偿金的手段，实施故意杀人犯罪，共杀死8人，骗取矿方钱财125万元，进行分赃。

晋中市中级人民法院经审理认为，被告人赵良锋等人结伙故意非法剥夺他人生命的行为均已构成故意杀人罪。该团伙人数众多，重要成员固定，有明显的首要分子。其中赵良锋系犯罪集团的首要分子，应按照该集团所犯的全部犯罪处罚，赵良贵、付强等系犯罪集团重要成员，应按其所参与的全部犯罪处罚，依法判处赵良宇等六人死刑，剥夺政治权利终身。六被告人上诉后，山西省高级人民法院经审理，裁定驳回上诉，维持原判。经最高人民法院复核，核准维持对被告人赵良锋等六人死刑，剥夺政治权利终身。（马云跃）

【李江波等抢劫案】 被告人李江波、王江峰、王瑞鑫、赵冬冬、李世威等五人于2006年7月29日至同年12月14日分别合伙或伙同王晓鹏等七人驾车沿山西省318省道、207国道，在和顺县、昔阳县、左权县和河北省邢台县等地，持砍刀、钢管等作案工具拦截过往外地车辆，抢劫作案26起，劫取司乘人员张顺平等61名被害人现金、手机等财物共计人民币26万余元，并致5人死亡，3人轻伤。

晋中市中级人民法院经审理认为，被告人李江波、王江峰、王瑞鑫、赵冬冬、李世威以非法占有为目的，结伙采取暴力手段劫取他人财物，其行为均已构成抢劫罪，且具有多次抢劫、抢劫数额巨大、致五人死亡的严重情节。犯罪性质特别恶劣，情节、后果特别严重，社会危害极大，在共同犯罪中均系主犯，应依法惩处，依法判处李江波等五被告人死刑，剥夺政治权利终身，并处没收个人全部财产。五被告人上诉后，山西省高级人民法院经审理，裁定驳回上诉，维持原判。经最高人民法院复核，核准维持对被告人李江波等五人死刑，剥夺政治权利终身，并处没收个人全部财产。（马云跃）

【关建军等组织领导黑社会组织案】 1997年以来，以被告人关建军、关建民、王红玉与许建军为首的犯罪团伙，纠集刑满释放人员等社会不法分子，逐步形成以关建军、关建民、王红玉、许建军为组织领导者，以甄海钢等人为积极参加者，以范红喜等人为一般参加者，成员固定、层级明确、参与人数众多的黑社会性质组织。在组织内部，称关建军、关建民、王红玉、许建军为领导或关总、王总、许总，组织成员之间以兄弟相称。关建军等组织、领导者通过利用其个人影响力及组织势力帮助组织成员逃避法律打击，抚恤、奖励组织成员，允许组织成员借助组织势力获取利益，惩戒不服从管理的组织成员等手段实现对其组织成员的控制。

被告人关建军、关建民等人通过赌博等违法犯罪活动积累资金，并自

2001年起,先后将资金投入兴隆洗浴中心等经济实体,聚敛钱财。为逃避打击,该黑社会性质组织转入隐蔽状态。关建军利用阳泉市公安局城区分局巡警队队长的身份,向阳泉市城区多家娱乐场所收取费用。关建民、王红玉、许建军成为煤炭、房地产等行业的投资人、执行董事,组织成员甄海钢等人也分别被分配负责管理娱乐场所、赌场或煤炭企业。2003年,关建军、王红玉等相继与姜学斌发生矛盾。为举报姜学斌,关建军等人要求其组织成员集资,其中向蒋瑞根及张海龙各索要10万元。在"4·29"打砸宏达公司时,用组织资金购买作案工具,处理善后事宜等。

以被告人关建军、关建民、王红玉和许建军为首的黑社会性质组织,其组织成员非法持有枪支弹药、管制刀具,以暴力、威胁或其他手段,有组织地经常实施寻衅滋事、聚众扰乱社会秩序、故意伤害、非法拘禁、敲诈勒索等违法犯罪活动,致岳某等多名被害人因惧怕该组织势力而不敢报案,其行为已严重破坏当地正常的社会生活秩序和治安秩序。

长治市中级人民法院经审理认为,关建军、关建民、王红玉的行为已构成组织、领导黑社会性质组织罪,依法应予惩处。以被告人关建民犯组织、领导黑社会性质组织等犯罪,分别判处其有期徒刑,决定执行有期徒刑二十年,并处罚金人民币二十五万元。以关建军犯组织、领导黑社会性质组织等犯罪,分别判处其有期徒刑,总和刑期十七年,决定执行有期徒刑十五年,并处罚金人民币十万元。以被告人王红玉犯组织、领导黑社会性质组织等犯罪,分别判处其有期徒刑,总和刑期十二年六个月,决定执行有期徒刑十年,并处罚金人民币十二万元。其他组织成员也分别因犯参加黑社会性质组织等犯罪被判处不同刑罚。被告人关建民等人提起上诉后,山西省高级人民法院经审理,判决维持长治市中级人民法院对关建军、王红玉的定罪量刑,撤销关建民犯对非国家工作人员行贿罪的定罪量刑部分和决定执行罚金部分;维持其余部分。关建民犯组织、领导黑社会性质组织罪、非法买卖爆炸物罪、聚众扰乱社会秩序罪、赌博罪,总和刑期二十五年,并处罚金人民币二十万元,决定执行有期徒刑二十年,并处罚金人民币二十万元。(马云跃)

【张润明受贿、贪污、巨额财产来源不明案】 被告人张润明原系阳煤集团升华实业分公司总经理、运输部部长。2004年9月至2010年2月,被告人张润明利用职务之便,在水气管网工程改造、购买水、电表和在干部提拔任用等过程中,单独收受多人贿赂,共计716.69万元。其间,张润明还与其子张某共同收受贿赂36.12万元。任职期间,被告人张润明还将自己的两台装载机、两辆汽车和一台推土机转租给自己管辖的单位,通过多结算费用等手段,从中贪污共计21.33万元。截至2010年4月被逮捕前,被告人张润明共有银行存款、债权、车辆、购物卡、黄金首饰和在阳泉、北京等地的住房20处,总计财产价值47372001.69元,除扣除其正当合法收入外,尚有27237924.33元人民币、美金1676元,不能说明其正当合法来源,构成巨额财产来源不明罪。

阳泉市中级人民法院经审理认为,张润明身为国家工作人员,利用职务之便,滥用公权,谋取非法利益,已构成受贿罪、贪污罪和巨额财产来源不明罪。以其犯受贿罪,判处无期徒刑;犯贪污罪,判处有期徒刑10年;犯巨额财产来源不明罪,判处有期徒刑7年。数罪并罚,决定执行无期徒刑,剥夺政治权利终身,并处没收财产人民币310万元。对其个人财产共计34979384.33元和1676元美金全部没收,上缴国库。被告人张润明上诉后,山西省高级人民法院经审理,裁定维持原判。(马云跃)

【张三海拒不支付劳动报酬案】 被告人张三海,山西省阳城县鑫火特种铸钢有限公司(以下简称鑫火公司)热炉分厂承包人。承包期间,拖欠马新胜等31名工人工资,经工人多次催要未果。2011年10月底,张三海先行离开鑫火公司。随后,为逃避支付工人工资,指使其父张群发将价值达24万元的产品装车运走,次日晚,张三海安排其父悄悄离开鑫火公司,从此便杳无音信。之后工人们打电话、发短信均无法联系到张三海。2011年11月11日,马新胜等职工才向阳城县劳动监察大队投诉,反映鑫火公司负责人张三海拖欠30多名工人的工资款总计155451.47元。该县劳动监察大队对张三海经营的公司多次下达责令整改决定书和监察告知书,但张三海未予履行,并搬离其在河南省三门峡市湖滨区会兴镇老家的住处。至此,县人力资源和社会保障局将案件移送阳城县公安局立案侦查。2012年2月21日,张三海被公安部门抓捕归案。

阳城县人民法院经审理认为,张三海之行为已构成拒不支付劳动报酬罪,依法判处其有期徒刑两年零四个月,并处罚金1万元。该案是本省首例以"拒不支付劳动者报酬罪"罪判决的刑事案件,为山西省运用拒不支付劳动报酬罪、打击恶意欠薪提供示范。(马云跃)

中铁十七局集团有限公司

——宋志宏先进事迹

宋志宏，男，1971年生，山西高平人，1994年毕业于石家庄铁道学院会计学专业，在职研究生学历，高级会计师。历任中铁十七局二公司财务科科长、副总会计师、总会计师，中铁十七局集团公司财务部长、总会计师，2010年至今任中铁十七局集团公司副总经理、总会计师。

副总经理、总会计师：宋志宏

中铁十七局集团有限公司是中国铁建股份有限公司的全资子公司，具有铁路工程施工总承包特级资质和公路、市政公用、水利水电、房建工程施工总承包一级资质，以及桥梁、隧道、城市轨道交通工程、地质灾害治理甲级等多项专业承包资质；拥有承包境外工程、设备材料进出口和对外派遣劳务等经营权。集团公司现有15个成员单位，员工1.8万人，各类技术和管理人员7900多名，各种大、中型机械设备5200多台套，年施工能力达400亿元以上。

2010年，宋志宏被中国总会计师协会授予财务管理成就奖；2012年，荣获山西省十佳总会计师称号，同年12月被石家庄铁道大学聘请为校外导师。

2011年以来，宋志宏面对国家宏观经济形势和建筑市场环境发生的一系列新的变化，在经过详细调研之后，他提出，一是要积极探索“法人管项目”模式，健全“1234”运行机制，以落实项目管理责任制为主线，合理界定法人层面和项目经理部的工作职责和管理权限，突出集团公司的资源调控责任、工程公司的资源配置责任、项目经理部的合同履约责任，强力实施全面预算管理和战略成本管理，通过强化企业总部对项目人、财、物等资源的集中管控，提高资源利用效率，形成规模和集约效应，真正发挥项目是成本中心、企业是利润中心的功能和作用；二是要全面推进“法人一套账”与“财务共享中心”建设，“法人一套账”建设取得了阶段性成果。2012年11月，宋志宏代表中国铁建股份有限公司与中兴通讯签署合作协议，启动“财务共享服务中心”试点工作，该中心建成后，将为企业提供标准化、高效率的财务信息服务，从整体上提高企业财务信息质量、降低财务成本、防范经营风险，有效支撑集团公司“规范化、标准化、系统化、统一化”的财务管理新模式。

为了更多更科学的提炼企业利润，宋志宏认真组织开展了研发费用加计扣除、海外项目出口退税等纳税筹划工作，主持编印了《工程项目纳税管理操作指南》，在企业牢固树立了“减税也是增效”的管理理念，还与税务师事务所合作，重点在高新企业税收优惠政策等几个专题项目进行了深度发掘，企业连年被评为“A级纳税人”和“诚信纳税先进单位”，为企业赢得了良好的社会信誉。

市委书记罗清宇调研道路交通安全

市长岳普煜在古县利达焦化公司调研

临汾市人民政府

临汾市位于山西省西南部，汾河之滨，为“两山夹一川”地形，属温带大陆性气候，四季分明，雨热同期，土地肥沃，物产丰富，现辖17个县（市、区）和2个经济开发区，总面积20275平方公里，总人口432万。

临汾历史悠久，文化灿烂，10万年丁村古人类诞生之地在临汾，5000年华夏文明之源在临汾，600年大槐树移民之根在临汾。

临汾区位独特，交通便捷，地处晋陕豫黄河金三角区域的中心，是欧亚大陆桥的重要节点。境内同蒲铁路、京昆高速（大运高速）、108国道纵贯南北，侯月铁路、青兰高速、晋侯侯西高速和309国道横穿东西，临汾机场、大西高铁、晋中南铁路等工程正在加紧建设，“公、铁、空”立体交叉的现代化交通网络正在形成。

临汾资源富集，储量较大，全市已探明矿种38种，其中含煤面积占国土总面积的四分之三，总储量960亿吨，是全国三大主焦煤生产基地之一；铁矿总储量4.2亿吨，富矿占全省70%以上。

临汾气候温和，物产丰富，中部汾河平原是华北地区重要的粮棉生产基地，东西两山特色农产品以品质优良闻名遐迩。

2011年，全市地区生产总值突破千亿大关，达到1135.1亿元，增长15.3%；规模以上工业增加值完成688.4亿元，增长23.6%；财政总收入完成188.4亿元，增长17.5%；全社会固定资产投资完成645亿元，增长35.1%；城镇居民人均可支配收入（市区）达到18924元，增长17.2%；农民人均纯收入达到6084元，增长15.1%，主要经济指标均比上年有较大幅度增长。

在建一级客运站效果图

结构调整步伐加快。传统产业改造取得突破，煤炭资源整合煤矿兼并重组工作基本完成，煤矿总数压减67%，经营主体减少90%，产能提高到1亿吨，提高11.4%；焦化行业两大基地和4个焦化集中区整合重组迈出实质性步伐；冀钢扩建、太钢重组中宇进展顺利；全市电力总装机容量达到330万千瓦。新兴产业不断培育壮大，实施了华翔美的35万吨精密铸件、飞虹微纳米LED、侯马霸王药业等一批高科技项目。物流和旅游业加快发展，2011年旅游综合收入达到121.4亿元，侯马山西国际陆港园区有50多家企业入驻。

汾河临汾段治理工程

城市建设亮点纷呈。加快建设“百万人口区域中心城市”，市区突出“建设新城、疏解老城”，新高中南路、大西客运站站前广场、古城公园二期、中大街北延等一批市政重点工程顺利实施，市区框架进一步拉大，功能更趋完善。开展“环境建设年”活动，先后出动人力约20万余人次、各种大型车辆约2万余台次，清理垃圾293万余立方米，新增垃圾池2200余个、垃圾箱（桶）11000余个，新建三星级以上公厕54座，创建环境示范街道、单位、小区320余个。

鼓楼广场音乐喷泉

改革开放深入推进。《资源型经济转型综合配套改革试点行动方案》编制完成，“一市一县”“一市两园”“一县一企”试点工作扎实推进。乡镇机构改革、医疗卫生体制改革、文化体制改革顺利实施，侯马城乡一体化综合配套改革、安泽新农村建设综合改革取得重大进展。集体林权制度改革，完成勘界确权1048万亩，明晰产权率98.7%。国企改革取得新进展，顺利完成了临纺等五户企业政策性破产。对外开放水平不断提高，参加了“中博会”、“能博会”等大型招商引资活动，自行组织广州招商引资推介会等招商活动，累计签约项目208个，签约资金3596.4亿元，开放型经济迈出新的步伐。

华门

环境保护成效显著。开展创模活动，市区全面启动国家级环保模范城市创建工作，洪洞、安泽、蒲县、乡宁四县启动了创建省级环保模范城工作。开展工业污染治理、城市环境综合整治、农村生态环境保护、水环境治理和蓝天碧水扩容提质五大行动，新建垃圾处理场10个，建成并投入运营污水处理厂19座。三大水系生态治理取得明显成果。新完成营造林70.9万亩。节能减排任务全面完成。全市城区空气质量全部达到国家二级标准，市区达到339天。地表水环境质量持续改善，汾河临汾段主要污染物出境浓度持续下降，市区饮用水质达标率保持在100%。

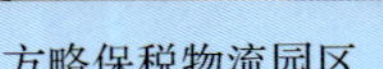

方略保税物流园区

外资企业光宇电源

太钢临钢公司现代化生产线

社会管理全面加强。大力推进“平安和谐临汾”建设，信访工作全面加强，社会矛盾有效化解，治安状况进一步好转，信访案件上访率和社会治安事件发生率明显下降，全市公共安全感和满意度达到90%以上。安全生产“两个主体”责任有效落实，工矿企业连续三年未发生重大事故，全市安全生产形势稳定好转。

民生状况持续改善。坚持实施教育提质、医疗健康、就业创业、社会保障、住房安居五大民生工程，教育、卫生等社会事业长足发展，五大社会保险覆盖面进一步扩大，城乡低保实现应保尽保。农村新的“五个全覆盖”工程接近扫尾，中等职业教育免费已实现“全覆盖”。市政府年初确定的“十件实事”进展顺利，人民群众得到了更多实惠。

2010年底，山西省正式获批“国家资源型经济转型综合配套改革试验区”，为临汾这一典型的资源型城市转型发展带来了难得的机遇。临汾市委、市政府抢抓这一机遇，按照国家功能区和梯度发展的要求，立足沿汾区域区位独特、交通发达、人口集中、产业基础较好的实际，大胆探索，先行先试，提出了以“百里汾河新型经济带”为引领，带动东西两山全面振兴，形成“沿汾崛起、两翼齐飞”新格局的重大战略决策。

对外贸易企业三维

兆光电厂

尧都澳坤量子杏鲍菇种植项目

丰收的曲沃里村红提葡萄

金梨之乡 梨果飘香

曲沃县星海温室黄瓜园区

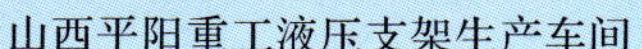
山西平阳重工液压支架生产车间

酒钢翼城钢铁有限公司轧钢生产线

华翔水平造型铸造线

“百里汾河新型经济带”北起霍州，南至侯马，南北长106公里，以汾河为中轴，东西宽约22公里，总面积约2200平方公里。“十二五”乃至更长一段时间，临汾将致力于工业新型化、农业现代化、市域城镇化和城乡生态化“四化一体”建设，把这一区域打造成为集新型工业、高效农业、现代城镇、文化旅游、生态文明于一体的高度发达的示范区和引领区，成为中西部地区有影响的生态带、产业带、旅游带、城镇带。

“百里汾河新型经济带”总体规划和产业、城镇、基础设施等专项规划已完成，争取回国开行58亿元建设资金，洪洞——襄汾段汾河生态治理全面铺开；滨河东路贯通工程全面启动；洪洞赵城煤化工、襄汾绿色铸造、侯马山西国际陆港等产业园区加快建设，山焦60万吨烯烃、山西立恒145万吨焦化等重大转型项目快速推进，“百里汾河新型经济带”建设进入到了一个快速推进的阶段。

云邱山旅游区

望河楼

尧庙

中国古县牡丹园

市委书记：白云

市委副书记、市长：王安庞

中共运城市委　运城市人民政府

党的十六大以来，在市委、市政府的正确领导下，全市人民砥砺奋进，书写了运城发展史上最为辉煌的篇章。10年间，全市经济蛋糕越做越大，产业结构更趋合理，民生得到不断改善，经济社会发展实现了前所未有的大跨越。

经济持续增长，结构持续优化，民生持续改善，社会不断进步，发展成就辉煌

经济总量连攀新高，综合实力显著提升。2003~2011年，运城市经济实现了持续较快发展。2011年，全市经济总量达1016.8亿元，扣除价格因素，比2002年增长两倍，年均增长12.9%。规模以上工业增加值、固定资产投资、社会消费品零售总额、进出口总额分别比2002年增长3.2倍、7.2倍、3.1倍和5.6倍。粮食总产量达到266.5万吨，比2002年增长1倍，年均增长8.1%，连续4年稳定在200万吨以上，实现了半个世纪以来第二个"四连增"。全市财政收入由2002年的27.4亿元增加到2011年的87.4亿元，增长2.2倍，年均增长13.8%。

转变经济发展方式，结构调整成效显著。运城市不断加大传统产业改造提升力度，强化汽车和运输设备、铝和镁深加工、化工、农副产品加工、现代服务业五个产业集群发展，全市主要产业集群企业数量达到274个，占规模以上工业企业的48.7%，年实现工业增加值119.6亿元，占规模以上工业增加值的40.7%。随着大运重卡、永济新时速、亚宝等一批大企业的投产达效及转型升级，新的经济增长点不断形成。在大力发展工业的同时，第三产业不断发展壮大。2011年，全市第三产业实现增加值358.1亿元，年均增长13.1%。三次产业结构调整为16.2:48.6:35.2。

固定资产投资快速增长，基础设施全面升级。10年来，运城市累计完成固定资产投资2980.9亿元。境内公路四通八达，全市公路里程达1.5305万公里，全面实现村村通公路，公路密度达每百平方公里107.9公里。高速公路快速发展，总里程达到571公里；航空运输实现零的突破，2011年航线增至15条，输送旅客150万人。中心城市建设迈上快车道。2011年，中心城市垃圾无害化处理率达95%，集中供热率达89%。

王安庞在临猗县调研现代农业

人民生活持续改善，群众享受更多实惠。2011年，全市城镇居民人均可支配收入1.5937万元，比2002年增加1.043万元，增长1.9倍；农村居民人均纯收入5622元，比2002年增加3464元，增长1.6倍。

截至2011年年底，城镇居民家庭平均每百户拥有家用汽车24.6辆、家用电脑76.4台，农村居民家庭平均每百户拥有空调26.6台、电冰箱26.6台；全市电话普及率达每百人78.3部；城乡居民居住条件得到显著改善，人均住房总建筑面积分别达到36.1平方米和39.8平方米；农村"六个全覆盖"工程全面完成，1166个新农村建设试点村、重点推进村完成'四化四改"和"五个一工程"建设任务；城镇保障性住房覆盖面稳步提高，2011年建设各类保障性住房1.6万套。

社会事业取得新突破，经济社会协调性增强。2011年，全市高等学校在校学生2.8万人，比2002年提高4.3倍。科技投入持续增加，科技发展成果丰硕。2011年，全市共取得18项科技成果，是2002年的2.3倍。节能减排和环境保护得到空前重视。2011年，全市森林覆盖率提高到29.6%，中心城市二级以上优良天数达到356天。

按照全省转型跨越的要求，提出和实施了工业强市战略，工业战线迸发出新的生机活力

省委书记袁纯清，省长王君在山西同誉有色金属有限公司视察

招商引资力度前所未有。在山西运城（广州）经济合作暨招商推介会上，运城市初步达成合同或意向项目18项，投资170.5亿元。在运城第八届银保企洽谈会上，全市430余家企业与各类金融机构签署融资协议1097项，协议融资551.3亿元。第23届“哈洽会”期间，运城与京、津、苏、粤、鲁、豫等地客商签订项目合作协议11个，投资25亿元。在第四届中国（太原）国际能源产业博览会运城市招商引资项目签字仪式上，全市签约项目102项，投资1262.95亿元。在第二届中国－亚欧博览会上，全市签约两个项目，分别是投资6.5亿元的高性能中高压化成箔生产线和投资5.2亿元的年产2000万米全棉数码喷墨印花及功能性整理生产线扩建项目。在第十六届“厦洽会”上，全市签约3个项目，投资23.2亿元，拟引资14.7亿元。首届晋商大会期间，全市签约95个项目，投资510.47亿元，拟引资506.5亿元。在第九届中国－东盟博览会上，全市签约项目12个，投资35.74亿元，拟引资31.98亿元。

凯迪车间一角

博翔铝业型材车间

项目落地再掀新高潮。全市项目落地任务完成率居全省第一，落地投资额居全省第二；省、市重点工程投资完成额全省排名第三，省级重点工程年度投资完成率全省排名第一。在第六届中博会上签约的151个项目中，已有80个项目落地，完成落地投资额957.24亿元，占全部签约项目总投资的43.5%。此外，河津市的比亚迪泡沫铝镁合金项目、国新能源和省煤运公司HCNG合作项目、天宇能源5万吨刹车盘生产线3个项目相继落地；稷山县“永东化工”4万吨针状焦、晋龙集团科技园、公安业务技术用房、汽车客运中心站4个重点项目同时开工；万荣县投资6.8亿元的山西龙港高纯材料建设项目、山西世纪阳光石油添加剂项目等十大重点项目集中开工；新绛县丰喜华瑞焦炉煤气综合利用项目、中信焦化、丰喜集团新绛公司扩规工程开工；中心城区2012年城建八大重点工程于6月集中开工；盐湖区九龙高效电机项目、石榴花绿色环保土布开发与推广项目、解州北门滩湿地恢复与保护建设项目被列为省转型综改试验区标杆项目；平陆县昌鸿优质钢铁材料有限公司年产5万吨镍铁项目正式建成投产。

以文化助力发展，着力打造文明诚信之城、文化繁荣之城、文脉传承之城

文化产业发展实现新突破。全市文化产业初步形成了以文化旅游、工艺美术、包装印刷、特色演艺四大产业为主导的文化产业发展新格局。全市共有文化产业法人企业和单位近2000个，文化产业从业人员达6万人。2011年，全市文化产业实现增加值40亿余元，占全市GDP的4%。

林原农业

文化旅游方面，关帝庙景区、舜帝陵景区、蒲州文化景区、中条山黄河游览景区等提升改造工程先后进行，进一步吸引了国内外游客。2013年1~7月，全市共接待游客1400万余人次，同比增长20%多；实现旅游总收入96亿余元，同比增长近30%；实现旅游外汇收入2400万余美元，同比增长20%。

翠枣飘香生态示范园

工艺美术方面，宇达集团上市前期期权梳理工作已完成，正在进行引入发展基金和规范管理工作，将成为"中国青铜文化产业第一股"。预计"十二五"末，全市青铜文化产业总产值将达3亿元，实现利税5000万元。在2013年的深圳文博会上，运城市有12家企业376种产品参展，约占全省参展产品的30%，签约资金5.6亿余元。

包装印刷方面，运城市出台了《运城市中小印刷企业产业集群发展规划》，盐湖印刷工业园区、稷山翟店印刷园区、空港印刷园区已全面运行。

特色演艺方面，绛州鼓乐舞台剧《杨门女将》、蒲剧《母爱的呼唤》被省文化厅评为优秀剧目，稷山高台花鼓在香港举办半个多月的新春鼓舞表演，绛州鼓乐应邀参加了央视春晚演出，蒲剧《祝你幸福》荣获文化部"文化奖"等多项大奖。在中国第十六届"群星奖"山西赛区比赛中，运城市选送的9个音乐节目和4个舞蹈节目全部获奖，获奖数量和等次在全省位居第一。大型电视连续剧《李家大院》即将开机拍摄。

世界最大的面塑——神龙面塑

中药材基地

平陆风电

文化基础设施建设实现新突破。继市体育馆投入使用后，市博物馆已竣工，正在进行陈列布展工作。市图书馆、科技馆、大剧院、运城新闻大厦和广电大楼正在规划建设。在县乡村三级公共文化服务设施建设上，县级图书馆、文化馆、博物馆"三馆"达标率近80%，县县都有特色文化广场和体育场，146个乡镇综合文化站和全市3176个行政村的农村文化活动室、农家书屋全部建成投入使用。

文化活动方面，深入实施五项得民心、顺民意工程。农村公益性电影放映工程，每年放映电影3万余场次，电影进农村覆盖率达到100%。送戏下乡工程，每年下乡送戏4000余场。送书下乡工程，为农村赠书1.6万册，农村图书室总藏书量超过14万册。农村文化资源共享工程，率先在全省实现了乡镇文化站基础设施建设和文化活动器材全覆盖、农村文化资源共享和文化活动室全覆盖、农村体育设施全覆盖。广播电视"村村通"工程，全年运城市"十二五"广播电视村村通建设任务为299个村，已完成200个村的建设任务。

节庆活动方面，运城市结合独特的文化旅游资源，连续多年成功举办国际关公文化旅游节、舜帝德孝文化节、永乐宫国际书画艺术节等大型活动，首届鹳雀楼诗歌文化节在永济成功举办。合力推进文化大发展大繁荣，不断增强先进文化的引领力、公共文化的服务力、特色文化的影响力、文化发展的创新力、文化产业的竞争力和文化人才队伍的支撑力，为"华夏之根、诚信之邦、大运之城"赋予更加丰富的时代文化内涵。

山西潞安集团

2011年11月8日，山西省委书记袁纯清带领省观摩检查组一行在潞安集团垂直一体化高纯硅业检查指导工作

2012年2月2日，山西省委副书记、省长王君到潞安集团左权五里堠煤业公司调研指导

潞安集团抢抓全省综改试验区机遇，全面贯彻落实省委省政府转型跨越发展战略部署，努力争当转型跨越的主力军和排头兵，立足高端谋转型，突出速度争跨越，先行先试，锐意进取，全面实施“十二五”、“建设亿吨煤炭新基地，打造产业发展新高地，开创幸福潞安新天地，建设既强又大国际化新潞安”、“三地一新”战略，坚持效益发展、高端发展、创新发展、绿色发展、和谐发展。2011年，煤炭产量7718万吨，营业收入1138亿元，实现利润45.36亿元，资产总额1040亿元，继全国500强企业中名列第84位，成功跨入“双千亿企业”行列，实现了“十二五”强势起步和良好开局，企业核心竞争力和抵御市场风险的能力不断增强。

坚持煤炭产业基础地位，亿吨煤炭新基地建设实现新提升、新跨越

潞安，因煤而立，倚煤而兴，煤炭产业作为潞安的基业、基石和基础，是潞安的核心效益、核心利益和核心生产力、核心竞争力，始终被放在最重要、最优先的地位，重点发展、优先发展，努力培育具有国际影响力、实力强大、优势明显的安全、智能、生态型现代煤炭产业。

安全生产平稳健康发展。潞安牢固树立“从零开始、向零奋斗”的零事故理念，“赢在标准、胜在执行”的高标准理念，“超越安全抓安全”的大安全管理理念，突出“三个安全”、强化“三重建设”、建好“两个平台”，狠抓干部下井带班、“三必到三走到”、“三个百分之百”、“三个全覆盖”、红线管理等制度信誉建设，进一步建立健全了“快速响立、集体响应、现场响应”的运行机制。特别是对整合矿井完善“以矿带矿、以专业带专业”、“五人小组”管理机制，实施了先探后掘、隔离开采、锁定管理等特殊举措，确保了以高标准保障高安全，以大安全保障大发展。

集约高效是煤炭行业快速发展的必由之路，是潞安的核心文化和核心竞争优势。潞安在装备现代化、系统自动化、功能智能化、管理信息化、生产清洁化、队伍专业化的新型现代化矿井初见成效的基础上，引进现代物联网技术，建设自动化矿井、打造数字化矿山、构建生态化矿区。目前，集团所有本部矿井实现了“环节最简、系统最优、用人最少、安全最好、效率最高”，为进一步减人提效、高产高效打下坚实基础。2011年，集团全员效率达到14吨/工，持续保持了全国领先水平。

全省首家企业财务公司——潞安集团财务公司

发展后劲不断增强。老矿井水平衔接、新矿井筹建工作全面推进。600万吨/年高河矿井于2012年6月28日正式投产；800万吨/年古城矿井项目已取得国家发改委正式核准；500万吨/年李村矿井近期有望取得国家核准；240万吨/年姚家山煤矿前期准备工作进展顺利；潞新公司500万吨/年砂墩子矿井进入联合试运转阶段；60万吨/年伊犁山鑫矿竣工验收；1500万吨/年沙西露天矿等前期准备和建设工作有序开展。整合矿井产能陆续释放，资源优势转化为产能优势。以实施《整合矿井现代化改造建设推进纲要》为主线，着力构建集约高效生产模式、安全高效建设模式和规范有序管理模式“三大模式”。并在整合矿井技改建设中，采用设备融资租赁的方式，解决了整合矿井设备升级问题，形成了20个综采工作面、66个综掘工作面。2011年，整合矿井完成产量737万吨。

煤炭资源扩张取得重大成果。资源的争取是持久的效益，是持久的后劲。近年来，潞安进一步实施“走出去”战略，在省内外积极整合条件好的矿井和资源。2010年7月19日，《山西日报》以头版头条刊发了长篇报道《整与合的交响乐——潞安集团高效推进煤炭资源整合的科学实践》，介绍潞安高效推进煤炭资源整合的科学实践，王君省长做出重要批示：“煤炭资源整合已取得重大进展，并积累了宝贵的经验，各地、各大煤炭集团要相互学习，取长补短，借鉴经验，加强领导，加大工作力度推进，保证按期完成任务。”2011年，余吾、高河、古城、李村共计390平方公里、37亿吨煤炭资源获批，构建了以集团本部为主体的核心区、以整合矿井为主体的增长区、以潞新公司为主体的战略区的“三区”格局，资源储备超过400亿吨，为建设亿吨煤炭新基地奠定了坚实的基础。

以新兴产业为引导，以项目建设为抓手，转型发展实现新提升、新跨越

项目是经济建设的载体、转型跨越的依托。潞安以全国循环经济试点企业为平台，坚持“抓项目就是抓转型，就是抓跨越，就是抓发展”的理念，将所有新兴产业都按产业链进行布局，所有项目都按循环经济园区运行，以新型煤化工带动传统煤化工的升级，以新型煤化工驱动传统煤化工的增值。2011年，潞安非煤销售收入占全年销售收入的一半以上，实现了产业的优化升级和经济效益的几何级数增长。把发电优势转化为发展优势，垂直一体化硅产业链基本形成。从煤矸石综合利用电厂，到工业硅及聚氯乙烯、高纯度多晶硅、太阳能电池、太阳能电站，潞安拥有全国唯一的新能源、新材料的全产业链。潞安太阳能光伏电池转换率达到20%以上，处于国际领先水平；万吨级高纯度多晶硅一期于2011年9月产出全省第一炉高纯度多晶硅，并实现连续稳定运行；40万吨/年聚氯乙烯和40万吨/年烧碱一期于2012年8月底建成投运；1GW太阳能一期2011年产能达到240MW,2012年营业收入将达到40亿元。

煤基合成油产业发展取得重大突破，百万吨级高硫煤清洁利用油化电热一体化高端园区取得突破性成果。21万吨/年煤基合成油示范项目实现了长周期稳定运行。国务院副总理李克强视察潞安煤炭综合利用循环经济园区时，称赞潞安“把‘臭煤’变成了‘香煤’，把废料变成了原料，把废品变成了产品，把宝藏变成了宝物，展示了循环经济发展的巨大魅力”。

潞安集团数字化矿井建设达到国际先进水平

2011年11月10日，潞安百万吨资源综合利用循环经济产业项目正式启动

百万吨级高硫煤清洁利用油化电热一体化项目，是全省重大转型标杆项目。项目最大的创新点是下组高硫煤的清洁利用。项目已通过国家发改委审核，并取得“路条”。按照“投资最少、工期最短、质量最好、产品最佳、系统集成最新、运行成本最低、设计最优、效益最大”“八最”原则，集中资金、集中智慧、集中力量全力推进，2015年8月建成后，将是世界上第一个低水、低碳、低能耗和高技术集成、高效能循环、高效益体现的“三低三高”的循环经济园区。

特色煤化工产业项目进展顺利。天脊集团13万吨/年苯胺项目、25万吨/年硝酸铵项目两个特色煤化工项目，以及“321”废水处理工程（即新建第三套生化处理装置、第二套废水回用装置、一套事故池及回用水池系统）按工程网络有序推进，全年实现工业总产值42亿元、营业收入76亿元、利润总额1.1亿元，各项指标创造新水平。

以高端创新引领高端发展，以持续创新推动持续发展，创新发展实现新提升、新跨越

当今企业的竞争，是集体创新力的竞争。潞安始终把“打造创新型企业，培育智慧型员工”作为工作主线，加大科技创新、管理创新和人才创新力度，全力推进企业由资源依赖型向创新驱动型转型。

科技创新工作取得重大进展。潞安以建设自动化矿井、打造数字化矿山、构建生态化矿区为目标，有序推进一次采全高工艺试验、掘锚一体化、掘探一体化、掘抽一体化和岩巷掘进机械化技术攻关，进一步巩固和提升了潞安采煤主导技术领先优势；与中科院上海高研院联合组建的低碳能源转化技术中心取得阶段性成果，“煤基多联产国家级重点实验室”建设有序推进，煤基合成油技术9项专利材料获7项专利授权，与上海交大联合组建了光伏研发中心和光伏实验室，为转型发展提供了有力的技术支撑。2011年，潞安1项科技成果获得国家科技进步二等奖，25项科技成果获得省部级科技进步奖，9项科研课题被列入国家重大科技支撑计划，8项管理成果荣获全煤系统创新成

果奖，集团荣获“煤炭工业科技创新先进企业”。继潞安环能被认定为全煤系统唯一的国家级高新技术企业后，集团公司又成为全省煤炭行业唯一一家“国家创新型企业”。

高新技术企业
HIGH & NEW-TECH ENTERPRISE

山西省科学技术厅　山西省财政厅
山西省国家税务局　山西省地方税务局

管理创新工作成效显著。潞安在集团层面试点推行平衡计分卡管理，基层和现场推行精益化管理，集团各个层面开展了同国际先进企业或国内同行业前三名的“对标管理”，司马煤业公司的物联网管理受到省委书记袁纯清的高度评价，在全集团公司推广。在营销管理上，坚持以效益为中心，把营销工作摆在更加突出的位置，建立完善以客户为中心的营销管理新格局，并探索实施焦炭、太阳能电池与煤炭的捆绑销售模式，促进煤炭边际效益最大化；在投资管理上，严格执行“三个优先，三个严控”的原则，即优先安全投入、优先主业后劲工程投入、优先标志性新兴产业投入和严控计划外投入、严控超预算支出、严控现金流支出，严格按照项目建设程序和投资决策程序进行管理，确保重点工程、重点项目的顺利推进；在成本管理上，构建成本控制走廊，建立以财务为中心的管理体制，保证利润等各项指标保持上年水平并合理增长；在党建工作绩效管理上，构建“一个机制、四个载体”党建工作新模式，成为全国第一个推行党建工作绩效管理得到中央领导批示和肯定的省属国有企业。

人才创新工作硕果累累。人才队伍的长度、宽度、高度，决定企业的长度、宽度、高度。潞安认真贯彻落实国家和全省人才发展规划纲要，统筹推进各类人才队伍建设，“八大人才工程”高效推进。外源性人才引进开发有序推进，建成全省海外高层次人才创新创业基地；内源性人才培养深入推进，大学生研究生双导师制、“职工子女二学位转专业培养”、“优秀班组长素质提升”制度不断完善。5名首席技师入选“首批煤炭行业技能大师”，王庄矿技能大师工作室入选“全煤行业技能大师工作室”，漳村矿被评为山西省基层职工教育培训示范点和学习型组织标兵单位，潞安安培中心通过国家安监总局“一级培训中心”的资质复审评估，潞安职业技能鉴定站再次被评为“全国优秀职业技能鉴定站”。

当前，潞安集团正全面实施“三地一新”发展战略，着力推进战略引领向价值引领转型、资源依赖型向创新驱动型转型、高碳能源向低碳利用转型的“三大转型”，建设“六个潞安”、打造“六个新”：即建设平安潞安，打造国际化安全发展新水平；建设创新潞安，打造高端发展新优势；建设绿色潞安，打造循环发展新特色；建设开放潞安，打造国际化共赢发展新境界；建设“百年潞安”，打造可持续发展新基石；建设幸福潞安，打造和谐发展新合力。

董事长、党委书记：李晋平

李晋平，男，汉族，1964年8月出生，山西灵石人，中共党员，工学博士，高级工程师，现任山西潞安集团董事长、党委书记。

李晋平担任潞安集团主要领导以来，坚持立足高端谋转型，突出速度争跨越，发展区域从长治走向全国，形成了潞安本部、武夏、忻州、临汾、晋中、新疆六大矿区；产业结构不断优化升级，从单一的煤炭企业变成煤、油、硅、化、电综合发展的能化集团，创新创效等方方面面走在了全行业、全省、全国前列。企业在全国500强排名第84位，跨入资产总额、营业收入“双千亿企业”行列。

李晋平坚持“赢在标准、胜在执行”的理念，全面构建和完善了多产业、跨区域、全方位、立体化的大安全格局。从2000年到2011年百万吨死亡率为0.028，其中有6年实现了事故为零，全集团没有新增一例矽肺病，连续13年荣获“全国安康杯竞赛优胜企业”，实现了以高标准确保高安全，以大安全保障大发展。

李晋平坚持“以煤为基、多元发展”的理念。他始终坚持煤炭产业的基础地位，把握安全、高效两大核心，不断推进装备现代化、系统自动化、功能智能化、管理信息化、生产清洁化、队伍专业化，进行技术创新和管理创新，以高效率和高效益进一步提升煤炭企业核心竞争力。他全力推进新兴产业建设，生产出全省第一炉多晶硅，形成了具有潞安特色的工业硅—聚氯乙烯—高纯度多晶硅—太阳能垂直一体化的光伏产业链；21万吨/年煤基合成油示范项目实现长周期稳定运行，“百万吨级高硫煤清洁利用油化电热一体化项目”被列为全省转型综改试验区重大标杆项目，打造世界上第一个“三低三高”（低水耗、低能耗、低碳化和高技术集成、高效能循环、高效益体现）为特色的资源综合利用循环经济园区。企业产业结构进一步优化升级，成为转型跨越发展新引擎。

2012年5月24日，潞安集团与西门子（中国）有限公司举行合作签字仪式

李晋平坚持“发展是硬道理，盈利是真道理”的经营原则。2011年，面对国际经济衰退、国内银根紧缩以及保电煤、保低保户用煤以及自身用煤量大幅上升等诸多不利因素，实施增收与节支并重，开源与节流并举，全力构建完善以大营销、大管控、大融资为主要特征的经营管理大格局，大营销带来收益最大化、大管控赢得成本最优化、大融资实现了资金与发展的有效对接，潞安整体盈利能力得到新提升。

2012年6月28日，潞安集团高河煤矿举行竣工剪彩仪式

李晋平坚持“一切发展依靠员工，一切发展为了员工”的民本思想。把开展“安康杯”活动与“幸福潞安”建设相结合，与“全员素质提升工程”相结合，努力创造潞安持续稳定的安全生产环境，使职工群众的“安康指数”可感知、可量化、可持续，广大职工既是安康发展的创造者，又是安康成果的享有者，真正成为企业的主力军、主人翁。

面对新的形势、新的任务，李晋平没有满足于已有的成绩，他努力践行“以阳光的心开采光明、以感恩的心回报社会、以真诚的心造福员工”的核心价值，全力实施“建设亿吨煤炭新基地、打造产业发展新高地、开创幸福潞安新天地，全面建设既强又大国际化新潞安”“三地一新”战略，坚持“高端化、低碳化、国际化”和“循环型、创新型、效益型”“三化三型”原则。到2015年，力争实现营业收入2000亿元，资产总额达到2500亿元，利润达到200亿元，进入世界500强，把潞安集团建设成为具有国际影响力的能源品牌企业。

潞安集团煤化工工业园区

山西第一炉高纯度多晶硅

五阳煤矿低浓度瓦斯发电站，是全国首家6%—16%低浓度瓦斯发电站

宁武县陈家半沟煤矿经潞安集团改造成潞宁煤业公司，年产量从20万吨跃至200万吨，成为现代化矿区

山西晋城无烟煤矿业集团有限责任公司

晋煤集团是全国重要的优质无烟煤生产基地，全国最大的煤化工企业集团，全国最大的煤层气开发利用集团，山西最具发展活力的煤机制造集团，全国最大的瓦斯发电集团，位列2012年中国企业500强第85位、中国效益200佳第86位。

采用管输集中燃气发电建成运营世界最大的寺河120兆瓦瓦斯发电厂，发电余热用于矿区集中供热，资源综合利用率达到80%以上

2012年，面对严峻的市场形势，晋煤集团变压力为动力，化挑战为机遇，坚定不移走以煤为基，多元发展之路，按照“做强做优煤炭主业，开放合作相关产业，大力发展循环经济，加速推进转型跨越”的发展思路，着力在加快转变经济发展方式上做文章，在构建“煤-气-化、煤-焦-化、煤-气-电”三条循环经济产业链上求突破，大力实施创新驱动发展战略，全面推动传统产业转型升级和新型产业加速发展，煤炭、煤化工、煤层气、煤机制造、电力、新产业等六大产业的协同联动优势和集群发展效应进一步凸显，企业经济实力实现逆势增长，发展质量稳步提升，2012年，晋煤集团实现营业收入1600亿元以上，上缴税费超过100亿元，实现利润在省属企业中名列前茅。

组建国内实力最强的山西省煤层气工程研发中心

煤炭主业——着力推进“固煤夯基工程”，不断巩固和深化企业科学、正规、有序的安全生产秩序。2012年，以“根治瓦斯事故和提升掘进效率”为重点，狠抓抽掘采衔接，原煤产量和商品煤销量稳步增长，煤炭产业的基础地位进一步巩固与提升。特别是充填式采煤工艺的成功实践，为衰老矿井的可持续发展开辟了新路，“煤矿井下随钻测控千米定向钻进技术与装备”科技项目取得突破，荣获2012年度国家科技进步奖二等奖。按照“一矿一策、因矿而宜”的方针，狠抓整合矿井的技改升级，资源整合矿井进度在全省名列前茅，43座整合矿井全部取得采矿许可证。全面落实省委省政府关于加强煤矿安全生产的各项规定，全年百万吨死亡率实现0.0731，企业安全生产状况稳定好转。

全国第一个高瓦斯条件下的千万吨矿井——寺河矿

煤化工产业——着力推进“稳肥扩化工程”，按照建设“高端化、多联产、循环化”现代煤化工园区的方向，加快推进高硫煤洁净利用循环经济化工工业园区建设和其他64个煤化工技改项目建设。2012年，“晋煤集团高硫煤洁净利用循环经济工业园”成功列入山西省“一市两园”项目，“灰熔聚硫化床劣质无烟煤粉煤气化技术开发与工业示范”项目获得国家能源科技进步一等奖，“甲醇制汽油和芳烃技术”获得国家高技术研究发展计划（863计划）资金支持。在煤气化、脱硫、净化等方面都取得了新的突破，进一步丰富了适应晋城煤种洁净化利用的气化技术体系。2012年，煤化工产业全年实现营业收入突破600亿元。

煤层气产业——着力推进“保安增气工程”，抓住山西省先行先试的产业政策机遇，推动煤层气产业继续领跑全国——建设了国内实力最强的山西省煤层气工程研发中心，其自主研发的“井上下联合抽采技术”，使煤层气抽采效率提高4倍以上，并成功与北汽集团、联合镁业公司签订战略合作协议，进一步拓宽了煤层气应用领域。2012年，钻井800多口，累计超过4300多口，井上下累计抽采煤层气超过23亿立方米。更为可喜的是，晋煤集团地面煤层气产业抽采和利用量连续6年保持全国第一，“百亿立方米煤层气抽采利用工程”成功列入山西省转型标杆项目，牵头成立了国家级“煤气共采”战略联盟，“气化山西”领军企业地位更加巩固。

煤机产业——着力推进“强机发展工程”，打造高端煤机产业制造服务基地。继三机成套设备、一次性采全高短壁采煤机、重介质旋流器、可移动矿用救生舱等一系列新产品问世后，2012年，晋煤集团又成功生产8.2米大采高液压支架，成功研制8G采煤机，引领世界大采高工作面开采设备的发展潮流。截至2012年底，晋煤集团煤机板块已经拥有8项世界首创、2项世界之最、5项世界领先、8项世界先进、12项国内领先的煤机制造技术，共218项专利技术。

“晋煤集团高硫煤洁净利用循环经济工业园”成功列入省“一市两园”项目

43座整合煤矿已全部取得新的采矿许可证，资源整合进度在全省名列前茅

发展大功率LED芯片研发生产与特种照明灯具制造项目，培育企业转型发展新引擎

发展煤层气液化，拓展煤层气利用半径，拥有亚洲最大的天煜煤层气液化厂和易高煤层气液化厂

发展集装箱式发电，实现坑口瓦斯抽放站瓦斯气就地利用并网发电

发展煤矸石综合利用热电联产项目，阳城2×135MW煤矸石综合利用热电联产项目即将建成投产

电力产业——着力推进“特色兴电工程”，坚持走“瓦斯发电、煤泥煤矸石低发热量坑口发电和IGCC发电”的特色发电之路。2012年，电力板块克服了诸多外部因素投运迟延等因素影响，坚持多措并举保生产、攻坚克难稳运行，圆满完成了预期目标，发电实现16.74亿度，完成供电总量14.59亿千瓦时。2012年，山西省在清洁能源领域利用国际金融组织贷款实施的第一个项目——山西沁水煤田煤层气综合开发利用项目，被亚洲开发银行评为“最满意项目”。这其中，晋煤集团12万千瓦煤层气发电项目作为其中一个子项目备受瞩目。

新兴产业——着力推进“育新突破工程”，新兴产业有了更加广阔的发展空间。2012年，以煤炭生产和消费大省为物源地和终端布局物流贸易产业，为抵御煤炭市场寒流提供了基础保障。积极推广应用的绿色可持续建筑受到社会和市场的认可；LED产业年底从省外拿得近1.2亿的市场订单；凤凰实业、晟皓光电两个新产业公司还成功入围“山西省创新型试点企业”，并分别入围国家安全生产科技创新型中小企业和山西省综改试验区标杆企业。海斯制药取得130余个药品批准文号，形成了“生产一代、储备一代、开发一代、研制一代”的产品发展格局，建成了覆盖全国的销售网络。2012年，晋煤集团新兴产业营业收入超过500亿元。

2013年，晋煤集团将全面贯彻落实党的十八大、中央及全省经济工作会议和省“两会”精神，以坚持加快转变经济发展方式为主线，以提高经济增长质量和效益为中心，筑牢安全发展根基，加快产业转型升级，推进创新驱动发展，全力开创企业转型跨越发展新局面，为实现“对标世界500强，再造两个新晋煤”，建设极具核心竞争力的新型能源集团而努力奋斗。

晋煤集团“稳肥扩化”战略取得新进展，图为山西百万吨尿素生产基地—晋丰公司

长治医学院

长治医学院座落在有红色之都美誉的长治市，是一所省属全日制普通高等医学院校。学校创建于1946年，其前身是“晋冀鲁豫军区白求恩国际和平医院总院”开办的“护士学校”，是在刘伯承、邓小平等老一辈革命家的亲切关怀下创办起来的医学院校。

历经六十余年的沧桑砥砺、薪火传承，学院已形成以医学及医学相关专业为龙头，融医学、理学、工学、管理学、教育学、艺术学为一体，多学科协调发展的办学格局。2011年，经国务院学位委员会批准，学院成为临床医学一级学科硕士专业学位研究生培养单位。学院现有15个本科教学院、系、部；开设了17个本科专业（方向）；8个专科专业和各类成人教育本专科专业。学院面向全国24个省、市、自治区招生，在校生达万余人。

长治医学院2012年在武乡召开改革发展座谈会

扎根太行历沧桑，盛世扬帆谱华章。60多年来，学院始终以民族解放、社会发展、科技进步、光大文明和弘扬经世济民、造福人类的医药文化为己任，为国家培养输送了2万余名优秀的医护人才，为山西省乃至全国的教育事业和医疗卫生事业做出了积极的贡献。

学院注重对学生动手能力的培养，不断加强实践教学基地建设，拥有附属和平医院、附属和济医院两所三级甲等直属附属医院；6所非直属附属医院；先后建立了37所教学实习医院、18个药学专业实践教学基地和11个思想政治理论课实践教学基地。学院教学设施完善，师资力量雄厚，不断加大校园绿化、美化、净化、亮化、香化的建设力度，育人环境进一步优化，办学条件不断改善，成为莘莘学子治学修身、成长成才的良好选择。2012年在全国同类院校中率先通过教育部临床医学专业认证。2011年、2012年、2013年连续三年获得全国高等医学院校大学生临床技能大赛华北赛区一等奖。

长治医学院2012年通过教育部临床医学专业认证

长治医学院科技大厦

展望未来，学院全面深入贯彻落实科学发展观，秉承“面向基层，德育为先”的办学传统，遵循“重质量、重实践、重水平、重特色”的办学理念，坚持以学生为本，为学生全面发展、终身学习服务，以改革增添活力，以创新引领发展，全面深化校内改革，不断提高办学水平和人才培养质量，朝着建设“国内知名，特色鲜明”创新型医学院校的奋斗目标大步迈进。

着眼国计民生　推进科学发展
倾力打造服务山西转型跨越发展的火车头

——记山西省优秀企业家太原铁路局局长杨绍清

太原铁路局局长：杨绍清

杨绍清，男，中共党员，大学学历，高级工程师，国务院享受政府特殊津贴专家，第十一、十二届全国人大代表，太原铁路局局长。

太原铁路局成立于2005年3月18日，共有职工11.8万人，管辖南北同蒲、大秦、侯月、石太、太中（银）、京原、石太客运专线等12条干线和西山、介西、宁岢、口泉、云冈等13条支线，线路总延长8682.05公里，营业里程3328.2公里；配属机车1111台，客车1916辆，CRH5型动车组6组。太原局主要担负着山西省的客货运输和冀、京、津、蒙、陕等省市区的部分货运任务，用户群辐射全国26个省市自治区、15个国家和地区，在山西省综合交通运输体系中居于骨干地位。

杨绍清2010年4月就任太原铁路局局长以来，坚持以科学发展观为指导，着眼国民经济和山西省转型跨越发展需求，千方百计增加铁路运力，不断提升铁路服务质量，全局安全生产持续稳定，运输经营业绩突出，铁路建设有序推进，职工生活不断改善，各项工作保持着科学健康的发展态势。

杨绍清与铁路局领导班子成员在轨道车上现场研究铁路建设方案

杨绍清把服务国民经济和山西转型跨越作为路局持续发展的战略核心。2012年，实施投入小、见效快、产出大的“短平快”扩能改造工程，先后开展“短平快”扩能改造工程44项，其中在北同蒲、石太、太焦、宁岢等线增设中间站17个。晋煤外运的主通道大秦线，截至2012年底先后105次刷新单日运量纪录，创造了133.4万吨的历史最高，全年完成4.26亿吨的运量。

杨绍清在防洪重点地段进行徒步检查

杨绍清坚持把“让人民群众满意”作为衡量铁路工作的评价标准，千方百计解决“一票难求”“一车难求”等“老大难”问题，想方设法提升服务质量，满足人民群众出行需求。在全局推行实名制售票、电话订票、互联网售票和POS机购票等全新售票模式，地级市以上车站和客流较大的县城站实行24小时不间断售票。开发了轩岗～原平“矿工号”点对点通勤列车等“定制”产品；全年在春运、节假日等客流高峰期，通过加开临客、热门车次加挂车辆等方法，日均新增运能6000余个，每日总能力达到11.66万个。2012年12月21日起实施的新列车运行图，在保留既有3对开往北京西动车组列车的基础上，新增13对开往北京、广州、武汉、郑州的时速300公里高速动车组列车，新增2对开往新石家庄站的动车组列车，新增开往沈阳北、烟台的2对普通客车，全局直通客运能力提升4%以上。

杨绍清坚持把建设发达的山西铁路网作为服务山西经济转型发展的重要任务。2012年，太原局共有续建铁路建设项目10项，其中部管项目2项，局管8项，居各铁路局之首；全局（不包括中南部通道和大西客专）完成建设投资104.71亿元，完成年度计划的115.7%，新建太原南站、北同蒲增建四线和取直线、黄陵至韩城至侯马铁路（山西段）、新建朔州至准格尔铁路、吕梁至临县(孟门)铁路、太原枢纽新建西南环线、太原至兴县等铁路工程整体有序推进。

杨绍清坚持“以人为本”的科学发展理念，始终把职工利益放在重中之重的位置，努力解决职工群众最关心、最直接、最现实的利益问题。2011年以来，推进以“小伙食团、小单身、小浴室、小庭院、小互助会、小文化室（小书屋）、小活动场、小药箱”为主要内容的“八小”工程建设，全面改善一线职工生产生活设施。加快保障性住房建设，全年在建保障性住房16个项目18330户，竣工交房3个项目1897户。

在杨绍清的带领下，2012年，太原铁路局先后荣获“全国安康杯竞赛优胜企业”、“全国全民健身活动先进单位”、“全路经营业绩考核优秀企业”、“山西省功勋企业”、“山西省职工文化建设先进单位”、“山西省厂务公开民主管理示范单位”等多项殊荣，连续入选中国企业500强和中国服务业企业500强。

杨绍清在中间站检查指导铁路运输工作

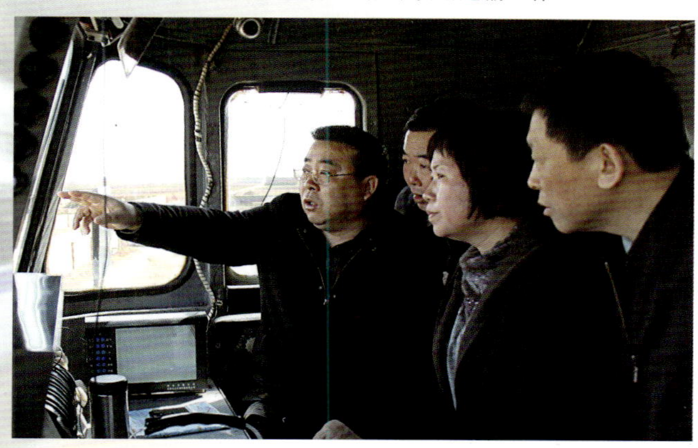

杨绍清添乘机车检查铁路线路质量状况

建成及在建的职工保障性住房工程

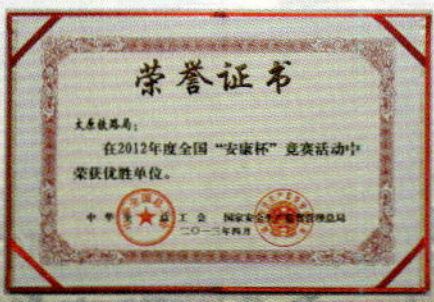

两万吨大列行驶在大秦线上

中共孝义市委
孝义市人民政府

省委书记袁纯清来孝义视察

省长王君一行来孝义视察

高新科技产业园区LED照明产业基地

2012年,孝义市深入贯彻省委、省政府“转型跨越，再造一个新山西”目标，围绕资源型城市经济转型和民生幸福型区域中心城市建设两大战略，把握转型综改和扩权强县试点两个总抓手，大胆先行先试，奋力破解难题，在推动转型跨越发展、全面建成小康社会的道路上迈出了坚实的步伐。

全年GDP完成390亿元，同比增长16.1%；财政总收入完成64.25亿元，同比增长7.05%，一般预算收入完成24.8亿元，同比增长22.3%；全社会固定资产投资完成221.25亿元，同比增长30%；社会消费品零售总额完成93.38亿元，同比增长15.52%；规模以上工业增加值完成257.9亿元，同比增长21.85%；城镇居民人均可支配收入23108元，同比增长17%；农民人均纯收入11011元，同比增长19.17%。在中国百强县市排名中，连续6年赶超进位，位列第65位。连续两年位列全国百强县市居民满意度前十名。

“大园区”聚集大产业，产业转型迈出新步伐。按照“园区承载、集群推进、循环引领”思路，加快推进园区基础设施建设，全市90%以上的新兴产业项目入驻园区，吸引投资突破2000亿元。集中发展“千万吨煤化工循环经济园区、装备制造园区、高新科技产业园区、孝义现代农业园区、中心城区现代服务业集中示范区“五大园区”。

“大项目”引领大发展，项目大攻坚取得新突破。2010年7月以来，累计实施概算投资1487.01亿元的65个亿元以上转型项目。同时，出台《关于鼓励投资和招才引智的实施办法》，强化市级领导包扶，实行专业化对接、点对点攻坚、全过程服务，瞄准新兴产业，紧盯高端项目。

建成一批转型标杆项目，累计完成投资335.2亿元。落地一批转型骨干项目，15个亿元以上转型骨干项目落地开工。储备一批转型引领项目，96个转型引领项目纳入全市重点项目储备库。

小城镇建设——梧桐新区

城市建设

"大龙头"带动大增收，新型农业化取得新成效。围绕"十二五"期间全市农民人均纯收入率先突破2万元的核心目标，推进"一村一品"、"一县一业"，打造孝义特色的"种养加"产业。不断扩大特色种植业。推进中西部乡镇"核桃林全覆盖"。设施蔬菜面积达到1.7万亩，玉米种植面积稳定在20万亩以上。集中做强标准化养殖业。发展标准化养殖小区283个，畜禽养殖总规模达到2400万头（只），农民人均畜牧业收入达到460元。加快提升现代农产品加工业。培育了20多个国家级、省级名牌产品，孝义的农业产业化实现了向特色提升、规模发展的转变。

"大规划"推动大统筹，特色城镇化实现新跨越。围绕在山西省率先实现"市域城镇化、城乡一体化"目标，实施特色城镇化"1420"工程，即：集中力量建设规划面积57平方公里、30万人口的主城区，以及4个特色中心镇和20个社区化中心村。

"大创建"优化大环境，市域生态化展现新面貌。抓住山西省绿色转型试点政策机遇，扎实推进节能减排、造林绿化、城乡环境卫生整治"三大工程"，争创全国文明城市、国家卫生城市、国家环保模范城市、国家生态园林城市、全国宜居城市。

"大投入"改善大民生，幸福孝义建设取得新进展。坚持把每年新增财力的20%投向民生领域，集中力量大办民生实事。统筹发展社会各项事业。市域公路里程达到1712公里，村通油路率达到100%。吕梁职业技术学院一期完成投资8亿元，已具备入驻条件。投资3亿元完成市乡村三级医疗卫生院所标准化建设，399个医疗机构全部实现药品零差率销售。高标准全面完成两轮农村"五个全覆盖"工程。扎实推进保障性住房建设。投资2.46亿元完成城南、城北15万平方米保障性住房建设。铺开总投资2.2亿元10.15万平方米的廉公租房建设。启动8个乡镇84个村庄的压煤村庄搬迁工作，五年内将有8万农民搬迁进城。分六大片区启动41万平方米城市棚户区改造项目，涉及居民3800余户。不断创新社会管理。投资5000万元启动"大办社区年"活动。35名社区党组织书记通过公开选拔上岗。全市社区规划调整为48个，划分为城区社会管理网格（小区）288个，农村网格513个，构建起市、街道、社区、网格"四级联动"的服务管理模式。

采煤沉陷区治理项目

沃尔玛综合商务区建设项目

一湖两岸

投资800亿元的山西信发化工铝系综合循环项目

“大整治”夯实大安全，企业安全生产取得新成效。以企业安全生产标准化建设为重点，稳步推进安全发展示范城市创建，集中开展安全生产专项整治、打非治违专项行动、安全隐患排查整治百日专项行动、道路交通安全执法检查等专项整治行动。严格落实安全生产责任追究，实行安全生产“一票否决制”。

“大转型”凝聚大智慧，市域发展水平得到新提升。组织市乡村百名干部“下江南”学习考察，设立干部教育培训“长三角”实践基地，邀请国内一流专家举办“孝义大讲坛”高端讲座38期，建立百名高端专家师资库，引导广大干部登高望远解放思想，先行先试破解难题。在全省率先成立9个专业招商局，建立首个省外招才引智工作站，与北京大学、山西省社科院签订战略合作协议。承办了国家“千人计划”专家联谊会青年委员会首届年会。获得了国家级资源枯竭型城市经济转型、省级转型综改、扩权强县、绿色转型、社会管理创新、城乡建设用地增减挂钩、县委权力公开透明运行等一批试点先行政策，为转型跨越发展奠定了坚实基础。

科学发展千帆竞，转型跨越万象新。孝义将紧紧抓住转型综改和扩权强县试点两个总抓手，“四化”引领，创新驱动，全力推动经济社会转型发展、率先发展、科学发展，努力实现“率先走出资源型地区转型跨越发展新路，率先实现全面建成小康社会”目标！

千万只生态肉鸭养殖加工基地

中共襄垣县委 襄垣县人民政府

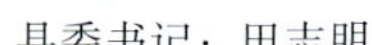

县委书记：田志明

县长：张志刚

襄垣县位于太行山西麓，上党盆地北缘。县域辖8镇3乡1个市级工业园区323个行政村，总面积1178平方千米，总人口28万。

县域基本概况

历史悠久。公元前455年赵襄子筑城得名“襄垣”，汉初置县，历代未改，至今已有2400多年。

资源丰富。矿产资源有煤、铁、铝、锰等30余种，其中，煤炭探明储量75.8亿吨，可开采40亿吨。现有煤矿17座，核定产能1750万吨。海河流域浊漳河水系的西、南、北三大干流汇集在襄垣，有大中小型水库14座。其中，后湾水库库容1.45亿立方米，是山西省六大水库之一。

区位优越。太焦铁路、太长高速公路、国道208线、省道榆长线以及即将建设的霍黎高速穿境而过。距长治机场45公里，长治市区40公里，与长治享有同城效应。

经济发展概况

2012年，全县生产总值226.7亿元，下降7.4%；财政收入40.17亿元，增长12.6%；农林牧渔业总产值10.7亿元，增长11.7%；工业总产值353.3亿元，下降17.9%；社会消费品零售总额17.6亿元，增长16%；城镇居民人均可支配收入23250元，增长12.9%；农民人均纯收入9414元，增长15.2%。新型工业势头强劲。富阳、王桥两个园区基础设施不断完善，产业集聚度不断增强。其中，富阳园区入园企业26个，基本形成以煤为基的循环经济产业链条。王桥园区的潞安煤基多联产、乙二醇等项目正在抓紧建设。现代农业稳步发展。建设设施蔬菜3.2万亩、规模养殖基地63个，建成3座智能化育苗中心、2处冷库和农产品质量安全检测中心。东宝薯业、宝达菇业等龙头企业不断发展壮大，安排农村剩余劳动力3万余人。第三产业蓬勃发展。仙堂山旅游区建设四大区域31个景点，释迦摩尼大佛、法显八国游历馆等景点已基本对外开放，县城至景区专线建成通车。襄垣国际大酒店、综合物流配送中心建成投用，物流、信息、金融等现代服务业发展迅猛。

富阳工业园区

古韩大道

文王山观光农业园

灵石县人民政府

灵石县国土面积1206平方公里，辖6乡6镇3个社区，291个行政村，总人口26.4万。近年来，该县紧紧围绕“再造两个灵石，冲刺全国百强”的目标，以构建“富强灵石、生态灵石、幸福灵石”为主旨，抢抓“转型综改”和“扩权强县”两个试点县机遇，全力加快新型工业强县、核桃经济大县、现代旅游名县“三县”建设，统筹城乡一体发展，切实保障和改善民生,县域综合实力进一步提升，以全省综合考评第六的成绩，被省委、省政府评为“2011年度县域经济发展先进县”。

县长：吴文胜

新型工业强县建设 按照“以煤为基、多元发展”的思路，以三大园区为载体，以标杆项目为支撑，以产业链条延伸为重点，改造提升煤焦传统产业，培育壮大接续替代产业，全县初步形成了煤焦、化工、冶金、建材、电力等五大骨干产业。

核桃经济大县建设 坚持把核桃产业作为主打产业，兼顾发展规模养殖、设施蔬菜等特色农业，全县核桃种植总面积达到28万亩，核桃总产量达到1200万公斤，带动农民人均增收1500元，荣获“中国核桃之乡”称号。

现代旅游名县建设 以打造“古镇大院文化名地、山水休闲旅游胜地、中国版画艺术基地”三张名片为重点，开发10处景点景区，建成5家星级酒店。2011年接待游客230万人次，旅游综合收入达19.4亿元。

美轮美奂的山城夜景

县域城镇化建设 按照“打造大县城、发展特色镇、建设中心村”的发展思路，初步形成了城镇化与工业化、农业化、生态化良性互动的发展格局，全县城镇总人口达13万人，县城区面积达到6平方公里，城镇化率达到44.45%。

生态环境建设 全县相继建成了3个10万亩生态经济示范园、5条百公里经济林走廊、3条国省道绿化廊带、100个村庄绿化等一大批精品绿化工程，全县林木覆盖率达到57.64%，县城绿化覆盖率达到43%，人均公共绿地面积8.9平方米，被授予“全省林业生态县”、“全国绿化先进集体”等荣誉称号。

社会事业建设 在全省率先普及高中阶段教育、实行高中阶段教育“一免一补”；大力发展学前教育，2013年将实现乡镇公办幼儿园“全覆盖”；新型农村养老保险和城镇居民养老保险成为全国试点；县、乡、村三级医疗机构达标率达到98.3%，新农合参合率达到98.03%；在县人民医院、中医院和全县287个村级卫生所实行了基本药物零差价销售。

体制机制创新建设 推进“大部门”工作制，将工业、农业、旅游三个行业职能相近或者工作目标一致的22个部门，整合为3个“大部门”。创新招商引资格局，在原有县招商局的基础上，成立了工业、农业、旅游、煤炭4个专业招商局，进行专业化的“对口”招商。立足于打造全省“审批事项最少、时限最短、流程最简、收费最低、服务最优”品牌的目标，深化行政审批制度改革。积极探索现代投融资模式，充分利用担保公司、村镇银行等金融工具，全力破解项目融资难题。

转型跨越时不我待，争先进位刻不容缓，面对“十二五”发展的繁重任务，面对全省各地竞相发展的态势，灵石将对标一流，自加压力，埋头苦干，狠抓经济转型不放松，着力在“三县”建设上求突破，在项目建设和招商引资上求突破，在改善民生和社会管理上求突破，全力推动县域经济社会快转型、大跨越。

社会管理网格化指挥中心

中煤九鑫焦化公司全景

文化艺术中心

崔家沟新农村住宅小区

灵石县城全貌

县委书记：李丁夫

县委副书记、县长：杨红旗

中共沁源县委
沁源县人民政府

沁源县地处太岳山东麓，位于山西省长治市西北部。东邻沁县，南接屯留、安泽县，西接古县、霍州市、灵石县，北连介休市与平遥县。全县总面积2548.8平方公里，辖5镇9乡，254个行政村，总人口15.8万人。境内群山环抱，沁河辽绕，灵空滴翠，松柏常青，天然悠久的林牧业和得天独厚的煤焦业使其名闻遐迩，饮誉三晋。

2012年，全县生产总值完成110.86亿元，比2011年增长17.1%；人均生产总值达70165万元，比2011年增长11.9%；财政收入完成25.57亿元，增长16.8%；粮食总产量保持了稳定增长，达到7.62万吨，同比增长9.1%；农业总产值达到2.27亿元，增长13.6%；全县规模以上工业总产值179.98亿元，增长14.7%；城镇居民人均可支配收入22570元，增长14.1%;农民人均纯收入达到8648元，增长15.4%；社会消费品零售总额完成15.32亿元，增长16.2%。

产业转型步伐加快 2012年共实施各级各类工程项目188个，总投资329亿元，完成投资135.6亿元。20个煤炭扩能增值和升级改造项目完成投资58亿元，全县原煤产量突破800万吨。大唐集团马军峪10×500千瓦瓦斯发电项目及国泰源6000万块煤矸石砖生产线竣工投产。蓝天工业园区20万吨石油压裂支撑剂两条5万吨生产线、国电太岳山风电已具备10万千瓦发电即将投产，新型工业成效显现。"一县一业"马铃薯产业形成集培育、种植、生产、加工、销售为一体的产业发展体系。续建沁河缘、昶苑、南石苗圃等现代农业园区5个，新建好乐草莓等农业示范园区3个，开工建设螺山种植等生态庄园23个，现代农业初具规模。大力推进"三区同创"文化旅游，实施了灵空山圣寿寺维修、花坡植被恢复等一批宗教、生态文化旅游项目，山地自行车生态休闲旅游项目完成前期工作，现代服务业发展迅速。

通洲集团焦化厂全景

城乡统筹有力推进 高标准编制完成沁源县2010年~2030年城市总体规划、县城旧城南北片区控制性详规、县域村镇体系规划和8个市政专项规划、4个建制镇的总体规划，形成了较为完善的城乡规划体系。全面铺开居民、行政事业单位、商贸企业房屋征收与补偿工作，征收面积达15.4万平方米。投资20亿元，铺开安置房小区建设、人民路改造等10余项市政工程，56幢6层住宅楼主体完工，改造供水管网6200米，完成集中供热管网铺设17.3公里，新增供热面积24.6万平方米，完成安泽至沁源36公里天然气管网铺设。投资1.2亿元，完成农村街巷硬化465.15公里。改造农村危房500户，完成农村饮水安全工程23处、水土流失综合治理1000.5公顷。110千伏古寨变电站、35千伏灵空山变电站和赤石桥变电站投入使用。

生态建设成效显著 实施造林绿化2134.4公顷，超额完成485.98公顷。拆除建成区燃煤锅炉617台，治理餐饮油烟污染70家，搬迁污染企业15家，封堵沿河企业排污口9个，完成矿山开采生态恢复治理70.37公顷。修缮改造人民广场和游园，栽植各类乔木3000余株、各类花灌木8万余株，新增绿地面积12万平方米，人均公园绿地面积23平方米，绿地率35.28%，绿化覆盖率达40.23%，达到国家级园林县城标准。2012年，被评为“全省林业生态县”、“山西省园林县城”

民生事业优先发展 新改扩建标准化幼儿园14所，县机关幼儿园硬件达到全省一流标准。新农合补助标准提高到290元，门诊统筹补偿比例提高到80%，门诊补偿和住院补偿范围逐步扩大，封顶线分别提高到5000元和12万元。公开招聘教育、卫生等事业人员202名。新增就业2816人，下岗再就业580人，转移农村劳动力2592人。为全县4.6万农户供应冬季取暖用煤6.96万吨。全年民生事业投入4.54亿元，增长10.7%。

全国最大的夏季草莓生产基地——好乐草莓

新型农民住宅小区

花坡风光

中共榆次区委 榆次区人民政府

区委书记贡琦调研重点工程

区长张祖祁调研 重点工程

建设中的小南庄高校服务安置区

2012年，榆次财政总收入22.8亿元，固定资产投资总额141.2亿元，社会消费品零售总额119.7亿元，分别增长25.9%、60.2%、16.2%；生产总值、规模以上工业增加值分别为198.1亿元和71.3亿元，增长10.2%和19.4%；社会消费品零售总额119.7亿元，外贸进出口总额6208.2万美元，分别增长16.2%和 41.8%；城镇居民人均可支配收入、农民人均纯收入分别为22567.6元和10630.3元，增长11.8%和16.3%。

项目建设快速推进，转型发展跨越前行 56项重点工程全部开工，完成投资147亿元，投资完成率105.1%，23个项目竣工。10项转型综改标杆项目顺利实施。全年共招引项目28项，总投资321.6亿元，开工建设14个项目；优选储备116项区级重大项目。

园区工业发展壮大，产业集群蓄势升级 实施“工业强区”战略，园区集聚能力不断增强，实现产值141.7亿元，增长10.7%，上缴税金4.5亿元，增长12.5%。以先进装备制造为特色的新型工业迅速崛起，实现产值125.7亿元。五大百亿产业集群方兴未艾，经纬纺机专件分厂完工，意大利电脑横机样机下线；液压集群申报国家级创新型产业集群，山西省精密铸造及机械装备制造院士工作站落户榆次，榆次液压研究院正式成立，总规划5250亩的“一核两区”液压工业园启动建设。博世通、海洋、航天等项目顺利实施；太钢万邦30万吨一期土建工程迅速推进，国际领先的进口设备开始安装；福源昌醋博园、金醋“老陈醋生产基地”一期工程竣工投产，天地壹号、珠江桥等知名企业加盟榆次醋产业。

特色产业龙头引领，现代农业扩规提档 “一村一品”工程，省、市级“一村一品”专业村达124个。总投资17.4亿元的国家农业科技示范园通过中期评估，辐射带动作用全面显现。扶持农产品加工龙头，金粮、德御、泽榆等企业实现销售收入19亿元，带动农户3.8万户。改善基础设施，全国小型水利重点县项目落户榆次，涉及7乡21村的安全饮水工程1.1万人受益；完成土地整理项目6个，新增耕地2000余亩。榆次区荣获全省“农民增收先进县”和“一县一业先进县”等荣誉称号。

文化旅游持续升温，现代物流势头强劲 乌金山国家森林公园通过省级旅游休闲度假区和国家4A级景区验收，成功举办“第九届文化旅游节”，古村老城游、乌金生态游、庄园休闲游成为榆次文化旅游名片。现代物流步入快车道，投资3亿元的省粮食物流中心主体完工，太铁物流、美特好等投资近20亿元的物流项目加快落地。流通体系日益完善，全区建成各类农村便民店318个，实现了农村流通网点全覆盖。

太榆同城加速融合，城乡统筹一体发展 抓住太榆科技创新城启动的历史机遇，配合高校新校区、吉利中航配套等市政重点工程，完成5500户、1.5万余亩、60万平方米征地拆迁任务，市区一体化加速推进。推进“蓝天碧水”工程，二级以上优良天数达360天，环境空气优良率98.6%，位居全省第一；万元GDP综合能耗下降3.5%，完成义务植树101万株，北山绿化1万亩，共造林3.9万亩，108沿线3乡10村环境综合整治工程完成，全区城乡面貌有效改善。

民生事业全面进步，幸福榆次有效构建 财政用于民生支出达12.1亿元，医疗、教育、社会保障支出持续加大。推进均衡教育初见成效，阳光均衡编班全国示范；新改扩建幼儿园17所，9所已竣工；启动“护校安园”治安防控试点和校车安全管理联席制度，校园安全基础进一步夯实。医疗改革扎实推进，新农合参合率达到99.6%，基本药物制度实现全覆盖，投资3986万元新建区人民医院外科住院楼，全国慢病、省中医示范区通过验收。社会保障体系更加健全，开展创业型城市创建，累计提供就业岗位 2.65万个，新增就业9200人，转移农村劳动力1.19万人；城镇基本养老、医疗保险参保人数分别达到7.6万人、18.5万人，城镇登记失业率控制在4%以内。人口和计生工作连续17年全市第一。食品安全监管长效机制有效落实，实现了网格化片区监管和部门职能监管有效对接。打造城市500米健身圈，新建22个社区健身场地。

优异的成绩，得益于市委、市政府和区委的正确领导，凝聚着区人大、区政协的大力支持、有效监督，靠得是全区人民团结奋斗和社会各界的积极参与。

太钢万邦30万吨镍铬合金项目

太重榆液高性能液压产品自主化产业基地项目

康培苗木基地

中共小店区委
小店区人民政府

小店区位于太原市区东南部，全区辖1镇2乡7个街道办事处，74个社区、82个行政村，面积295平方千米，建成区50平方千米，常住人口75万。小店区城乡一体，南农北商，高新技术密集，交通通讯便捷，是太原市“南移西进、北展东扩”城市发展的主要扩张区域，是太原南部新区建设的重要承载区，是实现太榆同城化、建设大太原经济圈的核心区域。

2012年，小店区全年地区生产总值完成291亿元，社会消费品零售总额完成344.3亿元，固定资产投资完成285.2亿元，财政总收入完成35.3亿元，一般预算收入完成18.2亿元，规模以上工业增加值完成14.5亿元，农民人均纯收入完成13665元。其中，社会消费品零售总额、固定资产投资、财政总收入、一般预算收入四项指标总量排全市十县（市、区）第一位。2012年，全区共获得国家级荣誉31项、省级荣誉118项、市级荣誉314项，在“2012年中国市辖区综合实力百强”排名中名列第74位，是山西省唯一入选的市辖区。

着力抓好项目带动，推动转型跨越，跻身全国百强区

服务好省、市重点工程建设。全力服务推进南客站片区、汾东商务区等重点建设。南站片区完成拆迁16.5万平方米，征地工作全部完成。铁路三项枢纽引入太原工程完成征地、迁坟，拆迁42.9万平方米。汾东商务区4条道路完成全部征地，拆迁8.1万平方米。

优化发展环境，加大招商引资力度。全区实际利用市外、境外资金108亿元，完成市下达任务的105%。第七届中博会、首届世界晋商大会、第四届能博会，共签约物联网产业园区、联盛城市综合体等项目13个，总投资446亿元，完成市下达任务的两倍多，签约数量和投资总额创历年新高。

建立项目建设区级领导分包责任制和项目建设推动奖惩考评机制。实施“一事一表”工作法，细化工作责任，明确每位区级领导包一个项目，通过定时间、定目标、定责任、定奖惩等措施，保证项目按时开工、投产，有力地推动了全区经济快速发展。

南中环桥

天美新天地

着力加强生态建设，不遗余力抓好改善省城环境质量工程

加快生态城区建设。东山五龙城郊森林公园建设顺利推进，投入近2亿元，基本完成水、电、路等基础设施建设，完成一期绿化286.7万平方米。深入实施改善省城环境质量工程。完成14个城中村集中供热及燃煤锅炉改造，拔掉黑烟囱8682根，承担完成了全市改造任务的近60%；134台分散采暖燃煤锅炉实施集中供热、燃气供热替代；42台常年运行燃煤锅炉完成清洁能源替代；供暖扩网近700万平方米。

深入开展节能减排工作。在强化措施严禁秸秆焚烧的同时积极推行秸秆综合利用技术，全面推广工业节水、节电、节能技术，在全省首家全城镇使用LED路灯照明，万元GDP能耗比年计划3.5%降低近1个百分点。

长风画卷

青玉油脂

着力改善民本民生，发展成果普惠更多群众

大力发展教育、卫生、科技等社会事业。教育投入占一般预算支出31.5%，总量排全市十县（市、区）之首。新建38中、八一小学，完成32中等4所学校配套建设；实施中小学标准化装备二期配备；义务教育阶段生均公用经费每生增加200元，全市最高。安排科技项目专项经费2706万元，占一般预算支出1.5%。科技成果转化率达55%以上，专利申请量达1700件，科技工作在十县（市、区）中唯一连续五年全市优秀。率先在全市组建卫生监督协管队伍。被评为“全国社区中医药工作先进单位”。巩固提升“五个全覆盖”成果，统筹城乡发展。投资近1亿元，全面开展新农村建设前后两轮“五个全覆盖”工程“回头看”活动，建设水平居全省前列。高标准实施老旧片区综合改造，改善城乡面貌。财政投资3500万元，带动社会投资，集中改造了文华苑等9个老旧片区。城乡清洁工程达标考核、数字城管绩效考核、市容环卫绩效考核均为全市第一。

深入开展为民办实事活动。全面完成为全区人民办的十件实事。投资6000余万元为人民群众“办实事、解难事”，向群众公开承诺的平价直销菜店、农村饮水安全、免除婚姻登记费用、提高社会保障水平等82件事项圆满按期完成，发展成果惠及更多人民群众。

矿长：韩玉明

党委书记：段贵德

潞安集团漳村煤矿

漳村煤矿是潞安集团下属的一座以采矿、洗选为主的大型矿井，全国首批现代化矿井、部特级质量标准化矿井、行业特级高产高效矿井、双十佳煤矿；2006年~2011年，连续六年被评为“国家特级安全高效矿井”，连续七年蝉联全国“安康杯”竞赛优胜企业，2007年、2010年两次荣获“全国五一劳动奖状”。

2011年，漳村煤矿抢抓机遇推进村庄搬迁，克服困难加快采区接续，创新思维规范整合矿井管理，对标先进培育优势发展亮点，矿井本部生产原煤首次突破410万吨；生产喷吹煤246万吨；实现销售收入28亿元；完成利润11.74亿元；多经生产经营收入突破16亿元，为“十二五”战略快速推进赢得精彩开局。主要工作可概括为“八个新”：

一是坚持村庄搬迁和精细部署两手抓，采掘衔接打开了新局面。截至2011年底，通过搬迁释放压煤1000多万吨，累计圈定可采储量515万吨，为水平延伸赢得了时间。二是坚持井上准备与井下筹备两手抓，采区衔接取得了新进展。西扩区首采面已经圈定并具备安装条件，各系统已经基本完善，扩区地面土地征用已得到襄垣县人民政府同意，工业广场道路已

开工。三是坚持矿井本部与整合矿井两手抓，安全生产实现了新突破。矿井本部及整合矿井全部实现安全生产无事故，漳村矿连续七年被评为全国“安康杯”竞赛优胜企业。四是坚持品种增效与经营贸易两手抓，经营管理创出了新水平。全年外运喷吹煤250万吨，超额完成公司下达指标。五是坚持升级改造与系统延伸两手抓，数字矿山迈出了新步伐。六是坚持加快技改和规范经营两手抓，整合矿井创造了新成果。生产矿井超额完成集团下达生产指标。七是坚持绩效管理与创先争优两手抓，党建工作呈现出新气象。连续三年被集团党委授予“推行党建工作绩效管理模范集体”称号。八是坚持企业发展与保障民生两手抓，文明和谐展现了新风貌。重点实施关爱、便民、环保、安居、文化、就业六项惠民工程，职工幸福指数不断提升。

矿领导现场指导工作

韩玉明代表集团公司与和顺县政府签订发电合作项目

在潞安大转型、大跨越、大发展的历史征程中，漳村煤矿紧跟集团“三地一新”的战略部署，准确研判行业发展趋势，果断调试发展战略，确立了“一地两区、千万产能”的“十二五”战略目标。“一地两区、千万产能”就是通过科学布局，以本部为战略发展的核心基地，以整合矿为产能增长区，以岳山矿为战略发展区，到“十二五”末，本部产能上500万吨，整合矿产能上500万吨，岳山矿全面开工建设，形成“一地两区、千万产能”战略发展新格局 。

我们相信，在转型跨越的发展道路上，漳村煤矿全体干部职工定会充分发扬“创新求实、高效卓越”的团队精神，全力打造行业领先国内一流数字化矿井感知化矿山，一个更具经济实力、更具发展活力、更具文化魅力的新漳村定会乘风破浪，勇往无前，驶向新的彼岸！

自动化工作面

山西焦炭集团国内贸易有限公司

董事长：常卫东

山西焦炭集团国内贸易有限公司（以下简称国内公司）成立于2003年8月，注册资金5000万元，现有员工58名，是集焦炭、焦化产品的运输、销售、进出口、仓储、电子商务等于一体的综合性贸易公司。

常卫东于2008年担任公司总经理，2009年年底被任命为董事长。五年来，他凭借着敏锐的思维和战略的眼光，带领广大干部职工锐意进取，奋力拼搏，使国内公司实现了跨越式发展。从2008年至今，公司的贸易量、销售收入、利润总额以每年20%～30%的幅度增长，始终走在焦炭贸易企业的前列。常卫东于2013年5月被山西省总工会授予“五一劳动奖章”荣誉称号。

开拓创新，企业快速健康发展

几年来，常卫东亲自带领业务主管访客户、跑市场、搞调研，摒弃了公司以往“只焦不化”的经营模式，以上下游客户资源为基础，围绕焦炭产业链条，调整产品结构，逐步开发了煤炭、钢材、合金及其他化工产品等新的贸易品种。同时加大对南北新兴市场人力、物力和财力的投入力度，与大型钢厂的客户进行业务洽谈，亮出自己的品牌优势，不断开拓面向下游客户的销售渠道。在销售过程中，他倡导“服务营销”的理念，坚持以质量和信誉取胜，用细致的服务和精细的管理赢得客户的亲睐。

2012年市场开发客户座谈会

为解决发展中遇到的瓶颈，经公司董事会研究，常卫东在2011年度股东大会上提议将注册资本由3000万元增资扩股至5000万元（大会审议并通过了此项议案），并充分利用银行信用证业务，进一步盘活资金，确保公司正常高效运转。经过5年的努力，国内公司建立了一支业务精、素质硬、服务优的销售队伍，拥有稳定的货源和直接的销售渠道，与全国40多家企业都建立了长期稳定的合作关系，销售收入、贸易量和利润总额逐年上升，公司呈现出快速、健康的发展态势。

2012年度股东会议

公司荣誉榜

以人为本，构建和谐企业

常卫东在企业管理中坚持“以人为本”，始终把员工放在首要位置，他坚信员工是企业发展之根本，唯有修好员工之心，方能塑好企业之形。

他坚持“任人唯贤”的用人机制，按照焦炭集团关于二级单位干部选拔任用的有关规定，结合公司实际，对工作中表现突出的员工大胆提拔重用；并坚持将企业发展成果惠及广大员工，实现员工价值与企业价值同步提升。在公司规模效益持续增长的基础上，调整员工收入和超额完成任务奖励标准。创造安全、舒适的工作环境。选派员工参加各种培训；改善员工就餐环境及质量；解决单身员工住宿难的问题；丰富员工文化生活；关爱员工身体健康；还不定期组织员工参加 “素质拓展训练” 活动。通过一系列完善的企业管理，增强了企业和员工之间的凝聚力，营造了一个健康和谐的企业环境。

参加焦炭集团纪念建党90周年红歌大赛

强强联手，打造百亿龙头企业

2011年，经过周密的市场调查论证后，国内公司与中铁物资集团达成合作意向。双方本着“立足长远、互惠互利、合作共赢、共同发展”的原则，充分发挥各自优势，既可以使国内公司借助中铁物资强大的供应网络和市场辐射能力建立稳定的销售渠道，又可以使中铁物资集团拥有新的利润来源和经济增长点。通过战略合作、强强联手，尽快将国内公司打造成百亿龙头企业。

员工素质拓展训练

几年来，国内公司各项工作得到了上级部门和集团公司的广泛认可，也取得了很多荣誉。2008年以来连续被焦炭集团评为“先进单位”、“突出贡献单位”；2009、2010年荣获焦炭集团“效能监察优秀成果奖”；2011年被省国资委授予“‘转型跨越’山西青年五四（特别）奖状”，被省劳动竞赛委员会授予“山西省五一劳动奖状”、“谋跨越促转型立功竞赛先进企业”称号并记集体一等功一次；2012年，国内公司荣获煤销集团“精神文明和谐单位标兵”、“青年文明号”以及焦炭集团“2012年度‘A+’级单位”（经营业绩考核优秀单位）、“党风廉政建设优秀单位”、“效能监察优秀单位”等荣誉称号。

太原理工大学

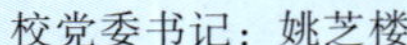

校党委书记：姚芝楼

校长：张文栋

太原理工大学前身是创立于1902年的国立山西大学堂西学专斋，是我国最早成立的三所国立大学之一。经过百余年的传承与发展，学校业已建设成为一所以工为主，理工结合，多学科协调发展的高等学府，是国家“211工程”重点建设大学，业已为国家和社会培养了18万余名栋梁之才，先后被评为“普通高等学校本科教学工作优秀单位”、“全国文明单位”，荣膺“全国五一劳动奖状”，学校党委两次被中共中央组织部授予“全国先进基层党组织”。

一个多世纪以来，学校着力强化本科教学中心地位，积极发展研究生教育，面向全国31个省、市、自治区招生，现有全日制在校本科生20000余名，博士、硕士研究生6000名；设有72个本科专业，126个硕士点，49个博士点，11个博士后流动站，4个专业硕士学位授权点，工程硕士学位授权点覆盖了20个工程领域，10个高校教师领域有高校教师硕士学位授予权；拥有3个国家重点学科，3个国家级实验教学示范中心，5个国家级特色专业建设点，8个国家级“工程实践教育中心”，4个教育部重点实验室，13个山西省重点学科，5个山西省重点实验室，10个山西省工程研究中心，3个山西省优秀教学团队，8个山西省教学示范中心，3个山西省人才培养模式创新实验区，9个山西省研究生教育创新中心，16个省级品牌专业，23门省级精品课程。同时，学校还拥有省部共建国家重点实验室培育基地、国家级教学团队、国家级精品课程、国家级双语教学示范课程和教育部工程研究中心、山西省高校人文社科重点研究基地、山西省国际科技合作基地等。

目前学校拥有迎西校区、虎峪校区、柏林校区、千峰校区、长风校区和榆次校区，总占地1591亩，建筑面积100余万m^2。在省高校园区总体规划中，先期规划2278亩，计划建设规模82万m^2，预留土地1000亩。学校师资力量雄厚，现有专任教师1954名，具有教授、副教授等高级专业技术职称人员1402名，博士生导师147名，有中国工程院院士5名、中国科学院院士2名，有包括全国杰出专业技术人才、中国青年科技奖获得者、教育部科技委学部委员、国家杰出青年基金获得者、“新世纪百千万人才工程”国家级人选、教育部新世纪优秀人才、中央联系的高级专家在内的各类高级人才专家40余名，150余名国内外著名学者被聘为名誉教授、客座教授或兼职教授。近年来，学校还产生了国家级教学名师和“长江学者奖励计划”特聘教授。

“全国文明单位”挂牌仪式

太原理工大学精神文明建设总结表彰暨加强校风建设动员大会

学校着眼于培养高素质创新型人才，实行了双学位和辅修、选拔优秀本科生免试攻读硕士研究生、硕博连读制度，入选教育部首批“卓越工程师教育培养计划”试点高校和国家“大学生创新性实验计划”实施学校，学校还是北京军区在山西省的第一个后备军官选拔培训试点高校。学校大力推进科学研究和技术开发，积极开展应用基础研究，连续两次作为首席科学家单位承担国家重点基础研究发展计划（973计划）项目，并承担了包括“863”计划项目在内的国家高新技术发展计划项目、国家科技攻关项目、国家杰出青年基金等国家级各类项目667项；获得国家和省部级科技成果奖426项，其中包括国家自然科学奖、技术发明奖、科技进步奖等39项；获得教学成果奖132项，其中包括国家教学成果一、二等奖6项。学校不断加快产学研一体化进程，几年来先后与全国十几个地市和400余家企业签订了长期合作协议，成果项目转化累计为地方政府和企业创造经济效益达30亿元。

学校进一步彰显多年来形成的“以人为本，文体为舟，承载德智，全面发展”的办学特色，在各级各类文体赛事中取得丰硕成果：学校连续多次在山西省“兴晋挑战杯”竞赛中取得优异成绩；素有“西北王”美誉的男子篮球队12次获得CUBA西北赛区冠军，是唯一一支每届进入CUBA八强的队伍，并两次夺得CUBA全国总冠军；学校女篮、女排、男足、田径、武术等运动队也多次进入全国大型比赛的决赛，并取得骄人战果；校友袁晓超在第十五届多哈亚运会上获得男子长拳全能比赛的冠军，为山西省和学校争得了荣誉。青年教师窦银科两次赴南极、一次赴北极进行科学考察，成为山西省极地科考第一人。

太原理工大学男子篮球队荣获第十四届CUBA总冠军

近年来，学校不断加大国际交流与合作的力度，先后与美国、日本、英国、澳大利亚、加拿大、德国、俄罗斯、法国、意大利等高校开展多层次、双向人才培养合作办学，先后建立了3所孔子学院，与国际间的学术高层往来更加密切，在海内外的知名度与日提升。

多年来，学校高度重视精神文明建设工作，在长期的文明创建实践中，学校狠抓制度建设，规范工作程序，创新思维和载体，总结、提炼了“一、三、五、三、三”的工作方法，即明确“一个目标”，突出“三个重点”，搞好“五个结合”，强化“三项机制”，实现“三个显著提高”。为学校和谐、快速、跨越发展提供了强有力的精神动力、良好的文化氛围及和谐的发展环境。在“一流大学、一流人才、一流待遇、一流业绩”指导思想下，“敢为人先、敢于创新、勇于竞争”、“干就干好，争就第一”的理念已成为太原理工大学广大师生的共识和行动。

回望百年，代代理工大学人用责任与信念，铸就了世纪学府的使命与光荣；翘首明天，四万名理工大师生正用智慧与勤奋，演绎着百年老校的希冀与辉煌。

太原理工大学110周年校庆

中共阳高县委　阳高县人民政府

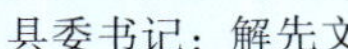
县委书记：解先文

县委副书记、县长：邢斌

改善投资环境

用好优惠的政策是改善投资环境的前提。在国家大的框架内，对于事关全局的大项目能优惠的尽量优惠，重要的是用足用好阳高县被确定为山西省首批22个“扩权强县”试点县和新一轮燕山——太行山连片特困地区重点扶贫开发县等优惠政策，抓住阳高县是省投资环境创优县区和全国最具投资潜力中小城市百强县的有利时机。

提供良好的服务是改善投资环境的保障。阳高县把服务作为招商引资第一投资环境来认真对待。对重点项目、重点工程，实行一个项目一个领导、一套人马，一包到底，直到项目建成投产。开通项目建设“绿色通道”，在政务大厅建立项目专项办事窗口，完善项目联合审批、限时办结制度，构建全方位、常态化、高效率的大服务体系。

搭好招商的平台是改善投资环境的关键。阳高县本着基础设施跟进项目，优势资源紧跟项目的思路，完善龙泉工业园区基础设施，把园区建成集安全产业、现代医药、冶金建材、化工新材料“一区多园”的循环经济圈，为招商引资上项目搭建平台。

创新思路方法

在发展思路上，围绕全县发展目标和重点，坚持稳中求进工作总基调，推进工业园区化、农业设施化、城镇特色化、事业民生化、县域生态化“五化一体”发展战略。在创新方法上，推动设施农业发展，运用工业化的理念、循环化的战略、产业化的路径、特色化的创意和组织化的保障，加快建设现代农业。巩固全国蔬菜产业重点县和全国粮食生产先进县的荣誉。通过“政府引导、项目支持、大户引领”的方式，重点在已形成规模的5个千栋片区建设日光温室大棚、在启动实施的百公里生态长廊公路两侧布点建设移动大棚。在城乡发展上，坚持统筹并进的原则，加快完善城乡发展一体化体制机制，推进以县城建设为中心，带动周边有特色产业的乡镇统筹发展。在优化发展环境上，为加快推进经济社会转型跨越发展，县委提出了“一改三整”的重要举措，即改进工作作风，整顿机关纪律、整顿政法队伍、整顿城管秩序。在创新机制上，在全县上下开展“阳高发展我出题，我为阳高解难题”大讨论主题实践活动，形成了党员干部主动引领发展、广大群众热情参与发展的良好局面。

大泉山生态建设

工业园区夜景

太原市第三实验中学校

太原市第三实验中学校是一所集小学、初中、高中为一体的全日制寄宿制公立学校，占地面积101亩，建筑面积约53639平方米，绿化面积14958平方米，是太原市区设施设备最好的学校之一。现有教学班63个，在校学生3315人，在职教职工218人，其中特级教师、省市级学科带头人、省市级教学能手或骨干教师、市导师团导师、高级教师占教师队伍的70%以上。学校确立了“注重修身养性，培养合格公民，重视文理相融，成就时代精英”的办学理念，打造了修身立人的文化主题，建设了科学规范的德育管理制度，形成了以“312课堂优化方略”为核心的教育教学体系，做到了“领导班子专家化，教师队伍科研化，管理队伍专业化，硬件设施现代化，培养目标特色化”。学校荣获山西省五一劳动奖状、太原市普通高中教育教学质量优异奖，被评为山西省教育系统先进单位、山西省三八红旗集体、太原市模范单位、太原市教育工作先进单位、太原市示范高中，是北京大学和谐社会研究中心青少年身心健康研究基地、中国基础英语素质教育实验基地、中国书画研究院太原艺术实验培训学校。校长常宝成当选为山西省劳动模范、太原市劳动模范、山西省青年教育专家，荣获全国五一劳动奖章、太原市五一劳动奖章。

校长：常宝成

务实创新的领导班子

校运会武术团体操

“312”课堂优化方略研讨会

以文化传承为立校之基 以强化管理为兴校之本

——吕梁市贺昌中学发展成就及展望

校长：赵清明

贺昌中学创建于1945年，为纪念中国共产党早期革命家贺昌同志，1946年校名由“晋绥建新中学”更名为贺昌中学。学校现有教学班级60个，教职工389人，在校学生4700余人。学校占地面积6千多平方米，建筑总面积2万多平方米。以其浓郁的文化氛围，优秀的历史传统，全新的办学理念，雄厚的师资力量，先进的教学设施，优质的教学资源，显著的办学力量，良好的社会信誉，成为吕梁山上一所有巨大影响力和特色示范作用的高级中学。1981年被确定为“山西省首批重点中学”，1999年被确定为“山西省现代教育技术实验学校”，2000年被评为“山西省文明学校”，2007年被评为“山西省示范高中”、“全国百强特色校”，2008年被定为“山西省普通高中新课程改革基地校”，2009年被评为“山西省电化教育先进单位”，2012年被评为“山西省中小学德育工作先进学校”。被空军工程大学、南京航空航天大学定为“优秀生源基地”。

2012年6月，浙江大学教育学博士、吕梁学院教授、原吕梁学院附中校长赵清明同志调任贺昌中学，组成了新一届领导班子。新班子遵循教育规律，提出新的发展思路，描绘出了新的发展蓝图。加强内部管理，走内涵式发展道路，让贺昌中学真正成为吕梁山上首屈一指的名校！学校坚持走全面发展之路，开展科技教育，夯实基础教育，突出艺术教育，实行年级主任负责制，实施名师工程，加强教学督导考核，实行月考评价制度。创新办学理念，优化教师队伍，发展学生个性，提升校园文化。学校教育植根于厚重的传统文化土壤，站在国际化教育的高度，使学校、教师、学生三者共同发展。

吕梁市委书记高卫东莅临贺昌中学指导工作

教育教学质量是立校之本，打造一支讲奉献、业务精、观念新、责任强，关爱学生、活力四射的教师队伍，是稳步提高教学质量的关键。为实现培养专家型、学者型名师的目标，学校制定教育教学科研奖励措施，鼓励教师探索教育教学规律，总结教育教学实践。加强了与全国知名高中的合作交流，邀请首都师范大学叶小兵教授，《百家讲坛》名师、北师大二附中纪连海老师来校讲学。鼓励教师外出学习提高。全校省、市优秀教师、学科带头人、教学能手达115人。

培养高素质、国际化的学生群体是学校建设的核心之一，校领导班子顺应学生成长规律，坚持让每一片天空成为展示学生才能的舞台。改革完善学生评价体制，严格执行学分制，注重过程管理与综合素质评定，实行跟踪考评，充实学生的成长记录袋，完善学生档案建设。文体活动、社团活动多姿多彩。校报、校园电视台、校园之声广播站富有特色，学生综合素质得到较大提升。

思路决定出路，先进的办学思想是学校发展的先决条件，科学管理的系统工程是学校发展的动力源泉，高素质的师资队伍是学校发展的根本保证，高品位的校园文化是学校发展的内在要求，不断深入的教学改革是学校发展的源头活水，深层次的教育科研是学校可持续发展的根本保障。贺昌中学的各项工作正科学有序地进行，今天的贺中高扬起科学发展的新航帆，与时俱进，励精图治，朝着更加灿烂的明天昂然奋进！

团结奋进的贺昌中学领导班子

潞安集团潞宁煤业有限责任公司综采队

——张尚元先进事迹

张尚元，中共党员，1965年9月出生，现任潞安集团潞宁煤业公司综采队队长。张尚元2003年7月到潞宁公司参加工作，任采煤队队长，2005年随着综采队的成立担任潞宁公司综采队第一任队长。作为队长，为了能让采煤机顺利割下第一刀煤，他翻遍了所有综采队设备的说明书，并在现场跟班调试设备。为宁武地区成功上马第一套综采设备做出了杰出贡献。

2010年10月13日0点班，综采队22112工作面由于地质条件变化和采煤工艺由工艺调整不及时，出现了倒架事故，给正常生产带来了极大的困难。面对综采队成立以来最困难的时刻，已经担任安监处副处长的张尚元临危受命重返综采队，他每天坚持下井跟班，认真与队干、技术员讨论整改办法。经过41天在现场摸索与研究，成功将倾倒的支架扶正，工作面达到了正规循环。随后，他开始探索实现创高产的路途。在生产现场，他根据采煤机割煤速度、转载机过煤量、人员协作各方面进行检查，下班后继续琢磨现场操作各环节的有序衔接，如何实现人机搭配的最佳方案。经过反复研究，他发现，人机搭配完全可以实现“零缺陷”的有序衔接，但如果一味地追求产量使采煤机在全速行进的过程中会导致转载机因煤流过大电路系统频繁跳闸，这中间的影响少则几分钟，多则一个多小时。找到了症结所在，张尚元欣喜若狂，知道什么“病”就明白该用什么“药”来医治它。控制好了采煤机司机与采煤机之间的配合，采煤机不但可以在工作面“横冲直撞”的同时，转载机也很少影响生产，为综采队高产高效完成生产任务总结了有益经验。

队长：张尚元

潞宁公司办公大楼

安全是煤矿企业的天字号工程，根据综采队的实际情况，张尚元采取了一些积极措施，一是对现有的队干进行了详细分工，使他们养成一种朴实、上进、勤奋、有序的工作作风；形成一种知道自己该做哪些工作、该思考哪些问题的工作思路；养成一种清楚自己所分管的工作薄弱环节在哪里的工作习惯。二是实行岗位定员，优化组合。2011年在检修工段试行岗位定员制度，取得了良好效果，2012年在所有井下班组实现了定员管理。

在质量标准化提升方面，综采队制定了详细的综采工作面质量标准化提升方案，专门任命一名副队长为质量标准化队长，主抓现场安全质量标准化工作，做到了考核有依据、工作有标准，有力地促进了员工的正规操作和现场安全质量标准化水平的提高。从源头上解决了“表面上人人都有责任，实际上人人都没有责任”的弊端。

付出总有回报，2011年，张尚元荣获潞宁公司“时代先锋”、“安全生产突出贡献者”、“优秀管理者”等称号；2012年，他带领的综采队被中华全国总工会授予“全国工人先锋号”的称号，他被评为“山西省煤炭系统劳动模范”，并再次荣获潞宁公司“时代先锋”的光荣称号。2013年4月，他荣获“山西省五一劳动奖章。”

经济管理与监督

Economic Administration and Supervision

发展和改革

【综合发展】 2012年，山西省地区生产总值12112.8亿元，增长10.1%。全社会固定资产投资9176亿元，增长24.5%。社会消费品零售总额4376亿元，增长16%。财政总收入2650亿元，增长17.2%；一般预算收入1516亿元，增长25%。城镇居民人均可支配收入20412元，增长12.6%；农民人均纯收入6357元，增长13.5%。城镇新增就业岗位51万个，城镇登记失业率3.38%。居民消费价格总水平上涨2.5%。 （石 峥）

【扩大投资】 推进重点工程建设，全年省级重点工程完成投资3898.9亿元，增长38.1%，带动全省投资实现较快增长。激活民间投资，落实国家和省鼓励民间投资、支持民营经济发展的政策措施，全年民间投资4568.4亿元，增长33.1%。扩大资本市场融资，全年实现资本市场融资1087亿元，超出上年380亿元，再创年度融资额新高。下达政府投资计划。强化服务理念、强化部门协调，省级政府109.42亿元投资计划10月底前基本下达完毕，政府投资的导向作用和倍增效应突出。 （石 峥）

【稳增长政策】 按月召开经济形势分析联席会议，及时分析全省经济形势并采取一系列调控措施。贯彻落实中央宏观调控政策，及时研究出台保持经济平稳较快增长30条措施、支持服务业发展9条措施和扶持小微企业发展17条措施，形成强大的政策合力，稳定经济增长。在减轻企业负担、解决融资难、促进产销衔接、开拓市场等方面支持实体经济发展，国有企业实力逐步壮大，煤销集团进入世界500强，10户省属企业入围全国500强，销售收入超千亿元企业达8户；新增小型微型企业和个体工商户17.7万户，总数达107万户。（石 峥）

【传统产业升级】 推动企业兼并重组，支持煤焦冶电等传统产业技术改造和产业链延伸，产业集中度和竞争力明显提升。提升煤炭产业水平。在完成煤炭资源整合、煤矿兼并重组的基础上，出台实施新的行业标准，推进安全高效现代化矿井建设。全年原煤产量达9.1亿吨，再创历史新高。推进煤电一体化、煤焦化、煤化工、煤机一体化进程，全省煤炭企业电力装机容量达2000万千瓦、焦化产能达5000万吨、合成氨和尿素产能达1500万吨、煤机销售收入超过100亿元。加快焦化行业重组步伐。实施山西焦化行业兼并重组具体办法，全省有50户大企业整合117户焦化企业，涉及产能7000多万吨，占全省总产能的41%。加大冶金电力改造升级力度。太钢不锈钢冷连轧及配套技改等19个项目建成投产或部分投产。支持大型坑口电厂、煤矸石发电和城市热电联产项目建设，全省30万千瓦及以上火电机组装机容量占全省总装机的70%，煤矸石综合利用发电装机达584.5万千瓦，集中供热机组达1140万千瓦。 （石 峥）

【培育新兴产业】 起草《关于推进战略性新兴产业发展的若干措施》，实施“512”工程（即实施50个规模效益显著的重大项目，支持100个高成长性的重点项目，培育200个发展前景好的潜力项目），一批重大转型项目陆续投产或见效。现代煤化工：潞安集团180万吨煤基多联产、焦煤集团60万吨甲醇制烯烃等项目加快推进，同煤集团煤制天然气项目前期进展顺利。高端装备制造：太原三一重工装备制造工业园、大运重卡等一批重大项目加快推进，我国首条高速列车车轮生产线在太重集团投产。新能源汽车：吉利轿车、中航工业等企业投资新能源汽车产业，晋中新能源汽车装备园区初具规模。新材料：宏特煤化工沥青基碳纤维、山西晋投玄武岩纤维、中电三十三所轻质结构功能一体化新材料、大同协和光伏产业循环经济一体化等项目开工建设。食品医药：杏花村汾酒、紫林老陈醋、亚宝药业、振东制药等一批项目陆续建成投产，大同医药产业园初具规模。新能源：全省新增新能源装机容量130万千瓦，累计达607万千瓦，占全部装机的10%以上。煤层气：全年完成煤层气抽采量69亿立方米，增长

32.7%;天然气利用量达26亿立方米,煤层气和天然气利用已覆盖全省11个市70%的县(市、区)。 (石 峥)

【服务业发展】 落实山西鼓励服务业发展的支持政策,实施服务业重点项目"1511"工程(即推进建设项目100个,尽快开工项目50个,加快前期项目100个,储备项目1000个),建立项目管理制度,明确项目责任主体,发挥项目对服务业发展的带动作用。争取国务院批准太原武宿综合保税区,争取铁道部批复太原地区货运(物流)中心,中国(太原)煤炭交易中心正式启动运营煤炭现货交易。支持省晋剧院演艺中心改造等重点文化项目建设,实施抢救性文物、历史文化名城名镇名村、国家文化和自然遗产地等三大保护工程。加大五台山、平遥古城、云冈石窟等重点旅游项目基础设施建设力度,打造"晋善晋美"旅游品牌,全年旅游总收入1813亿元,增长35%。 (石 峥)

【"三农"工作】 新出台小杂粮、设施蔬菜、移民搬迁等10项扶持政策,新增补贴20多亿元,累计补贴资金总规模达50亿元。推进农田水利、农村基础设施和民生工程建设。全年农田实灌面积达128万公顷,粮食综合生产能力明显提高。推进三大现代农业示范区和雁门关生态畜牧经济区建设,组织实施50多个重点项目。支持农产品加工龙头企业"513"工程,全省农产品加工销售收入超过800亿元,增长30%以上。以"一村一品""一县一业"为主攻方向,打造杂粮、畜牧、蔬菜、水果、中药材等特色优势产业,对4000个专业村和60个基地县重点扶持。完成3000个重点村和100个新农村连片示范区建设任务。推进扶贫攻坚,支持以工代赈、易地扶贫搬迁和生态扶贫等项目建设,又有40万贫困人口脱贫。 (石 峥)

【城镇化建设】 启动实施新区示范、旧区提质、百镇建设等"十大工程"。大同御东新区、怀仁新城区等新区初具规模,一批以城中村、棚户区为重点的旧城改造项目和特色鲜明的小城镇项目建设进展顺利,太原晋中共建区、临汾百里汾河新型经济带等城镇组群建设顺利推进。政府资金重点支持各市县实施集中供热、供水、供气、污水垃圾处理等一大批市政工程。全年约新增集中供热面积5000多万平方米,新增供水能力15万立方米/日,新增用气人口35万人,新增生活垃圾无害化处理能力1100吨/日。全省城镇化率超过51%。 (石 峥)

【生态文明建设】 推进节能降耗工作。出台《山西省"十二五"节能减排综合性工作方案》。推进节能技术改造项目,实施1000万平方米既有居住建筑节能改造。在水泥、电力行业开展能效对标活动,推进全民节能低碳行动,加快淘汰落后产能,为新上项目腾出容量和空间。加大污染治理力度。出台《关于加强2012年主要污染物排放总量控制工作的意见》《山西省"十二五"控制温室气体排放工作方案》。以省城太原环境综合整治为重点,推进集中供热、城中村改造、污染企业搬迁和水污染治理工程,重点支持火电行业脱硝、非电行业脱硫等工程。全省11个设区市城区空气质量均达国家二级标准,水质优良断面上升3.1个百分点。促进循环经济发展。《山西省循环经济促进条例》2012年10月1日起正式实施。在原有69个循环经济试点单位基础上,新选定并公布省级两批117个试点企业和园区,总投资约1400亿元的100个循环经济项目80%以上建成投产。加大生态建设力度。重点支持农村环境连片整治、矿山生态修复治理、林业六大工程建设。全年完成营造林30.67万公顷,流域和区域生态环境明显改善。 (石 峥)

【改善民生】 (1)扶持就业。采取支持基层就业设施建设、加强职业技能培训、促进大学生就业、推动创业带动就业、开发公益性岗位等措施解决就业问题。全省高校应届毕业生就业率达到90%,创业带动就业10.6万人,转移农村劳动力42.5万人。(2)保障性住房建设。全年新开工各类保障性住房40.9万套、竣工18万套,均超额完成国家下达任务。同时,房地产市场调控取得成效,呈现出开发投资、施工面积、销售面积增长、价格保持基本稳定的"三增一稳"良好态势。(3)加强社会保障。城乡居民养老、医疗保险和低收入群体基本生活保障实现制度全覆盖,320万名60岁以上的老人领到养老金,新农合、城镇居民医保年人均补助标准提高到240元,246万城乡低保和农村五保供养对象实现应保尽保。为全省800多万户低收入农户免费发放"一户一吨"煤任务在入冬前全部完成,确保困难群众温暖过冬。(4)发展教育事业。实施高校基础设施、中高职院校实习实训基地、农村校舍改造、中小学标准化、农村教师周转宿舍、幼儿园新建或改扩建工程建设以及购置设施设备。推进高校新校区建设,工程基本完工。(5)医疗卫生体系建设。政府资金重点支持农村急救、重大疾病防控、食品安全风险监测、基层医疗卫生服务、儿童医疗服务、卫生监督、全科医生培养基地等七大体系260多个项目建设,改善城乡医疗卫生服务条件。(6)完成新"五个全覆盖"任务。召开现场推进会,加强督促检查,推进工程建设,两年投资300多亿元,完成全覆盖任务。同时,实施409个空白乡镇邮政局所的补建,全省1196个乡镇实现农村邮政局所全覆盖。(7)安全生产形势好转。全省各类安全生产事故起数、死亡人数分别下降14.2%和0.36%,没有发生重特大事故;煤矿百万吨死亡率0.091,居国内领先水平。推行食品安全网格化管理,出台小作坊和食品摊贩管理条例,食品安全保障水平提高。全面加强和创新社会管理,社会保持和谐稳定。 (石 峥)

【综改区建设】 2012年8月7日国务院正式批复转型综改试验区《总体方案》。出台扶持政策。出台支持"一市两园"、省级转型综改标杆项目的优惠政策,制定《省级转型综改标杆项目认定办法》,确定"一市两县""一市两园"名单和第一批20个省级转型综改标杆项目。先行先试迈出实质步伐。全省上下不等不靠、主动作为，制订落实行动方案，抓住转型核心，突出改革创新，破解体制机制障碍，开展鲜活生动、各具特色的先行先试探索实践，取得阶段性成效。省直厅局围绕所属领域探索实践体制机制创新。太原市围绕改善省城生态环境推进五大工程和五项整治，大同市加快推进新兴产业集聚式和板块式发展，阳泉市打造特色生态新城，长治市推进上党城镇群建设，晋城市以气化晋城为突破口探索低碳发展新路径，朔州市加快推进东部新区"四化一体"建设，晋中市建设"108综合发展廊带"，忻州市建立储备、招商、落地、开工、服务和考核"六位一体"项目推进机制，临汾市加快推进百里汾河新型经济带建设，运城市加强与邻近省份合作加快黄河金三角承接产业转移示范区建设，吕梁市以产业集聚、园区承载、循环经济为重点推进产业转型。各试点县（市、区）按照行动方案开展先行先试。省属国有重点企业先行试点工作加快推进。编制完成《实施方案》。根据国家批复的《总体方案》要求，编制完成《实施方案》，从操作层面把《总体方案》落到实处。同时，围绕《总体方案》进行宣传报道，开展系列解读和专访。（石　峥）

【改革开放】 重点领域改革取得新进展。事业单位分类改革稳步推进。集体林权制度改革主体任务基本完成，发证率达96.3%。国有企业改革推进，省直机关所属企业全部脱钩。文化体制改革深入推进，163家国有文艺院团完成改革任务。医药卫生体制改革成果进一步巩固，基本药物制度试点范围扩大到非政府办社区卫生机构，药品价格平均下降30%以上，在34个县开展医药卫生一体化综合改革试点，38所县级医院全部实行药品零差率销售。继续推进投资体制改革，实行并联审批、一站式审批。实施扩权强县改革，下放85项审批管理权限。对外交流与合作继续拓展。举办第四届能博会、首届晋商大会，赴广东、福建、湖北、河南招商引资，全年协议引资额达到3.6万亿元。与环保部、北京大学、华润集团等部委、院校、企业和多家金融机构签订战略合作协议。深化与德国北威州、美国西弗吉尼亚州在多领域的合作。开展对口援疆工作，20个援建项目主体工程全部完工。（石　峥）

【争取中央支持】 全年争取国家投资128亿元，高出上年30亿元；争取国家核准山西企业发行债券103亿元，同意省属7大煤业集团增加发债规模200多亿元。在基础设施、能源等重点领域，70个项目获得国家规划批复、核准或路条批复，涉及总投资1937亿元。其中，交通项目5项，总投资440.4亿元；工业项目4项，总投资821亿元；煤炭项目8项，总规模2790万吨，总投资171.2亿元；火电项目6项，总装机430万千瓦，总投资194.9亿元；风电等新能源发电项目47项，总装机369.4万千瓦，总投资309.4亿元。除《总体方案》获批外，还争取国家批准设立"晋陕豫黄河金三角承接产业转移示范区"，这是全国唯一跨省设立的承接产业转移示范区。争取将运城、长治、晋城纳入《中原经济区规划》，为推动该地区城镇化、工业化、农业现代化协调发展奠定基础。（石　峥）

国土资源管理

【耕地资源保护】 （1）落实耕地保护目标责任。将耕地保有量和基本农田保护目标及30万亩造地任务分解到各市，并与11个地市市长签订2012年耕地保护目标责任书。与省农业厅、省统计局组成联合检查组，对2011年度市级政府耕地保护责任目标履行情况进行检查和督导。2012年末，全省耕地保有量为6181.57万亩，基本农田保护面积为5102.27万亩，确定并超额完成年初确定的6075万亩和5088万亩的耕地保护考核目标任务。（2）农村土地整治力度加大。在全国首创省域耕地占补平衡新机制，报请省政府下发《山西省耕地开发项目专项资金使用管理暂行办法》，确定省财政垫资30亿元，专项用于"十二五"期间耕地开发。截至2012年末，全省落实耕地开发项目1426个，预计可新增耕地面积40.84万亩；已验收耕地开发项目765个，可新增耕地17.176万亩；批准申请省财政专项资金开发项目85个，总建设规模26.89万亩，可新增耕地18.9069万亩。确定高标准基本农田建设示范县28个，确定任务173.78万亩；完成省级土地整治项目立项42个，可新增耕地6.27万亩；安排省级土地整治项目11个，可新增耕地0.87万亩，完成国家级、省级土地开发整理项目验收工作25个，项目总建设规模16664.66公顷，总投资4.216亿元。（张　峰）

【发展用地保障】 （1）十项用地新机制取得明显成效。争取到城乡建设用地增减挂钩指标11万亩，在93个县铺开128个增减挂钩项目，下达周转指标6万亩，56个县上报用地报批材料，用地面积2.8万亩，解决县域经济发展用地问题；38个县报送矿业存量土地整合利用方案，可复垦土地4万多亩；选择晋城、长治、临汾、朔州四市14个县开展工矿废弃地复垦调整利用试点，可复垦土地11.7万亩；组织全省26座露天矿山编制采矿用地改革方案，可用地30万亩，部已批复13座露天矿。通过实施新机制，全年拓展用地空间10.2万亩。（2）保障项目落地，全年提供用地37万亩。2012年，通过争取国土资源部追加和调剂指标，累计使用国家下达新增建设用地计划指标27.38万亩，加上十项新机制提供的10.2万亩用地，共为全省提供建设用地指标37.58万亩，为历史最多。安排高速公路用地5.12万亩，安排"大水网"用地1万亩，安排重点园区建设1.5万亩；为全省33.2万套保障性住房供应土地2.17万亩，做到应保尽保。2012年全省共批准建设用地28.48万亩，供应土地25万亩，保障一大批转型标杆项目、新兴产业项目和民生项目落地，完成"项目落地年"用地保障任务。

（张　峰）

【矿产资源管理】 （1）煤炭企业兼并重组后续五项工作基本完成。截至

2012年末,全省需领取兼并重组长期采矿许可证的煤矿909座,储量核实备案工作完成900座,完成率99.01%;开发利用方案评审工作完成895座,完成率98.46%;矿山地质环境保护与治理恢复方案备案工作完成881座,完成率96.92%;土地复垦方案备案完成880座,完成率96.81%;价款缴纳工作完成870座,完成率95.71%;年末应换证数874座,已审批换证810座,换证率为92.7%。铁、铝土矿、耐火粘土等12种非煤资源应按整合方案批复划定矿区范围的137座矿山全部完成划界审批,全省整合保留非煤矿山省级发证基本完成。开展全省2012年度采矿权和探矿权年度检查工作,采矿权部级发证95座,实检矿山93座,不合格2座;省级发证1387座,实检矿山1366座,不合格19座;市级发证1889座,实检矿山1850座,不合格19座;县级发证1604座,实检矿山1576座,不合格40座。探矿权部级发证34个,实检18个,全部合格;省级发证136个,实检124个,全部合格。完成新立探矿权审批11宗,延续探矿权审批23宗,保留探矿权审批7宗,变更探矿权审批1宗。开展矿山企业矿产资源节约与综合利用以奖代补综合示范工程工作,向国土资源部推荐优秀矿山企业11座,代部审查央企3座。开展7个煤炭国家规划矿区矿业权设置方案的修编和煤炭非国家规划矿区矿业权设置方案的编制工作,通过国土资源部评审批复1个,待批复2个,已编制完成待省级初审1个。开展全省重要矿产资源"三率"调查与评价工作。(2)推进找矿突破战略行动,编制并报省人民政府批准实施《山西省找矿突破战略行动实施方案(2011—2020年)》,落实整装勘查区项目27个(安排21588万元),其中,铝土矿整装勘查区项目12个(安排10511万元),铁矿整装勘查区项目15个(安排11077万元)。全年共安排地质勘查经费5.5亿元,新立勘查项目68个。找到重要大中型矿产地12处,验收104个地勘项目,分别新增资源储量煤80亿吨、铁和铝土矿各1亿吨。(3)完成矿业权价款评估报告备案22个;完成4个矿山的采矿权评估摇号工作;完成建设用地压覆重要矿产资源报告审批175个,其中压覆重要矿产资源报告50个,无压覆重要矿产资源报告125个。完成地质成果资料汇交620种,其中矿产类411种、地质环境类209种。为481人次提供地质资料服务1436份、5140件;对全省新中国成立以来地质工作成果(地质资料钻孔)进行清查,清查资料7512档、钻孔31851个。启动矿山储量动态监督管理,并对煤、铁、铝、铜等重点矿种2011年度储量年报进行抽查。完成矿产资源储量数据库与矿产资源利用现状调查成果库的衔接工作,使矿产资源储量数据库更加符合山西省矿产资源开发利用现状。 (张 峰)

6月13日,全省煤矿兼并重组整合换发采矿许可证推进会议在晋城市召开 (张 峰提供)

【地质灾害防治】 出台《山西省地质灾害防灾条例》《山西省2012年度地质灾害防治方案》和《山西省人民政府办公厅贯彻落实国务院关于贯彻地质灾害防治条例决定及重点工作分工方案的实施意见》。健全防灾队伍,确定13名地质灾害应急处置首席专家,设立6个应急小分队,安排专业技术人员与首席专家共同负责全省11个市的应急处置工作。发挥科技支撑,建立雨量监测站,在太原、忻州、晋中等市的泥石流隐患点建立30个自动雨量监测站。对全省11个市、22个县开展汛期地质灾害防治督促检查,市、县、乡、村四级层层签订地质灾害防治责任书。落实地质灾害隐患点责任人和监测人,发放防灾工作明白卡、防灾避险明白卡14.9万余份。指导各市普遍开展应急演练,组织市、县、乡、工矿企业、学校、在建工程演练300多次,参加演练人员34000余人。与省气象局联合开展汛期地质灾害气象预警预报,发布地质灾害气象预警预报23次,发送手机短信2561条。建立山西省地质灾害防治信息群,及时发布地质灾害防治信息。新建地灾群测群防"十有县"81个,全省达到114个,比前三年建成数增加245.5%,全面建成"十有县"。防治工程建设力度加大,2012年中央财政资金1.14亿元用于11个特大型地质灾害治理项目,省级财政资金0.99亿元,用于24个地质灾害治理项目。灾害损失得到有效降低,2012年全省发生规模以上地质灾害18起,死亡12人,伤2人,比上年度减少人员伤亡9人,同比下降39.1%;直接经济损失345.3万元,同比减少1126.7万元;成功预报地质灾害5起,搬迁避让人员409人,避免人员伤亡91人,避免直接经济损失128万元。 (张 峰)

【地质环境保护】 编制评审《山西省矿山地质环境保护与治理规划》和《山西省采矿破坏村庄及其矿山地质环境调查报告》。在对全省4400多个废弃矿井进行详查的基础上，编制评审《山西省废弃矿井详细调查报告》。建成废弃矿井数据库和管理信息系统。全省地热资源勘查开发利用保护规划工作基本完成。推进矿山地质环境保护与恢复治理工作，实施21个煤矿企业矿山地质环境恢复治理示范工程，累计投资15125.25万元，进行边坡治理189804.5平方米，挡土墙毛石砌筑89749.02立方米，排水沟渠改造5170米，矿区荒山绿化573.34公顷，路侧植草砖护坡6850.9立方米，人行道修筑7800米，矿井矸石处理专用矸石堆放场地4.5平方千米，覆土填埋、植树绿化50000平方米，采煤塌陷、地裂缝治理、清理废弃物180000立方米，填埋裂缝151154立方米，复垦地田间道路11380米。使用中央投资3784万元，完成太原市万柏林区西山煤矿区、同煤大唐塔山煤矿、大同晋华宫国家矿山公园南部的地质环境治理。使用中央投资1亿元，对长治市潞安采煤塌陷区进行治理。启动实施矿山地质环境治理项目，对全国计划经济时期历史遗留和责任人灭失的矿山地质环境进行治理。矿山公园建设方面，国家首批28个国家矿山公园之一的晋华宫国家矿山公园于2012年9月7日正式揭碑开园。大同火山群、晋城王莽岭国家地质公园顺利通过国家验收。晋中榆社古生物化石省级地质公园揭碑开园，被国土资源部批准成为资源保护类国家级国土资源科普基地。 （张 峰）

【国土资源执法监察】 (1)开展2011年度土地矿产卫片执法检查工作。土地卫片图斑立案查处736宗，收缴罚款1.08亿元，没收违法建筑物、构筑物505.86万平方米，拆除违法建筑物3.44万平方米；对443名相关责任人提出党政纪处分建议，将10人移送司法机关追究刑事责任，申请法院强制执行269件。矿产卫片图斑立案42宗，收缴罚没款101.13万元，没收矿产品6425.4吨，作出党政纪处分决定22人。严厉打击非法违法采矿行为。在全省出动巡查人数147223人次，排查236个乡（镇）2375个村，取缔非法违法矿点805个；清理变相开采浅层煤、浅层矿点51个；叫停未取得长期采矿证和尚未取得用地手续的露天矿33座，查处越界开采41起；排查各类关闭矿井3067处，立案查处319起，炸毁填实封堵坑口626个，查扣非法采矿设备552台，没收矿产品1731.32吨，收缴罚没款889.69万元；恢复地貌或复垦土地200.35公顷。对35名相关责任人给予党政纪处分（行政处分9人、党纪处分26人）；对107人实施行政拘留，对49人进行刑事处罚。(2)信访与重点案件督查督办。全年接待群众来信730件、来电521件、来访700批2231人次（其中集体访127批1180人次）；厅领导全年接访116批432人次，领导包案率达到100%；受理部12336违法举报电话线索186件，受理省12336违法举报电话线索1232件；受理中央信访巡视组重信重访交办事项6件、国土资源部交办事项27件、国家土地督察北京局交办事项12件，省委、省政府交办事项21件，省委巡视组交办事项18件。全年督查督办各类重点案件39件，其中，国土资源部督办案件8件，省委督办案件16件，省政府交办案件5件，其他部门转办案件3件，《山西日报》等主流媒体通报国土资源违法案件7件。 （张 峰）

10月31日～11月1日，全省推进用地新机制经验交流会在晋城召开 （张 峰提供）

【国土资源基础工作】 在省直部门和全国国土资源系统，首次发布实施《省市县三级国土资源行政许可事项业务规范》，依法行政水平有新提升；加大审批改革力度，精减、下放10项审批事项。完成省、市、县、乡四级土地利用总体规划的编制、审批工作，并付诸实施。完成全省征地补偿标准更新工作，亩均补偿费比2009年提高5500元，增幅达21.4%。完成山西省新中国成立以来投资最大的一次农村集体土地确权登记发证工作。以国土资源“一张图”工程为基础，初步建成国土资源“批、供、用、补、查”监管平台。全年国土资源收益达891.2亿元，超额50%完成年度任务。其中：建设用地成交价款414.2亿元，征收矿产资源规费455亿元，征缴新增建设用地有偿使用费22亿元。全省矿产资源利用现状调查全优通过国土资源部验收，全面调查清理“两权”价款底数，并与各市分成交割清楚。 （张 峰）

【干部队伍和党风廉政建设】 坚持“德才兼备、以德为先”的选人用人导向,全年调整补充处级干部35名,其中:提拔22人,交流轮岗12人,安置军转团职干部1人;对研究决定提拔任用的22名处级干部全部实行票决制,对年内实行任职试用期制的15名处级领导干部严格按照《山西省党政领导干部任职试用期实施办法》进行考核任命。对全省各级国土资源部门的廉政风险防控机制建设和落实情况进行督促检查,在政务大厅对服务对象进行随机调查询问,填写调查问卷200余份;6月份分两组对太原、运城、临汾、晋中、忻州等5个市、10个县、20个国土所进行重点抽查,对存在问题的单位进行通报批评,责令限期整改。以纪督政,强化对权力运行的监督制约。2012年对全省土地供后开发利用违约情况进行全面清查整顿,清查处置全省土地供后未按合同约定开(竣)工项目178宗,涉及国有建设用地面积1.25万亩。对2012年全省招标出让的2宗矿业权和9宗转让的矿业权,驻厅纪检组全程参与矿业权招标出让评标会和评估机构抽签仪式,并对"招、拍、挂"等关键环节进行重点监督,确保矿业权出让工作的公开透明。有贪必肃,违法违纪案件查办成效明显。2012年共收到各类信访举报件30件,转相关部门办理23件,直接查办7件,查实3件,建议处分18人,建议追究刑事责任1人,办结率为100%。对省纪委书记李兆前批示的《交城县天宁镇蒲渠河村书记贺东非法占用耕地》和省委巡视四组交办的《交城县天宁镇东关居委会违法占地、违规批地、违规划拨》两起重要案件,全部查实,并做相应处理和上报。2012年,省国土资源厅共参加行风热线7次,成为70多个省直参评部门中上线次数最多、为百姓解决问题最多的单位之一。

(张　峰)

国有资产管理

【措施得力稳增长】 省属企业全面加强经济运行监测和分析,及时调整经营策略。同煤集团开辟"北煤南运"通道,打通运输瓶颈。晋煤集团所属化工企业消化集团一半的商品煤,实现外部市场内部化。太重集团完成出口订货20亿元,成套订货大幅增加。汾酒集团逆势而上,通过事件营销、文化营销,品牌效益明显。国有企业严控各项费用开支,推进降本增效。山西焦煤煤炭、焦炭成本及"三公"费用大幅下降,减少支出43.17亿元。太钢集团深化对标挖潜,降低成本31亿元。山西省国资委出台一系列稳增长措施,在全国各省率先开展抱团发展机制研究,从出资人角度,以市场化方式搭建省属企业之间互利合作的联动平台,推动煤炭与电力、钢铁、煤机等八个相关产业的技术融合、产品融合、业务融合和衍生对接,覆盖原料供应、产品销售、市场开拓、重大项目等多个环节和领域。(刘忠兵)

【项目建设】 省属企业全年开工建设山西省政府重点项目66个,完成投资655.7亿元,完成年度计划的104.8%,竣工投产25个,可新增营业收入575.5亿元。11个项目入围山西省级转型综改试验标杆项目,占山西省的55%。潞安集团百万吨级高硫煤清洁利用油化电热一体化项目取得路条;同煤集团40亿立方米煤制天然气前期工作进展顺利;山西焦煤60万吨煤制烯烃项目、太钢集团不锈钢冷连轧及硅钢冷连轧扩建项目、太重集团高速列车关键零部件国产化项目、汾酒集团集中发展区项目加紧建设。各市项目投资力度也明显超过历年水平,晋城兰花集团20万吨已内酰胺项目开工建设,阳泉市属国有企业19个项目完成投资14亿元,完成额达年度计划的4倍。(刘忠兵)

【融资工作】 山西省国资委全年审核批准企业各类融资申请1450亿元。太钢集团、山西国际电力集团、阳煤集团、太重集团、山西能投集团在融资上均有不俗表现。特别是山西煤销集团利用非公开定向债务融资工具等融资155亿元,潞安集团运用项目股权质押等融资新方式,实现改善融资结构、降低财务成本、保证生产经营的综合效应。山西省属企业开展招商引资和对外合作工作,全年引进实体项目29个,总投资1171亿元,拟引资111.5亿元,招商项目完成投资212亿元。太原市国资委加快投融资平台建设,筹备成立国兴投融资股份有限公司。朔州市国资委组织企业开展银企对接。运城市国资委帮助企业盘活资产、变现资金,都取得成效。

(刘忠兵)

【传统产业巩固和提升】 山西省属煤焦冶电等传统产业加快推进规模扩张和一体化发展,产业集中度和竞争力明显提升。煤炭产量突破5亿吨,占山西省的比重达到55%,同比上升2个百分点。投产和在建千万吨级大型矿井14个,占全国的44%。整合矿井批复开工率达到86%,已经竣工投产12个,新增产能1900万吨,具备变资源优势为经济优势、发展优势的巨大潜力。省属焦炭企业参与山西省焦炭产业整合,培育一个1000万吨级、两个500万吨级大型焦化企业。太钢集团不锈钢产量连续4年保持全球第一,科技研发水平国内领先。阳煤集团、同煤集团氧化铝已形成产能规模优势。山西煤销集团与山西国际电力集团战略重组推进,同煤集团成功重组漳泽电力并收购中电投集团在华北地区的6个电厂,山西焦煤集团并购武乡和信电厂,省属企业电力装机容量突破2000万千瓦,占山西省1/3以上。山西国际能源集团成为世界装机容量和单机容量最大的煤矸石发电集团,山西国际电力集团以新能源发电为突破口加快转型。山西建工集团运用EPC、BOT、BT等经营方式,与政府的战略合作取得突破。太原、晋城部分资源整合矿井已经投产,产能迅速释放。吕梁离柳集团300万吨焦化项目开工建设。(刘忠兵)

【新兴产业发展】 山西省属企业加快发展煤化工、煤层气、煤机制造、煤炭物流和新能源、新材料产业。总氨产能达2000万吨,约占全国的1/3;尿素产能达1500万吨,约占全国的1/4,一批大型现代煤化工、精细化工、化工新材料项目迅速推进,逐步成为煤炭转型的支撑性产业。晋煤集团、山西国新能源集团等企业加快推进“气化山西”建设，全年完成煤层气地面抽采14.1亿立方米，综合售气约40亿立方米，累计建设长输管线近5000千米，建成加气站80余座，全省气化人口率达到27.7%。煤炭企业与太重集团优势联合、互动发展，实现煤机产值超过150亿元，主要矿用设备已初步实现自产自给，晋煤集团金鼎公司8.3米液压支架、短壁单滚筒采煤机、大采高“8G”采煤机等一批先进设备定型。太钢集团钛合金、晋煤集团镁合金深加工、潞安集团光伏产业链、阳煤集团蓄电池等一批新能源、新材料项目高起点进入，扎实推进。物流贸易产业升级壮大、做实做强，山西煤销集团、山煤集团、晋煤集团、山西能投集团物流信息化和网络建设初见成效。山西经贸集团、山投集团、国控集团、经建投集团等资产管理企业在争取增量基金、加快回收贷款的同时，向房地产、旅游等实体产业转型。（刘忠兵）

【国有企业改革】 山西省直厅局所属企业脱钩改革基本完成，27个省直机关所属233户企业正式划转到山西省国资委，省级国资监管全覆盖迈出关键一步。推进劣势企业有序退出，1户企业进入破产法律程序，拨付22户企业关闭破产补助费用7.86亿元。解决山西省国企职教幼教退休教师待遇问题，拨付2011~2012年生活补贴资金1亿多元。完成山西省属煤炭企业自办林场移交工作。强化山西省属企业工资总额管控、人工成本管理和领导人员薪酬管理。山煤集团、山西国际电力集团、山西国际能源集团等企业面向社会公开招聘员工，加大竞争性选拔高级经营管理人员工作力度。国控集团破产终结和职工安置工作取得实质性进展。经贸集团等企业着力解决改革历史遗留问题。交通开发集团、水务投资集团、粮油集团和中小企业基金集团等脱钩企业基本完成清产核资工作。体育产业集团、农业投资集团、高速公路集团、交通投融资集团抓紧推进组建和正式运营相关工作。长治、临汾、吕梁、阳泉、大同等市国资委投入大量人力物力，破产改制工作取得成效。（刘忠兵）

【国有经济布局结构调整】 阳煤化工借壳上市获批，国新能源集团天然气公司上市推进，山西省国资委配合山西省政府开展解决信达公司债转股问题的有关工作，为煤炭企业首发上市或整体上市创造条件。省属企业与境内外23家企业合资合作或并购重组，资源整合能力增强。山西焦煤集团整合运城盐化，阳煤集团重组中化平原，化工产业实力增强。太钢集团受让星原钢铁部分股权，双方渐进式股权融合取得实质性成果。太重集团煤机公司收购美国REI钻机公司60%的股份，国际化战略取得新进展。潞安集团在重点项目上与国内外知名企业和当地政府开展股权合作，有效分散投资风险。国药集团重组山西医药集团进展顺利，新公司销售收入和实现利润大幅增长。忻州、阳泉等市与部分省属企业签订战略合作协议，开展项目交流合作。（刘忠兵）

【科技创新和管理】 山西省属企业完善科技创新体系，加大科技投入，提升自主创新能力，突破一批关键核心技术。太钢集团开发叶片钢、双相钢管坯、超临界锅炉用钢、易切削轴类用钢等新产品；太重集团研发的世界最大75立方米矿用挖掘机成功下线，并开发出大型风机、核电、高铁车轮、车轴等高端产品。潞安集团建立特别贡献、特别激励机制，鼓励员工开展岗位创新和小改小革，以独创的烟煤喷吹技术促成潞安环能成为全国煤炭行业唯一的高新技术企业，全年享受税收优惠4.5亿元。省属企业注重对自身管理水平的反思和再认识，着眼经营管理关键环节，边查边改。山西煤销集团以全面计划、全面预算、全面质量管理的“三全管理”为抓手，企业管理得到全面加强。汾酒集团、山西国际能源集团、山西国际电力集团等企业把信息技术渗透到企业价值链的各个环节，使信息化成为企业经营、研发和管理工作的基础。晋煤集团、山西经贸集团等企业将风险管理融入日常管理工作，建立重大风险预警指标体系和动态预警机制。山投集团完善下属公司治理结构，强化母公司管控体系。山煤集团预算和绩效管理成效显著，资金管控能力增强。（刘忠兵）

【国资监管】 国资监管制度完善。启动山西省国资监管立法工作。出台或转发产权登记、薪酬分配、职务消费、财务管理、绩效评价、业绩考核等方面的管理制度。建立完善总法律顾问

1月16日，全省国有资产监督管理工作会议在太原召开

（刘忠兵提供）

制度。推进预算管理,依据业绩考核结果决定企业领导人员薪酬等级。加大监事会监督检查力度。省属企业收取2011年度国有资本收益4.8亿元,初步发挥国有资本收益对困难企业破产改制的保障作用。实行工资总额预算管理,开展企业领导人员薪酬收入专项治理和薪酬稽核检查。强化产权进场交易制度,通过信息化手段实现对产权交易过程的动态监督。对省直机关脱钩企业基本完成清产核资、财务和薪酬衔接等工作。加大对省属企业领导班子的考核力度,第一次把考核结果与领导人员的薪酬挂钩。开展省属企业中层领导人员选拔任用“一报告两评议”和企业领导人员后备人选选拔工作。完善党管人才工作机制,出台企业经营管理人才素质提升工程实施意见,经营管理、专业技术、高技能三支人才队伍建设取得进展。组织人才培训,初步形成组织调训、干部选学和在线学习的教育培训格局,省属企业全年投入人才激励资金和培训经费超过10亿元。(刘忠兵)

【国有企业党建】 推进基层组织建设年活动,企业党建工作提升到新水平。加强学习型党组织建设,思想政治建设成效显著,企业文化建设加强,形成企业文化品牌,使山西省成为首届中部企业文化高峰论坛获得荣誉最多的省份。加强廉政教育,健全反腐倡廉制度体系。推行“阳光采购”和“阳光工程”,规范招投标工作,加强效能监察,纠正违规问题715项,整章建制5906项,增加效益34亿元。加强案件查处工作,立案275件,给予党政纪处分735人,移交司法机关12人。(刘忠兵)

【信访维稳】 省属企业是山西省信访维稳工作的重点防线。山西省国资委全年接待群众来访288批1268人次,依法办结一批国家信访局交办的重点信访案件,被山西省联席会议表彰为“党的十八大期间信访工作先进集体”。山西省属企业开展信访稳定百日大会战专项行动,采取措施,实现十八大期间“两零”和“四个坚决防止发生”目标。长治、忻州、朔州等市国资委以维护稳定为己任,加强信访工作,处置化解信访突出问题,将矛盾和不稳定因素化解在系统之内。(刘忠兵)

【机关建设】 山西省国资系统全面加强自身建设,提升部门形象,向社会和公众交一份满意答卷。山西省国资委开展机关建设提升年活动,加强学习型、廉洁型、服务型、实干型、创新型“五型”机关建设。组织机关干部参加各种业务培训300余人次,参学率达70%以上。完成14名副处级干部竞争性选拔和6名机关干部的轮岗交流,完善对处室和干部的考核。开展文明和谐单位创建活动。大同、太原市国资委开展纪律作风集中教育整顿和明察暗访,对征集到的政风行风意见加紧整改,干部队伍的执行力增强。(刘忠兵)

口岸管理

【概述】 截至2012年底,山西省经国务院批准对外开放口岸仅有1个——太原航空口岸。口岸作业区分别为太原武宿综合保税区和山西方略保税物流中心。

太原航空口岸于2004年经国务院批复同意扩大对外国籍飞机开放,并于2005年1月通过国家正式验收。太原航空口岸查验机构:太原机场海关、太原机场出入境检验检疫局、山西省公安边防总队均设有独立办公楼。截至2012年12月,太原武宿国际机场通航航线80余条,通航城市54个,实现与所有省会城市(石家庄、拉萨除外)的通航。太原航空口岸开通韩国、日本、泰国、新加坡及中国香港、澳门、台湾地区等13条国际航线。

2012年,太原航空口岸共出入境飞机2134架次,同比增长196%;出入境人员23.1万人次,同比增长210%;进出境货运量872吨,同比增长23.86%。2012年,山西省全年进出口总值达150.4亿美元,同比增长2%,其中出口70.1亿美元,增长29.4%;监管货运量1920万吨,同比增长5.1%。(宋晓徽)

【服务山西外贸发展措施】 2012年,太原海关出台《服务和支持山西转型跨越发展的20项措施》《促进山西外贸稳定增长的30条措施》,协调海关总署出台《关于支持山西省国家资源型经济转型综合配套改革试验促进外贸稳定增长的意见》;加强统计预警分析,坚持定期向省、市政府和商务部门提供海关统计数据和进出口贸易重点商品的进出口情况分析,为省市政府科学决策提供依据;开展“一包两转”工作;太原关区首次开展煤炭进出口、焦炭和硅铁出口通关业务;停止收取进出口环节7项收费,推进税费网上支付和电子支付,合计支付达5.63亿元;提供“一次报关、一次查验、一次放行”的区域通关服务,支持73家企业升级为A类,将区域通关适用范围放宽至1年内无走私违规记录、资信良好的B类生产型出口企业,适用区域通关的企业由27家上升为98家。(宋晓徽)

【建立区域通关合作机制】 (1)5月2日,太原海关与呼和浩特海关正式建立区域通关合作机制,并在H2000通关管理系统中确认跨关区授权申请,确立双方海关之间的“属地申报、口岸验放”结对关系。区域通关合作机制的正式建立,标志着太原海关各现场与呼和浩特海关所有实际进出境地海关之间均可实行“属地申报,口岸验放”通关模式。这是继北京海关、天津海关、青岛海关、南京海关、深圳海关、石家庄海关、乌鲁木齐海关和上海海关后与太原海关建立区域通关合作机制的第9个口岸海关。(2)太原海关与湛江海关正式建立区域通关合作机制。经协商,双方采用网上签署的方式建立区域通关合作机制,并在H2000通关管理系统中确认跨关区授权申请,开通太原海关各现场与湛江霞海办事处之间的“属地申报、口岸验放”结对关系。

(宋晓徽)

【《关于共同服务山西省国家资源型经济转型综合配套改革试验区建设合作备忘录》】 11月5日,山西出入境检验检疫局与太原海关签署《关于共同服务山西省国家资源型经济转型综合配套改革试验区建设合作备忘录》。根据备忘录内容,检关双方将从十个方面深化合作:一是创新通关模式,加快口岸验放效率。二是支持海关特殊监管区建设,促进太原武宿综合保税区的各项建设工作。三是扶持龙头企业,合力帮扶龙头企业做大做强。四是重视培育中小企业发展,提高中小企业国际市场竞争力。五是推进"一包两转"工作,为相关外贸企业提供良好的发展环境。六是诚信体系建设,共同加大对彼此诚信等级高的企业的扶持力度。七是强化执法协作力度。在海关监管、稽查、缉私、知识产权保护和检验检疫打击逃、漏检等方面配合协调。八是建立信息数据资源交换制度。九是加强对代理中介机构的监督管理。十是强化口岸突发事件应急处置合作,严把国门。

(宋晓徽)

【服务山西综改试验区建设】 一是立足实际,推进政府主导质量工作成效明显。山西出入境检验检疫局向山西省政府报送4期《检验检疫工作专报》以及辖区31种进出口商品《年度进出口商品质量状况综合分析报告》,各分支机构向当地政府报送制度得到各地市党委、政府的欢迎和好评;山西省委常委、副省长高建民对检疫局《关于促进山西省综改试验区建设和破解国外技术性贸易壁垒的工作建议》,在《省长专报》中作出重要批示,对山西检疫局报送的有关玻璃器皿召回通报,要求相关部门"在检验检疫局四条建议基础上,举一反三提出具体解决措施并落到实处,加大对进出口企业的业务指导、监督、服务的力度"。二是加强合作,内外执法环境持续优化。落实与质监、海关、商务、农业、卫生、民航、工商等部门和各级政府的合作协议,推进山西特色农产品质量安全示范区扩点增面,4个国家级出口质量安全示范区通过验收并获牌;与山西省粮食局、山西省粮食监测中心推进共建大同市国家粮食质量监测中心合作事宜;山西检验检疫局与山西省质监局联合建成的"12365"电话平台,共接听电话近200个,联合开展市场认证监督检查等工作,对超市列入3C"目录"的六类儿童玩具进行检查;向怀仁县政府提送《关于推动建立怀仁肉羊养殖示范区、共促区域经济发展的指导意见》。三是落实责任,企业质量管理水平得到提升。组织食品、农产品、危险化学品及包装等重点敏感行业公开作出质量安全承诺,与山西质监局共同召集15家进出口企业和10家国内企业参加"千家食品企业质量安全共承诺"活动;在实现辖区4家企业实施电子监管系统上线运行后,新增3家企业;通过开展"树标杆"活动,发挥优势企业引领作用,选树一批质量管理典型企业,推动优势企业质量管理的成功经验和先进方法向产业链两端延伸、输出。四是因势利导,质量诚信体系建设逐步健全。制订《山西检验检疫局进一步推进进出口企业诚信体系建设实施意见》,召开诚信体系建设专题研讨会;在原有企业质量监管档案基础上,对所辖企业建立质量信用档案;强化进出口企业诚信系统信息录入、应用工作,对需纳入信用管理系统的928家出口企业和814家进口企业全部完成企业信用评级,根据评级的结果实施分级管理,共有5家企业被总局评为"AA"级企业;建立进出口企业红、黑名单制度,加大对质量问题企业的检验检疫监管和处罚力度,对存在失信行为的企业采取即时布控、降级和预备黑名单等措施;实行出口企业约谈制度,强化企业作为质量安全第一责任人的主体意识;重新梳理分类管理企业底数、产品风险定级底数,对新验产品的风险等级进行评估,并修订分类管理实施细则。

(宋晓徽)

【口岸突发事件应急处置演练】 2012年,山西出入境检验检疫局在太原航空口岸举行"口岸生物有害因子突发事件应急处置演练""核与辐射恐怖事件应急处置演练";山西省民航机场集团公司举行四次太原武宿国际机场大面积航班延误应急桌面演练。

(宋晓徽)

【公安边防总队创新服务】 山西省公安边防总队通过不定期走访旅行社、航空公司和口岸联检单位、向出入境旅客发放征求意见表,召开旅客现场座谈会、旅行社负责人征求意见会和特邀监督员联席会议,利用和强化互联网的"快速效应"和"广泛效应"适时更新发布边检工作信息动态等一系列工作举措,"走出去访、请进来评",征求服务对象的意见建议,接受社会各界的监督评议,使人民群众更加理解和支持边检工作。围绕"中国边检服务品牌集中推介活动"和"查验出入境人员突破20万大关"等内容,加强宣传,扩大影响,提升边检工作的社会知名度,叫响边检服务品牌,塑造太原航空口岸国门卫士形象。

(宋晓徽)

出入境检验检疫

【概述】 2012年,山西出入境检验检疫局(以下简称"山西检验检疫局")共检验检疫进出境货物21368批次、货值56.79亿美元,与上年同期相比,分别增长28.8%、114.7%;签发各类原产地证书12127份,签证金额7.99亿美元,与上年同比分别减少8%、16%;检疫查验出入境人员23.17万人次,与上年同比增长209%;健康检查5339人次,与上年同比下降0.9%;从出入境货物中检验出不合格商品155批、不合格金额20375.7万美元;在出入境人员健康体检中,检出艾滋病2例、性病7例、肺结核2例、肝炎129例;截获入境旅客携带的禁止进境的动植物产品740批次。

(张建龙)

【质量管理】 2012年,山西检验检疫局推动政府重视质量工作,向山西省政府报送4期《检验检疫工作专报》以及辖区《进出口商品质量状况综合分析报告》;省委书记袁纯清对检验检疫部门查获从德国邮寄进境的3批145支试管装活体蚂蚁做出批示,要求高度重视,认真对待,责成有关部门迅速介入,消除隐患,维护好生态安全。山西省委常委、副省长高建民在《省长专报》中,对山西检验检疫局报送的《关于促进山西省综改试验区建设和破解国外技术性贸易壁垒的工作建议》和有关玻璃器皿召回通报分别作出批示,要求相关部门“在检验检疫局四条建议基础上,举一反三提出具体解决措施并落到实处,加大对进出口企业的业务指导、监督、服务的力度”。2012年,山西检验检疫局通过多种形式学习宣贯《质量发展纲要(2011~2020年)》,组织290名职工和25家企业的104名人员参加国家质检总局《质量发展纲要(2011~2020年)》知识竞赛;采用登门送法、上门服务、调研工作等方式,组织干部职工到企业、到基层宣讲纲要达到1000余人次,印发《质量发展纲要(2011~2020年)》宣传手册2000余份。2012年,山西检验检疫局推进企业质量诚信体系建设,与山西省质监局共同召集15家进出口企业和10家国内企业参加“千家食品企业质量安全共承诺”活动;在实现辖区4家企业实施电子监管系统上线运行后,又新增3家企业;印发《进一步推进进出口企业诚信体系建设实施意见》,对需纳入信用管理系统的928家出口企业和814家进口企业全部完成企业信用评级并实施分级管理,5家企业被国家质检总局评为“AA”级企业;对2011年度质量诚信企业单位进行表彰,2012年度新推荐6家企业。 (张建龙)

【专项教育治理活动】 2012年,山西检验检疫局开展质量安全风险排查整治和道德领域突出问题专项教育治理活动,分别对业务、政务、队伍、道德领域突出问题进行排查整治活动。成立领导组,印发《活动方案》《质量安全风险排查表》,通过对5个方面52项内容进行隐患排查,对总局《质量安全风险排查整治和道德领域突出问题专项教育治理活动实施方案》中的35个项目确定责任单位、工作目标以及内容和步骤,在政务、业务、道德领域共排查出24个方面、130项风险和问题,通过建立“一份清单、一份分析报告、一套整改措施”,制定针对性防范措施106条,编发《专题简报》16期。7月底,联合山西省质监局共同协助国家质检总局在太原市承办“全国质量安全风险排查整治工作座谈会”。 (张建龙)

【口岸卫生检疫】 2012年,山西检验检疫局提升能力,强化口岸卫生安全。牵头修订《山西口岸应对突发公共卫生事件及核与辐射事件处置预案》作为省级部门预案正式印发;在太原国际机场航空口岸开展“口岸生物有害因子突发事件”和“核与辐射恐怖袭击事件”应急处置演练;与太原市第四人民医院(即太原市结核病防治中心、太原市突发公共卫生应急重症救治中心)签署《合作备忘录》,双方就口岸突发公共卫生事件应急处置、结核病、艾滋病、呼吸道传染病防控以及生物恐怖事件应急处置工作达成合作意向。加强口岸卫生监督管理和卫生许可工作,对口岸食品生产经营及服务行业共计48家企业进行卫生许可考核发证工作;有针对性地对口岸食品生产经营单位的卫生状况进行不定期抽查,抽查率不低于50%。 (张建龙)

【进出口食品检验监管】 2012年,山西检验检疫局注重综合整治,保障全省进出口食品安全。推荐山西祁县、平陆、临猗、吉县共60万亩出口水果质量安全示范区通过国家质检总局的考核验收,并获得“国家出口水果质量安全示范区”牌匾,认可品种达到7种,分别是苹果、鲜梨、鲜桃、柿子、李子、葡萄、杏,为促进山西省水果进入国际市场、扩大出口、实现农民增收提供有利条件。2012年,山西检验检疫局共检验检疫山西省出口水果1272批、41354吨,货值3480万美元,与上年同比分别增长4.5倍、6.4倍和5.5倍。主要出口水果种类有苹果、酥梨和鲜桃,出口国家达28个国家和地区,实现山西省出口水果历史性的突破。进出口食品安全领域“潜规则”排查活动共排查食品生产及加工企业85家、排查检验检疫执法人员40余人次;开展“2012年食品安全宣传周”活动;妥善应对“可口可乐(山西)公司饮料含氯超标”事件。 (张建龙)

【进出境动植物检疫】 2012年,山西检验检疫局加强监测,保障动植物产品安全。与各地邮政主管部门加强联系,贯彻落实《中华人民共和国禁止携带、邮寄的动植物及其产品名录》;从旅客携带物中截获禁止进境物740批,同比增加275%,在禁止进境物中截获有害生物4种;在进境大豆中发现有害杂草籽40种,其中检疫性有害杂草4种;完成山西玉龙马业发展有限公司从荷兰引进的17匹赛马和太原动物园从南美洲圭亚那引进3只大食蚁兽的隔离检疫任务;完成外来有害生物监测。全年查验进出境集装箱5278标箱,共对925标箱实施卫生除害处理,共检出携带疫情及有毒有害物质等不合格集装箱344标箱,同比增长1464%,检出率6.52%。 (张建龙)

【进出口商品检验】 2012年,山西检验检疫局加强整顿,保障进出口商品安全。对新纳入法检目录的活性炭包装采取针对性检验监管措施,全年共检验出口活性炭1629批次、6.6万吨、货值7675万美元;监管出口煤炭580批、250万吨,清除雷管370枚,铁器类杂物6.67吨、木屑类杂物119.73吨、其他类杂物499.5吨;对生产出口药用胶囊企业进行检查整治;完成“2012环渤海地区(太原)品牌暨投资贸易博览会”期间来自韩国的70多种进口展品的检验检疫和展会后的展品处理。 (张建龙)

【认证监管】 2012年,山西检验检疫局强化认证,保障检验监管持续有效。开展“认可日”和以“抓质量,保安全,惠民生”为主题的CCC认证十周年宣传活动,对94家卫生注册企业进行备案换证审核,撤销9家,归类合并11家;共完成行政许可企业考核发证61家,累计行政获证企业214家;加大中煤集团平朔公司和富士康有限公司强制性产品认证扶持力度;对中车双喜轮胎有限公司载重汽车轮胎获证产品、3C产品进行现场核查。向山西省民航机场集团公司颁发中国质量认证中心ISO9001、ISO14001、GB/T28001

三体系合一认证证书。（张建龙）

【服务山西经济社会发展】2012年，山西检验检疫局贯彻国务院关于促进外贸稳定增长的若干意见，履行职责，优化服务，出台措施，推动山西外贸实现稳定增长。一是为进出口企业减轻负担。2012年第四季度，全局共免征检验检疫规费1901.7万元，涉及货值24.85亿美元，惠及全省1300多家进出口企业。二是全面服务综改试验区建设。制订出台《服务山西国家资源型经济转型综合配套改革试验区建设实施意见》，提出5个方面23项服务地方经济发展的具体举措。对山西省《部门领导包干外贸企业制定实施方案》中包干的天脊集团等3家企业"一企一策"进行重点帮扶；主动跟进，服务武宿综合保税区、山西方略保税物流中心建设；对太原重工股份有限公司"新建高速列车轮轴国产化项目"进行跟踪帮扶；对太原富士康集团苹果手机项目实行"首件安全项目检测+产品监督抽查+日常生产过程监督管理"的检验监管模式，使该公司实现20条生产线落户。三是促进贸易便利化。与山东检验检疫局签署《关于鲁晋两地实施直通放行模式合作备忘录》，与珠海检验检疫局签署《关于促进山西优质水果供澳合作备忘录》，与太原海关签署《关于共同服务山西省国家资源型经济转型综合配套改革试验区建设合作备忘录》，新增19家企业获得晋津直通放行资格，30家企业获得晋鲁直通放行资格；25家企业获得绿色通道资格，2家企业出口免验资格获批延续。（张建龙）

【法治质检】2012年，山西检验检疫局推进法治质检建设，营造法治文化建设氛围。一是在质量月活动中与21家新出口企业签订《质量安全承诺书》；对质量整治八个方面35个问题进行整改；开展证书质量展评、"质检邀您看企业，食品安全大家行"、食品安全宣传周等活动。二是在国家质检总局"弘扬法治精神、传播法治文化、建设法治质检"主题演讲比赛中获得三等奖；每两月发布《行政执法典型案例研讨》。三是印发《山西检验检疫局2012年法制工作要点》。四是推进行政执法责任制建设，签订行政执法责任制，将每一个企业、每一种商品、每一项行为责任到人，强化落实措施。五是推进"12365"系统建设工作。制订《山西检验检疫局"12365"举报处置指挥系统热线电话接听作业指导书》，全年共接听"12365"电话近200个，并及时进行答复。（张建龙）

【科技质检】2012年，山西检验检疫局以提升科技能力为主线，提高科技持续创新能力，支撑和引领检验检疫事业科学发展。一贯彻落实《全面建设科技质检实施意见》，把科技质检理念贯彻到检验检疫工作的方方面面。二开展科研和标准化工作。国家质检总局批复2012年度科研项目2项，均为山西检验检疫局主持，争取科研经费29万元。争取山西省科技厅科技攻关项目2项，科研经费20万元。认监委批复2项2012年度第一批检验检疫行业标准制定任务，获得制标补助经费5万元。卫生部批准2012年度食品安全国家标准立项1项，争取制标经费10万元。组织完成由山西检验检疫局承担完成的山西省科技攻关项目《食品中多种真菌毒素同时测定方法的研究与应用》的鉴定和验收工作。三加强实验室建设与管理。局技术中心动物检疫和化矿金两个区域性检测中心实验室于9月通过由总局区域实验室能力建设达标验收组的核查验收；完成对大同局、阳泉局、长治局、侯马局的四个综合常规实验室的现场验收。通过总局2009年批复建设的"国家蚧虫检疫重点实验室（山西）和国家煤焦炭检测重点实验室（山西）"核查验收。参加由总局组织成立的质检系统"国家煤炭检测实验室联盟"和"国家食品农产品检测联盟"筹备和建设工作。组织全局2个检测机构、4个分支局所属的10个实验室举办检测实验室开放日活动。举办山西检验检疫系统"同煤朔州煤电杯"和"海光杯"检测技术大比武活动。通过中国合格评定国家认可委员会(CNAS)对技术中心管理体系复评+扩项评审、计量认证管理体系复评审+扩项评审、食品检测机构资质认定及生物安全认证的四合一评审，认可的检测能力达到190余类、2800余项。对2012年到期的14家指定实验室进行复评审，撤销3家指定实验室的资质，完成4家新申请指定实验室考核、审批工作。（张建龙）

【和谐质检】2012年，山西检验检疫局开展和谐质检建设，局机关连续13年被评为省级文明和谐单位，并已启动全国文明单位申报。一是学习党的十八大精神。组织学习十八大报告、修改后的党章及其他文件，贯彻执行国家质检总局、山西省委省政府关于应急值守、政务值班和"零报告"报送制度的各项要求。二是开展党的纯洁性教育活动。完成"思想发动、学习教育""问题查摆、寻找差距""整改提高、建章立制"三个阶段的工作及"纪律教育月"活动。三是加强基层党组织建设工作，完成机关党支部的调整、换届选举和基层党组织分类定级工作；作为五个"党建工作先进单位"之一，在山西省138家厅局单位参加的"山西省直机关基层组织建设年座谈会"上典型发言。四是推进右玉县威远镇扶贫助困工作，局定点扶贫工作队获得山西省委干部下乡2011年度先进集体称号。五是抓好廉政建设。逐级签订并严格落实《党风廉政建设责任书》《行政执法责任书》；开展行风教育和纪律教育活动，通过50份问卷调查回函，在清正廉洁勤政为民、依法行政主动服务、政务公开便捷高效、文明执法礼貌待人、严格管理自身建设和总体评价等六个方面满意度分别为98%、94%、98%、98%、98%和95%。（张建龙）

太原海关

【概述】太原海关全年完成税收入库47.8亿元，同比增长12.6%；监管货运量1920万吨，同比增长5.1%；监管进出境飞机2285架次，同比增长2.2倍；监管进出境人员23.4万人次，同比增长2.1倍。（张新年）

【外贸发展】 太原海关把服务山西转型跨越发展作为自身的重要职责,促进开放型经济的发展。全省全年进出口总值150.4亿美元,比上年增长2%,再创历史新高,进出口总值居全国23位,增速居全国第21位。其中:出口70.1亿美元,增长29.4%,增速居全国第8位;进口80.3亿美元,下降13.9%。加强统计预警分析,坚持定期向省、市政府和商务部门提供海关统计数据和进出口贸易重点商品的进出口情况分析,为省、市领导科学决策提供依据。 (张新年)

【太原武宿综合保税区获国务院批准】 国务院于8月26日正式批复设立太原武宿综合保税区(国函〔2012〕122号),规划面积2.94平方千米,四至范围:东至武宿国际机场,南至龙城街,西至唐槐路,北至电子街。结束山西没有海关特殊监管区域的历史,对促进山西省开放型经济发展、综改试验区建设、调整经济结构、承接产业转移具有重要意义。为确保建设工作顺利进行,太原海关成立由关长任组长的专项工作组,并指定专人对接武宿综保区指挥部,参与相关工作。从规划选址、基础建设、监管设施、产业项目、管理机构、政策解读等方面提出政策建议,并帮助综保区指挥部开展规划、设计、招商等工作。

(张新年)

【运城海关获批设立】 中央机构编制委员会办公室于4月26日正式批复设立运城海关(中央编办复字〔2012〕66号),承担运城市辖区的海关业务,正处级,核定行政编制26名。至此,太原海关的隶属海关增加到4个,山西省内的海关机构布局更加合理。为确保运城海关尽快开关,太原海关成立专门工作组,指定专人驻运城工作,加强与运城市政府的联系协调。 (张新年)

【支持开放型经济发展】 1月出台《太原海关服务和支持山西转型跨越发展的20项措施》。为应对复杂严峻的外贸形势,10月在分析省情的基础上出台《太原海关促进山西外贸稳定增长的30条措施》。经太原海关协调,海关总署于11月出台《关于支持山西省国家资源型经济转型综合配套改革试验促进外贸稳定增长的意见》(署厅函〔2012〕539号),制订为山西量身定做的12项具体措施,成为国家部委中第一个出台支持山西综改区建设具体意见的单位。(张新年)

【服务质量和水平提升】 坚持“有为方能有位”的理念,主动融入省内经济发展环境,取得明显成效。一是各市开展调查研究和政策宣讲。由关长带队,先后多次赴省内各市调研,与当地党政领导座谈,并到有关进出口企业进行实地考察,帮助地方政府和企业解决外贸发展中的困难。期间还到晋中、运城等市和省商务厅组织的专题会议上开展政策宣讲,对有关部门和企业作海关政策专题讲座。各业务部门也结合实际组织进出口企业培训,到企业送政策上门,帮助相关人员了解掌握海关规定。二是将服务措施机制化。太原海关先后与晋城、太原、长治、大同、吕梁5市政府,省商务厅、省民航机场管理局和山西出入境检验检疫局3个协作单位,以及太钢、太重、同煤、平朔、建邦集团5个大型企业签订合作备忘录,明确海关支持各地和重点企业发展的具体措施,建立紧密的合作机制。三是服务外贸企业。畅通“12360”海关服务热线,统一受理社会各界向海关提出的服务需求,全年受理各类咨询电话7679个,接通率100%,直接回复率95%,满意率100%,取得良好的社会效益。与外贸企业建立紧密合作伙伴关系,落实大客户服务制度,指定专人具体服务重点企业,及时解决通关过程中遇到的问题。与口岸海关加强区域通关合作,共与16个海关建立区域通关合作关系,将区域通关适用范围放宽至1年内无走私违规记录、资信良好的B类生产型出口企业,适用区域通关的企业由原来的27家上升为98家。通过向企业提供“一次报关、一次查验、一次放行”的区域通关服务,在提高通关效率的同时,降低企业贸易成本,支持外贸企业发展。在人力紧张的情况下,科学配置管理资源,为山西增加的国际航班做好监管服务,支持全省的对外开放工作。太原海关服务全省经济发展的工作,多次受到省领导的批示肯定。关长吕伟红也于2012年12月由省委候补委员递补为省委委员,标志着太原海关在全省经济社会发展大局中的地位得到提升。 (张新年)

【打击走私】 召开山西省打击走私综合治理办公室工作会议,推进“国门之盾”行动,保持打私高压态势。破获低报价格出口走私金属镁锭案件,案值9275.47万元,偷逃税款211.45万元。破获走私武器弹药案,实现关区涉枪案件零的突破。立案调查行政违规案件59起,同比减少3.28%;案值42369.65万元,同比增长5.7倍;偷逃税额272.39万元,同比增长2.4倍。查获政治类违禁宣传品、非法出版物135起共394册,同比增长7.8倍。查获侵犯知识产权案件2起,实现关区侵犯知识产权案件零的突破。

(张新年)

【干部队伍建设】 坚持严管与厚爱相结合,以打造“内陆强关”为目标,加强队伍建设,干部的履职能力不断增强,全关上下风正、气顺、人和、劲足。2012年初集全关同志的智慧,讨论提炼出“忠诚、进取、奉献、创新”的太原海关精神,引导全关职工不断增强凝聚力和向心力。严格执行各项规章制度,坚持组织升国旗仪式,在关区推广第9套广播体操,组织关警员到驻晋部队军营、八路军纪念馆、雷锋纪念馆等地参观,认真开展准军事化训练,正规化水平明显提升。坚持每周通过手机平台向全关职工发送格言警句,倡导健康生活、快乐工作,引导大家建立正确的价值观。坚持以德才兼备为重点、以工作实绩为重心、以群众公认为基础的用人导向,全年共开展8批次干部选拔任用工作,涉及48人次,同时评出关税和统计专家各1名,为各项工作提供组织保障和人才支持。

(张新年)

【精神文明建设】 成立学雷锋志愿服务队,组织关警员分两批参观雷锋团

2012年太原海关主要业务数据统计表

序号	业务类别	2012年	与上年同比(%)
1	监管货运量(万吨)	1920	5.1
	出口	3	−0.4
	进口	1917	5.1
2	进出口报关单(张)	5520	2.3
	出口	707	−18.1
	进口	4813	6.2
3	进出口报关单记录(条)	13763	20.8
4	集装箱标准数量(箱次)	14436	18.7
	出口	1056	−12.4
	进口	13380	22.1
	集装箱载货量 (吨)	234956	12.7
	出口	20791	−21.7
	进口	214165	17.8
5	税收入库(万元)	478479	12.6
	关税	47423	91.2
	进口环节税	431056	7.8
	出口税(万元)	4185	−3.7
6	实际减免税(万元)	38864	−59.2
7	加工贸易合同备案(份)	74	−37.3
	其中:金额(万美元)	59783	23.8
8	企业注册累计(家)	2058	5.8
	其中:合资企业	133	−14.7
	合作企业	5	−37.5
	独资企业	53	−8.6
	国有企业	197	−5.3
	私营企业	1610	10.9
	实际进出口企业(家)	1164	1.2
9	监管进出境飞机(架次)	2285	2.2倍
10	监管进出人员(人次)	234302	2.1倍
11	采取强制措施(人次)	5	1.5倍
12	罚没入库(万元)	56	−48.6

和郭明义工作室,聆听雷锋班战士和郭明义讲助人为乐故事。组织"博爱一日捐"活动,坚持重要节日慰问太化硫酸厂困难家庭,并向兴县扶贫点资助建设石楼山原生态土鸡养殖专业合作社,赠送优质鸡苗4000只。2012年,太原海关继续被省直机关精神文明建设委员会命名为"省直文明和谐单位标兵",关长吕伟红被全国妇联授予"全国三八红旗手"和"全国妇女创先争优先进个人"荣誉称号。(张新年)

【党风廉政建设】 落实廉政建设的各项规定,坚持年初召开会议、分解任务,年中对照要求、督促检查,年底围绕目标、考核评估。落实党风廉政建设责任制,组织关处科三个层面逐级签订责任书,由关领导带队对党风廉政建设责任制落实情况、廉政准则学习贯彻情况进行专项检查。召开廉政例会,通报督察情况,分析关区廉政形势,使全关同志时刻保持如履薄冰、如临深渊的忧患意识,时刻遵守海关人员"6项禁令"和公安部"5条禁令",提高防御能力,不断增强自觉性。组织科级以上领导干部报告个人廉洁从政情况及配偶、子女从业情况,并在全关公示,接受群众监督。加大海关廉政风险预警处置系统(HL2008)的应用力度,完善"科技+制度"反腐成果的转化,强化对业务运行的监督制约。经过努力,全关未发现不廉洁情事,廉政工作继续保持平稳态势。(张新年)

工商行政管理

·法治建设·

【"依法行政示范单位"创建活动】 2012年,上半年太原市工商局小店分局、泽州县工商局被省委依法治省领导组命名为省级依法治理示范单位。8月在全省省级依法行政示范县示范单位经验交流会上,山西省工商局向大会提交全面推进依法行政,加强法治工商建设的典型经验材料。10月,省局命名新绛县工商局、寿阳县工商局、昔阳县工商局、晋中市工商局开发区分局、大同市工商局南郊分局五个单位为第二批"全省工商行政管理系统依法行政示范单位"。(新国琦)

【执法监督】 为适应行政强制法的贯彻实施,对行政执法文书进行统一修正和调整,严格规范行政强制实施程序。上半年录入全省工商行政管理行政执法人员基本信息9733条;继续推行行政处罚案件核审、听证制度,推行大要案集体评审制度。(新国琦)

【行政复议应诉】 全年全省工商系统办理行政应诉案件15件(包括上年度1件),其中省局应诉案件5件、市级局9件,县级局1件,经法院审理维持3件、撤销1件、驳回1件、申请人自愿撤回起诉1件,其他案件未审结。全系统办理行政复议案件16件,其中省局作为被申请人的案件3件,市级局4件,县级局9件,复议机关审理后维持6件,驳回申请3件,申请人撤回申请2件,不予受理1件,撤销1件,其他1件,1件未审结,1件中止审理。(新国琦)

【“六五”普法】 评选表彰全系统2011年度政治过硬、业务过硬、作风过硬的一百名办案能手;出台《办案能手动态管理办法》。省局与晋中市工商局合编《工商行政管理常见案例分析与示范》,收集八个类别21个案例,普及行政执法专业知识,提高干部队伍整体水平。 (靳国琦)

·注册登记与监督管理·

【八条措施支持扩权强县】 4月26日,省工商局出台《关于贯彻省委省政府〈关于发展扩权强县试点工作的意见〉的实施意见》(晋工商办字〔2012〕106号),授予扩权县级工商局在工作和业务上享有市级工商局的权限,减少管理层次,提高工作效率,降低行政成本,推动县域经济发展。省工商局分别与柳林县、平定县等扩权强县就品牌兴县、诚信兴商、支持小微企业加快发展,最终实现强县富民等议题进行工作对接座谈会。 (靳国琦)

【八条措施促进经济“稳增长”】 6月27日,省工商局出台《积极发挥工商职能服务全省经济平稳较快增长的八条措施》(晋工商办字〔2012〕151号):促进各类市场主体快速发展;服务中小企业和个体工商户贷款融资;落实推进结构调整和转变发展方式政策措施;实施“品牌兴省”战略;着手建设国家级广告(文化)产业创意园区;优化消费环境促进扩大内需;提升行政审批服务效能;推进非公有制党建促进非公有制经济健康发展。 (靳国琦)

【非公经济发展】 新增私营企业3.1万户,总量达20.3万户;新增个体工商户13.3万户,总量达94.1万户。加上5.9万户内资企业,3623户外资企业及分支机构,5.02万户农民专业合作组织,全省各类市场主体总量达到125.27万户。此外,打造“融资平台”,帮助企业融资2521亿元;推进“五农工程”,农民专业合作组织总量继续位居全国前列。 (靳国琦)

【监管力度加大】 全年全省企业年度检验网检率达到100%。在全省范围内开展查处取缔“黑网吧”专项执法行动,对已登记网吧违规经营行为查处128起案件,处以罚款19.8万元;查处取缔黑网吧299户(其中取缔农村黑网吧198户),罚款6.35万元,查封违法经营场所75处,没收专门用于无照经营的电脑211台;严厉查处企业虚报注册资本、虚假出资、抽逃出资等违法案件299起,处罚89.5万元;淘汰落后生产企业15户,查处非法改装车企业24户。 (靳国琦)

·消费与安全·

【消费者权益保护】 1. 加大年主题活动宣传力度,组织好“3·15”国际消费者权益日宣传活动。召开年主题座谈会,广泛宣传年主题的重要意义;召开新闻发布会,推动“消费与安全”年主题的贯彻落实;举行“3·15”国际消费者权益日宣传活动;开展网上“3·15”咨询服务活动;开展春暖送服务下乡活动。

2. 加大消费教育和消费引导工作力度,推进转变经济发展方式和扩大内需。一是贯彻十七届六中全会精神,宣扬积极健康的消费文化,摈弃不良消费文化,引导消费者科学、合理、文明消费。二是加强消费警示发布工作,加大警示发布范围,让更多消费者避开消费陷阱。三是开办“消费教育课堂”,选择不同层次的消费者进行专题教育,引导消费者掌握维权知识和商品服务知识。四是利用一报一刊搞好宣传工作,提高消费者自身维权能力。

3. 加大商品和服务的社会监督力度,创造安全放心的消费环境。一是与有关部门和行业协会协作,加强对企业社会责任的宣传教育和培训工作。二是推进《企业维护消费者合法权益社会责任导则》实施工作,更好地维护消费者合法权益。三是继续开展公用服务行业消费者评议活动,对仍存在问题的服务领域进行进一步评议。四是制订《山西省消费者协会消费维权社会义务监督员管理办法》,开展消费维权社会义务监督员聘任工作,扩大维权队伍。五是开展航空服务问卷调查活动,就出现的相关问题向民航局进行反映,发挥消协监督职能作用。

4. 加大信息化建设力度,化解消费纠纷,提高维权质量。一是受理消费者投诉,妥善解决各种消费争议。二是深化消费纠纷和解网络平台建设工作,畅通消费者与经营者自行和解的渠道。三是加强对重大疑难投诉的研究、协调和指导,建立健全消费者咨询服务、投诉转移制度。四是联合中国消费者协会和全国消费者协会开展苹果手机的点评活动,在山西晚报等媒体上及时报道点评内容,指出苹果手机存在的问题。五是开展消费品安全事故案例信息的收集、汇总上报工作,及时上报中消协,完成中消协下达的任务。

5. 在全省城乡开展加大农村消费维权工作力度,维护农村消费者的合法权益的活动。一是在全省开展“一会两站”名录信息录入《全国“一会两站”和12315“五进”名录管理系统》工作。二是各县、市消费者协会开展“一会两站”会长、站长、联络员培训,提高业务素质。三是建立农村消费教育和指导服务网络,做好农村消费教育指导工作。

6. 加大消费者协会自身建设力度,提高消费者维权工作能力和水平。一是加强学习,提高人员素质。二是完善消费者协会工作各项制度。三是加强理论研究工作,推动消费者协会组织文化建设,建立消费者保护法律与理论研究队伍。 (靳国琦)

【消费投诉特点】 2012年全省各级消费者协会受理消费者投诉11256件,调解投诉10736件,为消费者挽回经济损失452万余元。消费投诉呈现以下特点:

1. 家电售后服务不到位。全年全省共受理家电投诉2878件,占总投诉的25.6%。主要问题:一是部分家电质量差;二是售后服务不到位,维修管理不规范,修理人员技术水平不高;三是出现质量问题后生产者和经营者相互推诿,互相扯皮,有的甚至故意曲解国家“三包”规定;四是维修存在乱收费。

2. 日用百货投诉突出。全年全省共受理百货类投诉 3917 件,占总投诉的 34.7%。投诉存在的主要问题:一是虚假打折、促销价格明降暗升;二是部分服装鞋类质量存在问题。如短时间内出现面料起球、断线、破损,羽绒服漏绒,鞋类出现开胶、开线、脱浆脱色、断底断面;三是售后服务差;四是退换货难。

3. 网络购物有待完善。网络购物投诉存在的主要问题:一是商品宣传名不符实。有些网站夸大产品说明甚至虚假宣传,消费者看到实物后与网上看到的样品相差甚远。二是货款支付有风险。三是售后服务没保障。四是买货容易退货难,一些网站的购买合同采取格式化条款,对网上售出的商品不承担“三包”责任、退换货难;五是事后维权难度大。

4. 银行服务问题较多。银行服务投诉存在的主要问题:一是信用卡办卡容易销卡难;二是收费名目多,服务不到位;三是普通客户窗口工作人员少,客户排队等候时间长;四是理财产品风险意识的宣传不到位。

5. 保险营销片面误导。保险服务投诉存在的主要问题:一是保险投保容易,办理理赔难。二是对理赔及免责条款购买之前知道甚少,部分保险从业人员故意隐瞒险种真实情况,不能使消费者明明白白消费;三是保险代理业务员在作业过程中误导消费者,夸大保险功能和回报,不如实告知收益情况;四是将保险与其他金融产品进行片面比较,甚至故意误导成存款、基金或其他理财产品。

6. 手机质量问题多。手机投诉存在的主要问题:一是部分手机质量差;二是虚假宣传多,误导消费者;三是手机故障鉴定难;四是售后服务不及时;五是退市手机维修难。

7. 家用轿车售后服务差。家用轿车投诉存在的主要问题:一是质量问题投诉多;二是维修技术差;三是乱收费;四是购车合同争议多;五是售后服务不规范。

8. 室内装修问题普遍。全年全省家装行业投诉共计 588 件,占到总投诉的 5.2%。投诉存在的主要问题:一是装潢材料质量差;二是装修公司违约;三是有些装修公司不按照要求使用统一合同格式文本;四是装修公司巧立名目乱收费,装修工作人员无证上岗;五是装修公司规避“三包”规定。

9. 预付式消费侵权。预付式消费投诉存在的主要问题:一是买卡容易退卡难;二是只谈优惠不兑现承诺;三是夸大或虚假宣传;四是经营者变更、迁址、歇业、停业不履行告知义务;五是售卡时多数不签订书面协议;六是个别经营不善,导致消费者卡中剩余费用无法继续消费。

10. 家具投诉质量问题突出。家具投诉存在的主要问题:一是家具产品质量差。二是部分家具没有说明书。有的即使附有说明书,也是寥寥数语,没有按标准格式制定;三是个别家具存在安全隐患;四是假冒当品牌卖;五是售后服务跟不上,实物与样品不相符。 (新国琦)

【维权渠道畅通】 执行《“12315”信息系统数据登录规范》及“‘12315’申诉调解回访制度”。全省各级“12315”机构共受理消费者咨询 80563 件,办结申诉案件 10996 件,调解纠纷 7678 起,处理举报案件 3385 件,为消费者挽回经济损失 1611 万元;发布消费提示和消费警示 439 条。申诉举报办结率达 98%,申诉案件回访满意率达 100%。 (新国琦)

·食品流通监督管理·

【责任制落实】 制订下发《山西省工商局机关食品安全责任监管职能网格化管理办法》(晋工商消字【2012】247 号),对食品安全实施网格化管理。按照《山西省食品安全目标责任考核办法》的要求,省、市、县、所四级层层签订目标责任书,把食品安全工作考核纳入系统年度目标考核,强化各级责任落实。转变监管方式,提高监管效能,推进流通环节食品安全电子化监管。全省工商系统全部实现食品流通许可证电子打印和网上登记。 (新国琦)

【流通环节食品安全专项整治】 集中开展乳制品、食用油、食品添加剂、酒类、调味品市场、节假日市场、校园周边食品经营安全、流通环节食品中违法添加罗丹明 B 等工业染料等八项专项整治,检查食品经营户 46.9 万户次,检查批发市场、集贸市场等各类市场 5916 个次,捣毁售假窝点 34 个,查处不符合食品安全标准的食品案件 1318 件,案值 175.2 万元,取缔无照经营 969 户,受理和处理消费者申诉和举报 724 件,为消费者挽回经济损失 94.6 万元。 (新国琦)

·品牌兴省战略·

【第六届山西品牌节】 10 月 9 日,举办第六届山西品牌节暨实施商标战略工作推进会,450 家驰名著名商标企业代表参加会议,同时召开新认定的驰名商标、部分省著名商标企业负责人座谈会,拓展思路,达成共识,营造“品牌兴省、品牌兴企、品牌兴农”的氛围。 (新国琦)

【商标注册“两深入”】 坚持“两深入”(深入农户、深入企业),开展“一企一商标”“一村一品一商标”“一县一业一品牌”活动,全年全省申请注册商标 11982 件,获准注册 6637 件,全省有效注册商标总量达到 47310 件;新认定和重新认定山西省著名商标 351 件,有效著名商标总量 999 件;国家工商总局两次共认定山西省驰名商标 17 件,是历史上认定最多的一年,使全省通过行政认定驰名商标总数达 65 件。 (新国琦)

【注册商标专用权保护】 制订《关于进一步做好打击侵犯知识产权和制售假冒伪劣商品工作方案》;全系统全年出动执法人员2.5 万人次,检查经营户 3.5 万户,检查各类市场 2301 个次。查处商标侵权和假冒伪劣商品案件 1008 件,其中查处侵犯驰名商标权益案件483件,查处侵犯地理标志专用权案件3件,查处侵犯涉外商标专用权案件43件,查处违法印制商标标识案件10件,移送司法机关2件,罚款365.12万元,没收、销毁侵权商标标识2.98万件。 (新国琦)

·广告监督管理·

【广告业规模发展】 做好广告行业发展规划和广告专业技术人员职业水平评价考试工作,提高从业人员素质;省工商局会同国家级传媒集团、省、市主要媒体,建设山西首个国家级广告(文化)产业创意园,推动广告企业联合重组、集约化经营;帮助解决报刊改革重组中遇到的实际困难,加强与改制报刊的联系指导;支持传统媒体的广告经营创新发展,鼓励开发广告新媒体的运用,培育广告产业新业态和增长点;加强行政指导和行业自律,构建文明诚信广告市场秩序,提升广告业的社会影响力,带动山西省广告业规模发展。 (新国琦)

【广告市场整顿】 检查广告48.96万条次;发现涉嫌违法广告2498条次;收缴违法印刷品广告39.68万份;行政告诫379条;查处违法广告案件2119件,罚没款共732.91万元。截至2012年底,全省广告经营单位4333户,从业人员2.4万人,全省广告经营额34.06亿,比上年增长11%,高于同期本省文化产业的增长速度,广告产业整体发展水平与全省转型跨越发展和文化强省的建设水平相适应,占到全省文化产业实现增加值的9%左右。 (新国琦)

·市场规范管理·

【市场竞争秩序维护】 开展红盾护农行动,全年共检查农资经营户4440户,查处农资违法案件1078件,案值467.6万元,罚没款227.59万元,取缔无照经营农资74户,受理农资消费投诉22件,挽回经济损失35.72万元;对全省8市22个县(市、区)的化肥市场进行质量监测,共抽样检验102批次;开展诚信市场创建活动,评选出30家"2011年度全省诚信示范市场";5家市场获"全国2011年度诚信示范市场";在8月23日召开的全省工商系统推进诚信市场创建工作长治现场会上对30家诚信示范市场进行表彰;利用新建的网监平台,全年共查处虚假宣传、无照经营等典型网络违法案件15件,罚没款26.5万元;责令限期整改网站18个,删除团购网站违法违规信息35条,清理无照提供团购商品和服务的经营者2户;开展猪肉市场、粮棉市场、烟花爆竹市场、旅游市场及"限塑"整治等专项整治;在治理超限超载上,查处案件307起。 (新国琦)

【反垄断与反不正当竞争执法】 围绕治理商业贿赂、打击"傍名牌"、查处不正当竞争案件等职责,开展反不正当竞争执法工作,全年共查处各类案件4343起,收缴罚没款3990.98万元。同时查处供水、供气、供热、通讯、交通、物业等垄断性行业滥用垄断地位强制交易、强制服务等行为,共查处限制竞争案件35起,收缴罚没款302.22万元。 (新国琦)

【直销监督管理】 4月9日与公安机关联合下发《山西省打击传销违法犯罪专项行动方案》,严厉查处"拉人头"传销大要案件,严惩组织者和骨干分子,取缔各类传销窝点,查处传销案件22起,捣毁传销窝点536个,清查遣散传销人员12343人,移送司法机关案件6起,刑事拘留117人,行政拘留32人,劳动教养45人,解救9人。加大网络传销案件的查处力度;加大宣传教育工作力度;开展防止传销进校园活动;推进"无传销城市"的创建活动;加强直销企业的监管,规范市场健康发展。 (新国琦)

【合同监督管理】 责令改正不公平格式条款908项,查处利用格式条款侵害消费者合法权益违法案件1203件,集中向社会公布首批涉及房地产、物业服务、商业零售、旅游公用事业五个领域29种涉嫌违法的不公平格式条款,公布2011年各级工商行政管理机关查处的格式合同违法典型案例9件。10月11日,成立山西省合同格式条款评审专家委员会;与金融机构信息互通,向金融机构推荐信用企业,全系统办理动产抵押登记1417件,帮扶企业融资金额30亿元,受理拍卖备案登记426件,帮扶企业融资金额9.3亿元,通过信用为企业融资6.7亿元。在打击合同欺诈上,查处案件1203起;以特色农产品或当地主要经济作物等作为合同帮扶的切入点,针对性地制订帮扶措施,制定、推广涉农合同示范文本全系统指导涉农企业与50万余农户签订合同达40余万份,金额达60余亿元;全系统接受合同咨询5930人次,调解合同争议182起,推行合同示范文本2万余份,发放宣传资料6.2万份,检查指导企业6111个,检查合同2.8万份;省局制订发布《山西省商品代销合同》《山西省商品购销合同》《山西省汽车租赁合同》示范文本。 (新国琦)

·信用山西建设·

【信用法规体系的建立与完善】 编制印刷《山西省社会信用体系建设"十二五"规划》;起草《山西省委、省政府关于进一步推进信用山西建设的指导意见》;制订出台《山西省工商行政管理系统企业信用监管办法》以及《企业信用监管评价计分标准》;制订《山西省工商行政处罚法律法规字典库》。 (新国琦)

【"守合同重信用"活动】 在企业中开展"守合同重信用"企业认定公示活动,3月和12月分别认定公示2010、2011年度省级"守合同重信用"企业140家和128家。11月,与省新闻出版局共同认定公示山西省2010~2011年度"优质双效、守合同重信用"印刷企业51家。10月举办国家级"守合同重信用"企业信用标准体系软件业务培训会。8月17日,省工商局参加北京举行的"中国诚信法治保障论

坛”，介绍《发挥信用山西建设牵头作用，推进企业信用分类监管》事例，并被评为“全国诚信建设制度创新优秀事例”。（新国琦）

【市场监管和社会管理】 完成工程建设领域和中介组织机构的信用体系建设任务，发布项目信息40万条，信用信息159万条；发布7712户中介组织及其2.1万人从业人员的信用信息。（新国琦）

·队伍建设·

【干部队伍培训】 3月23~29日，举办两期“非公党建指导员培训”，培训非公有制党建指导员700余人；7月，在山西省委党校举办“山西省非公经济组织党组织书记及党建指导员培训”；5月和9月，分别在清华大学、哈尔滨工业大学举办自主选学培训班；组织总局行政学院网络培训、省委组织部“干部在线学院”学习。（新国琦）

【惩防体系建设】 成立开展整治吃拿卡要专项整治领导组，制订印发《关于严肃工作纪律整治“吃拿卡要”问题创优发展环境的实施方案》；召开全省工商系统视频会议，汇编学习手册，从梳理职权、排查风险点、制订工作方案等着手，全面推进风险点防范管理工作。全年组织开展民主评议政风行风听证对话会、问卷调查、明察暗访、先后四次参加山西广电总台综合新闻广播“政风行风热线”节目，共接听群众投诉咨询26条；成立执法督察机构、开通电子监察系统、建立“12315”受理举报平台、安装绩效评价系统、设立效能监督岗位、聘请廉政监督员、开设网络举报信箱公布举报电话。出台《山西省工商系统公务用车问题专项治理工作实施方案》。（新国琦）

【部署集中组建】 3月26日，省工商局召开实施非公有制经济组织党组织集中组建计划动员会暨党建工作指导员培训会；4月16日，全省非公有制经济组织党组织集中组建工作现场推进会在左权县召开。5月11日，全省市辖区非公有制经济组织党组织集中组建工作现场（吕梁离石）推进会召开。7月28日，全省非公有制经济组织党组织书记及党建工作指导员培训班开班仪式在省委党校举办。在省委组织部的指导下，选派万名工商干部进企业，以联合组建方式、质量控制措施、“两个同步”机制实现党组织的有形覆盖和有效覆盖，新组建党组织9697个，全省非公有制经济党组织达14189个。（新国琦）

物价管理

【2012年价格走势】 2012年，山西省CPI上涨2.5%，涨幅低于全国平均水平0.1个百分点，在全国各省、市、自治区居22位。（祁治荣 马润卯）

·宏观调控·

【价格监测】 提高价格监测工作的前瞻性、准确性和有效性，通过两加强、两提高，即“加强重要的基本的商品和服务价格监测、加强应急监测，提高监测水平、提高监测效率”，汇集价格监测数据24万多条，向省委、省政府报送信息和调研报告700多篇，其中30多篇被采用，为领导决策提供依据。（祁治荣 马润卯）

【监督管理】 元旦、春节、中秋、国庆等节假日期间，市场相对活跃，是居民消费出行高峰，也是价格异常波动的易发多发期。及时对市场价格监管、稳定节日市场价格做出安排，同时省、市、县各级物价部门开展节日市场价格监测、巡查，依法查处趁节日之机乱涨价、乱收费等价格违法行为，维护市场正常的价格秩序，保障节假日市场价格的稳定。根据省政府领导在国家发改委等四部委发改电〔2012〕167号《关于食用油保供稳价工作的通知》上的批示，召集有关部门研究相关措施，将节假日期间稳价措施上报省政府，省人民政府随即印发晋政办发电〔2012〕140号《关于做好当前粮油市场供应和稳定价格工作的通知》，对保障中秋、国庆期间的市场价格稳定发挥作用。（祁治荣 马润卯）

【低收入群体保障】 1月份CPI上涨幅度达到联动机制启动条件，及时上报省人民政府启动联动机制，安排9126.75万元发放保障对象价格补贴，自联动机制建立以来，累计发放13个月保障对象价格补贴，总计约13个亿。（祁治荣 马润卯）

【平价商店建设】 发挥价格工作职能作用，推进平价商店建设。一是成立推进平价商店建设领导组，由物价局党组书记、局长李福龙任组长，加强组织领导。二是召开全省平价商店建设晋中现场会，组织全省各市、部分县相关人员实地考察平价商店，交流工作经验，对建设平价商店做动员部署。三是起草并印发《关于推进农副产品平价商店建设管理的指导意见》。（祁治荣 马润卯）

【“绿色通道”制度】 山西省开通鲜活农产品运输“绿色通道”以来，共有921万辆次鲜活农产品运输车辆享受“绿色通道”优惠政策，累计免收车辆通行费15.9亿元。（祁治荣 马润卯）

【重要商品价格调控机制】 一是完善价格调节基金征收运用管理制度，制订印发《关于依法完善价格调节基金管理进一步增强价格调控监管能力的通知》，严格征收管理，加大征管力度。二是完善生猪价格调控机制。根据国家发改委等六部委《缓解生猪市场价格周期性波动调控预案》，结合山西省实际，修订《山西省缓解生猪市场价格周期性波动调控预案实施细则》。（祁治荣 马润卯）

·价格改革·

【居民生活用电阶梯电价制度】 按照《国家发展改革委关于印发居民生活用电试行阶梯电价的指导意见的通知》（发改价格〔2011〕2617号），考虑到山西省经济社会发展情况和社会承受能力，同时与周边省份相衔接，制订山西省居民阶梯电价实施方案，并于7月1日实施。调查数据显示，实施居民用电阶梯电价后，7~10月全省居民生活用电量40.59亿千瓦时，同比增幅11.97%，与上半年相比增速下降4.53个百分点。

（祁治荣　马润卯）

【水价改革】 山西省人均占有水资源量仅为全国平均水平的1/5、全世界平均水平的1/25。“五种水价格”课题经过一年多的研究，完成课题报告，并于11月23日在北京通过专家评审。

加大对“差别水价”和“阶梯式水价”的执行力度，通过价格杠杆的调节作用，促进节约用水和水资源可持续利用。（祁治荣　马润卯）

【医疗价格】 制订印发《关于推进县级公立医院医药价格改革的指导意见》。取消药品加成，县级公立医疗机构减收或亏损由财政补偿60%，价格补偿40%。明确价格调整的原则和比例，诊查费、治疗费、手术费、护理费提价幅度不超过13%；床位费提价幅度不超过30%；降低检查费、检验费，降低幅度不低于10%。山西省34个试点县的医药价格改革工作已按照部署要求全部完成。

（祁治荣　马润卯）

·绿色生态建设价格改革·

【差别电价实施】 对电解铝、铁合金、电石、烧碱、水泥等“两高一资”企业实行差别电价政策，将限制类企业电价加价标准由每千瓦时0.05元提高到0.10元，淘汰类企业电价加价标准由每千瓦时0.20元提高到0.30元。累计执行差别电价的高耗能企业1259家，促进其中856家企业关停、转产、关小上大或技术改造。

（祁治荣　马润卯）

【排污权交易】 为促进污染减排，实现在总量控制条件下环境资源配置的最优化，结合山西省实际情况，在全国率先制定氨氮等四项污染物排污权交易基准价。排污权交易基准价实行政府指导价，按照“排污权交易价格不得低于交易基准价”的原则，采取“一次性补偿”的办法，制定和调整氨氮等四种污染物排污权基准价格。这项措施将促进关小上大，有效抑制低水平、高耗能、低效率的盲目发展行为。二氧化硫、化学需氧量、氨氮、氮氧化物、烟尘和工业粉尘排污权交易基准价为17000元/吨、29000元/吨、30000元/吨、18000元/吨、5000元/吨和4900元/吨。截至9月底，参与交易的企业有135户，交易金额4169.983万元。

（祁治荣　马润卯）

【脱硝试点】 为使山西省的环境质量好转，在全国率先实施脱硝试点，脱硝加价由原来的每千瓦时加价0.6分钱，调整到0.8分钱，累计实施脱硝装机容量达270万千瓦。

（祁治荣　马润卯）

【脱硫工作】 开展燃煤电厂脱硫加价政策，对燃煤电厂实行每千瓦时1.5分钱的脱硫加价，并严格实行动态管理，依据环保部门的定期监测，对擅自停运脱硫设施，或开机不足的要扣减脱硫加价。累计执行脱硫的装机容量3262.6万千瓦，累计脱硫达246.7万吨。（祁治荣　马润卯）

【新型标杆项目发展】 标杆项目享受同行业最优惠的电价。标杆项目可享受大工业电价。标杆项目中的服务业电价享受与工业同价的优惠。用差别电价专项收入对标杆项目中的大工业实施电费补贴，即按照大工业电度电价标准补贴20%。

（祁治荣　马润卯）

·清费治乱和同价工作·

【行政事业收费清理】 取消行政事业收费12项，降低部分检测收费标准，减轻企业负担约为5亿元。

暂免征收小微企业行政事业收费，涉及13个部门26项收费，减轻小微企业负担4697万元。

暂缓征收焦炭生产企业排污费，按2009年7月至2012年底测算，减轻焦化行业负担约31亿元；暂缓征收外运出省焦炭运销服务费至2012年年底，减轻焦炭企业负担约1亿元。（祁治荣　马润卯）

【经营服务性收费标准规范和降低】 取消山西省对运营车辆收取的汽车二级维护检测收费和综合性能检测收费，每年减轻企业和车主负担约2亿多元。规范和降低山西省产权交易市场服务收费标准。部分项目降低幅度20%~50%，同时规范市场网站挂牌公告费、项目策划费、项目推介服务费标准，每年减轻企业负担约200多万元。（祁治荣　马润卯）

【同价政策】 按照《国务院关于加快发展服务业的若干意见》，支持服务业发展，实施城市燃气企业营业用气与工业用气同价措施。同价的原则是：现行营业用气价格高于工业用气的按照工业用气价格执行，低于工业用气价格的仍按现行标准执行。

根据《国家发改委、住房城乡建设部关于做好城市供水价格管理工作有关问题的通知》要求，为理顺山西省水价结构，简化用水分类，下发《关于对我省设区市城市自来水非居民用水实行同价的通知》，将工业用水、经营服务业用水和行政事业用水统一合并为非居民用水，合并后执行统一的价格标准。居民生活用水和特种行业用水价格，仍按现行标准执行，合并后的非居民用水价格标准按照价格管理权限，将作适当调整。（祁治荣　马润卯）

·民生价格监管·

【药品价格管理】 一是规范药品定价行为，对政府制定的药品价格进行全面清理，严格定价目录管理，维护药品价格秩序。二是全面实行药品价格公示制度，加大监管力度，对列入价格管理目录的5000多个品种规格的药品价格进行公示。三是降低部分药品价格，调整消化类药品价格，共涉及53个品种，400多个剂型规格，平均降幅约17%，其中高价药品平均降幅约22%,预计每年可减轻群众负担近亿元。调整部分抗肿瘤、免疫和血液类等药品最高零售价格,涉及95个品种、200多个代表剂型规格,平均降价17%。 (祁治荣 马润卯)

【教育收费监管】 规范各类教育收费、代收费行为;严格中小学教材价格管理,严格审批程序,经过审批教辅材料价格,在网站上予以公布,方便社会监督;实行中等职业学校教育免收学费政策,从2012年秋季学期起,全省职业高中(含职业中专)、普通中专和技工学校全日制学历教育学生全部免学费。(祁治荣 马润卯)

【保障性住房价格管理】 制订印发《关于加强和完善保障性住房价格管理的通知》。明确经济适用房、限价商品住房价格和公共租赁住房租金的管理权限。

1. 完善经济适用住房价格管理。规定中央驻晋、省属国有企事业单位集资合作建房销售价格报省物价局制定;政府直接组织建设的经济适用住房不计利润,按成本加规定税金制定销售价格;单位集资合作建房不计管理费和利润,税金按有关规定执行。

2. 规范限价商品住房价格管理。限价商品住房销售价格一般应掌握在周边市场或同地段、同品质普通商品住房市场销售价格的70%~80%之间。限价商品住房销售价格为销售基准价格的最高限价,不得上浮。

3.加强公共租赁住房租金管理。公共租赁住房租金标准实行政府定价,由市、县价格主管部门综合考虑住房市场租金水平和供应对象的支付能力,以保证正常运营和维修管理为原则,按照不同地段、不同房屋类别等因素合理确定。要低于普通商品住房租金一定比例,原则应掌握在同一时期、同地段、同品质普通商品住房市场租金标准的50%~70%之间。 (祁治荣 马润卯)

【价格秩序规范】 开展涉农价费、涉车收费、医药价费、大型零售企业明码标价、市场价格、教育收费等专项检查及巡查。全省共查处价格违法案件1729件,查出涉嫌价格违法金额7949.342万元,实施经济制裁6988.733万元。其中退还用户1271.51万元,上缴财政5717.223万元。受理各种投诉举报20550件,办结率99.582%。查处举报价格违法案件861件,退还用户409.781万元。

(祁治荣 马润卯)

【物价基础工作】《山西省涉案财物价格鉴证管理条例》列入全省2013年立法项目。价格听证工作依法开展,成本调查和监审工作有序开展。成本监审涉及10多个行业60多个项目,出具43项监审报告,核减不合理成本费用123亿元;价格认证工作取得新进展。受理各类认证鉴证项目120多件,总额3.62亿元。

(祁治荣 马润卯)

质量管理

【制度创新】 省质监局落实《质量违法行为有奖举报办法》;大同市质监局实行监察、检验、执法"三位一体"特种设备安全工作机制,长治市质监局认证监管"六项制度",晋中市质监局督促企业落实主体责任"六字工作法",吕梁市质监局在食品安全监管上有"六定三公示""三定四有""两方八级"和"三级四项",太原高新区局执行特种设备安全黑名单、重大危险源监控,晋中市质监局编制5个风险管理和控制指导手册,阳泉市质监局"特种设备安全电子动态执法监管系统"开发应用。开展质量月、食品安全宣传周、世界计量日、国际认可日、安全生产月等活动。在食品安全方面,省质监局建立食品监管人员和食品生产企业人员定期培训制度,在全省推广晋中市质监局网络化监管模式,代省政府起草的《山西省食品生产加工小作坊和食品摊贩监督管理办法》已由省人大常委会审议通过,颁布实施。在特种设备安全方面,完善全省统一的企业安全承诺制、安全约谈制、安全例会制等10余项规章制度。全年省质监局召开4次安全例会,全省质监系统共约谈企业负责人396人次,培训作业人员141745人次,组织应急演练476次,签订责任书509份。在"两节"和十八大期间,以"特殊时段采取特殊举措"为总体思路,从"两节"开始至十八大闭幕,全省质监系统各级领导干部和相关监管人员取消节假日和双休日,坚守工作一线,对"两个安全"督查督导、现场值守;采取"省局领导包市、市局领导包县、县局领导包点"的措施,坚持行政与技术督查相结合,将"两个安全"监管对象全部纳入包片责任范围,采取集中约谈、严治隐患、责任前移、短信提示等14项举措,确保重要时段"两个安全"。 (郝建玉 李 昆)

【质量立省】 宣传《质量发展纲要》,共印发《纲要》单行本、宣传册等宣传资料3000余本;开展"全国知名品牌示范区"创建申报活动,帮助汾阳白酒集中产区、祁县玻璃器皿产业集中发展、大同云冈旅游示范区等单位申报创建,大同云冈旅游示范区成功获批;帮助太原市、襄垣县、长治县等市县申报"全国质量强市示范城市";太原、晋中开展"政府质量奖"评审活动;长治对申报2012年山西省名牌产品的88个产品进行专家评审和市场评价;组织太钢、太重、南风化工等骨干企业参与品牌价值评价;太原经济区局协调管委会对质量管理先进单位和个人进行表彰,奖励金额达100余万元。研究建立重点企业动态质量信用档案和重点产品质量数据库,评选2012年全省质量信誉企业210家,山西省AAA级质量信誉企业12户,AA级质量信誉企业70户,A级企业128户。开展电线电缆、车用汽柴油等9类重点产品质量提升行动,规范重点行业发展。组织803人参加山西省质量工程师考试,99人参加设备监理师考试,256人参加继续教育。联合多家媒体推出"转型跨越质量行"系列采访报道活动。

(郝建玉 李 昆)

【标准化战略】 加强节能减排、循环经济评价、特色农业、高速公路建设

7月12日,省委书记袁纯清在晋中市调研质监工作 (郝建玉提供)

和旅游业5个重点领域标准体系建设,主动向103个省直单位征集、确定133个地方标准制修订项目,全年共审定发布57项地方标准,其中产品的能耗限额标准8项、循环经济评价标准4项,制修订转化企业标准2146项。完成16个国家级和30个省级农业标准化示范区年度建设任务,与省发改委共同对4个国家级循环经济标准化试点城市建设进行中期评估督导,晋中市旅游服务标准化试点项目通过国标委中期验收。省标准化院获全国物品编码工作先进集体、全国代码工作二等奖。

(郝建玉　李　昆)

【计量工作】 起草《山西省用能单位能源计量评定》地方标准,与12个省直部门联合印发《千家企业节能低碳行动方案》;开展能源计量服务活动和专项监管检查,规范和促进全省白酒行业节能减排,组织多家企业开展“能效对标计量诊断”活动,省质监局荣获全省节能减排先进集体。推进“诚信计量、和谐城乡”行动,开展加油机、电子计价器、热量表计量等民生领域计量器具专项监督检查,共检查加油机9403台件,合格率98.9%;检查在用热量表49258台,首次检定数35566台;检查在用电子计价秤11599台件;查处各类计量违法案件78件。完成定量包装商品净含量、商品包装国家计量监督专项抽查工作,民生计量环境不断改善。加强治超用衡器的周期检定和动态监管,开展公路在用汽车衡专项检查,省质监局被表彰为全省治超工作“工人先锋号”。参加国家质检总局组织的全国计量知识竞赛,取得优异成绩;组织全省计量技能技术比武,组织各类计量考评员换证培训考核256人次。

(郝建玉　李　昆)

【认证认可监管】 推进有机产品认证示范区创建,长治沁县获批第二批“国家有机产品认证示范区”。推广建立“五定四查三监管”的联合监管模式和“一网三联”执法监管系统,加强3C产品认证监管,推广长治、临汾市质监局联合监管模式经验,开展强制性认证产品质量安全专项整治监督抽查和涉及食品和环境空气的7个参数能力验证活动;全面规范机动车安检机构的检验行为;开展食品检验机构资质认定评审,为45家食品机构换发新的食品检验机构资质认定证书。联合山西出入境检验检疫局和《山西经济日报》开展“世界认可日”专题宣传和实验室开放日活动。

(郝建玉　李　昆)

【执法监管】 以食品、农资、建材、汽配、化妆品为重点,开展“质监利剑行动”“双打”专项行动和20余项专项整治,全系统共出动执法人员12.3万人次,查处各类违法案件2800余起。加强对食品、农资、建材、日用消费品等产品的质量监督抽查,累计抽查41类6375批次产品,总体合格率为91.17%,其中山西产品的合格率为95%;对全省12564个企业生产销售的14632批次的产(商)品进行定期监督检查,合格率为96.5%。加大监督抽查后处理力度,对563家不合格企业进行惩处,先后通过新闻媒体发布监督抽查通报29期和消费警示1期,向省内外质监部门发出不合格产品处理通知单64份,约谈不合格产品生产企业负责人25人次,吊销食品生产许可证1张。在全省范围内开展电线电缆、电力变压器、车用油品、自镇流荧光灯、节水器材、建材、农资、儿童用品、眼镜等9类重点产品质量提升行动;通过监督抽查,对化肥、农药、农膜、小型潜水泵、钢筋、水泥、电线电缆、工业气体、建筑扣件、粗苯、煤焦油、食品包装袋(膜)、棉被等13种产品进行风险排查。

(郝建玉　李　昆)

【舆情应对】 针对媒体曝出的“可口可乐(山西)饮料有限公司部分饮料疑混入含氯消毒液并上市销售”的消息,省质监局采取现场检查、封存产品、抽样检验、专家会商、召开情况通报会、挽回不实报道影响、回应媒体质疑、派驻调查组、依法做出严肃处理等措施,澄清事实真相。在7月份国家质检总局在太原召开的全国质量安全风险排查整治工作座谈会上,作经验交流发言。(郝建玉　李　昆)

【基础能力建设】 申请筹建的国家不锈钢及其制品、祁县玻璃器皿和阳泉耐火材料3个质检中心获得国家质检总局批准;省质监局“质监综合检验检测中心”正在筹建;国家煤矿安全计量器具产品质检中心完成基本建设,具备运行条件;晋城煤层气和晋中纺织机械2个国家级质检中心建设正在有序推进;新批准设立混凝土外加剂和红枣及加工产品2个省级质检中心正在筹建。争取各方对检验检测工作的支持,获得土地支持269亩、资金支持近2亿元。省质监局成立能力建设专家组对8个省机构和21个市所的能力建设情况进行验收考核,达标率100%,各市质

监局对所辖县所进行验收考核，达标率89%，完成2012年的能力建设目标任务。（郝建玉　李　昆）

【科技兴检】 申报国家和省级科技计划项目31项，省计量院承担的1项国家质检总局科技项目和2项省级科研项目达到国际领先水平，1项省级科研项目达到国际先进水平；组织专家对晋中纺机、长治新能源、晋城煤层气、阳泉耐火材料和太原不锈钢等5个国家质检中心进行论证；对省、市、县三级机构的实验室、食品设备、人员等基本情况进行普查，建立基本资料信息库。争取实验室仪器设备投入，编制《"提升食品质量安全检（监）测能力专项(2010—2015年)"2012年度检测装备项目计划》；5个技术装备项目通过国家质检总局评审立项；省计量院与国家计量院结对并被列为"西部地区科技结对帮扶项目"被帮扶单位。（郝建玉　李　昆）

【食品和特种设备安全监管】 围绕国务院《关于加强食品安全工作的决定》，制订8个方面28条具体措施。推广晋中市食品安全监管责任监督的成功经验，在全系统建立全覆盖、无缝隙的网络化监管网络。安排太原市质监局试点研究小作坊监管具体措施，探索建立小作坊监管机制。累计发放各类食品生产许可证867张，注销269张。推进乳制品、肉制品等6类重点产品综合治理以及非法添加和滥用食品添加剂严打行动，开展非法使用工业明胶加工食品彻查严打行动。安排200万元专项经费，重点选择22类37种食品的6大类指标62个风险因素进行风险监测，其中白酒、食醋等重点产品覆盖率达到100%。在特种设备安全监察中，通过"四个转变"、集中开展全省特种设备普查、编制标准化检查指导书，推行安全例会、约谈法人、企业承诺等制度措施，提高监管能力。开展打非治违、小型立式锅炉安全隐患大清查、气瓶充装站和检验站整顿治理、法兰元件质量提升、学校在用特种设备检查等10余项专项整治行动和两轮特种设备百日安全大检查活动，致函29个相关部门共同参与，开展执法检查11213次，责令整改各类问题35896个。（郝建玉　李　昆）

【打假治劣】 开展打击侵犯知识产权和制售假冒伪劣商品专项行动，开展以酒类、农资、建材、汽车配件和化妆品为重点的五个"质监利剑行动"，全年共查获假劣产品货值7800余万元，捣毁制假售假窝点114个，移送公安机关案件4起。按时、按要求完成国家质检总局督办案件1起、转办案件9起。加大食品生产违法违规行动的查处力度，联合省直八个部门下发《2012年联合打击假冒侵权酒类产品专项集中行动方案》，把吕梁、晋中、太原三地作为重点地区，严厉查处制售假劣白酒和严厉打击生产加工非法添加和滥用食品添加剂违法行为。在春季、秋季开展农资打假集中行动，以复混肥、农药、农膜等产品为重点，以有效含量不足、虚假标注、以次充好、无证生产等违法行为为重点打击对象，保障春耕和秋收工作。会同省直九个部门联合下发《关于印发2012年建材市场秩序专项整治工作重点的通知》，重点突出瘦身钢材、无证水泥、劣质电线电缆和油漆、涂料、乳胶等问题比较多的产品，加强对保障性住房、大西高铁、高速公路等重点工程建设用建材质量的执法监管。以刹车片、安全玻璃等涉及安全的产品为重点，抓好汽配打假有关工作。重点对美白、祛斑、防晒和婴幼儿化妆品开展执法检查，打击无证生产、标实不符、限量物质超标及添加行为。开展党务公开工作，引深廉政文化进机关活动，组织党员干部观看反贪廉政警示教育片、电影，全年共编发廉政短信1500余条。执行中央和省委关于领导干部廉洁从政的规定，对干部严格管理、严格教育、严格监督，制订《2012年全省质监系统党风廉政建设和反腐败工作要点》《2012年全省质监系统党风廉政建设和反腐败工作任务分解意见》和《2012年全省质监系统党风廉政建设目标责任书》，省质监领导班子其他成员按照职责分工分别与15个直属单位签订责任书，明确责任分工，落实"一岗双责"制。在发挥全系统各级各单位原有举报途径的基础上，畅通投诉举报渠道，在省质监局门户网站上开设局长邮箱和行风监督栏目，将省局机关、11个市局、2个直属局和15个直属单位的举报电话和举报邮箱向全社会进行公示。开展质量安全风险排查整治和道德领域突出问题专项教育治理活动，全程监督处级干部选拔任用和事业单位工作人员公开招聘工作，推广运行国家质检总局

2月17日，国家质检总局副局长刘平均一行在山西调研
（郝建玉提供）

3 月 18 日,省质监系统召开庆祝建党 91 周年暨创先争优表彰大会

(郝建玉提供)

"金质工程"行政许可审批管理系统软件,全面对接省监察厅电子监察系统。全年全省质监系统没有党员干部违法违规方面的情况。

(郝建玉　李　昆)

【党建工作】 1. 推进学习型党组织建设。在全省质监系统开展中国特色社会主义理论体系和社会主义核心价值体系学习教育,组织学习讨论《人民日报》评论员文章,以"深厚读书氛围、提升能力素质"为主题,开展"党员干部读书月"活动,在全系统组织开展质监大讲堂活动。参加国家质检总局组织的"质检文化建设征文"活动,省质监局机关获"优秀组织奖"。根据理论中心组学习计划,学习党的十七届六中全会精神、胡锦涛"7·23"讲话和保持党的纯洁性教育活动主要内容,全年共组织集中学习 8 次,收看廉政教育和党委中心组学习专题报告光盘 4 次,聘请专家作保持党的纯洁性专题讲座,邀请全国著名劳模申纪兰作保持党的纯洁性教育先进事迹报告会;召开专题领导班子民主生活会,组织党员干部参加太原市支部旧址纪念馆、牛驼寨革命烈士陵园和省直工委组织的《光辉的历程——山西省档案馆馆藏革命历史档案珍品展》。参与国家质检总局举办的"党旗下的质检人"图片征集活动和省直工委举办的"保持党的先进性和纯洁性经验交流会"图片展。

2. 加强党员队伍建设。根据"基层组织建设年"有关要求,选举新一届党支部委员。召开纪念建党 91 周年暨创先争优表彰大会,对系统 41 个先进基层党组织、56 名优秀党务工作者和 270 名优秀共产党员进行表彰;继续引深"为民服务、创先争优"活动和"三晋先锋在行动"主题实践活动,在全系统开展"党员示范岗""文明单位""文明窗口"挂牌示范活动;开展党员干部送温暖、送帮助、学雷锋志愿服务进社区、进企业活动,在元旦、春节和"七一"等重要节日期间,开展走访慰问生活困难党员、老党员和老干部活动。

3. 注重作风建设和反腐倡廉建设。开展"整治吃拿卡要问题创优发展环境"专项整治,研究制定 30 余条具体整改措施和 3 项制度规范;以"正风肃纪、创优环境"专项治理为重点,加强作风建设,在全系统开展"纪律教育月";推进政风行风评议工作,向社会作出公开承诺,听取社会各界意见,参加"政风行风热线",聘请政风行风监督员进行监督,省质监局局长常高才参加政风行风热线 2 次。坚持教育监督、制度监督并重,落实党风廉政建设责任制,加强《廉政准则》学习和贯彻,加强重点岗位、关键环节的监督,建立健全有质监特色的惩治和预防腐败体系。

(郝建玉　李　昆)

审　计

【预算执行审计】 开展对省财政厅、发改委等 18 个部门和 7 项专项资金的审计和审计调查,延伸审计 337 个二、三级预算单位和项目实施单位。省人大常委会对山西省审计厅厅长郝志远所作的《关于 2011 年省本级预算执行和其他财政收支的审计工作报告》给予高度评价。报告在肯定成绩、反映问题的同时,提出加强预算管理,提高财政效能;完善政府投资建设项目管理和监督机制;完善征管机制,促进各项财政资金应征尽征、应收尽收;规范行政机关与所属事业单位的关系;规范财政资金扶持企业特别是民营企业的程序和办法;深化财政改革,优化财政资源配置六个方面的建议,这些建议得到省人民政府主要领导和省人大常委会的肯定。省人民政府对做好审计发现问题的整改工作非常重视,省政府领导作重要批示,并召开各类专题会议研究落实整改工作。11 月 26 日,省人民政府向省人大常委会作整改工作报告。

(宁红伟　郑钰卿)

【财政决算审计】 按照"两年审一次,一次审两年"的审计组织方式,开展对大同、朔州等 8 个市 2010 年度、2011 年度财政决算审计。审计查出违反财政制度金额 162.12 亿元,管理不规范金额 270.79 亿元,可增加财政收入 89.3 亿元,可促进资金拨付到位 5.71 亿元,提出改进财政收支管理、提高资金使用效益等方面的审计建议 25 项。

(宁红伟　郑钰卿)

【民生工程资金审计】 2012 年 2~4 月,全省 977 名审计人员,对除太原市以外的 10 个市、110 个县(区)人民政府及其所属人力资源和社会保障、民政、卫生、财政、残联、社会保险经办机构等部门单位社会保障资金进行审计,并延伸调查 1093 家企业、8 个社区居委会、279 个村(居)委会、161 家医院和 6 家药店。通过审计,摸清社会保障制度建设和运行情况及社会保障资金收入、支出、结余规模和管理情况，揭示社会保障制度运行、政策执行、资金筹集管理使用和业务管理中存在的问题，分析问题形成的原因，提出深化改革、加强管理、保障资金安全和完善社会保障制度等6方面的意见和建议。山西省社保资金审计被审计署授予8个先进集体，4个先进个人奖励。

按照审计署的统一安排，组织全省各级审计机关对山西省45个县(市、区)2006年以来义务教育阶段农村中小学布局调整情况进行专项审计调查。抽查初中271所、小学749所，涉及初中在校生27.66万人、小学在校生32.37万人，调查走访学生及家长27741名。反映农村中小学布局调整过程中出现的执行政策欠规范、教育资源过多向县城学校倾斜、农村家庭教育支出增加负担较重、停办学校校舍资产处置和管理不规范等问题，从体制、机制、制度方面分析原因，提出科学规划、增加投入、完善保障机制、完善配套设施、做好停办学校资产处置利用工作等改进建议。

按照审计署的统一安排，组织全省各级审计机关，采取“上审下”的方式，对全省11个市119个县(区)2012年城镇保障性安居工程进行跟踪审计。延伸审计1239个保障性安居工程项目融资、建设、勘察、设计、施工、监理、质量监督等相关部门单位和企业、238个街道办、613个居委会、10341户家庭。审计涉及的相关单位对所提供的与审计有关的会计资料、电子数据、其他证明资料的真实性和完整性负责，并对此作出书面承诺。山西省审计厅的责任是依法独立实施审计并出具审计报告。

(宁红伟　郑钰卿)

【专项资金审计】 开展对2011年全省煤炭可持续发展基金、国土资源、环保、水利、农业、卫生等7项专项资金征收、管理、使用情况的审计和审计调查。采取“顺着渠道看水流”的方法，使审计覆盖专项资金征收、管理、使用的各个环节。在审计中，关注中央和山西省转变经济发展方式和宏观调控等方面重大政策措施以及各项惠民政策的落实情况，财政资金的支出结构，资金管理使用效益和项目建设情况，揭示和反映征收入库不及时、少征漏征、管理不规范、资金分配拨付不及时、资金使用效率低、建设项目监管不到位、挤占挪用建设项目资金等问题，提出审计建议40多条。

(宁红伟　郑钰卿)

【政府投资建设项目审计】 开展对全省2008年以来开工的40个高速公路建设项目、省属10所高校新校区建设、全省中小学校舍安全工程以及山西省对口支援新疆维吾尔自治区昌吉回族州阜康市和新疆生产建设兵团农六师五家渠市资金和项目等项目跟踪审计和审计调查。纠正招投标、投资控制、土地征用和环境保护等方面问题，核减投资额2866万元。开展工程建设领域突出问题专项治理工作。(宁红伟　郑钰卿)

【金融审计】 开展对晋商银行及其分支机构2010年度、2011年度资产负债损益情况审计，揭示反映信贷资金投向结构不合理，违规融资、投资、担保等方面的问题和风险，加大对金融领域重大违法违规问题和经济犯罪案件线索的查处力度。

(宁红伟　郑钰卿)

【企业审计】 开展对太原重型机械集团有限公司、山西煤炭进出口集团公司、山西杏花村汾酒集团有限责任公司、山西省国新能源发展集团有限公司等5户国有企业2010~2011年度资产负债损益情况审计。一些企业存在资产质量不高、决策不规范、损失浪费以及影响企业科学发展的制度性、体制性等问题。

(宁红伟　郑钰卿)

【外资审计】 开展对国际农发基金、世界粮食计划署山西晋北农业综合开发项目等9项国外贷援款项目公证审计。关注国外贷援款项目建设和资金管理使用情况，并对外资利用绩效开展评估。(宁红伟　郑钰卿)

【机关自身建设】 省厅被省直机关精神文明建设委员会评为“文明单位标兵”，被省委组织部评为“2011年全省干部在线学习先进单位”；加强领导班子建设和干部队伍建设，抓好“一把手”能力提升和年轻干部培养；推行综合处室、事业单位参与审计的创新举措；创新人才储备机制，会同省人社厅建立审计“人才库”，按照审计法规定从中适量聘用符合审计工作需要的专业人员参加审计工作；建立12类90多项制度、办法；制定并严格执行“八不准”审计纪律；实施“双举报箱”、审计组设立廉政监督员制度。建立明察暗访等制度，构筑防控廉政风险机制；加强审计信息化建设，审计工作的技术水平、层次和质量稳步提升；完善厅机关“三级联审、合理制衡”的财务审批制度；加强审计文化建设，改善审计机关干部职工的物质和文化生活；开展干部下乡住村活动，被省下乡办评为“2011年度省直机关定点扶贫先进单位”。

(宁红伟　郑钰卿)

统　计

【统计工作暨党风廉政建设会议】 2月17日在太原召开。部署全省统计系统2012年改革创新安排和党风廉政建设工作。会议要求各级统计部门要以“四大工程建设”为抓手，以“提高统计数据质量”为核心，贯彻落实国家、省委省政府的各项要求，改革创新力度，解放思想，把握大局，立足岗位，做好各项工作，提高统计服务水平。(王立品)

【“企业一套表联网直报系统”和“统计万人进万企”活动】 3月2日，活动启动仪式在太原举行。此次活动全省共有7个组27人分赴各市一线进行具体督查指导，在全省11个市、119个县同步推进此项工作。

(王立品)

【统计综改示范区联席会议】 6月14日，山西省统计局与朔州市政府合作共建统计综改示范区联席会议召开，朔州市委副书记、市长李正印，山西省统计局局长杨文章出席会议。此次活动对全省及朔州市统

计的综合改革发展，为全省及朔州市经济社会发展提供科学合理、规范有序、行之有效的统计监测具有推动意义。（王立品）

【第二届统计青年代表大会】 8月10日在太原召开。来自省、市、县三级统计局的青年代表和青年统计业务能手、统计专家、优秀选手、优秀工作者近300参加会议。省统计局、省人力资源和社会保障厅联合表彰第三届青年统计业务能手大赛成绩优异的40名选手、连续三届获得“青年统计业务能手”的14名同志、三届青年统计业务能手大赛第11位的12名选手、成绩突出的11个组织单位、11名优秀工作者。大会授予23名同志2012年度“统计专家”“统计伯乐”荣誉称号，并授予连续三年评为年度统计专家5名同志“山西省统计专家”称号。（王立品）

【合作协议签署】 11月2日签署。双方从深化合作领域、加强信息沟通、推进基础建设和升级、加强对基层部门的业务指导、加强统计科研合作等五个方面，建立合作关系。国家统计局贸易外经司司长宋跃征、省商务厅厅长孙跃进、省统计局局长杨文章出席签约仪式。（王立品）

【统计青年的中国梦座谈会】 12月11日，山西省统计局召开统计青年的中国梦座谈会，省统计局35岁以下青年干部参加座谈会。青年干部围绕学习十八大精神和总书记习近平参观《复兴之路》展览时重要讲话精神，结合岗位职责、自身实际，畅谈对“中国梦”的认识和体会，并就如何在本职岗位上圆梦进行讨论交流。（王立品）

国家财政监督

【概述】 2012年开展8项专项检查，检查56个单位，查出问题资金530.63亿元，整改落实问题资金5.7亿元；受理审核审批事项1949户次73.36亿元，征收监缴非税收入36.84亿元，开展信息调研14项。（马健琳）

【收入监管】 1. 地方政府性债务检查。对包括省本级在内的7个市县进行检查，发现地方政府性债务管理系统债务少计120.97亿元，多计40.11亿元，查出政府违规出具担保函、承诺函7笔以及其他问题。

2. 税收征管质量检查。对全省国税和地税及其所属的太原、吕梁两市税收政策执行及征管质量进行专项检查，重点关注其审批减、免、缓缴税情况，并对重点纳税户进行延伸检查。

3. 一般增值税退税审核。全年共办理5大行业64户企业的退税申请，审批退付一般增值税5.85亿元。

4. 中央非税收入征收和监缴。全年累计征收36.84亿元，主要包括大中型水库移民后期扶持基金、农网还贷资金、福利彩票公益金、体育彩票公益金、大中型水库库区基金和可再生能源电价附加收入。清缴多年陈欠地方财政的电源基地建设基金和水资源费2.36亿元。（马健琳）

【支出监管】 1. 清理化解农村义务教育债务考核验收。重点抽查太原、大同、运城、临汾、吕梁5个市及其所属的清徐、广灵、灵丘、临猗、芮城、尧都区、洪洞县、孝义市、文水县9县区，发现有问题金额568.33万元，责成当地财政全面整改。

2. 支出日常审核工作。全年开展中央廉租房、棚户区改造、医保、养老以及特定政策补助等6项审核工作，共审核222户41.58亿元，核定上报40.89亿元。对平定等四县将新农合基金转存定期存款问题进行全省通报。

3. 完善成果反馈机制。针对全省城乡居民养老保险审核发现的问题提出5项建议，受到山西省省长、常务副省长、分管副省长的亲笔批示和肯定。（马健琳）

【会计监督】 1. 会计信息质量检查。开展对神华集团所属神华神东煤炭分公司、中国神华煤制油化工有限公司会计信息质量联合检查，发现各类违规违纪问题金额253.98亿元。

2. 组织“回头看”。对大同煤炭集团、山西北方风雷工业集团、山西兰花煤炭实业集团整改落实会计信息质量检查结论和处理决定的情况进行核查，督促各企业落实整改工作，补缴各类税款1889万元。

3. 证券资格会计师事务所日常监管。一方面，规范资料报备工作，掌握其业务开展情况。另一方面，全面约谈驻晋11户证券资格会计师事务所负责人、合伙人及项目经理共24人，了解业务情况和财务管理情况。（马健琳）

【金融监管】 1. 金融企业会计信息质量检查。对中国人寿财产保险股份有限公司山西省分公司2011年度会计信息质量和执行财政法规情况进行检查。检查发现费用科目直接列支工资性津补贴或奖励性支出、多计手续费支出等10类主要问题金额共计415.45万元。

2. 中央行政事业单位预算资产财务检查。对中国银行业监督管理委员会山西监管局2011年、2012年上半年预算、资产、财务情况进行检查，检查发现以租代购取得固定资产、未严格执行项目预算、跨期费用等8类主要问题金额共计1404.16万元。

3. “一行三会”预决算审核。对“一行三会”2011年度决算审核，核减2765.26万元，核定金额86783.63万元，核减预决算6231.52万元；对“一行三会”2013年度预算审核，核减3466.26万元，核定金额96584.54万元。

4. 外国政府贷款项目监督检查。对“山西医科大学第二医院综合住院楼扩建工程”和“晋中市国电榆次热电厂集中供热工程”两个外国政府贷款项目进行检查。检查发现项目实施情况与发改委批复不一致、项目实施进度缓慢、转贷银行未按规定履行相应职责，财政部门未能履行有关职责，督促、检查、监管不及时、不到位等9类主要问题。（马健琳）

【综合财政监管】 1. 组织和制度建设。成立领导机构，整合相关监管业务，确定28户重点监管的中央基层预算单位，并建立沟通联系机制。广泛征求驻晋中央基层预算单位意见，制定综合监管操作规程。

2. 监管基础完善。通过全面收集与重点采集相结合的方式，实现对财政监管事项全覆盖，加快重点监管信息采集和信息库建设。完成预算单位2011年报送数据的分类、汇总及统计分析，建立起监管台账和数据库。

3. 中央基层预算单位综合财政监督检查。对3户驻晋中央基层预算单位进行检查。检查发现基层预算单位存在预算编制不科学，部分项目预算执行进度缓慢，涉及资金3413.54万元，财务管理方面问题涉及资金470.73万元，未按规定出租固定资产及收入未上缴4.66万元问题，银行账户未办理撤销等问题。

4. 国库集中支付、银行账户审批。全年共受理审核国库直接支付13户次，审核金额为5633万元。受理银行账户年检802户、审核15户、备案20户。 (马健琳)

国家审计监督

【概述】 2012年，审计署太原特派员办事处(以下简称太原办)实施审计项目18个，其中13个审计项目按审计署规定时间完成并上报审计报告，其余5个跨年度审计项目正在按计划组织实施。审计(调查)查出的主要问题涉及金额880.44亿元，其中违规金额201.52亿元、管理不规范金额678.72亿元，损失浪费金额2076万元。通过审计挽回损失577万，审计促进整改落实有关问题资金17.2亿元。移送司法、纪检监察机关处理案件3起，涉及人员3人，金额45.07亿元。移送其他部门处理案件12起。全年提交审计报告37篇、审计调查报告3篇，专题报告11篇。编发重要审计情况10期，审计简报69期，工作动态78期，机关党委简报36期，共计193期。其中，被审计署审计要情采用1篇，重要信息要目采用55篇，审计署值班信息采用2篇，专题报告采用4篇，审计简报采用1篇，重要审计信息采用合计63篇。署领导批转函采用4篇，信息转送函采用30篇，审计工作通讯采用4篇，9个典型审计案例被审计署综合报告采用。 (郎少萍)

【财政审计】 实施山西省县级政府性资金专项审计调查和2012年地方财政收支审计项目。审计查出主要问题金额36.51亿元，其中违规金额5.24亿元，管理不规范金额31.27亿元。向有关部门移送案件1起，移送处理金额35695万元。落实有关问题资金13454万元。审计发现乡镇综合文化站使用率低，个别县级政府出台招商引资政策变相返还财政收入，县级财政部门预算改革和国库管理制度改革进展不够理想，地方财政超收收入管理应规范等问题。8个典型案例被审计署综合报告采用。(郎少萍)

【金融审计】 实施人民银行太原中心支行2011年度财务收支审计、山西银监局2011年度预算执行和其他财政收支以及决算(草案)审计、中国农业发展银行山西省分行基本养老保险基金审计、中国人民银行太原中心支行基本养老保险基金审计，以及内蒙古自治区有关市企业民间借贷情况审计。审计查出主要问题金额6815万元，其中违规金额443万元，管理不规范金额6372万元。问题有：一些地方在预算之外向融资平台公司大量出借财政资金，再贴现业务在个别地市未能较好发挥作用，一些公司或个人非法介入信贷发放等融资业务扰乱正常金融秩序，部分县区农民资金互助合作社蕴藏较大金融风险，一些企业通过虚构注册资金扩大融资规模隐藏较大风险，商业银行采取投资信托受益权模式规避银行合作业务监管等等。 (郎少萍)

【行政事业审计】 实施山西省农村中小学布局调整审计调查项目。审计查出主要问题金额1849万元，其中违规金额1551万元，损失浪费金额130万元，管理不规范金额168万元。查出的重要问题有：已撤并农村中小学校园校舍存在闲置问题，智障残疾儿童就学困难特殊教育有待完善，部分学校资产缺乏有效管理学校面临国有资产的流失，山区贫困县中小学卫生保健设施不足，落实"两免一补"政策不到位，义务教育阶段民办中小学学生负担较重等。 (郎少萍)

【农业与资源环保审计】 实施山西省现代农业生产发展专项资金审计和山西省节能减排专项资金审计项目。审计查出主要问题金额10.34亿元，其中违规金额2.03亿元，管理不规范金额8.31亿元。发现的主要问题有：一些地方农用地膜回收利用率低残留物污染问题凸显，一些地区燃煤

审计人员现场查看保障性安居工程钢筋质量 (郎少萍提供)

审计人员了解常温物流配送中心和农产品、生鲜食品加工情况
(郎少萍提供)

电厂氮氧化物减排政策措施落实不到位,投资项目节能评审质量不高约束作用发挥不明显,排污权交易试点工作进展缓慢排污权交易不活跃,餐厨废弃物资源化利用和无害化处理项目进展缓慢等等。 (郎少萍)

【固定资产投资审计】 实施山西省中小学校舍安全工程资金审计、三峡枢纽工程其他费用竣工决算的审计和2012年南水北调工程审计项目。查出问题金额52.33亿元,其中违规金额885万元,管理不规范金额52.24亿元。问题有:中小学校舍抗震改造措施不到位,地方中小学校舍安全排查和加固工作存在薄弱环节,三峡水库消落区治理有待加强,三峡库区环境及灾害整治取得较大进展,部分隐患和困难尚待解决等问题。审计中发现的两个典型案例被审计署综合报告采用。 (郎少萍)

【社会保障审计】 实施山西省社会保障资金审计、新疆生产建设兵团社会保障资金审计项目。审计查出主要问题金额26.16亿元,其中违规金额3.06亿元,损失浪费金额1872万元,管理不规范金额22.91亿元。查出的主要问题有:部分市县统计上报的保障性安居工程完成情况数据不准确,城市棚户区改造范围界定及运作模式需要规范,一些地方保障性住房建设管理不到位不利于保证房屋建设质量,一些单位大量使用劳务派遣工且未能有效保障其相关权益等问题。 (郎少萍)

【企业审计】 实施2011年铁路建设基金预算执行情况审计。审计查出主要问题金额63.15亿元,其中损失浪费金额73万元,管理不规范金额63.14亿元。在审计中发现铁路建设基金筹措面临较大困难,高速铁路建设外方监理制度执行中存在人员配备不足和信息安全隐患等问题。 (郎少萍)

【经济责任审计】 实施山西省省长经济责任审计、西北工业大学校长经济责任审计、中国农业银行江苏分行经济责任审计和中国建设银行江苏分行经济责任审计等审计项目。审计查出主要问题金额691.08亿元,其中违规金额190.89亿元,管理不规范金额500.19亿元。查出的主要问题有:山西省违规安排煤炭可持续发展基金,煤炭可持续发展基金的安排使用未纳入投资计划管理,EMBA教育管理亟待规范,某集团及关联公司利用虚假资料骗取银行贷款,某公司违规办理银行承兑汇票贴现业务等。关于山西省煤炭工业可持续发展相关经济政策措施贯彻落实情况等专题报告被署领导批转函采用。 (郎少萍)

【信息化建设】 太原办在"数据分析先行"工作思路的指导下,全办上下探索大项目环境下的计算机审计,针对数据分析专业人员少、大项目数据量大等实际,提出搭建"三级数据分析平台"的计算机审计工作思路。一是整合多部门、跨专业数据,搭建特派办三级数据分析平台。按照各审计组提出的需求对数据进行挖掘和关联分析,为各专业审计组提供技术支持;二是根据审计组的业务需求,组建审计组级数据分析平台;三是根据具体需求,针对特定数据,构建审计人员级数据分析平台,完成个性化数据分析。分层次搭建三级数据分析平台,通过数据信息与业务经验的结合,人力资源与设备资源的组合,业务骨干和计算机骨干的整合,以及审计延伸与数据分析时间的合理安排,增强计算机技术对审计工作支撑能力,强化数据分析审计成果的转化率。 (郎少萍)

【队伍建设】 2012年太原办从抓班子入手,一方面加强领导班子思想作风建设,增强政治敏锐性。办党组在安排布置各项工作时执行署党组的决策部署,发挥党组班子的思想引领作用。对确立的工作发展目标,坚持统一思想,坚定意志,坚决执行。班子成员按照分工,围绕工作目标,履行各自职责,按照"积小胜为大胜,善不为而为之"的要求,带领职工做好每一项工作;另一方面改进工作作风。要求班子成员不能只是在办里"听听汇报,看看报告",而要下到工作一线,深入审计现场,实施靠前指挥、巡视检查、现场蹲点轮值等措施,做到点面结合,加强对业务指导的深度。财政审计期间,太原办提出领导巡回检查、蹲点轮值、全过程现场指导,保证主要审计点全过程有领导在场指挥,对重要情况及时组织讨论,进行深入研究,最大限度地提升审计成效。同时太原办开展教育培训工作,提高干部队伍的审计能力。一是开展两次全员培训。两次集中整训总课时

达24天，超出往年近一倍。培训工作突出培训目标明确、课程设置合理、培训重点突出和培训效果明显等四个特点；二是坚持开展岗前培训。对新招录公务员进行近3个月的岗前培训。通过岗前培训，使新招录人员在上岗实习前做好知识储备，适应上岗后的工作；三是分层开展专题培训。根据处级领导干部、处级非领导职务干部及主任科员以下干部三个层次的不同特点，分别举办专题培训班，由特派员亲自授课。（郎少萍）

【党风廉政建设】 太原办推进机关党建和廉政建设，弘扬审计人员核心价值观，开展精神文明创建活动，构建文明和谐机关。经过山西省直文明委的检查验收，太原办连续十三年获得“山西省直文明单位标兵”称号，连续十一年获得“山西省文明和谐单位”称号。一是加强组织建设，为审计工作任务的完成奠定思想和组织基础。完成机关党委和工会换届选举工作，成立青年工作委员会，加强临时党支部建设，使基层组织得到加强；二是推进惩防体系建设，完善廉政风险防控机制。太原办下发《审计署太原特派办开展惩防体系建设2012年度自查工作和落实惩防体系2008—2012年工作规划总结的实施方案》，对反腐倡廉建设各项工作进展情况进行梳理，督促反腐败领导体制和工作机制落实，在总结成功经验和有效做法的同时，发现问题，提出改进措施，提升工作水平；三是抓思想建设，坚定理想信念，弘扬审计人员核心价值观。办党组提出目标要求，从“加强理论武装，坚定理想信念”“突出率先垂范，提高党员队伍素质”和“讲重点抓落实，在组织建设上有实效”三个方面落实纯洁性教育方案。要求党员干部要将学习贯彻党的十八大精神，与审计工作结合，与特派办工作结合，与个人思想实际结合，真正把十八大精神贯彻落实到实际工作中去；四是树立先锋模范，推动创先争优活动常态化。太原办宣传审计人员为事业无私奉献，审计人员家属理解包容的宣传稿《大爱无疆》被《中国审计报》采用，并于头版进行登载。（郎少萍）

安全生产监督管理

【概述】 2012年发生各类安全生产事故9475起，死亡2507人，保持“双下降”的态势；亿元GDP死亡率、工矿商贸10万从业人员死亡率、道路交通万车死亡率比上年分别下降9.61%、13.21%、11.35%，煤炭百万吨死亡率0.091，保持全国领先水平(全国0.374)；连续三年没有发生特别重大事故。山西省安全生产形势持续好转。(1)事故总起数和死亡人数双下降。1~10月份，全省各类事故起数同比减少1843起，下降19.42%；死亡人数减少37人，下降1.91%。(2)较大和重大事故起数和死亡人数双下降。全省一次死亡3人以上事故起数同比下降4.35%；死亡人数下降4.93%。发生一次死亡10人以上事故起数同比下降33.33%；死亡人数下降21.21%。(3)大部分重点行业领域事故起数、死亡人数双下降。1~10月份道路交通发生事故起数、死亡人数同比分别下降12.64%、1.99%；消防火灾发生事故起数、死亡人数同比分别下降27.99%、20%；特种设备发生事故起数、死亡人数同比分别下降33.33%、75%。(4)安全生产考核指标控制较好。1~10月份，各类事故总死亡人数占年度控制指标的73.37%，少于进度控制目标259人，11个市的指标均在进度控制目标内，煤矿百万吨死亡率0.107，低于国家下达的百万吨死亡率控制指标27%。（成　龙）

【安全生产强化】 2012年省政府共召开常务会议、安委会议和电视电话会议13次，专题研究部署安全生产工作。省委副书记、代省长李小鹏履新第二天就深入煤矿对安全生产进行调研。每次事故都在第一时间赶赴一线现场指挥。“12·25”事故现场，李小鹏听取事故调查情况汇报。各级党委政府都建立党政一把手负总责、行政一把手担任安委会主任、其他副职按照分工抓安全的工作体系，把安全生产摆在重要位置。（成　龙）

【全省安全生产工作会议】 3月27日，省政府安委会扩大会议暨全省安全生产工作会议在太原召开。省领导李小鹏出席并讲话。高建民、杜善学、张建欣、任润厚、王一新、张复明等出席。

会议强调，要牢固树立正确的安全生产理念。随着经济社会的发展、生产规模的扩大、从业人员的增加和人类对自然开发利用强度的提高，影响安全生产的因素也随之增加。做好安全生产工作，必须牢固树立发展是第一要务、安全生产也是第一要务，抓经济发展是政绩、抓安全生产也是政绩的理念，坚持“安全第一、预防为主、综合治理”的方针，狠抓安全生产责任和工作的落实。

会议要求，要汲取事故教训，把落实责任作为保障安全的根本，提高事故信息公开透明度，加强和创新社会管理，做好防范安全生产事故引发环境污染事件等工作，坚决遏制类似事故事件的发生。各级各部门要总结经验、汲取教训、坚定信心、再接再厉，进一步强化政府的安全生产监管责任，落实企业的安全生产主体责任，严格事故责任追究，深化煤矿、非煤矿山、水库和尾矿库、交通运输、危险化学品、消防、人员密集场所等重点行业领域专项整治，夯实基层基础工作，切实加大工作力度，抓好安全生产、确保安全生产，推动山西省安全生产形势向根本好转迈进。

（成　龙）

【安全目标责任体系完善】 省政府与11个市政府和省有关部门签订安全目标责任书，各级、各部门把考核指标和工作目标层层分解，落实到基层政府、部门和企业。各级、各部门完善挂牌责任制实施细则，落实挂牌责任人的安全责任。实行五人监管包保制度，实施监管部门、分管领导和具体监管人员监管责任“三落实”制度，强化政府部门安全监管。（成　龙）

【企业主体责任强化】 在重点行业推行企业法定代表人承诺制，在高危行业推行安全责任保险制度。发挥煤矿“六大员”、非煤矿山“五大员”,以及其他企业“三大员”作用,加强现场安全管理。推进标准化建设,截至2012年底,全省273座煤矿生产矿井全部达标,非煤矿山和尾矿库1783家企业达标,达标率81.6%;危险化学品2405家企业达标,生产企业达标率83%;冶金等工贸行业1389家企业达标,规模以上企业达标率80%;建筑施工特级企业全部通过安全认证。

(成　龙)

【安全生产专项整治】 连续第四年开展覆盖20个行业的专项整治,排查各类生产经营单位35万多个,关闭取缔非法窝点3.8万个,投入隐患治理资金70多亿元。2012年的整治工作,分三个阶段,组织集中整治行动和两个“百日安全生产活动”。省安委办派出7个督查组,由各部门副厅(局)长带队,不间断地进行督查。省级行业主管部门进行垂直督导和重点抽查,全省煤矿整治分12个督导组,分别由副厅级领导带队,对全省煤矿逐一排查评估。2012年全省共成立检查组8万多个,检查各类企业40多万个(次),发现和治理隐患72万多条,其中重大隐患303条,落实隐患治理资金7700多万元。(成　龙)

【挂牌责任制】 在重点行业推行企业法定代表人安全生产承诺制,11万家企业签订承诺书,促进企业建立健全安全生产管理机构,完善安全生产制度,落实领导现场带班制度,足额提取安全生产费用,加大从业人员安全培训力度。全省安监部门推行高危行业安全责任保险,发挥责任保险的社会管理辅助功能,建立事故预防机制、行业差别费率和费率浮动杠杆机制。

(成　龙)

【标准化和安全乡村创建】 开展以岗位达标、专业达标和企业达标为内容的安全生产标准化建设。煤矿生产矿井全部达标,对申报一、二级标准化的273座矿井正在验收;非煤矿山和尾矿库856家企业达标,年底达到总数的60%以上;危险化学品2302家企业达标,年底达到总数的80%以上;冶金工贸等行业622家企业达标,年底990家企业达标,达到总数的60%;建筑施工企业在年底前,特级企业全部通过安全认证,建筑工程施工现场全部达到“合格”标准。全省95%的乡村(镇、街道、社区)通过安全乡村基本标准达标验收,有14775个乡村建成“安全乡村”,占全省乡村总数的48.6%。截至2012年底,全省有96%的乡、村通过基本标准达标验收,有7000余个乡村(社区)建成“安全乡村”。

(成　龙)

【打非治违专项行动】 根据国务院安排,各级各部门坚持以联合执法为手段,以打击非法违法采矿为重点,加大巡查、突查、夜查、抽查和督查力度,采取停产整顿、关闭取缔、从重处罚和从严问责的“四个一律”打击治理措施,对非法违法行为进行严肃查处。省政府召开5次专题会议,布置打击非法违法采矿活动,对37个重点县、152个重点乡和589个重点村实施全程跟踪、全程监控、重点打击。专项行动以来,全省共打击非法违法行为96331起,责令停产、停业、停止建设企业3744家,关闭取缔非法违法窝点4786个。

(成　龙)

【事故查处】 各级、各部门完善安全生产目标责任考评办法,实行日报告、周调度、月通报、半年发布、年终考核制度,在全省大考核中坚持安全“一票否决”。查处各类安全生产事故,2012年全省共查处事故93起,追究刑事责任59人,党纪政纪处分413人。对3起社会影响大的较大事故,提高事故调查等级,由省政府组织成立调查组进行调查处理。

(成　龙)

【安全生产培训班】 全年培训高危企业负责人、安全管理人员26283人,特种作业人员37546人,培训“六大员”5000余人,其他从业人员(包括农民工在内)40多万人。

(成　龙)

【重大以上安全事故】 2012年2月25日9时25分,山西省晋城市境内,一辆大客车行驶至国道207成庄村路段时,翻入路右侧深沟内,事故造成15人死亡。

2012年4月13日1时58分,山西省长治市善福煤业有限公司发生透水事故,造成11人死亡。

2012年11月23日19时52分,山西省晋中市寿阳县博大西街喜羊羊火锅店发生液化气泄漏引起的爆炸燃烧事故,造成14人死亡。

(成　龙)

食品药品监督管理

【药品和医疗器械监管】 省食品药品监督管理局抓住重点环节、重点品种,在全省开展药品生产流通领域集中整治和药品安全风险百日大排查。

在药品生产环节,整治原辅料来源不合法、生产投料不规范、工艺要求不严格、检验记录不完整等问题。对全省158家药品生产企业进行现场检查,对77家药品生产企业的181个高风险品种执行新版药典情况、原辅料生产工艺变更情况进行专项检查,完成药品GMP跟踪检查41家,组织检查麻黄碱原料使用企业36家次、化学原料药购进使用情况119家次。

在药品流通环节,整治购进渠道、储存条件、异地设库及票据管理等问题。对78家药品批发企业仓储温湿度实施在线监控,检查基本药物配送企业88家、疫苗经营企业9家,检查互联网药品信息服务网站63家,对11家存在问题的网站实施行政告诫,收回服务资格证1家、关闭1家,对9家违法广告企业警示告诫,对7个违法广告品种实施全省暂停销售的行政强制措施。

针对医疗器械企业质量管理基础薄弱的状况,整治医疗器械生产质量管理体系不落实、购销记录不真实、使用行为不规范等问题。全省共对32家一类医疗器械生产企业生产质量体系建立和运行情况、102家无菌、植入类医疗器械生产企业执行规范情况进行现场检查,检查体外诊断试剂经营企业54家,检查医疗器械生产经营企业11805家次,查处案件

416起,限期整改1157家。

稳妥应对铬超标药用胶囊事件,受到国家食品药品监督管理局和省委、省政府主要领导肯定。山西省年产药用胶囊240亿粒,占全国市场的1/10,严格实施批批检,保证药用胶囊全部符合国家标准。同时,全系统集中力量对流入山西省的问题胶囊及时处置、监督销毁,有效防范和控制问题胶囊对山西省的冲击和影响。(高　翔)

【餐饮服务食品监管】 对重点餐饮单位开展综合整治。以学校食堂、建筑工地食堂、旅游景区餐饮单位、大型餐饮单位为重点整治场所,以肉及肉制品、凉菜、腌制食品、食用油、餐用具、水产品为重点品种,以进货渠道、清洗消毒、加工操作为重点内容开展综合整治。

整治学校食堂餐饮安全。采取检查排队、约谈告诫、停业整顿、公开曝光和上限罚款等监管办法,对全省6232所学校食堂进行检查整顿,责令整改2211家,停业整顿159家,警告1359家,吊销餐饮服务许可证7家。对太原警官职业学院食堂等8家问题比较突出的高校食堂进行公开通报。

破解小餐饮监管难题。采取"全面整顿、重在规范,降低门槛、登记备案,先行试点、逐步推开"的办法,以小餐饮、小饭桌、农家乐为重点对象,开展小餐饮整顿规范。全省对9000余个小餐饮实施登记备案,对30余条小餐饮片区和街道进行集中整治。省政府在长治召开全省餐饮食品安全现场会。(高　翔)

【保健食品和化妆品监管】 省食品药品监督管理局制订实施《保健食品非法添加行为管理办法》《保健食品违法宣传管理办法》和《保健食品委托生产管理办法》,采取全省禁售、强制下架、监管公告、媒体曝光和委托生产登记备案等措施进行专项整治,下架禁售94种保健食品,发布4期监管公告,对32个品种的委托生产行为进行严格规范。省食品药品监督管理局在全国保化监管工作会上作经验介绍,大同市局和省局保化处受到国家食品药品监督管理局三项表彰。

食品药品安全示范县创建取得新进展。新创建闻喜县、孝义市、寿阳县、潞城市、侯马市、右玉县等6个省级药品安全示范县。新创建孝义市、原平市、繁峙县、长治县、曲沃县、闻喜县、介休市、平定县、怀仁县、泽州县等10个省级餐饮安全示范县,新创建省级餐饮安全示范街16条、示范店84家。太原小店区、晋城城区、右玉县、稷山县成为首批国家级餐饮安全示范县。(高　翔)

【监管方式创新】 山西省食品药品监督管理局在全系统推行"网格化监管、格式化检查、痕迹化管理"的"三化"监管模式,全年共出动执法人员527349人次,检查各类单位207990家次,责令整改32077家,停业整顿2055家,捣毁窝点81个。查处各类违法违规案件9692起,罚没款3363万元,同比增长72.9%和114%。国家食品药品监督管理局对山西实施"三化"监管模式给予肯定。2012年12月5日,新华社《国内动态清样》第5444期专题刊载山西的做法和经验。(高　翔)

【推进医药产业发展】 省食品药品监督管理局采取"五个加强"推进措施,即加强外引内联、加强银企合作、加强政策引导、加强责任落实、加强跟踪服务,推动省内一批企业兼并重组,推动国药集团、华润集团、石药集团、扬子江药业等国内优势企业到山西投资合作,有29家制药企业实施资源整合。选择交通银行、民生银行作为战略合作伙伴,引导金融机构把医药产业作为重点投资领域,举办医药产业转型发展企业合作洽谈会、银企合作洽谈会,帮助制药企业落实信贷支持资金17.5亿元。加快山西制药企业认证进程,14家企业30条生产线完成新版GMP认证。2012年12月13日,国家食品药品监督管理局在山西召开现场会,向全国推广该局的做法。(高　翔)

【监管能力建设】 市县两级机构配套改革基本完成,全省累计新增监管机构168个,新增编制1780名。

省局全年拨付市县两级资金7516.95万元,重点加强基层检测检验、快速检测、信息化建设和业务培训等方面的能力建设。

省食品药品检验所完成餐饮和保健食品省级检验认证273个项目,通过国家级项目认证51个,药品评价抽验和药品质量分析两项工作经过国家局考评被评为全国第一。省药品不良反应监测中心获全国不良反

8月14日,山西省政府召开全省食品安全工作现场会

(高　翔提供)

应监测工作先进省级中心。(高　翔)

【党风廉政和队伍建设】 1. 落实党风廉政建设责任制。全系统按照省委要求,集中开展争先创优活动。

2. 坚持执法监督与行政监察同步开展、行政执法与案件评查同步推进。抓住关键岗位,强化监管审批权、监督执法权、资金项目管理权和干部人事权的严格监督,实行监督抽样、技术检验两分离和受理、审评、审批三分离制度。

3. 坚持作风建设与提高效率、便民惠民相结合。省局将原来47项审批事项精简合并为20项,5项审批项目下放市局。省局筹措259万元,为下乡住村扶贫点大宁县东堡村建成提水灌溉工程、人畜饮水工程,改造村卫生所和党员活动室。(高　翔)

电力监督管理

【概述】 2012年,"国家电力监管委员会山西省电力监管专员办公室",(简称山西电监办)。全面完成年度工作任务。被国务院安委会授予电监会系统唯一"2012年全国安全生产月活动先进单位"荣誉称号。被山西省政府评为"2011年度安全生产突出贡献单位",被省直文明办评为2011年度"文明和谐单位",稽查处被省政府评为"山西省减排工作先进集体",第五党支部被省直机关工委评为"优秀基层党组织"。(龙　颖)

【安全监管】 抓好安全隐患排查治理、"安全生产月"、电力安全应急管理等安全监管工作,针对省内煤矿重要用户数量多、分布广的特点,开展确保煤炭企业等重要用户安全供用电专题调研和监管。启动十八大保电隐患排查治理百日行动,在全省范围内建立电力安全信息周报制度和重大隐患信息日报制度,并对全省39家主要发、供、建设企业进行全方位的监督检查,实现十八大保电期间"零伤亡""零事故""零上访"。同时,2012年按照电监会《关于深入开展电力安全生产标准化工作的指导意见》的要求,推进山西省电力安全生产标准化建设,提高防范和处置生产安全事故的能力,提升安全生产管理水平。9月,按照省政府的统一安排部署,就责任落实和责任书内容等方面达成共识,按照电监会的批复,与省政府签订2012年度山西省安全生产工作目标责任书,并于9月7日与九家省级电力集团公司签订2012年山西电力安全生产工作目标责任书。(龙　颖)

【市场准入监管】 2012年许可颁发和变更情况:(1)地方电力有限公司下属13家供电企业供电类电力业务许可证登记事项变更,累计完成11次许可会签程序;(2)新颁发电类许可证20家,豁免小水电企业3家,注销发电许可证2家,许可变更36家。其中,报会资质中心进行复核并取得许可证的企业4家,完成许可事项变更企业1家;(3)新颁发承装(修、试)电力设施许可证28家,许可变更60家,完成许可延续5家,注销5家承装(修、试)电力设施许可证;(4)共颁发电工进网作业许可10517人,续期注册电工6653人。完善电力市场准入机制,突破常规为节能环保风电、水电机组办理相关许可手续,对达到关停时限、长期不运行和不符合许可准入条件的发电机组进行清理,培育合格电力市场主体。开展省内接入地区调度及以上发电企业持证情况专项检查,对发现持证但已关停的机组,与调度机构进行实时确认,督促企业及时交回发电业务许可证并注销;对人员、资产、设备情况发生重大变化的,或企业解散、破产、倒闭、歇业、合并或分立的给予及时注销或要求整改,严格把关市场主体的退出监管。(龙　颖)

【市场建设】 2012年,山西电监办推进大用户直购电工作,主动与省经信委、物价局协调沟通,召开会议研究具体推进事项,鼓励符合国家产业政策的大用户合理有序增加用电,配合价格部门加快输配电价核定与报批,为开展试点工作创造条件。召开专题会议研究百度云计算(阳泉)中心开展大用户直供电事宜,同时推进完成省重点转型项目——山西潞安集团百万吨煤基多联产资源综合利用项目的直接交易试点工作。通过搭建大用户直购电交易平台,大用户直购电工作取得阶段性进展。5~12月,为确保西龙池抽水蓄能电站容量电费公平认购分摊,山西电监办牵头制定西龙池容量电费交易方案。会同省电力公司制定新的西龙池抽水蓄能容量电费市场交易方案,方案坚持平等自愿、公开透明的原则,采用自愿认购与公平分摊相结合的办法,采用市场招标认购形式,通过招标未达到规定额度部分,在未参与竞标的省调发电企业之间公平分摊。方案下发后,发电企业全年应承担的租赁费全部实现自愿认购,共有16家发电企业认购电量20.26亿千瓦时,认购电费1.11亿元。(龙　颖)

【市场运行监管】 为解决山西省购售电合同内容不规范的问题,山西电监办会同省电力公司,组织有关法律发电专家,制订下发山西省水、火、风电分类购售电合同文本,规范合同的具体条款内容。要求2012年的购售电合同按照新的的分类合同文本签订,对于不符合相关条款的合同,不予备案,退回重新修改签订。同时,在启动全省北中部31家供热机组运行方式核定工作的基础上,根据冬季电网调峰需求,结合发电企业所属区域、供热面积、供热方式等因素,组织山西省电力公司、山西电科院等召开供热机组最小运行方式综合论证平衡会,最终确认山西省供热机组的运行方式,基本满足供热期电网的调峰需要,保证冬季供热需求。加强发电机组并网运行监管。推进并网发电企业辅助服务补偿与并网运行管理工作,发电企业累计获得补偿费用22251万元。对山西省电力公司开展发电机组并网运行专项检查,重点检查并网运行管理、辅助服务补偿及两个细则执行情况。(龙　颖)

【行政执法】 山西电监办加大电力稽查力度,严肃处理日常监管中发现的电力企业违法违规行为，维护电力投资者、经营者和使用者的合法权益。“12398”电力投诉举报热线是服务用户的民生通道，是维护电力用户合法权益，保障电力市场公平秩序，体现电力监管权威的沟通纽带。为服务电力用户，建立“12398”热线与“95598”、“96598”电力服务热线的联动机制，要求对涉及“12398”的投诉举报处理实行优先安排、专人督办，提升投诉举报处理效率。2012年，山西“12398”投诉举报热线接收有效信息1561件，群众来信、来访举报31件，直接调查处理173件，发出《事件处理函》24份，约谈电力企业负责人和听取电力企业落实转办督办函件汇报14次，投诉举报办结率100%。经回访，除24件未联系上当事人，其余1537件用户的满意率达98%。10月，山西电监办编制发布《2012年1–9月份“12398”热线投诉举报情况监管报告》，对31件典型案例予以对外发布，并将各地市投诉举报受理情况在山西卫视播报。（龙　颖）

6月1日，由国家电监会组织的全国电力行业“安全生产月”活动赠书仪式在大同塔山220千伏变电站举行（陈晓亮提供）

【节能减排】 落实国家电监会和省政府关于节能减排工作的安排部署，3月，山西电监办印发节能减排实施方案，区分2个层面成立领导协调小组，推进火电机组脱销治理，及时将担负脱销任务机组纳入监管范围，公布脱销设施建设情况考核通报，提出监管意见。此外，山西电监办与省直相关政府部门进行联动工作，在自动在线监测设施建设、减排设施运行维护、联合执法等方面资源共享、开展合作。3~5月，组织对全省火电机组节能减排督查，检查机组共3125.5万千瓦，占全省火电机组的62.5%，并针对检查中发现的未办理排污许可、环保基础工作不扎实、减排措施不力和无环评批复等问题，要求相关企业限期整改，结合专项督查发现的问题，向全省发电企业下发检查情况通报，要求各发电企业对照检查整改。发布2011年山西电力企业节能减排情况督查监管报告。联合环保厅开展电力执法，对全省火电机组脱硝建设进行考核，考核机组53台，占全省火电机组总容量的41.6%。（龙　颖）

【保民生促发展】 2012年，山西电监办在全省范围内开展提高居民用电服务质量监管专项行动，推进人民群众用电满意工程建设。通过采取居民用电服务质量调研摸底、供电企业相关从业人员培训、居民用电“优质服务示范区”创建、无电地区和无电人口专项调查、保障性安居工程电力供应“绿色通道”建设、现场检查等措施，促进供电服务水平和质量提高。并将专项行动和“12398”投诉举报处理工作结合起来，畅通投诉渠道，维护人民群众基本用电权益，交费难、低电压、停电多、故障抢修慢等问题得到解决。开展用户受电工程市场信息与监管系统试点工作。根据电监会有关试点工作的要求，数次对系统进行修改完善，确定主要监管内容并模拟试运行，随后在临汾召开启动培训会。（龙　颖）

经济和信息化

【工业经济运行特点】 1. 工业增长高于全国水平，运行呈现趋稳回升走势。2012年，全省规模以上工业增加值同比增长11.9%，高于全国水平1.9个百分点，低于上年同期6个百分点，全国排名第23。

从运行过程看，全省工业经济运行呈现W运行走势。1~4月份，工业增速连续下滑；5月份出现短暂回升后，6~8月份又呈现持续下滑走势；8月份当月仅增长8.6%，创下自2009年7月份以来38个月的单月最低增长水平；从9月份开始，随着中央和省政府稳增长政策效果的陆续显现，全省工业经济持续回升，增速逐月走高，特别是从11月份开始，增速开始高于上年同期水平运行。从累计增速看，9月份开始全省工业经济呈现筑底企稳回升走势，8月、9月、10月三个月累计增速保持在11.4%，前11月累计增速为11.6%，全年达到11.9%，企稳回升趋势更加明显。

从轻重工业看，全年轻工业增长13.4%，高于全省平均水平1.5个百分点，低于上年同期9.1个百分点；重工业增长11.8%，低于全省平均水平0.1个百分点，较同期回落5.9个百分点。

从企业类型看，全年中央企业增长11.3%，低于全省平均水平0.6个百分点；省属企业增长9.2%，低于全省平均水平2.7个百分点；省属以下企业增长13.7%，高于全省平均水平1.8个百分点。

2011~2012年全国、山西省工业增速示意图

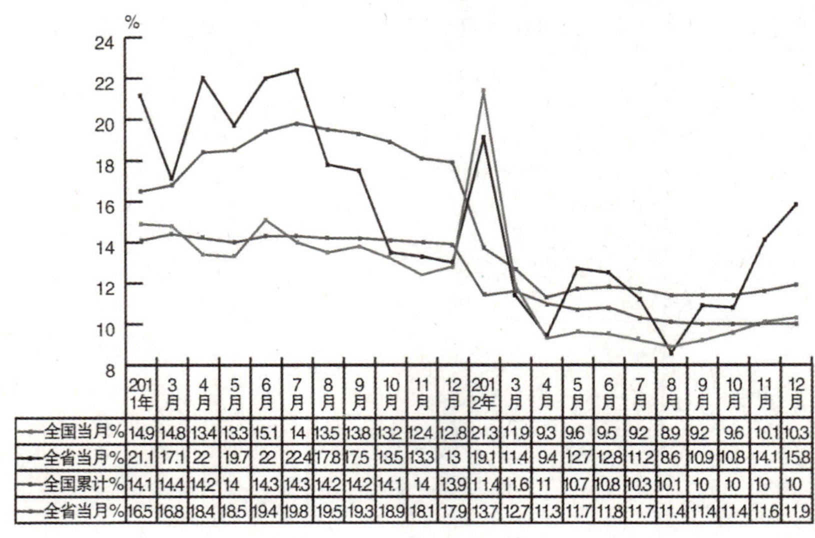

	2011年	3月	4月	5月	6月	7月	8月	9月	10月	11月	12月	2012年	3月	4月	5月	6月	7月	8月	9月	10月	11月	12月
全国当月%	14.9	14.8	13.4	13.3	15.1	14	13.5	13.8	13.2	12.4	12.8	21.3	11.9	9.3	9.6	9.5	9.2	8.9	9.2	9.6	10.1	10.3
全省当月%	21.1	17.1	22	19.7	22	22.4	17.8	17.5	13.5	13.3	13	19.1	11.4	9.4	12.7	12.8	11.2	8.6	10.9	10.8	14.1	15.8
全国累计%	14.1	14.4	14.2	14	14.3	14.3	14.2	14.2	14.1	14	13.9	11.4	11.6	11	10.7	10.8	10.3	10.1	10	10	10	10
全省当月%	16.5	16.8	18.4	18.5	19.4	19.8	19.5	19.3	18.9	18.1	17.9	13.7	12.7	11.3	11.7	11.8	11.7	11.4	11.4	11.4	11.6	11.9

从区域增长看，全省11个地市中，运城工业增速低于全省平均水平5.9个百分点，阳泉工业增速与全省平均水平持平，其他各市工业增速均高于全省平均水平。

2. 主要产品产量保持稳定增长，但增速同比回落。全年煤炭、钢材、粗钢、水泥等主要产品产量分别增长4.7%、11.8%、9.4%、23.9%，但增速同比分别回落13、6.3、6.8、2个百分点，焦炭产量下降3.1%。

3. 市场需求低迷，主导产品价格低位徘徊。2012年，受市场需求低迷影响，主导产品价格持续下滑，从9月中旬开始部分产品价格止跌回升，但回升力度有限，产品价格仍在低位反复波动。与上年同期相比，煤炭、焦炭、钢材价格分别下降22.6%、18.9%和18.5%。

4. 产品销售受阻，产销衔接较差。全省规模以上工业企业实现销售产值同比增长7%，增幅较2011年大幅回落25.4个百分点。产销率为95.2%，同比下降2.5个百分点。

5. 效益持续下滑，企业生产经营困难。全年全省规模以上工业企业实现主营业务收入17788.4亿元，同比增长9.7%(全国增长11.04%)；实现利税1770.7亿元，同比下降18.3%(全国增长7.9%)；实现利润总额806.5亿元，同比下降30%(全国增长5.27%)；销售利润率4.5%，同比回落2.6个百分点，低于全国平均水平1.6个百分点。

分行业看，煤炭行业实现利润

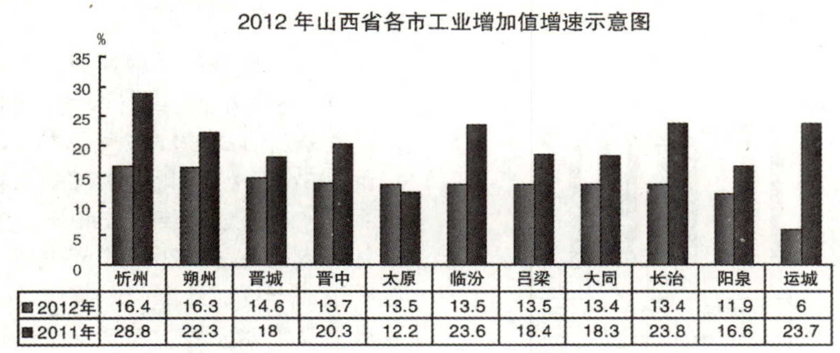

山西省主要工业产品价格表

名　　称	2012 年 11 月	2012 年底	2011 年底	2008 年以来最高价
6.5mm 线材	3280	3340	4100	5832（2008 年 5 月）
不锈钢 304/B 2.0	17977	18200	22100	32720(2008 年 4 月）
二级冶金焦炭	1380	1420	1750	2900（2008 年 8 月）
动力煤（5500 大卡）	635	635	820	850（2011 年 10 月）
主焦煤	1300	1320	1610	1900（2008 年 9 月）
电解铝	15300	15300	16200	19321（2008 年 3 月）
氧化铝	2900	2900	2800	3428（2008 年 5 月）
尿素	1900	1920	2180	2400（2012 年 4 月）

677.5 亿元，占全省利润总额比重 84%，贡献最大；机电行业实现利润 53.2 亿元，占比 6.6%；电力行业实现利润 36.8 亿元，占比 4.6%；冶金行业实现利润 27.8 亿元，占比 3.4%；焦炭行业盈亏相抵净亏损。

亏损企业中，全省 3716 户规模以上企业，1203 户亏损，亏损面为 32.4%(全国为 12%)，亏损企业亏损额 321.2 亿元，同比增亏 52.8%(全国增亏 32.8%)。煤炭和焦炭行业增亏额度较高，亏损额分别达 95.2 亿元和 94 亿元，占全省亏损额比重 29.6%和 29.3%；冶金行业增亏幅度最高，亏损额 53.4 亿元，同比增亏 1.27 倍。

（董晨阳）

【主要生产要素保障情况及特点】 2012 年，受市场需求持续低迷影响，煤电油运气等生产要素供求关系逆转，由供应紧张转为市场供应总体宽松。煤炭产能未能有效发挥，特别是进入下半年，除 9 月份外其余月份煤炭产量均为负增长；电力经过上半年快速增长后，下半年发电、用电增速减缓，个别月份甚至下降，11 月开始缓慢恢复；铁路货运量持续低位增长，成品油销售与同期基本持平，新兴能源煤层气保持稳定增长。全省煤电油运气主要生产要素除天然气在冬季部分地区高峰时段出现一定程度供应紧张外，总体上供求平衡，相对宽松。

煤炭产量增速同比回落。2012 年，全省煤炭产量 91333 万吨，增长 4.7%，较上年同期回落 13 个百分点。

发电、用电增速减缓。2012 年，全省装机容量 5455 万千瓦，较上年增加 246 万千瓦，增长 4.7%。全年发电设备利用小时累计 4778 小时，同比减少 280 小时。

2012 年，全省发电量 2535 亿千瓦小时，增长 8.1%，增速同比回落 0.9 个百分点，全社会用电量 1765.8 亿千瓦小时，增长 7%，其中工业用电量 1434 亿千瓦小时，增长 6.6%，增速同比回落 6.4 个百分点。累计外送电量 769.2 亿千瓦小时，增长 10.85%，全国排名第三。

成品油销售量同比基本持平。2012 年，全省成品油调入量 705.3 万吨，下降 1.9%，其中汽油调入量229.1 万吨，增长 2.6%，柴油调入量476.2 万吨，下降 3.9%。全省成品油销售量 721.1 万吨，与同期基本持平，其中汽油销售量 228.7 万吨，同比增长 4.1%，柴油销售量 492.4 万吨，同比下降 1.8%。

截至 12 月底，全省成品油库存 33.2 万吨，其中汽油库存 11.9 万吨，柴油库存 21.3 万吨。

煤层气产量保持稳定增长。2012 年，全省煤层气完成 29.9 亿立方米，增长 21.8%。

铁路货运量低速增长。2012 年，全省铁路总运量 59232.3 万吨，同比增加 1108.7 万吨，增长 1.9%，其中煤炭运量 50860.3 万吨，同比增加 1223.7 万吨，增长 2.5%，其他货物运量完成 8372 万吨，同比减少 115 万吨，下降 1.4%。

全省外运出省煤炭 58200 万吨，同比增加 71 万吨，增长 0.12%。其中，铁路出省煤炭 46501 万吨，同比增加 919 万吨，增长 2.02%；公路出

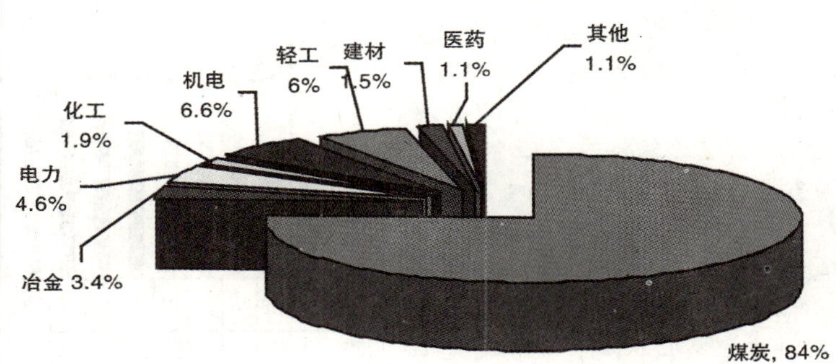

注：焦炭行业净亏损

2011~2012 年山西省煤炭产量、价格情况示意图

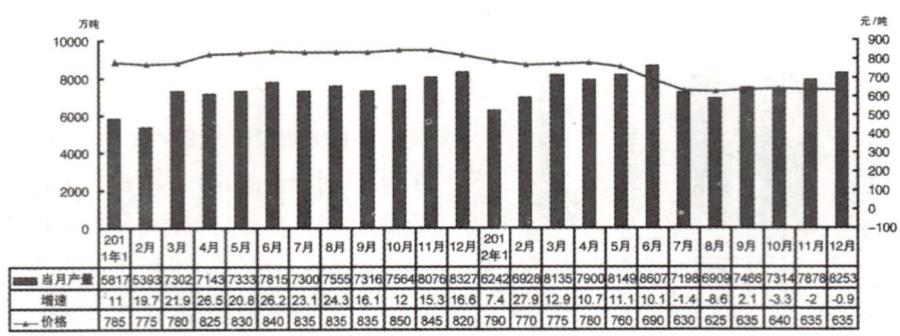

	2011年1	2月	3月	4月	5月	6月	7月	8月	9月	10月	11月	12月
当月产量	5817	5393	7302	7143	7333	7815	7300	7555	7316	7564	8076	8327
增速	11	19.7	21.9	26.5	20.8	26.2	23.1	24.3	16.1	12	15.3	16.6
价格	785	775	780	825	830	840	835	835	835	850	845	820

	2012年1	2月	3月	4月	5月	6月	7月	8月	9月	10月	11月	12月
当月产量	6242	6928	8135	7900	8149	8607	7198	6909	7466	7314	7878	8253
增速	7.4	27.9	12.9	10.7	11.1	10.1	-1.4	-8.6	2.1	-3.3	-2	-0.9
价格	790	770	775	780	760	690	630	625	635	640	635	635

省煤炭11699 万吨,同比减少 848 万吨,下降 6.76%。（董晨阳）

【主要工业行业运行情况】 1. 煤炭行业。2012 年上半年,煤炭市场供需基本平衡,略显宽松;进入下半年,煤炭需求下滑,进口煤炭增加,市场呈现供大于求态势,量价齐跌,下行压力加大。

煤炭产量增长，增速同比回落。全省煤炭资源整合后,煤炭产能逐步释放，连续两年快速增长后,2012 年产量保持平稳增长态势。全年全省煤炭产量完成 91333 万吨，增长 4.7%,增速同比回落 13 个百分点。从单月产量看，基本保持月产 7000 万吨以上水平,其中 3 月、5 月、6 月、12 月四个月当月产量突破 8000 万吨,6 月份达到 8600 万吨的历史高位。从产量增速看，上半年总体保持平稳增长，进入下半年,受市场需求持续低迷影响,除 9 月份外,其余月份当月产量均为负增长。

煤炭消费增幅回落,库存保持高位。2012 年国内外经济发展速度放缓,煤炭需求回落。据中国煤炭工业协会测算,1~11 月份，全国煤炭消费总量约为 37.2 亿吨,增长 4.4%,同比回落 5.6 个百分点。从各地存煤情况看,12 月末，全国全社会存煤 2.9 亿吨，创历史新高；秦皇岛港口存煤 631.9 万吨,继续保持较高库存水平,山西省全社会存煤 1715 万吨，省调电厂存煤 591.5 万吨，可用 29 天,市场消化库存的压力很大。

市场需求低迷，煤炭价格下滑。从 2011 年四季度开始，煤炭需求增长显现放缓迹象，煤价进入回调通道。煤炭价格在 2011 年 10 月份达到 850 元/吨的历史高位后，连续 10 个月持续下降,8 月份降至近两年最低点 625 元/吨,进入四季度,煤炭价格止跌趋稳,12 月末小幅回升至 635 元/吨,较历史最高位下降 215 元/吨,同比下降 185 元/吨。

煤炭市场价跌量减,企业赢利能力下降。全年累计,煤炭行业实现主营业务收入 7297.6 亿元，同比增长 10.1%,实现利润 677.5 亿元,同比下降 31.5%(上年同期增长 34.4%),销售利润率 9.3%，低于上年同期 4.4 个百分点。

从煤炭行业实现利润情况看,从二季度开始,山西省煤炭行业盈利下降,一季度实现利润 231 亿元,增长 13.4%；二季度实现利润 215.2 亿元,下降 22.4%;三季度煤炭价跌量减,亏损企业增加，仅实现利润 93.4 亿元,同比大幅下降 63%;四季度实现利润 137.9 亿元,同比下降 45.9%。全年累计实现利润同比下降 31.5%，下降幅度超过 2009 年金融危机时期水平。

2. 冶金行业。国内经济增速放缓,钢材、电解铝等产品市场需求乏力,供大于求局面明显,产品价格持续下跌并低位波动，全行业增产不增效。

产品产量增长，增速同比回落。2012 年,全省粗钢、钢材和电解铝累计产量分别为 3950.1 万吨、3797.6 万吨和 105.6 万吨,同比分别增长 9.4%、11.8%和 0.8%,与上年同期相比,增速分别回落 6.8、6.3 和 38.5 个百分点。全省平均日产粗钢量为 10.8 万吨,上半年粗钢日产水平逐月上升,6 月份达到 11.6 万吨的本年峰值后呈回落走势,但仍然保持较高水平。

市场需求增长乏力,产品价格大幅下滑。全年来看,1~4 月份,钢材价格基本保持 4100 元/吨,5~8 月份出现持续回落走势,8 月份钢材价格降至 3350 元/吨，经过 9、10 两月的短暂回升后,11 月份进入钢材市场需求淡季,钢材价格又下滑至最低点 3280 元/吨;12 月份,上游原材料焦炭价格持续上涨，钢企受成本上升压力较大，纷纷提高钢材价格以减少损失,12 月末小幅回升至 3310 元/吨,较年初下降 790 元/吨。

效益下滑，企业生产经营困难。全年累计,全行业实现主营业务收入 3777.5 亿元,增长 9.8%,实现利润 27.8 亿元,下降 66.1%。其中钢铁行业实现利润 39.3 亿元,下降 42.7%;有色行业实现利润盈亏相抵净亏损 11.5 亿元。全行业销售利润率 0.7%，同比回落 1.9 个百分点。

从季度实现利润情况看,一季度冶金行业实现利润盈亏相抵净亏损 3.7 亿元；二季度实现利润 1.1 亿元；三季度,钢材等产品价格回落,实现利润盈亏相抵净亏损 8.9 亿元；四季

2011~2012 年山西省钢材产量、价格（6.5mm）情况示意图

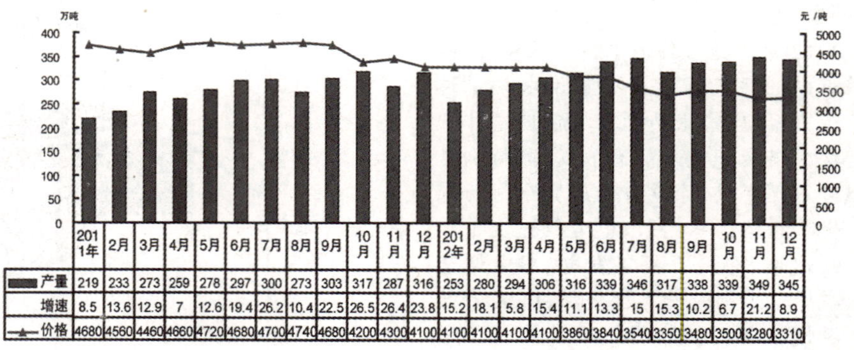

	2011年	2月	3月	4月	5月	6月	7月	8月	9月	10月	11月	12月
产量	219	233	273	259	278	297	300	273	303	317	287	316
增速	8.5	13.6	12.9	7	12.6	19.4	26.2	10.4	22.5	26.5	26.4	23.8
价格	4680	4560	4460	4660	4720	4680	4700	4740	4680	4200	4300	4100

	2012年	2月	3月	4月	5月	6月	7月	8月	9月	10月	11月	12月
产量	253	280	294	306	316	339	346	317	338	339	349	345
增速	15.2	18.1	5.8	15.4	11.1	13.3	15	15.3	10.2	6.7	21.2	8.9
价格	4100	4100	4100	4100	3860	3840	3540	3350	3480	3500	3280	3310

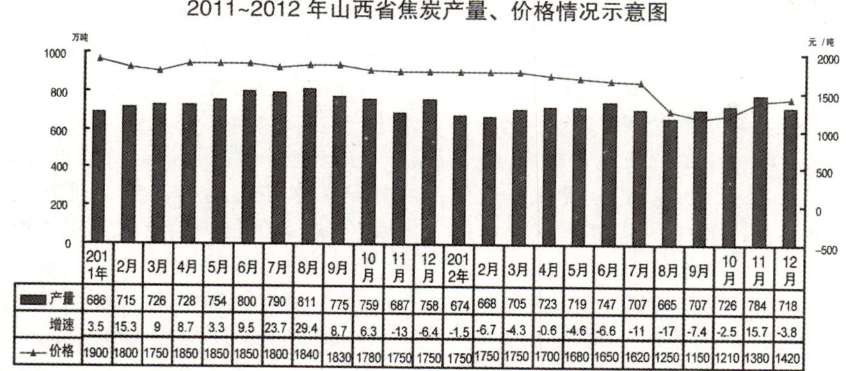

2011~2012 年山西省焦炭产量、价格情况示意图

度钢材价格回升，行业盈利状况好转，实现利润 39.3 亿元，增长 66.9%。

3. 电力行业。2012 年，电力市场供求关系逆转，市场供应总体宽松。受经济增长减缓等因素影响，前 8 个月全省工业用电低速增长，9 月、10 月两个月出现发电、用电“双下降”，随着全省经济逐步向好，11 月、12 月工业用电开始回升，成为带动全社会用电量增速回升的主要动力。

需求不足，发电出力受限。2012 年，国际煤价下滑，进口煤持续增加，同时国内煤炭产量稳定增长，煤炭市场呈现供大于求运行态势，电煤价格持续回落，发电企业受益于此，盈利状况明显改善，企业发电积极性大幅提高。经过上半年的快速增长后，下半年受南方地区水电出力增加及下游用电需求低迷影响，发电增速减缓，停机容量增加(9 月 14 日，达到年度最高停机容量 1346 万千瓦)，9 月、10 月两个月出现发电、用电“双下降”，11 月、12 月两个月有所回升，但由于供求关系逆转，山西省电力由前几年的供应紧张转变为供应宽松，需求不足成为制约电力运行持续向好的主要问题。

成本下降，总体扭亏为盈。经过连续上调电价影响，在电煤价格小幅回落的基础上，电力企业效益改善，全行业扭亏为盈，扭转自 2008 年以来连续四年亏损的局面。全年累计，电力行业实现主营收入 1481.2 亿元，同比增长 19.9%，高于同期 4.4 个百分点，实现利润 36.8 亿元(上年同期亏损 23.5 亿元)。分季情况看，一季度实现利润 8.4 亿元，二季度实现利润 2.2 亿元，三季度实现利润 14.5 亿元，四季度实现利润 11.7 亿元，企业盈利状况好转。

4. 焦炭行业。受钢铁行业持续下行影响，焦炭行业产能过剩矛盾突显，量价齐跌，企业效益持续下滑，生产经营困难，焦炭行业成为山西省工业最困难的行业。

产能过剩矛盾突出。全省焦炭企业 192 户，总产能约 1.6 亿吨，全年产量 8612.7 万吨，产能利用率仅为 53.8%。

生产持续下降。2012 年全省焦炭完成产量 8612.7 万吨，下降 3.1%。经济增长减缓，钢铁消费减少，导致焦炭需求大幅下滑。上半年，全省近三成企业延长结焦时间或采取限产措施，部分企业结焦时间延长至 50 小时以上甚至焖炉保温，生产持续下降。单月产量看，2011 年 11 月份以来，仅 2012 年 11 月份焦炭产量增长 15.7%，其余月份均为负增长。

价格大幅下降。2012 年，焦炭价格持续下行，上半年，焦炭市场保持平稳运行，焦炭价格基本维持在 1700 元/吨左右；7~9 月份，焦炭价格加速下滑，特别是 9 月份，焦炭价格大幅回落至 1150 元/吨，低于 2008 年金融危机时期的最低价格 1300 元/吨；10 月份，随着钢材价格的小幅回升，焦炭价格止跌回升，11 月、12 月两月焦炭价格继续回升，12 月末二级冶金焦炭价格 1420 元/吨，环比回升 40 元/吨，但较年初仍下降 330 元/吨。

企业亏损严重。2012 年累计，焦炭行业实现主营业务收入 1478.7 亿元，下降 14.4%，实现利润盈亏相抵净亏损 83 亿元（上年同期净亏损 12.8 亿元）。全省规模以上焦炭企业 192 户，其中 134 户亏损，亏损面高达 69.8%，高于全省平均亏损面 37.4 个百分点。分季情况看，全行业一季度盈亏相抵净亏损 21.5 亿元；二季度净亏损 18.3 亿元；三季度净亏损 29.9 亿元；四季度净亏损 13.3 亿元。山西省焦炭行业已连续四年盈亏相抵净亏损，累计亏损高达 135.8 亿元。

5. 化工行业。2012 年，山西省化工行业运行呈现两个主要特点，一是服务于农业的化肥市场需求稳定，整体价格同比上涨，增长态势明显；二是聚氯乙烯、聚乙烯醇等化学原料产品市场需求疲软，价格低位。受化肥企业增长拉动，化工行业运行总体实现平稳增长。

主要产品平稳增长。2012 年，全省化肥(折纯)完成产量 389.1 万吨，增长 3.5%，尿素(折含 N100%)产量 331.9 万吨，增长 9.6%，精甲醇产量 147.2 万吨，增长 4%，聚氯乙烯产量 5.4 万吨，下降 12.6%，增速同比分别回落 6.7、5.5、13.4、27.3 个百分点。上半年，化工行业主导产品化肥受市场需

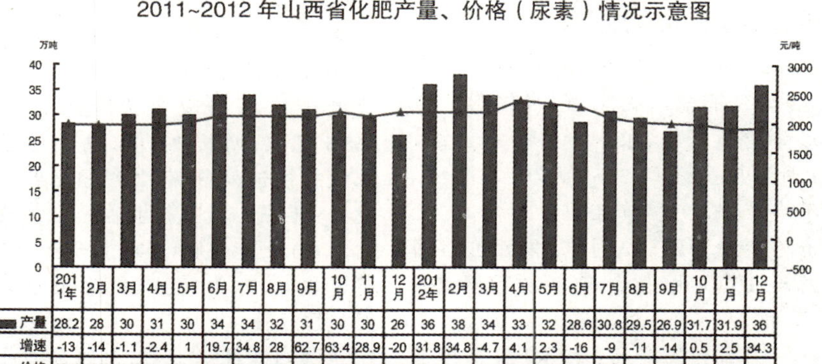

2011~2012 年山西省化肥产量、价格（尿素）情况示意图

2012年全省主要工业产品产量完成情况

单位:万吨

产品	2012年	
	总量	同比%
煤炭	91333	4.7
焦炭	8612.7	-3.1
钢材	3797.6	11.8
粗钢	3950.1	9.4
原铝	105.6	0.8
氧化铝	508.6	1.5
水泥	4720.4	23.9
化肥(折纯)	389.1	3.5

2012年全省各市工业增加值增速

地区	增速(%)
全省	11.9
太原市	13.5
大同市	13.4
阳泉市	11.9
长治市	13.4
晋城市	14.6
朔州市	16.3
忻州市	16.4
吕梁市	13.5
晋中市	13.7
临汾市	13.5
运城市	6.0

求拉动影响,保持平稳增长;进入下半年,节能降耗工作压力增大,部分企业未能满负荷生产,产量开始下降,其中6~9月四个月负增长,10月开始逐步回升。

价格走势分化明显。化肥价格保持高位运行态势,上半年,受天然气价格提高,且气源紧张影响,占国内尿素产能20%的气头生产企业开工率下降,供给减少,同时由于雨水充足,化肥需求稳定增加,化肥市场形势持续好转,尿素价格持续上涨,4月一度上涨到2450元/吨的高位。下半年来,受季节性因素影响,化肥价格逐步下滑,12月末,尿素价格回落至1920元/吨,较年初下降260元/吨。

基础化工产品,受固定资产投资增速放缓,尤其是房地产投资增长回落影响,省内聚氯乙烯、聚乙烯醇等化工产品市场需求疲软,价格下跌。2012年聚氯乙烯平均价格5400元/吨,较2011年下降800元/吨。

行业效益稳定增长。由于化肥产品占山西省化工行业比重较高(约占全行业收入30%左右),受化工煤价格持续下降影响,化肥企业成本降低,全省化工行业呈现平稳运行态势。2012年累计,化工行业实现主营业务收入832.7亿元,增长15.3%,实现利润15.4亿元,下降23.7%。销售利润率1.85%,低于上年同期1.52个百分点。从实现利润情况看,一季度实现利润2.3亿元,同比增长2.46倍;二季度实现利润4亿元,但由于同期基数较高,同比下降11%;三季度,节能降耗工作压力加大,化肥企业生产能力受限,产量持续下降,导致企业效益下滑,实现利润2.6亿元,同比下降52%;四季度,实现利润6.5亿元,同比下降32.2%。

6.机电行业。行业运行快速增长,经济效益持续上升。2012年,机电行业实现主营业务收入1589.8亿元,增长21.2%,实现利润53.2亿元,增长24.9%。销售利润率3.3%,低于上年同期0.2个百分点。分季情况看,一季度,实现利润5.7亿元,下降5.4%。进入4月份,随着富士康产能的逐步释放,行业效益逐步好转。二季度,实现利润9.3亿元,下降0.7%。三季度实现利润10.5亿元,增长58%。四季度实现利润27.7亿元,增长34.7%。

富士康产能释放,电子信息业快速发展。4月份以来,太原富士康集团产能集中释放,拉动全省电子信息行业快速增长。上半年,太原富士康集团总产值同比增长9倍;前三季度总产值增长1.9倍;全年完成总产值317.6亿元,同比增长2.7倍。1~11月份电子信息制造业实现销售收入368.5亿元,增长1.4倍,电子信息制造业的快速发展带动全行业生产效益稳步回升。机电行业占全省工业比重由2011年底的5.4%上升至7.3%,超过焦炭、电力行业,成为全省第三大支柱行业。

国内外经济下行,大部分产品订单不足。从重点企业情况看,全年太重集团锻压设备、起重设备和油膜轴承订货量分别下降36%、29.6%和49.3%,经纬纺机订单只有上年的一半左右,定襄法兰企业仅有三分之一正常生产。

市场竞争激烈,产品价格低迷。在市场需求不足的情况下,价格竞争加剧,产品价格持续走低。焦炉设备、锻压设备、起重设备、风电、油膜轴承产品、齿轮传动产品、液压元件等产品单价下滑幅度均在10%左右,煤化工设备、轧钢设备单价较同期分别大幅下滑72%、56%,压缩企业赢利空间。 (董晨阳)

【工业经济形势分析】 1.不确定、不稳定因素制约全省工业经济持续健康发展。当前山西省工业经济运行依然面临严峻复杂的经济环境,形势不容乐观。欧美等发达经济体增长速度减缓,国际市场需求持续低迷。国内环境依然严峻复杂,投资力度强度减弱,消费拉动作用有待提高,宏观经济由高速增长阶段逐步回落进入中速增长区间。山西省以能源原材料生产为主的工业结构,主动调控空间有限,经济增长的平稳性、持续性难度较大。新兴产业规模较小,对经济增长拉动作用有限,煤炭、钢铁、焦炭等传统支柱行业产能过剩比较突出,面临较长的去库存化、去产能化过程,仍处于调整期。市场需求不足仍是制约全省工业经济平稳较快增长的主要矛盾,全省工业经济面临产品市场供大于求,价格低位运行,企业效益普遍下滑的困难和问题。"十二五"期间要实现工业总量翻番的目标,千方百计多措并举,促进工业经济平稳较快增长依然是山西省工业经济运行工作面临的首要任务。

2.支撑经济稳定健康发展的积极因素正在积聚。先行指标PMI自9月份开始连续4个月回升,国内宏观经济企稳态势更加明显。山西省工业经济出现趋稳回升势头,工业经济8月跌入谷底后,连续4个月持续回升,11月和12月分别增长14.1%和15.8%,全省工业经济开始出现从筑底企稳向持续回升转变的运行趋势。

(董晨阳)

煤炭工业

【标准管理】 在全国第一次把建设煤炭标准体系作为加强行业管理的手段,出台颁布《煤矿办矿企业标准》《煤矿建设施工管理标准》《煤矿管理标准》《煤矿建设标准》《煤矿现代化矿井标准》《煤矿安全质量标准化标准》六个新标准,配套出台《关于加快推进现代化矿井建设的意见》和《关于加强和改进煤矿安全质量标准化检查验收工作的通知》,形成系统性、科学性的具有山西特色的煤炭工业发展标准体系,开创山西省煤矿标准建设的新里程。（王德善）

【现代化矿井建设】 召开全省现代化矿井建设暨煤炭基本建设工作会,推进现代化矿井建设系统工程。全省现有500到1000万吨的矿井33座,产能1.99亿吨/年;1000万吨及以上的矿井14座,产能1.85亿吨/年。（王德善）

【基本建设】 全省完成煤炭固定资产投资1802亿元,同比增长26.9%。其中:煤矿项目完成1228亿元,同比增长27.3%;审批初步设计755座、开工报告710座,分别占应批总数的96.79%和91.03%;建成矿井124座,其中61座完成竣工验收,形成产能6180万吨/年,63座进入联合试运转。（王德善）

【煤矿安全生产】 全省煤矿累计发生事故39起,死亡83人,事故起数同比下降27.78%;百万吨死亡率0.091,比全国低0.283。一是创立煤矿安全生产"三新"理论体系。树立"安全先于一切,重于一切,高于一切,大于一切"的新思想;确立"文化引领、制度先行、理念统一、执行有力、落实到位"的新思路;坚持"居安思安、科技兴安、管理强安、文化创安、打造久安"的新理念,用"三新"理论推进煤矿安全生产。二是开展三次"百日煤矿安全生产集中整治专项行动",召开13次专题会议研究部署,开展安全生产宣传活动,共出动4.5万人次,累计排查隐患65958条,整改率达95%,特别是出台"五项十五条"措施和"八条"规定,确保重大时节和特殊时段的安全生产。三是严格落实两个主体责任。落实省政府《关于进一步强化煤矿安全生产工作的规定》《煤矿安全生产挂牌责任制实施方案》,履行政府监管、企业生产两个主体责任,考核煤矿"六大员"和安全监管"五人小组"的履职情况,清退不合格"五人小组"监管人员20名。四是推进安全质量标准化工程建设。召开全省煤矿安全质量标准化建设工作会议,按照新的安全质量标准化标准,开展岗位达标、专业达标、企业达标,全省共建成259座安全质量标准化煤矿。五是开展"打非治违"专项行动,全省共出动人员44516人次,检查煤矿4826矿次,责令整改、限期整改及停止非法违法行为418起,责令停产、停业、停建394家,打击非法违法、治理纠正违规违章行为3765起。（王德善）

【转型发展】 全行业非煤项目投资574亿元,同比增长26%;非煤收入7028亿元,同比增长75.87%,省人大常委会测评山西省煤炭工业可持续发展满意度100%。一是构建煤炭工业转型综改试验高端框架。编制《转型综改试验煤炭工业发展专项行动方案(2012)》《转型综改试验区煤炭工业实施方案(2012—2015)》,建立全行业转型标杆项目储备库,筛选108个高端化、科技化、潜质化转型标杆项目,构建循环经济发展模式,形成全省煤炭工业转型综改试验框架。其中,同煤集团40亿立方米煤制气、焦煤集团60万吨/年烯烃、阳煤集团化工新材料园区、潞安集团煤基多联产园区、晋煤集团100亿立方米煤层气抽采利用等一批综改试验和转型标杆项目建设进展顺利。二是打造煤炭循环多元产业链条。煤电一体化、煤焦化、煤气化、煤液化、煤机(制造)化"五化"产业链条发展进程加快。（王德善）

【科教人才体系建设】 一是科技创新能力提高。省厅出台《进一步加强全省煤炭行业科技创新工作的意见》,全省煤炭科研项目有68项通过省级鉴定,28项荣获国家级安全生产科技成果奖,3项获得国家科学技术进步二等奖。二是培训教育力度加大。省厅组织培训各类从业人员15万人,省属煤炭院校输送煤炭人才1.3万人。三是劳动用工管理完善。推进变招工为招生,全省煤矿新招从业人员3.68万人,其中变招工为招生1.36万人,占36.9%。（王德善）

【经济建设】 坚持"定量、稳价、提效"原则,建立"一日一了解、一旬一分析、一月一总结"的煤炭经济运行分析制度和市场研判机制;加强省内煤炭企业的合作,实施"抱团经营"策略;加强煤炭企业与电力用户的沟通合作,建立长期战略合作关系;完成全省1281户洗储煤企业和铁路查验回收联网建设工作;为全省812万户低收入农户供应冬季取暖用煤846万吨。（王德善）

【综合生态矿区建设】 全省煤炭系统造林3.98万亩,绿化面积370万平方米;全省煤炭企业在岗职工平均收入增长10%以上,企业效益与职工收入同步增长;全行业工伤保险参保人数达59.35万人,井下职工意外伤害参保人数达40万人。全行业有11个煤矿被列入第二批国家级绿色矿山试点,潞安集团6座煤矿、晋煤集团6座煤矿、同煤集团5座煤矿获"中国最美矿山"称号。（王德善）

电力工业

【新增发电、输变电设备情况】 2012年,山西电网共投产发电机组30台(座),容量418.75万千瓦,全部为省调发电机组。其中火电机组8台,容量310万千瓦;风电场22座,容量180万千瓦。60万千瓦及以上机组3台,为霍州电厂2号机组和河曲电厂3号、4号机组。全年共关停机组4台,为榆社电厂两台10万千瓦机组,神头一电厂两台20万千瓦机组,火电机组装机容量净增250万千瓦。

2012年，山西电网500千伏系统网架变化不大，投产3条500千伏线路，均为电厂并网线；220千伏系统新建厂站主要为π接方式，仍维持大同、忻朔、中部、南部四片运行的格局。局部网架和主变下载能力得到加强，进一步优化潮流分布。全年未投运500千伏及以上变电容量；220千伏变电站投产13座，主变31台，容量501.3万千伏安；退役3台，容量29万千伏安；总计净增加主变28台，容量472.3万千伏安。新增500千伏线路3条，线路长度增加128.328千米。220千伏线路共投产线路50条，线路长度991.405千米，退役220千伏线路13条，线路长度426.814千米。220千伏及以上电压等级共计增加线路40条，增加长度692.919千米。（陈晓亮）

5月11日，夏县山区小水电自供区并入国家电网移交启动仪式在夏县泗郊镇举行（陈晓亮提供）

【发电装机容量】截至2012年底，山西电网总装机5454.8917万千瓦。按调度单位划分，国调装机330万千瓦，阳城电厂以点对网方式送江苏电网；华北网调直调机组容量592万千瓦；省调装机容量4200.424万千瓦；地区小电厂合计容量332.4677万千瓦。省调机组按机组性质划分，光伏电站2座，容量1.5万千瓦；风电场27座，容量197.5万千瓦；煤层气电厂3座，容量181.24兆瓦；水电厂4座(含抽水蓄能)，16台，容量228.8万千瓦；火电机组139台，容量3754.5万千瓦。

国、网、省调系统发电装机容量共5137.124万千瓦，接入500千伏系统机组56台，容量2704万千瓦；接入220千伏系统112台，容量2203.5万千瓦；接入110千伏系统41台，容量228.124万千瓦；接入35千伏系统2座，容量1.5万千瓦。（陈晓亮）

【输变电设备容量】截至2012年底，山西电网共有220千伏及以上输电线路540条，线路长度16373千米(不含跨省输电线路)。其中500千伏线路71条，长度4599千米；220千伏线路469条，11774千米(其中省调线路411条，10678千米)。共有220千伏及以上电压等级变电站177座，主变391台，变电容量8000.1万千伏安，其中特高压变电站1座，变压器2台，容量600万千伏安；500千伏变电站18座(含开闭站)，主变30台，容量2450万千伏安；220千伏变电站160座，主变359台，容量4950.1万千伏安。（陈晓亮）

【发电完成】2012年，直调发电量完成1898.59亿千瓦时，同比增长10.5%，完成调控目标101.8%，超日历进度1.8个百分点。日最大发电量6.32亿千瓦时，同比增长13.1%。日最小发电量4.27亿千瓦时，同比增长10.6%。日平均发电量5.17亿千瓦时，同比增长10.5%。

2012年直调发电平均最大负荷2421.7万千瓦，同比增加246.7万千瓦，增长11.3%；平均最小负荷1850.3万千瓦，增加148.5千瓦，增长8.7%；平均峰谷差571.4万千瓦，增加98.3万千瓦，增长20.8%；平均峰谷差率23.6%，增长1.9个百分点。（陈晓亮）

【用电完成】2012年，全年电力供应富裕，直调用电量完成1608.78亿千瓦时，同比增长6.3%，其中单日最大用电量5.0亿千瓦时；单日最小用电量3.9亿千瓦时，平均单日电量4.4亿千瓦时。

2012年直调用电高峰最大负荷2322.2万千瓦，同比增加156.4万千瓦，增长7.7%；低谷最小负荷1353.9千瓦，同比增加80万千瓦，增长6.3%；平均峰谷差468.1万千瓦，同比增加61.8万千瓦，增长15.2%。日均高峰旋转备用171万千瓦，高峰负荷率90.3%，同比下降0.7百分点；平均峰谷差率21.0%，同比上升1.8个百分点。（陈晓亮）

【用电负荷】2012年受国内、外经济环境影响，省内宏观经济面增速放缓，工业经济下行压力加大，用电市场增速下降，全省电力供应处于平衡有余、供大于求的局面。直调电厂电煤价格下调，赢利空间显现，发电积极性提高，发电能力过剩。直调电厂煤源、煤质稳定，同时厂内加大设备检修投入力度，机组健康水平显著好转，机组非停和高峰影响出力均明显下降。全年直调用电最大负荷10次创历史新高，在2012年12月29日达到2322.2万千瓦，较2011年最大负荷(2184.6万千瓦，发生在2011年12月18日)同比增加137.6万千瓦，增长6.3%。（陈晓亮）

【电力平衡】2012年1~2月，全省经济保持2011年以来高速增长势头，省内用电需求强劲，直调电厂在2011年末上网电价调整和省政府帮扶政策的支持下，经营状况好转，来煤基本得到保证，缺煤停机机组逐步恢复并网，1月、2月直调用电量同比增速在15%左右，直调用电最大负荷在1月接连3次创新高，最大负荷2211.8万千瓦。

3~9月，直调用电负荷受宏观经济面影响，钢铁、水泥、煤矿、冶炼等用电大户采取限产、停产等措施导致用电增速回落。直调用电量同比增速由3月8.5%下降到9月1.8%，前期快速下降，后期趋于平缓。

“十一”长假期间直调用电负荷、电量均达年内最低，中旬之后随着经济形式开始向好、供暖负荷增加，负荷增速开始缓慢回升。11~12月，直调用电负荷7次刷新新高，在12月29日达到2322.2万千瓦，创年内最高。（陈晓亮）

【电力外送】 2012年，通过网间电力交易向京津唐、河北南网送电量完成180.43亿千瓦时，同比增长24.2%（含短时交易电量）。其中：向河北送电量完成84.95亿千瓦时，同比增长6.1%，完成年度计划的147.38%；向京津唐送电量完成95.48亿千瓦时，同比增长1.1%，完成年度计划的106.77%。

特高压南送电量102.72亿千瓦时，同比增长87.2%，完成年度计划的100.71%。（陈晓亮）

【电煤情况】 2012年，直调机组缺煤停机平均容量为49.7万千瓦，占直调平衡装机容量的1.3%。缺煤停机主要集中在前半年，容量在30万千瓦~235万千瓦之间，受经济增长放缓、电煤价格下降、发电积极性提高等因素影响，2012年3月份以后缺煤停机机组由北向南逐渐恢复并网。

2012年直调电厂电煤库存呈现逐步上升趋势。年底直调电厂电煤库存591万吨，可用天数29天。存煤低于7天电厂3座，分别为永济、汾泽和太钢电厂，装机容量110万千瓦。

1月、2月因节日因素影响电煤库存保持平稳，进入3月以后，煤炭市场受宏观经济面和供需平衡影响，价格保持平稳或略有下降趋势，直调燃煤电厂在2011年年末政府财政资金和电煤框架合同帮扶政策以及调高上网电价等政策的支持下，普遍出现较大边际利润，发电积极性逐步提高，存煤有所增加。省内用电需求也受到宏观经济面影响，用电量增速放缓，电厂耗煤量减少，库存增加。（陈晓亮）

【发电设备利用】 2012年，省经信委年度火电机组发电计划1790亿千瓦时，火电发电企业58家，其中56家发电企业完成率偏差低于3%，偏差超出3%的发电企业2家，分别是华泽电厂（因12月下旬环保停机，造成年度计划完成率96.08%）、耀光电厂（因12月25~31日非计划停运，造成年度计划完成率94.4%）。火电机组利用小时最高的电厂为太钢电厂，利用小时7085小时，利用小时最低电厂为晋田电厂934小时。

2012年直调50万千瓦以上机组平均利用小时数5431小时，30万千瓦级机组平均利用小时数5258小时，20万千瓦级机组平均利用小时数4781小时，15万千瓦以下火电机组平均利用小时数4252小时，发电机组利用小时按照装机容量正序排列。（陈晓亮）

·山西省电力公司·

【简述】 山西省电力公司（简称公司）是国家电网公司全资子公司，属国有特大型企业，以电网规划、建设、运行管理及电力调度、经营等为主营业务，下设11个市供电公司、99个县级供电公司，供电区域覆盖全省除12个趸售县以外的108个县（市、区），肩负着山西省3580万人民电力供应的基本使命，承担着向京津唐、河北、江苏、湖北、山东等地外送电力的重要任务，服务客户约812万户，拥有资产524亿元，员工3.04万人。

公司共拥有220千伏及以上变电站177座，输变电容量8000.1万千伏安，输电线路16373千米。其中1000千伏变电站1座，容量600万千伏安，输电线路116千米；500千伏变电站18座（含开闭站），容量2450万千伏安，输电线路5511千米；220千伏变电站137座，容量4551万千伏安，输电线路11577千米；110千伏变电站408座，容量3404万千伏安，输电线路15691千米。山西电网主网架形成500千伏“两纵四横一环网”、220千伏分区供电、110千伏和35千伏及以下辐射供电的网络格局，建成6通道13回外送线路。2012年，公司年售电量1629.6亿千瓦时，外送电量283.2亿千瓦时。（陈晓亮）

【电网建设】 2012年，山西“十二五”电网滚动规划通过国家电网公司评审，省内特高压“两横一纵”和配套三大煤电基地纳入山西省电力发展“十二五”规划。电网前期工作取得重大进展，5项特高压工程可研取得90%的支持性协议，受阻多年的9项500千伏输变电项目和中南铁路配套工程通过核准，其中太钢送出等7项多年历史欠账项目得到解决。配合设计单位完成宁东—浙江、蒙西—天津南等5项特高压交直流工程选址选线，取得相关文件协议；完成泽州猕猴保护区功能调整；开展桑干河、运城湿地保护区功能调整工作。正点推进哈郑特高压直流工程，建成投产110千伏及以上输电线路1192.8千米，变电容量635.6万千伏安，首次实现全年各季度均衡投产，位居国家电网公司前列。长治、晋城等5个市105台CDM配变全部更换，2010年、2011年新一轮农网改造升级和三年低电压综合治理完成。500千伏稷山—吕梁输电线路工程获得国优，榆次北变电站工程首夺国家电网公司项目管理流动红旗，220千伏及以上项目优质工程率达到100%。与政府相关部门合作，解决征地、青赔、采伐、拆迁补偿标准、线路跨越等影响项目建设的外部问题，省国土厅帮助办结公司50多年来累积的238座（4193亩土地）110千伏及以上变电站遗留土地手续，省林业厅发文简化对地方、集体林区穿越手续。省送变电、供电承装公司产值创新高，合同金额均超10亿元；锦通咨询公司中标特高压泰州站项目。（陈晓亮）

【经营管理】 2012年，公司加强综合计划和预算管控，深化电网、人力、经营诊断分析,促进管理创新。基建均衡投产、财务业务融合、运检变压器抗短路校验等7项成果入选入围国家电网公司同业对标典型经验库。发挥特高压跨区输电优势,外送电量同比增长42.9%。实施在役机组发电权交易和灵活短时支援交易,累计增收9000多万元。太钢和阳泉兆丰铝业自备电厂纳入“统购统销”试点,市场占有率提高0.94个百分点。采取资产无偿移交、人员政府安置的方式,接管运城夏县小水电自供区。新建大同等4座电动汽车充换电站,安装智能电能表259万只,用电信息采集覆盖率达到67%,阳泉、朔州公司实现“全覆盖、全采集”。加强付费售电管理,月均预付电费占应收电费80%以上,节约财务费用2亿多元,临汾公司预付费比例达到86%。加快忻州等高损台区改造,更换2542台高损变压器,综合线损率比计划下降0.01个百分点。开展6项合同能源管理,节电指标超额完成。创建晋中榆次等11个省市级优质服务示范区。

主多分开通过国家电网公司核查验收,累计处置多经企业70户,清退股权2.81亿元。完成集体企业清产核资,加强对晋能公司指导和监管。配合国家电网公司依法治企等重要检查,领导班子成员分课题负责,集中处置一大批遗留问题,整改率达到95%。完善内控机制,规范公务用车、薪酬福利等管理,开展9个单位离任经济责任审计,实施工程建设、清产理财等26项效能监察。 (陈晓亮)

【安全生产】 2012年,公司接管特高压长治站,建立省调发电机组备用原则,规范大规模风电并网接入,实现AVC系统全覆盖,确保大电网安全稳定运行。进行隐患排查整改与反措“回头看”,动态完善1062个高危客户“一户一案”,完成“十八大”等重大保电任务。统筹基建、运行、营销各专业,开展220千伏闻喜—三家庄等8个整站整线联合“大检修”,检修效率提高35%,停送电操作时间减少25%。状态检修达标计划全面完成。建成省市县三级应急指挥中心,开展无脚本联合反事故演习。 (陈晓亮)

【农电工作】 2012年,公司投资17.5亿元进行新一轮农网改造升级工程,全年完成新建和改造110千伏变电站2座;35千伏变电站3座,线路78千米;10千伏线路1075千米,配变1819台,低压线路1480千米,户表配套改造31.69万户。全年农网售电量完成526.1511亿千瓦时,综合线损率7.39%,同比降低0.13个百分点。供电可靠率完成99.82%,综合电压合格率完成98.046%,同比分别提高0.1098个百分点和0.465个百分点。落实农电安全生产责任制,以“安全年”活动要求为主线,开展农网工程“五查一整改”专项行动,推进农网隐患排查治理,全年未发生人身伤亡事故、误操作事故、一般电网及设备事故。新建电气化县6个(代县、大同县、长子、平陆、山阴、昔阳),电气化乡镇60个,电气化村1200个。在完成潞城配电自动化试点项目的基础上,共投资3928万元,分三期实施汾阳营配调一体化建设,集成县域调度、配网运行和营销业务数据,为农网控制与管理提供决策依据。应用智能变电技术,投资3312万元试点建设平定黄统岭35千伏智能化变电站,农电生产管理水平提升。

履行服务“三农”社会责任,落实国家和省政府重点实施方向,扩大农网改造覆盖面,投资2.2亿元开展农林场电网改造和农业排灌配套设施改造。完成运城夏县小水电自供区的全面接收工作,老百姓每度电7~8元的历史画上句号。 (陈晓亮)

【营销情况】 2012年,面对全省经济增长缓慢,电量增速持续下滑的不利局面,公司组织开展以“保供电、促增长、助发展”为主题的“百日攻坚”专项活动,实施省内“百个重点项目落地年”活动,7个地市公司售电量超过百亿千瓦时。拓展电费回收渠道,打造十分钟缴费圈,推广银行批扣代收为主,电费充值券、POS机收费等二十五种收费方式为辅的电费收缴模式,全省城市地区全部实现“十分钟缴费圈”,农村地区缴费网点新增6910个,月均收费金额7亿元。居民阶梯电价如期平稳实施,通过开展居民用电情况调查、历史数据分析、电价标准测算、编制典型算例、参加价格听证会、开展大规模培训宣传、制订实施业务规则等工作,确保阶梯电价7月1日按期实施。反窃电工作开展,长治公司建设全省首家反窃电、反违约用电实验室;查获全省首例“单向智能电表窃电案”“夏县康乐小区窃电案”,联合公安机关查处“太原红房子快捷酒店窃电案”等窃电大案,全年共查处各类违约用电与窃电2657起,追补电量损失2464万千瓦

6月28日,省委常委、常务副省长李小鹏在太原供电公司参加党日活动 (陈晓亮提供)

10 月 8 日，1000 千伏特高压长治站 2012 年检修工作开工

（陈晓亮提供）

时，追补电费及违约使用电费 4014 万元。充换电服务网络初步形成，全省累计建成 7 座充换电站、300 个交流充电桩。向省政府上报《关于促进山西电动汽车产业发展和应用的报告》，编制太原市纯电动公交项目建设方案。节能服务体系初步建成，全省 11 个地市公司全部成立能效服务小组，成员单位达 177 个。推广智能电能表，建设用电信息采集系统，全年共安装智能电表 259 万只，累计安装 529 万只，实现 784 个省网关口的 100%全采集、全覆盖，采集成功率达 99%以上。实施为民服务创先争优活动和 95598 光明服务工程，"塑文化、强队伍、铸品质"工程收官提升，开展保障居民用电服务质量专项行动，落实新"十项承诺"。做好分布式光伏发电并网服务工作，编制下发《分布式光伏发电项目并网服务管理实施细则》，按照国家电网公司"欢迎、支持、服务"工作方针，做好分布式光伏发电项目并网服务。落实"安全年"活动各项要求，滚动修订"一户一案"2319 户次，实现"一户一案"制定率 100%、季度巡检率 100%、滚动修订率 100%的"三个百分之百"。（陈晓亮）

【科技与信息化】 智能用电小区建设模式和关键技术等 32 项重点科研项目取得进展，农网智能化技术等 18 项成果获国家电网公司及以上科技进步奖。加大群众性创新和专利专项奖励，申请专利 586 项，获得授权 308 项，同比增长 319%和 322%。推广碳纤维导线等 13 项重点新技术。完成 35 个信息系统适应性调整，加快运营监测(控)中心信息支撑平台建设，实现营配集成等 14 条业务主线数据共享和信息融合。纵向贯通各级通信骨干网架，开展容灾应急演练与保密检查，安全防护能力提升。（陈晓亮）

机械电子工业

【概述】 2012 年末，山西省机电工业全行业共有规模以上(新标准)企业 527 家，资产总计 1972 亿元，从业人员 30.7 万人。全年实现工业总产值 1518.59 亿元，同比增长 28.08%；实现工业增加值 429.63 亿元，同比增长 11.4%；实现主营业务收入 1509.52 亿元，同比增长 23.36%；实现利税 83.44 亿元，同比增长 15.14%；实现利润 50.83 亿元，同比增长 25.1%；实现机电产品出口 34.3 亿美元，同比增长 110.4%，占到山西省出口总值的 49%。（姚文举）

【科技成果及新产品】 1. 科技成果及获奖。2012 年 10 月 25 日，汾西重工有限责任公司技术中心和山西华顿实业有限公司技术中心被国家发改委、科技部、财政部、海关总署、国家税务总局认定为国家级企业技术中心。山西汾西重工有限责任公司是国家"一五"期间 156 项重点工程之一，该公司技术中心 2006 年被认定为山西省省级企业技术中心。在"十一五"期间，山西汾西重工有限责任公司技术中心，平均每年完成新产品、新技术研发项目 30 余项，企业获得省部级科技成果 47 项，拥有国家授权专利 67 项(含发明专利 16 项)，被评为"国家高新技术企业"。

山西华顿实业有限公司成立于 2001 年 8 月，发展成为全国甲醇燃料研发、示范、产业化的龙头企业。该公司技术中心被列为"全国醇醚燃料标准化技术委员会"秘书处单位。由该公司牵头成立的山西省醇醚清洁燃料行业技术中心，是专门从事煤基醇醚燃料技术创新、标准制定、整合先进技术、优化配置资源的省级行业技术中心。

太重科协获全国"先进院士专家工作站"称号。2012 年 11 月，中国科协、国家发改委、科技部和国务院国资委在北京联合授予太重科协"先进院士专家工作站"荣誉称号。全国科协系统共有 50 家单位获此殊荣，太重科协是山西省唯一获此称号的单位。

太矿集团获两项大奖。2012 中国企业自主创新 TOP100 评价发布暨第三届中国企业自主创新高峰论坛上，山西省煤机装备制造业的龙头企业太矿集团榜上有名，位列装备制造行业 TOP 第 19 位，太矿董事长张克斌当选"2012 中国企业自主创新十大人物"。

2. 科技新产品。(1)2012 年 3 月 6 日，中国北车同车公司出口白俄罗斯的首台中白货运Ⅰ型电力机车完成滚动台综合试验，机车试验最高速度达 125 千米/时，实现该型机车的设计要求。中白货运Ⅰ型电力机车是中国北车同车公司结合白俄罗斯铁路运营环境和技术要求研制的新型大功率交流传动电力机车，是中国铁路机车首次登陆欧洲铁路的高端电力机车产品。与国际上普遍采用的 1435 毫米铁路标准轨距不同，中白货

运Ⅰ型电力机车采用宽轨转向架技术,适用铁路轨距为1520毫米。首台中白货运Ⅰ型电力机车的研制成功,标志同车公司已系统掌握标准轨和宽轨两套标准的电力机车技术体系,通过自主创新研制的大功率电力机车,可以满足国内外用户对产品的多元化需求,为企业更好地参与全球竞争增添技术筹码。(2)全球首个矿用节能变压器在山西问世。2012年5月,太原市鑫宇联电器有限责任公司,收到国家知识产权局全球首家非晶合金矿用隔爆型干式变压器的专利批复证书。这是一种使用非晶合金带材生产的矿用隔爆型变压器,既能在煤矿井下安全应用,还能降低变压器的空载和负载损耗,实现节能效果。比现行的硅钢片铁心系列变压器降低损耗80%以上,温升降低40%,使用寿命增加两倍达到40年以上。一台1000千伏安的变压器,每年可以减少二氧化碳排放22.1吨,实现真正的节能减排。(3)2012年5月17日,潞安集团生产的新型高效单晶光伏电池在亚洲规模最大的太阳能光伏展—SNEC第六届(2012)国际太阳能光伏大会暨(上海)展览会上展出。“潞安高效”单晶光伏电池,与传统工艺单晶电池18.41%的平均转换效率相比,电池平均转换效率为19.6%,生产成本低,适合规模化生产,易于传统工艺升级。产品技术达到国际领先水平。(4)世界最大矿用挖掘机在太重下线。2012年6月5日,太重集团公司承担的“十二五”山西省科技重大专项“装备制造关键技术”中的“75立方米大型矿用挖掘机研发”项目取得重大进展,公司独立研发制造和拥有完全自主知识产权的世界首台WK-75型矿用正铲式挖掘机正式下线,价值1.5亿元。继研制出WK-27、WK-35、WK-55系列矿用挖掘机后,太重一跃成为与美国P&H、比塞洛斯并驾齐驱的大型矿用挖掘机制造企业,标志着山西省大型矿用挖掘机制造技术站到世界领先地位。(5)太重6.25米捣固焦炉设备下线。2012年8月13日,由太重自主研发的6.25米捣固型焦炉成套设备在太重焦化设备分公司制造完毕,成为当今世界上配套炭化室容积最大,自动化要求最高的捣固型焦炉设备。该设备不仅是太重焦炉设备产品高端化、大型化的代表之作,也是山西省首套采用捣固、装煤、推焦一体化技术的大型捣固焦炉设备,技术水平达到世界前列。(6)2012年8月27日,以研发和制造完全实现自主化为标志的新型大功率电力机车,在中国北车集团大同电力机车有限责任公司成功下线,其投入运营后的经济性、可靠性和可维护性更加适用于中国铁路。新型电力机车最高速度为120千米/时,总功率达10000千瓦,是目前世界上功率最大的电力机车。(7)2012年10月28~31日举行的“第十四届中国国际煤炭采矿技术交流暨设备展览会”上,太重煤机·太矿展出最新研制成功的世界最大功率3000千瓦电牵引采煤机。这台具有完全自主知识产权的综采设备,可在井下采7.2米煤层、每小时产煤量4500吨,不仅技术性能达到世界先进水平,价格仅为同类进口设备的2/3。该采煤机针对中硬厚煤层地质构造所研制,各项技术性能比2500千瓦采煤机更先进,结构更合理,可靠性更高,可满足煤矿一井一面一次采7米厚煤层、年产原煤千万吨的要求。(8)晋煤集团再次刷新液压支架“世界高度”。2012年9月13日,晋煤集团金鼎公司成功研制出世界上支撑高度最高的8.2米大采高综采液压支架。该支架创造高度最高、工作阻力最大、护帮高度最高等多项世界第一。(9)太重集团公司完成我国首个灰熔聚粉制取工业燃气工程。2012年10月,太重煤化工分公司承建的云南冶金集团公司年产80万吨氧化铝项目配套煤气工程竣工投产,成为我国第一个利用灰熔聚粉技术制取工业燃料气的工程项目,填补我国煤化工制造领域的一项技术空白。(10)太重集团公司产出世界最大的液态排渣BGL气化炉。该炉长17米,直径4.6米,总重量达220余吨。这是太重煤化工设备分公司为中煤鄂尔多斯能源化工有限公司图克化肥项目生产的年产200万吨合成氨项目配套的气化炉。此项目是我国规模最大、工艺最先进的化肥制造项目,太重生产的液态排渣气化炉不仅是同类产品中世界最大的,工艺技术也达到国际领先水平。(11)世界最大核电环形起重机在太重问世。2012年12月14日,国内首台AP1000核电站环形起重机在太重成功下线。AP1000环形起重机,配套服务于我国从美国引进的AP1000第三代核电站,能够满足核电站内一体化堆顶组件、堆内构件的调运。与国内M310机组环吊相比,AP1000环吊的起升机构采用X-

首台中白货运Ⅰ型电力机车在机车滚动试验台上进行牵引特性曲线测试 (姚文举提供)

SAM超级安全系统，安全级别为3级；并设置三种运行模式，能够降低操作人员的工作难度，提高效率；环吊的桥架具有726吨承载能力，是国际上承载能力最大的环形起重机。（姚文举）

【重点投资项目】 (1)2012年2月23日，富士康智能手机整机生产项目在太原投产，同时，富士康科技集团与太原市政府签订项目投资协议。该项目由富士康科技集团投资1亿美元在富士康（太原）科技工业园建设，先后投入使用的有16条生产线，年生产智能手机整机2200万台，实现产值约50亿美元，解决就业两万余人。(2)2012年3月24日，介休青云通用航空基地项目开工建设。该项目是省级转型标杆项目，总投资159.3亿元，项目完成后，可形成每年5000架通用飞机生产制造能力。项目投产后，山西青云通用航空产业基地引进国际最先进水平的多座位飞机机型，通过消化吸收再创新，形成2人、4人，乃至5人、7人、9人、12~20人座的系列飞机。(3)2012年3月28日，首钢长钢锻压重型机械装备制造基地奠基。该项目一期工程总投资6.8亿元，预计2013年正式投产。该项目着力打造以"一主两辅"为核心的全国锻压行业弯曲校正机械类设备研发、制造基地，真正成为首钢长钢"五位一体"循环经济产业链的重要组成部分。(4)2012年3月29日，由长治高科产业投资有限公司和台湾立碁公司合作投资10亿元的LED综合体项目奠基。截至2012年底，长治LED光电产业园区入驻6家企业9个项目。从上游的蓝宝石晶体、晶片、外延片、芯片制造，到下游的器件封装，包括显示、照明两大应用方面及多介面半导体光伏芯片和模块等，通过垂直整合方式，打造出一条完整的LED高、中、低端产业链，在较短期内形成独特的技术、运营体系，实现产业链整合下的开放式的产业集群效应。(5)2012年4月27日，太重(天津)滨海重型装备研制基地一期项目在天津临港经济区竣工并试生产，二期工程同时开工。二期工程建成达产后，太重滨海公司将具备海上多功能起吊安装平台、液压打桩锤和海上风电机组等重点海工设备的成套总装能力，部分设备关键技术达到国际水平。(6)高端锻造是翼城县三大转型升级项目（高端锻造、高端特钢、高端铸造）之一。项目投产后，实现"模锻压力世界第一、大型锻件生产速度世界第一、自动化水平世界第一"目标。打破日本等国在船舶、飞机大马力发动机曲轴等高端锻件领域的垄断地位，扭转我国大马力发动机曲轴依靠进口的格局。舜达锻造公司从俄罗斯、韩国、德国购回8000吨热模锻压力机生产线和模锻压力世界最大、大型锻件生产速度世界最快、自动化水平世界最高的1.65万吨压力机生产线，5条热模锻压力机生产线及6条机加线建设全面启动，填补我国1.5万吨以上热模锻压力机的空白。(7)2012年5月17日，太原不锈钢产业园区与阳煤集团山西华鑫电气有限公司签约，总投资达6亿元的永磁电机不锈钢铸造项目落户不锈钢产业园区。永磁电机项目占地面积达145亩，总投资6亿元，2012年7月开工建设，工期为18个月。项目投产后，将每年为全国煤矿企业提供8000套高效节能、免维护、智能化的矿用运输、采掘、通风等自动化设备，为煤矿生产的智能化、无人化创造条件。同时，华鑫公司成为全国最大的矿用永磁电机生产基地。(8)2012年5月29日，侯马经济开发区电子商务产业园获得首批国家电子商务示范基地批复，这是商务部在山西省确定的唯一示范基地。侯马经济开发区出台财税、金融等多条优惠政策，电子商务产业园配备有云计算中心、商品交易大厅、金融服务机构等配套场所，2012年底，天津渤海商品交易所、金银岛（北京）网络科技、山东招金集团招金投资、山西黄河金三角工业品交易所有限公司、中小企业在线国际、山西恒威新生网络科技有限公司云计算中心等6个项目入驻。(9)2012年7月，国内最大的车轮生产商马钢和最大的车轴生产商晋西车轴股份公司共同投资的马钢晋西轨道装备项目开工。该项目总投资约12亿元，达产后产能为7万套轮轴，年销售收入约30亿元。项目分两期建设，一期为4.5万套客货车系列轮轴。二期为年产2.5套城轨地铁系列轮轴、动车组系列车轴、机车系列轮轴。(10)2012年8月2日，由晋煤集团晟泰能源投资有限公司和东莞昆翔光电科技有限公司共同投资组建的晋城晟皓光电公司生产的LED产品开始下线。该项目总投资40亿元，分两期建设。一期投资2.1亿元，生产包括LED路灯、高棚灯、工矿防爆灯、日光灯等100多个品种的产品，可广泛应用于工矿、道路、场馆、机场、港口及城市大型LED灯光艺术工程等。尤其是自主研发生产煤

世界最大功率3000千瓦电牵引采煤机　（姚文举提供）

矿专用的LED特种灯具和LED防爆灯具，不仅填补国内该领域的空白，也是晟皓光电公司最有竞争力的产品。(11)2012年8月18日，投资60亿元的中国北方汽车产业园项目在应县开工奠基。该项目位于应县新型产业科技创新园城西片区，占地1800亩，总建筑面积120万平方米，由华夏晋商投资控股有限公司投资，皇冠重工股份有限公司负责运营。该项目建设主要分三个单元，即工业制造园区、商贸园区、职工生活园区。项目建成后，将成为中国北方大型的汽车零部件、汽车集装箱挂车、特种汽车、专用汽车、电动车生产销售基地和各类家用轿车销售中心。(12)2012年8月22日，山西惠建电子液晶显示器项目一号车间液晶电视组装生产线全部组装完毕，进入试投产阶段。该项目的引进，填补山西省液晶显示器生产的空白。山西惠建电子液晶显示器项目占地100亩，总投资6亿元，分三期建设。(13)2012年8月25日，太重集团大型铸锻件国产化研制项目(又称万吨压机项目)炼铸钢系统正式投产。该项目2010年启动，总投资15亿元，包括炼铸钢系统和锻造热处理系统。万吨压机项目投产后，年新增钢水12.5万吨，年生产大型铸钢件2.5万吨，年产大型锻件4万吨；可提供最大铸钢件500吨，最大钢锭400吨，一次最大出钢量800吨，能够满足太重集团产品配套所需，产品广泛应用于军工、核电、火电、水电、船用、石油化工等领域，填补华北西北地区万吨压机的空白。(14)2012年9月11日，朔州安普新能源电动汽车项目在朔州经济开发区红旗牧场开工奠基。该项目是2012年"山西省重点工程""朔州市政府重点招商引资项目""资源可持续发展综改试验区"建设龙头项目。项目预计总投资50亿元，占地4000亩，年产30万辆电动汽车。(15)2012年11月29日，世界技术最先进、自动化和智能化程度最高的高速列车车轮生产线在太重集团铁路工业区正式投产，标志着我国高速铁路关键零部件国产化取得阶段性成果。太重高速列车关键零部件国产化项目总投资31亿元，其中一期工程为高速车轮生产线，投资16.86亿元，主要设备集中国际一流供应商的最先进技术。全线按工艺分为锯切线、锻轧线、热处理线、机加工线、检测线五部分，整条生产线具备年产30万片高品质车轮的制造能力。二期工程包括重轴和轮对两条生产线，重轴生产线以重载、高速和城轨高端车轴为主，设计能力为年产4万根；轮对总装生产线以高铁、城轨和出口轮对为主，具备年产3万副各类轮对的生产能力。（姚文举）

【对外合作】 (1)2012年4月23日，太重集团公司与全球核电设备产业巨头之一的美国西屋电气公司签署合作协议，成立太重派尔核电有限公司，共同投资建设核电燃料搬运设备产业和服务基地，努力打造成为国内一流的核电站燃料转运系统供货和服务公司。(2)江铃汽车重组太原重汽。2012年8月8日，江铃汽车股份有限公司重组太原长安重型汽车有限公司协议签约仪式在太原举行。根据协议，江铃汽车将收购太原重汽全部股权，其中包含中国长安汽车集团股份有限公司和中国兵器装备集团公司分别持有的太原重汽80%与20%的股权。收购完成后，太原重汽将成为江铃汽车全资子公司，拥有独立法人资格，继续现有的重型卡车生产经营及其相关业务。(3)美国时间2012年9月21日，太重煤机公司的威利朗沃集团在美国盐湖城以1250万美元(约合7907万元人民币)控股美国REI钻机公司60%的股份。太重煤机成为在国外成功并购两家外资企业的公司。美国REI钻机公司主营业务是设计和执行甲烷回收及销售项目，主要业务是为煤矿定向钻机成套工程服务及生产和销售钻机产品包括导向系统。并购后，太重煤机的主要产品千米定向钻机的孔底马达和导向控制系统在世界处于领先地位，同时还拥有矿业打钻工程服务公司，在中国拥有长期固定的煤矿市场。(4)2012年4月27日，中国北车所属永济电机公司与印度先锋公司举行合资意向签字仪式。印度轨道交通及机电装备急需发展和升级，市场潜力巨大。为把永济电机公司各领域产品更好地引入印度市场，永济电机公司与印度先锋公司拟定在印度设立合资公司。(5)2012年9月13日，罗克佳华工业有限公司与美国易安信电脑系统(中国)有限公司签订"联合开发解决方案及市场推广"战略合作协议，双方将合作成立研发及系统集成中心，入驻山西物联网产业园区云计算中心。项目建成后将为山西省乃至全国物联应用提供按需使用、扩展的综合云服务平台。(6)2012年，由西山煤电集团与广州光为照明科技有限公司合资的太原西山光为照明科技有限公司成立。该公司注册资金1000万元，产品包括矿井使用的各类防爆灯具、LED光源等。计划在5年内打造成山西省规模最大的大功率LED照明产品生产基地。（姚文举）

【市场开发】 (1)2012年2月，太重正式签订两台35立方米大型矿用挖掘机出口南非的合同，标志着该公司在实现世界太重的目标上迈出坚实的一步。(2)2012年5月9日，太重生产的世界最大的无缝钢管轧机机组装车发运韩国。该套设备工艺布置合理，运行稳定可靠，填补国内空白，具有广阔的市场前景，整体技术水平达到国际先进水平，一举打破国外公司长达半个世纪的技术垄断。(3)2012年8月，永济电机公司一批工矿电机车首次出口泰国交付用户。此次生产的产品包括3台套25吨蓄电池电机车及11台配套车辆，均按照客户要求研制的914轨距新制。作为运输牵引系统，这批工矿电机车将用于泰国首条地铁线。(4)2012年8月，中国北车永济电机公司自主研制的1500千瓦和3000千瓦大功率双馈异步发电机通过出口北美洲的ETL认证，成为国内第一家通过ETL认证企业，标志着该产品达到国际同类产品先进水平。永济电机公司认证的两种大功率风电产品的型式试验、IP等级测试、接地电流测试等各项指标完全满足ETL认证要求，将分别配套国内主机厂双馈发电机组整体出口北美洲风电市场。(5)榆缆线缆集团股份有限公司2012年6月26

日在天津股权交易所成功挂牌上市，标志着该企业从传统产业市场进入资本市场。该集团是集电线、电缆生产、电子元件科研开发、房地产开发销售于一体的股份制企业、中国500家最大电气机械及器材制造企业、山西省制造业百强企业，"榆缆"商标被国家工商总局认定为中国驰名商标。

（姚文举）

冶金工业

【概述】 1. 2012年主要指标完成情况。粗钢完成3950万吨，同比增长9.4%；生铁完成3997万吨，同比增长5.9%；钢材完成3798万吨，同比增长11.8%；铁合金完成187万吨，同比增长18.5%；焦炭完成8613万吨，同比下降3.1%。十种有色金属完成138.68万吨，同比下降3.4%，其中：铜完成9.81万吨，同比增长11.8%；铝完成105.57万吨，同比增长0.8%；镁完成22.77万吨，同比下降22.4%；氧化铝完成509万吨，同比增长1.5%。

2. 山西冶金行业的特点。钢铁行业除太钢外，其他企业产品单一，建筑用材占到企业产品一半以上，产品档次低、同质化，竞争激烈，产能相对过剩，利用率不高，且有扩大化的趋势。铝行业为典型的资源型经济，产业链不完整，氧化铝产能在扩大，电解铝产能在萎缩，深加工产能小、档次低。冶金企业亏损面大，整体处于微利和亏损边缘。（康建基）

【企业转型】 在项目建设方面，2012年，面对严峻形势，山西冶金企业着力推进重点工程项目建设。企业通过创新融资模式，保障项目资金，降低资金成本；通过创新项目管理模式，建立从项目决策、实施到评价的全过程闭环管理体系，确保项目的进度、质量和效益。太钢国际最先进的转炉、精炼炉、连铸机、宽幅光亮线等13个结构调整项目竣工或试生产。太钢硅钢冷连轧技术改造工程开工，项目设计产能100万吨，可满足国内市场对高端、特色、优质冷轧硅钢的需求。长钢精品高线工程是产品结构调整，实现产品升级换代的重要工程之一，于12月18日点火一次成功，项目投产后年产110万吨精品线材。山西建邦集团通才工贸有限公司1860立方米高炉建成投产。高义钢铁投资15亿元实施2×1380立方米炼铁高炉项目进展顺利。中铝山西分公司实施低碳综合利用挖潜改造项目，实现整合、提升、深化、创新的转型发展之路。山西同德铝业有限公司年产100万吨氧化铝项目2011年9月开工建设，截至2012年11月，完成投资3亿元，预计2014年10月完成建设。中国铝业兴县氧化铝项目于2011年5月正式开工建设，2012年进入厂房钢结构和设备安装阶段，计划2013年5月竣工投产。东方希望铝系统综合循环经济项目在灵石县奠基。

在新金属、新材料开发利用方面，太钢百吨级非晶带材中试线建成投产，产品进入市场，此外，太钢加紧研发镁合金、高温合金、耐蚀合金等新材料；山西宝太新金属开发公司成功产出钛合金等新产品；与中科院山西煤化所合作的高端碳纤维项目开工建设。

在工程技术产业化输出方面，2012年太钢工程技术产业化输出营业收入比上年增长1.97倍，利润增长53.2%。由太钢工程技术公司承建的新疆中泰化学100万吨电石项目五座石灰窑工程中的1号石灰窑点火成功，标志着太钢工程技术输出和EPC（工程总承包）取得重要成果。

（康建基）

【淘汰落后与节能减排】 2012年，全省冶金行业淘汰落后产能：炼铁55万吨、再生铅1.5万吨、铁合金15万吨。

太钢年产20万立方米蒸压加气砼生产线建成投产，实现粉煤灰全干送及零排放；哈斯科钢渣综合利用项目两条生产线进入试生产阶段；高炉热熔渣制棉生产线和高炉矿渣超细粉二期项目按节点推进。节能环保水平提升，吨钢综合能耗、新水消耗以及烟粉尘、二氧化硫、氮氧化物、化学需氧量、氨氮排放量均比上年下降；余压余热发电量占到总用电量的28%，二次能源回收利用量占总能耗的48%。太钢不锈钢可利用材加工中心进入平稳运行阶段，该中心具备开平、剪切、冲片、分条、折弯、平整等完善的加工能力，成品可直接供应园区企业或者对外销售，为下游产业提供更为方便快捷的原料供应服务。2012年，太钢被国家发改委评为"全国循环经济工作先进单位"。

面对高耗能的烧结法工艺，中铝山西分公司创新性提出走串联法技术路线，采用熟料低铝硅比烧成和粗液全合流生产氧化铝的新工艺。中铝山西分公司坚持不懈地挖掘资源的最大利用和环保不断优化，针对有较大可回收余热潜力的焙烧炉外排烟气，研发一整套适宜的工艺操作条件及工艺控制技术，填补低温烟气余热直接回收的国内技术空白。（康建基）

【兼并重组】 随着控股或参股的原辅料项目的建成投产，太钢对资源的掌控能力提升：太钢不锈钢工业园10万平方米加工配送项目建设完成后，太钢大明将形成50万吨以上的"加工材料"能力。在新材料领域，太钢不锈与宝鸡钛业合资的钛合金项目投产；与中科院山西煤化所合作的高端碳纤维项目开工建设，该项目在国内尚属空白，是国际先进的高科技项目。另外，不锈钢制品、金融投资、房地产、医疗健康产业都有明显的进步，为非钢产业的发展奠定基础。

首钢长钢与沁新集团合作的长沁煤业建设工程进展顺利，襄垣、潞城石灰石资源勘探第一阶段任务基本完成；与山西煤销三元煤业股份有限公司签订战略合作协议；与漳山发电有限责任公司共同申请加入国家正在试点的大企业直供电序列；参股山西三元中能煤业、向省政府申请配置岚县铁矿资源项目和襄垣熔剂分公司资源手续三项工作正在推进。

（康建基）

【技术创新】 2012年，太钢增强科技创新能力，推进结构调整项目，调整优化品种结构，提高产品市场竞争力。有28个产品国内市场占有率第一，36个品种成功替代进口。出口钢材54万吨，比上年增长10.2%，其中出口不锈钢35万吨，增长23.9%。

太钢发挥科技创新的力量,将“蓝海产品”列为研发重点。2012年,超纯铁素体不锈钢开发量快速增长,首次突破10万吨,国内市场占有率稳居第一。一批新产品的应用领域不断拓宽:经济型不锈钢批量应用于煤矿行业的瓦斯输送,超级奥氏体不锈钢904L首次批量应用于压力容器行业;耐热用不锈钢第一次打开回转窑行业市场。一批新型产品跻身国家重点工程:研发出双相不锈钢钢筋,通过英国建筑用钢筋CARES认证,并中标港珠澳大桥工程,作为新品数量大、效益高、转化快的典型,实现太钢不锈型材新突破;AP1000第三代核电用挤压不锈钢C型钢率先应用于我国第三代核电示范工程——浙江三门核电项目。新产品开发力度加大,新牌号、新客户、新行业快速递进:精密带钢公司开发的新产品应用于iPhone5手机;部分新产品还批量应用于压缩机和汽车配件行业。

太钢技术中心发挥中试车间优势,保证一天一炉钢,全年炼钢量较上年增加80%,为科研数量和质量的提升提供保障;同时开放实验室,为每名科研人员搭建起研发平台,为不锈钢高端产品研发奠定基础。

同时,太钢优化品种结构,增加高附加值产品比重。在国内钢材价格指数大幅下降的情况下,太钢钢材平均售价不降反升;跟进国家重点工程、重大项目和战略用户,钢材直销比例提高到70%,产销率达到100%;采用短期融资券、公司债、私募债券、境外融资等组合式融资方法,保证资金用量,降低资金成本。

太钢利用市场倒逼机制,推进管理变革,加大全面预算考评力度;开展对标挖潜,开展科技降本、管理降本,通过化解种种不利因素,降本增效近40亿元。

首钢长钢公司技术中心开发7种规格新产品,部分产品填补企业钢铁产品空白,推动公司新产品的升级换代。科技创新、强化管理,全年降本12.58亿元。

中铝山西分公司在实践中探索的联合法生产氧化铝新工艺、新方法,是低品位铝土矿生产氧化铝工艺的创新,具有综合利用低品位铝土矿生产氧化铝的诸多优势和降低成本的诸多前瞻性技术,是一项从实验室走向大工业生产的具有世界领先水平的新工艺技术。 (康建基)

化学工业

【概述】 2012年,山西省化工行业抓住煤炭价格回落、化肥等产品价格高位运行等有利因素,行业经济保持平稳较快的发展势头,经济增长的基础巩固。表现在培育发展战略性新兴产业,推进煤炭化工兼并重组与新型煤化工基地创建等方面取得成效。技术水平提升,投资结构优化,产业规模稳步增长,形成以“肥、醇、炔、苯、油”等优势特色煤化工为主的产业格局,为“以煤为基,多元发展”,实现由煤炭大省向煤化工大省的转变奠定产业基础。 (王乐意)

【产业规模结构调整】 截至2012年底,山西省化工行业规模以上企业243户,资产1284亿元,尿素、甲醇、聚氯乙烯、粗苯加工、煤焦油加工产能分别达700万吨、400万吨、120万吨、145万吨、300万吨。2012年,全省规模以上煤化工企业实现工业总产值777亿元,同比增长8.3%;主营业务收入893亿元,同比增长14.8%;实现利润18.4亿元,同比下降20.0%;固定资产投资完成329亿元,同比增长35.9%。

2012年山西省尿素产量722万吨,占全国的11%,列第二位;甲醇产量147万吨,占全国产量的5.6%,列第五位;粗苯加工、煤焦油加工分别为65万吨、170万吨,均位居国内第一位;氯丁橡胶、1,4-丁二醇及下游产品等生产规模和技术水平居全国前列。 (王乐意)

【产业技术创新】 根据《山西省技术创新项目管理办法(暂行)》的要求,行办配合省经信委技术创新处做好技术创新项目论证申报工作。2012年共审查上报31个技术创新项目。经过全省技术创新专家网上测评,技术创新处分两批下达9项化工立项项目,并组织专家对其中3个项目完成项目可研审查。根据省技术创新处《关于上报2012年上半年国家级和省级企业技术中心创新情况快报有关工作的通知》文件要求,组织国家和省级技术中心完成2012年上半年技术中心创新情况。组织相关技术中心参加省技术创新处召开的2012年全省企业技术创新暨技术中心建设工作会议。2012年行办根据省科技厅项目申报和科技奖励文件要求,共向科技厅上报重大专项项目2项,科技发展项目7项,科技奖励项目2项。根据省知识产权局文件要求,向省知识产权局上报申请自主专利资助项目3项。 (王乐意)

【兰花纳米碳酸钙采用新工艺】 纳米碳酸钙是一种超细粉体材料,我国产能达75万吨,规模小、能耗高、污染重已成为该行业发展的软肋,需要新技术、新工艺对现有装置进行优化和改造。兰花公司研发的高浓度二氧化碳碳化与常包覆技术在其1.5万吨/年纳米碳酸钙装置使用后,提高装置产能和产品质量,使综合能耗大幅下降,二氧化碳实现资源化利用。

采用该技术使现有1.5万吨/年纳米碳酸钙装置年产能增至4万吨,装置产能提高2.5倍。年节电1593万千瓦时,节煤12000吨。同时减排二氧化碳15400吨,经济、环保、节能效益可观。 (王乐意)

【气煤共采技术创新战略联盟】 9月15日,由山西晋城无烟煤矿业集团等29家单位组成的山西省煤与煤层气共采产业技术创新战略联盟在太原成立。

为推动产学研融合,山西省科技厅与山西晋城无烟煤矿业集团共同设立“山西省煤层气联合研究基金”,并作为山西省自然科学基金的组成部分,重点资助煤层气资源开发与利用、煤炭生物气化等方面的基础和前沿技术研究。

为推动山西省煤层气研究,山西省将每年投入1000万元建立“煤层气联合研究基金”,资助我国煤层气

产业领域前瞻性基础研究和应用基础研究。 （王乐意）

【重点项目建设】 2012年行业内转型、调产项目推进，主要有：山西省电石乙炔化工行业重要调产项目——阳煤百万吨电石（一期40万吨/年）项目投产；晋煤集团年产百万吨甲醇制清洁燃料项目、阳煤清徐新材料工业园区、山焦60万吨/年甲醇制烯烃项目、天泽集团“40.60”项目等开工项目进展顺利；兰花集团20万吨/年己内酰胺项目、同煤集团60万吨/年烯烃项目、襄矿集团20万吨/年合成气制乙二醇项目等开工奠基；同煤集团低变质烟煤清洁利用气电热一体化示范项目（煤制天然气）和潞安集团高硫煤清洁高效利用油化电热一体化示范项目（煤制油）通过国家能源局审批；煤销集团年产“40万吨聚丙烯、20万吨丁辛醇及IGCC多联产项目”开展前期工作。2012年全省化工行业在建项目218个，竣工项目70个，完成投资186亿元，同比增长33.2%。

为推进项目建设，促进行业转型跨越发展，行办配合省经信委相关处室开展《山西省工业转型升级实施方案》和《山西省煤化工产业国家资源型经济转型综合配套改革试验实施方案（2012）》等的编制工作，并对化工行业转型升级提出政策建议；对《产业转移指导目录（2012年本）》山西部分、《山西省新型材料产业“十二五”发展规划》等产业发展规划提出政策建议；筛选省化工研究所低碳生物质塑料配套助剂的开发等八个项目或产品申报山西省战略性新兴产业关键共性技术和关键产品推进重点。此外，完成2012年度技术改造项目咨询机构的审核推荐工作，共上报赛鼎工程公司、省化工设计院、泰华设计院三家机构，全部列入省经信委2012年度《技改项目咨询机构名单》。 （王乐意）

【山西电石产业调整项目投产】 阳煤集团100万吨/年（一期40万吨/年）项目经过一年半的建设，继5月29日成功点火，通过10天的连续运行调试后，于6月8日宣告正式投产，标志着山西省电石行业首个加快淘汰落后产能重大调整项目取得成功。该项目由上海宝钢工程技术有限公司设计，总投资约8.9亿元。根据山西省煤化工产业调整和振兴规划，阳煤集团100万吨/年电石项目被作为电石工业重新布局的启动项目，是阳煤集团2012年正式投产的第一个大型化工项目，采用国内单台产能最大的6台万千伏安全密闭电石炉，配套干法除尘系统、气烧石灰窑和计算机PLC系统集中控制管理系统等国内先进的生产工艺。100万吨/年电石项目投产，可实现低能耗、低污染和高清洁生产。项目按照发展循环经济的理念来建设，补齐阳煤集团乙炔化工产业链，提高产品市场竞争力。 （王乐意）

【焦炭企业转型煤化工】 3月，年产焦炭240万吨、焦油15万吨的山西大土河焦化有限责任公司投入213亿元，建设500万吨/年新型焦化及400万吨/年劣质煤气化后产生的合成气与焦炉煤气相互配合，形成“气化岛”，进而生产其他化工产品。

10月10日，年产焦炭200万吨的鹏飞实业集团公司总投资300亿元的500万吨/年焦化一体化项目一期建成点火、二期奠基，包括年产焦炭500万吨、煤焦油25万吨、粗苯6万吨、硫铵6万吨、60万吨甲醇及15万吨合成氨、30万吨丙烯等项目。

10月22日，山西焦化公告称，拟在山西省洪洞县赵城精细煤化工园区建设60万吨/年甲醇制烯烃项目，该项目以焦炉煤气为原料制甲醇，由甲醇延伸深加工生产烯烃，形成年产烯烃60万吨、聚乙烯30万吨、聚丙烯30万吨的生产能力。

据统计，山西焦化企业在建焦炉煤气制甲醇项目17项，产能414万吨。到“十二五”末，以煤制烯烃、煤制油、煤制天然气和化工新材料为代表的新型煤化工产能比重将大幅提高，产值将占全省化工行业比重80%以上，并摒弃“以量为主”的发展模式，转向“控量提质”。 （王乐意）

【现代煤化工产业改革】 山西省煤化工产业发展呈现出向大企业集团集中的态势，煤化工产业与煤炭产业融合步伐加快，煤化工企业与煤炭企业联合，为全省煤化工产业的发展注入活力。在晋煤集团10万吨甲醇制汽油项目和潞安集团21万吨煤制油项目稳定运行的基础上，山西焦煤集团60万吨焦炉煤气制烯烃项目、潞安集团百万吨级煤基多联产资源综合利用项目、阳煤集团现代煤化工项目、同煤集团煤制天然气项目、山西煤销集团煤电一体化项目等五个现代煤化工项目列入山西省转型综改标杆项目，项目快速推进；同时，晋煤集团百万吨级煤制清洁燃料项目、兰花集团己内酰胺项目、襄矿集团合成气制乙二醇等项目开工建设。现代煤化工正发展成为山西省煤化工产业的支柱产业。 （王乐意）

【《加快山西省煤化工行业转型跨越发展战略合作协议》】 9月16日，在第四届中国（太原）国际能源产业博览会上，中国石油和化学工业联合会与山西省政府在太原签署《加快山西省煤化工行业转型跨越发展战略合作协议》。山西省委常委、常务副省长李小鹏，副省长任润厚，石化联合会常务副会长李寿生、副会长赵俊贵出席签约仪式。

根据协议，双方将以新建大型煤化工项目为载体，联合组建山西现代煤化工研究设计院，开展油页岩、油砂、长焰煤制油气等可替代能源领域的战略研究，加快建立山西煤化工及可替代石油资源领域的技术创新支撑体系，争取国家可替代石油资源工程实验室落户山西。同时，引导山西煤化工行业向高端化和精细化方向发展，为山西新能源战略的实施奠定基础。

双方将在三方面进行合作：一是推进山西省煤化工产业的转型升级，为全行业做出示范，积累经验。以新建大型煤化工项目为载体，发挥山西煤炭企业原料、资金和化工企业技术、人才优势，探索煤化工产业由初级化、传统化向高端化、精细化发展的新路。二是开展新能源领域的战略研究。利用北京普凯源可替代石油资源有限公司在油页岩、油砂、长焰煤制油气的专利技术和研发成果,为山西省发展战略性新兴产业和实施新能源战略闯出一条新路。三是联合组建山西现代煤化工研究设计院,利用北京普凯源可替代石油资源有限公司的技术成果,发挥山西省化工研究所、应用化学研究所、化工设计院在精细化工、合成材料、高分子化工等领域的科研水平和工程化技术能力,打造国家级技术创新平台,提升山西省煤化工领域和新能源技术的创新能力。 (王乐意)

【煤化工发展存在的问题】 一是环境、水资源压力较大,产业发展受到制约。据环保部门统计,山西省煤化工产业的工业废水和COD排放量在全省10个工业行业中排第一位,环境问题成为制约山西省煤化工产业发展的重要因素。煤化工项目用水量相对较大,全省水资源分布却不均衡,水源建设工程相对滞后。二是行业结构不尽合理,产品附加值偏低。产业产品结构初级化,规模小,厂点多,产业结构的"传统型"特征依然明显。煤化工全行业整体装备水平偏低,还缺少拥有一流先进水平的特大型煤化工装置。全行业的工业增加值占总产值的比例低于全国35%的平均水平。三是吸引省外优势企业投资的条件不足。周边富煤省区出台各项优惠政策,吸引大企业投资当地煤化工。内蒙古、陕西、新疆为重大煤化工项目配套煤炭资源,并在土地、税收、电价方面给予优惠,而山西省可以给出的优惠政策吸引力不足,大型企业特别是重量级央企在山西省投资煤化工产业不足。 (王乐意)

医药工业

【概述】 2012年,山西省医药工业发展总体呈现持续向好态势。工业总产值完成132亿元,销售收入完成106亿元,分别比上年增长15%和6%。2012年,医药工业销售收入上10亿元的有3户,分别为振东、威奇达、亚宝,上亿元的企业有21个,分别为康宝、普德、仟源、云鹏、同药、同达、太原、石药银湖、同星、华康等。全国制药行业100强按资产总额排名亚宝药业列第74位、振东制药列第86名;按主营业务收入排名振东制药列第88名。 (张晓蕾)

【山西大学—振东制药研究生教育创新中心成立】 3月,山西省医药行业首个研究生教育创新中心——山西振东制药研究生教育创新中心揭牌。该中心是由山西振东制药股份有限公司与山西大学共建的省级研究生教育创新中心,由省经济和信息化委员会、省教育厅、省政府学位委员会及省产学研工程领导组认定。校企合作双方将以药品质量控制为重点研究方向,开展从原料基地建设到药品使用规范的全过程监控体系构建,针对企业在药品研发、生产、销售中的技术与政策法规等问题,开展合作研究和高端人才培养,逐步探索形成产学研联合培养研究生的新模式,推进实现校企的协同创新。 (张晓蕾)

【振东中—澳分子中医学研究中心成立】 5月11日,由山西中医学院、山西振东制药股份有限公司与澳大利亚阿德莱德大学联合建立的振东中—澳分子中医学研究中心在北京举行成立仪式。该中心设在阿德莱德大学分子与生物医学科学学院,以系统生物学和网络生物学与中医药结合,开展区域优势中药资源和产品开发研究为主要研究内容,是我国第一个以国际化产学研联合模式设在西方著名大学的中医药联合研究中心,第一次由西方著名综合大学在世界范围内为中医药学研究招聘特聘教授岗位,第一次在西方著名综合大学内以我国著名中药企业冠名的研究中心和教授岗位。该中心实行中医药学研究的国际化协同创新体系和机制,是开展中医药国际科技合作的新模式。 (张晓蕾)

【爱天然中草药保健有限公司在加拿大多交所创业板上市】 5月1日,山西瑞丰制药集团旗下的爱天然中草药保健有限公司在加拿大多交所创业板成功上市,获得数十亿加币的授信额度,成为全国第一家在发达国家上市的中草药企业。爱天然中草药保健有限公司总部设在温哥华,在美国、加拿大拥有天然植物保健品生产基地,成功出口山西党参、连翘、甘草、柴胡、太行白菊等几十种中草药。申请100多种保健品批号。企业在2012年加拿大销售达88万美元,企业将通过资本运作,拓宽国外市场。 (张晓蕾)

【企业兼并重组】 山西省重大兼并重组项目的签订和内部重组,全省医药企业实力增强。2012年年初,山西太行药业股份有限公司在长治市产权交易市场挂牌,公开转让54.75%股权。该公司与长治医药公司达成合作意向,重组工作有序进行;3月,山西省医药上市企业——仟源药业使用招募资金收购浙江海力生制药股份有限公司60%股权,竞争实力加强;为增加企业发展活力,华卫药业按照程序,通过评估、核准和挂牌交易,由企业原有大股东收购该企业国有产权。所有转让手续均已完成,公司拟改制,通过增加注册资本、异地迁建、扩大规模、增加品种等手段,为企业发展注入活力。 (张晓蕾)

【省级医药企业技术创新中心增添新成员】 2012年11月,经过省经信委、省科技厅、省财政厅、省国税局、省地税局、太原海关等相关部门审核批准,山西普德药业股份有限公司和山西同达药业有限公司两户企业技术中心为山西省第十六批省级企业技术中心。截至2012年底,山西省拥有国家级企业技术中心1户,省级企业技术中心15户。全省企业技术创新水平有了提高。 (张晓蕾)

【新版GMP认证】 截至2012年底,全省有亚宝药业集团股份有限公司、山西振东制药股份有限公司、山西康宝生物制品股份有限公司、山西仟源制药股份有限公司、石药银湖制药有限公司、国药集团山西瑞福莱药业有限公司、山西晋新双鹤药业有限责任公司、山西康源堂生物科技有限公司、山西昂生药业有限责任公司、山西皇城相府药业有限公司、大同长兴制药有限责任公司、山西诺成制药有限公司、山西振东道地药材开发有限公司等13家药品生产企业通过新版GMP认证。 （张晓蕾）

建材工业

【概述】 截至2012年底，全省建材行业规模以上382户工业企业完成工业总产值(现价)392.6亿元，同比增长5.25%，增速回落30.2个百分点；完成工业增加值121亿元，同比增长11.2%，增速回落8.9%，低于全省工业、全国建材工业0.7、0.3个百分点，占全省工业的1.9%；完成主营业务收入347.1亿元，同比增长5.5%；实现利税总额24.66亿元，同比增长1.02%；实现利润总额10.66亿元，同比增长10.2%。列入统计的24种主要建材产品产量中，水泥产量4917万吨，同比增长19.41%，占全国水泥产量的2.2%，排名第20位，其中预分解窑熟料产量完成2986.3万吨，同比增长12.14%；平板玻璃产量1975.8万重量箱，同比增长6.94%，增速回落3.6个百分点，占全国玻璃产量的2.6%、排名第11位。耐火材料制品产量233.1万吨，同比增长12.55%，增速回落17.1个百分点，占全国耐火材料制品产量的8.27%；建筑陶瓷砖产量1378.5万平方米，同比下降49.72%，增速回落29.6个百分点。商品混凝土产量492.6万立方米，同比下降20.65%，增速回落26.6个百分点。 （王　洋）

【固定资产投资】 截至2012年底，山西省建材行业完成固定资产投资286亿元，同比增长82.29%，增速位居全国各省市区中第2位，中部六省第1位，高出全国建材行业平均增速64.76个百分点，高出全省工业58.4个百分点。全省水泥工业完成投资57.7亿元，占全省建材行业总投资比重的20.2%，同比增长8.87%。技术玻璃、石灰石、石膏开采、防水建材、隔热及隔音材料制造、水泥制品、建筑陶瓷、建筑用石加工、砼结构构件、轻质建材、新型墙材等行业投资完成均持续保持一定幅度增长。在粉煤灰、煤矸石、炉渣、脱硫石膏等工业废弃物综合利用生产新型墙体材料、新型耐火材料及其他新型材料，以及煤系煅烧高岭土加工、泡沫陶瓷、铝塑共挤复合门窗型材和新型塑料复合管材、木塑建材制品和新型防水材料等新材料产业得到较快发展。

（王　洋）

【结构调整】 截至2012年底，全省建成投产新型干法水泥生产线8条，新增水泥产能1100万吨，水泥总产能达7100万吨，新型干法水泥占有率达98%，基本完成“十二五”目标。全省有30家水泥小企业进行升级改造，均形成60万吨以上的粉磨能力，水泥工业的结构调整将全面完成。平板玻璃的2050万重量箱产能均为浮法玻璃，玻璃深加工率达30%。建筑陶瓷砖产能近1亿平方米，企业平均年产规模达到400万平方米以上，全省产能排名前10位的企业生产集中度将近70%。新型墙体材料总产能达到360亿块标砖，占墙材总比重达到55%，新型墙材企业的生产规模及利废新型墙材的开发应用力度在持续明显加大。石膏、珍珠岩、铸石、石材、高岭土等非金属矿物材料工业及防水材料、化学建材等产业通过快速的发展，产生一批拥有技术优势、品牌优势，达规模、上水平的优势企业。耐火材料产能达400万吨，成为全国四大生产基地之一。 （王　洋）

【淘汰落后产能】 2012年，全省共淘汰落后水泥产能2310万吨，涉及企业113户。近五年淘汰水泥产能5430万吨，淘汰任务基本完成。山西省建材工业协会负责完成2012年度全省关闭20户小企业资金申报材料的审核工作。 （王　洋）

【招商引资和兼并重组】 2012年共引进投资约20亿元。水泥工业扶持和推动河北冀东、山东山水、华润集团、北京金隅、吉港水泥、浙江金圆等几个大企业大集团的兼并重组和发展，这些大集团总产能达3345万吨，占全省总量近一半。墙体材料工业随着利废和循环经济的发展，一批骨干大企业发展加快。耐火材料和煤系高岭土通过技术改造和联合重组，得到优化升级。 （王　洋）

【节能增效】 2012年，全省建材工业实现节能量约50多万吨标准煤。水泥工业余热利用的推广应用，得到企业普遍认可。全省有13户企业18条新型干法水泥生产线建成余热发电站，总装机容量118兆瓦，年可发电8亿千瓦时，一些企业在陆续改建中。主要污染物排放总体呈下降趋势，其中烟粉尘排放量和SO_2排放量年平均下降10%以上。全建材行业全年综合利用各类工业固体废弃物超过1500万吨，其中粉煤灰、煤矸石综合利用率均达到30%以上，电厂脱硫石膏等工业废弃物也得到有效利用。利用水泥窑协同处置工业废弃物、有毒有害废弃物、城市垃圾的工程试验在持续进行，脱硝处理工程实施建设中。 （王　洋）

【地方标准节能评估】 山西省建材工业协会完成《山西省水泥单位产品综合能耗限额标准》起草工作，并于2012年6月25日正式发布，从2012年7月25日起实施。正在制订《山西省铝硅系耐火熟料及制品单位产品综合能耗限额标准》和《山西省蒸压加气混凝土砌块单位产品综合能耗限额标准》通过专家初审和报批稿审查，将在2013年完成并发布实施。山西省建材工业协会在山西省建材工业设计研究院配合下，2012年按要求对5户新建和技改固定资产投资建材项目开展节能评估工作，提交的节能评估报告全部通过专家评审。

（王　洋）

【产品质量监管】 2012年，省建材行业管理办公室组织开展水泥企业化验室的年度考核和监督检查。按照国家工信部颁发《水泥企业质量管理规程》，组织人员对10户新投产水泥企业的化验室按《规程》规定要求进行评审考核，经考核和后期整改合格后颁发水泥企业化验室合格证和水泥检验报告专用章。组织对各市考核检查和省重点抽查，完成对全省213户水泥企业化验室合格证的年度考核

2012 年山西省新型干法水泥熟料生产线投产情况表

序号	企业名称	生产规模	熟料产能(万吨/年)	水泥产能(万吨/年)	地址	竣工时间
1	广灵金隅水泥有限公司	4000t/d	124	161.2	大同广灵县蕉山乡杜庄村西	2012.12
2	晋城山水合聚水泥有限公司	5000t/d	155	201.5	晋城泽州县金村镇	2012.12
3	山阴县炫昂建材有限公司	2500t/d	77.5	100.8	朔州山阴县北周庄工业园区	2012.12
4	太谷恒达煤气化有限责任公司	2000t/d	62	80.6	晋中太谷县侯城乡桃园堡村	2012.12
5	左权金隅水泥有限公司	3200t/d	99.2	129	晋中左权县城太子莲池 2 号	2012.12
6	山西中兴水泥有限公司	2500t/d	77.5	100.8	吕梁孝义市南阳乡下义棠村西	2012.11
7	山西金虎水泥有限公司	4000t/d	124	161.2	吕梁交城县洪相乡广兴村	2012.12
8	襄汾县星原钢铁集团有限公司	3200t/d	99.2	129	临汾襄汾县景毛乡西郭村	2012.12

工作和 9 户申报星级化验室评定的现场审核工作，对 10 户年度考核不合格的企业和 31 户关闭淘汰的企业注销其化验室合格证和检验报告章。

2012 年加强对建材产品的质量监督抽查工作。省建材质检中心全年完成 183 个水泥批次的定期监督抽查，批次合格率 99.3%，完成 100 个涉及 8 个品种的墙体材料产品批次，178 个预拌混凝土产品批次，52 个建筑陶瓷产品批次的产品监督抽查和定期监督抽检，批次合格率均达到 100%。组织对全省 170 户水泥企业进行对比验证检验，检验样品 511 批次，并与 172 家水泥企业和 13 家预拌混凝土企业进行水泥性能检测与化学分析大对比。通过对比验证和大对比，纠正和提高企业的检测条件和检验水平，确保质量检测和质量管理工作水平的提高。加强水泥标准砂的使用和管理。（王　洋）

【群众性质量管理活动】 2012 年 6 月通过对上报的优秀 QC 小组等集体和个人材料评审，择优分别向中国建材联合会和省质量与名牌协会推荐上报，有 5 个集体和个人分别荣获全国建材行业及山西省优秀 QC 小组称号。（王　洋）

【岗位培训与职业技能鉴定】 2012 年共对 392 名水泥中央控制室操作员、化学分析、物理检验、质量控制 4 个工种岗位人员进行理论知识及操作技能培训，经考试合格颁发相应岗位资格证书。142 人通过技能鉴定考核，其中有初级工 9 人，中级工 75 人，高级工 42 人，技师 16 人，获得人力资源和社会保障部颁发的技术等级资格证书。2012 年 6 月省建材行业管理办公室会同省人力资源和社会保障厅、省总工会、共青团省委，共同举办全省建材行业“华润福龙杯”化学分析、物理性能检验操作岗位职业技能竞赛，60 名选手经过两天的比赛，决出 2 个工种的前 6 名优秀选手。华润福龙水泥有限公司的张玉玲和山西天王台建材集团有限公司的于虹分别夺得两个岗位工种比武的第 1 名，荣获“山西省五一劳动奖章”和“山西省三晋技术能手”称号，张玉玲等 10 人获“山西省青年岗位能手”称号，有 2 人破格获得技师职业技能资格证书，10 人荣获高级工职业资格证书。同时评选出吕梁市经信委等 6 个优秀组织奖单位。（王　洋）

【协调服务】 1. 开展节能增效行业自律工作。省建材工业行业管理办公室配合河北、北京、天津省市在山西省中部地区尝试开展节能增效限产保价活动。2.做好全省建材行业经济运行分析工作。根据国家相关统计制度规定要求，建立重点建材企业经济指标月报制度，收集整理月度、季度经济运行报表，按季度对全省建材工业经济运行情况进行分析和形势预测，过山西省建材网和协会《会讯》向社会公布。同时向有关部门提供经济运行情况和市场形势态势以及应采取的对策措施建议，以确保行业和企业的健康发展。3.做好网站建设和会讯出版工作。全年共出刊《山西省建材工业协会会讯》十二期，并对《山西省建材网》进行改版、更新，制订山西省建材网管理办法，通过网站建设推动各项工作的开展，在宣传行业动态、宣传会员企业、提供信息服务等方面发挥作用。（王　洋）

【行业标兵树立】 2012 年对智海企业集团有限公司等38 户全省建材行业产业结构调整企业，冯建新等 37 名全省建材行业产业结构调整企业家进行表彰，并通过《山西日报》、协会会讯和山西省建材网等媒体向社会进行公告宣传。8 月份，根据省人社厅及省经信委关于开展推荐评选“全国建材行业先进集体、劳动模范和先进工作者”的通知要求，共推荐 3 个先进集体，10 名劳动模范和先进工作者。按照省人力资源和社会保障厅和省经信委关于评选全省建材行业先进集体、劳动模范和先进工作者的通知要求，对 7 个全省建材行业先进集体、13 名劳动模范和 6 名先进工作者进行表彰。在全省开展行业“最具影响力企业”和“知名品牌企业”的推荐评选活动，通过各市推荐和专家评审，评选出 5 户全省建材行业最具影响力企业和 5 户全省建材行业知名品牌企业，进行表彰，并通过《山西日报》《山西省建材工业协会会讯》和山西省建材网等媒体向社会进行公告宣传,并作为参加"环渤海地区建材行业最具影响力企业"的推荐评选活动和"环渤海地区建材行业知名品牌"评价工作的候选推荐单位。

(王　洋)

【存在的问题】 一是全省水泥产能达7100万吨,供大于求。平板玻璃亏损,仍没有回暖。水泥、玻璃供需矛盾突出,产销不旺,引发恶性竞争的被动局面。二是产业集中度普遍较低,大企业大集团的形成需要过程,产品的话语权、掌控权不足,市场形势难以改变。三是企业融资难、成本高。建材企业受高能耗高污染的影响,大中小企业均面临融资难的问题,导致企业融资成本提高,企业负担加大。四是节能减排加大企业的生产运行成本,相关政策不配套。五是水泥、建筑陶瓷等产能过剩行业固定资产投资仍维持较大规模,高水平重复建设导致总量控制更加困难。六是无机非金属新材料的产业规模化发展不足,绿色建材的发展与推广应用滞后。

(王　洋)

纺织工业

【概述】 2012年受国际市场需求减弱、国内市场需求增长趋缓、国内外棉差价过大等因素影响,全省纺织工业经济运行呈现下滑态势,增速下降,经济效益大幅下滑。根据省经信委提供的43个规模以上纺织企业经济指标来看,2012年全行业实现主营业务收入54.1亿元,比上年增长3.94%,远低于全国纺织工业10.7%的增长速度;实现利润总额1.1亿元,比上年下降56.69%,而全国纺织工业增长7.8%;利税总额2.4亿元,比上年下降36.17%;亏损企业16个,亏损面达到37.21%,比上年扩大11.63个百分点;亏损企业亏损额1.3亿元,比上年增加85.71%;主营业务成本48.6亿元,比上年增加4.47%;利息支出1.3亿元,比上年增加26.21%。

存在的主要问题:一是纺织工业规模小,布局分散,难以产生规模效应,形成恶性循环。二是总体装备水平不高,产业链较短,产品单一,平均利润相对较低,缺乏新的经济增长点。三是企业用工成本和原料成本逐年增加,原棉价格一直处于高位运行。每吨棉花国内价比进口价高出5000元左右,一度相差6000元左右,高于进口棉纱的价格,意味着所有跟棉花沾边的出口产品,在价格上无法跟国外的厂家竞争。棉花征收17%的增值税,但抵扣只有13%。四是山西省纺织企业多为中小企业,融资环境差,贷款很难,企业无法提高技术装备水平,只能保本或亏本经营。

(孙宝明)

【第五届两岸纺织科技研讨会】 7月9日,由台湾纺织产业综合研究所、台湾产业用纺织品协会、太原理工大学、省纺织工程学会联合主办,太原理工大学轻纺工程与美术学院承办的"第五届两岸纺织科技研讨会"在榆次召开。大会主席、中国工程院院士姚穆,大会副主席、太原理工大学校长张文栋,中国纺织服装教育学会会长倪阳生等出席开幕式。来自海峡两岸18所高校、5个研究所和6家企业的59位专家学者、企业家,以及其他相关人员共200余人参加会议。

(孙宝明)

【服装家纺行业自主品牌建设】 服装和家用纺织品是山西纺织工业中发展最快的行业,初步形成研发、设计、制造、销售的现代服装业体系,并以品牌化、专业化市场和相关服务为支撑,自主品牌建设取得成效。其中:"兵娟"牌荣获中国驰名商标称号;"绿洲""三五三四""億百顺""佶利尔""森鹅""红萍"等自主品牌被认定为"山西省著名商标"和"山西省名牌产品"。

2012年山西省纺织工业行业管理办公室按照工信部的部署,根据省经信委《全省服装家纺自主品牌调查分析工作方案》(晋经信合作字〔2012〕138号)要求,对际华三五三四制衣有限公司等服装和家用纺织品企业的自主品牌建设情况进行调查,并对企业上报资料进行复核。

经过复核,际华三五三四制衣有限公司、山西兵娟制衣有限公司、山西特别特制衣有限公司、山西芬德制衣有限公司、山西森鹅服装有限公司、山西红萍服饰有限公司、山西吉利尔潞绸制造股份有限公司、晋城市晋氏实业有限公司、山西绿洲纺织有限责任公司、山西金澜丝绸纺织品有限责任公司基本符合上报条件,后经省经信委审核后上报工业和信息化部。这10个企业的主营业务收入占到全省纺织工业的40%以上,实现利税占到75%以上。

(孙宝明)

【印染企业实施准入公告管理】 山西省纺织工业行业管理办公室根据《印染行业准入条件(2010修订版)》细化32个核查项目,形成《山西省2012年印染企业准入公告管理现场核查表》(试行稿)。山西规模以上的印染企业(含服装印染及染纱)共有7个,印染总能力约为2.2亿米。从5月25日开始,现场核查专家小组在运城、晋城两市经信委的协助下,对提出准入公告申请的山西一洲纺织印染有限公司、山西森鹅服装有限公司、晋城市凤凰织品有限公司进行现场查看,重点是企业的生产工艺与装备、质量管理、能源消耗、环境保护与资源综合利用、安全生产与社会责任等方面是否达到准入条件。

通过现场核查,查阅相关资料和证明,专家组认为山西一洲纺织印染有限公司和山西森鹅服装有限公司基本达到准入条件,同意这两个企业上报工业和信息化部进行公告。晋城市凤凰织品有限公司的生产设备比较落后,车间仍有列入国家淘汰目录的设备在线生产,经专家小组与晋城市经信委及企业负责人沟通,决定待企业今后技术改造完成以后,再进行准入验收。

山西彩佳印染有限公司(运城市)总生产能力为5000万米印染布/年,申报的淘汰落后产能项目包括:74型染整生产线1条,涉及产能1500万米印染布/年。主要设备包括:烧毛机、打卷机、卷染机、显色皂洗机、热风打底机、焙烘机、轧水烘燥机、布铗拉幅机、三辊轧光机、码布验联合机、电动打包机、预缩机等共40台。经现场核查,这条印染生产线属于列入国家淘汰目录的“74型生产线(包括前处理、染色或印花后整理)”,其生产能力和设备型号与企业申报情况相符。拟淘汰设备的产量至少应占总生产能力的80%以上,截至5月25日现场核查时,已拆除设备26台,并做了毁废处理。现场核查人员对剩余设备和部分拆解下来的零部件和材料进行查验拍照,剩余设备的拆除工作于9月底前完成。

山西森鹅服装有限公司(晋城市)申报的拟淘汰设备生产能力为40万米针织面料/年。申报的淘汰落后产能的设备包括:Q113-28绳状染色机1台、WMD-3多功能染色机1台。这2台设备均属于列入国家淘汰目录的“浴比超过1:10的间歇式染色机”,使用年限均在15年以上。截至5月27日现场核查时,Q113-28绳状染色机已拆除,WMD-3多功能染色机于9月底拆除。 (孙宝明)

【《山西省志·纺织工业志》完成送审稿】 《山西省志·纺织工业志》的编纂始于2007年10月,共分概述、志、人物、大事编年、附录、索引六部分,其中志分18编67章。

编纂过程中,坚持“三个原则”:一是大纺织口径的原则,包括传统纺织行业、化学纤维行业、服装鞋帽行业和纺织机械制造行业领域,涉及国有、集体、外商、私营等各种所有制企业。二是反映改革开放的原则,多数编章断限为1978~2008年,以便全面、真实、准确反映1978年以后纺织工业改革与开放的深刻变化。三是突出志书特点的原则,摒弃讲话稿、工作报告等资料,力戒空话、套话、废话,使之成为体现思想性、科学性、资料性、可读性的志书。 (孙宝明)

【技术创新】 山西新新纺织行业技术中心发挥行业技术中心的作用,实施五个技术创新项目:一是通过实施“牛奶蛋白纤维系列产品开发”带动省内部分纺织企业形成上下游衔接的技术创新体系,3月15日该项目通过省科技厅组织的验收。二是“土工布技术开发”项目于5月15日通过省经信委组织的专家论证,研究山西省发展土工用纺织品的方案,探讨企业交流合作、建立产业用纺织品产业示范基地的可行性。三是省纺织工业行业管理办公室于6月29日,召开“长绒棉与牛奶蛋白纤维混纺系列纱线开发”技术创新项目验收会。该项目利用山西纺织行业技术资源,采取联合攻关、集成创新措施,形成上下游协调、产学研结合的技术开发体系,为山西省纺织行业技术创新和产品开发创立新的模式。四是完成“聚苯硫醚长丝生产技术开发”项目。五是加大“数码艺术织物应用技术开发”产学研联合项目的研发力度,建立项目试验平台,像景画的设计与制作技术完善具备推广条件。

山西彩佳印染有限公司实施的技术创新项目“还原染料电化学连续轧染工艺及设备开发”和“棉织物连续快速冷堆练漂方法(工艺)”,通过省科技厅组织的成果鉴定;山西新天玺科技有限公司“XTXBG201型特殊纤维气流成网机”在天津工业大学试用,通过省科技厅组织的成果鉴定。山西绿洲纺织有限公司成功攻克大麻雨露麻湿纺纱技术,投入批量生产。

际华三五三四制衣有限公司研发的“一种烫领花孔装置”获国家发明专利,专利号:ZL200910227892.8。至此,该公司拥有2项国家发明专利、21项实用新型专利,并晋级省级研发中心。 (孙宝明)

【服装行业职业考评与技能大赛】 2012年9月1日,由中国纺织信息中心、山西省服装协会、山西新新纺织行业技术中心联合组织的山西省第二批纺织面料设计师职业考评工作在太原理工大学轻纺工程与美术学院举行。全省共有21人参加,其中针织物设计2人、机织物设计10人、图案设计9人,涵盖纺织工程、服装设计与工程、服装艺术设计、装饰艺术设计等4个专业及方向。际华三五三四制衣有限公司邢君茹荣获一等奖,陈慧龙、王慧慧、任王娜、姚春燕、慎凯玲、吴卫菊、郭洁丽、展金丹获优秀奖;山西绿洲服饰分公司田林获二等奖,王燕妮、卫会梅获优秀奖;太原理工大学轻纺工程与美术学院孙云、卢致文分别荣获二等奖、三等奖,吴改红、卫小鹃、闫晓丽获优秀奖;闻喜福利工艺厂郭鑫获三等奖,杨晶慧获优秀奖;山西兵娟制衣有限公司李晓晶获得三等奖,郑香楠、董霞获优秀奖;山西森鹅服装有限公司李锋、晋城职业技术学院申莉轩、左权三星制衣有限公司高向芳、山西吉利尔潞绸织造股份有限公司邵路丹、孙梦绯、宋格获优秀奖。山西绿洲服饰分公司田林、山西兵娟制衣有限公司董霞、太原理工大学孙云和卢致文,分别获得家庭护理装、家庭保洁装、护士工作装和公务/商务会谈装的单项奖。组委会分别给予邢君茹申报山西省五一劳动奖章、三晋技术能手、三八红旗手等荣誉称号和技师资格;给予田林、孙云申报个人一等功,给予郭鑫、卢致文、李晓晶申报个人二等功,同时申报高级服装设计定制工职业资格。

9~10月,由山西省服装协会、山西新新纺织行业技术中心承办山西省第四届女职工职业技能大赛服装设计创新项目竞赛主题服装设计评审。评委对来自全省11个单位28位选手的112幅作品进行严格评审,推荐10名选手的作品参加全国女职工职业技能大赛。11月21日,际华三五三四制衣有限公司邢君茹荣获全国女职工职业技能总决赛第四名,组委会授予其竞赛奖章。

11月1日,由中国纺织信息中心主办、国家纺织产品开发中心协办、纺织行业职业技能鉴定指导中心提供技术支持的第二届“金梭奖”全国十佳纺织面料设计师获奖名单揭晓,山西绿洲纺织有限公司教授级高级工程师田华获此殊荣。 (孙宝明)

【产品获奖】 2月23日,山西绿洲纺织有限责任公司开发的双色大麻循环涤弹力布以其绿色、环保、保健的优良特性入围第27届(2013春夏)中国流行面料。至此,该公司连续27次入围“中国流行面料”。

3月10日,在中国印染行业协会第四届五次会议暨四届五次常务会议上,中国印染行业协会授予山西彩佳印染有限公司“中国染整功能性面料研发生产基地”称号。3月24日，山西彩佳印染有限公司开发生产的多功能整理户外防护服面料荣获2012年度中国优秀印染面料一等奖，山西华晋纺织印染有限公司生产的有机棉斜纹面料荣获二等奖。（孙宝明）

【标准化与质量管理】 7月1日，由全国纺织品标准化技术委员会麻纺织品分技术委员会组织制定修订的FZ/T33013-2011《大麻棉混纺本色布》、FZ/T32013-2011《大麻棉混纺本色纱》两项标准开始实施。这两项标准的第一起草单位是山西绿洲纺织有限责任公司，该公司参与编写的《大麻涤纶混纺本色纱》《转杯纺大麻本色纱》通过标准审定。

9月1日，GB1103棉花国家标准颁布，山西省纺织工业行业管理办公室配合中国棉纺织行业协会和中国纤维检验局对棉花新标准的宣传贯彻进行前期准备工作。

11月8~9日，全国纺织行业质量大会暨全国纺织行业质量奖、实施卓越绩效模式先进企业表彰仪式在北京召开，山西纺织服装行业有4个企业受到表彰。际华三五三四制衣有限公司、经纬纺织机械股份有限公司榆次分公司被中国纺织工业联合会授予全国纺织行业质量奖鼓励奖，山西兵娟制衣有限公司、山西格芙兰纺织有限公司荣获全国纺织行业实施卓越绩效模式先进企业称号。

（孙宝明）

轻工业

【概述】 2012年山西省轻工行业整体运行良好，全年完成工业增加值300亿元，实现产品销售收入750亿元，实现利税80亿元，实现利润35亿元，同比增幅都在20%以上。

轻工业增速明显快于重工业。所占比重达到5.1%，同比上升0.8个百分点。特别是食品工业增速为17%，高于全省工业增速5.7个百分点。农副食品加工业贡献份额最大，所占比重38.4%，拉动全省食品工业增长6.5个百分点。其次，饮料制造业、食品制造业、烟草制品业分别拉动全省食品工业增长5.6个百分点、2.2个百分点、2.6个百分点。从经济效益看，食品制造业利润最高，实现利润总额4.3亿元，同比增长45.8%，所占比重15.4%。主要产品：白酒累计完成8.01万吨，同比下降6.9%；软饮料完成40.72万吨，同比增长4%；液体乳累计完成35.5万吨，同比增长30.7%。

（袁 珊）

【行业动态】 山西食醋企业2012年开展食醋企业重新审核换发生产许可证工作。规范食醋产业的生产秩序，淘汰一批基础条件差的生产企业，提高食醋产品的总产量和质量安全水平。

山西借“醋王大赛”“中国老陈醋文化节”“山西老陈醋中华行” 等活动，宣传山西老陈醋品牌，以加快醋产业发展，实现由产醋大省向醋业强省转变。在2012年的财政经济建设工作中，醋产业作为山西财政支持产业转型的重点内容被提出。山西虽然堪称产醋大省，但由于品牌效益差、企业分布分散、同行压价竞争、资金短缺等多种因素的制约，山西老陈醋的地位和影响力甚至被江苏“镇江香醋”、广东“海天”等外埠品牌超越，行业发展空间受到挤压。2012年，山西财政推动醋企业加强产学研合作，力争建设一个国家级食醋技术中心。同时，全力争取“食醋国家标准”出台，利用“贴标”的手段严厉打击假冒伪劣商品，为合法企业腾出空间。加强食醋食品安全标准的宣传、引导和培训，确保食品安全。

2012年8月20日，中国太原（清徐）国际醋文化节开幕。本次文化节有三个特点，一是国际化，二是规模化，三是文化化。为期一周的中国太原（清徐）国际文化节活动期间，每天参观人数达到2万人次，签约项目14个，总金额15.87亿元。意大利、俄罗斯、日本以及江苏、浙江、上海、台湾等国内外60余家企业参展。

中国民生银行山西陈醋产业互助基金与陈醋产业商业合作社揭牌成立，提供山西陈醋产业互助基金，致力于山西陈醋产业的转型升级。副省长张建欣参观国内外名醋企业展位，并要求山西醋业要做大做强，必须实现传统与现代融合、文化与经济融合、区域与国际融合。必须借助传统文化与现代技术，提高醋产品的附加值。

（袁 珊）

【政策支持】 工业和信息化部、国家发改委2012年1月12日联合发布《食品工业“十二五”发展规划》，适当调低“十二五”时期的预期发展速度，利税年均增长预期目标确定为12%左右，比总产值增长目标低3个百分点。

2012年省财政充分发挥财政资金引导作用和税收政策调节作用，支持特色食品工业等新型产业，促进比重的提高和水平的提升。（袁 珊）

【食品安全】 为加强食品安全管理，提高食品企业的诚信保障能力和食品质量安全管理水平，山西省率先在乳制品、食醋、葡萄酒三个行业试点建立食品诚信体系，全省确定食品诚信体系建设咨询机构2家，为山西省食品工业协会和山西省食品工业研究所。聘请专家28名，分别来自省食品工业办、省食品工业研究所、省轻工行业办。参评企业原则上优先选择已确定的乳制品、食醋、葡萄酒三个试点行业的企业。

2012年6月11日，食品安全宣传周活动在太原启动，旨在落实《2012年山西省食品安全重点工作实施方案》和推动食品安全宣传教育工作的开展。重点抓好食品安全“七项整治”：深化食品非法添加剂和滥用食品添加剂专项整治；深化乳制品、食用油、肉类、水产品、酒类、食醋、食品添加剂和保健食品等8项重点品种综合治理；开展食品交易市场、城乡结合部、城中村、建筑工地、中小学校园及周边等重点场所的食品安全专项整治；开展农兽药残留专项整治；开展畜禽屠宰专项整治；开展调味品专项整治；开展餐具、食品包装材料专项整治。（袁 珊）

【项目签约】 在北京举行的第二届山西特色农产品北京展销周中，山西亿佳美食品有限公司芦笋深加工扩建项目签约。该公司还与北京亦法兴商贸有限公司签约一个贸易项目——速冻水饺系列食品销售,总贸易额24亿元,签约金额1.5亿元。

(袁　珊)

【产品出口】 经山西出入境检验检疫局检验合格,山西省出口健身器材与上年同期相比,分别增长336.2%和349.9%。山西新和实业有限公司、山西安鸿健身器材有限公司、山西盛杰体育用品有限公司等企业,针对国外客户的需求,注重应用新技术,成功研发出模压配重盘等一系列绿色环保产品。在巩固传统美国市场的同时,打入欧盟、东南亚、南美等国际市场。

(袁　珊)

【信息评选】 2012年7月,由山西省工业经济联合会、《山西日报》、《山西经济日报》组织,以企业全年营业收入为主,结合总资产贡献率、全员劳动生产率、环保、安全生产等指标,综合评分产生山西省2011年度工业企业30强,山西杏花村汾酒集团有限公司位列21位。

2012年7月,在中国轻工十大品牌及优秀特色展会表彰大会上,山西大华玻璃实业有限公司、山西宏艺玻璃器皿有限公司评为2011年度中国轻工业日用玻璃(玻璃器皿)行业十强企业,山西中德塑钢型材有限公司、山西惠丰型材有限公司评为2011年度中国轻工业塑料(塑料型材)行业十强企业,山西澳瑞特健康产业股份有限公司评为2011年度中国轻工业体育用品行业十强企业,太原双合成食品有限公司评为2011年度中国轻工业焙烤食品糖制品(糕点行业)十强企业。

2012中国工艺美术"百花奖"评选展览在福建省莆田举行。山西宏艺公司参展的作品——大型花丝摆件《晋祠圣母殿》《应县木塔》获得"百花奖"金奖。

(袁　珊)

【项目建设】 2012年,全省100项重点工程开工项目中有轻工项目2个,洪洞恒富美尔美陶瓷有限公司1亿平方米高新绿色建筑陶瓷生产线建设项目和山西沁源春矿泉水开发项目。

2012年,通过省轻工业行业办申请省科技厅的项目分别是山西省玻璃陶瓷科学研究所3项,为科技创新计划项目"导电玻璃包覆缺陷型磷酸铁锂"、科技基础条件平台建设项目"日用陶瓷技术转移服务平台建设"、科技攻关计划工业项目"锂质陶瓷蓄热体的研究";山西合盛工贸有限公司1项,为科技攻关计划工业项目"双网鼓式纸浆压榨机提取黑液的研究和应用"。

山西省玻璃陶瓷科学研究所完成科技工业项目——"氮化硅泡沫陶瓷的研究"申请验收。该项目总投资30万元,省科技厅补助20万元,于2008年开始,到2010年完成,2012年申请验收。

山西水塔食品产品检验检测公共服务平台项目申报完成。项目按照醋产品生产链和专业化要求改建实验室,满足从制曲、原辅料、食品添加剂、醋产品、包装物等全过程的分析检验,建立食醋产品检验检测公共服务平台。该项目预计到2013年建成,总投资3249万元。

(袁　珊)

【驰名商标认定】 2012年新认定的中国驰名商标中,轻工行业有山西郭氏食品工业有限公司的"郭国芳及图"、山西太谷通宝醋业有限公司的"明泉宝及图"、山西杏花村汾酒厂股份有限公司的"汾"。山西杏花村汾酒厂股份有限公司在1997年获得"杏花村"、在2005年获得"竹叶青"、2012年获得"汾"三件中国驰名商标,成为全省唯一拥有三件中国驰名商标的企业,被国家工商总局评为山西唯一一家"国家商标战略实施示范企业"。

(袁　珊)

【地区发展】 太原市经信委、市食品工业协会2012年出台《太原市食品工业"十二五"发展规划》。"十二五"期间,太原市将建设2~3个食品工业集聚区,发展食醋、乳业、酒业、饮料业、焙烤业、肉制品加工业、小杂粮加工业、干果加工业等产业集群,引导食品工业企业向园区集聚。规划的发展重点为做大做强四大传统食品产业;培育壮大5大醋企业;组建大型食品集团;提高白酒的生产水平和产品档次;注重葡萄酒和佐餐酒同步发展;研究开发多功能、高营养、高附加值的乳制品,带动乳制品加工业上档次、上规模。同时做细做好四大特色食品产业;推进屠宰加工业产品结构调整,加强肉蛋制品的精深加工;扩大无公害、无污染的果品、蔬菜基地建设;延伸杂粮产业加工链条;研究特种食用油脂和附加值较高的特色油脂加工技术。

吕梁市酒制造业的工业增加值占全市的5.2%,成为支柱行业之一。

怀仁县把"以煤扶瓷,煤瓷联合"作为推进产业转型的重要载体,一家煤炭企业结对扶持一户陶瓷企业,发展壮大陶瓷业,实现由"黑"向"白"的全新转型。借助建设朔州市金沙滩陶瓷工业园区的有利时机,投资20亿元,新上15家陶瓷生产企业、27条生产线。全县陶瓷生产线达到100条,产能达18亿件。在园区内筹建山西省日用陶瓷质量监督检验中心,筹建硅酸盐研究所、怀仁县职业技术学院、朔州市陶瓷博物馆,逐步构建"产、学、研、销、展"一条龙产业体系,打造集科研、开发、生产、仓储、物流于一体的日用瓷生产基地。截至2012年,各类项目开工96项,完成投资53亿元。

2012年,榆次区围绕"五大百亿产业集群",推进工业结构调整,以山西老陈醋生产基地为载体,整合区内酿醋作坊,推进中粮三盟醋业和福源昌醋博园建设进度,促成天地一号、娃哈哈等大型企业与区内陈醋企业深度合作。做大做强醋饮品、醋保健品,推动陈醋产业质的飞跃。打造一批规模大、实力强、效益好的百亿元级优势企业群体,打造全国最大的山西老陈醋生产基地。山西老陈醋集团公司投资4.2亿元,在怀仁村兴建山西福源昌老陈醋科技文化博览园,项目包括新型液态醋生产中心等16个项目。

运城市轻工业增长20.9%以上,比重工业1.4%的增速高19.5个百分点。农副食品加工业同比增长17.2%,酒、饮料和精制茶制造业同比增长

55.8%,合成洗涤剂同比增长6.2%。

神池县在2012年投产的项目有万吨燕麦加工厂,组建庆秋圆食品集团和自永和食品集团两大月饼生产联合体,在北京国际会展中心举办神池月饼美食文化展销会和第七届神池月饼美食文化节。

汾阳市杏花村,总投资139亿元的标杆项目将成为中国最大的清香型白酒生产基地。

长治市轻工业保持较快增长,工业增加值增长36.2%,比重工业高24.5个百分点。（袁　珊）

【检查验收】 国家企业减负专项行动检查组一行5人于2012年11月27~29日对山西省企业减负专项行动工作情况进行检查,其间在山西娃哈哈昌盛饮料有限公司进行实地调研。

2012年山西汾酒集团国家知识产权企业试点工作通过山西省知识产权局专家组的考核验收。

（袁　珊）

国防科技工业

【概述】 2012年,全省国防科技工业贯彻中央和山西省稳增长、调结构、促转型的经济工作主基调,克服欧债危机、世界经济低速增长、国家经济增速放缓等不利因素影响,军工经济保持平稳健康发展。军品科研生产任务完成,军工核心能力建设取得进展;民品保持平稳增长,产品结构调整取得突破;民爆行业持续增长,产业水平有所提升;经济实力壮大,发展质量和效益提高,职工收入稳步增长。全年实现销售收入320.47亿元,同比增长12.42%;完成工业增加值69.37亿元,同比增长11.39%;军工资产达到526.24亿元,同比增长8.58%,资产负债率64.08%;实现利润7.86亿元,同比增长37.26%;职工年均收入38436元,同比增长10.48%。

全省军工承担的武器装备科研生产项目,均高质量按节点完成,军工整合重组初见成效,核心能力提高。全行业未发生重大质量事故。推动实施科技创新驱动战略,技术创新成果显著,全系统共获得6项国家科学技术奖国防专项奖,21项国防科学技术进步奖,2项国防技术发明奖一等奖。

（赵云刚）

【军民融合发展】 2012年,全省国防科技工业开展“项目落地年”活动,落实省政府与五大军工集团战略框架协议,军民融合式发展取得进展。一是政策引领。贯彻落实国发〔2010〕37号文件精神,提出《山西省人民政府关于加快推进军民结合产业发展的意见》,提交省政府研究。二是跟踪服务。建立领导分工负责制,一个领导联系一个集团,落实山西省政府与军工集团签署的战略合作框架协议项目。三是建立机制。建立与太原市、大同市推动驻地军工企业建设发展的协调机制,解决规划、土地等方面20多个问题,与省环保厅协调解决环评审批问题。全省军工落地建设项目117项,总投资377亿,完成投资113亿。在项目建设、节能减排、技术改造、科技攻关、自然基金等方面,为企业争取到省相关部门的政策和资金支持。四是推动民品跨越发展。发挥军工优势,抓住全省转型跨越发展和建设综改试验区的机遇,加大规划引导、政策扶持、督查协调、考核激励工作力度,推动军工民品跨越发展。高精度铜板带、风力发电机、节能电机、矿用避难硐室、太阳能电池硅片及成套装备等一批具有先进技术和市场潜力的民品项目建设投产,成为新的经济增长点。军工系统民品销售收入同比增长11.18%。五是扩大民口配套能力。以军品科研生产为纽带,引导省内民用资源参与到军品科研生产中,加快“民参军”步伐,全省民口配套单位的规模和数量提高,成为山西军工崛起生力军。（赵云刚）

【军工安全生产】 树立安全发展理念,全行业实现安全发展。一是落实企业安全生产主体责任,推行法人安全生产承诺,与各企事业单位签订“零死亡”责任书。二是排查隐患,开展安全生产“打非治违”专项行动和百日安全生产活动,强化现场管理和隐患治理,杜绝各类安全生产事故。三是监督检查,确保十八大期间安全稳定。四是严格安全生产制度,加大安全培训力度,推进安全生产标准化建设,加大重大危险源监控,发现问题,责令整改。10月份,省监察厅在对落实省政府112次常务会议精神进行督查时,对省国防科工办开展安全生产工作的做法给予肯定。全年安全生产形势平稳,未发生重伤以上安全生产事故,十五年来军工系统首次实现零死亡,完成省政府下达的安全生产指标。（赵云刚）

【质量计量和保密监管】 2012年,全省国防科技工业贯彻落实武器装备科研生产的各项法律法规,夯实质量工作基础,加强质量管控工作,强化计量考核认证,全年表彰QC成果36项,促进企业质量管理规范化、法制化。全行业未发生质量事故。加强军工保密和安全保卫工作,落实安全保密责任,执行安全保密“六项规定”,开展保密工作“系统建设年”活动,全系统保密建设水平提升。狠抓保密教育和培训,全年培训专兼职保密管理干部、计算机信息系统管理等人员238名,并取得上岗证书。进行保密检查和安全保密条件审查,排查军工单位安全保密隐患,各项工作做到依法行政、依法管理,保障科研生产。全年检查25个重点保密单位,完成10个单位安全保密条件审查,排查军工单位周边安全保密隐患14处,未发生重大失泄密案件。

（赵云刚）

【民爆安全监管】 2012年,全省民爆行业贯彻省委、省政府和工信部要求,开展“安全生产专项整治”“打非治违”“百日安全生产”等活动,夯实安全基础,提高安全管理水平,加强安全生产工作,保持安全发展态势。推进行业信息化建设,建立和完善民爆行业生产经营动态监控信息系统,全省所有生产企业24个生产厂点的每条生产线4个摄像头上传工业炸药和工业雷管生产线主要危险工序的全景视频图像,做到24小时不间断和保留3个月录像备查。全省41条工业炸药和工业雷管生产线164个监控头全部接入民爆行业生产经营动态监控系统,基本实现企业生产量、现场视频影像等基本信息的采集、上传和监控,提升安全监管水平。坚持科技兴安战略,各企业加快技术改造步伐。壶化集团引进美国复合型高强度、高精度导爆管生产设备,取得安全生产许可。4家民爆企业完成工业雷管生产线技术改造,逐步实现人机分离,提高行业本质安全度。督促有关企业对5条淘汰生产线进行销爆处理。推进民爆行业结构调整,优化资源配置,提高产业集中度,7家民爆销售企业完成整合重组,形成以生产企业为主体的新型民爆销售体系。工业炸药产品结构基本形成以环保型、安全性能高的含水炸药和现场混装炸药为主的格局,工业雷管形成以导爆管雷管和电雷管并重的格局。产品结构趋向合理,现场混装炸药生产能力占到炸药总能力的45.6%,远超过全国同期14.9%的水平。推进生产、销售、爆破服务一体化服务模式,推广混装车等移动式炸药生产方式,全年建成现场混装炸药爆破服务生产基地3个,并通过安全条件考核。

2012年,全省民爆行业共生产工业炸药37.4万吨,同比增长2.3%;生产工业雷管1.06亿发,同比增长19.1%;实现工业总产值24.7亿元,同比增长2.4%;实现利税1.86亿元,同比增长15.8%。(赵云刚)

食品工业

【概述】 1. 2012年山西省食品工业运行情况。全省规模以上食品工业企业265户,实现工业总产值603.4亿元,完成主营业务收入632.2亿元,工业增加值201.9亿元,实现利润总额46.9亿元,利税99.6亿元。分别较上年同期增长23.0%、21.2%、14.4%、25.7%和26.2%。高于全省工业增速2.5个百分点。

2. 食品工业基本未受经济放缓的影响。2012年,山西省工业运行走出一条缓中有降、缓中趋稳、稳步回升的路径。自2月份起,全省工业增速逐月缓慢回落,进入四季度之后,工业增速逐月回升。从各季度发展情况看,食品工业一直保持平稳增长运行态势,未受到经济形势放缓影响,各项指标均保持20%以上的增速。

3. 饮料制造业发展迅速。四个子行业中,酒、饮料和精制茶制造业利润、利税最高,全省规模以上饮料制造业实现利润总额22.8亿元,同比增长43.8%;实现利税总额50.6亿元,同比增长42.3%,分别占到全省规模以上食品工业企业利润、利税总额的48.6%和51.7%,食品制造业和烟草制造业利润总额较上年同期分别增长24%和27%。

4. 亿元以上企业支撑作用明显。亿元以上食品企业单位数呈现增长态势。2012年,全省食品工业亿元以上工业企业单位数突破100户,达到115户,占规模以上工业43.4%。2012年底,115户亿元企业,共完成主营业务收入568.8亿元,实现工业总产值529.4亿元,实现利润总额44.2亿元,利税94.7亿元。山西食品工业诞生首个百亿元企业——汾酒集团。

食品工业亿元企业由上半年的94户增加到年末的115户,亿元以上企业实现的主营业务收入、工业总产值、利润总额、利税总额占规模以上工业的比重越来越大,分别占到规模以上企业的90.0%、87.7%、94.2%和95.1%,亿元以上企业在全省食品工业发展中支撑作用明显。

(张　萍　杜军良)

【令政策调研食品安全工作】 2月24日,省政协副主席令政策带队省政协食品安全专题调研组一行12位委员,就食品安全工作在省食品工业办公室、省食品工业协会调研。省经信委副主任陈官虎、省食品办主任崔元斌等参加汇报会。

崔元斌围绕把提升食品安全保障能力作为做好规划指导工作的一项重要内容来体现、把提升食品安全保障能力作为做好行业管理工作的一项重要任务来抓、深入推进食品工业企业诚信体系建设等方面汇报省食品办、省食品协会食品安全工作开展情况。

令政策听取工作情况汇报后,对食品办、食品协会工作给予肯定,并就发挥行业管理和行业组织作用,搞好食品安全工作提出指导性意见。

(张　萍　杜军良)

【食品安全周活动】 按照2012年省经信委食品工业企业诚信体系建设工作实施方案,以全省食品安全周活动为契机,作为山西省食品安全周的首个活动,6月12日,省经信委诚信办组织开展以"共建诚信家园·同铸食品安全"为主题的食品安全周诚信体系建设宣传活动。

省诚信办组织省工商局、省质监局、省食药局、省商务厅、省农业厅等食品工业企业诚信体系建设联席会议成员单位的负责同志及部分企业代表,深入食品诚信体系建设试点企

"共建诚信家园　同铸食品安全"食品安全周诚信体系建设宣传活动

(张　萍提供)

2012年山西省食品工业分季度主要经济指标

季 度	主营业务收入(亿元)	同比增减(%)	利润总额(亿元)	同比增减(%)	利税总额(亿元)	同比增减(%)
第一季度	144.7	31.0	14.6	30.4	30.7	30.6
前二季度	300.0	31.7	25.0	25.6	56.5	31.3
前三季度	460.0	27.7	35.3	33.7	76.3	29.8
全 年	632.2	21.2	46.9	25.7	99.6	26.2

2012年山西省食品工业规模以上及亿元以上食品工业企业主要经济指标

主要经济指标	规模以上食品工业企业(亿元)	较上年同期增长(%)	亿元以上食品工业企业		
			占规模以上比重(%)	亿元以上企业	较上年同期增长(%)
工业总产值	603.4	23.0	87.7	529.4	23.3
主营业务收入	632.2	21.2	90.0	568.8	21.7
利 润	46.9	25.7	94.2	44.2	27.1
利 税	99.6	26.2	95.1	94.7	29.6

2012年山西省食品工业分行业主要经济指标

单位:亿元

统计口径	企业数(个)	主营业务收入	同比增减(%)	利润总额	同比增减(%)	利税总额	同比增减(%)	工业总产值	同比增减(%)	工业增加值	同比增减(%)
农副食品加工业	127	295.7	17.6	10.7	−1.4	12.2	−0.9	293.8	32.0	78.9	22.1
食品制造业	77	110.6	9.3	8.5	24.0	11.6	29.1	110.4	4.6	26.4	4.1
酒、饮料和精制茶制造业	60	189.4	36.9	22.8	43.8	50.6	42.3	162.3	23.9	68.3	12.5
烟草制品业	1	36.6	19.9	5.0	27.8	25.1	21.9	37.0	17.6	28.3	9.6
合计	265	632.2	21.2	46.9	25.7	99.6	26.2	603.4	23.0	201.9	14.4

业山西水塔老陈醋集团公司进行参观调研;听取企业对诚信体系建设工作有关情况汇报,参观学习老陈醋生产工艺过程和宝源老醋坊文化。

(张 萍 杜军良)

【首批食品诚信体系建设咨询机构、专家确认】 2012年6月1日,经省食品工业办和省轻工行业办审核推荐,由省经信委确认山西省首批咨询机构2家:山西省食品工业协会、山西省食品工业研究所;聘用专家28名。 (张 萍 杜军良)

【首批企业通过食品工业诚信体系认证】 雅士利乳业、古城乳业通过诚信管理体系认证。2012年,在全省规模以上食品工业企业逐步建立诚信管理体系,在婴幼儿配方乳粉生产企业中率先全部建立诚信管理体系。在此基础上,选择10户知名企业作为建立诚信体系试点。

(张 萍 杜军良)

【老陈醋获"国家级非遗生产性保护示范基地"称号】 1月31日在北京举行的第一批"国家级非物质文化遗产生产性保护示范基地"颁牌仪式上,山西老陈醋集团有限公司的美和居老陈醋酿制技艺荣获这一殊荣,成为山西省唯一入选、全国酿造技艺类项目唯一入选"国家级非遗生产性保护示范基地"的企业。

(张 萍 杜军良)

【国际醋文化节】 2012年中国太原(清徐)国际醋文化节于8月20日在太原煤炭交易中心举行。为期7天的文化节以"醋与健康"为主题,通过一系列丰富的主题文化活动,提升清徐作为"中国醋都"的品牌形象。

8月22日,中国太原(清徐)国际醋文化节项目签约仪式在并举行。共签订项目14个,涉及金额15.87亿元。其中,清徐县政府与交通银行太原清徐支行战略合作备忘录项目,针对该县基础设施、重大项目、支柱产业、特色经济发展等提供全方位金融服务。签约项目亿元以上的有5个,分别为:水塔醋业与交通银行签订合作协议,授信额度6亿元;紫林食品与交通银行签订合作协议,授信额度4亿元;紫林食品与山西太钢不锈钢股份有限公司签订5000吨高档不锈钢材料购销协议,贸易金额1.2亿元;紫林食品与北京天山红商贸有限公司签订3万吨食醋销售项目,贸易金额1亿元;水塔醋业与武汉鼎兴食品有限责任公司签订山西老陈醋系列产品购销合同,贸易金额1亿元。

(张 萍 杜军良)

【主食加工示范企业】 根据《农业部办公厅关于做好主食加工业提升行

动有关工作的通知》要求,农业部确定在北京、山西、河南、广西等四省(区、市)开展主食加工业试点工作,拟认定一批“全国主食加工业示范企业”。7月30日农业部公示拟认定的20家全国主食加工业示范企业名单。其中山西省有太原六味斋实业有限公司、太原双合成食品有限公司、山西亿佳美食品有限公司、山西亿家康面业有限公司4家企业。

(张 萍 杜军良)

【5个国家级出口食品农产品质量安全示范区获批】 2012年10月30日“全国出口食品农产品质量安全示范区建设工作座谈会”在广西南宁召开。90个经验收认可的国家级示范区成为中国首批“国家级出口食品农产品质量安全示范区”。山西省排在山东、福建和浙江三省之后获批5个示范区:临猗县出口水果质量安全示范区的苹果、梨、桃等;吉县出口苹果质量安全示范区的苹果;岢岚县出口红芸豆质量安全示范区的红芸豆;祁县出口酥梨质量安全示范区的酥梨;平陆县出口苹果质量安全示范区的苹果。 (张 萍 杜军良)

【《山西省农产品质量安全条例》施行】 由山西省第十一届人民代表大会常务委员会第二十六次会议于2011年12月1日通过,该条例自2012年3月1日起施行。

《条例》对农产品生产、监管、流通等各环节都做具体规定,特别是将管理关口前移,加大对农业投入品的监管力度。 (张 萍 杜军良)

【食品工业重点项目建设】 作为培育壮大的新兴产业,食品工业重点推进:做大做强酒类、食醋、乳品三大传统食品,做精做细小杂粮、肉类、特色食用油、干鲜果蔬、功能五大特色食品,培育壮大饮料制造、淀粉制品、方便食品三大现代食品。2012年,食品工业重点推进的技改项目132个,总投资317.7亿元。(张 萍 杜军良)

【行业发展推进】 2012年8月,山西省发改委批复一批食品工业企业生产线新建及改扩建项目,项目涉及食品加工及制造业、饮料制造业等多个行业。 (张 萍 杜军良)

【焦煤企业进入食品行业】 山西焦煤集团在2012年6月11日正式与双汇集团签订合作协议,完成其非煤业务的一次重大突破——进入食品行业。

根据此次签订的合作协议,双方将在太原市阳曲县开工建设生猪屠宰加工项目。 (张 萍 杜军良)

【水塔老陈醋发展循环经济】 山西水塔老陈醋股份有限公司以“绿色、环保、可持续发展”为理念,坚持“减量化、再利用、资源化”原则,坚持“三效益并赢”原则,依托自身的加工技术和种植技术,发展农业循环经济,形成以“高粱种植—食醋酿造—饲料加工—沼气工程—生物质能源发电—污水处理—高粱种植”为主线的循环产业链,实现资源、废弃物的多重综合利用。

具体实施5万亩酿醋专用高粱种植基地建设项目;年产30万吨老陈醋、陈醋扩建项目;醋糟综合利用饲料生产线建设项目;沼气工程建设项目;2×15兆瓦生物质热电联产项目;废水处理与中水利用建设项目。其中,年产30万吨老陈醋、陈醋扩建项目及5万亩酿醋专用高粱种植基地建设项目所产生的秸秆7万吨、醋糟废料20.4万吨,可以用于醋糟综合利用饲料生产线建设项目、沼气工程建设项目和热电联产项目,整个项目体系形成一个良性循环体系,既有效利用废弃物,又减少对环境的污染,实现资源的再使用和再循环。

(张 萍 杜军良)

城镇集体经济

【概述】 2012年,山西省城镇集体工业联合社(以下简称省城联社)实施“十二五”规划,全系统1021户城镇集体企业、14万干部职工推进转型跨越发展,使山西省城镇集体工业经济的改革和转型呈现发展态势,完成主要经济指标。其中:工业总产值141亿元,同比增长7%;工业增加值59.2亿元,同比增长6%;销售收入119.8亿元,同比增长10%;上缴利税35.9亿元,同比增长14%。

2012年初,省城联社党组确定全年实施十个转型跨越的任务和目标:(1)由单一的集体企业向股份合作制企业转型;(2)由劳动密集型企业向小微技能劳动密集型企业转型;(3)由封闭单一的行业经济向县域经济转型;(4)由二轻行业管理向集体资产监管运营转型;(5)由传统手工业向低碳产业、为一村一品和“三农”服务上转型;(6)工艺美术向文化旅游产业转型;(7)传统二轻优势行业向山西省十大产业链的延伸上转型;(8)招商引资向东南沿海省份产业梯度转移的接续上转型;(9)发挥各级城联社机关和成员企业区位优势向现代服务业上转型;(10)发挥城联社合作经济优势向服务城镇化建设上转型。截至2012年底,“十个”转型任务和目标全部完成。 (冯晓东)

【企业整合重组】 2012年,省城联社加大对城联社和直属单位资产两个资源的整合重组,坚持以“产权清晰、权责明确、政企分开、管理科学”的现代企业制度,加强对省城联社资产产权的监管。

(1)对省城联社的直属单位山西省二轻迎泽交易大厦和山西城联物业公司进行整合;对山西省职工工艺美术学院和技工学校、包装研究所领导班子进行调整。(2)推进山西省皮革试验厂和山西省皮革工业公司的破产工作及闲置场地的开发利用;督促山西城联物流公司落实山西省发改委的专项资金支持项目成效显著;推进山西省二轻文教事业发展中心所属国文学校、山西美好文化传播有限公司开拓市场。(3)山西省太行锯条厂加快转型发展,招商引资2000多万元,年拆解处理40万台废旧家电项目建成正式投产;年交易量20万吨的长治市区域性大型再生资源回收利用基地项目通过能评和环评,并利用原有场地完成1000平方米的商品展示区、5000平方米信息培训中心、1300平方米商品交易区,改造

2800平方米厂房和2000余平方米场地道路建设，新建10000平方米的分拣加工区和仓储配套区用房，完成招投标和地基施工，2012年底初步建成“五区二中心”格局。2012年9月10日，山西省太行锯条厂子弟学校移交长治市郊区政府管理。(4)省城联社注册成立山西工艺美术有限公司和山西城联资产管理投资公司。与中国工艺美术集团总公司签订协议，双方出资5000万元，组建山西工艺美术(集团)有限公司，列入山西省十大文化产业集团之列。迎泽大街办公楼临街一层的中国工美珍宝馆太原店、山西黄河画廊开始试营业。(冯晓东)

【任润厚到省城镇联社调研】 3月31日，副省长任润厚在省城镇集体工业联合社进行调研，并实地考察山西省工艺美术馆。

任润厚听取山西省城联社的工作汇报后指出，城镇集体工业经济是公有制经济的重要组成部分，要加快推进城镇集体企业的改革发展工作，增强企业自主创新能力和核心竞争力，盘活资产、用活政策，切实保护职工合法权益，拓宽企业生存和发展空间，充分发挥城镇集体工业经济在山西省经济结构调整、转型跨越发展中的重要作用。(冯晓东)

【张茂才一行到省城联社调研】 5月29日，省政协副主席张茂才率山西省政协部分常委、委员及社会法制委委员一行18人到山西省城联社进行考察和调研。听取山西省城联社工作汇报之后，张茂才提出三点意见：一是要理顺体制，建好机制，盘活资产，发挥最大优势，使企业做活做大做强。二是要加大山西手工艺品研发力度，创作出更多适合当代人消费观念、心理需求的手工艺品、旅游纪念品。三是要提升传统工艺美术品的包装设计、策划意识、宣传力度。(冯晓东)

【王世成一行到山西城联社考察调研】 2月10~11日，全国总社副主任、中轻联副会长王世成、杜同和、陶小年及办公室主任陈建国、会员部主任吴秋林一行到山西省城联社考察调研。

在晋期间，总社领导考察山西省工艺美术馆，并到寿阳县城联社、交城县城联社进行调研，还同大寨村党支部书记郭凤莲进行座谈。总社领导肯定山西省城联社在从行业管理向集体资产管理、传统手工业向工艺美术、文化产业转型跨越发展方面取得的成果，对山西省工艺美术馆收集展示的山西特色工艺美术精品表示赞赏，给予鼓励。(冯晓东)

【首届山西省工艺美术精品博览会暨朔州精品陶瓷展】 由山西省城联社、朔州市委、朔州市政府共同举办的以“手艺山西·龙腾朔州”为主题的首届山西省工艺美术精品博览会暨朔州精品陶瓷展于9月1日在朔州市喷泉广场开幕。

山西省政协常务副主席郭良孝，山西省人大常委会原常务副主任、山西省工美协会名誉理事长纪馨芳，中国陶瓷工业协会理事长何天雄和朔州市委、市人大、市政府、市政协等领导出席开幕式。会展涵盖工艺美术十一大品类，展现山西省不同时期的国家级工艺美术大师、省级工艺美术大师、民间工艺美术大师、国家级、省级非物质文化遗产手工技艺传承人、中国工艺美术行业最高奖项“百花”奖和“金凤凰”奖获得者、中高级工艺美术师、工艺美术企业、工艺美术工作者、民间艺人的1000余件精品杰作。展会期间由山西省人社厅、山西省总工会、山西省城联社、山西省工艺美术协会联合举办“首届山西省工艺美术职业技能(漆艺陶瓷)大赛”“2012唐都·晋艺杯首届山西省工艺美术精品奖”评比活动，邀请有关专家举办相关专业论坛，展销山西省国家级、省级大师作品，国家级、省级非遗传承人作品及朔州市艺术陶瓷及省外陶瓷精品。(冯晓东)

【传统工艺保护发展项目申报工作启动】 2月21日，2012年度山西省传统工艺保护发展项目申报工作正式启动。总计申报审批121个项目，申请补助资金1700万元，项目内容涵盖工艺美术11大品类中10大品类。做到当年立项，当年投资、当年见效，推动全省工艺美术行业的发展。

(冯晓东)

【参加第七届中国北京国际文化创意产业博览会】 12月19~23日，山西省工艺美术集团公司携百余件节庆、民俗手工艺品参加由文化部、广电总局、新闻出版总署和北京市政府共同主办的“第七届中国北京国际文化创意产业博览会”。此次博览会，山西代表团与海内外文化企业共签订协议16个项目，签约总金额51.04亿元人民币。其中：山西省城镇集体工业联合社与中华全国手工业合作总社、中国轻工业联合会签订“首届山西文化产业博览交易会”协议。签约项目包括：山西舶奥动画制作有限公司与北京鲲鹏京蒙投资有限公司签订动画电影《穿越中国史前第一城》项目；运城市关公文化创意有限公司与北京美盛工艺品有限公司签订山西省运城市关夫子文化创意苑合作项目；美国史特拉赛克公司与山西宇达集团公司签订巨型铜雕《马与龙》项目等。博览会期间，山西展区的观众突破50万人次。(冯晓东)

【参加深圳文博会】 5月18日，第八届中国(深圳)国际文化产业博览交易会在深圳开幕。

山西展区以“华夏文明看山西”为主题。展品以平遥描金漆器、稷山螺钿漆器、大同广灵剪纸、高平黑陶、大同铜器、运城夏县青铜器、交城堆锦、和顺晋绣、太原面塑、太谷砖雕等传统文化工艺品为主，既有鲜明的地域特色，又代表产业发展的方向。在“中国工艺美术文化创意奖”评选活动中，山西省手工艺人何俊明创作的绛州云雕“天然大漆龙纹剔犀条案”，李爱珍、马静创作的“嵌螺钿漆器首饰盒”等5件作品获得“中国工艺美术文化创意奖”银奖、铜奖。

此届文博会，山西省共推出52个文化产业招商项目，投资总额329.3亿元，融资总额161.54亿元，其中山西省工艺美术协会与苏州工艺美术职业技术学院签订长期战略合作意向协议书，确定以苏州工艺美术职业技术学院为平台，建立山西工艺

美术行业公共培训、实训、研发基地，为山西的文化强省建设长期培训工艺美术人才的合作意向。（冯晓东）

【广灵剪纸园区列入出口重点企业】11月8日，经过文化部、商务部等五部委评比选拔，广灵剪纸文化产业园区被列入2011~2012年度国家文化出口重点企业。广灵剪纸形成产品研发、生产、展销和人才培养在内的“四位一体”产业化发展格局，推行“公司+农户”的运作模式，产品从过去单一的剪窗花开发出6000多个品种，年总产值达到2684万元。每年慕名到园区观光学习的中外嘉宾和游客达10万人。在第二届中国非物质文化遗产博览会上，全国唯一应邀参展的国家级非遗项目——广灵剪纸在博览会展出。广灵剪纸向产业化方向迈进，全县三家龙头企业，带动全县6个乡镇2600户农户，户均增收8000元，以剪纸为主的文化产业增加值占全县GDP的3.5%。（冯晓东）

【首届山西省陶瓷·玻璃艺术大师作品展】4月22~24日，山西省日用硅酸盐协会和山西省工艺美术协会在山西省工艺美术馆为获得首届“山西省陶瓷艺术大师”“山西省玻璃艺术大师”的20位艺术工作者举办山西省首届陶瓷·玻璃艺术大师作品展。这是山西省首次评选出土生土长的“陶瓷·玻璃大师”。

张福荣、张聪、董玉岗、蔺永茂、蔺涛、张文亮、张荫人等7人荣获“山西省工艺美术大师”称号；王键、张宏亮、马跃东、解玉霞、李增平、史宏艺、惠东存、李石志、乔嘉盛、乔香平、牛九州、麻渊等12人被授予“山西省陶瓷艺术大师”荣誉称号；郭海林被授予“山西省玻璃艺术大师”荣誉称号。（冯晓东）

【祁县红海玻璃文化艺术园】4月28日，总投资3.5亿元的祁县红海玻璃文化艺术园开工奠基。项目实现玻璃工业生产与文化、旅游资源优化组合，形成“买世界玻璃、卖世界玻璃”的大贸易战略，筹办中国玻璃艺术节和国际艺术玻璃会展。（冯晓东）

【首届山西省工艺美术大师作品暨艺术品精品博览会】11月1日，山西省首届工艺美术大师作品暨艺术品精品博览会在中国(太原)煤炭博物馆开幕。

本届博览会共有119家企业的598件作品参展，现场展出的工艺品涉及青铜器、漆器、雕塑、木版年画等30多个品种，荟萃山西省众多工艺美术大师及工艺美术家和工艺美术企业的艺术精品，代表山西省工艺美术行业的最新水平，展示山西省工艺美术创作成果。（冯晓东）

【“绿色煤矿”——盂县石店煤矿】盂县石店煤业有限公司放缓煤炭主业的发展，开掘“绿色煤矿”。截至2012年底，建成万亩苗圃基地，种植4000余亩；新建万头猪场、6万只蛋鸡场工程；蔬菜基地部分温室建成投产。（冯晓东）

开 发 区
Development Zones

综 述

【概述】 2012年,开发区企业集聚和社会就业的作用进一步突显。23个经济开发区入区9147家,其中规模以上工业389家,限额以上商贸流通企业和有资质建筑业和房地产企业681家,外商投资企业106家,研发机构和高新技术企业数163家,进出口企业165家,世界500强投资企业56家。23个经济开发区从业人员41.5万人,其中行政、事业单位人员17638人,入区企业从业人员33.75万人,占开发区从业人员81.33%。参加社会保险人员32.22万人,占开发区从业人员77.64%。入区企业员工签订劳动合同33.32万人,占入区企业从业人员80.29%。

(徐晨星)

【主要经济指标】 2012年全省23个经济开发区地区生产总值817.33亿元,与上年同比增长30.53%,占山西省2012地区生产总值预计数12400亿元的6.59%;财政收入90.47亿元,与上年同比增长20.65%;税收收入99.39亿元,与上年同比增长15.24%;工业总产值1691.87亿元,与上年同比增长26.77%;高新技术企业产值273.86亿元,占工业总产值16.19%;企业主营业务收入2759.38亿元,与上年同比增长33.54%;企业利润总额249.44亿元,与上年同比增长123%;固定资产投资(不含农户)573.81亿元,与上年同比增长45.51%,其中基础设施投资114.64亿元,与上年同比增长123.33%。

(徐晨星)

【外向型经济特点】 2012年,全省23个经济开发区外贸进出口额39.53亿美元,占山西省25.91%,与上年同比增长63.08%;新招商引资项目361个,与上年同比增长17.5%,实际到位外资10.67亿美元,占山西省42.68%,与上年同比增长231.74%;合同引进境内省外资金额1640亿元,与上年同比增长122%,实际到位境内省外资金额413.74亿元,与上年同比增长134.98%。

(徐晨星)

太原高新技术产业开发区

【概述】 太原高新技术产业开发区(简称“太原高新区”)成立于1991年7月,1992年11月经国务院批准成为国家高新区,是山西省目前唯一的国家级高新区。园区现分为两大部分,学府园区总规划面积8平方千米;汾东园区地处太原市重点发展的南部新区——汾东商务区内,总规划面积13.3平方千米。2012年,太原高新区在汾东园区展开基础设施建设,总投资65亿元的山西云计算产业园区、总投资58亿元的山西国际物联网产业园区在汾东园区正式奠基。太原高新区积极探索与区县合作新模式,加快一区多园建设,与清徐县人民政府签署战略合作协议,双方合作建设太原高新区清徐分园区。

太原高新区以企业为主体、孵化器为载体、产学研相结合的技术创新体系已经形成,共吸引3000余家企业入驻,按新办法认定的高新技术企业为104家,占全省总数的50%,拥有1670项高新技术产品和项目,形成以煤化工技术研发、文化创意、软件与服务外包、新材料、新能源和环保节能等为代表的富有特色的高新技术产业化格局。

(赵 媛)

【经济发展】 2012年,太原高新区实现科工贸总收入1474.2亿元,同比增长6.4%;实现工业总产值1266.7亿元,同比增长5.4%;实现地区生产总值373亿元,同比增长5.7%;实现区级财政收入16.15亿元,同比增长20.1%;实现出口创汇3.84亿美元,同比增长50.5%。

全区科工贸总收入上千万元企业286家,较上年增加28家。其中总收入上亿元企业71家,较上年增加7家。太原高新区对区域经济的辐射和带动作用日益增强,2012年,全区入驻企业生产总值占太原市GDP总量的比重达16.1%。

(赵 媛)

【投资环境】 太原高新区学府主园区地理位置优越,地处太原市城南核心发展区,毗邻太原武宿国际机场、太原铁路南客站和太旧、大运、太长等高速公路,交通运输方便快捷。区内环境优美、空气清新,是国内外客商投资兴业的理想之地。

太原高新区开发建成长治路、高

新街、科技街、创业街、中心街等主干路网,实现供水、供电、供暖、供气、雨污水管网、通信、宽带网络、有线电视等的畅通。园区内绿地面积35万余平方米,绿化覆盖率达38%,人均公共绿地达到8平方米。

在新拓展的汾东园区内,完成挂牌征地1000余亩,山西云计算产业园、山西国际物联网产业园两个项目进入建设阶段。新征1260余亩用地,储备的70余个项目和规划的山西云计算产业园、山西国际物联网产业园、清华科技园太原分园、光电产业园、生命科技产业园、广告创意数字出版产业园、环保节能产业园、科技产业孵化及加速器园8个专业园区安排落实到位。

2012年,太原高新区完成固定资产投资40.66亿元,同比增长8.8%。其中:工业及其他项目投资完成31.07亿元,同比增长101.75%。

(赵　媛)

【科技创新】 截至2012年底,园区共有各类孵化器及科技园25个(国家级孵化器4个),总孵化面积超过100万平方米。拥有国家级企业技术中心3家、工程技术研究中心2家、公共服务平台4家、产业研究开发机构2家,拥有省级企业技术中心19家、工程技术研究中心5家。

太原高新区科技创新平台拥有国家火炬计划软件产业基地、国家科技兴贸创新基地、国际科技合作基地、国家级留学人员创业园、国家中小企业国际合作基地、国家文化产业示范基地6个国家级基地和山西动漫游戏产业发展基地、山西省海外高层次人才创新创业基地、山西省信息化产业示范基地、山西省循环经济试点园区4个省级基地。

在产学研合作方面,太原高新区与太原理工大学、太原科技大学等科研院所签订战略合作协议,开展产学研合作;与中科院过程所联合建设"新型节能环保技术联合实验室";与北大新能源战略研究中心、中科院理化所、中科院半导体所等院所开展相关项目的对接合作。

2012年共申报国家、省、市各类科技计划项目289项;申请专利500件,授权专利407件;办理技术合同登记68份,合同成交总金额达9.6亿元,其中技术交易额9亿元。

(赵　媛)

【人才建设】 2012年,太原高新区加强人才服务平台建设。省区合建的山西省人力资源产业服务园区正式启动,智联招聘、北京泰来猎头咨询事务所、美国博欧士人力资源服务公司等国际国内顶尖的猎头公司入驻园区;加快院士工作站和博士后工作站建设,成立3家院士工作站,吸纳35名博士后进站工作;3人新入选国家"千人计划",9人入选山西省"百人计划",引进5名省外"千人计划"人才来区创业;支持海外高层次人才创业发展,截至2012年底,共吸引留学人员208人,创办企业105家。全区拥有大专以上学历人员55186人,占全区从业人员总数的46.5%。其中博士273人,硕士2735人,中级以上职称人员22131人。(赵　媛)

【招商引资】 2012年,太原高新区采取全员招商、以商招商等措施,共引进入区企业359家,注册资本累计57.49亿元。其中,注册资本亿元以上企业9家,世界五百强及大型央企投资企业2家。

太原高新区发挥在建项目的招商引资主体作用,与新加坡水木集团、航天42所、美国EMC公司、德国维嘉公司、香港英特立公司等国内外知名企业签署项目合作协议。(赵　媛)

【主导产业】 2012年,太原高新区以重点项目建设为突破口,多举措推动特色产业集群发展,初步形成以煤化工技术研发、电子信息等为代表的富有特色的高新技术产业格局。

1. 煤化工技术研发产业。基地总占地600亩,总投资60亿元~80亿元,首批设立煤基合成气、煤基合成油(煤制油)、煤焦油、煤层气、型焦生产、活性碳、碳纤维、二甲醚等20多个专业研发中心。基地内聚集相关企业39家,以填补国内空白的"1.4-丁二醇加氢催化剂"项目为代表的煤化工技术研发企业,产品和技术达到国际先进或国内领先水平。

2. 电子信息产业。随着以打破国际封锁的"红外成像系统"项目、北京蓝汛云计算中心项目、太原罗克佳华物联网项目等一批重点项目的加盟,太原高新区电子信息产业集群成为山西省传统产业信息化改造的重要引擎。截至2012年底,园区聚集IT企业813家,其中软件企业247家。通过"双软认证"的企业90家,占山西省的73%;获得计算机信息系统集成资质企业38家,占山西省的62.3%;经科技部认定的基地骨干企业7家;获得CMMI资质的企业7家。

3. 新材料新能源产业。太原高新区结合山西的产业实际,瞄准新材料产业发展定位和发展方向,发挥园区精密不锈带钢、系列钕铁硼为特色的新材料生产优势,培育自主创新能力强、经济增长速度快、具有国际竞争力的新材料产业集群,形成以"不锈钢2B板"和"高耐热35UH钕铁硼电机磁钢"为代表的六大系列、30余个品种的新型材料产业集群。

4. 文化创意产业。太原高新区依托山西省深厚的文化资源和园区产业集聚优势,以动漫和网络游戏为突破口,发展文化创意产业,组建"太原高新区创意产业集团",成立山西省首个省级动漫游戏产业发展基地。以清华知网、问天网游、华北无纸动画基地为核心的文化创意产业壮大。截至2012年底,太原高新区聚集文化创意企业243家,其中动漫游戏企业45家,占山西省的90%,在全省7家国家级动漫企业中太原高新区占有6席。

5. 环保节能产业。针对山西省和太原市重工业比重大的现状,园区内新能源与环保节能产业呈现出强劲的发展势头,涌现出一批开发和生产消烟除尘、环境监测及测试、空气净化、消毒、净水、绿色包装等设备的专业企业。

(赵　媛)

【高新企业】 太原高新区入区企业总数突破3000家,其中按新办法认定的高新技术企业为104家。太原风华信息装备股份有限公司、山西信联集团实业有限公司、中国日用化学工业研究院、太原中绿环保技术有限公司、太原合创自动化有限公司5家企业入选国家创新型试点企业,占全省的44%。

清华科技园太原分园 由清华科技园和太原高新区于2011年6月合作共建,项目总占地面积75亩,建设面积33万平方米,总投资9亿多元。该园依托太原高新区产业优势、资源优势和清华科技园在科技园区建设、运营管理、创新区域打造、创新服务体系建设等方面的丰富经验,促进科技成果转化,推动产业结构升级,成为太原高新区自主创新的核心基地。

太原罗克佳华工业有限公司 国家重点软件企业,拥有计算机信息系统集成壹级等百余项行业资质,由3名中组部“千人计划”专家、国家特聘专家、多名外专局专家、博士研究生为技术核心组成高科技团队,是物联网与云计算技术研发生产高地及高科技人才高地。承担国家火炬计划、国家科技支撑计划、国家科技进步和产业升级专项、国家“十二五”智能装备发展专项课题39项,参与国家煤炭物联网技术标准和国家环保物联网技术标准的编制。

太钢不锈钢精密带钢有限公司 由太钢集团在太原高新区投资10亿元建成年产2万吨不锈钢及合金钢精密带钢生产系统,高强度精密带钢厚度仅0.02~0.5毫米,以其超薄、精密窄幅、高强度、高附加值等特点被广泛应用于航空航天、石油化工、汽车、纺织、电子、精密加工等国家大力发展的支柱行业,部分产品填补国内空白。2012年,厚度仅0.1毫米的6Cr13精密带钢新产品轧制成功,各项性能指标良好,成为太钢精密带钢公司的明星产品。

中科合成油技术有限公司 公司秉承“科技先导,为国家能源战略安全分忧”企业精神和“我们的事业、能源的未来”的公司文化理念,开展煤基液体燃料合成浆态床工业化技术的研究和开发,并形成系统的自主知识产权的煤基液体燃料合成浆态床工业化技术。公司成为拥有先进技术和具备强大技术原创能力的国际一流的技术研究机构和保障能源化工这一国家最大的支柱产业良性运转的技术原动力。

山西科泰微技术有限公司 国家级高新技术企业,被国家经济动员办公室认定为“国家微机械惯性导航系统经济动员中心”,主要从事微电子、微传感器及测试系统产品研发、设计、制造,现有专利18项,其中发明专利6项。为军、民各领域客户提供优质的产品和解决方案,并以极高的性价比和卓越的服务赢得广大客户的信任,广泛应用于航天、航空、船舶、兵器、消防、石油勘探、地震监测、仪器仪表等领域。 (赵 媛)

【管理与服务】 按照“小机构、大服务”的原则,太原高新区设置精简高效的管理机构和服务机构,用人机制上实行“公开招聘、竞争上岗、年度考核、优胜劣汰”,工作人员全部实行全员聘任制。

太原高新区建有全省一流的政务大厅,总建筑面积3000平方米,开设57个窗口,具有咨询、审批、服务、督导四大功能,管委会各职能部门及工商、规划、土地、国税、地税、银行和中介机构等全部在此设立窗口办公,从咨询、受理到审批、公示全部公开、透明,实行“一个窗口受理”“内转外不转”的“一条龙”服务。企业入区所需的各种流程均可在大厅内“一站式”办理完毕。

太原高新区制订出台《关于招商引资鼓励办法》《关于鼓励留学人员来区创新创业办法》《关于鼓励扶持电子信息与软件服务外包产业发展的若干办法》《关于鼓励扶持文化创意产业发展的若干办法》等政策,支持企业创新创业。 (赵 媛)

【社会事业】 2012年,太原高新区社会事业长足发展。先后荣获“山西省爱国卫生先进单位”“太原市食品安全先进基层单位”“太原市2012年民政工作优秀单位”“太原市双拥先进单位”等荣誉称号。荣获太原市人口和计划生育目标考核先进奖。

推进“天网工程”建设,提高社会治安防控能力,维护园区的社会稳定。开展“安全生产年”和“专项整治”活动。 (赵 媛)

长治高新技术产业开发区

【概述】 长治高新技术产业开发区(简称长治高新区)规划面积9.3平方千米,2005年重新调整后为7.53平方千米,管辖捉马村、史家庄村、化家庄村和小化家庄村等4个村。

2012年,长治高新区常住人口约10万人,其中户籍人口2.5万人(四村人口1.4万人,社区人口1.1万),人口生育率98%、综合节育率94.41%、出生性别比(女=100)为107。

2012年,全区完成科工贸总收入323亿元,增长15.4%;工业总产值283.6亿元,增长15.7%;工业增加值168亿元,增长15.8%;区内生产总值完成178.5亿元,增长15.9%;财政总收入31.3亿元,增长10.95%;一般预算收入实现2.4亿元,增长38.81%。 (李立平)

【招商引资】 2012年,长治高新区重点招商项目共18个,总投资117亿元。重点签约项目16个,总投资115.6亿元,协议引资85.6亿元;全区招商引资到位资金9.15亿元,增长73%;达成合作协议的项目11个,总投资31亿元。先后引进荷兰飞利浦公司、德国西门子公司、德国安联集团等3个世界500强投资的项目。康宝集团与中国军事医学科学院合作兴建的生物疫苗生产基地项目处于国内领先水平。 (李立平)

【项目建设】 2012年,长治高新区共确定重点推进项目48个,总投资82亿元,其中29个续建,19个新建。计划完成固定资产投资任务21亿元。实际新建项目19个,开工率100%,完成固定资产投资30亿元。高新区分别被国家工信部、科技部评为国家新型工业化产业示范基地、国家科技企业孵化器。 (李立平)

【城中村改造】 2012年,长治高新区持续深入推进“零村庄”计划(即经过3~5年在全区实现零村庄目标),全区共拆迁249户共计10万平方米,开工建设周转房52万平方米,建成周

转房 1.92 万平方米。 （李立平）

【社会事业】 2012 年，长治高新区 4 所学校实现教育均衡发展，火炬中学的管理水平和中考成绩迈上新台阶，其他 3 所学校的教育教学水平也显著提升；新增就业 1576 人；各类企业的劳动合同签订率均达到 95%以上；加强公共卫生建设，财政用于居民的医疗卫生支出共计 270 万元，通过医疗保险统筹为住院居民支付住院费 214 万元；社会保险基金征缴 719 万元，积累基金 2701 万元，增长 16%；参保人员 15826 人，增长 92%，基本实现社会保险全覆盖；为城镇低保人员发放低保金 67.9 万元，为困难户和各类优抚对象发放 15 万元；投入 130 万元，新增绿地 2718 平方米，补植补种林木 12 万株。 （李立平）

太原经济技术开发区

【概述】 太原经济技术开发区 2001 年 6 月被国务院批准为国家级经济技术开发区，规划面积 9.6 平方公里，2002 年 7 月开始建设。形成国际级新材料加工基地、特色鲜明的国家级装备制造业基地、省级信息产业基地、省级食品及农产品加工基地和省内最具规模的生物制药产业园区的“四大产业基地和一个专业园区”经济格局。

2012 年，太原经济技术开发区完成工业总产值 432.18 亿元，同比增长 65.78%；完成财政总收入 19.27 亿元，同比增长 20.2%；高新技术产品出口 142553 万美元，同比增长102.87%；实际使用外资 12588 万美元，就业人数达 9.2 万人。 （栗　群　李冬梅）

【投资环境】 按照总体规划和“有收益项目市场化引资，无收益项目财政投资”“谁投资、谁受益”的原则，基本完成 9.6 平方千米内的道路、雨污水管网、供水、供电、供暖、供汽、煤气设施及管网、通信网络、绿化、土地平整、污水处理、固体废弃物处理等基础及配套设施建设。区内主干路网基本形成，给排水、热力、煤气管网全部贯通，通信设施、宽带网络、有线电视线路随道路管网一并铺设，基本实现“九通一平”。截至 2012 年底，区内建成 220 千伏变电站、110 千伏变电站、35 千伏变电站各一座，10 千伏开闭所两座；区内全部采用引黄水，日供水能力达 60 万吨；区内建成 145 吨供热供汽热源厂一座，70 兆瓦采暖、170 吨蒸汽热源厂各一座，实现冬天供热、夏天供冷气、全天候供应热水和蒸汽的服务；区内共完成绿化面积 442542.3 平方米，完成投资约 3125.1 万元，绿化覆盖率达到 46%。投资软环境建设，一是推进“两集中、两到位”改革，减少审批环节、简化审批程序、压缩审批时限。行政审批事项由原 62 项保留为 50 项，减少幅度 19%；政务服务事项由 49 项合并为 24 项，减少幅度为 51%，确保所有事项在大厅办理，不搞体外循环。二是开展审批流程再造工作，搭建企业入区注册平台和项目落地建设运行平台，开展项目入区联合审批、企业注册联合审批、项目落地建设联合审批和企业运行联合审批服务，编制并公示新的审判流程图，明确各单位审批负责人和办理时限。实现从项目入区联合许可开始到项目报建、施工许可完成，全流程审批时限 45 天。三是建立行政审批职能整合机制。全面整合各部门内部审批职能，将所有审批权归并到一个科室，确定 13 家单位入驻政务服务中心，形成权责并重、审管分离、公开透明、廉洁高效的行政审批运行机制。四是建立行政审批授权委托机制。各职能部门对行政审批服务科和行政审批首席审批员充分授权，使其进驻中心后，独立完成行政审批工作，确保窗口审批、盖章、证书制作三到位。 （栗　群　李冬梅）

【招商引资与利用外资】 2012 年，共引进生产型企业 16 家，投资总额 1331200 万元；引进商贸型企业 26 家，注册资本总额 31621 万元；实际利用外资 12588.1 万美元。

太原经济技术开发区综合经济实力明显提高，主要经济指标增速跃居全国国家级经济技术开发区前列。2002 年起步建设与 2012 年相比：科工贸收入从 4.7 亿元增长到 529.42 亿元，年均增长 60.39%；工业总产值从 4.33 亿元增长到 432.18 亿元，年均增长 58.43%；财政总收入从 0.04 万亿元增长到 19.27 亿元，年均增长 87.18%；累计实际利用外资 8.17 亿美元。 （栗　群　李冬梅）

【社会事业】 在园区建设的同时，坚持经济发展和社会事业发展有机结合，构建和谐社会。一是解决失地农民问题，从政策上引导农民规模化从事养殖业以及商业、饮食等第三产业，鼓励引导农民利用自身优势走自主择业、自谋发展的道路。二是构建就业培训体系，对农村转移劳动力进行加工技能、电脑应用、绿化、服装加工、保安、锣鼓等专业培训，使其拿到就业上岗“通行证”，并安排就业。三是成立工程协调中心，区属农村组建工程服务队，为区内建设项目提供土方、物流等多种服务，解决部分村民的就业和收入问题。四是组建成立巾帼锣鼓队，参与社会化服务，解决 200 个农村家庭妇女的收入问题。五是引导农民将征地补偿款投入到有收益保障的物业项目，增加收入。六是启动“城中村”改造工作，建设社会主义新农村。七是完善居民社会保障体系，做到“老有所养、老有所依”。全区九个农村居委会六十岁以上的老年人参加养老保险，每人每月可领取 200 元。全区有 2851 户，9228 名农村居民参加新型农村合作医疗，参合率达 100%。截至 2012 年底，区属七个自然村改造成九个村改居居民委员会和一个城区居民委员会，从居民住宿、房屋租赁、标准厂房或商业用房三个方面，解决农民的生存与发展问题。 （栗　群　李冬梅）

【高新技术产业和重点企业】 截至 2012 年底，全区有 19 家企业通过省级高新技术企业认证，2012 年全区完成高新技术企业产值 75 亿元人民币。

富士康（太原）科技工业园 2003 年 10 月 17 日奠基，总投资 10 亿美元。一期工程占地 1580 亩，2004 年 1 月 1 日动工，2005 年 1 月正式投入试生产。富士康(太原)科技工业园主要产业为：镁合金 3C 零组件、热传导产品、LED 照明产品、手机产品及镁合金汽车零组件产品。

太重煤机工业园 由山西省七家煤炭生产经营企业共同出资组建的股权多元化煤机制造企业。公司注册资金 72780 万元,2006 年 8 月 26 日开工奠基，建设规划用地 644 亩。主要生产:采煤机、掘进机、液压支架产品以及刮板输送机、转载机等综采、综掘成套设备。项目建成达产后，实现销售收入 20 亿元以上，利税 2 亿元以上。

山西天地煤机装备有限公司 2006 年,经煤炭科学研究总院批准成立。公司占地 155 亩,总投资 1.7 亿元人民币，形成年产值达 10 亿元的生产规模。主要从事煤及半煤岩巷道掘进技术与装备、短壁机械化开采技术与装备、无轨辅助运输关键技术与设备、液压支架和液压元部件技术与装备、刮板输送机械及其元部件技术与装备、煤矿电气技术与装备为主的六大专业领域的技术创新,形成煤及半煤岩巷道掘进机、短壁机械化开采成套装备、无轨胶轮辅助运输车辆及神东进口设备国产化设备大修四大核心产业。

江铃福特重汽生产基地 2012 年 8 月 8 日,由世界 500 强企业福特汽车控股的江铃股份重组太原长安重汽正式签约。

江铃收购的长安重汽股权,由中国长安汽车集团股份有限公司和中国兵器装备集团公司共同持有。收购完成后,新的长安重汽将作为江铃的全资子公司，拥有独立法人资格,继续现有的重卡生产经营及相关业务。江铃将在收购成功后尽快导入重卡新产品,并提升现有太原重汽产品的市场竞争力。此次收购得到福特汽车的全力支持。

太重高速列车关键零部件国产化项目 太重高速列车关键零部件国产化项目是山西省转型综改试验区的标杆项目,总投资 31 亿元,占地 620 亩,包括高速车轮生产线、重轴生产线、齿轮箱生产线及轮对总装生产线,分两期工程建设。整个项目建成达产后,太重集团铁路产品将形成年产车轮 60 万片、车轴 12 万根、齿轮箱 3 万套、轮对总成 3 万套的生产能力，铁路产品销售规模达到 60 亿以上;实现车轮、车轴、轮对和齿轮箱集成产品等相关高铁关键零部件的国产化,替代进口,满足国家高速铁路和城市轨道用轮轴产品的需要。

三一煤机工业园 三一煤机工业园是全球工程机械制造商 50 强、中国工程机械行业首家全球市值 500 强上市企业、福布斯“中国顶尖企业”。三一集团投资 13.5 亿在太原经济技术开发区建设的以煤机产业为主的装备制造工业基地。该项目包括三一重装煤机工业园和三一北方再制造基地两个项目。主要产品有综掘、综采、矿用车辆、电机等。主要建设装备厂房、泵房换热站、办公楼及公用工程。

太原通泽重工有限公司 国内无缝钢管成套设备制造龙头企业,拥有 250 毫米无缝钢管连轧技术,国内唯一、在国际上也仅有德国德马克公司掌握。公司年产 12 万吨不锈钢和特种钢无缝钢管生产线实现年产值 10 亿元人民币。抗高腐蚀的深井用不锈钢与特种钢无缝钢管技术大大提高山西装备制造业的水平。

宏全食品包装(太原)有限公司 台湾宏全国际集团投资 4000 万美元建设的独资企业。项目投资 4000 万美元,2002 年 11 月 3 日奠基开工,2004 年 5 月建成投产。主要生产 350mL、500mL、600mL、1500mL 等 PET 耐热结晶瓶和配套代工灌装各类饮料、蔬果汁、运动饮料及乳酸饮品等。公司引进加拿大 Husky、法国 Sidel、美国 Pressco、意大利 Piovin 等国外最先进的吹瓶及饮料灌装设备,采用全新钢骨结构现代化厂房,规划为 PET 耐热结晶瓶生产线,吹瓶与灌装线接轨,保障产品质量安全卫生;电脑资讯化系统对公司的生产、经营活动进行有效管理,成为现代化企业的管理方式;瓶盖+标签+PET 耐热瓶+饮料代工为客户提供最佳的全方位配套服务。

蒙牛乳业(太原)有限公司 我国农业产业化龙头企业蒙牛集团投资 3.5 亿元，在太原经济技术开发区建成投产一座占地 178.9 亩的现代化日处理鲜奶 720 吨的新的生产基地。整个项目引进世界上最先进的利乐无菌灌装机及中亚高速百利和 GEA 前处理全自动中控系统,主要产品为纯牛奶、花色奶、乳饮料。

亚宝药业太原有限公司 山西省医药行业首家上市企业,全国中成药重点工业企业五十强——亚宝药业集团股份有限公司总投资 3 亿元人民币投资兴建,占地 363 亩。公司新建固体制剂生产线、软膏剂生产线、注射剂生产线以及超临界 CO_2 萃取中药提取生产线,全部采用国内目前最先进的自动化联动设备,并全部通过 GMP 认证。园区全部建成后,可实现产值 10 亿元人民币，利税 2 亿元。 (采 群 李冬梅)

大同经济技术开发区

【概述】 大同经济技术开发区是 1992 年 11 月经省政府批准设立的省级开发区。2010 年 12 月经国务院批准,升级为国家级经济开发区。2012 年被科技部认定为国家火炬大同医药特色产业基地。开发区前身是由雁北行署兴办的湖东开发区和原大同市政府兴办的大同市开发区组成。1993 年 7 月雁同合并,1996 年 6 月开发区合二为一,实行统一管理。开发区核准规划面积 8.2 平方千米,由湖东片(原雁北行署兴办的雁北湖东开发区)和城南片(原市人民政府兴办的开发区)两片组成,其中湖东片 6 平方千米,城南片(七里村)2.2 平方千米。开发区行政管辖(湖东片)樊庄、蔚洲疃两个村。

截至 2012 年底，累计投资 7 亿元用于(湖东片)基础设施建设,实现道路、供水、排水、供电、供热、通讯等“七通一平”,初步形成以医药产业为支柱,装备制造、新材料、食品加工为辅助的多元化产业格局。

2012 年，全区地区生产总值预计完成 339000 万元，同比增长 12.2%; 工业总产值完成 542300 万元,同比增长 14.2%;财政总收入完成 64267 万元,同比增长 19.24%;一般预算收入完成 29055 万元,同比增长

25.21%；进出口总额完成8700万美元，同比增长72%；固定资产投资完成21亿元，同比增长37.25%。

(张维新)

【投资环境】 2006年国家四部委核准公布开发区规划面积8.2平方千米，其中湖东片6平方千米，城南片2.2平方千米，位于魏都大道南端。行政管辖樊庄、蔚洲疃2个村。2011年8月，经大同市委、市政府批准，新规划建设占地面积22平方千米的医药工业园区，由此开发区管理面积拓展为30.2平方千米。(张维新)

【招商引资和利用外资】 截至2012年12月，全区累计引进项目260个，主要涉及制药业、食品加工业、机械制造业等产业，引进资金150多亿元。招商引资主要举措：

一是突出主攻方向抓招商。结合省市发展要求、开发区现有空间布局、产业特点和长远发展需要，提出把全区招商引资的战略重点和主攻方向放在生物医药、医疗器械、高新技术、现代服务四大产业上，动员全区上下和社会力量围绕招商重点广泛参与、积极行动。区领导班子和部门负责人亲自跑、带头抓，主动跟踪、登门拜访，不放过任何有价值的投资合作信息。发挥专业招商部门主力军作用，组建四大产业招商队伍，对相关产业转移信息和投资信息实行专人跟班负责，增强招商引资的针对性和实效性。

二是创新方式方法促招商。在推行领导责任招商、网络招商、会议招商等传统方式的基础上，加强组织领导力量，在资金安排和使用上重点予以倾斜，加大走出去、请进来招商力度。制订《大同开发区招商引资项目中介人奖励办法》，在社会上聘请11名有影响力的招商顾问，与珠三角、长三角、京津冀等区域签订一批有实力的专业招商公司委托代理，以市场化运作方式调动社会力量的积极性。根据发达地区产业转移情况，针对性地开展小分队赴北京、广州、深圳、珠海等地商会、投资公司、知名企业上门招商对接，拓宽投资信息的渠道。

三是严格目标考核保招商。将招商引资实绩纳入全区年度目标考核的重要内容，压担子、明奖惩，以严格的考核落实机制促使各级各部门把招商引资工作放在心上，抓在手上，落实在行动上。为了让新引进的项目快速推进，建立区领导和关联部门集体审核把关、牵头负责跟进机制，凡是符合产业政策、环保要求特别是附加值高、带动作用强、发展前景好的项目及时研究，抓紧协调推进。

通过各种措施的推动，审批核准备案项目22个，总投资47.9亿元，项目涉及制药、高新技术、基础设施等行业，达产达效后，年新增产值33.3亿元，利税7.27亿元。签约北京凡元兴公司脉冲节能吹灰器项目、中国电子信息产业发展研究院高速华芯科技公司物联网芯片研发产业化项目及第三代半导体微显示集成电路项目等9个项目，总投资102亿元。与国家干细胞工程技术龙头企业北京汉氏联合生物技术公司肝细胞产业化基地项目、北京汉能集团一期建设300兆瓦非晶硅薄膜太阳能电池组件项目等5个项目达成合作意向，总投资62亿元。(张维新)

【对外贸易】 2012年，全区外贸进出口总额完成8700万美元，同比增长73%，其中出口8634万美元，同比增长86.44%，进口66万美元，同比下降83.4%。绝对值位居全市各县区第二，特别是出口额占全市出口总额的60.9%。截至2012年底，外贸进出口总额累计达68444万美元，其中，出口累计62047万美元，进口累计6396万美元。对外贸易特点：1.出口企业数量偏少。共有进出口企业4家，出口额主要集中于国药集团威奇达药业有限公司和国药威奇达中抗制药有限公司〔原阿拉宾度(大同)生物制药有限公司〕这两家制药企业，出口额占全区出口总额的99.57%。

2.出口市场呈多元化趋势。开发区出口市场主要局限于印度，中印双边贸易额占80%以上。2011年年终，国药集团威奇达药业有限公司除保持印度这一传统市场外，其产品开始销往巴基斯坦、英国、埃及、印度尼西亚和韩国，以及中国香港、台湾地区。

3.进出口商品结构比较单一。受区产业结构的影响，制药中间体依然是出口拳头产品，科技含量高、附加价值高的产品尚属空白；进口商品则为原材料和少量设备。(张维新)

【主导产业和重点企业】 经过二十年的开发建设，开发区初步形成以医药产业为支柱，机械制造、新材料、食品加工为辅助的多元产业格局。主要产业涉及5大类：以国药集团威奇达药业有限公司和山西普德药业股份有限公司为代表的制药企业；以大同市北岳电子衡器有限责任公司、大同北方煤机有限公司为代表的机械加工制造企业；以大同市团诚食品有限责任公司、大同市福星就业有限责任公司为代表的食品加工企业；以天招·杜尔(大同)环保能源有限责任公司为代表的新材料企业；以大同市腾龙汽车销售服务有限责任公司、大同市鹏图汽车销售服务有限责任公司为代表的汽车4S店。

开发区现有工商注册企业309家，其中，规模以上工业企业12家，限额以上商贸流通企业和有资质建筑、房地产企业51家，外商投资企业6家，进出口企业4家。入区企业中有上市企业1家，上市集团公司子公司3家，还有2家企业正在申报上市。

(张维新)

【科技成果】 1.科技创新。2011年8月，经大同市政府批准，依托开发区的医药工业优势成立医药工业园区；2011年，被山西省工业与信息化委员会列为“新型工业化产业示范基地”；2012年9月，经山西省政府批准，医药工业园区纳入“一市两园”标杆项目；2012年，医药工业园区被山西省政府评为科技创新示范园；2012年底，被科学技术部火炬高技术产业开发中心评为“国家级火炬计划特色产业基地”。区内现有高新技术企业4家，分别是国药威奇达药业、普德药业、仟源药业、振东泰盛药业；拥有高新项目59项，高新产品44种；有省级研发中心4个，市级研发中心3个。2012年，区内高新技术企业完成工业总产值28.18亿元，占规上工业企业总产值的66.97%；全年完成申请专利数 20 件,授权专利数 8 件。

2.产业转型。坚持"三并重、二致力、一转变"的办区方针,推动开发区经济协调可持续发展,使全区产业布局由传统零散向产业集聚转型,由医药独大向多产并举转型,走出开发区"一区多园"产业集群化发展的新路子,在以医药产业为主导,推进产业转型,打造高新技术、现代服务等产业。在招商引资上,侧重向高附加值、低能耗、集约型的高新技术产业方向发展。2012 年,与中国电子信息产业发展研究院高速华芯科技公司签订物联网芯片研发产业化项目、第三代半导体微显示集成电路项目,与大同凡元兴科技有限公司、北京汉氏联合生物技术有限公司干细胞项目、汉能控股集团的非晶硅薄膜太阳能项目等多个有意落户开发区的高新技术项目进行洽谈,这些项目的落地为调整产业结构,促进实现由医药产业向高新技术产业转型奠定基础。

3.节能降耗,推进绿色发展、循环发展、低碳发展。2012 年,综合能源消费量 290862 吨标煤,工业用水量 810 万立方米。入区企业中有 5 个通过 ISO14000 环境管理体系认证,2012 年 8 月,开发区通过 ISO14001 环境管理体系认证。 (张维新)

【土地使用】 大同经济开发区由国家四部委核准规划区域 8.2 平方千米。土地已开发面积为 6.1856 平方千米,其中,已开发工业用地面积 3.8304 平方千米,工业建筑面积 3.049 平方千米,基础设施实际用地面积 1.3956 平方千米。 (张维新)

【管理与服务】 在硬件上加大投入,软件上强化服务,为项目落地搞好服务保障。基础设施建设方面,采取"借贷、融资"等办法,筹措资金完善基础设施建设。年内投资 2.1 亿元,加大基础设施建设投入。投资 5700 万元完成医药二园区新建道路地下排雨水工程;投资 787 万元完成经十二路北延后续工程;投资 7150 万元,完成二园区 110 千伏变电站工程;实施总投资 6000 多万元的园区绿化工程;总投资 5.3 亿元的日处理能力 6 万吨的御东污水处理厂 10 月投入运行。投资 3391 万元的开发区污水处理厂改造工程完工并达标运行。争取省转型综改"一市两园"基础设施专项扶持资金 800 万元。争取省商务厅、财政厅基础设施贷款贴息 513 万元。经过两年多时间的高强度投入,医药园区累计完成投资 14.67 亿元, 新建成道路 17.37 千米,水电气暖和绿化、污水处理基本配套,完全具备企业入驻的条件。在软件服务方面,营造"重商、亲商、安商"的浓厚氛围,在完善"一站式服务""一条龙办公""一个窗口对外"服务体系的基础上,推行两委班子成员牵头包联重点项目,实行一个项目一个牵头领导,一班跟踪服务人员,一抓到底,及时协调市政府理顺和规范入园项目用地办理程序,及时协调解决企业生产经营和项目推进过程中遇到的困难和问题。

(张维新)

【社会事业】 扩大就业培训覆盖面,加强职业技能培训,实现高质量的就业,以带动居民收入的增加。2012 年,创业培训 30 人,技能培训 657 人,解决就业 645 人,全区城镇居民人均纯收入达到 9658 元,实现增幅 24%。同时,完善社会保障体系,建立健全医疗、养老、失业、生育、工伤等保险,社会保险参保人数达到 9576 人; 关注低收入群体的生活,连续多年为区辖农村 50 岁以上的老年人每月发放养老补助金 260 元,2012 年, 为 295 户 648 人次发放低保金、一次性生活补贴、临时价格补贴共计 175.08 万元; 为优抚对象 29 人发放优抚资金 57915 元;为全区贫困户 60 人、困难职工 60 人发放慈善救助金 3.6 万元。

(张维新)

【打造华北"药都"】 医药园区于 2010 年 6 月启动建设, 规划面积 22 平方千米,由一、二两个医药园区组成。园区基础设施功能配套基本完善,实现通路、供电、供水、供热、供气(天然气)、排水、通信、污水处理和园区绿化"八通一绿"。2012 年 9 月大同开发区医药工业园区被省政府评审认定为科技创新示范园,并被列入全省综改试验区"一市两园"政策扶持范围,医药园区部分建设项目被列入全省综改试验区"一市两园"标杆项目。2012 年 12 月被科技部认定为国家火炬大同医药特色基地。

制药产业集聚效应显现。伴随医药园区基础设施建设,全区制药企业通过上市融资、强强联手、兼并重组的方式,同步推进制药企业向园区搬迁。两个医药园区计划搬迁和新建医药企业 14 家, 项目总投资 56.94 亿元。其中,有上市企业 1 家,上市集团公司子公司 3 家,2 家企业正在申报上市。全区拥有各类药品生产批准文号 1594 个,产品涵盖化学原料药、化学制剂、生物制剂、中药饮片与制剂四大系列。

园区已经开工的搬迁和新建企业有 10 家,项目总投资 54.64 亿元,完成投资 31.65 亿元。其中,一园区有国药威奇达、普德、振东泰盛、同达药业(兼并亚宝大同制药和威奇达光明制药)6 家企业,项目总投资 35.85 亿元,完成投资 21.36 亿元;二园区有国药威奇达大同中抗制药公司、星宇星火、仟源药业、惠瑞、维敏 5 家企业,项目总投资 15.79 亿元,完成投资 10.29 亿元。搬迁企业中,一园区国药威奇达、普德药业公司和二园区国药威奇达大同中抗制药已经投入生产。特别是国药威奇达药业公司"借船出海",依托自身优势与中国医药集团战略合作重组, 联手打造全国最大抗生素生产基地。投资 13.5 亿元、建筑面积 24 万平方米的企业搬迁项目,实现当年建设当年投产,在企业搬迁中创造神奇的"大同速度"。2012 年,国药威奇达公司与仟源药业东厂区生产线、星宇星火药业公司、维敏制药三家企业兼并重组, 做大做强企业,打造大同抗生素生产基地。

(张维新)

太原不锈钢产业园区

【概述】 太原不锈钢产业园区(简称不锈钢园区) 规划控制面积约 14.86 平方千米, 入园企业 85 家。2003 年 10 月破土动工;2004 年 8 月一期工程建成并正式开园;2006 年 4 月,经省政府批准并经国家发改委审核,正式设置为省级开发区。2008 年,被山西省发展循环经济、建设资源节约型社会工作领导组确定为全省第一批循环经济试点单位。2010年1月,被工信部授予“国家新型工业化产业示范基地”。基本布局为:A区由太钢投资兴建,以不锈钢深加工为主;B区以装备制造为主;C区以高端制造为主;生活区主要为园区及周边提供生活配套服务。商贸物流区具备雏形。主要产品应用于航天航空、大亚湾核电站、“和谐号”动车车组、北京奥运主场馆等重大项目。太原锅炉集团循环流化床锅炉、威迩思低温空气源热泵、中德全向磁分离矿井污水处理机组、福伊特液力偶合器、天大化工散堆填料自动生产线及一次成型模具等产品和技术,处于国际领先水平,填补多项国内空白。

2012年,科工贸总收入完成60.25亿元,同比增长35.58%。规模以上企业工业增加值全年完成2.43亿元,同比增长26.5%。固定资产投资全年完成20.5亿元,同比增长46.85%。重点工程落地指标全年完成39.54亿元。财政总收入全年完成1.69亿元,同比增长28%。一般预算收入全年完成0.94亿元,同比增长15.88%。

全年新、续建项目15个,总投资72.66亿元,全部建成达产后可实现总产值178亿元,上缴税金8.2亿元。其中,投资亿元以上的十大项目全面开工建设。 (郭　微)

【招商引资】 2012年新签约项目12个,总投资31.7亿元。其中,阳煤华鑫稀土永磁电机项目,投资6亿元,投产达效后可实现年销售收入14.9亿元,上缴税金0.5亿元;国药集团物流园项目,投资2亿元,建成后将成为省内最大的药品物流中心,销售收入可达到100亿元。 (郭　微)

【基础设施建设】 不锈钢园区突破传统投资体制制约,采用BT模式成功融资8600万元,启动1、3、10号路、锅炉大明区间路和环路5条道路建设,以及三期片区供电能力2.2万千伏的开闭所项目,在多元化融资、多渠道投入、完善园区基础设施配套方面做出探索。 (郭　微)

【转型升级】 建立不锈钢产品展销中心。该中心集不锈钢产品的展示和销售于一体,将传统工业与现代工业旅游业有机结合。总投资630万元,建筑面积1400平方米,2012年10月正式建成运营,实现“变产品为商品,变展台为市场”的目的,拓宽企业的营销渠道。累计接待国内外来宾15700余人,实现销售收入962万元。

推出“亩效化考核办法”。主要做法就是以亩为单位,根据可研报告和园区规定,合理确定完成目标和增长比例,通过亩均税收的提高进而达到园区整体效益的提高。

完善企业循环链条,构建清洁生产、废物交换、物质能源的“循环圈”,变“上游废物”为“下游原料”,实现“零污染、零排放”。作为全省唯一申报单位,国家级循环经济示范园区创建工作于2012年11月正式启动。 (郭　微)

【科技创新】 出台《科技创新鼓励办法》,对大明、锅炉、福伊特等12家拥有核心自主知识产权的企业,给予现金奖励85万元;鼓励引导企业加大技改投入,2012年累计投入技改资金5200余万元。其中,太原工具厂投入2100万元,高效精密复杂刀具扩能技术改造完成;天成不锈钢的建筑外墙、屋顶用PVD不锈钢镀膜技术研究成功,产品应用于晋阳湖展览馆和太钢总医院;注重高端人才引进,实现由“不锈钢制造”向“‘智’造不锈钢”的转变。锅炉集团与清华大学岳光溪院士合作研发的节能环保型循环流化床锅炉,获国家科技进步二等奖。加快院士和博士后创建工作,与中北大学、太原理工大学、山西财经大学三所高校达成初步合作意向。 (郭　微)

【服务优化】 全面清理审批事项,将原有78项行政许可、行政审批事项,核减32项,保留46项。同时,进行流程再造,并联审批,最大限度地减少办事环节,简化办事程序,缩短办事时限;以“一函、两会、四报告、一承诺”为突破口,扎实做好“整治吃拿卡问题、创优发展环境”工作;建立领导包项目制度,构建项目包点领导、责任部门、建设单位负责人“三位一体”的项目推进工作格局,对重点项目按照年度目标确定进度、倒排工期,一事一表抓落实,项目建设有序推进。同时,严格奖惩制度,将项目进展与干部职工考核挂钩,不断加动力、施压力,增强全员推进项目建设的工作合力;开展项目落地年活动。实施“一对一、面对面”服务,深入一线,现场办公,全程跟踪项目立项、环评、规划、用地、建设等方面进展情况,促进投资环境的整体优化;建立融资贷款服务平台,解决企业融资难题,2012年累计为企业融资4000余万元。 (郭　微)

【社会管理】 开展重大安全隐患有奖举报工作,共受理各类安全隐患举报4起,全部办结,办结率100%;做好信访维稳各项工作,全年共接待来信来访9案103人次,经过协调全部解决,未发生越级上访事件,十八大期间,取得进京上访“零”登记的好成绩;落实失地农民保险工作,为6个村2200余名被征地农民缴纳养老保险3690余万元;开展为人民群众“办实事、解难事”活动,公开承诺的6件实事全部落实。多次深入包点扶贫村西凌井乡韩庄村进行慰问,走访贫困户20余家,累计出资10万余元,扶持当地农民规模化养殖;开展“金秋送暖,爱心惠民”主题活动,号召企业为周边乡村办实事、解难事,有19家企业兑现承诺事项,累计捐助13万余元。开展城乡清洁工程,全年共投入资金770余万元,出动人员1.5万余次、机械1500余台次。在12月中旬市人大组织的城乡清洁工程满意度测评中,取得全市第八、开发区第二的好成绩;成立专业保洁公司,实施两班16小时连续保洁制度。对清扫机械、道路井盖、垃圾桶等进行大规模更新换代,新建不锈钢公厕5座,设置不锈钢垃圾桶150余个。实施绿化亮化工程,完成植树造林8000余株,新增绿化面积5万余平方米,设置路灯150余个。 (郭　微)

晋中经济技术开发区

【概述】 1996年1月经省政府批准设立省级开发区,2012年3月经国务院批准升级为国家级经济技术开发区。管辖面积55.8平方千米,规划面积5.2平方千米。区内有17个农村,常住人口6.2万人,其中农村人口3.2万。地处山西中部,毗邻省城太原市,区位交通优势明显,地势平坦,区内水、电、路、气、暖等基础设施配套完善,在太原晋中同城化、太原榆次科技创新城、全省产业转型升级战略布局中处于不可替代的重要位置。

2012年,全区生产总值完成21.9亿元,比2011年增长7.3%;规模以上工业增加值完成10.6亿元,增长8.8%;财政总收入完成7.3亿元,增长21.29%;固定资产投资完成35.8亿元,增长25.1%;进出口总额完成1535.22万美元,下降11.49%;工业总产值完成39.2亿元,增长14.8%;科工贸总收入完成196亿元,增长34.4%。

2012年,全区规模以上工业企业完成工业总产值291234万元,比2011年增长8.2%。其中医药行业完成产值59213万元,增长28.8%;食品行业完成产值25417万元,增长23.1%。在纺机行业下降39%、改装车行业下降20.9%的情况下,依靠医药、食品行业拉动工业经济增长6.7%。限额以上企业共实现销售额757660万元,增长11%。其中汽贸行业实现销售234176万元,增长22%;石化行业实现销售276113万元,增长32.1%。钢材流通业和工程机械销售呈下降趋势。

坚持"四位一体"的招商引资理念,直面珠三角、长三角、京津唐、中部强省,重点瞄准世界五百强、国内五百强、上市公司等品牌企业,主动出击,定点招商,2012年引进项目5项,当年全部落地,总投资130.35亿元,其中中航国际汽车展销中心项目投资35.35亿元,占地363亩;田森汇·北京居然之家商业综合体项目投资35亿元,占地60亩;新引进和续建项目到位资金41.3亿元。还与上海绿地集团、长沙远大住工公司、陕西延长——壳牌集团、中国北斗集团等500强企业建立合作关系。

截至2012年底,共引进"双软"企业2户,企业建立技术研发中心19个。共承担国家级科技计划项目14项,累计申请专利244项,有20户企业与国内外37个高等院校、科研院所建立产学研基地,累计新认定的高新技术企业5家。2012年申请专利66件,科技成果推广的应用领域达到75%,高新技术企业产值占全部工业总产值的比重达到56%。有"中国驰名商标"3件,"山西省著名商标"14件,科技创新和品牌创建带动经济发展。

按照国家级开发区在全省转型综改和晋中市"四化"率先发展的要求,抢抓太原晋中同城化、太原榆次科技创新城、108综合发展廊带等重大机遇,立足现有产业基础,调整产业布局规划,全方位地谋划开发区新一轮发展蓝图。2012年聘请中国科学院上海研究院编制"三园两区"的产业发展规划,以新型工业园、科技创新园、现代物流园、自主创新核心区和综合服务区为载体,加快产城一体化发展。

截至2012年底,入驻企业达到1781个,其中规模以上工业企业30户,限额以上商贸流通企业42户。初步形成"4+1"产业发展框架:即以山西振东安特生物制药有限公司、"中华老字号"山西双合成工贸有限公司为代表的医药食品加工业;以中航美运兰田装备制造有限公司、山西鸿基科技股份有限公司为代表的装备制造业;以北方自动控制研究所、山西物联谷科技有限公司为代表的电子信息产业;以山西晋能艾斯特空冷设备制造有限公司、山西亚乐士环保设备有限公司为代表的节能环保产业,以三晋国际物流城等为支撑的现代物流产业。

2012年开发区列入晋中市考核重点工程项目共计6类30项,项目总投资147.14亿元,2012年计划投资39.5亿元。30项全部开工建设,开工率为100%;2012年共计完成投资42.73亿元,占当年计划投资的108.18%。开工率、完成率分别位列晋中各县(市、区)中的第一位、第四位。承担的国家重点工程铁路三项枢纽、大西客专工程的拆迁工作,省市重点项目高校新校区建设,晋中市市政重点工程汇通路北段拓宽改造、公园绿化等工作,均顺利推进。

(杨成祥 赵新政 李 茂)

【基础设施建设】 2012年,开发区铺开区内的工程共7类39项,总投资达3.79亿元,到年底有29项开工建设,其余项目在做前期工作。迎宾西街延长线补充设计工程交工验收,促进与太原市的路网对接,就开发区"十二五"期间的电力供应、供水两大系统首次着手规划实施。严厉打击违法占地、违法建设整治行动,推进以环境综合整治为主要内容的靓"巢"行动,实现环境优美、管理优化、秩序优良、服务优质、品位提升的"四优一提升"目标,创造良好的硬件环境。

校安工程共投资近亿元、历时两年的原址重建和选址新建的14所中小学校到2012年底全部完工验收并投入使用。农村新"五个全覆盖"全部完成,其中新型农村社会养老保险完成1.1万人,完成率为122%。城镇新增就业数、创业带动就业数、失业人员再就业数,技能培训、创业培训、农村劳动力培训等都超额完成晋中市下达的年度任务。社会保障范围扩大,社保基金征缴增加,医疗卫生服务提高。全面落实强农惠农政策,种粮补贴、农机补贴及农资综合直补全部按标准发放到位,2012年农民人均纯收入达到11468元。

(杨成祥 赵新政 李 茂)

临汾经济技术开发区

【概述】 临汾经济技术开发区是1997年经山西省人民政府批准成立的省级开发区,1998年10月18日正式挂牌运行,位于临汾市新城区中心区域,行政管辖面积9.867平方千米,城市规划面积7.8平方千米。2010年8月,根据临汾新城市规划要求和开发区发展需要,正式拓展为老区和临汾开发区(洪洞·甘亭)工业园两大部分。2012年区内生产总值35亿元,同比增加65%;工业总产值18亿元,同比增长9%;工业增加值5.5亿元,同比增长9%;固定资产投资25亿元,同比增加36%;招商引资合同资金66.9亿元,同比增加183%;财政收入3.039亿元,同比增长16%,首次突破3亿元大关。 (梁 青)

【园区建设】 临汾经济开发区(洪洞·甘亭)工业园是与洪洞县合作建立的临汾市首个大型高科技生态工业经济示范园。园区位于洪洞县甘亭镇。园区规划面积96.5平方千米,一期面积24.8平方千米。整个工业园规划为"六大产业功能区",即:装备制造产业区、电子信息产业区、新材料产业区、农业及深加工产业区、生产性服务区、高新技术产业区。2010年8月园区被省商务厅批准为"山西省产业转移示范区",2012年9月被省政府确定为转型综改"一市两园"的"产业转型园"。园区编制完成三个总体规划,即产业用地规划、功能结构规划、交通规划。入驻企业(项目)华翔美的、华翔格力、红番茄食品、豪信化工和塔尔纳米墙体材料、LED芯片及薄膜太阳能电池、标准化厂房等10余个。 (梁 青)

【基础设施配套】 2012年,完成总长8243米,总投资2.138亿元的园区第五大道和南外环道路建设工程。推进老区的道路、廉租房、公租房、公厕等工程建设。新栽植灌木5万余株、乔木2000余株,新增绿化面积2.64万平方米,完成投资528万元。启动934套保障性住房的建设。 (梁 青)

【招商引资】 2012年临汾市(广州)经济合作暨招商推介会,签订合同资金66.9亿元。金泰·财富国际写字楼、年产200台锅炉节能水处理器、天鹅时代广场、玉柴制造及物流园建设、工业园标准化厂房建设项目等一批实力型项目签约入驻。 (梁 青)

【项目建设】 强化审批监管,对入区项目审批事宜坚持"六公开"原则,2012年累计办结项目审批事宜11件。按照"项目落地年"要求,对重点项目采取走访调研、摸排跟踪等措施,及时解决项目运作过程中的矛盾和问题,完成市政府下达的重点项目建设考核。 (梁 青)

【行政效能】 推进行政审批制度改革,完善行政大厅"一库三平台",实行入区企业注册登记"一条龙"全程免费代理服务制度,提高政务服务效率。2012年办理各类事项14165件,办结率100%;财政投资评审各类项目129个,核减金额9785万元,核减率26.2%;完成29个政府采购项目,节省政府采购资金66.35万元,节省率17.6%。 (梁 青)

【转型综改】 编制《临汾开发区2012年转型综改行动方案》《临汾开发区工业园区转型综改实施方案(2012—2015)》和以工业园区体制机制创新为特色的"一县一任务"实施方案,启动"一县一企"先行试点工作。 (梁 青)

【和谐社区】 以建设和谐社区为主题,落实中央、省、市、区各项惠民政策,做好失地居民生活补助发放、"两免一奖"、城市居民最低生活保障和新型农村合作医疗、城市居民医疗保险、廉租房、经济适用房等工作的申报、核查、发放工作,确保各项保障落到实处。拨付征地及失地农民补助1070万元,拨付城镇低保、城乡居民医保、农村合作医疗、优抚对象95万元,用于公共安全635万元,改善社区环境卫生支出437万元。加强基层民主政治建设,完成居委会换届工作,实施道路改造、廉租房建设、环境绿化、卫生改善和公共安全配套,足额兑现失地农民补偿、生活补助、各种补贴和居民养老、医保、低保、优抚补助、"家电下乡"补贴等。社区教科文卫体、民政、司法、计生、综治、人大、人武、工青妇和残联等工作扎实推进,精神文明建设蓬勃发展。 (梁 青)

侯马经济开发区

【概述】 侯马开发区成立于2000年5月,是经国务院审核批准的省级开发区。位于侯马市区东部,总面积8.16平方千米。截至2012年底,入驻企业达710余户,其中规模以上工业企业62户,总部经济、商贸物流、科研机构等其他企业648户,总投资规模达92亿余元。 (盖耀平)

【经济发展】 2012年,侯马开发区GDP完成29.38亿元,同比增长36.5%;财政收入完成2.35亿元,同比增长17%;固定资产投资完成25.15亿元,同比增长82.8%;引进国内资金36亿元,同比增长38.2%;进出口总额完成2.67亿美元。 (盖耀平)

【招商引资】 2012年,侯马开发区招商引资项目总数达到137个,数量比上年增长16%,投资额比上年增长63%。其中引进聚鑫源针织、精瑞祥电脑、铃木电梯等独立选址工业项目8个,好利阀业、惟斯特机械等入驻标准厂房项目8个,总部经济、电子商务类项目和商贸物流项目121个。 (盖耀平)

【重点项目】 2012年,侯马开发区在承接产业转移示范园区,投资38亿元启动推进的"双十"项目工程,全部完成年初目标任务。新百佳数码、惠建电子、志盛新能源、鹏诚飞模塑等10个项目竣工投产;精瑞祥电子、铃木电梯、金曙光压力容器等10个项目开工建设。在CBD办公园区,锦都商务大厦、惠一高科创业园、企业家

2012年侯马经济开发区主要经济指标

单位:亿元

项 目	绝对数	比上年增长(%)
科工贸总收入	128	51.5
生产总值	29.38	36,5
工业总产值	16.52	43.6
财政收入	2.35	17
固定资产投资总额	25.15	82.8
引进国内资金	36	38.2
进出口总额	2.67亿美元	3.7

俱乐部投入使用；世纪金花五星酒店、锦茂高新产业孵化中心、华隆万盛商务中心等主体完工。（盖耀平）

【基础设施】 2012年，侯马开发区投资3亿多元，完成承接产业转移示范园区高压线网改造、排污管网铺设以及道路、供水、供气等工程，园区基础设施建设基本完备。启动实施职工公寓和惠仁堂中医养生会所等一批民生工程。推进高新产业孵化中心、国际大宗商品交易中心等十大现代服务业项目，提升投资环境。（盖耀平）

【品牌服务】 2012年，侯马开发区将品牌服务纳入年度目标责任制考核，及时解决服务中的细节问题。各部门树立"全区一盘棋"的思想，结合实际，创新服务举措，推进软环境建设。经济发展局深入企业协助解决各种难题；招商局全方位服务让客商满意；口岸办"五个及时"创出服务特色；财政局帮助企业解决融资难题；规划建设局善打硬仗确保项目建设如期推进；国税分局推行人性化的预约服务和上门服务，受到好评；地税分局简化程序、压缩时限，"窗口形象"提档工程成效明显；工商分局向上争取扩权，方便客商办事；土地分局善用政策支持确保项目用地；质监分局引导性服务体现工作主动性；公安分局抓服务项目保稳定平安；人事劳动局为企业招才引智促项目落地；办公室甘唱配角，努力做到服务"零失误"。特色鲜明的服务举措，推进开发区的品牌服务向纵深发展。

（盖耀平）

【和谐新区】 2012年，侯马开发区在安全生产方面，落实政府的监管责任和企业的主体责任，开展隐患排查、专项整治活动，安全生产基础工作夯实，全年没有发生一起大的安全生产事故。在信访维稳方面，关注民生，及时发现和解决在征地、拆迁、用工、劳资等领域存在的矛盾问题，没有越级上访案件。在此基础上，推进所在地农村建设和发展，优先安排农村劳动力在区内企业培训就业，实现与所在农村共建发展环境、共享发展成果的良好局面。（盖耀平）

晋城经济开发区

【概述】 山西晋城经济开发区（以下称晋城经济开发区），始建于1992年8月，1997年3月经省政府正式批准为省级开发区，2006年1月，通过国家发改委设立审核，成为山西省首批公告的省级开发区之一，系山西省首批十家海外高层次人才创新创业基地之一。区内辖郝匠、东吕匠、东谢匠、侯匠、二圣头和金匠、东田石、南田石、茶元、耿窑、下庄村、东阳村、青杨掌、苇元等14个村（社区），区域批准规划面积达9.884平方千米，管辖面积23.44平方千米，总人口约10万人。区内有博士57人，本科以上学历各类人才5000余人。

截至2012年底，全区共有各类工商企业529户，其中规模以上工业企业15户，2012年《财富》世界500强企业中，有5家企业在开发区投资创办企业。

2012年，晋城经济开发区抓住山西省转型综改试验区建设的机遇，发挥开发区体制、机制优势，以扩区升级工作为重点，开发区区域发展平台优势提升。一是获得批准异地扩区。抓住国务院9号文件出台的政策机遇，2012年2月22日，晋城经济开发区经省政府批准正式实现异地扩区5.85平方千米，扩区后晋城经济开发区面积达到近10平方千米，为晋城经济开发区实现"十二五"跨越发展提供空间。二是申报升级国家级开发区。晋城经济开发区升级工作已通过国家四部委会审，升级报告正式呈报国务院，进入升级国家级开发区的最后冲刺阶段。（郭成宏　张湘林）

【经济发展】 2012年规模工业增加值（现价）完成29.98亿元，同比增长20%；财政总收入5.71亿元，同比增长30.32%，其中公共财政预算收入2.69亿元，增长33.81%；外贸进出口（按企业上报数统计）完成18.65亿美元，同比增长62%，其中进口9.04亿美元，出口9.61亿美元；高新技术产业总产值（现价）完成88.56亿元，同比增长29.76%，高新技术产业增加值（现价）完成28.78亿元，占全区工业增加值的89%；实际利用外资1.96亿美元，同比增长50.1%；2012年全社会固定资产投资32.4亿元，同比增长62.1%。2012晋城经济开发区被省商务厅评为"全省先进开发区"，成为全省受表彰的5家开发区之一。

（郭成宏　张湘林）

【投资环境】 晋城经济开发区以"既依托市区，又自成体系"的原则，依靠市区完善的配套设施，加快区域硬环境建设。区内形成以凤台东街、兰花路、红星街、新市街、吕匠路等主干道为骨架的道路交通网络，建成道路总长约15千米。截至2012年，开发区东接晋焦、晋长、晋济、晋阳等高速公路，西与市区街道互通成网，太焦铁路纵贯全区南北，道路便捷畅通。截至2012年底，全区累计投入基础设施建设资金近12亿元，基本实现通路、通水、通电、通气、通讯、通热、通邮、通网络、通广电和场地平整等"九通一平"要求。在软环境建设上，山西晋城经济开发区本着"小政府大服务"的理念，以提高行政效能为核心，创新管理体制，以优化服务质量、提高行政效能为核心，创造稳定透明的政策环境、规范高效的行政环境和公平竞争的市场环境。行政审批中心建立"一站式"服务平台和"全过程、全方位、全天候"服务体系，推行"首问制"、承诺制、默认制、限时办结制等服务制度。区经济发展局、建设环保局、工商分局、规划分局、地税分局、国税分局等审批服务部门组成审批服务窗口，保证各项审批服务事项的落实。（郭成宏　张湘林）

【招商引资与利用外资】 2012年，晋城开发区主动出击，先后赴福建、上海、宁波、廊坊等地考察、洽谈，参加中博会、晋商大会、能博会和上海科博会，全年签约项目12项，涉及总投资175.71亿元，引资170.71亿元，占晋城市下达任务123%。招商引资到位资金120亿元，占市下达任务120%。

2012年，富士康金匠工业园完成首期58.67公顷土地采空区治理和场地平整；北京阜外医院国际医疗健康城一期工程完成前期工作；吉田新材料ADI项目报省发改委批准备案；锦华枫桥皇家陶瓷项目完成项目备案；电子商务产业园完成项目备案；景潮印刷包装基地项目获批立项。（郭成宏　张湘林）

【主导产业和重点企业】 2012年晋城经济开发区列入山西省、晋城市两级重点工程项目7项，到2012年年底完成年度建设任务，投资完成率100%。

富士康（晋城）科技工业园A区——被列为全省首批转型综改标杆项目，2011年新建10栋厂房全部交付富士康集团，7栋厂房实现投产，新上苹果手机精密机构件项目2011年9月建成投产，三个月新增产值10.54亿元，成为拉动园区经济增长的主力产品；富士康(晋城)科技工业园A区配套公租房项目——工程全面开工，首期10万平方米5栋住宅楼基本完成土建工程，计划2013年3月底交付使用。

金鼎煤机项目——完成投资6.78亿元，一期工程有2栋厂房投入试生产。

中道能源锂离子电池项目——完成投资6.25亿元，1号厂房具备试生产条件。

东吕匠、侯匠旧村改造项目——完成投资2980万元，10栋住宅楼启动建设。

晋城市首座全智能变电站——侯匠110千伏变电站建成投运，当年投资4527万元，向富士康(晋城)科技工业园A区送电。

晋城市市级重点工程——皇城相府药业口腔速溶膜剂项目，当年投资5730万元，实现投产。

（郭成宏　张湘林）

【科技成果】 晋城经济开发区坚持以建设全市"高新技术产业集聚区"为目标，科技创新迈出新步伐。一是优化科技创新环境，在政策方面，制定落实扶持高新技术产业发展的优惠政策，为科技企业提供倾斜扶持；在资金方面，晋城经济开发区财政2012年安排支持企业发展的科技专项资金1139万元；在融资方面，晋城开发区引进全市首家私募股权投资基金——中科晋城基金在开发区落户，通过财政注资，组织企业与基金对接，为区内企业，特别是科技型、成长性企业进军资本市场、拓宽融资渠道提供新的途径。二是强化科技创新人才建设，发挥省级海外高层次人才创新创业基地平台功能，引进科技人才入区创业。截至2012年底，晋城经济开发区"千人计划"科技领军人才1名，"百人计划"人才3名，新申报"百人计划"人才3名。为进一步优化科技人才创业环境，以晋城市科技局为主导，晋城经济开发区与中科招商合作，拟在晋城经济开发区金匠园区建设科技孵化基地，启动项目前期工作。发挥科技人才智力优势，2012年晋城经济开发区共取得和申报专利121项。一批科技成果达到国内乃至国际领先水平，LED光源显色指数达到98，创世界最优；8.2米大采高液压支架，创造矿用液压支架"世界高度"；非能动高温高压核级阀门，填补国内空白；纳米介孔ZSM-5分子筛研发成功，为全球首创。

（郭成宏　张湘林）

【社会事业】 2012年，晋城经济开发区推进城乡统筹，社会建设成效显著。一是推进城乡一体化基础设施建设。以金匠新区为重点，推动园区"七通一平"建设，完善区域水、电、热、气等基础设施。以"五个全覆盖"、棚户区改造、新农村"四化四改"工程为抓手，2012年，全区农村街巷硬化工程完成投资504万元，修建道路27.9千米；郝匠社区改造完成投资4800万元，10栋居民回迁楼建成交工；"一个社区一年一件实事工程（111工程）"成效明显，累计完成实事工程43件，投入资金达4.5亿元。二是提升社会公共服务水平。教育方面，落实义务教育"两免一补"政策，新购校车配备到位，2012年财政支持教育事业支出1769万元。社保方面，完善医疗保障，财政安排资金223万元，基层医疗卫生机构建设不断加强，药品零差率改革制度落实到位，新型农村社会养老保险参保人数、保费征缴和城镇居民养老保险参保人数、保费征缴均超额完成市下达指标。就业促进方面，全年超额完成市政府下达的新增城镇就业600人指标，完成富士康工业园人力招募2900人任务。

（郭成宏　张湘林）

运城经济开发区

【概述】 运城经济开发区于1997年经省政府批准为省级开发区，2006年国家四部委重新审核通过，核准面积4平方千米。规划面积24.68平方千米。截至2012年底，开发面积15平方千米，区内常住人口8.14万人，从业人员5.38万人，工商企业894家，个体工商户7202户。规模以上工业企业15家，其中年销售收入亿元以上企业7家，5亿元以上企业1家，高新技术企业3家。新型工业园区、区域总部基地、现代商贸物流园区和技术应用研发中心"三大板块一个中心"的产业格局成为主导。2012年在全省开发区综合考评中名列前茅。开发区正朝着建成黄河金三角区域核心经济区、高端商务区，建成国家级经济技术开发区的目标迈进。

（周　帆）

【经济发展】 2012年，开发区地区生产总值完成80.6亿元，同比增长24.2%；科工贸总收入完成385.6亿元，同比增长30%；财政收入总计完成5.14亿元，同比增长10.5%；工业增加值完成15.1亿元，同比增长57.5%；固定资产投资完成40.2亿元，同比增长32.7%；进出口总额完成6307.9万美元，同比增长82.2%；社会消费品零售总额完成142.4亿元，同比增长34.5%。近年来，开发区在全市经济大盘子中的占比逐年增大，对全市经济贡献率持续提高。（周　帆）

【产业发展】 开发区按照"布局集中、用地集约、产业集聚"的要求，坚持走"规划先行，板块推进，园区承载，项目支撑"的路子，以招商引资和项目建设为抓手，全力培育壮大"三大板块一个中心"。

新型工业板块，以新型装饰材料、日用化工、装备制造等主导产业为龙头，发展特色产业园。已入驻17个生产性项目，总投资73.05亿元，全部建成后可实现年销售收入208.38亿元，利税22.9亿元。奥圣管业、金博雅壁纸、恒誉镁业、卡乐仕汽车科技产业园建成并投产达效。吸塑包装、精锐印务、高速印机、聚酯树脂、煤运工业园悬吊服装、矿用风机项目正在进行扫尾工作。超薄真空绝热板、铝轮毂、智能电网、矿用驱动链轮、电线电缆、新材料、新型地铁专用风机项目正加快建设。

总部经济基地板块，充分利用中心城市行政、金融、文化教育等资源优势，发展总部经济，为企业提供信息、技术、人才和管理支撑。已入驻10家，总投资10亿元，新建成运营7家，主要有丰荷、阳煤丰喜、海博瑞丰、海德瑞、金博雅、汉枫、言必信等企业总部，移动总部即将投入运营，煤销总部正在加快建设，海鑫总部也将动工。

现代商贸物流板块，依托运城发达的立体交通优势和雄厚的商贸基础，致力提升现代商贸物流业水平。豪德贸易广场运营向好，二期投资18亿元的德贸财富中心开工建设；美特好加工仓储、物流配送中心以及销售网点项目正在建设，居然之家商业中心正在建设。

技术应用研发中心，凭借运城职业技术学院、西北工业研究院运城分院、阳煤丰喜总部入驻的陕西秦能天脊科技公司、清华大学达立科公司、郑州大学联系点等8家省部级研发中心，加快技术开发、成果引进、人才培养方面的对接。中国三系杂交小麦研究中心年底建成。（周　帆）

【招商引资】 2012年开发区主动承接产业转移，招商引资取得新成效。一是主动承接。瞄准市场前景好、技术含量高、好项目、大项目，主动承接产业转移，与南京戴卡华顺轮毂公司、连云港同铸有色金属公司多次洽谈，引进承接产业转移的示范项目——投资25亿元的铝轮毂项目，投产后年产值40亿元，利税8亿元，产品80%出口，年出口创汇5.7亿美金，同时引进投资1.5亿元的海博贝马生物科技项目。二是积极走出去。参加省市组织的中博会、煤博会、晋商大会，责成专人多次去广州、上海、西安开展招商活动，新引进特种电线电缆、真空绝热板、新材料包装、豪德贸易广场二期、美特好物流配送、大运汽车前桥后桥项目。三是热情请进来。2012年，共邀请8批次200余企业家来开发区考察投资。主要有世界晋商大会的60余位企业家、粤港企业家、上海企业家、吉利集团老总一行、微软IT学院和西安炎兴科技服务外包产业园的客人。战略合作不断引深，海关、商检以及国家三系杂交小麦研究中心落户开发区。全年共新签约项目14个，合同投资115亿元，招商引资实际到位资金27.24亿元，同比增长156.9%，其中引进境外资金367.2万美元，省外资金13.05亿元，省内市外资金13.97亿元。（周　帆）

【基础设施】 运城开发区总投资3.2亿元在新区建成“四纵四横”的路网格局，道路建设完成40千米，开发区完成集中供热、天然气全覆盖，2012年投入使用11万伏变电站和三网合一，基础设施，功能配套全部到位。开发区对2013年城建重点工作进行部署，确定“五路一桥”城建重点工程建设任务，总投资5亿元，新增道路10千米，新建大桥一座。（周　帆）

【投资环境】 投资环境服务质量不断提升。硬环境上，坚持“统一规划，分步建设”的方针，完善基础设施和公共配套。投资1.26亿元，建设开发区综合交通体系，投资2.8亿元建成集中供热站，投资1200万元建设天然气加压站，投资4750万元建成11万伏变电站，投资640万元银杏园工程，绿化面积5850平方米，投资1403万元实施道路拓宽、复铺，垃圾处理、园林绿化等16项工程。软环境建设上，优化政务环境、投资环境和法制环境，以服务招商引资和项目建设为目标，简化审批程序，减少审批事项，缩短审批时限。审批事项由原有63项减少到46项，办理时限由15天减少到7天。制定出台支持标准化厂房建设的相关政策，坚持集约、节约用地要求，高起点规划、大手笔运作、多渠道筹资，按照入驻率高、规模大、示范性强的标准，积极引导和鼓励投资者参与标准化厂房建设，并采用建、租、售相结合的市场化运作模式，为入驻企业提供优质高效的综合服务。项目建设实行封闭式管理，规范行政执法行为，维护企业和投资者合法权益，严查影响发展环境的人和事，营造公正严明的法治环境。提升公共服务水平，金融支持力度加大，与中国银行、浦发银行、民生银行签订战略合作协议，开展“金融入企、送贷进厂”活动，签约落实投放资金6000万元。（周　帆）

【社会事业】 按照宜于人居，宜于创业的原则，完善生活性配套设施，实施园区绿化、美化工程，形成产业发达、生活舒适、生态优良的特色城区。金融服务方面，引进省内外各类金融机构在开发区设立分支机构，打造一条金融机构云集、服务多样、快捷方便的金融街。教育培训方面，加大财政对教育的投入，加快开发区学前教育、义务教育体系的建设，争取在开发区建成禹都幼儿园、豪德市场幼儿园、禹西路幼儿园、新区幼儿园、开发区中小学及各类培训机构，解决开发区企业主及职工子女入园难、上学难的问题，为企业发展排除后顾之忧。生活保障方面，完善产业园区供水、供电、供气、医疗等基础设施，规划建设开发区水厂，完善开发区充换电站、110千伏变电站配套设计，使其尽快投入使用，完成天然气管网铺设，实施秋钰热力有限公司集中供热工程。（周　帆）

【普津奥圣管业投产】 1月9日，总投资2.25亿元的蒲津奥圣管业项目在开发区邑东路举行开业运营和经销商洽谈会剪彩仪式。市人大常委会主任张建合，市委常委、副市长常建忠，市人大常委会副主任荆青莲，市政协副主席潘和平，开发区管委会主任王瑞宝，党工委书记原起宏及科级以上干部出席投产仪式。（周　帆）

【铝合金汽车轮毂项目奠基】 12月

16 日,年产 500 万只铝合金汽车轮毂项目在开发区工业园区军屯街举行奠基开工仪式。市长王安庞,市委常委、副市长常建忠及商务厅、发改委等市直部门领导出席开工仪式。

(周　帆)

绛县经济开发区

【概述】山西绛县经济开发区(原名山西省华信经济技术开发区)是 1997 年 12 月 31 日经国务院备案、山西省人民政府批准的省级开发区。2006 年 4 月,经国家发改委对省级开发区审核后,“山西省华信经济技术开发区”更名为“山西绛县经济开发区”(以下简称绛县开发区)。开发区规划面积 14.98 平方千米。截至 2012 年底,开发区拥有注册企业 123 家,固定资产原值 28 亿余元,企业职工约 3 万余人。开发区初步形成装备制造(含铸造和机械加工业)、化工、食品药品、信息和新能源材料四大园区。2012 年 2 月,省经信委授予绛县开发区“山西省新型工业化产业示范基地”(装备制造、汽车)称号。(侯伟宏)

【经济发展】2012 年,全区完成工业总产值 24.1 亿元,同比增长 16.14%;科工贸销售收入 24.1 亿元,同比增长 25.52%;地区生产总值完成 6.65 亿元,同比增长 8.66%;财政收入完成 4862 万元,同比下降 25.45%(主要是纳税大户亚新科国际铸造有限公司新投资 5.5 亿元的大项目设备抵扣影响所致);进出口总额完成 1872 万美元,同比增长 64.93%。(侯伟宏)

【招商引资与项目建设】2012 年共完成招商引资项目 14 个,其中新建项目 8 个,续建项目 6 个,总投资 16.13 亿元,完成市政府下达的标志性产业项目,全年完成市政府下达目标考核任务的 110.59%,荣获运城市委、市政府授予的“招商引资先进单位”称号(获二等奖)。(侯伟宏)

2012 年绛县经济开发区新建项目统计表

单位:万元

序号	项目名称	项目单位	总投资	备注
1	5.5 万吨大马力发动机	亚新科国际铸造(山西)有限公司	55000	市级重点
2	中药饮片加工项目	山西丕康药业有限公司	2950	
3	1.2 万吨农副产品	华盛源生物科技有限公司	2980	
4	5 万吨高强度铸件项目	中冶机械铸造有限公司	15500	市级重点
5	6000 吨果品深加工项目	新鑫食品有限公司	6000	开发区重点
6	废水综合治理项目	天龙农科贸有限公司	920	
7	年产 10 万吨混配复合肥项目	益沣源肥业有限公司	3000	
8	炭黑尾气、余热综合利用节能减排技术项目	德信隆化工有限公司	3000	

2012 年绛县经济开发区续建项目统计表

单位:万元

序号	项目名称	项目单位	总投资	备注
1	扩建砷化镓半导体材料项目	山西中科晶电材料有限公司	11000	市级重点
2	再生纸建设项目	鑫珑纸业有限公司	12000	市级重点
3	铸件扩产改造项目	华晋冶金铸造厂	6000	
4	离心铸管项目	恒通铸管有限公司	5000	开发区重点
5	年产 6000 万支铅笔项目	庆华制笔有限公司	1200	开发区重点
6	新建太阳能电池组件项目	飞龙石英有限公司	42000	市级重点

【投资环境】2012 年,开发区把创优投资环境作为推动开发区各项工作的主要抓手,加大基础设施投入,保障入区企业的正常运行和新项目的落地。投资 5280 万元的 110 千伏变电站于 2012 年 5 月底建成供电;总投资 1400 余万元的园区大道华晋路于 2012 年 9 月正式通车。

在软环境建设方面,一是营造政策环境。利用开发区拥有汽车零部件铸造产业和机械加工产业雄厚的工业基础,发挥其支柱产业优势,经过上级领导及有关部门的多方考察论证,2012 年 2 月,省经信委授予绛县经济开发区“山西省新型工业化产业示范基地”称号。二是创优服务环境。对新入区项目实行由领导牵头制、专人导办制、限时办结制和服务承诺制,在注册、立项、环评、规划、建设、土地征用等方面,开辟绿色通道,提供“一站式”服务。(侯伟宏)

【主导产业和重点企业】2012 年,开发区围绕建设“一个基地”(以铸造为主的装备制造业基地)、“四大园区”(装备制造、煤化工、食品药品、信息和新能源材料)的发展思路,以优化产业结构为主线,以招商引资和项目建设为突破口,实现经济发展的提升和量的增长。发挥工业集中区配套功能、基地功能、中小企业密集区承载功能和企业聚集效应功能,初步形成以铸造为主的装备制造业、化工、食品药品、信息和新能源材料、机械加工五大主导产业。

铸造产业:以亚新科国际铸造(山西)有限公司、华晋冶金铸造厂为龙头的铸造企业,扩大生产规模,改进生产工艺,提升产品技术含量,实现产能的最大化。继年初华晋冶金铸造厂6000吨铸件扩产项目竣工投产后,亚新科扩建项目——5.5万吨大马力发动机铸件项目开始动工建设,总投资5.5亿元。与此同时,通达铸造、恒通铸造、泰鑫源铸造等一批铸造企业相继在开发区落户。

化工产业:引导化工企业改造升级,淘汰落后工艺,延伸产业链,提高附加值,推动传统产业焕发新生。汇川化工公司是省政府确立的千家节能和循环经济试点企业,也是运城市政府确定的最具发展潜力的500家中小型企业之一。2012年3月,企业新上15万吨煤焦油精细加工技改项目,总投资9000万元。2012年12月,华青实业有限公司新上双壁波纹管生产项目,总投资6500万元。

食品药品:利用本地丰富的山楂等果品、中药材、再生林资源,先后引进天龙医化、丕康药业、金甲药业、新鑫食品等一批加工企业和项目,实现食品医药产业由潜力产业向新兴支柱产业的发展。

信息和新能源材料:引进山西中科晶电信息材料公司之后,2012年又新引进飞龙石英公司,主要生产太阳能电池组件、石英制品及特种电磁制品。将新型材料产业逐步培育发展成为全区的重要产业,形成信息和新能源材料生产基地。

机械加工业:立足区内汽车零部件基础,通过外部嫁接与自我发展相结合、技术与自主创新相结合等方式,推进机械加工业集群发展。新引进的中冶机械制造公司5万吨高强度铸钢件项目,2012年1月动工建设,总投资1.55亿元。2012年11月,华晋冶金铸造厂与北京中设工贸公司合作,新上1.2万吨铸钢件项目,总投资1.58亿元。(侯伟宏)

运城空港经济开发区

【概述】 运城空港经济开发区(以下简称开发区)是2012年1月12日经省政府批准成立的。2012年运城空港经济开发区主营业务收入145.49亿元,同比增长22.48%;完成区内生产总值41亿元,同比增长17.14%;完成工业总产值47.23亿元,同比增长25.01%;完成工业增加值9.1亿元,同比增长56.9%;完成两税收入1.593亿元,同比增长53.81%;财政收入完成3.7亿元,同比增长65.38%;固定资产投资完成28亿元,同比增长16.67%;进出口总额完成1191万美元,同比下降16.13%。

(杨建国　李　娜　董　佩)

【招商引资】 2012年,开发区加大招商引资力度,瞄准500强,招大商、招强商、招税收贡献大的商,杜绝假商、骗商和不成熟的商。一是提高项目准入门槛,入园工业企业投资额度至少在1亿元以上,同时培育孵化小项目、加快发展大项目;二是成立专门班子,建立选商、择商、评商、审商制度,把握产业方向、投资强度和产出效益,定期召开项目论证审查会,抓好可行项目;三是制订一系列用地优惠政策,以“一事一议”“一企一策”的方式促进大项目落户;四是拿出具体的招商引资奖励措施在媒体公开,向全社会招贤纳士,同时对各招商局实行奖优罚劣。以奖优罚劣措施,激励广大员工奋力招商,加快建设。

2012年空港经济开发区招商引资到位资金18亿元,全年空港招商引资到位资金共完成18.46亿元,占年度目标任务的102.56%。其中续建项目6项,完成到位资金10.13亿元,新建项目7项,完成到位资金8.33亿元。2012年开发区招商引资签约项目85亿元,空港参加第7届长沙中博会、西洽会、广州推介会、哈尔滨推介会等各项活动进行招商引资,共签约项目7项,总投资126.2亿元,占年度目标任务的148.47%。

(杨建国　李　娜　董　佩)

【主导产业】 2012年,开发区基本形成以大运汽车制造、卓里机械、中远机械为龙头的装备制造产业,以华润雪花啤酒、今麦郎方便面、康师傅矿物质水、际华3534、华雄纺织、恒运制衣为龙头的轻工食品产业,以京西铝业为龙头的铝镁型材产业,以烟草物流、运汽物流、航空物流为龙头的现代物流业产业,以东花园提升改造项目为龙头的生态文化五大主导产业。二期规划有汽车装备制造、铝镁深加工、轻工食品、现代物流、生态文化等万亩工业园区,打造山西南部最大工业基地,争做山西向东向西大通道和桥头堡的排头兵。

(杨建国　李　娜　董　佩)

【商贸市场】 2012年,随着空港新区内招商引资的推进和建成企业的大量投产,空港商贸业持续繁荣。一是市场建设进展顺利。列入市重点工程的运城安民义乌小商品城总建筑面积44万平方米,总投资32亿元。8万平方米的一期工程主体和内部装修基本完成;建筑面积26万平方米的二期工程7月份开工,进展顺利。二是市场招商亮点突出。金海岸、金世兴源等运营市场,商户入驻率逐步提

2012年运城空港经济开发区主要经济指标

单位:亿元

项　目	绝对数	比上年增(%)
主营业务收入	145.49	22.48
完成区内生产总值	41	17.14
完成工业总产值	47.23	25.01
完成工业增加值	9.1	56.9
完成两税收入	1.593	53.81
财政收入	3.7	63.38
固定资产完成	28	16.67
进出口总额完成	1191万美元	16.13

高。药材城2012年6月份举行首批商户入驻仪式后,开展面向外地的交易、洽谈活动,促进商户入驻,入驻商户近百户。汽配城入驻商户90家,80%的商铺已经出租。4万平方米的金世界广场部分开业。全区商贸市场呈现出稳定增长,基本形成以专业批发和门市经营双轨并行、互为促进的市场格局,为区内工业发展和日益增多的居民生活提供服务。据初步统计,运营市场和沿街门店达到900余户,涉及29个行业,从业人员近3000人,营业面积20万余平方米,年交易额约5亿余元。

(杨建国　李　娜　董　佩)

【民生改善】一是推进失地农民再就业,通过合同要求、组织对接、集中培训等方式使区内失地农民就近就业不断提升,2012年新增就业1000余人,累计就业人数在7000人左右。二是坚持和提升已经形成的空港安民惠民政策。三是搞好维稳工作。建立以社会事务局为主要承办部门的维稳工作机制,通过责任主体落实和反复排查、督查,使维稳工作横向到边、纵向到底,达到无死角、无盲区。对排查出的苗头隐患及时化解。先后与企业单位、建筑工地和建设者签订维稳责任书700余份,责成相关部门依法做好维稳工作。先后为农民工协调解决工资350余万元,稳定广大农民工情绪和建筑工地秩序。

(杨建国　李　娜　董　佩)

太原高新技术开发区　　(卫　东提供)

农业经济

Agricultural Economy

种植业

【粮食生产】 2012年全省粮食总产量达127.4亿公斤,比上年增长6.8%;粮食平均亩产258公斤,增长6.6%。粮食总产、单产双双创历史新高,总产、单产增幅在全国各省(区、市)排名中分别列第3位和第4位。同时,夏粮、秋粮两季都增产,秋粮首次超过百亿公斤。全省11个市全面增产。(武少东)

【高产作物】 全省粮食播种面积4937.3万亩,比上年增加5.5万亩,连续四年增长。全省玉米播种面积达2503.6万亩,比上年增加33.5万亩,首次超过2500万亩,连续两年超过粮食面积的一半。(武少东)

【种植业增收】 粮食产量大幅度增加,优势特色作物总体增产,多数农产品市场价格较好,农民种植业收入较快增长。小杂粮、设施蔬菜、食用菌等特色产业成为各地发展"一村一品""一县一业"和促进农民增收的重要载体。(武少东)

【农产品质量安全】 山西省加强以农药、化肥、种子为主的农业投入品管理,推行标准化生产,开展绿色防控示范区建设,从源头上抓好农产品质量安全工作。全年共查处假冒伪劣农资1700多吨,为农民挽回经济损失2200多万元。高毒农药定点经营管理基本覆盖优势蔬菜产区。全省蔬菜产品监测合格率达97.8%,为历年最高。(武少东)

【设施蔬菜发展】 2012年,山西省实行设施蔬菜生产大县奖补、蔬菜日光温室贷款贴息、蔬菜标准园创建补助、蔬菜生产基地建设补助等强农惠农富农政策。2012年用于扶持设施蔬菜发展的中央、省资金达1.26亿元,促进设施蔬菜发展。全省设施蔬菜新增20.3万亩,总面积达140.5万亩,设施蔬菜周年化的生产体系基本形成,破解山西省冬春淡季蔬菜生产和产品供应的难题,蔬菜冬春自给率由"十一五"期间的30%左右上升到50%左右,实现蔬菜等产品的周年均衡供应。(武少东)

【惠农政策】 2012年共安排粮食直补、生产资料综合补贴资金34.8亿元,比上年增加12.5亿元。在提高玉米、小麦补贴标准的同时,围绕省政府实施小杂粮产业振兴计划,大幅度提高杂粮补贴标准。新增杂粮补贴资金4.44亿元,杂粮补贴由每亩43元提高到80元;新增马铃薯补贴资金1.8亿元,马铃薯每亩补贴60元。落实玉米、小麦、棉花、水稻全覆盖良种补贴3.86亿元。马铃薯脱毒种薯繁育补贴资金正式列入财政预算,落实资金2000万元。省财政安排资金3900万元,对13个省级产粮大县进行奖补。政策性农业保险稳步推进,全省小麦、玉米保险面积达1991万亩。(武少东)

【粮食高产创建工程】 2012年利用中央财政资金3920万元,建立粮食高产创建万亩示范片245个,每个示范片平均补助约16万元,其中在定襄县及寿阳、文水、高平、屯留、长子、祁县、原平、应县、朔城、大同、永济、临猗等12个县的12个乡镇开展粮棉整县整乡整建制高产创建推进试点工作。2012年全省粮棉高产创建工程示范面积达252.9万亩,涉及183个乡镇、1273个村的34万农户,累计增产粮食11万吨、皮棉2790吨。利用省财政资金2000万元,建立粮棉高产万亩示范片41个。部、省级粮棉万亩高产示范片达286个,涉及78个县,小麦面积20万亩以上和春播玉米面积20万亩以上的县实行全覆盖。(武少东)

【玉米丰产方地膜覆盖】 利用中央财政安排山西省旱作农业技术推广项目资金6000万元、现代农业生产发展资金4500万元,支持旱作节水技术推广,推广地膜覆盖技术350万亩,比上年增加50万亩,每亩补贴30元。项目区共涉及11个市、42个县、513个乡、2345个村,惠及62万农户。据统计,全省实际落实以玉米为主的粮食作物地膜覆盖技术373万亩,增产粮食3亿多公斤,增收6亿多元。在阳曲、五寨等县示范推广"全膜覆盖"、渗水地膜等,在天镇县开展"以旧膜换新膜"试点。(武少东)

【抗灾减灾措施】 推进科学抗灾。一是针对大风和降温天气,及时发布指导意见和技术方案,指导各地做好灾害性天气预防和灾后抗灾工作。二是组织农业专家和技术人员深入生产一线,了解和评估灾害对农业生产造成的危害和损失,指导农民抗灾减灾。三是配合保险公司推进政策性农业保险,全省玉米、小麦保险面积达1991万亩,比上年增加638万亩,并组织专家对部分县玉米受灾情况进行评估。四是开展小麦"一喷三防"。2012年中央共安排山西省抗灾减灾资金5250亿元,集中用于64个小麦生产县的1050万亩小麦后期"一喷三防"技术补助,每亩补助5元,实行全覆盖。 (武少东)

【现代种业发展】 2012年,山西省对全省种业发展进行科学规划和全面部署。一是引导,整合种子企业做大做强。强盛、潞玉、诚信等3家种子企业注册资金达1亿元;3000万元种子企业有金鼎、屯玉、金色农田、华科、鑫农奥利、天元等6家。另外,强盛种业、潞玉种业被评为全国3A级种子企业。二是扶持,提升种业科技创新能力。国家发改委2012年生物育种能力建设与产业化专项"屯玉种业玉米新品种生物育种开发应用及产业化示范推广"项目、太原强盛种业玉米良种生产基地建设项目、长子方兴、岢岚神剑优质种苗繁育基地建设项目等已经落实。在品种科学试验的基础上,探索种子企业品种审定绿色通道,种子企业19个品种通过2012年省级品种审定,占全省审定品种的29.7%,种子企业商业化育种的主体作用日趋明显。三是培训,提高从业人员素质。山西省以种子质量监管、种子加工储藏、种子质量检验等内容为重点,开展多层次不同类型的培训班50余期,培训人员3000余人次,提升全省种子管理人员和种子生产经营者的能力素质,为加快现代种业发展奠定基础。 (武少东)

【测土配方施肥行动】 2012年,山西省共有115个县(市、区)、108个项目实施单位开展测土配方施肥工作,全省在玉米、小麦、棉花、果树、蔬菜、小杂粮等作物上共推广测土配方施肥面积4520万亩,其中配方肥施用面积2033万亩,免费为590多万户农民提供测土配方施肥技术服务。所有项目县全部完成数据录入和数据库建设与升级工作。整建制测土配方施肥工作推进,3个县、44个乡(镇)、2845个村实现整体推进。通过实施测土配方施肥,作物单产水平提高明显。据调查,小麦应用测土配方施肥技术,亩增产4.2%左右,亩均节肥0.2公斤(纯养分)左右。玉米应用测土配方施肥技术,亩增产幅度达5%左右,亩均节肥0.1公斤(纯养分)。棉花应用测土配方施肥技术,亩增产幅度达4.1%左右,亩均节肥0.5公斤(纯养分)。马铃薯应用测土配方施肥技术,亩增产幅度达4.9%左右,果树、蔬菜应用测土配方施肥技术,亩均增产6.5%左右。 (武少东)

【中低产田改造工程】 2012年山西省完成中低产田改造面积243.03万亩(包括大同盆地盐碱地改造10.31万亩)。其中,实施坡耕地综合治理86.73万亩、沟坝地整治与培肥26.63万亩、河川地补灌与培肥16.21万亩、旱平地培肥83.4万亩、盐碱地改造16.40万亩、高产稳产农田建设13.66万亩,涉及666个乡镇、3781个村、43万个农户,11个市均按计划完成工程建设任务。通过工程建设,取得显著的经济、生态和社会效益。工程田平均亩增粮56.49公斤、增菜85.67公斤、增加经济作物28.43公斤;工程田总计增粮1.27亿公斤、增产蔬菜1210万公斤、增产经济作物103万公斤,总增收2.73亿元,总节本0.24亿元,总增收益2.97亿元,项目区平均每个农户增加收入690元。同时,项目区田、水、渠、林、路得到综合治理,农田基础设施和农业生产条件得到改善,耕地抗拒自然灾害能力和农业综合生产能力提高。 (武少东)

【振兴杂粮产业】 2012年4月,省政府召开全省电视电话会议,部署山西省杂粮产业工作。2012年山西省提高杂粮补贴标准,新增杂粮补贴资金4.44亿元,杂粮补贴由每亩43元提高到80元。杂粮生产获得丰收。以谷子、豆类、薯类为主的杂粮种植面积稳定,总产量12.3亿公斤,增长25.3%。参加第十一届中国优质稻米博览交易会,山西省参展的20个企业在稻博会上展销小米、燕麦、荞麦、杂豆等8大类40余个加工及深加工产品,展示山西特色优质杂粮的优良品质。 (武少东)

【新技术集成试验】 2012年,在全省11个市、45个县(市、区)开展小麦、谷子、大豆、油料等67个新品种、小麦节水栽培、沼液喷浇小麦、谷子精播、冬油菜北移等39项新技术,巴斯夫植物健康剂、那氏齐齐发等11种新材料的试验、示范。 (武少东)

【种子执法年活动】 2012年初,制订《2012年山西省种子执法年活动实施方案》,在全省种业发展工作会议期间举行启动仪式,派出11个督查组对各市种子执法工作进行检查指导。全省共出动种子执法人员3103人次,检查种子市场42个次,检查种子企业271个次,检查种子经营门店3264个次,检查种子经营档案3859份,检查种子经营台账4105部。查处种子案件60余起,查获假劣种子20余万公斤,为农民挽回经济损失2000余万元。 (武少东)

【新品种展示示范】 2012年,全省新品种展示示范面积达25万亩,涉及20多种作物300多个品种。在展示示范田收获前,以市、县为主召开不同层次的现场观摩会,组织种子企业、管理部门、农业科技人员、种粮大户、农民、经销商等进行参观、学习和评价,为下一年度新品种推广奠定基础。加大推广力度,在玉米上重点推广先玉335、农大84、大丰26号、强盛52号等新品种,面积达1083.3万亩,占全省种植面积的40.6%;在小麦上重点推广临丰3号、舜麦1718等新品种,面积达512.81万亩,占全省种植面积的51.1%。 (武少东)

【品种试验】 对玉米、大豆、向日葵等11种作物实行编码试验。开展参试品种选育档案检查和转基因检测工作。规范品种申报、试验管理、试验操作、报告审核等程序。共完成20种作物30个区组108个试验点的国家区域试验和38种作物831个品种556个试验点的省级区域试验和生产试验。开展34个品种35个试验点的外省审定，通过相同生态区的玉米引种试验，为品种审（认）定提供科学依据。（武少东）

【品种审定管理】 召开全省品种审定会议，共审（认）定22种作物64个品种，审议通过外省审定在山西省同一适宜生态区引种的9个玉米品种。开展品种田间考察工作，共考察110个试点27种作物157个品种，淘汰39个品种，淘汰率占考察品种的24.8%。严格落实品种退出制度，对审定通过但没有按要求提交标准样品的63个主要农作物品种公告退出。此项工作在农业部种子管理局《种业简报》上作为工作典型推广。完成品种审定委员会换届，组建新的品种审定委员会和专家组。（武少东）

【马铃薯产业发展】 以实施马铃薯脱毒种薯繁育补贴项目为契机，以马铃薯脱毒种薯繁育基地建设为重点，推动马铃薯“一县一业”“一村一品”建设，开展马铃薯高产创建活动，推广先进实用技术，促进全省马铃薯产业发展，带动农民增收。2012年，全省马铃薯平均亩产1300公斤，种植农户亩收入1560元，分别比2011年提高18.2%和41.8%。同时，马铃薯增收典型不断涌现。如，娄烦县马铃薯种植面积由原来的6万亩增加到8万亩，种植农民人均收入由400多元增加到1200元。朔城区由原来的3万亩增加到9万亩，全区种植农户人均收入4000多元。（武少东）

【旱作节水农业工程】 2012年，共建设旱作节水工程田180万亩，提高水资源的利用率。一是开展农田节水示范活动。集成推广少耕穴灌聚肥节水技术28万亩、日光温室水肥一体化技术3.8万亩、膜下滴灌技术3.4万亩、“W”膜盖集雨补灌技术16.5万亩、秸秆覆盖蓄水保墒培肥技术135.2万亩，涌现出陵川秸秆覆盖、原平酥梨水肥一体化、阳曲县全膜双垄沟播技术等先进典型。二是实施旱作节水农业项目。2012年，在尧都、介休实施农业部膜下滴灌技术示范面积5500亩，累计节水100万立方米，肥料利用率提高10个百分点。项目区总增蔬菜100万公斤，共节支增收400万元。三是加强农田土壤墒情监测工作。2012年首次确立的20个国家级墒情监测县按照农业部工作方案的要求，完成各项任务。共采集墒情监测数据1万多个，发布省级墒情简报21期，各市、县累计发布墒情信息83期，及时服务于农业生产。四是实施基本口粮田建设项目。在娄烦、阳高等25个县的退耕还林区实施基本口粮田建设30.37万亩，为巩固退耕还林成果、确保退耕区退耕农民的粮食安全创造条件。

稷山县李老庄村2012年实施设施蔬菜水肥一体化示范及配套技术应用119栋日光温室，统计数据表明，滴灌比常规灌溉每栋节水量143.3立方米，每栋施肥量比常规施肥区节约氮肥(N)7.13公斤、磷肥(P_2O_5)5.33公斤、钾肥(K_2O)3.67公斤，每栋节水节肥节支220元；每栋增产637.3公斤，品质提高每栋增收716元，合计增收1862元，总计每栋温室节本增收2082元。（武少东）

【土壤有机质提升项目】 结合山西省实际，在地力消耗较大的冬小麦—夏玉米一年两熟种植区的永济、稷山、盐湖、夏县、襄汾、尧都、洪洞、曲沃等8个县（市、区）的45个乡（镇）、401个村实施玉米秸秆粉碎还田腐熟技术80万亩。结合有机质提升项目的实施，全省狠抓秸秆还田技术的推广，出动秸秆还田机具累计达11767台，秸秆还田面积达2386万亩，比年初计划的2300万亩增加3.7%。

（武少东）

【农作物病虫害】 2012年，山西省农作物病虫害发生时间早、为害种类多，流行范围广，局部暴发、突发形势严重。全年病虫草鼠发生面积1.864亿亩次，比上年增加240万亩次。其中，小麦病虫发生面积3461.8万亩次，较上年增加459.9万亩次；玉米病虫发生面积6256.3万亩次，较上年增加940.9万亩次；棉花病虫发生面积490万亩；果树病虫发生2091.64万亩次，面积略大于上年；马铃薯病虫发生面积621.3万亩次，其中马铃薯晚疫病发生最重。暴发性病虫总体中等发生，其中东亚飞蝗发生面积56.1万亩次，夏蝗发生重于秋蝗；土蝗发生面积355万亩；草地螟总体轻发生。农田草害偏重发生，发生面积3900万亩，较上年增加150余万亩。农区鼠害中等偏轻，其中农田鼠害发生面积1750万亩，农户发生鼠害数290万户。（武少东）

【病虫草鼠防治与疫情监测】 各级植保部门采取措施，有效控制小麦穗蚜、小麦赤霉病、小地老虎、玉米大斑病、马铃薯晚疫病等重大病虫发生危害。据统计，全省共防控农作物病虫草鼠害1.68亿亩次，占发生面积的90.1%。其中，杂草防除3020万亩次，占发生总面积的77.4%；农田灭鼠面积890万亩，农户灭鼠数190万户。全年共挽回粮食损失16.58亿公斤、棉花1500万公斤、蔬菜17.2亿公斤、水果15.12亿公斤、油料1925万公斤，挽回经济损失52.78亿元。

加强植物疫情监测，严防检疫性有害生物入侵，及时开展疫情调查、检疫和防控工作。通过疫情调查和普查，美澳型核果褐腐病在个别地区发现。稻水象甲在忻州市的原平、代县和太原市的晋源区发生，发生面积9800亩，占种植面积的63%；向日葵列当在吕梁、太原和忻州3市发生，发生面积6.6万亩。全年共组织疫情防控9.6万亩次，挽回经济损失856万元。（武少东）

【统防统治】 2012年，全省农作物病虫害专业化统防统治服务组织达1205个，其中通过注册的807个，专业化防治队员人数1.52万人，拥有背负式机动喷雾器1.4万台，烟雾机324台，大型植保机械115台，日防控作业能力在160万亩以上。专业化防治组织的发展，使山西省农作物病虫专业化统防统治面积达4100万亩次,比上年增加1700万亩次。在2012年小麦“一喷三防”工作中,共出动专业防治队367支,人员17.5万人次,大型机械59台,中型施药器械1.87万台,植保专业化防治面积1220.4万亩次。在飞蝗防治中,组织专业防治队在永济韩阳滩河泛蝗区开展生物防蝗,共出动加农炮18台次,共用白僵菌、绿僵菌等生物农药3000公斤,防治面积3万余亩。在二、三代黏虫防治中,共出动专业化防治队伍481支,防治人员2万余人次。在以玉米大斑病、玉米螟、马铃薯晚疫病等为主的大秋作物病虫应急防控中,共出动专业防治队459支,人员21.8万人次,大型机械65台,中型施药器械1.95万台,植保专业化防治面积2546.8万亩次。 (武少东)

【绿色防控示范区建设】 2012年,山西省承担4个国家级绿色防控示范区建设工作,分别在榆次、临猗、万荣、芮城建立蔬菜、果树和小麦绿色防控示范区。各市、县结合本地实际,加强示范区的建设。截至2012年底,全省共建立绿色防控示范区257个,比上年增加8个;防控示范面积达292.9万亩,比上年增加19万亩;辐射带动面积达1356.7万亩,比上年增加57.4万亩。 (武少东)

【蔬菜标准园建设】 2012年,山西省以农业部蔬菜标准园创建项目实施为契机,加强规模化、标准化示范园区和生产基地建设。在21个部级蔬菜标准园和10个省级蔬菜标准园创建基础上,新创建23个部级蔬菜标准园和50个省级蔬菜标准园。各个园区按照“规模化种植、标准化生产、商品化处理、品牌化销售、产业化经营”的“五化”创建要求,通过完善投入品、生产档案、基地产品检测、基地产品准出、质量追溯五项管理制度,全省蔬菜质量安全水平得到提升,蔬菜农药残留合格率97.8%,较2010年的97.2%上升0.6%,为历年最高。 (武少东)

农垦

【概述】 截至2012年底,山西农垦系统共有企业29个,分布在全省9个市、26个县(区)境内,其中,省属企业8个,市属企业10个,县属企业11个。垦区总人口25673人,土地总面积22150公顷,其中耕地6683公顷。以农牧业为主的企业26个,工业企业1个,商业企业2个。全省垦区总资产78951万元,总负债64328万元,所有者权益14623万元,资产负债率为81.48%。

2012年,山西省垦区实现国民生产总值4.61亿元,比上年增长29.17%。垦区粮食生产再创历史新高,总产达3.08万吨,增长0.14%;奶牛存栏1.33万头,增长9.85%;农垦人均纯收入6067元,增长3.67%。垦区经济保持平稳较快的发展态势。(许云麒)

【现代农业建设】 围绕山西省现代农业建设的思路,结合全省24个农场实际,以“一场一品”为主题,打造高起点、高标准、高效益,具有农垦特色的现代农业示范园区。山阴农牧场规模建设万头奶牛示范园区,第一期工程千头奶牛示范场已建成。忻定农牧场建设的万亩设施蔬菜示范园区,跻身全国100个农垦现代农业示范园区。大同云城乳业利用城郊优势,发展现代都市观光农业。红旗牧场建设千亩苗木示范园和千亩设施蔬菜示范园,打造朔州市最大的现代农业科技示范园区。金沙滩农牧场种植的“金沙滩”牌无公害蔬菜,打开北京、内蒙古、河北等省外市场。长治果树场开发建设千亩现代农业示范园区,成为长治市农业新亮点。此外,方山肉牛场的无公害蔬菜和万寿菊特色农业种植、太原果树场的生态农业示范园区、永济黄河农场的芦笋生产基地建设等也都形成一定规模,为山西农垦“一场一品”建设带来勃勃生机。 (许云麒)

【危房改造项目管理和建设】 2011~2012年,国家发改委、农业部、住建部联合下达山西省垦区危房改造任务4760户。经过协调和沟通,建立健全规章制度,加强监管。项目累计开工4699户,开工率98.72%;基本建成或主体工程完工990户,完工率20.80%。达到项目建设进度的要求,得到省保障性安居工程住房领导组的肯定和省劳动竞赛委员会的表彰。(许云麒)

【社会事业发展】 2012年,农垦政策性社会事业得到有效落实。一是落实社会保障政策的覆盖。从提高职工待遇水平和解决遗留问题入手,提升职工五项社会保险的参保率,养老和医疗保险基本实现全覆盖。二是争取社会救助。2012年,为农场争取自然灾害救助60万元。三是化解农场义务教育债务200余万元。四是落实特困企业医疗保险补助资金16.14万元。五是为全省国有农场落实农场税费改革资金524万元,其中,省直农场157万元。六是推进农场农工负担监管工作。七是开展农产品质量追溯工作。八是山西省学生饮用奶计划推广范围扩大。组织学生奶推广企业参与山西省实施的“农村义务教育学生营养餐改善计划”,学生奶日供应量由2011年的2.5万份,增加到2012年的76.2万份,供应学校也由49所增加到1809所。在第三届“牛奶与健康”全国少儿绘画和作文大赛活动中,被国家学奶办授予“优秀组织单位”。 (许云麒)

【政策和项目支持】 围绕“强农惠企”这一目标,多渠道、多途径争取项目和资金支持。一是争取到农业部扶贫项目资金510万元,集中资金实施三个农业建设项目。二是争取落实危房改造项目资金1.32亿元,其中:中央投资0.91亿元、省配套0.41亿元。三是18个农场列入国家电网改造升级工程计划,共下达投资1324.36万元,项目全部开工建设。四是有7个农场实施公路建设项目,争取国家补助资金790万元,修路30.3千米。五是组织农场实施“一事一议”财政奖补项目,共完成投资43.78万元。六是开展土地确权和维权工作。从国土资源厅为忻定农牧场争取到基本农田整理项目,项目总投资1488.84万元,批准整理土地409.18公顷，其中新增耕地14.4公顷。

此外，粮食直补、农资综合补贴、良种补贴等一系列惠农政策也都得到有效落实。雁门关生态畜牧经济区养殖生态园项目、现代农业设施蔬菜建设项目等财政支农项目和优质玉米科技推广、高产奶牛养殖等农业科技推广项目也在各农场全面实施。

（许云麒）

【农垦体制机制改革】 根据农业部关于农垦体制改革总体要求，召开全省农垦改革发展朔州现场会，因地制宜探讨农垦改革发展的路子。按照厅直属企业脱钩改革领导组要求，支持农业投资集团的组建，配合有关部门做好集团组建方案制定、领导班子配备、企业清产核资等工作。开展国有农场办社会职能改革工作。2012年，农业部农垦局启动国有农场办社会职能改革试点，开展调查，做好农场政府职能社会事务改革的前期准备工作。组织各农场在规范农业承包经营主体、保障农工土地承包经营权益的前提下，深化农场经营体制改革，创新农业组织经营形式，合理进行土地流转，通过组建专业合作社和股份制公司等形式，推进适度规模经营，促进农垦经济发展。（许云麒）

畜牧业

【概述】 2012年，山西省畜牧业生产快速增长。全省出栏生猪1481.61万头、禽17634.08万只、肉牛89.6万头、肉羊1051.32万只，存栏奶牛42.11万头，分别比上年同期增长9.62%、23.55%、6.1%、8.62%和1.25%。肉、蛋、奶的总产量分别达到171.17万吨、105.38万吨、119.33万吨，分别比上年同期增长11.45%、8.47%和5.79%。主要畜产品供应充足。

主要畜产品价格和效益保持基本稳定。牛、羊肉价格一路走高，生猪、蛋鸡价格先跌后涨，全年平均算账，饲养一头肉牛可盈利1500元，一头奶牛2000元，一只羊200元，一头猪160元，一只蛋鸡14元。

畜产品安全和重大动物疫病防控均处于历史最好水平。生鲜乳三聚氰胺检测合格率连续四年保持100%，畜产品瘦肉精检测合格率为100%，饲料质量安全检验合格率为98%，兽药产品监督抽检合格率为94%。全年没有发生高致病性禽流感、牲畜口蹄疫、猪瘟、高致病性猪蓝耳病等重大动物疫情，其他动物疫病也得到有效控制，没有发生畜产品质量安全事件。

现代畜牧业扎实推进。新上马大型生猪、肉鸡、肉牛养殖企业30多家。工业饲料生产集中度提高，年产20万吨以上的饲料加工企业达到8家。畜牧类专业合作组织快速发展，达到1.5万个。

1. 畜牧产业振兴。5月，山西省召开全省振兴畜牧业工作会议，会议提出要坚持工业化理念、产业化经营，以提高畜牧业综合生产能力和市场竞争力为核心，以雁门关生态畜牧经济区、“一县一业”等畜牧重点县为载体，以重大项目建设和提升畜牧龙头企业为突破，构建鸡、猪、牛、羊现代畜牧产业，建设大草场、大园区、大龙头、大物流、大体系，打造全国优质安全畜产品生产基地，推动传统畜牧业向现代畜牧业转型升级。力争到“十二五”末，实现“四个明显增强”“两个确保”。即区域优势明显增强，雁门关生态畜牧经济区和“一县一业”等重点县畜产品产量占到全省的70%以上；现代畜牧业发展水平明显增强，畜禽标准化规模养殖比重达到60%以上，畜牧业科技进步贡献率达到70%以上；畜牧业实力明显增强，主要畜产品产量、农民人均畜牧业收入实现翻番，畜牧业产值占到农业总产值的40%以上。确保不发生区域性重大动物疫情，确保不发生重大畜产品质量安全。

2. 重大项目建设。2012年，山西省首次在北京举办第二届山西特色农产品北京展销周畜牧项目招商引资活动，共签约项目44个，总金额达到163亿元，90%的项目落地。新希望、中粮、首农、雨润、双汇等一批国内知名企业入驻山西。大批社会资本也纷纷转型投资畜牧产业，涌现出武乡鑫四海、中阳厚通、山西九牛、高平凯永等一批现代化大型养殖企业。扶持一批有市场潜力、带动农户增收明显的中小型企业上规模、上档次，开展标准化创建活动，全年仅省级资金扶持建设的标准化养殖小区和养殖场达700多个。

3. 扶持政策落实。2012年，出台生猪养殖强县、肉牛冻精补贴、草原生态保护补助、“一县一业”等扶持政策，资金总额达到4亿元以上。出台政策扶持的范围涵盖养殖、良繁体系、生态建设、疫病防控和体系建设等各个方面。特别是在养殖生产环节上，生猪、奶牛、肉牛、肉羊、家禽全覆盖，尤以生猪生产出台的政策最多，扶持力度最大，资金总额达亿元。

4. 重大动物疫病防控和畜产品质量安全。强化重大动物疫病防控，落实以强制免疫为主的综合防控措施，确保对口蹄疫、禽流感、猪瘟、猪蓝耳病的免疫密度和免疫质量，加大抗体监测的比例，及时组织消毒灭源工作。落实动物检疫执法“六条禁令”，规范动检人员的执法行为，加强对养殖、流通、屠宰环节的监督管理，全面开展生猪定点屠宰企业动物防疫审核清理整顿工作。开展以瘦肉精、生鲜乳、兽药抗生素等为主要内容的专项整治行动，规范生产、经营行为，加大对养殖、贩运、屠宰等关键环节的监督管控。按照层级监管、责任到人的原则，先后明确全省饲料生产企业、饲料经营门店、生鲜乳收购站、生鲜乳运输车辆的主体资格责任，提升畜产品质量安全水平。及时应对网络媒体关于粟海“速成鸡”的炒作，调查澄清有关问题的不实报道。

5. 服务体系建设。基层动物防疫体系建设全面加强。市、县两级兽医实验室通过验收的有90个，全额落实乡镇兽医人员工资的县111个，村级防疫员每月工资补贴达到200元的县56个，长治市每月补贴达到500元。全省11个市完成官方兽医资格确认工作,连续三年组织执业兽医资格考试,累计334人取得执业兽医资格。全省有10个市建立畜产品质量检测中心,建立乡镇畜产品质量安全监管网络,为开展畜产品质量安全监测评估工作奠定基础。2012年,完成对马身猪、广灵驴及右玉边鸡的第七世代家系的纯繁选育工作,晋南牛通过国家验收,进入国家级保种场范围。全年对80多个种畜禽企业进行生产经营许可证的审核备案。

(侯晋兰　郑晓静)

【畜禽繁育改良】 2012年,山西省共改良绵羊290.31万只,改良山羊245.51万只,推广三元优种猪652.08万头,推广蛋鸡标准化养殖544.7万只。生产良种补贴冻精80万份,完成8890头奶牛的生产性能有效测定。

地方畜禽良种资源保护力度加大。2012年,国家拨付保种经费80万元,用于山西省马身猪、广灵驴及边鸡的保种。山西省完成第七世代家系的纯繁选育,存栏马身猪共80头,广灵驴38头,边鸡核心群数量达2600套。山西省财政下拨良种畜禽资源保护经费50万元,分别用于广灵大尾羊、边鸡、晋南牛、黎城大青羊、吕梁黑山羊及晋南驴等品种的保护和利用工作。共更新保种核心群2100只(头、套),维修基础设施1000平方米,购买小型仪器设备20台(套)。

种畜禽生产经营管理加强。山西省持有种畜禽生产经营许可证的企业332个,达到历史新高。2012年全省颁发(包括换证)种畜禽生产经营许可证86个,其中种猪场63个、种羊场9个、种鸡场7个、种鸭场3个、种牛场2个、种马场和种兔场各1个。

蜂产品无公害标准化安全生产示范水平提高。在临猗、阳城、灵石、忻州和石楼等五个蜂产品主导生产县开展蜂产品无公害安全生产技术推广,主要包括蜜蜂饲养标准和规范。主要是建立养殖档案和养蜂日志,提高饲养效益,解决兽药残留超标等突出问题。根据《中华人民共和国畜牧法》、农业部《养蜂管理办法》和《山西省农业厅畜禽养殖场、养殖小区规模标准和备案管理办法》等有关规定,完成山西省规模化蜂场登记备案及养蜂证发放工作。

(侯晋兰　郑晓静)

【产业政策落实】 落实能繁母猪补贴政策,完成全省能繁母猪统计摸底工作,确认2012年山西省共有105万头能繁母猪符合享受奖补条件。落实生猪调出强县政策,对11个生猪调出大县进行奖励,发放奖励资金1697万元。落实国家生猪良种补贴政策,组织高平市、平定县、清徐县开展猪人工授精工作,对7万头能繁母猪进行人工授精补贴。落实奶(肉)牛良种补贴政策,推广良种补贴冻精74万份。(侯晋兰　郑晓静)

【草地建设】 2012年,山西省共完成人工种草162万亩。按牧草品种划分,其中多年生牧草40万亩,一年生牧草122万亩。按工程类型划分,京津风沙源草地治理工程完成0.4万亩,草地建设工程完成161.6万亩。完成草地改良219万亩,其中草地围栏2.5万亩,飞播牧草2万亩,三化草地治理214.5万亩。完成草原新保护面积414万亩,其中,鼠害防治面积238万亩,虫害防治面积176万亩。草原防火测报及时,准备充分,未发生等级以上草原火灾,未造成任何经济损失。(侯晋兰　郑晓静)

【饲料兽药和畜产品监测】 全年完成饲料质量监督抽检605批次,饲料中非法添加物监测合格率达100%。完成兽药质量监督抽检400批,抽检合格率达到94.1%。完成畜产品监测3079批,抽检合格率为99.9%。其中完成动物及动物产品兽药残留监控644批,畜产品例行监测2435批。实现奶牛养殖场户、生鲜乳收购站和生鲜乳收购运输车辆违禁物监测全覆盖。全年完成生鲜乳检测810批,对三聚氰胺、皮革水解蛋白、碱类物质、硫氰酸钠、β-内酰胺酶5种违禁添加物进行检测,检测合格率为100%。

(侯晋兰　郑晓静)

【兽药质量安全专项整治】 加强兽药质量专项整治,对全省83家兽药生产企业进行监督检查,全面检查兽药生产企业GMP执行情况,规范企业生产行为。对非法经营兽药和未达到兽药经营质量管理规范(简称兽药GSP)要求的经营户进行全部清理,共注销非兽药GSP经营企业833个,取缔无证经营企业154个,兽药经营秩序整体提升。开展养殖环节抗菌药的专项整治,严厉打击超范围、超剂量、不遵守停药期使用抗生素等违规行为。全年全省累计共出动执法人员5662人次,发放宣传资料6.2万余份,检查兽药生产企业、经营企业、医疗机构及养殖场数量3982个,整顿重点区域44个,查获假劣兽药产品1970支、2814公斤。

(侯晋兰　郑晓静)

【重大动物疫病防控】 2012年,全省五种重大动物疫病强制免疫病种应免免疫密度均达到100%。牲畜口蹄疫累计免疫家畜共4297.92万头,其中:猪O型口蹄疫免疫1581.78万头;牛O型—亚洲I型口蹄疫免疫332.06万头;羊O型—亚洲I型口蹄疫免疫2312.53万头;牛A型口蹄疫免疫71.55万头。全省高致病性禽流感累计免疫家禽20324.4万羽,其中:鸡高致病性禽流感免疫20115.1万羽;鸭高致病性禽流感免疫193.95万羽;鹅高致病性禽流感免疫15.35万羽。全省高致病性猪蓝耳病免疫猪1573.44万头,猪瘟累计免疫猪1583.23万头,新城疫累计免疫鸡20518.4万羽。

全省秋防中共组织供应猪O型口蹄疫疫苗3600万毫升,牛羊O型、亚洲I型口蹄疫双价疫苗3500万毫升,猪O型口蹄疫合成肽疫苗400万毫升,A型口蹄疫疫苗233.5万毫升,高致病性禽流感灭活疫苗(H5N1Re-1株+Re-4株)16137.28万毫升,禽流感-新城疫重组二联疫苗5250万羽份,猪瘟脾淋苗3965万头份,高致病性猪蓝耳病灭活疫苗1570万毫升,高致病性猪蓝耳病活疫苗1350万头份，新城疫疫苗111930万羽份。省级储备疫苗、消毒药品、防护用品、扑杀器械等价值100万元的储备物质，各市、县共储备消毒药品319.75吨、防护服63105套、喷雾器4779台、手套178124双等防疫物资。

全省高致病性禽流感累计监测130871份血清，免疫抗体合格122227份，合格率为93.4%。牲畜口蹄疫监测75575份血清，合格65703份，合格率86.9%；新城疫监测78764份血清，合格73552份，合格率93.4%；猪瘟监测31727份血清，合格27479份，合格率86.6%；高致病性猪蓝耳病监测3174份，合格2554份，合格率80.5%。全部达到农业部要求的免疫合格标准。开展病原学监测5592份，监测阳性61份，对阳性畜全部进行无害化处理，净化畜间疫情。

（侯晋兰　郑晓静）

【动物检疫强化】 2012年，山西省规模养殖场（户）产地检疫率达到100%。屠宰动物受检率达100%，切实保证染疫动物产品不流入市场。

产地检疫共检疫畜禽7263.7279万头（只），生猪、牛、羊、家禽和其他动物的检疫数量分别为438.4246万头、42.7612万头、298.74万只、6473.8582万只和9.9438万头（只）。共回收免疫证明4439.4583万张，其中，生猪242.2823万张、牛23.4197万张、羊212.4494万张、家禽3956.7398万张、其他动物4.5672万张。消毒运载工具合计为48.7177万辆，运输生猪、牛、羊、家禽和其他动物的分别为23.2613万辆、2.2378万辆、10.9259万辆、11.9134万辆、0.3793万辆。共检出病畜禽6.2203万头（只），病畜禽总检出率为0.086%。其中，病猪2660头、病牛48头、病羊526只、病禽5.8969万只，其他患病动物0头（只），对检出的病死畜禽全部进行无害化处理。

山西省屠宰检疫共检疫畜禽4396.3658万头（只），共检出病畜禽8.4253万头只，病畜禽总检出率为0.19%。其中，检疫生猪320.4038万头、检出病猪0.8591万头、检出率为0.268%；检疫牛羊163.6505万头（只）、检出病牛羊0.0075万头（只）、检出率为0.005%；检疫禽类3912.3115万只、检出病禽7.5588万只、检出率为0.19%。对检出的病畜禽全部进行无害化处理。2012年，山西省持有动物产地检疫证明的动物总数为2014.5932万头（只），其中生猪274.1372万头、牛羊119.0633万头（只）、家禽1621.3927万只；持有出县境动物检疫证明的动物总数为2343.4994万头（只），其中生猪43.0775万头、牛羊11.3808万头（只）、家禽2289.0410万只。

（侯晋兰　郑晓静）

【执法监管专项整治】 流通环节的执法监管专项整治。2012年，对山西省2296个交易市场、540个仓储场、2154个加工场所进行监管；共监督检查畜禽162.1408万头（只）、动物及动物产品3.72万吨。全省38个检查站共检查运输动物、动物产品车辆共计4.4946万辆。检查运输的动物3202.2254万头（只）；检查运输的动物产品23.8070万吨。发现各类违反动物防疫法规运输的车共计2702辆，对2652车动物及其产品计29.3098万头（只）、2303.416吨进行处理。

省界公路动物卫生监督检查站执法监管专项整治。山西省动物卫生监督所重视并加强对各省界公路动物卫生监督检查站的监督管理，各省界公路动物卫生监督检查站做到执法规范，记录完备，责任明确，监管有效，发挥检查站内查外堵的屏障作用，防止动物疫病跨区域传播。

动物防疫条件审查专项整治。对全省动物饲养场（养殖小区）和动物屠宰加工场所等场所进行动物防疫条件审查，对不符合动物防疫条件的场点进行规范整治。按照“九部委文件”和《动物防疫条件审查办法》的要求，开展生猪定点屠宰企业动物防疫条件审核清理整顿工作，对全省动物防疫条件审核工作进行专项检查。

跨省引进种用、乳用动物集中整治。山西省出台《跨省引进种用、乳用动物监督管理办法》，严格种用、乳用动物跨省引进检疫审批程序，对全省种畜禽场以及大型规模养殖场跨省调运种用、乳用动物行为进行集中整治，打击未经审批调运种畜禽行为，规范跨省种用、乳用动物调运工作。

动物卫生监督执法“百日绿剑行动”。从2011年11月22日至2012年2月29日，山西省在全省范围内开展“百日绿剑行动”，全省各级动物卫生监督机构与公安、工商、商务、质监等部门联合，将加工、出售病死（害）动物和动物产品，经营未经检疫动物及动物产品、未经审批调运种畜禽、不符合动物防疫条件的屠宰场及规模养殖场等列为监管难点，强化源头治理，控制动物疫情的传播。

“百日绿剑行动”中，全省共出动动物卫生监督执法人员13830多人次、执法车辆2473辆（次），发放宣传材料10多万份，监督检查养殖场（小区）18022个（次）、屠宰场所681个（次）、肉类经营场所3296个（次）、冷库384个（次），依法下达《监督意见书》296份，下发整改通知书158份，查处违法案件106起，查获不合格动物产品16.2吨，全部进行无害化处理，保障全省畜牧业的健康发展，保证上市动物产品消费安全。

（侯晋兰　郑晓静）

【养殖户小额信贷业务】安泽县畜牧兽医局与当地邮政储蓄银行联系，在养殖户中推行“小额贷款”业务。具体操作中，该县畜牧兽医局与当地邮政储蓄银行资源共享，养殖场户在县畜牧兽医局备案可作为信贷凭证，采取农户联保贷款方式，由三到五名农户组成一个联保小组，不再需要其他担保，可向邮政储蓄银行申请最高贷款额为5万元的贷款，最快3天可拿到贷款。（侯晋兰　郑晓静）

【财政扶持畜牧业】 晋城市出台《市财政局市畜牧兽医局关于对畜牧业扶持政策进行调整的暂行办法》，降低扶持畜牧业的“门槛”，如将优种猪、蛋鸡的最低扶持标准降低近一半;扩大扶持的范围,在现有扶持的基础上,将蜂、兔、肉鸡(鸭、鹅)规模养殖也列入扶持范围;加大对畜牧业服务体系和市场体系的扶持,对全市所有畜牧兽医站、生猪经销大户进行扶持等,扩大养殖户的受益范围。

(侯晋兰 郑晓静)

农业机械化

【概述】 截至2012年底,全省农机总动力突破3000万千瓦大关,达3056万千瓦,比上年增长4.4%。其中,大中型拖拉机、玉米收获机和薯类收获机分别达9.78万台、1.05万台和5454台,分别比上年增长10%、61.4%和32%;新增畜牧业、林果业、设施农业和农产品加工等机械3.7万台件,全省农机装备结构得到有效改善。农机作业水平持续提升。全省机耕、机播、机收面积分别达到3860万亩、3660万亩和2273万亩,主要粮食作物机械化综合水平达58.37%,比上年提高3.17个百分点。农机化经营效益持续增长。全省农机化经营总收入达115亿元,比上年增加7.66亿元。其中农机户经营纯收入达57亿元,比上年增加4亿元。农机安全生产形势持续稳定。全省发生10起一般农机事故,未发生一次死亡3人以上的重特大农机事故,没有突破农机安全生产控制考核指标。

(秦永红)

【农机购置补贴政策】 2012年,全省共落实农机购置补贴资金7.4亿元,其中中央财政资金6.7亿元,比上年增加15.5%,省级财政投入4000万元。共补贴10.34万户农民购买各类农业机械15.87万台件,带动全省农机经销企业销售额达到23亿元。在实际工作中,实行“补贴资金结算审核、经销商确定和监管、补贴资金分配和调剂”三权下放到市、“三先三后”(“先上户后累加”“先作业后累加”和“先验收后补贴”)和补贴资金到卡等办法,出台经销商监督管理、补贴资金结算等办法,严格补贴程序过程管理;强化农机补贴廉政风险防控机制建设和警示教育,狠抓网上监督和实地督导检查,启动农机报废更新补贴试点工作,农机购置补贴工作总体上保持平稳运行的良好态势。

(秦永红)

【重要农时季节机械化生产】 春耕春播期间,全省共投入各类农业机械40.5万台件,完成机械化耕整地2735万亩,机械播种2180万亩,分别比上年同期增加23%和21%,总体生产进度比上年提早7天左右。“三夏”抢收抢种期间,全省组建跨区机收服务队195个,成立接待站97个;投入各类作业机具42.5万台,其中联合收割机1.3万台,播种机2.2万台;完成小麦机收面积995万亩,小麦机收水平达95.1%,比上年提高3个百分点;秋粮机械复播面积565万亩。“三秋”作业期间,全省共完成玉米、薯类机收面积987万亩和165万亩,玉米机收水平达37.2%,比上年提高10.7百分点;完成柠条机械化平茬面积15万亩;投入1.125亿元,实施玉米丰产方机收秸秆还田作业补贴375万亩,完成玉米秸秆还田面积1800万亩。玉米、马铃薯机收等作物生产关键环节机械化“瓶颈”实现较大突破。(秦永红)

省农机局局长王立伟考察“三夏”农机化作业 (秦永红提供)

【机械化保护性耕作】 全省机械化保护性耕作新增实施面积192万亩,累计实施面积达1300万亩,覆盖全省11个市100多个县,受益农民近1100万人,为全省增产粮食7亿公斤,节约生产成本3.5亿元,总节本增效18.2亿元以上。在资金投入、建设规模和建设质量等方面,山西省保护性耕作都名列全国前茅。在工程建设中,重点四方面工作:一是制订《山西省保护性耕作工程建设项目管理办法及实施细则》,对项目立项、施工管理、合同管理、财务管理和督查验收等各环节做出明确规定,为全省保护性耕作科学发展奠定良好基础。二是举办全省保护性耕作培训班,对项目县局长和管理财务人员等120多人进行专题培训,提高项目实施综合能力。三是初步建立起国家保护性耕作工程项目承担县的筛选机制,从全省规划的项目建设县中筛选出12个县作为2013年国家保护性耕作工程项目承担县。四是与联合国粮农组织和农业部农机化司等单位联合在北京举办“中国保护性耕作20年国际研讨会”,作《山西保护性耕作20年》专题报告;组织11名外国专家到尧都区考察我国最早的保护性耕作试验田,农业部领导和中外专家普遍肯定山西省为全国保护性耕作发展提供的成功经验。

(秦永红)

【科研和技术推广】 在农机科研方面,全省投入农机科研项目资金273万元,实施28个农机装备引进试验项目和10个现代农业机械化技术综合示范项目;“柠条饲料智能收获制粒装备开发”列入国家“863”计划项目；落实2012年度省科学技术发展计划项目5项；组织申报2013年度省科技厅科技攻关项目和国家“863”计划备选项目10项;《山西省设施农机化工程技术集成与示范》项目获省科技进步三等奖。在农机推广方面，全省共举办各类大型现场演示展示活动110场,培训机手20万人次;举办专题技术培训班140多次,培训农机管理人员和业务骨干3.7万人次；建设玉米和马铃薯机收示范区366个;引进和试验示范特色农业新机具64种;新建设现代农机化项目示范区4个。在扶持农机工业方面,投入175万元财政贷款贴息,帮助农机工业企业贷款2000多万元，全省农机工业产值达到25亿元。（秦永红）

【专业合作社建设】 采取健全组织机构、增加资金投入、制定创建标准、推出示范典型、建立表彰机制等措施,开展农机化生产劳动竞赛,狠抓农机专业合作社规范发展。全省农机合作社和农机大户分别达到1558个和4716个，分别比上年增加286个和1300个，承担全省30%以上的农机作业任务和近50%的农机项目建设任务，成为农业生产的主力军;采取带地入社、承租等方式,参与流转土地76.5万亩,占全省土地流转面积的13.3%，成为山西省土地流转的重要承载主体和推进主体。在工作中，一是制订《山西省农机专业合作社“示范社”建设标准》,明确“示范社”的建设目标、建设内容、建设标准及推进措施。二是制订农机合作社“规范化建设样本”，统一农机合作社规范化建设十项管理规章制度。三是采取划片组织、分期编班的办法,举办5期农机专业合作社社长培训班,共培训600余人。选送11名农机维修技术人员和3个农机合作社社长参加农机化司组织的农机维修高技能人才培训,其中柳林县鑫联农机专业合作社在会上作典型发言。四是开展“星级”农机维修网点创建活动。全省共投入650万元,改扩建农机维修点226个,新发展农机维修网点264个,建设标准型“星级”维修网点180个,其中“四星级”网点13个。在全国农机合作社建设经验交流会和创新农机维修工作研讨会上，分别作题为“规范建设夯基础,强化管理促发展”和“严管理规范发展秩序,夯基础提升服务能力”的典型发言。（秦永红）

【公共服务体系建设】 在农机技术推广方面,抓住贯彻落实“一个衔接、两个全覆盖”政策的有利时机,狠抓基层农机推广机构改革和发展;投入1000万元,改善部分市县基层农机推广机构推广设施和工作条件,初步形成较为完整的省、市、县、区域四级联动的农机化技术推广网络。在农机质量监管方面,投入132万元,对省农机质量监管站进行试验室改造升级,为省市两级农机质量监管站配备检测设备52套。在农机安全监督方面,投入330万元,改造省级农机安全监理信息管理系统，为29个县级农机安全监理机构配备29套移动式检测设备和20辆执法车。在农机教育培训方面，将农机培训列入省财政预算,并安排600万元专项资金,对全省3.5万名新购机农民进行系统农机培训。在信息宣传方面,建立信息报送和新闻宣传奖励机制;按照省文改办部署安排,对“一网三刊”进行整合,组建成立正处级规格的山西现代农业工程出版传媒中心。（秦永红）

【安全生产】 在农机安全生产监理方面,紧抓拖拉机安全监理“三率”工作,全省新注册登记拖拉机、联合收割机2.13万台，检验机车8.81万台,新训新考驾驶员1.34万人;实施新购拖拉机、联合收割机累加补贴政策,审批兑付1.23万台拖拉机、联合收割机补贴资金893万元;开展农机免费监理工作,免除2.13万台手扶拖拉机检验费、8.8万台拖拉机及联合收割机喷放大字号费等50.8万元；开展“打非治违”、百日农机安全生产、农机交通安全“牵手平安行”和农机安全生产专项整治等活动;新创建5个省级“平安农机”示范县、52个示范乡、563个示范村;狠抓农机安全生产宣传教育，全省共印发宣传资料20多万份，签订安全生产承诺书1.6万份。在农机产品质量监管方面,在全省组织开展“发展与安全”农机化质量大型宣传活动、玉米收获机质量调查和质量督导,联合工商、质检等部门开展农机打假专项治理行动,查处无证、假冒、劣质农机及零配件产品1200台(件),共受理农民投诉25起、结案25起，为农民挽回经济损失30余万元。（秦永红）

农业科技

【概述】 2012年,山西省农业科学院共开展科研课题962个,其中国家级课题138个,省级课题385个,院级课题410个。新开各级各类课题365个,包括国家级课题80个,其中:国家自然基金课题6个,国家支撑计划课题11个,国家863课题4个,国家农业科技成果转化资金课题12个,国家星火课题4个,国家国际合作课题2个，农业部公益性行业专项7个,农业部948项目1个,其他课题38个；省级课题159个，院级课题111个,横向合作15个。全院共鉴定科研新成果23项，其中2项达国际领先水平,13项达国际先进水平。获国家科技进步二等奖2项(协作);获山西省自然科学类一等奖1项;获山西省科技进步奖14项,其中:一等奖1项、二等奖7项、三等奖6项。9个农作物新品种通过国家级审(鉴)定,46个农作物新品种通过省级审(认)定。获得国家授权专利40件,其中:发明21件，实用新型18件，外观设计1件。在省级以上刊物发表科技论文416篇,SCI收录论文11篇，出版科技著作10部。（杨光宗）

【获奖成果】 国家科技进步二等奖:(1)山西省农业科学院谷子研究所参与完成的“抗除草剂谷子新种质的创制与利用”;(2)山西省农业科学院果树研究所参与完成的“苹果矮化砧木新品种选育与应用及砧木铁高效机理研究”。

山西省自然科学类一等奖:小麦种质创新的细胞遗传学机制及外源抗病新基因分子鉴定（完成单位:山西省农业科学院作物科学研究所、电子科技大学、四川农业大学)。

山西省科技进步类一等奖:国审高产广适应大豆品种汾豆56(完成单位:山西省农业科学院经济作物研究所)。

山西省科技进步类二等奖:(1)优质抗倒密植型无叶豌豆品种品协豌1号的选育与推广(完成单位:山西省农业科学院农作物品种资源研究所);(2)苹果新品种“晋霞”选育及推广应用(完成单位:山西省农业科学院果树研究所);(3)獭兔集约化饲养关键技术研究与应用推广(完成单位:山西科元动物胚胎工程中心);(4)晋糯8号等优质甜糯玉米系列品种选育与应用(完成单位:山西省农业科学院玉米研究所);(5)双低甘蓝型冬油菜“晋油9号”选育与应用(完成单位:山西省农业科学院棉花研究所);(6)抗旱广适性小麦新品种晋麦79号选育与推广(完成单位:山西省农业科学院小麦研究所、中国科学院遗传与发育生物学研究所农业资源研究中心);(7)山西省农业功能区划研究(完成单位:山西省农业科学院农业资源与经济研究所、山西省农业资源区划办公室)。

山西省科技进步类三等奖:(1)耐抽薹大白菜种质资源创新与新品种选育研究(完成单位:山西省农业科学院蔬菜研究所);(2)优质高效谷子新品种长生07的选育及应用(完成单位:山西省农业科学院谷子研究所);(3)秸秆育苗钵规模化生产关键技术研究及应用(完成单位:山西省农业科学院棉花研究所、山西省农业科学院旱地农业研究中心);(4)优质高产黍子新品种雁黍8号选育与应用(完成单位:山西省农业科学院高寒区作物研究所);(5)高产优质饲草高粱晋草2号、3号选育与推广(完成单位:山西省农业科学院高粱研究所);(6)设施专用西瓜新品种“晋早蜜一号”的选育及应用(完成单位:山西省农业科学院蔬菜研究所)。

(杨光宗)

【国家授权发明专利】 (1)小麦覆膜施肥播种镇压一体机(完成单位:山西省农业科学院旱地农业研究中心);(2)甘蓝施肥起垄机(完成单位:山西省农业科学院旱地农业研究中心);(3)通过花柱切面滴加获得抗旱转基因玉米自交系的方法(完成单位:山西省农业科学院旱地农业研究中心);(4)大花萱草利用子房组织培养快速繁殖方法(完成单位:山西省农业科学院旱地农业研究中心);(5)玉米种下条状补水多功能播种机(完成单位:山西省农业科学院旱地农业研究中心);(6)一种营养强化小米及其制备方法(完成单位:山西省农业科学院经济作物研究所);(7)糜米无醇饮料的制作方法(完成单位:山西省农业科学院经济作物研究所);(8)远志的栽培方法(完成单位:山西省农业科学院经济作物研究所);(9)糜米低醇饮料的制作方法(完成单位:山西省农业科学院经济作物研究所);(10)一种利用豇豆叶制备茶叶的方法(完成单位:山西省农业科学院经济作物研究所);(11)土壤扩蓄增容颗粒有机肥(完成单位:山西省农业科学院棉花研究所);(12)利用农杆菌对棉花种子胚进行直接转化的方法(完成单位:山西省农业科学院棉花研究所);(13)棉花防冻抗逆种子处理剂(完成单位:山西省农业科学院棉花研究所);(14)一种西葫芦杂交育种方法(完成单位:山西省农业科学院棉花研究所);(15)一种应用于设施蔬菜的低温保护剂及其制备方法(完成单位:山西省农业科学院蔬菜研究所);(16)一种应用于设施蔬菜的抗低温制剂及其制备方法(完成单位:山西省农业科学院蔬菜研究所);(17)一种从荞麦麸皮中提取D-手性肌醇的方法(完成单位:山西省农业科学院农产品加工研究所);(18)一种应用于玉米的抗低温助长剂及其制备方法(完成单位:山西省农业科学院作物科学研究所);(19)杂交大豆制种高异交率父本的选育方法(完成单位:山西省农业科学院农作物品种资源研究所);(20)一种核桃组织培养茎段试管内处理试管外生根的方法(完成单位:山西省农业科学院果树研究所);(21)超声波辅助花粉介导植物转基因方法(完成单位:山西省农业科学院生物技术研究中心)。(杨光宗)

【国家授权实用新型专利】 (1)转基因棉花再生株移植器(完成单位:山西省农业科学院棉花研究所);(2)便携式可充电光控诱虫装置(完成单位:山西省农业科学院棉花研究所);(3)高效油菜割晒机(完成单位:山西省农业科学院棉花研究所);(4)昆虫波长选择器(完成单位:山西省农业科学院棉花研究所);(5)前切式逆旋高速开沟机(完成单位:山西省农业科学院棉花研究所);(6)旋切式条耕机(完成单位:山西省农业科学院棉花研究所);(7)一种防蒸汽冷凝聚集的移液枪吸头盒(完成单位:山西省农业科学院棉花研究所);(8)一种高粱淀粉类别快速鉴定笔(完成单位:山西省农业科学院高粱研究所);(9)便携式农业试验展示田划行器

2012年山西省农业科学院通过国家审(鉴)定新品种目录表

作物	品种名称	选育单位	主要完成人
谷子	大同34号	高寒区作物研究所	任月梅等
高粱	晋甜杂2号	高粱研究所	张福耀等
饲草高粱	晋草7号	高粱研究所	平俊爱等
饲草高粱	晋牧1号	高粱研究所	平俊爱等
高粱	晋杂105	高粱研究所	张福耀等
甘蓝	惠甘68(惠丰68)	蔬菜研究所	王翠仙等
向日葵	H717	棉花研究所	黄增强等
小麦	晋麦92号	小麦研究所	张定一等
绿豆	晋绿豆6号	经济作物研究所	王彩萍等

2012年山西省农业科学院通过山西省审定新品种目录表

作物	品种名称	选育单位	主要完成人
玉米	大丰30	大丰种业有限公司	郭国亮等
玉米	福盛园59	福盛园科技发展有限公司	尚春树等
番茄	艳红101	强盛种业有限公司	尚春树等
辣椒	盛椒19号	强盛种业有限公司	尚春树等
西葫芦	翠青308	强盛种业有限公司	姚桂生等
白菜	晋绿218	强盛种业有限公司	尚春树等
玉米	强盛3号	强盛种业有限公司	尚春树等
玉米	瑞普959	瑞普种业有限责任公司	王富荣等
马铃薯	同薯28号	高寒区作物研究所	杜 珍等
谷子	大同32号	高寒区作物研究所	朱 玉等
莜麦	同燕1号	高寒区作物研究所	徐惠云等
大豆	汾豆62	经济作物研究所	马俊奎等
谷子	晋谷54号	经济作物研究所	赵海云等
豌豆	汾豌豆1号	经济作物研究所	王彩萍等
远志	晋远1号	经济作物研究所	田洪岭等
芝麻	晋芝7号	经济作物研究所	刘文萍等
棉花	晋棉54号	棉花研究所	吴 霞等
棉花	晋棉55号	棉花研究所	姜艳丽等
油菜	晋油10号	棉花研究所	咸拴狮等
西葫芦	东葫4号	棉花研究所	雷逢进等
西葫芦	绿蒂西葫芦	棉花研究所	王晓民等
大豆	晋豆44号	农业环境与资源研究所	陈慧选等
莜麦	品燕2号	农作物品种资源研究所	崔 林等
番茄	晋番茄8号	蔬菜研究所	张剑国等
辣椒	晋椒202	蔬菜研究所	马蓉丽等
辣椒	晋椒红星	蔬菜研究所	焦彦生等
西葫芦	合玉丽	蔬菜研究所	武峻新等
白菜	晋春2号	蔬菜研究所	李改珍等
白菜	科萌银55	蔬菜研究所	赵军良等
白菜	晋白菜7号	蔬菜研究所	赵美华等
萝卜	晋萝卜4号	蔬菜研究所	武玲萱等
马铃薯	晋薯22号	五寨试验站	王侯怀等
芝麻	晋芝8号	小麦研究所	杨三维等
玉米	君实9号	玉米研究所	徐劲松等
大豆	晋科4号	作物科学研究所	张海生等
谷子	晋谷53号	作物科学研究所	马建萍等
玉米	晋阳3号	作物科学研究所	李凌雨等
玉米	华元798	作物科学研究所	段运平等
红小豆	晋小豆5号	四合农业科技有限公司	张春明等
核桃	金薄香6号	果树研究所	田建保等
榛子	香榛榛子	果树研究所	梁锁兴等
梨	晋早酥梨	果树研究所	邹乐敏等
玉米	强盛62号	强盛种业有限公司	尚春树等
玉米	益糯369	园艺研究所	苗如意等
玉米	潞玉13	谷子研究所	宋殿珍等
玉米	大丰26号	大丰种业有限公司	郭国亮等

(完成单位:山西省农业科学院高粱研究所);(10)高粱单粒播种专用排种器(完成单位:山西省农业科学院高粱研究所);(11)秸秆蘑菇基质压缩成型机(完成单位:山西省农业科学院试验研究中心);(12)一种蘑菇野生栽培基质模块(完成单位:山西省农业科学院试验研究中心);(13)一种香菇野外覆土栽培果木模块(完成单位:山西省农业科学院试验研究中心);(14)麦田轻便开沟追肥镇压覆土一体机(完成单位:山西省农业科学院小麦研究所);(15)留茬免耕夏播玉米田豁秆开沟追肥镇压一体机(完成单位:山西省农业科学院小麦研究所);(16)一种移苗器(完成单位:山西省农业科学院经济作物研究所);(17)蜜蜂携粉器(完成单位:山西省农业科学院园艺研究所);(18)一种固体食用菌菌种液化装置(完成单位:山西强盛种业有限公司)。 (杨光宗)

【重点实验室、实验站】 (1)山西省农业科学院农业环境与资源研究所;(2)山西省土肥资源高效利用工程实验室(批准单位:山西省发展与改革委员会)。 (杨光宗)

【农业技术推广示范行动】 2012年示范行动再次被省政府纳入重点工作目标责任,同时被省政府列入财政强农惠农十大政策。全院530名科技人员在全省50个县实施农技推广项目53个,推广新品种235个,集成先进适用技术260项,配套高产高效技术模式30项,累计示范6333.3公顷,累计推广198666.7公顷。旱地玉米、夏播玉米、水地小麦、旱地谷子等作物创全省高产纪录,甜糯玉米成为全省高产高效典型。在国内率先实行首席推广专家负责制,专家通过开设微博,发布实用信息、农时关键时节管理措施、病虫害防治及防灾减灾措施,真正解决农业科技进村入户最后一公里的问题。全年共开展"农民科技日"90次,与70个县进行对接,开通农业专家服务热线,累计接听咨询电话1.63万个,解答农民问题3050余项(次),解答率在95%以上,发布新闻信息65余条。共开展各类技术培训1330次，组织观摩活动116次，发放技术资料130余万份，共培训骨干农民技术员8.3万余名，培训农民108万人次。（杨光宗）

林 业

【天然林资源保护工程】 1月18日，省政府办公厅印发《关于继续实施山西省天然林资源保护工程的意见》（晋政办发〔2012〕5号）。《意见》指出，在实施好国家级天保二期工程的同时，省人民政府决定继续实施省级天保二期工程。实施期限为2011至2020年。国家级工程区包括太原、运城、晋城、长治、临汾、晋中、吕梁、忻州、朔州9个市的72个县（市、区），中条山、吕梁山、太岳山、关帝山、黑茶山、管涔山等6个国有林管理局，桑干河杨树丰产林实验局，山西林业职业技术学院实验林场和省煤炭林业管理中心，共81个县（局）级实施单位。省级工程区包括五台山、太行山2个国有林管理局。国家级工程建设主要是管护森林面积7455.28万亩；完成人工造林400万亩，封山育林875万亩；完成国有中幼林抚育710万亩；完善林区、林场在职职工的五项社会保险。省级工程建设主要是管护森林面积209.42万亩；加强人工造林和封山育林建设，开展国有中幼林抚育；完善林区、林场在职职工的五项社会保险。《意见》规定，天保二期工程在全面落实中央补助政策的同时，按照事权划分原则，建立完善地方补助政策，实行目标、任务、资金、责任“四到县（林局）”管理。《意见》要求，各级人民政府和国有实施单位切实加强组织领导，保障工程顺利实施；有关部门要按照事权划分，各负其责，密切配合，形成推动工程建设的合力。各级政府要建立地方森林生态效益补偿基金制度，探索国有林区、林场改革路径，加快构建单位性质与基本职能匹配的国有林管理体制。（谢英杰 冀瑞平）

【黑茶山自然保护区晋升国家级自然保护区】 1月21日，国务院办公厅印发《关于发布河北青崖寨等28处新建国家级自然保护区名单的通知》（国办发〔2012〕7号），黑茶山自然保护区晋升为国家级自然保护区。该保护区位于吕梁山中段，黄河一级支流湫水河源头和蔚汾河的重要水源地，涉及兴县东会乡、固贤乡、交楼申乡和蔚汾镇4个乡镇，面积24415.4公顷，重点保护褐马鸡、原麝、金钱豹和紫点杓兰等兰科植物、青毛杨等珍稀濒危野生动植物及其栖息地。至此，全省国家级自然保护区达到6处。（谢英杰 冀瑞平）

【金道铭到省林科院调研】 3月26日，省委副书记金道铭在省林业科学研究院就林业科研及其成果应用情况进行调研。考察沙棘产品中试车间、经济林标本室，了解省林科院参与完成的“枣育种技术创新及系列新品种选育与应用”和“核桃增产潜势技术创新体系”两项林业科研成果情况。他强调，加快红枣、核桃为主的干果经济林发展是加强“三农”工作、推进农业现代化的重要内容，也是扩大绿化面积、促进农民增收的有效结合点。要加大对林业科研工作的支持力度，着力解决林业生产中的关键技术瓶颈难题，发挥好林业科研工作在建设绿化山西、推进生态文明、促进农民增收中的重大作用。林业科研项目要突出现实指导性，注重从山西经济社会发展的实际出发。要加大关键技术的科学研究和成果应用力度，创造条件使来之不易的科研成果迅速转化到经济建设实践当中，切实提高林业产业效益，为促进农民增收提供有力有效的林业科技支撑。要认真研究破解制约林业科研工作的体制机制障碍，为科研人员开展工作创造条件，促进相关部门的资源整合，形成多出成果、出好成果的新机制、新办法。要尊重科学，按规律办事，重视发挥林业等科研部门在服务政府决策中的重要作用，提高政府科学决策水平。（谢英杰 冀瑞平）

【省城党政军民义务植树】 4月8日，省委书记、省人大常委会主任袁纯清，省委副书记、省长王君，省政协主席薛延忠等省党政军领导和太原市干部群众、少先队员700余人，在太原市尖草坪区义务植树。袁纯清强调，各级领导干部要牢固树立栽树就是栽历史、栽人文、栽政绩理念，提高绿色发展意识，发挥模范带头作用，弘扬实干苦干精神，参与植树劳动，从中体会劳动的艰辛，锤炼良好的作风，保持先进纯洁的本色。在“十二五”规划中，全省确定每年植树400万亩、森林覆盖率年均提高一个百分点的目标。王君要求，广大干部职工要大力弘扬右玉精神，充分动员全社会力量，一代一代持之以恒地抓下去，一个山清水秀、环境友好、和谐宜居

3月26日，省委副书记金道铭在省林科院调研（谢英杰提供）

的新山西就会展现在我们面前。王君叮嘱林业部门的同志，不仅要进一步加大工作力度，把树种好，确保栽一处、活一处、成林一处，而且要倍加珍惜造林绿化的成果，把林木管护好、经营好，特别要扎实做好森林防火工作，严防森林火灾。李小鹏、高建民、汤涛、李兆前、陈川平、王建明、聂春玉、杜善学、刘云海、申联彬、李政文、靳善忠、王雅安、张建欣、任润厚、郭迎光、郭良孝、周然等省党政军领导一起参加义务植树。

（谢英杰　冀瑞平）

【王云龙调研造林绿化】 5月16~18日，全国人大常委会委员、农业与农村委员会主任委员王云龙在大同、朔州考察。调研组深入大同市文瀛湖湿地公园、机场大道、云冈峪，朔州市右玉县、平鲁区、山阴县和怀仁县，实地察看两市的城市绿化、通道绿化、荒山绿化、种苗基地等植树造林情况，并对两市坚持山上治本与身边增绿统筹发展，增绿与增景同步，增量与增收并重，持续不断开展大规模植树造林活动，努力改善生态环境的做法给予充分肯定。（谢英杰　冀瑞平）

【国有煤炭林场移交】 6月8日，省政府办公厅印发《关于山西省5户重点煤炭企业林场移交工作实施方案的通知》（晋政办发〔2012〕39号），省林业厅组织27个接收小组，6月9日开始到6月底，对同煤集团、焦煤集团、阳煤集团、晋煤集团、潞安集团等5户重点煤炭企业所属27个林场进行接管。加上2011年太岳林局接收的2个林场，共接管林地面积11.02万公顷，职工69人，25个林场场部（2个林场无独立场部）、作业区50个、瞭望塔10个、建筑物总面积32488平方米，其他附属设施、办公设备、交通工具等资产净值164万元。按照就近集中、适度规模的原则，将其整合为25个林场。截至2012年底，省直国有林场达147个，林地总面积142.67万公顷。（谢英杰　冀瑞平）

【造林绿化现场会】 8月21~23日，省政府在大同、朔州两市召开造林绿化现场会。省委副书记、省长王君出席会议并讲话，省人大常委会副主任安焕晓、省政协副主席卫小春、省军区副司令员负自博出席会议。副省长郭迎光主持会议。各市市长、副市长，林业局局长，各县县长，省直有关单位负责人参加会议。会议要求，各地各部门和各单位要充分认识加快造林绿化、改善生态环境的重大意义，牢固树立生态文明理念，认真贯彻落实党中央、国务院关于加强生态文明建设的一系列方针政策和决策部署，把造林绿化、加强生态建设作为一项长期任务。围绕“十二五”林业发展目标，实施绿化山西生态兴省战略，重点实施好太行山和吕梁山“两山”造林工程，提高森林覆盖率；实施好“绿色路网”和“绿色水网”“两网”绿化工程，着力打造绿色景观；实施好干果经济林和速生丰产林“两林”富民工程，有效促进农民增收；实施好大城市郊区和矿区“两区”增绿工程，切实改善人居环境；实施好新造乔木林100万亩、改造灌木林100万亩的“双百”示范工程，发挥典型样板的示范带动作用；实施好天然林保护和森林资源综合保护“双保”管护工程，确保森林资源得到有效管护，发挥更大的功能和效益。通过推进造林绿化“六大工程”，扩大全省植被范围、提高森林覆盖率，为人民群众创造更好的生产生活环境。（谢英杰　冀瑞平）

8月23日，省政府召开全省造林绿化大同现场会（谢英杰提供）

【造林绿化先进集体】 8月20日，省政府印发《关于表彰全省造林绿化先进集体的决定》（晋政发〔2012〕28号），授予大同市、朔州市“全省造林绿化先进市”称号，各奖励50万元；授予大同县、怀仁县、中阳县、左权县、沁源县、泽州县、蒲县、乡宁县、临猗县、垣曲县等10个县“山西省林业生态县”称号，各奖励30万元。（谢英杰　冀瑞平）

【优秀县委书记、县长记功表彰】 8月22日，省劳动竞赛委员会印发《关于为在“绿化山西、生态兴省”建设中成绩突出的优秀县委书记、县长记功表彰的决定》（晋竞发〔2012〕23号），为张齐山（太原市万柏林区委书记）、魏民（太原市杏花岭区委书记）、董志刚（大同市新荣区委书记）、李广林（左云县长）、郭连厚（朔州市朔城区委书记）、李俊（朔州市平鲁区委书记）、张钰祥（岢岚县委书记）、张旭光（孝义市委书记）、徐宇平（交口县长）、段燕翔（祁县县委书记）、王继堂（寿阳县委书记）、王银旺（平定县委书记）、郜双庆（黎城县委书记）、田志明（沁县县委书记）、秦建孝（沁水县委书记）、郭行杰（永和县委书记）、毛益民（吉县县委书记）、程明温（襄汾县长）、王志峰（运城市盐湖区委书记）、张秀武（夏县县委书记）等20名同志各记个人一等功一次。

（谢英杰　冀瑞平）

【三北防护林四期工程总结表彰暨五期工程启动大会】 8月26~27日,国务院在朔州市召开三北防护林四期工程总结表彰暨五期工程启动大会。中共中央政治局委员、国务院副总理回良玉出席会议并讲话。回良玉指出,山西对林业高度重视,支持有力,可圈可点;山西造林绿化成绩显著,确实令人振奋,可喜可贺;山西植树造林中体现的强大精神力量,确实让人震撼,可歌可泣;山西造林绿化有许多好的典型,可看可学。他强调,要深刻认识三北防护林体系建设的重要性和艰巨性,把防沙治沙和水土保持作为根本任务,把改善生态环境和满足民生需求作为基本要求,把人工治理和自然修复作为主要手段,坚持全面推进,加强基地建设,完善政策措施,加大投入力度,创新体制机制,凝集各方力量,大力保护和扩大林草植被。国务院副秘书长丁学东主持会议,国家发改委副主任连维良、国家林业局局长赵树丛讲话。全国人大农工委、全国政协环资委、民政部、财政部、水利部、农业部、国务院研究室相关负责同志、三北地区13省(区、市)副省长参加会议。会议代表参观右玉县和平鲁区造林绿化工程建设现场。

(谢英杰　冀瑞平)

水　利

【水政】 1. 政策法规。(1)11月29日,山西省十一届人大常委会第三十二次会议表决通过《山西省节约用水条例》,于2013年3月1日起施行。(2)《山西省水文计算手册》正式颁布。(3)对现行有效的15个涉及招标投标的规范性文件进行全面清理,清理意见为:继续执行的11件,修改的3件,废止的1件。

2. 水政执法。(1)为贯彻落实国务院《关于实行最严格水资源管理制度的意见》,巩固2011年水资源专项执法检查取得的成果,按照水利部相关要求,制订下发《关于开展深化水资源专项执法检查活动的通知》,组织各市县对各项水资源管理制度实施情况进行专项检查。自水资源专项执法活动开展以来,全省共查处各类水资源案件224起,下达各类处罚107起。(2)2012年全省共化解各类水事纠纷近百余起,是平常年份的1.5倍,确保十八大期间全省水事秩序的稳定,为水利建设创造良好的发展环境。

3. 水务一体化建设。支持、鼓励涉水事务的统一管理,全年共安排26个水务工程建设项目,全部完成任务。通过新建供水管网,新增供水人口17000人,增加工业供水60万立方米;通过对旧管网的改造,改善供水人口53300人,保障市区稳定供水;通过对再生水产生的浓水的再处理,杜绝生态遭受二次污染。

(王秀芳)

【水资源】 (1)推进水资源管理“三条红线”制度的落实。重点开展包括河流地表水、盆地地下水和岩溶大泉在内的水生态系统保护与修复工程,推进地下水超采区关井压采工作,全年万元工业增加值用水量降幅超过3.5%,地下水位较2011年回升0.38米。(2)根据省考核办工作要求,完成全省万元工业增加值用水量考核指标分解工作。(3)协调省国土资源等部门,分泉源、水量、水质重点区域对岩溶泉域保护区范围重新提出划定方案,上报省政府批复。完成《兰村泉及晋祠泉泉域保护设计方案》,制定扩大两泉入渗补给、实现两泉恢复出流的目标。(4)开展节水型社会建设试点创建工作,配合水利部水资源司完成太原市试点进行中期评估和行政验收,太原市被批准授予“节水型社会试点示范城市”。完成《山西省用水定额》。(5)协调忻州、晋城等市、县政府开展关井压采工作。7月晋城天脊集团完成地表水源置换和地下水井封闭工作,忻州原平晋北铝厂水源置换及关井即将完成。(6)根据省水利普查办的统一安排,组织厅直属有关单位和各市、县集中办公,完成经济社会用水、地表水水源地等各专项数据普查和审核工作。(7)做好水资源基础工作,组织审查建设项目水资源论证报告24份,审批取水许可10项,审查建设项目水环境影响评价项目38项。

(王秀芳)

【水利规划】 1. 水利规划。(1)实施水利工程项目合规性审查制度。协调厅有关单位建立完善山西省水利规划项目库,11个地市项目数据库启动运行,全年共受理合规性审查项目210项。(2)完成《山西省水利扶贫规划(2011—2020年)》《山西省转型综改试验水利专项行动方案》。召开山西大水网县域供水规划编制工作会议,印发《山西大水网县域供水规划设计指导意见(试行)》,启动大水网县域供水规划编制工作。(3)完成《山西省水中长期供求规划工作大纲》。编制完成《山西省灌溉发展总体规划工作大纲》,规划成果上报水规总院,规划报告正在编制。制订《山西省水工程建设规划同意书制度管理办法实施细则》(试行)。

2. 项目审批。完成应急水源、大水网、小(二)型水库除险加固、大中型病险水闸除险加固、大江大河及重要支流治理、中小河流治理、10+2河道生态综合治理、灌区续建配套和节水改造工程、灌区高效节水和水源基础设施建设、农业节水灌溉示范、小流域水土保持综合治理及淤地坝建设、小水电工程等10余类项目可研报告、初步设计、实施方案等成果的审查报批。完成雁同灌区、塞上灌区改扩建工程可研报告、太原市汾东水系一期清水复流工程初步设计的审查工作。2012年共完成水利项目审查228项,其中可研报告34项,初步设计146项,实施方案48项。同时组织开展张峰水库、夹马口灌区、黄土高原淤地坝等项目后评价工作。

3. 水利统计。根据国务院第一次全国水利普查领导小组办公室统一部署,推进水利普查数据清查登记、汇总审核、空间数据采集标绘及审核、普查档案整理归档等工作,编制上报普查成果通过水利部审核。

(王秀芳)

【基本建设】 1. 工程建设。(1)大水网建设。大水网配套工程朔州塞上和大同雁同两大灌区开工建设,汾河、桑干河、滹沱河等3条河流治理先行开工,坪底供水等5项新开工水源工程进展顺利。(2)应急水源建设。到2012年底,35项应急水源工程尾工建设基本完成,大部分工程开始发挥效益。(3)病险水库除险加固、中小河流治理。按照水利部和省政府的要求,突出抓好项目前期设计、招投标、施工进度、工程验收四个关键环节,采取集中设计审批、细化分解任务、签订责任书、强化责任考核和奖惩等措施,在确保施工安全和工程质量的前提下,加快工程进度,2012年完成88座小(一)型、71座重点小(二)型病险水库除险加固和21条中小河流治理任务。

2. 工程管理。(1)综合管理。一是全年共进行监督检查45次,发现质量问题及安全隐患50余项,均进行整改,全年未发生安全生产事故。据统计,全省水利工程单元工程综合优良率为79.5%,其中大水网四大骨干工程和应急水源工程单元工程综合优良率达到83.5%,比上年提升0.3%。二是全年全省水利建设市场投标企业达100%信用备案,共完成252家企业备案审定,完成72家企业的备案年检。(2)水库管理。组织专门技术人员开展规范化水库普查,对已进行除险加固的水库建立水库影像资料计算机档案。10座大中型水库安装监控设施,汛前蓄水的53座大中型水库全部与省水利厅数字中心联网对接。针对水库除险加固后新的工程设施标准,委托水利部水科院安全所完成全省10座水资源丰富的中型水库汛限水位研究,完成1座大型水库的流域综合调度研究,组织专家进行审核评价。制订《山西省大中型水库运用管理考核办法》,在全省选择10座基础条件较好的水库,开展水库管理达标创建活动。(3)河道管理。一是开展河道采砂规划编制工作。省管河道中汾河、沁河、滹沱河河道采砂规划编制完成,运城市、晋城、吕梁、忻州4市完成全市河道采砂规划的编制及审批工作。二是完成全省规模以上黄河流域及海河流域入河排污口监测工作,并形成监测报告。 (王秀芳)

【防汛】 1. 汛情灾情。2012年汛期(6~9月)山西省平均降雨量356毫米,与历年同期基本持平。7月下旬的三场强降雨,旬雨量高达97毫米,较历年同期偏多1倍以上。整个汛期日降雨量超过50毫米的站点多达600余点次,比上年多200点次。黄河、湫水河、朱家川、偏关河、榆社河等多条河流均发生不同量级的洪水。汛情主要有三个特点:一是极端天气多。整个汛期全省日降雨量超过50毫米的暴雨多达600余次。7月27日,临县兔坂镇3小时降雨197毫米。7月31日,全省普降大到暴雨,34个县降暴雨,25个站点降大暴雨,晋城城区平均降雨量达到168.7毫米。二是洪水量级大。7月27日临县清凉寺沟发生1020秒立方米的大洪水、湫水河发生1350秒立方米的中洪水,黄河吴堡站发生29年来最大洪水,洪峰流量达10600秒立方米。在三次强降雨期间,黄河北干流发生上万流量的特大洪水,为1969年以来最大值,三次强降雨过程,特别是黄河特大洪峰是山西省多年来没有的。三是洪灾范围广。全省11个市53个县、329个乡镇、66万人受灾,紧急转移3.8万人,死亡8人,失踪2人。直接经济损失达26.2亿元,其中水利经济损失2.43亿元。

2. 防汛。(1)组织保障。在抗洪救灾关键时刻,各级党委、政府领导靠前指挥、超前应对,各级防汛指挥部指导全局,科学调控,加强联合会商,及时组织人员转移和抢险救灾,以快捷有效的方法防范灾害发生,遏制险情灾情的发展蔓延。(2)应急处置。省防指除常规化的业务指导外,在遇极端天气情况时,周密分析雨情汛情,并组织专家分析判断暴雨洪水发展态势,反复研究调度对策,逐条提出防汛指令,果断实施调度措施,并层层传达至基层。各市、县结合实际,强化各项防汛抗洪救灾应急措施,保证抗洪抢险工作的高效有序开展。在2012年"7·27"黄河特大洪水中,省防指判断准确,将洪峰演进时间、洪量和流量误差控制在5%以内,同时沿河加强布控,关闭壶口等旅游景区,武警部队、沿黄市、县、乡、村干部群众专群结合、严防死守,将灾害损失降到最低程度,未造成人员伤亡。(3)备汛扎实。3月中旬省防指就开始对防汛工作进行全面安排部署,特别是对国土、煤炭、安监、交通、住建等各部门的防汛任务提出明确要求。汛前,省防指派出11个工作组对各地防汛检查和整改情况进行督查,隐患整改率达到90%以上,对无法整改的,均落实应急措施。据统计,全省共落实抢险队伍4165支20余万人,组织各类防灾培训181次,参加人数63100人,防撤抢演练186次80720人,落实物资储备总价值达1.8亿元。(4)工程措施与非工程措施并举,构建现代化防洪体系。在2012年的抗洪斗争中,新水源工程、除险加固后的水库及近期中小河道治理工程经受严峻考验,发挥显著的防洪减灾效益。水库工程有效蓄滞洪水,大大减轻下游防洪压力;中小河流治理使重要地区的防洪安全度大为提高;黄河控导工程的建成,使黄河北干流有能力战胜更大洪水。山洪灾害防治非工程措施作用凸显。7月14日及22日,保德县两次出现强降雨。山洪灾害非工程建设发挥显著的防洪减灾效益,全县未造成一人伤亡。 (王秀芳)

【抗旱】 1. 旱情灾情。2012年全省各县受旱高峰期作物受旱面积达到1251.20万亩,其中作物受灾面积205.95万亩,成灾面积127.91万亩,绝收面积12.05万亩。同时因旱造成49.67万人,12.05万头大畜发生临时性吃水困难。

2. 抗旱工作。(1)2012年,全省水地粮食播种面积1436.68万亩,占总粮食播种面积28.9%;水地粮食总产量为77.61亿公斤,占全省总产量的61.5%。水地单产540.24公斤。占总粮食播种面积近1/3的水地面积,收获六成以上的粮食产量,水利设施抗旱效益显著。据统计,2012年全省抗旱挽回粮食7.7亿公斤,挽回经济作物8.33亿元。(2)通过送水解困的方式缓解因旱临时吃水困难人口49.67万人、牲畜12.05万头,确保缺水群众有水吃。(3)全省115支抗旱服务队共投入抗旱设备累计4000台(套),维修设备4100台(套),新建维修水利设施机井近2000眼(处),拉运水11万余次,送水近8万立方米,及时缓解

36万人、7万头大畜的吃水困难。在保障旱区群众吃水的同时,各级抗旱服务组织利用小白龙、流动机泵等各类抗旱机具扩浇耕地面积54万亩,挽回粮食损失1000万公斤,增产各类水果1240.32万公斤。挽回经济作物损失660万元。（王秀芳）

【农村水利】 1.农田水利基本建设。围绕“保障全省粮食安全和促进农民收入翻番”的总目标,推进灌区节水改造、泵站更新改造和小农水重点县项目建设,实施“一村一井”工程和灌区末级渠系配套工程,推行“标准化设计、集约化生产、程序化管理、定额化补助”的农田水利标准化建设,大同雁同灌区、朔州塞上灌区开工建设,省级农业灌溉水价补贴资金如期下达。晋西北山区忻州、吕梁2市9县“一村一井”工程共完成打井345眼,同时,吕梁市还自筹资金在全市完成打井90眼。农田实灌面积达到127.84万公顷。

2.强农惠农补贴政策。2012年,省政府对政策进行完善,在维持原补贴资金不变的情况下,将年度建设任务由原来的10000千米调整为5000千米,相当于每千米补贴资金由原来的2万元提高到了4万元,全年共完成末级渠系5000千米的建设任务。

3.工程建设管理体制机制。(1)深化大中型灌区水管体制改革,落实人员经费和工程养护经费。同时,推进基层水利服务体系建设,协调有关部门完成现状摸底调查工作、编制《健全完善基层水利服务体系实施方案》。(2)推广“阳光工程”和用水户协会参与式管理模式,坚持水量、水价、水费三公开制度。组建农民用水户协会、用水合作组织,鼓励农民参与灌溉管理。(3)推广水利工程管理模式。在大中型灌区,重点推行回龙提黄泵站地表水、地下水区域化统一管理的模式。在井灌区,重点推行以清徐县为代表的节水型社会建设模式。(4)推行“基建加农建”工程建设模式。调动受益区农民的投工积极性,为加快工程建设进度,确保工程效益尽早发挥提供有效保障。

4.城乡节水。(1)在节水技术方面:重点支持技术成熟、管理方便、经济负担较小、农民最接受的管灌和渠道防渗技术,其中井灌区以管灌为主,大中型灌区及引黄水覆盖范围以渠道防渗为主。在晋城等少数经济条件好、配套资金落实比例高的地区以及大棚作物区安排少量喷微灌工程,在大棚经济作物区安排微灌节水工程。(2)在重点项目选择方面:重点支持集中连片、技术集成的节水示范工程项目。支持省级节水型社会试点县数字水利建设和用水计量项目,以发挥其在水权分配和现代化管理方面的示范引导作用。(3)全省72个农业县节水示范工程计划新增节水面积3.49万亩、改善节水面积6.36万亩;清徐、洪洞、盐湖、万荣4个省级节水社会建设试点县主要完成水权分配、县级数字水利中心建设、用水计量等工作。（王秀芳）

【水土保持】 1.综合治理。依托国家水土流失重点治理工程、国家水土保持重点建设工程、坡耕地水土流失治理工程、京津风沙源治理工程、国家农业综合开发水保项目、巩固退耕还林成果水利项目、坝滩联合整治工程、沟坝地治理项目、雁门关项目、水保大户资金扶持项目、省水土保持生态工程等国家和省级重点建设工程,2012年共完成水土流失综合治理面积25.47万公顷,年治理度达2%。

2.生态文明建设。10月13日,右玉县通过水利部组织的“国家水土保持生态文明县”专家评审,成为山西首个“国家水土保持生态文明县”。

3.三期治汾前期工作。决定用10年时间投资15亿元,在汾河上游开展第三期汾河上游水土保持综合治理工程。经过省市县的共同努力,汾河上游第三期治理规划报告编制完成并上报水利厅。（王秀芳）

【城乡供水】 (1)2012年全省新建或改扩建工程2446处,对2796个自然村,146万农村人口和191所学校、10.9万农村学校师生的饮水安全现状进行改善和提高,年底前全部完工。全省农村自来水普及率达到86%。(2)2012年继续安排建设11处水质监测站,监测站依托农村饮水工程管理服务中心或大型集中供水工程,主要负责区域内已建工程的日常水质化验,为工程运行管理提供水质数据服务。（王秀芳）

【地方水电】 1.水电农村电气化县建设。(1)沁水县曲堤水电站、陵川县东双脑水电站和古郊35千伏输变电工程3个水电农村电气化项目完成建设任务,两个水电站已试运行发电。12月上旬竣工验收。(2)泽州县三姑泉二级水电站、平顺县赤壁水电站2个水电新农村电气化项目进展顺利。至年底,技改项目平顺县赤壁水电站厂房土建、前池防渗加固、视频监控系统安装调试完成。新建三姑泉二级水电站上坝公路开挖、大坝基础灌浆完成。

2.小水电代燃料项目建设。(1)定襄县南庄生态Ⅱ站、陵川县夺火2个续建的小水电代燃料项目建设任务完成,并试运行发电,年底前竣工验收。左权县苏公续建项目完成引水渠2300米,于12月底进行机组启动验收,项目区年内全部完成。上沿河续建项目主体工程基本完成。(2)交城县旮旯和灵丘县北泉2个新上的小水电代燃料项目均开工建设。

3.增效扩容项目电价配套政策得以落实。7月20日,山西省物价局下发《关于适当提高全省农村小水电上网电价的通知》,将全省农村小水电上网电价由原来的每千瓦时0.25元调整为每千瓦时0.27元,从2012年8月1日起执行。（王秀芳）

【渔业建设】 1.渔业生产。2012年全省水产品总产量41243吨,较上年增长14.13%,其中:养殖产量40121吨,增长14.6%;山西省渔业继续加大转方式、调结构、增投入、强科技、促增收力度,全省渔业经济总产值6.68亿元,增长18.15%,渔民人均纯收入6035元,同比增长11.7%。

2.水产健康养殖。2012年山西省新创建农业部水产健康养殖示范场7家,省级水产健康养殖示范场16家,示范场创建整体水平提高。无公害水产品产地认定和产品认证继续扩大,全年新认定无公害水产品产地27家，认定面积572公顷，认证无公害水产品52个，认定产量2364吨，超额完成年度计划任务，开展吴王渡牌黄河鳖地理标志登记保护工作。新改造老旧池塘6339亩，新建池塘2890亩，分别比上年增加3106亩和132亩；池塘养殖产量25689吨，池塘养殖面积2435公顷，分别增长22.3%和19.8%。"菜篮子"水产品标准化生产项目取得实效，2012年全省有16家部省级水产健康养殖示范场获得中央财政扶持"菜篮子"水产品标准化生产项目补助资金，提升水产健康养殖示范场的档次和安全供给能力，促进渔民增收、渔业增效。

3. 水产种业建设。印发实施《山西省省级水产原良种场资格认定和管理办法》，组建山西省水产苗种审定委员会，有8家水产苗种场取得省级水产原良种场资格。先后从中国水产科学研究院淡水渔业研究中心引进60万尾鲤鱼选育新品种福瑞鲤夏花和5000尾两个品系的福瑞鲤亲本，选择7家基础条件好、生产能力强的鲤鱼苗种场进行试验示范。

4. 转变渔业发展方式。首次创建全国休闲渔业示范单位4家，新创建省级休闲渔业示范园区11个，全省休闲渔业产值达到2865.92万元，增长9.32%。实施水库渔业示范工程，调整和优化水库渔业养殖结构，将大规模放养鲢、鳙鱼作为水库渔业的发展重点，开展名优品种匙吻鲟大水面牧式放养，带动20万亩大水面增养殖和60亩滤食性鱼类网箱养殖。在巩固和发展鲤鱼、草鱼等大宗水产品和虹鳟、鲟鱼、黄河鳖等特色水产品养殖生产的同时，引进和扩大加州鲈、南美白对虾、大闸蟹、黄颡鱼、斑点叉尾鮰等经济效益高、市场销路好、适合山西省养殖的名优水产品种养殖，名优水产养殖品种的比例稳步提高，养殖品种结构持续优化。

5. 水产品质量安全监管。2012年山西省水产品质量安全水平稳中有升，全年未发生重大水产品质量安全事故。省水利厅组织开展的产地水产苗种监督抽查合格率连续四年保持在100%，产地水产品质量安全监督抽查合格99.5%，同比提高3.1%，市场水产品质量安全例行监测合格率首次达到100%，同比提高4.3%。农业部对山西省开展的产地水产品质量安全监督抽查合格率为97%，虽较上年有所下降，但仍保持在97%以上，市场水产品质量安全例行监测合格率达到90%。

6. 渔业资源与环境保护。(1)2012年，省水利厅在全省9个市组织开展水生生物增殖放流活动，有效扩大增殖放流活动的社会影响，放流经济鱼类1351万尾。(2)对黄河流域渔业资源保护区建设和运行、维护、管理情况进行重点调研，完成山西省黄河流域渔业情况调研报告和水生生物自然保护区建设管理情况调查。(3)按照农业部、公安部、国家海关总署的要求，联合省公安厅、太原海关等单位开展打击非法捕捉走私经营利用水生野生动物保护专项执法行动，提高全社会水生野生动物保护意识，规范水生野生动物特许利用行为。(4)水生珍稀濒危物种和特有鱼类保护不断加强。在沁河安泽段采捕乌苏里拟鲿、唇鱼骨、鲶鱼、雅罗鱼野生亲本1600尾进行保种和亲本培育，为实现山西省特有鱼类人工繁育奠定基础。

7. 渔政渔船管理。按照农业部的要求和部署，开展"全国平安渔业示范县"创建活动，运城市垣曲县荣获"全国平安渔业示范县"称号。加强渔政执法工作，突出抓好水产养殖质量安全执法检查，依法严厉查处农业部对山西省开展的和山西省自行开展的产地水产品质量安全监督抽查中发现的两起水产品中氯霉素药残超标事件和一起孔雀石绿药残超标事件，产地水产品质量安全执法查处率达到100%。开展黄河流域(山西段)联合执法行动和渔业行政督察活动，维护正常的渔业生产秩序，全年共开展渔政执法行动112次，出动执法人员820人次，检查渔船329艘次，检查养殖单位700余家，查封三无渔船64艘，非法网具10000余米。

(王秀芳)

【科技外事】 1. 水利科技。(1)技术项目进展。年度科研计划项目顺利执行。2012年围绕大水网建设、标准化建设、生态修复、节水灌溉等重点技术研究需求，共安排7类49个科研项目。其中，隧洞施工、高扬程泵站、新型筑坝技术等大水网建设技术研究项目15个；末级渠系自动化生产设备、U型混凝土配合比试验、安全饮水工程标准化设计、数字水利数据库规范化等标准化研究类项目8个；晋祠泉复流、小浪底引黄工程生态环境影响分析等生态修复研究项目5个；大棚高产节水技术集成、路面集雨节灌技术研究、便携式太阳能抽水灌溉设备研发等节水灌溉工程研究项目10个；匙吻鲟成鱼养殖等水产养殖类项目5个。各项目均顺利开展，按期提交项目成果。

重点科研项目取得阶段成绩。省水文局自行研制的《无线遥控雷达波数字化测流系统》荣获国家专利并在全国推广；省水资所、中国水科院完成的《山西省水生态系统保护与修复关键技术研究及示范》项目获2012年度省科技进步一等奖；省水保所完成的《王家沟小流域可持续发展评价研究》《山西省风沙治理及退耕还林实施对策研究》获中国水土保持学会三等奖；中国水科院承担的《山西省汾河防洪调度体系研究》和西安理工大学承担的《山西沁河防洪调度体系研究》项目通过省级验收；北方工业大学承担的《远程自动化控制闸门研究》完成中试，即将验收推广。《水库水位水质监测》项目已生产出样机，即将在水库、河道投入中试；美国犹他大学承担的《册田水库底泥处理及水质保护》项目完成现场取样、分析等工作，即将确定相应技术方案并开展小规模试验；省水利机械厂承担的《全自动防渗U型渠现浇成型机》项目通过验收，拟在末级渠系工程建设中推广应用；省农田水利灌溉标准化研究与推广中心、北赵灌区、西山提黄中心、省水科院、省设计院等单位联合开展的《U渠道标准化构件生产试验及推广应用》项目在借鉴山东、江西经验的基础上，完成厂址选定、素混凝土预制设备外购、生产设备改造等工作，生产出素混凝土预制件，加筋混凝土预制设备研制、混凝土配合比等子项目研究顺利进行；省水保所、省水文局承担的两个948项目通过水利部验收，评价为A；省水职院承担的《涑水河生态基流保障与污染控制技术》项目、省水产技术推广站承担的《水产健康养殖综合技术推广示范》项目通过验收。省水科院和天津农学院完成的《非充分供水条件下灌溉预报研究》成果和省水产所承担的《山西省渔业资源利用与物种保护研究成果》通过省科技厅鉴定，分别达到国际先进、国内领先水平。（2）地下水监控体系维护。对2009年、2010年项目中大同、阳泉、朔州、吕梁、临汾、晋城、晋中7市、23县444台地下水监测设备加装太阳能系统，确保监测设备有稳定电源。委托省水务科技公司对损坏设备进行巡检，并清点形成准确的地下水位监测系统原始数据库；对市县维护人员组织技术培训，确保全省设备在线率达到80%以上。

2. 水利外事。邀请尼日利亚专家团到省水机厂考察钢桶生产设备，双方进行充分的技术交流与沟通，为进一步合作奠定基础。根据大水网建设技术需求，与境外有关机构充分沟通并确定考察内容、技术交流要点等，配合省设计院、中部引黄等工程单位完成高扬程水泵、TBM掘进机等专项境外技术考察工作。（王秀芳）

中小（乡镇）企业

【概述】 2012年，山西省乡镇企业（法人单位）数量达11.78万户，比上年同期净增2万户。从业人数366万人，比上年同期净增16万人。完成增加值4518亿元，同比增长18.14%，占全省GDP的37.30%，比上年提高3.6个百分点。其中一产完成50亿元，占全省1.13%；二产完成3388亿元，占全省74.98%，比上年上升0.5个百分点，其中工业3156亿元，占全省69.84%；三产完成1079亿元，占全省23.89%，比上年下降0.5个百分点。完成营业收入13468亿元，同比增长17.05%。上交税金800亿元，同比增长18.13%，占全省税收收入的76.55%，比上年提高0.9个百分点。

从全年发展走势来看，1~12月份，全省乡镇企业增加值累计同比增长18.14%，增幅与上年同期相比降低8.45个百分点。从季度走势来看，一季度增长19.49%，二季度增长18.60%，三季度增长16.65%，四季度增长18.14%。从各地市增加值增速看，1~12月份，增加值增速高于全省平均速度的有5个市，其中：吕梁增长23.11%，长治增长21.90%，太原增长21.62%，忻州增长21.43%，朔州增长21.31%，其余6市增速低于全省。（原晋军）

【政策环境】 2012年，山西省以贯彻落实《国务院关于进一步支持小型微型企业健康发展的意见》（国发〔2012〕14号）为重点，创优以乡镇企业为主的中小企业发展环境。制定一揽子政策措施：出台山西省《关于扶持小型微型企业加快发展的若干政策措施》。太原、大同、长治、晋城、朔州、忻州、晋中、临汾等市，也先后出台扶持中小微企业发展的政策措施。据不完全统计，全年全省各级、各部门出台的关于中小企业发展的政策文件达50余件，山西省促进中小企业发展的政策体系进一步配套完善。加大资金支持力度。省级中小企业发展资金增加1亿元；市县两级“两金”（中小企业发展专项资金、服务体系建设专项资金）增加9040万元；争取国家各类中小企业专项资金1.04亿元。落实税费优惠政策。仅“增值税起征点调至最高限2万元”一项，每年可使全省中小企业享受税收优惠3.1亿元；暂免征收小型微型企业行政事业性收费26项，每年可为企业减轻负担近5000万元。营造良好发展氛围。以“服务企业、助力成长”为主题，以开展公益性双代理服务为重点，在全省范围内先后开展“中小企业服务年”活动500多场次，服务企业近万家；组织和动员各方面力量，第一次在全省范围内开展“送政策、送专家、送服务”三送活动，提高企业对政策的知晓率。省中小企业局首次代省政府向省人大常委会作《关于全省中小企业发展情况的报告》，省人大常委会组成人员对加强和改进山西省中小企业发展工作，提出意见和建议。（原晋军）

【生产经营】 2012年1~12月份，全省乡镇企业产销率为93.5%，比上年同期上升3.61个百分点。从主要工业产品产量看，1—12月份，全省监测的44种主要工业产品中，24种产品产量保持增长，原煤、发电量、铸铁件、粗钢、成品钢材、水泥分别增长5.57%、32.03%、31.84%、27.39%、15.54%、2.86%；20种产品产量下降，电解铝、金属镁、生铁、焦炭分别下降88.69%、33.09%、12.81%、0.35%。在轻工产品中，肉制品、乳制品、酒类、活性碳、陶瓷、磁性

首届山西中小微文化企业博览会现场（原晋军提供）

材料等产品产量保持较快增长，药品、罐头食品、干果系列产品、食用植物油等产品产量出现下降。

1~12月份，全省重点监测的十大行业中，计算机、通信和其他电子设备制造业营业收入同比增长39%，利润同比下降2.98%，总产值同比增长32.02%。农副食品加工营业收入同比增长20.31%，利润同比增长21.90%，总产值同比增长21.30%。医药制造业营业收入同比增长22.03%，利润同比增长55.12%，总产值同比增长20.65%。非金属矿物制品业营业收入同比增长8.92%，利润同比增长126.71%，总产值同比增长7.38%。设备制造业营业收入同比下降1.08%，利润同比增长7.22%，总产值同比增长7.38%。第三产业营业收入同比增长21.71%，环比下降19.94个百分点。（原晋军）

9月22日，第九届中国国际中小企业博览会山西代表团签约仪式现场（原晋军提供）

【企业素质】 2012年，山西省乡镇企业质量和效益逐步提高，规模企业拉动作用明显。全省正常生产经营的乡镇企业（法人单位）数量比上年净增2万户。2012年，全省新增规模以上工业企业312户，规模以上乡镇工业企业总数达到2984户。在规模以上工业企业中，2012年全省营业收入最大的乡镇企业是孝义市兴安化工有限公司，营业收入达53亿元；上缴税金最多的乡镇企业是山西华瑞煤业有限公司，上缴税金4.1亿元；从业人员最多的乡镇企业是山西平定古州煤业有限公司，从业人员为3253人。2012年，全省亿元以上乡镇企业净增109个，总数达到932个。10亿元以上企业91个；50亿元以上企业10个；100亿元以上企业4个，分别是山西海鑫钢铁集团公司、山西立恒钢铁股份有限公司、山西安泰控股集团有限公司和晋城福盛钢铁有限公司，分别完成营业收入121亿元、117亿元、109亿元和104亿元。（原晋军）

【转型升级】 2012年，山西省以乡镇企业为主的中小企业转型升级步伐加快。实施技术改造，开展节能降耗，淘汰落后产能，退出传统行业，进入装备制造、精细化工、高新技术、新型材料、特色食品、现代服务业等新兴产业领域。乡镇企业、中小企业已基本退出煤炭开采业，采掘业企业数量由2008年的9.1%下降到3%以下。新兴产业发展迅速，2012年，电子设备制造、医药、特色食品等行业营业收入同比增长39%、22.03%、20.31%，规模和效益持续提升。全省已形成120个左右产业特色鲜明的中小企业集聚区，成为县域经济发展的重要增长极。其中，太原不锈钢制品、清徐食醋加工、汾阳白酒酿造、代县黄酒酿造、原平皮带加工、榆次改装车制造、阳泉耐火材料、定襄法兰等产业集群，比较优势突出，在全国具有一定的影响力。（原晋军）

【企业成长】 创办小微企业。省中小企业局联合省教育厅、团省委、省妇联等有关部门，开展以大学生、青年、妇女、进城务工返乡人员等为主体的"四大创业工程"。各市县通过开展创业辅导、创业项目推介、创业明星评比、创业成果展览等多种方式，营造创业氛围。2012年，全省新创办小微企业3.02万户，超额完成新创办1万户以上小微企业的年度任务。

培育壮大"小巨人"企业。制定下发《培育"小巨人"企业实施意见》，召开全省推进中小企业"小巨人"工作现场会，实行干部定点联系企业制度，对培育对象进行点对点帮扶指导。强化"小巨人"培育企业的生产要素保障，在项目推动、资金支持、政策优惠等方面给予倾斜。2012年，全省新培育销售收入超亿元的"小巨人"企业118户，超额完成新培育100户"小巨人"企业的年度任务。全省"小巨人"企业达809户，实现主营业务收入3000亿元左右。（原晋军）

【资金投入】 2012年，全省乡镇企业完成投资1680亿元，同比增长19.67%，比上年增幅回落近12个百分点。其中2012年施工项目数2637个，同比增长11.22%；2012年新开工项目数1525个，同比增长2.21%；2012年投产项目数1094个，同比下降3.78%。在完成投资总额中，金融机构贷款228.7亿元，同比增长87.42%，占投资总额的13.6%；引进资金186.9亿元，同比增长8.51%，占投资总额的11.5%；自有资金1017亿元，同比下降74.66%，占投资总额的62.8%。（原晋军）

【外经外贸】 2012年，山西省乡镇企业开展招商引资，3月、6月和9月，省中小企业局组织242户企业、350多种产品，参加第十二届金属冶金展、第七届APEC中小企业技术交流暨展览会、第九届中国国际中小企业博览会等大型展会，签约156个项目，引进资金近60亿元。2012年，山西省乡镇企业完成出口交货值144亿元,同比增长1.88%,比上年同期增幅回落近23个百分点。从全年来看,全省乡镇企业出口形势变化较大,2月、3月、6月增速下降,8月份增速最高达到11.7%,其他月份均为1位数增长。 (原晋军)

【服务体系】 2012年,山西省以乡镇企业为主的中小企业社会化服务体系建设加强。

1.网络平台建设。完成山西省《中小企业公共服务平台网络建设方案》,争取到中央财政扶持资金5000万元,场地改造、软件开发、硬件购置等工作有序推进。

2.示范平台建设。山西省青年创业指导服务中心、太原市中小企业创业服务中心、阳泉市不定形耐火材料研究所等三个单位,成为第二批"国家中小企业公共服务示范平台",全省国家中小企业公共服务示范平台达到6个。

3.拓展服务领域。试点建设全国首家"小微企业服务站",为创业兴业者提供一站式、全方位免费服务。支持新建30个中小企业创业基地,认定29个省级中小企业创业基地。举办首届山西中小微文化企业博览会,推动中小微文化企业发展。与山西财经大学联合组建山西省中小企业发展研究院,开展中小企业信息的收集整理、数据的统计分析、决策咨询服务和战略性、前瞻性的政策研究。

4.经济运行监测。完善重点企业生产经营运行监测平台,重点监测企业由405户扩大到1200户,实行每月数据网上直报,及时了解企业生产经营动态,协调解决企业生产经营中遇到的困难和问题,经济运行监测工作走在全国前列。

12月10日,全省中小企业"小巨人"推进会现场 (原晋军提供)

5.缓解融资困难。创新"政银企保"合作机制,2012年,全省组织各层次金融产品推介会、银企洽谈会等百余场,向金融机构推荐企业2600多户,帮助1057户企业落实贷款170亿元,落实率41%;为7家担保机构申请国家风险补偿资金3440万元,为3家担保机构申报取得免征营业税资格;到2012年底,全省小微企业贷款余额2114.43亿元,与年初相比,增加342.3亿元,同比多增41.3亿元、增长18.12%,增速高于全省银行业各项贷款平均增速0.93个百分点,实现"两个不低于的目标";榆缆线缆、华南纸业、湖滨餐饮、斯普瑞机械制造等4户企业在天交所挂牌,全省在天交所挂牌交易的中小企业达到8户。

6.企业管理创新。连续四年开展"最具社会责任中小企业"评价活动,2012年又有101户中小企业入选"山西最具社会责任中小企业";广泛开展管理咨询,晋中市开展中小企业规范化管理评价活动,对山西鸿基实业等9户企业进行管理规范化评价;晋城市在泽州县开展企业标准化管理试点,15户装备制造企业通过相关管理体系认证。

7.开展各类培训。开展"银河培训",2012年共举办培训班5期、培训中小企业中高层管理人员1250余人,"银河培训"成为全省最具影响力的政府公益性培训特色品牌。开展创业培训,启动"山西中小企业创业大讲堂",累计培训创业者3万人次以上,带动就业超过30万人。开展实用技能培训,整合利用社会资源,累计培训技术工人10万人次以上。鼓励企业自主培训,据不完全统计,全省中小企业全年开展的自主培训,累计达20万人次以上。

8.推进技术创新。支持中小企业技术中心建设,认定首批省级中小企业技术中心28个。开展中小企业技术需求征集活动,推进产学研合作,中小企业新技术、新产品研发能力逐步提高。

9.推进协作配套。依托山西中小企业信息网,搭建小微企业与大中型企业协作配套平台,定期发布中小企业产品推介目录和大企业产品需求目录,重点推动86户和116户中小微企业,分别与太钢集团、太重集团开展协作配套,带动中小微企业发展。 (原晋军)

运城市工商局

2012年，运城市工商系统开拓创新，奋力拼搏，完成了服务发展、市场监管、消费维权等工作任务，开创了非公党建工作崭新局面，工作效能明显提升。

局长：武晓勤

创新服务举措 服务发展效能进一步提升 一是全力促进各类市场主体发展。市局被国家总局评为全国优秀个私经济联系点，被市政府评为全市“创先争优为民服务百佳服务窗口”、全市招商引资先进单位、全市安全生产先进单位。二是“品牌兴市”战略扎实推进。全市新增中国驰名商标3件，总数达到18件；新增山西省著名商标15件，总数达到117件；新增注册商标859件，总数达到7012件。三是“五农工程”成效显著。四是信用体系建设取得新进展。培育14家省级守重企业、47家市级守重企业。被国家总局认定全国诚信示范市场1个，被省局认定全省诚信示范市场3个。五是“五个平台助企融资百亿”行动取得实效。帮助企业融资达115.5亿元。

加大整治力度，市场监管效能进一步提升 突出监管重点，开展系列执法行动，全系统共查办各类案件4166件。一是强化流通环节食品安全监管，集中开展乳制品市场、食用油市场、食品添加剂市场、节假日市场等八项专项整治，查处案件264件。二是严厉打击侵犯知识产权和制售假冒伪劣商品违法行为，查处商标侵权案件102件，没收销毁侵权商品及侵权标识10363件。三是加强竞争执法工作，开展大型零售企业违规收费、房地产市场、电信服务市场等专项整治行动，查处案件477件，其中不正当竞争案件193件，占到全省总数的28%。四是加大广告市场监管力度，监测各类广告16806条次，查处广告违法案件192件。五是严厉打击传销行为，取缔传销窝点90个，遣返传销人员2687人，解救受骗人员14人。六是严厉打击合同违法行为，查处案件72件，其中万元以上案件15件，被国家工商总局评为全国格式合同整治工作先进单位。七是严厉打击无照经营行为，落实联席会议和联络员制度，开展专项执法行动，全市共查处无照经营案件1132起，取缔黑网吧23户。八是治理超限超载工作受到省治超领导组表彰。

健全维权机制，消费维权效能进一步提升 一是消费教育引导工作不断深入。“3.15”期间，开展消费维权宣传活动，向社会公布了2011年消费申诉热点和十大典型维权案例，引导消费者科学合理消费。二是维权网络建设扎实推进。全市“一会两站”站点达到1620个，全年受理消费者咨询11919起，受理消费者申（投）诉案件2686件，举报612起，为消费者挽回经济损失410.76万元。三是消费维权机制不断创新。尝试开通了12315维权QQ群，进一步拓宽了维权途径，提升了网络维权效能。

加强法制建设，行政执法效能进一步提升 一是丰富宣传手段，法制宣传更加常态化。二是加强法制监督，行政执法更加规范化。三是推进行政指导，执法理念更加人性化。

履行职责使命，非公党建工作实现了“两个全覆盖” 成立党建指导站68个，党建工作协调指导组341个，选派党建指导员668名。开展“千名工商干部进企业、抓党建、促发展”活动，创新党建理念、创新组建模式、创新活动方式，共新建党组织898个,总数达到1231个，培养入党积极分子2756名，发展党员468名，非公企业党员总数达到9751人。

强化自身建设 队伍整体素质进一步提升 一是认真学习贯彻党的十八大精神。二是加大教育培训力度，推进学习型机关建设。先后举办工商所长培训班、法制培训、OA办公系统培训等各类学习培训67班次，受训达12271人次。三是开展创先争优和文明和谐单位创建活动。市工商局被省财贸轻纺工会授予全省工商系统文明执法标兵集体称号，市局12315中心被认定为省级青年文明号，稷山县工商局被国家工商总局评为全国工商系统创先争优先进集体，永济市工商局被省劳动竞赛委员会授予优质服务立功竞赛集体一等功，河津市工商局治超办被省劳动竞赛委员会、省治超办认定为工人先锋号。四是强化党风廉政和作风建设。市局纪检组连续十年被市纪检委评为“运城市纪检监察系统先进集体”，市局行风评议获得第二名的好成绩，17个县（市、区）局的行评工作均实现了“争一保三”的既定目标，其中8个县（市、区）局被评为第一名。

团结奋进的运城市工商局党组一班人

大同煤矿集团有限责任公司供水分公司

——肖鹏先进事迹

大同煤矿集团有限责任公司供水分公司是集生产、供水、节水和水资源管理多种职能的实体单位，前身供水处成立于1991年3月，2006年8月正式更名为供水分公司，担负着集团公司本部30多个矿、厂、公司的生产供水和50万员工家属的生活供水任务。公司拥有固定资产原值2.1亿元，净值0.96亿元。管辖200多公里供水干管，140多公里高压供电线路，2座水厂，两个自备水源地，23眼深井，21个加压站，2个减压站，1个分水站，3个加氯间。公司拥有两处自备水源和五处外购水源，供水主要有四大系统，日均供水量9万吨，年实际供水量可达3100万吨以上。

经 理：肖鹏

肖鹏，男，1984年毕业于中国矿业学院，获学士学位，多年从事供水工作。曾先后任供水分公司副科长、副总工程师，总工程师，2011年任大同煤矿集团有限责任公司供水分公司经理。辛勤的工作结出丰硕的成果。肖鹏于2011年获山西省优秀企业家称号，曾于2008年、2011年获山西省科技奉献三等奖，2010年获同煤集团技术革新二等奖、技术进步二等奖、科技进步二等奖，2011年获同煤集团信息化工作先进个人称号。

肖鹏担任公司经理以来，认真落实科学发展观，紧跟集团公司发展步伐，采取强有力措施，加强企业管理，进行体制机制创新，研究制定企业发展战略，加强企业文化建设，加快了企业发展步伐，促进了企业可持续发展。

认真编制供水发展规划。肖鹏从集团公司整体发展的需要出发，并与水资源统筹规划和水的长期供求计划相协调，编制了《同煤集团十二五供水发展规划》，确定了近期、中期、长期供水发展战略。

全面构建本质安全型企业。肖鹏坚持科学发展、安全发展理念，以标准化和规范化管理为重点，注重创新安全生产管理，发挥安全体系作用，强化安全执行力，注重安全投入，严格现场管理，严肃事故追查，提升了安全管理水平，连续十三年实现了安全生产事故为零的目标。

供水分公司领导班子研究企业发展规划

坚持以成本为中心，强化经营管理。肖鹏从严落实“三损一本”经营管理思想，紧抓各项经营管理措施，强化内部经营考核，实施节电和节水管理系统工程，保持合理经济运行，实现了经营业绩的稳步增长。

推进企业文化建设，用特色理念指导工作。肖鹏坚持抓好水质文化、分析文化、节水文化、廉洁文化、培训文化、考核文化、安全文化和经营文化等供水特色文化，营造良好的文化氛围。

稳步推进体制机制改革。肖鹏按照集团公司重组整合，建立实体经济的工作部署，积极行动，超前谋划，研究思考企业体制机制的改革方案，稳步推进主辅分离，辅业改制步伐，为保障新同煤建设做出了贡献。他全面落实集团公司“两新”战略愿景，从可持续发展的战略高度出发，提出了“以水保发展”的发展战略，制定了“新供水服务新同煤，新发展保障新生活”的奋斗目标，新的发展战略和奋斗目标，促进了供水工作的全面发展，为企业可持续发展奠定了坚实的基础。

在肖鹏的带领下，公司以改革求发展，向管理要效益，靠科技兴企业，三个文明协调发展，连续多年被评为出席大同市和集团公司先进单位，2011年获得中国煤矿体协全民健身先进单位，2007年、2008年、2010年、2011年被评为山西省优秀企业。

肖鹏查看调度系统运行情况

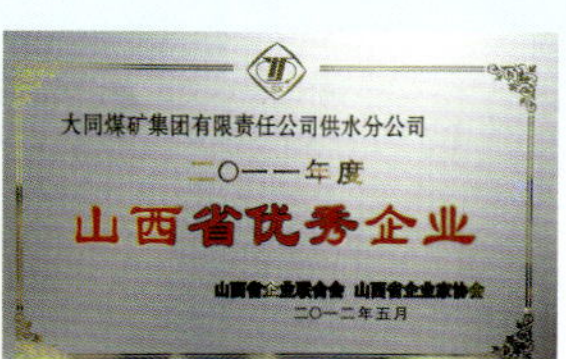

供水分公司召开劳模表彰大会

供水分公司丰富的职工文化生活

同煤大唐塔山发电有限责任公司

同煤大唐塔山发电有限责任公司是同煤集团与大唐国际以60%和40%的比例投资建设的一座2×600MW亚临界直接空冷燃煤坑口电厂。是国家实施“西电东送”战略，优化资源配置的重大工程，也是山西省“十一五”重点项目。工程于2006年11月开工建设，2008年10月正式投入商业运营，历时19个半月，跨越两个冬季，创造了北方地区同类机组工期最短，建设速度最快的纪录，开创了煤炭行业建设大型坑口电厂的先河。

塔山发电公司是同煤集团投资建设的第一个大电厂，也是中国煤炭行业第一个产业链条最完整的循环经济园区——塔山循环经济园区的重要枢纽。

公司以年产1500万吨的塔山矿井为依托，以同煤集团日处理污水4万吨的污水处理厂中水为水源，为两台600MW亚临界空冷火电机组提供能源保障。电厂所需原煤通过1.5公里输煤皮带从塔山煤矿直接运达电厂，产生的粉煤灰供下游水泥厂等企业作为生产用料综合利用，形成了煤炭就地转化，污水循环使用，废物综合利用的循环产业链。不仅降低了煤炭运输成本和运输损耗，避免了因市场、天气等原因造成的电厂“缺煤”、“断粮”，导致机组停机。特别是减少了环境污染，保护了生态环境，缓减了地区交通压力，促进了当地就业，为全省的经济建设、社会建设、生态文明建设做出了积极贡献，成为全省煤电一体化坑口电厂的样板和典范。

塔山发电公司坚持“清洁生产，绿色发电”的科学理念，全面发展节能降耗和环保工作，扎实推进资源节约型，环境友好型企业建设。采用了哈尔滨锅炉厂生产的亚临界强制循环燃煤汽包炉，德国GEA空冷技术，高效的湿法脱硫、静电除尘技术，等离子点火技术、污水深度处理等高新技术，促进了机组安全、稳定、经济的运行，生产经营实现了“即投产即稳定，即投产即盈利，即投产即达设计值”的既定目标。投入巨资，全面推进环保技术改造和基础建设，先后完成了脱硝、脱硫等一系列重大技术改造项目。积极优化运行方式，扎实开展节能减排，充分发挥坑口电厂稳定的资源优势、高端的技术优势、先进的管理优势，为社会源源不断提供

公司董事长杨旗平在现场检查工作

公司书记杨钜辉带领党员在分组包片区域就安全隐患和文明生产情况进行检查

塔山发电公司#2机组汽轮机全图

清洁电力能源。截止2013年6月底，公司累计发电328.41亿度，实现营业收入89.8亿元，取得了良好的经济效益、社会效益。

近年来，塔山发电公司创新发展理念、创新发展模式，围绕打造“国内一流，国际领先“的大型发电企业的战略目标，实施“产业规模化、管理现代化、技术高端化、品牌国际化”发展战略，扎实平安塔电、效益塔电、和谐塔电、绿色塔电建设步伐，打造安全高效、技术领先、低碳环保、实力强盛、文化强势、发展强劲的行业典范。为同煤集团大力发展电力产业，全面推进煤电一体化发展战略奠定了基础，积累了经验。对于同煤集团加快产业结构调整，大力发展循环经济，实现转型跨越发展具有重要的意义。

几年来，塔山发电公司的发展受到了国家、省、市各级领导以及社会各界的亲切关怀和大力支持，取得了良好的经济效益和社会效益。公司先后荣获全国煤炭工业先进集体、全国建设项目档案管理示范工程、全国电力企业文化建设标杆企业、山西省模范单位、省优秀企业、优秀省调电厂、山西电监办安全生产先进单位等多项荣誉称号。

公司总经理乔建军主持召开公司安全生产委员会会议

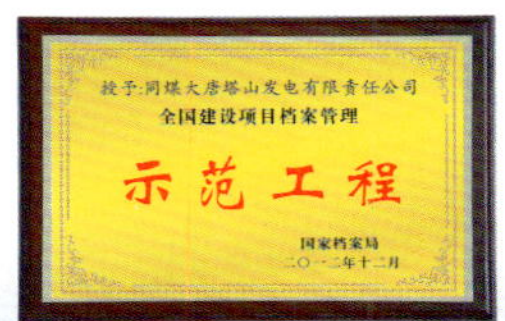

塔山发电公司化学制水车间

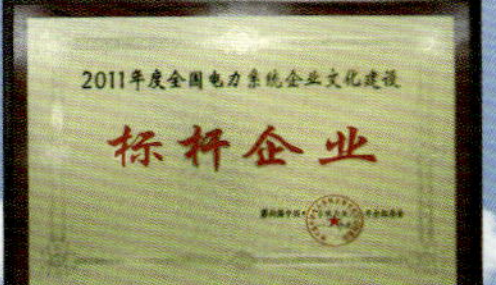

大同煤矿集团朔煤小峪煤矿

——吴升富先进事迹

小峪煤矿位于大同煤田中部的东南边缘，地处怀仁县境内。始建于1954年，1979年进行了一期改扩建，设计能力120万吨/年。2003年12月加入同煤集团，经过近年的矿井技术改造，生产能力经核定已达到210万吨/年。煤矿井田面积15.1449平方公里，可采煤层5层，可采储量2.10亿吨。地质构造简单，含煤地层属石炭二迭纪。煤种为气煤，低硫，高挥发分，发热量为4400–4900大卡/千克，是优质的动力煤。入洗后，灰分可降低22%，发热量提高到5200–5500大卡/千克。主要销往京、津、唐等地区。

矿长：吴升富

吴升富，1966年出生，毕业于山西矿业学院，2010年底任大同煤矿集团朔州朔煤小峪煤矿矿长。他带领全矿职工共同努力小峪煤矿跨入年产300万吨现代化安全高效矿井行列，2012年生产煤炭300万吨，同比增加40.68万吨；煤炭销量300万吨，同比增加43.15万吨；营业收入达到85933万元，同比增加10633万元；安全实现了低控目标；资产总额达到89708万元，同比增加19383万元；在岗员工收入达62043元；上缴税费达到24242万元，同比增加7258万元。荣获山西省“文明和谐单位”光荣称号。吴升富也获得了“山西省煤炭科技创新双十佳矿长”荣誉称号。

小峪煤矿办公大楼

他坚持升级改造不停步，坚持优化采掘衔接不动摇，坚持科学组织生产不松懈，坚持优化生产工艺、工序不停滞，合理优化生产布局，科学配置设备，完善了通风、供电、供排水、防治水、主副运输等十大系统，矿井实现了均衡高效生产。

他从“人、机、环、管”四个方面入手，全过程、全方位推进“金字塔”安全管理和“六环五步”系统管理，形成了责任明确，逐级负责，一体化考核的管理格局。他推进矿井安全质量标准化建设，实现了盘区精品化，采掘工作面标准化。夯实了安全基础，构建了“大安全”格局。

他认真强化“三项”管理，提升目标成本管控水平。一是搞好事前预算。二是加强过程控制，严格杜绝预算外项目和资金支出，切实增强预算的执行力和控制力。三是严格事后考核。

他推动由资源依赖向创新驱动转变，转型综改两个项目：一是按照怀仁县“每个企业建设一个陶瓷企业”的要求，结合煤矿现状，建设陶瓷公司；二是镇企联手，做好大棚蔬菜基地建设，从而培育新的经济增长点，实现产业多元化。

吴升富视察井下工作面

他在抓安全生产的同时，开展企业文化建设，开办了《小峪新闻》、《安全知识博览》等栏目；签订了《党风廉政建设责任书》，开展了“万名干部进考场”活动；开展了“六好家庭”、“好矿嫂”、“创六化争五好”系列活动；成立了“女工井口服务站”；举办了职工体运会、庆祝建党91周年系列文艺活动；老年门球队荣获全国门球冠军总决赛优秀奖；开展了精神文明建设“十好”、“十佳”创建活动。煤矿获山西省“文明和谐单位”光荣称号。

他坚持为员工办实事，投资1200万元，改造修建了职工医院，更置了医疗设施，改善了医疗条件，方便了职工和家属就近就医。加快生态文明建设步伐，矸石山绿化治理3.6万平方米，矿区宜林地绿化15万平方米；投资980万元，建污水处理站3座，既减少了废水排放和污染，又实现了资源循环利用。加强文化广场、职工活动中心等文化阵地建设，配置了各种健身器材和设施。推进就业工程，两年安置井下补员职工子弟360名，同时输送外出务工待业青年170名。开通了矿区到“同仁家园”车辆，解决了职工家属乘车难问题。开展“金秋助学”活动，对291名考取各类大专院校的员工子女发放奖学金49万元。

雄关漫道真如铁，而今迈步从头越，吴升富靠着他的智慧和胆识、执着和务实，投身到建设新小峪的征程中，用他的雄才大略描绘着“建设新小峪，打造新生活”的宏伟蓝图，我们坚信，有吴升富和全体员工的共同不懈奋斗，“小峪梦”一定会早日实现。

吴升富春节慰问离退休老干部

小峪煤矿爱心超市

小峪煤矿选煤楼

大同煤矿集团朔州煤炭运销刘家口有限公司

——贾德先进事迹

经理：贾德

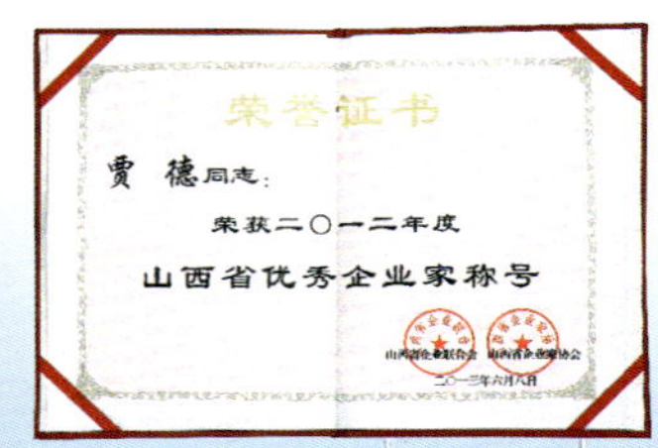

贾德，中共党员，高级政工师，现任大同煤矿集团朔州煤炭运销刘家口有限公司经理（原朔州市朔州城区刘家口煤炭集运站站长）。公司前身为朔州市朔州城区刘家口煤炭集运站，位于朔州市朔城区下团堡乡沙涧村南，1986年开工建设，1993年投产运行，占地473亩，自有铁路专用线5.14公里，年设计发运能力400万吨，总投资4668万元，职工人数342人，资产总额3.7亿元。主营铁路煤炭经销，属国家“八五”计划大秦铁路配套的重点工程，地处晋北煤炭基地，周围矿点分布密集，交通十分便利，是非常理想的煤炭集散地。为适应现代企业管理制度，2011年改制为大同煤矿集团朔州煤炭运销刘家口有限公司。

位卑未敢忘忧国 贾德任职刘家口有限公司经理以来，煤炭市场需求疲软、价格下滑、销售不畅。按照同煤朔州有限公司全面推进“八化”建设的工作要求，他紧紧扭住提高经济效益和发展质量“两大”任务不动摇，一以贯之谋发展，一如既往重实干，一心一意为职

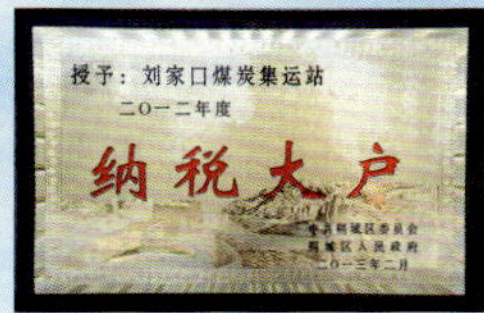

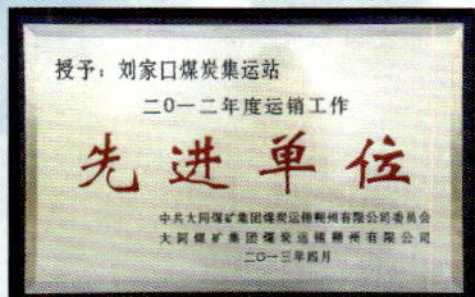

工，团结带领全体干部职工励精图治，合理组织发运，灵活销售策略。2012年累计发运煤炭123万吨，实现利税2395万元，职工收入同步增长。不仅确保完成煤炭铁路发运任务，而且在全系统争先进位，为“建设新同煤，打造新生活”，做出新贡献。

建设文明煤企，打造实力煤企 贾德以全新的战略眼光来导航企业的发展，立足管理创新、制度创新，开展了一系列富有成效的探索和实践。全面开展质量标准化建设，完善各项管理制度，推进4E工作标准和6S行为标准，使人、财、物、产、供、销各要素合理流动，优化配置，各环节协调运转。着力改善职工生产、生活条件，完成铁路专用线大桥病害整治维修和轨道改造，以及生活污水处理等工程，同时按照国家有关规定为全体职工缴存住房公积金，把大家多年来最直接最关心最现实的切身利益办实办好，为职工排忧解难。以人为本，选贤任能，民主管理，集思广益，发挥团队精神，调动广大职工的积极性和创造性，使企业文化和企业精神转变为促进企业发展的原动力。

何以解忧，唯有发展 贾德坚持勤艰办企，全方位、多渠道谋篇布局，千方百计为企业增效、国家增税、职工增收。广开煤源，加强与煤矿的合作，做实基础；广开销路，密切与用户的关系，做实市场；广开财源，加强与朔州中煤能源等公司的合作，变区位优势和运力优势为经济优势，做实资产。同时积极参与朔城区重点工业园区东坡煤电工业园区的的基础设施建设和环境治理，发挥公司在园区中的枢纽位置和辐射作用。

天道酬勤 2012年，公司被同煤集团公司授予“2012年度先进集体”，蝉联朔州市朔城区政府“纳税大户”荣誉。贾德被朔州市劳动竞赛委员会荣记“三等功“，2013年6月被山西省企业联合会、山西省企业家协会授予“2012年度山西省优秀企业家”称号。

自动化装车系统

输煤系统

运煤专线

聚力矿井发展 铸就闪光业绩

——记东曲煤矿魏生强先进事迹

矿长：魏生强

魏生强，男，汉族，1964年生，山西省阳曲县人，1996年6月加入中国共产党，大学学历，采煤高级工程师，2009年5月至今担任东曲煤矿矿长。

他以科学发展观统领全局，勇挑安全和生产建设两幅重担，以丰富的工作经验和睿智的领导决策，创新管理手段，提升管理水平，积极构建和谐矿区，推动矿井在转型跨越发展中稳步前进。

一、固本强基保安全

为确保矿井安全生产，他坚持“安全第一，生产第二”的原则和纪律，认真贯彻《煤矿矿长保护矿工生命安全七条规定》要求，明确领导干部安全责任，狠抓干部作风转变，带头严格落实安全生产责任制和“一岗双责”。强化安全理念提升，严格执行准军事化管理、“手指口述”要求，实现了职工安全意识从“要我安全”到“我要安全”的巨大转变；深入开展“干部上讲台，培训到现场”活动，干部职工综合素质和技能水平得到提高，安全行为得到进一步规范。坚持“预防大事故，治理大隐患”，突出抓好以“一通三防”、瓦斯抽采、大小运输、水害防治为主的专项活动，安全生产良好局面持续稳定。完善矿井安全避险六大系统改造，推进安全质量标准化精品工程建设，安全质量标准化建设水平不断提高。矿井2012年获得山西省一级安全质量标准化矿井、山西焦煤机电专业示范达标矿井称号。

魏生强陪同集团公司领导下井检查前在井口进行安全宣誓

二、创新管理促发展

他从关系矿井前途命运的战略高度出发，统筹协调矿井生产与建设，坚持两手抓、两不误。针对矿井煤层赋存条件差、煤质复杂多变的实际，组织对井下采区范围进行了重新划分，加大了矿井下水平的开采力度，合理安排煤层配采结构，最大限度保障了电厂发电用煤和选煤厂洗选用煤。按照“管理要领先，设备要提升”的理念，加大矿井装备水平和科技应用能力的提升，引进大采高支架、大功率采煤机、运输机，提高单产单进水平；完善矿井瓦斯监控系统、主要硐室远程监控系统，提升矿井生产安全保障能力；改进办公信息化系统、井下人员监控考勤系统和人员定位系统，提高矿井自动化、信息化、一体化水平。从矿井长远发展着眼，他提出了973水平无轨化皮带运输系统改造项目，为矿井的产能提升和跨越发展奠定了基础。2012年矿井各项生产指标均创历史最好水平。

团结奋进的领导班子

三、强化管控增效益

在经营管理上，他明确了“增产提效”和“节支降耗”两个工作目标，用加强管理的手段实现经济效益的提升。推行精细化管理，推进全面预算内部市场化管理工作的开展，建立内部市场化的经营管理机制，积极挖潜降耗，实现降本提效。提出“三面变两面”的指导思想，加大工作面几何尺寸，减少搬家倒面次数和掘进巷道数量，减少开采成本，提高资源回采率，实现矿井增产提效。正确处理安全与投入的问题，坚决保障矿井必需的安全投入，严格控制各类非生产性开支，投入讲回报，花钱讲节约，办事讲效果，生产讲效益，在保证矿井安全平稳发展的同时，完成了上级下达的各项经营指标。

魏生强在信访接待日接待来访者

四、以人为本惠民生

他牢固树立“以人为本”的思想，坚持矿井的发展依靠职工，发展的成果必须惠及职工的理念，积极关注民生，改善民生。认真贯彻落实集团公司“3110”帮扶工作机制，科学运作各项救助基金，大力开展“扶贫帮困送温暖”活动，主动“结对”困难职工进行帮扶；号召广大干部职工参与慈善事业，开展“爱心扶助”、“慈善一日捐”活动。积极改善矿区环境，矿区绿地覆盖率达到46%；下大力气对工人村供暖、给排水系统进行改造，建成了覆盖全小区的天眼工程监控系统，保证了职工的正常生活秩序。加大对防辐射衣物、防尘口罩等劳保用品的发放力度，坚持每年对职工进行健康体检，切实维护了职工身体健康。

在他的带领下，东曲煤矿原煤产量逐年攀升，安全生产形势持续稳定，生产效益和职工收入大幅增长，矿井走上了安全稳定健康发展的康庄大道。

汾河畔上的筒仓

东曲矿办公楼

西山煤电股份有限公司西曲矿

西曲矿井田总面积40.6927平方公里。矿井设计年生产能力340万吨，全区可采煤层厚13.65米，截至2012年底，矿井累计查明资源储量为46724.3万吨，保有资源储量为32986.4万吨，可采储量17714.3万吨。经营范围包括原煤开采、煤质化验、汽车货运、小型水泥制品、机电修理、配件制造、技术咨询。产品以10级焦煤为主，先后通过了ISO9000质量体系认证，ISO14001环境管理体系认证和ISO18000职业健康安全管理体系认证。为西山煤电股份有限公司二级单位。截止2012年12月底，全矿共有职工4663人。

2012年，西曲矿原煤总产量317.03万吨，精煤产量完成189.08万吨，掘进总进尺30670米，开拓总进尺3652米，实现利润20639万元，销售收入完成158832万元，全年发生15起轻伤事故，达到连续1437天安全生产无事故。

矿长：马永阁

矿办公楼

安全管理 立足重特大事故防范。开展“一通三防”、“防治水”百日安全专项整治活动，确保了矿井大系统的安全。优化简化通风系统，加强矿井通风管理，加大瓦斯治理力度，实现了瓦斯零超限。严格执行“有掘必探、有采必探”，强化小煤矿监察工作，有效防止了水害事故的发生。

着眼于预防零敲碎打事故。抓基础、抓现场、抓隐患排查治理，强化动态检查、动态达标。全年累计查处整改隐患11532条，查处三违8152次；组织4次应急救援演练，提高了矿井综合抗灾能力；加强安全检查考核奖罚力度，全年各类安全奖励达4391.4万元，扣罚179.6万元，促进了安全管理工作的顺利开展。

团结奋进的领导集体

生产组织 针对全年井下地质条件复杂，采取分装分运、注设新型加固材料强帮固顶、及时组织安装衔接18502回采工作面等措施，保证了困难条件下生产任务的完成。

加强基础管理，精心编制采掘生产衔接计划，保证了采掘工作面和盘区的顺利接替；全年共安装5个工作面、拆除5个工作面。采用了7#、8#、9#煤三层煤联合布置方案，优化了生产系统。南北翼皮带大巷总共完成工程量为2731米。加大技术投入，全年技术开发项目13个，投入3036万元。

中国能源化学工会煤矿工作部部长郭振友、副部长姜虹一行到西曲矿困难职工帮扶中心进行调研

山西焦煤集团副总经理杨根贵到西曲矿进行调研

着眼于大系统的升级改造，坚持以供电系统及大型设备安全运行为重点，开展大型设备升级改造及供电系统优化。

安全质量标准化示范矿井建设成绩突出，通风、地测防治水和采煤专业多次被评为金牌专业，4个工作面、多个硐室相继通过专业示范工作面和示范硐室验收。完成质量标准化创新项目26项，其中获二等奖3项、三等奖3项，安全质量标准化工作全年公司排名第二，被评为国家级“安全质量标准化煤矿”。

经营管理 完善经营绩效目标考核体系，努力抓好安全、质量标准化、生产任务、经营绩效等考核，体现刚性指标、刚性考核、刚性兑现的原则，维护指标的严肃性，通过严格细致的考核，达到各项工作绩效的统一。开展节支降耗、降本增效活动，有效保证了各项指标的分解、责任落实及指标的完成。完成收费644.62万元，回收共计1391.06万元，复用共计802.91万元。全年实现了吨煤成本降低25元的指标。

通过全矿干部职工的共同努力，全年经营工作成绩显著，职工收入稳定，利润、成本指标在公司矿井板块排名第一。

马永阁节日慰问职工

和谐矿区建设 坚持有规划地推进职工安全培训，共培训22884人次。推进素质工程建设，干部职工队伍整体水平显著提高。在西山煤电职工技能大赛16个工种的比赛中，取得了1个第一，12个前六的成绩。工程二队职工柴卫国，获得“全国技术能手”、“全国青年岗位能手”、“三晋技术能手”称号，所在班组荣获山西省总工会模范班组称号。

党的建设不断巩固。以“基层组织建设年”、“保持党的纯洁性学习教育”和学习党的十八大精神等活动为主题，深入开展创先争优活动。党风廉政建设深入开展，党务公开全面实行，矿区气正风清氛围进一步巩固。

民生帮扶硕果累累。年初确定的十件实事，完成7项。开展“温暖工程”建设，加强困难职工帮扶站规范化、制度化、常态化建设。共慰问567人，发放慰问救助金110.28万元。帮助患重病、大病、长病的职工21人次，发放大病救助金6.3万元。为46名困难职工上大学子女发放救助金5.9万元，为66户困难职工上中小学子女发放助学金6.95万元。对27户住房存在安全隐患的家庭给予了修缮。建成并开始运行集病友协会活动室、爱心药店、实物救助平台、洗车行为一体的“西曲矿困难职工帮扶站救助中心”，实现了“造血”帮扶的新型帮扶模式。

西曲矿全貌

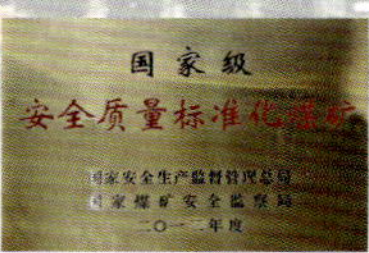

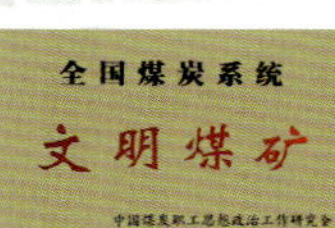

董事长、总经理：刘建亭

从1953年成立,到二十世纪初中化二建集团有限公司的成功改制，再到2013年公司走过60年的风雨征程,刘建亭带领化二建人冲破难关，推陈出新，走出了一条从建成到创业,从低谷到复兴再到辉煌的非凡历程。使一个老中央企业从濒临破产的境地逐步迈上了良性循环的轨道。现如今，中化二建已逐步发展成为主业突出、多元发展、技术领先、管理科学、文化先进的知名品牌企业。截止2012年底，公司拥有享受政府特殊津贴专家11人，教授级高工25人，高级职称386人，有国家一级注册建造师168人，项目经理350人。具有各类专业技术职称人员1600多人。刘建亭，中共党员，享受国务院特殊津贴专家，教授级高级工程师，政协第十一届山西省委员会委员，山西省劳动模范。现任中化二建集团有限公司董事长兼总经理。

风雨征程路 拼搏著华章

——记中化二建集团有限公司刘建亭先进事迹

与中海石油天野化工签订职工商品房EPC总承包合同

新建的科技研发大楼

一个企业，发展是硬道理，创新是源动力。多年来，刘建亭作为企业“领头人”,率领公司全体坚定不移地抓生产经营工作，适时地提出“三极”发展战略，国内、国外、房地产业务蒸蒸日上。公司推行合股承包管理办法，实施项目单元成本精细化管理，激发项目经理与管理层的积极性和创造性，有效的开源节流，企业的发展呈现出勃勃生机。2012年，公司完成营业收入60.11亿元，实现利润3亿元，产值利润率由2010年的3.313%提高到2012年的4.9%。在公司利润增长的同时，职工收入也有较大幅度的提高，实现了集体与个人的双赢。《项目合股经营承包管理》和《施工企业项目单元成本管理》分获第十三届和第十九届全国企业现代化创新成果二等奖。公司较早的开展项目中间审计、竣工审计、离任审计、分包工程等专项审计，强化了内部管理。在他主持下，公司重新修订了对外分包合同文本和对外协作的有关规定，有效地加强企业管理和规范了企业行为，在2012年公司荣获了“中国内部审计领军企业”称号。

现代企业的竞争是人才的竞争，在刘建亭的主持下，公司制定“科技创新发展规划”，近年公司招收近三千名大学生进厂，经过重点培养，大部分已成为经营技术骨干。此外，在他领导下，公司出台一系列有关加强劳务队建设的管理办法。通过运行，有力地保障施工生产不断增长的劳动力资源的需要，并优化项目的管理层次，保证企业内部劳动力的有序流动。公司还不断加大机械装备的投入，机械设备达到国内同行业一流水平，300吨以上的吊车就达到了11台，研制出国内最大的6400吨液压复式起重机，为公司的大型吊装奠定了坚实的基础，同时将大大缩短国家煤化工等行业的建设周期。

经过不懈的努力，公司被认定为高新技术企业，成立研究生教育创新中心，建成国内先进的化工装备研发制造基地。“鲁奇气化炉安装”等多项技术处于国内领先水平，并获得了近百项专利技术，企业科技创新力稳步提升。公司被国务院国资委授予“中央企业思想政治工作先进单位”、“中央企业先进基层党组织”称号；被国家工商总局授予“守合同、重信用”单位称号；被国家授予“全国用户满意施工企业”；被评为“全国优秀施工企业”、“全国工程建设质量管理优秀企业”、“中国工程建设社会信用AAA”、“全国化工优秀施工企业”、“山西省高新技术企业”、“山西省模范单位”、“山西省首届百家信用示范企业”、“山西省百强企业”、“山西省功勋企业”、“山西省十大诚信企业”，公司荣获“中国建筑业最具成长性企业百强”第三名；“中国建筑业最具竞争性百强企业”等称号。刘建亭也多次被评为施工行业优秀企业家、优秀共产党员，连续多年被山西省企业联合会、山西省企业家协会评为“山西省功勋企业家”，2011年获山西省第十一届“讲理想、比贡献”竞赛活动先进个人、“全国化工工程建设企业优秀经理（董事长）”荣誉称号，2012年当选为山西省政协委员，同年被授予“全国石油和化工行业质量管理小组活动卓越领导者”称号。

证书

中化二建集团有限公司：

你公司被评为二〇一二年度全国化工工程建设优秀企业，特发此证。

中化二建集团有限公司

2010年度中国建筑业最具成长性百强企业

CHINA TOP 100 GROWING CONSTRUCTION ENTERPRISE

二〇一一年十二月

公司承建的克旗甲烷装置产出天然气

国家康居示范工程（丽泽花苑小区）

公司承建的云南瑞气二甲醚项目全景

公司承建的潞安煤制油项目全景

霍州煤电集团团柏工贸有限公司

——王克良先进事迹

总经理：王克良

王克良，现任霍州煤电集团团柏工贸有限公司总经理。团柏工贸有限公司隶属于霍州煤电集团霍源通新产业有限公司，前身是团柏矿企业科，成立于1984年，经过30年的发展历程，公司的注册资金由1989年注册时的175万元增加到2400万元；销售收入由1994年的372万元发展到2012年的1.8亿元。

团柏工贸有限公司主要从事水泥外加剂、金属编织网、玻璃纤维制品、工矿设备、机械配件、工矿器材、工矿材料、铁制品件、橡胶制品、木器的加工、销售；精煤、中煤、焦炭、建材、五金交电、化工材料（易燃易爆品除外）、日用百货的经销；同时从事物流运输、货物装卸、货物仓储（易燃易爆、危险化学品除外）、工程机械维修、汽车装潢、劳务服务、劳务派遣、物业管理服务以及地质勘探、水文钻探与服务。

企业资质证照齐全，做到依法生产经营。生产的“煤鑫”牌水泥外加剂获山西省著名商标；玻璃钢管道、煤矿井下用梯子间外覆材料取得煤矿矿用产品安全标志证书；水泥外加剂、玻璃钢制品两大类产品被山西焦煤新产业局评为“A”类产品；所有生产厂点全部通过ISO9001：2008质量管理体系认证；同时公司荣获“AA”质量等级信誉证书。

王克良到生产一线指导工作

为职工送温暖

王克良陪同上级领导到生产一线视察工作

王克良作为企业行政一把手，坚持“依法经营、规范运作、奉献社会、造福员工”的办企方针，团结和带领广大干部职工完成各项工作任务，为企业的发展作出了杰出贡献。

一是将安全管理工作作为头等大事。王克良首先摆正安全与生产、安全与效益、安全与稳定之间的关系，坚持“安全第一、生产第二”的原则和纪律，在硬件上加强安全投入，在软件上加强对职工的安全教育，在职责上突出各自的安全主体责任，在措施上抓落实整改、不走过场、不讲声势，不断完善安全管理体系。

二是将谋求企业发展作为第一要务。王克良借助集团“主辅分离，辅业改制”的机遇，利用区域公司的自然优势和人员优势，走多元化发展路径，企业的规模不断壮大，企业的自我积累不断上升，2012年实现收入1.8亿元，同比增加近7000万元，创历史新高。

三是将创新管理机制作为发展基石。王克良以一个企业家的睿智和胆识，依据多经企业“自主经营、自负盈亏、自我发展、自我约束”的基本特点，结合企业实际，对陈旧落后的管理模式敢大刀阔斧地改革。首先改革经营模式，打破了“大锅饭”体制，建立激励竞争制度。其次改革管理模式，建立了一套适应企业发展的管理体系。再次是建立和完善了管理层的职务责任追究制度，分层担责，规避风险。

四是将提高职工收入作为根本宗旨。王克良把办企宗旨定位在“为社会担责任、为员工谋福利”，努力寻政策、找依据、赢支持，为员工谋利益，吕梁公司在岗职工人均年收入与接任时相比净增长2.5万元，团柏公司2012年在岗职工全年人均收入创历史新高。

五是将吸纳优秀人才作为灵魂工程。王克良不仅有改革创新意识，而且还是一位知识型领导，他把企业竞争的核心定位在人才的竞争和科技的竞争，为了不断提高企业的人才和科技含量，提出“不拘一格降人才”的原则。使企业的整体知识结构和科技水平不断提高。

六是将履行社会责任作为政治任务。王克良始终以一个模范共产党员的先锋作用和高尚的政治觉悟勇于承担社会责任，按期足额缴纳各项税款，开展金秋助学活动，发放困难补助，创造就业岗位，重视改善生产条件，扎实开展节能减排，搞好环境保护等，都充分体现了一个企业家履行的社会责任，为构建和谐社会作出了积极的贡献，用实际行动彰显了一名党员企业家的高风亮节。

发展需要不断创新和改革，创新需要付出勇气和代价，改革需要经历磨难和考验。正是改革创新后先进的体制机制焕发了无穷的力量。在王克良的带领下，团柏工贸有限公司将迎来新的挑战和机遇，将围绕“安全、经营、稳定”三大主题，以“本质安全型、实体贸易型、和谐发展型”企业为目标，在转型中再创佳绩，在发展中再铸辉煌！

公司召开安全办公会

工业园区

山西能源交通投资有限公司

——潘来喜先进事迹

潘来喜在年度会议上做财务工作报告

潘来喜，中共党员，高级会计师，高级国际财务管理师，清华大学工商管理硕士，现任山西能源交通投资有限公司党委委员、总会计师。由于工作业绩突出，他获得多项荣誉：2009年荣获中国总会计师协会“2009年度财务战略管理专家”奖，2010年荣获“2010中国总会计师年度人物”奖，2012年荣获山西省第四届“十佳”总会计师。

山西能源交通投资有限公司是山西省人民政府批准并出资设立的国有独资公司，是省属十一户国有大型骨干企业。潘来喜认真履行大型国企总会计师职责，创新管理理念，为推进建立现代企业制度、构建企业核心竞争力作出了突出贡献。尤其在探索公司财务管控模式、创新融资手段、实施财务风险管控等方面倾注了大量的心血和汗水，为国有资产的保值增值、企业经济效益的提升做了大量卓有成效的工作。

一、创建集团化的财务管理模式，实现管理价值和价值创造的财务管理新目标。确定了“二级管理、三级管控”的分级管理体制。集团总部一级（母公司）为战略决策管理中心、投融资管理中心、人力资源管理中心；二级子公司为运营管理中心；三级及三级以下的子公司，作为利润中心。构建了“三统一，一体系”的财务集中管理模式，即统一管理全系统会计、资金、财务人员，建立科学的预算绩效评价体系。

二、发挥财务监督职能，实施财务风险管控。以筹资风险、投资风险、资金运营风险为核心，全面构建财务风险管控体系。合理确定财务结构，根据利率走势合理安排筹资活动，确定筹资方式；严格控制对外投资，及时清理无效投资，运用投资组合理论优化投资结构；推行集体决策机制，落实责任制，确实保障资金安全。

潘来喜深入下属企业调研

三、攻坚克难无私奉献，为地方经济发展作出较大贡献。在山西煤炭资源整合过程中，日夜奔波行程数万公里，主导完成了山西煤运公司的大部分煤炭资源整合工作，创建了整合过程的价值确认模式和整合主体的财务管理体系；本着不屈不挠精神，创新融资手段，拓宽融资渠道，积极采取股权收益权转让、保险资金融资、资产公司募集融资、信托资金融资、发行企业债等措施，筹集铁路建设资金156.6亿元，为山西的铁路建设提供了有力的资金支撑。

潘来喜工作期间不忘学习，先后到国内高等学府深造，并获清华大学EBMA硕士学位，为中国总会计师协会会员、山西省总会计师协会副会长、山西省会计学会常务理事，发表论文多篇，主编了《山西省煤炭运销企业会计核算办法》、《高等会计》等著作。

山西玉华建设集团有限公司

山西玉华建设集团有限公司是一家集建设施工、地产开发、激光熔覆再制造、药品制造、医疗器械、进出口贸易等为一体的综合性集团有限公司。现有员工2800余人，各类有职称的技术人员500余人。集团现有资产7.8亿元。

传统产业实力雄厚，奠定企业支撑力 公司具有房屋建筑施工总承包壹级资质，自1980年成立以来，本着“真诚做事、本色做人”的理念，坚持“团结、奋进、踏实、创新”的精神，秉承“诚信为本、用户至上、质量第一、争创一流”的宗旨，发展企业，服务社会。

山西玉华集团科技办公楼

多年来，集团承建的工程项目九次荣获了“汾水杯”，荣获中国建筑业协会质量管理“金屋奖”、“银屋奖”，连续多年评为“山西省优秀建筑企业”、“全国重质量、守信用AAA级品牌企业”、“全国工程建设首选品牌单位”、“全国质量稳定、信誉保证示范单位”、“中国市场质量保护单位”，2001年公司通过ISO9001质量体系认证。

山西玉华科技再制造有限公司

新兴产业突破发展，提升企业成长力 随着国家推行低碳经济、节能减排、绿色环保、循环经济基本国策的进一步深化，公司近年来先后步入光纤激光熔覆高科技再制造行业和中药、西药系列生产制造行业。

（一）光纤激光熔覆高科技再制造技术国内领先。山西玉华再制造科技有限公司成立于2010年5月4日，是一家致力于激光光纤制造及再制造的工程技术型高科技企业，由集团在海外留学归国人员按现代化企业制度和理念创建。公司占地面积50亩，总投资3.8亿元。

山西邦仕得药业开发有限公司

市场定位准确明晰。公司主要针对国内，尤其是山西煤炭市场以激光熔覆修复为主的煤机产品进行逐步拓展，在3年内形成液压支架、立柱、截齿以及阀门、机电、冶金、电力、化工设备零部件产业化再制造。

技术含量优势明显。与二氧化碳激光熔覆技术相比，激光光纤熔覆技术具有设备占地小、电光转化效率高、高品质光速质量和可靠超高的输出功率、维护成本低、移动便捷、耐久力强、操作更灵活的明显优势。

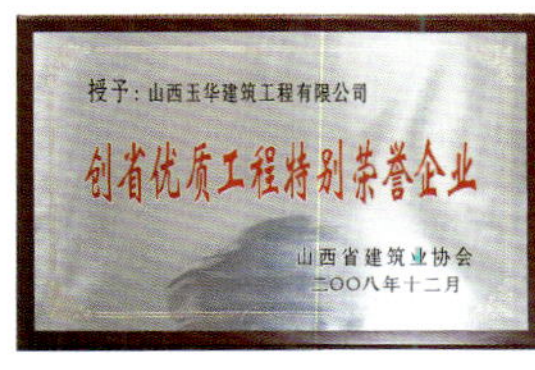

市场拓展前景广阔。再制造产业已跻身战略性新兴产业，是七大新兴产业之首。自公司第一批设备到场以来，随着英国九台光熔覆设备安装运行，公司和国内及本省、本地区的各大、中型矿取得了联系，第一批刮板机100台顺利生产出厂。

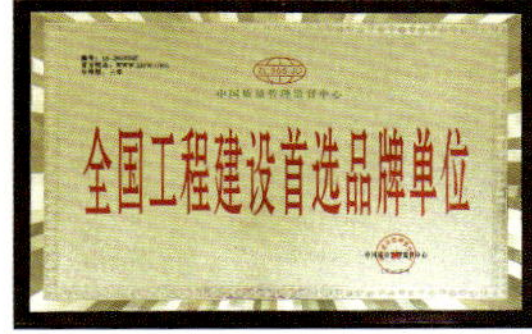

（二）中西制药独占鳌头。邦仕得药品开发有限公司总投资3.5亿元，占地150亩。近年来，公司积极运作、规模扩展，兼并重组山西创隆制药有限公司等企业，开发生产中西药品种达30余项。主生产的纯中药制剂“克烧净喷雾剂”具有止痛快、不植皮、康复快、愈合无伤疤的特点。1999年获国家知识产权局发明专利。批量生产后，可实现年产值18亿元，利税总额3.9亿元。

狠抓研发创新驱动，激发企业竞争力 山西玉华再制造科技有限公司海外研发中心与英国曼彻斯特大学合作，为公司产品研发提供技术支持。集团将不断加大研发投入，重点用于新产品开发，逐步形成“生产一代、研制一代、储备一代、预测一代”的新产品开发格局，建立市场、研发、生产一体化的技术创新机制。

城市化建设的排头兵

——尧都区住房保障和城乡建设管理局工作纪实

2012年，尧都区住房保障和城乡建设管理局在区委、区政府的正确领导下，以打造百万人口区域中心城市为目标，坚持特色化理念，统筹城乡发展，全面提升城乡建设水平，求真务实，科学发展，围绕涝洰河生态治理、汾河治理北延、滨河东路贯通工程、五一东路东延、北外环、二中路拓宽改造等工程项目，城市建设全方位扎实推进，为建设文明开放、富裕和谐的新尧都做出了积极贡献。

以涝洰河生态治理为重点，全面加快东城扩容提质建设。形成东城、空港交相辉映，新城、老城相互融合，汾河、涝河、洰河生态景观一体发展的新格局。

涝洰河生态治理工程。实施高河桥段河道治理、1.33万亩生态造林和护岸林带景观建设工程。重点抓好洰河西王段生态综合治理。实施东城道路建设工程。打通断头路，拓展瓶颈路，启动实施“三路一街”拓宽改造工程。全面实施东城基础配套工程。抓紧推进尧都公园、东辰公园建设。

抓好西城重点工程建设。按照市委、市政府安排部署，抓好“百公里汾河生态城镇经济走廊”基础设施建设，重点启动滨河东路南北贯通工程和屯里桥北段汾河综合治理工程。

实施城中村改造。按照“好中选优、积累经验、快速启动、稳步推进”的原则，采取“政府主导、村级实施、市场运作”的办法，进一步改善城乡环境，提升城市形象，推进城市化建设进程。

开展城乡环境大整治。加大东城生态环境建设力度，筹资4500万元，植树350万株，重点抓好193公里通道和16个景点的补植补栽，高标准完成60公里通道绿化和3.2万平米景点绿化。建设生态园林村10个。加强节能减排和环境治理工作，推进工业、交通、建筑和公共机构节能，抓好重点行业和企业的节能工作。

机关大院改造

尧都区党政机关大院综合改造工程是2012年尧都区委、区政府确定的重点工程，是贯彻落实临汾市“环境建设年”，全面优化发展环境的重要举措。

工程实施以来，指挥部坚持高起点规划、高标准设计、高质量建设。整个工程移植各类花卉3500株，新栽树木1500棵，铺设草坪6万余平米。机关大院综合改造工程为全区93万人民提供一个更加便利,更加优美的服务环境。

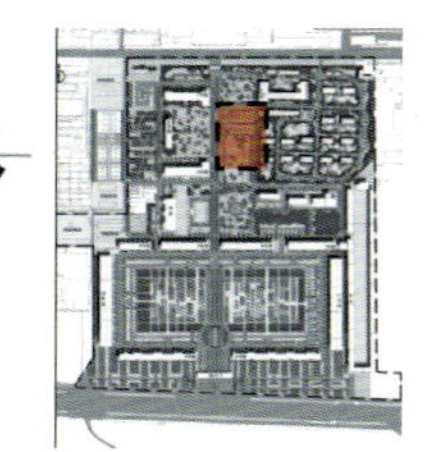

① 车行道　② 汀步　③ 门卫
④ 小院　⑤ 建筑　⑥ 景观廊架
Ⓟ 停车场

滨河东路贯通工程

（1）滨河东路北延工程。该项目全长4公里，道路红线60米，工程投资4.07亿元。

屯里桥北段汾河综合整治工程。治理汾河北段工程全长7公里，汾河生态治理需7亿元，共9.5亿元。

临汾市尧都区滨河东路北延工程

（2）滨河东路南延道路建设工程。该项目全长8600米，道路红线宽60米。道路两侧各预留5米宽的绿化带。该项目是贯穿临汾市南北交通的主干道，是临汾市百公里汾河新型经济带道路网的重要组成部分，是临汾市百公里汾河先行先试、四化一体、引领发展示范走廊的组成部分。该项目建设完成后，将为临汾市打造山西省“人口最密集、交通最便捷、经济最繁荣、环境最优美”的活力区和“四化一体、城乡统筹发展”的示范区起到积极推动作用。

华州路绿化整治工程

（1）街心游园绿化景观工程。该工程设计本着“和而不同，源于自然，高于自然”的原则，突出“人、健康、环保”三大主题，营造出一幅宁静、舒适、恬淡、幽雅、柔美的“天人合一”的环境。大量的柔性线条，弯曲的流线型道路给人以流动，休闲之感，蜿蜒的小道将一个个设置好的小场景，如一轴画卷展示给游人。以人文景观与植物景观交相呼应。游人可以漫步其间，心灵与精神上得以净化。规划中始终贯彻“以人为本”的宗旨，

街心游园绿化景观工程采用休闲小路与廊架座椅结合的方式，在园中小憩，感受春日的温暖、夏日的绚烂、秋日的凉爽。在植物的选择上，考虑到植物高低层次分明，充分利用空间。树种的选择上很有考究，常绿树、落叶树以及色彩树种交相种植，树丛之间错落分布一些色带、花草和灌木，一年四季，各色分明。树木与天空、规划与自由、浓密与疏离，唤起人们心底对自然的眷恋。

（2）道路标准段绿化景观。该路段设计主要体现整齐，统一之感。在植物配置上，充分考虑了临汾地区的土壤特点，植物四季相更替和色彩搭配，以使在不同的季节形成不同的景色，同时形成自然、稳定的生态植物群落。

尧都公园工程

该工程是尧都区委、区政府确定的环境整治年重点工程。位于华州路南，与党政机关大院南北一条中轴线贯穿，遥相呼应、浑然一体。占地面积204亩（其中园建面积188亩，公园周边道路及其它占地16亩），总投资1.5亿元。2012年3月开工建设,2012年10月竣工。

公园由五部组成，即：中央广场和四个功能区（康体健身园、童趣欢乐园、休闲自然园、科普益智园），中央广场以大型的LED显示屏、音乐喷泉、灯光、主体建筑等设施彰显现代化城市风景，整个园区由一条蜿蜒舒缓祥云道路串联。尧都公园突出以民为本，服务于民的宗旨。打造一个供市民休闲、娱乐、健身的场所。

东城环境综合整治工程

东城环境综合整治，是以“环境优美、街景亮丽、城市宜人”为目标，以实施东城绿化、美化、亮化、净化、硬化为主要内容的基础工程。本次整治的重点是华州路、解放东路西段、尧贤街。

华州路西起二中路和解放东路交汇处，东至108国道，全长4000米；解放东路西段西起解放路立交桥,东至尧贤街十字口,南至华州路,全长1300米。工程总投资约1亿元。

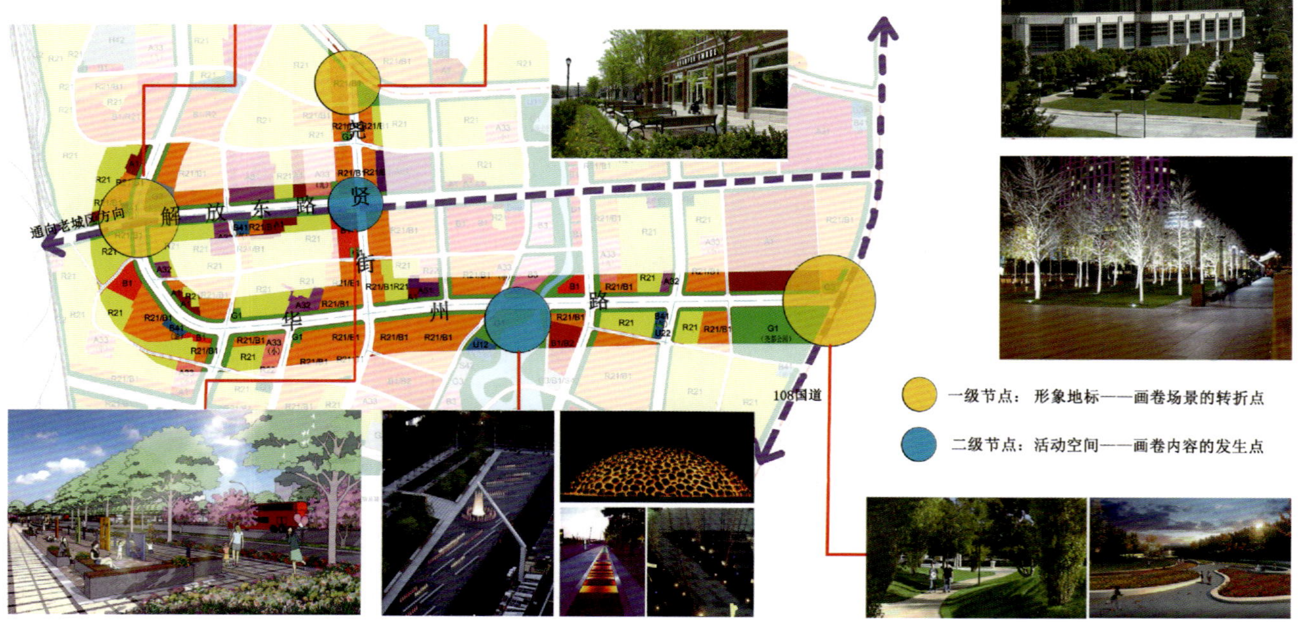

东辰广场工程

东辰公园位于解放东路与二中路十字路口东北侧，工程占地总面积为30亩（20000平方米），项目概算总投资3700万元。

建设中的东辰广场效果图

涝洰河生态建设工程

涝洰河流域综合治理范围东至108国道，西至汾河，南至华康路和开发区北环路，北至309国道、108国道，总占地面积22.4平方公里。涝洰河总长度18.5公里，宽度约400-700米，河道生态治理面积10.6平方公里。涝洰河道生态治理面积合计10.6平方公里。

解放东路山西师范大学文理学院对面公厕

一道靓丽的人文风景——公厕

（1）位于解放东路文理学院对面，建筑面积112.50平方米男厕设有老年人坐便器1个，蹲便器6个，小便器2个，女厕设有老年人坐便器及蹲便器8个，以及管理用房等。本建筑供用年限50年，按星级标准设计。

华康路1号还迁小区外公厕

（2）位于华康路1号还迁处，建筑面积88.12平方米。男厕设有5个蹲便坑，5个小便器，女厕设6个蹲便器，配设有管理用房，洗濑间等。按星级标准设计。

大同煤矿集团挖金湾煤业公司

——王全红先进事迹

董事长：王全红

王全红，现任大同煤矿集团挖金湾煤业公司董事长。他作为企业的主要领导，始终坚持以企业的利益为重，以员工群众的利益为重，以大局为重，以发展为重，把主要精力倾注于全局性、方向性、战略性、关键性问题的把握和推进上；倾注于解决生产建设过程中遇到的棘手问题上；倾注于统筹内外，协调各方，化解矛盾上；倾注于盯安全生产，盯现场管理上。各项工作取得了优异的成绩，通过公司上下的共同努力，从根本上解决了后续发展问题，实现了由“保生存”向“求发展”的重要转折，企业进入了“发展定位清晰、发展活力旺盛、发展成效显著、发展前景明朗”的新时期。

破难攻坚，奋发有为，生产建设成绩骄人 面对资源严重衰竭的窘况，王全红果断地提出了“内挖外拓”的战略举措和“二次创业，再铸辉煌”的战略愿景。在“拓外”的步伐上，2007年成功接管怀仁县虎龙沟煤矿，首采工作面已于2011年元月份顺利投产。在“挖内”上，他始终坚持惜煤如金、精采细掘，科学合理布局，精心组织生产，依靠科技取胜，灵活运用工艺，最大限度地提高资源回收率，最大限度地延长老井服务年限。2011年，原煤产量201万吨，超计划80多万吨，同比翻了一番多。掘进进尺考核计划8000米，完成9060米。成本指标本部计划909.93元/吨，实际完成907.06元/吨，比计划降低2.87元/吨。虎龙沟计划262.32元/吨，实际完成252.29元/吨，比计划降低了10.03元/吨。利润指标本部减亏1832万元，虎龙沟减亏2306.92万元。安全百万吨死亡率为0。千人负伤率为千分之0.27，创历史最好水平。

紧盯安全，狠抓关键，全面构建本质安全企业 王全红始终坚持“安全第一、预防为主、综合治理”的方针，大力倡导“先安全后生产，不安全不生产”的工作理念，不断加大安全资金、安全设备、科技攻关的投入。他亲自指导建立和完善安全支撑体系，将安全质量标准化作为生命工程、治本工程和效益工程来抓，强化基础管理，狠抓现场落实，形成了精细化安全管理模式。层层落实安全生产责任制，在全矿实行安全结构工资制度，通过完善的考核考评体系，对安全管理效果进行量化考核，激发了人人管安全、全员抓安全的责任意识。

率先垂范，以身作则，不断优化企业管理 王全红始终秉承“管理是企业的根本”这一理念，紧密结合集团公司“制度管企，文化管人”的大格局，开创性地提出了“工作制度化、制度流程化、管理精细化”的管理理念。近年来，他又带领全矿技术力量和管理人员修订完善了包括各种安全管理、内部市场化、员工培训、班组长选用等在内的共100多项管理制度。督促制定了安全隐患处理流程等50多项管理流程，为各项管理工作提供了坚强的保证。

倡导科技，尊重创造，增强企业创新能力 王全红始终注重向新技术、新工艺要产量、要效益，把推进科技创新作为加快企业发展的关键环节。王全红坚持积极探索采煤新工艺，新方法，主持实施的《极近距离联合布置开采技术》等9项科研成果荣获集团公司科技进步奖。虎龙沟矿特殊地质构造下的多项矿井改造工程，填补了集团公司矿井建设工艺的空白。

以人为本，关爱民生，全面构建和谐企业 王全红始终把维护职工群众的根本利益作为工作的出发点和落脚点，员工工资收入连续七年保持10%以上的增长率。在他的带领下，该矿先后建成了虎龙沟矿集休闲于娱乐于一体的职工文化活动中心;美化靓化了办公楼、公寓、浴室、餐厅等场所，先后投入200余万元开展“扶贫济弱”、“助学帮困”等活动，困难员工和弱势群体得到切实保障。

住房和城乡建设

·住房建设·

【保障性住房】 2012年出台保障性住房建设管理等6个办法和廉政风险防控意见（“6+1”制度），规范保障性住房建设、分配、运营、管理、退出等各个环节运行程序，形成涵盖六大类保障房，覆盖城乡中低收入住房困难家庭和城镇新就业人员、外来务工人员的多层次、全方位住房保障政策体系。开展规划设计方案竞赛等公众参与活动，成立省级专家咨询委员会，强化督查考核，通过两轮拉网式大检查，逐月考核，公布排名。全年城镇保障性住房开工建设36.48万套，为国家下达任务的129.3%，竣工13.12万套，为国家下达任务的184.6%；农村危房改造完成6万户，争取国家专项资金77.57亿元，完成投资448.4亿元，为年度计划的112%。城镇人均住房建筑面积连续五年每年增加1平方米，居民住房条件明显改善。

（李国红　张力明）

【城乡统筹】 住房城乡建设系统承担着综改试验四大领域之一的城乡统筹工作。2012年完成统筹城乡发展、住房城乡建设行动方案和12个“十二五”专项规划，实施省级转型综改相关标杆项目。为太原轨道交通等150余个建设项目办理选址审批手续，为3000多个招商项目办理规划审核手续，支持全省转型跨越发展。

（李国红　张力明）

【房地产市场】 2012年执行国家调控政策和限购措施，呈现出开发投资、施工面积、销售量增加和住房价格稳定“三增一稳”良好态势。房地产开发投资首次突破千亿元，房地产税收达到136.9亿元。太原市新建商品住房平均销售价格同比下降1.2%。创建国家康居示范工程6个、国家级物业服务示范项目10个。房地产业在拉动投资、促进消费和改善民生方面发挥重要作用。完成房地产开发投资1010.5亿元，投资增幅为27.9%，在全国排第9位，在中部6省中排第1位。商品房施工面积11714.3万平方米，销售额579.9亿元。截至2012年底，全省共有房地产开发企业2509个，其中一级资质企业14个，企业平均资产规模1.33亿元。房地产开发投资增幅达到27.9%，比同期固定资产投资增幅（24.7%）高出3.4个百分点；房地产开发投资占全省固定资产投资总额的比重达11.4%。

（李国红　张力明）

【住房公积金监管】 2012年山西省住房公积金缴存使用主要指标均创历史新高。年新增归集额199.56亿元，同比增长21.74%；为职工离、退休和购、建、大修住房等提取住房公积金65.16亿元；发放住房公积金个人贷款54.13亿元，同比增长31.93%。全省住房公积金缴存总额接近1000亿

全国保障性住房质量监督执法检查组山西反馈会会场

（李国红提供）

元，缴存余额达707.57亿元；累计提取住房公积金284.29亿元，提取率为28.66%；累计发放住房公积金个人贷款222.26亿元，个贷率为18.95%。全省住房公积金增值收益首次突破10亿元，为11.05亿元。历史遗留的逾期项目贷款全部清理回收。

(李国红　张力明)

·城乡建设管理·

【建设立法】　省住房和城乡建设厅拟定并报送山西省住房城乡建设五年(2013—2017年)立法规划，包括《山西省住房保障条例》(2013年)、《太原都市圈规划实施条例》(2014年)、《山西省民用建筑节能条例》(2014年)、《山西省历史文化名城名镇名村保护条例》(2015年)、《山西省住房公积金管理条例》(2015年)、《山西省建设工程造价管理条例》(2016年)、《山西省建筑市场管理条例》(2017年)7项；省政府规章《山西省城市供热管理办法》(2013年)、《山西省城市生活垃圾处理管理办法》(2014年)、《山西省城镇排水与污水处理管理办法》(2015年)3项。2012年深化依法行政工作，以《行政复议法》《行政诉讼法》为依据，完成行政复议行政诉讼工作。

(李国红　张力明)

【提案办理】　2012年省住建厅办理人大代表建议、政协委员提案，先后召开建议和提案办理专题会安排部署，制定办理细化分解方案，明确办理责任、重点和时限，保证办理质量，严格按期办结。按期对办理的情况进行汇总分析，认真审核，严格把关，对不符合程序、沟通不够、质量不高的，一律补充办理或重新办理。共完成省人大代表和政协委员提出的建议40件、提案23件。　(李国红　张力明)

【政务审批】　2012年省住建厅强化行政许可程序化、制度化建设工作健康发展。企业资质方面，共受理审查报批企业资质申请1890件，其中新设立488件，升级、增项、核定、换证等1402件。共受理办结企业资质变更申请667件，变更事项1079余项。

省住房和城乡建设厅开展全省建筑工程质量安全监督

(李国红提供)

执业资格注册方面，部署全省物业管理师注册工作，受理执业资格注册15262人，出台对施工图审查人员的注册执业资格要求，修订并印发《综合处注册认定工作流程》。执业资格考试报名方面，配合省人事考试部门共受理审查报考人员86054人次，参加或组织完成国家一、二级建筑师与结构师阅卷评分工作，会同省人社厅修订起草新的《山西省二级建造师执业资格考试实施办法》。企业出入晋备案方面，全年共办理省外建设类企业入晋备案1208件，办理本省外出承揽工程介绍699件。

(李国红　张力明)

【标准化推进】　2012年，省住建厅根据《山西省工程建设地方标准化工作管理规定》，制订印发《2012年山西省工程建设地方标准规范制订、修订计划(第一批)》。按照制、修订计划，审定通过并批准发布《居住建筑节能设计标准》等7项山西省工程建设地方标准。及时转发住房和城乡建设部发布的各类标准214项，其中：国家标准48项、行业标准52项、行业产品标准104项、建设标准8项和用地指标2项。　(李国红　张力明)

【建筑业发展与监管】　2012年山西省全年实现建筑业总产值2600亿元，增加值700亿元，占GDP的比重达到5.8%，建筑业支柱产业地位进一步巩固。省住建厅严格资质资格管理，优化建筑市场环境。出台支持本省骨干建筑业企业做大做强和加强省外入晋建筑业企业服务与监管的18条措施。强化对建筑业的运行分析，与省统计局联合开展建筑业季度运行统计监测。开发完成全省建筑业企业主要指标网络快报系统，印发《关于开展山西省建筑业企业主要指标网络快报工作的通知》，指导企业按月上报统计数据，及时关注全省建筑业运行状况。截至2012年底，全省共有建筑业资质企业3415家，其中总承包企业1245家，专业承包企业1933家，劳务分包企业237家，工程勘察设计企业551家，工程监理企业227家，工程招标代理机构178家，设计施工一体化企业66家，项目管理企业36家。　(李国红　张力明)

【建筑质量和安全】　2012年省住建厅组织保障性住房和重点工程质量大检查5次，强化建筑施工企业质量安全认证和施工现场达标验收，工程质量稳中有升。开展安全生产"打非治违"专项行动和百日安全生产活动，整改隐患9341项。全年发生房屋建筑和市政工程生产安全事故4起，死亡10人，事故起数同比减少3起，死亡人数与上年持平。寿阳"11·23"火锅店燃气爆炸事故后，建立联席会议制度，会同10个部门开展燃气安全隐患专项整治行动。

（李国红　张力明）

【建筑节能和城镇减排】 2012年，省住建厅发布《居住建筑节能设计标准》等地方标准7项，落实“十二五”既有建筑节能改造省级配套资金9亿元，完成758.9万平方米。山西省被列为国家公共建筑能耗监测平台建设示范，11个设区城市绿色建筑、三星绿色建筑和绿色建筑示范小区实现“零”的突破，大同、介休、闻喜被列为国家可再生能源建筑应用示范。建成城镇生活垃圾无害化处理场10座、新开工10座，新增污水处理配套管网560千米，完成城镇生活COD、氨氮减排约束性指标。新增城镇集中供热面积5000多万平方米，覆盖率同比提高3.2个百分点。太原城中村改造、集中供热、气化太原等省城环境质量综合整治工程全面推进，环境质量明显改善。（李国红　张力明）

【建筑重点工程】 2012年山西省重点建筑项目落地和重点工程建设实现“双超万亿”。落实储备、签约、落地、建设“四位一体、统筹推进”机制，坚持月调度、月考核、月排名制度，推进重点项目落地和重点工程建设。全年完成重点项目落地金额1.89万亿元，省市两级重点工程投资1.26万亿元，实现“双超万亿”目标。

（李国红　张力明）

·城镇与乡村建设·

【小城镇和新农村建设】 2012年山西省推进百镇建设，公布百镇名单，引入竞争机制，改革投入方式，开工建设230项，完成投资20多亿元。初步形成以沁河流域小城镇群为代表的集群发展、以孝义市梧桐镇为代表的新区建设、以阳城县北留镇为代表的旧区提质、以柳林县留誉镇为代表的园区拉动、以临县碛口镇为代表的文化旅游等五种小城镇建设模式。初步形成以阳城县润水新城为代表的中心村集聚、以榆次区石羊坂村为代表的易地搬迁、以岢岚县吴家庄村为代表的以企带动、以泽州县洞头村为代表的旧村整治、以阳城县皇城村为代表的乡村旅游等五种新农村建设类型。（李国红　张力明）

【城镇组群发展】 2012年省住建厅总结推广上党城镇群建设经验，按照建立“五个协调机制”、实施“十个统筹”的思路，加快推进城镇组群建设。编制完成太原都市圈和晋北、晋南、晋东南城镇群等6项规划，实现省域层面都市圈、城镇群规划全覆盖。大同都市区、运城盐临夏等城镇组群规划基本完成。长治制定出台9个配套政策，实施总长95.8千米、投资54亿元的城镇群连接路网工程。临汾实施道路连接、生态修复、产业园区和城镇建设工程，推进百里汾河城镇带建设。（李国红　张力明）

【城镇扩容提质】 2012年山西省实施百项标杆项目，推进“十大工程”。高质量编制完成100余项城乡规划。制定出台城镇新区规划建设导则。太原实施两山绿化、汾河整治，加快山水林城一体化建设。大同“一轴两翼”城市格局已现雏形。忻州云中新区、阳泉生态新区、晋中北部新城、襄垣漳江新区、临猗南城新区等一批新区初具规模。太原、阳泉、长治、晋城和22个扩权强县试点县开展城乡清洁工程，太原投资20亿元对47个片区实施综合整治，完成17个城中村整村改造。大同主城区基本完成棚户区改造，晋城获“国际花园城市”竞赛金奖，临汾公厕获联合国“迪拜国际改善居住环境最佳范例奖”，晋中、侯马两个项目获“中国人居环境范例奖”。48个古村落入选第一批中国传统村落，位居全国第三。碛口成为国家级风景名胜区。孝义市被评为省级节水型城市，太钢集团等7个单位被评为省级节水型企业和单位。

（李国红　张力明）

重点工程

【概述】 2012年，山西省省市两级重点工程累计完成投资12599.15亿元，同比增加4934.34亿元，同比增长64.4%。完成省市重点工程原计划的165.01%，完成“超万亿”年度投资计划的124.52%，完成率同比增长2个百分点。其中，334项省重点工程累计完成投资3898.89亿元，同比增加1076.61亿元，同比增长38.1%；完成年度计划的107.5%，计划完成率同比持平，高于近三年平均完成率2个百分点。5543项市级重点工程累计完成投资8700.26亿元，同比增加5375.01亿元，同比增长159.11%，完成年度投资计划的134.87%。（杜晓宇）

全省重点工程“双过半、超万亿”动员大会在太原召开

（李国红提供）

【省重点工程】 2012年，全年计划新开工项目100项，实际有71项重点工程项目开工，开工率71%，高于上年同期18个百分点。在建项目305项，在建率91.3%，高于上年同期0.5个百分点。

省重点工程全年有39项竣工投产，占年初计划竣工投产49项重点工程的80%。其中，全省保障性住房年内开工建设42.49万套，建设面积3221万平方米，排名全国前列；全省高速公路实现县县通，公路路网、铁路路网、民用机场的密度分别是全国平均水平的2.16倍、2.35倍、1.37倍，为加快推进市域城镇化奠定基础；华能左权电厂等一批电力项目投产发电，新增发电装机容量240万千瓦以上；潞安高河煤矿、同煤麻家梁矿井等一批千万吨级矿井建成投产，新增煤炭产能1800万吨/年；“气化山西”工程进展顺利，基本建成覆盖全省的天然气、煤层气管道网络；万家寨引黄北干线完成扫尾任务；山西省中部引黄工程、小浪底引黄等“大水网”建设项目全部开工；山西高校新校区工程基本建成，保证2013年新生入住。产业结构调整方面，年内建成山西成功淮海发动机技改项目、阳煤集团尿素等一大批调产项目；开工建设吉利汽车、榆次液压工业高性能液压产品自主化产业基地项目等一批重大技术装备项目。

1. 保障性安居工程类7项，年度计划投资400.00亿元，全年累计完成投资448.40亿元，占年度计划的112.1%。全省保障性住房开工套数超额完成年度计划目标。

2. 水利基础设施类17项，年度计划投资109.51亿元，全年累计完成投资114.33亿元，占年度计划的104.4%。主要项目为引黄北干线、中部引黄、小浪底引黄。

3. 铁路项目类16项，年度计划投资606.28亿元，全年累计完成投资633.72亿元，占年度计划的104.5%。大同至运城至西安客运专线、山西中南部铁路通道、太原至兴县铁路、吕梁至临县铁路支线等项目均进展顺利，全线路基基本贯通，提前超额完成年度目标。

4. 公路项目类34项，年度计划投资550.00亿元，全年累计完成投资492.50亿元，占年度计划的89.5%。天镇至大同高速公路、广灵至浑源高速公路、朔州环线西南段高速公路等项目顺利推进，新增高速公路运营里程1000千米。

5. 文教、卫生、机场和公益建筑类41项，年度计划投资288.08亿元，全年累计完成投资304.17亿元，占年度计划的105.6%。山西高校新校区工程基本完工，大同市御东新区太阳宫项目进展顺利。

6. 产业结构调整项目120项，年度计划投资911.60亿元，全年累计完成投资1065.42亿元，占年度计划的116.9%。建成山西成功淮海发动机有限公司车用发动机技术升级、扩产技改项目，阳煤集团尿素(百万吨)建设项目等调产项目；开工建设吉利汽车、榆次液压工业高性能液压产品自主化产业基地项目等重大技术装备项目。

7. 电力类40项，年度计划投资401.03亿元，全年累计完成投资402.76亿元，占年度计划的100.4%。华能左权电厂、京能右玉煤矸石电厂和山阴昱光煤矸石电厂等投产发电，新增发电装机容量240万千瓦以上；风力发电、太阳能发电等新能源项目也有发展。

8. 煤炭能源项目44项，年度计划投资268.87亿元，全年累计完成投资324.76亿元，占年度计划的120.8%。潞安高河煤矿、同煤麻家梁矿井建成投产，新增煤炭产能1800万吨/年；“气化山西”工程进展顺利。

9. 节能减排、生态建设类15项，年度计划投资92.95亿元，全年累计完成投资112.83亿元，占年度计划的121.4%。十市生态环境治理工程继续推进。 (杜晓宇)

【各市重点工程项目】 2012年，全省各市重点工程投资完成情况如下：

1. 太原市省市两级重点工程累计完成投资1697.50亿元，其中省重点工程完成478.09亿元，为年度投资计划的100.0%。

2. 吕梁市省市两级重点工程累计完成投资1545.370亿元，其中省重点工程完成585.22亿元，为年度投资计划的105.7%。

3. 临汾市省市两级重点工程累计完成投资1466.56亿元，其中省重点工程完成339.93亿元，为年度投资计划的105.7%。

4. 长治市省市两级重点工程累计完成投资1433.00亿元，其中省重点工程完成345.00亿元，为年度投资计划的77.8%。

5. 大同市省市两级重点工程累计完成投资1309.69亿元，其中省重点工程完成436.73亿元，为年度投资计划的113.8%。

6. 晋中市省市两级重点工程累计完成投资1140.50亿元，其中省重点工程完成403.76亿元，为年度投资计划的112.7%。

7. 运城市省市两级重点工程累计完成投资934.47亿元，其中省重点工程完成207.19亿元，为年度投资计划的114.7%。

8. 朔州市省市两级重点工程累计完成投资917.24亿元，其中省重点工程完成417.94亿元，为年度投资计划的113.3%。

9. 忻州市省市两级重点工程累计完成投资854.76亿元，其中省重点工程完成310.78亿元，为年度投资计划的121.7%。

10. 晋城市省市两级重点工程累计完成投资778.14亿元，其中省重点工程完成231.04亿元，为年度投资计划的134.5%。

11. 阳泉市省市两级重点工程累计完成投资522.36亿元，其中省重点工程完成143.65亿元，为年度投资计划的114.7%。 (杜晓宇)

【重大工程推进】 1. 分项目的投资完成率。全省334项省重点工程项目，有214个项目完成投资额达到或超过100%，占项目总数的64.1%；有15个项目接近完成年度投资计划，且形象进度达到目标要求。综合考核分析，完成年度目标计划的省重点工程项目为229项，占项目总数的68.6%。

2. 调度会、专题协调会情况。全年省重点工程领导组共召开调度会

12 次，召开专题会、协调会、推进会 100 余次。特别是对大西客专、山西中南铁路通道等一些建设周期长、占地面积大、压覆矿产多、拆迁任务重的线性工程项目，领导组办公室组织骨干力量，多次召开协调会、现场会，研究解决问题，确保项目施工单位按期施工，按计划实现全年投资目标。

（杜晓宇）

万家寨引黄入晋工程

【概述】 2012 年，引黄入晋工程在建工程扫尾基本完成，后续项目有序推进。北干线剩余工程，除 PCCP 静水压试验、隧洞 IV 标缺陷处理、平鲁地下泵站前池灌浆和 1 号机组返厂外，其余基本完成，大部分项目的合同变更费用经过审查，压覆矿产、永久征地等手续报批工作取得实质性进展，各专项验收按有关程序推进。太原呼延调蓄工程具备蓄水条件。总干线、南干线泵站扩机工程招标采购完成，其中 4 台水泵交货进场，进入安装阶段。怀仁和金海洋两个配套水厂正在调试中。

2012 年是引黄入晋工程南北干线同步运行的第一年，省引黄工程管理局（引黄工程总公司）围绕安全生产和经济运行，加强检修维护技改，加大节能降耗力度，实施大修、技改 54 项，设备完好率进一步提高；通过改进运行方式，总干线、南干线和联接段单方水耗电量同比下降 1.9%；通过强化制度建设、检修维护、成本管理、指标考核，供水运行管理水平进一步提升。泵站输水单机运行 117 天、双机运行 148 天，安全稳定无事故，供水水质符合国家标准。

2012 年引黄入晋工程供水运行安全稳定，运营效益继续向好。全年供水总量达 24745 万立方米，较上年增加 14725 万立方米，实现年初确定的"翻一番"目标。其中，生态供水 11370 万立方米，生活和工业供水 13375 万立方米，向太原供水 9441 万立方米，12 月下旬开始，日供水量由 26 万立方米增加到 26.5 万立方米；向朔州供水 1475 万立方米，日供水量 4 万立方米；向大同供水 2414 万立方米，日供水量 7 万立方米；向平鲁供水 45 万立方米。

2012 年 4 月山西省引黄总公司获"全国五一劳动奖状"。（闫淑铮）

【省领导关注引黄】 2012 年 2 月 21 日，省委常委、组织部部长汤涛到省引黄局调研指导，了解供水运营、扫尾工程、后续项目准备及党的建设的情况。汤涛要求提高科学化管理水平，全力做好水质安全工作。

3 月 9 日，省委副书记金道铭到省引黄局调研指导，强调引黄入晋工程涉及山西经济社会发展全局，做好引黄入晋这篇大文章，各级党委、政府、广大党员干部人人有责。引黄建设者是一支很有战斗力的队伍，工作扎实有效，体现当代山西人民的"愚公移山"精神。下一步要探索科学管理的机制和方法，优化调度，降低能耗，确保调水用水安全，引黄的发展要与提升全省人民的生活质量结合，与全省重点项目的实施结合，为山西转型跨越提供发展支撑、民生支撑、生态支撑。

5 月 23 日，副省长郭迎光到引黄入晋工程太原呼延调蓄水库工地和太原黄河供水公司呼延水厂调研。10 月 23 日，郭迎光到万家寨水利枢纽和引黄工程总干线一级泵站调研。他要求随时掌握水质变化，做好水质安全工作；采取有效措施，降低运营成本，扩大供水量，发挥工程综合效益；根据用水性质的不同，引入市场机制，实现差别水价。引黄工程作为大型跨流域饮水工程，输水线路长，科技含量高，引黄工程必须科学管理、安全生产、确保可靠稳定运行。

9 月 21 日，原副省长、山西环境与资源保护协会会长杜五安到省引黄局调研。他指出，引黄工程在开展工程建设和生产运行的同时，在环境保护方面也取得可喜成绩，具有示范意义。（闫淑铮）

【北干线劳动竞赛】 2 月 7 日，引黄入晋工程北干线劳动竞赛表彰大会在太原召开。16 家单位获"山西省五一劳动奖状"，16 人获"山西省五一劳动奖章"，41 名先进个人立一等功，59 名先进个人立二等功。省人大常委会副主任、省总工会主席郭海亮，副省长郭迎光，省政府副秘书长、省引黄入晋工程领导组副组长王纯及引黄工程局全体领导成员出席，北干线劳动竞赛先进集体和先进个人代表以及局副处级以上干部参加会议。

北干线劳动竞赛活动于 2010 年 5 月展开。内容涉及工程进度、质量、安全等各项工作。竞赛活动中，涌现许多先进事迹和先进典型，促进北干

2 月 7 日，引黄入晋北干线劳动竞赛表彰大会在太原召开

（闫淑铮提供）

线通水目标的实现。(闫淑铮)

【划定饮用水源保护区】 2012年3月19日，山西省人民政府同意将引黄入晋工程北干线大梁水库、金沙滩水库、墙框堡水库划定为饮用水源保护区，并对水库的供水安全提出要求：(1)配合当地人民政府对已划定的3个水源地保护区实施严格保护，禁止在保护区内建设与水源无关的项目。(2)贯彻落实国家相关规定要求，强化监督管理，加强水质监测分析，定期进行水质评估，防止污染事故发生，确保当地人民群众生产生活用水安全。鉴于耿庄水库功能为工业用水，暂不纳入饮用水源地管理范畴。(闫淑铮)

【北干线生态供水】 2012年5月18日，引黄入晋工程北干线开始向怀仁三河源湿地输水。这是北干线建成后首次进行生态供水，对北干线扩大供水量、延伸供水范围、充分发挥工程综合效益具有重要意义。

怀仁县人民政府向省引黄局提出拟利用北干线39号排水阀向怀仁磨道河水系三河源湿地注水的申请后，经过前期相关工作，5月17日，由怀仁县水利局实施的取水工程具备通水条件。省引黄局经营管理处、生产技术处、工程管理处、总工办公室、调度中心、太原分局等相关单位负责人会同怀仁县、设计单位有关人员对该供水工程进行现场检查，对供水事宜进行研究和部署，随后签订供用水协议，并由调度中心根据设计单位提出的运行原则编制相应的调度方案。

6月27日，北干线开始利用引黄原水支线供水工程向大同市文瀛湖水库实施生态供水。(闫淑铮)

【北干线供水价格确定】 2012年5月9日，经省物价局核准同意，引黄入晋工程北干线供朔城区引黄工程原水交接价格为1.73元/立方米，供大同市、朔州平鲁区、山阴县、怀仁县引黄工程原水交接价格为1.95元/立方米。

北干线引黄水供水价格的核定是为保障北干线良性运营，根据成本监审结论，结合供水区实际，经多次研究确定的。(闫淑铮)

环境保护

【概述】 2012年，山西省环保工作得到上级充分肯定。7月，环保部部长周生贤批示："山西环保工作任务重、难度大，但思路对、办法多、力度大、成效明显，特别是在环保体制机制创新和矿山生态治理修复等方面都走在了全国前列，值得学习和推广。"12月，山西省委书记袁纯清批示："我省环保工作2012年成效大，应给予充分肯定。对来年工作的打算是好的。既要严抓严管，又要改革创新，在体制机制上有新的突破和发展。"

1.污染减排任务完成。山西省四项约束指标全面完成，其中，二氧化硫削减6.95%，超过年度目标4.95个百分点；化学需氧量削减2.61%，超过年度目标1.31个百分点；氮氧化物削减3.27%，超过年度目标3.27个百分点；氨氮削减3.65%，超过年度目标2.65个百分点。省考核的两项约束指标完成计划。其中，烟尘削减5.26%，超过年度目标3.26个百分点；工业粉尘削减5.01%，超过年度目标3.01个百分点。

2. 环境空气质量稳定。山西省二级和好于二级天数347天，优良率达95%；11个设区市、93个县(市、区)环境空气质量达到国家二级标准。

3. 水环境质量改善。水质优良断面同比上升3.1个百分点；化学需氧量和氨氮平均浓度同比下降24.2%和22.5%；9个国控断面达到规划水质目标；集中式饮用水(扣除本底值)达标率为100%。

4. 生态建设推进。6个城市通过省级环保模范城验收，新创建24个生态乡镇、183个生态村；314个村庄完成农村环境连片整治，434个村庄正在实施整治，受益人口达133万人；晋城市获评国际花园城市。

5. 环境风险可控。督促平定、昔阳对11.4万吨铬渣完成治理和解毒；对50家111枚闲置废源进行安全收贮。(王　颖　王　毅)

·环境执法·

【监管效能提升】 1. 严格环评审批。2012年，省环保厅共退回及暂缓审批项目18个，涉及投资51.67亿元。凡不符合环境功能区划和产业政策、未取得污染物总量指标的项目，坚决不批；凡"两高一资"和产能过剩、未入园区的新改扩建焦化、化工、医药以及生产工艺落后的项目，坚决不批。

2. 推进规划(园区)环评。2012年共完成8项行业规划环评、3个城市发展规划环评和4个园区环评。

3. 强化项目验收。山西省环保厅共审批建设项目试生产95个，竣工

城市环保治理项目——太原汾河公园景区　(王　颖提供)

验收 109 个。

4. 强化自动监控。对 300 多个国控重点污染源增加氨氮、氮氧化物监测因子，对 900 余家重点排污企业实施自动监控；巩固自动监控执法地位；推进移动执法通建设。

5.实施约谈批评。印发《山西省重大环境问题约谈规定》，先后对 7 个县政府、20 家企业进行约谈。

6. 环境专项稽查。对 26 个市县环保部门、590 份现场检查笔录和行政处罚案卷实施专项稽查，纠正问题 1488 个；对 309 个省级建设项目、30 起环境违法和信访案件进行专项督察，追缴行政处罚 317 万元。该做法在全国推广。

7. 督促限期治理。依法对首钢长治、大同一电、山西合成胶下达限期治理通知，督促其按要求整改。

（王 颖 王 毅）

【监管机制创新】 在行政措施方面：落实省部六项合作协议，推进综改区标杆项目；推进 208 家工业企业环境行为等级评价。在法律层面方面：实施重大环境问题约谈制度。在经济手段方面：实施跨界断面生态补偿；实现排污权交易全覆盖；建立银行绿色信贷绩效评价；推行环境污染责任保险。在技术支撑方面：开展 PM2.5 研究性监测，并拓展监测项目；试行刷卡式总量控制仪；推进环保物联网建设。 （王 颖 王 毅）

【环境执法严格】 1. 环保专项行动。先后开展“整治违法排污企业保障群众健康、环境百日安全、重点区域行业防范性环境监察、矿产资源开发”等一系列环保专项行动，2012 年共出动执法人员9 万余人次，检查企业 3.2 万余家，立案查处违法企业 128 家，执行行政处罚 1453 万元。

2. 查处违法行为。对空气质量改善、污染减排方面的热点、焦点、难点问题实施约谈和挂牌督办，全年约谈市县政府负责人、环保局局长、企业负责人 27 次；对 20 余起环境违法行为进行直接查处。

3. 办理环境信访。2012 年受理各类环境信访 102 件，全部予以办结答复。特别是督促富士康集团投资 7000

城市环保治理项目——太原汾河公园景区 （王 颖提供）

万元完善污防设施。

4. 落实居民搬迁。向未完成居民搬迁承诺任务的 37 个县区政府发出督办通知，10 个项目完成居民搬迁。

5. 强化风险防范。所有国省控企业 2012 年全部编制环境应急预案；督促晋中和阳泉完成铬渣治理并通过验收。 （王 颖 王 毅）

【环保服务加强】 1.下放环保审批权限。依法将 10 大类 50 项建设项目报告书和所有登记表项目的审批管理权限下放至 11 市环保局；将 5 类环保权限下放到 22 个扩权强县试点县（市）。

2. 推进扩权强县试点。山西省环保厅成立领导组，印发实施细则，并与试点县现场对接，完成孝义、柳林和平朔矿区生态修复绿色示范区建设战略规划。

3. 开辟“绿色通道”。推进行政审批“零障碍”，对重点工程项目开辟“绿色通道”。2012 年，上报环保厅的 217 个重点工程全部完成环评审批。

4. 坚持特事特办。为推动煤矿资源整合和换证进程，省环保厅主动与国土厅沟通协调，先行对整合煤矿出具推进环评审批的意见。

（王 颖 王 毅）

·环境治理·

【污染减排推进】 1. 落实减排责任。向各市明确“十二五”和 2012 年主要污染物总量减排责任，将 1448 个重点减排项目落实到各市县和有关企业。

2. 细化工程减排。强力推进氮氧化物减排，全省火电厂脱硝装机容量 1768 万千瓦，是 2011 年底的 3.9 倍；淘汰或强制注销机动车 20 多万辆，机动车环保检测和标志发放率是 2011 年的 2 倍。推进城镇污水处理设施新建、扩容、提质、回用工程建设，全省新铺设污水配套管网 560 公里。大力开展农业源减排，推动 203 个规模化养殖场减排项目建设。

3. 强化结构减排。对 178 家企业、457 台（套）落后生产设施实施环境末位淘汰；配合关停电力 52 万千瓦，关停炼铁、焦炭、水泥、铁合金、电石、铅冶炼、造纸等行业落后产能 3412 万吨，关停印染行业落后产能 1720 万米。

4. 实化管理减排。建立“环保、发改、住建、公安、交通、农业”等部门联动的污染减排新机制，联合出台一系列减排措施；建立污染减排月调度、季分析、半年核查、年终考核制度，先后对运城等 6 市 37 台 1475 万千瓦燃煤发电机组采取停产或限产措施；严格落实排污许可和减量置换措施，对 150 家重点排污企业实施总量刷卡监控。

5. 创新技术减排。在水泥行业，开展燃气和低氮燃烧技术改造，推广布袋除尘和活性碳—氨法联合脱硝塔技术;在钢铁行业,采用活性碳法实现“两脱三除”(脱硫、脱硝、除尘、除二恶英、除重金属)减排,推广湿法脱硫;在污水处理上,增加脱氮除磷技术;在排放标准上,由省环保厅编制的国家《炼焦化学工业污染物排放标准》发布实施,研制国内首台苯并芘在线检测仪。

6. 强化减排考核。合理分配减排考核分值权重,拓展考核范围,强化考核检查监管,督促各级政府和有关部门、重点企业履行减排责任。

(王 颖 王 毅)

【空气质量攻坚】 1. 抓重点,改善省城空气质量。成立以李小鹏为组长的指导协调组,召开专题会议11次。重点抓三方面的工作:抓方案,三次对太原市环境质量改善工作方案进行修改完善,经省政府同意予以批复。入一线,推进太化、煤气化等8家企业如期关停,拔掉黑烟囱1.66万根,拆除596台采暖锅炉,新增供热面积2785万平方米,创历史新高。聚众力,对太原市环境问题进行大整治,不定期进行督查、督办。

2. 攻难点,解决全省冬季空气质量反弹顽症。山西省11个市对66个城中村整体改造,对52个城中村实施供热改造;拆除各类燃煤锅炉2.87万台;新增供热面积4900万平方米;对30家重污染企业实施关停淘汰;建成气源引入和输配管网1142千米。

3. 破热点,推进绿色生态工程。省环保厅将目标任务分解落实到相关市县,制定考核办法,建立调度督查制度,强化考核,提前两个月完成年度目标任务。其中,生活垃圾无害化处理率、绿化覆盖率、生活污水处理率、生活污水回用率、集中供热普及率、燃气普及率分别达到60%、37%、75%、25%、81%和90%,6个市县通过省级环保模范城验收。

4. 解焦点,实施大气联防联控。国家将山西省太原、大同、朔州、忻州纳入“十二五”大气污染防治联防联控体系,山西省又将太原市六县区和吕梁、晋中两市部分县区纳入省城冬季大气污染联防联控体系,开展为期100天的专项治理,对生活燃煤设施、工业污染源进行拉网式排查,对重点工业污染源实施24小时跟踪监控。

(王 颖 王 毅)

【水污染防治】 1. 推进跨界断面水质考核。对36个地表水跨界断面水质实施考核,全年扣缴生态补偿金1.08亿元,奖励3370万元。

2. 强化饮用水水源地监管。划定乡镇饮用水源地保护区812个;对汾河水库、引黄工程81千米明渠以及汾河上游支流实施集中整治;依法否决8个影响饮用水源保护的建设项目。

3. 启动汾河水库生态保护试点。成立领导组,编制试点工作方案,指导娄烦县政府制定《汾河水库生态环境保护实施方案》,完成前期准备工作。

4. 强化重点流域环境整治。继续在山西省五大流域范围内的9个市、54个县(市、区)开展流域环境综合整治工作,长治“三河一渠”、忻州汾河源头、晋城丹河人工湿地、临汾百里汾河、大同十里河实施河道综合整治。

(王 颖 王 毅)

【生态建设加快】 1. 推进“2+10”生态修复工程。全面整治汾河干流3千米范围内污染企业,对13个治理项目下达资金1162万元;西山地区10家重污染企业全部停产整体退出;十市河道治理、生活垃圾及污水处理、污染企业关停整治等项目扎实推进。

2. 深化示范创建。创建24个省级生态乡镇、183个省级生态村;积极推进17个生态工业示范园区创建。

3. 开展连片整治。建立“五三一”工作机制,召开临汾现场推进会,完成2011年所有示范项目,314个村庄得到整治,受益人口达60万人;下达2.5亿元资金,推进2012年示范项目建设,涉及434个村,覆盖人口73万人;确定2013年示范项目,涉及621个村90余万人。

4. 实施矿山生态修复。推进平朔矿区生态修复绿色示范区建设,启动生态环境监测试点,批复实施278个“矿山生态环境恢复治理方案”;建立污染土壤修复技术实验室,开展焦化场地污染土壤修复示范工程。

5. 强化保护区监管。依法调整5家自然保护区功能和范围,依法对3家自然保护区进行查处。

(王 颖 王 毅)

交通运输

Traffic and Transportation

公 路

【袁纯清会见杨传堂】 9月23日，袁纯清在太原会见前来山西出席治超工作总结表彰会的交通运输部党组书记、部长杨传堂，牛仁亮参加会见。袁纯清在谈话中，希望交通运输部继续从资金、项目等方面给予山西公路建设重点倾斜，山西将加大公路建设投入，形成方便快捷的交通运输网络。（师国梁）

【李兆前看望离休干部梁广霖】 1月16日，省委常委、省纪委书记李兆前，在省委副秘书长张瑞鹏，晋城市委书记张九萍、市长王茂设等陪同下，看望和慰问全省优秀共产党员、十大杰出老人梁广霖。10年来，梁广霖从离休金中向社会捐助23.18万元；从2008年起，每年自愿向中央组织部多缴纳党费1万元。（师国梁）

【全省高速公路建设誓师动员大会】 4月1日召开。省委书记、省人大常委会主任袁纯清宣布"山西省2012年决战1000公里高速公路全面启动"。省委副书记、省长王君讲话。年内全省将再建成高速公路1000千米，总里程突破5000千米。牛仁亮宣读《山西省人民政府办公厅关于成立2012年山西省高速公路建设指挥系统和重大事项协调小组的通知》。23个在建高速公路项目前线指挥长上台接旗。（师国梁）

【《关于优先发展城市公共交通的意见》】 4月19日，省政府办公厅晋政办发〔2012〕23号文印发。《意见》确立指导思想和总体目标，提出五项主要任务。即加快城市公交基础设施建设；提升城市公共交通服务质量和智能化管理水平；加强城市公共交通安全管理；推进城乡公共客运一体化；推进公共交通行业改革。《意见》明确8项政策措施：即健全城市公共交通政策法规；加强城市公共交通规划的编制和实施；加大公共交通基础设施建设和运能建设；加大公共交通财政保障力度；建立规范的公共交通补贴补偿制度；制定科学的城市公共交通票制和票价；加强城市公共交通队伍建设；加强组织领导。（师国梁）

【《关于进一步促进全省道路运输行业健康稳定发展的通知》】 6月2日省政府办公厅晋政办发〔2012〕38号文印发。出台促进全省道路运输行业健康稳定发展的10项措施和要求。一是学习贯彻国办《通知》精神，高度重视道路运输行业健康稳定发展；二是做好清理和规范收费工作，减轻道路运输经营者和从业人员的负担；三是建立完善运价和油价联动机制，消化油价大幅波动对运输成本的影响；四是完善和落实优惠政策，支持道路运输行业加快发展；五是加强市场监管，优化道路客货运输市场环境；六

3月6日，太原至阳泉高速公路竣工正式运营 （师国梁提供）

5月30日，省交通科学研究院山西交通科学园区项目奠基仪式在太原举行 （师国梁提供）

是加强道路货运行业动态监管，完善运力调控机制；七是落实企业安全主体责任，推动道路运输行业安全发展；八是关心职工生活，保障道路运输从业人员合法权益；九是加强行业协会建设，充分发挥行业协会桥梁和纽带作用；十是落实工作责任，有效防范和妥善处置突发事件。（师国梁）

【《山西省公路条例》审议通过】 11月29日，山西省第十一届人民代表大会常务委员会第32次会议审议并通过。该《条例》共8章66条，内容涉及公路规划和建设、公路养护、路政管理、超限运输管理、处罚等多个方面，于2013年1月1日起施行。

（师国梁）

【高速公路1000千米决战新闻媒体恳谈会】 5月18日召开。新华社山西分社、《人民日报》《经济日报》《光明日报》等9家中央驻晋媒体，《山西经济日报》、山西人民广播电台、山西交通广播电台、山西电视台卫视频道等17家省城主流媒体负责人出席。（师国梁）

【全省金融机构“百名行长、经理下基层”调研活动】 6月20日正式启动。厅领导介绍全省高速公路工程建设情况并陪同实地观摩。参加调研活动的“百名行长、经理”表示将按照省委、省政府的安排部署，加强与高速公路重点项目的对接，向上级申请信贷规模，建立信贷绿色通道，创新融资方式，提升金融服务，帮助解决高速公路建设资金难题，确保全年1000千米高速公路顺利建成。（师国梁）

【高速公路建设投融资】 7月10日下午，省交通运输厅与国家开发银行山西省分行、工商银行山西省分行、中国银行山西省分行、建设银行山西省分行、农业银行山西省分行、交通银行山西省分行、中信银行太原分行、光大银行太原分行、华夏银行太原分行、渤海银行太原分行十大银行就全省2012年高速公路建设融资有关事宜进行座谈。8月2日，省交通运输厅与中信银行就有关事宜进行洽谈，并签署战略合作协议。（师国梁）

【以雪为令保畅通】 12月20日，全省出现大范围降雪，省委副书记、代省长李小鹏，副省长牛仁亮就加强公路除雪保畅作出批示。交通运输厅领导当日分别带领相关部门人员赴雪情较重的太长、祁临、汾离、汾平等高速公路现场办公，安排部署，采取措施保证道路畅通和安全。省公路局、省高管局以雪为令，启动冬季除雪防滑应急预案。养护部门机械与人工相配合、除雪与融雪相结合，调动设备、物料，实行不间断除雪、融雪；路政人员24小时不间断巡逻，与交警部门联勤联动，引导清障车辆；收费站增设交通引导设施和路况信息咨询，及时清理积雪。省运管局加强对汽车站监管，确保安全；各汽车站根据路况及时调整发车班次，当日太原各汽车站无旅客滞留。（师国梁）

【山西交通科学园区项目奠基】 5月30日上午在太原举行。园区总建设面积9万平方米，总投资7.8亿元，建设工期2年，2014年12月完工。

（师国梁）

【交通运输系统预防职务犯罪法制教育培训班】 11月28日举行。省交通运输厅属单位行政主要领导、厅直单位纪委书记或监察室主任等130余人参加。省检察院党组成员、驻院纪检组组长、省预防职务犯罪工作领导组办公室主任秦文峰出席。（师国梁）

【贯彻中央八项规定】 12月17日省交通运输厅召开会议，学习传达中央关于改进工作作风、密切联系群众的八项规定、实施细则及总书记习近平重要讲话精神，要求各单位结合实际，抓紧制定针对性、指导性、可操作性强，更具体、更明确、更细致的实施办法。（师国梁）

【山西省交通开发投资集团有限公司揭牌】 3月12日正式挂牌。段建国、刘宏武揭牌。公司是2010年9月经省人民政府批准、由山西省交通建设开发投资总公司改制组建的国有独资大型一类企业，山西省人民政府授权山西省交通运输厅负责监管。截至2011年底，集团拥有全资、控股、参股公司19个，员工3000多名，资产总额166亿元，净资产51亿元，累计为全省交通建设引资融资和提供贷款担保209.39亿元。（师国梁）

【全省交通运输史志年鉴工作会议】 3月13日召开。参加会议的有各市交通运输局、厅直各单位、厅机关各处室分管史志年鉴工作的领导、办公室主任、具体承办人共90余人。全年完成2011年版《山西交通年鉴》（190万

2012年山西省交通运输系统主要会议一览表

日期	会议名称	地点	会议主题
1月4日	全省交通运输安委会工作会议	太原	总结2011年工作，部署2012年工作
1月8日	道路交通安全春运启动仪式	太原	“文明出行、平安春运”为主题
1月17日	全省交通运输工作会议	太原	表彰2011年度工作目标责任优秀单位和先进单位、安全生产工作先进单位和先进个人
1月31日	全省重点公路工程建设第一次调度会	太原	全省重点公路工程建设整体情况汇报，并就资金筹措、土地手续办理、招投标等方面工作提出意见和建议
2月8日	全省道路运输工作会议	太原	省运管局作工作报告
2月8日	全省高速公路管理工作会议	太原	省高管局作工作报告
2月17日	全省道路春运工作电视电话会议	太原	总结2012年道路春运工作并对先进集体和先进个人进行表彰
2月22日	全省重点公路工程建设领导组会议	太原	研究解决工程建设当前存在的困难和问题
2月28日	全省高速公路融资工作座谈会	太原	座谈高速公路融资工作
3月1日	全省公路工作会议	太原	抓好局管高速公路建设和农村街巷硬化全覆盖工程建设；巩固国省干线公路中西部排名第四的好成绩，巩固治超全国第一的好成果；突出重点，强化管理，确保质量、安全、廉政建设目标的实现
3月15日	牛仁亮主持召开座谈会	太原	就高速公路建设筹融资工作和全省高速公路2012年决战1000千米突破5000千米誓师动员大会的有关筹备工作进行研究
3月20日	省委巡视一组巡视省交通运输厅工作动员会	太原	省委巡视一组听取省交通运输厅工作汇报并公布《巡视公告》
3月20日	全省交通战备工作会议	太原	总结2011年交通战备工作，安排2012年交通战备工作任务
4月11日	省政府依法整治短途非法超限超载运输百日专项行动电视电话会议	太原	副省长牛仁亮出席并讲话，要求加强领导，落实责任，强化措施，抓住短途运输各个环节，以规范源头企业、装载行为和查处监管不力为重点，打一场治理短途超限超载的攻坚战
4月13日	全省公路养护管理工作会议	太原	总结“十一五”以来全省公路养护管理工作，表彰先进，部署公路养护管理工作
5月4日	全省重点公路工程建设第二次调度会议	太原	表彰2011年度全省重点公路工程建设目标责任制优秀单位、先进单位和全省重点公路工程建设绩效考核优秀单位。汇报23个在建项目情况
5月8日	优秀共产党员先进事迹报告会	太原	邀请平陆县国有林场管理员荆保山，忻州公路分局雁门关道班班长乔卫平，太原高速公路公司小店女子收费站站长荣海凤作先进事迹报告
5月10日	全系统廉政风险防控工作推进会	太原	贯彻落实中纪委《关于加强廉政风险防控的指导意见》
5月16日	全省在建高速公路质量现场观摩会	平遥	参会人员实地参观平榆高速公路高边坡防护、桥梁工程宝塔山特长隧道建设。榆平建管处介绍工程质量管理经验，省交通监理总公司作管理经验介绍，省交通质监局通报全省在建高速公路质量情况
5月22日	山西交通广播电台《三晋高速万里行》采访报道活动出发仪式	太原	连线报道和系列专题报道全省在建23个高速公路工程项目
6月1日	全省交通运输系统汛期安全生产工作视频会议	太原	部署和动员各单位开展汛期安全生产综合整治行动

续表

日期	会议名称	地点	会议主题
6月8日	全省高速公路行业文化品牌发布暨文化建设推进大会	太原	部署行业文化建设工作,并发布全省高速公路行业文化品牌——"畅享三晋"
6月12日	山西省交通运输文化建设协会成立大会暨山西省思想政治工作研究会交通行业分会年会	太原	通过协会章程、会费收支管理办法,选举名誉会长、会长等
6月13日	全省交通运输系统领导干部警示教育大会	太原	加强党风廉政建设,自觉遵守党纪国法,实现副省长牛仁亮提出的"领导带头,从我做起,不是查不出问题,而是没问题可查"目标
6月14日	全省推进农村新"五个全覆盖"工程现场会	长治	通报工程进展情况,交流总结典型经验
6月19日	全省农村街巷硬化"全覆盖"工程巡查工作汇报会	太原	听取全省农村街巷硬化"全覆盖"工程巡查情况汇报
6月26日	全省重点公路工程建设质量安全现场会	昔阳	总结全省在建高速公路项目安全生产和项目质量工作总体情况
7月5日	全省城市公共交通发展工作会议	太原	贯彻省政府办公厅《关于优先发展城市公共交通的意见》,部署全省城市公共交通发展工作
7月18日	全省农村街巷硬化"全覆盖"工程和农村公路建设督察情况汇报会	太原	听取6个检查组对11个地市的情况汇报
7月20日	全省重点公路工程建设第三次调度会	太原	通报上半年在建高速公路质量安全检查及交通运输部质量安全督察情况,以及全省重点公路工程建设整体情况
7月25日	贯彻银监会公路交通基础设施建设筹融资会议精神推进会	太原	学习贯彻银监会23号纪要精神,部署推进全省高速公路筹融资工作
7月26日	全省交通新闻站工作会议	长治	传达贯彻交通部全国交通行业新闻宣传工作会议精神
7月28日	全省交通运输系统防汛视频会议	太原	部署全省交通运输系统防汛工作
7月30日	货车不停车计重收费专题研讨会	太原	为货车不停车收费试点建设研讨制定合理方案
8月6日	全省农村街巷硬化"全覆盖"工作推进视频会	太原	通报1月至7月全省建设进度、工程质量及资金到位情况
8月7日	省委巡视一组巡视省交通运输厅情况反馈会	太原	省委巡视一组反馈巡视情况,指出不足并提出建议
9月5日	全省高速公路建设资金安全监管会议	长治	汇报全省高速公路建设资金使用及管理情况
9月12日	全省治理公路"三乱"工作联席会议		发挥联席会议制作用,严防公路"三乱"现象反弹;完善规章制度,落实责任到人;强化明察暗访,完善监督机制
9月13日	全省高速公路管理系统"七比七看、服务创优"立功竞赛现场推进会	顿村	交流竞赛活动经验,对竞赛活动进行再动员、再部署
9月24日	全省治超工作总结表彰会	太原	总结全省治超工作经验,查找存在问题,表彰在治超工作中作出贡献的优秀市、县(市、区),治超工作先进单位及个人
9月28日	全省重点公路工程建设第四次调度会	太原	听取23个在建重点高速公路项目建设管理单位负责人就工程建设进展情况、资金到位及筹措情况,目前存在的问题及下一步工作措施等;三季度在建高速公路质量安全检查情况;全省在建高速公路质量检查情况;全省重点公路工程建设整体情况

续表

日期	会议名称	地点	会议主题
10月11日	全省重点公路工程建设廉政风险防控工作座谈会	太原	结合全年工程建设实际提出具体目标要求
11月23日	全省交通运输系统贯彻十八大精神推进城市公交发展座谈会	太原	结合全省交通运输工作实际，研究探讨城市公共交通优先发展及城乡客运统筹协调发展问题
12月15~16日	第七届全国交通运输企业文化建设高峰会	忻州	山西省高速公路管理局、广东省交通集团有限公司、青海省海西公路总段、上海海事局宁波航标处、山西省公路局晋中分局5个单位，分别就行业、企业、公路、航标文化建设与来自全国各地的代表分享经验。与会代表还赴忻州高速公路公司观摩以“路车人”为主题的文化长廊和以“同路同行、至精至仁”为核心价值观的文化展厅，并观看《畅享三晋》高速组歌
12月18日	全省新一轮治超总行动实施五周年新闻发布会	太原	全省“无缝隙、拉网式”治超总行动正式开始

2012年部省级领导在交通运输系统调研考察活动一览表

日期	部省级领导	地点	调研考察内容
1月6日	省委常委、省纪委书记李兆前	太原	对全省交通工程建设招投工作进行实地调研。考察正在建设中的交通政务综合大楼、厅信息中心机房、厅应急指挥调度中心、招投标会场、评标室等场所
1月16日	省委常委、省纪委书记李兆前	晋城	代表省委、省政府看望和慰问全省优秀共产党员、十大杰出老人梁广霖
2月9日	副省长牛仁亮	太原	在省交通运输执法局调研省交通运输执法工作
2月9日	副省长牛仁亮	太原	在省运管局调研省运输管理工作
3月1日	省委常委、组织部部长汤涛	太原	在山西交通学院调研交通教育工作
3月28日	省委副书记、省长王君	吕梁市、临汾市	在临吉高速公路工程建设一线考察指导工作
4月9日	中组部老干部局巡视员、副局长王维平等	太原	在省交通运输厅检查指导老干部工作，重点了解党的十七大以来老干部政策落实情况
4月24日	中央国家机关工委组织部第一副部长张璐等	太原	在省交通运输厅调研基层党建工作
5月3日	全国妇联副主席、书记处第一书记宋秀岩等	太原	在太原高速公路公司小店女子收费站调研
6月1~2日	省人大常委会副主任杜玉林等	忻州	带领省直第三代表小组视察神河高速公路建设，先后对神河高速公路10标段大梁预制场、高峁梁大桥施工现场进行实地考察，并听取工程进展情况汇报
6月5日	省军区司令员刘云海等	太原	省军区领导在太古高速西山特长隧道考察
6月6日	副省长牛仁亮	太原	在太古高速西山隧道建设工地调研，并主持召开高速公路建设筹融资协调会
9月5日	交通运输部总工程师周海涛	忻阜高速公路	就忻阜高速公路科技示范工程的实施落实情况进行专题调研
9月24日	交通运输部党组书记、部长杨传堂	太原	在全省交通运输一线，就车辆超限超载治理、交通运输安全、节假日小客车免收通行费等工作进行调研
9月26日	副省长牛仁亮	和榆高速公路	在和榆高速公路调研并慰问筑路员工
10月30日	省委常委、太原市委书记陈川平	太原	在山西交通科学园区进行调研
11月5日	副省长牛仁亮	壶口	在临吉高速公路黄河壶口特大桥建设工地检查指导工作
11月23日	省委常委、常务副省长李小鹏	太原	在山西省高校新校区进行实地考察，并到山西交通学院新校区建设现场调研
12月20日	省委副书记、代省长李小鹏		在太长高速公路调研，慰问奋战在打冰除雪一线员工

字)、《辉煌的历程——山西交通运输发展改革60年回顾》(178.5万字)、《大路颂歌——山西交通文化资料集锦》(68万字)三部书籍的编纂出版任务。完成《山西公路交通史》(第三册)、《山西省村村通水泥(油)路工程建设志》的资料收集任务;同时向《中国交通年鉴》《山西年鉴》《中共山西年鉴》《山西经济年鉴》《五个一工程建设志》《山西省志·大事记》报送有关交通运输部分建设发展改革文字资料200余万字,图片资料1300余幅。会议表彰2011年度全省交通运输史志年鉴目标责任制完成情况优秀单位14个人、先进单位9个、先进个人21名。(师国梁)

【省直工委领导到岢临高速公路调研】 8月20日上午,省直工委书记王铁选等一行50余人,到岢临高速公路建设一线调研慰问,并在中铁十五局施工的路基二标东豹峪桥头举行"走工地、看兄弟、察民情、办实事"活动启动仪式。王铁选等领导向参建员工赠送慰问品,并与建设代表一同在横幅上题词签名。仪式结束后,王铁选一行到王家沟隧道、部分路基桥涵标段、大梁预制场进行检查指导,并于21上午参观太古高速西山特长隧道。(师国梁)

【太原至阳泉高速公路通车】 3月6日上午8时正式运营,这是继太旧高速公路后,全省又一条通往京津冀的快速战略通道。该项目是全省第一条标准的双向6车道高速公路。2010年3月28日开工,2011年12月30日建成。全长124.241千米,已通车路段96.15千米,设计时速100千米,路基宽33.5米。(师国梁)

【太原至古交高速公路通车】 7月12日举行投入运营启动仪式。牛仁亮出席并宣布"太原至古交高速公路正式通车"。省军区副司令员负自博,省交通运输厅领导及省直有关部门、太原市政府、古交市委、市政府主要领导出席。路线全长23.4千米,概算投资28.48亿元,其中西山特长隧道长13.65千米,是全国第二长公路隧道。(师国梁)

【榆次龙白到祁县城赵高速公路通车】 7月19日上午举行运营仪式。王雅安、牛仁亮等和晋中市四大班子主要领导出席。该高速公路是全省第一条由市级政府自筹自建的高标准高速公路,全长71.6千米。(师国梁)

【太行山大峡谷旅游循环公路南线工程通车】 8月9日,牛仁亮出席剪彩仪式并宣布正式通车。路线全长66.4千米,预算投资3.92亿元,2009年10月开工建设。(师国梁)

【"985"国防公路通车】 10月18日举行通车仪式。北京军区空军副司令员张鹏,国家交通战备办公室副主任黄伟业,空军后勤部军交运输部部长向阳,北京军区交通战备办公室主任李一等出席通车庆典仪式并为纪念碑揭幕。路线全长25.08千米,2012年4月开工建设。(师国梁)

【全省战略物资暨旅客道路运输应急保障演练】 9月26日在武警山西总队训练基地举行。此次活动旨在检验建设成果,锻炼队伍,提升快速反应、远程集结、应急处置、长途实战能力,加快推进道路运输保障车队的正规化建设。(师国梁)

【"全省在建高速公路集中采访报道活动"启动】 10月30日举行仪式。活动邀请人民日报社山西分社、中央人民广播电台山西记者站、中新社山西分社和山西电视台、《山西经济日报》、山西人民广播电台、山西交通广播电台、《山西晚报》等20多家中央媒体及省内媒体,就在建的23个项目施工一线,开展集中采访报道。活动由北向南,行程约3000千米,历时两个月,再掀全省高速公路建设新闻宣传新高潮。(师国梁)

【第16届全国交通运输杯"山西路桥杯"桥牌团体赛】 9月5~10日在忻州举行。全国交通系统30支代表队200余名选手参加团体赛、公开双人赛和特邀双人赛。交通运输部总工程师、交通桥牌协会主席周海涛,交通桥牌协会副主席徐世强出席9月5日上午举行的开幕仪式。(师国梁)

铁 路

【概述】 2012年末,太原铁路局有职工11.8万人,管辖南同蒲、北同蒲、大秦、侯月、石太、侯西、太焦、太中(银)、京原、京包、迁曹、石太客运专线等12条干线和西山、东晋、上兰村、忻河、介西、礼垣、宁岢、太岚、口泉、云冈、京唐港、曹南、东港等13条支线,路网纵贯三晋南北,横跨晋冀京津两省两市,线路总延长8682.05千米,营业里程3328.2千米;配属机车1162台、CRH5型动车组6组48辆、客车2005辆,是全路18个铁路局中货运量最大、重载技术最先进的铁路局,也是全路唯一运输主业整体改制上市的铁路局。主要担负着国家新型能源工业基地——山西省的客货运输和冀、京、津、蒙、陕等省、市区的部分货运任务,用户群辐射全国26个省市自治区、15个国家和地区,在山西省综合交通运输体系中居于骨干地位,为国民经济和区域经济发展做出贡献。

京包线东端(郭磊庄站)K225+000处与北京铁路局分界;北端(古店站)K380+500处与呼和浩特铁路局分界;京原线东端(灵丘站)K234+000处与北京铁路局分界;石太线东端(赛鱼站)K117+000处与北京铁路局分界;太焦线南端(夏店站)K190+800处与郑州铁路局分界;南同蒲线南端(风陵渡站)K849+500处与西安铁路局分界;侯西线西端(禹门口站)K76+089与西安铁路局分界;侯月线东端(嘉峰站)K147+273处与郑州铁路局分界;太中线西端(吴堡站)K1173+650处与西安铁路局分界。(孙淑环)

【运输安全稳定】 树立"三点共识",坚持"三个重中之重",推进安全风险管理,重抓215条客车风险控制措施落实和600项惯性问题整治,打击"黑施工",开展管理"打假"活动,深化安全文化建设，全局安全风险管理体系基本形成，关键风险环节得到有效控制。杜绝责任行车B类及以上事故，责任C类事故同比下降17%。2012年12月29日实现安全生产2000天，顺利实现第五个安全年。核心业务在市场需求低迷、管内运输增量空间日益缩小的情况下，实施“短平快”扩能改造，在南北同蒲、太焦线增设8个中间站，通道运输能力极大释放；增加(延长)端氏、曲沃、曹妃甸西、原平4个车站的22条到发线，车站办理能力提升；通过与铁道部和相邻铁路局之间的协调，实施“两高一远”和“百千战略”，大力增运补欠，仅四季度路局就补欠近十亿元。全年运输总收入、货物发送量、装车数、换算周转量、货物周转量五项主要生产指标全路第一。非运输业与核心业务融合发展，实体化经营迈出坚实步伐，油田开采、汽车销售、高端电液转辙机等形成新的“拳头”产品，客运广告发布、商业开发、餐饮经营等业务快速扩展；新建太原配餐、洗涤两大中心开始运营。全年太原铁路局完成多元化经营总收入829.1亿元，顺利完成铁道部下达的170.62亿元盈亏考核目标。其中，运输收入完成595.9亿元，同比增长38.7亿元；非运输业收入完成233.2亿元，同比增加40.8亿元，实现利润6.05亿元，同比增长2.55亿元。货物发送量完成5.545亿吨，旅客发送量完成5920.4万人，均创历史最好水平。特别是大秦线先后5次打破单日运量历史纪录，最高日运量达133.4万吨，铁道部下发表彰嘉奖令38次。（孙淑环）

【建设项目新突破】 面对征地拆迁、地方资金欠缺等困难，组织专家论证、设计比选、方案审查等前期工作，专人专项与省市地方进行联系沟通；后程发力，一些制约性工程取得突破性进展。2012年实施的403项既有线施工、1712项临近既有线施工，杜绝因建设引起的铁路交通事故。全局所有建设项目均未发生触及质量管理“五条红线”问题；太原南站初显规模，铁路建设工程整体推进有序。全年完成建设投资77.26亿元（不含大西客专、山西中南部铁路通道），同比增加34.95亿元。（孙淑环）

【设备基础投入增加】 2012年，先后开展8次集中修施工，基本消灭主要干线客车径路木枕道岔；购置钢轨打磨车，更新工务养护检测设备4095台，新建大型养路机械检修基地；改造京原、南北同蒲、石太、太焦线29个车站信号设备及侯月、南同蒲、宁岢线传输网络；完成144个车站(站场)及机务段、车辆段的综合视频监控系统；改造374.5条千米接触网；实施太原机务段北区电力机车检修设施改造；完成太原、太原北车辆段检修设施改造和湖东车辆段厂段修设施完善配套工程。全局正线无缝化比例达85%，微机联锁覆盖率达77.7%，空调客车比例增至76%。（孙淑环）

【科技信息化发展】 建成集通信传输网、运输调度管理系统(TMDS)、分散自律调度集中系统(CTC)/列车调度指挥系统(TDCS)、铁路数字移动通信系统(GSM-R)、调度通信系统等铁路核心技术为一体的综合性信息中心，实现全局运输生产信息系统的集中监控、集中维护、集中管理，系统的兼容性、可靠性，资源的共享性和技术的先进性达到一流水平，可满足国家批准的中长期路网规划涉及山西省和太原铁路局所有项目的发展需求。在全路率先建成客车标签识别系统。各车务站段分界口全部加装车号识别系统。全局既有信号集中监测实现2M数字电路联网，主要干线通信传输能力明显提升。开展科研攻关，加大科技成果奖励力度，科学技术进步奖、合理化建议和“小改小革”等350项成果受到表彰；大秦重载铁路延长钢轨使用寿命研究取得突破性成果，通过总重由9亿吨扩展到15亿吨，并且目前仍在继续试验，节约运输成本。“重载组合列车紧急制动控制”研究等2个项目，列入铁道部重大课题，完成“LKJ数据换装卡控辅助管理系统”等56项科研项目，49项科研成果在第十一届中国国际现代化铁路技术装备展览会上展示。（孙淑环）

【客货服务质量提高】 以人民群众满意为根本标准，推进货运组织改革，建成集货运受理、营销、咨询、投诉和全程物流服务为一体的综合性货运服务中心，全局网上受理请车数名列全路前列。开展“服务旅客创先争优”活动，实施实名制售票、电话订票、网络售票等客运服务新举措，在太原长治路、迎泽街和铁路文化宫建成3个占地面积达1400平方米的大型售票广场，新增代售点64个、应急窗口84个，全局售票窗口达702个；完善客站配套设备，新建宁武站站房，对太原、岢岚等15个车站站台及候车室等设施进行改造，旅客乘车环境得到改善，倒票等问题得到有效遏制。特别是随着12月21日新图的实施，CRH380AL高速动车组成功开行，路局开行的动车组可直达珠三角和武汉经济圈，太原至北京仅用两个半小时，客运服务品质大幅提升，旅客和社会各界广泛称赞。（孙淑环）

【企业内部管理加强】 主动承担铁路局市场主体责任，按照有利于运输安全、有利于专业管理的原则，将信息技术处、所分设，新成立公寓管理段、物资供应段，调整部分专业系统内设机构和车间设置，明确路局机关职能处室、附属机构及下设机构、岗位的工作职责。优化干部选拔机制，采取公开招聘、差额选拔等方式，选拔27名领导干部和11名高铁人才，实行太原地区站段劳人、财务科长横向交流。坚持收入分配向生产关键岗位倾斜，实行机车乘务员工资总额单列管理，对1500名动车、重载司机比照享受技师或高级技师待遇，高铁岗位技师聘任比例达26%以上。按照国家司法体制改革要求，在全路率先完成检、法两院移交工作。全局经营管理不断规范，全年高质量地接受国家审计署、铁道部审计中心对路局建设工程项目、经营业绩等专项检查和审计，路局连续7年被铁道部评为经营业绩考核优秀企业。（孙淑环）

【教育培训】 按照职工安全教育与技术业务教育并重的思路，统筹全局教育资源，建成集教学与实训为一体的现代化职工培训基地;成立路局电教中心,全局主要运输生产站段全部独立设置职教中心;拓展数字图书、远程教育、信息化考试3个平台,组织干部学习14万人次,培训1.2万人次,考试9055人次;创新职教培训方式,建立全局职教培训考试系统,健全职工电子技术档案,完成35349名主要行车工种职工应知应会等培训考试;加大高技能人才和高铁储备人员委外培训力度,全方位提升职工素质。（孙淑环）

【职工生产生活条件改善】 全局职工人均收入同比增长16.8%,高于全路平均水平。新建太原、侯马北机务段机车乘务员候班楼;投入8086万元,深入推进“八小工程”建设,对南北同蒲、京包线47个站区、125个工区生产生活设施进行整治,近2万名职工生产生活环境得到实质性改善。解决职工住房难问题,按照“六个一流”标准,推进保障性住房建设,2012年交钥匙12栋1897户,新开工12栋1724户,在建61栋16433户。特别是太原地区,沿建设北路48栋保障房已串成线、连成片,成为太原市标志性建筑群和太铁职工的幸福“大家园”。满足职工就医需要,先后到大秦、迁曹、侯月线开展巡回医疗36次,全局定点医院新增8家、达31家,定点药店新增11家、达43家,全省各地市一流水平医院基本纳入定点服务,京、津、沪地区转院可实现随到随办,职工基本医疗报销的封顶线由每年3.6万元提高到8万元,大额医疗费用补助由15万元提高到30万元,职工医保待遇达到历史最好水平。根据运输生产需要和家居地相对就近进行择优调剂的原则,解决797名职工远离家居地的困难,优化配置复退军人3053人。心系困难职工,最大限度落实“三不让”帮扶救助机制,全年先后投入助困、助医、助学资金4041万元,惠及职工2.14万人次。（孙淑环）

【党组织建设】 以“创四岗、灭两违、攻难关、树品牌”为重点,以路港联创、联建共创为扩展,分层选树“四岗”党员3834名,组织党员背规大赛681场,集中攻克立项攻关课题986个,打造“李静售票法”、“海华女子作业组”等193个党字号品牌,太原车辆段党员“45/49步检车法”列为全路客车检车技术比武标准。路局创先争优工作在全路介绍经验。突出抓创争、强引领。坚持以人民群众满意为根本标准,认真践行“以服务为宗旨、待旅客如亲人”理念,深入开展“服务旅客创先争优”、“三保两增”、“创效益、比贡献”、“主人翁保安全”等主题实践活动,全国创先争优先进党组织湖东车辆段党委、全国组织系统“讲党性、重品行、作表率”先进个人张秀春、全局十大标杆党支部等一批先进典型强化示范引领效应。（孙淑环）

民用航空

【概述】 2012年山西省民航4个机场运营121条航线,通航城市55个,其中新增航线43条,加密航线15条。全年4个机场共完成运输起降8.71万架次,完成旅客吞吐量852.13万人次,货邮吞吐量4.84万吨,分别同比增长14.03%、17.45%、6.85%,旅客吞吐量增幅高出全国平均水平8.25个百分点。其中,太原机场通航航线94条,通航城市55个,共保障运输起降6.67万架次,旅客吞吐量681.33万人次,货邮吞吐量4.23万吨,同比分别增长12.40%、15.95%、6.44%,占到全年预期目标的99.51%、97.33%、93.91%;长治机场开通国内航线9条,通航城市9个,共保障运输起降6459架次,旅客吞吐量50.19万人次,货邮吞吐量1617.2吨,同比分别增长16.27%、21.77%、-1.47%,占到全年预期目标的99.37%、104.56%、53.91%;大同机场开通国内航线8条,通航城市10个,共保障运输起降4294架次,旅客吞吐量28.25万人次,货邮吞吐量2133.5吨,同比分别增长28.03%、30.15%、18.57%,占到全年预期目标的89.46%、94.15%、82.06%;运城机场开通国内航线14条,通航城市15个,共保障运输起降9641架次,旅客吞吐量92.37万人次,货邮吞吐量2430.2吨,同比分别增长18.56%、23.17%、10.84%,占到全年预期目标的107.12%、102.63%、69.43%。旅客吞吐量在全国178个民航机场中太原机场排名为28,长治机场排名为76,大同机场排名为103,运城机场排名为60。山西省民航机场集团公司(管理局)航线补贴全年共计3075班次,补贴金额9296万元。(各机场运输生产情况见附表)

2012年太原机场公务机业务量迅猛增长,全年太原机场共保障公务机456架次,同比涨幅达93.22%。货运市场良性发展,与20多家省内外物流公司和机场货运部门建立长期合作关系,货运仓储量大幅增长,在

中国民用航空局局长李家祥到晋调研 （聂云珍提供）

全国航空货运市场整体下滑的形势下，仍然保持同比12.3%的增长水平。同时，国际和地区航线的开发呈良好发展势头，至2012年底太原机场引进的外籍(地区)航空公司达8家，通航城市12个，全年共运送国际及地区航线旅客达22万人次，同比增长214.29%。

2012年山西省民航机场集团公司实现营业收入5.0068亿元，其中：航空性业务收入2.2067亿元，非航空性业务收入2.8001亿元，非航空性收入占营业收入的55.9%。（聂云珍）

【航空安全】 2012年山西省民航机场集团公司连续第六年被中华全国总工会、国家安全生产监督管理局授予"安康杯竞赛全国优胜企业"称号，中国民航工会授予山西省民航机场集团公司"全国民航五一劳动奖状"，授予安检护卫部旅检二分部金蔷薇班组"全国民航五一巾帼标兵岗"荣誉称号。10月31日荣获"2012年安全生产月活动优秀组织单位"称号。

重新修订《太原机场航空器非法干扰和威胁备降处置程序》《安防监控系统管理办法》《太原机场控制区证件管理规定》，制定山西民航机场《内部治安保卫工作指导意见》《重要会议安全保卫工作规范》和《党的十八大安保工作总体方案》等一系列安全管理文件。

根据省政府要求，山西省民航机场管理局制定《山西省民航机场应急救援体系建设"十二五"规划》；修订《太原武宿国际机场突发事件应急救援预案》，得到省政府批准；开展太原武宿国际机场大面积航班延误应急处置和航空器非法干扰桌面演练等各类演练25次，组建集团公司应急管理专家库，在第四届全国急救中心急救技能大赛中，太原机场医疗急救中心代表队作为全国民航系统唯一的参赛队伍，在全国33支代表队中取得团体第二名的优异成绩。

加大净空保护工作力度，全年共审批净空高度申请61件；参加省政府组织的"安全生产月"咨询活动，并发放《太原机场净空环境保护知识》500余册。

8月1日，山西省民航机场集团公司(管理局)和大同市人民政府举行云冈机场托管签约仪式（聂云珍提供）

7月11日，民航华北地区管理局和山西监管局一行3人对太原机场的锂电池航空运输活动实施全面检查。按照锂电池航空运输专项检查单对太原机场候机楼、安检现场、货运楼、贵宾楼进行实地检查。检查单共计42项，不适用3项，39项检查结果全部符合要求。

2012年全年安全检查旅客327万人次、工作人员102万余人次、车辆20万余车次、行李及物品815万余件、货物1万余吨；查处行李夹带锂电池40653块，其中限制性锂电池(额定容量在100~160WH)240块，查获隐匿携带打火机543起，警械警具399件，管制刀具374把，货物伪报品名176起，证件不符83起，仿真枪77把，淫秽物品44件，弹药39发，毒品2起，烟花爆竹3起。（聂云珍）

【李家祥到晋调研】 10月30日，中国民用航空局局长李家祥到晋调研，山西省委常委、副省长高建民陪同。当日，局长李家祥与山西省省长王君分别代表民航局和山西省人民政府签署《关于加快推进山西民航发展的会谈纪要》。（聂云珍）

【企业管理】 1. 加强经营管理，拓展非航业务。推行财务预算管理，坚持量入为出、开源节流的原则，各项成本费用得到有效控制。加强法律事务及各类合同的审核、报批管理，对外签订各类合同671份，下放子公司合同审批权限，审核子公司各类合同100余份；有效利用集团资源，对航站楼商业进行准确定位、合理分配；最大限度地利用航站楼空间设置商业布局，实现商业价值的最大化；强化对外合作，与太原高新技术开发区签订南中环建设项目合作协议书；与太原海关签署《合作备忘录》，为促进山西航空口岸发展创造有利条件；积极拓宽思路，与中国民航管理干部学院联手，达成校企合作协议。完善投资公司的法人治理结构，理顺子公司经营管理体制；启动可行性非航项目的筹建工作，共有7个非航项目落地，完成5个子公司的资产评估和工商注册工作，合资成立加气站，合作成立加油站。

2. 加强认证工作，推动规范化管理。2012年获得ISO9001国际质量认证、ISO14001环境认证和GB/T28001职业健康安全认证证书。陆续出台包括人力资源管理、行政管理、经营管理等方面的各项规章制度32项。完成集团公司10宗国有土地的办证工作；为增强办公自动化系统功能，开通太原至大同、长治的办公和财务网络专线。

3. 健全管理体系，完善培训制

度。建立工资总额预算化管理控制体系;组织327人参加民航职业技能鉴定考试;加大教育培训工作的规范化管理力度,开展机场安全运行相关岗位专业人员资质排查工作;正式启用集团公司危险品训练机构,引入三方监督机制,开展危险品资质培训、考核工作。

4. 加大督察工作力度。出台《集团公司行政督察暂行办法》,完善行政督办机制,全年共督办工作160项,落实128项,延期8项。(聂云珍)

【服务工作】 1.服务质量方面。完善《服务投诉处理管理办法》;修订《太原机场大面积航班延误应急处置预案》;开展关舱门后航班地面长时间等待专项治理工作。推出"乘机方便行"服务平台;依据民主评议政风行风工作方案,按季度开展问卷测评活动;2号航站楼行李寄存处正式投入使用;与中国联通合作,对标国际一流机场,对2号航站楼公用电话终端进行更新换代升级;启用新版登机牌,登机信息更加一目了然。根据服务差异化的要求,制定有针对性的服务细则和服务星级提升标准。

2.运输保障方面。从8月19日至9月18日期间,机场管理局组织重点驻场保障单位,成立"太原机场三会服务保障工作领导组",制定《太原武宿国际机场第四届中国(太原)国际能源产业博览会、首届世界晋商大会和第十七届中国北方旅游交易会保障工作总体方案》。采取提高检查标准、增加巡逻警力等多种措施,完成各级要客、嘉宾524批,4200余人次的航空运输服务及迎送工作。建立中转联程柜台,简化旅客中转手续,以提高机场中转效率。长治机场加强军民航协调,完善《军、民航飞行保障协议》,强化空管统一协调运行管理机制;大同机场组织专业力量,对地面服务人员进行技能培训,规范地面服务内容及流程。(聂云珍)

【机场建设】 6月,山西省发改委组织的太原机场改扩建工程调整概算评审会议原则通过《太原武宿国际机场改扩建工程调整概算书》,调整概算书审批手续正在办理中;经过与长治市政府多次研讨,长治机场总体规划编制完成并初步通过;长治机场迁建事宜基本明确;运城机场航站区扩建工程总投资为4.4亿元,全部完工,通过竣工验收和行业验收,已正式投入使用;大同机场改扩建工程总投资3.37亿元,全部完工,通过竣工验收和行业验收,已正式投入使用;新建吕梁机场工程总概算为9.47亿元,完成土方和地基处理工程及水源井施工工程,航站楼、综合办公楼工程、综合服务楼、生产业务用房等配套工程开工建设,累计完成投资约9.4亿元;五台山机场改扩建工程预计总投资6.34亿元,可研报告已批复,待国家发改委批复,总体规划、初步设计及概算预评审会议原则通过,环评报告等工作完成,年底进行开工前的准备工作;临汾机场复航改造工程总投资约4.71亿元,可研报告已批复,总体规划、初步设计及概算预评审会议原则通过。

2012年度山西省民航机场集团公司内部建设投资约1.2亿元,完成约1亿元,包括太原机场跑道、滑行道道面抢修工程,安检设施设备购置项目以及各类生产保障设施设备购置项目等多个项目。其中大型项目已启动实施11项,启动应急管理综合楼建设等4个大型项目的前期工作,启动招投标项目12项,完成11项,中标金额5810多万元。(聂云珍)

【太原机场首次保障宽体客机包机】 1月20日泰国东方航空公司OX8417航班从太原机场起飞飞往泰国普吉岛,此次由波音767宽体客机执飞,乘坐旅客226人。当日,印尼狮航JT8831航班从太原机场起飞飞往巴厘岛,此次由波音747-400宽体客机执飞,乘坐旅客444人,这是太原机场发展史上首次保障宽体客机任务。(聂云珍)

【云冈机场托管】 8月1日,山西省民航机场集团公司(管理局)与大同市人民政府在大同签署云冈机场托管协议。10月20日,大同民航机场管理局揭牌成立。大同民航机场管理局与大同机场有限责任公司实行"一套机构、两块牌子"的运行模式,是山西省民航机场管理局与山西省民航机场集团公司运行模式在支线机场的延伸。(聂云珍)

【获奖情况】 1.8月13~16日,民航华北局工会委员会四届一次全委会会议、"安康杯"竞赛活动表彰及经验交流会在北京召开。中华全国总工会、国家安全生产监督管理局授予山西省民航机场集团公司总经理郝孝义"全国安康企业家"称号,中国民航工会授予牛晓东"全国民航五一劳动奖章",中国民工航空局授予程建国"安康杯"竞赛"先进个人"称号。

2.3月13日,山西省总工会授予山西省民航机场集团公司贵宾服务有限公司新锐班组"山西省五一巾帼标兵岗""山西省十大女子杰出班组""山西省工人先锋号"三大奖牌。(聂云珍)

【新增航班航线】 1.4月12日太原开通日本大阪航线,由东航山西分公司执飞,航班号为东航MU7053的

4月12日,太原—大阪航线开通 (聂云珍提供)

波音737-800型飞机，搭载134名旅客。这标志着山西首条日本航线正式开通。

2. 6月17日香港航空公司成功首航太原，航班号为HX356/7，机型为B737-800。此次开通太原至香港航线的香港航空公司是太原机场两年来引进的第6家外籍（地区）航空公司。

3. 11月27日，泰国都市航空公司（CITY AIRWAYS）太原—曼谷—普吉航线首航成功。

4. 12月4日韩国济州航空公司执飞的太原—首尔（仁川）航线首航成功。这是2012年太原机场新增易斯达航空公司之后，又一家韩国籍航空公司执飞该条航线。（聂云珍）

【具备成立危险品训练机构资质】 根据《中国民用航空危险品运输管理规定》（CCAR-276）、国际民航组织《危险品航空安全运输技术细则》（TI）、《危险品训练机构管理办法》咨询通告（AC-276-01）及其他法律法规的要求，山西省民航机场集团公司与旅客及货物接触的员工及安全管理人员都必须接受航空危险品运输

2012年山西省各机场运输生产情况

机场	通航航线（条）	通航城市（个）	运输起降架次			旅客吞吐量			货邮吞吐量		
			2012年运输起降架次	同比±%	占全年预期目标%	2012年旅客吞吐量（人次）	同比±%	占全年预期目标%	2012年货邮吞吐量（吨）	同比±%	占全年预期目标%
太原	94	55	66674	12.40	99.51	6813265	15.95	97.33	42258.9	6.44	93.91
长治	9	9	6459	16.27	99.37	501890	21.77	104.56	1617.2	-1.47	53.91
大同	8	10	4294	28.03	89.46	282456	30.15	94.15	2133.5	18.57	82.06
运城	14	15	9641	18.56	107.12	923691	23.17	102.63	2430.2	10.84	69.43

2012年太原机场加密航线一览表

序号	日期	航空公司	航班号	机型	班期	航线
1	1.1	东航	MU5269/70	B738	周一至周日	太原—北京
	1.5	海航	HU7313/4	B738	周四	太原—北京
2	3.25	厦航	MF8163/4	B737	周一至周日	厦门—合肥—太原
3	3.25	东航	MU5253/4	B738	周一至周日	太原—福州
	3.25	厦航	MF8135/6	B737	周一至周日	太原—福州
4	3.26	澳航	NX018/7	A319	周一、三、五、六	太原—澳门
5	3.26	远东航	FE102/1	MD83	周一、三、六	太原—台北（松山）
6	5.12	海航	HU7675/6	B738	周二、四、六	乌鲁木齐—太原—青岛
7	6.2	韩亚航	OZ3285/6	A321	周三、六	太原—仁川
	6.17	东航	MU7385/6	B738	每5天一班	太原—仁川
8	6.15	南航	CZ6977/8	A319	周一、二、三、四、五、日	太原—大连
	7.15	东航	MU2441/2	B737	周一至周日	太原—大连
	7.15	海航	HU7063/4	B738	周一至周日	太原—大连
9	6.17	香港航	HX356/7	B738	周四、日	太原—香港
10	7.11	东航	MU5191/2	A320	周一至周日	太原—杭州
11	10.28	东航	MU5469/70	B737	周一至周日	太原—武汉
12	11.10	东航	MU2203/4	B737	周一至周日	太原—长治
13	12.1	泰东方	OX8416/7	B733	每5天一班	太原—曼谷
14	12.7	东航	MU5836/7	B737	周一至周日	太原—昆明

2012年太原机场新增航线一览表

序号	日期	航空公司	航班号	机型	班期	航线
1	1.1	大连航	CA8921/2	B73D	周一至周日	大连—太原—三亚
2	1.1	海航	HU7029/30	B738	周二、四、六	三亚—运城—太原
3	1.3	海航	HU7107/8	B738	周一、三、五、日	海口—运城—太原
4	1.12	幸福航	JR1521/2	MA6	周二、四、六	太原—包头
5	2.26	东航	MU2429/30	B738	周一至周日	太原—福州
6	3.15	天津航	GS6489/90	EMB145	周一、二、四、六	呼和浩特—太原—青岛
7	3.25	海航	HU6171/2	B738	周一、三、五、日	乌鲁木齐—太原—南京
8	3.25	厦航	MF8161/2	B733	周一至周日	福州—长沙—太原
9	3.25	昆明航	KY8065/6	B73G	周一、三、五、日	昆明—长沙—太原
10	3.25	首都航	JD5589/90	A320	周三、五、日	三亚—太原—沈阳
11	3.25	山东航	SC4821/2	B738	周一、日	烟台—太原—银川
12	3.25	幸福航	JR1533/4	MA60	周一至周日	太原—郑州—合肥
13	3.26	易斯达航空	ZE6381/2	B737	周一、五	太原—仁川
14	4.12	东航	MU7053/4	B738	隔十天一班	太原—大阪
15	4.17	东航	MU7055/6	B738	隔十天一班	太原—静冈
16	5.11	海航	HU485/6	B738	周一、五	太原—海口—新加坡
17	5.29	泰东方	OX8416/7	B733	隔十天一班	太原—曼谷
18	6.1	山东航	SC4813/20	B733	周一、日	烟台—太原—西安
19	7.1	东航	MU5373/4	B737	周一、三、四、五、日	太原—温州
20	7.2	易斯达航空	ZE1381/2	B737	周三、日	太原—济州岛
21	7.11	东航	MU2427/8	B737	周一至周日	太原—厦门
22	7.18	四川航	3U8891/2	A321	周一、三、五、日	哈尔滨—太原—桂林
23	8.19	东航	MU2141/2	B737	周一至周日	太原—运城
24	9.1	东航	MU2389/90	B737	周一至周日	太原—南京
	10.28	东航	MU2797/8	A320	周一至周日	南京—太原
25	9.10	厦航	MF8141/2	B737	周一至周日	太原—杭州
26	10.28	海航	HU7679/80	B738	周一至周日	太原—广州
27	10.28	天津航	GS7459/60	EMB190	周一至周日	太原—武汉—南宁
28	10.28	西部航	PN6257/8	A320	周一、三、五、日	重庆—太原
29	10.28	厦航	MF81356/	B737	周一至周日	太原—杭州—福州
30	10.28	东航	MU2733/4	EMB145	周一至周日	南京—太原—大同
31	10.29	东航	MU2408/9	B737	周一至周日	太原—浦东
32	10.29	东航	MU2631/2	EMB145	周一至周日	太原—长治—武汉
33	11.12	东航	MU7011/2	B738	每5天一班	太原—普吉
34	11.27	泰都市	E87336/7	B734	每6天一班	太原—曼谷—普吉
35	12.6	海航	HU7884/3	B738	周一至周日	太原—南京—三亚
36	12.8	东航	MU5689/90	B738	周六	太原—三亚
37	12.18	远东航	FE129/30	M82	周二	桃园—太原—兰州
38	12.27	昆明航	KY8275/6	B73G	周一至周日	太原—昆明

知识培训，经申请于2012年2月获民航局运输司批复的危险品训练大纲批准函，标志着集团公司具备成立危险品训练机构的资质。（聂云珍）

内河航运

【水上安全救生培训】 3月26日，山西省水上安全救生培训结束，来自山西省海事航运系统、水运企业的安全管理人员以及部分船员50余名参训人员，全部通过考试予以结业，其中19名参训学员获得人力资源和社会保障部颁发的初级救生员资格证。（师国梁）

【水上交通安全隐患大排查专项治理行动】 5月8日~6月30日，山西省地方海事局组织开展为期两个月的全省水上交通安全隐患大排查专项治理行动，重点排查治理水运企业、渡口码头、船舶船员、基础设施等方面存在的安全隐患。通过此项行动，全省共排查各类安全隐患162项，并整改到位，取缔非法采砂船126艘，水上交通安全形势持续稳定。（师国梁）

【"救生衣行动"】 9月29日~10月20日，省地方海事局在全省范围内开展"救生衣行动"。活动在辖区水运企业、营运船舶、渡口码头进行宣传，开展大排查活动，重点检查救生衣的数量、质量和使用管理情况，对检查情况进行登记上报。并加强现场监管，坚决纠正不穿救生衣登船和不正确使用救生衣的问题，促进"救生衣行动"各项工作的落实。（师国梁）

【海事执法培训】 10月29日~11月9日，省海事局组织全省62名海事执法人员，赴海军航空工程学院青岛分院进行为期12天的业务知识培训。山东海事局针对山西省海事管理实际，制定培训方案，并安排专家授课，同时，还组织全体学员参加山东局及分支局的海事管理、信息化建设及海事文化建设等。（师国梁）

【渡口码头改造工程设计评审会】 11月20日，凤凰渡等30个渡口码头改造工程初步设计评审会在太原召开。专家组听取设计单位及有关市交通、海事部门负责人对本辖区内渡口码头改造工程的意见和建议后，对30个渡口改造工程进行初步设计评审。专家组原则同意《初步设计》。本次30个渡口码头改造工程涉及9个市19县（市、区），预算资金1948.49万元。（师国梁）

太旧高速公路武宿立交枢纽 （师国梁提供）

邮 政

·邮政管理·

【简述】 2012年，山西省邮政业平稳较快发展。省邮政管理局开展“落实执行年”活动，贯彻政策法规，强化服务，保障监督，做好省以下邮政监管体制实施工作，履行行业监督管理职能，取得成效。

2012年，全省邮政业务总量完成30.45亿元，同比增长15.8%；业务收入完成29.9亿元，同比增长10.5%。其中，快递业务量完成2805.3万件，同比增长33.7%；快递业务收入完成5.43亿元，同比增长17%。全省快递从业人员达9633人，同比增长21.3%。

（石亚萍）

【监管机构组建】 按照国家邮政局和省政府的总体部署，省邮政管理局推进完善省以下邮政监管体系。一是学习国办及中组部、国家邮政局文件，成立工作筹备组。与省政府及相关部门协调沟通，成立实施工作协调小组，并以省政府办公厅名义下发实施工作方案。二是按照组织程序开展地市班子人选配备工作，与省委组织部、省交通运输厅、省公务员局、省邮政公司等部门单位沟通联系，完成市局班子人选配备、公务员招录、内设机构领导干部选配相关工作。三是指导帮助各市局完成办公场地等基础保障工作。2012年11月底，全省11个市级邮政管理局全部挂牌成立。

（石亚萍）

【邮政普遍服务保障机制】 一是《山西省邮政业发展“十二五”规划》作为省政府专项规划于2012年8月发布。同时邮政业发展的重点内容纳入到《山西省国民经济和社会发展第十二个五年规划纲要》中。二是空白乡镇局所建设进度加快。截至2012年底，全省409个建设任务，开工率达98.5%，完工率达87.3%。三是协调住建部门联合发文，将住宅信报箱建设纳入建筑工程质量监督管理和工程验收范围，邮政部门参与工程验收。四是农村村邮站建设推进。在2011年全省1098个农村村邮站试点基础上，向省政府专项请示推进该项工作。省局组织人员赴8个乡镇、7个行政村、10个农村基层公共服务机构进行专项调研，就如何利用现有资源、做好农村通邮工作提出初步方案。五是邮政行业发展受到各界关注和支持。省政府首次将“发展快递业务”列入重点工作目标任务安排落实。副省长任润厚在阅办2012年度全省快递业务发展情况报告时作出批示，肯定快递业发展成果和对地方经济社会发展所做出的贡献，指示加快做大做强快递行业。

（石亚萍）

【快递市场监管】 一是打击违法违规行为。省邮政管理局组织执法检查，重点查处无证经营行为。2012年

壶关县邮政投递员赵月芳被评为“2011感动山西”十大人物

（孙久臣提供）

共执法检查117次，检查单位106个，查处违法违规行为10起，行政处罚48000元。二是做好快递业务许可和年检工作。加强集邮市场和邮政用品用具市场的监管。三是做好"12305"申诉平台处理工作。全年共受理申诉2248件，为用户挽回损失104633元。四是抓好行业人才队伍建设。2012年省局组织快递业务员1145人参加职业技能鉴定考试，并成立山西省邮政行业职业技能鉴定站。五是做好行业安全监管。与各企业签订安全生产责任书，明确责任，逐级落实安全生产责任制。制定下发《邮政业突发事件应急预案》，落实《寄递渠道安全检查规定》，开展执法检查，确保寄递安全。在省政府安委会年度安全生产责任制考核中，山西省邮政业的安全生产工作被评为优秀等次。

（石亚萍）

【邮政普遍服务监督】 一是加强政府监管。落实国家局普遍服务"两个办法"，对全省邮政普遍服务局所及业务开办情况进行核实检查和登记；加强对邮政普遍服务的综合检查，重点检查局所布局情况、业务开办情况；配合国家局对信函、包裹、报刊时限进行监测调查，组织开展邮政业务资费、邮票发行、机要通信的监督检查工作，保障普遍服务和特殊服务的安全运行。二是搞好社会监督。发挥社会监督员作用，动员全省邮政监督员深入146个邮政局所核查，采取核对台账、电话核实、实地核查多种方式，完成"十二五"期间农村局所修建补贴资金项目审核工作。2012年监督员提出建议和意见29条，反馈各类问题210个。三是健全企业自律机制。督促企业完善服务质量监督保证体系。加大对邮政普遍服务和特殊服务的自查力度，解决用户投诉问题。

（石亚萍）

·邮政业务·

【简述】 2012年，全省邮政业务总收入实现25.39亿元，同比增长7.5%。其中：函件业务稳步发展、报刊收入增长10.06%、集邮收入增长10.34%、电子商务收入增长25.53%、分销收入增长7.52%、代理邮储收入增长9.74%、代理保险收入增长6.33%。全年新增代理邮储余额106.47亿元，余额总规模达1114.76亿元；代理保险实现保费26.17亿元，市场占有率位列各大金融机构之首。

服务能力提升。2012年，装修改造服务网点183处、面积3.7万平方米，更新各类服务终端设备1041台（套）、新增ATM150台。将便民（"三农"）服务站作为邮政打造社会综合服务平台的重要载体，全年共建成便民（"三农"）服务站1481个。配合政府部门推进空白乡镇邮政局所建设，全年共开工建设393个、基本完工294个。推进投递网建设，对全省104处投递场地进行装修改造，配备70辆投递汽车、1019辆电动车、1970套投递桌椅等标准化设备。加强邮政信息化建设，开发一批支撑业务运行的软件及系统集成项目。

企业管理加强。健全公司议事决策办法及相关配套制度。坚持德才兼备以德为先和凭政绩用干部、群众公认的原则，制定一系列干部管理办法。推进企业经营、人力资源、财务、网路运行、安全等管理工作的精细化，提升企业科学管控水平。

服务质量提高。秉承"情系万家，信达天下"的服务理念，开展"为民服务创先争优"活动，强化邮件全程时限管理，加大对普遍服务和特殊服务质量的监督检查力度，落实"迅速、准确、安全、方便"的服务方针，普遍服务切实履行，机要通信质量全优，报刊发行量稳中有升，义务兵通信和盲人读物寄递保障有力，全省邮政整体服务质量稳步提高。被省政府确定为2012年全省政风行风工作免评单位。

和谐企业建设推进。强化以人为本理念，为员工搭建职业生涯发展平台，一批基层员工实现晋级晋职和身份转换。推进农村支局职工小家、城市投递员之家建设，改善员工生产工作环境。开展教育培训、技能竞赛活动，全年累计培训职工11766人，组织职业技能鉴定5446人次。开展"送温暖"活动和帮扶济困活动，累计发放各类慰问救助款260余万元，受益职工超过2000人次。

（孙久臣）

【山西旅游年票明信片册发行】 5月19日，由山西省旅游局、太原市政府和山西省邮政公司共同主办的"晋善晋美山西旅游"系列活动启动仪式在太原举办。仪式上举办山西旅游年票明信片册首发式。该明信片册是山西省邮政公司充分利用邮资明信片这一邮政特有媒介，创新邮政产品功能，深化与山西省旅游局的合作，推

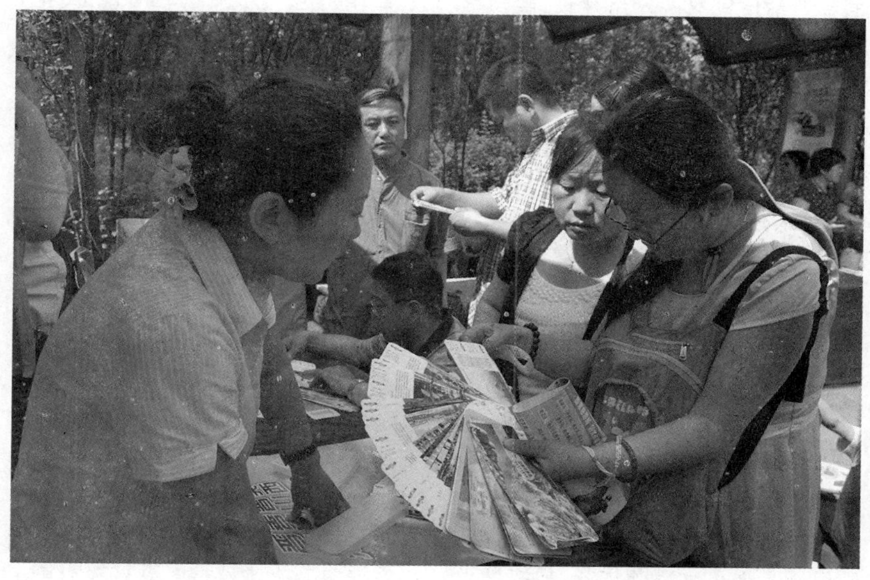

5月19日，山西旅游年票明信片册首发式在太原举行

（孙久臣提供）

出一款邮游结合的产品和服务。山西旅游年票明信片附加有景点门票、酒店房价打折功能，同时具有宣传、馈赠、邮寄、收藏等多重价值。使用时，游客可享受该明信片册中景点的门票、酒店房价五折到九折不等的优惠。该明信片册涵盖山西省包括五台山、平遥古城、皇城相府、绵山等知名景点在内的37个景点。（孙久臣）

【邮乐网山西销售专区启动】 2012年1月16日，山西省邮政公司与山西省商务厅共同举办中国邮政邮乐网山西省特色产品销售专区启动仪式。副省长任润厚、省商务厅厅长孙跃进、省邮政公司总经理关荣顺等共同启动邮乐网销售专区。来自全省各地的60余个商家参加启动仪式。该专区的启动，是省商务厅、省邮政公司等五部门围绕“扩内需、促销费、惠民生”主题组织的“龙腾三晋”新春欢乐消费月主题活动之一。邮乐网销售专区为山西知名品牌、名优特产销售至全国、全世界开辟新渠道。（孙久臣）

【战略合作深化】 2月29日，山西省邮政公司与平安财险山西分公司签订电话销售保单配送项目合作协议。

4月12日，省邮政公司与省电力公司签署战略合作协议，在全省推进电费缴纳便民服务网络建设，实现电费缴纳城市十分钟完成、农村“村村设点”。

5月14日，省邮政公司与中国人寿保险股份有限公司山西省分公司签订战略合作协议。双方将在数据库商函、代理销售各类保险产品、优先购买保险产品、提供咨询、账单服务、贺卡服务、第三方订阅服务、商旅业务等方面开展合作。同时，双方还将在品牌宣传及公益慈善、速递物流、产品开发及信息技术等方面加强合作。

6月27日，省邮政公司与中国太平洋人寿保险股份有限公司山西省分公司签订战略合作协议。双方将利用各自渠道资源和优势，通过联合品牌推广和业务创新等手段共同巩固双方的传统业务合作并开展新领域业务合作。（孙久臣）

12月13日，山西省集邮协会成立30周年纪念大会在太原举行

（孙久臣提供）

【山西省集邮协会成立三十周年】 12月13日，山西省集邮协会成立30周年纪念大会、省集邮学术交流暨集邮沙龙、省集邮协会七届二次常务理事会及“光辉历程”集邮展览，同时在太原举行。山西省集邮协会名誉会长、山西省政协原副主席吕日周、韩儒英出席纪念大会。1982年12月13日，山西省集邮协会成立。30年来，山西省集邮文化事业蓬勃发展，全省会员已达5万余人，共参加世界邮展、国际邮展、全国邮展30次，获得各项奖牌187个。（孙久臣）

【领导关心支持山西邮政】 2012年6月4日，山西省副省长任润厚、郭迎光分别会见山西省邮政公司总经理李玉杰，两位领导对邮政工作给予肯定，表示省政府将重点关注、支持邮政事业发展，希望山西邮政发挥自身优势，融入经济社会发展，在服务民生、服务“三农”中发挥更大作用。

6月26日，山西省委书记袁纯清在听取李玉杰汇报后指出：邮政融入地方经济大有文章、大有市场、大有可为。各级党委、政府要支持邮政发展，使邮政在山西经济社会发展中发挥积极作用。同日，山西省委常委、组织部部长汤涛会见李玉杰。汤涛指出邮政要探索为民服务的有效途径，培养像王收秋一样的优秀共产党员，在服务民生、服务地方经济社会中做出贡献。

8月28日，省长王君会见李玉杰。王君肯定山西邮政近年来在改革发展，以及服务山西经济社会发展中所取得的成绩，表示支持山西邮政发展，希望山西邮政能依托和发挥好网络优势，在山西转型跨越发展中发挥更多作用，做出更大贡献。

12月10~11日，中国邮政集团公司党组书记张亚非一行到山西邮政调研指导。调研期间，山西省委书记袁纯清，省委常委、常务副省长李小鹏分别会见张亚非一行。张亚非一行深入太原小店区太航邮政支局、邮储银行亲贤街支行、迎泽区车站支局、太原局职工文化活动中心等场地，实地了解基层经营管理、邮政服务、员工生产生活情况。张亚非肯定近年来山西邮政改革创新所取得的成绩，同时提出三点要求：一要坚定发展中国特色邮政事业的信心。二要贯彻集团公司“深化改革，创新发展，转变方式，整合资源，科学管控，构建和谐”24字方针，推动邮政事业科学发展、可持续发展。三要结合邮政实际，学习贯彻党的十八大精神。（孙久臣）

【“母亲邮包”项目山西发放仪式】 9月20日，由中国妇女发展基金会、省妇联、省邮政公司共同举办的“母亲邮包”项目山西发放仪式在武乡县举行。全国政协社会和法制委员

会副主任、中国妇女发展基金会理事长黄晴宜出席发放仪式，省委常委、宣传部长胡苏平宣布项目启动。“母亲邮包”通过为公众提供直接透明的一对一捐赠平台，为贫困地区的母亲提供一些生活必需品。“母亲邮包”项目山西捐赠的重点是国家级贫困县及太行、吕梁集中连片特困地区，并逐步覆盖全省。为保证项目的顺利实施，全省邮政开放全省1016个邮政网点作为“母亲邮包”捐赠站，方便社会爱心人士捐赠；为各级妇联组织的捐赠活动提供现场受理服务，推进“母亲邮包”项目进校园、进社区、进商场、进企业、进机关；优化作业流程，构建“母亲邮包”绿色安全通道，保障实物安全及时运递；配合各级妇联组织做好项目宣传工作，促进项目发展。（孙久臣）

【王收秋获“全国创先争优优秀共产党员”称号】 全国创先争优表彰大会于2012年6月28日在北京召开。太原市邮政报刊发行投递局西山投递部大虎沟投递组步班乡邮员王收秋获“全国创先争优优秀共产党员”称号，受到胡锦涛、习近平等党和国家领导人的接见。

1985年，王收秋成为太原市邮政局西山邮政分局大虎沟投递组的一名普通职工。作为太原市最后一位步班邮递员，负责给太原市万柏林区王封乡所辖的15个山区行政村送邮件，服务范围方圆138平方公里，服务人口约1万多人。虽然王封乡大部分村子已经通车，但由于路况太差只能步行投递。27年来，无论刮风下雨，王收秋都坚持为村民们送邮件，累计投递邮件60多万件，日均80件左右，累计徒步行程近40万公里，相当于绕行地球10圈，从未延误一个班期、丢损一件邮件，投递准确率达到他所在班组的最高值。

王收秋多次获山西省、太原市劳动模范、“省邮政系统十佳投递员、服务明星”以及“省、市邮政先进生产者”称号；获“2009年度太原市十大新闻人物”“2010省城十大诚信模范”称号；2011年被评为太原市“并州先锋”、感动山西邮政人物。（孙久臣）

电　信

·无线电管理·

【简述】 2012年，山西省无线电管理委员会围绕“管资源、管台站、管秩序，服务经济社会发展，服务国防建设，服务党政机关”的方针，加强频率台站管理，开展无线电台站核查工作，推进无线电管理技术设施的建设，加强无线电监测，完善军地无线电管理协调机制，维护空中电波秩序，促进社会稳定和经济发展。

2012年全省共审批各类无线电台(站)7288部。为国防、党政机关、民航、铁路、广播等重要部门和行业预留储备频率，制定应急频率使用方案。开展私设调频广播电台专项清理整顿工作，加强对广播电视频段的管理，各级无线电管理机关对辖区内的广播电视台站址和技术资料档案进行整理，建立设台审批、技术资料登记、设备检测资料等台站管理档案。加强对重大无线电台站建设项目的电磁环境评估工作，为吕梁机场、尧城机场、山西广播电视台音乐广播发射台、太原市航空运动学校等项目进行电磁环境专家评估。完成山西证券、吕梁机场、省气象局等部门的新建无线电台站的电磁环境测试工作。

2012年省无线电委员会办公室被授予省直文明和谐标兵单位称号，高云被山西省军区评为国防动员建设2012年度人物。（马庆彪）

【行政审批制度建设】 2012年，山西省无线电管理机关完善和公开审批流程、审批环节及审批时限，基本形成政务公开、信息公开的行政审批机制，全年无违法违纪行为发生。一是推动地方立法。启动《山西省无线电管理条例》起草工作，成立起草工作领导组，开展立法调研工作，拟定山西省无线电管理条例基本框架，并邀请部分省(市)多年从事无线电管理工作的老同志召开起草工作座谈会。二是完善行政审批流程和办事制度。对行政审批项目进行精简合并，保留频率台站审批和进口无线电发射设备核准项目，修改审批流程，修订山西省无线电管理行政执法文书，制定执法文书使用工作规范及操作流程。结合审批事项“受理、审核、审批、办结”的四个环节制定风险排查、处处预防、科技预防和奖惩分明的廉政风险防控机制。三是坚持“四化”标准，推进政务、信息公开。各级无线电管理机关将工作职责、行政审批事项、无线电频率占用费收费依据和标准、办事时限、办事纪律、服务项目承诺等，通过网站和展板进行信息公开。（马庆彪）

【无线电管理宣传】 2012年4月成立山西省无线电管理宣传教育中心，全省全年共组织宣传活动23次，在国家无线电管理网站、工作通讯、中国无线电杂志、地市级以上刊物发表文章57篇，编写无线电管理简报91期，编写工作动态54期，制作无线电管理宣传展板86块，配合无线电管理台站核查工作，编写、印发无线电管理宣传材料91500份，印制宣传品2万个，编排室外大屏幕宣传内容360多条，通过短信平台发送信息75万条，拍摄保存大量工作照片及视频资料。（马庆彪）

【台站和设备管理】 一是开展无线电台站核查工作。根据国家有关要求，2012年山西省完成无线电台站核查工作任务。全省台站数据库A库中录入设台单位550个，各类无线电台站67253个，B库中录入设台单位198个，各类无线电台站62666个。二是加强无线电频率台站数据库建设，做好无线电频率台站数据月报工作。完成频率台站管理软件4.0的部署、测试及验收工作。在软件测试中解决软件部署运行、数据批量入库和软件具体功能应用等问题，支持台站数据核查工作，完成全省1:50000比例尺电子地图数据库的升级更新，太原市1:2000比例尺地图的制作工作。2012年省、市无线电管理机关制定月报工作制度和上报流程，保证上报时效性、报告内容全面性和数据准确性。全年共整理台站数据统计月报66

期，编写无线电频率台站数据报告6期。三是开展对在用无线电发射设备检测工作。2012年检测各类无线电台4766部,通过检测掌握在用无线电台站的发射技术参数,力争从源头上杜绝干扰的发生。四是查处非法设台行为。全省全年共查处非法设台52起，没收设备25部，暂扣设备32部,封存设备15部。大同市、晋中市管理处成功查处非法设置的调频广播电台。五是推动台站管理制度化、科学化。在台站审批制度化,日常监督检查常态化,干扰排查程序化,违章处理规范化,以及对申请报停无线电台进行现场查验封存等方面有新进展。六是引导业余无线电爱好者有序地开展活动。各级无线电管理机关制定中继台使用规则,要求专人负责监督管理和维护,由指定的主控台主持,业余爱好者积极参与。使广大业余无线电爱好者了解通联规则，增强集体观念,强化团体意识。并利用业余无线电爱好者年会和无线电管理宣传月平台，引导业余无线电爱好者健康、有序地开展业余无线电活动。

(马庆彪)

【空中电波秩序维护】 一是查处无线电干扰。通过连续几年对各类非法设台的清查,山西省无线电干扰数量呈下降趋势,民航专用频段电磁环境得到改善,干扰明显减少。全年共受理干扰投诉44起,查处44起。二是加强无线电监测工作,完善重要业务专用频率保护长效机制。继对航空、铁路无线电专用频率建立长效保护机制后,2012年对广播电视、人防、防汛、抗旱等专业频率也建立保护长效机制制度,全年基本没有发生对这些业务的干扰。三是完成重大任务无线电安全保障工作。2012年全省累计监听监测37288小时。完成国家无线电办公室下达的监测任务,对民航、铁路、广播电视等专用频段进行保护性监测,将监测数据与台站数据库进行对比,建立监测数据库。完成春节、“两会”和十八大期间的24小时监测值班任务。保障太原国际马拉松比赛直播、指挥调度、安保等用频安全,有关市管理处对英国等国际自驾旅游团队在山西期间使用的频率进行专项保护性监测。四是查处卫星电视干扰器。全省全年共查处卫星电视接收干扰17起,拆除卫星电视干扰设备14套。五是防范和打击利用无线电设备进行考试作弊。高考太原考区连续两年没有发现无线电作弊信号,各市县也呈下降趋势。2012年共出动人员2958人次,车辆854辆次,设备1478套次,完成高考、研究生、注册会计师、医师资格、造价师资格等14类考试的无线电安全保障工作,共发现作弊信号731个,查处242个，逃逸121个，压制阻断368个,查获涉案无线电发射设备236台(套),抓获作弊人员226人。六是无线电频谱监测统计报告制度有发展。2012年全省共编写频谱监测统计报告132期，存储监测数据24763小时,归纳总结各市频谱监测统计月报120份,评审各市频谱监测统计月报审阅单120份,全面反映全省无线电监测工作情况,得到国家无线电管理机构和省军区首长的好评。七是推动西部区域电磁环境调研及电磁环境评估。6月,邀请宁夏、陕西、内蒙古、青海四省无线电监测站站长及有关专家在太原市召开西部区域电磁环境调研工作研讨会,讨论西部区域电磁环境调研方案和调研软件的功能架构,对构架、功能、标准设定、数据导入、网络建设以及和现有数据库的融合等提出具体要求。7月,在大同市召开西部区域无线电管理工作协调会,会议讨论通过开展西部区域电磁环境调研项目,议定成立西部区域电磁环境调研工作领导组和测试工作组。10月,印发山西省西部区域电磁环境调研实施方案和调研成果模拟方案,西部区域电磁环境调研项目按照计划稳步实施。 (马庆彪)

【队伍建设与管理创新】 2012年共举办各类培训班7期，参训人员达400人次以上。先后派出近百人次,分别参加国家无线电办公室、国家无线电监测中心等单位主办的综合业务、频率台站管理、监督检查、财务管理及无线电新技术、新业务培训。先后举办4期全省无线电监测技术培训会议,开展无线电监测测向技术训练和业务考核，检验新配设备的性能。省测向队按照训练计划，从体能、徒步测向、监测车测向、理论学习等多个方面全面提高队员的综合素质,全年累计举行综合训练3次,每个队员训练平均达20天以上。各市管理处针对安全监管保障任务、监检测设备配置和人员现状,全年组织无线电监检测设备培训576人次。 (马庆彪)

【“十二五”规划】 2012年,山西无线电建设按照山西省无线电管理和电磁频谱管理动员“十二五”规划方案,启动高山无线电监测站建设项目。经实地勘察调研和技术论证,完成全省高山监测网的规划,确定第一期在朔州洪涛山、运城孤峰山、忻州五台山建设高山站,完成高山无线电监测站设备采购和基础技术设施建设。完成PR100便携式监测测向设备、电磁环境自动化测试系统、3G基站检测系统以及无线电信号压制系统升级改造建设项目。加强设备管理工作,在强调安全管理的同时,强化对设备运行、使用率的监督管理,对全省无线电管理技术设施的管理运行情况进行专项检查。 (马庆彪)

【军地协调融合发展】 2012年深化电磁频谱管理领域的军地共建、共享、共管机制。牵头成立以军、地电磁频谱管理部门主要领导为主,吸收交通、通信、广电、民航、公安等相关部门主要领导参加的电磁频谱应急抢险行动工作领导组,负责电磁频谱管理动员的统一指挥和综合协调,形成一个比较完善的省、市两级电磁频谱管控技术保障体系。对临汾陆航学院飞行训练团进行电磁环境测试工作,为用频单位分析评估电磁环境和建立设备用频安全保护工作提供技术依据。多次组织参加省军区举行的装备展示和演练活动，特别是山西省“探索—2012”综合防卫国防动员指挥演练活动,由于在电磁频谱管理军民融合发展方面成绩突出,北京军区首长对山西省在信息化作战条件下,重视电磁频谱管理工作给予肯定。

(马庆彪)

·通信行业监管·

【简述】 2012年,山西省电信业务总量完成308.98亿元,位列全国第12名,同比增长10.78%;电信业务收入完成255.07亿元,全国排名第18位,同比增长8.41%;固定资产投资完成94.23亿元,全国排名第16位,同比增长15.53%。全省电话用户数达3449.78万户,比2011年净增320.65万户。其中固定电话用户685.22万户,全国排名第17位,移动电话用户2764.56万户(3G用户547.6万户),全国排名第18位;固定电话普及率、移动电话普及率分别为19.99部/百人和80.66部/百人,分别居全国第16位和第19位。互联网宽带接入用户数达504.78万户,全国排名第15位。(武雅明)

【电信市场监管】 2012年山西省年检审核经营增值电信业务单位省内197家、跨省1262家,发放经营许可证29家,办理跨地区增值电信业务备案47家。2012年对基础电信市场中低价倾销、业务绑定、校园恶性竞争等不规范营销问题进行处理,对18家增值业务经营单位进行集中整改,清理订制关系不明确用户7802户,退还用户费用17万元。停止两家涉嫌手机内置吸费软件的增值业务单位在山西省的相关业务。打击垃圾非法短信,清理无效企信通用户9450家,关闭互联网服务提供商SP端口、自用业务端口和测试等无效端口企业35个,对公安部门认定的113个发送违法短信息的手机号码停止通信服务。引导企业提升技术手段,提高治理点对点垃圾短信水平。检查电信用户实名制执行情况,规范企业实名登记工作操作流程,加强企业对业务发展渠道管理,确保电话用户实名登记工作有效实施。全省纠正电信领域侵害消费者权益问题专项行动取得初步成效,在国家六部委检查中获得肯定。(武雅明)

【网络安全管理】 2012年开展网络安全保障自查、抽查和交叉检查工作,加强网络安全防护,组织抽测18个网络单元,完成396个网络单元的书面备案,对企业所有网络单元、作业现场开展复合评测。加强短消息和互联网网间通信质量检测,推动多重路由、多重节点、负荷分担、自动倒换的网络架构保护建设,在全国较早实现一级干线自动倒换功能,供电、发电设备实现集中监控。开展网间关口局容灾演练和桌面推演、互联互通第三方迂回路由数据制作及应急演练,推进电信网络、供电系统、机楼消防安全监管等管理办法贯彻落实,保障全省电信网络运行的可靠、稳定和畅通。(武雅明)

【应急通信保障】 2012年制定应急通信保障方案,完成各项保障任务。完成国家通信网应急指挥调度系统山西分中心建设,全面启用视频会商指挥调度等功能。制定出台每日零报告、信息报送和日常拨测等工作制度。建立健全省机动通信局工作机构和职责,理顺与各部门的协作关系。推动全行业和省政府有关部门共同建立预警发布平台和地震应急新闻联动发布工作机制。组织电信运营企业先后参加山西省综合防卫指挥演练和工信部跨省应急通信演练,完成晋中森林火灾、“7·21”特大暴雨等多项应急保障工作。(武雅明)

【宽带普及提速工程】 2012年3月,工业和信息化部召开全国电视电话会议,全面启动“宽带普及提速”工程。6月18日,山西省举行“宽带普及提速工程”及“信息家园·宽带生活”示范村建设启动仪式。省政府要求以“建光网、提速度,促普及、扩应用,降资费、惠民生”为总目标,加强组织领导,加强沟通协作,加快建设“宽带山西、无线山西”,促进信息化与工业化深度融合,以优异成绩迎接党的十八大胜利召开。全省成立宽带普及提速领导机构,组建测试工作组,建立市级通信建设联合办公室。省通信管理局联合省经信委等八厅局印发实施意见,联合省残联制定全省落实公益机构宽带接入普及实施方案,联合省公安厅、省住建厅开展加强通信设施安全保护、严厉打击违法犯罪活动,编制山西省住宅小区通信配套设施建设标准。截至2012年年底,全省光纤到户(FTTH)覆盖家庭用户294.85万户;固定宽带接入用户数476.08万户,其中4M以上用户数255.08万户,占54%;无线局域网(WLAN)公共运营接入点(AP)数32.42万个。实施“万村通宽带、万户提光速、万校给优惠、万企促应用”工程,加快宽带向建制村的普及提速。与省经信委、省科协联合出台加快全省信息通信小康村建设的实施意见,明确电话用户普及率指标、宽带使用率指标等七项信息小康村评价指标。组织山西联通、山西移动完成1578个建制村通宽带任务,全省28172个建制村全部通宽带,成为全国第12个实现行政村通宽带的省份。(武雅明)

【电信基础设施共建共享】 2012年山西省共建共享资源数据库系统正式运行,组织完成新高校教育园区通信设施建设整体规划。开展管道、杆路及其他资源违规占用的集中清查活动。截至2012年底,全省累计共建铁塔4867座、杆路2965杆千米、基站6365座、传输线路11518千米、管道8558孔千米、室内分布系统433套,共建率分别达92%、69%、67%、83%、97%、85%。累计共享铁塔6152座、杆路19461杆千米、基站6290座、传输线路19797线路千米、管道1190孔千米、室内分布155套,共享率分别达83%、91%、83%、89%、88%、100%。全面推进行业节能减排,2012年山西省通信管理局被省劳动竞赛委员会记集体一等功。(武雅明)

【三网融合试点】 2011年12月30日,山西省太原市被国务院列入三网融合第二阶段试点名单。全省成立通信业推进三网融合工作领导小组,各省级企业及试点企业成立相应的组织机构,为推进试点地区三网融合提供组织和制度保障。编制三网融合网络信息安全技术管控平台建设方案,组织各电信运营企业分别制定太原市三网融合试点实施方案。三网融合不断进展,2012年全省发展手机电视

(CMMB)用户48.3万个,网络电视(IPTV)用户6.9万个。(武雅明)

【电信资费管理】2012年开展对互联网宽带资费价格的评价监测,实施公众客户资费套餐执行情况的分析评估工作机制。拟定山西省高校新校区太榆校际通电信资费优惠方案并取得省政府批复。全省电信资费市场化改革深入,电信资费逐年走低。全年共审批备案电信资费方案89件,清理关闭电信资费方案19种、102档,清理下线电信资费方案近40档。全省电信资费套餐方案总体数量得到有效控制,在售电信资费方案共553档,同比下降4.33%。(武雅明)

【电信资源管理】2012年全年批复、备案电信网号码909个,对479家单位使用的549个短号码开展年度审查,有效规范使用行为,完成585万余元码号资源占用费的征收缴工作。截至2012年底,全省共有电信网码号资源数据信息14636条,其中固定网短号码3965个,固定电话网局号3097个,移动网短号码768个,移动电话H码5359个,SP代码315个,智能网业务号码323个,数据网网号11个,分组交换网码号46个,NO.7信令点编码752个。(武雅明)

【通信建设管理】2012年受理外省入晋企业备案105家,概预算资格申请822人,初审监理工程师26人,概预算人员资格变更69人。截至2012年底,全省具备相应专业资质的企业127家,颁发各类资质证书138个,其中施工企业10个、系统集成71个、用户管线46个、监理3个、设计7个、招标代理机构1个。评审通报电信运营企业三年滚动规划。加强通信建设资质动态考核,抽查通信工程项目135项,通信工程实体78项。安全生产专项督查对全省通信局站809个在用防雷系统进行分工检测。规范通信建设市场工程款和职工工资支付行为,签署职工工资保证金协议235家。发挥通信设计施工委员的桥梁纽带作用,组织开展走进北大高级研修活动,举办工程概算预算、安全生产等各类培训班7期,1538人参加。开展2012年度省部级优秀通信工程设计奖和优质通信工程奖评选,评出优秀通信工程设计奖24项,优质通信工程奖40项。(武雅明)

【纠正电信领域侵害消费者权益问题专项行动】为贯彻落实2012年全国纠风工作会议精神,工信部联合国家发改委、公安部、国资委、工商总局、国务院纠风办等部门决定2012年7月至12月在全国范围开展纠正电信领域侵害消费者权益问题专项行动。2012年10月,山西省通信管理局联合省物价、公安、工商、纠风办对全省专项行动自查自纠情况进行联合检查和验收,检查表明,全省专项行动取得成效。一是整治违规收费、恶意误导消费者等突出问题,消费者申诉处理机制进一步完善。省工商部门12315数据显示,用户关于电信服务和收费方面的投诉、举报明显下降;省通信管理局12300用户申诉受理中心2012年7~11月共接到用户有关电信服务申诉案件237件,同比降低33.24%。二是规范电信收费行为。对存在营销不规范的18家增值业务公司发出责令整改的通知,共清理定制关系不明确的用户7802户,退还用户费用17万元;规范用户账单格式,清理资费套餐,全省共梳理停止发展新用户电信资费套餐方案2242多档,套餐数量减少80%。三是提升电信企业服务水平。在资费套餐设置上,打造单业务产品套餐,供用户自由选择、搭配;在明码标价上,使用物价局统一的商品销售标签,清晰、准确的标注手机价格;在资费公示上,网上营业厅资费公示区完整清晰,现行的在售资费标准和套餐按照相关要求明确公示。另外,为提升用户感知,企业根据用户的开户日期确定灵活账期,缓解以往月初为账期时,业务办理等待时间长的问题。11月26日,由工信部、公安部、国务院国资委、国务院纠风办等有关部门组成的联合检查组到山西检查工作,给予充分肯定。(武雅明)

【通信行业技能大赛】2012年10月18日,山西省通信管理局、省人力资源和社会保障厅、省总工会联合在太原举行第二届全省通信行业(移动杯)职业技能大赛。大赛适应通信业发展新形势分话务员、数据网维护员两个工种进行,内容分理论知识和操作技能两项进行考核,有7个代表队(话务员职业4个、数据维护3个)、68名队员参加竞赛。大赛对获得前六名的选手分别颁发"三晋技术能手""山西省'五一'劳动奖章""山西通信行业技术(业务)能手"、技师(业务师)职业资格证书等称号和证书。

(武雅明)

·山西电信·

【简述】2012年,中国电信山西分公司围绕"以创新和服务双领先推动规模发展"这一主线,提高企业增长质量和效益。实现业务收入19.68亿元,比上年增长22.46%;2012年底公司总资产达53亿元;用户总数达310万户。

山西分公司围绕深化电子政务信息化建设、提升市场监管及社会管理能力、加速公众服务信息化建设、提升综合性基础能力等四大方面加快信息化应用项目合作,逐项推进与省政府战略合作协议落地。2012年,承接省委党务内网建设项目,完成80余个厅局委办单位的线路建设、软件设计和系统调测等工作,实现高速的专用线路接入和可靠的党务信息报送,受到省委高度赞扬。

大中专校园市场营销重点以"天翼飞YOUNG"品牌为引领,扩展翼机通院校优势,以3G差异化营销拉动智能机用户规模发展,全省实现接入学校147所。参与全省15000多所中小学宽带接入项目,提升校园信息化应用水平。

推进智慧矿山行业应用的营销。在中煤平朔煤矿建立以"智慧矿山"为代表的煤炭行业信息化应用,是全国首个基于CDMA专网的、同时覆盖井上井下融合通信的重点样板。2012年第四届中国(太原)国际能源博览会期间,与煤销集团、同煤集团、

3月5日，中国电信山西分公司与中共山西省委办公厅签署通信线路合作协议 （赵 苇提供）

晋煤集团等世界500强和全国500强企业签署合作协议。

面向老年人居家养老推出健康老人手机。到2012年底省城太原有2.4万余名社区老人享受到中国电信居家养老服务带来的便捷和健康。同时在太原、临汾等地市基于电信宽带网络组建医保、社保服务网络，服务全省200多家医疗机构。 （赵 苇）

【服务质量和客户感知】 强化3G服务，开展3G应用辅导体验和客户俱乐部活动，提升客户使用感知，2012年3G服务标准达标率达98%以上。提升宽带服务，建好"96100信息化专家热线"，为客户解决使用问题；落实宽带七项维系规定动作，提高宽带客户到期续约率。开展服务细节优化，通过客户消费行为分析，研究6类客户服务感知，归类29项服务优化关键点，完成服务优化设计和流程再造。全省客户满意度较上年稳中有升。2012年综合客户满意度86.55分，较上年提高0.54分，同业排名由第三上升为第二。手机满意度全省同业排名由第三上升为第二，宽带满意度全省同业排名保持第二。阳泉、忻州、运城、临汾分公司实现手机、宽带满意度同业排名第一。 （赵 苇）

【网络建设】 山西电信2012年提升移动网络能力。重点抓好无线网疏忙补盲，在2G网络覆盖率较大程度提升的同时，3G网络覆盖广度、深度、连续方面继续保持优势。市区覆盖率达99.8%，乡镇覆盖率达100%，高速公路1X覆盖率达99.8%。推进FTTH光纤宽带建设，新增覆盖住户较上年增长40%；其中FTTH覆盖占比达41.1%，顺利实现网络转型，保持竞争优势。按照工信部"宽带提速普及工程"要求，制定《中国电信山西分公司宽带提速普及实施方案》，明确本年度宽带提速普及的4项目标；至年末，各项指标均超额完成，其中4M以上宽带用户占比由年初14.83%提升至51.87%。 （赵 苇）

【运行维护】 2012年山西电信公司从客户感知入手剖析宽带安装和保障涉及的各个环节，找到影响客户感知的各个关键点，组织开展"宽带维护专项整治行动"、扩容省市网络出口带宽、优化承载网络结构，优化FTTX业务开通和故障处理流程，宽带网络质量明显提升。宽带故障申告率由10.94%降低至9.57%；宽带用户投诉率由5.75‰降低至4.17‰。

党的十八大通信保障期间共出动通信保障值班人员1470人次，现场通信保障人员111人次，通信保障备勤车辆14台次；将党政军及金融、交通等涉及国计民生的重要用户共5家的19条长途专线、本地专线等业务纳入重点监控和保障，达到网络运行正常，无重大通信故障发生。

（赵 苇）

【"智慧城市"建设】 2012年12月4日，中国电信集团公司与山西省人民政府在太原市签署"智慧城市"战略合作协议。副省长任润厚、中国电信集团总经理杨杰代表合作双方签署协议。省政府15个推进"智慧城市"建设工作相关厅局的副厅级以上干部出席。

按照协议，双方将围绕智慧政府、智慧民生、智慧产业三个领域，建设"更透彻感知、全方位互联、高度智能化"的山西省智慧城市群。山西省人民政府将支持中国电信公司在山西省的业务发展，推动相关委办厅局和地市政府、地方企业与中国电信全面合作，加强资源统筹和部门协调。中国电信公司将山西省作为网络建设、技术创新、业务发展和应用推广的重点区域，加大资源配置力度，提升全省信息化总体水平。 （赵 苇）

【任润厚到山西电信调研】 2012年9月20日，副省长任润厚一行到山西公司调研。其间，任润厚听取工作汇报，先后考察10000号、网络操作维护中心和信息化机房，与一线员工进行交谈。

任润厚对下一步工作提出三点要求：一是进一步发挥技术优势，加快山西信息高速公路建设，大力发展综合信息服务，加快推进工业化和信息化融合；二是加快行业信息化步伐，尤其是加快中小企业信息化步伐，提升服务质量，提高管理效率，服务中小企业发展；三是结合山西能源大省的特点，在煤炭行业信息化和矿山安全管理上攻关、克难、破题，构建矿山井上井下一体化通信网络。

（赵 苇）

·山西联通·

【简述】 2012年，山西联通公司按照"识大局、增信心、鼓干劲、快提升"的要求，各项工作推进，主营收入、市场份额、利润提升。截至2012年底，主营收入累计完成75余亿元，同比增长9.09%，其中，3G收入同比增长87.90%，成为拉动主营收入增长的强劲动力；宽带收入同比增长11.31%，2G收入同比下降8.97%。创新型业务取得突破，移动数据业务占收比42.08%，数据网元收入同比增长21.44%，中国联通北十省第一。

（黄云霞）

【本地网体制改革】 一是完成省市分公司职能部门岗位人员配置优化。全口径人员比例达市场58.6%、网络（含信息化）33.9%、综合7.5%，一线营销队伍得到充实。二是建立以454个网格和113个行业销售部为单元的全客户市场营销体系。管理上移，资源下沉，向扁平化管理转型。三是建立本地网内以135个中心和337个网格维护站为单元的专业化维护体系，促进市场需求与网络能力匹配。四是资源配置向网格倾斜。实施以网格为中心的投资项目一体化名单制规划和评价、实施体系。本地网内营销费用中广告宣传费按75%配置网格，用户维系成本、用户接入成本、宽带终端设备成本、用户获取成本4项费用全部配置网格。五是完善全省统一的电子商务营销体系，在全国率先开展互联网预约受理宽带业务。完成网格化营销体制改革、光速城市改造等的信息化支撑工作。（黄云霞）

【大服务机制完善】 2012年，山西联通公司从全客户多渠道的服务支撑入手，完善前后台联动体系。一方面提高网络能力。新增3G基站3776个，达10110个。2G基站达13100个。室内系统到达3148套。WLAN覆盖热点达2026个。新增宽带接入63.41万线，达554.57万线，其中FTTB/H接入达243.78万线。另一方面是围绕“两个服务承诺”，着力改善基站断站和宽带装移修短板，开展“3G和宽带网络服务提升”大会战、“网络提质、服务提升”竞赛活动。2012年W网通信质量投诉量下降30.22%，G网通信质量投诉量下降33.85%，宽带网通信质量投诉量下降43.19%。开展网络优化，解决覆盖类、干扰类、速率低等问题点8307处。完成集团客户响应售前技术支撑1312件。以电子化多渠道为抓手的窗口服务改善，特别是营业厅客户的“排队等待时长”和“临柜办理时长”大为缩短。（黄云霞）

【基础管理】 一是开展管理提升活动，2012年围绕14个专项提升，重点从7方面梳理56个短板问题，制定具体改进方案，实施8项重点突破。二是以三年规划为主导，提升各专业及前后台联动机制。三是完善5个专业线成本定额和对标工作。完善执行全年滚动成本预算制。推进物资采购公开招标工作，实现集采物资份额分配公式化，盘活库龄一年以上物资2583万元。创建合同综合管理系统和法律纠纷管理系统，开展重大决策法律审核论证、风险评估及预警，完善内控规范，防控纠纷与风险。四是开展反腐倡廉惩防体系建设，制定7方面的规章制度，严格执行“三重一大”决策制度。实施31项效能监察项目。五是召开中国联通山西省分公司第一次代表党员大会，开展“创先争优”“保持党的纯洁性学习教育”“基层组织建设年”和“树标杆、选标兵”等活动。推进员工关怀工程，组织劳模、先进和一线员工共880名参加疗休养，慰问困难员工629名。（黄云霞）

【重要通信保障】 6月16日，按照集团公司统一安排部署，执行“神九”发射重要通信保障任务。省公司总经理苏宝合、副总经理于长安直接指挥；省网络分公司运行维护部、网络管理中心和维护中心负责人分别在现场值班。经协调，太原东山高速公路在“神九”发射当天全线停工一天，保证呼北光缆安全。沿线各级机务部门严守工作岗位，密切关注设备和系统的运行状况。“神九”发射期间，公司通信保障的电路、系统、设备和光缆全部运行正常。

2012年，山西联通完成“全省高速公路2012决战1000公里突破5000公里誓师动员大会”现场直播通信保障任务。为保障誓师动员大会现场直播成功，省公司、临汾市分公司迅速完成线路管道铺设、应急通信车辆部署、线路开通等工作。大会开始前，实现与山西电视台的卫星直播车对接。（黄云霞）

【联通与山西证券战略合作】 7月10日，中国联通与山西证券股份有限公司在山西签署战略合作框架协议，副省长任润厚，中国联通总经理陆益民、副总裁朱立军，省政府副秘书长白秀平，省通信管理局局长刘永斌，山西证券股份有限公司董事长张广慧、总经理侯巍，山西联通总经理苏宝合，副总经理张保英、张开云、李晓龙等出席签约仪式。根据协议，将实现双方资源的整合和跨行业的协同发展，发挥双方各自行业资源和技术优势，提高山西证券信息通信应用水平。双方在数字电路、互联网专线、视频会议、呼叫中心、移动办公等方面开展业务合作，下一步将重点在手机炒股、IDC/EDC、客户及渠道资源共享方面加强合作。（黄云霞）

【联通中标检察院信息化项目】 2012年8月，山西联通经过持续的项目跟踪与营销，中标山西省检察院综合信息化建设项目，合同期10年，年收入1400万元。该项目组建覆盖省、市、县的检察院专线网和数据中心，实现语音、视频、数据三网合一的检察院信息化综合系统，推动检察业务网络化和规范化，提高办案效率和质量。同时，还为全省检察机关开发辅助办公移动系统云孵化平台，并组建全省综合语音VPN，通过实现全省检察系统移动办公，促进全省检察系统3G整体转网。（黄云霞）

【3G终端服务专家坐席】 2012年为提升客户认知度和服务满意度，满足在网3G客户对于智能终端方面的个性化服务需求。山西联通公司专门在10010客服热线开通“3G终端服务专家坐席”，为3G客户提供在线终端同步操作指导、功能使用方法解析、ITUNES软件连接操作指导、终端类疑难故障在线排查等业务咨询，对客户的咨询热点、服务需求进行跟踪和

深入分析。 （黄云霞）

【"国寿 e 家"在全国率先开通】 4 月 25 日，山西联通太原市分公司成功为山西国寿开通"国寿e 家"。"国寿e 家"是中国人寿保险股份有限公司使用中国联通无线虚拟专用网业务，依托于 WCDMA3G 高速网络和 APN 技术，实现保险业务在线投保录入、出单、核保、收费、客户管理等一系列移动化营销手段，为用户构建高速、稳定、安全可靠的无线数据解决方案，增强中国人寿销售队伍转型和专业化销售能力的信息化工程。"国寿e 家"的成功实施，使山西国寿成为全国首家开通"国寿 e 家"的分公司，同时为分公司实现 3G 行业应用项目 2300 户用户的落地，年带来收入 120 万元。 （黄云霞）

【农村气象灾害防御信息化建设】 6 月 26 日，山西省气象局和山西联通在长治召开全省农村气象灾害防御体系信息化建设推进会暨长治市气象大喇叭村村通工程首播仪式，山西省气象局局长杜顺义，山西联通总经理苏宝合，副总经理张保英、李晓龙，长治市副市长马四清等参加会议。会后组织参观长治县荫城镇荆圪道村和西火镇庄子河村气象信息服务站的建设情况，对农村大喇叭和气象预警系统进行了解。项目结合各行政村的大喇叭，通过固定电话、手机短信等方式建立覆盖面广的气象灾害预警信息发布网络。主要采取"固定电话+移动电话+农村大喇叭+商信通"的方式，并在每个村配备一名气象员。其中，长治市气象局主要负责 2500 个行政村的触发器终端的配备和气象预警终端通信费；分公司负责投资建设气象语音自动播报系统、语音合成系统升级、固定电话安装、气象预报反馈平台、气象预警终端等。项目可带来 120 万元年收入，并实现农村固话市场保有和 2G 市场拓展。 （黄云霞）

【党的十八大通信保障】 2012 年山西联通完成十八大重要通信保障。一是领导现场带班。11 月 8 日上午十八大开幕期间，山西联通总经理苏宝合在省网管中心核心网监控大厅现场指挥全省通信保障工作；副总经理于长安在太原一枢纽保障一线带班。二是全省成立保障工作机构。省公司有通信网络安全、网络信息安全、安全保卫三个保障工作组；11 个市分公司和省线路维护中心全部成立相应保障工作机构。三是开展网络隐患排查整改工作。开展现网设备隐患排查、大客户网络隐患排查、IDC/专线接入业务全面排查、安全生产重点部位等四类隐患排查，对排查出的问题全面整改；组织 15 个主设备厂家在 10 月底前完成设备巡检工作。四是开展全省十八大通信保障工作检查。省公司对全省 15 个单位的12 个专业、17 项维护工作进行全面检查；各市分公司和省线路维护中心也进行检查，问题都得到整改落实。五是加强长途干线光缆维护管理。对全省 1880.45 皮长公里的一干代维光缆进行全方位的巡回，对施工影响地段全部进行不间断盯守，确保干线光缆的安全畅通。六是开展应急预案演练和推演工作。省网演练涉及交换、传输等 6 个科目，11 个本地网按本地交换、传输、线路、电源、移动、客户响应等主要专业分别组织桌面推演，检验各级通信保障应急预案的可操作性。

（黄云霞）

·山西移动·

【简述】 2012 年，中国移动山西分公司按照"转型突破、深入推进、全面提升"的发展思路，推进宽带山西及数字山西建设，企业持续发展。

截至年底，公司所服务的客户总数达 2300 万户，3G 用户数超过 220 万户。3.2 万个营业网点遍布全省。

公司 GSM 网络覆盖遍及全省 100%的行政村、99.5%以上的道路和 99%以上的铁路；TD 网络实现全省所有县级以上城市的连续覆盖；WLAN 热点总数达 31.5 万个；全年新增光缆近 5 万皮长公里，光纤传输网络总长度达 33.9 万皮长公里，通达 100%的乡镇和 90%的行政村。

倡导标杆复制、促进管理提升，企业管理红利开始显现。TD 网络健康度列集团第一，TD 网络分流健康度列集团第二，WLAN 网络流量发展健康度列集团第六；"全程全网的客户服务流程""广告管理模式优化和广告效益提升"两项工作作为标杆在全国推广。客户满意度排名集团第二，数据流量客户满意度列集团第一，热线满意度排名集团第二。

2012 年公司缴纳税金 16 亿元，向社会提供就业岗位 10 万余个；实施村村通工程，建设基站 1379 个，铺设光缆 2.4 万千米，使全省 4087 个偏远农村开通电话；出资捐建 20 余所希望小学；连续 3 年，与共青团中央联合举办 MM 百万青年创业计划大赛。2012 年，连续第四年获"全国电信客户满意企业"称号；连续第八年获"山西省消费维权先进单位"；连续第八年在省通信管理局组织的满意度测评中获第一。 （纪红兵）

【网络建设】 2012 年，中国移动山西公司累计投资 47 亿元用于通信网络建设，新建 GSM 网络宏基站 3600 个，网络覆盖全省 100%的乡镇、100%的行政村，以及 99.5%以上的道路和 99%以上的铁路。

实施 TD-SCDMA（以下简称 TD）网络的建设运营，2012 年新建 TD 网络宏基站 800 多个，总数超过 8000 个，实现全省所有县级以上城市的连续覆盖，为用户提供高速的3G 网络体验。截至年底，中国移动山西公司 GSM、TD 基站总数超过 3.5 万个。光纤传输网络总里程达 32 万皮长公里，居于全国领先水平。提升 CMNET 网络数据业务带宽能力，构建综合业务接入区，CMNET 出口带宽达 400G。加大对业务网、支撑网的投资，新增局房面积 5 万余平方米，业务接入半径缩小至 1 千米内。

加大网络基础建设的同时，将通信网络的优化维护放在重要的位置，提升客户感知。推进四网协同，实施 GSM、TD 及 WLAN 网络的协同优化，开展室内覆盖竞赛，开展"工兵行动"、WLAN 优化整治等活动，促进网络质量提升。在中国移动集团公司开展的网络评估中，山西公司 TD 网络健康度名列全国第一，分流健康度名列全国第二，WLAN 发展健康度名列全国第六，三网流量发展健康度名列全国第四。2012 年高质量完成“十八大”网络与信息安全保障任务，被集团公司授予“突出贡献奖”。（纪红兵）

【大众信息化】 2012 年，中国移动山西公司加快宽带网络布局，新增热点 2 万余个，热点总数达 3.1 万个，AP 总数达 31.5 万个，网络规模排名全国第二，实现对机场、车站、高校、宾馆、大型会展中心、商场等主要数据业务热点区域的网络覆盖，同时优化网络结构，提升 WLAN 网络质量，为全省用户提供无线上网飞速体验。加大 IDC（互联网数据中心）基础设施建设，加快优质内容资源引入，提升山西省互联网用户网站访问速度。加快实施村村通宽带工程，完成 600 个行政村的建设任务，4 兆以上带宽客户达 34 万户。

截至 2012 年，山西公司手机上网用户超过 1300 万。共上线便民、政务、医疗、交通、旅游等九大类 1300 余项应用，全年访问次数达 2300 万人次。（纪红兵）

【行业信息化】 2012 年山西移动在环保执法、污染源监控、煤炭票据中心、E 矿山、物流信息平台、高速交警卡口、新农合项目、智慧旅游、文物局安防监控、移动办公等信息化建设中取得进展，先后建成省发改委政务外网、省综治委信息化平台、太原数字城管、长治出租车信息系统、山西师大数字校园等一批信息化项目。共为全省 8.8 万家集团及政企客户提供信息化服务。

推进物联网发展，在电力、交通、环保等行业实现规模应用，电力抄表、车辆定位、环保监测等终端用户达 20 万户。（纪红兵）

【客户服务】 2012 年，山西移动客户满意度保持行业领先。

山西公司从服务管理、窗口服务、投诉处理、问题解决、服务传播等五方面推动服务模式转型，2012 年推出 20 项优势服务举措。服务中建立产品质量管理体系，对全省 99 项产品实施全面质量管理，实现产品质量管理模式从“生产指标推动”向“客户感知推动”的转变。明确业务服务标准，加强投诉一体化运营管理，完善营业厅服务标准、VIP 服务规范等制度，通过全球通 VIP 大讲堂、电话经理专属服务等措施，开展热线服务专项提升工作。“灵活账期”、营业无纸化、客户信用服务体系等差异化服务举措在全省得以推广。在中国移动集团公司举行的满意度调查中，中国移动山西公司热线满意度排名全国第二，新业务质量满意度排名全国第五，流量客户满意度排名全国第一。（纪红兵）

【企业管理】 2012 年山西移动从流程制度入手，提升企业标准化、规范化、集中化管理水平。全面优化关键运营领域的 98 项重点内容、165 条流程和 46 项制度，建立流程监控平台，提升 OA 运转效率。完善集团专线快速通道等流程，客户需求得到更快响应。

优化人力资源管理制度，先后出台并落实职位、薪酬、绩效、培训、招聘等多项制度办法。加强经理人员及专家人才队伍建设，建立大 H 员工职业生涯发展通道，实施各类培训近三万人次。加强全面预算精细化管理，实施成本标杆管理，提高资金使用效率与效益。加大安全生产及保密工作监督检查力度，杜绝重特大安全事故及失泄密事件发生。

开展精神文明创建活动，宣传落实“晋善”文化，持续开展 EAP 计划，增强企业活力，缓解员工压力。加强党风廉政建设，查办违纪违规案件，营造风清气正的企业氛围。

2012 年，段李娟、刘韶霞分别夺得全国女职工岗位创新技能大赛（话务员工种）决赛第一名和中央企业职工技能竞赛（电信营业员工种）决赛第一名，三个基层单位和个人分别获“全国五一劳动奖状”“全国五一劳动奖章”“全国工人先锋号”。（纪红兵）

【社会责任】 2012 年，山西移动公司在省内交纳税费超过 16 亿元，占通信行业的 80%以上。

实施村村通工程，解决 600 个行政村通宽带。实施应急通信保障，先后完成世界晋商大会、森林火灾、防汛抢险等重大活动及事件的应急通信保障，提供各类应急通信保障106 次，出动应急车 498 车次，应急通信人员 4376 人次。支持平遥国际摄影大展、跤王争霸赛等文化体育活动。建设 15 个大学生就业见习基地，为万名学生提供就业见习机会。2012 年继续实施手机淫秽色情专项整治及垃圾短信治理。（纪红兵）

财 政

【财政宏观调控加强】 1. 推进转型综改区建设。实施“转型综改试验区建设”财政部门专项行动方案和财税专项实施意见，支持22个产业转型园和科技创新园建设，对“一市两园”基础设施改造、公共服务体系建设和园区转型项目，给予财政奖励、贷款贴息或投资补助；建立园区资源综合利用企业认定绿色通道，确保符合条件的企业全面享受国家资源综合利用产业税收优惠政策。争取财政部支持，设立太原武宿综合保税区。支持第四届中国(太原)国际能源产业博览会、首届晋商大会和其他招商引资活动成功举办。外国政府和国际金融组织贷款利用力度进一步加大，山西省政府与财政部签订清洁发展机制基金战略合作协议。

2. 确保结构性减税政策执行到位。将增值税、营业税起征点提高至国家规定上限，对小微企业减半征收企业所得税并扩大政策覆盖范围，清理取消9项行政事业性收费，共计减轻企业负担10亿元左右。

3. 支持重点工程建设和节能减排。通过盘活资产权益、注入一定资本金等方式调动建设主体投资积极性，全年累计筹措各类资金396亿元，有力支持山西省公路、铁路、大水网等重点工程建设。拨付资金27.54亿元，支持重点节能工程建设，完成北方采暖区既有居住建筑节能改造1200万平方米，新增可再生能源建筑应用面积300万平方米，对淘汰落后产能项目给予补偿，支持实施节能重点循环经济、资源节约重大示范项目及重点污染治理工程，推进全省65个黄河、海河流域县及重点镇的城镇污水处理设施配套管网建设，强化重点行业、重金属污染防治和主要污染物排放治理。

4. 增加收入促进消费。2012年，山西省提高公务员津补贴、企业退休人员基本养老金、城乡居民最低生活保障和最低工资标准，提高优抚对象和五保供养对象财政补助标准，落实提高个人所得税免征额政策，为全省工薪阶层年减税17亿元。启动社会救助和保障标准与物价上涨挂钩联动机制，落实价格调控基金、商品储备补贴及临时价格补贴政策，促物价稳定。拨付资金2.8亿元，支持实施消费惠民政策和产品促销活动。

5. 支持实体经济发展和县域经济发展。联合有关部门制定出台《关于大力扶持创办微型企业的意见》，设立小微企业扶持基金和贷款风险补偿专项资金，强化中小企业融资性担保体系建设，扩大中小企业发展资金规模，进一步完善扶持中小企业发展的财税政策体系。全年拨付资金10.11亿元，助推中小企业发展壮大。省财政对财政总收入3亿元以下的县工业企业每年新增增值税、企业所得税省集中部分实行返还，对县级税收收入每年新增部分，按省集中增加额的20%奖励给县；对扩权强县试点县，省、市财政按上缴省、市级收入增加额的50%实施奖励；同时制定《山西省革命老区转移支付资金管理办法》，加大对革命老区的转移支付力度。2012年共下达省对市县各类转移支付资金约907.86亿元，增长18%。

6. 支持生态文明建设。2012年，省财政共下达资金20亿元，支持三河三湖水污染防治、汾河水库湖泊生态环境保护试点、跨界断面水质考核生态补偿奖励及水土保持，推进实施造林绿化工程和天然林保护二期工程，支持森林资源保护、生态效益补偿和林业生态建设，对重点生态功能区涉及县和一些生态建设较好的县进行奖补，支持太原市环境综合治理。

7. 促进产业结构优化。2012年，省财政拨付资金34.5亿元，支持发展资源地区转型和接替产业项目494个，扶持先进装备制造等新兴产业项目229个，对焦化行业兼并重组、产能置换和产品深加工予以贴息补助，新设立3支创业(风险)投资基金，支持组建文化旅游产业投资集团、开展“晋善晋美”旅游宣传促销活动和景区开发建设。拨付资金27亿元，支持国有企业深化改革、结构调整。

8. 增强科技创新能力。2012年，全省财政科学技术支出达33.32亿元，较2011年增长22.62%。落实科技创新所得税优惠政策，对经认定的高新技术企业给予20%的低税率优惠，对企业研发费用加计50%的税前扣除。加快科技重大专项实施，加大对基础研究、星火计划、国际科技合作项目和科技成果推广项目的支持力度，推动国家重点实验室、省属科研院所中试基地和科研机构能力建设。（李晋中　张小三）

【强农惠农政策落实】1. 强农惠农富农政策力度加大。出台小杂粮、设施蔬菜、规模养殖等10项扶持政策，累计达50项之多，资金总规模达50亿元以上。10.33万户农民购买12.15万台（件）农机具享受财政补贴，42.5万名农村劳动力转移就业，30个产粮大县、20个产油大县、20个设施蔬菜大县、22个生猪生产和调出大县得到财政奖补。下达扶贫资金19亿元。支持实施吕梁山、太行山集中连片特困扶贫开发试点，支持做好干部包村增收和机关定点扶贫工作，完成290个村整村推进、10万人易地扶贫搬迁任务，产业扶贫、教育扶贫和科技扶贫取得新成效，全省又有40万贫困人口脱贫。支持开展农村低保和扶贫开发“两项制度”有效衔接工作。

2. 支持农业增产增效。支持改造中低产田2.64万公顷、治理大同盆地盐碱地0.27万公顷、建设高标准农田1.5万公顷；支持实施以“513”工程为重点的特色农产品加工产业支撑项目建设和现代农业示范区、雁门关生态畜牧经济区建设，发展4000个“一村一品”专业村和60个“一县一业”基地县；支持农业科技成果转化、农业技术推广和农业社会化服务体系建设，实施农业保险保费补贴政策，保障抗旱保墒、防洪度汛等经费需要。

3.支持农村社会发展。2011年、2012年两年累计筹措资金300亿元，支持农村新“五个全覆盖”工程目标任务提前完成，投入5亿元支持农村环境综合整治。全省完成村级公益事业建设“一事一议”财政奖补项目11655个，总投资29.9亿元。清理化解其他公益性乡村债务试点工作有序启动。成功争取成为全国构建新型农业社会化服务体系试点省份。村级管理费提高到村均5万元。

4.支持农民增加收入。2012年，省财政下达农村劳动力转移培训补助和雨露计划试点资金8930万元，支持农村劳动力转移培训，促进农民转移就业，提高农村劳动力增加工资性收入。进行种养结构调整，安排资金7590万元，支持农民发展设施蔬菜，对设施蔬菜大县进行奖补，扶持设施蔬菜集约化育苗项目建设，带动农业增产增效，提高农民农业经营性收入；支持集体林权改革、土地确权等农村改革，夯实农民财产性收入基础。（李晋中　张小三）

【保障和改善民生】1. 支持教育事业发展。2012年，全省教育支出执行558.03亿元，增长32.3%，占公共财政支出的比例达到20.22%。支持发展学前教育，下达学前教育资助经费3926万元，农村小学增设附属幼儿园资金14500万元，利用农村闲置校舍改建幼儿园资金22800万元，幼儿园专项补助经费2000万元。在21个集中连片贫困县实行义务教育学生营养改善计划，2012年下达中央补助资金20945万元，专项用于集中连片特困地区农村义务教育学生营养膳食补助，受益学生达43.45万人。新建、改扩建幼儿园1586所，在70个县开展农村义务教育薄弱学校改造。下达2012年农村义务教育阶段学校教师特设岗位计划专项资金7711万元，确保特岗教师工资待遇落实到位。建成50个省级中职实训基地，中等职业教育免学费政策扩大到所有农村学生，普通本科高校生均经费由9000元提高到12000元以上，高校新区基本建成。保障家庭经济困难学生顺利完成学业，下达普通本科高校、高等职业学校、中等职业学校及普通高中各类奖学金、助学金共计8.44亿元，全省近50万大中专和16.5万名高中学生获得资助。

2. 支持城乡社会保障体系建设和促进就业。2012年，全省社会保障和就业支出执行354.61亿元，增长10.27%。城乡居民养老和低收入群体保障制度实现全覆盖，325万名60岁以上的城乡老人领到养老金，246万名城乡低保对象和五保供养对象实现应保尽保。企业退休人员基本养老金实现“八连增”，月人均达1873元，居中部六省首位。针对城镇个体工商户和灵活就业人员缴费困难问题，将全省城镇个体工商户和灵活就业人员基本养老保险最低缴费基数调整到2011年度全省在岗职工平均工资的40%。全省新增城镇就业51万人，应届高校毕业生就业率达到90%，组织15000名离校未就业高校毕业生参加就业见习。将高校毕业生就业见习生活补助标准提高到每人每月1100元。

3. 支持提高人民健康水平。2012年，全省医疗卫生支出执行180.34亿元，增长12.98%。城乡居民医疗保险制度实现全覆盖，城镇居民基本医疗保险和新型农村合作医疗财政补助标准由人均200元提高到240元。基本药物制度试点范围扩大到非政府办社区卫生机构，城乡基本公共卫生服务经费保障机制进一步健全。印发《全省财政支持县级公立医院综合改革试点补偿办法》推进公立医院改革。制定《提高农村居民重大疾病医疗保障水平工作实施方案（试行）》，对重性精神疾病、乳腺癌、宫颈癌和终末期肾病四种重大疾病制定具体实施方案，减轻农村居民因重大疾病而造成的经济负担，进一步提高农村居民的医疗保障水平。推进乡村医生队伍建设，将村卫生室实施基本药物制度减少的药品收入补助标准由4元提高到5元，对乡村医生在岗期间按每人每月30元的标准享受政府的专项缴费补助，直接计入该参保人的养老保险个人账户。

4. 支持保障性安居工程建设。2012年，全省住房保障支出执行85.65亿元，增长0.94%。落实各项财税扶持政策，支持开工建设各类保障性住房40.9万套，竣工18万套，有60多万名住房困难群众圆了安居梦。

5. 支持文化业发展。2012年，全省财政文化体育与传媒支出执行60.20亿元，增长24.98%。重点文化惠民工程深入实施，文化体制改革深入推进，文化产业布局调整优化，非时政类报刊出版单位和163个国有文艺院团完成转企改制任务，六大文化集团健康运营，舞台艺术精品创作再结硕果,公共文化服务能力提高。

（李晋中　张小三）

【科学化精细化管理财政】 在全省范围内开展财政“六五”普法法规知识竞赛。加强行政审批窗口建设和行政审批电子监察工作。全省11个市本级和131个县区完成或启动国库集中支付制度改革,市县级全部完成会计集中核算转轨工作,11个市本级和107个县(市、区)非税收入收缴管理改革进入试点阶段,公务卡改革覆盖范围扩大到省直111个一级部门、975个基层预算单位和全省98%的县。省级国有资本经营预算覆盖企业由21户扩大至109户,11个市全部建立国有资本经营预算制度。对省直部门预算执行进度实施量化考核,省财政及71个省级部门公开预算,对209个项目实施预算支出绩效评价。对546个单位的会计信息质量进行专项检查。加强各项财政科研工作,完成《山西省志·财政志》的编纂工作。加强煤炭可持续发展基金征缴稽查和使用管理,稽查出欠缴漏缴基金和应提未提“两金”5.82亿元,全年征收煤炭可持续发展基金190.27亿元。加大财政投资评审力度,全年审减资金7.69亿元,审减率达11.63%。继续对乡村财会人员进行免费培训,加强会计人才队伍建设,规范财务会计秩序。（李晋中　张小三）

税　务

·国家税务·

【简述】 2012年山西省全年国税收入共完成1316.74亿元,办理减免抵退税126.3亿元,出口退(免)税25.9亿元。

山西省各级国税部门一是推进税务行政审批制度改革,落实《行政强制法》,抓好税收规范性文件管理和清理工作,推进依法行政工作考核,落实税收执法责任制,加强税收执法实时预警、动态监控和疑点核查,做好行政复议工作,促进执法行为规范,全省执法质量考核保持良好水平。二是创新纳税服务平台,全省147个办税服务厅实现标准化,推广多元化办税方式,优化办税流程,推行财税库银联网缴税,完善纳税信用等级评定指标体系,推进纳税人权益保护工作,纳税服务水平提升。三是深化税收征管改革,明确改革发展思路,抓好体制机制规划,推进征管现代化建设。四是加强领导班子建设,开展领导干部综合考核评价,实施干部培训学分制管理。五是落实反腐倡廉各项任务,贯彻《税收违法违纪行为处分规定》,健全内控机制,惩防体系建设2008~2012年五年规划目标如期完成,加大“庸懒散”治理,全省国税系统连续八年被省政府评为政风行风评议先进集体。（董其文）

【省领导关心税收】 2012年1月9日,全省国税工作会议期间,省委常委、常务副省长李小鹏看望税务系统全国文明单位代表。4月5日,山西省国税局、地税局联合举行第21个税收宣传月活动启动暨12366纳税服务热线开通仪式,李小鹏出席启动仪式。7月11日,省委常委、组织部部长汤涛到晋城市国税局就基层组织建设调研。12月31日,省委常委、副省长高建民慰问省国税局机关干部职工。（董其文）

【税收数额】 2012年全省国税收入完成1316.74亿元,完成总局年度计划的94.87%,同比增长5.78%,增收72亿元。其中:与地方财力挂钩收入完成1223.54亿元,完成省政府目标的91.62%,同比增长5.37%,增收62.36亿元。分税种,增值税入库974.62亿元,增长1.05%,增收10.08亿元;消费税入库43.34亿元,增长26.29%,增收9.02亿元;企业所得税入库237.37亿元,增长25.6%,增收48.38亿元;车辆购置税入库61.16亿元,增长9.14%,增收5.12亿元;储蓄存款利息个人所得税入库0.25万元,下降71.13%,减收0.61亿元。

（董其文）

【税收特点】 1.年度规模再创新高。全省国税收入规模继2010、2011年相继突破1000亿元、1200亿元后,2012年继续增长,达1316.74亿元。2.月份间走势起伏较大。受经济增速放缓税源萎缩影响,各月份之间税收收入增幅变化较大,增幅最高的月份为37.37%,最低的出现负增长为19.01%,峰差达56.38百分点。3.重点行业税收贡献降低。全省重点监控的十个行业入库增值税和企业所得税1032.16亿元,同比增长3.21%,占总收入的比重78.39%,同比下降1.95个百分点。其中,主导行业煤炭税收拉低全年收入增幅4.39个百分点。4.企业所得税贡献突出。企业所得税增收48.38亿元,占增收总额的67.19%,同比提高45.93个百分点。（董其文）

【税收法治建设】 1.加强制度建设,推进行政审批制度改革,开展税收规范性文件合法性审查工作。2.推进依法行政,完成全省国税系统依法行政考核,创建依法治理示范单位,有4个基层单位被评为“省级依法治理标兵单位”和“省级依法治理示范单位”。3.做好税收法治工作,开展重大税务案件审理和税务行政复议。

（董其文）

【税种管理加强】 1.增值税管理。在部分行业试行农产品增值税进项税额核定扣除,科学确定全省农产品扣除标准,修改完善《农产品收购及抵扣增值税管理办法》,强化汇总纳税企业管理,抓好增值税发票管理。2.消费税管理。核定4户白酒生产企业130个品牌的白酒消费税最低计税价格,实现对各市级卷烟批发单位所售卷烟价格电子信息采集。3.车辆购置税管理。组织开展为期4个月全省车购税业务专项检查,完成全省车购税二维条码申报系统整合对接。4.企业所得税管理。组织全省对跨地区经营汇总纳税企业进行核查,确认总机构78户、分支机构1670户,将不符合分支机构判定条件的569户企业,视同独立纳税人就地缴纳企业所得税。编写2012年企业所得税汇算清缴工作指引,做好汇算清缴工作。5.出口退税管理。加强出口退税执法风险管理,开展出口货物真实性核查,建立关注信息预警、发布、传导、应用机制,防

范和打击出口骗税，全年办理出口货物退(免)税25.89亿元。 (董其文)

【纳税服务质量提升】 1.完善纳税服务工作制度，制定《12366纳税服务平台业务支持管理暂行办法》《办税服务厅基本规范（试行）》《纳税服务需求管理办法(试行)》、完善《市县两级纳税服务部门双主体运行模式的指导意见》《创建“纳税人之家”征纳沟通服务品牌的指导意见》《税法宣传工作实施办法(试行)》等工作制度。2.举办第21个税收宣传月，以“税收发展民生”为主题，开展宣传活动。3.省级“12366”热线解答咨询3.2万次，按月编制“12366”运行报告，把纳税人普遍关心的问题引入宣传辅导工作。4.创新纳税服务平台建设，全省147个办税服务厅实现标准化，推广多元化办税方式，优化办税流程，开展“免填单”“办税导航”服务，探索试行“一窗通办”“同城通办”，全省纳税人有12.4万户使用网上申报，17.4万户通过财税库银联网缴税。5.推进纳税人权益保护工作，开展纳税人需求和满意度调查322次，调查纳税人3.4万户次，受理纳税服务投诉51起。6.完善纳税信用等级评定指标体系和方式方法，共评出A级纳税人460户、B级纳税人67612户、C级纳税人5679户、D级纳税人2224户，建立纳税信用记录数据库。7.加强纳税服务自身建设，省局表彰20个模范办税服务厅和100名纳税服务标兵、156名办税服务厅业务标兵。在全国纳税人满意度调查中，山西省国税系统名列第九。 (董其文)

【税收征管改革】 1.做好征管基础工作，开展全省管户清查工作，共清查漏征漏管户10592户，在全省推广应用税源与征管状况分析软件，实现征管数据自动展现、管理环节风险预警以及风险纳税人自动查找。2.深化税收征管改革，开展专项调研，起草指导意见，明确改革发展思路，抓好体制机制规划。3.开展纳税评估，全年纳税评估入库税款28亿元，占全年税收收入的2.25%，特别是提升煤炭行业税收风险应对质效，煤炭行业评估入库税款达17.2亿元。4.推进税源专业化管理，以煤炭行业为重点，开展税源调查、税收风险专题分析、纳税评估，编写《税收风险管理指引》。5.发挥信息化支撑作用，推广机打发票，全省推广机打普通发票66437户，建立发票数据库，完成金税三期广域网络建设，搭建税收风险管理信息平台。6.完善征管运行机制，建立新的征管质量考核评价体系，起草《纳税评估工作规程》，建立与外部门信息共享机制。 (董其文)

【大企业税收专业化管理】 1.探索大企业税收专业化管理模式，实施个性化服务，组织召开总局税收风险报告涉及的29户驻地企业税企见面会，发放《大企业税收风险管理指引》宣传册，引导和督促企业建立税收风险内控机制。3.开展对中国石油化工股份公司山西销售分公司税收风险自查和税收风险集中分析评估，对24户总局定点联系企业驻晋分支机构开展税收风险测评和后续管理，补缴税款1.1亿元。 (董其文)

12月3日，山西省国税局召开全省国税系统组织收入工作座谈会 (佚名提供)

【国际税收管理】 1.加强反避税工作，建立案例指导制度，将跨国公司利润水平作为反避税工作的重点。2.将发生在境外非居民企业间接转让股权产生的非居民企业所得税4.03亿元征缴入库，完成2011年度非居民企业所得税汇算清缴，加强非居民企业在华承包工程作业和提供劳务税收管理，全年入库非居民企业所得税5.98亿元。 (董其文)

【税收秩序整顿】 全省国税系统各级稽查部门共检查纳税人5510户，查补税款19.17亿元，同比增长20.83%，增加3.31亿元。1.对接受成品油增值税专用发票的企业、资本交易项目、办理电子(服装、家具)类产品出口退(免)税的企业及承接出口货物业务的货代公司以及农村信用社联合社进行税收专项检查，查补收入13.86亿元。其中，在打击利用成品油企业增值税专用发票进行虚开、变造虚开发票涉税违法行为的专项整治行动中，税警合作，实施精准打击，共检查煤炭、矿产、商贸、成品油等重点企业1010户，破获犯罪团伙4个，抓获犯罪嫌疑人31人，移送公安机关立案查处企业48户，实现查补1.96亿元。2.对永济市和太谷县农产品加工企业，开展重点区域税收专项整治，查补收入960万元。3.开展重点税源企业检查工作，对117户省级重点税源企业开展自查、重点检查，查补收入2.25亿元。4.全省共受理公民举报涉税案件156件，查处141件，实现查补收入3939万元。5.打击发票违法犯罪专项行动，清理整顿虚假发票“买方市场”，查处违法企业3441户，查处非法发票196845份，涉及金额

11.86亿元，查补总额2.53亿元，公安机关立案101件，抓获犯罪嫌疑人105人，移送起诉案件81起。

（董其文）

【税收信息化建设】 1.推进金税三期工程，完成全省金税三期广域网络建设。2.推广使用8个新应用系统，拓展应用服务范围，发挥信息化对税收工作的支撑作用。3.制定电子税收数据质量管理办法，加强数据管理和分析利用。4.优化省局机房设施，完成设备安装改造，确保信息化基础设施正常运行。5.成立网络与信息安全领导组，制定网络与信息安全应急预案，开展全省信息安全检查，组织信息安全评测。山西综合征管系统的健康等级被总局评为“五星级”。（董其文）

【税务人员教育培训】 2012年山西国税系统注重队伍建设。举办各类培训班47期，培训人数3420人次。其中知识更新培训班9期，科级干部任职培训班4期，专门业务培训班33期，初任培训班1期。开展办税服务厅税收业务标兵竞赛活动，有156人获得标兵称号。加强兼职教师培训，举办递进式培训班2期，培训兼职教师120人次。建立和实施培训项目监督制度，保证培训质量。（董其文）

【机关政务管理】 制定省局局领导基层单位联系点制度，推动工作调研。调整省局保密委员会、省局机关密码工作领导小组组成人员，开展保密检查，省局被省密码管理局评为密码管理先进单位。制定和修订《全省国税机关信访管理办法》等规定，健全涉税舆情管理工作制度，建立舆情、信访、应急“三位一体”管理机制。

（董其文）

【内部审计加强】 1.成立税收执法督察工作领导组，制定年度税收执法督察工作实施方案，编写年度税收执法督察规范化操作指南和结构性减税政策专项督察规范化操作指南，开展税收执法督察、重点督察、专项调查，查补税款1.19亿元。2.落实税收执法责任制，加强税收执法实时预警、动态监控和疑点核查，实施过错责任追究5310人次，经济惩戒金额147767元。3.建立财务审计联席会议制度，制定年度财务审计规范化操作指南、“三代”手续费专项审计规范化操作指南和基本建设项目专项审计规范化操作指南，开展综合财务审计、“三代”手续费专项审计、基本建设项目专项审计。4.成立领导干部经济责任审计领导组，开展离任经济责任审计、任中经济责任审计。（董其文）

【全系统廉政建设】 1.全面落实反腐倡廉各项任务，签订目标责任书，明确工作目标、任务和措施，检查考核，严格责任追究。2.健全内控机制，“惩防体系建设2008~2012年五年规划目标”如期完成，搭建起全省国税系统惩防体系框架。3.规范信访举报管理工作程序，妥善处理信访举报反映的问题，有效化解各种矛盾。4.狠抓案件查处，全系统初核31件，立案11件，有19人受到党纪、政纪处分。5.加强政风行风作风建设，制定2012年民主评议政风行风工作实施方案，整治“吃拿卡要”。国税部门连续八年被评为全省政风行风评议先进部门，受到省政府的通报表彰。6.加强反腐倡廉教育，学习贯彻《税收违法违纪行为处分规定》，加强廉政文化建设，推进反腐倡廉“六个一”工程建设，省局建立的全国税务系统廉政教育基地通过总局验收。（董其文）

•地方税务•

【简述】 2012年，山西地税系统各项工作取得新进展，在全省2012年度目标责任考核中获优秀单位，省委书记袁纯清、常务副省长李小鹏和纪委书记李兆前分别作出批示，对山西省地税工作提出明确要求，并给予肯定。2012年，全系统累计完成各项收入1270.87亿元，增长19.05%，增收203.36亿元。其中，各项税收完成957.27亿元，增长23.82%，增收184.15亿元，为年计划的106.96%，提前35天完成年初任务；煤炭可持续发展基金完成190.27亿元，增长2.86%，增收5.29亿元，为年计划的100.14%，提前7天完成全年任务；其他规费收入完成123.32亿元，增长12.7%，增收13.9亿元。省地方税务局党组按季召开经济税收分析会，出台深化税收征管工作的意见，掌握组织收入主动权。各级各单位坚持组织收入原则，清查管户，清缴欠税，完善强征管、堵漏洞、挖潜力的制度措施，做到政令畅通、步调一致，推动组织收入工作开展。在省政府追加60亿元任务的情况下，开展工作，确保任务完成。（徐　鸿）

【征管水平提升】 2012年省地税局税收业务流程再造实现重大突破，流程导向型税收管理形态初步建立。征管改革创新取得新的经验，以纳税评估为切入点的专业化管理试点深入推进，省市局定点联系大企业机制不断健全。以票控税不断强化，数据分析应用全面深化。在全国率先建立税收风险指数体系，完善税源发展指数体系，重点税源监控和税收预警工作经验在总局进行交流。房地产税收一体化管理持续深化，在拓展评估范围、建立健全机制、实现信息共享等方面走在全国前列。重点行业自开票、代开票纳税人管控不断加强，建筑业、不动产营业税项目管理取得实效，营业税管理工作受到总局表彰。财产行为税税源监控成效明显，在全国率先完成车船税管理系统与国家保监协会、全省22家保险公司征收系统的联网运行，总局在全国推广山西省地税局经验。土地增值税预征清算全面加强，国际税收管理不断强化，税收资料普查受到财政部和总局表彰。房地产企业所得税历经三年重点管理成效显著，收入三年增长近3倍。编写全国煤炭行业所得税管理指南受到总局肯定，企业所得税税收优惠政策质效反馈机制初步建立，所得税纳税评估、汇算清缴、股权登记信息传递及中介机构和高收入者管理等工作受到总局表扬。个人所得税管理系统新增上线企业1万余户，年所得12万元以上自行纳税申报人数持续增长，为160万人开具完税证明。夯实规费征管基础，推进规费征管信息化，开展规费专项检查，完成煤炭水补费停征清缴工作，规费管理水平

3月30日,山西地税网、山西省政府网、黄河新闻网联合举办山西地税局长在线访谈 (佚 名提供)

提升。煤炭可持续发展基金票据管理全面加强,查验补征监管力度加大。稽查基础建设稳步推进,体制机制更加完善,稽查质效明显提高,全年查补收入11.8亿元,查处违法受票企业1117户,查获非法发票3.8万份。综合征管系统和基金征管软件完成升级改造,契耕两税统一会计核算纳入新征管系统,涵盖财产行为税"六税一费"的税源监控平台和规费征管软件上线运行,使信息系统涵盖税收、规费、基金全部内容,一个结构完整的税费征管系统即将建成。网上申报和财税库银横向联网电子缴税全面开通,POS机刷卡缴税业务成功运行,机打发票使用范围稳步扩大,24小时自助办税终端试点成功。信息安全与运维体系建设不断加强,金税三期基本建设全面启动,数据中心建设取得进展。 (徐 鸿)

【税收环境改善】 服务山西省转型综改试验区建设,开展税收科研和税收政策研究,多条政策建议被省综改办吸纳。加强涉税政策把关审核,178条意见建议被省政府及有关部门采纳。出台支持小微企业加快发展的实施意见,全面落实税收优惠政策特别是结构性减税政策,全年为纳税人减免税收92.1亿元,地税局被省政府评为创业就业工作先进集体。纳税服务平台建设取得突破性进展,历经三年努力,投资1.89亿元、150个办税服务厅标准化改造初步完成,"12366"纳税服务热线正式开通。出台多项纳税服务制度办法,推行多元化办税方式,开展纳税信用等级评定,办税服务日益规范,纳税人权益保护不断加强。税法宣传咨询深入开展,涉税热点问题收集受到总局表彰。省局委托省统计局进行纳税人满意度调查,纳税人综合满意度为88.77分,比2010年提高17.43分。在总局开展的全国纳税人满意度调查中,山西省地税各项调查得分均高于全国地税平均得分,全系统综合满意度、省会城市满意度、地级城市满意度、县级城市满意度等四方面主要测评指标均进入前十名行列。 (徐 鸿)

【行政效能提高】 "依法行政是税收工作生命线"的思想意识全面确立,法制宣传教育深入开展,规范性文件管理、执法督察、创建活动不断加强,依法行政考核正式启动。目标责任管理成效明显,地税局在全省目标责任考核中被评为优秀单位,省局班子被评为"好"等次。"督查落实年"活动富有成效,全系统普遍建立重点工作落实机制,完善工作考评、督察检查制度,一季度围绕"深化纯洁性教育,确保开门红"、二季度围绕"推动工作落实,确保双过半"、三季度围绕"强化税收征管,促进堵漏增收",四季度围绕"推进2012年度目标责任考核,确保全年任务完成"开展大规模督查调研和工作考核,促进各项工作落实到位。制度建设全面加强,公文运转持续提效,安全保密信访工作不断强化。经费支出、基本建设和固定资产管理更加规范,后勤管理服务保障能力持续提升,全系统依法决策、依法行政和依法管理水平不断提高。 (徐 鸿)

【干部队伍建设】 加强干部教育培训,开展业务抽考,编写新的地方税收业务读本,推进干部自主选学和在线学习,全系统共举办各类培训班1208期。调整补充部分市局领导班子和领导干部,完成第一轮巡视的回访工作。推进干部竞争性选拔、交流轮岗和挂职锻炼,建设干部选拔任用纪实监督系统和干部人事信息化管理系统,深化事业单位改革,加强离退休干部工作,公开招录290名公务员。引深精神文明创建,进行"我身边的好税官"、"双十佳"评选表彰,全系统再次荣获山西省文明和谐行业称号,文明创建工作经验在省直机关进行交流。深化地税文化建设,举办首届职工文化艺术节,推进地税志编撰工作,提升山西地税软实力。开展干部下乡住村领导包村增收工作,推进扶贫开发工作,强化中心组理论学习,选派976名党建工作指导员联系2219户非公有制企业开展党建工作,相关经验在全省进行交流。(徐 鸿)

金 融

Finance

金融监管

·中国人民银行太原中心支行·

【简述】 2012年全省金融机构贯彻稳健的货币政策，金融市场运行平稳，金融服务效益和质量得到提升，金融生态环境持续向好。

存款增速平稳，金融机构资金流动性仍较充裕。截至2012年末，全省银行业金融机构本外币各项存款比年初增加3154.7亿元，同比多增746.2亿元，增量创历史新高，是上年增量1.3倍，余额同比增长15.02%。贷款增速较快，投向重点突出。截至年末，全省银行业金融机构本外币各项贷款同比增长17.27%，比年初增加1935.24亿元，同比多增340.12亿元，增量再创历史新高。新增贷款集中投向采矿、制造、建筑、批发零售和交通运输五大行业，合计新增1551.2亿元，占全部新增贷款的79.98%，增长19.7%。房地产贷款同比少增，全年新增房地产贷款69.59亿元，同比少增65.7亿元。金融薄弱环节不断加强。截至年末，全省农村信用社累计发放支农贷款1808.90亿元，支持农业龙头企业1328个、支持农民专业合作社1263个、支持优势农畜产品种养基地(园区)517个、支持农村供销社(流通企业)513个；累计为479万农户提供金融服务，支持55160名农村青年创业。

金融市场发展稳健，融资渠道拓宽。第一，银行间市场发展迅速。2012年全省进入全国银行间同业拆借市场、债券市场的金融机构分别为23家、60家。在这两个市场上全年累计成交额分别为164.21亿元和57725.8亿元。全省各金融机构累计签发银行承兑汇票3551.62亿元，同比增加986.08亿元，增长38.44%，累计办理贴现3700.3亿元，同比增加873.75亿元，增长30.92%。全省融资结构继续改善，全年增加直接融资569亿元，其中，短期融资券新增80亿元，中期票据新增92亿元，非公开定向融资工具新增397亿元。发行短期融资券和中期票据的企业以能源类企业为主，分布在煤炭、冶金、焦化、制版、化工、交通运输、电力、重工8个行业。第二，外汇市场收支逆差态势减弱。全年进出口总值150.43亿美元，同比增长2%，其中，出口70.16亿美元，进口80.27亿美元，贸易逆差10.11亿美元。全省跨境外汇收支总额219.1亿美元，同比增加15.9%，其中，跨境外汇收入99.8亿美元，增长18%，支出119.3亿美元，增长14.2%；资金净流出19.5亿美元，同比持平。银行结售汇总额136.1亿美元，同比减少6.3%，其中，结汇收入52.4亿美元，减少18.5%，售汇支出83.7亿美元，增长3.4%，逆差31.3亿美元，增长87.4%。从全年数据来看，表现为结汇减少、售汇小幅增长态势。第三，证券市场稳健发展。截至年末，全省共有A股上市公司34家，与上年持平，其中主板29家，中小板3家，创业板2家；总股本495.22亿股，流通股本467.60亿股；当年上市公司再融资198.61亿元，同比增长27.26%，其中增发52.61亿元，公司债146亿元。第四，保险市场运行平稳。截至年末，全省共有保险法人机构1家，保险公司省级分公司42家，新增1家。全省保险公司总资产达到911.28亿元，较年初增长14.56%，累计实现原保险保费收入384.65亿元，同比增长5.48%。

(张　杰)

【金融服务与创新】 中国人民银行太原中心支行先后出台金融支持农村经济发展、文化产业发展、加快推进金融改革发展等指导意见，发挥信贷政策的导向作用。实施"十项重点推进"工作，召开全省金融支持转型综改、"三农"、中小企业、文化旅游产业等推进会，引导信贷资金投向转型项目、实体经济、薄弱环节和民生领域。推进商业银行融资机制创新，推广"九大融资模式"，形成具有山西特色的"1+3"评估体系。跨境人民币结算实现全省覆盖，全年业务量达73.1亿元，同比增长3.8倍。这些措施为全省经济转型跨越发展提供金融支持。

深化"两管理、两综合"工作。全年共接收、处理金融机构申报事项606项，开展7家银行的综合执法检查，完成对26家银行业金融机构的综合评价工作。

完善支付体系建设。2012年提前一年实现银行卡助农取款服务全覆盖,解决农民现金支取难问题。全年新增助农取款受理终端1.7万台,发展助农取款服务点6.8万个、乡村覆盖率达到100%。

提升国库服务水平。应用横联电子税票信息查询系统,开展银行卡刷卡缴税和异地缴税业务,提高国库资金使用效率。深化国库直接支付业务,全省共支付各类政府补助资金655万笔,金额30.6亿元。完成国库会计数据集中系统在全省的推广上线工作。

推进反洗钱监管。开展对92家金融机构的反洗钱现场检查、对99家机构的反洗钱监管评估和对32家机构的现场核验。指导山西证券开展大额和可疑交易报告综合试点工作。开展反洗钱调查和协查工作,共接收重点可疑交易线索37份,协助公安部门破获涉嫌洗钱、诈骗等案件3起。

改善金融生态环境。推进中小企业和农村信用体系建设,为4.9万个中小企业和362万农户建立信用信息档案;推动农村青年信用示范户工程全省覆盖,累计实现优秀农村青年和大学生村官创业支持贷款44.89亿元。完成机构信用代码推广应用。全年共发放机构信用代码证37.66万户,实现银行业金融机构全覆盖,累计开通各类用户3400个。

发挥金融科技支撑作用。加强行业信息安全指导和协调,完善风险防范措施,确保信息系统安全可控。建立金融IC卡数据报送统计平台,推进其在公共服务领域应用,提升银行竞争力和现代金融服务水平。

加强金融创新力度。华夏银行太原分行开展票据池业务,为山西焦煤、潞安集团、晋煤集团等特大型企业提供票据托管、托收、贴现、票易票、票证通等一揽子管家式金融服务。民生银行太原分行拓展创新小微业务作业理念,成立山西首家小微专营支行,创新性的提出“厅堂一体化”策略,变规范化服务为“体温式”服务,成立小微企业促进会,与山西省重点经济开发区、产业园区等签订战略合作协议,支持地方经济发展。

(张　杰)

【金融法制环境】 夯实金融业运行的法制基础。在人民银行太原中心支行的牵头组织下,金融机构采取多种形式面向社会开展反洗钱、征信、票据管理、反假货币、支付结算、银行卡管理等方面的金融法制宣传活动,社会公众遵守金融法律的自觉性和依法维权意识提高。

开展假币违法犯罪重点整治,反假货币工作保持常态。依据国务院反假办《关于对假币违法犯罪活动突出县(市、区)进行重点整治的函》,山西省原平、闻喜、孝义三县(市)开展重点整治工作。截至2012年末,三县(市)累计收缴假币3268张、面额30.36万元。全省各级公安部门认真做好涉嫌假币犯罪监控,立案23起,破案14起,收缴假币8183张、79.0万元;金融机构收缴假币90683张、825.4万元。

推进金融消费者权益保护工作。截至2012年末,全省共有71家人民银行分支机构开展金融消费者权益保护试点工作,成立金融消费者保护中心22个,共受理消费者投诉、申诉366件,均得到妥善处理,投诉满意度100%。

(张　杰)

·银监局·

【简述】 2012年,监管工作围绕“守底线、强服务、严内控、促转型”的主线,突出风险防范,突出责任落实,突出监管引领,防控重点风险,改进金融服务,维护银行业稳健运行,促进经济平稳增长。

1. 服务实体经济。按照“区别对待、有保有控”要求,督促银行业加大对水利工程、保障性住房等重点工程、重点项目的信贷支持力度,压缩过剩产能行业贷款。推进平台贷款的清理和规范,保障重点在建项目的信贷需求。加大保障房、廉租房、棚户区改造的信贷支持力度,开展银行业支持保障性住房情况调查。发挥金融功能,推动传统产业改造提升,促进节能环保、科技创新、现代服务业等战略性新兴产业发展,支持实施文化强省战略,全力服务转型综改区建设。参与银监会《绿色信贷指引》关键指标体系的制定和统计制度的完善,并作为5家银监局代表之一参加新兴市场国家绿色信贷论坛。2012年,全省银行业新增贷款1935亿元,同比多增340亿元。

2. 推进小微企业金融服务。落实银监会“银十条”,结合山西实际,出台《关于进一步改进小微企业金融服务的指导意见》,与省相关部门研究制定《小微企业信贷损失补偿金管理办法》。开展小微企业金融服务宣传月活动,召开山西银监局小微企业金融服务推进会。落实支持小微企业金融服务的差异化监管政策,批准设立2家、筹建2家小微企业专营支行。截至2012年末,全省银行业用于小微企业的贷款余额3351亿元(包括小微企业贷款、个人经营性贷款),占各项贷款的25.36%,较年初增加560亿元,增长20%,增速高于各项贷款平均增速2.87个百分点。

3. 改进县域金融服务。开展县域银行业资金流向调查,支持符合监管要求的银行业金融机构设立县域分支机构,2012年在县域设立或筹建支行30家,批复5家村镇银行、2家农村资金互助社开业。创新服务方式,支持农行在全省行政村布放“智付通”支付终端5万余部、转账电话320部,引导农村合作金融机构设立信合便利店485个,设立社区服务站3个,设立农金服务站251个,设立助农取款服务点15794个,形成面向市、县、乡、村四级广覆盖的银行业服务网络体系。督促农村中小金融机构坚持“三农”服务方向,压缩非农资金运用。组织农村中小金融机构开展“提升农村金融服务水平,促进实体经济健康发展竞赛活动”,实施银监会“金融服务进村入社区”“阳光信贷”和“富民惠农金融创新”三大工程。指导涉农银行业机构创新产品和服务,因地制宜探索农业设施、集体林权等灵活多样的贷款抵押方式。研究完善涉农贷款统计制度,科学引导涉农贷款投放。截至2012年末,全省涉农贷款5261亿元,较年初增加1093亿元,增长26.22%。

4. 提升服务实体经济水平。引导

银行业加快服务实体经济方式和产品创新，通过表外承兑、短期信托理财计划、非公开定向发行债券(私募)等业务支持重点企业发展；以交易融资业务支持传统优势产业、特色产业、新兴产业发展。支持中国银行山西省分行为晋城无烟煤矿业集团等企业做人民币短期理财融资产品，牵头并主承办在银行间债券市场发行山西省内首只私募债券——山西潞安矿业集团2012年度第一期40亿元非公开定向债务融资工具(私募债券)。民生银行太原分行通过动产、预付账款、应收账款质押方式开展交易融资业务授信客户达70多户，累计发生额130亿元，涉及14个行业。招商银行太原分行推出“招商银行煤炭金融整合融资解决方案”业务指引，从煤矿技术改造、整合重组、设备采购、煤款回笼、资金理财等方面定制专业化金融服务。

5. 开展不规范经营专项治理。督促银行业金融机构将治理要求真正体现在银行内控和发展规划之中。开通专线电话受理公众投诉举报，逐一核查处理。开展现场检查和明察暗访，检查各类机构369个，发现以贷转存、以贷收费、借贷搭售、转嫁成本、乱浮利率、质价不符等六大类172个问题，涉及金额4.2亿元。对查访发现的问题，处罚问责，督促整改。发挥银行业协会协调、自律作用，组织第三方机构对17家银行业金融机构服务状况进行暗访调查，开展“找问题、提建议、追求更满意”银行服务大型社会调查活动，出台《山西银行业营业网点服务规范标准》。联合省消费者协会召开“消费与安全”年主题座谈会，并就履行社会责任、维护消费者权益做出公开承诺。　（连　娟）

【重点风险防控】　平台贷款风险得到缓释。落实平台贷款总量控制要求，严防信贷资金“绕道”进入平台贷款，加强新增和退出平台贷款风险管理，稳步度过还款“高峰期”。督促各银行业金融机构按月逐户建立到期还款台账，按季做好平台基本信息和贷款台账数据的收集报送工作。开展平台贷款大户检查，按规定条件和程序审核推进“全覆盖”工作。督促落实平台大户还款来源，推进县级平台贷款清理工作。2012年，全省应偿还到期平台贷款438亿元，实际偿还483亿元，未发生违约事件。

房地产贷款风险总体可控。贯彻国家房地产市场调控政策，抑制投机投资需求。完善房地产贷款统计制度，做好开发贷款、土地储备贷款、住房按揭贷款等分类监测分析。组织对房地产行业风险状况进行专题调研，关注房地产上下游相关行业授信规模和风险。开展房地产信托项目风险排查。2012年，山西省房地产不良贷款继续“双降”，不良率低于全省各项贷款平均水平。

案件风险防控成效明显。实施银行业基层网点负责人案防基础工作评价、流程责任连带式违规积分等制度，层层签订案防目标责任书，建立辖内银行业金融机构及从业人员案件信息、案件风险信息、参与民间融资以及成功堵截案件报告制度，落实案防工作季度分析会制度，对迟报瞒报案件风险信息的银行责任人严肃问责。全年堵截各类风险事件204起，避免直接经济损失3826万元。

重点机构风险处置和重组改制取得进展。一是城市商业银行风险处置。制定全省城市商业银行“一行一策”分类监管指导意见，指导城市商业银行制定风险处置方案，推动有关地方政府出台政策支持城商行处置风险和深化改革。经过多方努力，4家城商行共化解历史包袱22.04亿元，得到银监会肯定。二是高风险农信社的改制构建，形成监管引领、政府主导、行管支持、自身努力、多方参与“五位一体”的工作格局，启动5B级以下高风险农信社的风险处置和重组改制，至2012年底累计处置不良贷款20.32亿元，长治潞城联社(6A级)作为全国第一家高风险农村信用社直接改制农村商业银行获批开业。三是其他法人银行业金融机构的监管。对信托业务进行全面风险排查，持续关注村镇银行经营风险，强化股东资质和关联关系审查，明确发起行责任。

重点领域风险排查。关注银信合作、票据业务、信贷资产转让、同业代付、委托贷款等业务出现的新变化和新情况，规范各种表外“合作”。组织对代理发行信托产品情况进行快速调查，对存续信托产品进行全面风险排查。加强信息科技风险监管，对主要法人银行机构互联网网站系统进行渗透性测试。督促银行业金融机构警惕民间借贷、担保等领域暴露出的相关风险，开展“九种人”特别是银行员工涉及社会融资行为排查。组织银行业金融机构开展拉网式全面风险排查。协调处理有关企业贷款风险事件，采取

5月22日，中国银监会副主席蔡鄂生在太钢集团调研

（连　娟提供）

4月6日，常务副省长李小鹏出席小微企业服务座谈会

（连　娟提供）

措施维护债权银行合法权益。

（连　娟）

【监管效能提升】 优化监管机制。调整监管处室设置，厘清职责边界，建立机构监管与功能监管互为补充、有机结合的内部监管架构。设立行政许可委员会、现场检查协调小组、跨部门监管工作小组和行政许可重要事项复审专家组，既明确分工，又相互配合。加强准入监管、非现场监管、现场检查联动，加大信息交流共享，加强协作配合。

强化依法监管。加强对各项监管法律法规的学习，在省内银行业金融机构和监管部门中开展为期三个月的监管法规集中学习培训活动。对执行行政许可规定等情况进行自查。调整行政处罚委员会组成，规范行政处罚程序。加强监管处罚与问责，对个别法人机构违法违规设立、变更分支机构等遗留问题和违规吸存问题进行处理。

提升监管能力。优化准入办理流程与程序，制定行政许可委员会工作制度和行政许可操作规程。设定行政许可会议频率，建立行政许可重要事项复审机制。改进对银行业金融机构设立规划的监管，强化新设机构风险控制与服务状况的后评价。加强非现场监管能力建设，实行定期监管走访制度；完成辖内法人银行业金融机构和股份制商业银行监管评级；开展“夯实统计信息基础，提升银行业数据质量”竞赛活动，建立银行业机构主要指标快报统计制度。提升现场检查效能，推广应用现场检查分析系统，14个现场检查项目上线激活检查。重点开展不规范经营问题治理、融资平台“退出类”贷款、近三年现场检查问题整改、票据业务等现场检查。建立违规问题整改台账，持续跟进问题的整改落实。

改进监管服务。按季召开监管联席会议，分析形势，通报风险，提出监管要求，形成良性互动。与省高院协调，推动银行沉案积案解决。与省检察院合作，解决银行业金融机构主张债权立案难、立案案件胜诉难、胜诉案件执行难的问题。同物价管理部门协调，处理对银行业机构的服务收费检查。与安保押运管理部门沟通协调，解决各银行安保押运中存在的具体问题。

（连　娟）

【办公效率提高】 加强干部队伍作风建设，提倡“问题到我为止”和“我可以做得更好”的工作理念，增强“八个意识”，养成“八个作风”。加强党风廉政建设工作。探索反腐倡廉与监管工作相互渗透融合的新途径，开展廉政教育，编印廉政手册，组织观看重大革命历史题材影片《忠诚与背叛》。坚持廉政监督反馈卡制度，加强对现场检查人员执行廉政纪律的监督。5次组织参加省行评办“政风行风热线”节目，解答群众关心和社会关注的热点问题。推进廉政风险防控试点工作。加强内部管理。规范和优化办文、办会、办事流程，提高运转效率。改进督查督办，明确督办分级负责制，做到“件件有回音、事事有落实”。全面运行综合办公平台系统，实现系统内收文、发文全流程电子化，并与辖内银行业金融机构建立电子公文传输系统。关注经济金融运行中的热点、焦点和苗头性问题，开展煤炭、焦化、钢铁、电力行业专题调研。推进信息公开，山西银监局在银监会外网的子网站“监管动态”栏目被评为“2012年度政府网站信息公开类精品栏目”。

（连　娟）

·保监局·

【简述】 2012年，山西省保险业实现平稳增长，全年累计实现保费384.65亿元，同比增长5.48%，其中财产险公司实现保费131.78亿元，同比增长13.1%，人身险公司实现保费252.87亿元，同比增长1.9%，保险密度为107.92元，保险深度为3.17%。2012年全省赔付支出比较平稳，全年累计支出119.33亿元。全省保险业资产规模达到911.28亿元。

2012年末全省共有保险公司总公司1家，省级分公司42家，其中财产保险公司23家，人身险公司19家，保险公司分支机构合计2157家。全省共有保险专业中介法人机构69家。

（王艳华）

【财产保险业务】 财产保险市场集中度在2012年继续下降，市场份额位居前5位的公司市场份额之和占比为85.31%，较2011年下降2.51个百分点。

车险业务2012年实现保费收入106.19亿元，同比增长10.77%，交强险实现保费收入35.43亿元，同比增长13.3%，交强险在车险保费重点占比为33.36%，高于全国27.82%的平均水平。

农业保险覆盖面拓宽,2012年实现保费收入3.91亿元,同比增长50.69%;出口信用保险加大对小微企业支持力度,保障功能发挥,2012年为出口企业提供风险保障12.5亿美元,同比增长41%,支付赔款328.5万元,同比增长438.07%;责任保险业务保持稳步增长,2012年实现保费收入4.99亿元,同比增长57.16%,增速位居全国第二,其中煤矿安全生产责任险实现保费收入1.05亿元,同比增长83.79%,承运人责任险实现保费收入1.08亿元,同比增长16.73%;保证保险2012年实现保费收入1657.08万元,同比增长113.66%,增速位居全国第二;企财险2012年实现保费收入8.87亿元,同比增长21.88%,增速位居全国第一。

车险理赔服务质量改善,2012年车险赔款支出同比增长24.82%,车险综合赔付率61.91%,较2011年提高1.3个百分点;车险已决赔案件数140.52万件,件数结案率为88.9%,较2011年提高3.05个百分点;车险未决案件17.55万件,同比减少2%;车险已决赔款为55.52亿元,较2011年同期降低0.87个百分点。

财产险公司2012年累计发生赔款支出67.01亿元,同比增长24.58%。

(王艳华)

【人身保险业务】 2012年人身险市场规模居前5位的公司市场份额之和占比为85.85%,较2011年下降3.35个百分点。

个人代理人渠道实现保费收入133.17亿元,同比增长10.22%,银邮渠道实现保费收入93.72亿元,同比下滑9.78%,直销渠道实现保费收入23.26亿元,同比增长6.91%,交叉代理业务实现保费收入0.87亿元,同比增幅达5478.23%;人身险新单保费收入103.05亿元,同比下滑16.04%,缴费结构优化;普通寿险新单同比增长53.5%,分红险新单同比下滑16.49%,保障型寿险业务比例提高;农村小额人身保险实现保费收入0.37亿元,同比减少13.87%,参保人数107.74万人,同比减少5.12%。

人身险公司2012年累计发生赔款与给付支出52.31亿元,同比增长5.17%。

(王艳华)

【消费者利益保护】 加强消费者利益保护是2012年山西保险监管工作的重点。一是解决车险理赔难问题。建立“四机制一标准”,即积案定期清理、理赔服务质量评价、小额赔付快处、理赔纠纷调处机制和理赔服务质量标准。有关机制的实施,取得成效:在2012年积案清理中,产险公司积案的金额清理率为42%,居全国第7位;全年车险件数结案率达88.9%,同比提高3.1个百分点,高于全国2.2个百分点;上半年的测评显示,万元以下小额赔付周期14.6天,同比缩短5.4天。

二是治理寿险销售误导。建立投保风险短信提示和投保人关键信息强制录入及自动校验制度。两项制度自2012年9月份实施以来,76.5%的人身险公司撤单率上升20%~50%,有效遏制销售误导行为。各寿险公司开展销售误导自查,根据自查情况,约谈16家寿险公司,责成有关公司对481名责任人进行责任追究。

三是提升服务质量。开展消费者满意度调查,建立社会监督员制度,参与政风行风热线节目。召开“3·15”提升服务质量大会,开展“双十佳”评选活动,表彰先进,推广经验,推进服务质量提升。

四是抓好维权工作。建立覆盖全省11个地级市的保险纠纷调处服务网络,推行行业调解与人民调解对接,探索诉前、裁前调解模式,调解各类纠纷324件,成功率90.8%;落实局长接待日制度,提高“12378”热线投诉处理效率,实行信访办结回访和满意度调查,办结信访投诉380件,办结率88.2%。全年为消费者协调解决赔付、退保等纠纷涉及金额1472万元。

(王艳华)

【保险市场监管】 按照“严把入口、疏通出口,调控节奏、优化结构”的思路,完善市场准入退出机制。出台《山西省保险公司分支机构准入指引》《山西省非正常经营管理类保险机构市场退出指引》《山西省保险兼业代理机构准入退出管理指引》《山西省保险专业代理机构准入和退出指引》,基本涵盖所有保险类机构的市场准入退出监管。其中,调控保险公司分支机构准入节奏,全年新增各级分支机构105家,增幅5.1%,增量同比减少17.3%;依法注销92家兼业代理机构和2家专业代理机构,清退12家私设网点。同时,开展现场检查工作,共派出76个检查组、330人次、对96家机构进行检查。对8家省级公司、6家中支公司和2家支公司数据真实性自查进行督导。依法对12家保险公司、4家中介机构和16名责任人进行处罚,罚款81.1万元,吊销1家兼业代理机构许可证,下发监管函16份,监管谈话26次。

(王艳华)

【重点领域业务新发展】 一是农业保险覆盖面扩大。政策性种植业保险覆盖面扩大26%,晋中的政策性蔬菜大棚保险、阳泉的政策性森林火灾保险取得新的突破,苹果保险条款已获批准,正在组织实施。2012年,农业保险实现保费收入3.9亿元,同比增长50.7%,高于全国平均水平12.4个百分点,提供风险保障68.3亿元,同比增长49%,向23.6万受灾农户支付赔款1.37亿元,同比增长143%。

二是责任保险发展。联合安监、煤炭部门分别出台《关于在非煤矿山、危险化学品、烟花爆竹等高危行业开展安全生产责任保险试点工作的实施方案(试行)》和《关于推行煤矿安全责任服务保险的指导意见》,推动煤炭安全责任保险发展,启动非煤矿山等高危领域责任保险试点。2012年,责任保险实现保费收入5亿元,同比增长57.2%,高于全国平均水平33个百分点。

三是保险业参与创新社会管理。率先在全国实现车船税与车险信息平台联网,2012年,保险公司代征车船税10.8亿元,同比增长35%。与此同时,开展多层次调研工作,主动协调政府有关部门推动大病保险工作。实施方案已报省医改办审批。

(王艳华)

·证监局·

【简述】 2012年，山西辖区资本市场直接融资规模和比重继续增长，市场整体发展秩序稳定。截至12月末,在全国融资规模同比下降38.46%的情况下，山西辖区资本市场直接融资规模较上年全年730亿元同比增长64.38%。核批1200亿元,实现1150亿元。

(张 军)

【资本市场发展】 2012年,省证监局领导班子带队深入11个地市、30多个县区及近百家企业实地调研、指导工作,为政府和企业发展“送理念、送知识、送服务”。山西证监局先后与晋中市、太原高新区、运城市、朔州市、省旅游局、省科技厅签订合作备忘录,明确资本市场建设、助推经济转型发展的合作目标、合作重点;指导推动8个地市出台鼓励发展和利用资本市场的相关政策。 (张 军)

【上市公司】 截至2012年末，山西省境内共有A股上市公司34家,其中主板29家、中小板3家、创业板2家,数量与上年持平;总股本495.22亿股,流通股本467.50亿股;总市值(含限售)4502.89亿元，流通市值4349.78亿元,资产证券化率39%。总市值在全国排第9位，较之2011年上升一位，在中部六省排名第一位。上市公司所属行业以煤炭开采业以及炼焦业为主，发展为兼有金融、医药、零售、化工等非煤行业。

(张 军)

【证券经营机构】 截至2012年末，山西辖区有2家证券公司,3家证券分公司和123家证券营业部(含2家筹建中)。其中,辖内证券公司营业部73家,辖外证券公司营业部50家,比上年末新增9家证券营业部。

截至2012年末,2家证券公司注册资本25亿元，总资产143.47亿元,同比下降1.59%;净资产67.35亿元,同比增长2.36%;净资本48.91亿元,同比增长2.47%。1~12月,2家证券公司累计营业收入9.32亿元,同比减少15.29%;累计实现净利润2.34亿元,同比减少6.27%。

截至12月末，辖区证券投资者开立资金账户163.73万户,同比增长5.76%。1~12月,辖区证券市场交易量累计7529.25亿元,同比减少18.45%;辖区证券营业部营业收入9.60亿元,同比减少29.52%；净利润2.39亿元,同比减少44.16%。 (张 军)

【期货经营机构】 截至2012年底，山西辖区共有4家期货公司,28家期货营业部,3家期货交割库和31家IB证券营业部,比上年新增2家期货营业部。 (张 军)

截至12月末,4家期货公司注册资本1.92亿元，净资本为2.45亿元，资产总额14.02亿元，同比下降2.97%,净资产总额2.34亿元,同比增长3.06%，手续费收入合计17642.66万元,同比下降4.82%,利润总额合计1323.96万元，与上年同期盈利633.78万元相比，实现较大幅度增长,21家外埠营业部累计亏损971.97万元。

截至2012年12月末,辖区期货投资者开户数为3.32万户,同比增长10.39%;客户保证金11.09亿元,同比下降4.64%;期货代理交易量4697.41万手，同比下降2.00%；代理交易额34429.84亿元,同比减少17.07%。

(张 军)

【上市公司现场检查和年报监管】 2012年，省证监局完成对山煤国际、仟源制药、百圆裤业等3家上市公司的全面检查;对晋西车轴、太化股份、振东制药和关铝股份4家公司的年报专项检查;对兰花科创、通宝能源、亚宝药业等3家公司内控规范的专项检查;对山西安泰、美锦能源、S*ST振兴和大秦铁路等4家公司的业绩承诺检查。 (张 军)

【上市公司分红】 省证监局对辖区34家上市公司和辅导备案拟上市公司按要求修改公司章程中现有分红政策,建立分红机制。指导2011年16家未实施分红的公司完成现金分红的决策程序和机制。开展公司大股东、董事、监事和高管现金分红政策培训工作。截至2012年底,辖区34家均已按照相关要求开展修改公司章程和制定股东回报规划工作。

(张 军)

【证券市场直接融资】 截至2012年12月底,辖区资本市场直接融资突破1150亿元,其中,非公开发行股票再融资52.61亿元,定向增发融资87.85亿元，发行债券融资合计945.60亿元，其中包括企业债融资103亿元、中期票据融资549亿元、短期融资券融资82.6亿元、公司债融资146亿元、地方政府债券融资65亿元,资产证券化融资53.5亿元，创投基金、股权融资等其他方式融资10.44亿元。另有50.34亿元融资申请获核准,尚未完成。 (张 军)

【并购重组】 2012年,山西证监局推动辖区*ST漳电、*ST关铝、*ST太工、ST东碳、永泰能源和山西证券7家公司实施并购重组,重组涉及规模128.77亿元。 (张 军)

【退市风险化解】 2012年重点风险公司维稳防控工作完成。*ST漳电、*ST关铝、*ST太工3家公司并购重组取得进展,涉及金额38.85亿元,辖区上市公司所面临的退市风险平稳化解,上市公司活力得到激活。

(张 军)

【企业改制】 2012年山西证监局在全省9个地市分别召开推进企业改制上市工作座谈会,同时,联合省资本办出台《关于加快推进企业改制上市工作指导意见》，多次举办各类企业改制上市培训班，加强对重点拟上市企业辅导验收工作,各市推进企业改制,对拟上市企业培育工作的重视程度提升。截至12月末,全省已有17家企业进入备案辅导期,4家企业上报证监会审核。 (张 军)

【证券公司服务企业融资】 省内外多家证券公司与地方政府签订战略合作协议,为城镇化建设和企业提供IPO、再融资、改制或重组等多项综合融资服务。出台《创建证券营业部综合服务窗口试点工作实施意见》,将证券公司综合金融服务优势延伸到基层实体经济。 (张 军)

【宣传教育和金融人才培养】 2012年，在全省举办资本市场服务实体经济专题讲座30余场。组织编写《套期保值理论与实践》《资本的魅力》等宣传书籍，免费发放。推进资本市场双千人培训工作，证监局与高校联合举办的"资本市场后备人才培训班"，培训学生350名。组织多批针对全行业高管人员的专题培训班。 （张 军）

【投资者保护】 创新辖区投资者关系管理，建立"资本市场特约咨询员制度"，聘请70名投资者为"资本市场特约咨询员"，各证券期货经营机构聘请176名投资者为"特约咨询员"，形成投资者保护分层工作体系。开展三次大规模投资者专题教育活动，组织投资者走进上市公司，引导投资者树立理性投资和价值投资理念，稳妥处理信访投诉420件。

（张 军）

【市场正常秩序的维护】 加大稽查工作力度，完成打非主办案件2起，协查案件5起，协助证监会执行处罚1起，出具性质认定意见3起，配合公安机关开展打击非法集资等"破案会战"专项行动。加强宣传教育，编印打非宣传挂图，开展大规模打非和防控内幕交易专项宣传活动，打击资本市场违法犯罪行为。 （张 军）

【政务信息公开】 证监局加大监管信息公开力度，接受社会监督。截至2012年12月底，共主动公开监管信息909条，其中"证监局主题分类"栏目公开监管信息238条，"证监局文种体裁"栏目公开监管信息671条，"行政许可"栏目公开监管信息535条。未出现因公开监管信息引发申请行政复议、提起行政诉讼的情形。

（张 军）

银 行

·中国工商银行股份有限公司山西省分行·

【简述】 2012年，中国工商银行山西省分行按照总行对山西分行提出的"因势而变、变而亦变"的要求和"规划期末全面进入总行第二盈利梯队"的目标，分行明确提出"争先进位"的经营理念，形成准确的目标引领，增强加快转型发展的信心，推动各专业考核排名跨入系统内前10位。实施"合规文化建设工程""竞争力提升工程"和"最佳服务银行打造工程"，围绕"总行要求、市场可能、员工利益、同业定位"四个动力源，重新修订《2012—2014年发展战略规划》，提出更加契合山西分行实际的任务目标和总体要求，层层分解责任、加强序时考核、按季滚动落实。截至2012年末，实现拨备前利润66.79亿元，同比增盈4.07亿元，增幅为6.48%；实现净利润46.75亿元，同比增盈3.01亿元，增幅为6.88%；实现经济增加值(EVA)24.67亿元，同比增加2.2亿元。 （李文杰）

【账户营销攻坚】 工行山西分行2012年将存款作为立行之本，以营销账户和拓展客户为核心，采取"递延激励"措施，打响账户营销攻坚战，实现目标账户数量和质量的提升。重点抓好对公新开基本账户代发工资业务的同步拓展，以及"两卡一U盾"的跟进营销，扩大个人中高端客户规模。发挥理财、基金、保险等产品优势，与存款互为支撑，精准互动，实现储蓄存款的稳定增长。利用各种资金监测平台，摸排客户的交易对手和上下游客户，锁定目标，逐户挖转。加强与中国(太原)煤炭交易中心的合作，与252个客户建立银商转账合作关系。抓住财政、社保、公积金等系统龙头，实施高层营销，实现30亿元社保资金、70亿元财政非税收入归集山西分行。加强存款波动监测分析，加大日均和月均指标考核，建立存款增长长效机制，严格落实稳存责任，防止月末季末存款大起大落。充实客户经理队伍，将账户营销、客户关系维护与客户经理绑定，明确营销责任，层层挂钩考核，确保存款业务的量质并举。截至2012年末，人民币全部存款(含同业)时点较年初增加269.88亿元，日均增加129.66亿元，其中储蓄存款时点较年初增加229.19亿元。

（李文杰）

【信贷结构调整】 以市场梳理和客户维护为抓手，明确目标任务，落实营销责任，推动信贷结构优化调整。一是结合山西省"十二五"发展规划和"综改试验区"建设方案，围绕"全省转型发展中的重大机遇和项目、核心客户的上下游和个人业务成长的新机会"，按照总行行业政策，从14个维度对全省所有行业、企业、项目进行由上到下、自下而上的大规模梳理分析，确定未来目标市场客户1844户，项目362个，融资需求9230亿

工商银行山西省分行支持小微企业发展，助推山西综改区建设

（李文杰提供）

工商银行山西省分行与山西省军区开展军银共建合作

(李文杰提供)

元，其中近期目标市场客户 738 户、项目 145 个、融资需求 4577 亿元。二是推动“四大新市场”拓展，在总行确定的目标客户基础上，丰富重点客户名单，开展针对性营销。拓展小企业集群化融资，加快贸易融资业务营销进度。以个人贷款余额在省内金融同业率先突破“百亿元”为契机，宣传营销，发展个人消费信贷和信用卡贷款业务。截至 2012 年末，“四大新市场”贷款较年初增加 36.96 亿元，增幅为 32.56%；“三大战略领域” 贷款较年初增加 25.76 亿元，其中小企业贷款较年初新增 10.57 亿元，增速为 12.2%；个人贷款新增 21.63 亿元，增速为 21.5%。三是落实营销责任。对目标市场进行名单制管理，采取定目标、定客户、定人员、定进度的推动措施，逐户制订营销计划和融资方案，形成反应敏锐、响应及时、责任清晰、挂钩包户的营销格局。按照“两个提前”思路，提前介入客户需求，中后台提前介入营销，实现中后台政策优势和前台营销力量的有机结合。按照“投行开路、商行跟进”思路，多渠道满足客户需求，确保山西分行在目标客户核心业务的主导地位。完成太钢、太重 50 亿项目贷款的总行审批，交通厅 49 亿贷款的总行核准，西山煤电、同煤 80 亿固定资产融资的新增授信。截至 2012 年末，累计投放各类贷款(含贴现)1246 亿元。创新融资(包括理财融资、债券承销、承兑汇票、信用证、代理信托计划、PE 主理等)199 亿元。

开展整治不规范经营专项治理，执行“七不准”要求，掀起“学标准、强服务、促发展”为主题的 2012 版收费标准学习高潮，推进消费者权益保护工作。开展产品创新，完成 8 个课题调研、9 个项目评估，推动 10 个产品列入总行开发计划。强化考核机制引导，制定 20 款拳头产品专项计划，增强重点产品的增收创收能力。以投行业务发展为龙头，出台《加快投行业务发展的 13 条意见》，组建 35 人的投行专职团队，建立投行项目长效梳理制度和动态储备库，重点拓展品牌类投行业务。购买潞矿、太钢私募债、阳煤短融中票、兰花公司债等债券 29.6 亿元，实现投资收益 3.03 亿元、中间业务收入 2477 万元，营销潞安集团 60 亿元股权融资业务。加大信用卡产品营销，以分期付款业务为抓手，全年实现信用卡中间业务收入 3.2 亿元，同比增长 68.42%。实施托管业务“211 工程”，资产托管规模当年新增 2499.59 亿元，实现收入 9438.68 万元。推进养老金业务规模发展，实现业务收入 3523 万元，同比增长 33%，保持在同业和总行的领先地位。提升高净值客户贡献，开拓私人银行产品新渠道，全年净增私人银行客户 181 户，实现中间业务收入 1.2 亿元，同比增长 53.2%。加强特色贵金属产品推广，创新安保模式，在五台山举办“五台大智系列”贵金属产品现场发布会，进行 11 场路演、207 场沙龙，创下单月销售 228 千克、收入 2055 万元的销售业绩，确保贵金属实物销售始终保持三分之二的市场领先优势。截至 2012 年末，实现中间业务收入 20.13 亿元(含工银租赁 7328 万元、工银瑞信管理费 510 万元)，同比增收 1.47 亿元，增幅为 7.87%。

(李文杰)

【风险管控和合规建设】 一是推进合规文化建设工程。设计 7 个维度、27 个系列、81 个板块的具体活动，分步骤开展。将各项监督管理行为纳入合规文化建设范畴，按专业、按部门、按条线全面加强制度建设、风险排查、行为习惯养成等，全员依法合规意识明显增强，内控案件防控水平显著提升，8 月份摘掉“总行内控案防重点关注行”的帽子。二是突出重要领域治理。创新员工行为动态排查手段，采取“一级包一级”的排查责任制，实行“谁排查、谁负责”制度，把排查工作抓出实效。重点对员工个人账户与企业账户往来进行全面逐一排查核实，落实问责处理，强化教育警示。2012 年共排查人员 14620 名，排查覆盖率达 97.7%。对近三年各种内外部检查发现的 279 个项目、3331 个问题跟踪整改。夯实账户管理基础，分五个阶段进行账户“大清查、大核对”，对一些空户、死户、假户及时清理销户，对 87073 户进行清查核对，整改不规范账户 1409 户；激活唤醒长期不动户 878 户，清理长期不动户 5725 户。加强对“柜员、网点现场管理人员、授权人员、对账人员”等重点岗位人员的履职管理，确保各岗位责任明确、各环节风险控制有效。建立运营风险警示约谈制度，风险暴露水平由年初的万分之 23.26 降至 10.36，降幅达 55.46%。各专业共享视频非现场检查资源，将网点服务、ATM 管理、监控中心职守等全面纳入监督，保证对重要风险点监督的完整性和连续性，堵截侵害 ATM 案件2 起，抓获犯罪嫌疑人5名。开展应急演练,在总行业务灾难恢复应急演练中取得第4名成绩,9月9日处置一起意外动力断电事件,受到总行表彰。三是加强信贷风险管控。创造性地开展三级联动的贷后管理交叉检查活动,聘用26名特约检查员,开展贷后交叉检查和作业监督合规性检查,除完成总行安排的4次大规模检查外,又组织3次针对法人、个人、小企业和贸易融资等信贷业务的现场规模性检查,同时还按月对重要风险点进行提示和核查,及时揭示潜在风险隐患,防止风险的积聚和扩大。加快不良贷款清收处置进度,采取有效措施堵住向下迁徙通道。在全年新释放不良贷款10.53亿元的情况下,不良贷款余额和不良率实现"双下降",分别较年初下降0.76亿元和0.16个百分点。

(李文杰)

【调整业务模式】 开展"把工商银行搬回家"活动,重点营销银行卡和电子银行产品,加快离行式自助网点建设,以及新排队叫号机等新兴自助设备的布放进度,推进"1+2+N"模式的试点工作,新增自助银行134个、自助设备1200台。重点推进存取款等基础性产品的离柜业务营销,实现离柜业务占比的快速提升,年末全行柜面业务可分流率为36.9%,较年初下降2.95个百分点。专项治理网点排长队问题,运用非现场手段跟踪监测92家重点网点,查找与改善网点现场管理不足,有效缓解客户排队压力。实施"大堂致胜"策略,在保证人员数量和质量的前提下,发挥大堂经理分流柜面业务的职能作用。开展"管理人员示范营销"和"本部员工进网点营销"专项活动,通过一级带一级,带好营销队伍。全年工行省分行和各二级分行本部共有1599名干部员工深入网点开展银行卡和电子银行产品营销服务。 (李文杰)

【干部培养】 2012年工行山西分行按照"以工作论英雄、以业绩看干部、以德才用干部"的用人导向,结合管理人员任期规定,交流调整二级分行行长6人,省分行3名优秀部室总经理到二级分行任行长、3名年轻的副总经理到省分行营业部、二级分行担任副职。加快对年轻干部的培养,安排省行本部5名、各二级分行22名优秀年轻干部进行上下交流。挖掘人力资源潜能,加强客户经理队伍建设,2012年年底个人客户经理达到1500人、对公客户经理按岗位配齐、客户经理占比达到20%。全年累计举办各类培训697期,培训34556人次。 (李文杰)

·中国农业银行山西省分行·

【简述】 2012年,中国农业银行山西省分行支持全省转型跨越发展,服务"稳增长",实现平稳发展。截至2012年末,全行人民币各项存款增长205.5亿元,同比多增47.4亿元;各项贷款余额916.67亿元,增长127.51亿元,同比多增26亿元,增量市场份额27.1%;实现中间业务收入7.8亿元,同比多收5300万元。实现拨备后利润34.7亿元,同比增加7.4亿元。主要业务指标和利润指标全部完成经营计划,且均实现同比增长,发展形势向好。 (康 宁)

【资金组织工作】 (1)客户基础建设。围绕发改委立项、工商局注册、外管局批准三个关口抓源头营销,围绕资产类客户受托支付对象抓支付结算账户联动营销,围绕核心客户分子公司和上下游企业抓产业链营销,推进客户"扩户提质"。2012年净增人民币对公结算账户2938户;营销大同煤业、西山煤电等核心客户分子公司41户及上下游企业23户;营销山西武警部队系统性客户,全省武警系统账户、存款、结算由他行营销转入农行,并独家代理武警部队军人保障卡业务。(2)渠道基础建设。2012年新完成90个网点的设计、答疑、造价、招标,其中68个项目开工,37个项目验收,到年末累计装修改造网点244个,占到网点总数的49%;新投放ATM317台、新建离行式自助银行22家,ATM总量持续保持同业第一;专门为个人高端客户服务的财富中心于6月正式营业。同时,启动网点软转项目推广工作,完成44个标杆网点的软转导入工作;通过"神秘人"暗访、内部服务巡查、视频监控检查等多种形式深化网点文明标准服务固化工作。(3)产品基础建设。全年面向高端客户推出24款理财产品定制服务,维护百万元以上重点客户729人次,锁定月末时点存款资金累计72亿元。拓展进口开证、涉外保函、国内信用证、外汇结算、跨境人民币结算和票据承兑、贴现业务,通过收取保证金、结汇款、结算资金,提高客户销售货款和结算资金归行率。 (康 宁)

【融资服务实体经济】 对接山西省"项目落地年"9000亿元投资和"稳增长"政策三十条,加大服务实体经济力度。全年信贷融资、直接融资合计453亿元,同比增长3.4倍,创历史最高水平。(1)加大信贷投放力度。累放贷款472亿元,公司类贷款净增额居同业第二位,主要支持公路、铁路、电力等重大基础设施建设项目,煤矿技改、物流配送、循环经济、节能环保等重要转型标杆项目,以及农产品流通、医疗教育等重点民生工程项目。(2)发展直接融资业务。2012年,率先引入私募债和委托债权投资,为8家省属重点企业发行私募债195亿元,居同业第一位、系统内第三位;委托债权投资提款110亿元,居系统内第二名;直接融资总额合计305亿元,在支持实体经济发展的同时,巩固和扩大与核心客户的关系,促进公司业务整体提升。2012年直接融资业务实现中间业务收入2.7亿元,当年入账5867万元。(3)发展个人信贷业务。把个贷营销职能与审查审批职能彻底分离,全面实行二级分行个贷集中作业,提高制度化、标准化运作水平。2012年个贷净增额同比翻番,其中下半年增量达到上半年的2倍,增量份额提高8.4个百分点。(4)推进经营转型。通过运用信贷规模和经济资本两大资源配置工具,引导优化信贷投向,提高价值回报水平。年末AA-级以上客户贷款余额占比达86.68%,较年初提升17.94个百分点;经济资本回报率29.08%,较年初提

农行山西分行“红蜡烛”结对帮扶行动暨第二轮捐赠活动现场

（康　宁提供）

升7.22个百分点。（康　宁）

【“惠农通”服务“三农”】 2012年，调整优化惠农服务点，清理激活睡眠卡，增加代理服务项目，落实联通公司优惠协议，实施转账电话、惠农卡、卡日均存款“两率一日均”考核等，提高“惠农通”使用率。全年“惠农通”完成交易量496万笔、交易额204亿元、机均交易44.6万元，分别达上年的233%、135%和147%；代理新农合、代理新农保、代理惠农资金项目分别增加1个、7个和13个，分别达98个县、53个县和38个县，累计归集资金超百亿元，服务农户超过百万户；惠农卡有效率达25.7%，转账电话有效率24.2%，卡均存款达193元，分别比年初提高11个百分点、16.8个百分点和52%，惠农卡存款余额排名全国第18位。在提高“惠农通”使用率同时，丰富“惠农通”功能，开发代缴电费、移动、联通话费等业务。到2012年末，共有399部“惠农通”转账电话发生代缴电费业务，交易量11.75万笔，交易额747.31万元；450部转账电话发生代缴联通话费业务，交易量4453笔、交易额13.57万元。（康　宁）

【涉农信贷加大】 以产业链金融为主要方式，加大涉农信贷投放力度。截至2012年末，产业链金融服务涉及64个产业链、156个客户，存、贷款余额分别达3.2亿元和11.96亿元，资金结算54亿元，带动农户34万余户，农户信贷4460万元。全行涉农贷款增加60亿元，余额达251亿元。

（康　宁）

【经营管理水平提高】 2012年，全面加强基础管理，切实防控经营风险。(1)加强信贷管理，防控信用风险。全年退出潜在风险客户3.23亿元，清收不良贷款3.45亿元，核销贷款3993万元。在经济下滑造成行业系统风险加大的情况下，到期贷款收回率达到99.34%，压降不良贷款3.88亿元，不良率下降0.92个百分点，拨备覆盖率提高34.12个百分点。(2)提高规范经营水平，防范合规风险。根据总行和银监局的部署，开展不规范经营专项治理，进行两轮全覆盖式的自查、抽查，以“七不准”“四公开”为标准，全面整改发现的问题，规范经营行为。全行没有发生“见人、见钱、见报”的“三见”事件，没有发生媒体危机事件，没有发生声誉风险和合规风险事件。(3)提高运营管理水平，防范操作风险。2012年完成省域集中作业和集中监控，全面实现运营后台“三大集中”。同时，以临柜作业“三化三铁”和柜员“三基本”学习为主线，在全辖营业机构上线临柜智能控制系统，提高运营基础管理水平。(4)提高安保工作水平，防控案件风险。针对个别省份发生银行员工参与民间借贷、非法集资的事件，开展员工参与社会融资、案件风险、安全保卫、“九种人”等排查，有效消除风险隐患。对年初发生在个别地市的“中国明明商”组织假借农行名义开展非法集资的事件，果断进行处置，防范声誉风险。2012年没有发生经济案件，没有发生重大责任事故。（康　宁）

·中国银行股份有限公司山西省分行·

【简述】 2012年，中国银行山西省分行实现净利润23.76亿元，较上年增长27.28%，创年度盈利最好水平。人民币各项存款余额增长12.78%；人民币各项贷款余额增长6.87%。实现中间业务收入同比增长18%。单位人民币结算账户增长率21.05%；个人有效客户数较年初增长21.66%。资产质量改善，不良贷款实现“双降”。绩效考核在系统内实现争先进位目标，较上年提高六个位次。

（王　纲　冯培义）

【支持地方经济建设】 2012年9月，中国银行与山西省政府签署《金融支持山西转型跨越发展合作备忘录》，与省内8家核心重点企业签署《多元化业务合作协议》。作为一级承接分行，山西省分行加大对山西当地建设的相关政策倾斜和资源支持力度。一是支持山西煤炭资源整合。针对山西煤炭资源整合进入全面技术改造阶段的情况的现状和特点，加强与省内重点煤炭企业在技改支持、融资支持、债券发行、综合金融服务等方面的业务合作，全年新增煤炭行业贷款投放34.66亿元。全辖重点行业贷款余额占比达83.42%；中长期贷款占比74.94%，较上年上升1.14个百分点。二是支持山西基础设施建设。利用银团贷款和项目贷款等方式，重点支持吕临铁路、准朔铁路和太原铁路枢纽西南环线等山西大型铁路项目建设，全年累计投放基础设施建设项目贷款70亿元。三是支持山西经济转型发展。重点支持节能减排项目和绿色信贷业务，先后为多家重点新能源企业提供授信4.25亿元。同时，严格控制对产能过剩行业的信贷投放，加大对不符合要求的“两高一低”行业授信的主动退出力度。

加大金融产品和服务的创新力度。与银企对接财务软件提供商合作，先后投产太原市财政局和山西省交通厅等重点客户银企直连项目；在企业网银WEB渠道实现山西省养老金基金管理中心批量付款功能。截至2012年末，全辖实现企业网银交易量14985.7亿元，完成全年计划的133%。利用中国银行全球一体化多元服务平台，帮助大型重点客户优化融资方案，推出信托理财计划、中银结构投融通等直接融资方案。为省内重点客户发行信托及特定资产收益权理财计划，募集资金78.8亿元；加大银行间债券市场企业债务融资产品推介力度，取得省内重点企业私募债券及短期融资券的主承销商资格，为企业在银行间债券市场发行私募债券融资90亿元，满足企业多元融资需求。

发挥外汇贸易优势，为进出口企业提供及时高效、多样化的结算服务和贸易融资业务，全年累计办理国际贸易结算业务55.19亿美元，跨境人民币结算业务11.94亿元，市场份额均达35%以上。取得销易达、代付达业务、保函业务以及跨境出口单证业务的突破，创新开办全省首笔理财产品+企贷保项下进口开证业务。联动海外机构和同业，为全省进出口企业累计办理海外代付业务3600万美元，协议付款1.01亿美元，办理“代付达”及同业代付4.97亿美元。同时，在外部需求持续萎缩、国内经济低位运行的情况下，利用供应链金融产品优势，为企业实现融资24.29亿元。

完善小企业信贷管理体系，提升对中小企业专业化服务水平。以省内重点大型企业供应链上下游客户为切入点，针对性地开展营销，通过钻石团队派驻网点或与网点联动营销等方式，带动网点强化中小企业业务服务能力。加强与地方政府、商会和经济园区的沟通与联系，全面开展名单式营销。发展供应链融资业务，将资金注入处于相对弱势的核心企业上下游配套中小企业，并与中银保险联动为企业提供企贷保业务等多产品服务方案，综合满足中小企业需求，节约财务支出。

（王　纲　冯培义）

【网点转型】 2012年，中国银行山西省分行以“强力推进，务求实效”为准则，把网点的战略转型视为全行的生命工程，实施“个金先导、两翼协同、三位一体”的网点转型战略，即以个金业务先行先导，公司、个金业务协同发展，网点管理、服务、队伍三方面重点推进，全面实施网点队伍再造、流程再造、模式再造、管理再造、考核机制再造和文化再造，打造具有中行特色的新型网点。一是统一规划网点渠道建设。出台《山西省分行2012—2014年城区机构发展规划》；围绕城市规划及经济发展重点区域，建立网点储备机制；研究县域机构网点布局策略，完成新设县域机构考察模型，在经济发展前景看好的县（区）域增设机构和离行式自助银行，提升机构覆盖率。二是出台网点转型实施方案，细化转型工作重点，选择确立试点标杆网点，优化网点岗位配置，开展标准化流程导入工作。构建网点等级管理体制。三是加快规范网点服务销售流程。通过明晰职责、规范流程、丰富服务内涵、标准化营销话语、统一客户体验，编制统一的网点标准化管理手册、公司与个人金融产品销售手册，重点推进公司金融产品下沉，形成更加完善的服务体系。四是壮大网点营销服务力量。通过优化岗位设置，释放柜台人力资源，组建网点营销队伍，提高网点营销服务能力。试行对大中型全功能型网点的直管，并在资源投入、培养和授权等方面创造更好的发展条件，激励其做大做强。引入员工计价考核系统，将工作业绩与绩效奖励直接挂钩，确保兑现到人。五是整章建制、规范管理。出台省分行《营业网点柜员等级管理实施方案》《营业网点员工队伍考核与管理实施意见》等制度。六是全面提高网点队伍素质。创新培训手段，组建网点转型内训师队伍，承担转型工作的强化推进和培训督导工作。建立培训基地，实行模拟银行实战训练，提高“操作”“销售”“内控”三支队伍素质。七是加大产品下沉力度，在网点开展贸易融资、中小企业、资金理财等重点业务推广，提升网点的产品营销能力。截至2012年末，全行标准化服务销售流程导入网点达到254个，网点的服务销售能力提高，低产低效网点数量下降，2亿元以下网点减少16个，降幅达36.4%；1亿元以下网点较年初减少5个，降幅达71.4%。个人有效客户新增金融资产增长15.61%。

（王　纲　冯培义）

【流程再造】 以操作流程和管理流程为重点，启动同城业务后台集中工作，探索建设安全、便捷的服务渠道和有序、高效的业务流程。截至2012年末，完成26项同城业务集中和流程再造工作。全辖所有网点机构455支交易纳入集中授权，网点总数及集中授权交易总数均达100%。推广运行监控系统，对冻结/解冻、挂失/解挂、长短款损益、存款证明、保证现金支取等业务建立风险识别模型。在省分行及二级分行成立银企对账集中运营中心，提升对账服务能力。完成国内跨行人民币汇入汇款同城集中，投产国内批量汇划系统。完成个人国际汇入查询查复业务的后台集中，直接为全辖网点减少日均业务量20笔。优化总分行汇差调拨业务流程，节省单笔业务工时近50%，跨行汇款代发工资账户直入账流程创新，提升工作效率。（王　纲　冯培义）

【金融服务能力改善】 优化渠道网络布局，提升网点服务能力。2012年，全辖新增自助银行20家、离行式ATM机36台，加大现有网点硬件的标准化改造力度。将省内经济发展潜力巨大的县域纳入机构新设计划，全年申报新增县域机构11家。提升服务民生能力，加大人员和资金投入，丰富和完善社保卡服务渠道和功能，提升社保卡使用体验。截至2012年末，累计为全省百姓发放社保IC卡142万张。与多家重点客户签订企业年金账户管理协议，开展养老金福利计划。满足省内个人客户在购房、出国留学、个人消费等方面的融资需求，累计提供消费贷款资金18亿元。

加大校园卡项目投入,与山西省电力高等专科学校、忻州师范学院等签订校园一卡通业务合作协议,深化与中职院校的合作,发行中职卡20.33万张,满足校方和学生的资金结算、项目融资、日常服务等金融需求。落实国家支持新医改政策,与省内大型医疗机构签署银医合作项目,研发投产诊疗卡项目,方便患者就医。

(王 纲 冯培义)

【风险管控】 加强对山西整体及区域经济、主流产业的研究,陆续出台煤化工、医药行业、政府融资平台贷款的授信指引和贸易融资、零售贷款、中小企业窗口风险指引,强化风险管理对业务发展的支持服务作用,引导授信资源向支持客户基础与存款等重点业务发展方向倾斜。明确授信审批流程和时效,支持业务一线提升市场反应速度。针对山西省“大县域”战略,制定支持县域机构和大型网点业务发展的指导意见,在资源配置、产品和业务授权、队伍培养以及管理模式上予以重点扶持,提升县支行和大型网点的核心竞争力。围绕中小企业发展现状与机遇、抵押品的授信风险缓释以及基层机构内控现状三个重点领域,制订相应授信内控政策,通过制度化导向传递风险偏好。丰富风险缓释手段,增加抵质押种类,推广货权、采矿权、股权、应收账款等企业有效资产质押。同时,制定各条线的业务品种、流程操作风险指引,汇编成培训教材在全辖推广实施。加大非现场监控力度,成立省分行录像查看中心。建立重要诉讼案件督导机制,化解诉讼法律风险。加强对授信专业队伍管理,建立公司授信人员准入与退出机制和名单式管理模式。制定贷后管理流程,将贷后管理纳入二道防线检查计划。

截至2012年末,全辖表内不良清收化解完成总行计划的114.93%,不良资产余额较年初下降6.06亿元,不良率较年初下降0.84个百分点。BB级以上(含)授信客户抵质押率较年初上升2.8个百分点。关注类贷款占比逐月下降,较年初降低2.34%,资产质量趋于稳定。在金融整顿和经济低速运行的形势下,关注金融案件风险,开展案件专项治理,强化重点业务风险提示。加大对重点风险领域的监控,开展案件风险排查、存款滚动式检查、员工行为失范排查、案例警示教育等活动,消除和化解操作风险与道德风险。2012年,全辖无重大案件和责任事故,堵截诈骗案件104起,涉及资金396.58万元。

(王 纲 冯培义)

【双基建设年】 2012年是山西省分行的“双基建设年”。以加强基础工作和基层工作为抓手,全面实施网点转型、绩效管理体系、风险内控管理三大工作,夯实业务基础。制定2012—2014年三年发展规划。提出规模扩张、结构优化、固本强基、科学管理、风险管控、智慧银行等六大工程,推进以调整结构和促进发展方式转型为重点的十项重点工作。对年度总体目标及分项指标逐项进行预测和细化,对主要业务的发展都量化具体争先进位的目标。同时,结合自身实际,以提高客户服务能力和市场反应能力、提高内部工作质量和管理效率、提升风险防控能力和降低经营管理成本为目标,深化和完善管理架构整合工作,提高业务创新性拓展与专业化管理运作的能力和水平。

(王 纲 冯培义)

【队伍建设】 2012年,出台《2012–2014年的人才发展规划》,引导全行树立“个个是人才、人人能成才”观念,打造中层管理人才,高级专业领军人才,技能操作人才、中层继任人才和优秀青年人才等五支人才队伍。制订《2012—2014年人员配置规划》,从人员总量和内部结构调整上明确控制目标。坚持倾斜重点业务条线和基层营业网点,精简各级管辖机构本部和中后台人员,重点调整各条线人员岗位分布结构,提升人力投入产出效率。确立干部提拔必须具备基层经验的准入标准,出台《年轻优秀人才挂职锻炼实施办法》,鼓励和引导人员下沉基层。同时,严格考核管理各级领导干部,落实干部“可上可下、可下可上”的管理原则。建立培训管理架构,完善培训工作体系,建立内外结合的培训师资队伍,针对网点转型导入,举办多期内训师培训班。全年陆续组织96名中高层管理人员举办高级研修班;组织101位网点负责人完成能力提升培训;组织192名新员工举办入职培训。

(王 纲 冯培义)

【百年行庆】 2012年值中国银行百年华诞,山西省分行以此为契机,加强企业文化宣传,增强全行员工对中行百年品牌的忠诚感、自豪感、使命感、责任感。为落实青年人才发展战略,成立青年联合会,组织全行六千多名青年员工施展才华、发挥作用。开展“改进机关作风,挖掘机关潜能,提高服务能力”活动,以“讲正气、讲规矩、讲纪律、提高责任心、提高执行力、提高服务水平”为内容,认真自查,从基层征集到意见和建议154条。以“我承诺、我服务、我奉献”为主题,进行整章建制,规范服务流程,重点针对授信审批、机构选批建等工作流程进行优化整改。在省分行机关持续推行“七个二要求”和“一个制度”,通过开展两个测评、公开两个进度、开好两个会议、做好两个公开、建立两个制度、开展两个评比、落实两个基本要求,巩固整改成果,提升工作质量和工作效率。开展以人为本、服务基层的“五必访”“五必知”“五必帮”活动、“建功十二五,奉献在金融”和争创“服务品牌网点”的竞赛活动、“比创新、比技能、比贡献、比服务”竞赛活动以及“合理化建议”“金点子”征集活动,调动全行员工的参与,凝聚工作合力。 (王 纲 冯培义)

·中国建设银行股份有限公司山西省分行·

【简述】 2012年,中国建设银行山西省分行经营效益大幅提升。实现账面利润35.4亿元,同比多增9亿元,员工平均工资增幅16%。负债业务持续快速增长。一般性存款新增366亿元,增幅17.58%。其中,个人存款新增207亿元,增幅18.89%。对公存款新增159亿元,增幅16.12%。信贷结构调整向好。各项贷款新增134亿元,投行业务融资166亿元。“三类贷款”余额158.7亿元,占全部贷款14.36%,上升

4.7个百分点。其中个人类贷款突破100亿元,达107亿元,新增28亿元;小企业贷款余额47.7亿元,新增25亿元,增幅106%;卡分期余额4亿元,余额为上年余额的4倍。中间业务实现收入14.47亿元,同比增量2.04亿元,增幅16.46%。资产质量实现不良贷款余额9.14亿元,较年初减少4.41亿元;不良贷款率0.827%,较年初下降0.53个百分点,首次低于全国平均水平。 (赵建伟)

【建行与山西省战略合作协议】 2012年,国家批复的晋陕豫黄河金三角产业示范区、中原经济区发展规划及《关于大力实施促进中部地区崛起战略的若干意见》,均覆盖或者涉及山西,山西经济面临新的发展前景。2月6日,建行山西省分行促成中国建设银行董事长王洪章一行赴晋调研,与省长王君、常务副省长李小鹏举行座谈,签署战略合作协议。建行山西省分行与朔州、阳泉、吕梁、忻州、运城等市政府签订合作协议,密切银政关系。 (赵建伟)

【支柱产业获重点支持】 2012年,建行山西省分行对公贷款累计投放518亿元,重点支持山西省煤炭、电力、制造、炼焦、化工等行业发展,支持山西省五大煤业集团及其子分公司、国家五大发电集团子分公司以及铁路、公路行业等一批全省重点工程项目。其中煤炭行业贷款余额比年初新增32亿元,占贷款新增总量31%,电力和焦炭行业均有较大幅度增长,增幅分别为13%和5%。机构类贷款比年初新增6亿元,主要投向教育、卫生等行业。从客户看,重点支持一批全省重点工程项目,对教育行业的几所高校给予支持。在加大贷款投放的同时,利用各种产品为企业和社会融资。发行项目投资类、股权收益权类新型融资理财产品5笔19.5亿元;发行信托贷款、资产收益权类等信贷类理财产品9笔32.7亿元;发行票据受益权理财产品14笔2亿元;发行保本型理财产品3笔10亿元;发行短融、中期票据、私募债9笔103亿元。 (赵建伟)

2月6日,中国建设银行与山西省人民政府举行战略合作协议签字仪式 (赵建伟提供)

【项目落地金融对接】 建行山西省分行加强与政府部门的联系,追踪“十二五”规划中2012年重点工程项目的进展,做好项目落地对接工作,对“中博会”项目的转化进行跟踪,对符合建行信贷政策的客户及项目,进行支持。2012年成功营销140个“中博会”引资项目开户,其中基本户66个、一般户68个、临时户1个、专用户5个。已发起授信91亿元;拟发起授信22.37亿元;已完成信贷投放7.65亿元。围绕太原煤炭交易中心上下游客户群体,保证重点项目资金需求,累计投放贷款227亿元。 (赵建伟)

【信贷优先小企业】 2012年,建行山西分行明确信贷资源优先向小企业倾斜,确保实现监管机构关于小企业“两个不低于”:即小企业贷款增速不低于全部贷款平均增速、增量不低于上年同期增量的要求。在全省设立13个小企业经营中心,实现小企业专营机构省内全覆盖;推出“速贷通”“联贷联保”“商用物业抵押贷款”“小额贷”“助保贷”“信用贷”“供应贷”“网银循环贷”等适合小企业客户的产品,形成专业专注小企业服务模式。截至2012年末,小企业非贴现贷款余额38亿元,较年初新增25亿元,非贴贷款新增系统内排名第14位,增速190%。 (赵建伟)

【个贷与保障房建设】 建行山西省分行在全省11个地市建立标准化个人贷款中心,在经营机制、业务操作流程、客户服务规范等方面建立标准运作模式,提高服务客户效率。按照山西省各级政府规划、确立的保障房建设规划,支持县域地区保障房建设项目,先后与西山煤电、离柳焦煤集团、霍州煤电集团以及县域保障房项目等37个经适房、保障房项目建立合作关系。截至12月31日,个人类贷款突破百亿,达107亿元。发放个人住房贷款1.43万笔,投放金额28.5亿元,同比多投放14亿元。 (赵建伟)

【贸易融资】 2012年,建行山西省分行推广新型贸易融资系列产品,为支持大型企业“走出去”参与国际市场竞争,推出内保外贷、跨境供应链融资产品,为众多客户办理国际结算量6000万美元。截至2012年末,500万美元以下客户新增20户,实现国际结算量1400万美元,为5家客户办理6笔共计4.1亿元跨境人民币结算。 (赵建伟)

【民生建设金融支持】 以社保金融IC卡发卡为契机,拓展社保业务。截至2012年底,社保存款余额175亿元,新增30亿元;社保卡累计发行量

174 万张;公务卡得到继续推广,累计发卡超过 10 万张,当年新增发卡超过2.4 万张。以“融入民生建设,承担社会责任”为主题,推出面向山西省的“晋工龙卡”,发放“晋工龙卡”36600张。6 月 27 日与山西省总工会举行首批针对 20 万名困难职工帮扶济困的发卡仪式,并动员全行万名员工捐资100 万元。在山西省统一打造“建行你我他,共筑一个家”的特色社区金融服务品牌,把金融产品服务开展到社区居民中去。与太原钢铁集团签署协议,全面承办其 97 个社区近 40 万人口的社区自助服务。(赵建伟)

【县域经济金融服务】 建行山西省分行支持山西省农业发展,涉农贷款逐年增长。截至 2012 年底,支持“三农”贷款余额达 10 亿元,新增近 3 亿元,贷款户数由年初的 20 户增加到69 户,新增贷款客户全部为小企业客户。按照《关于开展扩权强县试点工作的意见》和“推进‘一市两县’综改试点工作”的要求,下发并实施《建行山西省分行县域机构发展指导意见》。重点加大对县域机构的资源配置与投入力度,尤其是在机构网点设置、自助设备投入、人员配置,以及对中小企业的金融服务等方面给予一定的倾斜政策,改善县域机构网点布局与服务环境,形成具有区域经营特色的金融服务机构,支持县域经济向强县经济发展。(赵建伟)

·中国邮政储蓄银行山西省分行·

【简述】 2012 年,中国邮政储蓄银行山西省分行实现业务收入 21.04 亿元,实现利税 7.63 亿元。信贷、储蓄等传统银行业务和资金营运、票据、融资、理财等新型银行业务都有较大发展,全年累计投放各项贷款 133.9 亿元,零售贷款结余157.52 亿元;各项存款余额达 1827.27 亿元。(王秀军)

【能力建设】 2012 年,邮储山西分行在加大物理网点建设和终端科学布放同时,将工作重心向电子银行业务转移,拓展电子渠道,提升交易替代率,构建与经济发展、能力提升、业务扩张相适应的渠道服务体系。全年新建、迁址、装修改造一类网点 24 个,同时增加自助设备布放,提高自助网点的服务能力。全省电子银行柜面交易替代率大幅提高,年末达 13.84%。队伍建设重点放在省行数据分析、市行产品经理、支行客户经理三支队伍上,组建 947 人的客户经理队伍,占总人数的 14.59%,全网整体服务管理水平和客户满意度得到提升。(王秀军)

【风险防控】 按照商业银行内控要求,保持案件防控的高压态势,推进全员、全面、全程的风险管理体系建设,加快审计队伍专业化,强化“三道防线”协同联动,探索建立新业务风险评估机制,采取网点资金安全达标升级、风险经理派驻、综柜上收、内控评价、人员排查、现场检查、邮银联防等举措,开展集中式审计、风险分类分级检查、操作行为规范达标、“最有价值的风险提示”评选等活动,并将电子稽查、视频监控、会计稽核、违规积分等IT 系统嵌入业务流程制约和风险防控中,特别是注重对大额、特殊、异常交易以及信贷、公司等银行类业务风险的监控,取得明显的防范效果。(王秀军)

【资源配置】 2012 年,邮储山西省分行坚持“以利润为中心”的经营管理理念,加快向现代商业银行转型。一是加强预算管理,将年度预算与季度滚动预算相结合,提高资源的配置效率。科学设置考核指标,合理调整条块利益,引导分支机构增收创利,调动发展业务的积极性和创利的主动性。二是资源配置优先支持重点业务、重点区域和重点环节,向信贷员、客户经理和大堂经理倾斜,向网点建设、会计稽核、审计案防进行倾斜,实现数量型向“能力驱动、内涵式增长”转变。三是挖掘、释放现有资源潜力,科学确定全省资金“三率”目标,实施备付金差别化动态管理,加强头寸管理和资金运用。四是实施二级支行网点优化整合,推行量化绩效工资考核,调动前台人员的工作积极性,促进综合营销、交叉营销不断深入。(王秀军)

【企业文化】 邮储山西省分行将企业文化建设纳入企业长远发展战略,突出合规文化和发展文化建设,多措并举增强员工对安全、合规的认知性和自觉性,让合规理念渗透到日常经营管理工作中。同时,通过实施“执行力提升”专题培训、“素质提升工程”、搭建员工成长平台、提高薪酬福利水平、建立“职工小家”、食堂、活动室和单身宿舍,“五险”覆盖所有劳务工,还为部分优秀劳务工缴纳住房公积金等措施,使改革发展的成果惠及员工,提高企业的凝聚力和向心力。(王秀军)

【科技建设】 一是以建设省分行机房为契机,做好省内金融网络建设,打造自主管理运行的基础网络平台。二是做好中间业务平台省内项目的软件开发,为业务发展提供有力支撑。三是加强故障受理和反馈,防范科技系统风险。四是推进金融数据分析工作,以信息收集、软件应用为基本手段,推广应用客户管理系统,提高市场开发的针对性和有效性,增强信息科技在业务发展、风险控制、资源配置方面的导向和支撑作用,促进传统管理向科学管理转型。(王秀军)

【项目营销】 一是邮储银行山西省分行与山西省人力资源和社会保障厅签署社保“一卡通”建设战略合作协议。根据协议,大同、临汾邮储银行将按照省人社厅“覆盖全省、联通城乡、延伸基层”社保体系建设目标,依托自身网点优势,通过向当地“新农保”参保人免费发卡,为其提供社保基金代发“一站式”普惠金融服务。二是邮储银行山西省分行联合山西省个体劳动者协会、山西省民营企业协会推进金融服务合作。三方签署合作协议,开发适合中小企业融资特点和个体工商户需求的金融产品和金融服务。同时,为各地诚实守信的个体工商户会员提供信贷产品,开辟贷款“绿色通道”。(王秀军)

【创富大赛】 2012 年,由邮储银行山西省分行与山西省人力资源和社会保障厅、共青团山西省委联合举办首届“邮储银行杯”山西省青年创富大赛，大赛口号是“幸福创富路，邮储伴您行”。大赛分报名、筛选、初赛、决赛四个阶段，初赛依市级行政区划分为11个赛区，由各市分行和团市委组织。在初赛选拔的基础上在太原市组织决赛，由山西省分行与团省委组织实施。最终评选出优胜选手和项目，优胜选手获得相应的优先、优惠贷款支持和帮助，展现邮储银行的社会责任。同时，还举办创业分享、创业课堂、创业考察等活动，吸引有创业意愿的青年勇于创业、乐于创业、善于创业，选树、扶持一批青年创业典型。

（王秀军）

•中国农业发展银行山西省分行•

【简述】 2012年，中国农业发展银行山西省分行全年累计发放各类贷款120.8亿元，各项贷款余额达337.1亿元，较年初增加12.2亿元，支农作用不断增强；不良贷款余额较年初下降8.2亿元，不良贷款率下降2.68个百分点，资产质量不断优化；各项存款日均余额达108.5亿元，较上年增加11.5亿元，自筹资金能力不断提高；中间业务收入达1006万元，较上年增加339.5万元，服务水平不断提升；实现账面利润达6.8亿元，较上年增加1.23亿元，经营效益达到新水平。

（牛晓辉）

【信贷支农】 1.支持农业农村基础设施建设。农发山西省分行出台《与地方政府沟通联系制度的实施意见》，加强与各级政府的协调与沟通。对农业农村基础设施建设、新农村建设、县域城镇建设、水利建设等重点领域给予支持。在贷款投放方面，优先保证续贷项目资金需求，对已审批未投放的农业农村基础设施建设贷款，督促承贷企业加快贷前条件落实，严格按照项目工程进度及总行核定的信贷规模投放贷款，保证重点续贷项目资金的有序供应。2012年累计投放农业农村基础设施建设贷款38.9亿元，2012年末，基础设施建设贷款余额达128.6亿元，先后保证大同市23.3亿元的农民集中安置房建设项目、运城市城区东郊35亿元的城镇化建设项目、晋中市20亿元土地储备项目、忻州市8.4亿元的路网改造项目、晋中市3.7亿元泽城西安水电项目等一大批重点工程顺利实施。

2.支持粮油储备和流通。按照确保中央、省、市三级粮食储备资金需求，确保收购贷款不被企业挤占挪用的要求，配合各级政府实施宏观调控。2012年累计为中央储备粮企业投放轮换贷款7.03亿元，为省、市两级政府地方储备粮增储投放贷款4.4亿元。2011年度秋粮收购期间，累计投放跨年度秋粮收购贷款6.25亿元，支持企业收购玉米3.305亿千克，累计投放2012年夏粮收购贷款1.77亿元，支持企业收购小麦0.89亿千克，保证政府粮食储备计划的实现，保护农民利益。

3.支持农副产品加工转化。对资质好、信誉佳、前景好的企业，适度增加贷款，支持企业做大做强。农发山西省分行支持运城市粟海集团、文水大象禽业、山西龙海实业等一大批企业的经营规模、加工能力处于全省乃至全国同行业的领先地位。至12月底，全行农业产业化龙头企业、加工企业贷款余额达40.17亿元，贷款风险基本可控。

（牛晓辉）

【金融产品创新】 对已进入贷款办理流程的政府重点项目，专门成立项目领导组、金融服务组，制定金融服务方案，配备专职客户经理，明确工作职责，优化办贷流程，加快项目调查、审查、审批进度。对已发放贷款的项目，利用系统资源优势，为企业提供市场变化、价格走势、行业动态、国际结算等信息，根据不同客户和不同贷款品种，选择期限管理、封闭管理、日常监测与定期检查等差异化管理方式。对老客户提前两个月启动续贷调查，实现续贷项目即收即放、无缝衔接，并根据企业风险承受能力与生产经营特点，适时运用公开授信、中期流动资金贷款等贷款品种，提高资金使用效率。对于农发行总行级、省分行级黄金客户和优质客户商业性流动资金贷款取消风险保证金，利率不上浮。对于业务量较大、资金汇划频繁的产业化龙头企业，完善结算工具，利用牡丹金山卡、网银业务以及国际结算业务等工具，为企业提供便捷高效的结算服务，有条件的行及时开办山西移动“企信通”业务，通过手机短信的方式及时与企业核对每日账户余额、发生额等重要信息，树立农发行政策支农、专业支农、优惠支农的品牌形象。

（牛晓辉）

【信贷资产质量优化】 一是在清收处置存量不良贷款方面，以“四落实、三明确”和三级行领导“145”督导办法为抓手，与各二级分行签订《不良贷款清收管理责任书》，完善不良贷款清收管理卡制度，按照清收任务和完成进度与责任人的绩效工资挂钩。对不良贷款余额大的四家二级分行派出督导组，重点督导不良贷款企业和关联企业的债务追偿方案、破产改制计划与组织落实情况，解决不良贷款清收处置过程中存在的难点问题。经过努力，全年累计清收处置不良贷款8.75亿元。二是在防控增量不良贷款方面，加大政府融资平台公司贷款的整改力度，共有23个项目增补抵押担保，49个项目修订一年两次还款协议。加大政策指导性收购贷款的管理力度和促销收贷力度，累计收回粮油政策指导性贷款8.24亿元，2011年度玉米、小麦、棉花收购贷款均实现本息“双结零”。加强与财政部门沟通联系，共处理消化第三次粮食政策性财务挂账贷款本金4.09亿元。开展客户风险大排查，共排查各类贷款客户866户，涉及贷款260.5亿元，为信贷结构调整和防控风险奠定基础。

（牛晓辉）

【案防和基础管理】 一是案件防控长效机制建设，印发《关于建立和完善案件防控“三不为”长效机制的意见》，推行岗位廉政风险等级管理，开展员工涉及社会融资行为排查，推行廉洁从业承诺制，实现全年无案件、无重大责任事故的管理目标。二是合规管理长效机制建设，下发《关于建立合规管理长效机制的工作意见》，开展“合规管理深化年”活动，经济案件管理、业务合同管理、违规积分管理和法律审查工作加强。对商业性贷款、中长期项目贷款等进行专项检查,加强对新发生贷款和财务收支的跟进审计,使以业务经营合规、操作流程规范、制度执行到位、风险防控有效为主要内容的合规管理逐步常态化。三是运营管理,适应总行信贷计划管理变化,及时调整管理办法,保证各项信贷投放需求。开展中间业务和国际业务,办理国际结算业务3579万美元,实现代理保险手续费和咨询业务顾问费收入833万元。修订《财务资源配置办法》,财务资源向业务量大、经营绩效突出的机构倾斜。加强与各级政府的协调,第三次粮食政策性财务挂账贷款利息到位1.8亿元,到位率达到95.2%,高于上年24.5个百分点。加快基建项目的申报工作,共有14家营业机构办公用房项目得到总行的批复。完成CM2006系统升级改造项目、综合办公平台、短信金融服务平台等系统的上线运行,全行运营管理水平得到提高。

(牛晓辉)

·华夏银行股份有限公司太原分行·

【简述】 截至2012年底,华夏银行太原分行有同城机构10家,异地机构3家,员工总数585人。实现各项业务的高质量稳健发展,2012年被山西省劳动竞赛委员会授予"山西省五一劳动奖状",评为山西省金融系统优质服务竞赛先进单位。(韩 雪)

【客户开发】 2012年,华夏太原分行在公司、个人、国际、中小四个条线开展客户倍增计划活动,客户基础得到扩大。公司业务依托客户资金链、采购链、销售链和关系链,建立授信客户延伸开发台账,针对每一个授信客户确定延伸开发目标客户,全年新开发多个交通行业客户;个人业务加强贵宾客户管理,完善贵宾客户基础信息建设,在营业网点推行网点竞争力提升项目,提升贵宾客户的服务水平,巩固与贵宾客户的关系,个人贵宾客户净增3714户,完成计划的211.6%,总数突破1.2万户。国际业务以存量客户挖掘上下游客户,成功营销富士康、大同煤矿集团等进出口20强企业,新增贸易融资客户22户。小企业业务新增小微企业结算客户897户,完成全年任务的560%,并与太原市科技局签署金融战略合作框架协议,签约客户3户。(韩 雪)

【产品运用】 2012年,华夏太原分行围绕区域主流经济和重点客户,开发供应链金融核心客户,全年实现供应链金融业务40亿,对客户上下游资源开发收到成效;以票据池等创新产品为合作切入点,与焦煤、潞安、晋煤三家省内特大型煤炭企业开展票据池业务,共办理票据池业务31亿元;以新兴业务替代传统业务,运用信托融资、非公开定向债务融资工具、中期票据等新兴业务工具,满足客户融资需求,全年承做非定向债务融资项目60亿元。围绕"龙盈理财"品牌推广,销售理财159.21亿元,完成计划的106%,理财产品余额33.9亿元,完成计划的117%。发展国际结算业务,抓好贸易项下国际结算业务的同时,关注全省资本项目、劳务合作等项目的进展情况并重点攻关,国际结算量完成9.36亿美元,完成计划的132.48%。

(韩 雪)

【信贷投放】 2012年,华夏太原分行优化新增贷款规模和风险资产配置,支持煤炭、电力、交通等重点行业。全年公司贷款新增59.6亿元,新增个人贷款6.56亿元,纯贷款余额达324亿元,80%投向保增长的交通、煤炭、电力、制造业等基础和重点项目建设,并适度加大能源资源、综合运输、现代服务及绿色信贷领域的投放。

(韩 雪)

【电子银行业务】 2012年,华夏太原分行加快推进电子银行的应用,新增POS机具517台,新增TPOS机具1289台,新增自助设备21台,手机银行开户数2271户,均超额完成计划。新增个人网银客户40141户,个人电子银行动帐交易笔数43.8万笔;企业网银净增719户,网银交易15万笔。签约中国(太原)煤炭交易中心合作银行,签约交易商客户26户。

(韩 雪)

【内控建设】 2012年,华夏太原分行制定下发《华夏银行太原分行风险管理与内部控制委员工作规则》《华夏银行太原分行合规管理工作实施方案(试行)》,成立风险管理与内部控制委员会,协调全行以信用风险、市场风险、操作风险为核心的风险管理与内部控制;开展内控规范实施项目推广工作,推进"规范贷款行为、科学合理收费"专项治理活动,修订各类实施细则15个,梳理制度94项,增强全员合规意识,提高全行执行力,被总行评为2012年合规管理先进分行;实施营业室经理及总会计委派制,形成基层柜台相互补充、相互制约的三级风险控制体系;制定全行《保密管理实施细则》和《行政印章管理实施细则》,对全行保密和印章管理进行规范。

完善新核心上线后分行信息技术制度体系,修订《华夏银行太原分行突发事件总体应急预案》,梳理修订分行12个信息系统的操作维护手册,开展7次应急演练,2次信息安全大检查,建立信息安全的长效机制;完成DAT自助设备金融IC卡项目改造、财政集中支付系统改造、新版绩效考核系统上线等项目。(韩 雪)

【机构建设】 2012年,华夏太原分行加快机构发展,成立1个二级分行、3个同城支行和3个小微支行筹备组,完成平阳路支行筹建工作;大同分行、襄垣支行、漪汾街等三个机构获准筹建。(韩 雪)

【风险管控】 2012年,华夏太原分行加强风险管控。实行信贷审批风险把控关口前移,专职审批人参与项目评估、现场指导,提高贷前调查的针对性和有效性;推行新增授信预报机制,严格授信准入,加强新增贷款客户和项目的精细化选择,对2011年以来新授信的客户进行回头看,梳理和排查相关风险因素,按月召开贷后管理联席会和信用风险运行分析会,共同研究制定风险化解方案,切实做到在防控风险的前提下促发展。2012年,不良贷款减少额、不良率下降率、逾期与欠息贷款较年初变化、不良贷款处置计划完成率、不良贷款现金清收额等5项指标均排华夏银行全系

统第一位。(韩 雪)

·兴业银行股份有限公司太原分行·

【简述】 2012年兴业银行太原分行总资产和一般性存款净增均首次突破100亿元大关，在当地同业市场和兴业银行全国系统内的地位和影响力提升。特别是对公存款日均余额增长率达到200%，在兴业银行全国系统中排名第二；储蓄存款点均7.47亿元，连续第四年在兴业银行全国系统近700个网点中排名第一。(张 洋)

【服务全省转型跨越】 2012年，兴业银行太原分行围绕山西省综改区建设这一主题，将扶持实体经济放在战略首位，加大信贷投入，调整信贷投向，优化信贷结构，践行企业公民社会责任，助推山西经济转型跨越发展。

2012年，分行以投资银行业务作为全年业务发展的强大引擎，共落地151.2亿元，完成总行任务的262%，重点支持包括太原钢铁(集团)有限公司、山西焦煤集团有限责任公司、山西煤炭进出口集团有限公司、海鑫钢铁集团有限公司、沁和能源集团有限公司在内的一大批重点国有企业和民营企业，所支持的实体企业涵盖煤炭、化工、电力、水利、路桥、天然气、钢铁、机械制造、基础设施建设等多个行业。为此分行获山西省人民政府授予的2012年度支持山西转型跨越发展"突出贡献奖"。

兴业银行太原分行成立以来，在全省范围内率先推出节能减排能源效率项目贷款，引导企业降耗增效，成为当地绿色金融的倡导者，助推政府"碧水蓝天"工程，在同业中树立"绿色银行"的卓越品牌。

2012年4月，兴业银行太原分行获中国人民银行太原中心支行授予的"2011年绿色信贷评估先进单位"称号。(张 洋)

【金融服务惠及民生】 兴业银行太原分行推进"赢在大堂"工程，统一各网点人员服务形象和服务标准，规范服务环境和服务流程，推行大堂、柜面、理财三位一体的联动营销模式，阵地营销提升，产品服务完善，高端客户服务专业、贴心，私人银行客户增加232户，完成率排名全系统第一。分行还在兴业银行全国系统中获"突出贡献分行奖"，5家支行入选"营销先进支行奖"。分行开发特惠商户308户，总行专门在太原举办信用卡特惠商户现场会，推广分行的先进经验。此外，汽车分期付款业务继续在兴业银行全国系统蝉联第一，自助机具单台本代他交易量居当地各家股份制银行第二名。贵金属交易连续四年在系统内排名第一，累计交易量突破2200亿元。(张 洋)

【开辟"小微"发展快车道】 兴业银行太原分行把扶持全省中小企业发展作为发挥银行作用，服务三晋经济社会发展的重点，通过创新机制、优化流程、探索合作模式、推出特色产品等，满足广大中小企业特别是小微企业发展的需求。

2012年，兴业银行太原分行落实"311"工程和"红玫瑰行动计划"，推进集群式开发与链式营销模式。4月9日，分行参加由山西银监局主办的"大力支持小微企业发展，强力助推山西综改区建设——小微企业金融服务宣传月"活动启动仪式。分行全年新增小企业客户1838户，其中新增有效基础客户206户，达到771户；新增贷款7.73亿元，余额达到19.67亿元。平遥牛肉成为总行级重点培育的"芝麻开花"26家企业之一。(张 洋)

【为"以煤为基，多元发展"提供支持】 8月3日，兴业银行与中国(太原)煤炭交易中心联合举办煤炭现货交易和交易平台供应链融资服务推介会。来自山西、山东、湖北、湖南、江苏、江西、广东等省市的31家煤炭生产、运输、经营、消费企业代表100余人参加此次推介会。

中国(太原)煤炭交易中心是经国务院批准成立的国家级煤炭交易中心，它的成立推动全国统一开放的现代煤炭市场和物流配送网络体系的形成。兴业银行太原分行从2010年起举全行之力支持其建设工作，专门成立"交易中心业务部"，安排业务骨干驻点工作，全程为交易中心客户提供包括技术服务、系统支持、资金融通等一系列金融服务。2012年2月，分行成为交易中心首批8家战略合作银行之一，共签约落地交易客户24户，在当地合作银行中名列第一。(张 洋)

【政银合作力助山西转型跨越】 9月6日，兴业银行与山西省人民政府2012~2013年战略合作协议签约仪式在山西太原举行。山西省常务副省长李小鹏，总行行长李仁杰，以及太原钢铁(集团)有限公司、山西煤炭运销集团有限公司、山西能源交通投资有限公司、山西水务投资集团有限公司的负责人出席仪式。

根据协议，双方将重点在交通、水利等基础设施和煤炭、电力、焦化、冶金、机械制造等实体经济领域开展全方位合作。两年之内，兴业银行将通过本外币结算、资金管理、结售汇、综合授信等方式，为本地区的优势产业、转型产业、重点领域和重大项目、具有特色和发展潜力的中小微企业提供500亿元的资金支持。同时，兴业银行发挥"赤道银行"的优势，借助在绿色金融业务领域的先进经验，重点协助当地政府部门开展排污权有偿使用和节能减排工作。(张 洋)

【"红玫瑰行动计划"】 12月17日，由山西省妇联、山西省中小企业信用担保有限公司和兴业银行太原分行联合主办的"红玫瑰行动计划"再推进工作会议在并举行。

与会领导山西省人大常委会副主任安焕晓、山西省妇联主席李悦娥等对兴业银行太原分行在支持全省妇女就业创业工作方面所做出的贡献和付出的努力表示赞赏，特别是对"红玫瑰行动计划"实施以来取得的成果给予肯定。

兴业银行太原分行将以有效益、有潜力、有信用的"三有"企业为重点，不论大中小，进一步加大对女企业家创业发展的支持力度，并推动成立"红玫瑰俱乐部"。未来三年将拿出专项规模，新增投放贷款70亿元，到"红玫瑰行动计划"实施五年末累计

投放贷款将达到100亿元,新增就业岗位10000个的基础上再新增10000个。（张 洋）

【专业化改革加大】 2012年是兴业银行太原分行的“改革落地年”,企业金融、零售业务、金融市场三大业务条线通过改革,激发内生增长动力,适应不断变化的内外环境。

分行专门成立企业金融总部,下设6个职能部门、6个业务总部和31个业务部,出台管理制度25项,条线人员达189名,组建业务辅导团和“产品经理俱乐部”。零售事业部制改革深化,实现垂直管理、条线专业序列管理,即零售事业部下设综合管理、负债管理、零售信贷、信用卡、银行卡与渠道等职能部门;4家支行转为零售专业支行,组建专业化的营销团队——零售产品营销中心,并且强化对营业厅服务管理和督查。顺应金融市场化的发展要求,在原同业业务部基础上,分行成立金融市场部,下设负债管理、资产管理及综合管理三个中心,形成与企业金融业务和零售业务协同作战、相溶共济的局面。（张 洋）

【团队与文化建设】 兴业银行太原分行以“130人才工程”为核心,继续实施“伯乐人才计划”,2012年共引进员工132人,有专业资格认证的理财人员达到140人,73名员工得到晋升,组织和参加各级培训146期,1798人次。网络学院为广大员工提供学习新渠道。分行党委提出“思想上同心同德,目标上同心同向,行动上同心同行”的“三同心”要求,全行上下树立发展意识、全局意识、团结意识、奋斗意识和执行意识,企业文化建设加强。（张 洋）

·晋商银行·

【简述】 截至2012年末,晋商银行资产总额(本外币)1044.87亿元,各项存款余额达743.55亿元,各项贷款余额达327.79亿元,实现净利润10.15亿元。截至2012年底,晋商银行在太原市内共设有54家支行,省内设有吕梁、运城、临汾、朔州、大同5家分行(朔州、大同2012年开业)和孝义、河津2家县域支行(孝义2012年开业),成立小企业金融服务中心。发起设立清徐晋商村镇银行,实现更宽领域更高层次的发展。

2012年,晋商银行获“山西省五一劳动奖状”“2012年中国最佳城商行零售银行”“金融企业全国十佳品牌管理创新奖”“2012年中国最受欢迎城商行理财产品”等多项荣誉。晋商银行并州支行营业部、龙城支行营业部、桥西支行、迎泽支行、南中环支行、兴华街支行等6家单位被授予“2012年度山西省银行业文明规范服务百佳示范单位”称号。（张 晶）

【加大信贷支持力度】 截至2012年末,晋商银行累计提供各项贷款1286.79亿元,其中提供一般贷款750.80亿元,签发银行承兑汇票535.99亿元。其中,累计为5465户小微企业发放贷款214.32亿元,余额达90.14亿元,占到全行一般贷款余额的30.46%。（张 晶）

【山西省晋商文化基金会】 晋商银行与省内部分企业共同发起设立山西省晋商文化基金会。其性质为非公募基金、非营利性法人组织,宗旨是传承晋商文化,弘扬晋商精神,塑造晋商品牌,研究、资助、扶持晋商文化发展,展示新晋商形象和风采。（张 晶）

【“亚洲金融合作联盟”成员】 “亚洲金融合作联盟”是亚洲范围内以国内中小银行为主的金融机构合作组织,以“自愿、公平、主权独立”为发展原则,以“抱团发展、创造多赢、共同超越”为发展宗旨,首批成员包括33家国内银行、保险公司、金融租赁公司等金融机构。“亚洲金融合作联盟”启动仪式上,包括晋商银行在内的33家联盟成员单位负责人出席。（张 晶）

【社会公益活动】 联合中国关心下一代工作委员会、共青团山西省委和嘉晟传媒共同举办晋商银行——JTC“成长心连心”青年训练营社会公益活动;携手山西省红十字血液中心开展爱心义务献血活动;与太原迎泽区城市管理局合作开展“为环卫工人送一杯水”活动,为环卫工人送上爱心水杯和药箱。（张 晶）

·山西省农村信用社联合社·

【简述】 2012年,山西省农村信用社把握“业务发展与风险控制”两条主线,落实“三个转变”(抓时点向抓经常、单项抓向综合抓、领导抓向全员抓转变)要求,在支持“三农”上创出新作为。截至2012年末,全省农村信用社总资产达6403.54亿元,各项存款余额4319.64亿元,各项贷款余额2666.09亿元,三项指标全部位居山

晋商银行JTC“成长心连心”青年训练营社会公益活动

（张 晶提供）

西省金融机构第一;全年累计发放支农贷款1898.8亿元,累计为481万农户提供金融服务。(聂宏伟　雷鹏锋)

全省农村信用社开展形式多样的"资产突破5000亿元"宣传活动
(聂宏伟提供)

【三大工程服务"三农"】 2012年,山西农村信用社启动实施阳光信贷、富民惠农金融创新、金融服务进村入社区等"三大工程",强化农村金融服务创新,全面提升服务能力。

1.阳光信贷工程。推行透明高效的信贷流程,合理配置审批权限,适当简化审批手续,明确设定审批时间,动态管理授信额度,并向社会公开信贷政策,接受社会监督。部分县联社增设专门办理贷款的营业窗口,部分信贷业务量较大的机构尝试成立敞开式办贷中心。在全辖推行贷款条件、利率和程序"三公开"服务,在村镇主要路口设立贷款公示栏,公布包片客户经理姓名、联系方式、监督电话,做好信贷人员配备、信贷部门设置、规章制度制定、信贷业务办理、信贷档案管理等工作,实现信贷管理工作的流程化、规范化、标准化;鼓励各市选择部分信用环境较好、经济增长后劲足、小微企业发展较快的城郊型机构,探索建立准事业部制的"小企业贷款专营服务中心",满足小微企业创业、生产、发展三个阶段的融资需求。

2.富民惠农金融创新工程。一是创新服务产品。开发"商户通""即时贷商户信用贷款""商户联保贷款""商户贷款担保协会担保贷款"等特色商户贷款产品,探索开办林权抵押贷款、土地承包经营权抵押贷款、农产品仓单质押贷款等新业务品种,推出农村青年创业贷款、复转军人创业贷款、巾帼创业贷款、残疾人小额信用贷款、大学生村官创业贷款等创业助业产品;与省住房和城乡建设厅、中国电信山西分公司、省烟草局等达成合作意向;全面代理全省"新农保"、代收交警罚没收入、社保"一卡通"、省级财政非税收入收缴等业务;全省11个市全部发行理财产品,共发行理财产品242期,募集金额129.18亿元。二是创新服务方式。加大电子化建设力度,推动电话银行、网上银行、自助银行业务的开展,发放信合通卡,福农卡,并拓宽服务功能,延伸服务范围。有条件的行社先后设立办贷大厅或办贷专柜,通过采用"轮流坐班""专人坐班"办公,和"公示坐班时间、统一办公"的方法,提高办贷大厅的利用率,拓宽服务渠道。三是拓宽服务范围。把服务对象由传统客户扩展到"大三农"全局和县域经济整体。截至2012年末,全省农村信用社累计发放支农贷款1898.8亿元,巩固和扩大支持农业龙头企业1379个;支持农民专业合作社1347个;巩固支持优势农畜产品种养基地(园区)553个;巩固支持农村供销社(流通企业)551个;累计为481万农户提供金融服务,支持59889名农村青年创业。

3.金融服务进村入社区工程。推进"进农户、进基地、进企业、进社区"行动,开展"送信用、送产品、送服务"活动,加快农村地区非现金支付工具受理环境建设,扩大ATM、POS等受理机具在乡镇村的覆盖面,使山西信合具备与其他商业银行同等的、先进的、现代化的支付结算渠道。截至2012年末,全省农村信用社累计发行信合通卡1439万张,建设自助银行服务网点995个,安装取款机920台,存取款一体机285台,多媒体终端51台,发展特约商户26164户,布放POS机具28062台,设立助农取款服务点16968个。部分县采取"流动服务车"的方式,解决金融服务网点空白问题,改善农村地区支付结算环境。(聂宏伟　雷鹏锋)

【高风险社重组改制】 高风险社重组改制是推进改革的重点。省农信联社采取"分类指导、先难后易、重点突破"的方式推进高风险社(监管评级五B级以下)的重组改制。为了加强化解处置高风险社的组织领导,省联社成立高风险社防范化解工作领导组,领导组成员实行包片制度,并划定1~2个高风险联社为联系点,负责争取相关政策,指导高风险社内部化解工作,监督高风险社相关风险控制指标进步度情况,协调推进并购重组工作,先后指导15家高风险社借助体制改革,寻求合格并购方,加大不良贷款清收力度,实施并购重组化解风险,取得成效。2012年有10家高风险社提出拟筹建农商行申请,获省联社批复筹建10家,其中长治潞城农商行在2012年11月26日挂牌开业,成为全省第一家改制农商行的高风险社;清徐联社、盐湖区联社(五A级)已将筹建农商行报告上报银监会;阳曲联社高风险社处置工作即将进入清产核资阶段。

(聂宏伟　雷鹏锋)

【风险防控】 防范信用风险。编印《信贷管理手册》和《支农服务手册》，建立统一的业务操作流程、标准化的评级授信流程、严密的大额信贷咨询流程；探索风险资产分账经营、集中管理的新路子，化解历史包袱，提高资产质量，不良贷款余额、占比持续实现“双降”目标。

防范流动性风险。一方面，加强资产流动性和融资来源稳定性的管理，拓展资金来源渠道。另一方面，探索“结构稳定、持续增存”的长效机制，确保各项存款稳定增长。全省农村信用社在做好柜面服务、对公客户服务的同时，抓好基础储蓄客户营销，拓展客户总量。

防范市场风险。省联社指导全省农村信用社关注经济形势，加强对市场资金供求关系、市场利率及风险收益变化趋势的研判，重点关注全省主导产业煤炭等传统优势行业的风险防控。同时，适应经济形势与政策变化，适时、适度地预调、微调经营策略，千方百计保收入、促增长、增效益。

(聂宏伟　雷鹏锋)

【经营管理规范】(1)全员培训教育。2012年，省联社组织各类培训22期，参训人员6100余人，全省各市累计组织培训90000余人次，覆盖率达到100%。(2)加大制度建设。截至2012年末，累计出台实施362项内控制度，基本建立起覆盖所有机构、全部业务的制度体系。同时，对于新颁布或修订的涉及农村信用社经营管理的各类法律、法规部门规章和司法解释，及时制发《新法提示》下发全省，累计印发新法提示37项。(3)推进信息化建设。借助科技手段，提升管理水平。到2012年底，统计分析系统正式上线运行，稽核非现场监督系统上线试运行，信贷管理系统、人事管理系统和OA办公系统正在测试和完善过程中，会计事后监督系统和大前置系统开发有序进行。

(聂宏伟　雷鹏锋)

【经营安全与保障】研发非现场稽核系统。研发完成信贷、柜面、财务指标、IT审计等4个方面、41个专题、210个稽核风险模型，将非现场稽核系统分析出的每笔可疑业务交易数据传达至基层，做好现场核实验证工作，防范和化解各类风险隐患。

搭建全员违规信息平台。研发“违规信息登记系统”，出台员工违规积分办法，创建全省农村信用社“违规问题库”和“积分管理库”，建立个人和机构的违规电子台账，对各类问题进行分类归档，对违规积分进行动态管理。

推进案件防控长效机制建设。完善法人治理结构、加强制度流程建设、提高技术控险能力、实施“五人联保”动态管理、注重信访举报查办效果，形成风险管控机制；发挥财务、信贷、稽核、人事、风险资产、安全保卫、银行卡、纪检等业务条线的职能作用，关注“职工参与民间融资风险，银行卡业务风险，大额存取款业务风险，客户新开账户风险，贷后业务风险”等五类风险，及时发现问题、落实责任、整改到位；加强对监管部门提出的监管意见、历次条线检查中发现的问题督促整改，加大相关责任人员的追究和惩处力度，实现连续三年“零发案”。

(聂宏伟　雷鹏锋)

保　险

·中国人民财产保险股份有限公司山西省分公司·

【简述】2012年，中国人民财产保险股份有限公司山西省分公司(以下简称人保山西分公司)经营持续良好，保费增长，效益增强，服务提升。

保费收入60.55亿元，同比增长3.74%，实收保费60.37亿元，同比增长4.58%，保费收入、实收保费双双突破60亿元。农险新增保费1.3亿元，同比增长49.82%；责任信用、意外健康险增量保费均首次突破5000万元。

综合成本率同比下降4.01个百分点，综合赔付率同比下降2.37个百分点，综合经营系统排名B类。

车险理赔周期14.17天，同比提速25.23%，排名系统第7；一小时通知赔付达成率94.19%；亿元保费投诉量1.83件，同比减少3.49件，降幅65.59%；车险出单时长低于9分钟，单均缩短2分钟。

累计承担各类保险责任金额1.5万亿元，是同期GDP的1.21倍；处理各类赔案65.72万件，累计支付赔款32.6亿元；上缴税收6.2亿元，同比增长8%；被山西省政府授予“2012年支持山西转型跨越发展突出贡献奖”。

(茹哲峰)

【业务发展新格局】2012年，人保山西分公司坚持专业化经营和新渠道拓展同步推进，深度整合渠道资源，全面参与社会管理，在拓展业务中优化业务结构。自家车成为车险第一大客户群，公务用车全省统保，大型车商实现“省对省”合作，全省七大煤矿集团、太钢、省联通、省电力、汾酒集团等标志性集团客户业务稳固，引黄工程、准朔铁路等重大工程项目连续中标，“规模企业护航”行动净增保费4000余万元，连续九年主承保承运人责任险、火灾公众责任险，旅行社责任险覆盖率达到100%，首席承保全省医疗责任保险，独家试点全省高危行业、非煤矿山安全生产责任险，承保全省7地市校园方责任险，独家试点环境污染责任险第二批试点保险企业承保顺利启动，自然灾害公众责任险在3市11个县实现统保，健康险专项业务实现首个市级统保。

公司还借助政府引导，紧抓中央农业保险敞口政策机遇，发展能繁母猪、奶牛保险，拓展玉米、小麦、林木火灾、农作物种植雹灾、收获期农作物火灾、塑料大棚蔬菜种植、烟草种植保险，试点推广农村家财、农村小额借款人和补充医疗保险，累计承保各类农作物、林木5016.8万亩，能繁母猪248.44万头/次，奶牛25.87万头/次，农险保费收入3.88亿元，农村五小车辆、家财、小额借款人人身和补充医疗等涉农保费收入1.8亿元，政策性种植业覆盖面56.35%，政策性养殖业覆盖面42.98%，为参保农户提供165.16亿元风险保障。(茹哲峰)

【销售体系改革】2012年，人保山西分公司优化组织，完善布局，初步构建"区域—产品线—渠道"三位一体的销售组织架构,实现产品、渠道、队伍与客户的有效对接;深化农网"一号工程"建设,改造60个"三农"保险营销服务部,建成582个"三农"保险服务站、1675个"三农"保险服务点,"三农"保险专(兼)干和协保员队伍达到3562人,"网点到镇、人员到村、服务到户""三农"保险服务网络格局成形;战略性发展电(网)销新兴渠道,保费收入突破8亿元,电销市场份额50.49%,保持区域第一品牌。(茹哲峰)

【管理与服务提升】 2012年,人保山西分公司运营管理走向深入。依托IT技术,完善差异授权,细化标准流程,推广运用新型管理工具,提升关键环节精细化管理水平。初步构建理赔垂直管理模式,稳步推进财务共享中心建设,实现资金、会计核算、费用报销集中化操作,完成全省信息系统大集中,推广应用市场地图、手机远程销售和移动查勘定损系统,销售智能化水平和理赔速度不断提升,移动查勘定损系统使用率排名全国第一。

快捷服务不断优化。围绕"服务年"和"满意在人保"主题活动,强化销售、承保、理赔、"95518"客户接触环节效能考评,推广标准服务,落实差异服务,丰富客户体验,实施VIP客户分类评级体系,推进优质服务示范创评,涌现总公司级"金牌服务标兵"1个、"服务示范窗口"3个、"服务明星"3名,省级"服务示范窗口"25个、"服务明星"100名,山西保险业双十佳"优秀服务标兵"3名、"优秀服务窗口"4个。

风险管理更加牢靠。强化合规文化宣导,逐级签订依法合规经营承诺书,完善重大违规事件处理流程,推进合规经营刚性考核,优化审计整改闭环管理,加大理赔队伍整肃力度。公司坚守合规经营底线,全年无重大行政处罚案件发生。(茹哲峰)

·中国人寿保险股份有限公司山西省分公司·

【简述】 2012年,中国人寿山西省分公司(以下简称人寿山西分公司)业务发展转入向上向好轨道。全年公司系统实现总保费收入99.3亿元。其中,个险首年期交保费收入6.54亿元、银保首年保费收入27.9亿元、团体短期险保费收入2.22亿元。截至2012年底,公司系统总体市场份额为39.3%,三大销售渠道、11个市级公司继续占据市场制高点。忻州、晋中、运城3家公司总体份额固守底限,表现出较强的市场控制力。(刘建贞)

【营销队伍建设】 个险方面,按照"先将后兵"策略,通过"阳光行动"组织运作,全年新增营销人力1.3万人,月均增员率达到6.3%,创近三年来新高。新晋升主管3163人次,主管人数增至4801人,主管占比升至16.7%。季均举绩人力增至16033人,同比增长22%,其中绩优人力占比达12.7%。代资考通过率升至76%,新人举绩率达68%,同比分别增长31%和13%,均创分业以来新高。大同、忻州、吕梁、朔州、太原5家分公司,月均增员率排全省系统前列。晋城、运城、长治、晋中、吕梁5家分公司,季均举绩率排全省系统前列。银保方面,全年新增理财经理650人,新增客户经理375人。忻州、运城、大同、朔州、吕梁5家分公司,增员目标达成率排全省系统前列。团险方面,全年新增销售人力160人。太原、运城、吕梁、朔州、忻州5家分公司,增员目标达成率排全省系统前列。电销方面,持证人力达62人,建起一支新兴的销售队伍。

(刘建贞)

【新型体系构建】 2012年,人寿山西省分公司建立新型运营体系,分五步:(1)"展管分离"迈出一步。全面完成各条线人员梳理、岗位职级初套、权限设置等基础工作。强化各条线在人力、业务、财务等重点领域的纵向垂直管理,促进责任权利的统一。规范各级各类经营单位的财务审批权限和审批流程。建立客户服务条线定期述职、考试、考核制度。市级公司共向基层分流员工180人。(2)优化资源配置迈出一步。建立分条线配置资源和分单元核算的模式。销售模块人力占比提高到35%。省公司和市公司留用机动资源占比分别降至2.7%和2%以下。省市县三级公司共用一张薪点值表,销售管理人员薪点值高于非销售管理人员5%~20%。(3)理顺分配关系迈出一步。区分基本工资与绩效工资,建立销售管理人员与新单保费直接挂钩的绩效分配制度;明确各条线各岗位工作职责和考核指标,理顺"同岗同酬、岗变薪变、以岗定薪"的分配关系;特别是四季度在全辖实施绩效考核结果打分排名并与绩效收入、职业生涯紧密关联的新的绩效考核办法。(4)市场化选人用人迈出一步。按照公开、竞争、择优的原则,组织省公司本部23个二级部经理的岗位竞聘与全体员工岗位的双向选择。开展岗位说明书、岗位工作流程、业绩目标合同等方面的学习、辅导和应用。(5)体制机制创新迈出一步。在太原分公司推行扁平化管理模式,其资源安排、责任传承、管理效能、预算执行的效果初步显现。对太原双塔支公司实行总公司新型体系框架内的省公司直管,省会公司形成个险并驾齐驱、竞相发展的"两驾马车"。

(刘建贞)

【运行保持安全稳定】 对个别支公司无视制度、白条抵库、欠费出单等违规行为的责任人作出严肃处理。6月份,针对晋城分公司在媒体危机事件处理中的出色表现,在全辖进行通报表扬,并奖励其费用10万元。通过强化专项治理,有效堵塞内控漏洞。开展销售误导综合治理工作,发现和纠正各类涉嫌问题300件/次,查处违规销售人员33人;开展20余份审计意见书整改、业务财务数据真实性自查、单证管理百分制考核检查等工作,及时清除风险隐患。在分红派发工作上,制订并实施"信息灵、责任明、处置快"的方针,严控"退保、案件、法律、理赔服务、信访投诉、媒体危机、集资欺诈"等七大风险。晋中、太原、晋城、长治、大同、阳泉、运城、朔州等公司,经营班子领导风险意识强,化解风险力度大,为稳定公司大局起到表率作用。据不完全统计,2012年下半年,公司系统登门拜访敏感客户526名,清理客户信访投诉135件,处理非正常退保154件,平息媒体危机12件,做到防微杜渐、防患未然。

(刘建贞)

【基层建设推进】 针对基层服务流程繁杂、时效性差等问题,推广保全统一作业平台,推行集团业务“月转年”工作,推广业务资金省级批量代收代付,完成网络扁平化改造和县公司网络扩容。新契约端对端时效同比缩短 8.55%,柜面客户满意度为91.71%,提升 8.66%,柜面标准化改造率达 92%,理赔 5 日内结案率同比提高 2.15%。针对基层费用超支问题,一方面澄清底子,核实真伪,区分责任;另一方面,严格纪律,追究责任。2012年,清理基层公司超支近 6000 万元。统一制定基层开门费及综合费用最低标准,落实举绩人力、重点城市人力发展、农村网点建设等战略性投入2000 余万元。把市级基准薪酬与县级平均基准薪酬倍数收紧为 1.1 倍,将4 级以下岗位级别薪点值调高到 0.52以上,同时制定相同职级员工、基层公司薪酬高于上级公司、增长幅度快于上级公司的规定。针对基层后援服务需求强烈的实际,构建“受理统一、处理标准、反馈主动、优化持续”的内部服务平台,打通“向上报送问题、向下反馈意见”的两个管道。7 月中旬至12 月末,共处理工单 2.2 万件,工作日日均受理 209 件。 (刘建贞)

·中国太平洋财产保险股份有限公司山西分公司·

【简述】 2012 年,太平洋产险山西分公司全年共收入保费 11.63 亿元,同比增长 6.32%,其中,机车险保费收入9.28 亿元,同比增长 11.1%,非车险保费收入 2.35 亿元,同比下降 9.17%。全年支付赔款 5.57 亿元,简单赔付率为47.89%,同比上升 7.06 个百分点,结案率为 88.41%,同比上升 1.87 个百分点,未到期责任准备金提取充足,投保人的权益得到充分的保障。截至2012 年底,公司共上缴各类税收6635.53 万元,代扣代缴个人所得税390.05 万元,代收代缴车船税10065.57 万元。 (陶 莹)

【公司经营与山西转型发展相协调】 2012 年,太平洋产险山西分公司将自身发展与山西省经济转型发展相协调,开展金融创新,拓宽融资渠道,2012 年先后与 25 家地方百强企业建立起保险合作关系,承保 9 家地方500 强企业的企业财产保险、责任险、货运险、人身意外险等,为中电投、中电国际、中国大唐、华电集团、中石油等 17 家国家重点集团企业提供全方位的风险保障,全年累计承保保额3913.16 亿元。

2012 年配合太平洋资产管理公司发行设立“太平洋—太钢不锈自备环保电厂债权投资计划”,将募集资金 10 亿元人民币,助推保险资金回流到山西省经济建设当中。年末,公司被山西省委、省政府授予“支持山西转型跨越发展突出贡献奖”。

(陶 莹)

【优化理赔】 2012 年,公司打造让客户满意的理赔服务。一是落实保监会“关于治理车险理赔难” 的要求,对2011 年之前的赔案进行全面清理。经过清理,未决案件结案率达到 87%,受到山西保监局的肯定。针对车险人伤案件结案周期长的问题,实施“一对一”服务,使这类案件赔付速度和质量得到快速提升。二是借助于新技术、新系统的运用,提升理赔质量和效率。公司深化3G 移动视频查勘系统的运用,实现在山西省内全覆盖,理赔速度、风险管控和客户满意度都大幅度提升。在此基础上,还推广运用智能化快捷理算核赔系统,将案件进行分类分流处理,加快案件处理速度。三是优化流程,提升客户体验。公司以山西保监局《关于机动车辆小额财损快速理赔办法》为指引,优化处理流程,简化单证手续,缩短案件结案周期。 (陶 莹)

【客户体验改善】 门店和“95500”呼叫中心是太平洋财险山西分公司对外服务的窗口,公司为客户提供优质的服务体验。一是制定《窗口服务规范与质量标准》,完善考核办法及细则,打造晋城、朔州两家星级服务门店。二是将公司承保、理赔、投诉流程在辖内所有门店进行公示。三是推行综合柜员制,实现出单、缴费和理赔一站式服务。四是开展服务创新,细分客户群体,为不同需求的客户提供多种可选的增值服务。五是开展“倾听客户需求”的主题体验活动,分公司领导及部分员工分批到呼叫中心倾听客户需求,促进服务质量的提升。六是完善重大投诉应急机制,建立投诉案件的专人联系制和升级问责制。截至 2012 年底,公司投诉一次性解决率达 94.06%,同比增加 10.57个百分点。另外,公司还成立消费者义务工作组,设立分公司、中支公司总经理公开接待日,畅通沟通渠道。公司连续两年被山西省消费者协会评为维权先进单位。

9 月 17 日,公司在太原举办以“音乐至心,服务至诚”为主题的“乐行天下” 全国交响乐巡演,1000 余名太平洋保险客户共同欣赏演出。交响音乐会巡演、“大师在你身边”经典音乐品鉴会及形式多样的客户服务活动全面提升客户体验,践行“以客户需求为导向”的战略转型。

(陶 莹)

【价值传导及队伍建设】 截至 2012年末,太平洋产险山西分公司共下设10 家中心支公司,55 家县级支公司,260 家兼业代理机构。公司拥有 899名员工,大专以上学历的占到 74%,营销员 1468 人,人均产能达130.48万元。公司以加强员工队伍建设为目标,以绩效考核为牵引,通过引进配置和能力培训,基本满足公司发展对员工能力的需求。在党建、团建方面,公司组织开展学习党的十八大精神系列活动、创先争优活动、“五个一”项目活动、“红色足迹”党史教育活动和团组织“司庆杯”登山活动等一系列活动,增强党员、团员干部的荣誉感、责任感和使命感,吸收发展17 名新党员,党、团队伍得到加强。

(陶 莹)

【合规经营】 太平洋产险山西分公司通过推进内控体系建设、党风廉政建设,确保公司在严峻的市场竞争中健康规范发展。一是开展年度内控和风险自查,对发现的问题进行及时的整改和落实。二是开展第三次财务、业务数据真实性自查和中介业务常态监督检查工作,保证公司数据的真实性。三是定期在公司内部开展合规风险提示，预防各类风险案件的发生。四是根据反洗钱工作要求，监督业务机构对代理协议进行认真清理，从制度上保证反洗线工作的落实，同时对公司运营各流程环节进行监控，防止洗钱行为的发生。（陶　莹）

【外来务工青年获赠保险】 7月，太平洋产险山西分公司与山西省青年联合会联合举办“太平洋保险在你身边”向山西省外来务工青年公益捐赠活动。共向省城外来务工青年捐赠价值3000万元的建筑施工人员团体人身意外伤害保险、600万元的附加意外伤害医疗保险以及价值2万余元的矿泉水、毛巾、牙刷、牙膏等日常生活用品。8月，公司在太原本部及10个地市开展“责任照亮未来”向当地希望小学、贫困地区的学生献爱心活动。公司近千名员工踊跃参与，共募捐到图书、学习用品、体育用品30余箱，分别送往临汾、阳泉、运城、长治、晋城、晋中等地。（陶　莹）

·中国太平洋人寿保险股份有限公司山西分公司·

【简述】 2012年，中国太平洋人寿保险股份有限公司山西分公司优化和调整业务结构，累计实现原保险保费收入41.4亿元，同比增长6.72%。截至2012年底，全省11个地市都开设有地市机构，另100余家县区机构，覆盖三晋大地。

分公司为客户提供全方位、高品质服务，发挥保险的经济补偿、资金融通和社会管理功能。2012年，分公司处理各类理赔案件8276件，累计给付理赔金8540.56万元：其中身故及残疾理赔案件1785件，理赔金4690.37万元；重大疾病理赔案件1371件，理赔金3019.90万元；医疗及医疗补贴理赔案件5120件，理赔金830.29万元。（刘志平）

【客户服务技术助推】 2012年，太平洋人寿险山西分公司在客户服务方面推动承保理赔透明化、“神行太保”、保全GPS项目上线三大举措取得实效。

2月，分公司启动“把理赔放进金鱼缸”理赔透明化项目。通过客制化索赔资料清单、清晰透明的赔案进度、客制化赔款计算说明书、营销人员服务小贴士、客户满意度等5项主要举措，向客户展现透明的理赔全过程。该项目有效改善客户和代理人的投保体验，同时实现投保进度自助查询，为在线、移动承保奠定基础，提升增量客户数据质量。4月，分公司利用总公司“神行太保”智能化平台，为客户提供7×24小时“实时投保、实时收费、实时生效”的服务，规范业务员行为、杜绝销售误导。全年分公司通过“神行太保” 系统出单保费占比达97%，该项目已经完成投保智能化的推广，正在进行客制化、无纸化项目的推广上线。7月20日，分公司保全GPS项目成功上线，使柜员易操作且平均作业量下降22%，为客户带来“便捷、坐享、自助”的服务体验。（刘志平）

【客户体验提升】 2月始，晋中中心支公司开展以“诚信经营、提升服务”为主题的高管回访活动，由中支营运部抽取部分客户保单信息，中支总经理室成员一对一与客户进行电话访谈。3月，晋中中心支公司推出客户投诉咨询邮箱，通过专人负责定时登录并及时回复反馈，使投诉咨询邮箱成为与客户互动、交流的平台。

“3·15”期间，分公司以“关注销售误导，维护客户权益”为主题开展各类服务活动：(1)开展“客户满意度”大回访活动，开展抽样客户满意度回访、短信告知或登门拜访工作，确定客户信息联系方式，完善客户手机号码和详细通讯地址，帮助客户整理保单检视保险保障内容、听取客户建议和意见；(2)开展“聚焦客户，主动服务”客户服务活动：举办形式多样的座谈会，举办保险进社区的宣传活动，举办现场咨询及宣传活动；(3)开展“内外联动、全员参与”服务活动，各机构在3月15日当日开展 “总经理接待日”活动，广泛听取客户、业务员提出的意见和建议，解答客户疑难问题。

4月，按照总公司统一部署，分公司上线“便捷在你身边”全国通赔通付服务。个人和团体客户持完整资料可在保单签发地或其以外的国内（除西藏）任意服务网点就近办理理赔、保全业务申请，由受理机构接洽并提供及时服务。

6月，阳泉中心支公司举办“庆六一·客户答谢联谊活动”；晋中中心支公司举办“情系太保·欢庆六一”亲子活动。

7月，分公司举办第七届“未来之星”少儿书法、绘画、摄影系列比赛，全省近千位少年儿童及其家庭参与

“3·15”期间，太平洋人寿保险山西分公司在全辖开展服务承诺宣导活动（刘志平提供）

活动。

9月,分公司执行《投保人关键信息强制录入和自动校验制度》和《投保风险短信提示制度》。截至12月31日,分公司共承保新契约保单48540件,发送风险提示短信41113件,短信成功率为98%。通过在公司核心系统、银保通系统中嵌入信息控制功能,提高保单信息的真实性和有效性,提升保单质量及回访成功率。

9~11月,太原中心支公司、晋中中心支公司通过对客户进行分类管理,开展"健康、理财、保险知识"等各类客户座谈会;组织对VIP客户健康体检及理财规划,提升客户对公司的认可度和忠诚度。（刘志平）

【财务管理】 2012年分公司财务管理更趋完善。一是设立渠道预算管理员。分公司预算管理实行"条块结合、以条为主"的预算管理模式,渠道预算管理员以管理条线预算为主、管理机构为辅,提升渠道经营核算及分析水平。二是建立经营分析月度表。收集全省同业市场业务数据、全司系统对标数据、人力发展数据、网点经营数据及重要KPI指标等数据,便于助推业务部门调整业务结构及市场投入。三是完成第三次财务业务数据真实性自查工作。4~7月组织分支机构进行自查和分公司现场检查,就检查出的问题进行相应的整改和落实。四是开展全辖会计基础工作检查。9~10月,按照总公司会计基础工作达标验收的要求,对全辖机构会计基础工作达标开展情况进行专项检查。五是实现佣金管理全流程系统化管理。11月,上线总公司佣金集中支付系统,完成佣金支付由手工资金管理向系统集中支付的转变。通过营销员管理系统、佣金支付系统、资金集中支付系统及P07系统数据的无缝对接,实现佣金管理全流程系统化管理。

（刘志平）

【合规经营防范风险】 2012年,分公司以制度为抓手,强化合规执行力,将合规管理工作的重心前移,实现结果管理到过程管理的转型,做好防控风险与提高收益的平衡。

2011年起,中国人民银行太原中心支行在全省各金融机构开展反洗钱先进集体和先进个人评选活动,经过反洗钱非现场监管、评估等一系列评选。2012年7月,分公司荣获"山西省金融机构反洗钱工作先进集体"荣誉称号,分公司王泽霞、晋城中心支公司李欣欣获得"山西省金融机构反洗钱先进个人"称号。（刘志平）

【组织建设】 一是开展"悦读三晋晋善晋美"读书活动。围绕"六个一工程"——读一本书、讲一堂课、做一个课件、写一篇心得、开一次读书会、制定一个行动计划全面展开。坚持"全员参与、全员悦读、全员学习、全员成长"的原则,实现新老员工全覆盖、干部员工全覆盖、党员群众全覆盖。二是开展"保持党的纯洁性"教育活动。加强组织建设,促进党员党性修养提升。三是推动专业化建设项目,优化人力资源配置。9~11月,按照"条线化经营,专业化推动,差异化投入,标准化评估"的经营策略,实施以"理清工作职责,优化工作流程,量化工作指标,固化工作成果"为重点的人力资源专业化建设项目。（刘志平）

【品牌影响】 1月7日,分公司独家承保"2012(中国·太原)职业经理人成长与发展高峰论坛"特邀13名重要嘉宾的人身意外伤害保险,总保额达1300万。分公司在会上荣获"宜居企业"荣誉称号,分公司总经理郃富春获得"年度卓越职业经理人"称号。4月29日~5月1日,分公司独家承保"2012年'山西国信杯'第四届全球华人羽毛球团体锦标赛",比赛期间为运动员、裁判员、组委会人员、大赛志愿服务人员共1230名中外华人提供总保额为1.353亿元的保险保障。5月18日,面对大同市出现的"血荒"现象,大同中心支公司开展"情满天下爱在太平洋"义务献血活动。8月27日,分公司举办"责任照亮未来"现场爱心募捐,募集全新学生书籍100余本,捐款近4000元。9月15日~9月18日,集团公司联合上海交响乐团在太原举办"大师在你身边"经典音乐品鉴会和"乐行天下"全国交响乐巡演太原站。9月21日,分公司赴忻州繁峙县大木瓜小学,向师生捐赠书籍、文具及体育器材,并送上3000元"温暖基金"。12月25日,在山西省总工会金融工委与山西省保险行业协会联合举办的"山西省人身险公司星级柜面"评选活动中,晋中中心支公司、大同中心支公司客服中心评为4A级星级柜面。12月26日,在山西省总工会金融工委举行的全省金融系统劳动竞赛中,大同中心支公司客服中心、晋中中心支公司客服中心获"山西省金融系统五一劳动奖状",晋中中心支公司获得"先进基层"奖。2012年,分公司荣获山西省人民政府颁发的"2012年支持山西转型跨越发展突出贡献奖"。（刘志平）

·中国平安人寿保险股份有限公司山西分公司·

【简述】 2012年,中国平安人寿山西分公司寿险累计实现保费收入138340.85万元,累计同比增长5.63%。11月份通过"万人大业,决战龙年"为主题的增员行动实现营销员人数达到10798人,持证率100%。全年,山西平安十家三级机构严格执行平安集团"合规经营挑战新高"的经营理念,累计实现保费收入71052.16万元,同比增长8.20%,保费贡献度43.64%。

在分险种保费收入中,寿险累计实现保费收入138340.85万元,其中普通寿险保费收入6948.20万元,非传统寿险131392.65万元。意外险保费收入1738.82万元,健康险保费收入22742.50万元。

2012年,分公司寿险产品的保费占比达84.96%。其中,传统寿险保费收入占比4.27%,非传统寿险仍然是最主要的销售险种,累计占比80.70%。其中分红险种"金裕人生"受到收入水平较高、保险意识浓厚、理财意愿强烈人士的青睐,推动分红险累计实现保费收入120692.16万元,占比达74.12%。万能险累计实现保费收入10509.03万元,保费收入占比6.45%。

截至2012年末,分公司机构总

数为 51 个，其中省级分公司 1 个，中心支公司(二级分公司)9 个，支公司7 个，营销服务部 23 个。截至 12 月底，续期保费占比达 70.41%，新单保费占比达 29.59%，新单期缴占比达 24.70%。（张 倩）

中国平安寿险山西分公司举办“让爱出发”——永康平安希望小学捐赠活动 （张 倩提供）

【理赔服务】 2012 年，平安人寿山西分公司标准案件共结案 8308 件，占整体案件量的 80%以上，标准案件三日结案率达成 99.9%。

截至 12 月，分公司赔款(给付)累计金额 25906.03 万元，其中赔款支出 755.73 万元，给付合计 25150.30 万元。赔款支出方面，意外险为 382.20 万元，短期健康险为 373.53 万元。短期健康险简单赔付率为 32.67%；满期给付累计达 17861.92 万元，死伤医疗给付累计达 5980.02 万元。

分公司从理赔的不同环节入手，提升服务质量。(1)推广报案 100%回访，提醒客户理赔注意事项；(2) 拒付更审慎，确保每一起拒赔案件均由具有多年从业经验的资深核赔人审慎核查；(3) 开辟重、特大案件理赔绿色通道；(4) 开展全国通融，平安客户在异地出险，均可在出险地办理理赔，所需资料、理赔标准不变，并可在申请地支付理赔金；(5) 开展预约上门服务；(6) 专人处理客户投诉、报怨案件。（张 倩）

【风险防范与合规经营】 2012 年，分公司全面开展内控自评项目，覆盖公司各业务条线和工作流程。通过内控状况的自我评估，对合规经营状况进行全面检视和完善。

10~11 月开展合规反洗钱宣传月活动，通过合规大讲堂、全员学合规、人人谈合规、合规反洗钱比武等活动，推广合规经营文化，营造“合规人人有责”的企业文化氛围。（张 倩）

【培训立体化】 2012 年，分公司制订 8 个培训规划和管理办法，培养立体化模式逐步完善。全年分公司共举办 2643 个培训班，主要对象为刚入司的新人及各职级管理人员，包括职、代、岗培训，转正培训，新人冲锋培训、商务礼仪，职业道德与法律法规培训，主任培训，主管培训。针对内勤员工培训全年整体覆盖率达到 93.3%(545/584)，人力资源部主导开班共 26 期(合办班算同一期)，D 类员工面授覆盖率 91.3%(407/446)，ABC 类干部培训覆盖率均为 100%；培训计划执行率 100%。（张 倩）

【社会公益活动】 2012 年，分公司启动以“执善心　筑大业”为主题的“凤凰计划”，旨在打造平安人的慈善信仰，传播爱心，善行客户。

分公司在晋中市榆次区张庆乡永康平安希望小学举办“让爱出发——永康平安希望小学捐赠活动”。为学校送去 100 套崭新的课桌椅，1200 余册图书。

分公司内外勤代表两次前往尖草坪区残疾儿童康复中心为残障儿童捐赠生活物品，并通过表演和游戏与孩子们进行互动。

临汾中心支公司在职场举办“献爱心送真情”捐款活动，为白血病患者韩涛进行爱心捐助，临汾中支本部及七个网点共募得捐款 16104.5 元。活动特别邀请到临汾市直精神文明办、保险行业协会领导莅临活动现场，临汾电视台、《临汾日报》等媒体对活动进行报道。

分公司开展“低碳 100 专注为明天”为主题的低碳系列活动。除通过宣传单页向客户普及地毯生活知识外，公司自身也开展具体的低碳环保行动，通过熄灯日、健步走日、会议精简、废纸回收利用、随手关灯等举措落实低碳 100 各项举措。鼓励客户选择电子单据，减少纸张使用量；推广电子投保单和电子保单的使用，推广保单 E 服务、MIT 移动展业平台，引导客户多使用网银、电话银行、手机银行、“一账通”，并进行网上自助查询和批改。

2012 年是中国平安励志计划实施第九年，分公司于 6 月与太原理工大学联合启动山西地区中国平安励志计划活动，并对“太原理工大学经济管理学院 2012 年毕业生晚会暨第六届女生节闭幕式”进行冠名赞助。活动加强公司与高校之间的联系，扩大公司在全省高校的知名度。分公司会将活动函寄送至全省各大高校，在全省范围内邀请符合条件的学子们参加励志计划活动。（张 倩）

2012年山西省人身保险市场份额表

序号	人身保险公司名称	保费收入(万元)	同比增幅	结构占比	占比变化
1	中国人寿保险股份有限公司山西省分公司	993486.54	−10.62%	39.29%	−550.20%
	中国人寿存续	35132.97	−4.65%	16.36%	73.88%
2	中国太平洋人寿保险股份有限公司山西分公司	413731.52	6.72%	11.53%	134.91%
3	新华人寿保险股份有限公司山西分公司	291623.48	15.40%	10.84%	−16.78%
4	中国人民人寿保险股份有限公司山西省分公司	274145.28	0.35%	6.44%	22.74%
5	中国平安人寿保险股份有限公司山西分公司	162823.18	5.63%	5.17%	−1.06%
6	泰康人寿保险股份有限公司山西分公司	130840.69	1.69%	2.84%	54.62%
7	太平人寿保险有限公司山西分公司	71816.32	26.16%	1.10%	56.19%
8	民生人寿保险股份有限公司山西分公司	27751.87	108.79%	1.09%	43.95%
9	阳光人寿保险股份有限公司山西分公司	27578.13	70.68%	0.87%	42.57%
10	中国人民健康保险股份有限公司山西分公司	22089.40	98.77%	0.85%	27.11%
11	农银人寿保险股份有限公司山西分公司	21547.34	49.43%	0.71%	47.64%
12	生命人寿保险股份有限公司山西分公司	17921.18	210.90%	0.37%	7.96%
13	合众人寿保险股份有限公司山西分公司	9387.61	29.70%	0.34%	30.75%
14	国华人寿保险股份有限公司山西分公司	8671.16	887.69%	0.26%	3.68%
15	平安养老保险股份有限公司山西分公司	6465.75	19.02%	0.20%	11.75%
16	光大永明人寿保险有限公司山西分公司	5082.20	145.39%	0.18%	7.03%
17	英大泰和人寿保险股份有限公司山西分公司	4554.62	67.19%	0.16%	−
18	幸福人寿保险股份有限公司山西分公司	4042.53	411.54%	1.39%	−9.54%
合　计		2528691.77	1.90%	100.00%	0.00%

吕梁市发展和改革委员会

2012年，吕梁市发展和改革委员会围绕全市发展大局，充分发挥职能作用，全力以赴保投资、稳增长、调结构、促转型、惠民生，真抓实干转变作风，不断提高工作效率和服务水平，全力推进转型跨越发展。在各级各部门的大力支持和密切配合下，圆满完成了各项目标任务。全年审批、核准、备案项目174项，总投资达75.1亿元；争取上级资金14.11亿元，比上年增长50%，创历史新高，全年储备10亿元以上大项目171个，总投资1.2万亿元，为实现吕梁市经济社会平稳较快发展做出了积极的贡献。

市发改委主任权威接受电视台采访

（一）注重调查研究，充分发挥参谋助手作用。加强经济形势分析和预警监测。先后完成了全市2012年分季度经济运行情况分析报告，提出措施和建议，得到市委、市人大和市政府的充分肯定。强化重大问题调查研究。围绕全市经济社会发展的重点、热点和难点问题，完成了全市经济增长与环境容量、发展循环经济、新兴产业、加快推进企业改制上市、工业园区建设等方面的一系列调研和分析报告。

（二）狠抓重大项目建设，转型跨越发展后劲持续增强。一批增总量、扩规模、促增收的新增长点正在形成，一批打基础、利长远、惠民生的重大项目取得突破。项目管理逐步强化。建立了领导包重点工程项目工作机制，定期召开重点工程项目推进会，协调解决重点工程建设过程中存在的困难和问题，全市473个重点项目，总投资规模5456亿元，当年完成投资1550亿元。重点项目推进成果丰硕。全市四条铁路27个战略装车点开工6个，取得重大突破。交城美锦2×30万千瓦低热值发电项目获得国家发改委核准。全市第一个风电项目岚县闫家背2×5万千瓦机组获得批准。上报国家发改委低热值电厂6个，热电联产项目1个，总装机容量450万千瓦，上报项目数量和装机容量总规模均为全省第一。吕梁民用机场主体工程完工；中南出海大通道、太兴铁路和吕临支线建设加快推进；西纵高速（兴县–离石段）、环城高速基本建成。

市发改委有关领导和科室负责人在兴县调研

市发改委政风行风听证座谈会

（三）创优发展环境，产业结构转型加快。积极履行服务职能，优化审批程序，缩短审批时间，一批新兴产业项目落户吕梁。2012年吕梁市被评为“山西省高新技术产业化工作先进市”。

（四）着力深化改革创新，综改试验区建设稳步推进。一些新做法、新机制和工作亮点，《人民日报》、《山西日报》、山西电视台等主流媒体高调报导，引起社会广泛关注。省批复吕梁市《2012年转型综改试验区建设工作行动方案》，明确了转型综改工作总体思路、目标任务。

（五）突出服务三农工作，民生改善成效显著。加大农业农村基础设施建设。新一轮农村“五个全覆盖”全面完成，成为全省先进市。“为民五件实事”顺利推进。支农惠农工作效果良好。全年粮食产量达到110.5万吨，超年度计划的22.8%，实现八连增，达到历史最高水平。

（六）强化机关内部管理，机关面貌焕然一新。认真开展了学习贯彻落实党的十八大精神活动，引深保持党的纯洁性学习教育活动成果，“转作风、树形象”集中学习教育活动效果明显。发改委被市委、市政府授予“整治吃拿卡要创优发展环境”、“服务重点工程”先进单位，被市直机关工委授予“先进党组织”称号。扶贫、新农村帮建、妇工、十八大期间信访稳定等工作均受到省、市表彰。

安泽县人民法院

2012年12月6日，省政法委书记王建明接见全省民事审判调解工作先进单位的获奖代表——安泽法院党组书记、院长孙立杰

安泽县人民法院始建于1953年10月，两座审判办公楼分别建于1989年、2006年，诉讼服务接待大厅、审判、办公、生活四区分离。现有专项编制36人、地方编制8人。实有干警68人，其中院领导9人，法官23人、法官助理8人、书记员10人、法警10人、司法政务人员17人；大学本科学历36人、专科学历23人。内设12个职能部门和一个直属事业单位，下设2个基层人民法庭。

近年来，安泽县人民法院以科学发展观为统领，扎实开展主题教育实践活动，以“建一流队伍、创一流业绩、树一流形象”为目标，坚持“三个至上”指导思想和“为大局服务、为人民司法”工作主题，坚持从严治院、科技强院、文化兴院工作方针，狠抓社会矛盾化解、公正廉洁执法、社会管理创新三项重点工作，各类案件审结率保持100%，案件执结率保持93%以上，民事案件调撤结案率连续四年名列全省基层法院前茅，连续10年无涉法涉诉上访案件，无违法违纪人和事发生，为县域经济社会发展提供了有利的司法保障和优质的法律服务。

三年来，安泽法院共荣获县级以上集体荣誉64项，34名干警受到县级以上表彰。先后被最高人民法院评为“全国优秀法院”；被省委政法委评为“组织政法干警核心价值观教育实践活动先进单位”、“涉法涉诉信访工作‘三争做’活动文明接待窗口”；被山西省劳动竞赛委员会评为“山西省五一劳动奖状”；被省高院评为“指导民调工作先进集体”、“优秀法院”、“无执行积案先进法院”、“民事审判调解工作标兵单位”，并记集体二等功二次；被市委、市政府评为“政法系统‘十佳’单位”、“文明和谐单位”；被市劳动竞赛委员会授予“五一劳动奖状”；被市委政法委评为“处置涉法涉诉信访先进集体”、“政法系统主题教育实践活动先进基层党组织”。

展望未来，安泽法院将以十八大精神为统领，突出创新，扎实工作，充分发挥党组织的战斗堡垒作用和党员的先锋模范作用，努力开创法院工作新局面，使该院受理的每一个司法案件中都能让人民群众感受到公平正义，为实现中国梦书写壮丽的司法篇章！

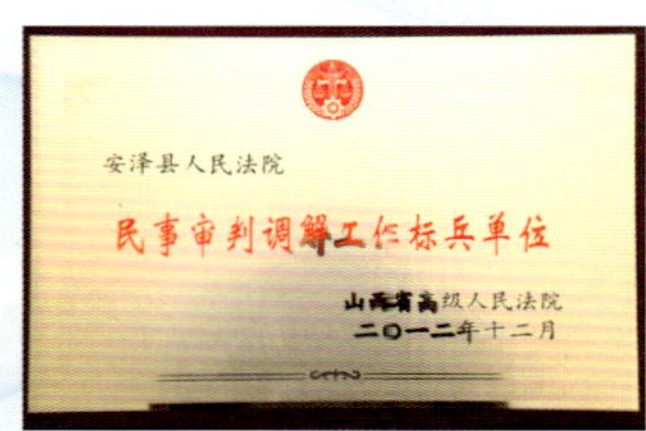

2012年3月，河南民工杨成虎为安泽法院送来“真诚调解、化解纠纷，办案迅速、情暖民工”的锦旗

2012年6月21日，副院长牛瑞明一行3人到安泽县良马乡良马小学发放普法宣传教育读本

阳涉铁路有限责任公司

——鲍增军先进事迹

阳涉铁路有限责任公司系山西省、原铁道部在2001年合资建立的国有合资企业（阳泉煤业(集团)有限责任公司投资参股）。阳涉铁路总投资额为人民币227415.32万元，注册资本为人民币152415.32万元。

阳涉铁路北起石太线白羊墅站，南至邯长线悬钟站，营业里程为199公里，主要经营项目为铁路货物运输，年设计通过能力为1450万吨。公司生产单位有平定、昔阳、和顺、左权、麻田等五个站区，机务运用、机务检修、工务、电务等四个车间，现有员工995人。

董事长、总经理：鲍增军

鲍增军担任阳涉铁路有限责任公司董事长、总经理后，在股东各方大力支持下，运筹帷幄、亲力亲为，抓大事、谋大局，带领公司全体员工紧紧围绕发展壮大这个中心课题积极工作，企业实力不断增强，安全基础不断稳固，经济效益不断攀升，员工收入不断增加，阳涉铁路公司呈现着积极发展的大好局面。

确定发展思路。在深入调研公司实际情况的基础上，鲍增军分别在管理工作上、运输经营工作上、员工标准化业务素质提高上提出了“经济效益为中心、安全生产放首位”、“服务货主、互利双赢”、“学标对标达标”等理念，并通过各种方式对这些理念进行贯彻执行，打牢了公司稳步发展的思想作风和业务技能基础。

狠抓安全管理。鲍增军坚持把安全工作作为经营管理的重要抓手，根据公司实际，审时度势提出了开展“学标、对标、达标”活动，并一以贯之长期坚持。突出进行了安全基础建设、安全关键控制、安全监督检查效能发挥、设备运用安全、安全思想教育、标准化作业落实等六项重点工作，公司安全生产形势日趋稳定，截至到2012年12月31日实现安全生产1475天。

突出运输经营。鲍增军坚持“互利双赢”的经营策略，牢固树立效益来自客户、发展依靠客户、一切从客户出发的观念。立足于抓早赶前，加强内部管理，强化各系统联劳协作、密切配合，科学调度指挥，灵活调整运输策略,不断提高运输效率，不断提高服务意识和水平。2012年完成货物发送量1299.2万吨，同比增加81.1万吨，增长6.7%；实现经营收入46087.48万元，同比增加4434万元，增长10.6%；利税总额达到7339.2万元。

致力提升员工幸福指数。鲍增军坚持发展成果员工共享，高度重视员工生活质量提升及工作环境改善。2012年，在房屋修缮、办公用品配备、食堂煤改气及灶具更新、道路硬化、暖气安装、站台整修、吃水用电更新改造、新建库房、绿化等各项工作中共计投资351万元，进一步改善了员工工作条件和环境。全年人均收入达到73290元，同比增加11461元，增长幅度为18%，进一步提高了全体员工的生活质量，凝聚了职工队伍。

对于公司2012年取得的工作成绩，县、市有关部门给予高度评价，分别推荐公司、鲍增军获得了2012年度“山西省优秀企业”、“山西省优秀企业家”的荣誉称号。

鲍增军主持公司信息化升级改造

加强路企协作，共创双赢格局

山西焦煤汾西矿业(集团)有限责任公司

——陈俊昌、冯勇康先进事迹

山西焦煤汾西矿业(集团)有限责任公司（以下简称汾西矿业）是中国最大的优质炼焦煤生产基地，是国家大型I类企业。曾荣获中国煤炭工业最高奖“金石奖”等百余项殊荣。

汾西矿业地处山西省介休市，矿区横跨霍西、河东、西山、沁水四大煤田，井田面积625平方公里，地质储量58亿吨。

汾西矿业主要产品品种有焦煤、肥煤、瘦煤、贫煤等,具有热值高、低灰、低硫、易于洗选加工、结焦性好等特点,是冶金、炼焦、制气、化工、电力、建材等行业理想的原料和燃料。开发注册的“晋柳王”系列煤炭产品畅销国内15个省市大型钢铁、焦化企业，并出口日本、印度、韩国、巴西等国家和地区；现有新产业系统八大板块非煤产品十三大系列200余个品种。经过五十余年发展，汾西矿业基本形成了以煤炭开采加工为主，集发电、水泥、设备修造、化工、工程建设为一体的多元化发展的大型煤炭企业集团。

陈俊昌 男，汉族，52岁，山西省洪洞县人，中共党员，在职研究生，高级会计师。现任山西焦煤汾西矿业集团董事、总会计师，负责董事会资金运营审查监管委员会工作，负责企业财务管理与监督、财务内控机制建设，以及企业投融资、担保、大额资金营运、兼并重组等重大财务经营事项监管工作，分管财务处、物资供销公司。

董事、总会计师：陈俊昌

陈俊昌以国家经济政策和法律法规为准则，视企业发展壮大为己任,将提高企业经济运行质量为核心，推动集团公司财经管理工作走在了全省煤炭企业的前列。

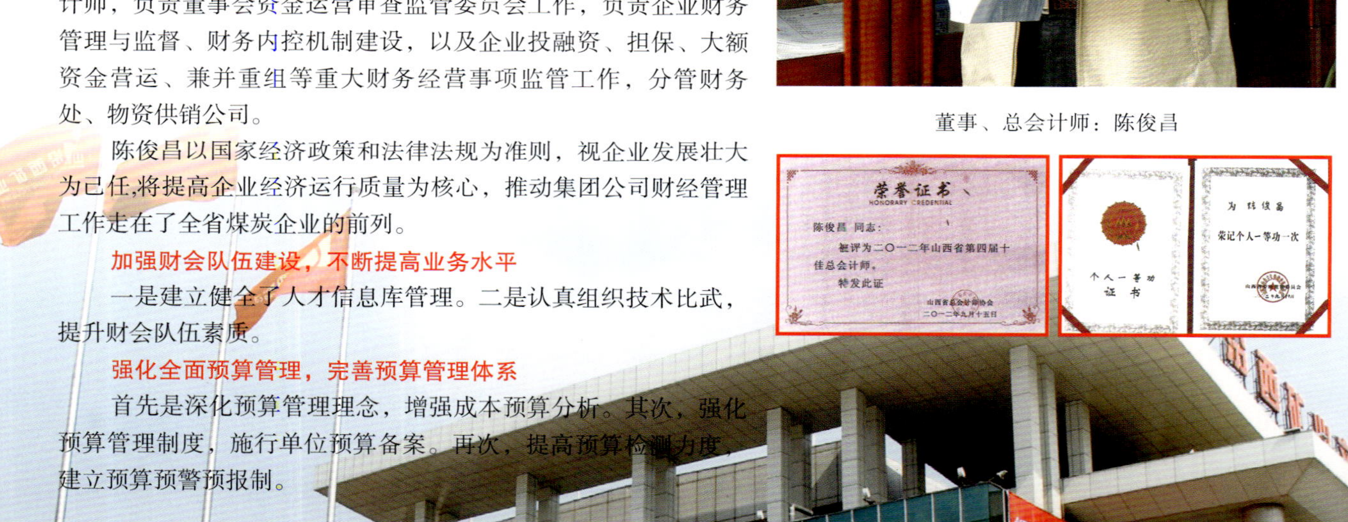

加强财会队伍建设，不断提高业务水平

一是建立健全了人才信息库管理。二是认真组织技术比武，提升财会队伍素质。

强化全面预算管理，完善预算管理体系

首先是深化预算管理理念，增强成本预算分析。其次，强化预算管理制度，施行单位预算备案。再次，提高预算检测力度，建立预算预警预报制。

创新资金管理模式，提升资金运行质量

一是细化资金预算调控，保障资金收支安全。二是合理使用资金，提高资金使用效率。一方面通过减少短期借款，优化贷款结构的方式，争取优惠利率；另一方面，采取积极措施，合理调控资金支付节奏和流量。三是加强资金管理，确保资金使用安全有效。首先，加强债权清理管理。其次，加强储备资金管理。第三，加强工程资金监控。

不断坚持理论学习，增强自身理论素养

陈俊昌先后在《会计之友》、《西山经营管理》等杂志上发表了“在市场经济条件下如何发挥企业财务管理的作用”等学术论文，并参与了《煤炭企业会计核算》（第二版）、《山西焦煤会计核算办法》等论著的编写工作，对煤炭企业的会计核算提出了具体的、具有可操作性的指导意见。

陈俊昌，2009年，被山西省总会计师协会授予“财会先进工作者”；被中国工业合作协会、中国国际职业经理人协会授予“中国优秀企业家”；被中国总会计师协会、中国总会计师杂志社授予“2009年度中国财务价值领军人物”奖。2010年，被太原市人民政府授予“太原市劳动模范”；被山西省总会计师协会授予“山西省首届十佳企业财务部门负责人”。2011年，被中国总会计师协会授予“ 2011年度中国总会计师年度人物”；2012年，被山西省总会计协会授予“2012年山西省第四届十佳总会计师”；被省总会计师协会授予“山西省首届十佳财务部门负责人”；被山西省劳动竞赛委员会授予“个人一等功一次”。

冯勇康 男，汉族，1972年7月出生，山西省平陆县人。中共党员，大学学历，高级会计师，企业法律顾问。现任山西汾西矿业（集团）有限公司财务处处长。

冯勇康担任过汾西矿业集团公司多个重要岗位的领导职务，基层经验丰富，不论他任于何职，都能锐意改革、求实创新，出色地完成组织赋予的使命，为企业做出了巨大贡献，赢得了良好的声誉。

妥善处理债务纠纷，维护企业合法权益

冯勇康担任汾西矿业集团审计处副处长、法律事务处副处长期间，发挥自己的法律专业特长，全程参与了汾西矿业几起债务纠纷，最终与其他争议各方达成调解协议，维护了企业合法权益。

财务处处长：冯勇康

荣誉证书
HONORARY CREDENTIAL
冯永康 同志：
被评为二〇一二年山西省第二届十佳财务部门负责人。
特发此证
山西省总会计师协会
二〇一二年九月十五日

个人一等功
证书

为 冯永康
荣记个人一等功一次

全力加强内部管理，提升企业经营业绩

冯勇康担任汾西矿业集团贺西煤矿经营矿长期间,以优化管理流程为主线，不断补充和完善各项管理制度，在2009年度经营绩效考核评比中，贺西矿位列汾西矿业集团各生产矿井第一名。

积极推进资源整合，壮大企业经济实力

冯勇康担任山西汾西瑞泰煤业投资有限公司经营副总经理、经营部部长期间，参与了瑞泰公司在晋中市境内对七座目标煤矿的兼并重组工作。他创新工作方法，为兼并重组工作提供了详尽完备的数据；制定符合各方利益要求的公司治理结构，规避了兼并重组面临的法律风险。同时他与四大国有商业银行进行协调，与汾西矿业集团进行沟通，完成了基建贷款任务；他开源节流，努力保证资金链条的通畅，确保了整合工作的顺利推进，壮大了企业经济实力。

不断加大管控力度，推动企业健康发展

冯勇康调任汾西矿业集团财务处处长后，创造性开展财务管理与会计核算工作，为汾西矿业集团健康、快速、可持续发展做出了很大贡献。（1）推行会计精细化管理。（2）加强成本费用控制。（3）开展双增双节活动。（4）强化资金监管。（5）加强银企合作。（6）下大力气开展财务人员培训。

冯勇康，2006年，被山西焦煤集团授予“企业国有资产产权登记工作先进个人”；2011年，被共青团山西省国资委委员会授予“山西省省属企业‘转型跨越’青年企业家”；被山西省总会计师协会《会计之友》杂志社及山西省会计学会《财会纵横》编辑部 授予《浅议煤炭企业资源整合财务科长委派制》“山煤杯”优秀论文；2004、2011年被山西煤炭工业厅（局）授予“先进财会工作者”；2012年，被山西省劳动竞赛委员会授予“个人一等功”；被山西省总会计师协会授予“山西省第二届十佳财务部门负责人”；被中国总会计师协会授予“财务管理成就”奖。

矿长：刘兴和

党委书记：李怀明

夯基固本谱新篇 安全发展铸辉煌

——记"全国五一劳动奖状"获得者阳煤集团三矿

阳煤三矿位于阳泉市以西七公里处，始建于1950年5月，以生产含碳量较高的优质无烟煤著称。2012年，阳煤三矿杜绝了重伤及以上人身事故，实现了瓦斯"零"超限；矿本部及其联营兼并矿提前24天实现了千万吨目标，超额完成了全年产量任务；营运能力各项指标在阳煤集团得分最高，企业效益和安全生产达到建矿以来最好水平。

重中之重抓安全 坚持"安全第一、预防为主、综合治理"的方针，不折不扣地落实执行瓦斯抽采治理、瓦斯防治60条、干部跟班上岗、安全质量标准化建设等各项规定，夯实安全发展基础。开展岗位操作要领、事故案例教育、"干部上讲台、培训到现场"群众性安全隐患排查整改反馈等一系列活动，提高了职工安全防范意识，规范了职工的正规作业行为。推进"142"安全管理模式，强化通风和抽采"两个能力"建设，深入开展运输治理整顿和全力围剿零打碎敲事故等活动，安全工作成为阳煤集团的一大亮点。

攻坚克难促生产 面对井下地质构造复杂、煤质松软、设备老化、动压影响等诸多不利因素，超前研究和制定安全生产组织措施，完善设备、工序、工艺，工作面采用π型梁支护，节约了大量坑木，降低了劳动强度；改进高水位封孔技术，提高了封孔的成功率；加强机电管理，保证了各环节、各流程的正常运转。产量历史性地突破了千万吨大关，提升了在阳煤集团的形象和地位。

经营工作成效显著 按照《阳煤集团应对经济形势紧缩费用开支二十条措施》要求，认真贯彻执行降本增效"十六条"措施，圆满完成了各项经济指标任务，在岗职工人均工资增长率达到了15.15%，增长幅度和人均工资总量双双跃居阳煤集团十大主体矿首位。

党建工作领航程 矿党委紧紧围绕安全、生产、经营等中心工作，深入开展创先争优活动，探索党建工作新途径，"三书"工作法受到了集团公司的认可和大力推广，党建工作"十大工程"促进了全矿安全稳定，发挥了党管安全、党管干部、党管稳定的政治核心作用，为实现安全千万吨目标提供了坚强的组织保障。

民生工程聚人心 新建215平方米的悬窑沟澡堂，解决附近居民洗澡难的问题；改造投用683平方米的班后营养餐厅，改善了井下一线职工就餐环境和生活水平；投入473万元资金整修沙台住宅区和岗楼至攻关坡道路，为职工家属出行提供了便利；投资700万元完成治理蒙河污水工程，创建了良好的矿山生活环境。

阳煤三矿优秀的业绩结出了丰硕的果实：2010年，被中国煤炭工业协会评为"行业一级安全高效矿井"；被山西省省属企业精神文明建设指导委员会授予"省属企业文明单位标兵"称号；被山西省科协、山西省财政厅、山西省人力资源和社会保障厅、山西省国资委评为2010年度山西省“科技奉献奖”先进集体一等奖；获得全国“安康杯”竞赛活动优胜企业；被阳泉市劳动竞赛委员会授予“五一劳动奖状”；被阳泉市人民政府评为“2010年度安全生产工作先进企业”；被阳煤集团评为“2010年度安全生产先进单位”；三矿党委被省国资委评为“省属企业十佳基层党组织”；被阳煤集团评为“四好”领导班子。2011年，被山西省国资委、阳煤集团评为“2011年度信访工作先进集体”荣誉称号；被山西省劳动竞赛委员会授予“山西省五一劳动奖状”；在山西省企业联合会、山西省企业家协会第二十二次年会暨“双优”表彰会上，被评为2011年度“山西省优秀企业”荣誉称号；被山西省煤炭工业厅评为“2011年度省一级安全质量标准化煤矿”；被国家安全生产监督管理总局、国家煤矿安全监察局评为“国家级安全质量标准化煤矿”，为三矿各项工作的有序进行，起到了积极的推动作用。2012年获得“国资委系统信访工作先进集体”、“省级职工文化建设标兵单位”、“山西省优秀企业”、“全煤系统先进煤矿”等诸多荣誉称号。

积极开展“安全生产文明家庭”评选活动

全面开展安全监督检查工作

山西鑫兴煤电化集团

——张家彦先进事迹

董事长：张家彦

山西鑫兴煤电化集团于2007年12月组建成立，是一个民营股份制企业，下设六个公司，即：山西鑫兴煤电化集团有限责任公司、左权鑫源热电有限责任公司、左权鑫顺煤业有限责任公司、左权佳磊电石有限公司、左权鑫科钛业有限责任公司、山西中豪镍业有限公司。拥有固定资产26亿元，现有员工1262人，是一个集生产原煤、发电、供热、电石、硅铁、红土镍产品于一体的煤、电、气、化、冶联动综合性循环产业园区。集团在转型跨越中走在了前列，发展势头强劲，前景广阔，得到了上级部门的充分肯定。集团先后被上级有关部门评为山西省劳动竞赛委员会“集体三等功”、“国家级守合同重信用单位”。

张家彦，男，汉族，1964年2月出生，山西省左权县石匣乡川口村人，群众，大专学历。现任山西鑫兴煤电化集团董事长。山西省政协委员、晋中市人大代表、左权县人大常委会常委、左权县工商联合会主席。

张家彦从93年开始下海创业，二十年来,几经风雨，历经苍桑，以个人的远见卓识和雄才大略，实现着自己的梦想，在事业上取得了令人瞩目的成就，为当地经济的发展做出了杰出的贡献。他先后获得“山西省优秀企业经营者”、“山西省就业再就业明星”、“山西省劳动竞赛委员会个人一等功”、“山西省劳模”、“山西省功勋企业家”、“山西省工商联合会先进会员”、“晋中市优秀企业家”等荣誉称号。

鑫源热电公司厂容

张家彦1984年3月参加工作，1993年承包左权县电业局饭店。1998年张家彦以个人聪明才智和特有的创新意识租赁经营左权县冶炼厂，2001年买断了该企业,创建了左权鑫兴冶炼有限责任公司。2002年1月，他又大胆地接管了面临倒闭的左权县殷家庄联营煤矿，对煤矿的设备和基础设施进行了整体技术改造和采煤方法改革，形成生产能力达到45万吨中型现代化矿井。2003年新上万吨金属镁项目工程，于同年7月建成投产。至此成为全县民营企业的龙头骨干。先后被县委、县政府授予“先进私营企业单位”、“工商企业先进集体”，被上级有关单位评为“守合同重信用单位”、“质量、计量信得过单位”、“AA级信用度企业”、“纳税先进单位”。

五一集团女队拔河比赛

2004年5月，张家彦被选举为左权鑫源电力公司董事长，上任后，他内抓管理，外树形象，各项工作取得了突破性进展。2007年底，张家彦组建山西鑫兴煤电化集团。超速成长的时代是市场经济的时代，而市场经济的时代从某种意义上说又是企业家的时代。集团成立以来，张家彦高瞻远瞩，深信发展才是硬道理，做企业就要让企业保持强劲的竞争实力。2009年10月，他与山西煤炭进出口集团合作，实行强强联合，共同建设180万吨/年鑫顺煤业公司，实现了资源整合的平稳过渡。

张家彦向山西省委书记袁纯清介绍项目情况

2012年，在县委、县政府的大力支持下，张家彦积极响应省政府“转型跨越、先行先试”的方针，不断寻求走高端产业发展路子，实施转型发展项目，重新构筑煤-气-电-化-冶-建材新型产业循环经济园区。

（1）中豪镍业有限责任公司开发建设年处理150万吨（干基）红土泥镍矿项目。该项目是由山西鑫兴煤电化集团与国家“863”科技攻关项目责任人合作开发的，项目于2012年4月28日经山西省发展和改革委员会备案（晋发改备案[2012]182号）批准立项，5月10日正式开工建设。项目产品镍主要用于不锈钢冶炼，产品销售市场十分广阔。该项目总投资12.8亿元，规划总占地面积1000亩，总建筑面积19.9万平米，建设规模为火法—湿法结合年处理150万吨红土镍矿，金属镍量为3万吨。一期工程投资5.8亿元，占地542亩。

晋中市纪检委书记王琦在中豪镍业公司现场调研

（2）左权鑫源热电有限责任公司2×25MW煤层气热电联产技改工程。该项目是充分利用左权县煤矿瓦斯气，推进煤层气综合开发利用，发展循环经济，满足左权县“十二五”城市建设规划新增供热需求的社会民生工程。项目建成后可满足县城10万居民生活用气和300万平方米的供热需求。该项目投资完成1.58亿元。

（3）实施现代生态农业示范园区项目。该项目位于左权县石匣乡三家村，按照县万亩生态农业示范园区的总体规划和要求，集团利用本县石匣水库得天独厚的山水清纯自然生态优势，投资1.5亿元，占地360亩，建设一个风景秀丽、融湖光山色于一体的现代生态农业示范园区。项目建成后可安置120人就业。

（4）计划新建年产100万吨钒钛磁铁矿项目。该项目矿产资源来源于左权县桐峪镇山里庄村，其生产设施75%可与红土镍项目共同使用，工程预计总投资16.8亿元。可行性报告已完毕，正办理立项报批和购买资源手续。

大同煤矿集团外经贸公司

执行董事、总经理：张勇

公司员工利用多媒体设备进行学习

大同煤矿集团外经贸有限责任公司成立于1998年，前身为大同矿务局对外经济合作处，大同煤矿集团外经贸处，2010年8月改制为大同煤矿集团外经贸有限责任公司，是大同煤矿集团的全资子公司，注册资金2亿元人民币。

公司是从事进出口贸易、国际工程、招标代理、国内贸易等业务的国有专业公司，代表大同煤矿集团行使商务部批准的进出口经营权和对外经济技术合作经营权。公司负责同煤集团所有非煤进出口、煤炭进口、国际工程、对外投融资等工作，是同煤集团外向型经济、跨国经营的窗口和经营主体，是做强同煤“大物流”和“做实贸易”战略的主力军。

近年来，外经贸公司服从、服务于同煤集团安全生产和新建项目及重点工程的需要，坚持为集团公司重点项目上马和生产、安全方面的技术、设备及原辅材料的引进做好服务工作。与国内以及美国、德国、英国、澳大利亚、西班牙、何兰、南非、瑞士、新西兰等国家的众多知名大型企业建立了长期友好的经贸合作关系。公司在国内外市场树立了良好的企业形象和商业信誉。同煤集团被海关总署正式授予AA类企业。

公司改制以来，外经贸公司围绕转型升级和跨越发展的工作主线，坚持贯彻落实集团公司“做大做强同煤物流与贸易”的经营战略思想，以“打造四大业务板块、谋划五大区域布局”为工作主线，不断深化战略合作，扩大市场优势，实现了全面转型跨越和高速发展，开创了同煤集团贸易产业发展的新局面。

2012年，公司不断深化战略合作，拓展贸易空间，扩大市场优势，延伸产业链条。产业布局、区域布局日趋科学合理，赢利能力和抵御风险能力不断增强，全年完成销售收入463亿元；各项指标创出历史最好水平。

近年来，外经贸公司依托大同煤矿集团的综合实力积极开展对外承包相关工程和对外经济技术合作。先后自主实施了伊朗塞布亚水坝防渗漏工程项目，自主承揽实施了土耳其阿玛斯拉煤矿建井项目等，为祖国和集团公司争得了巨大的荣誉和良好的口碑。同时，公司还向多个国家派出了计算机管理、地质勘探、测量、城市供水、给排水工程、道路建设、机械操作等大批工程技术人员和高技能劳务人员。

外经贸公司朝气蓬勃的班子队伍

公司领导与国外专家进行交流学习

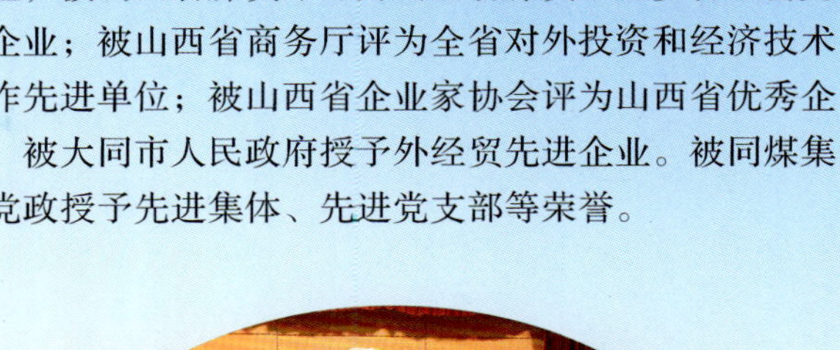

近年来，公司多次被山西省人民政府授予商贸先进企业；被山西省煤炭厅评为山西省煤炭工业多种经营先进企业；被山西省商务厅评为全省对外投资和经济技术合作先进单位；被山西省企业家协会评为山西省优秀企业；被大同市人民政府授予外经贸先进企业。被同煤集团党政授予先进集体、先进党支部等荣誉。

矿用耐磨材料市场推广战略合作签署仪式

同煤集团公司太原海关签约现场

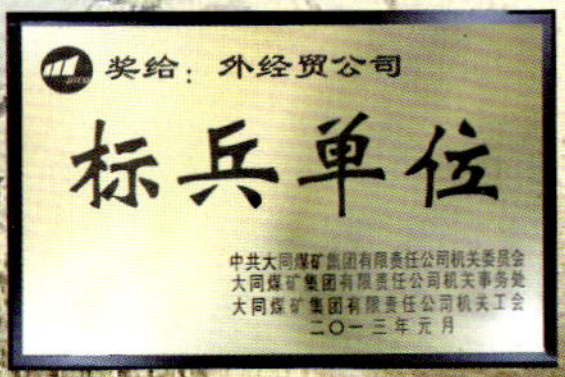

同煤集团土耳其阿玛斯拉建井项目井架

同煤集团伊朗塞布亚水坝钻探灌浆防渗漏帷幕工程项目施工现场

山西晋神铁路有限公司

——乔金锁先进事迹

执行董事、经理：乔金锁

山西晋神铁路有限公司是晋能集团与神华集团旗下的一个新型煤炭物流企业，是山西省晋神能源有限公司的子公司。在保留原山西省忻州地方铁路局名称及职能基础上，公司致力于阴塔（沙泉）至火山铁路以及既有和新增煤炭发运站的运营管理和建设发展，旨在立足晋神能源、服务晋神能源及区域内其他煤炭企业，做强做大区域煤炭物流产业。公司现有职工800余名。拥有DF8B内燃机车6台、DF4内燃机车2台，轨道车2台。截至2013年6月，资产总额3.54亿元。

乔金锁，男，汉族，1969年6月生，山西霍州人，中共党员，先后获中国矿业大学铁路运输学士学位，太原理工大学矿业工程硕士学位，北京交通大学系统工程在读博士研究生。铁道高级工程师，高级物流师。现任山西煤炭运销集团副总工程师、铁路煤炭销售总公司总工程师，2011年11月乔金锁同时出任山西晋神铁路有限公司执行董事、经理及山西省忻州地方铁路局局长。近年来他学术成果颇为丰硕，先后发表苛瓦铁路选线方案研究等十余篇学术论文；主持阴火铁路技改扩能暨远期运能拓展方案等十多个项目的研究及建设；主编西山煤电集团铁路运输专业技术职称考试用书及山西煤炭运销集团铁路物流建设十二五规划等。

科学谋划，积极推进产业板块布局，经营管理迈上新台阶 公司以“全面打造现代煤炭物流企业”为中心，以“实施铁路技改扩能及运能拓展工作、实施产业板块布局与发展”两大主题为抓手，按照“做强主业、多元发展”的经营理念，进一步拓宽经营范围，大力巩固基础产业（铁路运输、铁路维修施工）、扩大重点产业（装卸配送、煤炭经销贸易、资产经营与投资）、拓展新型产业（电子商务与物流信息服务、公用事业与后勤服务），做大做强三大产业板块；运用供应链管理模式，积极打造资源、通道、市场相配套，贸易物流优势互补的新格局。2013年上半年共发运货物374.85万吨；完成货物周转量10152.49万吨公里；实现综合收入6671.65万元；上缴税金235.02万元；实现利润345.31万元。

办公大楼

殚精竭虑，不断深化体制机制改革，创新发展取得新成效 乔金锁团结带领公司全体员工凝心聚力，攻坚克难，按照“以贸易促物流，以物流促贸易”的工作思路，通过创新引领与技术驱动，各项工作均取得长足发展。一是强化一岗双责，确保安全生产。二是推行精细管理，做实铁路运输。三是创新经营模式，做强装卸配送。四是集中优势资源，拓展煤炭经销。五是加强人本管理，推进素质强企。

高瞻远瞩，制订企业长远发展战略，重点项目实现新进展 为谋求企业实现全面协调可持续发展，乔金锁牵头制订了公司近远期发展规划。至十二五末，公司发展目标是：货物年发运量1000万吨以上；煤炭年贸易量200万吨以上；年产值实现10亿元以上。2012年全线已实施了强基固本工程，年运能已达1000万吨。公司正在实施沙泉站万吨列改造，将从根本上解决阴（沙）火线运输瓶颈问题；积极推进5000吨列配套改造项目运作，切实打造1500万吨的年运输能力。

精益求精，十分注重企业文化建设，企业形象呈现新面貌 公司秉持以“学习、创新、务实、进取”为核心价值观的企业文化，正在全方位打造能够与晋能公司、神华集团共融共生的、具有晋神铁路特色的优秀企业文化。文以载道，以文化人，使全体职工有愿景和使命，有正气和精神追求，最终形成企业文化生产力，为公司可持续发展提供强大的精神动力。公司充分利用传统与新兴的媒介手段广泛传播安全理念和知识技能，深入践行国家、省市以及上级公司的一系列安全生产方针，使员工形成了“要我安全、我要安全、我会安全、我能安全”的自觉习惯。

多年来，公司取得了可喜成绩，得到社会各界的广泛认可。历年来获得多项荣誉称号：被山西省人民政府授予“安全生产专项整治先进单位”；被省企业联合会、企业家协会评为“山西省优秀企业”等。站在新的历史起点，公司的发展前景更加广阔，将充分发挥阴（沙）火铁路得天独厚的区位优势，不断配套山西煤销集团现代煤炭物流体系建设和神华集团发展布局，抢抓新机遇，实现新跨越，在科学发展的道路上阔步前进。

安全活动

阴塔基地

山西方盛液压机电设备有限公司

转型发展创新企业

山西方盛液压机电设备有限公司是2003成立的股份制企业，注册资本1000万元；公司位于山西省晋中市榆次工业园区，现有员工260人，其中技术研发人员38人。公司一厂占地15亩、二厂占地45亩，主要产品有液压阀、液压油缸、液压系统、液压电子产品、液压精密铸件、铸造机械装备和金属模具。

公司被山西省科技厅认定为“山西省民营科技企业”、“山西省高新技术企业”，公司技术中心被山西省中小企业局认定为“省级企业技术中心”，中心于2012年与上海交大模具CAD国家工程研究中心阮雪榆院士共建了晋中市首个“院士工作站”。公司的技术研发能力在国内同行业处于领先。

公司秉承“做好每一件小事，成就一番大业”的企业精神，愿以精湛的技术、精良的装备、优质的产品和热情的服务与各界同仁共创明日辉煌。

公司一厂

液压系统车间

液压阀车间

公司二厂

模具生产车间

精密铸造车间

铸机生产车间

太原市信丰通机电贸易有限公司

——胡波先进事迹

太原市信丰通机电贸易有限公司是经营机电设备及配件为一体的贸易公司，成立于2002年3月15日，主要经营：卧式车床，立式车床，专机，车铣中心，龙门加工中心，卧式铣镗加工中心，立式加工中心，高速加工中心，数显卧式铣镗床，自动卧式铣镗床，数控刨台卧式铣镗床，数控铣镗床加工中心，数控落地式铣镗床，摇臂钻床，数控钻床，龙门式数控钻床，龙门式数控铣床，深孔加工专用数控机床及各类机床设备配件。品种多、规格全、质量上乘。业务覆盖山西省及周边省、市地区。年销售量达上亿元，业绩名列省级同行业前茅。多年来，公司与沈阳机床股份有限公司等生产厂家强强联手，独立拥有山西内蒙地区厂家代理权。2005年公司首批通过省市消协质量认证，并被授于“守合同重信用企业”荣誉称号。

总经理：胡波

胡波，女，1967年9月20日出生，担任太原市信丰通机电贸易有限公司的总经理一职。她认为信丰通应该是一个和谐的团队，是一个充满激情、充满活力的团队，也是一个温馨的大家庭。她是一位敢于创新创业的企业家，她更是一位恪尽职守、尽孝道、乐善好施的慈善家，给山西红十字会慷慨捐赠，为四川灾区捐款等等，这一切都源于她对社会责任的良知，和对天下父母的感恩。

胡波为新店开业致辞

解答客户问题

十多年来，她始终奋斗在销售第一线，与员工同甘共苦闯过一道道难关。她虽身居公司领导位置，却保持着与员工、客户、供应商相互尊重、体贴的良好关系。她从客户与生产商的利益出发，始终坚持互利双赢的观点开展供应、销售经济活动，得到了员工及合作伙伴的一致好评，在供应、销售等环节中得到了大家积极的配合与支持。她严格遵守国家政策法规，并积极参加“医疗互助”活动，严格执行《劳动法》，为员工按期缴纳各项社保基金，保障了员工的合法权益；此外，她为了丰富员工的业余文化生活，每年的节假日都要组织集体旅游活动等，进而增强了凝聚力和战斗力，呈现出和谐奋进的企业文化。

她也是一个创新管理的人。她以调整和整合人力资源作为切入点，实行人才创新战略，逐步建立完善用人机制，彻底打破主管能上不能下，报酬能多不能少的僵化管理模式。员工工资与其实际贡献、责任大小、工作效率、成本费用控制成果、公司效益直接挂钩，使工资分配真正体现多劳多得；人事管理实行“能者上、平者让、庸者下”的聘用考核制，控制人员的流动性，适时调整和补充人员，进而振奋了员工精神、激发了员工工作热情。

她用自己的勇气与才智兑现着自己的承诺，引领着信丰通这艘巨轮，在这经济环境不稳定的情况下成功的克服了一波又一波的风浪，行驶在实现企业又好又快发展的航道上。我们坚信，在她的指引下信丰通未来之路将更加灿烂辉煌！

介休市农村信用合作联社

——记山西省优秀企业家任志坚先进事迹

介休市农村信用合作联社党委书记、理事长任志坚，在农村金融的广阔天地摸爬滚打了24年，他先后担任过信用社主任、联社副主任、主任、理事长等职务。他与联社领导班子精诚合作，把介休联社引向了和谐、务实、奋进的转型跨越发展快车道。

截至2013年9月末，各项存款余额达到82.19亿元，较年初增加10.5亿元；各项贷款余额达到51.56亿元,较年初增加5.81亿元；各项收入实现4.75亿元，实现经营利润总额1.8亿元；

班子建设——明决心 2012年3月，任志坚就任介休联社理事长后，及时召开党委会和民主生活会，不定期召开情况通报会，制定了班子成员谈心交心制度，通过情况沟通、谈心交心，消除了隔阂，增进了团结。使班子成员关系和睦、团结协作、互相支持、共谋事业、风清气正，赢得了社会各界的普遍好评。

任志坚到介休市志尧碳素有限公司了解资金需求情况

存款营销——费苦心 任志坚严格实施绩效考核，坚持时点与日均双考核机制，实行领导班子包片分工制，形成了“一把手抓存款、全员抓存款、全方位抓存款、全过程抓存款”的工作机制。积极的协调换来了地方政府的大力支持，财政资金账户开在了信用社，争取到政府2亿元的社保资金和1亿元的资源价款。同时，他加强对黄金客户的营销力度，努力吸收承兑保证金，市农信社共有保证金存款3.45亿元。

人民币管理竞赛比武

支持三农——付诚心 任志坚最大限度满足“三农”、小微企业和个体工商户对资金的需求。截至2013年9月末，已向2万余户农户提供了金融服务，重点支持5个农业龙头企业，2个专业合作社，2个农村供销社，涉及大棚种植、肉猪养殖、蛋鸡养殖等多个项目。

心系员工——付真心 任志坚心系职工，让职工时刻感受到大家庭的温暖。一方面，切切实实为员工办实事，努力提高员工的生活质量，减轻工作压力。另一方面，认真排查，保护员工不受腐蚀，多角度多层次帮助员工认识不良行为带来的严重后果及其蕴含的风险隐患，引导员工不断增强自律和自我保护意识。

回报社会——献爱心 任志坚怀着一颗感恩的心，注重回馈社会。联社多年来为社会贫困人群、残疾人、受灾群众等捐款30余万元。从2002年9月起，连续三年捐教12000余元资助三名贫困大学生；2008年向南方灾区献爱心捐款3200元；向四川灾区献爱心（含特殊党费）捐款17万元；2010年向玉树地震灾区捐款4.76万元；2011年为中国光彩事业捐款3万元；在精神文明建设活动中起到了示范带头作用。

孝义市热力公司

——那学东先进事迹

总经理：那学东

供热事业事关千家万户的温暖。孝义市热力公司负责人那学东坚持以保障城市的集中供热为已任，一心固守热业，心系用户，将一股股暖流送给千家万户。在他的带领下，全市的集中供热一年比一年好，集中供热工作连续多年得到了市委、市政府及社会各界的一致好评。他本人也受到了广大居民用户的高度赞誉。

吃透“热”情，知难而进 2009年那学东到热力公司走马上任后，首先面对的是一大堆供热“老大难”问题：供热能力不足；部分供热管网设施老化失修；采暖费欠缴问题严重；内部管理不规范，服务跟不上。引起了不少居民的埋怨和不满。那学东不畏艰难，敢于直面问题，以“用户至上、优质服务”的理念大胆寻根溯源，狠抓管理、服务，短时间内就扭转了供热不利的局面，重新树立了供热企业新形象。

那学东出席冬季供热安排会

大胆投资，提升能力 那学东率领公司一班人多方筹资，上马供热管网和换热站工程，不断增容扩面，大幅度提升集中供热能力。供热主管网由原来的108公里增加到216公里，换热站由原来的64座增加到117座；供热面积由原来的540万平方米增加到1000万平方米；集中供热普及率达95%，供热范围遍及城区30平方公里，实现了集中供热全覆盖。2010年，又投资2.7亿元新建了城东热源厂，全市的城市集中供热从此迈入了健康发展轨道。

实施改造，改善供热 那学东专门研究制定开展供热节能管理的重大举措。一是对城中旧区管网系统开展分户改造，并安装磁卡锁闭阀，实现一户一卡、分户管理。全市245个小区、115万平方米完成分户改造，改造率达90%。二是全面推行供热计量改革。已累计安装热计量表1.4万块，推行热计量面积达150万平方米，占热计量应安装面积的75%。

强化管理，优化服务 为细化管理，服务到位，那学东组织展开内设机构调整。一是对内设置了一室十科，对下分设了八个中心管理所，确定立了分片分区专人负责，所站一体的管理模式，将供热管理的责任层层分解。二是实行公开承诺，提供优质服务。成立以那学东为组长的运行领导组，带头24小时值班。组建了三支应急抢险队和维修队，随时待命解决问题。

供热工作受到了各级部门和全社会的高度好评，热力公司连续四年被孝义市委、市政府评为“年度目标责任制考核优秀单位”，荣获“吕梁市文明和谐单位”等称号。那学东荣获山西省“劳动模范”、“优秀企业家”等称号。

省委副书记金道铭一行莅临宁煤调研

省委宣传部部长胡苏平一行莅临公司视察指导工作

宁武能源投资有限责任公司

董事长、总经理：郝彦青

宁武能源投资有限责任公司是2009年山西省煤矿企业兼并重组整合成立的忻州市唯一的县属地方煤炭主体企业，下辖山西宁武大运华盛庄旺煤业公司、山西宁武大运华盛南沟煤业公司、山西宁武大运华盛老窑沟煤业公司、山西宁武德盛煤业公司、山西宁武张家沟煤业公司五个公司与已开工建设和准备落地开工建设的五个转型发展项目。井田总面积27.596平方公里，资源总储量63619万吨，生产总规模570万吨/年，职工总人数3290人。集团拥有资产约30亿元人民币，是宁武县的龙头企业和纳税大户。

宁武能源投资有限责任公司能迅速发展壮大，能在激烈的市场竞争中取得长足进步，走的是一条依靠改革创新和科学决策的健康发展之路。近年来荣获全国五一劳动奖状、全国模范劳动关系和谐企业、山西省模范劳动关系和谐企业、山西省功勋企业、山西省煤炭科技双十佳煤矿、全省职工文化建设先进单位、山西省十佳基层工会、五星级基层工会等国家、省、市、60余项荣誉称号。

科学决策，实现跨越式发展 集团所属五座矿井的建设和设备设施进行了采煤方法改革及技术改造。庄旺煤业公司和南沟煤业公司实现了采掘机械化、管理信息化。其他三公司井下也实现了综掘作业，正按综合机械化采煤的标准化矿井有序建设。产能也由2008年的120万吨/年提升到570万吨/年。

内强素质，建本质安全型员工队伍 要建好一个煤矿企业必须抓好员工队伍建设，为了强化职工素质，建设本质安全型员工队伍，采取以下措施：（一）以安全培训提升人。强化全员、全方位和全过程培训等教育。（二）以安全环境影响人。（三）以亲情教育感化人。形成了安全和谐稳定文明的温馨矿区。

加强培训，严抓安全 公司带头规范指导、规范工作、规范现场环境，形成了良好的安全工作氛围。特别是在反“三违”中，对照规程和安全质量标准要求认真排查。重视职工队伍建设，提高职工综合素质。坚持开展学习型班组建设，开展“传帮带、师带徒”活动。支持激励职工参加各种岗位技术练兵、技能比武和各种培训活动。

以人为本，协调发展 始终坚持“以人为本、追求卓越”的经营理念，公司向社会招用25周岁以下高中生到煤校进行专业脱产学习，同时向社会招用涉煤专业、企业管理、会计等大中专人才，从2009年以来招录用大中专生360人，大大减轻了社会就业压力。

山西天之润枣业有限公司

——贾立军先进事迹

运城市委常委王正风、市委秘书长王胜、芮城县委书记董旭光一行来公司调研

国内最先进的自动化枣豆奶生产线

山西天之润枣业有限公司成立于2010年3月，是一家集红枣种植、研发、生产、深加工、营销为一体的科技型农业产业化龙头企业，位于素有“红枣之乡”的芮城县阳城镇南街工业园。公司占地面积100余亩，注册资金5000万元，现有资金1.2亿元。公司现有员工210人，大专以上文化35人，专业技术人员20人。年产能力2.5万吨，实现销售收入3亿多元，实现利税2000万元。公司先后获得了芮城县“发展贡献奖”、“芮城县优秀企业”、“运城市优秀企业”、“山西省农业产业化龙头企业”、“省级农业科技示范园区”等荣誉称号。在运城市第二届食品博览会上，天之润牌“关公红骏枣”喜获金奖。

公司依托中国农业大学食品与营养研究所、山西食品研究所、山西大学食品研究所、浙江大学食品研究所，西北农业科技大学食品研究所的技术支持，构造了强强联合的科研优势，研发了多样化红枣系列产品，公司已建成红枣深加工生产线三条：其中红枣微波烘干生产线一条，年生产能力5000吨；枣豆奶生产线一条，年生产能力15000吨；枣汁枣酪生产线一条，年生产能力1.5万吨。干枣产品主要有关公红骏枣、贵妃枣、屯屯枣、金丝小枣等十几种干枣制品及饮料系列产品，其中红枣豆奶饮料产品获7项国家专利。

贾立军，男，1971年3月生，大专文化。现任山西天之润枣业有限公司公司董事长。在他的带领下，公司一班人精诚团结、开拓创新、求真务实、迎难而上，不断完善企业制度和内部经营管理机制。凭借着个人的才能和胆识，独特的经营管理手段、创新工作思路，带领团队克服困难，努力奋斗，始终坚持以质量求生存，以规模求发展，真正走出了一条具有天之润特色的“公司+基地+农户+标准化”模式的新路子，促进了当地经济又好又快发展，为壮大县域经济规模，拉动地方经济增长，建设平安和谐天之润做出了贡献。

贾立军积极投身社会公益事业，2012年10月，向芮城县慈善总会捐款5万元；2010年以来，先后给公司12户职工标准家庭每户捐助3000元，解决子女上学及家庭困难，赢得了员工的一致称赞。

优异的成绩结出丰硕的成果，贾立军于2011年荣获芮城县“优秀企业家”称号；2012年荣获运城市“优秀企业家”称号；2013年初荣获山西省“优秀企业家”称号。

山西天之润枣业有限公司大门

代县蒙盛选矿厂

——李蒙生先进事迹

蒙盛选矿厂大门

李蒙生，男，47岁，山西省代县新高乡新高村人，现任代县蒙盛选矿厂董事长兼总经理。2004年个人出资创建了代县蒙盛选矿厂，企业有员工300多名。几年来，接纳了50多名下岗职工再就业，吸收周边200多名村民就业，平均工资2500以上。李蒙生十分重视科技和人才，他为企业引进先进技术和资金，加上代县得天独厚的矿物条件，将企业搞的产销两旺，企业规模不断扩大，他所经营的企业现已发展成为拥有上亿资产集矿山、选矿、运输、维修、民俗文化推广为一体的大型民营企业集团。

企业办公用房

几年来，李蒙生订购了全国最先进的企业设备，投资上千万元提高采选业的安全系数。他积极响应国家的相关产业政策，从节能、环保、绿色安全等各方面走在行业的前面，实现了企业在行业中的转型发展，为增强企业抗风险能力和发展后劲。李蒙生始终把安全生产放在第一位，全力提高全员抓安全生产的意识，从上到下把安全生产抓在手上，挂在嘴上，用在心里。公司每年召开多次会议，强调安全生产，为企业的跨越发展和腾飞奠定了坚实的基础。

李蒙生在生产经营过程中遵纪守法，诚实经营，照章纳税，为社会做了大量的公益事业，取得了良好的社会声誉。企业2011年度被忻州市民营企业家协会等6部门评为忻州市诚信民营企业，2012年度被忻州市委、市政府评为忻州市优秀民营企业，他本人也被评为优秀民营企业家。

生产车间

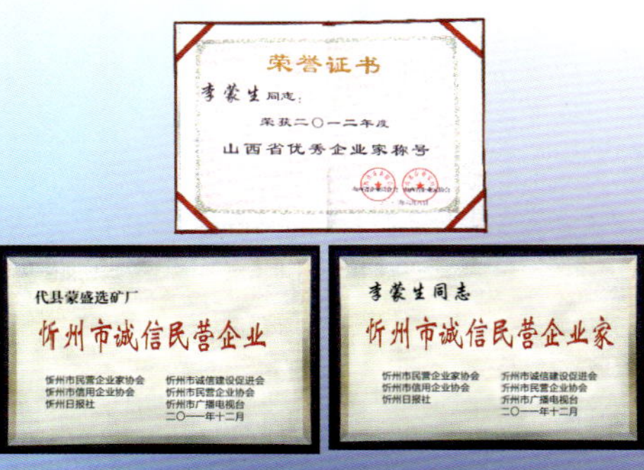

贸　易

【国内贸易】 1. 消费品市场旺盛。2012年，山西省实现社会消费品零售总额4375.8亿元，同比增长16%，完成全年社会消费品零售总额预期目标。同比增幅较全国高1.7个百分点，在全国与湖北、安徽等8个省份并列排第二位。各市社会消费品零售总额同比增幅较为均衡，朔州、忻州、晋城、长治、太原等5个市高于山西省平均增幅。

2. 重要商品流通。太原成为2012年全国肉菜流通追溯体系建设试点城市。2012年，太原市被商务部确定为“2012年全国肉菜流通追溯体系建设试点城市”，争取试点项目资金3238万元。该项目将建设太原市统一肉菜流通追溯管理平台，在市内6个区建成以6家生猪屠宰企业、3个蔬菜批发市场、4个肉类批发市场、24个标准化菜市场、10个农贸市场、6个大型超市(64个门店)、250个蔬菜产销对接企业、210个肉类专卖店和10个大型团体消费单位为节点的肉类蔬菜流通追溯体系，实现肉菜流通的索证索票、购销台账电子化，做到肉菜来源可追溯，去向可查证，责任可追究，提高太原肉菜流通组织化、集约化水平和肉菜质量的安全保障水平。

万村千乡市场工程提前超额完成。2012年，山西省建设改造2242个农家店，累计建成34943个农家店，提前超额完成农村便民商店全覆盖任务。全省农村便民连锁商店年销售额突破100亿元，同比增长28.0%。2012年建设改造太原唐久超市有限公司、盂县供销社等7个物流配送中心和山西美特好连锁超市股份有限公司、襄汾县家中家超市有限公司等10个乡镇商贸中心，扩大直接配送规模，提高商品统一配送率，畅通农产品进城和工业品下乡双向流通渠道。

3. 商贸流通行业管理。(1)重要商品储备。全省落实地方猪肉储备11822吨(省级4100吨)，地方食糖储备5020吨(省级2500吨)。起草山西省应急生活必需品储备方案，确定省级生活必需品储备品种定为饮用水、方便面和饼干(其中:饮用水共需270万瓶，折合1350吨;方便面共需270万桶或袋，折合317吨；饼干共需22.5万公斤，折合225吨)。同时，为了落实应急生活必需品供应的联动机制，要求各市建立生活必需品应急储备制度，并提出具体要求。(2)生猪定点屠宰。2012年，在全省范围内开展生猪定点屠宰资格审核清理工作。生猪定点屠宰企业由347个减为224个，通过验收125个，取消关闭123个，延期整改99个。(3)酒类专卖。2012年6月1日至12月31日，分三个阶段对全省酒类流通领域开展专项整治。重点整治无证批发，严格落实零售备案制度和《酒类流通随附单》的溯源制度，加强对散装酒及进口酒市场的整顿，重点打击制售假冒伪劣酒品的不法行为。推行酒类违法、违规经营“黑名单”制度，将58个酒类违法经营列入酒类经营“黑名单”，并通过山西酒类网及新闻媒体向社会公示。加强酒类流通信息的监测统计工作，增加37个酒类监测样本企业，由原来的19个增加到现在的56个。　(徐晨星)

【进出口贸易】 2012年，山西省进出口总值150.43亿美元，较上年同期147.42亿美元增长2%。其中出口70.16亿美元，较上年同期54.24亿美元增长29.4%，进口80.27亿美元，较上年同期93.18亿美元下降13.9%。2012年，山西省前三大贸易伙伴分别为欧盟25.3亿美元、澳大利亚20.15亿美元、美国17.61亿美元，三者合计占山西省外贸进出口总值的41.92%。居前三位的出口市场分别为欧盟15.65亿美元、美国14.51亿美元、韩国6.31亿美元，前三位市场出口额占山西省出口总额的51.97%。居前3位的进口市场分别为澳大利亚18.28亿美元、欧盟9.66亿美元、巴西8.6亿美元，前三位市场进口额占山西省进口总额的45.52%。

出口情况:2012年，山西省出口完成70.16亿美元，同比增长29.4%，比全国平均增幅高21.5个百分点，占进出口总值的46.64%。出口额排名前三位的市分别为太原42.42亿美元、长治8.76亿美元、运城3.88亿美元，3市合计出口额55.07亿美元，占山西省出口额78.49%。

进口情况:2012年,山西省进口完成80.27亿美元,同比下降13.9%,比全国平均增幅低18.2个百分点,占进出口总值的53.36%。进口额排名前三位的市分别为太原42.32亿美元、晋城9.9亿美元、运城6.76亿美元,3市合计进口额58.97亿美元,占山西省进口额73.47%。

机电产品进出口:进出口完成60.81亿美元,比上年同期39.67亿美元增加21.14亿美元,同比增长53.28%。占山西省进出口额的比重为40.42%,比上年同期提高13.54个百分点。其中出口34.39亿美元,同比增长116.7%。占山西省进出口额的比重为49.02%,比上年同期提高19.74个百分点。进口26.42亿美元,同比下降11.5%。占山西省进出口额的比重为32.91%,比上年同期提高7.43个百分点。

高新技术产品进出口:进出口完成33.19亿美元,比上年同期的17亿美元增加16.19亿美元,同比增长95.21%。占山西省进出口额的比重为22.06%,比上年同期提高10.54个百分点。其中出口19.22亿美元,同比增长246.3%,占山西省出口额的比重为27.39%,比上年同期提高17.14个百分点。进口13.97亿美元,同比增长22.7%,占山西省进口额的17.4%,比上年同期提高5.14个百分点。（黄恩浩）

【吸收外资】 1.外商直接投资。2012年,全年实际利用外资25.3亿美元,增长22.3%。山西省与欧洲、北美洲和非洲的贸易额分别为29.24亿美元、19.8亿美元和6.04亿美元,分别较上年同期增长6.2%、47.9%和39.9%;与亚洲、大洋洲、拉丁美洲的贸易额分别为55.92亿美元、20.83亿美元、18.61亿美元,分别较上年同期下降0.6%、16.3%和11.5%。

投资来源地为英国、新加坡、中国香港、台湾等国家和地区。外资实际到位1.17亿美元,同比增长67.14%。到位资金集中在基础设施建设、新能源发电、建材和房地产等行业。

2.对外经济合作。晋非经贸合作区是“2006年中非合作论坛北京峰会”确定的中国首批境外合作区之一,也是首批经商务部批准建设的8个境外经贸合作区之一。各项建设工作进展顺利。5800平方米的标准厂房于2012年9月中旬建成并正式交付承租方;给排水等基础设施于2013年初完成。2012年9月25日,晋非合作区召开推介会,山西晋非投资有限公司分别与陕西中兴恒泰以及新京中非基金两家公司签订投资意向协议。

3.对外投资。全年核准境外投资企业24家,实际投资2.6亿美元。投资的国家、地区有:毛里求斯、马来西亚、墨西哥、澳大利亚、美国、加拿大、新西兰、埃塞俄比亚、尼日利亚、莫桑比克及中国香港地区等。涉及的行业有:畜牧业、房屋建设、地质勘探、技术研发、制造、矿产资源、贸易等领域。

4.对外承包工程和劳务合作。2012年,山西省共批准对外承包工程企业54家,对外劳务合作企业6家。对外承包工程涉及行业有建筑、公路、铁路、煤矿建设、设计咨询等,对外承包工程企业境外资产总额约32.75亿元。劳务合作涉及的行业有食品加工、机械制造、电子装配等领域。

2012年山西省对外承包工程新签合同额6.4亿美元,同比增长52.8%;完成营业额4.4亿美元,同比下降36.1%;月末累计派出各类劳务人员3513人,同比增长33.4%。

5.对外援助。2012年,山西省卫生厅交流中心承担2012年度援外人力资源培训项目班5个,已全部结业。培训非洲及发展中国家医护及医务管理人员约120余人。山西建筑工程集团总公司承揽援建斯里兰卡班达拉奈克国际会议中心修缮项目和喀麦隆杜阿拉妇幼医院项目。

（徐晨星）

【对外招商展销与经贸促进】 招商引资。2012年,山西省招商引资签约项目到位资金共计5788.6亿元,完成年度目标任务的127.4%。同比增长59.7%。11市到位金额前三名是朔州市、太原市、长治市,分别是684.2亿元、619.7亿元、590.3亿元;完成省年度目标任务百分比前三名是临汾市、朔州市、晋城市,分别完成年度目标任务的173.3%、160.1%、156.7%。

第四届中国(太原)国际能源产业博览会于9月16~18日在太原举办。期间山西省共签约招商引资项目1123个,其中50亿元以上项目89个,总投资额10696.75亿元。其中转型、民生、基础设施类项目占全部签约项目总投资额的64.9%。项目涉及美国、德国、法国、加拿大、韩国、香港、台湾等国家和地区,以及北京、天津、上海、江苏、浙江等26个省(市、区),包括新能源、材料工业、高新技术、机械电子、装备制造、食品加工、信息技术、生物医药、文化旅游、基础设施等行业和领域。共有来自39个国家和地区的192家企业、1.2万名客商参会。其中世界500强企业26家,中国500强企业30家。央企25家,山西省属企业12家,外省省属企业5家,民营及其他类企业41家。国际企业参展参会占比达24.5%。博览会按照能源分类,设立煤炭及煤层气、石油及天然气、火电及其设备、水能及水电、核能及核电、新能源、大型设备、低碳工业园8大类展区。

第二届中国—亚欧博览会于9月1~7日在新疆乌鲁木齐举办。山西代表团由省人民政府组团,省委常委、副省长高建民任团长,10个市相关部门及15家企业共计216人组成。展会期间,山西省代表团成交金额达9551万美元,同比增长185%,涉及家居用品、五金工具、能源照明、食品及工程机械和车辆等产品。“山西省投资合作项目推介会暨签约仪式”上,长治、晋城、忻州、吕梁、临汾等市共对20个涉及装备制造、新型煤化工、新材料加工和生态农业的项目进行推介、签约,融资金额达239.36亿美元。

太原武宿综合保税区。太原武宿综合保税区于2012年8月26日经国务院批准设立,是具有口岸、物流、加工等功能的实行封闭管理的海关特殊监管区域,属国家级特定功能区。综保区位于太原经济技术开发区和小店区,总规划面积2.94平方千米。综保区是山西省重点建设项目,基础设施、监管设施和公共建筑工程于2013年1月19日正式开工建设，主要包括房建工程和道路工程。综保区主要发展电子信息产业、生物产业等保税加工和制造产业、保税物流产业和保税贸易服务产业。2012年底已有首批5家拟入区企业。预计年产值23亿元，年进出口额32亿元，就业人数约1500人。（黄恩浩）

粮 食

【概述】 2012年，山西农作物种植面积379.6万公顷，比上年减少0.1万公顷。其中，粮食种植面积329.2万公顷，增加0.4万公顷；油料种植面积14.6万公顷，减少0.4万公顷；棉花种植面积3.7万公顷，减少1.6万公顷。在粮食种植面积中，玉米种植面积166.9万公顷，增加2.2万公顷；小麦种植面积68.9万公顷，减少2.1万公顷。2012年全省粮食总产量1274.1万吨，比上年增加81.1万吨，增产6.8%。其中，夏粮总产261.1万吨，增产7.8%；秋粮总产1013.0万吨，增产6.5%。

2012年，全省各类粮食企业收购粮食730.3万吨，比上年增长10.3%。其中，国有粮食经营企业收购167.6万吨，占总收购量的22.95%。全年销售粮食803.25万吨，比上年增长14.3%。其中，国有粮食经营企业销售213.95万吨，占总销售量的26.64%。截至2012年末，全省共有国有粮食企业812个，在册职工28466人。其中，国有粮食购销企业294个，在册职工17661人。山西国有粮食企业总仓容740万吨，有效仓容522.5万吨。（祝志光）

【细化“米袋子”负责制】 按照“米袋子”省长、市长负责制的要求，省粮食局分解落实目标责任：一是省政府连续两年向各市政府颁发“粮食安全目标责任状”，细化目标责任4大项，12小项。各市政府也对所辖县级政府实行年度粮食安全目标任务考核，形成省、市、县政府齐抓共管、上下联动的工作机制。二是省粮食局对各市粮食局、局属各单位和局机关各处室颁发目标责任状，进一步细化分解工作目标，落实工作责任，形成纵向到底、横向到边的考核体系。国家粮食局对山西的做法给予肯定。2012年6月，国家粮食局到山西省专题调研，计划进一步总结完善，在国家层面上总结推广。

1. 完善粮食应急预案。省粮食局完成《山西省粮食应急预案》修订，11个市和113个县制订和修订当地粮食应急预案。2012年临县遭受“7·27”特大洪灾后，省粮食局紧急支援100吨救灾面粉，并启动市级粮食应急预案，保障灾区粮油供应。另外加强市场预警，47个省级粮油监测点实行价格周报制度，密切监测粮油购、销、存及价格变化。

2. 组织政策性粮食投放。2012年山西省向市场投放国家政策性粮食23.5万吨，食用油6000吨，促进保供稳价。春节、中秋、国庆等重大节日期间，省粮食局加强货源组织调度，确保成品粮油市场供应不脱销、不断档。

3.健全粮油储备体系。省粮食局落实省政府下达的地方储备粮油规模，加强粮食应急体系建设。2012年末，地方粮食储备库存总量位居全国第10位，较上年同期前进一位。同时，制订《山西省储备粮油应急动用方案》，巩固107个粮食应急加工企业，建设粮食应急供应网点641个，建立应急成品粮储备5.2万吨，提升应急保障能力。（祝志光）

【转型跨越发展】 省粮食局采取搭建招商引资合作平台、加强经营管理指导、落实储备粮油费用补贴标准、核销不良贷款等措施，指导企业深化改革开放，提高经济效益。一是截至2012年底，全省国有粮食企业盈利1761万元，与2011年同比减亏增盈2783万元，增幅272%。其中，国有粮食购销企业盈利2078万元，利润增加873万元，同比增幅72%。全省国有粮食企业统算一举扭亏为盈，实现粮食市场放开8年来首次统算盈利的历史性突破。二是2011年签订的招商引资合作项目落地建设12个，完成目标任务的120%。项目总投资5.7亿元，其中引资4.5亿元。三是在晋城市举办2012山西粮食（小杂粮）交易合作洽谈会，签订招商引资合作项目40个，总投资25.9亿元，引资17.2亿元，超过预期目标。同时，省粮食局与国际自愿连锁超市组织SPAR（中国）、国际独立零售商联盟IGA（中国）签订小杂粮产业发展合作框架协议，力促山西小杂粮走向全国、走向世界。这样宽领域、大力度地招商引资合作是山西粮食部门历史性突破。省委书记袁纯清对此充分肯定，并作出批示：“此活动富有山西特色，成效明显，可扩大规模，建立机制，尤其是加快推进交易中心建设具有现实的必要性。”（祝志光）

【粮食流通市场监管】 一是做好粮食收购工作，促进粮农利益得到保障。截至2012年底，全省具有粮食收购资格的各类粮食市场主体达2033

国家粮食局局长任正晓考察清徐县美特好农产品加工配送有限公司（祝志光提供）

8月9～10日，2012山西粮食(小杂粮)交易合作洽谈会在晋城市召开 (祝志光提供)

家，其中，国有733家。粮食购销市场呈多渠道有序竞争的局面。夏粮收购期间，省粮食局主要领导带队到收购一线现场办公，协调收购资金，解决农民集中排队售粮问题，畅通多渠道收购。2012年全省共收购粮食730.3万吨，比上年增加67.9万吨，粮食收购量位列全国第12位，较上年前进一位，再创历史新高。二是开展省际产销合作，依托国内市场搞好供需平衡。全年通过产销衔接从省外调入粮食241.95万吨，比上年增长6.84%。其中调入小麦174.3万吨，大米50.5万吨，其他作物17.15万吨。 (祝志光)

【仓库管理水平提升】 截至2012年底，全省建成360个省级示范站(库)，56个仓储企业达现代化库建设标准。山西省示范站(库)建设经验在全国作了交流。在省财政的支持下，省粮食系统完成31个准低温成品粮库的提升改造，提升改造仓容12万吨，完成投资4955万元。

2012年，省级投资3700万元，用于仓储设施提升改造和维修改造，其中：安排投资2000万元，用于省市两级储备粮库粮情监测系统建设和氮气储粮试点项目，达到国内先进技术水平；安排投资1700万元，用于骨干粮库仓库维修改造和功能提升。一是推进农户科学储粮工程。山西省有694万农户，在粮食储存环节损失率平均为5%。为改善农户储粮条件，“十二五”时期，计划为全省58个小麦和玉米主产县(市、区)的40万农户配置标准化储粮装具，帮助农民减损增收。2012年，投资3440万元，完成农户科学储粮8万户计划，两年累计投资4300万元，为10.5万户农户配置标准化储粮装具，可存粮10万吨以上，每年可减少粮食产后损失3000多吨，相当于每年增加1000公顷“无形粮田”，助农增收600余万元，减损增收效果明显。二是与1500多位农户签订粮食订单收购协议10920公顷，带动农民增收500多万元。三是贯彻综改试验区先行先试方针，深入调研粮食直补改革，向省政府上报《山西省粮食直补与省级储备小麦订单收购挂钩试行方案》，调动种粮农民积极性。 (祝志光)

【粮食质量监测】 一是全省县级粮食局中市场内设机构全部组建，成立粮食流通管理稽查队115个，其中经编制部门批准成立的有99个，占总数的86%。全省粮食执法人员达1373人。二是省粮食局开展夏秋两季收购市场专项监督检查，出动检查人员5020人次，检查收购主体3329个，暂停和取消收购资格82家，查处案件264起，维护粮食收购秩序，保护农民利益。完成粮食库存检查工作，检查各类粮食企业550个，账实基本相符。在保障粮食数量安全的同时，省粮食局更加突出保障粮食质量安全。完成新收获小麦、玉米卫生调查和品质测报工作，在26个主产县抽取小麦样品100份，在55个主产县抽取玉米样品300份，进行检测。对国有粮食购销企业存储的粮油质量进行抽查，对新入库20.95万吨省级储备粮油质量进行检查验收，省、市两级储备库科学保粮率平均达99.2%。三是投资960万元，为省级粮食质监中心和4个市级质检站配备检化验设备。山西省的监督检查工作、粮食质量监管工作被国家粮食局评为先进单位。

(祝志光)

【军粮供应保障】 2012年，山西省粮食局制订《山西省军粮应急保障预案》，保证在非战争状态下，部队演习拉练、抢险救灾、处突维稳等粮食需求突变情况下的军粮供应需求，对军供粮源的筹措、储存、加工、运输、供应等方面采取对应保障工作。2012年，基层军粮供应站更新14辆军粮送货车，军粮送货上门率达到96.24%，比上年提高0.75%。131个部队伙食单位对军粮供应工作满意度达到100%，受到驻晋部队高度评价。

(祝志光)

供销合作

【概述】 2012年省委、省政府、全国总社领导先后8次对省供销社的工作作出重要批示。在全国总社五届六次理事会议上，省社获2012年度全国供销合作社系统综合业绩考核省级优胜单位一等奖，各级领导对基层基础建设、便民店建设、干部队伍建设以及争取政策资金支持等各项工作给予高度评价。全省政风行风民意调查问卷显示，农民群众对供销社工作的满意度明显上升。运城市社在政风为40分的行评中获得39分的高分，在参评单位中排名第二，朔州市社排名第五，太原和忻州市社均排名第六，与上年相比大幅跃升。全系统完成购进总额262.9亿元，销售总额

283.6 亿元，利润 1.28 亿元，同比分别增长 25.1%、25.5%和 24.9% （司昌平）

【经济运行】 2012 年，全系统购进总额完成 262.9 亿元，销售总额完成 283.6 亿元，实现利润 1.28 亿元，同比分别增长 25.1%、25.5%和 24.9%，经营绩效再创历史新高。一是年初提出“稳中求快、以快为主”的指导思想，在上半年全系统经济形势分析会上提出“迎挑战、保增长、强管理、谋转型”的工作思路，全系统结合实际，主动应对，确保稳中求快的目标实现。二是加快转变经济增长方式，从单一业务向多领域发展，从传统经营向综合服务转变。太原、运城、平定等市县社大力推进农产品物流园区建设，现代流通模式初步显现；省盐业公司加快业务结构调整，非盐业务经营取得突破；山西农资集团积极开展水肥一体化科技创新和商业模式创新，经营活力不断激发；山大商务学院大力整合教育教学资源，教学质量在巩固中大幅提升；省商业供销职工医院积极引进医疗新技术，服务水平不断提高；省盐务局全力推进食盐安全示范市、县、村建设，碘盐合格率和覆盖率分别达 99.13%和 99.16%，超指标完成任务。三是改善设施，优化经营。河津、汾阳、平定、潞城、平遥、昔阳、原平、灵丘、吉县、高平、阳城、沁水等一大批县级供销社强化配送中心功能，对基层社门店和便民店进行电子信息管理，普遍实行连锁配送、电子商务、计算机管理等现代经营方式，提高经营管理水平。四是全系统开展社有企业管理效益年活动，省社研究制订《直属企事业单位管理制度汇编》，共计 8 大类21 项。运城、晋中市社制订下发加强社有资产监督管理意见，高平市社实行企业财务收支统一报审制度，企业管理更趋规范。

（司昌平）

【便民店“两年全覆盖”工程】 2012 年，全省累计建设便民店 24530 个，提前 3 个月超额 601 个实现全覆盖。一是各级供销社及时分解任务，层层抓紧落实。二是省社联合有关厅局下发实施意见，制订建店标准和资金补助办法。各级社主动与相关部门做好申报协调工作，做到项目落地、资金到位。省、市、县三级财政累计为便民店建设补贴资金 1.35 亿元，全省供销社直接投入资金 1860 万元。晋城市社争取落实市、县配套资金 363.6 万元。三是省社进一步规范和完善便民店软硬件配套建设以及配送中心、连锁加盟体系建设标准，组成 11 个督查组先后 4 次深入实地督查。

（司昌平）

【新农村现代流通网络】 一是农资配送新体系新机制基本形成。全系统建设改造提升农资配送中心 28 个，较省政府下达的年度目标任务数 20 个超额 40%，形成有龙头、有骨干、有主体、有终端的农资连锁经营服务新体系。特别是省农资集团创新模式，下乡进村，商品配送面达 90%，配送率达 85%。二是全系统建设改造提升日用消费品配送中心 48 个，较任务数 35 个超额 37%，日用消费品商品配送面达 80%，配送率为 69.5%。吕梁市社投资 3612 万元的 5 个日用消费品配送中心改造项目全部完成。三是全系统建设改造提升农副产品交易市场 22 个，较任务数 15 个超额 46.7%，累计达 67 个，年交易额 10.3 亿元，较上年增长 23.6%。四是全系统建设再生资源回收利用集散市场 59 个，废旧家电拆解中心 3 个，回收网点 1454 个。 （司昌平）

【基层基础建设】 全省供销社开展基层基础建设年活动。一是按照“空白抓重组、薄弱抓改造、较强抓提升”的分类指导原则，全系统先后争取资金 1500 余万元，消灭网络空白县 30 个，同时对 256 个经营困难社成功进行改制，对 75 个无法经营的实行撤并和破产。二是以专业合作社改造基层社创出新路。全省供销社积极领办创办专业合作社，发展各类专业合作社 1336 个，入社农户达 75437 户，其中山里红等 4 家专业合作社被全国总社确定为“百佳标准化农产品品牌”。三是综合服务社打造农村社会化服务的新平台。全系统建成综合服务社 460 多个。 （司昌平）

【社会改革】 一是优化结构，增强实力。一批体制全新、机制灵活、管理先进、竞争有力的企业开始显现和活跃，社有资产进一步优化。截至 2012 年底，全系统资产总额 113.17 亿元，同比增长 3.24%；所有者权益 23.10 亿元；同比增长 13.63%；资产负债率 79.59%，同比下降 1.87 个百分点。二是项目带动，强化龙头。各级社在政策、资金上重点向龙头企业倾斜，落实“新网工程”中央专项资金、山西省城乡一体化商贸流通体系建设资金、全国供销总社农业综合开发资金共计 8000 多万元，支持各类项目 100 多个。三是加强管理，提高效益。通过管理效益年活动，社有企业的创效能力明显增强。全系统汇编企业 2381 个，其中 2365 个实现盈利，盈利面达 99.33%。 （司昌平）

·地、县及基层供销社·

【临猗县供销社】 临猗县供销社 2012 年全系统商品购进完成 3.97 亿元，比上年 1.94 亿元增长 120%；商品销售完成 4.02 亿元，比上年 2.03 亿元增长 98%；上缴国家税金 179.6 万元，比上年 171.6 万元增长 4.6%；利润完成 103 万元，比上年 57.1 万元增长 80%。主要做法：一是精心指导，一社一策抓改造；二是发挥优势，打造常规抓改造；三是借力政府，扩充网点抓改造。 （司昌平）

【太原市尖草坪区供销社】 截至 2012 年底，尖草坪区供销社多方筹措资金，共投资 3800 万元，建成 10 个社区综合服务中心，占地面积达 27300 平方米，直接服务人数 9 万余人。一是树立民生意识，坚持政府引导与市场运作相结合，在服务内容上实现新突破；二是树立实效意识，坚持突出便民与综合服务相结合，在服务功能上实现新突破；三是树立创新意识，坚持项目建设与持续发展相结合，在服务管理上实现新突破。

（司昌平）

【汾阳市供销社】 截至 2012 年底，汾阳市供销社共建成日用消费品便民连锁商店 390 个，完成农村便民连锁商店全覆盖任务。同时,探索建立便民店规范化管理的长效机制,开展综合化服务,确保便民店建得起,稳得住,用得上,能发展,改善广大农民群众的消费环境。 (司昌平)

【襄垣县供销社】 近年来,襄垣县供销系统先后投资1.58亿元,建成1个集农资、日用、农副产品、食盐、烟化爆竹为一体的综合物流配送中心,1个市场信息服务中心,1个再生资源市场,1个大型购物广场,1个电子数码城,1个小商品批发城,2个县城大型超市,11个乡镇超市,333个村级便民店,45个农资连锁店,300多个再生资源收购点,实现由网点优势向网络优势的转变,初步构建起农村现代流通网络体系。 (司昌平)

【晋中市农民经纪人协会】 晋中市供销社于2002年9月率先在省内成立"晋中市农民经纪人协会"。经过十年多的发展,所属11个县(区、市)已有10个县依托供销社成立农民经纪人协会,吸收会员3000余人,涉及各涉农部门、农产品加工龙头企业、各类专业合作社、农村流通大户及大学村官,会员服务覆盖全市90%以上的农村人口,形成一支助推晋中新农村建设的生力军。晋中市农民经纪人协会以"联合起来,共创市场,提升档次,规范经营,搞活流通,助农增收"为服务宗旨,从参与农业产业化经营,促进农产品流通入手,通过信息服务,中介服务,组织参会,农民培训,搭建起为农服务平台。 (司昌平)

【尧都区彩虹果蔬专业经济合作社】 尧都区彩虹果蔬专业经济合作社自2006年成立以来,发挥当地区域和地理优势,推进农业产业结构调整,引导农民走专业合作化之路,使当地红提葡萄产业成为农民增收致富的重要支撑。截至2012年底,专业经济合作社发展葡萄5000余亩,辐射16个行政村,带动农户1200余户,种植面积达1万余亩,年产量6500余吨,注册的"岔口河"牌产品销售到7省15市等30个超市(市场),"无公害产品"的申报得到国家农业部的认证。该社以服务"三农"为宗旨,抓产业、搞服务、打品牌、促发展、富群众,走出一条符合地方实际的特色发展之路。 (司昌平)

·省社直属企业·

【山西农资集团有限公司】 截至2012年底,集团公司建成农资标准化、规范化网点4068个,其中农资配送中心69个(市县级40个、乡级29个),农资直营店10个,农资代理店1010个,农资加盟连锁店1310个,农资代理员1669个。2012年完成销售总额31.06亿元,比上年25.09亿元增长23.8%,实现利润2316万元,比上年1807万元增长28.2%。

(司昌平)

【山西省盐业公司】 2012年,公司完成盐商品销售31.9万吨。其中新品种食盐销售11.6万吨,供应品种更加丰富;实现利润3500万元,同比增长16%;碘盐合格率99.13%,碘盐覆盖率99.16%,均超过90%和95%的国家标准;政府储备规模达2.6万吨,食盐应急保障能力持续提升。企业获全国供销社系统"百强企业"称号。(司昌平)

【山西大学商务学院】 山西大学商务学院成立于2001年3月,是教育部和山西省人民政府批准设立的独立学院。学院位于省城太原,校园占地面积1000亩,面向山西省及国内部分省、直辖市、自治区招生。学院现有在校学生1.62万人,教职工1187名。学院设有会计学院、管理学院、信息学院、电子商务系、文化传播系、法律系、外语系、艺术设计系、音乐系、体育系、经济系和思想政治理论教学研究部等3个二级学院、9个系(部),开设55个本科专业及专业方向。学院环境优雅,办学设施完善。校舍建筑面积31.52万平方米。其中教学行政用房13.03万平方米,学生宿舍12.7万平方米。多媒体教室95个,语音教室13个,座位总数1.2万个;现代化实验室71个,其中网络信息安全实验室、ERP实验(实训)室、同声传译实训室均居全省领先水平;教学用计算机3400余台;图书馆面积1.71万平方米,座位数3100个,馆藏纸质图书86万册、期刊1316种、电子图书695GB;校园网采用万兆核心交换带宽、千兆交换端口的方式提供现代网络服务,信息点达到4000多个;体育场馆面积7万平方米。

(司昌平)

烟草专卖

【概述】 山西省烟草专卖局成立于1983年7月,山西省烟草公司成立于1982年,1984年6月,山西省烟草公司上划中国烟草总公司,改制更名为中国烟草总公司山西省公司。省局(公司)下辖太原、大同、阳泉、长治、晋城、朔州、忻州、吕梁、晋中、临汾、运城等11个地市级烟草专卖局(公司)。截至2012年底,公司拥有总资产140.54亿元。其中,固定资产23.66亿元、流动资产107.74亿元,资产负债率为8.39%。共有从业人员7592人。2012年,省局机关被授予"省直机关文明和谐单位标兵"称号,省局被国家局、公安部联合授予"全国卷烟打假工作特殊贡献单位"称号。

(陈晓勇)

【经济效益】 2012年,全省烟草商业系统实现卷烟销售收入290.07亿元,同比增长13.47%。实现税利67.74亿元,同比增长8.95%。其中,实现利润37.1亿元,同比增长6.06%。

(陈晓勇)

【卷烟经营】 1.卷烟销售。2012年,全省烟草商业系统销售卷烟750.19亿支(150.04万箱),同比增长1.26%。其中,销售一类烟98.09亿支(19.62万箱),二类烟25.25亿支(5.05万箱),三类烟363.20亿支(72.64万箱),四类烟163.28亿支(32.66万箱),五类烟100.37亿支(20.07万箱)。年底卷烟库存38.13亿支(7.63万箱)。本地区销量居前三位的品牌为"云烟""红河""红塔山"。其中,销售"云烟"122.08亿支(24.42万箱),同比增长25.43%;"红河"80.09亿支(16.02万箱),同比下降21.06%;"红塔山"60.17亿支(12.03万箱),同比下降5.30%。

2.重点品牌培育。省公司出台《山西烟草2012年品牌培育工作指导意见》，在全省推行“工商零消为链，市、县、店(铺)为线，区域成长为片，零售客户、客户经理为主”的品牌培育新机制。

3. 现代卷烟零售终端建设。出台《山西烟草现代卷烟零售功能终端建设指引》，结合实际积极推进。全省现代终端客户数量达到4417户。实施“服务定制”“弱势帮扶”等服务措施，协调银行为客户提供跨行结算、贷记卡等增值服务。

4. 电子商务和营销信息化建设。研发精准营销系统平台，推广应用零售终端信息资源管理系统，全面推广多元订货模式，开展工商和批零网上配货、手机信息采集，网上订货率达到90.14%，网上配货客户1168户，信息采集点2000余户；通过“12313”平台受理客户投诉、举报、咨询等5280件，同比增长56%。

5. 现代物流建设。吕梁新配送中心建设项目和大同、朔州、晋中、临汾配送中心改造项目进展顺利，物流建设质量得到较好控制。大部分市公司实现“直送24小时完成、接力送48小时完成”服务模式。太原物流配送中心被国家烟草管理部门授予“全国烟草行业现代卷烟物流配送中心示范单位”称号。　(陈晓勇)

【烟叶生产】 1.生产与收购。省、市、县三级层层签订烟叶生产收购责任书，逐村逐户与烟农签订合同，确保国家计划落到实处。全省签订烟叶种植收购合同1666份，同比下降13%；合同约定和实际移栽面积4.62万亩，与上年持平。实际收购15.8万担，其中上等烟叶55177担，占35%；中等烟叶101459担，占64%；低下等烟叶1364担，占1%。2012年全省烟叶收购均价944.6元/担，同比提高215元/担，是山西省烟农效益最好的一年。

2.基地单元建设。与吉林中烟、河南农大在平陆、长子建立两个清洁型烟叶基地科技示范园区，建设规模分别为1000亩、500亩。与红云红河烟草集团达成《共建山西特色烟叶基地战略合作框架协议》。全年投入补贴资金3826.7万元，实施烟叶基础设施建设项目115个。　(陈晓勇)

【专卖管理】 卷烟打假打私。2012年全省共查处假烟案件3639起(查获5万元以上假烟案件105起)，查获假冒卷烟5768.67万支，标值2761.84万元。共查处符合国家局标准的网络案件23起。向公安机关移送案件122起，涉烟犯罪嫌疑人79人被拘留、59人被逮捕、94人被判刑。省局被国家局、公安部联合授予“全国卷烟打假工作特殊贡献单位”称号。

市场监管。省局主持开发并在全省推广使用市场监管移动平台，市场监管实现从“拉网式”向以信息分析支撑的“重点捕捞”转变，建立起“打击严厉、管理到位、疏导及时、服务周到”的市场监管体系。

零售许可证管理。各市局建立行政许可政务大厅，实行办证“一站式”、服务“一条龙”、公示告知“一体化”，大厅查询“零距离”、口头咨询“零厌烦”、审验资料“零含糊”、登记办理“零拖延”、办理结果“零差错”。全省烟草专卖零许可证的办理时间统一规定为从受理之日起5个工作日内必须完成制证和送达，入网访销配送时间规定为接到入网通知书之日起7个工作日内完成。　(陈晓勇)

【企业管理】 财务管理。以预算管理和资产监管为重点，出台《中国烟草总公司山西省公司预算执行情况考核办法》，严格控制重点费用的预算编制和预算执行，全省系统业务招待费、业务宣传费同比下降，重点费用支出总额控制在预算范围内；开展全省系统国有资产摸底调查，全面掌握工程项目、土地房屋权证办理和资产处置情况。

审计监督。完成全面审计“回头看”复查整改，共发现6个方面的172个问题，整改落实金额6.55亿元，能够立即整改的问题实际整改率达98.42%。通过近两年的全面审计，有效解决一批经营管理中存在的共性问题和历史遗留问题。2012年，全省系统共完成审计项目1402个，涉及资产金额60.82亿元，取得直接经济收益4854万元。

“管理创一流工作”。建立全省系统营销、物流、专卖、财务、县级局等专业对标体系，全年开展标杆选树活动442期，设立课题20个，选树标杆人物826人。建立科技创新管理和奖励机制，全年科技创新项目立项30个，成果奖励14个；注册登记QC组184个，产生直接经济效益187万元；召开首届山西烟草优秀QC小组成果发布会并进行奖励。

信息化建设。完成山西烟草“十二五”信息化规划编制工作，明确构建“数字晋烟”的总体目标、基本架构和主要任务。“云计算”平台主体建设基本完成，实现信息资源集中共享、信息应用统一入口、流程运转整合贯通。优化提升十大流程体系，信息技术与经营管理深入融合，“制度+科技”效果更加明显。

安全管理。开展“打非治违”专项行动，加大隐患排查治理和综合检查考核力度，开展安全教育培训和应急预案实战演练，加强安全基础设施投入和安全信息监控平台建设，有7家市局(公司)通过安全二级达标考核验收，全省系统安全生产工作连续9年受到省政府安委会的表彰。

(陈晓勇)

【内部管理监督】 2012年，全省系统共完成“三项工作”项目741个，涉及金额4.7亿元，公开招标项目金额所占比例79.9%。推动长治市局(公司)办事公开民主管理试点工作，初步实现制度化、流程化、规范化。“三项工作”管理系统与办事公开民主管理信息系统实现有效对接，2012年全省系统网上公开信息17756条。

内部专卖管理监督。2012年，组织全省专卖内管大检查，对“两烟”生产经营开展日常监管、针对性抽查，对各单位存在的不规范生产经营问题进行实名制通报。全年共查处真烟案件3856起，查获真烟5356.91万支。　(陈晓勇)

【教育培训】 2012年，举办各类培训班42期，培训员工4211人次；获得职业技能资格鉴定的技能人员有696人，其中二级营销师21名、二级专卖管理师18名，是建站以来鉴定批次、获证人数最多的一年。举办首届物流知识技能竞赛和专卖管理人员真假

烟鉴别专项技能竞赛，达到以赛练兵、以赛促学目的。（陈晓勇）

石油供销

【概述】 中国石油化工股份有限公司山西石油分公司(简称山西石油分公司)现为中国石化在山西唯一的、全省最大的成品油销售企业,承担着成品油资源配置、供应主要任务,主营汽油、柴油、煤油、润滑油、燃料油及非油品业务。下辖11个市分公司、145个县(区)片区,实行人、财、物统一管理。截至2012年末,正式职工4220人,资产总额69.28亿元,在用油库14座,在营加油站1426座,加气站1座,非油品便利店712座。

2012年,山西石油分公司油品经营总量511.2万吨,完成计划的102.44%;非油品营业额3.61亿元,完成计划的102.12%;实现销售总收入400亿元,利税13.86亿元;全省系统油库、加油(气)站实现安全无事故。（李志平）

【经营销售】 2012年,山西石油分公司成品油经营量496.11万吨,完成计划的101.25%。其中零售380.99万吨,完成计划的105.54%;直销批发116.49万吨,完成计划的90.3%;燃料油经营量15.09万吨,完成计划的167.66%,合计经营总量511.2万吨,完成计划的102.44%。（李志平）

【非油品业务】 2012年,山西石油分公司坚持突出重点的经营战略,做大非油品业务。一是新建、改造、扩建三管齐下,推进便利店建设,全年新增便利店198座。二是突出重点商品市场开发,强化香烟、汾酒、燃油宝等各地名优土特产品的销售。巩固汾酒"一级代理商"资质,在汾酒集团销售突破100亿元大关庆典活动中,被授予"突出贡献奖"荣誉,并获奖商务车一部;三是积极组织营销人员,闯东北、走西北、下江南,大力开发区外市场,进行汾酒推介营销,主打山西品牌,扩大业务辐射范围。同时,按月考核奖惩,促进非油品业务快速增长。年内,非油品营业额达到3.61亿元,完成计划的102.12%。（李志平）

【强化数质量管理】 2012年,山西石油分公司修订印发《山西石油分公司油品计量管理实施细则》《山西石油分公司油品质量管理实施细则》等17项数质量管理制度,制订下发《山西石油分公司车用甲醇汽油质量管理办法(暂行)》和《关于规范落地资源进库入站数质量管理流程的通知》,加大对外采油和车用甲醇汽油的监管力度。同时,完善深化ISO9000质量管理体系建设,规范油品采购、运输、储存、销售整个业务流程,在晋北、晋中、晋东南、晋南四个区域打造"一小时外采送检工作圈",提升外采油检验能力和送检效率。严格规范加油机铅封申领、使用、施打、交还管理,启动防作弊系统。（李志平）

6月5日,中石化山西分公司与山西焦煤集团公司签署战略合作协议（李志平提供）

【自助加油推进】 2012年,山西石油分公司提升加油站现代化水平,引导消费者培养自我服务消费习惯,降低员工劳动强度,扩大忠诚客户群体,在2010年起步建设的基础上,在市级以上中心城市因地制宜,优选站点,推广自助加油。截至2012年底,公司全自助加油站达120座,半自助加油站达23座。（李志平）

【签署战略合作协议】 (1)6月5日,山西石油分公司与山西焦煤集团签署战略合作协议,双方商定,在成品油购销与服务领域开展全方位合作,实现强强联手,资源共享,优势互补,为促进共同发展赢得更加广阔的空间。(2)9月11日,在第四届中国(太原)国际能源产业博览会太原市招商引资项目签约仪式上,山西石油分公司与太原市人民政府签署战略合作协议。双方商定,中石化山西分公司与山西国际能源集团共同投资40亿元,在太原市行政区域内按照城建规划,新建一批科技含量高、环保标准高、安全性能强,能够体现省会城市品味的形象亮丽的加油、加气站,完成石家庄—太原成品油管道输送项目中晋中—太原皇后园段建设工程,太原市政府在项目落实上依法给予支持。（李志平）

【首座CNG(压缩天然气)加气站投入运营】 11月16日,山西石油分公司首座CNG加气站——朔州利民加气站在朔州市振华东街投入运营。该站设计日加气量最高可达3万立方米,年经营气量可达1095万立方米。开业当天,即有600余辆车进站加气,销售天然气8000立方米。这是公司全面介入天然气等新能源领域的重要标志,对拓展市场份额、扩大中国石化品牌影响力具有重要意义。（李志平）

物　流

【概述】 截至2012年底，山西物资产业集团有限责任公司(简称集团公司)实现营业收入74.59亿元,同比增长48.69%，完成年度目标55亿元的135.76%，位列能投公司各子集团第一；实现利润5904万元，同比增长26.48%，完成年度目标5600万元的105.43%，位列能投公司各子集团第二。2012年销售煤炭809万吨,同比增长169.67%；销售化工产品9.7万吨,同比增长34.72%;销售钢材15.19万吨,同比增长72.61%;回收报废汽车2024辆,同比增长7.77%。

（李　隽）

【企业发展】 1.贸易板块快速扩展。进出口公司一方面坚持应用“总代理”“总经销”经营模式,一方面培育新的经济增长点，开拓非煤业务,相继开展镍矿石加工与销售、设备代理进口等业务。通过准确研判焦炭市场价格走势,果断出手,组织20万吨焦炭货源,不仅实现价差3000余万元,而且快速回笼资金2.84亿元。进出口公司实现营业收入58.77亿元，同比增长54.59%,实现利润6460万元,同比增长44.68%,收入和利润分别位列能投公司系统三级子企业第一和第二。民丰化工公司进一步密切和大型焦化企业的合作，扩大一手资源供给。在巩固大客户的基础上,开发山东、天津等地的新用户,实现规模效应。物产金属公司抓供应链业务,在巩固和扩大与山西国联、广东建材合作的同时,年初与介休新泰、山西德仁结成合作伙伴,新增山西焦煤集团螺旋管供货业务,以较少的资金占用实现良好的销售业绩。物产再生公司围绕主营业务,抢占市场,通过多方沟通,取得全省所有部队报废退役设备“独家回收”的资格,提前半年完成全年目标任务。

2.传统物流向现代物流转型初见成效。现代物流公司延伸服务链条，在承揽海尔产品装卸业务后,正式承接仓管业务，赚取服务增加值,全年仅海尔仓库综合收入增加近2倍。质押监管业务规模稳步扩大,项目涉及煤焦、汽车、棉花、钢材、铁矿粉等,成为公司新的支柱业务。全年开展监管项目8个,月均控货规模5.5亿元,实现服务收入205万元,同比增长89.81%。

3.推进房地产开发业务。根据宝佳万科紫台项目建设进度要求,对困扰项目建设的双塔南街村民临时建筑,组织力量低成本拆迁,保证合作项目的顺利实施。该项目一期工程7幢住宅楼于10月封顶并开始装修，二期7幢住宅楼建至25层，全年实现销售收入17亿元。在市里调整土地收储拍卖政策的情况下,加强协调沟通,使胜利街项目土地于上年8月24日成功摘牌。克服用电困难和天气影响等不利因素,完成胜利西街再生住宅项目地上建筑物拆除、雨水方涵改造、设计方案及规划指标优化等前期工作和桩基工程。对并州北路33号宝佳商务楼项目完成控规修改,取得新规划设计条件,完善设计方案修订工作。

4.加快项目落地步伐,争取项目资金。以太原南站建设占用现代物流公司土地为契机，通过多方协调沟通,新购置小店区197亩土地,为综合性物流配送中心项目的落地建设创造条件。经过多次与法院和村民协调,进驻位于太原市经济开发区的80亩土地,完成土地平整和围墙砌筑等基础工程,为集团转型项目的落地奠定基础。民丰公司延伸产业链条,引进纺粘法环保型丙纶无纺布生产项目,完成厂房、水电等配套设施改造、生产设备购置安装等相关工作,投入试生产。利用山西塑料物流中心(三期)项目资金,修建完善四幢共4000平方米的简易库房,对部分库区地面进行硬化。

在能投公司的帮助和支持下，集团公司向省发改委申报的“城市物流中心项目(一期)”“区域性物流配送中心(四期)”“山西塑料物流中心(三期)”和“宽幅塑料膜”等项目资金共计1200万元到位。“综合性区域物流配送中心物流与电子商务示范信息系统”被省经信委列入山西省信息化重点项目，获得资金支持120万元。

（李　隽）

【改革改制】 推动转制搞活类企业工作。财务公司从集团整体利益出发,协调并维护好与金融部门的关系，确保集团所属企业改制破产工作的顺利推进。旧车交易中心面对竞争日趋激烈的二手车市场,强化服务意识,提前半年足额上缴全年租赁经营收入。

推进困难企业关闭破产工作。针对金属、机电、化轻、储运四户企业原有土地、办公楼等资产问题,整理编写有关资产处置情况的说明;主动反映情况,使贸易企业混岗人员全部纳入破产清算范围;无接续破产企业的436名离退休人员和军转干部移交集团破产企业服务中心管理,保障企业破产工作的推进。四户破产企业财政资金核拨到位，补齐欠缴的职工保险,办理126人提前退休手续,分流安置工作得到有序推进。（李　隽）

【企业管理】 1.加强资金管理,防范经营风险。制订出台《关于进一步加强营运资金管理的规定》，对预付及应收账款、库存商品、借入借出资金等实行月报制度。同时明确规定经营业务上的“五不做”,即:有风险的不做,赊销帐的不做,有疑问的不做,市场前景不明朗的不做,信誉不好的不做。集团公司领导带队,对4户企业的相关业务进行实地调研,针对性地提出风险防范改进意见。针对应收款大幅增加的问题,普遍采取设置警戒线、明确清欠责任人、规范合同管理、加强信息收集和分析预测、规范业务流程、区别用户情况实施不同结算方式等措施,加大货款回收力度,有效地降低和规避营运风险。

2.树立节约理念,开源节流。发展类企业对各种融资产品“货比三家”,选择最低的贷款利率,实现融资结构趋向优化、财务成本明显降低、股东收益有所提高。全年发展类企业同比增加受信规模6.75亿元,节约财务费用1000多万元。长风物流公司落实铁路拆迁补偿,上年收回补偿金500万元,累计达4500万元;在北区写字楼交付使用后抓紧装修,采取分层出租的办法，使租赁收入达到700

万元,公司得以顺利回迁,实现平稳过渡。现代物流公司拆迁补偿工作刚开始,亦争取到补偿金300万元。寻求政策支持,在办理集团公司办公大楼过户手续过程中,免交契税和维修基金256万元。为争取利益最大化,通过大量的工作,胜利街再生项目土地出让收入80%得以返还,为下一步工作提供较为宽松的资金环境。

3. 回购不良债权。上年集团公司又以70万元回购东方资产管理公司持有的集团所属7户企业1.1亿元不良债权。至此,集团公司在四大资产管理公司中的所有不良债务全部清理完毕。

4. 强化基础管理,提升管理水平。为了实现与能投公司的管理衔接,集团公司制订完善《公文处理制度》《安全生产管理办法》等十几项规章制度。发展类企业管理制度建设取得新的突破,宝佳公司重新修订《档案管理制度》等,派专人对宝佳丽景综合楼和12号楼的各类设计文件、合同、技术核定及工程图纸进行造册归档,整理工程档案400余册。

5. 理顺产权关系,完成工商变更。根据土地出让金返还转增注册资金要求,集团注册资本由15000万元增加到22899.1万元。理顺集团与相关企业之间以及各相关子公司之间的产权关系。

6. 强化依法治企的理念,防范法律风险。集团公司从完善程序出发,明确在签署有关合同、协议时需出具《法律审查意见表》,做到法律顾问审查意见的完整和有据可查。全年完成合同起草、审核13次,经济合同法律审核率达100%。進出口、民丰化工等企业相继聘请常年法律顾问,为规范法律行为、防范风险打下基础。

7. 抓安全生产,使企业持续稳定发展。按照"夯实基础、强化管理、维护稳定、确保平安"的指导思想,结合"打非治违"专项行动、安全生产百日大检查和全面开展安全隐患排查治理等活动,集团公司健全安全生产监督机构,层层签订安全生产目标责任制,参加实务培训,抓监督管理,组织大检查和整改"回头看",取得全年"零事故"的好成绩。

8. 发挥联合会作用,为山西现代物流业发展献计献策。物流采购联合会充分发挥桥梁纽带作用,协助省政协开展全省现代物流业发展调研活动,并撰写调研报告;配合省政协27次常委会"大力发展山西现代物流业"主题,参与省政协的有关调研、常委会建议报告的起草和省政府"加快服务业发展实施意见"、山西省"十二五"物流发展规划的调研论证等工作,使联合会在全省的影响力提高。(李 隽)

【民生改善】 提高职工收入待遇。发展类企业在经济效益增长的同时,普遍不同程度地增加职工工资,提高社保基数,清理补齐各类保险。部分企业组织员工进行体检,定制工装,建立文体活动室、图书室,让广大职工共享企业改革发展的成果。

改善职工生活环境。集团公司完成并西、三营盘两宿舍区13幢住宅楼的外墙节能保温工作,为广大住户提供舒适安全的生活环境。

解决群众反映的热点和难点问题。集团公司经过艰苦细致地工作,解决困难企业职工医疗保障资金、特困企业离休干部及1949年10月1日前老工人统筹外生活补贴资金、企业离休人员正常看病就医以及4户破产企业因医疗保险欠费不能正常看病就医的问题。省机电公司针对27户职工房产证多年未办结、引起多次上访问题,全力以赴攻坚,于2011年5月份将房产证发放到职工手中,同时解决三个宿舍区冬季集中供热问题。积极协调,调整劳资关系,解决破产企业留守人员的养老、医疗保险问题。2011年集团公司获得省国资委信访先进集体荣誉称号。(李 隽)

会 展

·山西省展览馆·

【简述】 2012年,在山西省展览馆举办的较有影响力的展会有:2012第十届山西广告及LED霓虹灯照明展览会;中国山西2012国际婚庆产业博览会;太原市首届家居建材家装婚庆万人团购砍价会;2012年山西安防科技产业博览会;2012第二届山西省节能减排博览会;"珍爱生命安全发展——山西职工在行动"图片展;2012中国(太原)国际茶业博览会;2012中国山西国际煤炭科技与装备展览会。此外,还外出参加或承办7个展览:中国东西部经济贸易投资洽谈会(西安);山西名特优精品展示(上海);首届晋商大会太钢展区;山西老醋中华行(上海站);第三届中国餐饮博览会(澳门)相关展区设计制作;第九届中国国际中小企业博览会(广州)山西展区设计制作;第21届中国食品博览会(武汉)暨第三届中国(武汉)国际食品交易会相关展区设计制作。(原文浩)

【2012第十届山西广告及LED霓虹灯照明展览会】 3月3~5日,2012第十届山西广告及LED霓虹灯照明展览会在山西省展览馆举办,此次展会参展企业300多家,现场专业观众3万余人次,展品范围涉及霓虹灯产品、LED产品、显示牌、其他电光源产品及配件。(原文浩)

【中国山西2012国际婚庆产业博览会】 3月30日~4月1日,中国山西2012国际婚庆产业博览会在山西省展览馆举办。本届博览会由山西省庆典协会主办以"经典、时尚、魅力、和谐"为主题,展现中国国内婚庆行业发展流行趋势。展会期间还举办妆容才艺大赛、花艺大赛、万人相亲大会、婚庆行业权威人士交流研讨会等。(原文浩)

【山西安防科技产业博览会】 6月19~21日,2012年山西安防科技产业博览会在在山西省展览馆举办。在这次展会上,国内外近200家安防企业的优秀产品齐聚一堂,全面展示安防领域的新技术和新产品,涉及视频监控系统、防盗报警系统、社区安全防范系统、门禁、出入口控制系统、楼宇智能系统、防爆安全器材、刑侦器材等公共安全产品4000余件。展会期间还举办"2012山西智慧城市与公共安全技术论坛",围绕

智慧城市建设、安防行业发展展开研讨。（参见第175页）（原文浩）

【2012第二届山西省节能减排博览会】 8月10~12日，由山西省政协经济和资源环境委员会、山西省环保厅、山西省科技厅、山西省煤炭厅、山西省住建厅、山西省国资委、山西省机关事务管理局主办，山西省节能协会承办，朔州市人民政府、中煤集团等单位协办的第二届山西省节能减排博览会在山西省展览馆举办。本届博览会以“绿色、科技、创新”为主题，集中展示“十一五”以来山西省各市区、企业在节能减排与循环经济发展领域取得的丰硕成果。博览会期间还举办2012年山西省节能环保项目对接会、中国（山西）煤矿行业节能减排高峰论坛、“我时尚、我低碳”青少年环保创意大赛等活动。山西省政协常务副主席郭良孝、中煤集团副总经理洪宇出席开幕式，并为博览会剪彩。（原文浩）

【“珍爱生命安全发展——山西职工在行动”图片展】 9月19~23日，“珍爱生命安全发展——山西职工在行动”图片展暨全省职工安全健康知识普及活动启动仪式在山西省展览馆举行。本次图片展分为“以人为本、安全为天”“源头参与、法律保障”“履行职责、依法监督”“班组安全、固本强基”等部分，用1000多幅图片以及多媒体等形式，全面展示山西省各级工会组织和广大职工与各级安监、煤炭、卫生、交通等部门密切协作，在安全生产、安全发展方面采取的新举措、取得的新成效。省人大常委会副主任、省总工会主席郭海亮出席启动仪式并讲话。（原文浩）

【2012中国（太原）国际茶业博览会】 10月12~15日，山西省历年来层次最高、规模最大、专业化程度最高的茶产业、茶文化盛会“2012中国（太原）国际茶业博览会”在山西省展览馆举行。此次展会在中国茶业流通协会、中国国际茶文化研究会、中国茶业学会的支持下，由山西省茶业学会、太原市茶业协会联合主办。展会期间还举办“茶业茶具订货会暨经销商恳谈会”“中国茶业流通发展（太原）高层论坛”等系列活动。张平出席开幕式。（原文浩）

【2012中国（山西）国际煤炭科技与装备展览会】 10月23~27日，2012中国（山西）国际煤炭科技与装备展览会在山西省展览馆举行。此次展会由中国煤炭城市发展联合促进会、中国设备管理协会主办。展会中来自全球10多个国家和地区的200多家企业集中展示当前煤炭、煤化工、煤层气等领域的最新成果。（原文浩）

·中国煤炭博物馆·

【简述】 2012年，中国煤炭博物馆（以下简称煤博馆）围绕把煤博馆打造成“中国煤炭文化收藏、研究、展示、传播四个中心”的战略目标，在挖掘煤炭文化、发展煤炭文化、研究煤炭文化上下工夫，在藏品征集、学术研究、对外交流及博物馆建设等方面开展工作并取得进展。

10月，煤博馆相关技术人员到太原古交王封煤矿开展文物标本的征集调研工作，其中一批淘汰的矿山机械颇具特色，具有一定的收藏价值。已与矿方就征集事宜达成初步征集意向。

此事在2012年实质启动，同时还合作进行成煤古植物项目的研究，不仅可以增加馆藏展品数量，还借力提高煤博馆的研究水平。

2012年，煤博馆购进博物馆及煤炭史料方面的专业书籍及其他书籍共计六百余册，征集有关煤炭历史方面的电子文本著作近三百册及数百篇专业论文。（张红霞）

【学术研究与科研】 8月，煤博馆出版首部研究文集《石薪文池》（2011），其中收录55篇论文，除16篇为专家学者的演讲材料，其余均为煤博馆职工自撰论文，是煤博建馆20余年在学术研究方面取得的一个大突破。《中国煤炭之最》和《中外煤炭博物馆概览》两本书，经有关专家反复讨论研究，其体例及篇章结构已经基本确定，目前正在编写过程之中，有望在2013年上半年完成出版。

《煤炭博览》是煤博馆主办的内部科技性杂志。2012年，通过聘请中国矿业大学、开滦集团等专家参与工作，对刊物内容进行较大的调整和补充，更贴近时代，更具专业性、可读性，受到业内专家和读者的认可。（张红霞）

【两个科研项目立项】 2012年，煤博馆申报的“山西古代壁画仿真全景观复制技术研发”“山西科技创新平台建设与高端人才培养对策研究”两个科研项目，通过山西省科技厅正式立项。（张红霞）

我国驻英国大使刘晓明参观中国煤炭博物馆　（张红霞提供）

【动漫短片《汉字岛》开发】 煤博馆开发的动漫短片《汉字岛》在中国文物保护基金会、中国博物馆协会主办的中国文化遗产动漫大赛中,荣膺最高奖“精品佳作”称号。《汉字岛》以长篇电视动画系列片的形式,选取中国小学生语文课本字表中最常用的560个汉字(含80个独体字)编写故事,使学生亲眼目睹象形字的逼真,指事字的抽象,会意字的巧妙,形声字的音律,通过这种生动活泼的形式,让学生轻松地学会汉字。该动画短片在画面和音乐风格设计上融合具有中国特色的东方元素,融入时尚元素,在场景设计上保留西方社会常见的视觉元素,兼具民族性和国际性。

(张红霞)

【展览展销】 2012年,煤博馆共举办展会26个,参展企业达3600余家,会展规模达5000多个标准展位。其中“沿黄河九省(区)特色文化特产博览会”“2012新晋商投资博览会”“中小企业投资博览会”“2012环渤海地区(太原)品牌暨投资贸易国际博览会”“中国首届国际文化博览会”“首届世界晋商大会——投资与产业博览会”取得很好的社会效益。 (张红霞)

第四届中国(太原)国际能源产业博览会 (山西画报社提供)

综 述

【旅游经济运行】 2012年，全省接待海外旅游者189.18万人次，同比增长21.8%，入境旅游创汇7.2亿美元，同比增长26.98%；接待国内旅游者1.94亿人次，同比增长29.78%，国内旅游收入1766.28亿元，同比增长35.33%；实现旅游总收入1813.01亿元，同比增长35.04%，完成年度目标的111.6%。全省新增4A级景区9处，3A级景区8处，四星级酒店5家，三星级4家，旅行社27家，导游员2028名，旅游产业规模进一步扩大。省市政府部门用于旅游宣传促销的经费达到4.14亿元。截至2012年底，全省有旅行社825家，其中出境游组团社52家，赴台游组团社5家；星级饭店328家，其中五星级18家，四星级67家、三星级147家、二星级96家。

（王海叶）

【城市旅游形象宣传】 2012年，山西省旅游局与部分市旅游局联合中央电视台、凤凰卫视的多个栏目播出山西旅游形象宣传片，共播出11个市主要旅游资源和城市形象片及6个全省主要景区的宣传片。同时启动主题为“我发现·晋善晋美”的整体品牌传播活动推广，美好印象山西十大景点全球票选、“我在山西发现美——最美山西摄影作品征集”等大型网络互动活动。“尽善尽美”的旅游主题越来越被世人认知。（王海叶）

行业管理

【旅游市场监管】 2012年，省旅游局与省纠风办、公安厅、交通厅、卫生厅、工商局、质监局、宗教局、文物局、物价局等单位建立联合工作机制，印发《关于在全省旅游景区开展规范市场秩序工作的通知》，针对晋祠、云冈石窟、藏山、平遥古城、太行山大峡谷、皇城相府、应县木塔、五台山、碛口古镇、大槐树、关帝庙、八路军太行纪念馆等旅游综改试验景区和其他重点景区，开展规范旅游景区市场秩序专项整治行动，重点整治社会反映强烈、游客投诉集中的景区基础设施、景区餐饮管理、客运及停车场管理、导游服务、宗教场所管理、景区服务项目管理、特种设备使用管理等7大问题。景区市场秩序规范工作由纠风办列入市、县政风行风建设工作年度考核指标。

4月、9月，在全省范围内部署两次市场检查周活动。检查行动448次，出动检查人员2464次；联合公安、工商等其他部门开展检查115次；检查旅游企业1719个，其中检查旅行社999家，饭店296家，景区290个。处罚违规旅游企业65家。出台《山西省热点旅游线路产品价格报备制度》。省、市两级旅游部门公布首批旅游热线参考价格，包括省内、省外、境外的42条旅游线路的全包价或小包价，其内容包含游览天数、旅游景点、交通工具、食宿标准、购物点、自费项目、保险总费用等。

8月，在全省范围内开展“规范旅游市场秩序抽百人查百案”行动，由省、市旅游局、旅游质监所等组成6个组，分别对11个市进行交叉暗访检查。检查旅游企业268家，其中旅行社212家、饭店38家、景区18家，处理有违规行为的旅游企业107家。山西卫视公共频道以《短线旅游一路添堵》《旅行社的“忽悠术”》《诚信经营旅游之本》为题作3期共90分钟的专题片在《新闻观察》栏目播映，对旅游全行业形成警示。（王海叶）

【旅游品质活动】 在全省旅游行业倡导开展“讲诚信、守承诺、树品牌、促发展”“为民服务、创先争优”活动。7月份，在晋中市召开“全省旅游企业稳增长扩内需创先争优推进会”，全省旅行社、星级饭店向社会作出优质服务公开承诺。省旅游局印发《关于深入开展“品质旅游伴你远行”系列旅游公益宣传活动的通知》，引导诚信旅游、品质旅游发展。（王海叶）

【旅行社管理】 2012年在阳泉藏山举行“山西省旅行社诚信经营大会”。会议出台旅行社诚信经营“六不准”，各级旅游管理部门与各旅行社签订《诚信经营责任状》；公布《“明白旅游消费”提示卡》。2012年度，共奖励旅行社16家，奖励金额达44万余元。

（王海叶）

【导游人员管理】 10月，由省旅游局、省总工会、共青团山西省委、省妇

山西介休绵山风景区（佚　名提供）

联联合主办，隆美水上乐园、太原旅游职业学院共同承办“隆美杯”山西省第五届导游员大赛。来自全省的105名导游员参加比赛。本次比赛决出了一、二、三等奖以及各单项奖。

省旅游局与山西青年报社合作，在《山西青年报》每期刊登一篇导游故事。在山西旅游数码港开展全省导游员风采展示活动。（王海叶）

【星级饭店管理】 2012年，展开全省星级饭店交叉复核工作，对全省68家四星级饭店和50家三星级饭店进行复核。共出动星评人员92人，计1144人次；检查星级饭店329家，取消星级标牌22家，限期整改7家。分别召开两次五星级饭店总经理联席会议、四星级饭店总经理联席会议。会议针对开展文化进饭店、节能减排、避免恶性价格竞争等问题进行讨论。全省A级景区中46%开通高速公路，19%开通一、二级公路，12%新建、改建旅游专线公路。（王海叶）

【旅游安全与应急】 省旅游局与11个市旅游局制订印发《2012年旅游安全工作考核指标和考核奖励办法》。2012年，各市与县级旅游行政管理部门签订旅游安全目标责任书115份，县、市旅游局与监管企业签订旅游安全目标责任书823份，形成全省旅游行业目标责任监管和考核体系。全省旅游系统组织群众性安全宣传活动47次，向旅游系统发放有关安全资料6100余份，向社会发放67000余份。利用广播、电视、手机短信、12301旅游信息平台等多种方式，及时、准确地发布省内高速公路、重点旅游景区的交通、住宿、气象、卫生等相关信息，引导游客合理安排出行。会同省交通运输管理局对全省旅行社租用旅游客运包车安全进行专项检查。配合省食药局对全省旅游景区餐饮服务、食品安全进行督导检查。联合省质监局、交通厅、食药局对长治、晋城、临汾、运城进行专项检查。组织省市两级旅游局各项旅游安全督导检查组192个次，督导检查1000余次，出动人数3485人次，检查旅游企业2300余个次，查出一般隐患942处，整改率100%。期间通报批评29家次、行政处罚108家次、关闭取缔2家。（王海叶）

【旅游公共信息】 强化旅游公共服务，实现公共服务体系建设良好开局。省市旅游局依托旅行社分社、门市部、旅游景区游客服务中心、旅游星级饭店、高速公路服务区等建设“233”旅游咨询服务点。5月，省旅游局集中举办山西省首期旅游咨询服务人员培训班，全省设点的星级饭店、旅行社、旅游景区210余名咨询服务人员进行培训，印发《应知应会》手册，晋中等市还单独举办专项培训。7月，举行首批旅游咨询服务点揭牌仪式，省委常委、副省长高建民出席揭牌仪式，并对此项工作予以肯定。截至2012年底，全省通过旅游咨询服务点发放宣传资料50万份。（王海叶）

【发展规划】 2012年，指导15部规划编制工作，完成16部旅游规划评审。组织新疆农六师五家渠市旅游发展规划编制与评审工作。指导长治市旅游发展规划的编制，指导王莽岭、大槐树、绵山编制5A级景区提升创建规划。（王海叶）

【景区建设】 指导绵山、王莽岭、李家大院、乔家大院、洪洞大槐树、壶口瀑布等景区积极创建AAAAA级旅游区，邀请相关专家，在王莽岭举办5A级景区创建专题讲座。2012年，完成9处4A级旅游景区创建，完成8处AAA级旅游景区评审工作，真正做到指导创建，从严要求，对不达标的景区不迁就。（王海叶）

【旅游品开发】 以“晋善晋美”为核心，推进旅游纪念品研发工作。组织全省旅游纪念品展示评选工作，全省11个市400余件作品参加活动，评出一、二、三等奖和最受消费者喜爱的作品奖80余件。通过参加国家级展会宣传山西省旅游纪念品，先后组织全省数十家旅游纪念品生产销售单位参加中国国际旅游商品博览会、中国旅游产业博览会和北京旅游商品博览会，分别有两件作品获得国家级大赛三等奖，山西省参展团获得优秀组织奖和展台奖等奖项，隰县山核桃工艺品公司等厂家在展会上签订生产合同。（王海叶）

旅游教育培训

【导游资格考试与等级考试】 2012年通过导游资格考试的人数为2019人，中高导游人员84名。（王海叶）

【教育培训合作交流】 省旅游局于9月、12月分别在清华大学举办“山西省旅行社、星级饭店管理人员高级研修班”，参加人数150人。培训政务导游员30名，开展“名导进课堂”(山西站)活动。（王海叶）

附:

2012年山西省星级酒店

五星级

名　称	地　址	名　称	地　址
山西国贸大饭店	太原市府西街69号	万豪美悦国际酒店	榆次区迎宾西街中段
万狮京华大酒店	太原市平阳路126号	药林会议中心	平定县张庄镇南后峪村
晋祠宾馆	太原市晋祠路中段669号	益东国际酒店	长治市西一环路
迎泽宾馆西楼	太原市迎泽大街189号	东明国际大酒店	长治市紫金东街369号
丽华大酒店	太原市长风街1号	万通源大酒店	长治市开发北路68号
云冈国际酒店	大同市大西街38号	金辇大酒店	晋城市泽州南路888号
天贵国际酒店	大同市新开南路133号	金鑫大酒店	运城市槐东南路88号
五峰宾馆	五台县台怀镇龙泉寺	海纳温泉国际酒店	永济市河东大道南段
宏源国际饭店	灵石高速路口	运城空港大酒店	运城空港新区关公东街9号

四星级

名　称	地　址	名　称	地　址
山西大酒店	太原市新建南路5号	泰瑞国际商务酒店	太原市长风街7号
愉园大酒店	太原市开化寺街148号	宏安国际酒店	大同市迎宾西路28号
三晋国际饭店	太原市迎泽大街30号	京原迎宾馆	大同市拥军南路甲3号
黄河京都大酒店	太原市平阳路17号	大同宾馆	大同市迎宾西路37号
阳光大酒店	太原市北大街47号	五洲大酒店	大同市迎宾西路 宾西街88号
晋协宾馆	太原市东缉虎营35号	花园大饭店	大同市大南街59号
世纪王朝·商务会馆	太原市长治路88号	浩海国际酒店	大同市新建南路46号
月亮湾国际商务酒店	太原市北大街107号	雁北宾馆	大同市御河北路甲1号
西山大厦	太原市西矿街318号	悦龙休闲商务酒店	大同市操场城街5号
铁道大厦	太原市迎泽南街19号	阳光海悦大酒店	大同市大庆路3号
云水国际大酒店	太原市平阳路48号	晨光国际酒店	大同市迎宾东路68号
金辇酒店	太原市滨河东路北段22号	北冰洋大酒店	阳泉市北大街80号
泉美国际酒店	阳泉市南大西街	鹏宇国际大酒店	长治市长兴中路509号
财苑大厦	长治市长兴中路305号	富景国际饭店	晋城市新市东街81号
晋城大酒店	晋城市凤台西街88号	太平洋大厦	晋城市凤台西街59号
颐宾大酒店	晋城市前西街58号	高都大酒店	晋城市新市东街8号
阳光大酒店	晋城市泽州路76号	棋源山庄	陵川县棋子山风景区
兰花大酒店	晋城市凤台东街2288号	金缘大酒店	晋城市黄花街218号
泽州大酒店	晋城市凤台西街2839号	竹林山大酒店	阳城县新阳东街169号
万通源平鲁宾馆	市平鲁区胜利南路	平朔宾馆	朔州市平朔生活区
圣厚源大酒店	朔州开发北路安泰街2号	玉龙国际酒店	右玉县新建大街北侧
颐景国际大酒店	榆次区西顺城街71号	平遥峰岩大酒店	平遥县曙光路峰岩广场
正达海悦酒店	介休市北坛东路25号	通宝国际酒店	禹都经济技术开发区大运路北
运城宾馆	运城市红旗东街84号	运城大酒店	运城市红旗东街376号
新耿大酒店	河津市新耿北街	天都大酒店	河津市振兴东路
桃源国际酒店	运城市圣慧北路2号	惠阳大酒店	芮城县洞宾东街8号
新康国际酒店	运城市人民南路243号	黄河京都大酒店	闻喜县兴闻街11号
银海山庄	五台山台怀镇	原平市宾馆	原平市前进西街57号
花卉山庄	五台山大车沟	瑞龙大酒店	忻府区公园路

续表

名称	地址	名称	地址
嘉盛伦大酒店	繁峙县向阳北路	吕梁国贸大酒店	离石区新建沟口43号
华翔大酒店	侯马市火车站南侧	贾家庄裕和花园酒店	汾阳县贾家庄腾飞路
唐尧大酒店	临汾经济开发区中大街	吕梁华大酒店	离石区新世纪广场
金海湾大酒店	临汾市向阳西路西段	山西滨河饭店	太原市府西街103号
思麦尔国际酒店	临汾市鼓楼东大街40号	华强大酒店	侯马市呈王东路69号
山西丁陶国际大酒店	襄汾县兴农路公园南侧	祥禾大酒店	阳泉市开发区烟台路1号
吕梁国际宾馆	离石区滨河南东路2号	东兴酒店	孝义市府前街55号

科 技

【科技创新体系建设】 2012年7月6~7日全国科技创新大会传达《中共中央国务院关于深化科技体制改革加快国家创新体系建设的意见》(中发〔2012〕6号)。7月10日,省长王君主持召开省政府专题常务会议听取省科技厅的汇报,研究全省科技创新问题,制订《关于深化科技体制改革加快全省创新体系建设的实施意见》。《实施意见》全篇突出企业主体地位,坚持“五个主要”,即全社会研发投入主要来自企业,研发机构主要设在企业,发明专利申请主要分布在企业,高层次人才主要引向企业,科学技术奖励主要面向企业。同时,突出地方特色,对科技管理体制改革、调动科技人员创新创业的积极性、保障促进科技创新的长效机制等方面都作出明确规定,是推动全省科技发展的纲领性文件。 (陈红科)

【科普基地培养和认定】 按照省科技厅、省财政厅、省地税局、太原海关联合制订的《山西省科普基地认定管理办法》要求,2012年认定中国煤炭博物馆等15家单位为省级科普基地。认定的科普基地可以享受门票营业税和所得税的相关优惠政策。

(陈红科)

【民营科技企业认定】 2012年度,根据《山西省促进民营科技企业发展条例》和《山西省民营科技企业认定办法》的要求,结合山西省的产业政策,在各县科技局初审、市科技局复审的基础上,省科技厅会同有关部门认真审核,分两批认定山西普松自动化设备有限公司等90家企业为民营科技企业,超额完成年度认定60家民营科技企业的目标考核任务。新认定的民营科技企业都选取各市、县科技含量高、经济效益好、资源消耗低、环境污染少的典型企业,其中拥有自主知识产权、专利的占到新认定民营科技企业的25%左右。经营领域包括煤炭、化工、机械、农业、电子通信、计算机系统集成、软件开发、生物医药、煤炭深加工、环保工程设计、金属及非金属冶炼加工、食品与饮料制造加工等20多个领域近100多个细分行业。同时,对阳泉华盛科技有限公司等221家民营科技企业进行复审换证。2012年度,完成对全省民营科技企业的统计工作,691家民营科技企业,长期职工总数为14.6万人,大专以上科研人员1.5万人,总收入889.4亿元,工业总产值979.7亿元,工业增加值264.7亿元,利税89.8亿元。

(陈红科)

【创新型企业培养】 2012年山西省有3家企业成为第五批国家创新型试点企业,全省累计已有15家国家创新型(试点)企业。享受国家研究开发费用加计扣除政策,近3年享受研发费用加计扣除政策减免总额为722607.62千元。其中,2009年享受企业12家21918296千元,2010年享受企业12家246881.13千元,2011年享受企业14家25654353千元。近3年享受科研仪器设备加速折旧总额3871954千元,其中,2009年享受企业3家5981.87千元,2010年享受企业4家192543.76千元,2011年享受企业4家18919391千元。 (陈红科)

【重大专项实施】 2011年,首批“十二五”山西省科技重大专项已启动“煤层气抽采关键技术及示范”“现代煤化工关键技术及示范”“低碳与循环经济发展技术及示范”“装备制造关键技术”“电子信息领域关键技术”“新能源关键技术”“新材料关键技术”七个专项。2012年,各专项项目进展顺利,部分取得阶段性成果。其中,山西大学承担的“基于甲醇、苯下游精细化学品产业链中催化剂研究及催化工艺技术的产业化开发”项目百吨级顺酐加氢连续生产丁二酸酐中试试验装置试产;阳煤丰喜集团承担的“水煤浆水冷壁气化炉技术开发”项目,在阳煤丰喜临猗分公司建成投运,并完成连续稳定运行,生产的合格煤气并入合成氨生产系统;太原重工股份有限公司承担的“75立方米大型矿用挖掘机研发”项目,拥有完全自主知识产权的世界首台WK-75型矿用挖掘机正式下线并交付用户使用。科技重大专项项目库的建设取得进展。4月份在省科技厅网站发布《关于山西省科技重大专项项目库建设及征集入库项目的通知》。截至征集结束,项目库共征集各类项目300

余项,涉及30余家组织部门。结合首批重大专项项目征集和科技重大专项项目库建设情况,2012年开展第二批山西省"十二五"科技重大专项的各项组织工作,完成"矿山重大灾害监控、预警与应急救援保障技术""生态脆弱区和工矿区生态恢复、重建技术""创新药物研制"三个专项的组织启动工作。同时,根据项目库征集项目情况,评审入库备选项目中涉及新材料关键技术领域的一批项目,将符合省科技重大专项立项条件的项目作为增补项目立项。到年底,三个专项以及新材料领域增补项目的实施方案已经编写完成,并通过专家论证和厅办公会审定。另外,通过"一县一业"科技创新服务平台,2012年县域科技创新支持建设项目10项,支持财政资金320万元。 (陈红科)

【科技创新园建设】 2012年,按照省政府要求,由省科技厅组织,太原市、晋中市编制完成《太榆科技创新城项目启动方案(草案)》。7月18日,由副省长高建民主持召开太榆科技创新城项目专题会议对项目启动做出安排部署。3月,省科技厅会同省发改委、省转型综改办联合发布《关于推进科技创新园建设工作的通知》,要求各园区编制"园区科技创新服务体系建设方案"。9月,省长王君主持省政府常务会议,讨论通过11个市的科技创新园名单及相关优惠政策,会后省政府办公厅印发《支持"一市两园"的若干优惠政策》。在资金安排上,由省科技厅2013年第二批火炬计划中下拨专项资金1180万,对园区的科技创新服务体系建设给予支持。 (陈红科)

【高新技术企业认定】 经过2012年上半年的认定程序,通过备案的高新技术企业有27家。下半年完成对30家申报企业的材料初审,由省科技厅、省财政厅、省国税局、省地税局组成的山西高企认定办对企业进行实地考察。为推动山西省高新技术企业上市,省科技厅、省证监局签署战略合作协议,联合举办高新技术企业上市培育培训班。2012年,有9家企业通过科技部评选,获得国家火炬计划重点高新技术企业资格。 (陈红科)

【科技资金投入】 2012年,山西省科学技术发展计划(工业部分)下达两批计划,安排各类工业科技攻关项目49项,安排资金3285万元。2012年第一批山西省火炬计划项目共安排项目21项,安排资金1810万元;第二批火炬计划共安排项目14个,资助资金2380万元。

2012年,山西省创新基金推荐创新项目147项,公共技术服务机构补助资金项目14项,创业投资引导基金项目1项,项目数量创历年来最高。此批项目中,有61个项目获得国家立项支持,获得经费3835万元,立项数和资金额均创历史新高。

2012年,山西省承担的"十二五"国家科技支撑计划"离散制造过程制造物联与集成协同关键技术研发与示范应用"课题启动,该课题获国家支持资金446万元。

2012年4月,临汾市举行"十城万盏"半导体照明应用工程试点示范城市启动仪式,科技部对此项目支持800万元。

2012年,由省科技厅、省财政厅、省发改委共同组织申报的7个"金太阳"示范工程项目有2个获得支持,2个新能源项目共获得1.1亿元。

(陈红科)

【科技服务体系建设】 (1)全省生产力建设:2012年度省级示范生产力促进中心评价及认定工作。新认定省级示范生产力促进中心5家。忻州市生产力促进中心被评为国家新农村建设服务试点单位,长治市生产力促进中心被评为国家首批技术转移服务试点单位。(2)工程技术研究中心。根据山西省勘察设计研究院组建工程技术研究中心项目建议,省科技厅组织有关专家到项目单位实地考察,批准建立山西省岩土工程技术研究中心。(3)火炬特色产业基地。10月,启动山西省火炬计划特色产业基地申报工作,认定一批省级火炬计划特色产业,并将评比优异的项目推荐申报国家级。 (陈红科)

【科技国际合作】 2012年2月,邀请科技部国际合作司司长靳晓明、副司长续超前,人事司副司长蒋苏南以及我国驻英国、德国、法国、俄罗斯、加拿大、以色列、欧盟等国家和国际组织使领馆的科技外交官13人组成的代表团到山西省开展"科技外交官山西行"活动,并举办"科技外交官山西行"国际科技合作专题报告会,200余名代表参会。2012年,省科技厅推荐的5名海外科研人才入选第五批省"百人计划"。推荐山西省心血管病医院、山西医科大学第一附属医院等2家单位申报省第四批海外高层次人才创新创业基地。争取国家国际科技合作专项方面,完成2012年度专项项目立项工作,已获批专项项目8项,争取专项经费3000万元。推荐山西省农科院果树所"甜樱桃育种方法和省力化栽培技术研究"等12个项目申请中罗、中希、中丹、中意、中英、中葡、中韩、中日、中澳等国政府间科技合作项目。其中,已立项1项,5项通过国家国际科技合作专项项目评审。2012年省国际科技合作计划扶持项目84项,下达引导资金1800万元。其中55项为省"百人计划"和归国留学人员承担或参与的项目,占总项目数65.48%。 (陈红科)

测绘地理信息

【概述】 2012年1月,省测绘地理信息局举行更名揭牌仪式。省级基础测绘方面,实施运城、晋城测区、汾河流域951幅1:1万地形图全要素采集和左权测区1057幅1:1万数字正射影像生产任务。全省96个县(市)有65个开展基础测绘。落实重大测绘项目专项经费。完成"省专题地图数据库""测绘成果及档案的快速提供"等项目。全省测绘服务总值达到12亿元,全局测绘服务总值达到2.22亿元。全省11个地级市的数字城市建设全面开展。其中,太原、晋城、阳泉、晋中已经完成,同时开展7个数字县(市)建设。数字城市建设工作重点由建设向应用转移。智慧城市建设进行探索。申报的两个项目已列入国家

863 计划，获科技部批准。省地理信息公共服务平台为国土、交通、环保、联通等 20 余个厅局及企事业单位提供服务。开展地理省情监测已列入《山西省基础测绘“十二五”规划》。启动“省重点城市建设用地遥感监测系统”项目，“省煤层自燃遥感调查”项目稳步推进。“省汾河主河道流域生态地理环境影像信息系统”项目通过验收。

省局先后与武汉大学签订战略合作框架协议，与浙江省测绘与地理信息局签订友好省局协议，首次召开全省测绘地理信息企业代表座谈会，共谋全省测绘地理信息事业发展。为 100 余家企业提供 GPS 连续跟踪站实时定位、控制点坐标和地图数据服务。

开展测绘地理信息市场信用体系建设。组织测绘地理信息行政处罚案卷评查和专项执法工作，全省 2 件案卷被国家局评为优秀。加强测绘成果质量管理、地图市场监管、测绘成果保密检查。加强测量标志管理，完成 9 个县(市、区)的测量标志警示牌设立工作。开展国家版图意识宣传教育“进学校、进社区、进媒体”等活动。

（杜永刚　任玉荣）

【基础测绘】 2012 年省级基础测绘经费全面落实。完成运城、晋城测区、汾河流域 951 幅 1:1 万地形图全要素采集和左权测区 1057 幅 1:1 万数字正射影像生产任务。全省 96 个县(市)有 65 个开展基础测绘。其中，太原、晋中、晋城、阳泉、临汾等 5 个市的县级基础测绘全面实施，忻州市的县级基础测绘大面积展开。《山西省基础测绘“十二五”规划》由省政府印发。除大同、吕梁、晋中 3 个市外，其余 8 个市的“十二五”基础测绘专项规划均通过本级政府批准并报省测绘地理信息局备案。省级贫困县基础测绘“以奖代补”政策得到落实，古县、大宁、隰县 3 个贫困县基础测绘经费补贴全部到位。

落实重大测绘项目专项经费。完成“省专题地图数据库”“测绘成果及档案的快速提供”“第二次土地调查省级数据库建设”“省突发公共事件地理信息应急服务系统”“山西卫星定位接收机、电磁波测距仪基线检定场技术改造”等项目。此外，完成省“十二五”规划大水网重点工程中部引黄工程的数字航摄及正射影像图制作。完成省级电网 GIS 平台影像数据入库，为省内多条高速公路、一级公路和旅游公路建设提供优质的测绘保障服务。

（杜永刚　任玉荣）

【服务保障】 完成“省国防动员综合应用系统”的更新，并应用于省军区军事演练；开发“省地震应急基础地理空间数据库”管理和展示系统；编制“省森林资源信息管理系统”方案。向全省重点工程建设和社会事业提供地形图 5478 幅，测绘成果数据 32477 幅，大地控制点 1405 个。2012 年全省测绘服务总值达 12 亿元，全局测绘服务总值达 2.22 亿元。

更新 1:100 万、1:75 万及 1:50 万山西省系列地图。编制新版省领导工作用图、专用挂图、省委、省政府紧急接待工作用图。完成全省 11 个市的政区、交通、旅游和 119 个县(市、区)行政区划地图的制作。编制完成《山西省农业地图集》《汾河流域地图集》等 60 余种普通及专题地图。“山西地图网”日均点击率稳定增长，推进地图成果的社会化应用。针对热点问题，及时编制《图说钓鱼岛》和《图说南海诸岛》专题图册，供省领导参阅。

（杜永刚　任玉荣）

【数字城市建设】 全省 11 个市的数字城市建设全面开展。其中，太原、晋城、阳泉、晋中已经完成，大同、朔州、忻州、长治、临汾、运城正在实施，吕梁已立项未启动。同时开展长治县、孝义市、古交市、清徐县、昔阳县、介休市、潞城市等 7 个数字县(市)建设。国家 2012 年边老少区基础测绘专项补助项目—数字昔阳正式启动，数字武乡已落实中央财政项目资金。全省数字城市建设工作重点已逐步由建设向应用转移。智慧城市建设进行探索。太原市作为全国首家完成数字城市建设的地级市，已在公安、国土、环保、应急等21 个部门开展成果推广应用。同时，太原市智慧城市时空信息云平台建设已获国家测绘地理信息局批准。他们申报的“统一时空体系下的多源信息实时接入与异构信息自主加载技术”和“城市信息多层次智能决策关键技术与系统”两个项目已列入国家 863 计划，获科技部批准。

（杜永刚　任玉荣）

【信息公共服务平台建设】 山西省地理信息公共服务平台于 2011 年底投入运行。国家测绘地理信息局在 2012 年 3 月召开的“天地图”省市级节点建设技术培训会上，推广山西省在平台建设方面的做法。山西省人民政府新闻办和山西省测绘地理信息局联合组织召开“山西省地理信息公共服务平台”新闻发布会，“天地图·山西”正式向社会提供在线地理信息服务。省测绘地理信息局与省政府办公厅联合召开平台应用推广会。与省公安厅密切合作，解决平台与 PGIS 平台对接的难题，在警用地理信息服务方面进行探索。在平台数据更新方面，完成全省骨干交通网、11 个地级市城区电子地图、0.5 米城市高清影像等数据更新工作。平台全年为国土、交通、环保、联通等 20 余个厅局及企事业单位提供服务。国内外用户通过互联网方式访问平台计 8 万余次。

（杜永刚　任玉荣）

【省情监测】 地理省情监测已列入《山西省基础测绘“十二五”规划》，开展地理省情普查的前期准备工作。启动“山西省重点城市建设用地遥感监测系统”项目。项目成果对打击土地违法占用，建立土地利用动态监测机制，确保土地利用可持续发展具有重要意义。“山西省煤层自燃遥感调查”项目正在推进，该项目将对全省六大煤田、五个煤产地煤层自燃火区的范围、灾害现状进行调查，为灾害治理及生态环境修复提供科学依据。“山西省汾河主河道流域生态地理环境影像信息系统”项目通过验收。项目所取得的汾河流域的生态环境治理、国土空间格局优化和经济结构调整地理影像数据等成果，将为全省生态文明建设和政府科学决策提供支撑和依据。

（杜永刚　任玉荣）

【产业发展】 省测绘地理信息局与

武汉大学签订战略合作框架协议,与浙江省测绘与地理信息局签订友好省局协议,为及早谋划全省测绘地理信息事业发展及"借智"和合作共赢奠定基础。同时,首次邀请省人大代表到省局视察,听取人大代表对发展全省测绘事业和壮大地理信息产业的意见和建议。首次召开全省测绘地理信息企业代表座谈会,共谋全省测绘地理信息事业发展大计,疏通管理部门与地信企业对话交流的渠道。与省交通厅开展公路数据信息共享合作,与省公安厅、省民政厅开展地名地址信息共享合作。为山西省深蓝地理信息工程有限公司等100余家企业提供GPS连续跟踪站实时定位、控制点坐标和地图数据服务。与国家级太原高新技术产业开发区管委会协商,拟共建山西省测绘地理信息产业创新基地。 (杜永刚 任玉荣)

【监管工作】 依法开展《测绘资质证书》年度注册、作业证审核发放工作。对175个地图网站进行甄别和确定;开展测绘地理信息市场信用体系建设。组织测绘地理信息行政处罚案卷评查和专项执法检查工作,2件案卷被国家测绘地理信息局评为优秀。加强测绘成果质量管理、地图市场监管。加强测绘成果保密检查,加强测量标志管理,开展国家版图意识宣传教育"进学校、进社区、进媒体"等活动。全省开展活动的学校120所、社区45个、媒体20家;组织40204人参加"祖国在心中—全国国家版图知识竞赛",获组织奖9个,个人奖30名(三等奖8人,优胜奖22人);1138人参加"中图杯—全国少儿手绘地图大赛",获组织奖2个。

(杜永刚 任玉荣)

【管理体制改革】 2012年1月,山西省测绘地理信息局举行更名揭牌仪式,与有关部门沟通协调,在11个地级市国土资源局加挂测绘地理信息局牌子,强化测绘地理信息行政管理职能,运行机制更加科学。出台《加强测绘地理信息人才工作的意见》《政务督查制度》《新闻发言人工作制度》《网络舆情监察办法》等制度,局机关政务运行机制更加规范,全年各项任务完成。获全国省级部门贯彻落实科学发展观年度测绘地理信息工作考评2012年度特色工作创新单位;获山西省年度目标责任考核2012年度良好单位。 (杜永刚 仁玉荣)

煤炭地质

【概述】 山西省煤炭地质局2012年实施"1558"发展战略,各项工作发展良好,全年货币总收入16.57亿元,其中实现对外创收13.97亿元,完成年度目标任务的107.45%,资产总量达到20.94亿元,较上年同比增长18.68%;人均收入同比增长7.6%,完成年度目标任务。获"山西省五一劳动奖状",所属114勘查院、物测院获得"全国地勘行业模范地勘单位"称号,144勘查院获得中国煤炭工业协会AAA级信用企业荣誉。

《煤层气地面立体开采方法》获国家发明专利授权;推进局校、院校合作,共同完成的《利用地震属性预测煤层瓦斯富集带的研究》成果达到国际先进水平,一起研发的《地面沉降GPS观测数据自动处理系统软件》,构建覆盖大同、朔州的GPS连续运行网络测量系统;局属单位申报的《井—地电磁法高精度探测煤矿积水采空区技术研究》《资源整合矿区水害探测及防治技术研究》入选国家安全监管总局《2012年安全生产重大事故防治关键技术科技项目》;局下属单位建成"数字煤田"三维演示大厅,研发的煤炭地质勘查主流程信息化系统和地质项目管理系统已经推广使用;在144院实施钻机远程视频监控系统试点工作。 (张素贞)

【资源赋存研究】 以国家页岩气"十二五"规划确定的沁源和寿阳两个区域为重点,申报立项《山西省页岩气资源调查评价》《沁水盆地重点远景区页岩气资源调查评价》等项目。以加强山西省煤炭、煤层气、铀矿资源保障能力为重点,初步完成《山西省浅部煤炭资源调查及评价》《山西地区铀矿勘查选区专题总体设计》等科研报告。 (张素贞)

【公益性地质勘查】 建立公益地勘项目完成情况定期报告制度,推进地勘项目勘查,全部完成2006~2007年的矿业权价款项目验收及报告评审工作。2012年全局新立《山西省沁水煤田沁水县王寨勘查区煤炭详查》等省级矿业权价款项目23个,勘查面积872.1506平方千米,完成钻探进尺75.69万米。提交地质报告23件,累计提交煤炭资源量156亿吨,其中新发现资源量87亿吨,提高储量级别69亿吨。发起并成立"中国国际煤质应用与评价委员会"。 (张素贞)

【非煤地质找矿】 突出非煤矿山领域资源勘查,促进勘查主业由煤炭向非煤领域转变,新立项《山西省汾西县对竹矿区铝土矿预查》等铁矿、铝土矿省级矿业权价款项目6个,勘查面积334.83平方千米,累计提交白云岩资源量4.8亿吨。突出新能源领域地质工作,在找气、找热、找水等领域齐头并进。煤层气产业发展势头强劲,钻探生产井、参数井20.42万米。配合煤炭生产企业开展瓦斯抽采井施工管理,完成襄垣善福联营煤矿、洪洞基安达煤矿透水事故抢险救援任务,在矿山安全、煤矿水害治理等领域迈出新步伐。新立项并实施《山西省朔州市东榆林水库地热资源勘查》等省级矿业权价款项目2个,勘查面积475平方千米,为山西省开发利用地热资源提供依据。全年完成水文勘探6.89万米,首次实施农村集体土地确权登记项目。 (张素贞)

【服务生态修复】 实施《山西省煤层自燃地质勘查与治理方法研究》项目,重点治理煤层自燃问题。完成《山西省二氧化碳地质封存》子课题项目,开拓地质灾害治理工程监理、水土保持方案编制等新业务,为山西省的环境治理、生态修复提供服务。

(张素贞)

【技术装备能力提升】 人才优势:全局2012年在职专业技术人员1619人,占在职职工总人数的33.7%。其中:初级职称989人,中级职称399人,高级职称108人。设备优势:全局拥有设备4974台套,其中,钻探设备

67台套，物探设备166台套，测绘设备172台套。现役设备的新旧比率为1:10。拥有国际领先水平的美国产T685WS车载钻机和T130XD车载钻机，德国产宝峨RB50车载钻机，HXDX-6车载钻机，石油二平台钻机、900HVV150X1-1空压机，UL408三维数据采集系统，GDP-32和V8电法仪、测绘全站仪、煤层气等温吸附仪、美国产煤层气测井泵等。XY-6N绳索取芯钻机居国内领先，提升地质勘查质量和水平。资质优势：推进资质提档升级，2012年新晋升气体矿产勘查、地质钻探、地质灾害勘查甲级资质3项，旅游规划、地质灾害施工乙级资质2项，地质灾害勘查等丙级资质4项。全局系统各类资质已达到76个，其中甲级资质占到38%，覆盖地质勘查、地质灾害、地质工程监理、测绘、环境评价、水土保持、土地复垦、桩基8个方面20个类别，在煤炭地质综合勘查、水文勘查、煤层气勘查与资源评价技术、灾害地质勘查与评价技术、地球物理勘探、地热勘探、煤层气固井与测试、大口径孔钻探、井下钻进找水等领域具有领先优势。在地质灾害治理、矿山生态恢复等领域为煤矿企业提供长期技术支持，服务能力增强。（张素贞）

【经营管理规范】 加强目标责任考核，突出考核管理重点，开展“规范管理年”活动，完善地质勘查质量技术管理体制，实行总工程师质量管理负责制。开展优质报告评选工作，推荐10件地质报告参加中国煤炭工业协会第十六届优质地质报告的评选；全局多种经营涉及煤层气钻探开发、商品混凝土产销、稀土新材料研发产销及煤炭运销等产业。2012年强化企业管理，开展企业规范化大检查，对全局23个法人企业进行规范，出台《劳动用工管理暂行办法》等规章制度，启用农民工工资支付登记卡，从源头上确保农民工工资及时足额发放。以汇镪、瑞东、金地等三个公司为试点，推行事企分体运行。所属企业全年共创收5.27亿元，实现利润0.26亿元，资产总额达到6.70亿元。局属汇镪公司跻身“太原市2011年度制造业50强”。（张素贞）

【战略合作加强】 2012年，局与潞安集团组建山西金地煤层气勘查开发有限责任公司，联手建设煤层气产业。144勘查院与华晋焦煤公司、西山煤电公司等煤企签订多项煤炭资源勘查与项目开发合作协议，推进探采一体化进程。148勘查院先后承担西山煤电集团杨庄新矿1.02亿元的勘探项目和“三一重工”陈家社井田5000余万元的勘探项目。（张素贞）

水文水资源勘测

【雨情】 2012年，山西省年平均降水量476.1毫米，比多年(2000~2010)平均值473.5毫米多2.6毫米，属正常年份，比2011年少109.7毫米。

2012年山西省分县(市)降水量统计，最多的是偏关县为621.9毫米，最少的是沁水县为330.3毫米。

2012年，山西省汛前降水量占年降水总量的15.5%，汛期降水量占年降水总量的77.6%，汛后降水量占年降水总量的6.9%。

(一)汛前降水

汛前(1~5月)，全省平均降水量73.9毫米，占年降水量的15.5%，比2011年的同期值(83.4毫米)少9.5毫米。分县(市、区)统计，降水量介于31.5毫米（晋城市城区)~141.6毫米(岢岚县)之间。各市汛前降水量评价为：除长治市降水偏少，晋城市降水显著偏少外，其余各市降水属正常。

1月，北中部部分地区降水量偏多，南部大部分地区降水偏少。各县(市、区)降水量在0~8.8毫米(吉县)之间，全省平均降水量2.8毫米。月内，全省较明显的降水过程有2次：7日和19~22日。7日中南部部分地区降小雪，日降水量在0~2.9毫米(和顺县）之间；19~22日全省普降小到中雪，局部降大雪，次降水量在0.1~8.8毫米(吉县)之间，其中降大雪的县(市、区)有4个，第一为吉县8.8毫米。

2月，全省降水量偏少，降水量在0~3.2毫米(神池县)之间，全省平均降水量0.5毫米，为2000年以来同期第一少水年。月内，全省性降水过程仅有1次：23~25日，全省大部分地区降小雪，次降水量在0~3.2毫米（神池县)之间。

3月，全省除阳泉市、临汾市和运城市偏多外，其余大部分地区降水偏少，降水量在0.0~33.7毫米(垣曲县)之间。月内，全省较明显的降水过程有4次：1~4日、15日、18~22日和28日。1~4日，全省大部分地区降小雨夹雪，次降水量在0~11.3毫米(万柏林区)之间；15日，全省除大同、朔州无降水外，其余大部分地区降小雨夹雪，日降水量在0~4.3毫米(宁武县)之间；18~22日，全省普降小雨，运城市普降中雨，全省平均降水量8.7毫米，次降水量在0.1~27.9毫米（芮城县)之间，有4个市的平均降水量超过10毫米，第一为运城市20.1毫米；28日，全省除阳泉市无降雨外，大部分地区降小雨，日降水量在0~6.9毫米(乡宁县)之间。

4月，全省降水呈中部偏多，北部和南部偏少，降水量在3.4(垣曲县)~53.0毫米(阳泉郊区)之间，全省平均降水量23.6毫米。月内，全省较明显

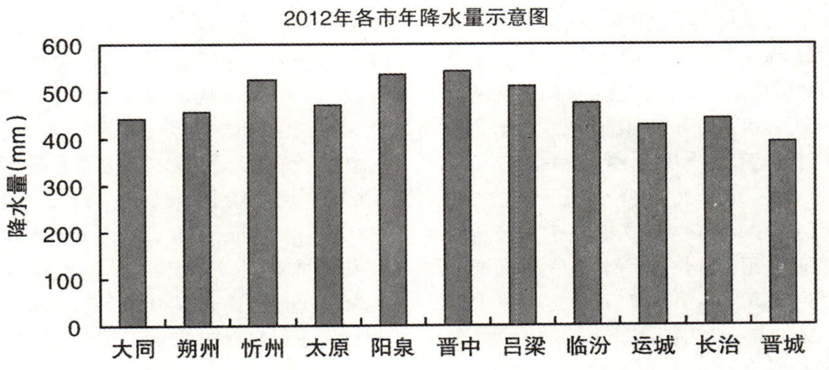

的降水过程有2次:9~11日和18~24日。9~11日,山西省大部分地区降小雨,局部降中雨,次降水量在0~20.7毫米(长治市郊区)之间;18~24日,全省普降小雨到中雨,局部降大雨,全省平均降水量15.9毫米,次降水量在0~38.3毫米(阳泉市郊区)之间,其中降水量最大的市是阳泉市为29.9毫米。

5月,北部降水量偏多,中、南部降水量偏少,全省平均降水量33.2毫米。降水量介于6.7(阳城县)~102.2毫米(岢岚县)之间。月内,山西省主要的降水过程有3次:8~11日、19~21日和28~29日。8~11日,全省普降小到中雨,大同、忻州局部降大雨,次降水量在0~45.2毫米(天镇县),降水量大于25毫米的县有9个;19~21日,山西省普降小雨,局部降中雨,次降水量在0~21.6毫米(怀仁县)之间;28~29日,全省普降小雨,临汾、运城、吕梁大部降中雨,3市平均降水量分别为17.5毫米、19.4毫米、15.8毫米,次降水量在0~26.8毫米(石楼县)。

(二)汛期降水

汛期(6~9月)降水量,对各市的评价为:朔州和晋中降水偏多,其余各市降水属于正常;各县(市、区)降水量介于235.6(临猗县)~503.3毫米(榆社县)之间,全省平均降水量369.2毫米,占年降水量的77.6%,比2011年同期值(413.0毫米)少43.8毫米。

6月,全省大同市、临汾市、运城市、晋城市降水量偏少,其余各市降水都偏多,全省平均降水量63.0毫米。各县(市、区)降水量介于14.1(芮城县)~129.7毫米(柳林县)之间,降水量大于100毫米的县有12个,主要集中在北中部。月内,全省性主要降水过程有3次:1日~3日、5~7日和18~29日。1~3日,运城以北地区普降小到中雨,大同、朔州、忻州和太原局部降大雨,次降水量在0~43.5毫米(宁武县)之间,次降水量大于25毫米(中雨)的县有17个;5~7日,全省普降小雨,朔州、忻州和吕梁局部降中到大雨,各县(市、区)次降水量在0~26.4毫米(右玉县)之间;18~29日,全省普降小到大雨,局部降暴雨到大暴雨,次降水量在13.8~112.5毫米(柳林县)之间,次降水量大于50毫米的县有58个。

7月,全省降水量偏多,降水量介于76.0(吉县)~284.2毫米(榆社县)之间,全省平均降水量174.0毫米,为2000年以来同期第一多水年。月内,全省大范围的较强降水过程有5次:8~10日、13~14日、20~21日、26~27日和29~31日。8~10日,全省普降小到大雨,局部暴雨,全省平均降水量39.6毫米,次降水量大于50毫米的县有39个;13~14日,全省普降小到大雨,局部降暴雨,全省平均降水量16.7毫米;20~21日,全省普降小到大雨,局部降暴雨到大暴雨,全省平均降水量29.8毫米,主要集中在朔州、大同和忻州,次降水量大于50毫米的县有22个;26~27日,全省除运城市无降雨外,普降小到大雨,局部降暴雨,全省平均降水量14.3毫米,主要集中在吕梁、太原和阳泉,次降水量大于50毫米的县有4个;29~31日,全省普降小到大雨,局部降暴雨到大暴雨,全省平均降水量54.8毫米,主要集中在晋城、太原和吕梁,次降水量大于50毫米的县有59个。

8月,全省降水量除临汾市偏多外,其他各市降水量均偏少,降水量介于13.3(陵川县)~150.2毫米(浮山县)之间,全省平均降水量66.9毫米,为2000年以来同期第二少水年(2001年66.1毫米)。月内,全省主要的降水过程有4次:1日、4~9日、11~14日和16~20日。1日,全省部分地区降小到中雨,局部降大到暴雨,强降水主要集中在东南部,日降水量在0~48.2毫米(长子县)之间,单站日降水量大于50毫米(暴雨)的站有5处,第一为长子县马箭103.4毫米(大暴雨);4~9日,全省普降小雨,北部局部及中南部部分地区降中到大雨,次降水量在0.1~67.2毫米(浮山县)之间;单站次降水量排在第一位的是新绛县北范庄118.2毫米;11~14日,全省普降小雨,忻州市、临汾市、晋城市、长治市降中到大雨,次降水量在0.4~66.3毫米(阳城县)之间,单站次降水量大于100毫米的站有3处,第一为阳城县西冶116.6毫米;16~20日,北部部分地区降小雨,中南部部分地区降中到大雨,次降水量在0~79.1毫米(襄汾县)之间,单站次降水量排在第一位的是乡宁县大坪101.6毫米。

9月,全省降水量呈北部、中部偏多,南部及东南部偏少。降水量在33.7(侯马市)~115.2毫米(方山县)之间,全省平均降水量66.9毫米。月内,全省性主要降水过程有5次:1日、4~7日、10~13日、18~21日和24~26日。1日,全省普降小到大雨,局部暴雨,强降水主要集中在北部,日降水量在6.5(屯留县)~49.7毫米(广灵县)之间,单站次降水量大于50毫米(暴雨)的站有64处;4~7日,中南部普降小到中雨,局部降大到暴雨,次降水量在0~42.5毫米(寿阳县)之间;单站次降水量大于50毫米的站有5处;10~13日,全省普降小雨,临汾、运城降中到大雨,次降水量在0.2~39.6毫米(芮城县)之间,单站次降水量大于25毫米(中雨)的站有77处;18~21日,全省普降小雨,局部中到大雨,次降水量在0~13.2毫米(五台县)之间;24~26日,全省普降小到中雨,吕梁、大同、忻州局部降大雨,次降水量在1.1~23.4毫米(方山县)之间。

(三)汛后降水

汛后(10~12月),全省降水量介于10.9毫米(泽州县)~76.5毫米(偏关县)之间,全省平均降水量32.9毫米,占年降水量的6.9%。汛后降水量评价为:大同市、朔州市降水偏多;忻州市降水正常;太原市、阳泉市、晋中市、吕梁市降水偏少;临汾市、运城市、长治市、晋城市降水偏少。

10月,全省降水量呈北部偏多、中南部偏少状况,降水量介于3.4毫米(泽州县)~42.8毫米(河曲县)之间,全省平均降水量16.3毫米。月内,全省性主要的降水过程有4次:即4日、14~17日、20~22日和28日。4日,全省普降小雨,东南部部分地区降中雨,次平均降水量在0~16.0毫米(襄垣县)之间;次平均降水量大于10毫米的县有9个;14~17日,全省普降小雨,北部及西部部分地区降中到大雨,次平均降水量在0~19.9毫米(五寨县)之间;次平均降水量大于10毫米的市有3个;次平均降水量大于10毫米的县有27个;20~22日,全省普降小雨,北部及西部部分地区降中到大雨,次平均降水量在0~16.9毫米(河曲县)之间;次平均降水量大于10毫米的县有14个;28日,南部部分地区降小雨,次平均降水量在0~6.4毫米(芮城县)之间。

11月,全省降水量呈北部偏多,中、南部偏少状态,降水量介于1.2毫米(定襄县)~43.1毫米(偏关县)之间,全省平均降水量13.3毫米。月内,全省性主要的降水过程有3次:2~3日、9~11日和15~16日。2~3日,全省普降小到中雨雪,北部局部降大到暴雪,次平均降水量在0~29.0毫米(灵丘县)之间;全省平均降水量为4.5毫米。9~11日,全省普降小雨雪,次平均降水量在0~9.0毫米(南郊区)之间;全省平均降水量为3.9毫米。15~16日,全省普降小到大雪,次平均降水量在0~8.4毫米(偏关县)之间;全省平均降水量为2.8毫米。

12月,全省降水呈北部、中南部大部分地区略偏多,东南部地区降水量偏少状况,降水介于0.4(平鲁区)~9.7毫米(阳泉矿区)之间,全省平均降水量3.3毫米。月内,全省降水过程有4次:1~2日、13~15日、20日和28日。1~2日,全省大部分地区降小雪,运城局部降中雪,全省平均降水量为0.4毫米,次平均降水量在0~3.5毫米(平陆县)之间。13~15日,全省普降小到中雪,阳泉、长治和晋城部分地区降大雪,全省平均降水量为1.5毫米,次平均降水量在0~5.5毫米(襄垣县)之间。20日,全省大部分地区降小到中雪,局部降大雪,全省平均降水量为0.9毫米,日平均降水量在0~5.8毫米(霍州市)之间。28日,全省部分地区降小雪,大同、朔州部分地区降中雪,全省平均降水量为0.2毫米,日平均降水量在0~3.7毫米(广灵县)之间。

(四)暴雨

2012年,山西省局地暴雨频繁发生,据统计24小时暴雨情况,观测到暴雨的站达565个,其中观测到大暴雨的站26个,特大暴雨的站1个,即晋城市西冶站,7月30日,219.2毫米。汛期暴雨发生的时间段分别为:6月21~26日、28日;7月3~4日、8~10日、12~14日、21日、26~27日、29~8月1日;8月7~8日、12日、17日;9月1日、5~9日。（梁述杰）

【河道水情】 2012年,山西省各河流水势总体平稳。汛前,滹沱河,浊漳河,绛河,清漳东支,北川河,涑水河及其支流洮水河、白沙河,汾河干流及其支流涧河、洪安涧河等河流来水量偏多,其余河流来水量偏少。汛期,受局部暴雨影响,部分河道发生较大洪水,涧河娄烦水文站6月23日16:40时洪峰流量194立方米每秒,列1993年建站以来第二位;清凉寺沟杨家坡水文站(临县)7月27日10:00时洪峰流量1020立方米每秒,列1957年建站以来第二位。汛后,受持续少雨影响,桑干河新桥、南洋河天镇、御河孤山、壶流河广灵、滹沱河上永兴、桃河旧街、偏关河偏关、冶峪沟董茹、洪安涧河东庄、续鲁峪河大交(续),10处水文站河道出现断流现象。

(一)全年河道水情

2012年山西省各水文站年平均流量与多年均值相比较,除南洋河天镇,滹沱河济胜桥(五台),清水河五台山等18处水文站偏多以外,其余站点均偏少。

各主要河道水文站年平均流量与多年平均值比较(单位均为立方米每秒,下文略):桑干河固定桥水文站(大同)0.881,比多年均值少3.71;唐河南水芦水文站(灵丘)0.785,比多年均值少0.428;滹沱河界河铺水文站(原平)4.75,比多年均值少0.100;南庄水文站(定襄)11.3,比多年均值少3.79;松溪河泉口水文站(昔阳)1.49,比多年均值少0.076;桃河阳泉水文站0.529,比多年均值少0.673;浊漳河石梁水文站(潞城)9.05,比多年均值少4.57;偏关河偏关水文站0.131,比多年均值少0.855;鄂河乡宁水文站0.096,比多年均值少0.066;汾河静乐水文站10.8,比多年均值多3.78;兰村水文站(太原)5.39,比多年均值少7.36;义棠水文站(介休)20.6,比多年均值多6.03;柴庄水文站(襄汾)20.9,比多年均值少7.14;潇河芦家庄水文站(寿阳)1.19,比多年均值少2.25;沁河飞岭水文站(安泽)1.75,比多年均值少4.49。

(二)汛前河道水情

2012年各水文站汛前平均流量与多年同期平均值相比,除滹沱河界河铺(原平)、济胜桥(五台)等19处水文站偏多以外,其余站点均偏少。部分站点出现河道断流的现象:即桑干河新桥(大同)、御河孤山(大同)等共10处水文站。受在建水利工程影响,松塔河独堆水文站(寿阳)全年停测,沁河油房水文站(沁水)、中西河岔口水文站(文水)从5月份开始停测。

2012年汛前各主要河道水文站平均流量与多年同期平均值比较:桑干河固定桥水文站(大同)0.357,比多年同期少2.74;唐河南水芦水文站(灵丘)0.910,比多年同期少0.245;滹沱河界河铺水文站(原平)3.52,比多年同期多1.18;南庄水文站(定襄)12.1,比多年同期多3.19;松溪河泉口水文站(昔阳)0.374,比多年同期少0.299;浊漳河石梁水文站(潞城)6.05,比多年同期多0.429;偏关河偏关水文站0.020,比多年同期少0.366;汾河静乐水文站13.5,比多年同期多9.89;兰村水文站(太原)8.24,比多年同期少3.11;义棠水文站(介休)14.2,比多年同期平均值多8.76;柴庄水文站(襄汾)16.0,比多年同期多1.15;潇河芦家庄水文站(寿阳)0.954,比多年同期少0.346;沁河飞岭水文站(安泽)0.567,比多年同期少1.85。

(三)汛期河道水情

1. 汛期各主要河流控制站来水量

山西省各主要河流控制站流域总面积为91499平方千米,其中,海河流域面积40443平方千米,占总控制面积的43.1%,黄河流域面积53325平方千米,占总控制面积的56.9%。2012年汛期,全省各控制站径流总量91039万立方米;海河流域各控制站汛期径流量41736万立方米,占汛期径流总量的45.8%;黄河流域各控制站汛期径流量49303万立方米,占汛期径流总量的54.2%。

汛期各主要河流控制站逐月实测来水量情况

序号	流域	河名	站名	流域面积(平方千米)	月平均流量(立方米每秒)				汛期累计水量(万立方米)
					6月	7月	8月	9月	
1	海河	桑干河	固定桥	15803	0.777	0.708	2.46	1.37	1405
2		滹沱河	南庄	11936	10.5	7.30	22.6	10.8	13529
3		龙华	会里	475	0.790	1.12	1.80	1.02	1251
4		松溪河	泉口	1627	0.766	4.76	5.17	1.97	3369
5		桃河	阳泉	490	0.370	1.35	2.42	1.05	1378
6		浊漳河	石梁	9652	12.7	15.0	33.0	8.62	18382
7		清漳东支	和顺	460	0.401	2.60	4.60	1.50	2421
海河流域累计水量(万立方米)					6818	8795	19298	6825	41736
1	黄河	偏关河	偏关	1896	0.118	1.21	0.118	0.012	389
2		东川河	岢岚	476	0.305	1.18	0.787	0.560	751
3		三川河	后大成	4075	6.58	10.0	14.2	10.5	10909
4		汾河	河津	38650	6.84	25.8	51.2	40.6	32920
5		涑水河	蒲州	5545	0.26	0.290	0.405	0.260	321
6		沁河	飞岭	2683	3.43	3.01	5.70	3.05	4013
黄河流域累计水量(万立方米)					4545	11113	19394	14251	49303
全省合计					11363	19908	38692	21076	91039

2. 汛期各主要河道水文站平均流量

2012年各水文站汛期平均流量与多年同期平均值相比较，除南洋河天镇，滹沱河济胜桥(五台)等16站偏多外，其余站点均偏少。其中部分站点出现河道断流的现象，如：桑干河新桥(怀仁)、御河孤山(大同)、壶流河广灵，冶峪沟董茹(太原)、续鲁峪河大交(翼城)，共5站。

汛期各主要河道水文站平均流量与多年同期平均值比较：桑干河固定桥水文站(大同)1.33，比多年同期少6.80；唐河南水芦水文站（灵丘）0.755，比多年同期少0.573；滹沱河界河铺水文站(原平)6.76，比多年同期少2.24；南庄水文站(定襄)12.8，比多年同期少12.3；松溪河泉口水文站(昔阳)3.20，比多年同期多0.017；桃河阳泉水文站1.31，比多年同期少1.65；浊漳河石梁水文站(潞城)17.4，比多年同期少8.30；偏关河偏关水文站0.369，比多年同期少1.81；鄂河乡宁水文站0.193，比多年同期少0.205；汾河静乐水文站9.80，比多年同期少2.82；兰村水文站(太原)2.90，比多年同期少16.3；义棠水文站(介休)30.5，比多年同期多1.43；柴庄站31.2，比多年同期少15.2；潇河芦家庄水文站(寿阳)1.48，比多年同期少5.71；沁河飞岭水文站3.81，比多年同期少7.56。

3. 洪水

由于受局部暴雨和极端气侯的影响，滹沱河、汾河、潇河、桃河、榆社河、湫水河、清凉寺沟、三川河、南洋河、涧河等河流在2012汛期均发生较大洪水。

6月份受局地暴雨影响，涧河娄烦水文站23日16:30时洪峰流量194(立方米每秒，下略)，列1993年建站以来第二位(第一位最大流量为211，1995年7月8日发生)。

7月份受局地暴雨影响，于27日黄河流域各河相继发生较大洪水。清凉寺沟杨家坡水文站(临县)10:00时洪峰流量1020，列1957年建站以来第二位（第一位最大流量为1670，1961年7月21日发生），湫水河林家坪水文站(临县)12:36时洪峰流量1350，13:06时黄河干流吴堡水文站(柳林)洪峰流量10600，列1935年建站以来第十六位(第一位最大流量为24000；1976年8月2日发生)；31日部分河道发生较大洪水，湫水河林家坪水文站（临县)3:06时洪峰流量230；屈产河裴沟水文站(石楼)8:00时洪峰流量85.6，三川河后大成水文站(柳林)9:36时洪峰流量128；南洋河天镇水文站14:00时洪峰流量94.8；汾河二坝(清徐)水文站17:00时洪峰流量103；潇河芦家庄水文站(寿阳)18:18时洪峰流量63.2。

8月份受局地暴雨影响，汾河柴庄水文站(襄汾)1日18:00时洪峰流量136；义棠水文站(介休)2日8:00时洪峰流量148；赵城水文站(洪洞)2日18:00时洪峰流量110；河津水文站5日17:36时洪峰流量120；滹沱河界河铺水文站（原平)5日8:00时流量41.6；济胜桥水文站(五台)5日8:00时流量57.0；浊漳河石梁水文站(潞城)1日8:00时流量93.0。

9月份受局地暴雨影响，清凉寺沟杨家坡水文站（临县)6日1:42时洪峰流量170；汾河义棠水文站（介休)3日15:00时洪峰流量102；赵城水文站（洪洞)4日6:00时洪峰流量70.0；柴庄水文站(襄汾)5日7:15时洪峰流量85.0；汾河二坝(清徐)水文站6日20:00时洪峰流量54.3；河津水文站11日8:00时流量75.6。

4. 汛后河道水情

2012年全省各水文站汛后平均流量与多年同期平均值相比较，除滹沱河界河铺(原平)，清水河五台山等15处偏多，其余站点均偏少。其中桑

2012年汛期部分河流洪峰流量统计表

序号	河名	站名	地址	日期	时间	洪峰流量（立方米每秒）	历史排位
1	涧河	娄烦	娄烦县	6月23日	16时30分	194	2
2	汾河	义棠	介休市	7月9日	13时50分	87.5	45
3	清漳东支	和顺	和顺县	7月10日	8时00分	50.6	33
4	汾河	柴庄	襄汾县	7月11日	8时00分	73.5	55
5	汾河	河津	河津市	7月13日	4时06分	76.6	54
6	偏关河	偏关	偏关县	7月21日	11时42分	170	35
7	黄河	府谷	府谷县	7月21日	12时36分	4200	32
8	朱家川	桥头	保德县	7月21日	17时54分	233	—
9	黄河	吴堡	吴堡县	7月22日	8时36分	4440	51
10	岚河	上静游	娄烦县	7月26日	22时06分	140	28
11	汾河	静乐	静乐县	7月26日	22时24分	150	48
12	汾河	河岔	娄烦县	7月27日	4时00分	66.0	—
13	榆社河	榆社	榆社县	7月27日	6时00分	192	35
14	清凉寺沟	杨家坡	临县	7月27日	10时00分	1020	2
15	湫水河	林家坪	临县	7月27日	12时36分	1350	14
16	黄河	吴堡	吴堡县	7月27日	13时06分	10600	16
17	黄河	龙门	河津市	7月28日	7时36分	7620	26
18	黄河	吴堡	吴堡县	7月28日	8时36分	7580	30
19	黄河	龙门	河津市	7月29日	0时30分	5740	44
20	三川河	后大成	柳林县	7月30日	21时12分	110	52
21	湫水河	林家坪	临县	7月31日	3时06分	230	48
22	屈产河	裴沟	石楼县	7月31日	8时00分	85.6	43
23	三川河	后大成	柳林县	7月31日	9时36分	128	52
24	南洋河	天镇	天镇县	7月31日	14时00分	94.8	—
25	汾河	汾河二坝（二）	清徐县	7月31日	17时00分	103	30
26	桃河	阳泉	城区	7月31日	17时00分	60.8	55
27	潇河	芦家庄	寿阳县	7月31日	18时18分	63.2	53
28	浊漳河	石梁	潞城市	8月1日	8时00分	93.0	48
29	汾河	柴庄	襄汾县	8月1日	18时00分	136	50
30	汾河	义棠	介休市	8月2日	8时00分	148	31
31	汾河	赵城	洪洞县	8月2日	18时00分	110	55
32	滹沱河	界河铺	原平市	8月3日	18时00分	64.8	35
33	滹沱河	济胜桥	五台县	8月5日	8时00分	57.0	36
34	汾河	河津	河津市	8月5日	17时36分	120	47
35	黄河	府谷	府谷县	8月11日	20时00分	2960	50
36	黄河	府谷	府谷县	8月16日	8时36分	2980	49
37	汾河	赵城	洪洞县	8月18日	13时30分	68.0	57
38	沁河	卫寨	安泽县	8月18日	16时45分	54.7	—
39	沁河	柴庄	襄汾县	8月19日	16时10分	102	53
40	汾河	河津	河津市	8月21日	5时18分	95.2	53
41	黄河	府谷	府谷县	9月1日	10时12分	3120	49

干河新桥(怀仁)等10个站点出现河道断流的现象。

汛后各主要河道水文站平均流量与多年同期平均值比较:桑干河固定桥水文站(大同)1.15,比多年同期少1.19;唐河南水芦水文站(灵丘)0.617,比多年同期少0.538;滹沱河界河铺水文站(原平)4.12,比多年同期多0.647;南庄水文站(定襄)7.80,比多年同期少4.02;松溪河泉口水文站(昔阳)1.06,比多年同期多0.177;桃河阳泉水文站0.245,比多年同期少0.212;浊漳河石梁水文站(潞城)2.86,比多年同期少7.77;偏关河偏关水文站河干;鄂河乡宁水文站0.124,比多年同期多0.072;汾河静乐水文站7.86,比多年同期多2.44,兰村水文站(太原)3.98,比多年同期少2.51,义棠水文站(介休)17.8,比多年同期多7.73;柴庄水文站(襄汾)15.4,比多年同期少9.97;潇河芦家庄水文站(寿阳)1.20,比多年同期少0.765;沁河飞岭水文站(安泽)0.963,比多年同期少4.75。(梁述杰)

【大中型水库蓄水】 山西省大中型水库蓄水情况分汛初(2012年6月1日)、汛末(2012年10月1日)和年末(2013年1月1日)3个阶段进行统计分析。

(一)汛初大中型水库蓄水情况

1. 全省54座大中型水库

2012年汛初(6月1日)蓄水总量为10.76(下为同单位,略),比2012年年初(1月1日)少蓄1.19,比2011年同期多蓄3.10,比多年同期平均值多蓄5.93。

2.全省8座大型水库

2012年汛初(6月1日)蓄水总量为7.62,占所有大中型水库汛初蓄水量的71%;比2012年年初(1月1日)少蓄0.86,比2011年同期多蓄2.10。

(二)汛末大中型水库蓄水情况

1.全省54座大中型水库

2012年汛末(10月1日)蓄水总量为11.47,比2012年汛初(6月1日)多蓄0.70,比2011年同期多蓄0.86,比多年同期平均值多蓄5.13。

2. 全省8座大型水库

据全省8座大型水库汛末蓄水量统计,2012年汛末(10月1日)蓄水总量为8.13,占所有大中型水库汛末蓄水量的71%;比2012年汛初(6月1日)多蓄水0.52,比2011年同期多蓄水0.76。

(三)年末大中型水库蓄水情况

1. 全省54座大中型水库

2012年年末(2013年1月1日)蓄水总量为11.16,比2012年汛末(10月1日)少蓄水0.31,比2011年同期少蓄水0.80,比多年同期多蓄水4.39。

2. 全省8座大型水库

2012年年末(2013年1月1日)蓄水总量为7.83,占所有大中型水库年末蓄水量的70%;比2012年汛末(10月1日)少蓄水0.30,比2011年同期少蓄水0.65。(梁述杰)

【土壤墒情与灾情】 山西省2012年共有墒情观测站点72个,站点稀少,代表性不强,墒情站点观测的土壤含水量只能代表该点的土墒状况,很难从土壤含水量的角度分析各地市土壤墒情情况,所以,仅从降水量和降水量距平来进行土壤墒情的时段干旱分析。

(一)春季干旱分析

1. 降水量

2012年1月全省降水量较多年同期偏少,全省平均降水量2.8毫米(下同单位,略),比多年均值少26.3%;2月份的降水量较多年同期显著偏少,全省平均降水量0.5毫米,比多年均值少91.7%;3月份降水量较多年同期仍偏少,全省平均降水量13.7,较多年平均值少9.9%;总体来看,1月至3月全省总的降水量较多年同期明显偏少。

2. 降水量距平计算

按照降水量距平计算。受2月份降水较少影响,根据降水量距平百分比旱情等级划分标准,从月尺度看,1月份全省除运城市中度干旱外,其他各市无旱情。2月份全省严重干旱。3月份运城市、临汾市、阳泉市、长治市、忻州市、太原市、晋中市没有旱情,晋城市中度干旱,其他各市轻度干旱。

(二)秋季干旱分析

1. 降水量

2012年8月至9月份,全省降水量较多年同期偏少22.0%,8月份全省降水量较多年同期偏少39.1%,9月份全省降水量较多年同期偏多8.4%。

2. 降水量距平计算

按照降水量距平计算。根据降水量距平百分比旱情等级划分标准,8月份除临汾市和运城市无旱情,吕梁市和长治市轻度干旱外,其他各市中度干旱。9月份全省无旱情,土壤含水量较为适宜。

(三)灾情

2012年汛期,山西全省有11个市53个县、329个乡镇、66万人受灾,转移3.8万人,倒塌房屋7530间,死亡8人,失踪2人。农作物受灾面积96.9千公顷,成灾面积56.4千公顷,绝收面积18.4千公顷,减产粮食17万吨。死亡牲畜0.62万头(只),停产工矿企业24个,损坏堤防262处、45千米,损坏灌溉设施392处,损坏护岸54处,损坏水闸3座,冲毁塘坝14座,损坏机电泵站56座,损坏水电站7座,损坏机电井156眼,直接经济损失达26.2亿元,其中水利经济损失2.43亿元。(梁述杰)

【中小河流水文监测建设项目】 山西省中小河流水文监测项目总投资3.03亿元,工期3年。此项目是山西省水文史上投资额度最大、建设规模最壮观、站网发展速度最快、能力提高最显著的项目。项目建设内容为:新建水文站43处、改建28处设施设备,新建水位站47处、改建2处,新建雨量站987处、改建625处,新建水文巡测基地5处、改建2处,改建水文信息分中心10处,新设省水文应急监测队1处,编制预警预报服务软件89套等。截至2012年11月21日水利部水文局副局长林祚顶率组对山西省进行检查时:山西省中小河流全部项目获批,一期工程完成(改建水文站28处;建设水位站49处,其中新建47处、改建2处;建设雨量站1612处,其中新建987处,改建625处;建设水文信息中心10处),二期资金到位。(梁述杰)

【水文测站设施标准化建设】 山西省水文测站办公生活设施标准化建设工程总投资6806万元，包括69个水文站新（改）建和16处水文站的过河设施改造。截至2012年底，已经批复31站，18站已经完成，2站在建，11站准备招标。测站办公生活设施建设项目的实施，将改善全省基层水文测站的落后面貌，改善水文站在当地的社会形象，为稳定队伍，做好测报提供条件。（梁述杰）

【《山西省水文计算手册》印发】 2012年4月11日，省水利厅下发通知，《山西省水文计算手册》于2010年12月试行以来，在全省大水网工程规划设计、大中型水库调度运用、病险水库除险加固、中小河流治理中得到广泛应用，计算成果基本合理、可靠。自2012年5月1日起正式使用，原相关手册停止使用。（梁述杰）

【山老区"一村一井"井位勘查指导】 2012年省水利厅组织专业人员先后赴偏关、河曲、神池、岢岚、五寨、石楼等县，会同当地技术人员和北京军区给水团，对打井任务中难度较大的100眼井位进行野外踏勘、资料分析和归纳汇总，给出指导性意见，其中的20眼水井已全部成功出水。同时，先后完成太谷、曲沃、阳高、榆社、盂县、五寨、清徐、五台县等县13眼人畜饮水水源井的勘测工作，除3眼因故未施工外，已施工水井全部出水，而且超出设计指标。（梁述杰）

【《山西省重要水功能区纳污能力核定及限排总量控制方案》编制完成】 继2011年编制完成桑干河、汾河、滹沱河、漳河、沁河水环境承载能力及限制排污总量方案后，省水文水资源勘测局2012年完成全省黄河流域62个全国重点水功能区和海河流域25个全国重点水功能区的纳污能力和分阶段限排总量控制工作方案的数据搜集与整理、水功能区水质评价、水功能区纳污能力核定、限排方案的拟订及相关表报的编制，提交《山西省重要水功能区纳污能力核定及限排总量控制方案》。水功能区监测工作在2012年8月列入日常工作任务。省水文局根据2011年中共中央1号文件和实行最严格水资源管理制度的总体要求，组织编制这一方案。到2015年，重要河流湖泊水功能区水质达标率达到60%以上，到2020年达到80%以上。（梁述杰）

【《山西省地下水超采区评价报告》完成】 山西省水文水资源勘测局在2011年完成黄河流域地下水超采区复核评价的基础上，2012年开展海河流域地下水超采区复核工作，汇总完成全省地下水超采区划分成果，编制提交《山西省地下水超采区评价报告（初步成果）》。该成果已通过水利部组织的审查讨论，认为评价工作基础扎实、选用方法合理、成果可靠。（梁述杰）

【"无线遥控雷达波数字化测流系统"获专利】 2012年6月18~19日，省水文水资源勘测局对长治水文分局研制的YKCL—1型无线遥控雷达波数字化测流系统进行技术鉴定。鉴定意见认为：该系统设计理念先进，科学集成数据采集、传输、处理等先进技术，具有测验历时短、精度高、用人少、操作简便、性能稳定安全可靠等优点，可替代浮标法进行中高水流量测验，在国内处于领先水平。该系统已获国家知识产权局实用新型专利权。（梁述杰）

【地表水功能区水质监测】 2012年7月11日，省水文水资源勘测局做出部署，定于2012年8月、10月两次对全省182个地表水功能区进行水质采样检测，2013年起，将逐步增加监测频次，列入常规监测任务范围。对地表水功能区的常规检测是贯彻国家水资源管理的重要环节。

地表水功能区是根据社会经济发展需求、河流开发利用及水环境状况，科学合理确定水域功能的重要基础性工作。经省政府批准，由省水利厅和省环保局联合印发的《山西省地表水功能区划》表明，山西省地表水功能区划采用一级区划和二级区划两级体系。一级功能区划分为108个，即保护区32个、保留区5个、缓冲区21个、开发利用区50个。二级水功能区仅只在开发利用区中进一步划分，其划分成果为：饮用水水源区18个、工业用水区13个、农业用水区57个、景观娱乐用水区5个、过渡区12个、排污控制区19个，共124个。省水文局开展的水功能区全覆盖同步水质监测，即在124个二级功能区和一级功能区的32个保护区、5个保留区、21个缓冲区中分别采集水样，进行水质监测。检测项目根据国家地表水环境质量标准（GB3838–2002）所列溶解氧、高锰酸盐指数、化学需氧量（COD）、氨氮（NH3–N）、总磷、铜、锌、氟化物等24个基本项目进行。山西省50个开发利用区的区划河长5032.3千米，所划分的124个二级功能区，依据水体的使用功能，不同区划确定采用不同的水质控制目标。即根据水资源的可再生能力和自然环境的可承受能力，科学开发利用水资源，并留有余地，保护当代和后代赖以生存的水资源和生态环境。（梁述杰）

【河湖普查专项成果上报】 2012年8月27日，由山西省水文局承担完成的《山西省河湖基本情况普查报告》向国务院第一次全国水利普查领导小组办公室报出。这标志着山西省河湖普查专项工作走在全国前列，在各省水利普查专项成果上报工作中率先完成。（梁述杰）

【《海河流域入河排污口调查与监测报告》通过审查】 2012年3月21日，水利部海委水资源保护局在太原审查由山西省水文局完成的《2011年海河流域入河排污口调查与监测报告》。审查小组进行质询和讨论，认为专题报告内容全面、数据翔实、结构合理、技术路线正确，全面反映海河流域入河排污口现状及变化趋势。报告对2079个排污口的调查资料和1006个规模以上排污口的监测数据进行汇总、分析和评价，数据代表性强，结论可信，对流域污染源治理和水生态保护具有较高的实用价值。（梁述杰）

【《山西省首批水库、河道旱限水位（流量）确定技术报告》完成】 2012

年5月23日，省防汛抗旱指挥部办公室在省水文水资源勘测局召开《山西省首批水库、河道旱限水位(流量)确定技术报告》审查会。参加审查的有省内防汛、抗旱、水文、规划、工程管理、农田水利、供水、水资源等方面专家。

会议认为,《报告》所选水库、河道断面代表性较好,作为首批试点基本合理;11处水库统一采用旱限水位做指标,7处河道断面统一采用旱限流量做指标，符合当地实际;《报告》对所选水库、河道断面旱限水位(流量)进行合理性分析,其成果基本符合当地旱情特点,可作为下阶段修订抗旱预案的依据;《报告》上报国家防办,可在今后应用中根据实际情况做相应修正完善。（梁述杰）

【《核磁共振等探测找水技术推广应用》通过验收】 2012年11月18日，省水利厅受水利部国际合作与科技司委托,在太原召开由省水文局承担完成的水利部科技推广计划项目《核磁共振等探测找水技术推广应用》验收会。验收组听取项目实施情况汇报,查看相关技术资料,观看技术人员现场工作录像,认为该项目“全面完成计划、项目取得突出进展或优异成果”,同意通过验收,项目综合评价为A级(最高级)。（梁述杰）

【全国水情预警信息发布研讨会】 2012年11月21~22日，全国水情预警信息发布研讨会在太原召开。水利部水文局副局长刘学峰、副总工程师刘志雨,水文情报预报中心主任章四龙,省局领导宋晋华、卫平,部属7个流域机关、全国31个省(市、自治区)和新疆生产建设兵团的水情工作者共60余人参加会议。（梁述杰）

气　象

【降水】 山西省2012年平均降水量为474.1毫米，较常年值偏多5.8毫米，较最多年1964年偏少240.4毫米,较2011年偏少99.5毫米。

（李国英）

【气温】 2012年全省年平均气温9.4℃,较常年偏低0.4℃,较上年偏低0.2℃,为近15年来最低。年平均气温空间分布为由北向南逐渐升高,且中部盆地高于同纬度东西两侧山区。左云县、朔州市西部、忻州市局部、吕梁市局部及晋中局部地区年平均气温较低,基本在6℃以下,右玉县最低为3.9℃;运城市大部以及临汾盆地气温较高,在12℃~14℃之间,河津和运城最高为14.0℃;其余大部分地区平均气温基本都在6℃~12℃之间。与常年相比,全省除运城市、临汾市的局部和中部个别县市年平均气温略偏高外,其余大部分地区年平均气温略偏低。春季气温偏高,夏季气温接近常年,冬、秋季气温偏低。冬季,全省平均气温为-5.0℃，较常年同期偏低1.0℃,较上一年同期偏低0.3℃。全省冬季平均气温介于-12.7℃~0.7℃之间。春季,全省平均气温为12.0℃,较常年同期偏高0.7℃，较2011年偏高1.3℃。全省各地平均气温介于7.1℃~16.0℃之间,呈北低南高与盆地高山地低的特征。5月平均气温为19.0℃,较常年偏高1.0℃,为近10年同期第二高。夏季,全省平均气温为22.3℃,较常年值偏低0.1℃,为2000年以来第四个夏季气温偏低年。各地平均气温在18.4℃~26.8℃之间。秋季,全省平均气温为8.9℃,较常年均值偏低0.8℃，较2011年同期偏低1.3℃。全省各地平均气温介于3.1℃~13.7℃之间。（李国英）

【日照】 2012年,全省平均日照时数为2344.9小时,较常年偏少104.4小时。在统计的108个县(市)中,64个县(市)日照时数偏少,其中13个县(市)偏少300小时以上,42个县市偏少100~300小时;只有13个县(市)日照时数较常年偏多100小时以上。冬季，全省各地日照时数在243~637小时之间,北部多于南部。全省大部分地区日照时数在400小时以上。春季,全省各地日照时数在529~837小时之间,由北向南递减。夏季,全省各地日照时数在432~790小时之间。北部多于南部,除南部局部地区日照时数不足500小时外,全省大部分地区日照时数在500小时以上。秋季,山西省各地日照时数在455~800小时之间,北部多于南部。北部大部地区日照时数在600小时以上,与常年同期相比：全省大部秋季日照时数正常。

（李国英）

【气候事件】 1.暴雨。7月30~31日,吕梁市有8个县(市)出现暴雨,1个县(市)出现大暴雨,其中临县出现的暴雨天气导致14个乡镇236个村交通中断，全县农作物受灾面积35133.1公顷，成灾面积19652.1公顷,绝收面积8195.8公顷,毁坏耕地面积3796.5公顷，大畜死亡294头,

8月13日,省长王君在省气象局预警信息发布中心调研

（李国英提供）

猪死亡1356头，羊死亡5332只，鸡死亡36120只，损毁圈舍6000平方米，造成直接经济损失3.2亿元。太原全市范围出现暴雨天气，此次降雨强度大、范围广、持续时间长。31日凌晨1时许，太原积水路段共有40处。据统计，尖草坪区的柴村街办、马头水乡、古城街办在此次暴雨中受灾，受灾人口42人，房屋倒塌45间。长治市出现大到暴雨，过程降水量大于100毫米的有4个乡镇，大于50毫米的有45个乡镇。武乡的故城镇受大风、暴雨、洪水袭击，导致农作物受灾面积达556.1公顷，倒塌房屋51间，道路损毁500多米，桥梁坍塌2座，造成经济损失1300多万元。晋城市市区、阳城县南部、泽州县大部、陵川县东部和南部突降大暴雨到特大暴雨。截止到31日08时，市区雨量达到223.7毫米，突破有气象纪录的历史极值，有6个区域雨量站超过200毫米、19个区域雨量站超过100毫米、58个区域雨量站超过50毫米。由于降雨强度大，短时间内晋城市市区多条道路积满雨水，街道变成“河流”，低洼处房屋进水。特大暴雨导致毁坏多处农田、道路、桥梁和水利设施。阳泉市盂县和临汾市7县市也在同日出现暴雨。其中，阳泉市受雨涝灾害影响，14个乡镇居民住房倒损情况都有发生。

2. 寒潮降温。全省在冬季、初春和年末多次出现寒潮降温天气。冬季，大同市发生5次寒潮天气；吕梁市发生3次寒潮天气；12月6~8日忻州市大部和运城市部分地区出现寒潮天气；12月7~9日临汾市局部出现寒潮天气；2月7日晋中市4站和2月7日长治市4站出现寒潮天气。春季3月末，受强冷空气影响，朔州市、忻州市、运城市等地出现寒潮天气。运城市除芮城外其余各地均出现霜冻天气，其中闻喜县日最低气温降至−0.5℃。年末12月，全省月平均气温为−5.9℃，较常年均值偏低1.8℃，在近10年中为第二个低温年。月内多次出现寒潮天气，其中22~24日，全省出现明显降温，大部分县市气温下降6℃~8℃，有26个县市降温幅度在8℃~11℃之间。全省出现入冬以来气温最低值，其中右玉12月23日最低气温为−33.0℃，为全省2012年最低气温。

3. 降雪。1月7日出现小雪天气过程，共46个县（市）有降雪；1月19~22日出现大范围降雪天气过程，全省106个县(市)出现降雪，26个县(市)降中雪，兴县、交口、永和、吉县、乡宁、翼城和垣曲等7县市的降水量超过5.0毫米。2月12日和23~27日出现两次不同程度的雨雪天气，12日，全省出现小雪，降水量介于0.0~0.6毫米之间；23~27日，大同市大部、忻州市西部和晋中市大部出现降雪过程，最大降雪量为忻州市的保德，降雪量为2.2毫米。11月2~3日，全省出现雨雪、大风天气，北部大部、吕梁市、临汾市的西部山区、晋中市的东部山区等38个县(市)有0~9厘米积雪。年末12月，共出现5次降雪过程。1日，中南部大部和北部局部共75个县(市)出现降雪天气，其中，晋城市区达到中雪；6日，全省共有22个县(市)出现降雪天气，其中，五寨降中雪，岢岚、右玉、神池、左权、兴县、岚县出现2~4厘米积雪；12~13日，全省过程降雪量在0.1~5.8毫米之间，其中有34个县市降雪量在2.5毫米以上；19~20日，全省大部出现降雪天气，过程降雪量在0.1~6.4毫米之间，共31个县市降雪量在2.5毫米以上，85个县(市)有积雪，其中，小店、岚县、隰县、平定、长治县、屯留、偏关、潞城、壶关、沁源、盂县的积雪深度为5~9厘米；28日，全省大部出现降雪天气，24小时降水量在0.1~5.1毫米之间，其中广灵降大雪，怀仁、朔城区降中雪，其余县(市)降小雪。

4. 雷暴。2012年全年春季多次出现雷暴天气，尤其3月末运城市出现的强雷暴天气，给电力部门造成较大影响。3月27日，运城市大部分县市出现强雷暴天气，此次强雷暴造成平陆县的曹川、三门、坡底、张店4个乡镇大面积停电。加之气温偏低，冻雨天气使得该县10个乡镇的电力设施倒杆、断线。据电力部门不完全统计，直接经济损失达80余万元。

5. 大风冰雹。2012年全省局地出现大风和冰雹等强对流灾害性天气。6月1日，高平市、阳泉市、太原市等地区遭受冰雹袭击，受灾面积分别为240.4公顷、11356.5公顷和7135.5公顷，直接经济损失分别为560万元、2570万元和1330万元。6月13日，长治市和晋中市出现大风天气，最大风速分别达到19.3m/s（武乡）和26.2m/s(榆次)。6月3日、9日、19日、22日伴随雷雨天气，朔州市部分县出现短时大风。6月23日朔州市右玉县出现雷电天气。6月23~24日，晋城市高平、泽州遭受大风和冰雹袭击，高平的北诗镇12个村不同程度受灾，降水量29.9毫米，并伴随八级左右大风及短时冰雹。泽州县晋庙铺镇遭受大风、冰雹、洪涝等强烈自然灾害，大风、暴雨夹带冰雹持续时间近1个小时，给群众的生产、生活造成严重损失。7月5日大同市天镇、广灵分别出现最大直径6毫米和10毫米的冰雹。7月6日，大同的浑源县四个乡镇遭受冰雹灾害。7月10日，大同市灵丘县出现大风，最大风力达到8级以上。7月11日，大同市浑源县西坊城镇5村出现大风。7月10日，太原市清徐出现冰雹，持续时间10分钟，冰雹最大直径1厘米左右。7月11日，晋中的榆次、祁县、寿阳出现强降雨，并伴有大风，风速分别为榆次17.3米/秒，寿阳20.2米/秒，祁县19米/秒，榆次同时伴有冰雹，冰雹直径6毫米。7月13日，阳泉市平定气象站出现冰雹，张庄镇西部暴雨伴有大风冰雹，时间长达1小时，张庄镇、锁簧镇和冶西镇受灾人口合计23833人，农作物受灾面积1689.93公顷，直接经济损失2180万元。7月26日白天和夜间(27日)出现强对流天气，盂县气象站出现大风。7月26日，阳泉市盂县普降骤雨，仙人乡、北下庄乡、西潘镇、东梁乡四个乡镇受风灾严重，受灾面积13400公顷，半数成灾，有3350公顷绝收，直接经济损失800万元，居民房屋倒损13户，其中以仙人乡受灾最重，岭西岩到沙井线沿路树木倒折两百余株大面积农作物伏倒。7月29日，晋城市区、陵川出现短时强降水，其中陵川县伴有冰雹，持续时间达40分钟，最大的冰雹鸡蛋大小，厚度有7厘米之多。据陵川局报告受灾人口达800余人,农作物受灾面积达30公顷,损毁核桃树750株,蜂箱30个,农业总经济损失218万元。

6.高温。夏季气温接近常年略偏低,高温日数也较往年偏少,但季内气温冷暖起伏变化,出现多次35℃以上的高温天气。6月份高于35℃的天气主要出现区域集中在中部和南部,出现时段在6月中旬至下旬前期。13日、18日出现大于等于35℃的高温天气的范围较大,分别有50、43个县(市),主要在太原盆地、临汾盆地和运城盆地内,22、23日次之,分别为20、26个县(市),主要出现在临汾市和运城市。6月份全省共有213县次出现高于35℃的高温天气。临汾市和运城市大部分地区在2天以上,运城市大部在5天以上,其中,稷山、夏县、运城、永济、平陆在10天以上,夏县和平陆最多,达11天。6月13日≥35℃的高温天气最高,平陆、运城、夏县、稷山、永济分别为40.3℃、39.6℃、39.5℃、39.4℃、39.3℃。7月份大于等于35℃的高温天气主要出现区域集中在南部,出现时段在上旬初、中旬初和下旬后期。7月份全省共有114个县次出现35℃的高温天气。8月份高于35℃的高温天气主要出现在南部的临汾市和运城市,出现时段在月末。8月份全省共有8个县次出现35℃的高温天气。

7.大风、沙尘。全省大风、沙尘天气各季均有出现,但主要出现在3~5月。3月23日,大同市大部、朔州市局部、阳泉市、晋城市和晋中市部分地区出现大风天气,其中,最大的风速出现在大同市天镇县23日4时55分到11时39分,极大风速达27.9m/s。大同市部分县区4月3日、5~7日、10日、18日、20日、23~27日、30日出现大风天气,个别县区3日、10日、23~24日、27日出现扬沙,气象台共发布大风蓝色预警信号9次。4月忻州市多地出现大风天气,宁武和岢岚分别出现6次和8次大风天气,其中,4月2日,忻州市部分县市出现5~6级西北风,局部县(市)出现瞬间7~9级大风,繁峙出现浮尘,原平、保德出现扬沙。4月晋中市的平遥分别出现浮尘、扬沙和大风天气11次、4次和1次,太谷2日出现浮尘、扬沙天气,15日出现大风并伴有扬沙天气。5月30日,运城市闻喜县南垣境内出现大风天气,持续到31日10:00,夜间风力较大,最大风力接近七级,造成小麦已经成熟的裴社、后宫、河底3个乡镇93个行政村的11390公顷小麦麦粒脱落,损失率达到30%~50%,严重的麦穗上麦粒所剩无几,直接经济损失达到425万元。

8.雾霾。全省各季均出现不同程度的雾霾天气。冬季,1月8日,晋中市6站出现大雾天气,最小能见度分别为300米。1月,运城市雾霾天气多达21天,尤其是14~19日间全市持续雾霾,造成高速公路关闭,影响交通。春季,大雾天气主要发生在晋中市和晋城市。5月1日夜间晋城市高平出现最小能见度为800米的雾,29日夜间到30日早上晋城市区出现最小能见度为700米的雾,在雾的影响下,长晋、晋焦高速暂时封闭。夏季,主要发生在晋城市、阳泉市、晋中市和大同市。29日大同市区出现能见度为700米的大雾。秋季,9月出现大雾天气较多,其中,吕梁市岚县出现6次大雾天气,晋中市出现6站次雾日天气,晋城市出现雾(包括大雾)5站次;10月全省共出现5站次雾日。11月仅有一次,出现在11月10日晋城市陵川县,能见度为300米的大雾,给交通造成不便。

6月13日,副省长郭迎光在省气象局检查指导工作 (李国英提供)

9.初霜冻。主要出现在9月上旬、中旬,南部霜冻主要出现在10月中旬,其中,9月1~2日大同市出现25.3~57.7毫米的降雨。降雨过后,9月2~4日,全市最低气温降幅介于5.4℃~11.2℃,4日早晨天镇、浑源的部分乡镇出现霜冻。天镇县南高崖乡9个村1065.5公顷农作物受灾,绝收584.9公顷,直接经济损失600万元。浑源县黄花滩乡、大仁庄乡遭受秋霜冻灾害,油料、大豆、莜麦大面积受冻,造成9838人受灾,农作物受灾面积1380.2公顷,绝收160.0公顷,直接经济损失914.5万元。9月28~30日,大同市8县区出现初霜冻,最低气温达到-2.6℃,地表最低温度为-2.0℃,大同县、天镇、浑源、广灵、灵丘出现霜冻,市区、阳高、左云出现轻霜冻,各县初霜冻日与常年相比均偏晚。

(李国英)

【气候影响评价】 1.气候对农作物影响。2012年度全省冬小麦生育期内积温和降水较常年偏多,日照偏少。光、温、水条件基本能满足冬小麦生长需要,利于产量形成。2011年秋季全省中南部麦区在播种前后降水充沛,冬小麦足墒播种,出苗顺利,冬前苗情普遍较好;越冬期灾害少,底墒充足,且有积雪覆盖,冬小麦安全越冬;初春土壤解冻后良好的墒情使小麦顺利返青,气温偏低利于幼穗分

3 月 20 日，省气象局、省科协联合举办气象科普下农村活动

（李国英提供）

化；拔节抽穗期降水及时，温高光足，长势良好；灌浆乳熟期出现阶段性干旱和局部干热风，但持续时间不长，且底墒较好，籽粒灌浆较充分；麦收期间多晴好天气。总体上冬小麦生育期间的农业气象条件对其生长发育较为有利，小麦再获丰收。2012 年玉米生育期内光热条件正常，水分条件大部好于常年，后期灌浆充分，籽粒饱满，产量增加。其中：春播期墒情大部适宜，且出现春播好雨，播种出苗顺利；苗期表层土壤出现阶段性干旱，但底墒较好，利于根系下扎；拔节到抽雄吐丝期降水充沛，春夏玉米顺利拔节和抽雄；灌浆乳熟期土壤墒情适宜，气温正常，玉米灌浆充分；成熟收获期天气晴好，收晒顺利。

2. 气候对水利的影响。全省年降水资源总量约为 739.6 亿立方米，较累年值偏多 9.6 亿立方米，较 2011 年偏少 149.0 亿立方米。根据以上降水资源及丰枯标准属正常年份。

3. 气候对交通的影响。2012 年 1 月 19~22 日出现全省大范围降雪过程，加之气温持续偏低积雪不易融化以及道路结冰，全省大部分高速公路受到影响一度被封闭，给交通运输带来较大影响。

4. 气候对植被的影响。根据气象卫星资料监测分析，吕梁山、太岳山北部、太行山中北部、恒山等林区的植被指数均在 0.6 以上；而在城镇相对集中的地区以及临汾盆地、上党盆地、运城和晋城的大部分地区植被指数在 0.2 以下，植被较差；在吕梁、忻州西部植被长势也较差，植被指数介于 0.2~0.4 之间；其余地区植被指数介于 0.4~0.6 之间，植被长势一般。从 2012 年 8 月与 2011 年 8 月植被指数监测比较图可以看出，2012 年全省大部分地区的植被长势与 2011 年持平至略好。对林果业影响的主要气象灾害和极端事件是干旱、大风降温及冰雹等。6 月 16~18 日在阳城县蟒河镇的杏林、曹山沟和河北镇的孤堆底和圪涝掌发生火灾，过火面积 140.7 公顷，同时局地出现的强对流天气也对树木造成一定的影响。6 月 1 日晚 11 时，高平市寺庄镇出现强降雨，并伴有大面积的冰雹，致使 800 公顷果树受灾。6 月 23 日下午和 24 日下午，高平市北诗镇、原村乡、马村镇等地被洪水冲毁树木百余棵。（李国英）

【现代气象业务体系建设】 2012 年山西多方面建设现代气象服务体系。交通服务体系：在全省 5000 千米高速公路上分期进行监测站建设，建立高速公路气象监测预警服务，一期投资 1600 万已落实到位，57 个监测站已开始建设。旅游气象服务体系：一期已建 28 个监测站，二期 50 个监测站已开始建设，将覆盖全省所有 4A 以上景区。河流防洪防汛气象监测服务体系：已在汾河、桑干河、漳河等重要河流及流域面积 200 平方千米以上的中小河流建设 25 个自动监测站。山洪地质灾害气象监测服务体系：在山洪易发区、泥石流沟、滑坡点已建 221 个山洪地质灾害监测站。环境气象监测服务体系：建成 3 个温室气体观测站和 4 个气溶胶观测站，与省环保厅共建共享 54 个环境监测站。农作物病虫害气象服务体系：与省农业厅共建共享 30 个病虫害测报站，建立山西 13 种病虫害的预测模型。重视预报员队伍建设：设立 13 名市级首席预报员。强对流天气落区、精细化预报和中尺度数值模式 3 个预报团队作用显著。加强中尺度天气分析业务：建立精细化监测资料基础上的山西暴雨、暴雪、冰雹、雷雨大风等预报模型。建立基于 WRF 模式的区域数值预报业务系统，在森林大火、空气污染等突发事件时实现气象预报服务。全省 24 小时晴雨、最高和最低气温预报准确率分别为 88.99%、73.9%和 75.38%，均比上年有所提高。推进气象观测业务改革调整，全省 109 个国家级台站地面观测业务切换完成。全省区域气象观测站网规划稳步实施，已建设区域气象监测站 1631 个。岢岚大气光学干涉成像仪、五寨中频雷达项目开始业务运行，可为太原卫星发射中心提供服务。完成 4 项中国气象局信息网络试点工作任务。“新一代国内通信系统”、“卫星数据广播接收系统”正式投入业务运行，实时气象资料的传输时效和收集数量均有提高。（李国英）

【气象现代化工程】 2012 年成立由省委政研室、省政府政研室、省政府办公厅、省法制办和省气象局等单位组成的“山西省率先基本实现气象现代化方案研制领导组”。通过调研、咨询、论证，编写完成《山西省率先基本实现气象现代化的实施意见》由省政府出台印发。《实施意见》明确指导思想和目标，确立六项主要任务和七项重点工程，并初步制订八大类气象现代化评析指标。同时，确定长治市局为推进气象现代化市级试点。

（李国英）

【应对气候变化】 2012 年省气象局组织开展气候变化研究和评估，提高气候风险管理能力和适应气候变化能力。制订本地干旱、暴雨、高温、低温等项目的极端天气气候事件指标,极端天气气候事件系统和气象干旱监测指标系统开始业务运行。参与《山西省“十二五”控制温室气体排放工作方案》的编写。组织编写的《火电厂空冷气象条件分析论证技术指南》由中国气象局预报司特发全国。向省政府报送2篇气候变化决策咨询报告,副省长郭迎光批示有关单位全面做好应对气候变化和防灾减灾工作。“山西省温室气体观测站网建设(一期)工程”太原、大同、临汾3个观测站2012年开始业务运行,二期获山西省发展改革委批复投资735万元,拟在朔州、五台山、晋城再建3个观测站。2012年每月与省发展改革委联合报送《山西省温室气体监测报告》,为政府应对气候变化提供决策依据。

（李国英）

【气象防灾减灾体系】 2012年省、市、县三级政府均成立气象防灾减灾领导组,组长由政府分管领导担任,气象局长任副组长。全年地方政府气象防灾减灾财政支持近2亿元。推进以“一个预案、两支队伍、三个能力、四种手段、五项措施”为主要内容的气象灾害防御体系建设,省、市、县三级均以政府专项预案形式出台本级《气象灾害应急预案》,7个市发文出台《气象灾害防御规划》,75个县(市)以政府文件形式出台气象灾害应急准备认证工作文件。全省已建成36600人的防灾减灾责任人队伍,30837人的气象信息员队伍,其中纳入地方财政预算有6333人。已建成乡村气象信息服务站6516个,乡镇电子显示屏1302块,农村大喇叭自动语音广播系统10088套,分别在晋中市寿阳县和运城市试点建成气象预警调频接收系统和北斗卫星气象预警信息发布系统。临汾、长治、太原、阳泉等市将农村气象防灾减灾工作纳入地方政府工作目标考核。省级突发事件预警信息发布中心业务运行一年来,共发布预警信息82次,起到提前防御、有效应对的作用。为此,中共中央党校、国务院应急办和50余个省市政府、省市气象部门组织人员到山西省交流学习。在省级预警信息发布中心建设带动下,3个市级预警中心和9个县级预警中心相继建设完成。省局农业综合信息服务中心已完成业务场地建设。4个市局已建成农业综合信息服务中心。31个县(市、区)农业综合信息服务体系建设取得进展。

（李国英）

【气象法制建设】 2012年,《山西省气候资源开发利用和保护条例》颁布并开始施行。这是在本届人大期间出台的第二部地方性气象法规。2012年启动《山西省气象设施和气象探测环境保护条例》前期工作。全年做出气象行政许可2302件,累计执法检查2770次。推进基层气象机构综合改革,制定《山西省气象局县级气象机构综合改革试点工作方案》,选取寿阳、小店、新绛3个县局改革试点单位。

（李国英）

地　震

【震情】 2012年山西地区发生1.0级地震153次,其中1.0—1.9级地震129次,2.0—2.9级地震21次,3.0—3.9级地震3次(表1),最大地震是9月17日清徐3.2级地震和11月2日浮山3.2级地震。其中3级以上地震分布为大同盆地1次,太原盆地1次,临汾盆地1次。地震活动具有以下特点:一是地震活动较多年平均水平略低。本年度山西地区ML3.0共有12次,明显小于年平均频度18次的活动水平,2010、2011、2012频度三年持续走低,2012年为最低。二是全年无4级地震,强度偏低。2012年度最大地震仅为3.2级,无4级以上地震发生(山西地区4.0级地震年均次数为1.2次)。

（车海兵）

【台网运行管理】 2012年解决台站中心10多次受灾停测事件。全年山西省测震台网运行台站32个,全年的平均实时运行率为95.73%,全年的平均数据完整率为96.10%;前兆台网运行仪器83台套,共计237个测项,平均运行率达到100%,连续率98.24%,完整率97.84%;信息服务网络运行信息节点17个,区域中心局域网的运行率为100%,区域中心到国家中心骨干网运行率99.97%,市县信息节点运行率99.813%,台站信息节点运行率99.86%。

（车海兵）

【监测台站建设及环境保护】 完成离石台优化改造项目、长治备份台网中心,省财政市县重点台站优化改造项目。完成中国地震局背景场项目、钻孔应变组网观测试验与应变实时监视系统项目、极低频项目的年度建设任务。2012年在观测环境保护方面进行执法处理的事件主要有下达枝测线、天镇台、偏关子台、保德子台、原平GPS测点,共赔偿金额169万元。完成太原基准地震台迁建方案编写、论证,确定先勘选、后设计的程序,先期拨付200万元勘选费。提出大同中心地震台迁建方案。（车海兵）

【地震科研】 2012年山西省批准下达地震科研项目23项,争取到省部级科研项目11项(含震情跟踪工作任务合同制项目1项),其中山西省科技项目4项、中国地震局“三结合”项目3项、地震星火计划项目3项、震情跟踪合同制项目1项;获批地震行业科研专项协作项目2项,经费共计75万元。组织推荐2013年度中国地震局“三结合”项目7项、2013年度

山西地区M≥级地震统计表

时　间	纬　度	经　度	震　级	地　点
2012.09.17	37.57	112.37	3.2	山西清徐
2012.11.02	35.95	111.72	3.2	山西浮山
2012.11.29	39.90	113.22	3.0	山西怀仁

山西地区 1.0 级地震分布图

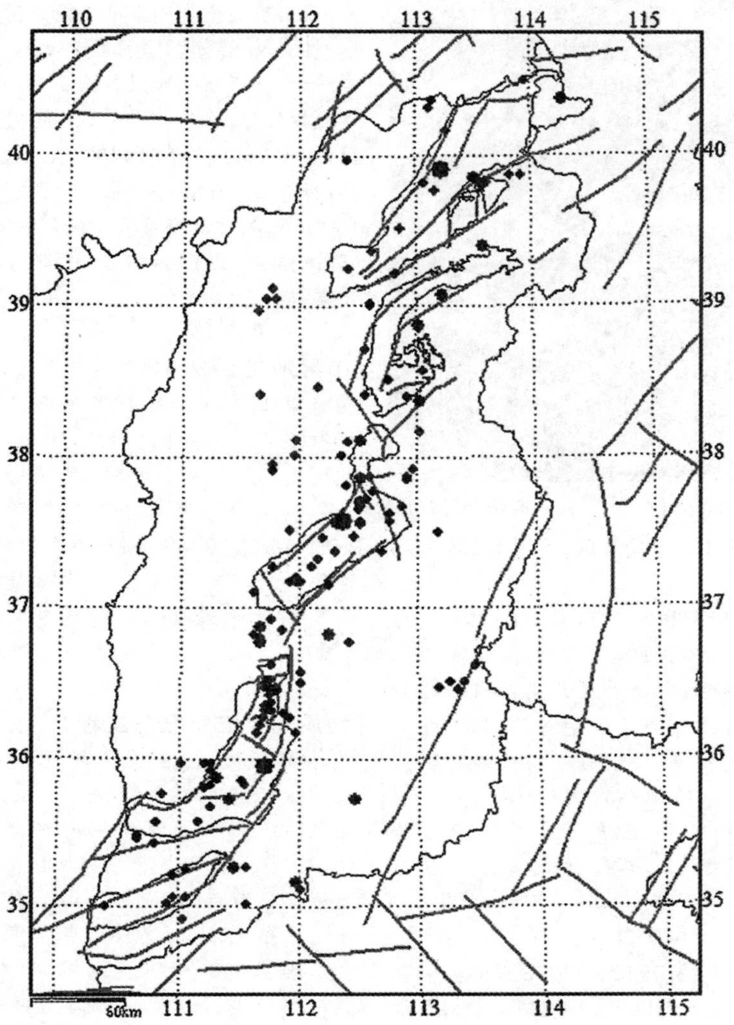

山西省科技计划项目3项、2013年度地震科技星火计划项目3项。选择6个科研项目开展地震科技成果推广应用活动。完成省局防震减灾优秀成果奖励评审工作。评出获奖项目5项，其中二等奖2项、三等奖3项。同时推荐2012年度省科技进步奖项目1项。开展论文评选和论文推荐各1次，举办学术茶座1次。邀请国内外地震学专家5人次到山西来做学术报告。参加3次科普宣传活动。完成2012年监测预报工作，在全国地震监测台网运行经常性项目考评中获得第四名，在全国观测质量统评中获15项前三名。（车海兵）

【应急指挥技术系统建设】 2012年正式开通“12322”防震减灾公益服务热线的语音服务，全年运行正常。更新地震应急基础数据库，强化灾情信息获取研判能力，建立分时段的应急技术产品服务保障体系。一是更新人口、经济、地理信息、学校、医院、地质灾害危险源等基础数据，新购置一批DEM和遥感数据，数据更新量、科目多是十五项目以来最大的一次。二是完成基于公里格网的新的数据库系统和管理系统，以作为十五项目应急技术系统的替补产品。三是购置2套包括全省11市、110多县（市、区）的基础地图并全部进行电子扫描。承担“山西地震安全信息服务工程”和“国家地震社会服务工程”中的应急项目建设任务。在中国地震局组织的2012年度省级地震应急指挥技术系统运行维护质量考核中，获得综合考核优秀、地震应急指挥平台单项第三名，地震应急基础数据库单项第三名的好成绩。（车海兵）

【地震应急救援准备】 2012年修订《山西省地震应急预案》，注重实用性、操作性和衔接性，一是实行全省地震系统统一指挥、分工协作的大应急模式；二是加强局地震应急指挥部各应急工作组、现场工作队各应急工作组和市地震局、台站间的协调合作；三是完善应对模板，根据震情级别分别制订两套应对模板；四是组织申报国家发改委4个应急避难场所建设项目，获中央预算投资1100万元。2012年，全省已建成Ⅱ类以上应急避难场所7处，正在建设2处、拟建4处；五是开展各类救援队伍培训和演练，太原、阳泉派出救援队骨干队员赴北京国家地震紧急救援训练基地进行培训。2012年，全省共开展各级地震演练4000余次。临汾、运城、阳泉组织较大规模的地震综合演练。（车海兵）

【地震应急救援队伍建设】 到2012年底山西省共有2支省级地震救援队，21支市级地震救援队，17支县级地震救援队，队伍人数达到3839人。2012年，为山西省地震灾害紧急救援二队采购200万元救援装备。8月21日，组织召开省地震灾害紧急救援队工作会议。会议就存在的问题和今后的工作重点进行研究讨论；对地震救援队队伍建设、训练经费、训练场地、队员考察、技能培训等多个问题达成共识。（车海兵）

【地震应急救援行动】 做好9月17日山西清徐3.2级地震、11月2日山西浮山3.2级地震、11月29日山西怀仁3.0级等多起有感地震事件的应对工作，地震发生后，迅速开展应对处置，公布地震信息、地震类型和震后趋势判定。以上地震均无人员伤亡和房屋破坏。（车海兵）

【地震灾害防御】 2012年，山西省11市均印发文件要求将抗震设防纳入基本建设审批程序，忻州、阳泉、长

5月4日，山西省召开省防震减灾领导组会议 （车海兵提供）

治3市先后将抗震设防要求监管纳入基本建设管理程序。全年全省完成抗震设防要求审批912项，地震安全性评价405项。临汾市活断层探测和震害预测工作基本完成。加大农村民居建设力度，完成重点监视防御区69个县的农村民居抗震性能普查数据收集和汇总，向省政府上报普查结果并提出解决山西省重点监视防御区和地震危险区农村民居抗震加固建议。推进农村民居地震安全示范工程建设，全省共有505个农村民居地震安全工程示范点，共建成符合抗震设防要求的民居12万套；向30000余个行政村发放农村民居抗震设防宣传挂图(一村一套)，建成12个农村民居建筑抗震服务中心。推进全省地震安全示范社区创建活动，全年共下拨防震减灾示范社区创建补助经费35万元，新建示范社区74个，示范学校274所，确定31个省级示范社区和47所省级示范学校，被中国地震局评定8个国家级示范社区。 （车海兵）

【防震减灾宣传教育】 2012年5月24日组织参加全国防震减灾宣传工作电视会议，会后召开山西省防震减灾宣传工作会议。年中，与省委宣传部联合转发《关于进一步加强防震减灾知识宣传工作的通知》。

年初，印发《关于印发2012年防震减灾宣传工作要点的通知》，安排全年防震减灾宣传工作。在“5·12”国家防灾减灾日和“7·28”防震减灾宣传周期间，专门印发“5·12”和“7·28”防震减灾宣传方案。5月11日，省地震局和太原市地震局在太原新影都剧场举行纪念汶川特大地震四周年暨“平安中国”活动启动仪式，同时观看中国第一部防灾减灾题材动漫影片《今天·明天》。“7·28”期间与省科技馆在迎泽公园举行防震减灾宣传巡回展览和“7·28”防震减灾宣传周，与省科协联合制作72块防震减灾知识展板，与省红十字会在小店区联合组织地震应急知识培训。还分别组织专家在《山西晚报》和山西政府网站进行专家访谈，向全省3万余个行政村发放农村民居抗震知识挂图等活动。据不完全统计，全年新制作科普作品75种，制作展板2721余块，条幅733条，发放光盘11892盘，书籍814400册，手册(传单、折页)1355103册(张)，广告宣传牌1000个，其他科普物品(宣传手袋、扑克，围裙、年画等)411152个，举办各级各类讲座500余场。 （车海兵）

【市县地震】 2012年首次将市级防震减灾工作纳入省委省政府目标责任考核体系，并由省监察厅牵头，对各市贯彻落实《山西省人民政府关于进一步加强防震减灾工作的意见》、2012年省防震减灾领导组会议精神、省政府与各市政府签订防震减灾重点工作目标三项内容进行专项监督检查。 （车海兵）

【地震安全信息服务工程】 项目总投资2530万元，在全省建设10个测震子台，5个前兆形变观测子台，2个前兆磁电观测子台，1个前兆流体子台，20个强震动观测子台，4个台站地震信息节点，建设地震动动态显示与速报系统1个，完善信息汇集与数据处理系统，建设流动信息节点1个，建设市级地震应急协同平台11个。2012年12月25日，该项目通过省发改委组织的验收。 （车海兵）

【教育培训】 2012年外派55人次参加中国地震局组织的培训；自办培训班9个，培训383人次，其中地震预报理论与方法培训班被列为国家级的基层重点培训班。 （车海兵）

社科活动

·山西省政府发展研究中心·

【简述】 山西省人民政府发展研究中心是省政府直属正厅级参照公务员管理的事业单位。主要职责是紧密围绕省委、省政府的工作部署,着重研究经济和社会发展的重大问题,突出宏观性、战略性、政策性和预见性,直接为省委、省政府决策服务。内设13个职能处室,研究范围涵盖发展战略、农村经济、产业经济、能源经济、区域经济、社会发展等多个领域。下设生产力研究、技术经济与管理研究、品牌3个杂志社。

“中心”编制72人,2012年有博士2名、博士在读3名、硕士研究生31名;高级职称13名,其中正高4名,副高9名;享受国务院政府特殊津贴专家6人;新世纪百千万人才工程国家级人选1人;国家社科基金经济学科评审组专家1人;中共山西省委联系的高级专家2名;山西省政府参事1人。 (赵文江 陈文莉)

【决策咨询服务】 2012年省发展研究中心以服从和服务于全省稳中求进、转型综改等为着力点,多层次、多角度对产业转型、民生改善、城乡统筹、生态建设展开研究,为省委、省政府提供优质决策咨询服务。一是围绕煤炭资源整合、安全生产、基础设施、“三农”工作、生态修复治理、改革开放诸多领域,总结十七大以来山西省经济工作,编辑《科学发展在山西》系列丛书,深化规律性认识。结合丛书编撰,在对近几年山西省重大领域发展的规律性认识和总结基础上,撰写一批宣传稿,在《经济日报》《中国经济时报》《山西日报》等媒体上刊登,产生重大反响。二是根据经济形势需要,科学研判如何实现“稳中求进”。根据省政府部署,每月分析一次经济运行情况,每季度总结和预测一次经济形势,适时提出观点和建议。国务院发展研究中心在郑州召开全国经济形势专题分析会议,山西省中心的主要观点和建议被吸纳到国务院发展研究中心综合汇总材料中,《中国经济时报》对山西作篇幅较大的报导。在山西省出台《关于保持经济平稳较快增长的若干意见》一揽子稳定经济增长政策后,组织专家集中解读,整版刊登在《山西经济日报》,从不同侧面分析解读《意见》的重要意义和落实要点,回答稳增长、调结构和惠民生等人们普遍关心的热点问题。三是宣传解析山西综改试验方案,完善顶层设计和实施方案。参与转型路径研究,参与转型跨越发展理论与实践研究,参与综改试验区方案实施追踪调查和政策取向研究。四是贯彻十八大精神,对未来进行新的规划和构想,明确目标,凝练选题,确定研究工作新方向。在十八大前,研究形成“生态文明建设”和“民生社会建设”两个专题材料。十八大召开后,围绕报告中涉及的问题,明确下一步力争在四个方向有新突破:加强对宏观战略问题研究,重点研究和破解经济社会发展面临的重大困难和问题;加强关键性、政策性问题研究,紧扣经济社会发展中的现实需求,从制度创新、政策突破等方面加强研究、提出对策;加强研究大局大势问题,深刻把握经济格局变化,分析挑战和机遇,增强建议的预见性和指导性;加强研究民生问题,既注重把握整体顶层设计,又注重提出可操作性的决策建议,为解决民生问题找准症结,找到答案。 (赵文江 陈文莉)

【调研报告】 2012年省发展研究中心出刊《调研报告》56期。主要报告有“美国智库及公共政策决策考察报告”“英国科技研发与创新战略的新动向”“河南省产业集聚区建设调研考察报告”“江苏太仓‘三化同步’发展调研”“伊利集团发展经验与启示”“宁夏特色旅游的进展、动因和影响”“创新工作思路、加强综合治理、建长效机制,为转型跨越发展创造良好环境”“积极应对下行压力,加快产业调整升级”“我省打造中西部物流强省的对策建议”“同煤集团巩固和扩大煤炭资源整合成果面临的主要困难和建议”“创新体制机制巩固和扩大煤炭资源整合成果”“夯实整合成果推动企业跨越发展”“多措并举促进煤电企业协调发展——山西煤电企业联营调研报告”“煤炭产业面临的问题及政策建议”“山西省天然气产业发展分析与思考”“煤炭行业应对危机应有大作为”“中煤平朔集团公司开展矿区环境治理的做法与启示”“盂县温池村开展矿山环境治理的启示”“朔州、阳泉两市开展矿山环境治理的做法与启示”“整合省内煤机资源打造全国重要的煤机产业集聚区”“山西新一轮治超工作的实践与启示”“长子县和屯留县发展一村一品的经验及启示”“关于推进第二批扩权强县试点建议”“改革招商引资的策略和方式”“黄土高原上的生活实践——吉县发展一县一业的探索与启示”“山西推进三化同步发展的思路与建议”“进一步深化农村全覆盖的对策建议”“发展山西省农村学前教育的思考及政策建议”“加快推进山西省农村公共文化设施建设的几点建议”“最低收入乡村贫困原因、问题及对策——五台县白家庄镇、灵境乡和驼梁区调研报告”等。

（赵文江　陈文莉）

【重要文稿参与】 2012年省发展研究中心参与对《山西转型综改试验区实施方案（2012~2015年）》反馈意见的提出和文件修改，参与《山西省人民政府关于支持农业产业化龙头企业发展的意见（讨论稿）》的修改工作，组织完成《关于义安经济发达镇行政管理体制改革试点情况评估方案征求意见稿》的修改意见。参与山西旅游产业、人口“十二五”规划专家评审会、关于加快服务业发展的意见等座谈会，以及对《一核一圈三群规划》提出建议等。完成省委领导全国人代会发言《投资转型与提振消费并重，加快形成持续有效的扩大内需机制》，省政府领导在首届世界晋商大会和关于民生社会发展，以及能博会、全省科技奖励大会讲话背景资料等。完成《打破发展瓶颈推进重点项目》《我们应该看到和发扬自己的优势》《对山西省情的认识》等文稿撰写。向中央巡视组作“缩小收入差距调整收入分配”汇报。为全国“两会”撰写议案“关于加快贫困地区城镇化进程的建议”等。（赵文江　陈文莉）

【《省长专阅》】 按照省目标责任考核任务要求，全年编辑报送《省长专阅》15期。2012年实际编辑上报30期。《省长专阅》注重办刊特色，强调信息立体化，有分析、有借鉴、有建议，更多关注宏观经济形势与深度分析，更多关注国家部委的政策动态，更多关注周边省份发展动态，更多关注转型综改的改革动态，更多关注煤炭、电力、冶金等资源型产业的最新动态。保证《省长专阅》专题报告同委办厅局工作相衔接，站在全省的高度为省领导提供决策参考。先后得到省领导重要批示的主要有“民间融资值得引起高度关注”“在污染减排、绿色发展上先行先试的政策建议”“当前宏观经济形势分析与政策走势”“加快战略性新兴产业发展的政策建议”、围绕“稳增长”的综合信息等。

（赵文江　陈文莉）

【学术交流与培训】 2012年中心负责人为全省“转型综改”专题培训班作《德国鲁尔地区经济转型经验》讲座；与省直工委合作举办省直机关领导干部“思想讲坛”；邀请加拿大女王大学城市与地区规划学院教授梁鹤年作《西方文明的未来——大国盛衰的逻辑》报告；邀请德国煤炭协会主席弗朗茨·约瑟夫·乌铎皮亚作《德国煤炭业面临的挑战及应对措施》讲座；邀请德国专家组举办《循环经济：矿区土地回收治理》专题讲座；来自德国北威州矿产能源部、北威州城市发展服务公司、鲁尔煤矿集团矿业不动产公司等单位的专家作演讲。继续开展中德项目合作，与德国国际合作机构举行项目会谈，起草并签署中德项目二期合作框架方案，主题为“山西省资源型经济转型与可持续发展能力建设”；全程参加省党政代表团学习考察和中部论坛等活动，在关系山西发展的土地问题、产业集群问题、文化强省问题等提出建议。组织全体研究人员赴埔东干部学院进行能力培训。按照国务院发展研究中心组织安排，中心负责人参加公共政策决策咨询制度比较研究赴美培训，赴英国地方政府智囊机构研究能力培训。（赵文江　陈文莉）

【决策咨询课题拟定验收】 2012年中心根据省政府重大课题管理办法，对各课题组研究进度跟踪，确保各课题组能够高质量按时完成研究任务。制定重大决策咨询课题验收方案，并召开重大决策咨询课题验收协调会，开展2011年省政府重大决策咨询课题结题验收工作。发展研究中心根据2012年工作计划和省领导指示，围绕省政府重点工作，初步拟定2012年山西省重大决策咨询课题目录，草拟《关于呈报2012年山西省政府重大决策咨询课题备选题目的请示》报送省政府。（赵文江　陈文莉）

·山西省地方志办公室·

【简述】 2012年，全省地方志工作取得可喜的成绩。主要工作有：

1. 以《山西省地方志工作“十二五”规划》为目标，推进二轮修志工作。（1）省志的编纂出版。全年出版《山西省志·供销合作社志》《山西省志·农业机械化志》《山西省志·医药志》《山西省志·科学技术志》《山西省志·民主党派和工商联志》《山西省志·大事记》6部省志。（2）专志编纂。《朔州风景名胜志》已出版，《山西省“五个全覆盖”工程志》完成送审稿；《上党炎帝文化旅游志》完成初稿。（3）市县地方志工作指导。完成《古县志》《太谷县志》《宁武县志》《新绛县志》《和顺县志》5部市县志的评审工作。8月，《运城市志》启动。（4）旧志整理。点校完成万历版《山西通志》，200万字，于6月由中华书局出版；清康熙版《山西通志》二校稿完成。（5）志书的开发利用。《2011山西重点工程大事志》，50万字，由山西人民出版社出版。（6）年鉴和期刊。《山西年鉴（2012）》，180万字，由方志出版社出版。《沧桑》按时编辑出版6期。

2. 以贯彻《山西省地方志工作条例》为契机，推动全省方志工作。

《山西省地方志工作条例》颁布以来，为山西省新一轮修志提供法制保障。从2012年7月开始，山西省地方志办公室领导分头带队配合省人大常委会教科文委领导先后到阳泉、吕梁、忻州、大同、朔州、运城、临汾等市及所属县、区对《山西省地方志工

12 月 17 日，全省地方志办主任会议在太原召开　　（高文宏提供）

作条例》的贯彻执行情况进行执法检查，了解各地地方志工作情况，提高党政部门对地方志工作的认识，推动全省地方志工作。

3. 根据山西省国民经济和社会发展"十二五"规划纲要，推进省情（方志）馆建设工作。根据山西省国民经济和社会发展"十二五"规划纲要，山西省省情（方志）馆建设已列入省发改委计划，并下拨 800 万元的前期经费，正在进行选址。

4. 发挥优势，为资历政育人服务。根据习近平同志领导干部要学点历史的精神，组织专家撰写出版《山西通史》（干部读本），并在山西干部在线学院进行 23 个讲座，为全省干部教育提供学习的平台。

根据省委秘书长杜善学的批示，成立《中条山爱国官兵勇跳黄河事件》调查组，组织专家学者到运城市实地进行调查，并先后征调重庆、南京中国第二历史档案馆资料，完成《对抗战时期中条山"六六"战役爱国官兵勇跳黄河事件的调查报告》，并上报省委和全国政协。

5. 加强领导班子建设，提高干部队伍素质。（1）加强理论武装，坚定理想信念。7 月，召开干部大会传达胡锦涛总书记"7·23"讲话精神，要求广大党员特别是领导干部把思想和行动统一到讲话精神和省委的决策部署上来。9 月 6 日，室党组书记李茂盛给全体党员作《坚持民主集中制　保持党的纯洁性和先进性》的党课讲座。（2）加强干部队伍建设。开展"基层组织建设年"活动，以支部建设为重点，加强基层组织建设，形成创先争优的良好氛围。为优化干部结构，经组织考察，向中国地方志指导小组办公室推荐一名正处级干部，并从省委党史办、省档案局调进两名具有研究生学历的处级干部，充实编纂队伍。同时，还向省政府公务员局申请公开招聘三名硕士以上学历的公务员。（3）加强作风建设。开展深入基层、深入群众、深入实际的"三深入"活动，以革除机关作风、官僚作风，保持与人民群众的血肉联系。按照省委的安排，开展学习弘扬右玉精神活动，教育领导干部树立正确政绩观。按照省政府编写《山西省"五个全覆盖"工程志》的要求，小范围在基层进行调研。通过组织干部下乡住村，了解"三农"情况和社会底层人民的疾苦，增强干部对群众的感情，从而促进干部工作作风的转变。　　（高文宏）

【全省地方志办主任会议】 12 月 17 日，全省地方志办主任会议在太原召开。全省 11 个市志办主任、119 个县志办主任和省志办处级以上干部百余人参加会议。

省方志办主任李茂盛从解决地方志发展的制度保障和基础设施、开发利用地方志资源、服务经济社会发展、搞好干部队伍建设等四个方面总结 2009 年以来，全省地方志事业发展的实践过程和成果。晋城市等 28 个修志工作先进集体和高志英等 143 名先进个人受到表彰。　　（高文宏）

【《山西省志》编纂工作推进会】 4 月 5 日，《山西省志》编纂工作推进会在省政府梅山会议厅召开。省政府秘书长陈永奇出席会议并讲话。130 余人参加会议。省地方志办公室党组书记、主任李茂盛部署省志编纂工作。省委组织部办公室等 40 个修志工作先进集体和徐鸣皋等 68 名先进个人受到表彰。　　（高文宏）

【《晋东南地区志》编纂工作启动会】 5 月 21 日，《晋东南地区志》编纂工作启动会在太原召开。省政协副主席张茂才、省人大常委会原副主任李玉明等领导出席会议并讲话，有关专家学者 40 多人参加会议。

晋东南地区是新中国成立到改革开放初 80 年代中期山西的一个重要行政区域，为社会主义革命、建设和改革开放的起步作出重大贡献，积累丰富经验。该行政区于 1985 年撤销地区建制，分设为长治市和晋城市。编纂《晋东南地区志》就是要真实地记录晋东南地区 30 多年社会主义革命、建设和改革的历史，保存和发掘宝贵的历史资源，填补晋东南地区有政区而无志书的空白，为推进文化强省建设提供来自历史的智慧和服务。该志书由省地方志办和长治市、晋城市协作编纂。　　（高文宏）

【《上党炎帝文化旅游志》编纂工作推进会】 5 月 21 日，《上党炎帝文化旅游志》编纂工作推进会在太原召开。省地方志办公室、省炎帝文化研究会、晋城市志办、长治市志办、高平市志办、长治县志办、长子县志办、潞城市志办、高平市炎帝文化研究会、长治市炎帝文化研究会等单位 26 人参加会议。　　（高文宏）

【山西省省情（方志）馆项目专家论证会】 6 月 16 日，山西省发改委在太原召开山西省省情（方志）馆项目专家论证会。中国地方志指导小组办公室副主任刘玉宏，山西省地方志办公室主任李茂盛等领导及省内外有关专家学者应邀出席。通过论证，为省情(方志)馆项目的可行性提供依据，为项目的立项做重要参考。(高文宏)

【第十三次全国省级年鉴研讨会】 9月22~25日，由中国版协年鉴工作委员会主办，省级年鉴工作部和山西省地方志办公室、山西省年鉴研究会、《山西年鉴》编辑部承办的第十三次全国省级年鉴研讨会在晋中市召开。来自全国各地年鉴编纂单位的代表110人参加会议。中国版协年鉴工作委员会主任许家康作主题报告。山西省、广东省、北京市、吉林省代表作交流发言。会议围绕年鉴创新、规范与开发利用的理论和实践进行研讨。山西省地方志办公室党组书记、主任李茂盛和晋中市领导参加会议并致辞。(高文宏)

【城市区志专业委员会2012年学术年会】 9月25~29日，中国地方志协会城市区志专业委员会2012年学术年会在太原召开。全国各省市区地方志办公室及新疆生产建设兵团史志办公室的方志专家学者，全国部分市及城区地方志办公室的修志人员，撰写学术论文的作者等80余名代表参加会议出席。会议围绕城市区志编纂如何突出区域特色的主题进行研讨。

(高文宏)

·山西省社会科学院·

【课题研究】 山西省社会科学院2012年度获准立项和组织开展的各类课题有:(1)国家社科基金青年项目1项;(2)省经济社会发展重大研究课题5项;(3)省哲学社会科学"十二五"规划2012年度课题10项;(4)省软科学课题10项;(5)省社科联2012~2013年度重点课题5项;(6)省首届文物保护课题1项;(7)省留学人员科技活动项目1项;(8)省社科院后期资助课题共32项，其中:A类6项，每项2万元;B类12项，每项1万元;C类共14项，每项0.5万元。

山西省社科院对2012年度科研精品进行奖励，计有国家社科基金项目1项;省领导指示的研究成果3项;论文22篇;山西省科学技术奖1项;山西省第七次社会科学研究成果14项;山西省宣传思想文化优秀调研成果1项;省级媒体采访2项;其他基金、政府决策服务奖42项。总共48项。其中国家社科基金项目为耿振东《管子学史》，省领导指示的有省委书记袁纯清、省长王君2012年2月28日《关于创新山西流动人口服务管理的政策建议》(载《决策专报》第20期);王君2012年3月21日《均建中国特色山西特点社会管理模式》(载《决策专报》第17期);省政协副主席张茂才2012年12月23日《关于建立五台山学的思考》。(霍春英)

【中国廉政研究中心山西调研基地成立】 2012年1月5日，"中国廉政研究中心山西调研基地"暨"山西廉政研究中心"成立揭牌仪式在山西省社科院举行。中纪委驻中国社科院纪检组组长、中国社科院中国廉政研究中心理事长李秋芳，中国社会科学院监察局副局长、中国廉政研究中心秘书长孙壮志、省纪检委副书记贾毓杰、省委宣传部副部长尹天五、省社科院党组书记、院长李中元及其他党组成员出席仪式。省委常委、宣传部部长胡苏平、省委常委、省纪委书记李兆前分别书面致辞。会后，李秋芳作《贯彻党的六中全会精神，大力推进哲学社会科学创新工程》专题学术报告。

(霍春英)

【华北地区社科院科研管理联席会议】 由山西省社科院承办的"华北地区第二十九届社科院科研管理联席会议"于5月16~17日在太原召开，来自北京市、天津市、河北省、山西省、内蒙古自治区、云南省社科院的专家及管理人员出席会议。与会代表围绕"哲学社会科学创新工程与地方社科院建设"进行交流，探讨新形势下地方社科院如何更好更快发展。参会代表分别就"开展决策咨询服务，建设学术高地""地方社科院发展中的学科体系建立完善和人才队伍优化""实施哲学社会科学创新工程，建设科学发展新智库""提升社科研究创新力"等主题进行交流发言。

(霍春英)

【《山西经济社会蓝皮书》出版】 《山西经济社会蓝皮书(2012)》出版新闻发布会1月9日在太原举行。省委常委、宣传部部长胡苏平，省人大常委会副主任安焕晓，省政协副主席卫小春出席。胡苏平说，《山西经济社会蓝皮书(2012)》的出版发行，是山西省哲学社会科学界的一件大事，是哲学社会科学工作者关注山西发展、服务转型跨越重要研究成果展示，是哲学社会科学研究部门围绕中心、服务

5月16~17日，第二十九届华北地区社科院科研管理联席会议在太原召开

(霍春英提供)

大局、履职尽责的具体体现。《山西经济社会蓝皮书(2012)》全面纪录、深刻总结、完整揭示上年山西省经济社会发展取得的成就，对工业经济运行、农业和农村经济形势、财政形势进行分析和预测，对"十二五"时期农民人均纯收入翻番，山西综改区投融资创新经验、路径，城乡统筹发展，文化产业政策及法律体系构建，县域经济转型跨越发展，城市社区社会管理创新等进行专题研究，既有深入实际调研取得的一手资料和数据，又有严谨学理分析所得的结论和建议，眼界开阔，理论扎实，针对性强，集中社会科学研究工作者关注发展、投身实践的智慧和见地，展示他们求真务实的良好学风和建言献策的进取精神。（霍春英）

【园区经济研究基地成立】 3月14日，省社科院院长李中元、副院长杨茂林率部分科研人员赴晋城市调研，并在晋城市开发区举行山西省社科院"园区经济研究基地"授牌暨院、区战略合作协议签约仪式及座谈会。晋城市委书记张九萍、市委副书记冯建平出席挂牌仪式。社科院专家与晋城市经济开发区管委会负责人就课题选择、项目确立等事宜展开协商，形成实质性合作意向。（霍春英）

【《语海》签约】 4月20日，签约仪式在山西省社科院举行。上海辞书出版社社长彭卫国，山西省社科院院长李中元，终身研究员、《语海》主编温端政共同签署《语海》合同书。

《语海》是上海辞书出版社与山西省社科院共同策划出版的一部大型语汇类工具书。李中元和彭卫国担任工作委员会主任，项目计划在5年内完成，总字数预计1200余万字。（霍春英）

【"当代国外哲学社会科学发展动态"学术研讨会】 6月28日由山西省社科院国际学术交流中心、哲学所与中国社科院《国外社会科学》《第欧根尼》《高丽亚娜》编辑部等单位共同举办，研讨会上，《第欧根尼》主编萧俊明作题为"知识危机与当代哲学的出路"的报告，《国外社会科学》副主编张静做题为"关注国外理论前沿扩大期刊学术影响"的专题报告，《高丽亚娜》主编朴光海介绍中韩文化交流情况。参会人员就近年来国外哲学社会科学发展动态、哲学研究的方法论、后现代哲学等问题进行讨论。（霍春英）

【中国特色社会主义理论体系研究中心年会】 由中国社科院中国特色社会主义理论体系研究中心、山西省社科院共同主办的"全国社科院系统中国特色社会主义理论体系研究中心第十七届年会暨理论研讨会于"7月7日在太原召开。来自全国31个省市区社科院的专家学者参加会议。中国社科院常务副院长王伟光，山西省委常委、宣传部部长胡苏平出席会议并讲话，省人大常委会副主任安焕晓，中国社科院中特研究中心主任尹韵公等出席。本次会议主题是"文化建设与中国发展道路"，与会代表围绕"中国特色社会主义理论体系与中国发展道路""文化建设与转型发展""文化建设与区域协调发展""文化体制改革与文化繁荣发展"等专题展开讨论，来自浙江、新疆、河北、北京、甘肃、陕西、四川等地的代表先后作主题发言。（霍春英）

【现代化城市建设与发展高峰论坛】 由首届世界晋商大会执委会、全国工商联房地产商会主办，山西省社会科学院、山西省民营经济研究会、太原市房地产商会、旭辉传媒整合机构联合承办的首届世界晋商大会专题论坛——现代化城市建设与发展高峰论坛8月20日在太原举行。省市相关领导、专家学者、海外晋商企业家、本土企业精英代表及主流媒体代表约500人参加本次论坛。省人大常委会副主任王雅安出席论坛并致开幕词，省政协副主席李雁红出席论坛。省社科院院长李中元主持论坛开幕式和主题演讲。

中华全国工商业联合会房地产商会会长聂梅生，中国城市规划设计研究院副院长杨保军，中国综合开发研究院副院长曲建先后发表"房地产与中国的城镇化""城市转型与规划调整""新一轮全球产业转移与内陆地区城市发展"主题演讲。与会者就如何借鉴国际城市规划发展理念科学规划现代城市建设以及在新山西建设过程中晋商回乡投资热点问题进行对话。这次论坛聚焦山西转型跨越发展和城市化建设进程，是晋商参与山西现代化建设的一次深入探讨。（霍春英）

【晋商文化研究中心成立】 山西省社科院晋商文化研究中心揭牌仪式暨学科建设座谈会8月29日在太原举行。省政协副主席令政策，晋商研究专家、省政协原副主席张正明，省软科学研究院院长李镇西，省地方志办公室主任李茂盛，省工商联主席张复明，省证监局局长孙才仁及科技厅、宣传部、省政协等相关部门，山西大学、山西财经大学、太原师范学院等有关专家出席会议。会议由副院长杨茂林主持。晋商文化研究中心主任宋丽莉汇报中心学科建设的思路及近期重点工作设想，与会专家讨论晋商研究的发展方向。（霍春英）

【中国龙文化学术论坛】 由山西省社会科学院、南开大学文学院、灵石县委县政府、石膏山旅游文化发展有限公司联合主办的中国龙文化学术论坛10月5日在灵石县举行。来自中国社科院、南开大学、北京大学、清华大学的专家学者参加论坛，专家们从弘扬中华文化的高度，从中西方文化交流的维度，对中国龙文化的历史渊源、演变历程、图腾意蕴进行研讨。这次论坛是对龙文化的一次高水准研讨，也是灵石县以文化为突破口推进转型发展、以学术研究引领旅游开发的有益尝试。（霍春英）

·山西省社会科学联合会·

【转型综改服务】 2012年省社科联围绕转型综改试验区建设、"四化"建设、文化强省建设、改善民生、创新社会管理等重大问题制订《课题指南》，组织全省社科专家学者进行课题攻关，完成108项重点课题研究，编辑出版《山西发展研究报告(二)》，推出一批有价值的研究成果，有些研究成果被省委、省政府和有关部门采纳。

先后组织20余位社科专家深入孝义、介休等综改先行先试区进行现场调研、咨询服务,实地出招。深入朔州市调研文化产业发展,帮助朔州市制定文化产业发展规划,推出《西口研究》。专家学者足迹跨涉6市10余县20多家企业村镇。主动占领宣传阵地,推进社会主义核心价值体系建设。与《山西日报》联合开展"山西精神大家谈"征文活动。经过各方面参与讨论,最终提炼出以"信义、坚韧、创新、图强"为主要内容的"山西精神",这对挖掘和弘扬山西精神、促进社会主义核心价值体系建设具有重要作用,成为山西人民再造一个新山西历史进程中的精神动力。(王纪山)

【社科学会管理】 按照社团管理有关规定,从4月份开始对全省132个学会的组织建设、学术活动、课题研究、财务收支以及遵纪守法等方面进行全面审查年检。在学会中开展创先争优活动,评选出优秀学会(包括市社科联)54个,先进学会工作者58名。一批特色优势学会在全国同类学会中处于先进行列,如三晋文化研究会,母亲文化研究会等等。(王纪山)

【社科学会活动】 2012年社科联所属各学会研究会围绕中心并根据各自学科特点,开展各种类型各具特色的学术活动。表现为:一是把研究成果推广应用于实践,为山西省转型跨越发展建言献策。如省当代儒学研究会和省孔子文化研究会合办"儒商文化与转型发展"学术论坛,省未来研究会举办"煤炭行业稳市保价专题研讨会"并参与组织"山西省综改市县经验座谈会",省金融学会举办"2012海峡两岸金融高峰论坛",省工商行政管理学会举办"农村市场'两个流通'监管长效机制"研讨会,省经济法研究会举办"山西省资源型经济转型的法律问题"研讨会、省未来研究会撰写的调研报告《煤炭行业应对危机应有大作为》、省政策科学研究会的《洁净改性煤:煤炭行业转型发展值得重视的一个问题——关于静乐县洁净能源示范基地建设情况的调研报告》《山西循环经济发展的一条重要路径——高铝粉煤灰开发利用研究报告》等都为省委省政府和相关部门决策提供理论依据和参考。二是开展文企联合,丰富山西省文化活动。如山西诗词学会举办"鹳雀楼"杯全国诗词大赛和"晋城银行"杯诗词大赛、郭氏文化研究会赴台湾参加台北"汾阳王纪念堂"落成庆典、山西省世界经济学会编写《2011——2012年山西省旅游绿皮书》、山西晋绥边区历史文化研究会开展"永远跟党走——感动老区'好故事'走基层传承光荣传统教育巡回演讲"走进忻州活动(每场2小时左右,并配带《历史记忆》图片展览和历史书籍捐赠活动)等都为山西文化旅游业和文化创意产业提供智力支持。三是关注民生,在创新社会管理方面探索新路。如省老年学学会举办"心理和谐与社会关爱——老年心理健康与心理疾病预防高峰论坛",山西省妇女学会与省妇联联合开展"妇女与文化建设"主题征文活动,孔子学会召开"儒学与当下中国人的精神生活"座谈会,山西省青少年心理与教育研究会召开"心里预警与生命教育研讨会",省青少年犯罪研究会在山西青年大讲堂围绕青少年维权等方面问题进行专题讲座,通过报纸、电台、电视台、网站以及户外大屏广告媒体对《山西省未成年人保护条例》进行持续报道和宣传等。母亲文化研究会组织的弘扬传统美德、提高公民道德素质的母亲文化活动获得"中华节庆奖",建设"母亲文化园"的倡议,得到中央肯定。四是在学科建设和发展上有所建树。如山西诗词学会编写《中华诗词文库·山西卷》,当代山西研究会出版著作《中国共产党山西历史》三卷、《1949年山西干部南下实录》《赖若愚纪念文集》《中共山西年鉴》2011版、《丰碑——山西革命遗址概览》《为了祖国的安宁——山西抗美援朝运动回顾》,晋商文化研究会出版著作《晋徽商比较研究》《西口研究》《晋商与中国近代化》,山西省供销合作经济学会负责编纂由省长王君任主修、百万余字的《山西省志·供销合作社志》,编写《中国供销合作社年鉴》,孔子学会创办会刊《山西孔子文化研究》等。(王纪山)

·三晋文化研究会·

【概述】 2012年,三晋文化研究会继续推进"三晋文化研究丛书""山西历史文化丛书"等的编纂出版工作,其中"三晋文化丛书"出版10余种,有《随想集》(王谦著)《为党和人民事业奋斗一生——纪念华国锋同志诞辰90周年》《王庭栋纪念文集》《力群的生活及文学世界》《公仆刘开基》《卢

3月21日,《山西历史文化丛书·盂县卷》出版座谈会在盂县召开
(王　岳提供)

梦纪念文集》《古今百寿碑文》等。成立三晋文化研究会书画院，山西省道文化研究中心、长治（上党）炎帝文化研究会、山西世纪典藏文化传媒有限公司。组织三次学术研讨：7月14日东亚经学高端论坛；8月3日盂县仇犹古国研讨会；9月8日山阴边塞文化周。组织“在延安文艺座谈会上的讲话70周年座谈会”及一些图书首发座谈会和相关文化考察活动。

（王　岳）

【《三晋石刻大全》出版】《三晋石刻大全》2012年继续推进。2012年出版的有《临汾市安泽县卷》《朔州市平鲁区卷》《太原市古交市卷》《晋城市阳城县卷》《晋城市沁水县卷》《大同市灵丘县卷（续编）》《临汾市浮山县卷》《大同市左云县卷》《长治市屯留县卷》《长治市长治县卷》《长治市黎城县卷》《吕梁市孝义市卷（上下）》。

（王　岳）

社科研究

【转型跨越发展研究】 针对山西转型跨越发展战略，多位研究者从不同方面进行探讨。程淑兰、丁润萍《资源型地区社会管理创新路径探析》（《经济问题》2012年第11期），认为山西当前应抓住综合配套改革试验的机遇，在经济发展中创新社会管理，以社会和谐来促进经济转型。要从政府职能转型、民生建设、利益平衡及社会组织发展等方面探究资源型地区社会管理的转型路径。武小惠《推进综改试验区基本公共服务均等化》（《山西财税》2012年第7期），提出提高政府保障能力，推进基本公共服务均等化是实现社会公平正义的需要，有利于实现机会平等或起点意义上的公平，它是与当前山西综改区发展阶段相适应的民心工程，是山西经济社会发展中保障和改善民生的重要战略。推动基本公共服务均等化，有利于破解发展进程中面临的阶段性矛盾和问题，有利于顺利实现经济转型。王云珠、周洁《新形势下山西中小企业转型发展的政策选择》（《科技创新与生产力》2012年第4期），分析在新形势下，山西中小企业转型发展面临的困难，阐述山西中小企业转型的具体内容，提出促进山西中小企业加快转型发展的政策建议。黄桦《新形势下山西区域经济发展战略研究》（《经济问题》2012年第12期），认为随着经济发展战略的转变和体制的转轨，国家区域发展政策也在调整之中，作为一个欠发达省份，统筹区域发展、优化经济布局、加快转型升级、建立和完善省际之间以及省内各区域之间协调互动发展机制，是当前提升山西区域综合竞争力的迫切需要。

（霍春英）

【哲学研究】 杨珺《马克思“自然生产力”论的伦理意蕴》（《理论探索》2012年第1期）。认为马克思的“自然生产力”论包括自然条件形成的生产力和人自身自然所具有的生产力两个层面，这两个层面通过劳动而融通成一个有机整体。践行马克思“自然生产力”论应遵循自然自在尺度、动态平衡尺度、整体与个体有机统一尺度、属人的德性尺度。马克思“自然生产力”论蕴含的环境伦理建构条件包括制度、文化、技术等方面。高专诚《试析作为晋国社会核心价值的忠义精神》（《山西社会主义学院学报》2012年第3期），指出在晋国由弱到强过程中，晋国社会逐渐形成以忠义精神为核心价值的社会文化体系，亦即“忠义文化”或“忠文化”的思想体系，并且拓展成为一种社会潮流。耿振东《荀子人性论重诂》（《诸子学刊》2012年第2辑，上海古籍出版社2012年）就荀子人性观点进行研究，认为荀子的人性论是建立在生的意义上立言，是对人类在求生过程中所体现出的原始本能的概括。以生论性的荀子并非没有看到人的心之性，只是在他看来，心之性具有不确定性，不能作为人性的根本和代表。荀子认为生之性恶，于是提出化性起伪说。化性就是借助圣人创造的礼，通过外化和自化，养、节生之性，确定心之性；起伪就是性伪合，就是后天的学习。圣人在心之性上高于众人，凭借“积思虑、习伪故”的有异于众人之学，制定出礼。也正因为礼的制定不是出自众人，仅是出于形影单只的圣人，使得善恶对比悬殊，圣人在以礼化性的同时，不得不转而依靠暴力法治的力量。这正是荀子隆礼重法的理论根源。何仁富、王剑《从马一浮〈复性书院学规〉看儒学的生命教育导向》（《晋阳学刊》2012年第6期），吴晓峰《关公信仰与儒学的关系探究》（《哈尔滨学院学报》2012年第9期）都探讨儒学中的教化问题，后文重点阐述和说明关帝崇拜与儒教的内在关系，通过探索关帝崇拜的儒学背景与宗教特质等问题，揭示出某些中国文化自我发明和创新的动因和方法，以推助新世纪中国国家核心价值理念的改良或重塑。薛莲、耿振东《先秦儒学政治理想的三种表现特征》（收入《棉兰儒教论文集》印尼儒教总会2012年出版），该文借助先秦儒家学者孔、孟、荀对管仲事功的评论，在孔子的肯定、孟子的否定、荀子抑扬参半的分析中，初步探讨先秦儒学政治理想所具有的通达、迂阔、理性三种不同的表现特征。薛勇民、马君《论基督教伦理视野中的人与自然及其关系》（《科学技术哲学研究》2012年第1期），文章基于基督教的“人具有上帝的形象”，从本体论的角度论述人是“关系的存有”与“理性的存有”；从价值论的角度阐明自然具有自身价值，人类应该尊敬自然；从方法论的角度揭示人与自然应当平等、和平地共存。

（霍春英）

【经济学研究】 由李中元任主编，潘云任执行主编的《山西经济社会蓝皮书（2013）》（山西经济出版社2012年出版），是省社科院编撰出版的第12本“蓝皮书”。全书分为综合篇、运行篇、专题篇、探索篇、调研篇五个部分并附有主要经济指标统计资料。全书突出山西特色，重视探索和调研，对2012年山西经济社会发展中的重点、热点、难点问题进行回顾分析，对2013年的发展进行分析展望和预测。杨茂林《关于绿色经济学的几个问题》（《经济问题》2012年第9期），提出绿色经济学是在对传统经济学反思与批判的基础上，整合相关绿色理论资源、适应绿色经济实践而发展起来的经济学学科，是经济学内部逐渐

大型工具书《语海》签字仪式 (霍春英提供)

发展起来的新因素和新需求,也是重建经济学理论的新思路和新尝试。潘云、赵旭强《发展环境友好型农业的时代紧迫性与必要性》(《山西农经》2012年第4期),阐述我国发展环境友好型农业的紧迫性,指出环境友好型农业是未来农业发展的基本趋势。何静、戎爱萍《城镇化进程中的金融创新研究》(《经济问题》2012年第1期),通过分析金融对城镇化的促进作用以及当前金融体系和金融体制在城镇化进程中存在的问题,提出城镇化进程中金融体系和金融体制的创新方式。李中元《工业文明的战略转型——从可持续发展到超越"资本逻辑"》和《超越工业文明开创人类文明新纪元》(载《经济问题》2012年第7、8期),均立足山西经济社会发展进行学理探讨,是"高危时代与人类文明转型研究"成果。李连济、王云《中国转型期的产能过剩问题研究》(《经济问题》2012年第12期),为国家社科基金重点课题"部分行业投资过度、产能过剩原因分析及解决途径研究"的成果。韩克勇《我国国有企业治理机制的发展及完善》(《现代经济探讨》2012年第10期),认为我国国有企业从新中国成立之初发展至今,在计划经济向市场经济转变的过程中根据经济形势的变化不断调整,学习先进公司治理模式,在公司治理方面取得进步。但由于历史原因和自身国情的特殊性,中国国有企业仍然存在外部法规不完备,内部董事会和监事会的结构不合理,缺少有效激励约束机制,以及股权高度集中问题,需要国有企业不断发展和改善公司治理机制。孙秀玲等《中国农村居民贫困测度研究——基于山西的调查分析》(《经济问题》2012年第4期),为世界银行"中国经济改革实施技术援助项目""山西经济增长、财政支农政策减贫效应研究"成果。赵旭强、穆月英、陈阜《保护性耕作技术经济效益及其补贴政策的总体评价——来自山西省农户问卷调查的分析》(《经济问题》2012年第2期)和《保护性耕作及其补贴的经济学分析》(《农业经济》2012年第2期),均为公益性行业(农业)科研专题项目"现代农作制模式构建与配套技术研究与示范"研究成果。刘晔《山西融入首都经济圈的思考》(《山西经济管理干部学院学报》2012年第4期),文章把握首都经济圈的内涵和意义,阐述首都经济圈与山西转型跨越发展的关系及相互促进的作用机理,提出山西主动融入首都经济圈的举措建议。韩克勇《金融业上市公司高管薪酬激励研究》(《兰州商学院学报》2012年第3期)和《我国金融类上市公司高管薪酬激励机制实证分析》(《财经理论与实践》2012年第3期),前文从实证角度对中国上市金融机构高管薪酬激励的研究,具有重要的理论意义和现实价值;后文采用面板数据模型对中国整体金融类上市公司高管薪酬分析,并以银行业作为子样本具体探讨,结果表明我国金融类上市公司高管薪酬形式单一且基本上与经营业绩相联系,为此,应对银行业的高管薪酬加强监管。郭卫东、穆月英《我国水利投资对粮食生产的影响研究》(《经济问题探索》2012年第4期),通过分析水利投资和粮食生产的关系得出结论:水利投资能够促进粮食产出,并且大规模投资政策效果显著;运用CGE模型模拟研究水利投资对整体国民经济各部门的影响程度,并提出相应的对策建议,以便能为政府科学决策、提高水利投资效益提供参考。吴晓峰《制度经济学范式下习俗及其变迁》(《太原城市职业技术学院学报》2012年第9期),以习俗这样一个制度范畴内的"存在"为出发点,探索传统文化的经济学意义。 (霍春英)

【能源经济研究】 李中元任主编,马志超、杨茂林任执行主编的《煤炭突围》(山西人民出版社2012年版),上、下册,共80万字,为资源性经济转型跨越发展丛书之一。潘玉香、韩克勇《中国能源利用效率、绩效及其障碍》(《经济问题》2012年第2期),在分析总结我国能源利用效率变化的趋势和特点基础上,通过对能源强度系数进行分解,发现能源强度变化的技术效应和结构效应都有减弱趋势,尤其是结构效应。在此基础上从经济发展和社会因素两方面,探讨阻碍我国能源利用效率提升的原因。王云珠、何静《山西节能企业风险投资相关政策研究》(《科技创新与生产力》2012年第10期),分析山西省节能企业风险投资存在的问题,指出制约节能企业风险投资发展的因素,就促进山西节能企业风险投资发展提出政策建议。王云珠、周洁《山西加快开发利用生物质能源的意义及对策研究》(《现代工业经济和信息化》2012年14期),分析当前山西省生物质能开发利用存在的问题,阐述山西发展生物质能源的战略意义,提出促进山西省生物质能源发展的对策建议。陈新风、赵平利《山西资源型地区循环经济指标体系评估研究》(《经济问题》2012年第10期)和《山西循环经济发展优先领域和路径选择》(《科技创新与生产力》2012年第11期),均为山西经济社会发展2011年度重大研究课题“创新山西循环经济发展机制”研究成果。王文亮《山西煤层气产业经济效益分析》(《现代工业经济和信息化》2012年第16期),阐述煤层气产业发展的进程和现状,分析煤层气产业经济效益,山西煤层气产业蕴藏着巨大潜力,有广阔的市场前景。周洁《山西新能源产业的发展方向及对策研究》(《科技创新与生产力》2012年第1期),从产业引导、财税激励、技术创新等方面提出山西省新能源产业发展的政策措施。

(霍春英)

【人口学研究】 王涤、周长洪、谭克俭《倾听基层计生干部的心声——来自江浙沪粤的报告》(社会科学文献出版社2012年版),这是就人口问题及人口政策的田野调查,该书认为,计划生育从诞生之日起就注定特有的争议性。无论怎样判断人口形势,无论怎样决断生育政策、无论怎样要求计划生育工作,最终都要依靠基层干部去贯彻实施。该书通过对基层计划生育执行者实地调查,试图回答中国计划生育走向何处,生育政策调整何时为好等问题。郅润明《关于创新流动人口服务管理若干重大政策问题的探讨》(《经济问题》2012年第11期),为山西经济社会发展重大课题“转型跨越中的山西流动人口服务管理创新研究”的阶段性成果。谭克俭、梁春贤的《应对人口老龄化战略研究——以山西为例》(《经济问题》2012年第11期),认为山西人口老龄化处于加速阶段,今后几十年还将经历高速增长阶段,65岁以上的老年人口最高时将接近25%,人口年龄结构呈现高度老龄化和高龄化特征,并对人口、经济、社会、文化等产生全方位冲击,甚至改变社会的发展状态。应对人口老龄化是全社会的责任,要坚持政府主导,完善社会保障,构建保障网络,优化保障机制,保障现在和未来老年人的生活品质。高瑞《山西人口老龄化现状及特点》(《山西高等学校社会科学学报》2012年第10期)认为山西人口老龄化具有增长速度超前于经济发展水平,空间发展不平衡等特点。为应对已经到来的人口老龄化,一要适时调整生育政策;二要鼓励社会力量对养老设施投入;三要适时调整退休年龄。高瑞《山西人口老龄化发展趋势及对策研究》(《山西农业大学学报(社会科学版)》2012年第7期),对未来山西的人口老龄化发展趋势进行预测。(霍春英)

【社会学研究】 陈红爱《关于完善我国社会稳定风险评估机制的思考》(《科技创新与生产力》2012年第1期),介绍现行社会稳定风险评估机制框架,对现行风险评估机制进行评析,借鉴社会评价理论与方法,提出完善社会稳定风险评估机制的有效途径。秦建军、戎爱萍《财政支出结构对农村相对贫困的影响分析》(《经济问题》2012年第11期),通过采用相对贫困指数测算法和GLS线性回归法对农村相对贫困进行分析,发现近年来农村相对贫困持续走高,而农村相对贫困程度与经济发展水平的关联性不强,劳动力价格差异对农村相对贫困具有决定性作用,财政支出结构偏向,特别是加大对农村低收入群体的基础教育支出和医疗卫生支出对缓解农村相对贫困具有重要意义。陈新风、李小伟《山西贫困山区卫生服务抽样调查》(《中共山西省委党校学报》2012年第1期),通过对山西贫困山区卫生服务抽样调查,发现乡镇卫生院和村卫生所在建设和发展过程中存在一些问题,表现为乡、村卫技人员技术结构层次和专业素质较低,乡、村两级卫生服务设施短缺和闲置并存,三级医疗卫生服务网络建设情况不容乐观等三方面。应加强农村卫技队伍建设,加大资金投入,配齐基本设施,加强县乡村三级卫生服务网络建设。陈新风、赵平利《太原市西山地区城市经营探讨》(《经济师》2012年第11期),指出太原市西山地区城市经营是一种新型的城市发展运作模式,政府可以从投入和产出角度出发,利用市场机制,将城市可以用来经营的资源资产化,实现社会资源配置在容量、结构和秩序上的优化,实现经济效益、社会效益和环境效益等多重目标。李文清《推动新农村文化建设可持续发展的对策思考》(同上第9期),介绍实施新农村文化建设的背景,阐述新农村文化建设缺乏可持续发展的主要原因,提出推动新农村文化建设可持续发展的几点建议。陈红爱《建立和完善社会稳定风险评估机制》(《山西日报》2012年12月25日),为2011年度山西省哲学社会科学规划课题阶段性研究成果。李小伟《民间信仰中的村民精神世界透视》(《晋中学院学报》2012年第6期),通过对山西省晋中市柏林头村民间信仰形式和分布的实证考察,分析民间信仰中所折射出来的现阶段村民的精神面貌和其在意识形态领域的深刻含义。孟海贵的《走新型城镇化道路跨越后危机困境》(《城市》2012年第12期),认为后危机时代有可能延续下去,导致我国出口萎缩,经济下滑,陷入后危机困境。产生经济危机的根源是有效需求不足,扩大需求是应对经济危机的有效途径,根据各国经验,城镇化可以扩大需求。旧的城镇化是自发进行的,新型城镇化应有新的思路与政策。(霍春英)

【政治、法学研究】 李中元、贾桂梓主编的《文化建设与中国发展道路——全国社科院系统中国特色社会主义理论体系研究中心第十七届年会暨理论研讨会论文集》(山西人民出版社2012年版),围绕“文化建设与中国发展道路”的主题,从提交论文中精选104篇,划分为四大板块,力图阐释和体现中国特色社会主义理论体系中文化建设的战略意义和重要地位。庞丽峰《着力提升行政问责效力》(《中共山西省委党校学报》2012年第1期),提出提升行政问责效力,应以增强责任意识为抓手,彰显问责意识的功效;有效规范行政问责制,增强问责的实效性;实现纵向资源和横向资源有机结合,凸显问责整合效应;营造良好问责文化氛围,务求问责长效。郭秀兰《山西在多重压力下走出的反腐倡廉建设道路》

全文收入《反腐倡廉蓝皮书》(社会科学文献出版社2012年)。常瑞《煤焦领域反腐败斗争的经济转型意义探析》(《经济问题》2012年第11期)和《治理矿难腐败有待监管制度体系的完善》(《中国行政管理》2012年第12期),李玉萍《民主文化的历史意蕴》(《第九届国际普世对话学会世界大会论文集》2012年6月)等对法制建设不同方面进行研究。(霍春英)

【语言学研究】 王海静编写的《经济谚语》(山西经济出版社2012年版),是实用谚语丛书之一。该书遵循古今兼收,以今为主,重在实用的原则,力求少而精。每种精选谚语1000条左右,加以注释和书证,对一些条目的不同说法、历史来源以及相关知识作了提示。温端政、吴建生主编的《惯用语10000条》和温端政主编的《俗语10000条》《谚语10000条》《俗语10000条》《歇后语10000条》(均由上海辞书出版社2012年出版),是集研究性、资料性为一体的语言工具书。李小平《从现代汉语方言看亲属称谓词"姐"的历时演变》(《澳门语言文化研究》2012年11月),通过对汉语亲属称谓词"姐"在古今书面语及现代汉语方言口语中使用情况的梳理,系统分析亲属称谓词"姐"的历时演变规律,认为"姐"表母亲义的语源是古西北汉语方言,"姐"表母亲义的用法在汉语史上始终具有浓重方言色彩。安志伟《试论成语的变异与规范》(《大连海事大学学报》2012年第2期),针对成语在运用中的具体情况,采用语言和言语、共时和历时的观点对成语的变异进行不同情况区分,在此基础上探讨成语规范问题。指出成语规范主要针对的是成语共时变异的情况,成语规范应该在遵循有关法律法规的基础上进行调查研究,确立明确的规范标准,并做好规范的普及工作。安志伟《试论汉语音译外来词用字的表义性特征》(《乐山师范学院学报》2012年第2期),认为部分汉语音译外来词利用汉语中一个音节对应一个汉字而且汉字同音字较多的特点,选择恰当的同音字来表义;利用形声字可拆分为声旁和形旁两个部分的结构特点,利用声旁表音的同时也使形旁巧妙地揭示部分意义,体现汉语音译外来词的表义性。这种表义性只是通过汉字的表义性提供部分词义信息,甚至是歪曲的信息,这和词汇意义有很大不同。马启红《体词性俗语中的比喻构成初探》(《语文研究》2012年第3期),以体词性俗语为考察对象,以比喻的"三要素、四成分"为标准,对体词性俗语中比喻的构成要素和结构形式进行阐释。其他有影响的还有安志伟《外向型汉语俗语辞典编纂与出版问题》(《云南师范大学学报》2012年第2期),王海静、柳长江《从谚语的哲学思想看汉语语汇的文化内涵》(《晋中学院学报》2012年第4期),李小平、曹瑞芳《傅山近体诗用韵考》(全文收入《中国音韵学》论文集,2012年)。(霍春英)

【文学研究】 陈坪专著《思考与言说》(北岳文艺出版社2012年版),是山西文学批评书系之一。全书共分为近观、远眺、俯瞰、辨析、感悟等部分,主要内容包括:远非个人抉择能了结——对张平长篇小说《抉择》的一种读法;双重误会——评柯云路的长篇小说《京都》等。耿振东的《论陶渊明〈闲情赋〉的创作归旨》(《沧州师范学院学报》2012年第2期),认为联系作者的人生经历及整个诗文创作可以看出,《闲情赋》中的"美人"有象征意义,寄托了陶渊明少年的"猛志"和对田园生活的留恋,以及在晚年生活潦倒中,在理想与现实矛盾中,力守田园的努力。段崇轩、王春林、陈坪等《文学发展与核心价值观的审视与对话》(《名作欣赏》2012年第11期),周萍《不同地域创作特征比较研究——东南亚华文文学与美华文学的宏观考察》,收入"学术视野中的华文文学"国际会议《华文30年论文集》(福建大学出版社2012年版)。(霍春英)

中国社科院中国廉政研究中心山西调研基地暨山西廉政研究中心举行揭牌仪式 (霍春英提供)

【历史学研究】 耿振东《论轻重学说》(《诸子学刊》2012年第1辑,上海古籍出版社2012年),从"轻重"释义、轻重学说的运行机制、轻重学说的抑商特征与宏观调控、轻重学说与货殖之术、轻重学说的法家渊源、轻重学说与法家理论、轻重学说与古代荒政的关系几个方面,对其作全面阐述。耿振东《司马迁否定轻重论质疑》(《江南大学学报》2012年第4期),指出许多学者认为司马迁提倡宏观经济管理的善因论,而否定国家干涉主义的轻重论。该文认为从司马迁对汉初盛世"物盛而衰"的历史记述可知,他对经济上的善因政策并非完全肯定。分析武帝政府实施轻重论的缘起及这种理论所带来的经济、政治实效,司马迁对轻重论持赞同态度。轻重论与善因论具有互补性，它是在特殊社会形势下采取的一种特殊政策。郭永琴、郭永玲《〈法显传〉对中国古代描述地理学的贡献》(《重庆科技学院学报》2012年21期)，认为魏晋南北朝时期是中国古代描述地理学发展的一个高峰时期，这一时期的《法显传》不仅提供南亚次大陆的地理分区，而且法显在旅行中非常关注各地区之间的距离，注意辨别方向，确定高低，用不同的量度对其进行测量。对南亚次大陆地区地名的保存作出贡献。杨茂林《山西保矿运动心理群体及其形成机制探析》、高春平《爱国保矿运动催生的山西保矿运动及其历史启示》、雒春普《关于保矿运动的几个问题》、赵俊明《保矿运动对阳泉兴起的历史作用》等文深入研究清末保矿运动在山西的发展及在全国的影响，均被收入《山西保矿运动历史研究·专家论文集》(中国友谊出版公司2012年出版)。刘晓丽《保晋公司与近代山西保矿运动》(《山西煤炭管理干部学院学报》2012年第2期)，论述在保矿运动中涌现出的山西实业界精英创建保晋公司，在保晋公司的运筹和经营下，阳泉发展成为山西第一个近代化煤铁业基地的过程。陕劲松《近代山西婚姻行为中的陋俗问题》(《沧桑》2012年第3期)，为2011年度山西省软科学研究计划资助项目“20世纪山西民间婚俗变迁”的阶段性成果。 (霍春英)

【晋商研究】 张舒、张正明《清代晋商的人力顶身股制》和《明清晋商与关公文化》(载《工商史苑》2012年第1、4期)，前文指出，晋商人力顶身股，又称顶生意者，就是凭劳动力可以占有企业股份，与投资方一样参与企业利润分红。后文认为，明清晋商的信仰使关公走向神坛，由此而出现关公文化及其对晋商的影响，同时晋商又对关公文化的发展起到推动作用。还有张舒《明清晋商与商业文明》(《工商史苑》2012年第2期)，高春平《大盛魁清代最大旅蒙商号》《晋商算学大师王文素》《介休侯家的盛衰之路》《雷履泰创办中国第一家票号》《晋商代表乔致庸》《票号改革家李宏龄》《毛鸿翙在日升昌隔壁开票号》《高钰学徒出身的票号总经理》(均载《环球人物·晋商特刊》2012年第8期)等。

(霍春英)

【五台山研究】 李玉明、周祝英著《佛教唯识宗大师窥基》(三晋出版社2012年)是一部评传，传主窥基法师是初唐名将尉迟敬德之侄子，是唐代佛教高僧玄奘大师的高足弟子，中国佛教史上著名高僧，为佛教文化作出过重要贡献。崔玉卿《关于建立五台山学的思考》(《五台山研究》2012年1期)，提出应构建“五台山学”，这将对三晋文化乃至中华文化、世界文化的研究、发展起到促进作用，将对文化强国、文化强省及文化产业的发展注入新的活力和赢得新的绩效。周祝英《五台山华严宗现状》(载《五台山研究》2012年第2、3期)，就佛教某一宗在五台山的存在做了研究。崔玉卿《不空三藏与五台山文殊信仰》和王国棉《印僧波颇密多罗与大兴善寺》，均被收入《首届大兴善寺唐密文化国际学术研讨会论文集》第一辑(陕西师范大学出版社，2012年)。董永刚《清帝巡行及台山行宫、坐落与尖营分布》(《五台山研究》2012年第4期)从一特定角度研究五台山历史，五台山因特殊的环境和氛围，至今仍保留很多清帝巡幸后留下的建筑及建筑遗迹，弄清这些建筑的范围、大小及各处之间的距离，对研究和开发五台山文化颇有意义。 (霍春英)

著作选介

【《资源型经济：理论解释、内在机制与应用研究》】(专著) 作者为省政府发展研究中心张复明。

该书就资源型经济转型做理论分析和应用研究，具有大的前瞻性。山西是国内最为典型的资源型区域之一。资源部门持续扩张并长期主导区域经济发展。主要表现为：运行态势长期受制于煤焦产业波动，产业升级转换不力，整体结构效益不佳，资源财富流失严重，外部性问题突出，科技创新机制不健全，内生发展能力不足，生产要素比价上升，区域贸易条件受损。在系统梳理资源型经济研究文献的基础上，运用经济学和战略管理学的分析工具，采用实证研究与规范研究、定量研究与定性研究、系统研究与区域研究相结合的方式，构建对这一问题理解的理论框架，提出资源型经济问题的数理解析模式，揭示资源型经济从形成到规避和转型的深层原因。在此基础上，研究实现资源型经济转型的基本模式和主要策略，提出把山西确定为国家资源型经济转型发展试点区域的政策建议。这些建议主要有：采取资源优势拓展策略、结构调整和产业升级策略、区域内生发展策略、营商环境优化策略、生态重建和绿色开发策略，以及空间有序开发策略，规范和引导资源开发活动，实行以优势转化模式、产业升级优化模式，和企业转型嬗变模式，增强转型发展能力。在抓住实施煤炭工业可持续发展的政策试点中，把山西确定为国家资源型经济转型发展试点区域，改革资源产权制度和资源收益分配制度，完善资源环境补偿制度，健全资源财富管理制度，实行产业援助政策，设立资源型经济转型发展基金，强化内生发展能力，建立创新发展机制，实现从资源依赖型经济向创新驱动型经济的转型跨越。

本文作者长期从事这一课题的研究，其观点在《中国社会科学》等国家级重点刊物上发表，在许多报刊上转载，并最终得到中央有关部门认可。2010年下半年中央出台山西综改实验区重大决策，作者许多看法得到采纳。

该书2012年获山西省第七次社会科学研究优秀成果一等奖。

(王纪山)

【《当代科学哲学的发展趋势》】(专著) 作者为山西大学郭贵春。

该书首先考察当代科学哲学面临的内在困境与受到的外在挑战，论证近40年来科学哲学家围绕科学实在论与反实在论展开的一系列争论，以及未来科学哲学研究的重点主要集中于如何为当代科学提供一种实在论辩护的观点；其次，通过科学实在论的基本问题、基本观点、历史演变及其基本走向的考察，对现有科学实在论论证策略与困难、反实在论的诘难与存在的问题、非实在论的诘难与存在的问题以及对科学实在论陷入困境的内在原因与可能出路的剖析，论证科学实在论语境重建的必要性，阐述语境概念的基本内涵、意义演变及其语境原则；第三，对语境分析的方法论意义与基本原则的阐释，以及对当代科学研究成果所体现出来的以统计因果性、非定域性与整体性为基础的语境论的科学实在观的揭示，系统论证语境论的真理观及其思维方式；第四，通过对科学隐喻的方法论特征与功能、语境论的科学观以及理论与实在之间的内在关系的分析，概述语境实在论的基本原理；第五，根据语境实在论的观点，探讨非充分决定性论题，提出科学发展的语境生成论模式；最后，借助当代数学、物理学、生物学和心理学领域中的典型案例研究，印证语境分析方法的实用性与语境实在论观点的合理性。

该书所阐述的认识与思想是作者长期以来坚持不懈地从事科学哲学基本问题研究的基础上形成的，为当代科学哲学研究走出困境提供一种可供借鉴的方法论选择、一套全新的思维方式以及一条可能的研究途径。语境论的科学哲学在科学主义与人文主义相融合的基础上，有可能为当代科学哲学发展提供一种最低限度的科学实在论原理，无疑是一种尝试性的大胆探索。而这种探索既体现作者对当代科学与真理的理解，也蕴涵作者对于哲学的理解。其理论意义可谓不言而喻。

该书2012年获山西省第七次社会科学研究优秀成果一等奖。

（王纪山）

【《从文学到经学——先秦两汉诗经学史论》】（专著）作者为山西大学刘毓庆。

该书第一次从文化史、民族史、思想史、学术史角度，对《诗经》学史分析研究。理清“诗经学”由文学转向经学的发展脉络，对学术界长期争论的问题以及未曾留意的问题，作新的讨论。该书不仅做大量文献的梳理、排列、归纳、分析，而且整体把握，从中寻绎《诗经》的经典化历程，既探讨中国主流文化精神与主流意识形态的演变史，又探讨中国诗歌理论与诗歌批评的发展变化。其价值和意义在于：(1)纠正二十世纪对《诗经》研究的偏见，指出《诗经》作为诗，传递的是先民心灵的信息；作为经，承传礼乐文化，经学意义远大于其文学意义。(2)建立经学研究新模式，阐释经典的思想史、文化史意义。(3)拓展思想史研究思路，建立起经学史与思想史之间的联系。(4)揭示经书运载的是中国人道德精神和理想追求，对建设与修复中华民族精神家园有重大作用。

该书2012年获山西省第七次社会科学研究优秀成果一等奖。

（王纪山）

【《山西方言重点研究丛书》(第五辑)】（专著）作者为山西大学乔全生。

该书为《山西方言重点研究丛书》第五辑。以《洪洞方言研究》为蓝本，采取平面描写和历史探究相结合的方法，客观真实地反映山西方言的现状。《丛书》主要有两大创新之处：(1)运用历史比较法和历史文献考证法相结合的二重证据法研究山西方言。在注重平面描写的同时，从史时的角度考察方言演变，总结演变规律。将其与普通话、古汉语及周边方言进行比较，在山西方言研究上具有开创性。(2)以现代语言学理论和方法为指导，全方位、多视角地对山西方言进行深入研究，力图拓宽晋方言研究的深度和广度，并结合其他非语言因素（行政区划、地貌地缘、政治经济、传媒教育、文化心理等）来解释方言演变的原因。

该《丛书》第五辑共8册，以《丛书》编写资料为基础撰写的论文分别发表在《中国语文》《方言》《语言科学》《语文研究》等刊物，以《丛书》为基础完成的著作《晋方言研究》获山西省社科优秀成果一等奖，《晋方言语言史研究》获第十三届王力语言学二等奖。

该书2012年获山西省第七次社会科学研究优秀成果一等奖。

（王纪山）

【《人人都是通风员·煤炭安全新论》】（编著）作者是大同煤矿集团公司吴永平。

该书以煤矿安全生产为背景，以同煤集团的煤矿安全管理实践为基础，构建一套行之有效的煤矿安全理论体系。其实质内涵表现为以文化管理的模式管安全、抓安全、保安全，以企业安全管理理论的创新指导安全生产实践的升华。成果既是同煤集团在安全生产工作中的经验总结和有益尝试，也是我国煤矿安全生产管理水平提高的重要体现。成果首在同煤集团践行并引起全煤行业和社会各界高度关注，“人民网”等媒体给予报道，并进入中国矿大、大同大学等高校的教学环节。

该书2012年获山西省第七次社会科学研究优秀成果一等奖。

（王纪山）

【《新市民的社会管理》】（专著）作者是山西师范大学吕世辰和山西医科大学顾昭明。

该书以新市民社会管理为研究对象，分析和阐述新市民的经济管理、政治管理、生活管理和教育培训。在经济管理方面，探索农业富余劳动力转移、农民工劳动管理和劳动权益维护、新市民活跃时期经济发展战略选择、新市民经济科学发展等。在政治管理方面，研究新市民思想政治工作、政治参与、政治管理和综合治理等问题。在社会生活管理万面，对与新市民有关的计划生育工作、社会生活、户籍制度改革和社会体制改革方面作了调研，并提出一些政策建议。在教育培训方面，论述新市民转业教育、职业教育和社会教育。转业教育主要是在转向二、三产业前进行的教育；职业教育是在岗期间和职业活动中接受的教育；社会教育主要是指导新市民融入城市社会生活的教育。

该书的理论意义在于：(1)探讨新市民社会管理的体制、模式和格局。指出新市民社会管理中要形成坚持党的领导、政府负责、社会协同、新市民参与的格局；(2)提出新市民利益维护机制、矛盾调处机制、动态管理机制等一系列管理机制的思想；(3)概括中国特色的新市民社会管理理论体系，指出新市民社会管理理论应该是中国特色社会管理理论的重要组成部分。

该书的实践意义在于，面对数以亿计的农民工进入城市，给城市的社会管理带来一系列新问题，我国的管理体制还没有充分适应这种变化的调整。该书系统地研究新市民劳动管理、政治参与、计划生育工作、户籍制度改革、教育培训和社会保障等急需解决的社会管理问题，提出切合实际的指导建议，可以推动由新市民引发的社会问题的解决。

该书在方法上的创新在于：(1)以实证研究为基础。对新市民进行问卷调查和访谈，参阅和引用大量的历史文献和统计资料，做到以事实说话。(2)运用比较研究的方法。紧扣中国社会巨变中的重大问题，阐述"新市民社会管理"这个城市化过程中的新问题，处于学科的前沿，具有超前性、创新性和科学性。

该书2012年获山西省第七次社会科学研究优秀成果一等奖。

（王纪山）

【《农村养老保障体系构建研究》】（专著）作者为山西省社科院谭克俭。

该书经过调研分析认为，随着经济社会的发展和人口城镇化步伐的加快，农村老年人口比重上升速度将持续快于城镇，农村老年人的养老问题面临着巨大挑战。因此，尽快建立起比较完善的农村养老保障体系，不仅是全面建设小康社会的重要内容，而且是应对21世纪人口老龄化迅猛发展的必要条件。

该书通过四个方面的专题研究和东、中、西部四个省的实证研究，对中国农村养老保障现状作出基本判断：一是现阶段中国农村养老保障仍以家庭养老为主，其他养老方式为辅，但家庭养老的基础正在发生着深刻的变化。研究发现，家庭养老的支撑条件中，老年人自养成为主要形式，自养的经济来源主要是当前的劳动收入；二是除家庭养老保障外，农村现有的社会养老保障形式存在的根本问题是覆盖面和保障效果的问题；三是不同经济发展水平省区的农村养老保障既有共性，也有个性，但共性多于个性；四是农村中家庭子女数量的多少与养老效益的关系出现多重效应；五是由家庭养老的特殊地位和作用所决定，在一定时期内，即使建立起农村养老保障制度，农村家庭养老保障为主的格局仍不会彻底改变；六是一个地方的经济发展水平对老年人的经济支持力度有直接关系，但与经济支持的来源没有直接影响，与老年人养老经济支持来源关系最直接的是政策、风习、道德等社会因素。

该书提出构建中国农村养老保障体系的总体目标是，构建一个与全面小康、和谐社会相协调的、具有社会化特征的农村养老保障体系。基本思路是：多形式保障、低水平起步、全方位统筹、渐进式发展。

该书的研究成果对中国人口老龄化时期构建相适应的农村养老保障体系有一定指导意义。该书出版后，在有关部门决策中起到一定参考作用，被选为中央四部委（农业部、民政部、中央文明办、新闻出版署）的农村图书工程入选书籍。

该书2012年获山西省第七次社会科学研究优秀成果一等奖。

（王纪山）

【《我国非国有企业人力资源管理战略与二元经济结构转化》】（专著）作者为山西财经大学杨俊青。

该书剖析中国二元经济结构转化的主要推动者——非国有企业发展与管理现状，对中国改革开放30年来二元结构转化情况进行测度分析，提出中国非国有企业在现阶段应采取"人本管理"战略下的"新的劳动密集型"管理战略，验证这个模型的合理性。成果对中国非国有企业的可持续发展、增加农民收入、扩大内需等具有重要的理论意义和实践应用价值。该书是作者承担国家软科学研究计划项目的成果，《山西经济日报》曾载文予以评价。

该书2012年获山西省第七次社会科学研究优秀成果一等奖。

（王纪山）

【《政治哲学的第一哲学论证——费希特政治哲学思想评析》】（专著）作者为崔文奎。

该书以西方政治哲学的整体背景为视域，围绕政治哲学与形而上学前提的关系，系统探讨费希特的政治哲学思想，指出费希特哲学在近代欧洲政治哲学特别是在德国政治哲学发展中的重要地位及其对他之后政治哲学思想发展的深刻影响，尤其是他在实践哲学方面、政治哲学的基本理念方面对马克思政治哲学的产生的直接和间接的深刻影响。

该书是探讨德国古典政治哲学的一部力作，也是中国第一部研究费希特政治哲学的专著，是学界对马克思与费希特理论深刻联系的突破性进展。

该书2012年获山西省第七次社会科学研究优秀成果一等奖。

（王纪山）

【《金融复杂性与中国金融效率》】（专著）作者为山西大学刘维奇。

该书以复杂适应系统理论为基础，以提升金融效率为主线，运用随机分析方法和计量模型，解析金融市场的外在复杂性特征与内在变化规律，系统剖析中国金融市场结构和运作模式的金融风险与效率。成果的创新主要表现在三个方面的探索，即通过重尾指数估计准确估价金融风险；通过波谱分析量子解析金融市场的非理性因素；通过建立多重分形收益模型深层认识金融复杂性。在此基础上，作者设计"可选择可交换债券"金融工具，采用大量实证分析方法，得出金融创新可以从整体上提升金融效率的结论。该书对中国金融系统实现创新、稳定、协调、均衡发展有理论价值，对于提升中国金融效率有应用价值。成果由科学出版社出版，入选百度百科和国家精品课程资源网。

该书2012年获山西省第七次社会科学研究优秀成果一等奖。

（王纪山）

【《区域科技核心竞争力——理论、建模与测度》】（专著）作者为山西省科技厅张克军。

该书从区域层面对科技核心竞争力的内涵、测度和评价等问题进行系统研究，建立区域科技核心竞争力的理论分析框架。其理论创新表现在三维分析模型的建立、五大特征的描述和动态演化特质的刻画。该书采用理论实证相结合,定量定性相结合的规范研究,创造性地构建区域科技核心竞争力评价指标体系,并对我国31个省区及核心经济区的区域科技核心竞争力进行测度、评价与分析。还对区域科技管理、科技政策的制定和调整提供理论方法和建议。成果被山西省科技厅在制定科技进步条例、制定科技政策和考核评价市县科技工作中采纳。

该书2012年获山西省第七次社会科学研究优秀成果一等奖。

(王纪山)

【《现代体育与和谐社会建设研究》】(专著)作者为山西师范大学常乃军、曹景川、曹永林。

该书是在2007年山西省哲学社会科学规划课题的最终成果的基础上形成的学术专著。

该书围绕现代体育与和谐社会建设这一课题,开掘体育文化、体育活动、体育精神在构建社会主义和谐社会中所具有的价值论意义和实践性影响。

该书从现代体育文化对社会秩序、人际关系、社会主义道德、人居健康等方面的具体影响,揭示体育在构建和谐社会中所具有的实践性意义。书中以2008年北京奥运会为个案诠释体育活动对构建和谐社会的意义及方式。

书中部分观点作者曾公开发表。有的论文被《人大复印资料》全文转载,相关前期成果曾获山西省第五次社会科学研究优秀成果三等奖、教育科学研究优秀成果一等奖。出版后被山西省体育局列为省大众体育发展规划参考源文献,被山西师范大学宣传部列为体育学科发展参考用书,被山西师范大学研究生学院列为专业课程辅读图书。

该书2012年获山西省第七次社会科学研究优秀成果一等奖。

(王纪山)

山西省第七次社会科学研究优秀成果奖获奖名单

荣誉奖(2项)

编号	成果名称	申报人	工作单位
01	晋中市志(编著)	王雅安等	晋中市史志研究院
02	山西古今地名词典(专著)	李玉明	省人大常委会

一等奖(23项)

编号	成果名称	申报人	工作单位
01	对山西煤炭企业兼并重组若干问题的思考(论文)	李劲民	省政府发展研究中心
02	资源型经济:理论解释、内在机制与应用研究(专著)	张复明	省政府发展研究中心
03	当代科学哲学的发展趋势(专著)	郭贵春	山西大学
04	从文学到经学——先秦两汉诗经学史论(专著)	刘毓庆	山西大学
05	山西方言重点研究丛书(第五辑)(专著)	乔全生	山西大学
06	人人都是通风员·煤矿安全新论(编著)	吴永平	大同煤矿集团公司
07	新市民的社会管理(专著)	吕世辰 顾昭明	山西师范大学
08	农村养老保障体系构建研究(专著)	谭克俭	省社科院
09	体制转型中的民意表达及其约束机制(论文)	高建生	省委党校
10	关于创建“历史流域学”的构想(论文)	王尚义 张慧芝	太原师范学院
11	我国非国有企业人力资源管理战略与二元经济结构转化(专著)	杨俊青	山西财经大学
12	关于低收入群体稳定度的指标体系建构(论文)	潘　峰	省委党校

续表

编号	成果名称	申报人	工作单位
13	近代中国金融发展水平研究(论文)	燕红忠	山西大学
14	突出特色　发挥优势　壮大规模　全力推进山西装备制造业跨越式发展(论文)	洪发科	省经信委
15	政治哲学的第一哲学论证——费希特政治哲学思想评析(专著)	崔文奎	山西大学
16	不断提高党内民主建设的质量和水平(论文)	朱先奇	太原理工大学
17	大同雁北师院北魏墓群(研究报告)	刘俊喜	大同市考古研究所
18	中国社会史研究向何处去(论文)	行　龙	山西大学
19	金融复杂性与中国金融效率(专著)	刘维奇	山西大学
20	区域科技核心竞争力——理论、建模与测度(专著)	张克军	省科技厅
21	中国教育学领域的"接着讲"(论文)	侯怀银	山西大学
22	现代体育与和谐社会建设研究(专著)	常乃军 曹景川 曹永林	山西师范大学
23	逻辑与走向:当代教师教育道路的演变(论文)	樊香兰 孟　旭	太原师范学院

二等奖(69项)

编号	成果名称	申报人	工作单位
01	农村经济改革的基本走向——"体外"改革与"体内"变革相结合(论文)	陈家骥 武小惠	省社科院
02	山西票号经营管理模式研究(专著)	毛金明等	中国人民银行太原中心支行
03	商业银行内部评级体系实施理论研究(专著)	沈沛龙	山西财经大学
04	提高山西省优势农产品竞争力的对策刍议(论文)	解　睿	省农科院
05	高职高专教育与山西社会经济发展(编著)	申长平等	省财政税务专科学校
06	我国居民财产性收入分析及增加对策(论文)	刘兆征	省委党校
07	恰克图市场的边境自由贸易区性质(论文)	成艳萍	山西大学
08	山西省现代物流业发展分析(论文)	郝瑞珍	省物资产业集团有限责任公司
09	以科学发展观为统领　推进国有粮食企业改革与发展(论文)	牛银虎	省粮食经济学会
10	论山西旅游强省的发展战略(论文)	郅润明	省社科院
11	元明时期藏传佛教在内地的发展及影响(专著)	赵改萍	山西师范大学
12	"可表达"与"可交流"——解读"感受质"问题的一种可能路径(论文)	王姝彦	山西大学

续表

编号	成果名称	申报人	工作单位
13	海归学子演绎化学之路——中国近代化学体制化史考(专著)	张培富	山西大学
14	人口控制技术与社会发展——张民觉生殖生理学成就的STS探析(论文)	牛　芳	省委党校
15	记忆的建构论研究(论文)	费多益	山西大学
16	路德三檄文和宗教改革(译著)	李　勇	山西大学
17	同煤集团转变经济发展方式的哲学思考(论文)	王保玉	大同煤矿集团公司
18	汉语语汇研究史(专著)	温朔彬	省社科院
19	三晋俗语研究(专著)	吴建生	省社科院
20	论明代辞赋之演进(论文)	李新宇	山西师范大学
21	文化救亡与民族文学重构——"战国策派"民族主义文学思想论(论文)	苏春生	山西大学
22	论近年长篇小说对边地文化的探索(论文)	王春林	山西大学
23	文气说辨-从郭绍虞《文气的辨析》的局限说起(论文)	侯文宜	山西大学
24	山西介休宝卷说唱文学调查报告(专著)	李　豫	山西大学
25	小人物评孟子(专著)	杨治国	晋中市和顺县政府
26	中国农户谨慎性消费策略的形成机制(论文)	郃秀军	山西师范大学
27	青少年对情绪性图片加工的脑电反应特征(论文)	高培霞	山西大学
28	情绪对危机决策质量的影响(论文)	杨继平	山西大学
29	语文教师教学知识发展研究(专著)	朱晓民	山西师范大学
30	社会需求与课程设置:基于工科院校的考察(专著)	吴俊清	太原工业学院
31	锻炼心理学视角下网络成瘾心理归因及干预研究(论文)	刘映海 丹豫晋	山西大学
32	我国球场观众暴力风险发生模型及风险管理研究(论文)	石　岩	山西大学
33	高校教学信息化中的知识服务研究(论文)	杨　威	山西师范大学
34	成人教育的使命与战略选择(编著)	张秉让等	省财政税务专科学校
35	合作社的法律属性(论文)	马跃进	山西财经大学
36	行政事实行为研究(专著)	陈晋胜	山西大学
37	我国警务模式选择与实现路径探讨(论文)	张子荣	山西警官高等专科学校
38	政治社会学(专著)	梁丽萍	山西大学
39	环境诉讼制度研究(专著)	邓一峰	省高级人民法院
40	话中华法源(论文)	王满春	省人民检察院
41	保障党员民主权利　推进党内民主建设(论文)	原　方	省委党校
42	邓小平理论与当代中国社会整合(专著)	贾绘泽	山西师范大学

续表

编号	成 果 名 称	申报人	工 作 单 位
43	吉登斯“自我认同”的社会哲学思想探析(论文)	邢 媛	山西大学
44	社会主义的历史、现在和未来发展(编著)	史彦虎 任喜莹 姚建军	太原理工大学
45	20世纪三四十年代的晋陕农村社会:以张闻天晋陕农村调查资料为中心的研究(专著)	岳谦厚	山西大学
46	从历史中的灾荒到灾荒中的历史——从社会史角度推进灾荒史研究(论文)	郝 平	山西大学
47	华北乡村民众视野中的社会分层及其变动(1901—1949)(专著)	渠桂萍	太原理工大学
48	制礼作乐——先秦儒家礼学的形成与特征(专著)	张焕君	山西师范大学
49	山西期刊史 1900—2008(编著)	梁宝印	省新闻出版局
50	政策与环境——明清时期晋冀蒙接壤地区生态环境变迁(专著)	王杰瑜	太原师范学院
51	城市智能型防洪减灾决策支持系统研究(专著)	阎俊爱	山西财经大学
52	上市公司治理对会计信息披露质量的影响因素分析(论文)	白宪生	太原科技大学
53	区域科技型人才聚集效应和知识创新研究(专著)	牛冲槐 郭丽芳 樊燕萍	太原理工大学
54	欠发达地区创新系统研究(专著)	郭淑芬	山西财经大学
55	基于邻域粗糙集的企业财务危机预警指标选择(论文)	宋 鹏	山西大学
56	产业集群协同演化模型及案例分析——以中山小榄镇五金集群为例(论文)	芦彩梅	山西大学
57	周边环境与旅游景区协调度评价研究——山西平遥古城实证分析(论文)	胡炜霞	山西师范大学
58	会计模型使用质量的实验比较研究(专著)	孙 凡	山西财经大学
59	交叉变异蚁群算法在VRP问题中的应用研究(论文)	张 锦	山西医科大学第一医院
60	煤炭行业变革与公司治理创新研究(论文)	冯 珍	山西财经大学
61	傅毅《舞赋》“增衍说”驳证(论文)	范春义	山西师范大学
62	八大山人花鸟画的怪诞意象(论文)	史宏云	山西大学
63	宋杂剧演出的文物新证(论文)	延保全	山西师范大学
64	宋元时期山西寺观壁画中的技术成就(专著)	徐岩红	山西财经大学
65	社会主义新农村建设典型案例研究(专著)	马 友 孟艾芳	省社科院
66	怎样让青春更闪亮——关于山西省实施大学生村官战略的调查与思考(论文)	贾桂梓	省社科院
67	中国高层领导荐书集萃(编著)	刘传旺	省编办
68	中西部地区农村女性人口流动的进程、特征及发展趋势(论文)	刘 宁	省委党校
69	Genre Perspective on Evidentiality(论文)	杨林秀	山西大学

2011年度"百部(篇)工程"获奖成果

荣誉奖(3项)

成果名	性质	完成者
卫恒同志纪念文集	编著	李玉明等
坚定不移地贯彻落实依靠方针 努力做好新形势下职工群众工作	论文	郭海亮
山西省出生缺陷现状、成因及干预对策研究	研究报告	安焕晓　潘新奇等

一等奖(37项)

成果名	性质	完成者
中国经济法学导论	专著	董玉明
如何认识我国的社会组织	论文	白平则
马克思与费希特先验的规范主义方法论	论文	崔文奎
引入协商模式解决群体性事件	论文	杜学文　高　军
3C零售商商业模式研究:促销与贸易方式交互影响	论文	王素娟　胡奇英
基于共生的创新系统研究	论文	郭淑芬
内部控制评价整合研究	论文	吴秋生　杨瑞平
农民工生计脆弱性的制度分析及其政策建议	论文	任义科　张生太　杜　巍
西方教育学在20世纪中国的传播和影响	专著	侯怀银
优秀射箭运动员表象状态下脑内特定功能区MRS表现的研究	论文	吕　慧　李建英
进化·退化:人类体质的演变及其成因分析	论文	乔玉成
父母冲突与初中生攻击行为:道德推脱的中介作用	论文	杨继平　王兴超
教师关于教育类专业阅读状况的调查研究	论文	朱晓民
教师教育重心后移:动因与走向	论文	孟　旭　樊香兰
我国矿产资源产权的制度变迁与发展	论文	曹海霞
山西资源型经济转型发展报告(2011)	研究报告	李志强　容和平　梁红岩　常　涛
对晋商茶帮贸易战略决策的SWOT分析	论文	成艳萍　阎　晶
人力资本:调整我国初次分配关系的政策着力点	论文	焦斌龙
文化与山西社会经济发展	编著	贾明建　申长平
高校德育原理	专著	顾昭明　张立华
实践性、人民性、时代性:中国共产党理论创新的三维向度	论文	赵跃先
论密教早期之曼荼罗法	论文	侯慧明
心理学解释的层次与衔接问题	论文	王姝彦
山西柿子滩旧石器遗址蚌饰品制作工艺研究	论文	宋艳花　石金鸣　沈　辰
山西何以失去曾经的重要地位	专著	行　龙

续表

成果名	性质	完成者
水土保持:大泉山典型的塑造	论文	郝　平　曹雪峰
从出土简帛看思孟学派的内圣外王思想	专著	谢耀亭
北魏平城辽金西京城市建筑史纲	专著	高　璋　段智钧　赵娜冬
《新编事文类聚翰墨全书》研究	专著	仝建平
郑张尚芳与白一平离析上古韵部之比较研究——以元部为例	论文	王为民
金代文学编年史	专著	牛贵琥
“竟陵八友”考辨	专著	柏俊才
和谐社区建设典型案例研究	编著	孟艾芳
中国政策性森林保险发展研究	专著	王华丽　陈　建　徐时红
当代中国妇女史研究的价值取向	论文	畅引婷
敬畏与喧闹——神庙剧场及其演剧研究	专著	曹　飞
音乐伦理学	专著	王小琴

二等奖(55项)

成果名	性质	完成者
分类活动对归纳推理多样性效应的影响	论文	王孝清　李　红
北京高师平民教育社述论	论文	杨彩丹
大学生创业者与企业家关于创业的认知差异分析:基于反求工程的创业教育研究	论文	吴俊清　朱　红　朱　敬
学前教育纳入义务教育的必要性与可行性探析	论文	闫建璋　张　欣
跨学科教师教育课程改革策略	论文	张荣华
大学生心理健康与人生规划	专著	王志峰
信任儿童:一个可以变革教育的力量——基础教育视野中的信任问题探析	论文	韩身智　路　强　胡莉彬　王　君
谢弗勒教育哲学思想研究综述	论文	韩吉珍
网络组织负效应的实证分析	论文	孙国强　石海瑞
新兴技术产业化潜力评价及其特征研究	论文	卢文光　黄鲁成
分众分类法与受控词表的结合研究进展	论文	贾君枝
山西省煤炭资源开发与经济发展关系的实证研究	论文	赵　文　赵国浩　黄文锋
三大收入差距对消费影响的实证分析	论文	李　光
内部和外部习惯形成与中国农村居民消费行为——基于省级动态面板数据的实证分析	论文	崔海燕　范纪珍
中国民营上市公司金字塔结构成因及经济后果	专著	张文龙
资源依赖区域转型的动力机制研究	论文	孙晓芳　景普秋　陈茜茜
留守农民素质:现状、影响因素及提高对策——基于山西省334位留守农民的调查分析	论文	刘兆征

续表

成　果　名	性质	完　成　者
产能过剩评估指标体系及预警制度研究	论文	刘　晔　葛维琦
晋城转变经济发展方式研究	编著	郭长青　牛迷书
中国物流上市公司成本效率的收敛性——基于共同前沿方法的分析	论文	张　毅　刘维奇　李景峰
马克思主义哲学在当代语境中的解读	专著	毛建儒
熵理文明:低碳经济的生存论向度解析	论文	王素萍
物理学革命的科学哲学方法论张力	论文	贺天平　卫　江
科研伦理审查在中国——历史、现状与反思	论文	邓　蕊
伦理视域中的当代中国慈善	专著	武晓峰
毛泽东推进马克思主义大众化的基本经验	论文	贾绘泽
时空语境实在论	论文	程　瑞
恩格斯晚年社会发展理论研究	专著	常　艳
后危机时代社会发展的几个新变化	论文	梁建军　韩建萍
文学语用学视角下的戏剧话语分析	论文	侯　涛
二战后侵华日军“山西残留”	论文	孔繁芝
第二轮修志特色谈	论文	李新文　王俊山
南北朝时期济南城市变迁考论——基于城市行政等级与职能作用的考察	论文	李　嘎
明清以来晋南山麓平原地带的水利与社会	论文	周　亚
三晋文明之最	编著	杨子荣
追寻红色曙光 弘扬太行精神丛书	编著	王玉圣
上帝与皇帝之争——太平天国的宗教与政治	译著	李　勇　肖军霞　田　芳
思索死亡的精神之旅——勃拉姆斯音乐创作“死亡情结”之解析	专著	李　晶
诸宫调与中国戏曲形成	专著	吕文丽
大同方言句首的“[p]”——从“把狼来了”说起	论文	武玉芳
唐传奇仙境描写的文化学考察	论文	徐翠先
元好问诗编年校注	专著	狄宝心
期刊集团的共生、战略聚类与治理原则	论文	张黎敏　夏一鸣
转型跨越发展中的法治保障问题研究	论文	王继军
国际非政府组织的角色分析——全球化时代INGO在国际机制发展中的作用	专著	霍淑红

续表

成　果　名	性质	完　成　者
资源型地区“富人当政”对基层治理的影响及对策	论文	林　洁
论被害人对量刑程序的有效参与	论文	赵志梅
现阶段完善行政权力结构的可行选择	论文	郝志远
城市房屋拆迁立法思考	论文	范俊丽
女性人才学	编著	刘翠兰　王少宁　冯爱红
作育人才 躬耕践行——记铭贤学校与农业科技改良	专著	杨常伟
大学生体育活动风险认知的理论建构	论文	石　岩　范琳琳
民族利益协调:国家的抉择	论文	常开霞
坚持马克思主义在意识形态领域的指导地位研究	论文	尤晋鸣　许继红　李华荣等
山西省六县(市)出生缺陷发生相关因素的分析	论文	郭兴萍　王　裕　宋春英　张　红等

教 育

Education

教育发展建设

【教育经费】 2012年，全省教育经费收入645.33亿元，较上年增长17.44%。其中：预算内教育经费拨款（不含教育费附加）497.97亿元；各级政府征收用于教育的税费收入44.09亿元；企业办学教育经费2.11亿元；民办学校中举办者投入经费3.88亿元；社会捐集资办学经费1.59亿元；事业收入88.25亿元。全省地方教育和其他部门教育经费总支出584.25亿元，较上年增长18.99%。教育部门事业性经费总支出534.94亿元，较上年增长19.86%。（李宏卿）

【高校党建】 省委组织部、省委宣传部、省高校工委于2月10日联合召开全省高校党的建设工作会议。组织开展基层组织建设年活动，重点开展"五大建设"和"三大培训"等活动，配强配齐基层党支部书记和党员队伍。对所属36所学校的3189个基层党组织进行分类定级，普遍实现晋位升级。高校领导班子进一步调整补充。与省委组织部联合制订山西省高校竞争性选拔中层干部的实施办法，修订完善山西省贯彻落实《中国共产党普通高等学校基层组织工作条例》的实施意见。（李宏卿）

【大学生思想政治教育】 2012年报请省委、省政府印发《关于深入推进大学生思想政治教育工作的意见》和《关于加强高等学校青年教师队伍思想政治建设的意见》。山西大学张利萍入选教育部"2012年全国高校优秀中青年思想政治理论课教师择优资助计划"，山西大学邸敏学、山西农业大学武星亮入选"2012年全国高校思想政治理论课教学能手"。3名高校辅导员获得全国辅导员年度人物提名奖和优秀奖。（李宏卿）

【中小学德育】 2012年召开全省中小学德育工作会议。省教育科学"十二五"规划中小学德育研究和实践专项课题确立150项。举办全省中小学班主任心理健康教育骨干培训班，开展第六届班主任素质展示活动。建成县级青少年活动场所建设项目93个，78个项目通过验收。晋中、运城青少年综合实践基地成为中央彩票公益金支持建设项目，获得扶持资金9000万元。（李宏卿）

【教师队伍建设】 评选表彰241名全省师德标兵，范妹锁被评选为"全国教书育人楷模"。公开招聘特岗教师1752名，首批3603名特岗教师转入当地正式教师编制，留任率达到99%。对2万名农村中小学骨干教师进行教育新理念和新技能培训。山西师范大学开展省级免费师范生试点工作，首批招生500人。落实2012届全部580名免费师范毕业生就业岗位，得到教育部肯定并在山西省召开工作现场会。配合省编办调整各市中小学教职工编制总额，统一全省城乡教职工编制标准。中小学教师职称改革试点工作活动，2500多名教师取得高一级专业技术职务。制订出台全省各级各类学校绩效工资实施意见。（李宏卿）

【语言文字规范】 完成对大同市、临汾市和运城市3个二类城市和阳曲县、永济县、垣曲县、长子县、壶关县、屯留县、陵川县、岢岚县8个三类城市的评估工作。遴选出25所语言文字规范化示范校。评选出省级规范汉字书写教育特色校216所，获批国家级特色校11所。（李宏卿）

【平安校园创建】 2012年深化平安校园创建活动，加强校园及周边环境综合治理，加强校园警务监控建设，排查化解安全隐患，学校安全防范能力提高。加强学校食堂管理，强化食品安全监管，确保学校食堂食品安全和价格稳定。在重点时段和敏感时期，全省教育系统秩序良好。（李宏卿）

【贫困家庭学生政策资助】 从2012年秋季学期开始实施全省学前教育资助制度，安排资金6154.87万元，惠及12.3万名儿童，覆盖在园儿童的15%，基本建立起覆盖各阶段教育的政策资助体系。小学生、初中生义务教育阶段家庭经济困难寄宿生生活费补助每人每天分别由2011年的3元、4元，提高到4元、5元。（李宏卿）

【教育法制建设】 2012年取消行政

许可项目3项，合并2项，转为日常工作2项，新增3项，最终8项。制订《山西省教育厅关于加强高等学校章程制定工作的意见》。组织“黄河律师杯”第二届山西省大学生模拟法庭大赛。10所高校千名大学生开展暑期送法下乡活动。（李宏卿）

【毕业生就业】 2012年提请省政府印发《山西省人民政府关于进一步做好普通高等学校毕业生就业工作的通知》。招聘农村特岗教师1752名，选聘545名大学生村干部，招募600名“三支一扶”人员、200名西部志愿者，鼓励毕业生报名入伍。全省各级行政、事业单位和各类企业供接收高校毕业生9万余人。提供就业创业资金9800万元，实现毕业生创业人数达到2751人。全省高校毕业生就业率达85%。（李宏卿）

【教育交流与合作】 国家公派出国留学人员48人，其中国家留学基金管理委员会16人、省筹资金32人。获得87项省筹资金资助留学回国人员科研项目。新增中外合作办学项目6个。新增8所聘请外国文教专家单位，聘请外专外教167人次。接收外国留学生184人。山西大学、太原理工大学成为来华留学生“中国政府奖学金项目”接受院校，实现零的突破。合作主办“中波教育合作研讨会”，在校际交换生、联合培养、科研合作等方面达成共识。（李宏卿）

【农村教育改革】 2012年采用课堂教学、田间示范、巡回服务等多种形式，对农民开展种植、养殖、加工业等方面的实用技术培训，完成350万人次的培训。组织编写《读与写》《数与算》《知与能》三本一套的扫盲教材。（李宏卿）

【成人高等教育】 2012年出台《山西省教育厅关于进一步加强成人高等学历教育招生和办学秩序管理的意见》，规范办学行为。对16所高校申报新增56个专业进行审核，同意备案47个专业。2012级成人高等学历教育新生学籍注册68473人，注册率为90.44%。（李宏卿）

【民办教育】 2012年对26所民办学校招生简章和广告进行备案。对全省46所省属民办学校进行年检，44所合格。（李宏卿）

基础教育

【学前教育】 2012年建成214所标准化公办幼儿园，新增5.5万个幼儿学位。投入资金4.45亿元，利用农村闲置中小学校舍改建幼儿园806所、在小学附设幼儿班946个，新增幼儿学位14.3万个。（李宏卿）

【义务教育】 2012年对48个县的3568所村义务教育薄弱学校进行标准化改造。38个县达到标准化建设要求。12月3日，召开全省义务教育学校标准化建设工作现场会，推广孝义经验。下拨资金5.14亿元，在21个集中连片贫困县实施“农村义务教育学校学生营养改善计划”试点工作，惠及2241所学校的近37万名学生。（李宏卿）

【普通高中教育】 2012年，规范清理普通高中改制学校，8所恢复为公办，2所转为民办，6所停止办学。（李宏卿）

【素质教育】 2012年开展“阳光体育运动”，全省近500万大中小学生参加冬季长跑活动。第九届全国大学生运动会上，山西代表队夺得2枚金牌、5枚银牌、3枚铜牌。推进高雅艺术进校园，中央芭蕾舞团、国家话剧院等5家国家和省级演出团体到山西省39所高校专场演出，3位艺术教育专家为9所高校作专题讲座。（李宏卿）

【特殊教育】 提请省政府印发《关于“十二五”期间进一步加快特殊教育事业发展的意见》。对200多名特殊教育学校校长和骨干教师进行培训。（李宏卿）

职业教育

【中等职业教育免学费】 2012年下拨资金12.27亿元，全面免除职业高中、职业中专、普通中专和技工学校学生学费，实现中职教育免学费全覆盖，惠及学生86.88万人次。（李宏卿）

【中职招生】 到2012年11月底，山西省中等职业教育共招生21.49万人，其中职业高中8.34万人，普通中专5.67万人，成人中专0.98万人，技工学校招生4.25万人，其他机构、附设中职班招生2.25万人。（李宏卿）

【职业教育基础能力建设】 2012年有11所学校获批为该年度国家级中等职业教育改革示范校，25所中高职院校批准为中央财政支持的职业教育实训基地建设项目校，50所学校获得9000万元支持建设省级实训基地，11个县级职教中心通过省级督导评估验收。2012年开展办学资质清查工作，取消13所学校中职学历教育办学资格，对43所学校提出限期整改意见。派出14名骨干专业教师参加教育部组织的赴德国进修，200多名教师参加全国中等职业学校素质提高计划师资培训。（李宏卿）

【职业院校学生技能大赛】 2012年举办山西省第六届职业院校技能大赛，10万多名师生参赛；选拔出145名优秀中职选手参加全国大赛，获一等奖2个、二等奖14个、三等奖27个。组织山西省中职学校信息化教学大赛，遴选出部分教师参加全国大赛，获二等奖2个、三等奖3个。（李宏卿）

【职业院校德育】 2012年举办迎接党的十八大山西省中等职业学校学生作文大赛，撷选120篇汇编成集。开展第四届“文明风采”竞赛活动，遴选出1100件作品参加全国竞赛，获一等奖59个、二等奖175个、三等奖285个。（李宏卿）

【现代职业教育体系试点】 2012年推进中高职教育衔接发展，以国家中职示范校重点建设专业、农业类专业、卫生类专业以及山西省产业发展急需的技能型人才短缺的中职教育专业为重点，选择30所中职学校和22所高职院校开展五年制职业教育“三二分段”培养试点工作。（李宏卿）

高等教育

【高等教育质量工程】 2012年,评审确定本、专科特色专业42个,教学改革项目245项,大学生创新创业训练项目407项。围绕山西省转型跨越发展需求,遴选出省级优势重点学科9个和特色重点学科29个,新增24个学士学位专业。出台《关于加强高等学校实践教学工作的几点意见》,加强高校实践教学。6门课程列入2012年度国家精品视频公开课建设选题和课程。 (李宏卿)

【高层次人才队伍建设】 2012年遴选出省级高等学校优秀创新团队3个、优秀创新团队重点培育对象1个、中青年拔尖创新人才10人、优秀青年学术带头人33人,引进第五批"百人计划"23名。2人入选"长江学者"计划,2名进入国家"千人计划"。5人成为"国家高层次人才特殊支持计划"候选人,11人进入2012年度享受政府特殊津贴人选。评选出首批16名"三晋学者"。 (李宏卿)

【高校学术研究】 2012年新增山西大学1个国家发展与改革委员会"国家地方联合创新平台",新增太原理工大学"煤炭产业科学发展研究中心"与"艺术遗产研究中心"、山西师范大学"亚洲区域发展研究中心"、太原师范学院"区域文化研究中心"、忻州师范学院"五台山文化研究中心"、晋中学院"晋中文化生态研究中心"等6个省高校人文社科重点研究基地。承担国家自然基金项目254项、教育部科学技术研究重点项目6项、省级项目180项。承担2012年度国家社科基金项目45项、教育部人文社会科学研究项目44项。 (李宏卿)

【高等教育信息化建设】 中国教育科研基础设施IPv6技术升级和应用示范项目太原理工大学子项目2012年通过验收。承办CERNET2012年学术年会暨会员代表大会,召开山西省教育科研网和高校信息化建设会议,就高校校园网建设和评估进行讨论交流。 (李宏卿)

【研究生教育】 2012年遴选出对山西社会进步、经济转型、跨越发展具有支撑作用的46个博士学位授权一级学科点进行重点建设,经费支持6500万元。7个校企合作研究生教育创新中心和6个研究生教育培养基地投入使用。立项建设研究生教育优秀创新项目108项(其中重点项目40项)。评选出省级优秀博士学位论文40篇、优秀硕士学位论文66篇。山西大学陈刚的"微腔中多体系统的新奇量子相变及其调控"和太原理工大学刘雷的"金属磷酸盐骨架材料的离子热合成、结构调控与性能研究"2篇博士论文被评为全国优秀博士学位论文。 (李宏卿)

【高等教育资源扩展】 经教育部审批同意,2012年在原运城市卫生学校基础上成立运城护理职业学院,成为山西省第一所护理类高职院校。教育部审批同意山西传媒艺术学院、太原学院普通本科学校设置工作。(李宏卿)

【高职高专师资培养】 2012年3所高职院校成为省级示范性职业院校立项建设单位。对高职院校开设三届以上的151个专业进行评估,54个专业被评为优秀。组织评选省级高职院校精品资源共享课,并向教育部推荐9所。启动实施"高职院校提升专业服务产业发展能力"项目。评选出高职院校"双师型"教学名师28名,优秀教师67名。 (李宏卿)

【科研成果奖励】 2012年山西省获教育部高等学校科学研究成果奖(人文社会科学)4项。获2011年度山西省科学技术一等奖9项,占全省总数的53%;获山西省第七次社会科学研究优秀成果一等奖15项,占全省总数的65%。申请发明专利654件,获得授权320件。 (李宏卿)

【高校新校区建设】 2012年高校新校区建设顺利推进,开工面积290.1万平方米,9所高校基本建成。 (李宏卿)

新闻出版

【主旋律导向】 2012年组织出版单位策划推出《中国共产党图史》《科学发展观论纲》《红色账簿:1921—1927》《支点——国共山西合作抗战历史纪实》等一批献礼图书。出版《中国模式经济发展论》《跨越万亿谋崛起:2011年中部发展与比较》等出版物。协调组织省内报刊媒体,以"喜迎十八大""科学发展铸就辉煌"等为主题内容开设专题专栏,开展党的十八大宣传和报道。(潘　焱　周炳良)

【精品图书出版】 首次设立"山西出版精品工程",《慈善的力量》等10种图书入选。《乍放的玫瑰》获中宣部第十二届精神文明建设"五个一工程"优秀作品奖,《与大学生谈心——谈谈我们的现实与信仰》入选"弘扬社会主义核心价值体系出版工程",《讲给孩子的世界科学》入选2012年新闻出版总署向全国青少年推荐百种优秀图书,《金代人物传记资料索引》等6种图书列入国家古籍整理出版资助项目。在全国性教辅类报纸综合评估中,《英语周报》位列第一。

(潘　焱　周炳良)

【农家书屋全覆盖】 截至2012年6月底,完成7147个农家书屋的年度建设任务,提前半年实现全省28339个行政村农家书屋全覆盖的建设目标。累计投入中央财政资金28339万元,省级财政资金13911.4万元,市级财政资金8501.7万元,县级财政资金5925.9万元。8月完成新建农家书屋省市县三级验收。在9月27日全国农家书屋工程建设总结大会上,山西省新闻出版局、山西新华书店集团有限公司获"全国农家书屋工程建设突出贡献单位"称号,山西省21个农家书屋获得全国示范农家书屋称号,20名农家书屋管理员获得荣誉证书。

(潘　焱　周炳良)

【政府软件正版化】 截至2012年4月底,完成111个省级政府机关正版软件的安装使用工作,共为26100台计算机(其中便携机4223台)安装正版办公软件26696套。6月组织检查组对39个省级政府机关使用正版软件进行抽查验收,所抽查部门正版软件安装全部合格。7月6日,省新闻出版局召开新闻发布会,向全社会宣布这一成果。太原、吕梁、朔州市级机关软件正版化全面完成,孝义市完成县级机关软件正版化工作。山西日报报业集团、山西出版传媒集团有限公司、山西新华书店集团有限公司三大集团软件正版化全面完成。

(潘　焱　周炳良)

【非时政类报刊改革】 2012年2月24日召开全省非时政类报刊出版单位体制改革动员大会,山西省非时政类报刊改革工作按照"三个一批"和"两步走"的思路推进。省财政厅下发《关于委托主管主办单位对所属非时政类报刊企业国有资产管理的通知》,决定由同级财政部门履行出资人职责的非时政类报刊出版企业的国有资产委托主管主办单位管理。在主管主办单位筹集的基础上,省财政拨付2726万元为首批转制企业补充注册资本金。省新闻出版局与省委宣传部、省财政厅、省工商局等部门建立联合办公制度,协调工商等有关部门,开辟绿色通道,提供"一站式"服务。山西省两批99家非时政类报刊出版单位基本完成改革任务,数量、质量都走在全国前列。

(潘　焱　周炳良)

【出版产业发展】 2012年《中国分体文学学史(5册)》等3个项目入选国家出版基金资助项目,山西出版传媒集团数字出版系统等4个项目入选全国新闻出版产业发展项目库。全国首家创意设计包装产业园挂牌。全年图书音像电子出版单位共输出版权75种,引进版权14种,版权贸易成交额0.074亿元,版权贸易连续六年实现顺差。在第二十二届全国图书交易博览会上,山西图书出版总计订货突破6000万码洋。(潘　焱　周炳良)

【新闻出版行业监管】 推进行政审批制度改革,清理调整审批事项,共减少24项,保留10项,精简率达70.6%,缩短审批时限共计250个工作日。全年审批选题4100余种,对18种选题进行专题报备。重点审读报纸44种、期刊43种,编发《审读快报》45期。完成77种报纸、200种期刊、152家驻晋记者站、4000余家印刷复制企业和出版物发行企业的年度核验工作。开展第十七轮图书编校质量检查、报纸质量评估、学术期刊学术不端行为检查、中小学教辅材料出版发行专项检查、印刷企业超范围经营"百日集中整治"专项行动、"3·15"质检活动、打击"新闻敲诈"治理有偿新闻等专项行动。 (潘 焱 周炳良)

【"扫黄打非"】 2012年查办案件282起,查缴各类非法出版物116万余件,其中,违禁类非法出版物17540件,淫秽色情出版物24470件,侵权盗版出版物60万余件,非法报纸期刊51万余件。 (潘 焱 周炳良)

【报刊产业发展】 2012年山西省有各种报纸77种,期刊200种。报刊总印数21亿(册),经营总收入13亿元,资产总额20亿元,报刊从业人员9287人。根据《2012中国新闻出版统计资料汇编》统计,山西的报纸品种数排全国各省份第14位,总印数排第6位,定价总金额排第8位;期刊品种数排第17位,总印数排第22位,定价总金额排第18位。2012年,山西报刊业有三个改革项目入选国家新闻出版改革发展项目库。山西医学期刊社的网络出版平台(索医网)提升改造项目,《新课程》杂志社的建设教育教学数字资源数据库和搭建数字资源精准投放平台项目,《村委主任》杂志社的千名村官培训百万村官共建繁荣和谐农村项目。2012年山西报刊业加快数字化转型升级步伐。山西科技新闻出版传媒集团以体制改革和集团组建为契机,探索由传统媒体向数字媒体的转变之路,正在实现全媒体生产、全介质传播、全方位经营。截至2012年底,山西省有7家报刊社取得互联网出版资质。 (马瑾亮)

【教辅类报纸品牌凸显】 山西省是全国教学教辅报刊出版大省,国家新闻出版总署《中国报业发展报告(2005)》称其为"中国第一教辅报刊群"。多年来全国教辅类报纸发行量居前三位的均在山西省,其中,《英语周报》《学英语》《语文报》高居全国各类报纸平均期印数的前三位,2012年《英语周报》期发行量达1600余万份。在2012年3月国家新闻出版总署对全国教辅类报纸出版质量综合评估中,山西省8种教辅类报纸整体出版质量居全国前茅,在13种一级报纸中,山西占4种,其中《英语周报》名列第一,《语文报》名列第三。2012年6月,多家媒体及网站对《英语周报》"涉嫌非法出版"进行舆论炒作,山西省新闻出版局与国家出版管理部门及相关单位沟通,妥善应对,平息舆论炒作,保障教学教辅报纸的发展。 (马瑾亮)

【新闻报刊单位年度核验】 根据《出版管理条例》等法规规章和国家新闻出版总署的有关通知精神,山西省新闻出版局于2012年2月1~29日对在山西省登记的77种报纸,200种期刊进行年度核验。在年度核验中,针对6家报纸刊登违法广告问题,进行诫勉谈话,并对1家媒体下达《警示通知书》。根据有关规定,2012年度核验中对8种报刊予以缓验,要求限期整改。参加年度核验的记者站共152家,其中,中央媒体驻晋记者站76家,省内报刊驻各市记者站76家。在年度核验中,通过年检的记者站118家、注销中央媒体记者站5家、缓检中央媒体记者站13家、缓检并通报批评省内报刊记者站16家。连续性内部资料性出版物参加年度核验的有560家,其中,注销15家、通报批评8家、缓验36家。

2012年对全省49个报纸出版单位、35个期刊出版单位的新闻记者证进行年度核验。通过年度核验2393人、注销81人、缓验9人。全省广电系统新闻记者证年度核验,通过年度核验4008人,注销9人,缓验5人。 (马瑾亮)

2012年山西省新闻出版业主要经济指标统计表

单位:万元

类别	单位数量	总产出	资产总额	净资产	主营业收入	其他业务收入	利润总额	直接就业人数
图书出版	8	98808.52	228889.21	163363.7	93133.49	1277.07	25035.69	528
期刊	198	21747.9	15544.93	8924.18	15078.34	6095.61	1703.23	2272
报纸	77	114757.13	183490.68	95248.93	101732.28	9110.07	5909.66	7015
音像出版	2	2893.82	3592.36	2748.3	2342.89	480.67	352.51	70
印刷合计	3959	841953.8	740614.3395	295137.4265	807254.4285	7187.69	29171.21	40679
发行合计	2945	660813.12	579626.32	195247.4	635307.34	23959.56	24355.23	19100
总计	7189	1740974.29	1751757.839	760669.9365	1654848.768	48110.67	86527.53	69664
2011年数据	7991	1398210.337	1439493.8	690054.71	1328584.16	36875	97497.36	70488
增长率	−10.04%	24.51%	21.69%	10.23%	24.56%	30.47%	−11.25%	−1.17%

中宣部第十二届精神文明建设“五个一工程”优秀作品奖

序号	书　名	等　级	获奖单位	责任编辑	获奖时间
1	乍放的玫瑰	优秀作品奖	希望出版社	陈彦玲　王琦 段晓楠	2012.09

2012年新闻出版总署向全国青少年推荐百种优秀图书

序号	书　名	等　级	获奖单位	责任编辑	获奖时间
1	讲给孩子的世界科学（三册）	—	希望出版社	王　琦　张　平	2012.05

2012年新闻出版总署“经典中国国际出版工程”项目资助

序号	书　名	等　级	获奖单位	责任编辑	获奖时间
1	中草药的故事	—	希望出版社	陈彦玲	2012.06

中宣部、中央文明办、新闻出版总署三部委联合向社会推荐的100种优秀思想道德读物

序号	书　名	等　级	获奖单位	责任编辑	获奖时间
1	流动的花朵	—	希望出版社	翟丽莎	2012.05
2	文明中国书典	—	—	—	—

山西省第十届精神文明建设“五个一工程”奖

序号	书　名	等　级	获奖单位	责任编辑	获奖时间
1	乍放的玫瑰	特别奖	希望出版社	陈彦玲　王　琦 段晓楠	2012.10
2	支点——国共山西合作抗战历史纪实	优秀图书奖	北岳文艺出版社	席香妮	2012.12
3	风从塞上来：中国右玉县六十年生态建设报告	优秀图书奖	山西人民出版社	莫晓东	2012.10
4	吉庄纪事	优秀图书奖	三晋出版社	朱　屹	2012.12
5	红色账簿：1921—1927	优秀图书奖	北岳文艺出版社	樊敏毓	2012.12
6	钱伟长传	优秀图书奖	山西人民出版社	蒙莉莉　傅晓红	2012.12
7	黄河岸边的歌王	优秀图书奖	北岳文艺出版社	王国柱　张　丽	2012.12
8	海子边风云	优秀图书奖	山西人民出版社	贠荣亮	2012.12
9	为啥抛弃我	优秀图书奖	北岳文艺出版社	庞咏平	2012.12

广播电影电视

【概述】 2012年，山西省广播影视系统各项工作稳步推进，构建广播影视公共服务体系、管理服务体系、安全播出保障体系，全年各项目标任务完成，5项重点工作超额完成，获国家和省部级奖项10余项。各级广播电视播出机构把握正确政治方向，以党的十八大宣传报道为总抓手，以转型跨越发展为总基调，以办好“两件大事”为核心内容，以转型综改试验区建设和推进“四化进程”为报道切入点，以展示成就、提振信心、营造氛围、服务转型、促进跨越为宣传目标，完成各项新闻宣传任务，受到省委领导肯定。热点难点问题的新闻报道做到适时到位，突发事件的舆论引导做到及时准确。外宣工作成绩突出。省台在中央电视台综合频道、新闻频道、经济频道、国际频道共播发新闻900多条，在《新闻联播》栏目播发100多条，在中央人民广播电台和中国国际广播电台共播发215条。 （冯思睿）

【安全播出】 2012年，山西省广电局狠抓《山西省广播电视安全播出应急预案》的完善和落实，全年各级各类安全播出机构组织应急演练500多次。安全投入达2.8亿元，其中省级1.9亿元，对网络和技术系统进行升级改造。从3月开始，组织全省广电系统开展安全播出大检查工作。大检查分自查自纠、省级大检查等六个阶段，督导安全播出保障工作。各重要保障期前，省局安全播出指挥部均召开例会，交流、汇总、分析、研判安全播出情况，对全省安全播出提出指导意见；严格重要保障期值班纪律，领导干部在第一线靠前指挥，所有安全播出管理部门、指挥调度机构、监测部门和关键岗位的人员全员出动，轮流值班，确保24小时不间断地监控。 （冯思睿）

【行政管理】 2012年，山西省广电局对全省91个广播电视节目制作经营机构及2个电视剧制作（甲种）机构进行2011年度业绩审核，对合格单位换发新证。全年完成播出机构、企事业有线广播电视站共185个单位的年度检查工作。全年完成电影备案23部，影片初审13部，办理电影放映许可证24个，发行许可证1个，电视剧备案10部，电视剧成片审查5部。全省农村公益电影放映监管平台建立并开始试运行，走在全国前列。 （冯思睿）

【专项治理】 2012年，山西省广电局开展违规节目整治专项工作，发现并处理违规节目19个，对有关负责人进行诫勉谈话。开展打击违法违规网站专项行动，依法关闭12家违规视听网站，并列入违法互联网站黑名单管理。开展整治广播电视广告播放秩序专项行动，共核查群众投诉36件，停播广告125条，对10家播出机构诫勉谈话12次，处理相关责任人3人。开展整治境外卫星传播秩序专项行动，全省专项整治行动共出动人员8509人次，车辆3221台次，收缴非法网络电视棒130个，收缴非法卫星接收设施25085套件，查处并拆除非法设置的卫星接收设施7265座，取缔非法销售安装点388个，发放宣传单近7万份；对88家三星级以上宾馆饭店境外卫星电视接收单位进行年度工作检查，责令整改4家，申请退出撤销许可4家。 （冯思睿）

农村电影“三下乡”活动照 （冯思睿提供）

【农村公益电影放映】 农村公益电影惠民工程完成34.028万场，超额完成1.028万场。组织全省农村数字电影流动放映员及技术人员业务培训，并发放1536个放映员上岗证。开展全省“唱响主旋律，献礼十八大”农村电影主题放映活动，向革命老区赠送6000场优秀国产影片。 （冯思睿）

【城市影院建设】 2012年完成18家标准化城市影院、80块银幕的建设任务，建成11条农村数字放映院线，实现农村公益电影全覆盖和一村一月放映一场电影。规范城市影院建设和管理，制订下发《关于加强城市影院管理的意见》，完成《山西省城市影院建设方案》。 （冯思睿）

【广播电视村村通】 2012年完成106435套直播卫星接收设备安装工作，加上有线光缆联网、MMDS方式，累计完成4527个村，超额完成482个村。3月，省广电局被国家广电总局评为全国“十一五”广播电视村村通工作先进集体。具体工作方面：一是年初召开全省村村通工作会议，举办培训班，进行部署。二是出台《山西省“十二五”广播电视村村通工程“盲村”建设实施办法》，明确目标任务、进度安排和工作措施。三是请省政府与国家发展改革委和广电总局，与11个地市政府签订《山西省“十二五”广播电视村村通巩固提升工程建设目标责任书》。四是开展广播电视村村通工程建设和管理情况督查工作，确保工程进度和质量。 （冯思睿）

贯彻中央和省委政府决策部署推进广播影视工作 （冯思睿提供）

【广播电视覆盖"百千万工程"】 建立1119个"户户通"直播卫星接收设施专营服务点，超额119个，完成年度任务的112%。对全省105座转播中央广播电视节目的无线发射台站的基础设施现状进行全面摸排梳理，并以此为依据筛选出53个高山发射台站对其基础设施进行改造。制订《承担中央无线覆盖任务台站基础设施改造总体方案》，上报省发改委和国家广电总局，为改善台站的基础设施提供支撑保障。完成全省县级城市地面数字电视频道的规划工作，为106个县指配地面数字电视频道，制订完整的总体规划方案，并上报国家广电总局，为推进"户户通"工程奠定坚实基础。 （冯思睿）

【影视剧创作】 以"十八大"献礼片和现实题材为重点，2012年共摄制完成电影14部，超额完成8部（完成年度任务233%）；摄制完成电视剧5部动画片1部。电视剧《革命人永远是年轻》获中宣部"五个一工程"奖，《情归陶然亭》《决战太原》等9部电影作品列入山西省全面深化文化体制改革以来100部优秀文艺作品。 （冯思睿）

【广电中心建设】 2012年山西广电中心建设取得重大进展。完成项目立项、设计、规划选址、土地预审和土地征用等前期工作，完成《建设用地规划许可证》《工程地质灾害危险性评估》《环境影响报告书》《节能评估报告》《工程场地地震安全性评价报告》和《可行性研究报告》，建设场地"三通一平"和岩土工程详细勘察现场作业。预计2013年年底之前，完成广电中心主体、大演播厅和新媒体楼建设。 （冯思睿）

【广电新媒体发展】 2012年山西广电信息网络集团与11地市签订《广电网络整合框架协议》和《统一前端与信号源协议》，基本完成全省"一张网"整合任务。建成全省统一的网络传输总前端，对全省2000多千米广电光缆干线网进行全面改造。山西广电传媒集团以内容生产、广告代理、新媒体建设、广播电视多种经营为主营业务，建设节目集成分发体系和多元产业链运营体系。IPTV全省用户数发展到2.1万余户，CMMB业务累计订购用户数超过56万户，购物频道主营业务累计实现销售收入5亿元，移动多媒体广播电视实现双向用户在网18万户，单向用户在网约55万户。 （冯思睿）

山西日报报业集团

【概述】 山西日报报业集团实行党委会领导下的社长负责制，由行政机关、传媒方阵、经营实体等组成。机关包括集团办公室、经营管理办公室、党群工作中心、人力资源中心、监察审计室、财务管理中心、网络技术中心、报业研究中心、离退休职工管理处和安全保卫处等10个职能部门。传媒方阵包括《山西日报》《山西晚报》《山西农民报》《三晋都市报》《生活文摘报》《良友周报》《发展导报》《人民摄影报》《山西经济日报》《山西法制报》《山西市场导报》以及《对联·民间对联故事》杂志、《青少年日记》杂志和山西新闻网等14个媒体。经营实体包括广告总公司、发行总公司、印务公司、物业总公司、实业总公司、房地产公司、劳动服务公司等7个公司。2012年有在职人员1472人，离退休人员403人。

2012年，山西日报报业集团总收入5.6亿元，利税总额1540万元。

（赵 青）

【省委书记批示】 2012年3月26日，省委书记、省人大常委会主任袁纯清对《山西日报》全国"两会"报道专门作出批示，表扬"山西的报道，有声有色，既宣传了山西，又鼓舞了士气"。同时称赞："工作很努力、很到位、很有力度、很有成效。"5月21日，《山西日报》在头版头条位置刊发消息《我省焦化行业兼并重组全面推开》，并配发评论《做优做强焦化产业》。袁纯清对该文给予肯定，并在当日的报纸上作出批示。7月10日，袁纯清到山西日报报业集团进行调研。

（赵 青）

【子报子刊影响力】 《山西晚报》商标被认定为山西省著名商标。在2012年新认定的山西省著名商标中，《山西晚报》是唯一一家报纸。

1月6日，由《山西经济日报》主办的"长治县振兴杯"2011年度山西十大经济新闻暨"山西转型跨越新锐企业、入晋企业优势品牌"系列评选活动发布仪式在太原举行。

12月16日，经过公众投票、专家评议，由《山西晚报》主办的"泸州老窖鉴赏级酒品杯2012感动山西"十大人物在太原揭晓。 （赵 青）

【和谐集团建设】 开展扶贫济困、"送温暖、献爱心"社会公益活动。落实党内关怀、帮扶、激励机制，做好离退休职工的服务工作。物业公司大修报社体育馆、为集团宿舍区新安装户外健身器材系列、完成宿舍区5~14号楼区间污水管道更换、拓宽宿舍区出入口，建成宿舍区门禁道闸系统。集团被授予2011年度省直机关文明和谐单位标兵称号；集团工会被评为"五星级基层工会"；集团两个集体和

5名个人受到省劳动竞赛委员会和省直机关劳动竞赛委员会的表彰,集团财务管理中心主任侯忠泉获得省“五一劳动奖章”,《山西日报》、山西晋万家报刊发行有限责任公司分别获得省直机关“五一劳动奖状”,山西晚报社社长张秀、集团人力资源中心主任张占鹰、《山西日报》财贸部主任梁晓丽、《山西日报》政法部副主任李强均获得省直机关“五一劳动奖章”。

(赵 青)

【宣传报道】 1.围绕中心,服务大局,把握导向。2012年《山西日报》及集团所属媒体围绕省委、省政府重大决策部署和各项中心工作,进行重点报道。《山西日报》推出文化体制改革发展、转型综改先行先试、项目落地促转型、有效应对稳增长、保持党的纯洁性、省党政代表团赴粤鄂豫闽招商引资、迎接十八大等12个系列报道。

集团所属各报及山西新闻网等媒体,也从不同角度服务和宣传省委、省政府的中心工作,突出转型跨越发展,再造一个新山西的主旋律。

2.牢记责任,抓好十八大报道。《山西日报》及集团各所属媒体2012年宣传的重点是十八大会前、会中、会后宣传报道。集团组织和制定报道计划,以“新山西·新跨越·新成就”为主调,全面报道山西省经济社会发展取得的新进步,激励全省党员、干部、群众以优异成绩迎接党的十八大召开。十八大结束后,《山西日报》除重点报道省委及全省各地传达贯彻十八大精神和十八大代表回到单位后带头宣讲、落实十八大精神等内容外,还策划大型采访活动,编采人员分赴市县企业基层采访,报道党员、干部、群众按照省委省政府的决策部署,学习、贯彻、落实十八大精神的新思路、新举措、新风貌、新典型。

3.提高媒体的影响力。2012年4月,《山西日报》进行新一轮改版。《山西晚报》2012年3月进行第13次改版。《三晋都市报》《山西法制报》《山西市场导报》等都做了版面调整。

2012年集团发挥整体优势,深入“走转改”,践行“三贴近”,对省内外大事,省委、省政府的重大决策部署,集团所属11报2刊1网站密切配合,引导社会舆论。两篇报道受到中宣部新闻局肯定:由中宣部新闻局出版的第107期《新闻阅评》,以《〈山西日报〉嫦娥剧团报道发挥文化引领作用》为题,对《山西日报》推出的《嫦娥缘何能“飞天”》一文,给予肯定和表扬;第468期《新闻阅评》以《〈山西日报〉集中报道资源开发型地区怎样转型跨越》为题,对《山西日报》10月15~21日发表的系列报道给予肯定和好评。《山西日报》记者班彦钦采写的通讯《一跪惊天下》荣获第22届中国新闻奖三等奖。集团10家所属媒体的92件作品获第21届(2011年度)山西新闻奖。

在由省委宣传部、省新闻出版局组织的报纸质量年度评比中,山西日报报业集团的《山西日报》《山西晚报》《山西农民报》《三晋都市报》《良友周报》《山西经济日报》被评为一级报纸;《生活文摘报》《发展导报》《人民摄影》《山西法制报》《山西市场导报》被评为二级报纸;《对联·民间对联故事》《青少年日记》被评为二级期刊。

(赵 青)

【广告业务】 2012年,集团广告总公司“三抓三提高”:抓大客户、大行业,提高日常广告经营收入;抓管理制度建设,提高服务质量水平;抓创新经营,提高业务拓展能力。在保证基本收入、抢抓增量收入,多元化经营、业务开发运营新模式以及内部管理制度等方面均有所突破。《山西日报》《山西晚报》共完成广告营业额1.16亿元。

(赵 青)

【发行数量】 2012年,集团报刊期发行量在120万份左右。其中《山西日报》平均期发行量19.5万份,超额3.5万份完成省委下达的任务指标,人均拥有量居全国党报发行前列;8月底集团将《山西晚报》10个市的发行工作由发行总公司直管改为由各分社管理运营,发行量提升上万份;《生活文摘报》和《良友周报》保持“全国畅销报刊20强”的地位,分别实现利润514万元和800万元。《山西农民报》《山西经济日报》《山西法制报》等报刊的发行量和总收益均实现增长。

(赵 青)

【印务统计】 2012年,集团所属闻兴印务公司在制度建设、质量管理、成本管理、设备管理等方面下工夫,提高质量与效率。公司全年报纸产量达7亿对开张,销售收入8700万元。公司印刷的《人民日报》《解放军报》《环球时报》《山西日报》等报纸保持全国优质级水平。各机组实行单机核算考核制度,纸张节约明显。投资650万元购置上海高斯印刷机。在保证日常印刷工作的同时,商业印刷比例提高,到2012年底,印刷品种达50余类100多种。

(赵 青)

山西出版传媒集团

【概述】 据2012年新闻出版总署发布的《产业分析报告》显示,山西出版传媒集团经济规模综合排名全国第13位。在全国550家图书出版单位中,山西教育出版社、希望出版社、山西人民出版社、山西科学技术出版社4个单位跻身地方专业出版社十强。山西新华书店集团在全国发行集团总体经济规模综合排名12位,销售额排名全国第6位。2012年,在集团16家成员单位中,有省(部)级文明和谐单位3家,省直文明和谐单位标兵5家,省直文明和谐单位7家。

2012年9月26日,在全国文化体制改革工作表彰大会上,集团被授予“全国文化体制改革工作先进单位”称号。

(郭文礼)

【社会经济效益】 2012年,集团完成营业总收入92.65亿元,比上年度增长24.82亿元,实现利润总额3.64亿元。在教辅新政出台,市场竞争激烈的情况下,集团克服不利因素,经济指标保持持续增长。

2012年,集团共有233种图书获得省部级以上奖励。《乍放的玫瑰》获中宣部第十二届精神文明建设“五个一工程奖”;《王者的智慧》《公司的力量》《中草药的故事》3种图书,获得新闻出版总署第十一届输出版权优秀图书奖;《文明中国书典》《流动的花朵》入选中宣部、中央文明办、新闻出版总署三部委联合推介的“百种优秀思想道德读物”;《讲给孩子的世界科学》入选新闻出版总署2012年“向全国青少年推荐的百种优秀出版物”。

在各类专业性评奖中,《国家记忆》《超级科学书》获第七届国家图书馆文津奖;《中国画像石棺全集》《山西碑碣》分获全国优秀古籍图书奖一、二等奖;《讲给孩子的中国科学》《讲给孩子的中国大自然》获全国优秀科普作品奖。《风从塞上来》《红色账簿》等9种图书获得山西省第十届“五个一工程奖”;《公司的力量》《流动的花朵》《张晗传》等8种图书获得山西省优秀文艺作品奖。207种图书和音像电子出版物获优秀晋版图书暨音像电子出版物奖。（郭文礼）

3月4日,山西出版传媒集团公司2012年工作会议召开

（郭文礼提供）

【领导关注山西出版】 2月16日,中共中央政治局委员、书记处书记、中宣部部长刘云山考察山西出版传媒集团,说:“山西是经济欠发达地区,又是人口小省,出版做得这么好,发展得这么快,不简单。希望你们再接再厉,抓住当前难得的历史机遇,在文化改革发展中发挥率先示范作用。”

4月17日,省委常委、宣传部部长胡苏平到集团调研指导工作,对集团转企改制以来各方面取得的发展成绩给予肯定。

7月4日,省委书记袁纯清就山西出版传媒集团开展保持党的纯洁性学习教育活动作出批示:“出版集团业绩突出,成绩卓著,为山西省文化体制改革,文化企业发展提供榜样。望再接再厉,继续当好排头兵。”

（郭文礼）

【品牌建设】 2012年,集团有15种(次)图书登上各类排行榜前10名。其中《不必读书目》《都市,不轻言爱》入选《中国新闻出版报》全国优秀畅销书排行榜月度总榜;《炒家33篇》《操盘之王3》入选《新京报》书香榜“经管类”畅销榜,《风从塞上来》入选新浪网“中国好书榜社科文化好书榜”;《行楷书法等级考试教程》等3种图书入选《中国图书商报》“东方数据畅销榜”。《讲给孩子的中国科学》入选《中国新闻出版报》评出的“大众喜爱的50种图书”。《黄元御医学全书》等3种中医类图书登上当当网科技类畅销书“月十强”。在《中国图书商报》发布的《2012中国书业实力版图之市场数据报告》中,山西人民出版社有27种图书被全球30家以上图书馆收藏,位列全国出版社第48位。据《中国图书商报》东方数据监测中心数据显示,山西科学技术出版社产品市场码洋份额在科技类板块中多次进入全国前十名,是集团各出版社中唯一进入同类全国前十的单位。

（郭文礼）

【产业拓展】 2012年,希望出版社与北京初乐元幼儿教育科技发展有限公司合作成立希望乐元教育科技公司,发起成立中国早期教育服务标准化协会,在全国推广早期教育服务标准化体系,形成以幼儿教育体系研发、课程内容出版、园所运营管理、督导评估、专业师资培训等为优势经营项目的产业特色。公司运营以来,在北京、广州、上海、沈阳、武汉等大中城市进行现场培训200余场。山西省新闻出版纸张公司、山西省印刷物资总公司利用纸张批量采购的优势,延伸至纸张原材料业务,与多家造纸企业合作经营各类木浆、木片及化工产品等大宗原材料。山西省印刷物资总公司利用业务平台,开展煤炭销售业务,具备煤炭销售的经营资质。山西省新闻出版纸张公司旗下佰士特公司试水钢材生意,取得良好收益。

山西教育出版社与山西省教育厅、山西省教科院联合开发的交互式教学平台,以数字化技术整合优质教辅图书资源,推向山西省首批17所初高中试点学校。《新课程》杂志社自主开发的“全媒体课件”项目,开发中小学品种达340多种,全年销售共计10万册。

山西出版传媒网在推进信息化建设的同时,经多次改版更新,已形成集网站与客户端为一体的全媒体“书海传媒系统”。网站在全国出版集团类网站中排名第三。在2012年全国数字出版年会上,山西出版传媒网获得年度“新闻出版业网站百强”和“出版业最具影响力网站”两项大奖。

（郭文礼）

文化建设

【概述】 2012年，山西省出台《山西省国家资源型经济转型综合配套改革试验区文化建设实施方案(2012—2015)》、文化体制改革推进、文化产业发展。全省163家国有文艺院团完成转企改制阶段性任务，事业单位法人治理结构试点工作继续开展，文化产业发展的改革环境优化，全省有省级以上文化产业示范基地20个，产值超500万元的文化企业700多个。文化惠民成绩明显，由政府出资供群众观看的惠民演出达8000余场。乡镇综合文化站和农村文化活动场所推进全省全覆盖。目标为1135个乡镇文化站和28200个农村文化室。一批重点文化工程和精品创作影响扩大，说唱剧《解放》获中宣部"五个一工程"奖，晋剧《大红灯笼》、舞剧《粉墨春秋》入选国家舞台艺术精品工程重点资助项目。文化市场活跃，演出、娱乐、艺术品、网吧、网络游戏、网络音乐六大市场总规模达31.18亿元。（陈燕萍）

【全省文化局长会议】 2月21日，全省文化局局长会议在太原召开。省委常委、宣传部部长胡苏平，省人大常委会副主任安焕晓，副省长张平，省政协副主席令政策等出席会议，全省11个市、119个县(市、区)的文广新局局长，厅属各单位主要负责人，受表彰单位代表共260多人参加会议。会议传达全国文化厅局长会议、全国文化体制改革工作会议、文化强省建设大会精神，表彰古县等9个第二批山西省文化强县，太原市文广新局等34个文化体制改革工作先进单位，田文生等山西省十大文化创新人物，舞剧《粉墨春秋》等9部舞台艺术优秀剧目，太原市文广新局综合执法队等12个文化市场管理和综合执法先进单位，动画片《大耳朵爷爷历险记》等13个优秀文化产品及山西戏剧职业学院等5个艺术文化人才培养先进单位。（陈燕萍）

【文化惠民活动】 1月27日~2月24日，由省政府主办，省文化厅、省政府工程建设事务管理局、太原市人民政府、山西演艺(集团)有限公司承办的"辉煌山西　文化惠民"文化活动在太原举行，共演出40多台优秀剧目，先后有近6万名观众观看演出。这次文化惠民活动由省政府出资500余万元，购买省内外16台24场大戏，其中包括天津市青年京剧团的京剧《四郎探母》和京剧折子戏专场、省晋剧院的晋剧《打金枝》、高平市人民剧团的上党梆子《三关排宴》、忻州市北路梆子剧院的北路梆子《画龙点睛》、东方演艺集团的歌舞《水墨中华·风》、中国歌剧舞剧院的歌舞《四季情韵》、省歌舞剧院交响乐团的《新春交响音乐会》、省华晋舞剧团的舞剧《粉墨春秋》、华夏之根艺术团的说唱剧《解放》以及元宵节音乐会、元宵节折子戏专场等。推进"三馆一站"免费开放工作，美术馆、公共图书馆、文化馆(站)全部免费开放；建设省图书馆和4个市级图书馆数字图书馆；完成1个省中心、6个市中心、119个县支中心、975个乡镇(街道)站点、29024个村(社区)站点的文化共享工程标准化中心建设；完成81辆流动舞台车、138辆流动图书车、文化服务车的政府采购任务。（陈燕萍）

【基层文化建设督查】 5月中旬~7月上旬，省文化厅、省财政厅、省发改委在全省开展基层文化建设联合督导检查。联合督导检查主要包括：乡镇综合文化站建设成效评估、公共图书馆、文化馆(站)(以下简称"两馆一站")免费开放情况督导、"十一五"时期重点文化惠民工程实施效果评估等内容。

调研结果显示：截至2012年6月底，在下达的1135个乡镇综合文化站建设计划中，完工项目1054个。此外，各市积极建设61个国家规划外项目，全省累计建成乡镇综合文化站1115个，完工面积近47万平方米，累计完成投资近5.5亿元。在"两馆一站"免费开放方面，2011年度中央免费开放补助资金已经全部落实到位；省级落实免费开放补助资金150万元；市级两馆免费开放资金落实300万元，地方配套率为67%，资金总体到位率83%；县级两馆免费开放资金落实990万元，地方配套率为42%，资金总体到位率71%；乡镇综合文化站免费开放资金落实1095万元，地方配套率为37%，资金总体到位率68%。全省1454个免费开放机构基本实现中央要求“无障碍、零门槛进入，公共空间设施场地免费开放，所提供的基本服务项目全部免费”的基本要求。此外，各市筹措资金，完成《2009—2012年全省县级图书馆文化馆维修改造规划》，使全省县级公益文化设施达标率达63.02%。（陈燕萍）

【新编晋剧《刘胡兰》演出获奖】 1月12日，是刘胡兰烈士英勇就义65周年纪念日，当晚，由吕梁市晋剧院有限公司创排的新编现代晋剧《刘胡兰》在省演艺中心首演。6月15日，在第七届全国儿童剧优秀剧目展演中，《刘胡兰》获优秀演出奖，曲润海、戴英禄、邹忆青获《刘胡兰》编剧奖，刘胡兰饰演者李莉芳获优秀表演奖。（陈燕萍）

【大同国际壁画双年展】 2012年9月26日~2013年2月28日，由中国美术家协会、中央美术学院、大同市政府联合主办的“首届中国大同国际壁画双年展”暨“曾竹韶雕塑艺术奖学金”毕业生优秀作品展在大同市举办。此次画展是中华人民共和国成立以来最大规模的壁画大展，也是中国乃至世界范围首创的以双年展形式举办的国际壁画大展。参展作品共有500多件，其中有中央美院、清华美院等10余所全国重点美术高校教师与学生的优秀作品；有大同市华严寺、善化寺的再造壁画、敦煌莫高窟、新疆龟兹石窟和甘肃麦积山石窟的古代优秀壁画复制品；还有来自包括台湾地区的全国20多个省市的壁画艺术家选送的作品。俄罗斯、日本、韩国的十几位艺术家的近百幅作品参加本次双年展。（陈燕萍）

【新创优秀剧目晋京展演】 8月16日~10月31日，山西省新创优秀剧目晋京展演活动在京举行。有舞剧《粉墨春秋》、说唱剧《解放》、话剧《立春》、上党梆子《西沟女儿》、晋剧《大红灯笼》《杏花酒翁》《刘胡兰》、蒲剧《酸枣岭》《祝你幸福》、山西民歌演唱会《看秧歌》和群众文艺专场《大地情深》等12台剧目，演出24场。（陈燕萍）

【《一把酸枣》《粉墨春秋》入选文化出口重点项目】 9月18日，商务部、中宣部、财政部、文化部、国家广电总局和国家新闻出版总署联合发布公告，认定2011~2012年度国家文化出口重点企业和2011~2012年度国家文化出口重点项目。山西艺术职业学院华晋舞剧团出品的舞剧《一把酸枣》《粉墨春秋》榜上有名。（陈燕萍）

【贺国强等观看话剧《立春》】 10月17日，省话剧院创作的大型话剧《立春》在北京解放军歌剧院演出。中共中央政治局常委、中纪委书记贺国强、中纪委秘书长崔少鹏、监察部副部长姚增科、文化部副部长赵少华观看。省委书记、省人大常委会主任袁纯清，省委副书记、省长王君，省领导胡苏平、李兆前、张平等陪同。（陈燕萍）

【山西演员省外获奖】 8月22~29日，由文化部、山东省人民政府主办的“全国京剧优秀青年演员折子戏展演”比赛中，省京剧院青年演员王越获“优秀表演奖”。9月24日，在中央电视台举办的“第七届全国青年京剧演员电视大赛”中，王越获“花脸组金奖”，冯祺鹏获“青衣组银奖”，单娜获“青衣组铜奖”。8月31日，山西省北路梆子表演艺术家杨仲义获第八届中国金唱片奖戏曲类演员奖。9月3~9日，由文化部、湖北省人民政府共同主办的第六届中国原生民歌大赛在湖北武当山举行，山西戏剧职业学院段佳灵获院校组银奖；华夏之根艺术团高琨峰、崔瑞宁、王敏、左权县小花戏艺术团窦兵花、朔州市艺术团史凤英、史占国获优秀奖；太原市小店区文化馆刘卯生获传承奖；山西省文化厅、山西戏剧职业学院获组织奖。（陈燕萍）

【晋陕豫黄河金三角戏曲演员大赛】 7月10~18日，由运城市、临汾市、陕西渭南市、河南三门峡市文广新局、广播电视台、剧协联合举办的首届晋陕豫黄河金三角专业戏曲演员大赛在运城举办，来自运城市、临汾市、陕西渭南市、河南三门峡市三省四地的22个戏剧团体、150多名专业戏曲演员参加比赛。（陈燕萍）

【《山村母亲》获保留剧目大奖】 12月15日，在由文化部主办的全国第二届优秀保留剧目大奖评选活动中，运城市蒲剧青年实验团创排的蒲剧现代戏《山村母亲》榜上有名，成为山西省继话剧《立秋》之后第二台获此殊荣的舞台艺术作品，获文化部100万元奖励。（陈燕萍）

【“植根乡土情系农民”慰问演出】 2012年8月31日，山西省文联组织的“植根乡土情系农民”——中国戏剧“梅花奖”得主慰问演出团在大同浑源县蔡村镇为当地村民进行公益慰问演出。

由中国戏剧“梅花奖”得主山西省戏剧家协会副主席史佳华，太原市实验晋剧院副院长武凌云，忻州市北路梆子剧团团长成凤英，朔州市北路梆子剧团团长詹丽华等组成的慰问演出团，为数千名村民演唱晋剧、北路梆子、豫剧、黄梅戏等精彩唱段。浑源县蔡村镇是山西省文联的扶贫定点文庄村所在的乡镇。

（尤小芳　张　原　李陈华）

文学艺术

·文　学·

【《山西文学报告(2011)》出版】 山西省作家协会2012年编辑出版《山西文学报告（2011)》。《山西文学报告(2011)》具体内容包括山西省每年度长篇小说、中短篇小说、散文、诗歌、报告文学、文学评论、影视文学等七大文学门类的年度报告，对各门类文学的整体创作情况进行梳理总结，并对其作出宏观评价。（吕轶芳）

【《山西文学批评书系》出版】 2012年省作协联合北岳文艺出版社推出《山西文学批评书系》，展示山西省文学评论家的整体实力，也是对山西省近年文学批评的总结。书系入选的8

位评论家是当下山西文坛的骨干,从事文学评论均在二十余年。《山西文学批评书系》共220万字,包括:段崇轩的《地域文化与文学走向》、傅书华的《从"山药蛋派"到"晋军后"》、苏春生的《走向民间与回归传统》、陈坪的《思考与言说》、杨占平的《文学的出路:关注民生》、侯文宜的《文学双桅船:理论与批评》、杜学文的《生命因你而美丽》、王春林的《多声部的文学交响》。 (吕轶芳)

【编辑《胡正纪念文集》】 胡正是"山药蛋派"的最后一位主将,2011年1月17日在太原病逝。为缅怀这位老作家,弘扬并且传承山西优良的文学传统,2012年,省作协编辑出版《胡正纪念文集》一书。《胡正纪念文集》汇集胡正生平、主要作品目录、亲人悼念文章、各界悼念文章、各界悼念诗词、新闻速写、新闻报道、附录等内容,总计34万字。本书既是对胡正的深切缅怀、对"山药蛋派"文学传统的弘扬与传承,同时也是"山药蛋派"文学的重要研究资料。 (吕轶芳)

【山西文学历史研究】 2012年省作协长篇小说专业委员会编辑出版《新世纪十年文学纵横谈》,系统梳理山西省长篇小说的十年发展概况。编辑出版《山西长篇小说史纲》,着重对"五四"新文化运动以来山西的长篇小说重点作品和创作风格做全面介绍。 (吕轶芳)

【"踏着先辈的足迹"学习采风活动】 为纪念毛泽东同志《在延安文艺座谈会上的讲话》发表70周年,省作家协会组织省直和各地市作家,以及本省"山药蛋派"老作家的家属,开展"踏着先辈的足迹"学习采风活动。本次采风活动从5月份开始,从吕梁到长治涉及山西省15个县市,先后走访赵树理、西戎、郑笃等老作家曾经生活和创作的地方。 (吕轶芳)

【多部文学作品获奖】 2012年山西张石山的《被误读的〈论语〉》、周宗奇的《大鳌林鹏》、陈为人的《七位诺贝尔文学奖得主的台前幕后》、张锐锋的《鼎立南极》、黄风、徐茂斌合著的《黄河岸边的歌王》等一批优秀作品受到社会关注,其中《鼎立南极》获中宣部"五个一工程"奖,《黄河岸边的歌王》获山西省委宣传部"五个一工程奖"。省作协赵瑜、李骏虎、鲁顺民等16位作家的14部作品获省委宣传部全面深化文化体制改革优秀文艺作品表彰。蒋韵的《琉璃》获《人民文学》首届柔石小说奖,《行走的年代》获《中篇小说选刊》全国优秀中篇小说奖和《江南》第二届"郁达夫小说奖"中篇小说大奖。刘慈欣的《赡养上帝》获首届柔石小说奖短篇小说金奖。王保忠的《回家》获"郭澄清短篇小说奖"。陈春澜的《暗潮》获《广州文艺》优秀作品奖。李骏虎获第三届汉语文学女评委大奖荣誉奖。王文海获"上官军乐诗歌奖",马毅杰、王天峰获首届"徐霞客文学奖",张军获"夏衍杯"创意剧本奖。 (吕轶芳)

【山西作家高级研修班】 省作协所属山西文学院于12月15日举办"山西作家高级研修班",80多位中青年作家参加学习。研修班聘请阎连科、孟繁华、葛水平、张志忠、肖可凡、杨占平等专家授课,并且与中青年作家进行互动交流。研修班为作家们开启思路,传递文学前沿信息,介绍国际、国内最新创作成果。 (吕轶芳)

【山西中青年评论家高级研讨班】 山西省作家协会11月23~24日,举办第二届山西中青年评论家高级研讨班。

本届研讨班学员以高校现当代文学研究生为主,共有来自省内各高校的32名在读硕士、博士研究生、教师参加研讨。这是山西省作家协会为培养青年评论家,完善山西批评家梯队的重要举措之一。研讨班邀请评论家胡平、李建军、杜学文、杨占平作专题讲座。 (吕轶芳)

【诗歌高级研讨班】 2012年10月27~30日,省作协诗歌高级研讨班在忻州举办。研讨班由省作协诗歌专业委员会主办,邀请全省14位在诗歌创作上有成绩、有潜力、有发展的中青年诗人参加。

潞潞、宋琳、李杜、蓝蓝、金汝平、杨矗等诗人和学者就山西诗歌以及中国新诗的现状与前景、困境与出路、诗歌的常识、诗歌的阅读、后现代主义诗歌的源流与发展等大家关注的热点和焦点问题分别作了讲座,并与研讨班成员相互交流和讨论。 (吕轶芳)

【青年作家作品研讨会】 10月31日,由山西省作家协会、太原市文学艺术界联合会主办,山西省作家协会中短篇小说创作专业委员会、太原文学院、太原市作家协会承办的"太原市青年作家阎文盛、手指、孙频作品研讨会"在太原举行。

中国作协副主席何建明,《文艺报》总编阎晶明,山西省委宣传部副部长杜学文,山西省作协及太原市相关领导与省内外评论家、作家、编辑30余人参会。中国作协副主席、副省长张平向研讨会发来贺电。

与会者普遍认为,三位青年作家对城市底层生活较为熟悉,都以写都市题材为主,他们写城市小人物的卑微、琐碎、痛苦和挣扎,写他们的生活与命运、爱情与婚姻,因更注重精神层面的表达,他们的作品有光泽、温度、暖意与价值破碎后的悲剧意味。同时也指出三位青年作家创作上存在的一些缺点。 (吕轶芳)

【"走进老区,重温讲话"洗耳河笔会】 为纪念毛泽东同志《在延安文艺座谈会上的讲话》发表70周年。6月29日~7月1日,由山西省作家协会、《黄河》杂志社主办,黎城县委宣传部、黎城县文联承办的洗耳河笔会在黎城县西井镇谷堆坪村举办。这次笔会的主题为"走进老区,重温讲话"。参加会议的作家诗人有30多人。 (吕轶芳)

【影视作品创作】 2012年山西省作家协会影视部抓剧本创作,召开20集电视剧《一诺千金》剧本研讨会,30集电视剧《天下巨贾》《斥候之剑》剧本研讨会。电影剧本《徐向前三战阎锡山》被央视六频道列为重点剧目,"数字电影工程"中阳泉报送的《伏击》剧本已经定稿。30集电视剧《晋文公》定稿。完成数字电影《红辫子》《激情炎岭》《花招》《血战午城》的摄制工作，并且取得公映许可证。电视剧《江阴要塞》《矿山人家》、电影《浴血雁门关》获“2012年度山西省优秀文艺作品”称号，影视部主任赵建平获“山西省五一劳动奖章”。电影《浴血雁门关》多次登陆央视六套黄金时间，在国家广电局农村院线累计播出近20万场次。大型电视剧《西口情歌》发行取得进展。根据青年作家张卫平的小说《给我一支枪》拍摄的同名电影，被中国电影代表团选作第13届平壤国际电影节礼品。 （吕轶芳）

11月22日，山西省首届群众书法篆刻作品展在山西美术馆开幕 （李陈华提供）

·艺 术·

【书法】 “山西省首届草书展”于2012年4月20~27日在省民俗博物馆展出。由省书协主办，省书协草书委员会和山西北方草书研究院承办。展览征集到作品660余件，评出获奖作品10件，优秀奖作品20件，入展作品69件。“陈巨锁墨迹展”7月21日在全国政协礼堂开展，由中国书协、省文联、省书协、中共忻州市委、忻州市人民政府主办。全国政协副主席李兆焯，十届全国政协副主席张克辉，中宣部副部长申维辰，省委常委、宣传部部长胡苏平，省政协副主席令政策，忻州市有关方面领导以及书法家共500余人出席开展仪式。此次共展出陈巨锁创作的书法作品120件，以章草为主。“‘凯嘉杯’山西省第十届书法临摹展”8月23日在山西美术馆开幕。由省文化厅、省书法家协会主办，山西省金石书道研究所、山西凯嘉集团张壁古堡旅游公司、山西金石书法篆刻研究所共同承办。此次展览共收到来自全国30个省、市、自治区和香港特别行政区的投稿作品2000余件，创历届投稿数量和质量之最。经评审，入展作品102件，其中一等奖5件、二等奖8件、三等奖12件、优秀奖77件；特邀全国书法家及评委作品17件。“山西省廉政文化书画展”10月17日在山西美术馆开展，由省纪委、省监察厅、省书法家协会、省美术家协会共同举办。展出作品310幅。“山西省首届群众书法篆刻作品展”11月22日在山西美术馆举行，由省书法家协会主办。这次展览是省文联庆祝党的十八大胜利召开系列活动的组成部分。共展出721件作品，其中获新人奖作品300件。“宋富盛书法艺术作品展”12月28日在山西省长治县举行。由省文联、省书协主办，山西人民出版社、山西省名人书画院协办，长治县委、县政府承办。共展出宋富盛作品110余件。

“传承与发展”篆书文化座谈会5月24日在临汾召开。由省书协篆书委员会、临汾市书协主办，山西师范大学书画研究所、山西师范大学书法协会、临汾尧都书画院承办。来自山西师大及临汾市书协的书法爱好者300余人到会。12月2日，在第四届中国书法兰亭奖评审中，山西杨二斌的论文《西汉“书法”制度研究》获理论三等奖（本届一等3篇、二等7篇、三等9篇）。

9月14日，“中国书法之乡——长治县”命名授牌仪式暨书法名家作品邀请展在山西省长治县职工俱乐部广场举行。中国书协及省文联等单位负责人出席命名授牌仪式。9月15日，“石膏山景区中国书法家协会创作培训基地”授牌仪式在山西石膏山风景区卧龙山庄举行。2012年，省书协中青年书法创作培训讲座，分别由书法家杨建忠、韩少辉、许文林、曹洪、姚国瑾、仇官有、程志宏等人担任主讲，广大书法爱好者近千人次参加培训。

2012年1月10~15日，省书协组织书法家赴富士康（太原）科技工业园、西山煤电集团屯兰矿、太原市纪检委、太原市公安局交警支队迎泽二大队、长治市平顺西沟村，开展“送欢乐、下基层”、“书法进万家”志愿服务活动，为广大基层群众义务写春联千余幅，书法作品700余幅，参加者每次20~40人，都是担任山西省书协理事的书法家。

山西书法界2012年在全国获奖情况：2012年3月7日，赵国柱入选“2011中国书法十大年度人物”。这一评选活动由《书法报》《书法》杂志共同举办，始于2004年，山西书法家首次入选。12月2日，第四届中国书法兰亭奖评审结束，山西王国柱获佳作三等奖（此届佳作奖一等奖5件、二等奖10件、三等奖13件）。

（尤小芳 张 原 李陈华）

【美术】 “风华三晋——山西省青年美术作品展”2月8日在山西美术馆开幕。由省文明办、省文联、省美术家协会共同主办、山西大学美术学院承办。展出全省青年美术家的国画、油画、版画、水粉水彩画和雕塑作品316件。展览收到作品500多件，经过初评、复评，242件作品入选，获奖74件作品。展出的优秀作品表现青年美术家的创新成果,反映全省美术发展的新特点。“乔亚丁、王爱忠中国画展”4月6日在晋中市龙湖紫云轩艺术研究院开幕,由省美协主办。“俄罗斯油画大师西多罗夫画展”5月4日在太原举行。由省美协、山西出版传媒集团、山西大学等单位共同主办。西多罗夫还与山西大学的大学生探讨与分享艺术创作之路。“与自然对话——山西省中国山水画与油画风景画展”5月22日在山西美术馆开幕,是为纪念毛泽东《在延安文艺座谈会上的讲话》发表70周年,由省委宣传部、省文联、省美术家协会共同主办。省委常委、宣传部部长胡苏平,省人大常委会副主任安焕晓,副省长张平,省政协副主席李潭生等领导出席开幕式并参观展览。这个展览渲染热爱自然、尊重自然,人类与大自然共生共荣的理念。共展出作品120件,山水画与油画风景画各60件。“天然天成——蔡小枫、康小宁绘画作品展”7月10日在山西美术馆开展。由省文联、省美术家协会、陕西省文联、陕西省美术家协会共同主办。“山西省美术作品展”11月10~16日在省民俗博物馆展出。由省委宣传部、省文联主办,省美协承办。此次展览是全省美术家们艺术创作成果的集中展示,也是省美术界对党的十八大的一次献礼。本次展览展出美术作品共357件,其中获奖作品80件,参展作者达300余人。作品形式风格多样,囊括国画、油画、版画、雕塑、水彩、水粉等10余个画种。“雪海流香——赵梅生画展”12月3日在中国美术馆开幕。由省委宣传部、中国美术馆、中国美术家协会、中国画学会、中国国家画院、省文联联合主办。省委常委、宣传部部长胡苏平在开展仪式上致辞。“2012山西省中青年版画精品展”12月12日在山西美术馆开幕。由省美术家协会主办,省版画家协会、省收藏家协会、山西大学美术学院、太原画院、山西北方书画研究院承办。此次展览集中展示近年来山西省版画创作的新成果,版种包括木版、铜版、丝网版、综合版,创作内容丰富,技法多样。展品风格面貌的多元,使本次展览实现不同以往的超越。

3月27~31日中国美协采风团到山西进行为期5天的采风活动。采风团成员包括来自北京、河北、山东、重庆、辽宁、广州、江苏等省(市、区)的20多位画家。省文联、省美协有关负责人陪同到晋祠、石膏山,王家大院、平遥古城等地采风。触摸历史,感受自然,用手中的画笔描绘三晋雄伟壮丽的景象,反映山西近年来在经济、文化、生态文明建设等诸多方面取得的成就。5月11~16日,省美协组织省内部分青年画家到灵石石膏山采风、写生。

“纪念毛泽东同志《在延安文艺座谈会上的讲话》发表70周年全国美术作品展”于5月25日在北京中国军事革命博物馆展出。省美协选送作品40件,其中,王学辉的国画《红军在这里住过》,王志英的国画《山水清音》,任晓军的国画《静静的河》,周毅的油画《小草》,刘彩军、魏霖的版画《赶海》5件作品入选。2012年11月27日由中国文联、财政部、文化部联合实施的“中华文明历史题材重大工程”进行评选。其中,山西省王学辉、刘彩军、许华林(合作)的国画作品《陶寺观象台启示——观象授时》入围参评。

为体现“深入基层、服务大众、促进繁荣、推动发展”的文化惠民宗旨,5月20日,省文联、省美协组织省内30余名优秀书画家走进阳煤集团新大地矿为一线工人服务,经过3个多小时的创作,艺术家们把一幅幅精美的书画作品送到矿工兄弟手上,这次活动活跃矿区矿工的精神文化生活,收到良好效果。

(尤小芳　张　原　李陈华)

【摄影】　山西摄影家李伟光连续五年大年初一独自赴吕梁革命老区,为村民义务拍摄全家福、全村福照片。五年来,一共拍摄碛口、李家山等23个自然村的全村福,累计为村民免费冲洗、打印照片共计1600余张。2月1日,省摄协与太原市文明办、色无界摄影网等单位联合举办“2012微公益新春送福到农家活动”,300余名摄影家赴阳曲县侯村乡尧子尚村,为村里的180多户农民家庭义务拍摄全家福,并现场免费冲洗、打印照片及装框。2月6日,中国摄协、省摄协联合举办“首届全国农民摄影大展巡展”2012情系大寨活动。省摄协主席团成员和2011山西“十佳”摄影师为大寨村民义务拍摄全家福,现场免费冲洗打印。2012年省摄协招募400余名摄影志愿者,将创作的400余幅摄影作品装裱后,无偿捐赠给晋中平遥县、朔州山阴县、太原杏花岭区、临汾乡宁县的文化馆、敬老院、残联康复中心以及乡、村文化站。

“山西省第19届摄影艺术展览”12月29日在平顺县西沟村举行开幕

12月12日,2012山西省中青年版画精品展在山西美术馆开幕

(李陈华提供)

式、画册首发式及颁奖典礼。展览由太行山革命老区、上党古城长治市承办。这是省展首次由地市承办。展览共收到来自全省11个市以及省直和解放军的1058人的来稿11042幅(组)。在来稿总量和投稿人数上均创历史最高。11月9~11日,“长治杯”2012山西省第19届摄影艺术展览评选会在长治市举行,共评出获奖作品252幅(组),其中金奖14幅(组),银奖29幅(组),铜奖49幅(组),评委推荐奖11幅(组),优秀奖149幅(组),优秀组织工作奖6个,特别贡献奖2个。“‘芦芽山杯’山西省首届风景园林摄影比赛和展览”于3月20日~8月30日在太原举办。此次活动由省摄影家协会、太原市园林局、芦芽山风景名胜区管理局共同举办。为庆祝第35个国际博物馆日,省摄影家协会与山西博物院举办“爱上博物馆”主题摄影大赛。2012年5月18日(国际博物馆日),“爱上博物馆”主题摄影作品展开幕式在山西博物院举行,6月9日,举行颁奖仪式。“中国太原(清徐)国际醋文化节‘东湖杯’国际摄影大赛”7月在太原举行,由省摄协、山西老陈醋集团有限公司、中共清徐县委、清徐县人民政府等单位共同主办。本次摄影大赛以“湖光醋影”为主题,旨在挖掘深厚的醋文化底蕴和悠久的醋酿造历史,把清徐醋文化推向全国、推向世界。

3月19日,“山西省世界文化遗产和非物质文化遗产摄影展览”开幕式在台北市台湾文创会馆举行,这是山西省摄影家协会首次在台湾省举办摄影展览。此次影展上展出近百幅作品。“山西省百名摄影家聚焦台湾启动仪式”也同期举行。首批山西摄影家22人由台湾摄影家陪同,在台湾进行为期8天的摄影采风。之后,有近百名山西摄影人分三批赴台湾进行摄影采风。2012年6月,继五老峰景区和云丘山景区对省摄协会员免费开放之后,山西又一国家4A级景区——解州关帝庙也对省摄协会员免费开放。五老峰、云丘山、解州关帝庙同时成为全省摄影创作基地。

2012年,山西省多位摄影家获得不同奖项。老摄影家顾棣获第八届中国摄影金像奖终身成就奖;李伟光获由中央数字摄影频道与香港摄影报主办的“第二届中国摄影和谐金鼎奖”,作品《逝去的辉煌》入选第二届台湾国际摄影展;杨双柱在第二届全国农民摄影大赛中获铜奖;杨双柱、孙立功、陈春明、齐文辉4人在第二届全国农民摄影大赛中获优秀奖;王太的摄影作品《大帝之魂》获中国第十四届国际摄影艺术展自由命题黑白类入选作品;王金国在中国摄协主办的“霍山杯”首届全国摄影大展中获金奖,王彦军获银奖,樊丽勇、郭昭滨、闫建华获铜奖,李达鹏、王燕芬、卢俊峰、田文昌等人获优秀奖;石志强在2012上海国际摄影节暨上海第11届国际摄影艺术展上获金奖,贺子毅、王建功、刘朝晖、樊丽勇、武强、白志明、杜东明、李伟光获优秀奖。

(尤小芳 张 原 李陈华)

11月9~11日,“长治杯”山西省第十九届摄影艺术展在长治举办

(李陈华提供)

【民间文艺】 5月11~14日,“晋陕蒙优秀秧歌伞头选拔赛暨培训活动”在陕西省榆林市举行,由中国民间文艺家协会、中国文学艺术基金会、榆林市文联等单位主办,陕西省民协、榆林市民协承办,山西省民协、内蒙古民协,及吕梁、忻州等8个市文联协办。4月份活动启动,先后在陕西、山西、内蒙古开展优秀秧歌伞头初赛,从100多名秧歌伞头中选拔出60多名进入复赛,通过秧歌伞头现场抽题、即兴编唱,考察伞头的应变能力和语言技巧,最终评选出23名获奖选手,其中一等奖2名、二等奖4名、三等奖6名、优秀奖11名。一等奖分别为山西吕梁秧歌伞头赵江和陕西延安秧歌伞头张荣。活动内容还包括摄制晋陕蒙秧歌伞头专题片、建立晋陕蒙优秀秧歌伞头艺术档案库等。

“第三届中国剪纸艺术节暨第二届蔚州国际剪纸艺术节”于6月16~17日,在河北蔚县举行。山西省民协选送的杨毅、刘五五、李淑贤等7位艺术家的剪纸作品均获奖。其中,山西杨毅的《富贵吉祥图》等10幅作品获金奖;山西刘五五的作品《喜庆年俗》等35幅作品获铜奖。山西省民协获优秀组织奖。

“中国首届水上民歌展演”于7月5日在广东省东莞市举行,由中国民间文艺家协会、广东省文联等单位联合举办。山西省民协选送的杜全居、刘硕、侯巧梅、王佳4位民间艺术家表演的节目《挂红灯》获得银奖,省民协获优秀组织奖。2012年6月,省民协组织太原重机鼓乐艺术团参加由中国文联、中国民协等单位联合举办的“第九届中国(贵阳)民间艺术节暨第十一届中国民间文艺‘山花奖’民间鼓舞鼓乐评奖活动”。

“山西省民俗专题展”于5月16~31日在省民俗博物馆举行。展览由山西省民间文艺家协会、山西省民俗博物馆、太原市民间文艺家协会共同主办。此次山西民俗专题展共举办12种民俗专题项目和10种现场互动表演活动。其中，民俗专题项目有煤海之光彩灯艺术、大同广灵剪纸、新绛木版年画、山西民居白描画、山西民俗线雕画、上党民俗布艺、运城老粗布、面塑与民俗画艺术展、阳泉平定刻画瓷、长治彩绘塑、刘文涛宝剑、忻州农民风俗画。现场互动表演活动有编绳艺术、一刀剪、面塑艺术、刻瓷艺术、内画、银器制作、画花表演、大同广灵剪纸、新绛木版年画、运城老粗布等。“晋善晋美·非物质文化遗产走进校园”于6月12~17日，在省旅游职业学院举办。活动由省民间文艺家协会和省旅游职业学院共同主办。共展出500余件山西民间工艺品。

（尤小芳　张　原　李陈华）

【戏剧】　山西省戏剧家协会先后组织专家分别到运城、晋中、晋城、忻州、吕梁等地，观看运城市蒲剧团演出的《青丝恨》、运城市青年蒲剧团的《山村母亲》、晋中晋剧团演出的《河东悟》、晋城市上党梆子剧团演出的《千秋长平》、高平人民剧团演出的上党梆子现代戏《西沟女儿》、忻州北路梆子剧院演出的《黄河管子声》，吕梁市晋剧院演出的《刘胡兰》等剧目，并召开剧本研讨会，从剧本、表演、舞美、灯光等方面进行讨论，为修改、完善剧目提出许多具体的意见和建议。10月，由省戏剧家协会副主席、秘书长史佳华主演的晋剧《大红灯笼》应邀晋京参加由文化部主办的2012年全国优秀剧目展演。10月13~15日，《大红灯笼》在中国评剧院剧场演出2场，中宣部、文化部、中国文联、中国剧协等有关方面领导、专家学者及首都观众观看演出。

8月9~12日，由中国戏剧家协会主办的“第16届中国少儿戏曲小梅花荟萃活动”在江苏省泰州市举办。来自全国27个省（市、区）的近400名小选手进入复赛。有120名小选手入围决赛，由山西省戏剧家协会选送的9位小选手表现出色。其中，任家乐、梁毛毛、贾少秋、宁晓辉、王梦圆、闫俊杰、乔丹、于亚乐获得小梅花“金花”称号；任家乐、梁毛毛、贾少秋、宁晓辉、王梦圆还获得地方戏十佳；任家乐主演的《石秀探庄》一折，排名地方戏总成绩第一名。刘珊珊获得小梅花“银花”称号。山西获小梅花称号小演员总数在全国居榜首。山西省剧协获“优秀组织奖”。

2012年山西省戏剧家协会选送《大红灯笼》剧本参加由中国文联、中国剧协主办，湖北省文联、潜江市人民政府、《剧本》杂志社承办的“第四届中国戏剧奖·曹禺剧本奖评奖”，《大红灯笼》获“第四届中国戏剧奖·曹禺文学剧本奖”。

第十三届山西省“杏花奖”评比演出于5月23日揭晓。共评选出戏剧类奖项111个、音舞类奖项78个，组织奖10个。活动由省文化厅、省戏剧家协会共同主办。全省各地申报本届“杏花奖”的有70余家单位的111场演出，其中大戏75台，折子戏33折，声乐、器乐、舞蹈、曲杂组台25场，申报二度“杏花奖”10人，新创剧目15台，共计646人参赛。在戏剧类奖项中，《立春》《吕梁儿女》等剧目获得戏剧类杏花新剧目奖；省晋剧院刘建平等6位戏剧表演者获得二度“杏花”表演奖；58位来自全省各戏剧院团的青年演员获得“戏曲表演奖”。

（尤小芳　张　原　李陈华）

【电视】　在第四届新农村电视节暨第六届“小康电视节目工程”的评比中获年度优秀对农电视栏目好栏目奖的是：吕梁广播电视台《沃土》《小山沟放飞大梦想——吕梁民营经济水保发展纪实》；获年度优秀对农电视作品（专题片）优秀作品奖的是：临汾广播电视台《李马的电影梦》；获年度优秀对农电视作品（专题片）好作品奖的是：长治广播电视台《村官记事》，阳泉广播电视台《山情》。

在第五届中国旅游电视周中获优秀奖的是：晋中广播电视台的《大美晋中——老城新韵》；获好作品奖的是：太原电视台《印象太原》，晋城广播电视台《晋城欢迎你》。

山西省“常家庄园杯”第二届影视歌曲演唱大赛。由省电视艺术家协会、省电影家协会、省音乐家协会共同举办。活动历时5个多月。11月3日，在山西大学音乐厅举行“歌从银幕来喜迎十八大——山西省‘常家庄园杯’第二届影视歌曲演唱大赛颁奖音乐会”。张宇、梁丹获得青年业余组决赛一等奖；周彤、梁琴、王均栋获得青年专业组决赛一等奖；任建斌获得中老年业余组决赛一等奖。

（尤小芳　张　原　李陈华）

【电影】　2012年山西电影家协会主要活动有：“百花放映情系矿工”大型公益慰问演出活动，由中国文联、中国电影家协会、省文联主办，省电影家协会具体承办，6月28日在西山煤电集团举行演出。陶玉玲、王馥荔、岳红、卢奇、王伍福、谷伟、吴军等电影表演艺术家和郑咏、张英席、咏峰、任真、李君等歌唱家以及刘全和、刘全利、陈寒柏、王敏等曲艺家冒着大雨为5000余名煤矿工人表演节目。

5月22日，2012“春之约——山西省纪念毛泽东同志《在延安文艺座谈会上的讲话》发表70周年朗诵音乐会”在省城天一宫名人会馆举行。配音演员童自荣、影视演员林达信以及董国华、白永宏、磊明、田宏光及省话剧演员和主持人朗诵何其芳的《生活是多么广阔》、贺敬之的《回延安》、郭小川的《团泊洼的秋天》、方志敏的《可爱的中国》、艾青的《养花人的梦》、舒婷的《祖国啊，亲爱的祖国》等作品。

8月10~12日，由省电影家协会、省电视艺术家协会主办的“山西省影视剧制片人培训班”在五台山举办。来自全省各地市从事影视制片的20多名学员参加此次学习培训。培训班特邀中国视协秘书长王锋，宁夏电影集团董事长杨洪涛，影视制片人包建民等专家授课，从制片人的定位、职责、素质、影视制片管理、项目策划到市场营销、电影解读、电视栏目的策划和经营等方面进行培训。

（尤小芳　张　原　李陈华）

【曲艺】　1月6日，山西曲艺家马小平、李彦生赴新加坡参加“华族文化节”，进行文化交流。并在文化节上表演相声《我从山西来》。2月4日，在河南省宝丰县全国曲艺邀请赛马街书会上，省曲艺家协会选送的曲艺节目小品《我爸俺爹》获得一等奖,滑稽表演《山西达人》获得二等奖。马街书会是第一批国家级非物质文化遗产,已有700年历史。此次邀请赛由中国曲协主办,来自全国各地的曲艺家200余人参加活动,观众达20万人次。2月7日,由中国曲协、省委宣传部、省文联、省文化厅等单位共同主办,省曲艺家协会具体承办的闹元宵大型"笑笑笑"曲艺晚会在太原举行。中国曲协主席、评书表演艺术家刘兰芳,相声表演艺术家侯耀华、李嘉存等应邀出席。马小平和李彦生的相声《我爱山西》,侯耀华与杨进明的相声《聪明论》,刘兰芳的评书《康熙买马》等都大受欢迎,太原市数百名市政、环卫一线工人观看演出。6月17日,由省文联、省曲艺家协会、晋城市文联等单位共同主办,晋城市曲艺家协会承办的第五届全国少儿曲艺大赛"信合杯"山西赛区总决赛在晋城市举行。大赛自3月启动以来,参评表演总人数达数百人,涉及快板、鼓书、相声等10余个曲种。最终,20个节目参加总决赛。晋城市少儿艺术团的泽州鼓书《孔子回车》和大同市火车头少儿艺术团的天津快板《猫和老鼠》获得特等奖,大赛还决出5个一等奖、11个二等奖、4个新苗奖以及6名园丁奖和2个创作奖。特等奖节目和一等奖节目,代表山西参加8月在江苏泰州举行的第五届全国少儿曲艺大赛,分别获得二等奖和三等奖,山西省曲艺家协会获优秀组织奖。

由中国曲艺家协会主办,省文联、省曲艺家协会承办的第五届中国中部六省曲艺大赛,于8月16~18日在长治市举行,晚会特邀中国广播艺术团相声表演艺术家戴志诚担任主持。曲艺表演艺术家师胜杰、邹德江、高洪胜等登台献艺。来自晋豫皖赣鄂湘六省150名演员带来的17个曲种、34个曲艺节目参加大赛。其中,13个节目获得一等奖。山西曲协选送的沁州三弦书《柳树湾的婚事》,长治市委宣传部选送的潞安大鼓《生命誓言》、长子鼓书《小两口回娘家》、潞安大鼓《哦,砂锅》、潞安鼓书《好婆婆黄代小》、襄垣鼓书《还钱》等6个节目获得一等奖。

2012年,中国曲艺家协会批准沁县为"中国曲艺之乡"。省曲艺家协会和沁县人民政府就此主办山西省"沁州书会曲艺邀请赛"。这是山西省首次把省级曲艺赛事活动办在县里。6月24日,来自晋中市、长治市、晋城市等12个鼓曲唱曲类曲艺节目参加比赛,评出特等奖1个、一等奖6个、二等奖5个。同时举行中国曲协"送欢笑下基层——走进沁县"慰问演出。刘兰芳、李金斗、籍薇、种玉杰、李伟建等参加演出,中国文联副主席、中国曲协主席刘兰芳代表中国曲协向沁县授牌,沁县成为山西首个中国曲艺之乡。

7月1日,马小平先生的收徒仪式在太原举行。作为全国人大代表、中国曲艺家协会副主席、山西省曲艺家协会主席、国家一级演员的马小平,出生曲艺世家,自幼得其父老一辈相声表演艺术家马继武先生真传,他7岁登台,后拜在侯耀文门下,在曲艺舞台上已经走过了41个春秋,曾多次获全国曲艺大奖。此次收徒8位分别来自山西、北京、河南等地,拜师仪式上刘兰芳、侯耀华先后致辞,中国曲协分党组书记、驻会副主席姜昆发来贺信。

(尤小芳　张　原　李陈华)

【杂技】 2012年正月十五期间,省杂技家协会组织会员走进省城社区开展以"抖空竹、闹元宵"为主题的文化惠民活动。2月2日(正月十一),组织会员到太原市劲松社区进行专场演出。2月6日(正月十五),组织会员到太原市老军营社区进行表演,这一活动推动群众空竹活动的普及和提高。9月26日,协会组织太原市杂技团部分会员赴晋源区罗成村举行"喜迎十八大,杂技下基层"慰问演出,受到当地村民的欢迎。

3月21日在昆明举行的第八届中国杂技金菊奖第七次理论作品奖颁奖会上山西蓝凡的《作为艺术的杂技的哲学维度》获得金奖;尹力的《理性审视杂技剧中的杂技创作问题》、吴璇的《文化杂技:当代中国杂技的新形象》和木艺璇的《培养杂技人才拓宽育才渠道》获得银奖;山西省杂技家协会副主席、秘书长聂翠青等5人作品获得铜奖。

4月,由省文联、省杂协主办的"首届山西杂技金菊奖·空竹大赛"在太原市举行。经过半个多月的预赛和决赛,从参赛的近200名选手中选出技能组、表演组、健身组等各个项目的一、二、三等奖,共有30名选手获奖。《杂技与魔术》《山西晚报》《三晋都市报》《太原晚报》等报刊对大赛进行专题或图文报道。

5月22~26日,"山西省杂技家协会代表队",参加在保定举行的"2012中国·保定国际空竹艺术节",获团体一等奖。(尤小芳　张　原　李陈华)

【音乐】 2012年,音乐会有:3月,与晋中学院共同举办于丽小提琴独奏音乐会。4月,与长治学院音乐舞蹈系共同举办李旸独唱音乐会。4月,与运城学院钢琴系共同举办牛俊峰个人钢琴独奏音乐会、郭华单簧管独奏音乐会。5月,与忻州师范学院共同举办周丽宁独唱音乐会、戴彧斐钢琴独奏音乐会、杨玉秀古筝独奏音乐会。5月,与中北大学音乐学院共同举办杨博华学生独唱音乐会、刘俊斌管乐教学音乐会。5月,与山西大学音乐学院共同举办郇江师生音乐会。5月,与太原师范学院共同举办张悦心作曲技术理论课程之音乐教学法系列实践音乐会。6月,与忻州师范学院共同举办苑文娟独唱音乐会。6月,与山西艺术职业学院共同举办田雨独唱音乐会。7月,与山西省歌舞剧院共同举办山西第五届大提琴夏令营以及与省歌舞剧院青少年管乐团联合演出的音乐会。9月,与运城学院共同举办徐彩虹钢琴独奏音乐会。

比赛活动有:6月,为配合中国音协搞好全国电子琴展演活动,举办全省电子琴比赛,有200多名选手参赛。7月,与山西大学音乐学院、太原市文联、太原市音乐家协会共同举办首届省城管乐、吹奏乐大赛。7月,与省群众艺术馆共同承办2012年快乐阳光第十届中国少年儿童歌曲卡拉OK电视大赛山西赛区选拔赛。7月,与省合唱联盟共同举办中远威杯合唱选拔赛。8月,协会组队参加由中国音乐家协会在大连主办的全国电子琴展演比赛。9月,与山西大学音乐学院共同举办山西省首届二胡表演艺术论坛。10月,组队参加由中国音乐家协会在湖北举办的全国钢琴展演活动。(尤小芳 张 原 李陈华)

【舞蹈】 3月、4月、10月,协助中国舞协在山西举办春季、秋季舞蹈教师培训班,来自全省的130余名舞蹈教师参加培训。培训班上,对在2011年度"新农村少儿舞蹈美育工程"及舞蹈教育工作中取得优异成绩的优秀学校和老师进行表彰。

4月,举办太原市第22届学校艺术教育活动月学生舞蹈比赛,参赛节目600多个,4000余名学生参赛。比赛是由太原市教育局主办、山西省舞蹈家协会承办,每年举办1次,已连续举办22届。4月28日~5月1日,第六届华北五省市(区)舞蹈比赛山西赛区选拔赛在太原举行。全省300多个节目参赛,最终评选出48个创作一等奖、表演一等奖。7月8~15日,由北京、天津、河北、山西、内蒙古5省市(区)文联及舞协主办,北京市文联和北京市舞协承办的,以"精彩华北·炫舞北京"为主题的第六届华北5省市(区)舞蹈比赛总决赛在北京举办。山西选送48个节目,共获得创作一等奖8个、表演一等奖21个、创作二等奖22个、表演二等奖12个、表演三等奖11个、特别奖1个。

11月,协会选送太原市舞剧团和山西大学音乐学院舞蹈系的8个舞蹈节目参加由中国文联、中国舞蹈家协会主办的第八届中国舞蹈"荷花奖"当代舞、现代舞评奖活动,太原舞蹈团的节目《红色恋人》入围当代舞组决赛。12月3~8日,选送山西潞城市文化馆中老年组节目《海英和她的妈妈们》和太原怡然舞蹈团中老年组节目《蝴蝶春情》参加由中国舞协和中央电视台共同举办的中央电视台《舞蹈世界》特别节目——全国百姓健康舞系列展演活动。两个节目均获优秀表演奖,山西省舞协获优秀组织奖。12月,选送山西大学音乐学院舞蹈系、太原师范学院舞蹈系、山西艺术职业学院舞蹈系、山西大学商务学院舞蹈系的13个节目参加由中国文联主办,中国舞协承办的第八届中国舞蹈"荷花奖"校园舞蹈评奖活动。

(尤小芳 张 原 李陈华)

·社会文化·

【山西省文化市场获综合执法考评优秀】 2012年2月,文化部公布2011年全国文化市场综合执法考评结果,山西省考评成绩为优秀。(陈燕萍)

【刘文涛等获"中国村歌之星"】 6月10~11日,由中国大众音乐协会、中国合作经济学会农村社区小康建设专业委员会、省文化厅、高平市委、高平市政府主办,高平市委宣传部承办的"全国村歌大赛第二届中国村歌之星"活动在高平市举办。山西省歌舞剧院有限责任公司刘文涛、晋城市歌舞团司云霞获"中国村歌之星"。

(陈燕萍)

【山西省第七届"三晋之春"合唱比赛】 6月18日,由省文化厅、省教育厅、省合唱协会、朔州市委、朔州市人民政府共同主办的山西省第七届"三晋之春"合唱比赛暨朔州市第二届合唱艺术节在朔州市落下帷幕。有81个合唱团参赛获得金奖。朔州市右玉县西口风情合唱团、太原市美丽时刻女子合唱团及运城天籁之声职工合唱团等12个合唱团获得金奖。(陈燕萍)

【全省廉政文化精品剧目展演】 3月20日,由省纪委、省委宣传部、省直工委、省文化厅共同举办的全省廉政文化精品剧目展演活动在太原开幕,省委书记袁纯清、省长王君等省委常委集体观看首场演出上党梆子《西沟女儿》。全省廉政文化精品剧目展演活动共有《西沟女儿》、晋剧《刘胡兰》《信仰之光》《母爱》《廉吏于成龙》《血溅乌纱》《斩公槐》7个剧目参展。(陈燕萍)

【话剧《美丽女孩》首演】 由省话剧院创作演出的话剧《美丽女孩》于9月4日在省演艺中心首演。《美丽女孩》根据全国孝老爱亲道德模范、"2011年度感动中国人物"孟佩杰的事迹改编而成,真实再现孟佩杰带着瘫痪的养母去上大学的感人故事。

(陈燕萍)

【"晋情晋韵——晋剧交响名家演唱会"】 由省委宣传部、省文化厅、省演艺集团共同主办,省晋剧院联合省歌舞剧院交响乐团、山西戏剧职业学院合唱团共同打造的"晋情晋韵——晋剧交响名家演唱会",于11月1日在山西省演艺中心举行。演唱会展示晋剧表演艺术的最高水准。

(陈燕萍)

·文化产业·

【动画片《大耳朵爷爷历险记》央视开播】 1月12日,由晋城泽州县二十八宿影视制作有限公司与央视动画有限公司联合出品的大型国产原创大型动画片"二十八宿传奇"之《大耳朵爷爷历险记》首部52集在央视少儿频道《动画乐翻天》栏目开播。《大耳朵爷爷历险记》是一部取材于山西独特文化资源精心打造的500集大型神话原创动画片。讲述在远古时期,大耳朵爷爷和黑洞洞主斗争,保天地和平的故事。(陈燕萍)

【全省文化产业工作会议】 9月6日,省文化厅在太原召开全省文化产业工作会议,各市文广新局文化产业负责人、省直相关单位共40余人参加会议。会议重点对政策落实、投融资对接、项目落实、第二批文化产业示范基地申报、第七届北博会筹备、产业统计与信息报送等工作任务做了安排。(陈燕萍)

【两企业入选国家文化产业示范基地】 9月27日,第五批国家文化产业示范基地评选命名结果揭晓,太原市高新区火炬创意产业联盟管理有限公司、平定古窑陶艺有限公司两家文化企业入选。(陈燕萍)

【山西中小型文化企业博览会】 11月23日,由省文化厅和省中小企业局联合主办的首届山西中小型文化企业博览会在太原开幕,副省长任润厚出席开幕式。本届文化企业博览会共吸引省内外90余家各类文化企业参展，主要设置文化旅游、知名品牌、创意产品、绿色食品、服务业五大展区。期间，还举办山西中小微文化企业发展研讨会和网络文化高峰论坛等。（陈燕萍）

【山西代表团签约项目】 12月20日，第七届中国北京国际文化创意产业博览会山西代表团在北京新闻大厦举行签约仪式，全省共签订16个项目，签约总金额突破51亿元。副省长张平、中国轻工业联合会副会长杜同和出席签约仪式。（陈燕萍）

·非物质文化遗产保护·

【山西非物质文化遗产保护体系初步形成】 截至2012年底，全省有国家级非物质文化遗产名录项目105项，涉及保护单位145个、省级非物质文化遗产名录项目353项，涉及保护单位603个、市级项目557项、县级项目1121项；国家级文化生态保护实验区1个，国家级传承人72人，省级228人，市级1548人，县级3314人；非物质文化遗产博物馆40余处、传习所200余个；从事非物质文化遗产项目的企业、经营户、作坊约3000余户，从业人员约499万人。山西省的非物质文化遗产保护工作已由单个项目性保护逐步走向系统保护、科学保护和生产性保护阶段，有山西特色的非物质文化遗产保护体系已初步形成。（陈燕萍）

【"文化遗产日"宣传展示活动】 6月9日，山西省2012年"文化遗产日"非物质文化遗产宣传展示活动暨授牌仪式在太原举行。省委常委、宣传部部长胡苏平，副省长张平等出席活动，并为获得国家级第三批非物质文化遗产名录项目保护单位、第一批省级非物质文化遗产生产性保护示范基地和省级文化生态保护实验区称号的单位代表授牌。获国家级保护单位的有山西杏花村汾酒集团、山西广誉远国药、平定市文亮刻花瓷砂器研究所等16家单位。此外，河曲、碛口被命名为山西省级文化生态保护实验区。（陈燕萍）

【中国·山西非物质文化遗产保护成果展】 9月19日，由文化部非物质文化遗产司、省委宣传部、省文化厅共同主办，山西省非物质文化遗产保护中心、平遥县人民政府承办的"中国·山西非物质文化遗产保护成果展"在平遥吉祥寺开幕。中央委员、全国政协社会和法制委员会副主任黄晴宜，省委常委、宣传部部长胡苏平，省政协副主席李澋生等出席开幕式。参展的有唐三彩烧制技艺、景德镇手工制瓷工艺、歙砚制作技艺、平阳木板年画、上党堆锦、中阳剪纸等中部六省64个非物质文化遗产项目。活动期间还进行晋剧、祁太秧歌、左权开花调、孝义木偶戏、风火流星、榆社霸王鞭、万荣花鼓、天塔狮舞等非遗项目的现场展演活动，举办"非物质文化遗产保护论坛"和"非物质文化遗产招商项目洽谈会"。（陈燕萍）

【《山西省非物质文化遗产保护条例》】 9月28日，山西省十一届人大常委会第三十一次会议通过《山西省非物质文化遗产保护条例》，自2013年1月1日起正式施行。《条例》的通过，为加强山西非物质文化遗产保护工作、推进山西文化强省建设提供法律保障。从12月1日起，在全省开展为期一个月的《非遗条例》宣传活动，活动主题为"依法保护、重在落实"。活动内容有：向公众发放《山西省非物质文化遗产条例》单行本5000册；召开学习《非遗条例》座谈会；举办专题讲座；开展《非遗条例》知识问卷答题活动。（陈燕萍）

【全国非物质文化遗产培训班在太原举办】 8月31日，由文化部非物质

山西省第一批省级非物质文化遗产生产性保护示范基地

（2012年6月9日颁布）

单　　位	项目类别	项　目　名　称
山西水塔醋业股份有限公司	传统技艺	清徐老陈醋酿制技艺
太原双合成食品有限公司	传统技艺	"郭杜林"晋式月饼制作技艺
大同天艺昌工艺品厂	传统技艺	大同铜器制作技艺
平定县张氏砂器陶艺坊	传统技艺	平定砂货烧制工艺
平定文亮刻花瓷砂器研究所	传统技艺	平定黑釉刻花陶瓷制作技艺
长子县西南呈玖兴炉响铜乐器厂	传统技艺	长子响铜乐器制作技艺
黎城县红石民间工艺有限公司	传统美术	黎侯虎制作技艺
高平市凤林刺绣厂	传统美术	民间绣活（高平绣活）
杏花村汾酒集团有限公司	传统技艺	杏花村汾酒酿制技艺
山西省交城县调味品厂	传统技艺	卫生馆五香调料面制作技艺
山西广誉远国药有限公司	传统技艺	龟龄集传统制作技艺
山西黄河中药有限公司	传统医药	中药传统炮制技艺（山西颐圣堂醋制药材）
平遥县薛生金漆艺研发有限公司	传统技艺	平遥推光漆器髹饰技艺
山西唐人居古典家居文化有限公司	传统技艺	晋作家具制作技艺
山西土圪垯手工布艺公司	传统技艺	手工千层底布鞋制作技艺
稷山县飞凯达食品有限公司	传统技艺	稷山传统面点制作技艺

文化遗产司主办的全国非物质文化遗产传统技艺类项目生产性保护培训班开班在太原举办,来自全国各省(市、区)文化行政部门、非物质文化遗产保护机构的相关负责人和第一批国家级非物质文化遗产生产性保护示范基地负责人100多人参加培训。除讲授非物质文化遗产生产性保护的理论与实践外,还组织参训人员前往临汾市土圪垯手工布艺有限公司、丁村民俗村、唐人居古典家具文化有限公司、薛金生大师工作室和平遥牛肉集团公司参观非物质文化遗产项目生产性保护现场。（陈燕萍）

·对外文化交流·

【《黄河情韵》艺术团赴南美演出】 1月6日~2月4日,山西省歌舞剧院组建的山西“黄河情韵”艺术团一行22人,赴智利参加国际艺术节,赴墨西哥参加中墨建交40周年庆祝活动,同时还参加在智利、墨西哥举行的“欢乐春节”文化活动,巡回演出历时近一个月,走访10多个城市,演出19场,观众5万多人。（陈燕萍）

【山西省文化交流团赴斯里兰卡演出】 2月7~14日,以省文化厅厅长张明亮为团长,由省晋剧院、省歌舞剧院、太原歌舞杂技团等单位组成的文艺交流演出团一行27人,赴斯里兰卡进行访问演出。在斯里兰卡首都科隆坡民间艺术剧院,正在斯里兰卡访问的中共山西省委书记袁纯清、中国驻斯里兰卡大使杨秀萍、斯里兰卡青年事务与技能发展部部长杜拉斯、斯国家遗产部部长巴拉苏里亚、斯各对华友好组织代表、在斯中资机构代表及斯各界人士600余人观看首场演出。同时,对山西省援建斯里兰卡建设项目——班达拉奈克国际会议中心维修的工人们进行慰问演出。（陈燕萍）

【《粉墨春秋》赴澳、新演出】 6月14日,为期一年的澳大利亚“中国文化年”在澳大利亚悉尼歌剧院的广场闭幕,舞剧《粉墨春秋》参加闭幕式演出。应新加坡有关方邀请,11月20~26日,《粉墨春秋》赴新加坡进行文化交流演出。（陈燕萍）

【上党梆子赴台演出】 7月19日,晋城上党梆子演出团和台湾新竹青年团在新竹市文化局演艺厅共同举办“上党梆子名家张爱珍个人专场演唱会”。演唱会上,中国戏剧梅花奖、中国唱片金唱片奖获得者、国家一级演员张爱珍演唱《塞北有个佘赛花》《两地家书》《浪子踢球》《杀四门》《长生殿》《打金枝》《杀妻》等上党梆子优秀唱段,上党梆子锯琴演奏家韩保国独奏的《亲亲太行山》,使台湾同胞感受到太行之风。演唱会由晋城市上党梆子演出团乐队和台湾新竹青年国乐团乐队共同伴奏,山西省指挥家任新宁指挥。（陈燕萍）

【山西文化代表团赴意大利访问】 10月16~25日,山西省文化代表团赴意大利参加阿布鲁佐大区与山西结好20周年庆祝活动,并举办《美好生活》摄影展,展示山西的风土人情和优美的自然风光。（陈燕萍）

·艺术教育·

【山西省艺术院校第八届音乐舞蹈比赛】 11月6~20日,省文化厅、省教育厅联合举办的全省艺术院校第八届音乐舞蹈比赛在全省举行。比赛分11个赛区,在全省11所艺术院校以巡回评比的方式进行,历时15天,观摩16场演出、8场基本功课堂展示。（陈燕萍）

【省级文化产业人才培养基地挂牌】 11月6日,省级“文化产业人才培养基地”在山西大学商务学院挂牌成立。省文化厅担负人才培养基地的业务指导工作,山西大学商务学院负责人才培养基地的发展和管理。（陈燕萍）

【任家乐摘“小梅花”桂冠】 8月8~12日,由中国剧协和江苏省人民政府主办的“第十六届中国少儿戏曲小梅花荟萃”在江苏泰州市举行。全国27个省、市、自治区及中直单位的120名小选手参加决赛。晋中市文化艺术学校13岁的任家乐出演晋剧《石秀探庄》,以98.81分的最高分摘得大赛“金花冠军”,这也是山西省第七次摘得这一奖项的全国第一。（陈燕萍）

【汪称在学生动漫大赛中获奖】 2月17日,由文化部、教育部主办的“第二届中国学生原创动漫大赛”揭晓,太原理工大学学生汪称的《桃花源记》获“漫画类(高校组)最佳漫画技法奖”,长治市太行职业中专学校张高奇的《龟兔大赛》获“动画类(中学组)优秀动画作品奖”,这是山西省首次获得这一全国性赛事奖项。（陈燕萍）

文物 考古 博物

·文 物·

【简述】 2012年,在全省范围实施文物八大重点工程。即:按照五台山风景名胜区改造提升工程整体部署,启动“10+4”重点寺庙的文物本体保护、文化内涵挖掘和环境综合整治工程;继续实施南部早期建筑保护工程,完成5处项目保护规划编制,安排新开工项目10处;编制完成晋阳古城遗址保护规划,推进国家考古遗址公园建设;启动襄汾陶寺遗址考古遗址公园建设前期准备工作,完成规划编制及重点考古工作;继续实施云冈石窟窟檐建设及防水保护工程;推进应县木塔申遗,完成申遗文本编制和上报工作;做好平遥城墙结构加固工程及双林寺、镇国寺保护工程;做好明长城偏关段、平型关段等长城保护和明长城资源调查报告出版。对不可移动文物加强抢救性和预防性保护,全省文物保护工程提升整体水平。服务全省重点工程建设,做好重点工程建设中的文物保护工作。推进全省市级博物馆建设,打造特色鲜明的文物展览。启动全省重点壁画、彩塑保存现状调查及保护对策研究,在青铜器、壁画、彩画、砖石等文物科技保护方面取得新成果。

2012年,全省文博景点门票收入达8.4亿元。云冈石窟窟顶寺庙遗址考古发掘列入“2011年度全国十大考古新发现”。在国务院召开的全国

文物工作会议上，太原市文物局荣获全国文物工作先进集体称号，省考古研究所张庆捷获先进工作者称号。（谢宾顺）

【刘云山考察太行纪念馆】 2012年2月18日，中共中央政治局委员、中央书记处书记、中宣部部长刘云山视察八路军太行纪念馆。2005年7月，刘云山曾到此考察，指示“把八路军太行纪念馆建成一流的爱国主义教育基地”。中央和山西省共同投资1.7亿元，对八路军太行纪念馆实施大规模改扩建，该工程被列为“山西省加强未成年人思想道德建设和发展红色旅游一号工程”。

刘云山等详细观看各个展厅，他强调“文化建设很重要，不论什么情况下都要高度重视文化”，要求纪念馆工作人员要把纪念馆管理好，把作用发挥好。尤其是免费开放以后，对如何更好地发挥革命传统教育基地的作用，要很好地研究，并作进一步的改进，弘扬太行精神，弘扬八路军精神。（谢宾顺）

【励小捷调研山西文物保护】 2月19~20日，文化部副部长、国家文物局局长励小捷到山西省调研文物保护工作。2月20日，省长王君会见励小捷一行。

在晋期间，励小捷一行重点考察晋城玉皇庙、青莲寺等山西南部早期建筑保护工程和晋祠、阳城皇城相府、应县木塔的文物保护与利用。励小捷强调，山西南部早期建筑不仅真实反映我国早期建筑的形制、布局、结构，而且保存大量同时代的彩塑、壁画、彩画以及砖、石、木质的雕刻，具有很高的历史、艺术和科学价值。他要求要怀着对祖先的敬畏之心，对文化遗产的保护之责，做好山西南部早期建筑的修缮保护工作。

对于应县木塔的保护，励小捷强调，应县佛宫寺释迦塔是我国最重要的古建筑之一，国家文物局长期以来高度重视应县木塔保护修缮工作，为研究确定科学的保护方案多次召开专家论证会，并组织开展了塔体变形监测、保护规划和局部加固方案的编制等工作。励小捷表示，应县木塔从其文物价值而言，具备申遗的基本条件，山西省应抓紧做好申遗预备名单相关申报工作。要理顺木塔保护管理体制，明确各方责任。要高度重视，对待木塔监测工作，积累基本数据，为最优保护方案的制订创造条件，同时也应对木塔及相关资源今后整体利用提出一个方案。

8月26日，励小捷赴云冈石窟调研。大同市市长耿彦波介绍为保护云冈石窟而实施的周边环境治理工作，云冈石窟研究院张焯就洞窟调查、山顶考古发掘、五华洞窟檐建设进展进行汇报。励小捷表示，国家文物局将支持和帮助云冈石窟做好遗产的保护和研究工作。希望做好石窟周边环境治理，强化管理，探索研究适应遗产地保护、研究、管理工作的新思路、新方法。（谢宾顺）

【张颔、柴泽俊获“文博大家”荣誉称号】 2012年2月23日，在全省文物局局长会议上，张颔、柴泽俊被授予“文博大家”称号。这种表彰在全国文博界尚属首次。

张颔、柴泽俊是山西省文博事业的开拓者和杰出代表。20世纪80年代，张颔作为领队，考古发掘、整理编撰的《侯马盟书》，被中国考古学界评选为当代中国十大考古发现。《侯马盟书》对于研究中国春秋时期的历史、政治、文化具有重大意义。他主编的《古币文编》和《张颔学术文集》等著作，在古文字研究领域很有影响。柴泽俊从一个泥瓦工起步，投身古建筑研究42年，他对古建筑保护事业主要贡献：一是调研、挖掘山西现存大量地面不可移动文物；二是主持、参与或指导芮城永乐宫整体大搬迁、五台南禅寺大殿修缮复原、太原晋祠圣母殿和朔州崇福寺弥陀殿大修等百余处重大古建筑保护修缮工程，多次获得全国科技奖和省科技奖；三是培养出一大批古代建筑保护专业人才；四是撰写二十部足可传世的古建保护专著。（谢宾顺）

【20处全国重点文物保护规划】 2012年10月，山西省政府发布《关于公布我省大同云冈石窟等二十处全国重点文物保护单位保护规划的通知》，将大同云冈石窟、绛县太阴寺、新绛绛州大堂、应县净土寺、孝义中阳楼、阳城下交汤帝庙、屯留宝峰寺、潞城东邑龙王庙、平顺夏禹神祠、平顺龙门寺、永济蒲津渡与蒲州故城遗址、太原天龙山石窟、平顺回龙寺、曲沃大悲院、运城解州关帝庙、天镇慈云寺、太原龙山石窟、晋城二仙庙、长治玉皇观、长子天王庙等20处全国重点文物保护单位的保护规划予以公布。按省政府要求，相关市、县人民

2月19～20日，文化部副部长、国家文物局局长励小捷调研山西省文物保护工作（谢宾顺提供）

政府将把已公布的保护规划纳入当地经济社会发展计划和城乡建设规划中。

山西省全国重点文物保护单位保护规划公布工作从2009年正式开始,已连续公布四批。其中,2009年公布4处,2010年公布12处,2011年公布20处,2012年公布20处,共计56处。 (谢宾顺)

【古建类文物家底核查】 5月28日,山西省文物局发出《关于核查全省古建筑类文物保护单位保护管理工作的紧急通知》,决定组成12个核查组,分赴各市对全省古建筑类文物保护单位保护管理状况进行核查。核查范围为全省国保、省保及部分市县级文物保护单位,核查内容为:现存状况、管理机构以及经费需求等。 (谢宾顺)

【四处文物保护单位列入《中国世界文化遗产预备名单》】 2012年11月,国家文物局组织开展《中国世界文化遗产预备名单》更新工作,对各地提交的申报项目进行专业评估,最终形成重新确定的《中国世界文化遗产预备名单》。山西省共有四处文物保护单位入选新确定的《中国世界文化遗产预备名单》,分别是:汾阳市杏花村汾酒、应县木塔、襄汾县丁村古建筑群、运城关圣文化建筑群。 (谢宾顺)

【山西南部早期建筑保护】 山西南部元代以前木结构建筑保护工程有105处,截至2012年底,本体维修完工44处,在建项目26处,其余的35个项目将于2015年全部完成,已完工的项目全部通过验收。新绛三官庙等20处项目的招投标工作完成,襄垣昭泽王庙等15处项目已开工。武乡洪济院等9处项目的保护规划编制完成,长子天王寺等17处工程项目的维修方案得到批复,晋城玉皇庙等6处完工项目已进行竣工验收。南部工程涉及的彩塑壁画保护项目着手推进。组织专家多次开展实地检查,工程质量整体稳定。 (谢宾顺)

【云冈石窟保护】 6月27日,云冈石窟五华洞岩体加固及保护性窟檐建设工程正式启动,这是针对云冈石窟文物本体进行的一项大型保护工程。云冈壁画泥塑彩绘抢救性保护修复方案正按国家文物局意见修改。云冈石窟动态信息和监测预警系统设计、第3窟保护性窟檐建设工程比选优化、五华洞文物本体和微环境监测系统建设等方案已上报国家文物局审批。窟顶考古发掘收尾、石窟现状调查与评估等工作已经结束。(谢宾顺)

【五台山重点寺庙文物保护工程】 2012年年初省政府确定的五台山景区改造提升标杆工程,包括文物本体维修、周边环境整治、基础设施改善等。省文物局组织省内外专家,会同忻州市、五台县政府及相关部门,对五台山"10+4"寺庙进行现场踏勘,确定每处寺庙文物维修及环境整治内容。菩萨顶修缮工程设计方案国家文物局已批复,显通寺等8处寺庙维修方案正在审批。 (谢宾顺)

【平遥古城保护】 2012年《平遥城墙岩土工程监测设计方案》编制完成,并开始实施为期3年的监测。对平遥城墙局部危险地段进行抢险修缮。平遥城墙6处发生险情地段、双林寺千佛殿以及大雄宝殿抢险修缮等工程设计方案编制完成并上报审批。双林寺、镇国寺及其彩塑壁画保护方案正在编制。 (谢宾顺)

【应县木塔保护及申遗】 应县木塔申遗文本2012年已编制完成并上报国家文物局,11月被列入中国世界文化遗产预备名录。应县木塔保护规划已获批准,周边环境整治方案已上报国家文物局,二、三层结构加固方案已组织专家进行评审,保护管理条例已着手起草。实施应县木塔二到四层的屋面勾抿养护工程。辽应州城及佛宫寺寺庙遗址考古工作完成,勘探面积30万平方米,发掘面积1300平方米。 (谢宾顺)

【壁画彩塑保护】 7月18日,国家文物局启动山西彩塑壁画保护工程,将进行有史以来最大规模的保护修复。山西现存古建筑28027处,其中元代以前早期建筑占到全国同期建筑存量的75%以上,是中国古建筑存量最多的省份。作为古建筑的附属文物,山西现存彩塑1.27万余尊、壁画2.4万余平方米,享有"中国古代彩塑壁画艺术宝库"的美誉。但由于自然和人为因素的影响及赋存环境的改变,这些文化遗存出现断裂、起甲、空鼓、酥碱、脱落、污染等多种病害,其中相当一部分险情严重。

该工程是国家文物局确定的全国文物保护重点项目,是继山西南部早期建筑保护工程之后,山西文化遗产保护的又一重大举措。这一工程包括开办彩塑壁画修复培训班,由山西省文物部门与中国文化遗产研究院、意大利中央高级保护修复研究院等国内外顶级文物保护研究机构进行合作,是一次由封闭走向开放、由省内走向国际、借助工程培养人才的尝试。 (谢宾顺)

【长城与大遗址保护】 2012年明代长城调查报告交付出版,全省现存战国以降8个时代长城资源得到确认,偏头关、平型关关堡等修缮方案报国家文物局。晋阳古城遗址保护规划及明太原城内重要文物点维修方案编制完成,西城墙遗址抢险加固及展示方案报经国家文物局批准,重点区域勘探和考古发掘进展顺利。陶寺遗址保护规划上报审批,各项前期准备工作有序开展。 (谢宾顺)

【建设工程中文物考古保护】 省政府确定的2012年省重点工程建设项目中,省文物局受理并完成16个涉及文物考古的项目,共勘探39万平方米,发掘20553平方米,出土各类遗物1410余件(套),既保护濒危文物,又保证建设工期,受到省政府的表彰。 (谢宾顺)

【山西土质文物保护基地落户太原】 依托市文物考古研究所的专业基础和人才优势,山西土质文物保护基地2012年7月在太原市建成。山西土质文物保护基地位于双塔寺内,占地2230平方米,内设塑像修复室、壁画修复室、实验室、器物修复室、纸质文物修复室、文物周转库、多功能室等。该基地基本具备先进的科技保护设备、前沿的文物保护理念，它的建成有利于山西省土质文物保护走上专业化、常态化、系统化、规模化的发展道路。（谢宾顺）

【山西文物建筑信息管理系统软件通过专家验收】 8月16日，山西省文物资料信息中心邀请山西省文物局副局长宁立新、山西省文物局总工程师黄继忠，中国文化遗产研究院副总工程师沈阳，中国文物信息咨询中心信息部副主任华联剑，山西省科技厅成果处副处长牛志勇，山西大学计算机与信息技术学院副院长李茹，山西省古建筑研究所副所长吴锐等行业内的专家，对山西文物建筑信息管理系统进行评审验收。软件研发单位就系统指标体系的设定、分类标准、命名标准、年代标准、数据组织规范等进行介绍，并做现场演示。专家们审核相关文档资料，提出问询，并讨论。认为该项目提供的验收资料齐全、完整；制定的指标体系规范，符合当前文物建筑保护管理的需求；软件定位合理，模块划分清晰，应用灵活。同时专家们也提出需要规范文物建筑信息化指标体系，优化系统结构，增加多查询方式等建议。最后，专家们同意项目通过验收。

山西文物建筑信息管理系统是自2005年与北京世珍科隆网络科技有限公司合作研发的软件，经过文物系统和大专院校长时间的测试、修改和试点采集，软件功能基本完善。

（谢宾顺）

【省文物保护工程规划设计培训班】 2012年9月3日，山西省文物保护工程规划设计培训班在皇城相府开班。国家文物古建专家、中国文化遗产研究院教授级高工张之平、付清远、常兴照，及市、县领导出席开班仪式。此次培训结合现场参观点评、专家组成员授课等方式对文物保护工程规划设计以及内容的编制等进行具体讲解，并对编制完成阳城县郭峪古建筑群、海会寺、润城东岳庙等国家级文物保护单位的文物保护工程规划设计进行专家现场评审。（谢宾顺）

【执法监督与安全保卫】 2012年，全省各级文物行政部门检查文博单位3569个（次），发现安全隐患652处，下达安全隐患整改通知书125份，整改594条。

全省查处文物行政违法案件38起，其中省局督办10起，如晋中市查处了阳光伟业公司擅自在省保单位猫儿岭违法施工案件，太原市查处在阳曲不二寺、娄烦遗址违法建设案件。破获芮城县国保单位广仁王庙唐碑失盗案、昔阳县于海生团伙文物盗窃案、天镇县沙梁坡汉墓群盗墓案等一批文物犯罪案件。

召开全省社会参与文物保护工作曲沃座谈会，交流曲沃县吸引企业家参与古建筑认领保护、广灵县构筑全社会参与文物保护“四包四防”末端防范安全体系、新绛县建立“四级文物安全责任制”的经验做法，为探索国家保护为主、全社会参与的文物保护体制积累经验。（谢宾顺）

【国保单位“一键报警”工程】 2012年，山西省文物局与省移动通讯公司签署战略合作框架协议，完成“一键报警”系统网站备案、平台建设、系统调试、数据录入和设备交接，组织“安全巡查人员位置监控管理系统建设”（一键报警）培训，全省国保单位“一键报警”工程全部完成。“一键报警”工程基于GSM无线网络，通过“SMS”短信和“IVR”语音方式，将报警处和文物单位报警中心及公安各部门连接起来，组建实时应急报警系统，可实现文保人员实时定位、轨迹回放等功能。该系统采取移动报警方式，可随时随地发出报警信号，确保在最短时间内使险情得以处理。

（谢宾顺）

【全国文物行政执法人员片区培训班】 4月16日，2012年全国文物行政执法人员山西片区培训班在大同市开班。国家文物局执法监督处处长刘大明、山西省文物局局长王建武、山西省文物局总工程师黄继忠、中共大同市委宣传部部长马斌等出席开班仪式。省、市、县文物行政部门执法人员共212人参加培训。

这次培训从理论和实践的不同层面讲授文物行政执法实践与文物保护法、流散文物市场监管与执法、文物行政处罚与执行、文物行政执法案例、文物行政处罚案卷制作、文物行政执法巡查、文物安全管理等专题。学员们从立案、调查取证、审查和决定、权利告知、听取陈述和申辩、行政处罚决定、送达行政处罚决定书、执行等8个方面进行作业。（谢宾顺）

【文物安全管理培训班】 11月11～17日，山西省文物安全管理培训班在晋城举办。国家文物局督察司司长叶春、山西省文物局总工程师黄继忠、晋城市副市长王维平、晋城市政协副主席郭一峰等出席开班仪式，140人参加培训。培训班邀请国家文物局、中国人民公安大学、故宫博物院及全国文物系统的领导、专家从文物安全形势与监管要求，文物安防、消防规范及方案设计，文物安全案件督察督办，博物馆安全管理，古建筑消防等方面，为学员讲授文物安全专业知识。培训班还安排文物安全监管经验交流与研讨。（谢宾顺）

【国家文物进出境审核山西管理处成立】 4月24日，国家文物局在太原举行“国家文物进出境审核山西管理处”成立暨挂牌仪式。国家文物局授权省文物局山西文物鉴定站承担单位和个人携运文物进出境及文物临时进出境审核工作的职能。山西作为独联体各国在华北地区最大的贸易中转省份、文物大省，在文物进出境贸易和文化交流时将不用再借道他省而办理进出境审核手续。（谢宾顺）

【纪念孔子诞辰2563周年活动】 2012年9月28日，由山西省政协、山西省文物局、山西中华文化促进会、山西中华文化学院、山西孔子文化研究会、山西省当代儒学研究会、三晋文化研究会主办，山西省民俗博物馆承办的“2012年山西各界纪念孔子诞辰2563周年”活动在山西省民俗博物馆（太原府文庙）举行。来自主办单位、协办单位、承办单位的同志和省城儒家文化爱好者约600余人参加纪念活动。会后，还举办《儒学与当代

9月28日,山西各界纪念孔子诞辰2563周年活动在省民俗博物馆举行 (谢宾顺提供)

中国人的精神生活》研讨会。 (谢宾顺)

【山西省古建筑协会成立】 1月11日,山西省古建筑协会成立大会在太原召开。协会由山西省古建筑工程有限公司等18家具有文物保护工程勘察设计或施工资质的单位发起,经山西省文物局和山西省民政厅批准成立的非营利性文物保护行业的社会团体。协会将主要研究探讨文物保护行业改革与发展方向,向政府主管部门提出行业发展建议,建立行业行规自律机制,组织开展文物保护从业人员培训,开展同国内外同行业社团的合作交流和各种学术交流活动,针对古建筑保护现存的主要问题组织科技攻关,为促进文物保护工程管理及保障工程质量提供技术支撑。

成立大会审议并通过协会章程、会费收支管理办法,并选举产生了协会第一届理事会。古建专家罗哲文发来贺信祝协会成立。 (谢宾顺)

·考 古·

【北魏辽金佛教寺院遗址入选全国十大考古新发现】 2012年4月13日,2011年度全国十大考古新发现评选揭晓,山西省大同云冈石窟窟顶北魏辽金佛教寺院遗址,以其丰富的学科内容和独有的考古价值,从终评的25个项目中胜出,入选2011年度全国十大考古新发现。 (谢宾顺)

【省考古研究所60周年纪念】 1月9日,“纪念山西省考古研究所60周年系列活动启动仪式”暨“系列活动之一:考古汇网站上线启动仪式”在太原举行。

山西省考古研究所的前身是山西省人民政府文物管理委员会勘查组。成立于1952年3月。1956年1月,山西省人民政府文物管理委员会更名为山西省文物管理委员会,并于同年10月设立侯马工作站;1958年12月中国科学院山西分院山西省考古研究所成立;1959年5月,山西省文物管理委员会、山西省博物馆、山西省考古研究所合并,对外统称山西省文物工作委员会。1962年1月,山西省文物工作委员会又设立晋东南工作站;1979年11月,省政府撤销山西省文物工作委员会,正式成立山西省文物局,原有的业务部门分类合并,考古队、侯马工作站、晋东南工作站合并为新的山西省考古研究所并独立挂牌,直属山西省文物局管辖,并延续至今。

系列纪念活动包括举行公众考古网站启动仪式、筹拍纪念专题片、举办60周年成果展、出版回顾及纪念文集、在山西博物院举办“消失的霸国”特展、举办纪念60周年学术研讨会暨山西省考古学会第六届年会等。 (谢宾顺)

【山西60年十大考古发现评出】 《山西晚报》联合省考古研究所推出的“宝览山西——票选你心目中的60年山西考古十大发现”活动,经过两个月的投票,8月28日公布山西考古的十大发现。

获得此次山西十大考古发现的考古项目(按得票高低排序)有:翼城枣园新石器遗址、夏县西阴新石器遗址、天马—曲村遗址及晋侯墓地、襄汾丁村旧石器遗址、襄汾陶寺新石器遗址、侯马晋都新田遗址、太原隋代虞弘墓、芮城西侯度旧石器遗址、太原晋阳古城遗址、翼城大河口西周墓地。 (谢宾顺)

【2012年考古发掘】 1. 晋阳古城遗址考古。2012年2月中旬~5月下旬,省考古研究所对晋阳古城遗址做大量的调查工作,并对遗址局部进行小范围考古试掘。共发掘面积450平方米。经过考古发掘,共发现各类遗迹现象20余处,发掘灰坑17座、房址2组、石墙1组、仓储建筑1座。出土大量筒瓦、板瓦、瓦当、砖等建筑构件以及少量日用陶器、瓷器。本次发掘否定过去传说的晋阳古城完全同庞培古城一样保存完整的观点。通过发掘,发现这里自北汉被灭后,一直有人类活动,并且遗址埋藏深,时间顺序复杂,对于揭示北朝或唐的晋阳古城面貌具有一定难度。

2. 应县佛宫寺及辽代应州城遗址。一是经过考古勘探基本摸清明代城墙以北300~330米处勘探出呈带状分布的砖质堆积遗迹,明代城墙以北400米处进行南北向解剖勘探。勘探出疑似辽代北城墙及护城河遗迹。二是以应县文物局提供的1:1000地形图为基础,确定考古用图永久控制点。三是在勘探出疑似城墙、护城河遗迹的西段南北向布设宽2米长50米的探沟,对城墙、护城河遗迹进行解剖。“墙体”出露,残高1米左右,未见夯打迹象,剖面显示有梯形结构,两侧土质较为纯净,中间填充杂土。“墙体”内侧有排水渠遗迹,北侧有河沟遗迹(护城河),"墙体"底部及两侧地层尚未贯通。

3. 蒲津渡与蒲州故城遗址考古勘探与发掘。蒲州古城勘探主要是完成城内两条勘探带及钟楼遗迹的勘测,总勘探面积7.15万平方米。勘探成果除了解城内遗址的埋深情况外,主要发现有:(1)西城外护城河,位于西城西城外50米,南城墙外50米,北城墙外40~50米外均发现宽约30米左右的护城河遗迹,洛阳铲勘探可见泥沙。(2)西城南城墙外码头遗址,西城南城墙护城河外区域,即距西城南城墙外80米左右之外区域,勘探发现碎块砖瓦等,结合当地走访调查结果,此处应有一处码头遗址。勘探所见砖瓦等遗物应为码头附近建筑遗物。(3)钟楼遗址夯土遗迹,西城鼓楼遗址西南方向约150米处,发现一处长、宽均约30米的近方形夯土遗迹。就目前的发现来看,最早的遗迹为金元时期,尚未发现唐代建筑城墙的证据。

4. 陵川县西瑶泉村洞穴遗址调查与试掘。2012年10月~11月,省考古研究所史前研究室对陵川县附城镇西瑶泉村的洞穴遗址进行为期10天的调查,共调查西瑶泉村8个洞穴或岩棚。其中的麻吉洞、麻节洞和后河洞三处可见明显的人类文化遗存,在洞穴内地表层上即可采集到石制品或动物化石,三处均为旧石器时代洞穴遗址。后对其中的两个旧石器时代洞穴遗址——后河洞遗址和麻节洞遗址做小面积试掘,共10平方米左右。本次调查与试掘收获遗物3000余件,包括石制品和化石。此外,还发现明显的人类用火遗迹。太行山西麓旧石器时代洞穴遗址数量较多,多年来,在该区域的旧石器考古工作开展较少,综合而系统的研究亦属空白。本次调查与试掘是进行太行山西麓洞穴遗址研究的第一步。 (谢宾顺)

·博 物·

【"发现霸国"展】 8月28日~11月11日,作为山西省考古研究所60周年特展,在山西博物院开展,由山西博物院与山西省考古研究所联合举办。共展出180余件大河口墓地出土文物精华,分"霸国出世""霸国记忆"两部分,展示大河口墓地被发现、古老的霸国被解读的过程,以大量田野考古、实验室考古图片展示现代考古学的发展,这是大河口墓地重大考古发现首次向公众展出。山西省考古研究所副所长、大河口联合考古队领队谢尧亭在博物院作题为"发现霸国"的学术讲座。展览期间,博物院推出《揭秘霸国》趣味讲座、"我眼中的霸国"手绘活动、"揭秘霸国"趣味折页等一系列活动。 (陈汾霞 田若微)

【"文明的足迹"展】 12月22日,在山西博物院开展,这一展览是中国社会科学院考古研究所优秀成果展,由山西博物院和中国社会科学院考古研究所联合举办,展期三个月。展厅面积近900平方米,分为"文明之初""三代之兴""王朝之巅"三部分,共展出文物300件组,包括青铜器、玉器、瓷器、陶俑、金银器等,荟萃陕西西安半坡遗址、山西襄汾陶寺遗址、河南安阳殷墟遗址等数十处全国各地的重大考古发现。开幕当天,中国社会科学院考古研究所所长王巍在博物院作题为"从考古发现看中华文明的起源"的公益讲座。展览期间,山西博物院举办"识文刻字"动手活动、寒假小小讲解员等系列活动。

(陈汾霞 田若微)

【"永远的旗帜"展】 2012年12月20日~2013年1月31日,在山西博物院展出,这是中国共产党一大至十八大图片展,由山西省委宣传部、山西省文物局主办,山西博物院、八路军太行纪念馆承办。展览以历届党代会为主线,共分18个部分,精选391幅图片,运用互动投影、实物仿真、触摸查询、感应翻书等多种手段,回顾中国共产党成立90多年来的光荣历史和辉煌成就,是全国首个以图片反映党的一大至十八大历程的大型展览。 (陈汾霞 田若微)

【山西文物巡展】 2012年,山西博物院组织山西文物省外巡展,"丹崖霜红——傅山书画精品展"1月10日在常州博物馆展出,与常州博物馆联办,展期一个半月。共展出傅山及其儿子傅眉、孙子傅莲苏的书画作品70件组,其中国家一级文物5件,包括书法、绘画、书册等类型。4月28日、8月28日,这批文物先后巡展于无锡博物院、广东省博物馆。"晋国宝藏——山西晋国出土文物特展"1月12日在湖北省博物馆展出,与湖北省博物馆、山西省考古研究所联办。展览分青铜礼器、礼玉之邦两部分,共展出山西地区出土的两周时期青铜器、玉器等104件组,展示800年辉煌灿烂的晋文化,楚国青铜重器"楚公逆钟"是展览一大亮点。这次展览是"山西出土两周时期文物精华展"巡展的第八站。 (陈汾霞 田若微)

"发现霸国"——山西省考古研究所60周年特展 (陈汾霞提供)

5月18日，国际博物馆日活动丰富多彩 (谢宾顺提供)

【山西博物院联合办展】 2012年山西博物院联合其他地区博物院(馆)多次在该院举办展览。3月8日举办“丰子恺画展”，与浙江博物馆联办。展出108件丰子恺漫画作品，展期两个月，期间举办“我学丰子恺”漫画元素拼贴亲子活动等。4月26日举办“新疆古代丝路文明展”，与新疆维吾尔自治区博物馆、吐鲁番博物馆联办，展期三个月，共展文物192件组，其中一级文物43件组。期间举办“丝路传奇”大中专院校专题知识讲座等活动。5月17日举办“海派名家书画展”，与上海博物馆联办，展期两个半月，展出30名近代海派书画家的百余幅作品。7月19日举办“陈之佛工笔花鸟画展”，与南京博物馆联办，展期50天，展出作品70件，其中有为中华人民共和国成立十周年创作的大幅《松龄鹤寿图》。9月21日举办“张大千敦煌临摹作品展”，与四川博物院联办，展期三个月，展出作品46幅。12月28日举办“傅抱石画展”，与南京博物院联办，展期两个月，共展作品90件，其中有1959年创作的《江山如此多娇》。

(陈汾霞 田若微)

图书馆

【概述】 2012年山西省图书馆完成各项工作任务。办证、借阅、上网等基本服务项目全部免费。全年开放，节假日期间照常开馆，2012年度共接待读者95万人次，书刊文献外借34.6万人次，流通文献110余万册次，自助借还书刊累计139453册次，办理读者证19419个。举办“文源讲坛”系列讲座90期，室内公益文化展览16期，室外展览3期，资源共享电影晚会106场，大规模的读者活动45次，发行晋图系列信息专刊1044期。设立92个分馆，已开通70多个图书馆的资源共建共享，实现一证通用、通借通还。

(李德胜)

【“两会”驻会服务】 1月10~15日，山西省十一届人大六次会议、山西省政协十届五次会议召开，山西省图书馆为“两会”驻会人大代表和政协委员提供现场信息咨询服务。精选整编2012“两会”专题资料，内容涉及经济、文化、民生及法制等方面，发放700套4500册，回答口头咨询800余人次，为代表、委员、记者等修改、打印、复印提案、发言稿等200余份。向人大代表、政协委员及会务工作人员发放3000张数字阅读卡，发放调查表征求信息服务意见和建议。

(李德胜)

【“文化年货带回家”活动】 1月12日，由山西省图书馆、太原汽车站共同举办的“文化年货带回家——文化共享工程山西省分中心服务活动”启动。车站候车准备回家过年的进城务工人员、省城各大媒体的记者以及山西省图书馆和太原汽车站的负责人与工作人员约千余人参加仪式。图书馆党委书记石焕发介绍山西省图书馆馆藏、服务、读者活动以及共享工程依托网络和丰富资源带给百姓的便捷服务。太原汽车站候车大厅近千人免费领到“文化年货”电子光盘、新春对联、网上阅读卡等。 (李德胜)

【“文源讲坛”开拓分会场】 2012年3月2日，由山西省图书馆和太原市公安局巡逻警察支队合作举办的“文源讲坛——龙城巡警大讲堂”揭牌。讲坛旨在为建设“学习型、敬业型、创新型、健康型”的公安警队提供文化支持。4月世界读书日期间，山西省图书馆分别在太原市杏花岭区法院和富士康（太原）园区启动“文源讲坛——杏花岭区法院大讲堂”和“文源讲坛——富士康(太原)园区大讲堂”。

(李德胜)

【古籍普查平台培训班】 2012年5月29~30日举办山西第一期古籍普查平台培训班，来自全省公共图书馆、高校图书馆、文博系统、医药系统等27家古籍藏书单位的44名古籍编目人员接受培训。山西省古籍保护中心根据全国古籍普查登记工作要求和山西省古籍工作实际情况设置培训课程。

(李德胜)

【“六一”系列活动】 6月1日，山西省图书馆在南宫广场举办粉笔画比赛。参赛者最小3岁，最大12岁。6月3日，省图书馆开展“独一无二的我：“六一”儿童节主题亲子阅读会”，还邀请民间艺术家王博给小朋友们上了一堂面塑课。6月9日，举行小读者读书交流会暨优秀小读者表彰会，为获奖的小读者颁发奖品鼓励读书。

(李德胜)

【藏文文献鉴定】 2012年6月14日，山西省图书馆邀请四川省文化厅副厅长、四川省古籍保护中心专家组组长泽波对该馆20余种藏文文献资料进行鉴别和认定，大致明确这些藏文文献的年代、内容、版本及价值。

(李德胜)

6月9日，省图书馆举行小读者读书交流会暨优秀小读者读书表彰会

（李德胜提供）

【“好玩的数学”科普展】 2012年7月18日，由中国科技馆主办，山西省科技馆和山西省图书馆承办的“好玩的数学”科普展在山西省图书馆开展，展览为期20天。内容包括数学家故事、数学发展史、趣味数学、经典数学、数学年表等，90%以上作品可手动操作，如飞机投弹、有趣的黄金分割、消失的正方形等。 （李德胜）

【市级业务总分馆系统平台搭建】 2012年8月9~13日，根据山西省图书馆构建全省业务总分馆体系的统一规划，长治市图书馆搭建全省第一个市级业务总分馆系统平台，并安全有效地将原属于省图书馆数据平台中长治市属的县馆数据迁移，既与省图书馆的总分馆系统无缝对接，也为本地区图书馆规范化管理奠定基础。 （李德胜）

【山西省图书馆PIP摄影分馆】 2012年9月19日在平遥国际摄影节期间，山西省图书馆PIP摄影分馆揭牌。省委常委、省委宣传部部长胡苏平等领导参观摄影分馆，这是全国第一家摄影艺术专业分馆，将征集收藏国内外摄影专著、作品及摄影艺术评论等，为全国摄影家及爱好者们提供服务。山西省图书馆为摄影分馆首批配送图书2200册、赠送合订本期刊400册。 （李德胜）

【数字图书馆推广工程】 2012年10月17日，太原、大同、晋中、吕梁等11个地市公共图书馆的馆长及业务骨干200余人参加“数字图书馆推广工程（山西站）”启动和培训活动。这次培训包括“数字图书馆推广工程”建设与服务、数字图书馆架构及推广工程软硬件平台建设、国外数字图书馆技术的发展等内容，通过专家授课、现场交流探讨、举办数字图书馆推广展览及现场数字化体验等方式进行。 （李德胜）

【盲人读者活动】 12月2日举行盲人读者卡拉OK比赛，盲人读者和志愿者100余人参加活动。太原市盲童学校、山西省特殊教育学校的残疾学生和山西省图书馆的盲人读者共30多位选手参加比赛。 （李德胜）

档 案

【档案资源体系】 2012年山西省各级档案馆继续接收档案进馆。省档案馆将省新闻出版局、省机械成套局、山西日报社、省环保厅、省广电局、省文物局、省发改委和城南公证处共8个单位15377卷9172件档案接收进馆；将山西省老摄影家顾棣革命战争年代的5264张图片征集进馆。太原通过接收民生档案，开展口述历史档案采录工作，建立文物档案数据库；大同、晋中、长治着重接收名人档案、破产企业档案进馆；长治将摄影师郝仕杰600余册图书接收进馆；吕梁加强中华人民共和国成立前中共活动历史资料的征集。

抓好重大活动档案整理接收。省档案局指导对全省第三次文物普查活动中所形成的文件材料进行规范整理，并将其755卷档案接收进馆，这是省馆首次征集重大活动档案进馆；省馆介入首届晋商大会文件材料的管理工作，还进行首届晋商大会现场音像的采集和制作；吕梁以市委、市政府两办名义下发《关于加强重大活动档案管理的通知》。

做好民生档案指导与整合接收。省档案局多次对省社保局、省医保中心进行业务指导，帮助其修改、制定《山西省社保档案管理办法》《山西省医保档案管理办法》等制度性文件；联合省社保局对各市县的社保档案工作进行检查指导，2012年10月，山西省社保、医保档案工作以“优秀”等级通过人社部、国家档案局重点验收；阳泉市组织全市民生档案工作调查，形成基本情况调查表26份，县区调研报告4份，撰写《阳泉市民生档案情况调研报告》；长治市将馆藏的民生档案文件级目录3万条全部录入计算机。

抓好农业农村档案工作。开展创建全国社会主义新农村建设档案工作示范县工作，每个市都确定1个县（市、区）作为创建的培养对象；霍州市强化对涉农档案的监督指导，提升乡（镇）、街道办、村级档案工作管理水平；以阳光农廉网和霍州市档案网为平台，上传政府公开信息和涉农政策信息、致富信息，开发新农村建设档案管理软件。2012年10月，霍州市通过全国社会主义新农村建设档案工作示范市验收工作，填补山西省在这项工作中的空白。为做好农村土地承包经营权登记试点档案工作，省市两级对新绛县、长治县、蒲县3个试点县进行多次调研与督查，出台《山西省土地承包确权登记档案管理办法》（征求意见稿）。

做好重大工程档案指导工作。配合省委、省政府应急水源建设、山西大水网建设等中心工作，省档案局会同省水利厅对8个省属水利项目进行检查，并对全省水利项目档案工作进行摸底和现场指导，促进

水利项目档案的规范化管理。

（王　斌）

【档案利用体系】 2012年,省馆盘活馆藏红色档案资源，利用馆藏太行、太岳、晋察冀根据地形成的革命历史档案，制作大型红色档案展览——《光辉的历程》。

做好接待查阅利用工作。2012年，省馆共接收47个单位7969件政府信息公开和可公开现行文件,8个单位114册资料。全年共接待查档人员1122人,利用档案4840卷,资料1503册,复印19486页;同时为做好已满30年和未满30年可开放档案的鉴定工作，满足群众的档案利用需求,完成1982年共1918卷档案的统计工作;编制完成大中专院校招生、毕业分配花名表和派遣证专题目录。

2012年，省局对全省档案编研资源进行摸底,拟定10个专题500多条编选目录,对其中重点档案、资料进行登记。开发档案资源,编纂档案文化产品,彰显档案"资政惠民"、"文化阵地"作用:编选《十一届三中全会以来山西省经济建设文献汇编》、出版《阎锡山手迹》、制作山西省劳模小册子、编纂《档案背后的故事》、编辑出版《李顺达档案文件汇集》、参加由省委宣传部、省委组织部、省委党史办、山西电视台与省档案馆联合摄制的大型文献纪录片《旗帜·山西记忆》的拍摄。太原市馆开展"擦亮窗口我先行,服务民生献真情"活动,实施"服务承诺、限时办结、首问负责"三项制度,推行"困难群体减免费用、困难老人送档上门、预约延期接待群众"三项便民措施,服务能力增强。大同市局制定《大同市档案局行政权力公开运行工作实施方案》，提高行政效能和服务水平。阳泉市局推出《十年回望》画册。并将编纂的《保晋档案》《阳泉解放》《百团大战档案史料选编》部分章节在网站上发布,方便市民浏览利用。长治市局联合市委宣传部、市文化局、市群众艺术馆举办非物质遗产生产性保护成果展。

（王　斌）

【档案安全体系】 加强综合馆库建设。2012年是山西省各级档案馆基础设施建设成绩较大的一年。省局为新建省馆做大量的前期工作,已经形成预算报告上报省政府。2012年5月，省局在阳泉郊区召开县级档案馆项目建设现场会。2012年晋城市档案馆主体完工,总建筑面积1.5万平方米;忻州市新馆1.2万平方米，临汾市新馆1.1万平方米,朔州市新馆9000平方米,已进入施工阶段;长治市新馆纳入市委、市政府上党新区建设大规划之中；太原市新馆进入选址阶段,大同市、吕梁市新馆建设也有初步方案。县级综合档案馆项目建设也有进展,截至2012年底,山西省得到中央和省级资金支持的县级档案馆建设项目有30个，已有4个县档案馆竣工,7个县档案馆主体完工,3个县档案馆开工,14个县档案馆完成设计。

完善馆库消防安全建设。各级档案部门加强消防安全各个环节的设施设备建设,严格执行日、周、月定期检查制度,消除安全隐患。省馆被省综治委授予"省级平安单位"称号。

注重档案实体的安全防护和修复保管。省馆完成档案清点、平整、编页、统计等在内的档案缩微胶片前处理25000余张;完成计算机扫描档案缩微照片1.5万余画幅；完成包括破损档案、字画装裱在内千余张的修裱工作。太原市将2011年形成的100项活动6835张照片、2011年采集的《太原新闻》、太原市主要领导人视频节目《转型跨越创一流》等12项专题新闻的多媒体档案异地备份到郑州市档案馆,成为全省首家实行异地备份的市级档案馆;完成A4幅面967张民国破损档案抢救保护工作,仿真复制珍贵档案69件。临汾市开展重点档案抢救保护,对组织部、人事局等4个全宗6612卷档案逐卷逐页检查,查出褪变霉变2311页、不耐久字迹132395页、字迹扩散1131页、纸张破损1654页,全部进行修补修复。祁县馆对180卷民国档案进行全文扫描,形成电子文档,对破损档案进行裱糊修复。左权县馆对重点档案实施全文扫描,备份后实行异地保存,封存原件档案。

（王　斌）

【档案信息化】 2012年，山西省馆正式启动投资1900万元的档案数字化工程。《山西省数字档案馆建设项目整体设计方案》已报送省发展和改革委员会审批;完成《山西省数字档案馆建设规程》《山西省纸质档案数字化技术标准》《山西省照片档案数字化技术标准》《山西省档案馆馆藏纸质档案数字化加工规程》等标准的编制工作。大同市馆档案文件级条目数据库基本建立,录入140多个全宗,6万多卷案卷,150多万条目录;朔州市馆录入馆藏档案机读目录11万条,其

4月20日，山西省档案局保持党的纯洁性武乡学习教育活动暨赠送八路军太行纪念馆档案史料仪式

（王　斌提供）

2月28日，山西省档案局举行保持党的纯洁性学习教育活动动员大会

（王　斌提供）

中2012年录入1.8万条；忻州市馆完成案卷级目录、文件级目录数据库著录13462条，对历年来积存的200余册市委常委会议记录进行整理并建立数据库。阳泉市完成案卷级目录、文件级目录10429条的录入。晋城市馆组织专家编制出《晋城市数字化档案馆建设项目可行性研究报告》；吕梁市馆整理文件级目录841681余条，案卷级目录47860余条，对数据库进行定时备份、维护；介休市馆开展全文数字化扫描工作，整理涉及民生的知青档案、房产档案和部分文书档案14600页。临汾市馆对数字化所需的软硬件进行优化升级，增设FTP方式保存电子文件，将已录入的67379条文件级和1112965条案卷级目录数据进行全面平移和刻录备份，建成馆藏全部档案69169条案卷级、1168470条文件级目录数据库，对415卷革命历史档案进行全文缩微，完成13000页馆藏档案全文信息存贮。（王　斌）

【太原民生档案查阅“零收费”】 太原市档案馆推出公民查阅民生档案零收费制度。从2012年3月1日开始，在公民个人查阅涉及本人权益档案时，停止收取查阅、保护、复制等全部九项费用。同时，推出对9类70周岁以上困难老人提供上门送档服务新举措，建立函电代查服务，建立下班延时服务，节假日预约查档服务和查档全程代办的服务制度。（王　斌）

【太原社区网“档案”专栏】 2012年3月1日，太原社区网开通“档案管理”新专栏，当天即获得超过200人次的点击，五天内各条信息累计点击率达1313人次。“档案”专栏，是档案服务于社会、服务于民生的有效途径，充分发挥档案资政惠民的作用，受到社会和群众的欢迎。（王　斌）

【太原市档案局建立全省首个口述档案数据库】 2012年太原市档案局探寻档案资源开发新途径，建立全省首个口述档案数据库。此次采集的口述档案为晋源区晋阳文化民间研究会姚富生、张德一、陈泽、魏金山四人对晋阳古城遗址的发掘、研究及保存现状等情况的口述记录材料。（王　斌）

【档案文化进农村活动】 2012年清徐县王答乡开展档案文化进农村活动。一是加强社区建档工作。重点抓好有关低保、残疾人、下岗再就业等民生档案的收集和整理。二是推进农村档案信息化建设。将各项基础工作信息和档案信息合为一体管理系统开始推广。三是开展家庭建档工作。在全乡开展“建家庭档案，促社会和谐”活动，建立家庭建档的长效机制，这一活动增强居民的凝聚力与认同感。（王　斌）

【非物质文化遗产生产性保护成果展】 2012年在全国第七个“化遗产日”到来之际，长治市档案局联合长治市委宣传部、市文化局、市群众艺术馆联合举办非物质文化遗产生产性保护成果展。活动展出各县（市、区）体现本地传统文化精髓的各项国家级、省级、市级“非遗”项目，涉及工艺美术、特色食品、乐器制作、粗布纺织等多个门类，既有遗产项目代表性传承人现场演示，又有生动翔实的版面图片和实物展示。（王　斌）

【长治市推行“两卡、四个零”服务机制】 为丰富档案利用服务形式，规范档案业务指导内容，完善档案服务机制，长治市城区档案局2012年推出“两卡”（“档案利用便民服务卡”“档案业务指导联系卡”）和“四个零”（“零推托、零积压、零差错、零违纪）服务机制。通过档案利用便民服务卡，使群众对档案馆馆藏内容、查档规定、服务流程有所认知，对如何查阅利用档案有所了解，实现群众查档零障碍。通过档案业务指导联系卡，搭建基层档案管理与档案局业务指导紧密联系的平台。（王　斌）

【《光辉的历程——馆藏革命历史档案珍品展》】 2012年3月初至4月中旬展出，由中共山西省直属机关工委与山西省档案局（馆）配合保持党的纯洁性学习教育联合举办。主要展出的是山西省档案馆馆藏革命历史珍品档案，记录晋察冀、晋绥、晋冀鲁豫三大敌后抗日根据地创立、巩固、发展历史过程，反映三大根据地政治、军事、经济、文化、教育等实践活动。在历时一个半月中，143个省、市机关、企事业单位7000余名党员干部参观此次展览（厅级156名、处级1864名）。省委“创先争优活动简报”、省直“党建信息”都重点关注，山西电视台、《山西日报》《中国档案报》等予以报道。省委组织部部长汤涛、省政协副主席张茂才专程到馆，高度评价，充分肯定。（王　斌）

【襄垣县围绕“重”字收集档案】2012年襄垣县档案馆围绕全县“重点工程、重大事件、重大活动、重要非物质文化遗产及各类突发事件”，全程参与、寻踪追迹，收集各门类档案史料，确保重要档案齐全完整和及时进馆，完善馆藏结构。重点工程方面有：襄垣“项目落地年”暨“一城七镇”大县城建设正式启动、台湾波力科技复材用品项目开工奠基；重大事件方面有：县政协八届二次会议、县十五届人大二次会议、善福煤矿“4·13”事故；重大活动方面有：全省城镇化推进会、全省第四届老年人体育健身大会；重要非物质文化遗产方面有：襄垣鼓书、襄垣秧歌、襄垣炕围画、襄垣古戏台调查、襄垣文化《法显研究专辑》、连氏宗族信俗、襄垣手工挂面制作技艺、风火龙舞、民居脊饰传统技艺、连氏手指速算法、襄子老粗布和煤业求安习俗、后羿射日、崔生遇虎等；重要资料方面有：襄垣秧歌剧本《豫让刺赵》《襄垣县工程项目建设相关规定》《投资襄垣》《铁血丹心》、感动襄垣十大人物等。（王　斌）

《光辉的历程—山西省档案馆馆藏革命历史档案珍品展》
（王　斌提供）

卫生 体育

Health Sports

卫 生

【体制改革】 2012年新农合参合率提高到98.94%，人均筹资标准提高到290元，住院最高支付限额提高到10万元以上，自付比例下降到47%。基本药物制度在全省所有政府办基层卫生机构实施的基础上，在全国率先扩大到所有村卫生室。人均基本公共卫生服务经费提高到25元，服务项目扩展到10大类41项，在卫生部、财政部组织的国家公共卫生服务项目考核综合评分中，排全国第六名，受到卫生部的表彰和奖励。在34个县38所县级医院开展公立医院综合改革，全部实行药品零差率销售。安排27所三甲医院对口帮扶38所综合改革试点医院，起草制订《关于推进县级公立医院综合改革试点工作的实施意见》及配套文件，举办两期公立医院院长职业化培训。试点县医疗服务出现"两升两降"的趋势，门急诊次均费用同比下降5.3%，住院次均费用同比下降6.8%。多项改革任务推进，在试点县同步实施县域医药卫生一体化综合改革，得到卫生部和国务院医改办的肯定，多次在全国作经验介绍。 （刘 翔）

【服务能力建设】 2012年，制定出台《山西省医疗机构设置规划(2011—2015)》，投资20亿元的山西大医院建成并投入使用，运城、临汾、大同、忻州、晋城等5个市分别新建扩建市级医院。修订出台《山西省二、三级综合医院评审标准实施细则(2012年修订版)》，制订《山西省卫生厅医院评审专家库管理办法(试行)》，建立省一级的评审专家库。2012年，评审14所三级综合及专科医院、20所二级综合及专科医院，督导检查60所二级医院，91.7%的农业县县医院达到二级甲等水平，新增3个国家临床重点专科，总数达13个。2012年，山西省医疗机构诊疗人数达8342万次，出院人数达353万人次，住院手术75万人次。继续实施"城乡医院对口支援"和"县级医院骨干医师培训"项目，安排300名基层骨干到城市三级医院接受规范培训，派出594名技术骨干支援基层医疗卫生工作。组织起草《山西省鼓励社会资本举办发展医疗机构实施细则》，鼓励社会资本举办发展医疗机构。开展医师多点执业试点。确定太原市、大同市、朔州市、晋城市作为医师多点执业试点城市。截至2012年底，山西省申请开展多点执业的执业医师数达96人次。按照《山西省卫生厅关于印发〈山西省卫生厅优质医院创建工作实施方案〉的通知》有关要求，组织73所医疗机构开展申报创建工作。其中，申报创建国家级优质医院、区域级优质医院和优质县医院的医疗机构分别为8所、27所和38所，向卫生部推荐山西医

4月27日，全省深化医药卫生体制改革工作会议在太原召开

（刘 翔提供）

科大学第一医院为首批国家优质医院创建重点联系单位。推进预约诊疗服务。印发《全省医院预约诊疗服务工作实施方案》，启动建立全省统一的预约诊疗服务平台，截至2012年底，山西省所有三级综合医院和专科医院普通门诊号源全部开放，专家号源开放率高于50%，二级以上公立医院均能提供两种以上预约诊疗服务，工作开展比例达到100%。实施同级医院检查检验结果互认工作，下级医院认可上级医院检查检验结果全面开展，截至2012年底，全省11个市均启动此项工作。优化就诊流程落实便民服务。推行"先诊疗，后结算"模式，开展双休日及节假日门诊，结合"三好一满意"活动，在全省三级医院和有条件的二级医院开展"志愿服务在医院"活动。 (刘 翔)

【中医药服务能力建设】 实施基层中医药服务能力提升工程和中医药"名院、名科、名医"工程。开展全省基层中医药工作基本情况调查，将基层中医药工作先进单位建设列入工作目标责任制考核，设立专项经费对新创建的全国先进单位实行"以奖代补"。2012年，24个县(市、区)创建成为全省先进单位，总数达35个；11个县(市、区)创建成为全国先进单位，总数达21个。省中医院新建门诊综合楼项目开工奠基，省中西医结合医院新建门诊综合楼项目获批立项，大同市中医院御东新院、长治市中医院新住院楼投入使用，35所县级中医院启动信息化服务保障能力建设。举办首期中医院院长培训班。省中西医结合医院被评为全国重点建设中西医结合医院。省中医院大幅下调中药饮片价格，实行专家门诊不限号、复诊患者分时段预约。山西中医学院附属医院率先推行"先看病、后付费"服务模式后，太原市在全市新农合定点机构予以推广。4所三甲中医院团队帮扶50所县级中医院开展专科(专病)特色强化建设，对口支援4所县级中医院综合改革试点工作。各级中医院探索改革发展的新路径，省中医院托管大同市中医院，省中西医结合医院托管太原市杏花岭区创伤骨科医院，山西中医学院附属医院在社区建立中医指导基地，平遥县中医院在乡村设立名老中医诊所。2012年，新增国家临床重点专科（中医专业)3个，总数增加到5个。新增国家局重点专科(专病)25个，总数增加到32个。新增国家局重点学科12个，总数增加到18个。省中西医结合医院入选国家局重点专科重症医学科协作组组长单位，另有12所医院入选13个协作组成员单位。开展省级中医重点专科(专病)考核工作，成立11个省级中医重点专科(专病)协作组。启动新一轮省级中医药重点学科（实验室)建设工作，确定25个重点学科和4个重点实验室。5所医疗卫生机构入选国家局第四批"治未病"试点单位，阳泉盂县入选国家局第二批"治未病"试点地区，运城、临汾入选国家局中医养生保健服务机构准入试点地区。启动省级"治未病"试点工作，首批确定16个试点单位。6所医院入选国家局第三批中医药防治传染病临床基地建设单位。 (刘 翔)

·疾病防治·

【重点传染病】 2012年，山西省报告法定传染病18万例，发病率约518/10万，无鼠疫、霍乱等甲类传染病病例报告。加强布病防治。2012年报告布病6276例，分布在除阳泉市城区以外的11市118个县(市、区)。筛查高危职业人群8.3万人，血清学检查4万人，阳性检出率7%。与山西省教育厅联合加强托幼机构和学校手足口病防治工作，全年报告病例3.1万例。强化丙型肝炎防治能力。与中国肝炎基金会联合启动全省丙肝防控暨医师培训项目，举办"7·28"世界肝炎日运城盐湖区现场宣传活动，完成骨干医师培训任务。 (刘 翔)

【结核病】 印发《结核病"三位一体"防治服务技术方案》，在全省推广新型结核病防治服务模式。固定剂量复合剂药品试点市扩增为5个，启动耐多药结核病防治项目，妥善处置原平市学校结核病疫情，对11市38县(市、区)进行结核病防治工作督导。2012年筛查可疑肺结核病患者5.3万例，发现肺结核患者2万例，均规范治疗，新涂阳肺结核患者治愈率达97%。 (刘 翔)

【艾滋病】 2012年前三季度各级艾滋病实验室累计检测145.7万人次，确证阳性数667例；全省423个自愿咨询检测点，咨询3.5万人次、检测3.5万人次。对1876例符合条件的病人进行免费抗病毒药物治疗，临床用血100%来自无偿献血。 (刘 翔)

【慢性病】 开展食管癌/贲门癌、大肠癌早诊早治项目，筛查1.7万例，早期病变83例，癌症88例。在7市9县(市、区)开展肿瘤随访登记，上报癌症发病9200例，死亡5100例。开展儿童口腔疾病综合干预项目，完成口腔健康检查11万人，为2.7万名儿童窝沟封闭10万颗牙，县级完好率94%，省级完好率92%。在太原等5市12县(市、区)启动脑卒中高危人群筛查和干预试点项目，完成年度12万人筛查任务，山西省2个基地医院获卫生部项目先进集体。在山阴等11个县(市、区)开展农村癫痫防治项目，筛查癫痫患者6085例，随访患者5127例。在大同、忻州、临汾、吕梁4市21个贫困县(市、区)启动农村义务教育学生营养改善计划营养健康状况监测评估工作，除对21个试点县(市、区)开展常规监测外，对其中的大同县和吉县进行重点监测。强化人员培训，专题培训各级精防专业人员1600余人，利用督导对11市22县区44个社区和乡镇卫生院以及村卫生室卫生人员1687人进行现场培训。在6市19县开展重性精神疾病管理治疗项目，免费用药1213人，免费住院120人，应急处置191人。实施基本公共卫生重性精神疾病患者管理服务项目，全省累计登记录入重性精神疾病患者7.7万例，纳入管理服务患者7.4万例。 (刘 翔)

【地方病】 邀请国家级、省级专家完成两轮全省地方病专业人员培训，对垣曲等18个大骨节病区县考核验收自查工作进行现场技术指导，在5个

5月15日，山西省纪念"5·12"国际护士节100周年暨第二届医护标兵表彰大会在太原召开 （刘 翔提供）

高碘县对儿童开展碘营养监测，在3个克山病病区县开展克山病病情监测，以县为单位开展碘盐监测，每县抽取300份食盐样本进行检测，碘盐覆盖率达95%以上。 （刘 翔）

【职业病】 制订《山西省职业健康检查机构考核办法》《山西省职业健康检查机构考核标准》，开展全省职业健康检查机构工作质量的年度考核工作。在全省选择10家综合性医疗机构增挂省、市职业病防治院的牌子，开展职业病预防、诊断及救治工作。委托山西医科大学举办三期全省职业病诊断人员培训班、三期职业健康检查人员培训班。完成职业健康状况调查工作，统计山西各类企业42569家，存在职业病危害企业7932家。对其中的3184家进行基本情况调查。孝义等两个重点调查县完成12896名劳动者的健康调查。 （刘 翔）

【卫生应急】 截至2012年底，累计接报处置突发公共卫生事件10起，发病275人，无死亡病例。组织协调开展突发公共事件医疗卫生救援8起，成功救治伤员134人。组织协调国家和省级专家30余人次赶赴事故现场指挥、指导医疗救治工作，完成"4·25"吕梁离石区馥兴园酒店食物中毒事件、"2·25"207国道晋城泽州段重大交通事故、"7·26"阳泉盂县玉泉煤业瓦斯燃烧事故、"11·23"晋中寿阳火锅店爆炸燃烧事故等突发事件中医疗卫生救援任务。

强化卫生应急队伍建设。2012年，全省累计组建、调整各级各类卫生应急队伍1034支13133人(其中，省级13支212人，市级164支2427人，县级857支10494人)。省、市、县三级医疗卫生单位以知识竞赛、技能比武、桌面推演等形式开展"卫生应急大练兵"活动，建立卫生应急培训师资库，编写卫生应急案例和培训教材，组织举办应急管理、风险评估、紧急医学救援、伤员转运、床位动员、应急疏散等培训演练20余次。

建立科学合理的装备储备。调整完成《2012年省级医药储备品种目录》，储备价值2500万元的各类医药物资276种120余万盒(支、瓶)。从实战出发，先后为省级卫生应急队伍采购四批次卫生应急现场处置和通讯、后勤保障、个人携行装备。配发对讲机、海事卫星电话、移动通讯设备、GPS导航定位仪、应急包、卫生应急服装500余台(件、套)。为11个市卫生局配发海事卫星电话、笔记本电脑、打印多功能一体机、数码照相摄像机、录音笔、高清便携投影仪等办公装备77台，建立卫生应急通讯保障网络。 （刘 翔）

·卫生监督·

【非法行医专项整治】 2012年，山西省卫生监督检查各类单位66941家，覆盖率达100%，监督频次13万余次，查处案件2774起。

2012年，山西省打击非法行医投入专项经费336万元，检查医疗机构28755家，查处案件3255起，罚款金额405.3万元，取缔"黑诊所"2154家，移送案件83件，其中法院判决案件11个。全省非法行医、非法采供血举报案件查处率达100%。医疗机构(不含村卫生室)监督覆盖率达100%。

（刘 翔）

【学校卫生专项整治】 2012年山西省学校卫生工作投入经费1361万元，检查各级学校8123家，四部门联合检查1293次，查处案件数145个，罚款7.1万元。全省寄宿制中小学校卫生监督覆盖率达100%。2012年5月10日，在山西省实验中学新校区召开山西省中小学校创建健康校园工作会议。 （刘 翔）

【放射卫生监管】 制订《山西省放射卫生建设项目评价工作细则》，优化工作流程、明确新改扩建项目的界定、无国标放射诊疗设备的检测等问题。继续按照《山西省"蓝盾行动"——放射诊疗专项整治工作方案》要求，检查1616家放射诊疗机构、19家放射卫生技术服务机构（含放射工作人员职业健康检查机构）。查处违法违规单位106家（警告82家、罚款32家、罚款金额8.43万元、停业23家、吊销许可3家）。 （刘 翔）

【饮用水卫生监测】 山西省11个市的全部城区及清徐、浑源等26个县纳入国家饮用水监测网络。委托太原市疾病预防控制中心，在临汾市洪洞县、安泽县开展环境与健康专项调查，重点了解环境因素对人体健康的影响等，为制定环境保护和人群健康干预措施提供参考。 （刘 翔）

【公共场所卫生监管】 公共场所监

督覆盖率达91.87%,合格率99.76%,量化分级管理率81.38%;制订《公共场所卫生技术服务业务能力考核评估程序》《集中空调通风系统技术评估程序》,集中空调通风系统抽检58家,合格46家,合格率79.31%;监测抽检沐浴场所公共用品用具消毒效果449家,合格382家,合格率85.08%;大型商场空气卫生质量监督监测148家,合格136家,合格率91.89%;抽检人工游泳池单位89家,合格57家,合格率64.04%。 (刘 翔)

【基本药物制度实施】 截至2012年底,全省11个市、119个县(市、区)的政府办基层医疗卫生机构和村卫生所全部通过省级平台采购使用基本药物,基本药物采购总金额732972771.57元,到货总金额670418503.84元,到货率91.47%。基层药品价格下降,群众用药负担有所减轻,用药安全得到保障。

2012年累计对98个供货配送不达要求的企业进行约谈;取消11个不及时供货,造成较大影响的药品生产企业的中标资格;取消中标后拒不签订购销合同的16家药品生产企业的中标资格;取消14个配送较差的药品批发企业的配送资格。

2012年阳泉市作为山西省非政府办基层医疗机构实施基本药物制度试点地区,制订出台《非政府办基层医疗卫生机构实施基本药物制度指导意见(试行)》,对试点机构使用基本药物实行统一采购、统一配送、统一结算。当地财政以购买服务的方式,按基本药物销售金额的30%给予试点机构基本药物零差率销售核定补助政策,并在两个县有效开展试点工作。 (刘 翔)

【食品安全】 起草并通过《山西省食品生产加工小作坊和食品摊贩监督管理办法》。出台《山西省食品安全黑名单管理办法》。与省公安厅等6部门联合下发《关于加强行政执法与刑事司法衔接严厉打击危害食品药品安全犯罪的通知》,建立打击危害食品安全犯罪的联动机制。各市县根据《山西省食品安全举报奖励办法(试行)》,制订出台实施细则,公布举报电话,全省共设举报奖励资金1858.4万元,受理食品安全举报1006起,兑现奖金19.843万元。截至2012年底,全省11个市财政投入食品安全工作经费1.7亿元,较上年增加约6000万元。各市县完善和充实食品安全协调机构,11个市落实协调工作经费1167.5万元,有9个市解决人员编制问题。11个市组织监管培训班360次,培训领导干部3633名、监管责任人21935名;各县组织食品生产经营者培训4220次,培训企业负责人11万余人,培训从业人员22万余人。

省政府会同省纪委在晋中市召开食品安全责任监管现场会,在全省推广食品安全责任监管网格化经验。截至2012年底,各市县全部实施食品安全责任监管,构建网格化监管体系,共明确责任人员16905人,食品生产经营者186279户。开展食品安全7项专项整治和8个重点品种的综合治理。省食安办确定18个食品安全示范县,并在介休市召开推进会。在种养殖环节开展农产品质量安全例行监测和监督抽检,建立问题产品追溯查处和"检打联动"机制。加强对畜禽屠宰和酒类的监管,分别在晋中、朔州召开现场会,推广屠宰企业"1061"管理模式和"放心酒工程"示范店。生产环节加强对热点食品的监督抽检,及时向社会公示抽检结果,并加大对食品安全隐患排查力度。流通环节实现食品流通许可证电子打印和网上登记,开展"部门监管、企业自律、社会监督"三管齐下的电子化监管,从源头上实现对食品质量安全的追溯。餐饮服务环节推行"三化"监督模式,即:网格化监管,解决监管责任全落实的问题;格式化检查,解决现场检查有标准的问题;痕迹化管理,解决监管过程有依据的问题。吕梁、太原、晋中、阳泉等市政府建立联合打击"注水牛肉"工作机制,实现产地到销地的地区联合监管。2012年全省共出动执法人员98.18万人次,检查62.77万户次,其中整改5.1万户次,处罚9546户,罚款2318.94万元,取缔2491户,立案6618起,移送40起72人;抽检食品38708批次,合格36313批次;农产品15066批次;合格14949批次;没收假冒伪劣食品13.46万公斤,责令企业下架招回不合格食品5.24万公斤。

及时妥善处置媒体反映的"可口可乐""速成鸡"等食品安全问题。各市县按照山西省舆情处置办法的要求,完善舆情监测制度,建立舆情监测队伍,完善食品安全事故应急预案,加强应急队伍建设,开展应急演练,提高食品安全事故应急处置能力。2012年全省没有发生重大食品安全事件。 (刘 翔)

【党风廉政建设和政风行风建设】 落实《关于卫生系统领导干部防止利益冲突的若干规定》,山西省卫生厅和直属单位填报236份报告表。141名领导干部申报个人住房、收入、婚丧嫁娶、因私出国等事项。实行领导干部出国护照统一管理制度,严格控制因公出国人员。注重对配偶子女移居国(境)外的国家工作人员监督管理,建立内部动态管理机制。严格执行"三重一大"事项集体讨论决策制度,健全和完善领导班子内部议事和决策机制。

印发《山西省卫生厅关于整治"吃拿卡要"问题创优发展环境的工作方案》,成立以厅党组书记、厅长为组长的专项整治领导组。开展公共权力和资金划拨项目自查自纠工作,制作《卫生监督监管服务对象征求意见表》,向服务对象征求意见,公开服务承诺,接受社会监督,山西省卫生厅向社会做出政风行风评议六项承诺、抵制"吃拿卡要"问题六项承诺。印发《2012年全省医疗卫生系统纠风工作的实施意见》《卫生系统2012年深入开展民主评议政风行风工作的实施方案》。2012年对1个市卫生局、22个县卫生局、90所(次)医疗机构进行明察暗访。制订出台15个管理制度,行政审批项目由30项精简合并为9项。在山西省纪委、监察厅行政审批绩效量化考核30个厅局排名中,山西省卫生厅一直名列前五,2次获第一,1次第二,1次第三。

强化治理医药购销和医疗服务领域商业贿赂专项工作。先后对4家

6 月 21 日，山西省健康协会成立暨"健康山西"工作推进会议在太原举行 （刘 翔提供）

药品、医疗器械供应商给予不良记录通报，列入黑名单，两年内不得在山西境内经营。对配送率不足 60%的 29 家企业下达限期整改通知书。对没有在规定时间内签订《山西省基层医疗卫生机构基本药物集中采购购销合同》的 16 家药品生产企业的 19 个基本药物品，取消其中标资格。截至 2012 年底，医药购销领域商业贿赂信访举报案件 56 件次，全部处理结案。上交药品提成 230 人次，总金额达 7.67 万元。联合省纠风办、省国税、省地税，组织全省范围的医疗器械和药品采购发票的专项清查工作。参加省直 13 所医院的发票检查工作。对 2010 年和 2011 年间药品、器械采购发票进行检查，发现假票 682 张，涉及企业 56 家，涉及金额 2513.6 万元。开展"小金库"专项治理。对山西省卫生厅机关 2011 年经费预算、决算和 2012 年"三公"经费预算在卫生厅门户网站进行公示。

开展医德医风宣传教育，继续在《山西青年报》开辟"医德"专版，在山西电视台刊播"山西名医"医德事迹专题片，在《健康生活报》开辟卫生专题宣传版面，在省电台开通"行风热线"。探索建立卫生行风第三方评价机制，在山西省公立医疗机构开展出院患者回访制度和医务人员医德考评员评价制度，邀请由人大代表、政协委员、新闻媒体、患者家属组成的政风行风社会监督员，召开听证对话会，征求社会各界意见，定期汇报政风行风工作情况。 （刘 翔）

【健康教育与健康促进】 继续开展科普报刊进万村活动，按时将《健康生活报》《健康向导》《人人健康》等科普报刊送到乡村医生手中。继续与山西黄河电视台合作，将原《健康讲坛》创新改版为直播互动型节目《专家来了》。启动健康素养促进项目，完成健康素养监测、烟草流行监测现场调查工作。山西省在"国家全民健康生活方式行动五周年优秀项目省"评选中获三等奖。晋城市疾控中心等8 个单位获"省级全民健康生活方式行动先进集体"，授予 12 个企事业单位、社区、学校食堂为"示范单位""示范社区""示范餐厅/食堂" 等示范创建称号。举办傅山中医药文化知识大奖赛，30 个省(区、市)1400 余人参与答题；举办全省针灸推拿大赛，17 所医疗机构 129 人参加比赛；山西中医学院、太原、大同、晋中、长治、吕梁、运城各创建 1 个全省中医药文化宣传教育基地。专家队伍不断壮大，培训 50 名省级巡讲专家，推荐 3 名国家级巡讲专家。邀请国家局巡讲团专家到晋开展专题巡讲，邀请秦腔历史剧《皇甫谧》剧组开展巡回演出。

按照《国家基本公共卫生服务规范(2011 年版)》，对全省农村居民健康档案内容进行查缺补漏、规范登记等工作。各市利用信息化软件系统，推进农村居民建档工作规范化。截至 2012 年底，全省农村居民规范化建档率 89.14%，电子建档率 85.63%。

（刘 翔）

体 育

【概述】 2012 年山西省体育工作主要表现为全民健身覆盖范围的拓展，竞技体育竞争实力的增强，体育产业和场馆建设基础的巩固。

新建农村体育健身场地 3255 个，实现全省 28200 个行政村农民体育健身工程"全覆盖"，被《人民日报》《中国体育报》评选为 2012 年最具影响力的国内十大体育新闻之一，国家体育总局联合山西省人民政府在北京召开新闻发布会，《人民日报》《中国体育报》专题报道。农民体育健身工程电子档案同步实现"全覆盖"。全省新建、扩建农村乡镇型全民健身活动广场 200 个，更新、建设城市社区全民健身路径工程 180 个，具备条件的 2568 个自然村建成农民体育健身场地。6 个项目获国家"雪炭工程"资助，创建国家级"全民健身活动中心"2 个、"全民健身户外活动基地"4 个。

群众体育组织不断发展壮大。全省 11 个市全部设立体育总会。组建全省各级社会体育指导员协会和志愿者组织，培训各级社会体育指导员近 1 万名，全省注册总数近 4 万名。

各具特色的健身活动覆盖全省、贯穿全年。体育"三下乡"、山西跤王争霸赛、晋城棋子山国际围棋文化节、永济五老峰登山节等成为品牌项目，国际形意拳交流大会、国际柔力球交流大会、第四届老年人健身大会、残疾人体育健身展演赛、省直妇女体协趣味健步走、武乡太行穿越挑战赛等一系列活动受到群众喜爱。与有关部门共同组队参加第七届全国农民运动会、第九届全国大学生运动会。

全省11个市、119个县(市、区)全部制订《全民健身实施计划》并着手实施。长治市创建国家"全民健身示范城市"取得进展。太原、大同、平遥3个城市举办主题为"激扬青春、与青奥同行"的"全国青年迎青奥"(山西站)长跑活动,约7000名青少年踊跃参加。创建山西省体育传统项目学校师资培训基地4所。

山西运动员在伦敦奥运会上取得1金1银1铜和1个第五名的成绩,创造山西省奥运参赛历史上最好成绩。省委、省政府授予省体育局及省体操运动管理中心、省射击射箭运动管理中心"山西省先进集体"荣誉称号。

2012年,山西运动员在全国最高水平的年度比赛中共获得金牌18枚、银牌26枚、铜牌28枚。

山西省举办2012年奥运会摔跤项目资格赛等国际国内重大赛事。

按照省委、省政府要求,2012年把组建山西省体育产业集团有限公司作为推进体育产业上台阶的突破口,组建方案上报省政府,已经省政府常务会议研究通过,相关工作正在跟进。

2012年组织全省体育产业考评。体育产业市场主体、市场交易、市场竞争行为和行政执法行为得到进一步规范。

体育设施建设进展顺利。山西体育中心全面竣工并交付使用,太原航校迁建工程正式开工。省全民健身中心改建工作推进。大同、临汾等市级体育场馆建设取得新进展。(王宏德)

农民体育健身工程全覆盖,群众尽享运动快乐　　(王宏德提供)

【2012年山西体育十大新闻】 1. 奥运会单项金牌实现"零"突破。山西运动员在伦敦奥运会上取得1金1银1铜和1个第五名的成绩。国家授予山西省体育局"2012年伦敦第30届夏季奥运会重大贡献奖",省委、省政府予以表彰。12月16日,经投票和专家评审,奥运冠军董栋入选"2012年感动山西十大人物"。

2. 山西农民体育健身工程"全覆盖"。国家和省两级投入引导资金4亿多元,匹配全民健身路径器材1.4万条、篮球架1.9万副、乒乓球台1.2万张,全省人均体育场地面积达1.5平方米,提前实现国家"十二五"人均体育场地面积目标。《人民日报》《中国体育报》将山西农民体育健身工程"全覆盖"评为年度国内十大体育新闻。

3. 山西体育中心全面投入使用。"红灯笼主体育场"获2012~2013年度中国建设工程鲁班奖。8月29日,历时3年多建设的山西体育中心移交山西省体育局。2012年陆续承接一系列大型赛事和文艺演出,经济效益和社会效益初步发挥。

4. 山西职业篮球水平明显进步。山西中宇篮球俱乐部山西汾酒队获2011~2012中国男子篮球职业联赛第三名。山西兴瑞职业篮球俱乐部女子篮球队5月冲击中国女子篮球甲级联赛成功,并在其后进行的2012~2013年度WCBA联赛中取得十连胜佳绩。

5. 山西运动员进军国际体坛。2012年2月,李晓丹夺得国际乒联职业巡回赛卡塔尔公开赛女子双打冠军;9月,张兰在加拿大获女子摔跤世锦赛59公斤级冠军;11月,赵瑾、周昕在亚洲游泳锦标赛上分别夺得女子50米蛙泳、100米蛙泳、200米蛙泳、4×100米混合泳接力和男子三米板跳水冠军。其中,赵瑾独揽4金。

6. 举办多项国际国内重大赛事。连续举办奥运会摔跤项目国际资格赛、蹦床世界杯系列赛、全国场地自行车锦标赛(冠军赛)、全国跳水锦标赛、太原国际马拉松赛、全国女子拳击冠军赛、全国武术套路冠军赛等一系列高规格、高水平的国际国内赛事。其中,奥运会摔跤项目国际资格赛是伦敦奥运会在中国举办的唯一资格赛,也是山西省历史上承办的规模最大、水平最高的国际体育大赛,70多个国家和地区约1000多名运动员、教练员、工作人员参与比赛。

7. 棋类项目发展。山西选手在亚洲国际跳棋锦标赛上获1个冠军、2个亚军、2个季军,创参加棋类国际赛事最佳成绩;第8届杭州国际城市围棋赛山西围棋队获得团体和个人2项亚军,创业余围棋赛最佳成绩;600人参加庆全民健身日"全国万人同下一盘棋"山西分会场活动,参赛人数创新高。

8. 体育彩票销售额突破10亿元。2012年,山西体育彩票销售达10.16亿元,筹集公益金2.7亿元。

9. 运动员文化教育和保障工作有突破。12月26日,省政府办公厅出台《关于进一步加强运动员文化教育和运动员保障工作的实施意见》。对保障竞技体育事业健康发展具有重要意义。

10. 中国体育旅游博览会山西荣获10项大奖。12月21日,中国体育旅游博览会在海南开幕,山西展区以"体育旅游、健康绿色"为主题,展示厚重的自然人文和丰富的旅游资源，宣传体育时尚精品项目，彰显健康山西的时代特征与魅力，山西代表团获“最佳组织”和“最佳创意”等10项大奖。 （王宏德）

【全民健身工作委员会工作会议】 3月30日,2012年山西省全民健身工作委员会工作会议在太原召开。副省长张平出席会议。会议回顾2011年全民健身工作，强化成员单位职责，推进《山西省全民健身实施计划(2011—2015年)》的贯彻落实。会议确定六个方面工作:(1)以贯彻落实《实施计划》为主线，推动各级政府履行公共体育服务职能。(2)以构建公共服务体系为目标,完善全民健身发展长效机制。(3)以农民体育健身工程“全覆盖”为重点,加强公共体育设施建设。(4)以社会体育指导员为抓手，加快基层全民健身组织网络建设。(5)以服务群众身心健康为宗旨,开展全民健身活动。(6)以全民健身网络为平台，强化科学指导服务。 （王宏德）

2012太原国际马拉松赛成绩

男子全程

名次	姓名	国家或居住地	类型或参赛队	成绩(小时:分:秒)
1	Tolcha Berhanu Shiferaw	埃塞俄比亚	特邀	2:08:51
2	Cheptei EliudKapchanga	肯尼亚	特邀	2:11:52
3	Kitur Jacob Kibuwot	肯尼亚	特邀	2:12:22
4	Japhet Kipchirchir Kippkorir	肯尼亚	个人	2:12:52
5	Kibii Francis Kiptoo	肯尼亚	特邀	2:13:19
6	Naamn Tewelde Weldeyohans	埃塞俄比亚	特邀	2:16:00
7	Weldu Gebremedhin Gebre	埃塞俄比亚	特邀	2:16:56
8	Negera Abebe Dinkesa	埃塞俄比亚	特邀	2:18:31

女子全程

名次	姓名	国家或居住地	类型或参赛队	成绩
1	姜晓丽	山东	积分赛	2:34:50
2	Kiplimo Jacquline Nyetipei	科尼亚	特邀	2:35:19
3	Gebremeksel Abeba Tekulu	埃塞俄比亚	特邀	2:36:15
4	Kiruki Emmah Muthoni	科尼亚	特邀	2:37:05
5	Datu Zehara Kedir	埃塞俄比亚	特邀	2:37:34
6	Reta Tsega Gelaw	埃塞俄比亚	特邀	2:39:50
7	Hayato Zeineba Hasso	埃塞俄比亚	特邀	2:40:32
8	Metike Frehiwat Goshu	埃塞俄比亚	特邀	2:42:36

男子半程

名次	姓名	国家或居住地	类型或参赛队	成绩
1	李永强	中国	太原市田协健身长跑分会	01:08:22
2	多布杰	中国	积分赛/西藏	01:09:03
3	黄云龙	中国	个人	01:09:09
4	潘利辉	中国	太原市田协健身长跑分会	01:09:30
5	薛峰	中国	多威俱乐部	01:11:03
6	闫畅	中国	个人	01:11:46
7	郭小强	中国	太原市田协健身长跑分会	01:14:18
8	王志成	中国	多威俱乐部	01:15:26

女子半程

名次	姓名	国家或居住地	类型或参赛队	成绩
1	张晓琴	中国	个人	01:31:58
2	唐晶晶	中国	Mizuno Runlife 马拉松军团	01:32:41
3	尤俊荣	中国	个人	01:33:19
4	张丽萍	中国	太原市田协健身长跑分会	01:39:06
5	乔霞	中国	太原市23中学青少年体育俱乐部	01:39:37
6	王小俊	中国	跑吧马拉松俱乐部	01:46:51
7	李满娣	中国	多威俱乐部	01:47:02
8	吴巧红	中国	跑吧马拉松俱乐部	01:50:07

2012年山西省运动员参加世界大赛录取名次

比赛名称	姓名	性别	项目	成绩	名次	时间	地点
伦敦奥运会测试赛	董栋	男	网上个人	—	1	1.13	伦敦
国际体操联合会蹦床世界杯(太原站)	董栋	男	网上个人	61.725	1	6.2~3	太原
国际体操联合会蹦床世界杯(太原站)	涂潇 董栋	男	网上同步	53.3	1	6.2~3	太原
国际体操联合会蹦床世界杯(瑞士站)	董栋	男	网上个人	61.4	1	—	瑞士
国际体操联合会蹦床世界杯(西班牙站)	董栋	男	网上个人	61.461	—	—	西班牙
伦敦奥运会	董栋	男	网上个人	62.991	—	8.3	伦敦

续表

比　赛　名　称	姓　名	性别	项　目	成绩	名次	时　间	地　点
第十一届空手道亚洲锦标赛	孙敬超	男	–55 公斤级	—	1	7.14~17	乌兹别克斯坦
第十一届空手道亚洲锦标赛	师建玲	女	女子团体	—	1	7.14~17	乌兹别克斯坦
第二届东亚空手道锦标赛	孙敬超	男	–55 公斤级	—	1	5.24~27	日本野市
女子摔跤世锦赛	张　兰	女	59 公斤级	—	1	9.24~10.1	加拿大
世界青年举重锦标赛	伍　超	男	69 公斤级抓举	152	1	5.16~23	危地马拉
世界青年举重锦标赛	伍　超	男	69 公斤级挺举 190		1	5.16~23	危地马拉
世界青年举重锦标赛	伍　超	男	69 公斤级总成绩	342	1	5.16~23	危地马拉
国际体操联合会蹦床世界杯(瑞士站)	涂　潇	男	网上个人	60.9	2	—	瑞　士
国际体操联合会蹦床世界杯(西班牙站)	涂　潇	男	网上个人	61.445	2	—	西班牙
国际体操联合会蹦床世界杯(葡萄牙洛莱站)	符　冰	男	网上个人	59.182	—	9.7~8	葡萄牙洛莱
伦敦奥运会	方玉婷	女	团体淘汰赛	209 环	2	8.2	伦　敦
射箭世界杯系列赛第一站—上海站	方玉婷	女	个人淘汰赛	—	2	4.10	上　海
多哈亚洲射击锦标赛	王智伟	男	10 米手枪	683.12	—	1.16	多　哈
亚洲摔跤锦标赛	梁　磊	男	120 公斤级	—	2	2.13~20	韩　国
亚洲山地自行车锦标赛	白　月	女	越野赛	—	2	10.14	黎巴嫩
亚洲沙滩运动会	胡安娜　陈春霞	女	女子沙排	—	2	6.12~18	海　阳
乒乓球亚洲杯	武　杨	女	女子单打	—	2	4.6~8	广　州
国际乒联巡回赛(匈牙利)	武　杨	女	女子单打	—	2	1.17~21	匈牙利
国际乒联巡回赛(匈牙利)	武　杨　范　瑛	女	女子双打	—	2	1.17~21	匈牙利
国际乒联巡回赛(斯洛文尼亚)	武　杨　范　瑛	女	女子双打	—	2	1.28~31	斯洛文尼亚
第十一届空手道亚洲锦标赛	刘　哲　董明明	男	男子团体	—	3	7.14~17	乌兹别克斯坦
第二届东亚空手道锦标赛	董明明	男	–67 公斤级	—	3	5.24~27	日本野市
第二届东亚空手道锦标赛	王晓红	女	–55 公斤级	—	3	5.24~27	日本野市
第二届东亚空手道锦标赛	刘　哲	男	–84 公斤级	—	3	5.24~27	日本野市
第二届东亚空手道锦标赛	朱刚勇	男	–75 公斤级	—	3	5.24~27	日本野市

续表

比赛名称	姓名	性别	项目	成绩	名次	时间	地点
射箭世界杯系列赛第一站(上海站)	方玉婷	女	女子团体淘汰赛	—	3	4.10	上海
射箭世界杯系列赛第一站(上海站)	方玉婷	女	混合团体淘汰赛	—	3	4.10	上海
射箭世界杯系列赛第二站(土耳其站)	方玉婷	女	女子团体淘汰赛	—	3	5.1~6	土耳其
伦敦奥运会	王智伟	男	50米手枪	658.6	3	8.5	伦敦
世界青年摔跤锦标赛	张彦南	男	120公斤级	—	3	9.1~11	泰国
世界大学生摔跤锦标赛	徐龙生	男	120公斤级	—	3	10.3~11	芬兰
射击世界杯意大利米兰站	王智伟	男	50米手枪	657.1	5	5.16	米兰
国际体操联合会蹦床世界杯(西班牙站)	符冰	男	网上同步	15.7	8	5.16	西班牙

2012年山西运动员参加全国锦标赛和冠军赛录取名次

比赛名称	姓名	性别	项目	成绩	名次	时间	地点
全国蹦床系列赛(第一站)	董栋	男	网上个人	—	1	4.28~30	福州
全国蹦床系列赛(第二站)暨伦敦奥运会模拟比赛	涂潇	男	网上个人	—	1	7.19~20	北京
全国蹦床冠军赛	涂潇 符冰 穆童 董栋	男	网上团体	174.325	1	9.19~23	都江堰
全国蹦床冠军赛	涂潇	男	网上个人	60.59	1	9.19~23	都江堰
全国空手道锦标赛	刘哲	男	个人组手-84公斤级	—	1	6.8~10	武汉
全国空手道锦标赛	孙敬超	男	-55公斤级	—	1	6.8~10	武汉
全国空手道冠军赛	董明明	男	-67公斤级	—	1	12.8~10	南京
全国空手道冠军赛	孙敬超	男	-55公斤级	—	1	12.8~10	南京
全国跆拳道锦标赛	郑义	男	+87公斤级	—	1	3.12~15	廊坊
全国女子拳击锦标赛	陈莹	女	51公斤级	—	1	4.10~15	呼和浩特
全国女子拳击冠军赛	陈莹	女	51公斤级	—	1	10.8~15	太原
第30届奥运会射箭项目选拔赛	方玉婷	女	射箭总积分	184分	1	3.27	广州
全国室外射箭锦标赛	祝珊珊	女	个人单轮30米	355环	1	9.24	德清
第30届奥运会射击选拔赛	王智伟	男	50米手枪	70分	1	3.3	北京
全国射击团体锦标赛	于炜 张鑫 刘毅	男	10米气手枪	1744	1	9.25	河南
全国男子古典式摔跤锦标赛	常永祥	男	74公斤级	—	1	7.24~29	太原
全国青年女子自由式锦标赛	白春香	女	63公斤级	—	1	7.6~9	淄博
全国道馆俱乐部柔道锦标赛	张雯	女	-63公斤级	—	1	10.12~14	重庆
全国男子举重锦标赛	伍超	男	69公斤级挺举	189	1	4.10~13	福州

续表

比赛名称	姓名	性别	项目	成绩	名次	时间	地点
全国男子举重冠军赛	伍　超	男	69公斤级挺举	186	1	9.27~29	柳　州
全国武术套路冠军赛(女子赛区)	赵　诗	女	剑术	—	1	9.21~23	晋　中
全国武术套路冠军赛(女子赛区)	赵　诗	女	枪术	—	1	9.21~23	晋　中
全国武术套路锦标赛(男子赛区)	袁晓超	男	长拳	—	1	4.13~16	南　充
全国山地自行车冠军赛(第一站)	白　月	女	计时赛	0:12:43.06	1	2.25~26	屯　昌
全国BMX自行车冠军赛(第一站)	赵志阳　冯思哲　王宝玉	男	团体	—	1	4.19	太　原
全国BMX自行车冠军赛(第一站)	荆　静　马　越　郝雯丽	女	团体	—	1	4.19	太　原
全国BMX自行车冠军赛(第一站)	郝雯丽	女	BMX	—	1	4.19	太　原
全国BMX自行车冠军赛(第三站)	赵志阳　冯思哲　王宝玉	男	团体	—	1	4.21	太　原
全国BMX自行车冠军赛(第四站)	王宝玉	男	BMX	—	1	5.25	乌鲁木齐
全国艺术体操集体锦标赛和个人冠军赛	赵雅婷	女	少年个人球操	22.825	1	3.26~4.4	建　德
全国艺术体操集体锦标赛和个人冠军赛	赵雅婷	女	少年个人圈操	23.025	1	3.26~4.4	建　德
全国艺术体操集体锦标赛和个人冠军赛	赵雅婷	女	少年个人带操	21.825	1	3.26~4.4	建　德
全国艺术体操冠军赛	张豆豆	女	成年集体全能	49.45	1	6.7~14	南　充
全国艺术体操冠军赛	张豆豆	女	成年3圈2带	23.625	1	6.7~14	南　充
全国艺术体操冠军赛	张豆豆	女	成年5球	26.7	1	6.7~14	南　充
全国艺术体操冠军赛	赵雅婷	女	少年个人全能	114.9	1	6.7~14	南　充
全国艺术体操冠军赛	赵雅婷	女	少年个人球操	22.851	—	6.7~14	南　充
全国艺术体操锦标赛	赵雅婷	女	全能	124.91	—	9.9~16	扬　州
全国艺术体操锦标赛	赵雅婷	女	绳操	24.851	—	9.9~16	扬　州
全国艺术体操锦标赛	赵雅婷	女	带操	25.151	—	9.9~16	扬　州
全国艺术体操锦标赛	赵雅婷	女	圈操	25.225	1	9.9~16	扬　州
全国蹦床锦标赛暨奥运会选拔积分赛	董　栋　涂　潇　符　冰　穆　童　张　雒　徐　智	男	男子团体	212.22	2	4.20~26	昆　山
全国蹦床锦标赛暨奥运会选拔积分赛	董　栋	男	网上单人	60.625	2	4.20~26	昆　山

续表

比赛名称	姓名	性别	项目	成绩	名次	时间	地点
全国蹦床锦标赛暨奥运会选拔积分赛	周杰 廉时栋	男	男子双人同步	49.3	2	4.20~26	昆山
全国蹦床系列赛(第二站)暨伦敦奥运会模拟比赛	董栋	男	网上单人	—	2	7.19~20	北京
全国蹦床冠军赛	符冰	男	网上个人	59.025	2	9.19~23	都江堰
全国蹦床冠军赛	符冰 穆童	男	网上双人同步	43.6	2	9.19~23	都江堰
全国男子自由式摔跤冠军赛	单栋	男	60公斤级	—	2	10.18~21	重庆
全国女子柔道锦标赛	张雯	女	-63公斤级	—	2	3.22~24	滨州
全国青年柔道锦标赛	赵宇轩	男	-60公斤级	—	2	5.16~18	武汉
全国男子举重冠军赛	方剑	男	62公斤级总成绩	312	2	9.27~29	柳州
全国武术套路冠军赛(传统项目)	袁晓超	男	查拳	—	2	3.8~11	广州
全国武术套路冠军赛(传统项目)	崔碧晖	男	42式太极拳	—	2	3.8~11	广州
全国武术套路冠军赛(传统项目)	王武剑	男	形意拳	—	2	3.8~11	广州
全国山地自行车冠军赛(第一站)	白月	女	越野赛	1:34:30.24	2	2.25~26	屯昌
全国山地自行车冠军赛(第三站)	白月 古晓颖 张亚楠	女	团体赛	—	2	3.10	成都
全国BMX自行车冠军赛(第一站)	荆静	女	BMX	—	2	4.19	太原
全国BMX自行车冠军赛(第二站)	赵志阳 郜文彬 王宝玉	男	团体赛	—	2	4.20	太原
全国BMX自行车冠军赛(第三站)	赵志阳	男	BMX	—	2	4.21	太原
全国BMX自行车冠军赛(第四站)	冯思哲 王宝玉 赵志阳	男	团体赛	—	2	5.25	乌鲁木齐
全国BMX自行车冠军赛(第五站)	王宝玉 冯思哲 赵志阳	男	团体赛	—	2	5.26	乌鲁木齐
全国游泳锦标赛	赵瑾	女	50米蛙泳	31.732	—	9.22~27	黄山
全国艺术体操集体锦标赛和个人冠军赛	赵雅婷	女	少年个人全能	109.22	—	3.26~4.4	建德
全国艺术体操集体锦标赛和个人冠军赛	赵雅婷	女	少年个人绳操	22.4	2	3.26~4.4	建德
全国艺术体操冠军赛	赵雅婷	女	少年个人棒操	22.152	—	6.7~14	南充
全国艺术体操冠军赛	赵雅婷	女	少年个人带操	22.325	2	6.7~14	南充
全国艺术体操冠军赛	赵雅婷	女	少年个人绳操	23.052	—	6.7~14	南充
全国艺术体操锦标赛	赵雅婷	女	球操	24.7	2	9.9~16	扬州
全国艺术体操锦标赛	赵雅婷	女	棒操	25.125	2	9.9~16	扬州
全国蹦床锦标赛暨奥运会选拔积分赛	涂潇	男	网上单人	59.6	3	4.20~26	昆山
全国蹦床系列赛(第一站)	涂潇	男	网上个人	—	3	4.28~30	福州
全国蹦床冠军赛	董钰 贾宇洁 张媛媛 段豪媚	女	网上团体	149.575	3	9.19~23	都江堰

续表

比赛名称	姓名	性别	项目	成绩	名次	时间	地点
全国蹦床冠军赛	王鹏军 周杰 刘昌鑫 廉时栋	男	网上团体	165.585	3	9.19~23	都江堰
全国空手道锦标赛	刘哲 朱刚勇 李佳承 陈瞿宁 孙昱波	男	男子团体组手	—	3	6.8~10	武汉
全国跆拳道冠军赛	吕翔	男	54公斤级	—	3	9.18~20	丹东
全国男子拳击锦标赛	徐晨涛	男	+91公斤级	—	3	4.20~29	海口
全国男子拳击锦标赛	史昊天	男	69公斤级	—	3	4.20~29	海口
全国室外射箭锦标赛	方玉婷	女	个人单轮60米	341环	3	9.24	德清
全国室外射箭锦标赛	祝珊珊 常亮		混合团体淘汰赛	147环	3	9.24	德清
全国室外射箭锦标赛	祝珊珊 范一帆 方玉婷	女	团体淘汰赛	212环	3	9.24	德清
全国射击团体锦标赛	张鑫	男	10米气手枪	683.23	—	9.25	河南
全国射击个人锦标赛	刘毅	男	10米气手枪	683.23	—	9.25	河南
全国射击冠军赛	于炜 张鑫 刘毅	男	10米气手枪	17303	—	5.24	上海
奥运会摔跤项目国际资格赛	张兰	女	55公斤级	—	3	4.27~29	太原
全国男子自由式摔跤冠军赛	樊健	男	74公斤级	—	3	10.18~21	重庆
全国女子自由跤冠军赛	张兰	女	59公斤级	—	3	11.14~17	陵水
全国青年柔道锦标赛	尹瀚晨	男	无差别级	—	3	5.16~18	武汉
全国男子举重冠军赛	方剑	男	62公斤级挺举	170	3	9.27~29	柳州
全国男子举重冠军赛	伍超	男	69公斤级总成绩	333	3	9.27~29	柳州
全国男子举重冠军赛	秦世一	男	94公斤级抓举	163	3	9.27~29	柳州
全国武术套路冠军赛(传统项目)	杨洪	女	华拳	—	3	3.8~11	广州
全国武术套路冠军赛(男子赛区)	袁晓超	男	长拳	—	3	9.7~9	常熟
全国武术套路锦标赛(女子赛区)	赵诗	女	枪术	—	3	4.21~24	武汉
全国武术套路精英赛	高晓彬	男	长拳	—	3	10.27~28	兰州
中国武术套路王中王争霸赛	高晓彬	男	长拳	—	3	10.6~12.16	江苏
全国男子武术散打锦标赛	周勇山	男	56公斤级	—	3	5.31~6.6	黑河
全国男子武术散打锦标赛	许永	男	65公斤级	—	3	5.31~6.6	黑河

续表

比赛名称	姓名	性别	项目	成绩	名次	时间	地点
全国山地自行车冠军赛(第二站)	白　月	女	计时赛	0:12.25	3	3.2~3	屯　昌
全国山地自行车冠军赛(第三站)	白　月	女	越野赛	1:39.02	3	3.10~11	成　都
全国山地自行车锦标赛	白　月	女	越野赛	1:44:45.68	3	8.25~26	穆　林
全国艺术体操集体锦标赛和个人冠军赛	赵雅婷	女	少年个人棒操	21.853	—	3.26~4.4	建　德
全国艺术体操锦标赛	杨　帆　杨　柳　韩楚暄	女	3带2圈	21.375	3	9.9~16	扬　州
全国艺术体操锦标赛	姚毓涵　吴　凡　石　玉	女	3圈2带	21.375	3	9.9~16	扬　州
全国艺术体操锦标赛	杨　帆　杨　柳　韩楚暄　姚毓涵　吴　凡　石　玉	女	5球	22.953	—	9.9~16	扬　州
全国沙滩排球锦标赛(厦门)	胡安娜　陈春霞	女	女子沙排	—	3	4.19~22	厦　门
全国蹦床锦标赛暨奥运会选拔积分赛	张　雒	男	单跳个人	66.9	4	4.20~26	昆　山
第30届奥运会射箭项目选拔赛	祝珊珊	女	射箭总积分	112分	4	3.27	广　州
全国射箭奥林匹克项目锦标赛	祝珊珊	女	个人排名赛	656环	4	6.17	多　巴
全国射箭奥林匹克项目锦标赛	祝珊珊　郭凯强		混合团体淘汰赛	136环	4	6.17	多　巴
全国室外射箭锦标赛	方玉婷	女	个人单轮70米	330环	4	9.24	德　清
全国射击冠军赛	张　鑫	男	10米气手枪	679	4	5.24	上　海
全国射击团体锦标赛	于　炜　张　鑫　刘　毅	男	50米手枪	1673	4	9.25	河　南
全国男子举重冠军赛	方　剑	男	62公斤级抓举	142	4	9.27~29	柳　州
全国武术套路锦标赛(女子赛区)	赵　诗	女	剑术	—	4	4.21~24	武　汉
全国武术套路精英赛	高晓彬	男	棍术	—	4	10.27~28	兰　州
全国武术套路冠军赛(男子赛区)	高晓彬	男	棍术	—	4	9.7~9	江　熟
中国武术套路王中王争霸赛	王武剑	男	南拳	—	4	10.6~12.16	江　苏
全国山地自行车冠军赛(第四站)	白　月	女	计时赛	22:08.300	4	3.16~17	成　都
全国山地自行车冠军赛(第四站)	白　月　古晓颖　张亚楠	女	团体赛	6:49:16.240	4	3.16~18	成　都
全国山地自行车冠军赛(第六站)	白　月	女	计时赛	19:344	——	4.9~10	黄　山
全国BMX自行车冠军赛(第一站)	赵志阳	男	BMX	—	4	4.19	太　原
全国BMX自行车冠军赛(第二站)	荆　静　马　越　郝雯丽	女	团体赛	—	4	4.20	太　原

续表

比赛名称	姓名	性别	项目	成绩	名次	时间	地点
全国BMX自行车冠军赛(第三站)	荆静 刘丹 郝雯丽	女	团体赛	—	4	4.21	太原
全国BMX自行车冠军赛(第四站)	郝雯丽 荆静 马越	女	团体赛	—	4	5.25	乌鲁木齐
全国BMX自行车冠军赛(第五站)	王宝玉	男	BMX	—	4	5.26	乌鲁木齐
全国场地自行车冠军赛(第四站)	杨娟	女	积分赛	—	4	6.14~17	老山
全国场地自行车冠军赛(第五站)	贾伟伟 王磊 林键	男	团体竞速赛	45.456	4	9.1~4	太原
全国场地自行车冠军赛(第五站)	贾伟伟	男	凯林赛	—	4	9.1~4	太原
全国场地自行车冠军赛(第五站)	李余利	女	计分赛	—	4	9.1~4	太原
全国公路自行车冠军赛(第二站)	白月	女	绕圈赛	—	4	5.10~13	安吉
全国击剑冠军赛(第一站)	郝佳露 刘娜娜 田雪 贾亚洁	女	女重团体	—	4	3.8~15	玉溪
全国艺术体操冠军赛	赵雅婷	女	少年个人圈操	20.775	4	6.7~14	南充
全国体操冠军赛	杨飘	女	跳马	13.3	4	9.17~25	昆明
全国沙滩排球冠军赛(大理)	胡安娜 陈春霞	女	女子沙排	—	4	9.13~16	大理
全国蹦床锦标赛暨奥运会选拔积分赛	张媛媛 王晓 贾宇洁 方鹭璐	女	女子团体	178.11	5	4.20~26	昆山
全国蹦床冠军赛	徐智	男	单跳个人	66.5	5	9.19~23	都江堰
全国蹦床冠军赛	方璐鹭	女	单跳个人	60.1	5	9.19~23	都江堰
全国跆拳道锦标赛	闫萍	女	74公斤级	—	5	3.12~15	廊坊
全国女子拳击冠军赛	袁运子	女	54公斤级	—	5	10.8~15	太原
全国男子拳击锦标赛	贾敏敏	男	52公斤级	—	5	4.20~31	海口
全国男子拳击冠军	徐晨涛	男	+91公斤级	—	5	10.22~26	温州
全国男子拳击冠军赛	史昊天	男	69公斤级	—	5	10.22~26	温州
全国射击冠军赛	于炜 张鑫 刘毅	男	50米手枪	1660	5	5.24	上海
全国射击团体锦标赛	袁兵 高萌 安荣	男	25米标准手枪	1692	—	9.25	河南
全国射击总决赛	于炜	男	10米气手枪	678.9	—	9.25	云南
全国射击个人锦标赛	王闰生	男	步枪三种姿势	1172	5	9.26	南京
全国男子自由式摔跤锦标赛	樊健	男	74公斤级	—	5	6.16~19	白银

续表

比赛名称	姓名	性别	项目	成绩	名次	时间	地点
全国男子古典式摔跤锦标赛	闫鹏飞	男	66公斤级	—	5	7.24~29	太原
全国青年女子自由式锦标赛	姚利花	女	51公斤级	—	5	7.6~9	淄博
全国青年女子自由式锦标赛	于鑫鑫	女	59公斤级	—	5	7.6~9	淄博
全国女子自由跤冠军赛	李建香	女	59公斤级	—	5	11.14~17	陵水
全国女子柔道冠军赛	张雯	女	–63公斤级	—	5	9.13~18	衡阳
全国青年柔道锦标赛	米雪	女	–70公斤级	—	5	5.16~18	武汉
全国青年柔道锦标赛	韩艳雪	女	+78公斤级	—	5	5.16~18	武汉
全国女子举重冠军赛	余莹	女	69公斤级挺举	131	5	9.27~29	柳州
全国男子举重冠军赛	欧波	男	62公斤级抓举	138	5	9.27~29	柳州
全国武术套路冠军赛(传统项目)	张乃水	男	查拳	—	5	3.8~11	广州
全国武术散打精英赛(决赛)	陈红兴	男	60公斤级	—	5	10.13~15	聊城
全国武术散打精英赛(决赛)	张淑丽	女	52公斤级团体	—	5	10.13~15	聊城
全国武术散打精英赛(决赛)	何群	女	60公斤级团体	—	5	10.13~15	聊城
全国武术散打精英赛(决赛)	何艳	女	70公斤级	团体	5	10.13~15	聊城
全国武术散打冠军赛	陈红兴	男	60公斤级	—	5	11.26~30	榆林
全国武术散打冠军赛	许永	男	65公斤级	—	5	11.26~30	榆林
全国武术散打冠军赛	董莎	女	48公斤级	—	5	11.26~30	榆林
全国武术散打冠军赛	何艳	女	70公斤级	—	5	11.26~30	榆林
全国BMX自行车冠军赛(第三站)	冯思哲	男	BMX	—	5	4.21	太原
全国BMX自行车冠军赛(第五站)	郝雯丽 荆静 马越	女	团体赛	—	5	5.26	乌鲁木齐
全国场地自行车冠军赛(第五站)	贾伟伟	男	争先赛	10.278	5	9.1~4	太原
全国艺术体操锦标赛	杨帆 杨柳 韩楚暄 姚毓涵 吴凡 石玉	女	集体全能	43.25	5	9.9~16	扬州
全国击剑冠军赛(第一站)	郝佳露	女	女重个人	—	5	3.8~15	玉溪
全国击剑冠军赛总决赛	郝佳露 刘娜娜 田雪 贾亚洁	女	女重团体	—	5	10.12~19	合肥
全国沙滩排球冠军赛(大理)	王霞 魏兆辰	女	女子沙排	—	5	9.13~16	大理

续表

比赛名称	姓名	性别	项目	成绩	名次	时间	地点
中国乒乓球俱乐部甲B比赛	陈中亚 贾明 杨健 范明 秦志年	男	男子团体	—	5	5.9~13	赣州
中国乒乓球俱乐部甲D比赛	吕婷婷 靳亚楠 胡家荣 马思凡	女	女子团体	—	5	4.18~22	宜春
全国蹦床锦标赛暨奥运会选拔积分赛	刘昌鑫 周杰 王鹏军 廉时栋 李成想 王振	男	男子团体	194.62	6	4.20~26	昆山
全国蹦床系列赛(第一站)	符冰	男	网上个人	—	6	4.28~30	福州
全国蹦床冠军赛	董钰 贾宇洁	女	网上双人同步	40.5	6	9.19~23	都江堰
全国射击总决赛	吕勇龙	男	25米手枪速射	580	6	10.26	云南
全国射击冠军赛	于炜	男	10米气手枪	677.16	—	5.24	上海
全国射击冠军赛	于炜	男	50米手枪	655.16	—	5.24	上海
全国射击冠军赛	袁兵 高萌 安荣	男	25米标准手枪	1683	6	5.24	上海
全国射击个人锦标赛	陈妍	女	25米手枪	786.2	6	9.25	河南
全国男子举重冠军赛	秦世一	男	94公斤级总成绩	354	6	9.27~29	柳州
全国武术套路冠军赛(传统项目)	邓亚辉	男	形意拳	—	6	3.8~11	广州
全国武术套路冠军赛(传统项目)	王武剑	男	南棍	—	6	3.8~11	广州
全国武术套路冠军赛(传统项目)	宋晨阳	男	42式太极剑	—	6	3.8~11	广州
全国武术套路冠军赛(传统项目)	刘凯秀	女	形意拳	—	6	3.8~11	广州
全国武术套路冠军赛(男子赛区)	高晓彬	男	长拳	—	6	9.7~9	常熟
全国山地自行车冠军赛(第六站)	白月	女	越野赛	1:34.49	6	4.9~10	黄山
全国BMX自行车冠军赛(第一站)	王宝玉	男	BMX	—	6	4.19	太原
全国BMX自行车冠军赛(第二站)	郜文彬	男	BMX	—	6	4.2	太原
全国场地自行车冠军赛(第二站)	李余利	女	全能赛	—	6	4.8~11	深圳
全国场地自行车冠军赛(第五站)	李余利	女	计时赛	36.123	6	9.1~4	太原
全国场地自行车锦标赛暨青年锦标赛	贾伟伟 王磊 林健	男	团体竞速赛	45.290	6	9.13~16	太原
全国场地自行车锦标赛暨青年锦标赛	贾伟伟	男	计时赛	1:03.542	6	9.13~16	太原

续表

比赛名称	姓名	性别	项目	成绩	名次	时间	地点
全国击剑冠军赛(第三站)	郝佳露	女	女重个人	—	6	8.24~31	沈阳
“奥斯迪杯”全国体操冠军赛	魏鑫	男	自由体操	14.3	6	9.17~25	昆明
全国乒乓球锦标赛	武杨 李晓丹 杨飞飞 邢亚楠 刘颖	女	女子团体	—	6	10.5~16	张家港

2012年山西运动员参加全国协作区青少年比赛录取名次

比赛名称	姓名	性别	项目	成绩	名次	时间	地点
全国青少年蹦床锦标赛	梁曦文 胡译乘 彭佳琪 余正文 陈凯华	女	甲组团体	178.995	1	10.15~20	广州
全国青少年蹦床锦标赛	许晴晴	女	乙组网上个人	50.63	1	10.15~20	广州
全国空手道冠军赛	寇嬴	男	青年−68公斤级	—	1	12.8~10	南京
全国女子冠军赛青年组	韦露反	女	63公斤级抓举102	—	1	9.27~29	柳州
全国女子冠军赛青年组	韦露反	女	63公斤级总成绩	227	1	9.27~29	柳州
全国男子冠军赛青年组	覃辉	男	62公斤级挺举	163	1	9.27~29	柳州
全国男子冠军赛青年组	覃辉	男	62公斤级总成绩	292	1	9.27~29	柳州
全国男子冠军赛青年组	冯世发	男	62公斤级抓举	130	1	9.27~29	柳州
全国武术套路锦标赛暨第四届世界青少年武术锦标赛选拔赛	李国朋	男	拳术	—	1	7.9~12	广州
全国武术套路锦标赛暨第四届世界青少年武术锦标赛选拔赛	崔泽亮	男	枪术	—	1	7.9~12	广州
全国BMX自行车锦标赛暨青年锦标赛	赵志阳	男	BMX	—	1	7.21	宿迁
全国BMX自行车锦标赛暨青年锦标赛	冯思哲	男	团体赛	—	1	7.21	宿迁
全国场地自行车锦标赛暨青年锦标赛	常志浩	男	计时赛	1:05.827	1	9.13~16	太原
全国场地自行车锦标赛暨青年锦标赛	常志浩 尚天星 郭波则	男	团体竞速赛	46.795	1	9.13~16	太原
全国公路自行车锦标赛暨青年锦标赛	李檬	女	个人赛	—	1	9.26~29	长沙

续表

比 赛 名 称	姓 名	性别	项 目	成 绩	名次	时间	地 点
全国青少年蹦床锦标赛	许晴晴 张慧荣 雷如意 夏琳娜	女	乙组团体 2	165.355	2	10.15~20	广 州
全国青少年蹦床锦标赛	胡译乘	女	甲组网上个人	52.595	2	10.15~20	广 州
全国青少年蹦床锦标赛	王志涛	男	乙组网上个人	46.552		10.15~20	广 州
全国青年跆拳道赛	张晓玲	女	+68 公斤级	—	2	8.24~27	青 岛
全国男子青年拳击赛	龚宇霆	男	56 公斤级	—	2	6.16~23	南 京
全国女子冠军赛	韦露反	女	青年组 63 公斤级挺举	125	2	9.27~29	柳 州
全国男子冠军赛	覃 辉	男	青年组 62 公斤级抓举	129	2	9.27~29	柳 州
全国男子冠军赛	冯世发	男	青年组 62 公斤级挺举	157	2	9.27~29	柳 州
全国男子冠军赛	冯世发	男	青年组 62 公斤级总成绩	287	2	9.27~29	柳 州
全国武术套路锦标赛暨第四届世界青少年武术锦标赛选拔赛	李国朋	男	剑术	—	2	7.9~7.12	广 州
全国武术套路锦标赛暨第四届世界青少年武术锦标赛选拔赛	崔泽亮	男	长拳	—	2	7.9~7.12	广 州
全国场地自行车锦标赛暨青年锦标赛	常志浩	男	争先赛	—	2	9.13~16	太 原
全国青年体操锦标赛	向旭东	男	乙组鞍马	13.075	2	6.21—29	浙 江
全国少年体操比赛	邹 杰	男	10 岁组鞍马	13.95	2	7.20~26	温 州
全国青少年蹦床锦标赛	周 林	男	乙组单跳个人	57.5	3	10.15~20	广 州
全国青少年蹦床锦标赛	夏琳娜	女	乙组单跳个人	55.9	3	10.15~20	广 州
全国青年跆拳道赛	许凯鹏	男	78 公斤级	—	3	8.24~27	青 岛
全国青年跆拳道赛	卫 蕾	男	63 公斤级	—	3	8.24~27	青 岛
全国男子青年拳击赛	陆 毅	男	60 公斤级	—	3	6.16~23	南 京
全国青年男子锦标赛	周瑞华	男	52 公斤级挺举	123	3	3.6~11	宁 波
全国青年男子锦标赛	周瑞华	男	52 公斤级总成绩	221	3	3.6~11	宁 波
全国男子冠军赛青年组	朱志宏	男	69 公斤级挺举	160	3	9.27~29	柳 州
全国武术套路锦标赛暨第四届世界青少年武术锦标赛选拔赛	李国朋	男	枪术	—	3	7.9~7.12	广 州
全国青少年武术散打锦标赛暨第四届世界青少年武术锦标赛选拔赛	王孟静	女	60 公斤级	—	3	6.9~6.12	鹰 潭
全国少年体操比赛	邹 杰	男	10 岁组自由体操	14	3	7.20~26	温 州

社会生活
Social Life

人口 计划生育

【目标管理考核结果及表彰】 根据山西省人民政府与各市签订的《2012年人口和计划生育工作目标管理责任书》要求和考核结果，省政府对成绩突出的市、县（市、区）予以表彰。(1)阳泉市、长治市、太原市（以上3市为A类市），朔州市、运城市、临汾市（以上3市为B类市）获2012年人口和计划生育工作目标责任制考核综合先进奖。(2)晋中市、晋城市、忻州市、吕梁市、大同市获2012年人口和计划生育工作目标责任制考核先进奖。(3)大同市获2012年人口计生工作“家佳五服务工程”奖，忻州市获2012年人口计生工作综合改革奖，晋城市获2012年人口计生工作“凤之家工程”奖。(4)古交市、浑源县、山阴县、定襄县、柳林县、介休市、平定县、长治郊区、阳城县、曲沃县、绛县为全省2012年人口和计划生育工作目标管理责任制考核先进县（市、区）。(5)新荣区、天镇县、代县、繁峙县、宁武县、河曲县、长治城区、平顺县、沁县、陵川县、浮山县、盐湖区、永济县、稷山县、夏县为全省计划生育优质服务先进单位。（张晋军）

【“三个全覆盖”工作】 (1)基层服务网络全覆盖。全省新建、改（扩）建县级计生服务中心119个、乡级中心服务站320个，建成50所县级数字化服务站，基层人口计生服务体系覆盖率达100%。(2)优质服务全覆盖。到2012年底，全省共有88个县（市、区）被评为国家或省级优质服务先进单位（国家级45个），覆盖率由2008年初的29.4%提高到73.9%。科技大练兵，“十旗百佳”创建，优质服务进农村、进社区、进厂矿、进企业、进军营活动，流动服务车下乡，农村独生女子、双女母亲“第二春”免费生殖健康检查等活动形成常态化。(3)孕前优生咨询指导全覆盖。推进优生促进工程，运用孕前优生咨询指导系统，为群众提供免费孕前风险评估累计90.36万例。落实国家免费孕前优生健康检查项目，在72个县（市、区）开展试点，覆盖率达60.5%，建起预防出生缺陷的重要防线。（张晋军）

【“三位一体”利益导向政策体系】 (1)建立“4+2”奖励扶助政策。即国家的农村部分计划生育家庭奖励扶助和特别扶助政策；山西省领证独生子女父母奖励（每人每月50元，农村到60周岁，此标准在全国最高，时限最长）、退二孩指标奖励、双女户绝育奖励、独生子女死亡伤残家庭补助。2012年全省共发放奖励扶助资金60845.83万元，惠及计生群众920267人（户）。(2)实现民生普惠政策与计生政策有效衔接。农村独生子女家庭在林权改革、集体收益分配、扶贫移民搬迁中，多享受1人份，在新农合、新农保、中考加分、义务教育寄宿生活

12月7日，全国人口计生信息化建设工作会在太原召开

（张晋军提供）

补助等方面，享受优先优惠。2008年以来，全省累计有61068名农村独生子女和双女中考加分被录取；111.46万户计生家庭在集体林权改革、扶贫移民搬迁、集体收益分配、新农合和新农保中享受优先优惠。(3)开展关怀救助。开展“生育关怀行动”和“保险保障行动”，发放救助金2700多万元，救助计生大病家庭和基层计生工作者近1万人，为7.5万余户计生家庭办理意外伤害保险。（张晋军）

【流动人口服务管理“一盘棋”】 召开环渤海10省区市流动人口信息交换协作会议，确立省内太原、晋南晋东南、晋北三大区域协作体系，建立毗邻省市、县区的点对点协作机制。实现流动人口与全员人口数据库同库管理，实现与全国流动人口信息交换平台的链接，实现人口信息化引导服务管理，形成“统筹管理、服务均等、信息共享、区域协作、双向考核”的流动人口服务管理“一盘棋”工作格局。推进流动人口计划生育服务均等化，在53个县进行试点，开展集中服务月、“爱在流动”、关爱留守儿童和空巢老人等活动，获得国家流动人口服务管理三等奖。与省综治、公安等部门联合开展流动人口“统一组织管理、统一信息采集、统一提供服务、统一考核评估”新机制试点。（张晋军）

【环渤海地区流动人口信息交换协作会议】 5月14日在太原召开。北京、天津、山西、河北、辽宁、山东、黑龙江、吉林、河南、内蒙古10省(区、市)人口计生委领导及流动人口处负责人参加会议，并介绍各自省(区、市)流动人口信息化工作经验。山西省介绍全省流动人口信息化工作主要做法：(1)建立覆盖全省实有人口的动态管理体系，基本实现环渤海地区流动人口网上协作管理；(2)多部门联合，对流动人口信息全面核查，基本实现流入流出人数清、地点清、时间清、职业清、婚育清、节育清、奖罚清的“七清”目标；(3)建立基层人口信息直报系统，实现信息网络全覆盖，有效监控人口数据质量；(4)运用人口计生系统考核评估上报平台，推进目标管理责任制改革，实行网上考核；(5)创新人口社会管理，推进城镇人口网格化管理服务模式。（张晋军）

【人口信息化建设】 (1)信息网络全覆盖。建成“四网一库”为架构(省市县局域网、乡级广域网、村级手机直报网、公众互联网和全员人口信息库）的人口信息化体系，6100多个系统用户和35000多个手机终端实时动态变更人口信息，实现省、市、县、乡、村五级人口信息网络全覆盖。(2)人口个案信息基本覆盖。省人口计生委全员人口信息库常住人口入库率达99.98%；人口身份证号码准确率达98%；全省3600多万常住人口个案信息实现集中管理、动态更新，覆盖全省的人口基础信息库初步建成。(3)业务工作一体化。开发建成九大应用系统，即山西人口计生系统考核评估上报平台、人口计生奖励扶助信息管理系统、孕前优生咨询指导系统、村级人口信息直报系统、人口计生证件打印系统、流动人口信息交互管理平台、数字化服务管理平台和孕前优生健康检查系统、城镇人口管理服务平台等，实现重点任务、业务工作与目标责任考核统筹推进。（张晋军）

【全国人口计生信息化建设工作会议】 12月7日在太原召开。国家人口计生委主任王侠出席会议并讲话，副省长张建欣致辞，国家人口计生委副主任陈立主持会议。山西、浙江、湖北、湖南、重庆、陕西等省(市)人口计生委分别作典型发言。与会代表参观阳泉市矿区、蔡洼街道人口社会服务管理中心及平潭街街道东山社区，现场了解基层为群众提供各种便民服务、人口信息采集管理以及通过信息引导服务等工作。国家发展改革委、工业和信息化部、民政部、人力资源和社会保障部、国家统计局有关方面负责人，国家人口计生委相关司（厅、局）和有关直属单位负责人，各省（区、市）、计划单列市、新疆生产建设兵团及副省级省会城市人口计生委主要负责人参加会议。（张晋军）

【“山西城镇人口管理服务平台”获大奖】 山西省人口计生委研制的“山西城镇人口管理服务平台”获得2012年度中国信息化（人口计生领域）成果评选一等奖。省委书记、省人大常委会主任袁纯清批示“山西人口数据资料库建设”取得的成绩令人欣喜，统计局、金融办、工商以至发改委、民政、政法、公安都可以利用好这些难得的数据和平台，为山西省发展、民生及稳定服务。（张晋军）

婚姻　家庭

【婚姻登记】 2012年全省共有婚姻登记机构137个。2011年8月1日，全省婚姻登记信息系统网络平台建成并投入使用，实现网上在线登记。同年10月18日提前一年实现与民政部联网。2012年全省登记结婚388729对，离婚36208对；办理中国公民和外国公民结婚102对，离婚9对。（王文广）

【家庭】 据统计，截至2012年末，全省共有1282.40万户，常住人口3610.83万人。（省统计局）

妇女　儿童

【山西省妇女儿童发展“十二五”规划出台】 6月28日，山西省妇女儿童发展“十二五”规划新闻发布会在太原召开。新两规首次被列入山西省“十二五”重点专项规划。省政府妇儿工委副主任、省妇联主席李悦娥等参加会议。新两规由总目标、主要目标与策略措施、组织与实施、监测预评估4部分组成。妇女规划设定7个领域，包括妇女与健康、妇女与教育、妇女与经济、妇女参与决策与管理、妇女与社会保障、妇女与法律、妇女与环境，比上一轮新增妇女与社会保障。设70项主要目标、108项支持性指标、49项策略措施。儿童规划设定6个领域，包括儿童与健康、儿童与教育、儿童与福利、儿童与安全、儿童与法律保护、儿童与社会环境，比上一轮新增儿童与福利和儿童与安全。设40项主要目标、82项支持性指标、47项策略措施。（李　敏）

【晋商女性财智论坛】 8月20日在太原举行。全国妇联党组副书记、副主席、书记处书记孟晓驷，省委常委、宣传部部长胡苏平，中国女企业家协会会长朱蕤出席并致辞。省妇联主席李悦娥在论坛作主旨演讲。论坛以"投资山西、建设家乡"为主题，邀请国内外及省内知名女企业家郑苏薇、上官永清、陈芳、郭宝荣、梁上燕、范华、高文变、张景辉、Kitty vorisek 等发表演讲。 (李 敏)

青 年

【青少年教育引导】 开展"学党史、知党情、跟党走"等各类主题实践教育活动3583场，青少年参与人数达205.6万名。组织专家学者、青年精英，举办"山西青年大讲堂""山西国学大讲堂""与信仰对话"等形势教育宣讲活动527场，受众近7万人次；组织中华优秀文化讲师团宣讲905场，受众超过20万人次。成立分类引导专项工作领导组，督促指导全省2450家基层单位完成第三批《思想引导大纲》转化工作，形成青年思想引导手册共计2036个。搭建开设6个省级网站，9个市级、129个县级网站，形成共青团工作网站集群；各级团组织和团干部开通官方和个人微博1502个，建立工作QQ群2800多个；建成"12355"、"红色传递"、高校通等5家省级短信平台，覆盖3800万手机用户，参与人次超3.2亿，提升引导动员青年的能力。联合省委宣传部开展"身边榜样——雷锋式的好青年"大推荐大展示活动，选拔出"百名雷锋式的好青年"。全省22569名大学生骨干、青年科技工作者、青年社会工作者、青年志愿者、大学生村(社区)干部，接受青年马克思主义者培养工程的专门培训。 (张 瑜)

【基层组织建设】 与省委组织部联合下发《关于新形势下全省党建带团建工作的实施意见》，召开全省基层党建带团建工作电视电话会议，总结交流党建带团建工作经验，研究部署新形势下加强基层党建带团建工作。

7月13～18日，"第十届内地香港少年手拉手体验交流营"走进山西 (张 瑜提供)

把创先争优活动与做好本职工作、服务全省发展，与提高青年群众工作水平，与改进工作作风、树立崭新形象相结合。建立上下联动机制，实现资源共享、组织共建，扩大对外出务工青年群体的组织覆盖和工作覆盖，成立长治驻并团工委、离石驻并团工委和大同驻北京孚隆尔科技有限公司团工委；指导已成立的驻外团工委开展"晋籍青年相亲会""迎中秋、庆国庆"等活动。启动非公有制经济组织团建"百日攻坚"活动，按"抓大带小、培育骨干、条块结合、形成合力、包干负责、靠前指导"的指导思想开展工作，非公有制经济组织新建团5266个。 (张 瑜)

【青年就业创业】 扩大青年创业贷款覆盖面，为55214名青年提供小额贷款58.87亿元，带动就业11.15万人(其中，为47405名农村青年提供小额贷款34.89亿元，带动就业78465人；为7809名城市青年提供小额贷款7.2亿元，带动就业24954人；青创投资担保、青创投资咨询和青创小额贷款三个融资平台发放小额贷款15.69亿元，带动就业8060人)。推动政府买单式、团企联合式、与专业培训机构合作式及共青团自主培训式等培训模式，43542名青年参加SIYB等各类就业创业技能培训，13768人实现就业。组织劳务输出和劳务洽谈会325场，参与人数达10万余人，达成用工意向4万余个，实现转移就业34603人。开展"见习助就业、牵手毕业生"活动，帮助4722名青年上岗见习，1799名青年被聘用；实施"MM百万青年创业计划"，18000余名学生参与网络创业；"青年就业创业见习基地"共组织2.27万人次青年上岗见习。 (张 瑜)

【青少年维权】 与省人大常委会、省政协建立常态化联系制度，共开展"面对面"活动19次，围绕"社会教育与青少年健康成长"主题，形成专项调研报告，畅通青少年利益诉求渠道。召开全省预防青少年违法犯罪工作会议，出台《山西省关于进一步建立和完善办理未成年人刑事案件配套工作体系的实施意见》；对重点青少年群体进行新一轮摸底，完善青少年群体管理服务的信息监测管理系统。拓展"12355"青少年公共服务平台的功能和渠道，开展网络"面对面""微访谈""轻松备考"12355"与你同行"等活动，为青少年提供法律维权、心理疏导等服务10122人次。 (张 瑜)

【共青团品牌】 推动"志愿者团队+农民工子女+接力"的实施模式，爱心捐赠192.41万元，服务农民工子女16万多人次，共结对农民工子女学校

980所，覆盖面达96.4%，超额完成90%的既定目标。希望工程筹资1023万余元，资助贫困学生1644名；“希望工程——心希望”项目资助身患先天性心脏病的儿童32名；“壮苗行动”项目资助贫困青少年13890人次；援建希望小学、图书室、音乐教室等13个。以“岗位学雷锋，行业树新风”为主题，开展集中示范、结对帮扶、真诚服务等活动；拓展青年文明号创建领域，联合相关部门推动创建活动向非公有制企业、新社会组织延伸。深化青年安全生产示范岗“百千万”工程，全部覆盖煤矿、非煤矿山、交通运输、建筑等指定工作领域，并向金融等新领域延伸。2万余名青少年参加以沿黄河、汾河流域为重点的植树造林活动，植树7.2万株；启动“小渊基金”保护母亲河——中日青年生态绿化示范林第三期项目。组织以“青春九十年，报国永争先”为主题的暑期社会实践活动，山西农业大学和大同大学等25支队伍入选“科技支农”全国重点团队，扩大大学生“三下乡”活动参与面。（张　瑜）

老年人

【“十二五”规划实施情况】 全省养老服务政策和保障制度不断完善。省政府出台《关于加快推进全省社会养老服务体系建设的意见》（晋政办发〔2012〕52号），省民政厅、省财政厅联合下发《关于做好民办养老服务机构开办补助和运营补贴工作的通知》（晋民发〔2012〕98号）。截至2012年12月底，全省城乡基本养老保险参保人数2100万人，基本医疗保险参保人数3500万人，实现养老、医疗保险全覆盖。在全省范围内建立新型农村和城镇居民社会养老保险制度，领取养老金的城乡60周岁以上老人319万，居民养老有制度性保障。加大政策扶持和资金投入，推动老年福利服务设施建设。截至2012年底，全省有各类养老福利机构1169所，床位59703张，老年活动中心（站、室）28923个，老年大学（学校）2368所，均比上年有较大增长。（闫　鹏）

5月22日，全国“敬老文明号”创建活动推进会在山西太原召开（闫　鹏提供）

【为老服务工作】 在城市，推进居家养老服务；在农村，开展老年人日间照料服务试点，形成城乡为老服务一体化新格局。晋城市在全市乡（镇）建立为老服务中心，农村建立为老服务站。阳城县推进居家养老社会化、社会养老居家化新模式。运城市盐湖、平陆等县（区）开办“老年灶”，为农村老年人提供日间照料服务。建立高龄老人养老补贴金制度。截至2012年底，朔州、阳泉、太原、晋城、晋中等5市、82个县（市、区）建立老年人养老补贴金制度。2012年，省级农村特困老年人救助资金由每年50万元增至100万元。太原、大同、阳泉、朔州、晋城、长治、晋中、吕梁、忻州等9个市，灵石、寿阳等59个县（市、区）建立老年特困救助制度，适时对生活困难老人实施救助。各级老龄办开展“关爱银龄、助老御险”活动，参加活动的老年人越来越多，增强老年人抵御自然风险的能力。（闫　鹏）

【“敬老月”活动】 省老龄办会同省委组织部、省委宣传部等14个部门联合下发《关于开展2012年“敬老月”活动的通知》（晋老龄办字〔2012〕47号）。在全社会的参与下，“敬老月”活动取得良好的社会效果。各市、县（市、区）老龄办会同有关部门联合下发“敬老月”活动通知，制订方案。晋城、晋中、朔州、忻州等市发出敬老爱老助老倡议书，使“敬老月”活动广泛深入。省老龄办会同省体育局、省老年体协联合举办为期4个月的老年人体育健身大赛，会同盐湖区等有关部门联合举办第三届中国运城“舜帝德孝文化节”暨全国老年人才艺大赛，参加中国寿阳第三届福寿文化旅游节暨“寿星杯”全国老年摄影大赛，举办“金秋风韵”老年文艺晚会。各市及大多数县（市、区）举办老年文体展演，太原、忻州、临汾、运城、朔州、晋城、晋中等市及部分县（市、区）举办老年书画和摄影展，各地举办老年座谈会、联欢会，表彰“敬老好儿女”及各类老龄工作先进等。各地以“传承孝道、敬老惠老”为主题开展系列活动。长治市举办“敬老孝亲事迹报告会”。和顺县聘请中国人民大学教授毛佩琦举办孝道讲座。怀仁、临猗、太原市小店区、杏花岭区制作孝文化宣传展板。省老龄办、太原、晋城、临汾、晋中、大同开展“九九重阳节、浓浓敬老情”志愿者服务活动。全省万名志愿者走进福利院、老年公寓为老年人开展家政、医护、心理疏导等服务。（闫　鹏）

【“银龄行动”活动】 1月21日，省老龄委会同省委组织部、省老干局、省人社厅、省科协联合下发《关于进一步注重发挥老龄人才作用的意见》,提出做好老龄人才开发工作的指导思想、基本方法和具体途径。省老龄办2012年开展两次大规模的“银龄行动”医疗援助活动,组织省医科大学第二附属医院的老专家,先后赴陵川县、神池县、曲沃县,开展送医送药义诊活动,共服务群众1500多人次,免费发放药品1.5万元,临床指导175例,确诊重大疾病30多例,举办专题讲座和技术培训3次,老专家们为县医院医护人员进行专题讲座和技术培训。按照全省《关于建立银龄援农基地的意见》精神,省老龄办在原平市东下庄村、翼城县中王村、壶关县石坡乡、万荣县前小淮村开展定点援助基地试点建设,建立育苗、核桃、养猪、大杏仁种植等试点基地,将“银龄行动”由医疗扩展到农、林、养殖等领域,延伸到农村,为农民增收、农业增效起到重要作用。各地也组织开展“银龄行动”,晋城、长治、忻州、朔州、临汾、运城、晋中等市开展为老年人送医、送药、心理疏导等服务,受到当地政府和群众的欢迎和好评。

(闫　鹏)

残疾人

【康复】　2012年,省残联推进康复机构规范化建设,完善康复救助政策。(1)视力残疾康复。完成白内障复明手术29124例,其中为7046名贫困白内障患者免费施行复明手术;培训低视力儿童家长3829名,有效开展家庭康复训练。对6364名盲人进行定向行走训练。(2)听力语言残疾康复。加强聋儿康复机构建设,完善聋儿康复网络,共对797名聋儿进行听力语言康复训练,培养从业人员381人。通过家长学校的形式培训聋儿家长1027名。(3)肢体残疾康复。肢体残疾康复训练服务机构达35个。对345名贫困肢体残疾儿童实施矫治手术、装配矫形器等辅助器具,进行术后康复训练;对9854名肢体残疾人进行康复训练,其中:脑瘫儿童机构康复训练654人,342名肢体残疾儿童、8858名成年肢体残疾人接受社区、家庭康复训练。(4)智力残疾康复。智力残疾康复训练服务机构达37个。对4407名智力残疾儿童进行康复训练,不同程度地开展智力残疾儿童早期康复训练与服务。(5)精神病防治康复和孤独症儿童康复。在64个县(市、区)开展精神病防治康复工作,对100626名重性精神病患者进行综合防治康复,监护率达80.52%,显好率达56.33%,社会参与率达44.48%,肇事率为0.04%;解除关锁246人;对5945名贫困精神病患者进行医疗救助。40名孤独症儿童在省残联直属康复机构进行康复训练,其他康复训练机构共训练孤独症儿童190名。(6)辅助器具供应。截至2012年底,累计建立辅助器具供应服务机构43个,为残疾人减免费用装配普及型假肢725例,供应辅助器具37124件。(7)社区康复。在23个市辖区和87个县(市)开展社区康复工作,累计建立社区康复站4971个,配备16586名社区康复协调员。(8)康复人才培养。省残联举办9期社区康复协调员市(县)级师资等培训班,并安排人员参加国家级培训,组织100名基层康复技术人员到省直康复机构进修。各市、县按要求、分层次组织培训,共举办社区康复协调员培训班78期,累计培训社区康复协调员5600名。通过多种方式培训康复管理干部和专业技术人员1162名。(吕竞伟)

【教育】　实施彩票公益金助学项目,对198名残疾大学生每人资助5000元,对102名残疾人家庭子女大学生每人资助3000元。“交通银行——残疾青少年助学计划”资助200名残疾高中生,每人1000元。使用78万元专项彩票公益金资助308名学前年龄段的残疾儿童。4名特教学校教师获得“交通银行——特教园丁奖”荣誉。全省开办特殊教育普通高中5所,在校生372人。其中:聋高中4所,在校生335人;盲高中1所,在校生37人。全省残疾人中等职业教育机构3个,在校生36人,毕业生17人。有183名残疾人被普通高等院校录取,51名残疾人进入特殊教育学院学习。全省未入学适龄残疾儿童少年2435人,其中:视力残疾126人,听力残疾173人,言语残疾163人,智力残疾759人,肢体残疾863人,精神残疾58人,多重残疾293人。

(吕竞伟)

【劳动就业】　2012年,全省残疾人劳动就业成效显著。(1)就业情况。继续实施“城镇百万残疾人就业工程”,开展就业援助月活动,加大残疾人就业工作力度。城镇新安排5571名残疾人就业。其中,集中就业残疾人1836人,按比例安排残疾人就业947人,公益性岗位安置122人,个体及其他形式就业2614人,辅助性就业52人。全省城镇实际就业人数123451人。406923名农村残疾人实现就业,其中:从事农业生产劳动294641人,其他形式就业112282人。全省征收残疾人就业保障金3.69亿元,其中省本级征收4454万元。(2)就业培训。组织参加全国残疾人岗位精英职业技能及盲文基础能力竞赛,获得优秀作品奖和团结协作奖。全省残疾人职业培训基地300个,其中残联兴办的72个,依托社会机构兴办的228个。对21136名农村残疾人进行生产实用技术培训,对7918名城镇残疾人进行职业技能培训。(3)盲人按摩。全省有保健按摩机构354个,医疗按摩机构49个,全年培训盲人保健按摩人员402人、医疗按摩人员95人。组织全国盲人医疗按摩人员资格考试和全省盲人医疗按摩资格评审,2人通过医疗按摩人员中级职称评审,13人通过初级职称评审。　(吕竞伟)

【社会保障】　2012年山西省基本实现符合低保条件的残疾人“应保尽保”。城乡居民养老保险覆盖面加大。85263名城镇残疾职工参加社会保险,其中34477人参加养老保险,41122人参加医疗保险。119075名城镇残疾居民参加医疗保险。城乡262391名残疾人纳入最低生活保障范围,其中城镇63095人,农村199296人。城镇集中供养和其他救助救济16223人。五保供养和其他救助救济80973人。新农保、城镇居民社会养老保险实现制度性全覆盖,全省农村残疾人参加新农保、新农合及城镇残疾人参加城镇居民社会养老保险、城镇居民医疗保险的比例均高于全省平均水平。完成4860户农村贫困残疾人危房改造，投入资金2369.50万元，5594名残疾人受益。（吕竞伟）

【托养】 全省寄宿制托养机构80个，托养残疾人1371人；日间照料托养机构41个，托养残疾人556人；8483名残疾人享受居家托养服务补贴。（吕竞伟）

【维权】 (1)法制建设。设区的市制定（修改）保障残疾人权益的规范性文件4件；县级以上人大常委会执法检查或专题调研55次，政协考察和专题调研33次。开展普法宣传教育活动170次，参加人数28055人；举办法律培训班80次，参加人数4225人。(2)法律救助援助。建立残疾人法律救助协调机构24个；建立残疾人法律救助工作站27个，办理案件174件；为残疾人提供法律咨询服务10081人次。建立残疾人法律援助中心（工作站）120个，办理案件753件，对1678名残疾人进行法律援助。(3)参政议政。78名残疾人、残疾人亲友和残疾人工作者当选为省（市、县）级人大代表；161名残疾人、残疾人亲友和残疾人工作者被推荐为省（市、县）级政协委员。协助残联系统人大代表、政协委员提出议案（建议、提案）112件，办理议案（建议、提案）55件。(4)无障碍建设。开展山西省《无障碍环境建设条例》实施办法立法准备工作，市、县（市、区）政府制定无障碍建设与管理法规、政府令16个；全省43个市、县（市、区）建立无障碍建设领导协调组织；66个市、县（市、区）系统开展无障碍建设；完成贫困残疾人家庭无障碍改造1873户；进行无障碍建设检查51次，无障碍培训646人次。(5)为17159名符合条件的下肢残疾人发放残疾人机动轮椅车燃油补贴。(6)来信来访。全省残联系统共处理残疾人来信1776件，接待残疾人来访15787人次，其中集体访19批次，195人次。（吕竞伟）

【文化体育】 2012年，全省残联系统加大残疾人事业宣传力度，面向基层开展文化体育活动，推动残疾人文化体育服务体系建设。(1)宣传工作。举办2010~2011年度“山西省残疾人事业好新闻评选”和“广播电台残疾人专题节目展播”活动，选送14件作品参加全国评选。省级主要报刊媒体刊登残疾人事业相关稿件302篇，开辟报刊专版5个。省残联与省广播电台合作播出《同在蓝天下》残疾人专题节目，播出40期。地市级主要新闻媒体刊播相关稿件1512篇（条），开辟报刊专版17个，开播残疾人专题广播节目11个，开设电视手语新闻栏目1个。(2)文化工作。省级和市级公共图书馆设立盲文及盲人有声读物阅览室分别达2个、10个，分别举办残疾人文化周活动2次、43次，分别举办残疾人文化艺术类比赛及展览4次、24次。省级图书馆和所有投入使用的市级图书馆均设立盲人图书室，没有市级图书馆的市在市政府所在区的县级图书馆建立盲人图书室。(3)体育工作。举办省级残疾人体育健身活动2次，400人参加；建立省级残疾人群众体育活动示范点1个。举办有162名运动员参加的山西省残疾人青少年体育素质测试赛和132人参加的首期山西省残疾人体育健身指导员培训班。建立地市级残疾人体育示范点18个，组织残疾人体育健身活动73次，2047人参加。组队参加全国特教学校盲人跳绳，盲人乒乓球，全国聋人田径、乒乓球、游泳等比赛，参赛人数47人，获得2个第一名、1个第二名、3个第三名以及其他名次。在2012年伦敦残奥会上，山西省盲人柔道运动员李小东、周倩分获男子60公斤级银牌、女子70公斤级铜牌。（吕竞伟）

5月30日，“同在阳光下，真情暖人间——山西省残疾人康复救助项目成果汇报文艺演出”，晋城市康复医院表演的情景剧《真情福音》（吕竞伟提供）

【组织建设】 2012年，全省残疾人组织建设工作以实施“强基育人工程”为抓手，各项工作稳步推进。(1)组织建设。按照《基层残疾人组织规范化建设(33条)达标验收方案》，完成对基层残疾人组织规范化建设达标验收。市县两级残联对专职委员培训达1万多人次，通过财政支出和政府购买公益性岗位落实残疾人专职委员待遇的达80%。在残疾人专职委员选聘方面，1463个乡镇（街道）选聘残疾人专职委员1827名；25467个社区（村）选聘残疾人专职委员24364名。(2)队伍建设。各级残联领导班子基本配备残疾人理事长或副理事长。省残联配备驻会盲人理事；11个市级残联中，有9个市残联领导班子配备残疾人理事长或副理事长；97个县级残联机关配备残

9月13日，参加2012年伦敦残奥会的山西省盲人运动员、教练员载誉归来　（吕竞伟提供）

疾人干部。全省市、县、乡残联实有人员5196人。(3)专门协会。全省共建立各类残疾人专门协会533个。其中盲人协会107个、聋人协会107个、肢残人协会108个、智力残疾人及亲友协会104个、精神残疾人及亲友协会103个、智力残疾人及亲友协会和精神残疾人及亲友协会二者合一的4个。截至2012年底，全省第二代残疾人证信息录入条数为746556条，累计发放证件705916个。　（吕竞伟）

【服务设施建设】　截至2012年底，已竣工并投入使用的各级残疾人综合服务设施47个，在建项目12个，筹建项目11个。其中已竣工并投入使用的各级残疾人综合服务设施总占地面积11.71万平方米，总建设规模10.14万平方米，总投资2.69亿元。已竣工并投入使用的各级康复设施31个，在建项目7个，筹建项目4个。其中已竣工并投入使用的各级康复设施总占地面积10.14万平方米，总建设规模6.86万平方米，总投资1.67亿元。已竣工并投入使用的各级托养设施1个，在建项目1个，筹建项目3个，其中已竣工并投入使用的各级托养设施总占地面积6000平方米，总建设规模2000平方米，总投资400万元。　（吕竞伟）

民族　宗教

【概述】　1. 开展民族团结进步创建活动。6月底全国民族团结进步创建活动银川经验交流会后，山西省省委宣传部、省委统战部、省民族事务委员会联合下发《关于贯彻全国民族团结进步创建活动经验交流会精神进一步推动我省创建活动的通知》（晋民字〔2012〕14号）。10月26日，省民委、省国资委联合召开省属企业民族团结进步创建活动经验交流会。

2. 加快民族聚居村经济建设。山西42个少数民族聚居村中有8个村年人均纯收入低于国家贫困线标准，18个村年人均纯收入低于2011年全省平均水平。1月15日，袁纯清主持召开十届省委第14次常委会议，落实中央民族工作会议精神经验交流会精神，部署山西省贯彻意见。会后省相关部门对42个少数民族聚居村实地调研，制订加快少数民族经济聚居村社会发展实施意见和工作方案。4月27日，省民委召开全省民族经济工作会议，就贯彻省委“把少数民族经济社会发展摆在更加突出的位置”“把少数民族聚居村放在发展一村一品、扶贫开发、新农村建设的优先位置，从各方面给予倾斜”等精神，落实具体措施。9月10日，郭迎光主持召开会议，专题督促少数民族聚居村扶贫开发工作。11月2日，省民委召开年轻干部与少数民族贫困村结对帮扶动员会。

3. 少数民族发展资金分配使用管理。坚持“科学选项，择优扶持，公开透明”原则，邀请省农业厅等有关单位专家论证，确定27个项目给予扶持。根据国家民委、财政部、中国人民银行联合下发的《关于申报十二五期间全国民族特需商品定点生产企业的通知》精神，联合省财政厅、中国人民银行太原中心支行考察并选择36家企业申报“十二五”期间全国民族特需商品定点生产企业。

4. 少数民族教育文化体育工作。6月8日组团赴京参加第四届全国少数民族文艺汇演，新编晋剧《傅山进京》获会演剧目金奖。山西代表团获优秀组织奖。该剧还获得最佳导演奖、最佳编剧奖、最佳音乐奖、最佳舞美奖、最佳演员奖、最佳新人奖等，囊括本届文艺会演所设戏剧类所有奖项最高荣誉。随后，第四届全国少数民族文艺会演总结交流会在太原召开。国家民委副主任丹珠昂奔出席会议，副省长郭迎光到会祝贺。北京、上海、江苏、福建、河南等16个省、市、自治区民委领导参加会议。

5. 依法加强对民族宗教事务管理。行政审批改革工作完成，将原有14项行政审批项目合并为9个审批项目。对局（委）行政审批电子监察工作进行严格自查，制定对外行政审批《首办责任制》《一次性告知制》《限时办结制》等工作制度，制成挂图公示公开。根据两个条例和国宗局2号令，按照上海会议对设立宗教场所有关问题的要求，下发《关于对已审批重建、改建、扩建寺观教堂调查摸底的通知》，对乱建寺观教堂、滥塑宗教造像和以各种借口聚敛钱财行为进行坚决制止。

6. 完成宗教教职人员认定备案工作。在2011年教职人员认定备案完成90%的基础上，继续推进。全省教职人员认定备案近6000人，其中佛教

2447人，道教151人，伊斯兰教154人,天主教332人,基督教2752人,全面完成工作任务。全省绝大多数宗教活动场所建立会计制度、预算管理、收支管理、资产管理等监督管理机制。

7.处置各种突发事件和复杂问题。省宗教局(委)针对“3·14”“5·24”“7·15”、中秋节、国庆节和十八大前夕等敏感节点,多次部署,完善应对民族宗教方面群体性和突发性事件处置预案。局(委)党组从8月21日分赴全省进行矛盾排查调研周活动。全年稳妥处置50余起突发情况和复杂事件。

8.解决各教存在的重点难点问题。佛道教方面,加强对佛道教乱建庙宇、乱塑佛像等乱象治理。对2010年7月以前审批至今未开工的，宣布审批手续作废。对举办大型宗教活动,严格坚持报批程序。伊斯兰教方面,重点做好朝觐工作。天主教方面,支持爱国主教开展工作,帮助他们树立威信,探索教区管理新思路，加大教育转化地下主教工作力度。基督教方面,继续依法治理基督教私设聚会点工作。

9.加强宗教团体自身建设。指导省级五大宗教团体搞好制度建设和领导班子建设，推动团体工作规范化、制度化。创新管理,建立宗教界述职交流评价机制。在太原召开省级宗教团体学习报告暨述职交流会议。全省80余名省级宗教团体副秘书长以上人员和部分天主教主教、教区长以及部分神甫等人士参会。

10.对宗教界的正面引导和服务保障。支持开展佛教讲经交流、道教玄门讲经、伊斯兰教解经、天主教民主办教、基督教神学思想建设等。指导太原市举办“首届道教玄门讲经”活动。指导长治举办“卧尔兹”演讲活动,同时还选拔综合素质较好的阿訇参加国家宗教局举办的2012年伊斯兰教解经骨干培训和中国伊协举办的第八届全国“卧尔兹”演讲比赛活动。向国家民族宗教事务局推荐全国第二批“宗教界爱国主义教育基地”。

把解决宗教教职人员社会保障工作列入2011~2012年工作目标责任制。全省教职人员参加养老保险2396人,参加医保2044人,低保、五保人数138人。 (王泽武)

【山大附中庆藏历水龙新年】 2月22日,是藏历水龙新年。省委常委、统战部部长聂春玉,副省长张平、郭迎光与山西大学附中西藏班师生欢聚一堂,共庆佳节。省委统战部副部长、省民委主任边根棠,省教育厅厅长李东福,省政协、省发改委、省财政厅、太原市教育局等单位主要领导和相关部门负责人出席庆祝大会。西藏班同学们身着节日盛装,在富有藏族特色的欢庆歌舞中向领导和老师敬献哈达。 (王泽武)

【“中国文化与宗教大同暨五台山佛教文化”研讨会】 7月6日在五台山举行。省委常委、统战部部长聂春玉,省委统战部副部长、宗教事务局局长郭海刚和省、市、五台山风景区有关部门负责人,中国社科院、台湾中华宗教哲学研究社的专家学者、五台山有关寺庙寺管会人员等约200人参加研讨会。期间,副省长郭迎光到五台山看望与会代表。 (王泽武)

【第四届全国少数民族文艺会演总结交流会】 9月18日在太原召开。会议对贯彻党的民族政策,推动少数民族文化事业,发挥少数民族文艺会演的积极作用进行探讨。国家民委副主任丹珠昂奔出席会议,副省长郭迎光到会祝贺。北京、上海、江苏、福建、河南等16个省、市、自治区民委领导参加会议。山西省参加会演的新编晋剧《傅山进京》获得会演剧目金奖,山西代表团获优秀组织奖。 (王泽武)

【“宗教慈善周” 经验交流会】 11月21日在太原召开。山西省五大宗教团体负责人、先进集体代表和全省各市负责此项工作的宗教干部100多人参加会议,副省长郭迎光出席会议并讲话,国家宗教事务局巡视员、副司长焦自伟莅会指导。 (王泽武)

【五台山尼众佛学院挂牌】 12月5日,五台山尼众佛学院挂牌仪式在五台山普寿寺举行。五台山尼众佛学院是山西省唯一一所经国家宗教事务局批准设立的佛教宗教院校。国家宗教事务局副局长张乐斌,省委统战部副部长、省宗教局局长郭海刚出席挂牌仪式并讲话。 (王泽武)

【五台山佛教文化促进会】 12月15日,五台山佛教文化促进会成立大会暨第一届会员代表大会在五台山召开。中共山西省委原书记胡富国担任五台山佛教文化促进会名誉会长,全国政协民宗委副主任、原国家宗教局副局长杨同祥担任会长,原交通部副部长忻远校、山西省人大常委会原副主任杨安和、五台山文化研究院和五台山书画院院长周如璧、慈善活动家陈爱华、公益爱心大使穆爱萍等出任副会长。五台山佛教界代表以及来自全国各地对五台山佛教文化有着独特情感的各界人士100多人参加会议。 (王泽武)

【首届中国道家艺术名人书画展开幕式暨“点亮心灯”光明助医启动仪式】 由中国道教协会、山西省宗教事务局、山西省文联联合主办。省政协副主席李谭生,省政协民宗委副主任边根棠,省委统战部副部长、省宗教局局长郭海刚、省级各大宗教团体负责人出席启动仪式。北京市道教协会、河北省道教协会、海南省道教协会、北京本色文化艺术投资有限公司等有关单位派人祝贺,道教信众、艺术名家、媒体记者、企业单位和社会民众近400人参加。 (王泽武)

社会保障

【人才队伍建设】 2012年,以高层次人才和高技能人才为重点,推进人才体制机制改革创新,人才发展环境不断优化,新增高层次人才6700余名、高技能人才7.3万名，在晋工作的外国专家超过500名。一是提出在太榆科技创新城建设人才特区的意见,许多重大人才创新政策已在晋中市率先实施。二是制订引进国内高层次人才的意见和“三晋学者”培养计划,提出突出贡献人才奖励办法,健全引进海内外人才和培养本土人才的政策体系,形成高层次人才培养、引进、评价、激励相互协调的工作机制。三是牵头实施4项人才工程,新设立院士工作站18个,博士后科研流动站15个,建立国家级、省级高技能人才培训基地9个、技能大师工作室11个,选拔"三晋学者专家"18个,选拔省级学术技术带头人400名,新产业领军人才50名,享受政府特贴专家55人,282名高技能人才受到国家和省表彰,2人获中华技能大奖。四是举办世界晋商人才论坛和人才智力交流大会,搭建高层次人才交流平台,引进海外留学人才及"985"院校毕业生1600余人。 (张 琼)

【人事制度改革】 一是公务员制度建设加强,强化考录工作风险点管控,完成全省2014名行政机关公务员考录工作。首次在5个省直部门公开遴选基层公务员28人,开辟公务员培养选拔新通道。推进分类管理工作,完成监狱、劳教系统8000多名干警的职务套改工作。开展公务员"四类培训"。开展创先争优争做人民满意公务员活动,推选右玉县在全国经验交流会上作典型发言。二是事业单位人事制度改革不断深入,在各级各类事业单位推行新进人员公开招聘制度,新招工作人员1.3万名,优化队伍结构。事业单位实行岗位设置管理和聘用合同管理,岗位设置核准率达96%,聘用合同签订率达95%。三是开展机关事业单位人事纪律、工资收入情况专项检查,整顿纠正2300余个工龄、身份造假和"吃空饷"问题。四是做好军转安置工作,推行"四公开两统一一监督"安置方式改革,771名军转干部得到妥善安置。 (张 琼)

【工资分配调控】 预计全年城镇单位在岗职工平均工资将达4.6万元左右,比上年增长15%以上。一是继续提高最低工资标准,一类地区达1125元,平均增幅15.1%。推进工资集体协商制度,发布企业工资指导线,基准线增长15%。二是实施事业单位绩效工资制度,新覆盖近60万人,月人均增资542元,平均增长21%。三是进一步规范公务员工资,提高津补贴标准,平均增长10%。四是在建设领域推行农民工工资支付登记卡管理办法,有效防止企业拖欠农民工工资。 (张 琼)

【就业促进】 把促进充分就业放在经济社会发展的优先位置,实施更加积极的就业政策,全省城镇新增就业51万人,城镇登记失业率控制在3.4%,转移农村劳动力42.5万人。一是完善就业法规政策体系,起草完成《山西省就业促进条例》(草案)并获省人大常委会第32次会议讨论通过,2013年3月1日正式实施。出台扶持创办微型企业的14条新政策,制订促进高校毕业生就业的18条措施。二是开展"双创建"活动,创建创业型城市30个,其中国家试点3个,晋城市受到国务院表彰。全省投入创业资金7000万元,建立创业孵化基地83个,入驻创业实体6637家。实施"3万人创业扶持计划",扶持3.4万人成功创业,带动就业12万人。创建农村劳动力转移就业示范县30个,树立劳务品牌20个,为重点工程有组织输出劳动力10万人次。三是开展职业技能培训,制订劳动预备制全员免学费培训办法,实现劳动预备制培训全覆盖。完成失业人员培训21.8万人、农村劳动力技能培训24.5万人、创业培训4.5万人、新成长劳动力培训8.7万人。四是抓好重点群体就业,坚持把高校毕业生放在就业工作首位,开展公共就业和人才服务进校园活动,组织实施"大学生创业引领计划",组织就业见习1.5万余人,机关事业单位考录招聘和"三支一扶"招募1.5余万人,全方位、多渠道促进大学生就业,应届高校毕业生就业率达90%。面向就业困难家庭和人员建立帮扶长效机制,帮助5.2万困难人员实现就业。五是强化公共就业服务,组建省就业服务局,整合人力资源市场,形成城乡统一的就业服务规范。省市县联动,开展"就业援助月""春风行动""民营企业招聘周""高校毕业生就业服务月"等系列公共就业专项服务活动,组织各类招聘会3000余场次,提供岗位信息百余万个。为170余户企业缓缴各项社会保险费21亿元,有效稳定就业岗位。六是召开全省创业就业表彰大会,树立就业先进集体和先进个人413个。 (张 琼)

【社保全覆盖】 推进"社保全覆盖、服务一卡通",城乡基本养老、基本医疗保险参保人数分别达2100万人、3500万人,覆盖城乡全体人民,失业、工伤、生育保险覆盖规定职业人群,基本建成省市县社保专网,实现参保人员人人持有社会保障卡。一是健全城乡居民养老保险制度,在全省范围内建立起新型农村和城镇居民社会养老保险制度,广大城乡居民养老有了制度性保障,领取养老金的城乡60周岁以上老人达319万人。二是组建省社会保险局,推行五保合一,五险

2012年山西太原人才智力交流大会 (张 琼提供)

五险统征工作会议　　（张　琼提供）

统征，建立“一张票据征收、一个平台共享”业务经办新模式。降低个体工商户和灵活就业人员参保门槛。稳妥处理西山煤矿轮换工等群体历史难题。开展非公有制经济单位专项扩面行动。社会保险参保率和基金征缴率都创造接近翻番的好成绩。三是提高各项社保待遇，企业退休人员基本养老金实现“八连调”，月人均达1873元，比上年增长12%，居中部六省首位。将封闭运行的6大企业集团医疗保险纳入社会统筹，基本实现医疗保险市级统筹。提高城镇医疗保险待遇水平，城镇居民医保补助标准提高到每人每年240元，扩大个人账户支付范围。在100所公立医院开展付费方式改革试点，医疗费用不合理上涨得到有效控制。四是推进社保“一卡通”建设，狠抓数据集中、网络延伸、软件统一、业务协同、服务提升，与8家金融机构战略合作，推进社保卡制发工作，新制发社会保障卡超过1000万张，基本建成省市县三级信息网络和社会保障卡综合服务窗口，实现省域内的异地就医和即时结算，山西省社保体系建设在全国名列前茅。

（张　琼）

【城乡居民最低生活保障】　2012年共下达城乡低保资金36.45亿元，其中城市低保资金22.01亿元，比上年增长10.5%；农村低保资金14.44亿元，比上年增长30.1%。截至2012年底，全省共有保障城市低保对象43万户、88.9万人，平均保障标准每人每月308元，人均月补助水平为221元；保障农村低保对象108万户、150.4万人，平均保障标准为每人每月148元，人均月补助水平为108元。

（王文广）

【农村五保供养】　2012年共下达农村五保供养资金2.39亿元，比上年增长13.4%。中央资助“霞光计划”资金1400万元。截至2012年底，全省共保障农村五保供养对象16.6万户、16.8万人，其中分散供养13.9万人，集中供养2.89万人，集中供养率为17.15%。全省农村五保对象分散、集中供养标准分别为每人每年2503.9元、3850.4元。

（王文广）

【城乡医疗救助】　2012年下达城市医疗救助资金2.03亿元，与上年持平，其中农村医疗救助资金2.2亿元，比上年增长5.3%。2012年全省共有188.9万名困难群众得到不同医疗救助，其中资助95万名农村困难群众参加“新农合”，资助66.2万名城镇困难群众参加城镇居民医疗保险。

（王文广）

【全省各险种参保人数情况】　截至2012年12月31日，山西省企业基本养老保险参保人数548.67万人；机关事业养老保险参保人数100.02万人；城镇居民社会养老保险参保人数84.48万人；新型农村社会养老保险参保人数1397.65万人；城镇基本医疗保险参保人数1056万人；城镇职工失业保险参保人数390.96万人；工伤保险参保人数529.6万人；城镇职工生育保险参保人数407.6万人。

（张　琼）

【和谐劳动关系创建】　一是强化劳动合同源头管理，全省企业劳动合同签订率保持在98%以上，集体合同覆盖率占已建工会企业的85%。二是落实劳动监察网格责任制，划分监管网格9791个，实地检查企业10.5万户次，涉及职工591.8万人次，主动监察面达50%以上，为7.4万人追发工资及经济补偿金3.72亿元，督促缴纳社会保险费2.82亿元。健全法律援助服务体系，建立刚性维权和柔性维权相结合的维权机制，投诉举报结案率达95%。三是完善信访维稳和争议仲裁工作机制，全系统接待来信来访件次和人数均有所下降，信访案件有效处置率达97%，劳动人事争议仲裁结案率达93.1%，困难企业军转干部进省赴京“零上访”，劳动关系总体和谐稳定。

（张　琼）

社会福利

【社会养老】　2012年全省社会养老机构建设资金投入突破3亿元，中央、省两级投入资金达2亿元，比上年增长79%。全年新增养老机构33家（其中民办养老机构10家），全省规模以上养老机构达1169家，比上年递增12%。在总结平陆县农村社区“老年灶”模式的基础上，在全省推广农村社区老年人日间照料试点工作，截至2012年底，全省已有21个县区124个村开展试点工作。同时，社会养老服务体系建设政策创制工作也取得进展。与省发改委联会下发《山西省社会养老服务体系建设规划（2011—2015年）》。以省政府办公厅名义印发《关于加快推进全省社会养老服务体系建设的意见》，是全省第一个专门针对社会养老的省级规范性文件，因其政策性强、操作性强，被

《民政部参阅文件》刊载。与省财政厅联合下发《关于做好民办养老服务机构开办补助和运营补贴工作的通知》，对民办养老服务机构开办补助和运营补贴的补助标准、申请条件及资金审批拨付办法都作了明确规定。（王文广）

【孤儿养育】 2012年下拨孤儿保障资金8323.08万元，各市都落实配套保障资金，完成省政府提出的“为全省集中供养孤儿、散居孤儿每人每月补助1000元、600元”任务。全年完成“明天计划”手术239例、“重生行动”手术32例。“蓝天计划”资助项目的晋中市社会福利院投入使用，朔州市社会福利院主体建筑封顶。对全省个人和民办机构收留孤儿情况进行排查，并及时制订下发《关于确实做好个人和民办机构收留孤儿管理工作的通知》，针对不同类型情况采取相应措施，有效维护孤儿的合法权益，保障孤儿的健康成长。（王文广）

12月18日，山西省“慈善情暖万家”启动仪式在太原举行

（武学亮提供）

慈　善

【慈善组织机构】 截至2012年底，全省已有9个市成立慈善总会，62个县(市、区)建立慈善组织，全省三级慈善网络初具规模。（武学亮）

【“神华爱心行动”项目】 2月21日，中国社会工作协会儿童社会救助工作委员会主任张昕一行到山西省就“神华爱心行动”的开展进行调研、走访。张昕一行在山西省儿童医院，就医院的环境、设施进行考察，并签订项目合作协议书。该项目将救助山西省贫困先心病患儿50例，减免手术费用100万元。（武学亮）

【“助康工程”实施】 5月10日，省政协救助先心病患儿助康工程项目启动仪式在太原召开。山西省政协主席薛延忠、副主席张茂才，省总会会长郭有勤等领导出席仪式。“助康工程”由山西省政协发起，省卫生厅、省慈善总会协助开展救助先天性心脏病患儿的就医项目。旨在救助山西省15个国家贫困县的0~14周岁先天性心脏病患儿，每名患儿在山西省定点医院治疗时，可享受30%的医疗费资助。来自全省的18名为捐赠助康的政协委员代表也参加此次活动。2012年，省总会共接受省政协先心病患儿助康工程捐款220余万元。（武学亮）

殡　葬

【机构】 截至2012年底，全省共有殡仪馆23所，火化炉56个，职工418人。全年共处理遗体约2.3万具，全省火化率为11%。太原永安殡仪馆为国家二级馆，太原市龙山、大同市、晋中市殡仪馆为国家三级馆。（王文广）

【管理与服务】 2012年清明节期间，全省组织开展“行风建设月”活动，全省殡葬系统共接待祭扫群众200多万人次，疏导停放车辆30多万辆，做到文明、安全祭扫。对全省公墓建设和经营管理情况进行检查，对发现的问题及时纠正，进一步规范公墓建设经营行为，促进公墓建设有序发展。为推进惠民殡葬工作，会同省财政厅向省政府报送《关于请省政府办公厅印发〈关于免除城乡困难群众基本殡葬服务费的通知〉的请示》。

（王文广）

基层政权和社区建设

【村委会换届选举】 截至2月14日，全省28190个应换届村全部完成换届选举任务，换届率100%，选民参选率达90%以上，是山西省九届村委会换届史上完成率和参选率最高、选举程序最规范、进展最平稳顺利的一次。（王文广）

【村务公开民主管理】 4月，省民政厅会同省纪检委、组织、监察部门联合下发《关于建立健全村务监督委员会进一步加强村级民主监督工作的通知》，6月19日，沁水县、昔阳县、平陆县、长子县被命名为全国村务公开民主管理示范单位。《关于进一步完善〈山西省村务公开目录〉并纳入“阳光农廉网”的通知》下发后，指导各地及时将村务公开目录全部纳入“阳光农廉网”，深化规范村务公开民主管理工作。7月3日，全国村务公开民主管理工作会议在运城市召开。会议重点推广山西省建设“阳光农廉网”、深化村务公开民主管理，建立“难点村”治理长效机制的先进经验。中央书记处书记、中纪委副书记何勇出席会议并讲话。（王文广）

【社区建设】 2012年，省民政厅联合组织、财政、国土、住建部门下发《关于落实经费保障 推进社区“三有一化”建设的通知》，提请省政府印发《关于进一步加强城市社区居民委员会建设工作的实施意见》，对进一步促进山西省城市社区工作队伍、体制机制、服务设施建设都提供法律支撑。先后下发《关于在全省实施社会网格化管理的通知》《关于履行民政系统职责深入推进社区网格化管理服务的意见》，为确保各项工作落实到位，与组织、财政、国土等部门联合召开太原现场会，对推进山西省的社区网格化管理工作进行再安排、再部署。分10期组织1600多名街道、社区干部进行培训。 （王文广）

扶贫开发

【概述】 2012年，全省包括大同县在内的贫困地区58县农民人均纯收入达4841.36元，比上年增长19.8%，其中35个国家扶贫开发工作重点县农民人均纯收入达3685.9元，比上年增长17.8%，两项增幅分别超出全省平均水平6.3和4.3个百分点，全省有40万贫困人口实现脱贫。 （杜姗姗）

【全省农村贫困人口识别确认和建档立卡】 2012年开始，扶贫工作范围扩大到所有农业县份，同时实行2300元的新扶贫标准，对全省452万农村贫困人口实现扶贫开发全覆盖。在民政、残联等部门的支持配合下，按照扶贫开发和农村低保“两项制度”有效衔接的工作要求，组织全省扶贫系统开展农村贫困人口识别确认和建档立卡工作。到2012年底，全省农村贫困人口识别确认工作基本完成，进入扫尾汇总和建档立卡阶段，为确保真正困难群众纳入扶持范围，有针对性地落实帮扶措施，实现农村贫困人口应保尽保、应扶尽扶奠定坚实基础。 （杜姗姗）

【新十年农村扶贫开发总体规划】 省扶贫开发办公室结合山西省扶贫开发实际，编制完成《山西省2011—2020年农村扶贫开发总体规划》（以下简称《规划》），对新阶段全省扶贫开发范围和工作对象、总体要求和奋斗目标、重点措施和政策保障等作出安排部署，并以省委文件印发全省实施。 （杜姗姗）

【连片特困地区区域发展和扶贫攻坚规划编制】 根据国家新一轮扶贫攻坚总体安排，在国家对口联系单位工信部和卫生部的协调指导下，省扶贫办和省发改委共同牵头，按照“区域发展带动扶贫开发、扶贫开发促进区域发展”基本思路，组织省直有关部门和相关市、县，分别编制完成太行、吕梁两大连片特困地区区域发展和扶贫攻坚规划。规划共提出重点基础设施、产业发展、生产生活条件改善、公共服务、农村人力资源开发、生态建设和环境保护等7大类8000多个项目。2012年10月、12月，分别通过国家批复。 （杜姗姗）

【连片特困地区扶贫攻坚试点】 根据省委、省政府的部署，在太行、吕梁两大连片特困地区选择临县、大宁、岢岚、五台、天镇等5个县作为试点县，同时依托试点县辐射周边县组成3个示范片（吕梁山片区分别依托临县和岢岚县，辐射兴县和岚县、依托大宁县辐射吉县组成两大示范片；太行山片区依托天镇县，辐射大同县和阳高县组成示范片），率先启动扶贫攻坚试点工作。2012年省级安排专项资金2亿元，支持开展试点示范工作。 （杜姗姗）

【易地扶贫搬迁】 2012年省政府出台《关于加快推进易地扶贫搬迁工作的意见》，提出要按照易地扶贫搬迁与产业开发、城镇化建设、旧村开发利用和完善社会保障“四个结合”的原则，推进易地扶贫搬迁。2012年全省年度易地扶贫搬迁规模扩大到10万人，省级补助资金增加到5亿元。为解决搬迁用地和减轻搬迁群众负担，在11个县开展利用土地增减挂钩政策推进易地扶贫搬迁试点工作。到2012年底，当年10万人的易地扶贫搬迁工程主体完工率达75.6%，上年滚动入住率达75.4%，超额完成两个60%的年度目标任务。 （杜姗姗）

【“一县一业”片区扶贫开发】 2012年新启动实施11个片区开发项目，扶持11个贫困县44个乡镇365个贫困村发展设施农业、特色种养业和核桃等经济林为主的优势产业。到2012年底，11个项目工程建设总进度达79.6%，超额完成年度目标任务。 （杜姗姗）

【实施“一村一品”整村推进】 采取“一次规划、两年实施”的办法，抓好2011年620个整村推进项目建设，2012年新扶持214个贫困村实施整村推进。到2012年底，先期安排165个村项目开工建设，工程实施总进度达82%。 （杜姗姗）

【扶持扶贫龙头企业】 2012年为22家国家扶贫龙头企业的4.95亿元贷款安排下达贴息资金828万元，辐射带动2.6万贫困农户生产增收。 （杜姗姗）

【外资扶贫】 亚行贷款山西河川流域农业综合开发项目建设推进。该项目通过发展良种畜禽养殖、建设特色经济作物基地和温室大棚、实施旱作农业工程、扶持农产品加工企业，辐射带动项目区农户生产增收。2012年除进行项目中期调整外，完成提款报账1972.75万美元，项目建设投资2.12亿元，超额完成年度目标任务。 （杜姗姗）

移 民

【在建水库移民搬迁安置】 （1）张峰水库移民工作。张峰水库淹没影响涉及沁水县2745人、安泽县1224人，两县3969人移民搬迁安置工作全部完成；库底清理工作完成并通过验收；乡镇单位、公路、电力、广播、通讯、文物等专项工程按规划完成；人口核定工作完成并验收，农村移民及移民安置区已经享受国家后期扶持政策；从2012年6月初开始，省移民办组织有关单位成立张峰水库工程移民安置验收工作领导组，并召开准备会，安排部署移民工程竣工验收的各项准备工作，包括移民工程审计、财务决算、档案资料整编、单项工程验收等,各项工作有序进行。(2)泽城西安水电站移民工作。泽城西安水电站淹没影响涉及晋中市左权县粟城乡、芹泉镇12个村2124人,移民工作分两期进行。一期移民1340人的搬迁及生活安置工作完成,库底清理工作完成并通过验收,人口核定工作完成并验收,一期移民工作已具备阶段验收条件;二期移民各项前期准备工作完成。(3)其他应急水源工程移民工作。按照2012年移民工作目标任务,省移民办加大督导检查工作力度,对各有关市县政府、工程建设单位下发通知要求,要求做好全省水利水电工程移民搬迁安置工作。2012年度,完成引沁入汾和川枢纽工程、恋思、柏叶口等3座水库的移民搬迁工作,共搬迁移民2344人。(朱东兵)

【库区移民安全检查】 3月下旬~4月中旬,全省对在建水利水电工程库区移民安全工作进行督导检查,对主体工程已完工移民尚未完成搬迁、水库已运行库周出现塌岸滑坡等安全隐患的工程,要求各工程建设单位和所在县人民政府要负起安全责任,及早编报安全度汛预案,制订切实可行的紧急避险预案,以确保在建水利水电工程库区移民生命财产安全。

(朱东兵)

【水利工程建设征地专项检查】 6月,省移民办开展全省水利水电工程建设征地专项检查工作,制订专项检查方案,先由各市开展地方自查工作;8~9月,省督导检查组赴各市重点水利工程开展现场检查工作;10月初,编制完成全省水利水电工程建设征地专项检查工作报告,报省政府审定后上报水利部、国家移民局。

(朱东兵)

【小浪底库区移民】 为妥善解决山西省小浪底库周塌岸滑坡、浸没等问题,省移民办多次召开小浪底库区塌岸、滑坡及浸没问题研讨会,协调小浪底建管局等有关单位,组织专业设计人员和专家现场察看、专题研究、专项设计。同时要求库区各县政府高度重视,各级移民管理机构及时制订应急预案,建立巡查、监测值班制度。山西省已经制定小浪底库区长期、中期、短期治理方案,库区安全管理等工作正有序开展。(朱东兵)

【移民后期扶持】 1. 大中型水库移民后期扶持规划实施工作。(1)直补资金发放。截至2011年12月,山西省共有大中型水库农村移民45.4688万人,每年需后期扶持资金27281.28万元,其中中央财政拨付23211.48万元,省级财政配套2250.57万元,市、县财政配套1819.23万元。全省2012年直补资金发放工作有序开展。(2)项目扶持情况。根据山西省政策规定,移民后期扶持资金涉及项目扶持的县(市、区)需编制《大中型水库移民后期扶持规划》。2012年,省移民办组织专家对有关县(市、区)《大中型水库移民后期扶持规划(2011—2015年)》进行审查,共涉及全省11个市的21个县(市、区)。

2.大中型水库库区和移民安置区基础设施建设和经济发展规划实施工作。根据省发改委和省水利厅批复全省69个县(市、区)的《2011—2015年大中型水库库区和移民安置区基础设施建设和经济发展规划》,5月,山西省下达第一批年度计划。计划下达项目546个,投资7390.82万元,涉及全省11个市78个县(市、区),其中基本口粮田及农田水利设施配套项目244个,投资3696.02万元;基础设施项目197个,投资2975.8万元;生态建设及环境保护项目15个,投资335万元;移民培训项目90个,投资384万元。截至12月,项目完成率达62%,资金完成量达58%。

3.解决小型水库移民生产生活困难规划实施工作。2011年底,省财政厅和水利厅联合下达2011—2015年解决小型水库移民生产生活困难规划第一批年度计划,计划总投资4806万元,共有335个项目,涉及11个市85个县,涵盖农田水利配套、中低产田改造、自来水入户、村内道路排水、水土流失及塌岸滑坡治理、防洪避险、生产开发等方面。截至2012年底,项目完成率达85%,资金完成量达70%。

4.水库移民后期扶持其他方面的工作。(1)安排下达应急资金项目建议计划。2010年,山西省从中央财政争取到大中型水库移民后期扶持应急资金3000万元。2012年,在省移民办与省财政厅有关处室的反复沟通与协调下,于10月底前,将项目计划和资金预算下达到县。(2)开展水库移民示范村建设工作。山西省《2011—2015年大中型水库库区和移民安置区基础设施建设和经济发展规划》,提出要扶持建设一批水库移民示范村。根据《规划》要求,2012年省移民办联合省财政厅有关处室,召开水库移民示范村建设管理座谈研讨会,初步形成推进水库移民示范村建设的意见。(朱东兵)

新任领导

李小鹏 男,汉族,1959年6月生,四川成都人,1985年5月入党,1982年8月参加工作,华北电力学院电力工程系发电厂及电力系统专业毕业,大学学历,高级工程师。现任中共十八届中央候补委员,山西省委副书记、省长,省政府党组书记。

简历:1978年10月~1982年8月,华北电力学院电力工程系发电厂及电力系统专业学习;1982年8月~1989年8月,电力科学研究院系统所技术员、助理工程师、工程师(其间:1987年2月~1988年2月,加拿大安大略水电局、曼尼吐巴直流高压输电研究中心、曼尼吐巴大学进修培训);1989年8月~1990年8月,电力科学研究院计划经营处副处长;1990年8月~1991年10月,电力科学研究院电力技术经济研究所所长(1989年4月~1991年4月,北京经济函授大学经济管理专业专科班学习);1991年10月~1993年6月,华能国际电力开发公司总经理助理;1993年6月~1994年6月,华能国际电力开发公司副总经理、分党组成员;1994年6月~1995年10月,华能国际电力开发公司副总经理、分党组成员兼华能国际电力股份有限公司董事、副总经理;1995年10月~1996年3月,华能国际电力开发公司副董事长、总经理、分党组成员兼华能国际电力股份有限公司副董事长、总经理;1996年3月~1999年3月,华能国际电力开发公司副董事长、总经理、党组副书记兼华能国际电力股份有限公司副董事长、总经理;1999年3月~1999年12月,华能国际电力开发公司董事长、总经理、党组书记兼华能国际电力股份有限公司董事长、总经理;1999年12月~2001年12月,中国华能集团公司董事、总经理、党组书记兼华能国际电力开发公司董事长、总经理,华能国际电力股份有限公司董事长、党组书记;2001年12月~2002年12月,国家电力公司副总经理、党组成员兼中国华能集团公司董事长、总经理、党组书记,华能国际电力开发公司董事长、总经理,华能国际电力股份有限公司董事长、党组书记(2001年3月~2002年1月,中央党校一年制中青年干部培训班学习);2002年12月~2008年5月,中国华能集团公司总经理、党组书记兼华能国际电力开发公司董事长,华能国际电力股份有限公司董事长、党组书记(其间:2006年5月~2006年7月,中央党校省部级干部进修班学习);2008年5月~2008年6月,山西省委常委;2008年6月~2010年6月,山西省委常委、副省长;2010年6月~2012年12月,山西省委常委、副省长(负责常务工作),省政府党组副书记,山西行政学院院长;2012年12月~2013年1月,山西省委副书记、代省长,省政府党组书记,山西行政学院院长;2013年1月,山西省委副书记、省长,省政府党组书记。

(陈锦慧)

李政文 男,汉族,1952年2月生,山西省垣曲县英言乡席坪村人,1971年1月加入中国共产党,1971年10月参加工作,中共山西省委党校在职大专学历,工商管理硕士学位,山西省八次党代会代表,山西省纪委委员,山西省十届人大代表,现任山西省第十二届人民代表大会常务委员会副主任。

简历:1971年10月~1975年6月,中共山西省垣曲县委办事组、人防办干事;1975年6月~1982年6月,山西省垣曲县古城公社人武部部长;1982年6月~1984年2月,中共山西省垣曲县上壬公社党委副书记兼人武部长;1984年2月~1989年11月,山西省垣曲县英言乡乡长、党委书记,新城镇党委书记;1989年11月~1993年5月,中共山西省平陆县委常委、纪委书记;1993年5月~1994年3月,中共山西省平陆县委副书记;1994年3月~1995年12月,中共山西省闻喜县委副书记、县长;1995年12月~1996年8月,中共山西省纪委常委;1996年8月~2000年10月,中共山西省纪委常委、秘书长;2000年10月~2002年6月,中共山西省纪委常委,太原市委常委、纪委书记;2002年6月~2003年1月,中共山西省纪委常委,太原市委副书记、纪委书记;2003年1月~2006年10月,山西省人民政府秘书长;2006年10月~2006年11月,中共山西省委常委、省人民政府秘书长;2006年11月~2006年12月,中共山西省委常委;2006年12月~2011年1月,中共山西省委常委、统战部部长(2008年9月~2009年4月,主持临汾市委全面工作);2011年1月~2011年10月,中共山西省委常委、省委秘书长;2006年10月,在中共山西省第九届委员会第一次全体会议上当选中共山西省委常委;2011年10月~2012年01月,中共山西省委秘书长;2012年1月14日,山西省第十一届人大第六次会议上当选山西人大常委会副主任;2012年3月,山西省人大常委会党组副书记、副主任;2013年1月29日,选举李政文为山西省第十二届人民代表大会常务委员会副主任。(陈锦慧)

张茂才 男,汉族,1954年9月生,山西省保德县人,研究生学历(中央党校在职研究生班法学专业),1970年12月参加工作,1974年10月加入中国共产党。现任山西省人大常委会副主任。

简历:1970年12月~1974年9月,山西省保德县贾家峁公社、桥头公社团委书记,团县委干事;1974年9月~1977年9月,山西师范学院政史系政治专业学习;1977年9月~1979年5月,山西省忻县地委组织部干事;1979年5月~1980年12月,山西省忻县地区教育局干事;1980年12月~1982年9月,山西省忻州地委组织部干事;1982年9月~1985年8月,山西省忻州地委组织部组织科科长;1985年8月~1992年6月,山西省委宣传部干部处处长(其间:1991年3月~1991年7月,省委党校中青年干部培训班学习);1992年6月~1995年12月,山西省新闻出版局副局长、机关党委书记;1995年12月~1999年2月,山西省新闻出版局(版权局)副局长(其间:1997年9月~1998年7月,中央党校中青年理论宣传培训班学习);1999年2月~2000年2月,中共临汾地委委员、组织部长;2000年2月~2000年9月,中共临汾地委副书记(1997年9月~2000年7月,中央党校在职研究生班法学专业学习);2000年9月~2001年1月,中共临汾市委副书记;2001年1月~2003年2月,中共临汾市委副书记、市长;2003年2月~2006年2月,中共临汾市委书记;2006年2月~2008年2月,中共运城市委书记;2008年2月~2012年1月,中共晋城市委书记;2012年1月~2013年1月,山西省政协副主席;2013年1月,山西省人大常委会副主任。

(陈锦慧)

劳模人物

2012年山西省荣获全国五一劳动奖状名单

太原市

太原钢铁(集团)有限公司矿业分公司峨口铁矿
山西西山煤电股份有限公司西铭矿
太原供电公司
太原田和食品集团有限公司
山西华顿实业有限公司
太原罗克佳华工业有限公司
太原市城市规划设计研究院
太原市第三实验中学校
太原市国家税务局
中共太原市纪律检查委员会党风廉政建设室
太原市万柏林区国家税务局
太原市尖草坪区国家税务局

大同市

大同煤矿集团煤峪口矿
大同煤矿集团挖金湾煤业公司
大同煤矿集团山西同华发电公司
大同城区供电公司
中国工商银行股份有限公司大同广场支行
山西省电力建设一公司仪表专业分公司
山西省公路局大同分局
大同市第七中学校
广灵县长青环保能源有限公司
广灵县地方税务局

阳泉市

阳泉煤业(集团)有限责任公司三矿
华通路桥集团有限公司
阳泉市人民检察院
阳泉市林业局
阳泉市地方税务局

长治市

山西潞安矿业(集团)司马煤业有限责任公司
襄垣县金鑫投资管理集团有限公司
山西平顺大红袍开发有限公司
长治市城区市容环境卫生管理处
长治市人民医院
长治市市政管理处
中共长治市委员会统一战线工作部

晋城市

晋城市现代都市农业示范园
高平唐一新能源科技有限公司
山西兰花煤层气有限公司
晋城大酒店有限责任公司
晋城市城区人民检察院

朔州市

山西教场坪能源产业集团有限公司
朔州市地方税务局
朔州供电公司
朔州市朔城区国家税务局

忻州市

忻州市公安局
大同煤矿集团轩岗煤电有限责任公司
中国神华能源股份有限公司保德煤矿
中国工商银行股份有限公司忻州分行
繁峙县砂河镇人民政府
五台县国家税务局
山西知福餐饮管理有限公司

吕梁市

临县裕民煤焦有限公司
山西桃园腾阳能源集团有限责任公司
山西汇丰兴业焦煤集团有限公司
孝义市东兴帝豪酒店有限公司
山西仙塔食品工业集团有限公司
吕梁市国家税务局
吕梁市地方税务局
孝义市保安服务公司

晋中市

山西宏艺玻璃器皿有限公司
山西省灵石存山实业有限公司
晋中市丰润泽科技农业开发有限公司
中国建设银行股份有限公司晋中分行
国电榆次热电有限公司
晋中市第一人民医院
晋中市教育局
晋中市榆次区地方税务局

临汾市

临汾市尧都区检察院
山西陆合煤化集团有限公司
霍源通新产业投资有限公司
临汾市第四人民医院
洪洞县晋丰种植有限公司
山西大唐国际临汾热电有限责任公司
山西省临汾市第三中学校

运城市

运城市建筑工程有限公司
运城市盐湖区人民检察院
河津龙门科技集团有限公司
运城市人才开发交流服务中心
运城市蒲剧青年实验演出团
永济市国家税务局
闻喜山西森特煤焦化工程集团有限公司运城分公司
运城市审计局

国 防

淮海工业集团有限公司
太原太航科技有限公司

监 狱

山西省监狱管理局

省直机关

中华人民共和国侯马出入境检验检疫局
山西省测绘工程院
山西省看守所
太原市安全生产监督管理局

教科文卫体

山西省肿瘤医院

财贸轻纺烟草

山西省地方税务局直属二分局

农林水

山西省农产品质量安全检验检测中心

电 业

晋城供电公司

信息业

中国移动山西有限公司朔州分公司

建筑业

山西建筑工程(集团)总公司

直属基层

山西省煤炭地质局
太原铁路局朔州车务段
中铁三局集团线桥工程有限公司
山西省地质调查院

金融业

中信银行股份有限公司太原分行
交通银行山西省分行

2012年山西省五一劳动奖章获得者

太原市

阮根基 太钢不锈钢股份有限公司炼铁厂四高炉作业区主管
霍京杰 西山煤电集团公司斜沟煤矿大学生综采队队长
尹连珍 太原煤气化集团有限责任公司嘉乐泉煤矿掘进队班长
赵湘萍（女） 太原轨道交通装备有限责任公司营销员
苏利民 国电太原第一热电厂燃料车间主任
董晋耀 太原供电公司调度中心调度班班长
陈建军 太化股份有限公司氯碱分公司树脂厂聚合工段班长
王宏志 中国联通太原市分公司业务主办
王海祥 中国移动山西有限公司太原分公司市场部营销策划
徐爱龙(女) 太原市邮政局函件广告局营销员
温中慧(女) 太原公共交通控股(集团)有限公司813路驾驶员
芦建春 太原市自来水公司企业发展策划处统计师
段乃俊 太原东山煤矿有限责任公司房产科技师
严云平 山西易通建筑劳务有限公司混合作业队队长
尹 嵬 太钢不锈钢股份有限公司技术中心不锈钢研究室工程师
杨旭东 山西百一机械设备制造有限公司设计室主任
闫浩伟 大唐太原第二热电厂发电部副主任
冯军伦 中化二建集团有限公司内蒙古分公司总工程师
常效军 山西晋缘网络有限公司总工程师
张世嫒（女） 太原建工集团有限公司总工程师
杨乃贵 西山煤电集团公司生产技术处处长
张建民 太原市汾河景区管理委员会高级工程师
刘新民 太原市公安局交警支队迎泽一大队队长
王海霞（女） 太原市小店区第三中学校教师
李丽珠（女） 山西省太原精神病医院老年病科主任
傅海红 太原高新技术开发区财政局会计师
吴一兵 太原市委统战部研究室主任
时中英 太原市市容环卫局办公室主任
陈秀峰 太原市司法局城西公证处主任
张 军 太原市公安局万柏林分局和平南路派出所所长
史凤山(女) 太原市实验小学校长
武亚琴(女) 太原市国师街小学校长
韩学才 太原市工程建设标准定额站站长
李静兰（女） 太原市勘察测绘研究院信息中心副主任
赵春峰 太原市环境保护信息中心副主任
席铁山 太原第五中学校党支部书记
任笑异 太原市第二人民医院院长
杨新元 太原日报报业集团计划财务处处长
张金福 太原市迎泽区郝庄镇枣园社区党支部书记兼社区主任
王和平 太原市杏花岭区中涧河乡长沟村党支部书记兼村委会主任
张继红 太原市万柏林区杜儿坪街道小虎峪村委会主任
赵建庆 太原市尖草坪区向阳镇南翟村党总支书记兼村委会主任
丁拖保 清徐县日前果业专业合作社理事长
刘 典 太原市阳曲县黄寨镇黄寨村委会主任
赵乃平 古交市原相乡兆峰村农民
段俊迪 娄烦县静游镇河岔村党支部书记
郑梅梅（女） 太原市晋源区晋源街道古城营村农民
王创民 太原重型机械集团有限公司党委书记、董事长
王建宏 太原市热力公司党委书记
李新年 山西虹安科技股份有限公司董事长

郝建秀 山西建峰实业集团有限公司董事长
赵海莲（女） 太原市旭海水产有限公司董事长兼总经理
邢良选 太原市知识产权局局长
刘书林 太原矿山机器集团有限公司工会主席
魏承刚 西山煤电集团公司工会生产保护部部长
陈双喜 太原田和食品集团有限公司冷藏分公司经理
曹东晖 太原市城市建设管理中心主任
王三狗 太原市娄烦县地方税务局局长
周靖华 太原市迎泽区桥东街道办事处副主任

大同市

谢永胜 大同煤矿集团铁峰煤业有限公司综采队队长
邢利英（女） 大同煤矿集团力泰公司下料车间工人
李德愉 大同煤矿集团中央机厂电气分厂工人
杨国华 大同煤矿集团塔山煤矿综采二队队长
毕雁军 中国重汽集团大同齿轮有限公司总成装配部维修部长
祁卫东 中国北车集团大同电力机车有限责任公司工人
秦治国 国电大同第二发电厂热控分公司经理助理
苟兴权 大同市永安出租汽车有限责任公司雷锋车队队长
冯 冰 大同市公共交通有限责任公司三分公司驾驶员
胡 武 大同鹊山精煤公司副总会计师兼财务部长
高国英 大同煤矿集团大斗沟煤业公司副总工程师
蔡 捷 大同煤矿集团机电管理处副总工程师
张晓云 大同华润燃气有限公司技术总监
刘 刚 大同市南郊区水泊寺乡工会主席
狄声扬 大同市灵丘县司法局公证处公证员
李英莲（女） 大同市地方税务局计财科科长
郭秀成 大同市公安局矿区分局平泉责任区刑警队队长
李 利 大同经济技术开发区国家税务局综合业务科科长
于宏春 大同煤矿集团三医院精神心理科主任
王跃平 大同市第五人民医院检验科主任
袁 权 天镇县第一中学校教师
马慧芳(女) 大同市第十四中学校教师
辛元兵 大同县城镇小学校校长
张志强 大同县人民医院传染科主治医师
贾 岩（女） 大同市新荣区人民医院儿科主任
翟 义 浑源县永安镇辛庄村党支部书记、村委会主任
黄 如 大同市新荣区堡子湾乡堡子湾村党支部书记、村委会主任
闫利祥 天镇县张西河乡朱家屯村党支部书记
张守山 阳高县龙泉镇新和堡移民新村党支部书记
张有喜 大同煤矿集团有限责任公司董事长、党委书记
尉连生 大同市文物局局长、古城保护工程指挥部办公室主任
杨立宪 大同市水务局局长、党组书记
王建业 陕汽大同新能源专用汽车有限公司总经理
李永财 山西京奥农业科技有限公司董事长
王学刚 大同冀东水泥有限责任公司总经理
王 清 同煤集团宏远工程建设有限责任公司党委书记
张志刚 山西大唐国际云冈热电有限责任公司党委书记
戴宝庆 大同煤矿集团南戴河疗养院院长
周 刚 大同煤矿集团有限责任公司组织部部长
张 迎 华电大同第一热电厂有限公司党委副书记
李东明 山西煤炭进出口公司山煤国际能源集团大同有限公司经理
李自芳 灵丘县东河南镇王品村永乐贮煤场经理
张扩忠 大同泰瑞集团建设有限公司生产经理
王嘉俊 大同市矿区大北沟煤矿矿长
张吉林 大同市林业局总工程师
张志新 广灵县望狐乡党委书记
秦尚松 大同经济技术开发区建设发展局局长
刘艳青（女） 大同市城区房管局局长
赵晓宇 大同阳高供电公司副经理
李险峰 大同市南郊区信访局副局长

阳泉市

宋青红 阳泉煤业(集团)公司一矿采煤工区综采四队工人
刘乃军 阳泉市南庄煤炭集团有限责任公司南庄分公司综掘六队队长
许亚新 山西河坡发电有限责任公司运行分场锅炉专业主任
刘金岭 中国铝业山东分公司阳泉矿供矿车间破碎甲班班长
张存让 阳泉食品总厂有限公司早餐车间主任
史选红 山西阳泉华岭耐火材料有限公司技术员
高桂花（女） 山西建工申华暖通设备有限公司总工程师
刘子旺 山西昌达伟业建材集团有限公司混凝土搅拌站试验室主任
王书涛 阳泉市人力资源和社会保障局公务员管理科科长
蔡转云（女） 阳泉市第一中学校教务处副主任
王金玲（女） 阳泉市第十一中学校教务处副主任
葛建忠 阳泉市第一人民医院骨一科副主任
王成军 平定县冠山镇冠庄党总支部书记
赵宝银 盂县西烟镇南社村养殖户
王焕娥(女) 盂县路家村镇路家村党支部书记、村委会主任
王建文 阳泉市郊区荫营镇杨树沟村种植户
赵石平 阳泉煤业(集团)有限责任公司党委书记、董事长

史向军　盂县东坪煤业有限公司董事长、总经理
张志生　盂县石店煤业有限公司董事长、党委副书记
韩刘玉　中国石油化工股份有限公司山西阳泉石油分公司经理
崔建军　阳泉煤业（集团）有限责任公司副总经理
张世英　阳泉市上社二景煤炭有限责任公司副总经理
岳华林　阳泉市燕龛煤炭有限责任公司总经理助理
张凤翔（女）　阳泉市矿区司法局党组书记、局长

长治市

段亚丽（女）　长治市公共交通总公司二分公司乘务员
孟向东　山西天脊集团合成氨厂合成车间化工四班班长
王建华　山西三元煤业股份有限公司综采队队长
王　勇　中国移动通信集团山西有限公司长治分公司客户部经理
张保红　长治公路分局养路科科长
宁爱荣　黎城华通运输有限公司调度室主任
冯宏斌　首钢长治钢铁公司设备检修部副经理
罗田郎　山西中南铁路通道项目经理部总工程师
陈兴红　山西煤炭运销集团壶关有限公司赵屋公司总工程师
杨景华　襄垣县七一新发煤业有限公司总工程师
郭昆云　长治市安全生产监督管理局法规督察科科长
李海青　长子县农村信用社客户经理
姜晓光　长治市公安局交警支队二大队中队长
闫曙光　长治医学院附属和济医院主任医师
胡小玲（女）　长治市第二人民医院皮肤科主任
杜　娟（女）　长治市畜牧兽医检验检测中心副主任
景秀萍（女）　长治市城区建东小学校长
牛苏江　长治市潞安剧院党支部书记
唐云亭　长治医学院附属和平医院党委书记
张韶忠　黎城县黎侯镇下村农民
杨兵则　壶关县绿城科技养殖专业户
赵金鹏　沁县潞宝金和生养殖专业合作社社长
牛金平　长治县金科养殖专业户
李晋平　山西潞安矿业（集团）有限责任公司董事长
曹辰忠　山西潞安煤炭经销有限责任公司经理
潘路彪　山西长信工业有限公司董事长
谷中和　山西漳山发电有限责任公司党委书记
闫长锁　山西煤炭运销集团长治市长治县有限公司经理
崔贵锁　山西煤炭运销集团长治沁源有限公司经理
陈　虹（女）　长治市国土资源局工会主席
李　文　长治市地方税务局纪检组长
李小山　长治市纪委常委
李俊丰　长治市公安消防支队政委
张　娟（女）　长治国家粮食储备库副主任
赵建伟　长治市副食果品公司党支部副书记
李　泯（女）　长治市质量技术监督局高新区分局局长
杜　敏　山西储备物资管理局九七二处处长
杨国斌　屯留县地税局纪检组长、工会主席
仇国芳　长治市殡葬改革管理处处长

晋城市

赵育芳（女）　山西绿洲纺织有限责任公司挡车工
王强壮　兰花科创股份有限公司化肥分公司电焊工
李建军　沁水县国新能源运销公司业务员
范康康（女）　晋城煤业集团凤凰山矿通风区职工
杨哲峰　阳城阳泰集团晶鑫煤业股份有限公司采煤队队长
崔为民　高平科兴集团赵庄煤业有限公司通风科科长
武旭升　大唐阳城发电有限责任公司发电部锅炉专业工程师
陈　峰　晋城市物业管理中心副主任
王宏峰　晋城市城区农村信用联社客户经理
焦定国　兰花集团东峰公司王莽岭旅游公司项目经理
王洪太　晋城市泽州县高都镇泊南中学校长
尚晚生　高平市第二中学校副校长
成海军　阳城县第三中学校教师
闫军顿　晋城市泽州县南村镇东常村委会主任
闫志忠　沁水县金峰村党支部书记兼村委会主任
李素峰　高平市寺庄镇市望村农民
侯孝平　陵川县太行山种养专业合作社社长
武华太　晋城煤业集团董事长、党委书记
李晋文　山西兰花煤炭实业有限公司董事长
王富民　晋城市国家税务局党组书记、局长
王永革　晋城煤业集团长平煤业有限责任公司总经理
王小兵　晋城市源吉投资有限公司董事长
王银定　山煤国际能源集团晋城有限公司经理
王和平　晋城汽车运输有限责任公司副董事长
曹效众　晋城供电公司工会主席
张雪峰　陵川县地方税务局局长

朔州市

谢　彪　中煤平朔公司安太堡露天矿 930 生产班 930E 特大型矿用卡车司机
李　庚　同煤集团朔煤王坪煤电公司机电科副科长
杨占义　同煤集团朔煤小峪煤矿机掘二队机一组组长
骆庚强　山西煤炭运销集团朔州有限公司后勤管理部主任
徐艮桃（女）　朔城区环卫处工人
陈海明　同煤运销朔州矿业公司南窑出口煤站站长
徐晓龙　山西神头电力检修有限责任公司副总工程师
胡　勇　朔州市润臻粉煤灰研发中心主任

彭利华(女) 怀仁县人民医院护理部主任
王 壮 朔州市第四小学校教师
姚晓彦(女) 朔州市疾病预防控制中心办公室主任
刘 梅(女) 朔州市平鲁区儿童福利院院长
李宝发 山阴县马营庄乡故驿村养殖专业户
赵秀莲(女) 怀仁县亲和乡南小寨村养殖专业户
蔡君华(女) 朔城区南城街道办事处西街村村委会主任助理
米玉兵 应县义井乡周庄村种植专业户
张月胜 山西玉龙投资集团有限公司董事长
韩玉辉 中国银行股份有限公司朔州市分行行长
边 伟 怀仁县地方税务局局长
马德忠 工行朔州分行怀仁支行行长
李宝山 朔州市热电联供项目负责人
杨发长 同煤浙能麻家梁煤矿基建项目部负责人
支和平 山西中煤西沙河煤业有限公司副总经理

忻州市

张 虎 山西煤炭运销集团泰山隆安煤业有限公司综掘一队队长
郑西昌 山西恒跃锻造有限公司营销员
杨柳青 山煤国际能源集团忻州有限公司安塘集运站副站长
陈彦怀 原平市原平家家乐大酒店厨师长
王培林 忻州市忻府区豆砂管理处大运片片长
侯桂先(女) 忻州通用机械有限责任公司技术中心技术员
吴志杰 霍州煤电集团晋北煤业有限公司总会计师
张祥寿 山西龙典建筑工程有限公司雁门关项目部经理
赵葆春 忻州市“7451”重点工程总指挥部材料保障组组长
常晓卉(女) 忻州市忻府区蚕桑果树工作站党支部书记
任美团(女) 原平市地方税务局崞阳税务所所长
张 彦 繁峙县繁城镇卫生院院长
康向东 忻州职业技术学院职业介绍服务中心副主任
张 鑫 偏关中学校长
张福桃(女) 忻州市人民医院党委书记
张福平 忻州市荣军精神病医院院长
卢戌亮 忻州市忻府区长征街办事处卢野村玉米新品种展示园区负责人
王改鱼(女) 定襄鹏飞养殖农民专业合作社农民
李建平 繁峙县南关稀特优种植协会会长
李虎旺 宁武县余庄乡三张庄后村党支部书记
李修栋 岢岚县岚漪镇东街村党支部书记
梁振光 河曲县文笔镇北元村党总支书记
岳根全 保德县义门镇小赵家沟村党支部书记、村委会主任
燕争上 忻州供电公司经理
王 军 原平市砾瑶铁矿选矿有限公司董事长
申建青 山西五台农村商业银行股份有限公司董事长
范建民 忻州市煤炭工业局党组书记、局长
张金强 忻州市地方税务局党组书记、局长
帅 琮 代县泰丰矿业有限公司副总经理
刘新宇 五台县豆村镇党委书记
郝效良 神池县发展和改革局局长
马荣先(女) 五寨县地方税务局党组书记、局长
贺永明 河曲县统计局局长
张桂芳(女) 忻州市国家税务局经济技术开发区税务分局局长
王培亮 忻州药业(集团)有限公司董事长兼总经理

吕梁市

冯果应 中阳钢铁有限公司炼铁厂高炉炉长
张亚武 交口县兴荣冶炼有限责任公司烧结车间主任
贺有龙 孝义市金岩电力煤化工有限公司热电分公司生技室主任
张旭东 山西特达土畜产有限公司购销部经理
景旭东 吕梁供电公司物资供应中心主任
李创进 西山德顺煤业有限公司技术员
张小军 吕梁公路分局汾介公路有限公司工程部部长
杨秀琦 山西华瑞康化工有限公司工艺设计负责人
王瑾明 交城县农村信用社营业部主任
李志军 吕梁市建设局供气供热管理办公室主任
梁向南 吕梁市人事局工资福利与离退休科科长
吴小峰 交城烟草专卖局营销部主任
张进兵 柳林县城区建设拆迁办主任
巩杰娥(女) 吕梁市离石区朝阳小学教师
闫共青 交城县人民医院内科主任
吴巧兰(女) 吕梁市人民医院护士长
陷有步 文水中学校长
郭平珍 山西轩明律师事务所主任
梁 宝 石楼县灵泉镇薛家垣村党支部书记
张二小 离石区高家沟村党支部书记、村委会主任
王财宝 孝义市西关村党支部书记
李成秀(女) 岚县岚城镇城内村农民
庞天生 柳林县柳林镇锄沟村党支部书记
郭继平 离柳焦煤集团公司董事长
和世明 吕梁公路建设有限公司总经理
杨 杰 吕梁供电公司经理兼党委副书记
刘彦林 吕梁市农村信用合作联社党组书记、理事长
李秋娥(女) 山西山宝食用菌生物有限公司总经理
闫学斌 文水现代通讯商城总经理
常建伟 山西杏花村汾酒集团有限责任公司副总经理
孟 毅 山西焦煤霍州煤电吕梁山煤电有限公司总经理
郝清亮 霍州煤电集团吕临能化有

限公司庞庞塔矿矿长
任德顺　山西煤炭运销集团吕梁临县有限公司经理
岳永进　吕梁市投资管理公司副经理
任丕杰　中阳县电力公司经理
任建峰　山西西山晋兴能源有限责任公司斜沟煤矿矿长
郭吉稳　文水海威钢铁有限公司新区建设总指挥
薛万斌　方山县安监局局长
柳保平　山西地方电力有限公司临县分公司经理

晋中市

李玉庆　潞安集团和顺一缘煤业安装检修组组长
景建强　山西义棠煤业有限公司综采队电工
段堪辉　北京红星股份有限公司六曲香分公司酿造二车间主任
赵贵所　昔阳县碧霞观林场职工
赵素明　榆化公司电化一厂生产技术科科长
朱　宁　山西德元堂药业有限公司车间副主任
乔　巍　太谷县公安局交警大队事故处理中队科员
赵锁金　山西公路局晋中分局寿阳公路管理段段长
张瑞华（女）　晋中市商业银行办公室主任
张新江　左权县粟城乡科技带头人
高怀萍(女)　祁县第三小学教师
张冬香(女)　太谷师范附属小学教师
王元凤(女)　晋中市第二人民医院护理部主任
白小江　晋中市中医院骨二科主任
程锡军　平遥中学校长
蔡建华(女)　和顺县北关示范小学校长
王继萍(女)　榆次第一幼儿园园长
邵林生　山西省农业科学院高粱研究所副研究员
邢俊杰　晋中市体育运动学校校长
郭兴峰　平遥县段村镇横坡村生态养殖大户
张国忠　左权县隆鑫农民种植合作社负责人
郭拴珍　寿阳县朝阳镇大南河村党支部书记
张会刚　榆社县箕城镇河南街村党支部书记
吴宏伟　昔阳县乐平镇崇家岭村党支部书记
郝二兵　晋中开发区社管处使赵村党支部书记
张瑞吉　山西太谷恒达煤气化有限公司董事长
朱福连　山西路鑫能源集团董事长
王金虎　晋中市市容环境卫生管理局局长
吴旭东　经纬股份公司榆次分公司总经理
郭秀忠　山西金恒化工集团股份有限公司董事长、总裁
尉尚宏　晋中供电公司工会主席
赵世亮　山西煤炭运销集团晋中左权有限公司副经理
马东春　晋中榆次供电公司经理
吴　恺　晋中市公安局城区分局副局长
郭玉宝　介休地税局副局长
张淑珍(女)　灵石县住房保障和城乡建设管理局副局长
宋晓林(女)　平遥县纪委副书记
赵　弘　寿阳县朝阳镇党委书记

临汾市

杨建华　襄汾县光大焦化气源有限公司职工
梁金生　山西旺龙神农药业集团动力设备部工人
李兵兵　山西乡宁煤焦集团台头前湾煤业有限公司群监员
姚建伟　山西焦煤霍州煤电辛置矿综采工区区长
曲建涛　山西三维集团热力分厂生产技术组长
苏继伟　山西汇丰源绿色农业发展有限公司技术助理
高　冰（女）　太钢集团临汾钢铁有限公司中板厂技术质量科副科长
赵新荣　山西焦化股份有限公司焦化厂第二炼焦车间主任
边小虎　临汾市尧都区农业局果桑站站长
李国龙　古县林业局林业中心林业站站长
王闫红　临汾市交通局交通路政支队支队长
陈永渊　临汾市中级人民法院审判员
李向阳　中国农业银行临汾平阳支行客户经理
秦永刚　安泽县公安局法医
刘建宁　隰县住房保障和城乡建设管理局总工程师
王振林　临汾市人民医院副院长
岳　琴(女)　浮山县寨圪塔中学教师
马俊琴(女)　永和县第二中学教师
张建国　尧都区何家庄乡东下庄村党支部书记
李金玉(女)　吉县屯里镇庄子村支部书记
陈长水　汾西县永安镇太阳山村肉鸡养殖大户
王海瑞　曲沃县杨谈乡万户村肉牛养殖大户
石金平　蒲县祥林种植养殖专业合作社技术员
贺兴胜　大宁县昕水镇南关村农民
许景安　临汾市信访局长
武卫东　临汾市环保局局长
曹明德　临汾供电公司经理
李　猛　翼城首旺煤业有限公司书记
郭少勇　山西煤炭运销集团临汾有限公司党委书记
王军良　临汾市农村信用合作社联合社主任
张　锐　山西建邦集团有限公司业务经理
郭建华　霍州市发展和改革局局长
仇振芳　洪洞县法院院长
郭方学　尧都区国土资源局局长
古　平　山西宝乡矿业公司业务经理
刘川生　临汾市气象局副局长
王永杰　中国移动山西有限公司临汾分公司副总经理
段纪辰　霍州至永和关高速公路东段建设指挥部纪委书记
任耀文　临汾市重点建设项目领导组办公室主任

运城市

李春萍（女）　中条山公司铜矿峪矿磨浮工
赵运建　运城供电公司变电检修工区油务班工人
卜建民　垣曲县交通局公路养护员
李为民　山西丰喜化工设备有限公司总工程师

王　兵(女)　运城北赵引黄工程建设项目部高级工程师
关欢欢　康杰中学教师
梁　军　运城市公安局交警支队民警
郭能瑞　运城市急救中心心胸外科医生
仙桂霞(女)　运城市人民路学校教师
许锁春　运城市中心医院心血管外科医生
赵林梅(女)　芮城中学教师
张　辉　夏县公安局经济犯罪侦察大队民警
曹创威　运城日报社采访部记者
梁学斌　闻喜县检察院检察员
邢俊生　运城市财政局会计科科长
黄朝阳　稷山县精神病院院长
张红洲　运城市卫生学校校长
孙稳忠　万荣县荣河镇临河村支部书记
程俊怀　临猗县孙吉镇薛公村农民
宁引才　新绛县北张镇宁家坡村村长
张　军　运城市农村信用合作社联合社主任
王全家　山西华泽铝电有限公司总经理
薛会民　工商银行运城分行行长
张晨武　中国建设银行运城分行行长
邵明水　运城市农业委员会主任
徐印平　永济新时速电机电器有限责任公司总经理
范红星　运城市荣星汽车销售服务有限公司经理
程开运　运城飞雁桥工程建设指挥部总指挥
王志新　阳煤丰喜肥业集团有限责任公司党委副书记
梁　勇　芮城县地方税务局局长
杜登科　盐湖区林业局局长
李建宏　运城河津供电公司经理
薛国飞　河津山西阳光焦化集团常务副总经理
江山红　临猗县地方税务局局长
王卫民　万荣县交通运输局局长
李继华　新绛县农业银行行长
黄新苏　绛县南樊镇党委书记
赵春燕　平陆县农村信用合作联社理事长
陈英琴(女)　平陆县地方税务局局长

国　防

孙　涛　山西柴油机工业有限责任公司工人
杨荫付　华晋冶金铸造厂车间主任
齐宝岭　山西北方晋东化工有限公司高级技师
赵红梅(女)　山西平阳重工机械有限责任公司高级工程师
李照勇　晋西工业集团有限责任公司高级工程师
陈延伟　长治清华机械厂高级工程师
袁　兵　中国电子科技集团公司第三十三研究所高级工程师
刘　毅　中国兵器工业集团第七〇研究所研究员
徐　峰　中国兵器工业集团第二〇七研究所研究员
吴秀花(女)　中核新能核工业工程有限责任公司高级工程师
向耀红　华北机电学校讲师
钟希田　太原航空仪表有限公司党委书记
王晓林　山西汾西重工有限责任公司董事长、总经理

煤　矿

李润兔　山西省煤炭工业厅后勤中心车队队长
郝良军　山西省煤炭票证中心主任
杨培雄　山西省煤炭进出口集团有限公司董事、总会计师
张云奎　山西省煤炭建设监理有限公司总经理助理

公路运输

张　帆　太原高速公路有限责任公司松庄收费站站长
吕文忠　忻州高速公路有限责任公司高蒲收费站带班长
张晓燕(女)　山西省交通科学研究院公路与交通工程研究所所长

监　狱

王利东　山西省晋城监狱通风科十分监区副分监区长
王华金　山西省阳泉一监机电科副科长
张广军(女)　山西省新康监狱感染性疾病监区监区长

省直机关

高志明　山西省人民政府办公厅秘书一处处长
胡彦威　中共山西省委宣传部改革与产业处处长
任　敏（女）　山西省经济和信息化委员会调研员
白建云　山西省人民检察院民事行政检察处副处长
张软斌　山西省农业厅种植业处处长
张继平　山西省环境保护厅办公室主任
李和平　山西省卫生厅医政处处长
郗晓芳　山西省安全生产监督管理局培训中心主任
马秋英（女）　山西省工商局基层教育处副处长
张　胜　国家统计局山西调查总队综合处副处长
侯忠泉　山西日报报业集团财务管理中心主任
隋淑静（女）　山西省工商业联合会联络部部长
赵建平　山西省作家协会影视部主任
刘一平（女）　山西省妇女联合会办公室主任
王成君　山西省物价局价格监测中心主任科员
程　燕（女）　山西省公安厅人事训练处警衔办主任

教科文卫体

武　晋　山西省人民医院党委书记
张轩萍（女）　山西医科大学基础医学院教研室副主任
雷　鸣　山西中医学院推拿学院副主任
孙　健　山西省科学技术交流中心主任
贾明建　山西省财税专科学校党委书记
赵长青　山西医科大学第二医院副院长、耳鼻喉头颈外科主任
张荣生　山西省肿瘤医院胸外科副主任
申咏茳　山西中医学院附属医院党委书记
董红霖　山西医科大学第二医院血管外科主任
赵林春（女）　山西艺术职业学院舞

蹈系主任
刘　萍（女）　山西省人民医院援疆医生

财贸轻纺烟草

任　冻　山西省财政厅科教文处处长
高涓利（女）　晋中市工商局党办主任
孙慧萍（女）　太原市地税局直属七分局科员
史爱翠（女）　山西省财税专科学校财务处副处长
阚秉华　山西杏花村汾酒集团有限责任公司党委副书记
张　峰　中储粮山西分公司副总经理

农林水

张明福　山西省林业厅杨树局落阵营林场场长
张伟基　山西省农业生态环境建设总站副站长
李登科　山西省农科院果树研究所研究员
朱临洪　山西省气象局应急与减灾处处长

电　业

李　玲(女)　长治供电公司变电工区500千伏久安变电站站长
行立科　山西送变电工程公司第一项目工程处主任
张新海　山西省电力勘测设计院副总工程师兼空冷研发中心主任
朱德夫　山西省供电工程承装公司经理

信息业

王继兴　怀仁县邮政局西关街支行储蓄业务员
白永红（女）　天镇县邮政局十字街储蓄所营业员
马煜彤　铁通太原分公司小店区域经营部经理
贺　硕　中国移动山西有限公司市场经营部业务管理

建筑业

李建宏　山西省第三建筑工程公司项目经理
要明明　山西省工业设备安装公司总工程师
王贵良　中化二建集团有限公司科协主席

直属基层

高　兴　太原铁路局湖东电力机务段湖东运用车间指导司机
李　静（女）　太原铁路局太原站售票车间售票班长
周文刚　太原铁路局太原车辆段动车车间动车组机械师乘务长
程庆海　中铁十二局集团电气化工程有限公司安哥拉项目经理
田国锐　中铁十二局集团二公司测量大队副队长
唐波涛　中铁十七局集团一公司西商项目经理
唐广胜　中铁十七局集团五公司郑东项目党工委书记
刘大鹏　中铁六局太原铁建市政分公司榆次龙湖桥项目部经理
徐建文　中铁十七局集团公司财务部部长
王启铭　太原铁路局总工程师
刘长欣　中铁三局集团电务工程有限公司杭州地铁1号线通信工程项目部总工程师
原郭兵　中铁三局兰新铁路甘青段项目经理部总工程师
周俊慧（女）　中铁三局集团有限公司工程经济部高级工程师
黄明玉　中铁十二局集团有限公司副总经济师
常成义　中铁物资太原轨枕有限公司总经理
刘云虎　山西焦煤集团正兴煤业有限公司董事长
黄　林　中铁三局集团建筑安装工程有限公司董事长、党委书记
李俊生　山西能源交通投资公司能源产业集团煤炭有限公司董事长
孙中林　中铁十七局集团公司副总经理
白振华　山西省国新能源发展集团有限公司大同办事处主任
王建设　山西煤炭运销集团有限公司副董事长、党委副书记
申景涛　中铁十二局集团有限公司总经理助理、山西经营部部长

金融业

张　勇　农业银行朔州市分行人力资源部经理
张洪原　晋商银行太原建设北路支行行长
李志平　中国银联山西分公司总经理
王雪峰　国家开发银行山西分行党委书记、行长

山西省工人先锋号获得者

太原市

太原市邮政局小店区邮政局太航支局
太原矿山机器集团有限公司热处理分公司电炉工段
太原六味斋好主妇餐饮有限公司高新店
太原市小店区平阳路街道办事处党政办公室
国电太原第一热电厂发电部
山西迎泽物流有限公司市场物业分公司
山西煤炭运销集团太原有限公司公路物流销售公司企业电煤科
太原市汾河景区管理委员会绿化科
太原高新技术开发区国税局管理三科
太原公共交通控股(集团)有限公司乘客服务热线
太原市第一建筑工程集团有限公司万柏林区第二实验小学综合教学楼项目部
太原市自来水公司河西营销部
太原煤气化集团有限责任公司东河煤矿综采队
山西诚信太原市政建设有限公司道桥排水修建一队
山西昆玥烟草有限责任公司制造中心制丝车间
山西紫林食品有限公司制醋车间
山西信联集团实业有限公司总装工段
太钢不锈钢股份有限公司冷轧硅钢厂退火作业区甲班
西山煤电股份有限公司镇城底矿贾世平班
太原重型机械集团有限公司太原重工挖掘设备分公司焊接厂装焊

工部装焊二组
大唐太原第二热电厂燃料运输车间运行二班
太原供电公司信息化中心信息化运行班
太原市热力公司第二供暖分公司电工组
太原市公安局出入境管理局支队公民出国(境)管理大队

大同市

大同煤矿集团马脊梁矿"雷雨工作室"
大同煤矿集团大斗沟煤业公司机掘四队
大同煤矿集团云冈矿综采三队
大同煤矿集团大唐塔山煤矿综采二队
山西合成橡胶集团有限责任公司单体厂302–1工段四班
中国重汽集团大同齿轮有限公司副轴自动化生产线
中国北车集团大同电力机车有限责任公司备料车间激光组
国电电力股份有限公司大同第二发电厂煤场管理中心化验班
中国移动山西有限公司大同分公司棚户区营业厅
中国建设银行股份有限公司大同分行煤炭支行
大同市供水排水集团有限责任公司北城营业处查表组
中国农业银行大同鼓楼支行营业室
大同市国家税务局直属局纳税服务科
大同市中级人民法院行政审判庭
大同市第三中学校高一年级组
大同市总工会职业培训学校
北京市政集团第一工程处山西大同项目部
大同市灵丘县农村信用合作联社营业部
大同市城区市容监察管理处魏都大道监察大队
大同市体育运动学校训练科
大同市矿区政府政务审批中心

阳泉市

阳泉煤业(集团)有限责任公司二矿西四尺区
阳泉市大阳泉煤炭有限责任公司监测监控信息中心监控班
山西省阳泉第一监狱三监区
阳泉供电公司试验工区高压试验一班
阳泉阀门股份有限公司大阀车间
阳泉市公共交通总公司专线快客1403号车组
中国移动山西有限公司平定分公司"阳光的翅膀"班组
阳泉市华龙超市收银中心
中国工商银行股份有限公司阳泉分行北大街支行
阳泉市城区环境卫生管理处北大街环卫所

长治市

山西潞安矿业(集团)余吾煤业有限责任公司综采二队
首钢长治钢铁公司炼铁厂九高炉
山西天脊集团供销公司铁运部车站甲班
山西漳泽发电分公司发电运行管理部
山西三元煤业股份有限公司综掘队
长治液压有限公司齿轮泵车间
长治市煤气化总公司管线所抢修班
长治长平高速公路西池收费站
长治武乡供电公司营业班
长治市沁州黄(小米)集团有限公司
"谷之爱"婴幼儿米粉生产车间
长治市植物保护植物检疫站
山西沁新能源集团股份有限公司新源煤矿瓦斯检查队
长治市潞城兴宝钢铁有限公司炼铁车间
长治市国家税务局机关党委办公室
长治县国家税务局办税服务厅
长治高速公路有限责任公司经营开发中心

晋城市

高平科兴南阳煤业有限公司综采队
山西天地王坡煤业有限公司综采队
阳城阳泰集团义城煤业有限公司综采队
兰花集团莒山煤矿综掘队
山西蓝焰煤层气集团有限责任公司西山项目部
中国建设银行股份有限公司山西晋城新市西街支行
沁水供电公司客户服务部
晋城市公共汽车公司二车队晋E21415号车组
中国移动山西有限公司沁水分公司新建东路营业厅
山西森鹅服装有限公司服装二车间

朔州市

朔州市公安局刑事侦查支队
朔州市新型农村合作医疗管理中心
中煤平朔煤业有限责任公司露天设备维修中心安家岭工程机械车间
国网能源开发有限公司神头第二发电厂锅炉部本体班
同煤运销朔州矿业公司金沙滩煤炭集运站
山西省电力建设二公司辅机工程处
朔州市朔城区刘家口煤炭集运站机电科
中国移动山西有限公司朔州分公司
城区营业部新大楼营业厅
山西平朔煤矸石发电有限责任公司再生水处理站
朔州供电公司调度所调度班

忻州市

忻州市重点工程项目预审中心
忻州市中级人民法院立案庭
忻州市兽医防疫检疫站
山西省公路局忻州分局元宝山公路超限检测站
中国移动通信集团山西有限公司忻州分公司市场部
山西省忻州高速公路有限责任公司忻州收费站
山西河曲电煤开发有限责任公司综采二队
山西省阳方口汽车运输有限责任公司宁武汽车站
原平市国家税务局办税服务厅
定襄县农村信用合作联社营业部
代县信访局接待一室
繁峙县矿产品有限责任公司选矿车间
宁武县德盛商务大酒店餐饮部
静乐县沙会综合养殖基地

吕梁市

兴县国家税务局办税服务厅
临县国新燃气有限公司工程队
山西地方电力有限公司临县分公司生产技术部
山西晋阳煤焦(集团)有限公司化产车间
中阳钢厂炼铁厂转炉班
交口县天马能源实业有限公司冶炼一号炉一工段
柳林县住房保障城乡建设管理局城市综合执法大队
孝义热力公司城东热源厂建设指挥部

吕梁孝义供电公司生技股
吕梁汾阳供电公司杏花供电所
文水县旺家燃气公司工程队
山西煤炭运销集团吕梁有限公司阳泉曲煤炭集运站
吕梁市城乡建设局园林处

晋中市

晋中太谷供电公司接电班
寿阳县国家税务局税源管理一股
昔阳县阳春供热有限公司运行部
左权县专业森林消防队
榆社县水利局抗旱队
山西双合成工贸有限公司物流中心
晋中市城建监察支队
山西焦煤汾西矿业集团双柳煤矿综采队
中国移动山西有限公司晋中分公司工程建设部
山西金恒化工集团股份有限公司DDNP烘干组
榆次液压集团有限公司油研元件分公司元件三课试验组
晋中市商业银行介休支行营业部
经纬股份公司榆次分公司化纤机械部装配一组
平遥县公安局西城派出所

临汾市

临汾天煜能源发展有限公司恒晋煤业采煤班
山西平阳重工机械有限公司营销公司山西销售组
霍州市财政局预算股
临汾洪洞供电公司中心营业站
临汾万鑫达焦化有限公司炼焦三车间
山西通才工贸有限公司轧材车间
临汾市公安局交警支队事故处理大队
山西焦煤霍州煤电李雅庄矿通风区检测班组
太钢集团临汾钢铁有限公司运输部机务段甲班
山西焦化股份有限公司焦化厂第三炼焦车间
国电霍州发电厂工程管理部
山西三维集团公司丁二醇分厂二车间丙班
山西石油总公司临汾分公司马务南加油站
中国建设银行股份有限公司临汾业务经营部
临汾市人民医院骨科
临汾民航机场项目部

运城市

中铝山西分公司氧化铝挖潜改造项目指挥部
中条山集团有限公司物资设备部物资设备库
永济新时速电机电器有限责任公司铆焊车间变电器组装班
运城市城市建设投资开发有限公司融资部
运城公路局通化收费站
运城市引水供水有限公司管网部抢维修班
运城市经纬燃气有限公司安全部
南风集团日化分公司包装车间
运城供电公司电费管理中心集中核算班
山西丰喜化工设备有限公司重型容器分厂电焊组
运城市尊村引黄灌溉管理局四十里岗分干管理站
中国银行股份有限公司运城市分行营业部
山西卓里克劳耐商用车厢制造有限公司装配组
闻喜县宏伟玻璃器皿有限公司史建波班组
夏县格瑞特酒业有限公司生产部
山西大运汽车制造有限公司总装部调试返修工段

国　防

山西江淮重工有限责任公司总装分厂装配组
山西春雷铜材有限责任公司302分厂轧机机组
山西利民工业有限责任公司三分厂焊工组
山西新华化工有限责任公司过滤吸收器分厂402班组
山西北方机械制造有限责任公司精密机械分公司三车间

煤　矿

山西省煤炭安全执法总队
煤炭工业太原设计研究院矿井一所公路运输
山西省公路局忻州分局神池公路管理段
山西凤凰山生态植物园有限公司旅游部
山西省高速公路管理局东阳关超限运输检测站

监　狱

山西省潞城公建机械有限责任公司金工车间

省直机关

中共山西省纪律检查委员会山西省监察厅检监察二室
山西省总工会宣传教育部
中科院山西煤化所碳纤维制备技术国家工程实验室
山西广播电视台黄河频道
山西省高级人民法院刑事审判第三庭

教科文卫体

山西省心血管病医院冠心病介入病区

财贸轻纺烟草

太原不锈钢产业园区国家税务局办税服务厅

农林水

山西省农机局机械化保护性耕收项目组

电　业

山西电力公司超高压分公司变电检修试验工区高压一班

信息业

山西省联通集团客户事业部

建筑业

山西省第一建筑工程公司安一分公司富力城项目部

直属基层

山西焦煤投资公司岚县正利煤业综采队
山西省焦炭集团益兴焦化股份有限公司炼焦车间
山西孝柳铁路有限责任公司工程项目部
太原铁路局侯马车务段运城站
太原铁路局太原机务段动车车间动车队第二指导组
中国铁建电气化局集团北方工程有限公司京石客专项目部
山西省民航机场集团公司地勤服务部配载室
中国东方航空股份有限公司山西分公司飞行部二中队
国药控股山西物流中心
中国矿产有限责任公司山西分公司—成都公司不锈钢加工中心

中国铁建电气化局集团二公司石武客专项目

金融业

晋中经济开发区农村信用合作联社营业部

机械冶金建材

太原工具厂数控加工中心小组

新闻人物

崔志强 徒手勇斗持刀歹徒的老民警

晋中市公安局开发区分局民警崔志强，从事公安工作30多年。2012年2月19日下午，晋中市公安局开发区分局民警崔志强上街购物，路经建行晋中支行，看到门口有百余人围观，进入营业厅，见一名身高约1.7米、体格粗壮的中年男子，挥舞一把菜刀追砍银行保安人员，崔志强毫不犹豫冲向歹徒，徒手与其搏斗，将其制服。将歹徒和凶器移交民警后，事后悄悄离开现场。获评全国"最美警察"，并被授予"全国公安系统二级英雄模范"称号。

马金莲 荣膺"孝贤人物"的孝义媳妇

孝义市文化馆教师马金莲，14年负重操劳，用柔弱的双肩，为婆家撑起一个风雨飘摇的家。结婚时，雷家父亲残疾、母亲多病，五个孩子，老大、老四已到婚龄还是光棍，老五上高中学费没着落，已婚老三意外身亡，留下一个女儿跟母亲远嫁他乡。金莲夫妇利用周末赚钱补贴大家庭，帮助大哥学电脑技术，开复印铺，解决婚姻问题。帮助四弟学医开门诊，操办婚礼。在她的资助下，身患重病的五弟恢复健康，并顺利升学就业。妯娌的女儿患有先天性心脏病，她接到家中当亲女儿看待，多方努力治好侄女，侄女健康成长。她获得"全国十佳孝贤人物""全国道德模范"提名奖和"山西省十大女杰"称号。

路　珍 出席嫣然晚宴的校园拾荒者

长治女孩路珍，受长治市青年志愿者刘保卖废品捐资助学事迹的影响，还在长治六中读高中时，决定做一名校园"拾荒者"。在偶然得知李亚鹏、王菲夫妇创办"嫣然天使基金"来帮助更多的唇腭裂患儿接受治疗后，便决定捡拾饮料瓶为"嫣然天使基金"捐款。从此，她每天捡拾旧塑料瓶给基金捐款。并将这个习惯延续进大学校园，路珍已为基金捐款50多笔，虽然每次捐款只有20元左右，但她愿意为了自己的爱心梦想继续坚持，"我其实没有做什么，我只希望自己能用最初的心去做永远的事"。嫣然天使基金经多方寻找联系到路珍，并邀请她参加"嫣然天使基金成立六周年"慈善晚宴。现已毕业于华中师范大学新闻系。

彭　云 一心为乡亲谋福利的村支书

彭云是朔州市山阴县下喇叭乡口子梁村人，1985年至1988年担任口子梁村团支部书记，1989年1月至2005年12月担任口子梁村党支部书记，2005年12月起兼任村委会主任，是山阴县第十二届人民代表大会代表。从1989年到2011年，彭云共担任村党支书22年。22年里，他为小村付出的，是超常的体力和不尽的辛劳。村前的校舍、树荫，村后的田坝、水窖，还有2011年底刚刚完成的街巷硬化、村容整治工程，和他搬石头、和沙灰的身影一起，成为村民永远的感动。他是一个"拉水支书"。由于无法解决当地的引水问题，他开始用自家的四轮车为村民义务拉水。这一拉，就是十几年。他也是一个"创富支书"。1995年，他在全村率先引进新品种，用自家土地做试验，并采用旱作技术，当年，他的胡麻和土豆产量就达到全村最高。在他的带动下，村民们纷纷改种新品种，经过几年发展，大家生活逐渐好起来。凭着公道正派，凭着心底无私，他赢得村民的信任。彭云干活下苦出力气，是十里八村有名的"硬骨头"，但大家也知道，"硬骨头"彭云却有着一副菩萨一样的好心肠，谁有困难张开口，保证有求必应。担任支部书记期间，彭云和他所在的口子梁村先后十三次被县委、县政府授予"文明村""模范个人""优秀共产党员""先进工作者"等荣誉称号。2011年12月5日，彭云因高血压加上工作劳累导致脑出血，不幸去世，年仅51岁。彭云被追授"全省创先争优优秀共产党员"。

景海鹏　刘　旺　刘开周 上天入海逞英豪的三晋好男儿

景海鹏：神舟九号航天员，运城市盐湖区东杨家卓村人。6月16日，他作为神九3名航天员之一，二度遨游太空。刘旺：神舟九号航天员，平遥县南政乡东游驾村人。他成功使神舟九号与天宫一号完成对接实验。刘开周："蛟龙"号潜航员，泽州县晋庙铺镇黑石岭村人。6月30日，"蛟龙"号载人潜水器完成7000米级海试第六次下潜实验。

赵水林 舍己救人感动燕赵的"火烧哥"

赵水林是襄汾县赵康镇北赵村农民，2012年28岁。7月13日他和妻子到河北省安新县九级村打火烧。15时许，九级村6名少年在村旁水塘边玩耍，6人都不会游泳，其中两名少年下水后，没走几步就被淹没。岸上伙伴大声呼救，但四处无人。此时，正好骑摩托车经过的赵水林听到呼救声，奋不顾身跳进水塘营救，其他4名少年立即进村找人，后该村村民赶来，将赵水林及两名溺水少年打捞上岸，并迅速送往县医院，最终3人经抢救无效死亡。15日，安新县文明委作出决定，授予赵水林"道德模范"光荣称号。7月16日，共青团临汾市委决定，追授赵水林"五四青年奖章"荣誉称号。

董　栋 获伦敦奥运金牌的蹦床名将

董栋出生于1989年，5岁练习体操，后改练蹦床，表现出了在蹦床项目上极高的天赋，在著名教练蔡光亮的精心指导下，刻苦训练，短短两年内就成为中国蹦床界的优秀人才，2005年初入选蹦床国家队。北京奥运会上获得铜牌。2012年伦敦奥运会，他用完美的表现证明自己。在北格林威治体育馆进行的蹦床男子个人预赛中，中国派出"双保险"董栋和陆春龙，他们分别以预赛第一位和第三位的成绩进入决赛。决赛中，董栋最后一个出场，他采用前团3周接后直翻转的高难度动作，完成得干净漂亮，最终以62990分的成绩摘得金牌，实现山西省28年奥运参赛历史单项金牌“零”的突破。同时董栋也成为囊括奥运会、世锦赛、亚运会冠军于一身的男子蹦床大满贯得主。

范妹锁 坚守山区27年的乡村教师

范妹锁，晋中市榆次区长凝镇东长凝小学校长、高级教师，生于长凝。1985年师范毕业后，选择到榆次区最偏远的永红沟小学任教。此后20年间，他始终是该校唯一的公办教师。在山区执教近30年，范妹锁有过多次离开的机会。已经工作的学生甚至悄悄把他的手续转到市里的学校，教育行政部门的领导征询他的意见，他始终舍不得离开。他说自己无力改变孩子的父母，但可以通过努力改变孩子的命运。只要与学生有关，他都做得很出色，他是学生的“男保姆”、“医生”、工地的“守门人”。他不愿意当“山药蛋派”教师，领着年轻教师走在新课改的前沿。他很早便开始学习计算机，尝试多媒体教学，参加新课程培训，和青年教师一起积极投身课件研制和开发。2012年，他被评为“全国十大教书育人楷模”，成为该奖项2010年开评以来山西省第一人。

梁广霖 捐资助学到临终的共产党员

梁广霖系泽州县周村镇铺上村人。17岁参加革命工作，18岁加入中国共产党，新中国成立后，先后担任过晋城县常务副县长、晋东南公路总段党委书记等职。2003年，梁广霖得知泽州县周村镇甲村小学有学生因家庭困难买不起学习用具时，就掏出随身携带的1000元钱留给孩子们。从此，梁广霖开始捐资助学之路，直到生命的最后一刻。曾多次被省市及中央级媒体报道，先后被授予“全省优秀共产党员”“省十大杰出老人”等荣誉称号。9次向中组部多缴党费73000元，资助的贫困学子有66人之多。除此之外，捐助灾区、家乡建设等，老人都要伸出援手。10年来，梁老累计捐款231775元。住院前，梁老把自己最后的2.5万元积蓄捐给周村镇苇町中学和柳树口镇中学的50名寄宿制学生。即使这样，梁广霖临终前，嘴里还不停地念叨：“我的贡献小，我欠党的账。”

石 岩 恪尽职守殉医道的儿科医生

石岩是山东曹县人，山西医科大学第一医院儿科大夫，2001年获山西医科大学硕士学位，2007年获北京大学博士学位，多年来在身患尿毒病等疾病的情况下，坚持呆在医疗工作第一线，他经常与同组大夫讨论患者病情，给出最佳治疗方案，倾尽所学指导年轻大夫；遇到疑难杂症，总是查阅最新文献，力求给出最准确的诊疗计划。他竭尽所能服务患者，科研成果得到业界认可。1988年至1992年间，他的3位亲人，姥姥、母亲、妻子先后离世，膝下无儿无女，从此孑然一身，独守太原。石岩1993年患上糖尿病。因为工作繁忙，生活粗疏，引发肾衰竭、高血压等诸多脏器病变，最终导致尿毒症晚期，2008年起被迫在院内定期透析。他带着病体，仍然坚持跟其他大夫一样正常工作，每周出诊3次，每次平均看20多个病人；巡查病房，研究、讨论重点病症，讲授课程，每年带两名研究生。多年辛劳使得他病情加重，于9月14日逝世，终年48岁。

逝世人物

赵力之 男，原名赵继祯，曾用名赵一，原中共山西省委常委、副省长。1915年10月12日出生于山西省介休市，2012年6月11日逝世，享年98岁。

1938年2月参加山西省抗日游击第五支队，同年9月加入中国共产党。历任介休县第三区牺盟会秘书，介休县抗日政府铁北办事处主任、铁北中心区委书记，介休县抗日政府公安局长，平遥县抗日民主政府县长，岳北专署公安分局局长、中共岳北地委社会部副部长，平遥县委书记，晋中三地委宣传部副部长，晋中三地委组织部部长等职。1949年7月任中共榆次地委办公室主任，太原市委省营工业党委会书记，太原市北城区委书记，太原市委常委、工业部副部长、部长，太原市委书记处书记等职；“文化大革命”中受迫害入狱三年；1970年3月任太原市革委会生产组副组长，同年7月调到大同市工作，任大同市革委会副主任、生产组组长，中共大同市委常委、革委会副主任，大同市委第一书记、革委会主任；1977年3月任省革委会副主任、副省长兼大同市委第一书记、革委会主任；1979年2月任省委常委、副省长，是第五届全国人大代表。

陈德贵 男，原山西省政协副主席。1930年1月生，山西省阳城县人。2012年9月26日逝世，享年83岁。

1944年11月参加工作，1950年2月加入中国共产党。参加工作后历任太岳区财贸公司业务员，阳城县贸易公司会计，山西省百货公司物价科科员，省针棉织品公司副经理，山西商业学校副校长，省商业厅业务处、省物价委员会轻工处副处长，省计委财贸物价处副处长、处长；1978年任山西省计委副主任兼省物价局局长；1983年4月任山西省商业厅厅长、党组书记，省经委副主任；1986年7月任山西省财贸办主任、党组书记；1988年1月任山西省政协副主席、秘书长兼省财贸办主任、党组书记；1991年7月任山西省政协副主席；1995年12月离职休养。

万良适 男，原中共山西省委常委、秘书长，山西省政协副主席、党组副书记。1935年11月出生于湖北省随州市，2012年8月4日逝世，享年78岁。

1955年9月参加工作，1957年1月加入中国共产党。参加工作后历任山西省工业厅轻工处、轻工业局、轻工业公司技术员，山西省轻化工业厅轻工业公司办公室副主任，山西省轻工业厅轻工业公司食品科科长、副经理、工程师，食品处处长、党组成员；1983年任山西省轻工业厅副厅长；1985年任太原市委常委、副市长；1988年任太原市委副书记、市长；1991年任山西省委秘书长；1992年2月任山西省委常委、秘书长；1996年

4月任山西省政协副主席、党组副书记;2002年10月退休。 (赵泽瑞)

革命烈士

邢自强 男,1941年出生,河津市樊村镇樊村堡村人。2008年6月15日中午,邢自强骑自行车从铝东路书店返家吃饭途中,发现村民任温相夫妇正追赶盗窃嫌疑人,便奋不顾身上去追赶。他紧追嫌犯至一废弃厂房,与嫌犯展开搏斗,不幸被嫌犯殴打受伤,致重度颅脑损伤而牺牲。因案发当地茅草丛生、人迹罕至,两天后遗体才被发现。

根据《烈士褒扬条例》的规定,山西省人民政府于2012年5月15日批准邢自强为烈士。

曹立功 男,1968年出生,新绛县龙兴镇西关村人。1983年5月11日下午4时许,曹立功、柳海云相伴在汾河边割草后下河洗澡。西关村三年级学生赵东旭等三人放学后到河里戏水。赵东旭突然一脚踏空溺水下沉。听到呼救声,曹立功急忙向赵东旭下沉地游去,从深水中拖起赵东旭朝岸边推,由于水下地形复杂,曹立功三次被卷入漩涡,但他拽着赵东旭一次次挣扎出来,终于把赵东旭推向浅水区。赵东旭得救了,曹立功却因精疲力竭沉入水中。

根据《烈士褒扬条例》的规定,2012年5月15日,山西省人民政府批准曹立功为烈士。

高贵林 男,1952年2月24日生,生前系中共党员,榆次区修文镇南要村人。2011年5月28日下午约三时半,在榆次区修文镇南要村潇河戏水的3名学生发生溺水事件,听到呼救声,在不远处放羊的高贵林急速向出事水域跑去,后跳入数米深河中奋力营救落水学生。在抢救第三名学生时终因体力不支而牺牲。

根据《革命烈士褒扬条例》的规定,2012年8月10日省政府批准高贵林同志为烈士。 (王文广)

太原市

中共市委书记　陈川平
副书记　廉毅敏　荣　彤
市人大常委会主任　郭振中
副主任　郝小军
傅建荣
刘　剑
王建勋
冯晋生
梁争平
李文清
市　长　廉毅敏
副市长　李俊明*　任在刚*
张金旺　王建生
毋青松　陈河才
王爱琴
市政协主席　张贵元
副主席　任书文　张　政
王爱萍　陈远新
张文旺　薛维梁
毛志鸣　冯　霞
任晓峰

【概述】 2012年,太原市抓投资、稳增长、促转型、惠民生、保稳定,主要经济指标创近年来最好水平,许多事关全局的工作取得重大突破,社会文化等各项事业明显进步,在全省目标责任制考核中名列第一,率先转型跨越发展、建设一流省会城市迈出坚实步伐。

经济增速加快,主要指标位次前移。2012年地区生产总值2311.43亿元,增长10.5%;规模以上工业增加值782.96亿元,增长13.5%;固定资产投资1320.63亿元,增长28.9%;社会消费品零售总额1129.51亿元,增长16.1%;财政总收入454.49亿元,增长15.6%;公共财政预算收入215.67亿元,增长23.4%;城镇居民人均可支配收入22587元,增长12.1%;农民人均纯收入10079元,增长13.4%。

产业结构优化升级,发展方式加快转变。项目建设取得进展,江铃重汽等30个重大项目签约落地,太钢高性能碳纤维等25个高新技术项目开工建设,富士康苹果手机零组件等15个重大项目建成投产;现代物流、商务会展、城市综合体快速发展,中国(太原)煤炭交易中心正式运营,华润集团煤业总部落户太原市。科技创新取得突破,企业创新能力持续提高,华顿实业和汾西重工建成国家级企业技术中心,中绿环保被确定为国家级国际科技合作基地;与高等院校、科研院所产学研合作迈出新步伐,组织实施50个自主创新项目,建设1个省级科技园、5个市级科技园;市技术转移促进中心被授予"中国创新驿站",留学人员创业园成为国家级科技企业孵化器。武宿综合保税区获国家批准建立,对外开放迈出新步伐。

宜居城市建设推进,环境改善初见成效。新建、改建道路27条,综合改造小街巷45条,南客站广场及配套工程进展顺利,轨道交通建设规划获国务院批准,西山旅游防火通道及太古、太阳高速公路建成通车。创建国家卫生城市,开展城乡清洁工程达标活动和老旧片区整治,实现"两年大变样"的阶段性目标。全面改善省城环境质量初见成效,集中供热扩网2785万平方米;太化、煤气化等8家重点污染企业关停;天然气置换工程全部完成;启动23个城中村整村拆除;"五河一渠"截污工程铺设管网46.21千米;市区煤炭消耗总量减少602万吨,采暖期燃煤总量下降35%。全年二级以上天数达324天,比上年增加16天。全市绿化覆盖率、绿地率分别提高1.06、1.02个百分点,人均公园绿地增加0.57平方米。地下水位止降回升0.78米,集中式饮用水源地水质达标率稳定保持100%,获"全国节水型社会建设示范区"称号。

现代都市农业发展,新农村建设推进。农业产业化龙头企业达190个,实现销售收入101.13亿元。新建蔬菜标准园15个、设施蔬菜403.74公顷,培育省级标准化养殖园9个。新增农民专业合作社445个,2万人脱贫。娄烦县马铃薯、小店区奶牛"一县一业"示范县和153个"一村一品"专业村建设顺利,区域主导产业逐步显现。农村新的"五个全覆盖"任务完成,改造农村危房6500户,新建、改建农村公路229千米,提高农村10万人饮水安全标准,85个新农村建设省级重点推进村、8个连片示范区建设有序推进。

民生改善,社会事业进步,"十件实事"全部完成。新开工建设保障性住房53401套,竣工9426套。新增公交车600台,建成主城区公共自行车服务系统,开通清徐、阳曲、高校园区等公交线路,太原市入选首批国家创建“公交都市”示范城市。实施“百院兴医”工程,新建、改扩建25个项目。推进“百校兴学”工程,新建、改扩建59所项目学校、30所公办幼儿园。新增义务教育标准化学校122所,“联盟校”增加到152所。太原大学专科升本。城镇基本医疗保险转外就医范围扩大到全国。城乡低保标准进一步提高,四个主城区实现城乡低保标准一体化。城镇新增就业11.2万人,城镇登记失业率3.38%。加强和创新社会管理,推进社区管理网格化。推进平安省城创建活动,严厉打击各类违法犯罪,公众安全感不断提高。强化安全生产责任落实,开展安全隐患有奖举报,开展“打非治违”专项行动。健全“源头治理、动态管理、应急处置”三道防线,信访总量下降42.1%。计生、外事、人防、对台、气象、防震减灾、档案、地方志、民族宗教、慈善、老龄、残疾人、妇女儿童等各项工作和事业都有新进步。

文化建设不断加强,文化强市再创佳绩。大力践行“三个核心价值观”。引深群众性文明创建活动,城市文明程度指数测评居省会、副省级提名城市第二。加强公民思想道德建设,树立“感动太原人物”等四类先进典型。组织“文化太原、幸福龙城”广场文化活动2500余场。成功举办“三会一节一赛”。推进文艺精品塑造工程,编撰完成《太原通史》,晋剧《大红灯笼》《傅山进京》等精品节目获国家奖励。认定第四批市级非物质文化遗产名录22项。高新区创意产业园等一批文化产业示范基地初步建成,文化产业增加值占到全市地区生产总值的6%左右。文化体制改革阶段性任务基本完成,再次获“全国文化体制改革工作先进地区”称号。

民主法制推进,依法行政更加自觉。办理人大代表建议和政协提案,自觉接受人大、政协监督。提请市人大常委会制定修订《太原市终身教育促进条例》等5件地方性法规。支持人民政协履行职能,坚持重大事项向民主党派通报和协商制度。推进“法治太原”建设,建设法治政府。推进以“两集中、两到位”为重点的审批流程再造,发展环境持续优化;开展“向人民汇报、请人民评议”和为人民群众“办实事、解难事”活动,干部作风明显转变。加大监察和审计力度,廉政建设取得新成效。国防后备力量进一步加强,实现全国双拥模范城“七连冠”。　(太原市志办)

·小店区·

中共区委书记	张全旺
区人大常委会主任	陈其武
区长	杨继承
区政协主席	王健

【简述】 2012年,小店区获国家级荣誉31项、省级荣誉118项、市级荣誉314项。在中国中小城市经济发展委员会等联合发布的“2012年度中国市辖区综合实力百强”名单中名列74位,是山西省唯一入选“百强”的市辖区。全年地区生产总值291亿元,同比增长8.3%,总量排名从十县(市、区)第五位上升到第四位;四项指标总量排全市十县(市、区)第一位,分别是:社会消费品零售总额344.3亿元,同比增长17.1%;固定资产投资285.2亿元,同比增长35%;财政总收入35.3亿元,同比增长16.4%;一般预算收入18.2亿元,同比增长22.6%。此外,规模以上工业增加值14.5亿元,同比增长18.7%,增速排十县(市、区)第三;农民人均纯收入13665元,增长13.7%,总量排十县(市、区)第二。

城区规划 全力服务经济区、高新区、保税区、南站片区、汾东商务区、龙城片区发展。保税区征地93.38公顷,迁坟700余座;完成南站片区全部征地,拆迁16.5万平方米。完成铁路三项工程引入太原枢纽工程全部征地、迁坟任务,拆迁42.9万平方米;完成汾东商务区4条道路全部征地任务,拆迁8万余平方米;完成联盛城市综合体、云计算、罗克佳华3个项目全部征地;完成龙城片区征地92.71公顷。

项目建设 全年谋划储备项目50余项,实施各类重点项目66项,总投资近700亿元。平阳景苑、茂业天地、华宇商业中心等重点项目开工建设。完成国家、省、市重点项目固定资产投资125.76亿元,名列全市前茅。

招商引资 实际利用市外、境外资金108亿元。参加中博会、晋商大会、能博会,共签约物联网产业园区、联盛城市综合体等项目13个,总投资445.74亿元,签约数量和投资总额均创历年新高。资金到位全省第八、全市第一。

产业转型 推进总投资531亿元的19个现代服务业重点项目。阳光五星级酒店等16个项目开工建设。引进昆烟、汇镪磁材等大型项目,推动煤机、山西电机厂搬迁、扩产改造。加快发展现代都市农业,新增设施蔬菜43.49公顷,青玉食品加工园、华辰葡果休闲农业园列入全市现代农业十大主题产业园。全区三次产业比例优化提升到3.0:25.9:71.1。

城乡发展 生态建设取得实效。东山五龙城郊森林公园开工建设,投资4000万元基本完成路、水、电等基础设施建设,投入1.5亿元完成一期绿化面积286.81公顷。小店区被评为全省两区增绿工程先进单位。

环境质量改善。推进改善省城环境质量行动,完成14个城中村集中供热及燃煤锅炉改造,拔掉黑烟囱8682根;完成134台分散采暖燃煤锅炉、42台常年运行燃煤锅炉替代改造。全区供暖扩网近700万平方米,承担完成全市供热改造任务的近60%。在全省首家全城镇使用LED路灯照明。万元GDP能耗比年计划3.5%降低近1个百分点。

城乡建设整体推进。汾东文体中心、消防特勤中心、法院审判大楼、公安业务用房、国防动员指挥中心、税政服务中心、数字城管中心等公共工程规范推进。平阳景苑完成投资35.8亿元。投资1100万元改造晨光西街、永康北路、都乐街东延等小街巷。开工建设保障房7674套,超额完成市政府下达任务。启动实施新庄等3个整村拆迁。开展新农村建设“回头看”

活动,“五个全覆盖”水平领先全省。

城乡管理持续提升。推进城乡清洁工程,单元达标率 75.2%。投资3500万元,集中改造 9 个老旧片区,打造六大亮点社区群。组建街、乡(镇)城乡管理联合执法队。全市数字城管绩效考核、市容环卫绩效考核居全市第一。查处违法用地 94.51 公顷,拆除违法建设 28 处。

社会管理 高度重视信访工作。开展区级领导大接访,在全市创新开展安全隐患、矛盾纠纷、基层困难大排查大化解活动。

抓好安全生产。在全市建立“三位一体”安全生产隐患排查治理模式和“黑名单”制度,在城中村全面实施消防“四个基础”建设。全年安全设施投入达 3000 多万元。开展重大安全隐患有奖举报活动,一大批安全隐患有效排除。在全省率先开展商贸企业安全生产标准化建设,建立食品安全责任网格化监管体系,出台实施《小餐饮备案管理制度》,经验在全省推广。

应对舆论监督,开展“四项整治”专项行动。关注舆情舆论,接受社会监督,开展计划生育和户籍管理、清理违法占地违法建设、“两法一制度”规范运行、改进作风规范行为“四项整治”行动,加强管理,规范行为。有效应对各类应急事件,受到群众好评。

维护社会稳定。建立基层社会服务“网格化”体系,推行以“四议两公开”工作法、新修订《农村工作九项制度》为核心的农村管理机制,相继完善农民工工资保障、流动人口服务管理、城市行政执法三项管理机制,成为创新社会管理新亮点,“平安小店”创建活动取得新成效。

民生事业 支出结构更加合理,民生投入大幅增加。在一般性支出和“三公”支出明显下降的情况下,区财政在惠民领域共计投入资金 13.3 亿元,占财政总支出 80%以上,成为全省县区级财政中民生投入总量最大、比例最高的县区之一。

加强社会保障,完善服务体系。推行城乡低保标准一体化,达到 400元。城镇居民基本医疗保险参保人数全市第一。企业职工 4 项保险指标居全市首位。全区“五保”老人实现统一供养。城镇登记失业率控制在 3.25%以内。推行“一站式”城乡医疗救助模式,为 1663 名特困群众发放门诊医疗救助证。在全省率先组建卫生监督协管队伍。被评为“全国社区中医药工作先进单位”。推行救灾资金“一卡通”发放新模式,3460 户受灾群众得到救助。开展高龄老人、散居孤儿和困难职工帮扶行动,526 名高龄老人享受财政补贴,为 1565 名困难职工建立互联网电子档案,87 名大病职工得到保险理赔。此外,在全面完成为全区人民办的十件实事基础上,投资6000 余万元开展为人民群众“办实事、解难事”活动,完成平价直销菜店等 68 件实事。

各项事业全面进步。投资 1.5 亿元新建 38 中、八一小学教学楼,完成4 所学校配套建设。投入 3000 万元对中小学进行二期标准化配备。安排专项资金 500 万元用于师资培训。义务教育阶段生均公用经费每生增加 200元,全市最高。安排科技项目专项经费 2706 万元,占到区本级财政一般预算支出的 1.5%,科技工作在十县(市、区)中唯一连续五年全市优秀。人口自然增长率控制在 5.1‰。秧歌《农家乐》获山西省全面深化文化体制改革以来优秀文艺作品奖;人武机关规范化建设被警备区部队学习借鉴。“和谐驿站”做法被《中国档案报》等媒体宣传报道。双拥、粮食、民族宗教、残联、气象、防震减灾等事业取得新成绩。 (陈德善 赵福香)

·迎泽区·

中共区委书记	邹天敬
区人大常委会主任	阴国平
区长	刘文华
区政协主席	宋国庆

【简述】 迎泽区下辖迎泽、柳巷、文庙、桥东、庙前、老军营 6 个街道办事处和郝庄镇,总面积 117 平方千米,常住人口 59.88 万人。

2012 年,全区地区生产总值413.63 亿元,比上年增长 10.1%;服务业增加值 352.31 亿元,比上年增长11%;固定资产投资 112.2 亿元,比上年增长41.5%;社会消费品零售总额262.57 亿元,比上年增长 17.2%;规模以上工业增加值 31.49 亿元,比上年增长 12.2%;财政总收入 24.1 亿元,比上年增长20.7%,其中,一般预算收入 11.14 亿元,比上年增长 24.8%;农民人均纯收入13426.7 元,比上年增长 14.2%。

突破转型重点,产业结构优化。加快传统产业聚集区基础设施改造和环境综合整治,完成御都服饰、东城服装城等朝阳商圈标志性商厦改扩建,对食品街进行升级改造和产业调整;加快建立总部经济发展格局,实施楼宇总部经济“510”工程,选树培育百元裤业等 5 个总部标杆企业,打造鼎元时代等 10 个楼宇总部经济发展基地,华润制药、赛博数码等大型企业区域总部落户迎泽;启动企业创新园建设,引入瑞飞机械、佰源智能等一批实体经济总部和新兴产业项目;重点推进湖滨国际广场、宝佳万科紫台等省、市重大项目,累计投资 41.3 亿元;签约国海广场等 14 个重点项目,协议资金 191 亿元。

攻克城建难点,城市承载力和环境面貌明显改观。完成双塔景区总体规划设计,先行起步朝阳片区综合整治,并对朝阳街道路进行改造;铁路三项工程、双塔北路南延工程房屋征收工作基本完成;朝阳街北一巷棚户区回迁楼主体完工,东岗棚户区房屋征收基本完成,东岗路改造竣工通车;对庙前、柳巷片区进行全方位综合整治,改造小街巷 30 条;引深城乡清洁工程,100 个社区单元通过达标验收,创建 210 个单位宜居小区、院落和 210 个无物业宜居小区、院落,全区 1006 个无物业楼院实现清扫保洁全覆盖;新建、改造公厕 40 座,对外开放单位厕所 50 座。

环境治理 治理生态环境,城乡宜居水平明显提升。郝庄、双塔城中村整村拆除工作稳步推进,140 台土小锅炉全部封停;108 台分散采暖和常年运行燃煤锅炉拆除及清洁能源替代;对满洲坟等 5 个困难小区进行集中供热改造;对全区重点工程涉及范围的 2700 余台土小锅炉和燃煤设施进行拆除,拆除改造数量创历年之最;南沙河截污工程铺设管道4850米,占总量93.3%。35条道路行道树补植补种和1.2万延长米的垂直绿化,建成南沙河沿岸和新建北路2条花卉街,新增单位附属绿地和居住区绿地1万平方米;新造林1334公顷,吸引社会资金参与城郊森林公园建设,与3家企业签订800.4公顷林地认养框架协议;严厉打击私挖滥采和农村集体土地上违法建设行为,关停石料厂2座,拆除违法建筑1.5万平方米。

城乡一体化 发展“一村一品”,发展特色种植养殖,新办农民专业合作社5家,创建省、市级示范社3家。完成8个城中村集体经济改制和9个城中村“村改居”。实施观枣线观家峪段公路建设和张新线、东郝线、松小线、王山线等县乡公路改造;解决松庄、观家峪等7个村5000余人的饮水安全和用水紧张问题。健全农村医疗卫生服务体系,郝庄镇卫生院和96%的村卫生室通过标准化验收;扩大农村社会保障覆盖面,新农保参保率超过95%,新农合参合率达98.38%。

民生事业 新增城镇就业19248人,城镇登记失业率降至2.92%;完善社会救助保障体系,累计救助1.6万余户(人)次,开工建设保障性住房3705套;改扩建7所中小学校和3所公办标准化幼儿园,为21所学校高标准配置设施设备,19所学校通过义务教育标准化验收;完成区文化馆、图书馆、美术馆和郝庄镇综合文化站建设,并免费向社会开放;文庙社区卫生服务中心建成投用,解南社区卫生服务中心成功创建全国示范中心;建成区残疾人综合服务中心,对150余户残疾人家庭进行无障碍设施改造和住房修缮;完成22个社区服务场所新(改、扩)建和功能提升,社区居家养老试点扩大到20个社区,社区年平均办公经费由2.7万元提高到6万元,社区干部月平均工资普涨300元;新(改)建6个社区菜市场,提档升级30个社区流动蔬菜直销点,建成3家平价商店;在全区实现婚姻登记全免费。 (张国文)

【苏宁置业集团投资考察】 1月6~7日,苏宁置业集团总裁助理、投资中心总监马晓咏带队到迎泽区考察苏宁电器太原配送中心等项目。区长刘文华会见投资考察组一行,共商项目投资有关事宜。 (张国文)

【郝庄城中村改造一期工程竣工暨东都商城开业典礼】 3月27日,迎泽区举行郝庄社区城中村改造一期工程竣工暨东都商城开业典礼。东都商城建设项目迎泽区结合城中村改造,通过腾笼换鸟,在挖掘激活内生发展潜力,转变传统服务业发展模式上做出重大举措。东都商城的建成,对建立和完善朝阳核心商圈现代商务区功能,推进城区东部地区开发具有积极的现实意义,为城乡统筹发展和服务业转型升级注入新的生机和活力。 (张国文)

【区企业创新园举行开工奠基仪式】 5月16日,迎泽区企业创新园举行开工奠基仪式,太原市市委副书记、市长廉毅敏,市委副书记荣彤,市人大常委会主任郭振中,市政协主席张贵元,市委常委、迎泽区委书记邹天敬,省财政厅副厅长武涛,省新闻出版局副局长吴体刚,副市长王建生出席奠基仪式。迎泽区企业创新园是区委、区政府按照“土地集约利用,企业聚集发展,服务集中配套”的思路,规划建设的新兴产业实体总部基地。首期规划12.87公顷,拟建设10个项目,计划总投资13.68亿元,主要建设工程技术研发中心、产业信息中心、产品制造中心、商务展示交易、人才培养等企业先进技术研发和应用总部基地,进而集聚行业高端技术、高端产业、高端人才和高端客户,形成集办公、科研、中试为一体的中小生产性企业总部集聚地。项目达产后预计可实现销售收入33亿元以上,出口创汇5000万美元,利税3.6亿元。园区首期已引入瑞飞机械、华能机械、中鲁物流等8家高新技术企业。 (张国文)

【举行“三馆一站”免费开放仪式】 12月21日,区文化馆、图书馆、美术馆和郝庄镇综合文化站免费开放仪式在开化寺古玩市场举行。建成并免费开放“三馆一站”是迎泽区2012年二十件惠民实事工作之一,是推进公共文化建设,保障广大人民群众基本文化权益的重要举措。区委、区政府先后投资近千万元对区文化馆、图书馆、美术馆和郝庄镇综合文化站进行改扩建,文化馆达国家县级二级馆标准,图书馆达三级馆标准。 (张国文)

·杏花岭区·

中共区委书记	魏民
区人大常委会主任	李树结
区长	李浓
区政协主席	姜二爱*

【简述】 杏花岭区总面积170.2平方千米,其中建成区面积32.2平方千米,农村面积138平方千米。现辖2个乡、10个街道办事处,108个社区,38个行政村,常住人口650279人。

2012年,全区地区生产总值376.35亿元,同比增长11.5%;服务业增加值293.12亿元,同比增长14%;财政总收入26.32亿元,同口径增长20.8%,其中公共财政预算收入12.02亿元,同口径增长20%;社会固定资产投资158.22亿元,同比增长36.9%;社会消费品零售总额120.13亿元,同比增长17%;规模以上工业增加值20.9亿元,同比增长6.1%;农民人均纯收入11822元,同比增长14.5%。人均国内生产总值58002元,农林牧渔业总产值13756.67万元,粮食总产量858.4吨,规模以上工业总产值751886万元。

项目建设 全年新建续建项目190个,总投资622亿元,其中,新建项目94个,总投资147亿元。万达文华酒店开业运营,丈子头农产品物流园冷库投入运营;万达广场、富力华庭、府东公馆、铂尔曼酒店等一批现代服务业项目加快推进;华远物流、华联超市整体改造、晋韵假日酒店等一批项目做前期准备。全区投资规模扩大、结构优化、效益提高,产业升级步伐加快,经济运行保持良好态势。

生态环境 东山生态绿化24012公顷,栽植各类苗木162万株,其中重点造林工程1200.6公顷,高标准打造牛驼生态观光园。启动东坪垃圾填埋场生态修复工程，清运垃圾52万立方米，平整土地5.34公顷，土建工程基本完工。新建淖马种苗研发基地，完善后沟苗木培育基地，花卉苗木“四大基地”初具规模。新建东涧河洪子峪智能温室1.6万平方米。完善水利、路网等基础配套工程建设，完成东沟至石柱沟、牛驼片区道路、307国道至东沟3条9.76千米农村公路。

城区建设 推进城中村改造，重点实施耙儿沟、七府坟整村拆除和剪子湾村改造建设。推进棚户区改造，实施迎晖苑、路景苑、胜利街13号院等11个棚改项目，保障性住房开工总套数8443套，完成市下达任务的104%。推进市重点工程建设，府东街东延工程竣工通车。开展城乡清洁工程，全区达标单元130个，达标率91.55%，在全市综合考评中名列前茅。完成坝陵北街片区、国贸片区、同乐苑片区、半坡片区、北大街中片区等小街巷连片综合整治工程，整治小街巷57条，改造楼院257个，惠及居民2.8万户，8.8万人。推进全面改善环境质量工作。重点开展集中供热全覆盖工程和气化工程，拆除分散采暖锅炉80台218蒸吨、常年运行燃煤锅炉52台109蒸吨、土小锅炉452台，彻底解决半坡片区、精营东边街片区、北大供热站片区等一批区域供热难题。全年共完成供热改造面积151万平方米，减少燃煤12.79万吨，六项污染物排放总量明显下降，城区环境质量有效改善。

民生事业 建成10个标准化社区，新增社区办公用房3713平方米，惠及居民2.3万户，6.4万人。完成新建路小学、五一路小学、后小河小学、区实验幼儿园、西羊市幼儿园、区第一幼儿园新建改建工程，新增优质小学学位1800个、幼儿学位300个。建设北路小学、柏杨树街小学新建工程主体完工，享堂南街小学新建工程正在施工。加强公共卫生服务体系建设，新型农村合作医疗实行“先住院、后付费”的服务模式，参合率100%。加强人口和计生工作，进一步稳定低生育水平，提高出生人口素质，人口自然增长率控制在4.14‰。农村新的“五个全覆盖”工程全部完成。开展就业再就业工作，新增就业人数19635人。累计发放各类社会保障资金5.59亿元，有效保障城乡困难群众的基本生活。区委、区政府向全区人民承诺的“十大重点工程”“十件惠民实事”全面完成。

社会管理 开展为人民群众“办实事、解难事”活动，深化行政审批制度改革，政府效能得到提升。加强和创新社会管理，高标准建设区社会服务管理指导中心，构建“三级平台、四级管理”的社会网格化服务管理体系，不断提高社会管理科学化水平。强化民主法制建设和社会治安综合治理，着力促进社会公平正义。重视安全工作，落实安全责任，完善安全生产监管责任体系，开展“打非治违”专项行动和百日安全生产活动。开展安全隐患有奖举报，消除安全隐患432个，各类安全生产事故起数下降32%，安全生产形势持续稳定好转。进一步强化食品药品监管，打击制假售假行为，食品药品安全保障水平得到提高。畅通信访渠道，集中解决一批信访疑难案件，有效维护社会和谐稳定。 （刘 桐）

·尖草坪区·

中共区委书记 郭建发
区人大常委会主任 王国卿
区长 李增贵
区政协主席 张银喜

【简述】 尖草坪区位于太原市最北端，东西宽26千米，南北长22千米。汾河纵贯南北。总土地面积285.6平方千米。下辖5个乡镇，9个街道办事处，90个行政村和53个社区。

2012年，全区地区生产总值258.43亿元，增长6.3%；固定资产投资122.06亿元，增长51.6%；规模以上工业增加值165.94亿元，增长8.5%；财政总收入11.96亿元，增长22.9%；公共财政预算收入4.98亿元，增长18.3%；社会消费品零售总额57.47亿元，增长8.4%；农民人均收入9612元，增长13.1%。

项目建设 2012年，全区项目总投资45.1亿元，投资总额在全省11个省级转型综改试验先行试点区中位居第四，56个重点项目中有32个项目开工，投资额507亿元，占总投资的50.6%。确定的18个标杆项目全部开工，翔宇新型高效隔声屏障等6个项目建成投产，辰兴优山美郡等26个续建项目加速推进，滨西商务中心二期、西班牙风格的公园式酒店等24个项目正在办理手续。

工业经济 2012年，8家民营工业企业进行扩大再生产或搬迁改造，5家被认定为省高新技术企业。引进一批科技含量高的新型项目，全区新型产业投资完成69.63亿元，占工业投资总量的87.6%。不锈钢园区引进12项高科技项目，投资31.7亿元，入驻企业累计达85家。

借助中小企业服务中心，与区职业高中合作，建立中小企业蓝色证书培训基地，对中小企业员工进行岗前、岗中责任意识和技能培训；与龙宇律师事务所合作，建立尖草坪区中小企业法律服务平台。成立尖草坪区中小企业协会，初步建立包括互助担保、商业担保在内的中小企业信用担保体系。

农业经济 农业种植方面，以众成为代表的花卉种植基地初具规模，众成花卉种植基地举办“世界之春·太原第二届国际花卉园艺博览会”，参观游客数量累计达20余万人(次)。以宇文为代表的无公害蔬菜种植规模扩大，全区安全放心菜田达200.1公顷。粮食、蔬菜产量分别达1.45万吨和6047万公斤。在养殖方面以标准化、产业化、规模化为调整方向。28家500头以上的生猪养殖户达到标准化要求。九牛牧业奶牛基地，流转饲草种植土地333.5公顷，带动农户4000余户，户均增收1500元；引进的2000头新西兰荷斯坦奶牛下崽产奶。全区畜禽业产量1.24万吨，畜牧业产值2.06亿元，占农业用地仅3.65%的畜牧业创造43.83%的农业产值。农产品加工方面，以品牌化、商标化为调整方向，重点扶持金大豆搬迁改造工程项目。全年全区农民专业合作经济组织发展到122家,“513”农产品加工龙头企业实现销售收入4.15亿元,同比增长18%。各类特色农业产业为全区农民提供9000多个就业岗位。

第三产业 2012年,区委、区政府加大专业市场建设,完成滨西商务中心二期首批20.01公顷土地手续,启动山西鸿升国际汽车物流中心项目,总投资30亿元的晋东小商品批发市场群改造一期主体封顶;总投资2亿元,集形象展示、批发零售、电子商务、仓储物流为一体的红星绣灯世界正式开业。

推进“万村千乡”市场工程和“新网工程”建设,投资3800万元,建成占地面积2.73万平方米的10个农村社区综合服务中心。每个综合服务中心建有便民连锁商店、农资店、合作医疗卫生所、理发店、信用社、移动缴费厅、澡堂、红白理事会、文化娱乐活动中心、图书阅览室、健身广场、信息服务平台等8个以上服务项目,直接服务人数约7万余人。建成大型物流配送企业、县级日用消费品分中心和大型农资仓储中心,农资店28个,便民连锁商店114个,实现“便民连锁商店全覆盖”。将农村社区综合服务中心中的农村便民连锁商店纳入“百合盛”集中配送网络,保证商品的质量和安全。

七平房、南固碾等村的保障性住房项目开工。总投资55亿元的辰兴优山美郡项目完成10万平方米主体工程建设,三千渡、滨河果岭、太钢万科等房地产项目开工。

文物保护工作,公布市、区级文物保护单位16处,完成呼延村关帝庙保护维修二期工程。中华傅山园被评为国家3A级旅游景区。全区全年共接待游客50万人(次),旅游创收4000万元,分别比上年同期增长66%和80%。

城乡建设 建设西山旅游防火通道和北山绿化通道2条公路,实施新兰路、千峰北路北延和迎新北三巷东打通等3条道路改造,启动阳兴大道和汾西路2条道路的改造。基本完成大西客运专线、滨河东路北延绿化等重点工程征拆,共征地73.57公顷、拆迁45万平方米。北固碾村、光社村基本完成整村拆除。

实施城乡清洁工程,投入5000余万元,购置各类环卫车辆30台;完成9个老旧片区综合整治;141个单元实现达标,达标率为91%,城乡清洁工程在太原市排名第四。加大违法占地、违法建设、违法采矿和综合整治非法超限超载查处力度,获“全省治超工作先进县(市、区)”称号。

完成农村新的“五个全覆盖”工程。省级重点推进村累计发展到63个,覆盖率75%。推广太阳灶示范户178户、节能吊炕491座。投资330万元,实施打井2眼、建水塔2座、建泵房2间、配套水泵2台(套)、铺设输水管道754米,解决4村5000人的饮水安全工程。

推进退耕还林、低效林改造工程建设,完成造林2341.17公顷。北山综合整治工程新造林200.1公顷,西山城郊森林公园绿化1067.2公顷。大同路等7条城市主干道实现提档增绿,北固碾等4个游园建设全面竣工。全区绿地率、绿化覆盖率和人均公共绿地面积分别达40%、46.69%和15.13平方米。

开展省城环境质量改善五大工程,拆除燃煤锅炉147台,取缔土小锅炉3682台,城中村集中供热扩网110万平方米。空气质量二级以上天数达324天,比上年增加16天。实施“两河一渠”(汾河、杨兴河、西干渠)治理工程,实现入汾污水全面达标。启动权新线环境综合整治,完成西焉乡和阳曲镇12个村的农村环境连片整治示范工程。

社会公益事业 全年新增城镇就业10268人,城镇登记失业率3.35%。各项社会保险参保243907人次,基金征缴额29003万元,享受各项社会保险、领取保险金38983人次,按时足额发放各类社会养老金、事业保险金3.1亿元,发放社会救助金和城乡低保金3486.9万元。成立区慈善会,资助各类困难群众1500余人(次)。强化劳动用工监管调处,全区农民工劳动合同签订率达97%,清理拖欠农民工工资1269万元。推进社区居家养老试点服务,覆盖率达20%,发放“爱心一键通”手机1004部。

完成2012年“百校兴学”工程建设。投资1140余万元、建筑面积0.37万平方米、操场面积1.57万平方米的4所项目学校(区六中沥青操场、实验小学塑胶操场、迎新街小学塑胶操场、阳曲中学教学楼工程),全部竣工交付使用。被授予“全国两基工作先进单位”和“全省校舍安全工程先进集体”称号。承担并实施国家、省、市科技项目74项,争取科技扶持资金3830万元,被评为“全省知识产权工作先进单位”。

实施“百院兴医”工程,3所卫生院新(改、扩)建工程,被授予“山西省农村卫生室全覆盖工程先进单位”和“山西省卫生城区”荣誉称号。新农合医疗参保107645人,参保率首次达100%,筹资标准提高到每人每年291元。15家医疗机构实施“先住院,后付费”服务。人口自然增长率控制在4.55‰。

推进文化产业发展,举办“纪念傅山诞辰405周年暨傅山中医药文化节”活动。区图书馆和文化馆实现免费开放,柴村体育场实施改造升级,为47个社区更新体育健身路径,22个村(社区)建成电子阅览室。为偏远农村群众送戏、送电影1300余场;区文化晋剧院编演的《掉包计》和《城乡交响曲》在全区巡回演出。

(王雪琴 李学进)

·万柏林区·

中共区委书记	张齐山
区人大常委会主任	侯 安
区长	王立刚
区政协主席	陈绍卿

【简述】 万柏林区总面积304.8平方千米,辖1个乡、14个街道办事处、50个行政村、103个社区,年末常住人口761379人,户籍人口564434人,非农业人口492397人。

2012年,万柏林区牢牢把握稳中求进工作总基调,紧扣转型跨越发展战略,瞄准建设“一流产业、生态、宜居大区”目标,抓项目、建平台,稳增长、促转型,惠民生、构和谐,实现地区生产总值348亿元，增长4.1%；规模工业增加值216亿元，增长2.1%；全社会固定资产投资、社会消费品零售总额分别完成203亿元和167亿元，增长37.8%和16.6%；财政总收入、一般预算收入分别完成17.3亿元和9.2亿元，增长19.2%和30.5%；农民人均纯收入达14164元，增长13.9%。

项目建设 坚持项目带动战略，紧紧抓住总投资696亿元的68个重点项目，推进落地建设，完工8个，在建50个，完成投资151亿元，带动全区固定资产投资高速增长。对区域发展具有巨大引领、支撑作用的十大综改标杆项目全部开工，实现投资37亿元。瞄准绿色发展方向，强化招商引资，29个招商项目开工建设25个，到位资金40亿元。利用中博会、能博会和世界晋商大会等平台，签约引资131亿元。非公经济实现税收占财政总收入的79.1%。北车铁路装备制造基地等优质工业项目进展顺利，太重等企业重大技改项目稳步推进，区域工业结构不断调整、优化升级。信达国际金融中心等一大批具有明显带动作用的现代服务业项目启动建设。三益科技创新园列入市级规划，入驻高新技术产品研发生产企业72家。偏桥沟风情小镇、龙泉寺佛教文化园等多个生态项目加快建设完善，西山"U"字形生态文化旅游产业带初步形成，特色旅游经济兴起发展。第三产业已成为区域经济增长的领跑者，对GDP增长的贡献率达49.4%，比上年提高12.4%。

城乡建设 以宜居城区为目标，在基础设施加快建设完善上下工夫，迎泽西大街西延、南内环西街西延、西南环铁路等工程完成动迁30多万平方米，前期准备就绪。和平南路等10条主次干道和小街巷改造工程竣工通车。县乡公路通车里程新增43千米，完成万亩生态园至狼坡景区、王封一线天两条旅游公路，以及王封至堡山公路建设。农村街巷硬化任务完成338千米，实现农村街巷硬化全覆盖。高标准实施"三河治理"工程，投资1.5亿元，新建堤防、整修河道13千米，铺设"两河一渠"截污管线20千米。狠抓"片区改造、单元达标、乱象整治、城管创新"，投入近4亿元，高标准打造移村南北街等18个精品片区，汇聚全区力量动态整治10大环境乱象，135条街巷面貌一新。以城市化发展为方向，全面打响城中村改造攻坚战，9个重点推进村累计拆迁110万平方米，呈现出重点突破、连片推进、拆建并举的局面。采煤沉陷区综合治理工程顺利推进，移民搬迁一期3192户居民迁入新居，二期安置住房开始分配。新农村建设扎实推进，20多个城边村逐步走上现代化改造道路。

生态建设 深挖山水禀赋，大规模展开生态建设。在西部山区，实施"两线、两圈"绿化工程，完成造林4915.79公顷，创历史新高；长风、东社两大城郊森林公园建设顺利推进，园区风貌雏形显现。在建成区，实施游园绿地、道路绿化、片区绿化3大类22项工程，新增绿地面积36.6万平方米，绿地率、绿化覆盖率分别达32.6%和38.6%，人均公共绿地面积增加0.49平方米。强化环境保护和节能减排。推进"五大工程"和"五项整治"，投入资金4亿元，拆除各类燃煤锅炉3000余台，集中供热改造3个城中村、64个区域，完成天然气置换工程，搬迁关停太原煤气化等5家污染企业。全年万元地区生产总值综合能耗下降3.5%，完成市下达的各项减排任务。

民生保障 加大财政向民生领域的倾斜，面向广大人民群众的多项财政性补贴标准再次提高，基本建立起与经济发展水平相适应的社会保障体系。农村低保标准提高到每月360元，实现城乡低保一体化；新型农村合作医疗区级补助标准提高10元，参合率达100%，五保户等困难群众全部纳入保障范畴；城乡居民养老保险覆盖面达99.8%以上，在全市率先实现全覆盖。全年城镇新增就业19701人，登记失业率控制在3.1%。开工建设保障性住房9581套，完成市下达任务的171%。低收入农户冬季取暖供煤政策落实到位。农村新的"五个全覆盖"工程全部完成。解决6500人饮水安全问题。为民"办实事、解难事"活动深入开展，12件承诺事项全部兑现。

社会事业 支持教育均衡发展，新(改、扩)建项目学校6所，其中红星巷小学、玉河街小学、青少年活动中心竣工启用。加快医疗卫生事业改革，区中心医院和计生指导站新建工程投入使用，下元等3个社区卫生服务中心完成建设。推进科技事业快速发展，区级财政科技经费投入增长20%，科技综合服务大楼建设前期准备就绪。促进文化事业繁荣，建成九院小区文体活动中心，免费开放图书馆，举办"平安伴航程""舞动万柏林"等优秀文艺活动。强化社区标准化建设，投入1344万元新(改、扩)建9个社区。人民武装工作推进，民兵训练基地主体封顶。

安全稳定 落实政府和企业安全生产两个主体责任。开展安全隐患有奖举报活动，排查治理各类安全隐患44890条。开展"打非治违"专项活动，打击治理非法违法生产行为1602起。始终保持打击私挖滥采的高压态势。全区事故起数、死亡人数继续呈现"双下降"的良好态势。加强社会管理，高度重视信访工作，化解信访积案91件。预防和排查社会矛盾，引入科技手段，建成社会服务管理"三级联动"平台。推进平安创建工作，加强社会治安综合治理。 （武超龙）

·晋源区·

中共区委书记	赵伟东
区人大常委会主任	张连生
区　长	冯　霞*
	尤天栓
区政协主席	董云飞

【简述】 2012年，全区地区生产总值56.06亿元，比上年增长1.3%；全社会固定资产投资78.52亿元，比上年增长33.3%；社会消费品零售总额21亿元，比上年增长17%；财政总收入(不含"两权"收入)6.46亿元，比上年增长20.6%；公共预算财政收入(不含"两权"收入)3.5亿元，比上年增长26.1%；农民人均纯收入9364元，比上年增长13%。万元工业增加值综合能耗、二氧化硫排放量、化学需氧量排放量

等约束性指标均完成市下达任务。

农业 2012年,全区农林牧渔业总产值6.52亿元。新增设施面积73.44公顷,新建农之乐等标准化养殖小区8个。花卉苗木产业年产值达2.86亿元,康培集团建成华北最大的白皮松育苗基地,梅芝园艺建成全省首个花卉繁育中心,花卉苗木产业引领示范效应显著增强。农产品加工"513"工程实现销售收入4.12亿元。实施中低产田改造202.94公顷,完成农田实灌面积4002公顷。实施集中供水和单村供水工程,解决2.2万人的饮水安全问题。

第三产业 2012年,服务业增加值26.04亿元。商贸流通运行平稳,完成4个菜市场、20家农村便民连锁店提档升级工程。明太原县城复兴工程全面启动,综合整治工程基本完工,标志性建筑及历史民居修缮工程顺利推进,投资5800余万元。西山旅游及防火通道竣工通车。蒙山大佛景区接待能力持续提升,全年累计接待游客55万人次,以旅游业为重点的第三产业带动作用进一步增强,在经济中的比重新增长5个百分点,达46.2%。

社会事业 推进"百校兴学"工程,5所学校6个项目全部完工。9所义务教育标准化学校建设通过验收,新改扩建幼儿园5所。公开招聘教师94名,师资力量不断增强,教学水平持续提升。对农民进行科技培训2.56万人,转移农村劳动力7500余人。区文化馆、图书馆建成投用。转化农业科技成果20余项。按时保质保量为37662户低收入农户发放冬季取暖用煤。区人民医院与市人民医院合作共建医院开工建设。人口自然增长率保持在4.45‰。

医疗、失业、工伤等各类社会保险覆盖面继续扩大,新型农村养老保险累计参保74592人,城镇居民社会养老保险累计参保4432人。发放城市低保救助金1126.71万元、农村低保救助金1163.18万元。全区城镇新增就业人员6761人,安置下岗失业人员2519人,登记失业率控制在4%以内。为3753名农民工解决拖欠工资4499.1万元。新开工建设保障性安居工程10642套。新开通和优化延长58路、856路2条公交线路,群众出行更加便捷。双拥、人民武装、广播电视、防震减灾、民族宗教、气象、档案、地方志工作取得新进展,妇女儿童、老龄、残疾人、慈善救助和红十字事业取得新成绩。

城乡建设 城中村改造。在全市率先采取产权置换的方式进行城中村整村拆迁补偿。北阜村整村拆迁基本完成,吴家堡、南阜等5个城中村的旧村整村拆迁工作全面展开,累计拆除40.14万平方米。木厂头、城北等6个村完成集体经济改制和村改居工作。

基础设施建设方面,加快晋阳湖、晋源新城、明太原县城等重点区域的道路、供热、供水、供气等城市基础设施建设,完成征地186.61公顷、拆迁任务38.9万平方米。蒙山大街、冶峪南北街等全面展开,纬三路、纬四路等3条小街小巷改造工程全部完成。

城市管理水平持续提升。打击"两违""四抢"行为。启动晋祠镇规划编制和全区规划全覆盖工程。开展城乡清洁工程达标验收活动,81个单元达标。义井地区老旧片区环境整治工程完工。

新发展新农村重点推进村10个,申报成功"一村一品"专业村8个。新的农村"五个全覆盖"工程全部完成。

生态建设 完成省市造林任务1880.94公顷,自筹资金完成高标准造林133.4公顷。6个城郊森林公园实现投资8亿元,完成绿化608.17公顷。治理水土流失面积306.82公顷,生态管护面积667公顷,地下水位止降回升1.5米。

招商引资 利用第七届"中博会""首届世界晋商大会"、第四届"能博会"等重点招商活动,引进瑞士(中国)抗衰老颐养基地、香港数码金融城等一批投资额大、带动性强的重点项目。签约资金388.8亿元,实际利用外资12.6亿元。

项目建设 开展"项目落地年"活动,定期召开项目调度会。新丰泰汽车园项目等13个项目顺利推进,新九州家具广场等14个落地项目开工建设,完成投资10亿元。

民主法治 62条人大代表建议、107件政协委员提案全部办结。开展"办实事、解难事"活动,解决500余名落地企业和外来务工人员子女入学难等39个问题和难事。

安全生产 以煤矿、危险化学品、道路交通、冶金工贸等行业企业为重点,狠抓各个领域的安全生产专项整治,排查治理各类安全隐患1697项。严厉打击私挖盗采非法违法行为,矿业秩序呈现较好态势。加强应急管理,狠抓信访稳定,社会局面保持安全稳定。 (方慧敏)

【明太原县城复兴工程举行开工仪式】 6月26日,明太原县城复兴工程开工仪式在晋源区古城东门举行。此项目作为太原市的重点项目,预计总投资约为3.8亿元,项目建设期3年。总面积118公顷,核心保护范围面积约34.47万平方米。明太原县城的复兴,是晋源区产业结构调整和优化升级的支点和突破口,有效带动晋阳古城遗址周边的复原,对进一步发掘晋阳传统文化、民俗风情、民间工艺等非物质文化遗产意义重大。

(方慧敏)

【蒙山景区建公交调度场站】 9月28日,区政府与公交部门共同协调,在蒙山景区入口对面建设一个占地面积约为1000平方米的公交调度场站,58路公交车线路长度11.6千米,途经19个站点,分别为:长风停车场、南屯、晋祠路西峪东街口、南堰、南堰南、武家庄、晋祠路化工路口、董茹、董茹南、金胜、一电厂、金胜村、化肥厂、化肥小区、化肥小区南、罗城北招呼站、罗城、王家坟、蒙山大佛景区。线路配车6辆,运营时间将配合景区的开放时间,发车间距一般为20分钟,节假日将根据客流情况作相应调整。 (方慧敏)

·清徐县·

中共县委书记 车建华
县人大常委会主任 张启亮

县　　长　张　强
县政协主席　张晋涛

【简述】 清徐县北纬 37°28′~37°47′，东经 112°10′~112°38′。2012 年，全县地区生产总值 117.5 亿元，增长 3.8%；规模以上工业增加值 61.1 亿元，下降 5.7%；固定资产投资 85.2 亿元，增长 40.5%；服务业增加值 30.21 亿元，增长 11.5%；财政总收入 14.39 亿元，下降 19.1%，其中，公共财政预算收入 10.01 亿元，增长 2.1%；社会消费品零售总额 33.3 亿元，增长 11.4%；城镇居民人均可支配收入21671 元，增长 14.4%；农民人均纯收入 11633 元，增长 13.5%。

重点项目 坚持"园区化承载、集群化推进、高端化引领"，编制实施《清徐县新型工业化"十二五"发展规划》，构建"一带四区四园"产业布局。加快经济开发区基础设施建设，启动焦化企业兼并重组工作，推进煤矿复工复产，东于煤业煤层气抽采投入试运行。建立重点项目"四位一体"推进机制，阳煤化工新材料园等 21 项省、市重点项目开工 19 项，完成投资 53.1 亿元，占全县固定资产投资的 62.6%。与美国菲尔蒙酒庄、唐钢等达成合作，签约项目 17 个，签约金额 44.27 亿元，全县实际利用外资 25.5 亿元，超额完成市任务 11 个百分点。

农业经济 加强农田水利基础设施建设，投资 2746 万元，完成末级渠系节水改造 147 千米，治理水土流失面积 260.13 公顷。全年流转土地 800.4 公顷，水塔醋文化产业园、大禾高效蔬菜科技园、万亩葡萄产业园列入全市十大主题农业产业园规划。编制实施《蔬菜产业发展规划》，创建部级蔬菜标准园 1 个，省、市级蔬菜标准园 5 个，发展设施蔬菜 160.81 公顷，进入全国 580 个蔬菜产业重点县，获"全省设施蔬菜建设先进县"称号。开展农产品质量品牌建设，完成龙眼葡萄、沙金红杏地理标志登记保护。实施农产品加工龙头企业"513"工程，农产品加工销售收入 28.7 亿元，增长 11.2%。加快为农服务体系建设，发展农民专业合作社 99 个，总数达到 570 个。提升农机化作业、机械化保护性耕作和机械化覆盖面，获"全省农机生产先进县"称号。编制《旅游发展总体规划》和《西边山生态旅游区规划》。全县休闲观光农业示范点发展到 45 个，全年接待游客 120.14 万人次，增长 23.2%，旅游收入 1.01 亿元，增长 48%。

城乡发展 太原环城高速太谷连接线工程建成通车，307 国道清徐段改线桥涵工程基本完工，太祁高速清徐南互通工程开工建设，完成南安大桥危桥改造，升级改造 30 千米县、乡、村公路。全县通车里程 1309 千米，新增通车里程 41.33 千米，公路密度由每百平方千米 205 千米提高到 215 千米。公安业务用房投入使用，武装部、检察院业务用房主体完工。开工建设3000 套保障性安居工程，完成农村危房改造 1500 户。县城防洪泵站基本完工，集中供热中水回用工程投入使用。徐沟"百镇建设"重点工程民乐路改造、街巷硬化、天然气管线、同济苑小区建设等基本完工。全县城镇化率提高到 39.83%。严格城乡规划建设管理。投资 5740 万元，实施通湖路老旧片区改造，清理整治电线电缆 14.8 万米、门头牌匾 1.2 万平方米。农村集体土地确权登记发证工作进展顺利，新农村重点村达 107 个，获"全省新农村建设先进集体"称号。

生态建设 编制《林地保护利用规划(2010-2020)》，出台《天然林资源保护森林管护实施细则》《生态公益林效益补偿和保护管理办法》和《加快葡峰森林公园建设的意见（试行)》。完成植树造林 2101.05 公顷，森林覆盖率16.2%，建成区绿化覆盖率由 38.76%提高到 39.8%，人均公共绿地面积 14.4 平方米。编制实施《农村地区排退水问题总体整治规划》，完成 50.7 千米排退水渠道的清淤疏浚工作。投资 2141 万元，完成 3 个乡镇 15 个村农村环境连片整治工程，创建马峪省级生态乡镇和西谷、北程、西罗、南东社 4 个省级生态村。

社会事业 全面完成新"五个全覆盖"工程。新(改、扩)建 5 所中小学、3 所公办幼儿园、18 所义务教育标准化学校，创建 10 所校园文化示范校和 10 所平安校园示范校，基本完成义务教育阶段 53 所薄弱学校的教学设备配套和基础设施建设工作。在全省率先启动农村居民商业大病保险工作，完成县医院公立医院改革试点工作，建设城乡区域协同医疗服务信息平台，建成集档案查询、疾病预防、电子查房、远程诊断、调配医疗资源为一体的数据中心，切实缓解群众看病难、看病贵的问题。633 名五保户实现集中供养，城乡居民养老保险参保率分别达96.6%、96.3%，获全国新型农村和城镇居民社会养老保险工作先进单位。投资 1207 万元，建成 29 处饮水安全工程，9 个乡镇 28 个村、1 所学校及省军区生产基地共 2.55 万人喝上放心水。95573 吨"爱心煤"按时足额发放到户。开通太原至县城和徐沟两路公交车，25 台农村客运车辆进行公交化改造，2460 名老人领取免费乘车卡。

创新管理 深化行政审批制度改革，全面推进扩权强县试点工作。编制《保留事项办事指南》《扩权强县省级市下放行政审批事项汇编》《行政事业性收费罚没收入目录汇编》等。扩权强县事项自行办结 741 项，办结率 99.9%；上报省厅 32 项，办结率 75%。直接争取各类建设用地指标 153.66 公顷，接收往来款项 47725 万元。投资 1100 余万元，建设 6800 平方米综合政务服务中心，加快推进行政审批、电子监察联网运行。全年办结县级保留事项 13023 件，办结率 99.9%，获"全省政风行风评议先进县"称号。严格政府集中采购，节支 1916.34 万元，拒付不合理开支 836 万元。自觉接受县人大及其常委会的法律监督和工作监督，主动接受县政协及社会各界的民主监督，依法行政水平进一步提升。全年办理人大代表建议和政协委员提案 353 件，办复率 100%。

推进社会服务管理创新"575 工程"17 个试点项目，新增 32 个推广项目。建立县、乡、村三级社会服务管理中心，搭建四级电子信息平台框架，划分网格 780 个，选聘网格长 780 人，形成"六网合一"社会服务体系。与瓦斯治理国家工程研究中心签约设立分中心,整体提升煤矿安全技术水平。加大食品安全监管力度,全县配备食品安全管理员10名、协管员210名。启动农产品质量安全检测检验中心建设,论证复查无公害产品20个,认证无公害产地933.8公顷。加强社会面治安防控,完成农村社会治安“五个全覆盖”工程,刑事案件下降21%,治安案件下降23.4%。在国省道、县城主干道17个路口安装电子监控设施,加大科技治超投入,获“全省治超工作优秀县”称号。 (杨晓霆)

·阳曲县·

中共县委书记 冯晋生*
　　　　　　 吕　荣
县人大常委会主任 侯拴龙
县　　　　长 吕　荣*
　　　　　　 刘晋萍(代县长)
县政协主席 白海林

【简述】 阳曲县北纬37°56′~38°25′,东经112°12′~113°09′。2012年全县地区生产总值33.02亿元,增长12.4%;规模以上工业增加值18.83亿元,增长21.5%;固定资产投资25.45亿元,增长60.9%;服务业增加值10.01亿元,增长5%;社会消费品零售总额7.44亿元,增长9.3%;财政总收入5.74亿元,增长23.7%;公共财政预算收入3.45亿元,增长36.5%;城镇居民人均可支配收入16300元,增长15.6%;农民人均纯收入5177元,增长13.5%。地区生产总值、固定资产投资、规模以上工业增加值、财政总收入和公共财政预算收入增幅均排太原市十县区第二名。

项目建设 转型发展工业园启动建设,一期投资2.6亿元,建设面积10.4平方千米。征地311.09公顷,园区大道及基础配套基本建成。全年招商引资签约项目28个。

农业经济 2012年,全县粮食产量1.33亿公斤,同比净增1550万公斤,粮食生产实现九连增。设施蔬菜新增92.05公顷,保有量376.19公顷,蔬菜产量1.37亿公斤。

植物秸秆综合利用成为新型能源和易储藏动物饲料。引进技术和设备,开发植物秸秆综合利用项目。增加农民收入120万元。

城乡环境 2012年综合整治城乡环境,高标准造林绿化2841.42公顷,达标率92.91%。农村街巷硬化1030千米,县城面积由4.3平方千米增加到9.2平方千米。

阳坡小流域成为国家级水土保持科技示范园。阳坡小流域总面积18.09平方千米,从2002年开始逐步完成园区交通、水电、通讯、坝滩、山水、房屋的建设和治理。形成生态、种养、旅游、度假等功能为一体的观光型水保生态小流域。2012年经水利部专家评定验收,成为山西第一批国家级水土保持科技示范园。

加强污水处理,改善县城整体环境。阳曲县污水处理厂服务区域北起大盂镇棘针沟村,南至石太高速铁路,西起大运高速公路,东至北同浦铁路,涵盖阳曲县城全部规划区域。全年总处理水量155.01万立方米,日平均处理水量4246.8立方米。

民生保障 2012年完成保障性住房开工建设1044套,农村危旧房改造1600户,天网工程基础完工,建村级澡堂102座。全县城镇新增就业1778人,转移农村劳动力1785人。

居家养老日间照料,成为山西省农村养老工作新亮点。2012年新阳东街社区、商贸街社区、金家岗村、侯村率先开展对老年人的居家养老工作,对空巢老人、残疾老人、失能老人由志愿者服务队进行一对一帮助,切实为老年人解决生活中的困难。

(王天祥)

【太原市公交车通入阳曲县城】 2012年12月26日,太原市公交公司配车30辆,开通太原至阳曲县城的公交线路。线路长度30.8千米,由太原东客站和阳曲县城(黄寨)对发,设站43处,车距8至15分钟,票价3元。 (王天祥)

·娄烦县·

中共县委书记 薛东晓
县人大常委会主任 段生贵
县　　　　长 张　磊
县政协主席 康变兰

【简述】 娄烦县位于太原市西北,距省城97千米,北纬37°51′~38°13′,东经111°31′~112°2′。2012年,全县人口126507人,其中城镇人口38876人,城镇化率36.44%。

2012年,全年财政总收入9.66亿元,增长19.9%;地区生产总值15.7亿元,同比增长17.2%;规模以上工业增加值6.85亿元,增长32.4%;固定资产投资8.77亿元,增长95.9%;公共财政预算收入5.33亿元,增长27.3%;社会消费品零售总额2.89亿元,增长13.5%;农民人均纯收入4073元,增长13.4%;服务业增加值6.8亿元,同比增长11.1%。

农业 编制完成南川河现代农业示范园区建设规划,建设核心区397栋节能温室和大棚,带动周边种植蔬菜400.2公顷。培育张家庄大蒜、大圣堂蔬菜、国练胡萝卜、马家庄种薯等14个“一村一品”特色产业村庄。农业效益逐步提升,2012年,农作物播种面积13673.5公顷,粮食总产量1387万公斤,完成计划目标139%;“513”龙头企业效益稳步提高,销售收入1.93亿元,完成计划目标130%。

生态建设 实施库周、城周造林绿化、石峡沟生态景观、东山生态基地绿化、矿山生态恢复治理、通道景观绿化、出口靓化等多项重点工程。建设育苗基地667公顷,造林4955.81公顷,完成任务的115%,绿化率达51%,森林覆盖率达17.3%。被国家林业局评为“全国建立保护发展森林资源目标责任制优秀县”。

净水质、控烟尘、查超标、削总量、二氧化硫、氨氮等6项污染指标全部超额完成市下达任务,万元GDP能耗下降5.4%。县城二级以上天数达365天,一级天数达85天。治理水土流失面积4528.93公顷,地下水位止降回升0.59米,年减少入库泥沙27万吨。汾河水库出入口水质均达地表水三类水标准。矿山生态恢复治理绿化工程完成,环库危化品车辆监控系统一期工程完工并投入使用,汾河水库生态保护试点项目进行顺利，涧河人工湿地水质改善工程加紧施工，库周第一山脊造林绿化提档工程全面铺开，水源地保护提升到更高层次。

重点项目 实行重点项目县级领导包抓制度和跟踪督办制度。12个市重点项目投资8.58亿元，完成目标的106%。3项省重点工程投资13.73亿元，完成目标的119.5%。重点项目落地资金2.38亿元，完成目标的238%。省市重点工程投资完成率、固定资产投资完成增速、重点项目落地率三项指标全市排名第一。包括16项标杆工程在内的76项县重点工程全部完工，投资21亿元。

支柱产业 龙泉煤气化矿井完成主体工程，静游至静乐地方铁路线开工建设，煤运集团煤矿技改和矿区110千伏输变电工程有序推进。山西国际能源集团风电项目一期工程完成测风。环宇矿业、陆海洗煤厂完成技改升级。汾河水库获批国家级水利风景区称号。高君宇纪念馆主体完工。“山水娄烦，天然氧吧”的旅游品牌逐步打响。

招商引资 举办招商引资恳谈会，签订万亩油松育苗基地等项目，签订金额7.95亿元。全年共签约8个项目24.16亿元，到位资金18.14亿元，超额完成招商引资任务，到位资金为近年来较好的一年。煤矸石发电、光伏发电等项目正在洽谈中。

基础设施建设 编制完成《县域村镇体系规划》和《县城总体规划》，规划引领作用明显增长。综合改造供热管网，新建换热站2处，供热能力增加64万平方米。农村安全饮水提升工程惠及35个村1.2万人，改造中低产田1133.9公顷，完成2处节水灌溉工程，推广旱作节水技术2334.5公顷。以打造文明通畅县城、干净整洁县城、靓丽宜居县城为抓手，环境卫生进一步改善，市人大代表城乡清洁工程满意度测评全市排名第一。

民生保障 2012年，社保覆盖范围继续扩大，各项保险超额完成任务，通过“人财物”清理，一批历史遗留问题得到解决。就业形势持续好转，新增就业岗位1785个，失业人员再就业238人，城镇登记失业率为3.4%。低收入农户冬季取暖用煤全部发放到户，县城提前集中供热。开展职工免费体检、流动人口免费普查、新入学学生免费体检及关爱女孩爱心助学、贫困母亲慈善救助等“三免费”和“两救助”活动，惠及群众9769人。保障性住房开工建设660套，农村危房连片改造1700户，扶贫移民搬迁5个村1012人。实施农民参保新农合全免费、五保老人集中全供养、60岁以上老人养老全保障、义务教育阶段寄宿生交通费全补贴等惠民工程，被评为全省农村新的“五个全覆盖”工作先进县。开展“办实事、解难题”和“访民生、知民情、解民意”活动，按照政策及时普调全县职工的住房公积金、取暖补贴和工资并足额发放到位。

社会事业 全县16所寄宿制学校食堂改造工程全面完成，所有住校生的饮食安全问题得到保障。14所薄弱学校设施设备全部更新。投资1560万元的6所乡镇卫生院标准建设工程基本完成，投资1亿余元的县城综合医院开工建设。市中心医院托管县医院规范运营，招聘医技人员29名，整体诊疗技术逐步提高。提高新农合参合标准和报销上限，“先住院，后付费”服务模式全面推行。科技三项费投入800万元，成功申报“首批太原市转型综改实验先导区科技创新园”，科技对产业支撑作用逐步凸显。完成专利申报59件，人民群众保护知识产权和科技创新的意识明显增强。人口自然增长率控制在5.19‰，符合政策生育率同比提高20%。开展“三晋康家”系列工程，拓展“一机一蛋一奶”工程，发放老年手机326部，为644名孕期妇女每天补助一颗鸡蛋，为符合条件的学生每天补助一袋奶。妇女、儿童、老年人、残疾人合法权益得到保障。

安全生产 开展“打非治违”专项行动和百日安全生产大检查活动，排查和消除各类隐患1428件。实行煤矿、尾矿库等高危行业企业县级领导挂牌制度，配齐煤矿安全监管“五人小组”，聘用各行业领域的县长安全顾问，安全生产监管的专业性和科学性有质的提升。完善包保制度，全县2457个生产经营单位全部实现监管责任“三落实”。煤矿、尾矿库、淤地坝、地质隐患点均有专人监控。加大隐患举报奖励力度，公开举报电话25部，设立专项奖励资金20万元，共受理举报152件，奖励举报人4.21万元。

社会环境建设 社会治安持续好转，刑事案件发生率同比下降29.7%，全县95%以上村庄、社区实现“零发案”。网络化管理三级服务平台初步建成。开展村务公开、民主管理“难点村”治理工作，全县村务规范公开率达95%。 （李亮存）

【滨水园林县城建设】 投资2.7亿元，实施“一河两路三桥”和“一街五巷提升改造”工程，完成县城南大街片区综合整治、涧河公园改造、涧河蓄水和音乐喷泉等一批宜居城市建设项目，精心设计楼宇、园林和水系灯光，打造靓丽节能的夜景灯光环境，县城面貌焕然一新。2012年成功通过省级园林县城初验和省级卫生县城验收。 （李亮存）

【“一县一业”马铃薯产业】 马铃薯产业规模扩大，质量提升。建成惠农马铃薯脱毒种薯繁育中心，太原惠农马铃薯科技产业园被确立为“太原现代农业十大主题产业园”之一，典型示范和引领带动作用逐步加大。打造“一带三园四片区”，种植马铃薯5336公顷，占全县耕地面积的29.6%，实现产值1.3亿元，被评为全省“一县一业”工程先进县。 （李亮存）

·古交市·

中共市委书记　常　青
市人大常委会主任　阎亮娥（女）
市　　长　韩良会
市政协主席　褚宇平

【简述】 古交市位于吕梁山脉关帝山东翼与云中山南端交接处，山西省太原市西北部，在北纬37°40′~38°8′，东经111°43′~112°21′之间，东西宽

50千米，南北长53千米，总面积1551平方千米，山地和丘陵占总面积的98.9%，其中耕地面积28万公顷;煤田分布面积754平方千米,煤炭资源总储量96亿吨。2012年下辖7乡、3镇、4个街道办事处。全市总人口22.07万人，其中城市居民14.46万人,农村居民7.61万人。出生率8.62‰,死亡率3.5‰,自然增长率5.11‰。

2012年，全市地区生产总值32.7亿元,下降8.6%;规模以上工业增加值14.8亿元,下降26.6%;全年固定资产投资54.3亿元，增长38.6%;服务业增加值14.5亿元,增长5.1%；社会消费品零售总额33.3亿元,增长8.3%;城镇居民人均可支配收入20919元,增长14.6%;农民人均纯收入9910元,增长13.4%。财政总收入12.6亿元,下降20.8%;公共财政预算收入7.6亿元,下降11.1%。教育、文化、社会保障等支出分别比上年增长26.6%、31.8%和8.69%。全年实际利用外资49亿元，被评为全省投资环境创优县(市)。制订《古交市资源型城市转型综合配套改革实施方案(2012—2020)》。

工业经济 以转型发展为主线，16座基建矿井取得实质性进展,西山煤气化化产回收、纸面石膏板等项目基本建成,华通粉煤灰水泥项目全面开工,太原煤气化古交煤焦化工业园区申报立项。西山蓝焰煤层气达产运营,向省城日供气15万立方米;中广核、中电投风电项目立项加快;镁合金深加工、纳米聚晶金刚石等4个项目实现试生产,赛隆陶瓷、泡沫彩釉玻璃等7个项目基本建成。

农业经济 岔口老农、龙城向新等5个现代农业园初见规模,其中龙城向新被评为太原都市现代农业十大主题产业园之一。培植海栗、源林2户大型农产品加工企业,认证166.75公顷无公害基地;“栗磊”“净苑”2个农产品品牌获“省著名商标”,实现零突破。完成童子川滩坝联治、大沟流域水土保持项目,建成蔬菜集约化育苗中心和河口集中供水工程。补贴农药、化肥、种子、农机具等生产资料539万元,家电272万元,培训农民7600余人。林地确权66700公顷,被评为全省集体林权制度改革、农机化综合工作先进单位和太原市农产品监管先进县(市)。

服务业 发展现代服务业,中海能源煤焦集运站初步建成,台湾商业街、富丽华大酒店奠基开工,龙城向新滑雪场投入运营,龙池沟度假村开展前期论证,多元发展的转型体系日显雏形。依托民间资本成立阜民、汇泽2个村镇银行。

城乡建设 编制东部新城等十大片区修建性详规，实施凤凰苑、红梁山安置房等建设和三岔口片区开发。金牛大厦开始改建,生活垃圾无害化处理场基本完工，工人文化宫、大川河步行桥投入使用,6条农村公路和3座危桥改造完成。建成全省首家县级数字城管平台，完成屯乐苑、东曲矿2个片区环境综合整治,打造滨河南路、大川西路2条省级示范道路,创建44个清洁示范村庄和66个示范单位,164个村、社区环境达标,达标率90%以上，名列三县一市之首。农村街巷硬化工程基本完工。建设里程为446千米,其中街道285千米,巷道100千米,户道61千米。列入农村街巷硬化“全覆盖”工程的136个行政村全部完工。被评为全省城乡清洁示范县(市)。

交通 太原—古交高速公路2008年12月开工,2012年7月12日正式通车。该公路起点为太原绕城高速西北环段东社互通枢纽,终点为古交市河口镇，路线全长23.404千米,双向4车道,设计时速80千米,路基宽度24.5米,整条路桥隧比例达71%,西山特长隧道长13.65千米,是全国第二长公路隧道。总投资28.48亿元。

科教 文化 争取国家、省市各类科技资金7100余万元。实施56所薄弱学校改造，完成16所学校标准化建设,改扩建幼儿园3所。公开招聘教师84名,其中38名为全日制研究生。中心医院住院楼投入使用,卫生监督所工程基本完工,公立医院改革全面完成，取消以药养医的现象,新农合实行市乡医院“先住院、后付费”政策。完成76个“农家书屋”设施配套和10个乡镇文化站建设。开展“忠”文化研究论证。实施电视台数字化采编播系统改造。建成人口文化广场,制订15条优生优待政策,全年落实长措3660例。

民生 城镇居民养老保险参保15158人,新农保参保34162人。新增城镇就业岗位6546个。城乡低保标准分别提高到396元和252元,发放高龄保健津贴147万元,农村低收入户冬季吨煤补贴及时兑现,市区水电气暖得到保障。采煤沉陷区安置房首期1030户分配到位，保障性住房开工2004套、竣工598套。农村街巷硬化、便民连锁店等新的“五个全覆盖”工程全面完成。落实城乡义务兵优待金370万元。农村1630户危房改造、60余套公租房建设、2000平方米创业孵化基地、36所寄宿制学校食堂标准化提升等十件实事完成。

环境保护 改造提升电力、焦化、煤炭、洗煤等行业污染治理设施。清理取缔废旧场址和非法储配煤厂67家,提档升级洗煤厂15家。综合整治西曲、马兰、镇城底3个排矸场,对13个行政村进行环境连片整治。完成国家、省市造林任务和太克线东大门、环城北山二期等重点工程,全年造林5669.5公顷。实施中心城区绿化美化,城市绿化覆盖率39.3%,绿地率34.4%，人均公园绿地面积8.8平方米。市区二级以上空气质量天数364天。

社会管理 成立古交市社会服务管理指导中心,对基层社会服务管理进行指导、协调、调度、考核。完成14个派出所“四区七室”建设,新建社区警务室26个、警务联系点146个,公安业务技术大楼和看守所主体基本建成。开展非煤矿山、道路交通、危化品、消防等领域隐患排查治理,排查整改各类隐患4675条。开展打非治违活动，实行联合巡查等办法,累计扣押铲车等21辆，罚没款85万元。强化民爆物品专项整治,收缴非法炸药852公斤、雷管5230发、导火索452米。 (赵志英)

大同市

中共市委书记　丰立祥
副书记　耿彦波
柴树彬
市人大常委会主任　梁凤书
副主任　董　斌
刘　美
邵　奎
张志伟
杨人毅
曹世平
张翠萍(女)
市　长　耿彦波
副市长　李世杰(女)　胡玉亭*
王克建　操学诚
曹惠斌　靳瑞林
郜向华　刘振国
市政协主席　马福山
副主席　马维平　刘俊雍
陈昌辉　武保洲
程廷龙
许进娥(女)
郭俊岗　张小立
杨硕平

【概述】 2012年大同市实现地区生产总值(GDP)931.3亿元,按可比价格计算,比上年增长10%。其中,第一产业增加值49.7亿元,同比增长5.8%;第二产业增加值472.2亿元,同比增长10.8%;第三产业增加值409.4亿元,增长9.7%。三产业对GDP增长的贡献率分别为3.7%、50.4%和45.9%。三产业结构比为5.3:50.7:44。全市人均GDP实现27813元。

全年居民消费价格比上年上涨2.3%。全年商品零售价格比上年上涨1.5%。工业品出厂价格比上年下降5.5%。

全年城镇新增就业人数54369人;下岗失业人员再就业28587人;困难群众就业7899人;转移农村劳动力28820人;创业带动就业14172人;城镇登记失业率为2.9%。

农业 2012年全市农作物总播种面积321.74千公顷,比上年增加2.22千公顷。其中粮食作物播种面积278.94千公顷,增加2.12千公顷。全市粮食总产量94.90万吨,较上年增加9万吨,增长10.5%。畜禽产品:生猪出栏88.47万头,比上年增长4.5%;牛出栏7.88万头,下降3.7%;羊出栏114.45万只,下降1.2%;家禽出栏306.58万只,增长2%。全市肉类总产量12.8万吨,比上年增长6.5%。牛奶产量21.66万吨,禽蛋产量3.93万吨。猪存栏54.7万头;羊存栏131.56万只。

农业机械总动力176.05万千瓦,比上年增长5.4%。机耕面积194.21千公顷,增长7.5%;机播面积139.62千公顷;机收面积54.45千公顷。全市有效灌溉面积130.11千公顷;新增节水灌溉面积4.86千公顷。

工业　建筑业 工业增加值比上年增长11.9%。其中,规模以上工业企业完成工业增加值418.74亿元,比上年增长13.4%。主要工业产品化学原料药、生铁、粗钢等均有增长。煤、电较上年略有下降。全市规模以上工业企业实现主营业务收入1599.22亿元,较上年增长22.3%;实现利税105.81亿元。全市建筑业增加值52.62亿元,较上年增长2.6%。具有资质等级的总承包和专业承包建筑业企业完成建筑业总产值125.19亿元,较上年增长15.76%。房建施工面积717.60万平方米,竣工面积221.80万平方米。

固定资产投资 全年固定资产投资831.79亿元,较上年增长25.1%。其中,国有经济单位投资完成453亿元,增长19.2%;非国有经济单位投资完成378.79亿元,增长32.9%。房地产业开发投资170.61亿元,比上年增长27.2%。其中,住宅投资115.07亿元,施工面积1329.17万平方米,竣工面积197.01万平方米。

能源 全年一次能源生产折标准煤0.75亿吨,比上年下降0.94%;二次能源生产折标准煤0.06亿吨,下降2.31%。全年全市铁路外运煤炭9268.9万吨,比上年下降5.46%,外运煤炭占原煤产量的比重为88.35%。全年外输电225.14亿千瓦时,比上年下降10.52%,外输电量占发电量比重为61.87%。全社会用电量138.74亿千瓦时,同比增长2.01%。居民生活用电10.89亿千瓦时,同比增长7.36%。

贸易 国内贸易:社会消费品零售总额413.65亿元,比上年增长16%。其中,城镇消费零售总额356.48亿元,增长16.01%;乡村消费品零售总额57.17亿元,增长15.97%。住宿和餐饮业实现零售额43.22亿元,增长23.06%。全市限额以上批发零售贸易企业零售额中,服装鞋帽、针纺织品类增长109.4%,汽车类增长14.3%。

对外经济贸易:全年海关进出口总额完成50395万美元,比上年增长16.9%。其中,出口完成23400万美元,增长139.0%;进口完成26995万美元,下降19%。

交通　邮电　旅游 交通运输:全年公路通车里程达到12515.08千米。其中高速公路达到550.49千米。全市公路密度88.75千米/百平方千米。货物运输总量7841.34万吨,比上年增长9.24%。客运2859.41万人,比上年增长3.53%。年末全市民用汽车保有量30.14万辆,比上年增长4.4%。其中,私人汽车26.01万辆,增长9.4%。年末载客小型车保有量21.21万辆,比上年增长17.3%。其中,私人载客小型车19.14万辆,增长22.1%。轿车总量14.43万辆,其中个人轿车13.11万辆,比上年增长24.2%。

邮电:全年完成邮电业务总量28.44亿元,比上年增长7.6%。其中,电信业务总量25.96亿元,增长9.2%;邮政业务总量2.24亿元,下降8.2%。固定及移动电话用户总数382.63万户,比上年增长8.2%,其中固定电话用户57.11万户,增长2.0%;移动电话用户325.52万户;增长9.3%。计算机互联网络用户44.1万户,比上年增长33.5%。邮政局所110个,邮路总长度2361千米。全市订销报纸4149万份,订销杂志188万份。收寄国内函件251万件,收寄国内包裹6万件,年内拥有邮政储蓄78家,年末储蓄余额114.9亿元,净增15.7亿元。

旅游:全年旅游业务总收入162.82亿元,比上年增长19.2%。其中,国内旅游业务收入156.2亿元,增长19.3%;国际旅游创汇10224.34万美元,增长18.2%。全年共接待国内、外旅游者1918.04万人次,比上年增长 18.7%。其中，接待国内旅游者 1890.29 万人次，增长 18.7%；接待海外旅游者 27.75 万人次，增长 18.1%。

财政 金融 保险 财政：全年财政总收入完成 190.74 亿元，较上年增长 17.6%；全年一般预算支出执行 186.79 亿元，比上年增长 10.3%。其中，教育事业支出增长 32.2%；城乡社区事务支出增长 26.4%；文化体育和传媒支出增长 93.9%。

金融：年末全市金融机构各项存款余额 2013.93 亿元，比年初增加 144.62 亿元，比上年同期增长 7.7%。其中储蓄存款余额 1220.11 亿元，比上年同期增长 13.3%。年末全市金融机构各项贷款余额 770.52 亿元，比上年同期增长 17.0%。

保险：全市共有注册保险机构 25 家。全年全市保费累计收入 33.8 亿元，比上年增长 2.1%。累计支付各类保险赔款及给付 13.5 亿元，比上年下降 14.6%。

科技 教育 科技：全年共申请专利 801 件，比上年增长 68.6%。其中，发明专利 257 件，实用新型 463 件，外观设计 81 件。全市共授权专利 402 件，其中，发明 35 件，实用新型 330 件，外观设计 37 件。共组织鉴定达到国际先进水平的省级科技成果 4 项。获 2011 年度省科技奖 9 项。组织鉴定市级科技成果 11 项。全市气象台站 10 个，开展人工影响天气业务的单位 8 个。防雹、增雨累计受益面积 1.4 万平方千米，增雨量 0.6 亿立方米。全市有天气预报服务发射网站 1 个，卫星云图接收站 9 个。全年降水量 434 毫米，年平均气温 6.4 摄氏度，无霜期 146 天。

教育：全市中等职业教育招生 1.06 万人，在校生人数 3.23 万人。其中职业高中招生人数 0.49 万人，在校人数 1.92 万人。全市基础教育招生人数 15.52 万人，在校人数 52.32 万人。其中，初中招生人数 4.03 万人，在校生 13.03 万人；普通高中招生数 2.58 万人，在校生 7.42 万人。普通高校招生人数 7011 人，在校生 28676 人。

文化 卫生 体育 文化：举办第十一届中国大同云冈文化旅游节、第七届新年音乐会、第十届迎新春优秀剧目评比展演、第二届春节文化庙会；协助拍摄电视《明星带你游大同》。新创大型剧目《铁血红颜》《正德西巡》《喜鹊岭喜事》。现代戏《奶娘》获山西省十三届“杏花奖”。全市有群众文化艺术馆 12 个，艺术表演团体 10 个，文化馆 12 个；公共图书馆 13 个，藏书 57.9 万册；博物馆 1 个，档案馆 13 个。全市共有广播电视台 10 座，电视发射、转播台 29 座，中波发射台 1 座，调频发射、转播台 14 座，微波站 14 座，有线电视网 14 个。广播人口覆盖率达 93.53%，电视人口覆盖率达 97.08%，有线电视用户 48.94 万户，数字电视用户 36.57 万户。

卫生：全市共有卫生机构 3067 个，床位 15917 张。其中医院 109 个、卫生院 145 个，床位 14184 张；社区卫生服务中心(站)108 个；疾病预防控制中心 13 个；妇幼保健机构 13 个。全市共有卫生技术人员 19192 人，其中执业医师和执业助理医师 8681 人，注册护士 6669 人；疾病预防中心卫生技术人员 407 人；妇幼保健卫生技术人员 274 人；乡镇卫生技术人员 1420 人。

体育：在第十三届伦敦奥运会上，全市选送 5 名运动员代表国家参加 5 个项目比赛，获得一金一银一个第五名的好成绩。在省十四届运动会上共获得 100 枚金牌，90 枚银牌，76 枚铜牌，总分 2743 分，名列全省第二位。举办“全国青年迎青奥”长跑活动，承办全国高校健身气功比赛、中国健身名山登山赛恒山站比赛等体育活动 30 余项。年末人均公共体育场地面积 1.50 平方米。

环境保护 全年二级以上良好天气达到 349 天，较上年增加 2 天。主城区新增供热面积 600 万平方米，实际集中供热面积 4300 万平方米，城市集中供热 100%。现有天然气用户 54 万户，液化气用户 2 万户，城市气化率 98%以上。城市供水普及率 99%以上。污水处理率 82.1%，中水回用率达 46%。市区日处理垃圾 880 吨、城市生活垃圾无害化处理率 88%。

全市建成区新增绿化面积 346.63 万平方米。城市建成区绿化覆盖率、绿地率、人均公共绿地三项指标分别为 41.7%、36.88%、13.12 平方米/人。分别比上年增加 3.2 个百分点、2.48 个百分点、1.23 平方米/人。全年共完成造林面积 32.31 千公顷，其中人工造林完成 25.17 千公顷，飞播造林面积 2.33 千公顷，年末实有封山育林面积 132.44 千公顷。

人口 人民生活 社会保障 人口：2012 年末总人口为 335.71 万人，比上年增加 1.74 万人。其中城镇人口 194.55 万人，占总人口的 57.95%；乡村人口 141.16 万人，占总人口数的 42.05%。全年全市出生人口 3.73 万人，人口出生率为 11.1‰；死亡人口 1.99 万人，死亡率为 5.9‰；自然增长率为 5.2‰。出生人口性别比为 104.6:100。

人民生活：全市城镇居民人均可支配收入 21482 元，比上年增长 13.6%；城镇居民人均消费性支出 13441 元，比上年增长 9.8%。全年全市农民人均纯收入 5642 元，比上年增长 14.3%；农民人均生活消费支出 4214 元，增长 12.7%。城镇居民人均住房建筑面积 26.27 平方米；农村居民人均住房面积 23.12 平方米。农村新“五个全覆盖”：农村街巷硬化、便民连锁商店、农家书屋、农民体育健身场所和村级文化活动场所建设均已完成。中等职业教育免学费和新型农村社会养老保险全覆盖完成。

社会保障：全市城镇职工基本养老保险参保职工人数 56.92 万人，保险基金征缴收入 19.3 亿元。新型农村养老保险参保人数 89.29 万人，农村养老保险基金征缴收入 9715 万元。城镇居民养老保险参保人数 10.2 万人，保险基金征缴收入 1081 万元。城镇基本医疗保险参保人数 129.76 万人，医疗保险基金征缴收入 12.49 亿元。失业保险参保人数 43.8 万人，失业保险基金征缴 2.59 亿元。全市新型农村合作医疗参合农民 154.3 万人，参合率 98.57%。全年纳入最低生活保障的居民 20.18 万人，发放城市低保资金 5.18 亿元。纳入农村最低生活保障的居民 16.12 万人，发放低保资金 2.22 亿元。年末各类福利院床位数 9431 张，收养 6778 人。城镇建立各种

服务设施155个，接收社会捐赠款135.09万元。（姚　斌）

【省造林绿化大同现场会】 2012年8月21日，山西省造林绿化大同现场会召开。300余名与会人员，现场观摩大同市南郊区、左云县、新荣区、大同县、采凉山和文瀛湖公园等造林绿化工程，并沿途参观通道绿化、景区景点、矿区社区绿化等工程。会上，省政府授予大同市“全省造林绿化先进市”称号。（姚　斌）

【2012中国（大同）云冈文化旅游节】 以“中国古都·天下大同”为主题的2012中国（大同）云冈文化旅游节由大同市政府、省文化厅和省旅游局共同主办。9月6日开幕，活动内容包括中国（大同）国际壁画双年展暨“曾竹韶雕塑艺术奖学金”年度优秀作品展，民俗歌舞剧《想亲亲》演出，北魏“皇家礼佛”巡游表演等，以及晋华宫国家矿山公园开园庆典仪式。（姚　斌）

【文瀛湖大景区呈现生态美景】 文瀛湖大景区占地面积近700万平方米，水面面积378.8万平方米，绿化面积267.8万平方米，园林建筑面积39.4万平方米，从2010年开工建设。2012年对文瀛湖景区的绿化进一步完善。景区内的明代古堡进行修复，由中央美院师生精心制作的大型主题雕塑安放于景区景点。（姚　斌）

【联手“华强”发展文化科技产业】 大同市与深圳华强文化科技集团联手打造的转型项目——文化科技产业基地于年内立项并开工建设。该项目坐落在御东新区南环路南侧，东邻文瀛西路，总规划占地面积约53.36公顷，总投资约18亿元，以文化产业为主导，建设国际性的文化科技产业基地。该基地科技体验区设计“飞越极限”“时间机器”“游龙戏凤”“绥螺箩”“嘟比农庄”等16项大型主题体验项目。（姚　斌）

【首届中国（大同）国际壁画双年展】 2012年9月26日，首届中国（大同）国际壁画双年展开幕，此次大展由中国美术家协会、中央美术学院、大同市政府联合主办，参展作品超过500多件。此次双年展邀请俄罗斯、日本、韩国几十位艺术家参展。（姚　斌）

【中国（大同）国际汽车文化节】 由大同市人民政府和中国汽车工业国际合作总公司共同主办的中国（大同）国际汽车文化节于2012年8月23日~26日在大同南城关城举行。活动吸引40多个品牌的经典老爷车、豪车、名车及自主、合资品牌汽车精彩亮相。（姚　斌）

【董栋获奥运蹦床金牌】 2012年8月3日，伦敦奥运会男子蹦床单人决赛中，两届世锦赛冠军、中国选手董栋表现出色，以62.99高分摘得男子蹦床金牌，为中国体育代表团赢得荣誉。董栋是大同市培养输送的优秀运动员，他获得的这枚金牌实现大同体育和山西体育28年来的奥运个人金牌梦想。（姚　斌）

【“感动大同杰出人物”——韩凤庚】 1960年5月9日发生的大同白洞煤矿矿难中，矿工王善金不幸遇难，留下妻子和3个未成年的孩子。5年后王的妻子也身患癌症病故。1959年从辽宁阜新卫生学校毕业的韩凤庚被分配到白洞矿医院，当药剂师。面对着12岁的王林、10岁的王元、7岁的王进3个孤儿，韩凤庚决定与三个孩子搬在一起生活。他既当爹，又当妈，放弃了婚姻，终身未娶。三个孩子读书成人，先后走上工作岗位，他又为他们一个个成家立业。2011年6月7日，73岁的韩凤庚突发肺阻塞去世。同年他被同煤集团评为“感动同煤的人”。2012年，被大同市人大常委会授予“感动大同杰出人物”荣誉称号。（姚　斌）

·城　区·

中共区委书记	祁学峰
区人大常委会主任	马　力
区长	薛明耀
区政协主席	崔建中

【简述】 大同市城区在北纬40°00′~40°08′，东经113°00′~113°19′，辖区面积46.13平方千米，全区辖14个街道办事处，109个社区居民委员会。

2012年大同市城区实现地区生产总值（GDP）1317674万元，比上年增长10.4%。其中，第二产业增加值549382万元，同比增长10.8%；第三产业增加值768292万元，同比增长9.9%。二、三产结构比为42:58。

工业 全年规模以上工业企业完成工业增加值202379万元，比上年增长2.8%。全年规模以上工业企业产品实现销售产值1006744万元，比上年下降20.64%。规模以上工业企业实现产品销售收入1066537万元，比上年下降19%。实现利税81276万元，比上年下降2.9%，其中，国有控股工业企业实现利税7746万元，增长48.6%。实现利润27550万元，比上年下降8%，其中，国有控股工业企业实现利润6153万元，增长29.2%。

建筑业 全年建筑业实现总产值713490万元，比上年增长10.8%。全区具有建筑业资质等级的总承包和专业承包建筑业企业完成总产值713490万元，比上年增长10.8%。房屋建筑施工面积348.65万平方米；房屋竣工面积156.79万平方米。

固定资产投资 全社会固定资产投资完成1920335万元，比上年下降4%。

房地产开发：全年房地产业开发投资完成1323248万元，比上年增长16.6%。其中，住宅投资873958万元，下降1.4%。房地产开发投资占固定资产投资的比重为68.9%。房地产开发施工面积1629万平方米，比上年增长16.8%。其中，住宅施工面积1063万平方米，比上年下降21.9%。竣工面积152万平方米，比上年下降81.6%。其中住宅竣工面积127万平方米，比上年下降83.5%。商品房屋销售面积75万平方米，比上年增长15.4%。

社会消费品零售额 全年实现社会消费品零售总额1644162万元，比上年增长16.08%。

财政收入 全年财政总收入329417万元，比上年增长27.21%。一般预算收入33199万元，比上年增长

31.65%。财政收入中,增值税、个人所得税分别为3803万元、1855万元;企业所得税、营业税分别为2478万元和10477万元。

一般预算支出100671万元。其中,一般公共服务支出11039万元,公共安全支出2973万元,教育支出34599万元,科学技术支出681万元,社会保障和就业支出23889万元,医疗卫生支出4340万元,城乡社区事务支出15566万元,住房保障支出3339万元。

科技教育 全年共投入科研与开发专项资金8万元,全年全区专利数达到515件。

城区有38所公办小学,2所民办小学,1所回族小学,1所特殊教育小学,共有在校学生48740人,专任教师2510人。

文化生活 参加全市春节期间街头文艺活动,获得优秀组织奖;全年组织160余场“百队百场”文艺演出进社区、进部队、进校园、进企业等一系列演出活动,受到群众的欢迎与好评;在108个文体活动辅导站的基础上,新增21个站(队),达到139个站(队),其中有13个业余艺术团队,人数达1500多人。街道、社区文化建设方面,建成6个街道文化中心、20个社区文化活动室,各项文化器材、设施得到充分利用。全区现有文化馆1个,图书馆1个,文化市场综合执法队1个,少儿体校1所,少儿业余艺校1所。

医疗卫生 全区有医院1所,床位50张,卫生技术人员116人,其中:医师60人;社区卫生服务站5所,卫生技术人员51人,其中:医师19人;妇幼保健站1所,卫生技术人员22人,其中:医师19人;疾病预防控制中心1所,卫生技术人员38人,其中:医师13人;卫生监督所1所,卫生技术人员19人,其中:医师9人。

社会事业 全区城镇居民人均可支配收入21482元,比上年增长13.6%。城镇居民人均消费支出13441元,比上年增长9.8%。

全区国家抚恤、补助各类优抚对象1126人。接受社会捐赠22.2万元。共有72011人得到政府最低生活保障救济,发放低保资金2.2亿元。

全区参加企业养老保险社会统筹的在职职工10893人,全年共征缴养老保险费5450万元。全区共为企业离退休人员发放养老金7050万元,拨付率为100%。企业退休人员纳入社区管理服务率达100%。

全区城镇基本医疗保险参保人数193万人,其中,城镇职工参保人数为21万人,城镇居民参保人数为17.2万人。城镇基本医疗保险金征缴收入2700万元;拨付医疗保险待遇2540万元;失业保险参保人数8100人;失业保险基金征缴160万元;工伤保险参保人数19070人。 (许雅莉)

·矿　区·

中共区委书记	门开发
区人大常委会主任	王宝林
区长	刘勇军
区政协主席	李　钢

【简述】 大同市矿区位于北纬39°55′~40°8′,东经112°53′~113°12′。全区辖28个街道106个社区,总人口502147人,其中流动人口12023人,人口出生率为4.97‰,自然增长率为3.7‰。

2012年全区生产总值185231万元,完成年计划的102.9%,较上年增长12.5%;规模以上工业增加值4962万元,完成年计划的100.8%,较上年增长16.2%;社会消费品零售总额639708万元,完成年计划的100.1%,较上年增长16.06%;财政总收入114338万元,完成年计划的112.64%;一般预算收入10003万元,完成年计划的118.1%。

工业 引进3500万元,投资建成富达昌液压件有限责任公司兼并区地毯厂生产刮板运输机项目、远达物资贸易公司租赁原忻州窑街道小学生产煤机配件项目、大同市百亿通科技发展有限公司租赁原忻州窑街道中学生产防爆组合开关项目。全年煤机制造企业产值达到26000万元,实现税收3000万元。

招商引资 以新平旺为中心,恒安、口泉为两翼的现代服务业网络初具规模,必胜客、华林超市、金泰金银珠宝行等知名商贸企业落户矿区;在“项目落地年”活动中,全年实施33个重点项目建设,完成投资12.24亿元,其中落地项目13项,落地率100%;在能博会、中博会、晋商大会上签约17个项目,签约资金共30.26亿元。

民营经济 出资400多万元对优秀民营企业进行表彰。新发展民营企业和个体工商户1350户,新增从业人员3244人,新增注册资金9333万元。民营经济上缴税收17450万元,占区本级税收的75%。

科教 全年科技三项费用投入175万元,占到财政预算的1%。全年教育总投入4.5亿元,同比净增2725万元。投资2994万元新建大钢中学和民胜一小教学楼;投资1187万元建成恒安一中标准化运动场、室内体育馆;投资1798万元,启动建筑面积8432平方米的实验小学教学楼项目。对全区17所学校校舍和33个单体建筑进行加固维修;投资1837万元为义务教育标准化项目学校配备仪器、图书、多媒体等教学设施;成立1所公办幼儿园,筹办2所附属幼儿园,清泉二小和平盛二小正式挂牌并投入使用。出资300万元对优秀教师和办学质量优胜学校进行表彰奖励;2012年全区被同煤一中录取的学生323人,同比增长40%;全区教育系统55个单位先后获得231项国家、省市集体荣誉,459名教师获得个人荣誉,其中新胜第一小学被中国教师发展基金会评为“全国特色学校”,恒安一中、平泉一小以及新胜第一小学获得“山西省规范汉字书写教育特色学校”称号。

文化 投资180万元为20个基层文化活动站点配置书柜、桌椅、期刊架。成立“喜乐民族乐团”,引资700万元建成全区第一家大型电影院金港国际电影院。举办第九套广播体操比赛暨第四个全国“全民健身日”启动仪式。全年共组织文艺表演、书法绘画展览等各类群众性文化活动近60场。开展“职工书屋”创建活动,投资12万元,为28个街道购买书籍4453册。全区共有1个全国示范点,4

个省级示范点。拨付专款14.9万元，聘任12名文物监督员，管护全区31处重点文物。有2个单位被授予“省级文明和谐单位”称号，有1个社区被授予省级文明和谐社区称号。

卫生 恢复中医院的公益性质，区属卫生服务机构全部实施国家基本药物制度，全区设置社区卫生服务机构40个，国家级社区卫生示范中心3个，省级示范机构10个。

民生保障 全年城镇新增就业3008人，城镇登记失业率控制在3.9%以内。离退休人员养老金发放率达100%，财政补贴20万元，为28189名城镇居民办理养老保险。全年共征缴各类保险金8377.9万元，支出15838.4万元，分别较上年增长37.7%和18.5%。全年共发放低保金16800万元，平均每人每月比上年提高16元，发放低保对象大病医疗救助金165.5万元、教育资助金24.5万元，全区共有28645户66978人享受最低生活保障待遇。区财政对城镇居民医保补助标准由每人每年30元提高到54元，7.2万名城镇居民参保。财政一次性支出900万元，今后每年支出500万元，解决企业人员看病报销比例与机关事业单位同比率报销的问题。

社会管理 出台《关于加强和创新社会管理的实施意见》和《关于加强和创新社会管理工作任务分工方案》，成立10个专项工作领导组，形成由区社会管理指导中心、28个街道服务中心、106个社区服务中心、690个网格组成的四级社会服务管理体系。突出抓好十八大信访维稳工作，投入工作经费200多万元，化解信访积案48件，中央和省交办15件信访积案全部化解，实现十八大期间进京零上访、零滞留；全年进京非正常重复个体访10次，同比下降90%，比市考核目标降低54%，保持进京赴省三年集体零上访的记录。开展严打整治专项斗争，破获各类刑事案件961起，打掉各类犯罪团伙7个，抓获刑事犯罪成员239人，抓获网上逃犯61人。开展“打黄扫非”专项行动，处罚违规网吧3家，没收非法音像制品1400盘，图书80余本。开展“靓容行动”“春风行动”“年终大检查”等活动。全年取缔马路市场固定、流动摊点137个，取缔露天烧烤摊点11家，清理马路仓库、店外堆放商品42处，清除墙体广告1万余条。 （武新田）

【社区关爱流动留守儿童活动基地成立】 6月20日，由区妇联投资4万余元的大同市首个关爱流动留守儿童活动基地在矿区和顺街道泰荣里社区成立。该基地现有留守儿童45人，“爱心妈妈”志愿者62人，面积45平方米，内设图书阅读区、电子阅读区、文体活动区、心理辅导室、亲情视频聊天室、兴趣特长教育培训区、流动留守儿童档案区等7个区域。基地每周一至周五向和顺街道流动留守儿童开放，节假日向全区留守儿童开放。 （武新田）

【发现宋代窖藏钱币】 11月8日，接群众举报矿区新二区修路施工现场发现古代钱币。区文化局市场综合执法队和区公安分局立即前往施工地保护现场。经市考古所挖掘，古代钱币约两万余枚，初步鉴定为宋代窖藏古代钱币。 （武新田）

·南郊区·

中共区委书记	杨勤荣
区人大常委会主任	李 杰
区长	李广林
区政协主席	陈凤兰

【简述】 大同市南郊区北纬39°53′~40°17′，东经112°53′~113°24′。东西长43千米，全区总面积1068平方千米。全区辖高山、云冈、古店3个镇，新旺、平旺、口泉、马军营、西韩岭、水泊寺、鸦儿崖7个乡，共10个乡级政区，190个行政村。

2012年，辖区总人口41.11万人。其中城镇常住人口16.31万人，城镇化率39.66%。另有流动人口7.5万人。总人口中，男性21.25万人，占51.70%；女性20万人，占48.30%。

年平均气温为6.4℃，无霜期年平均125天，年平均降水量393毫米。

2012年地区生产总值416.3亿元，同比增长12.8%；全年全区财政总收入98.14亿元，同比增长26.79%；一般预算收入8.25亿元，同比增长36.97%；规模以上工业增加值实现330亿元，同比增长17.4%；社会消费品零售总额73.05亿元，同比增长15.63%；农民人均纯收入9329元，同比增长14.7%。

农业 全区投资1.39亿元，新建温棚2048栋、智能连栋温室15100平方米、育苗中心1处、集约化育苗基地3处，全区温室大棚总栋数10458栋，设施蔬菜总面积1187.26公顷，设施农业年总收入2.92亿元，成为农民稳定增收的新产业。

新建5个、扩建16个畜禽规模养殖园区，全区标准化养殖小区和规模化养殖场72个。奶牛存栏2.4万头，肉、蛋、奶类总产量分别为1.75万吨、1.55万吨、9.1万吨，农民人均畜牧业纯收入1650元，健康养殖业成为拉动农民增收的支柱产业。

夏进乳业实现规模扩张，生产能力由6万吨增长到8万吨；华晟果蔬启动总投资1亿元年产50吨番茄红素软胶囊项目；扩建口泉乡杨家窑特色农业示范园区兰花种植基地，新增种植面积1万平方米；实施2个农业综合开发产业化经营项目和6个农业综合开发贷款贴息项目。2012年末，全区共发展各类农业龙头企业15家，年实现销售收入20.3亿元，创利税7000万元，带动农户6万户，安排就业1.3万人，农民从产业化经营中增加的收入达4.6亿元，户均增收820元，农业龙头企业成为全区产业转型的新引擎。

推进小型农田水利重点县项目建设，投资5000.73万元，完成高效节水灌溉面积2668公顷，其中滴灌433.55公顷，喷灌900.45公顷，管灌1334公顷；共投资1158.62万元，实施3个国家农业综合开发土地治理项目，治理总面积787.06公顷；农机工作快速发展，农业生产机械化综合生产率达68%，名列全市第一，获得“全省农机化大县(区)”称号。

2012年共投资5.26亿元，实施

以同左路绿化工程为重点的“五条路”51.9千米的通道绿化工程和“三座山”1133.9公顷的荒山造林工程,投资规模、建设力度相当于前20年的总和,被授予“全省‘两区’增绿工程建设先进单位”称号。

工业 推进煤矿安全质量标准化建设,国投塔山煤矿率先完成“六大避险系统”。进行矿井改造建设,所属的12座矿井,除海司、瑞丰煤业因煤炭资源储量不足、无开采价值等问题暂缓建设外,其余10座矿井全部开工建设。全年共生产原煤346.61万吨,百万吨死亡率为零。

开展“招商引资年”活动,2012年全区签约目标任务110亿元,到位资金71.875亿元。招商引资签约项目共计28项,总投资483.77亿元。其中,第七届中博览会签约项目2项,拟投资4.9亿元;第四届能源博览会签约项目12项,拟投资294.7亿元;首届世界晋商大会签约项目14个,拟投资184.17亿元。

2012年,全区新上、续建项目共53项,项目总投资278.53亿元。其中新上项目26个,续建项目27个(一产项目3个,二产项目11个,三产项目39个);亿元以上项目34项。项目到位资金104亿元,位居全市第一,全省第十。全区上报重点项目26项,累计完成投资105.22亿元。总投资10亿元的东信广场商贸城项目正式运营;投资28亿元的同煤大唐2×33万千瓦热电联产项目即将运营;总投资2亿元的杨家窑四方高科奶牛养殖园区、总投资1.2亿元的永同嘉苑等标杆项目全部完工;总投资20亿元的大同庞大汽车文化园林广场、总投资7.5亿元的云兴大厦、总投资7亿元的凯德世家购物中心、总投资4.9亿元的液化空气(大同)有限公司工业气体等项目主体完工;投资32亿元的大同和泰物流园区、投资9.4亿元的10万吨煤基活性炭、投资6.49亿元的同忻粉煤灰砌块砖及高岭土综合利用等项目开工。

城镇化建设 口泉中心区建设总体规划由中国城市规划设计研究院设计完成,规划方案经市政府组织专家评审并同意。时庄村“城市棚户区改造”工程,项目选址确定。影响道路建设的拆迁工作完成,共拆除住户房屋、村民住宅、温室大棚、养殖大院、工厂厂房等建筑物3.6万平方米。共规划设计道路“七纵六横”,总计23千米,总投资7.5亿元。一期工程“六纵三横”路网框架基本形成,建设道路9.26千米。

城市棚户区改造,对22个村进行城市棚户区改造建设,规划总投资272.17亿元,完成投资155.75亿元,涉及占地516.57公顷,规划建筑面积935.84万平方米,涉拆总户数19005户,涉及人口43520人,涉拆总面积174.36万平方米。启动新胜、和平、红旗、永久、先锋、新中、宋庄等村的城市棚户区改造工程,共拆迁3938户、49.89万平方米,安置3118户,36.56万平方米。截至年末,全区完成5个村的城市棚户区改造,其余17个村正在实施中,共安置7823户,94.09万平方米。

采煤沉陷区治理搬迁,续建区采煤沉陷区治理一期工程(在西韩岭建136栋住宅楼,可安置6168户),新建永同嘉苑和四方嘉苑工程(在米庄村东北建69栋住宅楼,除可安置同家梁、永定庄、盘道、双井沟、刘官庄1555户外,还可安置1566户),平旺乡4个村在煤峪口村新建15栋住宅楼工程(大北沟、忻州窑、石岩庄、煤峪口,可安置1078户),主体工程全部完工,正在进行外网配套及主体装修。截至年末,全区对8个村3131户实施搬迁,通过工程建设搬迁总户数达12313户。

小城镇建设整体推进。实施口泉乡“百镇建设”工程,2012年完成4大项12个小项工程,总投资3443.152万元,完成辛庄、辛寨、落里湾、墙框堡、杨家窑5个村的村容村貌整治。投资1800万元,实施马军营乡、平旺乡、西韩岭乡“三乡十七村”的农村环境连片整治项目。

新农村建设,2012年确定16个重点推进村,共投资1560万元新修主干路53.4千米,街巷硬化20.6千米;投资1000万元,拆旧平房建新楼房9栋。启动实施口泉乡大路辛庄、杨家窑等10个村新农村集中连片示范区建设工程。

征收拆迁,2012年全区征收任务共70个项目、151.92万平方米,其中住宅7306户、129.87万平方米,已征收5699户、96.88万平方米,国际太阳能十项全能大赛场馆、同左路绿化、南城墙二期及广场、北辰三期等重点项目全部完成;完成御东新区建设、古城保护等拆迁征地任务,并做好拆迁户的安置保障工作,年内共安置拆迁户9338套房、70.83万平方米。2008~2012年,全区累计拆迁551.16万平方米,拆除住户32935户、397万平方米,征地3144.24公顷,安置住房18550套,166.95万平方米。

科技 南郊区共有各类科技人才16778人,其中专业技术人才5532人,经营管理人才2808人,技能人才8038人,农村实用人才400人。

南郊区蔬菜研究所,有在职职工47人,其中,大学本科13人,专科7人;高级职称7人,中级职称12人,初级职称2人,技师3人,高级工11人,中级工10人,初级工2人。从事蔬菜引种、试验、育种、推广等工作。

南郊区农业科学技术中心实验站有在职职工17人,其中,大学本科3人,大专4人,中专3人;高级职称2人,中级职称2人,初级职称6人,技师2人,高级工1人,中级工3人,初级工1人。

教育 2012年末全区有幼儿园6所,在园幼儿786人,专任教师26人;小学16所,在校生2575人,专任教师281人,小学适龄儿童入学率100%;初中21所,在校生8937人,专任教师828人,小升初升学率100%;九年义务教育覆盖率达100%;普通高中5所,在校生6830人,专任教师307人;中等职业学校1所,各级各类民办学校和教育机构9所。2012年教育经费4.96亿元,其中教育管理事务费支出964万元,普及九年制义务教育费支出2.36亿元,职业教育费支出353万元,干部进修教育费支出455万元,教育附加费支出1.43亿元,其他教育支出9876万元。

医疗卫生 2012年末全区有各级各类医疗卫生机构291个,其中二级甲等医院1所，疾病控制中心1个，卫生院10所；病床1070张，其中公立卫生机构床位690张，每千人拥有医疗床位2.63张。固定资产总值0.56亿元。专业卫生人员1767人，其中执业（助理）医师1258人，注册护士455人，平均每千人拥有卫生技术人员4.4人，平均每千人拥有执业（助理）医师3.1人，平均每千人拥有注册护士1.12人。

社会救助 开展对水泊寺乡、马军营乡、新旺乡1587户2995人农转非家庭的低保申请审核工作。组织开展对城乡低保户清理整顿工作，共清退有商品住房、有车辆、收入超标的175户343人，清退享受农村低保的党政机关干部、事业单位和国企主要负责人、村两委干部的家庭成员及其直系亲属406人。

2012年末全区有城市低保对象2390户4267人、农村低保对象10225户14445人。发放城市低保金527.2万元，月人均补差175元；发放农村低保金1806.7万元，并实现社会化发放。为城乡低保对象发放一次性生活补贴318.53万元，发放临时价格补贴33.99万元，对58户农村特困家庭发放临时救助15万元。

2012年全区共计发放农村医疗救助160.8万元，救助331人；发放城镇医疗救助107.1万元，救助124人。同时，出资2.6万元为426名农村五保户参加新型农村合作医疗；出资8万元为1000名城市低保对象参加城镇居民医疗保险。出资62.8万元对2853名城市低保对象进行医疗体检救助，出资37.8万元对1719名农村低保对象进行医疗体检救助。为450名农村低保对象、五保户发放医疗救助券40万元；为400名城市低保对象发放医疗救助券40万元。

提高农村五保供养标准，集中供养的每人每年2300元，分散供养的每人每年1500元。2012年，为全区426名五保对象发放五保供养资金54.4万元，发放一次性生活补贴8.52万元，发放临时价格补贴11880元，并实现社会化发放。推进乡镇敬老院建设工作。西韩岭乡敬老院、古店镇山底敬老院正在建设中，水泊寺乡敬老院建成，并投入运行。

及时下拨救灾资金107万元（上级下拨87万元，区配套20万元），其中47万元通过区采购中心购买救灾粮，20万元购买79300平方米的防雨布，40万元下拨到乡镇，解决灾民的生活问题，共计救助灾民2.2万人次。 （石有团）

【“农民专业合作社”推动经济发展】 制订《南郊区农民专业合作社发展规划》，南郊区工商、税务、农经、质监等部门为农民开辟办理专业合作社绿色通道。成立种植业99家，养殖业72家，销售服务业23家，共194家的农民专业合作社。涌现出西韩岭乡北村西瓜合作社、金键农牧专业合作社、口泉乡无核葡萄合作社、平旺村濑兔养殖专业合作社、石家寨晨光特色生态农业专业合作社等各类省、市示范性专业合作社。入社农户达2550户，带动农户达3660户，年均收入比不入社的农民高25%。 （周立娟）

【推动国家现代农业示范区建设】 由国家农业部设计院设计的《大同市南郊区国家现代农业示范区发展规划（2012—2020）》，通过农业部和省农业厅的联合审批。

南郊区被国家农业部列入全国第二批“国家现代化农业示范区”，是山西省入选的两个县区之一。评审通过的发展规划中，南郊区现代农业定位为都市农业、旅游观光农业和城市发展补充农业。

作为山西省“一县一业”奶牛示范基地县区，南郊区的主导产业为以奶牛为主的草食畜牧业和以蔬菜为主的设施农业。有机电井972眼，小型水利设施58处，有效灌溉面积14327.16公顷，占总耕地面积的61.25%；达标节水面积9438.05公顷，占总耕地面积的40.35%；累计治理水土流失面积30515.25公顷，占水土总流失面积的58.9%。农业技术推广方面，组织申报省级科技项目3项，市级科技项目10项。各类专业市场和商贸中心达到54个，形成四面环城的商贸带，市场年交易额30多亿元，占全市的三分之二以上。 （周立娟）

·新荣区·

中共区委书记	董志刚
区人大常委会主任	刘　俊
区　　　　长	王东升
区政协主席	李　成

【简述】 大同市新荣区北纬39°54′~40°25′，东经112°53′~113°31′。全区东西横跨53千米，南北纵深31千米，总面积1018平方千米，其中耕地面积42021公顷。2012年，全区辖1镇6乡，即新荣镇、郭家窑乡、破鲁堡乡、西村乡、上深涧乡、堡子湾乡、花园屯乡，共有140个村民委员会，173个自然村，3个居民委员会。全区总人口109580人，其中男性57483人，性别比110.34；全年出生人口1146人，出生率10.48‰，死亡人口726人，死亡率6.64‰，人口自然增长率3.84‰，城镇人口29827人，乡村人口79753人，城镇化率27.22%。

2012年，全区地区生产总值193566万元，其中：第一产业34624万元，第二产业97713万元，第三产业61229万元，一、二、三产业分别占地区生产总值的17.9%、50.5%、31.6%。全区财政总收入51601万元，一般预算收入15485万元，农林牧渔业总产值58040万元，固定资产投资全年累计完成315290万元，社会消费品零售总额68854万元，外贸进出口总额完成1200万美元，城镇居民人均可支配收入16625元，农民人均纯收入5664元，万元GDP综合能耗下降4.3%。

农业 全区粮食直补和农资综合补贴面积18182.42公顷，两项补贴合计1973.07万元，全区拥有农业机械化总动力190744千瓦，粮食种植面积20649.32公顷，油料面积2634.32公顷，蔬菜面积510.26公顷；全年生产粮食4688.7万公斤，油料216.9万公斤，蔬菜1990万公斤，瓜类751.5万公斤。

完成天顺、新世纪、海天、有和4家畜牧精品工程；建成煜华、有和与东兴3个标准化养殖小区；投资580

万元,新建、扩建畜禽养殖小区9家,建青贮窖8900立方米;依托薪源种羊场,在全区推广特克赛尔、无角道赛特、白头杜泊等优良品种,改良绵羊3万只,山羊1.4万只,肉牛1387头,引进良种奶牛冻精2850支,改良奶牛1561头,推广三元优种猪1万头,无害化蛋鸡9000只。全区牛、奶牛、猪、羊饲养量分别达27512头、3885头、80691头和23.06万只;牛年内出栏8883头,猪出栏18721头,羊出栏90654只,家禽出栏15.76万只;全区肉、蛋、奶的总产量分别达10123吨、3552吨和8954吨;全年实现畜牧业总产值2.96亿元,农民人均牧业收入1336元,比上年增长10.9%。

引进15个农作物新品种,完成120.06公顷播种面积的试验和推广;以"送农业科技进万家"和"星火科技培训"活动为载体,培训农民1.5万多人次,种植大户30多户,星火带头人200人、技术二传手50人。

中低产田改造166.75公顷、土地整理333.5公顷、口粮田867.1公顷;改造沟坝地40.02公顷、水源工程110处、节水工程7处;棚圈建设1.05万平方米、新增塑料大棚100栋。

推进"一村一品"专业村建设,在巩固完善9个专业村的基础上,又新增10个专业村,发展农民专业合作社30个;认证大葱和莜麦2个有机食品基地;依托马铃薯、小杂粮、肉羊三大主导产业,形成以华进、神农、荣鑫、田源等为代表的加工型企业。

投资845万元,新建重点推进村12个,促进示范带动作用;全区140个行政村全部实现街巷硬化、便民连锁商店、文化体育场所、中等职业教育免费和新型农村社会养老保险"五个全覆盖"。

工业 全区"以煤为基、多元发展"的格局初步形成。一是煤炭产业基础地位得到巩固。推进煤炭企业兼并重组各项后续工作,在确保唐山沟、甘庄两座煤矿安全生产的同时,加快推进小梁沟、上深涧、北辛窑三座主体煤矿的技改进度,年底小梁沟煤矿技改工作完成,上深涧、北辛窑两座煤矿技改工作进入扫尾阶段。全区煤炭工业的规模化、机械化、信息化、现代化水平提高。二是碳素产业精细化程度得到提升。在巩固原有碳素企业的基础上,围绕花园屯碳素新材料工业园区,发展高标准、多层次的碳素产品,完成投资3.1亿元的新成特炭有限公司各向同性等静压石墨制品和年产2000套单晶硅炉用热场石墨制品、大同通扬碳素有限公司2.2万吨直径600毫米以上的电极、大同市明阳新材料有限公司碳素新材料、大同市新荣区新科健碳素制品有限公司年产3000吨高密高强石墨制品等项目的建设任务,碳素产业初步实现由粗放型向精细化转变。三是建材产业形成系列。在建成凯翔凯宇科技有限公司太阳能光伏及LED组件项目的同时,重点建设投资2720万元的鑫龙商砼有限公司年产50万立方米商品混凝土搅拌站、投资6383万元的大同市明星门窗科技有限公司年产10万平方米高档门窗、投资3200万元的瑞泽建材公司年产4万吨混凝土减水剂等项目,形成以原料、板材、门窗、灯具为主的系列产品。四是机械制造业得到延伸。在巩固特威尔、普瑞奇等机械制造企业的同时,推进大同市唯实机电、电喷双燃料转换装置和康泽机械制造等项目,初步实现从部件到整体设备的成套化发展。发展风电产业,开工建设投资7650万元的山西国际能源集团新能源投资管理公司分散式风电项目,风电产业壮大。五是利用资源优势、创新招商政策。全区招商引资签约项目9个,协议引进区外资金47.73亿元,到位资金16.45亿元,是建区以来签约最多、投资规模最大的一年。年末,全区规模以上工业产值200351万元,比上年增长14.60%;规模以上工业增加值89013万元,比上年增长14.80%。 (贺雨顺)

【古长城森林公园建成】 新荣区古长城森林公园位于区址北侧,由区址跨越内长城向北延伸,2008年开始筹建,2009年完成总体规划并经省林业厅批准为全省首批县级(城郊)森林公园之一。公园造林总面积6570公顷,总投资4亿元,资金以区自筹为主。树种以油松、樟子松等大规格苗为主,辅以杜松、桃杏、花灌木等,形成块状混交、多树种配置、景点点缀的生态格局。公园建设历时3年,共栽植各类苗木约700万株,道路建设26千米、景观景点建设7处、管护中心及管护站建设4处。公园是大同市京津风沙源治理精品工程之一。

(贺雨顺)

·阳高县·

中共县委书记	曹世平*
	解先文
县人大常委会主任	张　江
县　　长	解先文
县政协主席	王秀清

【简述】 阳高县北纬39°49′~40°31′,东经113°28′~114°06′,总面积1726平方千米。全县辖7镇6乡256个行政村。2012年末,全县总人口289671人,其中,非农业人口51064人,农业人口238607人;男性147632人,女性142039人,男女性别比为103.9:100。全县城镇居民人均可支配收入为14419元,比上年增加1986元,增长16%。

全年全县地区生产总值(GDP)231693万元,比上年增长9.6%;工业增加值3.23亿元,比上年增长13.6%;完成总收入20564万元,增长14.9%;一般预算收入8662万元,增长17.5%;固定资产投资39.29亿元,增长52.68%;农民人均纯收入4589元,增长13%。

农业 全县农林牧渔业总产值192682.4万元,比上年增加24535.7万元,增长14.59%。农村经济总收入为269520万元,比上年增加35950万元,增长15.4%。粮食作物播种面积51295.3公顷,总产量为236814吨,比上年增产23.95%。建蔬菜大棚6716栋654.33公顷,总面积达2948.14公顷,占蔬菜总面积的1/3;全年生产蔬菜232708吨,比上年增长0.59%。畜牧业生产继续增长,年末,猪饲养量为529063头,羊饲养量为294792只,奶牛存栏10197头,产值84874.9万元,比上年增加2975.3

万元，增长3.63%。当年造林面积3500公顷。其中人工造林2167公顷，飞播造林667公顷，封山育林666公顷。林业产值2671.6万元。水果产量6682.7吨，增长13.85%，其中杏4767.8吨，增长16.92%；葡萄1220.2吨，增长18.33%。果园面积2838.6公顷，增长15.3%。

2012年，是农业基础投入最大、成效最好的一年。一是争取资金5400万元，在北徐屯、古城、大白登、下深井4个乡镇12个村庄实施2534.6公顷集中连片基本农田整理和土地治理项目。二是争取资金510万元，在9个乡镇60个村庄实施11339公顷旱作农业和玉米丰产方地膜覆盖项目。三是申报小型农田水利重点县，争取各类资金新打和维修机井23眼，铺设节水管道206千米，新增水浇地560.28公顷，改善和恢复水浇地1000.5公顷。四是争取农机购置补贴1687万元，补贴农机具2698台，农机装备水平得到提升，农业综合生产能力稳步提高，粮食产量实现“六连增”突破2.5亿公斤，成为全国粮食生产先进县。

工业 2012年全县工业经济增速回落，工业经济运行比较困难。按月报数据，规模以上工业总产值137573万元，比上年增长5.4%。工业销售产值135923万元，比上年增长9.1%，产销率为98.8%。工业增加值32290万元，增长13.6%，工业增加值率为23.5%。年内，共铺开工业项目14个，有2个项目建成投产，4个项目加紧建设，8个项目有序开展前期工作。其中总投资2000万元的创格科技生产家用电器配件项目，于5月建成投产，实现出口创汇20万美元；总投资20亿元的华润长城风电项目，风电机组全部安装完毕，建设输电线路；总投资1.8亿元的驭龙药业药用辅料项目一期工程，车间、办公楼等土建主体完工，部分车间完成设备安装，总投资8899万元的享元锰业高锰酸钾项目，于8月份奠基，现厂区四周围墙、食堂、浴室主体完工；总投资5亿元的华电南顶山风电项目，进场道路完工，风电机组基础开挖。

商贸 2012年，全县完成社会消费品零售总额76397万元，比上年增加10566万元，增长16.1%。其中，城镇消费品零售额57024万元，增长11.0%；乡村消费品零售额19373万元，增长34.1%。

邮电通讯 2012年，全县共有邮政局(所)12个，邮路总长度111千米，投递总路线1448千米。全县固定电话用户3.9万户，移动电话用户为11.8万户。

城乡建设 投资1210万元完成大北街、化肥厂路道路建设，建设大西街、辕门街部分地下管网。大北街全长735.5米，建筑红线43米。化肥厂道路总长680米，道路宽度6米。2012年保障性住房建设工程6万平方米于9月开工建设。集中供热工程投资1870万元，新建5个换热站，建设一次管网3.5千米，二次管网9.1千米。集中供气工程投资1567万元，建设天然气加气站一座，建设中压管网5.86千米，新增天然气用户2926户。污水管网工程共建设污水主支管网63条15千米。投资589万元，将县城1458盏路灯由高压钠灯头改为LED灯头。

交通运输 2012年全县公路运输完成客运量121.4万人，客运周转量6796万人千米。完成货运量304万吨，货运周转量8019万吨千米。年末全县公路通车总里程为1676.364千米，其中农村公路通车里程1538.256千米，公路密度100.5千米/百平方千米。年内公路建设里程23千米，总投资1460万元。农村街巷硬化“全覆盖”目标年内完成建制村覆盖数112个，完成里程1017.549千米，完成投资15853.244万元。县道、乡道、村道的好路率分别为78.2%、72.1%、64.5%，综合值分别为73.5、67.5、64.1。年末全县营运货车3053辆37210个吨位，营运客车116辆3352个座位（其中公交82辆2267个座位)，城际客运班线27条，农村公交线路48条，城市出租客车200辆。拥有综合性能检测站1家，机动车维修户3户，驾驶员培训学校1家，城市公交企业1家，城市出租客运1家，汽车客运站1家，道路运输从业人员7998人。全县通班车的行政村245个，农村班车通达率为96%。

教育 全县现有中小学校102所(含民办学校2所)，其中普通高中2所，普通初中11所，完全中学1所（晋阳中学），九年一贯制学校1所（云阳学校），职业技术学校1所，小学86所。在校学生总人数36233人，其中高中7693人(含补习生)，初中10424人，小学17311人，职高805人，教职工3045人。全县共有寄宿制学校37所，其中寄宿制普通高中、完全中学、职业学校共4所（一中、四中、晋阳、职业技术学校)，寄宿制初中学校10所，寄宿制小学23所。寄宿制学生总人数19616人，其中高中7693人，初中7021人，小学4902人。

卫生 新农合人均筹资290元，参合人数21.6万人，参合率98.96%。全年农民自筹资金1078.9万元，中央、省、市、县财政补助资金5178.21万元。

体育 全年新增农民体育健身场地面积190424平方米，人均新增0.78平方米。在省级武术比赛中，少体校队员马瑛获得第四名、第五名的好成绩；在全市青少年武术比赛中，少体校武术队获2金1银2铜。

广播电视 全年共播出新闻稿件2200多条；系列报道《五个全覆盖、幸福千万家》《社会广角》等8个专栏120期；大型晚会《迎新春歌舞晚会》等共15场；专题《龙腾阳和逢盛世、科学发展满园春》等15部；播出电视剧130多部，2800多集；文艺小品360多小时；讲坛类节目360多小时。发展有线电视新用户1000多户。

社会保障 全年城镇新增就业1344人，其中下岗失业人员再就业478人，就业困难人员就业111人，城镇登记失业率为2.2%。全年免费培训各类人员7394人，输出劳务8072人次。全县企业养老保险、机关事业养老保险、城乡居民养老保险、医疗、失业、工伤、生育保险参保人数分别为11305人(其中非公有经济1364人)、5516人、160221人、40304人(其中居民医疗保险参保19394人)、8600人、14150人、6199人；征缴企业养老保险金5906万元、机关事业养老保险金1173.6万元、城乡居民养老保险金1326.05万元、医疗保险金1457万元、失业保险金135.1万元、工伤保险金56万元、生育保险金15万元。发放社会保障卡41202张，为706名农民工追回拖欠工资159.3447万元。

(路福忠)

【第四次跻身“最具投资潜力城市百强”】 2012年，在“中国中小城市科学发展评价体系研究成果发布暨第九届中国中小城市科学发展高峰论坛”上，阳高县入列“中国最具投资潜力中小城市百强县”名单。这是阳高县第四次获此殊荣。 (路福忠)

【财政收入首破2亿元】 截至2012年12月20日，全县财政收入20346万元，占年计划的100.1%，同比增长13.68%；一般预算收入8639万元，占年计划的100.05%，同比增长17.2%。全年财政收入首破2亿元。实施“强县”目标，铺开白登河两座大桥、服务中心大楼、绿化、污水处理厂和道路五大工程，完成投资3466万元。引进同煤实业高强力橡胶输送带、同煤衡安自动风门、同煤衡安掘进机等项目8个，协议引资额40.07亿元。铺开工业项目14个，有2个项目建成投产。 (路福忠)

【跻身全国蔬菜产业重点县】 2012年国家发改委、农业部印发的《全国蔬菜产业发展规划》中，阳高县被列为全国蔬菜产业重点县。全县蔬菜种植面积9818.09公顷，总产量5.5亿公斤，总产值5.4亿元。其中设施蔬菜总面积2294.48公顷。 (路福忠)

·天镇县·

中共县委书记	姚振华
县人大常委会主任	刘世清
县长	解廷师
县政协主席	原振武

【简述】 天镇县北纬44°09′~40°44′，东经113°53′~114°32′，总面积1636平方千米。2012年，全县地区生产总值16.97亿元，比上年增长10.6%；规模以上工业增加值2.72亿元，增长17.5%；固定资产投资31.55亿元，增长19.9%；社会消费品零售总额6.52亿元，增长16%；财政总收入1.2亿元，增长18.3%；一般预算收入5508万元，增长20.3%；城镇居民人均可支配收入1.48万元，增长17.3%；农村人均纯收入4209元，增长14.6%。

农业经济 天镇县历来是农业县，也是国家贫困县，全县21.85万人口中，农业人口18.1万。2012年，全县农作物总播种面积46023公顷，粮食总产量达1.61亿公斤，农村经济总收入15.03亿元。

1. 继续推进设施蔬菜建设。依托玉泉、三十里铺、南河堡、谷前堡四个现代农业示范园区，2012年新建各类大棚7498栋，新增设施面积520.26公顷，大棚总数达18359栋，设施总面积达1293.98公顷，其中日光温室2146栋、设施面积214.71公顷，塑料大棚16213栋、设施面积16213亩，设施蔬菜总产7.5万吨，占全县蔬菜总产量的三分之一；巩固提升与北京市东城区农副产品产销对接关系，2012年在东城区新建农副产品直营店7家，总数达17家。

2. 发展规模养殖。发挥扶贫开发、京津风沙源治理等政策支持，引导农民发展现代农业养殖园区。集中建设肖家屯村、张辛窑村、史家窑村三个万只以上规模养羊小区，新增圈舍面积1.66万平方米。全县猪、牛、羊、鸡饲养量分别为34.31万头、4.23万头、23万只和35万只；肉、蛋、奶产量分别为2142吨、335吨、901吨。

3. 加强农业基础建设。注重农田水利、中低产田改造、城乡建设用地增减挂钩试点，人畜饮水等工程建设，共发展节水灌溉2461.23公顷、改造中低产田和盐碱地1060.53公顷，整理土地793.73公顷，实施玉米丰产地膜覆盖11339公顷；完成张西河、东沙河、顾家湾等8个村、1.2万人和0.39万头大牲畜饮水安全工程。

4. 推进扶贫开发。被省确定为集中连片特殊困难地区区域发展和扶贫攻坚试点县，启动实施省级片区扶贫开发项目，涉及4个乡镇39个贫困村的连片扶贫攻坚试点。完成16个村整村推进项目。对边远山区不具备生存条件的特困村进行移民搬迁，实施14个村、956户、3250人扶贫搬迁任务，新建5个移民新村，完成75%的移民建房任务。

工业与招商引资 2012年，对部分企业进行转型升级和改制，重点推进裕隆金属镁、同乐化工两个技改扩建项目，新裕隆镁公司累计投资6450万元，一期年产1.5万吨镁锭、2万吨镁合金技改扩建工程基本完工。同乐化工累计投资7553万元、完成一期10万吨合成氨技改扩建、设备购置及工段改造。完成利康综合食品厂的破产改制。注重发展粉条、豆腐干、猪手加工、小杂粮、食用油等地方特色的微小型、作坊式企业。招商引资向良性发展，华能武家山发电场一期工程于1月14日并网发电，二期工程于6月30日并网发电，累计发电1.44亿度，实现产值8654万元。华润大梁山风电场一期工程于2月17日并网发电，累计发电1.05亿度，实现产值6278万元；二期工程于8月开工建设，完成施工、设备的全部招标工作；大唐山西新能源有限公司301MW光伏电站开工建设。

基础设施建设 (1)推进县城改造和新建，投资380万元，新建新城道路4.8千米，修复破损路面积1900平方米；投资973万元，铺设污水管网10.1千米；投资2618万元，铺设新城电力管网15.5千米；投资1.8亿元，新建廉租住房1008套6.2万平方米，实现棚户区改造755户、农村危房改造500户。(2)生态建设成效明显。重点实施省道马走线通道绿化。投资745.46万元，在逯家湾镇的6个村发展柠条生物质能源林2001公顷。投资805万元，在逯家湾、谷前堡两个乡镇发展杏花生态景观林667公顷。(3)加强路网建设。天大高速公路天镇互通至大同段于5月1日正式通车运营，大梁山隧道完成单洞建设7.5千米，占单洞总长(12.2千米)的61.5%；京新高速公路完成征地等前期工作；省道马走线火车站连接道路竣工通车。投资1966万元，县道于(八里)—卞(家屯)线和乡道西(园)—赵(小堡)、上(吾其)—闫(家园)、天(镇)—南(河堡)线改造30.65千米；实施村通水泥路改造11.53千米；新建兰玉堡至双寨村连村四级水泥路

3千米、水桶寺至刘家庄四级沙砾路10.4千米、林场路4.1千米。(4)新农村建设成效明显。实施3个乡镇、18个村庄的农村环境连片整治项目,完成投资1577万元,铺设污水管网17.7千米,购置垃圾车、运输车、装载机等32辆。

社会事业 (1)完成农村新“五个全覆盖”工程,完成85个村887千米的街巷硬化;新建农家书屋115个、农村体育健身设施58处;新建农村便民连锁店30个;新农保参保人数91876人、参保率89.8%,为2.4万名60周岁以上农民发放基础养老金1497.63万元;免除2645名职业高中学生137.4万元学费。(2)教育、文化、卫生各项社会事业有新进展。教育工作全年加强学校布局调整和教育资源整合,教学质量提高,高考二本以上达线人数320人。实施农村义务教育学生营养改善计划,有1.5万多名中小学生受益。文化工作向多样化发展,开展文化三下乡活动,将图书、电影、戏曲送到农民家门口,完成县文化馆和图书馆免费开放工作。慈云寺维修工程完成东西配房、动禅房、毗卢殿和部分殿堂台明及围墙的维修。医药卫生体制全面深化。新农合参合人数16.36万人,参合率98.46%。17个乡镇卫生院和221个行政村卫生室实施国家基本药物制度,城乡居民健康电子建档率77.9%。县、乡、村三级医疗卫生服务网络进一步完善,投资669万元,完成县急救中心、米薪关卫生院建设和玉泉镇、张西河乡两所卫生院扩建改建,开工建设卫生监督所和南河堡乡卫生院改扩建工程,为村卫生室配备电脑221台,人口和计划生育工作努力稳定低生育水平,人口自然增长率4.23‰。投资162万元新建逯家湾镇人口和计划生育服务所,改扩建南河堡乡、贾家屯乡人口和计划生育(中心)服务站。(3)社会保障工作进一步加强,全县城镇企业职工养老保险参保10634人。机关事业单位养老保险参保1471人,工伤保险参保3209人,失业保险参保6702人,医疗保险参保27660人,城镇居民养老保险参保1760人,各项社保待遇全部足额发放。城镇低保有3932户5824人,农村低保有13110户21507人,农村五保对象3371人。全县为低收入农户发放取暖用煤90160吨。(4)社会和谐稳定发展。开展“平安天镇”创建活动,先后开展打黑除恶、打击多发性侵财犯罪、拐卖妇女儿童和社会治安整治等专项行动。 (高志英)

·广灵县·

中共县委书记	郭占宝
县人大常委会主任	李　满
县　　　　长	郭占宝*
	李立平(女)
县政协主席	苑在雨

【简述】 广灵县位于山西省东北边陲,永定河上游。全县辖2镇7乡180行政村,国土面积1283平方千米,耕地面积44.3万亩,总人口18.8万人。

2012年,全县地区生产总值17亿元,增长11.8%;全社会固定资产投资30.5亿元,增长15.98%;财政总收入完成14658万元,增长16.67%;一般预算收入6197万元,增长28.28%;农民人均纯收入4417元,增长14.6%;城镇居民人均可支配收入14761元,增长17.82%;社会消费品零售总额6.7亿元,增长16.03%;万元GDP综合能耗下降3.6%。

农业经济 2012年,全县农作物播种面积31882.6公顷,其中粮食播种面积27213.6公顷,农田灌溉面积13840.25公顷。全县粮食总产量13.13万吨,比上年增长2.7%,粮食产量实现三连增。开展玉米高产竞赛活动,亩产量达1153.21公斤,创广灵县玉米单产新纪录。依托园区建设,提升企业发展潜能,全县14家“513”农产品加工龙头企业实现销售收入6.2亿元。加强“三品”认证工作,全县农产品“三品”认证12个,已认证有机产业龙头企业4家,有机、绿色、无公害农产品认证面积占到总播种面积的59%。全省创建有机产品认证示范县活动动员会在广灵召开。

环保工业 风电、生物质能发电、新型干法水泥、煤炭资源整合等重点产业项目建设进展顺利,10户规模以上工业企业生产指标增幅较大,县域经济发展实力不断增强。节能减排工作取得新进展,完成万元GDP单位能耗2.4524吨标煤,同比下降3.6%,规模以上万元工业增加值能耗2.611吨标煤,同比下降3.91%。

项目建设 2012年,促成项目签约11个,总投资92.56亿元,超市定年度项目签约任务46%。所有落地项目均获批相应支持性文件,项目开工率达到100%。品牌兴县战略取得进展,“东方亮”小米商标被国家工商行政管理总局评定为“中国驰名商标”,填补广灵中国驰名商标的空白。2012年,全县重点工程考核项目21项(省3项、市18项),总投资615947万元。其中:省重点项目188231万元,市重点项目427716万元;已完成381658万元。

基础设施 城乡面貌进一步改善,生态文明建设水平不断提升,新农村建设扎实推进,新的“五个全覆盖”提前一年全面完成,廉租住房、经济适用住房、棚户区改造和农村危房解困工程顺利实施。以涧东新区建设和木槽涧河综合整治工程为重要内容的“宜居广灵”建设取得重大进展,河道整治、沿河景观绿化、14条新(改、扩)建道路以及管网配套、道路绿化亮化等37个单项工程全面推进,景貌崭新亮丽的新区轮廓初现。

社会事业 办学条件进一步改善,教师队伍建设进一步加强,教育资助体系进一步完善,教育均衡化发展持续加快,教育教学质量稳步提升,高考达二本线学生476人;中考成绩名列全市各县(区)第一。

深化医药卫生体制改革,基本医疗保障制度建设顺利推进,新型农村合作医疗参合率稳步提升,达99.5%。公共场所卫生监督监测覆盖率达100%,职业病防治监测覆盖率达100%。开展国家级计划生育优质服务县创建工作,人口计生工作成效明显,获“全国计划生育优质服务先进单位”称号。

落实就业和再就业政策,完善城镇企业职工和机关事业单位养老保险制度,新农保和城居保实现全覆盖,城镇低保、农村低保、五保集中供养、救灾、城乡大病救助、优抚等工作有序推进,社会保障水平全面提升。

文化事业 广灵剪纸企业先后参展第八届深圳文博会、首届中国(北京)国际服务贸易交易会、第二届全国非遗博览会,广灵剪纸首次亮相央视“倾注三农”晚会,知名度、美誉度和产业效益提升。剪纸文化产业园区成为大同市唯一一家国家文化出口重点企业。 (姜成晋)

•灵丘县•

中共县委书记	张小立*
	张 强
县人大常委会主任	张 枢
县 长	赵亚雄
县政协主席	冀连成

【简述】 灵丘县北纬39°03′~39°38′,东经113°53′~114°38′。全境南北长84千米,东西宽66千米,总面积2732平方千米。全县辖3个镇,9个乡,254个行政村,12个社区居委会。总户数104037户,总人口244601人,其中男126513人,女118088人。

2012年,全县地区生产总值33.33亿元,同比增长10.2%,其中:第一产业2.93亿元,第二产业18.96亿元,第三产业11.43亿元;社会消费品零售总额20.13亿元,规模以上工业增加值13.52亿元,固定资产投资总额49.27亿元;财政总收入5.51亿元,农村经济总收入17.46亿元,农民人均纯收入达4597元,城镇居民人均可支配收入达18112元;人口自然增长率控制在6.5‰以内;城镇登记失业率控制在4%以内。

农业 2012年,全县粮食总产量7.4万吨。农作物播种面积34870.76公顷,其中:玉米18609.3公顷,杂粮13940.3公顷,瓜菜类333.5公顷,油料1867.6公顷,其他120.06公顷。现代农业初具规模,实施武灵镇、落水河乡2个667公顷玉米高产创建项目,完成旱作农业地膜覆盖5336公顷,在实施露地蔬菜333.5公顷的基础上,新增设施蔬菜种植面积43.62公顷,日光节能温室大棚达2026栋。全县农业龙头企业达13家,农业专业合作社达559家。

畜牧业 新(改、扩)建标准化养殖小区11个,草地建设20610.3公顷。全县5头以上的养牛户58户,50只以上养羊户1386户,100头以上养猪户68户,500只以上养鸡户35户。牛、羊、猪、禽饲养量分别达8.53万头、73万只、10.8万头、91万只,较上一年分别增加2.73万头、9.2万只、1万头、9.4万只。肉、蛋、奶产量分别达到14060吨、5700吨、4800吨。建成柳科乡畜牧兽医中心站,全县12个乡镇畜产品质量安全监管体系基本建成。

基础设施 2012年,建成70处农建工程,16个行政村的农村饮水安全工程,解决1.2万人、3767头大牲畜的饮水问题;治理水土流失面积9071.2公顷,改造中低产田340.17公顷;唐河县城段河道治理工程完成河道疏浚6.8千米、浆砌石坝2.35千米、铅丝笼护坝8.12千米;华山、王庄水库除险加固工程全部完工。在巩固完善104个重点推进村的基础上,实施27个新农村重点推进村建设。农村新“五个全覆盖”工程完成95个村街巷硬化774千米,建成便民连锁店25个,农家书屋145个,农村体育健身场所64个,招收免学费职高学生918名。

工业 2012年,全县共实施重点项目36项,总投资154.51亿元,年度计划投资38.06亿元,实际投资51.54亿元,占年任务的140%。其中:工业项目8个,投资35.38亿元;农业项目6个,投资1.01亿元;基础设施建设项目19个,投资14.9亿元;社会民生项目3个,投资0.25亿元。其中:寒风岭风力发电项目实现并网运营;唐河水库建设项目完成下闸蓄水;金地公司富锰渣技改项目完成工程总量的95%以上;春阳公司苦荞芸香苷生产线投入试生产;县城集中供热二期工程全部完工;管道天然气项目实现入户供气。规模以上工业现价总产值完成32.22亿元,规模以上工业企业主营业务收入26.45亿元,实现利税1.73亿元。

城乡建设 道路交通方面,荣—乌高速公路灵丘段于2012年5月1日正式建成通车,沙六线六合地—养家会段15千米县乡道路改造工程基本完成、固城—驿马岭段国防公路路基工程和总长26千米的农村公路安保工程全部完工,全县公路通车总里程达到1370千米。城镇建设方面,继续推进县城扩容提质,祥和家园、锦绣旺府、唐河龙园、唐河绿洲、万通家园等住宅小区建设工程有序推进,武灵王公园礼殿希展工程和新华街、新建南路道路改造工程基本完工,新华街和新建南路道路改造工程基本完工,迎宾北路、沙河南路棚户区改造工程扎实推进,县城“一环六横八纵”的交通框架基本形成。东河南镇“全省百强示范镇”建设工程启动,完成街道改造5.1千米,铺设污水管网500多米。

教育 2012年,新建、改建幼儿园6所,小学内增设幼儿园5所,维修改造中小学食堂57所,新招聘特岗教师70名。全县高考本科达线386人,达线率17.81%。被国务院评为“全国‘两基’工作先进单位”。

卫生 2012年县级公立医院改革稳步推进,从9月26日起,县医院全部药品实行零差价销售,取消药品加成后减少的合理收入,由县财政按照药品实际销售额的30%按季给予补偿,共拨付补偿款184.71万元;78项大型医疗设备检查、检验费在原标准基础上下调10%,14项诊查费、227项治疗费、14项护理费、498项手术费在原标准基础上上调13%,床位费13项在原标准基础上上调36%。乡村两级医疗卫生机构继续实施基本药物制度,在“全省中医药工作先进县”评选中,县中医院通过验收。县医院综合住院楼完成主体工程,史庄和独峪两个乡镇卫生院改建工程以及17所村卫生室建设工程全部完工,武灵镇卫生院投入使用。

文化建设 举办361°中国乒超联赛、平型关大捷75周年系列纪念活动和全省“体育三下乡”健身行活动。完成全县5个乡镇文化站的置换建设,启动有线电视“村村通”工程,恢复灵丘人民广播电台调频节目播出。

社会保障　2012年新农保参保人数达到11.7万人，为全县2.78万名60岁以上农民发放养老金1872万元，为城市低保对象6785人、农村低保对象16850人和五保分散供养对象3787人发放生活补助金5031万元；新型农村合作医疗为全县患者报销医疗费5754万元，为2257人发放医疗救助、孤儿救助等资金586万元。城镇职工、城镇居民参加养老、医疗、工伤、失业和生育等“五险”人数达7.26万人次。每年1吨爱心煤按时足量发放。

环境保护　2012年关停、淘汰污染企业11家，拆除燃煤锅炉81台，完成市下达的六项污染物减排控制指标任务，县城空气环境质量二级以上天数达339天，比上年同期增加18天。生态建设方面，重点实施平型关万亩造林精品工程和锅帽山景区绿化工程，完成造林任务2891.45公顷。实施独峪乡曲回寺村、武灵镇韩家坊村农村环境综合整治工程，成功申报1个省级生态乡镇和4个省级生态村，争取到2013年18个村的农村环境连片整治项目。

（高晓彬　刘甫花）

【平型关大捷75周年纪念大会举行】　9月25日上午，平型关大捷75周年纪念大会在平型关纪念馆门前广场举行。省政协副主席令政策，市委书记丰立祥，市政协副主席、县委书记张小立，县委副书记、县长赵亚雄等省、市、县领导出席纪念大会。参战部队代表、青少年代表、将帅子女代表、省军区领导在会上先后发言。（高晓彬　刘甫花）

【全县农村两轮“五个全覆盖”任务完成】　灵丘县先后实施两轮“五个全覆盖”工程，被全县群众形象地称为“幸福全覆盖”。全县农村新“五个全覆盖”工程基本落实，农村街巷硬化工程，完成254个村1435.8千米，占任务的100%；农村便民连锁店全覆盖，建设90个行政村便民连锁店，累计建成便民连锁店342个；农村文化体育场所全覆盖工程，计划建设254个农家书屋和254个农民体育健身场地，农家书屋于6月底完成并通过验收，农民体育健身场地于9月15日全部完工；中等职业教育免费全覆盖工程，从2011年秋开始对全县3所职业高中在校生实行免学费，2011年秋季学期和2012年春季学期免学费资金46.44万元落实到位，2012年秋季招生任务为1540人；新型农村社会养老保险全覆盖工程，提前于2010年实现全覆盖，截至8月底参保人数11.58万人，参保率95%，为全县26647名60周岁以上农民发放基础养老金。（高晓彬　刘甫花）

【廉租房建设】　工程位于县城振华西街路南，总投资2.6亿元，从2009年开工建设，分三批实施，总建筑面积20万平方米，户型面积50平方米，共4000套，均为6层砖混结构。2009年，第一批2000套10万平方米廉租房工程开工建设，总投资1.3亿元，其中，中央投资4000万元，省配套4000万元，其余由县配套。2011年，第二批1000套5万平方米廉租房工程开工建设，总投资6500万元，其中，中央投资2500万元，省配套2500万元，其余由县配套。该工程主体完工，计划2013年全部竣工。2012年，启动实施第三批1000套5万平方米廉租房工程，总投资6500万元，土地、规划、初设、环评、地勘等前期工作完成，其他手续正在办理。2012年底，全县共纳入廉租房保障对象4883户，均以发放住房补贴形式给予保障。三批廉租房工程全部竣工后，可解决4000户城镇低收入家庭住房困难问题，配租率达80%以上。

（高晓彬　刘甫花）

·浑源县·

中共县委书记	张清河
县人大常委会主任	王维平
县　　　　　长	康晓剑
县政协主席	张振虎

【简述】　浑源县北纬39°22′~39°51′，东经113°23′~113°58′。辖6镇12乡315个行政村和9个居民委员会。全县总面积1966平方千米，其中农作物总播种面积43060.6公顷。2012年年末，全县有134148户，358533人，其中，男性182107人，女性176426人；非农业人口64503人。

2012年地区生产总值34.47亿元，同比增长1.4%；规模以上工业增加值9.98亿元，同比下降28.3%；社会消费品零售总额21.25亿元，同比增长16%；全社会固定资产投资46.76亿元，同比增长64.6%；全县财政总收入4.56亿元，同比下降13.55%；一般预算收入2.47亿元，同比增长39.74%，增速位居大同市第一；城镇居民人均可支配收入15037元，同比增长16.9%；农民人均纯收入4547元，同比增长75.4%，增速全市第一。

工业经济　百川、东邦、金岷3座露天煤矿通过联合试运转，百川煤业兼并重组整合项目顺利通过省验收组的竣工验收。瑞风、阳光两大煤业公司露天开采变更申请通过省煤炭厅批复，完成省国土厅专家组验收。年内煤炭产量169万吨，上缴税费2.89亿元。开展芝麻白花岗岩开发的前期工作，可行性分析、石材材质化验、招商引资、开发投资意向交流等前期工作均取得进展。循环经济园区建设进入规划设计阶段，总投资5287万元的正沟神达等三家花岗岩企业的技改项目进展顺利。全年生产花岗岩整形料5400立方米，税收1683万元。推进膨润土、高岭土加工提取等中小企业建设，全县中小企业税金3.6亿元，占全县财政总收入的80%。推进风电、医药、建材等新型产业成长。大唐350MW风力发电工程年度投资4.3亿元，累计投资18.3亿元，占总投资的52.3%；密马鬃一期、二期工程已建成实现并网发电，凌云口一期、泽清岭一期工程主体工程接近尾声；大仁庄国电200MW风力发电工程投资1.82亿元，大唐、国电50MW微风和分散式发电工程与县政府签订开发协议。开展总投资4.6亿元的太原锦华能源公司废弃矿渣及土地综合开发利用项目的前期工作，实现产煤区废弃矿物——土壤改良剂和有机肥、花岗岩废渣——新型板材综合利用。推进麻庄黄芪产业示范园区建设,发展“正北芪”系列保健产品,黄芪深加工项目厂区核心部分生产仓储区已建成。融资2亿元,全面铺开循环经济园区建设,东坊城循环工业区、下韩中小企业区、沙圪坨新型建材区、下韩煤炭工业区建设工作有序推进;投资7506万元,对花岗岩、烧砖、膨润土等五家企业进行技术改造;化解恒山酿酒集团公司与东方资产公司的债务纠纷。

三农工作　完成农作物总播面积41400公顷,粮食总产达143500吨,同比增长7.5%,创历史最高水平。畜牧业方面,牛、猪、羊存栏数分别达5.43万头、38.2万头、73万只,分别同比增长25.99%、79.3%、105.1%。肉蛋奶产量分别达27220吨、6900吨、14600吨,分别同比增长23.1%、22.6%、17.6%。永安镇神农、东坊城乡春润、裴村乡鑫泰荣、西坊城镇巨丰四大农业生态观光园新增流转土地54.67公顷,总占地面积202公顷,已建成各类高效生态农业大棚近1000栋,新增投资2700余万元,累计投资8700余万元;建成千头(只)以上养殖园区6个,新建和扩建标准化养殖小区16个;上规模的企业6家,销售收入1.05亿元;农业经济合作组织发展到318个,入户成员4056户,链接产业基地近4万公顷,带动全县非成员农户38500户,创建省级示范社7个,市级示范社10个;全县有机食品、无公害农产品、绿色农产品认证总量达14个。“黄芪之乡”建设年内引资1410万元,新增黄芪标准化种植面积1800公顷,规模化种植面积466.67公顷;稳定和完善对粮农的直补政策,新增杂粮直补面积8736.27公顷,下拨农资综合、粮食等直补资金3469.2万元;发放地膜323吨;改造盐碱地194.67公顷;完成高标准农田治理706.67公顷,农田灌溉面积13313.33公顷,水土流失治理面积600公顷;农村自来水普及率80%。推进“包点共建,兴农富民”活动,完成12个整村推进年度建设;组织县级大型农村培训班10期,农村劳动力技能培训人数3124人。转移输出农民6060人。

旅游经济　投资4000万元的岳门湾—百草坪索道迁建项目完成投资2630万元,实施上下站房主体、支架基础等建设工程;投资939万元,完成恒山桃花洞及周边绿化工程、魁星阁至旧索道上站和庙群至桃花洞两项人行步游道改造工程和岳门湾三元宫绿化工程;岳门湾古建塑像工程稳步推进,启动恒山庙群消防生态提水工程,投资150万元,完成一期工程5座蓄水池建设等;投资1094万元的岳门湾、悬空寺停车场项目开工,11000平方米的悬空寺停车场基本建成,20000平方米的岳门湾停车场完成工程总量的30%;申报国家级文物单位3处;投资630万元,推进历史文化街区修复工程;总投资6亿元的汤头温泉开发项目已达成合作意向;计划投资6.7亿元的千佛岭景区深度开发项目,完成详细规划。开展“中国健身名山登山赛”恒山站赛事、恒山九宫八卦莲花灯展演、传统庙会、特色端午等重大文化活动;与中央电视台联合拍摄的大型高清纪录片《北岳恒山》在央视四套和七套播出;电影《恒山月光》摄制完成;旅游纪念品开发工作实现新突破,开发出悬空寺脱销佛像等多个系列融合文化内涵和旅游特色的纪念品50余种,在中博会等多个博览会上展出,产品远销国内外;与国内50多家景区和旅游社团建立伙伴关系。接待游客82.7万人次,实现门票收入5008万元,综合收入突破3.5亿元,分别比上年同期增长10.71%、11.29%和16%。

项目建设　全县筛选确定总投资749.89亿元的10大类56个招商引资项目,总投资202亿元的100个省市县重点项目,总投资132.42亿元的16个转型综改标杆项目。全县招商引资144亿元,到位资金71.39亿元,超额完成市下达的年度目标任务。列入省、市考核的72个重点项目投资52.81亿元,项目落地42.22亿元,完成额和落地率分别名列大同市各县区第二、第一。总投资22亿元的凯德世家打包开发建设县城项目已签订合作框架;总投资2.8亿元的浑源汽配城建设项目,正在开展规划设计、土地征用、报批立项等前期工作;投资1.5亿元的浑源建材市场项目已经达成合作意向。年内,向上级部门申请各类项目35个,总投资50.69亿元。涉及农业、电力、旅游、社会事业、基础设施建设等领域。共争取到国家和省、市资金1.19亿元。

城乡建设　全县立足文化传承、民本至上、生态宜居三大主题,推进城市基础设施、交通路网体系、城乡生态绿化和环境整治四项工程,城市基础设施配套水平和城市竞争实力进一步提升,获“全省十佳卫生县城”称号。推进“四城同创”基础建设工程,城市小街小巷硬化和北岳西街拓宽改造工程全部完工;投资3460万元,完成恒荫街、北岳东街、书院街、天峰路改造工程;投资5400万元的县城供水管网综合改造工程有序推进;投资2000万元,分户改造供热面积20万平方米,全县供热面积累计达到150万平方米;投资1800万元,累计完成投资2550万元,完成城市集中供气项目管网铺设和输配站建设任务,实现县城局部供气;启动永安东街商业综合体项目和新城区建设、恒荫御带河景观工程;完成县城主干道路的节能亮化工程和排水管网维护工程,城乡环境整治工程;开展以城市卫生专项治理、城市管理专项治理为内容的城乡环境综合整治活动;投资24866.87万元,完成305个行政村1465.922千米农村街巷硬化工程;投资3935万元完成农村危房改造3100户;集中投资400万元,对主要道路沿线、城乡结合部等重点农村的村容村貌进行整治。惠及101平方千米区域4.5万人的浑源县农村环境连片治理示范项目成功申报。

生态建设　投资5873万元,完成采矿区恢复治理造林160公顷,采区生态恢复总面积累计达1333.33公顷;投资2350万元,栽种和补植经济林2266.67公顷,经济林带总面积达5800公顷;完成京津风沙源治理、巩固退耕还林、恢复植被造林等绿化工程2666.67余公顷;完成县城迎宾大街西出口生态公园兴建工程,扩建栗毓美广场工程,绿化迎宾街、步云路、过境高速公路等,硬化、美化重点村庄60多个。取缔土小炉窑21座,全县生态环境得到改善。

社会事业 农村街巷硬化1466千米任务完成,建成农村便民连锁商店154个、117个行政村的农民体育健身设施和315个村级文化活动场所,中等职业教育免费惠及1394名学子,新型农村社会养老保险参保人数达16万人,累计发放基础养老金3953万元。完成凯德世家小学、特殊教育学校、东尾毛学校、郝家寨学校、职业教育中心大教室等校舍建设工程;高考二本以上达线人数达430人,创历史最高,在大同市七县二区中排名第一。共招聘特岗教师98名,充实到农村、边远地区;为32572名农村中小学生实施营养改善计划,为1751名贫困大学生办理生源地贷款933万元,为2698名在校贫困中小学生发放补助资金272余万元,为北岳职中、大方职中、宏远职中3所中等职业教育学校1394名学生免费142万元。国家基本药物制度在全县18个乡镇全面实施,居民健康档案建档完成,建档率79%。妇幼老保健、健康教育、预防接种、传染病防治等工作有序推进;全县新型农村合作医疗参合农民282054人,参合率达99.2%,为农民补偿医药费4803万元。县急救中心和县卫生监督所等建设项目有序推进。全县新增就业1208人,发放城乡低保金7289万元;城镇职工基本养老保险和城镇基本医疗保险参保人数分别达3.07万人和5.36万人;新型养老保险实际参保人数达153269人,参保率达95.8%。其中新型农村养老保险缴费人数118761人;为符合领取养老保险待遇的60岁以上农村居民发放基础养老金2814万元。10万平方米廉租住房和10万平方米公共租赁用房,竣工2000套,改造农村危房3100户;发放廉租住房补贴资金800多万元。为全县所有农户发放冬季取暖用煤11万吨。

文化惠民工程 浑源县恒山艺术团着手组建举办春节文艺系列活动、吴城杏花摄影艺术节、“走进千佛岭”书画摄影创作活动、第四届消夏群众演唱会、三球联赛、灯展、运动会及庆祝十八大召开文艺踩街巡游等大型文体活动40余场次,参与群众突破100万人次;农村公益电影巡回演出3000余场,建成农家书屋204个、农民体育健身设施117处,农村文化活动场所315个。立足“省级历史文化名城”和“中国民间文化艺术之乡”两大名片,开展传统铸钟制作技艺、凉粉制作技艺的国家级非遗保护项目申报工作,下韩村的砂器制作工艺和神溪村传统文艺表演技艺踢鼓秧歌被列入市级非遗保护项目,全县非遗保护项目增加到13项。

服务业 全年货运量297万吨,客运量298万人次;新增快递公司3家,完成“万村千乡市场工程”64家。全县建成星级饭店4家、旅行社5家,新增酒店16家,对各旅游景点、星级酒店、旅行社的从业人员进行培训600余人。全县共有服务型企业1800多家,税收4816万元。(范颖莲)

·左云县·

中共县委书记	刘振国*
	徐尚红
县人大常委会主任	王　璞
县　　长	李广林
县政协主席	阎　荣

【简述】 左云县北纬39°44′~44°15′,东经112°34′~112°59′。全县辖3镇6乡,275个行政村,总面积1315平方千米。全年生产总值347845万元,比上年增长9.6%。其中,第一产业增加值22997万元,增长4.3%,占生产总值的比重为6.61%;第二产业增加值159313万元,增长13.0%,占生产总值的比重为45.8%;第三产业增加值165535万元,增长7.4%,占生产总值的比重为47.59%。

人均地区生产总值23337元,全年财政总收入87463万元,下降3.72%。一般预算收入34484万元,增长14.87%。税收收入24537万元,增长6.74%。其中增值税、营业税、企业所得税、个人所得税、资源税和城建税共计完成税收23439万元。一般预算支出85236万元,增长12.81%。其中农林水利事务支出增长与上年持平,教育支出增长34.4%,社会保障和就业支出增长22.47%,医疗卫生支出增长39.4%。

居民消费品价格比上年上涨2.8%。其中,食品价格上涨2.2%,烟酒价格上涨2.2%,衣着价格上涨10.7%,家庭设备用品及维修价格上涨1.3%,医疗保健和个人用品价格下降1.9%,交通和通信价格上涨5.5%,娱乐和文化服务价格下降8.4%,住房价格上涨5.9%。

城镇新增就业1212人,年末城镇登记失业率为4%。

农业 全年农作物种植面积27775公顷,比上年减少52公顷。其中,粮食种植面积21954公顷,减少12公顷;油料种植面积4468公顷,减少33公顷。

全年粮食产量32418吨,增加2119吨,增长7%;油料产量3389吨,增加439吨,增长14.9%。

全年造林面积2220公顷,增长1.6%。四旁植树42.7万株,中幼林抚育200公顷,育苗487公顷。

全年猪牛羊肉总产量4245吨,增长7.7%。其中,猪肉产量1531吨,增长7.9%;牛肉产量391吨,增长8.6%;羊肉产量2026吨,增长6.9%。年末生猪存栏12051头,生猪出栏14875头。牛奶产量7958吨,增长7.2%。禽蛋产量1210吨,增长5.2%。

年末全县农业机械总动力11.6万千瓦,增长4.4%,使用化肥2268吨,地膜62吨。

工业　建筑业 全县规模以上工业企业4家,全年规模以上工业增加值增长16.2%。

全县原煤产量350万吨,增长10.76%。其中规模以上工业原煤产量227万吨,下降1.74%。发电量27194万千瓦时,增长6.48%。

规模以上工业企业主营业务收入69770万元,下降51.48%。其中,煤炭工业实现主营业务收入51980万元,下降59.45%;电力工业主营业务收入14571万元,增长12.87%;食品工业主营业务收入3220万元,增长19.52%。规模以上工业利税5717万元,下降72.37%。利润3136万元,比上年大幅下降。

全县建筑业实现增加值10657

万元，比上年增长3.06%。

固定资产投资 全年固定资产投资984107万元，增长67.0%。其中，第一产业投资13366万元，减少51.1%；第二产业投资879091万元，增长66.6%，全部为工业投资；第三产业投资91650万元，增长167.9%。

固定资产投资中，国有投资719940万元，集体投资7450万元，股份合作投资82054万元，联营投资12552万元，有限责任公司投资72318万元，私营投资5488万元。

在建固定资产投资项目45个，计划总投资2107226万元，累计完成投资1619611万元。全年新增固定资产201430万元。

房地产开发投资5634万元，增长17.1%。施工面积721578平方米，竣工面积578599平方米，其中住宅面积45100平方米。

国内贸易 全年社会消费品零售总额157897万元，增长16.04%。按经营地统计，城镇消费品零售额97793万元，增长6.19%；乡村消费品零售额60104万元，增长36.66%。按消费形态统计，商品零售额13985万元，增长13.85%；餐饮收入额783万元，增长42.88%；住宿收入额298万元，增长15.51%。

交通 邮电 全县共有铁路线3条，其中，铁丰铁路左云县境内45.96千米，运输能力500万吨。公路通车里程1345千米，其中高速公路32.64千米，全县公路网密度102.3千米/百平方千米。

拥有二级汽车站1座，四级乡镇客运站4座，客运企业3家，客车84辆，长途班线14条，通车行政村数为220个，全年客运量97万人次，旅客周转量4320万人千米；全县有货运企业85家，货车2520辆，货运量350万吨，货物周转量55000万吨千米。

邮电业务收入8267万元，增长11.2%。其中，邮政业务收入787万元，增长15.8%；电信业务收入4480万元，增长10.8%。固定电话用户12186户，移动电话用户65963户，3G移动电话用户9237户。全县宽带接入用户10216户。

金融和保险 全县金融机构各项存款余额848490万元，比年初增加46239万元，比年初增长5.8%。各项贷款余额175126万元，比年初增加24679万元，增长16.4%。

农村金融合作机构（农村信用社、农村合作银行、农村商业银行）人民币贷款余额167077万元，比年初增加22156万元，比年初增长15.3%；人民币存款余额242041万元，比年初增加28253万元，比年初增长13.2%。

全年保费收入6399万元，下降30%。支付各类赔款及给付1528万元，增长12%。

科教 文化 卫生 全年确定重点科技项目22项，项目计划总投资9719万元，专利申请量13项，其中实用型6项，外观设计7项。

年末全县普通中小学校31所，专任教师1142人，在校学生数17246人，其中，小学生5497人，初中生7189人，高中生4560人。幼儿园(包括学前小学校)25所，在园幼儿4247人。全县学前教育毛入园率80.3%，小学和初中生入学率100%，2012年高考二本B类达线237人。

全县有文化馆1个，综合公共体育场1处，公共图书馆1个。有报社1家，出版报纸5万份。有线电视用户5831户。

全县有卫生机构(含诊所、村卫生室)249个。妇幼保健院(所、站)1个。全县卫生机构共有卫生技术人员623人。

人口 人民生活 社会保障 人口：2012年末全县总人口为149051人，比上年下降0.35%。其中，女性人口为73224人，占总人口的比重为49.13%。非农业人口42693人，占总人口比重为28.64%；农业人口106358人，占全县人口比重71.36%。据全县1%人口抽样调查显示：全县人口出生率为11.24‰，死亡率为5.59‰，人口自然增长率为5.65‰。全县城镇化率为43.66%。

人民生活：城镇居民人均可支配收入17838元，增长16.32%；城镇居民人均消费性支出4860元，增长7.92%。全年农村居民人均纯收入7432元，增长14.22%；农村居民人均生活消费支出2953元，增长17.00%。城镇占调查总户数20%的低收入家庭人均可支配收入7771元，增长10.31%；农村占人口20%的低收入者收入3918元，增长14.96%。城镇居民家庭恩格尔系数38%，农村居民家庭恩格尔系数44.55%。

社会保障：参加城镇职工基本养老保险12645人；参加新型农村社会养老保险58329人；参加城镇基本医疗保险32484人；参加失业保险8520人；参加工伤保险5738人；参加生育保险3580人。

全县共有城市最低生活保障对象4866人，农村最低生活保障对象10507人，全年共发放最低保障资金2553万元。

年末全县各类福利院床位数132张，收养77人，其中孤儿28人。全年接收社会捐赠款10万元。

（邵明仁 邢月英）

·大同县·

中共县委书记	王凤瑞
县人大常委会主任	武 明
县 长	邢 斌
县政协主席	薛守清

【简述】 大同县北纬39°43′~40°16′，东经113°20′~113°55′，全县总面积1503平方千米，全县辖7个乡、3个镇、3个街道办事处，175个行政村。2012年全县总人口188103人，其中，男性98958人，占总人口的52.61%，女性89145人，占总人口的47.39%；农业人口123546人，占总人口的65.68%，非农业人口64557人，占总人口的34.32%。

2012年，全县实现生产总值200301万元，比上年增长9.4%，其中：第一产业增加值61340万元，比上年增长7.4%；第二产业增加值48588万元，比上年增长11.4%，在第二产业中工业增加值43325万元，比上年增长12.2%；第三产业增加值90373万元，比上年增长9.8%。人均生产总值11348元，比上年增加1243元。

农业 全县农作物播种面积为

42937公顷，其中粮食作物播种面积36204公顷，油料作物播种面积为195公顷，蔬菜作物播种面积4734公顷，瓜类作物播种面积1288公顷。

粮食总产量78001吨，比上年增长23.73%。其中，玉米总产量65780吨，谷子总产量2251吨，黍类总产量4132吨，豆类总产量3294吨，薯类总产量2544吨。油料总产量245吨。蔬菜总产量139335吨。瓜类总产量35230吨。水果2110吨。

完成造林面积2767公顷。四旁植树57.1万株，实有林山(沙)育林面积11533公顷，育苗面积487公顷，其中2012年新增育苗面积193公顷，当年苗木产量1000万株，全年木材产量537立方米。

肉类总产量为10513吨，牛奶产量为30721吨，禽蛋产量为12257吨。猪、牛、羊、家禽为主的畜牧业存栏出现不同程度的下降，出栏呈现不同程度的增长。

实现农村经济总收入24.1亿元，比上年增加3.91亿元，增长19.37%，农村牧渔业总产值116267万元，比上年增加14735万元，增长14.5%。

工业 14家规模以上工业增加值30622万元，完成总产值109227万元，实现销售收入92936万元，实现利税6457万元，实现利润3612万元。

全县的工业总产值中，建材类产值为31328万元，机械制造类产值为26000万元，煤炭制品类产值为16000万元，石墨电极类产值为9531万元，制造类产值为5001万元，其他产值为21367万元。

全县规模以上工业产品产量：完成原煤66902吨；机红砖16978万块；商品混凝土53.78万立方米；活性炭1.2万吨；铸石板1.82万吨；石墨电极8.66万吨；铝型材2954吨。

全县有资质以上建筑业企业6家，实现建筑业产值8772万元，比上年增长22.64%，竣工产值6804万元。房地产企业3家，共完成投资33976万元，规划建筑面积6.9万平方米。

固定资产投资 固定资产投资496950万元，比上年增长54.17%。分产业行业结构看：第一产业投资59533万元，第二产业投资279123万元，第三产业投资158294万元。分经济类型看：国有经济投资279994万元，占全部投资的56.34%。由内资私营投资199720万元，外商投资17236万元。全年共有投资项目63个，其中2012年新开工28个，规划用地面积685.79万平方米，2012年实际征用和购置土地面积285.82万平方米。

商业 实现商品销售额326134万元，比上年增长11.19%，其中，社会消费品零售额实现109586万元，比上年增长16.03%；住宿餐饮业实现营业额18307万元，比上年增长3.86%。

交通 全县公路通车里程1533.7千米。其中，国道通车里程为46千米，省道127千米，县级公路281.5千米，乡级路723千米，村级路356.2千米；公路密度为101.37千米/百平方千米，全县十个乡镇175个村全部通水泥(油)路。

财政 金融 全县财政总收入34076万元，比上年增长16.58%。其中，国税部门16105万元，地税部门15034万元，财政部门2937万元，全县公共财政收入13873万元。全县公共财政支出累计执行84272万元，比上年增长13.91%。

2012年末，全县金融机构存款余额为428893万元，比年初增加87840万元，增长25.75%，其中单位存款118694万元，个人储蓄存款267003万元。各项贷款余额为121127万元，比年初增加9502万元，增长8.51%。

教育 全县拥有幼儿园40所，小学72所(民办2所)，普通中学15所，其中：高中1所，完中1所，初中13所。在校学生人数为：幼儿园1049人，小学13924人，初中7438人，高中3301人。招生人数为：幼儿园861人，小学2089人，初中2041人，高中1040人。专任教师人数为：幼儿园56人，小学1034人，初中559人，高中202人。小学入学率为100%，小学、初中升学率为80.42%，初中三年巩固率为89.65%。

卫生 全县拥有县直医疗卫生单位6个，乡镇卫生院10个，卫生院分院6个，农村卫生室(点)159个，个体诊所10个。拥有床位390张，其中县级196张，乡镇卫生院194张。拥有救护车辆13辆，其中县级3辆，乡镇卫生院10辆。具有医疗卫生技术职称的人数为：高级10人，全部为县级；中级91人，其中县级83人，乡镇卫生院8人，初级324人，其中县级122人，乡镇卫生院202人。

文化 体育 全县拥有县级文化馆、图书馆各1个，乡镇文化站10个，村级文化(图书)室175个，拥有各类图书38625册。

有篮球场99个，乒乓球台48个，门球场1个，健身路径157套。在2012年全市健身气功“五禽戏”比赛中，大同县获得第二名。

生态环境 全县空气质量为一级天气的有101天，二级天气为216天，三级天气为37天，四级天气为1天(个别天数因故未监测)。污染指数由上年的1.90下降为1.78，下降0.12。全县集中供热面积111.3万平方米，新增5.3万平方米，至年末天然气使用户数为1508户，年内新增1202户，因污染取缔企业2家，改造燃气锅炉3座，技术改造企业5家。

民生事业 全县拥有光荣院、敬老院8所，拥有床位450张，供养老人364人，政府共支付养老费用345万元。全年政府为16138名农村低保人员支付低保金1996万元，为6776名城镇低保人员支付低保金1880万元，城镇大病患者救助支出159万元，农村大病患者救助支出277万元，全年共为各类优抚对象发放资金达593万元。参加新型农村合作医疗的人数129050人，政府为农村住院患者支付医疗费3610万元。

全县企业职工参加失业保险的人数为7613人，参加工伤保险的人数为10591人，其中农民工为9042人；农村参加养老保险人数为60495人，城镇居民参加养老保险人数为1764人。

城镇居民年人均可支配收入为13556元，比2011年增加1946元，增长16.67%；农民人均纯收入为5657元，比2011年增加750元，增长15.28%；在岗职工年平均工资达

31320 元，比 2011 年增加 430 元，增长 1.42%；城乡居民储蓄存款为 267003 万元，比年初增加43776 万元，增长 19.61%。

生态建设 投资 1.1 亿元，造林绿化 2768.05 公顷。在县城周边栽植火炬、杏树、国槐、新疆杨和各种灌木 12.6 万株，绿化重点村和贫困村 39 个，每个村平均栽植杏树、柳树、国槐、火炬和花灌木 2000 多株，环境面貌明显改观。在荒山，完成黑山绿化和聚乐乡经济林 2 个 667 公顷工程。绿化道路 108 千米。特别是全省造林绿化大同现场会涉及大同县观摩路线 66.6 千米，全县拆迁房屋 268 间、6000 平方米，动土石方 80 万立方米，清理垃圾 5 万立方米，栽植各类树木 31 万株，"中国黄花之乡、国家火山公园、城郊休闲胜地"的品牌声名远播。全县森林覆盖率 28.6%，林木绿化率 40.8%，其中有20010 公顷、13340 公顷、6670 公顷连片工程各 1 处，667 公顷以上的绿化工程 10 多处，大同县继荣获"全国防沙治沙先进县""全省造林绿化先进县"之后，荣获"全省林业生态县"的称号。

项目建设 2012 年共签约项目 22 个，拟引资金 139 亿元，到位资金 51 亿元(包括 9 个装备园区项目)。一是加强招商引资。有效推进的有 14 个：总投资 30 亿元的福建隆德集团"中国大同论坛"项目奠基开工，投资 3.3 亿元，打造华北地区的休闲度假中心；总投资 6.5 亿元的山西万昌国际物流园一期开业运营，投资 2.6 亿元，形成覆盖晋冀蒙区域的一流现代物流园区；投资 2.8 亿元的保利协鑫 20MW 太阳能光伏电站开工建设；投资 2 亿元的玉鑫农牧生物乙醇项目基本建成；投资 2 亿元的同华矿机、投资 1 亿元的欧凯建材、投资 5000 万元的鹏瑞混凝土、投资 3000 万元的大同市鑫涛门窗、投资 3000 万元的华青活性炭二期项目投产运行；投资 1 亿元的栋梁铝型材二期工程开工建设；4 个农业龙头企业进展顺利。二是推进前期项目。有 11 个项目：投资10.8 亿元的天津宝迪食品工业园、投资 7.8 亿元的金园国际集团建材基地、投资 3.1 亿元的珠海鸿恺科技太阳能 LED 照明灯具、投资 2.9 亿元的大型钢结构制造、投资 2 亿元的鑫飞龙特变电变压器、投资 1.4 亿元的中煤集团掘进机截齿、投资 1.4 亿元的金森农牧屠宰加工、投资 1.2 亿元的安邦汽车综合服务中心、投资 1 亿元的卓立机化矿用变频器、投资 1 亿元的恒岳煤机二期工程、投资 1 亿元的高低压和双电源矿务监控报警装置等一批项目前期工作即将完成。推进江苏纺织工业园、北京国润天能南北山风电、山西正宇电气、大唐 2×35 万千瓦和国电 2×100 万千瓦热电联产等项目。三是服务市级重点项目建设。服从服务于全市发展大局，做好装备制造、医药工业、太阳能光伏产业园区道路、管网和项目建设的拆迁，协调解决问题。争取上级支持，共享园区资源，促进市县均衡发展。投资 300 多万元对黄土坡煤矿复产整治，淘汰县水泥厂机立窑 1 座，6 家单位更新成节能环保型变压器，促进节能减排。

农业现代化 挖掘特色农产品优势，围绕特色黄花、都市蔬菜、绿色杏果、优质杂粮、规模养殖五大产业，发挥政府作用，整合各类资源，推进都市农业、观光农业、近郊农业的发展。第一，扩大种养规模。以黄花为主导，每亩分两年补贴500 元，全县达 4002 公顷，初步形成"一县一业"的发展格局。全县林果 5336 公顷，露地菜 4669 公顷，绿豆 5336 公顷，万寿菊 400.2 公顷，温室大棚发展到 3649 栋；猪、鸡、牛、羊饲养量分别为 21.3 万头、140 万只、4.6 万头、38.4 万只，肉、蛋、奶年产量分别为 2.17 万吨、0.94 万吨和 1.03 万吨。全县有 77 个村被确定为全省"一村一品"专业村。第二，扶持四大农业龙头企业发展壮大。总投资 2.7 亿元的金森农牧生态有机猪完成投资 1.4 亿元，一期工程基本完工，成为集规模化养殖、科技化管理、循环化流程等为一体的现代农业龙头企业；投资 1.2 亿元的省煤运集团高端农业循环园区作为转型综改"一县一企"标杆企业，投资8000 万元，引领都市农业的发展；投资 1 亿元的奕曦生态农业观光园推进迅速，打造热带果品和高档花卉生产基地、科技推广和高端农业展示基地；投资 2300 万元的天佑禽业采取"公司+农户"的模式，存栏鸡达 17 万只，带动形成周士庄镇蛋鸡养殖基地。扶持天特鑫实施黄花提纯、三利农产品实施黄花烘干等新技术，将绿色黄花基地、解庄日光温室示范园等项目列入全省现代农业示范区，做大做强企业，发挥带动作用。第三，改善农田水利基础设施。重点实施投资3000 多万元的土地整理、投资 1280 万元的国家高标准示范农田、投资 557 万元的陈庄水库除险加固、投资 510 万元的地膜覆盖、投资 510 万元的退耕还林口粮田、投资 400 万元的农村饮水解困等项目，统筹使用扶贫开发资金、专业村补贴资金，认真落实粮食直补、农资补贴、农机补贴等惠农政策，连续两年获"全省农建禹王杯"称号。四是健全社会化服务体系。规范各类专业合作社 432 个，建成科普示范基地 20 多个，推广新品种和新技术 30 多项，科技入户1000 户，培训农民 4 万人次，被省政府评为"农民增收先进县"。

城乡建设 推进十项工程：一是投资 2 亿元的云冈机场至县城城际路通车，高标准完成路灯、绿化等配套工程；二是投资 6000 万元的县城西环路竣工；三是投资 3600 万元建成火山旅游路；四是建成投资 1000 万元的文化图书大楼；五是投资5000 万元进行县城生态公园一期工程建设；六是总投资 3 亿元的大塘汽配服务园开工建设；七是在农村实施投资1292 万元的环境综合整治示范工程，在县城投资 1130 万元建设污水、供热、天然气管道，投资 50 万元建成一个集贸市场，组织环境卫生整治活动；八是投资 1000 多万元的体育馆正在进行前期准备；九是两年来投资 1.9 亿元硬化街巷 650 千米，建成便民连锁店 36 个、农家书屋 175 个、体育健身场所 154 个，农村养老保险参保人数 60495 人，招收中等职业学生 482 名；十是大同火山群国家地质公园批复命名。投资 400 万元建成博物馆，修建标志牌，开通网站，完善路网配套和绿化景观，通过国土资源部专家组复核验收。 (吉广仁)

【城际快速路建成通车】 开工新建飞机场到县城的城际快速路，展示县城新形象，并高标准高质量通车。飞机场到县城的城际快速路项目投资2亿元，全长9.29千米，西起大同飞机场与市南环路交接处，东至县城西环路，道路宽度28.5米，为双向六车道。配套路灯，高标准绿化，中间设6米宽绿化带，两侧各有50米绿化观景带，栽植4米高油松、金叶榆、丁香等高档树种。 （吉广仁）

阳泉市

中共市委书记	白　云（女）*
	洪发科*
副书记	李栋梁
	郭长青
市人大常委会主任	孙水生*
	刘高官
副主任	郜爱国*
	荆东生*
	吴学斌*
	段存寿*
	王振国
	刘兆林
	吴丽萍（女）
	孙金明
	吕昌政
	刘志强
市长	李栋梁
副市长	王旭明　刘　星
	任衍钢　王敬瑞*
	刘兆林*
	董仙桃（女）　赵　峰
	徐　芃
市政协主席	刘高官*　郜爱国
副主席	李裕厚*　马文建*
	曹凯民　许文珍
	赵永红（女）
	李天祥　任衍钢*
	任美福　李顺宽
	赵平有

【概述】 阳泉市北纬37°40′~38°31′、东经112°54′~114°04′，辖城、矿、郊三区和平定、盂县两县，面积4558.93平方千米（第二次全国土地调查数据），常住人口137.9万人，人口密度302人/平方千米。2012年，全市全年地区生产总值602.0亿元，比上年增长9.6%。财政总收入141.0亿元，增长16.1%；一般预算收入56.9亿元，增长22.0%。规模以上工业企业完成工业增加值296.0亿元，增长11.9%。全社会固定资产投资391.3亿元，比上年增长14.5%。社会消费品零售总额217.6亿元，增长15.6%。城镇居民人均可支配收入21892元，比上年增长8.1%；农村居民人均纯收入8683元，增长13.1%。

工业经济 全市工业增加值比上年增长11.0%，其中，规模以上工业企业136户，工业增加值296.0亿元，增长11.9%。全市规模以上工业企业原煤产量6833.2万吨，增长17.1%。规模以上工业企业实现主营业务收入797.6亿元，增长27.0%，其中，四大传统支柱产业主营业务收入744.3亿元，增长28.9%，煤炭、焦炭、冶金和电力工业分别实现主营业务收入562.7亿元、10.0亿元、54.4亿元和44.8亿元，煤炭和冶金工业分别增长40.5%和5.4%，焦炭和电力工业分别下降32.0%和1.3%。新兴产业中，装备制造业实现主营业务收入57.3亿元，增长16.5%。规模以上工业企业实现利税72.0亿元，下降33.0%；实现利润18.5亿元，下降66.8%。

全年建筑业实现增加值36.0亿元，增长1.6%。具有建筑业资质等级的总承包和专业承包建筑业企业实现利润总额3.7亿元，下降54.5%；上缴税金5.5亿元，下降12.7%。

三农工作 全市财政直接用于农业的投入达到3.26亿元，增长24.6%。农作物种植面积5.9万公顷，比上年下降0.5%。粮食总产量28.0万吨，增产10.0%。肉类总产量1.6万吨，增长15.0%。年末全市森林覆盖率达26.0%。年末全市农业机械总动力130.4万千瓦，增长3.5%。发展现代农业，新增核桃种植3935.3公顷、设施蔬菜70.70公顷，新建、改扩建各类畜禽标准化养殖小区21个，农产品加工龙头企业实现销售收入12.3亿元、增长36.7%。105个新农村建设重点村“四化四改”和“五个一”工程建设全部完成，新“五个全覆盖”全面实现。

重点项目 按照储备、签约、落地、建设“四位一体”工作方法，推动项目建设。全年储备项目1578个，总投资6888亿元；签约项目154个，总投资1498亿元；落地项目389个，落地金额850亿元，落地率为113.4%；年初确定的188个重点项目，累计开工181项，开工率达到96%，实际投资522亿元，占年度计划的111.5%。新兴产业完成投资54亿元，增长42.5%。兆丰氧化铝二期、天翼石油压裂支撑剂、华鑫电气永磁电机、鼎正建材等58个项目竣工投产；太钢鑫磊循环经济园、中科春明激光器、百度云计算、河坡2×35万千瓦发电等项目进展顺利。

城乡建设 年内修编市域总体规划、城市总体规划，编制城市综合交通体系、生态新城控制性详规。实施市政重点项目23个，完成投资15亿元，广阳路、青年路、北大街、大阳泉桥等改（扩）建工程建成投用；铺设供热、供气管网52千米，市区集中供热率达到91.5%，燃气普及率达到93%。加快区域重大交通基础设施建设，盂五、阳左、西环高速、307复线二期等项目进展顺利。统筹推进大县城和特色镇建设，平定、盂县两个大县城和南娄、张庄、河底等省级重点镇建设加快推进。全市城镇化率达到63.04%。

生态建设 全市狠抓节能减排，重点实施区域环境综合治理、水环境保护、工业企业达标成果巩固、矿山生态环境恢复、废物综合利用“五大工程”，取得初步成效。省下达的各项节能减排目标任务全部完成，万元地区生产总值能耗下降4.3%，二氧化硫、化学需氧量、氨氮、烟尘、工业粉尘排放量分别下降4.18%、0.78%、7.12%、5.96%、5.1%，氮氧化物排放量增长控制在0.16%，市区空气质量二级以上天数达到338天。推进造林绿化工程，投入资金3.9亿元，完成营造林10538.6公顷，阳泉市被国务院授予“全国造林绿化模范城市”称号。集中开展城乡清洁整治和街景容貌示范创建工作，城市卫生状况改善。娘子关水源地保护取得阶段性成效。

深化改革 推进转型综改试验

区建设,取消调整市级行政审批事项96项,实施扩权强县试点,共下放审批权限85项,公共资源交易中心建成投入使用。集体林权制度主体改革任务基本完成。国库集中支付等财政改革顺利推进。城乡建设用地增减挂钩和存量土地整合利用工作全面开展。市金融办挂牌成立,交通银行入驻阳泉。制定实施鼓励煤炭企业发展非煤产业和促进高科技产业发展的政策措施,高新技术创业园成为国家级科技孵化器。

民生保障 全市公共财政用于民生领域的投入38.7亿元。城镇新增就业、创业就业、再就业工作均超额完成年度目标任务。开工建设保障性住房17377套,竣工10788套;改造农村危房700户。城镇居民医保、新农合参保率分别达到95%和99.2%。深化医药卫生体制改革,公共卫生服务水平提高。人口和计生工作成效明显。覆盖城乡的公共文化服务体系基本建成,人民群众的精神文化生活不断丰富。开展全民健身活动,阳泉籍射击运动员王智伟在伦敦奥运会上获得铜牌。市政府承诺的5件实事全部兑现,城乡居民低保标准每人每月分别提高40元、34元,农村五保集中供养对象年补助标准提高2100元,新农合人均筹资标准提高到300元,在全省率先实现数字电视全覆盖、肢体残疾人轮椅免费发放全覆盖、义务教育阶段学生教科书免费全覆盖。

(任佟苏 杨 文)

【国家园林城市】 2月8日,阳泉市被住房和城乡建设部正式命名为“国家园林城市”。 (任佟苏 杨 文)

【百度云计算(阳泉)中心奠基】 8月19日,省政府与百度公司战略合作签约暨百度云计算(阳泉)中心奠基仪式在阳泉经济技术开发区举行。省人大常委会副主任杜玉林,副省长牛仁亮,省政协副主席卫小春、王宁,百度公司董事长兼首席执行官李彦宏、副总裁朱光和刘辉,以及阳泉市部分领导出席奠基仪式。百度云计算(阳泉)中心项目建设周期为4年,一期总建筑面积为12万平方米。建成后的百度云计算(阳泉)中心数据存储量超过4000PB,可存储的信息量相当于20多万个中国国家图书馆的藏书总量,在数据存储规模、计算能力和环保节能三方面都处于亚洲一流水平。 (任佟苏 杨 文)

【人口社会服务管理信息平台率先在全省启用】 2012年,阳泉市、县两级人口计生部门全面完成省人口计生委提出的“三网一库”(三网即国家、省、市、县、乡人口计生部门相互联通的人口计生系统广域网,省、市、县三级人口计生部门内部办公的局域网和各级人口计生部门公众信息网;一库指以全员人口个案信息为核心的全省人口计生系统综合信息库)工程,整合公安、统计、卫生、民政、教育等部门信息资源,对全员人口信息数据库内不准、不实和不符合逻辑的个案数据进行修正和变更。开展城镇人口网格化管理服务工作,在完成矿区、平定试点的基础上,年内各县(区)基本完成任务。建成多部门资源共享、信息共用的人口社会管理服务信息平台,为社会提供全方位、精细化的管理服务,利用3G手机联络派工,实行GPS定位管理服务。全省人口社会管理服务信息系统建设现场会在阳泉召开,全国人口计生信息化建设工作会议全体代表到阳泉参观指导。阳泉的成功经验和做法得到国家、省的积极推广。

(任佟苏 杨 文)

【晋商文化论坛】 7月8日,由首届世界晋商大会执委会、中共阳泉市委、阳泉市人民政府主办,中共阳泉市委统战部、阳泉市工商业联合会、山西省民营经济研究会、北京晋商博物馆承办的“首届世界晋商大会晋商文化论坛”在北京晋商博物馆举行。全国工商联、晋商文化研究学者、省市政商界代表等各界人士200余人出席论坛。 (任佟苏 杨 文)

【平定古窑陶艺有限公司入选“国家文化产业示范基地”】 8月,平定古窑陶艺有限公司被文化部确定为“国家文化产业示范基地”。作为阳泉市文化产业发展的龙头企业,平定古窑陶艺有限公司先后多次代表全市文化企业参加全国性的大型展览。2008年,公司开始筹建中国刻花瓷文化园,截至2012年底,该园区一期工程全部完成并投入使用,二期刻花瓷大厦建设工程在筹备中。

(任佟苏 杨 文)

【天元废旧电器回收处理和家电再生产循环产业】 山西天元绿环科技有限公司作为阳泉天元集团的控股子公司,是山西省首家取得国家废弃电器电子产品处理资质的企业,是山西省循环经济试点企业,被环保部列入首批享受废弃电器电子产品处理基金补贴的企业。2012年,其废旧电器回收网络遍布全省11个地市,与省内外25家企业签订废弃电子产品回收合同,年回收废旧电器达到20万台,实现对废旧电视机、电脑、冰箱、空调、洗衣机等电子产品进行拆解、破碎、分选等无害化处理,依托废旧家电回收处理项目,建设家电再制造产品生产线,厂房建设完成,主要设备安装调试中。 (任佟苏 杨 文)

【王智伟获伦敦奥运会男子射击50米手枪项目铜牌】 8月5日,阳泉市籍运动员王智伟在第30届伦敦奥运会男子射击50米手枪慢射项目决赛中获得铜牌,这是继1984年第23届洛杉矶奥运会上许海峰获得金牌之后,中国在这个项目上获得奖牌的第4人,也是阳泉市运动员有史以来荣获奥运会个人首枚奖牌。

(任佟苏 杨 文)

【刘慈欣获“首届柔石小说奖”金奖】 2012年第3期《人民文学》以专题形式刊登阳泉市作家协会副主席刘慈欣的《微纪元》《诗云》《梦之海》《赡养上帝》4篇科幻短篇小说,这是时隔30年后主流文学界再次把目光对准科幻作家。9月26日,刘慈欣《赡养上帝》获“首届柔石小说奖”短篇小说金奖。 (任佟苏 杨 文)

【阳泉市家庭教育课题成果获全国三等奖】 2012,由市妇联主持完成的《阳泉市“家长教育工程”科学化运作模式的探索》专题科研报告,经过专家评审、中国家教学会批准,被评为优秀成果,奖励等级为三等奖。这是

山西省"十一五"时期家庭教育研究方面唯一获得全国奖项的国家级课题。（任佟苏　杨　文）

【阳泉市质监局评为全国"民生计量工作先进单位"】 2012，阳泉市质监局被国家质检总局授予"民生计量工作先进单位"称号，成为山西省唯一一家获此殊荣的单位。阳泉市质监局先后组织开展以诚信计量进市场、公正计量进行业、健康计量进医院、安全计量进煤矿、光明计量进镜店、服务计量进社区（乡村）"六进六查六规范"为主要内容的"关注民生、计量惠民"专项行动，在全市范围内推进民生计量工作，计量惠民利民的领域和效果得到延伸；在"推进诚信计量、建设和谐城乡"活动中开展企业免费培训，提高经营者诚信意识，制订示范技术规范，明确示范创建标准，开展示范创建活动，营造诚信计量环境，推进社会诚信体系建设。政府将民生计量器具强制检定费用纳入社会公共服务范畴，对农贸市场和基层医疗卫生机构强检计量器具实施免费检定，使计量惠民措施落到实处。

（任佟苏　杨　文）

【《阳泉年鉴（2011）》获全国特等奖】 在中国出版工作者协会年鉴工作委员会主办的第六届全国年鉴编校质量检查评比活动中，由阳泉市地方志办公室主持编纂、方志出版社出版的《阳泉年鉴（2011）》获特等奖，是全省唯一获特等奖的地市级综合年鉴。

（任佟苏　杨　文）

·城　区·

中共区委书记	李春泽*
	康晓剑
区人大常委会主任	李忠祥
区　　　　长	武　雪（女）
区政协主席	杨柱英

【简述】 阳泉市城区总面积14.77平方千米，辖6个街道办事处、44个社区居民委员会，常住人口19.44万人。2012年，全区生产总值131.3亿元，比上年增长9.1%；三产服务业增加值107.5亿元，增长11.9%；规模以上工业增加值12.1亿元，增长1%；固定资产投资55.7亿元，下降24.1%；社会消费品零售总额118.8亿元，增长15.7%；财政总收入4.96亿元，增长7.5%；一般预算收入2.70亿元，增长8.5%；海关进出口总额1851万美元，下降20%；城镇居民人均可支配收入23144元，增长14.2%。

招商引资　2012年，城区共招商引资项目74项，是市下达35项的211.43%，其中亿元以上项目有49项，是市下达13项的376.92%。项目总投资352.76亿元，是市下达350亿元的100.79%。全区共签订各类合资合作项目34项，总投资106.85亿元，协议利用外来投资106.85亿元，是年责任目标100亿元的106.85%。全区共到位25个外来投资项目，其中续建项目12个、新建项目13个，项目总投资110.82亿元，利用外资110.82亿元，实际到位外来投资额24.27亿元，是年责任目标20亿元的121.35%。

社区卫生服务机构建设　（1）创新机制，调动基层医务人员工作积极性。对社区卫生服务中心医务人员实行全员聘用，竞聘上岗，合同管理，制订出台《基层医疗卫生机构绩效考核办法（试行）》，对社区医务人员的服务质量、数量、效果、居民满意度实行"四位一体"的绩效考核制度。（2）重视人才，加强基层医疗卫生队伍建设。对社区卫生服务人员进行全科医师培训和适用技术培训及各类短期业务培训；挖掘中医人才资源，实行中医优先聘用制，鼓励退休的高资历名中医专家到社区卫生服务机构工作；加强对口帮扶，实施对口支援，不定期邀请上级医院专家深入社区卫生服务机构坐诊或开展业务讲座。（3）加大投入，建立财政补助配套机制。逐年加大对医疗卫生事业的投入，区财政每年拿出240万元用于社区卫生服务机构职工的工资补助。同时，300万元公共卫生服务补助和100万元药品"零差价"销售补助资金以及区财政承担的200万元医疗保险资金全部列入财政预算。（4）突出亮点，进一步推进基层医疗卫生管理。在推进综合医改过程中，坚持做到"十统一、五免费、四合并"，即坚持"统一标识标志、统一标准、统一规划设置、统一制度规范、统一设备配置、统一慢病防治、统一信息管理、统一考核检查评估、统一医疗文书模式、统一胸牌佩戴"，规范社区卫生服务机构建设；通过实施"免挂号费、免首诊费、免出诊费、免门诊肌肉注射费、免健康咨询费"使百姓得到真正实惠；将社区卫生服务机构原挂号费、诊查费、注射费及药事服务成本费合并为"一般诊疗费"，减少收费项目，提高服务质量。

残疾人保障　2012年，城区采取"四个全覆盖"进一步做好残疾人保障工作。（1）残疾人基本生活保障全覆盖，对符合低保条件的残疾人做到"应保尽保"，全区879户、1026名贫困残疾人每月享受最低生活保障39.87万元。（2）贫困残疾人医疗保险全覆盖，多渠道帮助残疾人参加医疗保险，保证每个残疾人都能享受到医疗保障，残疾人医疗保险参保率达100%。（3）残疾人住房保障全覆盖，在全区实物配租的340套廉租住房中，贫困残疾人入住115套，占34%；对不达廉租房安置条件的111户残疾人特困户发放住房补贴22.22万元。（4）残疾学生教育全覆盖，采取免费康复训练、开办"培智班"、"随班就读"和"送教上门"等方式，使全区残疾儿童入学率达到100%。（王世钧）

【全省首家24小时自助办税服务系统启动】 2012年，城区在全省率先建成以网上办税、实体办税和24小时自助办税服务为载体的"三位一体"办税服务格局，通过24小时自助办税服务系统，实现3832户个体双订户的税款缴纳、2097户网报纳税人的信息查询、发票信息查询的自助办税业务。（王世钧）

【义井社区卫生服务中心获"全国示范社区卫生服务中心"称号】 义井社区卫生服务中心在全市率先开展家庭医生签约式服务新模式，同时以社区为平台、居民为对象、家庭为主体，有针对性地进行签约，实现主动、连续、综合的健康管理。11月26日，经卫生部

专家组验收合格后，义井社区卫生服务中心被命名为“全国示范社区卫生服务中心”。（王世钧）

·矿　区·

中共区委书记	刘德跃
区人大常委会主任	苏满晓
区　　长	刘乙佑
区政协主席	王贵平

【简述】 阳泉市矿区总面积11.83平方千米，辖6个街道办事处、40个社区居民委员会，常住人口24.56万人。2012年，全区生产总值168亿元，比上年增长9.1%；财政总收入6.2亿元，增长21.5%；一般预算收入3亿元，增长19.17%；固定资产投资总额78亿元，下降1.7%；社会消费品零售总额16.89亿元，增长15.6%；城镇居民人均可支配收入2.37万元，居全市第一；第三产业增加值19.31亿元，增长11.9%；全区民营经济总收入16亿元，增长9.6%。

项目建设 2012年，矿区10个市级重点项目全部完成年度任务，投资15.08亿元，是市下达任务的105.75%。全年包装项目44项，引进新项目22项，协议利用外来资金116.34亿元。

城市环境治理 全年更新花墙、花柱等观赏花卉7万余株，新增园林绿化面积3500平方米、改造2万余平方米，完成荒山造林66.67公顷。二级以上天数达到338天，其中一级以上天数达到58天。成立严管街中队，对北大西街等7条主要街道实施全天候零摊位管理。组建6支城市管理志愿者队伍，实现文明城市创建全民参与。开展城乡清洁工程百日集中整治，主干道清扫保洁率达到100%。规范便民市场管理，新建、扩建洪城河等6个便民市场。

企业帮扶 矿区为华鑫公司等企业争取国家老工业基地建设政策和煤炭发展可持续基金2000万元、贴息补贴350万元。加大科技研发经费投入，对28项科技发展项目支持605万元，比上年增长47.56%。发挥鑫利信公司作用，为11家中小企业提供438万元担保贷款。

社会事业 全年用于民生投入1.69亿元，占财政支出的29%。新增就业人员4129人，发放低保金2130余万元，城镇基本医疗保险参保人数77095人，城镇基本养老保险参保人数5039人。成立6个社区卫生服务中心，居民就医看病更加便捷。免费发放康复辅助器具919件，社区康复辅助器具基本实现全覆盖。分发廉租住房65套，发放廉租补贴260余万元。新建、加固、维修校舍9600平方米。开展严打斗争，“天网”工程新装探头820个。（孙燕平　王宏英）

【矿区公安分局获“全国优秀公安局”称号】 矿区公安分局在打击犯罪、治安防控、社会管理、规范执法、队伍建设等方面做大量工作，“清网行动”“涉案财务管理”“打四黑除四害”等专项行动取得丰硕成果。2012年，在全国公安系统英雄模范立功集体表彰大会上，矿区公安分局被授予“全国优秀公安局”称号。

（孙燕平　王宏英）

【彩绘作品《旗袍葫芦》获全国金奖】 11月，在首届全国休闲农业创意精品大赛上，矿区张建维和宋红梅夫妇创作的彩绘葫芦作品《旗袍葫芦》获得产品创意金奖。作品《旗袍葫芦》将东方人神韵的旗袍演绎在作为中华文化象征的葫芦上，体现旗袍的娴静优雅、婉约清丽。（孙燕平　王宏英）

【美沙酮社区药物维持治疗门诊开诊】 11月30日，矿区建成山西省县（市、区）首家美沙酮社区药物维持治疗门诊。社区药物维持治疗门诊的开诊可以有效缓解吸毒人员吸毒成瘾问题。（孙燕平　王宏英）

·郊　区·

中共区委书记	赵　峰*
	王永珍
区人大常委会主任	王梦贺
区　　长	杨　勇*
	苏秀瑞
区政协主席	王如生

【简述】 阳泉市郊区总面积627.01平方千米，辖4乡4镇184个村民委员会和2个居民委员会，常住人口23.7万人，其中城镇人口16.4万人，乡村人口7.3万人。2012年，全区生产总值71.66亿元，比上年增长9.7%；财政总收入12.02亿元，增长19.9%；一般预算收入5.1亿元，增长25.8%；规模以上工业增加值26.32亿元，增长16.1%；固定资产投资56.1亿元，增长34%；社会消费品零售总额11.66亿元，增长15%；农民人均纯收入9203元，增长14%；城镇居民人均可支配收入17551.58元，增长11.1%。

新农村建设 2012年，郊区10个新农村建设试点村全部达到规定标准，年初确定的24个省级重点推进村“四改四化五个一”工程完工，村容村貌改善。全年新增温室大棚20.27公顷、果品133.33公顷，新建规模养殖小区10个，生猪出栏7万头，蛋鸡存栏180万只。2012年，现代农业为农民人均增收达到1500元，郊区被评为全省“农民增收先进县区”。

生态建设 全年全区完成各类造林面积2200公顷，水土流失治理面积14平方千米，森林覆盖率达到25.83%。荫营城区绿化率达到41.2%，完成荫营河道综合治理4.5千米。二级以上天气达到340天，空气质量优良率达到92.9%。

社会事业 2012年，郊区优质教育联盟创建活动启动实施，“一对一”帮扶和捆绑评价模式在全市推广，义务教育标准化建设实现全覆盖。区文化馆场地设施免费开放，举办“美丽之春”郊区首届春节联欢晚会。区档案新馆建成并投入使用，全省县级综合档案馆项目建设现场会在阳泉市郊区召开。区人民医院建成全市首套远程诊疗系统，新建病房大楼投入使用，新型农村合作医疗实现“一卡通”。婴幼儿早期发展指导、免费孕前优生健康检查工作全面启动。200户危房改造全面完工，第一批廉租房分配到户。区财政支出120万元为下岗再就业职工和失业登记人员缴纳医疗保险，为二级以上残疾人共发放救助金118万元，7.4万吨"暖心煤"分发到户。

重点工程 双营路工程是区重点工程，总投资6600多万元，道路全长3千米，车行道14米，工程于11月19日竣工通车。温河灌区油瓮水库除险加固工程是阳泉市列入国家水利部第三批病险水库除险加固规划的重点项目之一，工程包括改造大坝上游面防渗面板、溢流面和下游挑流鼻坎体型，补强加固泄洪洞洞身、进口段和洞顶，更换工作阀门及启闭设备；重建卧管及启闭设施、流溢坝顶增设工作交通桥等，总投资439万元，于11月25日完工。该工程使温河灌区油瓮水库库容增至169万立方米，大坝抗震强度提高至七度，水库校核洪水标准达到200年一遇，成为郊区北部乡镇发展高效农业和经济转型发展的基础性工程。

项目建设 作为郊区重点项目的阳泉市冀东水泥有限公司2×4500T/D熟料水泥生产线一期及9MW纯低温余热发电项目；阳煤兆丰铝业氧化铝二期年产70万吨项目先后建成投产。 （王永清 高志宏）

【"一村一品"示范村工程】 全区共有"一村一品"特色专业村32个，涉及种、养、加工等多个类别。其中有13个村进入全省"一村一品"专业村的行列，总数达到18个。山头村、杨树沟村、北庄村、路家山村为种植蔬菜专业村，前洼村为培育核桃专业村，下章召村、大村村、佛洼村为养鸡专业村，大西庄村为种植苹果专业村，枣园村为养猪专业村，汉河沟村为农产品加工专业村，桃林沟村和后峪村为发展休闲农业专业村。12月10日，桃林沟村被农业部授予全国第二批"一村一品示范村"称号。

（王永清 高志宏）

【"万村千乡"市场工程】 截至2012年底，累计建设改造191家连锁化农家店和1个配送中心，在全省率先实现全覆盖。以城区店为龙头，乡镇店为骨干，村级店为基础的农村现代流通网络逐步形成。社会效益日益凸显，农家店累计实现销售额1300万元，创造就业570人。11月1日，山西省"万村千乡"市场工程观摩会在郊区举行。 （王永清 高志宏）

【郊区档案馆建成】 郊区档案馆位于郊区新政府大楼东侧，占地0.33公顷，主体建筑6层，建筑面积5127.5平方米，总投资1600万元。档案馆于2010年12月28日开工，2012年10月建成，为全省首批14个县区档案馆建设中最早立项、最早开工、进度最快的档案馆，可满足未来30年全区档案资料保管、存储、查询、利用等服务需求。 （王永清 高志宏）

·平定县·

中共县委书记	王银旺
县人大常委会主任	李建恩
县长	任晓华
县政协主席	赵珍珠

【简述】 平定县北纬37°39′~38°07′，东经113°25′~114°02′，总面积1390.94平方千米，辖8镇2乡318个村民委员会和14个社区居民委员会，常住人口33.77万人。2012年，全县生产总值71.72亿元，比上年增长12.8%；全年财政总收入12.12亿元，比上年增长20%；一般预算收入5.49亿元，增长36.3%；全社会固定资产总投资89.10亿元，增长36.9%；社会消费品零售总额24.9亿元，增长15.8%；农民人均纯收入8213元，增长14%；城镇居民人均可支配收入19418元，增长14.6%。

工业经济 全县全年规模以上工业总产值83.17亿元，比上年增长25.89%；规模以上工业增加值27.94亿元，比上年增长19.9%。工业新型产业投资完成3.5亿元，煤炭、电力、冶金、耐火、建材等传统产业不断优化提升，新能源、新材料、新型化工、装备制造等新型产业发展壮大，阳光发电、古州煤业、益鑫盛洗煤等骨干企业实力日趋增强。重新规划定位龙川产业聚集带，张庄高新技术产业园、王家庄新能源和新型装备制造产业园、巨城新材料产业园的"一带三园"产业发展平台，投资7000万元完善了园区内水、电、路、气等基础设施，入园企业300多个。

"三农"工作 全年粮食总产量1.2亿公斤，比上年增长12.57%。优质核桃、优质杂粮、蔬菜种植三大基地规模分别达到8000公顷、6000公顷和1533.33公顷；生猪、蛋鸡、奶牛年末存栏分别为20.6万头、126万只和850头，肉、蛋、奶年产量分别为1250万公斤、1050万公斤和280万公斤。福润禽业3000万只肉鸡加工项目竣工试产，山丰、东鑫、龙升3个年存栏10万只的肉鸡场建成。平定县被评为"全省农机化生产先进县""全省一县一业先进县"和"全省畜牧业生产先进县"。

城建交通 修编县域体系规划、县城总体规划，编制西部新城控制性详规和张庄、娘子关等5个省市重点小城镇规划。实施市政重点项目30余个，完成投资2.3亿元。广阳路建成通车；县城硬化20条小街小巷，改造和新建11座免费公厕；铺设供热、供气管网91.6千米，县城集中供热率达到71.73%。燃气普及率达到85%；新增城镇人口2200余人，城镇化率达到35.52%。推进城乡公交客运一体化，购置公交客运车159辆，辐射10个乡镇280个村，覆盖率88%，加快区域重大交通基础设施建设。阳左高速、阳五高速、307复线二期、杨白线出省路、药岭寺旅游公路、冠山舍利文化园旅游专线、平定北互通连线等道路工程实施，平定县被省政府评为"全省高速公路建设先进集体"。

商贸流通 全年社会消费品零售总额24.9亿元，比上年增长15.8%；完成服务业增加值28.27亿元，比上年增长9.2%。全县商贸物流业发展态势良好，晋东商贸物流园、华通农贸市场一期工程完工，东升太阳城购物中心、平定农资配送物流仓储园建成运行，农村便民连锁店、农家店实现镇(乡)村全覆盖。全县外贸进出口总额6276万美元，比上年减少13%。全年共签约各类招商引资项目26个，协议利用外资445.4亿元，累计到位市外资金55.8亿元。

生态建设 全年投资1041.9万元，绿化工程造林2400公顷，治理水土流失面积1466.67公顷。年度造林合格率达到100%，林木绿化率29.97%；县城建成区绿化覆盖率38.4%,全县森林覆盖率21.6%。娘子关泉域水源地保护、山西天泉无土基质草毯生产项目等“绿色生态”和治污减排工程进展顺利,铬渣治理通过国家验收。全县万元地区生产总值综合能耗下降4.49%，万元工业增加值用水下降3.5%；削减烟尘768.84吨、粉尘860.03吨、二氧化硫1061.43吨、氨氮48.36吨、氮氧化物389.28吨;县城大气环境质量二级和优于二级以上天气天数351天。

民生保障 市政公用设施投资2.3亿元,广阳路竣工通车,农村街巷道路硬化完工,县城煤气利用和集中供热普及率分别达到85%、90%以上。转移农村劳动力和下岗失业人员再就业3100人,创业带动就业342人，开展劳动技能培训1700人，年内城镇新增就业4260人。新型农村合作医疗参合农民23.23万人，领取医疗补偿6752.36万元；新型农村社会养老保险参保农民12.98万人，共计发放养老金2351万元。全年为3279户3333名五保对象发放五保金999.75万元,为3441户7832名城镇低保对象发放低保金2267.43万元，为10528户20182名农村低保对象发放低保金3104.29万元。保障冬季取暖用煤，为全县9.7万户低收入农民每户免费供应1吨煤。第三期700套保障性住房开工建设,首批272户符合配租条件的城镇低收入家庭迁入廉租房。 （刘 勇 洪晓琴）

【县供销社被评为“全国供销合作系统先进集体”】 7月，由国家人力资源和社会保障部、中华全国供销合作社授予此称号。平定县供销社2007~2012年,先后新建改造农村便民连锁商店428个,实现全县农村便民连锁商店全覆盖。先后建成2个县级配送中心和6个乡镇配送站,解决150多个农村剩余劳力的就业问题;帮助石门口、东回、柏井、巨城、岔口等基层社成立各类农民专业合作社10个，入股资金1018万元、社员1744人，帮助农民年增加收入1800多万元；为全县农家店、便民店提供“金穗惠农卡”产品服务,截至2012年底,办理“金穗惠农卡”260多个,建设电话银行150多个。 （刘 勇 洪晓琴）

·盂 县·

中共县委书记	吕昌政*
	张玉斌
县人大常委会主任	张存福
县 长	苏秀瑞*
	杜平华(代)
县政协主席	史和斌

【简述】 盂县北纬37°57′~38°31′,东经112°55′~113°49′，总面积2514.38平方千米,辖8镇6乡1个城镇办事处、53个村民委员会、6个社区,全县总人口30.32万人，其中：农业人口23.81万人，非农业人口6.51万人。2012年，全县生产总值134.6亿元，比上年增长12.6%；第一产业增加值3.52亿元,增长6.1%;第二产业增加值95.50亿元,增长14.7%;第三产业增加值35.56亿元,增长7.8%;财政总收入23.2亿元,增长12.5%;一般预算收入9.28亿元,增长19.1%;规模企业工业增加值82.7亿元,增长17.2%;全社会固定资产投资90亿元，增长38.3%;社会消费品零售总额36亿元，增长15.2%；农民人均纯收入8734元,增长11.3%;城镇居民人均可支配收入2.10万元,增长14.3%。

项目建设 2012年，全县施工项目137个，比上年增长17.21%,共实施重点工业产业转型项目39项，资金到位52亿元。圣天宝地改造提升、鲁中10万吨耐材、天翼石油压裂支撑剂、中节能圣天宝地煤层气发电、恒固速凝剂一期和昕亮木业红木家具生产线二期项目建成投产。跃进煤业改造提升项目完成。大贤、常顺煤业技改和鑫磊66万吨冶金灰、西小坪耐材20万吨新型复合材料项目建设即将转产。东坪煤业充填式采煤技改项目完成工程量的70%。阳煤化工100万吨尿素一期工程、吉天利10万吨废旧电池处理和恒大磁材4A沸石一期项目进行设备安装。万汇钢铁200万吨特优钢项目获核准批复。鑫磊园区和吉天利园区列入省级循环经济试点园区。南娄集团列入省级循环经济试点企业。牛村煤电化工、西小坪耐火材料产业园区的交通、给水、供电、通讯等基础服务功能提升。温泉、藏山、水神山、龙台山、藏山翠谷等旅游景区建设中。华北奕丰生态园列入省休闲农业与乡村旅游示范点。中岚国际物流园完成项目主体变更和规划评审。在定位招商方面,先后与太钢集团、阳煤集团、中煤能源集团、北京新燕莎商贸有限公司等企业集团进行合作开发。阳煤集团正式控股吉天利公司。太钢集团与鑫磊组建太钢鑫磊资源公司。

“三农”工作 按照“一县一业”、“一村一品”和“一体两翼”总体部署,建设核桃、蔬菜、粮食、养殖、农产品加工五大基地。实施1万公顷优质玉米生产区和1333.33公顷玉米高产示范项目,粮食总产量达到133317吨,比上年增加8284吨,增长6.6%。油料产量259吨,比上年减少227吨。蔬菜产量16845吨，比上年增加332吨。水果产量3555吨，比上年增加133吨。造林面积3367公顷,年度造林合格面积率为100%。核桃种植总面积达到13333.33公顷。蔬菜种植、万寿菊、鲜食玉米、平菇、药材种植总面积达到666.67公顷。设施蔬菜种植总面积达到166.67公顷。肉类总产量4371吨,比上年下降14.5%,其中:猪牛羊肉产量4031吨，比上年增长9.4%。禽蛋产量7718吨,比上年下降4.9%。牛奶产量259吨，比上年增长24.5%。肉牛、生猪、獭兔、肉羊和蛋鸡养殖总量分别达到6300头、9.4万头、11.5万只、5.3万只和53万只,总收入3亿元。大寨核桃饮品、欢乐喝彩核桃露、藏山尚品沙棘茶、佳佳美、万山皮草等农产品加工能力稳步提高。鑫兴养殖及屠宰一体化项目投入运行。完成“513”工程(即按照省、市、县三级总体规划、分层次推进、重点扶持的原则,在现有农业产业化国家级及省级龙头企业中选择30个企业,在全省资源型企业转产和招商引资企业中选择20个投资额在亿元以上的企业,作为省级梯队重点培育的

50个企业；选择100个有一定规模、发展前景好、带动力较强的农产品加工龙头企业，作为市级梯队进行培育和指导；选择300个成长性好的农产品加工龙头企业，作为县级梯队进行培育和指导）销售收入4.8亿元。全县“一村一品”专业村达到36个。农田水利基本建设累计投入资金10.5亿元，完成黄树岩水库大坝主体除险加固，新建农村安全饮水工程24处，新增和改善水地333.33余公顷，治理水土流失81.6平方千米，完成西烟镇土地开发整理666.67公顷，新增土地220公顷。新农村建设有11个省级试点村、175个推进村。温池、西小坪、水泉、闫家沟、鹿峪、南村和牛村被命名为“省级新农村建设示范村”。孙家庄镇被命名为“省级生态镇”。中兰、高家庄、蔡家坪、后川村被命名为“省级生态村”。完成247个村垃圾清运及卫生保洁工程，建成大型沼气池和秸秆气化炉各1座，发展户用沼气40户，吊炕1600户，秸秆气化炉5000户。农户科学储粮发展2000户。全年农村经济总收入达到102亿元，比上年增长10%。

生态建设 完成站前大街、太阳高速盂县段通道绿化和沿线荒山绿化工程。开始打造东部生态旅游循环圈、西部水源涵养林循环圈和北部干果经济林循环圈三个林业生态循环圈造林工程。全年累计营造各类生态林3133.33公顷，森林覆盖率达到28.56%，顺利通过全国绿化模范城市核查。县城“脏、乱、差、堵”面貌得到改观。阳石线东坪至乌玉段、双阳线元吉至藏山游园段、太阳高速中兰互通至县城连接线通道完成亮化工程，亮化里程累计26千米。县城二级以上天数达到357天。全县城镇化率达到35.13%。

社会事业 211个村1244千米农村街巷硬化实现全覆盖。全县农民每人50元取暖补贴和农村低收入户1吨“暖心煤”全部发放到位。城西热源厂扩容新建120吨锅炉，集中供热面积达到155万平方米。农村无线数字电视通达工程、城乡电网升级改造工程和县城二期供水扩容工程顺利推进。国防动员指挥中心工程、保障性住房工程全部启动。19所标准化幼儿园建设进展顺利。第三实验小学、孙家庄中学建成使用。秀水中学、青少年活动中心室内装修中。盂县一中高考二本以上达线824人。申报国家可持续发展实验区和国家科技惠民计划“资源枯竭型矿区塌陷地生态产业技术与示范”项目。全年申请各项专利67件。举办盂县首届全民运动会和全国首届仇犹古国暨三晋文化学术研讨会。电视连续剧《水落石出》第五部在盂县拍摄完成。《盂县书画作品选》正式出版。和谐艺术团获央视“歌声与微笑”栏目周冠军。“盂县好人”评选活动结束。县级公立医院取消“以药补医”，实现药品零差价销售。盂县中医院新建工程开工建设。计划生育出生率、自然增长率分别为10.95‰、3.85‰。养老、医疗、失业、工伤和生育保险覆盖率巩固提高。全县新增就业3704人。城镇登记失业率3.8%，低于控制指标0.4个百分点。

（崔石头　王万林）

长治市

中共市委书记　田喜荣
副书记　张　保
李年善*
董　岩*
市人大常委会主任　王进卯*
李年善
副主任　申纪兰（女）
王忠义*
李国峰
张振芳
李进军
张书庆
桂正平
崔建泰
市长　张　保
副市长　董　岩*　王维卿
潘贤掌　曹惠斌*
尚宪芳*　许　霞*
王贵平　马四清
陈鹏飞
市政协主席　王云亭
副主席　秦跃晋　赵春英*
杜保和*　靳道远*
马志旺*　闫建国
魏　武　俞长生
赵　坚　关小平
郭健福　刘鹏飞

【概述】 长治市北纬35°49′~37°10′，东经111°55′~113°45′。辖区总面积13955平方千米，辖1市（潞城市），2区（城区、郊区），10县（长治县、襄垣县、屯留县、平顺县、黎城县、壶关县、长子县、武乡县、沁县、沁源县）和1个省级开发区（高新技术开发区）；132个乡镇，14个街道（办事处），128个社区（居委会），3454个行政村。2012年末全市总人口为336.97万人，比上年增加1.6万人，全年全市出生人口3.73万人，人口出生率为11.1‰；死亡人口2.13万人，死亡率为6.33‰；自然增长率为4.77‰。性别比（女=100）为105.36。城镇人口比重45.31%。长治市煤炭保有储量262.16亿吨。铁矿储量6.91亿吨、石灰岩储量5亿吨。

2012年，长治市生产总值1328.6亿元，比上年增长10.6%。其中，第一产业增加值53.5亿元，增长5.6%；第二产业增加值894.9亿元，增长11.5%；第三产业增加值380.2亿元，增长9.2%。第三产业中，金融保险业增加值45.7亿元，增长16.3%；交通运输、仓储和邮政业增加值80.6亿元，增长7.7%；批发和零售业增加值85.7亿元，增长13.9%。人均生产总值39523元（按2012年平均汇率折算为6261美元）。财政总收入302.1亿元，比上年增长18.2%。一般预算收入133.5亿元，增长27.9%。全市一般预算支出201.8亿元，增长14.7%，其中农林水事务支出增长4.0%，教育支出增长35.4%，社会保障和就业支出增长19.4%，医疗卫生支出增长8.8%，文化体育与传媒支出增长12.6%，公共安全支出增长13.5%，节能环保支出下降30.1%。全年居民消费价格比上年上涨2.4%，其中，食品价格上涨3.9%。商品零售价格上涨1.8%。工业生产者出厂价格下降7.3%，工业生产者购进价格下降4.4%。

农业经济 2012年，全市粮食种植面积253.9千公顷，减少3.1千公顷；油料种植面积1.5千公顷，减少

0.3 千公顷；棉花种植面积 0.06 千公顷,减少 0.02 千公顷。在粮食种植面积中,玉米种植面积 204.5 千公顷,增加 1.1 千公顷;小麦种植面积 14.2 千公顷,减少 2.3 千公顷。全年粮食产量 159 万吨，比上年增加 10.5 万吨,其中,夏粮 5.2 万吨,秋粮 153.8 万吨。油料产量 0.3 万吨。蔬菜产量 101.9 万吨。猪牛羊肉 7.0 万吨,其中,猪肉产量 6.2 万吨;牛肉产量 0.4 万吨;羊肉产量 0.5 万吨。年末生猪存栏 61.7 万头,生猪出栏 81.1 万头。奶产量 1.7 万吨。禽蛋产量 12.2 万吨。

工业经济 2012 年，全市规模以上工业企业 342 家。全年规模以上工业增加值 879.3 亿元。主要工业产品产量中，全社会原煤产量 1.05 亿吨；焦炭产量 1322.2 万吨；发电量 348.7 亿千瓦时；钢材产量 553.7 万吨。规模以上工业企业实现主营业务收入 1826.6 亿元。其中,煤炭、焦炭、冶金和电力工业分别实现主营业务收入 887.1 亿元、215.8 亿元、254.9 亿元和 106.3 亿元;化学、建材、装备制造、医药和食品工业分别实现主营业务收入 86.2 亿元、17.1 亿元、95.2 亿元、19.7 亿元和 70.3 亿元。规模以上工业实现利税 242.3 亿元；实现利润 135.5 亿元。

建筑业 2012 年，全市建筑业实现增加值 33.8 亿元。具有建筑业资质等级的总承包和专业承包建筑业企业实现利润 2.6 亿元。

城市建设 2012 年,全市城市建成区面积 5930 万平方米。年末建成区绿化覆盖率 45.0%。年末城市交通运营车辆 710 辆,出租汽车 2823 辆。市区有公园 4 座,总面积 127 公顷。

人民生活 2012 年，全市农村居民人均纯收入 8120 元；城镇居民人均可支配收入 22548.9 元。

社会保障 2012 年，全市参加城镇职工基本养老保险 45.8 万人;参加新型农村社会养老保险 132.4 万人；参加城镇基本医疗保险 97.6 万人。其中,参加城镇职工基本医疗保险 54.1 万人,参加城镇居民基本医疗保险 43.5 万人。参加失业保险 39.7 万人;参加工伤保险 46.8 万人,其中农民工 19.5 万人;参加生育保险 40.3 万人。全市纳入城市最低生活保障的居民 4.9 万人,发放城市低保资金 1.5 亿元；纳入农村最低生活保障的居民 13.0 万人，发放农村低保资金 1.7 亿元。全市各类福利院床位数 1.2 万张,收养 7838 人。城镇建立各种社区服务设施 271 个,其中综合性社区服务中心 17 个。全年销售社会福利彩票 1.6 亿元，筹集社会福利资金 1968.2 万元,接收社会捐赠款 163.2 万元。

固定资产投资 2012 年，全市固定资产投资 867 亿元,增长 26.2%。其中，国有及国有控股投资 359.1 亿元。分产业看,第一产业投资 57.1 亿元;第二产业投资 459.6 亿元;第三产业投资 350.3 亿元。在第二产业中,工业投资 458.9 亿元,其中,煤炭工业投资 152.2 亿元。在建固定资产投资项目 1380 个,其中,5 亿元以上项目 79 个,计划总投资 1287.7 亿元,完成投资 271.2 亿元。房地产开发投资 75.9 亿元,其中,住宅投资 59.9 亿元;办公楼投资 0.9 亿元；商业营业用房投资 7.7 亿元。

贸易 2012 年，全市社会消费品零售总额 372.6 亿元,其中,城镇消费品零售额 321.1 亿元；乡村消费品零售额 51.5 亿元。

交通运输 2012 年，全市公路线路里程 11183.9 千米，其中高速公路 295.0 千米,比上年末增加 13.7 千米。民航客运量 50.2 万人,旅客周转量 44777 万人千米；货邮运输量 3400 吨，货邮周转量 303.3 万吨千米,运输总周转量 625.7 万吨千米。公路客运量 3478.1 万人,与上年基本持平,旅客周转量 23.1 亿人千米;货运量 6450.2 万吨，货物周转量 92.6 亿吨千米。民用汽车保有量 30.9 万辆(包括三轮汽车和低速货车 2.1 万辆),其中私人汽车 25.3 万辆。新注册汽车 5.2 万辆。年末轿车保有量 15.9 万辆,其中私人轿车 13.96 万辆。

邮电通讯 2012 年，全市完成邮电业务总量 24.3 亿元。其中,邮政业务总量 1.7 亿元；电信业务总量 22.6 亿元。年末移动电话用户 259.4 万户,其中,3G 移动电话用户 42.7 万户。全市互联网接入用户 45.2 万户。

旅游业 2012 年，全市接待海外旅游者 12.7 万人次,接待国内旅游者 1669.1 万人次,分别增长 24.1%和 31.4%；旅游外汇收入 3000 万美元,国内旅游收入 164.6 亿元,旅游总收入 166.5 亿元,分别增长 31.3%、31.9%和 31.9%。

金融 保险 2012 年,全市金融机构本外币各项存款余额 1724.1 亿元,比年初增加 149.9 亿元。各项贷款余额 841.5 亿元,增加 110.7 亿元。全市保费收入 30.7 亿元。其中,寿险业务保费收入 19.5 亿元；健康和意外险业务保费收入 0.9 亿元;财产险业务保费收入 2.1 亿元;车险业务保费收入 8.2 亿元。全年支付各类赔款及给付 10.9 亿元。其中,寿险业务保费赔付 5.3 亿元;健康和意外险业务保费赔付 0.5 亿元;财产险业务保费赔付 0.9 亿元；车险业务保费赔付 4.2 亿元。

教育 科技 2012 年，全市有普通高等学校 6 所,全年招收普通高等教育学生 10279 人，在校大学生 32432 人,毕业学生 8358 人。全市有中等职业教育学校 44 所，全年招生 13315 人,在校学生 35275 人,毕业学生 15042 人。全市普通高中 48 所,全年招生 27737 人，在校学生 81016 人,毕业学生 27135 人。初中 177 所,全年招生 43590 人，在校学生 140142 人,毕业学生 53191 人。小学全年招生 41084 人，在校学生 230743 人,毕业学生 46424 人。特殊教育在校学生 571 人。幼儿园在园幼儿 85279 人。

2012 年，全市专利申请量与授权量分别为 1358 件和 689 件。全年全市科学技术成果 124 项,其中有 53 项技术获得省部级以上科学技术成果奖,比上年增加 2 项。全年全市共签订各类技术合同 110 项,成交总额 5.2 亿元。年末全市共有产品质量检验机构 3 个。全年对 49 户企业实施产品认证，对 7 种产品进行监督抽查。全市共有法定计量技术机构 12 个，全年完成强制检定计量器具 35 万台件。

文化 卫生 体育 2012 年，全市有艺术表演团体 24 个，文化馆

14个,公共图书馆14个,公共图书馆藏书量152.5万册,档案馆6个,开放各类档案5982卷。全市广播电视台12座,广播、电视综合人口覆盖率分别达97.1%和98.6%,年末全市有线电视用户达42.3万户,其中接收数字信号用户35万户。

2012年,全市有医疗卫生机构5014个,其中医院、卫生院193个,妇幼保健机构14个,疾病预防控制中心(防疫站)15个,卫生监督机构15个。病床位13404张,其中医院、卫生院10929张。卫生技术人员17467人,其中执业医师和执业助理医师7734人,注册护士6673人,药剂人员908人。乡镇卫生院140个,床位2768张,卫生技术人员2310人。全市新型农村合作医疗覆盖率100%。

全年全市运动员在各类体育比赛中获得全国冠军21个,全省冠军65个。

资源　能源　2012年,全市城市供水总量7522.2万吨,人均日生活用水量158.9升。全年液化气供气总量10906吨,天然气供应量2056.2万立方米,煤气供气总量6015万立方米,其中生活用煤气3729万立方米。燃气普及率84.5%。市区集中供热面积2665万平方米,其中住宅供热面积1998.8万平方米。市区污水处理能力17.5万吨/日,全年污水处理量5460万吨。生活垃圾年清运量17.8万吨,无害化处理率100%。

2012年,全市森林面积429.6千公顷,森林覆盖率30.9%。检查验收合格造林面积35.3千公顷。全市有自然保护区2个,面积46.9千公顷,占全市总面积的3.4%。

2012年,全市大中型水库蓄水总量2.4亿立方米,比上年增长900万立方米。全年总用水量4.5亿立方米,其中,生活用水增长26.8%。

环境质量　2012年,全市空气质量Ⅱ级以上天数达357天,与上年持平,占全年天数的97.5%。全市达Ⅲ类水质标准的断面比例64.7%。城市集中式饮用水源地辛安泉水质达标率100%。

安全生产　2012年,全市亿元GDP生产安全事故死亡率为0.177。煤炭百万吨死亡率为0.23。全年发生火灾事故66件,直接损失86.6万元。全年发生道路交通事故356起,造成218人死亡、310人受伤,直接财产损失129.9万元。　(尚竹英)

【获全国安全生产工作创新一等奖】　1月,长治市创建本质安全型城市工作作为全国实践应用类创新从全国115项创新成果中脱颖而出,获得全国安全生产工作创新一等奖。　(尚竹英)

【长治市获"全国未成年人思想道德建设工作先进城市"】　2月8日,在北京召开的全国未成年人思想道德建设工作视讯会议上,长治市被中央文明委表彰为"全国未成年人思想道德建设工作先进城市",这是长治市继获"全国文明城市"之后获得的又一殊荣,成为全省唯一同时获两项殊荣的城市。　(尚竹英)

【太原—长治煤层气管道贯通】　2月16日,太原—和顺—长治煤层气(天然气)460千米输气管道工程贯通投运庆典仪式在屯留县康庄工业园区举行。副省长任润厚出席仪式并为输气管道投运点火,市长张保出席仪式并讲话。工程在长治市投资10.6亿元,管线230千米,途经武乡县、襄垣县、屯留县、长治县、郊区、潞城市、黎城县,设7座分输站。　(尚竹英)

【连续第四次获"全国双拥模范城"称号】　2月27日,全国双拥模范城(县)命名暨双拥模范单位和个人表彰大会在北京人民大会堂召开,长治市连续第四次获"全国双拥模范城"称号。市双拥办副主任周革萍获全国爱国拥军模范个人称号。　(尚竹英)

【获"国土绿化突出贡献单位"】　3月27日,国务院在北京人民大会堂召开全国造林绿化表彰动员大会,长治市被通报表彰为"国土绿化突出贡献单位",这是长治市继2009年召开全国造林绿化现场会、2010年获"全国绿化模范城市"之后又一次获得国家级绿化殊荣。　(尚竹英)

【沁新集团获"全国五一劳动奖状"】　5月,沁新集团被中华全国总工会授予"全国五一劳动奖状"。　(尚竹英)

【长治气象科技园和气象科技馆落成】　7月25日,长治市城市标志性工程——长治气象科技园和气象科技馆正式落成剪彩。　(尚竹英)

【"母亲邮包"项目发放仪式】　9月20日,由中国妇女发展基金会、省妇联、省邮政公司共同举办的"母亲邮包"项目山西发放仪式在武乡县举行。全国政协社会和法制委员会副主任,全国妇联原党组书记、副主席、书记处第一书记,中国妇女发展基金会理事长黄晴宜出席并捐赠"母亲邮包"。省委常委、宣传部部长胡苏平出席并宣布项目启动。　(尚竹英)

·城　区·

中共区委书记	孙刘琳(女)
区人大常委会主任	杨黎峰
区长	胡　坚
区政协主席	杨栖莺

【简述】　长治城区位于北纬36°08′~36°12′,东经113°04′~113°08′。全区总面积55.6平方千米。2012年辖10个办事处28个行政村。耕地428.5公顷。

2012年,全区总人口41.6141万人,其中:男性人口20.7065万人,女性人口20.9076万人,共119005户。性别比(女=100)为99.04。人口密度每平方千米7485人。

2012年,全区生产总值151.2亿元,比上年增长8.5%。其中,第一产业增加值0.63亿元,第二产业增加值36.2亿元,第三产业增加值114.3亿元,三次产业比例由上年的0.41:25.74:73.85调整为0.42:23.98:75.60。人均生产总值30543元,增长6.3%。居民消费价格比上年上涨2.4%,其中,食品价格上涨3.9%。商品零售价格上涨1.8%。全年全区财政收入20.5亿元,比上年增长9.9%。全区一般预算收入4.3亿元,增长12.3%。税收收入

3.8亿元,增长10%。其中,国内增值税2166万元,增长33.5%;营业税6295万元,下降9.9%;企业所得税1737万元,增长3.2%;个人所得税720万元,下降10.2%;房产税4085万元,增长55.2%;城镇土地使用税3986万元,下降10%;车船使用税和牌照税4272万元,增长36.4%;契税6512万元,增长47.3%;罚没收入527万元,下降27.4%。全年一般预算支出6.5亿元,增长6.7%。其中,一般公共服务1.2亿元,增长9.8%;教育事业费支出1.6亿元,增长19.9%;社会保障和就业费支出1.1亿元,下降0.4%;节能环保支出252万元,下降27.2%;医疗卫生费支出5485万元,下降2.7%;农林水事务支出3375万元,基本与上年持平;城乡社区事务支出4757万元,下降10.2%;科学技术支出792万元,增长6.5%。

农业 2012年,全区农作物播种面积534.9公顷,比上年减少104公顷,同比下降16.3%,其中:粮食播种面积240.4公顷,减少83.4公顷,下降25.8%;蔬菜播种面积294.5公顷,减少20.6公顷,下降6.5%。全年粮食总产量1833.6吨,与上年持平。蔬菜产量28593.1吨,减少1558.7吨。生猪出栏13599头,增长42.7%;存栏10159头,下降3.8%。牛出栏345头,增长79.7%;存栏1500头,增长2.0%。羊出栏1858只,增长10.1%;存栏2122只,增长1.6%。家禽出栏14万只,增长23.9%;存栏13.4万只,增长1.5%。肉类总产量1275.8吨,增长37.7%。禽蛋产量1019.6吨,下降30.9%。牛奶产量2624.5吨,增长3.4%。果园面积122公顷,减少15.1公顷。水果生产1294.6吨,下降16.6%,其中:苹果1121.1吨,下降21.6%。

工业 2012年,全区规模以上工业总产值84.5亿元,比上年增长12.8%。其中,国有企业17.1亿元,增长4.2%;股份制企业63.8亿元,增长17.3%;外资及港澳台企业6.5亿元,下降13%。按轻重工业分,轻工业31.6亿元,增长33.4%;重工业52.9亿元,增长3.3%。规模以上工业增加值18.9亿元,比上年增长5.2%。其中:轻工业11.7亿元,下降54.9%;重工业7.2亿元,增长114.4%。全年规模以上工业企业产品销售率90.2%,下降1.3%。全年主营业务收入67.8亿元,增长9.2%。工业经济效益综合指数129.7%,增长18.2个百分点。实现利税总额5.7亿元,增长63.5%。其中,实现利润3亿元,增长104.6%;亏损企业13个,亏损额1.9亿元,增长0.4%。全员劳动生产率82092元/人,增长12.9%。全年规模以上工业综合能耗11.99万吨标准煤。规模以上工业万元增加值能耗0.63吨标准煤,下降7.44%。规模以上工业万元增加值电耗0.14万千瓦时,与上年持平。

投资贸易 2012年,全区城镇以上固定资产投资107.9亿元,比上年增长25.3%,其中,国有投资480796万元,增长40.6%;非国有投资598666万元,增长15.2%。全年房地产开发投资45.7亿元,增长36.9%。全年商品房销售额38.8亿元,增长54.6%。其中,现房销售31.9亿元,增长174.3%;期房销售6.9亿元,增长48.8%。商品房销售建筑面积107.3万平方米,增长29.5%。其中,现房93.3万平方米,增长145.9%;期房14万平方米,下降68.8%。商品房施工面积485.8万平方米,增长23.9%。商品房竣工面积135.9万平方米,下降13.7%。全年实现全社会消费品零售总额215.3亿元,比上年增长16.1%。分行业看,批发业2.1亿元,增长12.7%;零售业198.6亿元,增长16.9%(其中限额以上贸易企业实现零售额90亿元,增长9.4%;限额以下贸易企业实现零售额108.6亿元,增长23.8%);住宿和餐饮业14.7亿元,增长6.9%。

教育科技 2012年,全区普通中小学35所,其中公办中小学32所。全年高中招生476人,在校学生1236人。全年初中招生2034人,在校学生5609人。全年小学招生5055人,在校学生27200人。全区幼儿园71所,在园幼儿12121人。

社会生活 2012年,全区农村居民人均纯收入9373元,比上年增长15%;城镇居民人均可支配收入22548.9元,比上年增长12%。全年全区在岗职工平均工资36159元,比上年增长14.7%。全年全部从业人员平均劳动报酬34440元,增长14.4%。城镇居民人均消费性支出14051.8元,增长7.9%,其中食品支出4246.4元,增长17.9%,占全部支出的30.2%。

2012年1月1日,城区区委、区政府出资110万元为750余名环卫工人按每人每餐3.5元的统一标准提供免费早餐。这是一项惠及全区环卫职工的“暖心工程”。

从2012年1月1日起,城区对2011年12月31日前办理退休手续的退休人员按照规定调整基本养老金。全区参与养老金调整人数1681人,月人均养老金增长202元。这次调整企业退休人员基本养老金,是自2005年以来连续八年调整企业人员养老金。城区城中村改造城镇职工养老保险试点李家庄村、桃园村100多位居民领到养老金,成为全区第一批享受“老有所养”的城中村居民。

从2012年冬天开始,城区对全区范围内符合条件的16055户低收入农户免费供应取暖用煤。具体标准为每户每年供应1吨,年供煤总额1000余万元,并将连续供应四年,惠及全区5.7万余人。

长治市城区太东社区卫生服务中心被卫生部授予“全国社区卫生服务中心”称号。

城区区委、区政府筹资150万元,免费为2万余名65岁以上老年人、2万余名慢性病患者等重点人群健康体检。这是2012年区委、区政府承诺的10件惠民实事之一。

(李书平 张少蓉)

【董乃芹获“全国人民调解能手”称号】 据《长治城区新闻》9月14日报道:城区司法局东街司法所所长董乃芹被司法部授予“全国人民调解能手”称号。 (李书平 张少蓉)

·郊 区·

中共区委书记	王辅刚
区人大常委会主任	陈世和
区 长	全所军
区政协主席	崔子庆

【简述】 长治郊区位于北纬36°07′~36°26′，东经112°59′~113°12′，全区总面积290.83平方千米。2012年辖1个乡5个镇2个办事处1个开发区122个行政村。耕地2.85万公顷。矿藏5种。主要河流5条，其中浊漳河最大，境内全长35公里。旅游景点14个。

2012年全区总人口28.31万人，比上年增加415人。男性人口14.65万人，女性人口13.66万人，性别比(女=100)为107.2。

2012年全区生产总值170.32亿元，比上年增长17.5%。其中，第一产业增加值2.89亿元，第二产业增加值128.42亿元，第三产业增加值39.01亿元。全年全区财政收入30.76亿元，比上年增长21.0%，增收5.34亿元。全区一般预算支出9.22亿元，比上年增长12.7%。全区金融机构各项存款余额78.45亿元，比年初增长14.1%。全区金融机构各项贷款余额49.92亿元，比年初增长9.2%。

农业 2012年全区农林牧渔业总产值5.12亿元，比上年增加1.4%。其中，农业总产值2.54亿元，林业总产值0.11亿元，牧业总产值2.23亿元，渔业总产值0.03亿元。全年粮食种植面积8551公顷，蔬菜种植面积596公顷。粮食总产量5.40万吨，比上年增长2.12%，平均亩产421公斤。蔬菜总产量46196吨。畜牧业2012年肉类总产量5825吨，猪肉产量4675吨，牛肉产量67吨，羊肉产量107吨，禽蛋产量10672吨，奶产量4459吨。

工业 全年规模以上工业增加值130.10亿元，比上年增长26.0%。其中，轻工业增加值与上年同期持平，重工业增长26.0%。主要工业产品产量中，原煤比上年下降14.8%，发电量增长33.3%，生铁增长0.7%，焦炭下降1.8%，钢材增长30.6%。规模以上工业企业主营业务收入396.85亿元，比上年增长4.6%。实现利税30.03亿元，增长17.0%，实现利润16.36亿元，增长27.8%。

城乡建设 环保 2012年全区全社会建筑业实现增加值1.77亿元，比上年增长5.0%。全区具有资质等级总承包和专业承包的建筑企业15家，实现利润1916千元，上缴税金4436千元。全区城市建成区面积637.7公顷。全年全区空气质量二级以上天数355天，比上年增长1天。

投资贸易 2012年全区全社会固定资产投资114.9亿元，比上年增长27.6%。其中，国有投资37.80亿元，非国有投资77.09亿元。分产业看，第一产业投资6.31亿元，第二产业投资45.86亿元，第三产业投资62.70亿元。全年房地产开发投资13.49亿元。2012年全区社会消费品零售总额31.25亿元，比上年增长15.9%。

教育 科技 2012年全区小学59所，普通初中19所，普通高中1所。全年高中招生276人，在校学生1056人。全年小学招生3011人，在校学生18032人。全区幼儿园53所，在园幼儿7928人。全年共申请专利134件，其中发明专利53件。

文体卫生 全区有艺术表演团1个，文化馆10个，博物馆1个，公共图书馆1个，档案馆1个。全区有电视台1座，电视覆盖率100%。全区有医疗卫生机构234个，其中医院、卫生院26个，妇幼保健院1个，疾病预防控制中心1个。卫生技术人员1684人。全区新型农村合作医疗覆盖率99.7%。

社会生活 2012年农村居民人均纯收入11076元，比上年增长17.0%；城镇居民人均可支配收入26097元，比上年增长14.2%。全年全区在岗职工平均工资37417元，比上年增长11.2%。年末全区参加城镇基本养老保险人数5194人，参加城镇居民基本医疗保险人数18559人，参加城镇职工基本医疗保险人数为22497人，参加失业保险人数3855人。

招商引资 2012年，郊区招商引资签约项目64个，签约资金843.6亿元，到位资金96.4亿元。签约资金总额、到位率、落地率、开工率和招商引资项目总数均名列全市第一，是长治市唯一进入全省招商引资前20位的县区。

项目建设 2012年，郊区共确定重点项目166个，总投资1000多亿元。其中，工业新型化项目94个，农业现代化项目13个，市域城镇化项目56个，城乡生态化项目3个。在建项目129个，总投资937.6亿元，完成投资153.2亿元，竣工或投产项目81个；储备项目212个，总投资3315.4亿元；落地项目110个，总投资296.4亿元。

工业新型化建设 2012年新上东明太阳能、鑫天成工业硅、昌晋苑煤焦油深加工、霍家水合肼等一批新型工业项目，新增规模以上工业企业8家，形成煤—发电—电石—PVC及制品、煤—焦—煤气—甲醇、煤—焦—铁—钢—钢材—钢材制品等产业链条。

农业现代化建设 2012年，郊区聘请中国农业大学专家编制《长治市郊区农业发展总体规划》，出台十项强农惠农政策，新发展天苑现代农业科技园、金鹿菌业、碧海田园农业园、黄南宜翔绿色蔬菜种植基地等农业现代化项目13个，新增蔬菜面积13000亩、苗木花卉3000亩。全区有农业产业化龙头企业35家，发展"一村一品"专业村22个、农户公司1600余家、农村经济合作社294个、农业协会3个、农民经纪人300余人。专业合作社入社农户1556户，带动农户10130户。

市域城镇化建设 2012年，郊区集聚30万人口居住"三城"建设启动，其中老顶山旅游城项目开始建设，故县新钢城和漳泽新型工业城初步完成设计方案。分别集聚上万人口的堠北庄、大辛庄新镇建设规划和马厂、黄碾中心集镇改造同步推进，黄碾中心集镇改造项目被列入2012年山西省百项城镇化项目"十大标杆"工程。环漳山、漳电万人以上大型社区和分别集聚3000人以上的20个中心大村建设实施，有9个村开工建设，28栋村民安置楼主体工程完工。全区城镇化率提高5.86个百分点，达67.53%。郊区把保障服务市重点工程建设作为重中之重，文化园区建设快速推进，科教园区、企业总部园区、行政中心等重点工程按期奠基。由郊区承担的上党城镇群路网工程长治—长子郊区段、长治—潞城郊区段、五一路延伸线郊区段工程建设在上半年全面完工。实施"一村一品"、园林村、户户通、环境卫生、村庄靓化提档、文体活动场所提档、通道提档、安全饮水和水利设施建设等"八大工程"。

生态建设 2012年，郊区万元工业增加值综合能耗下降9.5%。全区二级以上天数达到355天,大气综合污染指数为1.57,同比减少0.08,减幅为5.4%。化学需氧量同比下降1.28%、氨氮同比下降1.22%、二氧化硫同比下降1.66%、氮氧化物同比下降1.15%、烟尘同比下降3.7%、粉尘同比下降3.5%,主要污染物减排量全部高于市下达的控制指标,获"中国生态建设示范区"荣誉称号。抓过境通道的增绿提档、农田林网和干果经济林建设,推进园林村庄、园林单位、园林企业创建工作,深化以硬化、绿化、净化、亮化、美化、白化为重点的"生态文明建设百村竞赛"活动。

社会事业 2012年，郊区政府投资5345万元实施学校标准化建设、幼儿园改扩建、校安工程扫尾、郊区一中操场建设等工程,改善全区的办学条件。深化医药卫生体制改革,加强基层医疗卫生服务体系建设,促进基本公共卫生服务均等化。狠抓人口和计生工作，人口增长率控制在5.6‰以内。财政支出6094万元,用于扩大就业和社会保障,开展农民实用技术培训133场、3万余人次,转移农村富余劳动力1500人，新增城镇就业岗位2600个，安置下岗失业人员450人。为农村70岁以上老人发放生活补贴,按新标准落实城市和农村居民最低生活保障,扩大城乡居民养老保险、医疗保险、失业保险等基本社会保险覆盖面。为农民发放农资综合直补、粮食直补、家电下乡补贴、退耕还林补贴、良种补贴等资金共计2017.17万元，为全区低收入农户每户发放爱心煤1吨。开工建设保障性住房480套,6栋经济适用房主体工程和60套廉租房主体工程完工。区国防动员指挥中心,改(扩)建的堠北庄、老顶山、马厂、长北办等乡镇卫生院投入使用;新建郊区医院、公安技侦大楼、区委党校等项目主体工程完工;区社会保障服务中心、卫生监督所业务用房、司法业务用房等项目顺利推进。 (姜玉罡)

•长治县•

中共县委书记 裴少飞
县人大常委会主任 崔惠斌
县　　长 李文兵
县政协主席 杜玉岗

【简述】 长治县北纬35°51′~36°10′,东经112°57′~113°11′,总面积483平方千米,辖6镇5乡2区254个行政村，人口34万。土地面积2.88万公顷，耕地2.5万公顷。年平均气温9.7℃,年降水量549.7毫米。

2012年全县实现地区生产总值1855061万元,比上年增长14.6%。人均国内生产总值达53933元，比上年增长15.09%,按2012年平均美元汇率折算,达8544美元。2012年,全县第一产业实现增加值56969万元,第二产业1344877万元,第三产业453215万元。三次产业比重分别为3.1%、72.5%和24.4%。2012年,完成固定资产投资834196万元,比上年增长38%。按产业分,第一产业投资17750万元，第二产业投资495177万元,第三产业投资320839万元,其中建安投资完成701262万元,同比增长51.4%。2012年,财政总收入完成572786万元,增长21%,其中一般预算收入200307万元,增长19.7%。一般预算支出246414万元,增长22.9%。

农林牧渔业 2012年，全县农业总产值完成109208万元，实现农业增加值56969万元。粮食作物播种面积19623.3公顷。全年粮食总产量142740.3吨,其中夏粮产量达3640.9吨,粮食亩产485公斤,油料作物总产量为209吨，蔬菜总产量为129022.7吨。截至年底,全县大牲畜(除牛外)年末存栏为240头,猪、牛、羊存栏头数分别为130224头、1538头、23585只。全年全县肉类总产量17054吨。

工业建筑业 2012年，规模以上工业总产值完成1918340.3万元,同比增长8.58%。全部工业增加值完成1258501万元，比上年增长16.8%。工业增加值占地区生产总值的比重67.8%。规模以上工业增加值完成1161260万元，增长18.7%,规模以上工业增加值中,煤炭开采和洗选业实现增加值1118661万元,同比增长19.61%。

主要工业产品产量中,全社会原煤产量2147.95万吨，洗精煤产量838.69万吨,中成药产量103.9吨,水泥熟料产量39.18万吨。

全年规模以上工业企业主营业务收入1766305万元。实现利税426401万元，其中实现利润403377万元。亏损企业亏损额18502万元,比上年增长110.9%。全年规模以上工业企业产品销售率达到95.27%。

全年资质以上建筑企业实现建筑业总产值25859.2万元，全社会建筑业增加值实现86376万元。全县具有资质等级的总承包和专业承包建筑企业利润亏损34.73万元。

邮电通信 2012年，邮电通信业务总量完成21957万元,比上年增长10.7%。其中邮政业务量完成1403万元，移动公司完成14950万元,联通公司完成4816万元，北方电信完成788万元。全县固定电话用户19925部。移动电话用户230496户。电话普及率达到74部/百人。

交通运输业 2012年，全县交通运输和仓储业实现增加值90940万元,客货运周转速度为50%。全县公路营运汽车共5621辆。载货汽车5565辆,共53658吨位,其中大型载货车3744辆,中型货车95辆,小型货车1726辆;载客汽车56辆,共1467客位,都属于中型载客汽车。

商业 2012年，全县批发零售贸易和住宿餐饮业实现增加值155148万元,比上年增长2.6%。其中,批发零售贸易业实现增加值125851万元，住宿餐饮业实现增加值29297万元。社会消费品零售总额189238.8万元,批发零售贸易企业实现商品销售总额1051024.4万元，住宿餐饮业营业额66355.8万元。

金融保险 2012年，全县金融

机构各项存款余额1327627万元，同比增长16.6%，其中居民储蓄766239万元；金融机构各项贷款余额408570万元；金融保险业增加值66831万元。

全县有保险机构11家，保费收入22908.72万元，比上年增长10.98%。其中，财险公司保费收入4018.56万元，人保公司保费收入8040.87万元。

房地产 2012年，房地产开发投资完成11286万元，比上年增长35.2%，其中住宅投资9822万元；商品房销售面积98367平方米，实现增加值18165万元。

人口 2012年末，全县总户数118792户，户籍人口343494人，其中，男性170681人，女性172813人。人口自然增长率4.8‰。据2012年1‰人口抽样调查，全县常住人口344427人，其中城镇人口106256人，乡村人口238171人，城镇化率30.85%。

教育 2012年末，全县有104所学校，其中，普通中学14所，职业中学1所，小学85所，幼儿园3所，特殊教育学校1所。其中，普通中学在校学生19192人，职业中学在校学生1841人，小学在校学生22694人，幼儿园在校学生8647人，特殊教育在校学生71人。初中三年保留率99.3%，高中阶段毛入学率93.1%。

全县有专职教师3104人，其中具有研究生学历7人，本科学历1407人，大专学历1449人，高中及以下236人；具有高级教师职称的217人，中级教师职称的1121人，初级及以下1603人。

民生事业 2012年末，全县城镇登记失业人员237人，城镇登记失业率1.02%。新型农村合作医疗覆盖率100%，城镇基本养老保险覆盖率100%。

2012年，全县农民人均纯收入10557元。城镇居民人均可支配收入21391元。城镇在岗职工年平均工资55572元，城镇单位从业人员23237人。

（付小波　武俊英）

【国务院保障性住房巡视督查组在长治县督查指导工作】 2月15日上午，国务院保障性住房巡视督查组在长治县督查指导保障性住房建设。市委常委、常务副市长董岩，县委书记裴少飞，县委副书记、县长李文兵，县委常委、县委办公室主任张宏山等陪同。（付小波　武俊英）

【袁纯清在长治县调研】 4月13日下午，省委书记、省人大常委会主任袁纯清深入长治县成功集团调研。市委书记田喜荣，市委常委、秘书长李东峰，县委书记裴少飞等陪同调研。（付小波　武俊英）

【获“2012中国全面小康十大示范县市”称号】 12月15日，由求是杂志社指导、求是《小康》杂志社主办、中国小康网协办的“2012第七届中国全面小康论坛”在北京开幕。长治县获“2012中国全面小康十大示范县市”称号。（付小波　武俊英）

·襄垣县·

中共县委书记	冯俊义*
	田志明
县人大常委会主任	刘春雷
县长	黄福喜*
	张志刚
县政协主席	杨飞华

【简述】 襄垣县北纬36°23′~36°44′，东经112°42′~113°14′。全县总面积1178平方千米。2012年辖8镇3乡1个园区323个行政村。土地面积11.6万公顷，耕地面积3.8569万公顷。

2012年末全县总人口273371人。其中，男性人口143386人，女性人口129985人，性别比110.31；城镇人口11.2769万人，乡村人口16.0602万人，城镇人口比重达到41.25%，人口密度231人/平方千米。

2012年全县生产总值完成226.65亿元，比上年下降7.4%。其中，第一产业增加值5.9亿元，第二产业增加值183.51亿元，第三产业增加值37.24亿元。全年全县财政收入40.2亿元，比上年增长12.62%。全县一般预算支出18.6亿元。2012年末全县金融机构各项存款余额183.96亿元，比年初增长7%；全县金融机构各项贷款余额139.95亿元，比年初增长11.3%。

农业 2012年全县农村经济总收入达到73.0270亿元。其中，农林牧渔业收入12.3795亿元，工业建筑业收入42.7958亿元，第三产业收入17.8518亿元。全年农作物总播种面积33076.2公顷。全年粮食作物播种面积30366.4公顷，油料作物播种面积245公顷，蔬菜播种面积2052.9公顷。粮食总产量176000.8吨，蔬菜总产量145220.3吨。2012年，全县新发展设施蔬菜8570亩；总园区达到123个，总面积达到3.2万亩，其中200亩以上园区达到16个。畜牧业：2012年底，全县大牲畜存栏3395头，牛存栏2384头，羊存栏43994只，生猪存栏28817头，家禽存栏91.83万只。全年大牲畜出栏1537头，牛出栏1266头，羊出栏14395只，生猪出栏49024头，家禽出栏76.75万只。全年肉类总产量5202.8吨；禽蛋产量5766.7吨；牛奶产量648.2吨。

工业 2012年，全年规模以上工业企业完成工业总产值353.3亿元，比上年下降17.9%；工业销售率96.6%。全年完成工业增加值182.5亿元，比上年下降10.5%，规模以上工业企业主营业务收入336.5亿元，比上年下降15.4%。实现利税60.3亿元，下降26.9%，其中实现利润36.6亿元，下降32.4%。

建设环保 2012年，全县具有资质等级总承包和专业承包的建筑企业4家，实现总产值1.14271亿元，实现利税0.08126亿元，其中利润总额为0.04363亿元。年末全县完成绿化面积523.85万平方米，栽植各类苗木30.8万株，建成区绿化覆盖率42.6%。全年城市供水总量345万吨。全县集中供热面积360万平方米。煤气供气总量1800万立方米。处理污水204.8万吨。清运生活垃圾4.4万吨。全年全县空气质量二级以上天数336天。

交通邮电 2012年年末，全县公路通车总里程达1049千米。全年全县完成76个行政村253千米农村街巷硬化,其中街道135千米,巷道107千米,通户道11千米,覆盖率达100%。邮电:全年全县完成邮电业务总量1.39326亿元。其中,邮政业务总量0.1466亿元;电信业务总量1.24666亿元。年末固定电话用户达到22516户,移动电话用户达到187461户。年末全县互联网用户累计达19375户。

投资贸易 2012年全县全社会固定资产投资105.05亿元,比上年增长2.25%。分产业看,第一产业投资4.1亿元,下降8.59%;第二产业投资67.9亿元,增长3.54%;第三产业投资33亿元,增长1.2%。全年房地产开发投资5.3亿元,商品房销售面积19.8万平方米,销售额5.4亿元。2012年全县社会消费品零售总额17.6亿元,比上年增长16%。

教育 科技 2012年全县有各类学校共145所,在校学生37944人,教职工2979人。中等职业教育全覆盖率100%。2012年,全县共申报国家级科技项目1家,申报并认定省级民营科技企业1家,申报省级科技项目14项。2012年全县共完成专利158件,其中发明专利达到72件,职务发明124件,企业发明123件。

文体卫生 2012年年末全县馆藏图书达到6.6万册,放映电影50余部,共6800场;举办歌舞戏曲文艺晚会30余次,观众达20余万人。广播、电视综合人口覆盖率均达100%。电视台自主播出固定栏目8个,播出时间5840小时。全县全年组织参加各类体育比赛4次,获得省级奖项1个,市级奖项3个。全年向市体校输送运动员12名,向省体工队输送运动员1人,向高等院校输送运动员15人。年末全县有医疗卫生机构456个,其中医院26个,村卫生所323个,村卫生室69个。床位1107张。卫生技术人员1887人,其中医生555人。全年全县共有178208名农民参加新型农村合作医疗,覆盖率99.68%。

社会生活 2012年农村居民人均纯收入9414元,比上年增长15.2%;农村居民人均消费性支出5682元。城镇居民人均可支配收入23250元,比上年增长12.86%。年末城镇参加基本养老保险人数为17262人,参加基本医疗保险职工人数为44827人,参加失业保险职工人数为13201人,参加工伤保险37800人,参加生育保险21604人。全年城镇最低生活保障人数2777人,农村最低生活保障人数7498人。2012全县城镇单位从业人员年末人数为72240人。 (万瑞星)

【襄子老粗布等入选第三批省级非物质文化遗产名录】 2月,襄子老粗布织造技艺、襄垣民居脊饰传统技艺、凤火龙舞、苇编技艺、上党连氏宗族信俗5个项目被正式授牌,成功入选第三批省级非物质文化遗产名录。 (万瑞星)

【4.13煤矿透水事故】 4月13日,位于长治市襄垣县的善福联营煤矿发生透水事故,井下被困11名矿工全部遇难。 (万瑞星)

【签约国家级储能型分布式新能源示范工程暨项目投融资合作协议】 7月18日,山西襄矿至德能源有限公司与国际联合香港投资有限公司、山东省黄河三角洲新能源科研开发研究院签约国家级储能型分布式新能源示范工程暨项目投融资合作协议。 (万瑞星)

【鼓书《还钱》获大赛一等奖】 8月18日,由县委宣传部选定、长治市委宣传部选送、县文化服务中心和文化馆组织排练的襄垣鼓书《还钱》,获第五届中国中部六省曲艺大赛一等奖。 (万瑞星)

【鼓书《反菜园》获银奖】 12月,在由中国艺术研究院曲艺研究所和中国说唱文艺学会举办的全国曲艺类非物质文化遗产保护成果学术交流展演上,襄垣鼓书《反菜园》夺得银奖。 (万瑞星)

·屯留县·

中共县委书记 郭泽兵
县人大常委会主任 倪建中
县长 段树新
县政协主席 赵旭光

【简述】 屯留县北纬36°13′~36°30′,东经112°28′~113°03′,全县总面积1142平方千米。2012年辖4个乡,7个镇,3个开发区,294个行政村。耕地4.6016万公顷。年平均气温9.9摄氏度,年降水量562.3毫米。

2012年,全县总人口266935人,比上年增加925人,其中,男性人口135297人,女性人口131638人。性别比(女=100)为102.78。城镇人口比重达到32.89%,人口密度每平方公里233.74人。

2012年,全县生产总值112.4亿元,比上年增长13.1%。其中,第一产业增加值6.1亿元,第二产业增加值90.5亿元,第三产业增加值15.8亿元。全年全县财政收入16.05亿元,全县一般预算支出10.77亿元。全县金融机构各项存款余额55.61亿元;全县金融机构各项贷款余额21.78亿元。

农业 2012年,全县农林牧渔业总产值10.71亿元,比上年增长10.56%。其中,农业总产值7.16亿元,林业总产值0.17亿元,牧业总产值2.68亿元,渔业总产值0.05亿元。全年粮食种植面积34785公顷,油料种植面积21公顷,蔬菜种植面积1880.8公顷。粮食总产量240956吨,平均亩产461公斤。

蔬菜总产量95658.2吨。畜牧业:2012年肉类总产量8244吨,其中猪牛羊肉7381吨,禽蛋产量9738.98吨,奶产量1129.68吨。

工业 建筑业 2012年,全年规模以上工业增加值89.19亿元,比上年增长18.6%,其中轻工业增长26.54%,重工业增长16.57%,产品销售率96.03%。主要工业产品产量中,原煤比上年增长0.7%,发电量减少23.34%,焦炭增长9.47%。全年工业经济效益综合指数为384.4%,比上年降低9.7个百分点。规模以上工业企业主营业务收入187.85亿元,比上年增长23%。全年实现利税12.73亿元,减少41%,其中实现利润3.49亿元,减少3.07%。2012年,全县全社会建筑业实现产值36.8亿元，比上年增长148%。具有建筑业资质等级的总承包和专业承包建筑业企业实现利润6877万元，增长26.8%。

能源 交通 邮电 2012年，全县省内地销原煤49.5万吨，向省外运输原煤58.97万吨，向省外运输焦炭138.66万吨。

年末全县公路线路里程537.9千米，其中县级以下425.8千米。

客运经营户数1户，营运客车67辆，客运从业人员173人，班线数17条；货运经营户数1782户，营运客车2673辆，总吨位16262吨，货运从业人员4460人。

全年全县完成邮电业务总量712万元，增长7.9%。其中，邮政业务收入766万元，增长11.3%；邮政单程长度108千米，农村投递线路单程长度883千米。

投资贸易 2012年，全县全社会固定资产投资76.5亿元，比上年增长27.16%。其中，国有投资32.1亿元，非国有投资44.34亿元。分产业看，第一产业投资9.9亿元，第二产业投资47.5亿元，第三产业投资19亿元。全年房地产开发投资2.87亿元。2012年全县社会消费品零售总额10.14亿元。

教育 2012年，全县有普通中小学79所，其中，小学63所，普通高中1所，普通初中13所。全年高中招生1799人，在校学生5351人。全年初中招生3154人，在校学生10910人。全年小学招生3057人，在校学生17831人。全县有幼儿园52所，在园幼儿7365人。投资9000万元新建8规制小学和16规制寄宿制初中的前期准备工作；投资1186万元完成8所农村闲置校改建和6所小学教学点增设附属幼儿园建设任务，投资2400万元建设的县直幼儿园主体基本完工。

文体卫生 2012年，全县有艺术表演团体3个，文化馆1个，公共图书馆1个，档案馆1个。全县广播电视台1座，广播、电视综合人口覆盖率分别为95.8%和94.5%，年末全县有线电视用户达到36531户。

全县有医疗卫生机构399个，其中，医院、卫生院15个，妇幼保健机构1个，疾病预防控制中心（防疫站）1个，卫生监督机构1个。病床位535张，其中医院、卫生院518张。卫生技术人员608人，其中执业医师和执业助理医师259人，注册护士171人，药剂人员35人。乡镇卫生院11个，床位237张，卫生技术人员207人。全县新型农村合作医疗覆盖率100%。余吾、李高2所乡镇中心卫生院综合业务楼改（扩）建工程全部竣工，新农合参合率达100%。农民体育健身工程覆盖率达100%。新型农村养老保险参保率达96%，新（改、扩）建敬老院6所，有4所投入使用。农村“五保”人员年度集中供养标准提高到5000元。

社会生活 2012年，农村居民人均纯收入9581元，比上年增长15.3%；城镇居民人均可支配收入18098元，比上年增长12.5%。城镇职工参加基本养老保险人数为9058人，参加新型农村社会养老保险120685人；参加城镇基本医疗保险33693人，参加基本医疗保险职工人数为15969人，参加失业保险职工人数为8535人。全县各类收养性社会福利单位5所，床位950张。全年城镇最低生活保障人数3205人，农村最低生活保障人数10804人。完成247套保障性住房建设任务，开工建设250套廉租房、公租房和经济适用房。冬季为低收入农户发放取暖用煤7.3万吨。

项目建设 屯留县2012年共确定重点项目127个，总投资383亿元，累计完成投资141亿元，投资完成率149%。其中76个项目建成或投产。引进项目18个，总投资94亿元；有15个项目落地，落地率达84%。2012年共实施工业新型化项目39个，总投资100.9亿元，完成投资47.3亿元。古城1000万吨矿井项目加快建设，小南村煤矿90万吨技改项目开工复产，余吾煤业、郭庄煤业提能升级，兴旺、尔安等焦化企业的兼并重组工作启动；万吨多晶硅一期、百万吨HF乳化油一期、40万吨聚氯乙烯一期、安泰百万套新型矿工防护装备、宏发木业、金日能源等一批非煤非电工业项目竣工投产；“康庄—李高—西贾”和“渔泽—路村—余吾”南北两条产业带和康庄高新、余吾煤电油、王村煤焦化、渔泽煤焦化、古城煤电、金泽农产品六个工业园初具规模。

“三农”经济 规模养殖（小区）达120个；老爷山、王公庄、福瑞、助民、旖旎、本源蔬菜六大农业生态园加快建设；屯谷水库前期、屯绛灌区节水配套改造项目进展顺利，绛河河道综合治理工程完成10.4千米，12座小型水库除险加固改造工程完工，改善和增加农村饮水不安全人口1.7万人；保护性耕作示范面积达18.54万亩，农业机械化综合水平达76.9%；农民专业合作社达676家，转移农村富余劳动力3540人；建成“一乡一业”特色乡镇3个、“一村一品”特色产业村67个。

城镇建设 在大县城建设上，共实施总投资63.4亿元的基础设施建设项目45个。县城18平方公里总体规划修编和控制性规划初步完成；禹王路、东环路、滨河南北路、宝峰路、张贤街、获壁街等道路改造工程全部完成或竣工通车，上党城镇群屯留连接线于2012年6月份竣工通车；公安局技侦大楼、国防动员指挥中心、政务大厅等竣工投入使用；仿古商业街、雅安苑、碧水家园、圣源世纪城、看守所迁建等工程加快建设；投资2亿元的热电联供集中供热工程投入运行，县城供热面积达220万平方米；集中供气工程完成30千米管道铺设和1000户安装任务；污水管网改造工程全面竣工，污水处理率达80%。以余吾、路村、渔泽、上村、李高等乡镇为主的小城镇建设初具雏形，20个中心村建设启动，全县城镇化率达34.12%。

生态建设 全县森林覆盖率达30%，县城绿化覆盖率达44.3%，绿地率达39.5%，城市人均公园绿地达11.06平方米；“燃气入屯”工程实施，农村沼气建设保持在全省的领先水平；万元地区生产总值污染排放量下降7%，万元生产总值二氧化碳排放量下降3.5%，万元规模工业增加值能耗下降6%，空气质量二级以上天数达 361 天。

(李筱琴　申　琳　胡志荣)

【连启华在屯留县调研】 4 月 10 日,国家发改委体改司副司长连启华在屯留县上泓新能源发展有限公司调研。连启华在 HF 节能保燃油乳化油生产车间听取和察看此项目的生产流程和发展优势,并对屯留县经济社会发展及在转型综改工作中取得的成绩给予肯定。

(李筱琴　申　琳　胡志荣)

【中共晋冀豫区委党校旧址——亚岳庙修缮竣工】 2012 年 5 月 9 日,位于屯留县渔泽镇寺底村的中共中央北方局,晋冀豫区委党校暨"抗日政治学校"旧址——亚岳庙修缮竣工。

(李筱琴　申　琳　胡志荣)

【2012 年山西省青少年武术(套路)比赛暨第十四届省运会阶段赛】 2012 年 7 月 26 日,由省体育局主办、市体育局和屯留县承办的山西省青少年武术(套路)比赛暨第十四届省运会阶段赛在屯留县体育馆举行。来自太原、长治、大同等十个地区的运动员、裁判、教练参加此次比赛。比赛项目有刀术、棍术、枪术、剑术、太极拳、南拳、长拳等十多项武术套路。

(李筱琴　申　琳　胡志荣)

【省观摩检查组在屯留检查】 2012 年 10 月9 日,省委书记、省人大常委会主任袁纯清,省委副书记、省长王君带领省观摩检查组就屯留县重点工作和项目推进情况进行观摩检查。省观摩检查组深入金泽生物工程有限公司就 6 万吨赖氨酸项目进行实地察看。路、东环路、滨河南北路、宝峰路、张贤街、获璧街等道路改造工程全部完成或竣工通车,上党城镇群屯留连接线于 2012 年 6 月份竣工通车;公安局技侦大楼、国防动员指挥中心、政务大厅等竣工投入使用;仿古商业街、雅安苑、碧水家园、圣源世纪城、看守所迁建等工程加快建设;投资 2 亿元的热电联供集中供热工程投入运行,县城供热面积达 220 万平方米;集中供气工程完成 30 千米管道铺设和 1000 户安装任务;污水管网改造工程全面竣工,污水处理率达 80%。以余吾、路村、渔泽、上村、李高等乡镇为主的小城镇建设初具雏形,20 个中心村建设启动,全县城镇化率达 34.12%。

(李筱琴　申　琳　胡志荣)

·平顺县·

中共县委书记	陈鹏飞*
	吴小华
县人大常委会主任	苏和平
县长	吴小华
县政协主席	赵小平

【简述】 平顺县北纬 35°56′~36°27′,东经 113°11′~113°44°,全县总面积 1550 平方千米。2012 年辖 7 个乡5 个镇 262 个行政村。耕地 1.26 万公顷。年平均气温 8.7 摄氏度,年降水量 491.8 毫米。

2012 年,全县总人口 149623 人,比上年减少 5651 人。其中,男性人口 7.66 万人,女性人口 7.3 万人,性别比(女=100)为 104.93。人口密度每平方公里 96.53 人。

2012 年,全县生产总值 21.18 亿元,比上年增长 12%。其中,第一产业增加值 3.00 亿元,第二产业增加值 10.19 亿元,第三产业增加值 7.98 亿元。全年全县财政收入 1.59 亿元。全县金融机构各项存款余额 29.58 亿元;全县金融机构各项贷款余额 14.98 亿元。

农业　2012 年,全县农林牧渔业总产值 4.86 亿元,比上年增长 13.48%。全年粮食种植面积 10747.48 公顷,油料种植面积 38.77 公顷,蔬菜种植面积 557.51 公顷。粮食总产量 55629.8 吨,比上年增长 1.7%。畜牧业:2012 年肉类总产量 3484.89 吨,其中猪牛羊肉 3147.25 吨;禽蛋产量 3223.21 吨。特色农业稳步发展。"一县一业""一村一品"工程加快推进,被省政府确定为全省"一县一业"中药材基地县,并授予"全省一县一业先进县"称号。全年共争取各类农业项目资金(粮食补贴资金除外)2282.4 万元。紫团大红袍花椒芽菜、振东集团连翘深加工、纪兰饮料等项目顺利实施。5 个品牌成为山西省著名商标,认证 21 个有机食品、9 个绿色食品、9 个无公害农产品和 1 个地理标志产品。

工业　2012 年,全年规模以上工业企业完成增加值 10.02 亿元,比上年增长 24.4%。规模以上工业总产值26.68 亿元,规模以上工业实现工业销售产值 23.49 亿元,工业产品销售率 88.05%,比上年增长 3.22%。全年规模以上企业实现利税 2.30 亿元,比上年增长 46.29%。长治清华机械厂平顺航天工业项目 6 月开工奠基;高新科技产业园区有文正卓越和弘泰化工两家企业入驻;大唐公司风力发电项目,风场道路建设完成;瑞烽化工 2×2.5 万 KVA 密闭电石炉项目,具备点火生产条件;新能源、新材料、机械制造、航天工业等新兴产业多元格局加快形成。

建设环保　2012 年,全县全社会建筑业实现产值 0.19 亿元,比上年减少 91%,重点建设项目有 70 个。全县具有资质等级总承包和专业承包的建筑企业 1 家,实现利润 31.6 万元。全县城市建成区面积 4.5 平方千米,住宅建筑面积 75 万平方米。全县建成区绿化覆盖率 45%,县城人均公共绿地面积为 13 平方米。全县交通运营车辆 692 辆,出租汽车 86 辆。有公园2 座,总面积 75 万平方米。全年城市供水总量 59.89 万吨,日人均生活用水量 49.3 升。全县污水处理率为 95%。生活垃圾无害化处理率为 100%。全年全县空气质量二级以上天数为 360 天,比上年减少 1 天。

交通邮电　2012 年,全县公路客运量 140 万人次,全县民用汽车保有量10210 辆,其中私人汽车保有量 9035 辆。民用轿车保有量 573 辆,其中私人轿车 386 辆。全年全县完成邮电业务总量 4000 万元。其中,邮政业务总量 800 万元,电信业务总量0.32 亿元。固定电话用户 16439 户,全县移动电话用户 38800 户,电话普及率 0.06 部/百人。全县互联网用户累计达 7800 户。

投资贸易　2012 年,全县全社会固定资产投资 20.51 亿元,比上年增长 26.4%。其中第一产业投资 1.86 亿元,第二产业投资 11.27 亿元,第三产业投资 7.38 亿元。2012 年全县社会消费品零售总额5.69亿元。

教育 科技 2012年，全县普通中小学157所，其中小学126所，普通高中1所，普通初中10所。全年高中招生798人，在校学生2331人。全年初中招生1574人，在校学生5679人。全年小学招生1465人，在校学生8664人。全县有幼儿园14所，在园幼儿2556人。

文体卫生 2012年，全县有艺术表演团1个，文化馆1个；公共图书馆1个，公共图书馆藏书量5.4万册；档案馆1个。全县有电视台1座，电视综合人口覆盖率分别达27%。全县有线电视用户达到5000户，其中数字信号用户4600户。全县建成农民文化广场195个，群众舞台120个，乡镇文化站12个，农民书屋262个。全县有医疗卫生机构288个，其中，医院、卫生院14个，妇幼保健院1个，疾病预防控制中心1个。床位450张，卫生技术人员435人。全县新型农村合作医疗覆盖率99.99%。

社会生活 2012年，农村居民人均纯收入3677元，城镇居民人均可支配收入15482.91元。全年全县在岗职工平均工资25649元。城镇参加基本养老保险人数为7673人。参加基本医疗保险职工人数为10708人。参加失业保险职工人数为7286人。全县各类收养性社会福利单位11个，床位715张。全年城镇最低生活保障人数2677人，农村最低生活保障人数9714人。全县17210名60岁以上的老人按月领取养老金。

招商引资 2012年，全县共接待各类考察投资商80多批次，外出招商70多批次，参加大型招商会20多个。全县共签约亿元以上非煤非电项目16个，其中5亿元以上大项目7个，签约总额101.04亿元。

旅游 2012年，全县累计接待游客208万人次，旅游综合收入达到7.62亿元，增幅达25%以上。太行水乡、神龙湾、红色西沟、天脊山景区的主题分区和功能设置完善。通天峡景区开发项目具备接待能力；太行水乡游客服务中心、文博馆、天脊山旅游公路等项目顺利推进，青羊大酒店正式对外营业。举办第六届全国新闻记者漂流邀请赛暨首届“晋善晋美·诗画平顺”风光摄影大赛，获全省休闲农业与乡村旅游示范县称号，东庄村和岳家寨入选国家首批传统村落名录，白杨坡村被命名为全省休闲农业与乡村旅游示范点，神龙湾村被命名为全国特色景观旅游名村。

生态建设 2012年，全县完成造林7万亩，长环高速平顺段两侧荒山绿化、长青线(北社段)两侧荒山绿化、兼用经济林等绿化工程全面完工。集体林权改革如期完成，均山到户、联户承包92.04万亩。

（王建斌 张国梅）

【上党梆子《西沟儿女》在省城上演】 3月20日晚，以申纪兰为原型的上党梆子《西沟女儿》在省演艺中心上演，省领导袁纯清、王君、金道铭、李小鹏、胡苏平、高建民、汤涛、李兆前、王建明、杜善学等到场观看。

（王建斌 张国梅）

【天脊山风景区被评为国家级地质公园】 4月26日，平顺县天脊山风景区被评为国家级地质公园。据悉，全国共有17家景区入选，天脊山排名第八。（王建斌 张国梅）

【西沟村获“全国生态文化村”称号】 9月18日，在安徽合肥召开的第五届中国生态文化高峰论坛上，西沟村获“全国生态文化村”称号。

（王建斌 张国梅）

【获生态旅游“休闲创新奖”】 12月28日，在北京举行的2012年第三届“中国休闲创新奖”颁奖典礼上，平顺县获得生态旅游“休闲创新奖”，县委书记、县长吴小华获得“休闲创新贡献奖”。（王建斌 张国梅）

·黎城县·

中共县委书记 郜双庆
县人大常委会主任 杨和贵
县长 郝献民
县政协主席 路小玲

【简述】 黎城县北纬36°23′~36°53′，东经113°15′~113°35′，总面积1101平方千米。2012年辖4个乡5个镇5个居委会250个行政村。耕地1.93万公顷。年平均气温10.4℃，年降水量436毫米，无霜期185天。

2012年末全县总人口15.96万人，比上年增加0.0321万人，男性人口8.26万人，女性人口7.70万人，性别比(女=100)为107.12。全年人口出生率12.06‰，死亡率6.53‰，自然增长率4.52‰，城镇人口比重达到35.68%；比上年提高1.68个百分点。人口密度每平方公里145人。

全县生产总值30.8亿元，比上年增长13.9%。其中，第一产业增加值2.81亿元，第二产业增加值15.7亿元，第三产业增加值12.3亿元。全年全县财政收入3.95亿元，比上年增长0.79%，增收0.04亿元。全县一般预算支出7.15亿元，比上年增长7.58%。年末全县金融机构各项存款余额41.8亿元，比年初增长4.1%，全县金融机构各项贷款余额14.3亿元，比年初增长6.4%。

农业 全县农林牧渔业总产值4.88亿元，比上年增长9.07%。其中，农业总产值2.45亿元，增长3.8%；林业总产值0.63亿元，增长6.89%；牧业总产值1.69亿元，增长25.42%；渔业总产值0.013亿元，增长175%。全年粮食种植面积17434.1公顷，比上年增长−3.77%，油料种植面积168公顷，下降28.72%，蔬菜种植面积735公顷，下降10.8%。粮食总产量79757.2吨，比上年增长16.26%，平均公顷产4574.78公斤。蔬菜总产量7729.7吨。畜牧业：肉类总产量6258.82吨，增长45.39%，其中禽蛋产量4691.94吨，增长−3.46%；奶产量1138.24吨，增长40.92%。

工业 全年规模以上工业增加值15.61亿元，比上年增长25.1%。其中，轻工业增加值2519.1万元，下降0.96%；重工业增加值153630.4万元，增长25.6%；产品销售率95.67%。主要工业产品产量中，生铁增长32.1%，焦炭增长42%，钢材增长47.3%。全年工业经济效益综合指数为83.48，比上年下降105.02个点。规模以上工业企业主营业务收入73.72亿元，比上年增长44.0%。实现利税1.14亿元，下降39.3%，其中实现利润0.098亿元，下降 82.9%。

建设环保 全县全社会建筑业实现产值 0.18 亿元，比上年下降 14.3%,重点建设项目有 64 个。全县具有资质等级总承包和专业承包的建筑企业 1 家，实现利润 0.04 亿元,上缴税金 140 万元。年末全县城市建成区面积 5.34 平方千米,年末房屋建筑竣工面积 6322 平方米，住宅建筑面积 178.96 万平方米。年末全县建成区绿化覆盖率 42.8%,比上年提高 0.2 个百分点，县城人均公共绿地面积为 22.16 平方米。年末全县交通运营车辆 2079 辆,出租汽车 75 辆。全县有公园 2 座。全县硬化改造背街小巷 1000 条。城市供水总量 50.16 万立方米,人均生活用水量 12 立方米。全县污水处理率为 70%。生活垃圾无害化处理率为 100%。全年全县空气质量二级以上天数为 352 天。

交通邮电 全县公路客运量 120 万人；旅客周转量 1750 万人千米;货运量 280 万吨。全县民用汽车保有量达到 1 万余辆,比上年末增长 8%，其中私人汽车保有量 1 万余辆，增长 2%。民用轿车保有量 7500 辆，增长 6.6%,其中私人轿车 7000 辆。

全年全县完成邮电业务总量 7308 万元,比上年增长 7.4%。年末固定电话用户达到 17838 户,移动电话用户达到 114832 户。电话普及率达到 85 部/百人,年末全县互联网用户累计 13053 户。

投资贸易 全县全社会固定资产投资 29.9 亿元，比上年增长 30.33%。其中,城镇投资 26.79 亿元,增长 32.2%;农村投资 3.12 亿元,增长 44.14%。分产业看，第一产业投资 2.004 亿元,下降 28.28%;第二产业投资 14.73 亿元,增长 27.42%;第三产业投资 13.2 亿元,增长 53.28%。全年房地产开发投资 0.53 亿元。2012 年全县社会消费品零售总额 8.98 亿元,比上年增长 15.7%。

教育 全县有中小学校 145 所，其中小学 133 所，普通高中 1 所,普通初中 10 所,职中 1 所。全年高中招生 917 人,在校学生 2758 人;初中招生 2402 人,在校学生 7396 人;小学招生 2413 人,在校学生 13321 人;职中招生 178 人,在校学生 648 人。全县有幼儿园 24 所，在园幼儿 5318 人。全年全县申报专利 26 项,与上年持平。

文体卫生 全县有艺术表演团体 35 个,文化馆 1 个,博物馆 1 个,公共图书馆 1 个,公共图书馆藏书量 3 万册,档案馆 1 个。全县有广播电台 1 座,电视台 1 座,广播、电视综合人口覆盖率均达到 100%。全县有线电视用户 1.2 万户,其中数字信号用户 7000 户。全县建成农民文化广场 250 个,群众舞台 250 个,乡镇文化站 9 个,农民书屋 250 个。全县人均体育场地面积 1.2 平方米。年末全县有医疗卫生机构 379 个，其中医院、卫生院 19 个,妇幼保健院 1 个,疾病预防控制中心 1 个。床位 561 张。卫生技术人员 523 人。全县新型农村合作医疗覆盖率 99.57%。参合人数 126290 人。

社会生活 农村居民人均纯收入 5467 元,比上年增长 14%;城镇居民人均可支配收入 1.27 万元,比上年增长 13.7%。全县在岗职工平均工资 25812 元,比上年增长 7.12%。全县城镇居民人均住宅建筑面积 33.07 平方米，农村居民人均住宅面积达 27.18 平方米。城镇参加基本养老保险人数为 4239 人，参加基本医疗保险职工人数为 35650 人,参加失业保险职工人数为 13174 人。全县各类收养性社会福利单位 15 个,床位 1150 张。全年城镇最低生活保障人数 3059 人，农村最低生活保障人数 8915 人。全县 18256 名 60 岁以上的老人按月领取养老金,其中农村 17193 人,城镇 1063 人。 (王利芳)

·壶关县·

中共县委书记	李全心
县人大常委会主任	张占雄
县长	崔江华
县政协主席	王明德

【简述】 壶关县北纬 35°50′~36°12′，东经 113°10′~113°40′。全县总面积 1007.7 平方千米。2012 年辖 7 个乡 5 个镇 1 个开发区 390 个行政村。耕地 2.75 万公顷。矿藏 8 种。主要河流 5 条，其中淅河最大，境内全长 49 千米。主要旅游景区 7 个。年平均气温 10 摄氏度,年降水量 499.2 毫米。

全县总人口 29.35 万人，比上年增加 0.07 万人。其中,男性人口 14.87 万人，女性人口 14.48 万人，性别比(女=100)为 102.66。全年人口出生率 10.77‰,死亡率 6.76‰,自然增长率 4.01‰。城镇人口比重达到 24.44%,比上年提高 2.38 个百分点。

全县生产总值 37.98 亿元,比上年增长 16.6%。其中,第一产业增加值 3.95 亿元，第二产业增加值 22.91 亿元,第三产业增加值 11.12 亿元。全年全县财政收入 4.10 亿元,比上年增长 18.5%,增收 0.64 亿元。全县一般预算支出 11.77 亿元，比上年增长 14.7%。全县金融机构各项存款余额 60.10 亿元,比年初增长 17.0%;全县金融机构各项贷款余额 22.82 亿元，比年初下降 11.8%。

农业 全县农林牧渔业总产值 7.05 亿元,比上年增长 27.3%。其中,农业总产值 4.21 亿元，增长 30.4%;林业总产值 0.24 亿元，下降 21.9%;牧业总产值 2.52 亿元，增长 30.7%;渔业总产值 0.01 亿元，增长 10.0%。全年粮食种植面积 16453.72 公顷，比上年增长 1.7%；油料种植面积 41.86 公顷,减少 13.2%;蔬菜种植面积 679.62 公顷,增长 3.3%。粮食总产量 118678.03 吨,比上年增长 12.0%。蔬菜总产量 37247.1 吨。2012 年肉类总产量 8808.9 吨,增长 24.9%,其中猪牛羊肉 8025.64 吨,增长 20.6%;禽蛋产量 8794.48 吨,增长 5.2%;奶产量 648.6 吨,增长 271.7%。

工业 全年规模以上工业增加值 23.16 亿元，比上年增长 25.7%,产品销售率 96.59%。主要工业产品产量中,原煤比上年下降 4.4%,生铁下降 2.2%，焦炭增长 11.4%，钢材增长 23.7%。规模以上工业企业主营业务收入 87.66 亿元,比上年增长 21.0%。实现利税 5.32 亿元,下降 7.8%,其中实现利润 2.21 亿元,下降 21.9%。

建设环保 2012 年全县全社会建筑业实现产值 0.84 亿元,比上年增长 7.2%。全县具有资质等级总承包和专业承包的建筑企业 3 家,实现利润 0.04 亿元。全县城市建成区面积 1107 万平方米。全县建成区绿化覆盖率 50%,比上年增长 16.8%,县城人均公共绿地面积为 23.5 平方米。全年城市供水总量 169 万吨,人均生活用水量 73.82 升。全县集中供热面积 148 万平方米。全县污水处理率为 81.1%。全年全县空气质量二级以上天数 358 天,与上年持平。

交通邮电 全县民用汽车保有量 17521 辆,比上年增长 11.88%。全年全县完成邮政业务总量 1024.6 万元。固定电话用户 30898 户,其中,城市电话用户 13593 户,农村电话用户 17305 户。全县移动电话用户 148440 户。全县互联网用户累计 20996 户。

投资贸易 2012 年全县全社会固定资产投资 29.19 亿元,比上年增长 27.9%。其中,国有控股 13.62 亿元,下降 0.3%,私人控股 15.57 亿元,增长 69.9%。分产业看,第一产业投资 0.63 亿元,下降 49.5%;第二产业投资 19.52 亿元,增长 139.5%;第三产业投资 9.04 亿元,下降 32.7%。房地产开发投资 2.17 亿元。全县社会消费品零售总额 12.15 亿元,比上年增长 16.1%。

教育科技 2012 年全县有普通中小学 138 所,其中小学 111 所,普通高中 3 所,普通初中 24 所。普通高中在校学生 5662 人,普通初中在校学生 17784 人,小学在校学生 17453 人。全县有幼儿园 36 所,在园幼儿 5067 人。全县申报专利 50 件。

文体卫生 全县有艺术表演团 3 个,文化馆 1 个,博物馆 1 个,公共图书馆 1 个,公共图书馆藏书量 10.9 万册,广播、电视综合人口覆盖率分别达 92%和 97%。全县有线电视用户达到 43541 户,其中数字信号用户 8700 户。全县共建乡镇文化站 13 个,农民书屋 390 个。全县有医疗卫生机构 17 个,其中医院、卫生院 15 个,妇幼保健院 1 个,疾病预防控制中心 1 个。床位 627 张,卫生技术人员 714 人。全县新型农村合作医疗参合率 99.86%。

社会生活 2012 年农村居民人均纯收入 3529 元,比上年增长 17.0%;城镇居民人均可支配收入 15201 元,比上年增长 13.89%。全县在岗职工平均工资 31123 元,比上年增长 32.7%。全县城镇居民人均住宅建筑面积 32.8 平方米,农村居民人均住宅面积 22.4 平方米。城镇参加基本养老保险人数 16580 人。参加基本医疗保险职工人数 13406 人。参加失业保险职工人数 17765 人。全县各类收养性社会福利单位 16 个,床位 1144 张。城镇最低生活保障人数 3598 人,农村最低生活保障人数 17825 人,农村五保供养人数 1824 人。(张明举)

·长子县·

中共县委书记	张　圣
县人大常委会主任	花俊富
县　　长	卢展明
县政协主席	崔万英

【简述】 长子县北纬 35°53′~36°15′,东经 112°27′~113°00′。全县总面积 1029 平方千米。辖 5 个乡、7 个镇、2 个办事处、399 个行政村。全县土地面积 5.4 万公顷,耕地 3.79 万公顷。矿藏 12 种。主要河流 6 条,其中浊漳河最大,境内全长 42 千米。全县共有名胜风景区和文物保护单位 892 个。年平均气温 9.1℃,年降水量 405.9 毫米,无霜期为 185 天。

2012 年末全县总人口 35.55 万人,比上年末增加 1201 人。其中,男性人口 182227 人,女性人口 173302 人,性别比(女=100)约为 105:100。城镇人口比重达 25.22%,人口密度每平方千米 345.51 人。

2012 年全县生产总值 96.91 亿元,比上年增长 15.6%。人均生产总值 27303 元,同比增长 20%。其中,第一产业增加值 10.03 亿元,第二产业增加值 67.02 亿元,第三产业增加值 19.85 亿元。全县财政收入 30.28 亿元,同比增长79.85%,绝对额增加 13.45 亿元。其中,国税部门完成 22.01 亿元,地税部门完成 5.72 亿元,财政部门完成 2.57 亿元。一般预算收入完成 8.75 亿元,一般预算支出累计15.92 亿元。2012 年末全县金融机构各项存款余额 84.99 亿元,全县金融机构各项贷款余额 45.08 亿元。

农业 2012 年全县农林牧渔业总产值 16.95 亿元,比上年增长 5.5%。其中,农业总产值 11.16 亿元,林业总产值 0.17 亿元,牧业总产值 0.54 亿元,渔业总产值 0.07 亿元。全年粮食种植面积 30.63 千公顷,比上年增长 1.73%。其中,玉米种植面积 28.02 千公顷,小麦种植面积 1.15 千公顷。全年经济作物播种面积 7.28 千公顷,其中蔬菜种植面积 6.7 千公顷。2012 年全年粮食总产量 236210 吨,同比增长 1.8%。蔬菜总产量 377950 吨,增产 7.6%。畜牧业:全年生猪存栏 70319 头,出栏 106828 头;牛存栏6703 头,出栏4670 头;羊存栏 62531 只,出栏 45618 只;家禽存栏 253.9 万只,出栏 195.6 万只。全年肉类总产量 12407 吨,禽蛋产量 41574 吨。全年农用化肥施用量(折纯)18785 吨,地膜使用量 782 吨,农村用电量 1213 万千瓦时,农用柴油使用量 1944 吨,农药使用量 367 吨。全年农业机械总动力 230317 千瓦,全县农机化经营总收入 7472 万元。

工业 2012 年,全县工业总产值完成 121.41 亿元,同比增加 27.5%。全县规模以上工业增加值 67.59 亿元,比上年增长 24.3%。其中,轻工业增加值 1.48 亿元,重工业增加值 66.11 亿元。工业产品销售率 92.53%,下降 5.54%。主要工业产品产量中,原煤生产 1793 万吨,比上年增长 45.59%。规模以上工业企业实现主营业务收入 105.97 亿元,比上年增长 13.07%。实现利税 31.42 亿元,增长 2.52%;实现利润 15.99 亿元,下降 7.7%。全年全县用电总量 95469 万千瓦时,其中工业用电量 78103 万千瓦时,同比增长 8%。

建设环保 2012 年,全县固定资产投资 66.08 亿元,增长 26.4%,其中,国有及国有控股投资 33.18 亿元。全年全县建筑业实现产值 0.82 亿元,比上年增长 3.2%。全年全县在建固定资产投资项目 109 个,其中,亿元以上项目 20 个。全县具有资质等级总承包和专业承包的建筑企业 29 家,实现利润 0.14 亿元,同比增长

16.67%。年末全县建成区绿化覆盖面积350万平方米,建成区绿化覆盖率47.81%,县城人均公共绿地面积17.09平方米。年末全县交通运营车辆1463辆,出租汽车123辆。县区有公园4座,总面积122.6公顷。全年城市供水总量214.16万吨,人均生活用水量106升/日。全县集中供热面积186万平方米。全县污水处理能力5000吨/日,全年污水处理量183.67万吨。生活垃圾无害化处理率100%。全年全县空气质量二级以上天数366天,比上年增加1天。其中,一级天数36天。

交通邮电 2012年全县公路客运量182万人,旅客周转量5642万人千米;货运量410万吨,货物周转量31000万吨千米。年末全县民用汽车保有量27109辆(包括三轮汽车和低速货车2861辆),其中年末私人汽车保有量26028辆。全年全县完成邮电业务总量12976万元,比上年增长10.8%。其中,邮政业务总量1413万元,电信业务总量1.16亿元。年末全县互联网用户累计达23604户,移动电话用户达198049户(包括3G移动电话用户6800户)。

投资贸易 2012年全县全社会固定资产投资66.08亿元,比上年增长26.40%,其中国有投资33.18亿元,下降23.02%。全年房地产开发投资2.01亿元,同比增长157%。商品房销售面积47626平方米,增长25.31%;销售额1.2亿元,增长43.88%。2012年全县社会消费品零售总额11.93亿元,同比增长16.5%。其中,城镇消费品零售额6.40亿元,增长18.76%;乡村消费品零售额5.54亿元,增长13.98%。

教育科技 2012年全县有普通中学25所,小学86所,普通高中3所,普通初中22所。高中招生2628人,在校学生7646人。初中招生3590人,在校学生12569人。全年小学招生3655人,在校学生19089人。全县有幼儿园103所,在园幼儿10542人。全年全县受理专利申请75项,同比增长19%。其中有一项获省部级科学技术成果奖。

文体卫生 2012年全县有艺术表演团体2个,文化馆1个,博物馆1个,公共图书馆1个,公共图书馆藏书量12.72万册,档案馆1个。全县有广播电台1座,广播、电视综合人口覆盖率分别达98.2%和99.3%。年末全县有线电视用户5.6万户。年末全县建成农民文化广场150余个,群众舞台308个,乡镇文化站12个。年末全县有医疗卫生机构587个。其中,医院、卫生院22个,妇幼保健机构1个,疾病预防控制中心1个,卫生监督机构1个。病床位832张。卫生技术人员1448人。其中,执业医师和执业助理医师420人,注册护士191人,药剂人员43人。全县新型农村合作医疗人数32万人,新型农村合作医疗参合率99.02%。

社会生活 2012年农村居民人均纯收入8707元,比上年增长16%;城镇居民人均可支配收入19029元,同比增长14.1%。全年全县在岗职工平均工资60591元,同比增长20.4%。年末全县城镇居民人均住宅建筑面积28.01平方米,农村居民人均住宅面积31.05平方米。年末城镇参加基本养老保险人数17299人;参加基本医疗保险职工人数38493人;参加新型农村社会养老保险185323人;参加失业保险职工人数23184人;参加工伤保险34023人。年末全县各类收养性社会福利单位18个,床位1210张,收养822人。全年城镇最低生活保障人数2656人,发放城市低保资金885.5万元;农村最低生活保障人数19073人,发放农村低保资金2520.1万元。全县40083名60岁以上的老人按月领取55元养老金。全年共支出救助金额294余万元。

(王卫星)

【宋秀岩到长子县调研】 5月2日,国务院妇女儿童工作委员会副主任、全国妇联党组书记、副主席、书记处第一书记宋秀岩深入长子县,就基层妇女工作进行调研。全国妇联宣传部部长兼办公厅副主任王卫国,山西省副省长、省政府妇女儿童工委会主任张建欣、省妇联主席李悦娥等陪同调研。(王卫星)

【获“全国信访系统先进集体”称号】 7月中旬,在北京举行的全国信访工作会议上,长子县被授予“全国信访系统先进集体”荣誉称号。在受表彰的100个市县中,长子县为山西省唯一获奖的县区。(王卫星)

【获“全国村务公开民主管理示范单位”称号】 9月中旬,长子县被国家民政部、全国村务公开协调小组授予“全国村务公开民主管理示范单位”荣誉称号。(王卫星)

【李金华在长子县视察】 10月16日,全国政协副主席、中国人口文化促进会会长李金华一行在长子县就人口建设工作进行视察调研。中国人口文化促进会副会长兼秘书长宋燕,省政协副主席、省人口文化促进会会长李潭生,省人口和计划生育委员会主任杨增武,长治市委书记田喜荣等陪同。(王卫星)

【周济在长子县调研特高压工程】 12月22日,中国工程院院长周济带领中国工程院调研组一行,在副省长任润厚、国家电网公司副总经理栾军、长治市委书记田喜荣等的陪同下在长子县,就1000千伏特高压交流试验示范工程进行调研。

国家电网公司1000千伏晋东南—南阳—荆门交流试验示范工程是世界运行电压等级最高、技术最先进,且具有完全自主知识产权的交流输变电工程。工程起于长治,横跨晋豫鄂三省,全长645千米,2006年开工建设,2009年正式投入商业运行。截至2012年12月,工程安全稳定运行1445天,累计转送电量393亿千瓦时。(王卫星)

·武乡县·

中共县委书记	周　涛
县人大常委会主任	袁俊山
县　　长	阎新平
县政协主席	王建华

【简述】 武乡县位于北纬36°39′~37°08′,东经112°26′~113°22′,全县总

面积1610平方千米。2012年辖9个乡5个镇1个开发区377个行政村。耕地3.16万公顷。矿藏7种。主要河流5条，其中浊漳河最大，境内全长32公里。旅游景点5个。年平均气温8.9摄氏度，年降水量461.7毫米。

2012年全县总人口20.64万人，性别比(女=100)为104.55。全年人口出生率7.42‰，死亡率5.51‰，自然增长率1.92‰。少数民族11个，共70人。

2012年全县生产总值66亿元，比上年增长15.1%。其中，第一产业增加值2.8亿元，第二产业增加值46.4亿元，第三产业增加值16.8亿元。全年全县财政收入13.5亿元，比上年增长20.9%，增收1.4亿元。全县一般预算支出10.2亿元，比上年增长-2.5%。全县金融机构各项存款余额61.4亿元，比年初增长9.6%，全县金融机构各项贷款余额39亿元，比年初增长3.6%。

农业 2012年全县农林牧渔业总产值5.2亿元，比上年增长10.2%。其中，农业总产值3.9亿元，增长18.9%；林业总产值0.1亿元，增长12.9%；牧业总产值0.9亿元，增长-17.8%；渔业总产值0.06亿元，增长8.3%。全年粮食种植面积29813公顷，比上年增长7%；油料种植面积308.2公顷，增长-29%；蔬菜种植面积1758.5公顷，增长15.3%。粮食总产量113231.8吨，比上年增长20.3%，平均亩产253.2公斤。蔬菜总产量33083.4吨。畜牧业：肉类总产量4144.2吨，增长1.1%。其中，猪牛羊肉2303.8吨，增长-20%；禽蛋产量1179.5吨，增长-82%；奶产量369.7吨，增长-29%。

工业 全年规模以上工业增加值46.6亿元，比上年增长20.35%，重工业增长20.35%，产品销售率96.91%。主要工业产品产量中，原煤比上年增长-15.1%，发电量增长6.42%，焦炭增长-58.66%。规模以上工业企业主营业务收入72.3亿元，比上年增长14.1%。实现利税9.2亿元，增长-32.4%，其中实现利润4.13亿元。

建设环保 全县建成区面积由4平方千米扩大为10平方千米，绿化覆盖率42.4%，县城人均公共绿地面积为16.78平方米。全县运营车辆961(客车)辆，出租汽车60辆。全年城市供水总量1430000吨，人均生活用水量25000升。全县集中供热面积160万平方米。全县污水处理率为78.9%。生活垃圾无害化处理率为100%。

投资贸易 2012年全县固定资产投资39.6亿元，比上年增长27.3%，其中国有投资23.2亿元，非国有投资16.4亿元。分产业看，第一产业投资6.9亿元，增长62.7%；第二产业投资25.8亿元，增长46.4%；第三产业投资6.8亿元，增长-26.1。全年房地产开发投资0.5亿元。全年社会消费品零售总额8.6亿元，增长15.9%。

教育科技 2012年全县有普通中小学137所，其中小学119所，普通高中1所，普通初中17所。全年高中招生1165人，在校学生3290人。初中招生2578人，在校学生8669人。小学招生2499人，在校学生13932人。全县有幼儿园(独立园)29所，在园幼儿4264人(附设幼儿班1382人)。职业高中1所，在校学生1773人。

文体卫生 2012年，全县有文化馆1个，公共图书馆1个，公共图书馆藏书量10.2万册，档案馆1个。有电视台1座，电视综合人口覆盖率达到95%。全县人均体育场地面积1.6平方米。全县有医疗卫生机构407个，其中，医院、卫生院17个，妇幼保健院1个，疾病预防控制中心1个。床位368张，卫生技术人员976人。全县新型农村合作医疗覆盖率达100%。

社会生活 2012年农村居民人均纯收入4493元，比上年增长30.3%；城镇居民人均可支配收入15725元，比上年增长13.8%。城镇参加基本养老保险人数1709人，参加企业基本养老保险人数15230人。在职12556人，离退2674人。参加基本医疗保险职工人数18478人。参加失业保险职工人数9275人。全年城镇最低生活保障人数3275人，农村最低生活保障人数13304人。

(魏春洲　曹小莉)

·沁　县·

中共县委书记	田志明*
县人大常委会主任	杜汉如
县　　长	张　斌
县政协主席	王元英(女)

【简述】 2012年，沁县县委、县政府开拓创新，扎实工作，全面完成全年各项预定任务。工业增加值增幅位居全市第一，社会消费品零售总额、城镇居民人均可支配收入、农民人均纯收入三项指标增幅位居全市第二，固定资产投资增幅位居全市第三，项目建设储备、签约、落地、建设完成率分别达237.8%、165%、173.6%、144%。沁州黄农业产业示范园区吸引16家企业入驻，21个项目落地建设。全县有机(转换期)认证产品达到32种，有机认证总面积达到1.16万亩，有机产品年产量达到5000吨。城镇化率较2011年提高5.1个百分点，达到37.41%。实施河道治理工程3处，水库除险加固工程5处，新修水平梯田834公顷，启动5项山花烂漫工程，开荒造林4万余亩。全县森林覆盖率较2011年提高2个百分点，达38.5%。空气质量全年保持在二级以上(一级以上天数达到191天)。"北方水城"国家水利风景区申报成功，千泉湖湿地公园晋升国家级湿地公园。筹集6.55亿元投入民生领域，人民群众关注的上学、看病、养老、保障等民生问题逐步改善，农村新"五个全覆盖"工程全面完成。先后获得"国家有机产品认证创建示范县""全国绿化模范县""北方水城国家水利风景区""中国最佳休闲小城""千泉湖国家级湿地公园""全省一县一业先进县""全省粮食生产先进县"等多项省级以上荣誉。(王建宏　郝爱萍)

【获"中国曲艺之乡"称号】 3月26日，中国曲艺家协会正式授予沁县"中国曲艺之乡"称号，填补山西省空白，成为全国第33个曲艺之乡。

连续三年举办"端午民俗文化

节"和"沁州书会"。截至2012年,成功申报国家级非物质文化遗产项目1项、省级4项、市级10项,其中"沁州三弦书"列入国家级非物质文化遗产名录。组建沁县曲艺家协会和曲艺创作基地,发展国家及省、市曲协会员近百名,有300多名艺人专门从事曲艺说唱。(王建宏 郝爱萍)

【全省干部下乡住村包村增收活动现场推进会】 5月3日在沁县召开。会议学习交流沁县经验,总结2011年以来全省干部下乡住村和领导干部包村增收活动进展情况,并对下一阶段的工作进行部署。省委常委、组织部长汤涛出席会议并讲话,市委书记田喜荣致辞,县委书记田志明作经验汇报。(王建宏 郝爱萍)

【"北方水城·中国沁州"第四届端午民俗文化节】 6月19日上午,2012年北方水城·中国沁州端午民俗文化节暨第四届龙舟邀请赛开幕。此次活动由中国曲艺家协会、中国文艺家协会、山西省文明办、山西省文联、山西省曲艺家协会、长治市人民政府主办,长治市委宣传部、沁县人民政府承办。(王建宏 郝爱萍)

【"太空谷子"乘"神九"遨游太空】 6月29日上午,"神舟九号"飞船平安载誉归来。山西恒穗航天育种研究中心"太空谷子"搭载"神舟九号"飞船结束为期13天的太空旅行。这是沁县谷子被第四次送入太空。

此次搭载的种子在"太空谷子"品系中选定四个特色品系,共四大类七种植物种子总计16克。其中,"太空11号"谷子属特大穗型超级谷,搭载1000粒,小区种植试验单穗最重和平均穗重同国内"张杂谷"系列中的产量最高的"张杂五号"谷不差上下。"太空不倒翁"是一个谷节间短、抗倒伏、产量高的理想株型。同时搭载的还有柏树、松树、党参种子。

(王建宏 郝爱萍)

【省观摩检查组在沁县检查】 10月9日上午,省委书记、省人大常委会主任袁纯清,省委副书记、省长王君带领省观摩检查组对沁县重点工作和项目推进情况进行观摩检查。观摩检查组先后深入到沁州黄产业示范园区、沁园春矿泉水开发园区、郭村镇南沟村标准化肉鸡养殖园区等地进行实地观摩检查。(王建宏 郝爱萍)

【"北方水城"景区获国家水利风景区称号】 11月1日,在全国水利风景区建设与管理工作会议上,沁县"北方水城"水利风景区被水利部授予国家水利风景区称号。

"北方水城"水利风景区地处沁县政治文化中心,景区总面积18平方千米,以相邻的西湖、北海、圪芦河、南湖、瘦西湖等水域为载体,以二郎山森林公园、景山生态园、北海湿地公园为重点,景区内总库容2623万立方米,绿化面积占宜林宜草面积93%。(王建宏 郝爱萍)

【获"2012中国最佳休闲小城"称号】 12月8日,"中国(国际)休闲发展论坛"在重庆落下帷幕,沁县被评选为"2012中国最佳休闲小城",这是沁县生态文明建设取得的又一成果,也是此次峰会山西省唯一一个获此殊荣的县区。(王建宏 郝爱萍)

【获"全国有机产品认证示范县"称号】 12月3日,在贵州省召开的2012年度国家有机产品认证示范创建区工作会议上,沁县成为全国第二批9个"国家有机产品认证示范县"之一。截至2012年底,沁县共认证五大类26个产品。全县总认证面积达到11643.255亩。同时有海洲兔业公司、万里香食品公司、晋汾高粱公司、尧舜园农业开发公司、杰晟蔬菜公司、山上人家农业开发公司、丰源林牧公司获得有机转换期产品证书,沁州黄集团、檀山皇公司、葆源公司、康禾公司获得再认证。(王建宏 郝爱萍)

【获"中国宜居宜业典范县"称号】 12月25日,中国民族建筑研究会建筑环境与居住文化专业委员会在北京举办宜居宜业典范城市创建与发展论坛,沁县被授予"中国宜居宜业典范县"。(王建宏 郝爱萍)

·沁源县·

中共县委书记 李丁夫
县人大常委会主任 赵海军
县长 杨红旗
县政协主席 杜天云

【简述】 沁源县北纬39°22′~39°52′,东经113°23′~113°58′,全县总面积2548.8平方千米。2012年辖9个乡5个镇254个行政村。耕地2.29万公顷。年平均气温8.5摄氏度,年降水量532毫米。

2012年全县总人口15.9328万人,比上年增加368人。其中,男性人口8.59万人,女性人口7.35万人,性别比(女=100)为116.86。城镇人口比重达到37.42%,比上年提高2个百分点。人口密度每平方千米62.51人。

2012年全县生产总值110.86亿元,比上年增长17.1%。其中,第一产业增加值2.34亿元,第二产业增加值86.03亿元,第三产业增加值22.49亿元。全年全县财政总收入25.57亿元,全县一般预算支出15.67亿元。全县金融机构各项存款余额57.6亿元,全县金融机构各项贷款余额25.5亿元。

农业 2012年全县农林牧渔业总产值4.02亿元,比上年增长15.95%。其中,农业总产值2.27亿元,林业总产值0.44亿元,牧业总产值0.82亿元,渔业总产值0.03亿元。全年粮食种植面积14798.8公顷,油料种植面积444.87公顷,蔬菜种植面积718公顷。粮食总产量76162.21吨,平均亩产343.1公斤。蔬菜总产量12397.7吨。畜牧业:肉类总产量2030.51吨,禽蛋产量1710.53吨,奶产量151.2吨。

工业 2012年全县规模以上工业增加值87.05亿元,比上年增长24.4%,产品销售率85.90%。主要工业产品产量中,原煤比上年增长1.97%,发电量下降3.3%,焦炭增长6.58%。规模以上工业企业主营业务收入87.13亿元,比上年下降2.08%。实现利税16.73亿元,下降28.81%,其中实现利润8.1亿元,下降0.45%。

建设环保 2012年全县全社会建筑业实现产值2684万元，比上年增长3.79%，重点建设项目有188个。全县具有资质等级总承包和专业承包的建筑企业1家。全县城市建成区面积5.11平方千米，城市住宅建筑面积139.098万平方米。全县建成区绿化覆盖率40.28%，比上年提高0.28个百分点。全县交通运营车辆1359辆，出租汽车85辆。全县有公园及游园11座，总面积97万平方米。全年城市供水总量135万吨，全县集中供热面积170万平方米。全县污水处理率90.53%。生活垃圾无害化处理率98%。全年全县空气质量二级以上天数365天。

邮电 全年全县完成邮电业务总量9445万元，比上年增长270%。其中，邮政业务总量1037万元；电信业务总量8408万元。固定电话用户达26912户，移动电话用户达到12.22万户。电话普及率达77部/百人，全县互联网用户累计1.65万户。

投资贸易 2012年全县全社会固定资产投资58.33亿元，比上年增长27.73%，全年房地产开发投资0.51亿元。2012年全县社会消费品零售总额15.3亿元，比上年增长16%。

教育科技 2012年全县有普通中小学93所，其中小学80所，普通高中2所，普通初中11所。全年高中招生1030人，在校学生3869人。全年初中招生1517人，在校学生5796人。小学招生2236人，在校学生10316人。全县有幼儿园19所，在园幼儿3495人。全年全县申报专利69项，比上年增长40.8%。

文体卫生 全县有艺术表演团体1个，文化馆1个，博物馆1个，公共图书馆1个，公共图书馆藏书量11.2万册，档案馆1个。全县有电视台1座，电视综合人口覆盖率达到90%。全县有线电视用户达到3万户，其中数字信号用户1.1万户。全县建成农民文化广场254个，群众舞台86个，乡镇文化站14个，农民书屋254个。全县人均体育场地面积1.5平方米。全县有医疗卫生机构19个，其中，医院、卫生院17个，妇幼保健院1个，疾病预防控制中心1个。床位612张，卫生技术人员637人。全县新型农村合作医疗覆盖率100%。

社会生活 2012年农村居民人均纯收入8648元，比上年增长19.9%；城镇居民人均可支配收入19867元，比上年增长14.06%。全年全县在岗职工平均工资37416元，比上年增长16.85%。全县城镇居民人均住宅建筑面积24.7平方米，农村居民人均住宅面积22.4平方米。城镇参加基本养老保险人数11940。参加基本医疗保险职工人数19299人。参加失业保险职工人数19960人。全县各类收养性社会福利单位15个，床位1029张。全年城镇最低生活保障人数2675人，农村最低生活保障人数8107人。全县16815名60岁以上的老人按月领取养老金。

（宋江华　魏晓燕）

【获全省“2011年度县域经济发展先进市县区”称号】 3月13日，全省2011年度县域经济发展考核评比结果揭晓，沁源县被授予“2011年度县域经济发展先进市县区”荣誉称号，位列全省第11位。

（宋江华　魏晓燕）

【古寨村入选“中国景观村落”】 3月14日，沁源县王和镇古寨村被中国古村落保护与发展委员会正式评为第三批“中国景观村落”。古寨村建筑大多为明清时期建筑。村中有完整青石铺就的古街区、一批古代民居建筑、大量的砖木雕刻，体现了村镇选址、街区规划、院落布局、建筑构造、装饰技巧等方面的高超水平。古寨村较完整地保留了原有的历史风貌，具有丰富而独特的传统建筑和人文景观。（宋江华　魏晓燕）

【菩提山列为省级风景名胜区】 2012年，菩提山被山西省人民政府正式批准为省级风景名胜区。菩提山风景名胜区位于县城东北15千米，地处太岳山东麓。其自然和人文景观丰富，凤凰垴、五龙山等群山形如莲花盛开，山上森林茂密，环境优美，古树名木繁多，原始森林占景区面积30%以上，菩提山、凤凰山、五龙山、鱼滩、睡美人、五花寨等景点，素有“菩提六景”之称。其中菩提寺始建于西魏，菩提寺古庙会已被列入省级非物质文化遗产重点保护名录。

（宋江华　魏晓燕）

【获“全省林业生态县”称号】 2012年，沁源被省政府授予“全省林业生态县”称号。这是沁源县继“中国绿色名县”“全国生态示范县”之后以良好的生态而获得的又一张“绿色名片”。

（宋江华　魏晓燕）

·潞城市·

中共市委书记	唐立浩
市人大常委会主任	王新政
市　　长	张志刚
市政协主席	张书平

【简述】 潞城市北纬36°14′~36°29′，东经112°59′~113°25′。全市总面积615平方千米。2012年辖3个乡、4个镇、2个办事处，191个行政村、11个社区。耕地6.2万公顷。年平均气温9.2摄氏度，年降水量560毫米。

2012年全市总人口22.97万人，比上年增加791人。其中，男性人口11.85万人，女性人口11.12万人，性别比(女=100)为106.56。城镇人口比重达到50.64%。

2012年全市生产总值97亿元，比上年增长10.4%。其中，第一产业增加值3.7亿元，第二产业增加值73.5亿元，第三产业增加值19.8亿元。全年全市财政收入8.01亿元，比上年下降34.9%。全市一般预算支出7.4亿元，比上年减少13.8%。全市金融机构各项存款余额69.5亿元，比年初增长1.8%。全市金融机构各项贷款余额34.02亿元，比年初下降7.7%。

农业 2012年全年粮食种植面积17925公顷，比上年增长−2.8%；油料种植面积100.41公顷，增长−46.4%。粮食总产量123814吨，比上年增长11.9%。蔬菜总产量74001吨。畜牧业：肉类总产量7208吨，增长20.4%。其中，猪牛羊肉5871.5吨，增长36.9%；禽蛋产量3441吨，增长−28.3%；奶产量2223吨，增长−30.3%。

工业 2012年，全年规模以上工业增加值72.8亿元，比上年增长

13.9%。主要工业产品产量中,原煤比上年增长27.3%,发电量增长-1.2%,焦炭增长7.4%,钢材增长25.9%。规模以上工业企业主营业务收入207.1亿元,比上年增长1.8%。实现利税5.6亿元,增长-20.1%,其中实现利润2.4亿元,增长27.1%。

建设环保 2012年全市具有资质等级总承包和专业承包的建筑企业4家,完成建筑业总产值16296万元,比上年增长4.9%。全市城市建成区面积8平方千米。全市建成区绿化覆盖率40.5%,县城人均公共绿地面积9.1平方米。全年城市供水总量261.85万吨,人均日生活用水量167升。全市集中供热面积180万平方米。全市生活垃圾无害化处理率100%。全年全市空气质量二级以上天数354天,比上年增加2天。

交通邮电 2012年年末全市公路通车里程715千米。邮电:全年全市完成邮电业务总量10093万元,比上年增长1.8%。其中,邮政业务总量743万元,增长7.8%;电信业务总量9355万元,增长2.2%。固定电话用户2.01万户,移动电话用户17.16万户。全市互联网用户2.6万户。

投资贸易 2012年全市社会固定资产投资81.06亿元,比上年增长43.1%。分产业看,第一产业投资1.2亿元,增长-45.5%;第二产业投资68.6亿元,增长66.5%;第三产业投资11.2亿元,增长-15.1%。全年房地产开发投资8582万元。2012年全市社会消费品零售总额10.1亿元,比上年增长15.7%。

教育科技 2012年全市有普通中小学104所。其中,小学90所,普通高中2所,普通初中12所。全年高中招生4546人,在校学生4546人。初中招生8395人,在校学生8395人。小学招生16538人,在校学生16538人。全市有幼儿园59所,在园幼儿4865人。全年全市申报专利114项,比上年增长24项。

文体卫生 2012年,全市有文化事业机构5个,文化馆1个,博物馆1个,公共图书馆1个,公共图书馆藏书量4.8万册,档案馆1个。有广播电台1座,电视台1座,广播电视综合人口覆盖率达85%。全市有线电视用户达3万户,其中数字信号用户1.7万户。全市有医疗卫生机构329个。其中,医院、卫生院9个,妇幼保健院1个,疾病预防控制中心1个。床位691张,卫生技术人员713人。全市新型农村合作医疗覆盖率99.5%。

社会生活 2012年农村居民人均纯收入8533元,增长15.6%;城镇居民人均可支配收入18953元,增长13.8%。全年全市在岗职工平均工资31211元,增长18.11%。全市城镇居民人均住宅建筑面积33.8平方米,农村居民人均住宅面积26.9平方米。城镇参加基本养老保险人数32810人,参加基本医疗保险职工人数43371人,参加失业保险职工人数23858人。全年城镇最低生活保障人数3640人,农村最低生活保障人数8972人。 (申俊良 常宏武)

【30万吨新型有机合成材料一期工程奠基】 1月19日,潞宝工业园区30万吨新型有机合成材料一期工程开工奠基。长治市领导及潞城市领导等出席奠基仪式。 (申俊良 常宏武)

【三项目在京签约】 3月9日,潞城市在北京举行三个项目(即:锂离子电池正负极材料生产基地、“无人机”产业基地、集老年服务、生态观光、中药材培育等为一体的休闲养生基地)合作签约仪式。项目总投资142亿元。 (申俊良 常宏武)

【《潞水汲古》出版】 5月7日,由潞城市政协组织编撰的,以记载潞城现存古迹、石碑、古树木为题材的《潞水汲古》一书正式出版发行。

(申俊良 常宏武)

【获省“粮食补贴先进市”称号】 5月8日,潞城市荣膺全省“粮食补贴先进市”称号,全省仅有3个县市获此殊荣。 (申俊良 常宏武)

晋城市

中共市委书记 张茂才*
张九萍*

副书记 王清宪
冯建平*
于若洁*

市人大常委会主任 孟福贵

副主任 任建宏
李章宏
廖 军
孔庆鹏
李国继
韩淑君

市长 王清宪

副市长 冯 征 王树新
焦光善 王维平
茹栋梅

市政协主席 师建平

副主席 申 会 郭一峰
金德祥 马德和
陈改玲 王克平
郭跃峰 陈建国

【概述】 晋城市北纬35°11′~36°04′,东经111°55′~113°37′。2012年,全市生产总值1011.6亿元,比上年增长11.0%。其中,第一产业增加值41.6亿元,增长6.3%,占生产总值4.1%;第二产业增加值653.8亿元,增长12.1%,占生产总值64.6%;第三产业增加值316.3亿元,增长9.4%,占生产总值31.3%。第三产业中,金融保险业增加值38.8亿元,增长16.6%;交通运输、仓储和邮政业增加值73.6亿元,增长8.4%;批发和零售业增加值59.4亿元,增长13.9%;住宿和餐饮业增加值26.6亿元,增长11.9%;营利性服务业增加值34.1亿元,增长10.5%。人均地区生产总值44206元,按2012年平均汇率计算为7003美元。全年全市财政总收入213.5亿元,增长17.4%。其中增值税完成88.2亿元,增长2.7%;企业所得税62.9亿元,增长44.8%;个人所得税7.9亿元,下降7.9%;营业税17.0亿元,增长26.2%;资源税2.8亿元,增长14.4%。公共财政预算收入82.9亿元,增长22.1%,其中税收收入61.5亿元,增长18.1%。公共财政预算支出129.7亿元,增长14.5%。其中科学技术支出增长27.3%;教育支出增长26.6%;农林水事务支出增长24.5%;社会保障和就业支出增长20.0%;文化体育与传媒支出增长16.9%；医疗卫生支出增长8.4%；节能环保支出下降21.1%。居民消费价格比上年上涨2.4%，其中，食品价格上涨3.6%，商品零售价格上涨1.9%。工业生产者出厂价格下降3.0%，工业生产者购进价格下降3.2%。全年全市城镇新增就业4.12万人。年末城镇登记失业率1.8%。

农业 全年全市农作物种植面积21.0万公顷，比上年减少0.7万公顷。其中，粮食种植面积20.0万公顷，减少0.6万公顷；油料种植面积0.3万公顷，减少0.05万公顷；棉花种植面积0.03万公顷，减少0.01万公顷。在粮食种植面积中，玉米种植面积8.6万公顷，减少0.05万公顷；小麦种植面积6.2万公顷，减少0.3万公顷。全年粮食产量97.4万吨，比上年增加5.4万吨，增产5.9%。其中，夏粮27.1万吨，增产18.5%；秋粮70.3万吨，增产1.7%。全年完成造林面积1.0万公顷，下降23.8%。其中，经济林面积0.19万公顷，下降64.5%。全年木材产量7572立方米，下降6.0%。全年全市肉类总产量13.2万吨，增长15.8%。全年猪牛羊肉总产量13.1万吨，增长16.0%。其中，猪肉产量11.9万吨，增长17.5%；牛肉产量458.1吨，下降10.5%；羊肉产量1218.1万吨，增长2.5%。年末生猪存栏92.2万头，增长2.4%；生猪出栏156.4万头，增长8.3%。牛奶产量3414.0吨，下降2.1%；禽蛋产量6.9万吨，增长6.6%；水产品产量1639吨，增长19.2%。年末全市农业机械总动力240.2万千瓦，增长2.6%。机械耕地面积15.6万公顷，增长0.6%；机械播种面积12.7万公顷，增长4.1%；机械收获面积10.7万公顷，增长8.1%。全市农机化经营总收入15.2亿元，增长3.4%。

工业 建筑业 年末全市规模以上工业企业223家。全年规模以上工业增加值增长14.6%。全年全社会原煤产量8526万吨，下降6.7%；规模以上工业发电218亿千瓦时，增长14.0%；水泥233万吨，增长66.9%；农用化肥(折纯)236万吨，增长17.0%；焦炭91万吨，下降1.3%；钢材产量269万吨，增长31.3%；生铁334万吨，增长18.6%。全年规模以上工业企业实现主营业务收入1317.9亿元，增长8.0%。其中，煤炭、炼焦、冶铸和电力工业分别实现主营业务收入750.2亿元、13.3亿元、148.9亿元和78.8亿元，分别增长0.2%、-11.9%、16.4%和21.5%；煤层气开采、化工、建材、装备制造、医药和食品工业分别实现主营业务收入39.5亿元、123.2亿元、10.8亿元、120.6亿元、1.9亿元和1.2亿元，分别增长38.2%、22.6%、29.1%、27.2%、19.5%和4.7%。规模以上工业实现利税276.9亿元，增长1.2%；实现利润181.8亿元，增长2.3%。年末全市具有资质等级的总承包和专业承包建筑业企业84家，完成总产值52.6亿元，增长16.0%；房屋建筑施工面积283.7万平方米，增长33.8%；签订合同额为93.1亿元，增长33.3%。

固定资产投资 全年全市固定资产投资完成655.0亿元，增长29.9%。其中，国有及国有控股投资347.3亿元，增长18.5%；民间投资307.7亿元，增长45.8%。在固定资产投资中，内资企业投资629.0亿元，增长29.8%；外商及港澳台商企业投资25.6亿元，增长34.5%。在固定资产投资中，第一产业投资28.5亿元，增长92.9%；第二产业投资363.3亿元，增长25.7%；第三产业投资263.2亿元，增长31.3%。在第二产业中，工业投资359.3亿元，增长24.3%。其中，煤炭工业投资162.6亿元，增长24.7%；非煤产业投资196.7亿元，增长24.1%。传统产业(煤炭、炼焦、冶金、电力)投资合计198.2亿元，增长13.8%；新兴接替产业投资合计161.1亿元，增长40.4%。全年全市在建固定资产投资项目1167个。其中，5亿元以上项目73个，计划总投资1242.4亿元，完成投资187.4亿元，占全市固定资产投资的28.6%。全年房地产开发投资45.2亿元，增长20.5%。其中，住宅投资34.9亿元，增长16.1%；办公楼投资0.4亿元，下降5.3%；商业营业用房投资4.2亿元，下降6.3%。

能源 全年全市一次能源生产折标准煤6384.4万吨，下降4.4%；二次能源生产折标准煤359.8万吨，增长10.9%。全年全市向省外运输煤炭5849万吨，增长2.4%，外运煤炭占原煤产量69.4%。在外运煤炭中，铁路运输4576万吨，增长2.7%；公路运输1273万吨，下降1.4%。向省外输送电力183.0亿千瓦小时，增长8.6%，外输电量占发电量83.8%；向省外运输焦炭41.1万吨，下降10.6%，外运焦炭占焦炭产量45.5%。固定资产投资中，能源工业投资完成240.9亿元，增长12.3%。其中煤炭工业投资162.6亿元，增长24.7%；石油和天然气开采业投资47.0亿元，增长16.8%；石油加工、炼焦及核燃料加工业投资0.4亿元，增长18.8%；电力的生产和供应业投资25.7亿元，下降29.1%。全年全市全社会用电总量163.0亿千瓦小时。其中，第一产业用电1.2亿千瓦小时，占全社会用电量的0.7%；第二产业用电146.3亿千瓦小时，占全社会用电量的89.7%，其中工业用电145.4亿千瓦小时；第三产业用电8.7亿千瓦小时，占全社会用电量的5.3%；城乡居民生活用电6.9亿千瓦小时，占全社会用电量的4.2%。

国内贸易 全年全市社会消费品零售总额260.8亿元，增长16.2%。按经营地统计，城镇消费品零售额245.4亿元，增长16.7%；乡村消费品零售额15.4亿元，增长7.7%。

对外经济 全年全市海关进出口总额12.35亿美元，增长8.9%。其中，进口额9.90亿美元，增长16.1%；出口额2.45亿美元，下降12.9%。全年出口煤炭34万美元，增长50.6%；出口钢材5515万美元，增长30.2%；出口机电产品18400万美元，下降18.5%；出口高新技术产品12413万美元，下降25.6%；出口电器及电子产品15504万美元，下降21.9%；出口计算机及通信技术产品11213万美元，下降26.1%。

全年进口铁矿砂38409万美元，增长48.9%；进口机电产品57704万美元，增长0.5%；进口集成电路6842万美元，下降53.9%；进口机械设备27161万美元，增长9.3%；进口电子技术产品8694万美元，下降52.0%；进口计算机集成制造技术产品32965万美元，增长91.4%。全年全市新设立外商直接投资企业1家；按全口径统计实际使用外商直接投资金额

25775.2万美元,增长18.2%。

交通 邮电 旅游 年末全市公路线路里程8757.1千米,其中高速公路318.5千米,比上年末增加31.6千米。年末全市民用汽车保有量24.1万辆(包括三轮汽车和低速货车2.0万辆),比上年末增长9.4%,其中私人汽车19.7万辆,增长12.9%。本年新注册汽车4.0万辆,增长20.6%。年末轿车保有量13.4万辆,增长22.8%,其中私人轿车12.0万辆,增长25.7%。全年全市完成邮电业务总量17.8亿元,增长8.5%。其中,邮政业务总量1.2亿元,增长5.2%;电信业务总量16.6亿元,增长8.5%。新增移动电话用户14.2万户,年末达到171.8万户。全市宽带接入用户31.8万户,增长26.7%。年末全市共有成规模的旅游景区(点)43处,其中有1个国家级5A级景区,5个国家级4A级景区,5个2A级景区,7个国家级工农业旅游示范点。共有星级饭店28家,其中五星级1家、四星级11家、三星级10家、二星级6家。全年全市接待海外旅游者9.6万人次,接待国内旅游者1686.9万人次,分别增长41.5%和44.6%;旅游外汇收入4564.0万美元,国内旅游收入149.9亿元,旅游总收入152.8亿元,分别增长69.3%、68.2%和68.2%。

金融 证券 保险 年末全市金融机构本外币各项存款余额1729.6亿元,比年初增加228.4亿元,增长15.2%。各项贷款余额776.9亿元,增加141.5亿元,增长22.3%。年末全市农村金融合作机构(农村信用社、农村合作银行、农村商业银行)人民币贷款余额195.3亿元,增加38.0亿元,增长24.1%;人民币存款余额336.3亿元,增加54.3亿元,增长19.3%。年末全市共有证券营业部3家,从业人员61人。累计资金开户数75990户,银证转入资金19.6亿元,下降16.8%,新增资产总额1.5亿元,增长43.4%。全年营业收入3661.1万元,下降36.2%,利润总额1845.1万元,下降71.9%。全年全市保费收入30.7亿元,增长3.1%。其中,寿险业务保费收入20.8亿元,下降2.3%;财产险业务保费收入9.9亿元,增长16.5%。

教育 科技 年末全市有普通高等学校1所,独立设置的成人高等学校1所。高中阶段毛入学率92.89%。全年全市实施各类科技项目329项(其中国家级1项、省级39项、市级289项)。在国家级项目中,列入国家星火计划1项;在省级项目中,列入省级国际科技合作项目1项,科技重大专项1项,火炬计划4项,星火计划10项,农业攻关4项,社会发展3项,成果推广7项,工业攻关3项,软科学及基础平台建设6项。全年全市专利申请量1127件,增长11.9%;其中发明专利申请量314件,增长2.5%。全年新登记科技成果29项。国家认定企业技术中心1家。省级企业技术中心10家。省级工程技术研究中心3家。省级重点实验室3个。按照国家高新技术企业认定办法,2012年末累计有高新技术企业11家。

文化 卫生 体育 年末全市有群众艺术馆1个,文化馆6个,博物馆1个。全市文化系统有艺术表演团体6个,新创作首演剧目2个;演出场次1749场,演出收入570万元;全市有艺术表演场馆2个,群众艺术馆1个,文化馆6个,公共图书馆6个,总藏书31万册。年末全市有各级医疗卫生机构3129个,其中妇幼保健院(所、站)7个。医院和卫生院床位8.3千张,卫生专业技术人员1.2万人,每千人拥有病床4.1张,每千人拥有医生数2.6人。全市6县(市、区)全部开展新型农村合作医疗试点工作,新型农村合作医疗参合率98.8%。村卫生室覆盖率100%、县乡村三级医疗机构达标率(县乡级100%,村级98.6%)。全年各县(市、区)的儿童"五苗"全程接种率以乡镇为单位均达96.8%以上。碘盐覆盖率达99.7%,合格碘盐食用率达95.5%,各种地方病得到有效控制。全市乡镇卫生监督站覆盖率达83.3%。年末全市拥有各级各类体育场馆4392个,体育锻炼标准达标人数320174人。全年全市运动员在省级以上重大比赛(包括非奥运项目比赛)中获金、银、铜牌分别为77枚、62枚和64枚。全市销售中国体育彩票5787万元,比上年增长12.4%。

人口 人民生活 社会保障 年末全市常住人口为229.14万人,比上年末增加0.59万人。全年全市出生人口1.95万人,人口出生率为8.50‰;死亡人口1.36万人,死亡率为5.92‰;自然增长率为2.58‰。出生人口性别比为101.12(以女性人口为100)。全年城镇居民人均可支配收入22565元,比上年增长12.1%;城镇居民人均消费性支出16473元,增长27.0%。农村居民人均纯收入8037元,增长14.1%;农村居民人均生活消费支出6044元,增长14.3%。20%的城镇低收入家庭人均可支配收入8812元,增长13.3%;20%的农村低收入者收入4317元,增长14.5%。城镇居民家庭恩格尔系数(即居民家庭食品消费支出占家庭消费支出的比重)24.3%,农村居民家庭恩格尔系数33.0%。年末参加城镇职工基本养老保险32.2万人,同比增加3.6万人;参加新型农村社会养老保险105.8万人,增加9万人;参加城镇基本医疗保险57.7万人,增加2.9万人;参加失业保险26.9万人,增加5.8万人;参加工伤保险44.6万人,增加22.4万人,其中农民工24.9万人,增加13.2万人;参加生育保险27.4万人,增加8.1万人。全市共有153.2万农民参加合作医疗。年末城镇低保人数28763人,减少2734人;农村低保人数79880人,增加9人;农村集中供养五保户1761人,户数1754户;民政部门资助参加合作医疗98160人。优抚对象14226人,享受定期抚恤1792人,享受定期补助9717人。全年共发放最低保障资金2.23亿元。全市收养性单位60个,减少1个,床位数4307张,年在院79.95万人天。全市有社区服务中心1个,社区服务站51个。全市有福利企业38个,残疾职工596人。福利彩票发行单位1个,共销售福利彩票1.8亿元。全年直接接收捐赠款151.2万元,受益2436人次。农村新"五个全覆盖"工程全面完成,农村面貌和生产生活条件改善。

资源 环境 安全生产 全市有自然保护区5个,自然保护区面积15.6万公顷,占全市土地面积的16.6%;全市有国家级生态示范区2

个。全年市区环境空气质量二级以上天数353天，其中一级天数81天，减少31天；空气综合污染指数为1.72，较上年上升0.02。城市污水处理率达95%；城市生活垃圾无害化处理率达到95%；集中供热普及率达86%。全年全市共发生各类生产安全事故803起，减少30起，下降3.6%；事故死亡238人，减少9人，下降3.6%，占省政府下达晋城市控制指标262人的90.8%；造成直接经济损失974.2万元，减少64.2万元，下降6.2%。亿元GDP生产安全事故死亡率0.235(省控指标0.249)，煤矿百万吨死亡率0.1116(省控指标0.1626)。（牛晋军）

【纳入《中原经济区规划》】 12月2日，央视《新闻联播》报道，国家发改委近日正式发布《中原经济区规划》，该规划明确中原经济区的具体范围，包括河南省全境，河北省邢台市、邯郸市，山西省长治市、晋城市、运城市，安徽省宿州市、淮北市、阜阳市、亳州市、蚌埠市和淮南市凤台县、潘集区，山东省聊城市、菏泽市和泰安市东平县，区域面积28.9万平方千米。（牛晋军）

【荣获"国际花园城市"】 11月27日，在阿联酋阿爱恩市举行的第16届国际花园城市总决赛中，晋城市从全球30个国家60多个城市和90多个项目中脱颖而出，获国际花园城市综合金奖，白马寺山森林公园获自然类单项金奖，同时，晋城市还被大赛组委会评为国际花园城市景观改善类特别金奖，是此届大赛唯一同时获三项金奖的城市。（牛晋军）

【"方便晋城"十大工程】 2012年3月1日，晋城市六届人大二次会议提出，2012年要办"方便晋城"十大工程，至年底十大工程全部完成。"方便晋城"十大工程包括：城乡社会保障一卡通工程，市县两级医院远程医疗会诊系统健康工程，新建15所标准化幼儿园花蕾工程，全市普通高中教育免学费全覆盖希望工程，为农村义务教育寄宿制学校配备首批76辆校车的校安工程，硬化20条市区街巷、新建16座公厕的便利工程，完成主城区整体亮化工程，凤台街人行道改造提升畅通工程，新增供热面积150万平方米的温暖工程，取消陵沁一级公路西上庄收费站的撤卡工程。同时，正式启动晋城大医院建设和"五个全覆盖"工程。（牛晋军）

【固定资产投资增幅居全省第一】 2012年，晋城市签约招商引资项目188个，总投资1898.01亿元，占预订目标1335亿元的142%。全市落地652个项目，完成落地投资额1272.8亿元，同比增长115.69%，完成全年落地任务1027亿元的123.93%。特别是固定资产投资持续保持高位，固定资产投资完成545.3亿元，增长30.6%，高出全省平均水平4.5个百分点，增幅居全省第一，比上年同期前移6位。（牛晋军）

【文化产业快速发展】 2012年，晋城市委、市政府提出"加强旅游合作，增强旅游休闲产业的覆盖面，打造'太行山文化旅游'精品，把晋城建成晋东南及中原经济区的生态旅游文化中心和休闲娱乐度假中心"，全市文化旅游产业发展迈出步伐。1~11月份，全市旅游收入139.35亿元，同比增长75.44%。国庆黄金周期间，全市旅游收入同比增长达87%。"晋善晋美，尽在晋城"旅游广告在中央电视台播出，皇城相府景区入围"2011中国旅游百强景区"，王莽岭国家地质公园获得国土资源部命名批复，天官王府项目落成，《走遍中国·晋城》系列宣传片在央视播出。全市文化产业发展形成良性互动，文化产业实现快速发展，全市有文化产业七大类，文化产业实体1231家，年收入超亿元的3家。（牛晋军）

·城　区·

中共区委书记	张玉宏
区人大常委会主任	宋春生
区长	张利锋
区政协主席	刘秋海

【简述】 2012年，全区生产总值完成203亿元，增长11%；财政总收入完成11.59亿元，增长37.7%，公共财政预算收入7.02亿元，增长34.9%，财政总收入和公共财政预算收入增幅均列全市第一；社会消费品零售总额136.6亿元，增长16.16%；服务业增加值114亿元，增长10.8%；全社会固定资产投资172亿元，增长31.1%；城镇居民人均可支配收入22565元，增长12.11%；农民人均纯收入9052元，增长13.68%。

现代都市农业　全区现代农业向高效化发展，"一村一品"成效明显，涌现出张岭、庞圪塔等18个省、市级"一村一品"专业村。摩登大地农庄、汇江亭通花卉项目落地建设，司徒、寺底等5大农业园区建设推进。提升"513"龙头企业，特色种养项目继续发展壮大。区财政投入300万元建设牛山现代农业园，使白马寺山森林公园的辐射带动作用得到发挥。

全年农村经济总收入294664万元，同比增长8.83%；农业总产值20483万元，同比增长13.71%；粮食总产量15088.62吨，小麦总产量32061.9吨，蔬菜总产量45410.2吨，肉类总产量1548吨，禽蛋总产量1905吨，牛奶总产量216吨。

新型工业　推进北石店工业园区建设，编制园区总体规划。对10家规模以上工业企业提供3000万元贴息贷款扶持，六大工业技改项目全部完成。逐步形成以科威工业园为主体的装备制造业，以海斯药业为龙头的生物制药业，以天煜煤层气为主导的新能源产业，以晟皓光电为重点的节能环保产业等新兴工业发展新格局。

全年规模以上工业总产值388937万元，规模以上工业增加值93399万元，规模以上工业销售产值377261万元。民营经济总产值1877756万元，同比增长15.13%；民营经济增加值522435万元，同比增长19.48%；民营经济利税总额达190641万元，同比增长31.45%；民营经济营业收入1566536万元，同比增长18.31%。

第三产业　围绕打造"面向中原的购物首选地、北方的义乌和太行国际商贸城"的目标，实施总投资270亿元的43个商贸物流项目建设。豪德物流一期和凤展新时代广场项目投入运营;白马接待中心、国贸基斯顿酒店、金融财富广场、皇城相府城市综合体、海天大酒店等一大批以五星级大酒店为主体的高端商业综合体集群化发展初具规模,加快城区商贸物流业向品牌化、高端化、规模化方向转变。全年服务业增加值完成114.13亿元,占全市的36.1%,占全区GDP的比重达56.2%。

项目建设 开展"项目落地年"活动,狠抓总投资560亿元的81个非资源类重点项目。晋城大医院、北石店商务中心、科威工业园、中视钢铁二期、华大时代、豪德二期、庞大汽贸、皇城相府城市综合体、金融财富广场、赛博科技、红星美凯龙等十大项目均取得进展;豪德一期、白马接待中心、太行明珠游乐城、凤展新时代、国贸基斯顿酒店、海天大酒店、居然之家、喜临门生活港、中视钢铁一期、白云怡景丽家等十大项目基本完成扫尾,即将或已经投入运营。全年累计完成投资113亿元,占年度计划的129%。全年完成项目落地数量182个,完成落地金额329.1亿元,占年度计划的127%,排名全市第一。

招商引资 2012年,采用定点式、跟进式、持续式招商,分别赴北京、上海、天津、南京、沈阳、义乌、太原等地实地考察,先后参加首届国际高端产业项目(上海、宁波)洽谈会、第七届长沙中部投资贸易博览会、首届世界晋商大会等五大展会。与上海在项目、资金、管理、理念、技术等方面开展全方位合作与对接,引进德国大众宝马4S店、中科垃圾焚烧发电等8个项目。

全年共签约项目32个,引资154亿元,外来资金到位93.38亿元,排名全市第一。

城镇建设 出台《关于进一步规范城中村改造的实施意见》,以"政府主导、市场运作、整村拆迁、安置优先"为原则,铺开15个城中村改造,投资20亿元。全年共实施9个城中村改造项目,投资9.96亿元,占年度计划的110.7%;拆迁6.1万平方米,开工65.6万平方米,竣工25万平方米,回迁10万平方米,950户回迁。

配合市政府改造提升凤台街人行道,打通文昌街、兰花路、红星街等5条断头路,硬化20条背街小巷。加强节能减排,万元GDP综合能耗指标完成3.5%的年度降幅目标,被确定为第二批国家低碳试点城市。创建国家森林城市,白马寺山森林公园、豪德公园、凤还巢森林公园"三大公园"绿化提档升级,全年造林绿化7600亩。以白马寺山为重点的环境治理,荣膺国际花园城市综合金奖、国际花园城市景观改善类特别金奖和白马寺森林公园生态治理工程获自然类单项金奖三项桂冠。

落实强农惠农各项政策,财政对"三农"投入达2.43亿元,占全区总支出的22.1%。完成58个行政村,总里程225.5千米农村街巷硬化全覆盖和62个农村便民连锁商店全覆盖任务,农村新"五个全覆盖"全部完成。洞头村成为晋城市首批最美乡村,夏匠村被全国妇联、教育部、中央文明办授予"全国家庭教育示范村"称号。

社会事业 新增就业1.1万人,获"全市创业型城市创建工作突出贡献奖"。城镇居民社会养老保险和新农保工作被确定为国家级试点,城镇居民社会养老保险社会化征缴工作得到国家人社部肯定。出台《失地农民社会保障办法》,将8000多名失地农民纳入社会保障范围。为600多名社区工作者办理社会保险。推进保障性住房建设,完成投资6.6亿元,竣工1000套,为663户住房困难家庭发放廉租住房补贴。连续第二年为环卫工人增加工资,每人每月增资145元,达1155元,并为一线环卫工人免费提供"贴心早餐"。完成低收入农户供煤工作。投入1000多万元对市区8处低洼地段进行治理。投资470万元对汇仟小区质量和环境问题进行集中整改。区政府为民承诺的十二件实事全部兑现。

财政性教育投入达3.22亿元,占财政总支出的29.3%。投入9000万元对中小学和幼儿园实施以改厕、改暖、改操场、改宿舍、改餐厅为重点的"五改"工程,涉及42所学校,2.6万名学生受益。为全区所有学校配备保安,安装监控设施。城区职中新校区开始招生,新建汇仟小学完成主体工程。城市义务教育阶段中小学生均公用经费分别由430元、330元提高到603元、482元。公开招聘54名教师,对在编不在岗的教师进行集中清理。首次实行划片招生、阳光编班,班容量过大的问题得到解决。

打造创业城区,全年新增就业11007人,转移劳动力2234人,被市政府授予"全市创业型城市创建工作突出贡献奖"。

加大公共卫生医疗服务投入,筹集资金1.2亿元开工建设市二院住院大楼,新建钟家庄社区卫生服务中心。医疗保障水平提升,基本药物制度在公立基层医疗卫生机构实施,新农合参保率达99.6%。

实施文化惠民工程,区文化馆、图书馆全部免费开放,开展农家书屋读书活动,送戏下乡400多场、放映电影1600余场。夏匠村阳光爱乐合唱团应邀赴德国参加国际合唱比赛并获一等奖;玉皇庙维修工程竣工,规划设计程颢书院开发工程,修缮怀覃会馆。全区全年接待游客290万人次,旅游综合收入24亿元,同比增长62%;开展全国文明城市创建活动,共创建国家级文明典型3个,省级文明典型19个,市级文明典型32个,区级文明典型105个。

(赵同善　周粉香)

·沁水县·

中共县委书记	秦建孝
县人大常委会主任	柴守瑛
县长	范兆森
县政协主席	张桂春

【简述】 沁水县北纬35°24′~35°04′,东经111°55′~112°47′。全县总面积2676.6平方千米,下辖龙港、中村、郑庄、端氏、嘉峰、郑村、柿庄7个镇和樊村河、土沃、张村、苏庄、胡底、固县、十里7个乡,242个建制村,9个居民委员会,常住人口213758人,其中户籍人口205115人。

2012年全县地区生产总值

162.7亿元，同比增长12%；规模以上工业增加值61.4亿元，同比增长15.1%；财政总收入32.6亿元，同比增长25.2%；公共财政预算收入9.1亿元，同比增长25.2%；农民人均纯收入7051元，同比增长15.8%；城镇居民人均可支配收入18371元，同比增长16.1%；服务业增加值33.2亿元，同比增长9.9%；社会消费品零售总额15亿元，同比增长16.4%；固定资产投资总额96.8亿元，同比增长33%。9项主要经济指标增幅均高于全市平均水平，其中社会消费品零售总额、城镇居民人均可支配收入和农民人均纯收入3项指标增幅全市排名第一，地区生产总值、规模以上工业增加值和服务业增加值3项指标增幅全市排名第二，财政总收入、公共财政预算收入两项指标增幅全市排名第三，固定资产投资总额增幅由2011年全市第五位上升到第四位。

工业转型 在煤炭产业物流运输上，分别与煤运公司、沁城煤矿加强战略合作，实现煤炭产业经济效益最大化；在参与煤层气开发利用上，理顺管理体制，编制产业规划，与国新能源、北京商络深度合作；在推进十大以煤为基和十大工业转型项目上，按照“以煤为基翻一番、多元发展再翻番”的转型思路，加快煤炭企业兼并重组整合后的复工复产和改造建设，实施十大“以煤为基”项目，推动东大煤矿、里必煤矿等400万吨以上的大型矿井建设，胡底煤矿、玉溪煤矿、坪上煤矿等矿井建设进展顺利。十大“以煤为基”项目中3个煤矿建成投产，新增产能140万吨。煤层气产业在集聚发展的同时进一步规范，抽采、压缩、液化、输送、发电以及民用等环节形成循环产业链，中电明秀瓦斯发电、世行贷款煤层气开发利用、力宇燃气动力制造等十大“工业转型”标杆项目加快推进，带动非煤产业增加值63.8亿元，占GDP的比重比上年提高4个百分点。通过提升传统产业，发展新兴产业，推进园区建设，以煤炭、煤层气、瓦斯发电、装备制造为支撑的新型工业体系加快形成。

农民增收 实施十大“农民增收”工程，“三农”投入达12.8亿元，同比增长34.7%，其中用于农业项目的投入4.3亿元，同比增长280.6%。以八条路径（发展种养抓增收、加大补贴抓增收、鼓励创业抓增收、输出劳务抓增收、以工补农抓增收、技能培训抓增收、移民并庄抓增收、扶贫帮困抓增收）和“五个三”（政策导向“三个集中”：资源集中利用、资金集中投放、基础设施集中配套；产业布局“三个集聚”：项目集聚、园区集聚、大户集聚；发展模式“三个多元”：经营体制多元、创业形式多元、扶贫开发多元；城乡统筹“三个优先”：优先发展大县城、优先发展小城镇、优先发展新农村；发展理念“三个突破”：思想解放上实现突破、体制机制上实现突破、干部作风上实现突破）战略为导向，大象肉鸡、枫彩彩色苗木、嘉沁食用菌等项目投产运营，博大灵芝北虫草、华康现代农业示范园、中乡设施蔬菜示范园加速建设。畜牧、蚕桑、蔬菜、苗木花卉、小杂粮、中药材等优势特色产业扩规上档，成为全省20个养羊大县之一，蜂群存栏居全省之首。以博大灵芝北虫草、嘉沁食用菌、大象肉鸡、枫彩彩色苗木四大龙头为带动，以畜牧、蚕桑、蔬菜、苗木花卉四大基地为支撑的农业产业化体系形成。全年新增设施蔬菜1200亩，新建肉鸡养殖大棚162栋，新培育苗木花卉1万亩。落实国家各项惠农补贴政策，开展产业扶贫、易地搬迁、领导干部包村增收、企业结对帮扶等活动，拓展农民培训、劳务输出、创业就业等增收渠道，构建多元化农民增收新格局，农民人均纯收入7051元，增幅全市第一，被省委、省政府授予“2012年度增加农民收入先进县”称号。

城市建设 按照“一城一带一圈”特色城镇化思路，发挥县城的龙头带动作用，建设“山水园林县城”，完成县城总规修编，推进“三河四园七网”（县河、杏河、梅河；碧峰、石娄、龙岗、玉皇4座生态森林公园；路、水、电、气、热、通讯、信息）工程，实施城市绿道、集中供暖、县河河道治理、沁水大酒店、城市综合展馆、梅园二期等十大城市建设项目。以端氏、嘉峰、郑村、中村等中心城镇为依托，打造沁河沿线特色城镇带和历山生态旅游城镇圈，实施一批旧村改造工程，加强乡村环境卫生综合整治，全县城乡面貌改善。

生态环境 建设美丽沁水，坚持绿色发展、低碳发展、永续发展，推进节能减排、造林绿化、蓝天碧水三大工程，加大对重点领域、重点行业、重点企业的监督检查和环境治理力度，节能减排完成市控指标。累计投入资金2亿元，绿化通道71千米，绿化村庄43个，绿化荒山1.4万亩，植树造林6.5万亩，对3个乡镇18村进行环境连片整治；对县河4.5千米河道综合治理，对县城污水处理厂升级改造，对7个煤矿实施污水处理站建设。全年义务植树50万株，造林6.7万亩，全县森林覆盖率达48.6%。县城建成区绿化覆盖率达43%，生活垃圾无害化处理率达16%，县城燃气普及率达80%以上，污水处理率88%。县城空气质量二级以上天数达365天，创历史新高。

招商引资与项目建设 坚持政策引领、流程再造、环境优化，加强与县内外的产业互动和区域合作，参加中国中部投资贸易博览会、农业博览会和能博会进行招商推介。截至2012年11月底，共签约项目14个，投资总额311.96亿元，引资总额310.76亿元，到位资金91.8亿元，超额完成年度目标任务。围绕“项目落地年”，推进重点工程建设和重点项目落地工作，完成项目落地资金158亿元，提前四个月超额完成任务。实施省市县重点工程82项，投资123亿元，省级工程投资完成额、市级工程投资完成率均居全市第二。招商引资综合考评全市第二。

社会事业 解决基本民生、保障底线民生、关注热点民生。坚持教育优先发展，加大对农村山区学校投入力度，校舍安全工程成效明显，促进城乡教育均衡发展；紧抓首批公立医院改革试点县的机遇，推进医药卫生体制综合改革，建设县医院综合住院楼，首次在全县开展孕前优生免费健康检查，实现乡镇卫生院全达标、村级卫生所全覆盖、基本药物制度全覆盖,新农合参合率99.12%,连续二十四年获“省级卫生县城”称号;落实就业优惠政策,加大就业援助、就业培训力度,做好农村剩余劳动力转移工作。全县城镇新增就业岗位5082个,其中企业吸纳2327人,创业带动就业1258人。实施“社会保障一卡通”工程,养老、医疗、工伤、生育、失业等各项社会保险全面落实,社会保险覆盖率97.6%;实现县城数字电视全覆盖;完善社会救助体系,县慈善总会成立运行,困难群众得到有效救助。全年用于民生改善的投入9.2亿元,同比增长29.6%,其中用于城市建设、新农村建设、扶贫攻坚、道路交通等基础设施方面的投入4.9亿元,户均“添家当”7350元;用于教育、医疗、保障、就业、住房、取暖等方面的投入4.3亿元,人均“得红利”2000元。同时,科技、统计、审计、计生、宗教、人武、人防、老龄、气象、档案、史志、妇女儿童、残疾人等各项社会事业全面进步。

(张丽霞)

·阳城县·

中共县委书记	冯志亮
县人大常委会主任	申永山
县长	王晋峰
县政协主席	张星社

【简述】 阳城县北纬35°12′~35°41′,东经112°01′~112°37′,辖10镇7乡1个办事处。全县共有467个行政村,2689个自然庄,467个村民委员会。年末常住人口388742人,其中,男性194636人,女性194106人,男女性别比为100.3(女性=100)。全县城镇单位在岗职工年平均工资37320元,增长17.3%。农村居民人均纯收入8048元,增长13.7%。农村居民人均生活消费支出6073元,增长19.6%。农村居民消费恩格尔系数35.5%。城镇居民人均可支配收入19244元,增长14.0%。城镇居民人均消费性支出11029元,增长17.8%。城镇居民消费恩格尔系数29.3%。全年全县城镇职工养老保险、机关事业单位养老保险、农村养老保险、城镇居民养老保险、城镇职工医疗保险、城镇居民医疗保险、失业保险、工伤保险、生育保险参保人数分别达30450人、11305人、212927人、6734人、42585人、26856人、26580人、51413人、30101人。各项社会保险支出22891万元。城镇新增就业岗位6483个。投资6500万元建成下芹安泽小区经济适用住房588套。

全年全县实现生产总值1600516万元,比上年增长14.5%,其中,第一产业增加值80452万元,增长6.2%;第二产业增加值1021122万元,增长17.1%,第三产业增加值498941万元,增长9.7%。三次产业比重为5.0:63.8:31.2。人均地区生产总值41172元,比上年增长14.4%,按2012年平均汇率计算,达6550美元。年末非私营单位从业人员34996人,其中在岗职工人数34023人。城镇登记失业率为1%。

农业 全年实现农业增加值80452万元,增长6.2%,农林牧渔业总产值137169万元,增长13.5%。其中种植业产值60674万元,增长16.8%。全年粮食总产量185841吨,增长4.4%。油料产量772吨,增长11.1%。蔬菜产量55614吨,增长10.2%。棉花产量32吨,下降47.5%。水果产量5118吨,下降11.2%。核桃产量1385吨,增长6.7%。花椒产量548吨,增长8.1%。全年完成林业总产值4550万元,下降8.1%。完成造林面积1340公顷,下降43.2%。完成林带补植加密68千米,新发展干果经济林1.66万亩。全年完成畜牧业总产值68138万元,增长12.9%。全年肉类总产量18068吨,禽蛋产量22802吨。新增桑园672.4公顷,年末桑园面积6538公顷,增长11.5%。全年蚕茧产量3636吨,增长2.4%;蚕茧收入13082万元,增长4.5%。

工业 全年完成工业增加值986119万元,增长17.6%。其中规模以上工业增加值增长19.7%。全年规模以上工业企业实现主营业务收入1605000万元,增长10.2%。其中煤炭企业实现主营业务收入798518万元,下降4.6%。实现利税496694万元,增长25.1%。其中煤炭企业实现利税417295万元,增长2.9%。实现利润348231万元,增长29.1%。全年全县生产原煤1038.59万吨。发电量183.9亿千瓦时,增长8.63%。生铁产量8.7万吨,下降29.2%。水泥产量110.66万吨,增长61.7%。生产日用陶瓷9181万件,下降10.4%,建筑陶瓷9500万平方米,增长11.8%。铸铁件52334吨,增长49.6%。全年建筑业增加值35004万元,增长4.5%。年末全县拥有具有资质等级的总承包和专业承包建筑业企业14家,完成总产值14915万元,增长8.7%。房屋建筑施工面积11.2万平方米,下降3.0%。

固定资产投资 全年固定资产投资908764万元,增长33.2%。按城乡分:城镇投资832193万元,增长36.1%;农村非农户投资76571万元,增长7.2%。按产业分:第一产业投资23037万元,增长241%;第二产业投资613574万元,增长28.4%;第三产业投资272153万元,增长37.6%。全年全县在建施工项目249个,计划总投资2946374万元,完成投资908764万元。全年房地产开发投资12449万元,下降25.1%。其中住宅投资10893万元,下降22.7%。

能源 全年全县一次能源生产折标准煤748.7万吨,增长31.6%;二次能源生产折标准煤226万吨,增长8.6%。全年全县向省外运输煤炭706.86万吨,增长113.4%,外运煤炭占原煤产量的68.1%。在外运煤炭中,铁路运输386.48万吨,增长456.6%;公路运输320.38万吨,增长22.4%。向省外输送电力169.8亿千瓦时,增长7.7%,外输电量占发电量的92.4%。固定资产投资中,能源工业投资416518万元,增长21.4%。其中煤炭工业投资277655万元,增长17.0%;天然气开采业投资61579万元,增长140.3%;电力的生产和供应业投资48569万元,下降21.3%;燃气生产和供应业投资21640万元,增长31.7%;水的生产和供应业投资7075万元,增长282.4%。全年全社会用电总量35.1亿千瓦时,其中第一产业用电0.4亿千瓦时,占全社会用电量的1.0%;第二产业用电32.2亿千瓦时,占全社会用电量的91.8%,其中工业用电32.0亿千瓦时;第三产业用电1.4亿千瓦时,占全社会用电量的4.0%。城乡居民生活用电1.1亿千瓦时,占全社会用电量的3.2%。

内外贸易 全年批发零售贸易业实现增加值113303万元,增长8.9%。住宿和餐饮业实现增加值44519万元,增长12.4%。全县社会消费品零售总额293781万元,增长16.0%。按地区划分,城镇的零售额258231万元,增长17.0%;乡村的零售额35550万元,增长9.3%。按行业划分,批发、零售贸易业零售额236059万元,增长14%;住宿餐饮业零售额57722万元,增长24.9%。全年外贸进出口总额1118万美元,增长30.2%。其中进口额261万美元,出口额857万美元。全年实际引进县外资金83.2亿元,增长52.4%,涉及41个项目。

财政 金融 保险 全年完成财政总收入303889万元,增长19.9%;完成公共财政预算收入88005万元,增长13.4%;地方公共财政预算支出173032万元,增长12.9%。其中,科技支出增长23.0%;教育支出增长23.7%;农林水事务支出增长15.9%;文化体育与传媒支出增长14.2%;社会保障和就业支出增长10.6%;节能环保支出增长6.3%;全年金融保险业实现增加值38947万元,增长14.0%。年末全县金融机构各项人民币存款余额1688334万元,增加229296万元。其中单位存款余额670917万元,增加67221万元;居民储蓄存款余额936293万元,增加131293万元。金融机构各项贷款余额639708万元,增加53916万元。全年保费收入21378万元,其中财产险保费收入5224万元,人身险保费收入16154万元。全年支付各类赔款及给付7714万元,其中财产险赔款1930万元,人身险赔款及给付5784万元。

交通 邮电 旅游 全年交通运输、仓储和邮政业实现增加值110563万元,增长12.0%。年末全县公路密度110.79千米/百平方千米。全县行政村道路通畅率达100%,通班车的行政村达100%。年末全县公共汽车运营线路91条。全年公路货运量1890万吨,增长13.9%。公路货物周转量70520万吨千米,增长27.3%。公路客运量1141万人,增长58.5%。公路旅客周转量39500万人千米,增长32.6%。全年邮政业务总量2068万元,增长6.5%。年末有成规模旅游景区(点)7处,其中,有1处国家级5A景区,1处国家级4A景区,3处国家级3A景区。全县全年共接待游客478.9万人次,增长80%;实现直接门票收入18219.4万元,增长87.1%;实现旅游总收入30.8亿元,增长54%。

教育科技 年末全县有普通中学26所,在校学生31929人,教职工2320人;职业高级中学4所,在校学生3107人,教职工208人;小学校84所,在校学生23162人,教职工2055人;幼儿园185所,在园幼儿8246人,教职工636人。6~11周岁适龄儿童入学率、巩固率保持100%。小学五年巩固率100.11%;初中三年保留率100%。中考总均分、优生率和高考达线人数保持全市同类学校领先地位,高考二本以上达线1726人。全县投入科学技术研究与开发专项资金1379万元。组织实施省级科技计划项目4项;实施市级科技计划项目35项,争取省、市资金261万元,组织实施县级科技计划项目48项;全年申报各类专利161件。

文化 卫生 体育 年末全县有文化馆1个,公共图书馆1个,文物博物馆1个,档案馆1个,电视台1座。到农村演出剧目400余场(次)。举办阳城县第三届"宇昌杯"农民才艺擂台赛专场文艺晚会和第四个"全民健身日"启动仪式。成立"大众有氧健身操协会""自行车运动协会"和"钓鱼协会"。承办2012年晋城市非物质文化遗产第二期广场展演活动。全县439个行政村实现有线电视光缆联网,28个行政村采用地面卫星无线覆盖,有线电视用户9.2万余户,无线覆盖用户4000余户,广播电视普及率95%以上。年末县乡村共有医疗卫生机构589个,共有卫生技术人员2491人(其中乡村医生812人、医师672人、助理医师154人)。拥有床位1690张。村级卫生所达标率为99%。完善新型农村合作医疗制度,参合率为98.45%。

资源环境安全生产 年末全县耕地保有量3.88万公顷。全县有省级生态自然保护区1个。森林覆盖率51.1%,林木绿化率56.8%,城市建成区绿化覆盖率41.96%。大气污染综合指数为1.65。县城空气质量二级以上天数达360天,比上年增加5天。全年二氧化硫排放量34211吨,比上年45100吨下降24.14%。化学需氧量(COD)排放量5435吨,比上年45100吨下降1.15%。年末有无害化垃圾填埋厂1个,污水处理厂1个,城镇生活污水处理率85%。

全年生产安全事故死亡33人。亿元生产总值生产安全事故死亡0.21人,下降0.05人。 (王家胜)

·陵川县·

中共县委书记 石云峰
县人大常委会主任 张江龙
县长 石云峰(兼)
县政协主席 郎在陵

【简述】 陵川县北纬35°25′~35°53′,东经113°01′~113°37′。全县辖7镇5乡,7个居民社区,371个行政村,1149个自然村。总面积为1751平方千米。

全年地区生产总值30.39亿元,增长10%。人均地区生产总值13070元,按2012年平均汇率计算达2071美元。全年全县财政总收入42787万元,增长18%。公共预算财政收入15167万元,增长20.4%。公共预算财政支出110452万元,增长13.6%。

全县从业人员128671人,增长6906人。城镇新增就业岗位2160个,城镇登记失业率控制在3%以内。

农业 全年农作物播种面积22617公顷,粮食种植面积21192公顷,其中,玉米种植17485公顷,小麦种植309公顷。

全年粮食总产量12.25万吨,增产2.27%。其中,夏粮产量1047吨,减产29.6%;秋粮12.15万吨,增产2.7%。

全年油料产量1003吨,增产

10.5%；药材产量2152吨，增产21.1%；蔬菜产量30697吨，增产10.6%;2012年水果产量3967吨,增产188.5%。

全年肉类总产量8770吨，增长0.5%。奶类总产量84吨,下降86.5%;禽蛋总产量5877吨，下降3.58%;蚕茧总产量115吨,下降12.2%。

全县森林面积133万亩，森林覆盖率为52.07%。全年木材产量4651立方米,增长59.71%。全年完成造林1833公顷,下降27%;四旁植树100万株,下降21%;育苗380公顷,与上年持平;核桃产量1294吨,增长47.54%。

工业建筑业 2012年末,全县有规模以上工业企业15个，全年规模以上工业增加值67766万元,比上年增长12%,其中:国有控股企业增长14.1%,非公有制企业增长16.4%。分轻重工业看,轻工业增长31.6%,重工业增长9.8%。

规模以上工业企业实现主营业务收入133003.6万元,下降18.9%,其中：煤炭行业57678.2万元，下降28.3%；农副食品加工业13479.7万元,增长36.4%;化工行业17244.1万元，增长27.8%；非金属矿物制品业22187.5万元,下降17.4%;冶炼行业22414.1万元,下降32.7%。

规模以上工业企业实现利税33400.3万元,下降41.8%;实现利润21983.4万元,下降44.9%;亏损企业亏损额4809.9万元。

年末全县乡镇及民营经济增加值22.2亿元，增长15.1%；总产值68.23亿元,增长15%;营业收入58.26亿元,增长15.1%。

全年全县建筑业实现增加值1.95亿元,增长31.5%。年末全县具有资质等级的总承包和专业承包建筑业企业共有2家,完成总产值4176.6万元,增长74.4%。

固定资产投资 全年固定资产投资228419万元,同比增长32%。分产业看，第一产业投资41917万元,增长1.49倍;第二产业投资91990万元,下降0.1%;第三产业投资94515万元,增长47.3%。

在建固定资产投资项目总计141个。其中亿元以上项目12个,计划总投资23.08亿元,实际投资7.56亿元,占全县固定资产投资的33.1%。

能源 全县向省外运输煤炭114.72万吨,下降20.64%,外运煤炭占原煤产量的78.18%。

年末全市用电总量41288万千瓦小时。城乡居民生活用电7040万千瓦小时,占全部用电量的17.05%。

贸易 社会消费品零售总额123179.4万元,增长16%。分地域看，城镇81871.3万元,增长16.5%;乡村41308.1万元,增长15%。

在限额以上批发和零售业零售额中,粮油食品、饮料、烟酒类增长12.07%;服装鞋帽、针、纺织类增长9.55%;化妆品类零售额增长15.81%;日用品类下降15.3%；汽车类增长21.06%;石油及制品类增长3.41%;文化办公用品类增长6.51%；书报杂志类下降4.89%；机电产品及设备类增长14.68%；建筑及装璜材料类下降9.13%;其他类下降38.52%。

交通 邮电 旅游 全县公路通车里程1511千米,全年交通运输、仓储和邮政业增加值3.6亿元,比上年增长6.7%。

全县邮电业务总量9754万元,增长2.74%。其中,邮政业务总量1355万元，增长15.41%；电信业务总量8399万元,增长0.95%。

全县有旅游企业16个，共接待旅游人数100.66万人次，增长66.38%；实现旅游总收入4.27亿元,增长49.3%。

金融 保险 年末全县金融机构各项存款余额673927万元，比年初增加37370万元，增长5.87%。其中：城乡居民储蓄存款余额400186万元,增加39640万元,增长10.99%。各项贷款余额263376万元，增加99145万元,增长60.37%。全年保险费收入7050.27万元,增长0.2%。

教育 科技 全县有各级各类学校214所,其中:中学17所,小学145所,幼儿园和其他52所。各级各类在校学生人数33776人。全县教职工人数2978人，专任教师2565人。小学学龄儿童入学率99.98%,小学升学率99.99%。

全县科技三项经费支出550万元，完成年度目标（550万元）的100%,比上年增长21.41%。全年完成各类科技项目91项（市级35项,县级56项)。

文化 卫生 体育 全县有文化馆1个,公共图书馆1个,总藏书量3.2万册,博物馆1个。

年末全县有各级医疗卫生机构459个,床位632张,卫生专业技术人员1325人,每千人拥有病床3.2张,每千人拥有医生数1.5人。新型农村合作医疗参合率98.74%。村卫生室覆盖率100%。县、乡、村三级医疗机构达标率95%。全县儿童“七苗”全程接种率以乡镇为单位均达95%。碘盐覆盖率100%、合格碘盐食用率99%。

全县有室内体育场馆1个，各级裁判员50人，举办各级运动会16次。

人民生活和社会保障 据2012年人口抽样调查，全县常住人口为232838人。男女性别比为103.42(以女性人口为100)。

城镇居民人均可支配收入为12978元,增长13.1%;城镇居民人均消费性支出9036元,增长2.7%。农村居民人均纯收入5421元，增长13.4%；农村居民人均生活消费支出4358元,增长13%。县营以上单位在岗职工平均工资31661元，增长19.13%。县营以上单位从业人员平均劳动报酬的增长率为18.91%。

全县企业养老保险参保人数10427人，城镇居民养老保险参保人数3727人。机关事业养老保险参保人数7902人。

城镇职工医疗保险参保人数17002人；城镇居民医疗保险参保人数11169人。

失业保险参保人数11120人,工伤保险参保人数27446人。生育保险参保13506人。新型农村养老保险参保人数122833人。

城镇低保人数4375人，农村低保人数15967人,农村集中供养五保户348人,农村定期救济71人。

全县有各类收养性社会福利单位9个,床位450张,收养各类人员348人。享受伤残怃恤金人数449人;

享受定期补助人数1757人。优待优抚户数311户，优待总金额209.8万元，共安置93个残疾人就业。全年全县直接接收捐赠款5.2万元。

资源　环境　安全生产　年末耕地保有量为45.66万亩。完成造林合格面积2.75万亩。完成自然保护区面积21440公顷。

城市集中供热普及率63%，建成区绿化覆盖率33.4%。

全年县区环境空气质量二级以上天数达364天（包含一级天67天），比上年增加2天。大气环境综合污染指数1.43，均达国家二级标准。化学需氧量控制在3627吨，下降比率0.22%；二氧化硫排放量5339吨，下降比率0.21%；氨氮排放量468吨，下降比率0.85%；氮氧化物排放控制在3478吨，下降比率-2.99%；烟尘排放量11255吨，下降比率1.87%。

全年发生各类事故88起，比上年下降0.22%；死亡24人，比上年下降0.25%。全县发生道路交通事故86起，比上年下降3.37%；死亡23人，下降23.33%；工贸企业发生意外事故1起，死亡1人。（程跃新）

·泽州县·

中共县委书记	崔守安
县人大常委会主任	陈晋勇
县　　　长	常广智
县政协主席	樊秋宝

【简述】　泽州县北纬35°12′~35°42′，东经112°31′~113°14′。总面积2023平方千米。

全县平均海拔650~1000米。年平均气温10℃左右，大陆性季风气候明显。无霜期192.6天。年降水量618.3毫米，但年际、月际间降水量的相对变率较大。日照时数为2580小时。

全县辖14镇3乡，631个行政村，1093个自然村。2012年底全县总人口为485205人。其中，农业人口294684人，非农业人口190521人。年末耕地保有量为76.74万亩。封山育林面积8.1万亩。

2012年，泽州县生产总值217.69亿元，财政总收入37.52亿元，公共财政预算收入12.49亿元，增长15.2%；农民人均纯收入9044元。2012年，被评为全省投资环境创优县区、“全国新农村建设示范县”“全国粮食生产先进县”“全国计划生育优质服务先进县”“全省林业生态县”。

农业经济　全县农作物种植面积69751.4公顷。其中：粮食种植面积66509.3公顷，油料种植1361.5公顷，棉花种植30公顷。在粮食种植面积中，玉米种植5947.9公顷，小麦种植31423.5公顷。

粮食总产量269949.3吨，比上年增产31000吨，棉花产量37.7吨；油料产量2816.4吨；药材产量1112.7吨；蔬菜产量74169.2吨；水果产量19658.9吨。

肉类总产量40781吨；牛奶产量1666吨；禽蛋产量20503吨；蚕茧产量86吨；水产品产量600吨。

全县完成造林面积1509公顷，经济林327公顷，林木绿化覆盖率达48.1%，森林覆盖率达35.1%。年末城镇绿化覆盖率达31.0%。

“一村一品”专业村发展到111个，农民专业合作社发展到724个。彤康、晋宏等重点龙头企业实现销售收入5.7亿元。雨润10万头生猪养殖、泽地萃、长青苑等农业龙头项目建设进度加快。益丰园、绿之丰、绿林成果、成晔等一批现代化农业科技示范园，正在向生产销售、观光旅游、休闲娱乐一体化发展方向迈进。

工业经济　全县有规模以上工业企业64家，工业增加值151.8亿元，比上年增长13.0%；规模以上工业主营业务收入269.5亿元，比上年增长14.7%；工业企业实现利润23亿元，比上年增长2.4%；实现利税37.8亿元，同比增长3.6%。原煤产量740万吨；化肥产量（实物量）96万吨，同比增长27.8%；生铁产量315万吨，同比增长19.8%；粗钢产量274万吨，同比增长24.0%；钢材产量269万吨，同比增长31.2%；水泥产量13万吨，同比增长18.2%；铸件产量150万吨，同比增长13.6%；发电量6.8亿千瓦时。

2012年，泽州县与晋煤集团签订企地合作协议，推进天泰公司规范化建设，四大煤炭整合主体所属煤矿复产复工取得重要进展，全年煤炭产量740万吨。65项省、市、县重点工程项目，年度投资率达114%。晋煤高硫煤洁净利用化电热一体化示范项目、兰花科创己内酰胺、兰花物流、月星国际家居生活广场等69个项目落地，落地金额228亿元。

财政　金融　全年全县生产总值217.69亿元，财政总收入37.52亿元，公共财政预算收入12.49亿元，社会固定资产投资127.1亿元。

社会消费品零售总额26.71亿元。其中，批发业8998万元，零售业216570万元，住宿业12939万元，餐饮业28631万元。

进出口总额41323万美元。出口2665万美元，进口38658万美元。

全县金融机构各项存款余额149.9亿元，各项贷款余额62.5亿元。

全县保费收入14314.9万元。财产险保费收入6326.4万元，寿险保费收入7519.3万元；健康险业务保费收入149.1万元；意外险业务保费收入320.1万元。

社会事业　全县有各级各类学校260所，比上年减少10所。在各类学校中，有高中学校2所，完中学校3所，高职中学2所，初中学校33所，九年一贯制学校2所，小学217所，教师进修学校1所。年末全县有各级各类在校学生57282人，毕业生人数18155人，比上年增加3658人，年末全县有教职工5184人。小学学龄儿童入学率100%，小学和初中升学率均达100%。

全县科技研发经费支出2612万元。全年申报国家级科技项目3项，申报省级科技项目5项，申报市级科技发展计划项目96项。争取国家、省、市科技部门资金约663万元。全年共申请各类专利101件。

全县有艺术表演团体8个，新创作首演剧目5个，上演剧目23个，演出场次3000场，收入150万元。其中：剧团1个，2012年上演剧目13个，演出场次420场，收入105万元；曲艺队1个，上演剧目22个，演出场次2000场，收入5万元。全县有公共文化馆1个，公共图书馆1个，乡镇文化站17个，村级农家书屋632个,共藏书94万余册。有广播电台1座,电视台1座。有线电视用户8万户,广播综合覆盖人口46.8万人,广播综合人口覆盖率96.4%;有线电视综合覆盖人口48.0万人，电视人口综合覆盖率达99.0%。有线电视入户率达80.0%,其中接受数字信号用户1.2万户。

全县有卫生机构（含诊所)730个。其中,县医院1个、县妇幼保健院1个，疾病预防控制中心（防疫站)1个,卫生监督所1个,乡镇卫生院26个,村级卫生所632个,个体诊所68个。全县共有病床位1511张,卫生技术人员2044人,其中执业医师和执业助理医师966人,注册护士589人。乡村三级医疗机构达标率为100%,新型农村合作医疗参合率99.3%。

全县公路线路里程2251千米，其中高速公路130千米。公路密度111.3千米/百平方千米。全年完成货运周转量74000万吨千米。

全县邮电业务总量10828万元。邮政业务总量1677万元;电信业务总量9151万元。农村固定电话用户75333户。移动电话用户287639户。互联网用户达65595户。

全县有旅游景区（点)9处,1个4A级景区、1个2A级景区。星级饭店6家,四星级3家、三星级2家、二星级1家。农家乐56个。全年共接待游客350.2万人次，实现旅游总收入29.5亿元。

全县城镇基本社会保障覆盖率98.9%,养老保险覆盖率99.2%,医疗保险覆盖率98.5%；失业保险覆盖率达99.2%。城镇居民低保人数2293人,保障户数1660户;农村低保人数18967人,保障户数11120户。新型农村社会养老保险全面启动,参保人数28.1万人,参保覆盖率达98.5%。被市委、市政府表彰为“和谐建设先进县”。

新建农村便民连锁店57个,新增农村街巷硬化里程704.4千米,新的“五个全覆盖”如期实现。煤矿沉陷区治理、大周公路、南小公路东下村段、巴公生猪屠宰场等惠民实事有序推进。

城乡建设统筹发展 泽州县以“一体两翼”引领新型城镇化建设梯次推进,金村新区、金村大道等标志性工程取得进展,巴公巴原新城项目前期准备就绪,南村“两纵两横”发展框架初步形成,其他中心城镇主动承接“一体两翼”的辐射效应,在建设工业强镇、商贸重镇、文化旅游名镇和生态农业大镇上各有侧重,全县城镇化率达41.2%。全县煤层气用户达2.2万户,集中供热达73万平方米,自来水普及率达92.3%。东四义、山斗东、东常村、苇町等一批老典型得到巩固提升,泊南、杨洼、大泉河等一批新典型脱颖而出,东四义、土岭获全市“最美乡村”称号。（张　静)

【授予“中国铸造产业集群县”称号】 5月8日,中国铸造协会主办的2012年第十届中国铸造协会年会上,泽州县被中国铸造协会授予“中国铸造产业集群县”称号。泽州县现有铸造企业112家,年产铸管、铸件150万吨,其中优质铸件35万吨，主导产品为球墨铸铁管、市政铸件、汽车配件铸件、铝合金轮毂等,成为山西省乃至中原地区铸造产量最大的地区。年会上同时授予泽州县金工铸业有限公司董事长王银花“中国铸造协会首届全国优秀巾帼铸造工作者”称号。（张　静)

【二十八宿影视公司与新加坡吉盛绿洲公司签约】 5月18~21日,泽州县代表团参加第八届中国(深圳)国际文化产业博览交易会,与新加坡吉盛绿洲投资公司签下总投资达10亿元的文化大单。（张　静)

【《大耳朵爷爷历险记》获奖】 5月22日,在山西省纪念《在延安文艺座谈会上的讲话》发表70周年暨文艺创作总结表彰大会上，泽州县制作的500集大型神话原创动画片首部52集《大耳朵爷爷历险记》获山西省百部优秀文艺作品奖。《大耳朵爷爷历险记》总投资3600万元,经国家广电总局批复许可,于2012年1月12日在中央电视台少儿频道黄金时段播出。（张　静)

【泽州县公安局荣获“全国优秀公安局”称号】 8月22日,泽州县公安局举行“全国优秀公安局”称号授牌仪式。这是泽州县公安局继1996年和1998年之后,第三次获此殊荣。（张　静)

·高平市·

中共市委书记	谢克敏
市人大常委会主任	张志刚
市　　长	杨晓波
市政协主席	梁沁高

【简述】 高平市北纬35°39′~35°59′,东经112°42′~113°09′。2012年地区生产总值234.7亿元,同比增长11.9%;财政总收入42.3亿元,增长16.1%;一般预算收入11.9亿元,增长16%;城镇居民人均可支配收入21324元，增长14.7%;农民人均纯收入8647元,增长13.8%。高平市连续三年被评为中国全面小康成长型百佳县市。先后获全国“创先争优活动先进县(市、区)党委”“农田水利基本建设先进县”“全民健身活动先进单位”和山西省“园林城市”“环保模范城市”“文化体制改革工作先进市”“人口计生工作目标责任制考核先进县(市)”“农建‘禹王杯’先进县”“治超工作先进市”“集体林权制度改革先进县”“中小学德育工作先进市”“一县一业先进市”“粮食生产先进市”等荣誉称号。

转型发展 继续实施地下转地上、资源转资本“两个转移”战略,强势推进十大工业、十大矿井、十大农业、十大服务业、十大城建、十大民生“六个十”项目,当年完成投资58亿元,占年度计划的92%,项目落地年和重点工程建设取得显著成效。唐一新能源、融高太阳能、福川制铁、金田农业等一批项目建成投产，华润制药、海诺科技、科兴光电、安泰矿工防护设备制造等一批项目开工建设。融高太阳能、海诺科技、金田农业三个项目代表晋城市接受省委、省政府观摩检查,受到肯定。工业园区建设步伐加快,马村煤电化工业园区被省政府升格为副处级工业园区;米山高新技术产业园区成为晋城市“一市两园”试点。四大园区落户企业30余家,总资产150亿元,园区引领作用显现。

新农村建设 加快发展生猪、蔬菜两大主导产业,承办全国生猪产业高层论坛、全省发展生猪产业现场会,组建高平市猪业协会,开通高平生猪网,“一县一业”生猪示范基地规模效应显现,生猪出栏145万头。新发展设施蔬菜面积7562亩,新建百亩以上设施农业园区22个。推进“一村一品”,涌现出10个“一村一品”示范村,60个“一村一品”重点村,涉及农户23231户,人口75617人,其中设施蔬菜产业村21个,畜牧产业村8个,水果产业村10个;苗木花卉、核桃种植村11个,观光农业村10个;共发展设施蔬菜10412亩,生猪养殖20万头,干鲜果、苗木花卉、小杂粮基地11680亩;旱鸭出栏42万只,獭兔出栏200万只。实施农村新一轮“五个全覆盖”工程,“一村一街亮化、农业科技服务、文化活动组织、天网工程、民兵武装”全覆盖工程均完成年度建设任务。

城乡建设 实施“一城五镇双百村”特色城镇化战略,启动十大城建重点工程,开工建设一批公用建筑。完成丹河路改造,打通10条断头路,市区道路交通明显改善。开工建设保障性住房1872套,新建商品房4000余套。推进集中供热、供气工程,新增供热面积80万平方米、供气5000余户。建成综合性城市公园长平苑,新建一批城市小游园,被省政府命名为省级园林城市。推进“五镇”建设,实施基础设施项目48个,城镇人口达24.78万人,城镇化率51.1%。

生态文明建设 建设绿化、净化、气化、健康高平,完成造林2.3万亩,森林覆盖率达18.3%。开展环保专项行动,市区空气质量二级以上天数达357天,通过省级环保模范城验收。推进重点节能项目,淘汰落后产能。实施农村清洁工程,果则沟村、侯家庄村获晋城市“最美乡村”称号。

社会生活 实施普通高中“两免一补”、职业高中免费,实现12年教育全免费。公立医疗机构取消“以药补医”,新农合为农民直接减轻医药负担1.2亿元。就业再就业工作得到加强,社会保障水平提高。实施公民道德建设工程,高平市在第九届中国公民道德论坛上作主题发言。推进精神文明创建活动,组织中国·高平第四届炎帝农耕文化节,创建村级文化活动组织150个,城乡文化生活日益丰富多彩。《西沟女儿》二度进京演出并作为廉政文化精品剧目在全省巡演。开展安全隐患排查专项整治,安全生产形势稳定。加强社会管理创新,构建市、乡、村、网格“四级联动”的社会服务管理模式。推进“天网工程”全覆盖,社会治安防控体系完善。落实市乡书记大接访、领导干部包案、机关干部下访等信访工作制度,实现十八大期间“两个零”“五个不发生”目标。开展“打黑除恶”等专项行动,连续九年保持现行命案破案率100%,群众安全感和满意度明显增强。

(高平市史志办)

朔州市

中共市委书记	王茂设
副书记	李正印* 马彦平
市人大常委会主任	李彪
副主任	白俊禄 温日平 李玉兰(女) 刘海清 张丁成 牛志忠
市长	李正印
副市长	韩忠荣 李武章 雷健坤 侯新生 王志刚 薄志平
市政协主席	高厚
副主席	李翠(女) 谭建国 韩文让 闫美珍 支立新 左中伟

【概述】 朔州市位于山西省西北部,北纬39°05′~40°17′,东经111°53′~113°34′,总面积1.06万平方千米,辖朔城区、平鲁区、山阴县、怀仁县、应县和右玉县,共2区4县,总人口173.5万人。

2012年,全市围绕“坚定不移推进转型跨越发展,全力打造新基地新优势新朔州”的工作主题和“建设自然、生态、现代、宜居幸福新城”的目标,全力以赴抓落实,全市经济社会发展保持平稳较快、健康协调的态势。全市地区生产总值1007.1亿元,增长11.1%;工业增加值完成569.9亿元,增长16.3%;服务业增加值完成360.14亿元,增长9.5%;全社会固定资产投资完成610.6亿元,增长28.6%;社会消费品零售总额达191.1亿元,增长16.5%;外贸进出口总额达2.57亿美元,增长84.2%;财政总收入完成210亿元,增长20%;一般预算收入完成84.25亿元,增长18.8%。

安全生产 开展安全生产年活动。市政府在安全监管方面投入2163万元,建设安全监管综合信息平台,组建17支专家队伍,配齐配强基层安监机构。市政府领导实行联系县区、联系煤矿制度,到企业调研指导安全生产工作。有关部门对近几年发生的典型事故进行剖析、通报,开展以煤矿为重点的各行业各领域安全生产专项整治和“打非治违”专项行动。各重点行业推行企业安全生产承诺制,推进企业安全生产建设,安全管理加强,安全生产保障水平提高。全年事故起数和死亡人数分别比上年下降14.94%和26.74%,安全生产形势好转。

工业经济 推进现代化矿井建设,兼并重组保留矿井,全年完成改造投资100多亿元,22座矿井达标准化矿井要求,全市原煤产量2.07亿吨。发展新能源电力,电力装机容量633.85万千瓦。其中,煤矸石发电装机容量267万千瓦,居全国第一;风电装机容量达81.75万千瓦,居全省第一。提升陶瓷产业发展水平,全市日用瓷生产能力达16亿件。新兴产业和循环经济加快发展。平朔大厢斗、应县汽车产业园、右玉永昌科技半导体照明及芯片制造等89项新兴产业重点项目,完成投资70多亿元,新兴产业投资增幅达69%。中源伟业粉煤灰制备陶瓷纤维等项目建成投产,中煤平朔粉煤灰提取氧化铝白炭黑、劣质煤综合利用等循环经济高端项目推进,具有朔州特色的循环经济取得新突破。八个工业园区投产和在建项目314个,总资产达520多亿元,2012年实现产值256亿元,比上年增长70%多,成为全市重要的经济增长极。园区管理机构组建运行,园区建设走上正轨。

农业经济 提升农业现代化。推进"一村一品、一县一业",特色农业加快发展。粮食产量达10.7亿千克,增长10.2%,创历史新高。新增设施农业面积3.15万亩,总面积达10万亩。新建和完善养殖园区116个,奶牛养殖园区达236个,肉羊养殖园区达187个,奶牛存栏17.8万头,肉羊饲养量403万只。怀仁羔羊肉、右玉羔羊肉获得国家原产地地理标志保护认证,应州绿蔬菜种植基地通过中国质量认证中心整体验收。扶持农业产业化龙头企业,农产品品牌建设得到加强。农产品加工龙头企业达202个,18家企业年销售收入超亿元,古城集团销售收入达8亿元,全市农产品加工企业销售收入超过100亿元。在第二届山西特色农产品北京展销周上,签约招商引资项目35个,引资额243亿元;签约贸易项目74个,总金额64.5亿元;现场销售各类优质农产品1118万元。特别是推出的朔州十大优质农产品受到北京市民喜爱,鑫邦燕麦打入韩国市场。

城乡环境 城镇化建设推进。全市铺开城镇化项目246项,全年完成投资154亿元。(1)加快建设中心城市。推进道路、水源、供热、绿化、净化、亮化六大市政工程,改造20多条城市道路,增加集中供热面积600万平方米,城市功能进一步完善。(2)特色城镇建设。各县城加快扩容提质,五个省级百镇建设示范镇启动建设。2012年底,全市城镇化率达50.02%,城镇化水平实现历史性突破。(3)新农村建设。增加重点推进村185个,总数达818个。开展干部包村增收和机关定点扶贫活动,1.3万贫困人口实现脱贫。开展环境综合治理,农村面貌得到改变。(4)交通建设。全市公路建设完成投资97亿元,公路通车里程9910千米。(5)造林绿化力度。种植苗木,全市投资15.2亿元,完成营造林33.2万亩。(6)水系建设。投资19.8亿元,建设33处水系重点工程。抓节能减排,淘汰落后产能,市区关停全部污染企业。

民生工作 财政支出向民生倾斜,全市财政在民生领域投入89.3亿元,占一般预算支出64.36%。(1)加大教育投入力度。新增39所城镇和农村幼儿园。实施义务教育阶段学校标准化建设,"两基"工作受到国务院表彰。加强教学管理,高中教育水平提高。发展高等教育,自筹资金6亿元,建成全市第一所本科院校中北大学朔州电力学院。(2)推动文化体育事业发展。应县木塔被列入申报世界文化遗产预备名录。在山西省第十四届运动会阶段赛上,朔州市运动员夺得6金7银5铜,竞技体育取得进步。(3)深化医疗卫生体制改革。基本药物制度由乡村卫生服务机构扩大到试点县县级公立医院。(4)实施就业政策。新增就业人数2.2万人,完成省定目标任务的147%。(5)健全社会保障体系。启动五险统征工作,提高城乡低保和居民医保标准,发放社会保障卡100万张,救助困难群众。同时,加强国防后备力量建设,发展人口计生、妇女儿童、老龄和残疾人事业,民族、宗教、人防、地震、应急、气象、档案、地方志等各方面工作都取得新成绩。

实施惠民工程。完成778个农村5946千米街巷硬化,建成378个便民连锁店,完成农村新的"五个全覆盖"工程。开工建设各类保障性住房41431套,完成投资60.69亿元。改造农村危房9248户,完成投资2.4亿元。为40.54万农户免费供应冬季取暖煤。市政府投入1000多万元,购置20部新型环保公交车投入运营。投入8000多万元,解决遗留多年的7家改制企业1100多名职工的安置问题。投入9000万元,实施义务教育阶段寄宿学生饮用奶工程,免除城市义务教育阶段学生教科书费用。开展送戏下乡活动,实施爱心助残工程,建设市社会福利院、儿童福利院,建成商贸创业孵化基地和市劳动力市场,为市区残疾人、伤残军人和70岁以上老年人发放公共交通补贴,市政府承诺为民兴办的八件实事全部落实到位。

改革开放 开展转型综改试验工作。市级和平鲁区、右玉县转型综改行动方案获得批复。"一市两县""一市两园""一县一企"和转型标杆项目推进。土地保障机制得到创新。争取到国家和省批复多项试点政策,保障工业化和城镇化建设用地。金融体系加快完善。朔州市被列为全省资本市场支持转型综改试点市。晋商银行、浦发银行朔州分行正式开业,全市银行业机构达14家。各家金融机构强化服务意识,加大信贷投放力度,2012年新增存贷比达80%,支持朔州发展。产业转型促进机制建立。坚持以工补农,推进"一矿一企",煤炭企业在循环经济、装备制造、现代农业、现代服务业等领域兴办大批转型项目。

加大招商引资力度。参加中部博览会、能源博览会、晋商大会、广州招商会等招商活动,赴台湾开展旅游推介活动,举办首届山西省工艺美术精品博览会暨朔州精品陶瓷展、第一届中国朔州煤炭工业及循环利用技术装备展览会。2012年,签约招商引资项目178项,总投资3704亿元,签约项目总投资额居全省第三;到位外来投资684亿元,到位额居全省第一。

民主法治建设 接受人大和政协监督,支持各民主党派、工商联、人民团体和无党派人士参政议政,全年办理人大代表建议和政协委员提案247件。推进行政审批制度改革和政务公开,市政府各部门减少193项行政审批事项,保留的143项审批许可事项全部按照"两集中""两到位"的要求进入政务服务中心集中办理。提高行政效能,开通项目审批绿色通道,建立公共资源交易平台。转变工作作风,市政府各单位积极开展"六个一"活动。加强法制建设,"六五"普法开展。加强廉政建设,强化行政监察和审计监督,开展煤焦、工程建设等重点领域专项治理,"一网六平台"惩防体系信息网建设全省领先。在全省2012年度目标责任考核中,被省委、省政府表彰为优秀市、全省安全生产工作模范市、造林绿化先进市、农民增收先进市、社会管理综合治理工作先进市。朔州市先后被授予“省级环保模范城市”“省级创业型城市”“影响中国改革的十大资源型城市”称号。

人民生活 2012年城镇居民人均可支配收入23114元,比上年增长13.9%;城镇居民人均消费支出15296元,增长14.5%;农村居民人均纯收入8000元,增长13.9%;农村居民人均生活消费支出5416元,增长12.6%。城镇占调查总户数20%的低收入家庭人均可支配收入10948元,增长26.3%;农村占人口20%的低收入者收入3012元,增长6.9%。城镇居民家庭恩格尔系数(居民家庭食品消费支出占家庭消费支出的比重)30.5%,农村居民家庭恩格尔系数39.3%。

全国“三北”防护林工作会议 8月26~27日,全国“三北”四期工程总结表彰暨五期工程启动大会在朔州市召开。中共中央政治局委员、国务院副总理回良玉一行和“三北地区”13个省(区、市)政府及新疆建设兵团负责人300余人参加大会。

朔州市完成“三北”工程143万亩,其中人工造林126.4万亩,封山育林16.6万亩。全市营造林面积达458万亩,占国土面积28.6%,被省委、省政府表彰为“全省林业建设先进市”和“全省造林绿化先进市”。

回良玉一行实地参观考察平鲁区、右玉县“三北”重点工程和朔城区西山生态综合治理工程,对朔州近年来生态建设方面取得的成绩给予肯定。 (蔚 铭)

·朔城区·

中共区委书记 郭连厚
区人大常委会主任 高富国
区　　　　长 刘 彪
区政协主席 齐翠英

【简述】 朔城区北纬39°07′~39°28′,东经112°00′~112°44′。全区国土总面积1793平方千米。河流有恢河、七里河、元子河,在境内汇入桑干河。北部洪涛山,西部黑驼山,南部紫荆山。紫荆山生长着5000公顷原始次森林。耕地65836.17公顷。辖4个街道、2个镇、9个乡38个社区299个行政村。全区有172239户,总人口409847人。其中,城市人口152631人,农村人口257216人;男性人口210595人,女性人口199252人。人口密度每平方千米228人。

2012年全区地区生产总值完成264.2亿元,比上年增长11.2%;工业增加值完成97.5亿元,比上年增长17.1%;固定资产投资完成166.2亿元,比上年增长29.7%,增幅朔州市第一;社会消费品零售总额完成51.6亿元,比上年增长16.8%,总量、增幅均居朔州市第一;城镇居民人均可支配收入22712.4元,比上年增长14.8%;农民人均纯收入9198元,比上年增长13.6%。全年财政总收入25.1亿元,比上年增长18.88%。一般预算收入完成10.89亿元,比上年增长17.39%。在总收入中,上划中央收入11亿元,比上年增长22.19%;上划省级收入2.3亿元,比上年增长12.92%;上划市级收入7725万元,比上年增长12.92%。一般预算支出23.75亿元。其中一般公共服务支出2.23亿元,比上年增加23.25%;国防支出1542万元,比上年下降25.65%;公共安全支出6347万元,比上年增长92.86%;教育支出4.89亿元,比上年增长26.16%;科学技术支出2087万元,比上年增长4.72%;文化体育和传媒支出2250万元,比上年增长122.28%;社会保障和就业支出1.94亿元,比上年增长18.54%;医疗卫生支出1.72亿元,比上年增长13.36%;节能环保支出7118万元,比上年增长16.57%;城乡社区事务支出3.07亿元,比上年增长30.04%;农林水事务支出3.07亿元,比上年增长20.71%;交通运输支出2077万元,比上年下降13.57%;资源勘探电力信息支出2366万元,比上年下降23.73%;商业服务业支出2366万元,比上年增长53.84%;粮油物资储备等支出499万元,比上年下降0.99%;国土资源气象事务支出2.62亿元,比上年增长264.6%;住房保障支出2.62亿元,比上年下降30.71%;国债还本付息支出281万元,比上年增长71.34%;其他支出230万元,比上年下降63.31%。

农业经济 实施“一村一品”工程,推广科技,发展特色园区,拓宽农民增收渠道。十大种植基地完成播种面积6.48万公顷,粮食总产量31.5万吨,实现连续九年增产。发展特色现代农业,设施蔬菜面积达2067公顷,连续三年为全省设施农业蔬菜建设先进县区20强。新建改造规模养殖场40多个,总数发展到208个。全区奶牛、生猪、肉羊年底存栏分别达35928头、55239头、324781只,奶牛比上年稍有增长,生猪、肉羊分别比上年增长2.9%、5.8%。

工业经济 建设四大工业园区。富甲工业园区入驻22家企业25个项目,总投资205亿元,10个企业投产。东坡煤电工业园区主干道和桥梁建成通车。胡芦堂年洗选300万吨全封闭现代化洗煤厂投入运营;金圆水泥4000吨干法熟料水泥生产线及余热发电项目投产。

城乡建设 开工城乡各类建设工程123项,总建筑面积540万平方米,竣工86项380万平方米。启用总面积540万平方米的怡家苑、家和苑等17个保障性住房小区;打通20条城市道路。老城、西关、曹沙会棚户区改造工程,拆迁面积110万平方米,新建面积180万平方米。完善11条新建道路的亮化,灯亮率达97%。

商贸流通 新开澜、东方长虹2个万吨列发运项目投入运营。推进中煤金海洋企业总部基地、准池铁路总部经济项目;实施北京亿城、杭州绿城、北京华联、平朔物流园、金沙国际12个现代化服务项目。

生态绿化 十大生态建设工程总投资25亿元、总治理面积1万公顷。建设西山生态水系、金沙植物园二期、恢河湿地五期、森林大道西延及两侧绿化工程。2012年增加水面170多公顷,生态治理面积达8.7万公顷,林草覆盖率达45%。完善17个街角游园广场,绿化15条城市道路,新增绿地面积3.8万平方米。城市绿化覆盖率达40.5%,人均公共绿地面积11.8平方米。

社会民生 完成第二中学、第五中学、第二小学、第五小学和职业中学新建工程;一医院和二医院达“二甲”水平,完成中医院建设。被国家计生委评为全国计划生育优质服务区。举办“中华边塞之都·马邑文化节”和第二届大型菊花展。社会参保人数达到22万多人。征缴各项社会保险基金近2亿元,同比与递增均在15%以上。完成农村“新五个全覆盖”。街巷硬化累计2244.9千米。完成紫荆山旅游公路、峪沟治沙公路、富甲工业园区道路27.3千米建设和朔州生态旅游公路25千米拓宽工程。累计投资8500万元建设社区服务中心24个。

(常凤霞　王雄一)

·平鲁区·

中共区委书记　李　俊
区人大常委会主任　焦　文
区　　长　吴晓斌
区政协主席　孟　占

【简述】 平鲁北纬39°22′~39°58′,东经111°52′~112°41′。全境位于管涔山脉北端,地处黄土高原,地势西北高,东南低,呈三角形状,总面积2314.45平方千米。境内河流以虎头山为分水岭,山以西汇入偏关河,属黄河流域,山以东注入桑干河,属海河流域。自然气候为典型的北方山地气候,春秋风大沙多,降雨集中于六、七、八月份,年均降水435.6毫米,年平均气温5.6℃,无霜期平均116天。

全区辖井坪、凤凰城2镇和白堂、陶村、榆岭、下面高、向阳堡、西水界、高石庄、阻虎、下水头、双碾、下木角11个乡,共有325个行政村。2012年总人口205947人,其中城市居民101222人,农村居民104725人。全区总劳动力7.4万人。2012年GDP达292亿元,同比增长12.4%。财政总收入完成35亿元。社会商品零售额25.9亿元,同比增长16.4%;城乡人均收入达11518元,其中城镇居民人均可支配收入达16833元,同比增长14.6%,农民人均纯收入达6204元,同比增长13.6%。

平鲁是晋、陕、蒙交通枢纽,109国道、平朔一级路与大运高速公路相接,荣乌、朔平高速公路纵贯南北,万家寨引黄工程专线横穿东西,元芦、安木铁路与北同蒲线、大秦线接轨,准朔、神华运煤专线过境。境内有中煤三大露天煤矿和大型矸电、风电、火电厂5座,总装机容量700万千瓦,是山西最大的电力输出基地。万家寨引黄工程北干大梁水库库容2260万立方米,日供生活用水2万吨,年达2700万立方米生产生活用水。

新型工业化 平鲁煤田面积525平方千米,可采储量138亿吨。煤层平均厚度13.45米,为优质气煤,是工业动力、电能生产用煤。2012年全区24座90万吨/年以上矿井,实现机械化开采,产能为2880万吨/年。中煤平朔集团有限公司2012年原煤产量12053万吨,同比增长10.3%,和安家岭二露、榆岭三露、坑口矸石电厂形成一个露井结合,煤电联营的大露天工企格局。

新型工业化以煤矿升级改造、资源整合、实现综采和经济循环园区建设为代表,全区保留24座矿井,在转型中实现数字化综采技术。2012年实施省市重点工程23项,总投资299.76亿元,完成投资133亿元。北坪循环经济园区完成投资13.2亿元,实现6个项目投产,5个项目在建,9个项目落地;首批引进82亿元年产100万吨甲醇、60万吨二甲醚项目,6万吨聚合氯化铝和3万吨高纯二氧化硅项目及年产10万吨精细煅烧高岭土项目,30万吨合成氨项目、特大型车辆维修及培训中心建设项目,形成煤化工、化工、矸石发电及矿石研发综合利用、仓储物流配送产业体系。

农业现代化 平鲁区可耕地面积349万亩,人均26亩。其中,耕地121万亩,林地80万亩,牧坡地84万亩,是优质小杂粮种植区和畜牧业优势发展区。高寒山区特色种植莜麦、胡麻、黄芥、豌豆、黑豆、大豆、荞麦、山药,种植面积50多万亩,除山药外,年产量达7000万公斤,位居山西县区之首。“红山”荞麦创名优品牌,闻名国内外。

畜牧业以养羊为主,现代化园区养殖年存栏46万只。2012年区委、区政府实施70%的土地种草种树,营造华北第一个万亩樟子松育苗基地,太平山、棋盘山、大西梁荒山绿化,井坪万亩生态园建设,通道、城乡绿化工程,被评为国家级生态示范区和山西畜牧养殖示范基地。

农业现代化按照“统筹城乡,整体联动”的发展思路,采取以煤促农、以工补农、城乡互动的办法,大额投资,对城乡空间布局、产业结构、农产品名品名牌培育、绿色大棚蔬菜基地进行优化配置,形成以集聚力雄厚的井坪为龙头,以辐射带动作用较强的集镇为载体,以林牧产业支撑的百村为支点的“一城十镇百村”发展新格局。形成下水头设施农业推广,向阳堡双万亩种苗基地育苗,凤凰城四大优势农产品连片种植50万亩,双碾畜牧产业标准化建设四大农业板块。

市域城镇化 市域城镇化按照“1430”架构布局,2012年实施城建重点工程29项,总投资20亿元,完成两个住宅小区、三条道路、七大功能性建筑工程;完成敬老院等五大惠民设施工程;实施总投资16亿元,涉及3个乡镇20个村、总面积70平方千米的环城生态新区建设工程;占地668亩、水面面积190亩的元宝湖、如意湖完成投资1.2亿元。完成安居工程230万平方米。

城乡生态化 城乡生态化建设以“打造千里绿色长廊、建设二百万亩生态屏障”为目标,投资502亿元,完成大片造林15万亩,通道绿化200千米,零星植树100万株,新育苗1万亩,16座荒山绿化,设置防护围栏146千米。关停、取缔影响生态环境的工业企业,投资3300万元修建人畜饮水安全工程60处,解决60村28000人的饮水安全问题。投资158万元在11个乡镇,31个村庄、689户推广沼气工程;井坪新城区全部使用天然气,集中供热面积达50万平方米。承办全国三北防护林平鲁现场会,获全国生态建设突出贡献奖。

社会民生 2012年全区教育工作大会制订“振兴平鲁教育三年行动计划”,启动十五年免费教育,李林中学与山大附中全方位联谊合作办学,高考达线316人。深化和省人民医院的合作关系，推进全省医疗卫生体制改革试点区建设，完善新农合医疗和基本药物制度，新农合补助标准、报销比例和封顶数额三项指标以及药物补助标准全省第一。农村“五保”老人实现集中供养，“普惠型”社会保障体系和就业服务体系覆盖城乡。

（郭文亮）

·山阴县·

中共县委书记　侯　元
县人大常委会主任　郭自更
县　　长　南志中
县政协主席　袁林生

【简述】 山阴县北纬39°11′~39°47′，东经112°25′~113°04′，总面积1651平方千米。全县辖4镇9乡，257个行政村。2012年，实现地区生产总值169.1亿元，同比增长11%；固定资产投资95.1亿元，同比增长28.1%；工业增加值80.8亿元，同比增长17.1%；社会消费品零售总额27.1亿元，同比增长16.3%；城镇居民人均可支配收入2.28万元，同比增长13.5%；农民人均纯收入10110元，同比增长13.5%；财政总收入30.02亿元，同比增长24.2%；一般预算收入10.61亿元，同比增长22.4%。全面铺开138个工程项目，总投资达500多亿元，55项工程竣工，完成投资150多亿元。2012年财政收入首次突破30亿元大关，农民人均纯收入全市首家突破万元大关，粮食总产突破5亿斤大关，三项主要经济指标实现历史性突破。

工业新型化 2012年山阴县建设完成五大工业园区，一是依托矿区丰富的煤炭资源和21座现代化煤矿，规划新建玉马现代化矿井区，9座煤矿完成标准化建设；二是依托中煤金海洋“双500亿”工程，规划新建北周庄低碳循环经济工业园区，成为全省循环经济的样板；三是依托重盐碱土地资源，规划新建合盛堡新型工业园区，铺开“九通一平”工作；四是依托西山500亿吨优质石灰石资源，规划新建西山钙化工园区；五是依托洪涛山充足的自然风力资源，规划新建下喇叭风电产业园区。

农业现代化 打造四大农业园区，一是依托古城乳业集团及周边丰富的优质农产品资源，新建古城农产品加工园区；二是依托南部重盐碱地治理，规划新建半道地现代农业园区，有古城5000头奶牛养殖场、德惠园年出栏20万头高新科技生猪养殖项目、宇昊蘑菇种植加工项目入驻园区；三是依托便捷的交通资源，规划新建雁门关现代物流园区；四是依托丰富的奶牛资源，规划新建薛圐圙奶牛养殖基地。以古城、天鹏为代表的13个省市“513”龙头企业竞相发展，全县农副产品加工销售收入达24亿元。其中，古城乳业集团销售收入突破8亿元，实现翻番。全县存栏奶牛8.5万头，奶牛健康养殖园区达153座。

县域城镇化 以桑干河湿地生态修复工程为龙头，掀开大县城扩容提质的序幕，规划12平方千米的生态新区，城市基础建设、园林生态建设和商贸综合体建设集中连片，大山阴框架基本形成。收回第二供热站，改造同太路、青年东街、二级路，沓铺北环路、东环路、西环路等道路，整治沿街店铺，亮化、绿化、美化铁立交桥和所有主干道及其两侧建筑，统一商业牌匾，统一店铺大玻璃，统一楼体立面色调，安装LED大屏幕等。

城乡生态化 围绕“两山一河十通道”生态治理工程，完成西山、南山生态扩容提质成片林6万亩，栽植经济干果林2万亩，绿化主干通道10条，种植各类树木1200万株，全县绿化面积达总面积的三分之一。在长20千米、面积25平方千米的区域内，依河而建10大系列湖，新增水面3000亩，总蓄水量500万立方米。栽植乔灌木600多个品种、200万株，绿化面积2.6万亩。

教育教学 以山阴一中建设为龙头，新建扩建县二中、五中、二幼以及8所乡镇幼儿园等教育基础设施建设项目。实施学生营养奶工程，为全县中小学生每天免费提供一袋鲜奶。公开公平择优聘用100名教师，高考二本B类以上达线人数369人，比上年增加74人。

社会保障 养老、失业、医疗等九项社会保障参保人数达23万人次，保障率达100%；城乡低保对象5670户1.44万人；城镇新增就业人数2844人，完成年任务2600人的109%，失业人员实现再就业1170人，全县城镇登记失业率控制在2.1%以内，低于全省平均水平。开展“送温暖、献爱心”活动，社会各界捐款90多万元；开展“圆梦大学”“启航教育”等活动，238名家庭困难的孩子得到资助，救助金额63万元。

公共事业 以新建县人民医院为龙头，推进乡、村级卫生室升级改造。公开招聘50名医疗卫生技术人员。全县农村医保参合人数达15.5万人，参合率97%。开工建设各类保障性住房2251套，改造农村危房1515户。开通县城免费公交，为每个农户免费发放1吨碳。由华联集团投资1.5亿元新建6万平方米的全国县级最大的虹桥商贸综合体，由美特好集团投资1.2亿元新建近3万平方米的鹏逸商贸城。

政治建设 2012年，山阴县人大常委会共召开常委会议8次，听取和审议专项工作报告36项，作出决议决定7项，开展执法检查和视察调研5次，任免国家工作人员4人次，为全县经济社会发展提出各类意见建议66项。征集提案194件，立案办复181件，开展8次视察活动，提出各类社情民意132条。

地方文化 举办首届中国山阴边塞文化周暨奶牛节，编排上演大型歌舞音画诗剧《雁门关外好人家》等剧目，举办奶牛文化、王家屏文化、桑干河文化等9大文化研讨会。新建王家屏陵园、广武明长城游步道等一大批公共文化基础设施，新编现代晋剧《母亲河之恋》《王家屏传说》系列作品，完成以《山之阴》主题曲为代表的全省“五个一工程”申报工作。

（山阴县方志办）

·应　县·

中共县委书记　兰成国

县人大常委会主任　赵　杰
县　　　　　长　边润文
县 政 协 主 席　宋天仁

【简述】 应县地处山西北部、朔州东端，位于北纬39°20′~39°42′，东经112°58′~113°28′。全县平面图呈平行四边形，东邻浑源县，西向平朔邻山阴县，北邻怀仁县，南毗繁峙县、代县。南北长47.5千米，东西宽46.5千米，全县总面积1708平方千米。辖3镇9乡298个行政村，总人口33万人。年平均降水360.9毫米，平均气温7.1℃，无霜期90~141天，水资源总贮量18069万立方米。耕地77372公顷，基本农田53360公顷。是全国全省粮食生产先进县、全省现代农业示范区、绿色无公害蔬菜生产基地县、奶牛养殖基地县。

2012年，全县完成地区生产总值52.7亿元，同比增长10.8%；固定资产投资35.9亿元，同比增长28.4%；社会消费品零售总额21.8亿元，同比增长16.3%；服务业增加值22.8亿元，同比增长10.2%；规模以上工业增加值16.2亿元，同比增长17.1%；城镇居民人均可支配收入16418元，同比增长13.9%；农民人均纯收入6550元，同比增长13.9%；财政总收入2.9828亿元，同比增长6.01%；一般预算收入1.4771亿元，同比增长18.12%。多项指标增幅名列全市前茅。

农业经济　按照“南菜北牧”产业布局，突出培育两大核心示范区。一是南河种5万亩现代农业示范园区。推进50多个现代农业项目。以5万亩现代农业示范园区为核心，“南菜板块”辐射到7个乡镇93个村，发展到21万亩，其中，无公害蔬菜15万亩，“应州绿”蔬菜基地通过中国质量认证中心“良好农业规范认证”，成为全省首家获得出口认证的蔬菜种植基地县。“南菜板块”人均蔬菜产业收入占农民人均纯收入的57%，各类示范园区、项目发展到93个，其中，新发展规模园区和项目18个。二是万亩现代养殖示范园区。投资2亿元，完成园区道路框架、水电配套和畜产品监测大楼主体工程。当年引资1.82亿元，新建肉羊育肥项目8个、肉牛项目1个，入园肉羊22万只、牛1000头。以万亩现代养殖示范园区为核心，“北牧板块”辐射到4个乡镇113个村，奶牛存栏3.8万头，羊饲养量70万只，畜牧业产值7.13亿元，各类现代养殖加工园区、项目发展到145个，其中新发展25个。以蔬菜、畜牧为主，“一村一品”专业村发展到218个，占农村总数73%。

同时，优势玉米基地县建设卓有成效，粮食总产5亿多斤；特色产业壮大，大蒜发展到1万亩，黄芪发展到10万亩，干果经济林发展到2万亩；农业产业化、组织化、市场化水平提高，新发展专业合作社62个，完成南河种蔬菜批发市场扩建；投资6亿多元，完成以设施农业、养殖小区、农田水利、综合开发、国土整理为主的一系列工程。

工业经济　紧抓朔州新型产业科技创新园落户应县的机遇，实施新型工业集群式、板块化开发，整体布局为核心区和辐射区。其中，核心区规划面积2.5万亩，位于城南和城西；辐射区位于核心区周边区域。整个园区形成新能源、高档陶瓷、农副产品加工、新型化工建材、装备制造业五大板块。投资9500万元完成城南核心区框架基础建设和科技孵化器基础工程。以园区为承载，推进总投资270多亿元的27个新型工业项目，完成投资19亿元。其中，新能源产业项目9个，单晶硅二期、生物质能发电两个项目基本建成，其他7个项目跟进顺利。新型高档陶瓷项目8个，4个续建项目建成投产。农副产品加工，新建梨花春黄芪养生酒项目。新型化工建材项目7个；减水剂、再生橡胶、华通建材3个项目建成投产，光华复合材料、草酸二期、水泥粉磨站等4个项目有序推进；装备制造业项目2个，赛特电梯建成投产。总投资60亿元的北方汽车产业城，推进建设8个车间的基础工程。全县建成投产的规模以上工业企业31家，在建10家。

旅游产业　一是木塔申遗取得重大进展。释迦塔保护规划、申遗文本编制完成，2012年11月12日正式进入《中国世界文化遗产预备名单》；与木塔申遗相配套的遗址考古挖掘、遗址公园设计、释迦塔文化挖掘整理等工作同步展开，周边环境整治方案基本完成。二是文化旅游和商贸物流产业兴起。文化旅游产业园推进动漫文化博览园、工艺美术城两大项目前期工作；现代商贸物流园区开工金亿建材装饰城、天津港散货物流园、华联物流中心三大项目，总投资17.7亿元。三是县域城镇化高标准推进。铺开总投资60亿元，以道路、绿化、住房、亮化等为主的40项城市综合改造建设工程。推进小集镇和新农村建设，南河种镇“城乡一体化”项目，完成投资6100万元，被列入全省“百镇建设”示范镇；中曹山、席家堡等新农村中心村改造建设一期工程完成；新“五个全覆盖”完成，特别是两年投入3.5亿元，完成农村街巷硬化2267千米，推进农村危房改造、农村环境整治等工程。四是城乡生态化推进。投资1.35亿元，完成城市绿化、通道绿化、荒山绿化、京津风沙源治理等十大生态绿化工程；启动塔北水景公园、清宁公园、城东湖三个蓄水景观工程，启动镇子梁库区、薛家营库区两个湿地公园建设，铺开龙首山、石柱山两个生态森林公园建设；推进节能减排和污水垃圾处理，各项能耗和污染治理综合控制性指标实现目标任务。

社会事业　高考成绩实现历史性突破，数量、质量同步攀升，全县二本以上达线942人，比上年增加134人，3名考生进入全省前百名；教师队伍建设加强，公开招聘教师200名。医疗卫生体制综合改革推进。新农合覆盖面扩大，参合人数达18.7万人，补偿金额4915万元；医疗卫生服务体系建设完善，总投资1亿多元的县医院迁建工程投入使用，首批招录的39名医护人员到位，40个村卫生室新建工程完工，新建卫生监督大楼完成主体工程。计划生育管理服务水平提高，完成省、市下达的目标任务。社会保障和社会救助覆盖面扩大。全县各类社会保险参保人数达22万人，发放各类社保和社会救助资金2.16亿元；低收入农户吨煤发放工作完成。安全生产专项治理强化，各项指标均控制在市下达任务范围内。社会管理深化，推进“社会管理服务中心、专职巡防队伍和社区矫正”三个建设项目，信访维稳形势好转，实现十八大期间进京零上访、全年非正常赴省零上访的目标；开展平安应县创建活动，治安环境改善。此外，文体、广电、科技、宗教、老龄、残疾人、地震、档案等事业都有新发展。（胡 广）

·右玉县·

中共县委书记	苏连根
县人大常委会主任	李月明
县长	苏连根*
	苏斌如
县政协主席	李 峰

【简述】 右玉县北纬39°41′~40°17′，东经112°07′~112°38′。全县国土面积1969平方千米，辖4镇6乡1个旅游区，321个行政村，总人口11.34万。右玉资源丰富，生态良好，环境优美，林草覆盖率达53%，是国家级生态示范区、国家级可持续发展实验区和国家4A级旅游景区。特别是在60多年造林绿化、艰苦创业中孕育形成的“右玉精神”，得到中央和省委的肯定，在全国引起热烈的反响。

2012年，全县地区生产总值43.4亿元，比上年增长12.4%；人均国内生产总值38271.6元；规模以上工业增加值20.5亿元，比上年增长20.1%；财政总收入8.1亿元，比上年增长37%；剔除“两权”价款后，公共财政收入2.85亿元，比上年增长31.9%；农林牧渔业总产值7.98亿元，比上年增长22.7%；粮食总产量3.17万吨，比上年增长4%；固定资产投资完成58.8亿元，比上年增长28.1%；社会消费品零售总额11.6亿元，比上年增长16.3%；城镇居民可支配收入15684元，比上年增长14.7%；农民人均纯收入4600元，比上年增长20.7%。主要经济指标都完成年度目标任务，其中工业增加值、财政收入、一般预算收入和农民人均纯收入增幅居全市第一。

工业经济 实施大项目战略，兴产业、强基础、促转型，工业经济实力壮大。煤炭产业扩能提效。教场坪、东洼北、玉龙、元堡煤业四座矿井通过省一级质量标准化验收。玉岭煤业矿井改造进入联合试运转。元堡煤业300万吨洗煤厂开始运行。铁丰铁路开通运营。准池铁路右玉段控制性工程完工。教场坪铁路完成铺轨。非煤产业快速发展。京玉电厂投入运营。诚达牛家堡风电升压站建成，中广核铁山堡风电浇筑基础。臣丰苦荞项目饮料车间主体完工。永昌LED产业园项目分装车间试生产。招商引资成果丰硕，签约项目28个，引资518.53亿元，是市定任务的2.7倍，到位资金81.5亿元。

三农工作 以促进农民增收为核心，落实强农惠农政策，加强“三农”工作，农业和农村经济保持稳定发展。种植业结构得到优化。新增“一村一品”示范村15个。建成高效种植园区15个、大棚290座、优种马铃薯繁育基地8500亩。实施“双新”工程，优种覆盖率占粮食种植面积的90%以上。养殖业稳步健康发展。新建肉羊养殖园区11处。完成黄牛改良2.5万头、绵羊改良18万只，黄牛冷配实现全覆盖。山远公司3万头生猪养殖基地基础工程完工。右玉羔羊肉获得国家原产地地理标志保护认证。农业基础条件改善。新增农田灌溉面积3.5万亩，完成京津风沙源小流域治理11.25万亩，解决21个村1.5万人的饮水困难。完成苍头河和东碾头水库除险加固工程。新建移民房58套。补贴农机具购置国补资金212万元。发放粮食直补资金2850万元，惠及农户24560户。农副产品加工企业补贴资金落到实处。

生态旅游 坚持“生态建设产业化、产业发展生态化”理念，实施“大生态”战略，城乡生态化取得新成效。城乡绿化水平全面提升。栽植各类苗木120多万株，造林10万多亩，育苗面积达4.7万亩，绿化村庄40个，围栏封育5万亩，大呼高速路、109国道、通市路绿化档次大幅提升，高标准召开全国“三北”防护林现场会。生态旅游产业加快发展。完成省级重点旅游县申报工作。南山公园玉林湖坝体加固、青少年露营基地和丰碑改造工程完工。廉政教育基地基本完工。海子湾水库水上乐园主体完工。李洪河生态旅游路修复工程完工。举办生态旅游文化节和首届晋商大会系列活动。全年接待游客98万人次，旅游收入9.86亿元，同比分别增长27%、31%。

基础设施 加大基础设施建设力度，强化县城龙头带动作用，发展以城带乡、以乡促城、城乡互动、功能互补的城乡一体化格局。县城功能更加完善。以推进供水、供热、绿化、市政、道路、拆迁改造“六大工程”为重点，加快县城建设步伐。新区主干道和纵七路配套供水、供热管网，县城新建供水工程完成初设。新区马官屯路南侧、市政路、滨河路和工业园区道路绿化提升。县城主街道更换路灯，人行道新铺花砖。铺设天然气管网12千米、污水管网2.3千米。紫玉酒店和紫玉苑小区主体完工。大呼高速右玉连接线主体工程完工。纵七路南段、柳影南路、正和街东延工程铺设水稳层。人民公园改建工程主体基本完工。信用联社、烟草公司旧楼拆迁基本完成。镇村建设稳步推进。建成65个便民连锁店和12个农资放心店，农村日用品经销网络得到延伸。新建农村街巷道路395千米，实现全覆盖。改建右新线、牛心——云阳两条乡村公路。城乡环境得到改善。结合“三城联创”和“爱我县城、美我家园”卫生整治活动，开展环境综合整治，县城环境明显改善。实施农村环境连片整治，通市路、虎山线、大呼高速路沿线村庄整治成效明显。

社会事业 以构建和谐右玉为目标，高度关注民生事业，财政支出进一步向民生倾斜，县财政在民生领域投入6.3亿元，占公共预算支出的61%。教育事业优先发展。一中新校区建设基本完工，雨露小学新教学楼、上堡幼儿园主体完工。多媒体“班班通”二期完成设备安装。实施教育惠民工程，实现从幼儿到高中15年免费教育。加强教育教学管理和师资队伍建设,教学质量稳步提升。卫生计生和科技广电工作推进。县医院新门诊、急诊大楼投入使用。5所乡镇卫生院完成供暖升级改造,乡镇卫生院和村卫生室实行一体化管理。全县新农合参合率达100%,最高报销补偿限额提高到10万元。人口计生工作各项考核指标圆满完成。全县专利申报达标。广播电视卫星覆盖户户通基本完成,有线电视网络覆盖新增900户。社会保障水平提高。做好社保工作,各类参保人数达9.5万人,应参保对象实现全覆盖,征缴社会保险13681万元,基金积累30399万元。实施积极的就业政策,城镇就业人数2411人,转移农村劳动力3608人。各类救助救济资金及物资和低收入农户免费供应一吨煤足额发放到位。乡镇敬老院建设步伐不断加快,五保集中供养率位居全市前列。建成保障性住房200套,改造农村残疾人危房50户。

安全稳定 落实安全生产责任,开展以煤矿为重点的各行业安全专项整治,开展打非治违专项行动,夯实安全生产基础,完成市下达的控制指标,安全生产形势持续稳定好转。开展领导干部下访、接访、包案活动,开展社会治安专项整治,保持社会和谐稳定。

获得荣誉 “右玉精神”得到进一步学习弘扬。全国“三北”防护林工作会议在朔州召开,国务院领导对右玉县的造林绿化工作给予好评。右玉县先后获全国五一劳动奖状、全国绿化先进集体、国土绿化突出贡献单位、国家水土保持生态文明县、全国农田水利基本建设先进县、首批国家餐饮服务食品安全示范县、全省农田水利基本建设“禹王杯”先进县、省级环保模范县城、省级食品安全示范县、省级卫生县城、全省政风行风评议先进县、全省创建文明和谐工作先进县等多项省级以上荣誉。话剧《立春》被评为向“十八大”献礼优秀剧目,《“右玉精神”专题片》获第22届中国新闻奖。右玉在全国、全省的地位在上升、影响在扩大、形象在提升。

(李志国 杨健慧)

·怀仁县·

中共县委书记	王智杰
县人大常委会主任	韩效华
县长	吴秀玲
县政协主席	周志强

【简述】 怀仁县北纬39°37′~39°57′,东经112°46′~113°26′。2012年,怀仁县先后获国家卫生县城、全国高标准基本农田建设示范县、全国农田水利基本建设先进县、全国平安畅通县、国土资源节约集约模范县、全省县域经济发展先进县、全省林业生态县、全省农田水利基本建设“禹王杯”、全省村村通先进县、全省“一县一业”先进县、全省畜牧生产先进县、全省农机生产先进县、全省环境保护模范县、全省安全生产工作先进县、党的十八大期间全省信访工作先进县、全省餐饮服务食品安全示范县等22项省级以上荣誉。第九届中国羊业发展大会、全省基层社会服务管理工作现场推进会、全市信访积案化解工作推进会、全市基层党建工作座谈会、全市党建工作例会等一系列会议先后在怀仁县召开。完成省委书记袁纯清来朔调研、全省重点工程观摩、全省造林绿化现场会观摩等任务。2012年,完成地区生产总值166亿元,同比增长17.65%;财政总收入25亿元,同比增长24%;一般预算收入8.53亿元,同比增长36%;规模以上工业增加值96亿元,同比增长17%;固定资产投资86亿元,同比增长29%;社会消费品零售总额48.7亿元,同比增长17%;城镇居民人均可支配收入23339元,同比增长16.1%;农民人均纯收入10328元,同比增长19.6%。

工业经济 依托“八大园区”,开工建设重点工程66项,完成投资117.8亿元,开工率95.65%。推进“煤成亿吨”战略。大同市焦煤矿500万吨发运站、集华兴业500万吨发运站、金海洋集团600万吨发运站基本完工,玉龙集团600万吨发运站加紧建设。推进“瓷成精品、以煤扶瓷”战略。把金沙滩陶瓷工业园区作为转型综改的抓手,建起“陶瓷展销中心”,全县陶瓷产量达9亿件,“怀仁陶瓷”的知名度扩大。新兴产业快速发展。投资2.8亿元的宏力再生项目、投资8.4亿元的金沙滩固废综合利用项目进展顺利;投资1.5亿元的联顺玺达柴沟煤业设备维修中心主体完工;投资7亿元的华元医药项目,投资30亿元的玉龙集团精细化工综合产业园区扩建项目建设。招商引资成效显著。签约项目27项,总引资724.6亿元,落地项目14个,完成投资52.54亿元。

城乡建设 投资130亿元,实施城建重点工程35项,完成投资66.3亿元,规模之大、投资之多创历年之最。依托金沙滩现代服务商贸物流园区,加快推进城市建设、商贸物流、文化旅游深度融合进程,现代服务商贸体系形成,服务业产值占地区生产总值46.2%。开工建设金沙滩、怀贤、仁福3条商业步行街,以及金沙滩国际大酒店、东关商贸城、三合商城等商业项目。华北最大的皮革物流中心——中国怀仁·海宁皮革城建成营业,被评为“山西省特色旅游商品购物示范区”。城乡道路网络继续完善。先后完成怀安大街、仁德路、仁爱路等6条城市主干道改造工程,高标准建成芦子沟、同煤水泥厂、同煤王坪电厂3条道路,完成7条乡村、旅游道路建设任务,“路成网络”实现。城市棚户区改造推进,保障性住房开工建设4599套,超市下达任务1042套。开工建设热源厂三期工程,引黄两个水厂顺利建成,改造背街小巷1046条,修建星级公厕18座,城市功能完善。实施“大树进城”工程,新增城市绿地面积50万平方米,城市建成区绿化覆盖率达40%,绿地率达36.9%,人均公园绿地10.8平方米。制订实施市容市貌、环境卫生、园林绿化管护办法,城市管理走上制度化、精细化、长效化道路。以“三拆四改五化”为重点,全面铺开农村环境整治工作和农村危房改造工程,7个小集镇建设初具规模,完成67个精品村的建设任务。

生态建设 加快造林绿化和水

系建设，完成金沙滩生态经济园林区三期工程，新造林13.5万亩。开工实施金沙滩生态经济园林区四期工程，新修作业路25千米，完成整地挖坑500万个。全县森林覆盖率达28%。实施兴水战略，磨道河、清凉河两大湿地公园建设完工，成为休闲度假的旅游胜地和招商引资的重要平台。鹅毛河湿地公园建设，全县循环水系框架基本形成。2012年，全县降水量460毫米，比上年增加161毫米。全年县城大气质量二级以上天数353天。

农业现代化 推进全省“一县一业”羔羊养殖示范基地建设。新建养殖小区50个，棚圈面积12万平方米。全县标准化养殖小区累计达268个，棚圈面积53.6万平方米。2012年，全县羔羊饲养量达230万只，农民人均养羊纯收入3160元。投资7800万元，新建怀仁羔羊肉展销中心，成为羊产品物流的重要平台，“怀仁羔羊肉”远销京津沪、蒙疆牧区、港澳地区。举办第九届全国羊业发展大会、第三届中国羊肉美食文化节暨中国怀仁第二届羊肉美食文化节，“怀仁羔羊肉”的知名度和美誉度扩大。设施农业快速推进。新建日光节能温室1000个，全县各类大棚累计达5700个。引进投资6亿元的毛皂圣天万亩现代农业园区项目。全年粮食总产量1.56亿公斤。

环境建设 开展食品药品安全、煤矿安全、创卫工作、农村环境整治及农村新“五个全覆盖”等专项监督、执法检查和执法调研。

通过《怀仁县城市市容和环境卫生管理办法(试行)》等。县政协进行专题视察调研，出版发行长篇人物传记《杨松青》，编印《怀仁文史》2辑。交办群众普遍关心、社会影响面广的66件立案提案，全部得到答复。新成立文化协会、文艺协会、餐饮协会、城市管理协会，加上教育、养羊、陶瓷、林果、招商引资协会，全县已形成9大行业协会。

文化事业 建成文殊塔、怀仁塔、建业塔、令公塔、功德塔，与魁星塔、永宁塔相互映衬，形成独特的塔林文化。金沙滩生态旅游区成为国家旅游3A级景区。举办羊成商品、煤成亿吨、校成殿堂文艺晚会。完成调频广播复播工程，开通《生活110》栏目。举办中国·怀仁首届“幸福怀仁杯”自行车环城邀请赛、全县职工篮球赛和乒乓球赛，组织开展春节、元宵节、清明节、“四月八”大型民俗文艺活动，开展“科技、文化、卫生”三下乡活动。以创建国家卫生县城为契机，开展“倡导文明规范，争当礼仪明星”“优化市容环境，争当环境卫士”等活动。

教育卫生 全县高考二本以上达线4843人，达线率40%，连续二十一年保持全市第一；开展学校餐饮改革和“平安校园”创建活动；率先试行校车改革；完成一中教学楼、四中南校区公寓楼、特教中心教学楼和南窑寄小教学楼、公寓楼建设工程。实施中医院改扩建工程。全县乡镇卫生院建设达标率100%。人口和计生工作继续保持低生育水平，人口自然增长率为5.73‰。

社会事业 五大社会保险基金累计结余3.45亿元。城镇登记失业率控制在1.7%以内。完成农村“爱心煤”发放工作。在晋北地区率先试行“政府买票、市民乘车、企业运营”新模式。

农村新“五个全覆盖”工程全面完成。农村街巷硬化完成105个村、684千米的任务，实现全覆盖；农村便民连锁商店在提前实现全覆盖的基础上，全面达标；农村文化体育场所完成54个村的建设任务，实现全覆盖；中等职业教育免费实现全覆盖，凡上职业高中的学生，三年就读学费全部免除；新型农村社会养老保险实现全覆盖，全县享受新农保人员10万人，完成市下达任务的103%。

社会管理 开展“平安怀仁”创建活动，全面构建县乡村三级社会服务管理体系，开展严打整治和“三项战役”，创新社会治安防控和社会保障机制，最大限度地增加和谐因素，消除不安定因素，全县居民诉求的社区办理率达95%以上，矛盾化解率达98%。社会治安公众安全感满意度测评全市第一。承办全省基层社会服务管理工作现场推进会，在中央综治办部分省市区综治办主任座谈会上，怀仁县介绍深化平安建设的经验。

建立风险评估先行、防范化解联动的工作模式，做到对各类矛盾早发现、早化解。信访积案化解率在全省119个县区中排名第一。连续两年实现进京非正常访、赴省集体访“双零”目标。

引深安全生产年活动，开展打非治违专项行动、重点行业领域安全生产专项整治和安全生产百日大检查，强化企业安全生产主体责任和政府安全监管主体责任，安全生产形势持续向好，全年未发生一起重大安全生产事故。 （杨志雁 皇素珍）

晋中市

中共市委书记	张 璞
副书记	吴清海 刘润民 程锡景
市人大常委会主任	张文科
副主任	宋瑞珍*(女) 郭绍华 史景怡 王纪萍(女) 杨建林 高增光 尚金华
市长	吴清海
副市长	刘志宏 畅志仁 郭勇飞 王建林 王盛章* 王希玲*(女)
市政协主席	张春生
副主席	胡俊来 郭光明 邓 明 常学斌 卢润生 辛 琰(女) 杨定旺 王书红

【概述】 晋中市北纬36°40′~38°06′，东经110°25′~114°05′。全市辖11个县(区、市)共有乡镇118个，村民委员会2745个、街道办事处17个、社区165个。2012年全市总人口328.68万，其中，城镇人口占47.41%，乡村人口占52.59%。全市围绕项目推进、同城发展、综改试验、民生改善、民主法治等工作重点，推动转型跨

越,实现经济平稳较快发展,全市地区生产总值完成985.9亿元,增长10.2%。其中,第一产业增加值83.2亿元,增长5.7%,占生产总值的8.4%;第二产业增加值538.7亿元,增长11.6%,占生产总值的54.7%;第三产业增加值364.0亿元,增长9.3%,占生产总值的36.9%。财政总收入210.4亿元,增长18.1%,其中一般预算收入99.2亿元,增长27.2%。固定资产投资744.1亿元,增长28.2%;社会消费品零售总额377.3亿元,增长16%;外贸进出口总额4.9亿美元,增长112.2%。人均地区生产总值30073元,按本年平均汇率计算达4779美元。居民收入持续增长,城镇居民人均可支配收入21409元,增长13.2%;农村居民人均纯收入7936元,增长14.8%。9项主要指标中,社会消费品零售总额增幅与全省持平,其余8项增幅均高于全省平均水平。

全年全社会固定资产投资744.1亿元,增长28.2%。其中,第一产业投资25.8亿元,增长11.3%;第二产业投资377.1亿元,增长17.8%;第三产业投资341.2亿元,增长44.1%。全年在建固定资产投资项目1129个,计划总投资1277.1亿元,完成投资297.1亿元。全年房地产开发投资70.3亿元,增长118.2%。其中,住宅投资55.4亿元,增长114.5%;办公楼投资1.1亿元,下降1.1%;商业营业用房投资7.03亿元,增长129.2%。2012年,全市新签约项目111个,总投资2399亿元。项目落地1158项,落地金额1428.5亿元。2012年年初确定省、市重点工程639项,已开工625项,开工率97.8%,完成投资1148.54亿元,同比增长64.9%。

农业生产 全市农作物种植面积484.6万亩,比上年减少9.3万亩。其中,粮食种植面积416.7万亩,减少8.8万亩;油料种植面积5.4万亩,减少0.4万亩;棉花种植面积0.41万亩,增加0.02万亩。新发展特色专业村269个、设施蔬菜6.2万亩、各类养殖小区(园区)237个、干果经济林12.1万亩;农产品加工龙头企业达345户,实现销售收入92.6亿元,增长21.2%,转化农产品43亿公斤,带动51万农户增收8.1亿元;提升"一县一业""一村一品"档次和规模,7个省级"一县一业"基地县、545个"一村一品"专业村建设加快;全年财政农业支出同比增长10.07%;22个省级示范园项目,完成投资近9亿元;在118个乡镇建立农产品质量监管站,新认定无公害产地面积2万亩、"三品一标"产品21个;"农民增收明白卡"覆盖全市58.6%的行政村和35.6%的农户。农民专业合作社向标准化发展,新发展农民专业合作社768个,累计达6694个;左权绵核桃、太谷壶瓶枣等5件商标被国家工商总局注册为地理标志证明商标,全市共9件,居全省第一。全年造林22千公顷,减少17.3%。全年全市肉类总产量16.97万吨,比上年增长8.5%。生猪存栏98.42万头,增长9.2%;牛奶产量11.11万吨,减少17.1%。禽蛋产量14.26万吨,减少4.6%;水产品产量0.26万吨,增长19.9%。年末全市农业机械总动力349.9万千瓦,增长4.8%。机械耕地面积27.5万公顷,机械收获面积11.7万公顷。全市农机化经营总收入18.6亿元,增长7.5%。

工业经济 2012年末全市规模以上工业企业479家,规模以上工业增加值480.9亿元,同比增长13.7%;实现主营业务收入1262亿元,实现利税88.2亿元,比上年下降26.2%;实现利润19.5亿元,下降59.9%。全社会原煤产量7975.4万吨,增长20.7%;发电量197.8亿千瓦时,增长81.9%。年内全市共有134个重点项目完工或基本完工,太重榆液高端液压产业园区、平遥煤化宇皓新型光学材料产业园等项目建成投产。传统产业改造实现新突破,22个煤矿升级改造工程年底竣工验收,改造完成投资100亿元,新增8个生产矿井竣工,新增21个联合试生产,原煤产量突破8000万吨;122座地方统计煤矿全年累计生产原煤6000万吨;焦化行业兼并重组。新兴产业培育取得新进展,轻型直升机、新能源汽车等制造项目推进;新材料产业健康发展,光学材料开始试生产。装备制造业稳步发展,现代物流业异军突起。围绕纺机、液压、玻璃器皿、铸造、新能源汽车(专用车)等五大产业集群,形成八大工业集聚区,实现销售收入占全市工业的43%,同比提高6个百分点;晋中经济开发区升级为国家级经济技术开发区。

城乡建设 以转型综改试验区建设和太原晋中同城化为契机,着力统筹城乡发展,城镇化工作全省领先,城镇化率达47.41%,比上年提高1.67个百分点。铺开市政重点工程7大类76项,开工63项,完成投资141.2亿元,高出上年1倍多。山西高校新校区拔地而起,基础设施和配套服务建设加快推进,新生开始入住;新建四条纵向城市道路与太原延伸对接,"东出口"工程、晋商公园二期、潇河湿地公园一期等项目竣工,新开902、903两路同城公共交通。打造大县城,10个县(市)铺开354项城建重点工程,完成投资97亿元;发展特色镇,以介休义安镇、太谷胡村镇为标杆,推进17个市级重点镇建设,实施建设工程117项,投资15.4亿元;建设中心村,打造20个新农村建设集中连片区、100个"六美"乡村。

全市单位地区生产总值能耗同比下降3.53%,二氧化硫、化学需氧量、氨氮、烟尘、粉尘排放量分别削减1.35%、1.37%、1.1%、6.47%、7.19%,氮氧化物增排1.66%;市城区空气质量优良率98.8%,居全省第一,各县(区、市)空气质量优良率均在97%以上;新造林41.2万亩,林木绿化率提高1.1个百分点,介休市在全市首家跨入国家园林城市行列,汾河湿地森林公园被确定为国家级湿地公园试点,昔阳县被命名为省级园林县城,灵石县通过国家卫生城市综合评审,左权县被省政府命名为林业生态县,全市11个县(区、市)继续保持省级卫生城市称号。

民生保障 全市财政用于民生领域的支出95.5亿元,较上年增长13.18%。义务教育均衡发展经验在全国推广,学校标准化建设走在全国前列。年末全市有普通高等学校9所,普通中学225所,小学718所,幼儿园524所。公立医院改革试点工作开展,基本药物制度在乡村卫生院(室)

实施。年末全市有卫生机构3661个，其中有医院92家，基层医疗卫生机构3526个，专业公共卫生机构38个；全市医院有床位8643张，卫生院有床位3393张；共有卫生技术人员15712人。推进城市社区“500米健身圈”建设；农村新“五个全覆盖”全部完成；开工保障性住房44537套，竣工16057套，居全省第一。住房公积金支持保障性住房全国试点城市申报成功。投资6996万元完成2498户农村危房改造；“爱心煤”使86.42万农户受益。公立医院改革试点工作扎实推进，基本药物制度在乡村卫生院(室)实施。县级体育馆全覆盖全面启动，城市社区500米健身圈工程70个社区、160块健身场地交付使用。持续加大扶贫开发力度，贫困人口减少2.82万人，农民增收明白卡覆盖全市60%行政村和70%农户。

全年城镇新增就业4.48万人，城镇登记失业率1.94%，转移农村劳动力6.25万人，下岗失业人员再就业1.55万人，创业带动就业1.35万人。城镇基本社会养老、基本医疗、失业、工伤、生育保险和新型农村社会养老保险参保人数，超额完成省定任务，各类人员社保待遇及最低工资全部落实；全市80周岁以上的城乡居民免费享受基本医疗保险。新农合参合率达99.14%。在全省率先推行城乡困难群众医疗救助“一站式”制度。安全生产风险防控试点启动，“打非治违”专项行动推进，安全生产事故起数比上年下降17.7%，死亡人数下降8.06%。

综改试验 组织20个重大转型标杆项目，投资140.8亿元，完成年计划130.7%。全省资本市场改革创新示范区建设取得新进展，5家村镇银行挂牌营业，3家改制农村商业银行健康运营，3家股权投资管理公司挂牌成立，2支私募股权投资基金设立，新增2户企业在天津股交所挂牌，全市在资本市场直接融资60亿元，民营资本进入金融领域56.5亿元。建设用地渠道增加，11个县(区、市)全部列为城乡建设用地增减挂钩试点，获得周转指标6000亩，新造耕地、复垦土地、盘活存量土地都取得较大进展。市级投资建设项目联合审批改革成效明显，76个市级投资项目审批时限由100个工作日压缩为43个。扩权强县试点工作推进，省定市属经济社会管理权限全部落实到县。

（晋中市方志办）

【龙城高速公路正式运营】 2012年7月19日，全省第一条由市级政府自筹自建的高标准高速公路——龙城高速公路(又名榆祁高速公路)正式通车运营。全线长71.6千米，起自榆次龙白，与太旧高速公路连接，终于祁县城赵，与大运高速公路互通，途经榆次区、太谷县、祁县三县(区)的14个乡镇49个村，是山西中部地区西通陕、甘、宁，东抵京、津、冀、环渤海经济圈的重要战略通道，是山西高速公路网“三纵十一横十一环”中第九环的重要组成部分。龙城高速公路全线采用双向六车道沥青混凝土路面结构。 （晋中市方志办）

【首届中国晋中国际柔力球交流大会】 2012年9月14日上午，由中国国家体育总局社体中心、山西省体育局、晋中市人民政府主办的首届中国晋中国际柔力球交流大会在晋中市体育馆开幕。本届赛事共有来自18个国家和地区的46支代表队的400余名队员参加。9月16日结束，大赛分别评出竞技组和套路组的单打、双打、团体等18个奖项。晋中市代表队勇夺两项金牌。 （晋中市方志办）

【“晋中精神”表述语揭晓】 2012年10月30日晚，“晋中精神”大讨论活动落下帷幕。“明礼诚信、开放包容、艰苦奋斗、唯实唯先”，成为晋中新的城市名片和凝聚激励全市人民转型跨越、率先发展的新的精神动力。

“晋中精神”大讨论活动，2012年3月份启动，吸引晋中市16万干部群众以及全国10多个省市的近2万名热心人士参与，共征集到表述语3万余条、征文2000余篇，在媒体刊发征文417篇，专题网页点击率20多万人次，全市共召开不同层面的“晋中精神”讨论座谈会、研讨会、演讲比赛等600余场。 （晋中市方志办）

·榆次区·

中共区委书记	孙光堂*
	贡　琦
区人大常委会主任	王永平
区　长	贡　琦
区政协主席	张增翔

【简述】 榆次区北纬37°23′~37°53′，东经112°34′~113°07′。2012年完成地区生产总值198.1亿元，增长10.2%；财政总收入22.8亿元，增长25.9%；一般预算收入9.8亿元，增长46.8%；规模以上工业增加值71.3亿元，增长19.4%；全社会固定资产投资总额141.2亿元，增长60.2%；社会消费品零售总额119.7亿元，增长16.2%；外贸进出口总额6208.2万美元，增长41.8%；城镇居民人均可支配收入22567.6元，增长11.8%；农民人均纯收入10630.3元，增长16.3%。

农村经济 全区实施“一村一品”工程，省、市级“一村一品”专业村达124个。总投资17.4亿元的国家农业科技示范园通过中期评估，辐射带动作用全面显现，全区粮食播种面积51万亩，总产量2.13亿公斤；实施无公害设施蔬菜基地建设，面积达10.3万亩，蔬菜总产突破16亿公斤；新发展苹果8500亩、核桃1万亩，干鲜果总产量达1.47亿公斤；推进规模养殖园区，全区肉、蛋、奶总产突破8万吨；扶持农产品加工龙头，金粮、德御、泽榆等企业实现销售收入19亿元，带动农户3.8万户。全国小型水利重点县项目落户榆次，涉及7乡21村的安全饮水工程1.1万人受益；完成土地整理项目6个，新增耕地2000余亩。榆次区荣获全省“农民增收先进县”和“一县一业先进县”等称号。

工业经济 2012年榆次区56项重点工程全部开工，完成投资147亿元，投资完成率105.1%，山地阳光、方盛液压等23个项目竣工，太重榆液系统装置车间、娃哈哈热罐装生产线等一批重大项目投产运行。10项转型综改标杆项目实施，太重榆液、汇隆农产品市场等项目列入省级标杆，争取国、省资金近亿元。实施招商引资,全年共招引项目28项,总投资321.6亿元,柳工机械再制造项目、福源昌醋博园项目等14个项目开工建设;区级重大项目库共优选储备项目116项,总投资达1717亿元,重点工程开工率、完成额、项目签约、项目落地四项工作晋中全市考核第一。斯普瑞等三家企业在天交所上市,德御成功登陆香港股市;榆次区全年为项目建设供地2813亩,建立土地增减挂钩和旧村改造相结合的"伽西模式"。

工业园区实现产值141.7亿元,增长10.7%,上缴税金4.5亿元,增长12.5%,二期道路基础设施框架拉开,31平方千米扩区规划基本完成。以先进装备制造为特色的新型工业迅速崛起,实现产值125.7亿元,占区属规模企业的62%,工业园区获批省级新型工业化产业示范基地。在园区工业拉动下,区属84户规模企业完成工业增加值60.6亿元,增长20.3%,实现工业总产值202.7亿元,增长27.5%。经纬纺机专件分厂完工,意大利电脑横机样机下线;液压集群申报国家级创新型产业集群,山西省精密铸造及机械装备制造院士工作站(2012年,由方盛液压与上海交大模具CAD工程研究中心工程院院士阮雪榆领衔的创新团队共同组建)落户榆次,榆次液压研究院(2012年由榆次液压协会、太原理工大学、博士通机电液工程有限公司共同投资组建)正式成立,总规划5250亩的"一核两区"("一核"是科技创新核心区;"两区"是太重榆液高端液压产品自主化产业示范区、榆次民营液压高科技产业示范区)液压工业园启动建设,博世通、海洋、航天等项目实施;太钢万邦30万吨一期土建工程推进,进口设备开始安装;福源昌醋博园、金醋"老陈醋生产基地"一期竣工投产,天地壹号、珠江桥等知名企业加盟榆次醋产业。

旅游商贸 乌金山国家森林公园通过省级旅游休闲度假区和国家4A级景区验收,欢乐谷、山外山宾馆及各项配套工程完工。举办"第九届文化旅游节",古村老城游、乌金生态游、庄园休闲游成为榆次文化旅游名片。投资3亿元的省粮食物流中心主体完工,太铁物流、美特好等投资近20亿元的物流项目加快落地,汇隆农产品交易市场一期完成投资2.13亿元,主体建筑完工,预计6月底可投入使用。全区建成各类农村便民店318个,实现农村流通网点全覆盖,"万村千乡"市场工程、"新网工程"健康运行。

城乡建设 太榆同城加速融合。榆次区配合高校新校区、吉利中航配套等市政重点工程,完成5500户、1.5万余亩、60万平米征地拆迁任务,市区一体化加速推进;投资13.8亿元,实施直隶庄一期、大东关牛奶庄小区、小南庄整体搬迁等7个城中村改造项目,城乡融合加速;启动高校新校区周边控制性规划,寇村服务区前期工作完成,西堝服务区建设启动,伽西、朱村等10个中心村建设进展良好。推进"蓝天碧水"工程,二级以上优良天数达360天,环境空气优良率98.6%,居全省第一;万元GDP综合能耗下降3.5%,完成义务植树101万株,北山绿化1万亩,共造林3.9万亩,108沿线3乡10村环境综合整治工程完成,全区城乡面貌有效改善。

社会事业 财政用于民生支出达12.1亿元,医疗、教育、社会保障支出持续加大。均衡教育初见成效,阳光均衡编班全国示范;新改扩建幼儿园17所,9所竣工;启动"护校安园"治安防控试点和校车安全管理联席制度。新农合参合率达99.6%,基本药物制度实现全覆盖,投资3986万元新建区人民医院外科住院楼,全国慢病、省中医示范区通过验收。累计提供就业岗位2.65万个,新增就业9200人,转移农村劳动力1.19万人,城镇基本养老、医疗保险参保人数分别达7.6万人、18.5万人,城镇登记失业率控制在4%以内。人口和计生工作连续十七年全市第一。食品安全监管长效机制有效落实,实现网格化片区监管和部门职能监管有效对接。打造城市500米健身圈,新建22个社区健身场地。

(王新元)

·榆社县·

中共县委书记	曹　煜*
	梁潞阳
县人大常委会主任	赵向平
县　　　　　长	卫明喜*
	贾尚明
县政协主席	王建华

【简述】 榆社县北纬36°51′~37°24′,东经112°38′~113°12′。2012年全县总人口142549人,其中非农业人口28752人。2012年实施"农业富县、工业强县、商贸活县、科教兴县"四大战略,经济工作加速发展。地区生产总值23.8亿元,同比增长7.1%;财政总收入1.3亿元,增长11.2%,其中一般预算收入1.42亿元,增长2.4%,规模以上工业增加值10.9亿元,增长7.6%;全社会固定资产投资7.5亿元,增长14.8%;社会消费品零售总额8.1亿元,增长15.2%;城镇居民人均可支配收入15360.2元,增长13.5%;农民人均纯收入3346元,增长14%。

农业 实施"1311"特色产业工程,发展核桃种植、笨鸡养殖、设施蔬菜、小杂粮等特色产业。全年发展核桃经济林4.4万亩,总量达7.9万亩;新发展笨鸡57万只,年饲养量达146万只;新发展蔬菜10万亩,累计达3851亩,小杂粮发展到8万亩,特色农业初具规模。

发放粮食直补和综合补贴1679万元。粮食总产量6153万公斤,建成省级"一村一品"专业村22个,市级专业村12个。按照工业园区化要求,编制化工、医疗、食品、物流园区规划。

工业 化工工业园引进山西东方红特种涂料生产项目,实现工业项目招商引资零的突破。榆社化工总公司年产3万吨聚合氯化铝项目建成投产,天生制药年产6000吨中成药技改扩产项目进展顺利,广生公司100亿粒植物胶囊项目开工建设。

城乡建设 安居工程取得新发展,建设廉租房、公租房、经济适用房等,丽华苑住宅小区、仪川小区建成投用。150户农补危房改造完成。顺城街、迎春南路安装城市节能路灯。北寨乡至幸福桥路面完成改造。

教育　卫生 中等职业教育免费覆盖率100%,高考达线人数首次突破500人大关，万人高考达线率名列晋中市第二。科技创新成果丰硕，知识产权工作位居全市前列，榆社被评为全民健身先进县。农家书屋130个，农村建成健身场所92个，广播电视获山西省"村村通"先进县称号，新编榆社土滩秧歌获全国"群星奖"选拔赛特等奖。新农村参合率达98.73%，12所标准化卫生室建成使用，4个乡镇卫生院基础设施项目完成，"卫十一项目"高标准实施，被授予全国优秀项目县。发放各类救助资金3984万元，80周岁以上老人长寿优待金覆盖率100%。（常彩萍）

【古生物化石地质公园揭牌】 11月15日，位于云竹镇乔家沟村的榆社县古生物化石地质公园揭牌开园。省国土资源厅领导等出席揭牌仪式。

地质公园2006年12月被山西省国土资源厅命名为省级地质公园，总面积61.05平方千米，划分为银郊、云竹湖、云竹景区、任家垴四个景区，划定巴掌沟、沤泥凹、郝北三个园地质遗迹保护区，总面积12.29平方米，2007年1月被省国土厅正式批准建立公园，2011年7月16日被国土资源部批准成为资源保护类国家级国土资源科普基地。（常彩萍）

·左权县·

中共县委书记 王　兵
县人大常委会主任 巨树民
县　　长 刘　娟
县政协主席 韩卫平

【简述】 左权县北纬36°45′~37°17′，东经113°06′~113°48′，地域总面积2028.1平方千米。2012年全县辖5镇、5乡、1个城区管理委员会，204个行政村、8个居民委员会。2012年，全县总人口163039人，其中：男性83200人，女性79839人。城镇人口64253人，乡村人口98786人，城镇化率达39.41%。2012年，全县生产总值340033万元，比2011年增长13.2%。其中，第一产业增加值30027万元，增长10.7%；第二产业增加值176229万元，增长17.1%，其中工业增加值127000万元，同比增长20.9%；第三产业增加值133777万元，增长8.8%。三次产业比例由2011年的8.7:49.9:41.4调整为8.8:51.8:39.4。人均生产总值21010元。

农业 2012年，全年全县农作物播种面积12581.8公顷，比2011年减少219公顷，其中：粮食播种面积11690.9公顷，在粮食播种面积中，玉米种植面积8097.1公顷。在其他作物播种面积中，油料种植面积295.1公顷，蔬菜种植面积579.6公顷。

全年粮食总产量51702吨，比2011年增加1891吨，同比增长3.79%。其中：夏粮产量556.39吨，秋粮产量51145.61吨。农林牧渔总产值完成47829万元，其中：农业产值32365万元，林业产值3038万元，牧业产值11127万元。

全年肉类总产量3560吨，同比下降7.1%。其中猪肉产量1725.77吨，牛肉产量178.12吨，羊肉产量599.75吨，禽肉产量681.5吨。禽蛋产量3769.9吨。年末大牲畜存栏1088头，猪存栏12963头，羊存栏59944只，鸡存栏30.7万只。

2012年，全年植树造林面积3157公顷，新增育苗200公顷，四旁植树70.5万株。小型水利设施新增31处，累计达438处。新增水土保持治理面积3万亩。实际灌溉面积达5.4万亩；新增节水防渗渠道30千米，防渗渠道累计达155千米。

工业 2012年，全县规模以上工业企业实现工业总产值399080万元，同比增长68.3%；完成工业增加值117065万元，同比增长29.2%。主要工业产品产量中，原煤产量415.7万吨，同比增长10.8%；洗精煤产量20.6万吨，同比增长41.7%；铁精粉产量29.8万吨，同比增长20.9%；电石产量11950吨，同比下降7.5%；铁合金产量9358吨，同比下降13.1%；发电量651087万千瓦时，同比增长3633%。

全县规模以上工业企业主营业务收入374394万元，同比增长69.6%；实现利税3564万元；利润总额-18608万元；亏损企业亏损额27901万元，同比增长84%。

固定资产投资 2012年，全年全社会固定资产投资完成579462万元，同比增长24%。其中，城镇投资完成568021万元，农村投资完成11441万元。按经济类型分，国有企业完成投资431975万元，非国有企业完成投资147487万元。按产业分，第一产业完成投资11338万元，第二产业完成投资485972万元，第三产业完成投资82152万元。按项目构成分，建筑工程完成投资287155万元，安装工程完成投资46498万元，设备、工具、器具购置完成投资137852万元，其他费用完成投资107957万元。

批发贸易 2012年，全县实现社会消费品零售总额95402万元，比上年同期增长15.9%。分区域看，城镇零售额实现74740.6万元，乡村零售额实现20661.4万元。按销售行业看，批发零售业实现77372.1万元，住宿和餐饮业实现零售额18029.3万元。

财税 2012年，全县财政总收入完成94168万元，同比增长2.32%，其中：一般预算收入完成43488万元。2012年主体税种增值税、营业税、企业所得税、个人所得税四个税种收入达全县税收收入的78.4%，占全县财政总收入（包括探矿权采矿权价款）的71.7%。

全年全县一般预算支出执行95862万元，比2011年增长994.5%；教育支出20570万元，社会保障与就业支出20570万元，医疗卫生支出6620万元，环境保护支出1542万元，农林水事务支出14909万元。

金融 2012年，全县金融机构各项存款余额777179万元，同比增长11.1%，其中：单位存款余额252334万元，储蓄存款481306万元，财政存款43145万元。年末金融机构各项贷款余额372965万元。

文化 卫生 2012年，左权小花戏享誉国内外，拥有文艺表演团体2个。全社会馆藏图书达8万册，电视综合人口覆盖率达99.4%，有线电视用户达2.3万户。

2012年，县级医疗卫生机构6个，乡镇卫生院15个，农村卫生所达207个。病床位422张，卫生技术人员454人。2012年全县农民有126186

人参加新型农村合作医疗，参合率99.66%，覆盖率达100%。农村社会养老保险77941人。

安全生产 2012年，全县亿元GDP生产安全事故死亡人数1.08人。煤矿百万吨死亡人数为零。全县共发生各类安全事故37起，死亡28人。其中道路交通事故33起，死亡28人，消防火灾发生4起，无人员伤亡。

民生事业 2012年，全县城镇居民人均可支配收入17638元，同比增长15.8%；城镇居民人均消费性支出9341.5元，同比增长6.0%；农民人均纯收入达3236.1元，同比增长16.8%，农村居民人均现金支出3403.8元，同比增长20.9%；城镇居民家庭恩格尔系数27.1%。

2012年，全县企业参加基本养老保险人数9600人，农村参加基本养老保险人数75000人，参加失业保险人数7983人，城镇登记失业人数153人，全县共有城镇居民3516人和农村居民5678人得到政府最低社会保障。（宋　丽）

·和顺县·

中共县委书记	孙永胜
县人大常委会主任	宋有林
县长	马海军
县政协主席	杨治国

【简述】 和顺县北纬37°03′~37°36′，东经113°05′~113°56′。全县设5镇5乡294个行政村；全县总面积2250平方千米；耕地面积22492.26公顷；总人口140919人，其中男72745人，女68174人，非农业人口31040人。

全年地区生产总值完成41.5亿元，规模以上工业增加值完成22.4亿元，固定资产投资45亿元，财政总收入完成12.68亿元，同比增长39.8%，增幅全市第一，在全省排位由上年的62位前移10位，在全市前移2位；一般预算收入5.3亿元，同比增长58.5%；社会消费品零售总额完成9.45亿元，同比增长16.4%；全县城镇居民人均可支配收入达16010元，同比增长16%；农民人均纯收入达3830元，同比增长14.86%。

农业 2012年，全县粮食总产量6300万公斤，完成市考核指标的157.5%。新增设施蔬菜面积4020亩。规划“一村一品”专业村170个，发展“一村一品”示范村24个。新建、改扩建标准化养牛园区88个，全县10头以上母牛饲养户达2153户，母牛存栏2.4万头。新建绿和、宇蕻、和牧三个千头规模肉牛育肥企业，大型肉牛育肥企业达8个，龙旺公司肉牛屠宰生产线建成投产。天凯现代农业科技示范项目完成投资6430万元。新增双孢菇菇床面积15万平方米，总产量300余万公斤。全县共争取各类扶贫资金3650万元，受益人口2.15万人，8782个贫困人口脱贫，扶贫工作考核位列全市第一。成立全省第二家县级扶贫基金会，募集扶贫基金800余万元。新农村建设完成投资3000万元。

工业 2012年，投资6.58亿元对煤矿升级改造，神磊煤业通过竣工验收，益德、北关、良顺煤业升级改造工程进展顺利，吕鑫、鸿润煤业开工建设。阳煤集团500万吨泊里矿井奠基开工，全年完成煤炭产量1121万吨。阳煤集团百万吨尿素项目一期、盛宝年产1.2亿块烧结砖、随生年产4000万块烧结砖、长沟选煤厂、丰泰选煤厂项目竣工投产。阳煤集团晋东煤机维修制造项目推进顺利。佰裕东粮食加工项目完成工程量的70%。

项目建设：2012年，43个市级重点项目全部开工建设，全市排名第一，完成投资56.44亿元，占年度投资计划的149.1%。总投资18.57亿元的10大转型综改标杆项目全部开工建设，其中8个项目竣工，完成投资19亿元，占年度投资计划的102.3%。招商引资签约项目6个，签约资金318.7亿元。

旅游业 2012年，合山、太行龙口、阳曲山等景点景区建设完成投资6170万元，举办第六届牛郎织女文化旅游节。全县旅游综合收入达2.3亿元，带动第三产业发展。

基础设施建设 聘请清华大学建筑学院规划编制《和顺县县城中心区域城市设计》，确定“一城四区”“五位一体”复合县城结构。投资1.8亿元，重点实施旧城扩容提质工程。西外环路、北外环路开工建设。实施六大片区、660余户的房屋征收工作。开工建设1752套保障性住房，超额完成市定任务269套，开工率、竣工率、投资完成率、综合排名均居全市前3位。投资500余万元改善市容市貌，通过省级园林县城初评工作。安和线恋思水库淹没段改线二期铺油配套工程、董榆线至县城连接线工程全面完工；安和线城市过境段井玉沟至东垴改线路基工程完成90%；县道马石线上北舍至石拐段路基工程完工；董榆线董坪—郜家庄段一级路改造工程和和榆高速许村—松烟、平松—喂马连接线工程前期工作基本完成，征地拆迁进入施工阶段；和榆高速和顺段完成投资3.1亿元，阳左高速和顺段完成投资9.15亿元；二级汽车客运站投入运营。总投资1.76亿元的恋思水库工程下闸蓄水。投资597万元，实施饮水安全工程40处，解决40个自然村、1万口人、6389头大牲畜的饮水安全。投资5621.63万元，造林3.3万亩，村庄绿化43个。节能减排指标及污染防治项目全部完成，县城环境空气质量二级以上天数361天。

社会事业 2012年，全年用于民生及各项社会事业的支出达6.58亿元，同比增长20.5%。新增城镇就业1729人，转移农村劳动力6000人，城镇登记失业率控制在2%以内。新农合参合率达98.55%。投资1.8亿元，实施薄弱学校改造和标准化幼儿园建设工程。高考达线人数393人。职中对口升学率连续两年全省第一。全市高中教育质量分析会在全县召开。中考成绩在全市综合质量评估中名列第一。新建县中医院项目竣工。40所标准化村级卫生所竣工投用。9所乡镇敬老院建成投用。为全县40959户农户免费供应原煤40959吨。

（王　燕）

【恋思水库下闸蓄水】 11月26日，完成围堰截流、大坝封顶、移民搬迁等重大节点任务，大坝主体、导流洞、泄洪道等工程全部完工，通过阶段性验收，开始下闸蓄水。

恋思水库是山西省35座应急水源工程之一，是和顺县第一座中型水库。控制流域面积113平方千米，水库总库容1600万立方米，工程总投资17633万元，施工期4年。水库工程由大坝、溢洪道、导流泄洪洞等组成。最大坝高30.3米，坝顶长335米，坝顶宽6米，溢洪道长412米，导流洞长507.6米。累计完成土石方开挖25.26万立方米，混凝土1.32万立方米，浆砌石4100立方米，灌浆2.01万米，大坝填筑51.2万立方米。恋思水库工程建成后，每年可向全县城乡生活及工业供水384万立方米，农业灌溉供水68万立方米，灌溉面积5000亩，保护下游沿河两岸的31个村庄、5万亩耕地免受洪涝灾害。（王　燕）

【马玉禄当选中华孝亲敬老十佳楷模】 2012年12月29日，和顺县天凯集团董事长马玉禄当选为第五届中华孝亲敬老十佳楷模。

截至2012年底，马玉禄先后为敬老事业、贫困老人、“三老”人员、贫困学生、残疾人、“三联五帮”、抗震救灾、新农村建设、文化传媒、红色旅游等捐款达3600余万元，被授予山西省“老龄信访工作先进个人”“劳动模范”，晋中市“老龄工作先进个人”“敬老爱老楷模”“十一五”扶残助残先进个人和和顺县“十大孝心”“公益事业典范”等荣誉称号。天凯集团连续两年被评为和顺县“最具社会责任心企业”，2012年获山西省首届“敬老文明号”殊荣。（王　燕）

·昔阳县·

中共县委书记	刘润民
县人大常委会主任	郭爱生
县　　长	丁雪钦
县政协主席	王录文

【简述】 昔阳县北纬37°20′~37°43′，东经113°20′~114°08′，全县总面积1954平方千米，辖12个乡镇，335个行政村。全年地区生产总值完成51.1亿元，同比增长7.3%；财政收入完成12.7亿元，同比增长26.7%；规模以上工业增加值完成26.4亿元，同比增长9.8%；全社会固定资产投资完成59.6亿元，同比增长36.1%；社会消费品零售总额完成16.5亿元，同比增长15.5%；农民人均现金收入完成5367元，同比增长14.1%；城镇居民人均可支配收入完成16924元，同比增长15.1%。在晋中市委、市政府的年度考核中被评为优秀单位。

项目建设　新型工业强县坚持“抓大、扶小、引新”。丰源、白羊岭、黄岩汇等瓦斯发电总装机容量达42.2兆瓦，蓝焰煤层气综合利用工程日产气达30万立方米，瑞阳煤层气液化一期工程投产，阳煤一期40万吨电石于2012年5月底投入试生产。出台《关于促进全民创业加快民营经济发展的意见》，县财政每年拿出300万元作为发展基金，每注册一户个体工商户资助1000元，个体户转为小型企业的奖励3000元，鼓励和支持中小企业的发展，推进全民创业。大寨经济开发区下设的大寨现代农业观光园、界都循环经济园和赵壁农副产品加工园初具规模，大寨现代农业科技示范园、铁氧体高档磁性材料及高效微型马达制造、阳煤电石以及双孢菇示范园等项目进驻园区并开工建设，投资80亿元的镁基合金汽车轻材料项目、天圆化工60万吨硝酸系列产品项目前期工作开展。年初县委以一号文件下发《关于加快产业扶持力度推进特色农业大县建设的意见》，决定每年投入5000万元，扶持“绿色蔬菜、核桃干果、规模养猪、双孢菇种植”四大特色产业。2012年，全县无公害绿色蔬菜种植面积达2.5万亩；干果（以核桃为主）种植面积达15.6万亩，规模养猪突破40万头。特别是双孢菇种植逐步成为全县农民增收的又一主导特色产业，建设白羊峪500亩双孢菇种植示范园工程和万业丰300亩食用菌产学研基地，至年底，全县双孢菇种植面积达30万亩，总产值达1个多亿，带动全县农民人均增收450元。文化旅游名县建设以打造大寨品牌、建设全国文化强县为目标，全面实施文化旅游建设“八大工程”。红旗一条街建设基本完成，大寨“AAAA”级红色旅游景区创建启动，大寨现代农业观光园、武家坪改造恢复等“大大寨”旅游平台建设推进，在全县形成以大寨为核心的“大大寨”文化旅游圈。对县城周边的陀燕岭、老岭山、澳垴山、张家山等四座荒山，安坪、巴洲、界都、赵壁、洪水等五道大川，207国道、317省道和主要县乡骨干道路，松溪河、安坪河、巴洲河、思乐河四条环城河道进行综合治理和高标准绿化。2012年共实施造林绿化工程4项，总投资1.2亿元，造林2.3万亩，新建十大街心主题公园，城市绿化覆盖率达38.9%。

城乡发展　统筹城乡发展，按照大县城总体规划，以“一城两翼三镇十二中心村”为布局，县城周边十六个村全部纳入“大县城”发展范畴，南关、钟村、西大街等城中村全面完成综合改制，4400多村民转为市民，并配套解决养老、医疗、就业等社会保障问题。同时，从政策、资金、产业等方面全力扶持，打造东冶头、沾尚、皋落三大特色集镇和12个千人以上样板示范村。新建昔阳中学投入使用。实施“山西健康希望工程”，全县中、小、幼儿学生每人每天可以免费享受一颗鸡蛋一袋奶。设立1800万元的大病救助保险。出台个体户奖励3000元的创业就业补贴政策。全省标准化程度最高的千人敬老院开工建设。“新农保”“新农合”参合率稳步提升，各类救灾救济工作扎实推进。实施民生工程，投资21.7亿元实施的十大惠民工程进展良好。加强基础建设，围绕城乡水网、电网、路网、住房、通信、广播电视等各个领域，启动一批事关昔阳长远发展的重大基础设施建设项目。投资3.5亿元的松溪供水工程正在建设，投资6000万元连续三年实施的省小型水利重点县工程和投资760万元的人畜饮水安全工程推进。阳左高速昔阳连接线立项，榆赞高速上报省政府审批。黄岩220千伏变电站投入运行。两轮农村“五个全覆盖”工程任务全面完成。投资600多万元的网格化社会管理网络向农村延伸。（昔阳县史志办）

【大寨·华通现代科技农业示范园项目】 “大大寨”战略是全县“三大战

略”的重要组成部分，其核心是通过拓展发展空间，加快产业集聚，提升品牌影响力，建设产业大大寨、旅游大大寨、文化大大寨、精神大大寨、历史大大寨，使“大大寨”成为引领昔阳转型跨越发展的龙头。2012年，由国家开发银行牵头对“大大寨”进行整体规划，投资46亿元，实施14项“大大寨”建设标志性工程。其中，与华通路桥集团有限公司合作的大寨华通现代科技农业示范园建设项目，不仅是全省转型综改试验建设标杆项目，也是拓展大寨“农”字文化旅游产业的靓点工程。项目选址于207国道大寨入口处(大寨旅游路以西、207国道以东)，总投资8亿元，总占地面积1600亩。 (昔阳县史志办)

【瓦斯发电项目】 昔阳县丰源实业有限公司瓦斯发电厂是山西省发改委(省经信委)于2010年8月批准的山西省资源节约与资源综合利用企业，成立于2007年。项目分两期实施，其中一期工程位于原麻汇煤矿，投资2900万，依托丰汇煤业实施10×500kw瓦斯发电项目，2010年并网运行。二期工程总投资9500万元，在一期的基础上新建8×600kw瓦斯发电机组及余热利用工程，厂房、机组安装完成，剩余接入系统、机组线路等正在完善之中。同时，在昔阳县富邦肥业厂区内建设24×600kw(4台备用)瓦斯发电机组及余热利用系统，厂房、机组安装等正在建设，完成投资7600万元。 (昔阳县史志办)

【西莱东果核桃经济林工程】 2012年，全县投资4000余万元，实施优质核桃经济林工程2万亩，涉及9个乡镇50多个村。其中杜庄核桃经济林示范园工程，种植规模2000亩，新栽植核桃树6.6万株，成活率达95%以上，是全县2012年最大的核桃连片种植基地。

2012年，全县以核桃为主的干果经济林面积达15.6万亩，结果面积达8.8万亩，年产核桃3500万斤，带动农民人均增收170元。

(昔阳县史志办)

【双孢菇种植示范工程】 2012年全县重点建设三个双孢菇种植示范园：总投资2177万元的白羊峪500亩双孢菇种植示范园工程、总投资2000万元的城南300亩双孢菇创业园以及总投资6000万元的大寨现代农业产学研示范园。 (昔阳县史志办)

·寿阳县·

中共县委书记	王继堂
县人大常委会主任	陈振明*
	郭培纲
县长	郝鹏鸿
县政协主席	郭培纲*
	成建文

【简述】 寿阳县北纬37°32′~38°05′，东经112°46′~113°28′。2012年寿阳县委、政府以“再翻番，争十强”为目标，带领全县人民全力实施“项目带动，城乡统筹，环境创优，和谐建设”四大工程，全县经济社会建设呈现稳中有进的良好态势。地区生产总值完成111亿元，同比增长16.82%；规模以上工业增加值完成69.4亿元，同比增长22.83%；固定资产投资完成78.9亿元，同比增长37.70%；财政总收入达31.4亿元，同比增长24.11%；社会消费品零售总额达17.7亿元，同比增长16.45%；城镇居民人均可支配收入达23345元，同比增长16.50%；农民人均纯收入达8287元，同北增长16.78%。

项目建设 全年推进重点项目48个，投资107亿元。引进重点项目10个、258亿元。转型项目竣工投入生产17个。主导产业加快提升，新建和技改矿井8个，投资57亿元，原煤产量达2003万吨。新煤电化、新能源、新材料、新装备制造等新型产业体系初步形成。

现代农业 全年实施农业产业化项目59个；实施景康高科技温室大棚、田益生态有机肥等一批示范项目。新培育百亩以上集中连片园区31个、畜禽标准化规模养殖场15个；新培育专业乡镇4个、专业村43个。全县粮食总产达3.03亿公斤，蔬菜总产达96.85万吨，肉、蛋、奶同比增长13%，主导产业收入占农民纯收入达65.5%。2012年寿阳县获晋中市“增加农民收入先进县”。

城乡建设 启动全县总规编修北部城市建设规划，全年铺开各类市政基础设施和市政公用设施建设7类30项，投资3.3亿元。硬化6条城市道路、12条街巷，完成3个公园广场建设，白马河综合治理工程顺利推进，县城供热覆盖率、垃圾和污水处理率提高。7个矿区移民新村建设扎实推进，30个省级推进村达到验收标准。重点实施307通道绿化、万亩核桃经济林和天然保护林工程，达到省级园林城市创建标准。

民生事业 创建全省“药品安全示范县”“卫生应急综合示范县”。全年新增就业人员4097人，达到省级创业型城市建设标准。新农合实际补同比增长9.6%，城乡低保、农村五保、重点优质对象的新一轮提标工作全部完成。将弱势群体纳入城乡医疗救助“一站式”服务平台，寿阳县被评为“全国敬老助老模范县”。 (武代玲)

【生物质直燃发电项目】 项目位于寿阳县温家庄乡大东庄村南，由山西鑫世泰绿色能源有限公司承建，占地面积12万平方千米，总投资24371万元，年发电量1.95亿度。项目建设规模为2X15兆瓦空冷凝汽式轮发电机组，配套2台75吨/时循环流化床锅炉，烟气除尘采用新型布袋除尘器，除尘效率可达99.9%，每年利用可燃生物质20多万吨，可节约标准煤10多万吨。

(武代玲)

【新水源工程】 松塔水电站位于潇河主流松塔河上，地处寿阳县羊头崖乡西草庄村东500米处，水电站以城市生活供水和工业供水及水力发电为主，兼顾防洪、灌溉等综合利用。工程始建于2009年7月，控制流域面积1174平方千米，迁移移民1053人，淹没耕地4453.5亩。期间，寿阳县委、政府配合省市水利部门及施工单位完成所承担的征地补偿、移民安置、工程占地协调等工作。2012年3月2日水电站通过省水利厅验收，水库正式开始蓄水。水电站装机容量2X500千瓦，大坝最高62.6米，正常蓄水位1027米，总库容9740立方米，总投资101743万元。可为晋中城区和寿阳县提供城市及工业用水2200万立方米，每年平均发电349万千瓦时，改善潇河灌区农业灌溉面积17.57万亩。2012年被晋中市评为"新水源工程建设先进县"。（武代玲）

【农业机械化】 2012年寿阳县农机总动力达32.49万千瓦，拥有各类拖拉机6041台，其中大中型拖拉机达2054台；各类配套农机具11019台(件)，其中玉米收获机达174台，全县玉米机收面积达28.4万亩，玉米收获机械化水平达47.41%。全县农业机械化水平达到75.71%，有农机专业合作社55个，农机服务企业3个，农机大户116户。全县农机经营总收入达1.767亿元，纯收入达1.08亿元。农机合作社和服务企业农田作业量占全县田间作业量的四分之一，经营收入占田间作业收入的三分之一。农机服务企业和农机专业合作社成为农机社会化服务体系的龙头和主体，寿阳率先跨入全省农机化作业十强县。

（武代玲）

·太谷县·

中共县委书记 杨建平
县人大常委会主任 杨建平
县长 郝向明
县政协主席 李德仁

【简述】 太谷县北纬37°12′~37°32′，东经112°28′~113°01′。2012年，全县围绕"解放思想年""项目建设年"总体安排，实施"双十双百"工程，全面推进经济、政治、文化、生态、社会和党的建设，各项工作都取得新成绩。2012年，全县固定资产投资增速达37%，完成35亿元；财政收入增速达20%，完成7.2亿元；社会消费品零售额、城镇居民可支配收入和农民收入增速均超过15%，分别完成23.6亿元、20038元、10952元；生产总值、工业增加值保持10%左右的增速，完成60.6亿元、14.8亿元。

农业生产 全县实施"四个一"工程，设施蔬菜、苗木花卉达8万亩、11万亩，猪、鸡年饲养量达170万头、3041万只。建成8个精品种植园、10个健康养殖园、14个省级专业村。全县有99个村实施市级一村一品专业村建设，新发展农业合作社50个，累计发展总数达565个，发展农民专业合作社联合社5个。资本农业、公司农业、科技农业蓬勃兴起，"传统农业"开始向"现代农业"转变。

工业生产 2012年，太谷县"四大园区"建设成绩斐然。恒达循环经济园3个项目建成运营，2个项目完成一期工程。重组中煤京达，成为省级焦化产业保留企业；水秀新型产业园入园项目27家，投资总额突破140亿元。其中16家开工建设，8家完成一期工程；南山医药食品园品牌效益凸显。"明泉宝"商标成为中国驰名商标。太谷饼，壶瓶枣干枣、鲜枣获得地理标志证明。实现太谷县中国驰名商标、地理标志证明零的突破；胡村铸造工业园1500亩核心区开始起步，新和管路精密铸件开工建设。

旅游发展 全县按照从"单一观光"转变到"复合度假"，从"门票经济"转变到"产业经济"的思路，打造融生态、自然、文化多种元素为一体的休闲度假、明清古城、中药养生、丛林狩猎"四大板块"旅游新亮点。依托百里林果带，加快梅苑、凤凰山、凤翼山三个生态园建设，完善农家乐、民俗村、古寨落等旅游景点，打造全国知名的休闲度假示范城；依托太谷古城、曹家大院，建设票号、中药、面食、影视拍摄四大景点，打造华北优秀的晋商旅游服务区；依托广誉远、黄河、中远威等知名医药企业，挖掘中医药文化、晋商养生文化，打造全省驰名的中医养生疗养地；依托官寨狩猎场，开发野外宿营、高山探险、弓箭狩猎等娱乐项目，打造全市独特的生存体验目的地。举办桃花节、草莓节等一系列旅游营销活动，农家乐、乡村游成为短途游的重要目的地。全县旅游人数突破170万人次，同比增长1.4倍。"过境旅游"开始向"休闲度假"升级。

项目建设 全县落实"四位一体"项目管理机制，实施56个重点项目，完成投资46亿元；争取中央、省市支持项目27个，落实资金4358万元。引进项目15个，总投资222亿元。项目个数、引资总额、完成投资，均创历史新高。其中：电石渣水泥、高碳铬铁、禾宇电力、青科恒安、乾通塑胶、凝固力材料6个项目建成运营，庞大汽贸、开源益通等7个项目完成一期工程。这些项目的建成投产，为全县经济发展增添新的增长点。

综改试验 全县申报2个增减挂钩项目，置换用地指标755亩，全部用于二业项目建设，有效缓解项目用地难的问题。实行财政供养、企业使用的政策，为恒达园区招聘6名工业类大学生，正式上岗。组织4次银企对接活动，为30家工业企业融资11亿元。整合、精简331项行政审批事项，压缩率达80.7%。四大班子领导、56个单位分包56个工程，保证项目建设。

城乡建设 2012年，太谷县启动投资82亿元的40项城建工程，为历史上投资规模最大、工程项目最多、建设品位最高的一年。先后提升6项市政功能，改造5条主干路、17条小街巷。太太路、龙城高速及其连接线通过道路绿化、管线入地、电力缆化，为全县新增3条标志性、高等级精品路。金谷广场主体完工，将于2013年4月正式投入使用，成为太谷县城最具魅力的"城市客厅"和"休闲场所"。乌马河过城段改造，武装部、大西高铁连接线等工程全面推进，城南片等城中村改造工程深入实施。胡村、范村分别实施省级示范镇、市级重点镇建设，水秀乡撤村建居工程初见成效，完成31个村的新农村建设，被列入中心村建设的15个村有8个启动住宅小区建设，农村城镇化建设步伐加快。

生态环境 全县植树674万株，绿化通道36千米、荒山3.3万亩。林木绿化率、森林覆盖率分别提高1个百分点以上。新增集中供热40万平方米、集中供气4000户，普及率分别达85%、65%。城区建立环卫精品区，实施清扫保洁市场化试点，农村开展"一出三进"活动，新增保洁面积150个村200万平方米。创建1个省级生态文明村、2个市级生态文明村、1个环境优美乡镇。COD和SO_2减排、城区二级以上天数等约束性指标全部超额完成任务。

社会事业 全县城乡教育六大盟区运行机制完善,新、改建幼儿园8所,明星小学成为全国百所数字化校园试点校,太谷二中成为全国教育部教育信息化应用试点校,太谷中学成为全省信息化技术学科教学基地。全县中、高考成绩持续保持全省前列。落实城乡低保、医疗救助、优抚补助等各类救助18416人,补助金额3638.78万元。开展创建"白内障无障碍县""创业就业试点县"活动,实施白内障手术1050人,新增城镇就业岗位1824个,城镇登记失业率控制在2%以内。五大保险综合参保率达93%,征收各类基金1.3亿元,为5.6万人支付保险2.6亿元。与农工党中央、中华母亲节促进会等单位,联合举办中华母亲节推动大会暨太谷孟母文化节。与中央、山西、太原电视台合作,分别播出面里乾坤、走进大戏台等专题片。编制《孟母三迁》秧歌剧、孟母故里邮册。与山西农大、省果树所开展校县、县所合作,推广先进实用技术,科技进步贡献率达58%,高出全省平均水平6个百分点。医疗卫生、人口计生等各项工作稳步推进,安全事故防控能力有效提升。国防动员、人民防空、双拥工作加强,妇女、儿童、老年人和残疾人权益得到保障,统计、审计、气象、民族宗教、外事侨务、档案、史志、防震减灾、"六五"普法等各项事业都取得新的成绩。

(杨　扬)

·祁　县·

中共县委书记　段燕翔
县人大常委会主任　张俊慧
县　　　长　张　鹏
县政协主席　孔襄中

【简述】 祁县北纬37°4′~37°28′,东经112°12′~112°39′。2012年全县地区生产总值达54.95亿元,增长10%;规模以上工业增加值达13.64亿元,增长21%;固定资产投资达33.04亿元,增长35.9%。财政总收入突破5亿元大关,达5.11亿元,增长18.7%,比上年净增8000万元。城镇居民人均可支配收入达21370元,增长13%;农民人均纯收入达10129元,增长17%。社会消费品零售总额增长15.4%,达26.9亿元。外贸进出口总额增长13.5%,达4360万美元。

项目建设 全县完成重点项目储备165个,总投资规模达1010亿元。新签约项目11个,总投资189亿元。落地项目110个,总投资60亿元。实施重点项目37项,完成投资41.4亿元,投资完成率108%。"双十重点工程"除轨道交通项目投资方放弃实施外,有16项开工建设,其中5项竣工,其余项目正积极推进;"十大续建项目"5项竣工,另外5项均达时序进度。

产业转型 玻璃器皿业上档升级步伐加快,大华晶质玻璃改扩建项目竣工投产,国家玻璃器皿质检中心项目荣获"中国玻璃器皿之都"称号。酒类饮品业形成白酒、啤酒、果汁、饮品等较为完整的产业体系。碳素业产能有效发挥,出口翻两番,产量和效益取得新突破。以水泵为主的机械制造业发展提速,自主创新能力增强。经济开发区扩区、移位、升级进程加快,理顺管理体制,完成110千伏变电站建设,实现6.5平方千米"七通一平",新上16个项目,总投资48亿元,企业总数达37个。

现代农业 出台产业扶持政策,财政投入1.7亿元专项资金支持现代农业。推进"四个十"工程,新发展水果1.2万亩、干果经济林1.3万亩、设施蔬菜7050亩,面积分别达17.3万亩、4.5万亩、2万亩;牛饲养量增长11.4%,达14.7万头。新发展"一村一品"专业村68个、专业乡镇1个。公开选聘33名农技人员,充实到乡镇、园区等农业科技推广服务第一线。荣获全国林业合作社建设典型示范县、国家级出口酥梨质量安全示范区、中国辣椒之乡、全省农民增收先进县、农机化生产先进县等称号。

旅游 乔家大院5A景区创建有序推进,"德兴堂"对外开放,乔家堡新农村建设与整村搬迁工程顺利实施。昌源河国家湿地公园完成一期工程,成为108走廊一道亮丽的风景线。红海玻璃文化艺术园项目进展顺利,成为工业旅游新亮点。启动古城规划与开发,成立昭馀古城管理处,加强古城保护与管理。旅游业实现门票收入6165万元,增长80%。

城镇建设 编制完成《祁县城乡一体化发展规划》,启动"一轴两区"大县城规划与建设。实施总投资17亿元的十大市政重点工程,新建南北路、友谊东西路改造,湿地公园旅游路(一期),东风大街立面整治,108走廊亮化,古城四条大街及小街巷改造等工程全部竣工。集中供热工程完成热源厂和管网建设,实现并网供热。东观镇进入省级示范镇行列。

民生事业 农村新的"五个全覆盖"工程全面完成。"一村一品"和"四个十"工程大力推进。成为国家新型城乡居民社会养老保险试点县,全县60岁以上老人领到养老金。祁中新校区投入使用。医药卫生体制改革完成。开工建设保障性住房5092套,改造农村危房760户,改造和硬化城乡道路1200千米,城乡面貌明显改观,民生民利持续改善。"十件实事"完成9件,汽车客运站开工建设。为全县80岁以上老人发放长寿优待金,财政出资缴纳医保和新农合基金。新开工新御花苑、晨虹花苑等保障性住房2929套,改造农村危房300户。建成示范幼儿园等3所标准化幼儿园。祁中新校区投入使用,县级标准化教研室通过验收。新增城镇就业再就业5166人,农村劳动力转移就业6753人。继续实施"平安祁县"工程,开工建设视频监控中心。居民健康档案建档率达98%。农家书屋、农村体育场地实现全覆盖。

社会管理 建立三级平台、四级网格社会服务管理模式,新改建的政务服务中心、信访服务中心投入运行。建成11个乡镇(城区)便民服务中心和27个村、社区社会服务管理中心,基本实现社会管理"科学化、系统化、规范化"和公共服务"无缝隙、全覆盖"。落实"一岗双责"制度,开展"打非治违"和"百日安全生产"行动,安全生产形势保持稳定。开展地质灾害、森林防火等应急演练,修订24个

专项应急预案和63个部门应急预案，应急处置能力加强。 （岳丽霞）

【获“全国首批农民林业专业合作社典型示范县”称号】 2012年8月17日，祁县荣获“全国首批林业专业合作社典型示范县”，也是全省唯一获此殊荣的县。全县在工商部门注册的涉林农民专业合作社达143个，入社人数12000多人，社员出资总额达8470万元。 （岳丽霞）

【获“中国玻璃器皿之都”称号】 2012年，中国轻工业联合会下发《关于授予山西省祁县“中国玻璃器皿之都”称号的通知》（中轻联科技[2012]251号），祁县被命名为“中国玻璃器皿之都”。2012年12月26日，“中国玻璃器皿之都”授牌仪式在祁县会议中心举行。全国政协委员、全国政协提案委员会副主任、中国轻工业联合会会长、中国日用玻璃协会名誉会长步正发，省政协副主席李雁红，中国日用玻璃协会理事长孟令彦，副理事长刘建平等省市领导和各级新闻媒体参加授牌仪式。 （岳丽霞）

·平遥县·

中共县委书记	李非忠
县人大常委会主任	杨登文
县长	卫明喜
县政协主席	张文渊

【简述】 平遥县北纬37°12′~37°21′，东经112°12′~112°31′。2012年，全县辖3个街道16个居民委员会和14个乡镇273个行政村，有耕地76.39万亩。2012年，全县地区生产总值完成926534万元，同比增长8.9%；财政总收入120467万元，增长9.43%，其中一般预算收入54452万元，增长28.79%；规模以上工业增加值36.0594亿元，增长12.5%；固定资产投资51.0457亿元，增长21.4%；社会消费品零售总额391200万元，增长16%；城镇居民人均可支配收入20104.6元，增长13%；农民人均纯收入7735.6元，增长15.3%。

农业经济 粮食总产25.79万吨，单产442.7公斤。新建完善设施蔬菜园区11个，蔬菜总产38.5万吨。新发展干鲜果经济林2.1万亩，产量近20万吨。建成规模标准化养殖小区（场）21个，新增畜禽50万头（只）。冠云万头肉牛育肥基地和保林6万只蛋鸡养殖园完工。全年全县肉类总产量32514吨，奶类产量21426吨，禽蛋产量45644吨。

工业经济 投资15亿元，铺开20项重点工程。煤化光学材料产业园和中科鸿基生物产业园被列为省转型综改标杆项目，光学材料产业园一期投产并填补国内空白。煤化集团成为全省“一县一企”转型综改试点循环经济企业。耀光煤电实现双机发电；峰岩铸造集聚区一期3万吨汽车零部件生产线投产，华兴成品电机销往全国各地，铸造业升级迈出新步伐。万元生产总值能耗降至1.95吨标准煤，纳税超亿元企业2户，超千万元企业8户，超500万元企业12户，37户规模以上企业纳税6.72亿元，占财政总收入56%。

旅游 “又见平遥”大型室内情境体验剧项目完工。取缔古城内景点门面房租赁经营摊点，按星级标准改造、新建所有旅游厕所，在旅游从业人员中推广明清服饰，旅游标准化创建初见成效。双林寺、镇国寺门票调价。全县国家级非物质文化遗产传承人达4人，省级12人。成功申报全省唯一国家级文化生态保护区传统手工技艺传习培训基地。举办平遥国际摄影大展、中部六省非遗成果展、平遥中国年、襄垣梨花节和酥梨采摘节。全年来平遥旅游人数417万人次，门票收入1.5亿元，旅游综合收入40亿元，第三产业占GDP比重达46.2%。

城市建设 按照“中部神龟灵动、两翼凤凰展翅”布局理念，开展城市建设工程，城镇化率37.44%。古城旅游文化国际化项目的13个子项目基本收工，累计使用贷款3.89亿元。启动古城内传统民居保护修缮项目。拆迁20万平方米，其中，惠济河综合治理拆迁13.8万平方米。城区二级以上天数达356天，空气环境质量达到国家二级标准。制定省级推进村规划30个，实施5个乡镇、16个村农村环境连片治理，植树80余万株，新增绿化面积7600余亩。建成南良庄旅游路、西王智至香乐二级路、香乐至安固仿古家具园产业路、襄垣酥梨园区循环路和兴东村至南依涧三级路。

社会事业 安排新建保障性住房5107套、续建1820套，竣工1392套，改造农村危房586户，惠及166个村，普洞村、青龙村地质灾害移民搬迁1321户，4488人搬入新居。投资880万元，实施29处工程，解决近2万人饮水安全问题。投资2.1亿元，对义务教育阶段学校实行基础配套升级，建设县二幼和平遥二中教学楼，新增、阶设农村幼儿园36所，中小学信息技术教育普及率100%。农村城镇新型居民养老保险分别参保24.5万人和9000人，发放社会保险金3.56亿元。新农合参合率98.56%，补偿32万人次、1.03亿元。8300名改制企业工人纳入医保范畴，消除覆盖盲区。发放农村五保供养金和生活补助658万元、城乡低保金2860万元。拨付创业就业补贴992万元，新招录公益岗位300个，转移农村富余劳动力9002人，新增城镇就业人员4736人，城镇登记失业率1.3%。

改革开放 深化行政审批制度改革，行政许可事项由284项减至54项。城管部门统一行使住建、规划、环卫、园林、工商等部门城管职能。财政支付300万元解决历年破产改制企业遗留问题。引进项目14个，总投资239亿元，年底金融机构各项贷款余额35.4亿元，同比净增2.3亿元。

（梁 晓）

【平遥古城招商洽谈会】 9月20日，第七届平遥古城招商洽谈会签约仪式在峰岩建国饭店举行。签约项目总数达11个，投资总额195.5亿元，拟引资175.1亿元，同比增加66.7%。县委副书记、县长卫明喜，县委常委、副县长曹治胜，县人大常委会副主任安修友，县政协副主席张保平等出席签约仪式。 （梁 晓）

【举办刘旺凯旋庆典】 6月16日18时37分，中国载人飞船神舟九号在酒泉卫星发射中心发射升空,航天员刘旺是平遥东游驾村人。6月29日上午,刘旺与他的战友景海鹏、刘洋在太空遨游13天后成功返回地面,平遥一片沸腾,市县两级共同主办"庆神九回归、贺英雄凯旋"大型庆典仪式。市委书记张璞向刘少平颁发"功勋家庭"荣誉证书,市委常委、宣传部长黄耀春,市委常委、晋中军分区政委王威代表市委、政府赠送"功勋家庭"牌匾,县委书记李非忠、县政协主席张文渊代表县委、政府向刘少平颁发"古城平遥骄子、中国飞天英雄"的牌匾。（梁 晓）

【国际摄影大展】 9月19日开展,以"回归·超越"为主题。9月25日落下帷幕。共展出45个国家和地区的332个不同特色的展览,包括约1700名摄影师的13000多幅各种流派和风格的作品,以柴油机厂、土仓、吉祥寺、平遥国际艺术中心(原棉织厂)、县衙、文庙、城隍庙、清虚观、吉祥寺、二郎庙、小察院、贺兰桥等为展区,期间举办图片展览、主体活动、学术活动、颁奖活动、特色文化经贸活动等五大类几十项文化经贸活动,驻会媒体达142家、记者近400名。新西兰、缅甸、北欧四国等国家首次参加中国平遥国际摄影大展,15个非洲国家参与大展。大展首次设立国家馆,全景式地集中展示英国、新西兰、北欧四国的摄影发展和风土人情。被誉为"本世纪第一流摄影家"的美国《光圈》杂志国际著名摄影大师寇德卡携作品参展;首次推出"摄影茶座"和"九月大课堂"两项学术活动。大展优秀摄影师奖分为新闻报道类、艺术类、自然类、风光类、社会生活类五类,最终的"优秀摄影师评审委员会大奖"从五类奖项的24名获奖摄影师中选出。欧阳星凯的《人民路》和钟维兴的《失落园》,获得本届大展优秀摄影师评审委员会大奖。获得第二届致敬奖的是顾棣的《战火中走出来的小八路》。（梁 晓）

·灵石县·

中共县委书记　杨　洪*
县人大常委会主任　何发荣
县　　　　长　吴文胜
县政协主席　张玉立

【简述】 灵石县北纬36°40′~37°,东经110°20′~112°,总面积1206平方千米,全县辖6镇6乡3城区,291个行政村、545个自然村、31个居委会,总人口265428人。

2012年,全年生产总值完成174亿元,增长12.7%;财政总收入、一般预算收入分别完成36.7亿元、13.8亿元,增长17.5%和46.2%,绝对额位居全市第一、全省第八;规模以上工业增加值完成116.9亿元,增长20.4%;固定资产投资完成101.6亿元,增长13.4%;社会消费品零售总额完成46.4亿元,增长16%;城镇居民人均可支配收入完成25175元,增长13.1%;农民人均纯收入完成10515.5元,增长15.6%。

农业经济　农作物播种面积24.86万亩,同比下降9%,粮食作物面积23.07万亩,同比下降8%,粮食总产量57395.92吨,同比增长9.57%。夏粮面积5.65万亩,总产量8848.16吨;秋粮面积17.42万亩,总产量48547.76吨。蔬菜种植面积1.701万亩,总产量2810万公斤,设施蔬菜累计建成面积3313亩,其中新建1060亩,总产量1410万公斤。水果面积3万亩,总产量2890万公斤,新发展葡萄园4000亩,改造中低产杏园200亩。围绕"核桃经济大县"建设,新植核桃林4万亩,核桃林总面积达28万亩,发展"一村一品"专业村92个。全县猪存栏7.5万头,出栏14.5万头;鸡饲养量达260万只(存栏100万只,出栏160万只);牛存栏2400头,出栏1000头;羊存栏5.5万只,出栏5万只;肉类产量达15000吨,蛋类产量达7200吨,奶类总产量340吨。实施"513"工程,新、改、扩建项目3个,转产引资项目8个,引资13910万元,全县农产品加工龙头企业完成销售收入1.36亿元,农业产业化加工、流通龙头企业销售收入1.83亿元,全县农林渔牧业增加值达3.32亿元。

旅游产业　全年接待中外游客316.43万人次,同比增长35.8%,实现旅游综合收入达26.4亿元,同比增长36.1%,门票收入达2800余万元,创历史新高。

项目建设　实施总投资730亿元的108项重点工程,完成投资134.1亿元,引进项目11个,达成引资意向270.5亿元,到位资金36.9亿元。福建华瑞公司投资10亿元野生动物园项目一期投资3亿元选址马和乡,华瀛公司投资10亿元矿山机械制造项目,选址两渡镇,奠基开工;合肥民东科技开发有限公司与灵石县杰泰洗煤有限公司投资2亿元年产3000吨微细电磁线550万K单晶铜键合引线项目,选址两渡镇,并试产;江苏永泰地产集团有限公司与天星公司投资15亿元商贸综合体项目开工;江苏江中集团投资35亿元旧城改造项目开工。

城乡建设　保障性住房开工建设3657套,竣工906套,完成投资(含续建项目)36541万元;农村危房改造开工建设3911套,竣工1952套,完成投资53484万元。

生态建设　环境污染整治完成汾河沿线、县城周边5户企业搬迁。强化企业节能减排,万元GDP综合能耗下降3.73%,二氧化硫等六项减排指标全部完成。推进造林绿化,完成退耕还林1.17万亩、封山育林0.25万亩,新植生态林2.8万亩,完成村庄绿化37个、通道绿化103.8千米、矿区绿化3.1万亩、城郊造林0.21万亩。全年县城区二级以上天数达358天,一级天数达142天。

民生事业　县财政民生投入达9.6亿元,比上年增加16%。4个文化站建设完工,乡镇文化站实现全覆盖。城镇新增就业4790人,转移农村劳动力5036人。全县城市低保对象6607人,发放低保金1829万元;农村低保对象9645人,发放低保金1392万元;发放城乡养老金2573万元。农村五保户集中供养671户,分散供养329户,集中供养年补助标准提高到5000元,分散供养补助标准提高到1900元。县、乡、村三级医疗卫生机构达标率达98.3%,新农合参合率达98.6%,补偿金额达3882万元。城市医疗救助350人,救助金额133万元;

农村医疗救助 919 人,救助金额 237 万元。

教育教学 2012 年高考二本 B 类以上达线 1047 人,同比净增 170 人,增幅达19.4%。投资 2033 万元,完成 36 所学校校舍维修工程;投资 1700 万元,为 74 所学校进行设施设备配套;投入 175 万元,39 所学校食堂按照规范化标准要求进行改造;投入 18 万元,为 40 所寄宿制学校安装财务软件。重点完成 6 所乡镇中心幼儿园建设,其中省级 1 所,市级 5 所。职业教育实现免费"全覆盖"全年招生 1245 人。民办学校 28 所,其中学历教育民办学校 3 所,幼儿园 16 所,培训学校(中心)9 所,在园在校人数达 2800 人。 (景茂礼)

【首届中国龙文化学术论坛】 10 月 5~6 日,由南开大学跨文化交流研究院、南开大学文学院、山西省社科院、灵石县联合主办的首届中国龙文化学术论坛在灵石县石膏山举行。中国社会科学院博士生导师张国星、中国艺术研究院党委书记张庆善、清华大学博士生导师刘石、北京大学中文系教授廖可斌等以及县政府有关领导参加。 (景茂礼)

【石膏山水库下闸蓄水】 12 月 6 日,石膏山水库大坝成功下闸蓄水。水库由枢纽工程、供水与灌溉工程、道路工程三部分组成,2009 年 7 月开工建设,是山西省 35 项应急水源项目之一,控制流域面积 110 平方千米总库容 473 万立方米,是以城镇、工业和农村人畜供水为主,兼顾防洪发电旅游灌溉等综合利用的水利工程。

(景茂礼)

【首届中国国际版画双年展】 12 月 17 日,由中国美术家协会、山西省文化厅、晋中市主办,中国美协版画艺委会、山西省美术家协会、灵石县承办为期两天的 2012 首届中国灵石国际版画双年展在石膏山龙吟书院开幕,共展出中国、美国、波兰、保加利亚、加拿大、比利时、英国、法国、日本、德国、澳大利亚等 50 余个国家 115 位版画家的 211 幅作品。

(景茂礼)

·介休市·

中共市委书记	秦太明
市人大常委会主任	李怀珠
市　　长	王怀民
市政协主席	吴定元

【简述】 介休市北纬 36°50′~37°11′,东经 111°44′~112°10′。全市辖 7 镇 3 乡 5 个街道办事处 231 个行政村 35 个社区。总面积 744 平方千米。年末总人口 411133 人,其中男211537 人,女 199596 人。2012 年全市生产总值完成 150.9 亿元,规模以上工业增加值完成 94.7 亿元,全社会固定资产投资完成 75.8 亿元,社会消费品零售额完成 60.4 亿元,财政总收入完成 28 亿元,一般预算收入完成12.3 亿元,城镇居民可支配收入完成 23060 元,农民人均纯收入完成 8704 元,外贸进出口总额 19920 万美元。财政收入位于全省第 11 位。

工业 煤炭产业,兼并重组后保留的 16 座煤矿,三年投资近百亿,有 3 座正常生产,6 座进入联合试运行,产量达 455 万吨,上缴税费 7.76 亿元。焦炭产业,明确 5 户主体企业,实施兼并重组,总产能提高到 1215 万吨。洗煤产业,完成 26 户洗煤企业技改扩能,总加工能力达 1.4 亿吨,纳税 3.7 亿元。碳素产业,具备 60 万吨产能,产品结构由普通电极向超高功率石墨电极发展。电力产业,新建成 2×15 兆瓦生物发电项目,总装机容量达 31.3 万千瓦。煤化工产业,以煤焦为基,延伸发展甲醇、苯加氢、焦油深加工产品等,形成 50 万吨产能。新材料产业,建成安晟 50 万立方泡沫陶瓷保温材料一期、博创万吨纳米氧化锌等一批项目。钢铁产业,形成 300 万吨产能,安泰 H 型钢打开日本、韩国等国际市场。

项目建设 开展"项目落地攻坚年"活动,制订十六条具体实施意见,推动全市总投资 508 亿元的 110 个项目建设。完成"十二五"重大项目储备216 项、1080 亿元;项目签约5 个、200 亿元;项目落地 77 个、210 亿元;75 项重点工程全部开工,完成投资 100 亿元。义安循环经济园区被确定为全省 4 个千万吨级焦化和 20 个工业循环经济产业基地之一,昌盛 140 万吨焦炭、20 万吨煤焦油馏分加氢等煤焦化产业链延伸项目加快推进;装备制造集中区建成1.6 千米主干路,整合 32 户落后小企业,总投资 42.77 亿元的中加 20 万吨大型锻件项目开工;新材料集中区建成中央大道,布局三佳 25 万吨有机硅深加工、路鑫 2×350 兆瓦低热值煤发电等项目;总投资 159 亿元、占地 2 平方千米的青云通航基地完成投资 5 亿元。

城市建设 在 2.37 平方千米旧城范围实施后土庙广场等十项名城保护工程,投资 3000 万元完成裕华路改造。推进 6.8 平方千米北部新区一期工程建设,7 条续建道路竣工通车,总投资 2 亿元的纬二路东延完成水稳铺设,黄金港五星级酒店投入运营,中心城市框架初步形成。义安、张兰成为全省首批重点镇,义安新村一期工程基本完工,张兰古玩市场完成主体工程;张壁古堡投资 1 亿元完成新村建设;投资 2.1 亿元建成公路 52 千米、桥梁 3 座。投资 2 亿元造林 4 万亩,汾河湿地公园成为国家级湿地公园试点;投资 400 万元在城区新建星级公厕 5 座;市区道路机械化清扫率达 70%,清扫质量基本达到国家卫生城市"五无五净"标准。

综改试验 设立 5000 万元发展基金用于重大转型和循环经济项目建设,垫资 1.04 亿元帮助重大项目完成土地流转和拆迁。创新用地机制,共争取用地指标 2050 亩,其中,新增建设用地 1050 亩,争取到 2 个 500 亩的增减挂钩指标,盘活低效利用土地 400 亩。拓宽融资渠道,争取到上级各类资金 7.25 亿元,组建城乡基础设施投资公司,为保障性住房工程向省开行落实贷款 3.9 亿元,财政投入城市基础设施资金 5 亿元,各银行新增贷款 18.6 亿元。引进太重、大唐、德国 HPC、香港中华煤气等国内外大集团,路鑫、安泰、三佳等骨干企业"走出去"投资建厂(矿)。

民生建设 财政用于民生的资金突破 12.78 亿元,占到财政支出的 71.6%。三年投入 7 个亿建成 38 所城乡学校，总投资1.2亿元的职业中学投入使用，校安工程和中小学标准化建设两件大事一步到位；配备26辆校车免费接送3华里以上的农村走读小学生。社保和就业支出1.7亿元，城乡居民养老、医疗保险实现全覆盖，新农合补偿31万人次、7256万元，参合率位列晋中第一，城乡低保实现应保尽保。在晋中率先完成医疗卫生体制改革，基本公共卫生服务均等化等三项改革经费列入财政预算，拥有500张床位的新建人民医院工程完成投资1.5亿元，开工建设7个乡镇卫生院。总投资5亿元的文化艺术中心加快推进。高标准建设社区，投资1000万元解决街道办事处、社区办公场所，配备338名专职社工，形成网格化管理机制，50个单位结对帮建35个社区。新开工保障性住房9069套。总投资15.8亿元，在建保障性住房总数达14237套。连续两年完成低收入群众每人一吨煤的冬季取暖保障任务。

环境保护 市区二级以上优良天数达363天，一级天数达131天，综合污染指数为1.52。新增城市绿地60.6万平方米，建成城市绿地率达33.74%，绿化覆盖率37.5%，人均公园绿地面积9.8平方米，成为晋中首座、山西省第8个国家级园林城市。地表水汾河义棠断面水质由劣五类达到农灌标准，恢复使用功能。集中式饮用水源地水质达标率达100%。

(赵俊萍)

【青云通用航空基地项目开工奠基】 3月24日，山西青云通用航空基地项目开工奠基。青云集团与德国HPC公司签署合作协议，在中国和德国分别成立合作公司，进行超轻直升飞机的后续研发样机生产及批量生产与销售。

(赵俊萍)

【第五届中国·介休清明(寒食)文化节开幕】 4月1日，由中共山西省委宣传部、省文明办、中华炎黄文化研究所、北京师范大学人文宗教高等研究院、中国民间文艺家协会共同主办，民进山西省委、省文化厅、省旅游局、晋中市委市政府、山西中华文化促进会、介休市委市政府共同协办的第五届中国介休清明(寒食)文化节在绵山风景区开幕。全国人大常委会原副委员长、中华炎黄文化研究会会长许嘉璐，海峡两岸关系协会驻会副会长李炳才，中国佛教协会副会长学诚法师，中央文献理论研究室秘书长郑德兴，中国艺术研究院原常务副院长、中华炎黄文化研究会原常务副会长曲润梅等专家和学者应邀参加开幕式。省委常委、宣传部部长胡苏平，省人大副主任李政文，省政协副主席令政策，省政协副主席、民进省委主委卫小春，晋中市及介休市领导出席。本届文化节分为主题文化、主题民俗、主题缅怀、主题体验四大系列、八项活动。

(赵俊萍)

【第十一届人类学高级论坛】 9月3~4日在介休举办。论坛主题为“维护文化遗产、发展城市文化”。来自台湾世新大学、台湾大学、中央民族大学、山西大学、日本国立民族学博物馆、中山大学、上海复旦大学、中国人民大学等15家大学和研究机构的21名人类学机构负责人和学科带头人围绕主题进行研究和探讨。台湾世新大学讲座教授乔健（祖籍介休洪山镇）介绍人类学高级论坛的发展。市委副书记、市长王怀民，山西凯嘉能源集团总裁路斗恒分别代表市政府、张壁古堡文化研究院与著名人类学家、台湾世新大学讲座教授乔健签订战略合作协议。

(赵俊萍)

运城市

中共市委书记	高卫东*	白　云*
副书记	王安庞	
	董鹏翔	
市人大常委会主任	张建合	
副主任	刘冠生	
	史海涌	
	荆青莲	
	李景发	
	苏安乐	
	卫孺牛	
市长	王安庞	
副市长	王殿民	常建忠
	韩　宇	武宏文
	王健康	陈竹琴
市政协主席	柴林山	
副主席	杨泽生	王七庚
	薛靛民	潘和平
	谢爱玲	张　冠
	闫义勇	孙涛锁

【概述】 运城市北纬34°35′~35°50′，东经110°15′~112°04′，东西宽约201.87千米，南北长约127.47千米，总面积为13968平方千米。

经济增长：初步核算，全年生产总值1068.1亿元，比上年增长7.8%。其中，第一产业增加值177.0亿元，增长6.4%；第二产业增加值491.8亿元，增长7.5%；第三产业增加值399.3亿元，增长8.6%。第三产业中，金融业30.8亿元，增长19.4%；房地产业28.3亿元，增长13.7%；批发和零售业84.9亿元，增长11.3%；交通运输、仓储和邮政业96.0亿元，增长5.0%。第一、第二和第三产业增加值占全市生产总值的比重分别为16.6%、46.0%和37.4%，对经济增长的贡献率分别为13.3%、44.9%和41.8%。

人均地区生产总值20618元，比上年增长7.2%，按2012年平均汇率计算为3266美元。

价格：全年居民消费价格比上年上涨2.5%。其中，食品价格上涨4.4%。商品零售价格上涨1.9%。工业生产者出厂价格下降8.8%，其中，生产资料价格下降9.8%，生活资料价格上涨0.4%。工业生产者购进价格下降3.0%。

就业：全年城镇新增就业人员6.75万人，城镇下岗失业人员再就业1.67万人，就业困难人员实现就业0.46万人。年末城镇登记失业率达2.02%。

农业 农业产值：全年农林牧渔服务业总产值331.6亿元，按可比价计算增长13.0%。其中，农业产值255.6亿元，增长14.4%；林业产值4.0亿元，增长7.3%；牧业产值48.0亿元，增长8.3%；渔业产值2.0亿元，增长21.9%；农林牧渔服务业产值22.0亿元，增长7.8%。

种植面积：全年农作物种植面积792.4千公顷，比上年下降0.8%。其中，粮食种植面积667.4千公顷，增长

1.1%(小麦343.4千公顷，增长0.3%；秋粮324.0千公顷，增长2.0%；玉米275.8千公顷，增长5.0%)；棉花种植面积33.1千公顷，下降34.0%；油料种植面积10.9千公顷，下降3.4%；蔬菜种植面积57.3千公顷，增长2.5%；水果面积148.2千公顷，增长9.1%(苹果面积87.2千公顷，增长5.1%)。

农产品产量：全年粮食总产量30.4亿公斤，比上年增加3.8亿公斤，增长14.2%。

畜禽及水产品产量：全年肉类总产量15.1万吨，增长13.5%。其中，猪肉产量10.5万吨，增长8.8%；牛肉产量0.4万吨，同比下降16.4%；羊肉产量0.7万吨，增长5.5%；禽肉产量3.4万吨，增长32.1%。禽蛋产量19.9万吨，增长10.8%；奶类产量4.9万吨，增长10.6%。水产品产量1.7万吨，增长21.9%。

林业生产：全年造林合格面积22413公顷，零星(四旁)植树1300万株。年末实有封山育林面积30959公顷。

农业机械：年末全市农业机械总动力657.8万千瓦，比上年增长4.5%。机械耕地面积48.8万公顷，机械播种面积52.4万公顷，机械收获面积48.9万公顷。全年农机化经营总收入11.5亿元，同比增长7.5%。

工业　建筑业　工业：全年全部工业增加值423.8亿元，比上年增长6.8%，在第二产业中所占比重为86.2%，比上年下降1.7个百分点。其中，规模以上工业企业434户，完成工业增加值344.3亿元，比上年增长6.0%。产品销售率95.9%，比上年下降1.3个百分点。

全部规模以上工业中，五大支柱行业增加值219.0亿元，比上年增长6.1%。其中，黑色金属冶炼和压延加工业增长6.4%，有色金属冶炼和压延加工业增长6.6%，炼焦业增长1.4%，化学原料和化学制品制造业增长9.1%，电力热力生产和供应业增长17.1%。新型替代产业增加值135.6亿元，增长12.8%。其中，农副食品加工业增长35.4%，非金属矿物制品业下降11.9%，医药制造业增长12.2%，电气机械和器材制造业下降12.2%，酒、饮料和精制茶制造业增长58.7%，通用设备制造业下降2.3%，纺织业增长44.8%。

全年规模以上工业主营业务收入1417.1亿元，比上年下降5.1%；实现利税67.2亿元，比上年下降26.2%；实现利润31.1亿元，下降35.3%。

建筑业：全年具有资质等级的建筑企业159个，其中有工作量的131个，实现增加值68.0亿元，比上年增长12.2%。具有资质等级的总承包和专业承包建筑企业上缴税金3.7亿元，增长4.7%；实现利润4.4亿元，增长42.7%。

固定资产投资　全年固定资产投资826.8亿元，比上年增长24.5%。其中，第一产业投资44.6亿元，比上年下降2.5%；第二产业投资522.2亿元，增长37.6%；第三产业投资260.1亿元，增长8.8%。在固定资产投资中，国有投资161.5亿元，增长14.8%；非国有投资665.3亿元，增长27.1%。

房地产开发：全年房地产开发投资67.8亿元，比上年增长28.8%。其中，住宅投资52.3亿元，增长34.3%；商业营业用房投资8.6亿元，增长3.4%。

国内贸易　2012年社会消费品零售总额483.2亿元，比上年增长15.7%。

对外经济　进出口贸易：全年货物进出口总额106405万美元，比上年下降15.2%。其中，出口38847万美元，下降0.3%；进口67558万美元，下降21.9%。

利用外资：全年合同利用外资总额4250万美元，实际利用外资1016.9万美元。新设立外商直接投资企业4家。

交通　邮电　旅游　交通运输：年末全市公路线路里程15509.1千米，其中，国道290.6千米，省道1452.1千米，县道2705.7千米，乡、村道及专用道11060.7千米，高速公路597.1千米。全市公路密度109.4千米/百平方千米。公路客运量5102万人次，比上年下降2.1%；公路货运量6842万吨，比上年增长20.0%。公路旅客运输周转量22.1亿人千米，比上年增长7.1%；公路货物运输周转量176.7亿吨千米，比上年增长21.0%。

运城机场全年新开通杭州–运城–乌鲁木齐、合肥–郑州–运城、天津–运城–昆明、三亚–运城–大同4条航线，总航线达到19条，通航城市达到22个。全年客运量92.4万人次，比上年增长23.2%；货运量2430.2吨，增长10.8%。飞机起降9641架次，增长18.6%。

年末全市民用车辆保有量84.2万辆，比上年末增长9.5%。民用汽车保有量达到37.9万辆(包括三轮汽车和低速货车2.9万辆)，比上年末增长14.1%。其中，私人汽车31.6万辆，增长17.7%。本年新注册汽车6.7万辆，增长10.1%。年末轿车保有量19.7万辆，比上年末增长25.8%，其中私人轿车18.1万辆，增长28.7%。年末摩托车保有量33.9万辆，比上年末增长5.0%。年末拖拉机保有量11.0万辆，比上年末增长10.5%。

邮电：全年邮电业务总量32.2亿元，比上年增长13.0%。其中，邮政业务总量2.4亿元，增长8.1%；电信业务总量29.8亿元，增长13.4%。年末固定及移动电话用户总数达到464.4万户，比上年末增加60.8万户。其中，固定电话76.5万户，移动电话387.9万户。电话普及率达到89.4部/百人，其中固定电话和移动电话普及率分别达到14.7部/百人和74.7部/百人。全市宽带接入用户达到59.8万户，增长25.9%。

旅游：全年接待入境旅游人数15.9万人次，接待国内旅游人数2378.9万人次，分别增长18.0%和23.2%；旅游外汇收入4035.4万美元，国内旅游收入163.4亿元，旅游总收入166.0亿元，分别增长19.4%、32.0%和31.7%。

财政　金融　证券　保险　财政：全年财政总收入80.1亿元，比上年下降8.4%。一般预算收入41.5亿元，增长1.8%。在总收入中，税收收入67.2亿元，下降11.1%；非税收收入12.8亿元，增长8.9%。

一般预算支出192.6亿元，比上年增长16.2%。其中，农林水事务支出增长14.6%，教育支出增长21.3%，社会保障和就业支出增长8.4%，医疗卫生支出增长 11.6%，文化体育与传媒支出增长 36.9%。

金融:年末全部金融机构本外币各项存款余额 1320.6 亿元,比年初增长 18.1%，其中人民币各项存款余额 1318.4 亿元,比年初增长 18.2%。全部金融机构本外币各项贷款余额 713.4 亿元,比年初增长 17.9%,其中人民币各项贷款余额 708.7 亿元，比年初增长 17.3%。

年末农村金融机构（农村信用社、农商银行、村镇银行)人民币贷款余额 290.1 亿元,比年初增长 14.6%。

证券:全年运城辖区证券市场各类证券成交额 247.1 亿元，比上年下降 9.2%。其中股票成交额 238.0 亿元,基金成交额 1.8 亿元,债券成交额 5.5 亿元。年末投资者资金账户开户总数 8.8 万户。

保险：年末全市共有保险公司 28 家,全年保费收入 40.3 亿元,比上年增长 3.1%。其中,财产险保费收入 11.9 亿元,增长 13.1%;人身意外伤害险保费收入 1.9 亿元，增长 25.4%;健康险保费收入 0.5 亿元，增长 12.3%;人寿险保费收入 25.9 亿元，下降 2.3%。全年支付各类赔款及给付 11.6 亿元,增长 23.5%。

教育　科技　文化　教育:全年全市高等院校招生 15557 人,在校生 40682 人,毕业生 7892 人。各类中等职业学校招生 17373 人,在校生 43071 人,毕业生 18621 人。普通高中招生 49620 人，在校生 142529 人,毕业生 52886 人。初中招生 67657 人，在校生 226288 人,毕业生 87485 人。普通小学招生 55386 人,在校生 360523 人,毕业生 80648 人。特殊教育招生 109 人，在校生 1022 人,毕业生 107 人。幼儿园在园幼儿 138922 人。

科学技术：全年受理专利申请 1035 件,比上年增长 51.1%。其中,受理发明专利申请 275 件,比上年增长 36.8%。全市授予专利权 636 件,其中,授予发明专利权 61 件。全年有 83 个项目列入国家、省各类科技计划,获得项目研究资金 2873 万元。

年末全市共有产品质量监督检验机构 4 个,法定计量鉴定技术机构 13 个，省授权行业建立的检验所 1 个。全年共监督抽查 168 家企业 30 类、50 种、80 批次的产品和商品。完成强制检定计量器具 39752 台件。

全市有国家基本气象观测站 3 个,国家一般气象观测站 10 个。开展人工影响天气业务单位 13 个,防雹、增雨受益覆盖面积 0.5 万平方千米。天气预报服务网站 2 个,卫星云图接收站 1 个。

全市有市级地震台网中心 1 个,数字测震台网 1 个,数字测震子台 5 个,县级地震监测台(站)13 个。全年小震活动 90 次,未发生 3 级以上地震。

文化:年末全市共有艺术表演团体 16 个,群众艺术馆 1 个,文化馆 13 个。公共图书馆 13 个，馆藏图书 119.48 万册。博物馆 20 个,档案馆 14 个。市级以上重点文物保护单位 173 处,其中国家级 44 处,省级 92 处,市级 37 处。拥有广播电视台 12 座,有线电视用户 57.2 万户。广播人口覆盖率 95.71%，电视人口覆盖率 97.35%。蒲剧《山村母亲》获文化部保留剧目奖,蒲剧《生命》获文化部戏剧文化奖,鼓乐《闹喜鼓车》、舞蹈《支边教师》获中国第十六届“群星奖”山西赛区特等奖,蒲剧《母亲的呼唤》获山西省第十三届戏剧“杏花奖”编剧奖、导演奖、表演奖。

体育:全年全市运动员在省级重大比赛中获金牌 41 枚、银牌 34 枚、铜牌 44 枚。全年销售中国体育彩票 12709 万元,比上年增长 9.5%。

卫生　社会服务　卫生:年末全市共有医疗卫生机构 5432 个。其中医院223 个,乡镇卫生院 204 个,社区卫生服务中心(站)67 个,诊所(卫生所、医务室)1286 个,村卫生室 3568 个,疾病预防控制中心 14 个,卫生监督所（中心)14 个。卫生技术人员 25195 人,其中执业医师和执业助理医师 11768 人,注册护士 7520 人。医疗卫生机构床位 29149 张,其中医院 16838 张,乡镇卫生院 7186 张。

社会服务:年末全市共有各类提供住宿的社会服务机构 124 个,床位 7165 张。其中,老年人与残疾人服务机构 97 个,床位 5767 张。年末共有社区服务中心 160 个,社区服务站 50 个。全年城市临时救济 1253 人次,农村临时救济 2573 人次。全年销售社会福利彩票 2.6 亿元，筹集社会福利资金 7756 万元，接收社会捐赠 123 万元。

人口　人民生活　社会保障

人口:据 2012 年人口抽样调查,年末全市常住人口为 519.46 万人,比上年末增加 2.78 万人。男女性别比为 104.66(女性为 100)。全年出生人口 5.84 万人,出生率为 11.27‰;死亡人口 3.06 万人,死亡率为 5.90‰;自然增长率为 5.37‰。城镇化率达 41.41%,比上年提高 1.90 个百分点。

人民生活:全年城镇居民人均可支配收入 18248.3 元，比上年增长 14.5%；城镇居民人均消费支出 10804.8 元,增长 3.8%;城镇占调查总户数 20%的低收入家庭人均可支配收入 9692.5 元,增长 10.8%;城镇居民家庭恩格尔系数(即居民家庭食品消费支出占家庭消费总支出的比重) 30.9%。中心城市(盐湖区)城镇居民人均可支配收入 19661.4 元，比上年增长 13.4%；城镇居民人均消费支出 11777.5 元,增长 5.3%;城镇占调查总户数 20%的低收入家庭人均可支配收入 6611.5 元,增长 3.2%;城镇居民家庭恩格尔系数 28.5%。农村居民人均纯收入 6381.3 元,增长 13.5%;农村居民人均生活消费支出 4739.6 元,增长 12.8%。农村占人口 20%的低收入者收入 2349.1 元,增长 1.9%。农村居民家庭恩格尔系数 32.6%。

社会保障:年末全市参加城乡居民社会养老保险 329.8 万人。其中,城镇职工基本养老保险 47.7 万人,城镇居民基本养老保险 8.0 万人。参加城镇基本医疗保险 83.6 万人。其中,城镇职工基本医疗保险 49.1 万人,城镇居民基本医疗保险 34.5 万人。参加失业保险 32.9 万人。参加工伤保险 63.0 万人。参加生育保险 38.6 万人。年末共有 9.4 万人纳入城市居民最低生活保障，发放城市低保资金 25018 万元。18.0 万人纳入农村居民最低生活保障，发放农村低保资金 21881 万元。1.5 万人纳入农村五保供养。

资源　环境　安全生产　资源:

年末全市常用耕地面积504870公顷,其中水浇地290900公顷。全年国有建设用地供应总量3065.9公顷。其中,工矿仓储用地444.9公顷,房地产用地199.1公顷,商业服务用地75.2公顷,基础设施等其他用地2346.7公顷。

全市拥有省级自然保护区1个,自然保护区面积达86861公顷。

全年平均气温为13.3℃,降水量387.9毫米,日照时数2039.5小时。

环境:全年中心城市空气质量二级以上天数351天。年末中心城市建成区绿化覆盖率达37.2%;污水处理率达92.0%;城市生活垃圾无害化处理率达95.0%;集中供热普及率达89.0%。

能耗:初步核算,全年全社会能源消费总量2398.1万吨标准煤,比上年增长2.6%。全市万元国内生产总值能耗下降4.76%。

全年规模以上工业二次能源生产折标准煤2298.8万吨,比上年下降13.7%。消费原煤2746.9万吨,比上年下降7.3%;洗精煤1439.1万吨,比上年下降13.9%;焦炭312.0万吨,比上年下降9.5%;电力222.4亿千瓦时,比上年下降3.5%。

全年全社会用电总量294.0亿千瓦时。其中,第一产业用电17.3亿千瓦时,占全部用电量5.9%;第二产业用电247.8亿千瓦时,占全部用电量84.3%,其中,工业用电246.0亿千瓦时;第三产业用电8.8亿千瓦时,占全部用电量3.0%;城乡居民用电20.2亿千瓦时,占全部用电量6.9%。

安全生产:全年安全生产事故死亡226人,下降3.0%。其中,道路交通事故造成216人死亡,469人受伤,直接经济损失188.3万元。煤矿、危险化学品、道路交通、消防等行业未发生一次死亡10人以上的事故。全年未发生较大及以上食品安全事故。

(运城市地方志办)

·盐湖区·

中共区委书记　王志峰
区人大常委会主任　李　治
区　　长　王吉敏
区政协主席　闫惠琴

【简述】 盐湖区北纬34°48′~35°22′,东经110°41′~111°12′。全区有22个乡(镇、办事处),314个行政村。2012年地区生产总值完成162.1亿元,增长12%;财政总收入完成22.5亿元,增长7%;一般预算收入完成7.73亿元,增长5.95%;规模以上工业增加值完成29.8亿元,增长19.8%;固定资产投资完成180.1亿元,增长27.7%;社会消费品零售总额完成157亿元,增长17.3%;外贸进出口总额完成8960万美元,增长44.8%;城镇居民人均可支配收入完成19661元,增长13.4%;农民人均纯收入完成7405元,增长14.5%。

农业 在盐湖区北部、中部全面建设300平方千米的高标准现代化农业示范区,"三纵三横"道路建设基本完成,新发展双季槐和核桃各1万亩。发挥农业龙头企业和专业合作社的引领作用,绿港、颐源、迎太、天和源等企业建设步伐加快,带动作用开始显现。发展休闲观光农业,林原农业等14个休闲观光农业景点全部开园迎客,被农业部和国家旅游局确定为全国休闲农业与乡村旅游示范区。发挥农业科技的支撑作用,推动优质农业产品认证,认证黄瓜、西红柿、莲菜、相枣等14个品种,认证面积63万亩。打造农产品品牌,路露红苹果、涑水牌韭菜、舜帝牌无公害蔬菜、关公故里水果等品牌农产品在运城市乃至全省都有一定的知名度和美誉度。实施造林绿化工程,全年投资5000万元,植树500万株,造林3.8万亩,森林覆盖率增长2个百分点,受到省委、省政府的记功表彰。

工业经济 盐湖区通过园区化承载、集群化发展,引导企业和项目向园区聚集。盐湖工业园区入驻企业增多,以石药银湖为龙头,招引亚宝、航中靶向等医药企业入驻,建设中磁科技、英利特种陶粒等一批项目。城西机电化工园区破土动工,博鸣木业年产35万套木门生产线投产运营,与山西焦煤集团初步达成建设化工业园的框架协议。鼓励天海泵业、九龙电机等传统企业改造升级,与大企业、大集团联合重组,实现规模扩张和转型升级。作为全省综改试验区试点县,盐湖区在全省率先设立转型发展专项引导资金,通过贴息贷款、项目补贴、奖励等方式,为26家企业发放引导资金3780万元。

第三产业 聘请泛华集团和北大文化产业研究院,对盐湖文化产园区进行发展定位和规划,重点发展文化创意、金融商务、会展演艺、现代物流等新型业态。园区内,寰烁科技、喜洋洋新能源等项目投产达效;清尚创意产业孵化基地、国际会展中心等项目正在建设;中央工美附中、欢乐嘉年华等一批项目入驻。推进金融创新,以盐湖区农村信用联社为平台,创立运城农村商业银行,获全国银监会批复。发展文化旅游产业,举办梨花节、桃花节等一系列文化旅游活动,舜帝陵、凤凰谷、九龙山等旅游景点服务功能不断完善,全年共接待游客949万人次,带动相关产业收入达66亿元。

社会事业 举办第三届德孝文化节,征集德孝歌曲,表彰德孝人物。图书馆、文化馆和13个乡镇综合文化站实现免费开放。蒲剧现代戏《祝你幸福》被省文化厅授予舞台艺术优秀剧目奖,并在北京、上海展演。改扩建冯村中心幼儿园、陶村镇苦池幼儿园2所省级标准化幼儿园,新建北相镇李村、姚孟办南村等7所农村小学附属幼儿园,促进教育均衡发展。高考两大类达线2224人,创历史最好水平。区人民医院综合大楼投入使用。生态文明村连片整治、涑水河河道整治取得阶段性成果。中心城市空气质量二级以上天数超过330天。全区安全生产形势稳定,没有出现重特大安全事故。

人民生活 全年民生投入累计达16.79亿元,占到财政总支出的84.9%。完成农村新的"五个全覆盖"任务,硬化巷道1640千米,建设便民连锁店322家、农家书屋275个,完成危房改造任务1000户,新建村级文化活动场所80个,中等职业教育免除学费7890人,新型农村社会养老保险参保人数达到25.37万人,新农合参合率达99%以上。在18个村新建日间照料中心，为70岁以上老人提供一日三餐和文化娱乐活动。实施农村无线数字电视网络覆盖工程，新增农村无线农村电视用户43195户，解决30多万农村群众看电视难问题。新修舜帝陵至报国寺、农业示范园区王范绕村、路家庄村至三路里村35千米道路。对解州镇进行提档升级，完成总规和部分详规，关公街东延线完成拆迁，并开工建设。加快陶上、曹允等城中村、城郊村改造进度，部分居民实现回迁。

法制建设 全年共办理人大代表建议72件，政协委员提案144件，满意率均达100%。推进行政监察和行政效能建设，政务环境优化，在运城市政务服务满意度测评中，盐湖区排名第一。社区网格化管理扎实推进，实现管理力量下沉，丰富社区服务内容。推行“11211”民主理财管理机制，农村财务管理得到加强。开展打击“两抢一盗”专项行动，社会治安好转。推进文明小区、文明村镇、文明单位、文明家庭等群众性文明创建活动，弘扬健康向上的文明新风尚。

(何桂兰)

·临猗县·

中共县委书记 赵惠民
县人大常委会主任 路香芳
县长 史凯
县政协主席 孙正来

【简述】 临猗县北纬34°58′~35°18′，东经110°17′~110°54′，总面积1339.32平方千米，辖8镇5乡3区，375个行政村，550个自然村。

2012年，全县社会生产总值完成108亿元，增长11.8%；规模以上工业增加值完成19.4亿元，增长23.8%；固定资产投资完成60.3亿元，增长52.8%；财政总收入完成3.81亿元，增长8%；一般预算收入完成1.86亿元，增长34%；外贸进出口总额完成1.1亿美元，增长30.8%；社会消费品零售总额完成41.97亿元，增长19.9%；城镇居民人均可支配收入达18288元，增长14%；农民人均纯收入达到7785元，增长14.2%。

项目建设 全县共签约项目124个，落地项目118个，新开工项目83个。其中，重点落地项目41个，落地金额121.8亿元，占市下达计划任务65亿元的187.4%，省、市、县重点工程共43项，完成投资54.85亿元，占市下达目标任务43.44亿元的126.3%。特别是投资8.5亿元的阳煤丰喜环已酮和乙二酸项目，投资5.4亿元的省级标杆项目翔宇化工“4020”橡胶防老化剂项目建成投产，临猗县工业实力增强。

工业 引进项目32个，拟引资金232亿元，实际到位资金44.8亿元，占市政府下达26亿元的173%。全年新上20个工业重点项目，规划投资130亿元，9个项目完工，11个项目正在推进。临猗工业园区整合规划基本完成，新开工12个项目，被列为省级新型工业化示范基地。楚侯高科技工业园区展厅建成并对外开放，吸引一批项目落户，其中签约10个，落地5个，开工3个。青山化工、翔宇化工和中小企业孵化基地项目对接洽谈。政策上，先后出台工业强县行动方案，工业企业上市扶持优惠奖励若干政策和金融机构新增工业贷款奖励标准等一系列优惠政策；资金上，财政投入3300万元工业发展基金，用于园区征地、基础设施建设等；土地上，财政专项列支5000万元，作为园区土地预征周转资金，重点解决翔宇化工、变压器厂、力达纸业等6家企业项目用地问题。召开政银企座谈会和产学研对接会，为企业解决资金和技术问题。2012年，全县新增4家规模企业(恒晟包装、特别特制衣、康乐食品、卫氏鱼康)；新增1个国家驰名商标(翔宇)，新增2个工业类省著名商标(永恒、绿海)。驰名商标、著名商标数量在全省、全市均保持领先地位。争取省级以上科技项目9项，申请专利73件，新增1家国家级高新技术企业（东睦华晟），累计达6家，新增3家省级企业技术中心(华恩机械、东睦华晟、恒晟纺织)，累计达7家，青山化工质检中心被确定为国家级实验室，临猗县被确定为全省首批纺织面料外贸转型升级专业型示范基地。

农业 高标准粮棉示范循环完成投资1200万元，改善耕地面积10000亩，建成“田成方、林成网、路相通、机耕作”面积达30000亩的高标准农田示范区1个。30000亩高标准苹果示范循环完成投资3000余万元，示范推广果园间伐、生物防治等苹果管理八项技术。高标准枣示范循环完成道路整治和田间学校建设，“三个循环”成为全县现代农业的示范区、先导区。果业发展，在全县实施间伐减密阳光工程，间伐面积3.5万亩，省市先后在临猗召开现场会。2012年，全县苹果总产达17.15亿公斤。与重庆中百仓储实现对接，“万腾”“万保”获国际金奖，被认定为山西省著名商标。新增41个“一村一品”专业村，被省委、省政府表彰为“一县一业”先进县，通过国际良好农业规范(GAP)认证和国家级果品出品质量安全示范区认证。在北京举办临猗名优苹果展示推介会，中央电视台对临猗苹果报道宣传。枣业生产，新建设施大棚1.2万亩，新增产值1.5亿元，总产值8.2亿元。粮棉生产再获丰收，粮食总产3.1亿公斤，为1988年以来最高；棉花总产1800万公斤，与2011年持平。水利建设方面，投资2.5亿元，新建防渗渠道625千米，新增和改善水地面积16万亩，农田灌溉面积达到120万亩，荣获全国农田水利建设先进县和全省农田水利建设“禹王杯”奖。林业建设方面，投资1.3亿元，实施七大造林工程，被省政府表彰为全省林业生态县。农业综合机械化水平达78%，跨入全国先进行列；全县规模养殖户发展到660户，果园养殖户发展到200户；新建规模养殖场5个；农民合作社达865家。

城乡建设 投资640万元用于规划编制，南城新区建设流转土地5000亩，完成投资1.3亿元，启动建设中央水系公园、潜流湿地、大剧院、大型超市、商业街、市政道路等八项工程，被省里确定为城镇化和城市扩容提质十大工程中新区示范工程的标杆项目。旧城改造扩容提质，东环路改造、北环路东延建成通车；峨嵋公园二期建成；吉祥小区棚户区改造启动；双塔南北路街景整治效果明显；投资1365万元的209国道亮化工程完工。临晋镇被列为全省百镇建设示范镇，被评为国家级生态镇，临晋镇许庄被评为国家级生态村；北景、角杯、嵋阳、三管等乡镇也多方筹资，小城镇建设速度加快。新农村建设上档升级，投资4000万元，用于建设全县51个省级新农村建设重点推进村，实施涵盖北景、闫家庄14个新农村的连片示范区建设工程，打造“三个循环”内12个新农村建设样板村。临猗被表彰为全省新农村建设先进县。

人民生活 民生事业全年共投入12亿元，占财政总支出的74%。新的“五个全覆盖”全面完工，农村街巷道硬化、农村便民连锁店、农村文化体育场所三项全覆盖提前半年完成两年任务，全市巷道硬化现场会在临猗县召开；中等职业教育免费、新型农村社会养老保险按期实现全覆盖，被推荐为新五个全覆盖先进县。公共基础建设，投资6590万元，完成经济适用住房续建500套，新开工建设406套，开工率116%，在全市保持领先；县医院综合楼投入使用；县直二园迁建工程破土动工；完成15千米县级道路改造；大西高铁进展顺利，河运、闻合两条高速公路建成通车，结束临猗县没有高速公路的历史。政策性补贴惠及民生，财政列支1000万元，保证全县6.9万名60周岁以上城乡居民享受每人每月55元的基础养老金；社保全覆盖“一卡通”走在全省前列；新农合为116.9万人次报销补偿1.3亿元；执行“两免一补”政策，为义务教育阶段11.6万人次发放免费教科书共计592.3万元，为8.9万人次免除学杂费，为2.96万名困难学生发放资助金1453万元；积极落实城乡低保提标扩面政策，为3.1万名城乡低保对象发放低保金4799万元；兑付资金2930万元，使全县农户购买的8万台家电享受到财政补贴。

社会事业 教育方面，争取2784万元用于中小学校舍改造以及增设农村幼儿园；公开招聘140名年轻教师，充实到教育一线。全县教学基础条件改善，教育质量攀升，适龄幼儿学前三年入园率达97.2%，初中三年保留率达到100%，高中阶段毛入学率达到97.3%；中考成绩名列全市第二，高考再创新高，净增98人。卫生计生方面，医药卫生体制改革取得成效，实行人事制度改革，乡镇卫生院和县级公立医院人员工资重新纳入县财政，县级公立医院取消药品加成，城乡对食品药品行业实行安全监管；全县环境卫生整治工作持续推进，被表彰为全省城乡环境整治行动先进县和全省卫生县城；计生基层工作夯实，三级服务网络完善，为1.6万名独生子女父母发放奖扶资金1112万元，人口自然增长率控制在5‰以内。文化旅游方面，完善大剧院设计方案；两馆建成；14个乡镇文化站全部建成；傅作义故居完成修复并对外开放；临晋县衙主体修复完工；大型现代眉户剧《守望》在全市巡回演出，并入选全省迎接十八大调演的精品剧目；八集眉户连续剧《峨嵋岭》拍摄完成；加大楹联文化建设力度，整理出版《半九亭集》，荣获“中国楹联文化县”称号。

2012年，先后荣获省委、省政府或国家部委授予的荣誉和表彰6项，市委、市政府或省直部门授予的荣誉和表彰17项；先后有43个省市现场会在临猗县召开。 （程明清）

·万荣县·

中共县委书记	李尧林
县人大常委会主任	王崇智
县长	廉广锋
县政协主席	孙典孝

【简述】 万荣县北纬35°13′~35°31′，东经110°25′~110°59′。2012年全年生产总值完成50.78亿元，增长13%；固定资产投资完成43.26亿元，增长51.2%；规模以上工业增加值完成9.76亿元，增长32%；社会消费品零售总额达到20.8亿元，增长22%；外贸进出口总额完成1714万美元，增长22%；财政收入完成24517万元；城镇居民人均可支配收入16327元，增长15.1%；农民人均纯收入达5596元，增长14%。

申报“万荣苹果”“万荣大黄牛”“万荣笑话”中国地理产品标志。

项目建设 规划投资200亿元的国电荣达4×100万千瓦电厂项目，被确定为山西省综改示范标杆项目和山西省十二五火电示范项目，上报国家发改委和能源局。蒙西铁路万荣站项目的可研报告，通过国家铁道部审查。煤炭资源勘探开发的初查工作完成，初步探明储量约13亿吨。全县招商引资到位资金36亿元，超额完成10亿元。投资5亿元昊烁机械，投资2亿元的朗致集团万荣药业改扩建等项目正在建设；投资2.2亿元上元春有机肉牛养殖，投资4亿元的荣博辣林产业园区开工奠基；投资2亿元的美特好连锁超市签约落户。新建奥瑞特化工、金盾苑建材、恒泰伟业、鸿鑫塑业、大红鹰家具、世纪阳光等企业。

农业经济 2012年，全年粮食总产达到1.78亿公斤，增长25.5%，创历史最高，种粮大户李志峰受到国务院表彰奖励。完成苹果树大间伐1.88万亩，树形大改造10万亩，套高档纸袋18亿枚，改良品种3171亩，新建4个精品苹果示范园区，苹果总产达到6.26亿公斤，万荣文化果荣获第十届中国国际农产品交易会“畅销产品奖”，华荣公司1600吨苹果出口澳大利亚，进入国际高端市场。裴庄、光华等沿黄河乡镇新发展滩涂水产养殖1万亩，西村、汉薛、皇甫等沿山乡镇新栽植核桃、双季槐4万亩，万泉新发展露地西红柿5000亩，全县新增规模养殖场36个，新增“一村一品”村31个，南景村成为全国“一村一品”示范村，认证有机小麦900亩。建成北赵引黄末级渠系177千米，新增水浇地面积6.5万亩，西范灌区恢复灌溉面积7万亩，全县农田有效灌溉面积达到43万亩，被省政府授予“全省农田水利基本建设红旗县”称号；县东集中供水工程完工，张王水库除险加固完成；全县中低产田改造1万亩，水土保持治理1.6万亩；农机化服务水平提升，被评为“全省农机化生产先进县”；土地整理工作有序推进，被确定为“全国高标准基本农田项目建设示范县”。全年发放各类补贴1.63亿元,转移农村劳动力114人,扶贫开发整村推进项目惠及4613人,皇甫、汉薛12个村的新农村集中示范区建设启动。

工业经济 实施“工业强县”战略,对22家规模以上企业定点帮扶,定期调研,定向解难。全年帮助企业融资2.4亿元。华康公司拳头产品大山楂丸供不应求,朗致集团万荣药业改扩建项目进展顺利,万辉药业产值突破亿元大关。汇源万荣分公司新建4条生产线,瓶坯瓶盖产品80%销往加多宝公司;汇源和中鲁的果汁生产期延长1个多月,产值销售同比增长60%以上。关停取缔手续不健全的速凝剂企业9家。黄腾、凯迪被确定为国家高新技术企业,金盾苑建材、恒泰伟业、康瑞化工入驻建材园。中磁科技“新金属材料国家重点实验室联合研究中心”挂牌成立,与德国西门子公司签订的1亿元供货合同全部兑现;联丰公司800吨螯合树脂生产线建成投产。全县新增规模以上企业4家,产值上亿企业11家,税金上千万企业5家。

第三产业 对东岳庙景区和万泉文庙进行修缮,增加孤峰山和后土祠景区的配套设施,李家庄园建成运营,李家大院被评为山西省十大最具影响力景区,规划打造旅游线路有机农业观光带,开通“万荣旅游网站”,全年六大景区共接待游客121万人次,门票收入达1217万元。电视剧《李家大院》拍摄过半,《快乐的万家村》在山西卫视贺岁热播,电影《陇南往事》在万荣县合作拍摄,南景花鼓、软槌锣鼓等一批优秀文艺节目先后8次亮相央视舞台,举办北京水墨行动走进万荣、特色产品太原推介会等主题活动,万荣笑话剧在太原、运城举行专场演出,笑话剧《麦田风波》登上2013年中国民间春晚,新增市级非物质文化遗产4个。落实万村千乡、家电下乡等惠农政策,建成县级配送中心、乡级配送站、村级农家店三级商品流通体系。

城乡建设 北环路一期工程建成通车,荣河路向南延伸、宝鼎南路延伸段投入使用,海鸥西街开工建设,汽修建材市场道路和排水管网铺设完成;县医院住院大楼投入使用,城镇二中、技师学院开工建设,建设国防中心、公安、法院、信用联社等业务用房。开展县城环境卫生整治,城区空气质量二级以上天数达360天。小城镇建设步伐加快。荣河、通化、万泉、皇甫的街道拓宽改造和居民住宅小区建设,解店、南张、光华的商贸市场建设,提升乡镇所在地的综合承载力,荣河镇被确定为“全省百强镇”。绿化吴庄至后土祠旅游路、闻合高速万荣段32.8千米,运稷路补植补栽22千米,三北防护林、天然林保护、重点区域造林1.6万亩,完成6个村庄绿化。对芦邑至万泉、张仪至竹家等6条乡村道路进行翻修改造;城南变电站开工建设,皇甫和荣河变电站完成增容改造;汉薛、皇甫等5个乡镇的18个村实施农村环境连片综合整治,建成2个污水集中处理站、15个垃圾填埋场等基础设施。

民生保障 全县农村街巷硬化完成128个村905千米;新建便民连锁店24家;新发展农家书屋250个,高村乡乌停村的农家书屋被评为“全国示范农家书屋”;对2012年入学的职业教育学生全部实行免费。在财富步行街建设“创业示范街”,以创业带动就业,城镇新增就业9054人,城镇登记失业率控制在1.1%以内。城乡教育均衡发展。102所薄弱学校配备图书、多媒体设备和教学仪器,公开招录特岗教师63名,缓解音体美教师短缺问题,高考六类达线人数701人。医改工作全面启动。公立医院建立政府补偿机制,基本药物全部实行“零差率”销售,县、乡、村三级医疗卫生人员实行全员竟聘上岗,新型农村合作医疗重大疾病补偿提高。社保体系完善。城乡低保标准提高,实现动态管理下的应保尽保;推行社保“一卡通”,五大社会保险实现统办统征,城乡居民养老保险工作受到国务院表彰。保障性住房建设顺利。经济适用房建成529套,新开工570套,完成二期公开发售,农村危房改造700户。科技创新步伐加快,申请科技专利39件。计生工作开展,社会抚养费征收率达83.3%。向上争取资金为全县财政供养人员月增发生活津补贴300元。落实省政府“户均一吨煤”计划,全县低收入农户按时领到冬季取暖用煤。实施天然气改造工程,县城天然气用户达3500户。

民主法治 全年共办理人大代表建议132件,政协提案135件,办复率均达100%。开展“作风优化年”活动,深化行政审批制度改革,将275项审批项目精简到98项,取消审批项目10项。落实行政执法责任制,完善行政司责制度,落实行政监察、审计监督和“一岗双责”廉政建设责任制,查处各类违纪违法案件。开展重点行业领域专项整治、“打非治违”专项行动、百日安全生产活动,加强食品药品安全监管,建立健全网格化管理体系,安全生产形势总体平稳。开展信访“积案化解年”“百日大会战”和“领导干部大接访”等活动,推进“零发案”警务区、天眼工程等建设,社会治安环境好转。社区、档案、老龄、气象、地震、宗教、残疾人、人民武装等各项社会事业稳步推进。

(薛勇勤 张东宏)

·闻喜县·

中共县委书记	张汪尤
县人大常委会主任	张英生
县长	张建元
县政协主席	王延平

【简述】 闻喜县北纬35°09′~35°34′,东经110°59′~111°37′。2012年,闻喜县委、县政府以转型跨越发展为主线,把握“稳中求进”总基调,围绕“谋发展、惠民生、促和谐、树新风”四项任务,开展“作风建设年、项目建设年”活动,推进各项工作。全年全县完成地区生产总值94.7亿元,其中第一产业完成总产值8.69亿元,第二产业完成总产值51.57亿元,第三产业完成总产值34.44亿元,人均地区生产总值完成2.32亿元;财政总收入完成5.14亿元;社会固定资产投资完成73.2亿元;社会消费品零售总额完成28.2亿元;城镇居民人均可支配收入18390元;农民人均纯收入6125元。

农业 2012年，闻喜县粮食播种面积100万亩，总产量2.83亿公斤，增长幅度位居运城市第一。小麦单产量、总产量均创历史新高。其中，小麦播种面积64.24万亩，总产量16576万公斤；秋粮播种面积35.63万亩，总产量1.13亿公斤。果树种植面积9.37万亩，总产量5399万公斤，产值10100万元，农民人均果业收入306元。蔬菜播种面积13万亩，总产量30万吨。中药材种植面积9.51万亩，总产各种药材6770吨，产值1.8亿元，农民人均药材收入590元。棉花种植面积0.833万亩，总产皮棉46.6万公斤。油料种植面积1.51万亩，总产量105.7万公斤。桑树种植面积430亩，养蚕1000张，产茧40000公斤，产值140万元。全年新增蔬菜种植面积6000亩、设施蔬菜种植面积3100亩、中药材种植面积1.6万亩，林木种苗发展到2.5万亩，干果经济林发展到5.6万亩，规模养殖场发展到125个。农民专业合作社483个，农副产品加工企业139家。实施东侯新村连片示范区建设工程，完成23个省级重点推进村“四化四改”和“五个一工程”建设任务。

工业经济 2012年，闻喜县有工业企业800余家，其中规模以上企业31家，资产总额230亿元，工业总产值完成169.9亿元，销售收入完成179.84亿元，工业增加值完成45亿元，上缴税金3.2亿元。其中，钢铁行业海鑫公司生产钢材300万吨，完成产值121.79亿元，完成工业增加值32.62亿元，上缴税金9345万元；金属镁行业生产镁锭11.3万吨、镁合金3.62万吨，完成产值24.6亿元，完成工业增加值6.6亿元，上缴税金6728万元；玻璃器皿行业生产玻璃器皿12.43万吨，完成产值3.12亿元，完成工业增加值1.23亿元，上缴税金1600万元；建材行业生产水泥263.7万吨，完成产值7.06亿元，完成工业增加值1.93亿元，上缴税金9885万元；机械行业完成产值2.7亿元，完成工业增加值5354万元，上缴税金850万元；陶瓷行业生产日用陶瓷980万件，完成产值4027万元，完成工业增加值1406万元，上缴税金357万元。中央企业完成产值5.37亿元，完成工业增加值2亿元，上缴税金2133万元。

重点工程 2012年，闻喜县全年共确定重点工程项目31个，总投资110.9亿元，其中，银光镁合金汽车轮毂一期工程、金阳光蓄电池建设一期工程等13个项目完工；森特二期工程、鑫宇豪塑料容器工程等18个项目实施。推进招商引资，引进项目37个，总投资48.8亿元，其中，八达镁业深加工生产线等34个项目竣工，其余3个项目洽谈取得成效。

基础设施 2012年，闻喜县桃园路拓宽等一批重点工程完成，正在实施有兴闻街绿化和开发等工程。硬化县乡道路200千米、街巷道1793千米，乡与乡、村与村形成循环圈。农网改造升级完成，城网实现“手拉手”。小浪底引黄工程奠基开工，白土河防洪应急等25个工程启动实施，北垣集中供水等17个工程建成运行。

生态建设 2012年，闻喜县城市污水处理率达85%，燃气普及率达到86%，闻喜县被表彰为全省污染减排先进县。淘汰改造高耗能电机700余台，实施节能技改项目16个，单位GDP综合能耗超额完成全年任务。省级林业生态县建设推进，完成营造林面积4.8万亩，森林覆盖率达到18.34%，增幅高于全市平均水平。城区二级以上天数达354天，超市任务54天。

文化旅游 2月3~4日，首届中国·闻喜花馍文化节举办，创四项世界纪录。国内首部以楹联为题材的数字电影《喜满堂》完成拍摄，全国首个“最佳楹联文化县”称号花落闻喜。鼓乐《马拉鼓车》荣获全国“群星奖”山西赛区金奖，蒲剧《母亲的呼唤》荣获“杏花奖”四项大奖。文化旅游产业增加值达4.5亿元。宰相村、汤王山等景区开发步伐加快。

社会事业 2012年，闻喜县金融机构各项存款余额923560万元，其中城乡居民储蓄存款余额734772万元，年末金融机构贷款余额402724万元。全县有中小学专任教师4202人，在校学生58339人；有医疗卫生机构445个，其中乡(镇)卫生院20个(含社区卫生分院)。截至2012年末总人口406930人，人口出生率13.7‰，人口自然增长率7.3‰。养老、医疗、失业等社会保险综合覆盖率95%，新型农村合作医疗参合率99.95%。全年城镇新增就业8756人，城镇登记失业率控制在1.18%；新转移农村劳动力1.8万人。截至2012年底在岗职工21115人，在岗职工人均年工资20602元，与上年同比增长10.2%。

(樊香叶　孟令燕)

【大型跨海架桥型材试制成功】 2012年7月3日，由国家级金属材料科研单位、重庆大学镁合金研究所、山西省闻喜县银光镁业集团公司技术中心与挤压车间、成都一三五星模具厂四家单位共同联合研制成功。跨海架桥型材是在江海、河流湖泊中临时建桥通车的一种新型材料，宽幅为420毫米，高为100毫米，最小壁厚只有2.5毫米，长度要求最短6米，每只的重量比钢材减轻170公斤，浮力比钢材超5倍以上，是快速搭桥的理想材料。(樊香叶　孟令燕)

【影片《喜满堂》开拍】 8月5日，国内首部以楹联为题材的电影《喜满堂》，在闻喜县东镇官庄村举行开机仪式。该剧是一部以“送中堂”楹联文化活动为题材的喜剧电影，讲述莲花湾村妇联主任杨莲花在上级的帮助下为普及楹联文化，利用“送中堂”活动，鼓励村民崇尚孝道、乐于奉献，促进村民价值观转变，营造和谐新农村的故事。该片于9月底杀青，10月与全国观众见面。(樊香叶　孟令燕)

·稷山县·

中共县委书记　乔登州
县人大常委会主任　郭崇学
县长　李亚丽
县政协主席　禹桂香

【简述】 稷山县位于北纬35°22′48″~35°48′32″，东经110°48′48″~111°5′44″。东西宽25千米，南北长47.5千米，总面积686.28平方千米。全县年平均气温为13.5℃,年日照时数为2023.2小时,年总降雨量为363.9毫米,年无霜期为205天。全县辖5镇2乡1个社区办事处,200个行政村,227个自然村。全县常住人口351676人。其中,城镇人口115997人,乡村人口235679人;男性178964人,女性172712人,人口性别比103.62(以女性为100)。人口自然增长率5.21‰,出生率11.85‰,死亡率6.66‰。

2012年全县实现地区生产总值(GDP)637547万元,增长13.7%。其中,第一产业实现增加值106039万元,增长6.5%;第二产业实现增加值289539万元,增长18.5%;第三产业实现增加值241969万元,增长10.5%。第一、二、三产业对GDP增长的贡献率分别为9.0%、65.0%、26.0%,拉动经济增长的点数分别为1.2%、8.9%、3.6%。一、二、三产业的比例为16.6:45.4:38.0。2012年全县人均地区生产总值18112元,按2012年平均汇率计算为2913美元。

农业 全县农林牧渔服务业总产值完成190664万元,按可比价计算增长6.39%。其中,农业产值完成106403万元、林业产值完成1684万元、牧业产值完成72527万元、渔业产值完成50万元、农林牧渔服务业完成10000万元。

全县粮食种植面积744985亩,比上年增加11050亩。其中,小麦种植面积409490亩,增加8945亩;秋粮种植面积335495亩,增加2105亩。红枣种植面积107996亩,增加32663亩;核桃种植面积62300亩,增加13300亩。

全县粮食总产量224268吨,比上年增产11.88%。其中,夏粮产量125042吨,增产29.25%;秋粮产量99226吨,减产4.31%。红枣产量31794吨,增产25.27%;葡萄产量14690吨,增产9.19%;蔬菜产量64027吨,增产8.72%;苹果产量30782吨,增产7.21%;桃产量16523吨,增产12.86%。

全县肉类总产量16109吨,减少3.87%。其中,猪肉产量10226吨、牛肉产量89吨、羊肉产量270吨、禽肉产量5524吨。鸡存栏688万只,增长8.86%,稳居全省第一;鸡出栏391万只,增长28.6%;禽蛋产量66145吨,增长2.36%;猪存栏79101头,减少9.77%;猪出栏112131头,减少12.9%。

2012年全县农田灌溉面积38.6万亩,新增水地1.2万亩。

工业 24家规模以上工业企业总产值完成726642万元,增长6.7%。规模以上工业增加值完成201573万元,增长19.9%。在规模以上工业中,重工业实现增加值173976万元,增长21.18%;轻工业实现增加值27597万元,增长11.54%。

规模以上工业企业中,农副食品加工业增加值10423万元,比上年减少0.02%;纺织业增加值4439万元,增长12.02%;木材加工和木、竹、藤、棕、草制品业增加值1406万元,增长12.52%;造纸和纸制品业增加值11136万元,增长22.35%;医药制造业增加值848万元,增长6.56%;非金属矿物制品业增加值18985万元,减少27.38%;其他制造业增加值752万元,增长34.92%。六大高耗能行业中,非金属矿物制品业增加值18985万元,减少27.38%;黑色金属冶炼和压延加工业增加值72811万元,增长62.2%;石油加工、炼焦和核燃料加工业增加值80732万元,增长13.72%。

规模以上工业企业实现利税24944.2万元。其中,实现利润8392.7万元,增长0.3%;缴纳税金16551.5万元。

能源 建筑 全社会能源消费总量为142.94万吨标煤,增长9.66%;全社会用电量为91220万千瓦时(含线损),增长12.37%。GDP能耗为2.42吨标煤/万元,下降3.51%;GDP电耗为1545.83千瓦时/万元,下降1.13%。全县规模以上工业企业综合能源消费量为91.01万吨标煤,增长3.04%。工业增加值能耗为4.64吨标煤/万元,下降14.03%;工业增加值电耗为1567.59千瓦时/万元,下降34.05%。

全县建筑业总产值25497万元,增长19.4%;建筑业增加值43036万元,增长31.0%。

固定资产投资 全县共完成固定资产投资433753万元,增长28.3%。其中,城镇项目固定资产投资398745万元,增长26.9%;农村非农户固定资产投资1879万元,下降68.2%。按产业划分:第一产业投资32857万元;第二产业投资304815万元;第三产业投资96081万元。

5000万以上固定资产投资项目达24个,2亿元以上投资项目有8个。其中,完成投资的项目有:山西永东化工股份有限公司投资3.34亿元建设12万吨炭黑二期工程和2.6亿元的年产4万吨煤系针状焦项目;山西丰海纳米科技有限公司投资2.5亿元建设3万吨改性颗粒状纳米氧化锌项目;秦晋电力铁合金有限公司投资2.42亿元建设2×12mw生物质(秸秆)发电项目;稷王现代农业发展有限公司投资2.4亿元建设现代农业示范园项目。跨年度投资的工程有:稷山永祥煤焦有限公司投资6.2亿元建设5.5米高度炭化室;稷山县翟店印刷包装文化产业发展服务中心投资2.46亿元建设文化产业园区标准化厂房建设项目;山西阳煤丰喜稷山分公司投资2.43亿元建设氨醇系统优化及增加6万吨液氨项目。

全县房地产投资完成33129万元,增长83.8%。其中,住宅投资18501万元;办公楼投资100万元;商业营业用房投资2562万元;其他投资11966万元。

国内外贸易 社会消费品零售总额完成188681万元,增长22.5%。按经营地统计:城镇消费品零售额115282万元,增长27.2%;乡村消费品零售额73400万元,增长15.8%。按行业划分:批发业零售额3062万元,减少4.2%;零售业零售额158114万元,增长24.4%;住宿业零售额3018万元,增长14.5%;餐饮业零售额30488万元,增长44.8%。

外贸进出口总额完成5533万美元,增长0.29%。

全县居民消费价格指数(CPI)比上年上涨2.5%。其中,食品价格上涨3.4%;商品零售价格指数上涨1.9%;农业生产资料价格总指数上涨4.7%;工业生产者出厂价格上涨2.14%。

交通 全县街巷道硬化共完成1699.9千米,200个行政村实现全覆盖。闻合高速稷山连接线、稷王现代示范园园区路、马家巷大桥、玉璧城旅游路改造等工程全部竣工。

农村公路路网改造70.3千米。其中,县乡路网改造14.5千米;乡道改造14.9千米;村道改造27.1千米;新增农村公路13.8千米。

全县累计完成货物运输周转量28750万吨千米,旅客运输周转量8510万人千米。

财政　金融　全县财政总收入完成37686万元,下降20.03%。其中,国税完成21169万元,下降29.1%;地税完成11700万元,增长12.6%;财政完成4817万元,下降30.1%。一般预算收入完成14879万元,下降14.7%。一般预算支出111942万元,增长19.8%,用于民生相关投入达7.5亿元,增长20%,占总支出的67%。其中,教育支出25998万元,增长26.94%;科技支出785万元,增长27.44%;农林水事务支出15918万元,增长26.5%;医疗卫生支出13880万元,增长32.63%;社会保障和就业支出15475万元,减少8.62%。一般公共服务支出10461万元,增长8.8%。

全县金融机构存款余额540031万元,比年初增长16.2%。其中,城乡居民储蓄存款余额420318万元,比年初增长12.1%。金融机构贷款余额224494万元,比年初增长6.0%。

教育　文化　全县普通高中招生3875人,在校生10159人,毕业生3720人。初中招生4455人,在校生14380人,毕业生4480人。普通小学招生3948人,在校生24734人,毕业生4492人。幼儿园招生4222人,在园幼儿11826人,毕业幼儿3983人。全县中等职业学校在校学生实现免费全覆盖,惠及学生1575人。年末全县学前三年教育毛入园率达72%,初中三年保留率达100%,高中阶段毛入学率达95.24%。高考全县文理两大类二本B类达线703人,比上年净增151人,增长27.4%,增幅比率全市第一。

全县7个乡镇综合文化站建成并投入使用,200个行政村的农家书屋、体育场所实现全覆盖,并为每个书屋配备1500余册的书刊和音像制品。建成村级文化活动场所60个。有线电视总户数达11000余户,发放农村数字机顶盒6000余台。

全县举办"盛世欢歌"文艺晚会、庆祝建军85周年文艺晚会、"文化下乡　枣乡之春"美术作品展、"后稷故里"风采摄影大赛、"我与后稷文化"征文征联等主题文化活动。县电影放映管理中心放映科教片2400余场,县剧团演出300余场。编印发放《稷山县市民文明手册》2万余本。

全县在市级以上报刊发表文字稿件420余篇,图片128幅,在人民日报、新华社等国家级媒体刊发稿件15篇。《人民日报》海外版以"天下粮仓源稷山"为题,对稷山县的农耕文化进行大篇幅宣传报道;新华社、中新社刊发《山西稷山举办金秋板枣文化活动》新闻稿件。

科技　卫生　全县专利申请量31件。申报成功科技计划项目15项。其中,省级8项,市级7项。

全县共有医疗卫生机构276个。其中,医院7个,乡镇卫生院7个,分院4个,诊所(医务室)58个,村卫生室200个。全县卫生技术人员1365人。其中,执业医师和执业助理医师678人,注册护士599人。医疗卫生机构床位2136张。其中,公立医院933张,乡镇卫生院390张,民营医院813张。2012年全县参加新型农村合作医疗的农民301760人,参合率99.75%。新农合全年受益546801人次。其中,乡村门诊受益490872人次,住院受益29863人次。累计拨付补偿款8641万元。

人民生活　社会保障　全县城镇单位在岗职工平均工资为29323元,增长16.1%。全县城镇居民人均可支配收入17125元,增长14.4%。其中,工资性收入12576元,增长16.7%;财产性收入1552元,增长16.0%;经营性收入2508元,增长4.9%;转移性收入1287元,增长27.8%。城镇居民人均消费支出9576元,增长9.5%。全县农村居民人均纯收入6709元,增长13.5%。

全县城镇新增就业5385人,转移农村劳动力8801人,补贴就业困难大学生367人,公开招聘公务员和事业单位工作人员50人。

全县企业养老保险征缴基金5040.6万元,参保人数达13651人。农村社会养老保险征缴基金1450万元,参保人数达160651人。机关事业养老保险征缴基金6606.7万元,参保人数达8006人。城镇基本医疗保险征缴基金2044.6万元,参保人数达31664人。工伤保险征缴基金262.3万元,参保人数达48528人。其中,农民工18036人。城镇职工生育保险征缴基金63.3万元,参保人数达18134人。失业保险征缴基金176.8万元,参保人数达14119人。年底全县社会保险覆盖率达98%。

全县共审定城市低保对象2839户6455人,占城镇人口总数的5.6%,全年共发放城市低保金1926万元。审定农村低保对象6587户11058人,占农业人口总数4.7%,全年共发放农村低保金1738万元。全年共发放各类重点优抚对象抚恤补助款876.5万元。全县共有农村五保对象880户880人。其中,六所乡镇敬老院共集中供养140人,全年共发放五保供养经费224.5万元。全年共下拨救灾款128万元、救灾面粉314.75吨、棉衣987套、棉被987套,保障灾民基本生活。

住房保障　城市建设　环境保护　保障性住房新建项目504套。其中,经济适用房300套,公租房100套,城市棚户区改造100套,林区棚户区改造4套,总投资6560万元,2012年度完成投资5520万元,4套林区棚户区改造全部完工。

全县城市建设完成投资2.5亿元,城市建成区面积8.43平方千米,县城人口8.65万人,城镇化率达32.98%,县城绿化覆盖率35%,人均公共绿地7.9平方米,人均公园面积6.1平方米,城镇人均住宅面积34平方米,农村人均住宅面积31平方米,城镇人均道路面积15.98平方米。

县城空气质量二级以上良好天数达362天,综合污染指数1.83%。天然气入户达11235户,实现县城集中供热率78%,燃气普及率94.3%,主要污染物减排实现预定目标。

(程明云)

·新绛县·

中共县委书记　邓雁平
县人大常委会主任　李铁路
县　　长　田艺彬
县政协主席　卫保平

【简述】 新绛县北纬35°27′~35°48′，东经111°01′~111°20′。全县设8镇1乡1区，有220个村。2012年，全县生产总值634832万元，比上年增长13.6%。其中，第一产业增加值146330万元，第二产业增加值307315万元，第三产业增加值181187万元。第三产业中，金融业14726万元，批发和零售业27396万元，交通运输、仓储和邮政业57392万元，营利性服务业25539万元。全县人均生产总值18915元，按2012年平均汇率达到2996.4美元。第一、第二和第三产业增加值占全县生产总值的比重为23.1%、48.4%、28.5%。居民消费价格比上年上涨2.2%。其中，食品价格上涨3.7%；商品零售价格上涨0.5%；工业生产者出厂价格下降6.9%。

农业　全年农作物种植面积59204.9公顷，比上年增长104.4公顷，其中，粮食48245.1公顷，增长336.3公顷。在粮食作物中，夏粮26308公顷，秋粮21937公顷。玉米20008.9公顷。在经济作物中，棉花664.7公顷；油料356.9公顷；瓜果36.6公顷。全年蔬菜播种面积11262.5公顷。其中，设施蔬菜面积5915.3公顷。

全年粮食总产量232116吨，比上年增长16.7%。其中，夏粮122428吨，秋粮109688吨。

全年棉花产量897.8吨；油料产量922吨；瓜果产量1874.3吨；蔬菜产量653602吨。

全年肉类总产量15195.2吨，禽蛋产量28582.5吨。

全年完成造林20055亩，四旁植树100万株，跨入全省林业先进县行列。

工业　能源　建筑　全年规模以上工业企业完成增加值289239万元，比上年增长22.3%。产品销售率96.75%，比上年增长7.4个百分点。全部规模以上工业中，纺织业增加值增长3.2%，专用设备制造业增长20.7%，医药制造业增长9.5%，有色金属冶炼和压延加工业增长42.5%，化学原料和化学制品制造业增长20.3%，橡胶和塑料制品业增长20.8%，石油加工、炼焦和核燃料加工业增长3.7%。全年规模以上工业主营业务收入1164761万元；实现利税173318万元；实现利润146035万元；亏损额1579万元。

全年能源消费总量138.1万吨标准煤，比上年增长15.8%。规模以上工业原煤消费量为173万吨，洗精煤消费量为276.3万吨，焦炭消费量为56.7万吨，电力消费量为12.02亿千瓦时。单位GDP能耗（等价值)2.77吨标准煤/万元，同比下降3.5%，单位工业增加值能耗同比下降5.24%，单位GDP电耗同比下降3.42%。

年末具有资质等级的建筑企业3个，全年完成总产值36560万元，比上年增长26.5%。

固定资产投资　全年固定资产投资470067万元，比上年增长27.8%。按城乡分，城镇投资439538万元，农村投资9738万元。按产业分，第一产业投资9241万元，第二产业投资346942万元，第三产业投资113884万元。按登记注册类型分，国有投资74400万元，非国有投资395667万元。

国内贸易　2012年社会消费品零售总额281787万元，比上年增长22.7%。其中，城镇消费品零售额198322万元，增长27.2%；农村消费品零售额83464万元，增长13.3%。批发业和零售业销售额313749万元，增长20.3%。其中，批发业销售额134660万元，增长29.2%；零售业销售额179089万元，增长14.4%。

交通　邮政　电信　2012年末全县境内铁路营运里程18.3千米。公路线路里程713千米（含村道)。其中，国道、省道44千米，县道、乡道、村道及专用道669千米。2012年，全县公路客运量219万人，公路货运量274万吨，公路旅客周转量12521万人千米，公路货物周转量16885万吨千米。

全年完成邮电业务总量12261.1万元，比上年增长13.9%。其中，邮政业务总量1004.1万元(不含快递)，电信业务总量11257万元。全年订销报纸408.6万份，杂志8.6万份，收寄国内函件18.2万件，收寄国内包件5761件，年末固定电话用户21136户，移动电话拥有量为206208部。宽带接入用户达30508户。

财政　金融　保险　2012年财政总收入50090万元，一般预算收入18176万元，增长24.4%。财政总收入占全县生产总值的比重由上年的7.6%提高至7.7%。其中，四大税种共完成税收40342万元，占到财政总收入的80.5%。其中，增值税完成29511万元，营业税完成6937万元，企业所得税完成2830万元，个人所得税完成1064万元。一般预算支出118015万元。其中，农林水事务支出增长23.5%，教育支出增长23.3%，科学技术支出增长23.3%，文化体育与传媒支出增长10.4%，社会保障和就业支出增长19.2%，医疗卫生支出增长13.1%，节能环保支出(上年支出中含煤焦领域反腐败专项整治的排污费2100万元，剔除后同比为112.6%)增长12.6%。

年末全县金融机构各项存款余额603495万元，比年初增加111078万元。其中，在单位存款中，活期储蓄存款109944万元，定期储蓄存款24320万元。年末金融机构各项贷款余额284854万元，比年初增加45540万元。其中，短期贷款185114万元，中长期贷款68180万元。在短期贷款中，个人贷款与透支115748万元，单位贷款与透支66265万元。

全年财险、人寿险两大公司保费收入11471.3万元。其中，财险业务保费收入4241万元，人寿险业务保费收入7230.3万元。全年支付各类赔款及给付3022万元。其中，财险业务赔款2890万元，人寿险业务给付132万元。

教育　科技　文化体育　卫生　年末各类学校在校学生57559人。其中，小学在校学生27741人，普通中学在校学生29818人,职业技术学校2315人。专任教师4010人。小学学龄儿童入学率达100%。2012年全县高考达线2022人,达线率连续8年稳居全市榜首,16人考入清华、北大等一流大学。

全年专利申请23件,比上年增长64.3%。

年末全县共有艺术表演团体4个,文化馆1个,公共图书馆1个,博物馆1个,馆藏文物1107件。县级以上重点文物保护单位693处,其中,国家重点文物保护单位11处,省级重点文物保护单位8处,市级重点文物保护单位3处,县级重点文物保护单位671处。实施李毓秀故居修复工程、"三楼大堂"景区二期工程,城隍庙二期复建工程竣工,常家胡同基础设施改造及传统古民居修缮工程开工建设。

全县拥有电视台1座,广播人口覆盖率100%,电视人口覆盖率为100%,有线电视用户达2万户,数字电视用户达1万户。

全县组织国庆广场文化周以及象棋、围棋、戏曲比赛和篮球、乒乓球比赛等。截至年末,全县220个行政村全部兴建文体广场和群众文化活动室,体育场和体育馆建成并投入使用。

全县年末共有医疗机构29个,其中,县级医疗卫生单位5个,乡(镇、街道)卫生院9个,社区卫生服务中心(站)9个,民营医院6个。村卫生所261个,诊所91个。各类医疗卫生技术人员1453人。病床床位数1275张。县乡村三级医疗卫生机构达标率100%。新型农村合作医疗覆盖率100%,参合率99.9%。

人口 人民生活 社会保障 据2012年抽样调查,年末全县常住人口为336627人,其中,男性171880人,女性164747人,男女性别比为104.33(女性为100)。全县城镇人口124915人,乡村人口211712人,城镇化率达到37.11%。

全年城镇居民人均可支配收入17946元。城镇占调查总户数20%的低收入家庭人均可支配收入11007元,农村居民人均纯收入6991元,农村占人口20%的低收入者收入3328.7元。年末全县单位从业人员13376人。全县在岗职工为12508人,在岗职工年平均工资28550元。其中,企业单位在岗职工年平均工资31085元,事业单位在岗职工年平均工资29184元,行政单位在岗职工年平均工资24525元。年末全县城乡居民储蓄存款余额448873万元,人均储蓄存款为13374元。

全年新增就业人数6920人,转移农村劳动力13536人,下岗再就业1336人,城镇登记失业率控制在1.1%。城市和农村低保人数分别为5998人和14013人。年末全县参加失业保险职工19215人,参加城镇基本医疗保险职工16989人,居民16478人,参加工伤保险职工33765人,参加城镇基本养老保险人数达到26851人,参加农村基本养老保险人数172116人。 (许 隽)

·绛 县·

中共县委书记 裴良杰
县人大常委会主任 韩廷海
县 长 卫再学
县政协主席 李服役

【简述】 绛县北纬35°20'~35°38',东经110°24'~110°48',东西长49.1千米,南北宽35.4千米,总面积993.49平方千米。

2012年,全县地区生产总值完成52.14亿元,同比增长15.4%;规模以上工业增加值23.7亿元,同比增长35.4%;全社会固定资产投资53.3亿元,同比增长19.2%;社会消费品零售总额15.95亿元,同比增长20.53%;外贸进出口总额3104万美元,超任务10.6%。财政收入1.8451亿元,一般预算收入7410万元。

工业经济 实施重点项目67个,开工57个,前期准备10个。年终完成24个,在建33个。重点项目落地完成率、年度投资完成比率位居全市前列。中国风电集团投资30亿元建设风力发电项目。投资7亿元的泰鑫源630立方米铸造炉项目落地开建。德生轮胎年产120万条轮胎项目,一期10万条生产线建成投产。"引黄入绛"项目,引水高程从730米提高到780米,覆盖范围从县城以西扩展到二里半,每年为绛县供水6400万方,新增水浇地6万多亩。

招商引资 引进项目34个,总投资83.5亿元,到位资金32.5亿元,超市定任务30%。亚新科二期扩能、明迈特4×25000KVA矿热炉、鑫泽煤业180万吨洗煤、恒天镁业镁合金深加工一期建成投产。中冶机械年产5.5万吨高强度合金铸钢件项目试产,佩格特化工年产1.2万吨高性能色素炭黑项目一期投产,大唐安峪热电联产项目进入最后核准阶段,天润风力发电33个基座基本建成并开始吊装风机,群力年处理6万吨废旧轮胎项目完成基建,丕康药业中药饮片加工项目建成厂区。与省、市多家银行、担保公司签订战略合作协议,为绛县企业放贷1.32亿元。新批成立4家小额贷款公司,为中小企业放贷7149万元。县信用联社全年累计放贷6亿多元,净投放近3亿元。

农业经济 全年粮食总产量1.57亿公斤,超任务23.6%。新增"一村一品"示范专业村16个,总数达到33个。新增山楂、大樱桃、中药材、核桃等经济林(作物)近4万亩,总面积突破22万亩。新建规模养殖场8个。农林水支出1.84亿元,同比增长24.08%。完成高标准农田示范工程1万亩,基本农田整理1.4万亩。实施"双创"增粮、中低产田改造、保护性耕作、玉米丰产方等粮食增产项目12.2万亩。发放农机补贴587.5万元。完成4座水库的除险加固和2座水库的维修养护。完成东、中、西三个新农村连片示范区建设规划编制。投资4000余万元实施西片示范区建设,区内基础设施基本到位。新上农产品加工项目9个,总投资2.2亿元。新增市级以上农业产业化龙头企业4家,总数达13家。新增农民专业合作社116个,总数达436个。争取到非贫困县贫困人口扶贫开发3.01万人,涉及全县10个乡镇116个村。纳入国家第四批小农水建设重点县,3年可争取项目资金4800万元。2013~2017年抗旱规划建设项目获批,每年可争取资金1500万元。2012年绛县成为运城市唯一申报成功的省级"休闲农业和乡村旅游示范县"。

文化旅游 起草《绛县旅游发展总体规划》。启动明清民居城项目,举办"百年民居·璀璨绛县"大型文艺晚会。完成绛北大峡谷旅游景区漂流项目。太阴寺、紫云寺纳入运城"一卡通"景点。全县旅游接待23.37万人次,同比增长20.7%。农家书屋、文体活动场所实现全覆盖。出版《晋文公》《涑水源》等文学精品。书法事业蓬勃发展,成为全市唯一的省级老年书法先进县。柔力球荣获全国邀请赛集体银奖、省第四届老运会交流赛金奖。完成九龙庙修缮和太阴寺元碑碑亭保护工程。全县国家级文物保护单位增加到10个,排名由全市第11位上升到第2位。

县域城镇化 卫庄至翼城一级公路完成投资1亿元,路基工程完成90%。农村街巷硬化完成1410千米,实现全覆盖。完成34个村、10所学校的26处饮水安全工程,解决12000名群众和4000名师生的饮水困难问题。安峪220KV变电站土建工程完成90%,开发区110KV智能变电站投入使用。投资515万元对城市主街道进行整体加铺。浍水环城路完成规划设计。天然气管网铺设40千米。城西生态公园完成投资2000多万元,主干道路全部建成,园区绿化完成80%,陈村镇成为全省首批"百镇建设"重点镇,完成农民公园、山区移民区等一系列工程。

生态建设 年节约标煤4.11万吨,全县万元GDP综合能耗下降3.5%。水土保持治理8000亩。植树造林5.86万亩。天然气入户1000户。饮用水源地保护区水质、城镇集中式用水水源地水质达标率100%。城乡环境卫生整治、农村卫生改厕、除害防疾等爱国卫生工作开展。横水、郝庄2个乡镇11个村庄生态创建工程进展顺利。

民生工程 新型农村社会养老保险实现全覆盖。城乡居民社会养老保险列入国家级试点县,全县60岁以上的老人每月领取养老金。城镇基本医疗、失业、工伤、生育保险参保率提升,全年支付各项社会保险待遇2.7亿元。新农合年人均补助标准提高到240元。城乡低保平均保障标准分别提高到308元、148元。农村五保户应保尽保。优抚对象待遇全部落实。为困难群众、50岁以上农村籍退役士兵和特孤儿童发放物价补贴、生活补贴和救助资金。城镇新增就业6654人。农村劳动力转移12300人。完成低收入农户冬季取暖用煤发放任务。建成保障性住房200套,改造农村危房700户、贫困残疾人危房29户,完成"暖房子"工程120万平方米。县医院住院大楼基本建成。国家基本药物制度全面实施,药价同比下降15%。公共卫生服务特殊人群管理6.9万人、特殊病种患者管理2.2万人。中等职业教育免费实现全覆盖。政府机关幼儿园具备入园条件。申报科技项目13项,专利申请21项。

民主法治建设 办理人大代表建议81件、政协委员提案79件,办复率100%。审计和监察工作力度加大。"六五"普法开展。人口和计生工作推进。史志、人防、气象、地震、档案、老龄、残疾人、妇女儿童、民族宗教、国防后备力量建设等各项社会事业都取得成绩。 (王学智 刘 超)

·垣曲县·

中共县委书记 侯伟建
县人大常委会主任 郭儒社
县　　　　长 杨彦康
县 政 协 主 席 赵恒坚

【简述】 垣曲县北纬34°59′~35°26′,东经111°30′~112°05′,总面积为1620平方千米。全县辖5镇6乡,188个行政村。2012年平均气温12.8°C,年总日照1905小时。年总降水量为482.8毫米。

2012年底,全县土地面积160927.34公顷,其中耕地面积26292.15公顷,园林面积698.83公顷,林地面积92204.22公顷,牧草地23021.51公顷,水域及水利用地面积5435.15公顷。

2012年全县共完成地区生产总值344423万元,按可比价同比增长13.8%。其中,第一产业完成增加值35885万元,同比增长6.5%;第二产业完成增加值179724万元,同比增长18.9%,其中工业完成增加值158221万元,同比增长18.9%;第三产业完成增加值128817万元,同比增长10.1%。三产业结构比例为10.4:52.2:37.4。人均地区生产总值14773元。财政总收入37485万元,同比增长13.65%,一般预算收入12136万元,同比增长10.67%。完成农林牧渔业总产值67944.5万元,同比增长15.14%。其中,农业产值完成35269.4万元,同比增长19.96%;林业产值完成3729.7万元,同比下降20.17%;牧业产值完成22167.6万元,同比增长19.53%;渔业产值完成1754.8万元,同比增长0.94%;农林牧渔服务业完成产值5023万元,同比增长7.09%。全年农作物总播种面积445799亩,同比下降1.26%,粮食总产量85936.8吨。年末全县规模以上工业企业11家,共完成工业总产值389154.2万元,同比增长1.73%;完成工业增加值152021.3万元,同比增长24.94%;实现销售产值245126.8万元,同比下降22.48%。全年全县单位GDP能耗2.0594吨标准煤/万元,同比下降4.81%;单位工业增加值能耗0.72吨标准煤/万元,同比下降60.49%;单位GDP电耗2531.82千瓦时/万元,同比下降7.46%。全县能源消费总量折标准煤62.24万吨,同比增长8.36%,社会用电量76518万千瓦小时。社会消费品零售额完成156812.4万元,同比增长22.4万元。其中城镇消费品零售额117178.3万元,增长27.0%;乡村消费品零售额39634.1万元,同比增长10.8%。全年全县各级各类学校76所,其中幼儿园10所,小学52所,初级中学10所,高级中学3所,聋哑人学校1所。在校学生34257人,同比下降7.56%,毕业生数10088人,同比增长15.1%,教师3115人,同比下降4.24%。年末全县共有卫生机构(含村卫生所和个体诊所)269个,每千人拥有医生3.88人,每千人拥有床位6.9

张。新型农村合作医疗参合率99.7%。据2012年人口抽样调查，年末全县常住人口为233835人，其中城镇人口102330人，乡村人口131505人。全年全县出生人口2764人，人口出生率11.86‰；死亡人口1389人，死亡率为5.96‰；自然增长率5.9‰；城镇化率43.76%。全县全年城镇居民人均可支配收入16951.32元，同比增长14.02%；城镇居民人均消费支出8288.95元，同比增长1.7%；农民人均纯收入4220元，同比增长13.08%；农民人均生活消费支出4066元，同比增长9.04%。年末全县在岗职工人数20633人，同比增长3.41%。在岗职工年平均工资29547元，比上年增长11.09%，其中机关单位在岗职工平均工资24985元，同比增长7.07%；企业单位平均工资32794元，同比增长13.65%；事业单位职工平均工资25585元，同比增长10.98%。城镇基本社会保障覆盖率达99.29%，同比增长5.29个百分点，城镇登记失业率0.9%，同比下降0.1个百分点。年末全县城乡居民储蓄存款余额434775万元，同比增长14.89%。（王建民）

【舜苑公园】 舜苑公园于2011年9月始建，位于闻垣高速县城入口，东西长480米，南北120米，占地100余亩，总投资800余万元，2012年6月6日竣工开园。公园按舜王——舜的故事—舜的家乡设计思路，分休闲娱乐区、观亮区和乡镇展览区三大板块。公园大门“锦绣舜乡”、八角亭“聚贤亭”和公园名“舜苑”三幅字分别由山西省书法家协会历任主席赵望进、李才旺、石耀峰三位名家题写。高处走廊，主要以图画的形式介绍舜王的故事。“敬舜亭”安放的舜王像，是仿照故宫博物院馆藏舜王像，请福建、北京名家用汉白玉雕刻而成，雕像重3吨、高2.5米。东边展览区，按垣曲县11个乡（镇）大致形状轮廓、位置比例来区分，每个乡（镇）区内有六个一：一块奇石、一棵古树、一种花草、一盏明灯、一个简介、一方石凳。公园共安装太阳能灯51盏，栽植皂角、豹榆木、国槐、银杏、雪松、栾树、大叶女贞等名古树木1.5万棵，种植各种花草面积4万平方米。（王建民）

【坡耕地水土流失综合治理】 根据《国家发展改革委、水利部关于开展坡耕地水土流失综合治理试点工作的通知》（发改农经〔2010〕655号）精神，从2010年开始，全国5大类型区16个省（区、市）的70个县开展坡耕地水土流失综合治理试点工作，垣曲县被列为试点县之一。垣曲县坡耕地水土流失综合治理试点工程区由蒲掌1个片区组成，位于垣曲县城东偏南，属黄河流域，地理坐标为北纬35°10′00″~35°12′25″，东经111°0′3″~112°0′59″之间。2011年3月，吕梁绿宇水保生态工程设计咨询中心编制该项目实施方案。通过外业现场图版调会，垣曲县2011年梯田建设工程总任务833.8公顷，涉及蒲掌乡北阳、邱家沟、洼里、郭家河等4个行政村。2012年11月19日，省验收组垣曲县坡耕地水土流失综合治理试点工程进行检查验收。（王建民）

【供水工程】 2012年5月16日，县城市供水管网工程正式开工。此工程是县2012年重点工程和民生工程之一，工程总长7200余米，其中净水厂至友谊路为管线设计，铺设输水管道4100余米，友谊路至新城大街铺设管道2500余米，公园路至舜王北大街铺设管网600余米，工程总投资990余万元。工程建成后，可解决县城、有色公司及周边村8万余人、140余个单位生产、生活用水需求，该工程于8月底完工。

2012年11月8日，垣曲县城市供水净水厂工程开工建设。该工程总投资3000余万元，设计规模近期15000立方米/日，远期25000立方米/日。建设内容包括3000立方米清水池一座、净水车间一座、综合厂房、配电室、生产及办公用房1500余平方米、铺设DN200—700输配水管道7300米。供水净水流程采用斜板斜管沉淀，纤维来滤池过滤和全自动化控制等较为先进的给水处理工艺，该工艺具有占地少、投资小、效率高的特点。该工程建设工程为一年。（王建民）

·夏　县·

中共县委书记	张秀武
县人大常委会主任	黄保龙
县　　长	葛作民
县政协主席	刘永录

【简述】 夏县北纬34°55′~35°19′，东经111°02′~111°41′，全县总面积1352.06平方千米。2012年完成地区生产总值35.7亿元，同比增长11.8%；财政收入1.7亿元，同比增长7.7%；一般预算收入8105万元，同比增长6%；规模以上工业增加值3.7亿元，同比增长22.3%；固定资产投资34.2亿元，同比增长26.4%；社会消费品零售总额17亿元，同比增长19%；城镇居民人均可支配收入16863元，同比增长15%；农民人均纯收入4692元，同比增长13.4%。

项目建设 实施重点建设项目31个，总投资30.5亿元，实际完成投资27.2亿元，其中翱翔生物辣椒深加工、晋星牧业肉鸡屠宰、村连村路面硬化工程等15个项目完工，实施北京天润新能风电场等13个项目。

工业经济 实施工业强县战略，制订出台《工业强县行动方案》。推进安瑞风机与山西焦煤集团进行战略合作，理顺水头工业园区管理机制，新入驻企业2家。全年全县工业总产值完成15.1亿元，同比增长11.9%；销售收入完成16.1亿元，同比增长13.3%，产销率94.3%。

三农工作 2012年，全县粮食总产量27.5万吨，被评为“山西省小麦生产先进县”。出台贷款贴息、以奖代补等优惠政策，扶持发展蔬菜产业，新增设施蔬菜面积7000亩。创建蔬菜、水果等“一村一品”示范村和推进村50个，其中列入省级示范村和重点推进村45个。全县农产品加工龙头企业销售收入4.2亿元，同比增长32.9%。发展番茄、香葱、辣椒、葡萄等农产品生产基地5万余亩。整合项目资金1000余万元，推进新农村连片示范区建设。培育省级示范合作社6家，市级示范社5家，县级示范社

23 家。

城镇化建设 修编城市发展战略规划，完成建成区控制性详细规划、县城绿地系统和道路系统专项规划，完成5个乡镇总体规划和县域村镇体系规划、裴庙地区一体化发展规划。康杰路新建工程主体完工，白沙河中大桥工程正在实施，环城道路骨架基本形成，拓展县城发展空间。合理设置农贸市场和公交车停靠点，安装电子显示宣传屏，坚持"四扫全保"环境保洁制度。

生态建设 全年完成造林工程5.6万亩，森林覆盖率增加两个百分点，达到44.6%，被评为"全省集体林权制度改革先进县"。一是按照"区域化布局、规模化发展、标准化管理、合作化经营"的要求，新发展核桃、红枣等经济林4万亩；二是完成209国道裴介至空港段、水头经胡张至南大里15千米道路的环境整治和绿化；三是按照"拆墙透绿增游园，环村林带增绿地，产业基地增收入"的标准，完成20个园林村的提档升级工程；四是围绕生态薄弱地段，实施荒山造林和封山育林1.5万亩。对落后产能企业进行关停淘汰，对重点领域、重点行业进行综合治理，节能减排的约束性指标均在控制范围以内，县城空气质量二级以上天数达350天。

文化旅游 实施文化强县战略，宇达集团、东升彩印等一批文化企业快速发展。加大旅游基础设施建设，完成唐回漂流码头扩建、架桑漂流改造提升、晋平漂流护河坝修建、神奇洞水上乐园建设等工程。扩大旅游宣传营销，漂流景点和司马温公祠、堆云洞、瑶台山景区捆绑组合，与太原、郑州、西安、洛阳等地旅行社联合推介，提升市场占有率。全年接待游客92.6万人次，旅游总收入6.4亿元，同比增长31%。

社会事业 一是完成农村新的"五个全覆盖"工程。硬化农村街巷1080千米，建成农村便民连锁店97个、农村书屋193个，中等职业教育免费招生1552人，新型农村养老保险参保20.2万人。二是保障性住房建设进展顺利。完成廉租住房102套、经济适用房511套、解决农村住房困难500户。三是科技教育事业稳步推进。争取项目资金3000余万元，实施中小学宿舍餐厅、幼儿园改扩建等工程，改善农村中小学和幼儿园办学条件。申报各类专利24项，省级民营科技企业发展到11家，科技合作社15家。四是医疗卫生事业健康发展。新农合覆盖面扩大，参合率达99%。县、乡、村三级医疗机构全面达标，完善食品安全监管机制，规范食品市场秩序。五是社会保障力度加大。成建制输出劳务9838人，全县新增就业6256人，城镇登记失业率控制在1.2%。城乡低保对象补助标准每人每月分别提高到220元、110元。完成302户1200人移民建房主体工程。实施扶贫整村推进、片区开发项目，贫困人口减少3800人。完成低收入农户户均1吨煤发放任务。省市电力部门支持解决山区群众用电难、用电贵问题。六是安全生产形势稳定。开展百日安全生产专项整治活动、"打非治违"专项行动，排查治理各类隐患436起，打击非法违法行为49起，保持全县安全生产总体稳定。加大交通安全整治，交通环境秩序改善，事故率下降。七是社会管理加强。以创建"平安夏县"为目标，强化社会治安综合治理，打击违法犯罪，共破获各类刑事案件431起，查处治安案件377起，大要案件全部告破，破案率同比上升6%。

民主法制 全年办理人大代表建议和政协委员提案94件，办复率达到100%。推进民主法制进程，推动"阳光农廉网"与农经信息网、党员远程教育网的整合，加快"一网九平台"建设。7月，全国村务公开民主监督工作会议在运城召开，中央书记处书记、中纪委副书记何勇等与会领导深入夏县考察，对夏县的民主监督工作给予肯定。落实政府系统党风廉政建设责任制，开展政风、行风评议和精神文明建设活动，促进社会和谐。广电、气象、人防、地震、档案、宗教、老龄、残疾人等工作，都取得新成绩。

（孙英杰）

·平陆县·

中共县委书记	郭　宏
县人大常委会主任	
县　　　　长	李　旸
县政协主席	赵旭光

【简述】 平陆县位于北纬34°41′20″～35°00′59″，东经110°52′47″～111°37′42″。东西长67.5千米，南北宽34.5千米，总面积为1173.5平方千米。2012年，全县辖10个乡镇和茅津经济开发区，228个村民委员会，4个居民委员会。全县有95128户249341人，其中非农人口35352人。男127833人，女121508人。

年平均气温13.7℃，年降水量498.9毫米，年日照时数为1895.6小时，无霜期为231天。

2012年，全县生产总值完成29.4亿元，增长14.1%；固定资产投资34亿元，增长25.8%；规模以上工业增加值4.6亿元，增长26.7%；财政总收入25688万元，增长16.1%；一般预算收入10634万元，增长24.7%；社会消费品零售总额18.2亿元，增长21.8%；城镇居民人均可支配收入15172元，增长16%；农民人均纯收入4237元，增长13.5%；外贸进出口总额4280万美元，增长9.9%。

三农工作 全年农林水事务支出2.1亿元，占到财政总支出的20%。粮食总产量达1.1亿公斤，5000套新型粮仓得以推广，确保科学储粮和粮食安全。烟叶生产在300万元的财政扶持拉动下，实现扭亏为盈，种植烟叶1.3万亩，产量2.9万担，总产值达到2711万元，同比增长181%。新建人畜分离养殖示范小区和专业村各10个，全县畜牧业总产值达到2.9亿元。发展蔬菜5.5万亩，总产量8420万公斤。县财政拨付450万元，用于果树间伐、套袋、反光膜铺设和果农培训，产果区的7个乡镇都建起两个500～1000亩的集中连片高效示范园区，建设标准化示范园260个，获全省首批"一县一业""一村一品"先进县。通过国家良好农业规范基地认证和国家级出口苹果质量安全示范区认定，1.38万吨优质苹果走出国门。争取资金1亿多元，建设农村饮水安全工程36处，改善灌溉面积3万亩，改造中低产田3900亩，整理土地9000余亩，新增耕地2000余亩。新农村建设累计整合资金4600余万元，完成21个新列新农村进村建设任务，实施以“四化四改”“五个一”为主的各项工程135处，编制完成新农村连片示范区建设总体规划，并通过市评审验收。张店新农村建设生态高效集中连片示范区，整合各类资金6177万元，街巷硬化、绿化、亮化工程全面完成。新建省级示范社2个、市级示范社4个、县级示范社10个，组建合作社联合社3个。全县有无公害农产品认证合作社共23个，有机果品认证合作社7个，农产品地理标志认证合作社2个。

工业经济 2012年县委、县政府制定工业强县行动方案、工业发展联席会议制度、扶持中小企业发展意见等6个文件，采取四大班子领导包联、银政企对接等形式，帮助企业破解发展难题。截至年底全部工业增加值88569万元，按可比价格计算，比上年增长22.5%。全县国有企业和年产品销售收入2000万元及以上非国有工业企业共完成工业增加值46485.7万元，比上年增长26.7%，其中股份制企业增长29.65%；外商及港澳台商投资企业增长27.13%。分轻重工业看，轻工业下降16.6%；重工业增长32.79%；主营业务收入完成200057.9万元，比上年增长8.44%。主要产品产量：全年全县发电量12939.8万千瓦时；生铁产量1.8155万吨，比上年增长5.1%；铁合金产量106155.74吨，增长5.2%。

招商引资 全县招商引资落地项目16个，到位资金20.42亿元，完成市下达的14亿元任务的145.86%，其中：新建项目5个，拟引资金11.6亿元，到位资金3.5亿元；续建项目8个，到位资金15.69亿元；企业贷款项目3个，到位资金1.23亿元。工业类项目10个，总投资30.3亿元，拟引资金24.625亿元，到位资金11.9亿元，占全年招商引资到位资金比率58.27%。

双十工程 “十项重点工程”全部达到预期目标。武圣新材料10万吨陶瓷粉体材料建成投产；昌盛铬铁精炼炉项目点火试车；天润风电一期工程建成；中广核风电一期正在建设；新环橡塑120万套汽车上支架总成；博纳科技2万吨新型电子粉体材料项目前期工作完成；2万亩西红柿片区扶贫开发区项目完成当年投资计划；垃圾填埋场项目进展顺利；三湾天鹅风情小镇项目，完成投资8000万元；沿黄干线公路平曹段升级改造工程获开工批复，于11月20日开工建设。“十件民生工程”完成。6.9万吨“暖心煤”发放到户；“义务教育标准化学校”建设，通过省里评估验收；348户扶贫移民搬迁主体工程全部结束；650户居民和武圣新材料公司通天然气；485套保障性住房全部开工，800户农村群众、903户城镇居民领到住房补贴，566户城市住房困难户喜迁新居；体育馆土建工程结束；投资1600余万元，实施移民后扶项目126处。

民生改善 全县用于民生改善资金达到3.2亿元。农村便民连锁商店、农村文化体育场所、中等职业教育免学费、新型农村社会养老保险等4个工程提前一年实现全覆盖，两年完成农村街巷硬化2260千米，全县228个建制村全部实现街巷硬化全覆盖。全县新农保参保16.4万人，城镇居民养老保险参保2730人，城镇职工基本养老保险参保1.9万人，城镇基本医疗保险参保3万人；全县新农合参保20.8万人，参合率达98.8%；足额发放城乡低保资金4700万元；提高五保供养标准，为1645名五保对象发放供养金366万元；医疗救助1384人，发放救助资金378.9万元。教育卫生事业加快发展，高考六大类达线568人，实现“九年”连增；中考总体成绩名列全市第三，刷新本县基础教育新纪录；改造农村薄弱学校、食堂47处。中医院门诊综合楼投入使用。人口自然增长率控制在5.48‰。安全生产形势稳定好转，开展“打非治违”专项行动和两轮“百日安全生产活动”，安全生产制度规范，安全生产形势好转。治超工作连续四年被评为“全省治超工作先进县”。

社会管理 全年共办理人大议案、建议和意见53件，政协提案61件。“六五”普法全面推进。县级和11个乡镇社会服务管理中心全部建成，投入运行，社会治安综合治理实现网格化管理。荣获“全国村务公开民主管理示范单位”“全市社会管理综合治理先进县”“全省扶贫开发先进县”“全省农经工作先进县”等荣誉称号。

（杨卯翠）

·芮城县·

中共县委书记	王正风
县人大常委会主任	胡金虎
县长	董旭光
县政协主席	余妙珍

【简述】 芮城县位于北纬34°35′16″~34°50′22″，东经110°14′30″~110°57′34″。全县辖7镇3乡，172个建制村，714个自然村，1个城镇居民管理委员会，6个社区。2012年，全县总人口399456人，其中城镇人口169155人，乡村人口230301人。境内东西最大距离66千米，南北最大距离25千米，国土面积1175.55平方千米。荣获“国家级生态示范区”“全国生态文明先进县”“中国最佳休闲旅游县”“中国绿色名县”“中国书法之乡”等称号。为山西省首家“省级生态县”。

2012年，县委、县政府围绕“创建国家级生态文明县”这一总体目标，以招商引资和项目建设为抓手，实施工业强县、文化强县战略，全面推进“双十工程”和40个重点项目，完成年初既定目标任务。县内生产总值完成66.85亿元，同比增长13.4%；财政总收入完成42992万元，同比增长7.8%；一般预算收入完成17558万元，同比增长3.4%；规模以上工业增加值完成12.32亿元，同比增长40.6%；固定资产投资总额完成40.3亿元，同比增长34.7%；社会消费品零售总额完成21.1亿元，同比增长23.9%；城镇居民人均可支配收入完成18840元，同比增长14.1%；农民人均纯收入完成

6809元,同比增长13.4%;外贸进出口总额完成902万美元,同比增长19.2%。完成各项节能减排和环境保护的约束性指标。

工业经济 全年共实施工业项目14个,其中新开工项目10个、在建项目4个,年内完成投资12亿元。工业产业聚集区新入驻企业5家,企业总数达22家。新泰纳米、圣奥化工2家公司由中小企业进入规模以上企业行列,全县规模以上工业企业增至18家。骨干企业大唐电厂上缴税金7671万元(同比净增6032万元),亚宝集团和亚宝经销公司上缴税金10716万元,两家企业对财政的贡献高达42.8%。全年规模以上工业企业总产值达40亿元,同比增长22.2%,上缴税金1.70亿元,同比增长22%。

三农工作 农业上,推进苹果提质增效、设施蔬菜和干果经济林三大富民工程。建成现代苹果核心示范园150亩、标准化示范园2000亩,改造中低产果园2万亩,新增果园2万亩,认证无公害苹果面积35.5万亩;新增设施农业3753亩,全县设施农业总面积达12400亩;发展干果经济林2.5万亩。建成"一村一品"专业村20个,全县"一村一品"专业村总数达54个。实施小农水重点县建设和五大引黄灌区节水续建及泵站改造工程,恢复改善和新增灌溉面积13.5万亩。全年粮食总产量达3.32亿公斤,同比增长15.4%,荣获"全国产粮大县"称号。新启动新农村建设重点推进村22个,全县新农村建设试点村和重点推进村达135个,占建制村总数的78.5%。

招商引资 完善招商引资相关政策和实施方案,出台《芮城县招商引资工作规范》《关于对招商引资项目服务环境实行跟踪监督的管理办法》和《芮城县推进工业强县行动方案》,对13家重点企业挂牌实行封闭式管理,优化企业发展环境,被省国资委、财政厅、科技厅等16家单位评为"山西2012年度投资环境创优县区"。全年共新引进项目14个,开工建设13个,招商引资到位资金22.09亿元,超出市定目标5.09亿元,超出县年初预期7.09亿元。2012年共实施重点项目60个,年底建成完工45个,其余跨年度项目有序推进;共完成投资41.5亿元,超出年初预期10亿元,完成全年任务的132%。投资10.5亿元的标志性产业项目现代国际物流商贸城项目开工建设,完成投资1亿元。全年重点项目落地指标完成178亿元,超额完成市定目标任务296%,完成率全市排名第一。

生态创建 栽植各种苗木340余万株,完成造林面积2.2万亩,林木覆盖率由上年的39.89%提高到41.09%,提升1.2个百分点。实施阳城、古魏2个片区15个村的农村环境连片综合整治,建立乡镇所在地生活垃圾"集中收集,统一转运"长效管理机制,改善乡村环境卫生面貌。天然气主管道与大管网连接,县城新增天然气用户5000户,改造燃煤锅炉10余个。县域空气质量提升,全年二级以上天数365天,其中一级天数125天。截至2012年底,全县共申报国家级生态乡镇5个(古魏、大王、阳城、陌南、南卫)、国家级生态村2个(刘原、太安),建成省级生态乡镇8个、省级生态村13个、省市级绿色学校7所。

文化旅游 举办中国(芮城)永乐宫第五届国际书画艺术节。芮城青年蒲剧团编排演出的大型蒲剧现代戏《生命》,在第二届全国戏剧文化奖优秀剧目调演中获得8大类16个奖项。总投资12.27亿元的百梯山、九峰山、圣天湖、水峪四大景区开发项目开工建设。按照整合资源、突出特色、适度开发、分步推进的思路,编制完成《芮城县文化旅游总体规划(2012—2020年)》,对全县文化旅游资源进行分析和规划,确立"一带两区七景"的旅游产业发展格局和"黄河第一游,永乐道芮城"文化旅游品牌。

基础设施 运宝高速隧道工程进展顺利;芮宝黄河公路大桥和运宝高速芮城一级路连接线两大工程前期工作全部完成;全年硬化农村街巷979千米,超出市定任务226千米,实现农村街巷硬化全覆盖;新建、改造县乡公路100.7千米,完成自然村通39.8千米,全县公路通车总里程达1453千米,公路密度达123.3千米/百平方千米,居全市前列。城市建设上,县城核心区改造完成,文博馆综合楼和南广场建设完工,东茂广场、东茂商业街投入运营;芮城国际物流商贸城一期工程完成17栋主体建筑。

民生事业 新农村"五个全覆盖"完成。十件民生实事完成8件,2件跨年度项目有序推进。城镇新增就业9331人,超出年初预期目标4931人;城镇登记失业率控制在1.2%,低于省市控制指标2.8个百分点。建成廉租房40套、经济适用房200套、公共租赁房60套,改造城市棚户区100户、林区棚户区18户、农村贫困户危房800户,困难群众住房问题缓解。新农合参合率99.69%;新型农村养老保险和城镇居民养老保险工作被省政府授予"先进县"称号;农村和城镇低保覆盖面扩展;募集资金450余万元,成立县慈善总会。全年,县财政用于民生事业支出10.5亿元,占全县财政总支出14.5亿元的72.8%。

(董少峰)

·永济市·

中共市委书记	陈　杰
市人大常委会主任	杨文宁
市　　长	朱晓东
市政协主席	袁宏轩

【简述】 永济市北纬34°44′~35°04′,东经110°15′~110°45′。2012年,永济市辖7镇3个街道办事处,265个村民委员会,402个自然村。国土总面积1208平方千米。全市总户数139948户,总人口449956人,比上年增加2379人。总人口中男性230636人,女性219320人,女性与男性比例为100:104.9;城镇人口199550人,乡村人口250406人,城镇化率为44.35%;人口自然增长率为5.3‰。年末在岗职工21933人,职工年平均工资31935元,比上年增长10.4%。

2012年,永济年平均气温13.8℃,年降水量363.6毫米,日照时数2023.3小时。

国民经济 全市生产总值完成119.4亿元,同比增长13.5%。其中,第一产业增加值完成18.3亿元，增长6.6%；第二产业增加值完成71.8亿元,增长17.3%;第三产业增加值完成29.3亿元,增长10.0%。财政收入完成6.005亿元；固定资产投资完成63.3亿元,同比增长34.2%;城镇居民人均可支配收入19175元，同比增长15.2%；农民人均纯收入8082元,同比增长13.5%；金融机构各项存款余额84.8亿元,同比增长19%;各项贷款余额59.3亿元,同比增长0.2%;社会消费品零售总额38.6亿元,同比增长18.3%。

工业经济 全年共安排重点工业项目10项。其中,宏远化工新能源综合利用一期项目、粟海铝业年产5万吨冷轧板带、德科达粉煤灰制砖、彩佳机电设备公司汽车变速箱壳体、天兴气体空气分离一期项目、新通源食品加工二期项目、昌兴机械机加中心二期项目、三丰机电配套标准化厂房一期项目等8个项目建成投产。麟龙铝业10万吨高尖端铝合金锭一期项目、晋美油脂2万吨多维营养调和油项目等8个项目推进。全年规模以上工业总产值完成205.1亿元，同比增长11.3%；规模以上工业增加值完成39.6亿元,同比增长20.6%。

三农工作 完成现代农业产业化园区农产品展览馆主体、粟海大道东延、园区绿化美化亮化等工程建设,实施东北腹地排水、黄灌区末级渠系配套、节水园区等农田水利基础设施项目,新增和改善灌溉面积10.9万亩。全年农作物种植面积134.5万亩,下降1.6%。其中粮食种植面积115万亩,增长5.8%;棉花面积10.8万亩,下降48%；蔬菜面积6.4万亩，增长8.5%;瓜类面积1.5万亩,增长275%,水果143421亩,干果1.2万亩,芦笋42397.5亩。全年粮食总产量45077.9万公斤，比上年增加3611.2万公斤，增长8.7%;亩产392公斤,增长2.8%。其中夏粮总产量19985.2万公斤,比上年增加2244.7万公斤,增长12.7%,秋粮总产量25092.7万公斤，比上年增加1366.5万公斤,增长5.8%。棉花总产量790万公斤,下降47%,亩产73公斤,增长2.8%。蔬菜总产量7700万公斤，增长14.9%。肉类总产量1575.12万公斤，比上年增长16.5%。其中猪牛羊肉产量994.62万公斤，比上年增长49.2%，禽肉产量58.05万公斤,比上年下降15.3%,禽蛋产量880.05万公斤,比上年下降27.8%。年末牛存栏3846头,猪存栏68982头,羊存栏23937只，家禽存栏282.29万只。

城市建设 涑水街西延拓宽改造、舜帝山森林公园二期绿化、城市质量提升一期、涑水河滨河公园提升、东环路翻新改造及北延、客运中心汽车站二期、城西110KV变电站7个项目建成竣工。文化中心一期、东外环路、小风线首阳桥危桥改造等3个工程按期推进。采取BOT融资2.5亿元的城区供热管网改造一期工程竣工。全年重点工程拆迁总面积1.97万平方米。投资80余万元对市府街、西厢路等街道进行绿化补栽。

招商引资 全年实施招商引资项目35个,项目到位资金53.7亿元。其中广银铝加工园和阳煤千军汽车发动机缸体两个项目落地建设。

商贸旅游 神潭大峡谷旅游综合服务区一期工程完工;举办首届鹳雀楼诗词文化节，共征集优秀古、新体诗歌7656首,永济市被授予“中华诗词之乡”“中国诗人之家”称号。召开永济旅游太原推介会,全年共接待游客170万人次,同比增长30%。西厢商城、蒲津世贸广场、彩虹汽贸二期等重点商贸项目快速推进。

社会事业 2012年，完成农村街巷硬化1764千米；新建村级体育设施场地23.9万平方米;新建农家书屋249个;完成168个村便民连锁店建设；实现中等职业教育全免费;城乡居民社会养老保险参保登记20.7万人，为4.57万60岁以上城乡居民发放养老金1516万元。高考各类考生达二本线1536人，同比增加268人。推进基层医疗卫生体制改革,“新农合”报销金额9841万元,农民参合率达99.98%。加强环保治理,空气质量二级以上天数达343天。推进创业孵化基地建设，城镇新增就业9820人，下岗失业人员实现再就业1652人,转移农村劳动力18903人。五大社会保险覆盖面扩大,新增参保2288人。城乡低保工作实现动态管理下的应保尽保、分类施保和规范化管理，全年共发放低保金等各项救助资金5014万元。安全专项整治推进,全年无重特大事故发生。开展三级领导联动接访、积案化解、矛盾纠纷排查化解等活动，信访维稳工作得到加强。打击各类违法犯罪活动,在全省县级城市中首家实现视频监控市域“全覆盖”,刑事、治安案件连续12个月“双下降”。（温　鹏）

【鹳雀楼诗歌文化节】 9月26~27日,首届鹳雀楼诗歌文化节在鹳雀楼景区举办。此次活动由中华诗词学会、中国诗歌学会、中国作协诗刊社、山西诗词学会、中共运城市委宣传部、中共永济市委、永济市人民政府共同主办。活动从2012年3月开始,面向全社会进行征稿。来自全国31个省、市、自治区,港、澳、台、新加坡、澳大利亚、加拿大等国家和地区的近4000位作者参加投稿。活动期间共征集作品7675件，其中古体诗6359首,新诗1316首。26日晚,举办“更上一层楼”诗歌音乐朗诵会,著名诗人舒婷,著名艺术家许还山、严晓频、吴京安等出席晚会。组委会现场为“鹳雀楼诗歌大赛” 获奖作品颁发奖项。永济市被授予“中华诗词之乡”“中国诗人之家”称号。（温　鹏）

【东环路改造及北延工程】 东环路翻新改造及北延工程是2012年永济十大城市基础设施建设工程之一。工程南起中山街，北至永卿路，全长3489米。2012年4月23日动工建设,2012年8月30铁路以北路段竣工。共完成土方1.9万立方米,铺设排水道2800米，砌筑检查井58座,铺装沥青砼面层2.88万平方米,安装花岗岩侧石5480米，铺设人行道渗水砖3.2万平方米,路灯116盏,栽植树木176株。完成投资1800万元。

（温　鹏）

【涑水街西延道路拓宽改造工程】 工

程为2012年永济市“四十+双五”工程之一。该工程东起教堂,西至黄河大道,全长856米。2012年4月23日开工建设,9月中旬竣工通车。该工程共完成土方1.5万立方米,铺设排水道1700米,砌筑检查井36座,安砌路缘石4800米,铺设人行道渗水砖4500平方米,铺装沥青砼面层2.3万平方米,安装路灯47盏,道路两旁绿化全部到位。（温　鹏）

·河津市·

中共市委书记　胡　宝
市人大常委会主任　崔会民
市　　长　杜中伟
市政协主席　王锡义

【简述】　河津市北纬35°28′~35°47′,东经110°32′~110°50′。全市东西宽27.5千米,南北长35千米,总面积593平方千米。全市共辖2镇、5乡、2个街道办事处,148个行政村。2012年末常住人口40万人。

2012年,完成国内生产总值184.7亿元,规模以上企业增加值85.1亿元,财政总收入12.2亿元,固定资产投资97.7亿元,社会消费品零售总额61.2亿元,城镇居民人均可支配收入19176元,农民人均纯收入8625元。

工业转型　2012年,河津市安排20个工业重点项目,6个完工、9个在建、5个在做前期准备工作。完工6个项目,分别是:中铝50万吨氧化铝挖潜项目、阳光120万吨焦炭整合项目、华鑫源高炉技改项目、华鑫源烧结技改项目、太工天成液化天然气项目和国新能源天然气加氢项目。9个正在建设项目:博翔2万吨隔热型材及3000吨工业铝法兰项目,其中2万吨隔热断桥型材建成投产,3000吨工业铝法兰主体完成;王家岭煤矿项目,矿井、选煤、综合利用电厂2#机组进行试运转,铁路专用线项目路基、桥涵工程完工,开始铺轨架桥;康庄15万吨冷轧板项目,正在安装设备;远东5万吨薄水铝石项目,土建完成,进行厂房建设和设备安装;津华600吨原料药和100亿片固体制剂项目,主体完工;宏达高炉技改及配套项目,技改工程进入扫尾阶段,配套工程完成;万盈科技制氧项目,完成三通一平;龙门150万吨水泥及尾气发电项目,基本完工;晋铝耐材微晶玻璃项目,设备安装完成。5个项目在做前期准备工作,分别是:易高采空区瓦斯治理利用项目、大唐垃圾发电项目、吉亚高纯稼项目、达康镍铁高炉异地技改项目和华泽7万吨电解铝项目。

三农工作　2012年,河津市加强特色农业示范区建设,新增蔬菜8610亩、花卉400亩、干鲜果3.4万亩。认证无公害农产品5个,新增无公害面积1万亩。发展专业村16个。专业合作社64个,新建改建规模养殖场6个。粮食总产1.86亿公斤,实现九连增。新建农村文化体育场、便民连锁店,中等职业教育免费、社会养老保险实现全覆盖,街巷硬化完成1736千米;实施小型农田水利重点县、农业综合开发、土地整理等项目,新增灌溉面积25万亩,改造中低产田2.8万亩,整理改良土地1.6万亩。实施康培集团赵家庄千亩优质苗木基地工程,栽植苗木1000亩;实施汾河坝修复及河道疏浚工程,完成上游2.05千米;北坡扬水灌溉及沿汾泵站改造项目完工;瓜峪河治理工程完成投资600万元;遮马峪河治理工程正在做前期准备工作;僧楼、赵家、柴家、小梁4个乡镇邮政所项目建成。实施小梁新农村连片示范区建设,启动北原、北午芹、清涧四村等新农村住宅建设,新建楼宇式住宅35栋;推进农村亮化全覆盖,财政拨付100万元补贴农村公用电费。

第三产业　海圣物流项目,装修基本完成;煤炭超市项目,路基形成;阳光铁路专用线项目,房屋拆迁结束,进行下水道涵洞工程;龙门、曙光铁路专用线项目,拆迁结束,土方工程完成;国新能源铁路专用级项目铺设轨道;达康铁路专用线项目完善手续;金港龙湾项目和迪宝酒店项目,主体建成;香江国际二期项目完善手续;津美农副产品批发市场冷链系统项目,开始土建;津美钢木家俬商贸城改造项目,完成硬化工程;图书馆、文化馆建成;人行发行库业务恢复;农村商业银行5月获得省银监局批复,正常运转。

城市建设　市医院新建工程,大楼封顶;城乡集中供水工程,完成投资1400万元;龙门集中供水矿区供水工程,完成设计;九龙大街打通工程,项目批复,拆迁工作基本完成;城北台地整治工程,完成20万土方;检察院、司法局、武装部业务用房项目,主体封顶;残联、计生业务用房工程,进行大楼主体建设;人社局业务用房工程开工;台头庙休闲广场工程开工建设;龙门大道护坡治理工程完工;华兴路立交桥及东延工程,前期工作完成;河津电厂煤灰场退台绿化工程,完成10万土方工程和坝层清理工作;府前路至延平街打通工程,完成50万土方;城南变电站电缆隧道工程完工并投入运营;城市垃圾处理场项目完工。

交通建设　城市客运站工程,主体建成;高禖庙旅游路工程、209国道西硙口段改造工程竣工;汾滨街北延至高速路立交桥工程、108国道改线项目完成前期准备;河运高速河津段项目基本建成;吉河高速项目、蒙西至华中铁路项目完善手续;侯西铁路复线项目,桥梁涵洞完成80%;禹门口黄河大桥改建工程立项。

电力建设　智能电表改造工程、石庙梁输变电工程、老窑头输变电工程、低压线路和台区发造工程、高损台区改造工程、城南变电站电缆隧道工程完工;工业园区变电站建设工程做前期准备。

招商引资　2012年,河津市以五大工业基地为重点、三大园区为载体、招商1办6局为主力军,实施大招商带动大项目战略,先后参加广州专题招商、能博会、中博会等系列招商活动,创新方式,主动出击,开展专业招商、定点招商、以商招商,落实优惠政策,提升服务质量,促进达康与宝钢、晋都与西航、博翔与西飞、杰奥与忠旺等企业进行战略合作,招商项目达30个,到位资金59.2亿元。招商引资工作名列运城第一。

教育事业　2012年,河津市争取上级政策,完成下化、樊村、城区等

7所乡镇(街道办)中心幼儿园建设,建成23所特色小学。高考二本达线1432人。

医疗卫生 2012年,河津市深化医疗卫生体制改革,完成市人民医院改革试点工作,全市所有公办医疗机构和村级卫生室全部实行基本药物制度,药品价格平均下降25%以上。提高新农合补偿标准,对20种大病按住院费用70%予以报销,对重大疾病患者实施二次补偿,全年共补偿8150万元,报销范围在运城市最大,报销比例在运城市最高,报销金额在运城市最多。

社会保障 2012年,河津市加大社会保障力度,城市低保标准由每人每月285元提高到330元,农村低保标准由每人每年1724元提高到1860元,全年发放城乡低保2480万元。推进山区群众安居工程,投资8000万元的南桑峪新村建设三期、投资4500万元的陈家岭危房改进一期主体全面完工。落实干部职工增资政策,2012年人均月增资300元。

(王　欣　高创奇)

忻州市

中共市委书记	董洪运
副书记	李平社*
	郑连生
	张晓峰*
市人大常委会主任	秦新年
副主任	刘银和
	樊惠杰(女)
	李树东
	王炳升
	张志哲
	罗荣华
市长	李平社*　郑连生
副市长	王　成　王士桦
	王月娥(女)
	张建平　王志刚*
	武宪堂
市政协主席	张明成
副主席	李永胜　谌长瑞
	王庆荣　高志伟
	李效玲(女)　贾玉文
	杜永进　张高栋

【概述】 忻州市位于北纬30°40′~31°53′,东经120°52′~122°12′。辖区总面积2.52万平方千米。全市辖1区(忻府区)1市(原平市)12县(定襄县、五台县、代县、繁峙县、宁武县、静乐县、神池县、五寨县、岢岚县、河曲县、保德县、偏关县)、191个乡镇(办事处)、4888个行政村,总人口312.1700万,其中农业人口237.3400万人。

2012年,忻州市生产总值620.9亿元,比上年增长11.5%。其中,第一产业增加值58.7亿元,增长5.6%,占生产总值9.4%;第二产业增加值319.0亿元,增长14.9%,占生产总值51.4%;第三产业增加值243.2亿元,增长9.1%,占生产总值39.2%。第三产业中,金融保险业增加值30.3亿元,增长16.0%;交通运输、仓储和邮政业增加值49.4亿元,增长9.6%;批发和零售业增加值34.7亿元,增长12.9%。人均地区生产总值20081元,按2012年平均汇率计算为3181美元。居民消费价格比上年上涨2.8%,其中,食品价格上涨3.8%,商品零售价格上涨2.7%。固定资产投资价格上涨1.2%。工业生产者出厂价格下降3.5%,其中生产资料价格下降3.5%,生活资料价格上涨5.1%,工业生产者购进价格下降0.5%。

农业 2012年,忻州市农作物种植面积47.6万公顷,比上年增加0.27万公顷,增长0.6%。其中,粮食种植面积42.64万公顷,增加0.39万公顷,增长0.9%;油料种植面积3.28万公顷,减少0.19万公顷,降低5.6%。在粮食种植面积中,玉米种植面积24.75万公顷,增加0.48万公顷,增长2.0%。全年粮食产量163.42万吨,比上年增加14.88万吨,增产10%。其中,夏粮0.09万吨,减产32.1%;秋粮163.33万吨,增产10.1%。肉类总产量9.83万吨,比上年增长13.5%。其中,猪肉产量5.8万吨,增长16.5%;牛肉产量0.72万吨,增长17.3%;羊肉产量2.88万吨,增长9%。年末生猪存栏48.34万头,生猪出栏58.99万头。牛奶产量5.06万吨,增长31.9%。禽蛋产量5.07万吨,下降5.9%。水产品产量0.23万吨,增长10.5%。全年完成造林40.7千公顷,增长1.7%。其中,荒山荒地造林面积40.7千公顷,增长1.7%。全年木材产量1.54万立方米,增长1.32倍。截至年底,全市农业机械总动力236.71万千瓦,增长4.7%。机械耕地面积28.61万公顷,增长5%;机械播种面积26.7万公顷,机械收获面积12.13万公顷,分别增长8.8%和47.9%。全市农机化经营总收入9.56亿元,增长9.3%。

工业　建筑业 2012年,忻州市有规模以上工业企业315家,增加50家。全年规模以上工业增加值增长16.4%。全社会原煤产量5514万吨,增长25.5%;发电量213.0亿千瓦时,增长1.4%。规模以上工业企业焦炭产量190万吨,增长0.5%;钢材产量76.6万吨,增长106.4%。规模以上工业企业实现主营业务收入596.9亿元,增长3.7%。其中,煤炭、冶金和电力工业分别实现主营业务收入164.6亿元、225.4亿元和74.0亿元,分别增长1.5%、4.4%和14.0%;建材、装备制造和食品工业分别实现主营业务收入9.4亿元、64.9亿元和1.2亿元,分别增长70.9%、1.9%、和20.9%;焦炭、化学和医药分别实现主营业务收入32.4亿元、9.0亿元和0.6亿元,分别下降2.4%、16.8%、14.0%。其中实现利税104.6亿元,下降6.0%;实现利润58.5亿元,下降8.3%。

全年全市建筑业实现增加值27.7亿元,比上年增长13.7%。全市具有建筑业资质等级总承包和专业承包建筑业企业实现利润1.99亿元,增长118.7%。

固定资产投资 2012年,忻州市固定资产投资653.3亿元,增长26.6%。其中,国有及国有控股投资392.9亿元,增长29.4%;民间投资290.1亿元,增长16.2%。按登记注册类型分,内资企业投资644.0亿元,增长26.2%;外商及港澳台商企业投资1.96亿元,增长338.7%;个体经营及农户投资7.3亿元,增长43.1%。按产业情况分,第一产业投资27.6亿元,增长64%;第二产业投资350.5亿元,增长12.2%;第三产业投资275.3亿元,增长47.3%。在第二产业中,工业投资350.4亿元,增长12.2%。其中,煤炭工业投资122.6亿元,下降12.9%;非煤产业投资227.8亿元,增长32.8%。传统产业(煤炭、焦炭、冶金、电力)投资合计259.8亿元,增长8.3%,非传统产业投资合计90.6亿元,增长24.8%。

在建固定资产投资项目940个。其中,5亿元以上项目54个,计划总投资1003.3亿元,完成投资250.1亿元。房地产开发投资27.6亿元,增长14.6%。其中,住宅投资18.8亿元,下降3.5%;办公楼投资0.6亿元,下降20.5%;商业营业用房投资5.3亿元,增长94.8%。

能源 2012年全市一次能源生产折标准煤4122.6万吨,增长25.8%;二次能源生产折标准煤996.1万吨,增长7.7%。全年全市向省外运输煤炭658.5万吨,下降42.1%,外运煤炭占原煤产量11.9%。在外运煤炭中,铁路运输658.5万吨,下降39.2%;向省外运输焦炭139万吨,下降3.4%,外运焦炭占焦炭产量73%。全年全市全社会用电总量103.2亿千瓦小时。其中,第一产业用电1.8亿千瓦小时,占全部用电量1.7%;第二产业用电72.5亿千瓦小时,占70.3%,其中工业用电71.0亿千瓦小时;第三产业用电20.5亿千瓦小时,占19.9%;城乡居民生活用电8.4亿千瓦小时,占8.1%。

国内外经济贸易 社会消费品零售总额215.5亿元,增长16.2%。按经营地统计,城镇消费品零售额171.1亿元,增长16.4%;乡村消费品零售额44.4亿元,增长15.2%。按消费形态统计,商品零售额185.6亿元,增长11.5%;餐饮收入额29.9亿元,增长16.3%。海关进出口总额21800万美元,增长15.2%。其中,进口额74万美元,增长3.1倍;出口额21726万美元,增长15.0%。全年出口镁及其制品96吨,增长192倍,出口金额34万美元,增长113倍;出口钢材7.9万吨,增长0.9%,出口金额14121万美元,下降2%;出口机电产品16316万美元,增长7.7%;出口高新技术产品49万美元。全年进口机电产品71万美元,增长9倍。全年全市新设立外商直接投资企业3家;按全口径统计实际使用外商直接投资金额1963万美元,增长17%。

交通 邮电 旅游 2012年底全市公路线路里程17280千米,其中高速公路730千米,比上年末增加264千米。全市民用汽车保有量20.27万辆(包括三轮汽车和低速货车0.40万辆),比上年末减少2.56%,其中私人汽车16.30万辆,增长0.71%。2012年新注册汽车3.52万辆,增长7.02%。年末轿车保有量9.59万辆,增长22.99%,其中私人轿车8.68万辆,增长26.42%。

全年全市完成邮电业务总量20.2亿元,增长12.2%。其中,邮政业务总量2.1亿元,增长10.5%;电信业务总量18.1亿元,增长12.4%。新增移动电话用户40.8万户,年末达263.1万户,其中,3G移动电话用户达38.3万户。移动电话普及率85部/百人。全市宽带接入用户33.6万户,下降8.7%。

全年全市接待海外旅游者20.9万人次,接待国内旅游者1518.3万人次,分别增长21.3%和26.2%;旅游外汇收入7475.6万美元,国内旅游收入157.9亿元,旅游总收入162.7亿元,分别增长21.5%、27.4%和27.2%。

财政 金融 保险 财政总收入144.2亿元,增长18%。一般预算收入65.2亿元,增长21.64%。税收收入43.6亿元,增长19.97%,其中国内增值税、营业税、企业所得税、个人所得税、资源税和城建税共计完成税收38.5亿元,增长20.39%。一般预算支出181.4亿元,增长19.21%。其中农林水事务支出增长22.73%,教育支出增长32.7%,社会保障和就业支出增长0.78%,医疗卫生支出增长14.46%,文化体育与传媒支出下降8.35%,节能环保支出增长7.73%。

全年全市金融机构本外币各项存款余额1311.32亿元,比年初增加175.72亿元,比年初增长15.47%。各项贷款余额479.82亿元,比年初增加69.13亿元,增长16.83%。年末全市农村金融合作机构(农村信用社、农村合作银行、农村商业银行)人民币贷款余额211.37亿元,比年初增加35.32亿元,增长20.06%;人民币存款余额388.83亿元,比年初增加57.98亿元,比年初增长17.52%。

全年全市保费收入20.75亿元,下降3.6%。其中,寿险业务保费收入11.08亿元,下降10.8%;健康险业务保费收入0.38亿元,增长5.6%;意外险业务保费收入0.48亿元,增长20%;财产险业务保费收入8.81亿元,增长5.6%。全年支付各类赔款及给付7.14亿元,增长7.9%。

教育 科学 全年全市有普通高等学校2所。高中阶段毛入学率89%。全年全市专利申请量739件,增长21.1%,专利授权量245件,下降4.3%;其中发明专利申请量190件,下降30.7%,发明专利授权量36件,增长12.5%。全年共签订各类技术合同6项,技术合同成交总额2445.5万元,增长22.7%。全年新登记科技成果3项。有市级企业技术中心64家。按照国家高新技术企业认定办法,年底累计有高新技术企业10家。年底全市共有省、市、县产品质量监督检验和计量检定技术机构14个,抽查251家企业12类81种270批次的产品和商品。全年完成强制检定计量器具4.52万台件。全市有气象台站16个,另建设有区域自动气象站115个。全市气象系统开展人工影响天气业务的单位有16个,防雹、增雨受益覆盖面积2.5万平方千米,增雨量1.2亿立方米。全市有卫星云图接收站16个,地震前兆台站2个,市级地震台网中心1个,市级地震应急指挥中心1个。全年没有发生M3级以上地震。

文化 卫生 体育 全市共有群众艺术馆1个,文化馆14个,博物馆12个。全市文化系统共有艺术表演团体16个。全市有公共图书馆14个。全市报纸出版1种(不含高校校报),共1302万份,各类杂志出版1种,共3.6万册。有广播电台11座,电视台2座,广播电视台1座。全市共有卫生机构(含诊所、村卫生室)5149个,其中妇幼保健院(所、站)15个。全市卫生机构(含诊所)共有床位12177张。全市卫生机构共有卫生技术人员14209人。全市14个农业县(市、区)开展新型农村合作医疗试点工作,有210.77万农民参加。全年忻州市运动员在国内外重大比赛（包括非奥运项目比赛）中获银牌2枚。全市销售中国体育彩票3613万元，比上年增长20%。

社会生活 全年城镇居民人均可支配收入18317.9元，比上年增长15%；人均消费性支出10107.3元，增长11.5%。全年农村居民人均纯收入4776元，增长15.5%；人均生活消费支出4289.22元，增长10.9%。城镇占调查总户数20%的低收入家庭人均可支配收入9637.9元，增长15.3%；农村占人口20%的低收入者收入1834.17元，增长21.9%。城镇居民家庭恩格尔系数（即居民家庭食品消费支出占家庭消费支出的比重）31.5%，农村居民家庭恩格尔系数38.1%。

年末参加城镇职工基本养老保险37.53万人；参加新型农村社会养老保险148.82万人；参加城镇基本医疗保险64.80万人，增加4.50万人；参加失业保险19.87万人，增加0.37万人；参加工伤保险20.69万人，增加5.89万人，其中农民工6.42万人，增加0.92万人；参加生育保险23.32万人，比上年增加3.52万人。全市共有城市最低生活保障对象10.9万人、农村最低生活保障对象23.5万人，全年共发放最低保障资金5.4亿元。全市各类福利院床位数312张，收养185人；有城镇综合性社区服务中心1个。全年销售社会福利彩票1.2亿元，筹集社会福利资金0.1亿元，接收社会捐赠款0.01亿元。农村新“五个全覆盖”工程完成，农村面貌和生产生活条件改善。

资源 环境 安全生产 全市水资源总量16.8亿立方米，增长11.6%；平均降水量541.3毫米，增长8.2%。全年总用水量6.6亿立方米，增长40.7%。全年全市14个县城空气质量二级以上天数平均为364天。黄河、海河流域忻州段共监测14个断面，达Ⅲ类以上水质标准断面占43.8%，达Ⅳ类水质标准断面占27.2%，达Ⅴ类水质标准断面占10.5%，有18.4%的断面超过Ⅴ类水质标准。

全年共发生各类安全事故295起，下降35.87%；死亡159人，下降2.45%。未发生特别重大事故。全年全市煤炭百万吨死亡率0.031。

（赵 芳）

·忻府区·

中共区委书记	武宪堂
区人大常委会主任	李晋华
区长	赵志伟
区政协主席	张稼祥

【简述】 忻府区北纬38°13′~38°41′，东经112°17′~112°58′。总面积1954平方千米。全区辖21个乡，6个镇，394个行政村，3个街道办事处。总户数222055户，总人口551860人，其中男279041人，女272819人，城镇299153人，乡村252707人，新出生6268人，人口出生率11.395‰，死亡率5.84‰，自然增长率5.55‰。

2012年全区地区总产值完成104.2亿元，增长10.4%，第一产业增加值73758万元，其中农业46867万元、林业4066.8万元、牧业20512.9万元、渔业203.3万元；第二产业增加值349585万元；第三产业增加值550538.6万元。财政收入完成12.04亿元，增长18.7%；一般预算收入完成3.64亿元，增长17.1%；年末金融机构各项存款余额359亿元，其中城乡居民储蓄存款余额223亿元。固定资产投资完成83亿元，增长37.2%；规模以上工业增产值完成17.55亿元，增长12.1%；社会消费品零售总额完成62.4亿元，增长16%；城镇居民人均可支配收入完成19493元，增长13.5%；农民人均纯收入完成6138元，增长16.7%。市委、市政府2012年考核的经济发展、人民生活、资源环境、安全稳定、防震减灾6大类57项指标超额、超进度完成53项，基本完成4项。

项目建设 全年共储备项目52个，总投资1255.09亿元，对接洽谈项目37个，总投资300亿元；签约项目18个，总投资202.66亿元；落地项目16个，总投资293.5亿元；新开工项目13个，总投资33.5亿元。浙江日发集团机床制造项目、晋煤集团物流项目、仙塔脱水蔬菜项目等骨干项目成功引进；苏宁电器、家乐福超市、天禄资本等项目达成意向；投资13亿元的华润日产4500吨水泥项目正式开工；金宇二期10万吨高岭土项目、禹王360万吨重介洗煤项目建成运营；东方家园物流项目、银山湖奶牛场扩建项目、洁晋垃圾发电项目全面完工，项目落地金额名列全市第一，项目建设被市委、市政府评为二等奖。

农业经济 省市确定忻府区新农村建设重点村50个和连片示范区1个，共确定主导产业50个，形成较有特色的南浦村的红薯、王府村的辣椒、北张村甜玉米、北义井乡甜瓜、作头村的长山药、甄家庄小米等一批“一村一品”特色村。在全省农村工作会上，忻府区被表彰为全省“一县一业”先进县区。发展甜瓜种植，把小甜瓜做成大产业，全年种植甜瓜近1.5万亩，产品叫响省城，打进京城，获得水果之王美誉，经济效益提升；扶持发展特色玉米种植，2012年忻府区甜糯玉米通过国家地理标志产品认证；实施粮食高产创建，在平川乡镇发展万亩玉米丰产方12个，在丘陵山区推广种植杂谷15000多亩，实现产量、效益倍增，全区粮食总产量达3.44亿公斤，再创历史新高，全区获得全国粮食生产先进县区称号。

城乡建设 落实市委、市政府“大干城建年”的安排部署，配合和服务“7451”重点工程，征占土地4489.5亩，征迁房屋50895.58平方米，拆除违建17219.39平方米，完成工程协调、保障、督察、服务等任务。推进楞古城开发，投资1700万元对古钟公园进行整体改造，投资140万元实施古城亮化工程、道路改造工程，对古城基础设施进行完善。开展奇村创卫活动，累计投入资金8000多万元，完成六大工程八个方面的公共服务和管理，通过国家爱卫会验收，奇村成为省内第二个全国卫生镇。

社会保障 新五个全覆盖任务全面完成，区政府承诺为民兴办的棚户区改造、空白邮电所建设、饮水安全工程、公共卫生均等化服务、低保扩面、农民培训等12件惠民实事全部兑现。社会保障体系不断完善，就业岗位持续增加，失业率有效控制，新农合参保人数稳定提高。采取公开招考、招聘形式,补充教师129名。投资2600万元的三中重建工程竣工并投入使用。开工建设保障性住房342套。为1721户城市低收入户发放供暖补贴,为农村低收入群众发放采暖用煤14.38万吨。加快扶贫移民工程建设,移民小区手续齐备,可建住宅楼26栋2040套,建筑总面积23.78万平方米。

采取社区管理网络化模式,实现管理无盲区,服务无漏区;筹资建成13个乡镇社会管理综合服务中心,成为服务基础群众、完善惩防体系建设的有效载体;健全完善利益诉求表达、矛盾排查化解机制,完善信访三级平台,进京非正常、赴省集体访均实现"双零"目标,完成"十八大"安保工作,获得全省"信访工作十佳先进县市""全国两会先进单位""十八大期间信访工作先进县"的荣誉;加强安全生产工作,安全生产形势稳定好转,亿元GDP死亡率、10万人从业人员死亡率均为零。

队伍建设 2012年调整干部1次,共165人,其中提拔107人,平调47人,免职11人。查处"吃拿卡要"案件28件,处分28人,其中科级干部6人。收缴违规车辆22台,其中,县处级以上领导干部车辆18台。查处违纪案件105件,党政纪处分105人,其中科级干部13人,给予留党察看处分3人,开除党籍11人。通过"领头雁"培训、加强党建、"三级联述联评联考"等多措并举、争先创优,区委组织部被省、市组织部门评为先进组织部门和"讲党性、重品行、做表率"先进集体。

文化体育 全年在《山西日报》刊发稿件38篇,省级以上新闻媒体刊发稿件225篇,市级新闻媒体刊发315篇,市电视台播稿205条(件)。全区394个村共建农村文化体育场地439块,配备体育器材2300余件(套)。2008年以来,394个村全部建成农家书屋,共发放图书70万余册,光碟39400余盒;17个乡镇文化站建设任务中,有8个配套建设文化设施。2012年全区有5个单位、3个村被评为省级文明单位(村),有20个单位被评为市级文明单位,9月被中国民协授予"中国貂蝉文化之乡"。

(张新华)

【"忻州糯玉米"获得"国家农产品地理标志认证"证书】 忻府区是糯玉米种植的优良基地,生产的糯玉米香甜软糯,品质极佳。全区糯玉米种植面积达6万亩,种植品种10余个,加工企业23家,年加工能力1.5亿穗,产品共有5大类30多个品种。有多种产品在全国农产品博览会上分别获得金奖、银奖,有3个产品获得绿色农产品认证。产品不仅走进京城,打响省城,销往全国各地,还远销美国、俄罗斯、韩国、日本等国家。

(张新华)

·定襄县·

中共县委书记	刘婷芳
县人大常委会主任	张德星
县长	王志东
县政协主席	兰继升

【简述】 定襄县北纬38°19′~38°40′,东经112°39′~113°16′。

2012年,定襄县生产总值完成41.4亿元,同比增长11%;全社会固定资产投资完成22.5亿元,增长34.5%;规模以上工业增加值完成9.8亿元,增长16.2%;社会消费品零售总额完成14亿元,增长16.1%;外贸进出口总额完成1.7亿美元,增长12.4%;财政总收入完成38556万元,增长1.1%;一般预算收入完成17711万元,增长7.6%;城镇居民人均可支配收入达19854元,增长14.8%;农民人均纯收入达8017元,增长14.2%。

项目建设 定襄县把推进项目建设作为县域经济发展的"助推器",以"项目落地年"为重要抓手,通过制定重点工程项目推进工作流程,实行领导干部和职能部门项目责任制等举措,加快工程项目建设进度,34个省市重点工程开工建设33个,完成投资33.44亿元;37个县级重点项目开工建设34个,完成投资6.96亿元。"一园六企"等重大转型标杆项目有序推进,芳兰工业园区正在编制总体规划,"六企"承载项目完成投资4.31亿元,超年度计划8.2%,转型综改的8个标杆企业和6个重点企业发展壮大。以"走出去年"为突破口,通过组织专题培训,出台考核办法,建立激励机制等措施,先后参加中博会、晋商大会等7个招商展会,以季组团赴上海、广州等地进行项目推介,全年接待外商投资考察30余次,共签约项目14个,总投资182亿元,落地5个、开工3个。引进落地并开工聚力公司环保设备生产项目和宝源公司年产10万吨大型铸件项目,成为全县项目建设有史以来的推进典范。

工业经济 在完善服务企业体系上大做文章,落实扶持中小微企业发展优惠政策,通过争取用地指标、盘活闲置资源等措施,全年供地达429亩;通过组织银企对接、鼓励小额贷款公司放贷等措施,帮助企业融资3.18亿元;组织协调水、电、气、运等服务保障,最大限度为企业发展营造宽松环境。在促进产业上档升级上大做文章,利用危机倒逼产业升级机遇,采取鼓励兼并重组、淘汰落后产能、实施品牌战略和落实出口企业信用保险等举措,鼓励企业提升技术装备、创新经营模式、延伸产业链条,促进改造升级。一方面,联大靠强、优化存量,支持昌盛源公司与太重集团、四通公司与四方集团等知名企业开展战略合作;另一方面,招大引强、做大增量,引入中国华电、国新能源等省内外大型企业,发展风电、生物质发电等新兴产业。

三农工作 把做好"三农"工作作为全面建设小康社会的"大舞台"。实施高产示范项目,建设24个万亩玉米丰产方片,全县粮食总产量达1.65亿公斤,实现"九连增"。农民增收又上新水平,调整种植结构,扩大特色瓜菜经济作物种植面积,全县瓜菜总收入达2亿元。发展设施农业,受禄乡千亩设施农业园区温室大棚亩均收入达2.8万元,带动当地人均增收2640元。扶持养殖业发展壮大,建成各类规模养殖场8个。全县农民人均纯收入突破8000元大关,保持较快增速实现"九连快"。开展干部包村增收和机关定点扶贫工作,实施4.5万平方米、1000人的移民扶贫小区建设工程，对1.2万个农村劳动力进行就业培训。实施城乡清洁工程，改善村容村貌，推进和完善10个新农村基础设施建设工作。

旅游文化 以三产为翼，发展空间更加广阔。把做实现代服务业作为实现强县富民的“动力源”。开发文旅市场，推进旅游景区综合整治，汤头温泉旅游综合开发项目顺利推进，七岩山景区设施得到完善，阎府景区改扩建进展顺利，扩大木雕、石刻等特色产品的影响力，河边文化产业园建设启动，旅游总收入达8.7亿元，定襄的对外形象和知名度得到提升。发展现代物流业，蒋村融通法兰交易市场投入运营，打通北大街拉动商贸服务业发展。引进山西永旺物流项目，带动全县生产性服务业的发展壮大。

城镇化建设 围绕创卫提高建管水平，全民参与创建国家卫生县城活动。多方筹资4亿元，用5个月时间集中攻坚，完成9大类46大项237小项工作任务，通过国家爱卫会考核验收。加大投入力度，购置环卫清运装备216台辆，城区保洁面积达80万平方米，日处理垃圾100吨。围绕重点工程推进基础设施建设，实施“城建提质年”活动，16项城建工程有12个开工、完工9个，新修改造牧马河大街、忻阜路等9条主干道路和朝阳、新开路等8个集贸市场。实施“交通提速年”活动，以“一道一站两桥六路”为内容的10大交通工程，完工6个，开工建设3.6千米的环城高速庄力互通连接线工程。围绕绿色发展改善生态环境，创新集中供热管理体制，推广地热源泵供热模式。推进节能减排和环境保护工作，实施重点流域综合治理工程，全年空气质量均为二级以上天气，其中一级天气为195天。

民生事业 年初确定的20件民生实事落实，新“五个全覆盖”任务完成。优抚救助及五大保险强化，社会保障水平明显提高。政府民生投入加大，实现学有所教、劳有所得、病有所医、老有所养、住有所居的目标。社会事业发展。深化“教育提升年”活动，出台加强校长、教师和学生管理的6项制度，与省教科院合作交流开展培训，一波中学启用。健全公共卫生服务体系，扩大基本药物制度覆盖范围，零差价销售率达100%。加强乡村文化活动场所建设，开展各类文体赛事活动60余场，丰富广大群众文化生活。创新“十二个二”计生工作法，低生育水平持续稳定。公开招聘事业单位人员69名，为中小学、幼儿园、县医院和电视台补充新鲜血液。社会管理创新。开展各行业各领域安全生产专项整治行动，加大安全监管力度，落实企业主体责任，全县安全生产形势持续好转。完善食品安全监督管理体系，维护广大群众安全健康的消费环境。完善治安防控体系，严厉打击各类违法犯罪行为，营造和谐安定社会秩序。国防动员、双拥、史志、宗教、侨务、应急、人防、地震、统计、档案、老龄等工作都取得新成绩。

社会安定 坚持依法行政，执行县人大及其常委会的各项决议，支持政协参政议政和开展各项工作。办理人大代表和政协委员建议及提案205件。坚持向人大报告工作和向政协通报工作制度。开展政风行风评议活动，落实党风廉政建设责任制，加强行政监察和审计工作。强化信访工作，全年信访总量较往年明显下降。加强普法教育，群众法制意识提高。

（薄振宇）

·五台县·

中共县委书记	王继明
县人大常委会主任	孙子清
县长	武新亮
县政协主席	吕更美

【简述】 五台县北纬38°28′~39°04′，112°57′~113°50′。2012年全县全年完成地区生产总值33.6亿元，增长10.9%；全社会固定资产投资26亿元，增长25%；社会消费品零售总额14.8亿元，增长16.03%；财政总收入5.1亿元，增长24.4%，全市增幅第一；一般预算收入2.3亿元，增长18.5%；城镇居民人均可支配收入17216元，增长15.3%；农民人均纯收入4024元，增长14.1%。

项目建设 实施省市重点项目25个，总投资190.62亿元，年计划投资31.11亿元，累计完成投资38.58亿元，完成率124.01%；重点项目落地30个，落地金额26.4亿元，落地率135%。续建和新建县乡产业化项目115个，总投资217.27亿元，年计划投资59.39亿元，累计完成投资79.87亿元。开展招商引资活动，参加第六届中博会、第四届能博会、首届世界晋商大会等重大招商引资洽谈会，引进项目24个，签约金额141.85亿元。

三农工作 以东雷乡为中心的农业产业化园区初具规模；科丰农牧公司脱毒种薯繁育基地年繁育原种1000亩，使全县5万亩马铃薯单产提高30%；城园丰农机具制造有限公司生产玉米铺膜施肥精量播种机5000台，远销陕西、河北等省；西雷万亩猪场、绿晨蔬菜大棚、五龙生态种养加项目、大葱种植等项目稳步实施。新建蔬菜大棚904.5亩，全县达2552.6亩。新建“一县一业”肉牛基地示范园2个，建设各类养殖小区5个，养殖规模场户累计达4076个。农产品“513”龙头企业完成销售收入8860万元。建设“一村一品”示范村30个，发展新农村重点推进村50个，建成特色专业村186个，发展农民专业合作社156个。加大扶贫攻坚力度，推进连片特困地区扶贫攻坚试点，争取上级财政扶贫资金3000万元，实施中央专项彩票公益金支持贫困革命老区整村推进，争取上级财政扶贫资金1500万元，完成2000人移民搬迁任务。全县粮食总产量达1.2亿公斤。

工业经济 聘请北京东西部能源技术研究院在豆村镇规划五台县工业园区，投资2800万元的智通源红木家具厂、投资1800万元的新世纪生态园入驻园区，江苏淮安云锦水墨科技有限公司投资1亿元年产1万吨水墨项目签约。煤产业上，天和煤业完成投资6.98亿元，办理采矿许可证、矿长资格证、矿长安全资格证、安全生产许可证、煤炭生产许可证、营业执照“五证一照”，通过市煤炭工业局验收。同华煤业完成投资8.14亿元，办理采矿许可证、矿长资格证、矿长安全资格证“三证”，进入联合试运转期。铁产业上,金宇矿业生产球团1万吨;亚太矿业干选厂项目,南沟、宏远等铁选企业精铁粉扩能技改项目稳步实施。铝产业上,中电投山西矿业投资2300万元的铝土矿扩能50万吨项目有序推进。镁产业上,云海镁业一期2000吨镁合金压铸件完成设备安装调试。电产业上,华能新能源投资5亿元的峨岭风电经省发改委核准,开工建设。全年规模以上工业企业实现产值23.3亿元,创利税2.8亿元。规模以上工业增加值7.2亿元,增长16.3%,占全县生产总值的比重达21.3%。

旅游综改 以打造"五个五台山"为目标,推动五台山改造提升工程。忻阜高速公路通道绿化45.5千米。五台山风景区道路改造6.3千米。大型情景体验剧"印象五台山",完成项目选址,正办理相关手续。气化五台山,完成11千米主干线和2.5千米支线管网铺设。清水河流域河道治理与生态建设项目、灵峰圣境核心景区综合整治二期项目有序推进。五台山国际旅游度假酒店主体全部完工,室内装饰进入扫尾阶段。举办中国五台山第三届国际文化旅游月开幕式、"翼彩五台山"大型文化活动楹联匾额揭幕暨颁奖仪式、海峡两岸佛教论坛等活动。驼梁自然风景区完成木栈道和停车场建设,晋察冀军区司令部纪念馆完成主体工程,全县大旅游格局加速推进。全年接待国内外游客487万人次,实现旅游总收入39.1亿元。

城镇建设 实施"12345"工程:"1"是编制县城建设总体规划、新城区控制性详规及唐家湾水库公园、水库下游湿地公园两个园林景观规划、旅游沿线7个乡镇总体规划。"2"是启动唐家湾水库公园和水库下游湿地公园两个园林景观建设。"3"是打通供销街通往东环线道路、新城区府东路、新城区人民街三条城区主干道。"4"是实施保障性住房建设、东岗垃圾无害化处理场建设、古城雨水污水管网铺设、人武部基础设施建设四项工程。"5"是办好县城集中供热扩容、天然气入户、县城殡仪馆建设、公安消防大队执勤楼建设、县"三馆一院"选址五件民生实事。各项城建重点工程于4月开工建设,9月底全部完成,县城框架拉大,县城品位提升,县城人居环境和投资环境有效改善。同时,以创建省级卫生县城为契机,实施城市美化、绿化、亮化等工程。节能减排指标全部控制在市定目标以内,县城二级以上天数达366天,其中一级天数150天。完成各类绿化造林2.85万亩,生态建设进一步加强。

社会事业 农村新"五个全覆盖"和县政府十件惠民实事全部完成。投资2400万元的新城区龙泉学校完善后续工程并于秋季正式开学;投入2283万元的学生营养改善计划完成,全县农村义务教育阶段学生受益;完成县职教中心、教研室、高中考场三大项标准化建设;中考、高考再创佳绩,县委、县政府拿出143万元重奖教育功臣;槐荫中学举行建校60周年校庆。投资155万元改扩建台怀、神西、门限石卫生院。新农合住院报销比例平均提高10%,封顶线由5万元提高到10万元,参合率达99.64%。新型农村社会养老保险,完成市考核指标102%,城市低保、农村低保实现应保尽保。人口计生目标任务完成,县计生服务中心大楼投入使用。为全县低收入农户发放冬季"暖心煤"10.69万吨。新增城镇就业2720人,城镇登记失业率控制在4.2%以内。人武、审计、统计、宗教、地震、气象、档案、老龄、残疾人等各项工作都有新进展。 (裴志华)

·代 县·

中共县委书记 霍富荣
县人大常委会主任 籍美田
县 长 郝江陵
县政协主席 程耀邦

【简述】 代县北纬38°50′~39°21′,东经112°44′~113°22′,辖6镇5乡377个行政村,5个城区居民委员会,国土面积1721.5平方千米。2012年度,全县总户数63704户,总人口216596人,其中农村人口132320人,城镇人口84276人。

2012年,代县县委、县政府以转型发展为主线,以项目建设为抓手,实施"三大战略",推进"五大突破",开展"大干城建年""项目攻坚年""安全生产标准化建设年"活动,开展各项工作,全县经济社会转型跨越发展取得显著成绩。完成地区生产总值55.2亿元,同比增长13.2%;规模以上工业增加值28.2亿元,同比增长18.1%;固定资产投资21亿元,同比增长36.1%;社会消费品零售总额10.1亿元,同比增长16.23%;财政总收入12亿元,同比增长20.2%;一般预算收入3.9亿元,同比增长27.5%;城镇居民人均可支配收入17374元,同比增长16.6%;农民人均纯收入3651元,同比增长19.5%。主要经济指标增幅居全市前列,整体经济发展位居全市中上游水平。其中:固定资产投资、农民人均纯收入增幅位居全市第三,一般预算收入、城镇居民人均可支配收入增幅位居全市第四,生产总值、财政总收入增幅位居全市第五,全县经济社会保持平稳较快发展的态势。

项目建设 实行"六位一体"工作机制,建立领导包项、承载单位月报、县政府督察、通报等制度。全年省、市重点项目成效显著。完成投资36.39亿元,投资完成率112.3%;重点项目落地58个,完成落地投资74.52亿元;招商签约项目29个,引资119.2亿元。全县78家规模以上企业有35家企业上马转型项目37个,完成年度投资6.98亿元。

农林牧业 按照"一村一品、一县一业"的发展思路,统筹推进种养基地和农产品加工企业建设,农业产业化步伐加快,实现农民持续增收。全年发放种粮、良种补贴2384万元、农机补贴572万元、退耕还林补贴874.5万元。粮食总产达1.53亿斤,实现九连增。建成省级"一村一品"村38个、农业示范园区11个;发展设施农业786亩、标准化养殖小区和示范养殖场11个、农民专业合作社102个,"三品"认证累计达59个。全县农产品加工龙头企业累计达20多家,全年完成销售收入2.02亿元,同比增长34.3%。被省政府确定为"一县一业"肉鸡养殖基地县。列入全国小型农田水利重点县。实施农建工程120处;全年减少贫困人口9358人;启动占地500余亩、容纳8000人的滨河移民新区建设;39个新农村重点推进村完成“四化四改”“五个一”工程。

工业经济 县委、县政府成立专门机构,协助企业办理采矿证15件、安全许可证55件。一批骨干项目取得进展。钢钛联产工业园区完成概念规划,200万吨钢铁项目获得核准,200万吨水泥项目得到省经信委获批,完成一半工程量;200兆瓦雁门关风电一期工程竣工并网发电,100兆瓦大唐风电一期工程开工建设;6000吨混炼胶项目一期工程竣工投产;明利尾矿砂加气混凝土砌块制砖项目进展顺利,进行设备安装。开展“安全生产标准化建设年”活动;在全省率先实行矿山开采设计变更,引进世界先进采矿设备和工艺;对14座尾矿库进行干排设计;对矿山采掘施工队伍实施规范化管理。全县标准化建设达标企业达55家,位居全市前列。

城市建设 新城进入大规模建设阶段,步伐加快。累计完成投资21亿元,完成市政基础设施建设。有3个单位办公楼建成投入使用,有4个单位办公楼和一家五星级酒楼主体完工,住宅区、商贸区建设有序推进。旧城一手抓保护一手抓改造,完成教场后街等6条历史街区改造工程;根治同心路、二环路道路梗阻。滹沱河湿地公园一期工程国庆节前竣工。

文化旅游 加快推进“一心四线”五大景区联动发展。旧城完成西北角楼复建、文庙敬一亭、崇圣祠修缮工程。雁门关景区旅游循环公路项目开工建设;威远楼及两侧城墙复建和前后腰铺服务区宾馆酒店全部竣工;举办第二届“雁门关国际边塞文化旅游节”,并荣获中国节庆产业“金手指奖”,跻身“美好印象·山西十大景区”。杨家将朝圣文化园完成可行性报告和总体建设规划。赵杲观景区旅游开发项目全面铺开。全年各景区接待游客130万人次,门票收入达2200万元,旅游综合收入达12.64亿元。杨氏古建、锦绣源刺绣、天顺昌泥塑等一批文化产业龙头企业快速发展;韩街民俗博物馆成为山西雕镌技艺博物馆和中国长城书画协会理事单位;电影《浴血雁门关》获省“五个一工程奖”,《山路弯弯》在全国公映。

生态环境 以“生态代县”为目标加强环境保护和生态治理,开展流域环境综合治理、污水处理、矿山生态环境保护、垃圾填埋场整治等工程。完成造林5.15万亩,水土流失治理7.5万亩,建成区绿化覆盖率达36%,人均公园绿地面积达10.51平方米,生活污水处理率达97%,垃圾填埋率达95%。球团企业普遍推行脱硫除尘、煤气发生炉新技术,降低有害气体排放,二级以上天气达363天,6项减排约束性指标全部完成市政府下达的目标任务。

民生保障 新“五个全覆盖”工程全部完成;全县城镇新增就业岗位2740个,城镇登记失业率控制在3.8%以内;城乡居民社会养老保险参保率位居全市前列;投资3729万元对69所中小学、幼儿园校舍、食堂进行改造,为52所中小学校配备图书、仪器和多媒体设备;解决29个村1.4万人的农村饮水安全;推进基本公共卫生服务均等化,新农合“一卡通”工作实施,参合率达99.98%;县医院取消“以药补医”,药品实行零差价销售,群众就医费用大幅下降;累计完成廉租房、经济适用房910套,改造农村危房870户;山区农村安装卫星直播设备3800套,实现“村村通”广播电视全覆盖;“暖心煤”全部及时发放到位,全县6.7万户农民受益。

社会管理 开展“打非治违”“百日安全生产”活动,遏制重特大事故发生,全县安全生产形势持续好转;开展社会管理综合治理,社会安全感满意度提升;坚持县级领导大接访制度,开展矛盾纠纷排查调处和信访积案化解工作,全县信访形势好转。

(高继东)

·繁峙县·

中共县委书记　范波涛
县人大常委会主任　李慧英
县　　长　孔保宝
县政协主席　赵　琦

【简述】 繁峙县北纬38°58′~39°27′,东经113°09′~113°58′。辖3个镇、10个乡、1个居民办,401个行政村,总面积为2368平方千米,总人口270138人,比上年净增长1589人。

2012年,全县GDP完成58.7亿元,财政总收入完成7.4亿元,一般预算收入完成2.86亿元,城镇居民可支配收入完成19038.57元,农民人均纯收入完成4752.43元,社会消费品零售总额完成11.41亿元,工业增加值完成42.53亿元,固定资产投资完成46.92亿元。

项目建设 全年实施的100个重点项目,全部完成66个,重点推进29个,完成投资76.3亿元。11个省重点项目完成投资7.53亿元,25个市级重点项目完成投资43.79亿元,项目落地任务完成62.36亿元。按照“走出去年”的有关要求,利用世界晋商大会、中博会等平台,签约项目16个,总额达126.01亿元。山西金德成信后峪铜钼矿项目前期工作有进展,二次资源整合方案批准,勘界工作完成,臭冷杉保护区范围矿区调整方案获省林业厅、省环保厅批准并上报省政府,项目建设用地、移民搬迁后续工作等全部落实;华茂100万吨特种钢项目环评、核准等工作全部完成,具备开工条件;雨润集团裕丰畜牧养殖有限公司一期项目投产;宝山鼎盛科技有限公司α—亚麻酸深加工项目二期工程全面开工;涉及五台山风景区和世界文化遗产地外围保护地带范围内的23家企业资源整合方案全部获批,其中旭泰矿业公司、平型关铁矿有限公司、鼎泰矿业有限公司取得采矿许可证。

三农工作 粮食总产量7290.81万公斤,比上年增产4.2%,实现九连增。新发展设施农业1150亩,集义庄乡设施农业示范园区引进山东寿光人才和技术,投资1400万元共建设标准化大棚538个,全部投入使用。全年用于农业的投入达1.73亿元,全县建设新农村重点推进村45个,建设新农村连片示范区1个。新培育

"一村一品"专业村24个,培育农民专业合作社48个,全县农机化综合水平达68%。全县畜牧业总投入达2.6亿元,畜牧业总产值占农业总产值54.1%,畜禽养殖总量达130.6万头(只),全县猪饲养量达35.2万头,完成人畜饮水工程35处,总投资45万元的雁门关生态畜牧水利水保工程和投资956万元的京津风沙源治理工程全部完工;造地3134.5亩,超额下达任务134.5亩,繁城镇艾蒿梁造地项目镇村自己设计、自己投资,创造"自主造地,一举多赢"新模式,完成造地1500亩。2012年,繁峙县被评为山西省农田水利基本建设红旗县、农机化先进县;涉及9个乡镇19个村1020户的扶贫移民工程三个片区全部开工,有1.3万人摆脱贫困,繁峙县被山西省委、省政府评为农民增收先进县。

城镇建设 按照"大干城建年"的要求和城乡一体化推进的思路,完成县城总体规划和控制性详规编制及滨河公园东延伸工程的规划设计。完成全长2315米的平型关街延伸工程,东循环公路桥梁工程完工,路基工程完成工程量70%;滹源大街集贸市场升级改造工程、如阳集中供暖工程全部完工;对1.35万平方米的街道进行沓铺,县城基础设施改善。巩固和提升"创卫"成果,投资200多万元新增清扫清运设施,通过省爱卫会专家组"创卫"工作的第二次复检;创建省级餐饮服务食品安全示范县成功,总成绩全省第二名。

砂河镇创建国家卫生镇工作,组建工作机构,成立砂河镇环卫队,县政府投资500多万元配置环卫设施,镇区环境整治全面铺开,108线镇区段改造工程、污水处理厂主体工程和镇区绿化工程全部完工,供水、供暖、垃圾处理等项目前期工作基本完成。

民生投入 召开全县教育工作教师节表彰大会,出台《关于加快教育事业发展,全面提高教育教学质量的意见》和《关于评选奖励"繁峙名师"的实施意见》,提出"打造繁峙教育品牌,建设晋北教育强县"的目标。全年用于教育的投入达3.52亿元,全市第一。将原来的35个中心校调整为15个。

按照省、市公立医院改革的有关要求,出台县级公立医院改革、医药价格改革等七个文件,县人民医院从2012年9月起取消药品加成,全部药品实行零差价销售,投资1300多万元启用县医院医技大楼;新建中医院的选址、设计等工作全部完成。全县新农合参合人数达20.95万人,参合率达99.43%。

投入1700多万元实施新型城乡社会养老保险工作,参保人数达13.8万人,参保率达94.7%;城镇新增就业2840人,超额完成222人;城镇失业登记率控制在3.17%以内。发放城乡低保补助资金2200多万元。全县用于社会保障和就业支出达14452万元。

全年用于科技方面的投入达1093万元,同比增长25.92%,专利申请量达31件。

为4000多名教师补发绩效工资2600多万元,补发全县干部津补贴和绩效工资2000多万元;县城及砂河镇保洁人员的工资,由原来的每月1072元提高到每月1400元。投资近2000万元的人武部大楼投入使用,县敬老院、老年门球场、老干部活动中心全部投入使用。

安全工作 制订《繁峙县非煤矿山(尾矿库)网格化安全生产监管实施方案》,安排部署矿山、工程建设、消防等重点行业和领域的安全隐患大排查,全年未发生一起安全生产事故。

产业结构 一是产业结构单一,抵御风险能力较弱。在全县150余户工业企业中,90%以上的企业为铁选企业,受大气候影响,2012年全县先后有70多家企业停产、半停产,其中规模以上企业利税下降76%,利润下降79%。二是矿山企业生产水平低,管理粗放。许多铁选企业证照不全、安全生产不达标,很难适应国家更加严格的环保政策和安全生产管理制度,一部分企业缺乏长远发展规划,很难做强做大。三是农业产业化水平低。全县59万亩耕地中,设施农业有3399亩,仅占全县耕地总面积的二分之六,"一村一品"专业村有42个,占全县行政村总数的10%;特色种植和规模养殖数量少,作业方式落后。

(冯占军)

·宁武县·

中共县委书记	任宁虎
县人大常委会主任	陈润明
县长	边东圣
县政协主席	李应成

【简述】 宁武县北纬38°31′~39°8′,东经111°50′~120°40′,南北长105千米,东西平均宽45千米,总面积1987.7平方千米。辖4镇10乡和1个街道办事处,465个村民委员会、473个自然村和4个居委会。总人口16.4万人。

2012年,县委、县政府带领全县人民,实施"4374"发展战略,开展"项目落地年""大干城建年""走出去年"等活动,经济社会继续保持健康发展态势。全年全县生产总值完成40亿元,同比增长12%;固定资产投资完成40.8亿元,同比增长31.6%;财政总收入完成14.8亿元,同比增长14.7%;一般预算性收入完成5亿元,同比增长19.2%;工业增加值完成31亿元,同比增长17.7%;社会消费品零售总额完成6.9亿元,同比增长16.2%;农民人均纯收入3356元,同比增长19.7%;城镇居民人均可支配收入15881元,同比增长16.6%。

项目建设 坚持"六位一体"统筹推进项目建设,全县储备项目达368个,总投资1133亿元;采取多种形式,加大招商引资力度,新签约项目15个,引资59亿元,超额完成年度任务;创优发展环境,帮助企业解决实际困难,全县全年重点项目落地57个,落地投资额196.8亿元,落地率253%;共实施项目228个,总投资252.45亿元,完成投资78.86亿元。在全市产业项目考核中,宁武县被市委、市政府授予一等奖。

工业建设 24座整合主体矿井有18座矿拿到开工报告,15座矿开工建设,全年全县煤炭产量达1318万吨,同比增长38.6%。华润2×

350MW煤矸石电厂上报国家发改委;煤制烯烃项目根据国家发改委意见正在修编可研;4×660MW煤电一体化项目在推进;煤矸石砖厂进入设备调试阶段。阳方口煤炭洁净化综合利用循环经济工业园区完成规划、论证、修编等工作,进入"六通一平"等园区基础建设。小庄地下气化项目办理环评等前期手续。国电洁能谢家坪风电项目一期、国电福光盘道梁风电项目完工;龙源余庄风电、光大赵家山风电项目一期、光大长房山风电项目一期前期工作完成,待核准;余庄太阳能热发电项目被国家发改委光热研究中心确定为全国太阳能光热研究基地。

现代农业 以"两增三建"为抓手,发展四大优势产业,实施五大富民增收工程。以龙山公园为主的造林绿化完成造林任务5万多亩。完成土地开发整理2000多亩、改造中低产田1.5万亩,解决39村1.5万人2000多头大畜的饮水问题。刘家园移民新区二期、三期主体工程全部完工,投资2.4亿元可容纳4000余人的四期工程顺利开工,宁武县荣获全省"扶贫移民先进县"称号。以怀道食用菌、化北屯反季节蔬菜为代表的"一乡一业、一村一品"特色乡镇已具雏形。以化北屯现代化工厂育苗基地和余庄脱毒马铃薯制种基地为代表的科技含量高、经济效益好、示范带动强的现代农业强势推进。以雨润生猪养殖、清福肉鸡养殖、紫云牧业肉羊养殖为龙头的一批养殖企业起步良好。五谷园、永禾、芦芽等一批农副产品加工企业健康发展。认证有机农产品3个。全县全年粮油总产量达2415万公斤。

旅游发展 实施"3321"旅游开发工程。东寨客服中心、汾源大型演艺广场基本完工。西马坊客服中心完成前期规划。东寨五星级酒店进行内装修,县城和东寨新建改造的8个快捷酒店投入运营。东寨、涔山、余庄等乡镇启动建设50户农家乐示范店。芦芽山索道建设项目上报国家相关部委待批,游步道建设项目完成前期规划。国家历史文化名村王化沟悬空村保护性开发基本结束,并被住建部、文化部、财政部评为"中国传统村落"。首届芦芽山冰雪文化旅游节举办,添补宁武冬季旅游的空白。全年游客人数达65万人次,旅游综合收益4.5亿元,分别比上年增长20.37%、33.9%。

现代物流 实施物流园区建设工程。县城豪德商贸物流园区主体工程全面开工;阳方口煤炭物流园区可行性报告编制基本完成;凤鑫(潞宁)煤炭物流园区完成选址;化北屯潞昌达煤炭物流运输项目建成投入使用。

综改试验 在太原举办转型综改研讨会,明确方向。围绕"生态修复、产业转型"主题和主线,在生态修复上,投资1.36亿元实施以"保护母亲河、建设生态源"为主的汾源生态修复等重点工程,投资2.4亿元,基本完成恢河河道城区段治理工程;在产业转型上,重点推进芦芽山生态旅游、煤炭地下气化和煤制烯烃3个标杆项目;在改革创新上,推进露天采矿用地、矿业存量土地整合利用和城乡建设用地增减挂钩三项改革,开展国土资源节约集约利用模范县创建活动。同时,高度重视科技创新,全年获批国家级专利25件、市级科技项目9项。

城镇化建设 投资15亿元实施以四大片区、四大广场、四大场馆、两大集镇为主的"4442"("四区开发"即:一是以大河堡为中心的东城新区,建成全县行政经济文化中心区;二是以新建西关小学、县人民医院和刘家园移民新区为中心的西城新区,建成全县的综合服务和移民新区;三是以东梁坡为中心的东北片区,建成全县的教育文化新区;四是以人民大街和凤凰大街为中心的旧城区。"四馆建设"即:东城新区新建体育馆、文化馆、档案馆、博物馆。"四大广场建设"即:东城区人民广场、西城区凤凰广场、恢河广场和火车站站前广场。"两大集镇"是指阳方口和东寨两大集镇整治)。体育馆、图书馆、汾西正晖培训中心等一大批标志性建筑拔地而起,增强城市承载服务功能。省级卫生县城创建完成。阳方口镇以建设全省20个示范镇为契机,投资8076万元重点配套完善基础设施,使集镇功能提升。东寨镇以打造旅游特色名镇为依托,投资1.56亿元对汾河源头河道治理、街巷硬化、户厕改造等方面进行重点建设,开展国家级卫生镇创建活动并通过验收。与此同时,投资900万元对全县乡村通道绿化美化、村容村貌进行彻底整治,并配备专职保洁员,城乡面貌焕然一新。

民生事业 完成农村新"五个全覆盖",出台一系列相关政策,确保两轮"五个全覆盖"成果发挥长效作用。中小学教育人事制度改革、中小学布局调整工作完成。县财政拿出452.3万元实现农村寄宿制学生生活费全免;新建县人民医院进入仪器的安装调试阶段,新建和改造两个乡镇卫生院。计生工作通过省级计划生育优质服务县创建活动;超额完成保障房建设年度任务,出台关于建设、运营、分配、退出的6个规范性文件;七大保险扩面征缴发放任务全部完成,被省政府评为"新型农村社会养老保险全覆盖先进县";县财政投资100万元为全县人民发放绿色碘盐492吨,被评为"全省食盐安全示范县";在完成省政府下达的为低收入农户发放冬季取暖用煤基础上,全县为低收入非农户免费发放1吨煤,确保城乡居民正常采暖。县城集中供暖面积达170万平方米,县城二级以上天数达365天;天然气管网、站点等相关工程基本完成;全年送戏下乡300余场,放映公益电影5556场。

安全生产 实行安全隐患举报重奖和安全隐患事故重罚制度,狠抓安全生产培训和安全事故警示教育,针对重点领域和薄弱环节出台一系列办法和制度,把安全触角向一线延伸,从源头上防范事故。狠抓煤炭生产、道路交通安全、食品药品安全等行业领域的安全生产,实现安全形势稳定好转;狠抓森林防火工作,全市森林防火现场会在县内召开;开展"大排查、大接访、大化解"等一系列活动,社会治安综合治理工作进入全市先进县行列;信访维稳工作好转,完成"十八大"期间信访稳定任务,受到市委、市政府表彰;治超工作被省政府评为"全省先进县"。

(白瑞萍　路玉英)

·静乐县·

中共县委书记　杨存虎*
　　　　　　　李德新
县人大常委会主任　李如意
县　　　　长　张文斌
县政协主席　王　润

【简述】 静乐县北纬38°09′~38°41′，东经110°39′~112°02′，全县总面积2058平方千米。

全县全年生产总值达19.3亿元，同比增长14.2%；财政总收入完成3.44亿元，同比增长19.3%；一般预算收入完成1.76亿元，同比增长46.7%；规模以上工业增加值达5.52亿元，同比增长13.4%；固定资产投资达38.2亿元，同比增长25.2%；社会消费品零售总额达6.4亿元，同比增长16.1%；城镇居民人均可支配收入达1.5万元，同比增长15.9%；农民人均纯收入达4022元，同比增长17.6%。

城乡建设 坚持城市规模扩大与功能完善并举、城乡发展与生态保护同步，实施“大县城”战略，持续推进汾河西区综合开发，怡汾公园、滨河西路、检察大楼、文化广场投入使用，体育中心、汾源国际大酒店、档案综合大楼、梅苑综合小区、汾河二桥、第二幼儿园、静汾苑小区、人武部大楼相继竣工，主城功能不断完善，城市品质提升。加大旧城改造力度，公安、交警技术业务用房主体完工；投资2.6亿元的西关村新农村建设和棚户区改造工程全面推进。新旧“五个全覆盖”如期实现，基础设施、公共服务向农村延伸，城乡一体化步伐加快，城镇化率达33.9%。解决31个村、3所小学、1.2万人饮水困难和饮水安全问题。全市“两增三建”现场会在静乐县召开。

生态建设 对照园林城市建设的标准要求，以打造“百里汾河川，太原后花园”为目标，加大环境综合整治力度，突破基础设施制约，启用并改建县城污水处理厂，汾河水质稳定在三类标准以内。狠抓节能减排，万元生产总值能耗、工业增加值用水量，以及二氧化硫、化学需氧量、氮氧化物、烟尘、工业粉尘排放量均完成年度目标任务。抓好城乡绿化工作，实施各项林业重点工程，采取“一矿一企绿化一山一沟”的办法，推进“两线两点一园区”的绿化任务，城乡绿化、通道绿化、企业绿化工作成效显著，全年造林5.58万亩，森林覆盖率达18%，林木覆盖率上升到23%，城市绿化覆盖率32%。集中连片环境治理、城市扩容提质等生态环保工程完成。

民生事业 全年新增就业人员1370人，城镇登记失业率控制在3.9%以内。新农合参合率达99.3%，城镇基本医疗保险覆盖率达98%。新建廉租房340套，新建经济适用房108套，发放租赁补贴190余万元，解决950多户城市低收入家庭住房困难。落实国家各项强农惠农政策，各项奖补资金都通过惠农卡及时发放到户。加快推进文化体制改革，文化事业和文化产业发展提速。教育事业全面发展，高考达线140人，应届生达线率位居全市第三。新建县医院全市领先，搬迁投入使用。农村供煤工作全面实施，城乡各类补贴补助、低保五保、救灾救助等惠民政策全面落实。

社会管理 加强和创新社会管理工作作为全省试点，成效显著、经验多样，社区网格化管理工作特色鲜明、科学实用，走在省市前列，全市网格化管理现场会在静乐县召开。加强民主法制建设，依法治县进程加快。严格信访工作纪律，通畅和拓宽信访渠道，开展领导干部大接访活动、信访案件集中化解专项行动，弘扬社会正气，打击歪风邪气，信访维稳工作明显，进京赴省零上访，受到省市相关部门的一致好评。推进社会矛盾化解，平安创建成效显著，安全形势总体平稳，全年全县煤矿、危险化学品、道路交通、消防及食品安全等行业未发生任何安全事故。　（李青春）

·神池县·

中共县委书记　李德新*
　　　　　　　曹爱民
县人大常委会主任　贺新平
县　　　　长　冯晓雷
县政协主席　刘国强

【简述】 神池县北纬38°56′~39°24′，东经111°00′~112°18′，总面积1472平方千米。土地面积1467000公顷，耕地面积620000公顷，人均0.61公顷。全县大部分地区年平均气温介于3.8~5.8摄氏度之间，降水量介于410~450毫米之间，平均无霜期介于90~130天之间。4条铁路，宁岢铁路、神河线、朔黄线、神朔线，2条省道公路，连接晋、陕、蒙的交通要道。神池县是国家贫困县。总人口10.1万人，其中农业人口8.2万人。

矿产资源有铝矾土、石灰石、煤、铁矿、铜矿等。煤可开采量22000万吨，主要分布在龙泉镇和太平庄乡，铝矾土可开采量1020万吨，主要分布在龙泉、东湖、义井、八角等乡镇。石灰石遍布全县，储量大，品位高，易开采。铁矿分布分散，储量不大，平均含铁量40%左右。铜矿主要分布于县境西北，储量很少，品位差，开采价值不大。

全县地下水静储量6.16亿吨，动储量5.9万吨/昼夜，属严重缺水地区。开采利用量6000立方米/日，人均0.06立方米。自70年代后期，全县进入较长枯水期，降水量、河流径流量明显减少。

2012年全县地区生产总值完成13.6亿元，比上年增长10.3%；规模以上工业增加值完成1.06亿元，比上年增长20.1%；固定资产投资完成19.5亿元，比上年增长32.1%；社会消费品零售总额完成6.98亿元，比上年增长16.26%；财政总收入完成3.46亿元，比上年增长15.6%；一般预算收入完成1.62亿元，比上年增长26.53%；城镇居民人均可支配收入完成15245元，比上年增长15.1%；农民人均纯收入完成4782元，比上年增长17.6%。

农业经济 全县粮食总产1.25亿公斤，油料总产1192.5万公斤。按照“一核两线”“五统一”工作思路，建成胡麻、燕麦等六个粮油种植示范基地，神池县被授予“全省油料高产创建先进县”称号，农民专业长畛乡被省农业厅树为高产典型在全省示范推广。合作社发展到265个,农机总动力达18万千瓦。投资2184万元新建海泉、晋龙等8个肉羊养殖小区,15个标准化养殖小区跻身"忻州市百强养殖示范场"行列,全县羊饲养量达65.1万只。整合11家月饼作坊,组建庆秋圆、自永和两个月饼联合体,举办第七届中国神池月饼美食文化节和神池月饼美食文化北京展销会,月饼知名度提高,成为群众致富产业。扶贫开发力度加大,投资500万元,在10个村实施整村推进,发展日光温室大棚和种草养羊。馨乐苑移民小区建设中,可安置3000人。

项目建设 实施省市重点项目25项,年度计划投资22.05亿元,开工率100%,完成投资39.61亿元,完成计划136.68%,完成率全市排名第二。实施县重点项目107项,开工74项(47项完工,27项在建),累计完成投资34.04亿元。全县建成投产的风电场4期20万千瓦,继阳山3期15万千瓦风电场即将并网发电。干法水泥项目累计完成投资5.9亿元。4个煤台建成运营,全年共发运煤炭235.2万吨,上缴税金5554.7万元。积极开展招商引资活动,到位资金35亿元。

文化旅游 投资1300万元实施西海子四期工程。投资94万元修复丁家梁圆明观。投资800万元新建集休闲、娱乐、采摘、观光为一体的富康达种植养殖专业合作社。推荐和申报毛主席路居纪念馆、圆明观、千佛院碑刻、东湖汉墓群四处为第五批山西省重点文物保护单位。登山健身步道被国家体育总局命名为"全民健身户外活动基地"。

生态建设 2012年完成3.47万亩的造林绿化。各项节能减排指标超额完成年度任务,被省政府通报表扬。窑子上等5个村获得"省级生态文明村"称号。"创模"工作通过省级验收,被授予"省级环保模范城"称号。

社会事业 推进"5763"工程,投入1.7亿元用于"路、水、医、校、电"等基础设施建设,被省爱委会评为"省级十佳卫生县城"。投资3.71亿元改造旧城21.85万平方米。新"五个全覆盖"完成。投入8000余万元完成就业再就业、养老、优抚、救灾、低保等各项社会保障工作。全县农户按时足额发放冬季取暖用煤。全年城镇新增就业1030人,下岗失业再就业566人,转移农村劳动力1016人,城镇登记失业率控制在4.2%以内,人民群众的幸福指数越来越高。推进事业单位改革,完成清理规范和各项分类工作。医疗卫生体制改革持续推进,全县10个乡镇卫生院及157所村卫生室全面实施基本药物制度,实行药品零差率销售。开展综改试验工作,全面建设13个县域标杆项目。

安全稳定 开展"安全生产年"和"打非治违"专项行动,全县安全生产形势总体平稳。落实社会管理综合治理各项措施,开展法制宣传教育活动、矛盾纠纷排查调处活动和信访积案化解行动,全年共受理群众来访992起,群众满意率100%,被市委、市政府评为"三年信访攻坚先进县"。

(杨向东)

·五寨县·

中共县委书记	张　春
县人大常委会主任	张志军
县　　长	张宇光
县政协主席	李映明

【概况】 五寨县北纬38°44′~39°17′,东经111°28′~113°00′。全县总面积近1400平方千米,辖3镇9乡,250个行政村,总人口11.55万人,其中农业人口9.18万人。

全县耕地面积74万亩,林地面积79.99万亩,林草覆盖率达33%。

2012年,县委、县政府围绕"发展经济、优化环境、改善民生"三大工作重点,推进农业产业化、工业新型化、三产现代化、特色城镇化、城乡生态化,完成年初确定的各项目标任务。

全县生产总值完成18.8亿元,比上年增长10.5%;财政总收入完成6.45亿元,比上年增长20.8%;一般预算收入完成1.8亿元,比上年增长2.2%;规模以上工业增加值完成1.5亿元,比上年增长21.3%;固定资产投资总额完成15.9亿元,比上年增长26.5%;社会消费品零售总额完成6.8亿元,比上年增长16.2%;城镇居民人均可支配收入达15934元,比上年增长15.4%;农民人均纯收入达4538元,比上年增长19.1%。

项目建设 按照全市"走出去年""项目落地年"的战略部署,出台《五寨县招商引资优惠奖励办法》《五寨县重点项目考核办法》,落实县长联系"一园六企"制度和"四大班子"领导包项目制度,实施"八位一体"项目推进战略,加快项目建设进程。全年实施重点项目160个,其中,省、市重点项目64个,总投资近50亿元,规模和数量较上年翻4倍,保障性住房、农网改造、街巷硬化、农村危房改造等44个工程完成;工业园区、生物质能发电、神河高速公路等一批重大项目取得实质性进展;96个县级重点工程全面推进,部分项目提前竣工,完成投资3.5亿元。"一园企业"项目进展顺利,完成年度建设任务。参与各类招商活动,中博会、晋商大会、能博会、温州经济洽谈会、哈尔滨招商会签约项目12个,为壮大县域经济储备动力。

农业经济 落实各项惠农政策,出台《五寨县农业产业化发展奖扶办法》,完成《山西(五寨)小杂粮产业园区规划》。全年播种面积74.4万亩,建成玉米丰产方15个,小杂粮丰产方12个,万亩玉米高产创建示范区1个,马铃薯集中连片起垄栽培播种示范区1个,马铃薯繁育网棚40座,马铃薯原种高山繁育基地1000亩。全县玉米、马铃薯、小杂粮种植面积分别达36万亩、20万亩、15万亩,全省马铃薯示范基地县、全市小杂粮示范区建设推进。建成设施农业大棚800座,补贴各类农机具1529台(套),发展龙头企业13个,农民专业合作社288个,新增"三品"认证20个。全年粮食产量达1.63亿公斤,创五寨历史新高。全市小杂粮生产马铃薯机播现场会、胡萝卜机械收获现场会、"两增三建"工程扶贫移民(西片)现场促进会在五寨召开。发展生态养殖,发展规模养殖户 592 户、养殖专业合作社 135 家,修建养殖小区 33 个、养殖场 21 个。全县畜牧业收入占农民人均纯收入一半以上。搬迁 51 个村、7034 人的 4 个扶贫移民小区完成主体工程,25 个新农村重点推进村完成“四化四改”和“五个一工程”建设。

产业发展 13 个新型工业项目落地,总投资 10.3 亿元。6000 万穗甜糯玉米加工、万兴制粉公司小杂粮加工、柠条饮料加工、百禾淀粉加工等 7 个项目建成投产,全县 6 个规模以上企业完成销售产值 6.15 亿元,比上年增长 41.9%。煤炭物流产业提能升级步伐加快,乡镇煤炭运销公司铁路专用线改扩建、五寨至小河头专用线电气化改造及小河头煤站扩建、李家坪集运站建设、隆泰煤焦化 300 万吨洗煤、采煤洗煤厂 180 万吨技改等 5 个项目竣工。在煤炭市场持续疲软情况下,全年发运煤炭 2387 万吨,完成税收 4.1 亿元,与上年基本持平。

市政建设 把市政建设作为全县工作重点,完成县城总体规划、东城新区控制性详细规划,实施旅游路、清涟路拓宽改造,万通南路、北峰台公园、西城区公园建设,清涟河综合治理,县城 13 条街巷管网改造和路面硬化、绿化、亮化等 20 项市政建设工程,资金投入、建设规模创五寨历史之最。建成人武部基础设施建设、司法业务用房、法院审判大厅等一批市政亮点工程。建成廉租房、公租房、经济适用房等保障性安居工程 21 万平方米。与此同时,全面加强市政管理,出台《五寨县市容市貌管理办法》《集中供热管理办法》,加大建筑市场、市容市貌、园林绿化、集中供热等方面的管理力度,启动省级环保模范城市创建工程。

基础设施 生态环境 完成新的“五个全覆盖”。城乡道路建设完成小河头至河底路面改造、胡白线路面改造、河湾路改造等 5 项交通建设工程。农田水利建设实施护村河道治理、山洪灾害防治、饮水安全、“一村一井”、节水灌溉、退耕还林巩固、华家沟小流域治理、董家咀坝滩联治、井儿洼小流域坝系治理等 9 项水利建设工程。生态环境治理完成以“荒山绿化、通道绿化、城区绿化”为重点的 10 项造林绿化工程。对县城污水管网、供气管网、供热管网进行改造,城乡基础设施和生态环境得到改善,全年空气质量稳定保持在二级以上。

平安建设 开展各类专项严打整治,公处一批影响恶劣的违法犯罪分子,组建巡特警大队,购置移动警务车、巡逻车、治安防暴器材、消防应急器材,新建看守所、拘留所和 8 个基层警务室,完成 4 个出城治安卡口建设,并在城区主要街道、重点路段安装监控探头 78 个,震慑违法犯罪,社会治安持续好转。畅通信访诉求渠道,开展信访积案化解活动,四大班子领导轮流坐班接访,群众到市、赴省、进京上访逐步减少,信访秩序逐步规范。

安全生产 先后召开 4 次大规模的安全生产会议,开展 10 次大规模集中整治,共排查整改非煤矿山、道路交通、建筑施工、危化品、食品药品、特种设备等行业隐患 384 个,杜绝重特大安全事故发生。

社会保障 加大县财政对民生事业的投入,财政全年用于民生支出达6.5 亿元,其中,农村惠民、文化教育、社会保障、劳动就业、医疗卫生、节能环保等各项民生事业支出均达历史之最。落实再就业政策,新增就业岗位 1197 个,城镇登记失业率控制在 3.7%以内。企业离退休人员和城乡居民的养老金全部按时足额发放,城乡居民的最低生活保障标准提高。城乡医疗救助体系日趋完善,社会福利中心大楼全面建成,清涟移民新村敬老院投入使用,烈士陵园整体改造工程全部竣工。

教育 文化 卫生 教育方面,投入2100 多万元,修建五寨一中学生住宿楼,开工建设图书大楼;改造西城区文博幼儿园;启动第二中学、三岔小学餐厅、三岔幼儿园、小河头、东秀庄联校教师周转房建设项目。在第 28 个教师节上,县财政拿出 100 余万元重奖优秀师生,营造比学赶超和尊师重教的良好氛围。文化方面,12 个乡镇文化站、30 个农村文化大院全面建成,农村文体活动场所达到全覆盖;公共文化馆免费开放;全县有线电视信号覆盖率达 95%以上;送戏、送电影、送图书等文化“三下乡”活动开展,群众文化生活日益丰富多彩,人民群众幸福指数不断攀升。卫生方面,国家基本药物制度落实,公立医院改革全面推进,第一人民医院医技楼、韩家楼卫生院门诊住院楼全部竣工,卫生监督所业务用房主体完工,乡镇卫生院、村卫生室全覆盖。

旅游 2012 年,五寨县共接待游客36.5 万人次,旅游总收入 4.9 亿元;于2012 年 3 月初完成《中国·山西芦芽山荷叶坪五寨沟国际旅游度假区总体规划》第三次修订稿;2012 年 6 月 10 日在省城组织专家评审后,原则通过;2012 年 7 月,举办首届中国五寨沟寻胜摄影大赛;参加中国·北方旅游交易会,发放五寨景区宣传资料 10000 余份,推出五寨清涟溪谷综合旅游度假景区。 (朱和森)

·岢岚县·

中共县委书记	张钰祥
县人大常委会主任	任川中
县长	刘亮
县政协主席	曾桂花

【简述】 岢岚县北纬 38°31′~38°58′,东经 111°12′~111°52′。全县辖 2 镇 10 乡,202 个行政村,1 个城区居民委员会。2012 年全县总人口 84741 人,其中农业人口 66373 人,占全县总人口 78.3%。

2012 年,岢岚县抓住全省转型综改试验区建设、列入吕梁山集中连片特困地区和全省扶贫开发试点县的政策机遇,围绕市委“3581”发展战略和县委“五五三”工作纲要,坚定不移抓项目,谋发展,惠民生,完成年度目标任务。

2012 年,地区生产总值 14.2 亿元,同比增长 13.4%,排名全市第四;规模以上工业增加值 3.74 亿元,增长 20.3%,全市第三;固定资产投资 24.5 亿元,增长 41.6%,全市第一;社会消费品零售总额 6.14 亿元,增长 16.3%,全市第四;财政总收入 3.34 亿元,增长 20.96%，全市第三；一般预算收入 1.17 亿元，增长 31.5%，全市第三；城镇居民人均可支配收入 1.7 万元，增长 16.2%，全市第六；农民人均纯收入 4006 元，增长 19.3%，全市第四。

约束性指标是：万元 GDP 综合能耗下降 4.4%，人口自然增长率 2.48‰，城镇登记失业率 3.9%，城区二级以上天数 365 天，节能降耗减排任务完成。

工业经济 全年规划实施各类项目 137 项，总投资 248.8 亿元。其中总投资 79.6 亿元的 50 项省市重点工程全部开工，竣工 12 项，完成投资 33.2 亿元，完成年度计划 115.5%；重点项目落地金额 27.1 亿元，完成年度计划 332%；签约项目 20 个，总投资约 73.1 亿元，资金到位 13.5 亿元，其中 15 个项目开工建设，投资额66.4 亿元。市政府下达的项目建设任务均超额完成，再次荣获全市项目攻坚战三等奖。

推进 7 个煤焦发运、3 个洗选煤、1 个工业园区、7 个电力项目、3 个建材项目为主的“73173”工业重点项目建设。昊东煤台、万达煤台、鑫圆洗煤、庆江玻棉、大唐燕家村风电项目一期等项目建成并投入运营；观音堂、鑫隆源、鑫宇等煤台和大涧花岗岩石材加工项目均完成主体建设；省重点工程晋兴奥隆水泥建材、鑫宇洗煤、龙源风电、国电牛碾沟风电、浩力丰石油压裂支撑剂等项目相继开工，快速推进；同煤、福耀煤台和金源洗煤、晋湘石油压裂支撑剂等项目前期工作完成；兴茂、都宝煤台和高岭土、水峪贯 220 千伏变电站等储备项目正在做落地前期工作。

农业经济 全县粮食作物播种面积 24745 公顷，油料播种面积 4917 公顷。粮食产量 43188 吨，比上年增长 10%；油料产量 8525 吨，比上年增长 5.4%；农业产值 21095.5 万元，比上年增长 16.8%。按照“一业一品”“羊豆棚加”为主攻的发展战略，全力打造红芸豆和绒山羊两张区域特色品牌，培育壮大优势产业，加快农民增收步伐。岢岚柏籽羊肉、红芸豆获国家地理标志认证，鲁忻蔬菜、吴家庄培育的 5 个蔬菜品种获得有机认证。

培育中国晋岚绒山羊“一县一业”主导产业。打造面向晋西北、吕梁山区的国家级晋岚绒山羊种羊输出基地，开工建设总投资 1.55 亿元的国家级晋岚绒山羊育种中心，首批培育种羊 600 只。新建万泰、泰岚等 17 个饲养量 1000 只以上的规模养殖场，培育 500 户饲养量 300 只以上的重点繁育户，农民养羊积极性高涨，全县绒山羊饲养量 48.6 万只，畜牧业总产值突破 3 亿元，农民人均畜牧业纯收入达 2200 元，岢岚再次被评为全省“一县一业”先进县。

打造中华红芸豆“一村一品”国际品牌。首次提供红芸豆包衣优种 5 万公斤，省农科院、炜岚工贸建立红芸豆良种繁育基地。全县种植红芸豆 13 万亩，产量 2 万吨，最高亩产 227.5 公斤，每公斤 8 元。普利丰、炜岚工贸两大红芸豆出口企业创汇 1100 万美元。投资 1000 万元建设33 个科技示范园区 1.5 万亩，科技示范引领作用明显，农作物总播种面积 45 万亩，粮油总产量 1.1 亿斤，农民人均种植业纯收入 1900 元，全年兑现粮食综合直补资金 2584 万元。

加快农业产业化步伐。山西暖神和山地阳光均发展成省级龙头企业、山西省 AA 级信用企业，拥有山西省著名商标，山西暖神研发的“1436”型超细羊绒被通过ISO9000 认证；县科技局认证 12 个专利产品。政府规划建设高家会高科技加工园区，首批入园的乾泽科技投资 2.8 亿元的小杂粮营养素提取项目，红芸豆提取硒元素及羊胎盘素、胡麻油化妆品 3 个项目试验成功；山阳药业投资 6 亿元的沙棘制药项目，两个车间主体完工。大学生刘海涛、吕杰分别回乡创办养殖加工企业，艳阳天养殖场推出进口真空保鲜羊肉，鼎业养殖场推出保鲜野猪肉、银盘蘑菇礼品盒。全县 14 个龙头企业全年完成销售收入4 亿元，同比增长 15.8%。

城乡建设 市政建设方面，规划实施投资 3 亿元的“36822”市政综合工程。完成三山绿化 7000 亩；新建南山森林公园、文昌塔公园、东山山地公园、高速出口等 6 大景观；完成环城路、209 国道改移线、岚漪河东段南岸景观路等 8 条道路建设，全部竣工通车；建设 2 个住宅小区，广惠园新社区 35 栋楼主体完工，世纪嘉苑社区奠基开工；新建改造 2 个宾馆，岢岚宾馆改造装饰工程完工，形胜大酒店主体接近尾声。城市框架拉大，县城品位提升，连续九年荣获“省级卫生县城”称号。

农业基础设施建设方面，完成水土流失治理 3 万亩、农田灌溉 1.3 万亩、坡耕地治理 1.67 万亩、耕地综合生产能力建设 3300 亩，新增造地 2850 亩；总投资 4327 万元的北川灌区基本建成，“一村一井”和 19 村 2.2 万人的饮水安全工程全部完工；岚漪河河道治理工程开工建设。被评为全省“农田水利基本建设红旗县”。

扶贫开发方面，启动连片特困地区试点工作，完成荒山荒坡生态产业种植 6960 亩；涉及 4 乡(镇)9 村的整村推进项目全部完工；投资 3000 万元的片区扶贫开发开始实施。易地扶贫搬迁项目开工 3 处 1100 套，主体完工 860 套。2012 年 2 月全省易地扶贫搬迁现场会在岢岚召开。

新农村建设方面，启动 20 个重点推进村建设，完成“四化四改”“五个一工程”，完成 96 村 394 千米农村街巷道硬化，实现全覆盖。结合干部下乡住村活动开展村容村貌集中整治，落实帮扶资金 3000 余万元，重点打造东川、南川沿线 34 个村庄，农村面貌发生变化。

生态建设 组织全县干部职工进行义务植树，打造万亩“书记林、县长林”示范工程，实施以一条线、一座山、一面坡、一条沟、一道川为重点的“五个一工程”，新发展干鲜果经济林 7000 亩、苗圃 600 亩，省市4.6 万亩的造林任务全部完成，被评为“全省植树造林先进县”。

县城污水处理厂达标运行，第二热源厂厂房完工，城区无害化垃圾处理厂投入运营，启动天然气入户工程，主要污染物排放量实现零增长。

民生保障 坚持以人为本和执政为民理念，以教育卫生“56569”重点工作为突破，统筹发展社会事业。

投资 8000 万元的新岢岚中学教

学楼完工,财政筹资1000余万元,白耀英、张春生、姜茂林、晋兴奥隆等知名企业家和社会各界捐款700余万元,完成行政办公楼、学生公寓、艺术楼、图书馆等主体工程;投资1200万元改扩建学生食堂40个、幼儿园8所;投资896万元为29所薄弱学校配备多媒体等教育教学设备;公开招聘特岗教师22名、幼儿教师20名,对309名无依无靠的贫困学生每人捐助1000元;实施营养改善、两免一补、助学贷款等惠民工程,职业高中免学费实现全覆盖。

县级医疗机构药品全部实行网上集中招标采购,乡镇药品零差价覆盖率100%;落实门诊、住院及大病补偿1605万元,受益群众30820人次;新农合筹资标准由150元提高到290元,住院补偿支付限额由5万元提高到10万元,参合农民59805人,参合率99%以上;农村居民健康档案率达92%。

新型农村社会养老保险参保人数4.5万人,1万余名65岁以上老人每月领到65元养老金;城乡低保分别提标30元和22元,五保户集中和分散供养标准分别提高到4000元、2600元;为420名重点优抚对象免费体检,30户重点优抚对象解决住房难题。烈士陵园和革命公墓全部完工。

城镇新增就业1123人,下岗和就业困难人员就业671人,城镇失业人员再就业和创业培训1427人,农村劳动力转移培训1020人,均超额完成任务。

2012年0.9万平方米经济适用住房、210套1.1万平方米公共租赁住房和棚户区改造项目开工建设。

文体事业 实施文化产业"十个一工程",启动航天博览城和宋长城荷叶坪旅游开发项目,举办首届晋岚绒山羊文化节暨赛羊大会,在忻保高速公路两侧设立28组大型广告牌,新建和改造文体广场露天舞台、文化活动中心,12个乡镇综合文化站建成投入使用,农村文化活动场所、县城周边网络电视实现全覆盖。

社会管理 执行县委、县政府领导挂牌接访和包案制度,开展信访积案处理和矛盾纠纷大排查,化解处理上访案件368件(次),结案率达95%,全年无进京非正常上访和赴省市集体上访,被评为全省"信访工作先进县"。

落实两个主体责任,开展安全生产春雷、安全生产年及"百日大检查"行动,排除安全隐患,各项指标严格控制在市政府下达的指标范围内。

开展春季严打行动、"春安利剑"行动、清网行动和严打整治百日会战,破获刑事案件73起,查处行政案件629起,抓获各类违法犯罪人员710人,遏制"两抢一盗"、黄赌毒等违法犯罪活动,"国家平安县"成果巩固,群众的社会安全感增强。

(贾润高)

·河曲县·

中共县委书记　王书东
县人大常委会主任　李志伟
县　　长　李旭清
县政协主席　李挨恒

【简述】 河曲县北纬38°55′~39°25′,东经111°09′~111°37′,全县总面积1328平方千米。辖4个镇9个乡340个行政村,县城所在地文笔镇。年末,全县总人口(公安年报)148283人,其中非农业人口32571人。

全县生产总值完成59.1亿元,财政收入完成15.4亿元,一般预算收入完成5.5亿元,规模以上工业增加值完成39.1亿元,固定资产投资完成60.05亿元,社会消费品零售总额完成10.10亿元。城镇居民人均可支配收入17773元,农民人均纯收入4019元。

农业经济 扶持农民专业合作社和农产品加工龙头企业建设,大力发展"一村一品""一乡一业"专业乡村建设,累计建成"一村一品"专业乡村31个,发展各类专业合作社295个,涌现出一批龙头企业和致富能人。2012年全县农作物总播种面积41.8万亩,粮食总产量1.25亿斤,油料总产量1129万公斤。

发展生态养殖、特色养殖,实施振兴畜牧业的"25312"工程。年底,全县新建改建标准化养殖小区12个、规模养殖场19个,培养39户科技养殖示范户。大牲畜存栏11203头,其中:奶牛存栏1930头;生猪存栏27336头,出栏25011头;羊存栏130478只,出栏63215只;家禽存栏364280只,出栏140000只。全年肉类产量3575吨,奶产量4380吨,蛋产量2160吨。

引黄灌溉一期工程通水到县城通水试验成功。安置8600人的移民小区和6个整村推进扶贫项目扎实推进,发展新农村建设明星村3个,启动35个省级重点村。

工业经济 全县共组织实施省市重点项目33个,总投资195.12亿元。其中:省重点工程12个,市重点13个,新增市重点项目8个。现有9个项目完工,19个项目正在建设中,5个在做前期准备工作。神华国能河曲电厂二期正式并网发电,河曲火力发电能力翻一番。煤矿企业整合重组扎实推进,整合后的11座煤矿和黄柏煤矿700万吨项目开工。在非煤产业方面,上市公司同德化工稳健运营。产销爆一体化项目顺利推进,在民爆行业集约化、规模化发展中取得领先地位。

全县中小企业、民营企业经济平稳较快发展。年底,中小企业发展到710余家,个体工商3250家,民营经济完成增加值19.1亿元,营业收入51.54亿元,完成利税9.64亿元。

市政建设 对县城主次干道进行整修,开通全长3.3千米的长城大街,拉大城市框架;完成黄河大街、向阳大街、古城路、圆通街和益民北路5条大街的路面拓宽改造工程,完成益民南路、玉泉路等8条街道7千米人行道铺设;新建改造公厕17座,无害化卫生厕所普及率达100%,生活垃圾和粪便无害化处理率达80%以上,改造农贸市场3个,环卫工人、执法人员达490人,县城达到硬化、美化、绿化、亮化。

交通运输 完成巡镇—磁窑沟5.5千米运煤专线改造,完成韩河线—沙坪6千米乡公路改建工程。配合各乡镇村街巷硬化工程的技术指导和质量监督工作,实现全县街巷硬化全覆盖。加大县乡公路的日常养护管理，在县道上安装公路标志牌、乡村道上安置综合警示牌和桥梁限重标志600余套。

全县拥有客运班线23条，客运车19辆。公交方面有亨安公交公司一家，车32辆。大兴出租公司有车133辆。

教育 学前教育三年行动计划全面启动。在全国“两基”总结表彰大会上受到国务院表彰。教育资助政策落实。“一颗鸡蛋，二两肉”中小学生营养改善工程继续实施。

全县共有中小学校87所，其中，小学63所，初中9所，九年制学校10所，高中3所，职高、职中2所。在校学生23185人，其中，小学生11368人，初中生6754人，普高生3507人，职高生1556人。幼儿园（班）29所（个），其中公办幼儿园9所，民办园11所，小学附属幼儿班9个，在园幼儿3408人。编制内教职工总数2064人。学前三年毛入园率65.3%，义务教育入学率100%，巩固率99%，高中阶段毛入学率达89%。2012年高考二本达线249人，其中艺体类61人，名列全市第三。

文化卫生 全县农村公共文化服务体系建设加速推进，农民健身工程基本实现全覆盖。农村公益电影放映完成4068场次。

省文化厅为河曲民歌二人台艺术团挂牌“河曲民歌二人台人才培训基地”“河曲县文化生态保护实验区”。建立河曲民歌二人台农村籍县级传承人补贴机制。

作为忻州市基本药物零差率销售的首批试点县，出台《河曲县实施国家基本药物制度和基层医疗卫生机构综合实施方案》，所有公立医疗机构实现基本药物同质同价，降低药品价格。

全县参合农民100161人，参合率达99%。到11月底，新农合住院补偿6014人，补偿金额1793万元，门诊补偿140481人次，补偿金额333.14万元。提高参合农民住院医药费的补偿比例及补偿封顶线。提高大额慢性病门诊补偿。

到年底，全县共有县级医疗卫生机构8所，乡镇卫生院13所，乡镇卫生院分院5所，规范化村卫生室208所。

社会事业 全县计生工作由“农业三类县”升为“农业二类县”，成功创建省级计划生育优质服务县。2012年，全县人口出生率7.86%，符合政策生育率78.98%，长效节育率91.32%。

城镇登记失业率控制在3.9%。城镇新增就业1750人，创业劳动就业587人，城镇失业人员再就业830人，其中，就业困难对象再就业300人，转移农村劳动力1998人，就业再就业工作超额完成市政府下达的任务。企业劳动合同签订率达98%，劳动争议仲裁结案率和劳动保障监察投诉举报结案率100%。

全年企业养老保险参保人数达10300人，机关事业养老保险参保人数8394人，农村养老保险人数82902人，医疗保险参保人数36722人，生育保险参保人数13270人，工伤保险参保人数14700人，失业保险参保人数12600人。

截至12月底，全县共有城市低保7253人，共发放保障金1570余万元。农村低保14195户15658人，每月补90元。分散五保供养1510人，每人每年发放生活补贴2600元，集中供养9人，每人每年发放生活补贴4000元。发放城乡医疗救助275万元。新建保障性住房580套，廉租住房378套，经济适用住房72套，棚户区改造130套，农村危房改造280户。

生态环保 集中供热面积达142万平方米。结合创卫新建垃圾中转站2座、垃圾点160多个，县城内垃圾容器化覆盖率达80%。

全年造林4.85万亩，苗木成活率在90%以上，开展城区绿化美化建设，建成区绿化面积2850亩，人均公共绿地面积7.1平方米，绿化覆盖率达31.28%。

县城空气质量二级以上天数346天，二氧化硫排放量6233吨，氮氧化物排放量13269.3吨，烟尘排放量1626.3吨，工业粉尘排放量1844.1吨，氨氮排放量205.6吨，化学需氧量排放量1544吨。

社会治安 全面贯彻落实“安全生产年”“排非治违”专项行动，落实安全生产责任，落实信访工作责任制和信访积案化解措施，依法规范信访秩序，安全生产和信访稳定形势持续好转。

全年共破获各类案件142起，查处治安案件987起。（王巧英）

【引黄工程通水到县城】 河曲县引黄灌溉工程从龙口水利枢纽左岸取水，自流至巡镇阳面村，引水线路全长33千米，沿线3镇35村6.05万人直接受益。工程以农业灌溉为主兼顾工业供水，设计引水流量7.4立方米/秒。沿线设置工业取水口5处，农业灌溉口37处。截至2012年12月25日，县城以上的13千米主体工程全部完工，正式通水试验。（王巧英）

·保德县·

中共县委书记	段　新
县人大常委会主任	张智前
县　长	郭新生
县政协主席	高定存

【简述】 保德县北纬38°39′~39°06′，东经111°56′~112°19′。全县辖4镇9乡341个行政村，总面积997.5平方千米，总人口163761人。2012年全县地区生产总值完成72亿元，规模以上工业增加值完成56.3亿元，固定资产投资完成58.9亿元，社会消费品零售总额完成12亿元，财政总收入完成19.2亿元，一般预算收入完成6.1亿元，城镇居民人均可支配收入完成19309元，农民人均纯收入达4570元。

三农工作 坚持以农民增收为主题，以“一县一业”“一村一品”为载体，实施农业结构调整“543”战略，农村经济总收入达13亿元，同比增长23%。以粮食总产量达4650万公斤、繁庄塔高新农业示范园初步建成、“保德红枣”国家地标认证进入公告阶段为标志，农业产业化进程加快。新栽核桃树1万亩，补栽枣树2600亩，新建红枣加工厂21个，红枣产量达2250万公斤。推广优种37万亩，发展科技示范户1000户。新建标准化养殖小区5个、规模养殖场13个、规模养殖户37户。新建温室大棚2037亩,设施农业总产值0.6亿元。完成机修梯田1.1万亩,规范土地流转4000余亩。发展农民专业合作社62个,培育“一村一品”示范村16个。新打机井70眼,解决10个村5000余人的饮水安全问题。农产品加工企业销售收入1.86亿元,农民工资性收入达2000元。全市“两增三建”现场会在保德县召开,获全省农民增收先进县、全市水利工作先进县。

工业经济 坚持以煤为基,多元发展,努力构建新型工业体系。截至2012年底,世德孙家沟、五鑫2座矿井完成机械化升级改造;泰山隆安、泰安煤业通过竣工验收;芦子沟、金山完成一期工程建设;晋保煤业、望田煤业进入二期建设阶段;同舟露天煤矿正在建设。高耐特石油支撑剂项目推进,吉港冠宇、三元等民营企业壮大,石料行业整合步伐加快,以粉煤灰、煤矸石等废弃物为原料的建材企业涌现,形成煤、电、铝、化、建、气六大产业齐头并进互为犄角的局面。

教育文化 高考二本以上达线78人,中考成绩综合排名全市第二,职中对口升学率全市第一;公开选拔聘用34名中小学校长;改造17所学校食堂,改扩建3所幼儿园;对农村寄宿生每人每天补贴3.5元伙食费,免除高一、高二在校生学费。隆重举办第15届黄河文化艺术节、第三届职工运动会、山西省报告文学创作会议,开展广场文化周活动,全面铺开《保德老照片》《保德村庄志》编撰工作,有线数字电视覆盖面继续扩大。

医疗卫生 推行国家基本药物制度,县级公立医疗机构基本药物实行零利率销售,农村居民电子健康档案建档率达86%,新农合筹资标准提高到290元,参合率达99.55%。

人口和计划生育 全县总人口163761人,共有育龄妇女47756人,已婚育龄妇女31716人,综合节育率达95.8%。长效节育措施落实92.4%,符合政策生育率82.9%,性别比105,出生率11.6‰,自然增长率5.8‰,全年出生2228人,出生人口统计准确率达100%。

项目建设 全年45个省市重点工程完成投资75.3亿元,其中11个省重点工程完成投资22.83亿元,34个市重点工程完成投资52.47亿元;落地项目39个,落地金额89.78亿元。先后组团参加中博会、能博会、首届晋商大会等招商活动,签约项目36个,总投资103.28亿元,资金到位9.4亿元,新储备项目88个,发展后劲明显增强。

城镇化建设 以新城区基础设施、市容环境综合整治、三城联创启动为标志,全面拉开建设山水园林城市序幕。初步建成总长5500米的“一横四纵”新城区路网工程,为新一轮的大规模建设奠定基础。体育馆、同舟广场、陈家塔和后沟村商住楼等项目有序推进,兴保塔、烈士陵园、标准化消防站完工,国防动员指挥中心、公安业务大楼投入使用。曹虎至北河岔高速公路连接线完工,忻保高速与忻阜高速、神府高速对接贯通。在市容环境百日整治大行动中,对8大片区和256条街巷进行集中整治,主要街道垃圾不落地,背街小巷垃圾日日清,县城环境发生改变。城区垃圾无害化处理率达100%,城区绿化率达27%,污水处理率达95%,热化率达75%,气化率达23%,连续五年通过省级卫生县城验收。

生态建设 坚持“天上减排、地上增绿”原则,全年造林6.68万亩,具备条件的城区机关企事业单位及营业性楼堂馆所全部实施煤改气,新增供热面积20万平方米,1179户居民用上干净清洁的天然气。神华保德火电厂脱硫剂自动加料系统投入运行,吉港冠宇进行一次性脱硝燃烧技术改造。启动20个农村环境连片集中整治,开展“环境优美乡镇”“生态文明村”“绿色学校”创建活动,完成市政府下达的各项约束性指标,荣获全省城乡环境集中整治先进县和“两林”富民先进县。

社会事业 全县城镇新增就业1797人,农村富余劳动力转移就业2135人,194名大中专毕业生走上新的工作岗位,城镇登记失业率控制在3.8%以内。

五大社会保险覆盖面继续扩大,惠民政策全部落实,启动重点优抚对象医疗“一站式”服务,提高城乡困难群众的救济标准。402套保障性住房续建主体工程完成,700套新建保障性住房正在推进,200户危房改造全部开工。为低收入农户供应取暖用煤4.75万吨。完成农村新“五个全覆盖”任务。

社会安稳 以煤矿安全为重点,落实企业主体、部门监管、属地管理“三个责任”,开展隐患排查和专项整治,工矿商贸领域实现“零事故、零死亡”,安全生产形势持续稳定好转,荣获全市安全生产工作模范县。完成基层社会管理服务体系建设,建成县、乡两级社会服务管理中心,加强社会矛盾纠纷排查化解,实现进京赴省到市非正常“零上访”,到县上访同比大幅下降。健全社会治安防控体系,开展社会治安重点整治“四项战役”,破获刑事案件166起,查处吸食毒品案件245起。

改革创新 紧抓强县战略,用足扩权政策,引进天津德鑫方达公司以BT方式参与新城区建设,成立全市第一家地企协调领导组,采用地企合作模式破解融资难题,通过增减挂钩和盘活存量缓解土地瓶颈,争取用地指标2200亩,扩权效应初步显现。24个部门进驻新的政务大厅联合办公,审批项目由170项清理规范为106项,压缩审批事项率37.6%,办理时限缩短67%。国库集中支付步入正轨,林权体制改革推进,医疗卫生体制改革深化,事业单位分类改革接近尾声。

(武延飞)

·偏关县·

中共县委书记 任建华
县人大常委会主任 李枝贵
县长 王源
县政协主席 贾献忠

【简述】 偏关县北纬39°12′~39°39′,东经111°21′~112°00′。辖4镇6乡、248个行政村、446个自然村,1个城区居委会。2012年全县总户数

43168户，总人口113299人，其中男性58621人，占总人口51.74%；女性54678人，占总人口48.26%；城市常住人口48235人，占42.57%；农村常住人口65064人，占57.43%。年平均气温9.4℃，降水量593.4毫米。

2012年全县生产总值完成23.7亿元，同比增长17.1%；固定资产投资完成13亿元，同比增长27.9%；规模以上工业增加值完成11.4亿元，同比增长22.4%；社会消费品零售总额完成7.6亿元，同比增长16.1%；城镇居民可支配收入14573元，同比增长17.6%；农民人均纯收入4224元，同比增长18.5%；财政总收入完成3.43元，同比增长19%；一般预算收入完成1.68亿元，同比增长22.5%。以上主要经济指标增幅高于全市。

农业 2012年全县农作物种植面积27493.21公顷，比上年减少51.47公顷。其中，粮食种植面积24167.21公顷，减少249公顷；油料种植面积2693.33公顷，增加168.03公顷。在粮食种植面积中，玉米种植面积7922.53公顷，增加495.93公顷。全年粮食产量44316.2吨，比上年增加4216.7吨，增产10.5%，获近50年最好收成。全县日光温室总数达1200座，塑料大棚总数达1100座，新增草莓、香瓜等调产试验棚19座。

新农村建设 27个“片区开发试点村”，经验收全部合格；5个整村推进和26个新农村建设全部完成；利用中央彩票公益金实施整村推进项目申报成功。

全市规模较大的马家坡农村移民新区，一、二期工程主体竣工，三期工程完成11栋楼房的两层主体。完成3个省级扶贫龙头企业项目的规划申报、3个扶贫绿色支撑项目企业的贴息申报工作。5个标准化养殖小区和4个养殖示范场全部完成，新发展养殖示范户100户，全县养羊发展到46.8万只，列入全省“一县一业”扶持范畴。农民人均牧业纯收入达2018.4元，同比增长10.8%。按照占补平衡的要求，在9个乡镇16个村共完成造地3600亩，占上级下达2900亩的124%；“一村一井”工程，按照五年计划逐步推进，完成年度35眼井的建设任务；投资600万元，解决53个自然村、12000口人、400头大畜的安全饮水工程全部完成。在“两镇三乡七村”实施的节水灌溉工程全部完成。新发展合作社30个，新入社农户达1200余户，全县农民专业合作社累计达193个，进一步激活“一县一业”，充实“一村一品”，实现增产增收。

造林绿化 2012年完成造林3493公顷，增长10.54%，其中荒山荒地造林面积3493公顷。“治理”与“修复”同步运行，按照“一整合、两转变”林业工作总思路，完成造林4.42万亩，打造5处林业精品工程。9月，省林业厅领导莅临偏关县督察调研；10月，全市林业工作促进会在偏关召开。在7个村完成2400亩的经济林建设，并且创新模式，实行5年包扶机制，幼苗当年成活率都达95%以上，创造当年成活率居高、当年成景成型的“奇迹”。偏关县被市委、市政府评为“林业生态建设先进县”。

养殖业 2012年全县猪牛羊肉总产量12409吨，比上年增长22.2%。其中，猪肉产量7471吨，增长31.2%；牛肉产量130吨，增长30%；羊肉产量4808吨，增长10.3%。年末生猪存栏25378头，减少30.1%。生猪出栏60439头，增长37%。羊期末存栏20.34万只，比上年减少1.07万只。2012年羊出栏26.7万只，比上年增长10.28%。禽蛋产量914吨，减少6.2%。

农业机械 年末全县农业机械总动力14.42万千瓦，增长4.7%。机械耕地面积21.84万亩，增长1.5%；机械播种面积20.4万亩，机械收获面积11.97万亩，分别增长0.74%和22.4%。全县农机化经营总收入3100万元，增长8%。

工业 建筑业 2012年县拥有规模以上工业企业6家，比上年增加2家。实现增加值11.38亿元，同比增长22.4%。规模以上工业企业实现主营业务收入17.65亿元，是上年的1.12倍。其中，煤炭实现主营业务收入1.5亿元；冶金、化工和电力工业分别实现主营业务收入2.08亿元、0.27亿元和13.8亿元，分别增长10.6%、8.66%和56%。实现利税6.1亿元，是上年的2.1倍。全社会原煤产量75万吨。发电量34.94亿千瓦时，其中万家寨水电站发电33.86亿千瓦时，晋电化公司1.08亿千瓦时，同比增长68.6%。全年全县建筑业实现增加值2262万元。全县具有建筑业资质等级的总承包和专业承包建筑业企业共有4家，实现利润321.8万元，增长346.9%。全年房地产开发投资2.2亿元，完成住宅面积3.7673万平方米。

交通 邮政 电信 2012年全县共有交通道路968千米，其中209国道1条66千米；省道2条79千米；含平(鲁)至偏(关)线—偏关段36千米，万平线(万家寨—平陆城，原为沿黄公路)段43千米。县道10条197.14千米；乡道60条291.067千米；村道121条334.793千米。比上年增加22.71千米。年末全县民用汽车保有量4150辆，含三轮汽车和低速货车600辆，其中私人汽车3950辆，比上年增长107.7%；全年新注册汽车610辆，比上年增长32.9%；年末轿车保有量3450辆，比上年增长115.5%；其中私人轿车3300辆，增长135.4%。共有营运客车53辆，货车331辆，挂车143辆；营运出租小车85辆，营运公交车38辆，货运总量296万吨，增长13.85%；货物运输周转量20750万吨/千米，增长12.16%；客运量35.6万人，比上年增长24.9%；客运周转量2846万人/千米，比上年增长24.39%。全年全县完成邮电业务总量5007.62万元，增长14.33%。其中，邮政业务总量782.9万元，增长14.28%；电信业务总量4224.72万元，增长14.35%。新增移动电话用户17411户，年末达65475户，其中，3G移动电话用户达5525户。移动电话普及率58部/百人。全县宽带接入用户8058户，增长3.7%。

能源 2012年，全县社会用电总量1.89亿千瓦小时。第一产业用电234万千瓦小时，占全部用电量1.23%；第二产业用电1.3亿千瓦小时，占68.8%，其中工业用电1.21亿千瓦小时；第三产业用电0.13亿千瓦小时，占6.88%；城乡居民生活用电0.436亿千瓦小时，占23.08%。全年全县综合能源消费量折标准煤32.01万吨，单位GDP能耗1.5041吨标煤/万元,比上年下降3.65%。全年全县外运输煤炭73万吨,外运煤炭占原煤产量95%。

国内贸易 2012年全县社会消费品零售总额7.57亿元,增长16.13%。城镇消费品零售额6.26亿元,增长15.73%;乡村消费品零售额1.31亿元,增长18.05%。

金融 2012年,全县金融机构本外币各项存款余额36.93亿元,增加6.76亿元,比年初增长22.4%。各项贷款余额8.33亿元,比年初增加0.87亿元,增长11.67%。全县农村金融合作机构(农村信用社、农村合作银行、农村商业银行)人民币贷款余额5.79亿元,增加0.91亿元,增长18.65%;人民币存款余额10.04亿元,增加0.1亿元,增长1%。

保险 全县各类商业保险机构保费收入5313万元,增长9.5%。其中寿险业务保费收入3270.58万元,增长3.96%;财产险业务保费收入2042.42万元,增长19.8%。全年支付各类赔款及给付1155.59万元,同比下降9.96%。

旅游 2012年全县接待海外旅游者6069人次,接待国内旅游者57.64万人次,分别增长678%和786.8%;旅游外汇收入329.5万美金,国内旅游收入5.98亿元,旅游总收入6.2亿元,总收入比上年增长8.4%。

教育和科学技术 2012年,全县有普通高中1所,在校生2621人,专任教师211人;初中12所,在校生5303人,专任教师533人;小学111所,在校生8071人,专任教师949人;学前教育幼儿园32所,在校生2153人,专任教师130人。全县高中阶段毛入学率84%。成人技术培训学校培训职工和农民共计1.3万人次。全县有气象台站1个。

文化 卫生 体育 2012年,全县共有文化馆1个,博物馆1个,艺术表演团体5个。全县有公共图书馆1个,拥有藏书5万多册。广播电台1座,电视台1座,年末有线电视用户达5900户。全县共有体育场3个。

2012年,全县共有卫生机构(含诊所、村卫生室)268个,其中妇幼保健院(所、站)1个。全县卫生机构(含诊所)共有床位305张。全县卫生机构共有卫生技术人员507人。

人口 人民生活 社会保障 据2012年人口抽样调查,全县常住人口为11.33万人,比上年末增长0.06万人。全年全县出生人口1405人,人口出生率12.43‰;死亡人口833人,死亡率7.37‰;自然增长率2.06‰。

全年城镇居民人均可支配收入14593元,比上年增长17.57%;城镇居民人均消费性支出8119元,降低1.48%。全年农村居民人均纯收入4224元,增长18.5%;人均生活消费支出3526元,降低1.89%。城镇占调查总户数20%的低收入家庭人均可支配收入7243.2元,增长32.78%。城镇居民家庭恩格尔系数(即居民家庭食品消费支出占家庭消费支出的比重)39.9%,农村居民家庭恩格尔系数47.3%。

年末参加城镇职工基本养老保险7176人,增加1463人;参加新型农村社会养老保险4.71万人,增加500人;参加城镇基本医疗保险17803人;参加失业保险7000人,参加生育保险8150人,比上年增加230人。2012年新型城乡居民养老保险中,全县农村户口参保人数47149人,城镇居民参保人数1463人。享受待遇人数11825人,城镇居民享受待遇人数319人。截至12月底,失业保险参保人数7000人,其中企业3100人,事业单位3400人,个体经济500人。征缴失业保险金280万元。

2012年城镇职工基本医疗保险基金收入1158万元,大额医疗保险基金收入74万元,生育保险基金收入70万元,城镇居民基本医疗保险基金收入190万元。全县参加新型农村合作医疗的农民有75013人。

全年全县纳入城市最低生活保障居民4900人,发放城市低保资金933万元,比上年减少285万元;纳入农村最低生活保障居民11348人,比上年增加159人,发放农村低保资金1200万元,比上年增加159万元。年末全县各类福利院床位数116张,收养76人。全年接收社会捐赠款31万元。

资源 环境 安全生产 2012年全县森林面积1.11万公顷,森林覆盖率7.4%。全年县城空气质量二级以上天数平均360天,较上年有所提高。年末全县城市污水处理率达90%;城区集中供热普及率达55%,提高3%。

全年各类自然灾害造成直接经济损失5013万元,比上年增长9%;全年农作物受灾面积4.437千公顷,下降53.57%,其中,绝收1283千公顷,下降69.58%。全年共发生各类安全生产事故10起,同比减少2起;安全生产事故死亡5人,全部属交通安全事故,其他行业未发生安全事故。

景区建设 借助铁路、高速路建设以老牛湾为龙头的黄河风情景区和以长城、古堡(台)、古村落为重点的古军事文化景区,即"两大景区"。依托黄河,在"乾坤湾"景区建设以"黄河"文化和"八卦"文化为特色元素的"一区八景"工程主体竣工。老牛湾新修的旅游循环路完成路基建设;护宁寺长城附近新建旅游公路和2个停车场的建设任务完成,观光采摘园完成经济林400亩,景区的其他建设按计划有序推进。依托"古城"实施的偏关古城文物保护和修缮方案完成,上报国家文物局;在县城西山实施的"万世德广场和护城楼工程"主体竣工,为偏关古城增加地标性建筑。

惠民实事 两年完成245个行政村1418.7千米的街巷户道硬化任务。总投资1亿元高速路和外环路主体成型,完成征地4185亩、迁坟119穴、拆迁60户的任务,保障"两路"的推进。3557户农户"爱心煤"发送到位。新建2所标准化幼儿园全部完成;7所农村中小学教师周转房项目全面开工,4所主体完工;偏关中学后勤社会化资产得到依法收购,高考二本以上达线人数152人,位居西八县第二,县委、县政府奖励偏关中学100万元,481名学生享受到职业教育免费"全覆盖";"校安工程"被评为"全省校安工程建设先进县"。2.2万平方米的廉租房续建项目和0.48万平方米经济适用房续建项目,全部竣工;新建的廉租房和经济适用房达计划进度;100户城市棚户区改造和200户农村危房改造全面完成。“天然气入县”“农村电网改造”“家电下乡”“农机下乡”受到群众的好评。

各类改革统筹推进 医改、林地、土地“三权”改革、综改、事业单位集中改革等工作,均按上级要求顺利推进。全年发放低保、五保生活补助1747万元,“两保”人员基本生活得到保障;启动新关镇敬老院,70名五保老人得到集中供养;13名转业士官和城镇退役士兵得到安置,偏关县连续七次获得“全省双拥模范县”称号。

文化事业 本着“政府搭台、群众参与、大家‘唱戏’”的理念,举办首届“唱响偏关”才艺比拼活动;老干部艺术团全年公演场次达30场以上;15个村585户发放安装电视村村通设备;“两馆一站”实行免费开放。

(卢银柱)

·原平市·

中共市委书记 薛根生
市人大常委会主任 闫前元
市长 温建军
市政协主席 尚茂生

【简述】 原平市北纬38°35′~39°09′,东经112°17′~113°05′,南北长约58千米,东西相距62千米,总面积2560平方千米。辖7镇11乡和3个街道办事处,有520个村民委员会、1个小集镇和15个居委会。

2012年,全市生产总值完成105.2亿元,同比增长10.5%;财政总收入20.8亿元,增长18.7%,净增3.2亿元,其中一般预算收入8.8亿元,增长27.3%,净增1.9亿元;固定资产投资完成114.6亿元,增长26%;规模以上工业增加值52亿元,增长11.2%;社会消费品零售总额39.8亿元,增长16.4%;城镇居民人均可支配收入19895元,增长14.6%;农民人均纯收入6472元,增长16.8%。各项经济指标保持两位数高速增长,全市生产总值、财政总收入、固定资产投资等5项指标的总量均居忻州市第一。

三农工作 坚持把“三农”工作作为重中之重,落实各项惠民政策,全年发放各类补贴资金7088万元。粮食总产量突破7亿斤,再创历史新高。农业结构进一步优化,省、忻州市级“一村一品”专业村发展到99个。王家庄温室示范园区竣工投用,北岗设施农业示范园区完成二期扩建,全市设施农业总面积达1.3万亩。发动群众复垦造地,完成占补平衡项目48个,新增耕地1万多亩。全面完成3.6万亩中低产田改造和7座水库除险加固工程,被评为全省农田水利基本建设红旗县(市)。

工业经济 坚持把项目建设作为转型跨越发展的突破口,加大招商引资力度,出台招商引资优惠政策,组建5个区域招商局,参加、举办各类招商会,对接洽谈重大项目18个,签约资金800多亿元。全市储备项目523个,资金总额超过3000亿元,其中新型产业项目占60%以上。全年启动实施项目224个,总投资1084亿元,累计完成投资235亿元。循环经济示范区万亩起步区路网、供水、供电、排水等基础设施完成投资3.2亿元,入驻项目23个,总投资209.4亿元,其中亿元以上项目13个,神达千万吨洗煤一期、新石新型煤化工等项目进展迅速,佳诚液压、兴胜机械、融伍科技一期3个机械装备项目竣工投产。生态铝业三期、同华电厂二期和国电、华能、华润三大风电项目积极推进,德金农贸、日昇建材、成品油库等一批市场项目基本完工。

城乡建设 按照“东拓南改、三水环城”的城市发展思路和“一核两次十字形”城镇发展格局,落实“决战城建年”工作部署,完成青年西街、文化北路、北环线等12条道路建设,硬化小街小巷,拉大城市框架,畅通市内交通。吸纳社会投资兴建的城南热源厂,实现当年建设、当年供暖,城区集中供热面积达385万平方米。街道综合整治、人行道硬化、路灯安装及管网改造等工程完工受益。全市用于城市基础设施建设的资金达4.2亿元,为历年之最。市域城镇化步伐加快,崞阳镇抓住列入全省“百镇工程”契机进行升级改造;轩岗镇公铁立交桥改造完成实体工程,乡镇级污水处理厂具备投用条件;其他中心城镇建设规模扩大。

民生工程 投资1094万元,解决2.1万人饮水安全问题;投资1289万元,完成社会福利服务中心主体框架;城郊移民搬迁住宅楼开工建设;保障性住房建设超额完成任务;300户农村危房改造完成主体工程;所有农户都领到“暖心煤”。社会保障体系健全,城乡低保实现应保尽保,全年新增就业人数、下岗失业人员再就业、转移农村劳动力分别完成目标任务的155%、140%、256%。

社会事业 天涯山风景区、滹沱河水利风景区和市区尽头路拓通工程竣工。总投资1400万元的新政务服务中心投入使用。10个乡镇邮政所全部竣工。文化惠民工程落实,民间文体活动丰富多彩,范亭广场主体工程基本完成,列入忻州市文化产业扶持项目的电影《梨花情》公映。基本公共卫生服务均等化稳步推进,新农合参合率达99.8%,总投资3103万元的市医院综合大楼完工。城镇人口网格化服务管理省级试点推进,总投资860万元的计生服务中心搬迁投用,荣获国家级计划生育优质服务先进县(市)。食品药品监督管理工作取得成效,荣获全省餐饮安全示范县(市)、县级机构和执法队伍建设先进县(市)。加强和创新社会管理,信访总量稳步下降,市公安局被评为全国公安机关执法示范单位。 (张文斌)

临汾市

中共市委书记 谢海* 罗清宇*
副书记 岳普煜* 王文英
市人大常委会主任 徐树荣
副主任 梁天运 柴高潮 原胜利 仇振刚 王醒安 原学义 王全珍
市长 罗清宇* 岳普煜
副市长 赵建民 李东洪 谢碧玲 陈小洪

杨治平

市政协主席 乔成家

副主席 赵建国 成继东

杨益民 刘淑芬

梁若玉 陈玉士

张成梁 杨忠华

【概述】 临汾市北纬35°23′~36°57′，东经110°22′~112°34′，辖1区2市14县和2个省级经济技术开发区，全市共有151个乡镇、20个街道办事处、2968个行政村。年末全市常住人口436.7万人。

2012年，全市生产总值1220.5亿元，增长10.1%；全社会固定资产投资完成822亿元，增长27.5%；财政总收入完成201.6亿元，增长7%；人均地区生产总值28019元，城镇居民人均可支配收入达18126元，增长13.6%；农民人均纯收入达6899元，增长13.4%；全年全市城镇新增就业5.64万人，转移农村劳动力5.42万人。

农业 全年农作物种植面积55.98万公顷，下降0.6%。粮食产量222.2万吨，增产3.6%。完成造林40152公顷。其中，荒山荒地造林面积37820公顷。经济林面积8903公顷。全年木材产量11814立方米，增长82.7%。全年猪牛羊肉总产量98705吨，比上年增长8.5%。年末全市农业机械总动力439.9万千瓦，增长4.0%。全市农机化经营总收入12.3亿元，增长4.7%。

工业 年末全市规模以上工业企业有380家。全年规模以上工业增加值增长13.5%。全社会原煤产量4970.76万吨，增长2.89%；发电量141.63亿千瓦时，下降4.79%。规模以上工业企业焦炭产量1873.01万吨，下降2.45%；钢材产量1195.67万吨，增长25.43%。规模以上工业企业实现主营业务收入1967.亿元，增长4.%。规模以上工业实现利税125.9亿元，下降32.0%；实现利润38.6亿元，下降56.1%。

项目拉动产业结构调整 2012年共落地项目1225个，落地资金2225亿元；实施359项省市重点项目，完成投资1466亿元，项目落地和建设均居全省“三甲”。

实施一批重大产业结构调整项目，优化三次产业结构。农业方面，“大水网”涉临工程进展顺利，新增改善灌溉面积6.57万公顷，全市粮食总产达22.23亿公斤，再创历史新高；培育8个省级“一县一业”示范基地县和483个省级“一村一品”专业村，“四个百万亩”基地规模不断扩张，壮大乡宁戎子酒庄、浮山玉杰食用菌、汾西洪昌肉鸡养殖等一批龙头企业，进入省“513”工程的农产品加工企业达43家，农民专业合作社发展到6308个。工业方面，114座煤矿和41座铁矿完成采矿许可证换领，94座基建矿井批复开工报告；焦化行业产能整合达4000万吨；钢铁行业产能达2100万吨，中宇和通才两座1860立方米高炉改造项目，获省经信委核准；安泽永鑫12万吨甲醇、华翔精密制造二期、普泰发泡铝等项目建成投产；飞虹微纳米光电、平阳重工高端制造、翼城舜达锻造等项目进展顺利，新兴产业累计完成工业增加值53亿元，同比增长18.4%。服务业方面，山西国际陆港园区总规及22平方千米起步区控制性详规编制完成，海关特殊监管区卡口竣工投用；侯马开发区被国家商务部授予全省唯一的国家电子商务示范基地，引进电子商务、现代物流等项目80余个。洪洞大槐树、吉县壶口瀑布国家5A级景区创建工作持续推进，曲沃晋国博物馆、乡宁云丘山、霍州七里峪等旅游景点建设取得新进展，全年旅游综合收入达160亿元。

人居环境 完成市区解放路立交桥道路改造、滨河东路辅道、古城公园二期、平阳大桥景观改造等工程，城市公厕建设获联合国“迪拜国际最佳范例奖”，新增城市公交车60辆。侯马城乡一体化、霍州霍东新区、曲沃城东新区、蒲县锦绣新区等大县城建设成效明显，洪洞广胜寺、乡宁管头镇、蒲县乔家湾等53个小城镇建设全面铺开。完成农村新“五个全覆盖”，300个重点推进村完成年度目标，30个示范连片区加快建设，整村推进71个，易地扶贫搬迁8570人。开展以城乡垃圾清理、市容环境整治、道路交通整治、环境污染整治为重点的“环境建设年”活动，实施并完成重点节能改造项目120个、减排项目79项，完成营造林69.47万亩，万元GDP能耗下降3.5%，市区二级以上天数达342天，比上年增加3天，其中一级天数达118天，比上年增加10天，综合污染指数1.678，同比下降1.2%。

招商引资 推进事业单位分类改革，集体林权制度改革走在全省前列。转型综改试验深入实施，市级《转型综改实施方案》和市、县两级《行动方案》编制完成，“一市两县”“一市两园”和“一县一企”先行试点和标杆项目加快实施。创新用地机制，将城乡增减挂钩政策与矿业存量土地整合利用有效结合，全年新供建设用地2400公顷；创新融资方式，发挥财政性存量资金作用，以存促贷，达成贷款协议114亿元，通过信托、债券等多种市场融资模式，直接间接融资63.2亿元。参加中博会、投洽会、能博会、首届晋商大会等招商推介会，自主举办“2012山西临汾(广州)经济合作暨招商推介会”，全年引进大企业、大项目167个，签约资金达3120亿元；举办首届“汾河论坛”。

社会生活 教育方面，临汾一中高中部二期、市第一小学教学楼加快建设；27所公办标准化幼儿园、5个县(市、区)薄弱学校改造和300所义务教育标准化学校建设基本完成；高考二本B类以上学生达12711人，同比增加2014人；启动5个国贫县义务教育学生营养改善计划，受惠学生36492名；二类城市语言文字工作在全省树立样板。医疗卫生方面，市精神病医院开工建设，推进古县、蒲县、乡宁等8个县公立医院改革，全市171所政府办的基层医疗卫生机构全部配备使用基本药物，实施零差率销售。低生育水平保持稳定，全市人口自然增长率控制在5.11‰，跨入全省综合先进市行列。新农合参合率达98.4%。文化建设方面，市博物馆、图书馆启动建设，广电中心、奥体中心加快前期建设，全市实现“县县有两馆”目标，151个乡镇全部建成标准化综合文化站。社会保障方面，完善五大保障体系，全市新增城镇就业5.5万人，城镇登记失业率控制在3.1%以内。社会保险参保人数达451.3万人次。开工建设各类保障性住房17145套，完成农村危房改造4542户。“十件实事”有五件完成，五件正在实施。

加强社会管理 全年共发生各类生产安全事故847起，死亡330人，事故起数同比减少162起，下降16.1%；死亡人数增加24人，同比上升7.8%。总结推广安泽县“三级中心、一网一格”基层社会服务管理经验，做好信访工作，化解社会矛盾；强化社会治安综合治理，打击违法犯罪行为；健全完善突发事件应急处置救援机制，处置各类突发事件。（李艳洁）

【临吉高速公路通车运营】 8月23日上午，临吉高速公路经过3年建设，正式通车运营。临汾至吉县高速公路是国家高速公路网第六横青岛至兰州公路山西境内的一段，是山西省“三纵、十一横、十一环”高速公路网第九横的重要组成部分，全长99.058千米。全线共有大中桥23573米/81座，其中特大桥5036米/4座，隧道41244米（单洞）/17座，特长隧道16750米（单洞）/2座，主线收费站1处，匝道收费站5处，服务区3处。

（李艳洁）

【“百里汾河新型经济带”建设】 以基础设施建设为先导，建设产业园区，完成“经济带”一期工程各项审批手续，水利生态工程列入全省综改试验标杆项目，汾河生态治理洪洞至襄汾段全线开工，滨河东路砂石路基全线贯通；临汾民航机场复航改造正式获国家批复，完成地基初步处理工程；大西、中南、张台铁路进展顺利；临吉高速、临汾北环、京昆与青兰高速联络线竣工通车；18个工业园区实现销售收入1000亿元，新上项目65个，10个高效农业示范园区有8个初具规模，6个物流园区有4个开工建设，17个旅游景区有12个实施整体开发，19个小城镇有9个启动连片区建设。“经济带”固定资产投资占全市的49%，招商引资总额占全市的64%，“百里汾河新型经济带”成为全市经济发展的重要引擎。（李艳洁）

【临汾公厕获“迪拜国际最佳范例奖”】 12月25日，临汾市公厕被联合国评为“迪拜国际最佳范例奖”。此次全球500多个项目参选“迪拜国际最佳范例奖”，其中中国有9个。最终评选出12名“迪拜国际最佳范例奖”，临汾市公厕榜上有名，成为中国提名项目中唯一获奖者。全市新建标准化公厕250多座，其中临汾市区主要街道拥有70多座。（李艳洁）

·尧都区·

中共区委书记	赵志坚
区人大常委会主任	任招振
区长	王震
区政协主席	许百龙

【简述】 临汾市尧都区北纬35°34′~36°19′，东经111°05′~111°49′。全区总面积1304平方千米。2012年底，辖10镇6乡，共372个村民委员会，10个城市街道办事处（其中，滨河路办事处共11个社区居民委员会，由临汾经济技术开发区代管），共54个居民委员会；下设150个居民小组、1116个村民小组。年末，全区总人口95万人，其中，城镇人口57万人，农村人口38万人。

2012年，全区经济社会发展综合考评位列临汾市第三。全区生产总值完成247.9亿元，增长10.2%；规模以上工业增加值完成76.7亿元，增长14%；社会固定资产投资完成178.7亿元，增长35.8%；财政总收入完成32.8亿元，增长7.1%；社会消费品零售总额完成163.9亿元，增长16.2%；城镇居民人均可支配收入21614元，增长14.2%；农民人均纯收入8912元，增长15.6%。全区三次产业比例3.5:39:57.5。

三农工作 粮食总产26.2万吨，再创历史新高。尧都生态产业园区建设完成投资1.2亿元，12栋、4.2万平米智能连栋温室建成使用，与广州国翠花卉公司合作，引进5个系列12个高档花卉品种，建立花卉苗木直销中心，辐射到陕西、河北、内蒙古等六省（市、区）；投资2000万元，完成3000亩城市绿化苗木基地建设，累计完成投资近4亿元，园区田、林、路、渠、水、电、通讯等基础设施全部配套，一期工程建成5000亩核心区。三大基地快速推进：投资1.3亿元，发展核桃8.8万亩，累计总面积12.8万亩；新增设施蔬菜1.2万亩、优质水果1.5万亩。基础设施完成投资1.2亿元，实施大阳基本农田整治、末级渠系改造等9个农业基础项目；投资4000万元，完成72.9千米三级联网公路改造工程。新农村49个重点村建设推进，新“五个全覆盖工程”完成。

工业转型 完成贾得工业园区和汾河煤电化工业园区规划编制。中煤260万吨焦化及煤化工项目前期工作基本就绪。中国五矿集团西里北铁矿300万吨采选矿项目勘探工作基本完成，450万吨生铁、500万吨钢铁项目启动申报程序。同世达、太原煤气化公司300万吨焦化项目达成合作意向。

现代服务业 奥特莱斯芭蕾雨产业园项目前期工作完成。临汾建材家居博览城、大图置业仙洞沟旅游开发项目前期工作启动；红星美凯龙大型国际家居贸、超级百货贸项目确定落地；上东世纪CBD城市经济综合体、生龙国际商贸城启动建设；恒安美特好项目主体竣工。仙洞沟旅游公路竣工通车；尧帝陵祭祀大殿完成年度计划。

城乡建设 涝潏河生态建设工程全面启动，河道治理、景观建设、城市路网工程获得省发改委立项批复，河道治理及龙湾园节点工程进展顺利。滨河东路南北延工程、屯里桥北段汾河综合治理工程全面开工。五一东路拓宽改造拆迁工作完成；秦蜀路南延拓宽改造拆迁及二中路、北外环拓宽改造拆迁加紧施工；枣林街北段拓宽改造路基工程完工。尧都公园、东辰公园基本完工；东城学校、职业技术学校主体完工；东城医院地下工程基本完成。城中村改造工作，争取临汾市委、市政府政策支持，成立工作机构，制订《城中（郊）村改造暂行办法》《城中（郊）村改造管理操作办法》《城中（郊）村改造项目一站式审批意见》，26个试点村前期工作全面启动。尧庙镇郭村、西街西关社区、刘村镇涧头村、汾河办盘龙社区4个村改造工程实施。西关社区正在拆迁。郭村拆迁基本完成，五栋还迁楼以及小学、老年公寓楼主体工程全部完工。河西重点项目征地拆迁工作，完成滨西佳园二期3.9万平方米还迁房主体工程、漪汾花园和大西高铁还迁小区桩基工程；完成规划四路、五路等四条道路征地拆迁工作；完成广电中心、景观大道、奥体中心、站前广场等五项重点工程征地拆迁摸底和评审工作。

环境建设年活动 投资3.9亿元，开展“环境建设年”四大会战，城乡面貌改观。投资1亿元，实施东城“两路一街”“五化”工程。投资3500万元，开展春秋大绿化，完成植树107万株。乔李镇环境连片整治示范工程全面完成。全区二级以上天数达342天。

环境优化 出台《关于进一步优化发展环境的实施意见》，开展专项整治活动，建立行政审批电子监察平台和涉企检查网上报备系统。全区行政审批事项由357项精简为121项，审批项目平均办理时限由25个工作日压缩到9个工作日。立案查处干扰破坏发展环境的案件44起。“四位一体”推进项目建设，项目储备突破千亿元大关，招商引资签约资金445亿元，落地226亿元，56个重点项目当年完成投资132亿元。

安全工作 落实政府监管和企业主体责任，开展“打非治违”专项整治活动，共排查整治隐患2万余条。打击私挖盗采，炸毁、封堵私开坑口159处。加强和创新社会管理，城市社区“网格化管理”和“两实”登记管理工作推进。重视信访稳定工作，社会大局稳定。（尧都区区志办）

【尧帝古居景区竣工】 尧帝古居景区位于尧庙镇伊村，留存有明万历年间“帝尧茅茨土阶”石碑一块。累计投资2000万元，完成尧帝祠大殿、赤龙潭、护坡、尧井亭、祭农坛、入口牌坊等九大项工程，于2012年5月18日（农历四月廿八，相传为帝尧圣诞）竣工，形成尧帝古居、尧庙、尧陵“三尧”鼎立的尧文化旅游格局。

（尧都区区志办）

·曲沃县·

中共县委书记 张越轶
县人大常委会主任 刘　伟
县　　长 郭惠勇
县政协主席 薛经纬

【简述】 曲沃县北纬35°33′~35°51′，东经111°24′~111°37′。县境南北长29.5千米，东西宽15.4千米，总面积437.9平方千米，辖7个乡镇，158个行政村。

全年地区生产总值完成96.59亿元，年平均递增16.5%；财政总收入首次突破7亿元大关，完成7.50亿元，年平均递增14.7%，固定资产投资达42亿元，同比增长32%；全年规模以上工业增加值完成72.72亿元，年平均递增22.2%；规模以上工业企业总产值达228.55亿元，年平均递增20.5%，增速位列全市第一；全县农业总产值达19.29亿元，年平均递增14.1%；农民人均纯收入达8909元，年平均递增16.4%，是1978年的174.7倍；全县城乡居民储蓄存款余额达41.79亿元，年平均递增23.7%；在岗职工平均工资达30330元，年平均递增12.8%。

工业 截至2012年底，年初确定的79.1亿元的68个重点工程项目，计划开工的全部开工，完成投资49.3亿元，超出年度计划投资10.5个百分点。千万吨钢铁工业园区内各大企业发展势头迅猛，通才公司1860立方高炉、180万吨双高线，立恒公司300万吨焦化一期、80万吨矿渣微粉、10.5万千瓦煤气发电机组等一大批项目全部竣工投产。立恒公司通过收购产能、整合资源，形成集炼铁、炼钢、焦化、发电为一体的钢焦循环生产格局，被省、市两级誉为“立恒模式”，特别是中宇钢铁公司重组后，新中宇加强管理、挖潜改造，实现全面复产、满负荷生产，2012年新上的150万吨双高线和煤气综合利用等项目全部竣工投产。新建220千伏变电站和日处理2万立方的污水处理厂竣工并投入运行，郭义线西上官公路桥改造工程全部完工、恢复安全通车，园区基础设施的加强为打造全省千万吨钢铁基地奠定基础；马庄装备制造园区总体规划编制完成，园区内长林环保、亚华制盖、盛格特太阳能、方圆塑料等高新科技企业发展逐步加快，长林环保装备制造达年产5万吨钢结构机加工能力，方圆塑业达到年产5000吨燃气管道的生产能力，园区实力日益增强；山西国际陆港曲沃项目园区完成先行建设的5平方千米区域地型测绘和普查摸底，落实相关村庄搬迁涉及的保障性住房工程选址、规划设计和可研报告，并全部完成南北方向入园主干道建设工程的规划设计、立项、环评以及用地预审手续，开始申报省转型综改专项资金；华电曲沃煤电一体化循环经济产业园区电源点项目初可研报告上报省发改委，资源详查野外钻探工作完成；紫金山黄金产业开发园区建设，在整治非法采矿行为、维护正常开采秩序的同时，曲沃县政府协助曲沃招金公司办理前期各项手续。以上“五大园区”的加快建设和梯次发展，构筑起曲沃县近期、中期、远期经济发展的立体框架。

农业 农业园区的打造把“晋文化”内涵融入农业园区，在全县规划建设一批以“晋之源”统一冠名、统一打造的系列精品农业园区。晋之源曲村现代农业园区新品种展示中心、现代农业信息中心建成并投入使用，园区绿化、美化、休闲观光设施等工程完工；晋之源里村红提葡萄园区新开、硬化道路4500米，完成苗木基本绿化和中心文化广场建设；晋之源磨盘岭生态示范农业园区在原有的基础上，新建4000平米工厂化育苗基地；晋之源浍河北岸生态观光农业园区完成主干道沿线绿化、月季苗圃基地和立交桥涵洞等配套设施工程。曲沃县实施精品园区入园口景观标志打造工程，晋之源曲村现代农业、晋之源北董优质大蒜、晋之源里村红提葡萄等园区完成入园口的景观标志、绿化美化等工作，全县主导产业的发展围绕建设“全省最大的设施蔬菜基地”这一目标，通过园区引领带动，推动以设施蔬菜为代表的高效农业健康发展。截至2012年底，全县蔬菜面积达13万亩，蔬菜大棚6776栋、3.3万亩。连续三年被省农业厅评为全省设施蔬菜奖补大县,2012年被国家农业部确定为全国580个蔬菜重点县之一。畜牧养殖产业发展和农业基础设施建设以根茂养殖为主的万只羊场等规模企业以及秸秆养羊示范户建设进展顺利,形成以秸秆养羊为主的畜牧产业发展格局。小型农田水利重点县、禹门口引黄东扩、浍河河道整治、水库除险加固等一批工程相继竣工并投入使用。

城建 截至2012年底,吉祥路、如意路中段和贡院东街等主干框架道路完成地下管网及硬化、绿化、美化、亮化等工程,实现吉祥路、如意路南接贡院东街,北连府东大街的新区主干道路中央大贯通、大循环;通涛花园、景泰·吉祥苑两大住宅小区主体工程完工;法院、司法局、卫生监督所等单位的便民服务中心启动建设;晋都御苑、晋韵华府等大型样板住宅小区和星级酒店、新区购物广场、步行街等商业设施加紧建设。在晋都文化公园和晋都文化会展中心两项地标工程的建设上，严把规划设计关口,开工启动,建设资金到位。推进城乡垃圾清理、市容环境整治、城乡道路环境整治、环境污染治理等四个阶段的环境卫生整治工作，高起点、高标准对曲沃县至襄汾、翼城、侯马三个出县口以及两个出城口进行绿化美化,建设富有鲜明文化特征的晋风晋韵特色景观。

旅游文化 以“晋文化”为主线，推进以晋国考古遗址文化旅游区、磨盘岭农业观光区、太子滩休闲度假区、浍河自然风景区、景明生态旅游区为主的精品文化旅游带建设。晋国博物馆主体建筑全部完工,与之配套的9千米旅游公路全线通车,装修布展、绿化美化、商铺、停车场等后期工程正在建设。推行《曲沃县古建筑认领保护办法》,推进桥山黄帝庙、南林交龙泉寺、西海龙王庙、义城黄帝庙、神泉黄帝庙等文物古迹的修缮保护和开发。义城黄帝庙已经建成并对外开放；桥山黄帝庙登山台阶铺设完成,加紧主体建设;龙泉寺修复重新工程完成山门、大殿、东西耳房等的主体建设;银杏树广场、南林交湿地公园等工程推进。

民生事业 曲沃中学生活区宿舍楼、餐厅等主体工程完工,新乐昌中学、新职业中学一期工程全面竣工,完成搬迁,曲沃二中高一、高二年级段迁址入城工作完成。2012年,全县高考成绩在全市名列前茅,二本B类以上达线人数达788人;全县三级群众文化活动阵地全面加强,高显镇常家村在农家书屋建设方面被授予“全国示范农家书屋”荣誉称号;农村街巷硬化、便民连锁商店、文化体育场所、新型农村社会养老保险、中等职业教育免费等农村新“五个全覆盖”工程完成。各行政村确保农村街巷硬化工程质量,都在本村醒目位置设置永久性“监督碑”,这一做法在全省“五个全覆盖”长治现场会上得到推广；全长31千米、涉及18个村3万多人的曲村至杨谈至里村农村公路改造全面完成,北下郇公路桥建成通车，通浍大道全线贯通;4500余户居民的天然气完成置换煤气工作;2012年规划建设4座星级公共卫生间,并全部投入使用;县乡村三级卫生医疗机构服务设施得到改善,全面完成建筑面积为1.5万平方米的县人民医院门诊楼建设,并于年底前正式投入使用。曲沃县被评为“全国计划生育优质服务先进县”；完成300户农村危房改造,400套保障性住房加紧建设;霍侯路城区段隔离护栏及沿线路灯更新工程实施;全省低收入农户冬季取暖用煤政策落实,确保农民群众温暖过冬;治理超限超载工作全省领先,被评为“全省治超工作优秀县”;推进社会保障体系建设,全年共为城乡低保户、优抚对象、五保户以及农村寄宿制学生发放各类补贴2513.98万元。城镇居民医疗保险报销比例达80%以上,最高报销额度达20万元，全年共支付医疗保险费用1965万元,惠及群众3万余人。新型农村合作医疗全年共补偿农民43.98万人次,补偿金额达5231万元,覆盖率比上年提高2.56%。推进新型农村社会养老保险工作,全年新增参保人数42248人,达87452人,实现全覆盖,被确定为“国家级新型农业养老保险试点县”；全年未发生因安全生产引发的重大事故。 （张淑霞）

·翼城县·

中共县委书记 李朝旗
县人大常委会主任 李殿梁
县　　长 杨春权
县政协主席 李伦

【简述】 翼城县北纬35°23′~35°52′,东经111°34′~112°03′;全县土地面积1168平方千米。2012年，辖6镇4乡,212个行政村,878个自然村,6个社区,户籍人口31.8万。

翼城属暖温带大陆性气候。2012年,年平均日照时数为2290小时,年平均气温12.8℃,年降水量为503.5毫米,年无霜期206天,年河川径流量0.87亿立方米，年耕地亩均水量139.8立方米。全县水资源总量15536万立方米，其中地下水11414万立方米，地表水5743万立方米，人均水资源占有量489立方米。全县有中、小型水库10座,总库容5057万立方米,塘坝20座,总库容105.7万立方米,万亩以上灌区3处(小河口、利民、王庄),有效灌溉面积17.16万亩。

翼城地下资源丰富,拥有煤、铁、金、铜、大理石、石灰石、白云石、重晶石、麦饭石、洋坩、硫磺、紫砂等30多种矿藏,其中尤以煤、铁为最。煤炭探明资源面积为194.36平方千米,储量19.95亿吨,占临汾市探明储量169.44亿吨的11.8%，含煤面积194.36平方千米,占全县总面积的16.6%。煤种以无烟煤、小烟煤为主。铁矿探明储量1.5亿吨,分为磁铁矿、褐铁矿两大类,磁铁矿主要分布在县域西北、东北塔儿山、二峰山周边,褐铁矿分布于县域东部、东南部山区。

全县所有乡镇和90%以上的行政村通油路,总里程1600多千米。建有多条铁路专用线和两座大型集运站,年运输量800万吨。拥有35~220千伏安变电站13座。

综合经济实力 2012年，全县抓好“三件大事”,推进“五项工作”。全县生产总值完成83.1亿元,同比增长9.6%;财政总收入完成11.7亿元,同比增长12.3%;规模以上工业增加值完成49.1亿元,同比增长13.3%;固定资产投资完成40.6亿元,同比增长38.4%;社会消费品零售总额完成28.2亿元,同比增长16.3%;城镇居民人均可支配收入达19773元,同比增长13.7%;农民人均纯收入达7141元,同比增长15.6%。

三农经济发展 农作物种植面积约65万亩,其中粮食作物种植面积约63万亩,经济作物种植面积约2万亩,是全国商品粮基地县;拥有苹果、核桃、红枣、葡萄、桃等干鲜果经济林挂果面积达7万亩,年产干鲜果14万吨,是山西省果品生产重点县;适时蔬菜快速发展,日光温室达3000个。建成标准化规模养殖场42个、良种畜禽场5个,全县生猪存栏11万头,年出售22万头,是全省瘦肉型商品猪基地县;拥有优质牧草3万亩,优质奶牛存栏近10000头,是新兴优质奶牛养殖县。粮食总产达21.17万吨。新发展干鲜果经济林6.2万亩,总面积达25万亩,申报全省苹果产业"一县一业"基地县。翼众公司西郑百万只无公害蛋鸡养殖基地建成投用,7家养殖场改扩建工程完工。投资8000余万元,实施中卫乡史庄片高标准农田建设、隆化镇上吴片基本农田整理、农业机械化推广、小河口水库除险加固、新一轮农网改造等项目,农业生产基础稳固。农村新"五个全覆盖"工程完成,解决43个自然村、1.9万人饮水安全问题。

工业产业转型 翼城的工业产业包括钢铁、煤炭、铸造、轻纺、铁矿、洗煤、选矿、石料厂、砖厂(粘土砖、水渣砖)等九类,其中主导产业为钢铁、煤炭、铸造、纺纱。全县有兼并重组整合煤矿13个,年设计生产能力990万吨;有冶炼、铸造企业17家,150万吨炼轧钢生产线一条,年产优质生铁300万吨、钢200万吨、材215万吨、各类铸件15万吨;有纺纱企业8家,纺纱生产能力达10万锭。

高端锻造工业园区"三通一平"等基础设施建设基本完成,舜达公司8000吨生产线完成设备安装。高端铸造工业园区亿通10万吨汽车零部件铸造及机加工、永益30万吨铸管、励鑫20万吨铸管项目有序推进。高端特钢工业园区翼钢优特钢升级改造项目,规划调整经省经信委备案,居民搬迁完成三分之一,配套干熄焦项目土建工程基本完工。推进煤炭产业扩张延伸,首旺煤业120万吨坑口选煤厂投产运营,阳煤、晋煤12座整合煤矿办证进度全省领先,技改工程全部开工,3座基本完工,煤炭产能持续释放。非煤矿山资源整合进度加快,证照办理实现历史性突破,5座铁矿取得安全设施设计批复,达到复工建设条件。

基础设施建设 唐霸大道全线竣工,北环路开工建设,拓展城市发展空间。围绕完善城市功能、提升城市品位,完成县城主干道拓宽改造,启动唐霸文化公园、城西防洪排水等市政工程,集中供热供气覆盖范围扩大。完成农村危房改造200户,国有工矿棚户区改造和保障性住房建设项目有序推进。实施西南线道路改造,启动重点产煤乡镇公路建设,农村客运班线公交化正式开通运营。

人文景观 现存仰韶文化、龙山文化以及商、周与汉属文化遗址多达40余处。核实公布国家级文物保护单位4处,省级文物保护单位14处,市级文物保护单位6处,县级文物保护单位216处。在第三次全国文物普查中,新发现文物点749处,拟公布文物保护单位790处,出土文物近2万件。保存完好的古遗址有:苇沟—北寿城西周文化遗址,天马—曲村晋文化遗址,枣园新石器文化遗址,大河口西周霸国墓地等7处。古墓葬有西周唐叔虞墓、周将军阎没墓、周小子侯墓、周郑太子墓等数十处。古建筑有元代四圣宫、元代舞楼(乔泽庙)、元代东岳庙、明代玉皇楼、明代木牌坊、石牌坊、文峰双宝塔、清代关帝庙等上百处。古碑碣石雕有:元裕公和尚道行碑、宋苏轼书《醉翁亭记》碑、清风竹惊鹤图碑等数十通。

位于东南中条山麓的历山舜王坪风景区为华北最大的自然保护区,年平均气温10℃-12℃,为避暑胜地;区内有瓜子寨、梳妆台、玄元洞、一八盘、桃花洞、珍珠帘、黑龙潭等景点。此外,还有佛爷山风景区、翔山风景区、绵山风景区、海子沟大桥、介湖水上乐园、北关世纪文化广场、南寿城水上乐园等一批新的旅游景点。

社会事业 汇丰及5个乡镇中心幼儿园开工,中小学校舍安全改造工程按期完成。高考二本以上达线人数创历史新高,中考成绩继续保持全市领先。科技专利申请和项目申报实施数量增长。公立医院改革稳步推进,县中心医院建设前期工作基本完成,中医院附属楼主体完工。完成7处文保单位修缮、佛爷山景区配套工程和坞岭抗日纪念馆主体工程建设。基本实现数字电视信号全覆盖,提升群众收视质量。新增劳动力转移就业13829人,新增城镇就业3721人、困难群众再就业375人。城乡居民社会养老保险参保率达100%,医疗救助资金足额兑现,低保、五保、部分优抚对象抚恤和生活补助标准提高。农村80周岁以上无固定收入老人全部纳入低保范围。"低供煤"工作完成,造林绿化、节能减排完成年度目标,畜禽养殖业污染减排工作经验在全市推广。全县环境质量二级以上天数达330天,城市空气质量好转。(翟铭泰)

·襄汾县·

中共县委书记	王国平
县人大常委会主任	张拽牛
县长	程明温
县政协主席	王建中

【简述】 襄汾县北纬35°40′~36°03′,东经111°06′~111°40′。南北长39.3千米,东西宽26.5千米,总面积1034平方千米。最高海拔1495米,最低海拔391米。年平均日照2337.2小时,平均气温12.4℃,降雨量546.6毫米,无霜期170~200天。境内矿产资源丰富,主要有煤、铁、石膏、金、银、白云岩、硫、磷等。辖13个乡镇、348个行政村。2012年末,总人口486363人。全县全年地区生产总值完成128.63亿元,人均26448元。规模以上工业企业增加值完成137.37亿元。财政收入完成13.86亿元,完成市政府下达

的调控任务。固定资产投资总额完成61.86亿元，同比增长38.4%。粮食总产40.33万吨。社会消费品零售总额完成28.74亿元。城镇居民人均可支配收入完成19993元，同比增长14.9%。农民人均纯收入完成8176元，同比增长14.91%。

农业经济 2012年建设高标准农田1.05万亩，开发复垦耕地6200余亩，粮食总产达4亿公斤，被评为全国粮食生产先进县。特色农业有序发展。重点抓好八大基地和两大园区建设，全县蔬菜、中药材和干果林面积分别达16.8万亩、8.7万亩、19万亩，年初确定的3个万头生猪园区和10个千头标准化养殖场全部建成投产。龙头作用稳定发挥。帮扶重点农业龙头企业贷款9800万元，天美食品、丰谷农业等28家企业进入年销售收入超百万元企业行列，全县36家农业龙头企业辐射带动农户超过3.5万户。“惠圆”面粉、“三盛合”小米醋等农产品跻身“山西省著名商标”行列，“侯临”杏鲍菇通过国家农业部无公害认证。在第四届中国国际辣椒产业博览会上，赵康镇荣获“中国辣椒之乡”称号。

工业经济 2012年初确定的20项重点工业项目中，9项完成，3项达到进度，8项积极推进，取得明显成效。产业整合方面，巨成100万吨焦化项目和宏源、腾达整合重组后的120万吨焦化项目办理土地、环评等手续，光大、宏源、腾达、万鑫达420万吨焦化产能获得工信部公告准入，建滔万鑫达二期10万吨焦炉煤气制甲醇项目建成投产；中升1280立方高炉和新金山2×120吨转炉获得省经信委批复，成为全市已投产的最大炼铁高炉和炼钢转炉；星原与太钢“渐进式”重组进展顺利，全县钢铁行业的整体实力提升；新兴冶炼、塔山通用和荣世达铸造三家企业的铸造高炉获得国家工信部认定，强盛、鑫盛两座高炉作为铸造生铁高炉予以保留。园区建设方面，河西煤化工园区环评工作完成，新兴际华绿色铸造园区60万吨高端铸件项目获省经信委备案，制药工业园区1.2亿瓶注射剂及60亿片固体制剂项目一期完工，星原集团循环经济工业园区矿渣综合利用项目建成投产。参加中博会、能博会、晋商大会等招商活动，全年签约项目28个，签约金额183.95亿元，落地项目7个，完成投资32.3亿元。

城乡建设 围绕“一城三区”建设总体规划，加快城镇建设步伐。加大“百里汾河新型经济带”襄汾段建设力度。滨河东路长20.3千米、宽60米的砂石路面全线贯通；汾河治理河道固槽完工，总体工程进度过半。滨河公园建设全面竣工，计生、法院、司法等单位的业务办公用房投入使用，泽欣花园、晨光家园等滨河生态水景住宅主体完工，丁陶西路、振兴路北延、城北铁路桥改造等市政道路建成通车，保障性住房、锣鼓文化广场等工程快速推进。农村新“五个全覆盖”方面，累计硬化农村街巷2018千米，新增农村便民连锁店84家，新建农村体育场所131个、文化场所283个、农家书屋306个，农村新型社会养老保险参保人数达27万人，中等职业教育免费全覆盖惠及学生3857人。城乡清洁工程持续引深。全面实施交通干道、县境出入口、城乡结合部、集贸市场等重点区域卫生大整治。2012年，襄汾县被授予省级“卫生县城”和全市“环境整治行动先进县”称号。

旅游开发 丁村国家考古遗址公园景区牌楼、戏台、广场等设施完成建设，丁村古建筑群再次列入《中国世界文化遗产预备名单》。陶寺国家考古遗址公园观象台复旧工程、出土文物成果展示区向游客开放。双龙湖国家湿地公园开园迎客。襄汾县歌正式确定，《襄汾文物旅游资源分布示意图》《丁氏家族与丁村》出版发行，大型原创音乐舞蹈剧《帝尧》、经典民歌演唱会《击壤遗韵》相继推出，《走进襄汾见证帝尧之光》《发现陶寺》等专题片在央视、旅游卫视、中国教育卫视先后播出。举办首届荷花文化旅游节、龙澍峪祈福节、中国·陶寺帝尧文化旅游节等节庆活动，与广东中惠源实业投资公司签订五大景区开发建设合同。

文化发展 2012年，襄汾县确定发展文化旅游产业的“1347”的总体构想。“1”是襄汾文化旅游业发展的总定位，就是实现“由文化文物资源大县向帝尧文化之都转型”。“3”是提出“文物是基础，发展靠旅游，升华在节庆”的三句话总思路。“4”是提出“挖掘内涵、打造载体、着力宣传、产业兴县”的四条路径齐步走的发展策略。“7”是指一个大节庆和六个小节庆。一个大节庆是“中国·陶寺帝尧文化节”，六个小节庆是荷花文化旅游节、丁村传统婚礼民俗文化节、汾城尉村跑鼓车文化节、赵氏孤儿忠义文化戏曲节、龙澍峪祈福节、陶寺舞龙文化节。

社会管理 教育科技方面，撤并农村中小学校17所，改建乡镇示范公立幼儿园20个，星原中学正式动工，特殊教育学校迁址建设，普通高考二本达线937人，保持高位运行。医疗卫生方面，县医院河西新院加快建设，10所乡镇卫生院改建一新，376个村级卫生室通过验收，惠及全县人民的医疗卫生网络基本形成。文化事业方面，天塔狮舞全国巡演100余场，《画说陶寺》《丁陶墨韵》等书画作品展精彩呈现，《激情夏日·文化丁陶》等20余场大型文艺晚会先后上演，新城镇丁村、陶寺乡陶寺村、汾城镇西中黄村入选全省首批传统村落名单。劳动就业方面，新增城镇就业5320人，转移农村富余劳动力6280人，开发购买公益性岗位275个，为教育、卫生系统招聘工作人员79人。安全生产方面，落实安全生产责任，开展专项整治，累计排查治理各类安全隐患3261条。生态建设方面，狠抓节能降耗和污染减排，工业企业基本实现达标排放；实施“绿色生态”工程，植树400余万株，造林3.5万亩，县城环境空气质量二级以上天数达342天。民生改善方面，数字电视开通，保障12万户家庭温暖过冬的“爱心煤”发放到位，500户农村低收入家庭和50户残疾人危房改造全部完工，迎宾馆改制、种子公司改制、丁陶文化公园遗留问题等得到解决。

社会管理方面,组建建设投资公司,清理规范各类审批项目,化解信访积案,开展“春季攻势”、追逃“利剑”等专项行动,创新民爆物品管理“八字工作法”,走出资源型地区社会管理的新路子。2012年,襄汾县荣获全市“社会管理创新先进县”和“平安县”称号。（王建刚）

【陶寺帝尧文化旅游节】 首届中国·陶寺帝尧文化旅游节于9月17~21日在襄汾县举办。陶寺遗址位于襄汾县陶寺乡,是“中华文明探源工程”的重要支点,出土极其丰富的文化遗存,特别是文字、城墙、宫殿、王陵、铜器、彩绘蟠龙纹陶盘、观象台等,具有早期国家的特征。其中观象台的发现,印证《尚书·尧典》所记载的尧“历象日月星辰,敬授人时”的历史功绩,专家认为这里就是最早的“中国”。陶寺遗址的发掘和发现,使尧、舜、禹时代不再是传说,证明山西是华夏民族最重要的根祖之源。举办与帝尧文化有关的9项活动:开幕式暨大型原创音乐舞蹈剧《帝尧》、临汾市文化产业博览交易会、陶寺遗址考古成果展、“洞房花烛”——丁村传统婚俗文化表演、《陶寺文化新论》首发式、中华文明历史题材美术创作工程、《击壤遗韵》经典民歌演唱会、《帝尧八音》大型鼓乐表演及襄汾经贸、旅游产业招商推介会等。会上签订25.5亿元投资协议。（王建刚）

【签订五大旅游景区开发建设合同】 12月1日,襄汾县与广东中惠源实业投资有限公司签订陶寺、汾城、丁村、龙澍峪、双龙湖等五大旅游景区开发建设合同。（王建刚）

·洪洞县·

中共县委书记	王黎明
县人大常委会主任	李世杰
县长	孙京民
县政协主席	魏金顺

【简述】 洪洞县北纬36°14′~36°32′,东经111°22′~111°52′。全县生产总值完成165.4亿元,同比增长9.7%;财政总收入完成22.6亿元,其中地方财政收入完成9.46亿元,同比增长9.2%;规模以上工业企业增加值完成115.4亿元,同比增长13.2%;固定资产投资完成101.4亿元,同比增长25.8%;城镇居民人均可支配收入达18319元,同比增长9.7%;农民人均纯收入达7359元,同比增长8.9%;社会消费品零售总额达38.7亿元,同比增长16.4%。

农业 粮食生产连续三年增长,全年粮食总产量3.9亿公斤,其中小麦单产达710.1公斤,为全省第一。通过“农户+合作社+企业”模式,完善大槐树生态农业园和历山农业观光园两个高效农业示范园,新建投资40亿元的甘亭现代农业转型综改示范园,打造北方最大的园林苗木研发和产出基地。实施甘亭现代农业转型综改示范园建设。发展林下经济1.68万亩、设施蔬菜1.32万亩、各类果树1.07万亩、核桃1.4万亩。发展规模健康养殖,全年畜禽存栏牛1.58万头,生猪23.83万头,羊10.96万只,禽类251万只。投资6600万元重点建设的66个新农村,完成饮水安全工程23处、机井配套改造259眼、渠道防渗68.6千米。

工业转型 邀请温州中小企业代表团20多家企业来洪洞投资洽谈;组织专门力量参加洽谈会、博览会,全年新签约项目17个,签约资金445亿元,新储备项目184个,总投资额达1006亿元。建设特色园区,配套完善园区内交通、供水、排污、电力、通讯、绿化等基础设施。在赵城工业园重点实施山焦60万吨烯烃、日产4000吨的山水水泥生产线项目;在甘亭工业园重点实施飞虹微纳米、华翔格力等一批高科技转型项目;在辛村工业园实施恒富美尔美陶瓷和秉鼎陶瓷项目;在秦壁工业园实施双银电热膜、普泰发泡铝等高新技术产业项目。恒美陶瓷二期、飞虹微纳米光电、华翔精密制造二期、普泰发泡铝、亿明LED、双银电热膜扩建、三维叔碳酸乙烯酯等项目建成投产;秉鼎陶瓷、山水水泥、尧天LED等项目进展顺利。筹资1.9亿元,完成甘亭工业园区5千米循环路工程和赵城工业园区2.7千米路基、桥涵工程。实施项目引领,实施重点工程项目80项,总投资379亿元,其中,省市重点工程年度投资目标任务和重点项目落地金额均超额完成目标任务。在全市率先启动总投资15.1亿元的汾河生态治理工程和滨河东路贯通工程,6.9千米的城区段一期工程竣工。启动龙信达、新丽都2个大型仓储物流项目和晋槐农贸、恒通建材等4个专业市场建设,全县城乡居民储蓄存款余额达110亿元,贷款余额75.6亿元。

城市建设 以扩容为重点,总投资21.1亿元,完成汾河生态修复治理与保护一期、恒富西街、涧河大桥、二级汽车客运站、广电大楼、体育场翻新改造、洪淹路、赵关公路二期、赵克路翻新改造等工程,大槐树文化中心主体完工,滨河东路全线路基贯通,完成滨河西区规划编制,实施湾里、城东、梗壁等10个城中村改造。国家卫生县城成功创建。修缮改造主要街道19条,硬化小街小巷20余条,增设垃圾桶、果皮箱1800个,完成城中村旱厕改造3100余个,规划停车位5400余个,清理积存垃圾100余万方,所有城中村创建成为“省级卫生村”,城区面貌焕然一新。省级环保模范城圆满验收。实施“减排工程”,淘汰落后产能;实施“净空工程”,关闭污染企业;实施“净水工程”,改善水环境质量。全年城区空气质量二级以上天数达352天,其中一级天数达59天,被评为“全省环境空气质量改善突出县”。国家园林县城通过初审。完成造林3.9万亩、植树394万株、育苗5280亩,城区绿化覆盖面积达687.06万平方米,绿化覆盖率达47.06%,绿地面积达596.96万平方米,绿地率达40.88%。

旅游发展 举办第二十二届中国洪洞大槐树文化节、三月十八广胜寺传统庙会等节庆活动和大槐树文化高峰论坛,广胜寺旅游景区拓展改造工程推进,景区循环路、集中供热等基础设施建成竣工,大槐树5A级旅游景区创建工作进入申报程序,“汾河之韵”景观区逐渐成形。全年共接待游客人数150万人次,实现门票收入3300万元,旅游总收入26.76亿元，同比增长20%。

社会事业 学前教育、义务教育、高中教育、职业教育协调发展，东方幼儿园及辛村、明姜、赵城三个乡镇中心幼儿园投入使用；洪洞六中、广胜寺小学搬迁；组队参加香港第十届国际武术比赛，斩获2金、4银、4铜；职业中学实现免费教育；高考二本以上达线1583人。医疗卫生体系完善，新人民医院投入使用，25个乡镇卫生院实施国家基本药物制度。社会保障覆盖面扩大，五项社会保险参保人数达61万人，新增就业岗位4230人，转移农村劳动力5165人次。社会救助力度加大，开工建设各类保障性住房1800套，发放城乡低保和各类救助金8900万元，为农村低收入家庭发放取暖用煤19.42万吨。狠抓安全生产工作，落实安全生产责任制，开展以煤矿为重点，覆盖非煤矿山、危险化学品、交通运输、消防、食品药品等重点行业和领域的安全生产专项整治行动。建立健全信访工作机制，推行“三段式”信访规范模式，化解各类社会矛盾。制订《洪洞县市民公约》，组建志愿者队伍23支，开展志愿者服务活动266场次。开展“百城万店诚信示范评选”活动和文明单位、文明村镇、文明家庭创建活动。推进计划生育网格化管理，稳定低生育水平。应对和妥善处理突发性事件，国防建设和民兵预备役工作加强。监察、审计、人事、统计、气象、人防、民族宗教、史志档案、防震减灾、文物保护等各项工作取得新进步。

（曹　月）

·古　县·

中共县委书记	李　菲
县人大常委会主任	辛普选
县　　长	加天山
县政协主席	李朱锁

【简述】 古县北纬36°02′~36°05′，东经111°47′~112°11′，面积1206平方千米。全县辖4镇3乡，有4个社区居委会，111个村民委员会。辖区总人口为92987人。

2012年生产总值完成62.45亿元，同比增长7.5%；规模以上工业增加值完成50.98亿元，同比增长10.87%；固定资产投资完成28.8亿元，同比增长32%；城镇居民人均可支配收入完成20543万元，同比增长13.8%；农民人均纯收入完成6381元，同比增长11.65%；实际完成财政收入10.0067亿元；社会消费品零售总额完成6.51亿元，同比增长15.1%。

农业产业化 粮食同比增产5.8%，达6.53万吨。新发展核桃经济林1.7万亩50万株，综合管护230万株，育苗3200亩，实现产量500万公斤，农民人均增收1500元。新发展农业产业化示范园区8个，涌现出415个农民专业合作社和28个“一村一品”专业村。完成整村推进项目16个、农业综合开发项目2个、农田水利建设4处，申报“连翘产业化与加工基地建设”国际合作项目，建成连翘交易市场。被省科技厅评为“全省可持续发展实验区”。

煤焦产业改造升级 投资12.5亿元实施矿井改造提升工程，12座基建矿井全部开工建设，个性化考核全市第一；4座矿井完成基建并投产竣工验收，产能贡献度全市第一；推进焦化企业战略重组，《涧河工业园区“十二五”发展规划》《华宝工业园区总体规划》正式获批；全年生产原煤390万吨、焦炭201万吨。强力推动项目建设，共签约项目7个，引资65.11亿元；落地项目61个，落地金额40.39亿元，完成市定目标135%；重点工程投资43.78亿元，完成市定目标143%。特别是利达10万吨甲醇项目投产运行；华康200万吨铸造焦和正泰焦炉煤气制天然气项目全面开工。

文化　旅游 旅游方面，牡丹景区亲水步道、景观平台建设完成手续办理和方案设计，“蝴蝶花园”设计方案通过评审，举办第五届牡丹文化旅游节。伴森园休闲度假中心主体工程完工。文化方面，出台《古县2011-2015文化事业发展改革规划纲要》和《文化强县实施意见》；完成10个图书馆分馆、22个村级文化体育场所、1万户有线电视数字化平移、5000套农村直播卫星、7个乡镇所在地调频广播等建设工程，均实现城乡全覆盖；启动非物质文化遗产整理保护工作。

城乡建设 启动东山生态公园建设，进行主要路段的返修、绿化、亮化，实施供水、供气、供热管网改造，启动城市公交系统，新建改造9座“五星级”公厕，建成区面积2.8平方千米，绿化覆盖率达40.64%，燃气和供热普及率达80%以上，垃圾和污水处理率达100%。通过国家卫生县城复验。完成11个新农村重点推进村、5个标兵村和两个连片区的建设任务。争取省道323线一级公路拓改和黎霍高速古县互通建设工程。完成退耕还林、荒山造林等造林工程共计9500亩。全县城镇化率达39.1%。

教育事业 完成城镇寄宿制学校主体工程、古县二中体育场建设和农村30所义务教育薄弱学校改造，为城区10所学校安装直饮水设备。新招聘特岗教师48名，县财政出资150万元重奖教育功臣。高考达本科线143人，其中应届生80人。

卫生事业 县医院新建工程主体完工，旧县中心卫生院住院楼即将竣工投入使用。推进医疗卫生体制改革，基本药物制度、基本医疗保障和公共卫生服务实现城乡全覆盖，县医院和乡镇卫生院综合改革稳步推进，全市医改工作推进会在古县召开，全省县级公立医院改革临汾现场会在古县观摩。

社会保障 各项社会保障项目均超额完成年度任务，社保一卡通完成信息录入并开始发放。全年发放低保金、困难群众医疗救助金、抚恤金、农村70岁以上老人健康补贴、农村卸职干部和因公致残人员生活补助金等共计1807万元，受益群众达1.2万余人。120套廉租房完成入住，144套二期工程主体竣工；100户经济适用房开工建设；100户棚户区改造加紧实施。完成38个村725口人的扶贫移民工程。

新“五个全覆盖”工程 街巷硬化完工率达108%。新型农村社会养老保险参保人数达3.25万人，完成任务的101%，覆盖率达90%。111个行政村的便民连锁店、文化活动室、农家书屋和体育健身场所全部建成并投入使用。

安全稳定 落实领导包案、领导接待周、责任追究等各项制度,开展信访隐患“大排查大调处大化解”活动,完成信访维稳目标。落实安全生产责任制,开展以煤矿安全为重点的集中整治行动,加强长效机制建设,连续九年没有较大以上事故发生。理顺社会管理体制,突出抓好社会矛盾化解、实有人口特殊人群服务管理、社会治安防控工作,营造安定和谐的社会环境、公平正义的法制环境、优质高效的服务环境。 (古县方志办)

·安泽县·

中共县委书记 任秀红(女)
县人大常委会主任 韩建辉
县长 郑步电
县政协主席 王孝恩

【简述】 安泽县北纬35°53′~36°32′,东经112°05′~112°34′,总面积1967平方千米,辖4镇3乡104个行政村,总人口8.3万。2012年,地区生产总值完成51.1亿元,增长11%;规模以上工业增加值完成41.3亿元,增长15.9%;全社会固定资产投资完成30.8亿元,增长37.3%;城镇居民人均可支配收入达18352元,增长14.2%;农民人均纯收入达5735元;特别是财政总收入完成12亿元,同比增长19.8%,创历史新高。

项目建设 树立“项目就是增长点,项目就是生命线”的观念,开展“项目建设年”活动,推进总投资62.7亿元,涉及结构调整、民生固本、争取发展三大类的60项重点工程项目(包括省定3项、市定7项重点工程)。加快唐城新型煤焦化工业园区建设,园区产业发展规划和总体规划编制完成,报省经信委待批,园区移民工作制订搬迁安置方案,永鑫煤焦化公司上市工作进展顺利,进入省拟上市公司资源储备库。牢固树立“招大商、大招商”理念,以新兴产业为主攻方向,走出去引项目,请进来谈项目,全年共签约项目14个,签约资金达256.3亿元。

三农工作 加大资金整合帮扶力度,实施“双千万”促农工程,以优质玉米为主的粮食产业,以优质核桃为主的林果业,以优质连翘为主的中药材业和以优质肉牛为主的畜牧业等四大主导产业壮大。启动实施有机玉米产业化、万亩玉米高产创建示范片、中低产田改造等项目,新发展有机玉米1万亩、优质核桃2万亩、培育野生中药材6万亩,畜禽规模养殖户达211户。立足连翘量大质优的资源优势,推进以连翘为主的中药材产业发展,被省农业厅确定为中药材开发“一县一业”基地县,农业产业化进程进一步加快。完善“企业+合作社+农户”发展模式,扶持农业龙头企业、合作社发展,全年新增农民专业合作社49个,达311个。

生态旅游 以“山上治本、身边增绿”为重点,实施太行山绿化、封山育林、退耕还林、通道绿化等造林绿化工程,完成人工造林2.5万亩;推进总投资2307万元,涉及19个村的省级环境连片整治示范区建设,改善农村环境。同时,推进节能减排,完成市定节能减排目标任务,全年县城空气质量二级以上天数达365天,其中一级天数达155天,居省、市前列。围绕“一带、一线、五区”旅游总体规划,实施荀子文化园美化亮化、沁河湿地公园二期等景区及配套设施建设,旅游宣传与推介,挖掘以荀子、生态等为主题的旅游资源,全年累计接待游客7.2万余人次,实现旅游综合收入约9668万元。

城乡建设 以建设“山水园林城”为目标,编制完成县城控制性详规等3个总体规划和城市绿地系统等5个市政专项规划,完成垃圾处理厂续建、府东街还迁安置住宅小区建设、街巷硬化改造等城建工程,城市发展基础有新提升。推进“一廊两道七区”建设,完成沁河生态经济走廊22个重点推进村的基础设施项目和壮大集体经济项目,309国道、326省道的44个自然村的“三治四改六化”年度任务及7个连片区村内及村与村道路硬化、绿化工作,农村生产生活条件改善,夺得临汾市新农村建设东北片流动红旗。

民生事业 坚持以人为本,拿出50%以上的可用财力,实施“民生和县”战略,义务教育标准化验收工程、职业中学新建工程和冀氏幼儿园工程进展顺利,实施“十二年教育全免费”工程,促进教育公平,继续引深“顶岗支教”“三名创建”活动,教育教学质量全面提升,2012年高考116人达二本以上分数线。推进县级公立医院体制改革,创建全国农村中医药工作先进县、全国计划生育优质服务县。总投资8000余万元的奥体中心完成年度建设任务,免费开放望岳楼、文化馆、图书馆、乡镇综合文化站、农民书屋等文化场所,开展“乐在周五”等群众性文体活动,丰富群众的精神文化生活。提高城乡低保保障标准,扩大城乡医疗救助范围,城乡居民社会养老保险实现全覆盖,全年新增就业岗位718个,转移农村富余劳动力2156人,完成低收入农户冬季取暖用煤工作,免费供应取暖用煤23435吨。在完成省定新“五个全覆盖”的基础上,投资3.8亿元,完成80岁以上老年人生活补助、“五类贫困家庭学生”资助等县定“十个全覆盖”。

社会管理 引深“安全基层基础管理年”活动,煤矿安全实现“零死亡”,全年各项安全指标均控制在市控指标以内;加强信访稳定,采取三级书记带头接访、县级领导轮流值访等举措,消除各类隐患,化解各种矛盾,维护社会和谐稳定;夯实基层基础,创新实施“三级中心、一网一格”工作新体系,并将其作为党委工作的总抓手、基层党建的主载体,强力推进、全力落实,为全县转型跨越发展营造良好的社会环境,入选《中国社会管理创新报告》,荣获2012年度中国城市管理进步奖。省委书记袁纯清,省委常委、政法委书记王建明等领导先后深入安泽调研加强和创新社会管理工作,全省基层社会管理工作(临汾片区)现场推进会在安泽召开。 (尚晓玲)

·浮山县·

中共县委书记 毛克明*

孙京民

县人大常委会主任	李　凡
县　　长	张宏志
县政协主席	段玉明

【简述】浮山县北纬35°49′~36°06′，东经110°41′~113°13′，国土总面积938平方千米，辖2镇7乡，185个村民委员会和2个社区居民委员会，687个自然村，常住人口129044人，其中城镇人口42259人。全年全县出生人口1559人，人口出生率为12.1‰；死亡人口978人，死亡率为7.59‰；人口自然增长率为4.51‰。

2012年全县生产总值完成38.35亿元，增长11.2%；财政收入完成4.69亿元，增长16.5%；公共财政预算收入完成1.98亿元，增长35.5%；规模以上工业增加值完成27.97亿元，增长18.1%；固定资产投资完成22.46亿元，增长32.2%；社会消费品零售总额完成5.89亿元，增长14.6%；城镇居民人均可支配收入达19366元，增长13.6%；农民人均纯收入达5577元，增长11.6%。

优化经济结构　一是循环推动。在铁矿冶金产业上，东诚钢铁公司成功申报国家级优质铸造铁生产基地；鸿丰达450立方锰铁合金高炉试运营，形成“采选冶铸”循环链条。在煤焦化产业上，福山煤业90万吨煤矿升级改造取得成效，3万吨活性炭项目建设完工，120万吨焦化项目开工建设。在新型材料产业上，支持和引导企业利用选矿中废弃的尾矿渣，发展微晶石、免烧砖、硅酸钙板等项目，实现尾矿资源高效回收、循环利用。同时聘请中国地质科学院专家考察论证，尾矿资源综合利用总体规划加紧编制。在循环农业上，玉杰食用菌公司集杏鲍菇平菇生产、饲料加工、生猪养殖、沼气利用、玉米种植为一体的全封闭循环生产链条正在形成。二是科技驱动。智能电瓶牵引车及石材加工设备制造技术处于世界领先水平，广和定影膜公司研发的第三代定影膜和陶瓷加热单元二代技术、太平洋电缆公司采用的悬链式水汽平衡控制技术，在全省乃至全国都处于领先地位。三是外向拉动。新增定影膜、黑刚玉等有出口供货值企业5家，特别是石材加工设备、智能电瓶牵引车等制造项目的落地建设，首开浮山县中外合资先河，填补装备制造业空白。

三农工作　农业基础设施方面，改造中低产田5300亩；新建农村饮水安全工程14处，解决4176口人、531头大牲畜的饮水问题；完成天坛山水库和城西水库除险加固工程；完成558口人的移民搬迁任务。在粮食生产方面，粮食播种面积38万亩，总产9.84万吨。强农惠农富农政策补贴金额达3530万元。现代农业方面，张庄现代农业示范园区建设取得新进展，管理机制、服务体系和经营模式逐步完善。晋杰育苗中心、管理服务中心、物流中心先后竣工投入使用；新建的174座日光温室大棚完成棚体骨架搭建工程；园区内水、电、路等公用设施完善。在辛落、蛟头河、梁家河、南霍等村发展瓜菜大棚250座500亩。栽植核桃1.5万亩，累计达12.5万亩。发展“一村一品”专业村50个。培育扶持农产品加工龙头企业，汉中洋食品饮料公司、中宝农产品开发公司等企业年产值达4130万元。新发展专业合作社113个，累计达370个。新农村建设方面，完成26个重点推进村和2个连片示范区的建设任务。继续对上东、蛟头河、辛落、梁家河4个样板村进行循环扶持，对新确定的十里垣、梁村进行打造。

招商引资　先后有4批团队出国考察，有德国、西班牙等5批外商前来洽谈合作。邀请西山煤电、大唐国际、华润、潞安、恒逸等全国500强企业来浮山县考察项目。全年共完成储备项目45个，储备金额485亿元，完成任务的162%；成功签约项目9个，签约金额118.2亿元，完成任务的118%；完成落地项目38个，落地金额55.86亿元，完成计划的103%；2012年确定的58个重点实施项目，完成投资12亿元，其中13个市级监测项目完成投资6.98亿元，完成计划的106%。争取上级投资项目27个，扶持资金4700万元；《浮山县转型综改试验行动方案》获市综改办正式批复，有8个县级标杆项目启动实施。

基础设施建设　市政建设方面，垃圾处理厂一期工程建成投入使用；集中供气工程管网覆盖3000余户，入户安装600余户；集中供热工程热源厂竣工投入运营，供热面积达16万平方米；县示范幼儿园、中医院、卫生监督所、妇幼保健院完成主体工程；尧山广场主体建筑基本竣工；县青少年活动中心、老干部活动中心、职工活动中心建设工程主体封顶。在交通设施方面，北埝大坝路面铺装、坝体绿化和排水处理完成；古北线10千米升级改造工程建成通车；中南铁路浮山客运站及站前广场建设有序推进；长临高速浮山直连线项目争取工作取得新突破。电力设施方面，新一轮农网改造升级完成总工程量的73%；110KV浮山变电站改造工程投入运行；文昌110KV输变电工程开工建设；北王220KV输变电工程，完成土地、环评等前期工作。

节能减排　环境整治方面，开展“环境建设年”活动，城乡面貌改观，两次夺得全市流动红旗。浮山县城二级以上天数达356天，其中一级天数116天，同比增加29天，综合污染指数下降8.9%。在节能减排方面，完成建筑节能改造1.8万平方米；新建节能吊炕1000铺、园区沼气100座。万元GDP综合能耗下降3.5%，工业粉尘、二氧化硫、氮氧化物等6项减排指标全部完成。涝河、洰河浮山段水质得到改善，出境断面化学需氧量、氨氮等主要污染物浓度值达地表水Ⅳ类标准。生态治理方面，完成圪塔岭金矿矿山环境治理工程；植树造林4.34万亩、通道绿化128千米；继续推进集体林权制度改革，确权面积49.94万亩。

社会事业　全年财政用于民生事业的投资达3.8亿元，比上年增长14.1%。教育工作方面，推进教育体制改革，教学条件改善，办学质量提升。普通高中录取分数线比上年提高23分，高考达线136人。医疗卫生方面，基本药物制度实现全覆盖；远程会诊中心启动，实现县级医院与国家级9所医院的信息实时共享和技术远程对接；县、乡、村三级医疗卫生服务网络不断完善。人口计生方面，县计生服务大楼建成投入使用，器械设备全部配套，技术人员调配到位，全年征收社会抚养费137万元，确定奖扶对象5258人，兑现奖扶资金339万元，计生服务水平和保障能力提升，创建"省优"工作通过验收。文化工作方面，加大文化产业开发力度，剪纸产业向规模化、专业化发展，锣鼓、木偶、面塑等民间文化得到提升。社会保障方面，全县新增就业1396人，城镇登记失业率控制在4%以下；城镇居民医疗保险参保率达90.1%，新农合参保率达99.56%，全县各类医疗补偿2537万元；为1.46万60岁以上的农村居民发放基础养老金953万元；3.1万农户享受到每户1吨的"爱心煤"。（崔　勍　李彤新）

·吉　县·

中共县委书记	毛益民
县人大常委会主任	孔繁新
县　　长	刘　浩
县政协主席	吴忠民

【简述】 吉县北纬35°53′~36°21′，东经110°27′~111°07′。东西最长跨度62千米，南北宽48千米，总面积1777.26平方千米。辖三镇（吉昌、屯里、壶口）、五乡（中垛、文城、柏山寺、东城、车城）、79个村民委员会、567个自然村。总人口107827人，属国家扶贫重点开发县。全年地区生产总值完成17.7亿元，同比增长11.6%；规模以上工业增加值完成9.3亿元，同比增长16.6%；固定资产投资完成16.6亿元，同比增长40.8%；社会消费品零售总额完成4.7亿元，同比增长15.6%；财政总收入完成2.46亿元，同比增长57.4%；一般预算收入完成10528万元，同比增长32.5%；城镇居民人均可支配收入13335元，同比增长17.8%；农民人均纯收入3138元，同比增长29.2%。财政总收入增幅连续四年全市第一，农民人均纯收入增幅全省第一，保持快速增长的势头。

苹果产业 实施现代果业科技示范基地项目，完成新栽苹果、建设标准化果园、发展绿色苹果、开发功能保健苹果"四个一万亩"工程，推广标准化生产、病虫害防治等先进实用技术，苹果产量、质量和效益全面提高。全县苹果总产17万吨，产值5亿余元，果农人均纯收入5000余元。吉县苹果荣获山西省特色农产品"十大名牌"等称号，直销窗口建设在全国各大中城市全面铺开，直接出口认证通过评审，吉县被确定为"国家级出口苹果质量安全示范区"，苹果出口泰国，实现自主直接出口创汇。产业化园区初具规模，有三家深加工企业进驻开工建设，北京新发地——吉县农产品批发市场项目成功签约落地。全省水果产业现场会在吉县召开，苹果产业发展经验在山西省推广。依托苹果产业，吉县获山西省"农民人均收入增幅先进县"和"一县一业先进县"两项殊荣。

旅游开发 壶口瀑布国家5A级景区创建工作推进，壶口游客服务中心、停车场、游览步行道、景区绿化等工程完工。人祖山旅游开发快速推进，完成投资1.3亿元，编制总体规划和一期工程规划，打通壶口—克难坡—人祖山景区旅游公路，完成122孔窑洞宾馆主体工程和人祖文化国际大厦8层建设任务。引资11.2亿元，开发建设壶口、克难坡景区及配套设施。吉县创建山西省重点旅游县工作通过市级评审，在全市推荐的三个县中排名第一。与韩国大田广域市中区结成友好县区。举办第二届黄河壶口文化旅游节，壶口瀑布受到中央电视台的持续关注，黄河文化、壶口瀑布旅游品牌的知名度扩大。全年共接待游客203.8万人次，旅游综合收入达16.3亿元。

工业经济 全年原煤总产189.3万吨，创历史新高。桑峨500万吨煤电材一体化项目完成投资1.5亿元，实施主井、副井、风井三个井筒的岩性观测孔钻探工程。昌盛煤业改扩建项目完成投资6000万元，年产能160万吨改造项目竣工投产。中石油煤层气开发项目完成投资5亿元，钻探开发井150口，建成明珠集气站，投产运营。中油中泰煤层气开发利用项目完成投资900万元，建成压缩站、县城供气管网，燃气供应覆盖16个住宅小区和机关单位。

城乡建设 新城开发一期工程基本完成，中心广场改造、新华东街道路改造、公厕建设、环城绿化、城区交通设施配套等工程如期完工，桥南片区改造、城关供销社棚户区改造、清水河治理等工程进展顺利。城市亮化工程加快实施，山区县"不夜城"初具雏形。新农村建设、连片区开发以及土地复垦、整村推进、移民搬迁、危房改造等工程实施。临吉高速公路建成通车，吉河高速公路开工建设。三北防护林、退耕还林成果巩固、天然林保护、国家公益林等造林绿化工程和流域综合治理工程完成。节能减排工作开展，万元GDP能耗下降3.26%，全年二级以上天数353天，其中一级天数200天，综合污染指数0.978，全市排名第一。开展"环境建设年"活动，被市委、市政府授予优秀奖。

社会事业 40所中小学达义务教育阶段标准化要求，达标率95%，"五险一金"实现全覆盖，新农合参合率99.5%，全年共发放各类保障金6800余万元。完成农村新"五个全覆盖"工程，投资1亿元兴办10件民生实事。全年各项存款余额24.9亿元，较年初净增加4.3亿元。开展安全生产大整治活动，加强信访维稳工作，推进平安吉县建设。举办全市地质灾害防治应急演练。

项目发展 转型综改《行动方案》编制完成，"一县一企"先行试点和标杆项目实施。参加中博会、文博会、能博会、首届世界晋商大会、临汾市（广州）经济合作暨招商推介会等各种项目推介博览会；举办"黄河壶口文化旅游节项目推介活动"。开展"项目落地年"活动，重点项目"四位一体"工作任务超额完成，全年储备项目38个、796.6亿元，签约项目13个、82.1亿元，落地项目83个、26.82亿元，市、县重点建设项目完成投资19.9亿元。

民主法制 办理人大代表建议72件，政协委员提案69件，办结率100%。落实中央"八项规定"，开展"作风转变年"活动，制订政府工作规则，规范行政行为，改进工作作风。推进“法治吉县”建设，依法行政工作得到省司法厅高度肯定；实施“六五”普法，举办依法行政知识竞赛。狠抓行政执法责任制落实，推动行政审批制度改革，落实廉政建设责任制，狠刹“三股歪风”，整治“吃拿卡要”，行政效能得到加强，政务环境改善。引深“五心教育”“爱心集结”活动，全民道德素质和社会文明程度提升。

（强培家）

·乡宁县·

中共县委书记　杨安虎
县人大常委会主任　左云峰*
　张春龙
县长　郝忠祥
县政协主席　张欢虎

【简述】 乡宁北纬35°41′~36°09′，东经110°30′~111°16′，总面积2029平方千米。辖10个乡镇，182个村委，113个自然村。全县总人口23万人。全年平均气温10℃左右，全年平均日照时数2400小时，平均降水量为570毫米，平均无霜期为170天，风向多偏东北风和西北风，年平均风速1.6米/秒，一般风力5级左右，最大8级。

全县地区生产总值完成78.08亿元，比上年增长13.5%；规模以上工业增加值完成62.02亿元，增长21.8%；固定资产投资完成38.2亿元，增长38.4%；财政收入完成25.93亿元，增长4.6%；社会消费品零售总额完成13.31亿元，增长16.02%；城镇居民人均可支配收入完成19271.11元，增长14.4%；农民人均纯收入完成6364元，增长15.2%。乡宁县先后被表彰为全省林业生态县、农田水利建设“禹王杯”先进县、政风行风建设先进县。全县各级各部门有6项工作受到国家部委表彰，5项工作受到省委、省政府表彰，30余项工作受到省直部门表彰。

农业发展 投入3.66亿元扶持“三农”发展。农业持续获得丰收，粮食总产达8.5万吨。新栽植核桃2万亩，建成管头3000亩精品园区，总面积达12万亩。围绕“四化四改”“六个一”建设任务，推进昌宁、管头新农村连片区和24个重点村建设。投资6000余万元，全面完成农村新“五个全覆盖”。开展农田水利基本建设、土地开发整理、片区扶贫开发，改造中低产田1万亩，治理水土流失3.72万亩，生态自然修复8.3万亩，解决9000余口人的饮水安全问题。开展农业科技促进年活动，开展各类培训80余场，培训农民1.5万人次。

产业质量 29座整合矿井中，直接提能3座，批复开工报告25座，开工建设21座，台头煤焦实现联合试运转。4个60万吨焦化厂发展循环经济，台头煤焦150万吨洗煤项目建成投运。实施“内留外引”优惠政策，参加各类招商引资会议，储备646.22亿元，签约146.73亿元，落地197.46亿元，完成投资110.53亿元。戎子酒庄和琪尔康销售突破3.5亿元，宏强焦化9000万块空心砖项目建成投产，云丘山旅游效益显现，枣园白色农业产业化试验园进展顺利，双凤祥百万株核桃园规模达100余万株。

安全形势 落实企业和政府“两个主体”责任，完善县、乡、村、企一体化监管网络，推进质量标准化矿井建设，提高现场管理水平。开展“利剑”“风暴”“打非治违”和“百日大会战”专项行动，保持私挖盗采严打态势，推进非煤矿山、建筑工地、道路交通、森林防火、食品药品、消防安全等重点行业和领域专项整治，各类安全指标均控制在市定范围内，煤炭百万吨死亡率下降到0.12。

生态环境 清运垃圾22.8万立方，粉刷墙面120余万平米，新建清洁池1540个，综合评比荣获全市优秀奖，省级卫生城通过验收。县城集中供热热源厂、通洋紫陶、永昌源焦化等重点监测企业达环保标准。新增供热面积33.8万平方米，新增煤气用户1400余户，完成节能减排任务。开展造林绿化，全年造林6.83万亩，超计划1.58万亩。全县二级以上天数达363天，空气污染综合指数平均值下降到1.3，地表水水质达标率98%，饮用水水质达标率100%。

项目建设 20项重点工程完成投资9.89亿元。新城“三纵九横”路网全部通车；明珠广场建设、迎旭广场改扩建、县城主街道改造提升等市政工程完工，鄂河及罗河河道生态治理、环城路和解放路改扩建工程推进；6条县乡道路标准化建设及安保工程竣工；临吉高速建成通车，吉河高速开工建设，高速引线加快推进，乡宁融入国家高速路网变成现实；农网改造升级完成，数字有线电视范围扩大，无线通讯实现全覆盖。

民生事业 投资1.66亿元，完成新城区幼儿园、义务教育标准化等教育重点工程，免除高中阶段学生学费、书本费、住宿费700余万元，发放困难学生生活补助611万元，高考达线481人。招聘各类专业人才187名、公益性岗位60名。县财政补助785.6万元，推行基本药物制度，县级公立医院综合改革工作走在全省前列。发放低保、医疗等补助金8940万元，救助各类弱势群体2.1万人次。免费供应群众过冬用煤13万吨。更新城乡公交线路9条、18辆。开工建设各类保障房544套。新农合参合率、人口自然增长率、城镇登记失业率均完成市定指标。举办广场消夏月活动和云丘山中和文化节。

（秦英萍　闫　涛）

·大宁县·

中共县委书记　刘奎生
县人大常委会主任　贺寅生
县长　樊　宇
县政协主席　姚如意

【简述】 大宁县北纬36°16′~36°36′，东经110°27′~111°00′，总面积967平方千米，全县辖2镇4乡，84个村委，297个村民小组，309个自然村。2012年，全县总人口65950人，其中，男34797人，女31153人。

2012年，全县生产总值完成4.1亿元，同比增长9%；财政总收入完成4846万元，同比增长17.2%；一般预算收入达2802万元，同比增长16.8%；城镇居民人均可支配收入达13095

元,同比增长13.2%;农民人均纯收入达2012元,同比增长20.7%;社会消费品零售总额完成2.2亿元,同比增长15.5%;固定资产投资完成6亿元,同比增长40.2%。全县粮食总产量达3.33万吨。

产业基地建设 苹果产业上,全年新增2.3万亩,推广万寿菊等低杆经济作物,解决林粮间作矛盾和果农当年收益的问题;蔬菜产业上,新建有机蔬菜示范园区和1260个蔬菜大棚,配套水井19眼。完成南菜园蔬菜批发市场设计、征地等前期准备工作。依托山西政拓公司建立蔬菜销售网络,大宁县蔬菜直接进入太原市场,全年销售蔬菜250多万公斤,销售额达400万元以上;养殖产业上,在太古乡率先推广“猪—沼—果”生态循环经济模式,新建和改造沼气池338座,高标准猪圈248座,全县生猪饲养量达2万余头。加快种羊基地建设,新建规模健康养殖小区4个,羊饲养量新增1万余只。此外,狠抓农村科技教育和技能培训,培训农民5400人次,发展农民专业合作社45个。

工业经济 与西山煤电、144煤炭地质勘探院成立山西大宁西山能源有限公司,负责三多循环经济园区的开发工作。编制完成《大宁县三多循环经济园区规划》,煤层气液化(LNG)项目列入规划。220千伏变电站建设工程启动,年产1万吨乳化炸药生产线建设工程投入生产。参加“中博会”“能博会”、广州招商引资推介会等活动,签约风能发电、生物质能发电和苹果深加工项目,总金额达41.2亿元。

城乡建设 在城市建设方面,启动古乡大桥、城市集中供气、水网改造、老城南城区开发、城西路开发等工程,完成城西路拆迁、红卫桥加宽等任务,完成县直第二幼儿园、体育场等前期准备工作,建成法院审判大楼、司法业务大楼、档案馆综合大楼及150套保障性住房,新增建筑面积8万多平方米。在乡村建设方面,狠抓新农村建设和新“五个全覆盖”工程,农村街巷硬化达488.94千米,所有行政村建起便民连锁店和农家书屋,中等职业教育实现100%免费,新型农村社会养老保险参保人数达20741人,实现新“五个全覆盖”的目标。完成8个新农村重点推进村的年度规划建设任务,改造农村危房500户,巩固完善农村饮水工程7处,解决7个自然村3000口人的饮水安全问题。实施农村环境连片整治示范项目和“一事一议”财政奖补项目,建成垃圾填埋场2个、污水处理厂1个,修建垃圾池102个、下水道1万多米、清理垃圾5万多立方米。

生态环境 实施国家、省、市造林绿化工程,依托巩固退耕还林成果、三北防护林、世行贷款造林、干果经济林等生态项目,落实集体林权制度改革政策,鼓励社会各界人士创办林业实体、承包荒山荒坡,划分林地、下放林权,调动全县上下植树造林的积极性,全年完成人工造林5.68万亩。实施徐家垛乡和秀岩沟小流域治理、省市级土地整理开发、以工代赈等项目工程,修建梯田500亩,新增耕地2439亩,打坝58座,改善大宁县生态脆弱的状况。

社会事业 完成8所中小学标准化建设任务,招聘28名特岗教师,523名高中生全部实行免费教育,427名住校生全部免除住宿费,全县城乡义务教育阶段学生实行每人每天3元的营养餐补助,大宁县十二年免费教育走在全市先进行列。教育教学质量提升,全县共有34名学生被国家二本以上院校录取。深化医药卫生体制改革,实行基本药物网上采购制度。公开招聘15名医护人员,县医院、妇幼保健站配备363万元的医疗和妇幼保健设备。邀请北京协和医院及省市专家来大宁县进行巡回医疗,为群众看病就医提供方便。全县新型农村合作医疗参合率达98.96%。持续稳定低生育水平,人口自然增长率5.21‰。社会保障水平提高,新增城镇就业502人,城镇职工基本养老保险和医疗保险参保人数分别达7700余人、12000余人。发放城乡低保补助金1459.2万元,新建社会福利服务中心,完成数字电视平移工作。文化体育、妇女儿童、档案史志、宗教、科技、物价、人防、治超、气象、地震等各项工作都取得新成绩。

民主法制 自觉接受人大及其常委会的法律监督,执行各项决议。支持政协履行各项职能,主动接受民主监督,代表议案和委员提案办复率达100%。政务公开和政风行风评议活动开展,行政审批制度改革推进。安全生产和社会治安加强。依法治县进程加快,“六五”普法推进。监察、审计工作力度加大,政府系统党风廉政建设责任制落实。政府法制和信访工作加强,应急管理水平提高。开展国防教育和“双拥”工作,民兵预备役建设加强。

困难和问题 经济总量小、企业规模小,大项目少、好项目少,城镇化水平低、产业层次低的“两小、两少、两低”状况尚未根本改变;公共财政不能满足社会基础设施建设和人民群众日益增长的文化生活需要,发展任务仍然繁重;个别部门存在作风拖拉、效能不高等现象。 (李宏伟)

·隰 县·

中共县委书记	王天郎
县人大常委会主任	贺崇伟
县长	李强
县政协主席	张瑞燕

【简述】 隰县北纬36°30′~36°55′,东经110°55′~111°15′。总面积1413.1平方千米。行政区划为三镇(龙泉、午城、黄土)、五乡(城南、阳头升、寨子、陡坡、下李),97个村民委员会,409个村民小组,351个自然村。总户数39666户,总人口104958人。其中男54669人,女50289人。总人口中,城镇人口41049人,农村人口63909人。

隰县被评为“全国扶贫开发示范县”和“全国白内障无障碍县”,被授予全省“粮食生产先进县”“扶贫工作先进县”“干部下乡工作先进单位”“休闲农业与乡村旅游示范县”称号,在农业综合开发项目建设检查验收中,排名第一。

农业经济 全县农作物播种面

积22075公顷，比上年增加139公顷，其中粮食作物种植面积21104.1公顷，油料种植面积311.5公顷，蔬菜种植面积267.7公顷。烟草曾被列为隰县主导产业，近年播种面积逐年锐减。2012年栽植面积141.9公顷，是2000年520公顷的27.28%。农业生产条件改善。农村自来水受益村增加7个达84个，农村用电量628万千瓦时，农用化肥使用量21590吨，农用塑料薄膜使用量344吨，地膜覆盖面积4010公顷，其中临近高寒山区的黄土镇、陡坡乡的使用面积有2134公顷。农业机械总动力9.85万千瓦，机耕面积12133公顷，机播面积10133公顷，机电灌溉面积1667公顷（同比增76.37%），政府对农业各种补贴2606万元，其中农业四项补贴1394万元，均比上年有较大幅度增长。扶贫开发力度加强，全县完成扶贫项目整村推进15个，移民搬迁1200人口，完成村道油路399千米，100处农村饮水安全工程，培训农业技术人员1万多人次，转移农村劳动力5500人。

2012年，全县粮食总产量77465吨，油料465.1吨，烟叶341.7吨，蔬菜4306.7吨，瓜果2937.4吨。

全年完成荒山造林7020公顷，环城绿化133.33公顷，通道绿化10公顷，完成209国道的临大线之隰县路段公路绿化和预整地任务，全县森林绿化覆盖率32.8%。零星植树35万株，幼林抚育面积1000公顷，育苗面积167公顷，新增经济林400公顷。

年末全县生猪存栏19080头，其中能繁母猪2141头，牛存栏1994头，其中奶牛88头，羊存栏23440只，家禽存栏228400只，其中蛋用鸡228300只，猪肉产量1569.2吨，牛肉产量197.1吨，羊肉产量231.9吨，禽肉产量160.1吨，牛奶产量337.03吨，禽蛋产量2004.46吨。

工业　建筑业　年产120万吨干法水泥投入生产，午城酒厂改制后推出新产品并上市。新引进的正佳煤业、镁合金相继落户。全部工业产值9264万元，比上年增长5.8%。

在实施“城市扩张”战略思想引导下，隰县多渠道筹资，大力度建设，持续铺开城建项目。2012年投资比2011年增长5.7%，达10153万元。

交通运输　交通运输、仓储、邮政业完成增加值13142万元，同比增长9.8%；邮政电信业务量2200万元，增长14.64%。

全县公路通车里程764千米，其中：国道50千米，省道65千米，县道161千米，乡道271千米，村道217千米，全县实现村村通油（水泥）路。中南铁路、霍永高速在隰县启动建设。扩建隰州大桥，新建古城二桥、天天桥。全县民用机动车辆保有量11894辆。其中汽车594辆，摩托车9300辆，拖拉机2000辆（大中型98辆，小型方向盘式1902辆）。机动车驾驶员12428名，其中汽车驾驶员1138名。

总车辆中，载客营运车487辆，含大型43辆、中型59辆、小型130辆、微型56辆；载货营运车360辆。个人车辆11766辆，其中载客汽车166辆，载运汽车302辆，摩托车及拖拉机均为个人所有。

邮政　电信　邮政局所8处，电信局所3处。计算机19台，邮路24条1120千米，邮政业务总量520万元。全年全县完成邮政电信业务量2200万元，增长14.64%。年末，市内交换总容量8105门，增长9.52%；固定电话9300部，增长93.75%；移动电话58038部，增长27.28%；宽带用户9400户，增长30.84%；通电话的行政村达83个，占全县行政村的85.6%；全县固定电话和移动电话普及率每百人达6.41部、67.38部。

商贸　旅游　社会消费品零售总额65637.1万元。其中，城镇消费品零售额51095万元，增长15.86%；乡村消费品零售额8542.1万元，增长16.63%；分行业看，批发和零售业零售额60354.3万元，增长16.00%；住宿和餐饮业零售额5282.8万元，增长15.44%。

固定资产投资　全县固定资产投资增速继续保持两位数增长态势。全年全县施工项目35个，全部为500万元以上项目。2012年投产项目23个。固定资产投资完成11.49亿元，比上年增长47.8%。分行业看，农林牧渔业完成投资6165万元，采矿业完成投资20220万元，制造业完成投资3050万元，电力、燃气及水的生产和供应业完成投资21965万元，交通运输、仓储和邮政业完成投资10198万元，住宿和餐饮业完成投资840万元，房地产业完成投资38297万元，水利、环境和公共设施管理业完成投资5265万元，公共管理和社会组织完成投资5548万元。

财政　金融　保险　全年全县财政总收入完成11006万元，比上年增长56.42%，其中，一般预算收入完成4270万元。分征收系统看，国税完成2341万元，增长12.33%；地税完成5399万元，增长112.81%；财政系统完成3266万元，增长35.24%。一般预算支出59295万元，其中，一般公共服务支出8162万元，增长0.96%；公共安全支出3014万元，增长20.37%；农林水事务支出14442万元，增长12.43%；教育支出18616万元，增长129.49%；医疗卫生支出5543万元，增长6.82万元；社会保障和就业支出9613万元，下降5.42%；科学技术支出627万元，下降78.63%；文化体育与传媒支出1874万元，同比降低32.68%；节能环保支出6383万元，增长99.14%；城乡社区支出2405万元，下降21.45%。

隰县有中国人民银行、中国农业银行隰县支行、中国农村信用合作社隰县联社三家金融机构。年末，全县金融机构各项存款余额240883万元，比年初增加38454万元。其中，城乡居民储蓄存款150915万元，增长21.44%；人均存款14378元，增长20.79%。各项贷款105748万元，比年初增加37618万元，增长55.2%。

隰县有人寿保险与财产保险两大类五个机构。人保完成保费收入1600万元，理赔389件、292万元，理赔率78%，满期给付320.5万元。财险完成保费收入954.36万元，赔案1479件，赔额583.46万元，赔付率71%，未决案180件，未决案金额100万元。

教育　科技　2012年全县共有179名特岗教师和4名农硕生充实到教学一线，隰县教师队伍年龄结构和知识结构进一步优化。投资100多万元，为全县义务教育阶段学校安装38

套多媒体教学设备。校舍安全工程共完成投资1613万元,6所项目校的工程验收投入使用。开展“名师、名校、名校长”活动,推进全县校长“年轻化、知识化、专业化”建设步伐。年末,全县共有普通中学6所(农村2所),其中高级中学1所,初级中学5所。有小学59所。全年普通中学共招生1863人,其中高中380人;在校中学生5772人,其中高中1115人;毕业中学生2176人,其中高中415人。全县小学9686人,在校小学生9686人,毕业小学生2730人。

全年研究与试验发展(R&D)经费支出387万元,占地区生产总值的0.43%,从业人员24人,截至年底全县共申请专利10件。

全县完成20亩玉露香培植基地建设,高接换优200余亩,建立10个示范园(基地)168亩,确定10余名科技示范户。全年邀请省农科院专家和本土专家在隰县开展“农业科技专家行”活动25次,培训23000人次,培养20余名科技致富带头人。

文化 卫生 全县有文化馆、公共图书馆、广播电视台各1座(个)。年底,为全县70个新农村文化活动场所配备价值50余万元的数字化投影仪(每村一套)、图书(每个村300册)和图书柜(每村2个),覆盖率达72.2%。建成92个行政村的体育健身场所,配发92套体育健身器材和20副篮球架,覆盖率94.8%。完成67个行政村农家书屋建设,覆盖率达69.1%,配送图书10万余册,光盘6700张。

年末全县有卫生机构123个,其中医院、卫生院10个,妇幼保健院1个,疾病预防控制中心1个,卫生监督检验机构1个。新型农村合作医疗管理中心1个,村卫生所109个,全县医院和卫生院床位319张,卫生技术人员356人,其中执业医师和执业助理师117人,注册护士129人,影像师17人,药剂人员22人,检验人员18人,其他卫生技术人员21人。县医院通过二级甲等医院验收,基本药物制度全面实行,新农保参合率达97%,补助标准达200元,完成住院报销3483人,报销金额2608万元。

社会保障 民政各项支出3147.2万元,其中抚恤事业费341.3万元,城市最低生活保障费1145.6万元,农村最低生活保障费1005.1万元。自然灾害救济220万元,用于城市、农村医疗补助318万元,其中城市145.3万元,农村174.1万元。

全县共争取到位就业资金援助844万元,组织创业培训班5期150人,对40名就业困难人员实施就业援助。年末全县参加城镇基本养老保险10071人;参加城镇基本医疗保险20075人(其中城镇职工9071人,城镇居民11004人);参加失业保险3706人;参加工伤保险2018人;参加农村养老保险37028人。

2012年各项社会保险基金总收入7951.1万元,总支出10315万元。年末全县领取失业保险人数348人。7月份隰县被列为国家新型农村和城镇居民社会养老保险试点县,新农保覆盖率达86.5%,9801名60周岁以上的城乡居民领到新农保基础养老金,3075户城镇低保户和5910户农村低保户得到政府救助,领取低保金1133万元和1001万元。

年末,扩大新型农村合作医疗受益面,社会保障体系完善,全县社会保险参保人数达70294人,六项保险征缴发放1.83亿元,3834名城镇居民和6892名农村居民纳入低保范围。 (张克强)

·永和县·

中共县委书记	郭行杰
县人大常委会主任	韩忠秀
县长	梁秀娟(女)
县政协主席	郭永平

【简述】 永和县北纬36°31′~36°56′,东经110°22′~110°49′。全县总面积1212平方千米,辖5乡2镇,79个行政村,306个自然村。2012年,全县地区生产总值完成5.87亿元,同比增长5.7%;社会固定资产投资完成6.5亿元,同比增长54.5%;社会消费品零销总额完成3.2亿元,同比增长14.5%;财政收入完成5025万元,同比增长46.8%,首次突破5000万元大关,甩掉全市倒数第一的帽子;城镇居民人均可支配收入14186元,同比增长13.3%;农民人均纯收入完成2206元,同比增长15.6%。全社会固定资产投资增幅位居全市第二,财政收入增幅位居全市第三。

项目建设 持续开展“项目建设年”活动。储备253亿元的项目,签约42亿元的项目,27.5亿元的项目实现落地。在全县60个重点项目的实施中,完成投资10.97亿元,是前三年投资额的总和。

经济发展 高标准完成4.4万亩核桃经济林建设,科学管护4800亩红枣经济林。投资3.1亿元,完成煤层气“7+1”井组钻探;山西燃气产业集团7.97亿元的LNG加工项目落地;投资7800万元的美特好农产品存储加工配送中心建设项目开工建设。投资2400万元,实施黄河蛇曲国家地质公园二期工程,完成博物馆布展、景区道路建设任务。

生态治理 探索出“五位一体”综合治理模式,整合资金4500万元,实施芝河源头生态精品农业园区三期工程,完成机修梯田1.8万亩,发展核桃经济林1.6万亩,营造水保林4.3万亩。“绿色行动”持续推进,完成荒山绿化3.5万亩、通道绿化30千米、城区绿化1.2万平方米、新农村绿化5600亩、经济林建设2.8万亩。

城乡建设 投资1.5亿元,实施芝河综合治理、城市燃气供热、城区道路改造等十大项目。投资1亿元,实施东征旅游路渡口段路面改造、农村街巷硬化、电力通信等十大基础设施项目。以巩固省级卫生城创建成果为目标,开展八大环境整治工作,获得“临汾市环境建设年活动优秀县”称号。

社会事业 新建城镇第二幼儿园;实施学校标准化建设,继续实施“三名工程”。县直医院、乡镇卫生院医务人员工资全部纳入财政全额预算,县乡村三级医疗机构在全市率先实施国家基本药物制度,实行基本药品零差价销售。新农合参合率达98.5%。新“五个全覆盖”任务全面完成;继续实施“温暖工程”,永和县高考达二本线以上学生全部享受到助学金；为全县80岁以上高龄老人每人发放1000元生活补助；700户农村危房改造任务全部完成，兑现廉租房补贴190万元。（樊永兴）

·蒲　县·

中共县委书记　邓彩彪
县人大常委会主任　王安保
县　　　　长　闫建国
县政协主席　史虎喜

【简述】 蒲县北纬36°11′~36°38′，东经110°51′~111°23′。全县总面积1510.61平方千米，辖4镇5乡，93个行政村，501个村民小组，649个自然村，总人口108721人。

2012年，全县地区生产总值首次突破40亿元大关。全县实现生产总值（GDP）412174万元，比上年增长10.7%。固定资产投资完成250022万元，比上年增长55.63%；财政总收入完成150699万元，比上年增长5.82%；一般预算收入完成75965万元，增长21.15%。城镇居民人均可支配收入18314.22元，比上年增长13.84%；农村居民人均纯收入5575元，增长14.36%；金融机构各项存款余额596770万元；金融机构各项贷款余额213745万元，增长41.56%。

现代农业　县财政投资2.7亿元，用于“三农”发展，突出打造“地上”核桃、“地下”马铃薯两大产业。农业转型标杆项目马铃薯高新技术示范园竣工运营，成为晋南最大的马铃薯繁育基地、特色商品薯基地和立体种植技术传播中心；昕源薯业200公顷种薯繁育基地投用；优质脱毒马铃薯发展到2666.66公顷；昌源公司与台湾、巴西签订6000万美元出口合同。马铃薯产业“繁产储销”格局基本形成，被确定为全省“一县一业”示范县。成立核桃发展中心，新栽植核桃56万株，新栽核桃1.2万公顷，建成山中垣、西坪垣2个万亩连片示范园；正茂核桃加工扩建项目投产，年消化核桃1000吨。鼎旺达金蝎、张河川养牛、伊悦养鸡、田园养猪等特色养殖“破茧而出”，农业专业合作社发展到287个。粮食生产再创新高，全年粮食总产量56646吨，比上年增长8.52%。其中：玉米50379.1吨，增长15.19%；小麦57.5吨，增长22.34%；夏粮57.5吨，比上年增长22.3%；秋粮56588.5吨，比上年增长8.5%；薯类3406.2吨，比上年下降24.9%；油料502.5吨，比上年增长8.5%；蔬菜11812.6吨，比上年增长44.2%；烤烟647.7吨，比上年增长10.6%。

全年完成造林面积4133.33公顷，植树13.9万株。垒石坑填土植树累计达60万株，主要河流（河谷地）、干线公路裸岩区绿化治理率达50%，全县森林覆盖率达42.5%，被省政府评为“林业生态县”。

工业转型　24座新矿井建设快速推进，11座矿井形成705万吨生产能力。重点调产项目加快实施，龙祥干法水泥二期日产4500吨熟料项目全面开工；赢晟园精密铸造一期两条生产线试车运行；万国全3000吨氨基酸粉、200吨胱氨酸生产线建成投产。全年实现规模以上工业增加值315288万元，比上年增长14.6%，产品销售率78.5%。规模以上工业主营业务收入实现45.69亿元，实现利税5.02亿元，实现利润1.54亿元。建筑业实现增加值10621万元，增长9.7%。主要工业产品产量：原煤产量389.02万吨，比上年下降16.49%；洗精煤产量314.71万吨，比上年增长38.62%；焦炭产量8.72万吨，比上年增长1.11%；水泥产量0.84万吨，比上年增长18.3%；发电量14963.5万千瓦时，比上年下降50.62%。

城建环保　锦绣新区、滨河大道竣工通车，与临午公路、锦绣大道及新开的5条纵向支干道，构成“三横五纵”新城框架；奥体中心、新建中学、全民健康服务中心、三大地标性建筑主体完工，保障性住房二期、消防大楼、锦绣公园开工建设，新城框架轮廓初步形成；4.1千米旧城主街综合管沟改造工程竣工。翠屏山森林公园二期、北山森林公园一期、翠屏公园竣工开放。

全年累计投入206亿元“清污、治水、植绿”，修复生态。县城河道治理向东西延伸，实施东川河流域生态修复工程，完成县西3个乡镇14个行政村农村环境连片整治，作为全省农村环境连片整治试点县，连续两次全省考核排名第一，全省现场会在蒲县召开，农村环境连片整治模式在全省推广。城区空气质量好于二级以上天数359天，比上年增加2天。全县化学需氧量（COD）削减256.05吨，二氧化碳削减931.2吨。

商贸与固定资产　全年实现社会消费品零售总额51782.8万元，比上年增长14.99%。城镇消费品零售额45591.2万元，增长13.43%；乡村消费品零售额6191.60万元，增长27.88%。全年全社会固定资产投资250022万元，比上年增长55.63%。分产业看，第二产业投资206718万元，第三产业投资43304万元。

财政金融　全年财政总收入150699万元，超额完成市定目标。一般预算收入75965万元，增长21.15%。国税完成45730万元，下降30.84%；地税完成61753万元，增长48.95%；财政系统完成43216万元，增长24.03%。全年一般预算支出114077万元，比上年增长53.59%。其中，教育支出22319万元，科学技术支出1643万元，社会保障和就业支出11320万元，医疗卫生支出5297万元，农林水事务支出10405万元。

全县金融机构各项存款余额596770万元，比年初增长17.72%。其中，城乡居民储蓄存款余额24322万元，增长9.23%。各项贷款余额213745万元，增长41.56%。

全县保费收入3483万元。其中，寿险业务保费收入2573万元，财产险业务保费收入910万元。支付各类赔款及给付943万元。其中，寿险业务给付159万元，财产险业务赔款784万元。

交通　邮电　全年交通运输和邮政业增加值11323万元，比上年增长9.8%。公路线路年末里程909.662千米，其中干线公路68.509千米，县公路137.715千米，乡道333.891千米，村公路369.547千米。街道硬化4856.4554平方米，巷道硬化156200.82平方米。年末全县民用汽车保有量达8194辆，比上年末增长7.34%。

全年完成邮政业务总量851.25万元,比上年下降8.17%。年末全县有固定电话19959部,移动电话90238部。通电话的行政村达93个,占全县行政村的100%。全县宽带接入用户达7601户。

教育　科技　全县有普通中学12所(含民办),职业中学1所,小学61所(含民办),注册幼儿园2所。小学学龄儿童入学率100%,初中儿童入学率100%。全县普通中学在校生4730人,其中普通高中1119人,普通初中3511人；职业中学在校生320人。初中三年巩固率达99.7%。高中阶段毛入学率达89.6%。

全年共申请专利1件,完成科技投入1643万元,1家企业被认定为山西省高新技术企业。民营科技企业总数达3家。政府部门研究机构1个,从业人员6人。年末全县共有质量技术监督检验测试所1个,法定计量技术机构1个。共有气象台1个,121电话天气自动答询台1个,开展人工影响天气业务的单位1个,卫星云图接收站1个。拥有地震仪1台。

文化　卫生　全县共有文化馆1个,公共图书馆1个。广播电视台1座,县级文化广场3个。全县有线电视用户15000户，覆盖率为96%,全县9个乡镇通电的504个自然村全部通电视。其中,75个行政村、400个自然村全部开通有线电视，户数达8500户;60个自然村开通无线接收设施2200套。全县实现村村通电视。

全县共有卫生机构（含诊所)24个,其中医院2所、农村卫生院9所,妇幼保健站1个,疾病预防控制中心1个,卫生监督检查机构1个。全县医院和卫生院床位460张,卫生技术人员473人。全县9个乡(镇)开展新型农村合作医疗试点工作,80958人参加合作医疗,参合率100%。荣获"全国中医药工作先进单位"。人口出生率11.12‰,人口自然增长率5.46‰

社会保障　全年全县纳入城市最低生活保障的居民1565户4305人，发放城市低保资金1502.4万元；纳入农村最低生活保障的居民5376户5741人，发放农村低保资金1220.643万元。全年全县共发放低保资金2723.043万元。城乡医疗救助1076人，其中城市272人发放资金150万元，农村729人发放资金243.4538万元，优抚75人发放资金15.927万元。年末各项社会保障基金总收入10271.35万元，总支出7052万元。其中,企业保险参加人数4213人,收入5663万元,支出3614万元；机关事业参加人数7545人，收入255.3万元,支出652万元;失业保险参加人数7250人，收入279.9万元,支出183.3万元；农村养老保险参加人数43463人,收入417万元,支出763.64万元；工伤保险参加人数25111人，收入966.95万元，支出275.33万元;城镇医疗保险参加人数13534人，收入2969.1万元，支出1563.93万元。年末全县领取失业保险金人数7250人，城镇新增就业人数254人,城镇登记失业率小于4%。

人民生活　全年城镇居民人均可支配收入为18314.22元，比上年增长13.84%;城镇居民人均消费性支出11968.12元,增长14.0%。农村居民人均纯收入5575元,增长14.36%;农村居民人均生活消费支出4026元,下降10.2%。城镇居民家庭恩格尔系数30.2%，农村居民家庭恩格尔系数56.3%。城镇单位在岗职工平均工资31132元,比上年增加4745元,增长17.98%。　**(曹立华)**

·汾西县·

中共县委书记	任天顺
县人大常委会主任	樊国俊
县　长	毛跟云
县政协主席	郭炎林

【简述】　汾西县位于北纬36°27′~36°48′,东经111°13′~111°40′,国土总面积870平方千米,辖5镇3乡1社区,120个行政村6个居委会。2012年全县总人口146537人,其中非农业人口56635人，农业人口89902人。年平均日照时数2614小时/年。年平均气温10.1℃，全年无霜期平均192天。

2012年，全县生产总值17.2亿元,增长7.5%;规模以上工业增加值5.5亿元,增长9.9%;全县社会固定资产投资15.1亿元,增长40%;财政总收入1.73亿元,增长32.1%;城镇居民可支配收入16905元,增长14.6%;农民人均纯收入2357元,增长12.29%;金融机构各项储蓄存款余额219012万元，各项贷款余额13982万元;社会消费品零售总额77391万元;增长15.8%;居民消费价格总指数2.7%;城镇化率38.65%;城区二级以上天数达325天。

项目建设　签约9大招商项目，总投资273.7亿元,涉及煤炭、石膏、硫铁矿、铝钒土、风能等资源开发。投资6.6亿元的高端铝质耐火材料项目、投资14.7亿元的煤矿资源整合大矿井基建项目、投资1.3亿元的石膏加工项目具备开工条件。总投资145.5亿元的180万吨氢氧化铝、120万吨氢氧化钙、60万吨铝合金、40万吨高精铝板带铂铝系产业项目已经省发改委备案立项,霍永高速、引黄工程等省级重点工程的实施,解决汾西的交通及缺水问题。

农业产业化　培育40个"一长一园"示范园和40个"一村一品"专业示范村;建成标准化内鸡养殖大棚265个,年出栏2000万只,比市政府下达的建设100个两万只规模养殖大棚、年出栏1000万只的任务翻一番,总产值达5.6亿元,农民人均增收500元,被确定为"全省一县一业肉鸡养殖重点县"。新建核桃经济林1.6万亩，全县核桃栽植面积达12.6万亩，总产量318万斤，总产值达3180万元,农民人均增收186元,被确定为全省"核桃产业重点工程"。整合以工代赈、农业开发等项目,新增改善基本农田1.5万亩，全县沟坝地面积达9.5万亩。规划建设16个新农村建设重点推进村和9个连片区。发展特色产业,苦荞种植面积达2.4万亩。中部引黄汾西县段工程开工建设,工程隧道掘进822米,全省中部引黄工程进展推进会和农村小水网规划安排会在汾西县召开。农村新"五个覆盖"任务完成。全省农村公路养护观摩现场会、全省农村小学课堂教学改革现场会在汾西县相继召开。

文化旅游 加大师家沟清代民居和姑射山对外宣传力度，在大运高速公路制作"神奇师家沟，魅力新汾西"大型宣传广告牌。开发师家沟清代民居、姑射山真武祠两大景点，筹建师家沟民俗文化活动园，对姑射山真武祠进行修复性建设。开展"汾西精神"表述语征集评选活动，创作汾西县歌。弘扬道德模范精神，涌现出全省首届美德少年朱梅瑞。落实《关于加快建设文化强县的实施意见》，完善公共文化体系建设，开展消夏晚会等形式多样的群众文化活动。

城镇建设 按照"南连西扩、三垣一城"发展思路，建设永安大桥，开发古郡新区，大修桃临公路，形成旧城垣、古郡垣、府底垣"三垣合一"的"A"字形县城新框架，城区面积由3.3平方千米扩大到9.9平方千米。投资5.5亿元，实施永安大桥建设、高速引线城区拆迁和核临公路改造。投资1.2亿元，在古郡新区开工建设法院、检察院等8座大楼，建设面积39600平方米。投资8000余万元，实施县医院综合大楼、北街低矮房改造和廉租房建设续建工程，启动垃圾填埋场建工程，建设标准化公厕4座。对城区供暖、供水、排水系统进行维修改造，对城区道路、公园、绿地进行维护维修，开展城乡环境卫生综合整治，城区基础设施和环境面貌有较大改造。

安全稳定 完善打击非法采矿"4321"工作机制，开展打击非法采矿"拔钉子"行动，依法严惩涉煤涉爆违法犯罪行为，抓捕涉煤涉爆犯罪嫌疑人57人。开展安全生产专注项整治和隐患排查治理行动，强化各级各部门监督责任，严格实行安全生产"一票否决制"，全年未发生重特大安全生产事故。开展"大排查、大下访、大化解"活动，坚持县级领导干部周二信访接待制度，采取财政垫资或一次性支付的办法，筹资5000余万元，化解李家坡、东大街、北大街等16起信访积案，上访批数和人数分别下降17.4%和11%，实现十八大期间"零上访"目标。

社会事业 农村"五个全覆盖"工程稳步推进，全年投资300万元，对52个村311千米街巷进行道路硬化；职业高中643名新生享受免费教育；新农保参保率95%，50727名农民领到农村基础性养老金。截至年底全县共有医辽卫生机构（含个体）180个，卫生机构卫生技术人员550名，床位428张，县乡村三级医疗卫生机构达标率100%。社会救助工作开展，城市和农村低保对象分别为3677人和5167人，全年完成白内障复明手术191例；资助家庭贫困残疾子女大学生1名；狠抓劳动就业保障工作，劳务输出4210人，劳动技能培训731人，实现技能鉴定611人，实现新增就业人数1061人。

（牛记明　赵鸿虎）

·侯马市·

中共市委书记	李朝旗
	马　彪*
市人大常委会主任	尉合怀
市　　　长	李建国
市政协主席	陈毅林

【简述】 侯马市位于北纬35°34′02″~35°52′09″，东经111°23′05″~111°41′01″，海拔高度420~457米之间，总面积220.1平方千米，设新田乡、凤城乡、高村乡三个乡人民政府和张村、上马、路东、路西、浍滨五个街道办事处，下辖77个行政村和27个社区居民委员会，总人口24万。

2012年，侯马连续六次获得"全国双拥模范城"荣誉称号，取得全国生态文明先进市、平安农村示范县（区）、现代物流示范县（区）、山西省县域经济发展先进市、宜居城市、文明和谐城市、节水型城市、卫生城市、治超工作先进县（市、区）、人口和计划生育工作目标管理责任制考核先进市、首批餐饮服务食品安全示范县、中小学校舍安全改造全覆盖工程先进县（市、区）等诸多荣誉。

全年完成地区生产总值91.16亿元，同比增长6.3%；财政总收入完成5.78亿元，一般预算收入完成2.94亿元；规模以上工业增加值完成38.90亿元，同比增长5.2%；固定资产投资完成40.41亿元，同比增长18.2%；社会消费品零售总额完成60.02亿元，同比增长15.5%；城镇居民人均可支配收入19050元，同比增长13.0%；农民人均纯收入9318元，同比增长11.5%。《转型综改行动方案（2012年）》编制完成并获省综改办批复，11个转型综改标杆项目开工建设。扩权强县试点工作开展，85项扩权事项的办理程序进入政务大厅，直接上报省级办理和自行办理项目221个。

项目建设 举办"项目建设年"推进大会。开工建设省市县三级重点项目42个，完成投资42.6亿元。落地项目81个，总投资121.09亿元。参加"中博会""晋商大会""能博会"，共签约项目18个，总投资198.35亿元。项目前期工作成效明显，完成逾20个大户型项目的立项、环评、供地等手续。

工业 完成"十二五"期间工业结构调整规划，构建两个制造业基地（平阳重工、北铜铜业）和三个园区（冶金铸造、装备制造、生物医药）的全新工业发展格局。园区建设初具规模，三大工业园区入驻企业达35户。超额完成节能减排各项约束性指标任务，新型工业化水平达35.2%。对小微企业创业园等实行"保姆式"包扶挂点服务，发展小微企业40余家。

三农工作 形成"一村一品"各类专业村46个，发展10个现代农业种植园区，累计发展设施蔬菜1.13万亩，兴盛面业、百穗食品、济斌酱菜等龙头企业实现销售收入3.4亿元。专业合作社总数达223个。粮食总产量8.19万吨。新增土地流转面积1500亩。实施农田高效节水和中低产田改造等工程，农业生产条件持续改善。引深新农村"全覆盖"工程，累计实现农村全覆盖15项。农村环境卫生改善，"一事一议"筹资筹劳办法完善。"市级领导包村增收、干部党员包户脱贫"活动开展，扶贫开发两项制度衔接工作推进。培训农民6000人次，转移农村劳动力3503人。

商贸物流业 方略保税物流二期地改扩建项目开工建设，完成新增908亩土地的供应工作，卡口建设竣工，联检办公大楼一层封顶，园区主干道基本建成。公路枢纽货运、旺龙医药物流等项目稳步推进，兴业废钢加工再生资源基地项目启动建设。完成北方轻工城一期工程改造，新建或改建的君鸿、花园精品等酒店竣工运营，晋都茶城规划完成并试运营。全市177家标准化农村便民连锁店管理、服务水平提升。

城市建设 完成《侯马市城乡总体规划（2011–2030）》等规划的编制评审工作。创建国家环保模范城市工作推进，十大创模工程进展顺利。开展以城市“六化一透”和农村“五化一清”综合整治为主要内容的“环境建设年”活动。彭真故居、新职中东侧等新建道路及新田路、浍滨街等8条城市街道整修工程完工投用，108国道改线、大上线改造等道路工程快速推进。浍河生态修复、垃圾中转、城市污水处理二期等工程推进。铺设天然气管道101.7千米，新增用户7730户。新增城市绿化面积25.27万平方米，城市绿化覆盖率42.5%，人均公共绿地12.8平方米。二级以上天数363天。“1+4”城镇化战略加快推进，城市基础设施向农村延伸，实施城市自来水进村和天然气入户工程，自来水进村11个、覆盖人口2.1万，新增农村天然气用户1811户，更新农村公交车20台。实现光缆电视信号与曲沃对接和城际公交与周边4县互通。

社会建设 高考二本B类以上达线率为40.36%，职业中专和垤上学校竣工投用，新改建幼儿园3所。医疗卫生体制改革深化，三级医疗机构达标率达98.06%。新农合参合率为99.95%，为临汾市最高。新增就业岗位6603个，城镇登记失业率控制在2%以内。低保对象应保尽保，医疗救助820人次。彭真故居纪念馆建成开馆。安全生产形势平稳向好，事故发生起数和死亡人数严格控制在临汾市下达的目标范围内。率先开通远程视讯接访平台，网络舆情得到监控和处置，信访总量下降。“平安侯马”建设推进，实现市域天眼工程全覆盖。

（赵香琴　耿文静）

【彭真故居修缮竣工暨彭真生平业绩陈列展】 2012年10月12日，山西省委在侯马市新田乡垤上村隆重举行彭真故居修缮竣工暨彭真生平业绩陈列展开展仪式。原中共中央政治局委员、原全国人大常委会副委员长王汉斌，原全国人大常委会副委员长、全国妇联名誉主席、中国红十字会会长彭佩云，中央有关领导和彭真传记组、年谱组的全体同志，老一辈革命家和开国将帅子女代表，彭真的亲属和有关方面代表，省委副书记金道铭，省委常委、宣传部部长胡苏平，省委常委、副省长高建民，省委常委、秘书长杜善学，省人大常委会常务副主任申联彬，省政协常务副主席郭良孝，省军区副政委曾广超，原中共山西省委书记、《彭真传》领导组成员李立功，临汾市委书记罗清宇等四大班子领导，临汾市委常委、统战部长乔建军，侯马市委副书记、市长李建国等四大班子领导以及侯马开发区、曲沃县有关领导携同侯马市各界代表出席仪式。仪式由杜善学主持。罗清宇致辞，乔建军代表侯马市委发言，彭真女儿傅彦代表亲属发言，省委副书记金道铭作重要讲话。

（赵香琴　耿文静）

【获“山西省宜居城市”称号】 侯马市根据城市的发展定位，打造省级综合型宜居城市。城市建设方面：采取特许经营许可与财政投入相结合的模式，吸纳社会资金20亿元，建成一批城市基础设施。城市日处理污水1.6万吨、生活垃圾380吨，污水集中处理率达91%，垃圾无害化处理率达100%；建成天然气管网420千米，用户突破4.4万户，城市气化率达92%。城市管理方面：制定科学管理机制，推行亲情化服务，延伸城市管理触角，实现城市管理无缝隙对接和精细化、动态化、社区化、人性化。优化生态环境方面：突出生态建设，增加城市绿量，深化节能减排，倡导低碳生活。城市园林绿化面积达778公顷，森林覆盖率达20.1%，城市绿化覆盖率达42%，空气质量优良率达99%，客运出租车双燃料使用率达71%。城镇社会保障覆盖率达92%，城镇登记失业率控制在2%以内，保障性住房面积达52万平方米，城镇居民医保参合率与“新农合”参合率均超过95%，文化活动中心、休闲娱乐健身广场、科技书屋覆盖城乡。先后通过山西省环境友好型、功能完善型两个单项宜居城市考核验收。2012年3月，侯马市被省政府授予首批“山西省宜居城市”称号。　（赵香琴　耿文静）

·霍州市·

中共市委书记	陈　纲
市人大常委会主任	张建军
市　　　长	崔山原
市政协主席	王国平

【简述】 霍州市位于北纬36°34′~36°42′，东经111°43′~112°03′。全境东西长40千米，南北宽30千米，总面积764平方千米，辖3乡4镇5个街道办事处，199个村（居）民委员会，308个自然村，2012年全市总人口301117人，其中，男157580人，女143537人。2012年全市生产总值完成86.6亿元，同比增长10.9%。全年规模以上工业增加值完成61.9亿元，增长16.6%，固定资产投资完成89.1亿元，增长36.1%，全年全市社会消费总零售总额完成22.6亿元，增长14.6%，其中：城镇消费品零售额完成168648万元，增长15.8%，乡村消费品零售额57488万元，增长11.8%。全年全市财政总收入163009万元，增长3.28%，全年城镇居民人均可支配收入19924元，比上年增长13%。城镇居民人均消费品支出16719元，增长36.1%，全年农村居民人均纯收入8770元，增长15.1%，农村居民人均生活消费支出4319元，增长11.3%。

2012年霍州市围绕“建设三晋经济强市，实现整体率先发展”的奋斗目标，开展“项目建设年、环境整治年、作风转变年”活动，实现经济社会的平稳较快发展。

农业 按照“一县一业”“一村一品”产业发展要求，建设特色经济林、无公害蔬菜、规模养殖三大基地，打造西张垣现代农业生态循环示范园区，建成高标准示范温室11栋，日光节能温室360棚，供电、供水、通道工程基本配套，综合服务大楼、智能育苗中心完成主体工程，加快实施内外装修。完成张家楼、南李庄两处中低产田改造和涉及辛置、李曹、三教、退沙等4个乡镇办的66千米末级渠系建设工程，农业生产条件改善。累计发展苹果、核桃等经济林5万亩，无公害蔬菜3.3万亩，小杂粮1.5万亩，新增规模养殖场85个。培育扶持马刨泉小米、古衙黄小米、东湾芦笋、城南大葱等一批特色农产品。荣获全省农增收先进市称号。

工业 国电"上大压小"两台机组先后并网发电，力拓煤业90万吨技改，液化天然气调峰储气项目进展顺利。霍东新产业聚集区全面启动，涉及液压支架、防爆电器、洗煤成套等7个项目的霍煤50亿非煤产业成功入驻，一期工程顺利实施，霍煤、兆光、霍化等原有骨干企业均保持较好的发展态势。

生态建设 2012年，霍州市围绕"环境整治年"活动，开展城乡垃圾清理、市容环境整治、交通环境整治、工业污染治理"四大会战"，优化生存环境，强化园林城乡建设，实施植树造林，栽花布绿，市区新增绿化面积5万千米，完成造林面积4300亩，启动实施汾河、南涧河综合治理工程，完成河道清淤56万方，新建维修堤防工程10.1千米，安装问题排污管网2千米，城乡生态明显改善，节能减排上档达标。全年万元GDP能耗下降3.9%，二氧化硫、化学需氧量、氨氮化物分别削成8049.6吨、300吨、20吨，完成上级下达的节能减排任务。

城乡建设 完成城市绿地系统，综合交通体系，停车设施以及供电、供排水等一批市政专项规模修编，统筹城市扩容提质和新农村建设，加快城乡一体化步伐，中镇广场二期清雅园全面完工，永和公园二期采摘园初具规模，永康路和南涧河桥建成通车，热电联产一期20万平方米如期供暖，天然气置换，扩户1.2万户。东关村城中村改造4栋还迁楼主体封顶，融通大街、锦和小区城市棚户区改造完成还迁楼和部分商业区主体建设、霍州署文化产业示范园、中镇国际花园等城市开发项目启动。玉霍线、南赵线、上霍线、段庄至曹村段等46.5千米，县乡公路改造一新。18个新农村重点推进村建设任务基本完成，7个乡镇11个行政村的安全饮水工程投入使用，荣获"全国社会主义新农村建设档案示范市"荣誉称号。新"五个全覆盖"工程全面完工，荣获省级全民健身工程和农家书屋全覆盖先进市称号。开展市容环境、交通秩序、门店牌匾、公园绿地等专项治理，落实沿街单位、门店、住房门前"三包责任"，引导市民参与城市管理，开展"四城联创"活动，夺得临汾市颁发的流动红旗。市区二级以上天数达336天，其中一级天数达82天，超去年23天，连续四年创建省级卫生城市。

社会事业 加强和创新社会管理，维护和谐稳定大局，全年投入安全资金8000余万元，整改安全隐患1200余个，安全形势持续好转，加大基层矛盾排查调处力度，共解决各类信访案件638起，十八大期间实现进京"双零"和"三个不发生目标"，荣获"全省信访十佳县市"称号。民生支出连年占到财政的65%以上。市一中图书楼、市委党校综合办公楼以及开元大张中心幼儿园建成主体工程，全市义务教育学校教学仪器、图书资料、文体器材、多媒体设备全部配齐，达省级义务教育标准。新招聘187名教师充实到教育一线，教育教学改革和师德、师风建设强化。连续举办9场"文明霍州，亮丽风采"大型广场消夏月活动，开展各类大型文体活动80余次，门球比赛荣获全国第九名，霍州市蝉联"中国民间文化艺术之乡"称号。新医院一期工程主体完工，医药卫生体制改革，国家基本药物制度全面推行，新农合参合率达97%以上。人口和计划生育工作加强。全年新增就业岗位5250个，创业就业562人，转移农村劳动力4326人，城镇居民登记失业率控制4%以内。公开招聘事业单位人员50名，解决一批大学毕业生就业问题。社保网络健全，城乡低保补助标准每人每月分别提高30元和22元。弱势群体固定帮扶、包联、救助机制完善。严厉打击和防治各种违法犯罪活动。（郭秀东）

吕梁市

中共市委书记	杜善学* 高卫东*
副书记	张九萍*
	丁雪峰*
	吴志国*
市人大常委会主任	刘明勇
副主任	张保福
	梁瑞林
	张翠兰
	张国彪
	韩明瑞
	徐　德
市长	丁雪峰*
副市长	吴志国* 张效彪
	张中生 郝月生
	成锡峰 李润林
	王盛章* 雷建国*
	秦怀全
市政协主席	朱锦平
副主席	师百韧 王侯党
	刘本旺 曹　牛
	梁来茂 李俊平

【概述】 吕梁市北纬36°43′~38°43′，东经110°22′~112°19′。2012年，全市地区生产总值完成1230.4亿元，增长10.8%，总量由全省第四位上升到第三位；工业增加值完成892.1亿元，增长13.5%，总量全省第一；固定资产投资完成690.4亿元，增长27%；全社会消费品零售总额完成301.4亿元，增长15.5%。

全市财政总收入完成341.7亿元，增长23.4%，总量全省第二，增幅全省第一；一般预算收入完成141.9亿元，增长41.2%，总量全省第二，增幅全省第一。财政收入质量改善，一般预算收入占财政总收入比重达到41.6%。财政总收入超过10亿元的县10个。

项目建设 全市全年上马重点项目473个，总投资5456亿元，2012年完成投资1550亿元，其中市里主抓的"百项重点工程"完成投资972.7亿元，全市重点工程完成额居全省第二。一些大项目基本建成或投产，兴县西山1500万吨煤矿建成投产，兴县华电1000万吨、临县霍电1000万吨、文水金地300万吨大矿全面建成，柳林凌志960万吨洗煤建成投产，孝义金州、鹏飞焦化一期建成。中钢1780立方米高炉、文水海威1380立方米高炉建成，岚县太钢750万吨精矿粉、200万吨球团建成投产，交口信发240万吨氧化铝建成投产，兴县中铝、孝义信发两个项目建设顺利。柳林联盛煤矸石电厂建成，交城国锦电厂建设中；汾阳汾酒城建成并部分投产。庞泉沟果老峰水上乐园建成。吕梁市与国防科技大学合作的军民融合协同创新研究院正式成立，柳林李家湾光电子园、离石无人机等高科技产业项目建设。

三农工作 2012年，全市"三农"投入112.1亿元，同比增长29.5%。粮食生产实现"八连增"，总产达11.1亿公斤。农业"六大工程"成效显著，新发展设施蔬菜2.22万亩；建成千井富民工程200眼；完成造林56.11万亩，新植核桃林51.8万亩；2.28万人易地扶贫搬迁工程开工；孝义大象集团1亿只肉鸡屠宰加工及60万吨饲料生产项目建成投产，离石、临县大象集团4500万只肉鸡养殖项目启动；完成350个重点村、12个集中连片示范区建设和100个贫困村整村推进任务，减少贫困人口11.1万人。"五个全覆盖"超额完成。吕梁市"方便农民五件实事"年度任务超额完成，共投资3.13亿元，建成幼儿园540所、澡堂706个、理发室671个、磨面房724个、红白理事厅746个，868个村安装太阳能路灯。参加农村养老保险、城镇养老保险、基本医疗保险人数达249.6万人。农村低保提标扩面，每人每月提高22元，全市农村低保人数达30万人。农民人均纯收入达5346元，增长13.1%；城镇居民人均可支配收入突破2万元，增长14.8%。新增城镇就业5.6万人。由市财政出资，47户市属国有特困企业2992名职工和1557名退休人员全部参加城镇职工基本医疗保险。开工建设保障性住房13185套，超额完成任务。投入抗灾救灾资金2.33亿元，发放救灾衣物17.23万件，保证临县灾区群众的正常生产生活。节能减排任务完成，万元生产总值综合能耗、工业用水量、主要污染物排放量等约束性指标均控制在计划之内。全市二级以上天数达4596天，同比增加21天，空气质量优良率达96.6%。吕梁地区煤气置换天然气完成40%，10个县(市、区)城区开通清洁天然气。

重点工程 百项重点工程总投资约3530亿元。其中，10亿元以上项目76个，包括百亿元以上的10个，50~100亿元的9个，10~50亿元的57个。包括孝义市投资620亿元的山西信发铝工业循环经济项目、投资149亿元的金晖500万吨焦化循环经济项目以及投资100亿元的金岩500万吨新型焦化工业园区项目；柳林县投资202亿元的森泽煤矸石综合利用示范区项目等。截至11月底，已开工99个，累计完成投资1417.62亿元。

招商引资 5月18~20日，吕梁市代表团参加在湖南长沙举办的第七届中国中部投资贸易博览会，签约6个项目，项目总投资36.9亿元。6月16日，第二届山西特色农产品北京展销周暨扩大市场招商引资系列活动在北京的全国农业展览馆拉开帷幕，吕梁市组织20家特色农产品加工企业带260余种优质特色产品参加展销周活动。8月20日山西省召开首届晋商大会，吕梁市招商引资53个项目，总投资1455.4亿元，拟引资1041.7亿元。9月7日，在第四届中国(太原)国际能源产业博览会即将举办之际，吕梁市专场项目签约仪式在吕梁国际宾馆举行。吕梁市此次共签约各类招商引资项目44个，总投资1478.8亿元，拟引资1316.2亿元。

设施建设 (1)城镇化推进，吕梁新城开工，贯通南北的吕梁大道开工建设，拆迁工作展开。县城"扩容提质"全面提速，汾阳、文水、柳林、交城、临县等10个县城新区建设全面推进。岚县创建国家卫生县城，11个县(市)通过省级卫生县城或城市复审。

(2)交通建设成效显著，建设吕梁民用机场；中南出海大通道和太兴铁路建设加快推进；西纵高速、环城高速基本建成；农村公路改造完成259.4千米，街巷硬化完成7505.6千米，超出任务3097.1千米。全市实现乡乡通等级公路，村村、户户通油路和水泥路。

(3)水利建设力度空前，总投资近9亿元的柏叶口水库建成蓄水；总投资2.67亿元的交城县龙门供水工程建设；总投资45亿元、惠及吕梁10个县(市、区)的中部引黄工程顺利建设；总投资21.32亿元、覆盖沿黄4县的沿黄提灌工程3处主体基本完工，2处土建工程基本完成。

(4)电网建设稳步推进，兴县500千伏输变电工程进入攻坚阶段；文水宜安、兴县袁家村两座220千伏输变电工程完工投运；文水桑村营等5座110千伏输变电工程完工投运；交城天宁等8座110千伏输变电工程全面开工。

安全稳定 开展以煤矿为重点的各行业各领域安全生产专项整治行动，实现安全生产事故起数、较大事故起数、主要相对指标"三下降"，杜绝重特大事故的发生。食品安全保障水平提高。开展领导干部大接访、矛盾纠纷大排查、信访问题大化解"三大活动"，共排查矛盾纠纷和群众诉求55.54万件，化解55.52万件。加强公共安全管理，健全社会治安防控体系，打击违法犯罪，应对和有力处置各类突发事件。

社会事业 坚持教育优化发展，学前教育三年毛入园率达65%，义务教育巩固提高，高中阶段毛入学率达92.5%，中职教育免学费入学实现全覆盖。吕梁学院在校生达18900人，排全省高校第六位。汾阳医学院护理学成为全国特色专业、省级重点学科和品牌专业。医药卫生体制改革推进，基层基本药物制度实现常态化，1177个基层医疗卫生机构全部参加网上采购，县级公立医院改革试点取得实质性进展，新型农村合作医疗参合率提高到97.79%。一批文艺作品获得全国大奖，市直经营性文化事业单位及文艺院团转企改制全面完成。组织实施科技计划项目80个，消化吸收科技成果130个，争取省以上各类科技计划57项，申报专利1202项。

民主法制 办理人大代表建议194件、政协委员提案489件。"六五"普法成绩显著，"法治吕梁"建设推进。强化行政监察和审计监督，加强政府系统廉政建设，开展煤焦、工程建设等重点领域专项治理。建成公共资源交易中心并试运行。清理取消行政审批事项300余项，查处各类违法违纪案件223件。

转型发展 1月15日，由水利部水土保持司有关专家组成的验收组，对吕梁市柳林县昌盛水土保持科技示范园区建设进行评定验收。同意通过验收评定，将被国家水利部正式命名为“全国水土保持科技示范园”。2012年吕梁市实施产业转型，涌现出杏花村酒业集中发展区、离石36万吨环保纸系列产品、交口20万吨氢氧化铝超细粉深加工等项目。

（李保生 刘翠翠）

【梁宝荣获“感动山西”十大人物和当代“吕梁英雄”称号】 2月1日晚举行2011“感动山西”颁奖盛典，石楼县薛家垣村党支部书记梁宝当选2011“感动山西”十大人物；2月8日，市委授予梁宝当代“吕梁英雄”与第二届吕梁市道德模范荣誉称号。12月10日，梁宝猝然辞世，享年53岁。

（李保生 刘翠翠）

【“三大活动”】 3月1日至12月底，全市开展为期10个月的“大排查、大接访、大化解”活动。“三大活动”开展以来，全市3.7万名干部深入3000多个村庄、95.86万户群众家中，问寒问暖问困问惑，入户排查率达94.97%，排查出的55.5万件矛盾问题中，民生诉求占75%以上。截至年底，排查出的矛盾和问题已化解99.97%，近千件疑难复杂案件和历史遗留问题得到化解，到市赴省上京上访人次同比下降41%，大量问题化解在基层、解决在当地。 （李保生 刘翠翠）

【临县抗洪救灾】 7月27日，临县发生特大暴雨洪涝灾害，涉及全县13个乡镇，有5个乡镇成为重灾区，直接经济损失达15.9亿元。灾情发生后，吕梁市开展抗洪救灾工作，截至8月16日，共收到各类捐款1.1亿多元。 （李保生 刘翠翠）

【粮食生产连续七年实现丰产增收】 吕梁市推进设施蔬菜、造林绿化、千井灌溉、移民搬迁农业“四大工程”以来，各级财政累计安排专项资金3.8亿多元，重点用于建设补助、贷款贴息、技术补贴、土地流转等方面。2012年吕梁市粮食再获丰收，总产量为11.874亿公斤，实现连续七年丰产增收。 （李保生 刘翠翠）

【“方便农民五件实事”】 吕梁市在落实全省新“五个全覆盖”的基础上，提出实施“方便农民五件实事”工程，争取一年取得成效，三年在全市行政村达全覆盖。截至年底，全市3173个行政村中有30%以上的村铺开或完成“方便农民五件实事”工程。

（李保生 刘翠翠）

【新城建设奠基开工】 10月17日，吕梁市新城建设举行奠基开工仪式。吕梁新城位于吕梁市区北部，规划范围为市区龙凤北大桥以北，霍州煤电集团吕梁山煤电公司北界以南，东西至两山山脊，规划用地面积30平方千米。 （李保生 刘翠翠）

·离石区·

中共区委书记	阎刚平
区人大常委会主任	乔拯民
区长	吕文平
区政协主席	冯晋平

【简述】 离石区北纬37°21′~37°42′，东经110°55′~111°35′。辖2镇3乡7个街道，193个行政村，13个居委会，总面积1324平方千米。2012年，全区生产总值完成90亿元，同比增长6.1%；财政总收入完成29.24亿元，增长17.88%；一般预算收入首次突破10亿元大关，完成11.12亿元，增长44.7%；社会消费品零售总额完成49.12亿元，增长13.92%；城镇居民人均可支配收入达20006元，突破2万元关口，增长14.8%；农民人均纯收入达3932元，增长19.19%。

项目建设 全年开工建设重点工程项目29项，完成投资52.16亿元，比上年增长15.4%，其中四项工程建成投运。一产方面，按照“山上核桃、山下蔬菜、山沟养殖”的发展模式，落实各项扶持补贴政策，加大财政投入引导力度，全年新建蔬菜大棚1846亩，建成两个5000头的种猪场、10万头的保育场和20万只肉鸡种鸡场；奠基开工大象集团4000万只肉鸡产业项目，促进全区规模养殖业的发展，带动形成一批专业养鸡村、养猪村。全区投入2500万元，新栽植核桃林5万亩，宜栽山区村基本全覆盖；总投资900万元的3万亩柠条绿化工程完工，通过省林业厅验收。二产方面，加快推进信义工业园区基础设施建设，启动铺开坪头工业区选址、规划等前期工作，引领离石区转型发展的示范性标杆项目、总投资50亿元的高科技无人机产业基地开工建设，环保造纸项目一期工程进入设备安装阶段，同辉机械制造项目一期工程建成投产，推动离石区产业的升级提档。煤矿改造建设步伐加快，年内有2对矿井进入联合试运转，4对矿井完成一期工程转入二期工程建设。三产方面，发展现代商贸物流业，奠基开工天源物流、居然之家等一批现代服务业项目，横店影视城、同至人购物中心建成投入使用，旭海物流、红星美凯龙等项目进入实质性操作阶段。安国寺、白马仙洞、千年景区开发三大旅游项目加快推进。

城市建设 以东城新区建设为重点，投资3.4亿元，完成河道综合整治工程，具备蓄水功能；6座大桥竣工通车；投资近亿元的生态公园基本建成，2012年向市民开放，东城新区的框架基本搭起。开工电厂工矿区棚户改造，完成车家湾1.5万平方米、田家会8万平方米、高崖湾3万平方米的安置房主体工程。推进新农村建设，实施“五个一工程”，完成53个村的“五件便民实事”，新建千井富民工程12处，解决11624口人的饮水安全问题，完成红眼川寺头、新舍科、吴城王营庄等山庄窝铺787户2353人易地搬迁；推进坪头高速互通、枣林—彩家庄、信义—交城界、滴水崖—梁家岔、209国道与307国道连接线5条公路的前期工作，投资2000余万元，完善滨河南路车家湾—信义段，超额完成农村街巷硬化全覆盖工程。

社会事业 完善袁家庄中小学、江阴高中附属工程;新建三中教学实验楼和西崖底小学多功能教室,完成21所幼儿园建设任务。实施文化兴区战略,发掘整理的《离石旱船秧歌》《离石三弦书》等被列为省保项目,出版《离石汉画像石选集》等书刊,丰富离石地方文化丛书。落实国家基本药物制度,实行零差价销售,兑现基层医务人员绩效工资。完善社会保障体系建设,全区共发放各类救助资金5587万元,对城乡低保对象29732人、五保供养对象1471人、孤儿78名、大病患者743人给予及时救助。铺开保障性住房建设工程,惠及家庭9626户,发放金额2510万元;推行事业单位绩效工资,人均月增资500元左右。落实安全生产责任制,加强煤矿、非煤矿山、道路交通、消防安全、危险化学品等各行各业的安全生产工作。打击各类违法犯罪,破获各类刑事案件597起,查处行政案件1982起。"五个全覆盖"任务完成,民族宗教、应急减灾、统计档案、国防双拥、妇女儿童等事业得到发展。

党政建设 全年办理人大代表建议、意见66件,政协委员提案92件,办复率、满意率达100%。坚持依法治区,开展"六五"普法,广大干部的法制意识不断增强。压缩审批时限和审批环节,办结各类审批及服务项目70900件,办结率达100%。落实党风廉政建设责任制,强化预算执行、经济责任、政府投资审计,执行《政府采购法》的各项规定,全年政府集中采购节约资金740万元。制订《关于加强工程建设项目招投标监督的规定》,防止工程招投标中的违规行为,推进行政监察、政务公开和政风行风评议,开展"小金库"、公务用车等专项治理。 (孙银爱)

·文水县·

中共县委书记	刘云晨*
	孙善文
县人大常委会主任	张九聪
县　　长	孙善文*
	王成军
县政协主席	胡学英

【简述】 文水县北纬37°15′~37°35′,东经111°29′~112°19′,总面积1064.4平方千米,辖13个乡镇(办事处)、199个行政村,总人口44万。先后获得国家商品粮基地县、国家粮食生产先进县,国家服务业(特色农业)综合改革试点县、全省现代农业示范县、小型农田水利建设重点县、水果生产重点县、省禽蛋基地县、瘦肉型猪基地县、文化先进县等荣誉。

2012年,全县地区生产总值完成56亿元,同比增长3.5%;财政总收入完成5.62亿元,同比下降11.3%;一般预算收入完成2.185亿元,同比下降2.2%;规模以上工业增加值完成33.6亿元,同比增长5.7%;固定资产投资完成14.35亿元,同比下降37.37%;社会消费品零售总额完成13.67亿元,同比增长14.11%;粮食总产再创新高,达26万吨;城镇居民可支配收入达14570元,同比增长12.9%;农民人均纯收入达6329元,同比增长15.2%;外贸进出口实现2641万美元,同比增长349%。

项目建设 海威公司新区1380立方高炉正式投产;金地煤焦300万吨煤矿具备生产条件;金桃园太铁物流基地项目通车运行;金源化工15万吨煤焦油深加工项目建成投产;国金电力2×35万千瓦发电项目、2×200万吨水泥项目、太中银铁路文水战略装车点项目全面开工;引进旭东公司2万吨氮化硅项目,安泰矿机与省焦煤集团实现增资扩股;海威公司与省煤销集团达成合作意向,实施焦钢一体化建设。全年共引进各类项目资金9.16亿元。

三农工作 全县17个新农村重点推进村建设进展顺利。农村"五个全覆盖"和"方便农民五件实事"年度目标全部完成。大象农牧、诚信种业、仙塔食品、胡兰食品、野山坡饮品等农业产业化龙头企业的规模和影响扩大。实施全国小型农田水利建设重点县一期工程、千井灌溉富民工程等项目,投资2954万元的磁窑河整治工程完工,投资4.6亿元的文峪河整治工程正式立项,新建改建人畜饮水工程16处,解决20个村、2万余人的饮水安全问题。投资1300万元的北武度设施蔬菜园区基本建成,完成4000亩核桃经济林和2115亩设施蔬菜建设任务。

城乡建设 一是以文东新区为龙头的城市建设初具规模。新区的学府路、北环路道排工程和堡子村村民安置小区主体工程竣工。红旗桥、大陵桥拓宽,北环桥、胡兰桥新建和则天大街、狄青大街东延改造工程正在建设之中。二是以胡兰村为代表的小城镇建设成效明显。扶持胡兰村发展的"1+10"工程中,完成规划编制、立面改造、环村公路、人畜饮水、街巷硬化、农贸市场、客运车站等七项工程。三是城乡道路交通状况明显改善。投资3.4亿元、总里程1982千米的街巷硬化工程全部完成,大下线(下曲—武良)竣工通车,柳开线(吴村—武良)、战备路(白玉酒厂—汾阳界)等道路的改造工程启动。

民生事业 新文中的主体工程基本竣工,附属设施加紧建设;新县人民医院的门诊楼、医技楼主体结构完成。县级公立医疗机构、乡镇卫生院、村卫生所全部实施国家基本药物制度,实行药品零差价销售。城乡最低生活保障、农民养老保险、新型农村合作医疗、低收入农户冬季供煤、保障性住房建设等政策得到落实,实现农村五保、城乡低保应保尽保全覆盖。积极组建农业合作社,共建成便民连锁店210个;与太原等地联手,打击"注水肉"等不法生产经营行为;实现乡镇综合文化站、农村农家书屋全覆盖;苍儿会、西太湖等旅游景点的知名度不断提升。落实安全生产责任主体,开展重点领域安全生产专项整治,取缔79户非法危化生产经营企业,全年未发生较大的安全生产事故。计生、史志、档案、民族宗教等各项工作取得新成绩。

依法行政 主动接受县人大的法律监督和县政协的民主监督,坚持向县人大及其常委会报告工作,支持政协委员参政议政,办理人大代表、政协委员的议案和提案。加强国防动员工作,支持各民主党派、工商联、工会、共青团、妇联等组织按照法律和章程开展工作。开展“平安文水”创建和双千固基、清网抓逃、打黑除恶等专项行动。打击毁地挖砂、非法采石等行为,治理公路“三乱”和车辆超限超载。开展“三大活动”,共排查化解各类矛盾 67454 起。

(文水县方志办)

·交城县·

中共县委书记　李志安
县人大常委会主任　刘文海
县　　　　长　乔晓峰
县政协主席　桑小平

【简述】 交城县北纬 37°38′~37°54′,东经 111°24′~112°17′。国土总面积 1822.11 平方千米。

2012 年,全县地区生产总值完成 73.5 亿元,同比增长 12.2%;规模以上工业增加值完成 60.98 亿元,同比增长 16.82%;全社会固定资产投资完成 30.36 亿元,同比增长 20.26%;社会消费品零售总额完成 15.12 亿元,同比增长 14.11%;财政总收入完成 11.4 亿元,与上年基本持平;一般预算收入完成 5.56 亿元,同比增长 33.03%;城镇居民人均可支配收入达到 14870 元,同比增长 13%;农民人均纯收入达 6229 元,同比增长 18.3%。

项目建设 2012 年,全县共实施重点项目 43 个,总投资 209 亿元,完成立项审批 41 个,环评审批 34 个,土地审批 39 个,43 个项目全部开工,完成投资 139.52 亿元,18 个项目完工或部分完工。项目审批攻坚力度加大,国锦煤电 2×30 万千瓦热电联产项目、宏特公司 6 万吨/年超高功率石墨电极项目等先后通过国家相关部委审批,促进项目快速落地。拓宽融资渠道,累计为中小企业融资 29.08 亿元。

三农工作 2012 年,全县坚持以特色产业发展带动农民增收,新发展核桃经济林 1.3 万亩;依托原禾源、坤润等龙头企业带动,新建日光温室 650 亩、蔬菜大棚 1067 亩,其中,原禾源公司投资 4.8 亿元,建设 1000 亩蔬菜种植基地、500 亩蔬菜瓜果仓储供应中心;特色养殖业总产值实现翻番,达 3.72 亿元;新“五个全覆盖”工程完成,累计硬化街巷道路 1406.5 千米,建成农村体育健身场所 148 个、农家书屋 142 个、便民连锁店 39 个,1054 人享受到中等职业教育免费政策,90192 人享受新型农村养老保险;“方便农民五件实事”推进,累计投入 4100 万元,完成 32 个幼儿园、36 个洗澡理发室、36 个磨面豆腐房、41 个红白理事厅、41 个村路灯安装任务;推进扶贫攻坚,全年转移农村劳动力 3500 人,减少贫困人口 5015 人。

城乡建设 2012 年,全县投资 1.8 亿元,铺开城建重点工程 20 余项,南环路拓宽改造后续配套工程、天然气支线管网铺设工程、新开路中段安置房主体工程相继完工;县城垃圾填埋场正式开工建设,城南集中供热工程扎实推进。基础设施建设力度加大,大安线(大游底—安定)、后义线(后火山—义望)路面改造工程完成;总投资 5.2 亿元的太中银铁路战略装车点正式开工建设;总投资 3900 万元的天宁 110KV 输变电工程基本完工;柏叶口水库开始试蓄水,278 户、950 名库区移民迁新居;完成安全饮水工程 12 处,1 万余人的饮水安全问题得到保障。

社会事业 2012 年,交城二中改扩建二期工程、职中新校园一期工程、农村幼儿园建设工程推进;总投资 5 亿元、设置床位 600 张的山西医科大学第一医院交城分院奠基,新型农村合作医疗参合率达 99.73%;农村文化体育健身场所、农家书屋实现全覆盖;举办首届“山水交城”全国摄影大赛;城镇居民养老保险实现全覆盖,工伤保险、生育保险、医疗保险参保人数提高;铺开造林绿化工程,生态环境改善。

管理创新 2012 年,全县 1163 名党员干部深入 148 个行政村、6 万余户家庭,累计排查化解各类矛盾纠纷 28088 件,完善信访工作机制。抓好社会综合治理工作,群众安全感增强。启动以“三中心一社区一网格”为主的社会管理体系建设,县、乡、村(社区)、网格“四级联动”的社会服务管理体系形成。重视安全监管,排查整改安全隐患 749 处。

对外合作 2012 年,县政府与阳煤集团达成战略合作协议,宏特公司与全球最大的碳素生产企业德国西格里集团强强联手,美锦集团与中国电力国际公司、山西国际电力合作,新天源公司与上海医药工业研究院合作,义望铁合金与美国阿姆斯壮公司合作,坤润公司、建丰农牧等与太原河西农产品开发公司开展合作。

旅游发展 2012 年,交城县通过国家“千年古县”专家组评审(全国共有 65 家,2012 年评审通过 5 家),卦山、玄中寺被正式批准为国家 4A 级景区(全市 3 家,另一家为汾阳汾酒文化景区),吕梁英雄广场、华国锋骨灰安放地、隆美水上乐园、红柳湾漂流等红色文化生态旅游项目持续升温,“华老故里、卦山玄中、庞泉龙门、山水交城”这一独特品牌在全省、全国高调唱响。

2012 年,全年旅游人数近 100 万人,是常年旅游人数的 10 倍,按人均消费 300~500 元计算,拉动全县 16.4 万农民人均增收 2000~3000 元。2012 年,山区乡镇回乡创业人数达 1300 余人,建起“农家乐”150 余户。

(杨丽萍)

【龙门渠供水工程建设】 渠首枢纽工程及倒虹吸工程完工,开挖隧洞 4200 米,引水入川、引水进城目标将成为现实。(杨丽萍)

·兴　县·

中共县委书记　郭　颖
县人大常委会主任　史建春
县　　　　长　梁志锋
县政协主席　刘五娥

【简述】 兴县北纬 38°05′~38°43′,东经 111°33′~111°28′,全县总面积 3165.3 平方千米。总人口 30 万人,其中农业人口 22.83 万人。辖 7 个镇、10 个乡,372 个行政村,822 个自然村。

2012 年,全年地区生产总值完

成70.4亿元,规模以上工业增加值完成61.1亿元,社会消费品零售总额完成5亿元,固定资产投资完成36.35亿元,财政总收入实现25.3亿元,一般预算收入完成7.3亿元,城镇居民可支配收入完成14540元,农民人均纯收入完成2904元,服务业增加值完成6.39亿元。

项目建设 2012年兴县“市百项重点工程”项目有3个,总投资158亿元。立项办结1个,国家能源局同意开展前期工作2个,土地预审3个,环评办结3个,开工建设3个。全年累计完成投资55.19亿元。

县重点工程项目有8个,总投资24亿元。立项办结8个。土地预审1个,办结5个;环评办结7个,开工建设7个。2012年年累计完成投资20.94亿元。

惠民工程 兴县友兰中学二期项目:预算总投资9700万元。该校于2009年破土动工,2011年完成一期工程并于上年9月招生;二期工程包括3栋学生宿舍楼、1栋教师公寓和学术报告厅。完成投资6500万元,学生宿舍楼、教师公寓已全部封顶并开始内部装修,学术报告厅已开挖地基。

兴县康宁220KV输变电工程项目:预算总投资1.94亿元,2012年度完成投资6404万元。立项、土地手续已办结,环评手续正在办理。设备采购完成招标。

蔚汾河清淤蓄水一期工程项目:预算总投资1.08亿元,本年度完成投资1.02亿元。清淤工程全部完成,箱涵工程基本完成,坝基完成工程量的60%,拦砂坝接近尾声,底板铺设6万平方米。

农业农村重点工作 设施蔬菜建设建成1302亩。其中,日光节能温室建成452亩,移动大棚建成850亩;造林绿化工程完成三北防护林工程建设2.2万亩,完成天保工程建设0.69万亩,完成退耕还林及巩固成果工程1.4万亩,完成核桃干果经济林6万亩,完成灌木林工程5万亩,完成交通沿线荒山造林1万亩,完成晋绥森林公园二期工程绿化1800亩,完成新育苗任务6200亩;千井灌溉富民工程开工建设的44眼,灌溉深井的建设内容完成,并通过市级验收,超额完成上级下达的35口深井建设任务;新农村建设重点推进村年度任务为48个,高标准新农村建设年度任务为8个,全部完成;标准化养殖小区年度任务为新建6个,完成基础设施建设。

城乡建设 一是完成《兴县县城新区河北片控制性详细规划》《县城环卫专项规划》《县城东城区修建性详细规划》《工业集中区规划》和《县城燃气专项规划》。二是连城大道建设工程,总投资1.35亿元,全长4.2千米,宽33米,双向6车道,按一级公路标准设计施工,10月1日全面贯通。三是县城及新区引水工程,投资2000万元,新凿深井2眼、铺设输水管道3.5千米,工程于9月1日投入使用,为县城及新区实现稳定供水。四是新区河北片道路工程,总投资1.74亿元,规划用地166公顷,建设市政道路8条共7.7千米。路基压实面积完成80000余平方米,排水管道铺设完成4200米,检查井砌筑完成158座,排洪渠开挖土方2755立方米,完成钢筋混凝土排洪渠660米。五是城市燃气工程,一期总投资6002万元,建成日供气能力6万立方米的城市门站一座、供热站专用调压站7座、区域调压柜(箱)3个;完成中低压管道敷设19.3千米,管网覆盖城区主要街道;居民户内安装3000户,验收通气1500多户,公共福利用户通气9户。六是蔚汾河蓄水工程,总投资为1.51亿元,全长3.6千米。完成投资1.2亿元。七是县城集中供热二期工程,于2012年5月开工,10月底完成。安装供热总干线3.5千米,供热能力为45万平方米,惠及供热户数5000余户。

交通建设 “街巷硬化”工程,总建设任务1686.1千米,总投资24042万元,全县行政村实现全覆盖;实施横城—小善公路改造工程,完成路面改造5千米;开工建设全长10.918千米、总投资5758万元的任(家塔)—苏(家里)公路,完成路基工程;改造县乡道路危桥5座,完成清理公路塌方244962立方米,修补坑槽737立方米,完成新修筑排水沟13297.3立方米,改造和新建涵洞32道,完成对县乡道路上所有桥栏、护栏以及道路两侧树木的粉刷;完成县乡道路绿化29千米;新增标志牌72块,使全县公路保养率达100%,公路养护好路率达75%。

山西中南部铁路通道、太兴铁路、西纵高速的建设项目工程推进,忻黑路改线拆迁正进行。

文化教育 新建两所城区幼儿园,完成基础工程;新建5所乡镇中心示范幼儿园,4所完成并投入使用,1所完成主体工程;全年累计组织各类管理人员和教师培训2000余人次;实施38个农村义务教育薄弱学校改造项目,总投资1244万元。30个维修项目校全部竣工并投入使用;全县实施农村义务教育营养改善计划学校133所,享受营养补助学生13382人,全部实名录入系统并上报。投入1544万元改善中小学办学条件;投入300余万元加强对中小学教师及各类管理人员的业务培训;投入179万元对全县寄宿制中小学校学生进行生活补助;投入100万元奖励优秀中小学教师,并作为一项制度长期坚持;投入88万元资助2012年高考达线学生。

县文化馆、图书馆全部向公众免费开放;撤销3个单位的建制和人员编制,组建兴县戏曲艺术研究所和兴县歌舞影视艺术研究所。新成立兴县晋剧团有限公司、兴县电影发行放映有限公司和兴县晋绥红歌演唱有限公司。所有乡镇全部新建文化站,并建成农村文化场所372个和农家书屋372个,累计发放各类图书93万余册。开展“扫黄打非”专项活动,全年共查缴非法出版物360余册、盗版图册4300余册、盗版音像制品1600余盘,并集中销毁。

晋绥边区革命纪念馆的开发方案完成,并对广场雕塑设置和馆内展览布局进行调整、充实和完善;“四八”烈士纪念馆布展资料收集完成;晋绥解放区烈士陵园一期建设工程全部完工;兴县蔡家崖乡北坡村中共中央晋绥分局旧址修复工程前期手续工作全部完成。

创优环境工作 县委、县政府派出17个驻乡镇工作组，县直单位成立8个工作组，开展“大排查、大接访、大化解”活动。累计排查户数52448户，排查出各种问题22596件，化解22574件，息诉22570件，全县各级干部共接访6817批次26224人次。全县共立查刑事案件359起，破获234起，追捕各类逃犯67人，逮捕136人；公安机关共走访群众20823户68168人，稳控上访人员490人，平息上访事件106起，化解矛盾纠纷262起。对列入清理行政审批事项范围的县级41个部门297项审批项目进行全面清理、合并和调整，清理后保留行政审批项目163项，取消审批项目50项，审批项目调整为管理服务项目的60项，调整减少审批项目134项，优化审批流程114项。在全县范围内公开评选一批道德模范、勤劳致富模范、爱岗敬业模范等优秀杰出人员，对评选出的81名“文明兴县人”进行表彰奖励。

年内新增供热面积30万平方米，全部竣工通气。铺设城区中低压管网11.7千米，实现天然气入户3500户，完成商业用户燃气锅炉、茶炉改造10户。关闭粘土砖厂2户，取缔淘汰3户水泥企业的高污染生产设备，共减排化学需氧量309.82吨，氨氮35.64吨。截至2012年12月20日，完成二级以上天数351，综合污染指数为1.54。

医疗卫生 投资180万元对县医院住院部进行改扩建，新增面积950平方米，新增床位80张；投资555万元对县医院锅炉房和供暖系统进行改造；投资325万元对3个乡镇卫生院进行扩建。聘请年薪30万元骨科专家1名、年薪40万元心血管专家1名在县医院常年坐诊，新聘5名硕士研究生、21名本科生充实医疗队伍。二级以下医疗机构政策范围内住院费用报销比例达75%以上，县外定点医疗机构报销比例各提高10%。实行门诊加住院双统筹补偿模式，补偿封顶线由上年的6万元提高到15万元，并将乡级卫生医疗机构现有的挂号费、诊查费、注射费、药事服务成本合并为一般诊疗费纳入新农合补偿范围。兴县公立医院非改革试点医院，按照上级要求和试点医院经验筹划改革事宜。将城镇居民医保和新农合补助标准提高到每人每年240元，重大疾病保障扩大到20项。全县适龄儿童“基础疫苗”预防接种率以乡(镇)为单位达95%以上。

社会保障和救助 全县企业职工养老保险参保人数11239人，机关事业养老保险参保人数1221人，基本医疗参保人数27448人，失业保险参保人数15030人，新型农村合作医疗保险实现全覆盖。全年累计发放农村低保金、春节补贴3678.8万元；累计发放城镇低保金、春节补贴2208.3万元；城乡医疗救助全年共救助城镇居民185人次64.5万元，农村居民940人次220万元。全年共救助流浪乞讨人员13人次，发放救助金3200元；救助临时求助人员67人次，发放救助金13400元。全年发放五保供养资金353.1万元。办理老年优待证120本，使3位百岁老人每人每月享受200元的长寿生活补助金。

（牛小兵）

【百姓安居工程】 分配138套廉租住房；为城市困难群众1006户1895人发放住房补贴158.292万元。200套10000平方米廉租房主体工程完成；331户棚户区改造工程和444户棚户区改造工程于8月份全部开工，主体工程基本完成。（牛小兵）

·临县·

中共县委书记	刘永平
县人大常委会主任	闫金英(女)
县长	张建国
县政协主席	薛全清

【简述】 临县北纬37°35′52″~38°14′19″，东经110°39′40″~111°18′02″。县境南北长约85千米，东西宽约80千米，全县总面积2979平方千米，耕地面积10943.7公顷，林业用地40310.88公顷。2012年底，全县辖13个镇10个乡631个行政村，总人口65.0693万人。

2012年全县地区生产总值达38.12亿元，同比增长9.3%；财政总收入达15.09亿元，增长12.98%；一般预算收入完成5.93亿元，增长31.69%；社会固定资产投资完成30.6亿元，增长28.27%；社会消费品零售总额实现275102.1万元；规模以上工业总产值完成315993.5万元；工业增加值完成170664.8万元；城镇居民人均可支配收入11862元，增长15.6%；农民人均纯收入达3144元，增长18.3%；固定资产投资完成306224万元；城乡居民储蓄存款余额为724988万元。

重点项目 实施“百项千亿重点项目”，煤炭提升项目16个，工业转型项目10个，农业龙头项目33个，三产牵动项目12个，基础设施惠民项目29个。全年立项办结65个，土地办结61个，环评办结59个，开工81个，完工36个，完成投资400亿元。全县100个项目开工81个，完工36个，累计完成投资400亿元。16个煤炭提升项目中15个开工；10个工业转型项目中7个开工；33个农业龙头项目中26个投产；12个三产牵动项目中9个开工；29个基础设施惠民项目中18个开工。

西山生态公园基本建成；保障性住房进行室内装修；旧城改造、城北集中供热项目开工建设；新城人民医院主体建成；太佳高速连接线进行征地拆迁工作；提黄灌溉工程、凤凰路、太和南路延伸工程在建设中；林—招线路面改造工程、青—正线路面改造工程完工；西纵高速、太佳高速克虎段、晋中南出海通道、太中银铁路吕临支线、太兴铁路在建设中；白文500千伏输变电工程进行“四通一平”工作；其余11个项目进行项目前期工作。

启动中央后委纪念馆筹建，投资600多万元，征地120亩；投资500多万，修建纪念馆旁湫水河筑拦河坝700多米。

扶贫开发 2012年共实施27个整村推进项目，完成实用技术培训3410人次；1个村养鸡园区建设项目和1个村养牛项目正在建设中。全年新栽核桃25000亩，嫁接改良6600亩，扶持专业合作组织2户，培训

2380人次。惠及白文、城庄、木瓜坪、临泉、玉坪等5个乡镇27个行政村,10652户,35215人。建成大棚蔬菜640亩,大棚640个;食用菌棚2座;蔬菜育苗连体温室1座;配套蔬菜交易市场1处;培训1000人;城庄村、阳宇会村、小马坊村、太平村、玉坪村、李家塔等6村8400人受益。

新农村建设 新农村"五个全覆盖"任务,两年完成23个乡镇631个行政村、4526千米农村街巷硬化工程;建成311个农村便民连锁商店;建成631个农村体育健身场所和农家书屋;全额补助3674名职业学校学生学费;实现327839名农村适龄人口社会养老保险全覆盖。

全县共建成幼儿园75个,在81个村建起洗澡室、理发室、红白理事厅、安装路灯,建起磨面碾米房82个,豆腐房66个。

推进"四化四改"和"五个一"工程,新建科技文化活动室40个,计生卫生所63个,有35个休闲健身场所场地全部硬化、绿化,配备健身器材30套,建成50个便民连锁店,70个村建起标准化小学。

推进"百村行动计划",全县共投入资金1520万元(其中县财政投入1000万元,社会投入520万元),新增街巷硬化20千米,新增路灯120盏,补植绿化树苗3000余株,所有11个村完善环境卫生整治。县财政配套1.5万元,聘请太原易达城市规划设计有限公司科学编制90个村的新农村建设规划。

农业 全年粮食产量达1.14亿公斤,超计划任务数0.91亿公斤的25%,实现"九连丰";油料总产达9230吨,蔬菜总产达37329吨;农民人均收入达3250元,同比增长17.9%。

落实粮食直补、良种补贴、农业生产资料增支补贴7185.56万元,较上年的3675.8万元增长3509.76万元,同比增长95.48%,全县有110063户农民享受到政策补贴,较上年增长5000余户。补贴资金以"一折通"形式及时足额兑现到农户手中,农民人均实现政策性增收120元。全年粮食种植面积达104.7万亩,超市下达计划任务9%,油料种植面积18.16万亩。创建粮油高产示范片2个,其中国家级1个,省级1个,完成高产创建连片种植3万余亩,万亩玉米高产创建示范片平均单产达752.3公斤,比全县玉米平均产量164.1公斤增产588.2公斤;万亩大豆高产创建示范片亩产达174公斤,比大豆亩产53.3公斤增产120.7公斤。

全县共建设农业科技示范展示区3个,总面积330亩,其中玉米1个,面积130亩;大豆1个、面积100亩,马铃薯1个,面积100亩;共引进试验新品种14个,示范展示优良品种15个。新发展果园800亩,改造中低产果园1200亩,分别超目标任务数14%和20%。在城庄、玉坪、碛口等7个乡镇、15个村新发展设施蔬菜2050亩(完成市下达任务数1450亩的144.8%),其中:新建大棚1900亩,开工新建温室150亩。新建炕连灶828铺,太阳灶2430户,其中:完成2012年退耕还林炕连灶170铺,太阳灶500户。

一村一品 完成马铃薯"一县一业"基地县和83个"一村一品"专业村的项目申报和方案批复工作。建立10个3414试验和10个校正试验,建立1个测土配方肥万亩示范方。实施大禹乡火燎坡等二村3806.9亩中低产田改造(河川地整治与坡耕地综合治理)项目和雷家碛等四村15000亩巩固退耕还林成果基本口粮田建设项目,完成中低产田改造1.88万亩,超目标任务4.4%,新修田间道路2.6万米,整修地埂29万米,打旱井60眼,增施精制有机肥1512吨,增施畜禽肥8173吨。

造林工程 2012年共投入资金1.43亿元,完成营造林14.01万亩,其中:生态林6.18万亩,经济林6.58万亩,封山育林1.25万亩。完成通道绿化40千米,分别完成太佳高速通道绿化30千米,完成刘家会镇通道绿化10千米。完成湫水河、小川河护岸林、护堤林各10千米。在城郊木瓜坪、临泉、安家庄等乡镇完成村庄绿化30个。

交通建设 全年完成县道林家坪至招贤8千米、青凉寺至正觉寺25千米三级公路路面改造工程;完成高家塔、丛罗峪、前曲峪、开阳4个水运码头建设工程;完成南塔至后寨子2.8千米三级油路建设工程;完成碛口桥头改线工程和碛口沿黄扶贫旅游公路改线工程的工可、环评、选址等前期工作,进入设计阶段;在灾后重建任务中完成全县13条县道和5条水毁严重乡道的路基工程,桥涵、护坡、挡墙等控制性工程完成80%,并铺开8座水毁桥梁的主体重建工程。

全县通客车的有517个行政村,共有营运农村班线37条,农村客车68辆,通车率达83%。全年实现客票代理费收入120万元,发送营运34500班次,输送旅客84万人次,班车正班率100%,发车正点率100%,旅客意见处理率100%。

市政建设 铺开城区亮化、城北高速出口美化、水门桥提升改造、城区基础设施灾后恢复重建、凤凰路建设、东峪沟至外环路连接线等工程。建成三个专业市场、一个停车场、三条街路、两个休闲场所和两个覆盖工程。水门桥提升改造、集中供热、湫水河景观区、自来水管网、西山生态公园等城市基础设施恢复重建工程全部完成。

新增城区集中供热面积170万平方米,分批次取缔城区燃煤灶107座,县城8700户居民实现煤改气。

电力建设 完成碛口、安家庄35KV新建变电站工程;石白头110KV输变电、兔坂35千伏输变电工程完成;完成16项164.363千米10千伏线路和186项300.815千米低压线路和16803户户表改造工程;完成18项技改大修项目。拥有110KV变电站2座,主变总容量120000KVA,35KV变电站8座,主变总容量87400KVA;110KV输电线路4条共67.692KM;35KV输电线路12条共220.4581KM;10KV配电线路39条共1861.091KM,配电总容量250065KVA。全年供电量完成44929.7521万千瓦时,同比增加5499.2784万千瓦时。完成年计划51591.658万千瓦时的87.09%。售电量完成40636.9424万千瓦时,同比增加4596.3533万千瓦时。完成年计划

46948.408万千瓦时的86.56%。

钟底35KV输变电升压工程得到省发改委可研批复文件,完成前期设计、设备的招投标工作。离石坪头110KV输变电工程被省发改委批复。白文500千伏输变电工程“四通一平”工作全面铺开。

水利建设 完成农田实灌面积12.6万亩;新增水土流失治理面积8.53万亩;万元工业增加值用水量15.94立方米,比上年下降4.3%;地下水止降返升1米以上。新增有效灌溉面积1.23万亩;新增节水灌溉面积1万亩;全面完成山区千井灌溉富民工程40眼的深井凿井任务。湫水河下游河道新建防护堤7.05千米,疏浚河道5.25千米;湫水河上游河道新建防护堤5.69千米,加固14.26千米,疏浚河道9.383千米。

配合推进中部引黄工程,完成松峪水库前期勘测设计和薛家圪台、刘王沟水库除险加固以及马家湾、高家湾两处沿黄提灌工程。对阳坡、曹家岭、太平、薛家圪台、刘王沟等5座中小型水库进行除险加固。新建34处36个村2.5123万人的饮水安全工程。

通信资源 网通:全年新增宽带接4500线(包括FTTH3000线、AD1500线),新增3G基站48个,新增2G基站24个,完成村通项目182个。3G业务累计净增出账用户2404户,2G业务累计净增出账用户4767户,宽带业务累计净增5800户。

电信:烟草E通入网客户31户,翼校通推白卡用户入网127户,移动网用户入网131户。有互联网专线入网18条。

文化艺术 2012年碛口申报为首批省级文化生态保护区;《碛口号子》《麻峪豆腐》申报为市级非物质文化遗产项目。组织10名伞头参加晋陕蒙三省六市优秀秧歌伞头选拔赛,青年伞头新秀赵江荣获第一名;舞蹈《走四方》在青岛参加中国十艺节“群星奖”的复赛;创建碛口书画网。出版《临县地税志》《临县饮食文化》《红色临县》《临县年鉴》《中国历史文化名村·西湾》《中国历史文化名镇·碛口》等书籍。推动《临县志》《临县文化志》《临县人口志》的编修工作;启动《中国共产党临县历史》(一、二)卷的编写。农村公益电影放映场次7684场。对631个农家书屋、19个乡镇综合文化站建设进行建设扫尾和完善,修建三交、城庄、石白头、湍水头4个乡镇综合文化站。

教育事业 2012年将西部10个乡镇216所中小学调整为25所。综合整治体育场地113处。高级中学三幢教学楼、学生宿舍楼、单职工宿舍楼、实验楼、培训中心等项目主体基本完成,进入装修装饰阶段。

医疗卫生 铺开总投资1166万元的白文等6个中心卫生院辅助设施建设项目和总投资173万元的临县急救中心基础设施建设项目,新城人民医院主体已建成。全年为44.15万农业人口和4.53万非农业人口建立居民健康档案,为47万人建立电子档案;15岁以下人群乙肝疫苗补种人数达18783人;高血压患者管理达30085人;糖尿病患者管理达8059人;重性精神病患者管理达1415人;老年人管理达48869人。

全县农业人口568459人。2012年度累计参合人数533252人,参合率达93.80%。参合农民个人缴纳资金共0.3亿元,总筹资金额1.55亿元。

社会保障 全县新增就业人数8680人,下岗失业人员再就业人数4980人,就业困难对象再就业人数412人,创业带动就业人数4820人,新增转移农村劳动力9080人,分别完成全年任务(2500人、800人、100人、600人、3000人)的347%、622%、412%、803%、302%。全县城镇登记失业率为2%,控制在吕梁市定指标4.2%以内。

全县下岗失业人员再就业培训1400人,创业培训108人,农村劳动力技能培训2620人,职业技能鉴定1576人,分别完成全年任务的200%、120%、374%、426%、135%。

全县参加企业养老保险的单位共100户,参保人数达15345人,其中,非公有制经济及个体参保人数达5464人,基金征缴收入5300万元,完成全年任务的100%。发放养老金8500万元,发放率达100%,实现养老金按时足额发放。

参加机关事业养老保险的单位共260户,参保人数达13848人(其中在职职工10449人,离退休职工3399人,转出人数14人),基金征缴收入5900万元。

参加职工医疗保险的单位共252户,医疗参保人数达18418人。其中,在职人员14576人,退休人员3842人。生育保险参保人数达22840人。基金征缴收入医疗保险3019万元,生育保险万元。全年审核报销人次,医疗保险1028人次,支出2793万元;生育保险65人次,支出16万元。

参加失业保险的单位共224户,参保职工20698人,基金征缴收入345万元,完成全年任务的115%。

参加工伤保险的单位共44户,参保职工20136人(煤炭生产企业2861人,非煤炭企17275人)。其中,农民工5583人,基金征缴329.5万元,待遇发放额为376.7万元。

全县新型农村社会养老保险参保人数335866人,基金征缴收入2603万元,领取待遇人员60140人,待遇发放为4265万元。

城镇居民医疗保险参保人数达34500人,基金征缴收入102.98万元,待遇支付498.91万元,审核报销759人次,社会养老保险参保人数达7000人,基金征缴收入55万元,领取待遇人员1476人,待遇支付106.27万元。

续建2011年度530套保障性住房主体;开工建设廉租住房建设任务300套,棚户区改造100套,限价商品房614套;完成危房改造716户。2012年,共1216户3351人经复核可享受廉租房租赁补贴。

洪涝灾害 7月27日7时到10时,石楼县境内普降中到大雨、局部地区突降特大暴雨,县城及周边地区降雨量达106.1毫米,兔坂镇监测雨量达197毫米,为65年来最大的一次暴雨。28日2时到6时,全县监测雨量达36.1毫米。30日17时到31日8时,全县再次降雨40.4毫米。前后三日累计最大降雨量达273.5毫米,为年平均降水总量518毫米的

52%。据市水文局初步调查,27日一小时最大降雨量80.2毫米,约200年一遇,24小时实测最大降雨量274毫米,是近500年重现期;暴雨中心区域最大降水325毫米。这次特大暴雨洪涝灾害,致使全县23个乡镇558个村25.67万人不同程度受灾,造成直接经济损失15.92亿元。据统计,全县农作物受灾面积32833公顷,大畜死亡98头,猪死亡1356头,羊死亡3864只,鸡死亡36120只,损毁圈舍6000平方米,直接经济损失3.37亿元;居民房屋倒塌1179户2323间,严重损毁3312户7791间,一般损毁9126户19466间,加上居民家庭财产损失,直接经济损失达5.3亿元;全县有434条道路损毁,导致14个乡镇236个村交通中断;损坏人畜饮水安全工程285处(其中水井270眼),导致11.78万人2914头牲畜饮水困难;造成全县17个乡镇,324个村庄,17178户60124人口停电;全县大面积信号中断。另外,市政、教育、卫生、文化、体育等基础设施和公益设施损毁严重;全县工矿企业不同程度受损。 (张海红)

·柳林县·

中共县委书记	王 宁
县人大常委会主任	陈繁昌
县 长	武跃飞
县政协主席	杨登生

【简述】 柳林县北纬37°08′~37°37′,东经110°39′~110°05′,全县国土面积1288平方千米,辖8镇7乡,总人口30.12万。柳林瑰宝遍藏,名产荟萃。名列全国“八大枣系”之首的“柳林木枣”成林面积26.5万亩,正常年景产量3000万公斤。全县储煤面积达800多平方千米,煤炭探明储量达54亿吨,远景储量达80亿吨,其中被誉为“国宝”的4#优质主焦煤占60%以上,为全国三大优质主焦煤基地之一。此外,柳林还蕴藏着石灰石、铝钒土、煤层气等多种极具开发价值的矿产资源。依托资源,柳林县基本上形成“红、白、黑”三色产业格局。

2012年,全县地区生产总值完成280.2亿元,同比增长14.8%,增速在全省22个扩权强县中位居第一;财政总收入完成86.36亿元,同比增长19.58%,巩固“吕梁第一、全省第二”的位置;一般预算收入完成25.35亿元,同比增长52%,总量位居全省第一;固定资产投资完成92.99亿元,同比增长19.7%;居民消费价格指数为2.7%,同比回落2个百分点;社会消费品零售总额实现26亿元,同比增长15.9%;城镇居民人均可支配收入实现21226元,同比增长17.9%;农民人均纯收入实现7596元,同比增长18.7%。各项经济指标总量和增幅继续保持全省全市前列。

产业转型 全年共铺开总投资645亿元的55个重点工程项目,开工54个,完成投资150.09亿元,超计划任务37个百分点,获“全省重点工程项目先进县”荣誉称号。在全省、全市率先提出并全面推行“1+2”转型发展新模式,即全县所有的煤炭主体企业和各驻柳大企业都必须上马一个真正意义上的转型项目,同时领办或扶持一个农业园区。全县8个煤炭主体企业和2个驻柳国有企业按照这一模式上马总投资58亿元的12个非煤转型项目,同时领办和扶持总投资116.5亿元的9大农业园区,开辟柳林县“以煤为基,多元发展”的产业转型新路径。筛选11个领域214个高科技项目充实到转型项目储备库,初步形成“谋划一批、立项一批、储备一批、建设一批”的转型项目梯度循环体系。

城乡建设 全年铺开的各类城市建设项目总投资达38.8亿元。完成《县城总体规划》《县域城镇体系规划》及10个专项规划;实施北大街建设、贺昌大街升级改造及薛家湾、青龙、锄沟城中村改造等工程;新开通庙湾至汇丰中学、鑫飞中学和清河广场至柳林南站免费公交,以及县城至李家湾城际公交;城区新增供热面积32万平方米、供气1800户,集中供热总面积达60万平方米、集中供气达13053户;太中银铁路柳林南站正式通车,柳林铁路货物集运站开工建设。加大造林绿化力度,全年投入造林绿化资金3.5亿元,新增绿化面积11.6万亩,森林覆盖率达32%,被国家林业局授予“全国生态建设突出贡献奖”;加快城乡基础设施建设步伐,总投资6亿元的聚雅、八石、康前公路推进;总投资11.8亿元的横泉水库引水、黄河提水、中部引黄三大重点水源工程进展顺利;农村“六项重点工作”和“方便农民五件实事”年度目标任务完成,获得全省农建“禹王杯”和“全省农民增收先进县”等荣誉。城乡公共基础设施一体化进程加快。

民生事业 财政全年用于民生事业的资金占可用财力的85%,直接用于教育投资7亿元,医疗卫生投资1.6亿元,社会保障投资2.6亿元,文化事业投资5000万元。鑫飞、汇丰中学投入使用,高中阶段免学费全面实行,医改工作深入推进,500套经济适用房、500套廉租房和264套公租房建设启动,城乡低保、五保、孤儿救助标准提升,安全生产态势平稳,“三大活动”等一系列民生事业都有改善。

民主法制 2012年共办理人大代表建议和政协委员提案166件,办复率100%。开展“省级依法行政示范县”创建工作,在全省、全市率先委托北京大学、中国人民大学专家编制《柳林县法治政府建设总体规划》,推动民主法制各项工作的强化和提升。司法部授予柳林县“全国法治县创建活动先进单位”荣誉称号。

人事、审计、计生、档案、史志、老龄、残联、人防等各项工作都取得长足发展,成绩均居全省、全市前列。

(张 一)

·石楼县·

中共县委书记	闫孝敏
县人大常委会主任	孙卫东
县 长	刘应刚
县政协主席	郑连弟

【简述】 石楼县北纬36°51′~37°16′,东经110°22′~111°6′。

2012年石楼以县委、县政府确立的“十大工程、十大项目”(十大工程为:城市建设工程、道路建设工程、核桃产业建设工程、红枣产业工程、生态建设工程、兴学育人工程、薛家垣农业生态园工程、中南铁路建设工程、坪底水库工程、干部培训教育工程。十大项目是:煤炭产业项目、煤层气开发项目、水泥产业项目、电力项目、有线电视村村通项目、红色旅游项目、黄河第一湾开发项目、片区开发项目、红枣核桃深加工项目、沿黄旅游公路项目)为工作重心,以扶贫开发和经济转型跨越发展为主攻方向,以新思路引领新发展,以新举措谋求新突破,经济社会发展取得明显成效。

2012年全县地区生产总值完成70300万元,同比增长9.05%,占吕梁市生产总值预计完成1300亿元的0.54%;规模以上工业增加值完成15411万元,同比增长11.08%;固定资产投资总额完成71613万元,同比增长18.5%;社会消费品零售总额完成17656万元,同比增长18.33%;财政总收入完成11701万元,同比增长3.22%,占吕梁市财政收入341.66亿元的0.34%;一般预算收入完成6623万元,同比增长14.98%;城镇居民人均可支配收入完成10103元,同比增长18.8%;农民人均现金收入完成2452元,同比增长36.1%。主要经济指标的增幅位居全省、全市前列。

三农工作 在薛家垣村投资1100多万元,实施"77633"工程,创建黄土高原农业循环经济园区的新模式。编制"七大空间区域规划";建成七大农业产业基地(千亩玉米产业基地、千头猪场基地、万只鸡场基地、50个大棚蔬菜基地、千亩红葱基地、两千亩核桃林基地、千亩钙果基地);实施水电路等六大相关配套建设工程;启动三方面的可再生能源利用建设项目;形成三条生态循环链(包括养殖—粪便—沼气、沼液—农、林、蔬菜供热循环链,生态林草—养殖—有机肥—绿色农产品循环链,农作物秸秆—生物菌类分解转化—绿色食品循环链)。

依托片区开发项目,发展核桃产业。在东部灵泉、罗村、龙交3个乡镇20个行政村集中连片发展核桃3万亩。由过去专业队单一施工变为农户自主和专业队相结合的实施方法,并根据核桃苗木的成活情况,分年度按5:3:2比例逐年给予付款。

稳定粮食生产水平,全年粮食产量达6723公斤,发展三大农业产业。一是发展以设施蔬菜为重点的种植业。整合资金3154万元,建成422栋设施蔬菜,占市下达任务300亩的140%,其中日光温室300栋。投入使用的设施蔬菜有354栋,占总数的84%,占任务的118%。二是发展以核桃为主的林果业。在提升红枣品质的同时,投资2100万元新发展核桃6万亩,全县核桃面积已累计达27万亩,年产量300万公斤,产值达6000万元。三是发展以生猪为重点的养殖业。投资1100万元重点新建3座现代化自控养猪厂。全县畜禽养殖户较大规模以上的有1300余户。

招商引资 2012年与大唐山西分公司、中煤集团大屯公司、北京中海沃邦能源投资有限公司和山西新天能源股份有限公司四大公司分别签定战略合作协议。工业建设初步形成煤炭、天然气和水泥三大支柱产业,其中天然气和水泥两大产业的项目建设被列为全市百项重点工程项目。煤炭产业上,推进山西华润联盛赵家沟和介板沟两座煤矿标准化建设,支持山西石楼煜隆煤气化有限公司与中煤集团实现联合经营,保留年产100万吨的焦化项目。天然气产业上,一方面加快天然气(煤层气)开发进度,累计完成28口井的钻探,其中4口井进行压裂试气,编制石楼西区块北部的储量报告和下一步井位开发计划,完成投资4.2亿元;另一方面,总投资13.9亿元的LNG煤层气(天然气)液化项目取得"路条",承载企业的从业资格被批复,成为全省唯一一家得到批复的县级企业,项目立项手续已报省发改委。水泥产业上,总投资5亿元、日产4000吨熟料的新型干法水泥生产(带余热发电)项目,立项、土地手续已办理,省环保厅批准污染物排放总量,办理环境影响报告书,项目开始基建,2012年共完成投资1.5亿元。

城乡建设 在县城建设上,先后引进3个房地产开发企业对城郊王村、塔底和西河村三个城中村实施改造,建设面积达31万平方米。王村、塔底城中村改造一期工程开工建设,西河工程年内完成拆迁征地工作。水利方面,投资456万元,完成41处人畜饮水工程,投资1600万元,完成40眼"一村一井"灌溉工程,开工建设总投资2.5亿元的坪底水库工程。电力方面,新建义牒35千伏变电站,完成罗村110千伏变电站立项任务,确定中南铁路配套220千伏变电站建设地址。改造升级涉及22个自然村496户的农网线路和131千米的10千伏线路。交通方面,争取西纵高速公路连接线的立项建设;开展中南铁路石楼火车站扩建及站前广场建设的各项前期工作,启动煤炭集运站的建设。通讯方面,手机信号网络实现重点企业、重点建设工地和主要交通地段全覆盖,广播电视信号也实现村村通。

社会事业 农村幼儿园建设,铺开52个村,完成46个村,占市下达任务的184%;红白喜事厅建设,铺开74个村,完成建设68个村,占任务的170%;洗澡理发室建设,铺开79个村,完成建设70个村,占任务的194%;磨面豆腐房建设,铺开82个村,完成建设77个村,占任务的240%;太阳能路灯安装,铺开61个村,完成40个村,占任务的100%。在社会保障工作方面,新增城镇劳动力就业岗位1260个,输出农民工2300人。6125名城镇职工和6649名城镇居民享受到医保,8.5万名农民享受到新农合,47个企业的658人享受到企业养老保险,1.02万农民享受农村养老保险。全县5900人享受到城市低保,1.34万人享受到农村低保。全县普通高考达线304人,达线率连续第六年居吕梁山区九县第一,职业中学对口升学考试首批本科达线109人,升学率居全市排名第一。医疗卫生工作上,推进医疗卫生体制改革,加强医疗队伍建设,城乡综合医疗服务水平提高。安全生产工作上,执行领导干部"一岗双责"制度,开展安全生产隐患排查治理和"打非治违"专项行动。开展"大排查、大接访、大化解"三大活动,落实信访工作责任制。

全县共排查出群众诉求19737件,已经解决19722件,解决率达到99.9%;中央、省、市交办的38件信访案件全部结案;县内各级各部门接访的16690批次22400人次的信访案件化解16465件,化解率达98.7%,息诉16393件,息诉率达98.2%;59个重点信访案件全部化解。全县2012年没有发生一起进京非正常越级上访,赴省到市上访量也比上年明显下降。

(郑凤斌)

·岚 县·

中共县委书记	薄宇新
县人大常委会主任	丁清泉
县长	油晓峰
县政协主席	李拴珍

【简述】 岚县北纬38°31′~38°58′,东经111°12′~111°52′。全年地区生产总值完成16.29亿元,同比增长10.8%;财政总收入突破10亿元大关,完成10.01亿元,同比增长166.3%,增幅全市第一;规模以上工业企业增加值完成6.43亿元,同比增长19.7%;固定资产投资完成60.5亿元,同比增长30.5%;社会消费品零售总额完成7.43亿元,同比增长14.5%;城镇居民人均可支配收入完成13638元,同比增长14%;农民人均纯收入完成3381元,同比增长18.6%。

项目建设 推进列入市考核的总投资230亿元的37个重点工程项目。省重点项目、亚洲规模最大的露天冶金矿山——太钢袁家村铁矿项目及配套的200万吨球团项目建成试产,金隅日产2500吨干法水泥、正利150万吨煤矿等项目相继建成投产。普明工业园区30万吨铸件项目推进,被省经信委确定为“山西省新型工业园区铸造产业示范基地”。岚县被评为全省重点项目落地、工程建设先进集体,获全市重点工程项目考核先进县市一等奖。招商引资实现历史性突破,全年签约项目总投资近1000亿元,转型跨越后劲增强。

农业生产 全县马铃薯种植面积超过20万亩,被省政府确定为“全省马铃薯生产示范基地县”。通过10万亩无公害马铃薯产地、产品认证,实现包装上市。注册“岚县土豆”商标,与太原美特好、沃尔玛等超市签订“岚县土豆”直销合同。上马大型马铃薯加工生产线,年加工转化马铃薯7.2万吨。占地250亩、投资1.3亿元的集电子交易大厅、产品检验检测中心、恒温贮藏窖等为一体的马铃薯批发市场主体建成。油松育苗总面积突破4万亩。新增设施蔬菜面积903亩。

扶贫开发 编制完成《岚县区域发展与扶贫攻坚规划(2011-2020)》。投入专项扶贫资金900万元,实施涉及12个乡镇18个村的整村推进项目。片区扶贫开发马铃薯产业项目完成1500亩原种繁育、20000亩一级种薯种植和63000立方米薯窖、25000平方米防芽网棚建设。完成劳动力转移培训500人,转移400人,转移率达80%以上。完成20个自然村、3所农村中小学17处安全饮水工程,解决9000人、1000头大畜的饮水安全问题。完成新农村建设20个重点推进村、8个“百村行动计划”村和1个新农村连片示范区规划编制及“四化四改”“五个一”工程。

市政建设 投资3200余万元,完成向阳路、秀容街、民觉路、滨河北路升级改造工程和县城供水工程改造及新水厂建设。投资9000余万元,对县城供热、供水、供气等市政公用设施进行配套建设。完成1000套棚户区改造任务,开工建设190套1.33万平方米经济适用房、1310套限价商品房一期和200套廉租房。投资13.5亿元,在吕梁市成功创建第一个国家卫生县城,被全国爱卫办授予“2012年度国家卫生县城”,被省爱卫会授予“病媒生物防治工作先进县”“农村改厕先进县”“城乡环境卫生整洁行动先进县”等。加快生态建设,全年造林8.5万亩,全县森林覆盖率提高3个百分点。开展绿色生态工程三大环保攻坚行动,城区二级以上天数347天,其中一级天数124天。

民生事业 投资3.4亿元、占地270亩的30轨制岚县中学新建项目主体完工。投资2亿元的12轨制岚县职教中心开工建设。投资2亿元、拥有490张床位的岚县人民医院新建项目推进。全县乡村医疗卫生机构实现全覆盖,被省政府评为“村卫生室全覆盖先进县”。城镇居民和职工基本医疗保险参合率达95%,新农合参合率达100%,基本医疗保障制度初步建立。全县所有公立医疗机构全部实行国家基本药物制度,实现药品零差率销售,群众看病难、看病贵的问题得到缓解。挖掘岚县文化底蕴,拍摄历史文化专题纪录片《岚之风》,出版发行《炎黄地理》岚县专刊,岚县知名度和影响力提升。4388名城镇贫困人口和19831名农村贫困人口纳入救助范围。对1425名农村五保对象和112名孤儿给予生活、就学资金保障。积极开展灾害救助和大病医疗救助,年内下发救灾资金88万元,医疗救助资金345万元。对干部津补贴、城乡低保、大病救助、新农保、新农合等9项民生事业提档扩面,增加财政支付6300余万元。

完成全县农村街巷硬化、农村便民连锁店、农村文化体育活动场所、中等职业教育免费、新型农村社会养老保险新的农村“五个全覆盖”任务,县政府在年初向全县人民承诺的“十件实事”全部兑现,“方便农民五件实事”年度目标任务完成。

社会管理 开展“大排查大接访大化解”活动,排查出的信访突出案件、民生诉求等10个方面1.6万个问题均得到有效化解,被吕梁市委、市政府授予“‘三大活动’综合工作先进县”。构建安全生产网格化管理体系,落实企业安全生产和政府部门安全监管两个主体的责任,在煤矿、非煤矿山、消防、道路交通等各行业、领域扎实开展安全生产活动。开展“打黑除恶”等专项行动,惩治一批违法犯罪分子,维护全县社会秩序稳定。引深“三大活动”,在全县范围内开展“三地”确权、“三资”清理、“三务”公开、“三税”征收、“三违”整治、“三基”建设等农村“六项工作”,从源头上预防农村基层矛盾和问题的产生,为岚县打造和谐稳定的社会环境。

(郭学民)

·方山县·

中共县委书记	闫孝敏*
	李少杰
县人大常委会主任	任年有
县长	田安平
县政协主席	林　祥

【简述】 方山县北纬37°36′~38°18′，东经111°02′~111°34′之间。总面积1434.1平方千米，耕地面积33万亩，林地面积165万亩，森林覆盖率为41%；辖5镇2乡，169个行政村，总人口14.5万。

方山县最高海拔2831米，最低海拔987米。年平均降雨量400~600mm，无霜期90~150天。农作物以玉米、谷子、马铃薯、蔬菜为主，是吕梁市重要的菜篮子基地。

全县水资源总储量达1.0931亿立方米，人均拥有水量780立方米，拥有总库容8123万立方米的横泉水库。可开采的矿产资源主要有煤、铁、铝矾土、稀土、蛭石、透闪石、辉绿岩等20多种。其中煤探明储量2.9亿吨，铝土矿预测储量6000万吨，主要分布于大武、峪口两镇西部与临县毗邻的店坪及张家塔、石站头矿区。境内交通便利，区位优势明显，209国道纵贯南北，太佳高速横贯东西，太中银铁路吕临支线、吕梁机场、吕梁环城高速正在建设，“铁公机”三位一体的交通格局初步形成。境内可开发的旅游景点达24处，其中国家级风景名胜区北武当山享誉全国。

2012年，地区生产总值完成26.6亿元，增长4.3%；规模以上工业增加值完成18亿元，增长2.68%；固定资产投资完成12.1亿元，增长19.18%；社会消费品零售总额完成6.47亿元，增长13.82%；财政总收入完成8.44亿元，增长17.49%；一般预算收入完成3.04亿元，增长21.85%；城乡居民收入分别达到14596元、3029元，增长13.2%、18.7%。

项目建设 74个重点项目建设全面推进，其中33个市县重点项目完成投资50.5亿元，占任务125%；3个全市百项重点项目完成投资5.7亿元，占任务105.4%。城区集中供热一期工程投入使用，天然气入户工程通气，太佳高速方山连接线、北川河生态综合治理、新高中建设等工程开工；金晖瑞隆、金晖凯川、汇丰新星三座煤矿进入联合试运转，安华汇丰、宏泰铝业两户铝矾土企业入驻市政府新批准方山县设立的积翠工业园区，国电马坊风力发电项目由国家能源局初步核准。

三农工作 全年农、林、水事务投入1.26亿元，是近年来投入最多的一年。粮食总产量3.3万吨，被评为全省粮食生产先进县。实施“农业六大工程”，新建成设施蔬菜2347亩(其中大棚2037亩、温室310亩)，占任务的161.9%；新打井10眼，可灌溉农田2300亩；新栽核桃林3万亩，全县总面积达12万亩，完成横泉水库周边绿化3000亩、北武当山旅游路绿化4000亩、太佳高速两边荒山绿化1万亩、灌木造林3万亩；完成整村推进20个村，扶贫移民830人；新建千头肉牛、绒山羊标准化养殖小区4个；打造15个高标准新农村。

民生事业 “五个全覆盖”完成，“方便农民五件实事”推进。优先发展教育，全年教育支出占一般预算支出的18.04%，对全县32所中小学、14所乡村幼儿园进行维修改造，城南幼儿园主体工程竣工，落实中等职业学校学生资助政策，职业教育、成人教育、农村教育提升；加强公共文化服务设施建设，乡镇文化站、农家书屋、广播电视村村通等重点文化惠民工程实施；加快旅游产业发展，完成北武当山、南阳沟风景名胜区总体规划；深化医药卫生体制改革，基本药物制度在基层医疗机构实现全覆盖，新型农村合作医疗参合率达98%；全年出生人口控制在7.94‰，自然增长率控制在5.82‰；拓宽就业渠道，城镇登记失业率控制在2.1%以内；扩大保障范围、提高保障标准，全年共发放城乡低保金、农村五保供养金3081万元。为县直财政供养人员补发一年的津补贴，人均月增资345元。

社会管理 推进基层社会服务管理体系建设，强化城乡社区服务功能，加强流动人口和特殊人群服务管理。开展“三大活动”，共排查出19035个民生诉求和矛盾纠纷，化解率达99.9%，全县信访总量同比下降7%。抓好安全生产，落实安全生产责任制，开展“安全生产年”“打非治违”、百日安全生产专项整治、安全隐患专项排查治理等一系列整治活动，加强煤矿、非煤矿山、道路交通、食品药品、防火防汛、特种设备等各个方面的安全生产工作，全年未发生重大安全责任事故。

(高海龙)

·中阳县·

中共县委书记	刘广龙
县人大常委会主任	高升平
县长	王建国
县政协主席	郭润保

【简述】 中阳县北纬37°03′~37°27′，东经110°50′~111°29′，东西长45千米，南北宽47千米。总面积1441.4平方千米。辖5镇2乡(宁乡镇、金罗镇、枝柯镇、暖泉镇、武家庄镇、下枣林乡、张子山乡)，100个行政村(居)委。2012年底，全县居民总户数54637户，总人口数155101人，其中，农业人口101368人，人口自然增长率为5.32‰，人口密度为107人/平方千米。

2012年，中阳县日照总时数2597.0小时，年平均气温7.8℃，年总降水量为580.0毫米，全年无霜期为202天。

2012年，中阳县全年地区生产总值完成62.3亿元，规模以上工业企业总产值完成128.45亿元，同比减少26.2%；财政总收入完成18.93亿元，同比增长5.5%；全社会固定资产投资完成28.25亿元，同比增长31.8%；金融机构各项贷款余额为43.3万元，增长11.5%，全县金融机构各项存款余额71.8万元，增长0.66%；社会消费品零售总额10.36亿元，民生事业改善，城镇居民人均可支配收入15282元，同比增长15%；农民人均纯收入4345元，同比增长16.6%；城区空气质量改善，二级以上天数达350天。

农业经济 2012年，全县耕地总面积19.73万亩，粮食播种面积13.8万亩,粮食产量为2158万公斤，全县畜禽饲养总量达486496头(只)，实现肉类总产量达2509.9吨，畜牧总产值6325万元，牧业农民人均收入达400元。

“三农”工作不断加强。2012年，全年财政投入1.24亿元,增长59.9%;新栽核桃2万亩，顺利建成20万亩优质核桃基地，核桃产量400万公斤,销售收入8000余万元;硬化核桃园区道路723千米，配套旱井1972眼;新发展设施蔬菜482亩;开工建设厚通10万头生猪、紫云10万只羊等养殖项目;农林牧渔业总产值2.08亿元,比上年增长12.1%。完成灌溉面积2.5万亩，完成新增有效灌溉面积0.11万亩；完成农村饮水安全工程，2012年新建饮水工程26处，淤地坝20座，解决26个自然村,7000人的饮水安全问题；造林绿化力度加大，生态营林1.5万亩，综合改造低效林2.15万亩,通道绿化18千米,被省政府授予“林业生态县”称号。完成农村新“五个全覆盖”,推进“方便农民五件实事”,三年任务一年基本完成。

工业经济 2012年中阳县产业建设重点实施25个工业项目，当年完成投资79亿元。其中,1对煤矿竣工投产,4对进入三期工程;中钢一体系升级改造、桃园东义200万吨水泥熟料项目基本建成,福裕煤化工2座焦炉建成；鑫泽金属50万吨丝网项目竣工投产;大唐桃园发电项目已上报国家发改委待批。项目建设拉动经济发展,全县规模以上工业增加值实现51.21亿元,同比减少4.0%。累计实现销售收入115.1亿元，实现利税11.9亿元,实现利润6亿元。2012年,全县万元GDP能耗为3.173吨标准煤,比上年下降4%。

客都购物等三产项目正式投入运营，社会消费品零售总额10.37亿元,增长15.5%。外贸进出口总额完成3.4亿美元。工业企业主导产品产量,原煤生产646.8万吨；洗煤353.7万吨；焦炭产量89.2万吨；生铁产量223.8万吨;水泥产量47.2万吨;钢材产量197.7万吨。

交通邮电 2012年底，全县新增通车里程16.2千米,完成农村路网改造13.5千米,全年完成公路建设投资2亿余元。全年累计投放客车19200余班次，运输旅客75万多人次；全县新增货车117辆,966.74个吨位。全县共有营运性货车2065辆,20961.52个吨位,完成全年货物运输的各项任务。

2012年全县邮政业务收入累计完成1010万元,同比递增21%;邮政储蓄年末余额54046万元,同比递增17%。联通中阳分公司主营收入累计完成1957万元,同比增长12.37%,3G用户净增781户;宽带用户达1.02万户；移动中阳分公司共有9.8万手机用户,普及率73%,接入互联网用户1300户,营业额7000万元,共有基站120个;在农村72个村5700户村民实现收看中阳电视台第一套节目。

文化 教育 卫生 全县有综合多功能文化活动中心、中兴广场、体育场和11个基层文化站等文化活动场所;设有线电视台、图书馆、文化馆等文化机构。2012年,《中国·中阳剪纸》编辑出版;中阳刺绣列入市第七批非遗项目;举办群众性文化活动1000余场次,举办吕梁市油画家协会中阳巡展;成立农村公益电影放映服务站,全年农村放映1046场次,送戏下乡演出活动30余场次;《刘云光文集》和《金厚文集》申报山西省“五个一”文艺类图书;投资1000余万元修建乡镇文化站和87个农家书屋。全县共发展有线电视用户11000余户,村村通直播用户5200余户。

2012年,全县共有中小学、幼儿园59所，其中高中和职业中学各1所、初中5所、小学28所、幼儿园24所;各类学校专任教师2339人,在校生29491人。全年教育经费投入1506.7686万元，学前三年教育工程提前完成,投资4360万元,新建、改扩建、提升幼儿园33所;纳入薄弱学校改造计划的6所学校竣工投用;宁兴学校全面托管中阳二中;高考二本以上达线422人,中考500分以上达到285人,中考继续保持全市先进水平；教育保障和资助体系健全,5631人次享受到补助、贷款等优惠政策；利用中钢爱心助教资金培训教师7769人次。专利申请29件。

2012年,全县共有卫生机构117个,其中县级4个,乡镇卫生院、社区卫生服务站11个,村卫生所100个,疾病预防控制中心、卫生监督所各1所。县级公立医院综合改革九项指标全部完成,县医院实行药品零差率销售,工资、经费全额纳入财政预算;新农合保障水平提高,全县应参合农民95832人,实际参合92099人,参合率96%。各级财政对新农合的补助标准从每人每年200元提高到240元。普通门诊统筹补偿比例提高到80%,住院补偿封顶线提高到15万元，行政村定点补偿新增51个。人口与计生工作加强,人口自然增长率5.32‰。

基础设施建设 2012年,坚持城乡同步规划、同步建设,综合承载能力进一步增强。城区三条街(路)建成通车,3座人行天桥接近完工，二郎坪生态公园进展顺利，中阳县第一人民医院开工建设,“四馆合一”工程完成规划设计,一批商住小区建成;城区新增集中供热面积18万平方米、排洪排污管网6.4千米、集中供气2000户。

城镇建设步伐加快,金罗、枝柯等中心集镇铺开公园街道、集贸市场等一批建设项目;张子山乡三期移民工程进展顺利,梗阳煤业一期移民工程主体完工;农村新“五个全覆盖”圆满完成,“方便农民五件实事”三年任务一年基本完成。

水电路等基础设施建设有力推进,万年饱—吴家峁运煤专线部分路基成型;原209国道街道路一体化改造工程金罗段竣工通车;东山绕城国境公路进入设计招标程序。完成农村安全饮水工程26处、淤地坝20座；城南110KV变电站建成投运。

社会生活 2012年，城镇居民人均可支配收入15282元,同比增长15%;农民人均纯收入4345元,同比增长16.6%。城镇居民人均住宅建筑面积26.5平方米，农村居民人均住宅建筑面积29.44平方米,人均公共体育场地面积0.93平方米；农村自来水普及率50.38%，城市集中供热普及率60%。

社会保障体系健全。2012年,新

增城镇就业2500人，下岗失业人员再就业350人，城镇登记失业率为4.1%。事业人员绩效工资足额兑现,公职人员住房公积金普遍增加。职工养老、医疗、失业、工伤、生育五大保险覆盖面扩大;农村养老保险、城镇居民养老保险参保人数分别完成市任务的100%、167%;城乡低保、农村五保对象19005人,占总人口的12.4%;城乡大病救助、困难群众救济3200人次、374万元。廉租房一期、二期工程全部完工，三期工程顺利铺开;一中经济适用房主体完工。

2012年中阳县共排查整治治安隐患109起，整治治安乱点8处,清理整顿九小场所53家，净化社会治安环境。开展冬季严打整治百日大会战，全年共破获各类刑事案件149起,查处治安案件328起。加强以煤矿为重点的安全生产,开展覆盖各行业领域的三轮百日专项行动,通过分类整治、挂牌督办、专项督查等措施,企业本质安全水平提升。开展“大排查、大接访、大化解”活动,调处各类矛盾问题21756件,化解率100%、息诉率98.4%;维护社会和谐稳定。

(中阳县史志办)

·交口县·

中共县委书记	郑明珠
县人大常委会主任	王熙平
县长	徐宇平
县政协主席	周来有

【简述】 交口县北纬36°43′~37°12′,东经111°03′~111°34′。东西长46千米，南北长53千米，全县总面积1257.61平方千米，森林覆盖面积占全县总面积的65%。辖4镇3乡,95个村民委员会,381个自然村。2012年底,全县耕地面积40.9万亩,总人口124336人,总户数46114户,其中农业人口98786人，非农业人口25550人,男64176人,女60160人,全县人口自然增长率控制在5.84‰。

交口县属湿带大陆气候区,多年平均日照时数为2627小时，每日平均日照时数为7.65小时。多年平均气温为6.7℃，年平均降水量为618毫米，无霜期为142天，最大值为181天,最小值为122天。

2012年全县地区生产总值40亿元,同比增长20%;规模以上工业增加值37亿元,同比增长25%;全社会固定资产投资24.3亿元,同比增长31%;财政总收入达18.01亿元,同比增长69.64%；一般预算收入5.65亿元,同比增长31.35%;社会消费品零售总额3.7亿元，同比增长17.8%;服务业增加值6.1亿元，同比增长14.3%，城镇居民人均可支配收入13914元,同比增长15.3%;农民人均纯收入5076元,同比增长23%。主要经济指标均实现两位数增长,其中地区生产总值、工业增加值、财政收入、固定资产投资等主要经济指标增速均居全市靠前位次。

社会发展 提升传统产业,发展新型产业,推进产能整合,确定实施煤炭提升、工业转型、农业产业、三产服务、基础设施5大类53个重点工程项目,概算总投资329.12亿元。截至年底,完成立项43个,土地28个,环评37个,37个项目开工建设,16个项目投产投运，累计完成投资126.1亿元。其中,5个市“百项重点工程”项目,概算总投资189.06亿元,完成立项4个、土地2个、环评4个,5个项目开工建设,2个项目部分投产,完成投资58.15亿元;23个市考核县重点项目,概算总投资66.53亿元,完成立项19个，土地11个，环评17个,17个项目开工建设,5个项目部分投用，完成投资33.07亿元;25个县立重点工程项目，概算总投资73.53亿元,完成立项20个,土地15个,环评16个,15个项目开工建设,9个项目建成投用,完成投资9.5亿元。华瑞煤业生产能力提升为300万吨/年;华润联盛梁家沟煤业申请开采方式变更;能源鑫建煤业、华润联盛孟家焉煤业、永兴煤业3个基建矿主体工程基本完工;能源晟凯煤业完成主体工程的80%；山西煤运天宁煤业办理前期手续。旺庄130万吨/年二期60万吨焦化项目具备投产试运行条件，推进200万吨大型焦化项目建设;推进同兴公司铸造基地及炉前项目建设,10户铸造企业全部完成立项、环评、土地等手续办理,天马、旺庄、三雍、龙盛4户企业首期工程建成投产,三鑫、晶泰、兴荣3户企业完成设备安装,鑫海、天鹏2户企业完成厂房建设，全县铸件产能达50万吨。全县焦、铁产量分别实现70万吨、32万吨，同比分别增长6.7%和40.30%。信发集团氧化铝项目一期120万吨投入试生产，二期120万吨完成总工程量的90%;中铝集团兴华科技200万吨/年一期70万吨特种氢氧化铝及深加工项目土建工程完成40%；道尔200万吨/年铝矾土品味分级及综合利用和茂华煤业6万吨镁合金项目全面启动。华瑞煤业、能源鑫建煤业2×350mw低热煤发电项目正在报批立项,永兴煤业云梦山风景区旅游开发项目正式启动,华润联盛500万吨干法水泥项目正在可研论证中。

农业发展 一是“三农”投入力度加大。出台《关于进一步加大农业投入推进农业科技创新的实施意见》,投入6000万元,从设施蔬菜、核桃经济林、规模种植养殖、农技推广、专业合作社等十七个方面进行补贴,促进农业规模化、产业化发展。二是农业产业化发展加快。完成核桃经济林、小杂粮、中药材、特色养殖、蔬菜种植5大类20个“一村一品”专业村的年度建设任务,新注册农业商标10个,认证无公害绿色农产品4个。完成核桃经济林建设3.4万亩，柠条绿化建设1万亩。实施科技兴农“111”工程,推广优种面积15.7万亩,旱作农业技术19万亩，测土配方施肥15万亩，全县共落实农作物播种面积20.5万亩，粮食总产量达0.31亿公斤，增幅13.5%。建设设施蔬菜330亩,其中新建日光温室150亩,大棚180亩,入种率87.88%。实施龙头带动战略,新上“天蕤”万头特色山养猪基地及加工项目,完成投资4000万元,种猪繁育场和一期屠宰加工生产线建成投用，屠宰加工散养生猪1000吨;新建桃红坡高庙山、双池梁家沟、康城唐院川、水头羽丰4个带动辐射力强的标准化示范养殖小区。2012年新建肉鸡养殖场12个，养羊小区10

个,山养猪养殖场10个,特种养殖场12个,全县养殖户达5400余户,占全县农户总数的26%;全县县级以上农业龙头企业完成加工销售农产品3.3万吨,完成任务的110%,销售收入实现1.8亿元,完成任务的150%。招商引资农业项目3个,引资额达2亿元,贸易签约项目2个,贸易额达1290万元。三是农村生产生活条件改善。实施扶贫移民项目,完成17个村3501人的扶贫移民搬迁。完成新农村建设7个重点推进村、8个高标准示范村的年内建设任务。完成水土流失治理2.1万亩,基本农田保护33.3万亩。上报5条河道治理规划,实施下村川河治理项目,完成工程总量的80%。

基础设施建设 交通方面:省道桃临线(孝义西泉—交口石口段)一级公路改造项目启动;阳双铁路项目落实投资主体,正式可研报告经太原铁路局审查通过并上报铁道部进行行政许可;县道窑西线建成通车,关西线完成主体工程;同时,配合省市相关部门,做好西纵高速离石—交口延伸工程、汾阳—交口高速公路项目规划、立项等工作。

水利方面:配合省、市做好中部引黄工程项目,新增温泉、大麦郊、回龙3个取水口,境内工程完成招投标并开工建设;推进东南工业园区集中供水中心建设;投资1270万元,完成"山区千井灌溉富民工程"10处机井建设任务,日出水量300万吨;完成人畜饮水工程6处。

电力方面:农村电网升级改造工程推进,温泉110KV变电站项目完成可研评审;桃红坡220KV输变电站入境线路架设工作正在协调。

供热供气方面:县城集中供热项目建成投用,集中供热面积达到70万平方米;实施国兴煤层气公司天然气进城入户工程,完成入城输气管道建设及城区供气管网改造,并同步开展公路沿线乡镇天然气全覆盖工程前期工作。

通信方面:建设2G基站24个,3G基站14个,实现2G基站广覆盖和3G基站主城区和主要交通路段全覆盖。

实施城镇化建设"十大工程":出台《关于加快城镇化建设集聚城市人口的实施意见》和《关于加快推进县域城镇化建设的实施意见》;完成《县城控制性详细规划》和《城市设计方案》;完成《桃红坡双池整体规划方案》初稿编制;集中推开17万平方米的旧城改造工程、交口新区建设工程、宝岩河城区段综合治理、垃圾卫生填埋场建设、公、检、法技术服务中心、民兵训练基地、城建服务大楼建设等重点市政工程项目,部分工程竣工投用,累计完成市政公用设施投资1.6亿元,城镇化率提高4个百分点。

生态文明建设 造林绿化方面,实施"三北"防护林、天然林保护、中幼林抚育等生态防护林人工造林项目,在高标准完成国、省道通道绿化工程的基础上,开工实施县道红回线、窑西线通道绿化和城周"三山"绿化、孝石线沿线第一山脊线荒山绿化工程,营造合格林面积3.659万亩,森林覆盖率增加1个百分点。矿山生态环境修复治理方面,按照矿山生态环境恢复治理方案,逐企逐矿明确治理任务和时间表,高标准完成复垦治理面积3440亩。环保集中整治方面,开展重点企业环保整治、违法排污排查整治和以"净空、净水、减排"为重点的绿色生态工程攻坚专项行动,县城环境空气质量优良天数达96%,六项环保约束性指标均控制在市规定范围内。

社会事业 教育方面:新建城区幼儿园1所、乡镇示范幼儿园3所、农村幼儿园6所,学前三年毛入园率达92.7%;实施农村义务教育薄弱学校改造计划;一中新校区建成投运,吕梁学院交口分院项目开工建设;新聘高中教师45名、中小学特岗教师62名,全县教育教学水平提升。

卫生方面:深化医药卫生体制改革,县医院新住院楼建成投运,新招医技人员18名,创建为"人民满意医院";全县新农合参合农民87975人,实现全覆盖,新农合住院费用支付比例达75%,报销封顶线提高到15万元,新农合慢性病保障增加到30种,重大疾病保障扩大到20项;实施"三晋康家"工程,全县人口自然增长率控制在5.84‰。

文化方面:制订出台《关于加快推进文化活县战略的实施意见》,开展系列文化惠民、"文化低保工程"活动,县体育场(馆)、东征文化广场、文化广电大楼等八大标志性建筑建设工程全面启动;以山核桃、根雕、刺绣等为重点,发掘和推介文化产业。

社会保障方面:实施城乡就业"双消零"工程,完成农民素质提升培训2.8万人,完成劳动力转移培训3400人,完成任务113%;完成技能培训1600人,完成任务105%;全县农民劳务收入占到农民人均纯收入的70%以上。新型农村养老保险和城镇居民基本养老保险实现全覆盖;民营企业职工基本社会保险扩面提质,煤矿、非煤矿山及建筑企业职工参保率达到100%;城市低保对象应保尽保,农村低保新增3559人,全县农村低保人数达9550人。开工建设各类保障性住房756套,完成任务的126%,竣工324套,完成任务的135%。"五保户"、重点优抚对象、残疾人等各类特殊群体的保障政策均得到全面落实。

"三个五"重点民生工程方面:农村新"五个全覆盖",完成15个村160千米农村街巷硬化工程,超任务103.5千米,实现全覆盖;建成便民店11个、农村体育场所9个、农家书屋46个,实现全覆盖;中等职业教育免费实现全覆盖;新型农村社会养老保险参保53553人,实现全覆盖。"方便农民五件实事",一次性投入5000余万元全面铺开43个村的建设任务。完成新建改造提升幼儿园28所,超额完成8所;43个村安装太阳能路灯1204盏,超额完成11个;36个村洗澡理发室、39个村磨面碾米房和40个村红白喜事厅建成并投入使用,分别超额完成1个、9个和6个。"普惠农民五项政策",落实补助资金158万元,县一中2060名高中学生实现免费就学;发放贫困学生补助资金295.55万元,2536名学生享受生活补助,救助比例达58.8%;新农合补助标准提高到每人每年240元,农民个人筹资部分财政再补贴50%,参合率达100%;农村、城镇两项养老保险财政补助标准执行吕梁市一类标准;对全县农民开展种养殖科技知识、农村卫生知识等实用技术免费培训120余期，培训人员达2万人次。同时，对1347名城镇职工、失业人员进行免费培训。（武允明）

·孝义市·

中共市委书记　张旭光
市人大常委会主任　焦张生
市　长　郭保平
市政协主席　李　安

【简述】孝义市北纬36°56′~37°18′，东经111°21′~111°55′。2012年，孝义市辖7个镇、5个乡、4个街道办事处、2个办事处，379个行政村、48个居民委员会，辖区总面积945.8平方千米。总户数183401户，总人口489857人。

2012年市GDP实现390.1亿元，同比增长14%，全省县域总量第一。财政总收入实现64.26亿元，同比增长7.05%；一般预算收入实现24.82亿元，同比增长22.3%，均居全省县域总量第二。规模以上工业增加值完成257.9亿元，同比增长21.85%；全社会固定资产投资完成221.25亿元，同比增长30%；社会消费品零售总额完成93.38亿元，同比增长15.52%；均居全省县域总量第一。城镇居民人均可支配收入达23151元，同比增长17.22%，全省县域排名第三；农民人均纯收入达11077元，同比增长19%，全省县域排名第二。在中国百强中位列第六十五位，连续六年进位赶超。

转型发展　在全省市、县两级首家获批《孝义市转型综改试验先行试点行动方案(2012年)》，首家通过《绿色转型三年行动计划》。千万吨级煤化工循环经济园区成为全省四个焦化集中发展区之一。高新科技产业园区被省确定为吕梁“一市两园”科技创新园。金岩集团入围全省“一县一企”循环经济试点企业。城乡一体化建设、胜溪湖湿地公园和梧桐镇宜居新区项目被列为全省城镇化首批百项标杆项目。完成《扩权强县首批下放权限汇编》，首批7大类85项行政审批事项全部纳入行政审批服务中心大厅办理。开通“扩权强县直通车”便民服务系统及全省首个评标专家库县级抽取终端，免费提供评标专家抽取服务。在全省县级率先设立金融办，促成10家金融机构与69户企业达成77.6亿元贷款意向。梧桐镇、下堡镇列入全省首批“百镇建设”序列，启动6个扩权强镇(乡)试点，从财政激励、组织人事、行政执法、土地资金要素保障等方面先期铺开准备工作。

城镇化建设　实施特色城镇化“1420”工程。铺开总投资13亿元的文体园区、总投资6亿元的孝义中心医院以及博物馆等地标性建筑建设，以胜溪湖、孝河为东西绿轴，“一河一湖、沿河环湖”城市框架基本形成。完成府前街西延、大众路、汾邢高速孝义连接线等总长27.5千米的12条城市道路新建改建工程，搭建起“八横九纵一环”的开放型交通网络。市区生活垃圾无害化处理率实现100%，集中供热、供气普及率分别达95%、95.7%。2个特色中心集镇完成规划并铺开建设，6个城中村改造完成或部分完成。梧桐镇宜居新区基本实现6000户居民搬迁入住。胜溪新村中小学校投入使用，首期9栋300套安置房实现部分入住。

农业产业化　新发展核桃经济林5.5万亩，总面积突破40万亩，建成230.7千米核桃林区循环公路。新发展设施蔬菜4564亩，总面积达1.7万亩。胜溪新村(绿盈蔬菜)入围全国第二批“一村一品”示范村镇名单。以大象、铭信肉禽养殖加工龙头企业为带动，新发展标准化养殖小区(场)67个、千万元以上规模养殖场9个，全市肉禽养殖总规模达2400万只，农民人均畜牧业收入达460元。大象禽业肉鸡加工及饲料生产项目投入试生产，融森核桃深加工项目奠基开工。农产品加工总量达20.07万吨，带动5万户农户致富增收。现代农业园区累计入驻企业24户，开发6大系列240余种产品，33项填补国内空白。

生态化建设　全年否决11个不符合产业政策和环保要求的项目，项目环评和“三同时”执行率均达100%。搬迁取缔城市规划区、环境敏感区范围内企业174户。城区空气质量二级以上天数达361天，一级天数达111天。推进国家级胜溪湖湿地公园、孝河生态环境综合整治三期，以及兑镇河、下堡河、柱濮河、曹溪河流域生态环境综合治理工程。投资2.4亿元，新造林11.2万亩，全市森林覆盖率达30.9%，林木绿化率达42%。铺开卫生模范达标乡镇、村庄创建活动，4个街道办事处39个村实现“垃圾不落地”。先后被评为全国生态文明先进市、国家园林城市、首批省级综合宜居城市、省级城乡环境卫生整洁行动先进市，获得全国文明城市创建提名，国家环保模范城市创建规划通过评审，国家卫生城市创建通过国家爱卫办专家组暗访。

社会事业　完成总投资1.65亿元的中阳楼初中等11所学校22个项目。投资9482万元新改扩建幼儿园53所。联合北师大启动“基础教育优质均衡发展促进工程”，55所中、小学建立北师大试验基地。高考二本以上达线人数达2568人，再创新高。被评为全国两基工作先进地区。推进医药卫生体制改革。山西大医院对口帮扶市人民医院综合改革试点工作进入实施阶段。探索实行乡镇卫生院托管机制，逐步建立医疗资源一体化管理机制。399个医疗机构全部实现药品零差率销售，累计财政补偿药品加成部分1126万元。启动孝义中心医院建设项目。新农合政府补助标准提高到240元，实行即时结报。农家书屋实现全覆盖，图书馆、文化馆面向社会免费开放，文化惠民活动常态化进行。孝义完型木偶影视基地、金龙山文化旅游开发项目加紧建设。旧城保护性开发工程奠基开工。

民生事业　完成农村新“五个全覆盖”、吕梁市“方便农民五件实事”。完成低收入农户冬季取暖用煤供应。城镇新增就业5288人，失业登记率控制在3%以内。推行新农合、新农保以及城镇居民养老保险、医疗保险，城乡低保应保尽保。完成城南、城北15万平方米保障性住房建设，首批1068户住房困难家庭入住廉租房。铺开总投资2.2亿元10.15万平方米的廉公租房建设，以及13.25万平方米的保障性住房建设工程。启动涉及8个乡镇84个村的5个压煤村庄安置新区建设工程和涉及3800余户居民、41万平方米城市棚户区改造项目。安全生产形势好转。位列全国百强居民满意度前十名。

项目转型 2012年完成项目储备2103.42亿元、签约229.9亿元、落地707.32亿元、建设投资210.03亿元。新实施亿元以上转型项目22个,完成投资335.2亿元,累计实施65个,概算总投资达到1487.01亿元。兴安化工300万吨4A沸石及多品种氢氧化铝、大象禽业1亿只肉鸡加工及60万吨饲料生产等33个转型标杆项目建成完工或部分完工,涉及投资292.77亿元;总投资800亿元的山西信发铝系综合循环项目、义乌商品交易国际博览城等15个亿元以上转型项目落地开工。千万吨级煤化工循环经济园区、高新科技产业园区、装备制造业园区、现代农业园区和中心城区现代服务业集中示范区“五大园区”基础设施建设加快推进,70余个转型项目入驻园区,总投资突破2000亿元。

社会管理 2012年,启动“大办社区年”活动,投资5000万元用于社区工作经费及基础建设保障。城市社区由24个规划调整为48个,每个社区居委办公经费增加到5万元/年。建西、迎宾北、郑兴3个新建社区投入使用。成立社会管理工作部,划分城区网格288个,农村网格513个,实现市、乡、村(社区)社会服务管理中心的全覆盖。启动12个创新社会管理项目,构建起市、街道、社区、网格“四级联动”服务管理网络。

(张彩琴)

·汾阳市·

中共市委书记	王志强
市人大常委会主任	马林巨
市长	吕文平
市政协主席	任海铭

【简述】 汾阳市北纬37°8′~37°29′,东经111°20′~112°00′。2012年,全市辖9镇2乡5个街道,262个行政村,37个社区,国土面积1179平方千米,总人口41.6万人。2012年,地区生产总值115.3亿元,同比增长3.4%;财政总收入33.57亿元,同比增长44.18%;一般预算收入7.3亿元,同比增长29.85%;规模以上工业增加值63.48亿元,同比增长0.48%;固定资产投资45.76亿元,同比增长27.37%;社会消费品零售总额42亿元,同比增长15%;城镇居民人均可支配收入15844元,同比增长14.15%;农民人均纯收入9001元,同比增长19.1%;进出口总额完成2452.89万美元,同比增长16.7%。通过国家卫生城市基础评估和省级园林城市复验。被评为全国粮食生产先进市、全省农民增收先进市、全省农机工作先进市、全省生猪养殖大市以及省级文明创建工作先进市和省级城乡清洁示范市。

三农工作 全市粮食总产量2.38亿公斤,农产品加工销售收入20亿元,各类龙头企业实现销售收入14.9亿元;全年新增核桃经济林5万亩,建成花生、谷子、酿酒高粱、设施蔬菜、长山药五大特色基地23万亩;建成标准化示范养殖小区10个;铺开15个农产品加工新改扩建项目;建成荣璋万头猪场和众兴12万只蛋鸡场。加强农田水利建设,完成中低产田改造3万亩、测土配方施肥60万亩、农田灌溉面积32.6万亩、治理水土流失1.13万亩,饮水安全覆盖新增28个村、2.5万人。新农村建设稳步推进,全年推进新农村试点村和重点村166个、省级标准“一村一品”专业村37个;发展农民专业合作社127个,培育农民经纪人1700人,转移农村劳动力4325人;全年投资2亿元,加快“四化四改”和“五个一”工程,实现“十个全覆盖”。

项目建设 围绕“项目建设攻坚年”活动的开展,以杏花村新区、阳城新区和禹门河新区三大新区及三泉园区等重点项目为中心,全市确立重点项目67个,开工62个。完成投资145.7亿元,占计划的188%;完成落地项目110个,投资额140.3亿元,占计划的110.6%;重点项目竣工试产、投产40个。中国汾酒城6大板块、22个项目全部开工,完成投资93.3亿元;三泉焦化园区国峰煤电2×300兆瓦电厂项目进行主机招标,10万吨/年甲醇项目试生产;阳城商贸物流开发区签约项目11个,开工4个。全年新招标签约项目14个,签约金额为95.23亿元,投资项目到位资金26.5亿元。此外,建成市行政中心、第四高级中学、第五高级中学、公安大楼、汾州府文庙、汾阳王府等一批公益性项目。

城乡建设 《汾阳市城市规划》修编完成并通过省住建厅审核,完成2个乡镇区域规划以及杏花村镇总体规划。对照100多项创建指标,实施卫生汾阳10项基础工程、绿色汾阳“14911”工程和污水、垃圾处理工程;建成投用市公安大楼等十大建筑和曹兴庄等8个社区小公园;鼓楼东街、文峰东街等棚户区拆迁改造加快推进;英雄南路打通、金鼎大街五中段拓宽;完成汾孝路路面改造等市政工程;学院路、英雄路、禹门河、石盘山、文湖文化公园“一街一河一山一园”城建工程全面推进;完成英雄路改造工程6千米,统一规划装修20多栋重要建筑的外形,更换路灯等基础设施;禹门河新区作为市区防洪、景观工程,建成滨河路和禹门河公园,开工禹门河小学、幼儿园、园丁小区和禹门河桥改造工程。全市城区集中供热面积330万平方米,比2011年新增13万平方米,供热普及率提高66%。全年农村街巷硬化完成885.8千米;建成石盘山旅游公路工程;投资亿元完成农网改造升级等5大项电力设施建设工程。

民生事业 全市基层医疗机构16个,实施基本药物制度的村级卫生所289个;医疗保障加强,新型农村合作医疗参保率为98.6%;强化基层卫生所建设,招录113名基层医卫人员;西河社区等卫生服务中心建成;启动城镇参保职工健康体检关爱行动,为78.8%的居民建立电子健康档案;计生卫生综合服务大楼投入使用。解决就业难问题,新增城镇就业4626人,安排再就业1621人,转移农村劳动力4325人,城镇登记失业率控制在3.48%以内。完善养老保障体系,2012

年城乡居民参保人数分别达5562和18.28万人;60岁以上老年人免费乘坐公交和80岁以上无固定收入老年人发放高龄补贴保障性政策出台。实施城乡安居工程,新建廉租房、经济适用房378套;216套廉租房分配到户;铺开162套廉租房和1107套棚户区改造房工程。完善社会救助体系,扩大低保覆盖面,城乡低保对象分别为10735人和15888人,全年发放低保金6396万元、发放低收入农户冬季取暖用煤11.8万吨。

社会管理 强化安全生产主体责任,落实"一岗双责"和安全"三落实"责任制,完善各部门的安全监管标准,涵盖全市各重点行业和领域;开展打非治违和安全生产专项整治、隐患排查整治"两个百日"专项行动,全市安全形势总体平稳。完善矛盾纠纷排查调处等10个工作体系;全年排查出的40589件矛盾纠纷99.93%得到化解和答复;信访总量批次同比下降7%、人次同比下降28%;全年破获各类刑事案件360起、"两抢一盗"案件159起、抓获网上在逃人员95名;全市无恶性案件发生,安全生产形势良好,连续三年跨入全省先进县市行列。

文化教育 开展"贯彻十八大、建设新汾阳"等主题宣传和"创建文明城市、争做美德少年"签名活动,评选"汾阳好人""当代汾阳先锋"等先进人物;完善公共文化服务体系,实现农家书屋和村级文化活动场所全覆盖,完成28个村"村村通"广播电视任务。发展特色文化旅游产业,南大街关帝庙修缮;石盘山旅游景区开工;马烽纪念馆,海虹寺大殿和汾州府文庙、汾阳王府、王文素纪念馆、冀家书院"一庙一府一馆一院"建成;文湖文化园举办吕梁市第二届年俗文化节"走进汾阳"活动及国际儒联第五次儒学座谈会。教育事业优先发展,16轨制的汾阳市第四、第五高级中学投入使用,普通高中全部进城办学;2012年高中阶段毛入学率为93.3%,高考二本达线921人;实施薄弱学校改造工程59所;府学东街幼儿园开工,新建改建4所幼儿园;面向全国招聘研究生学历的教师,强化师资队伍建设。 (郭宇霞 陈红艳)

经济和社会发展统计资料

山西省主要年份房地产开发完成情况

项　　目	2005	2010	2012
本年完成投资(万元)	1779937	5922376	10104513
其中:商品住宅	1168931	4574340	7356137
本年新增固定资产(万元)	1020261	2400863	4242793
本年商品房屋销售额(万元)	1522069	4117112	5798872
其中:商品住宅	1163065	3573679	5131950
本年销售面积(平方米)	6887486	11805872	14978843
其中:商品住宅	6198563	10705378	13904422
本年施工房屋面积(平方米)	22665320	75998460	117142849
其中:商品住宅	17667959	62544066	92996204
其中:新开工房屋面积(平方米)	11560090	27820539	41663385
商品住宅	9838964	22705185	32711068
本年竣工房屋面积(平方米)	6672519	12037309	17329943
其中:商品住宅	5573845	9913062	14356940
本年竣工房屋价值(万元)	917262	2081040	3992377
其中:商品住宅	686002	1685507	3302475

2012年山西省地区生产总值构成项目

单位：万元

指　　标	总　计	劳动者报酬	生产税净额	固定资产折旧	营业盈余
地区生产总值	121128300	53191800	19899900	18666800	29369800
第一产业	6983200	5235800	-521100	680800	1587700
农、林、牧、渔业	6983200	5235800	-521100	680800	1587700
第二产业	67315600	28001300	14643900	10987100	13683300
工业	60235500	24242300	13304400	10142800	12546000
建筑业	7080100	3759000	1339500	844300	1137300
第三产业	46829500	19954700	5777100	6998900	14098800
交通运输、仓储和邮政业	8474400	3343200	531700	1266700	3332800
信息传输、计算机服务和软件业	2721100	462600	161700	1034900	1061900
批发和零售业	9910800	2618400	2953600	865300	3473500
住宿和餐饮业	2996700	1049600	297400	254300	1395400
金融业	6396100	2339600	886500	270600	2899400
房地产业	3018800	313500	545200	1974500	85600
租赁和商务服务业	1268300	478600	104800	250600	434300
科学研究、技术服务和地质勘查业	697700	450400	58100	84300	104900
水利、环境和公共设施管理业	286400	206300	7100	71800	1200
居民服务和其他服务业	1665100	726500	58000	62300	818300
教育	2609200	2280500	7200	233400	88100
卫生、社会保障和社会福利业	1230700	877200	10700	107300	235500
文化、体育和娱乐业	812200	511800	41500	110100	148800
公共管理和社会组织	474200	4296500	13600	412800	19100

1995~2012年山西省城镇在岗职工社会保障基本情况

年份	参加保险人数(万人)				基金收入(亿元)		
	城镇在岗职工养老保险		失业保险	医疗保险	城镇在岗职工养老保险		失业保险
	企业	机关事业			企业	机关事业	
1995	—	—	187.00	—	—	—	0.75
1996	—	—	192.61	—	—	—	1.12
1997	231.13	—	240.70	—	—	—	1.02
1998	337.11	—	211.90	—	—	—	1.22
1999	362.32	—	254.70	—	—	—	2.01
2000	358.81	—	254.80	—	53.87	—	2.43
2001	365.57	—	286.10	156.00	58.05	—	2.94
2002	361.24	—	278.90	217.00	75.91	—	3.42
2003	364.42	67.13	284.10	272.00	86.27	7.09	3.80
2004	376.08	68.71	286.50	295.00	109.30	9.04	4.22
2005	383.43	80.08	288.50	325.00	118.90	11.96	5.53
2006	404.25	82.58	295.93	354.00	168.93	19.64	6.22
2007	418.84	87.83	298.97	461.00	203.67	27.89	10.05
2008	450.62	88.80	312.15	594.00	253.97	35.56	12.75
2009	471.70	92.40	293.30	879.30	290.30	42.20	11.90
2010	494.92	96.11	305.05	935.00	357.13	48.24	13.52
2011	523.93	99.84	309.35	1005.06	516.78	56.93	18.62
2012	548.67	100.02	380.88	1055.90	602.26	64.68	25.05

1995~2012年山西省城镇在岗职工社会保障基本情况

年　份	医疗保险	基金支出(亿元)					城镇低保人数(万人)	新型合作医疗参合率(%)
		城镇在岗职工养老保险		失业保险	医疗保险			
		企　业	机关事业					
1995	—	—	—	0.25	—		—	—
1996	—	—	—	0.60	—		—	—
1997	—	—	—	0.71	—		0.23	—
1998	—	—	—	0.94	—		1.80	—
1999	—	—	—	1.11	—		2.08	—
2000	—	50.62	—	1.34	—		3.06	—
2001	1.32	51.22	—	1.49	0.68		28.53	—
2002	4.13	60.32	—	2.12	1.53		62.21	—
2003	10.19	65.18	8.19	3.17	4.80		84.21	—
2004	17.88	76.30	12.40	2.58	10.98		84.86	87.32
2005	25.60	78.37	14.75	2.78	15.75		84.97	80.92
2006	32.22	96.78	16.65	2.59	21.00		86.98	86.11
2007	44.95	126.11	24.11	3.27	29.16		89.95	87.54
2008	64.65	159.34	31.12	4.66	42.79		91.90	90.42
2009	64.80	184.30	36.80	6.20	46.00		94.44	91.43
2010	86.74	226.81	43.61	6.56	69.65		91.51	96.61
2011	106.32	367.39	51.79	5.64	84.07		91.69	98.94
2012	141.04	437.23	58.24	4.96	104.24		89.04	98.94

山西省主要年份固定资产投资价格指数

指　　标	2005	2010	2012
固定资产投资	103.0	103.7	101.2
建筑安装、装饰工程	102.7	105.5	102.0
人工费	106.9	109.1	111.5
工程管理人员	105.8	109.6	104.4
工程技术人员	106.4	107.2	109.0
普通工人	107.2	109.4	113.6
材料费	101.7	104.5	98.7
钢　材	100.1	105.0	94.3
木　材	101.4	102.4	103.8
水　泥	102.3	104.9	99.8
地方建筑材料	104.8	104.1	103.9
化工材料	106.5	104.4	103.3
电　料	98.7	104.4	101.9
其他材料	103.7	104.4	103.8
机械费	102.9	104.9	104.0
土石方及筑路机械	103.6	104.4	104.6
打桩机械	100.2	103.1	113.5
起重机械	104.1	102.9	106.2
运输机械	103.0	107.7	102.5
混凝土及砂浆机械	102.4	104.2	102.3
加工机械	100.8	102.7	99.7
泵类机械	100.6	102.3	103.8
船舶机械	95.2	—	117.7
其他机械	101.6	105.6	100.0
设备、工器具购置	104.3	100.3	98.9
其他费用	102.5	100.9	100.7
土地取得费	101.5	100.3	100.4
前期工程费	102.2	100.1	100.1
施工工作费	103.7	101.8	101.5
建设单位其他费用	102.6	101.3	101.0

2012年山西省科学研究机构及人员

项　　目	机构（个）	职工人数（人）	从事科技活动人员（人）	其中：大学本科及以上学历
总　　计	164	10862	8768	6102
一、自然科学	133	9638	7698	5269
中　央	1	588	517	383
地　方	132	9050	7181	4886
在自然科学研究机构中农林牧渔业	49	3298	2700	1880
采矿业	2	136	42	31
制造业	23	1393	885	511
建筑业	2	770	691	630
信息传输、计算机及软件业	1	100	86	66
科学研究、技术服务和地质勘查业	16	1146	1009	757
水利、环境和公共设施管理业	18	1440	1183	661
卫生和社会工作	16	1173	969	644
文化、体育和娱乐业	5	151	102	60
公共管理、社会保障和社会组织	1	31	31	29
二、社会科学	19	900	755	609
管理学	1	14	14	14
艺术学	4	109	90	44
考古学	2	173	136	90
经济学	8	426	350	304
社会学	1	22	22	20
教育学	2	146	133	129
统计学	1	10	10	8
三、情报科学	12	324	315	—

2012年山西省地级城市主要经济指标

指　　标	太原市区	大同市区	阳泉市区	长治市区	晋城市区
总户数(万户)	79.16	58.08	24.43	21.32	13.36
常住人口(万人)	347.34	156.77	72.69	78.30	48.26
其中:非农业人口	234.20	129.52	57.15	61.70	29.81
出生人数(人)	30052	14606	6169	8246	3829
死亡人数(人)	12392	9312	3905	4022	1025
城镇从业人员期末人数(万人)	95.41	37.04	22.54	14.63	14.27
土地面积(平方公里)	1475	2080	652	334	143
地区生产总值(万元)	21125331	7520161	3956441	3214809	2033319
第一产业	150676	98994	24983	35227	11000
第二产业	9191550	4051277	2187388	1646594	881021
第三产业	11783105	3369890	1744070	1532988	1141298
工业经济指标					
工业企业数(个)	309	91	67	77	44
内资企业	288	83	61	75	38
港澳台投资企业	4	—	3	1	1
外商投资企业	17	8	3	1	5
流动资产合计(万元)	15346099	6830721	3388645	2598967	5534536
固定资产合计(万元)	11599514	6907228	3342931	2299115	2330565
主营业务收入(万元)	30644474	15276878	6192675	4674178	5973742
主营业务税金及附加(万元)	279584	96114	71157	23095	38675
本年应交增值税(万元)	685580	618964	332869	143476	337595
利润总额(万元)	1130984	283378	194778	343059	808183
固定电话用户数(万户)	147.59	49.96	25.30	62.36	43.48

续表

指　　标	太原 市区	大同 市区	阳泉 市区	长治 市区	晋城 市区
年末移动电话用户数(万户)	718.00	325.45	135.95	261.72	171.82
国际互联网用户数(万户)	123.39	41.76	27.00	45.17	31.80
全社会用电量(万千瓦小时)	2311059	704999	808106	410413	188427
其中:工业用电	1724960	493913	606723	323613	144879
城乡居民生活用电	233240	76850	25125	40859	15213
固定资产投资(不含农户)(万元)	11469208	4863755	1648172	2206471	1983533
其中:房地产开发投资	3454414	1582089	473637	591760	352348
其中:住　宅	2454665	1060909	390746	468588	261083
商品房屋销售面积(万平方米)	302.67	98.45	90.30	108.17	57.92
商品房屋销售额(万元)	2119656	438472	262499	390658	226684
社会消费品零售总额(万元)	10579835	3246408	1567404	2465787	1366168
地方财政收入(万元)	1869385	688129	421045	544295	391396
地方财政支出(万元)	2228863	1157108	574808	617539	464530
在校学生数					
高等学校(人)	358202	36172	11999	30533	5907
高中阶段(人)	72578	60487	34915	52540	31071
中等职业学校(人)	174319	24438	16817	21992	15648
普通中学(万人)	17.78	10.12	6.48	6.92	4.41
小　学(万人)	19.87	12.73	6.22	6.11	3.97
科技活动人员(人)	—	9483	9790	4272	3513
医院、卫生院数(个)	194	102	298	62	34
医院、卫生院床位数(张)	29189	9419	4979	6747	3136
医生数(人)	17190	6398	2761	3917	2251
在岗职工平均人数(万人)	90.48	34.89	21.15	13.12	13.52
在岗职工工资总额(万元)	4508728	1800639	1214445	479199	884874
居民人民币储蓄存款余额(万元)	27646840	9451954	3817051	4780869	4279669

续表

指　　标	朔州市区	晋中市区	运城市区	忻州市区	临汾市区	吕梁市区
总户数(万户)	26.85	19.80	22.37	22.78	37.31	10.70
常住人口(万人)	71.70	60.15	68.73	55.19	80.56	32.49
其中:非农业人口	21.50	31.34	24.13	20.32	36.52	16.03
出生人数(人)	12787	6406	6438	6268	10563	3564
死亡人数(人)	2865	3230	3336	3216	3709	1623
城镇从业人员期末人数(万人)	11.25	10.49	6.74	7.19	11.36	5.48
土地面积(平方公里)	4107	1318	1215	1982	1316	1339
地区生产总值(万元)	5775323	1985993	1621611	1042477	2478276	900061
第一产业	173704	156543	110665	73758	87267	18324
第二产业	3647335	807168	538927	418180	966829	485725
第三产业	1954284	1022282	972019	550539	1424180	396012
工业经济指标						
工业企业数(个)	83	120	72	30	52	21
内资企业	80	108	69	30	47	21
港澳台投资企业	1	6	—	—	4	—
外商投资企业	2	6	3	—	1	—
流动资产合计(万元)	3105396	1213292	1288761	470041	963769	1801539
固定资产合计(万元)	6037583	1053158	1312903	363317	1217525	715622
主营业务收入(万元)	6752751	1842022	2196057	744565	2523193	810106
主营业务税金及附加(万元)	129272	11375	7604	1885	17275	10491
本年应交增值税(万元)	595351	57834	32791	15843	105060	53377
利润总额(万元)	1246825	12462	56963	87679	−50198	−26547
固定电话用户数(万户)	24.70	68.95	76.54	60.28	62.72	53.87

续表

指　　标	朔州市区	晋中市区	运城市区	忻州市区	临汾市区	吕梁市区
年末移动电话用户数(万户)	131.20	232.89	387.94	263.12	363.85	247.25
国际互联网用户数(万户)	19.60	46.27	59.80	38.63	53.08	41.60
全社会用电量(万千瓦小时)	512848	276013	487769	109288	289765	76000
其中:工业用电	456643	134100	373749	53425	188773	28700
城乡居民生活用电	9715	32800	50701	13062	47045	21700
固定资产投资(不含农户)(万元)	137421	1168894	1801033	830209	1786611	96815
其中:房地产开发投资	134251	231279	435715	107044	264928	96815
其中:住　宅	110129	170221	334088	78384	190612	66248
商品房屋销售面积(万平方米)	44.26	50.85	98.50	45.67	38.41	6.18
商品房屋销售额(万元)	97620	225530	279973	122658	140963	22558
社会消费品零售总额(万元)	822006	1196955	1570000	624367	1639451	496283
地方财政收入(万元)	600998	98161	73852	36395	142772	111466
地方财政支出(万元)	797464	184765	184926	147889	230114	166748
在校学生数						
高等学校(人)	328	35351	8189	16201	41359	16050
高中阶段(人)	70538	9191	33952	19524	32623	17766
中等职业学校(人)	7954	14362	35472	16930	16027	14553
普通中学(万人)	6.26	3.00	8.71	4.78	7.71	3.62
小　学(万人)	7.37	4.08	6.69	4.26	6.78	3.73
科技活动人员(人)	1123	663	2135	2751	533	620
医院、卫生院数(个)	67	39	72	139	77	72
医院、卫生院床位数(张)	2846	3187	6375	3311	5172	1595
医生数(人)	1406	1987	3678	2947	3071	1061
在岗职工平均人数(万人)	10.86	8.71	7.99	6.47	9.46	4.87
在岗职工工资总额(万元)	534616	312652	251079	198131	386139	182807
居民人民币储蓄存款余额(万元)	3397143	3238000	2158331	2196350	3973334	1720000

山西省主要年份国民经济和社会发展总量与速度指标

指标	总量指标					速度指标						
						指数(2012为以下各年%)				平均增长速度(%)		
	1990	2000	2005	2010	2012	1990	2000	2005	2010	1991-2012	2001-2012	2006-2012
一、年末常住人口(万人)	2899.0	3247.8	3355.2	3574.1	3610.8	124.6	111.2	107.6	101.0	1.0	0.9	1.1
二、全社会从业人员(万人)	1304.0	1392.4	1500.2	1685.9	1790.2	137.3	128.6	119.3	106.2	1.5	2.1	2.6
其中:城镇单位在岗职工人数	438.7	370.2	352.1	384.5	418.5	95.4	113.1	118.9	108.8	−0.2	1.0	2.5
三、地区生产总值(亿元)	429.3	1845.7	4230.5	9200.9	12112.8	1039.5	395.6	211.9	124.4	11.2	12.1	11.3
第一产业	80.8	179.9	262.4	554.5	698.3	196.1	155.1	134.1	112.8	3.1	3.7	4.3
第二产业	210.1	858.4	2357.0	5234.0	6731.6	1241.1	456.2	224.3	129.1	12.1	13.5	12.2
第三产业	138.4	807.5	1611.1	3412.4	4683.0	1182.9	394.1	207.6	119.2	11.9	12.1	11.0
四、农业生产												
农林牧渔业总产值(亿元)	124.8	322.4	483.8	1047.8	1304.3							
主要农产品产量												
粮　食(万吨)	969.0	853.4	978.0	1085.1	1274.1	131.5	149.3	130.3	117.4	1.3	3.4	3.9
棉　花(万吨)	11.2	4.5	10.3	6.9	4.7	42.1	104.9	45.7	67.8	−3.9	0.4	−10.6
油　料(万吨)	39.4	44.8	21.3	17.6	19.6	49.8	43.7	92.2	111.4	−3.1	−6.7	−1.2
猪牛羊肉(万吨)	29.3	59.2	81.0	63.6	67.1	229.2	113.3	82.8	105.5	3.8	1.0	−2.7
猪年末数(万头)	363.1	519.5	626.1	474.8	473.8	130.5	91.2	75.7	99.8	1.2	−0.8	−3.9
羊年末数(万只)	709.6	1058.4	1196.4	734.7	834.0	117.5	78.8	69.7	113.5	0.7	−2.0	−5.0
农业机械总动力(万千瓦)	1053.5	1701.0	2288.7	2809.2	3056.1	290.1	179.7	133.5	108.8	5.0	5.0	4.2
五、工业生产												
主要工业产品产量												
原　煤(万吨)	28597	25152	55426	74096	91333	319.4	363.1	164.8	123.3	5.4	11.3	7.4
发电量(亿千瓦小时)	314.2	624.7	1316.5	2150.6	2535.0	806.9	405.8	192.6	117.9	10.0	12.4	9.8
粗　钢(万吨)	238.6	472.7	1654.7	3048.8	3950.2	1655.7	835.6	238.7	129.6	13.6	19.4	13.2
钢　材(万吨)	128.8	392.6	1368.6	2866.4	3799.5	2950.4	967.8	277.6	132.6	16.6	20.8	15.7
水　泥(万吨)	612.5	1434.0	2310.7	3670.3	5076.2	828.8	354.0	219.7	138.3	10.1	11.1	11.9
金属切削机床(台)	1678	832	1813	1822	834	49.7	100.2	46.0	45.8	−3.1	0.02	−10.5

续表

指　标	总量指标					速度指标						
						指数(2012为以下各年%)				平均增长速度(%)		
	1990	2000	2005	2010	2012	1990	2000	2005	2010	1991—2012	2001—2012	2006—2012
布(万米)	42948	33253	36256	7381	7499	17.5	22.6	20.7	101.6	−7.6	−11.7	−20.2
机制纸及纸板(万吨)	35	27	40	22	33	94.2	123.7	82.5	153.3	−0.3	1.8	−2.7
卷　烟(万箱)	24	30	25	30	31	129.1	102.8	124.8	105.8	1.2	0.2	3.2
合成洗涤剂(吨)	68951	189235	162303	119774	101898	147.8	53.8	62.8	85.1	1.8	−5.0	−6.4
化学纤维(吨)	19839	28987	27051	10023	4504	22.7	15.5	16.7	44.9	−6.5	−14.4	−22.6
六、运输邮电												
货物运输量(万吨)	50111	86624	125367	124677	144622	288.6	167.0	115.4	116.0	4.9	4.4	2.1
其中:铁　路	23332	28779	49067	63836	71437	306.2	248.2	145.6	111.9	5.2	7.9	5.5
公　路	26706	57813	76201	60819	73150	273.9	126.5	96.0	120.3	4.7	2.0	−0.6
货物周转量(亿吨千米)	594.8	868.0	1362.6	2332.4	3345.8	562.5	385.5	245.6	143.4	8.2	11.9	13.7
其中:铁　路	479.6	598.0	969.7	1362.5	2143.5	447.0	358.5	221.0	157.3	7.0	11.2	12.0
公　路	115.3	270.0	392.8	969.9	1202.2	1043.1	445.2	306.1	124.0	11.2	13.3	17.3
旅客客运量(万人)	15960	31818	40209	39059	40839	255.9	128.4	101.6	104.6	4.4	2.1	0.2
其中:铁　路	3226	2953	3433	5746	6208	192.4	210.2	180.8	108.0	3.0	6.4	8.8
旅客周转量(百万人公里)	12604	22458	32954	37157	42298	335.6	188.3	128.4	113.8	5.7	5.4	3.6
其中:铁　路	6681	8336	10564	15582	19237	287.9	230.8	182.1	123.5	4.9	7.2	8.9
邮电业务总量(亿元)				260	339				130.5			
函　件(万件)	10967	11331	9294	7732	5332	48.6	47.1	57.4	69.0	−3.2	−6.1	−7.6
市话年末到达数(万户)	11.7	222.5	621.0	488.1	482.0	4119.7	216.6	77.6	98.8	18.4	6.7	−3.6
农话年末到达数(万户)	1.6	80.2	276.8	232.6	203.2	12700.0	253.4	73.4	87.3	24.6	8.1	−4.3
七、全社会固定资产投资(亿元)	123.4	625.2	1859.4	6352.6	9176.3	7435.4	1467.8	493.5	144.4	21.9	25.2	26.3
其中:住宅	22.0	111.3	224.6	900.3	1467.0	6657.7	1317.6	653.3	162.9	19.9	22.7	32.7
第一产业	5.2	12.0	50.1	281.3	381.4	7340.1	3187.7	761.2	135.6	19.9	34.5	35.6
第二产业	75.6	289.6	1130.4	2628.1	4146.7	5482.7	1431.7	366.8	157.8	19.3	25.6	19.5
第三产业	42.6	323.6	678.9	3443.2	4648.2	10915.2	1436.5	684.7	135.0	23.4	24.3	34.3

续表

指标	总量指标					速度指标						
						指数(2012为以下各年%)				平均增长速度(%)		
	1990	2000	2005	2010	2012	1990	2000	2005	2010	1991—2012	2001—2012	2006—2012
八、国内贸易(亿元)												
社会消费品零售总额	158.0	722.7	1410.7	3318.2	4506.8	2851.7	623.6	319.5	135.8	16.5	16.5	18.0
九、对外贸易(亿美元)												
海关进出口总额	3.5	17.6	55.5	125.8	150.4	4297.1	852.4	271.2	119.6	18.6	19.6	15.3
出　口	2.6	12.4	35.3	47.1	70.2	2669.2	567.6	198.9	149.1	16.1	15.6	10.3
进　口	0.9	5.3	20.2	78.7	80.3	9229.9	1522.2	398.1	102.0	22.8	25.5	21.8
十、财　政(亿元)												
一般预算收入	51.7	114.5	368.3	969.7	1516.4	2930.3	1324.6	411.7	156.4	16.6	24.0	22.4
一般预算支出	54.9	225.1	668.8	1931.4	2759.5	5026.8	1226.1	412.6	142.9	19.5	23.2	22.4
十一、物价指数(上年=100)												
商品零售价格总指数	102.1	97.1	100.3	102.3	101.8	213.4	123.9	122.4	106.8	3.5	1.8	2.9
居民消费价格总指数	102.2	103.9	102.3	103.0	102.5	289.6	134.7	126.5	107.8	5.0	2.5	3.4
十二、工　资(亿元)												
全部职工工资总额	90.7	256.1	548.1	1268.8	1871.7	2063.6	730.8	341.5	147.5	14.8	18.0	19.2
全部职工平均工资(元)	2111.0	6918.0	15645.0	33544.0	44943.0	2129.0	649.7	287.3	134.0	14.9	16.9	16.3
国有单位职工工资总额	75.9	200.9	394.4	760.3	959.2	1263.8	477.5	243.2	126.2	12.2	13.9	13.5
国有单位职工平均工资(元)	2263.0	7249.0	16027.0	33119.0	41561.0	1836.5	573.3	259.3	125.5	14.1	15.7	14.6
十三、教育、文化												
高等学校数(所)	26.0	24.0	59.0	65.0	67.0	257.7	279.2	113.6	103.1	4.4	8.9	1.8
高等学校在校学生数(万人)	5.1	12.6	40.7	56.3	63.7	1241.5	506.9	156.5	113.2	12.1	14.5	6.6
普通中专在校学生数(万人)	8.7	19.7	20.2	20.7	17.9	206.2	91.1	88.8	86.3	3.3	-0.8	-1.7
普通中学在校学生数(万人)	145.1	199.8	261.2	253.7	235.7	162.5	118.0	90.3	92.9	2.2	1.4	-1.5
小学在校学生数(万人)	297.4	343.6	350.3	291.1	261.8	88.0	76.2	74.7	89.9	-0.6	-2.2	-4.1
图书总印数(万册)	12166	10105	10081	13183	14789	121.6	146.4	146.7	112.2	0.9	3.2	5.6
期刊总印数(万份)	2815	2657	5914	4000	3733	132.6	140.5	63.1	93.3	1.3	2.9	-6.4
报纸总印数(万份)	54361	58825	329713	206698	208938	384.4	355.2	63.4	101.1	6.3	11.1	-6.3

山西省主要年份人民物质文化生活情况

指　　标	2005	2010	2012
一、城乡居民收入(元)			
城镇居民人均可支配收入	8914	15648	20412
农民人均纯收入	2891	4736	6357
职工平均工资	15645	33544	44943
二、平均每人住房面积(平方米)			
城镇居民建筑面积	25.6	28.0	30.6
农村居民住房面积	24.2	28.7	32.4
三、生活、文化、教育、卫生			
每百户拥有(抽　样)			
彩色电视机(台)			
城镇居民	113.7	111.8	111.2
农　　民	82.3	109.0	109.2
洗衣机(台)			
城镇居民	99.8	100.7	103.4
农村居民	69.3	81.0	86.6
移动电话(部)			
城镇居民	109.7	146.6	188.4
农村居民	27.5	107.7	186.8
每百人每天拥有报纸(份)	27.0	16.2	15.9
每人每年拥有期刊(份)	1.8	1.1	1.0
每万人拥有在校大学生(人)	121.7	160.8	176.9
每千人拥有医院床位数(张)	2.4	3.1	3.3
每千人拥有卫生技术人员(人)	3.9	5.5	5.4
四、储　蓄			
城乡居民储蓄存款年末余额(亿元)	4119.7	9223.0	11997.0
平均每人储蓄存款余额(元)	12315	26346	33306

山西省主要年份城市居民消费价格总指数

年　份	1950年价格=100	1957年价格=100	1965年价格=100	1970年价格=100	1978年价格=100	1980年价格=100	1985年价格=100	1990年价格=100	上年=100
1978	141.3	104.1	98.6	100.0	100.0	—	—	—	100.0
1980	150.6	110.9	102.1	106.5	106.5	100.0	—	—	105.5
1985	181.1	133.5	123.0	128.2	128.2	120.3	100.0	—	109.1
1990	301.4	222.2	204.7	213.4	213.4	200.2	166.4	100.0	101.5
1995	595.6	439.3	404.6	421.6	421.6	395.8	328.9	197.6	116.7
2000	690.0	508.8	468.7	488.5	488.5	458.6	380.9	229.0	104.7
2005	718.8	530.1	488.3	508.9	508.9	477.7	396.8	238.7	101.7
2006	731.7	539.6	497.1	518.1	518.1	486.3	403.9	243.0	101.8
2007	762.4	562.3	518.0	539.9	539.9	506.7	420.9	253.2	104.2
2008	815.8	601.7	554.3	577.7	577.7	542.2	450.4	270.9	107.0
2009	807.6	595.7	548.8	571.9	571.9	536.8	445.9	268.2	99.0
2010	832.6	614.2	565.8	589.6	589.6	553.4	459.7	276.5	103.1
2011	875.1	645.5	594.7	619.7	619.7	581.6	483.1	290.6	105.1
2012	896.5	661.3	609.2	634.8	634.8	595.8	494.9	297.7	102.4

2012年山西省镇(乡)村通公路、通油路情况

单位：个

市　名	乡、镇总数	其中：通油路数	镇总数	其中：通油路数	其中：占镇总数的比例(%)	乡总数	其中：通油路数	其中：占乡总数的比例(%)
全　省	1195	1195	564	564	100.0	631	631	100.0
太原市	52	52	21	21	100.0	31	31	100.0
大同市	98	98	33	33	100.0	65	65	100.0
阳泉市	32	32	20	20	100.0	12	12	100.0
长治市	132	132	68	68	100.0	64	64	100.0
晋城市	74	74	48	48	100.0	26	26	100.0
朔州市	69	69	18	18	100.0	51	51	100.0
晋中市	118	118	59	59	100.0	59	59	100.0
运城市	136	136	81	81	100.0	55	55	100.0
忻州市	185	185	59	59	100.0	126	126	100.0
临汾市	151	151	75	75	100.0	76	76	100.0
吕梁市	148	148	82	82	100.0	66	66	100.0

山西省主要年份主要农作物单位面积产量

单位：千克/公顷

年 份	粮 食	谷 物	稻 谷	小 麦	玉 米	谷 子	高 粱
1978	1915	1941	5207	1169	3419	1579	3171
1980	1954	1989	5670	1191	3541	1743	3269
1985	2693	2812	6871	2912	4221	2234	4315
1990	2945	3137	5923	3141	4797	2296	4532
1995	2910	3366	6436	2945	5253	2101	4430
2000	2678	3021	7234	2409	4470	2150	4393
2005	3224	3780	3349	2805	5205	1764	2903
2006	3616	4133	4762	3443	5284	1855	3161
2007	3326	3751	4163	3091	5040	1387	2375
2008	3304	3709	1231	3628	4953	294	477
2009	2994	3423	4368	2902	4508	788	1455
2010	3350	3813	4438	3188	4945	990	1562
2011	3629	4103	4902	3384	5190	1272	1834
2012	3871	4374	5941	3762	5416	1508	2160
年 份	豆 类	薯 类	油 料	棉 花	麻 类	甜 菜	烟 叶
1978	1188	1910	256	292	522	6067	851
1980	943	2074	578	346	695	12077	1125
1985	1066	2517	879	606	1050	23034	2387
1990	1200	2627	1105	856	1092	25556	1897
1995	884	2061	650	715	1390	18243	1700
2000	1194	2465	1075	1041	1236	27819	2042
2005	1059	1674	778	1056	760	32473	2379
2006	1124	1811	852	1076	1450	31765	4069
2007	1140	2149	807	1107	1329	36620	2197
2008	999	2170	1067	1198	2320	36624	2628
2009	640	1277	1012	1146	1704	37139	2567
2010	720	1360	1090	1112	1373	40099	3237
2011	760	1571	1209	1151	2045	43613	3293
2012	851	1674	1341	1257	602.	47718	3197

2011~2012年山西省固定资产投资主要指标

单位:万元

指　　标	2011	2012
一、投资总额	73730582	91763142
其中:房地产开发投资	7901982	10104513
其中:农户投资	2353725	2784109
其中:住　宅	11877169	14670489
按登记注册类型分		
内　资	72490945	90103668
港、澳、台商投资	441170	897412
外商投资	798467	762062
按构成分		
建筑工程	43751372	56477711
安装工程	5783451	7227412
设备工器具购置	14915230	17197533
其他费用	9280529	10860486
按三次产业分		
第一产业	2712048	3814072
第二产业	33485814	41466603
第三产业	37532720	46482467
二、新增固定资产	43189809	55040892
三、房屋建筑面积(万平方米)	—	—
本年施工房屋面积	19197	25556
其中:住　宅	13589	16860
本年竣工房屋面积	7175	7038
其中:住　宅	5315	4813
本年竣工房屋价值(万元)	10414922	11933806
其中:住　宅	7326072	7845371
四、本年资金来源小计	70820203	85169306
国家预算内资金	3893537	4699569
国内贷款	9182575	9412229
利用外资	200761	229129
自筹资金	49676132	62851472
其中:企事业单位自有资金	16187420	23056225
其　他	7867198	7976907

山西省(2012年)居民消费价格分类指数

上年=100

指　　标	全　省	城　市	农　村
居民消费价格总指数	102.5	102.4	102.6
一、食　品	104.2	104.6	103.2
1.粮　食	103.0	103.7	102.0
2.淀粉及制品	100.9	102.4	97.9
3.干豆类及豆制品	98.3	99.1	95.8
4.油　脂	105.2	106.4	103.9
5.肉禽及其制品	101.4	102.6	99.0
(1)食用畜肉及副产品	99.5	100.8	97.1
(2)禽	98.8	98.8	98.9
(3)肉禽加工制品	108.5	110.1	105.4
6.蛋	96.2	96.4	96.0
7.水产品	107.4	107.8	106.0
(1)鱼	107.8	108.3	106.2
(2)其　他	106.5	106.7	103.8
8.菜	114.2	114.7	113.0
(1)鲜　菜	115.9	116.3	115.0
(2)干菜及菜制品	105.8	106.3	104.7
9.调味品	103.2	103.1	103.4
10.糖	105.6	108.1	101.2
11.茶及饮料	104.7	105.4	102.6
(1)茶　叶	102.5	102.8	101.6
(2)饮　料	105.6	106.6	103.0
12.干鲜瓜果	94.3	94.0	95.5
(1)鲜　果	93.4	93.0	94.8
(2)干(坚)果	96.4	96.2	98.4
13.糕点饼干面包	104.9	105.1	104.1
14.液体乳及乳制品	101.3	101.1	101.7

续表

指　　标	全　省	城　市	农　村
15.在外用膳食品	109.0	109.3	108.2
(1)主　食	106.5	105.5	108.6
(2)炒　菜	108.8	109.9	106.4
(3)地方小吃	112.4	111.4	114.6
16.其他食品	102.8	103.3	102.0
二、烟酒及用品	103.1	103.2	103.0
1.烟　草	103.0	102.7	103.4
2.酒	103.3	104.0	102.3
3.吸烟饮酒用品			
三、衣　着	102.1	101.9	102.7
1.服　装	102.1	101.9	102.6
(1)男式服装	101.8	101.1	104.0
(2)女式服装	102.3	102.5	101.6
(3)儿童服装	102.5	102.5	102.5
2.衣着材料	104.4	103.5	106.5
3.鞋袜帽	101.7	101.4	102.6
(1)鞋	101.2	100.9	101.9
(2)袜　子	104.5	104.0	105.3
(3)帽　子	101.5	100.8	103.1
4.衣着加工服务	106.7	107.4	104.5
四、家庭设备用品及维修服务	101.7	101.6	102.1
1.耐用消费品	100.6	100.3	101.5
(1)家　具	102.2	101.8	103.2
(2)家庭设备	99.5	99.3	100.2
2.室内装饰品	100.7	100.0	103.6
3.床上用品	102.3	103.5	99.5
4.家庭日用杂品	102.5	102.4	102.8
5.家庭服务及加工维修服务	106.3	106.2	106.6
五、医疗保健和个人用品	101.9	101.6	102.5
1.医疗保健	101.9	101.7	102.2
(1)医疗器具及用品	103.1	103.5	102.3
(2)中药材及中成药	107.1	107.0	107.5
(3)西　药	100.8	100.7	100.8

续表

指　　标	全　省	城　市	农　村
(4)保健器具及用品	102.8	103.2	101.6
(5)医疗保健服务	101.4	100.6	102.5
2.个人用品及服务	101.9	101.2	103.5
(1)化妆美容用品	102.0	102.1	101.5
(2)清洁化妆用品	101.4	101.0	102.0
(3)个人饰品	99.5	98.7	102.1
(4)个人服务	104.8	104.1	106.1
六、交通和通信	99.7	99.4	100.3
1.交　通	100.8	100.5	101.7
(1)交通工具	99.1	98.5	100.7
(2)车用燃料及零配件	102.8	102.9	102.6
(3)车辆使用及维修	105.4	106.0	103.1
(4)市区公共交通	101.7	101.6	101.8
(5)城市间交通	99.8	98.8	102.1
2.通　信	98.2	98.0	98.7
(1)通信工具	83.2	79.8	89.9
(2)通信服务	100.2	100.3	100.0
七、娱乐教育文化用品及服务	101.0	101.2	100.6
1.文娱用耐用消费品及服务	94.3	93.2	97.5
2.教　育	101.8	102.1	100.7
(1)教材及参考书	105.2	105.9	102.1
(2)教育服务	101.4	101.7	100.6
3.文化娱乐类	101.4	101.5	101.1
(1)文化娱乐	100.7	100.3	101.1
(2)书报杂志	101.3	101.5	100.9
(3)文娱费	101.9	102.0	101.5
4.旅　游	103.2	103.5	102.2
八、居　住	102.7	102.2	103.8
1.建房及装修材料	99.4	95.5	106.3
2.住房租金	105.1	103.9	107.4
3.自有住房	103.7	103.9	103.3
4.水、电、燃料	102.5	102.2	102.9

2012年山西省商品零售价格分类指数

上年=100

指　　标	全　省	城　市	农　村
商品零售价格总指数	101.8	101.7	102.1
一、食品类	104.0	104.5	103.2
1.粮　　食	103.0	103.7	102.1
2.淀粉及制品	101.5	102.8	99.3
3.干豆类及豆制品	98.4	99.5	95.7
4.油　　脂	105.1	106.5	103.9
5.肉禽及其制品	101.0	102.3	98.9
6.蛋	96.2	96.3	96.0
7.水产品	107.5	108.0	106.0
8.菜	114.3	114.7	113.5
9.调味品	103.1	102.9	103.4
10.糖	105.5	108.1	101.5
11.干鲜瓜果	94.4	94.0	95.9
12.糕点饼干面包	104.8	104.9	104.3
13.液体乳及乳制品	101.5	101.0	102.5
14.在外用膳食品	108.4	108.9	107.4
15.其　　他	102.7	103.2	102.0
二、饮料、烟酒	103.3	103.4	103.1
1.茶及饮料	104.1	105.1	102.4
2.烟　　草	103.0	102.6	103.6
3.酒	103.2	103.7	102.3
三、服装、鞋帽类	102.2	102.0	102.4
1.服　　装	102.3	102.0	102.7
2.鞋袜帽	101.9	102.1	101.6
3.其　　他	101.6	102.2	100.6
四、纺织品类	102.7	102.9	102.4
1.衣着材料	105.0	103.3	106.5
2.床上用品	102.2	102.8	100.5
五、家用电器及音像器材	98.0	97.3	99.1
1.家庭设备	99.4	99.0	100.1

续表

指　　标	全　省	城　市	农　村
2.文娱用耐用消费品	95.2	92.5	97.8
3.专业音像器材	98.5	98.5	0.0
六、文化办公用品	98.0	97.4	99.0
七、日用品	101.7	101.6	102.1
1.日用百货	101.2	100.8	102.2
2.日用杂品	102.5	102.3	102.8
3.洗涤用品	102.5	103.0	101.5
4.其　他	100.9	100.1	102.2
八、体育娱乐用品	101.1	101.1	101.1
1.体育用品	101.4	101.2	101.7
2.娱乐用品	100.9	101.0	100.7
九、交通、通信用品	96.9	96.7	97.3
1.交通运输机械	98.9	98.7	99.6
2.通讯器材类	89.4	87.8	92.1
十、家　具	102.4	102.4	102.5
十一、化妆品类	101.7	101.7	101.7
十二、金银珠宝类	100.5	100.2	101.0
十三、中西药品及医疗保健用品类	102.1	102.3	101.8
1.医疗器具及用品	102.8	103.3	101.9
2.中药材及中成药	106.4	106.3	106.7
3.西　药	100.8	100.7	101.0
4.保健器具及用品	102.6	103.3	100.7
十四、书报杂志及电子出版物类	102.4	103.3	100.8
1.教材及参考书	104.8	106.3	101.9
2.书报杂志	101.1	101.4	100.7
3.电子音像制品	101.0	101.9	99.6
十五、燃料类	102.6	102.7	102.4
1.煤炭及制品类	100.9	99.7	102.7
2.石油及制品类	103.3	103.7	102.3
十六、建筑材料及五金电料类	100.5	97.7	104.6
1.建筑装潢材料	100.1	96.9	104.8
2.五金电料类	102.0	101.0	103.6

山西省主要年份农业生产资料价格分类指数

上年=100

类　别	2005	2010	2012
农业生产资料价格指数	113.3	102.0	105.4
一、农用手工工具	125.8	103.3	108.9
二、饲　料	109.0	109.7	102.9
三、产品畜	114.0	96.1	111.4
四、半机械化农具	101.8	100.0	100.0
五、机械化农具	101.4	99.6	101.4
六、化学肥料	115.9	94.7	106.4
七、农药及农药械	129.7	101.3	101.9
1.化学农药	133.2	101.1	101.7
2.农药器械	116.0	102.2	102.5
八、农用机油	109.5	109.8	103.9
九、其他农业生产资料	116.4	105.7	103.5
十、农业生产服务	—	107.2	109.4

2012年山西省社会消费品零售总额

单位：万元

市　名	社会消费品零售总额	城　镇	乡　村
全　省	45068327	36825267	8243060
太原市	11391568	11165864	225704
大同市	4279580	3589971	689609
阳泉市	2255790	2047521	208269
长治市	3861914	3347168	514746
晋城市	2686360	2528166	158193
朔州市	2011809	1572162	439647
晋中市	3872702	2832956	1039746
运城市	4938487	3945453	993034
忻州市	2328828	1855004	473824
临汾市	4317021	3658446	658575
吕梁市	3124268	2474900	649368

2012年山西省城镇单位从业人员劳动报酬

项　　目	从业人员劳动报酬			在岗职工平均工资(元)
		在岗职工工资总额	其他从业人员劳动报酬	
总　计	19227146	18717374	509772	44943
一、按企业、事业、机关分组				
其中:1.企　业	14106500	13669127	437373	50422
2.事　业	3551408	3495518	55891	35005
3.机　关	1560831	1544427	16404	34263
二、按国民经济行业分组				
1.农、林、牧、渔业	71288	65338	5950	25055
2.采矿业	6328018	6314299	13718	71895
3.制造业	2425014	2409281	15733	35082
4.电力、热力、燃气及水生产和供应业	629667	623814	5853	58070
5.建筑业	1535782	1213933	321849	35987
6.批发和零售业	572953	565163	7790	30677
7.交通运输、仓储和邮政业	1105354	1099788	5566	50021
8.住宿和餐饮业	198900	195013	3887	29719
9.信息传输、软件和信息技术服务业	202566	198316	4250	39086
10.金融业	964695	920911	43784	69094
11.房地产业	76004	73222	2782	29906
12.租赁和商务服务业	142760	135260	7500	26700
13.科学研究和技术服务业	251540	247865	3675	43009
14.水利、环境和公共设施管理业	159269	155076	4193	21727
15.居民服务、修理和其他服务业	14546	14263	283	22806
16.教　育	1908614	1890577	18037	39020
17.卫生和社会工作	550326	537522	12805	33132
18.文化、体育和娱乐业	147952	140291	7661	33098
19.公共管理、社会保障和社会组织	1941900	1917442	24458	33313
总计中:国有控股	11064134	10863452	200682	55985

山西省主要年份农村住户每人平均纯收入

单位:元

年份	全年纯收入	按纯收入来源分				按纯收入性质分	
		工资性收入	家庭经营纯收入	转移性收入	财产性收入	生产性收入	非生产性收入
1978	101.61	77.65	14.79	7.19	1.98	92.44	9.17
1980	155.78	95.70	38.88	18.20	3.00	134.58	21.20
1985	358.32	100.52	229.39	22.31	6.10	326.18	32.14
1990	603.51	159.56	407.88	28.17	7.90	561.78	41.73
1995	1208.30	367.19	780.84	37.39	22.88	1132.31	75.99
2000	1905.61	726.05	1113.56	46.30	19.70	1807.94	97.67
2005	2890.66	1177.94	1563.52	86.50	62.70	2683.94	206.72
2006	3180.92	1374.34	1622.86	109.21	74.51	2922.64	258.28
2007	3665.66	1520.95	1860.38	148.53	135.80	3291.29	374.37
2008	4097.24	1713.55	1986.38	244.26	153.05	3607.26	489.98
2009	4244.10	1789.93	1919.76	329.29	205.12	3586.48	657.62
2010	4736.25	2108.60	2028.46	385.01	214.17	4030.98	705.27
2011	5601.40	2684.87	2140.83	605.30	170.41	4764.92	836.48
2012	6356.63	3175.50	2334.41	705.91	140.80	5463.08	893.55

山西省主要年份农村居民家庭平均每人家庭经营纯收入

单位:元

指标	2005	2010	2012
家庭经营纯收入	1563.52	2028.46	2334.41
1.农业收入	922.60	1376.72	1611.27
2.林业收入	15.99	21.58	36.86
3.牧业收入	176.72	131.16	172.01
4.渔业收入			
5.工业收入	14.44	15.85	13.93
6.建筑业收入	39.17	23.37	20.04
7.交通、运输、邮电业收入	166.42	145.00	192.66
8.商业、饮食业收入	99.78	166.66	189.75
9.服务业收入	57.52	106.09	46.83
10.其他收入	70.88	42.03	51.04

主要年份农村住户每人平均生活消费支出

单位:元

年 份	生活消费支出	食 品	衣 着	居 住	家庭设备用品及服务
1978	90.64	61.02	13.02	8.84	4.10
1980	134.38	80.48	20.81	24.35	4.98
1985	272.74	148.13	39.88	37.67	21.81
1990	487.65	257.87	60.71	75.68	33.39
1995	927.99	586.03	103.02	77.62	42.95
2000	1149.01	558.86	113.37	143.90	48.77
2005	1877.70	830.48	202.35	200.56	68.93
2006	2253.25	867.65	227.61	305.02	98.29
2007	2682.57	1033.68	260.88	392.78	120.86
2008	3097.54	1206.69	276.23	486.75	138.26
2009	3304.76	1224.60	283.20	584.07	156.27
2010	3663.86	1372.49	315.78	614.70	173.62
2011	4586.98	1729.91	401.93	824.68	243.84
2012	5566.19	1859.98	501.77	1142.14	298.29

山西省主要年份城镇居民家庭生活基本情况

指 标	2005	2010	2012
一、调查户数(户)	1810	1810	1810
二、平均每户家庭人口数(人)	2.97	2.84	2.78
三、平均每户就业人口数(人)	1.47	1.34	1.31
四、平均每一就业者负担人数(人)	2.02	2.12	2.12
五、平均每人全年可支配收入(元)	8913.90	15647.66	20411.71
高收入户	16950.98	38165.41	41420.86
中等收入户	8203.99	15197.35	20193.27
低收入户	3732.89	8555.43	8588.06
六、平均每人全年消费性支出(元)	6342.63	9792.65	12211.53
高收入户	10169.22	20111.64	21813.69
中等收入户	6270.30	9917.88	12195.20
低收入户	3363.30	6172.03	6654.49
七、人均住房建筑面积(平方米)	25.57	28.02	30.64

法规选登

山西省突发事件应对条例

(2012年3月28日山西省第十一届人民代表大会常务委员会第二十八次会议通过)

第一章 总 则

第一条 根据《中华人民共和国突发事件应对法》等有关法律、法规,结合本省实际,制定本条例。

第二条 本条例适用于本省行政区域内突发事件的预防与应急准备、信息报告与监测预警、应急处置与救援、事后恢复与重建等应对活动。

第三条 本条例所称突发事件,是指突然发生,造成或者可能造成严重社会危害,需要采取应急处置措施予以应对的自然灾害、事故灾难、公共卫生事件和社会安全事件。

突发事件的等级和分级标准按照国家有关规定执行。

第四条 突发事件应对工作实行行政领导负责制,纳入政府工作年度目标责任制考核。

第五条 县级以上人民政府负责本行政区域内的突发事件应对工作,应当将突发事件应对体系建设规划纳入国民经济和社会发展规划,并将突发事件应对工作所需经费列入财政预算。

县级以上人民政府应急管理办事机构负责本行政区域内突发事件应对的日常工作,主要履行值守应急、信息汇总、综合协调、督查指导等职责。

县级以上人民政府相关部门在其职责范围内做好突发事件应对工作。

第六条 县级以上人民政府应当根据需要,设立应急指挥部,负责组织、协调、指挥突发事件应对工作。

第七条 乡(镇)人民政府、街道办事处应当确定专人负责突发事件应对日常工作。居民委员会、村民委员会应当配合人民政府做好突发事件应对工作。

第八条 工会、共青团、妇联和红十字会等社会组织应当动员、组织社会力量开展应急服务,协助人民政府做好突发事件应对工作。

第九条 各级人民政府及相关部门应当对公众进行突发事件应对知识的宣传、教育,并定期组织应急演练,提高公众应对突发事件的意识和能力。

新闻媒体应当开展应对突发事件知识的公益宣传。

第十条 县级以上人民政府及其相关部门应当对在突发事件应对工作中做出贡献的单位和个人给予表彰和奖励;对在突发事件应对工作中伤亡的人员,按照有关规定给予抚恤。

第二章 预防与应急准备

第十一条 各级人民政府应当制定突发事件总体应急预案,组织制定专项应急预案。街道办事处、县级以上人民政府相关部门应当根据职责制定应急预案。

第十二条 下列单位应当制定突发事件应急预案:

(一)煤矿、非煤矿山、冶炼、化工、制药企业、建筑施工单位;

(二)易燃易爆物品、危险化学品、放射性物品、病原微生物等危险物品的生产、经营、储运、使用单位;

(三)供(排)水、发(供)电、供热、供气、供油、通信、网络、广播电视、防洪等公共设施的经营、管理单位;

(四)学校、幼儿园、图书馆、医院、金融证券交易场所、车站、机场、港口、码头、体育场(馆)、会展中心、商(市)场、影剧院、休闲娱乐场所、宾馆、饭店、公园、旅游景区(点)等公共场所的经营、管理单位;

(五)交通运输经营、管理单位;

(六)大型群众性活动的主办单位;

(七)其他应当制定应急预案的单位。

第十三条 制定应急预案应当符合《中华人民共和国突发事件应对法》第十八条的规定。

应急预案实行批准、备案制度,按照国家和本省有关规定及时向社会公布,并适时修订。

第十四条 县级以上人民政府及有关部门和单位、乡(镇)人民政府、街道办事处、专业机构和专业监测网点,应当实行二十四小时值班制度。

第十五条 县级以上人民政府应当建立危险源、危险区域的数据信息库和管理制度,采取安全防范措施,实行分类分级管理。

第十六条 县(市、区)人民政府及其相关部门、乡(镇)人民政府、街道办事处、居民委员会、村民委员会应当建立健全突发事件应对决策风险评估机制、矛盾纠纷调解机制,及时排查、消除突发事件隐患,有效处理可能引发社会安全事件的矛盾纠纷。

第十七条 设区的市和县(市、区)城乡规划应当符合应对突发事件的要求,统筹安排应对突发事件所必需的设备和基础设施建设,合理确定应急避难场所。已有的城乡规划不符合应对突发事件需要的,应当依照法定程序进行修改;已有的建筑物、构筑物和其他设施不符合应对突发事件需要的,设区的市和县(市、区)人民政府应当采取补救措施,必要时制定改造计划并组织实施;新建的广场、体育场、公园等场所应当按照国家有关应急避难场所的规定规划建设。

应急避难场所的所有权人或者管理使用单位,应当履行维护和管理应急避难场所的职责,保证其正常使用。

应急避难场所应当设置明显标志,并向社会公布。

第十八条 县级以上人民政府应当根据处置突发公共卫生事件的需要,建立或者指定诊疗、隔离场所。

第十九条 第十二条规定的单位应当依法采取突发事件预防措施,建立健全安全管理制度,定期开展隐患排查和风险评估,防止突发事件的发生。

第二十条 机关、团体、企业、事业单位应当建立应急管理培训制度,组织本单位人员进行突发事件应对相关法律、法规以及应急知识等方面的教育培训，定期开展应急演练，提高处置突发事件的能力。

煤矿、非煤矿山、冶炼、化工、制药企业、建筑施工单位和易燃易爆物品、危险化学品、放射性物品、病原微生物等危险物品的生产、经营、储运、使用单位的职工，应当熟练掌握安全操作规程和应对突发事件的技能。

第二十一条 县级以上人民政府及有关部门和单位应当按照《中华人民共和国突发事件应对法》第二十六条、第二十七条的规定组建应急救援队伍，配备相应的应急救援装备，并为专业应急救援人员购买人身意外伤害保险，减少应急救援人员的人身风险。

第二十二条 县级以上卫生行政主管部门应当组织建立心理危机干预的专兼职队伍，明确突发事件心理危机干预职责，并组织开展相关业务培训。

第二十三条 县级以上人民政府应当建立健全应急物资储备保障制度，完善重要应急物资的监管、生产、储备、调拨和紧急配送体系，统筹各类应急物资日常准备和应急状态时的生产、调配、供应，并建立省内跨区域的应急物资调剂供应渠道。

县级以上人民政府有关部门应当按照各自职责，组织、协调应急物资储备工作，建设应急物资储备库，并将应急物资储备情况报同级人民政府应急管理办事机构备案。

省人民政府或者其相关部门应当建立与其他省、自治区、直辖市的应急物资调剂供应协作机制。

第二十四条 省人民政府及有关部门和单位、设区的市人民政府、县(市、区)人民政府应当建立应急平台，纳入全省应急平台体系，建立统一的突发事件信息报送系统，形成突发事件信息报送快速反应机制和舆情收集、分析机制。

建立应急平台应当遵守国家和本省规定的有关数据库标准、数据共享、数据库相互兼容和安全管理的制度。

第二十五条 交通运输部门和公安机关交通管理部门应当保证应急处置车辆的线路畅通和优先通行，必要时开辟专用通道；应急处置车辆应当配置规范标志。

第二十六条 通信管理部门应当组织、协调电信运营企业做好应急通信保障工作。无线电管理部门应当提供应急专用频率的电波监测和干扰排查等技术保障。

第二十七条 县级以上人民政府应急指挥机构根据突发事件应对工作需要，可以要求有关通信服务单位提供突发事件求助人的相关信息，通信服务单位应当予以配合。

第二十八条 县级以上人民政府应当建立健全与当地同级军事机关，驻当地中国人民解放军、中国人民武装警察部队，国家、省驻当地有关单位和周边行政区域的应急联动机制，建立信息会商制度，提高应急快速反应能力。

第二十九条 县级以上人民政府、专项应急指挥机构应当成立应急管理专家组，建立健全应急决策咨询制度。

第三章 信息报告与监测预警

第三十条 各级人民政府应当及时向上一级人民政府报送突发事件信息，有关部门和单位应当及时向所在地的县(市、区)人民政府和上一级主管部门报送突发事件信息；必要时可以越级报告。较大以上和暂时无法判明等级的突发事件发生后，县(市、区)人民政府应当及时报告，设区的市人民政府、省人民政府有关部门和单位应当在两小时内报告省人民政府。

报告突发事件信息，应当及时、客观、真实，不得迟报、谎报、瞒报、漏报。首次报告时可以先简要报告，并做好续报，直至应急处置工作结束。报告内容包括时间、地点、单位名称、信息来源、事件类别、伤亡或者经济损失的初步评估、影响范围、事件发展态势及处置情况。涉及国家秘密的，应当遵守国家有关保密规定。

第三十一条 县级以上人民政府及其有关部门，应当根据各自职责和业务范围，合理划分监测区域，建立健全专业监测网点，完善应急监测预警体系。

有关专业监测机构应当按照应急需要加强技术保障建设，确保监测数据信息完整可靠。

第三十二条 县级以上人民政府应当在本行政区域内建立预警信息发布平台，发布预警信息。

三、四级预警信息由设区的市、县(市、区)人民政府或者其授权的部门发布。一、二级预警信息，由省人民政府或者其授权的省有关部门在突发事件可能影响的区域内发布。省人民政府授权的部门发布预警信息的，应当同时报省人民政府备案。

设区的市、县(市、区)发布的三、四级预警信息，有上升为二级以上趋势的，应当及时报告省人民政府或者其授权的省有关部门，并由其按规定启动预警信息发布程序。必要时，省人民政府或者其授权的省有关部门可以发布各级别的预警信息。

第三十三条 县级以上人民政府及其有关部门应当建立与通信、广播电视、报社、网站等单位的预警信息传输通道，完善气象、洪涝、干旱、地震、地质灾害等监测预警信息系统，加强偏远、高风险地区的监测预警信息发布设施建设。

预警信息可以通过广播、电视、报纸、网站、手机短信、宣传车、电子显示屏等方式发布，必要时组织人员逐户通知。

第三十四条 发布突发事件预警信息的人民政府或者有关部门应当按照规定适时调整预警级别并重新发布。

有事实证明突发事件不可能发生或者危险已经解除的，发布预警信息的人民政府或者有关部门应当立即解除警报、终止预警期、解除已经采取的有关措施。

第四章 应急处置与救援

第三十五条 突发事件发生后，县级以上人民政府除按照《中华人民共和国突发事件应对法》及有关法律、法规的规定采取应急处置措施

外,还应当按照下列规定指挥处置:

(一)特别重大、重大的突发事件,由省人民政府应急指挥部负责统一指挥处置;

(二)较大突发事件,由设区的市人民政府应急指挥部负责统一指挥处置;跨设区的市的,由省人民政府应急指挥部负责统一指挥处置;

(三)一般突发事件,发生在县(市、区)行政区域内的,由县(市、区)人民政府应急指挥部负责统一指挥处置;跨县(市、区)的,由设区的市人民政府应急指挥部负责统一指挥处置。

一般、较大突发事件可能演化为重大、特别重大突发事件,或者本级人民政府认为难以应对的,应当及时报告上一级人民政府,由上一级人民政府统一指挥处置。

第三十六条　突发事件发生后,事发地县(市、区)人民政府应当迅速先行采取应急救援和处置措施,控制事态发展或者灾情蔓延。

第三十七条　省人民政府应当建立和完善全省应急交通运输综合协调机制。交通运输、铁路、航空部门应当优先运送受到突发事件危害的人员和救援人员、救援物资、救援设备。

第三十八条　县级以上人民政府依法实施应急征用,应当向被征用人送达突发事件应对征用令。送达突发事件应对征用令不得少于两人。

突发事件应对征用令由县级以上人民政府主要负责人签发,征用令应当明确征用人和被征用人的名称、地址、联系方式,执行人员姓名,征用用途,征用时间以及征用财产的名称、数量、型号等内容。

实施征用的人民政府应当及时返还被征用财产。财产被征用或者征用后毁损、灭失的,实施征用的人民政府应当按照国家和本省有关规定给予补偿。

第三十九条　县级以上人民政府应当根据有关法律、法规,建立健全突发事件新闻发布制度,准确、及时向社会发布有关突发事件事态发展和应对工作信息,并告知社会公众应当注意的事项和相关知识。

任何单位和个人不得编造、传播有关突发事件事态发展或者应对工作的虚假信息。

第五章　事后恢复与重建

第四十条　县级以上人民政府应当组织对突发事件的起因、性质、过程、影响范围、造成的损失和应急处置等情况进行调查评估,并向上一级人民政府报告。调查评估结果应当向社会公布。

突发事件应急处置工作结束后,应当向本级人民代表大会常务委员会作出专项工作报告。

第四十一条　县级以上人民政府应当加强对恢复与重建工作的领导,按照短期恢复与长远发展并重的原则,科学制定并实施恢复与重建规划。

县级以上人民政府应当加强对恢复与重建资金和物资的监督管理,保证其规范使用。

第四十二条　县级以上人民政府因应对突发事件采取措施造成公民、法人和其他组织财产损失的,应当按照国家规定给予补偿;国家没有规定的,省人民政府应当制定补偿办法。

第四十三条　突发事件发生地受灾人员需要过渡性安置的,县级以上人民政府应当根据实际情况,做好安置工作。

过渡性安置点应当设置在交通便利、方便受灾人员恢复生产和生活的区域,并采取相应的防灾、防疫措施,建设必要的配套基础设施和公共服务设施,保障受灾人员的安全和基本生活需要。

第四十四条　县级以上人民政府应当督促保险监督管理机构和保险机构及时做好有关突发事件的保险理赔工作。

第四十五条　县级以上人民政府及其相关部门应当建立突发事件应对档案管理制度,对应对工作的原始记录等有关资料进行收集、整理、存档,并建立突发事件应对案例库。

第六章　法律责任

第四十六条　在突发事件应对工作中,县级以上人民政府及有关部门和单位违反本条例规定,有下列情形之一的,对直接负责的主管人员和其他直接责任人员依法给予处分:

(一)未制定应急预案的;

(二)未实行二十四小时值班的;

(三)未建立危险源、危险区域管理制度的;

(四)未对不符合应对突发事件需要的城乡规划依照法定程序进行修改;未对不符合突发事件应对需要的建筑物、构筑物和其他设施、设备采取必要的补救措施、制定改造方案;未按照国家有关应急避难场所的规定规划建设的;

(五)未履行维护和管理应急避难场所的职责,保证其正常使用的;

(六)未设置应急避难场所标志,未向社会公布应急避难场所的;

(七)未组织应急管理培训的;

(八)未依法组建应急救援队伍的;

(九)未遵守应急储备物资有关规定的;

(十)未按照规定报告突发事件信息的;

(十一)违反本条例规定的其他情形。

第四十七条　违反本条例规定,法律、行政法规已经规定法律责任的,从其规定。

第七章　附　则

第四十八条　本条例自2012年6月1日起施行。

山西省循环经济促进条例

(2012年5月31日山西省第十一届人民代表大会常务委员会第二十九次会议通过)

第一章　总　则

第一条　为促进循环经济发展,

推进国家资源型经济转型综合配套改革试验区建设，实现经济社会全面协调可持续发展，根据《中华人民共和国循环经济促进法》等法律、法规，结合本省实际，制定本条例。

第二条 发展循环经济应当坚持国家确定的方针，遵循减量化、再利用、资源化，按照减量化优先的原则，加强规划引导、园区承载、项目带动和科技进步，提高资源产出率和传统产业循环率，促进资源综合利用。

第三条 县级以上人民政府应当加强对循环经济工作的组织领导和队伍建设，建立发展循环经济联席会议制度，定期召开联席会议，协调解决发展循环经济中的重大问题，促进循环经济发展。

县级以上人民政府发展和改革部门是本行政区域内发展循环经济的行政主管部门，负责发展循环经济的具体指导、组织协调、监督管理，并承担联席会议的具体工作。

县级以上人民政府经济和信息化、环境保护等有关部门，按照各自的职责负责发展循环经济的监督管理工作。

第四条 县级以上人民政府应当将发展循环经济纳入国民经济和社会发展规划及年度计划。

县级以上人民政府应当将循环经济规划编制、科技推广、统计调查、宣传培训、学术交流、监督检查等工作经费，纳入本级财政预算。

第五条 鼓励和支持行业协会、中介机构等社会组织，开展循环经济政策研究、技术推广、宣传培训和咨询服务，接受政府委托，提供循环经济发展的公共服务，加强循环经济的交流与合作。

鼓励和支持企业与高等院校、科研机构开展多种形式的产学研合作，开发减量化、再利用、资源化等方面的技术，提高循环经济技术支撑能力和创新能力。

第二章 基本管理制度

第六条 省人民政府发展和改革部门会同经济和信息化、环境保护、城乡规划等部门编制全省循环经济发展规划，报省人民政府批准后公布施行。

设区的市人民政府发展和改革部门会同经济和信息化、环境保护、城乡规划等部门编制本行政区域循环经济发展规划，报本级人民政府批准后公布施行，并报省人民政府发展和改革部门备案。

涉及两个以上设区的市的区域循环经济发展规划，由省人民政府发展和改革部门组织编制，报省人民政府批准后公布施行。

编制循环经济发展规划，其内容应当明确规划目标、适用范围、主要内容、重点任务和保障措施等，并规定资源产出率、废物再利用和资源化率等指标。

第七条 县级人民政府发展和改革部门应当按照设区的市的循环经济发展规划，制定本行政区域循环经济实施方案，报本级人民政府批准后实施，并报设区的市人民政府备案。

省、设区的市人民政府经济和信息化、煤炭等有关部门应当根据本行政区域循环经济发展规划，制定行业循环经济实施方案，并报同级人民政府发展和改革部门。

省、设区的市人民政府批准的循环经济试点园区和循环经济试点企业，应当制定循环经济实施方案，由同级人民政府发展和改革部门批准后实施。

第八条 煤炭、焦化、冶金、建材等行业实行产能总量控制，产能总量控制指标应当纳入国民经济和社会发展规划及年度计划。

第九条 设区的市、县级人民政府应当依据上级人民政府下达的本行政区域能源消费、主要污染物排放、建设用地和用水总量控制指标，规划和调整本行政区域的产业布局、产业结构，形成循环利用产业链，促进循环经济发展。

申报新建、改建、扩建项目，应当符合所在区域的能源消费、主要污染物排放、建设用地和用水总量控制指标的要求。

第十条 省质量技术监督部门会同有关部门制定循环经济地方标准，组织有资质的认证机构开展循环经济认证。

第一一条 县级以上人民政府发展和改革部门会同统计部门建立和完善循环经济信息管理系统，适时发布循环经济信息。

县级以上人民政府统计部门会同有关部门按照国家循环经济统计制度，负责资源消耗、综合利用和废物产生的统计管理，定期向社会公布统计结果。

第十二条 县级以上人民政府应当将国家规定的循环经济主要评价指标纳入年度目标责任制考核体系，对本级人民政府有关部门和下级人民政府及其主要负责人进行考核，考核结果向社会公布。

第三章 生产领域循环经济

第十三条 县级以上人民政府按照循环经济的产业链延伸、资源循环利用和能量梯级利用关系等要求，统筹规划本行政区域的产业布局和园区，引导新建企业向园区聚集，鼓励已建企业向园区搬迁。

县级以上人民政府应当采取措施，优先保障园区基础设施建设，优先安排产能、主要污染物排放量、水资源等配置指标。

现有园区和企业应当逐步进行循环化改造。

第十四条 省人民政府对煤炭、电力、焦化、冶金、建材、造纸、制药等企业的年综合能源消费量、用水量和废弃物排放量，超过国家和本省规定的，实行限额标准管理。

第十五条 省人民政府经济和信息化部门会同质量技术监督部门制定企业能源管理体系标准，指导企业进行能源管理体系建设。

第十六条 新建、改建、扩建项目的项目申请报告或者可行性研究报告，应当包含延长产业链、提高资源产出率和废弃物综合利用率等循环经济发展措施。

第十七条 企业应当对生产过程中产生的可利用固体废物、废气、废水、余压、余热等进行综合利用；不具备利用条件的，应当委托具备条件的生产经营者进行综合利用；暂时无法利用的,应当予以合理贮存或者无害化处置。

第十八条　企业应当执行国家循环经济技术导则,并在应当标识的产品及包装物上标识其能效水平和资源消耗情况。

鼓励企业进行循环经济标识认证。

第十九条　鼓励企业利用再生水、雨水、矿井水等水资源。

鼓励和支持废水循环利用。工业用水可以采取单位独立进行废水无害化处理和循环利用,也可以采取集中连片进行废水无害化处理和循环利用。

新建、改建、扩建的项目和园区,应当配套建设节水设施和工业用水回收利用设施、再生水回用管网设施。节水设施、回收利用设施和回用管网设施与主体工程同时设计、同时施工、同时投产使用。

第二十条　煤炭生产企业和煤层气开采企业应当坚持采煤、采气一体化,提高煤炭资源回采率和煤层气资源利用率。

鼓励和支持低浓度瓦斯、风排瓦斯的利用,发展煤层气提纯液化、精细化工等产业。

第二十一条　鼓励和支持企业利用煤矸石、煤泥、垃圾等低热值燃料以及余热、余压发电。符合并网调度条件的,电网企业应当为其提供上网服务,全额收购其电网覆盖范围内的上网电量,执行国家有关资源综合利用发电上网的电价政策。

第二十二条　各级人民政府应当推进农业领域的循环利用和农村清洁能源工作,推广沼气、秸秆气化、秸秆还田等资源循环利用技术。支持企业、个人对农作物秸秆、畜禽粪便、农产品加工业副产品、废农用薄膜等进行资源化利用或者无害化处理。

新建畜禽养殖场,应当同时配套建设畜禽粪便综合利用设施,对畜禽粪便进行沼气化、肥料化等综合利用。

第四章　流通和消费领域循环经济

第二十三条　鼓励使用节能环保型交通工具。

县级以上人民政府应当加强对清洁能源加注站的规划和建设,保障清洁能源供应。

第二十四条　县级以上人民政府应当按照城乡规划建设城市再生资源回收利用体系,合理布局再生资源回收网点、交易市场和分拣加工中心。

鼓励和支持企业建设区域性可再生资源回收利用基地。

第二十五条　省人民政府环境保护部门会同发展和改革、经济和信息化、商务等部门编制废弃电器电子产品处理发展规划,合理布局全省范围内的废弃电器电子产品收集处置中心。

第二十六条　鼓励使用资源综合利用的新型建筑材料。

禁止在省人民政府规定的区域内生产、销售和使用粘土砖。

第二十七条　县级以上人民政府应当将再生水利用纳入城市总体规划,推动公共建筑、居民小区、酒店、洗车业等节水和再生水回用设施建设。

在有条件使用再生水的地方,禁止将自来水作为公共设施保洁、道路洒水、洗车、绿化和景观用水。

第二十八条　城市人民政府应当建立完善餐厨废弃物收运体系,对餐厨废弃物、食品加工废料进行资源化利用或者无害化处置。推广利用餐厨废弃物提炼生物柴油和制作肥料等。

禁止将餐厨废弃物产生的再生油用于食品加工。

餐厨废弃物管理及资源化利用的具体办法,由省人民政府制定。

第五章　废弃物资源化利用

第二十九条　省人民政府发展和改革部门会同经济和信息化、环境保护等部门编制煤矸石、粉煤灰、脱硫石膏、矿井水、焦炉煤气、镁渣、电石渣、赤泥等废弃物综合利用规划,报省人民政府批准后施行。

第三十条　省环境保护部门应当按照国家有关规定建立废弃物申报登记管理和限期治理制度。

产生煤矸石、粉煤灰、脱硫石膏、矿井水、焦炉煤气、镁渣、电石渣、赤泥等废弃物的企业,应当向所在地的环境保护部门申报产生源、产生量和上年度废弃物处置、资源综合利用的情况。

第三十一条　煤矿、洗煤等企业应当全部利用或者安全处置当年产生的煤矸石,并对长年堆存的煤矸石进行综合治理。

第三十二条　燃煤电厂应当合理利用或者处置当年产生的粉煤灰和脱硫石膏。

新建、改建、扩建燃煤发电项目,应当制定粉煤灰和脱硫石膏综合利用方案。

粉煤灰综合利用工程应当与主体工程同时设计、同时施工、同时投产。

第三十三条　建设坑口电厂应当优先利用矿井水。

煤炭生产企业应当优先选择矿井水用于煤炭洗选、井下生产、消防、绿化等。矿井水确需排放的,应当达到地表水环境质量标准III类。

第三十四条　焦化企业和炼铁企业应当对其产生的焦炉煤气、高炉煤气进行资源化利用。

禁止将焦炉煤气、高炉煤气直接排空、燃烧。

第三十五条　产生镁渣和电石渣的企业应当研发或者引进新技术,对镁渣、电石渣进行资源化利用或者无害化处置。

第三十六条　氧化铝生产企业应当研发或者引进赤泥利用新技术,提高赤泥综合利用水平。对暂不具备利用条件的赤泥,应当采取安全合理的处置措施,防止对环境造成危害。

第六章　激励措施

第三十七条　县级以上人民政府应当安排循环经济发展专项资金,用于循环经济的重大项目、示范工程、技术成果产业化、信息服务等。

鼓励和引导社会资本投入循环经济项目建设。鼓励利用境外资本和技术,促进循环经济发展。

第三十八条　县级以上人民政府及其有关部门对企业产品列入国家和省级资源综合利用目录的,应当按照利用量给予企业财政补贴。

第三十九条　县级以上人民政府应当按照国家产业政策,将淘汰落后产能置换出的能源消耗量、主要污染物排放量等指标及存量土地,优先配置给发展循环经济的企业。

第四十条　科技部门应当将循环经济重大科研项目、重点技术项目列入科技发展重点,优先支持循环经济新工艺研究、资源综合利用技术研究及生产性试验。

第四十一条　县级以上人民政府及其有关部门对在循环经济管理、科学技术研究、产品开发、示范和推广工作中做出突出成绩的单位和个人给予表彰和奖励。

企业事业单位应当对本单位在循环经济发展中做出突出贡献的集体和个人给予表彰和奖励。

第七章　法律责任

第四十二条　违反本条例规定,《中华人民共和国循环经济促进法》等法律、法规已有法律责任规定的,从其规定。

第四十三条　违反本条例规定,省、设区的市人民政府批准的循环经济试点园区和循环经济试点企业未制定循环经济实施方案的,由省、设区的市人民政府责令限期改正;逾期未改正的,予以通报,并撤销其循环经济试点园区或者试点企业资格。

第四十四条　违反本条例规定,煤炭、电力、焦化、冶金、建材、造纸、制药等企业超过限额标准生产的,由有关主管部门责令其限期改造;逾期仍超过限额标准的,由有关主管部门报请本级人民政府按照规定的权限责令其停产整顿或者转产。

第四十五条　违反本条例规定,在省人民政府规定的区域内生产、销售、使用粘土砖的,由县级以上人民政府指定的部门责令限期改正;有违法所得的,没收违法所得;逾期继续生产、销售的,由工商行政管理部门依法吊销营业执照。

第四十六条　违反本条例规定,将餐厨废弃物产生的再生油用于食品加工的,按照《中华人民共和国食品安全法》第八十五条的规定予以处罚。

第四十七条　国家工作人员在循环经济管理工作中,滥用职权、玩忽职守、徇私舞弊的,依法给予处分;构成犯罪的,依法追究刑事责任。

第八章　附　则

第四十八条　本条例自2012年10月1日起施行。

山西省安全技术防范条例

(2012年7月26日山西省第十一届人民代表大会常务委员会第三十次会议通过)

第一章　总　则

第一条　为了维护公共安全和社会治安秩序,保障国家、集体财产和公民人身、财产安全,加强安全技术防范管理,根据国家有关法律、行政法规的规定,结合本省实际,制定本条例。

第二条　本省行政区域内安全技术防范产品(以下简称技防产品)的生产、销售,安全技术防范系统(以下简称技防系统)的设计、安装、验收、监理、运营和信息使用等活动,以及对上述活动的管理,适用本条例。

技防产品,是指用于防抢劫、防盗窃、防爆炸等防止国家、集体、个人财产以及人身安全受到侵害并列入《安全技术防范产品目录》的专用产品。

技防系统,是指由技防产品和其他相关产品所构成的探测与报警、视频探测与监控、出入口目标识别与控制、防爆安全检查等系统,或者由这些系统为子系统组合、集成的系统或者网络。

第三条　县级以上人民政府应当加强对安全技术防范工作的领导,将其纳入国民经济和社会发展规划,列入社会管理综合治理和突发事件应急管理体系,保障安全技术防范工作所需经费。

县级以上人民政府应当采取多种措施,鼓励开展安全技术防范科学研究,开发和推广使用先进技术,促进安全技术防范工作健康发展。

第四条　县级以上公安机关主管本行政区域内的安全技术防范工作,主要履行下列职责:

(一)制定安全技术防范发展规划;

(二)指导安全技术防范工作;

(三)宣传普及安全技术防范知识;

(四)对安全技术防范活动实施监督管理。

发展和改革、住房和城乡建设、工商行政管理、质量技术监督、安全生产监督等部门应当在各自职责范围内,做好相应的安全技术防范监督管理工作。

第五条　国家机关、社会团体、企业事业单位和其他组织应当做好本系统、本单位的安全技术防范工作。

第六条　安全技术防范行业组织应当开展行业自律,提供技术咨询和评价服务,配合公安机关等部门做好安全技术防范管理相关工作。

第七条　任何单位和个人不得利用技防产品或者技防系统非法获取和泄露国家秘密、商业秘密、个人隐私,侵害国家、集体、公民、法人和其他组织的合法权益。

第二章　技防产品

第八条　对国家工业产品生产许可证制度、强制性认证制度管理范围以外的技防产品,实行生产登记制度。

第九条　从事实行生产登记制度的技防产品生产的,应当向所在地设区的市公安机关提出申请并提交下列材料:

(一)法定代表人身份证明、营业执照和组织机构代码证;

(二)专业技术人员的资格证书;

(三)符合国家规定产品标准的

相关资料;

(四)产品质量保证体系、售后服务措施等相关文件;

(五)具备相应资质的检验机构出具的符合国家规定的检验报告。

第十条　设区的市公安机关应当自收到技防产品生产登记申请之日起十个工作日内进行初步审核。初审合格的,报省公安机关批准。省公安机关应当自收到初审意见之日起七个工作日内进行审查。审查合格的,核发《安全技术防范产品生产登记批准书》;审查不合格的,书面通知申请人并说明理由。

第十一条　从事技防产品销售的经营者,应当持营业执照和技防产品的相关资料报所在地县(市、区)公安机关登记备案。未经登记备案的,不得销售。

第十二条　销售技防产品的,应当建立进货验收制度。不得销售无产品质量检验合格证明、工业产品生产许可证证书、强制性产品认证证书或者生产登记批准证书的技防产品。

第三章　技防系统

第十三条　公共区域技防系统由设区的市、县(市、区)人民政府负责组织建设,并设置标识;其他场所和部位的技防系统,由所在单位负责建设。

第十四条　下列场所和部位应当按照有关技术标准安装技防产品或者技防系统:

(一)广场、公园、城市主要道路和路口、地下通道、过街天桥、隧道、大型桥梁等公共区域(以下所称公共区域均指这一范围);

(二)机场、车站、码头、大型商贸中心、宾馆、网吧、居民小区、停车场等人员密集的公共场所;

(三)国家机关涉及国家秘密的场所或者部位,国家重点建设工程的重要部位,国防科技工业重要产品的研制、生产场所;

(四)广播、电视、电信、邮政等单位的重要部位;

(五)货币、有价证券、票据的制造或者集中存放的场所,金融机构的营业场所等重要部位;

(六)研制、生产、销售、存储易燃易爆物品或者危险化学品等危险物品的场所;

(七)大型物资储备单位、能源动力设施、水利设施,城市水、电、燃气、油、热力供应设施;

(八)城镇学校、幼儿园、医院,大型文化、体育场所;

(九)博物馆、档案馆、纪念馆、展览馆和重点文物保护单位;

(十)公共交通工具和专用运输工具;

(十一)法律、法规规定的其他场所和部位。

第十五条　应当安装技防系统的新建、改建、扩建建设工程,建设单位应当将技防系统与建设工程综合设计、同步施工、独立验收。

技防系统应当具备同公安机关联网的条件,预留接口。因安全技术防范工作需要,有关单位应当配合公安机关做好技防系统链接的相关工作。

第十六条　从事技防系统的设计、安装、监理、运营的,应当向所在地设区的市公安机关提出申请并提交下列材料:

(一)法定代表人身份证明、营业执照和组织机构代码证;

(二)施工装备、调试检测仪器设备的检验证书;

(三)专业技术人员的资质证书;

(四)质量保证体系文件。

取得相应资质从事技防系统的设计、安装、监理、运营的,不再提出申请和提交前款规定的材料。

第十七条　设区的市公安机关应当自收到技防系统的设计、安装、监理、运营申请之日起十个工作日内进行初步审核。初审合格的,报省公安机关批准。省公安机关应当自收到初审意见之日起七个工作日内进行审查。审查合格的,核发批准书;审查不合格的,书面通知申请人并说明理由。

第十八条　技防系统的设计方案应当通过可行性论证。公共区域的设计方案由公安机关组织论证;其他场所和部位的设计方案由建设单位组织论证。

技防系统竣工后,应当先由具有资质的专业检测机构进行检验。经检验后,建设单位会同公安机关根据专业检测机构提供的检测报告组织竣工验收。

第十九条　技防系统使用的产品,应当符合法律、法规的规定,符合产品质量标准的要求。

技防系统的功能、性能指标应当符合国家标准或者行业标准,保证系统运行安全、有效。

第二十条　任何单位和个人不得擅自在公共区域安装技防系统。

禁止在宾馆客房、集体宿舍以及公共场所的卫生间、更衣室、浴室等涉及他人隐私的场所安装视频、音频等技防产品。

第二十一条　技防系统的使用单位和运营单位,应当建立健全安全管理制度和岗位责任制度,规范系统操作规程,制定应急处置预案,保证系统安全有效。

技防系统的使用单位和运营单位接到报警信息并确认后,应当立即报告公安机关。

第二十二条　有关单位应当按照保密法律、法规的规定妥善保管技防系统的设计图纸和相关资料,相关工作人员对工作中涉及到的资料、信息、技术应当依法保守秘密。

第二十三条　技防系统按照风险等级和投资额实行分级管理。国家已发布风险等级和防护级别的,按照有关规定执行。

第二十四条　任何单位和个人不得有下列行为:

(一)损毁、擅自拆除技防系统的设备、设施;

(二)擅自关闭技防系统或者妨碍技防系统的正常使用;

(三)擅自改变技防系统的用途和使用范围;

(四)擅自删除、修改技防系统的运行程序和记录等。

第二十五条　公安机关及其工作人员不得指定技防产品或者技防系统,不得指定技防系统的设计、安装、监理和运营单位。

第四章 信息使用

第二十六条 公安机关等有关部门工作人员在履行法定职责时，可以查阅、复制或者调取技防系统的相关信息资料，技防系统的使用单位和运营单位应当予以配合。

第二十七条 公安机关等有关部门工作人员查阅、复制或者调取技防系统信息资料时，除法律、法规另有规定外，应当遵守下列规定：

（一）调查取证不得少于二人；

（二）出示工作证件和单位证明文件；

（三）履行登记手续。

第二十八条 技防系统的使用单位和运营单位应当建立健全录制、调取信息资料的登记管理制度。保存资料时限不得少于三十日，法律、行政法规另有规定的除外。

第二十九条 禁止任何单位和个人买卖、传播、隐匿技防系统信息资料。

第三十条 县级以上公安机关应当建立健全信息公开制度，每年至少向社会公布一次技防产品、技防系统的监督检查情况。

省公安机关每年至少向社会公布一次技防产品生产、销售和技防系统的设计、安装、监理、运营单位名录。

第五章 法律责任

第三十一条 违反本条例规定，未取得生产登记批准书，从事技防产品生产的，由县级以上公安机关责令限期改正；逾期不改正的，没收违法所得，并处三万元以上五万元以下罚款。

第三十二条 违反本条例规定，未经备案销售技防产品的，由县级以上公安机关责令限期改正；逾期不改正的，处以一千元以上三千元以下罚款。

第三十三条 违反本条例规定，公共区域未安装技防系统的，由省人民政府或者设区的市人民政府责令下一级人民政府限期改正；逾期不改正的，对有关责任人员给予处分。

违反本条例规定，其他区域应当安装技防系统而未安装的，由县级以上公安机关责令限期改正；逾期不改正的，对单位处以三千元以上一万元以下罚款，并对直接负责的主管人员和其他责任人员处以一千元以上三千元以下罚款。

第三十四条 违反本条例规定，技防系统未经验收或者验收不合格投入使用的，由县级以上公安机关责令建设单位限期改正；逾期不改正的，对单位处以三千元以上一万元以下罚款，并对直接负责的主管人员和其他责任人员处以一千元以上三千元以下罚款。

第三十五条 违反本条例规定，未经批准从事技防系统设计、安装、监理、运营的，由县级以上公安机关责令限期改正；逾期不改正的，处以三万元以上五万元以下罚款。

第三十六条 违反本条例规定，有下列行为之一的，由县级以上公安机关责令限期改正；逾期不改正的，对单位处以一万元以上五万元以下罚款，对个人处以一千元以上五千元以下罚款：

（一）在涉及他人隐私的场所安装技防产品的；

（二）擅自拆除技防系统设备、设施的；

（三）擅自关闭技防系统或者妨碍技防系统正常使用的；

（四）擅自改变技防系统的用途和使用范围的；

（五）擅自删除、修改技防系统的运行程序和记录的；

（六）买卖、传播、隐匿技防系统信息资料的。

第三十七条 公安机关及其工作人员在安全技术防范工作中滥用职权、玩忽职守、徇私舞弊的，依法给予处分；构成犯罪的，依法追究刑事责任。

第三十八条 违反本条例规定，法律、行政法规已有法律责任规定的，从其规定。

第六章 附 则

第三十九条 本条例自2012年10月1日起施行。

山西省非物质文化遗产条例

（2012年9月28日山西省第十一届人民代表大会常务委员会第三十一次会议通过）

第一章 总 则

第一条 为了加强非物质文化遗产保护、保存工作，继承和弘扬优秀传统文化，根据《中华人民共和国非物质文化遗产法》等法律、法规，结合本省实际，制定本条例。

第二条 本条例所称非物质文化遗产，是指各族人民世代相传并视为其文化遗产组成部分的各种传统文化表现形式，以及与传统文化表现形式相关的实物和场所。包括：

（一）传统口头文学以及作为其载体的语言；

（二）传统美术、书法、音乐、舞蹈、戏剧、曲艺和杂技；

（三）传统技艺、医药和历法；

（四）传统礼仪、节庆等民俗；

（五）传统体育和游艺；

（六）其他非物质文化遗产。

作为非物质文化遗产组成部分的实物和场所，凡属文物的，适用文物保护法律、法规的有关规定。

第三条 非物质文化遗产保护、保存应当正确处理经济建设、社会发展与非物质文化遗产开发、利用的关系，对非物质文化遗产采取认定、记录、建档等措施予以保存，对体现优秀传统文化，具有历史、文学、艺术、科学价值的非物质文化遗产采取传承、传播等措施予以保护。

第四条 县级以上人民政府应当将非物质文化遗产保护、保存工作纳入本级国民经济和社会发展规划，将保护、保存经费列入本级财政预算。

第五条 县级以上人民政府应当将国家级和省级文化生态保护区、非物质文化遗产展示场馆、传习所和生产性保护示范基地的建设纳入本行政区域城乡规划。

第六条 县级以上人民政府文

化主管部门负责本行政区域内非物质文化遗产的保护、保存工作。

非物质文化遗产保护工作机构在同级文化主管部门的领导下，组织实施非物质文化遗产的保护、保存工作。

县级以上人民政府发展和改革、财政、经济和信息化、教育、民族宗教、商务、住房和城乡建设、规划、环境保护、国土资源、旅游、文物、体育等部门，按照各自职责负责非物质文化遗产的保护、保存工作。

第七条　文化站、村民委员会、居民委员会在文化主管部门指导和支持下，开展相应的非物质文化遗产保护、保存工作。

文学艺术界联合会、科学技术协会、作家协会和有关行业协会、学会等组织按照各自章程，做好非物质文化遗产的保护、保存工作。

第八条　鼓励和支持公民、法人和其他组织捐赠非物质文化遗产实物资料或者捐赠资金和实物，用于非物质文化遗产的保护、保存工作。

第二章　非物质文化遗产代表性项目名录

第九条　县级以上人民政府应当组织对本行政区域内的非物质文化遗产进行调查。

文化主管部门和其他有关部门应当对发现的非物质文化遗产予以确认、记录，并收集属于非物质文化遗产组成部分的代表性实物，整理调查所取得的资料，建立非物质文化遗产档案和数据库。

第十条　县级以上人民政府应当将本行政区域内体现优秀传统文化，具有历史、文学、艺术、科学价值的非物质文化遗产项目，列入本级非物质文化遗产代表性项目名录，并报上一级人民政府文化主管部门备案。

县级以上人民政府文化主管部门对列入非物质文化遗产代表性项目名录的项目确定保护单位，保护单位履行下列职责：

(一)收集该项目的实物、资料，并登记、整理、建档；

(二)推荐非物质文化遗产代表性项目的代表性传承人；

(三)制定并实施该项目保护计划，定期向文化主管部门报告实施情况并接受监督；

(四)开展该项目的宣传、展示、展演活动；

(五)为该项目传承及相关活动提供必要条件；

(六)其他应当履行的职责。

第十一条　设区的市、县(市、区)人民政府可以将本级非物质文化遗产代表性项目向上一级人民政府文化主管部门推荐，经认定后列入上一级非物质文化遗产代表性项目名录。

第十二条　公民、法人和其他组织可以向县级人民政府文化主管部门提出列入本级非物质文化遗产代表性项目名录的申请。

申请材料包括申请报告、项目申报书以及其他相关材料。

第十三条　公民、法人和其他组织认为某项非物质文化遗产具有重大历史、文学、艺术、科学价值的，可以向省人民政府文化主管部门提出列入省级非物质文化遗产代表性项目名录的建议。

第十四条　非物质文化遗产代表性项目的认定实行专家评审制度。评审工作应当遵循公开、公平、公正的原则。

第十五条　非物质文化遗产代表性项目的认定应当经过以下程序：

(一)文化主管部门组织专家评审小组对推荐、申请或者建议列入非物质文化遗产代表性项目名录的项目进行初评，经专家评审小组成员过半数通过后形成初评意见；

(二)文化主管部门组织专家评审委员会对初评意见进行审议，提出审议意见；

(三)文化主管部门将拟列入本级非物质文化遗产代表性项目名录的项目通过媒体公示征求公众意见，公示时间不少于二十日。

文化主管部门根据评审委员会的审议意见和公示结果，拟订本级非物质文化遗产代表性项目名录，报本级人民政府批准后公布。

第十六条　公民、法人和其他组织对拟列入非物质文化遗产代表性项目名录的项目有异议的，应当在公示期间提出书面意见。文化主管部门经调查核实，情况属实的，终止对该项目的认定；情况不属实的，应当在收到书面意见之日起二十日内书面告知异议人并说明理由。

第三章　非物质文化遗产代表性项目的代表性传承人

第十七条　县级以上人民政府文化主管部门对本级人民政府批准公布的非物质文化遗产代表性项目，可以认定代表性传承人。

公民、法人和其他组织在征得被推荐人书面同意的前提下，可以向文化主管部门推荐非物质文化遗产代表性项目的代表性传承人人选。公民也可以自行申请代表性传承人。

第十八条　非物质文化遗产代表性项目的代表性传承人应当符合下列条件：

(一)熟练掌握其传承的非物质文化遗产；

(二)具有传承谱系和特定领域内的代表性、影响力；

(三)积极开展传承活动，培养传承人才。

第十九条　认定非物质文化遗产代表性项目的代表性传承人，参照本条例有关非物质文化遗产代表性项目评审程序进行。

非物质文化遗产代表性项目的代表性传承人经县级以上人民政府文化主管部门认定后予以公布。

第二十条　非物质文化遗产代表性项目的代表性传承人享有下列权利：

(一)开展传艺、技艺展示、艺术创作、学术研究等活动；

(二)享受人民政府规定的传承补助；

(三)按照师承形式或者其他方式选择、培养传承人；

(四) 参加有关活动取得相应报酬；

(五)提出非物质文化遗产保护工作的意见、建议；

(六)开展传承、传播活动确有困

难的，可以向文化主管部门申请支持。

第二十一条　非物质文化遗产代表性项目的代表性传承人应当履行下列义务：

（一）开展传承活动，常随学徒不少于二人；

（二）配合非物质文化遗产调查工作；

（三）参与非物质文化遗产公益性宣传活动；

（四）妥善保存相关的实物、资料。

非物质文化遗产代表性项目的代表性传承人无正当理由不履行传承义务，文化主管部门经调查核实，情况属实的，按照规定的程序取消其代表性传承人资格并重新认定该项目的代表性传承人。

第四章　非物质文化遗产的保护措施

第二十二条　县级以上人民政府对非物质文化遗产代表性项目集中、特色鲜明、形式和内涵保持完整的特定区域，在尊重当地居民意愿的前提下，可以设立文化生态保护区，制定专项保护规划，实施区域性整体保护。

在文化生态保护区内从事生产、建设和开发，应当符合文化生态保护区的专项保护规划，不得破坏非物质文化遗产及其所依存的建（构）筑物、场所、遗迹等。

第二十三条　县级以上人民政府应当对与非物质文化遗产代表性项目直接关联的遗址、遗迹及其附属物划定保护范围，制定保护规划，建立专门档案，并在土地利用总体规划、城乡规划和建设中采取措施予以整体保护。

第二十四条　县级以上人民政府应当统筹协调发展和改革、财政、文化、旅游等部门制定非物质文化遗产开发利用规划，保护和传承非物质文化遗产。

鼓励和支持有关单位和个人有效保护、合理利用非物质文化遗产资源，开发具有地方特色、市场潜力的文化产品和文化服务。

第二十五条　县级以上人民政府应当对濒危的传统音乐、传统舞蹈、传统戏剧等非物质文化遗产代表性项目，采取专门保护措施，实施恢复性生产保护，资助公益性展演、展示活动。

第二十六条　县级以上人民政府应当根据经济社会的发展，增加非物质文化遗产保护、保存经费的投入。非物质文化遗产保护、保存经费主要用于下列事项：

（一）非物质文化遗产的调查；

（二）非物质文化遗产代表性项目保护工作；

（三）非物质文化遗产代表性项目的代表性传承人的补助；

（四）濒危非物质文化遗产的抢救；

（五）非物质文化遗产代表性项目的研究；

（六）非物质文化遗产资料和实物的征集和收购；

（七）非物质文化遗产的档案及数据库建设；

（八）非物质文化遗产的宣传、教育；

（九）非物质文化遗产保护、保存的其他事项。

第二十七条　县级以上人民政府根据非物质文化遗产保护、保存的需要，建立非物质文化遗产博览园、专题博物馆、传习所等公共文化设施。

第二十八条　非物质文化遗产代表性项目含有国家秘密的，按照国家保密法律法规的规定确定密级，予以保护；含有商业秘密的，按照国家有关法律法规执行。

第二十九条　县级以上人民政府文化主管部门负责对本行政区域内非物质文化遗产代表性项目的保护、保存情况进行监督检查。

第三十条　鼓励和支持大专院校、科研机构开展非物质文化遗产科学研究工作，培养和引进相关领域专业人才。

第三十一条　文化馆（站）、图书馆、博物馆、美术馆、体育场馆等公共文化体育机构，应当有计划地展示非物质文化遗产代表性项目，并按照国家和省有关规定向社会免费开放。

第三十二条　鼓励和支持公共教育机构建立非物质文化遗产传承教学基地，开展非物质文化遗产知识普及活动。

报刊、广播电视、网络等媒体应当通过专题展示、专栏介绍、公益广告等方式，普及非物质文化遗产知识。

第五章　法律责任

第三十三条　违反本条例规定，截留、挪用、挤占非物质文化遗产保护、保存经费的，由县级以上人民政府有关部门责令返还，对直接负责的主管人员和其他直接责任人员依法给予处分；构成犯罪的，依法追究刑事责任。

第三十四条　违反本条例规定，在申请非物质文化遗产代表性项目、代表性传承人过程中弄虚作假的，由县级以上人民政府文化主管部门给予警告；已列入非物质文化遗产代表性项目名录或者取得代表性传承人资格的，由县级以上人民政府或者文化主管部门予以撤销，责令返还项目保护费或者传承人补助费。

第三十五条　文化主管部门和其他有关部门的工作人员在非物质文化遗产保护、保存工作中，玩忽职守、滥用职权、徇私舞弊的，依法给予处分；构成犯罪的，依法追究刑事责任。

第六章　附　则

第三十六条　本条例自2013年1月1日起施行。

山西省食品生产加工小作坊和食品摊贩监督管理办法

（2012年9月28日山西省第十一届人民代表大会常务委员会第三十一次会议通过）

第一章　总　则

第一条　为了规范食品生产加

工小作坊和食品摊贩生产经营活动,传承饮食文化,方便群众生活,保证食品安全,保障公众身体健康和生命安全,根据《中华人民共和国食品安全法》《中华人民共和国食品安全法实施条例》和有关法律、行政法规,结合本省实际,制定本办法。

第二条 本省行政区域内食品生产加工小作坊和食品摊贩的生产经营活动及其监督管理活动,适用本办法。

第三条 本办法所称食品生产加工小作坊,是指有固定生产经营场所,其生产规模、生产条件、固定从业人数等达不到国家规定的食品生产加工企业许可要求的食品生产经营者。食品生产加工小作坊包括餐饮服务类和非餐饮服务类食品生产加工小作坊。餐饮服务类食品生产加工小作坊,是指即时制作加工、销售食品并向消费者提供消费场所及设施的食品生产加工小作坊。

本办法所称食品摊贩,是指无固定店铺,摆摊设点从事食品销售或者现场制售的食品生产经营者。食品摊贩包括餐饮服务类和非餐饮服务类食品摊贩。餐饮服务类食品摊贩,是指即时制作加工、销售食品并向消费者提供消费场所及设施的食品摊贩。

第四条 县级以上人民政府负责组织领导本行政区域内食品生产加工小作坊和食品摊贩的监督管理工作,将食品安全监督管理工作经费列入本级财政预算。

县级以上人民政府食品安全协调机构按照省人民政府确定的职责,履行综合协调、督促指导和评议考核等职能。

县(市、区)人民政府应当在乡(镇)人民政府、街道办事处确定食品安全工作人员;乡(镇)人民政府、街道办事处应当在建制村、社区聘用食品安全监督员,协助有关部门开展食品安全监督管理工作。

第五条 卫生行政、食品药品监督管理、工商行政管理、质量监督等食品安全监督管理部门应当按照下列职责分工,加强协调配合,依法对食品生产加工小作坊和食品摊贩进行监督管理:

(一)卫生行政部门负责食品生产加工小作坊和食品摊贩监督管理的综合协调,组织查处食品安全事故;

(二)食品药品监督管理部门负责餐饮服务类食品生产加工小作坊和餐饮服务类食品摊贩的监督管理;

(三)工商行政管理部门负责非餐饮服务类食品摊贩,商场、超市、集贸市场内的非餐饮服务类食品生产加工小作坊,前店后坊式的非餐饮服务类食品生产加工小作坊的监督管理;

(四)质量监督部门负责商场、超市、集贸市场外的非餐饮服务类食品生产加工小作坊的监督管理。

教育、公安、环保、住房城乡建设、农业、商务、民族事务等有关行政部门应当在各自的职责范围内,依法做好食品生产加工小作坊和食品摊贩的监督管理工作。

国务院或者省人民政府批准实施相对集中行政处罚权的市、县(市、区)的综合行政执法部门按照规定实施监督管理工作。

省人民政府根据实际需要,可以对食品生产加工小作坊和食品摊贩监督管理体制作出调整。

第六条 县级以上人民政府应当统筹规划、建设、改造适宜食品生产加工小作坊和食品摊贩生产经营的集中场所、街区,完善基础设施及配套设施,加强食品检验检测能力和食品安全信息网络建设。

县级以上人民政府应当采取措施,鼓励和支持食品生产加工小作坊和食品摊贩生产经营地方特色食品和传统食品,改进生产经营条件和工艺技术,创建品牌。

第七条 县级以上人民政府应当建立健全食品安全举报奖励和保护制度,公布举报电话,方便群众举报。

有关监督管理部门应当提供业务指导和服务,加强食品安全法律、法规和食品安全知识培训,在新闻媒体和集中生产经营区域公布食品安全日常监督管理信息。

第八条 食品生产加工小作坊和食品摊贩应当依照食品安全法律、法规以及食品安全标准从事生产经营活动,接受培训,提高技能,诚实守信,保证质量,对其生产经营的食品安全负责,承担社会责任,接受社会监督。

第九条 食品行业协会应当加强行业自律,推动行业道德建设和诚信建设,为食品生产加工小作坊和食品摊贩依法生产经营提供培训、咨询、维权等服务。

第十条 机关、团体、企业、事业单位和其他组织应当开展食品安全知识的宣传教育,倡导健康的饮食方式,增强公众的食品安全意识和自我保护能力。

第二章 生产经营

第一节 一般规定

第十一条 食品生产加工小作坊生产经营实行许可制度。

第十二条 食品摊贩生产经营实行登记制度。

第十三条 食品生产加工小作坊和食品摊贩从业人员应当按照国家和本省的有关规定,每年进行健康检查,持有效的健康证明方可从事生产经营活动。

第十四条 食品生产加工小作坊和食品摊贩不得生产经营《中华人民共和国食品安全法》第二十八条和省人民政府明令禁止的食品。

第二节 食品生产加工小作坊

第十五条 食品生产加工小作坊应当依照本办法规定取得《食品生产加工小作坊许可证》后,依法办理工商注册登记,方可从事食品生产经营活动。

第十六条 申请《食品生产加工小作坊许可证》,应当具备下列条件:

(一)具有与生产经营的食品品种、数量相适应的生产经营场所,环境整洁,并与有毒、有害场所以及其他污染源保持规定的安全距离;

(二)具有清洁水源和排水设施;

(三)具有必要的、符合食品安全要求的工具、容器、设备和包装材料;

(四)具有相应的防蝇、防鼠、防尘和密闭的废弃物存放设施等;

(五)具有食品安全管理制度。

第十七条 食品生产加工小作坊应当分别向下列部门书面申请《食品生产加工小作坊许可证》:

(一)餐饮服务类食品生产加工小作坊,向县(市、区)食品药品监督管理部门申请;

(二)商场、超市、集贸市场内的非餐饮服务类食品生产加工小作坊,前店后坊式的非餐饮服务类食品生产加工小作坊,向县(市、区)工商行政管理部门申请;

(三)商场、超市、集贸市场外的非餐饮服务类食品生产加工小作坊,向县(市、区)质量监督部门申请。

食品药品监督管理、工商行政管理、质量监督部门受理申请后,应当进行现场核查,对符合本办法第十六条规定条件的,颁发《食品生产加工小作坊许可证》;对不符合条件的,决定不予许可并书面告知理由。许可自受理申请之日起十五日内办结。

第十八条 食品生产加工小作坊从事生产经营活动,应当遵守下列规定:

(一)从业人员穿戴清洁的工作衣、帽;

(二)购进和使用食品原辅材料、食品添加剂和食品相关产品,应当建立台账,进货验收,索证索票,相关记录、票据的保存期不得少于二年;

(三)加工工艺及加工设备符合食品卫生要求;

(四)生产经营过程中生熟隔离,防止原辅材料、半成品、成品的交叉污染。

餐饮服务类食品生产加工小作坊除遵守前款规定外,还应当遵守下列规定:

(一)切配、制作、盛装食品的刀、案、容器等设施设备应当清洗、消毒;

(二)提供安全卫生的餐具、饮具。

第三节 食品摊贩

第十九条 食品摊贩应当依照本办法规定取得《食品摊贩登记证》,持证从事食品生产经营活动。

第二十条 申请《食品摊贩登记证》,应当具备下列条件:

(一)具有与生产经营的食品品种、数量相适应的制售工具、容器、工作台面;

(二)具有相应的亭、棚、车、台和防蝇、防雨、防尘等设施。

第二十一条 食品摊贩应当分别向下列部门书面申请《食品摊贩登记证》:

(一)餐饮服务类食品摊贩,向县(市、区)食品药品监督管理部门申请;

(二)非餐饮服务类食品摊贩,向县(市、区)工商行政管理部门申请。

食品药品监督管理、工商行政管理部门受理申请后,对符合本办法第二十条规定条件的,颁发《食品摊贩登记证》;对不符合条件的,决定不予登记并书面告知理由。登记自受理申请之日起十日内办结。

第二十二条 食品摊贩从事生产经营活动,应当遵守下列规定:

(一)在县(市、区)人民政府划定的区域和规定的时段内生产经营;

(二)食品制售工具、容器、工作台面保持清洁;

(三)食品、食品原辅材料干净、卫生、无毒、无害;

(四)购进和使用食品、食品原辅材料应当记录。

餐饮服务类食品摊贩除遵守前款规定外,还应当遵守下列规定:

(一)从业人员穿戴清洁的工作衣、帽;

(二)切配、制作、盛装食品的刀、案、容器等设施设备应当清洗、消毒;

(三)提供安全卫生的餐具、饮具;

(四)制作食品时生熟隔离;

(五)具有清洁用水和密闭的餐厨废弃物存放设施。

第三章 监督管理

第二十三条 县级以上人民政府应当建立食品安全信息报告制度和联席会议制度,协调处理食品生产加工小作坊和食品摊贩监督管理工作中的重大问题。

县级以上人民政府应当根据食品安全年度监督管理计划,对区域性、普遍性的食品生产加工小作坊和食品摊贩的食品安全进行联合执法检查。

第二十四条 卫生行政、食品药品监督管理、工商行政管理、质量监督部门应当按照职责分工,加强对食品生产加工小作坊和食品摊贩的日常监督检查。实施监督检查和处理食品安全事故时,有权采取下列措施:

(一)进入生产经营场所实施现场检查;

(二)对生产经营的食品进行抽样检验;

(三)查阅、复制有关合同、票据、账簿以及其他有关资料,向有关人员了解相关情况;

(四)依法查封、扣押有证据证明不符合食品安全标准的食品,违法使用的食品原料、食品添加剂、食品相关产品,以及用于违法生产经营或者被污染的工具、设备等物品;

(五)依法查封违法从事食品生产经营活动的场所。

第二十五条 乡(镇)人民政府、街道办事处的食品安全工作人员和建制村、社区食品安全监督员应当加强现场巡查,督促食品生产加工小作坊和食品摊贩规范生产经营,发现违法生产经营行为时,应当及时制止并报告。

有关监督管理部门应当加强对食品安全工作人员和食品安全监督员的培训,规范其监督行为,支持其依法开展对食品生产加工小作坊和食品摊贩监督管理的相关工作。

第二十六条 商场、超市、集贸市场的经营管理者、食品展销会的举办者应当加强对入场的食品生产加工小作坊和食品摊贩的管理,并履行下列义务:

(一)协助办理相关证件;

(二)记录基本情况、主要生产经营品种、品牌等信息,并建立档案;

(三)设置信息公示栏,及时发布食品安全管理信息;

(四)建立食品准入制度,明确双方的食品安全管理责任;

(五)查验有关资质和证明,定期检查生产经营环境和条件;

(六)及时制止违反食品安全法律、法规的行为并报告。

未履行前款第四项至第六项规定义务,造成在商场、超市、集贸市场、食品展销会发生食品安全事故的,应当承担连带责任。

第二十七条 广播、电视、报刊、网站等新闻媒体应当开展食品安全法律、法规以及食品安全标准和知识的公益宣传,对违反食品安全法律、法规的行为进行舆论监督。

第二十八条 公民、法人或者其他组织有权举报违反食品安全法律、法规的行为,有关部门接到举报后应当及时采取措施并依法处理。

第四章 法律责任

第二十九条 违反本办法第十三条、第十八条第一款第一项和第二十二条第二款第一项规定的,由有关监督管理部门按照职责分工责令限期改正;逾期不改正的,处以每人五十元以上二百元以下罚款。

违反本办法第十八条第一款第二项至第四项、第二款和第二十二条第一款第二项至第三项、第二款第二项至第五项规定的,由有关监督管理部门按照职责分工责令限期改正;逾期不改正的,处以二百元以上二千元以下罚款。

违反本办法第二十二条第一款第一项规定的,由有关监督管理部门按照职责分工责令限期改正;逾期不改正的,处以五十元以上五百元以下罚款。

第三十条 违反本办法第十四条规定的,由有关监督管理部门按照职责分工,没收违法所得、违法生产经营的食品和用于违法生产经营的工具、设备、原料等物品,对食品生产加工小作坊并处五千元以上二万元以下罚款,对食品摊贩并处二千元以上一万元以下罚款; 情节严重的,吊销《食品生产加工小作坊许可证》或者《食品摊贩登记证》;构成犯罪的,依法追究刑事责任。

第三十一条 违反本办法第十五条、第十九条规定的,由有关监督管理部门按照职责分工责令限期改正;逾期不改正的,没收违法所得、违法生产经营的食品和用于违法生产经营的工具、设备、原料等物品,对食品生产加工小作坊并处五百元以上二千元以下罚款,对食品摊贩并处三百元以上一千元以下罚款。

第三十二条 违反本办法第二十六条第一款第一项至第五项规定的,由有关监督管理部门按照职责分工,责令限期改正。

违反本办法第二十六条第一款第六项规定的,由有关监督管理部门按照职责分工责令改正,处以二千元以上二万元以下罚款;造成严重后果的,还应当责令停业,由原发证部门吊销许可证。

第三十三条 有关监督管理部门作出吊销《食品生产加工小作坊许可证》的行政处罚决定后,应当通知工商行政管理部门,工商行政管理部门应当依法吊销其营业执照。

第三十四条 有关监督管理部门及其工作人员在食品生产加工小作坊和食品摊贩监督管理工作中,滥用职权、玩忽职守、徇私舞弊,有下列情形之一的,对直接负责的主管人员和其他直接责任人员依法给予处分;构成犯罪的,依法追究刑事责任:

(一)不履行监督管理职责的;

(二)接到举报、投诉未及时处理的;

(三)索贿、受贿的;

(四)迟报、漏报、谎报、瞒报食品安全事故的;

(五)有其他违法行为的。

第五章 附 则

第三十五条 《食品生产加工小作坊许可证》《食品摊贩登记证》的管理办法和专门为中小学生提供餐饮服务的小饭桌的管理办法,由省人民政府制定。

第三十六条 本办法自2013年1月1日起施行。

山西省气候资源开发利用和保护条例

(2012年9月28日山西省第十一届人民代表大会常务委员会第三十一次会议通过)

第一条 为了合理开发利用和保护气候资源,促进经济社会可持续发展,根据《中华人民共和国气象法》等法律、行政法规的规定,结合本省实际,制定本条例。

第二条 本条例所称气候资源,是指可以被人类生产和生活利用的太阳辐射、热量、风、云水和大气成分等能量和自然物质。

第三条 开发利用和保护气候资源应当坚持统筹规划、科学开发、合理利用、趋利避害的原则。

第四条 县级以上人民政府应当加强对气候资源开发利用和保护工作的领导,将气候资源开发利用和保护纳入本级国民经济和社会发展规划,制定扶持气候资源开发利用和保护的政策、措施,并将所需经费列入本级财政预算。

第五条 省气象主管机构负责本行政区域气候资源综合调查、区划工作,组织气候资源监测、分析、评价和气候可行性论证,加强气候变化基础理论、评估模型的研究,为气候资源开发利用和保护项目的实施提供服务。

市、县级气象主管机构负责本行政区域气候资源监测、分析、评价和综合调查等工作,为气候资源开发利用和保护项目的实施提供服务。

县级以上人民政府其他有关部门应当在各自的职责范围内,做好气候资源开发利用和保护的相关工作。

第六条 县级以上科技主管部门应当加强对气候资源科研项目、科研成果推广应用的支持,促进气候资源开发利用和保护领域的自主创新与科技进步。

鼓励有条件的企业事业单位开展气候资源开发利用和保护方面的科学研究、技术应用。

第七条 省气象主管机构应当会同有关部门,根据本行政区域气候资源综合调查结果,开展气候资源评价工作,提出气候资源开发利用和保护的建议,编制气候资源区划。

第八条 县级以上人民政府应当组织气象等有关部门,根据本行政区域国民经济和社会发展规划以及本省气候资源区划,编制本行政区域气候资源开发利用和保护规划。

编制气候资源开发利用和保护规划时，应当组织专家进行论证，并征求社会有关方面意见。

第九条 气候资源开发利用和保护规划应当包括下列内容：

(一)规划编制的背景；

(二)指导思想、原则和目标；

(三)气候资源的特点及其分析评价；

(四)气候资源开发利用的方向和保护的重点；

(五)气候资源可持续利用的保障措施；

(六)其他应当列入的内容。

第十条 县级以上人民政府应当加强气候资源监测基础设施建设，组织开展气候资源普查工作，为气候资源开发利用和保护提供保障。

第十一条 省气象主管机构应当建立健全太阳辐射、热量、风、云水、大气成分监测站网，组织开展气候资源的多层次监测和可利用资源的评估，为建设气候资源开发利用项目提供技术服务。

第十二条 建设气候资源监测站应当按照国家有关规定报省气象主管机构审查同意。

气候资源监测和资料的收集、审核、处理以及资料的传输、储存应当遵守国家有关技术规范和保密规定。

气候资源监测和资料传输，应当使用国家气象主管机构认定的专用技术装备。

第十三条 省气象主管机构应当会同有关部门制定气候资源汇交资料的管理办法，实现监测资料共享。

从事气候资源监测的组织和个人，应当按照国家有关规定向当地气象主管机构汇交有关气候资源监测资料。

第十四条 县级以上人民政府应当依照气候资源开发利用和保护规划，有计划地组织太阳能、风能资源的开发利用工作。

县级以上气象主管机构应当为太阳能电站和风电场的勘查、选址、建设、运营等提供技术支持和服务。

第十五条 鼓励单位和个人安装和使用太阳能热水系统、太阳能供热采暖和制冷系统、太阳能光伏发电系统等太阳能利用系统。建设单位应当在建筑物的设计和施工中，为太阳能利用提供必要条件。

鼓励、支持风能资源丰富地区优先开发利用风能资源。

第十六条 列入国家可再生能源产业发展指导目录、公共基础设施项目企业所得税优惠目录等符合条件的太阳能、风能开发利用项目，享受国家规定的税收优惠政策；符合信贷条件的，享受国家规定的财政贴息优惠贷款政策。

第十七条 县级以上人民政府负责空中云水资源开发利用工作的领导和协调，加强人工影响天气机构、作业站(点)设施和装备的建设。

县级以上气象主管机构应当加强空中云水资源开发利用，适时组织实施人工增雨(雪)、防雹等作业。

第十八条 公共建筑和其他民用建筑应当配套设计、安装雨(雪)水回收利用设施。有条件的地区和单位应当兴建蓄水设施，拦蓄雨(雪)、洪(沥)水。

第十九条 城乡规划、建设项目和气候资源开发利用项目，应当与当地气候资源承载能力相适应，避免气候和生态环境恶化。

可能影响气候变化或者直接涉及公众气候环境权益的项目，应当举行气候环境影响听证会或者论证会。

第二十条 城市规划、国家重点建设工程、重大区域性经济开发项目和大型太阳能、风能等气候资源开发利用项目应当进行气候可行性论证。

气候可行性论证应当由国家气象主管机构确认的具备相应论证能力的机构进行。气候可行性论证机构对论证报告的科学性、准确性负责。

进行气候可行性论证，应当使用县级以上气象主管机构提供或者经省气象主管机构审查的气象资料。

第二十一条 气候可行性论证机构应当将气候可行性论证报告报送省气象主管机构。省气象主管机构应当自收到气候可行性论证报告之日起二十个工作日内，组织有关专家进行评审，并出具书面评审意见。

第二十二条 新建、扩建、改建建(构)筑物应当根据国家应对气候变化的要求，采取保护措施，减轻对气候环境的破坏，避免或者减轻热岛效应、风害、光污染和气体污染。

第二十三条 气象主管机构、气候可行性论证机构及其工作人员有下列行为之一的，对其直接负责的主管人员和其他直接责任人员依法给予处分；构成犯罪的，依法追究刑事责任：

(一)伪造气象资料或者其他原始资料的；

(二)出具虚假论证报告或者书面评审意见的；

(三)未在规定期限内出具书面评审意见的；

(四)其他玩忽职守、滥用职权、徇私舞弊的。

第二十四条 违反本条例规定，气候资源开发利用项目单位应当进行气候可行性论证而未进行，或者委托不具备相应论证能力的机构进行气候可行性论证的，由县级以上气象主管机构依法责令改正；拒不改正的，处以五万元以上十万元以下罚款。

第二十五条 本条例自2012年12月1日起施行。

山西省公路条例

(2012年11月29日山西省第十一届人民代表大会常务委员会第三十二次会议通过)

第一章 总 则

第一条 为了加强公路建设、养护和管理，保障公路完好、安全和畅通，促进经济社会发展，根据《中华人民共和国公路法》《公路安全保护条例》和有关法律、行政法规的规定，结合本省实际，制定本条例。

第二条 本条例适用于本省行政区域内公路的规划、建设、养护、管理、经营和使用。

公路按其在公路路网中的地位分为国道、省道、县道、乡道和村道。

第三条 县级以上人民政府应

当加强对公路工作的组织领导,将公路事业的发展纳入国民经济和社会发展规划,将公路(收费公路除外)的建设、养护和公路管理机构工作经费列入财政预算,并随着本级财政收入的增长逐步增加。

第四条　省人民政府交通运输主管部门负责全省公路工作。省公路管理机构负责国道、省道的建设、养护和管理工作,并对县道、乡道和村道工作进行指导。

设区的市、县(市、区)人民政府交通运输主管部门及其所属的公路管理机构按照其职责负责本行政区域内县道的建设、养护、管理和乡道的管理工作。

乡(镇)人民政府负责本行政区域内乡道的建设、养护和村道的组织建设、养护、管理工作;经县(市、区)人民政府批准,乡(镇)人民政府可以委托县(市、区)人民政府交通运输主管部门所属的公路管理机构行使村道的管理职责。

第五条　县级以上人民政府发展和改革、财政、公安、国土资源、住房和城乡建设(城乡规划)、水利、林业、环保、安监、工商、文物、物价等部门,在各自的职责范围内做好与公路相关的工作。

第二章　公路规划和建设

第六条　县级以上人民政府交通运输主管部门、乡(镇)人民政府应当依照《中华人民共和国公路法》规定的职权和程序,编制公路规划。

编制公路规划应当遵循科学合理、注重效益、适度超前、节约资源、保护生态环境的原则,并与国家公路规划和其他方式的交通运输发展规划及城乡规划、土地利用总体规划等专项规划相衔接。

公路规划批准后,除涉及国防的内容外,应当向社会公布。

第七条　公路规划需要调整的应当经公路规划原审批机关批准。

公路建设应当符合公路规划,未纳入规划的项目不得建设。

第八条　公路建设应当按照国家和省规定的基本建设程序、技术标准和建设工程有关规定执行。

第九条　公路建设实行项目法人负责制度、工程招标投标制度、工程监理制度、工程合同管理制度和工程质量责任追究制度。

承担公路建设项目的设计、施工和工程监理单位,应当建立质量和安全保证体系,对工程设计使用年限内的质量负责。

第十条　新建和改建公路的安全设施应当与主体工程同时设计、同时施工、同时投入使用,安全设施未经验收的公路不得投入使用。

第十一条　县级以上人民政府应当将公路建设质量和安全纳入绩效考评范围。

第十二条　省道、县道和乡道报废的,分别由省、设区的市、县(市、区)人民政府交通运输主管部门核准,并向社会公告;村道报废的,乡(镇)人民政府应当向所在地县(市、区)人民政府交通运输主管部门备案,并向村民公告。

公路报废后,原公路管理机构应当设置必要的标志和隔离设施。

报废公路的处置和利用按照国家和省有关规定执行。

第十三条　公路行政等级调整或者公路调整为城市道路的,应当按照国家和省有关规定办理审批手续。交接双方自批准之日起三十日内办理交接手续。

公路调整为城市道路的,接收的设区的市或者县(市、区)人民政府应当自办理交接手续之日起履行相关职责。

第十四条　任何单位和个人在公路用地范围内设置照明、通信、标志、管线、信号灯等设施的,应当依法经公路管理机构批准。经批准设置的,其所有权人或者管理人对所设置的设施负责维护和管理。

第三章　公路养护

第十五条　省公路管理机构所属的驻县(市、区)的公路管理机构负责国道、省道的养护;县(市、区)人民政府交通运输主管部门所属的公路管理机构负责县道的养护;收费公路的养护由公路经营者负责。

第十六条　省人民政府交通运输主管部门负责制定并适时调整全省公路养护维修工程费和小修保养费的定额标准。

公路管理机构按照公路等级、里程、路况、交通量、养护定额及养护规范组织编制公路养护计划,并报有管辖权的交通运输主管部门和投资主管部门批准后实施,财政部门应当按照批准的公路养护计划及时足额拨付公路养护资金。

第十七条　公路管理机构应当按照国家和省有关标准和规范实施公路养护管理,建立公路养护检查、巡查制度和养护档案。

公路管理机构负责对公路养护作业单位的指导和监督,督促其依法履行养护作业义务。公路养护作业单位应当按照有关技术规范进行养护巡查,并将巡查、检测、养护作业以及其他相关信息记录归档。

第十八条　除收费公路外,在公路用地范围内申请设置非公路标志的,公路管理机构可以通过招标、拍卖等方式实施许可。所得款项实行收支两条线管理,专项用于公路的养护和管理。

非公路标志的设置不得影响公路的安全和运行,设置单位负责对其进行维护和管理。

第十九条　公安机关交通管理部门发现已经投入使用的公路存在交通事故频发路段,或者配套设施存在交通安全隐患的,应当向当地人民政府提出防范交通事故、消除隐患的建议。公路管理机构接到人民政府的处理意见后,应当按照公路工程技术标准进行排查和处置。

第二十条　县级以上人民政府交通运输主管部门应当制定公路突发事件应急预案,报本级人民政府批准后实施。

公路管理机构、公路经营者应当根据国家和省有关规定制定应急预案,组建应急队伍,并定期组织应急演练。

第二十一条　发生公路突发事件时,当地人民政府及有关部门、公路管理机构和公路经营者应当按照规定启动公路突发事件应急预案。

第四章 路政管理

第二十二条 公路管理机构负责公路、公路用地和公路附属设施的调查核实,登记造册,建立公路管理档案,并逐级上报省人民政府交通运输主管部门备案。

第二十三条 未经公路管理机构许可,任何单位和个人不得在公路(村道除外)上增设平面交叉道口。

经许可在公路上增设平面交叉道口与公路搭接的路段,应当符合《公路养护技术规范》的有关规定,并按照公路工程技术标准设置交通标志。

第二十四条 禁止履带车、铁轮车或者其他可能损害公路路面的机具行驶公路,确需行驶公路的,应当采取保护措施并向有管辖权的公路管理机构办理审批手续。履带、铁轮式农业机械在当地田间作业需要在公路上短距离行驶并采取保护措施的除外。

第二十五条 经许可跨越、穿越公路修建桥梁、渡槽或者架设、埋设管线等设施的,应当符合公路工程技术标准。

在公路、公路用地范围内及公路建筑控制区内设置的非公路设施,其所有权人或者管理人应当巡查维护。

公路管理机构发现前款规定的设施有缺损、移位、变形等情形影响公路安全畅通的,应当设置警示标志,并责令其所有权人或者管理人限期整改;影响交通安全的,应当通知公安机关交通管理部门。

第二十六条 禁止在公路建筑控制区内设立为车辆补充燃料的场所、设施等建筑物和构筑物。

第二十七条 在公路及公路用地范围内,禁止任何单位和个人从事下列活动:

(一)设置路障、摆摊设点、堆放物品、打场晒粮、挖沟引水、种植作物、放养牲畜、经营性修车洗车及其他影响公路畅通的;

(二)倾倒垃圾杂物,向公路或者利用公路排水设施排污的;

(三)将公路作为检验机动车辆制动性能试验场的;

(四)擅自设置、损毁、移动、涂改、遮挡公路标志或者擅自损毁、移动公路其他附属设施的;

(五)堵塞公路排水系统,利用桥梁、涵洞或者公路排水设施设闸、筑坝蓄水的;

(六)擅自挖掘公路、修建桥梁、渡槽或者架设、埋设管线、电缆等设施的;

(七)法律、法规禁止的其他活动。

任何单位和个人不得损坏、擅自移动公路建筑控制区内由县级以上人民政府交通运输主管部门设置的标桩、界桩。

第二十八条 矿产采掘企业应当依法在批准的范围内实施采掘作业,不得在《公路安全保护条例》规定的范围内采矿。

第二十九条 公路管理机构在巡查中发现交通事故时,应当及时向公安机关交通管理部门通报。公安机关交通管理部门发现交通事故造成损坏公路及其附属设施或者污染公路时,应当及时向公路管理机构通报。

第三十条 任何单位和个人都有爱护公路及其附属设施的义务,发现违法占用公路和损害公路及其附属设施情形的,有权向公路管理机构举报。

造成公路损坏的责任人应当报告公路管理机构,并接受公路管理机构的调查处理。

第三十一条 专用公路用于社会公共运输的,经专用公路主管部门申请,省公路管理机构可以决定向该专用公路派驻公路管理人员,实施路政管理。

第三十二条 县级以上人民政府应当加强路政执法队伍建设,配备的路政执法人员应当与公路的技术等级、通车里程相适应。

第三十三条 公路管理机构应当在办公场所和相关网站,公开公路管理工作的执法主体、执法依据、办事程序、举报电话等,并接受社会公众的监督。

公路管理机构执法人员在执行公务时,应当统一着装,佩戴统一标志,出示合法有效的执法证件,不得擅自超越管辖区域、超越职权实施监督检查。

用于公路监督检查的专用车辆应当经省人民政府交通运输主管部门批准,并设置统一的标志和示警灯,公安机关交通管理部门应当为其办理登记手续。

省人民政府交通运输主管部门可以委托其所属的交通运输执法监督机构对交通运输执法活动实施监督检查。

第五章 超限运输管理

第三十四条 县级以上人民政府负责本行政区域内治理非法超限、超载工作,并将工作经费列入本级财政预算,其所属的治超机构按照其职责做好治理非法超限、超载的相关工作。

第三十五条 未经许可,超过公路、公路桥梁、公路隧道的限载、限高、限宽、限长标准的车辆,不得在公路、公路桥梁和公路隧道行驶。

禁止超过核定载质量运输危险化学品的车辆行驶公路。

第三十六条 车辆运载不可解体物品,车货总体外廓尺寸或者总质量超过公路、公路桥梁、公路隧道的限载、限高、限宽、限长标准,确需在公路、公路桥梁、公路隧道行驶的,承运人应当向公路管理机构申请公路超限运输许可,并提供下列材料:

(一)超限运输车辆行驶公路申请书;

(二)货物名称、重量、外廓尺寸以及必要的总体轮廓图;

(三)运输车辆的厂牌型号、自载质量、轴载质量、轴距、轮数、轮胎单位压力、载货时总的外廓尺寸等有关资料;

(四)货物运输的起讫点、拟经过的路线和运输时间;

(五)车辆行驶证原件及复印件。

公路管理机构在实施超限运输许可时,需要勘测、方案论证、加固、改造、护送及修复损坏部分的,其所需费用由承运人承担。

第三十七条 公路管理机构作

出超限运输许可决定，需要进行勘测、方案论证的，应当将所需时间书面告知申请人，所需时间不计算在作出许可决定的时限内。

第三十八条　经许可进行超限运输的车辆，应当随车携带超限运输车辆通行证。超限运输车辆的型号及运输的物品应当与通行证记载的内容保持一致。

第三十九条　公路超限检测站的设置，由省人民政府交通运输主管部门提出方案，报省人民政府批准。

公路管理机构、公安机关交通管理部门应当在公路超限检测站内派驻路政管理、交通警察等执法人员，对超限运输车辆实施联合执法。

第四十条　公路管理机构经检测发现非法超限运输的，应当按照以下程序处理：

(一)出具公路超限检测站及其检测人员盖章、签字的检测文书；

(二)对运载可分载货物的，责令当事人采取卸载、分装等改正措施，消除违法状态；

(三)对运载不可解体物品的，责令当事人停止违法行为，并告知当事人到相关公路管理机构办理超限运输许可。

公路管理机构经检测发现非法超限运输易燃、易爆危险化学品的，应当通知当地公安、安监部门和道路运输管理机构处理。

第四十一条　超限车辆未经许可擅自在公路上行驶的，公路管理机构应当收取公路损害赔偿费，具体收取办法和标准由省人民政府交通运输主管部门提出意见，报物价、财政部门核定。

公路损害赔偿费专项用于受损公路的修复。

第四十二条　公路管理机构在查处非法超限行为时，应当将运输车辆、运输企业及从业人员等相关信息抄送同级人民政府所属的治超机构，治超机构应当督促有关部门依法做出处理。

第六章　收费公路

第四十三条　收费公路经营者应当建立健全公路经营管理制度，并遵守下列规定：

(一)按照国家和省规定的标准和方式收取车辆通行费，出具符合规定的票据；

(二)设置规范的公示牌；

(三)提示路况、通行和预警信息；

(四)设置、开通与交通量相适应的收费道口；

(五)履行公路的养护义务；

(六)接受行业管理，报送相关资料；

(七)法律、法规的其他规定。

收费公路经营者发现损坏公路的行为，应当及时制止并向公路管理机构报告；对影响公路运行安全的隐患应当及时处理。

第四十四条　收费公路经营者应当向省人民政府交通运输主管部门缴纳公路养护质量保证金，保证金及其利息属于收费公路经营者所有。收费公路经营期届满，省人民政府交通运输主管部门验收合格的，应当在二十日内全额退还公路养护质量保证金及其利息。

公路养护质量保证金缴纳标准、使用和管理办法由省人民政府制定。

第四十五条　公路管理机构应当定期对收费公路及其附属设施进行检查，对不达公路良好技术状态的，应当责成经营者限期整改；对逾期不整改或者经整改仍不达良好技术状态的，经省人民政府交通运输主管部门批准，可以使用公路养护质量保证金用于公路养护，不足部分由收费公路经营者承担。

第四十六条　收费公路经营者单独转让收费公路广告经营权、服务设施经营权的，应当按照国家和省有关规定执行。

第七章　乡道村道特别规定

第四十七条　各级人民政府应当建立政府投资为主、多渠道筹措为辅、鼓励社会各界共同参与的乡道、村道建设和养护资金筹措机制。

第四十八条　省、设区的市人民政府对列入乡道、村道建设、养护计划的项目实行定额补助。

县级以上人民政府应当逐步增加对乡道、村道建设的资金投入，并对贫困地区、偏远山区给予倾斜。

第四十九条　县(市、区)人民政府应当将乡道、村道的养护资金纳入本级财政预算，并随着财政收入的增长逐步增加。

乡(镇)人民政府应当安排相应的财政资金，用于乡道、村道的日常养护。

第五十条　村民委员会应当遵循村民自愿、量力而行的原则，采取筹资筹劳和政府奖补相结合的方式筹集村道的建设、养护资金。

第五十一条　鼓励单位和个人捐助资金，用于乡道、村道的建设和养护。鼓励利用冠名权、绿化经营权、广告经营权、路边资源开发经营权等方式筹集社会资金，用于乡道、村道的建设和养护。

第五十二条　乡道、村道的建设和养护资金，应当实行专户管理、专项核算、专款专用，任何单位和个人不得截留、挤占、挪用。

第五十三条　村道的建设可以根据当地实际情况和经济条件确定技术等级。

乡(镇)人民政府应当对村道建设质量进行监督，将村道设计单位、建设单位、施工单位、监理单位、通车时间等内容予以公示。

乡(镇)人民政府可以聘请技术人员和村民代表参与村道建设质量的监督。

第五十四条　乡(镇)人民政府应当根据本地实际，编制和实施乡道、村道的大中修养护工程计划，县(市、区)人民政府交通运输主管部门所属的公路管理机构应当给予技术指导。

乡(镇)人民政府可以采取建立群众性、专业性养护组织或者由个人分段承包等方式，对乡道、村道实施日常养护。

乡(镇)人民政府应当适时组织开展乡道、村道集中养护。

村民委员会协助乡(镇)人民政府做好村道的养护工作。

第五十五条　跨越、穿越村道修建设施的，应当符合相应的技术标准,并不得低于公路工程技术标准规定的最低值。

第五十六条 村道受国家保护,未经乡(镇)人民政府批准,禁止任何单位和个人从事下列活动:

(一)占用、挖掘村道;

(二)跨越、穿越村道修建桥梁、渡槽或者架设、埋设管线、电缆等设施;

(三)履带车、铁轮车或者其他可能损害路面的机具行驶村道,但是履带、铁轮式农业机械在当地田间作业需要在村道上短距离行驶并采取保护措施的除外;

(四)设置、移动村道附属设施和标志;

(五)超限运输车辆行驶村道;

(六)法律、法规禁止的其他活动。

乡(镇)人民政府可以确定养护组织或者养护人员协助做好村道及其附属设施的管理工作。

第八章 法律责任

第五十七条 违反本条例第九条第二款规定,造成公路工程质量安全事故的,对直接负责的主管人员和其他直接责任人员依法给予处分;构成犯罪的,依法追究刑事责任。

第五十八条 违反本条例第二十三条第一款规定的,由公路管理机构责令恢复原状,属于国道、省道的,处以一万元以上五万元以下罚款;属于县道、乡道的,处以两千元以上一万元以下罚款。

第五十九条 违反本条例第二十四条规定的,由公路管理机构责令停止违法行为;造成公路损害的,处以两千元以上一万元以下罚款。

第六十条 违反本条例规定,未按照公路工程技术标准的要求修建桥梁、渡槽或者架设、埋设管线等设施的,由公路管理机构责令停止违法行为,处以一万元以上三万元以下的罚款。

第六十一条 违反本条例第二十七条第一款第一项、第二项规定,造成公路污染或者影响公路畅通的,由公路管理机构责令停止违法行为,处以二百元以上一千元以下罚款;情节严重的,处以一千元以上五千元以下罚款。

违反本条例第二十七条第一款第三项规定的,由公路管理机构处以一千元以上五千元以下罚款。

违反本条例第二十七条第一款第四项、第五项、第六项规定或者第二款规定,可能危及公路安全的,由公路管理机构责令停止违法行为,处以五千元以上三万元以下罚款。

第六十二条 违反本条例第三十条第二款规定,造成公路损坏的责任人未履行报告义务的,由公路管理机构处以一百元以上五百元以下罚款;有逃逸或者拒绝接受公路管理机构调查处理等情形的,处以五百元以上一千元以下罚款。

第六十三条 违反本条例规定,在公路上擅自超限行驶的,由公路管理机构责令停止违法行为,车货总质量未超过限定标准百分之一,且能够及时纠正,没有造成危害后果的,不予处罚;每超过限定标准百分之一(含百分之一),处以二百元罚款;超过百分之百,加倍处罚,但最高不超过三万元。

违反本条例规定,超过核定载质量运输危险化学品的车辆行驶公路的,由公安机关依照《危险化学品安全管理条例》有关规定处理。

第六十四条 违反本条例规定,超限运输车辆的型号及运输的物品与超限运输车辆通行证记载的内容不一致的,由公路管理机构依据本条例第六十三条第一款的规定处理。

第六十五条 违反本条例第五十六条第一款规定的,由乡(镇)人民政府责令限期改正;逾期未改正的,处以二百元以上一千元以下罚款。

第六十六条 违反本条例规定,交通运输主管部门、公路管理机构工作人员以及其他行政机关工作人员玩忽职守、滥用职权、徇私舞弊的,依法给予处分;构成犯罪的,依法追究刑事责任。

第九章 附 则

第六十七条 高速公路的养护、使用和管理适用《山西省高速公路管理条例》。

第六十八条 本条例自2013年1月1日起施行。1994年9月29日山西省第八届人民代表大会常务委员会第十一次会议通过,1997年12月4日山西省第八届人民代表大会常务委员会第三十一次会议修正的《山西省公路管理条例》同时废止。

山西省节约用水条例

(2012年11月29日山西省第十一届人民代表大会常务委员会第三十二次会议通过)

第一章 总 则

第一条 为了加强节约用水管理,科学合理利用水资源,保障经济社会可持续发展,根据《中华人民共和国水法》和有关法律、行政法规,结合本省实际,制定本条例。

第二条 节约用水应当坚持统一规划、总量控制、合理调配、高效利用的原则。

鼓励使用再生水,合理利用地表水,有效涵养和保护地下水。

第三条 县级以上人民政府应当统筹城乡节约用水工作,并将其纳入国民经济和社会发展规划,建立健全节约用水的体制和机制,实行节约用水责任制和考核评价制度,建设节水型社会。

第四条 省人民政府水行政主管部门负责全省节约用水工作;省人民政府住房和城乡建设行政主管部门指导城市节约用水工作;省人民政府发展和改革、经济和信息化等相关行政主管部门按照各自职责做好相应的节约用水工作。

设区的市、县(市、区)人民政府确定的有关节约用水行政主管部门(以下简称节约用水行政主管部门),按照职责分工负责本行政区域内相关的节约用水工作。

乡(镇)人民政府、街道办事处配合节约用水行政主管部门开展节约用水工作。

第五条 任何单位和个人都有节约用水的义务,并有权对违反节约用水规定的行为进行制止和举报。

节约用水行政主管部门应当向社会公布违法用水举报方式,对违法用水行为及时调查和处理。

第二章　计划用水和计量管理

第六条　县级以上人民政府水行政主管部门应当根据上一级节约用水规划,以及本行政区域经济社会发展要求、水资源状况和水资源综合规划,会同同级发展和改革、经济和信息化、住房和城乡建设等行政主管部门,编制本行政区域节约用水规划,报同级人民政府批准后施行。

节约用水规划的修订,按照规划编制程序经原批准机关批准。

第七条　县级以上人民政府发展和改革行政主管部门会同同级水行政主管部门根据节约用水规划、用水定额、经济技术条件以及水量分配方案确定的可供本行政区域使用的水量,制定年度用水计划。

第八条　用水单位和个人已经采取节水措施,单位产品用水量低于用水定额标准,并且不影响公共利益和他人用水合法权益,确需新增用水的,应当按照下列规定申请核定用水计划指标:

(一)自建取水设施的新建、改建和扩建建设项目新增用水的,依法重新办理取水许可手续后向原核定机关申请核定;

(二)使用公共供水的单位和个人新增用水的,向原核定机关申请核定。

第九条　有下列情形之一的,原核定机关按照国家有关规定,核减用水单位和个人的用水计划指标:

(一)因自然原因使水资源不能满足本地区正常供水的;

(二)社会总需水量增加又无法获得新水源的;

(三)当地地下水严重超采又无其他替代水源的;

(四)因转产、减产、停产减少用水量的;

(五)拒不执行再生水配置方案的;

(六)其他确需核减用水量的。

第十条　用水单位和个人应当安装用水计量设施。用水计量设施必须使用经计量行政主管部门检定合格的产品。

用水计量设施发生故障的,应当及时修复或者更换,经检定合格后方可使用。

用水单位和个人不得擅自改装或者故意损坏用水计量设施,不得阻挠抄表计量。

第十一条　城镇居民生活用水实行一户一表,计量到户。

非居民生活用水户应当根据不同用水性质类别,分别安装用水计量设施,并实行总水表与分水表分别计量。

工业企业主要用水车间和用水设备应当单独安装用水计量设施。

农村地区实行村民生活用水与农田灌溉用水分别安装用水计量设施,分类计量。

第十二条　用水实行计量收费。供水单位不得对用水户实行包费制。

城镇居民生活用水实行抄表到户,公共供水单位应当按时按量收取水费。

非居民生活用水户在用水计划指标范围内用水的,应当按照规定的标准缴纳水资源费和水费。对超过计划用水的部分,累进收取水资源费和水费,具体办法由省人民政府制定。

农村地区逐步推行基本水价和计量水价相结合的水价制度,定期公布村民生活和农田灌溉用水量、水价和水费收取记录。

第十三条　农业用井转为非农业用途的,用水单位应当依法办理取水许可变更手续,重新核定用水计划指标,并按照新的用水性质类别缴纳水资源费和水费。

第十四条　省、设区的市人民政府应当根据当地水资源状况和经济社会发展水平,按照补偿成本、合理收益、优质优价、公平负担的原则和定价权限合理调整水价,实行分类分质定价和阶梯式水价。

城镇居民生活用水阶梯式水价,由省、设区的市人民政府按照定价权限确定。

第十五条　县级以上人民政府水行政主管部门应当严格执行用水统计制度,改进和规范用水统计方法,保证用水统计数据真实、完整。

第三章　节水措施

第十六条　本省限制高耗水工业项目建设和高耗水服务业发展,限制农业粗放用水。

严格执行建设项目水资源论证制度。对未依法完成水资源论证工作的建设项目,不予批准。

第十七条　县级以上人民政府水行政主管部门应当根据当地地下水超采程度,地表水替代地下水水源工程建设情况,会同有关部门制定地下水超采区和地表水供水区域水源置换和关井压采实施方案,报本级人民政府批准后实施。

第十八条　工业用水应当采用节水型工艺、设备和产品,禁止使用国家公布的淘汰名录中的高耗水工艺、设备和产品;已安装的,用水单位应当在规定时间内更换或者进行节水改造。

第十九条　工业用水日均用水量在1000立方米以上的,应当定期开展水平衡测试,并向节约用水行政主管部门报送测试资料。水平衡测试应当符合国家规定的方法和规程。

第二十条　工业用水应当采取循环利用、综合利用等措施,提高水的重复利用率。重复利用率不得低于行业标准和地方标准。

工业间接冷却水应当循环利用或者回收利用,不得直接排放。

以水为主要原料的生产企业应当采用节水型生产工艺和技术,生产后的尾水应当回收利用,不得直接排放。

第二十一条　新建、改建、扩建的建设项目应当在可行性研究阶段编制节约用水报告,制定节约用水措施,配套建设节约用水设施。节约用水设施应当与主体工程同时设计、同时施工、同时投产。

第二十二条　采矿企业应当配套建设矿井水综合利用设施,并在采矿作业中优先使用矿井水。矿井水确需排放的,应当达到地表水环境质量标准Ⅲ类。

第二十三条 县级以上人民政府应当逐年增加农业节水专项资金投入，兴建蓄水设施，扶持灌区、灌溉管道、渠道、排灌泵站技术改造等农业节水灌溉工程，明确产权和维护责任。

第二十四条 农业灌溉应当采取管道或者渠道防渗方式进行输水，并采用管灌、喷灌、微灌、滴灌等先进节水方式，提高用水效率。已建成的农业用水设施不符合节水灌溉标准的，应当进行更新改造。

鼓励有条件的单位和个人因地制宜建设集雨水窖、水池、水塘等蓄水工程，拦蓄雨洪水。

第二十五条 洗浴、滑雪场、现场制售饮用水等用水户应当采取节水措施，安装节水设施、器具。

洗车行业用水户应当安装循环用水洗车设备；在再生水输配管网覆盖区域内的，应当使用再生水。

第二十六条 园林绿化、环境卫生、建筑施工应当优先使用雨水和符合水质要求的再生水。

城镇园林绿化应当选种耐旱型花草树木，采用喷灌、微灌等节水方式浇灌。

第二十七条 建设单位应当安装、使用符合国家标准的节水型设备和产品。已安装使用的非节水型设备和产品，应当按照国家有关规定逐步更换。

任何单位和个人不得生产、销售国家公布淘汰的非节水型设备和产品。

第二十八条 用水单位应当使用、维护节水设施，保证正常运行，不得擅自停止使用。

第二十九条 建设城镇生活污水集中排放和处理设施，应当统筹规划、配套建设再生水输配管网。再生水输配管网覆盖区域内的工业企业，应当优先使用符合用水水质要求的再生水。

新建的宾馆、学校、居民区、公共建筑等建设项目，应当配套建设雨水集蓄和再生水使用设施；已建成的，应当逐步配套雨水集蓄和再生水使用设施。

第三十条 新建城镇（含城市新区）、工业园区和旧城改造项目，应当同时建设自来水、再生水输配管网，实行分网、分质供水。

第三十一条 供水企业、自建供水设施单位和农村集中供水站应当加强供水设施的检修和维护，减少输水损失。

第三十二条 县级以上人民政府应当安排资金，支持节水技术研究开发、节水技术和产品的示范与推广、节水宣传培训、信息服务和表彰奖励等。

第三十三条 县级以上人民政府对再生水、矿井水利用等非常规水源开发利用项目，实行财政补贴。

第三十四条 县级以上人民政府应当加强节约用水宣传工作。

教育机构应当对受教育对象进行节水教育。

新闻媒体应当定期刊登或者播报节水公益广告。

宾馆、影剧院、体育场馆等公共场所应当设置节水宣传标语，宣传节水知识。

第三十五条 节约用水行政主管部门应当会同同级有关部门制定节约用水考核评价标准，对用水单位进行节约用水评价和监督。

第三十六条 节约用水行政执法人员行使监督检查职责时，应当出示执法证件，有权采取下列措施：

(一)进入用水现场开展检查，调查了解节约用水有关情况；

(二)要求被检查单位或者个人提供节约用水有关文件、资料；

(三)责令被检查单位或者个人停止违法行为，履行法定义务。

接受监督检查的单位或者个人应当配合监督检查工作，不得拒绝或者阻碍监督检查人员依法执行公务。

第四章 法律责任

第三十七条 违反本条例规定的行为，法律、法规已有法律责任规定的，从其规定。

第三十八条 违反本条例规定，用水单位和个人新增用水量，未申请核定用水计划指标的，由节约用水行政主管部门责令限期改正；逾期不改正的，处以三千元以上二万元以下罚款。

第三十九条 违反本条例规定，有下列行为之一的，由节约用水行政主管部门责令改正，处以二万元以上十万元以下罚款：

（一）工业间接冷却水未经循环利用或者回收利用直接排放的；

（二）以水为主要原料的生产企业生产后的尾水未经回收利用直接排放的。

第四十条 违反本条例规定，擅自停止使用节水设施的，由节约用水行政主管部门责令限期改正；逾期不改正的，处以一万元以上五万元以下罚款。

第四十一条 违反本条例规定，有下列行为之一的，由节约用水行政主管部门责令限期改正；逾期不改正的，分别按照下列规定处罚：

(一)洗浴、滑雪场、现场制售饮用水等用水户未安装节水设施、器具的，处以五千元以上五万元以下罚款；

(二)洗车行业用水户未安装循环用水洗车设备洗车的，处以一千元以上五千元以下罚款。

第四十二条 国家机关及其工作人员在节约用水管理工作中，滥用职权、玩忽职守、徇私舞弊的，对直接负责的主管人员和其他直接责任人员，依法给予处分；构成犯罪的，依法追究刑事责任。

第五章 附 则

第四十三条 本条例自2013年3月1日起施行。

山西省就业促进条例

（2012年11月29日山西省第十一届人民代表大会常务委员会第三十二次会议通过）

第一章 总 则

第一条 为了促进就业，保障和改善民生，促进社会和谐稳定，根据

《中华人民共和国就业促进法》和有关法律、行政法规的规定,结合本省实际,制定本条例。

第二条 就业工作坚持劳动者自主就业、市场调节就业、政府促进就业和鼓励创业的方针。

县级以上人民政府应当加强促进就业工作的领导,将其纳入国民经济和社会发展规划,推动产业结构调整,发展第三产业,实施政策扶持,稳定和扩大就业。

用人单位应当合理设置就业岗位,为劳动者提供公平的就业机会。

劳动者应当树立正确的择业观念,提高就业创业能力,适应市场需求。

第三条 县级以上人民政府应当建立促进就业工作协调机制,研究解决就业工作中的重大问题;建立健全促进就业工作目标责任考核制度,开展促进就业工作宣传,组织促进就业工作情况的监督检查;统筹就业服务资源,促进就业创业。

第四条 县级以上人民政府人力资源和社会保障行政部门具体负责本行政区域内的促进就业工作,各有关部门按照职责分工,依法开展促进就业工作,落实相关政策,重点做好高等学校毕业生和农业富余劳动力、城镇困难人员、退役士兵就业工作。

乡(镇)人民政府、街道办事处应当做好与促进就业有关的基础性工作,村(居)民委员会配合做好相关工作。

工会、共产主义青年团、妇女联合会、残疾人联合会、工商业联合会以及其他社会组织,协助人民政府开展促进就业工作,并依法维护劳动者的劳动权利。

广播、电视、报刊、网站等新闻媒体应当加强促进就业法律、法规和政策的宣传,并对有关法律、法规和政策的实施情况进行舆论监督。

第五条 县级以上人民政府应当统筹城乡就业,培育、完善统一开放、竞争有序的人力资源市场,建立健全就业服务体系,加强就业创业教育和培训,提供就业援助,创造公平就业环境,保障劳动者合法权益。

第六条 县级以上人民政府应当加强失业动态监测工作,逐步建立失业预警机制,制定应急预案,对可能出现的较大规模失业,实施预防、调节和控制。

第二章 政策扶持

第七条 县级以上人民政府应当根据就业状况、就业工作目标和创业带动就业的实际需要,在财政预算中安排就业专项资金和创业资金。

第八条 县级以上人民政府应当采取措施,在资源型城市和独立工矿区发展与市场需求相适应的产业,拓宽就业渠道。

县级以上人民政府应当建立政府投资、招商引资和重大建设项目新增就业岗位预测评估和考核制度,发挥项目建设带动就业的作用。

第九条 用人单位吸纳劳动者就业的,可以享受以下扶持政策:

(一)属于劳动密集型小企业的,向所在地人力资源和社会保障行政部门申请小额担保贷款,由政府给予贴息支持;

(二)吸纳就业困难人员的,按照国家和本省有关规定享受岗位补贴和社会保险补贴;

(三)企业组织新录用人员培训的,享受职业培训补贴;

(四)国家规定的税收优惠;

(五)其他扶持政策。

第十条 劳动者自主创业的,可以享受以下扶持政策:

(一)向所在地人力资源和社会保障行政部门申请小额担保贷款,政府对规定行业的项目给予贴息支持;

(二)在创业初期参加创业培训的,享受创业培训补贴;

(三)就业困难人员从事个体经营或者实现灵活就业的,享受社会保险补贴;

(四)税收优惠和行政事业性收费减免;

(五)其他扶持政策。

第十一条 县级以上人民政府应当根据当地创业工作实际,规划、建设创业经营场所,加强创业项目库建设和项目推介服务,鼓励发展各类创业指导服务机构,按照有关规定给予以下资金扶持:

(一)对创业项目库建设单位,给予项目库建设补助;

(二)对创业孵化基地管理服务单位,给予管理服务补贴;

(三)对入驻创业孵化基地的单位或者个人,给予场地租赁补助;

(四)对创业园区建设单位,给予园区建设补助;

(五)对创业指导服务机构为劳动者创业提供项目开发、注册登记、投资融资、风险评估、法律咨询等服务的,给予创业指导服务补贴;

(六)其他资金扶持。

第十二条 省人民政府及其有关部门应当制定、实施促进高等学校毕业生就业创业的政策,开展高等学校毕业生就业状况评估,指导各类高等学校的专业建设。

县级以上人民政府应当制定、落实优惠政策,采取扶持措施,鼓励和引导高等学校毕业生到社区和农村、中小微企业、非公有制经济组织以及贫困地区和艰苦边远地区就业创业。

用人单位接收离校未就业的高等学校毕业生参加就业见习的,可以按照国家和本省有关规定享受就业见习补贴。

第十三条 县级以上人民政府应当通过推进城镇化建设,带动和扩大就业;鼓励和扶持在农村创办经济实体和专业合作社,引导农业富余劳动力就地就近就业创业;加强信息引导和就业服务,开展跨地区劳务协作,推动农业富余劳动力转移就业。

第十四条 县级以上人民政府应当完善进城就业农村劳动者的劳动就业、工资支付、社会保险以及子女就学等方面的制度、政策措施,保障其享有与城镇劳动者公平的就业条件和待遇。

第十五条 用人单位应当依法履行促进残疾人就业的义务,按照规定比例安排残疾人就业,并为录用的残疾人提供适当的岗位。

第十六条 各级人民政府应当优先扶持和重点帮助登记失业人员中的下列就业困难人员实现就业:

(一)女性四十周岁、男性五十周

岁以上国家和本省规定范围内的企业失业人员；

（二）法定劳动年龄内的家庭成员均处于失业状况的城市居民家庭成员；

（三）享受城市居民最低生活保障且失业一年以上的登记失业人员；

（四）国家和本省规定范围内的就业困难高等学校毕业生；

（五）设区的市人民政府确定的其他就业困难人员。

省人民政府可以根据就业状况适时调整就业困难人员范围。

第十七条　县级以上人民政府应当按照国家和本省有关规定合理开发公益性岗位，优先安置就业困难人员。

第三章　就业服务

第十八条　县级以上人民政府应当建立完善公共就业服务机构，提供服务场所，配备工作人员和设施，加强信息网络建设，提高服务能力和水平。

县（市、区）人民政府应当加强乡（镇）、街道基层公共就业服务平台建设，充实公共就业服务人员，保障和改善工作条件。

县级以上人民政府应当将公共就业服务机构的人员、办公、业务经费以及就业服务场所运行维护经费纳入同级财政预算。

第十九条　公共就业服务机构应当免费为劳动者提供下列服务：

（一）就业法律、法规、政策宣传和咨询；

（二）职业供求、市场工资指导价位和职业培训信息的发布；

（三）职业指导和职业介绍；

（四）建立就业困难人员专门台账，组织实施就业援助；

（五）就业、失业登记；

（六）其他公共就业服务。

第二十条　公共就业服务机构可以根据用人单位或者劳动者的需求，提供人力资源和社会保障事务代理服务。

第二十一条　用人单位自录用劳动者之日起三十日内，以及与劳动者解除或者终止劳动关系之日起十五日内，到所在地公共就业服务机构办理登记手续。劳动者从事个体经营或者灵活就业的，到公共就业服务机构办理就业登记手续。

在法定劳动年龄内有劳动能力、有就业需求、处于无业状态的城镇户籍人员，以及在城镇稳定就业满六个月后失业的农村劳动者和其他非本地户籍人员，到公共就业服务机构办理失业登记手续。

劳动者凭登记证明享受公共就业服务和就业扶持政策。

公共就业服务机构应当简化登记手续，提供便捷服务。

第二十二条　申请设立职业中介机构的，应当符合《中华人民共和国就业促进法》第四十条第一款规定的条件。

县级以上人民政府人力资源和社会保障行政部门受理设立职业中介机构的申请后，应当在十五日内依法作出许可决定；对不予许可的，应当书面说明理由。

第二十三条　职业中介机构可以从事下列服务：

（一）为劳动者介绍用人单位；

（二）为用人单位或者家庭推荐劳动者；

（三）开展职业指导；

（四）收集和发布职业供求信息；

（五）根据国家和本省有关规定从事互联网职业信息服务；

（六）经县级以上人民政府人力资源和社会保障行政部门核准的其他服务项目。

职业中介机构应当在服务场所公示许可证、营业执照、服务项目、收费标准等。

职业中介机构为劳动者提供公益性就业服务的，可以按照有关规定享受职业介绍补贴。

第二十四条　县级以上人民政府应当根据市场就业需求，统筹各类教育和培训资源，加大资金投入，规划和建设公益性、示范性公共实训基地，加强职业教育和职业能力开发，提高劳动者的就业创业能力。

鼓励社会力量参与职业教育和培训以及实训基地建设。

鼓励劳动者参加各种形式的职业教育和培训。

第二十五条　县级以上人民政府及其有关部门应当组织职业教育和培训机构重点开展下列职业培训：

（一）对城镇登记失业人员，提供再就业或者技能提升培训；

（二）对农业富余劳动力，提供初级技能培训；

（三）对高等学校毕业生，提供职业技能培训；

（四）对退役士兵，提供免费职业技能培训；

（五）对残疾人，提供实用技能培训；

（六）对用人单位新录用人员，提供岗前培训；

（七）对未继续升学的初高中毕业生，提供劳动预备制培训；

（八）对有创业愿望或者处于创业初期的劳动者，提供创业培训。

劳动者参加前款第（四）项规定之外项目培训的，按照国家和本省有关规定享受职业培训、职业技能鉴定等补贴。

第二十六条　企业应当建立健全职工教育和培训制度，改善培训条件，提高职工素质。

企业应当按照国家有关规定提取职工教育经费，用于劳动者技能培训的比例不低于百分之六十，主要开展岗前培训、在岗技能提升培训、高技能人才培训和职业技能鉴定。

对没有能力开展职工培训的企业，县级以上人民政府可以统筹其职工教育经费，由县级以上人民政府人力资源和社会保障行政部门会同有关部门统一组织、提供培训，开展职业技能鉴定。

第二十七条　高等学校、职业院校和技工院校应当开展就业指导、创业教育和就业服务，建立和完善就业实习制度，组织学生参加实习，提高学生操作技能和实践能力。

鼓励用人单位为高等学校、职业院校和技工院校的学生提供实习场所和实习指导教师。

第二十八条　县级以上人民政府人力资源和社会保障等行政部门应当对公共就业服务、职业中介、职业培训和职业技能鉴定等机构开展就业服务情况进行业务指导和监督检查,促进其提高服务质量。

第四章　法律责任

第二十九条　违反本条例规定的行为,《中华人民共和国就业促进法》和其他法律、法规有法律责任规定的,从其规定。

第三十条　违反本条例规定,公共就业服务机构未依法提供就业服务的,由县级以上人民政府人力资源和社会保障行政部门责令限期改正;逾期未改正的,对直接负责的主管人员和其他直接责任人员依法给予处分。

第三十一条　违反本条例规定,用人单位未在规定时限内为劳动者办理就业等登记手续的,由县级以上人民政府人力资源和社会保障行政部门责令限期办理。

第三十二条　用人单位发布虚假招聘信息,或者在招聘过程中有欺诈行为的,由县级以上人民政府人力资源和社会保障行政部门责令改正;有违法所得的,没收违法所得,并处以一万元以上五万元以下罚款;给劳动者造成财产损失或者其他损害的,依法承担民事责任;构成犯罪的,依法追究刑事责任。

第三十三条　违反本条例规定,用人单位或者个人套取、骗取就业专项资金或者创业资金的,由县级以上人民政府人力资源和社会保障、财政部门依法追回,三年内不得享受同类补贴,并处以所套取、骗取金额百分之十以上百分之五十以下罚款;对用人单位直接负责的主管人员和其他直接责任人员处以三千元以上五万元以下罚款;构成犯罪的,依法追究刑事责任。

第三十四条　违反本条例规定,职业中介、职业培训、职业技能鉴定等机构套取、骗取就业专项资金或者创业资金的,由县级以上人民政府人力资源和社会保障、财政部门依法追回,三年内不得享受同类补贴,并处以所套取、骗取金额百分之十以上百分之五十以下罚款;对直接负责的主管人员和其他直接责任人员处以三千元以上五万元以下罚款;情节严重的,由县级以上人民政府人力资源和社会保障行政部门及其他有关部门吊销其相应的许可证、营业执照、民办非企业单位登记证书等;构成犯罪的,依法追究刑事责任。

第三十五条　违反本条例规定,各级人民政府、有关部门及其工作人员滥用职权、玩忽职守、徇私舞弊,有下列情形之一的,对直接负责的主管人员和其他直接责任人员,依法给予处分;构成犯罪的,依法追究刑事责任:

(一)未按照国家和本省有关规定落实税收优惠、行政事业性收费减免、各项就业创业补贴等扶持政策的;

(二)未按照国家和本省有关规定安排就业专项资金或者创业资金的;

(三)截留、侵占、挪用、套取就业专项资金或者创业资金的;

(四)未按照国家和本省有关规定对就业困难人员提供扶持和帮助的。

第五章　附　则

第三十六条　本条例自2013年3月1日起施行。

主要缩略语解释

说　明　缩略语,也就是通常所说的简称,是把比较复杂的名称经过压缩和简略之后形成的词或词组。缩略语在日常生活中被大量使用,有简单明了的特点。《山西年鉴(2013)》使用了不少缩略语,为了方便读者使用年鉴,编辑部把《山西年鉴(2013)》内文中依次出现的主要缩略语作了辑录,并按其首字的汉语拼音字母顺序排列(数字开头缩略语另排序)。对于一些大家常用的缩略语不再作注释。

综改试验区　山西省开展国家资源型经济转型综改试验,总体要求是围绕资源型经济转型,解放思想,改革创新,着力处理好转型和发展改革的关系,在重点领域和关键环节先行先试,为全国的经济发展方式转变走出一条新路子。

质量管理5条红线　①结构物沉降评估达标;②桥梁收缩徐变达标;③锁定轨温达标;④联调联试达标;⑤工序达标(上一道工序未验收签认不得进入下一道工序)。

运营后台"三大集中"　即"集中作业、集中授权、集中监控"为重点的新型运营模式。

银十条　即《关于支持商业银行进一步改进小企业金融服务的通知》,内容涉及小微企业贷款平均增速、增量、金融服务机构准入和小微企业贷款专项金融债等多个方面。

以药补医　指医生在治病的过程中根据开出的药领取自己的收入,是当前医疗卫生领域最需要革除的机制性弊病。

一整合、两转变　"一整合",就是集中整合资金,全县集中整合资金500多万元,专项用于重点绿化工程建设。"两转变",就是由过去在偏远山区植树向身边和通道"增绿"转变;由过去大量种植柠条、灌木向发展经济林转变。

"一折通"形式　每户农户发给一本专用存折。信用社按财政部门提供的清册,直接将粮补、低保、计生奖扶、村干部报酬等补贴或补助直接打入农户财政涉农补贴专用存折。

一行三会 是中国对中国人民银行、中国银监会、中国证监会和中国保监会这四家金融管理和监督部门的简称。

一网一格 “一网”就是县(区)、乡镇(街道)、村(社区)三级社会服务管理信息网;“一格”即村(社区)的“网格化”服务管理模式,是统筹管理与服务,统筹条块关系的重要载体,是科学整合县(区)、乡镇(街道)、村(社区)三级各类管理服务资源,强化基层基础工作,全面加强和创新社会管理的重要举措。

一网九平台 以信息化网络为依托构建的多平台监管体系,依托“一网”,山西目前已建成阳光农廉、食品安全监督、公共资源交易、行政审批、行政权力公开、12388信访举报等九大监管平台。

一县一业 每个县级行政区划内都要有自己能够独立形成有市场竞争能力的产业,与山西这个转型中的特区政策有关,应对煤炭资源枯竭后的困境。

一事一议 指在农村税费改革这项系统工程中,取消乡统筹和改革村提留后,原由乡统筹和村提留中开支的农田水利基本建设、道路修建、植树造林、农业综合开发有关的土地治理项目和村民认为需要兴办的集体生产生活等其他公益事业项目所需资金,不再固定向农民收取,采取“一事一议”的筹集办法。

一市两园 即每市一个产业转型园和一个科技创新园。

一市两县 即每市一个省级转型综改试点县和一个市级转型综改试点县。

一喷三防 冬小麦主产区“一喷三防”,是在小麦生长期使用杀虫剂、杀菌剂、植物生长调节剂、叶面肥、微肥等混配剂喷雾,达到防病虫害、防干热风、防倒伏,增粒增重,确保小麦增产的一项关键技术措施。

一库三平台 是将所有城市信息建立一个数据库,链接物流信息公用平台、物流应用平台、企业e化平台三个平台,以整合全社会物流资源为主,通过为中小型企业提供从信息发布、电子商务到企业全面e化管理的综合解决方案,来实现城市整体物流信息化,从而提高宏观经济效益,提升城市综合竞争力。

一会五结合 所谓“一会”即召开党员大会;“五结合”即与正在实施的农村“领头雁”培训计划相结合、与宣传先进典型相结合、与春节慰问老干部老党员相结合、与召开返乡流动党员座谈会相结合、与扶贫帮困献爱心活动相结合。

一核一圈三群 山西省将以太原都市区为核心、区域性中心城市为节点、大县城和中心镇为基础,构建“一核一圈三群”城镇体系框架。“一核”即由太原市区、晋中市区、清徐县城、阳曲县城构成的太原都市区,是全省城镇体系的组织核心,经济转型发展的增长极核。“一圈”即太原都市圈,是以太原都市区为核心,以太原盆地城镇密集区为主体,包括太原、晋中、吕梁、阳泉、忻州五市的30个县(市、区)。该区域是省域经济与社会事业最为发达的核心区域和最为重要的城镇密集地区。“三群”即以大同盆地为主体,以大同、朔州为核心,包括大同市、朔州市的10个县(区)的晋北中部城镇群,以临汾、运城盆地为主体,以临汾、运城为核心,包括运城市、临汾市的16个县(市、区)的晋南中部城镇群,以长治盆地和晋城中部地区为主体,以长治、晋城为核心,包括长治市、晋城市的12个县(市、区)的晋东南中部城镇群。3个城镇群是区域经济发展的核心区域,是省域经济持续增长的重要区域。

一号工程 即烟草行业卷烟生产经营决策管理系统,是烟草行业近年来最大的一个信息化工程项目,是一个覆盖全行业的,遍布全国各地的大型广域网络管理平台。

一个机构两块牌子 指同一个机构,同时具有两个名称,对外表现为两种身份。它在机构序列中只算作一个机构,只有一个领导班子和一套内设机构,但往往处于对外形象或对上衔接等原因,再加挂另外一个牌子,使其同时具有两个名称。根据工作需要,以不同的名义对外使用相应的名称。

一岗双责 国家各级政府机关党员干部在做经济建设、履行本职岗位应有的管理职责的同时还要对所在机关的党风廉政建设负责。

一村一品 在一定区域范围内,以村为基本单位,按照国内外市场需求,充分发挥本地资源优势、传统优势和区位优势,通过大力推进规模化、标准化、品牌化和市场化建设,使一个村(或几个村)拥有一个(或几个)市场潜力大、区域特色明显、附加值高的主导产品和产业,从而大幅度提升农村经济整体实力和综合竞争力的农村经济发展模式。

一窗通办 指纳税人到税务机关办理的所有涉税事项,通过优化税务机关内部工作流程,以各个岗位为节点,明确办结时限,实现“一窗受理、内部流转、即时(限时)办结、一窗发放”,是一项真正为纳税人提供方便快捷服务的全新的办税方式。

一出三进 垃圾出村,所有的秸秆、煤堆、杂物全部清理进院,堆放有序。

一长一园 由县级领导干部牵头负责,在包联乡镇兴建养殖规模不少于1000只、经济林不少于50亩,种植不少于100亩的“农业特色产业示范园”。

一带两区七景 芮城县景区规划,“一带”,即黄河风情带,围绕黄河打造旅游产业集聚带,展示黄河沿岸的人文风情和自然风光。“两区”,即遗址文化区和休闲养生区。“七景”,即圣天湖、大禹渡、永乐宫、百梯山、九峰山、洞宾故里、凤凰咀七大重点景区。

一报告两评议 即地方党委常委会向全委会报告工作时,要专题报告年度干部选拔任用工作情况,并在全委会委员中对干部选拔任用工作进行民主评议,评议结果报上级党委组织部门;探索开展全委会委员对本级党委新提拔的党政主要领导干部进行民主测评的工作。

“新网工程”建设 大力发展农业生产资料现代经营服务网络、农副产品市场购销网络、日用消费品现代经营网络和再生资源回收利用网络。

“万村千乡”市场工程 通过安排财政资金,以补助或贴息的方式,引导城市连锁店和超市等流通企业向农村延伸发展“农家店”,力争用三年的时间,孕育出25万家连锁经营的农家店,构建以城区店为龙头、乡镇店为骨干、村级店为基础的农村现代流通网络,使标准化农家店覆盖全国50%的行政村和70%的乡镇,满足农民消费需求,改善农村消费环境,促进农业产业化发展。

五心教育 忠心献给祖国、爱心献给社会、关心献给他人、孝心献给父母、信心留给自己。

五项制度 做好涉诉信访工作要建立评估预防制度,建立涉诉信访通报制度,建立约期接谈制度,建立多元化解制度,建立信访案件终结制度。

五项工作 翼城县提出的五项工作,即工业园区建设、农业产业化发展、城乡基础设施改善、文化强县建设、社会管理创新。

五无五净 道路无垃圾、无杂物、无积泥、无积水、无污迹;路面干净,绿地和树池干净,边角侧石干净,雨水井沟畅通干净,果壳箱等环卫设施及交通隔离栏干净。

五位一体 党的十八大报告指出,建设中国特色社会主义,总布局是经济建设、政治建设、文化建设、社会建设、生态文明建设五位一体。

五人小组 煤矿安全监管包保责任组(简称“五人小组”),对各煤矿实行安全监管包保责任制。“五人小组”负责对本组包保的煤矿安全生产情况进行全面监管,采取以井下现场检查为主,日常和不间断的巡回检查相结合的方式,对煤矿采、掘、机、运、通风、地测、防治水等系统和环节进行全面细致的现场检查。所包保的煤矿存在重大安全隐患或遇到危及矿工生命安全等紧急状况时,“五人小组”可以采取停止生产、撤离现场工作人员等避险措施进行紧急处理,同时向主管部门报告处理情况。“五人小组”还有权依照相关法律、法规,对违法、违规生产行为作出通报批评、行政罚款、限期整改、停产整顿、暂扣证照等决定,直至建议吊销相关证照和实施关闭。

五农工程 2009年,山西省工商局通过实施以“红盾护农、商标兴农、合同帮农、经纪人活农、经济组织强农”为主要内容的工程。

五苗 卡介苗、乙肝疫苗、脊灰疫苗、百白破三联疫苗和麻疹疫苗。“七苗”是增加乙脑疫苗和流脑疫苗。

五化一清 即绿化、美化、硬化、亮化、净化“五化”,清理街巷各种杂物“一清”。为主要内容的村庄综合整治工程。

“五个全覆盖”工程 即具备条件的建制村通水泥(油)路全覆盖;中小学校舍安全改造全覆盖;县乡村三级卫生服务体系特别是村级卫生室全覆盖;村通广播电视全覆盖;农村安全饮水全覆盖。

五个一工程 由中共中央宣传部组织的精神文明建设“五个一工程”评选活动,自1992年起每年进行一次,评选上一年度各省、自治区、直辖市和中央部分部委,以及解放军总政治部等单位组织生产、推荐申报的精神产品中五个方面的精品佳作。这五个方面是:一部好的戏剧作品,一部好的电视剧(或电影)作品,一部好的图书(限社会科学方面),一部好的理论文章(限社会科学方面),一首好歌。

五个五台山 国际五台山、人文五台山、风光五台山、休闲五台山和会展五台山。

五大员 主要负责人、分管安全负责人、分管生产负责人、分管机电负责人、分管技术负责人。

五大建设 十八大报告指出,牢牢把握加强党的执政能力建设、先进性建设和纯洁性建设这条主线,全面加强党的思想建设、组织建设、作风建设、反腐倡廉建设和制度建设。

五大保障 昔阳县提出统筹城乡发展、坚持民生优先、加强基础建设、加快改革创新、优化发展环境五大保障。

“五必访”“五必知”“五必帮” “五必访”即职工重大节日必访,职工生病必访,职工有困难必访,职工有思想情绪必访,职工的工作情况必访;“五必知”,即必须知道企业生产经营情况,职工家庭成员情况,职工工作学习情况,职工收入生活情况,职工思想情绪情况;“五必帮”,即职工工作中有困难必帮,职工生活中有困难必帮,职工思想上有困惑必帮,职工家庭出现重大变故必帮,职工提高技能必帮。

五包 包卫生环境、包园林绿化、包公共秩序、包立面整洁、包城管信息报送。

文建明工作法 简称乡镇党委“三二”工作法,“三”即“三制”“三定”“三教育”,“二”即“两下”“两集中”。“三制”是指根据乡镇工作的内容和特点,把乡镇工作分为三类,实行业务工作常抓制、中心工作分组制、应急工作集中制。“三定”是指根据乡镇党委政府承担的职责任务,按照现有领导和工作力量,实行定岗、定员、定酬。“三教育”是指围绕强化乡镇管理和任务落实,对党员、干部、群众进行分类教育,实施党员党性教育、干部爱民教育、群众“十好”教育。“两下”是指围绕推进工作,引导干部眼睛向下、改进作风,实行下访寻问题、下村解难题。“两集中”是指围绕方便群众办事、帮助群众理财,实行集中服务、集中理财。

卫十一项目 世界银行贷款、英国政府赠款中国农村卫生发展项目。

厅堂一体化 将客户等候区与业务处理区打通,将高低柜业务分离、简单业务和负责业务分开,改进排队机和自助设备,配备客户引导员,增加主动营销职能,最后实现厅堂一体化,打造出新型的营业厅模式。

铁道部“三不让” 是指“不让一名职工家庭生活在贫困线以下、不让一名职工子女上不起学、不让一名职工看不起病”。

天网工程 指为满足城市治安防控和城市管理需要,利用图像采集、传输、控制、显示等设备和控制软件组成,对固定区域进行实时监控和信息记录的视频监控系统。

体育三下乡 送体育知识下乡,送体育文化下乡,送体育器材下乡。

四议两公开 “四议”:党支部会提议、“两委”会商议、党员大会审议、村民代表会议或村民会议决议;“两公开”:决议公开、实施结果公开。

四县建设 昔阳县提出建设新型工业强县、特色农业大县、文化旅游名县和生态宜居新县。

四下降一好转 信访总量、集体访、重信重访、非正常上访下降,信访秩序进一步好转。

四位一体 是指社会主义经济建设、政治建设、文化建设、社会建设四位一体发展,是全面、协调、可持续发展的内在要求。

“四位一体”项目管理机制 太谷县项目管理机制,即项目的储备、签约、落地和建设。

“四位一体”考核民意测评体系 即单位内部民主测评、省直和各市互评、“两代表一委员”和省委委员评价四位一体。

“四十+双五”工程 永济市规划项目。“四十”即十项农业调产项目、十项重点工业项目、十项重点基础设施项目、十项招商引资项目,“双五”即五个旅游商贸项目和农村新的五个全覆盖工程。

“四扫全保”环境保洁制度 每天早晨、下午两次人工清扫、上午下午两次机械清扫;洒水车每天刷洗街路,洒水降尘。同时,调整保洁班次,延长保洁时间,实行逐级考核、巡回检查,保证垃圾落地10分钟内清除。

四统一 是指项目编码统一、工程量清单计算规则统一、统一计量单位,项目名称统一。

四机制一标准 即理赔服务质量评价机制、积案定期清理机制、小额赔付快速处理机制、理赔纠纷调处机制和服务质量标准。

四级联考 省、市、县、乡四个级别招的公务员用同样的考试来选拔人才,而不是分开,各自出各自的试卷。

四化四改 四化就是街道硬化、村庄绿化、环境净化、路灯亮化;四改就是改水、改厨、改圈、改厕。

四公开 即收费项目公开、服务质价公开、优惠政策公开、效用功能公开。

四个必须 做好涉诉信访工作必须强化群众观念,必须坚持源头治理,必须建立长效机制,必须工作重心下移。

“四个一”工程 太谷县提出新发展设施蔬菜1万亩、苗木花卉达到10万亩、猪、鸡年饲养量分别达到100万头、1000万只。

“四个十”工程 祁县工程规划,即重点实施水果“十百万”工程,设施蔬菜“十百万”工程,规模健康养殖“十百千”工程,干果经济林和林下经济建设“十百万”工程,加快现代农业发展步伐。

四改 指电改、灶改、水改、寨改工程。

四大新市场 是指先进制造业、战略性新兴产业、现代服务业、文化产业融资。

四城联创 即创建国家卫生城市、国家园林城市、国家环境保护模范城市和创建全国文明城市。

“双十双百”工程 太谷县规划农业、城建各完成10亿元的工程建设;工业、旅游各实施100亿元的项目建设,把转型跨越发展的各项工作向纵深推进。

“双十”重点工程 祁县工程规划,即:18万吨饲料生产线、12万吨高碳铬铁生产线、氟橡胶制品生产线、滚筒冷硫化包胶面板生产线、磁悬浮水泵生产线、晶质玻璃改扩建生产线、SEP管道生产线、轨道交通设备生产线、统一饮品方便面生产线、开发区综合物流园十大生产经营性工程。“大晋中”文化旅游核心区、保障性住房、城市道路、田森商务区、晓义生态农业园、土地整理与开发、汽车客运站、开发区110KV变电站、西大街及古城小街巷改造、东观镇区新农村建设十大基础设施民生工程。“十大”续建项目,即:湿地公园、祁中新校区建设、集中供热、昌源河灌区节水改造、乔家大院景区建设、保障性住房、红星灌装生产线、远力有色金属冶炼、玻璃文化产业园、玻璃器皿检测中心。

“双师型”教师　指同时具备教师资格和职业资格,从事职业教育工作的教师。“双师型”教师是教育教学能力和工作经验兼备的复合型人才,对提高职业教育教学水平具有重要意义。

双软认证　指软件企业的认定和软件产品的登记;企业申请双软认证除了获得软件企业和软件产品的认证资质,同时也是对企业知识产权的一种保护方式,更可以让企业享受国家提供给软件行业的税收优惠政策。

双基建设　即基层统计网络和建设基础工作建设。

“双百凝心”工程　组织创作和生产充分彰显山西文化精神、反映时代风貌的100部舞台艺术精品和100幅百年重大题材美术作品。

“双百”城镇建设　围绕近百个县城(指85个县城及11个县级市)和100个重点镇,建设特色宜居城镇,推进城乡统筹,促进县域经济发展。

双包三联　干部包村、包社区和企业,指导和帮助村(居)、企业开展好各项工作;通过干部联系贫困农民、困难居民、下岗职工以及新农村建设带头人,更好地为基层出谋划策,搞好服务。

十件实事　祁县提出的十件实事,一是继续开展创建“工人先锋号”竞赛活动;二是推进职工大病互助活动,扩大覆盖面,参互职工力争达1万人;三是推动“职工书屋”建设,扩大“职工书屋”覆盖面,并开展星级评比活动;四是做好“金秋助学”工作,把特困女职工特别是单亲女职工纳入范围;五是开展“冬送温暖夏送清凉”活动;六是开展工会干部与困难职工结对子活动;七是做好对全县女工健康普查;八是积极开展各种文体活动,建设职工票友活动中心,开展为企业送文化活动,搞好“五一”广场消夏电影周活动;九是做好《祁县工会志》编纂工作;十是全县50%以上基层工会要建成三星级职工之家,90%以上基层工会要建成合格职工之家,高标准选树10个四星级“职工之家”。

社区党建“三有一化”　即:有人管事、有钱办事、有场所议事,构建区域化党建工作格局。

上大压小　就是要将新建电源项目与关停小火电机组挂钩。在建设大容量、高参数、低消耗、少排放机组的同时,相对应地关停一部分小火电机组。上大给关小创造市场环境,关小则为上大腾出容量空间,两者之间相辅相成,互为因果。压小是上大的前提,要先明确压小,然后才能上大。

三纵十一横十一环　是指山西省调整公路十二五规划。山西省高速公路网布局规划为3纵11横11环。由3条纵线、11条横线、11条环线及连接线组成,形成纵贯南北、承东启西、覆盖全省、通达四邻的高速公路网络。3纵:东纵天镇马市口~泽州道宝河;中纵新荣得胜口~芮城刘堡;西纵右玉杀虎口~芮城风陵渡。11横:第一横阳高孙启庄~右玉杀虎口;第二横广灵加斗~平鲁二道梁;第三横灵丘驿马岭~偏关天峰坪;第四横五台长城岭~保德;第五横平定杨树庄~临县克虎寨;第六横平定旧关~柳林军渡;第七横和顺康家楼~柳林军渡;第八横黎城下湾～永和永和关;第九横黎城下湾～吉县七郎窝;第十横陵川营盘～河津禹门口;第十一横垣曲蒲掌～临猗孙吉。11环:太原环线;大同环线;朔州环线;忻州环线;晋中环线;阳泉环线;吕梁环线;长治环线;晋城环线;临汾环线;运城环线。11条连接线:太原～古交;太原小店～长治;大同马连庄～肥村;东阳～祁县城赵;平顺河坪讪～逢善;泽州韩家寨～沁水;安泽～沁水;明姜～南尹壁;垣曲华峰—垣曲古城;阳城—阳城蟒河;运城张金～平陆。

三重一大　即:重大问题决策、重要干部任免、重大项目投资决策、大额资金使用。

三同时　新建、改建、扩建的基本建设项目、技术改造项目、区域或自然资源开发项目,其防治环境污染和生态破坏的设施,必须与主体工程同时设计、同时施工、同时投产使用。

“三税”征收　为了合理利用土地资源,加强土地管理,统筹规划农村建房,依法征收耕地占用税、建筑营业税、契税,减少税源流失。

“三三制”干部选任机制　按照民主推荐、年度考核和完成中心工作(或重点任务)各占三分之一的权重提出考察对象初步人选的干部选任方法。

三名工程　名学校、名校长、名教师。

三龄两历一身份　“三龄”是指年龄、工龄、党龄;“二历”指学历、工作经历;“一身份”指干部身份。

三联五帮　县级联系乡镇,科级联系农村,党员联系群众,帮助制定发展规划,帮助寻找致富项目,帮助完善基层党建,帮助培养新型农民,帮助培育新型产业。

三晋学者支持计划　是山西省高端创新型人才培养引进工程项目之一。该计划自2011年起,利用10年左右时间,在全省设立“三晋学者”特聘教授岗位,招聘一批学术造诣深、发展潜力大、具有领导本学科保持或赶超国内外先进水平的“三晋学者”特聘教授,带动一批特色优势学科的发展,提升自主创新能力,研发产业发展需要的关键技术,为推动山西省的转型发展和跨越发展提供高层次拔尖创新人才。2012年,山西省批准在高等院校首批设置“三晋学者”特聘教授岗位60个,有效期三年。“三晋学者”特聘教授分为一、二级岗位,一级岗为院士,每届聘期五年。

三件大事　翼城县提出三件大事,即明确加速发展、安全稳定、作风建设。

三级联述联评联考　“三级联述”,即

区、镇(街道)、村(社区)三级党组织书记就抓基层党建工作情况向上级党组织进行专项述职;“三级联评”,即组织基层党组织、党员和群众代表对区、镇(街道)、村(社区)党组织抓党建工作情况进行评议;“三级联考”,即把抓基层党建工作情况作为区、镇(街道)领导班子、领导干部和村(社区)“两委”班子及成员年度考核的重要内容。

三级中心 县(区)社会服务管理指导中心,乡镇(街道)和村(社区)社会服务管理中心。

三级平台、四级管理 区、街道、社区(社区工作站)三级指挥中心平台和区、街、社区、网格四级管理。

三个重中之重 一是要把客车安全作为安全工作的重中之重,二是要把加强安全管理作为安全工作的重中之重,三是要把抓落实作为安全工作的重中之重。

三个一批 指“一批支柱产业、一批大型集团、一批知名品牌”。

三个结合 一是远程教育与物质文明建设相结合,促进生产发展、生活宽裕;二是远程教育与精神文明建设相结合,促进乡风文明、村容整洁;三是远程教育与政治文明建设相结合,促进管理民主。

三个不发生 不发生有重大影响的群体性事件和有影响的进京上访事件,不发生有重大影响的安全生产事故,不发生有重大影响的公共安全事件。

三点共识 一是确立安全工作无小事的意识,二是树立安全第一的指导思想,三是明确影响安全的问题必须立即解决的工作要求。

三大战略领域 指要重点发展贸易融资、中小企业贷款、个人消费贷款等。

“三地”确权 农村林地、耕地、宅基地“三地”进行大面积、大范围、大力度的确权规范,厘清土地权属,明晰产权界限,依法打击各类违法违规行为,体现公平公正。

三大战略 即昔阳县提出的大县城、大大寨、大项目。

三拆 拆迁、拆旧、拆破,让街道面貌焕然一新。

企业办社会 主要是针对传统的国有企业而言的,企业建立和兴办一些与企业生产经营没有直接联系的机构和设施,承担产前产后服务和职工生活、福利、社会保障等社会职能。

七通一平 建筑行业术语,指的是土地(生地)在通过一级开发后,使其达到具备给水、排水、通电、通路、通讯、通暖气、通天然气或煤气、以及场地平整的条件,使二级开发商可以进场后迅速开发建设。

七不准 即不准以贷转存(强制设定条款或协商约定将部分贷款转为存款);不准存贷挂钩(以存款作为审批和发放贷款的前提条件);不准以贷收费(要求客户接受不合理中间业务或其他金融服务而收取费用);不准浮利分费(将利息分解为费用收取,变相提高利率);不准借贷搭售(强制捆绑搭售理财、保险、基金等产品);不准一浮到顶(笼统地将贷款利率上浮至最高限额);不准转嫁成本(将经营成本以费用形式转嫁给客户)。

派出所“四区七室”建设 “四区”是指接待区、办公区、生活区、办案区;“七室”是指信息采集室、询问室、讯问室、调解室、物证室、装备室、档案室。

农民专业合作社“358”示范社建设行动 从2010起,连续三年全省每年建设300个省级示范社、500个市级示范社(除阳泉20个、朔州、晋城各40个外,其余8个市每个市50个)、800个县级示范社(除不够30个行政村的县外,其余每个县10个)。

农民专业合作社 在农村家庭承包经营基础上,同类农产品的生产经营者或者同类农业生产经营服务的提供者、利用者,自愿联合、民主管理的互助性经济组织。

农超对接 指的是农户和商家签订意向性协议书,由农户向超市、菜市场和便民店直供农产品的新型流通方式,主要是为优质农产品进入超市搭建平台。

目标考核“三合一” 对全省各市和省直单位进行“三合一”年度目标责任考核,是山西省贯彻落实“一个意见三个办法”,推进转型跨越发展的有力举措。由省委组织部牵头,对原来分别由不同部门负责的工作目标责任考核、领导班子和领导干部年度考核、党风廉政建设责任制考核进行整合,对11个市和92个省直部门统一开展考核。

母亲邮包 主要选取贫困母亲日常生活必需品,发动社会各界通过“一对一”的捐助模式,为贫困母亲解决生活中的实际困难和迫切需求,引导贫困家庭提高生活质量和安全健康意识,体会社会各界的关爱与温暖。

路条 国家发改委办公厅同意开展该工程前期工作的批文。

“零差价”销售 降低药品价格,也就是采用政府打包采购的方式,压缩药品流通领域的中间环节,取消药品的批零差价,将价格降低,让利于百姓。

“六五”普法 1986年开始,党中央宣布全国普法开始,每五年为一个制定周期。2011年,是实施“六五”规划的启动年。

六条警规 一、严禁对群众的报警报案不履行法定职责、不及时出警处置,违者予以纪律处分;造成严重后果的,予以辞退。二、严禁乱收费、乱罚款、收“黑钱”,违者予以纪律处分;

情节严重的,予以辞退。三、严禁违反规定办证办照,违者予以纪律处分;造成严重后果的,予以辞退。四、严禁参与经营或变相经营娱乐场所和煤焦企业、非煤矿山,违者予以纪律处分;造成恶劣影响的,予以辞退或开除。五、严禁收受当事人和代理人财物或违法违规执法办案,违者予以纪律处分;情节严重的,予以辞退。六、严禁向违法人员通风报信或为违法活动提供保护,违者予以辞退;造成严重后果的,予以开除。

六税一费　按我国税法规定,个人出租房屋,应携带房屋所有权证、国有土地使用证和租赁合同等有关资料,主动到房屋所在地地方税务机关办理纳税申报,并按照规定缴纳房产税、城镇土地使用税、营业税、城市维护建设税、印花税、个人所得税、教育费。

"六美"乡村　通过美丽乡村创建,达到村美、田美、路美、山美、水美、人美。

六化一透　即绿化、美化、硬化、亮化、净化、车辆摆放规范化"六化",拆墙透绿"一透"。

六个一　即创先争优,帮建一个坚强有力的基层党组织;转变观念,开好一个解放思想、促进发展的讨论会;理清思路,帮助制定一个切合实际的发展规划;突出重点,帮助上一个好的致富项目;深入农户,解决一些群众关注的实际问题;认真总结,形成一个促进作风转变、推进项目建设的调研报告。

六大员　安监员、瓦检员、绞车司机、放炮员、局扇司机、防突员。

六大避险系统　监测监控系统、井下人员定位系统、紧急避险系统、压风自救系统、供水施救系统和通信联络系统。

临柜作业"三化三铁"　临柜业务"标准化、规范化、制度化"建设;营业机构"铁账、铁款、铁规章"的管理。

两综合　是指"综合执法检查"和"综合评价"。综合执法检查是指整合监管力量,组织各专业人士对银行业金融机构统一进行综合执法检查,督促其依法合规经营。综合评价是指人民银行依据法定管理职责,对辖内金融机构执行有关金融法律法规规章和人民银行政策措施、管理规定情况进行全面评估,确定"A、B、C"三个等级。

两增三建　农民增收、大地增绿,建设移民搬迁新家园、建设脱贫致富新生活、建设生态宜居新城乡。

"两违""四抢"行为　农村违法用地、违法建设,以及抢种、抢栽、抢养和抢建行为。

两小、两少、两低　是经济总量小、企业体量小,大项目少、好项目少,城镇化水平低、产业层次低。

两条例一决定　2002年9月,省人大颁布《山西省旅游条例》;2005年5月颁布《山西省促进旅游产业发展条例》;2010年9月作出《关于加快旅游产业发展的决定》。

"两权"收入　探矿权、采矿权价款收入。

两件大事　一件是在全面建设小康社会进程中,力争全面小康实现程度五年达到全国平均水平;一件是抓住建设转型综改试验区的机遇,率先走出资源型地区转型跨越发展新路。

两集中、两到位　一个行政机关的审批事项向一个处室集中、行政审批处室向行政审批服务中心集中,保障进驻行政审批服务中心的审批事项到位、审批权限到位。

两集中、两到位　指为深化行政审批制度改革,建立规范高效的审批运行机制,提高行政服务效能,推进一个行政机关的审批事项向一个处室集中、行政审批处室向行政审批服务中心集中,保障进驻行政审批服务中心的审批事项到位、审批权限到位。

两管理　是指"开业管理"和"营业管理"。开业管理是要求新设立(包括改制、分立和合并)的金融机构,必须到人民银行申请加入金融管理与服务体系,否则人民银行不予提供任何金融服务。营业管理主要是以重大事项报告制度为依托,对银行业金融机构向人民银行报告重大事项的时间和内容作出具体详细的规定,对报告事项进行审查或分析研究,及时解决发现的问题,有效防范和化解金融风险。

两个主体责任　政府是安全生产的监管主体,实行行政首长负责制;企业是安全生产的责任主体,实行法人代表负责制。

两个不低于的目标　对于涉农和小企业信贷投放,增速不低于全部贷款增速,增量不低于上年。

两个办法　即《快递市场管理办法》和《邮政普遍服务监督管理办法》。

两高一资　即高耗能、高污染和资源性。

两高一远　即高运价、高附加值、远距离运输。

两高一低　即高成长、高送配、低估值。

两定一查三评　"两定"就是乡、村两级党组织每年年初根据经济建设、社会发展、党的建设等方面的要求,定当年为群众办的实事,定为群众解决的热点、难点问题。"一查"就是每半年进行一次督查,并给予指导帮助、强化落实。"三评"就是年终对照年初定的实事,组织党员群众民主评议乡镇干部、评议村干部、评议党员。

"两保"人员　从事低保工作的低保员和人社局下属从事社会保障工作的社保员。

科技兴农"111"工程　交口县实施科技兴农"111"工程,重点培养100名农技指导员，发展1000个农业科技示范户，建设10个农业科技示范基地。

九通一平 “一平”为土地自然地貌平整，“九通”为通市政道路、雨水、污水、自来水、天然气、电力、电信、热力及有线电视管线。

九大融资模式 即自有资金，预收账款，银行贷款，房产抵押贷款，企业债券融资，企业股票融资，争取外单位投资，利用外资贷款，合作开发。

晋中“108综合发展廊带” 包括108国道沿线从榆次到灵石的6个县（区、市）和晋中经济开发区，国土面积占全市40%，地处三晋腹地，依托太原都市圈，是招商引资转型跨越的黄金地带，其中榆次、灵石、介休的经济总量进入全省20强。根据晋中市制定的总体规划，“108综合发展廊带”正在建成新型装备制造及现代物流业区、现代农业及农产品加工集散区、绿色转型及循环经济区。

金质工程 是国家电子政务建设的重要组成部分，是我国电子政务建设的12重点应用系统之一。通过电子政务系统的建设，促进各级质检机关向管理服务型转变，提高质量监督检验检疫执法的透明度，形成全国统一的质检大网络，促进质检系统执法电子化、信息化，为生产企业和外经贸企业带来更大的方便与效益，加大打击假冒伪劣的力度，更有效地规范市场经济秩序，促进社会主义市场经济的发展。

金桥工程 是1993年由中国科协发起并组织实施的以经济建设为中心、推动科技成果转化、促进科技与经济相结合的科技服务活动。

监狱人民警察“六条禁令” 即严禁殴打、体罚或者指使他人殴打、体罚服刑人员；严禁违规使用枪支、警械、警车；严禁索要、收受服刑人员及其亲属的财物；严禁为服刑人员传递、提供违禁物品；严禁工作期间饮酒；严禁参与赌博。

环渤海经济圈 指以辽东半岛、山东半岛、京津冀为主的环渤海滨海经济带，同时延伸辐射到山西、辽宁、山东及内蒙古中东部。

国门之盾 中国海关自2012年1月至12月开展行动，重点对毒品、枪支、涉黄涉非、有害固体废物、文物和濒危物种走私，矿产品出口走私，骗取出口退税等危害国家安全、社会稳定、群众健康以及严重扰乱市场经济秩序的走私活动和不法行为加大打击力度，查处一批走私大要案，打掉一批走私犯罪团伙，以达到有力震慑走私违法、维护公平贸易秩序、推动守法诚信体系建设的目标。

国际化产学研联盟 “联盟”主旨是集成产学研各方面研发、技术、人才、资金等要素资源，以要素合力突破制约瓶颈，积极促进中医药国际化发展进程。“联盟”将通过机制创新，把复方丹参滴丸FDA临床试验转化成资源，服务于更多的企业，使中医药进入国际医药主流市场。“联盟”投入运行后，将筛选国内具有代表性的优秀中成药品种，按照国际标准进行全面系统的研发与开发，将突破质量、安全性和临床疗效评价等各项关键技术障碍，与国际标准接轨，达到创新药物进入国际医药主流市场的目标。

柜员“三基本” 即通过活动将柜员基本知识、基本制度、基本技能学习培训工作科学化与常态化。

公民道德建设“五个一”品牌活动 即“一堂一队一牌一桌一组”活动。具体内容是：“一堂”，开办道德讲堂，定期举办道德讲座；“一队”，组建学雷锋志愿服务队，开展切合实际的主题活动；“一牌”，设立遵德守礼提示牌，增强公众的道德自律意识；“一桌”，开展“文明餐桌”行动，养成在单位食堂或公务、外事接待场合的文明就餐礼仪和勤俭节约习惯；“一组”，成立3—5个人构成的文明传播小组，兼职进行精神文明建设和公民道德建设的宣传工作。

公安部“五条禁令” 一、严禁违反枪支管理使用规定，违者予以纪律处分；造成严重后果的，予以辞退或者开除。二、严禁携带枪支饮酒，违者予以辞退；造成严重后果的，予以开除。三、严禁酒后驾驶机动车，违者予以辞退；造成严重后果的，予以开除。四、严禁在工作时间饮酒，违者予以纪律处分；造成严重后果的，予以辞退或者开除。五、严禁参与赌博，违者予以辞退；情节严重的，予以开除。

伽西模式 利用旧村改造转移建设用地指标服务经济建设。

服务行业“1+10” “1”是山西文化产业创意示范园项目；“10”分别是山西五台山旅游演艺中心项目、山西电影大厦电影城项目、山西演艺业项目、山西广电文化产业园项目、山西日报报业集团文化物流园项目、夏县宇达大型青铜雕塑园项目、平定古窑陶艺刻花瓷文化产业园项目、高平黑陶文化产业园项目、山西中阳剪纸文化产业园项目和山西彩灯文化产业园项目。

反腐倡廉“六个一”工程 一是开展一次廉政教育活动，二是开办一期廉政宣传专栏，三是开展一次下乡走访活动，四是开展一次机关作风整治活动，五是召开一次专题民主生活会，六是宣扬一批廉政先进典型活动。

法律六进 是中国特色的普法术语，指通过开展普及法律的活动，使法律进机关、进乡村、进社区、进学校、进企业、进单位，是中宣部、司法部、全国普法办2006年提出并布置的为期五年的一项普法工作。

短平快 短是指周转周期短，流动性大；平是指价格比较适中，容易为大众接受；快是指服务速度快，生产速度快及收效快。

大县城 昔阳县提出集中优势，整合资源，把县城做大做强。

“大大寨”建设 项目区域南起高家岭,北接厚庄桥,东含虎头山,呈“丁”字形分布,总占地面积3000余亩。目的是发挥大寨品牌效应,拓展大寨“农”字旅游产业,提升全县综合实力。

大水网 是以纵贯山西省南北的黄河北干流和汾河两条天然河道为主线,以建设覆盖全省六大盆地和主要经济中心区的十大骨干供水体系(十横)为骨架,通过连通工程建设,将黄河、汾河、沁河、桑干河、滹沱河、漳河这六大河流及各河流上的大中型水库相连通,实现“两纵十横、六河连通,纵贯南北、横跨东西,多源互补、保障应急,丰枯调剂、促进发展”的工程体系。

打四黑除四害 严厉打击整治制售假劣食品药品的“黑作坊”、制售假劣生产生活资料的“黑工厂”、收赃销赃的“黑市场”和涉黄涉赌涉毒的“黑窝点”。

乘机方便行 是以方便旅客出行、提升机场服务能力为核心,通过整合机场信息、服务资源及移动信息化优势,将机场服务延伸至旅客手机的旅客出行便捷服务。旅客可享受电话订票、电话值机、快速安检、航班动态短信通知、机场巴士、餐饮住宿购物折扣优惠和机场业务问询等多项机场服务。

“保姆式”包扶挂点服务 多名党员干部对接服务一个项目,24小时蹲点服务,倾全力解决园区建设过程中存在和突发的各种矛盾问题。

百村行动计划 力争用3到5年时间,打造500个高标准新农村,形成一批有影响力、有带动力的新农村示范品牌。

八种意识 即大局意识,团结意识,团队意识,发展意识,忧患意识,创新意识,品牌意识,责任意识。

八小工程 太原铁路局为了把为职工服务的宗旨落到实处,从大处布局、小处着手,开展以小伙食团、小单身宿舍、小浴室、小庭院(小菜园)、小互助会、小文化室(小书屋)、小活动场、小药箱为主要内容的八小民生工程建设。

安全生产“一票否决”制 是国有企业发明的一种行之有效的安全管理方法,具体是指:当企业在生产过程中碰到安全问题时应先解决安全问题,再安排生产;如果生产部门不服从,安全管理部门可以行使安全生产“一票否决”制,勒令生产部门必须停产先消除安全隐患,经安全管理部门验收后,方可再行生产。

“7451”重点工程 忻府区提出的“七路四桥,五馆一院”工程。“七路”是指傅山路、芦芽山路、云中山路北拓、城北街、北环街、云中河北路、云中河南路七条道路,“四桥”是指新建芦芽山路桥、傅山路桥、云中路桥,改造忻顿路桥。“五馆一院”指博物馆、公共图书馆、文化馆、科技馆、体育馆、歌舞剧院。

“6+8”工程 奇村镇工程项目。“6”是六大硬件攻坚工程:绿化环境、路面硬化、改厕、集贸市场以及美化、净化、亮化攻坚工程,“8”是强化八个方面的公共服务和管理:工商管理工作、卫生监督工作、质监工作、健康教育工作、疾控工作、食品药品监督管理工作、畜牧中心工作、公共文化、娱乐场所工作。

“6+7” 是6条意见及“7个一批”具体措施的简称。“6条意见”,即树立和坚持正确用人导向,着力优化领导班子结构,重点加强“一把手”选拔和管理,加大干部交流力度,推进竞争性选拔工作,加强干部队伍宏观管理。“7个一批”,包括面向省内外公开选拔一批副厅级领导干部和国有企业领导人员,从省直部门选拔一批优秀年轻干部到各市担任常务副市长或常委副市长,选拔一批优秀县(市、区)委书记担任副市(厅)级领导职务,从省直机关企事业单位选拔一批优秀年轻正处级干部担任县(市、区)长,着眼于增强领导班子活力调整交流一批市(厅)、县级领导干部,统筹集中一定的职位资源从省直党政机关选拔配备一批巡视员和副巡视员,从全省转型跨越发展需要出发开展干部实践锻炼工作。

“513”工程 是山西省打造农产品加工龙头企业的一项战略工程,是加快农业产业化发展的重大战略举措。

49步检车法 即一车一侧检车法,是该段通过分析近几年配属客车结构变化,专门抽调技术工程师、现场的检车技术骨干,依据铁道部《铁路技术管理规程》《铁路客车运用维修规程》《太原铁路局运用客车技术作业标准》等技术规章,科学制定的一种检车法。

“4321”工作机制 汾西县提出的工作机制。强化四级监管,就是强化县级领导包乡镇、县直单位包村包重点矿、乡镇党员干部包重点矿和村组干部包沟包矿责任制,形成汾西县打击非法采矿四级监管,人人参与的工作氛围。配强三支队伍,就是在充实公安巡警队伍、国土执法队伍的基础上,组建武装应急分队,对重点区域、交界地段采取更加严厉的手段予以打击。落实两个办法,就是坚持落实县打非领导组打击非法采矿周例会工作办法,及时沟通信息,掌握汾西全县情况;坚持和落实打击非法采矿定期通报的工作办法,通报督查监管情况、通报抓捕情况、通报举报案件处置情况。建立一套机制,就是建立起汾西县乡联动、联防联治的工作机制,全县86个县直单位都确定了包重点村、重点矿的责任,并明确了单位行政一把手负责制。乡镇副科以上干部、村“两委”主干都确定了包重点矿责任,蹲沟守山,严防死守。村组党员干部也确定包一般矿,汾西县由县乡村干部所包矿点共317处。

“4+2”定级晋位 古县定级晋位方式。“4”即“四评”方式定级晋位:一是基层党组织自评。结合本地本部门三年的工作业绩、群众评价和党委考核结果，对照标准，确定各自定级等次和晋位目标；二是党员群众复评。党组织向本地本部门党员群众通报自评等次和晋位目标，并组织评议，进一步找准存在的问题，完善目标和措施，填写《定级晋位申报表》报上一级党委；三是党委评定。乡镇党委、县直各机关（系统）党委在深入调研的基础上，召开会议分类对所属基层党组织进行"好、较好、一般、较差"定级，建立定级台账和晋位记实台账；四是县委组织部审评。县委组织部对各基层党组织的定级晋位情况审核备案，并对落实情况进行抽查。"2"即两公开：一是分类定级结果公开；二是晋位升级目标、措施和责任人公开。

210 工程　2011 年 9 月，公安部召开全国公安装备财务工作会议，明确提出经费保障、装备建设、基础设施建设、应急保障、基础工作、队伍建设等 6 个方面 210 项重点任务。

"2+10"生态环境综合治理工程　"2"是指汾河流域生态环境治理修复与保护工程、太原西山地区综合整治工程；"10"是指大同口泉矿区、阳泉桃河流域、长治浊漳河、晋城丹河流域、朔州桑干河上游、忻州南云中河、吕梁三川河流域、晋中潇河、临汾塔儿山及二峰山、运城盐湖等重点生态环境综合整治工程。

"1420"工程　孝义市启动以主城区为龙头、4 个特色中心镇为支点、20 个社区化中心村为辐射的"1420"工程。

"1347"的总体构想　"1"是襄汾文化旅游业发展的总定位，就是实现"由文化文物资源大县向帝尧文化之都转型"。"3"是提出"文物是基础，发展靠旅游，升华在节庆"的三句话总思路。"4"是提出"挖掘内涵、打造载体、着力宣传、产业兴县"的四条路径齐步走的发展策略。"7"是指一个大节庆和六个小节庆。

"1311"特色产业工程　榆社县提出"一带三区一场一链"。"一带"：以付营子乡、长山峪镇为主，建设 5000 亩设施蔬菜产业带。"三区"：蔬菜高科技产业示范园区、食用菌标准化生产示范园区和生态循环农业示范园区。"一场"：与北京新发地合作，建设一个占地 800 亩的蔬菜物流批发市场。"一链"：在大屯乡兴洲村建设一个占地 100 亩，集加工、配送、冷藏、保鲜于一体的仓储物流中心。

"11211"管理机制　一个签批、一个审批、两个审核、一个公开和一个情况通报。"一个签批"就是村财务负责人签批，"一个审批"就是村民主理财组审批，"两个审核"把关就是乡镇经管站和会计核算中心共同把关，"一个公开"就是公开"三资"账目，"一个情况通报"就是对"三资"委托代理情况在全区进行通报。

"1+4"城镇化战略　即围绕一个现代化城区，在东、南、西、北四个乡办建设四个卫星城镇，全面带动农村城镇化发展。

"1+3"评估体系　"1"是指推行事故隐患和职业危害监控法，即在生产经营单位构建"群防、群控、群治"的安全生产网络，强化对事故隐患和职业危害的监控，落实企、事业单位的安全生产主体责任，防范各类事故隐患和职业危害发生的工作方法。"3"是指建立三项机制：即建立事故隐患和职业危害动态管理机制、事故隐患和职业危害持续改进机制、事故隐患和职业危害系统评价机制。

"1+2+N"模式　"1"为村支书，是联动工作的具体牵头协调人；"2"是全日制的驻村社保和后备干部，具体负责巡查、督查、信息采集以及信息上报，协助村主任开展工作；"N"为网格负责人，负责发现、上报、处置问题，由社保、市容协管等社会管理力量，或村骨干以及计件制的村民等担任。根据责任区域和发生事件的大小来确定人员数，人员相对不固定，处置不力者可随时被替换。

索　引

说　明　(1)本索引以人名、地名、机构名称、活动名称、事件(事物)名称等为主题词。(2)本索引按主题词汉语拼音字母顺序排列(数字开头主题词另排序)，主题词后面的数字和字母分别表示所在页码和分栏位置(abc 表示本页码左中右三栏)，如《沧桑》112c，表示《沧桑》在第 112 页 c 栏。(3)本索引主题词主要选自本年鉴正文部分，特载、大事记、附录以及图表、照片不在索引范围内。

J

K

L

M

N

O

P

Q

R

S

T

W

X

(编辑部)

山西省地方志办公室各处室电话号码（区号：0351）

综合处	5681789	年鉴期刊处	5681320
人事处	5681639	山西年鉴编辑部	5681326
省志一处	5681309	山西年鉴服务部	5681339/336
省志二处	5681306	沧桑编辑部	5681321
市县志处	5681318	山西省年鉴研究会	5681327
旧志处	5681307	方志发展中心	5681589
开发利用处	5681322	史志印刷厂	5681580
专志处	5681635	山西地方志网站	5681637
省情信息处	5681316	值班室	5684911

通信地址：太原市平阳路49号 山西省地方志办公楼 邮政编码：030012